# Almanac of Business and Industrial Financial Ratios

*by Leo Troy, Ph.D.*

The ***Almanac of Business and Industrial Financial Ratios*** provides a precise benchmark for evaluating an individual company's financial performance. The performance data is derived from the latest available IRS figures on U.S. and international companies, and tracks 50 operating and financial factors in 192 industries. The ***Almanac*** provides competitive norms in actual dollar amounts for revenue and capital factors, as well as important average operating costs in percent of net sales. It also provides other critical financial factors in percentage, including debt ratio, return on assets, return on equity, profit margin, and more. Beyond its reliable insights into corporate behavior, the ***Almanac*** can be used by other countries looking to model their economies on American performance.

## 2004 Edition Highlights

The 35th Edition of the ***Almanac of Business and Industrial Financial Ratios, 2004*** has been updated to include the following:

- **Broad scope:** *Almanac 2004* features the North American Industry Classification System (NAICS), so you can benchmark or analyze results consistently with corporations in the U.S., Canada, and Mexico.
- **Most industry types:** *Almanac 2004* highlights most industry types, including industries with advanced technologies and newly emerging industries such as paging and wireless communications.
- **A truer picture** of corporate financial performance, since the data isn't based on a mixed bag of averages that might include partnerships or sole proprietors. *Almanac 2004* features a homogeneous universe of American Corporate Financial Performance.
- **Many classifications:** *Almanac 2004* analyzes 192 industries with 50 financial performance items.
- **Benchmarks:** *Almanac 2004* provides 13 benchmarks, including such critical measures as Receipts to Cash Flow, Debt to Total Assets, and Return on Equity both before and after taxes.
- **Analytical tables:** *Table I, Corporations with and without Net Income (All Corporations)*, and *Table II, Corporations with Net Income*.
- **Easier apples-to-apples comparisons:** Each table is divided into 13 asset sizes.

- **More comprehensive:** Total Receipts of All Corporations covered by *Almanac 2004* is $20.6 trillion, making the *Almanac* the *Anatomy of American Corporate Capitalism.*

**11/03**

---

**For questions concerning this shipment, billing, or other customer service matters, call our Customer Service Department at 1-800-234-1660.**

**For toll-free ordering, please call 1-800-638-8437.**

---



A WoltersKluwer Company

**A WoltersKluwer Company**

# ALMANAC
# *of Business and Industrial*
# FINANCIAL RATIOS

~~~~~~~~~~~~~~~~~~~~~~~~~~~~~~~~~~~~~~~~

35th ANNUAL EDITION
2004

~~~~~~~~~~~~~~~~~~~~~~~~~~~~~~~~~~~~~~~~

**LEO TROY, Ph.D.**

Users can contact Professor Troy at:
E-mail: leotroy@andromeda.rutgers.edu
and Fax to: 973–669–8528

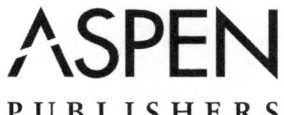

~~~~~~~~~~~~~~~~~~~~~~~~~~~~~~~~~~~~~~~~

ASPEN
PUBLISHERS

1185 Avenue of the Americas, New York, NY 10036
www.aspenpublishers.com
~~~~~~~~~~~~~~~~~~~~~~~~~~~~~~~~~~~~~~~~

This publication is designed to provide accurate and authoritative information in regard to the subject matter covered. It is sold with the understanding that the publisher is not engaged in rendering legal, accounting, or other professional services. If legal advice or other professional assistance is required, the services of a competent professional person should be sought.

—From a *Declaration of Principles* jointly adopted by
a Committee of the American Bar Association and a
Committee of Publishers and Associations


www.aspenpublishers.com



Printed in the United States of America
1 2 3 4 5 6 7 8 9 0

ISBN 0-7355-4319-4

## About Aspen Publishers

Aspen Publishers, headquartered in New York City, is a leading information provider for attorneys, business professionals, and law students. Written by preeminent authorities, our products consist of analytical and practical information covering both U.S. and international topics. We publish in the full range of formats, including updated manuals, books, periodicals, CDs, and online products.

Our proprietary content is complemented by 2,500 legal databases, containing over 11 million documents, available through our Loislaw division. Aspen Publishers also offers a wide range of topical legal and business databases linked to Loislaw's primary material. Our mission is to provide accurate, timely, and authoritative content in easily accessible formats, supported by unmatched customer care.

To order any Aspen Publishers title, go to *www.aspenpublishers.com* or call 1-800-638-8437.

To reinstate your manual update service, call 1-800-638-8437.

For more information on Loislaw products, go to *www.loislaw.com* or call 1-800-364-2512.

For Customer Care issues, e-mail CustomerCare@aspenpublishers.com; call 1-800-234-1660; or fax 1-800-901-9075.

**Aspen Publishers**
**A WoltersKluwer Company**

## *Dedicated*

***To Alexander, Suzannah, Dale, Ariel Sarah Troy, Abigayle Hannah Troy, and Rachel Ilana Troy***

# *About the Author*

Dr. Leo Troy is Professor of Economics at Rutgers University. He has been a faculty member of Rutgers for more than 40 years. In addition to authoring the widely praised *Almanac,* he has written many other books and articles published in leading journals.

Professor Troy has been the recipient of numerous awards including two from the National Science Foundation, and two Fulbright grants. In addition, he has received numerous awards from private foundations.

Dr. Troy received his Ph.D. from Columbia University and is a member of Phi Beta Kappa. He is a veteran of World War II with three battle stars and the combat infantry badge. He is the father of two children and is also a grandfather of three girls, including twins.

# *Acknowledgments*

I wish to acknowledge the contributions of five people in particular for the development of the 35th Anniversary issue of the *Almanac:* Phil Wilson, Alan Kovar of Brighton Best, Lawrence R. Chodor, CPA, CVA, Wiss & Company, Marvin Sunshine, and Karen Kane.

Philip is responsible for the programming, which dealt with a very large amount of data, covering both the current and trend information. Alan, drawing upon his knowledge and experience as a CPA and Partner of Wiss and Company of Livingston, N.J., contributed significantly to the new content of the book. To Marvin Sunshine, Esq, my appreciation for actions and support that helped make the *Almanac* a continuing publication. Karen Kane is acknowledged for her contributions to the graphics of this issue.

Special acknowledgement is due my late friend and colleague, Stan Katz, CPA, and to Professor Emeritus of Accounting, Rutgers University, John Gilmour. I thank, too, Professor David Zaumeyer, Ph.D., CPA, and Director of Accounting at Rutgers, for recommending several ratios that continue to be included in the *Almanac.* I thank Mr. Ka Neng Au, Business Librarian, Rutgers University, for significant contributions to our knowledge of the North American Industry Classification System and many related matters.

I wish to recognize, too, the cooperation of members of the Statistics of Income Division of the Internal Revenue Service—in particular, Ken Szeflinksi, Martha Shiley, and Phyliss Whiles of the Corporation Returns Analysis Section. Without their data and its reliability, the *Almanac* would not be possible. Responsibility for the use of their facts and figures is, of course, solely my own. In this regard, I recall the valuable assistance I received from Barry Rosenstein, MBA, CPA, in checking procedures, in earlier editions, and which have continued into the current one. Finally, I wish to recognize the help of Suzannah B. Troy in bringing about the 35th annual edition of the *Almanac.* I anticipate continuation of her valuable assistance in subsequent editions.

# INTRODUCTION
## *Almanac 2004*[1]

### WHAT'S NEW IN THIS EDITION

Beginning with the year 2002, the ***Almanac of Business and Industrial Financial Ratios*** began using the North American Industry Classification System (NAICS). NAICS replaces the Internal Revenue Service's own system, which it had used for many years, an adaptation of Standard Industrial Classification (SIC); all previous ***Almanacs*** had used that adaptation. To assist users, the Appendix in the ***Almanac*** reports the three classification systems, SIC, IRS, and the IRS's condensed NAICS system, the classification system used in the ***Almanac.***

The new industrial classification system is the product of the North American Free Trade Agreement (NAFTA), and it replaces the existing classification systems not only of the United States but also of Canada and Mexico. Hence, the new system applies uniformly to the three countries, and users of the ***Almanac 2004,*** utilizing the new international industrial classification system, can now compare their results with corporations in all three nations.

In the United States, the new manual was created by the Office of Management and Budget (OMB). The NAICS system gives special attention to industries producing and furnishing advanced technologies, new and emerging industries, as well as service industries in general. NAICS divides the economy into 20 sectors, 5 in the predominantly goods-producing area, and 15 in the service producing area.

### Industry Sectors

Particularly noteworthy is NAICS's introduction of an Information sector. This sector assembles the industries from Newspaper Publishers (511110) to Information Services and Data Processing Services (514000). Within this span, NAICS and therefore the ***Almanac*** include such important industries as software publishing, database and directory publishing, satellite telecommunications, paging and cellular, and other wireless communications. NAICS and the ***Almanac*** also provide a category of industries on Professional, Scientific, and Technical Services, industries in which human capital is the major input. The sector includes Legal Services (541115) and Scientific Research and Development Services (541700), as well as Management, Scientific, and Technical Services (541600) and Computer Systems Design and Related Services (541515).

Other important sectors are the Arts, Entertainment, and Recreation including Amusement, Gambling, and Recreation (713000), and the Health Care and Social Assistance including Offices of Physicians (621115), Hospitals, Nursing, and Residential Care Facilities (626000). Within Manufacturing, the key goods sector industry, there is now a category embracing Computer and Electronic Product Manufacturing. It spans industries such as Computer and Peripheral Equipment (334110) to Navigational, Measuring, Electromedical, and Control Instruments (334500).

---

[1] I wish to acknowledge and thank members of the staff of the IRS, Corporate Statistics of Income Division, for their assistance in providing the data and related information necessary in developing the ***Almanac***.

The source of the IRS's data are the tax returns of all active public and private corporations. Because the ***Almanac's*** data are derived only from corporate tax returns, there is a mixture of corporate with the financial performance of partnerships and individual proprietorships; the ***Almanac's*** information constitutes a **homogeneous universe.** The tax returns are classified by the IRS on the basis of the business activity which accounts for a corporation's largest percentage of total receipts. Large corporations with dissimilar business activities are included in only one industry, despite operations that are unrelated to the industry in which they are grouped.

The data developed by the IRS are derived from a stratified probability sample of corporation income tax returns. Where the sample data from the sample are small and should those numbers be used in a denominator, the result is reported as a hyphen (-) in the ***Almanac.*** Returns of the largest corporations are generally in the sample from year to year, but comparability can be affected by consolidations and mergers, changes in the law and the tax forms, and changes in the industrial classification system used over the years.

## Representative Industries

The ***Almanac*** reports on 192 industries. Minor industries are denoted by a five-digit code; major industries are designated by a three-digit industry code; industrial sectors by a two-digit code; and industrial divisions by a two-digit code. When the data are the same for minor, major, sector, and industrial division, the IRS reports only the industrial division, and similarly for other identities applicable to the major and sectoral industries; the ***Almanac*** follows this procedure.

***Almanac 2004*** continues the previous coverage of reporting information: for all industries, **Table I, Corporations with and without Net Income** (that is, the entire universe of active reporting corporations), and **Table II, Corporations with Net Income,** a subset of the universe. In the ***Almanac 2004,*** Table I covers over 5 million enterprises (corporations), and Table II covers 2.8 million corporations with net income. This implies that 2.2 million corporations reported deficits. The IRS defines net income (or deficit) as the companies' net profit or loss from taxable sources of income reduced by allowable deductions. Total receipts of the 5 million corporations reported in ***Almanac 2004*** was $20.6 trillion, up by $1.7 trillion.

The ***Almanac*** continues to report performance results not only by the total for each industry, but by 12 other asset size groups (a total of 13 asset size groups), providing 50 items of data and/or ratios on corporate performance:

**Total**
**Zero**
**Under $100,000**
**$100,000 to $250,000**
**$250,001 to $500,000**
**$500,001 to $1,000,000**
**$1,000,001 to $5,000,000**
**$5,000,001 to $10,000,000**
**$10,000,001 to $25,000,000**
**$25,000,001 to $50,000,000**
**$50,000,001 to $100,000,000**
**$100,000,001 to $250,000,000**
**$250,000,001 or more**

All data in Tables I and II cover an accounting period identified on all tables and are the most recent information available from the IRS. For the ***Almanac 2004,*** the accounting period is July 2000 through June 2001. The dating of the data is counterbalanced by the most extensive industrial coverage available in any report on financial performance, the number of items of corporate performance, and their availability in thirteen asset size groups. Moreover, the timing of the data are also counterbalanced by the stability of the ***Almanac's*** values as past trends have indicated. Therefore, the ***Almanac's*** financial results are reliable in assessing current corporate performance.

Beyond its reliable insights into corporate behavior on a micro basis, its comprehensive and detailed coverage make the ***Almanac*** the **Anatomy of American Corporate Capitalism.** In this macro sense, it constitutes **the** example to those countries desirous of modeling their economies on the American performance.

## How to Use the Almanac

On the micro level, the ***Almanac*** multiplies manyfold the power of financial analysis to evaluate an individual company's financial performance: In contrast to many standard reports, the ***Almanac*** gives management, and analysts independent of any company, more of the fundamental analytical tools needed to compare their company with companies in the same industry and of the same asset size. The ***Almanac*** can enhance the value of any company's annual report because it affords the analyst and the stockholder detailed background of financial information for comparison.

The 50 tax-based items that provide that financial analysis are as follows:

### *1. Number of Enterprises*

These are the count of corporate tax returns filed by active corporations on one of the Form 1120-series returns.

**Special Note:** Net Sales is used to compute the percentage of items 3 to 7 to Net Sales for all industries, except Finance, Insurance, and Real Estate (FIRE). For the FIRE industries, Total Receipts are used to compute the percentage of items 3 to 7.

## Revenues ($ in thousands), Items 2 to 9

### *2. Operating Income (Net Sales)*

This is the IRS item Business Receipts, the gross operating receipts reduced by the cost of returned goods and allowances.

### *2. Total Receipts*

See definition in item 8.

### *3. Interest*

Taxable interest includes interest on U.S. Government obligations, loans, notes, mortgages, arbitrage bonds, nonexempt private activity bonds, corporate bonds, bank deposits, and tax refunds; interest received from tax-exempt state or local municipal bonds and ESOP loans are not included in this item.

### *4. Rents*

These are the gross amounts received from the use or occupancy of property by corporations whose principal activities did not involve operating rental properties.

### *5. Royalties*

These are gross payments received for the use of property rights before taking deductions.

### *6. Other Portfolio Income*

These consist of cash, notes, and accounts receivable, less allowance for bad debts and inventories.

### *7. Other Receipts*

These receipts include such items as income from minor operations, cash discounts, claims, license rights, judgments, and joint ventures.

### 8. *Total Receipts*

Total receipts are the sum of ten items: 1. Business receipts; 2. Interest; 3. Interest on government obligations: state and local; 4. Rents; 5. Royalties; 6. Net capital gains (excluding long-term gains from regulated investment companies); 7. Net gain, noncapital assets; 8. Dividends received from domestic corporations; 9. Dividends received from foreign corporations; 10. Other receipts.

### 9. *Average Total Receipts*

Total receipts divided by the number of enterprises.

## OPERATING COSTS/OPERATING INCOME, ITEMS 10 TO 22

### 10. *Cost of Operations*

This is the IRS's Costs of Goods Sold; it consists of the costs incurred in producing the goods or furnishing the services that generated the corporations' business receipts.

### 11. *Salaries and Wages*

These include bonuses, directors' fees, wages, payroll, and salaries.

### 12. *Taxes Paid*

Excludes Federal Income Taxes; they are the amounts paid for ordinary state and local taxes, social security, payroll taxes, unemployment insurance taxes, excise taxes, import and tariff duties, and business license and privilege taxes.

### 13. *Interest Paid*

These amounts consist of interest paid on all business indebtedness.

### 14. *Depreciation*

The charges allowed are governed principally by the IRS rules in effect in 1997, basically enacted in 1986, but also include other modifications. Hence, depreciation could represent amounts computed by different sets of rules.

### 15. *Amortization and Depletion*

Most amortization is calculated on a straight-line basis. Depletion is allowed for the exhaustion of natural deposits and timber.

### 16. *Pensions, Profit-Sharing, Stock Bonus, and Annuity Plans*

These are amounts deducted during the current year for qualified pension, profit-sharing, or other funded deferred compensation plans.

### 17. *Employee Benefits*

These are employer contributions to death benefit, insurance, health, accident, and sickness, and other welfare plans.

### 18. *Advertising*

Amounts include promotion and publicity expenses.

### 19. *Other Expenses*

These include expenses for repairs, bad debts, rent paid on business property, contributions and gifts, and expenses not allocable to specific deductible items.

### *20. Officers' Compensation*

Salaries, wages, stock bonuses, bonds, and other forms of compensation are included in this item.

### *21. Operating Margin*

This is the net income after all operating costs have been deducted.

### *22. Operating Margin Before Officers' Compensation*

This measure takes into account the effect of Officers' Compensation on the operating margin.

## Selected Average Balance Sheet Items ($ in thousands) Items 23 to 29

### *23. Average Net Receivables*

The total of Notes and Accounts Receivable, less Allowance for Bad Debts, divided by the number of enterprises. Notes and Accounts Receivable are the gross amounts arising from business sales or services to customers on credit in the course of ordinary trade or business. This includes commercial paper, charge accounts, current intercompany receivables, property investment loans, and trade acceptances.

### *24. Average Inventories*

Total inventories are divided by the number of enterprises. Inventories include finished goods, partially finished goods, new materials and supplies acquired for sale, merchandise on hand or in transit, and growing crops reported as assets by agricultural enterprises.

### *25. Average Net Property, Plant and Equipment*

This includes depreciable assets less accumulated depreciation, depletable assets less accumulated depletion, and land; the sum is divided by the number of enterprises. Depreciable assets consist of end-of-year balance sheet tangible property, such as buildings and equipment used in trade or business, or held for the production of income, and that has a useful life of one year or more. The amount of accumulated depreciation represents the portion written off in the current year, as well as in prior years. Depletable assets represent the end-of-year value of mineral property, oil and gas wells, and other natural resources; standing timber; intangible development and drilling costs capitalized; and leases and leaseholds, subject to depletion. Accumulated depletion represents the cumulative adjustment of these assets.

### *26. Average Total Assets*

Total Assets (and Total Liabilities) are amounts reported in the end-of-year balance sheet. Total Assets are net amounts after reduction from accumulated depreciation, accumulated amortization, accumulated depletion, and the reserve for bad debts. Total Liabilities include the claims of creditors and stockholders' equity, and were net after reduction by the cost of treasury stock. The average of total assets was obtained by dividing it by the number of enterprises.

### *27. Average of Notes and Loans Payable, and Mortgages*

These liabilities were separated on the balance sheet according to the time to maturity of the obligations. Time to maturity was based on the date of the balance sheet, rather than the date of issue of the obligations. The total was divided by the number of enterprises.

### *28. Average of All Other Liabilities*

These included accounts payable, and other liabilities including other current liabilities. The total was divided by the number of enterprises.

### *29. Average Net Worth*

Net Worth represents the stockholders' equity in the corporation (total assets minus the claims of creditors). It consists of Capital Stock, Paid-In Capital Surplus, Retained Earnings Appropriated, Retained Earnings Unappropriated, less cost of treasury stock.

## Selected Financial Ratios, Number of Times to One, Ratios 30 to 44

### *30. Current Ratio*

The items that used Current Assets for this ratio are Cash; Notes and Accounts Receivable, Less: Allowance for Bad Debts; Inventories; Government Obligations; Tax-Exempt Securities; and Other Current Assets. For Current Liabilities, the following items were included: Accounts Payable; Mortgages and Notes Maturing in Less than 1 Year; and Other Current Liabilities.

This ratio, rated highest by CPAs as a measure of liquidity, gauges the ability of a company to meet its short-term financial obligations should it be compelled to liquidate its assets. However, it is not an absolute measure of the company's ability to meet its obligations. It is obtained by dividing current assets by current liabilities. The standard guideline has been a ratio of 2 to 1; however, some companies have found that in their experience, a ratio less than 2 to 1 is adequate, while others consider a larger one to be necessary. The ratio is affected by the method of valuation of inventory (LIFO or FIFO) and by inflation. The ***Almanac*** provides measures that can be treated as standards by size of asset.

### *31. Quick Ratio*

This ratio is also known as the "Acid Test Ratio" because it is often used to estimate a company's general liquidity. There is some disagreement about the inclusion of inventory in the numerator because it may be slow moving, obsolete, or pledged to specific creditors, and, therefore, not be readily convertible into cash. The ***Almanac*** adopts a conservative approach and does not include the item in calculating the ratio. Excluding inventories and other current assets, the numerator is the same as that used in determining current assets. The denominator, current liabilities, is unchanged. The ratio of 1 to 1 has been considered a reasonable standard, but it is jeopardized because accounts and notes receivable may not be convertible into cash at face value and at short notice. The ***Almanac*** provides measures that can be treated as standards by size of asset.

### *32. Net Sales to Working Capital*

This is an efficiency, or turnover, ratio that measures the rate at which current assets less current liabilities (Working Capital) is used in making sales. (In industries in Finance, Insurance, and Real Estate, total receipts rather than net sales is used.) A low ratio indicates a less efficient (profitable) use of working capital in making sales. The ***Almanac*** provides measures that can be treated as standards by size of asset. Working Capital is the difference between current assets and current liabilities.

### *33. Coverage Ratio*

This ratio measures the number of times all interest paid by the company is covered by earnings before interest charges and taxes (EBIT). For that reason, the ratio is also known as the "times interest earned ratio." The ratio indicates the company's ability to service its debt based on its income.

### *34. Total Asset Turnover*

The ratio is an efficiency ratio because it indicates the effectiveness of the company's use of its total assets in generating sales. It is measured by dividing total assets by sales.

### *35. Inventory Turnover*

Inventory turnover measures the liquidity of the inventory. It is computed by dividing the cost of goods sold by the average inventory. The result shows the number of times that the average inventory can be converted into receivables or cash. The ratio reflects both on the quality of the inventory and the efficiency of management. Typically, the higher the turnover rate, the more likely profits will be higher.

**SPECIAL NOTE:** Inventory turnover is not computed for industries in Finance, Insurance, and Real Estate.

### *36. Receivables Turnover*

This ratio measures the liquidity of accounts receivable. It indicates the average collection period throughout the year. It is obtained by dividing sales average by net receivables. It is not computed in the Finance, Insurance, and Real Estate industries (although it is calculated for all other industries even though conventional analysis typically omits it) for many of the industries in the ***Almanac.***

### *37. Total Liabilities to Net Worth*

This ratio indicates the extent to which the company's funds are supplied by short- and long-term creditors compared to its owners. It is an indicator of the company's long-term debt paying ability. The ratio is one of the most important bearing on the company's capital structure. Net worth is defined in ratio 29.

### *38. Current Assets to Working Capital*

The dependence of Working Capital in part on current assets is important to understanding this part of the source of Working Capital. Current Assets are defined in ratio 30 and Working Capital is defined in ratio 32.

### *39. Current Liabilities to Working Capital*

The dependence of Working Capital in part on current liabilities is important to understanding this part of the source of Working Capital. Current Liabilities are defined in ratio 30 and Working Capital is defined in ratio 32.

### *40. Working Capital to Net Sales or Total Receipts*

The purpose of this ratio is to determine the working capital needed in relation to projected sales or receipts. Working Capital is defined in ratio 32.

### *41. Inventory to Working Capital*

This ratio, by showing the proportion of Working Capital invested in Inventory, indicates the part of Current Assets that are least liquid. Inventories which exceed working capital indicate that current liabilities exceed liquid current assets. Working Capital is defined in ratio 32.

### *42. Total Receipts to Cash Flow*

Cash Flow is the difference between cash receipts and cash disbursements. The ratio of total receipts to cash flow could suggest steps which management might take to improve the company's cash position.

### *43. Cost of Goods to Cash Flow*

This ratio can be the basis for projections of cash requirements needed to fund projected costs of production. Cash flow is defined in ratio 42.

### *44. Cash Flow to Total Debt*

This ratio indicates the extent to which a company could service its total debt from cash flow. It is analogous to the coverage ratio; refer to ratio 33. Cash flow is defined in ratio 42.

## Selected Financial Factors (in percentages), Items 45 to 50

### *45. Debt Ratio (Total Liabilities to Total Assets)*

This ratio indicates the company's ability to pay all its debts. It measures the creditors' and owners' of the company's ability to withstand losses. It is an indicator of the long-run solvency of the firm.

### *46. Return on Total Assets*

The ratio combines the turnover and profit ratios (Sales/Total Assets x [*times*] Profit/Sales) and yields the return on investment (Total Assets). The result is the end product of the DuPont System of financial analysis. The system takes into account both operating income and operating assets. In Table I of each industry, the Return on Investment (ROI) is net income less deficit before income taxes divided by total assets. In Table II of each industry, the ROI is net income before income taxes divided by Total Assets. Total Assets are used because management has discretion in the investment of the resources provided by both the creditors and owners.

### *47. Return on Equity Before Income Taxes*

This ratio measures the profitability of the company's operations to owners, before income taxes. For Table I this is net income, less deficit before income taxes and before credits. For Table II this is net income minus income tax before credits.

### *48. Return on Equity After Income Taxes*

This ratio measures the profitability of the company's operations to owners, after income taxes. For Table I this is net income, less deficit and minus income tax before credits. For Table II this is net income minus income tax and before credits.

### *49. Profit Margin (Before Income Tax)*

This is net income before income tax divided by net sales (or total receipts) and indicates the contribution of sales to the profitability of the company. Competition, capital structure, and operating characteristics cause the margin to vary within and among industries. For Table I, net income less deficit and before income taxes is the numerator; for Table II it is net income before tax.

### *50. Profit Margin (After Income Tax)*

This ratio is the same as ratio 49 except that income taxes are taken into account.

**Author's Note: There are no computational data available for Industry 312120, Table II, Corporations with Net Income.**

# *Table of Contents*

Page references to tables for industries with net income are in italic

**PRINCIPAL BUSINESS ACTIVITY (BASED ON NAICS)**

# ALMANAC
# *of Business and Industrial*
# FINANCIAL RATIOS

35th ANNUAL EDITION
2004

**Table I**

Corporations with and without Net Income

# AGRICULTURAL PRODUCTION

**MONEY AMOUNTS AND SIZE OF ASSETS IN THOUSANDS OF DOLLARS**

| Item Description for Accounting Period 7/00 Through 6/01 | | Total | Zero Assets | Under 100 | 100 to 250 | 251 to 500 | 501 to 1,000 | 1,001 to 5,000 | 5,001 to 10,000 | 10,001 to 25,000 | 25,001 to 50,000 | 50,001 to 100,000 | 100,001 to 250,000 | 250,001 and over |
|---|---|---|---|---|---|---|---|---|---|---|---|---|---|---|
| Number of Enterprises | 1 | 101434 | 2775 | 30388 | 19102 | 19746 | 14426 | 13174 | 1161 | 426 | 117 | 64 | 39 | 16 |
| **Revenues ($ in Thousands)** | | | | | | | | | | | | | | |
| Net Sales | 2 | 77586153 | 273677 | 3359863 | 4188801 | 6608395 | 6411258 | 18727211 | 7764429 | 6299228 | 4552059 | 5500158 | 6494256 | 7406818 |
| Interest | 3 | 464652 | 9581 | 5681 | 13502 | 31559 | 66317 | 110858 | 29894 | 39701 | 18644 | 22902 | 64123 | 51890 |
| Rents | 4 | 718294 | 752 | 47922 | 85645 | 72218 | 135587 | 219164 | 64664 | 27289 | 6393 | 36331 | 8387 | 13941 |
| Royalties | 5 | 108640 | 3220 | 0 | 0 | 2709 | 8412 | 3438 | 3834 | 12609 | 160 | 11178 | 6370 | 56710 |
| Other Portfolio Income | 6 | 1495547 | 88128 | 57593 | 64986 | 131892 | 143462 | 443007 | 129125 | 103367 | 32091 | 72980 | 123527 | 105392 |
| Other Receipts | 7 | 6631938 | 52018 | 357500 | 700486 | 955358 | 1144779 | 1975006 | 305036 | 351885 | 179625 | 155914 | 167311 | 287018 |
| Total Receipts | 8 | 87005224 | 427376 | 3828559 | 5053420 | 7802131 | 7909815 | 21478684 | 8296982 | 6834079 | 4788972 | 5799463 | 6863974 | 7921769 |
| Average Total Receipts | 9 | 858 | 154 | 126 | 265 | 395 | 548 | 1630 | 7146 | 16042 | 40931 | 90617 | 175999 | 495111 |
| **Operating Costs/Operating Income (%)** | | | | | | | | | | | | | | |
| Cost of Operations | 10 | 54.3 | 50.4 | 10.1 | 30.9 | 39.1 | 35.4 | 48.0 | 62.7 | 60.5 | 73.4 | 76.1 | 81.9 | 67.5 |
| Salaries and Wages | 11 | 8.1 | 6.6 | 13.4 | 12.2 | 9.0 | 9.9 | 9.0 | 7.9 | 8.0 | 5.8 | 4.4 | 3.2 | 7.7 |
| Taxes Paid | 12 | 2.4 | 18.2 | 2.7 | 4.4 | 2.7 | 3.7 | 2.8 | 1.9 | 2.5 | 1.6 | 1.1 | 1.3 | 1.4 |
| Interest Paid | 13 | 3.7 | 8.6 | 2.5 | 3.8 | 4.1 | 4.7 | 4.4 | 3.4 | 3.2 | 2.9 | 2.4 | 2.8 | 4.6 |
| Depreciation | 14 | 5.7 | 15.3 | 4.2 | 7.7 | 8.4 | 9.0 | 7.0 | 4.9 | 4.3 | 3.9 | 3.8 | 3.8 | 3.0 |
| Amortization and Depletion | 15 | 0.2 | 0.1 | 0.0 | 0.0 | 0.0 | 0.1 | 0.2 | 0.1 | 0.2 | 0.3 | 0.0 | 0.5 | 0.6 |
| Pensions and Other Deferred Comp. | 16 | 0.2 | 0.1 | • | 0.0 | 0.2 | 0.2 | 0.2 | 0.2 | 0.2 | 0.3 | 0.1 | 0.2 | 0.2 |
| Employee Benefits | 17 | 0.9 | 0.7 | 1.0 | 1.0 | 0.8 | 1.3 | 0.7 | 0.7 | 0.7 | 0.7 | 0.8 | 0.5 | 2.1 |
| Advertising | 18 | 0.3 | 0.5 | 0.5 | 0.1 | 0.5 | 0.2 | 0.4 | 0.2 | 0.3 | 0.4 | 0.2 | 0.2 | 0.7 |
| Other Expenses | 19 | 33.1 | 68.1 | 80.8 | 59.7 | 48.5 | 52.6 | 37.2 | 23.6 | 27.9 | 15.2 | 14.8 | 8.3 | 14.7 |
| Officers' Compensation | 20 | 2.1 | 1.2 | 4.8 | 2.1 | 3.2 | 4.2 | 3.0 | 1.3 | 1.4 | 1.1 | 0.6 | 0.5 | 0.6 |
| Operating Margin | 21 | • | • | • | • | • | • | • | • | • | • | • | • | • |
| Operating Margin Before Officers' Comp. | 22 | • | • | • | • | • | • | • | • | • | • | • | • | • |

## Selected Average Balance Sheet ($ in Thousands)

| | | | | | | | | | | | | | |
|---|---|---|---|---|---|---|---|---|---|---|---|---|---|
| Net Receivables 23 | 64 | 0 | 1 | 6 | 10 | 16 | 68 | 545 | 1801 | 5221 | 9183 | 27540 | 85355 |
| Inventories 24 | 82 | 0 | 2 | 11 | 24 | 30 | 162 | 886 | 1812 | 4702 | 10051 | 24272 | 64519 |
| Net Property, Plant and Equipment 25 | 419 | 0 | 22 | 89 | 219 | 454 | 1080 | 3255 | 6826 | 15929 | 33110 | 48809 | 152253 |
| Total Assets 26 | 840 | 0 | 40 | 175 | 363 | 698 | 1819 | 6786 | 14861 | 35495 | 73107 | 150325 | 658976 |
| Notes and Loans Payable 27 | 422 | 0 | 56 | 127 | 200 | 379 | 957 | 3646 | 7381 | 16638 | 29542 | 55409 | 201918 |
| All Other Liabilities 28 | 109 | 0 | 10 | 15 | 19 | 42 | 156 | 689 | 2150 | 6243 | 13550 | 34702 | 174958 |
| Net Worth 29 | 310 | 0 | -25 | 33 | 144 | 277 | 706 | 2450 | 5330 | 12615 | 30016 | 60213 | 282100 |

## Selected Financial Ratios (Times to 1)

| | | | | | | | | | | | | | |
|---|---|---|---|---|---|---|---|---|---|---|---|---|---|
| Current Ratio 30 | 1.3 | • | 1.1 | 1.2 | 1.5 | 1.3 | 1.2 | 1.2 | 1.2 | 1.3 | 1.3 | 1.6 | 1.2 |
| Quick Ratio 31 | 0.7 | • | 0.8 | 0.7 | 0.9 | 0.8 | 0.6 | 0.5 | 0.6 | 0.7 | 0.6 | 0.8 | 0.6 |
| Net Sales to Working Capital 32 | 14.5 | • | 109.0 | 28.3 | 11.9 | 17.2 | 16.6 | 19.5 | 15.5 | 11.7 | 13.6 | 6.8 | 12.8 |
| Coverage Ratio 33 | 1.3 | • | • | 0.6 | 1.4 | 1.4 | 1.4 | 1.0 | 0.8 | 0.9 | 1.4 | 1.9 | 1.9 |
| Total Asset Turnover 34 | 0.9 | • | 2.7 | 1.2 | 0.9 | 0.6 | 0.8 | 1.0 | 1.0 | 1.1 | 1.2 | 1.1 | 0.7 |
| Inventory Turnover 35 | 5.1 | • | 4.6 | 6.0 | 5.4 | 5.2 | 4.2 | 4.7 | 4.9 | 6.1 | 6.5 | 5.6 | 4.8 |
| Receivables Turnover 36 | 11.8 | • | 148.6 | 39.4 | 33.2 | 24.2 | 22.9 | 13.0 | 8.3 | 8.6 | 8.7 | 6.7 | 4.4 |
| Total Liabilities to Net Worth 37 | 1.7 | • | • | 4.3 | 1.5 | 1.5 | 1.6 | 1.8 | 1.8 | 1.8 | 1.4 | 1.5 | 1.3 |
| Current Assets to Working Capital 38 | 4.6 | • | 12.8 | 6.8 | 3.0 | 4.9 | 5.0 | 6.7 | 5.7 | 4.2 | 4.2 | 2.8 | 5.2 |
| Current Liabilities to Working Capital 39 | 3.6 | • | 11.8 | 5.8 | 2.0 | 3.9 | 4.0 | 5.7 | 4.7 | 3.2 | 3.2 | 1.8 | 4.2 |
| Working Capital to Net Sales 40 | 0.1 | • | 0.0 | 0.0 | 0.1 | 0.1 | 0.1 | 0.1 | 0.1 | 0.1 | 0.1 | 0.1 | 0.1 |
| Inventory to Working Capital 41 | 1.6 | • | 2.2 | 1.5 | 0.8 | 1.1 | 2.0 | 2.7 | 2.0 | 1.5 | 1.6 | 1.0 | 1.6 |
| Total Receipts to Cash Flow 42 | 4.3 | 6.3 | 3.1 | 2.7 | 2.9 | 2.5 | 3.6 | 5.9 | 4.7 | 8.3 | 7.4 | 12.9 | 7.0 |
| Cost of Goods to Cash Flow 43 | 2.3 | 3.2 | 0.3 | 0.8 | 1.1 | 0.9 | 1.7 | 3.7 | 2.8 | 6.1 | 5.6 | 10.6 | 4.7 |
| Cash Flow to Total Debt 44 | 0.3 | • | 0.5 | 0.6 | 0.5 | 0.4 | 0.4 | 0.3 | 0.3 | 0.2 | 0.3 | 0.1 | 0.2 |

## Selected Financial Factors (in Percentages)

| | | | | | | | | | | | | | |
|---|---|---|---|---|---|---|---|---|---|---|---|---|---|
| Debt Ratio 45 | 63.2 | • | 162.6 | 81.1 | 60.3 | 60.3 | 61.2 | 63.9 | 64.1 | 64.5 | 58.9 | 59.9 | 57.2 |
| Return on Total Assets 46 | 4.3 | • | • | 3.0 | 5.1 | 4.3 | 4.8 | 3.3 | 2.4 | 2.7 | 4.1 | 5.9 | 6.2 |
| Return on Equity Before Income Taxes 47 | 2.4 | • | 27.1 | • | 3.5 | 3.3 | 3.7 | • | • | • | 3.1 | 7.0 | 7.0 |
| Return on Equity After Income Taxes 48 | 0.8 | • | 27.9 | • | 2.4 | 2.4 | 2.6 | • | • | • | 1.7 | 4.4 | 5.0 |
| Profit Margin (Before Income Tax) 49 | 1.0 | • | • | • | 1.5 | 2.1 | 1.8 | • | • | • | 1.1 | 2.5 | 4.3 |
| Profit Margin (After Income Tax) 50 | 0.3 | • | • | • | 1.0 | 1.5 | 1.3 | • | • | • | 0.6 | 1.6 | 3.0 |

**Table II**

Corporations with Net Income

# AGRICULTURAL PRODUCTION

**MONEY AMOUNTS AND SIZE OF ASSETS IN THOUSANDS OF DOLLARS**

| Item Description for Accounting Period 7/00 Through 6/01 | | Total | Zero Assets | Under 100 | 100 to 250 | 251 to 500 | 501 to 1,000 | 1,001 to 5,000 | 5,001 to 10,000 | 10,001 to 25,000 | 25,001 to 50,000 | 50,001 to 100,000 | 100,001 to 250,000 | 250,001 and over |
|---|---|---|---|---|---|---|---|---|---|---|---|---|---|---|
| Number of Enterprises | 1 | 58502 | 1635 | 15671 | 11104 | 10568 | 10115 | 8373 | 674 | 229 | 63 | 36 | 23 | 10 |
| **Revenues ($ in Thousands)** | | | | | | | | | | | | | | |
| Net Sales | 2 | 54544267 | 162835 | 1880435 | 3023102 | 4423664 | 5270592 | 14149023 | 5551036 | 3708076 | 3002558 | 3373716 | 4079468 | 5919761 |
| Interest | 3 | 356732 | 7102 | 4330 | 10635 | 23640 | 52412 | 88382 | 21576 | 29788 | 14625 | 11874 | 46405 | 45963 |
| Rents | 4 | 532500 | 711 | 26166 | 77241 | 44774 | 113145 | 165352 | 49970 | 22938 | 3778 | 9624 | 5489 | 13314 |
| Royalties | 5 | 89345 | 3220 | 0 | 0 | 2659 | 3938 | 965 | 1834 | 10397 | 132 | 8743 | 6369 | 51088 |
| Other Portfolio Income | 6 | 1146479 | 80211 | 35745 | 27039 | 94378 | 112646 | 372717 | 81590 | 77232 | 15841 | 52451 | 107141 | 89486 |
| Other Receipts | 7 | 4752980 | 73101 | 235291 | 475604 | 571386 | 897291 | 1421319 | 237265 | 165281 | 142987 | 137804 | 121589 | 274063 |
| Total Receipts | 8 | 61422303 | 327180 | 2181967 | 3613621 | 5160501 | 6450024 | 16197758 | 5943271 | 4013712 | 3179921 | 3594212 | 4366461 | 6393675 |
| Average Total Receipts | 9 | 1050 | 200 | 139 | 325 | 488 | 638 | 1935 | 8818 | 17527 | 50475 | 99839 | 189846 | 639368 |
| **Operating Costs/Operating Income (%)** | | | | | | | | | | | | | | |
| Cost of Operations | 10 | 55.3 | 36.5 | 5.4 | 37.3 | 50.7 | 37.4 | 47.7 | 62.2 | 64.2 | 72.4 | 75.7 | 80.3 | 68.9 |
| Salaries and Wages | 11 | 7.1 | 4.2 | 12.9 | 10.1 | 6.7 | 8.8 | 8.0 | 6.5 | 7.8 | 5.1 | 4.4 | 3.1 | 5.9 |
| Taxes Paid | 12 | 2.1 | 5.4 | 2.5 | 3.8 | 2.0 | 3.2 | 2.5 | 1.7 | 2.0 | 1.4 | 1.0 | 1.3 | 1.4 |
| Interest Paid | 13 | 2.8 | 5.6 | 1.8 | 2.5 | 2.7 | 3.4 | 3.2 | 2.4 | 2.4 | 2.0 | 2.0 | 2.6 | 3.1 |
| Depreciation | 14 | 4.6 | 5.8 | 3.0 | 4.9 | 5.2 | 6.6 | 5.8 | 3.8 | 3.7 | 3.1 | 3.0 | 4.3 | 2.7 |
| Amortization and Depletion | 15 | 0.1 | 0.1 | 0.0 | 0.0 | 0.0 | 0.0 | 0.1 | 0.1 | 0.1 | 0.1 | • | 0.5 | 0.1 |
| Pensions and Other Deferred Comp. | 16 | 0.2 | 0.1 | • | 0.1 | 0.0 | 0.2 | 0.2 | 0.2 | 0.3 | 0.3 | 0.1 | 0.2 | 0.2 |
| Employee Benefits | 17 | 0.8 | 0.6 | 0.8 | 0.8 | 0.5 | 1.1 | 0.6 | 0.5 | 0.8 | 0.6 | 0.9 | 0.4 | 2.2 |
| Advertising | 18 | 0.3 | 0.4 | 0.4 | 0.1 | 0.4 | 0.1 | 0.4 | 0.2 | 0.3 | 0.4 | 0.2 | 0.2 | 0.8 |
| Other Expenses | 19 | 28.6 | 59.8 | 69.2 | 48.1 | 33.9 | 46.3 | 34.9 | 21.0 | 18.4 | 13.8 | 13.0 | 7.4 | 15.0 |
| Officers' Compensation | 20 | 2.2 | 2.0 | 7.0 | 1.7 | 2.4 | 4.0 | 3.0 | 1.4 | 1.6 | 1.0 | 0.5 | 0.7 | 0.6 |
| Operating Margin | 21 | • | • | • | • | • | • | • | • | • | • | • | • | • |
| Operating Margin Before Officers' Comp. | 22 | • | • | 3.9 | • | • | • | • | 1.3 | • | 0.6 | • | • | • |

| Selected Average Balance Sheet ($ in Thousands) | | | | | | | | | | | | | |
|---|---|---|---|---|---|---|---|---|---|---|---|---|---|
| Net Receivables 23 | 76 | 0 | 0 | 9 | 14 | 17 | 80 | 578 | 2033 | 5537 | 11438 | 25642 | 117147 |
| Inventories 24 | 92 | 0 | 1 | 10 | 24 | 33 | 184 | 925 | 1997 | 4686 | 10680 | 28272 | 74871 |
| Net Property, Plant and Equipment 25 | 410 | 0 | 17 | 77 | 199 | 435 | 978 | 2974 | 5821 | 15266 | 27170 | 56856 | 158861 |
| Total Assets 26 | 901 | 0 | 37 | 184 | 368 | 694 | 1760 | 6648 | 14694 | 34504 | 71409 | 160328 | 814657 |
| Notes and Loans Payable 27 | 347 | 0 | 27 | 84 | 137 | 247 | 755 | 3117 | 6137 | 14653 | 26438 | 58849 | 190930 |
| All Other Liabilities 28 | 113 | 0 | 1 | 17 | 22 | 44 | 130 | 650 | 2122 | 5175 | 15397 | 29957 | 213281 |
| Net Worth 29 | 441 | 0 | 9 | 82 | 209 | 403 | 874 | 2881 | 6435 | 14677 | 29573 | 71521 | 410446 |

| Selected Financial Ratios (Times to 1) | | | | | | | | | | | | | |
|---|---|---|---|---|---|---|---|---|---|---|---|---|---|
| Current Ratio 30 | 1.4 | • | 2.2 | 1.4 | 1.7 | 1.7 | 1.4 | 1.2 | 1.4 | 1.5 | 1.5 | 1.8 | 1.1 |
| Quick Ratio 31 | 0.8 | • | 1.9 | 0.9 | 1.1 | 1.1 | 0.7 | 0.5 | 0.7 | 0.8 | 0.8 | 0.9 | 0.6 |
| Net Sales to Working Capital 32 | 11.0 | • | 16.5 | 16.7 | 9.2 | 8.7 | 11.7 | 17.8 | 9.4 | 10.3 | 8.6 | 5.9 | 21.3 |
| Coverage Ratio 33 | 4.1 | 15.2 | 8.3 | 5.0 | 5.5 | 4.2 | 3.5 | 3.8 | 3.7 | 3.7 | 3.9 | 3.3 | 3.5 |
| Total Asset Turnover 34 | 1.0 | • | 3.2 | 1.5 | 1.1 | 0.8 | 1.0 | 1.2 | 1.1 | 1.4 | 1.3 | 1.1 | 0.7 |
| Inventory Turnover 35 | 5.6 | • | 7.8 | 9.9 | 8.7 | 5.9 | 4.4 | 5.5 | 5.2 | 7.4 | 6.6 | 5.0 | 5.4 |
| Receivables Turnover 36 | 11.8 | • | 439.1 | 35.7 | 32.5 | 27.5 | 23.3 | 14.6 | 8.1 | 17.2 | 16.4 | 6.0 | 4.3 |
| Total Liabilities to Net Worth 37 | 1.0 | • | 3.1 | 1.2 | 0.8 | 0.7 | 1.0 | 1.3 | 1.3 | 1.4 | 1.4 | 1.2 | 1.0 |
| Current Assets to Working Capital 38 | 3.3 | • | 1.9 | 3.8 | 2.4 | 2.4 | 3.2 | 5.0 | 3.6 | 3.2 | 2.9 | 2.2 | 8.5 |
| Current Liabilities to Working Capital 39 | 2.3 | • | 0.9 | 2.8 | 1.4 | 1.4 | 2.2 | 4.0 | 2.6 | 2.2 | 1.9 | 1.2 | 7.5 |
| Working Capital to Net Sales 40 | 0.1 | • | 0.1 | 0.1 | 0.1 | 0.1 | 0.1 | 0.1 | 0.1 | 0.1 | 0.1 | 0.2 | 0.0 |
| Inventory to Working Capital 41 | 1.1 | • | 0.1 | 0.8 | 0.4 | 0.5 | 1.3 | 2.3 | 1.2 | 1.0 | 1.0 | 1.0 | 2.3 |
| Total Receipts to Cash Flow 42 | 3.7 | 1.2 | 2.2 | 2.6 | 2.9 | 2.3 | 3.2 | 4.6 | 5.1 | 6.0 | 6.2 | 10.1 | 5.6 |
| Cost of Goods to Cash Flow 43 | 2.0 | 0.4 | 0.1 | 1.0 | 1.5 | 0.8 | 1.5 | 2.9 | 3.3 | 4.4 | 4.7 | 8.1 | 3.9 |
| Cash Flow to Total Debt 44 | 0.6 | • | 1.9 | 1.0 | 0.9 | 0.8 | 0.6 | 0.5 | 0.4 | 0.4 | 0.4 | 0.2 | 0.3 |

| Selected Financial Factors (in Percentages) | | | | | | | | | | | | | |
|---|---|---|---|---|---|---|---|---|---|---|---|---|---|
| Debt Ratio 45 | 51.0 | • | 75.3 | 55.3 | 43.3 | 41.9 | 50.3 | 56.7 | 56.2 | 57.5 | 58.6 | 55.4 | 49.6 |
| Return on Total Assets 46 | 11.7 | • | 47.3 | 18.8 | 17.0 | 10.8 | 10.9 | 11.6 | 9.9 | 10.3 | 10.3 | 9.6 | 7.8 |
| Return on Equity Before Income Taxes 47 | 18.0 | • | 169.0 | 33.6 | 24.5 | 14.3 | 15.7 | 19.8 | 16.5 | 17.6 | 18.4 | 15.1 | 11.1 |
| Return on Equity After Income Taxes 48 | 16.1 | • | 165.1 | 32.0 | 23.2 | 13.4 | 14.3 | 18.4 | 14.5 | 15.7 | 15.9 | 11.5 | 8.8 |
| Profit Margin (Before Income Tax) 49 | 8.5 | 80.3 | 13.0 | 10.1 | 12.2 | 11.0 | 8.1 | 6.9 | 6.6 | 5.4 | 5.8 | 6.1 | 7.7 |
| Profit Margin (After Income Tax) 50 | 7.6 | 62.7 | 12.7 | 9.7 | 11.5 | 10.3 | 7.4 | 6.4 | 5.8 | 4.8 | 5.0 | 4.6 | 6.1 |

**Table I**

Corporations with and without Net Income

# FORESTRY AND LOGGING

| Item Description for Accounting Period 7/00 Through 6/01 | | Money Amounts and Size of Assets in Thousands of Dollars | | | | | | | | | | | | |
|---|---|---|---|---|---|---|---|---|---|---|---|---|---|---|
| | | Total | Zero Assets | Under 100 | 100 to 250 | 251 to 500 | 501 to 1,000 | 1,001 to 5,000 | 5,001 to 10,000 | 10,001 to 25,000 | 25,001 to 50,000 | 50,001 to 100,000 | 100,001 to 250,000 | 250,001 and over |
| Number of Enterprises | 1 | 10848 | 1348 | 5250 | 611 | 1380 | 1236 | 869 | 61 | 60 | 18 | 8 | 4 | 3 |
| **Revenues ($ in Thousands)** | | | | | | | | | | | | | | |
| Net Sales | 2 | 9648220 | 273003 | 966859 | 52278 | 1118681 | 1729352 | 2467639 | 474599 | 765967 | 261765 | 579116 | 240516 | 718445 |
| Interest | 3 | 69458 | 800 | 850 | 1103 | 3419 | 1488 | 9426 | 2173 | 4256 | 3366 | 2872 | 6356 | 33348 |
| Rents | 4 | 28329 | 216 | 0 | 0 | 733 | 507 | 6242 | 382 | 8493 | 5844 | 477 | 1018 | 4418 |
| Royalties | 5 | 6775 | 0 | 0 | 0 | 4608 | 0 | 0 | 968 | 307 | 0 | 559 | 0 | 333 |
| Other Portfolio Income | 6 | 306427 | 30326 | 861 | 0 | 49189 | 87065 | 26868 | 8982 | 25539 | 12604 | 12435 | 9266 | 43290 |
| Other Receipts | 7 | 113314 | 2459 | 5075 | 268 | 14785 | 10492 | 12418 | -2792 | 15867 | -2307 | 7041 | 7150 | 42859 |
| Total Receipts | 8 | 10172523 | 306804 | 973645 | 53649 | 1191415 | 1828904 | 2522593 | 484312 | 820429 | 281272 | 602500 | 264306 | 842693 |
| Average Total Receipts | 9 | 938 | 228 | 185 | 88 | 863 | 1480 | 2903 | 7940 | 13674 | 15626 | 75312 | 66076 | 280898 |
| **Operating Costs/Operating Income (%)** | | | | | | | | | | | | | | |
| Cost of Operations | 10 | 60.3 | 21.6 | 53.2 | 2.8 | 36.6 | 54.1 | 65.1 | 76.0 | 81.4 | 91.8 | 90.8 | 66.2 | 54.0 |
| Salaries and Wages | 11 | 8.5 | 7.8 | 11.5 | 34.0 | 12.2 | 9.6 | 8.4 | 1.3 | 3.6 | 3.8 | 6.5 | 8.3 | 7.5 |
| Taxes Paid | 12 | 2.0 | 3.7 | 2.1 | 8.8 | 2.4 | 1.8 | 1.9 | 2.0 | 2.3 | 2.5 | 0.9 | 3.6 | 0.7 |
| Interest Paid | 13 | 3.6 | 1.9 | 0.7 | 5.0 | 2.4 | 2.1 | 2.5 | 2.1 | 3.1 | 3.3 | 1.1 | 10.0 | 19.4 |
| Depreciation | 14 | 6.8 | 8.3 | 4.2 | 19.7 | 13.7 | 9.7 | 6.2 | 4.1 | 4.4 | 3.9 | 2.2 | 5.8 | 3.0 |
| Amortization and Depletion | 15 | 2.2 | 0.7 | 0.0 | • | 0.1 | • | 0.0 | 0.2 | 1.2 | 1.4 | 1.1 | 21.0 | 19.2 |
| Pensions and Other Deferred Comp. | 16 | 0.2 | 0.0 | 0.2 | • | 0.1 | 0.1 | 0.1 | 0.5 | 0.3 | 0.3 | 0.1 | 0.7 | 0.0 |
| Employee Benefits | 17 | 0.8 | 0.1 | 0.9 | • | 1.7 | 0.5 | 0.5 | 0.6 | 0.9 | 0.2 | 0.2 | 0.6 | 2.7 |
| Advertising | 18 | 0.1 | 0.1 | 0.1 | • | 0.2 | 0.1 | 0.1 | 0.0 | 0.2 | 0.1 | 0.1 | 0.3 | 0.3 |
| Other Expenses | 19 | 17.8 | 54.0 | 21.5 | 42.9 | 24.4 | 20.4 | 15.4 | 7.4 | 8.8 | 10.3 | 5.7 | 27.0 | 14.8 |
| Officers' Compensation | 20 | 3.0 | 1.7 | 4.5 | • | 5.1 | 4.6 | 1.6 | 5.6 | 1.8 | 1.3 | 1.5 | 2.3 | 0.7 |
| Operating Margin | 21 | • | 0.0 | 1.1 | • | 1.2 | • | • | 0.1 | • | • | • | • | • |
| Operating Margin Before Officers' Comp. | 22 | • | 1.7 | 5.6 | • | 6.3 | 1.6 | • | 5.6 | • | • | • | • | • |

| Selected Average Balance Sheet ($ in Thousands) | | | | | | | | | | | | | |
|---|---|---|---|---|---|---|---|---|---|---|---|---|---|
| Net Receivables 23 | 51 | 0 | 4 | 0 | 24 | 37 | 151 | 328 | 1242 | 1490 | 2536 | 11496 | 44399 |
| Inventories 24 | 38 | 0 | 0 | 3 | 27 | 14 | 149 | 282 | 1433 | 1143 | 2869 | 2320 | 22503 |
| Net Property, Plant and Equipment 25 | 433 | 0 | 18 | 138 | 212 | 377 | 1054 | 2028 | 7269 | 14359 | 26070 | 95356 | 477516 |
| Total Assets 26 | 865 | 0 | 31 | 214 | 368 | 643 | 1892 | 6802 | 15395 | 34405 | 67982 | 206966 | 939384 |
| Notes and Loans Payable 27 | 458 | 0 | 27 | 250 | 180 | 413 | 1077 | 1853 | 5665 | 7634 | 14062 | 101619 | 622346 |
| All Other Liabilities 28 | 63 | 0 | 1 | 14 | 10 | 36 | 90 | 468 | 1316 | 3483 | 6225 | 29114 | 64748 |
| Net Worth 29 | 345 | 0 | 3 | -49 | 178 | 194 | 725 | 4481 | 8414 | 23288 | 47694 | 76233 | 252291 |

| Selected Financial Ratios (Times to 1) | | | | | | | | | | | | | |
|---|---|---|---|---|---|---|---|---|---|---|---|---|---|
| Current Ratio 30 | 1.7 | • | 3.6 | 24.2 | 1.4 | 1.4 | 1.5 | 1.5 | 1.6 | 2.6 | 1.9 | 1.7 | 1.7 |
| Quick Ratio 31 | 1.0 | • | 3.2 | 23.9 | 1.1 | 1.2 | 1.0 | 0.6 | 0.8 | 1.4 | 0.7 | 0.4 | 1.1 |
| Net Sales to Working Capital 32 | 9.5 | • | 22.8 | 1.6 | 24.2 | 23.8 | 15.5 | 8.2 | 7.7 | 3.1 | 7.6 | 2.5 | 2.8 |
| Coverage Ratio 33 | 1.0 | 7.5 | 3.6 | • | 4.1 | 2.3 | 1.1 | 2.0 | 0.8 | • | • | • | 0.7 |
| Total Asset Turnover 34 | 1.0 | • | 6.0 | 0.4 | 2.2 | 2.2 | 1.5 | 1.1 | 0.8 | 0.4 | 1.1 | 0.3 | 0.3 |
| Inventory Turnover 35 | 14.2 | • | 196.9 | 0.9 | 11.2 | 55.8 | 12.4 | 21.0 | 7.3 | 11.7 | 22.9 | 17.2 | 5.8 |
| Receivables Turnover 36 | 19.9 | • | 84.4 | 5.6 | 23.0 | 40.5 | 24.3 | 30.8 | 10.3 | 13.6 | 32.6 | 5.4 | 7.2 |
| Total Liabilities to Net Worth 37 | 1.5 | • | 9.0 | • | 1.1 | 2.3 | 1.6 | 0.5 | 0.8 | 0.5 | 0.4 | 1.7 | 2.7 |
| Current Assets to Working Capital 38 | 2.5 | • | 1.4 | 1.0 | 3.5 | 3.5 | 3.1 | 2.9 | 2.7 | 1.6 | 2.1 | 2.3 | 2.5 |
| Current Liabilities to Working Capital 39 | 1.5 | • | 0.4 | 0.0 | 2.5 | 2.5 | 2.1 | 1.9 | 1.7 | 0.6 | 1.1 | 1.3 | 1.5 |
| Working Capital to Net Sales 40 | 0.1 | • | 0.0 | 0.6 | 0.0 | 0.0 | 0.1 | 0.1 | 0.1 | 0.3 | 0.1 | 0.4 | 0.4 |
| Inventory to Working Capital 41 | 0.4 | • | 0.1 | • | 0.5 | 0.3 | 0.9 | 0.4 | 1.0 | 0.3 | 0.5 | 0.1 | 0.3 |
| Total Receipts to Cash Flow 42 | 8.8 | 2.5 | 6.2 | 3.6 | 4.2 | 6.2 | 8.6 | 19.5 | 36.1 | • | • | • | 29.8 |
| Cost of Goods to Cash Flow 43 | 5.3 | 0.5 | 3.3 | 0.1 | 1.5 | 3.3 | 5.6 | 14.9 | 29.3 | • | • | • | 16.1 |
| Cash Flow to Total Debt 44 | 0.2 | • | 1.1 | 0.1 | 1.0 | 0.5 | 0.3 | 0.2 | 0.1 | • | • | • | 0.0 |

| Selected Financial Factors (in Percentages) | | | | | | | | | | | | | |
|---|---|---|---|---|---|---|---|---|---|---|---|---|---|
| Debt Ratio 45 | 60.1 | • | 90.0 | 122.9 | 51.6 | 69.8 | 61.7 | 34.1 | 45.3 | 32.3 | 29.8 | 63.2 | 73.1 |
| Return on Total Assets 46 | 3.7 | • | 15.1 | • | 22.3 | 10.5 | 4.1 | 4.8 | 2.0 | • | • | • | 3.6 |
| Return on Equity Before Income Taxes 47 | • | • | 109.0 | 18.5 | 35.0 | 19.5 | 1.0 | 3.7 | • | • | • | • | • |
| Return on Equity After Income Taxes 48 | • | • | 97.0 | 22.6 | 34.0 | 17.6 | 0.1 | 1.1 | • | • | • | • | • |
| Profit Margin (Before Income Tax) 49 | • | 12.4 | 1.8 | • | 7.7 | 2.7 | 0.3 | 2.1 | • | • | • | • | • |
| Profit Margin (After Income Tax) 50 | • | 10.4 | 1.6 | • | 7.5 | 2.4 | 0.0 | 0.6 | • | • | • | • | • |

**Table II**

Corporations with Net Income

# FORESTRY AND LOGGING

**MONEY AMOUNTS AND SIZE OF ASSETS IN THOUSANDS OF DOLLARS**

| Item Description for Accounting Period 7/00 Through 6/01 | | Total | Zero Assets | Under 100 | 100 to 250 | 251 to 500 | 501 to 1,000 | 1,001 to 5,000 | 5,001 to 10,000 | 10,001 to 25,000 | 25,001 to 50,000 | 50,001 to 100,000 | 100,001 to 250,000 | 250,001 and over |
|---|---|---|---|---|---|---|---|---|---|---|---|---|---|---|
| Number of Enterprises | 1 | 6240 | 626 | 3271 | 277 | 1080 | 550 | 362 | 35 | 32 | 0 | 0 | 0 | 0 |
| **Revenues ($ in Thousands)** | | | | | | | | | | | | | | |
| Net Sales | 2 | 5451020 | 217057 | 506117 | 52278 | 898763 | 1014701 | 1563882 | 363017 | 571666 | 0 | 0 | 0 | 0 |
| Interest | 3 | 20202 | 204 | 850 | 1103 | 2952 | 1184 | 7315 | 1275 | 3772 | 0 | 0 | 0 | 0 |
| Rents | 4 | 16658 | 8 | 0 | 0 | 733 | 466 | 2227 | 382 | 7148 | 0 | 0 | 0 | 0 |
| Royalties | 5 | 6442 | 0 | 0 | 0 | 4608 | 0 | 0 | 968 | 307 | 0 | 0 | 0 | 0 |
| Other Portfolio Income | 6 | 205904 | 30145 | 861 | 0 | 47326 | 62583 | 13558 | 7539 | 24277 | 0 | 0 | 0 | 0 |
| Other Receipts | 7 | 48670 | 175 | 476 | 0 | 13922 | 9076 | 9461 | 2438 | 11178 | 0 | 0 | 0 | 0 |
| Total Receipts | 8 | 5748896 | 247589 | 508304 | 53381 | 968304 | 1088010 | 1596443 | 375619 | 618348 | 0 | 0 | 0 | 0 |
| Average Total Receipts | 9 | 921 | 396 | 155 | 193 | 897 | 1978 | 4410 | 10732 | 19323 | • | • | • | • |
| **Operating Costs/Operating Income (%)** | | | | | | | | | | | | | | |
| Cost of Operations | 10 | 61.0 | 5.9 | 45.1 | 2.8 | 40.9 | 72.5 | 68.4 | 69.2 | 77.9 | • | • | • | • |
| Salaries and Wages | 11 | 6.0 | 9.7 | 5.8 | 34.0 | 10.2 | 4.7 | 5.7 | 1.4 | 3.3 | • | • | • | • |
| Taxes Paid | 12 | 2.1 | 4.3 | 3.0 | 7.9 | 2.1 | 1.5 | 1.6 | 2.2 | 2.2 | • | • | • | • |
| Interest Paid | 13 | 1.6 | 1.1 | 0.5 | 0.9 | 2.5 | 1.0 | 1.1 | 1.9 | 2.6 | • | • | • | • |
| Depreciation | 14 | 6.2 | 7.2 | 5.1 | 9.4 | 13.1 | 5.5 | 4.2 | 5.1 | 3.9 | • | • | • | • |
| Amortization and Depletion | 15 | 0.2 | 0.8 | 0.1 | • | 0.1 | • | 0.0 | 0.3 | 0.2 | • | • | • | • |
| Pensions and Other Deferred Comp. | 16 | 0.1 | 0.0 | • | • | 0.1 | 0.0 | 0.1 | 0.7 | 0.3 | • | • | • | • |
| Employee Benefits | 17 | 0.9 | 0.2 | 1.8 | • | 1.8 | 0.8 | 0.5 | 0.5 | 1.0 | • | • | • | • |
| Advertising | 18 | 0.1 | 0.1 | 0.1 | • | 0.2 | 0.1 | 0.2 | 0.1 | 0.1 | • | • | • | • |
| Other Expenses | 19 | 16.3 | 63.0 | 25.2 | 34.3 | 22.3 | 9.8 | 13.6 | 8.1 | 9.0 | • | • | • | • |
| Officers' Compensation | 20 | 2.9 | 0.3 | 6.4 | • | 4.0 | 3.2 | 1.6 | 6.6 | 1.6 | • | • | • | • |
| Operating Margin | 21 | 2.4 | 7.4 | 7.0 | 10.7 | 2.8 | 0.9 | 3.1 | 3.9 | • | • | • | • | • |
| Operating Margin Before Officers' Comp. | 22 | 5.4 | 7.7 | 13.3 | 10.7 | 6.8 | 4.1 | 4.6 | 10.5 | • | • | • | • | • |

## Selected Average Balance Sheet ($ in Thousands)

| | | | | | | | | | | | | | |
|---|---|---|---|---|---|---|---|---|---|---|---|---|---|
| Net Receivables 23 | 33 | 0 | 4 | 0 | 26 | 28 | 161 | 490 | 1736 | • | • | • | • |
| Inventories 24 | 26 | 0 | 0 | 0 | 18 | 10 | 115 | 349 | 1919 | • | • | • | • |
| Net Property, Plant and Equipment 25 | 213 | 0 | 12 | 42 | 210 | 264 | 731 | 2961 | 6991 | • | • | • | • |
| Total Assets 26 | 451 | 0 | 28 | 211 | 376 | 641 | 1740 | 7678 | 15542 | • | • | • | • |
| Notes and Loans Payable 27 | 175 | 0 | 16 | 137 | 186 | 252 | 506 | 2024 | 6563 | • | • | • | • |
| All Other Liabilities 28 | 31 | 0 | 1 | 30 | 7 | 30 | 154 | 700 | 1676 | • | • | • | • |
| Net Worth 29 | 246 | 0 | 11 | 44 | 183 | 359 | 1079 | 4953 | 7303 | • | • | • | • |

## Selected Financial Ratios (Times to 1)

| | | | | | | | | | | | | | |
|---|---|---|---|---|---|---|---|---|---|---|---|---|---|
| Current Ratio 30 | 2.0 | • | 3.1 | 24.1 | 1.3 | 2.2 | 2.1 | 1.5 | 1.7 | • | • | • | • |
| Quick Ratio 31 | 1.3 | • | 3.1 | 23.8 | 1.1 | 2.1 | 1.4 | 0.8 | 0.9 | • | • | • | • |
| Net Sales to Working Capital 32 | 10.7 | • | 18.4 | 1.6 | 28.0 | 10.3 | 13.5 | 9.3 | 7.2 | • | • | • | • |
| Coverage Ratio 33 | 6.1 | 21.4 | 15.7 | 15.7 | 5.2 | 9.2 | 5.7 | 4.9 | 3.3 | • | • | • | • |
| Total Asset Turnover 34 | 1.9 | • | 5.6 | 0.9 | 2.2 | 2.9 | 2.5 | 1.4 | 1.1 | • | • | • | • |
| Inventory Turnover 35 | 20.6 | • | • | • | 19.4 | 130.4 | 25.6 | 20.6 | 7.3 | • | • | • | • |
| Receivables Turnover 36 | 28.4 | • | 73.3 | 86.1 | 21.5 | 48.2 | 35.0 | 26.0 | 11.8 | • | • | • | • |
| Total Liabilities to Net Worth 37 | 0.8 | • | 1.5 | 3.8 | 1.1 | 0.8 | 0.6 | 0.6 | 1.1 | • | • | • | • |
| Current Assets to Working Capital 38 | 2.0 | • | 1.5 | 1.0 | 4.3 | 1.8 | 1.9 | 3.0 | 2.4 | • | • | • | • |
| Current Liabilities to Working Capital 39 | 1.0 | • | 0.5 | 0.0 | 3.3 | 0.8 | 0.9 | 2.0 | 1.4 | • | • | • | • |
| Working Capital to Net Sales 40 | 0.1 | • | 0.1 | 0.6 | 0.0 | 0.1 | 0.1 | 0.1 | 0.1 | • | • | • | • |
| Inventory to Working Capital 41 | 0.4 | • | • | • | 0.6 | 0.1 | 0.5 | 0.3 | 0.9 | • | • | • | • |
| Total Receipts to Cash Flow 42 | 5.9 | 1.9 | 4.6 | 2.3 | 3.9 | 9.5 | 6.6 | 9.7 | 11.9 | • | • | • | • |
| Cost of Goods to Cash Flow 43 | 3.6 | 0.1 | 2.1 | 0.1 | 1.6 | 6.9 | 4.5 | 6.7 | 9.3 | • | • | • | • |
| Cash Flow to Total Debt 44 | 0.7 | • | 2.0 | 0.5 | 1.1 | 0.7 | 1.0 | 0.4 | 0.2 | • | • | • | • |

## Selected Financial Factors (in Percentages)

| | | | | | | | | | | | | | |
|---|---|---|---|---|---|---|---|---|---|---|---|---|---|
| Debt Ratio 45 | 45.6 | • | 60.2 | 79.1 | 51.3 | 44.0 | 38.0 | 35.5 | 53.0 | • | • | • | • |
| Return on Total Assets 46 | 18.2 | • | 43.9 | 12.3 | 28.8 | 26.0 | 15.5 | 12.5 | 9.9 | • | • | • | • |
| Return on Equity Before Income Taxes 47 | 28.0 | • | 103.1 | 54.8 | 47.8 | 41.4 | 20.6 | 15.4 | 14.6 | • | • | • | • |
| Return on Equity After Income Taxes 48 | 25.5 | • | 97.8 | 44.8 | 46.7 | 39.1 | 19.1 | 11.4 | 11.4 | • | • | • | • |
| Profit Margin (Before Income Tax) 49 | 7.9 | 21.5 | 7.4 | 12.9 | 10.5 | 8.1 | 5.2 | 7.3 | 6.0 | • | • | • | • |
| Profit Margin (After Income Tax) 50 | 7.2 | 18.9 | 7.0 | 10.5 | 10.3 | 7.6 | 4.8 | 5.4 | 4.7 | • | • | • | • |

# Table I

Corporations with and without Net Income

## SUPPORT ACTIVITIES AND FISHING, HUNTING AND TRAPPING

MONEY AMOUNTS AND SIZE OF ASSETS IN THOUSANDS OF DOLLARS

| Item Description for Accounting Period 7/00 Through 6/01 | | Total | Zero Assets | Under 100 | 100 to 250 | 251 to 500 | 501 to 1,000 | 1,001 to 5,000 | 5,001 to 10,000 | 10,001 to 25,000 | 25,001 to 50,000 | 50,001 to 100,000 | 100,001 to 250,000 | 250,001 and over |
|---|---|---|---|---|---|---|---|---|---|---|---|---|---|---|
| Number of Enterprises | 1 | 28569 | 2348 | 13619 | 6003 | 3137 | 2044 | 1014 | 287 | 86 | 24 | 4 | 3 | 0 |
| **Revenues ($ in Thousands)** | | | | | | | | | | | | | | |
| Net Sales | 2 | 18851387 | 219892 | 1824576 | 1960056 | 2335803 | 2338924 | 3191412 | 3382729 | 1605492 | 1037978 | 229054 | 725472 | 0 |
| Interest | 3 | 55959 | 56 | 774 | 2654 | 3123 | 4069 | 15436 | 5485 | 8195 | 9522 | 3100 | 3545 | 0 |
| Rents | 4 | 25500 | 4 | 0 | 1331 | 1033 | 8359 | 2552 | 7980 | 3259 | 655 | 256 | 71 | 0 |
| Royalties | 5 | 3202 | 0 | 0 | 0 | 0 | 0 | 3202 | 0 | 0 | 0 | 0 | 0 | 0 |
| Other Portfolio Income | 6 | 185009 | 52213 | 9548 | 41509 | 6629 | 18612 | 25998 | 13923 | 3111 | 5808 | 913 | 6746 | 0 |
| Other Receipts | 7 | 836894 | -37305 | 58343 | 32436 | 287940 | 163363 | 159917 | 57374 | 51935 | 23977 | 6193 | 32720 | 0 |
| Total Receipts | 8 | 19957951 | 234860 | 1893241 | 2037986 | 2634528 | 2533327 | 3398517 | 3467491 | 1671992 | 1077940 | 239516 | 768554 | 0 |
| Average Total Receipts | 9 | 699 | 100 | 139 | 339 | 840 | 1239 | 3352 | 12082 | 19442 | 44914 | 59879 | 256185 | • |
| **Operating Costs/Operating Income (%)** | | | | | | | | | | | | | | |
| Cost of Operations | 10 | 63.0 | 33.6 | 31.3 | 51.2 | 67.3 | 56.9 | 58.7 | 80.4 | 77.0 | 76.8 | 64.1 | 75.4 | • |
| Salaries and Wages | 11 | 8.9 | 1.7 | 13.0 | 6.5 | 7.6 | 10.8 | 15.5 | 4.9 | 5.4 | 5.9 | 18.3 | 3.9 | • |
| Taxes Paid | 12 | 2.1 | 2.6 | 2.8 | 2.3 | 2.0 | 2.3 | 2.8 | 1.0 | 1.7 | 1.2 | 2.5 | 3.5 | • |
| Interest Paid | 13 | 1.7 | 1.5 | 1.1 | 2.5 | 1.2 | 1.7 | 1.4 | 1.3 | 2.3 | 2.3 | 3.4 | 3.7 | • |
| Depreciation | 14 | 3.6 | 2.0 | 3.2 | 6.2 | 3.0 | 4.6 | 3.2 | 2.9 | 3.2 | 2.2 | 4.3 | 4.5 | • |
| Amortization and Depletion | 15 | 0.1 | 0.0 | 0.0 | 0.2 | 0.0 | 0.1 | 0.2 | 0.0 | 0.1 | 0.2 | 0.1 | 0.3 | • |
| Pensions and Other Deferred Comp. | 16 | 0.2 | 0.0 | 0.0 | 0.1 | 0.2 | 0.0 | 0.2 | 0.3 | 0.3 | 0.1 | 0.3 | 0.1 | • |
| Employee Benefits | 17 | 0.6 | 0.1 | 0.6 | 0.2 | 0.9 | 0.4 | 1.1 | 0.3 | 0.4 | 0.3 | 1.3 | 0.8 | • |
| Advertising | 18 | 0.4 | 0.7 | 0.4 | 1.0 | 0.4 | 0.2 | 0.2 | 0.7 | 0.2 | 0.3 | 0.9 | 0.2 | • |
| Other Expenses | 19 | 19.6 | 51.4 | 38.7 | 26.6 | 21.1 | 26.2 | 17.9 | 7.6 | 11.1 | 12.3 | 13.8 | 11.5 | • |
| Officers' Compensation | 20 | 3.2 | 0.1 | 5.7 | 4.9 | 4.9 | 2.0 | 5.1 | 1.1 | 1.3 | 0.9 | 1.8 | 0.3 | • |
| Operating Margin | 21 | • | 6.3 | 2.9 | • | • | • | • | • | • | • | • | • | • |
| Operating Margin Before Officers' Comp. | 22 | • | 6.4 | 8.7 | 3.3 | • | • | • | 0.8 | • | • | • | • | • |

## Selected Average Balance Sheet ($ in Thousands)

| | | | | | | | | | | | | | |
|---|---|---|---|---|---|---|---|---|---|---|---|---|---|
| Net Receivables 23 | 62 | 0 | 0 | 9 | 54 | 83 | 360 | 1500 | 3184 | 6628 | 11797 | 28831 | • |
| Inventories 24 | 42 | 0 | 2 | 8 | 5 | 50 | 233 | 844 | 1696 | 5990 | 33306 | 76192 | • |
| Net Property, Plant and Equipment 25 | 152 | 0 | 16 | 87 | 103 | 335 | 878 | 2605 | 5323 | 9593 | 13296 | 68864 | • |
| Total Assets 26 | 388 | 0 | 35 | 161 | 342 | 654 | 2121 | 6696 | 14767 | 35305 | 74527 | 253105 | • |
| Notes and Loans Payable 27 | 171 | 0 | 32 | 104 | 139 | 405 | 781 | 2338 | 5740 | 11946 | 18586 | 82821 | • |
| All Other Liabilities 28 | 93 | 0 | 4 | 29 | 68 | 137 | 508 | 1805 | 3797 | 10231 | 18444 | 81918 | • |
| Net Worth 29 | 124 | 0 | -1 | 28 | 134 | 111 | 831 | 2553 | 5230 | 13128 | 37497 | 88365 | • |

## Selected Financial Ratios (Times to 1)

| | | | | | | | | | | | | | |
|---|---|---|---|---|---|---|---|---|---|---|---|---|---|
| Current Ratio 30 | 1.4 | • | 1.9 | 1.1 | 1.6 | 1.1 | 1.3 | 1.5 | 1.3 | 1.4 | 1.9 | 1.3 | • |
| Quick Ratio 31 | 0.9 | • | 1.1 | 0.9 | 1.4 | 0.7 | 0.9 | 1.0 | 0.8 | 0.7 | 1.7 | 0.4 | • |
| Net Sales to Working Capital 32 | 13.7 | • | 22.5 | 68.2 | 11.3 | 46.4 | 14.4 | 10.9 | 9.6 | 8.7 | 2.2 | 8.4 | • |
| Coverage Ratio 33 | 2.5 | 9.8 | 7.2 | 1.9 | 4.6 | 2.9 | 1.1 | 2.8 | 1.5 | 1.5 | • | 1.5 | • |
| Total Asset Turnover 34 | 1.7 | • | 3.9 | 2.0 | 2.2 | 1.8 | 1.5 | 1.8 | 1.3 | 1.2 | 0.8 | 1.0 | • |
| Inventory Turnover 35 | 9.8 | • | 19.6 | 20.9 | 96.0 | 12.9 | 7.9 | 11.2 | 8.5 | 5.5 | 1.1 | 2.4 | • |
| Receivables Turnover 36 | 11.7 | • | 405.5 | 35.8 | 18.6 | 13.8 | 8.6 | 8.7 | 7.0 | 7.8 | 2.4 | 16.8 | • |
| Total Liabilities to Net Worth 37 | 2.1 | • | • | 4.8 | 1.5 | 4.9 | 1.6 | 1.6 | 1.8 | 1.7 | 1.0 | 1.9 | • |
| Current Assets to Working Capital 38 | 3.6 | • | 2.1 | 9.5 | 2.5 | 8.4 | 4.2 | 3.1 | 3.9 | 3.7 | 2.2 | 3.9 | • |
| Current Liabilities to Working Capital 39 | 2.6 | • | 1.1 | 8.5 | 1.5 | 7.4 | 3.2 | 2.1 | 2.9 | 2.7 | 1.2 | 2.9 | • |
| Working Capital to Net Sales 40 | 0.1 | • | 0.0 | 0.0 | 0.1 | 0.0 | 0.1 | 0.1 | 0.1 | 0.1 | 0.5 | 0.1 | • |
| Inventory to Working Capital 41 | 0.9 | • | 0.5 | 1.2 | 0.1 | 2.2 | 0.8 | 0.8 | 0.9 | 1.5 | 0.2 | 2.6 | • |
| Total Receipts to Cash Flow 42 | 6.1 | 3.0 | 3.1 | 4.7 | 5.4 | 4.7 | 6.9 | 13.2 | 9.9 | 9.3 | 27.9 | 8.5 | • |
| Cost of Goods to Cash Flow 43 | 3.8 | 1.0 | 1.0 | 2.4 | 3.6 | 2.7 | 4.1 | 10.6 | 7.7 | 7.2 | 17.9 | 6.4 | • |
| Cash Flow to Total Debt 44 | 0.4 | • | 1.2 | 0.5 | 0.7 | 0.4 | 0.4 | 0.2 | 0.2 | 0.2 | 0.1 | 0.2 | • |

## Selected Financial Factors (in Percentages)

| | | | | | | | | | | | | | |
|---|---|---|---|---|---|---|---|---|---|---|---|---|---|
| Debt Ratio 45 | 68.0 | • | 104.3 | 82.8 | 60.7 | 82.9 | 60.8 | 61.9 | 64.6 | 62.8 | 49.7 | 65.1 | • |
| Return on Total Assets 46 | 7.2 | • | 30.0 | 9.8 | 11.9 | 8.5 | 2.4 | 6.1 | 4.4 | 4.3 | • | 5.2 | • |
| Return on Equity Before Income Taxes 47 | 13.6 | • | • | 27.9 | 23.8 | 32.5 | 0.7 | 10.2 | 4.3 | 3.9 | • | 4.9 | • |
| Return on Equity After Income Taxes 48 | 12.1 | • | • | 27.8 | 23.4 | 29.9 | • | 9.3 | 3.2 | 2.4 | • | 1.6 | • |
| Profit Margin (Before Income Tax) 49 | 2.6 | 13.1 | 6.7 | 2.4 | 4.3 | 3.2 | 0.2 | 2.2 | 1.2 | 1.2 | • | 1.8 | • |
| Profit Margin (After Income Tax) 50 | 2.3 | 11.8 | 6.6 | 2.4 | 4.2 | 2.9 | • | 2.0 | 0.9 | 0.7 | • | 0.6 | • |

**Table II**

Corporations with Net Income

# SUPPORT ACTIVITIES AND FISHING, HUNTING AND TRAPPING

**MONEY AMOUNTS AND SIZE OF ASSETS IN THOUSANDS OF DOLLARS**

| Item Description for Accounting Period 7/00 Through 6/01 | | Total | Zero Assets | Under 100 | 100 to 250 | 251 to 500 | 501 to 1,000 | 1,001 to 5,000 | 5,001 to 10,000 | 10,001 to 25,000 | 25,001 to 50,000 | 50,001 to 100,000 | 100,001 to 250,000 | 250,001 and over |
|---|---|---|---|---|---|---|---|---|---|---|---|---|---|---|
| Number of Enterprises | 1 | 14936 | 776 | 7236 | 2975 | 1886 | 1163 | 637 | 193 | 52 | 0 | 0 | 0 | 0 |
| **Revenues ($ in Thousands)** | | | | | | | | | | | | | | |
| Net Sales | 2 | 13565774 | 197429 | 976736 | 1213552 | 1321944 | 1972541 | 2386613 | 2840750 | 1197416 | 0 | 0 | 0 | 0 |
| Interest | 3 | 37590 | 13 | 625 | 1218 | 1655 | 3519 | 10490 | 4286 | 4907 | 0 | 0 | 0 | 0 |
| Rents | 4 | 18022 | 4 | 0 | 375 | 1033 | 7930 | 2158 | 4398 | 1771 | 0 | 0 | 0 | 0 |
| Royalties | 5 | 3202 | 0 | 0 | 0 | 0 | 0 | 3202 | 0 | 0 | 0 | 0 | 0 | 0 |
| Other Portfolio Income | 6 | 162942 | 50388 | 4586 | 40770 | 6629 | 14033 | 19207 | 12916 | 2300 | 0 | 0 | 0 | 0 |
| Other Receipts | 7 | 496097 | 2666 | 33617 | 4745 | 54780 | 157365 | 123388 | 48350 | 33344 | 0 | 0 | 0 | 0 |
| Total Receipts | 8 | 14283627 | 250500 | 1015564 | 1260660 | 1386041 | 2155388 | 2545058 | 2910700 | 1239738 | 0 | 0 | 0 | 0 |
| Average Total Receipts | 9 | 956 | 323 | 140 | 424 | 735 | 1853 | 3995 | 15081 | 23841 | • | • | • | • |
| **Operating Costs/Operating Income (%)** | | | | | | | | | | | | | | |
| Cost of Operations | 10 | 63.4 | 30.7 | 25.5 | 50.6 | 58.9 | 62.8 | 56.1 | 79.6 | 77.5 | • | • | • | • |
| Salaries and Wages | 11 | 7.8 | 1.6 | 8.2 | 6.3 | 4.5 | 9.3 | 16.9 | 5.0 | 4.4 | • | • | • | • |
| Taxes Paid | 12 | 2.0 | 2.3 | 2.2 | 2.3 | 1.9 | 2.1 | 3.2 | 0.9 | 1.4 | • | • | • | • |
| Interest Paid | 13 | 1.3 | 0.6 | 0.4 | 2.8 | 1.3 | 1.0 | 0.8 | 0.8 | 1.5 | • | • | • | • |
| Depreciation | 14 | 2.9 | 0.7 | 3.8 | 4.4 | 3.0 | 3.2 | 2.9 | 1.8 | 2.3 | • | • | • | • |
| Amortization and Depletion | 15 | 0.1 | 0.0 | 0.0 | 0.0 | 0.0 | 0.0 | 0.2 | 0.0 | 0.0 | • | • | • | • |
| Pensions and Other Deferred Comp. | 16 | 0.2 | 0.0 | • | 0.1 | 0.2 | 0.0 | 0.2 | 0.3 | 0.3 | • | • | • | • |
| Employee Benefits | 17 | 0.5 | 0.0 | 0.4 | 0.0 | 0.4 | 0.3 | 1.1 | 0.3 | 0.4 | • | • | • | • |
| Advertising | 18 | 0.4 | 0.2 | 0.3 | 1.5 | 0.3 | 0.1 | 0.2 | 0.8 | 0.2 | • | • | • | • |
| Other Expenses | 19 | 15.5 | 47.2 | 34.8 | 22.3 | 16.9 | 21.4 | 14.5 | 6.9 | 9.1 | • | • | • | • |
| Officers' Compensation | 20 | 3.4 | 0.1 | 7.6 | 5.7 | 5.9 | 1.7 | 6.0 | 1.1 | 1.5 | • | • | • | • |
| Operating Margin | 21 | 2.6 | 16.6 | 16.8 | 3.9 | 6.6 | • | • | 2.4 | 1.3 | • | • | • | • |
| Operating Margin Before Officers' Comp. | 22 | 6.0 | 16.6 | 24.4 | 9.6 | 12.5 | • | 3.9 | 3.5 | 2.8 | • | • | • | • |

| Selected Average Balance Sheet ($ in Thousands) | | | | | | | | | | | | | |
|---|---|---|---|---|---|---|---|---|---|---|---|---|---|
| Net Receivables 23 | 75 | 0 | 0 | 11 | 17 | 137 | 343 | 1528 | 3908 | • | • | • | • |
| Inventories 24 | 57 | 0 | 0 | 12 | 5 | 80 | 219 | 780 | 1849 | • | • | • | • |
| Net Property, Plant and Equipment 25 | 144 | 0 | 12 | 82 | 107 | 232 | 774 | 1496 | 4304 | • | • | • | • |
| Total Assets 26 | 432 | 0 | 31 | 158 | 322 | 662 | 2013 | 6231 | 14534 | • | • | • | • |
| Notes and Loans Payable 27 | 149 | 0 | 11 | 123 | 122 | 169 | 549 | 1825 | 4462 | • | • | • | • |
| All Other Liabilities 28 | 106 | 0 | 4 | 11 | 48 | 207 | 486 | 1720 | 4460 | • | • | • | • |
| Net Worth 29 | 176 | 0 | 16 | 24 | 152 | 286 | 978 | 2687 | 5612 | • | • | • | • |

| Selected Financial Ratios (Times to 1) | | | | | | | | | | | | | |
|---|---|---|---|---|---|---|---|---|---|---|---|---|---|
| Current Ratio 30 | 1.4 | • | 1.8 | 2.5 | 1.5 | 1.1 | 1.3 | 1.5 | 1.4 | • | • | • | • |
| Quick Ratio 31 | 0.9 | • | 1.3 | 1.8 | 1.3 | 0.8 | 0.9 | 1.0 | 0.9 | • | • | • | • |
| Net Sales to Working Capital 32 | 14.0 | • | 20.3 | 14.2 | 18.1 | 44.6 | 15.4 | 11.5 | 9.9 | • | • | • | • |
| Coverage Ratio 33 | 7.2 | 78.6 | 50.0 | 3.7 | 9.8 | 8.0 | 6.6 | 6.9 | 4.3 | • | • | • | • |
| Total Asset Turnover 34 | 2.1 | • | 4.4 | 2.6 | 2.2 | 2.6 | 1.9 | 2.4 | 1.6 | • | • | • | • |
| Inventory Turnover 35 | 10.1 | • | • | 17.9 | 81.8 | 13.3 | 9.6 | 15.0 | 9.7 | • | • | • | • |
| Receivables Turnover 36 | 13.0 | • | 359.0 | 39.1 | 78.0 | 13.2 | 9.7 | 11.8 | 7.4 | • | • | • | • |
| Total Liabilities to Net Worth 37 | 1.5 | • | 0.9 | 5.6 | 1.1 | 1.3 | 1.1 | 1.3 | 1.6 | • | • | • | • |
| Current Assets to Working Capital 38 | 3.4 | • | 2.2 | 1.7 | 3.1 | 7.8 | 4.0 | 3.0 | 3.6 | • | • | • | • |
| Current Liabilities to Working Capital 39 | 2.4 | • | 1.2 | 0.7 | 2.1 | 6.8 | 3.0 | 2.0 | 2.6 | • | • | • | • |
| Working Capital to Net Sales 40 | 0.1 | • | 0.0 | 0.1 | 0.1 | 0.0 | 0.1 | 0.1 | 0.1 | • | • | • | • |
| Inventory to Working Capital 41 | 1.0 | • | • | 0.4 | 0.2 | 2.4 | 0.8 | 0.9 | 0.9 | • | • | • | • |
| Total Receipts to Cash Flow 42 | 5.3 | 1.8 | 2.1 | 4.2 | 4.5 | 4.5 | 6.3 | 10.7 | 8.2 | • | • | • | • |
| Cost of Goods to Cash Flow 43 | 3.4 | 0.5 | 0.5 | 2.1 | 2.7 | 2.8 | 3.5 | 8.5 | 6.4 | • | • | • | • |
| Cash Flow to Total Debt 44 | 0.7 | • | 4.3 | 0.7 | 0.9 | 1.0 | 0.6 | 0.4 | 0.3 | • | • | • | • |

| Selected Financial Factors (in Percentages) | | | | | | | | | | | | | |
|---|---|---|---|---|---|---|---|---|---|---|---|---|---|
| Debt Ratio 45 | 59.2 | • | 47.5 | 84.8 | 52.8 | 56.8 | 51.4 | 56.9 | 61.4 | • | • | • | • |
| Return on Total Assets 46 | 19.2 | • | 92.4 | 27.5 | 27.8 | 21.6 | 10.0 | 13.3 | 10.0 | • | • | • | • |
| Return on Equity Before Income Taxes 47 | 40.6 | • | 172.5 | 132.2 | 52.9 | 43.7 | 17.5 | 26.4 | 19.9 | • | • | • | • |
| Return on Equity After Income Taxes 48 | 38.6 | • | 171.5 | 131.9 | 52.3 | 41.9 | 15.4 | 25.1 | 18.2 | • | • | • | • |
| Profit Margin (Before Income Tax) 49 | 7.9 | 43.5 | 20.8 | 7.8 | 11.5 | 7.4 | 4.6 | 4.8 | 4.8 | • | • | • | • |
| Profit Margin (After Income Tax) 50 | 7.5 | 42.0 | 20.6 | 7.8 | 11.3 | 7.1 | 4.0 | 4.6 | 4.4 | • | • | • | • |

**Table I**

Corporations with and without Net Income

# OIL AND GAS EXTRACTION

**MONEY AMOUNTS AND SIZE OF ASSETS IN THOUSANDS OF DOLLARS**

| Item Description for Accounting Period 7/00 Through 6/01 | | Total | Zero Assets | Under 100 | 100 to 250 | 251 to 500 | 501 to 1,000 | 1,001 to 5,000 | 5,001 to 10,000 | 10,001 to 25,000 | 25,001 to 50,000 | 50,001 to 100,000 | 100,001 to 250,000 | 250,001 and over |
|---|---|---|---|---|---|---|---|---|---|---|---|---|---|---|
| Number of Enterprises | 1 | 17493 | 656 | 9081 | 1661 | 2267 | 952 | 1879 | 411 | 237 | 128 | 71 | 68 | 81 |
| **Revenues ($ in Thousands)** | | | | | | | | | | | | | | |
| Net Sales | 2 | 60333689 | 1907170 | 551161 | 690342 | 763879 | 797029 | 2174091 | 1584361 | 1626916 | 2249416 | 2161932 | 4030794 | 41796598 |
| Interest | 3 | 2676901 | 22950 | 2687 | 35 | 2033 | 4434 | 22178 | 27761 | 32173 | 37273 | 26056 | 110106 | 2389213 |
| Rents | 4 | 93735 | 24 | 0 | 0 | 0 | 1018 | 13751 | 1533 | 7490 | 8150 | 4248 | 17630 | 39892 |
| Royalties | 5 | 399668 | 32646 | 33516 | 4877 | 9504 | 49 | 25789 | 22101 | 24339 | 26008 | 21380 | 49162 | 150296 |
| Other Portfolio Income | 6 | 2575102 | 110118 | 9346 | 54290 | 15504 | 18192 | 65202 | 209596 | 158276 | 108911 | 80355 | 135299 | 1610012 |
| Other Receipts | 7 | 3899672 | -37586 | 98026 | 49878 | 19828 | 22956 | 208349 | 176102 | 206663 | 456844 | 64356 | 353306 | 2280953 |
| Total Receipts | 8 | 69978767 | 2035322 | 694736 | 799422 | 810748 | 843678 | 2509360 | 2021454 | 2055857 | 2886602 | 2358327 | 4696297 | 48266964 |
| Average Total Receipts | 9 | 4000 | 3103 | 77 | 481 | 358 | 886 | 1335 | 4918 | 8675 | 22552 | 33216 | 69063 | 595888 |
| **Operating Costs/Operating Income (%)** | | | | | | | | | | | | | | |
| Cost of Operations | 10 | 46.2 | 33.6 | 24.4 | 1.0 | 11.1 | 7.3 | 36.6 | 38.0 | 32.1 | 41.2 | 38.3 | 39.0 | 51.9 |
| Salaries and Wages | 11 | 4.6 | 2.6 | 5.1 | 13.9 | 2.4 | 21.3 | 8.6 | 4.4 | 8.2 | 12.0 | 4.5 | 5.0 | 3.5 |
| Taxes Paid | 12 | 3.4 | 7.3 | 5.9 | 6.4 | 5.4 | 4.9 | 4.5 | 4.2 | 4.8 | 3.6 | 4.4 | 3.1 | 2.9 |
| Interest Paid | 13 | 8.8 | 5.5 | 1.5 | 2.7 | 1.2 | 1.4 | 3.6 | 6.5 | 6.7 | 4.0 | 4.8 | 9.6 | 10.2 |
| Depreciation | 14 | 4.9 | 7.5 | 2.8 | 3.3 | 4.6 | 5.8 | 6.3 | 4.5 | 5.7 | 4.7 | 5.6 | 5.2 | 4.6 |
| Amortization and Depletion | 15 | 6.5 | 6.0 | 3.3 | 0.2 | 2.6 | 1.3 | 4.2 | 6.5 | 9.2 | 6.8 | 5.7 | 10.7 | 6.5 |
| Pensions and Other Deferred Comp. | 16 | 0.2 | 0.3 | 1.2 | 0.1 | 0.2 | 0.0 | 0.8 | 0.2 | 0.4 | 0.7 | 0.1 | 0.1 | 0.2 |
| Employee Benefits | 17 | 0.5 | 0.3 | 0.8 | 0.5 | 0.4 | 0.3 | 0.4 | 0.9 | 0.7 | 0.6 | 0.5 | 0.6 | 0.5 |
| Advertising | 18 | 0.1 | 0.0 | 0.1 | 0.3 | • | 0.3 | 0.1 | 0.2 | 0.1 | 0.0 | 0.0 | 0.3 | 0.0 |
| Other Expenses | 19 | 25.3 | 25.6 | 34.1 | 65.7 | 33.7 | 53.8 | 35.1 | 41.5 | 36.2 | 31.3 | 27.7 | 28.9 | 21.4 |
| Officers' Compensation | 20 | 1.9 | 2.8 | 14.7 | 8.2 | 2.2 | 3.3 | 5.6 | 4.4 | 3.9 | 4.3 | 2.3 | 2.2 | 0.9 |
| Operating Margin | 21 | • | 8.4 | 6.1 | • | 36.2 | 0.4 | • | • | • | • | 6.0 | • | • |
| Operating Margin Before Officers' Comp. | 22 | • | 11.2 | 20.8 | 5.9 | 38.5 | 3.6 | • | • | • | • | 8.3 | • | • |

| | | | | | | | | | | | | | | |
|---|---|---|---|---|---|---|---|---|---|---|---|---|---|---|
| **Selected Average Balance Sheet ($ in Thousands)** | | | | | | | | | | | | | | |
| Net Receivables | 23 | 999 | 0 | 2 | 24 | 48 | 172 | 303 | 595 | 2235 | 4824 | 7472 | 18613 | 165204 |
| Inventories | 24 | 57 | 0 | 0 | 2 | 1 | 3 | 23 | 6 | 117 | 358 | 1338 | 600 | 9022 |
| Net Property, Plant and Equipment | 25 | 3402 | 0 | 15 | 68 | 99 | 217 | 653 | 1951 | 5830 | 14324 | 38893 | 81662 | 558882 |
| Total Assets | 26 | 11471 | 0 | 31 | 156 | 350 | 738 | 1843 | 6976 | 15738 | 34727 | 70307 | 155842 | 2080518 |
| Notes and Loans Payable | 27 | 3065 | 0 | 13 | 191 | 120 | 350 | 604 | 1745 | 6709 | 8584 | 17388 | 56537 | 530300 |
| All Other Liabilities | 28 | 2701 | 0 | 8 | 16 | 96 | 309 | 605 | 1271 | 3460 | 8484 | 11237 | 33330 | 494048 |
| Net Worth | 29 | 5704 | 0 | 10 | -50 | 134 | 80 | 634 | 3960 | 5570 | 17659 | 41681 | 65974 | 1056170 |
| **Selected Financial Ratios (Times to 1)** | | | | | | | | | | | | | | |
| Current Ratio | 30 | 1.4 | • | 1.1 | 1.8 | 1.1 | 0.8 | 1.0 | 1.5 | 1.6 | 1.5 | 1.5 | 1.4 | 1.5 |
| Quick Ratio | 31 | 1.0 | • | 1.0 | 1.4 | 0.9 | 0.7 | 0.9 | 1.4 | 1.3 | 1.2 | 1.1 | 1.0 | 1.0 |
| Net Sales to Working Capital | 32 | 6.2 | • | 67.8 | 12.5 | 29.3 | • | 108.6 | 5.9 | 2.7 | 4.9 | 5.0 | 4.4 | 5.9 |
| Coverage Ratio | 33 | 2.6 | 3.7 | 22.3 | 6.0 | 35.9 | 5.5 | 3.7 | 3.5 | 3.7 | 5.8 | 4.1 | 2.2 | 2.3 |
| Total Asset Turnover | 34 | 0.3 | • | 1.9 | 2.7 | 1.0 | 1.1 | 0.6 | 0.6 | 0.4 | 0.5 | 0.4 | 0.4 | 0.2 |
| Inventory Turnover | 35 | 28.0 | • | 19218.6 | 1.7 | 72.4 | 20.1 | 18.0 | 226.4 | 18.9 | 20.3 | 8.7 | 38.5 | 29.7 |
| Receivables Turnover | 36 | 4.1 | • | 28.2 | 12.9 | 5.3 | 4.0 | 4.3 | 7.8 | 3.3 | 4.5 | 3.8 | 3.7 | 3.8 |
| Total Liabilities to Net Worth | 37 | 1.0 | • | 2.1 | • | 1.6 | 8.3 | 1.9 | 0.8 | 1.8 | 1.0 | 0.7 | 1.4 | 1.0 |
| Current Assets to Working Capital | 38 | 3.3 | • | 13.4 | 2.3 | 13.5 | • | 66.9 | 3.0 | 2.5 | 3.1 | 2.9 | 3.3 | 3.1 |
| Current Liabilities to Working Capital | 39 | 2.3 | • | 12.4 | 1.3 | 12.5 | • | 65.9 | 2.0 | 1.5 | 2.1 | 1.9 | 2.3 | 2.1 |
| Working Capital to Net Sales | 40 | 0.2 | • | 0.0 | 0.1 | 0.0 | • | 0.0 | 0.2 | 0.4 | 0.2 | 0.2 | 0.2 | 0.2 |
| Inventory to Working Capital | 41 | 0.1 | • | • | • | 0.0 | • | 2.5 | 0.0 | 0.1 | 0.1 | 0.3 | 0.1 | 0.1 |
| Total Receipts to Cash Flow | 42 | 2.9 | 2.8 | 1.6 | 1.4 | 1.4 | 2.7 | 2.6 | 2.2 | 2.4 | 2.2 | 2.5 | 2.8 | 3.3 |
| Cost of Goods to Cash Flow | 43 | 1.4 | 0.9 | 0.4 | 0.0 | 0.2 | 0.2 | 1.0 | 0.8 | 0.8 | 0.9 | 1.0 | 1.1 | 1.7 |
| Cash Flow to Total Debt | 44 | 0.2 | • | 1.8 | 1.5 | 1.1 | 0.5 | 0.4 | 0.6 | 0.3 | 0.5 | 0.4 | 0.2 | 0.2 |
| **Selected Financial Factors (in Percentages)** | | | | | | | | | | | | | | |
| Debt Ratio | 45 | 50.3 | • | 67.8 | 132.0 | 61.7 | 89.2 | 65.6 | 43.2 | 64.6 | 49.1 | 40.7 | 57.7 | 49.2 |
| Return on Total Assets | 46 | 6.8 | • | 65.1 | 42.7 | 41.9 | 8.6 | 8.2 | 12.4 | 10.9 | 11.5 | 8.6 | 8.1 | 5.8 |
| Return on Equity Before Income Taxes | 47 | 8.3 | • | 192.8 | • | 106.6 | 65.5 | 17.4 | 15.6 | 22.5 | 18.7 | 10.9 | 10.6 | 6.3 |
| Return on Equity After Income Taxes | 48 | 6.4 | • | 191.8 | • | 104.9 | 65.1 | 15.8 | 12.9 | 18.7 | 15.4 | 9.4 | 7.9 | 4.5 |
| Profit Margin (Before Income Tax) | 49 | 13.8 | 15.1 | 32.0 | 13.4 | 42.4 | 6.2 | 9.5 | 16.1 | 18.3 | 18.8 | 15.0 | 11.8 | 13.0 |
| Profit Margin (After Income Tax) | 50 | 10.6 | 12.5 | 31.9 | 12.5 | 41.7 | 6.2 | 8.7 | 13.3 | 15.1 | 15.5 | 12.9 | 8.8 | 9.3 |

**Table II**

Corporations with Net Income

# OIL AND GAS EXTRACTION

**MONEY AMOUNTS AND SIZE OF ASSETS IN THOUSANDS OF DOLLARS**

| Item Description for Accounting Period 7/00 Through 6/01 | Total | Zero Assets | Under 100 | 100 to 250 | 251 to 500 | 501 to 1,000 | 1,001 to 5,000 | 5,001 to 10,000 | 10,001 to 25,000 | 25,001 to 50,000 | 50,001 to 100,000 | 100,001 to 250,000 | 250,001 and over |
|---|---|---|---|---|---|---|---|---|---|---|---|---|---|
| Number of Enterprises 1 | 9996 | 244 | 4451 | 1192 | 1710 | 452 | 1201 | 342 | 160 | 96 | 42 | 42 | 63 |
| **Revenues ($ in Thousands)** | | | | | | | | | | | | | |
| Net Sales 2 | 51358780 | 1021807 | 503739 | 485385 | 748018 | 307796 | 1911951 | 1401469 | 1326740 | 1997009 | 1719085 | 3082374 | 36853407 |
| Interest 3 | 2465627 | 12593 | 119 | 31 | 2004 | 265 | 15887 | 26687 | 19901 | 25052 | 15478 | 66654 | 2280955 |
| Rents 4 | 75387 | 9 | 0 | 0 | 0 | 188 | 13348 | 1210 | 6890 | 8125 | 794 | 8836 | 35987 |
| Royalties 5 | 330185 | 32271 | 32022 | 4877 | 9229 | 49 | 21166 | 20569 | 19601 | 25416 | 19295 | 45667 | 100023 |
| Other Portfolio Income 6 | 2142971 | 105282 | 8315 | 2342 | 14433 | 17858 | 58014 | 77838 | 113971 | 81347 | 60490 | 113315 | 1489769 |
| Other Receipts 7 | 3500791 | 26462 | 33966 | 104432 | 17150 | 47 | 186394 | 165823 | 184050 | 284445 | 56930 | 248764 | 2192324 |
| Total Receipts 8 | 59873741 | 1198424 | 578161 | 597067 | 790834 | 326203 | 2206760 | 1693596 | 1671153 | 2421394 | 1872072 | 3565610 | 42952465 |
| Average Total Receipts 9 | 5990 | 4912 | 130 | 501 | 462 | 722 | 1837 | 4952 | 10445 | 25223 | 44573 | 84895 | 681785 |
| **Operating Costs/Operating Income (%)** | | | | | | | | | | | | | |
| Cost of Operations 10 | 48.2 | 18.9 | 26.4 | 1.4 | 11.3 | 17.8 | 36.3 | 35.0 | 30.5 | 41.2 | 42.1 | 45.0 | 53.7 |
| Salaries and Wages 11 | 3.9 | 2.6 | 5.4 | 19.8 | 2.3 | 1.6 | 7.2 | 4.4 | 6.9 | 5.0 | 2.8 | 4.2 | 3.4 |
| Taxes Paid 12 | 3.3 | 12.5 | 3.4 | 6.6 | 5.4 | 2.7 | 4.4 | 4.3 | 4.7 | 3.4 | 4.2 | 2.4 | 2.8 |
| Interest Paid 13 | 8.0 | 7.2 | 0.5 | 3.8 | 1.2 | 0.5 | 2.8 | 3.0 | 3.7 | 3.1 | 3.8 | 5.2 | 9.7 |
| Depreciation 14 | 4.3 | 11.3 | 1.3 | 4.1 | 4.3 | 5.1 | 4.5 | 4.3 | 5.1 | 4.3 | 4.6 | 4.6 | 4.1 |
| Amortization and Depletion 15 | 5.4 | 6.6 | 3.6 | 0.3 | 2.2 | 1.1 | 3.8 | 5.4 | 8.1 | 5.9 | 4.5 | 9.0 | 5.3 |
| Pensions and Other Deferred Comp. 16 | 0.2 | 0.5 | 0.2 | 0.1 | 0.2 | 0.0 | 0.4 | 0.2 | 0.4 | 0.2 | 0.1 | 0.2 | 0.2 |
| Employee Benefits 17 | 0.5 | 0.5 | 0.8 | 0.7 | 0.4 | 0.0 | 0.2 | 0.9 | 0.6 | 0.5 | 0.3 | 0.6 | 0.5 |
| Advertising 18 | 0.0 | 0.0 | 0.1 | 0.4 | • | • | 0.1 | 0.2 | 0.1 | 0.0 | 0.0 | 0.4 | 0.0 |
| Other Expenses 19 | 20.9 | 18.6 | 22.3 | 53.6 | 30.7 | 30.0 | 24.9 | 25.1 | 27.9 | 24.8 | 17.8 | 20.8 | 19.6 |
| Officers' Compensation 20 | 1.4 | 0.8 | 4.2 | 11.6 | 2.1 | 5.5 | 4.3 | 4.1 | 3.5 | 1.8 | 2.2 | 1.7 | 0.8 |
| Operating Margin 21 | 3.8 | 20.6 | 31.6 | • | 39.8 | 35.7 | 11.1 | 13.2 | 8.6 | 9.7 | 17.5 | 6.0 | • |
| Operating Margin Before Officers' Comp. 22 | 5.2 | 21.4 | 35.8 | 9.1 | 41.9 | 41.2 | 15.5 | 17.3 | 12.2 | 11.6 | 19.7 | 7.6 | 0.7 |

| Selected Average Balance Sheet ($ in Thousands) | | | | | | | | | | | | | |
|---|---|---|---|---|---|---|---|---|---|---|---|---|---|
| Net Receivables 23 | 1498 | 0 | 3 | 33 | 57 | 71 | 323 | 641 | 2342 | 4602 | 8498 | 18121 | 194381 |
| Inventories 24 | 80 | 0 | 0 | 1 | 1 | 6 | 35 | 7 | 119 | 386 | 320 | 804 | 10207 |
| Net Property, Plant and Equipment 25 | 4404 | 0 | 13 | 59 | 77 | 152 | 558 | 1992 | 5265 | 13373 | 38606 | 75874 | 562039 |
| Total Assets 26 | 17084 | 0 | 37 | 157 | 357 | 636 | 1864 | 7096 | 15663 | 33903 | 70091 | 151204 | 2377822 |
| Notes and Loans Payable 27 | 3913 | 0 | 15 | 112 | 110 | 144 | 555 | 1296 | 3315 | 7762 | 16877 | 37615 | 539402 |
| All Other Liabilities 28 | 4054 | 0 | 4 | 22 | 114 | 111 | 551 | 739 | 3452 | 8604 | 12522 | 32498 | 572255 |
| Net Worth 29 | 9117 | 0 | 17 | 23 | 132 | 381 | 757 | 5061 | 8897 | 17537 | 40692 | 81091 | 1266165 |

| Selected Financial Ratios (Times to 1) | | | | | | | | | | | | | |
|---|---|---|---|---|---|---|---|---|---|---|---|---|---|
| Current Ratio 30 | 1.7 | • | 2.0 | 2.0 | 0.9 | 1.7 | 1.3 | 2.2 | 1.9 | 1.6 | 1.8 | 1.5 | 1.7 |
| Quick Ratio 31 | 1.2 | • | 1.8 | 1.9 | 0.9 | 1.7 | 1.1 | 2.1 | 1.6 | 1.4 | 1.4 | 1.0 | 1.2 |
| Net Sales to Working Capital 32 | 4.8 | • | 11.4 | 10.0 | • | 7.0 | 8.6 | 3.4 | 2.7 | 4.9 | 4.5 | 4.9 | 4.5 |
| Coverage Ratio 33 | 3.5 | 6.3 | 87.1 | 6.4 | 37.7 | 87.9 | 10.5 | 12.2 | 10.4 | 10.9 | 7.9 | 5.1 | 2.7 |
| Total Asset Turnover 34 | 0.3 | • | 3.1 | 2.6 | 1.2 | 1.1 | 0.9 | 0.6 | 0.5 | 0.6 | 0.6 | 0.5 | 0.2 |
| Inventory Turnover 35 | 31.1 | • | 19013.6 | 7.7 | 72.4 | 19.1 | 16.5 | 218.1 | 21.3 | 22.2 | 53.9 | 41.1 | 30.8 |
| Receivables Turnover 36 | 4.4 | • | 48.4 | 13.1 | 8.2 | 2.9 | 5.8 | 9.6 | 4.2 | 6.2 | 5.1 | 5.0 | 3.9 |
| Total Liabilities to Net Worth 37 | 0.9 | • | 1.1 | 5.8 | 1.7 | 0.7 | 1.5 | 0.4 | 0.8 | 0.9 | 0.7 | 0.9 | 0.9 |
| Current Assets to Working Capital 38 | 2.5 | • | 2.0 | 2.0 | • | 2.5 | 4.5 | 1.8 | 2.1 | 2.6 | 2.2 | 3.1 | 2.5 |
| Current Liabilities to Working Capital 39 | 1.5 | • | 1.0 | 1.0 | • | 1.5 | 3.5 | 0.8 | 1.1 | 1.6 | 1.2 | 2.1 | 1.5 |
| Working Capital to Net Sales 40 | 0.2 | • | 0.1 | 0.1 | • | 0.1 | 0.1 | 0.3 | 0.4 | 0.2 | 0.2 | 0.2 | 0.2 |
| Inventory to Working Capital 41 | 0.1 | • | • | • | • | • | 0.2 | 0.0 | 0.1 | 0.1 | 0.1 | 0.1 | 0.1 |
| Total Receipts to Cash Flow 42 | 2.7 | 2.0 | 1.5 | 1.5 | 1.4 | 1.6 | 2.2 | 1.9 | 1.9 | 1.9 | 2.3 | 2.7 | 3.1 |
| Cost of Goods to Cash Flow 43 | 1.3 | 0.4 | 0.4 | 0.0 | 0.2 | 0.3 | 0.8 | 0.7 | 0.6 | 0.8 | 1.0 | 1.2 | 1.7 |
| Cash Flow to Total Debt 44 | 0.2 | • | 3.9 | 2.0 | 1.4 | 1.7 | 0.6 | 1.1 | 0.7 | 0.7 | 0.6 | 0.4 | 0.2 |

| Selected Financial Factors (in Percentages) | | | | | | | | | | | | | |
|---|---|---|---|---|---|---|---|---|---|---|---|---|---|
| Debt Ratio 45 | 46.6 | • | 52.7 | 85.4 | 63.0 | 40.1 | 59.4 | 28.7 | 43.2 | 48.3 | 41.9 | 46.4 | 46.8 |
| Return on Total Assets 46 | 8.5 | • | 144.2 | 62.8 | 57.4 | 45.1 | 24.9 | 21.2 | 20.2 | 20.7 | 17.5 | 13.0 | 6.5 |
| Return on Equity Before Income Taxes 47 | 11.5 | • | 301.5 | 362.1 | 150.9 | 74.4 | 55.4 | 27.3 | 32.2 | 36.4 | 26.4 | 19.5 | 7.7 |
| Return on Equity After Income Taxes 48 | 9.3 | • | 300.3 | 338.7 | 148.7 | 74.2 | 53.4 | 24.8 | 28.7 | 32.0 | 23.8 | 16.0 | 5.7 |
| Profit Margin (Before Income Tax) 49 | 20.4 | 37.8 | 46.2 | 20.3 | 45.5 | 41.7 | 26.4 | 33.7 | 34.5 | 30.6 | 26.3 | 21.5 | 16.6 |
| Profit Margin (After Income Tax) 50 | 16.6 | 33.7 | 46.0 | 19.0 | 44.9 | 41.6 | 25.4 | 30.6 | 30.7 | 27.0 | 23.7 | 17.6 | 12.4 |

**Table I**

Corporations with and without Net Income

# COAL MINING

**MONEY AMOUNTS AND SIZE OF ASSETS IN THOUSANDS OF DOLLARS**

| Item Description for Accounting Period 7/00 Through 6/01 | | Total | Zero Assets | Under 100 | 100 to 250 | 251 to 500 | 501 to 1,000 | 1,001 to 5,000 | 5,001 to 10,000 | 10,001 to 25,000 | 25,001 to 50,000 | 50,001 to 100,000 | 100,001 to 250,000 | 250,001 and over |
|---|---|---|---|---|---|---|---|---|---|---|---|---|---|---|
| Number of Enterprises | 1 | 1472 | 211 | 263 | 365 | • | 296 | 195 | 51 | 49 | 15 | 7 | 6 | 13 |
| **Revenues ($ in Thousands)** | | | | | | | | | | | | | | |
| Net Sales | 2 | 16201470 | 76001 | 305 | 0 | • | 584607 | 936632 | 1214679 | 1112097 | 602945 | 420835 | 626258 | 10627111 |
| Interest | 3 | 437125 | 351 | 0 | 0 | • | 792 | 62628 | 717 | 3136 | 3135 | 3491 | 15207 | 347669 |
| Rents | 4 | 32584 | 0 | 0 | 0 | • | 23 | 81 | 4617 | 3946 | 1633 | 1190 | 41 | 21054 |
| Royalties | 5 | 141727 | 706 | 0 | 0 | • | 1040 | 130 | 0 | 4394 | 3944 | 83 | 3800 | 127629 |
| Other Portfolio Income | 6 | 152086 | 5578 | 0 | 0 | • | 996 | 11404 | 2582 | 22081 | 7631 | 10169 | 390 | 91257 |
| Other Receipts | 7 | 640829 | 23736 | 0 | 0 | • | 0 | 12438 | 5840 | 7838 | 11901 | 10562 | 54529 | 513982 |
| Total Receipts | 8 | 17605821 | 106372 | 305 | 0 | • | 587458 | 1023313 | 1228435 | 1153492 | 631189 | 446330 | 700225 | 11728702 |
| Average Total Receipts | 9 | 11960 | 504 | 1 | 0 | • | 1985 | 5248 | 24087 | 23541 | 42079 | 63761 | 116704 | 902208 |
| **Operating Costs/Operating Income (%)** | | | | | | | | | | | | | | |
| Cost of Operations | 10 | 68.0 | 82.9 | • | • | • | 69.9 | 42.3 | 87.8 | 57.8 | 69.4 | 84.7 | 75.0 | 67.8 |
| Salaries and Wages | 11 | 2.2 | 0.2 | • | • | • | 2.3 | 2.4 | 2.4 | 6.0 | 2.8 | 2.7 | 1.3 | 1.8 |
| Taxes Paid | 12 | 6.6 | 9.1 | 33.8 | • | • | 6.8 | 4.1 | 1.1 | 6.0 | 4.9 | 2.0 | 4.3 | 8.0 |
| Interest Paid | 13 | 5.6 | 6.2 | 6.2 | • | • | 0.4 | 1.0 | 0.8 | 2.5 | 2.0 | 2.1 | 7.5 | 7.3 |
| Depreciation | 14 | 5.6 | 3.4 | • | • | • | 4.7 | 1.1 | 1.5 | 6.0 | 4.7 | 3.3 | 3.4 | 6.8 |
| Amortization and Depletion | 15 | 4.4 | 1.7 | 36.1 | • | • | 0.4 | 0.5 | 0.8 | 2.2 | 2.9 | 1.9 | 3.6 | 5.8 |
| Pensions and Other Deferred Comp. | 16 | 0.6 | 0.0 | • | • | • | 1.0 | 0.0 | 0.0 | 0.5 | 0.4 | 1.1 | 1.9 | 0.6 |
| Employee Benefits | 17 | 3.1 | 2.2 | • | • | • | 0.1 | 0.6 | 0.2 | 1.5 | 2.1 | 1.1 | 1.0 | 4.2 |
| Advertising | 18 | 0.0 | 0.0 | • | • | • | 0.1 | 0.0 | 0.0 | 0.1 | 0.0 | 0.2 | 0.0 | 0.0 |
| Other Expenses | 19 | 13.5 | 5.4 | 1.3 | • | • | 8.2 | 52.5 | 7.2 | 21.0 | 13.2 | 5.7 | 9.7 | 10.9 |
| Officers' Compensation | 20 | 0.8 | 0.3 | • | • | • | 5.0 | 3.5 | 0.2 | 1.0 | 1.1 | 1.5 | 0.7 | 0.3 |
| Operating Margin | 21 | • | • | 22.3 | • | • | 1.2 | • | • | • | • | • | • | • |
| Operating Margin Before Officers' Comp. | 22 | • | • | 22.3 | • | • | 6.1 | • | • | • | • | • | • | • |

| Selected Average Balance Sheet ($ in Thousands) | | | | | | | | | | | | | |
|---|---|---|---|---|---|---|---|---|---|---|---|---|---|
| Net Receivables 23 | 4753 | 0 | 0 | 0 | • | 31 | 476 | 880 | 2552 | 5589 | 7652 | 22632 | 496231 |
| Inventories 24 | 516 | 0 | 0 | 0 | • | 0 | 5 | 259 | 553 | 1481 | 3619 | 4071 | 49740 |
| Net Property, Plant and Equipment 25 | 7650 | 0 | 0 | 0 | • | 239 | 416 | 2380 | 6534 | 12825 | 29411 | 73161 | 756112 |
| Total Assets 26 | 26321 | 0 | 77 | 100 | • | 647 | 1790 | 7171 | 15527 | 35309 | 66316 | 164316 | 2695406 |
| Notes and Loans Payable 27 | 7115 | 0 | 0 | 0 | • | 85 | 817 | 2500 | 6644 | 10207 | 25405 | 102832 | 683635 |
| All Other Liabilities 28 | 11611 | 0 | -4 | 0 | • | 122 | 497 | 1581 | 5224 | 9163 | 11295 | 47959 | 1239917 |
| Net Worth 29 | 7595 | 0 | 81 | 100 | • | 440 | 476 | 3089 | 3658 | 15939 | 29616 | 13525 | 771853 |

| Selected Financial Ratios (Times to 1) | | | | | | | | | | | | | |
|---|---|---|---|---|---|---|---|---|---|---|---|---|---|
| Current Ratio 30 | 1.0 | • | 17.1 | • | • | 2.6 | 1.3 | 1.4 | 1.2 | 1.5 | 1.4 | 1.3 | 1.0 |
| Quick Ratio 31 | 0.6 | • | 17.1 | • | • | 2.6 | 0.9 | 1.2 | 0.9 | 1.1 | 0.9 | 1.0 | 0.6 |
| Net Sales to Working Capital 32 | 29.6 | • | 0.3 | • | • | 8.5 | 18.6 | 27.1 | 20.9 | 9.3 | 13.7 | 11.8 | 67.5 |
| Coverage Ratio 33 | 0.7 | 5.6 | 4.6 | • | • | 5.6 | 2.3 | • | 0.6 | 1.6 | 0.9 | 1.5 | 0.6 |
| Total Asset Turnover 34 | 0.4 | • | 0.0 | • | • | 3.1 | 2.7 | 3.3 | 1.5 | 1.1 | 0.9 | 0.6 | 0.3 |
| Inventory Turnover 35 | 14.5 | • | • | • | • | • | 372.7 | 80.7 | 23.7 | 18.8 | 14.1 | 19.2 | 11.1 |
| Receivables Turnover 36 | 2.1 | • | • | • | • | 15.2 | 11.2 | 29.8 | 9.6 | 7.2 | 10.6 | 5.1 | 1.5 |
| Total Liabilities to Net Worth 37 | 2.5 | • | • | • | • | 0.5 | 2.8 | 1.3 | 3.2 | 1.2 | 1.2 | 11.1 | 2.5 |
| Current Assets to Working Capital 38 | 25.6 | • | 1.1 | 1.0 | • | 1.6 | 4.0 | 3.6 | 5.5 | 3.0 | 3.5 | 4.2 | 80.7 |
| Current Liabilities to Working Capital 39 | 24.6 | • | 0.1 | • | • | 0.6 | 3.0 | 2.6 | 4.5 | 2.0 | 2.5 | 3.2 | 79.7 |
| Working Capital to Net Sales 40 | 0.0 | • | 3.3 | • | • | 0.1 | 0.1 | 0.0 | 0.0 | 0.1 | 0.1 | 0.1 | 0.0 |
| Inventory to Working Capital 41 | 1.3 | • | • | • | • | • | 0.0 | 0.3 | 0.5 | 0.4 | 1.0 | 0.3 | 3.7 |
| Total Receipts to Cash Flow 42 | 13.4 | 3.8 | 4.2 | • | • | 12.5 | 2.0 | 31.1 | 9.1 | 10.8 | 42.1 | 8.7 | 27.5 |
| Cost of Goods to Cash Flow 43 | 9.1 | 3.1 | • | • | • | 8.7 | 0.9 | 27.3 | 5.3 | 7.5 | 35.7 | 6.5 | 18.6 |
| Cash Flow to Total Debt 44 | 0.0 | • | • | • | • | 0.8 | 1.8 | 0.2 | 0.2 | 0.2 | 0.0 | 0.1 | 0.0 |

| Selected Financial Factors (in Percentages) | | | | | | | | | | | | | |
|---|---|---|---|---|---|---|---|---|---|---|---|---|---|
| Debt Ratio 45 | 71.1 | • | • | • | • | 32.0 | 73.4 | 56.9 | 76.4 | 54.9 | 55.3 | 91.8 | 71.4 |
| Return on Total Assets 46 | 1.7 | • | 0.4 | • | • | 6.2 | 6.2 | • | 2.3 | 3.6 | 1.8 | 7.0 | 1.4 |
| Return on Equity Before Income Taxes 47 | • | • | 0.3 | • | • | 7.4 | 13.0 | • | • | 3.1 | • | 27.0 | • |
| Return on Equity After Income Taxes 48 | • | • | 0.2 | • | • | 7.4 | 12.5 | • | • | 2.4 | • | 15.4 | • |
| Profit Margin (Before Income Tax) 49 | • | 28.6 | 22.6 | • | • | 1.7 | 1.3 | • | • | 1.2 | • | 3.5 | • |
| Profit Margin (After Income Tax) 50 | • | 26.8 | 15.1 | • | • | 1.7 | 1.2 | • | • | 1.0 | • | 2.0 | • |

**Table II**

Corporations with Net Income

# COAL MINING

| Item Description for Accounting Period 7/00 Through 6/01 | | MONEY AMOUNTS AND SIZE OF ASSETS IN THOUSANDS OF DOLLARS | | | | | | | | | | | | |
|---|---|---|---|---|---|---|---|---|---|---|---|---|---|---|
| | | Total | Zero Assets | Under 100 | 100 to 250 | 251 to 500 | 501 to 1,000 | 1,001 to 5,000 | 5,001 to 10,000 | 10,001 to 25,000 | 25,001 to 50,000 | 50,001 to 100,000 | 100,001 to 250,000 | 250,001 and over |
| Number of Enterprises | 1 | 696 | 0 | 263 | • | • | 47 | 121 | 9 | 23 | 9 | 0 | 3 | 7 |
| **Revenues ($ in Thousands)** | | | | | | | | | | | | | | |
| Net Sales | 2 | 6516523 | 0 | 305 | • | • | 63171 | 382052 | 111243 | 546516 | 425202 | 0 | 173876 | 4513236 |
| Interest | 3 | 318316 | 0 | 0 | • | • | 0 | 2380 | 462 | 2284 | 2185 | 0 | 12138 | 295313 |
| Rents | 4 | 14191 | 0 | 0 | • | • | 0 | 81 | 0 | 1805 | 1524 | 0 | 0 | 9693 |
| Royalties | 5 | 78035 | 0 | 0 | • | • | 0 | 130 | 0 | 384 | 3373 | 0 | 0 | 74090 |
| Other Portfolio Income | 6 | 120552 | 0 | 0 | • | • | 0 | 11404 | 542 | 18523 | 7038 | 0 | 0 | 68564 |
| Other Receipts | 7 | 520128 | 0 | 0 | • | • | 0 | 12437 | 532 | 3034 | 7265 | 0 | 31254 | 434356 |
| Total Receipts | 8 | 7567745 | 0 | 305 | • | • | 63171 | 408484 | 112779 | 572546 | 446587 | 0 | 217268 | 5395252 |
| Average Total Receipts | 9 | 10873 | • | 1 | • | • | 1344 | 3376 | 12531 | 24893 | 49621 | • | 72423 | 770750 |
| **Operating Costs/Operating Income (%)** | | | | | | | | | | | | | | |
| Cost of Operations | 10 | 59.3 | • | • | • | • | 8.6 | 48.5 | 21.2 | 41.1 | 72.5 | • | 55.6 | 61.5 |
| Salaries and Wages | 11 | 3.7 | • | • | • | • | 4.2 | 5.8 | 15.7 | 8.8 | 1.1 | • | 2.0 | 2.9 |
| Taxes Paid | 12 | 6.2 | • | 33.8 | • | • | 1.4 | 3.0 | 5.4 | 6.1 | 5.1 | • | 5.6 | 7.0 |
| Interest Paid | 13 | 5.0 | • | 6.2 | • | • | • | 1.6 | 1.4 | 1.7 | 1.2 | • | 8.5 | 6.3 |
| Depreciation | 14 | 7.5 | • | • | • | • | 0.6 | 2.8 | 4.9 | 5.9 | 4.3 | • | 5.1 | 8.9 |
| Amortization and Depletion | 15 | 5.0 | • | 36.1 | • | • | • | 1.2 | 5.0 | 2.5 | 3.1 | • | 6.9 | 6.0 |
| Pensions and Other Deferred Comp. | 16 | 1.1 | • | • | • | • | • | 0.0 | • | 0.8 | 0.4 | • | 6.5 | 1.2 |
| Employee Benefits | 17 | 4.0 | • | • | • | • | 0.5 | 1.4 | 0.1 | 1.6 | 1.7 | • | 2.3 | 5.1 |
| Advertising | 18 | 0.1 | • | • | • | • | • | 0.1 | 0.1 | 0.1 | 0.0 | • | 0.0 | 0.0 |
| Other Expenses | 19 | 17.0 | • | 1.3 | • | • | 36.1 | 23.7 | 42.6 | 26.4 | 9.8 | • | 12.5 | 15.9 |
| Officers' Compensation | 20 | 1.1 | • | • | • | • | 4.9 | 8.5 | • | 1.2 | 1.0 | • | 1.0 | 0.4 |
| Operating Margin | 21 | • | • | 22.3 | • | • | 43.7 | 3.4 | 3.8 | 3.9 | • | • | • | • |
| Operating Margin Before Officers' Comp. | 22 | • | • | 22.3 | • | • | 48.6 | 11.9 | 3.8 | 5.0 | 0.6 | • | • | • |

| Selected Average Balance Sheet ($ in Thousands) | | | | | | | | | | | | | |
|---|---|---|---|---|---|---|---|---|---|---|---|---|---|
| Net Receivables 23 | 8581 | • | 0 | • | • | 181 | 204 | 962 | 2615 | 6062 | • | 33417 | 812721 |
| Inventories 24 | 493 | • | 0 | • | • | 0 | 6 | 568 | 569 | 1678 | • | 1953 | 39435 |
| Net Property, Plant and Equipment 25 | 5957 | • | 0 | • | • | 115 | 671 | 4345 | 5998 | 12760 | • | 38972 | 504297 |
| Total Assets 26 | 36073 | • | 77 | • | • | 780 | 1750 | 6323 | 15993 | 36289 | • | 160338 | 3326794 |
| Notes and Loans Payable 27 | 6772 | • | 0 | • | • | 0 | 838 | 2546 | 4160 | 6605 | • | 52512 | 591732 |
| All Other Liabilities 28 | 15083 | • | -4 | • | • | 12 | 314 | 1367 | 5116 | 9018 | • | 57454 | 1435003 |
| Net Worth 29 | 14219 | • | 81 | • | • | 768 | 598 | 2410 | 6717 | 20667 | • | 50373 | 1300059 |
| **Selected Financial Ratios (Times to 1)** | | | | | | | | | | | | | |
| Current Ratio 30 | 1.2 | • | 17.1 | • | • | 54.8 | 1.1 | 1.3 | 1.3 | 1.6 | • | 4.1 | 1.2 |
| Quick Ratio 31 | 0.7 | • | 17.1 | • | • | 54.5 | 1.0 | 1.2 | 1.1 | 1.3 | • | 3.6 | 0.6 |
| Net Sales to Working Capital 32 | 3.4 | • | 0.3 | • | • | 2.1 | 58.3 | 18.9 | 15.6 | 10.0 | • | 1.6 | 2.7 |
| Coverage Ratio 33 | 2.2 | • | 4.6 | • | • | • | 7.3 | 4.7 | 6.2 | 4.8 | • | 3.2 | 1.7 |
| Total Asset Turnover 34 | 0.3 | • | 0.0 | • | • | 1.7 | 1.8 | 2.0 | 1.5 | 1.3 | • | 0.4 | 0.2 |
| Inventory Turnover 35 | 11.3 | • | • | • | • | • | 246.6 | 4.6 | 17.2 | 20.4 | • | 16.5 | 10.0 |
| Receivables Turnover 36 | 1.0 | • | • | • | • | 8.7 | 7.9 | 6.7 | 8.7 | 8.7 | • | 3.5 | 0.7 |
| Total Liabilities to Net Worth 37 | 1.5 | • | • | • | • | 0.0 | 1.9 | 1.6 | 1.4 | 0.8 | • | 2.2 | 1.6 |
| Current Assets to Working Capital 38 | 6.1 | • | 1.1 | • | • | 1.0 | 9.5 | 4.3 | 3.9 | 2.7 | • | 1.3 | 6.6 |
| Current Liabilities to Working Capital 39 | 5.1 | • | 0.1 | • | • | 0.0 | 8.5 | 3.3 | 2.9 | 1.7 | • | 0.3 | 5.6 |
| Working Capital to Net Sales 40 | 0.3 | • | 3.3 | • | • | 0.5 | 0.0 | 0.1 | 0.1 | 0.1 | • | 0.6 | 0.4 |
| Inventory to Working Capital 41 | 0.2 | • | • | • | • | • | 0.1 | 0.2 | 0.3 | 0.4 | • | 0.1 | 0.1 |
| Total Receipts to Cash Flow 42 | 6.1 | • | 4.2 | • | • | 1.3 | 3.8 | 3.2 | 4.4 | 9.5 | • | 3.3 | 7.2 |
| Cost of Goods to Cash Flow 43 | 3.6 | • | • | • | • | 0.1 | 1.9 | 0.7 | 1.8 | 6.9 | • | 1.8 | 4.4 |
| Cash Flow to Total Debt 44 | 0.1 | • | • | • | • | 87.6 | 0.7 | 1.0 | 0.6 | 0.3 | • | 0.2 | 0.0 |
| **Selected Financial Factors (in Percentages)** | | | | | | | | | | | | | |
| Debt Ratio 45 | 60.6 | • | • | • | • | 1.6 | 65.8 | 61.9 | 58.0 | 43.0 | • | 68.6 | 60.9 |
| Return on Total Assets 46 | 2.9 | • | 0.4 | • | • | 75.2 | 21.6 | 12.8 | 15.3 | 7.6 | • | 9.9 | 2.1 |
| Return on Equity Before Income Taxes 47 | 4.1 | • | 0.3 | • | • | 76.4 | 54.6 | 26.5 | 30.5 | 10.6 | • | 21.8 | 2.1 |
| Return on Equity After Income Taxes 48 | 3.4 | • | 0.2 | • | • | 76.4 | 54.0 | 17.5 | 29.3 | 9.7 | • | 15.5 | 1.6 |
| Profit Margin (Before Income Tax) 49 | 6.2 | • | 22.6 | • | • | 43.7 | 10.3 | 5.2 | 8.6 | 4.6 | • | 18.9 | 4.3 |
| Profit Margin (After Income Tax) 50 | 5.2 | • | 15.1 | • | • | 43.7 | 10.2 | 3.4 | 8.3 | 4.3 | • | 13.5 | 3.2 |

# Table I

Corporations with and without Net Income

## METAL ORE MINING

MONEY AMOUNTS AND SIZE OF ASSETS IN THOUSANDS OF DOLLARS

| Item Description for Accounting Period 7/00 Through 6/01 | | Total | Zero Assets | Under 100 | 100 to 250 | 251 to 500 | 501 to 1,000 | 1,001 to 5,000 | 5,001 to 10,000 | 10,001 to 25,000 | 25,001 to 50,000 | 50,001 to 100,000 | 100,001 to 250,000 | 250,001 and over |
|---|---|---|---|---|---|---|---|---|---|---|---|---|---|---|
| Number of Enterprises | 1 | 1859 | 36 | 1451 | • | 115 | 67 | 96 | 15 | 30 | 13 | 12 | 3 | 21 |
| **Revenues ($ in Thousands)** | | | | | | | | | | | | | | |
| Net Sales | 2 | 15307543 | 0 | 61170 | • | 361 | 0 | 434 | 45300 | 90810 | 285885 | 383178 | 431582 | 14008823 |
| Interest | 3 | 836826 | 259 | 358 | • | 0 | 812 | 395 | 427 | 2888 | 10852 | 10008 | 8260 | 802568 |
| Rents | 4 | 22446 | 0 | 0 | • | 0 | 4392 | 7 | 186 | 157 | 875 | 0 | 31 | 16798 |
| Royalties | 5 | 150744 | 252 | 6643 | • | 0 | 0 | 0 | 0 | 9754 | 6689 | 0 | 11106 | 116300 |
| Other Portfolio Income | 6 | 162035 | 2 | 1795 | • | 0 | 1158 | 3828 | 540 | 2172 | 9530 | 1365 | 31822 | 109822 |
| Other Receipts | 7 | 585956 | -3700 | 277 | • | 221 | 96 | 7136 | 517 | 2649 | 6740 | 5599 | 1116 | 565306 |
| Total Receipts | 8 | 17065550 | -3187 | 70243 | • | 582 | 6458 | 11800 | 46970 | 108430 | 320571 | 400150 | 483917 | 15619617 |
| Average Total Receipts | 9 | 9180 | -89 | 48 | • | 5 | 96 | 123 | 3131 | 3614 | 24659 | 33346 | 161306 | 743791 |
| **Operating Costs/Operating Income (%)** | | | | | | | | | | | | | | |
| Cost of Operations | 10 | 63.1 | • | 4.9 | • | • | • | 0.5 | 82.9 | 77.3 | 80.8 | 72.1 | 66.1 | 62.5 |
| Salaries and Wages | 11 | 3.0 | • | 1.3 | • | • | • | 1093.8 | 4.4 | 12.7 | 13.8 | 1.9 | 1.2 | 2.7 |
| Taxes Paid | 12 | 2.1 | • | 0.9 | • | 1.7 | • | 200.0 | 4.1 | 3.2 | 1.4 | 1.1 | 0.7 | 2.2 |
| Interest Paid | 13 | 9.7 | • | 9.4 | • | 3.9 | • | 870.0 | 4.1 | 11.0 | 2.0 | 2.4 | 3.7 | 10.2 |
| Depreciation | 14 | 10.3 | • | • | • | 17.7 | • | 185.7 | 4.1 | 8.5 | 9.3 | 7.8 | 5.7 | 10.6 |
| Amortization and Depletion | 15 | 9.0 | • | 1.7 | • | 7.8 | • | 947.0 | 6.5 | 14.5 | 13.1 | 6.2 | 9.0 | 9.0 |
| Pensions and Other Deferred Comp. | 16 | 0.1 | • | • | • | • | • | • | 0.0 | 0.5 | 0.0 | 0.1 | 0.1 | 0.1 |
| Employee Benefits | 17 | 1.2 | • | 0.4 | • | 59.6 | • | 2.1 | 2.2 | 1.4 | 3.6 | 0.1 | 0.1 | 1.2 |
| Advertising | 18 | 0.0 | • | • | • | • | • | 0.9 | 0.0 | 0.0 | 0.0 | 0.0 | 0.0 | 0.0 |
| Other Expenses | 19 | 13.6 | • | 82.4 | • | 813.3 | • | 2757.6 | 36.2 | 98.9 | 3.2 | 20.0 | 17.0 | 12.4 |
| Officers' Compensation | 20 | 0.4 | • | • | • | • | • | 2.3 | 2.3 | 3.9 | 0.8 | 0.9 | 0.9 | 0.3 |
| Operating Margin | 21 | • | • | • | • | • | • | • | • | • | • | • | • | • |
| Operating Margin Before Officers' Comp. | 22 | • | • | • | • | • | • | • | • | • | • | • | • | • |

| Selected Average Balance Sheet ($ in Thousands) | | | | | | | | | | | | | |
|---|---|---|---|---|---|---|---|---|---|---|---|---|---|
| Net Receivables 23 | 3570 | 0 | 0 | • | 1 | 2 | 32 | 567 | 1597 | 5030 | 14659 | 8842 | 300398 |
| Inventories 24 | 1208 | 0 | 0 | • | 0 | 0 | 1 | 63 | 1316 | 2311 | 4628 | 17214 | 98487 |
| Net Property, Plant and Equipment 25 | 10434 | 0 | 17 | • | 426 | 45 | 1221 | 951 | 7151 | 15427 | 23710 | 91692 | 867334 |
| Total Assets 26 | 34241 | 0 | 22 | • | 461 | 508 | 2252 | 5671 | 16670 | 38229 | 69576 | 206948 | 2894351 |
| Notes and Loans Payable 27 | 6171 | 0 | 3 | • | 114 | 2738 | 466 | 2753 | 8706 | 12923 | 9996 | 61023 | 497748 |
| All Other Liabilities 28 | 9409 | 0 | -0 | • | 113 | 815 | 302 | 1380 | 7169 | 19253 | 18538 | 60407 | 785921 |
| Net Worth 29 | 18662 | 0 | 20 | • | 234 | -3045 | 1485 | 1538 | 795 | 6053 | 41042 | 85518 | 1610681 |

| Selected Financial Ratios (Times to 1) | | | | | | | | | | | | | |
|---|---|---|---|---|---|---|---|---|---|---|---|---|---|
| Current Ratio 30 | 1.4 | • | 77.4 | • | 0.0 | 5.1 | 1.3 | 1.1 | 1.4 | 1.5 | 1.8 | 2.2 | 1.4 |
| Quick Ratio 31 | 0.9 | • | 77.4 | • | 0.0 | 5.1 | 0.4 | 0.6 | 0.8 | 0.9 | 1.1 | 1.2 | 0.9 |
| Net Sales to Working Capital 32 | 4.2 | • | 10.1 | • | • | • | 0.1 | 14.6 | 2.1 | 4.6 | 2.5 | 3.8 | 4.3 |
| Coverage Ratio 33 | 0.9 | • | 2.5 | • | • | • | • | • | • | • | • | 3.1 | 1.1 |
| Total Asset Turnover 34 | 0.2 | • | 1.9 | • | 0.0 | • | 0.0 | 0.5 | 0.2 | 0.6 | 0.5 | 0.7 | 0.2 |
| Inventory Turnover 35 | 4.3 | • | • | • | • | • | 0.0 | 39.6 | 1.8 | 7.7 | 5.0 | 5.5 | 4.2 |
| Receivables Turnover 36 | 2.0 | • | • | • | 3.9 | • | 0.1 | 6.5 | 2.2 | 4.2 | 2.9 | 12.5 | 1.9 |
| Total Liabilities to Net Worth 37 | 0.8 | • | 0.1 | • | 1.0 | • | 0.5 | 2.7 | 20.0 | 5.3 | 0.7 | 1.4 | 0.8 |
| Current Assets to Working Capital 38 | 3.3 | • | 1.0 | • | • | 1.2 | 4.7 | 7.8 | 3.8 | 3.2 | 2.3 | 1.8 | 3.4 |
| Current Liabilities to Working Capital 39 | 2.3 | • | 0.0 | • | • | 0.2 | 3.7 | 6.8 | 2.8 | 2.2 | 1.3 | 0.8 | 2.4 |
| Working Capital to Net Sales 40 | 0.2 | • | 0.1 | • | • | • | 16.5 | 0.1 | 0.5 | 0.2 | 0.4 | 0.3 | 0.2 |
| Inventory to Working Capital 41 | 0.6 | • | • | • | • | • | 0.0 | 0.3 | 1.0 | 0.5 | 0.4 | 0.4 | 0.7 |
| Total Receipts to Cash Flow 42 | 9.7 | • | 1.3 | • | • | • | • | • | • | • | 9.8 | 5.0 | 9.4 |
| Cost of Goods to Cash Flow 43 | 6.1 | • | 0.1 | • | • | 0.4 | • | • | • | • | 7.1 | 3.3 | 5.9 |
| Cash Flow to Total Debt 44 | 0.1 | • | 12.1 | • | • | 0.0 | • | • | • | • | 0.1 | 0.2 | 0.1 |

| Selected Financial Factors (in Percentages) | | | | | | | | | | | | | |
|---|---|---|---|---|---|---|---|---|---|---|---|---|---|
| Debt Ratio 45 | 45.5 | • | 12.0 | • | 49.2 | 699.8 | 34.1 | 72.9 | 95.2 | 84.2 | 41.0 | 58.7 | 44.4 |
| Return on Total Assets 46 | 2.2 | • | 43.8 | • | • | • | • | • | • | • | • | 7.9 | 2.5 |
| Return on Equity Before Income Taxes 47 | • | • | 29.5 | • | • | 4.4 | • | • | • | • | • | 12.9 | 0.3 |
| Return on Equity After Income Taxes 48 | • | • | 29.5 | • | • | 4.4 | • | • | • | • | • | 9.7 | • |
| Profit Margin (Before Income Tax) 49 | • | • | 13.7 | • | • | • | • | • | • | • | • | 7.6 | 0.7 |
| Profit Margin (After Income Tax) 50 | • | • | 13.7 | • | • | • | • | • | • | • | • | 5.8 | • |

# METAL ORE MINING

**MONEY AMOUNTS AND SIZE OF ASSETS IN THOUSANDS OF DOLLARS**

| Item Description for Accounting Period 7/00 Through 6/01 | | Total | Zero Assets | Under 100 | 100 to 250 | 251 to 500 | 501 to 1,000 | 1,001 to 5,000 | 5,001 to 10,000 | 10,001 to 25,000 | 25,001 to 50,000 | 50,001 to 100,000 | 100,001 to 250,000 | 250,001 and over |
|---|---|---|---|---|---|---|---|---|---|---|---|---|---|---|
| Number of Enterprises | 1 | 740 | 0 | 694 | • | • | • | 21 | 0 | 6 | 0 | 0 | 3 | 10 |
| **Revenues ($ in Thousands)** | | | | | | | | | | | | | | |
| Net Sales | 2 | 6423217 | 0 | 57422 | • | • | • | 40253 | 0 | 3949 | 0 | 0 | 431582 | 5674646 |
| Interest | 3 | 384901 | 0 | 316 | • | • | • | 400 | 0 | 4529 | 0 | 0 | 8260 | 365759 |
| Rents | 4 | 4702 | 0 | 0 | • | • | • | 0 | 0 | 837 | 0 | 0 | 31 | 3834 |
| Royalties | 5 | 123441 | 0 | 6643 | • | • | • | 0 | 0 | 7536 | 0 | 0 | 11106 | 98155 |
| Other Portfolio Income | 6 | 118351 | 0 | 480 | • | • | • | 3269 | 0 | 6358 | 0 | 0 | 31822 | 75662 |
| Other Receipts | 7 | 301915 | 0 | 275 | • | • | • | 6532 | 0 | 4162 | 0 | 0 | 1116 | 281524 |
| Total Receipts | 8 | 7356527 | 0 | 65136 | • | • | • | 50454 | 0 | 27371 | 0 | 0 | 483917 | 6499580 |
| Average Total Receipts | 9 | 9941 | • | 94 | • | • | • | 2403 | • | 4562 | • | • | 161306 | 649958 |
| **Operating Costs/Operating Income (%)** | | | | | | | | | | | | | | |
| Cost of Operations | 10 | 57.6 | • | 1.3 | • | • | • | 84.6 | • | 59.2 | • | • | 66.1 | 56.7 |
| Salaries and Wages | 11 | 4.4 | • | • | • | • | • | • | • | 67.1 | • | • | 1.2 | 4.8 |
| Taxes Paid | 12 | 1.2 | • | 0.7 | • | • | • | 4.3 | • | 17.4 | • | • | 0.7 | 1.2 |
| Interest Paid | 13 | 8.1 | • | 9.7 | • | • | • | 0.1 | • | 35.8 | • | • | 3.7 | 8.7 |
| Depreciation | 14 | 9.5 | • | • | • | • | • | 0.5 | • | 13.6 | • | • | 5.7 | 9.9 |
| Amortization and Depletion | 15 | 10.1 | • | 1.8 | • | • | • | 0.8 | • | 83.3 | • | • | 9.0 | 10.5 |
| Pensions and Other Deferred Comp. | 16 | 0.1 | • | • | • | • | • | • | • | 4.6 | • | • | 0.1 | 0.1 |
| Employee Benefits | 17 | 0.6 | • | 0.5 | • | • | • | 2.3 | • | 2.8 | • | • | 0.1 | 0.6 |
| Advertising | 18 | 0.0 | • | • | • | • | • | • | • | 0.4 | • | • | 0.0 | 0.0 |
| Other Expenses | 19 | 13.1 | • | 81.6 | • | • | • | 10.0 | • | 193.7 | • | • | 17.0 | 12.2 |
| Officers' Compensation | 20 | 0.4 | • | • | • | • | • | 1.8 | • | 20.8 | • | • | 0.9 | 0.4 |
| Operating Margin | 21 | • | • | 4.4 | • | • | • | • | • | • | • | • | • | • |
| Operating Margin Before Officers' Comp. | 22 | • | • | 4.4 | • | • | • | • | • | • | • | • | • | • |

| | | | | | | | | | | | | |
|---|---|---|---|---|---|---|---|---|---|---|---|---|
| **Selected Average Balance Sheet ($ in Thousands)** | | | | | | | | | | | | |
| Net Receivables **23** | 3866 | • | 0 | • | • | • | 336 | • | 712 | • | • | 8842 | 266659 |
| Inventories **24** | 1154 | • | 0 | • | • | • | 0 | • | 1730 | • | • | 16090 | 77640 |
| Net Property, Plant and Equipment **25** | 9190 | • | 0 | • | • | • | 2639 | • | 9751 | • | • | 91692 | 632925 |
| Total Assets **26** | 43167 | • | 4 | • | • | • | 3457 | • | 22565 | • | • | 206948 | 3076848 |
| Notes and Loans Payable **27** | 5809 | • | 1 | • | • | • | 132 | • | 13313 | • | • | 61023 | 400495 |
| All Other Liabilities **28** | 9753 | • | -0 | • | • | • | 369 | • | 14104 | • | • | 60407 | 686886 |
| Net Worth **29** | 27604 | • | 3 | • | • | • | 2956 | • | -4852 | • | • | 85518 | 1989467 |
| **Selected Financial Ratios (Times to 1)** | | | | | | | | | | | | |
| Current Ratio **30** | 1.2 | • | • | • | • | • | 2.0 | • | 0.5 | • | • | 2.2 | 1.2 |
| Quick Ratio **31** | 0.8 | • | • | • | • | • | 2.0 | • | 0.2 | • | • | 1.2 | 0.7 |
| Net Sales to Working Capital **32** | 6.5 | • | 21.2 | • | • | • | 6.3 | • | • | • | • | 3.8 | 7.7 |
| Coverage Ratio **33** | 2.3 | • | 2.8 | • | • | • | 294.2 | • | 6.4 | • | • | 3.1 | 2.2 |
| Total Asset Turnover **34** | 0.2 | • | 21.1 | • | • | • | 0.6 | • | 0.0 | • | • | 0.7 | 0.2 |
| Inventory Turnover **35** | 4.3 | • | • | • | • | • | • | • | 0.2 | • | • | 5.9 | 4.1 |
| Receivables Turnover **36** | 2.6 | • | • | • | • | • | • | • | 0.3 | • | • | 32.5 | 2.4 |
| Total Liabilities to Net Worth **37** | 0.6 | • | 0.3 | • | • | • | 0.2 | • | • | • | • | 1.4 | 0.5 |
| Current Assets to Working Capital **38** | 5.7 | • | 1.0 | • | • | • | 2.0 | • | • | • | • | 1.8 | 7.0 |
| Current Liabilities to Working Capital **39** | 4.7 | • | • | • | • | • | 1.0 | • | • | • | • | 0.8 | 6.0 |
| Working Capital to Net Sales **40** | 0.2 | • | 0.0 | • | • | • | 0.2 | • | • | • | • | 0.3 | 0.1 |
| Inventory to Working Capital **41** | 0.9 | • | • | • | • | • | • | • | • | • | • | 0.4 | 1.1 |
| Total Receipts to Cash Flow **42** | 5.2 | • | 1.2 | • | • | • | 4.6 | • | 0.5 | • | • | 5.0 | 5.4 |
| Cost of Goods to Cash Flow **43** | 3.0 | • | 0.0 | • | • | • | 3.9 | • | 0.3 | • | • | 3.3 | 3.0 |
| Cash Flow to Total Debt **44** | 0.1 | • | 72.0 | • | • | • | 0.8 | • | 0.1 | • | • | 0.2 | 0.1 |
| **Selected Financial Factors (in Percentages)** | | | | | | | | | | | | |
| Debt Ratio **45** | 36.1 | • | 24.7 | • | • | • | 14.5 | • | 121.5 | • | • | 58.7 | 35.3 |
| Return on Total Assets **46** | 3.8 | • | 580.5 | • | • | • | 11.7 | • | 6.7 | • | • | 7.9 | 3.6 |
| Return on Equity Before Income Taxes **47** | 3.3 | • | 498.5 | • | • | • | 13.7 | • | • | • | • | 12.9 | 3.1 |
| Return on Equity After Income Taxes **48** | 2.3 | • | 498.5 | • | • | • | 12.0 | • | • | • | • | 9.7 | 2.0 |
| Profit Margin (Before Income Tax) **49** | 10.6 | • | 17.8 | • | • | • | 21.1 | • | 194.4 | • | • | 7.6 | 10.7 |
| Profit Margin (After Income Tax) **50** | 7.2 | • | 17.8 | • | • | • | 18.5 | • | 176.4 | • | • | 5.8 | 7.1 |

**Table I**

Corporations with and without Net Income

# NONMETALLIC MINERAL MINING AND QUARRYING

| Item Description for Accounting Period 7/00 Through 6/01 | | MONEY AMOUNTS AND SIZE OF ASSETS IN THOUSANDS OF DOLLARS | | | | | | | | | | | | |
|---|---|---|---|---|---|---|---|---|---|---|---|---|---|---|
| | | Total | Zero Assets | Under 100 | 100 to 250 | 251 to 500 | 501 to 1,000 | 1,001 to 5,000 | 5,001 to 10,000 | 10,001 to 25,000 | 25,001 to 50,000 | 50,001 to 100,000 | 100,001 to 250,000 | 250,001 and over |
| Number of Enterprises | 1 | 4811 | 254 | 2507 | 205 | 141 | 634 | 710 | 140 | 135 | 39 | 16 | 16 | 14 |
| **Revenues ($ in Thousands)** | | | | | | | | | | | | | | |
| Net Sales | 2 | 18421014 | 72506 | 189345 | 88532 | 73951 | 463333 | 1403971 | 1105161 | 1764369 | 1081702 | 870966 | 1889540 | 9417635 |
| Interest | 3 | 225702 | 4 | 2830 | 0 | 68 | 363 | 4291 | 4055 | 9443 | 5627 | 9844 | 7106 | 182072 |
| Rents | 4 | 77246 | 0 | 0 | 0 | 0 | 5343 | 19672 | 5746 | 6100 | 889 | 7212 | 3745 | 28539 |
| Royalties | 5 | 61918 | 0 | 0 | 0 | 0 | 0 | 0 | 18771 | 2623 | 250 | 244 | 1372 | 38659 |
| Other Portfolio Income | 6 | 737653 | 23805 | 0 | 1428 | 0 | 0 | 36856 | 2755 | 12497 | 8506 | 7715 | 27292 | 616797 |
| Other Receipts | 7 | 546506 | 94 | 0 | 0 | 182 | 7220 | 19812 | 16393 | 58678 | 21428 | 14505 | 30200 | 377997 |
| Total Receipts | 8 | 20070039 | 96409 | 192175 | 89960 | 74201 | 476259 | 1484602 | 1152881 | 1853710 | 1118402 | 910486 | 1959255 | 10661699 |
| Average Total Receipts | 9 | 4172 | 380 | 77 | 439 | 526 | 751 | 2091 | 8235 | 13731 | 28677 | 56905 | 122453 | 761550 |
| **Operating Costs/Operating Income (%)** | | | | | | | | | | | | | | |
| Cost of Operations | 10 | 60.6 | 84.0 | 9.4 | 36.7 | 51.3 | 41.8 | 56.9 | 67.3 | 64.9 | 64.1 | 63.3 | 69.1 | 59.2 |
| Salaries and Wages | 11 | 5.1 | 7.7 | • | 12.9 | 6.9 | 11.6 | 5.2 | 2.6 | 4.4 | 3.9 | 5.0 | 4.7 | 5.5 |
| Taxes Paid | 12 | 2.8 | 3.6 | 0.8 | 3.4 | 0.8 | 5.1 | 3.6 | 3.5 | 2.8 | 2.8 | 2.5 | 1.8 | 2.8 |
| Interest Paid | 13 | 4.5 | 2.5 | 7.3 | 4.2 | 0.9 | 3.1 | 2.7 | 1.8 | 2.4 | 2.2 | 3.0 | 3.1 | 6.2 |
| Depreciation | 14 | 7.5 | 6.1 | 10.2 | 10.5 | 7.4 | 7.3 | 9.8 | 6.2 | 8.2 | 9.0 | 7.2 | 6.5 | 7.2 |
| Amortization and Depletion | 15 | 2.4 | 3.6 | 5.1 | • | • | 1.8 | 2.4 | 1.5 | 2.3 | 2.8 | 1.7 | 1.6 | 2.8 |
| Pensions and Other Deferred Comp. | 16 | 0.6 | 2.9 | • | • | • | 0.2 | 0.2 | 0.5 | 0.5 | 0.9 | 0.7 | 0.7 | 0.6 |
| Employee Benefits | 17 | 2.7 | 0.6 | • | 0.2 | • | 3.7 | 1.2 | 1.2 | 1.3 | 0.9 | 2.5 | 2.1 | 3.8 |
| Advertising | 18 | 0.2 | 0.1 | 0.2 | 0.5 | 0.0 | 0.1 | 0.3 | 0.1 | 0.2 | 0.2 | 0.1 | 0.3 | 0.1 |
| Other Expenses | 19 | 14.2 | 11.8 | 52.8 | 29.3 | 1.4 | 23.3 | 20.4 | 9.6 | 11.7 | 8.9 | 11.7 | 12.3 | 14.3 |
| Officers' Compensation | 20 | 1.7 | 0.5 | • | 12.2 | • | 3.7 | 5.3 | 3.8 | 2.4 | 2.4 | 1.4 | 1.5 | 0.6 |
| Operating Margin | 21 | • | • | 14.2 | • | 31.2 | • | • | 2.0 | • | 1.9 | 1.0 | • | • |
| Operating Margin Before Officers' Comp. | 22 | • | • | 14.2 | 2.3 | 31.2 | 2.1 | • | 5.8 | 1.2 | 4.3 | 2.4 | • | • |

| Selected Average Balance Sheet ($ in Thousands) | | | | | | | | | | | | | |
|---|---|---|---|---|---|---|---|---|---|---|---|---|---|
| Net Receivables 23 | 1462 | 0 | 0 | 0 | 28 | 185 | 311 | 1384 | 1867 | 3409 | 11610 | 19277 | 401269 |
| Inventories 24 | 353 | 0 | 1 | 0 | 59 | 67 | 66 | 442 | 1129 | 2506 | 5166 | 15188 | 68864 |
| Net Property, Plant and Equipment 25 | 2513 | 0 | 18 | 153 | 93 | 393 | 1214 | 2943 | 6955 | 16884 | 31114 | 64679 | 524643 |
| Total Assets 26 | 8081 | 0 | 25 | 168 | 295 | 762 | 2291 | 6992 | 14970 | 34566 | 74148 | 144050 | 2056258 |
| Notes and Loans Payable 27 | 1639 | 0 | 65 | 157 | 46 | 253 | 1403 | 1313 | 4318 | 8607 | 18686 | 38276 | 322240 |
| All Other Liabilities 28 | 2561 | 0 | 32 | 4 | 2 | 420 | 564 | 1295 | 1860 | 6120 | 10023 | 25639 | 737899 |
| Net Worth 29 | 3881 | 0 | -72 | 7 | 248 | 89 | 323 | 4385 | 8793 | 19839 | 45439 | 80136 | 996119 |

| Selected Financial Ratios (Times to 1) | | | | | | | | | | | | | |
|---|---|---|---|---|---|---|---|---|---|---|---|---|---|
| Current Ratio 30 | 1.1 | • | 0.2 | 0.7 | 31.1 | 0.8 | 1.0 | 2.1 | 2.2 | 1.8 | 2.7 | 2.1 | 1.0 |
| Quick Ratio 31 | 0.9 | • | 0.1 | 0.7 | 30.9 | 0.6 | 0.8 | 1.6 | 1.4 | 1.1 | 1.7 | 1.1 | 0.8 |
| Net Sales to Working Capital 32 | 14.1 | • | • | • | 3.5 | • | 235.6 | 4.4 | 4.4 | 6.0 | 3.0 | 4.5 | • |
| Coverage Ratio 33 | 2.6 | 4.7 | 3.2 | • | 36.4 | 1.4 | 0.2 | 4.5 | 2.6 | 3.4 | 2.8 | 1.0 | 2.8 |
| Total Asset Turnover 34 | 0.5 | • | 3.0 | 2.6 | 1.8 | 1.0 | 0.9 | 1.1 | 0.9 | 0.8 | 0.7 | 0.8 | 0.3 |
| Inventory Turnover 35 | 6.6 | • | 8.4 | • | 4.6 | 4.5 | 17.2 | 12.0 | 7.5 | 7.1 | 6.7 | 5.4 | 5.8 |
| Receivables Turnover 36 | 2.6 | • | • | • | 2.8 | 4.9 | 7.7 | 5.6 | 7.1 | 7.0 | 4.5 | 6.7 | 1.6 |
| Total Liabilities to Net Worth 37 | 1.1 | • | • | 22.9 | 0.2 | 7.6 | 6.1 | 0.6 | 0.7 | 0.7 | 0.6 | 0.8 | 1.1 |
| Current Assets to Working Capital 38 | 9.0 | • | • | • | 1.0 | • | 88.5 | 1.9 | 1.8 | 2.2 | 1.6 | 1.9 | • |
| Current Liabilities to Working Capital 39 | 8.0 | • | • | • | 0.0 | • | 87.5 | 0.9 | 0.8 | 1.2 | 0.6 | 0.9 | • |
| Working Capital to Net Sales 40 | 0.1 | • | • | • | 0.3 | • | 0.0 | 0.2 | 0.2 | 0.2 | 0.3 | 0.2 | • |
| Inventory to Working Capital 41 | 1.4 | • | • | • | • | • | 8.8 | 0.2 | 0.4 | 0.5 | 0.3 | 0.7 | • |
| Total Receipts to Cash Flow 42 | 7.2 | 5.0 | 1.8 | 6.6 | 3.1 | 6.9 | 10.7 | 10.4 | 9.1 | 8.6 | 8.1 | 10.8 | 6.4 |
| Cost of Goods to Cash Flow 43 | 4.4 | 4.2 | 0.2 | 2.4 | 1.6 | 2.9 | 6.1 | 7.0 | 5.9 | 5.5 | 5.1 | 7.5 | 3.8 |
| Cash Flow to Total Debt 44 | 0.1 | • | 0.4 | 0.4 | 3.5 | 0.2 | 0.1 | 0.3 | 0.2 | 0.2 | 0.2 | 0.2 | 0.1 |

| Selected Financial Factors (in Percentages) | | | | | | | | | | | | | |
|---|---|---|---|---|---|---|---|---|---|---|---|---|---|
| Debt Ratio 45 | 52.0 | • | 383.1 | 95.8 | 16.2 | 88.4 | 85.9 | 37.3 | 41.3 | 42.6 | 38.7 | 44.4 | 51.6 |
| Return on Total Assets 46 | 5.5 | • | 68.3 | • | 57.6 | 4.0 | 0.4 | 9.0 | 5.4 | 6.0 | 6.2 | 2.6 | 5.6 |
| Return on Equity Before Income Taxes 47 | 7.0 | • | • | • | 66.8 | 9.2 | • | 11.1 | 5.7 | 7.4 | 6.5 | 0.1 | 7.5 |
| Return on Equity After Income Taxes 48 | 4.4 | • | • | • | 66.8 | 9.2 | • | 8.6 | 4.4 | 5.9 | 4.5 | • | 4.6 |
| Profit Margin (Before Income Tax) 49 | 7.1 | 9.2 | 15.7 | • | 31.5 | 1.1 | • | 6.2 | 3.8 | 5.3 | 5.4 | 0.1 | 11.0 |
| Profit Margin (After Income Tax) 50 | 4.5 | 9.2 | 15.7 | • | 31.5 | 1.1 | • | 4.8 | 3.0 | 4.2 | 3.7 | • | 6.8 |

**Table II**

Corporations with Net Income

# NONMETALLIC MINERAL MINING AND QUARRYING

MONEY AMOUNTS AND SIZE OF ASSETS IN THOUSANDS OF DOLLARS

| Item Description for Accounting Period 7/00 Through 6/01 | | Total | Zero Assets | Under 100 | 100 to 250 | 251 to 500 | 501 to 1,000 | 1,001 to 5,000 | 5,001 to 10,000 | 10,001 to 25,000 | 25,001 to 50,000 | 50,001 to 100,000 | 100,001 to 250,000 | 250,001 and over |
|---|---|---|---|---|---|---|---|---|---|---|---|---|---|---|
| Number of Enterprises | 1 | 2038 | 0 | 1164 | • | 38 | 259 | 313 | 115 | 92 | 27 | 0 | 10 | 9 |
| **Revenues ($ in Thousands)** | | | | | | | | | | | | | | |
| Net Sales | 2 | 13878915 | 0 | 145550 | • | 54015 | 169220 | 878003 | 1025375 | 1299027 | 816129 | 0 | 1254483 | 7579068 |
| Interest | 3 | 152543 | 0 | 0 | • | 0 | 0 | 3834 | 3459 | 7097 | 5439 | 0 | 5521 | 120479 |
| Rents | 4 | 64412 | 0 | 0 | • | 0 | 0 | 19608 | 5746 | 4718 | 756 | 0 | 3615 | 26317 |
| Royalties | 5 | 55770 | 0 | 0 | • | 0 | 0 | 0 | 18771 | 2539 | 240 | 0 | 1337 | 32755 |
| Other Portfolio Income | 6 | 705519 | 0 | 0 | • | 0 | 0 | 30822 | 2105 | 7385 | 5335 | 0 | 25416 | 605866 |
| Other Receipts | 7 | 441525 | 0 | 0 | • | 0 | 0 | 6817 | 15887 | 53703 | 17461 | 0 | 23807 | 312424 |
| Total Receipts | 8 | 15298684 | 0 | 145550 | • | 54015 | 169220 | 939084 | 1071343 | 1374469 | 845360 | 0 | 1314179 | 8676909 |
| Average Total Receipts | 9 | 7507 | • | 125 | • | 1421 | 653 | 3000 | 9316 | 14940 | 31310 | • | 131418 | 964101 |
| **Operating Costs/Operating Income (%)** | | | | | | | | | | | | | | |
| Cost of Operations | 10 | 59.1 | • | • | • | 50.1 | 12.2 | 48.3 | 68.8 | 63.3 | 61.6 | • | 68.8 | 58.1 |
| Salaries and Wages | 11 | 5.2 | • | • | • | 2.6 | 23.2 | 5.4 | 1.8 | 4.4 | 3.8 | • | 4.8 | 5.8 |
| Taxes Paid | 12 | 2.7 | • | 0.6 | • | 0.2 | 2.5 | 3.0 | 3.2 | 2.8 | 2.9 | • | 1.8 | 2.8 |
| Interest Paid | 13 | 3.8 | • | 7.2 | • | • | 2.6 | 1.9 | 1.4 | 1.7 | 1.9 | • | 2.3 | 5.4 |
| Depreciation | 14 | 7.2 | • | 8.9 | • | • | 10.8 | 9.7 | 5.9 | 7.6 | 8.7 | • | 6.9 | 6.9 |
| Amortization and Depletion | 15 | 2.1 | • | 1.0 | • | • | 0.5 | 1.1 | 1.4 | 2.5 | 3.1 | • | 1.5 | 2.3 |
| Pensions and Other Deferred Comp. | 16 | 0.6 | • | • | • | • | • | 0.3 | 0.6 | 0.6 | 1.0 | • | 0.8 | 0.6 |
| Employee Benefits | 17 | 1.7 | • | • | • | • | • | 0.5 | 1.1 | 1.2 | 0.9 | • | 1.3 | 2.2 |
| Advertising | 18 | 0.1 | • | 0.0 | • | 0.0 | 0.1 | 0.3 | 0.1 | 0.2 | 0.2 | • | 0.2 | 0.1 |
| Other Expenses | 19 | 13.6 | • | 51.3 | • | 0.8 | 15.8 | 19.2 | 9.4 | 10.5 | 8.1 | • | 7.9 | 15.6 |
| Officers' Compensation | 20 | 1.6 | • | • | • | • | 0.8 | 6.6 | 3.3 | 2.4 | 2.7 | • | 1.6 | 0.5 |
| Operating Margin | 21 | 2.1 | • | 30.9 | • | 46.2 | 31.6 | 3.8 | 3.1 | 2.7 | 5.2 | • | 2.0 | • |
| Operating Margin Before Officers' Comp. | 22 | 3.7 | • | 30.9 | • | 46.2 | 32.3 | 10.3 | 6.4 | 5.1 | 7.9 | • | 3.6 | 0.2 |

## Selected Average Balance Sheet ($ in Thousands)

| | | | | | | | | | | | | | |
|---|---|---|---|---|---|---|---|---|---|---|---|---|---|
| Net Receivables 23 | 2681 | • | 0 | • | 76 | 124 | 306 | 1600 | 1967 | 4145 | • | 21070 | 501816 |
| Inventories 24 | 654 | • | 0 | • | 218 | 6 | 64 | 454 | 1179 | 2758 | • | 19316 | 89003 |
| Net Property, Plant and Equipment 25 | 4240 | • | 31 | • | 0 | 413 | 1340 | 3174 | 7067 | 17434 | • | 67372 | 620076 |
| Total Assets 26 | 15143 | • | 35 | • | 384 | 672 | 2505 | 7166 | 15212 | 35836 | • | 146008 | 2708632 |
| Notes and Loans Payable 27 | 2200 | • | 68 | • | 0 | 271 | 762 | 1213 | 3043 | 7645 | • | 33112 | 332379 |
| All Other Liabilities 28 | 4670 | • | 0 | • | 6 | 253 | 300 | 1081 | 1903 | 4898 | • | 26246 | 950021 |
| Net Worth 29 | 8272 | • | -34 | • | 379 | 148 | 1443 | 4871 | 10266 | 23292 | • | 86651 | 1426232 |

## Selected Financial Ratios (Times to 1)

| | | | | | | | | | | | | | |
|---|---|---|---|---|---|---|---|---|---|---|---|---|---|
| Current Ratio 30 | 1.1 | • | 12.8 | • | 68.9 | 0.7 | 1.9 | 2.5 | 2.7 | 2.3 | • | 2.2 | 0.9 |
| Quick Ratio 31 | 0.9 | • | 12.8 | • | 68.9 | 0.7 | 1.7 | 2.2 | 1.8 | 1.5 | • | 1.2 | 0.8 |
| Net Sales to Working Capital 32 | 23.0 | • | 34.9 | • | 3.8 | • | 7.3 | 4.6 | 3.8 | 4.4 | • | 4.4 | • |
| Coverage Ratio 33 | 4.3 | • | 5.3 | • | • | 13.3 | 6.6 | 6.3 | 5.9 | 5.6 | • | 3.9 | 3.8 |
| Total Asset Turnover 34 | 0.4 | • | 3.6 | • | 3.7 | 1.0 | 1.1 | 1.2 | 0.9 | 0.8 | • | 0.9 | 0.3 |
| Inventory Turnover 35 | 6.2 | • | • | • | 3.3 | 13.2 | 21.2 | 13.5 | 7.6 | 6.7 | • | 4.5 | 5.5 |
| Receivables Turnover 36 | 2.2 | • | • | • | 2.1 | 8.2 | 9.1 | 5.4 | 6.8 | 5.9 | • | 11.9 | 1.5 |
| Total Liabilities to Net Worth 37 | 0.8 | • | • | • | 0.0 | 3.6 | 0.7 | 0.5 | 0.5 | 0.5 | • | 0.7 | 0.9 |
| Current Assets to Working Capital 38 | 14.9 | • | 1.1 | • | 1.0 | • | 2.1 | 1.7 | 1.6 | 1.8 | • | 1.8 | • |
| Current Liabilities to Working Capital 39 | 13.9 | • | 0.1 | • | 0.0 | • | 1.1 | 0.7 | 0.6 | 0.8 | • | 0.8 | • |
| Working Capital to Net Sales 40 | 0.0 | • | 0.0 | • | 0.3 | • | 0.1 | 0.2 | 0.3 | 0.2 | • | 0.2 | • |
| Inventory to Working Capital 41 | 2.1 | • | • | • | • | • | 0.1 | 0.1 | 0.3 | 0.3 | • | 0.7 | • |
| Total Receipts to Cash Flow 42 | 5.5 | • | 1.5 | • | 2.1 | 2.6 | 5.3 | 9.5 | 6.8 | 6.8 | • | 8.1 | 5.1 |
| Cost of Goods to Cash Flow 43 | 3.3 | • | • | • | 1.1 | 0.3 | 2.5 | 6.6 | 4.3 | 4.2 | • | 5.6 | 3.0 |
| Cash Flow to Total Debt 44 | 0.2 | • | 1.3 | • | 119.8 | 0.5 | 0.5 | 0.4 | 0.4 | 0.4 | • | 0.3 | 0.1 |

## Selected Financial Factors (in Percentages)

| | | | | | | | | | | | | | |
|---|---|---|---|---|---|---|---|---|---|---|---|---|---|
| Debt Ratio 45 | 45.4 | • | 197.0 | • | 1.5 | 78.0 | 42.4 | 32.0 | 32.5 | 35.0 | • | 40.7 | 47.3 |
| Return on Total Assets 46 | 7.5 | • | 138.1 | • | 170.9 | 33.2 | 14.2 | 11.1 | 9.5 | 9.0 | • | 7.7 | 6.4 |
| Return on Equity Before Income Taxes 47 | 10.6 | • | • | • | 173.4 | 139.7 | 20.9 | 13.7 | 11.7 | 11.4 | • | 9.7 | 9.0 |
| Return on Equity After Income Taxes 48 | 7.7 | • | • | • | 173.4 | 139.7 | 18.2 | 10.9 | 10.2 | 9.5 | • | 7.6 | 5.9 |
| Profit Margin (Before Income Tax) 49 | 12.9 | • | 30.9 | • | 46.2 | 31.6 | 10.7 | 7.5 | 8.5 | 8.7 | • | 6.7 | 15.2 |
| Profit Margin (After Income Tax) 50 | 9.4 | • | 30.9 | • | 46.2 | 31.6 | 9.4 | 5.9 | 7.4 | 7.4 | • | 5.2 | 10.0 |

## Table I

Corporations with and without Net Income

# SUPPORT ACTIVITIES FOR MINING

MONEY AMOUNTS AND SIZE OF ASSETS IN THOUSANDS OF DOLLARS

| Item Description for Accounting Period 7/00 Through 6/01 | | Total | Zero Assets | Under 100 | 100 to 250 | 251 to 500 | 501 to 1,000 | 1,001 to 5,000 | 5,001 to 10,000 | 10,001 to 25,000 | 25,001 to 50,000 | 50,001 to 100,000 | 100,001 to 250,000 | 250,001 and over |
|---|---|---|---|---|---|---|---|---|---|---|---|---|---|---|
| Number of Enterprises | 1 | 6943 | 680 | 2152 | 1218 | 1239 | 730 | 774 | 47 | 38 | 18 | 6 | 8 | 32 |
| **Revenues ($ in Thousands)** | | | | | | | | | | | | | | |
| Net Sales | 2 | 30653337 | 760272 | 443563 | 431117 | 893048 | 695351 | 1872903 | 338276 | 675415 | 623823 | 239365 | 1209411 | 22470794 |
| Interest | 3 | 711397 | 3697 | 1 | 2430 | 951 | 2173 | 16199 | 377 | 2133 | 2009 | 3248 | 13729 | 664451 |
| Rents | 4 | 187718 | 137 | 0 | 0 | 24 | 0 | 12814 | 73 | 2247 | 3684 | 9 | 12319 | 156412 |
| Royalties | 5 | 134914 | 5 | 0 | 0 | 955 | 5164 | 24331 | 0 | 648 | 0 | 2 | 368 | 103442 |
| Other Portfolio Income | 6 | 1245545 | 63725 | 0 | 312 | 2834 | 3860 | 30132 | 6314 | 4747 | 3224 | 2306 | 25141 | 1102950 |
| Other Receipts | 7 | 965541 | 5802 | 42670 | 12529 | 312 | 2178 | 71161 | 3031 | 7899 | 15452 | 73865 | 927 | 729710 |
| Total Receipts | 8 | 33898452 | 833638 | 486234 | 446388 | 898124 | 708726 | 2027540 | 348071 | 693089 | 648192 | 318795 | 1261895 | 25227759 |
| Average Total Receipts | 9 | 4882 | 1226 | 226 | 366 | 725 | 971 | 2620 | 7406 | 18239 | 36011 | 53132 | 157737 | 788367 |
| **Operating Costs/Operating Income (%)** | | | | | | | | | | | | | | |
| Cost of Operations | 10 | 50.0 | 29.0 | 3.1 | 12.1 | 33.5 | 40.6 | 52.9 | 51.3 | 50.8 | 67.5 | 54.0 | 64.8 | 51.7 |
| Salaries and Wages | 11 | 14.9 | 9.5 | 13.6 | 19.9 | 19.9 | 17.4 | 10.3 | 13.2 | 11.5 | 9.7 | 16.0 | 9.6 | 15.6 |
| Taxes Paid | 12 | 2.0 | 2.4 | 1.7 | 6.5 | 4.9 | 3.6 | 2.6 | 1.7 | 3.0 | 2.0 | 3.4 | 1.8 | 1.7 |
| Interest Paid | 13 | 5.3 | 6.7 | 0.5 | 1.5 | 0.9 | 1.1 | 1.5 | 2.1 | 3.1 | 2.9 | 6.6 | 7.2 | 6.1 |
| Depreciation | 14 | 12.1 | 25.1 | 1.0 | 3.5 | 3.3 | 3.9 | 5.9 | 6.4 | 6.4 | 7.5 | 9.0 | 9.2 | 13.7 |
| Amortization and Depletion | 15 | 0.8 | 0.3 | 0.3 | 1.0 | 0.0 | 1.2 | 0.9 | 0.0 | 0.3 | 0.2 | 2.6 | 0.7 | 0.8 |
| Pensions and Other Deferred Comp. | 16 | 0.4 | 0.1 | • | 0.1 | • | 0.4 | 0.4 | 0.1 | 0.3 | 0.3 | 0.1 | 0.1 | 0.5 |
| Employee Benefits | 17 | 1.8 | 1.8 | 0.2 | 0.4 | 1.8 | 0.9 | 1.1 | 0.9 | 2.2 | 0.6 | 1.0 | 0.8 | 2.1 |
| Advertising | 18 | 0.2 | 0.4 | 0.3 | 1.2 | 0.0 | 0.2 | 0.4 | 0.2 | 0.3 | 0.1 | 0.1 | 0.1 | 0.2 |
| Other Expenses | 19 | 19.2 | 36.2 | 70.6 | 36.5 | 22.4 | 17.3 | 21.5 | 17.7 | 22.2 | 13.5 | 20.3 | 10.9 | 17.6 |
| Officers' Compensation | 20 | 2.2 | 8.7 | 1.5 | 7.4 | 4.8 | 10.5 | 5.9 | 1.6 | 2.3 | 0.9 | 0.9 | 1.0 | 1.3 |
| Operating Margin | 21 | • | • | 7.3 | 9.8 | 8.4 | 2.8 | • | 4.7 | • | • | • | • | • |
| Operating Margin Before Officers' Comp. | 22 | • | • | 8.7 | 17.2 | 13.2 | 13.3 | 2.5 | 6.4 | • | • | • | • | • |

| Selected Average Balance Sheet ($ in Thousands) | | | | | | | | | | | | | |
|---|---|---|---|---|---|---|---|---|---|---|---|---|---|
| Net Receivables 23 | 1392 | 0 | 4 | 11 | 51 | 167 | 451 | 1144 | 3982 | 8537 | 10406 | 32105 | 263439 |
| Inventories 24 | 294 | 0 | 0 | 9 | 19 | 52 | 46 | 613 | 457 | 1679 | 10958 | 8319 | 53996 |
| Net Property, Plant and Equipment 25 | 3403 | 0 | 16 | 34 | 135 | 123 | 577 | 2096 | 5668 | 15286 | 21892 | 85601 | 670085 |
| Total Assets 26 | 9912 | 0 | 29 | 154 | 324 | 740 | 1797 | 6715 | 14753 | 35724 | 65126 | 183558 | 1964256 |
| Notes and Loans Payable 27 | 2478 | 0 | 9 | 42 | 106 | 163 | 580 | 1557 | 4419 | 17487 | 10574 | 86420 | 472661 |
| All Other Liabilities 28 | 2514 | 0 | 3 | 3 | 21 | 238 | 654 | 1055 | 3966 | 10268 | 16871 | 32724 | 499762 |
| Net Worth 29 | 4919 | 0 | 16 | 109 | 197 | 339 | 563 | 4103 | 6368 | 7969 | 37681 | 64413 | 991833 |

| Selected Financial Ratios (Times to 1) | | | | | | | | | | | | | |
|---|---|---|---|---|---|---|---|---|---|---|---|---|---|
| Current Ratio 30 | 1.3 | • | 3.4 | 6.3 | 6.4 | 1.6 | 2.0 | 2.7 | 1.7 | 1.7 | 1.1 | 2.0 | 1.2 |
| Quick Ratio 31 | 0.9 | • | 3.4 | 5.9 | 4.2 | 1.3 | 1.7 | 1.9 | 1.4 | 1.4 | 0.7 | 1.4 | 0.8 |
| Net Sales to Working Capital 32 | 8.3 | • | 25.2 | 3.9 | 5.6 | 4.7 | 4.6 | 3.2 | 6.9 | 5.3 | 17.8 | 5.0 | 10.0 |
| Coverage Ratio 33 | 1.7 | • | 37.1 | 9.9 | 10.6 | 5.4 | 4.3 | 4.7 | 1.1 | 0.5 | 3.9 | 0.7 | 1.6 |
| Total Asset Turnover 34 | 0.4 | • | 7.1 | 2.3 | 2.2 | 1.3 | 1.3 | 1.1 | 1.2 | 1.0 | 0.6 | 0.8 | 0.4 |
| Inventory Turnover 35 | 7.5 | • | • | 4.9 | 12.6 | 7.4 | 28.1 | 6.0 | 19.7 | 13.9 | 2.0 | 11.8 | 6.7 |
| Receivables Turnover 36 | 3.8 | • | 82.6 | 50.6 | 16.5 | 6.2 | 5.8 | 6.6 | 5.1 | 4.3 | 4.0 | 5.1 | 3.2 |
| Total Liabilities to Net Worth 37 | 1.0 | • | 0.8 | 0.4 | 0.6 | 1.2 | 2.2 | 0.6 | 1.3 | 3.5 | 0.7 | 1.8 | 1.0 |
| Current Assets to Working Capital 38 | 5.0 | • | 1.4 | 1.2 | 1.2 | 2.7 | 2.0 | 1.6 | 2.5 | 2.4 | 8.9 | 2.0 | 6.9 |
| Current Liabilities to Working Capital 39 | 4.0 | • | 0.4 | 0.2 | 0.2 | 1.7 | 1.0 | 0.6 | 1.5 | 1.4 | 7.9 | 1.0 | 5.9 |
| Working Capital to Net Sales 40 | 0.1 | • | 0.0 | 0.3 | 0.2 | 0.2 | 0.2 | 0.3 | 0.1 | 0.2 | 0.1 | 0.2 | 0.1 |
| Inventory to Working Capital 41 | 0.6 | • | • | 0.0 | 0.1 | 0.5 | 0.1 | 0.5 | 0.2 | 0.2 | 3.0 | 0.4 | 0.7 |
| Total Receipts to Cash Flow 42 | 6.8 | 6.9 | 1.2 | 2.3 | 3.7 | 5.3 | 5.2 | 5.5 | 5.7 | 11.3 | 2.9 | 29.3 | 8.2 |
| Cost of Goods to Cash Flow 43 | 3.4 | 2.0 | 0.0 | 0.3 | 1.2 | 2.2 | 2.7 | 2.8 | 2.9 | 7.7 | 1.6 | 19.0 | 4.3 |
| Cash Flow to Total Debt 44 | 0.1 | • | 13.5 | 3.4 | 1.5 | 0.4 | 0.4 | 0.5 | 0.4 | 0.1 | 0.5 | 0.0 | 0.1 |

| Selected Financial Factors (in Percentages) | | | | | | | | | | | | | |
|---|---|---|---|---|---|---|---|---|---|---|---|---|---|
| Debt Ratio 45 | 50.4 | • | 44.2 | 28.9 | 39.1 | 54.2 | 68.6 | 38.9 | 56.8 | 77.7 | 42.1 | 64.9 | 49.5 |
| Return on Total Assets 46 | 3.9 | • | 123.7 | 34.2 | 22.0 | 7.5 | 8.5 | 10.4 | 4.0 | 1.3 | 15.8 | 4.3 | 3.4 |
| Return on Equity Before Income Taxes 47 | 3.1 | • | 215.9 | 43.3 | 32.7 | 13.3 | 20.8 | 13.4 | 0.6 | • | 20.3 | • | 2.4 |
| Return on Equity After Income Taxes 48 | 1.7 | • | 214.8 | 41.4 | 30.5 | 11.9 | 15.2 | 11.5 | • | • | 15.8 | • | 1.1 |
| Profit Margin (Before Income Tax) 49 | 3.5 | • | 16.9 | 13.4 | 9.0 | 4.7 | 4.8 | 7.6 | 0.2 | • | 19.1 | • | 3.4 |
| Profit Margin (After Income Tax) 50 | 1.9 | • | 16.8 | 12.8 | 8.3 | 4.2 | 3.5 | 6.6 | • | • | 14.9 | • | 1.5 |

# Table II

Corporations with Net Income

## SUPPORT ACTIVITIES FOR MINING

MONEY AMOUNTS AND SIZE OF ASSETS IN THOUSANDS OF DOLLARS

| Item Description for Accounting Period 7/00 Through 6/01 | | Total | Zero Assets | Under 100 | 100 to 250 | 251 to 500 | 501 to 1,000 | 1,001 to 5,000 | 5,001 to 10,000 | 10,001 to 25,000 | 25,001 to 50,000 | 50,001 to 100,000 | 100,001 to 250,000 | 250,001 and over |
|---|---|---|---|---|---|---|---|---|---|---|---|---|---|---|
| Number of Enterprises | 1 | 4961 | 116 | 1876 | 1218 | 737 | 380 | 547 | 22 | 26 | 10 | 6 | 5 | 19 |
| **Revenues ($ in Thousands)** | | | | | | | | | | | | | | |
| Net Sales | 2 | 23711462 | 279484 | 443563 | 431117 | 644492 | 442628 | 1264876 | 258288 | 534350 | 409204 | 239365 | 827350 | 17936744 |
| Interest | 3 | 543576 | 829 | 0 | 2430 | 951 | 2159 | 14527 | 206 | 1284 | 1503 | 3248 | 11538 | 504901 |
| Rents | 4 | 176231 | 0 | 0 | 0 | 24 | 0 | 12762 | 11 | 1380 | 3684 | 9 | 12213 | 146147 |
| Royalties | 5 | 134908 | 0 | 0 | 0 | 955 | 5164 | 24331 | 0 | 647 | 0 | 2 | 368 | 103442 |
| Other Portfolio Income | 6 | 1092280 | 25008 | 0 | 312 | 0 | 3860 | 30024 | 3526 | 2394 | 744 | 2306 | 24242 | 999863 |
| Other Receipts | 7 | 770345 | 3320 | 42532 | 12529 | 312 | 2166 | 67595 | 2289 | 5259 | 11899 | 73865 | 436 | 548143 |
| Total Receipts | 8 | 26428802 | 308641 | 486095 | 446388 | 646734 | 455977 | 1414115 | 264320 | 545314 | 427034 | 318795 | 876147 | 20239240 |
| Average Total Receipts | 9 | 5327 | 2661 | 259 | 366 | 878 | 1200 | 2585 | 12015 | 20974 | 42703 | 53132 | 175229 | 1065223 |
| **Operating Costs/Operating Income (%)** | | | | | | | | | | | | | | |
| Cost of Operations | 10 | 50.4 | 33.5 | 3.1 | 12.1 | 34.9 | 44.5 | 45.0 | 59.4 | 51.2 | 71.7 | 54.0 | 69.0 | 52.3 |
| Salaries and Wages | 11 | 16.5 | 14.5 | 13.6 | 19.9 | 19.2 | 10.9 | 13.1 | 6.5 | 12.3 | 6.0 | 16.0 | 8.5 | 17.6 |
| Taxes Paid | 12 | 2.1 | 2.9 | 1.7 | 6.5 | 5.5 | 3.7 | 2.8 | 2.0 | 2.9 | 1.3 | 3.4 | 2.1 | 1.8 |
| Interest Paid | 13 | 4.1 | 0.7 | 0.5 | 1.5 | 0.2 | 0.4 | 0.8 | 0.3 | 1.3 | 2.1 | 6.6 | 4.8 | 5.0 |
| Depreciation | 14 | 8.5 | 7.7 | 1.0 | 3.5 | 2.1 | 3.9 | 3.9 | 2.8 | 5.7 | 4.7 | 9.0 | 5.2 | 9.8 |
| Amortization and Depletion | 15 | 0.5 | 0.2 | 0.3 | 1.0 | 0.0 | 2.0 | 1.3 | 0.0 | 0.2 | 0.1 | 2.6 | 0.5 | 0.5 |
| Pensions and Other Deferred Comp. | 16 | 0.5 | 0.2 | • | 0.1 | • | 0.7 | 0.6 | 0.2 | 0.3 | 0.2 | 0.1 | 0.2 | 0.6 |
| Employee Benefits | 17 | 2.0 | 4.3 | 0.2 | 0.4 | 2.1 | 0.0 | 1.6 | 1.1 | 1.0 | 0.6 | 1.0 | 0.7 | 2.3 |
| Advertising | 18 | 0.3 | 0.0 | 0.3 | 1.2 | 0.0 | 0.3 | 0.6 | 0.1 | 0.3 | 0.1 | 0.1 | 0.1 | 0.3 |
| Other Expenses | 19 | 17.1 | 17.0 | 70.5 | 36.5 | 20.1 | 15.3 | 22.1 | 14.1 | 17.0 | 10.4 | 20.3 | 11.6 | 15.3 |
| Officers' Compensation | 20 | 1.9 | 7.1 | 1.5 | 7.4 | 3.0 | 12.5 | 6.6 | 1.9 | 2.5 | 0.8 | 0.9 | 1.2 | 1.2 |
| Operating Margin | 21 | • | 11.9 | 7.3 | 9.8 | 12.9 | 5.9 | 1.5 | 11.6 | 5.3 | 2.0 | • | • | • |
| Operating Margin Before Officers' Comp. | 22 | • | 18.9 | 8.8 | 17.2 | 15.9 | 18.4 | 8.1 | 13.5 | 7.7 | 2.8 | • | • | • |

## Selected Average Balance Sheet ($ in Thousands)

| | | | | | | | | | | | | | |
|---|---|---|---|---|---|---|---|---|---|---|---|---|---|
| Net Receivables 23 | 1633 | 0 | 4 | 11 | 68 | 170 | 330 | 1526 | 4236 | 9036 | 10406 | 35666 | 384592 |
| Inventories 24 | 261 | 0 | 0 | 1 | 32 | 9 | 39 | 65 | 426 | 1128 | 10829 | 12785 | 59762 |
| Net Property, Plant and Equipment 25 | 2456 | 0 | 19 | 34 | 102 | 128 | 448 | 1511 | 5876 | 15358 | 21892 | 64851 | 575879 |
| Total Assets 26 | 10386 | 0 | 33 | 154 | 355 | 725 | 1649 | 6201 | 14869 | 35338 | 65126 | 176566 | 2509953 |
| Notes and Loans Payable 27 | 2149 | 0 | 10 | 42 | 18 | 45 | 384 | 420 | 4163 | 13377 | 10574 | 91783 | 504130 |
| All Other Liabilities 28 | 3028 | 0 | 4 | 3 | 13 | 82 | 252 | 788 | 3433 | 8558 | 16871 | 32392 | 756688 |
| Net Worth 29 | 5209 | 0 | 19 | 109 | 323 | 598 | 1013 | 4993 | 7273 | 13402 | 37681 | 52392 | 1249135 |

## Selected Financial Ratios (Times to 1)

| | | | | | | | | | | | | | |
|---|---|---|---|---|---|---|---|---|---|---|---|---|---|
| Current Ratio 30 | 1.1 | • | 3.4 | 6.3 | 16.4 | 4.3 | 3.7 | 4.9 | 1.8 | 2.0 | 1.1 | 2.2 | 1.0 |
| Quick Ratio 31 | 0.8 | • | 3.4 | 5.9 | 10.0 | 4.2 | 2.9 | 4.8 | 1.5 | 1.6 | 0.7 | 1.6 | 0.8 |
| Net Sales to Working Capital 32 | 14.5 | • | 25.4 | 3.9 | 4.1 | 3.2 | 3.2 | 3.3 | 6.3 | 5.1 | 17.8 | 4.7 | 46.3 |
| Coverage Ratio 33 | 3.3 | 33.5 | 37.1 | 9.9 | 66.9 | 24.7 | 17.7 | 46.0 | 6.8 | 4.0 | 3.9 | 1.4 | 2.8 |
| Total Asset Turnover 34 | 0.5 | • | 7.1 | 2.3 | 2.5 | 1.6 | 1.4 | 1.9 | 1.4 | 1.2 | 0.6 | 0.9 | 0.4 |
| Inventory Turnover 35 | 9.2 | • | • | 36.2 | 9.5 | 58.7 | 26.5 | 107.1 | 24.7 | 26.0 | 2.0 | 8.9 | 8.3 |
| Receivables Turnover 36 | 4.1 | • | 114.4 | 63.6 | 16.1 | 5.8 | 8.6 | 8.7 | 6.1 | 5.4 | 4.0 | 9.3 | 3.5 |
| Total Liabilities to Net Worth 37 | 1.0 | • | 0.7 | 0.4 | 0.1 | 0.2 | 0.6 | 0.2 | 1.0 | 1.6 | 0.7 | 2.4 | 1.0 |
| Current Assets to Working Capital 38 | 8.6 | • | 1.4 | 1.2 | 1.1 | 1.3 | 1.4 | 1.3 | 2.2 | 2.0 | 8.9 | 1.8 | 31.2 |
| Current Liabilities to Working Capital 39 | 7.6 | • | 0.4 | 0.2 | 0.1 | 0.3 | 0.4 | 0.3 | 1.2 | 1.0 | 7.9 | 0.8 | 30.2 |
| Working Capital to Net Sales 40 | 0.1 | • | 0.0 | 0.3 | 0.2 | 0.3 | 0.3 | 0.3 | 0.2 | 0.2 | 0.1 | 0.2 | 0.0 |
| Inventory to Working Capital 41 | 1.0 | • | • | 0.0 | 0.1 | 0.0 | 0.1 | 0.0 | 0.2 | 0.1 | 3.0 | 0.4 | 3.9 |
| Total Receipts to Cash Flow 42 | 5.4 | 3.5 | 1.2 | 2.3 | 3.4 | 4.6 | 3.5 | 4.7 | 5.0 | 6.9 | 2.9 | 13.8 | 6.6 |
| Cost of Goods to Cash Flow 43 | 2.7 | 1.2 | 0.0 | 0.3 | 1.2 | 2.1 | 1.6 | 2.8 | 2.6 | 4.9 | 1.6 | 9.5 | 3.5 |
| Cash Flow to Total Debt 44 | 0.2 | • | 14.3 | 3.4 | 8.2 | 2.0 | 1.0 | 2.1 | 0.5 | 0.3 | 0.5 | 0.1 | 0.1 |

## Selected Financial Factors (in Percentages)

| | | | | | | | | | | | | | |
|---|---|---|---|---|---|---|---|---|---|---|---|---|---|
| Debt Ratio 45 | 49.8 | • | 41.7 | 28.9 | 8.8 | 17.5 | 38.6 | 19.5 | 51.1 | 62.1 | 42.1 | 70.3 | 50.2 |
| Return on Total Assets 46 | 6.4 | • | 123.9 | 34.2 | 33.1 | 15.0 | 19.8 | 27.0 | 11.9 | 9.6 | 15.8 | 6.3 | 5.3 |
| Return on Equity Before Income Taxes 47 | 8.9 | • | 206.6 | 43.3 | 35.7 | 17.4 | 30.4 | 32.8 | 20.7 | 19.1 | 20.3 | 6.3 | 6.9 |
| Return on Equity After Income Taxes 48 | 6.9 | • | 205.6 | 41.4 | 33.4 | 15.9 | 26.0 | 29.4 | 17.8 | 18.3 | 15.8 | 5.3 | 5.1 |
| Profit Margin (Before Income Tax) 49 | 9.7 | 22.3 | 16.9 | 13.4 | 13.2 | 9.0 | 13.3 | 13.9 | 7.3 | 6.3 | 19.1 | 2.0 | 9.1 |
| Profit Margin (After Income Tax) 50 | 7.5 | 18.7 | 16.8 | 12.8 | 12.4 | 8.2 | 11.4 | 12.5 | 6.3 | 6.0 | 14.9 | 1.7 | 6.7 |

**Table I**

Corporations with and without Net Income

# ELECTRIC POWER GENERATION, TRANSMISSION AND DISTRIBUTION

MONEY AMOUNTS AND SIZE OF ASSETS IN THOUSANDS OF DOLLARS

| Item Description for Accounting Period 7/00 Through 6/01 | | Total | Zero Assets | Under 100 | 100 to 250 | 251 to 500 | 501 to 1,000 | 1,001 to 5,000 | 5,001 to 10,000 | 10,001 to 25,000 | 25,001 to 50,000 | 50,001 to 100,000 | 100,001 to 250,000 | 250,001 and over |
|---|---|---|---|---|---|---|---|---|---|---|---|---|---|---|
| Number of Enterprises | 1 | 885 | 9 | 247 | • | 200 | 121 | 108 | 36 | 30 | 22 | 13 | 23 | 75 |
| **Revenues ($ in Thousands)** | | | | | | | | | | | | | | |
| Net Sales | 2 | 196246578 | 11606751 | 64416 | • | 99758 | 151628 | 65483 | 206425 | 275302 | 384180 | 962418 | 2325531 | 180104686 |
| Interest | 3 | 5212816 | 430918 | 97 | • | 255 | 509 | 112 | 6045 | 4767 | 10459 | 16849 | 72877 | 4669928 |
| Rents | 4 | 1845821 | 131543 | 0 | • | 0 | 0 | 0 | 7 | 579 | 768 | 78 | 893 | 1711954 |
| Royalties | 5 | 46902 | 3406 | 0 | • | 0 | 0 | 0 | 0 | 4 | 43 | 168 | 680 | 42602 |
| Other Portfolio Income | 6 | 6014431 | 94985 | 0 | • | 0 | 10101 | 0 | 3595 | 8577 | 1041 | 454 | 39832 | 5855848 |
| Other Receipts | 7 | 10453507 | 187733 | 1 | • | 8477 | 7245 | 946 | 22143 | 31069 | 26853 | 11061 | 73981 | 10083994 |
| Total Receipts | 8 | 219820055 | 12455336 | 64514 | • | 108490 | 169483 | 66541 | 238215 | 320298 | 423344 | 991028 | 2513794 | 202469012 |
| Average Total Receipts | 9 | 248384 | 1383926 | 261 | • | 542 | 1401 | 616 | 6617 | 10677 | 19243 | 76233 | 109295 | 2699587 |
| **Operating Costs/Operating Income (%)** | | | | | | | | | | | | | | |
| Cost of Operations | 10 | 57.8 | 54.4 | • | • | 16.0 | 0.8 | 29.8 | 0.3 | 38.5 | 63.9 | 83.9 | 79.0 | 57.7 |
| Salaries and Wages | 11 | 3.7 | 0.7 | • | • | 28.7 | 46.7 | 6.8 | 7.5 | 9.6 | 7.5 | 1.8 | 2.0 | 3.9 |
| Taxes Paid | 12 | 4.4 | 6.7 | 0.2 | • | 9.9 | 4.1 | 8.3 | 1.7 | 3.6 | 2.2 | 0.8 | 1.5 | 4.3 |
| Interest Paid | 13 | 8.8 | 10.2 | • | • | 1.8 | • | 22.9 | 3.5 | 6.4 | 5.6 | 1.5 | 5.5 | 8.8 |
| Depreciation | 14 | 6.4 | 8.8 | 8.7 | • | 1.0 | 0.9 | 22.6 | 0.2 | 4.8 | 5.3 | 1.2 | 3.2 | 6.3 |
| Amortization and Depletion | 15 | 0.8 | 0.4 | • | • | 0.0 | 0.0 | 1.6 | 0.0 | 1.8 | 1.1 | 0.3 | 0.3 | 0.8 |
| Pensions and Other Deferred Comp. | 16 | 0.3 | 0.2 | • | • | • | 0.6 | 0.2 | 0.1 | 0.3 | 0.4 | 0.2 | 0.3 | 0.3 |
| Employee Benefits | 17 | 1.1 | 1.0 | • | • | 0.0 | 7.0 | 0.4 | 0.3 | 2.0 | 0.5 | 0.3 | 0.7 | 1.1 |
| Advertising | 18 | 0.1 | 0.2 | • | • | • | • | 0.2 | 0.6 | 1.8 | 3.8 | 1.0 | 0.0 | 0.1 |
| Other Expenses | 19 | 20.3 | 13.5 | 92.5 | • | 30.8 | 25.4 | 25.5 | 92.5 | 43.5 | 25.4 | 18.3 | 10.2 | 20.8 |
| Officers' Compensation | 20 | 0.4 | 1.0 | • | • | • | 10.8 | 3.1 | 2.9 | 3.6 | 1.5 | 0.6 | 0.6 | 0.3 |
| Operating Margin | 21 | • | 2.8 | • | • | 11.7 | 3.7 | • | • | • | • | • | • | • |
| Operating Margin Before Officers' Comp. | 22 | • | 3.8 | • | • | 11.7 | 14.5 | • | • | • | • | • | • | • |

| | | | | | | | | | | | | | |
|---|---|---|---|---|---|---|---|---|---|---|---|---|---|
| **Selected Average Balance Sheet ($ in Thousands)** | | | | | | | | | | | | | |
| Net Receivables 23 | 47359 | 0 | 0 | • | 0 | 182 | 59 | 439 | 1370 | 3884 | 8851 | 17526 | 549647 |
| Inventories 24 | 5466 | 0 | 0 | • | 0 | 40 | 0 | 65 | 209 | 298 | 958 | 1145 | 63720 |
| Net Property, Plant and Equipment 25 | 269979 | 0 | 12 | • | 11 | 234 | 1502 | 2869 | 6725 | 15232 | 17811 | 67481 | 3150829 |
| Total Assets 26 | 586706 | 0 | 22 | • | 334 | 635 | 2446 | 8330 | 16355 | 35634 | 68914 | 148026 | 6839289 |
| Notes and Loans Payable 27 | 225733 | 0 | 30 | • | 0 | 181 | 1498 | 4330 | 6880 | 14752 | 261524 | 83767 | 2580924 |
| All Other Liabilities 28 | 223451 | 0 | 114 | • | 154 | 142 | 651 | 5270 | 4418 | 20847 | 35462 | 41043 | 2605625 |
| Net Worth 29 | 137522 | 0 | -123 | • | 180 | 312 | 297 | -1270 | 5057 | 34 | -228072 | 23216 | 1652740 |
| **Selected Financial Ratios (Times to 1)** | | | | | | | | | | | | | |
| Current Ratio 30 | 0.8 | • | 0.1 | • | 2.0 | 2.6 | 0.3 | 1.3 | 0.8 | 1.3 | 1.1 | 1.0 | 0.8 |
| Quick Ratio 31 | 0.4 | • | 0.1 | • | 1.8 | 2.1 | 0.3 | 1.1 | 0.7 | 0.9 | 0.8 | 0.8 | 0.4 |
| Net Sales to Working Capital 32 | • | • | • | • | 3.2 | 5.6 | • | 10.7 | • | 7.3 | 31.5 | 221.9 | • |
| Coverage Ratio 33 | 1.9 | 2.0 | • | • | 12.1 | • | 0.1 | 2.7 | 1.1 | • | • | 1.9 | 2.0 |
| Total Asset Turnover 34 | 0.4 | • | 11.9 | • | 1.5 | 2.0 | 0.2 | 0.7 | 0.6 | 0.5 | 1.1 | 0.7 | 0.4 |
| Inventory Turnover 35 | 23.4 | • | • | • | • | 0.3 | • | 0.3 | 16.9 | 37.5 | 64.8 | 69.8 | 21.8 |
| Receivables Turnover 36 | 5.2 | • | • | • | 1270.8 | 10.4 | 3.1 | 4.4 | 7.4 | 2.8 | 13.2 | 5.6 | 4.8 |
| Total Liabilities to Net Worth 37 | 3.3 | • | • | • | 0.9 | 1.0 | 7.2 | • | 2.2 | 1034.6 | • | 5.4 | 3.1 |
| Current Assets to Working Capital 38 | • | • | • | • | 2.0 | 1.6 | • | 4.0 | • | 4.2 | 11.3 | 71.6 | • |
| Current Liabilities to Working Capital 39 | • | • | • | • | 1.0 | 0.6 | • | 3.0 | • | 3.2 | 10.3 | 70.6 | • |
| Working Capital to Net Sales 40 | • | • | • | • | 0.3 | 0.2 | • | 0.1 | • | 0.1 | 0.0 | 0.0 | • |
| Inventory to Working Capital 41 | • | • | • | • | • | 0.2 | • | • | • | 0.2 | 0.7 | 3.0 | • |
| Total Receipts to Cash Flow 42 | 4.4 | 6.2 | 2.1 | • | 2.4 | 2.6 | 26.8 | 1.0 | 3.3 | 7.5 | 18.0 | 8.2 | 4.3 |
| Cost of Goods to Cash Flow 43 | 2.6 | 3.4 | • | • | 0.4 | 0.0 | 8.0 | 0.0 | 1.3 | 4.8 | 15.1 | 6.5 | 2.5 |
| Cash Flow to Total Debt 44 | 0.1 | • | 0.9 | • | 1.3 | 1.5 | 0.0 | 0.6 | 0.2 | 0.1 | 0.0 | 0.1 | 0.1 |
| **Selected Financial Factors (in Percentages)** | | | | | | | | | | | | | |
| Debt Ratio 45 | 76.6 | • | 661.5 | • | 46.1 | 50.9 | 87.8 | 115.2 | 69.1 | 99.9 | 430.9 | 84.3 | 75.8 |
| Return on Total Assets 46 | 6.4 | • | • | • | 33.3 | 17.3 | 0.8 | 6.5 | 3.9 | • | • | 7.2 | 6.0 |
| Return on Equity Before Income Taxes 47 | 13.4 | • | 2.8 | • | 56.7 | 35.3 | • | • | 0.9 | • | 2.3 | 22.0 | 12.1 |
| Return on Equity After Income Taxes 48 | 8.6 | • | 5.0 | • | 56.3 | 35.2 | • | • | • | • | 2.3 | 16.1 | 7.8 |
| Profit Margin (Before Income Tax) 49 | 8.3 | 10.2 | • | • | 20.5 | 8.8 | • | 5.9 | 0.5 | • | • | 5.0 | 8.3 |
| Profit Margin (After Income Tax) 50 | 5.3 | 6.5 | • | • | 20.3 | 8.8 | • | 3.0 | • | • | • | 3.7 | 5.4 |

**Table II**

Corporations with Net Income

# ELECTRIC POWER GENERATION, TRANSMISSION AND DISTRIBUTION

MONEY AMOUNTS AND SIZE OF ASSETS IN THOUSANDS OF DOLLARS

| Item Description for Accounting Period 7/00 Through 6/01 | | Total | Zero Assets | Under 100 | 100 to 250 | 251 to 500 | 501 to 1,000 | 1,001 to 5,000 | 5,001 to 10,000 | 10,001 to 25,000 | 25,001 to 50,000 | 50,001 to 100,000 | 100,001 to 250,000 | 250,001 and over |
|---|---|---|---|---|---|---|---|---|---|---|---|---|---|---|
| Number of Enterprises | 1 | 711 | 4 | 0 | • | 0 | 0 | • | 0 | 20 | 13 | 8 | 15 | 51 |
| **Revenues ($ in Thousands)** | | | | | | | | | | | | | | |
| Net Sales | 2 | 165840509 | 11298516 | 0 | • | 0 | 0 | • | 0 | 213093 | 160613 | 864063 | 2075041 | 150707556 |
| Interest | 3 | 3698652 | 424564 | 0 | • | 0 | 0 | • | 0 | 3019 | 6421 | 3656 | 55392 | 3199140 |
| Rents | 4 | 1313516 | 131191 | 0 | • | 0 | 0 | • | 0 | 579 | 584 | 0 | 355 | 1180801 |
| Royalties | 5 | 46054 | 3406 | 0 | • | 0 | 0 | • | 0 | 4 | 43 | 0 | 0 | 42601 |
| Other Portfolio Income | 6 | 5774438 | 94786 | 0 | • | 0 | 0 | • | 0 | 6663 | 453 | 0 | 38910 | 5619933 |
| Other Receipts | 7 | 9916522 | 224305 | 0 | • | 0 | 0 | • | 0 | 25055 | 21454 | 6254 | 61183 | 9540403 |
| Total Receipts | 8 | 186589691 | 12176768 | 0 | • | 0 | 0 | • | 0 | 248413 | 189568 | 873973 | 2230881 | 170290434 |
| Average Total Receipts | 9 | 262433 | 3044192 | • | • | • | • | • | • | 12421 | 14582 | 109247 | 148725 | 3339028 |
| **Operating Costs/Operating Income (%)** | | | | | | | | | | | | | | |
| Cost of Operations | 10 | 58.3 | 53.5 | • | • | • | • | • | • | 39.2 | 45.8 | 84.1 | 81.5 | 58.4 |
| Salaries and Wages | 11 | 3.6 | 0.8 | • | • | • | • | • | • | 10.2 | 3.5 | 1.0 | 1.0 | 3.8 |
| Taxes Paid | 12 | 4.7 | 6.8 | • | • | • | • | • | • | 3.5 | 3.2 | 0.8 | 1.5 | 4.7 |
| Interest Paid | 13 | 7.3 | 10.4 | • | • | • | • | • | • | 5.1 | 7.6 | 1.4 | 4.3 | 7.2 |
| Depreciation | 14 | 6.0 | 9.0 | • | • | • | • | • | • | 4.9 | 7.0 | 1.1 | 2.7 | 5.9 |
| Amortization and Depletion | 15 | 0.7 | 0.4 | • | • | • | • | • | • | 0.9 | 1.5 | 0.1 | 0.4 | 0.7 |
| Pensions and Other Deferred Comp. | 16 | 0.4 | 0.2 | • | • | • | • | • | • | 0.3 | 0.4 | 0.1 | 0.2 | 0.4 |
| Employee Benefits | 17 | 1.1 | 1.0 | • | • | • | • | • | • | 2.3 | 0.4 | 0.1 | 0.5 | 1.1 |
| Advertising | 18 | 0.1 | 0.2 | • | • | • | • | • | • | 0.3 | 0.6 | 0.0 | 0.0 | 0.1 |
| Other Expenses | 19 | 19.5 | 13.8 | • | • | • | • | • | • | 25.8 | 25.4 | 10.7 | 8.1 | 20.0 |
| Officers' Compensation | 20 | 0.4 | 0.9 | • | • | • | • | • | • | 3.2 | 1.7 | 0.2 | 0.4 | 0.3 |
| Operating Margin | 21 | • | 3.1 | • | • | • | • | • | • | 4.3 | 2.9 | 0.5 | • | • |
| Operating Margin Before Officers' Comp. | 22 | • | 3.9 | • | • | • | • | • | • | 7.5 | 4.6 | 0.7 | • | • |

## Selected Average Balance Sheet ($ in Thousands)

| | | | | | | | | | | | | | |
|---|---|---|---|---|---|---|---|---|---|---|---|---|---|
| Net Receivables 23 | 53114 | 0 | • | • | • | • | • | • | 1480 | 1383 | 10638 | 17395 | 732022 |
| Inventories 24 | 5774 | 0 | • | • | • | • | • | • | 128 | 224 | 2658 | 1448 | 79617 |
| Net Property, Plant and Equipment 25 | 270257 | 0 | • | • | • | • | • | • | 6841 | 17381 | 26974 | 66644 | 3734160 |
| Total Assets 26 | 549141 | 0 | • | • | • | • | • | • | 16091 | 34346 | 74267 | 152413 | 7575500 |
| Notes and Loans Payable 27 | 192831 | 0 | • | • | • | • | • | • | 5852 | 13481 | 37714 | 71459 | 2652140 |
| All Other Liabilities 28 | 222565 | 0 | • | • | • | • | • | • | 4306 | 29279 | 38190 | 53984 | 3067260 |
| Net Worth 29 | 133745 | 0 | • | • | • | • | • | • | 5933 | -8414 | -1637 | 26970 | 1856100 |

## Selected Financial Ratios (Times to 1)

| | | | | | | | | | | | | | |
|---|---|---|---|---|---|---|---|---|---|---|---|---|---|
| Current Ratio 30 | 0.8 | • | • | • | • | • | • | • | 0.6 | 1.4 | 0.9 | 1.2 | 0.8 |
| Quick Ratio 31 | 0.4 | • | • | • | • | • | • | • | 0.5 | 0.6 | 0.6 | 0.9 | 0.4 |
| Net Sales to Working Capital 32 | • | • | • | • | • | • | • | • | • | 6.2 | • | 23.8 | • |
| Coverage Ratio 33 | 2.4 | 2.1 | • | • | • | • | • | • | 5.1 | 3.7 | 2.2 | 2.5 | 2.5 |
| Total Asset Turnover 34 | 0.4 | • | • | • | • | • | • | • | 0.7 | 0.4 | 1.5 | 0.9 | 0.4 |
| Inventory Turnover 35 | 23.5 | • | • | • | • | • | • | • | 32.6 | 25.2 | 34.2 | 77.9 | 21.7 |
| Receivables Turnover 36 | 5.0 | • | • | • | • | • | • | • | 10.6 | 2.1 | 20.3 | 11.4 | 4.6 |
| Total Liabilities to Net Worth 37 | 3.1 | • | • | • | • | • | • | • | 1.7 | • | • | 4.7 | 3.1 |
| Current Assets to Working Capital 38 | • | • | • | • | • | • | • | • | • | 3.7 | • | 5.6 | • |
| Current Liabilities to Working Capital 39 | • | • | • | • | • | • | • | • | • | 2.7 | • | 4.6 | • |
| Working Capital to Net Sales 40 | • | • | • | • | • | • | • | • | • | 0.2 | • | 0.0 | • |
| Inventory to Working Capital 41 | • | • | • | • | • | • | • | • | • | 0.1 | • | 0.3 | • |
| Total Receipts to Cash Flow 42 | 4.2 | 5.9 | • | • | • | • | • | • | 2.5 | 2.4 | 15.1 | 8.0 | 4.1 |
| Cost of Goods to Cash Flow 43 | 2.4 | 3.1 | • | • | • | • | • | • | 1.0 | 1.1 | 12.7 | 6.6 | 2.4 |
| Cash Flow to Total Debt 44 | 0.1 | • | • | • | • | • | • | • | 0.4 | 0.1 | 0.1 | 0.1 | 0.1 |

## Selected Financial Factors (in Percentages)

| | | | | | | | | | | | | | |
|---|---|---|---|---|---|---|---|---|---|---|---|---|---|
| Debt Ratio 45 | 75.6 | • | • | • | • | • | • | • | 63.1 | 124.5 | 102.2 | 82.3 | 75.5 |
| Return on Total Assets 46 | 7.6 | • | • | • | • | • | • | • | 17.2 | 10.2 | 4.4 | 10.1 | 6.9 |
| Return on Equity Before Income Taxes 47 | 18.4 | • | • | • | • | • | • | • | 37.4 | • | • | 34.5 | 16.9 |
| Return on Equity After Income Taxes 48 | 12.3 | • | • | • | • | • | • | • | 28.8 | • | • | 26.8 | 11.2 |
| Profit Margin (Before Income Tax) 49 | 10.6 | 10.9 | • | • | • | • | • | • | 20.9 | 20.7 | 1.7 | 6.7 | 10.6 |
| Profit Margin (After Income Tax) 50 | 7.0 | 7.1 | • | • | • | • | • | • | 16.0 | 17.7 | 1.4 | 5.2 | 7.1 |

# Table I

Corporations with and without Net Income

# NATURAL GAS DISTRIBUTION

MONEY AMOUNTS AND SIZE OF ASSETS IN THOUSANDS OF DOLLARS

| Item Description for Accounting Period 7/00 Through 6/01 | | Total | Zero Assets | Under 100 | 100 to 250 | 251 to 500 | 501 to 1,000 | 1,001 to 5,000 | 5,001 to 10,000 | 10,001 to 25,000 | 25,001 to 50,000 | 50,001 to 100,000 | 100,001 to 250,000 | 250,001 and over |
|---|---|---|---|---|---|---|---|---|---|---|---|---|---|---|
| Number of Enterprises | 1 | 772 | 20 | 245 | 192 | • | 137 | 44 | 42 | 24 | 10 | 9 | 15 | 34 |
| **Revenues ($ in Thousands)** | | | | | | | | | | | | | | |
| Net Sales | 2 | 286328797 | 6320469 | 40647 | 11501 | • | 318211 | 121855 | 363037 | 1280269 | 516154 | 569164 | 2231844 | 274555647 |
| Interest | 3 | 3549459 | 86643 | 0 | 0 | • | 114 | 148 | 998 | 1908 | 1303 | 4609 | 4877 | 3448859 |
| Rents | 4 | 130114 | 6685 | 0 | 0 | • | 0 | 0 | 0 | 209 | 1794 | 2208 | 2526 | 116693 |
| Royalties | 5 | 82742 | 919 | 0 | 0 | • | 0 | 0 | 295 | 0 | 0 | 0 | 105 | 81423 |
| Other Portfolio Income | 6 | 7343026 | 170297 | 0 | 0 | • | 3425 | 0 | 6031 | 1036 | 2662 | 4443 | 2094 | 7153037 |
| Other Receipts | 7 | 2276760 | 145751 | 0 | 0 | • | 2129 | 79 | 4198 | 10460 | 9439 | 8054 | 24323 | 2072325 |
| Total Receipts | 8 | 299710898 | 6730764 | 40647 | 11501 | • | 323879 | 122082 | 374559 | 1293882 | 531352 | 588478 | 2265769 | 287427984 |
| Average Total Receipts | 9 | 388227 | 336538 | 166 | 60 | • | 2364 | 2775 | 8918 | 53912 | 53135 | 65386 | 151051 | 8453764 |
| **Operating Costs/Operating Income (%)** | | | | | | | | | | | | | | |
| Cost of Operations | 10 | 91.7 | 71.1 | 74.0 | 69.4 | • | 77.2 | 81.2 | 65.9 | 92.2 | 91.9 | 72.8 | 83.6 | 92.4 |
| Salaries and Wages | 11 | 1.1 | 1.0 | • | • | • | 12.0 | 2.3 | 4.3 | 1.5 | 3.1 | 2.3 | 2.5 | 1.0 |
| Taxes Paid | 12 | 0.8 | 4.8 | • | 0.0 | • | 3.4 | 0.9 | 1.3 | 0.6 | 0.9 | 2.6 | 1.5 | 0.7 |
| Interest Paid | 13 | 2.6 | 5.3 | • | 3.5 | • | 0.7 | 3.7 | 2.6 | 0.9 | 1.6 | 3.6 | 2.0 | 2.5 |
| Depreciation | 14 | 1.8 | 6.4 | • | 5.5 | • | 0.7 | 7.0 | 5.2 | 0.9 | 2.0 | 5.4 | 3.9 | 1.7 |
| Amortization and Depletion | 15 | 0.2 | 0.6 | • | • | • | 0.0 | 0.0 | 1.9 | 0.5 | 0.4 | 0.8 | 0.1 | 0.2 |
| Pensions and Other Deferred Comp. | 16 | 0.1 | 0.2 | • | • | • | 0.4 | 0.1 | 0.3 | 0.1 | 0.0 | 0.3 | 0.2 | 0.1 |
| Employee Benefits | 17 | 0.8 | 1.6 | • | • | • | 0.0 | 1.2 | 0.8 | 0.3 | 0.5 | 0.7 | 0.6 | 0.7 |
| Advertising | 18 | 0.0 | 0.1 | • | • | • | 0.7 | 0.8 | 0.0 | 0.1 | 0.1 | 0.1 | 0.2 | 0.0 |
| Other Expenses | 19 | 3.7 | 17.1 | 1.7 | 23.0 | • | 9.2 | 6.6 | 12.5 | 3.5 | 3.7 | 11.6 | 4.2 | 3.4 |
| Officers' Compensation | 20 | 0.4 | 0.1 | • | • | • | 4.9 | 1.1 | 2.2 | 0.4 | 0.3 | 1.0 | 0.5 | 0.4 |
| Operating Margin | 21 | • | • | 24.2 | • | • | • | • | 3.0 | • | • | • | 0.7 | • |
| Operating Margin Before Officers' Comp. | 22 | • | • | 24.2 | • | • | • | • | 5.2 | • | • | • | 1.2 | • |

## Selected Average Balance Sheet ($ in Thousands)

| | | | | | | | | | | | | | |
|---|---|---|---|---|---|---|---|---|---|---|---|---|---|
| Net Receivables 23 | 133372 | 0 | 0 | 205 | • | 220 | 308 | 1247 | 4993 | 7845 | 12746 | 23881 | 3004595 |
| Inventories 24 | 4816 | 0 | 0 | 0 | • | 40 | 99 | 248 | 533 | 1778 | 3715 | 6672 | 104010 |
| Net Property, Plant and Equipment 25 | 88756 | 0 | 0 | 4 | • | 124 | 1169 | 2805 | 4853 | 12264 | 34536 | 85680 | 1955809 |
| Total Assets 26 | 577260 | 0 | 45 | 240 | • | 643 | 1886 | 6169 | 15873 | 33758 | 70351 | 145066 | 12989100 |
| Notes and Loans Payable 27 | 129475 | 0 | 0 | 299 | • | 360 | 1391 | 2361 | 4063 | 11241 | 26677 | 42015 | 2900214 |
| All Other Liabilities 28 | 350533 | 0 | 0 | 22 | • | 198 | 167 | 1466 | 7978 | 15396 | 18184 | 53494 | 7917641 |
| Net Worth 29 | 97252 | 0 | 45 | -80 | • | 86 | 328 | 2342 | 3831 | 7121 | 25490 | 49556 | 2171245 |

## Selected Financial Ratios (Times to 1)

| | | | | | | | | | | | | | |
|---|---|---|---|---|---|---|---|---|---|---|---|---|---|
| Current Ratio 30 | 0.9 | • | • | 10.8 | • | 1.2 | 3.6 | 1.1 | 0.9 | 1.0 | 1.3 | 1.0 | 0.9 |
| Quick Ratio 31 | 0.4 | • | • | 10.8 | • | 0.7 | 2.5 | 1.0 | 0.7 | 0.6 | 0.9 | 0.7 | 0.4 |
| Net Sales to Working Capital 32 | • | • | 3.7 | 0.3 | • | 32.3 | 6.3 | 50.0 | • | 130.8 | 11.9 | • | • |
| Coverage Ratio 33 | 1.5 | 0.6 | • | 0.6 | • | • | • | 3.4 | 1.2 | • | 1.6 | 2.1 | 1.6 |
| Total Asset Turnover 34 | 0.6 | • | 3.7 | 0.2 | • | 3.6 | 1.5 | 1.4 | 3.4 | 1.5 | 0.9 | 1.0 | 0.6 |
| Inventory Turnover 35 | 70.7 | • | • | • | • | 44.5 | 22.8 | 23.0 | 92.3 | 26.7 | 12.4 | 18.6 | 71.7 |
| Receivables Turnover 36 | 4.0 | • | • | 0.3 | • | 21.0 | 16.5 | 3.2 | 14.2 | 3.4 | 4.4 | 9.3 | 3.9 |
| Total Liabilities to Net Worth 37 | 4.9 | • | • | • | • | 6.5 | 4.7 | 1.6 | 3.1 | 3.7 | 1.8 | 1.9 | 5.0 |
| Current Assets to Working Capital 38 | • | • | 1.0 | 1.1 | • | 5.4 | 1.4 | 11.5 | • | 41.6 | 4.4 | • | • |
| Current Liabilities to Working Capital 39 | • | • | • | 0.1 | • | 4.4 | 0.4 | 10.5 | • | 40.6 | 3.4 | • | • |
| Working Capital to Net Sales 40 | • | • | 0.3 | 3.6 | • | 0.0 | 0.2 | 0.0 | • | 0.0 | 0.1 | • | • |
| Inventory to Working Capital 41 | • | • | • | • | • | 0.6 | 0.4 | 0.3 | • | 2.3 | 0.6 | • | • |
| Total Receipts to Cash Flow 42 | 46.7 | 10.9 | 3.8 | • | • | 224.7 | 110.5 | 6.6 | 29.7 | 69.4 | 8.3 | 18.5 | 52.3 |
| Cost of Goods to Cash Flow 43 | 42.8 | 7.8 | 2.8 | • | • | 173.4 | 89.7 | 4.3 | 27.4 | 63.8 | 6.0 | 15.5 | 48.3 |
| Cash Flow to Total Debt 44 | 0.0 | • | • | • | • | 0.0 | 0.0 | 0.3 | 0.1 | 0.0 | 0.2 | 0.1 | 0.0 |

## Selected Financial Factors (in Percentages)

| | | | | | | | | | | | | | |
|---|---|---|---|---|---|---|---|---|---|---|---|---|---|
| Debt Ratio 45 | 83.2 | • | • | 133.3 | • | 86.7 | 82.6 | 62.0 | 75.9 | 78.9 | 63.8 | 65.8 | 83.3 |
| Return on Total Assets 46 | 2.6 | • | 88.9 | 0.5 | • | • | • | 12.2 | 3.4 | • | 5.2 | 4.3 | 2.5 |
| Return on Equity Before Income Taxes 47 | 5.4 | • | 88.9 | 1.0 | • | • | • | 22.6 | 2.3 | • | 5.3 | 6.7 | 5.6 |
| Return on Equity After Income Taxes 48 | 4.6 | • | 75.6 | 1.0 | • | • | • | 17.7 | • | • | 2.3 | 4.9 | 4.9 |
| Profit Margin (Before Income Tax) 49 | 1.4 | • | 24.2 | • | • | • | • | 6.1 | 0.2 | • | 2.1 | 2.2 | 1.5 |
| Profit Margin (After Income Tax) 50 | 1.2 | • | 20.6 | • | • | • | • | 4.8 | • | • | 0.9 | 1.6 | 1.3 |

**Table II**

Corporations with Net Income

# NATURAL GAS DISTRIBUTION

**MONEY AMOUNTS AND SIZE OF ASSETS IN THOUSANDS OF DOLLARS**

| Item Description for Accounting Period 7/00 Through 6/01 | | Total | Zero Assets | Under 100 | 100 to 250 | 251 to 500 | 501 to 1,000 | 1,001 to 5,000 | 5,001 to 10,000 | 10,001 to 25,000 | 25,001 to 50,000 | 50,001 to 100,000 | 100,001 to 250,000 | 250,001 and over |
|---|---|---|---|---|---|---|---|---|---|---|---|---|---|---|
| Number of Enterprises | 1 | 375 | 13 | 0 | • | • | 0 | 18 | 0 | 17 | 6 | 0 | 11 | 25 |
| **Revenues ($ in Thousands)** | | | | | | | | | | | | | | |
| Net Sales | 2 | 271522650 | 3496684 | 0 | • | • | 0 | 100454 | 0 | 964389 | 252174 | 0 | 1754367 | 264078261 |
| Interest | 3 | 3267337 | 51228 | 0 | • | • | 0 | 94 | 0 | 1757 | 887 | 0 | 2537 | 3207509 |
| Rents | 4 | 124983 | 4864 | 0 | • | • | 0 | 0 | 0 | 209 | 1010 | 0 | 2412 | 114281 |
| Royalties | 5 | 82225 | 913 | 0 | • | • | 0 | 0 | 0 | 0 | 0 | 0 | 18 | 80999 |
| Other Portfolio Income | 6 | 7297097 | 163344 | 0 | • | • | 0 | 0 | 0 | 1035 | 1063 | 0 | 2055 | 7115892 |
| Other Receipts | 7 | 2092270 | 127615 | 0 | • | • | 0 | 80 | 0 | 8428 | 896 | 0 | 23716 | 1922174 |
| Total Receipts | 8 | 284386562 | 3844648 | 0 | • | • | 0 | 100628 | 0 | 975818 | 256030 | 0 | 1785105 | 276519116 |
| Average Total Receipts | 9 | 758364 | 295742 | • | • | • | • | 5590 | • | 57401 | 42672 | • | 162282 | 11060765 |
| **Operating Costs/Operating Income (%)** | | | | | | | | | | | | | | |
| Cost of Operations | 10 | 92.5 | 71.2 | • | • | • | • | 83.2 | • | 90.8 | 89.0 | • | 81.7 | 92.9 |
| Salaries and Wages | 11 | 1.0 | 0.4 | • | • | • | • | • | • | 1.6 | 2.0 | • | 2.9 | 1.0 |
| Taxes Paid | 12 | 0.7 | 6.4 | • | • | • | • | 0.4 | • | 0.5 | 1.3 | • | 1.8 | 0.6 |
| Interest Paid | 13 | 2.4 | 6.0 | • | • | • | • | 3.0 | • | 0.5 | 0.5 | • | 1.7 | 2.3 |
| Depreciation | 14 | 1.7 | 8.0 | • | • | • | • | 4.5 | • | 0.9 | 1.5 | • | 3.2 | 1.6 |
| Amortization and Depletion | 15 | 0.2 | 0.6 | • | • | • | • | • | • | 0.2 | 0.0 | • | 0.1 | 0.2 |
| Pensions and Other Deferred Comp. | 16 | 0.1 | 0.3 | • | • | • | • | • | • | 0.2 | 0.1 | • | 0.1 | 0.0 |
| Employee Benefits | 17 | 0.7 | 2.2 | • | • | • | • | 1.2 | • | 0.3 | 0.4 | • | 0.7 | 0.7 |
| Advertising | 18 | 0.0 | 0.2 | • | • | • | • | 0.7 | • | 0.0 | 0.0 | • | 0.2 | 0.0 |
| Other Expenses | 19 | 3.2 | 12.8 | • | • | • | • | 3.7 | • | 3.5 | 3.3 | • | 4.6 | 3.1 |
| Officers' Compensation | 20 | 0.4 | 0.0 | • | • | • | • | 1.0 | • | 0.4 | 0.6 | • | 0.5 | 0.4 |
| Operating Margin | 21 | • | • | • | • | • | • | 2.3 | • | 1.0 | 1.2 | • | 2.3 | • |
| Operating Margin Before Officers' Comp. | 22 | • | • | • | • | • | • | 3.3 | • | 1.4 | 1.9 | • | 2.9 | • |

| Selected Average Balance Sheet ($ in Thousands) | | | | | | | | | | | | | |
|---|---|---|---|---|---|---|---|---|---|---|---|---|---|
| Net Receivables 23 | 268390 | 0 | • | • | • | • | 417 | • | 4246 | 9880 | • | 27976 | 4003535 |
| Inventories 24 | 6850 | 0 | • | • | • | • | 450 | • | 523 | 1728 | • | 7830 | 98066 |
| Net Property, Plant and Equipment 25 | 148472 | 0 | • | • | • | • | 1550 | • | 4929 | 10794 | • | 71127 | 2176164 |
| Total Assets 26 | 1129686 | 0 | • | • | • | • | 2745 | • | 16134 | 35341 | • | 135373 | 16838399 |
| Notes and Loans Payable 27 | 241795 | 0 | • | • | • | • | 1742 | • | 3127 | 2908 | • | 34703 | 3600928 |
| All Other Liabilities 28 | 702214 | 0 | • | • | • | • | 51 | • | 7020 | 13447 | • | 57435 | 10492436 |
| Net Worth 29 | 185677 | 0 | • | • | • | • | 952 | • | 5987 | 18986 | • | 43235 | 2745035 |

| Selected Financial Ratios (Times to 1) | | | | | | | | | | | | | |
|---|---|---|---|---|---|---|---|---|---|---|---|---|---|
| Current Ratio 30 | 0.9 | • | • | • | • | • | 17.9 | • | 1.1 | 1.5 | • | 1.0 | 0.9 |
| Quick Ratio 31 | 0.4 | • | • | • | • | • | 9.1 | • | 0.8 | 1.0 | • | 0.8 | 0.4 |
| Net Sales to Working Capital 32 | • | • | • | • | • | • | 6.3 | • | 159.2 | 7.4 | • | 190.1 | • |
| Coverage Ratio 33 | 1.8 | 1.3 | • | • | • | • | 1.8 | • | 5.6 | 5.7 | • | 3.4 | 1.8 |
| Total Asset Turnover 34 | 0.6 | • | • | • | • | • | 2.0 | • | 3.5 | 1.2 | • | 1.2 | 0.6 |
| Inventory Turnover 35 | 97.7 | • | • | • | • | • | 10.3 | • | 98.4 | 21.7 | • | 16.6 | 100.1 |
| Receivables Turnover 36 | 5.2 | • | • | • | • | • | 26.8 | • | 26.7 | 2.8 | • | 11.4 | 5.1 |
| Total Liabilities to Net Worth 37 | 5.1 | • | • | • | • | • | 1.9 | • | 1.7 | 0.9 | • | 2.1 | 5.1 |
| Current Assets to Working Capital 38 | • | • | • | • | • | • | 1.1 | • | 19.9 | 3.2 | • | 62.7 | • |
| Current Liabilities to Working Capital 39 | • | • | • | • | • | • | 0.1 | • | 18.9 | 2.2 | • | 61.7 | • |
| Working Capital to Net Sales 40 | • | • | • | • | • | • | 0.2 | • | 0.0 | 0.1 | • | 0.0 | • |
| Inventory to Working Capital 41 | • | • | • | • | • | • | 0.5 | • | 1.5 | 0.2 | • | 9.3 | • |
| Total Receipts to Cash Flow 42 | 47.7 | 13.9 | • | • | • | • | 18.5 | • | 18.7 | 17.6 | • | 13.2 | 51.8 |
| Cost of Goods to Cash Flow 43 | 44.1 | 9.9 | • | • | • | • | 15.4 | • | 17.0 | 15.7 | • | 10.8 | 48.1 |
| Cash Flow to Total Debt 44 | 0.0 | • | • | • | • | • | 0.2 | • | 0.3 | 0.1 | • | 0.1 | 0.0 |

| Selected Financial Factors (in Percentages) | | | | | | | | | | | | | |
|---|---|---|---|---|---|---|---|---|---|---|---|---|---|
| Debt Ratio 45 | 83.6 | • | • | • | • | • | 65.3 | • | 62.9 | 46.3 | • | 68.1 | 83.7 |
| Return on Total Assets 46 | 2.7 | • | • | • | • | • | 11.1 | • | 9.5 | 3.4 | • | 6.8 | 2.6 |
| Return on Equity Before Income Taxes 47 | 7.2 | • | • | • | • | • | 14.3 | • | 21.1 | 5.3 | • | 15.1 | 6.9 |
| Return on Equity After Income Taxes 48 | 6.3 | • | • | • | • | • | 10.6 | • | 17.5 | 3.9 | • | 12.3 | 6.2 |
| Profit Margin (Before Income Tax) 49 | 1.8 | 1.8 | • | • | • | • | 2.4 | • | 2.2 | 2.4 | • | 4.1 | 1.8 |
| Profit Margin (After Income Tax) 50 | 1.6 | 0.2 | • | • | • | • | 1.8 | • | 1.8 | 1.8 | • | 3.3 | 1.6 |

**Table I**

Corporations with and without Net Income

# WATER, SEWAGE AND OTHER SYSTEMS

MONEY AMOUNTS AND SIZE OF ASSETS IN THOUSANDS OF DOLLARS

| Item Description for Accounting Period 7/00 Through 6/01 | Total | Zero Assets | Under 100 | 100 to 250 | 251 to 500 | 501 to 1,000 | 1,001 to 5,000 | 5,001 to 10,000 | 10,001 to 25,000 | 25,001 to 50,000 | 50,001 to 100,000 | 100,001 to 250,000 | 250,001 and over |
|---|---|---|---|---|---|---|---|---|---|---|---|---|---|
| Number of Enterprises 1 | 6267 | 0 | 2965 | 1177 | 815 | 240 | 632 | 101 | 0 | 16 | 5 | 9 | 10 |
| **Revenues ($ in Thousands)** | | | | | | | | | | | | | |
| Net Sales 2 | 6192825 | 0 | 148410 | 170705 | 298152 | 181961 | 756863 | 770479 | 0 | 119860 | 53351 | 448482 | 2736140 |
| Interest 3 | 47418 | 0 | 398 | 326 | 1206 | 322 | 6430 | 456 | 0 | 2802 | 3946 | 2887 | 23253 |
| Rents 4 | 16158 | 0 | 0 | 0 | 0 | 0 | 1058 | 453 | 0 | 318 | 878 | 947 | 11094 |
| Royalties 5 | 3021 | 0 | 0 | 0 | 0 | 0 | 0 | 0 | 0 | 0 | 185 | 2126 | 3 |
| Other Portfolio Income 6 | 100820 | 0 | 1738 | 22488 | 136 | 31945 | 3585 | 588 | 0 | 2233 | 2771 | 460 | 29770 |
| Other Receipts 7 | 62100 | 0 | 16 | 1439 | 162 | 799 | 25904 | -1281 | 0 | 5271 | 3848 | 5557 | 13769 |
| Total Receipts 8 | 6422342 | 0 | 150562 | 194958 | 299656 | 215027 | 793840 | 770695 | 0 | 130484 | 64979 | 460459 | 2814029 |
| Average Total Receipts 9 | 1025 | • | 51 | 166 | 368 | 896 | 1256 | 7631 | • | 8155 | 12996 | 51162 | 281403 |
| **Operating Costs/Operating Income (%)** | | | | | | | | | | | | | |
| Cost of Operations 10 | 31.1 | • | 16.3 | • | 0.1 | 41.3 | 32.2 | 28.0 | • | 42.9 | 26.8 | 40.3 | 33.0 |
| Salaries and Wages 11 | 10.8 | • | 16.4 | 13.4 | 11.3 | 3.7 | 9.9 | 38.4 | • | 5.5 | 6.8 | 7.5 | 5.2 |
| Taxes Paid 12 | 7.4 | • | 2.5 | 3.7 | 7.3 | 3.8 | 6.4 | 4.3 | • | 8.4 | 20.4 | 5.9 | 9.2 |
| Interest Paid 13 | 9.3 | • | 1.0 | 0.4 | 1.7 | 4.8 | 4.7 | 2.3 | • | 6.7 | 18.1 | 10.6 | 14.2 |
| Depreciation 14 | 10.9 | • | 5.8 | 5.0 | 11.0 | 9.5 | 7.1 | 5.4 | • | 13.3 | 17.9 | 11.5 | 13.7 |
| Amortization and Depletion 15 | 0.8 | • | 0.1 | • | • | • | 0.4 | 0.2 | • | 1.5 | 0.6 | 0.3 | 1.4 |
| Pensions and Other Deferred Comp. 16 | 0.6 | • | • | • | 0.3 | • | 1.2 | 0.4 | • | 0.3 | 0.7 | 0.9 | 0.6 |
| Employee Benefits 17 | 3.0 | • | • | 0.3 | 1.6 | 0.7 | 0.5 | 8.6 | • | 1.9 | 2.0 | 2.3 | 3.1 |
| Advertising 18 | 0.3 | • | 0.1 | • | 0.8 | 1.1 | 0.5 | 0.1 | • | 0.0 | 0.2 | 1.1 | 0.0 |
| Other Expenses 19 | 22.1 | • | 79.5 | 69.5 | 52.8 | 33.2 | 29.1 | 11.5 | • | 27.3 | 22.1 | 15.8 | 14.4 |
| Officers' Compensation 20 | 2.4 | • | 5.1 | 4.7 | 5.5 | 4.3 | 5.8 | 1.5 | • | 1.8 | 10.4 | 2.1 | 0.9 |
| Operating Margin 21 | 1.3 | • | • | 3.0 | 7.5 | • | 2.0 | • | • | • | • | 1.6 | 4.2 |
| Operating Margin Before Officers' Comp. 22 | 3.7 | • | • | 7.6 | 13.0 | 1.9 | 7.8 | 1.0 | • | • | • | 3.7 | 5.1 |

## Selected Average Balance Sheet ($ in Thousands)

| | | | | | | | | | | | | | |
|---|---|---|---|---|---|---|---|---|---|---|---|---|---|
| Net Receivables 23 | 121 | • | 2 | 40 | 10 | 44 | 160 | 468 | • | 2631 | 1774 | 6050 | 38861 |
| Inventories 24 | 23 | • | 0 | 0 | 0 | 55 | 39 | 88 | • | 578 | 350 | 2730 | 5455 |
| Net Property, Plant and Equipment 25 | 2233 | • | 11 | 78 | 231 | 417 | 1248 | 3439 | • | 21156 | 52003 | 133792 | 1020912 |
| Total Assets 26 | 3251 | • | 25 | 143 | 298 | 708 | 1900 | 6443 | • | 33442 | 82086 | 162721 | 1482132 |
| Notes and Loans Payable 27 | 1225 | • | 16 | 24 | 125 | 469 | 780 | 2927 | • | 8871 | 25176 | 61273 | 561663 |
| All Other Liabilities 28 | 884 | • | 14 | 43 | 11 | 64 | 315 | 2458 | • | 9465 | 23544 | 51048 | 397904 |
| Net Worth 29 | 1142 | • | -5 | 76 | 162 | 175 | 805 | 1057 | • | 15107 | 33367 | 50400 | 522564 |

## Selected Financial Ratios (Times to 1)

| | | | | | | | | | | | | | |
|---|---|---|---|---|---|---|---|---|---|---|---|---|---|
| Current Ratio 30 | 0.9 | • | 1.5 | 1.2 | 2.9 | 1.9 | 2.1 | 1.1 | • | 1.9 | 2.5 | 1.1 | 0.5 |
| Quick Ratio 31 | 0.6 | • | 1.5 | 1.2 | 2.7 | 1.1 | 1.8 | 0.5 | • | 1.5 | 1.1 | 0.8 | 0.3 |
| Net Sales to Working Capital 32 | • | • | 11.4 | 11.6 | 9.1 | 6.2 | 4.6 | 39.5 | • | 1.8 | 1.3 | 30.9 | • |
| Coverage Ratio 33 | 1.5 | • | • | 42.8 | 5.6 | 4.3 | 2.4 | 0.8 | • | 0.8 | 0.8 | 1.4 | 1.5 |
| Total Asset Turnover 34 | 0.3 | • | 2.0 | 1.0 | 1.2 | 1.1 | 0.6 | 1.2 | • | 0.2 | 0.1 | 0.3 | 0.2 |
| Inventory Turnover 35 | 13.6 | • | 835.6 | • | • | 5.7 | 9.9 | 24.3 | • | 5.6 | 8.2 | 7.4 | 16.6 |
| Receivables Turnover 36 | 7.7 | • | 64.1 | 3.8 | 55.7 | 26.9 | 7.7 | 11.5 | • | 4.5 | 1.2 | 8.7 | 6.6 |
| Total Liabilities to Net Worth 37 | 1.8 | • | • | 0.9 | 0.8 | 3.0 | 1.4 | 5.1 | • | 1.2 | 1.5 | 2.2 | 1.8 |
| Current Assets to Working Capital 38 | • | • | 2.9 | 5.0 | 1.5 | 2.2 | 1.9 | 10.1 | • | 2.1 | 1.7 | 8.5 | • |
| Current Liabilities to Working Capital 39 | • | • | 1.9 | 4.0 | 0.5 | 1.2 | 0.9 | 9.1 | • | 1.1 | 0.7 | 7.5 | • |
| Working Capital to Net Sales 40 | • | • | 0.1 | 0.1 | 0.1 | 0.2 | 0.2 | 0.0 | • | 0.5 | 0.8 | 0.0 | • |
| Inventory to Working Capital 41 | • | • | 0.0 | 0.0 | • | 0.9 | 0.0 | 0.9 | • | 0.0 | 0.0 | 1.5 | • |
| Total Receipts to Cash Flow 42 | 4.8 | • | 3.0 | 1.7 | 2.2 | 4.5 | 3.4 | 11.2 | • | 5.3 | 13.2 | 5.9 | 5.8 |
| Cost of Goods to Cash Flow 43 | 1.5 | • | 0.5 | • | 0.0 | 1.9 | 1.1 | 3.1 | • | 2.3 | 3.5 | 2.4 | 1.9 |
| Cash Flow to Total Debt 44 | 0.1 | • | 0.6 | 1.3 | 1.3 | 0.3 | 0.3 | 0.1 | • | 0.1 | 0.0 | 0.1 | 0.0 |

## Selected Financial Factors (in Percentages)

| | | | | | | | | | | | | | |
|---|---|---|---|---|---|---|---|---|---|---|---|---|---|
| Debt Ratio 45 | 64.9 | • | 121.7 | 46.7 | 45.5 | 75.2 | 57.6 | 83.6 | • | 54.8 | 59.4 | 69.0 | 64.7 |
| Return on Total Assets 46 | 4.4 | • | • | 17.8 | 11.9 | 22.1 | 7.3 | 2.1 | • | 1.2 | 1.8 | 4.5 | 3.9 |
| Return on Equity Before Income Taxes 47 | 4.3 | • | 235.6 | 32.6 | 17.9 | 68.6 | 10.2 | • | • | • | • | 4.1 | 3.7 |
| Return on Equity After Income Taxes 48 | 2.1 | • | 237.8 | 32.1 | 17.7 | 46.3 | 8.0 | • | • | • | • | 1.0 | 1.5 |
| Profit Margin (Before Income Tax) 49 | 5.0 | • | • | 17.2 | 8.0 | 15.9 | 6.9 | • | • | • | • | 4.2 | 7.0 |
| Profit Margin (After Income Tax) 50 | 2.4 | • | • | 16.9 | 7.8 | 10.7 | 5.4 | • | • | • | • | 1.0 | 2.9 |

## Table II

Corporations with Net Income

# WATER, SEWAGE AND OTHER SYSTEMS

MONEY AMOUNTS AND SIZE OF ASSETS IN THOUSANDS OF DOLLARS

| Item Description for Accounting Period 7/00 Through 6/01 | | Total | Zero Assets | Under 100 | 100 to 250 | 251 to 500 | 501 to 1,000 | 1,001 to 5,000 | 5,001 to 10,000 | 10,001 to 25,000 | 25,001 to 50,000 | 50,001 to 100,000 | 100,001 to 250,000 | 250,001 and over |
|---|---|---|---|---|---|---|---|---|---|---|---|---|---|---|
| Number of Enterprises | 1 | 3154 | 0 | 1345 | 437 | 0 | 0 | 409 | 45 | 0 | 11 | 0 | 0 | 0 |
| **Revenues ($ in Thousands)** | | | | | | | | | | | | | | |
| Net Sales | 2 | 4684796 | 0 | 64078 | 71043 | 0 | 0 | 647631 | 275753 | 0 | 68601 | 0 | 0 | 0 |
| Interest | 3 | 23471 | 0 | 22 | 94 | 0 | 0 | 5300 | 423 | 0 | 1909 | 0 | 0 | 0 |
| Rents | 4 | 12370 | 0 | 0 | 0 | 0 | 0 | 852 | 0 | 0 | 287 | 0 | 0 | 0 |
| Royalties | 5 | 206 | 0 | 0 | 0 | 0 | 0 | 0 | 0 | 0 | 0 | 0 | 0 | 0 |
| Other Portfolio Income | 6 | 81442 | 0 | 0 | 22488 | 0 | 0 | 3340 | 426 | 0 | 1059 | 0 | 0 | 0 |
| Other Receipts | 7 | 52666 | 0 | 1 | 1062 | 0 | 0 | 17807 | 1332 | 0 | 2054 | 0 | 0 | 0 |
| Total Receipts | 8 | 4854951 | 0 | 64101 | 94687 | 0 | 0 | 674930 | 277934 | 0 | 73910 | 0 | 0 | 0 |
| Average Total Receipts | 9 | 1539 | • | 48 | 217 | • | • | 1650 | 6176 | • | 6719 | • | • | • |
| **Operating Costs/Operating Income (%)** | | | | | | | | | | | | | | |
| Cost of Operations | 10 | 32.8 | • | 29.8 | • | • | • | 36.5 | 48.8 | • | 30.9 | • | • | • |
| Salaries and Wages | 11 | 5.5 | • | • | 22.9 | • | • | 10.7 | 5.5 | • | 3.5 | • | • | • |
| Taxes Paid | 12 | 7.7 | • | 1.4 | 4.0 | • | • | 5.9 | 3.7 | • | 12.2 | • | • | • |
| Interest Paid | 13 | 8.5 | • | 1.3 | 0.5 | • | • | 1.8 | 4.9 | • | 6.0 | • | • | • |
| Depreciation | 14 | 11.9 | • | 8.6 | 3.7 | • | • | 5.8 | 12.0 | • | 18.7 | • | • | • |
| Amortization and Depletion | 15 | 0.6 | • | • | • | • | • | 0.2 | 0.5 | • | 0.1 | • | • | • |
| Pensions and Other Deferred Comp. | 16 | 0.7 | • | • | • | • | • | 1.4 | 1.0 | • | 0.5 | • | • | • |
| Employee Benefits | 17 | 2.0 | • | • | 0.7 | • | • | 0.5 | 2.9 | • | 1.7 | • | • | • |
| Advertising | 18 | 0.2 | • | • | • | • | • | 0.5 | 0.1 | • | 0.0 | • | • | • |
| Other Expenses | 19 | 18.6 | • | 35.7 | 45.0 | • | • | 23.9 | 16.8 | • | 24.4 | • | • | • |
| Officers' Compensation | 20 | 2.4 | • | 11.8 | 1.5 | • | • | 5.8 | 2.3 | • | 1.1 | • | • | • |
| Operating Margin | 21 | 9.1 | • | 11.3 | 21.7 | • | • | 6.9 | 1.4 | • | 0.9 | • | • | • |
| Operating Margin Before Officers' Comp. | 22 | 11.4 | • | 23.2 | 23.2 | • | • | 12.8 | 3.7 | • | 2.0 | • | • | • |

| | | | | | | | | | | | | | |
|---|---|---|---|---|---|---|---|---|---|---|---|---|---|
| **Selected Average Balance Sheet ($ in Thousands)** | | | | | | | | | | | | | |
| Net Receivables **23** | 174 | • | 2 | 101 | • | • | 192 | 631 | • | 792 | • | • | • |
| Inventories **24** | 31 | • | 0 | 0 | • | • | 21 | 64 | • | 769 | • | • | • |
| Net Property, Plant and Equipment **25** | 3586 | • | 9 | 36 | • | • | 1030 | 3992 | • | 23609 | • | • | • |
| Total Assets **26** | 4504 | • | 15 | 154 | • | • | 1791 | 6289 | • | 33177 | • | • | • |
| Notes and Loans Payable **27** | 1687 | • | 13 | 27 | • | • | 622 | 3382 | • | 8114 | • | • | • |
| All Other Liabilities **28** | 1365 | • | 0 | 71 | • | • | 274 | 2136 | • | 5807 | • | • | • |
| Net Worth **29** | 1451 | • | 2 | 57 | • | • | 895 | 771 | • | 19255 | • | • | • |
| **Selected Financial Ratios (Times to 1)** | | | | | | | | | | | | | |
| Current Ratio **30** | 0.8 | • | 2.5 | 1.6 | • | • | 2.9 | 1.0 | • | 3.0 | • | • | • |
| Quick Ratio **31** | 0.6 | • | 2.5 | 1.6 | • | • | 2.4 | 0.8 | • | 2.8 | • | • | • |
| Net Sales to Working Capital **32** | • | • | 12.2 | 3.9 | • | • | 4.1 | 215.1 | • | 1.5 | • | • | • |
| Coverage Ratio **33** | 2.5 | • | 9.8 | 115.9 | • | • | 7.4 | 1.4 | • | 2.3 | • | • | • |
| Total Asset Turnover **34** | 0.3 | • | 3.1 | 1.1 | • | • | 0.9 | 1.0 | • | 0.2 | • | • | • |
| Inventory Turnover **35** | 15.9 | • | 1273.4 | • | • | • | 27.5 | 47.0 | • | 2.5 | • | • | • |
| Receivables Turnover **36** | 7.9 | • | 30.8 | 1.7 | • | • | 9.9 | 16.5 | • | 7.5 | • | • | • |
| Total Liabilities to Net Worth **37** | 2.1 | • | 6.1 | 1.7 | • | • | 1.0 | 7.2 | • | 0.7 | • | • | • |
| Current Assets to Working Capital **38** | • | • | 1.7 | 2.8 | • | • | 1.5 | 59.4 | • | 1.5 | • | • | • |
| Current Liabilities to Working Capital **39** | • | • | 0.7 | 1.8 | • | • | 0.5 | 58.4 | • | 0.5 | • | • | • |
| Working Capital to Net Sales **40** | • | • | 0.1 | 0.3 | • | • | 0.2 | 0.0 | • | 0.7 | • | • | • |
| Inventory to Working Capital **41** | • | • | • | 0.0 | • | • | 0.0 | 2.2 | • | 0.0 | • | • | • |
| Total Receipts to Cash Flow **42** | 4.0 | • | 2.4 | 2.4 | • | • | 3.5 | 7.3 | • | 3.5 | • | • | • |
| Cost of Goods to Cash Flow **43** | 1.3 | • | 0.7 | • | • | • | 1.3 | 3.6 | • | 1.1 | • | • | • |
| Cash Flow to Total Debt **44** | 0.1 | • | 1.5 | 0.7 | • | • | 0.5 | 0.2 | • | 0.1 | • | • | • |
| **Selected Financial Factors (in Percentages)** | | | | | | | | | | | | | |
| Debt Ratio **45** | 67.8 | • | 85.9 | 63.3 | • | • | 50.0 | 87.7 | • | 42.0 | • | • | • |
| Return on Total Assets **46** | 7.0 | • | 39.4 | 58.5 | • | • | 11.4 | 6.9 | • | 2.6 | • | • | • |
| Return on Equity Before Income Taxes **47** | 13.0 | • | 250.7 | 158.1 | • | • | 19.7 | 17.2 | • | 2.6 | • | • | • |
| Return on Equity After Income Taxes **48** | 9.5 | • | 238.6 | 155.9 | • | • | 16.7 | 15.0 | • | 1.8 | • | • | • |
| Profit Margin (Before Income Tax) **49** | 12.7 | • | 11.4 | 55.0 | • | • | 11.1 | 2.2 | • | 8.0 | • | • | • |
| Profit Margin (After Income Tax) **50** | 9.3 | • | 10.8 | 54.2 | • | • | 9.4 | 1.9 | • | 5.6 | • | • | • |

# COMBINATION GAS AND ELECTRIC

MONEY AMOUNTS AND SIZE OF ASSETS IN THOUSANDS OF DOLLARS

| Item Description for Accounting Period 7/00 Through 6/01 | | Total | Zero Assets | Under 100 | 100 to 250 | 251 to 500 | 501 to 1,000 | 1,001 to 5,000 | 5,001 to 10,000 | 10,001 to 25,000 | 25,001 to 50,000 | 50,001 to 100,000 | 100,001 to 250,000 | 250,001 and over |
|---|---|---|---|---|---|---|---|---|---|---|---|---|---|---|
| Number of Enterprises | 1 | 44 | 0 | • | • | • | • | • | • | 0 | 0 | • | 0 | 39 |
| **Revenues ($ in Thousands)** | | | | | | | | | | | | | | |
| Net Sales | 2 | 219046884 | 0 | • | • | • | • | • | • | 0 | 0 | • | 0 | 216096837 |
| Interest | 3 | 4008349 | 0 | • | • | • | • | • | • | 0 | 0 | • | 0 | 3966130 |
| Rents | 4 | 939947 | 0 | • | • | • | • | • | • | 0 | 0 | • | 0 | 920424 |
| Royalties | 5 | 41672 | 0 | • | • | • | • | • | • | 0 | 0 | • | 0 | 41672 |
| Other Portfolio Income | 6 | 3713640 | 0 | • | • | • | • | • | • | 0 | 0 | • | 0 | 3711150 |
| Other Receipts | 7 | 3104707 | 0 | • | • | • | • | • | • | 0 | 0 | • | 0 | 2956467 |
| Total Receipts | 8 | 230855199 | 0 | • | • | • | • | • | • | 0 | 0 | • | 0 | 227692680 |
| Average Total Receipts | 9 | 5246709 | • | • | • | • | • | • | • | • | • | • | • | 5838274 |
| **Operating Costs/Operating Income (%)** | | | | | | | | | | | | | | |
| Cost of Operations | 10 | 63.7 | • | • | • | • | • | • | • | • | • | • | • | 64.1 |
| Salaries and Wages | 11 | 3.4 | • | • | • | • | • | • | • | • | • | • | • | 3.3 |
| Taxes Paid | 12 | 3.7 | • | • | • | • | • | • | • | • | • | • | • | 3.7 |
| Interest Paid | 13 | 6.4 | • | • | • | • | • | • | • | • | • | • | • | 6.4 |
| Depreciation | 14 | 5.4 | • | • | • | • | • | • | • | • | • | • | • | 5.3 |
| Amortization and Depletion | 15 | 0.6 | • | • | • | • | • | • | • | • | • | • | • | 0.6 |
| Pensions and Other Deferred Comp. | 16 | 0.3 | • | • | • | • | • | • | • | • | • | • | • | 0.3 |
| Employee Benefits | 17 | 0.8 | • | • | • | • | • | • | • | • | • | • | • | 0.8 |
| Advertising | 18 | 0.1 | • | • | • | • | • | • | • | • | • | • | • | 0.1 |
| Other Expenses | 19 | 16.8 | • | • | • | • | • | • | • | • | • | • | • | 16.8 |
| Officers' Compensation | 20 | 0.2 | • | • | • | • | • | • | • | • | • | • | • | 0.2 |
| Operating Margin | 21 | • | • | • | • | • | • | • | • | • | • | • | • | • |
| Operating Margin Before Officers' Comp. | 22 | • | • | • | • | • | • | • | • | • | • | • | • | • |

## Selected Average Balance Sheet ($ in Thousands)

| | | | | | | | | | | | | | |
|---|---|---|---|---|---|---|---|---|---|---|---|---|---|
| Net Receivables 23 | 1486558 | • | • | • | • | • | • | • | • | • | • | • | 1676584 |
| Inventories 24 | 139904 | • | • | • | • | • | • | • | • | • | • | • | 157680 |
| Net Property, Plant and Equipment 25 | 4998462 | • | • | • | • | • | • | • | • | • | • | • | 5636833 |
| Total Assets 26 | 12992274 | • | • | • | • | • | • | • | • | • | • | • | 14653895 |
| Notes and Loans Payable 27 | 4396941 | • | • | • | • | • | • | • | • | • | • | • | 4959294 |
| All Other Liabilities 28 | 4547896 | • | • | • | • | • | • | • | • | • | • | • | 5128797 |
| Net Worth 29 | 4047436 | • | • | • | • | • | • | • | • | • | • | • | 4565804 |

## Selected Financial Ratios (Times to 1)

| | | | | | | | | | | | | | |
|---|---|---|---|---|---|---|---|---|---|---|---|---|---|
| Current Ratio 30 | 0.8 | • | • | • | • | • | • | • | • | • | • | • | 0.8 |
| Quick Ratio 31 | 0.5 | • | • | • | • | • | • | • | • | • | • | • | 0.5 |
| Net Sales to Working Capital 32 | • | • | • | • | • | • | • | • | • | • | • | • | • |
| Coverage Ratio 33 | 1.6 | • | • | • | • | • | • | • | • | • | • | • | 1.6 |
| Total Asset Turnover 34 | 0.4 | • | • | • | • | • | • | • | • | • | • | • | 0.4 |
| Inventory Turnover 35 | 22.7 | • | • | • | • | • | • | • | • | • | • | • | 22.5 |
| Receivables Turnover 36 | 4.3 | • | • | • | • | • | • | • | • | • | • | • | 4.2 |
| Total Liabilities to Net Worth 37 | 2.2 | • | • | • | • | • | • | • | • | • | • | • | 2.2 |
| Current Assets to Working Capital 38 | • | • | • | • | • | • | • | • | • | • | • | • | • |
| Current Liabilities to Working Capital 39 | • | • | • | • | • | • | • | • | • | • | • | • | • |
| Working Capital to Net Sales 40 | • | • | • | • | • | • | • | • | • | • | • | • | • |
| Inventory to Working Capital 41 | • | • | • | • | • | • | • | • | • | • | • | • | • |
| Total Receipts to Cash Flow 42 | 5.9 | • | • | • | • | • | • | • | • | • | • | • | 5.9 |
| Cost of Goods to Cash Flow 43 | 3.7 | • | • | • | • | • | • | • | • | • | • | • | 3.8 |
| Cash Flow to Total Debt 44 | 0.1 | • | • | • | • | • | • | • | • | • | • | • | 0.1 |

## Selected Financial Factors (in Percentages)

| | | | | | | | | | | | | | |
|---|---|---|---|---|---|---|---|---|---|---|---|---|---|
| Debt Ratio 45 | 68.8 | • | • | • | • | • | • | • | • | • | • | • | 68.8 |
| Return on Total Assets 46 | 4.0 | • | • | • | • | • | • | • | • | • | • | • | 3.9 |
| Return on Equity Before Income Taxes 47 | 4.8 | • | • | • | • | • | • | • | • | • | • | • | 4.7 |
| Return on Equity After Income Taxes 48 | 2.5 | • | • | • | • | • | • | • | • | • | • | • | 2.4 |
| Profit Margin (Before Income Tax) 49 | 3.9 | • | • | • | • | • | • | • | • | • | • | • | 3.8 |
| Profit Margin (After Income Tax) 50 | 2.1 | • | • | • | • | • | • | • | • | • | • | • | 2.0 |

## Table II

Corporations with Net Income

# COMBINATION GAS AND ELECTRIC

MONEY AMOUNTS AND SIZE OF ASSETS IN THOUSANDS OF DOLLARS

| Item Description for Accounting Period 7/00 Through 6/01 | | Total | Zero Assets | Under 100 | 100 to 250 | 251 to 500 | 501 to 1,000 | 1,001 to 5,000 | 5,001 to 10,000 | 10,001 to 25,000 | 25,001 to 50,000 | 50,001 to 100,000 | 100,001 to 250,000 | 250,001 and over |
|---|---|---|---|---|---|---|---|---|---|---|---|---|---|---|
| Number of Enterprises | 1 | 36 | 0 | • | • | • | • | • | • | 0 | • | • | 0 | 0 |
| **Revenues ($ in Thousands)** | | | | | | | | | | | | | | |
| Net Sales | 2 | 186222462 | 0 | • | • | • | • | • | • | 0 | • | • | 0 | 0 |
| Interest | 3 | 3234890 | 0 | • | • | • | • | • | • | 0 | • | • | 0 | 0 |
| Rents | 4 | 886047 | 0 | • | • | • | • | • | • | 0 | • | • | 0 | 0 |
| Royalties | 5 | 41150 | 0 | • | • | • | • | • | • | 0 | • | • | 0 | 0 |
| Other Portfolio Income | 6 | 3445108 | 0 | • | • | • | • | • | • | 0 | • | • | 0 | 0 |
| Other Receipts | 7 | 2437840 | 0 | • | • | • | • | • | • | 0 | • | • | 0 | 0 |
| Total Receipts | 8 | 196267497 | 0 | • | • | • | • | • | • | 0 | • | • | 0 | 0 |
| Average Total Receipts | 9 | 5451875 | • | • | • | • | • | • | • | • | • | • | • | • |
| **Operating Costs/Operating Income (%)** | | | | | | | | | | | | | | |
| Cost of Operations | 10 | 64.0 | • | • | • | • | • | • | • | • | • | • | • | • |
| Salaries and Wages | 11 | 3.0 | • | • | • | • | • | • | • | • | • | • | • | • |
| Taxes Paid | 12 | 4.0 | • | • | • | • | • | • | • | • | • | • | • | • |
| Interest Paid | 13 | 6.4 | • | • | • | • | • | • | • | • | • | • | • | • |
| Depreciation | 14 | 5.2 | • | • | • | • | • | • | • | • | • | • | • | • |
| Amortization and Depletion | 15 | 0.7 | • | • | • | • | • | • | • | • | • | • | • | • |
| Pensions and Other Deferred Comp. | 16 | 0.4 | • | • | • | • | • | • | • | • | • | • | • | • |
| Employee Benefits | 17 | 0.7 | • | • | • | • | • | • | • | • | • | • | • | • |
| Advertising | 18 | 0.1 | • | • | • | • | • | • | • | • | • | • | • | • |
| Other Expenses | 19 | 14.3 | • | • | • | • | • | • | • | • | • | • | • | • |
| Officers' Compensation | 20 | 0.2 | • | • | • | • | • | • | • | • | • | • | • | • |
| Operating Margin | 21 | 1.1 | • | • | • | • | • | • | • | • | • | • | • | • |
| Operating Margin Before Officers' Comp. | 22 | 1.3 | • | • | • | • | • | • | • | • | • | • | • | • |

| | | | | | | | | | | | | | |
|---|---|---|---|---|---|---|---|---|---|---|---|---|---|
| | **Selected Average Balance Sheet ($ in Thousands)** | | | | | | | | | | | | |
| Net Receivables 23 | 1646927 | • | • | • | • | • | • | • | • | • | • | • | • |
| Inventories 24 | 157380 | • | • | • | • | • | • | • | • | • | • | • | • |
| Net Property, Plant and Equipment 25 | 5300128 | • | • | • | • | • | • | • | • | • | • | • | • |
| Total Assets 26 | 13573197 | • | • | • | • | • | • | • | • | • | • | • | • |
| Notes and Loans Payable 27 | 4742268 | • | • | • | • | • | • | • | • | • | • | • | • |
| All Other Liabilities 28 | 4589478 | • | • | • | • | • | • | • | • | • | • | • | • |
| Net Worth 29 | 4241452 | • | • | • | • | • | • | • | • | • | • | • | • |
| | **Selected Financial Ratios (Times to 1)** | | | | | | | | | | | | |
| Current Ratio 30 | 0.7 | • | • | • | • | • | • | • | • | • | • | • | • |
| Quick Ratio 31 | 0.5 | • | • | • | • | • | • | • | • | • | • | • | • |
| Net Sales to Working Capital 32 | • | • | • | • | • | • | • | • | • | • | • | • | • |
| Coverage Ratio 33 | 2.0 | • | • | • | • | • | • | • | • | • | • | • | • |
| Total Asset Turnover 34 | 0.4 | • | • | • | • | • | • | • | • | • | • | • | • |
| Inventory Turnover 35 | 21.0 | • | • | • | • | • | • | • | • | • | • | • | • |
| Receivables Turnover 36 | 3.9 | • | • | • | • | • | • | • | • | • | • | • | • |
| Total Liabilities to Net Worth 37 | 2.2 | • | • | • | • | • | • | • | • | • | • | • | • |
| Current Assets to Working Capital 38 | • | • | • | • | • | • | • | • | • | • | • | • | • |
| Current Liabilities to Working Capital 39 | • | • | • | • | • | • | • | • | • | • | • | • | • |
| Working Capital to Net Sales 40 | • | • | • | • | • | • | • | • | • | • | • | • | • |
| Inventory to Working Capital 41 | • | • | • | • | • | • | • | • | • | • | • | • | • |
| Total Receipts to Cash Flow 42 | 6.0 | • | • | • | • | • | • | • | • | • | • | • | • |
| Cost of Goods to Cash Flow 43 | 3.8 | • | • | • | • | • | • | • | • | • | • | • | • |
| Cash Flow to Total Debt 44 | 0.1 | • | • | • | • | • | • | • | • | • | • | • | • |
| | **Selected Financial Factors (in Percentages)** | | | | | | | | | | | | |
| Debt Ratio 45 | 68.8 | • | • | • | • | • | • | • | • | • | • | • | • |
| Return on Total Assets 46 | 4.9 | • | • | • | • | • | • | • | • | • | • | • | • |
| Return on Equity Before Income Taxes 47 | 8.0 | • | • | • | • | • | • | • | • | • | • | • | • |
| Return on Equity After Income Taxes 48 | 5.3 | • | • | • | • | • | • | • | • | • | • | • | • |
| Profit Margin (Before Income Tax) 49 | 6.5 | • | • | • | • | • | • | • | • | • | • | • | • |
| Profit Margin (After Income Tax) 50 | 4.4 | • | • | • | • | • | • | • | • | • | • | • | • |

**Table I**

Corporations with and without Net Income

# LAND SUBDIVISION AND LAND DEVELOPMENT

MONEY AMOUNTS AND SIZE OF ASSETS IN THOUSANDS OF DOLLARS

| Item Description for Accounting Period 7/00 Through 6/01 | | Total | Zero Assets | Under 100 | 100 to 250 | 251 to 500 | 501 to 1,000 | 1,001 to 5,000 | 5,001 to 10,000 | 10,001 to 25,000 | 25,001 to 50,000 | 50,001 to 100,000 | 100,001 to 250,000 | 250,001 and over |
|---|---|---|---|---|---|---|---|---|---|---|---|---|---|---|
| Number of Enterprises | 1 | 50669 | 2803 | 18731 | 9455 | 6097 | 4924 | 6987 | 869 | 534 | 148 | 67 | 30 | 24 |
| **Revenues ($ in Thousands)** | | | | | | | | | | | | | | |
| Net Sales | 2 | 29347918 | 444704 | 917995 | 484840 | 1162508 | 1901064 | 7370796 | 3540120 | 3736317 | 2136983 | 1445048 | 1546745 | 4660799 |
| Interest | 3 | 728871 | 23482 | 10008 | 9526 | 9567 | 13603 | 89072 | 43699 | 35653 | 38432 | 44978 | 111657 | 299193 |
| Rents | 4 | 516831 | 4411 | 0 | 2091 | 27838 | 6131 | 75960 | 11977 | 57191 | 51929 | 85237 | 49782 | 144283 |
| Royalties | 5 | 5819 | 0 | 0 | 0 | 0 | 0 | 178 | 142 | 604 | 3567 | 328 | 2 | 999 |
| Other Portfolio Income | 6 | 957426 | 76274 | 19584 | 14795 | 23268 | 43067 | 133856 | 59442 | 64936 | 38576 | 65068 | 75048 | 343509 |
| Other Receipts | 7 | 1908125 | 91536 | 34262 | 61890 | 4573 | 190327 | 440647 | 114281 | 204442 | 161168 | 196419 | 89818 | 318765 |
| Total Receipts | 8 | 33464990 | 640407 | 981849 | 573142 | 1227754 | 2154192 | 8110509 | 3769661 | 4099143 | 2430655 | 1837078 | 1873052 | 5767548 |
| Average Total Receipts | 9 | 660 | 228 | 52 | 61 | 201 | 437 | 1161 | 4338 | 7676 | 16423 | 27419 | 62435 | 240314 |
| **Operating Costs/Operating Income (%)** | | | | | | | | | | | | | | |
| Cost of Operations | 10 | 69.1 | 105.6 | 30.7 | 50.3 | 58.3 | 63.4 | 67.3 | 82.0 | 77.1 | 76.7 | 78.6 | 69.8 | 60.1 |
| Salaries and Wages | 11 | 6.7 | 9.5 | 15.9 | 13.3 | 2.6 | 8.2 | 4.3 | 3.1 | 5.4 | 7.1 | 7.8 | 12.0 | 9.6 |
| Taxes Paid | 12 | 2.2 | 2.3 | 3.6 | 4.3 | 2.3 | 3.0 | 2.0 | 1.2 | 1.6 | 2.1 | 2.8 | 2.0 | 2.9 |
| Interest Paid | 13 | 5.4 | 5.4 | 1.4 | 3.9 | 6.0 | 5.7 | 5.3 | 4.3 | 4.8 | 5.4 | 8.5 | 7.4 | 5.7 |
| Depreciation | 14 | 1.9 | 1.9 | 1.9 | 7.0 | 2.5 | 2.8 | 2.0 | 0.7 | 1.6 | 1.7 | 2.6 | 2.8 | 1.6 |
| Amortization and Depletion | 15 | 0.3 | 0.2 | 0.0 | 0.1 | 0.1 | 0.0 | 0.1 | 0.1 | 0.4 | 0.1 | 0.3 | 0.4 | 1.0 |
| Pensions and Other Deferred Comp. | 16 | 0.3 | 0.0 | 1.0 | 0.1 | 0.5 | 0.8 | 0.1 | 0.2 | 0.1 | 0.1 | 0.2 | 2.3 | 0.2 |
| Employee Benefits | 17 | 0.4 | 1.3 | 1.9 | 0.0 | 0.2 | 0.5 | 0.4 | 0.2 | 0.3 | 0.4 | 0.4 | 0.7 | 0.4 |
| Advertising | 18 | 1.3 | 3.9 | 0.1 | 0.3 | 0.3 | 0.5 | 0.5 | 0.5 | 0.9 | 1.1 | 1.3 | 0.7 | 4.4 |
| Other Expenses | 19 | 17.2 | 24.8 | 32.4 | 23.9 | 20.0 | 21.0 | 20.0 | 8.5 | 9.9 | 14.3 | 17.1 | 23.8 | 17.5 |
| Officers' Compensation | 20 | 2.5 | 0.3 | 11.9 | 2.8 | 1.8 | 3.6 | 2.9 | 1.6 | 2.2 | 2.2 | 1.9 | 2.7 | 0.9 |
| Operating Margin | 21 | • | • | • | • | 5.4 | • | • | • | • | • | • | • | • |
| Operating Margin Before Officers' Comp. | 22 | • | • | 11.1 | • | 7.3 | • | • | • | • | • | • | • | • |

## Selected Average Balance Sheet ($ in Thousands)

| | | | | | | | | | | | | | |
|---|---|---|---|---|---|---|---|---|---|---|---|---|---|
| Net Receivables 23 | 113 | 0 | 2 | 5 | 13 | 40 | 182 | 628 | 1244 | 2643 | 6410 | 18812 | 61884 |
| Inventories 24 | 256 | 0 | 2 | 21 | 91 | 219 | 522 | 1758 | 3106 | 7081 | 12830 | 19130 | 73855 |
| Net Property, Plant and Equipment 25 | 353 | 0 | 5 | 50 | 100 | 185 | 660 | 1910 | 4396 | 9227 | 19519 | 38610 | 138689 |
| Total Assets 26 | 1260 | 0 | 26 | 152 | 351 | 733 | 2102 | 6837 | 15146 | 33852 | 68801 | 141977 | 565660 |
| Notes and Loans Payable 27 | 745 | 0 | 83 | 150 | 292 | 479 | 1368 | 4217 | 8612 | 20450 | 38281 | 66860 | 216407 |
| All Other Liabilities 28 | 258 | 0 | 42 | 92 | 43 | 115 | 353 | 1127 | 3813 | 5003 | 16073 | 28001 | 102292 |
| Net Worth 29 | 257 | 0 | -99 | -90 | 15 | 139 | 381 | 1493 | 2721 | 8399 | 14448 | 47116 | 246961 |

## Selected Financial Ratios (Times to 1)

| | | | | | | | | | | | | | |
|---|---|---|---|---|---|---|---|---|---|---|---|---|---|
| Current Ratio 30 | 1.9 | • | 0.2 | 2.2 | 2.6 | 1.9 | 2.0 | 1.9 | 1.4 | 1.6 | 2.0 | 1.9 | 3.0 |
| Quick Ratio 31 | 0.6 | • | 0.1 | 1.4 | 0.8 | 0.6 | 0.7 | 0.6 | 0.4 | 0.5 | 0.7 | 0.9 | 1.0 |
| Net Sales to Working Capital 32 | 2.1 | • | • | 1.4 | 1.6 | 2.0 | 2.0 | 3.0 | 3.2 | 2.5 | 1.5 | 2.1 | 1.1 |
| Coverage Ratio 33 | 2.2 | • | 5.3 | 4.1 | 2.8 | 1.6 | 1.9 | 1.9 | 2.1 | 1.5 | 1.7 | 0.5 | 4.4 |
| Total Asset Turnover 34 | 0.5 | • | 1.9 | 0.3 | 0.5 | 0.5 | 0.5 | 0.6 | 0.5 | 0.4 | 0.3 | 0.4 | 0.3 |
| Inventory Turnover 35 | 1.6 | • | 7.4 | 1.2 | 1.2 | 1.1 | 1.4 | 1.9 | 1.7 | 1.6 | 1.3 | 1.9 | 1.6 |
| Receivables Turnover 36 | 5.1 | • | 28.7 | 5.7 | 15.4 | 9.6 | 5.7 | 6.3 | 5.9 | 4.8 | 3.0 | 3.2 | 3.2 |
| Total Liabilities to Net Worth 37 | 3.9 | • | • | • | 22.3 | 4.3 | 4.5 | 3.6 | 4.6 | 3.0 | 3.8 | 2.0 | 1.3 |
| Current Assets to Working Capital 38 | 2.1 | • | • | 1.9 | 1.6 | 2.2 | 2.0 | 2.1 | 3.3 | 2.7 | 2.0 | 2.1 | 1.5 |
| Current Liabilities to Working Capital 39 | 1.1 | • | • | 0.9 | 0.6 | 1.2 | 1.0 | 1.1 | 2.3 | 1.7 | 1.0 | 1.1 | 0.5 |
| Working Capital to Net Sales 40 | 0.5 | • | • | 0.7 | 0.6 | 0.5 | 0.5 | 0.3 | 0.3 | 0.4 | 0.7 | 0.5 | 0.9 |
| Inventory to Working Capital 41 | 0.9 | • | • | 0.4 | 0.7 | 1.1 | 0.9 | 1.1 | 1.4 | 1.2 | 1.1 | 0.5 | 0.5 |
| Total Receipts to Cash Flow 42 | 5.2 | 162.2 | 3.0 | 3.7 | 3.9 | 4.7 | 4.7 | 10.4 | 8.1 | 8.4 | 5.9 | 7.8 | 3.3 |
| Cost of Goods to Cash Flow 43 | 3.6 | 171.3 | 0.9 | 1.8 | 2.3 | 3.0 | 3.2 | 8.5 | 6.2 | 6.5 | 4.6 | 5.4 | 2.0 |
| Cash Flow to Total Debt 44 | 0.1 | • | 0.1 | 0.1 | 0.1 | 0.1 | 0.1 | 0.1 | 0.1 | 0.1 | 0.1 | 0.1 | 0.2 |

## Selected Financial Factors (in Percentages)

| | | | | | | | | | | | | | |
|---|---|---|---|---|---|---|---|---|---|---|---|---|---|
| Debt Ratio 45 | 79.6 | • | 479.0 | 159.3 | 95.7 | 81.0 | 81.9 | 78.2 | 82.0 | 75.2 | 79.0 | 66.8 | 56.3 |
| Return on Total Assets 46 | 5.5 | • | 14.3 | 5.5 | 9.2 | 4.8 | 5.2 | 4.9 | 4.7 | 3.4 | 4.5 | 1.4 | 8.7 |
| Return on Equity Before Income Taxes 47 | 15.1 | • | • | • | 138.9 | 9.6 | 14.0 | 10.6 | 13.6 | 4.5 | 8.5 | • | 15.4 |
| Return on Equity After Income Taxes 48 | 11.8 | • | • | • | 128.1 | 9.4 | 12.9 | 8.8 | 12.0 | 2.8 | 5.7 | • | 10.8 |
| Profit Margin (Before Income Tax) 49 | 6.7 | • | 6.2 | 12.3 | 11.0 | 3.5 | 5.1 | 3.9 | 5.3 | 2.6 | 5.7 | • | 19.6 |
| Profit Margin (After Income Tax) 50 | 5.2 | • | 6.1 | 11.7 | 10.1 | 3.4 | 4.7 | 3.2 | 4.7 | 1.6 | 3.8 | • | 13.8 |

# LAND SUBDIVISION AND LAND DEVELOPMENT

MONEY AMOUNTS AND SIZE OF ASSETS IN THOUSANDS OF DOLLARS

| Item Description for Accounting Period 7/00 Through 6/01 | | Total | Zero Assets | Under 100 | 100 to 250 | 251 to 500 | 501 to 1,000 | 1,001 to 5,000 | 5,001 to 10,000 | 10,001 to 25,000 | 25,001 to 50,000 | 50,001 to 100,000 | 100,001 to 250,000 | 250,001 and over |
|---|---|---|---|---|---|---|---|---|---|---|---|---|---|---|
| Number of Enterprises | 1 | 22150 | 1267 | 6920 | 3941 | 3113 | 2306 | 3653 | 509 | 285 | 89 | 32 | 17 | 18 |
| **Revenues ($ in Thousands)** | | | | | | | | | | | | | | |
| Net Sales | 2 | 21891668 | 167822 | 645958 | 323107 | 924307 | 1366067 | 5251994 | 2521956 | 2753818 | 1676401 | 781563 | 1176701 | 4301973 |
| Interest | 3 | 432000 | 2123 | 8817 | 3079 | 7907 | 12079 | 68468 | 27748 | 25970 | 26627 | 21491 | 63686 | 164005 |
| Rents | 4 | 396764 | 3782 | 0 | 2091 | 24061 | 5170 | 59139 | 10639 | 42423 | 37501 | 40909 | 26765 | 144283 |
| Royalties | 5 | 5713 | 0 | 0 | 0 | 0 | 0 | 175 | 63 | 582 | 3567 | 328 | 0 | 999 |
| Other Portfolio Income | 6 | 706697 | 36102 | 19584 | 14795 | 20257 | 40160 | 116385 | 47455 | 57493 | 29519 | 52990 | 26322 | 245636 |
| Other Receipts | 7 | 1519865 | 97002 | 34640 | 55025 | 7563 | 177397 | 323148 | 103196 | 145237 | 145488 | 152624 | 47341 | 231205 |
| Total Receipts | 8 | 24952707 | 306831 | 708999 | 398097 | 984095 | 1600873 | 5819309 | 2711057 | 3025523 | 1919103 | 1049905 | 1340815 | 5088101 |
| Average Total Receipts | 9 | 1127 | 242 | 102 | 101 | 316 | 694 | 1593 | 5326 | 10616 | 21563 | 32810 | 78871 | 282672 |
| **Operating Costs/Operating Income (%)** | | | | | | | | | | | | | | |
| Cost of Operations | 10 | 65.8 | 77.6 | 19.4 | 25.7 | 60.7 | 64.8 | 64.7 | 77.8 | 76.6 | 77.7 | 75.9 | 64.5 | 57.9 |
| Salaries and Wages | 11 | 5.2 | 1.1 | 9.4 | 13.2 | 1.3 | 5.3 | 3.0 | 3.0 | 4.0 | 4.9 | 6.9 | 12.3 | 7.6 |
| Taxes Paid | 12 | 1.9 | 2.9 | 2.0 | 2.3 | 2.0 | 2.5 | 1.5 | 1.2 | 1.3 | 2.1 | 2.2 | 2.2 | 2.7 |
| Interest Paid | 13 | 3.7 | 4.0 | 1.4 | 2.0 | 4.0 | 4.2 | 3.2 | 2.8 | 3.1 | 3.3 | 6.0 | 5.6 | 4.7 |
| Depreciation | 14 | 1.3 | 2.2 | 1.9 | 7.7 | 1.5 | 1.3 | 0.9 | 0.6 | 1.3 | 1.1 | 1.9 | 2.4 | 1.4 |
| Amortization and Depletion | 15 | 0.3 | 0.4 | 0.0 | 0.0 | 0.1 | 0.0 | 0.1 | 0.1 | 0.4 | 0.1 | 0.2 | 0.3 | 1.0 |
| Pensions and Other Deferred Comp. | 16 | 0.3 | 0.0 | 1.4 | 0.1 | 0.6 | 1.1 | 0.1 | 0.3 | 0.1 | 0.1 | 0.2 | 1.7 | 0.1 |
| Employee Benefits | 17 | 0.3 | 0.0 | 2.2 | 0.0 | 0.2 | 0.7 | 0.2 | 0.2 | 0.2 | 0.3 | 0.4 | 0.7 | 0.1 |
| Advertising | 18 | 0.8 | 0.4 | 0.1 | 0.4 | 0.1 | 0.2 | 0.4 | 0.7 | 0.8 | 0.8 | 0.9 | 0.6 | 1.8 |
| Other Expenses | 19 | 13.8 | 10.7 | 26.0 | 19.2 | 13.9 | 14.8 | 16.9 | 6.6 | 7.6 | 6.9 | 13.1 | 14.2 | 18.3 |
| Officers' Compensation | 20 | 2.2 | 0.4 | 7.9 | 1.1 | 1.6 | 3.2 | 2.8 | 2.0 | 2.0 | 2.4 | 1.8 | 2.8 | 0.7 |
| Operating Margin | 21 | 4.3 | 0.2 | 28.4 | 28.2 | 14.1 | 1.9 | 6.1 | 4.7 | 2.6 | 0.4 | • | • | 3.6 |
| Operating Margin Before Officers' Comp. | 22 | 6.5 | 0.7 | 36.3 | 29.3 | 15.7 | 5.2 | 8.9 | 6.7 | 4.6 | 2.8 | • | • | 4.4 |

| Selected Average Balance Sheet ($ in Thousands) | | | | | | | | | | | | | |
|---|---|---|---|---|---|---|---|---|---|---|---|---|---|
| Net Receivables 23 | 132 | 0 | 4 | 2 | 11 | 71 | 194 | 668 | 1345 | 2524 | 4430 | 25371 | 26266 |
| Inventories 24 | 358 | 0 | 1 | 23 | 61 | 212 | 475 | 1859 | 3760 | 9559 | 14974 | 24645 | 92204 |
| Net Property, Plant and Equipment 25 | 397 | 0 | 3 | 38 | 66 | 149 | 577 | 1345 | 3168 | 6789 | 17610 | 42897 | 137723 |
| Total Assets 26 | 1655 | 0 | 27 | 164 | 347 | 775 | 2068 | 6804 | 15039 | 33979 | 68643 | 144948 | 553895 |
| Notes and Loans Payable 27 | 792 | 0 | 119 | 58 | 266 | 440 | 1069 | 3261 | 7348 | 17226 | 30056 | 57855 | 194848 |
| All Other Liabilities 28 | 306 | 0 | 54 | 31 | 57 | 130 | 370 | 1224 | 3272 | 4257 | 13139 | 29726 | 87747 |
| Net Worth 29 | 558 | 0 | -146 | 75 | 24 | 205 | 630 | 2319 | 4418 | 12496 | 25448 | 57368 | 271300 |

| Selected Financial Ratios (Times to 1) | | | | | | | | | | | | | |
|---|---|---|---|---|---|---|---|---|---|---|---|---|---|
| Current Ratio 30 | 2.0 | • | 0.2 | 1.3 | 4.1 | 1.7 | 2.2 | 2.4 | 1.7 | 2.2 | 2.2 | 2.0 | 2.5 |
| Quick Ratio 31 | 0.6 | • | 0.1 | 0.9 | 1.7 | 0.7 | 0.8 | 0.8 | 0.5 | 0.6 | 0.6 | 1.2 | 0.5 |
| Net Sales to Working Capital 32 | 2.3 | • | • | 5.3 | 2.0 | 3.2 | 2.2 | 2.6 | 2.9 | 1.9 | 1.4 | 2.6 | 1.5 |
| Coverage Ratio 33 | 5.9 | 22.0 | 28.5 | 26.1 | 6.1 | 5.5 | 6.3 | 5.4 | 5.0 | 5.5 | 5.2 | 2.2 | 5.6 |
| Total Asset Turnover 34 | 0.6 | • | 3.5 | 0.5 | 0.9 | 0.8 | 0.7 | 0.7 | 0.6 | 0.6 | 0.4 | 0.5 | 0.4 |
| Inventory Turnover 35 | 1.8 | • | 25.0 | 0.9 | 3.0 | 1.8 | 2.0 | 2.1 | 2.0 | 1.5 | 1.2 | 1.8 | 1.5 |
| Receivables Turnover 36 | 7.2 | • | 29.4 | 17.9 | 19.8 | 9.9 | 7.2 | 6.2 | 7.9 | 5.8 | 3.8 | 4.3 | 7.6 |
| Total Liabilities to Net Worth 37 | 2.0 | • | • | 1.2 | 13.5 | 2.8 | 2.3 | 1.9 | 2.4 | 1.7 | 1.7 | 1.5 | 1.0 |
| Current Assets to Working Capital 38 | 2.0 | • | • | 4.4 | 1.3 | 2.5 | 1.8 | 1.7 | 2.5 | 1.8 | 1.9 | 2.0 | 1.6 |
| Current Liabilities to Working Capital 39 | 1.0 | • | • | 3.4 | 0.3 | 1.5 | 0.8 | 0.7 | 1.5 | 0.8 | 0.9 | 1.0 | 0.6 |
| Working Capital to Net Sales 40 | 0.4 | • | • | 0.2 | 0.5 | 0.3 | 0.5 | 0.4 | 0.3 | 0.5 | 0.7 | 0.4 | 0.7 |
| Inventory to Working Capital 41 | 0.8 | • | • | 1.1 | 0.4 | 0.9 | 0.8 | 1.0 | 1.1 | 0.9 | 1.2 | 0.5 | 0.6 |
| Total Receipts to Cash Flow 42 | 3.6 | 1.4 | 1.7 | 1.7 | 3.3 | 3.2 | 3.2 | 6.2 | 5.9 | 5.2 | 3.3 | 6.2 | 3.0 |
| Cost of Goods to Cash Flow 43 | 2.4 | 1.1 | 0.3 | 0.4 | 2.0 | 2.1 | 2.0 | 4.8 | 4.5 | 4.1 | 2.5 | 4.0 | 1.7 |
| Cash Flow to Total Debt 44 | 0.3 | • | 0.3 | 0.5 | 0.3 | 0.3 | 0.3 | 0.2 | 0.2 | 0.2 | 0.2 | 0.1 | 0.3 |

| Selected Financial Factors (in Percentages) | | | | | | | | | | | | | |
|---|---|---|---|---|---|---|---|---|---|---|---|---|---|
| Debt Ratio 45 | 66.3 | • | 643.1 | 54.3 | 93.1 | 73.6 | 69.5 | 65.9 | 70.6 | 63.2 | 62.9 | 60.4 | 51.0 |
| Return on Total Assets 46 | 13.1 | • | 137.1 | 26.6 | 21.0 | 17.8 | 13.9 | 10.9 | 9.9 | 10.1 | 10.9 | 5.9 | 11.5 |
| Return on Equity Before Income Taxes 47 | 32.4 | • | • | 56.1 | 254.9 | 55.2 | 38.5 | 26.1 | 27.0 | 22.4 | 23.8 | 8.1 | 19.3 |
| Return on Equity After Income Taxes 48 | 29.1 | • | • | 55.1 | 241.6 | 54.9 | 37.2 | 24.2 | 25.2 | 20.5 | 20.4 | 6.6 | 14.1 |
| Profit Margin (Before Income Tax) 49 | 18.3 | 83.1 | 38.2 | 51.4 | 20.5 | 19.1 | 16.8 | 12.2 | 12.4 | 14.8 | 24.8 | 6.7 | 21.9 |
| Profit Margin (After Income Tax) 50 | 16.4 | 82.1 | 38.0 | 50.5 | 19.5 | 19.0 | 16.3 | 11.3 | 11.5 | 13.6 | 21.3 | 5.5 | 16.0 |

## Table I

Corporations with and without Net Income

# BUILDING CONSTRUCTION AND GENERAL CONTRACTING

MONEY AMOUNTS AND SIZE OF ASSETS IN THOUSANDS OF DOLLARS

| Item Description for Accounting Period 7/00 Through 6/01 | | Total | Zero Assets | Under 100 | 100 to 250 | 251 to 500 | 501 to 1,000 | 1,001 to 5,000 | 5,001 to 10,000 | 10,001 to 25,000 | 25,001 to 50,000 | 50,001 to 100,000 | 100,001 to 250,000 | 250,001 and over |
|---|---|---|---|---|---|---|---|---|---|---|---|---|---|---|
| Number of Enterprises | 1 | 177512 | 11371 | 81551 | 26424 | 17947 | 15790 | 19493 | 2866 | 1470 | 319 | 153 | 64 | 64 |
| **Revenues ($ in Thousands)** | | | | | | | | | | | | | | |
| Net Sales | 2 | 433361148 | 4061962 | 26774217 | 18862425 | 20735879 | 29629941 | 93567890 | 42726946 | 48660931 | 24355114 | 23892074 | 17298454 | 82795315 |
| Interest | 3 | 1189855 | 21081 | 6619 | 14438 | 26128 | 44165 | 156734 | 79735 | 79140 | 46283 | 29124 | 48911 | 637498 |
| Rents | 4 | 583327 | 21506 | 2295 | 13851 | 29354 | 27358 | 86558 | 34462 | 47044 | 45128 | 34489 | 40213 | 201069 |
| Royalties | 5 | 88687 | 2623 | 0 | 0 | 0 | 0 | 0 | 233 | 1217 | 0 | 21 | 10942 | 73652 |
| Other Portfolio Income | 6 | 761524 | 6109 | 5982 | 20153 | 32198 | 51412 | 161173 | 44148 | 65876 | 37238 | 27506 | 20702 | 289030 |
| Other Receipts | 7 | 3972237 | 61699 | 24519 | 38028 | 45040 | 112625 | 608441 | 225128 | 294826 | 163966 | 239498 | 415157 | 1743306 |
| Total Receipts | 8 | 439956778 | 4174980 | 26813632 | 18948895 | 20868599 | 29865501 | 94580796 | 43110652 | 49149034 | 24647729 | 24222712 | 17834379 | 85739870 |
| Average Total Receipts | 9 | 2478 | 367 | 329 | 717 | 1163 | 1891 | 4852 | 15042 | 33435 | 77266 | 158318 | 278662 | 1339685 |
| **Operating Costs/Operating Income (%)** | | | | | | | | | | | | | | |
| Cost of Operations | 10 | 83.8 | 79.7 | 71.8 | 74.8 | 76.2 | 82.5 | 85.6 | 87.4 | 89.7 | 90.6 | 90.8 | 87.7 | 80.0 |
| Salaries and Wages | 11 | 3.2 | 6.3 | 4.7 | 5.2 | 4.1 | 2.9 | 2.8 | 2.5 | 2.3 | 2.4 | 2.4 | 3.2 | 3.8 |
| Taxes Paid | 12 | 1.0 | 1.3 | 1.6 | 2.1 | 1.6 | 1.2 | 1.0 | 0.9 | 0.7 | 0.6 | 0.4 | 0.8 | 0.7 |
| Interest Paid | 13 | 0.7 | 1.0 | 0.6 | 0.7 | 0.7 | 0.7 | 0.6 | 0.6 | 0.4 | 0.4 | 0.5 | 1.0 | 1.3 |
| Depreciation | 14 | 0.7 | 0.8 | 0.9 | 1.5 | 1.0 | 0.9 | 0.7 | 0.6 | 0.6 | 0.4 | 0.4 | 0.5 | 0.4 |
| Amortization and Depletion | 15 | 0.1 | 0.0 | 0.0 | 0.0 | 0.0 | 0.0 | 0.0 | 0.0 | 0.0 | 0.0 | 0.1 | 0.1 | 0.2 |
| Pensions and Other Deferred Comp. | 16 | 0.2 | 0.1 | 0.3 | 0.1 | 0.2 | 0.3 | 0.3 | 0.2 | 0.2 | 0.2 | 0.2 | 0.1 | 0.1 |
| Employee Benefits | 17 | 0.4 | 0.5 | 0.5 | 0.7 | 0.4 | 0.4 | 0.4 | 0.6 | 0.4 | 0.3 | 0.4 | 0.2 | 0.4 |
| Advertising | 18 | 0.3 | 0.5 | 0.3 | 0.3 | 0.3 | 0.3 | 0.2 | 0.2 | 0.2 | 0.2 | 0.2 | 0.4 | 0.4 |
| Other Expenses | 19 | 6.1 | 11.9 | 10.4 | 8.8 | 10.0 | 6.5 | 4.7 | 3.3 | 2.6 | 2.4 | 2.2 | 3.5 | 10.7 |
| Officers' Compensation | 20 | 2.2 | 3.2 | 5.7 | 4.0 | 3.3 | 3.5 | 2.7 | 2.1 | 1.7 | 1.2 | 0.9 | 0.7 | 0.6 |
| Operating Margin | 21 | 1.4 | • | 3.1 | 1.8 | 2.2 | 0.8 | 1.1 | 1.5 | 1.2 | 1.3 | 1.5 | 1.7 | 1.4 |
| Operating Margin Before Officers' Comp. | 22 | 3.6 | • | 8.8 | 5.8 | 5.5 | 4.3 | 3.8 | 3.6 | 2.9 | 2.5 | 2.4 | 2.4 | 1.9 |

| Selected Average Balance Sheet ($ in Thousands) | | | | | | | | | | | | | |
|---|---|---|---|---|---|---|---|---|---|---|---|---|---|
| Net Receivables 23 | 259 | 0 | 2 | 17 | 46 | 132 | 440 | 1890 | 4952 | 12692 | 25356 | 41702 | 165221 |
| Inventories 24 | 251 | 0 | 2 | 24 | 93 | 176 | 539 | 1417 | 2696 | 5828 | 11382 | 36251 | 233443 |
| Net Property, Plant and Equipment 25 | 127 | 0 | 8 | 47 | 72 | 110 | 276 | 703 | 1260 | 2842 | 7492 | 16140 | 81682 |
| Total Assets 26 | 1111 | 0 | 29 | 163 | 365 | 710 | 2085 | 6828 | 14895 | 34332 | 68640 | 152374 | 929488 |
| Notes and Loans Payable 27 | 390 | 0 | 28 | 86 | 177 | 298 | 757 | 2153 | 3878 | 8113 | 17560 | 41212 | 347178 |
| All Other Liabilities 28 | 452 | 0 | 8 | 37 | 106 | 227 | 867 | 3098 | 7675 | 18301 | 36516 | 59569 | 323970 |
| Net Worth 29 | 270 | 0 | -7 | 41 | 83 | 186 | 460 | 1577 | 3342 | 7918 | 14564 | 51593 | 258340 |

| Selected Financial Ratios (Times to 1) | | | | | | | | | | | | | |
|---|---|---|---|---|---|---|---|---|---|---|---|---|---|
| Current Ratio 30 | 1.4 | • | 1.0 | 1.5 | 1.5 | 1.5 | 1.4 | 1.3 | 1.3 | 1.3 | 1.3 | 1.5 | 1.5 |
| Quick Ratio 31 | 0.7 | • | 0.8 | 0.9 | 0.7 | 0.7 | 0.6 | 0.6 | 0.7 | 0.8 | 0.8 | 0.7 | 0.6 |
| Net Sales to Working Capital 32 | 10.9 | • | 473.8 | 24.8 | 13.1 | 11.0 | 11.1 | 11.7 | 11.9 | 11.2 | 13.5 | 7.1 | 6.8 |
| Coverage Ratio 33 | 4.9 | • | 6.3 | 4.1 | 5.0 | 3.2 | 4.6 | 5.3 | 5.8 | 6.6 | 6.5 | 6.0 | 4.8 |
| Total Asset Turnover 34 | 2.2 | • | 11.2 | 4.4 | 3.2 | 2.6 | 2.3 | 2.2 | 2.2 | 2.2 | 2.3 | 1.8 | 1.4 |
| Inventory Turnover 35 | 8.1 | • | 140.6 | 22.5 | 9.5 | 8.8 | 7.6 | 9.2 | 11.0 | 11.9 | 12.5 | 6.5 | 4.4 |
| Receivables Turnover 36 | 9.9 | • | 139.0 | 37.8 | 21.9 | 14.7 | 11.6 | 8.3 | 7.0 | 5.8 | 7.2 | 6.6 | 8.4 |
| Total Liabilities to Net Worth 37 | 3.1 | • | • | 3.0 | 3.4 | 2.8 | 3.5 | 3.3 | 3.5 | 3.3 | 3.7 | 2.0 | 2.6 |
| Current Assets to Working Capital 38 | 3.6 | • | 23.1 | 3.1 | 2.9 | 3.1 | 3.8 | 4.3 | 4.4 | 4.1 | 4.6 | 2.9 | 2.9 |
| Current Liabilities to Working Capital 39 | 2.6 | • | 22.1 | 2.1 | 1.9 | 2.1 | 2.8 | 3.3 | 3.4 | 3.1 | 3.6 | 1.9 | 1.9 |
| Working Capital to Net Sales 40 | 0.1 | • | 0.0 | 0.0 | 0.1 | 0.1 | 0.1 | 0.1 | 0.1 | 0.1 | 0.1 | 0.1 | 0.1 |
| Inventory to Working Capital 41 | 1.2 | • | 3.0 | 0.9 | 0.9 | 1.1 | 1.2 | 1.2 | 1.1 | 0.9 | 1.0 | 1.1 | 1.3 |
| Total Receipts to Cash Flow 42 | 12.6 | 14.8 | 8.6 | 10.6 | 9.5 | 15.0 | 17.1 | 20.6 | 24.6 | 24.3 | 22.3 | 13.2 | 6.8 |
| Cost of Goods to Cash Flow 43 | 10.5 | 11.8 | 6.2 | 7.9 | 7.3 | 12.4 | 14.6 | 18.0 | 22.0 | 22.0 | 20.3 | 11.6 | 5.4 |
| Cash Flow to Total Debt 44 | 0.2 | • | 1.0 | 0.5 | 0.4 | 0.2 | 0.2 | 0.1 | 0.1 | 0.1 | 0.1 | 0.2 | 0.3 |

| Selected Financial Factors (in Percentages) | | | | | | | | | | | | | |
|---|---|---|---|---|---|---|---|---|---|---|---|---|---|
| Debt Ratio 45 | 75.7 | • | 123.9 | 75.1 | 77.4 | 73.8 | 77.9 | 76.9 | 77.6 | 76.9 | 78.8 | 66.1 | 72.2 |
| Return on Total Assets 46 | 8.0 | • | 43.3 | 13.1 | 11.2 | 6.1 | 6.4 | 6.5 | 5.8 | 6.4 | 7.8 | 10.2 | 8.7 |
| Return on Equity Before Income Taxes 47 | 26.2 | • | • | 39.8 | 39.5 | 15.9 | 22.8 | 22.8 | 21.5 | 23.5 | 30.9 | 25.0 | 24.7 |
| Return on Equity After Income Taxes 48 | 22.3 | • | • | 37.4 | 38.1 | 14.6 | 20.7 | 21.1 | 19.3 | 21.7 | 29.0 | 21.1 | 17.5 |
| Profit Margin (Before Income Tax) 49 | 2.9 | • | 3.2 | 2.3 | 2.8 | 1.6 | 2.2 | 2.4 | 2.2 | 2.4 | 2.9 | 4.8 | 4.9 |
| Profit Margin (After Income Tax) 50 | 2.5 | • | 3.2 | 2.1 | 2.7 | 1.4 | 2.0 | 2.2 | 1.9 | 2.3 | 2.7 | 4.0 | 3.5 |

# BUILDING CONSTRUCTION AND GENERAL CONTRACTING

MONEY AMOUNTS AND SIZE OF ASSETS IN THOUSANDS OF DOLLARS

| Item Description for Accounting Period 7/00 Through 6/01 | | Total | Zero Assets | Under 100 | 100 to 250 | 251 to 500 | 501 to 1,000 | 1,001 to 5,000 | 5,001 to 10,000 | 10,001 to 25,000 | 25,001 to 50,000 | 50,001 to 100,000 | 100,001 to 250,000 | 250,001 and over |
|---|---|---|---|---|---|---|---|---|---|---|---|---|---|---|
| Number of Enterprises | 1 | 107314 | 3831 | 49371 | 15348 | 11247 | 10297 | 13293 | 2281 | 1145 | 264 | 130 | 52 | 55 |
| **Revenues ($ in Thousands)** | | | | | | | | | | | | | | |
| Net Sales | 2 | 358150191 | 1692790 | 20340984 | 14793381 | 15440240 | 22687955 | 72701656 | 37398094 | 41038928 | 20774980 | 21381717 | 15364281 | 74535185 |
| Interest | 3 | 956728 | 7836 | 3617 | 9008 | 20553 | 32047 | 125839 | 71559 | 63975 | 39781 | 22026 | 44106 | 516382 |
| Rents | 4 | 435930 | 21506 | 1316 | 0 | 16767 | 18925 | 63008 | 29414 | 33688 | 41640 | 26728 | 16166 | 166773 |
| Royalties | 5 | 71892 | 0 | 0 | 0 | 0 | 0 | 0 | 233 | 1216 | 0 | 0 | 10942 | 59501 |
| Other Portfolio Income | 6 | 658019 | 3238 | 4529 | 5236 | 26134 | 40567 | 149573 | 40205 | 50890 | 31529 | 25427 | 15267 | 265427 |
| Other Receipts | 7 | 3392843 | 12297 | 33435 | 19838 | 32060 | 93334 | 455752 | 197193 | 235281 | 138862 | 191020 | 347128 | 1636639 |
| Total Receipts | 8 | 363665603 | 1737667 | 20383881 | 14827463 | 15535754 | 22872828 | 73495828 | 37736698 | 41423978 | 21026792 | 21646918 | 15797890 | 77179907 |
| Average Total Receipts | 9 | 3389 | 454 | 413 | 966 | 1381 | 2221 | 5529 | 16544 | 36178 | 79647 | 166515 | 303806 | 1403271 |
| **Operating Costs/Operating Income (%)** | | | | | | | | | | | | | | |
| Cost of Operations | 10 | 82.9 | 64.1 | 71.9 | 73.5 | 75.4 | 80.9 | 84.4 | 86.8 | 89.0 | 89.9 | 90.5 | 87.4 | 78.5 |
| Salaries and Wages | 11 | 3.1 | 8.8 | 4.0 | 5.6 | 4.6 | 2.4 | 2.8 | 2.5 | 2.2 | 2.4 | 2.2 | 3.2 | 3.9 |
| Taxes Paid | 12 | 0.9 | 1.6 | 1.5 | 2.0 | 1.4 | 1.1 | 1.0 | 0.9 | 0.7 | 0.6 | 0.4 | 0.8 | 0.8 |
| Interest Paid | 13 | 0.6 | 1.3 | 0.5 | 0.5 | 0.5 | 0.6 | 0.5 | 0.5 | 0.4 | 0.4 | 0.4 | 0.6 | 1.3 |
| Depreciation | 14 | 0.6 | 0.9 | 0.8 | 1.2 | 0.8 | 0.9 | 0.6 | 0.6 | 0.6 | 0.4 | 0.4 | 0.5 | 0.4 |
| Amortization and Depletion | 15 | 0.0 | 0.0 | 0.0 | 0.0 | 0.0 | 0.0 | 0.0 | 0.0 | 0.0 | 0.0 | 0.1 | 0.0 | 0.2 |
| Pensions and Other Deferred Comp. | 16 | 0.2 | 0.1 | 0.3 | 0.1 | 0.3 | 0.3 | 0.3 | 0.2 | 0.2 | 0.2 | 0.2 | 0.1 | 0.1 |
| Employee Benefits | 17 | 0.4 | 0.7 | 0.4 | 0.6 | 0.3 | 0.4 | 0.4 | 0.5 | 0.4 | 0.3 | 0.4 | 0.2 | 0.4 |
| Advertising | 18 | 0.2 | 0.3 | 0.2 | 0.2 | 0.2 | 0.2 | 0.2 | 0.2 | 0.2 | 0.2 | 0.2 | 0.4 | 0.4 |
| Other Expenses | 19 | 5.9 | 13.6 | 9.5 | 7.5 | 7.6 | 6.2 | 4.4 | 3.2 | 2.4 | 2.4 | 1.8 | 3.1 | 11.4 |
| Officers' Compensation | 20 | 2.1 | 3.2 | 4.8 | 4.2 | 3.4 | 3.7 | 2.7 | 2.2 | 1.7 | 1.2 | 0.9 | 0.7 | 0.6 |
| Operating Margin | 21 | 2.9 | 5.4 | 6.2 | 4.4 | 5.4 | 3.1 | 2.8 | 2.5 | 2.3 | 2.1 | 2.4 | 3.0 | 2.1 |
| Operating Margin Before Officers' Comp. | 22 | 5.0 | 8.6 | 11.0 | 8.7 | 8.8 | 6.8 | 5.5 | 4.6 | 3.9 | 3.3 | 3.3 | 3.6 | 2.6 |

| Selected Average Balance Sheet ($ in Thousands) | | | | | | | | | | | | | |
|---|---|---|---|---|---|---|---|---|---|---|---|---|---|
| Net Receivables 23 | 346 | 0 | 3 | 20 | 55 | 146 | 481 | 1981 | 5214 | 12807 | 25623 | 43985 | 157162 |
| Inventories 24 | 343 | 0 | 1 | 18 | 80 | 173 | 553 | 1442 | 2744 | 6359 | 12783 | 37276 | 267573 |
| Net Property, Plant and Equipment 25 | 143 | 0 | 9 | 43 | 72 | 106 | 220 | 689 | 1173 | 2734 | 6970 | 14380 | 74326 |
| Total Assets 26 | 1451 | 0 | 30 | 160 | 373 | 720 | 2135 | 6824 | 14850 | 34331 | 68335 | 152722 | 969333 |
| Notes and Loans Payable 27 | 459 | 0 | 23 | 64 | 133 | 245 | 640 | 1956 | 3362 | 7864 | 15998 | 36943 | 367253 |
| All Other Liabilities 28 | 589 | 0 | 10 | 30 | 98 | 230 | 930 | 3064 | 7790 | 17583 | 36324 | 63973 | 325016 |
| Net Worth 29 | 403 | 0 | -3 | 66 | 142 | 245 | 564 | 1804 | 3698 | 8885 | 16013 | 51806 | 277064 |

| Selected Financial Ratios (Times to 1) | | | | | | | | | | | | | |
|---|---|---|---|---|---|---|---|---|---|---|---|---|---|
| Current Ratio 30 | 1.4 | • | 1.1 | 1.9 | 1.8 | 1.5 | 1.4 | 1.4 | 1.3 | 1.4 | 1.3 | 1.4 | 1.6 |
| Quick Ratio 31 | 0.7 | • | 0.9 | 1.3 | 0.9 | 0.8 | 0.6 | 0.7 | 0.8 | 0.8 | 0.8 | 0.7 | 0.6 |
| Net Sales to Working Capital 32 | 10.4 | • | 430.5 | 21.6 | 11.2 | 12.5 | 10.5 | 11.4 | 11.8 | 10.7 | 14.0 | 8.5 | 6.5 |
| Coverage Ratio 33 | 7.9 | 7.1 | 13.7 | 10.8 | 12.9 | 7.0 | 9.0 | 8.1 | 9.1 | 9.3 | 9.5 | 10.1 | 5.5 |
| Total Asset Turnover 34 | 2.3 | • | 13.7 | 6.0 | 3.7 | 3.1 | 2.6 | 2.4 | 2.4 | 2.3 | 2.4 | 1.9 | 1.4 |
| Inventory Turnover 35 | 8.1 | • | 206.9 | 38.9 | 13.0 | 10.3 | 8.3 | 9.9 | 11.6 | 11.1 | 11.6 | 6.9 | 4.0 |
| Receivables Turnover 36 | 10.0 | • | 158.7 | 53.0 | 23.4 | 15.5 | 11.9 | 8.4 | 7.1 | 5.9 | 7.4 | 7.0 | 8.9 |
| Total Liabilities to Net Worth 37 | 2.6 | • | • | 1.4 | 1.6 | 1.9 | 2.8 | 2.8 | 3.0 | 2.9 | 3.3 | 1.9 | 2.5 |
| Current Assets to Working Capital 38 | 3.3 | • | 17.2 | 2.1 | 2.2 | 3.1 | 3.3 | 3.8 | 4.1 | 3.8 | 4.7 | 3.2 | 2.8 |
| Current Liabilities to Working Capital 39 | 2.3 | • | 16.2 | 1.1 | 1.2 | 2.1 | 2.3 | 2.8 | 3.1 | 2.8 | 3.7 | 2.2 | 1.8 |
| Working Capital to Net Sales 40 | 0.1 | • | 0.0 | 0.0 | 0.1 | 0.1 | 0.1 | 0.1 | 0.1 | 0.1 | 0.1 | 0.1 | 0.2 |
| Inventory to Working Capital 41 | 1.1 | • | 2.0 | 0.5 | 0.5 | 0.9 | 1.0 | 1.1 | 1.0 | 0.9 | 1.1 | 1.2 | 1.3 |
| Total Receipts to Cash Flow 42 | 10.7 | 5.0 | 7.2 | 9.4 | 8.8 | 11.4 | 13.7 | 17.5 | 20.3 | 20.1 | 20.0 | 12.2 | 6.2 |
| Cost of Goods to Cash Flow 43 | 8.9 | 3.2 | 5.2 | 6.9 | 6.6 | 9.2 | 11.6 | 15.2 | 18.0 | 18.0 | 18.1 | 10.7 | 4.9 |
| Cash Flow to Total Debt 44 | 0.3 | • | 1.8 | 1.1 | 0.7 | 0.4 | 0.3 | 0.2 | 0.2 | 0.2 | 0.2 | 0.2 | 0.3 |

| Selected Financial Factors (in Percentages) | | | | | | | | | | | | | |
|---|---|---|---|---|---|---|---|---|---|---|---|---|---|
| Debt Ratio 45 | 72.2 | • | 108.3 | 58.9 | 62.0 | 66.0 | 73.6 | 73.6 | 75.1 | 74.1 | 76.6 | 66.1 | 71.4 |
| Return on Total Assets 46 | 11.7 | • | 94.6 | 31.0 | 24.0 | 13.9 | 11.1 | 9.2 | 8.6 | 8.4 | 9.8 | 12.4 | 9.6 |
| Return on Equity Before Income Taxes 47 | 36.7 | • | • | 68.4 | 58.2 | 35.1 | 37.4 | 30.7 | 30.7 | 28.9 | 37.4 | 32.9 | 27.6 |
| Return on Equity After Income Taxes 48 | 32.4 | • | • | 65.8 | 56.8 | 33.6 | 35.0 | 28.8 | 28.2 | 26.9 | 35.3 | 28.2 | 19.9 |
| Profit Margin (Before Income Tax) 49 | 4.4 | 8.1 | 6.4 | 4.7 | 6.0 | 3.9 | 3.9 | 3.4 | 3.2 | 3.3 | 3.6 | 5.8 | 5.6 |
| Profit Margin (After Income Tax) 50 | 3.9 | 7.4 | 6.3 | 4.5 | 5.9 | 3.7 | 3.6 | 3.2 | 2.9 | 3.0 | 3.4 | 4.9 | 4.1 |

**Table I**

Corporations with and without Net Income

# HEAVY CONSTRUCTION

| Item Description for Accounting Period 7/00 Through 6/01 | | MONEY AMOUNTS AND SIZE OF ASSETS IN THOUSANDS OF DOLLARS | | | | | | | | | | | | |
|---|---|---|---|---|---|---|---|---|---|---|---|---|---|---|
| | | Total | Zero Assets | Under 100 | 100 to 250 | 251 to 500 | 501 to 1,000 | 1,001 to 5,000 | 5,001 to 10,000 | 10,001 to 25,000 | 25,001 to 50,000 | 50,001 to 100,000 | 100,001 to 250,000 | 250,001 and over |
| Number of Enterprises | 1 | 27851 | 1087 | 8124 | 4568 | 3757 | 3073 | 5074 | 1145 | 684 | 192 | 86 | 35 | 25 |
| **Revenues ($ in Thousands)** | | | | | | | | | | | | | | |
| Net Sales | 2 | 143487420 | 952219 | 1466516 | 2654385 | 3439204 | 5110946 | 24052098 | 16633093 | 20215584 | 11873683 | 10966972 | 7937236 | 38185484 |
| Interest | 3 | 766350 | 5764 | 0 | 2783 | 10459 | 8161 | 56455 | 31426 | 54981 | 32169 | 27824 | 31448 | 504880 |
| Rents | 4 | 295468 | 3341 | 0 | 6242 | 1695 | 13017 | 34916 | 4019 | 35550 | 27221 | 15033 | 32587 | 121846 |
| Royalties | 5 | 28185 | 0 | 0 | 0 | 0 | 0 | 24 | 114 | 4438 | 579 | 417 | 12 | 22600 |
| Other Portfolio Income | 6 | 850893 | 15453 | 39216 | 3837 | 28808 | 34540 | 135053 | 62683 | 81611 | 52346 | 39263 | 32463 | 325619 |
| Other Receipts | 7 | 1584154 | 17644 | 6091 | 2887 | 3325 | 66427 | 120483 | 112625 | 101809 | 100609 | 100096 | 90304 | 861858 |
| Total Receipts | 8 | 147012470 | 994421 | 1511823 | 2670134 | 3483491 | 5233091 | 24399029 | 16843960 | 20493973 | 12086607 | 11149605 | 8124050 | 40022287 |
| Average Total Receipts | 9 | 5279 | 915 | 186 | 585 | 927 | 1703 | 4809 | 14711 | 29962 | 62951 | 129647 | 232116 | 1600891 |
| **Operating Costs/Operating Income (%)** | | | | | | | | | | | | | | |
| Cost of Operations | 10 | 76.0 | 76.6 | 29.0 | 43.3 | 37.2 | 52.1 | 70.0 | 77.8 | 79.7 | 83.9 | 82.4 | 84.3 | 81.8 |
| Salaries and Wages | 11 | 5.4 | 2.9 | 12.5 | 16.0 | 15.8 | 10.0 | 5.3 | 3.0 | 3.1 | 2.3 | 3.1 | 2.8 | 7.4 |
| Taxes Paid | 12 | 1.7 | 2.1 | 2.2 | 3.0 | 3.4 | 3.1 | 2.3 | 2.1 | 1.7 | 1.6 | 1.2 | 1.1 | 1.0 |
| Interest Paid | 13 | 1.4 | 0.9 | 1.2 | 1.5 | 1.6 | 1.4 | 1.1 | 0.8 | 0.9 | 1.0 | 0.9 | 1.5 | 2.4 |
| Depreciation | 14 | 3.5 | 3.7 | 2.8 | 6.2 | 6.8 | 5.9 | 4.6 | 3.6 | 3.5 | 3.5 | 3.3 | 3.0 | 2.0 |
| Amortization and Depletion | 15 | 0.2 | 0.2 | 0.0 | 0.2 | 0.0 | 0.0 | 0.0 | 0.0 | 0.1 | 0.1 | 0.1 | 0.2 | 0.4 |
| Pensions and Other Deferred Comp. | 16 | 0.4 | 0.1 | • | • | 0.2 | 0.5 | 0.5 | 0.4 | 0.4 | 0.3 | 0.3 | 0.2 | 0.5 |
| Employee Benefits | 17 | 0.9 | 0.5 | 1.0 | 1.2 | 0.6 | 1.0 | 0.9 | 1.0 | 1.0 | 0.8 | 0.7 | 0.7 | 0.9 |
| Advertising | 18 | 0.1 | 0.2 | 0.9 | 0.4 | 0.2 | 0.3 | 0.1 | 0.1 | 0.1 | 0.1 | 0.1 | 0.1 | 0.1 |
| Other Expenses | 19 | 8.7 | 23.4 | 39.5 | 21.7 | 24.2 | 20.6 | 11.0 | 6.7 | 6.3 | 5.3 | 5.7 | 6.1 | 6.5 |
| Officers' Compensation | 20 | 2.1 | 1.4 | 4.5 | 5.4 | 8.8 | 4.8 | 3.4 | 2.5 | 2.1 | 1.4 | 1.2 | 0.9 | 0.4 |
| Operating Margin | 21 | • | • | 6.2 | 1.2 | 1.2 | 0.3 | 0.9 | 1.9 | 1.1 | • | 1.0 | • | • |
| Operating Margin Before Officers' Comp. | 22 | 1.7 | • | 10.8 | 6.6 | 10.0 | 5.0 | 4.2 | 4.4 | 3.2 | 1.1 | 2.2 | 0.1 | • |

| | | | | | | | | | | | | | |
|---|---|---|---|---|---|---|---|---|---|---|---|---|---|
| **Selected Average Balance Sheet ($ in Thousands)** | | | | | | | | | | | | | |
| Net Receivables 23 | 903 | 0 | 2 | 15 | 37 | 146 | 662 | 2290 | 5036 | 11686 | 22418 | 40811 | 378645 |
| Inventories 24 | 93 | 0 | 0 | 2 | 5 | 9 | 73 | 250 | 435 | 926 | 2168 | 7244 | 38572 |
| Net Property, Plant and Equipment 25 | 786 | 0 | 14 | 98 | 200 | 344 | 797 | 1926 | 4338 | 9513 | 20037 | 41943 | 211782 |
| Total Assets 26 | 3453 | 0 | 26 | 167 | 357 | 717 | 2288 | 6877 | 15111 | 34482 | 71514 | 147550 | 1756054 |
| Notes and Loans Payable 27 | 893 | 0 | 26 | 111 | 173 | 308 | 648 | 1564 | 3422 | 9080 | 17018 | 41995 | 418509 |
| All Other Liabilities 28 | 1220 | 0 | 3 | 54 | 41 | 129 | 625 | 2534 | 5595 | 11605 | 22989 | 55896 | 684151 |
| Net Worth 29 | 1340 | 0 | -3 | 2 | 143 | 280 | 1015 | 2779 | 6094 | 13797 | 31508 | 49659 | 653394 |
| **Selected Financial Ratios (Times to 1)** | | | | | | | | | | | | | |
| Current Ratio 30 | 1.3 | • | 1.4 | 0.7 | 1.4 | 1.4 | 1.6 | 1.5 | 1.4 | 1.6 | 1.5 | 1.2 | 1.1 |
| Quick Ratio 31 | 1.0 | • | 1.3 | 0.6 | 1.1 | 1.3 | 1.3 | 1.1 | 1.1 | 1.2 | 1.2 | 0.8 | 0.8 |
| Net Sales to Working Capital 32 | 12.8 | • | 88.8 | • | 27.9 | 20.8 | 10.1 | 9.7 | 10.3 | 8.0 | 9.1 | 17.4 | 22.9 |
| Coverage Ratio 33 | 2.5 | • | 8.6 | 2.2 | 2.6 | 2.9 | 3.1 | 4.9 | 3.8 | 2.6 | 4.0 | 2.0 | 1.6 |
| Total Asset Turnover 34 | 1.5 | • | 6.9 | 3.5 | 2.6 | 2.3 | 2.1 | 2.1 | 2.0 | 1.8 | 1.8 | 1.5 | 0.9 |
| Inventory Turnover 35 | 42.1 | • | 441.8 | 110.8 | 67.8 | 98.3 | 45.7 | 45.3 | 54.1 | 56.0 | 48.5 | 26.4 | 32.4 |
| Receivables Turnover 36 | 5.6 | • | 72.4 | 61.6 | 22.5 | 10.8 | 6.6 | 6.8 | 6.0 | 5.6 | 5.8 | 5.3 | 3.9 |
| Total Liabilities to Net Worth 37 | 1.6 | • | • | 88.1 | 1.5 | 1.6 | 1.3 | 1.5 | 1.5 | 1.5 | 1.3 | 2.0 | 1.7 |
| Current Assets to Working Capital 38 | 4.1 | • | 3.8 | • | 3.2 | 3.5 | 2.7 | 2.9 | 3.2 | 2.7 | 2.9 | 5.6 | 10.1 |
| Current Liabilities to Working Capital 39 | 3.1 | • | 2.8 | • | 2.2 | 2.5 | 1.7 | 1.9 | 2.2 | 1.7 | 1.9 | 4.6 | 9.1 |
| Working Capital to Net Sales 40 | 0.1 | • | 0.0 | • | 0.0 | 0.0 | 0.1 | 0.1 | 0.1 | 0.1 | 0.1 | 0.1 | 0.0 |
| Inventory to Working Capital 41 | 0.2 | • | • | • | 0.1 | 0.0 | 0.1 | 0.2 | 0.2 | 0.1 | 0.2 | 0.7 | 0.6 |
| Total Receipts to Cash Flow 42 | 14.3 | 14.3 | 2.9 | 7.7 | 5.5 | 6.7 | 11.9 | 14.8 | 20.0 | 32.8 | 18.7 | 21.5 | 17.2 |
| Cost of Goods to Cash Flow 43 | 10.9 | 11.0 | 0.8 | 3.3 | 2.1 | 3.5 | 8.3 | 11.5 | 15.9 | 27.5 | 15.4 | 18.1 | 14.1 |
| Cash Flow to Total Debt 44 | 0.2 | • | 2.1 | 0.5 | 0.8 | 0.6 | 0.3 | 0.2 | 0.2 | 0.1 | 0.2 | 0.1 | 0.1 |
| **Selected Financial Factors (in Percentages)** | | | | | | | | | | | | | |
| Debt Ratio 45 | 61.2 | • | 113.3 | 98.9 | 60.0 | 61.0 | 55.6 | 59.6 | 59.7 | 60.0 | 55.9 | 66.3 | 62.8 |
| Return on Total Assets 46 | 5.2 | • | 72.7 | 11.3 | 10.3 | 9.5 | 7.0 | 8.3 | 6.5 | 4.4 | 6.3 | 4.5 | 3.3 |
| Return on Equity Before Income Taxes 47 | 8.1 | • | • | 548.9 | 15.8 | 15.9 | 10.7 | 16.3 | 11.9 | 6.8 | 10.7 | 6.8 | 3.4 |
| Return on Equity After Income Taxes 48 | 6.2 | • | • | 530.6 | 15.5 | 13.7 | 8.7 | 14.7 | 9.7 | 5.2 | 9.6 | 4.6 | 1.3 |
| Profit Margin (Before Income Tax) 49 | 2.1 | • | 9.3 | 1.8 | 2.5 | 2.7 | 2.3 | 3.1 | 2.5 | 1.5 | 2.6 | 1.5 | 1.4 |
| Profit Margin (After Income Tax) 50 | 1.6 | • | 9.3 | 1.7 | 2.4 | 2.3 | 1.9 | 2.8 | 2.0 | 1.2 | 2.4 | 1.0 | 0.6 |

**Table II**

Corporations with Net Income

# HEAVY CONSTRUCTION

**MONEY AMOUNTS AND SIZE OF ASSETS IN THOUSANDS OF DOLLARS**

| Item Description for Accounting Period 7/00 Through 6/01 | | Total | Zero Assets | Under 100 | 100 to 250 | 251 to 500 | 501 to 1,000 | 1,001 to 5,000 | 5,001 to 10,000 | 10,001 to 25,000 | 25,001 to 50,000 | 50,001 to 100,000 | 100,001 to 250,000 | 250,001 and over |
|---|---|---|---|---|---|---|---|---|---|---|---|---|---|---|
| Number of Enterprises | 1 | 18115 | 24 | 5013 | 3193 | 2155 | 2262 | 3815 | 906 | 510 | 136 | 59 | 24 | 18 |
| **Revenues ($ in Thousands)** | | | | | | | | | | | | | | |
| Net Sales | 2 | 110176211 | 667921 | 1200683 | 2038377 | 2596855 | 4067195 | 18567054 | 13844012 | 16159355 | 8814933 | 7806963 | 5597791 | 28815074 |
| Interest | 3 | 482721 | 1614 | 0 | 1363 | 5803 | 6097 | 48300 | 26691 | 42484 | 24070 | 23246 | 19145 | 283907 |
| Rents | 4 | 200066 | 437 | 0 | 5589 | 0 | 8597 | 32663 | 3841 | 27581 | 8291 | 8005 | 30231 | 74830 |
| Royalties | 5 | 21008 | 0 | 0 | 0 | 0 | 0 | 24 | 114 | 2963 | 250 | 36 | 12 | 17609 |
| Other Portfolio Income | 6 | 615060 | 12669 | 39216 | 0 | 21589 | 26888 | 109604 | 37995 | 58013 | 35455 | 31057 | 27706 | 214868 |
| Other Receipts | 7 | 1238758 | 3349 | 4350 | 2248 | 2402 | 61725 | 109787 | 98506 | 83416 | 60248 | 86202 | 69764 | 656761 |
| Total Receipts | 8 | 112733824 | 685990 | 1244249 | 2047577 | 2626649 | 4170502 | 18867432 | 14011159 | 16373812 | 8943247 | 7955509 | 5744649 | 30063049 |
| Average Total Receipts | 9 | 6223 | 28583 | 248 | 641 | 1219 | 1844 | 4946 | 15465 | 32106 | 65759 | 134839 | 239360 | 1670169 |
| **Operating Costs/Operating Income (%)** | | | | | | | | | | | | | | |
| Cost of Operations | 10 | 76.4 | 78.8 | 26.1 | 48.1 | 35.0 | 54.5 | 68.1 | 77.9 | 78.2 | 82.1 | 80.8 | 82.9 | 86.9 |
| Salaries and Wages | 11 | 4.2 | 1.6 | 14.8 | 13.6 | 15.5 | 7.3 | 5.1 | 3.0 | 3.1 | 2.2 | 3.3 | 2.7 | 3.4 |
| Taxes Paid | 12 | 1.7 | 1.4 | 2.0 | 2.4 | 3.1 | 3.0 | 2.3 | 2.0 | 1.7 | 1.5 | 1.3 | 1.3 | 1.0 |
| Interest Paid | 13 | 1.0 | 0.5 | 1.1 | 1.3 | 1.3 | 1.2 | 0.9 | 0.6 | 0.7 | 0.8 | 0.7 | 1.5 | 1.5 |
| Depreciation | 14 | 3.2 | 1.6 | 3.0 | 5.3 | 6.1 | 5.2 | 4.4 | 3.3 | 3.3 | 3.5 | 3.3 | 3.1 | 1.4 |
| Amortization and Depletion | 15 | 0.1 | 0.0 | 0.0 | 0.3 | 0.1 | 0.0 | 0.0 | 0.0 | 0.0 | 0.1 | 0.1 | 0.2 | 0.3 |
| Pensions and Other Deferred Comp. | 16 | 0.4 | 0.1 | • | • | 0.1 | 0.6 | 0.5 | 0.4 | 0.4 | 0.4 | 0.3 | 0.3 | 0.3 |
| Employee Benefits | 17 | 0.8 | 0.4 | 1.2 | 1.1 | 0.5 | 1.1 | 0.9 | 1.1 | 1.0 | 0.8 | 0.6 | 0.7 | 0.6 |
| Advertising | 18 | 0.1 | 0.0 | 1.0 | 0.3 | 0.2 | 0.2 | 0.1 | 0.1 | 0.1 | 0.1 | 0.1 | 0.1 | 0.0 |
| Other Expenses | 19 | 7.5 | 5.8 | 36.6 | 17.7 | 23.9 | 18.9 | 10.6 | 5.4 | 5.9 | 4.6 | 5.5 | 5.3 | 4.4 |
| Officers' Compensation | 20 | 2.2 | 1.1 | 4.5 | 5.6 | 9.5 | 5.2 | 3.7 | 2.7 | 2.2 | 1.3 | 1.3 | 0.9 | 0.4 |
| Operating Margin | 21 | 2.4 | 8.8 | 9.8 | 4.4 | 4.8 | 2.9 | 3.4 | 3.5 | 3.4 | 2.8 | 2.8 | 1.1 | • |
| Operating Margin Before Officers' Comp. | 22 | 4.6 | 9.9 | 14.3 | 10.0 | 14.2 | 8.1 | 7.1 | 6.2 | 5.5 | 4.1 | 4.1 | 2.0 | 0.2 |

| Selected Average Balance Sheet ($ in Thousands) | | | | | | | | | | | | | |
|---|---|---|---|---|---|---|---|---|---|---|---|---|---|
| Net Receivables **23** | 1039 | 0 | 3 | 17 | 42 | 156 | 652 | 2467 | 5251 | 11505 | 22284 | 41008 | 390956 |
| Inventories **24** | 100 | 0 | 0 | 3 | 1 | 6 | 60 | 199 | 387 | 970 | 2286 | 8832 | 38684 |
| Net Property, Plant and Equipment **25** | 790 | 0 | 20 | 83 | 205 | 317 | 755 | 1710 | 4217 | 9666 | 19085 | 44910 | 149093 |
| Total Assets **26** | 3574 | 0 | 31 | 160 | 359 | 727 | 2272 | 6751 | 15295 | 34069 | 70594 | 145782 | 1487616 |
| Notes and Loans Payable **27** | 755 | 0 | 15 | 95 | 172 | 255 | 571 | 1308 | 2990 | 7727 | 13191 | 37245 | 263726 |
| All Other Liabilities **28** | 1269 | 0 | 4 | 69 | 40 | 136 | 575 | 2494 | 5573 | 10981 | 23150 | 56163 | 603043 |
| Net Worth **29** | 1549 | 0 | 12 | -5 | 146 | 335 | 1127 | 2949 | 6731 | 15361 | 34253 | 52375 | 620847 |

| Selected Financial Ratios (Times to 1) | | | | | | | | | | | | | |
|---|---|---|---|---|---|---|---|---|---|---|---|---|---|
| Current Ratio **30** | 1.4 | • | 1.8 | 0.6 | 1.1 | 1.7 | 1.9 | 1.6 | 1.6 | 1.6 | 1.6 | 1.2 | 1.1 |
| Quick Ratio **31** | 1.1 | • | 1.8 | 0.6 | 0.9 | 1.5 | 1.6 | 1.3 | 1.3 | 1.3 | 1.3 | 0.8 | 0.9 |
| Net Sales to Working Capital **32** | 11.8 | • | 53.3 | • | 135.1 | 14.4 | 8.0 | 9.3 | 9.2 | 8.0 | 8.4 | 15.6 | 25.0 |
| Coverage Ratio **33** | 5.6 | 25.5 | 12.8 | 4.7 | 5.5 | 5.5 | 6.4 | 8.7 | 7.8 | 6.3 | 7.7 | 3.5 | 3.8 |
| Total Asset Turnover **34** | 1.7 | • | 7.8 | 4.0 | 3.4 | 2.5 | 2.1 | 2.3 | 2.1 | 1.9 | 1.9 | 1.6 | 1.1 |
| Inventory Turnover **35** | 46.6 | • | 324.8 | 96.2 | 337.2 | 162.2 | 55.3 | 59.8 | 64.0 | 54.9 | 46.7 | 21.9 | 35.9 |
| Receivables Turnover **36** | 5.4 | • | 77.2 | 69.1 | 23.5 | 10.8 | 6.4 | 6.7 | 6.0 | 5.7 | 5.9 | 5.6 | 3.5 |
| Total Liabilities to Net Worth **37** | 1.3 | • | 1.5 | • | 1.5 | 1.2 | 1.0 | 1.3 | 1.3 | 1.2 | 1.1 | 1.8 | 1.4 |
| Current Assets to Working Capital **38** | 3.6 | • | 2.3 | • | 12.1 | 2.4 | 2.1 | 2.7 | 2.8 | 2.6 | 2.6 | 5.1 | 9.8 |
| Current Liabilities to Working Capital **39** | 2.6 | • | 1.3 | • | 11.1 | 1.4 | 1.1 | 1.7 | 1.8 | 1.6 | 1.6 | 4.1 | 8.8 |
| Working Capital to Net Sales **40** | 0.1 | • | 0.0 | • | 0.0 | 0.1 | 0.1 | 0.1 | 0.1 | 0.1 | 0.1 | 0.1 | 0.0 |
| Inventory to Working Capital **41** | 0.2 | • | • | • | • | 0.0 | 0.1 | 0.1 | 0.1 | 0.1 | 0.1 | 0.8 | 0.5 |
| Total Receipts to Cash Flow **42** | 11.6 | 7.3 | 2.5 | 7.1 | 4.7 | 6.3 | 9.1 | 13.8 | 14.7 | 18.3 | 14.0 | 14.5 | 15.2 |
| Cost of Goods to Cash Flow **43** | 8.8 | 5.8 | 0.6 | 3.4 | 1.6 | 3.4 | 6.2 | 10.8 | 11.5 | 15.0 | 11.3 | 12.0 | 13.2 |
| Cash Flow to Total Debt **44** | 0.3 | • | 5.2 | 0.5 | 1.2 | 0.7 | 0.5 | 0.3 | 0.3 | 0.2 | 0.3 | 0.2 | 0.1 |

| Selected Financial Factors (in Percentages) | | | | | | | | | | | | | |
|---|---|---|---|---|---|---|---|---|---|---|---|---|---|
| Debt Ratio **45** | 56.6 | • | 60.1 | 103.1 | 59.2 | 53.9 | 50.4 | 56.3 | 56.0 | 54.9 | 51.5 | 64.1 | 58.3 |
| Return on Total Assets **46** | 9.7 | • | 112.9 | 24.4 | 24.3 | 16.3 | 12.7 | 12.1 | 11.1 | 9.5 | 10.1 | 8.2 | 6.1 |
| Return on Equity Before Income Taxes **47** | 18.5 | • | 260.9 | • | 48.8 | 29.0 | 21.6 | 24.5 | 21.9 | 17.7 | 18.1 | 16.3 | 10.7 |
| Return on Equity After Income Taxes **48** | 15.9 | • | 260.3 | • | 48.3 | 26.5 | 19.2 | 22.6 | 19.2 | 15.8 | 16.6 | 13.3 | 7.7 |
| Profit Margin (Before Income Tax) **49** | 4.7 | 11.5 | 13.4 | 4.8 | 5.9 | 5.4 | 5.0 | 4.7 | 4.7 | 4.2 | 4.7 | 3.7 | 4.2 |
| Profit Margin (After Income Tax) **50** | 4.0 | 9.1 | 13.4 | 4.7 | 5.9 | 4.9 | 4.5 | 4.4 | 4.1 | 3.7 | 4.3 | 3.0 | 3.0 |

**Table I**

Corporations with and without Net Income

# PLUMBING, HEATING, AND AIR-CONDITIONING CONTRACTORS

**MONEY AMOUNTS AND SIZE OF ASSETS IN THOUSANDS OF DOLLARS**

| Item Description for Accounting Period 7/00 Through 6/01 | | Total | Zero Assets | Under 100 | 100 to 250 | 251 to 500 | 501 to 1,000 | 1,001 to 5,000 | 5,001 to 10,000 | 10,001 to 25,000 | 25,001 to 50,000 | 50,001 to 100,000 | 100,001 to 250,000 | 250,001 and over |
|---|---|---|---|---|---|---|---|---|---|---|---|---|---|---|
| Number of Enterprises | 1 | 56115 | 2178 | 28614 | 10608 | 6246 | 4519 | 3281 | 444 | 181 | 26 | 13 | 0 | 4 |
| **Revenues ($ in Thousands)** | | | | | | | | | | | | | | |
| Net Sales | 2 | 80919261 | 422530 | 7977552 | 6865992 | 8636584 | 11630920 | 19445755 | 8499296 | 6183455 | 2253497 | 2040633 | 0 | 6963047 |
| Interest | 3 | 133402 | 421 | 2529 | 4085 | 19428 | 23920 | 32683 | 7960 | 7154 | 2839 | 2828 | 0 | 29555 |
| Rents | 4 | 19943 | 0 | 2381 | 0 | 2097 | 4616 | 5880 | 278 | 485 | 1042 | 3164 | 0 | 0 |
| Royalties | 5 | 566 | 0 | 0 | 0 | 0 | 0 | 0 | 0 | 153 | 10 | 79 | 0 | 324 |
| Other Portfolio Income | 6 | 134342 | 4171 | 6106 | 10239 | 42112 | 11528 | 31400 | 11290 | 7386 | 1287 | 6682 | 0 | 2140 |
| Other Receipts | 7 | 293514 | 9368 | 35802 | 16900 | 20611 | 28955 | 62136 | 20521 | 22300 | 3998 | 10771 | 0 | 62153 |
| Total Receipts | 8 | 81501028 | 436490 | 8024370 | 6897216 | 8720832 | 11699939 | 19577854 | 8539345 | 6220933 | 2262673 | 2064157 | 0 | 7057219 |
| Average Total Receipts | 9 | 1452 | 200 | 280 | 650 | 1396 | 2589 | 5967 | 19233 | 34370 | 87026 | 158781 | • | 1764305 |
| **Operating Costs/Operating Income (%)** | | | | | | | | | | | | | | |
| Cost of Operations | 10 | 69.5 | 66.3 | 57.8 | 54.4 | 59.2 | 62.9 | 73.8 | 78.3 | 80.3 | 85.1 | 77.4 | • | 81.6 |
| Salaries and Wages | 11 | 7.3 | 4.1 | 8.6 | 12.0 | 11.1 | 9.9 | 5.0 | 3.9 | 4.5 | 4.6 | 7.3 | • | 5.6 |
| Taxes Paid | 12 | 2.5 | 3.4 | 3.1 | 3.4 | 3.5 | 2.9 | 2.4 | 2.0 | 1.7 | 1.2 | 1.5 | • | 1.2 |
| Interest Paid | 13 | 0.7 | 0.6 | 0.7 | 0.7 | 0.8 | 0.4 | 0.5 | 0.3 | 0.4 | 0.6 | 1.0 | • | 2.6 |
| Depreciation | 14 | 1.4 | 0.8 | 1.6 | 2.5 | 2.2 | 1.7 | 1.3 | 0.9 | 0.7 | 0.7 | 0.9 | • | 0.9 |
| Amortization and Depletion | 15 | 0.1 | 0.2 | 0.0 | 0.0 | 0.0 | 0.0 | 0.0 | 0.0 | 0.0 | 0.1 | 0.1 | • | 0.5 |
| Pensions and Other Deferred Comp. | 16 | 0.5 | 1.8 | 0.1 | 0.6 | 0.4 | 0.7 | 0.7 | 0.4 | 0.3 | 0.3 | 0.3 | • | 0.2 |
| Employee Benefits | 17 | 1.5 | 2.2 | 0.9 | 1.6 | 1.2 | 1.6 | 2.1 | 1.5 | 2.1 | 1.2 | 1.3 | • | 0.8 |
| Advertising | 18 | 0.6 | 0.4 | 0.9 | 1.1 | 0.9 | 0.9 | 0.4 | 0.2 | 0.2 | 0.2 | 0.2 | • | 0.3 |
| Other Expenses | 19 | 8.6 | 12.8 | 14.0 | 14.1 | 12.1 | 9.6 | 7.2 | 5.3 | 4.0 | 2.2 | 7.4 | • | 5.0 |
| Officers' Compensation | 20 | 4.8 | 9.8 | 8.2 | 7.7 | 6.7 | 5.9 | 4.4 | 3.1 | 2.4 | 1.7 | 1.2 | • | 0.6 |
| Operating Margin | 21 | 2.6 | • | 3.9 | 1.8 | 1.9 | 3.5 | 2.1 | 4.2 | 3.3 | 2.1 | 1.4 | • | 0.7 |
| Operating Margin Before Officers' Comp. | 22 | 7.4 | 7.4 | 12.1 | 9.5 | 8.7 | 9.4 | 6.5 | 7.3 | 5.7 | 3.8 | 2.6 | • | 1.3 |

| | | | | | | | | | | | | | |
|---|---|---|---|---|---|---|---|---|---|---|---|---|---|
| | **Selected Average Balance Sheet ($ in Thousands)** | | | | | | | | | | | | |
| Net Receivables 23 | 201 | 0 | 4 | 34 | 98 | 218 | 1079 | 3804 | 8553 | 20526 | 35844 | • | 362134 |
| Inventories 24 | 27 | 0 | 2 | 13 | 34 | 62 | 136 | 202 | 523 | 1402 | 771 | • | 32065 |
| Net Property, Plant and Equipment 25 | 74 | 0 | 12 | 50 | 96 | 161 | 288 | 709 | 1184 | 3537 | 10556 | • | 64214 |
| Total Assets 26 | 489 | 0 | 31 | 158 | 359 | 701 | 2026 | 7139 | 14445 | 34491 | 79690 | • | 1271720 |
| Notes and Loans Payable 27 | 121 | 0 | 29 | 65 | 152 | 155 | 362 | 805 | 1994 | 6217 | 15240 | • | 339453 |
| All Other Liabilities 28 | 202 | 0 | 8 | 43 | 85 | 200 | 934 | 3586 | 7990 | 18776 | 42239 | • | 512560 |
| Net Worth 29 | 166 | 0 | -6 | 50 | 122 | 346 | 731 | 2748 | 4461 | 9498 | 22212 | • | 419706 |
| | **Selected Financial Ratios (Times to 1)** | | | | | | | | | | | | |
| Current Ratio 30 | 1.6 | • | 1.2 | 1.4 | 2.1 | 2.1 | 1.6 | 1.5 | 1.4 | 1.4 | 1.6 | • | 1.3 |
| Quick Ratio 31 | 1.3 | • | 1.0 | 1.1 | 1.7 | 1.7 | 1.3 | 1.3 | 1.1 | 1.2 | 1.2 | • | 0.9 |
| Net Sales to Working Capital 32 | 11.9 | • | 108.7 | 25.0 | 11.8 | 9.7 | 10.2 | 9.2 | 9.9 | 10.1 | 7.1 | • | 12.1 |
| Coverage Ratio 33 | 5.5 | 2.6 | 7.6 | 4.1 | 4.5 | 10.1 | 6.9 | 14.9 | 10.4 | 5.2 | 3.4 | • | 1.8 |
| Total Asset Turnover 34 | 3.0 | • | 9.0 | 4.1 | 3.9 | 3.7 | 2.9 | 2.7 | 2.4 | 2.5 | 2.0 | • | 1.4 |
| Inventory Turnover 35 | 37.3 | • | 68.1 | 27.0 | 24.1 | 26.1 | 32.3 | 74.2 | 52.5 | 52.6 | 157.5 | • | 44.3 |
| Receivables Turnover 36 | 7.2 | • | 56.8 | 18.3 | 12.8 | 11.7 | 5.6 | 4.2 | 4.4 | 4.4 | 5.9 | • | 6.1 |
| Total Liabilities to Net Worth 37 | 1.9 | • | • | 2.2 | 1.9 | 1.0 | 1.8 | 1.6 | 2.2 | 2.6 | 2.6 | • | 2.0 |
| Current Assets to Working Capital 38 | 2.8 | • | 5.9 | 3.4 | 1.9 | 1.9 | 2.8 | 2.9 | 3.6 | 3.3 | 2.6 | • | 3.9 |
| Current Liabilities to Working Capital 39 | 1.8 | • | 4.9 | 2.4 | 0.9 | 0.9 | 1.8 | 1.9 | 2.6 | 2.3 | 1.6 | • | 2.9 |
| Working Capital to Net Sales 40 | 0.1 | • | 0.0 | 0.0 | 0.1 | 0.1 | 0.1 | 0.1 | 0.1 | 0.1 | 0.1 | • | 0.1 |
| Inventory to Working Capital 41 | 0.2 | • | 0.7 | 0.5 | 0.3 | 0.2 | 0.2 | 0.1 | 0.2 | 0.2 | 0.0 | • | 0.3 |
| Total Receipts to Cash Flow 42 | 10.3 | 9.5 | 6.2 | 7.3 | 8.6 | 8.8 | 12.3 | 12.8 | 15.5 | 29.4 | 12.4 | • | 17.7 |
| Cost of Goods to Cash Flow 43 | 7.1 | 6.3 | 3.6 | 4.0 | 5.1 | 5.5 | 9.1 | 10.0 | 12.5 | 25.0 | 9.6 | • | 14.5 |
| Cash Flow to Total Debt 44 | 0.4 | • | 1.2 | 0.8 | 0.7 | 0.8 | 0.4 | 0.3 | 0.2 | 0.1 | 0.2 | • | 0.1 |
| | **Selected Financial Factors (in Percentages)** | | | | | | | | | | | | |
| Debt Ratio 45 | 66.0 | • | 118.7 | 68.6 | 66.0 | 50.7 | 63.9 | 61.5 | 69.1 | 72.5 | 72.1 | • | 67.0 |
| Return on Total Assets 46 | 11.8 | • | 46.4 | 12.1 | 14.4 | 16.5 | 9.5 | 13.2 | 10.2 | 7.7 | 6.8 | • | 6.3 |
| Return on Equity Before Income Taxes 47 | 28.5 | • | • | 29.2 | 32.9 | 30.1 | 22.6 | 32.1 | 29.7 | 22.5 | 17.3 | • | 8.3 |
| Return on Equity After Income Taxes 48 | 26.0 | • | • | 27.3 | 30.1 | 28.2 | 20.4 | 30.1 | 26.9 | 21.1 | 14.3 | • | 5.5 |
| Profit Margin (Before Income Tax) 49 | 3.3 | 0.9 | 4.5 | 2.2 | 2.9 | 4.0 | 2.8 | 4.6 | 3.9 | 2.5 | 2.5 | • | 2.0 |
| Profit Margin (After Income Tax) 50 | 3.0 | • | 4.4 | 2.1 | 2.7 | 3.8 | 2.5 | 4.3 | 3.5 | 2.3 | 2.0 | • | 1.3 |

**Table II**

Corporations with Net Income

# PLUMBING, HEATING, AND AIR-CONDITIONING CONTRACTORS

MONEY AMOUNTS AND SIZE OF ASSETS IN THOUSANDS OF DOLLARS

| Item Description for Accounting Period 7/00 Through 6/01 | | Total | Zero Assets | Under 100 | 100 to 250 | 251 to 500 | 501 to 1,000 | 1,001 to 5,000 | 5,001 to 10,000 | 10,001 to 25,000 | 25,001 to 50,000 | 50,001 to 100,000 | 100,001 to 250,000 | 250,001 and over |
|---|---|---|---|---|---|---|---|---|---|---|---|---|---|---|
| Number of Enterprises | 1 | 38233 | 682 | 18965 | 7163 | 4563 | 3603 | 2642 | 421 | 158 | 21 | 0 | 0 | 0 |
| **Revenues ($ in Thousands)** | | | | | | | | | | | | | | |
| Net Sales | 2 | 67876779 | 291667 | 5578137 | 5303756 | 6391241 | 9598744 | 16347486 | 8032811 | 5675751 | 1960137 | 0 | 0 | 0 |
| Interest | 3 | 114028 | 223 | 2500 | 2037 | 19055 | 18345 | 25490 | 7793 | 5753 | 1835 | 0 | 0 | 0 |
| Rents | 4 | 14659 | 0 | 2381 | 0 | 1763 | 983 | 5241 | 278 | 462 | 973 | 0 | 0 | 0 |
| Royalties | 5 | 487 | 0 | 0 | 0 | 0 | 0 | 0 | 0 | 153 | 10 | 0 | 0 | 0 |
| Other Portfolio Income | 6 | 98616 | 1072 | 6106 | 7405 | 33672 | 8125 | 23853 | 8608 | 6623 | 844 | 0 | 0 | 0 |
| Other Receipts | 7 | 223433 | 7289 | 4999 | 15648 | 8451 | 19028 | 50526 | 18291 | 19509 | 3424 | 0 | 0 | 0 |
| Total Receipts | 8 | 68328002 | 300251 | 5594123 | 5328846 | 6454182 | 9645225 | 16452596 | 8067781 | 5708251 | 1967223 | 0 | 0 | 0 |
| Average Total Receipts | 9 | 1787 | 440 | 295 | 744 | 1414 | 2677 | 6227 | 19163 | 36128 | 93677 | • | • | • |
| **Operating Costs/Operating Income (%)** | | | | | | | | | | | | | | |
| Cost of Operations | 10 | 69.5 | 76.5 | 56.6 | 54.1 | 58.3 | 60.7 | 72.6 | 78.1 | 79.6 | 84.7 | • | • | • |
| Salaries and Wages | 11 | 6.9 | 2.4 | 8.2 | 11.5 | 10.4 | 10.1 | 5.2 | 3.7 | 4.6 | 4.7 | • | • | • |
| Taxes Paid | 12 | 2.3 | 3.0 | 2.4 | 2.9 | 3.5 | 3.1 | 2.3 | 1.9 | 1.7 | 1.1 | • | • | • |
| Interest Paid | 13 | 0.7 | 0.4 | 0.5 | 0.5 | 0.6 | 0.4 | 0.4 | 0.3 | 0.4 | 0.4 | • | • | • |
| Depreciation | 14 | 1.3 | 0.4 | 1.4 | 2.4 | 1.8 | 1.7 | 1.2 | 0.9 | 0.7 | 0.7 | • | • | • |
| Amortization and Depletion | 15 | 0.1 | 0.1 | 0.1 | 0.1 | 0.0 | 0.0 | 0.0 | 0.0 | 0.0 | 0.0 | • | • | • |
| Pensions and Other Deferred Comp. | 16 | 0.5 | 1.0 | 0.1 | 0.3 | 0.4 | 0.7 | 0.7 | 0.4 | 0.4 | 0.4 | • | • | • |
| Employee Benefits | 17 | 1.5 | 1.0 | 0.9 | 1.3 | 1.1 | 1.4 | 2.0 | 1.5 | 2.2 | 1.2 | • | • | • |
| Advertising | 18 | 0.5 | 0.1 | 1.0 | 1.2 | 0.8 | 0.9 | 0.4 | 0.1 | 0.2 | 0.1 | • | • | • |
| Other Expenses | 19 | 8.0 | 7.6 | 12.8 | 13.3 | 11.0 | 9.6 | 7.3 | 5.3 | 3.9 | 1.7 | • | • | • |
| Officers' Compensation | 20 | 4.6 | 3.6 | 8.1 | 7.7 | 6.8 | 6.3 | 4.6 | 3.3 | 2.5 | 1.5 | • | • | • |
| Operating Margin | 21 | 4.2 | 3.9 | 7.9 | 4.9 | 5.3 | 5.2 | 3.3 | 4.6 | 3.8 | 3.5 | • | • | • |
| Operating Margin Before Officers' Comp. | 22 | 8.8 | 7.5 | 16.0 | 12.5 | 12.0 | 11.5 | 7.8 | 7.8 | 6.3 | 5.0 | • | • | • |

## Selected Average Balance Sheet ($ in Thousands)

| | | | | | | | | | | | | | |
|---|---|---|---|---|---|---|---|---|---|---|---|---|---|
| Net Receivables 23 | 255 | 0 | 4 | 39 | 84 | 225 | 1100 | 3758 | 8924 | 21325 | • | • | • |
| Inventories 24 | 31 | 0 | 1 | 14 | 31 | 67 | 135 | 205 | 418 | 1622 | • | • | • |
| Net Property, Plant and Equipment 25 | 84 | 0 | 11 | 47 | 87 | 158 | 284 | 708 | 1210 | 3532 | • | • | • |
| Total Assets 26 | 608 | 0 | 33 | 160 | 347 | 713 | 2060 | 7148 | 14467 | 35114 | • | • | • |
| Notes and Loans Payable 27 | 127 | 0 | 18 | 46 | 113 | 140 | 355 | 735 | 1955 | 5468 | • | • | • |
| All Other Liabilities 28 | 248 | 0 | 7 | 44 | 64 | 178 | 945 | 3574 | 7790 | 19525 | • | • | • |
| Net Worth 29 | 234 | 0 | 8 | 69 | 171 | 396 | 761 | 2839 | 4723 | 10121 | • | • | • |

## Selected Financial Ratios (Times to 1)

| | | | | | | | | | | | | | |
|---|---|---|---|---|---|---|---|---|---|---|---|---|---|
| Current Ratio 30 | 1.6 | • | 1.5 | 2.0 | 2.9 | 2.5 | 1.6 | 1.6 | 1.4 | 1.4 | • | • | • |
| Quick Ratio 31 | 1.3 | • | 1.3 | 1.5 | 2.4 | 2.0 | 1.3 | 1.3 | 1.2 | 1.2 | • | • | • |
| Net Sales to Working Capital 32 | 10.6 | • | 53.0 | 14.9 | 9.5 | 8.6 | 10.0 | 8.7 | 9.6 | 10.9 | • | • | • |
| Coverage Ratio 33 | 8.4 | 19.6 | 18.8 | 12.3 | 11.3 | 15.1 | 10.5 | 16.7 | 12.2 | 10.3 | • | • | • |
| Total Asset Turnover 34 | 2.9 | • | 8.9 | 4.6 | 4.0 | 3.7 | 3.0 | 2.7 | 2.5 | 2.7 | • | • | • |
| Inventory Turnover 35 | 39.9 | • | 119.4 | 28.7 | 26.4 | 24.3 | 33.1 | 72.6 | 68.4 | 48.7 | • | • | • |
| Receivables Turnover 36 | 7.1 | • | 76.6 | 19.7 | 13.7 | 11.3 | 5.6 | 4.3 | 4.7 | 4.4 | • | • | • |
| Total Liabilities to Net Worth 37 | 1.6 | • | 3.1 | 1.3 | 1.0 | 0.8 | 1.7 | 1.5 | 2.1 | 2.5 | • | • | • |
| Current Assets to Working Capital 38 | 2.5 | • | 3.0 | 2.0 | 1.5 | 1.7 | 2.7 | 2.7 | 3.3 | 3.4 | • | • | • |
| Current Liabilities to Working Capital 39 | 1.5 | • | 2.0 | 1.0 | 0.5 | 0.7 | 1.7 | 1.7 | 2.3 | 2.4 | • | • | • |
| Working Capital to Net Sales 40 | 0.1 | • | 0.0 | 0.1 | 0.1 | 0.1 | 0.1 | 0.1 | 0.1 | 0.1 | • | • | • |
| Inventory to Working Capital 41 | 0.2 | • | 0.3 | 0.3 | 0.2 | 0.2 | 0.2 | 0.1 | 0.1 | 0.2 | • | • | • |
| Total Receipts to Cash Flow 42 | 9.3 | 7.8 | 5.3 | 6.2 | 7.3 | 7.7 | 10.7 | 12.3 | 14.5 | 23.3 | • | • | • |
| Cost of Goods to Cash Flow 43 | 6.5 | 5.9 | 3.0 | 3.3 | 4.3 | 4.7 | 7.7 | 9.6 | 11.5 | 19.7 | • | • | • |
| Cash Flow to Total Debt 44 | 0.5 | • | 2.2 | 1.3 | 1.1 | 1.1 | 0.4 | 0.4 | 0.3 | 0.2 | • | • | • |

## Selected Financial Factors (in Percentages)

| | | | | | | | | | | | | | |
|---|---|---|---|---|---|---|---|---|---|---|---|---|---|
| Debt Ratio 45 | 61.6 | • | 75.6 | 56.7 | 50.9 | 44.5 | 63.1 | 60.3 | 67.4 | 71.2 | • | • | • |
| Return on Total Assets 46 | 16.0 | • | 77.0 | 26.8 | 27.7 | 22.8 | 12.9 | 14.1 | 11.9 | 11.2 | • | • | • |
| Return on Equity Before Income Taxes 47 | 36.6 | • | 298.3 | 56.9 | 51.3 | 38.3 | 31.7 | 33.4 | 33.4 | 35.2 | • | • | • |
| Return on Equity After Income Taxes 48 | 34.1 | • | 295.5 | 54.9 | 48.5 | 36.2 | 29.2 | 31.4 | 30.4 | 33.6 | • | • | • |
| Profit Margin (Before Income Tax) 49 | 4.8 | 6.9 | 8.2 | 5.3 | 6.2 | 5.7 | 3.9 | 5.0 | 4.4 | 3.8 | • | • | • |
| Profit Margin (After Income Tax) 50 | 4.5 | 5.4 | 8.1 | 5.2 | 5.9 | 5.4 | 3.6 | 4.7 | 4.0 | 3.6 | • | • | • |

# Table I

Corporations with and without Net Income

## ELECTRICAL CONTRACTORS

MONEY AMOUNTS AND SIZE OF ASSETS IN THOUSANDS OF DOLLARS

| Item Description for Accounting Period 7/00 Through 6/01 | | Total | Zero Assets | Under 100 | 100 to 250 | 251 to 500 | 501 to 1,000 | 1,001 to 5,000 | 5,001 to 10,000 | 10,001 to 25,000 | 25,001 to 50,000 | 50,001 to 100,000 | 100,001 to 250,000 | 250,001 and over |
|---|---|---|---|---|---|---|---|---|---|---|---|---|---|---|
| Number of Enterprises | 1 | 39250 | 2459 | 19017 | 6653 | 4448 | 2603 | 3300 | 493 | 203 | 44 | 15 | 6 | 8 |
| **Revenues ($ in Thousands)** | | | | | | | | | | | | | | |
| Net Sales | 2 | 68992983 | 556465 | 4549596 | 3869939 | 4253394 | 4808255 | 18061467 | 8999503 | 7197439 | 3736104 | 2104552 | 1503811 | 9352460 |
| Interest | 3 | 123169 | 795 | 711 | 7126 | 10214 | 12529 | 34608 | 9736 | 5817 | 3028 | 10833 | 2301 | 25471 |
| Rents | 4 | 26406 | 0 | 0 | 5104 | 0 | 10931 | 2070 | 3073 | 1346 | 890 | 1458 | 13 | 1520 |
| Royalties | 5 | 37687 | 0 | 0 | 0 | 0 | 0 | 1943 | 0 | 78 | 0 | 0 | 0 | 35666 |
| Other Portfolio Income | 6 | 108465 | 7350 | 1010 | 35301 | 14665 | 5267 | 19141 | 6567 | 6790 | 2794 | 2806 | 4026 | 2748 |
| Other Receipts | 7 | 253478 | 6332 | 5275 | 5771 | 14671 | 12530 | 75892 | 51081 | 17756 | 7284 | 17901 | 2954 | 36032 |
| Total Receipts | 8 | 69542188 | 570942 | 4556592 | 3923241 | 4292944 | 4849512 | 18195121 | 9069960 | 7229226 | 3750100 | 2137550 | 1513105 | 9453897 |
| Average Total Receipts | 9 | 1772 | 232 | 240 | 590 | 965 | 1863 | 5514 | 18397 | 35612 | 85230 | 142503 | 252184 | 1181737 |
| **Operating Costs/Operating Income (%)** | | | | | | | | | | | | | | |
| Cost of Operations | 10 | 70.1 | 76.9 | 44.1 | 50.1 | 56.3 | 63.0 | 73.0 | 76.2 | 76.8 | 80.1 | 78.6 | 71.3 | 77.7 |
| Salaries and Wages | 11 | 6.4 | 13.6 | 14.4 | 12.6 | 9.5 | 6.4 | 5.4 | 4.6 | 4.6 | 3.9 | 5.5 | 4.7 | 4.6 |
| Taxes Paid | 12 | 2.8 | 1.9 | 3.7 | 3.9 | 3.7 | 3.4 | 2.6 | 2.4 | 2.2 | 1.8 | 2.9 | 2.6 | 2.8 |
| Interest Paid | 13 | 0.8 | 1.9 | 0.9 | 0.7 | 1.0 | 0.7 | 0.5 | 0.7 | 0.5 | 0.6 | 1.2 | 1.7 | 1.2 |
| Depreciation | 14 | 1.5 | 1.6 | 1.8 | 2.6 | 2.9 | 2.0 | 1.1 | 1.2 | 0.9 | 0.8 | 1.0 | 4.0 | 1.5 |
| Amortization and Depletion | 15 | 0.1 | 0.4 | 0.0 | 0.0 | 0.1 | 0.0 | 0.0 | 0.0 | 0.0 | 0.0 | 0.1 | 0.7 | 0.5 |
| Pensions and Other Deferred Comp. | 16 | 0.4 | 0.0 | 0.2 | 0.6 | 0.5 | 0.3 | 0.5 | 0.4 | 0.6 | 0.3 | 0.3 | 0.3 | 0.1 |
| Employee Benefits | 17 | 2.4 | 0.7 | 2.0 | 1.0 | 1.5 | 2.3 | 3.1 | 3.7 | 2.6 | 2.6 | 2.4 | 3.9 | 0.9 |
| Advertising | 18 | 0.2 | 0.1 | 0.6 | 0.5 | 0.6 | 0.2 | 0.2 | 0.2 | 0.1 | 0.1 | 0.1 | 0.1 | 0.1 |
| Other Expenses | 19 | 7.6 | 9.4 | 19.1 | 14.3 | 13.2 | 10.1 | 6.2 | 5.1 | 4.3 | 3.6 | 4.5 | 4.1 | 6.3 |
| Officers' Compensation | 20 | 4.8 | 1.8 | 10.2 | 9.0 | 9.2 | 9.1 | 5.0 | 3.7 | 2.5 | 2.1 | 1.7 | 0.9 | 1.0 |
| Operating Margin | 21 | 2.9 | • | 2.9 | 4.8 | 1.6 | 2.3 | 2.4 | 1.9 | 4.8 | 4.1 | 1.9 | 5.8 | 3.4 |
| Operating Margin Before Officers' Comp. | 22 | 7.7 | • | 13.1 | 13.8 | 10.8 | 11.4 | 7.4 | 5.6 | 7.2 | 6.2 | 3.6 | 6.7 | 4.3 |

| Selected Average Balance Sheet ($ in Thousands) | | | | | | | | | | | | | |
|---|---|---|---|---|---|---|---|---|---|---|---|---|---|
| Net Receivables 23 | 314 | 0 | 7 | 32 | 89 | 258 | 1001 | 3797 | 8426 | 20347 | 37866 | 55738 | 278856 |
| Inventories 24 | 31 | 0 | 2 | 17 | 23 | 40 | 132 | 374 | 572 | 389 | 1199 | 4135 | 7535 |
| Net Property, Plant and Equipment 25 | 100 | 0 | 14 | 47 | 93 | 152 | 229 | 748 | 1376 | 3189 | 5878 | 47756 | 76357 |
| Total Assets 26 | 713 | 0 | 35 | 157 | 353 | 694 | 2085 | 7037 | 14607 | 34223 | 68486 | 170565 | 752227 |
| Notes and Loans Payable 27 | 148 | 0 | 21 | 64 | 109 | 152 | 331 | 1510 | 2259 | 5546 | 9499 | 47962 | 139528 |
| All Other Liabilities 28 | 298 | 0 | 11 | 39 | 85 | 199 | 904 | 3494 | 7057 | 18140 | 35330 | 47782 | 320281 |
| Net Worth 29 | 267 | 0 | 2 | 54 | 159 | 343 | 849 | 2033 | 5291 | 10537 | 23657 | 74820 | 292418 |

| Selected Financial Ratios (Times to 1) | | | | | | | | | | | | | |
|---|---|---|---|---|---|---|---|---|---|---|---|---|---|
| Current Ratio 30 | 1.5 | • | 1.2 | 2.3 | 1.8 | 2.0 | 1.6 | 1.4 | 1.6 | 1.4 | 1.6 | 1.9 | 1.3 |
| Quick Ratio 31 | 1.2 | • | 0.9 | 1.8 | 1.5 | 1.7 | 1.3 | 1.1 | 1.3 | 1.2 | 1.3 | 1.4 | 1.0 |
| Net Sales to Working Capital 32 | 9.8 | • | 91.6 | 10.3 | 10.8 | 7.5 | 8.6 | 11.0 | 7.8 | 11.0 | 7.5 | 5.7 | 11.1 |
| Coverage Ratio 33 | 5.8 | • | 4.2 | 9.6 | 3.6 | 5.2 | 7.2 | 5.1 | 11.0 | 8.9 | 3.9 | 4.8 | 4.7 |
| Total Asset Turnover 34 | 2.5 | • | 6.9 | 3.7 | 2.7 | 2.7 | 2.6 | 2.6 | 2.4 | 2.5 | 2.0 | 1.5 | 1.6 |
| Inventory Turnover 35 | 39.8 | • | 56.6 | 16.8 | 23.3 | 29.5 | 30.2 | 37.1 | 47.6 | 175.0 | 91.9 | 43.2 | 120.6 |
| Receivables Turnover 36 | 5.8 | • | 33.6 | 17.4 | 11.0 | 6.7 | 5.1 | 5.3 | 4.7 | 5.2 | 4.0 | 4.2 | 4.6 |
| Total Liabilities to Net Worth 37 | 1.7 | • | 17.8 | 1.9 | 1.2 | 1.0 | 1.5 | 2.5 | 1.8 | 2.2 | 1.9 | 1.3 | 1.6 |
| Current Assets to Working Capital 38 | 2.8 | • | 7.3 | 1.7 | 2.2 | 2.0 | 2.6 | 3.5 | 2.7 | 3.6 | 2.8 | 2.1 | 4.0 |
| Current Liabilities to Working Capital 39 | 1.8 | • | 6.3 | 0.7 | 1.2 | 1.0 | 1.6 | 2.5 | 1.7 | 2.6 | 1.8 | 1.1 | 3.0 |
| Working Capital to Net Sales 40 | 0.1 | • | 0.0 | 0.1 | 0.1 | 0.1 | 0.1 | 0.1 | 0.1 | 0.1 | 0.1 | 0.2 | 0.1 |
| Inventory to Working Capital 41 | 0.2 | • | 0.9 | 0.3 | 0.2 | 0.2 | 0.2 | 0.3 | 0.1 | 0.1 | 0.1 | 0.1 | 0.1 |
| Total Receipts to Cash Flow 42 | 10.8 | 69.7 | 5.1 | 6.4 | 7.9 | 10.1 | 13.0 | 17.0 | 12.6 | 14.8 | 15.6 | 11.1 | 11.0 |
| Cost of Goods to Cash Flow 43 | 7.6 | 53.6 | 2.3 | 3.2 | 4.5 | 6.4 | 9.5 | 13.0 | 9.7 | 11.9 | 12.3 | 7.9 | 8.6 |
| Cash Flow to Total Debt 44 | 0.4 | • | 1.4 | 0.9 | 0.6 | 0.5 | 0.3 | 0.2 | 0.3 | 0.2 | 0.2 | 0.2 | 0.2 |

| Selected Financial Factors (in Percentages) | | | | | | | | | | | | | |
|---|---|---|---|---|---|---|---|---|---|---|---|---|---|
| Debt Ratio 45 | 62.5 | • | 94.7 | 65.7 | 54.9 | 50.6 | 59.3 | 71.1 | 63.8 | 69.2 | 65.5 | 56.1 | 61.1 |
| Return on Total Assets 46 | 11.0 | • | 27.6 | 25.6 | 9.4 | 10.4 | 9.4 | 8.7 | 13.9 | 12.6 | 9.5 | 11.9 | 8.8 |
| Return on Equity Before Income Taxes 47 | 24.2 | • | 396.7 | 66.9 | 15.1 | 17.1 | 19.9 | 24.2 | 35.0 | 36.3 | 20.5 | 21.5 | 17.8 |
| Return on Equity After Income Taxes 48 | 20.4 | • | 383.7 | 65.2 | 13.9 | 14.5 | 16.9 | 19.4 | 32.0 | 33.1 | 13.6 | 15.4 | 12.3 |
| Profit Margin (Before Income Tax) 49 | 3.7 | • | 3.0 | 6.2 | 2.5 | 3.2 | 3.1 | 2.7 | 5.2 | 4.5 | 3.5 | 6.4 | 4.5 |
| Profit Margin (After Income Tax) 50 | 3.1 | • | 2.9 | 6.0 | 2.3 | 2.7 | 2.6 | 2.2 | 4.8 | 4.1 | 2.3 | 4.6 | 3.1 |

**Table II**

Corporations with Net Income

# ELECTRICAL CONTRACTORS

MONEY AMOUNTS AND SIZE OF ASSETS IN THOUSANDS OF DOLLARS

| Item Description for Accounting Period 7/00 Through 6/01 | | Total | Zero Assets | Under 100 | 100 to 250 | 251 to 500 | 501 to 1,000 | 1,001 to 5,000 | 5,001 to 10,000 | 10,001 to 25,000 | 25,001 to 50,000 | 50,001 to 100,000 | 100,001 to 250,000 | 250,001 and over |
|---|---|---|---|---|---|---|---|---|---|---|---|---|---|---|
| Number of Enterprises | 1 | 25022 | 1082 | 10734 | 4500 | 3527 | 1994 | 2507 | 427 | 185 | 41 | 0 | 6 | 0 |
| **Revenues ($ in Thousands)** | | | | | | | | | | | | | | |
| Net Sales | 2 | 58516722 | 178450 | 2899278 | 2926349 | 3215389 | 4054555 | 14689934 | 7841606 | 6864408 | 3482904 | 0 | 1503811 | 0 |
| Interest | 3 | 99720 | 8 | 66 | 4374 | 9083 | 10198 | 27468 | 8209 | 5347 | 2638 | 0 | 2301 | 0 |
| Rents | 4 | 19227 | 0 | 0 | 1817 | 0 | 10551 | 1643 | 1091 | 1323 | 890 | 0 | 13 | 0 |
| Royalties | 5 | 35744 | 0 | 0 | 0 | 0 | 0 | 0 | 0 | 78 | 0 | 0 | 0 | 0 |
| Other Portfolio Income | 6 | 98585 | 7338 | 669 | 34671 | 12960 | 3209 | 15507 | 5536 | 6457 | 2658 | 0 | 4026 | 0 |
| Other Receipts | 7 | 199679 | 6248 | 3550 | 2470 | 3090 | 6230 | 52088 | 48255 | 16483 | 6298 | 0 | 2954 | 0 |
| Total Receipts | 8 | 58969677 | 192044 | 2903563 | 2969681 | 3240522 | 4084743 | 14786640 | 7904697 | 6894096 | 3495388 | 0 | 1513105 | 0 |
| Average Total Receipts | 9 | 2357 | 177 | 271 | 660 | 919 | 2049 | 5898 | 18512 | 37265 | 85253 | • | 252184 | • |
| **Operating Costs/Operating Income (%)** | | | | | | | | | | | | | | |
| Cost of Operations | 10 | 69.8 | 69.2 | 38.2 | 50.8 | 54.8 | 61.5 | 72.2 | 74.7 | 76.6 | 79.6 | • | 71.3 | • |
| Salaries and Wages | 11 | 5.7 | 4.2 | 13.2 | 12.4 | 8.5 | 6.1 | 4.5 | 4.5 | 4.6 | 3.8 | • | 4.7 | • |
| Taxes Paid | 12 | 2.7 | 0.9 | 3.7 | 3.5 | 3.4 | 3.3 | 2.5 | 2.6 | 2.2 | 1.9 | • | 2.6 | • |
| Interest Paid | 13 | 0.7 | 1.6 | 0.8 | 0.6 | 1.0 | 0.6 | 0.4 | 0.7 | 0.5 | 0.6 | • | 1.7 | • |
| Depreciation | 14 | 1.4 | 0.8 | 1.7 | 2.0 | 3.2 | 1.8 | 1.1 | 1.2 | 0.9 | 0.8 | • | 4.0 | • |
| Amortization and Depletion | 15 | 0.1 | 0.0 | 0.0 | 0.0 | 0.1 | 0.0 | 0.0 | 0.0 | 0.0 | 0.1 | • | 0.7 | • |
| Pensions and Other Deferred Comp. | 16 | 0.4 | 0.0 | 0.1 | 0.5 | 0.6 | 0.3 | 0.6 | 0.5 | 0.6 | 0.3 | • | 0.3 | • |
| Employee Benefits | 17 | 2.6 | 0.9 | 2.1 | 0.9 | 1.6 | 2.5 | 3.5 | 4.1 | 2.5 | 2.6 | • | 3.9 | • |
| Advertising | 18 | 0.2 | 0.2 | 0.3 | 0.4 | 0.5 | 0.2 | 0.2 | 0.1 | 0.1 | 0.2 | • | 0.1 | • |
| Other Expenses | 19 | 7.0 | 9.6 | 19.7 | 11.7 | 11.8 | 10.3 | 5.7 | 5.1 | 4.2 | 3.5 | • | 4.1 | • |
| Officers' Compensation | 20 | 4.6 | 2.2 | 10.1 | 7.7 | 10.0 | 9.5 | 5.4 | 3.7 | 2.4 | 2.1 | • | 0.9 | • |
| Operating Margin | 21 | 4.7 | 10.3 | 9.9 | 9.5 | 4.4 | 3.8 | 4.1 | 2.8 | 5.2 | 4.6 | • | 5.8 | • |
| Operating Margin Before Officers' Comp. | 22 | 9.3 | 12.5 | 20.0 | 17.3 | 14.5 | 13.3 | 9.4 | 6.5 | 7.6 | 6.7 | • | 6.7 | • |

## Selected Average Balance Sheet ($ in Thousands)

| | | | | | | | | | | | | | |
|---|---|---|---|---|---|---|---|---|---|---|---|---|---|
| Net Receivables 23 | 429 | 0 | 7 | 34 | 81 | 268 | 1034 | 3817 | 8792 | 19784 | • | 55738 | • |
| Inventories 24 | 37 | 0 | 2 | 18 | 19 | 33 | 127 | 411 | 491 | 398 | • | 4686 | • |
| Net Property, Plant and Equipment 25 | 127 | 0 | 16 | 31 | 96 | 151 | 236 | 694 | 1372 | 3377 | • | 47756 | • |
| Total Assets 26 | 944 | 0 | 38 | 157 | 352 | 690 | 2091 | 7006 | 14768 | 33920 | • | 170565 | • |
| Notes and Loans Payable 27 | 178 | 0 | 13 | 40 | 110 | 144 | 274 | 1466 | 2203 | 5945 | • | 47962 | • |
| All Other Liabilities 28 | 389 | 0 | 11 | 39 | 80 | 198 | 917 | 3588 | 6977 | 17253 | • | 47782 | • |
| Net Worth 29 | 377 | 0 | 14 | 78 | 162 | 347 | 900 | 1952 | 5588 | 10723 | • | 74820 | • |

## Selected Financial Ratios (Times to 1)

| | | | | | | | | | | | | | |
|---|---|---|---|---|---|---|---|---|---|---|---|---|---|
| Current Ratio 30 | 1.6 | • | 1.3 | 2.7 | 1.8 | 2.1 | 1.7 | 1.4 | 1.6 | 1.4 | • | 1.9 | • |
| Quick Ratio 31 | 1.3 | • | 1.1 | 2.0 | 1.5 | 1.8 | 1.4 | 1.1 | 1.4 | 1.2 | • | 1.4 | • |
| Net Sales to Working Capital 32 | 9.2 | • | 51.1 | 9.2 | 10.7 | 7.9 | 8.5 | 10.9 | 7.6 | 10.9 | • | 5.7 | • |
| Coverage Ratio 33 | 8.7 | 12.0 | 13.1 | 20.2 | 6.2 | 8.2 | 12.1 | 6.6 | 12.6 | 9.1 | • | 4.8 | • |
| Total Asset Turnover 34 | 2.5 | • | 7.2 | 4.1 | 2.6 | 2.9 | 2.8 | 2.6 | 2.5 | 2.5 | • | 1.5 | • |
| Inventory Turnover 35 | 44.1 | • | 51.0 | 18.3 | 26.4 | 37.7 | 33.4 | 33.4 | 57.9 | 169.8 | • | 38.1 | • |
| Receivables Turnover 36 | 5.7 | • | 30.2 | 17.7 | 11.6 | 7.4 | 5.2 | 5.3 | 4.8 | 5.5 | • | 9.0 | • |
| Total Liabilities to Net Worth 37 | 1.5 | • | 1.7 | 1.0 | 1.2 | 1.0 | 1.3 | 2.6 | 1.6 | 2.2 | • | 1.3 | • |
| Current Assets to Working Capital 38 | 2.7 | • | 3.9 | 1.6 | 2.2 | 1.9 | 2.4 | 3.5 | 2.6 | 3.5 | • | 2.1 | • |
| Current Liabilities to Working Capital 39 | 1.7 | • | 2.9 | 0.6 | 1.2 | 0.9 | 1.4 | 2.5 | 1.6 | 2.5 | • | 1.1 | • |
| Working Capital to Net Sales 40 | 0.1 | • | 0.0 | 0.1 | 0.1 | 0.1 | 0.1 | 0.1 | 0.1 | 0.1 | • | 0.2 | • |
| Inventory to Working Capital 41 | 0.1 | • | 0.4 | 0.3 | 0.2 | 0.1 | 0.1 | 0.3 | 0.1 | 0.1 | • | 0.1 | • |
| Total Receipts to Cash Flow 42 | 9.6 | 3.9 | 3.6 | 5.7 | 7.1 | 8.9 | 11.2 | 14.9 | 12.1 | 14.0 | • | 11.1 | • |
| Cost of Goods to Cash Flow 43 | 6.7 | 2.7 | 1.4 | 2.9 | 3.9 | 5.5 | 8.1 | 11.2 | 9.3 | 11.1 | • | 7.9 | • |
| Cash Flow to Total Debt 44 | 0.4 | • | 3.1 | 1.4 | 0.7 | 0.7 | 0.4 | 0.2 | 0.3 | 0.3 | • | 0.2 | • |

## Selected Financial Factors (in Percentages)

| | | | | | | | | | | | | | |
|---|---|---|---|---|---|---|---|---|---|---|---|---|---|
| Debt Ratio 45 | 60.1 | • | 63.4 | 50.4 | 54.0 | 49.7 | 56.9 | 72.1 | 62.2 | 68.4 | • | 56.1 | • |
| Return on Total Assets 46 | 15.3 | • | 78.0 | 47.8 | 16.1 | 15.3 | 14.5 | 11.2 | 15.4 | 13.9 | • | 11.9 | • |
| Return on Equity Before Income Taxes 47 | 33.9 | • | 196.8 | 91.5 | 29.4 | 26.6 | 30.8 | 34.0 | 37.4 | 39.0 | • | 21.5 | • |
| Return on Equity After Income Taxes 48 | 29.6 | • | 193.7 | 89.8 | 27.9 | 23.3 | 27.1 | 28.3 | 34.3 | 35.7 | • | 15.4 | • |
| Profit Margin (Before Income Tax) 49 | 5.5 | 17.9 | 10.0 | 11.0 | 5.2 | 4.5 | 4.7 | 3.6 | 5.6 | 4.9 | • | 6.4 | • |
| Profit Margin (After Income Tax) 50 | 4.8 | 17.1 | 9.9 | 10.8 | 5.0 | 4.0 | 4.2 | 3.0 | 5.2 | 4.5 | • | 4.6 | • |

**Table I**

Corporations with and without Net Income

# OTHER SPECIAL TRADE CONTRACTORS

**MONEY AMOUNTS AND SIZE OF ASSETS IN THOUSANDS OF DOLLARS**

| Item Description for Accounting Period 7/00 Through 6/01 | | Total | Zero Assets | Under 100 | 100 to 250 | 251 to 500 | 501 to 1,000 | 1,001 to 5,000 | 5,001 to 10,000 | 10,001 to 25,000 | 25,001 to 50,000 | 50,001 to 100,000 | 100,001 to 250,000 | 250,001 and over |
|---|---|---|---|---|---|---|---|---|---|---|---|---|---|---|
| Number of Enterprises | 1 | 246505 | 15110 | 145465 | 36169 | 18790 | 14583 | 14157 | 1339 | 669 | 132 | 55 | 24 | 12 |
| **Revenues ($ in Thousands)** | | | | | | | | | | | | | | |
| Net Sales | 2 | 277978435 | 2346992 | 43272795 | 28714255 | 26061403 | 33321916 | 74700803 | 21607735 | 22455110 | 9885574 | 6832209 | 5397485 | 3382157 |
| Interest | 3 | 382038 | 10569 | 9468 | 16938 | 27860 | 48762 | 97631 | 30012 | 31756 | 13303 | 8713 | 9864 | 77162 |
| Rents | 4 | 258306 | 1783 | 8924 | 15338 | 26102 | 29246 | 27923 | 7825 | 11716 | 29684 | 2189 | 63925 | 33650 |
| Royalties | 5 | 39528 | 0 | 0 | 0 | 0 | 0 | 599 | 0 | 428 | 788 | 4224 | 2725 | 30764 |
| Other Portfolio Income | 6 | 613807 | 75553 | 28619 | 57759 | 77605 | 42798 | 183517 | 36482 | 29721 | 34498 | 27838 | 12569 | 6850 |
| Other Receipts | 7 | 1146569 | 4953 | 62796 | 56543 | 131014 | 129853 | 331116 | 141736 | 133107 | 45819 | 29461 | 9934 | 70238 |
| Total Receipts | 8 | 280418683 | 2439850 | 43382602 | 28860833 | 26323984 | 33572575 | 75341589 | 21823790 | 22661838 | 10009666 | 6904634 | 5496502 | 3600821 |
| Average Total Receipts | 9 | 1138 | 161 | 298 | 798 | 1401 | 2302 | 5322 | 16299 | 33874 | 75831 | 125539 | 229021 | 300068 |
| **Operating Costs/Operating Income (%)** | | | | | | | | | | | | | | |
| Cost of Operations | 10 | 64.6 | 57.5 | 49.8 | 56.5 | 57.1 | 61.7 | 69.3 | 75.1 | 77.6 | 78.2 | 78.9 | 77.5 | 70.0 |
| Salaries and Wages | 11 | 7.5 | 10.1 | 11.3 | 9.6 | 9.0 | 8.2 | 6.2 | 4.5 | 4.2 | 5.2 | 5.2 | 5.5 | 8.5 |
| Taxes Paid | 12 | 2.5 | 2.9 | 3.1 | 2.6 | 3.0 | 2.7 | 2.5 | 2.3 | 2.0 | 1.8 | 1.7 | 1.5 | 1.7 |
| Interest Paid | 13 | 0.8 | 1.0 | 0.5 | 0.7 | 0.8 | 0.8 | 0.8 | 0.8 | 0.8 | 0.8 | 1.2 | 2.1 | 4.8 |
| Depreciation | 14 | 2.3 | 1.3 | 1.7 | 2.4 | 3.4 | 2.6 | 2.3 | 1.8 | 1.8 | 1.8 | 2.2 | 3.1 | 3.8 |
| Amortization and Depletion | 15 | 0.1 | 0.0 | 0.0 | 0.0 | 0.0 | 0.1 | 0.0 | 0.0 | 0.0 | 0.1 | 0.2 | 0.4 | 0.6 |
| Pensions and Other Deferred Comp. | 16 | 0.4 | 0.2 | 0.2 | 0.2 | 0.3 | 0.6 | 0.6 | 0.6 | 0.4 | 0.3 | 0.4 | 0.3 | 0.3 |
| Employee Benefits | 17 | 1.3 | 0.4 | 1.3 | 0.9 | 1.1 | 1.0 | 1.4 | 1.7 | 1.3 | 1.4 | 1.1 | 0.9 | 2.2 |
| Advertising | 18 | 0.4 | 0.3 | 0.6 | 0.6 | 0.8 | 0.6 | 0.2 | 0.2 | 0.2 | 0.2 | 0.2 | 0.2 | 0.2 |
| Other Expenses | 19 | 12.5 | 17.9 | 19.9 | 16.7 | 17.1 | 14.6 | 9.5 | 6.6 | 6.0 | 5.8 | 6.1 | 6.4 | 10.9 |
| Officers' Compensation | 20 | 5.0 | 5.6 | 8.2 | 6.7 | 5.7 | 5.5 | 4.6 | 3.2 | 2.4 | 1.5 | 1.0 | 0.9 | 1.9 |
| Operating Margin | 21 | 2.5 | 2.6 | 3.4 | 3.0 | 1.6 | 1.6 | 2.5 | 3.2 | 3.1 | 2.9 | 1.8 | 1.3 | • |
| Operating Margin Before Officers' Comp. | 22 | 7.5 | 8.2 | 11.6 | 9.7 | 7.3 | 7.1 | 7.0 | 6.4 | 5.6 | 4.4 | 2.8 | 2.2 | • |

## Selected Average Balance Sheet ($ in Thousands)

| | | | | | | | | | | | | | |
|---|---|---|---|---|---|---|---|---|---|---|---|---|---|
| Net Receivables 23 | 133 | 0 | 3 | 28 | 75 | 226 | 841 | 3228 | 6792 | 14830 | 26182 | 44997 | 114071 |
| Inventories 24 | 19 | 0 | 1 | 11 | 17 | 43 | 113 | 349 | 689 | 1660 | 2435 | 7155 | 7843 |
| Net Property, Plant and Equipment 25 | 96 | 0 | 14 | 68 | 146 | 219 | 456 | 1098 | 2636 | 6701 | 14236 | 31607 | 100944 |
| Total Assets 26 | 373 | 0 | 31 | 159 | 359 | 709 | 2001 | 6797 | 14690 | 34031 | 68681 | 140287 | 480519 |
| Notes and Loans Payable 27 | 121 | 0 | 21 | 82 | 154 | 245 | 526 | 1599 | 3189 | 6822 | 21882 | 46148 | 208619 |
| All Other Liabilities 28 | 123 | 0 | 8 | 31 | 81 | 193 | 699 | 3022 | 6298 | 14527 | 25662 | 47742 | 85470 |
| Net Worth 29 | 129 | 0 | 2 | 46 | 123 | 271 | 776 | 2176 | 5203 | 12682 | 21137 | 46398 | 186430 |

## Selected Financial Ratios (Times to 1)

| | | | | | | | | | | | | | |
|---|---|---|---|---|---|---|---|---|---|---|---|---|---|
| Current Ratio 30 | 1.5 | • | 1.3 | 1.5 | 1.6 | 1.7 | 1.6 | 1.4 | 1.5 | 1.4 | 1.4 | 1.4 | 1.1 |
| Quick Ratio 31 | 1.2 | • | 1.1 | 1.2 | 1.2 | 1.4 | 1.3 | 1.1 | 1.1 | 1.1 | 1.1 | 1.0 | 0.8 |
| Net Sales to Working Capital 32 | 14.3 | • | 109.1 | 33.9 | 22.4 | 12.2 | 9.6 | 10.3 | 9.9 | 10.9 | 11.1 | 11.9 | 28.7 |
| Coverage Ratio 33 | 5.0 | 7.5 | 8.1 | 5.8 | 4.1 | 4.0 | 5.1 | 6.4 | 6.3 | 6.4 | 3.3 | 2.5 | 1.3 |
| Total Asset Turnover 34 | 3.0 | • | 9.5 | 5.0 | 3.9 | 3.2 | 2.6 | 2.4 | 2.3 | 2.2 | 1.8 | 1.6 | 0.6 |
| Inventory Turnover 35 | 39.0 | • | 150.5 | 42.1 | 46.7 | 33.2 | 32.5 | 34.8 | 37.8 | 35.3 | 40.3 | 24.3 | 25.2 |
| Receivables Turnover 36 | 8.7 | • | 102.6 | 25.2 | 16.7 | 10.4 | 6.3 | 4.9 | 5.3 | 5.2 | 5.4 | 5.3 | 4.1 |
| Total Liabilities to Net Worth 37 | 1.9 | • | 11.7 | 2.4 | 1.9 | 1.6 | 1.6 | 2.1 | 1.8 | 1.7 | 2.2 | 2.0 | 1.6 |
| Current Assets to Working Capital 38 | 3.0 | • | 5.0 | 3.1 | 2.8 | 2.3 | 2.6 | 3.3 | 3.2 | 3.4 | 3.6 | 3.8 | 16.4 |
| Current Liabilities to Working Capital 39 | 2.0 | • | 4.0 | 2.1 | 1.8 | 1.3 | 1.6 | 2.3 | 2.2 | 2.4 | 2.6 | 2.8 | 15.4 |
| Working Capital to Net Sales 40 | 0.1 | • | 0.0 | 0.0 | 0.0 | 0.1 | 0.1 | 0.1 | 0.1 | 0.1 | 0.1 | 0.1 | 0.0 |
| Inventory to Working Capital 41 | 0.2 | • | 0.3 | 0.5 | 0.2 | 0.2 | 0.2 | 0.2 | 0.2 | 0.2 | 0.3 | 0.4 | 1.2 |
| Total Receipts to Cash Flow 42 | 7.9 | 5.2 | 4.9 | 6.0 | 6.3 | 7.4 | 10.6 | 11.9 | 13.5 | 13.3 | 14.4 | 14.1 | 10.9 |
| Cost of Goods to Cash Flow 43 | 5.1 | 3.0 | 2.5 | 3.4 | 3.6 | 4.6 | 7.4 | 8.9 | 10.5 | 10.4 | 11.4 | 11.0 | 7.6 |
| Cash Flow to Total Debt 44 | 0.6 | • | 2.1 | 1.2 | 0.9 | 0.7 | 0.4 | 0.3 | 0.3 | 0.3 | 0.2 | 0.2 | 0.1 |

## Selected Financial Factors (in Percentages)

| | | | | | | | | | | | | | |
|---|---|---|---|---|---|---|---|---|---|---|---|---|---|
| Debt Ratio 45 | 65.4 | • | 92.1 | 70.8 | 65.6 | 61.7 | 61.2 | 68.0 | 64.6 | 62.7 | 69.2 | 66.9 | 61.2 |
| Return on Total Assets 46 | 12.6 | • | 39.2 | 21.3 | 13.3 | 10.1 | 10.9 | 11.7 | 11.0 | 10.9 | 7.3 | 8.4 | 3.8 |
| Return on Equity Before Income Taxes 47 | 29.2 | • | 437.6 | 60.5 | 29.3 | 19.8 | 22.5 | 30.9 | 26.0 | 24.6 | 16.4 | 15.0 | 2.5 |
| Return on Equity After Income Taxes 48 | 26.7 | • | 431.5 | 58.8 | 27.0 | 18.3 | 19.9 | 27.2 | 23.1 | 21.7 | 14.4 | 11.8 | 1.8 |
| Profit Margin (Before Income Tax) 49 | 3.3 | 6.6 | 3.6 | 3.5 | 2.6 | 2.3 | 3.3 | 4.2 | 4.0 | 4.2 | 2.8 | 3.1 | 1.7 |
| Profit Margin (After Income Tax) 50 | 3.1 | 5.9 | 3.6 | 3.4 | 2.4 | 2.2 | 2.9 | 3.7 | 3.6 | 3.7 | 2.5 | 2.4 | 1.2 |

**Table II**

Corporations with Net Income

# OTHER SPECIAL TRADE CONTRACTORS

**MONEY AMOUNTS AND SIZE OF ASSETS IN THOUSANDS OF DOLLARS**

| Item Description for Accounting Period 7/00 Through 6/01 | | Total | Zero Assets | Under 100 | 100 to 250 | 251 to 500 | 501 to 1,000 | 1,001 to 5,000 | 5,001 to 10,000 | 10,001 to 25,000 | 25,001 to 50,000 | 50,001 to 100,000 | 100,001 to 250,000 | 250,001 and over |
|---|---|---|---|---|---|---|---|---|---|---|---|---|---|---|
| Number of Enterprises | 1 | 162911 | 6875 | 95919 | 24865 | 11668 | 11115 | 10631 | 1098 | 564 | 112 | 41 | 17 | 7 |
| **Revenues ($ in Thousands)** | | | | | | | | | | | | | | |
| Net Sales | 2 | 213802835 | 1015798 | 29458741 | 22641205 | 16373296 | 24407628 | 60980084 | 18489082 | 19479920 | 8794836 | 5665848 | 4305567 | 2190831 |
| Interest | 3 | 299855 | 4474 | 2442 | 10520 | 22134 | 36163 | 76645 | 25624 | 28342 | 9683 | 6883 | 7330 | 69615 |
| Rents | 4 | 113491 | 1783 | 0 | 3515 | 16903 | 17859 | 22721 | 5019 | 11111 | 27367 | 1548 | 2302 | 3363 |
| Royalties | 5 | 8154 | 0 | 0 | 0 | 0 | 0 | 599 | 0 | 0 | 5 | 4063 | 2373 | 1114 |
| Other Portfolio Income | 6 | 458792 | 73825 | 17271 | 20979 | 66334 | 32867 | 130205 | 23753 | 24341 | 33071 | 23323 | 9283 | 3539 |
| Other Receipts | 7 | 880481 | 4757 | 65812 | 41299 | 61503 | 70244 | 267556 | 114264 | 122129 | 36274 | 24805 | 7605 | 64233 |
| Total Receipts | 8 | 215563608 | 1100637 | 29544266 | 22717518 | 16540170 | 24564761 | 61477810 | 18657742 | 19665843 | 8901236 | 5726470 | 4334460 | 2332695 |
| Average Total Receipts | 9 | 1323 | 160 | 308 | 914 | 1418 | 2210 | 5783 | 16992 | 34869 | 79475 | 139670 | 254968 | 333242 |
| **Operating Costs/Operating Income (%)** | | | | | | | | | | | | | | |
| Cost of Operations | 10 | 63.8 | 46.4 | 45.6 | 56.6 | 52.5 | 59.3 | 68.3 | 74.5 | 77.0 | 78.1 | 79.5 | 78.1 | 67.9 |
| Salaries and Wages | 11 | 7.3 | 10.6 | 11.5 | 8.7 | 10.0 | 7.7 | 6.3 | 4.5 | 4.1 | 4.9 | 4.9 | 4.9 | 6.7 |
| Taxes Paid | 12 | 2.4 | 3.3 | 2.9 | 2.5 | 3.0 | 2.6 | 2.5 | 2.1 | 2.0 | 1.9 | 1.6 | 1.4 | 1.6 |
| Interest Paid | 13 | 0.7 | 1.1 | 0.5 | 0.6 | 0.7 | 0.7 | 0.6 | 0.6 | 0.6 | 0.7 | 0.9 | 1.4 | 5.4 |
| Depreciation | 14 | 2.0 | 1.8 | 1.4 | 2.3 | 3.0 | 2.8 | 2.0 | 1.4 | 1.6 | 1.8 | 1.8 | 2.2 | 2.1 |
| Amortization and Depletion | 15 | 0.0 | 0.0 | 0.0 | 0.0 | 0.0 | 0.1 | 0.0 | 0.0 | 0.0 | 0.0 | 0.1 | 0.2 | 0.6 |
| Pensions and Other Deferred Comp. | 16 | 0.4 | 0.4 | 0.3 | 0.2 | 0.3 | 0.4 | 0.6 | 0.6 | 0.4 | 0.3 | 0.5 | 0.3 | 0.3 |
| Employee Benefits | 17 | 1.3 | 0.7 | 1.2 | 1.0 | 1.0 | 1.0 | 1.4 | 1.7 | 1.3 | 1.3 | 1.0 | 0.8 | 2.3 |
| Advertising | 18 | 0.4 | 0.2 | 0.5 | 0.6 | 0.4 | 0.7 | 0.2 | 0.2 | 0.2 | 0.2 | 0.2 | 0.2 | 0.2 |
| Other Expenses | 19 | 11.9 | 14.5 | 20.3 | 15.2 | 18.5 | 15.2 | 9.3 | 6.1 | 5.8 | 5.5 | 5.5 | 5.3 | 11.7 |
| Officers' Compensation | 20 | 4.9 | 6.2 | 8.4 | 6.6 | 5.0 | 5.3 | 4.6 | 3.4 | 2.5 | 1.5 | 1.1 | 1.0 | 2.3 |
| Operating Margin | 21 | 4.9 | 14.9 | 7.4 | 5.7 | 5.4 | 4.2 | 4.2 | 4.9 | 4.3 | 3.9 | 2.9 | 4.4 | • |
| Operating Margin Before Officers' Comp. | 22 | 9.8 | 21.0 | 15.8 | 12.3 | 10.5 | 9.6 | 8.8 | 8.3 | 6.8 | 5.4 | 4.0 | 5.4 | 1.1 |

## Selected Average Balance Sheet ($ in Thousands)

| | | | | | | | | | | | | | |
|---|---|---|---|---|---|---|---|---|---|---|---|---|---|
| Net Receivables 23 | 161 | 0 | 3 | 27 | 82 | 222 | 896 | 3303 | 7045 | 15353 | 27543 | 46909 | 145921 |
| Inventories 24 | 21 | 0 | 1 | 10 | 16 | 45 | 120 | 297 | 662 | 1543 | 3416 | 7374 | 8178 |
| Net Property, Plant and Equipment 25 | 95 | 0 | 13 | 69 | 126 | 207 | 419 | 914 | 2422 | 6693 | 13487 | 24938 | 31834 |
| Total Assets 26 | 420 | 0 | 31 | 157 | 364 | 702 | 2043 | 6745 | 14633 | 33944 | 68522 | 132664 | 465136 |
| Notes and Loans Payable 27 | 112 | 0 | 17 | 65 | 125 | 214 | 442 | 1240 | 2825 | 6139 | 19145 | 35749 | 211537 |
| All Other Liabilities 28 | 138 | 0 | 6 | 28 | 69 | 165 | 709 | 3095 | 6248 | 14509 | 26617 | 50899 | 74618 |
| Net Worth 29 | 169 | 0 | 7 | 64 | 169 | 323 | 891 | 2410 | 5560 | 13295 | 22760 | 46016 | 178980 |

## Selected Financial Ratios (Times to 1)

| | | | | | | | | | | | | | |
|---|---|---|---|---|---|---|---|---|---|---|---|---|---|
| Current Ratio 30 | 1.6 | • | 1.5 | 1.6 | 1.8 | 2.0 | 1.8 | 1.5 | 1.5 | 1.5 | 1.4 | 1.4 | 1.0 |
| Quick Ratio 31 | 1.3 | • | 1.4 | 1.4 | 1.5 | 1.6 | 1.5 | 1.2 | 1.2 | 1.2 | 1.1 | 1.0 | 0.8 |
| Net Sales to Working Capital 32 | 12.2 | • | 62.1 | 33.3 | 16.0 | 9.8 | 8.6 | 9.3 | 9.1 | 10.1 | 10.8 | 11.0 | • |
| Coverage Ratio 33 | 9.2 | 22.7 | 16.9 | 11.4 | 10.0 | 7.9 | 9.0 | 10.1 | 9.1 | 8.6 | 5.3 | 4.6 | 2.0 |
| Total Asset Turnover 34 | 3.1 | • | 10.0 | 5.8 | 3.9 | 3.1 | 2.8 | 2.5 | 2.4 | 2.3 | 2.0 | 1.9 | 0.7 |
| Inventory Turnover 35 | 39.2 | • | 161.8 | 51.0 | 46.4 | 29.0 | 32.7 | 42.2 | 40.2 | 39.7 | 32.1 | 26.8 | 26.0 |
| Receivables Turnover 36 | 8.3 | • | 105.9 | 26.8 | 15.0 | 9.8 | 6.3 | 5.2 | 5.2 | 5.4 | 10.0 | 10.8 | 3.8 |
| Total Liabilities to Net Worth 37 | 1.5 | • | 3.1 | 1.5 | 1.1 | 1.2 | 1.3 | 1.8 | 1.6 | 1.6 | 2.0 | 1.9 | 1.6 |
| Current Assets to Working Capital 38 | 2.6 | • | 2.9 | 2.7 | 2.2 | 2.0 | 2.2 | 2.9 | 2.9 | 3.1 | 3.5 | 3.5 | • |
| Current Liabilities to Working Capital 39 | 1.6 | • | 1.9 | 1.7 | 1.2 | 1.0 | 1.2 | 1.9 | 1.9 | 2.1 | 2.5 | 2.5 | • |
| Working Capital to Net Sales 40 | 0.1 | • | 0.0 | 0.0 | 0.1 | 0.1 | 0.1 | 0.1 | 0.1 | 0.1 | 0.1 | 0.1 | • |
| Inventory to Working Capital 41 | 0.2 | • | 0.1 | 0.3 | 0.1 | 0.2 | 0.2 | 0.2 | 0.2 | 0.2 | 0.3 | 0.3 | • |
| Total Receipts to Cash Flow 42 | 6.8 | 3.1 | 4.0 | 5.5 | 4.7 | 6.0 | 9.1 | 10.1 | 11.8 | 12.1 | 13.4 | 12.6 | 7.1 |
| Cost of Goods to Cash Flow 43 | 4.4 | 1.5 | 1.8 | 3.1 | 2.5 | 3.6 | 6.2 | 7.5 | 9.1 | 9.5 | 10.6 | 9.8 | 4.8 |
| Cash Flow to Total Debt 44 | 0.8 | • | 3.3 | 1.8 | 1.5 | 1.0 | 0.5 | 0.4 | 0.3 | 0.3 | 0.2 | 0.2 | 0.2 |

## Selected Financial Factors (in Percentages)

| | | | | | | | | | | | | | |
|---|---|---|---|---|---|---|---|---|---|---|---|---|---|
| Debt Ratio 45 | 59.7 | • | 75.9 | 59.2 | 53.5 | 53.9 | 56.4 | 64.3 | 62.0 | 60.8 | 66.8 | 65.3 | 61.5 |
| Return on Total Assets 46 | 20.1 | • | 81.5 | 38.4 | 27.7 | 17.5 | 15.9 | 16.2 | 13.9 | 13.3 | 9.7 | 12.3 | 7.2 |
| Return on Equity Before Income Taxes 47 | 44.5 | • | 318.0 | 85.9 | 53.6 | 33.2 | 32.3 | 40.7 | 32.5 | 30.0 | 23.6 | 27.8 | 9.2 |
| Return on Equity After Income Taxes 48 | 41.6 | • | 314.9 | 84.1 | 51.0 | 31.6 | 29.3 | 36.7 | 29.3 | 26.6 | 21.1 | 23.2 | 8.0 |
| Profit Margin (Before Income Tax) 49 | 5.7 | 23.2 | 7.7 | 6.0 | 6.5 | 4.9 | 5.0 | 5.8 | 5.2 | 5.1 | 3.9 | 5.0 | 5.2 |
| Profit Margin (After Income Tax) 50 | 5.4 | 21.7 | 7.6 | 5.9 | 6.1 | 4.6 | 4.6 | 5.3 | 4.7 | 4.5 | 3.5 | 4.2 | 4.6 |

**Table I**

Corporations with and without Net Income

# ANIMAL FOOD MANUFACTURING, GRAIN, AND OILSEED MILLING

MONEY AMOUNTS AND SIZE OF ASSETS IN THOUSANDS OF DOLLARS

| Item Description for Accounting Period 7/00 Through 6/01 | | Total | Zero Assets | Under 100 | 100 to 250 | 251 to 500 | 501 to 1,000 | 1,001 to 5,000 | 5,001 to 10,000 | 10,001 to 25,000 | 25,001 to 50,000 | 50,001 to 100,000 | 100,001 to 250,000 | 250,001 and over |
|---|---|---|---|---|---|---|---|---|---|---|---|---|---|---|
| Number of Enterprises | 1 | 1390 | 9 | • | 100 | 266 | 329 | 453 | 90 | 73 | 24 | 18 | 11 | 16 |
| **Revenues ($ in Thousands)** | | | | | | | | | | | | | | |
| Net Sales | 2 | 73329072 | 138814 | • | 17365 | 93790 | 805568 | 2394863 | 1019593 | 2526409 | 1515780 | 2210931 | 2468959 | 60137000 |
| Interest | 3 | 2143789 | 5149 | • | 0 | 725 | 4940 | 591 | 2202 | 6133 | 8707 | 5890 | 17447 | 2092004 |
| Rents | 4 | 306641 | 0 | • | 0 | 0 | 266 | 251 | 1660 | 2822 | 1778 | 740 | 436 | 298688 |
| Royalties | 5 | 1324303 | 14329 | • | 0 | 0 | 0 | 0 | 0 | 279 | 16 | 781 | 142 | 1308757 |
| Other Portfolio Income | 6 | 1098234 | 24873 | • | 0 | 0 | 692 | 900 | 1815 | 7427 | 2475 | 3567 | 9065 | 1047418 |
| Other Receipts | 7 | 1074557 | 965 | • | 1838 | 3122 | 4759 | 3890 | 7472 | 21656 | 9444 | -2302 | 13647 | 1010068 |
| Total Receipts | 8 | 79276596 | 184130 | • | 19203 | 97637 | 816225 | 2400495 | 1032742 | 2564726 | 1538200 | 2219607 | 2509696 | 65893935 |
| Average Total Receipts | 9 | 57034 | 20459 | • | 192 | 367 | 2481 | 5299 | 11475 | 35133 | 64092 | 123312 | 228154 | 4118371 |
| **Operating Costs/Operating Income (%)** | | | | | | | | | | | | | | |
| Cost of Operations | 10 | 70.0 | 74.6 | • | 8.2 | 66.6 | 77.2 | 78.1 | 76.9 | 79.6 | 77.4 | 78.9 | 74.5 | 68.4 |
| Salaries and Wages | 11 | 4.2 | 4.9 | • | • | 14.8 | 6.5 | 3.8 | 5.9 | 5.3 | 5.5 | 4.5 | 3.1 | 4.1 |
| Taxes Paid | 12 | 1.0 | 0.4 | • | 0.5 | 8.2 | 1.7 | 1.2 | 1.3 | 1.1 | 0.9 | 0.9 | 1.0 | 1.0 |
| Interest Paid | 13 | 5.4 | • | • | • | • | 0.6 | 1.2 | 1.9 | 1.1 | 1.6 | 1.2 | 2.2 | 6.3 |
| Depreciation | 14 | 2.7 | 0.2 | • | 1.6 | 6.0 | 1.3 | 2.2 | 2.3 | 2.3 | 3.2 | 1.4 | 3.0 | 2.8 |
| Amortization and Depletion | 15 | 0.3 | 0.9 | • | 39.1 | • | 0.0 | 0.0 | 0.1 | 0.1 | 0.1 | 0.3 | 0.4 | 0.3 |
| Pensions and Other Deferred Comp. | 16 | 0.4 | 0.1 | • | • | • | 0.5 | 0.5 | 0.3 | 0.2 | 0.3 | 0.3 | 0.6 | 0.4 |
| Employee Benefits | 17 | 0.7 | 0.4 | • | • | 2.8 | 0.4 | 0.7 | 0.5 | 0.5 | 0.7 | 0.5 | 0.9 | 0.8 |
| Advertising | 18 | 9.6 | 13.6 | • | 1.0 | 0.5 | 0.2 | 0.3 | 0.7 | 0.9 | 0.8 | 2.3 | 2.8 | 11.4 |
| Other Expenses | 19 | 8.6 | 12.2 | • | 101.5 | 7.6 | 8.5 | 7.1 | 6.9 | 6.8 | 9.2 | 6.1 | 9.3 | 8.7 |
| Officers' Compensation | 20 | 0.4 | • | • | • | 2.7 | 5.6 | 2.3 | 1.3 | 1.2 | 0.9 | 0.5 | 0.8 | 0.2 |
| Operating Margin | 21 | • | • | • | • | • | • | 2.6 | 1.7 | 1.0 | • | 3.1 | 1.4 | • |
| Operating Margin Before Officers' Comp. | 22 | • | • | • | • | • | 3.0 | 4.9 | 3.0 | 2.2 | 0.3 | 3.7 | 2.1 | • |

| | | | | | | | | | | | | | | |
|---|---|---|---|---|---|---|---|---|---|---|---|---|---|---|
| **Selected Average Balance Sheet ($ in Thousands)** | | | | | | | | | | | | | | |
| Net Receivables | 23 | 3969 | 0 | • | 0 | 35 | 136 | 483 | 1001 | 3303 | 7489 | 11553 | 17938 | 270476 |
| Inventories | 24 | 4558 | 0 | • | 13 | 52 | 82 | 517 | 1336 | 2731 | 6821 | 9906 | 17931 | 324967 |
| Net Property, Plant and Equipment | 25 | 12023 | 0 | • | 9 | 138 | 216 | 634 | 2924 | 6500 | 13944 | 20340 | 56623 | 890947 |
| Total Assets | 26 | 65324 | 0 | • | 192 | 323 | 724 | 2281 | 6093 | 15754 | 34828 | 66341 | 145789 | 5255686 |
| Notes and Loans Payable | 27 | 18495 | 0 | • | 0 | 14 | 294 | 795 | 2496 | 4834 | 10531 | 16899 | 51778 | 1471462 |
| All Other Liabilities | 28 | 26772 | 0 | • | 0 | 41 | 158 | 609 | 1308 | 3639 | 8818 | 19676 | 27876 | 2226121 |
| Net Worth | 29 | 20057 | 0 | • | 192 | 267 | 271 | 877 | 2289 | 7282 | 15479 | 29766 | 66135 | 1558103 |
| **Selected Financial Ratios (Times to 1)** | | | | | | | | | | | | | | |
| Current Ratio | 30 | 1.1 | • | • | • | 3.5 | 2.5 | 1.6 | 1.4 | 1.7 | 1.5 | 1.7 | 1.6 | 1.0 |
| Quick Ratio | 31 | 0.5 | • | • | • | 1.7 | 1.9 | 0.8 | 0.9 | 1.0 | 0.9 | 0.9 | 0.9 | 0.4 |
| Net Sales to Working Capital | 32 | 53.1 | • | • | 457.0 | 5.1 | 8.6 | 11.9 | 13.7 | 10.0 | 11.0 | 9.7 | 12.6 | 338.4 |
| Coverage Ratio | 33 | 2.0 | • | • | • | • | • | 3.3 | 2.5 | 3.3 | 1.5 | 3.9 | 2.4 | 1.9 |
| Total Asset Turnover | 34 | 0.8 | • | • | 0.9 | 1.1 | 3.4 | 2.3 | 1.9 | 2.2 | 1.8 | 1.9 | 1.5 | 0.7 |
| Inventory Turnover | 35 | 8.1 | • | • | 1.1 | 4.6 | 23.0 | 8.0 | 6.5 | 10.1 | 7.2 | 9.8 | 9.3 | 7.9 |
| Receivables Turnover | 36 | 13.1 | • | • | 43.1 | 6.4 | 21.0 | 10.1 | 8.6 | 10.9 | 7.7 | 11.9 | 13.2 | 13.7 |
| Total Liabilities to Net Worth | 37 | 2.3 | • | • | • | 0.2 | 1.7 | 1.6 | 1.7 | 1.2 | 1.2 | 1.2 | 1.2 | 2.4 |
| Current Assets to Working Capital | 38 | 12.9 | • | • | 1.0 | 1.4 | 1.7 | 2.7 | 3.4 | 2.4 | 3.1 | 2.5 | 2.6 | 82.7 |
| Current Liabilities to Working Capital | 39 | 11.9 | • | • | • | 0.4 | 0.7 | 1.7 | 2.4 | 1.4 | 2.1 | 1.5 | 1.6 | 81.7 |
| Working Capital to Net Sales | 40 | 0.0 | • | • | 0.0 | 0.2 | 0.1 | 0.1 | 0.1 | 0.1 | 0.1 | 0.1 | 0.1 | 0.0 |
| Inventory to Working Capital | 41 | 4.8 | • | • | • | 0.4 | 0.4 | 1.2 | 1.2 | 0.8 | 1.1 | 0.8 | 1.1 | 31.3 |
| Total Receipts to Cash Flow | 42 | 9.2 | 2.7 | • | 2.0 | • | 16.6 | 12.7 | 12.4 | 12.5 | 13.4 | 12.5 | 8.9 | 8.8 |
| Cost of Goods to Cash Flow | 43 | 6.4 | 2.0 | • | 0.2 | • | 12.8 | 9.9 | 9.5 | 9.9 | 10.4 | 9.9 | 6.6 | 6.0 |
| Cash Flow to Total Debt | 44 | 0.1 | • | • | • | • | 0.3 | 0.3 | 0.2 | 0.3 | 0.2 | 0.3 | 0.3 | 0.1 |
| **Selected Financial Factors (in Percentages)** | | | | | | | | | | | | | | |
| Debt Ratio | 45 | 69.3 | • | • | • | 17.3 | 62.5 | 61.6 | 62.4 | 53.8 | 55.6 | 55.1 | 54.6 | 70.4 |
| Return on Total Assets | 46 | 8.6 | • | • | • | • | • | 9.5 | 9.1 | 7.8 | 4.4 | 8.6 | 8.1 | 8.7 |
| Return on Equity Before Income Taxes | 47 | 13.8 | • | • | • | • | • | 17.2 | 14.7 | 11.7 | 3.5 | 14.3 | 10.3 | 14.0 |
| Return on Equity After Income Taxes | 48 | 9.0 | • | • | • | • | • | 13.6 | 10.1 | 9.4 | 2.9 | 12.2 | 7.9 | 9.0 |
| Profit Margin (Before Income Tax) | 49 | 5.2 | 33.6 | • | • | • | • | 2.8 | 3.0 | 2.5 | 0.8 | 3.5 | 3.0 | 5.8 |
| Profit Margin (After Income Tax) | 50 | 3.4 | 21.9 | • | • | • | • | 2.3 | 2.0 | 2.0 | 0.7 | 3.0 | 2.3 | 3.7 |

**Table II**

Corporations with Net Income

# ANIMAL FOOD MANUFACTURING, GRAIN, AND OILSEED MILLING

MONEY AMOUNTS AND SIZE OF ASSETS IN THOUSANDS OF DOLLARS

| Item Description for Accounting Period 7/00 Through 6/01 | | Total | Zero Assets | Under 100 | 100 to 250 | 251 to 500 | 501 to 1,000 | 1,001 to 5,000 | 5,001 to 10,000 | 10,001 to 25,000 | 25,001 to 50,000 | 50,001 to 100,000 | 100,001 to 250,000 | 250,001 and over |
|---|---|---|---|---|---|---|---|---|---|---|---|---|---|---|
| Number of Enterprises | 1 | 726 | 9 | • | • | • | 213 | 332 | 74 | 55 | 0 | 12 | 0 | 10 |
| **Revenues ($ in Thousands)** | | | | | | | | | | | | | | |
| Net Sales | 2 | 64730747 | 138814 | • | • | • | 614722 | 2005311 | 872483 | 1923460 | 0 | 1459003 | 0 | 54678604 |
| Interest | 3 | 2078344 | 5149 | • | • | • | 4555 | 591 | 2201 | 4467 | 0 | 2391 | 0 | 2040941 |
| Rents | 4 | 301687 | 0 | • | • | • | 0 | 251 | 1643 | 1185 | 0 | 450 | 0 | 297551 |
| Royalties | 5 | 1322734 | 14329 | • | • | • | 0 | 0 | 0 | 68 | 0 | 745 | 0 | 1307450 |
| Other Portfolio Income | 6 | 1086840 | 24873 | • | • | • | 86 | 900 | 1815 | 1375 | 0 | 2282 | 0 | 1045479 |
| Other Receipts | 7 | 1043895 | 965 | • | • | • | 585 | 5162 | 4482 | 17045 | 0 | 11076 | 0 | 988281 |
| Total Receipts | 8 | 70564247 | 184130 | • | • | • | 619948 | 2012215 | 882624 | 1947600 | 0 | 1475947 | 0 | 60358306 |
| Average Total Receipts | 9 | 97196 | 20459 | • | • | • | 2911 | 6061 | 11927 | 35411 | • | 122996 | • | 6035831 |
| **Operating Costs/Operating Income (%)** | | | | | | | | | | | | | | |
| Cost of Operations | 10 | 68.1 | 74.6 | • | • | • | 78.1 | 78.0 | 75.1 | 78.8 | • | 75.6 | • | 66.7 |
| Salaries and Wages | 11 | 4.3 | 4.9 | • | • | • | 4.5 | 4.1 | 6.7 | 4.7 | • | 4.5 | • | 4.3 |
| Taxes Paid | 12 | 1.0 | 0.4 | • | • | • | 1.3 | 1.3 | 1.5 | 1.1 | • | 0.8 | • | 1.0 |
| Interest Paid | 13 | 5.8 | • | • | • | • | 0.3 | 0.9 | 1.3 | 1.0 | • | 0.9 | • | 6.7 |
| Depreciation | 14 | 2.5 | 0.2 | • | • | • | 0.9 | 1.3 | 1.9 | 2.3 | • | 1.0 | • | 2.6 |
| Amortization and Depletion | 15 | 0.3 | 0.9 | • | • | • | • | 0.0 | 0.0 | 0.1 | • | 0.2 | • | 0.3 |
| Pensions and Other Deferred Comp. | 16 | 0.4 | 0.1 | • | • | • | 0.7 | 0.5 | 0.4 | 0.2 | • | 0.3 | • | 0.4 |
| Employee Benefits | 17 | 0.7 | 0.4 | • | • | • | 0.0 | 0.6 | 0.6 | 0.5 | • | 0.4 | • | 0.7 |
| Advertising | 18 | 10.8 | 13.6 | • | • | • | 0.1 | 0.4 | 0.8 | 0.7 | • | 3.3 | • | 12.5 |
| Other Expenses | 19 | 8.8 | 12.2 | • | • | • | 6.2 | 6.9 | 6.8 | 6.2 | • | 5.7 | • | 9.0 |
| Officers' Compensation | 20 | 0.4 | • | • | • | • | 7.3 | 1.8 | 1.3 | 1.3 | • | 0.5 | • | 0.2 |
| Operating Margin | 21 | • | • | • | • | • | 0.6 | 4.2 | 3.6 | 3.2 | • | 6.6 | • | • |
| Operating Margin Before Officers' Comp. | 22 | • | • | • | • | • | 7.9 | 6.0 | 4.9 | 4.4 | • | 7.1 | • | • |

| | | | | | | | | | | | | | |
|---|---|---|---|---|---|---|---|---|---|---|---|---|---|
| **Selected Average Balance Sheet ($ in Thousands)** | | | | | | | | | | | | | |
| Net Receivables 23 | 6600 | 0 | • | • | • | 110 | 463 | 924 | 3309 | • | 9490 | • | 398082 |
| Inventories 24 | 7477 | 0 | • | • | • | 60 | 552 | 744 | 2671 | • | 10990 | • | 461944 |
| Net Property, Plant and Equipment 25 | 18088 | 0 | • | • | • | 204 | 533 | 3037 | 5996 | • | 16301 | • | 1148595 |
| Total Assets 26 | 113425 | 0 | • | • | • | 742 | 2125 | 6068 | 15042 | • | 61677 | • | 7768689 |
| Notes and Loans Payable 27 | 29992 | 0 | • | • | • | 158 | 434 | 2167 | 4838 | • | 14763 | • | 2054656 |
| All Other Liabilities 28 | 48103 | 0 | • | • | • | 109 | 463 | 768 | 3276 | • | 12942 | • | 3400009 |
| Net Worth 29 | 35329 | 0 | • | • | • | 475 | 1228 | 3133 | 6928 | • | 33972 | • | 2314023 |
| **Selected Financial Ratios (Times to 1)** | | | | | | | | | | | | | |
| Current Ratio 30 | 1.1 | • | • | • | • | 3.9 | 1.8 | 2.0 | 1.8 | • | 2.1 | • | 1.0 |
| Quick Ratio 31 | 0.5 | • | • | • | • | 3.1 | 1.0 | 1.3 | 1.0 | • | 1.1 | • | 0.4 |
| Net Sales to Working Capital 32 | 42.1 | • | • | • | • | 7.5 | 10.9 | 9.2 | 9.7 | • | 7.5 | • | 118.1 |
| Coverage Ratio 33 | 2.1 | • | • | • | • | 6.2 | 5.8 | 4.6 | 5.3 | • | 9.5 | • | 2.0 |
| Total Asset Turnover 34 | 0.8 | • | • | • | • | 3.9 | 2.8 | 1.9 | 2.3 | • | 2.0 | • | 0.7 |
| Inventory Turnover 35 | 8.1 | • | • | • | • | 37.8 | 8.5 | 11.9 | 10.3 | • | 8.4 | • | 7.9 |
| Receivables Turnover 36 | 12.9 | • | • | • | • | 28.9 | 11.5 | 12.2 | 10.8 | • | 11.7 | • | 13.2 |
| Total Liabilities to Net Worth 37 | 2.2 | • | • | • | • | 0.6 | 0.7 | 0.9 | 1.2 | • | 0.8 | • | 2.4 |
| Current Assets to Working Capital 38 | 10.0 | • | • | • | • | 1.3 | 2.2 | 2.0 | 2.2 | • | 1.9 | • | 28.4 |
| Current Liabilities to Working Capital 39 | 9.0 | • | • | • | • | 0.3 | 1.2 | 1.0 | 1.2 | • | 0.9 | • | 27.4 |
| Working Capital to Net Sales 40 | 0.0 | • | • | • | • | 0.1 | 0.1 | 0.1 | 0.1 | • | 0.1 | • | 0.0 |
| Inventory to Working Capital 41 | 3.6 | • | • | • | • | 0.2 | 1.0 | 0.6 | 0.8 | • | 0.6 | • | 10.1 |
| Total Receipts to Cash Flow 42 | 8.2 | 2.7 | • | • | • | 15.5 | 10.5 | 10.3 | 10.8 | • | 8.0 | • | 8.0 |
| Cost of Goods to Cash Flow 43 | 5.6 | 2.0 | • | • | • | 12.1 | 8.2 | 7.8 | 8.5 | • | 6.1 | • | 5.3 |
| Cash Flow to Total Debt 44 | 0.1 | • | • | • | • | 0.7 | 0.6 | 0.4 | 0.4 | • | 0.5 | • | 0.1 |
| **Selected Financial Factors (in Percentages)** | | | | | | | | | | | | | |
| Debt Ratio 45 | 68.9 | • | • | • | • | 36.0 | 42.2 | 48.4 | 53.9 | • | 44.9 | • | 70.2 |
| Return on Total Assets 46 | 9.6 | • | • | • | • | 6.9 | 15.6 | 11.7 | 12.6 | • | 17.1 | • | 9.4 |
| Return on Equity Before Income Taxes 47 | 16.4 | • | • | • | • | 9.0 | 22.4 | 17.8 | 22.2 | • | 27.8 | • | 15.9 |
| Return on Equity After Income Taxes 48 | 11.1 | • | • | • | • | 7.3 | 18.9 | 13.6 | 19.0 | • | 25.0 | • | 10.5 |
| Profit Margin (Before Income Tax) 49 | 6.5 | 33.6 | • | • | • | 1.5 | 4.5 | 4.7 | 4.4 | • | 7.8 | • | 6.7 |
| Profit Margin (After Income Tax) 50 | 4.4 | 21.9 | • | • | • | 1.2 | 3.8 | 3.6 | 3.8 | • | 7.0 | • | 4.4 |

## Table I

Corporations with and without Net Income

# SUGAR AND CONFECTIONERY PRODUCT

MONEY AMOUNTS AND SIZE OF ASSETS IN THOUSANDS OF DOLLARS

| Item Description for Accounting Period 7/00 Through 6/01 | | Total | Zero Assets | Under 100 | 100 to 250 | 251 to 500 | 501 to 1,000 | 1,001 to 5,000 | 5,001 to 10,000 | 10,001 to 25,000 | 25,001 to 50,000 | 50,001 to 100,000 | 100,001 to 250,000 | 250,001 and over |
|---|---|---|---|---|---|---|---|---|---|---|---|---|---|---|
| Number of Enterprises | 1 | 1197 | 0 | 0 | • | 449 | 89 | 113 | 38 | 32 | 11 | 11 | 3 | 13 |
| **Revenues ($ in Thousands)** | | | | | | | | | | | | | | |
| Net Sales | 2 | 29069456 | 0 | 0 | • | 947899 | 145084 | 530803 | 568721 | 947345 | 636646 | 1117494 | 628754 | 23538747 |
| Interest | 3 | 397398 | 0 | 0 | • | 0 | 0 | 1454 | 1221 | 1710 | 1185 | 2929 | 250 | 388181 |
| Rents | 4 | 41454 | 0 | 0 | • | 0 | 0 | 70 | 244 | 1689 | 2514 | 2393 | 30 | 34514 |
| Royalties | 5 | 279134 | 0 | 0 | • | 0 | 0 | 0 | 0 | 194 | 183 | 50 | 151 | 278556 |
| Other Portfolio Income | 6 | 494435 | 0 | 0 | • | 0 | 0 | 684 | 509 | 5758 | 427 | 1188 | 23 | 485846 |
| Other Receipts | 7 | 214462 | 0 | 0 | • | 683 | 0 | 1362 | 2160 | 4959 | 606 | 2520 | 2832 | 197624 |
| Total Receipts | 8 | 30496339 | 0 | 0 | • | 948582 | 145084 | 534373 | 572855 | 961655 | 641561 | 1126574 | 632040 | 24923468 |
| Average Total Receipts | 9 | 25477 | • | • | • | 2113 | 1630 | 4729 | 15075 | 30052 | 58324 | 102416 | 210680 | 1917190 |
| **Operating Costs/Operating Income (%)** | | | | | | | | | | | | | | |
| Cost of Operations | 10 | 56.5 | • | • | • | 67.5 | 76.5 | 62.4 | 72.5 | 72.5 | 72.0 | 67.9 | 76.9 | 53.2 |
| Salaries and Wages | 11 | 7.0 | • | • | • | 6.0 | • | 7.6 | 4.3 | 4.6 | 4.7 | 5.3 | 5.3 | 7.4 |
| Taxes Paid | 12 | 1.4 | • | • | • | 3.9 | 1.8 | 1.9 | 2.2 | 1.4 | 1.4 | 1.8 | 1.2 | 1.3 |
| Interest Paid | 13 | 2.9 | • | • | • | 0.5 | 0.5 | 1.5 | 2.0 | 1.5 | 1.7 | 1.0 | 1.5 | 3.3 |
| Depreciation | 14 | 2.6 | • | • | • | 0.8 | 1.5 | 2.4 | 1.4 | 3.1 | 2.7 | 2.2 | 4.6 | 2.7 |
| Amortization and Depletion | 15 | 0.5 | • | • | • | • | 0.1 | 0.9 | 0.1 | 0.2 | 0.2 | 0.3 | 0.2 | 0.5 |
| Pensions and Other Deferred Comp. | 16 | 1.4 | • | • | • | 1.1 | 5.6 | 0.7 | 1.3 | 0.2 | 0.7 | 0.8 | 0.3 | 1.5 |
| Employee Benefits | 17 | 1.3 | • | • | • | • | 1.1 | 0.9 | 1.5 | 0.8 | 2.2 | 0.8 | 0.9 | 1.4 |
| Advertising | 18 | 6.2 | • | • | • | 1.0 | 0.0 | 1.6 | 1.7 | 1.4 | 0.9 | 4.2 | 2.9 | 7.1 |
| Other Expenses | 19 | 19.0 | • | • | • | 11.4 | 2.1 | 16.1 | 6.5 | 10.1 | 9.6 | 9.0 | 6.7 | 21.2 |
| Officers' Compensation | 20 | 0.8 | • | • | • | 4.9 | 5.6 | 5.1 | 5.0 | 1.7 | 1.4 | 1.6 | 0.6 | 0.3 |
| Operating Margin | 21 | 0.4 | • | • | • | 3.0 | 5.2 | • | 1.5 | 2.6 | 2.4 | 5.1 | • | • |
| Operating Margin Before Officers' Comp. | 22 | 1.2 | • | • | • | 7.9 | 10.8 | 4.1 | 6.4 | 4.3 | 3.9 | 6.7 | • | 0.3 |

## Selected Average Balance Sheet ($ in Thousands)

| | | | | | | | | | | | | | |
|---|---|---|---|---|---|---|---|---|---|---|---|---|---|
| Net Receivables 23 | 3720 | • | • | • | 101 | 73 | 209 | 1551 | 2362 | 6721 | 8366 | 24689 | 307793 |
| Inventories 24 | 2815 | • | • | • | 37 | 115 | 703 | 1039 | 3748 | 10728 | 15935 | 45420 | 206037 |
| Net Property, Plant and Equipment 25 | 5887 | • | • | • | 74 | 113 | 544 | 3810 | 6505 | 12365 | 20701 | 72033 | 462246 |
| Total Assets 26 | 30684 | • | • | • | 347 | 673 | 2002 | 8239 | 16370 | 31892 | 64495 | 148144 | 2610976 |
| Notes and Loans Payable 27 | 12821 | • | • | • | 124 | 232 | 700 | 4108 | 4528 | 10352 | 9734 | 88031 | 1107758 |
| All Other Liabilities 28 | 6692 | • | • | • | 74 | 153 | 470 | 1255 | 3705 | 8492 | 10434 | 34725 | 571659 |
| Net Worth 29 | 11171 | • | • | • | 150 | 288 | 831 | 2877 | 8137 | 13047 | 44328 | 25388 | 931559 |

## Selected Financial Ratios (Times to 1)

| | | | | | | | | | | | | | |
|---|---|---|---|---|---|---|---|---|---|---|---|---|---|
| Current Ratio 30 | 1.1 | • | • | • | 3.7 | 3.7 | 1.5 | 2.5 | 1.6 | 1.3 | 2.4 | 1.4 | 1.1 |
| Quick Ratio 31 | 0.4 | • | • | • | 3.3 | 2.9 | 0.6 | 1.7 | 0.7 | 0.6 | 1.2 | 0.6 | 0.4 |
| Net Sales to Working Capital 32 | 15.3 | • | • | • | 10.6 | 4.0 | 12.0 | 6.5 | 9.8 | 15.1 | 5.5 | 8.9 | 19.2 |
| Coverage Ratio 33 | 3.0 | • | • | • | 7.5 | 12.1 | 0.8 | 2.0 | 3.6 | 2.9 | 6.6 | 0.6 | 3.0 |
| Total Asset Turnover 34 | 0.8 | • | • | • | 6.1 | 2.4 | 2.3 | 1.8 | 1.8 | 1.8 | 1.6 | 1.4 | 0.7 |
| Inventory Turnover 35 | 4.9 | • | • | • | 38.3 | 10.9 | 4.2 | 10.5 | 5.7 | 3.9 | 4.3 | 3.5 | 4.7 |
| Receivables Turnover 36 | 6.6 | • | • | • | 27.7 | • | 11.7 | 9.4 | 12.7 | 6.8 | 8.4 | 9.1 | 6.1 |
| Total Liabilities to Net Worth 37 | 1.7 | • | • | • | 1.3 | 1.3 | 1.4 | 1.9 | 1.0 | 1.4 | 0.5 | 4.8 | 1.8 |
| Current Assets to Working Capital 38 | 7.8 | • | • | • | 1.4 | 1.4 | 2.8 | 1.7 | 2.7 | 4.5 | 1.7 | 3.3 | 10.9 |
| Current Liabilities to Working Capital 39 | 6.8 | • | • | • | 0.4 | 0.4 | 1.8 | 0.7 | 1.7 | 3.5 | 0.7 | 2.3 | 9.9 |
| Working Capital to Net Sales 40 | 0.1 | • | • | • | 0.1 | 0.3 | 0.1 | 0.2 | 0.1 | 0.1 | 0.2 | 0.1 | 0.1 |
| Inventory to Working Capital 41 | 1.6 | • | • | • | 0.2 | 0.3 | 1.6 | 0.5 | 1.3 | 2.3 | 0.8 | 1.9 | 2.0 |
| Total Receipts to Cash Flow 42 | 4.5 | • | • | • | 10.4 | 17.3 | 7.7 | 12.4 | 8.1 | 9.3 | 7.1 | 23.5 | 4.0 |
| Cost of Goods to Cash Flow 43 | 2.6 | • | • | • | 7.0 | 13.2 | 4.8 | 9.0 | 5.9 | 6.7 | 4.8 | 18.1 | 2.1 |
| Cash Flow to Total Debt 44 | 0.3 | • | • | • | 1.0 | 0.2 | 0.5 | 0.2 | 0.4 | 0.3 | 0.7 | 0.1 | 0.3 |

## Selected Financial Factors (in Percentages)

| | | | | | | | | | | | | | |
|---|---|---|---|---|---|---|---|---|---|---|---|---|---|
| Debt Ratio 45 | 63.6 | • | • | • | 56.9 | 57.2 | 58.5 | 65.1 | 50.3 | 59.1 | 31.3 | 82.9 | 64.3 |
| Return on Total Assets 46 | 7.0 | • | • | • | 21.4 | 13.7 | 2.9 | 7.5 | 10.2 | 9.0 | 10.9 | 1.3 | 6.9 |
| Return on Equity Before Income Taxes 47 | 12.9 | • | • | • | 43.0 | 29.5 | • | 11.0 | 14.8 | 14.3 | 13.4 | • | 12.8 |
| Return on Equity After Income Taxes 48 | 8.4 | • | • | • | 43.0 | 25.1 | • | 8.2 | 13.2 | 13.2 | 10.0 | • | 8.2 |
| Profit Margin (Before Income Tax) 49 | 5.9 | • | • | • | 3.0 | 5.2 | • | 2.1 | 4.1 | 3.2 | 5.8 | • | 6.6 |
| Profit Margin (After Income Tax) 50 | 3.9 | • | • | • | 3.0 | 4.4 | • | 1.6 | 3.6 | 3.0 | 4.4 | • | 4.2 |

**Table II**

Corporations with Net Income

# SUGAR AND CONFECTIONERY PRODUCT

MONEY AMOUNTS AND SIZE OF ASSETS IN THOUSANDS OF DOLLARS

| Item Description for Accounting Period 7/00 Through 6/01 | | Total | Zero Assets | Under 100 | 100 to 250 | 251 to 500 | 501 to 1,000 | 1,001 to 5,000 | 5,001 to 10,000 | 10,001 to 25,000 | 25,001 to 50,000 | 50,001 to 100,000 | 100,001 to 250,000 | 250,001 and over |
|---|---|---|---|---|---|---|---|---|---|---|---|---|---|---|
| Number of Enterprises | 1 | 698 | 16 | • | • | 0 | 89 | 65 | 22 | 26 | 0 | 11 | 0 | 9 |
| **Revenues ($ in Thousands)** | | | | | | | | | | | | | | |
| Net Sales | 2 | 25561291 | 0 | • | • | 0 | 145084 | 382073 | 339066 | 784432 | 0 | 1407011 | 0 | 20969041 |
| Interest | 3 | 386095 | 468 | • | • | 0 | 0 | 656 | 1196 | 1476 | 0 | 2858 | 0 | 378264 |
| Rents | 4 | 38133 | 0 | • | • | 0 | 0 | 70 | 244 | 470 | 0 | 2423 | 0 | 32411 |
| Royalties | 5 | 278239 | 0 | • | • | 0 | 0 | 0 | 0 | 194 | 0 | 50 | 0 | 277812 |
| Other Portfolio Income | 6 | 490213 | 0 | • | • | 0 | 0 | 684 | 488 | 4533 | 0 | 1210 | 0 | 482877 |
| Other Receipts | 7 | 196490 | 1716 | • | • | 0 | 0 | 1324 | 871 | 3611 | 0 | 2048 | 0 | 185650 |
| Total Receipts | 8 | 26950461 | 2184 | • | • | 0 | 145084 | 384807 | 341865 | 794716 | 0 | 1415600 | 0 | 22326055 |
| Average Total Receipts | 9 | 38611 | 136 | • | • | • | 1630 | 5920 | 15539 | 30566 | • | 128691 | • | 2480673 |
| **Operating Costs/Operating Income (%)** | | | | | | | | | | | | | | |
| Cost of Operations | 10 | 53.2 | • | • | • | • | 76.5 | 57.5 | 71.2 | 69.1 | • | 72.0 | • | 49.7 |
| Salaries and Wages | 11 | 7.4 | • | • | • | • | • | 7.6 | 4.6 | 4.7 | • | 4.5 | • | 7.9 |
| Taxes Paid | 12 | 1.4 | • | • | • | • | 1.8 | 1.7 | 2.1 | 1.4 | • | 1.6 | • | 1.3 |
| Interest Paid | 13 | 2.8 | • | • | • | • | 0.5 | 1.3 | 1.3 | 1.3 | • | 1.0 | • | 3.2 |
| Depreciation | 14 | 2.6 | • | • | • | • | 1.5 | 2.6 | 1.0 | 2.7 | • | 2.1 | • | 2.7 |
| Amortization and Depletion | 15 | 0.5 | • | • | • | • | 0.1 | 0.0 | 0.0 | 0.2 | • | 0.0 | • | 0.6 |
| Pensions and Other Deferred Comp. | 16 | 1.5 | • | • | • | • | 5.6 | 0.9 | 1.5 | 0.2 | • | 0.7 | • | 1.6 |
| Employee Benefits | 17 | 1.3 | • | • | • | • | 1.1 | 0.6 | 0.5 | 0.8 | • | 0.7 | • | 1.5 |
| Advertising | 18 | 6.8 | • | • | • | • | 0.0 | 0.8 | 2.0 | 1.6 | • | 3.3 | • | 7.9 |
| Other Expenses | 19 | 20.4 | • | • | • | • | 2.1 | 16.1 | 6.2 | 11.1 | • | 7.7 | • | 22.7 |
| Officers' Compensation | 20 | 0.8 | • | • | • | • | 5.6 | 5.5 | 4.9 | 1.9 | • | 1.4 | • | 0.3 |
| Operating Margin | 21 | 1.3 | • | • | • | • | 5.2 | 5.4 | 4.7 | 5.0 | • | 4.9 | • | 0.6 |
| Operating Margin Before Officers' Comp. | 22 | 2.1 | • | • | • | • | 10.8 | 10.9 | 9.5 | 6.9 | • | 6.4 | • | 1.0 |

## Selected Average Balance Sheet ($ in Thousands)

| | | | | | | | | | | | | |
|---|---|---|---|---|---|---|---|---|---|---|---|---|
| Net Receivables 23 | 5934 | 0 | • | • | • | 73 | 283 | 2044 | 2143 | • | 12020 | • 419290 |
| Inventories 24 | 4202 | 0 | • | • | • | 115 | 790 | 1296 | 3583 | • | 20792 | • 227480 |
| Net Property, Plant and Equipment 25 | 7909 | 0 | • | • | • | 113 | 795 | 2054 | 5633 | • | 22026 | • 540425 |
| Total Assets 26 | 47654 | 0 | • | • | • | 673 | 2608 | 7320 | 15540 | • | 69085 | • 3469933 |
| Notes and Loans Payable 27 | 19407 | 0 | • | • | • | 232 | 681 | 2526 | 3986 | • | 12855 | • 1446672 |
| All Other Liabilities 28 | 10590 | 0 | • | • | • | 153 | 560 | 1589 | 3164 | • | 12171 | • 776336 |
| Net Worth 29 | 17658 | 0 | • | • | • | 288 | 1367 | 3205 | 8390 | • | 44059 | • 1246926 |

## Selected Financial Ratios (Times to 1)

| | | | | | | | | | | | | |
|---|---|---|---|---|---|---|---|---|---|---|---|---|
| Current Ratio 30 | 1.1 | • | • | • | • | 3.7 | 2.3 | 4.1 | 1.9 | • | 3.0 | • 1.1 |
| Quick Ratio 31 | 0.4 | • | • | • | • | 2.9 | 1.0 | 3.2 | 0.9 | • | 1.4 | • 0.4 |
| Net Sales to Working Capital 32 | 16.6 | • | • | • | • | 4.0 | 6.9 | 4.2 | 7.8 | • | 4.9 | • 24.9 |
| Coverage Ratio 33 | 3.6 | 161.6 | • | • | • | 12.1 | 5.7 | 5.1 | 5.8 | • | 6.4 | • 3.5 |
| Total Asset Turnover 34 | 0.8 | • | • | • | • | 2.4 | 2.3 | 2.1 | 1.9 | • | 1.9 | • 0.7 |
| Inventory Turnover 35 | 4.6 | • | • | • | • | 10.9 | 4.3 | 8.5 | 5.8 | • | 4.4 | • 5.1 |
| Receivables Turnover 36 | 6.2 | • | • | • | • | • | 41.5 | 6.4 | 13.5 | • | 8.7 | • 11.1 |
| Total Liabilities to Net Worth 37 | 1.7 | • | • | • | • | 1.3 | 0.9 | 1.3 | 0.9 | • | 0.6 | • 1.8 |
| Current Assets to Working Capital 38 | 9.0 | • | • | • | • | 1.4 | 1.8 | 1.3 | 2.1 | • | 1.5 | • 15.0 |
| Current Liabilities to Working Capital 39 | 8.0 | • | • | • | • | 0.4 | 0.8 | 0.3 | 1.1 | • | 0.5 | • 14.0 |
| Working Capital to Net Sales 40 | 0.1 | • | • | • | • | 0.3 | 0.1 | 0.2 | 0.1 | • | 0.2 | • 0.0 |
| Inventory to Working Capital 41 | 1.6 | • | • | • | • | 0.3 | 0.9 | 0.3 | 1.0 | • | 0.7 | • 2.4 |
| Total Receipts to Cash Flow 42 | 4.0 | • | • | • | • | 17.3 | 4.9 | 9.3 | 6.5 | • | 8.0 | • 3.7 |
| Cost of Goods to Cash Flow 43 | 2.2 | • | • | • | • | 13.2 | 2.8 | 6.6 | 4.5 | • | 5.8 | • 1.8 |
| Cash Flow to Total Debt 44 | 0.3 | • | • | • | • | 0.2 | 1.0 | 0.4 | 0.7 | • | 0.6 | • 0.3 |

## Selected Financial Factors (in Percentages)

| | | | | | | | | | | | | |
|---|---|---|---|---|---|---|---|---|---|---|---|---|
| Debt Ratio 45 | 62.9 | • | • | • | • | 57.2 | 47.6 | 56.2 | 46.0 | • | 36.2 | • 64.1 |
| Return on Total Assets 46 | 7.9 | • | • | • | • | 13.7 | 16.6 | 14.1 | 14.8 | • | 12.0 | • 7.5 |
| Return on Equity Before Income Taxes 47 | 15.4 | • | • | • | • | 29.5 | 26.2 | 25.8 | 22.7 | • | 15.9 | • 14.9 |
| Return on Equity After Income Taxes 48 | 10.5 | • | • | • | • | 25.1 | 18.5 | 21.4 | 20.8 | • | 11.9 | • 9.8 |
| Profit Margin (Before Income Tax) 49 | 7.4 | • | • | • | • | 5.2 | 6.1 | 5.4 | 6.3 | • | 5.5 | • 8.0 |
| Profit Margin (After Income Tax) 50 | 5.1 | • | • | • | • | 4.4 | 4.3 | 4.4 | 5.8 | • | 4.1 | • 5.3 |

# FRUIT AND VEGETABLE PRESERVING AND SPECIALTY FOOD

MONEY AMOUNTS AND SIZE OF ASSETS IN THOUSANDS OF DOLLARS

| Item Description for Accounting Period 7/00 Through 6/01 | Total | Zero Assets | Under 100 | 100 to 250 | 251 to 500 | 501 to 1,000 | 1,001 to 5,000 | 5,001 to 10,000 | 10,001 to 25,000 | 25,001 to 50,000 | 50,001 to 100,000 | 100,001 to 250,000 | 250,001 and over |
|---|---|---|---|---|---|---|---|---|---|---|---|---|---|
| Number of Enterprises 1 | 582 | 11 | • | • | • | • | 315 | 104 | 65 | 39 | 20 | 16 | 11 |
| **Revenues ($ in Thousands)** | | | | | | | | | | | | | |
| Net Sales 2 | 38026057 | 4905425 | • | • | • | • | 1346455 | 1016511 | 1516014 | 1951610 | 2020807 | 3069254 | 22199981 |
| Interest 3 | 484559 | 53239 | • | • | • | • | 1447 | 1124 | 3910 | 2257 | 1944 | 14807 | 405830 |
| Rents 4 | 72608 | 1044 | • | • | • | • | 3140 | 94 | 2289 | 1286 | 76 | 11734 | 52945 |
| Royalties 5 | 248749 | 97146 | • | • | • | • | 0 | 0 | 0 | 0 | 1007 | 21927 | 128669 |
| Other Portfolio Income 6 | 1156768 | 508360 | • | • | • | • | 3103 | 390 | 24699 | 3209 | 1206 | 62909 | 552889 |
| Other Receipts 7 | 325858 | 54382 | • | • | • | • | 8486 | 17022 | 13106 | 16939 | 14025 | 61652 | 140250 |
| Total Receipts 8 | 40314599 | 5619596 | • | • | • | • | 1362631 | 1035141 | 1560018 | 1975301 | 2039065 | 3242283 | 23480564 |
| Average Total Receipts 9 | 69269 | 510872 | • | • | • | • | 4326 | 9953 | 24000 | 50649 | 101953 | 202643 | 2134597 |
| **Operating Costs/Operating Income (%)** | | | | | | | | | | | | | |
| Cost of Operations 10 | 66.4 | 71.8 | • | • | • | • | 75.6 | 62.9 | 78.6 | 72.2 | 71.2 | 74.9 | 61.8 |
| Salaries and Wages 11 | 4.2 | 7.1 | • | • | • | • | 4.4 | 6.4 | 4.1 | 4.0 | 5.4 | 5.3 | 3.2 |
| Taxes Paid 12 | 1.2 | 1.4 | • | • | • | • | 2.6 | 1.5 | 1.5 | 1.3 | 1.2 | 1.7 | 1.0 |
| Interest Paid 13 | 4.1 | 3.0 | • | • | • | • | 1.5 | 2.4 | 2.5 | 2.2 | 2.0 | 2.4 | 5.2 |
| Depreciation 14 | 2.3 | 2.0 | • | • | • | • | 1.7 | 3.5 | 3.2 | 3.2 | 3.4 | 3.5 | 1.9 |
| Amortization and Depletion 15 | 0.8 | 0.5 | • | • | • | • | 0.2 | 1.2 | 0.1 | 0.2 | 0.3 | 0.0 | 1.1 |
| Pensions and Other Deferred Comp. 16 | 0.4 | 1.3 | • | • | • | • | 0.3 | 0.0 | 0.2 | 0.3 | 0.3 | 0.4 | 0.3 |
| Employee Benefits 17 | 1.3 | 2.2 | • | • | • | • | 1.1 | 0.7 | 0.8 | 0.8 | 1.8 | 1.6 | 1.2 |
| Advertising 18 | 4.0 | 4.3 | • | • | • | • | 0.3 | 2.4 | 0.8 | 1.3 | 2.8 | 3.0 | 4.9 |
| Other Expenses 19 | 15.4 | 11.1 | • | • | • | • | 12.6 | 17.7 | 8.9 | 13.0 | 9.6 | 8.1 | 18.5 |
| Officers' Compensation 20 | 1.5 | 5.9 | • | • | • | • | 4.5 | 2.9 | 1.5 | 1.2 | 0.9 | 0.6 | 0.5 |
| Operating Margin 21 | • | • | • | • | • | • | • | • | • | 0.2 | 1.4 | • | 0.3 |
| Operating Margin Before Officers' Comp. 22 | • | • | • | • | • | • | • | 1.3 | • | 1.4 | 2.2 | • | 0.8 |

| Selected Average Balance Sheet ($ in Thousands) | | | | | | | | | | | | | |
|---|---|---|---|---|---|---|---|---|---|---|---|---|---|
| Net Receivables 23 | 14651 | 0 | • | • | • | • | 444 | 959 | 2617 | 5559 | 9902 | 22347 | 667735 |
| Inventories 24 | 8868 | 0 | • | • | • | • | 650 | 1604 | 4580 | 10409 | 21636 | 50836 | 257731 |
| Net Property, Plant and Equipment 25 | 11174 | 0 | • | • | • | • | 692 | 2290 | 5153 | 11630 | 21477 | 64955 | 344516 |
| Total Assets 26 | 76435 | 0 | • | • | • | • | 2262 | 7302 | 15545 | 34840 | 70185 | 162097 | 3331524 |
| Notes and Loans Payable 27 | 28746 | 0 | • | • | • | • | 944 | 4109 | 7106 | 13693 | 22047 | 59124 | 1238435 |
| All Other Liabilities 28 | 16799 | 0 | • | • | • | • | 502 | 1300 | 3912 | 8586 | 14545 | 31592 | 736186 |
| Net Worth 29 | 30890 | 0 | • | • | • | • | 816 | 1893 | 4527 | 12561 | 33594 | 71380 | 1356903 |

| Selected Financial Ratios (Times to 1) | | | | | | | | | | | | | |
|---|---|---|---|---|---|---|---|---|---|---|---|---|---|
| Current Ratio 30 | 1.0 | • | • | • | • | • | 1.3 | 1.8 | 1.4 | 1.4 | 1.6 | 1.7 | 0.8 |
| Quick Ratio 31 | 0.6 | • | • | • | • | • | 0.5 | 0.7 | 0.5 | 0.5 | 0.5 | 0.6 | 0.6 |
| Net Sales to Working Capital 32 | • | • | • | • | • | • | 13.4 | 7.0 | 9.2 | 8.8 | 7.5 | 5.3 | • |
| Coverage Ratio 33 | 2.3 | 3.2 | • | • | • | • | • | 1.1 | 1.2 | 1.6 | 2.2 | 2.7 | 2.4 |
| Total Asset Turnover 34 | 0.9 | • | • | • | • | • | 1.9 | 1.3 | 1.5 | 1.4 | 1.4 | 1.2 | 0.6 |
| Inventory Turnover 35 | 4.9 | • | • | • | • | • | 5.0 | 3.8 | 4.0 | 3.5 | 3.3 | 2.8 | 4.8 |
| Receivables Turnover 36 | 4.6 | • | • | • | • | • | 11.1 | 12.2 | 9.1 | 10.6 | 9.1 | 8.9 | 3.1 |
| Total Liabilities to Net Worth 37 | 1.5 | • | • | • | • | • | 1.8 | 2.9 | 2.4 | 1.8 | 1.1 | 1.3 | 1.5 |
| Current Assets to Working Capital 38 | • | • | • | • | • | • | 4.3 | 2.3 | 3.5 | 3.4 | 2.7 | 2.4 | • |
| Current Liabilities to Working Capital 39 | • | • | • | • | • | • | 3.3 | 1.3 | 2.5 | 2.4 | 1.7 | 1.4 | • |
| Working Capital to Net Sales 40 | • | • | • | • | • | • | 0.1 | 0.1 | 0.1 | 0.1 | 0.1 | 0.2 | • |
| Inventory to Working Capital 41 | • | • | • | • | • | • | 2.0 | 1.2 | 1.9 | 2.1 | 1.6 | 1.4 | • |
| Total Receipts to Cash Flow 42 | 6.3 | 17.6 | • | • | • | • | 23.5 | 7.0 | 13.9 | 8.0 | 9.9 | 9.8 | 4.7 |
| Cost of Goods to Cash Flow 43 | 4.2 | 12.7 | • | • | • | • | 17.7 | 4.4 | 10.9 | 5.8 | 7.1 | 7.4 | 2.9 |
| Cash Flow to Total Debt 44 | 0.2 | • | • | • | • | • | 0.1 | 0.3 | 0.2 | 0.3 | 0.3 | 0.2 | 0.2 |

| Selected Financial Factors (in Percentages) | | | | | | | | | | | | | |
|---|---|---|---|---|---|---|---|---|---|---|---|---|---|
| Debt Ratio 45 | 59.6 | • | • | • | • | • | 63.9 | 74.1 | 70.9 | 63.9 | 52.1 | 56.0 | 59.3 |
| Return on Total Assets 46 | 8.1 | • | • | • | • | • | • | 3.5 | 4.6 | 5.3 | 6.1 | 7.7 | 7.4 |
| Return on Equity Before Income Taxes 47 | 11.4 | • | • | • | • | • | • | 1.2 | 2.8 | 5.8 | 6.9 | 11.0 | 10.5 |
| Return on Equity After Income Taxes 48 | 7.2 | • | • | • | • | • | • | 0.8 | • | 3.8 | 5.2 | 8.7 | 6.6 |
| Profit Margin (Before Income Tax) 49 | 5.4 | 6.6 | • | • | • | • | • | 0.2 | 0.5 | 1.4 | 2.3 | 4.1 | 7.1 |
| Profit Margin (After Income Tax) 50 | 3.4 | 4.3 | • | • | • | • | • | 0.1 | • | 1.0 | 1.7 | 3.2 | 4.5 |

# FRUIT AND VEGETABLE PRESERVING AND SPECIALTY FOOD

MONEY AMOUNTS AND SIZE OF ASSETS IN THOUSANDS OF DOLLARS

| Item Description for Accounting Period 7/00 Through 6/01 | Total | Zero Assets | Under 100 | 100 to 250 | 251 to 500 | 501 to 1,000 | 1,001 to 5,000 | 5,001 to 10,000 | 10,001 to 25,000 | 25,001 to 50,000 | 50,001 to 100,000 | 100,001 to 250,000 | 250,001 and over |
|---|---|---|---|---|---|---|---|---|---|---|---|---|---|
| Number of Enterprises 1 | 278 | 0 | • | • | • | • | 112 | 0 | 40 | 26 | 13 | 12 | 8 |
| **Revenues ($ in Thousands)** | | | | | | | | | | | | | |
| Net Sales 2 | 32654190 | 0 | • | • | • | • | 645002 | 0 | 1040835 | 1457921 | 1253197 | 2413041 | 20283096 |
| Interest 3 | 478908 | 0 | • | • | • | • | 801 | 0 | 3400 | 872 | 1566 | 14622 | 403384 |
| Rents 4 | 70268 | 0 | • | • | • | • | 2973 | 0 | 1505 | 270 | 60 | 11485 | 52930 |
| Royalties 5 | 242412 | 0 | • | • | • | • | 0 | 0 | 0 | 0 | 301 | 21927 | 123038 |
| Other Portfolio Income 6 | 1149236 | 0 | • | • | • | • | 2723 | 0 | 24150 | 3018 | 341 | 62589 | 547925 |
| Other Receipts 7 | 284480 | 0 | • | • | • | • | 4259 | 0 | 8425 | 10043 | 4690 | 60241 | 140487 |
| Total Receipts 8 | 34879494 | 0 | • | • | • | • | 655758 | 0 | 1078315 | 1472124 | 1260155 | 2583905 | 21550860 |
| Average Total Receipts 9 | 125466 | • | • | • | • | • | 5855 | • | 26958 | 56620 | 96935 | 215325 | 2693858 |
| **Operating Costs/Operating Income (%)** | | | | | | | | | | | | | |
| Cost of Operations 10 | 65.4 | • | • | • | • | • | 68.8 | • | 76.5 | 71.5 | 67.1 | 73.1 | 62.0 |
| Salaries and Wages 11 | 4.0 | • | • | • | • | • | 4.1 | • | 4.0 | 3.7 | 6.0 | 5.5 | 2.9 |
| Taxes Paid 12 | 1.2 | • | • | • | • | • | 2.5 | • | 1.7 | 1.3 | 1.4 | 1.4 | 1.0 |
| Interest Paid 13 | 4.1 | • | • | • | • | • | 0.5 | • | 1.9 | 1.8 | 1.3 | 2.2 | 5.2 |
| Depreciation 14 | 2.1 | • | • | • | • | • | 2.2 | • | 2.5 | 2.8 | 3.3 | 2.8 | 1.9 |
| Amortization and Depletion 15 | 0.8 | • | • | • | • | • | 0.1 | • | 0.1 | 0.1 | 0.4 | 0.0 | 1.2 |
| Pensions and Other Deferred Comp. 16 | 0.5 | • | • | • | • | • | 0.1 | • | 0.3 | 0.3 | 0.4 | 0.5 | 0.4 |
| Employee Benefits 17 | 1.4 | • | • | • | • | • | 1.0 | • | 0.7 | 0.7 | 2.0 | 2.0 | 1.2 |
| Advertising 18 | 4.3 | • | • | • | • | • | 0.0 | • | 0.7 | 0.7 | 1.2 | 3.7 | 5.2 |
| Other Expenses 19 | 15.1 | • | • | • | • | • | 12.5 | • | 7.8 | 12.4 | 11.3 | 8.9 | 17.7 |
| Officers' Compensation 20 | 1.5 | • | • | • | • | • | 3.7 | • | 1.5 | 1.1 | 0.9 | 0.6 | 0.5 |
| Operating Margin 21 | • | • | • | • | • | • | 4.6 | • | 2.4 | 3.6 | 4.9 | • | 0.9 |
| Operating Margin Before Officers' Comp. 22 | 1.1 | • | • | • | • | • | 8.2 | • | 3.9 | 4.7 | 5.8 | • | 1.4 |

| | | | | | | | | | | | | | |
|---|---|---|---|---|---|---|---|---|---|---|---|---|---|
| **Selected Average Balance Sheet ($ in Thousands)** | | | | | | | | | | | | | |
| Net Receivables **23** | 28640 | • | • | • | • | • | 706 | • | 2932 | 6219 | 10295 | 21076 | 894459 |
| Inventories **24** | 15440 | • | • | • | • | • | 532 | • | 4949 | 11761 | 20323 | 51269 | 302295 |
| Net Property, Plant and Equipment **25** | 18660 | • | • | • | • | • | 458 | • | 4613 | 11611 | 21257 | 68941 | 422656 |
| Total Assets **26** | 144991 | • | • | • | • | • | 1916 | • | 15805 | 35427 | 70417 | 169809 | 4391423 |
| Notes and Loans Payable **27** | 51245 | • | • | • | • | • | 396 | • | 5570 | 12209 | 13826 | 53238 | 1579377 |
| All Other Liabilities **28** | 31820 | • | • | • | • | • | 584 | • | 3808 | 7952 | 13681 | 34509 | 969936 |
| Net Worth **29** | 61926 | • | • | • | • | • | 936 | • | 6427 | 15266 | 42909 | 82062 | 1842110 |
| **Selected Financial Ratios (Times to 1)** | | | | | | | | | | | | | |
| Current Ratio **30** | 1.0 | • | • | • | • | • | 1.8 | • | 1.6 | 1.6 | 2.0 | 1.7 | 0.8 |
| Quick Ratio **31** | 0.6 | • | • | • | • | • | 1.1 | • | 0.7 | 0.5 | 0.7 | 0.5 | 0.6 |
| Net Sales to Working Capital **32** | • | • | • | • | • | • | 9.6 | • | 7.3 | 7.1 | 5.5 | 5.7 | • |
| Coverage Ratio **33** | 2.8 | • | • | • | • | • | 12.9 | • | 4.2 | 3.5 | 5.3 | 3.9 | 2.6 |
| Total Asset Turnover **34** | 0.8 | • | • | • | • | • | 3.0 | • | 1.6 | 1.6 | 1.4 | 1.2 | 0.6 |
| Inventory Turnover **35** | 5.0 | • | • | • | • | • | 7.4 | • | 4.0 | 3.4 | 3.2 | 2.9 | 5.2 |
| Receivables Turnover **36** | 4.2 | • | • | • | • | • | 16.3 | • | 9.1 | 10.2 | 8.5 | 9.5 | 5.7 |
| Total Liabilities to Net Worth **37** | 1.3 | • | • | • | • | • | 1.0 | • | 1.5 | 1.3 | 0.6 | 1.1 | 1.4 |
| Current Assets to Working Capital **38** | • | • | • | • | • | • | 2.3 | • | 2.7 | 2.7 | 2.0 | 2.4 | • |
| Current Liabilities to Working Capital **39** | • | • | • | • | • | • | 1.3 | • | 1.7 | 1.7 | 1.0 | 1.4 | • |
| Working Capital to Net Sales **40** | • | • | • | • | • | • | 0.1 | • | 0.1 | 0.1 | 0.2 | 0.2 | • |
| Inventory to Working Capital **41** | • | • | • | • | • | • | 0.9 | • | 1.4 | 1.7 | 1.1 | 1.4 | • |
| Total Receipts to Cash Flow **42** | 5.8 | • | • | • | • | • | 7.0 | • | 8.8 | 6.6 | 6.9 | 7.4 | 4.7 |
| Cost of Goods to Cash Flow **43** | 3.8 | • | • | • | • | • | 4.8 | • | 6.8 | 4.7 | 4.6 | 5.4 | 2.9 |
| Cash Flow to Total Debt **44** | 0.2 | • | • | • | • | • | 0.8 | • | 0.3 | 0.4 | 0.5 | 0.3 | 0.2 |
| **Selected Financial Factors (in Percentages)** | | | | | | | | | | | | | |
| Debt Ratio **45** | 57.3 | • | • | • | • | • | 51.2 | • | 59.3 | 56.9 | 39.1 | 51.7 | 58.1 |
| Return on Total Assets **46** | 9.3 | • | • | • | • | • | 20.3 | • | 12.9 | 10.1 | 9.2 | 10.1 | 7.8 |
| Return on Equity Before Income Taxes **47** | 14.2 | • | • | • | • | • | 38.3 | • | 24.2 | 16.7 | 12.2 | 15.5 | 11.4 |
| Return on Equity After Income Taxes **48** | 9.8 | • | • | • | • | • | 38.1 | • | 19.3 | 14.3 | 10.2 | 12.9 | 7.4 |
| Profit Margin (Before Income Tax) **49** | 7.5 | • | • | • | • | • | 6.2 | • | 6.0 | 4.6 | 5.4 | 6.3 | 8.2 |
| Profit Margin (After Income Tax) **50** | 5.2 | • | • | • | • | • | 6.2 | • | 4.8 | 3.9 | 4.5 | 5.3 | 5.4 |

## Table I

Corporations with and without Net Income

# DAIRY PRODUCT

MONEY AMOUNTS AND SIZE OF ASSETS IN THOUSANDS OF DOLLARS

| Item Description for Accounting Period 7/00 Through 6/01 | | Total | Zero Assets | Under 100 | 100 to 250 | 251 to 500 | 501 to 1,000 | 1,001 to 5,000 | 5,001 to 10,000 | 10,001 to 25,000 | 25,001 to 50,000 | 50,001 to 100,000 | 100,001 to 250,000 | 250,001 and over |
|---|---|---|---|---|---|---|---|---|---|---|---|---|---|---|
| Number of Enterprises | 1 | 918 | 3 | 420 | • | 126 | 26 | 136 | 73 | 65 | 33 | 12 | 11 | 11 |
| **Revenues ($ in Thousands)** | | | | | | | | | | | | | | |
| Net Sales | 2 | 28720427 | 61017 | 78491 | • | 150043 | 3818 | 1521432 | 2052901 | 3068506 | 3049830 | 1720214 | 3844234 | 13169943 |
| Interest | 3 | 125989 | 112 | 0 | • | 278 | 0 | 897 | 2017 | 4961 | 4948 | 3254 | 11218 | 98303 |
| Rents | 4 | 53033 | 0 | 0 | • | 0 | 0 | 0 | 1833 | 3363 | 875 | 2010 | 147 | 44805 |
| Royalties | 5 | 84452 | 0 | 0 | • | 0 | 2287 | 0 | 0 | 1841 | 1317 | 0 | 24728 | 54279 |
| Other Portfolio Income | 6 | 97403 | 5171 | 0 | • | 504 | 0 | 2608 | 373 | 4342 | 1533 | 5206 | 7537 | 70128 |
| Other Receipts | 7 | 304302 | 70 | 0 | • | 8533 | 11 | 1466 | 2402 | 20019 | 15600 | 2650 | 15689 | 237862 |
| Total Receipts | 8 | 29385606 | 66370 | 78491 | • | 159358 | 6116 | 1526403 | 2059526 | 3103032 | 3074103 | 1733334 | 3903553 | 13675320 |
| Average Total Receipts | 9 | 32010 | 22123 | 187 | • | 1265 | 235 | 11224 | 28213 | 47739 | 93155 | 144444 | 354868 | 1243211 |
| **Operating Costs/Operating Income (%)** | | | | | | | | | | | | | | |
| Cost of Operations | 10 | 76.1 | 71.1 | 43.9 | • | 45.0 | 156.7 | 81.0 | 84.6 | 79.0 | 77.5 | 79.0 | 75.9 | 73.4 |
| Salaries and Wages | 11 | 5.0 | 10.5 | 24.0 | • | 13.2 | 131.7 | 3.4 | 4.4 | 6.0 | 5.8 | 4.6 | 4.2 | 4.9 |
| Taxes Paid | 12 | 1.2 | 1.2 | 3.7 | • | 2.7 | 21.5 | 1.7 | 0.9 | 1.2 | 1.1 | 1.3 | 1.1 | 1.2 |
| Interest Paid | 13 | 1.8 | 1.1 | • | • | 1.2 | 20.1 | 0.7 | 1.1 | 0.8 | 0.9 | 0.7 | 1.3 | 2.7 |
| Depreciation | 14 | 2.9 | 2.2 | 0.4 | • | 0.5 | 25.3 | 1.7 | 1.0 | 2.1 | 2.2 | 2.6 | 5.0 | 3.0 |
| Amortization and Depletion | 15 | 0.5 | 0.0 | • | • | • | 5.7 | 0.0 | 0.0 | 0.1 | 0.1 | 0.2 | 0.1 | 1.0 |
| Pensions and Other Deferred Comp. | 16 | 0.4 | 0.0 | • | • | 2.0 | • | 0.2 | 0.1 | 0.3 | 0.4 | 0.5 | 0.3 | 0.4 |
| Employee Benefits | 17 | 0.9 | 1.2 | • | • | 0.7 | 13.2 | 0.5 | 0.5 | 0.9 | 0.9 | 0.9 | 0.7 | 1.1 |
| Advertising | 18 | 2.5 | 3.8 | 1.2 | • | 2.4 | 4.8 | 0.8 | 0.7 | 1.0 | 1.5 | 1.4 | 2.5 | 3.8 |
| Other Expenses | 19 | 7.7 | 9.0 | 22.0 | • | 22.5 | 244.9 | 7.1 | 5.9 | 5.9 | 6.7 | 6.3 | 6.9 | 8.8 |
| Officers' Compensation | 20 | 0.7 | 0.2 | 7.9 | • | 6.1 | 85.0 | 2.1 | 1.0 | 1.0 | 1.0 | 0.7 | 0.7 | 0.3 |
| Operating Margin | 21 | 0.3 | • | • | • | 3.8 | • | 0.6 | • | 1.7 | 1.8 | 2.0 | 1.4 | • |
| Operating Margin Before Officers' Comp. | 22 | 1.1 | 0.0 | 4.8 | • | 9.9 | • | 2.7 | 0.8 | 2.7 | 2.8 | 2.7 | 2.1 | • |

## Selected Average Balance Sheet ($ in Thousands)

| | | | | | | | | | | | | | |
|---|---|---|---|---|---|---|---|---|---|---|---|---|---|
| Net Receivables 23 | 2626 | 0 | 0 | • | 46 | 61 | 838 | 2363 | 4123 | 8621 | 14369 | 29594 | 96903 |
| Inventories 24 | 2077 | 0 | 1 | • | 46 | 342 | 998 | 2802 | 2703 | 6145 | 9082 | 25704 | 71104 |
| Net Property, Plant and Equipment 25 | 5904 | 0 | 1 | • | 11 | 96 | 1107 | 1909 | 6218 | 14008 | 34431 | 73521 | 276139 |
| Total Assets 26 | 17280 | 0 | 13 | • | 286 | 573 | 3195 | 7866 | 16223 | 35975 | 73265 | 168707 | 892862 |
| Notes and Loans Payable 27 | 6176 | 0 | 5 | • | 30 | 2173 | 931 | 2193 | 5063 | 11073 | 11622 | 55855 | 351976 |
| All Other Liabilities 28 | 5123 | 0 | 37 | • | 297 | 182 | 959 | 3046 | 4182 | 8997 | 16829 | 50840 | 269306 |
| Net Worth 29 | 5982 | 0 | -29 | • | -40 | -1781 | 1305 | 2627 | 6978 | 15905 | 44813 | 62012 | 271579 |

## Selected Financial Ratios (Times to 1)

| | | | | | | | | | | | | | |
|---|---|---|---|---|---|---|---|---|---|---|---|---|---|
| Current Ratio 30 | 1.3 | • | 0.3 | • | 1.3 | 2.1 | 1.5 | 1.4 | 1.4 | 1.6 | 1.3 | 1.5 | 1.2 |
| Quick Ratio 31 | 0.7 | • | 0.2 | • | 1.1 | 0.5 | 0.8 | 0.7 | 0.9 | 0.9 | 0.8 | 0.9 | 0.6 |
| Net Sales to Working Capital 32 | 20.8 | • | • | • | 18.9 | 0.7 | 15.9 | 19.0 | 18.9 | 13.3 | 19.6 | 11.7 | 35.6 |
| Coverage Ratio 33 | 2.5 | 9.2 | • | • | 9.5 | • | 2.3 | 1.1 | 4.4 | 4.0 | 5.1 | 3.2 | 2.2 |
| Total Asset Turnover 34 | 1.8 | • | 14.6 | • | 4.2 | 0.3 | 3.5 | 3.6 | 2.9 | 2.6 | 2.0 | 2.1 | 1.3 |
| Inventory Turnover 35 | 11.5 | • | 91.2 | • | 11.7 | 0.7 | 9.1 | 8.5 | 13.8 | 11.7 | 12.5 | 10.3 | 12.4 |
| Receivables Turnover 36 | 11.9 | • | • | • | • | 0.5 | 10.8 | 11.2 | 10.5 | 12.0 | 10.8 | 11.3 | 12.9 |
| Total Liabilities to Net Worth 37 | 1.9 | • | • | • | • | • | 1.4 | 2.0 | 1.3 | 1.3 | 0.6 | 1.7 | 2.3 |
| Current Assets to Working Capital 38 | 4.1 | • | • | • | 4.0 | 1.9 | 2.9 | 3.8 | 3.3 | 2.7 | 4.3 | 2.9 | 6.7 |
| Current Liabilities to Working Capital 39 | 3.1 | • | • | • | 3.0 | 0.9 | 1.9 | 2.8 | 2.3 | 1.7 | 3.3 | 1.9 | 5.7 |
| Working Capital to Net Sales 40 | 0.0 | • | • | • | 0.1 | 1.3 | 0.1 | 0.1 | 0.1 | 0.1 | 0.1 | 0.1 | 0.0 |
| Inventory to Working Capital 41 | 1.4 | • | • | • | 0.7 | 1.4 | 1.2 | 1.8 | 1.0 | 1.0 | 1.3 | 0.9 | 2.2 |
| Total Receipts to Cash Flow 42 | 11.4 | 6.7 | 26.2 | • | 3.4 | • | 14.8 | 22.9 | 13.7 | 13.2 | 13.3 | 11.5 | 9.6 |
| Cost of Goods to Cash Flow 43 | 8.6 | 4.8 | 11.5 | • | 1.5 | • | 12.0 | 19.4 | 10.9 | 10.2 | 10.5 | 8.7 | 7.0 |
| Cash Flow to Total Debt 44 | 0.2 | • | 0.2 | • | 1.1 | • | 0.4 | 0.2 | 0.4 | 0.3 | 0.4 | 0.3 | 0.2 |

## Selected Financial Factors (in Percentages)

| | | | | | | | | | | | | | |
|---|---|---|---|---|---|---|---|---|---|---|---|---|---|
| Debt Ratio 45 | 65.4 | • | 327.7 | • | 114.1 | 410.7 | 59.1 | 66.6 | 57.0 | 55.8 | 38.8 | 63.2 | 69.6 |
| Return on Total Assets 46 | 8.1 | • | • | • | 46.3 | • | 5.4 | 4.2 | 10.6 | 9.0 | 6.6 | 8.4 | 8.2 |
| Return on Equity Before Income Taxes 47 | 14.1 | • | 20.1 | • | • | 45.2 | 7.4 | 1.2 | 19.0 | 15.2 | 8.7 | 15.7 | 14.9 |
| Return on Equity After Income Taxes 48 | 10.2 | • | 20.1 | • | • | 45.2 | 4.6 | • | 17.1 | 12.1 | 7.0 | 10.6 | 10.3 |
| Profit Margin (Before Income Tax) 49 | 2.7 | 8.6 | • | • | 10.0 | • | 0.9 | 0.1 | 2.8 | 2.6 | 2.7 | 2.8 | 3.4 |
| Profit Margin (After Income Tax) 50 | 2.0 | 8.4 | • | • | 10.0 | • | 0.5 | • | 2.5 | 2.1 | 2.2 | 1.9 | 2.3 |

## Table II

Corporations with Net Income

# DAIRY PRODUCT

| Item Description for Accounting Period 7/00 Through 6/01 | | Total | Zero Assets | Under 100 | 100 to 250 | 251 to 500 | 501 to 1,000 | 1,001 to 5,000 | 5,001 to 10,000 | 10,001 to 25,000 | 25,001 to 50,000 | 50,001 to 100,000 | 100,001 to 250,000 | 250,001 and over |
|---|---|---|---|---|---|---|---|---|---|---|---|---|---|---|
| | | **Money Amounts and Size of Assets in Thousands of Dollars** | | | | | | | | | | | | |
| Number of Enterprises | 1 | 357 | 0 | • | • | 126 | • | 66 | 56 | 53 | 25 | 0 | 0 | 8 |
| **Revenues ($ in Thousands)** | | | | | | | | | | | | | | |
| Net Sales | 2 | 24407416 | 0 | • | • | 150043 | • | 970508 | 1778244 | 2650718 | 2401516 | 0 | 0 | 11266079 |
| Interest | 3 | 119104 | 0 | • | • | 278 | • | 140 | 1973 | 4553 | 4542 | 0 | 0 | 94799 |
| Rents | 4 | 8790 | 0 | • | • | 0 | • | 0 | 1669 | 3285 | 772 | 0 | 0 | 956 |
| Royalties | 5 | 81448 | 0 | • | • | 0 | • | 0 | 0 | 1731 | 1317 | 0 | 0 | 54086 |
| Other Portfolio Income | 6 | 91465 | 0 | • | • | 504 | • | 1862 | 316 | 2589 | 1015 | 0 | 0 | 68395 |
| Other Receipts | 7 | 279198 | 0 | • | • | 8533 | • | 652 | 1867 | 17512 | 5556 | 0 | 0 | 227207 |
| Total Receipts | 8 | 24987421 | 0 | • | • | 159358 | • | 973162 | 1784069 | 2680388 | 2414718 | 0 | 0 | 11711522 |
| Average Total Receipts | 9 | 69993 | • | • | • | 1265 | • | 14745 | 31858 | 50573 | 96589 | • | • | 1463940 |
| **Operating Costs/Operating Income (%)** | | | | | | | | | | | | | | |
| Cost of Operations | 10 | 77.1 | • | • | • | 45.0 | • | 78.9 | 84.6 | 79.5 | 78.8 | • | • | 75.7 |
| Salaries and Wages | 11 | 4.6 | • | • | • | 13.2 | • | 3.7 | 3.8 | 5.8 | 4.9 | • | • | 4.6 |
| Taxes Paid | 12 | 1.1 | • | • | • | 2.7 | • | 1.1 | 1.0 | 1.1 | 1.1 | • | • | 1.1 |
| Interest Paid | 13 | 1.6 | • | • | • | 1.2 | • | 0.4 | 0.6 | 0.8 | 0.7 | • | • | 2.5 |
| Depreciation | 14 | 2.8 | • | • | • | 0.5 | • | 1.2 | 0.9 | 2.0 | 2.1 | • | • | 2.9 |
| Amortization and Depletion | 15 | 0.3 | • | • | • | • | • | • | 0.0 | 0.1 | 0.1 | • | • | 0.6 |
| Pensions and Other Deferred Comp. | 16 | 0.4 | • | • | • | 2.0 | • | 0.3 | 0.1 | 0.3 | 0.4 | • | • | 0.4 |
| Employee Benefits | 17 | 0.9 | • | • | • | 0.7 | • | 0.8 | 0.4 | 0.7 | 0.8 | • | • | 1.1 |
| Advertising | 18 | 2.5 | • | • | • | 2.4 | • | 1.2 | 0.8 | 0.7 | 1.6 | • | • | 3.5 |
| Other Expenses | 19 | 6.7 | • | • | • | 22.5 | • | 8.5 | 5.4 | 5.5 | 4.9 | • | • | 7.2 |
| Officers' Compensation | 20 | 0.6 | • | • | • | 6.1 | • | 1.4 | 1.1 | 1.0 | 1.0 | • | • | 0.3 |
| Operating Margin | 21 | 1.4 | • | • | • | 3.8 | • | 2.6 | 1.2 | 2.5 | 3.4 | • | • | 0.1 |
| Operating Margin Before Officers' Comp. | 22 | 2.0 | • | • | • | 9.9 | • | 4.0 | 2.3 | 3.5 | 4.5 | • | • | 0.3 |

| | | | | | | | | | | | | | |
|---|---|---|---|---|---|---|---|---|---|---|---|---|---|
| **Selected Average Balance Sheet ($ in Thousands)** | | | | | | | | | | | | | |
| Net Receivables **23** | 5571 | • | • | • | 46 | • | 908 | 2375 | 4339 | 8805 | • | • | 112473 |
| Inventories **24** | 4506 | • | • | • | 46 | • | 1449 | 1998 | 2918 | 6844 | • | • | 85905 |
| Net Property, Plant and Equipment **25** | 11963 | • | • | • | 11 | • | 1056 | 2328 | 6125 | 14312 | • | • | 295534 |
| Total Assets **26** | 34210 | • | • | • | 286 | • | 3010 | 7449 | 16561 | 36706 | • | • | 922942 |
| Notes and Loans Payable **27** | 11009 | • | • | • | 30 | • | 756 | 843 | 4966 | 10327 | • | • | 331083 |
| All Other Liabilities **28** | 11074 | • | • | • | 297 | • | 1244 | 3465 | 4307 | 8486 | • | • | 318044 |
| Net Worth **29** | 12127 | • | • | • | -40 | • | 1010 | 3141 | 7289 | 17893 | • | • | 273815 |

| | | | | | | | | | | | | | |
|---|---|---|---|---|---|---|---|---|---|---|---|---|---|
| **Selected Financial Ratios (Times to 1)** | | | | | | | | | | | | | |
| Current Ratio **30** | 1.5 | • | • | • | 1.3 | • | 1.4 | 1.4 | 1.5 | 1.8 | • | • | 1.4 |
| Quick Ratio **31** | 0.8 | • | • | • | 1.1 | • | 0.8 | 0.9 | 0.9 | 1.1 | • | • | 0.7 |
| Net Sales to Working Capital **32** | 16.6 | • | • | • | 18.9 | • | 27.4 | 21.9 | 17.5 | 11.4 | • | • | 19.6 |
| Coverage Ratio **33** | 3.4 | • | • | • | 9.5 | • | 7.6 | 3.6 | 5.8 | 6.5 | • | • | 2.7 |
| Total Asset Turnover **34** | 2.0 | • | • | • | 4.2 | • | 4.9 | 4.3 | 3.0 | 2.6 | • | • | 1.5 |
| Inventory Turnover **35** | 11.7 | • | • | • | 11.7 | • | 8.0 | 13.5 | 13.6 | 11.1 | • | • | 12.4 |
| Receivables Turnover **36** | 11.9 | • | • | • | • | • | 9.8 | 11.8 | 11.0 | 11.7 | • | • | 25.0 |
| Total Liabilities to Net Worth **37** | 1.8 | • | • | • | • | • | 2.0 | 1.4 | 1.3 | 1.1 | • | • | 2.4 |
| Current Assets to Working Capital **38** | 3.2 | • | • | • | 4.0 | • | 3.5 | 3.4 | 3.1 | 2.3 | • | • | 3.7 |
| Current Liabilities to Working Capital **39** | 2.2 | • | • | • | 3.0 | • | 2.5 | 2.4 | 2.1 | 1.3 | • | • | 2.7 |
| Working Capital to Net Sales **40** | 0.1 | • | • | • | 0.1 | • | 0.0 | 0.0 | 0.1 | 0.1 | • | • | 0.1 |
| Inventory to Working Capital **41** | 1.1 | • | • | • | 0.7 | • | 1.4 | 1.2 | 1.0 | 0.8 | • | • | 1.2 |
| Total Receipts to Cash Flow **42** | 11.1 | • | • | • | 3.4 | • | 9.8 | 18.8 | 12.8 | 13.6 | • | • | 10.3 |
| Cost of Goods to Cash Flow **43** | 8.6 | • | • | • | 1.5 | • | 7.7 | 15.9 | 10.2 | 10.7 | • | • | 7.8 |
| Cash Flow to Total Debt **44** | 0.3 | • | • | • | 1.1 | • | 0.8 | 0.4 | 0.4 | 0.4 | • | • | 0.2 |

| | | | | | | | | | | | | | |
|---|---|---|---|---|---|---|---|---|---|---|---|---|---|
| **Selected Financial Factors (in Percentages)** | | | | | | | | | | | | | |
| Debt Ratio **45** | 64.6 | • | • | • | 114.1 | • | 66.4 | 57.8 | 56.0 | 51.3 | • | • | 70.3 |
| Return on Total Assets **46** | 10.9 | • | • | • | 46.3 | • | 16.3 | 9.1 | 13.2 | 12.2 | • | • | 10.4 |
| Return on Equity Before Income Taxes **47** | 21.8 | • | • | • | • | • | 42.2 | 15.5 | 24.9 | 21.2 | • | • | 22.1 |
| Return on Equity After Income Taxes **48** | 16.8 | • | • | • | • | • | 34.8 | 12.7 | 22.7 | 17.5 | • | • | 15.9 |
| Profit Margin (Before Income Tax) **49** | 3.9 | • | • | • | 10.0 | • | 2.9 | 1.5 | 3.6 | 3.9 | • | • | 4.3 |
| Profit Margin (After Income Tax) **50** | 3.0 | • | • | • | 10.0 | • | 2.4 | 1.3 | 3.3 | 3.3 | • | • | 3.1 |

**Table I**

Corporations with and without Net Income

# MEAT AND SEAFOOD PROCESSING

**MONEY AMOUNTS AND SIZE OF ASSETS IN THOUSANDS OF DOLLARS**

| Item Description for Accounting Period 7/00 Through 6/01 | | Total | Zero Assets | Under 100 | 100 to 250 | 251 to 500 | 501 to 1,000 | 1,001 to 5,000 | 5,001 to 10,000 | 10,001 to 25,000 | 25,001 to 50,000 | 50,001 to 100,000 | 100,001 to 250,000 | 250,001 and over |
|---|---|---|---|---|---|---|---|---|---|---|---|---|---|---|
| Number of Enterprises | 1 | 2055 | 0 | 0 | 476 | 101 | 216 | 421 | 152 | 111 | 55 | 26 | 37 | 11 |
| **Revenues ($ in Thousands)** | | | | | | | | | | | | | | |
| Net Sales | 2 | 116437716 | 0 | 0 | 345039 | 181029 | 332989 | 3986041 | 3772628 | 5178621 | 6229349 | 6654884 | 12266478 | 76914926 |
| Interest | 3 | 271006 | 0 | 0 | 10 | 0 | 1782 | 5773 | 1068 | 6863 | 3681 | 5830 | 17562 | 227949 |
| Rents | 4 | 34408 | 0 | 0 | 0 | 0 | 266 | 5815 | 746 | 1080 | 2257 | 2224 | 3165 | 18484 |
| Royalties | 5 | 47639 | 0 | 0 | 0 | 0 | 0 | 0 | 0 | 0 | 0 | 7 | 559 | 47073 |
| Other Portfolio Income | 6 | 416798 | 0 | 0 | 0 | 16067 | 2129 | 2690 | 408 | 6532 | 7772 | 14255 | 32062 | 334427 |
| Other Receipts | 7 | 946827 | 0 | 0 | 0 | 1654 | 0 | 3612 | 17246 | 26469 | 5815 | 33441 | 95539 | 757381 |
| Total Receipts | 8 | 118154394 | 0 | 0 | 345049 | 198750 | 337166 | 4003931 | 3792096 | 5219565 | 6248874 | 6710641 | 12415365 | 78300240 |
| Average Total Receipts | 9 | 57496 | • | • | 725 | 1968 | 1561 | 9511 | 24948 | 47023 | 113616 | 258102 | 335550 | 7118204 |
| **Operating Costs/Operating Income (%)** | | | | | | | | | | | | | | |
| Cost of Operations | 10 | 82.4 | • | • | 58.9 | 80.5 | 65.6 | 81.9 | 78.0 | 83.5 | 84.3 | 87.4 | 85.6 | 81.7 |
| Salaries and Wages | 11 | 4.4 | • | • | 12.3 | 2.9 | 6.8 | 4.5 | 6.4 | 3.7 | 3.0 | 2.4 | 2.7 | 4.9 |
| Taxes Paid | 12 | 0.8 | • | • | 2.5 | 4.0 | 3.6 | 1.3 | 1.4 | 1.1 | 1.0 | 0.6 | 1.0 | 0.6 |
| Interest Paid | 13 | 1.3 | • | • | 1.1 | 0.5 | 0.0 | 0.5 | 0.7 | 0.9 | 1.0 | 0.7 | 1.4 | 1.5 |
| Depreciation | 14 | 1.7 | • | • | 2.1 | 1.1 | 3.8 | 1.1 | 1.2 | 1.4 | 1.5 | 1.5 | 2.1 | 1.7 |
| Amortization and Depletion | 15 | 0.1 | • | • | • | 0.0 | • | 0.0 | 0.0 | 0.1 | 0.1 | 0.2 | 0.1 | 0.1 |
| Pensions and Other Deferred Comp. | 16 | 0.1 | • | • | • | • | 0.1 | 0.3 | 0.1 | 0.1 | 0.1 | 0.2 | 0.3 | 0.0 |
| Employee Benefits | 17 | 1.1 | • | • | 1.4 | 2.6 | 1.0 | 0.4 | 0.8 | 0.5 | 0.6 | 0.6 | 1.0 | 1.3 |
| Advertising | 18 | 1.5 | • | • | 0.7 | 0.4 | 1.1 | 0.1 | 0.3 | 0.7 | 1.1 | 1.1 | 0.9 | 1.8 |
| Other Expenses | 19 | 6.0 | • | • | 14.6 | 3.5 | 18.6 | 6.1 | 8.6 | 6.0 | 5.6 | 4.0 | 5.4 | 6.0 |
| Officers' Compensation | 20 | 0.5 | • | • | 6.5 | 7.1 | 6.8 | 2.7 | 1.4 | 1.2 | 0.7 | 0.6 | 0.8 | 0.1 |
| Operating Margin | 21 | 0.2 | • | • | • | • | • | 1.0 | 0.9 | 0.8 | 1.0 | 1.0 | • | 0.3 |
| Operating Margin Before Officers' Comp. | 22 | 0.7 | • | • | 6.4 | 4.4 | • | 3.8 | 2.4 | 2.0 | 1.6 | 1.5 | • | 0.4 |

## Selected Average Balance Sheet ($ in Thousands)

| | | | | | | | | | | | | | |
|---|---|---|---|---|---|---|---|---|---|---|---|---|---|
| Net Receivables 23 | 3290 | • | • | 9 | 98 | 258 | 678 | 1844 | 3053 | 7503 | 13421 | 23103 | 379052 |
| Inventories 24 | 4466 | • | • | 3 | 158 | 129 | 556 | 1669 | 2968 | 7493 | 15268 | 26524 | 593105 |
| Net Property, Plant and Equipment 25 | 7503 | • | • | 112 | 70 | 125 | 740 | 2173 | 5366 | 13570 | 27388 | 57764 | 954314 |
| Total Assets 26 | 24738 | • | • | 173 | 306 | 750 | 2362 | 6559 | 14914 | 34816 | 72114 | 145079 | 3432362 |
| Notes and Loans Payable 27 | 7411 | • | • | 141 | 50 | 671 | 764 | 3352 | 5331 | 14266 | 24124 | 57258 | 914399 |
| All Other Liabilities 28 | 8214 | • | • | 4 | 15 | 67 | 570 | 1668 | 3379 | 9149 | 15436 | 34161 | 1256819 |
| Net Worth 29 | 9113 | • | • | 28 | 241 | 12 | 1027 | 1539 | 6204 | 11401 | 32553 | 53660 | 1261144 |

## Selected Financial Ratios (Times to 1)

| | | | | | | | | | | | | | |
|---|---|---|---|---|---|---|---|---|---|---|---|---|---|
| Current Ratio 30 | 1.4 | • | • | 0.8 | 5.9 | 6.2 | 2.3 | 1.4 | 1.5 | 1.2 | 1.6 | 1.4 | 1.4 |
| Quick Ratio 31 | 0.5 | • | • | 0.6 | 2.6 | 4.8 | 1.5 | 0.7 | 0.8 | 0.6 | 0.8 | 0.6 | 0.4 |
| Net Sales to Working Capital 32 | 18.5 | • | • | • | 9.2 | 4.5 | 11.9 | 22.5 | 17.3 | 39.4 | 19.5 | 19.8 | 18.0 |
| Coverage Ratio 33 | 2.3 | • | • | 0.9 | 14.0 | • | 4.0 | 3.0 | 2.8 | 2.3 | 3.7 | 1.0 | 2.4 |
| Total Asset Turnover 34 | 2.3 | • | • | 4.2 | 5.9 | 2.1 | 4.0 | 3.8 | 3.1 | 3.3 | 3.5 | 2.3 | 2.0 |
| Inventory Turnover 35 | 10.5 | • | • | 151.8 | 9.1 | 7.8 | 14.0 | 11.6 | 13.1 | 12.7 | 14.6 | 10.7 | 9.6 |
| Receivables Turnover 36 | 17.2 | • | • | 160.1 | 11.1 | 4.2 | 11.3 | 13.7 | 15.6 | 16.1 | 17.2 | 14.6 | 18.8 |
| Total Liabilities to Net Worth 37 | 1.7 | • | • | 5.1 | 0.3 | 60.4 | 1.3 | 3.3 | 1.4 | 2.1 | 1.2 | 1.7 | 1.7 |
| Current Assets to Working Capital 38 | 3.5 | • | • | • | 1.2 | 1.2 | 1.8 | 3.6 | 2.9 | 6.3 | 2.6 | 3.6 | 3.7 |
| Current Liabilities to Working Capital 39 | 2.5 | • | • | • | 0.2 | 0.2 | 0.8 | 2.6 | 1.9 | 5.3 | 1.6 | 2.6 | 2.7 |
| Working Capital to Net Sales 40 | 0.1 | • | • | • | 0.1 | 0.2 | 0.1 | 0.0 | 0.1 | 0.0 | 0.1 | 0.1 | 0.1 |
| Inventory to Working Capital 41 | 1.5 | • | • | • | 0.7 | 0.2 | 0.5 | 1.6 | 1.2 | 2.7 | 1.2 | 1.7 | 1.6 |
| Total Receipts to Cash Flow 42 | 16.3 | • | • | 9.0 | 60.2 | 13.0 | 18.1 | 12.7 | 15.2 | 17.1 | 19.9 | 23.6 | 15.4 |
| Cost of Goods to Cash Flow 43 | 13.4 | • | • | 5.3 | 48.5 | 8.5 | 14.8 | 9.9 | 12.7 | 14.4 | 17.4 | 20.2 | 12.6 |
| Cash Flow to Total Debt 44 | 0.2 | • | • | 0.6 | 0.5 | 0.2 | 0.4 | 0.4 | 0.4 | 0.3 | 0.3 | 0.2 | 0.2 |

## Selected Financial Factors (in Percentages)

| | | | | | | | | | | | | | |
|---|---|---|---|---|---|---|---|---|---|---|---|---|---|
| Debt Ratio 45 | 63.2 | • | • | 83.6 | 21.4 | 98.4 | 56.5 | 76.5 | 58.4 | 67.3 | 54.9 | 63.0 | 63.3 |
| Return on Total Assets 46 | 7.0 | • | • | 4.1 | 44.9 | • | 7.9 | 8.3 | 7.7 | 7.4 | 8.7 | 3.0 | 7.5 |
| Return on Equity Before Income Taxes 47 | 10.7 | • | • | • | 53.1 | • | 13.6 | 23.4 | 11.8 | 12.6 | 14.0 | • | 11.8 |
| Return on Equity After Income Taxes 48 | 7.0 | • | • | • | 53.1 | • | 12.3 | 18.6 | 9.7 | 10.3 | 11.5 | • | 7.6 |
| Profit Margin (Before Income Tax) 49 | 1.7 | • | • | • | 7.1 | • | 1.5 | 1.5 | 1.6 | 1.3 | 1.8 | • | 2.1 |
| Profit Margin (After Income Tax) 50 | 1.1 | • | • | • | 7.1 | • | 1.3 | 1.2 | 1.3 | 1.0 | 1.5 | • | 1.4 |

**Table II**

Corporations with Net Income

# MEAT AND SEAFOOD PROCESSING

**MONEY AMOUNTS AND SIZE OF ASSETS IN THOUSANDS OF DOLLARS**

| Item Description for Accounting Period 7/00 Through 6/01 | | Total | Zero Assets | Under 100 | 100 to 250 | 251 to 500 | 501 to 1,000 | 1,001 to 5,000 | 5,001 to 10,000 | 10,001 to 25,000 | 25,001 to 50,000 | 50,001 to 100,000 | 100,001 to 250,000 | 250,001 and over |
|---|---|---|---|---|---|---|---|---|---|---|---|---|---|---|
| Number of Enterprises | 1 | 971 | 13 | • | 100 | 0 | 190 | 296 | 0 | 81 | 40 | 20 | 18 | 8 |
| **Revenues ($ in Thousands)** | | | | | | | | | | | | | | |
| Net Sales | 2 | 99519652 | 285915 | • | 117768 | 0 | 323939 | 2751941 | 0 | 3911874 | 4577100 | 5421668 | 7039707 | 72485010 |
| Interest | 3 | 239687 | 247 | • | 0 | 0 | 1782 | 4469 | 0 | 5721 | 3429 | 5195 | 7998 | 210022 |
| Rents | 4 | 30183 | 110 | • | 0 | 0 | 266 | 5006 | 0 | 1077 | 1915 | 2023 | 2574 | 16505 |
| Royalties | 5 | 47639 | 0 | • | 0 | 0 | 0 | 0 | 0 | 0 | 0 | 7 | 559 | 47073 |
| Other Portfolio Income | 6 | 367359 | 188 | • | 0 | 0 | 2129 | 621 | 0 | 5327 | 2693 | 13052 | 20684 | 306264 |
| Other Receipts | 7 | 721588 | 4868 | • | 0 | 0 | 0 | 2819 | 0 | 17745 | 23005 | 31094 | 37354 | 587392 |
| Total Receipts | 8 | 100926108 | 291328 | • | 117768 | 0 | 328116 | 2764856 | 0 | 3941744 | 4608142 | 5473039 | 7108876 | 73652266 |
| Average Total Receipts | 9 | 103940 | 22410 | • | 1178 | • | 1727 | 9341 | • | 48664 | 115204 | 273652 | 394938 | 9206533 |
| **Operating Costs/Operating Income (%)** | | | | | | | | | | | | | | |
| Cost of Operations | 10 | 82.6 | 80.2 | • | 71.7 | • | 62.7 | 78.8 | • | 81.3 | 82.9 | 86.1 | 86.2 | 82.3 |
| Salaries and Wages | 11 | 4.2 | 5.5 | • | • | • | 6.1 | 5.1 | • | 4.1 | 3.0 | 2.7 | 2.7 | 4.4 |
| Taxes Paid | 12 | 0.7 | 1.2 | • | 2.7 | • | 2.9 | 1.4 | • | 1.1 | 0.9 | 0.7 | 0.8 | 0.6 |
| Interest Paid | 13 | 1.2 | 0.8 | • | 0.4 | • | 0.0 | 0.6 | • | 0.7 | 0.9 | 0.6 | 0.9 | 1.4 |
| Depreciation | 14 | 1.5 | 1.5 | • | 1.6 | • | 2.3 | 0.9 | • | 1.5 | 1.3 | 1.2 | 1.4 | 1.6 |
| Amortization and Depletion | 15 | 0.1 | 0.0 | • | • | • | • | 0.0 | • | 0.0 | 0.1 | 0.0 | 0.1 | 0.1 |
| Pensions and Other Deferred Comp. | 16 | 0.1 | 0.2 | • | • | • | 0.1 | 0.3 | • | 0.2 | 0.1 | 0.1 | 0.2 | 0.0 |
| Employee Benefits | 17 | 1.1 | 1.4 | • | 2.1 | • | 0.9 | 0.3 | • | 0.6 | 0.5 | 0.6 | 0.7 | 1.2 |
| Advertising | 18 | 1.5 | 1.2 | • | 0.4 | • | 1.0 | 0.2 | • | 0.8 | 1.4 | 1.3 | 1.1 | 1.7 |
| Other Expenses | 19 | 5.4 | 7.1 | • | 14.0 | • | 17.2 | 5.9 | • | 5.8 | 6.0 | 4.0 | 4.0 | 5.6 |
| Officers' Compensation | 20 | 0.4 | 0.8 | • | 5.7 | • | 7.0 | 3.3 | • | 1.4 | 0.8 | 0.7 | 0.3 | 0.1 |
| Operating Margin | 21 | 1.2 | 0.1 | • | 1.3 | • | • | 3.2 | • | 2.6 | 2.1 | 2.0 | 1.7 | 0.9 |
| Operating Margin Before Officers' Comp. | 22 | 1.6 | 0.9 | • | 7.0 | • | 6.9 | 6.5 | • | 4.0 | 2.9 | 2.6 | 2.0 | 1.0 |

| | | | | | | | | | | | | | |
|---|---|---|---|---|---|---|---|---|---|---|---|---|---|
| **Selected Average Balance Sheet ($ in Thousands)** | | | | | | | | | | | | | |
| Net Receivables **23** | 5816 | 0 | • | 41 | • | 221 | 708 | • | 3145 | 8282 | 14110 | 24560 | 484312 |
| Inventories **24** | 8290 | 0 | • | 8 | • | 122 | 694 | • | 2994 | 8316 | 15156 | 33595 | 766743 |
| Net Property, Plant and Equipment **25** | 12516 | 0 | • | 121 | • | 106 | 725 | • | 5418 | 11522 | 25196 | 52200 | 1166936 |
| Total Assets **26** | 43795 | 0 | • | 192 | • | 717 | 2488 | • | 14988 | 34173 | 72259 | 133450 | 4308282 |
| Notes and Loans Payable **27** | 12288 | 0 | • | 101 | • | 0 | 809 | • | 4437 | 11244 | 21823 | 44822 | 1176073 |
| All Other Liabilities **28** | 14673 | 0 | • | 8 | • | 42 | 494 | • | 3197 | 9220 | 15060 | 31863 | 1550606 |
| Net Worth **29** | 16834 | 0 | • | 84 | • | 676 | 1185 | • | 7354 | 13709 | 35376 | 56766 | 1581602 |
| **Selected Financial Ratios (Times to 1)** | | | | | | | | | | | | | |
| Current Ratio **30** | 1.4 | • | • | 8.9 | • | 9.0 | 2.9 | • | 1.8 | 1.4 | 1.7 | 1.5 | 1.4 |
| Quick Ratio **31** | 0.5 | • | • | 7.7 | • | 7.0 | 1.8 | • | 0.9 | 0.7 | 0.9 | 0.8 | 0.4 |
| Net Sales to Working Capital **32** | 16.9 | • | • | 19.8 | • | 5.1 | 8.6 | • | 13.6 | 21.3 | 18.4 | 18.4 | 17.5 |
| Coverage Ratio **33** | 3.1 | 3.4 | • | 4.3 | • | 37.1 | 7.7 | • | 6.1 | 4.1 | 6.2 | 4.2 | 2.8 |
| Total Asset Turnover **34** | 2.3 | • | • | 6.1 | • | 2.4 | 3.7 | • | 3.2 | 3.3 | 3.8 | 2.9 | 2.1 |
| Inventory Turnover **35** | 10.2 | • | • | 99.4 | • | 8.7 | 10.6 | • | 13.1 | 11.4 | 15.4 | 10.0 | 9.7 |
| Receivables Turnover **36** | 17.5 | • | • | • | • | 4.5 | 10.1 | • | 15.5 | 14.3 | 17.4 | 12.8 | 19.6 |
| Total Liabilities to Net Worth **37** | 1.6 | • | • | 1.3 | • | 0.1 | 1.1 | • | 1.0 | 1.5 | 1.0 | 1.4 | 1.7 |
| Current Assets to Working Capital **38** | 3.3 | • | • | 1.1 | • | 1.1 | 1.5 | • | 2.3 | 3.7 | 2.4 | 2.8 | 3.6 |
| Current Liabilities to Working Capital **39** | 2.3 | • | • | 0.1 | • | 0.1 | 0.5 | • | 1.3 | 2.7 | 1.4 | 1.8 | 2.6 |
| Working Capital to Net Sales **40** | 0.1 | • | • | 0.1 | • | 0.2 | 0.1 | • | 0.1 | 0.0 | 0.1 | 0.1 | 0.1 |
| Inventory to Working Capital **41** | 1.4 | • | • | 0.1 | • | 0.2 | 0.5 | • | 0.8 | 1.6 | 1.0 | 1.3 | 1.5 |
| Total Receipts to Cash Flow **42** | 15.1 | 12.5 | • | 7.4 | • | 7.4 | 12.1 | • | 12.4 | 12.9 | 15.9 | 17.9 | 15.3 |
| Cost of Goods to Cash Flow **43** | 12.4 | 10.1 | • | 5.3 | • | 4.7 | 9.5 | • | 10.1 | 10.7 | 13.7 | 15.4 | 12.6 |
| Cash Flow to Total Debt **44** | 0.3 | • | • | 1.5 | • | 5.5 | 0.6 | • | 0.5 | 0.4 | 0.5 | 0.3 | 0.2 |
| **Selected Financial Factors (in Percentages)** | | | | | | | | | | | | | |
| Debt Ratio **45** | 61.6 | • | • | 56.2 | • | 5.8 | 52.4 | • | 50.9 | 59.9 | 51.0 | 57.5 | 63.3 |
| Return on Total Assets **46** | 9.1 | • | • | 10.3 | • | 2.6 | 15.9 | • | 13.0 | 12.2 | 13.0 | 10.4 | 8.3 |
| Return on Equity Before Income Taxes **47** | 16.1 | • | • | 18.1 | • | 2.7 | 29.0 | • | 22.1 | 23.1 | 22.2 | 18.6 | 14.5 |
| Return on Equity After Income Taxes **48** | 11.9 | • | • | 15.5 | • | 2.4 | 27.4 | • | 19.6 | 20.4 | 19.2 | 14.8 | 9.9 |
| Profit Margin (Before Income Tax) **49** | 2.7 | 1.9 | • | 1.3 | • | 1.1 | 3.7 | • | 3.4 | 2.8 | 2.9 | 2.7 | 2.5 |
| Profit Margin (After Income Tax) **50** | 2.0 | 1.7 | • | 1.1 | • | 0.9 | 3.5 | • | 3.0 | 2.4 | 2.5 | 2.2 | 1.7 |

# Table I

Corporations with and without Net Income

## BAKERIES AND TORTILLA

MONEY AMOUNTS AND SIZE OF ASSETS IN THOUSANDS OF DOLLARS

| Item Description for Accounting Period 7/00 Through 6/01 | | Total | Zero Assets | Under 100 | 100 to 250 | 251 to 500 | 501 to 1,000 | 1,001 to 5,000 | 5,001 to 10,000 | 10,001 to 25,000 | 25,001 to 50,000 | 50,001 to 100,000 | 100,001 to 250,000 | 250,001 and over |
|---|---|---|---|---|---|---|---|---|---|---|---|---|---|---|
| Number of Enterprises | 1 | 4593 | 274 | 2310 | 1158 | 93 | 189 | 361 | 70 | 67 | 23 | 18 | 16 | 13 |
| **Revenues ($ in Thousands)** | | | | | | | | | | | | | | |
| Net Sales | 2 | 51548109 | 7512844 | 939264 | 1065237 | 35102 | 220689 | 2349627 | 944977 | 1983146 | 1401321 | 2394909 | 3371070 | 29329924 |
| Interest | 3 | 432169 | 175277 | 381 | 337 | 0 | 0 | 3869 | 1628 | 2685 | 2946 | 1597 | 11823 | 231626 |
| Rents | 4 | 33321 | 3408 | 0 | 0 | 0 | 0 | 2053 | 317 | 667 | 156 | 13880 | 1674 | 11166 |
| Royalties | 5 | 635241 | 385466 | 0 | 0 | 0 | 0 | 0 | 0 | 0 | 7966 | 335 | 35061 | 206413 |
| Other Portfolio Income | 6 | 988478 | 114066 | 0 | 12996 | 0 | 2965 | 29522 | 99 | 3328 | 1460 | 3193 | 5505 | 815344 |
| Other Receipts | 7 | 347472 | 14871 | 22718 | 155 | 259 | 0 | 3836 | 6020 | 7936 | 8026 | 15828 | 19249 | 248574 |
| Total Receipts | 8 | 53984790 | 8205932 | 962363 | 1078725 | 35361 | 223654 | 2388907 | 953041 | 1997762 | 1421875 | 2429742 | 3444382 | 30843047 |
| Average Total Receipts | 9 | 11754 | 29949 | 417 | 932 | 380 | 1183 | 6617 | 13615 | 29817 | 61821 | 134986 | 215274 | 2372542 |
| **Operating Costs/Operating Income (%)** | | | | | | | | | | | | | | |
| Cost of Operations | 10 | 58.5 | 53.9 | 72.7 | 35.8 | 41.6 | 34.8 | 64.1 | 62.4 | 62.7 | 59.7 | 51.8 | 63.6 | 59.3 |
| Salaries and Wages | 11 | 11.2 | 15.2 | 2.9 | 22.6 | • | 31.1 | 7.2 | 10.4 | 8.4 | 10.1 | 16.0 | 9.0 | 10.3 |
| Taxes Paid | 12 | 1.7 | 1.8 | 1.2 | 3.4 | 3.3 | 3.5 | 2.7 | 1.9 | 2.3 | 2.1 | 2.2 | 2.2 | 1.3 |
| Interest Paid | 13 | 2.8 | 6.1 | 0.0 | 0.3 | 4.3 | 1.5 | 1.2 | 1.5 | 1.4 | 1.7 | 2.2 | 1.6 | 2.7 |
| Depreciation | 14 | 3.0 | 4.2 | 0.6 | 1.7 | 7.0 | 3.5 | 2.9 | 3.9 | 4.0 | 3.6 | 3.6 | 4.0 | 2.4 |
| Amortization and Depletion | 15 | 0.3 | 0.6 | 0.0 | • | 1.9 | 0.0 | 0.1 | 0.1 | 0.2 | 0.3 | 0.4 | 0.5 | 0.3 |
| Pensions and Other Deferred Comp. | 16 | 0.7 | 0.7 | 1.7 | • | • | • | 0.3 | 0.5 | 0.4 | 0.7 | 1.8 | 0.4 | 0.8 |
| Employee Benefits | 17 | 2.5 | 3.0 | 0.6 | 0.5 | 1.7 | 2.3 | 1.1 | 1.2 | 2.2 | 1.8 | 3.6 | 1.4 | 2.8 |
| Advertising | 18 | 5.2 | 8.5 | 0.9 | 2.0 | 4.2 | 0.3 | 0.3 | 0.7 | 1.2 | 1.8 | 1.2 | 1.6 | 6.3 |
| Other Expenses | 19 | 14.9 | 15.9 | 15.3 | 20.7 | 27.3 | 17.8 | 13.5 | 10.8 | 11.9 | 12.9 | 15.8 | 10.8 | 15.3 |
| Officers' Compensation | 20 | 1.5 | 3.3 | 6.8 | 11.8 | 10.3 | 2.6 | 3.5 | 2.6 | 2.3 | 1.7 | 1.0 | 1.0 | 0.3 |
| Operating Margin | 21 | • | • | • | 1.3 | • | 2.6 | 3.1 | 3.8 | 3.0 | 3.7 | 0.4 | 4.0 | • |
| Operating Margin Before Officers' Comp. | 22 | • | • | 4.1 | 13.1 | 8.8 | 5.2 | 6.6 | 6.5 | 5.3 | 5.4 | 1.4 | 4.9 | • |

## Selected Average Balance Sheet ($ in Thousands)

| | | | | | | | | | | | | | |
|---|---|---|---|---|---|---|---|---|---|---|---|---|---|
| Net Receivables 23 | 628 | 0 | 19 | 26 | 2 | 82 | 544 | 1572 | 2706 | 5150 | 11983 | 22453 | 124061 |
| Inventories 24 | 613 | 0 | 5 | 8 | 81 | 49 | 286 | 877 | 1266 | 3297 | 5868 | 12764 | 164718 |
| Net Property, Plant and Equipment 25 | 1895 | 0 | 6 | 56 | 54 | 181 | 1204 | 3002 | 7794 | 16244 | 32034 | 56621 | 427736 |
| Total Assets 26 | 9261 | 0 | 38 | 163 | 342 | 591 | 2835 | 6825 | 14964 | 35705 | 69108 | 150175 | 2703572 |
| Notes and Loans Payable 27 | 2101 | 0 | 22 | 61 | 452 | 188 | 998 | 2313 | 5399 | 13115 | 28775 | 51307 | 532908 |
| All Other Liabilities 28 | 2842 | 0 | 12 | 62 | 31 | 88 | 701 | 1238 | 3083 | 7641 | 17711 | 25857 | 883116 |
| Net Worth 29 | 4318 | 0 | 4 | 40 | -142 | 315 | 1137 | 3274 | 6482 | 14949 | 22623 | 73011 | 1287548 |

## Selected Financial Ratios (Times to 1)

| | | | | | | | | | | | | | |
|---|---|---|---|---|---|---|---|---|---|---|---|---|---|
| Current Ratio 30 | 1.0 | • | 2.9 | 1.1 | 0.1 | 4.2 | 1.6 | 2.3 | 1.6 | 1.2 | 1.2 | 1.2 | 0.8 |
| Quick Ratio 31 | 0.5 | • | 2.3 | 0.8 | 0.0 | 3.9 | 1.2 | 1.7 | 1.1 | 0.7 | 0.8 | 0.8 | 0.3 |
| Net Sales to Working Capital 32 | • | • | 15.5 | 138.5 | • | 3.9 | 11.8 | 6.6 | 13.1 | 24.6 | 27.0 | 29.4 | • |
| Coverage Ratio 33 | 2.1 | 0.4 | • | 8.5 | 0.8 | 3.6 | 5.0 | 4.2 | 3.6 | 4.1 | 1.8 | 4.8 | 2.7 |
| Total Asset Turnover 34 | 1.2 | • | 10.8 | 5.6 | 1.1 | 2.0 | 2.3 | 2.0 | 2.0 | 1.7 | 1.9 | 1.4 | 0.8 |
| Inventory Turnover 35 | 10.7 | • | 56.8 | 43.1 | 1.9 | 8.3 | 14.6 | 9.6 | 14.7 | 11.0 | 11.8 | 10.5 | 8.1 |
| Receivables Turnover 36 | 16.7 | • | 37.3 | 35.6 | 1.8 | 7.5 | 10.6 | 8.0 | 11.8 | 11.8 | 10.5 | 10.0 | 16.3 |
| Total Liabilities to Net Worth 37 | 1.1 | • | 8.8 | 3.1 | • | 0.9 | 1.5 | 1.1 | 1.3 | 1.4 | 2.1 | 1.1 | 1.1 |
| Current Assets to Working Capital 38 | • | • | 1.5 | 10.4 | • | 1.3 | 2.6 | 1.8 | 2.6 | 5.1 | 5.2 | 6.2 | • |
| Current Liabilities to Working Capital 39 | • | • | 0.5 | 9.4 | • | 0.3 | 1.6 | 0.8 | 1.6 | 4.1 | 4.2 | 5.2 | • |
| Working Capital to Net Sales 40 | • | • | 0.1 | 0.0 | • | 0.3 | 0.1 | 0.2 | 0.1 | 0.0 | 0.0 | 0.0 | • |
| Inventory to Working Capital 41 | • | • | 0.3 | 1.6 | • | 0.0 | 0.4 | 0.3 | 0.6 | 1.4 | 1.1 | 1.8 | • |
| Total Receipts to Cash Flow 42 | 7.3 | 11.9 | 8.7 | 6.3 | 6.5 | 5.6 | 7.3 | 7.7 | 7.6 | 6.5 | 7.6 | 6.9 | 6.8 |
| Cost of Goods to Cash Flow 43 | 4.3 | 6.4 | 6.3 | 2.3 | 2.7 | 1.9 | 4.7 | 4.8 | 4.7 | 3.9 | 3.9 | 4.4 | 4.0 |
| Cash Flow to Total Debt 44 | 0.3 | • | 1.4 | 1.2 | 0.1 | 0.8 | 0.5 | 0.5 | 0.5 | 0.5 | 0.4 | 0.4 | 0.2 |

## Selected Financial Factors (in Percentages)

| | | | | | | | | | | | | | |
|---|---|---|---|---|---|---|---|---|---|---|---|---|---|
| Debt Ratio 45 | 53.4 | • | 89.8 | 75.7 | 141.5 | 46.7 | 59.9 | 52.0 | 56.7 | 58.1 | 67.3 | 51.4 | 52.4 |
| Return on Total Assets 46 | 7.2 | • | • | 16.3 | 3.8 | 10.8 | 13.8 | 12.1 | 10.2 | 11.6 | 7.7 | 10.9 | 6.0 |
| Return on Equity Before Income Taxes 47 | 8.1 | • | • | 59.3 | 2.1 | 14.7 | 27.5 | 19.3 | 17.1 | 20.9 | 10.8 | 17.7 | 7.9 |
| Return on Equity After Income Taxes 48 | 5.1 | • | • | 56.8 | 2.1 | 14.7 | 22.6 | 16.5 | 13.2 | 18.1 | 9.7 | 14.6 | 4.9 |
| Profit Margin (Before Income Tax) 49 | 3.1 | • | • | 2.6 | • | 4.0 | 4.8 | 4.7 | 3.7 | 5.1 | 1.8 | 6.1 | 4.5 |
| Profit Margin (After Income Tax) 50 | 2.0 | • | • | 2.4 | • | 4.0 | 4.0 | 4.0 | 2.9 | 4.4 | 1.6 | 5.1 | 2.8 |

**Table II**

Corporations with Net Income

# BAKERIES AND TORTILLA

MONEY AMOUNTS AND SIZE OF ASSETS IN THOUSANDS OF DOLLARS

| Item Description for Accounting Period 7/00 Through 6/01 | | Total | Zero Assets | Under 100 | 100 to 250 | 251 to 500 | 501 to 1,000 | 1,001 to 5,000 | 5,001 to 10,000 | 10,001 to 25,000 | 25,001 to 50,000 | 50,001 to 100,000 | 100,001 to 250,000 | 250,001 and over |
|---|---|---|---|---|---|---|---|---|---|---|---|---|---|---|
| Number of Enterprises | 1 | 2741 | 271 | 1020 | 857 | • | 127 | 299 | 0 | 46 | 19 | 0 | 10 | 8 |
| **Revenues ($ in Thousands)** | | | | | | | | | | | | | | |
| Net Sales | 2 | 36037416 | 123131 | 110823 | 613412 | • | 134039 | 2149398 | 0 | 1570610 | 1263861 | 0 | 2595834 | 24504606 |
| Interest | 3 | 294001 | 46654 | 0 | 121 | • | 0 | 3847 | 0 | 1857 | 2509 | 0 | 8539 | 227547 |
| Rents | 4 | 26650 | 54 | 0 | 0 | • | 0 | 542 | 0 | 612 | 130 | 0 | 1674 | 9521 |
| Royalties | 5 | 229142 | 155 | 0 | 0 | • | 0 | 0 | 0 | 0 | 0 | 0 | 22300 | 206352 |
| Other Portfolio Income | 6 | 955023 | 109865 | 0 | 12996 | • | 2804 | 29413 | 0 | 2921 | 1460 | 0 | 2194 | 790537 |
| Other Receipts | 7 | 234460 | 1756 | 22718 | 154 | • | 0 | 3566 | 0 | 4211 | 7762 | 0 | 15248 | 159192 |
| Total Receipts | 8 | 37776692 | 281615 | 133541 | 626683 | • | 136843 | 2186766 | 0 | 1580211 | 1275722 | 0 | 2645789 | 25897755 |
| Average Total Receipts | 9 | 13782 | 1039 | 131 | 731 | • | 1078 | 7314 | • | 34352 | 67143 | • | 264579 | 3237219 |
| **Operating Costs/Operating Income (%)** | | | | | | | | | | | | | | |
| Cost of Operations | 10 | 59.9 | 37.2 | 64.4 | 43.3 | • | 36.6 | 62.8 | • | 61.0 | 58.9 | • | 60.9 | 61.0 |
| Salaries and Wages | 11 | 9.6 | 18.5 | 6.6 | 20.9 | • | 27.2 | 7.1 | • | 7.5 | 10.3 | • | 8.7 | 8.9 |
| Taxes Paid | 12 | 1.7 | 4.1 | 0.5 | 2.5 | • | 2.7 | 2.5 | • | 2.1 | 2.2 | • | 2.2 | 1.5 |
| Interest Paid | 13 | 2.4 | 59.2 | • | 0.1 | • | 0.3 | 0.8 | • | 1.2 | 1.1 | • | 1.6 | 2.6 |
| Depreciation | 14 | 2.3 | 4.0 | 1.2 | 1.7 | • | 3.3 | 2.8 | • | 3.6 | 3.8 | • | 3.8 | 1.9 |
| Amortization and Depletion | 15 | 0.2 | 9.7 | • | • | • | 0.0 | 0.1 | • | 0.1 | 0.1 | • | 0.4 | 0.2 |
| Pensions and Other Deferred Comp. | 16 | 0.8 | 0.9 | • | • | • | • | 0.3 | • | 0.5 | 0.5 | • | 0.5 | 0.9 |
| Employee Benefits | 17 | 2.2 | 2.7 | • | 0.8 | • | 3.8 | 1.0 | • | 2.1 | 1.6 | • | 1.4 | 2.4 |
| Advertising | 18 | 5.0 | 5.3 | 1.0 | 3.3 | • | 0.4 | 0.3 | • | 1.3 | 1.9 | • | 1.8 | 6.7 |
| Other Expenses | 19 | 14.5 | 48.9 | 21.4 | 19.9 | • | 15.3 | 13.6 | • | 12.4 | 12.6 | • | 11.2 | 14.8 |
| Officers' Compensation | 20 | 0.9 | 0.5 | 8.0 | 5.2 | • | 2.4 | 3.7 | • | 2.2 | 1.8 | • | 1.0 | 0.3 |
| Operating Margin | 21 | 0.4 | • | • | 2.4 | • | 8.0 | 4.9 | • | 6.3 | 5.2 | • | 6.6 | • |
| Operating Margin Before Officers' Comp. | 22 | 1.3 | • | 5.0 | 7.6 | • | 10.4 | 8.6 | • | 8.4 | 7.0 | • | 7.6 | • |

| | | | | | | | | | | | | | |
|---|---|---|---|---|---|---|---|---|---|---|---|---|---|
| **Selected Average Balance Sheet ($ in Thousands)** | | | | | | | | | | | | | |
| Net Receivables **23** | 797 | 0 | 9 | 21 | • | 91 | 610 | • | 3139 | 5688 | • | 27041 | 142983 |
| Inventories **24** | 892 | 0 | 1 | 7 | • | 23 | 257 | • | 1424 | 3471 | • | 16477 | 239681 |
| Net Property, Plant and Equipment **25** | 2313 | 0 | 4 | 51 | • | 100 | 1116 | • | 8092 | 17352 | • | 63067 | 493900 |
| Total Assets **26** | 12516 | 0 | 30 | 161 | • | 630 | 2934 | • | 15760 | 34708 | • | 159148 | 3593150 |
| Notes and Loans Payable **27** | 2416 | 0 | 6 | 50 | • | 93 | 623 | • | 4856 | 10569 | • | 59554 | 599562 |
| All Other Liabilities **28** | 4053 | 0 | 13 | 76 | • | 9 | 638 | • | 3347 | 7188 | • | 19977 | 1251435 |
| Net Worth **29** | 6046 | 0 | 11 | 35 | • | 527 | 1672 | • | 7556 | 16951 | • | 79616 | 1742152 |
| **Selected Financial Ratios (Times to 1)** | | | | | | | | | | | | | |
| Current Ratio **30** | 1.0 | • | 2.1 | 0.9 | • | 52.9 | 2.2 | • | 1.7 | 1.5 | • | 1.3 | 0.8 |
| Quick Ratio **31** | 0.5 | • | 2.0 | 0.6 | • | 51.7 | 1.6 | • | 1.2 | 0.9 | • | 0.9 | 0.3 |
| Net Sales to Working Capital **32** | • | • | 8.1 | • | • | 2.0 | 8.0 | • | 13.0 | 13.9 | • | 20.1 | • |
| Coverage Ratio **33** | 3.6 | 1.6 | • | 60.2 | • | 35.7 | 9.4 | • | 7.0 | 6.8 | • | 6.3 | 3.3 |
| Total Asset Turnover **34** | 1.1 | • | 3.7 | 4.5 | • | 1.7 | 2.5 | • | 2.2 | 1.9 | • | 1.6 | 0.9 |
| Inventory Turnover **35** | 8.8 | • | 64.1 | 41.4 | • | 16.8 | 17.6 | • | 14.6 | 11.3 | • | 9.6 | 7.8 |
| Receivables Turnover **36** | 15.4 | • | 23.5 | 34.8 | • | 6.8 | 12.0 | • | 11.9 | 11.9 | • | 19.2 | 18.8 |
| Total Liabilities to Net Worth **37** | 1.1 | • | 1.8 | 3.6 | • | 0.2 | 0.8 | • | 1.1 | 1.0 | • | 1.0 | 1.1 |
| Current Assets to Working Capital **38** | • | • | 1.9 | • | • | 1.0 | 1.8 | • | 2.5 | 2.9 | • | 4.3 | • |
| Current Liabilities to Working Capital **39** | • | • | 0.9 | • | • | 0.0 | 0.8 | • | 1.5 | 1.9 | • | 3.3 | • |
| Working Capital to Net Sales **40** | • | • | 0.1 | • | • | 0.5 | 0.1 | • | 0.1 | 0.1 | • | 0.0 | • |
| Inventory to Working Capital **41** | • | • | 0.1 | • | • | 0.0 | 0.3 | • | 0.5 | 0.8 | • | 1.3 | • |
| Total Receipts to Cash Flow **42** | 6.5 | • | 3.3 | 6.3 | • | 4.6 | 6.5 | • | 6.0 | 6.2 | • | 5.8 | 6.6 |
| Cost of Goods to Cash Flow **43** | 3.9 | • | 2.1 | 2.7 | • | 1.7 | 4.1 | • | 3.6 | 3.6 | • | 3.5 | 4.0 |
| Cash Flow to Total Debt **44** | 0.3 | • | 1.7 | 0.9 | • | 2.3 | 0.9 | • | 0.7 | 0.6 | • | 0.6 | 0.2 |
| **Selected Financial Factors (in Percentages)** | | | | | | | | | | | | | |
| Debt Ratio **45** | 51.7 | • | 64.5 | 78.1 | • | 16.2 | 43.0 | • | 52.1 | 51.2 | • | 50.0 | 51.5 |
| Return on Total Assets **46** | 9.0 | • | 63.8 | 20.6 | • | 17.4 | 18.3 | • | 17.3 | 13.7 | • | 16.4 | 7.4 |
| Return on Equity Before Income Taxes **47** | 13.5 | • | 179.5 | 92.6 | • | 20.2 | 28.6 | • | 31.0 | 23.9 | • | 27.7 | 10.6 |
| Return on Equity After Income Taxes **48** | 9.9 | • | 174.9 | 88.8 | • | 20.2 | 24.6 | • | 26.1 | 20.9 | • | 23.2 | 7.0 |
| Profit Margin (Before Income Tax) **49** | 6.2 | 37.7 | 17.4 | 4.5 | • | 10.1 | 6.7 | • | 6.9 | 6.1 | • | 8.5 | 6.0 |
| Profit Margin (After Income Tax) **50** | 4.5 | 36.9 | 17.0 | 4.4 | • | 10.1 | 5.7 | • | 5.8 | 5.3 | • | 7.1 | 4.0 |

## Table I

Corporations with and without Net Income

# OTHER FOOD

MONEY AMOUNTS AND SIZE OF ASSETS IN THOUSANDS OF DOLLARS

| Item Description for Accounting Period 7/00 Through 6/01 | | Total | Zero Assets | Under 100 | 100 to 250 | 251 to 500 | 501 to 1,000 | 1,001 to 5,000 | 5,001 to 10,000 | 10,001 to 25,000 | 25,001 to 50,000 | 50,001 to 100,000 | 100,001 to 250,000 | 250,001 and over |
|---|---|---|---|---|---|---|---|---|---|---|---|---|---|---|
| Number of Enterprises | 1 | 2735 | 53 | 827 | 200 | 225 | 455 | 503 | 206 | 119 | 67 | 31 | 31 | 18 |
| **Revenues ($ in Thousands)** | | | | | | | | | | | | | | |
| Net Sales | 2 | 39892434 | 2724360 | 52909 | 118987 | 221483 | 613703 | 3308889 | 2707362 | 3832511 | 4178402 | 3490066 | 7107721 | 11536042 |
| Interest | 3 | 248093 | 19630 | 0 | 0 | 0 | 245 | 1300 | 5423 | 4624 | 9117 | 13207 | 38665 | 155883 |
| Rents | 4 | 24090 | 308 | 0 | 0 | 0 | 788 | 2288 | 1414 | 979 | 2929 | 2953 | 1694 | 10737 |
| Royalties | 5 | 59843 | 1056 | 0 | 0 | 0 | 0 | 0 | 665 | 1672 | 5348 | 11204 | 8392 | 31508 |
| Other Portfolio Income | 6 | 289378 | 5513 | 3572 | 0 | 0 | 0 | 22327 | 8725 | 7133 | 8452 | 31513 | 15490 | 186657 |
| Other Receipts | 7 | 547384 | 255749 | 21248 | 0 | 0 | 1421 | 5323 | 14894 | 15346 | 42173 | 46258 | 39926 | 105039 |
| Total Receipts | 8 | 41061222 | 3006616 | 77729 | 118987 | 221483 | 616157 | 3340127 | 2738483 | 3862265 | 4246421 | 3595201 | 7211888 | 12025866 |
| Average Total Receipts | 9 | 15013 | 56729 | 94 | 595 | 984 | 1354 | 6640 | 13294 | 32456 | 63379 | 115974 | 232642 | 668104 |
| **Operating Costs/Operating Income (%)** | | | | | | | | | | | | | | |
| Cost of Operations | 10 | 66.3 | 71.5 | 68.5 | 56.2 | 63.9 | 59.4 | 68.1 | 64.8 | 73.6 | 66.3 | 67.7 | 64.5 | 63.8 |
| Salaries and Wages | 11 | 6.5 | 7.3 | • | 9.6 | 6.0 | 9.8 | 7.0 | 9.6 | 5.7 | 7.2 | 6.6 | 5.9 | 5.6 |
| Taxes Paid | 12 | 1.5 | 0.7 | 4.5 | 1.4 | 1.9 | 3.0 | 1.8 | 1.7 | 1.5 | 1.5 | 1.3 | 1.6 | 1.6 |
| Interest Paid | 13 | 2.7 | 3.5 | • | 1.0 | 1.5 | 2.0 | 1.0 | 1.7 | 1.3 | 2.3 | 2.6 | 2.3 | 4.0 |
| Depreciation | 14 | 2.9 | 1.4 | 1.2 | 5.2 | 2.1 | 3.5 | 2.6 | 2.6 | 2.3 | 2.7 | 3.3 | 3.6 | 3.1 |
| Amortization and Depletion | 15 | 0.9 | 2.6 | • | • | • | 0.0 | 0.1 | 0.4 | 0.2 | 0.6 | 0.6 | 0.6 | 1.6 |
| Pensions and Other Deferred Comp. | 16 | 0.4 | 0.2 | • | • | • | 0.0 | 0.5 | 0.5 | 0.3 | 0.4 | 0.3 | 0.3 | 0.5 |
| Employee Benefits | 17 | 1.1 | 0.6 | • | • | • | 0.5 | 0.6 | 0.7 | 1.0 | 1.3 | 1.2 | 1.3 | 1.2 |
| Advertising | 18 | 3.1 | 8.8 | • | 0.6 | 6.0 | 2.0 | 1.0 | 1.2 | 1.7 | 3.7 | 4.3 | 2.8 | 2.8 |
| Other Expenses | 19 | 13.2 | 15.4 | 15.2 | 23.6 | 10.2 | 19.6 | 9.8 | 14.0 | 8.6 | 11.5 | 8.7 | 15.3 | 15.2 |
| Officers' Compensation | 20 | 1.5 | 0.2 | 22.5 | 1.3 | 3.1 | 7.3 | 3.4 | 2.3 | 2.1 | 2.3 | 1.1 | 0.6 | 0.7 |
| Operating Margin | 21 | • | • | • | 1.1 | 5.3 | • | 4.0 | 0.5 | 1.6 | 0.2 | 2.3 | 1.3 | • |
| Operating Margin Before Officers' Comp. | 22 | 1.5 | • | 10.7 | 2.4 | 8.3 | 0.3 | 7.4 | 2.8 | 3.7 | 2.4 | 3.4 | 1.9 | 0.5 |

| Selected Average Balance Sheet ($ in Thousands) | | | | | | | | | | | | | |
|---|---|---|---|---|---|---|---|---|---|---|---|---|---|
| Net Receivables 23 | 1480 | 0 | 0 | 54 | 67 | 115 | 618 | 1271 | 3016 | 6507 | 12880 | 22770 | 83172 |
| Inventories 24 | 1654 | 0 | 0 | 21 | 21 | 106 | 601 | 1098 | 3579 | 7508 | 11044 | 30862 | 94958 |
| Net Property, Plant and Equipment 25 | 2910 | 0 | 1 | 39 | 118 | 275 | 832 | 2440 | 5021 | 11707 | 25340 | 65105 | 149577 |
| Total Assets 26 | 10316 | 0 | 2 | 188 | 254 | 702 | 2435 | 6760 | 15535 | 34116 | 70251 | 158743 | 774918 |
| Notes and Loans Payable 27 | 4126 | 0 | 0 | 40 | 221 | 515 | 874 | 2755 | 5379 | 14009 | 30751 | 53601 | 321825 |
| All Other Liabilities 28 | 2135 | 0 | 0 | 162 | 41 | 211 | 553 | 1910 | 3917 | 7930 | 16940 | 37930 | 129591 |
| Net Worth 29 | 4055 | 0 | 2 | -14 | -8 | -24 | 1008 | 2095 | 6239 | 12177 | 22561 | 67212 | 323503 |

| Selected Financial Ratios (Times to 1) | | | | | | | | | | | | | |
|---|---|---|---|---|---|---|---|---|---|---|---|---|---|
| Current Ratio 30 | 1.5 | • | 4.6 | 0.9 | 0.7 | 1.6 | 1.7 | 1.2 | 1.4 | 1.5 | 1.5 | 1.6 | 1.4 |
| Quick Ratio 31 | 0.7 | • | 4.6 | 0.5 | 0.4 | 1.2 | 1.0 | 0.7 | 0.7 | 0.7 | 0.8 | 0.7 | 0.6 |
| Net Sales to Working Capital 32 | 10.8 | • | 92.8 | • | • | 8.9 | 11.4 | 24.7 | 12.9 | 11.1 | 10.2 | 9.1 | 8.1 |
| Coverage Ratio 33 | 2.1 | 0.5 | • | 2.1 | 4.4 | • | 5.9 | 2.0 | 2.8 | 1.8 | 3.0 | 2.2 | 2.0 |
| Total Asset Turnover 34 | 1.4 | • | 31.3 | 3.2 | 3.9 | 1.9 | 2.7 | 1.9 | 2.1 | 1.8 | 1.6 | 1.4 | 0.8 |
| Inventory Turnover 35 | 5.9 | • | • | 16.1 | 29.5 | 7.6 | 7.5 | 7.8 | 6.6 | 5.5 | 6.9 | 4.8 | 4.3 |
| Receivables Turnover 36 | 9.4 | • | • | 13.3 | 29.6 | 10.7 | 9.5 | 11.9 | 10.7 | 9.1 | 9.1 | 9.8 | 6.9 |
| Total Liabilities to Net Worth 37 | 1.5 | • | 0.1 | • | • | • | 1.4 | 2.2 | 1.5 | 1.8 | 2.1 | 1.4 | 1.4 |
| Current Assets to Working Capital 38 | 3.2 | • | 1.3 | • | • | 2.6 | 2.5 | 5.9 | 3.3 | 3.1 | 2.9 | 2.7 | 3.4 |
| Current Liabilities to Working Capital 39 | 2.2 | • | 0.3 | • | • | 1.6 | 1.5 | 4.9 | 2.3 | 2.1 | 1.9 | 1.7 | 2.4 |
| Working Capital to Net Sales 40 | 0.1 | • | 0.0 | • | • | 0.1 | 0.1 | 0.0 | 0.1 | 0.1 | 0.1 | 0.1 | 0.1 |
| Inventory to Working Capital 41 | 1.2 | • | • | • | • | 0.6 | 0.9 | 2.3 | 1.4 | 1.3 | 1.1 | 1.1 | 1.2 |
| Total Receipts to Cash Flow 42 | 7.2 | 7.7 | 2.4 | 6.6 | 8.1 | 13.7 | 8.6 | 7.6 | 11.1 | 8.9 | 8.3 | 6.0 | 6.1 |
| Cost of Goods to Cash Flow 43 | 4.8 | 5.5 | 1.6 | 3.7 | 5.2 | 8.1 | 5.9 | 4.9 | 8.2 | 5.9 | 5.6 | 3.9 | 3.9 |
| Cash Flow to Total Debt 44 | 0.3 | • | 138.4 | 0.4 | 0.5 | 0.1 | 0.5 | 0.4 | 0.3 | 0.3 | 0.3 | 0.4 | 0.2 |

| Selected Financial Factors (in Percentages) | | | | | | | | | | | | | |
|---|---|---|---|---|---|---|---|---|---|---|---|---|---|
| Debt Ratio 45 | 60.7 | • | 9.4 | 107.4 | 103.0 | 103.4 | 58.6 | 69.0 | 59.8 | 64.3 | 67.9 | 57.7 | 58.3 |
| Return on Total Assets 46 | 7.9 | • | 1097.8 | 6.8 | 26.3 | • | 16.1 | 6.6 | 7.8 | 7.7 | 12.7 | 7.3 | 6.7 |
| Return on Equity Before Income Taxes 47 | 10.6 | • | 1211.6 | • | • | 367.6 | 32.2 | 10.4 | 12.5 | 9.6 | 26.4 | 9.4 | 8.2 |
| Return on Equity After Income Taxes 48 | 7.1 | • | 1211.6 | • | • | 367.6 | 29.3 | 6.3 | 10.0 | 6.5 | 19.2 | 7.4 | 4.5 |
| Profit Margin (Before Income Tax) 49 | 2.9 | • | 35.1 | 1.1 | 5.3 | • | 4.9 | 1.7 | 2.4 | 1.9 | 5.3 | 2.7 | 4.1 |
| Profit Margin (After Income Tax) 50 | 2.0 | • | 35.1 | 0.9 | 5.3 | • | 4.5 | 1.0 | 1.9 | 1.3 | 3.9 | 2.2 | 2.3 |

## Table II

Corporations with Net Income

# OTHER FOOD

**MONEY AMOUNTS AND SIZE OF ASSETS IN THOUSANDS OF DOLLARS**

| Item Description for Accounting Period 7/00 Through 6/01 | | Total | Zero Assets | Under 100 | 100 to 250 | 251 to 500 | 501 to 1,000 | 1,001 to 5,000 | 5,001 to 10,000 | 10,001 to 25,000 | 25,001 to 50,000 | 50,001 to 100,000 | 100,001 to 250,000 | 250,001 and over |
|---|---|---|---|---|---|---|---|---|---|---|---|---|---|---|
| Number of Enterprises | 1 | 2299 | 4 | 827 | 200 | 225 | 236 | 472 | 156 | 81 | 45 | 22 | 17 | 13 |
| **Revenues ($ in Thousands)** | | | | | | | | | | | | | | |
| Net Sales | 2 | 28005947 | 295664 | 52909 | 118987 | 221483 | 275372 | 2994763 | 2387846 | 2790645 | 3066290 | 2707234 | 4807859 | 8286897 |
| Interest | 3 | 100376 | 3496 | 0 | 0 | 0 | 0 | 939 | 5261 | 3716 | 6011 | 11099 | 12593 | 57260 |
| Rents | 4 | 17209 | 142 | 0 | 0 | 0 | 0 | 0 | 1414 | 650 | 2805 | 461 | 1285 | 10452 |
| Royalties | 5 | 38264 | 183 | 0 | 0 | 0 | 0 | 0 | 665 | 1546 | 5124 | 988 | 5418 | 24340 |
| Other Portfolio Income | 6 | 272386 | 5209 | 3572 | 0 | 0 | 0 | 22273 | 2623 | 3625 | 6823 | 31192 | 11955 | 185116 |
| Other Receipts | 7 | 170402 | -1064 | 21248 | 0 | 0 | 22 | 5086 | 9579 | 9325 | 24295 | 22785 | 6718 | 72408 |
| Total Receipts | 8 | 28604584 | 303630 | 77729 | 118987 | 221483 | 275394 | 3023061 | 2407388 | 2809507 | 3111348 | 2773759 | 4845828 | 8636473 |
| Average Total Receipts | 9 | 12442 | 75908 | 94 | 595 | 984 | 1167 | 6405 | 15432 | 34685 | 69141 | 126080 | 285049 | 664344 |
| **Operating Costs/Operating Income (%)** | | | | | | | | | | | | | | |
| Cost of Operations | 10 | 66.0 | 66.6 | 68.5 | 56.2 | 63.9 | 54.4 | 67.0 | 64.7 | 72.0 | 66.7 | 65.5 | 63.2 | 66.1 |
| Salaries and Wages | 11 | 6.3 | 7.2 | • | 9.6 | 6.0 | 11.2 | 7.1 | 9.4 | 5.8 | 6.9 | 7.0 | 5.3 | 5.4 |
| Taxes Paid | 12 | 1.7 | 2.1 | 4.5 | 1.4 | 1.9 | 2.6 | 1.8 | 1.6 | 1.5 | 1.5 | 1.3 | 1.6 | 1.9 |
| Interest Paid | 13 | 1.8 | 2.8 | • | 1.0 | 1.5 | 1.6 | 0.9 | 1.1 | 1.0 | 1.7 | 1.5 | 1.6 | 2.8 |
| Depreciation | 14 | 2.9 | 2.9 | 1.2 | 5.2 | 2.1 | 2.0 | 2.7 | 1.9 | 2.0 | 2.4 | 2.8 | 3.3 | 3.5 |
| Amortization and Depletion | 15 | 0.5 | 0.2 | • | • | • | • | 0.1 | 0.2 | 0.2 | 0.2 | 0.6 | 0.2 | 1.2 |
| Pensions and Other Deferred Comp. | 16 | 0.4 | 1.2 | • | • | • | • | 0.6 | 0.5 | 0.4 | 0.5 | 0.4 | 0.2 | 0.6 |
| Employee Benefits | 17 | 1.1 | 2.8 | • | • | • | 0.1 | 0.7 | 0.6 | 1.0 | 1.5 | 1.0 | 1.0 | 1.3 |
| Advertising | 18 | 2.0 | 0.1 | • | 0.6 | 6.0 | 1.7 | 1.1 | 1.1 | 1.6 | 3.7 | 5.2 | 2.3 | 0.7 |
| Other Expenses | 19 | 11.2 | 12.3 | 15.2 | 23.6 | 10.2 | 11.3 | 9.6 | 13.2 | 7.3 | 9.1 | 8.4 | 15.4 | 11.5 |
| Officers' Compensation | 20 | 1.7 | 1.3 | 22.5 | 1.3 | 3.1 | 8.7 | 3.6 | 2.3 | 2.5 | 2.7 | 1.1 | 0.5 | 0.6 |
| Operating Margin | 21 | 4.5 | 0.4 | • | 1.1 | 5.3 | 6.5 | 5.0 | 3.3 | 4.6 | 3.2 | 5.3 | 5.4 | 4.4 |
| Operating Margin Before Officers' Comp. | 22 | 6.1 | 1.7 | 10.7 | 2.4 | 8.3 | 15.1 | 8.6 | 5.6 | 7.1 | 5.8 | 6.4 | 6.0 | 5.0 |

## Selected Average Balance Sheet ($ in Thousands)

| | | | | | | | | | | | | | |
|---|---|---|---|---|---|---|---|---|---|---|---|---|---|
| Net Receivables 23 | 1240 | 0 | 0 | 54 | 67 | 64 | 594 | 1504 | 3021 | 6146 | 13680 | 23327 | 82715 |
| Inventories 24 | 1445 | 0 | 0 | 39 | 21 | 75 | 524 | 1291 | 3832 | 8546 | 13490 | 37319 | 94292 |
| Net Property, Plant and Equipment 25 | 2291 | 0 | 1 | 39 | 118 | 234 | 820 | 2359 | 4609 | 10861 | 23428 | 70469 | 142022 |
| Total Assets 26 | 8412 | 0 | 2 | 188 | 254 | 664 | 2355 | 6938 | 15398 | 33622 | 70679 | 157489 | 761422 |
| Notes and Loans Payable 27 | 2916 | 0 | 0 | 40 | 221 | 185 | 787 | 2113 | 4234 | 10703 | 18788 | 42852 | 302729 |
| All Other Liabilities 28 | 1748 | 0 | 0 | 162 | 41 | 137 | 511 | 1793 | 3649 | 7448 | 16589 | 38063 | 136969 |
| Net Worth 29 | 3748 | 0 | 2 | -14 | -8 | 342 | 1057 | 3031 | 7516 | 15471 | 35302 | 76575 | 321724 |

## Selected Financial Ratios (Times to 1)

| | | | | | | | | | | | | | |
|---|---|---|---|---|---|---|---|---|---|---|---|---|---|
| Current Ratio 30 | 1.5 | • | 4.6 | 0.9 | 0.7 | 2.7 | 1.8 | 1.7 | 1.8 | 1.7 | 1.8 | 1.6 | 1.3 |
| Quick Ratio 31 | 0.7 | • | 4.6 | 0.5 | 0.4 | 2.6 | 1.1 | 0.9 | 0.9 | 0.8 | 1.0 | 0.8 | 0.5 |
| Net Sales to Working Capital 32 | 10.2 | • | 92.8 | • | • | 5.1 | 10.3 | 10.4 | 8.9 | 9.2 | 7.8 | 10.8 | 11.0 |
| Coverage Ratio 33 | 4.7 | 2.2 | • | 2.1 | 4.4 | 5.2 | 7.4 | 4.7 | 6.2 | 3.8 | 6.1 | 5.0 | 4.1 |
| Total Asset Turnover 34 | 1.4 | • | 31.3 | 3.2 | 3.9 | 1.8 | 2.7 | 2.2 | 2.2 | 2.0 | 1.7 | 1.8 | 0.8 |
| Inventory Turnover 35 | 5.6 | • | • | 8.6 | 29.5 | 8.5 | 8.1 | 7.7 | 6.5 | 5.3 | 6.0 | 4.8 | 4.5 |
| Receivables Turnover 36 | 8.7 | • | • | • | 29.6 | 8.2 | 10.1 | 12.1 | 10.9 | 9.3 | 18.0 | 9.5 | 6.4 |
| Total Liabilities to Net Worth 37 | 1.2 | • | 0.1 | • | • | 0.9 | 1.2 | 1.3 | 1.0 | 1.2 | 1.0 | 1.1 | 1.4 |
| Current Assets to Working Capital 38 | 3.0 | • | 1.3 | • | • | 1.6 | 2.2 | 2.5 | 2.3 | 2.4 | 2.3 | 2.7 | 4.4 |
| Current Liabilities to Working Capital 39 | 2.0 | • | 0.3 | • | • | 0.6 | 1.2 | 1.5 | 1.3 | 1.4 | 1.3 | 1.7 | 3.4 |
| Working Capital to Net Sales 40 | 0.1 | • | 0.0 | • | • | 0.2 | 0.1 | 0.1 | 0.1 | 0.1 | 0.1 | 0.1 | 0.1 |
| Inventory to Working Capital 41 | 1.2 | • | • | • | • | 0.0 | 0.8 | 1.0 | 1.0 | 1.1 | 0.9 | 1.0 | 1.7 |
| Total Receipts to Cash Flow 42 | 6.5 | 7.2 | 2.4 | 6.6 | 8.1 | 7.3 | 8.1 | 6.7 | 9.3 | 8.5 | 7.0 | 4.9 | 6.0 |
| Cost of Goods to Cash Flow 43 | 4.3 | 4.8 | 1.6 | 3.7 | 5.2 | 4.0 | 5.4 | 4.3 | 6.7 | 5.7 | 4.6 | 3.1 | 3.9 |
| Cash Flow to Total Debt 44 | 0.4 | • | 138.4 | 0.4 | 0.5 | 0.5 | 0.6 | 0.6 | 0.5 | 0.4 | 0.5 | 0.7 | 0.2 |

## Selected Financial Factors (in Percentages)

| | | | | | | | | | | | | | |
|---|---|---|---|---|---|---|---|---|---|---|---|---|---|
| Debt Ratio 45 | 55.4 | • | 9.4 | 107.4 | 103.0 | 48.4 | 55.1 | 56.3 | 51.2 | 54.0 | 50.1 | 51.4 | 57.7 |
| Return on Total Assets 46 | 12.2 | • | 1097.8 | 6.8 | 26.3 | 14.1 | 18.3 | 11.5 | 14.2 | 13.1 | 16.1 | 14.0 | 9.7 |
| Return on Equity Before Income Taxes 47 | 21.6 | • | 1211.6 | • | • | 22.1 | 35.3 | 20.8 | 24.3 | 20.9 | 26.9 | 23.0 | 17.3 |
| Return on Equity After Income Taxes 48 | 17.1 | • | 1211.6 | • | • | 22.1 | 32.4 | 17.1 | 21.4 | 17.2 | 20.4 | 19.8 | 12.1 |
| Profit Margin (Before Income Tax) 49 | 6.6 | 3.3 | 35.1 | 1.1 | 5.3 | 6.5 | 5.9 | 4.1 | 5.3 | 4.8 | 7.7 | 6.2 | 8.7 |
| Profit Margin (After Income Tax) 50 | 5.3 | 3.3 | 35.1 | 0.9 | 5.3 | 6.5 | 5.4 | 3.4 | 4.7 | 3.9 | 5.9 | 5.4 | 6.1 |

**Table I**

Corporations with and without Net Income

# SOFT DRINK AND ICE

**MONEY AMOUNTS AND SIZE OF ASSETS IN THOUSANDS OF DOLLARS**

| Item Description for Accounting Period 7/00 Through 6/01 | | Total | Zero Assets | Under 100 | 100 to 250 | 251 to 500 | 501 to 1,000 | 1,001 to 5,000 | 5,001 to 10,000 | 10,001 to 25,000 | 25,001 to 50,000 | 50,001 to 100,000 | 100,001 to 250,000 | 250,001 and over |
|---|---|---|---|---|---|---|---|---|---|---|---|---|---|---|
| Number of Enterprises | 1 | 886 | 0 | 359 | 0 | • | 127 | 0 | 49 | 50 | 32 | 15 | 13 | 19 |
| **Revenues ($ in Thousands)** | | | | | | | | | | | | | | |
| Net Sales | 2 | 63841599 | 0 | 19856 | 0 | • | 63028 | 0 | 1065809 | 1809579 | 2479888 | 1161507 | 3319235 | 52571285 |
| Interest | 3 | 2553447 | 0 | 0 | 0 | • | 0 | 0 | 267 | 2973 | 3255 | 5128 | 40739 | 2483108 |
| Rents | 4 | 296183 | 0 | 0 | 0 | • | 0 | 0 | 0 | 2541 | 1371 | 1072 | 37301 | 253880 |
| Royalties | 5 | 1450922 | 0 | 0 | 0 | • | 0 | 0 | 0 | 776 | 85 | 0 | 0 | 1450059 |
| Other Portfolio Income | 6 | 2424943 | 0 | 0 | 0 | • | 0 | 0 | 5327 | 23911 | 21212 | 4549 | 43025 | 2325517 |
| Other Receipts | 7 | 5724010 | 0 | 0 | 0 | • | 261 | 0 | 5794 | 14235 | 25851 | 28655 | 971572 | 4671365 |
| Total Receipts | 8 | 76291104 | 0 | 19856 | 0 | • | 63289 | 0 | 1077197 | 1854015 | 2531662 | 1200911 | 4411872 | 63755214 |
| Average Total Receipts | 9 | 86107 | • | 55 | • | • | 498 | • | 21984 | 37080 | 79114 | 80061 | 339375 | 3355538 |
| **Operating Costs/Operating Income (%)** | | | | | | | | | | | | | | |
| Cost of Operations | 10 | 50.4 | • | 0.2 | • | • | 9.8 | • | 63.1 | 70.7 | 67.2 | 68.0 | 67.2 | 47.0 |
| Salaries and Wages | 11 | 12.3 | • | 166.3 | • | • | 20.6 | • | 8.8 | 7.6 | 11.4 | 9.5 | 12.6 | 12.6 |
| Taxes Paid | 12 | 1.9 | • | 15.9 | • | • | 4.0 | • | 2.5 | 1.5 | 2.0 | 2.3 | 2.3 | 1.9 |
| Interest Paid | 13 | 7.1 | • | • | • | • | 8.8 | • | 1.3 | 1.1 | 1.1 | 2.6 | 2.2 | 8.2 |
| Depreciation | 14 | 4.3 | • | • | • | • | 10.6 | • | 3.6 | 3.2 | 3.2 | 4.2 | 7.6 | 4.3 |
| Amortization and Depletion | 15 | 0.6 | • | • | • | • | • | • | 0.3 | 0.2 | 0.2 | 0.7 | 0.5 | 0.7 |
| Pensions and Other Deferred Comp. | 16 | 1.2 | • | • | • | • | • | • | 0.6 | 0.3 | 0.4 | 0.3 | 0.3 | 1.4 |
| Employee Benefits | 17 | 2.4 | • | 46.3 | • | • | • | • | 2.2 | 0.9 | 1.3 | 1.3 | 2.8 | 2.5 |
| Advertising | 18 | 6.4 | • | • | • | • | 0.1 | • | 2.1 | 3.5 | 4.7 | 1.8 | 2.2 | 7.2 |
| Other Expenses | 19 | 22.9 | • | 34.5 | • | • | 33.7 | • | 14.6 | 7.7 | 7.3 | 9.1 | 29.4 | 24.5 |
| Officers' Compensation | 20 | 0.4 | • | • | • | • | 7.9 | • | 1.2 | 1.2 | 0.8 | 0.7 | 0.6 | 0.3 |
| Operating Margin | 21 | • | • | • | • | • | 4.4 | • | • | 2.0 | 0.5 | • | • | • |
| Operating Margin Before Officers' Comp. | 22 | • | • | • | • | • | 12.4 | • | 0.8 | 3.2 | 1.3 | 0.3 | • | • |

| Selected Average Balance Sheet ($ in Thousands) | | | | | | | | | | | | | |
|---|---|---|---|---|---|---|---|---|---|---|---|---|---|
| Net Receivables 23 | 69151 | • | 0 | • | • | 70 | • | 1392 | 2727 | 6172 | 8709 | 22574 | 3175868 |
| Inventories 24 | 3212 | • | 1 | • | • | 10 | • | 835 | 1713 | 3939 | 3769 | 11342 | 121753 |
| Net Property, Plant and Equipment 25 | 17978 | • | 0 | • | • | 530 | • | 2949 | 6031 | 13147 | 21788 | 63964 | 718105 |
| Total Assets 26 | 194928 | • | 85 | • | • | 626 | • | 7441 | 15394 | 34974 | 73995 | 156605 | 8770991 |
| Notes and Loans Payable 27 | 46701 | • | 3793 | • | • | 530 | • | 3762 | 4395 | 11008 | 30097 | 37607 | 2003877 |
| All Other Liabilities 28 | 79989 | • | 8 | • | • | 23 | • | 1849 | 3716 | 7663 | 11069 | 51589 | 3650692 |
| Net Worth 29 | 68238 | • | -3716 | • | • | 73 | • | 1830 | 7282 | 16303 | 32830 | 67410 | 3116421 |

| Selected Financial Ratios (Times to 1) | | | | | | | | | | | | | |
|---|---|---|---|---|---|---|---|---|---|---|---|---|---|
| Current Ratio 30 | 1.0 | • | 11.1 | • | • | 2.0 | • | 1.2 | 1.4 | 1.6 | 1.2 | 1.1 | 1.0 |
| Quick Ratio 31 | 0.9 | • | 11.1 | • | • | 1.6 | • | 0.9 | 0.9 | 1.0 | 0.9 | 0.7 | 0.9 |
| Net Sales to Working Capital 32 | • | • | 0.7 | • | • | 10.2 | • | 38.3 | 17.8 | 14.3 | 21.3 | 99.9 | • |
| Coverage Ratio 33 | 2.5 | • | • | • | • | 1.6 | • | 1.5 | 4.9 | 3.4 | 2.2 | 3.4 | 2.5 |
| Total Asset Turnover 34 | 0.4 | • | 0.7 | • | • | 0.8 | • | 2.9 | 2.4 | 2.2 | 1.0 | 1.6 | 0.3 |
| Inventory Turnover 35 | 11.3 | • | 0.2 | • | • | 5.0 | • | 16.4 | 14.9 | 13.2 | 14.0 | 15.1 | 10.7 |
| Receivables Turnover 36 | 1.2 | • | • | • | • | 14.2 | • | 16.9 | 12.3 | 12.3 | 7.6 | 12.0 | 1.0 |
| Total Liabilities to Net Worth 37 | 1.9 | • | • | • | • | 7.6 | • | 3.1 | 1.1 | 1.1 | 1.3 | 1.3 | 1.8 |
| Current Assets to Working Capital 38 | • | • | 1.1 | • | • | 2.0 | • | 5.1 | 3.3 | 2.7 | 5.3 | 18.6 | • |
| Current Liabilities to Working Capital 39 | • | • | 0.1 | • | • | 1.0 | • | 4.1 | 2.3 | 1.7 | 4.3 | 17.6 | • |
| Working Capital to Net Sales 40 | • | • | 1.4 | • | • | 0.1 | • | 0.0 | 0.1 | 0.1 | 0.0 | 0.0 | • |
| Inventory to Working Capital 41 | • | • | • | • | • | 0.2 | • | 1.3 | 0.8 | 0.7 | 1.0 | 4.5 | • |
| Total Receipts to Cash Flow 42 | 3.6 | • | • | • | • | 3.6 | • | 8.2 | 11.2 | 13.7 | 11.0 | 5.5 | 3.2 |
| Cost of Goods to Cash Flow 43 | 1.8 | • | • | • | • | 0.4 | • | 5.2 | 7.9 | 9.2 | 7.5 | 3.7 | 1.5 |
| Cash Flow to Total Debt 44 | 0.2 | • | • | • | • | 0.2 | • | 0.5 | 0.4 | 0.3 | 0.2 | 0.5 | 0.2 |

| Selected Financial Factors (in Percentages) | | | | | | | | | | | | | |
|---|---|---|---|---|---|---|---|---|---|---|---|---|---|
| Debt Ratio 45 | 65.0 | • | 4482.9 | • | • | 88.3 | • | 75.4 | 52.7 | 53.4 | 55.6 | 57.0 | 64.5 |
| Return on Total Assets 46 | 6.7 | • | • | • | • | 10.8 | • | 5.9 | 13.0 | 8.1 | 5.8 | 12.2 | 6.6 |
| Return on Equity Before Income Taxes 47 | 11.5 | • | 2.4 | • | • | 32.9 | • | 8.3 | 21.8 | 12.3 | 7.0 | 20.1 | 11.2 |
| Return on Equity After Income Taxes 48 | 7.7 | • | 2.4 | • | • | 27.9 | • | 7.0 | 20.1 | 9.9 | 4.4 | 17.4 | 7.4 |
| Profit Margin (Before Income Tax) 49 | 10.9 | • | • | • | • | 4.8 | • | 0.7 | 4.4 | 2.6 | 3.0 | 5.3 | 12.6 |
| Profit Margin (After Income Tax) 50 | 7.3 | • | • | • | • | 4.1 | • | 0.6 | 4.1 | 2.1 | 1.8 | 4.6 | 8.3 |

**Table II**

Corporations with Net Income

# SOFT DRINK AND ICE

MONEY AMOUNTS AND SIZE OF ASSETS IN THOUSANDS OF DOLLARS

| Item Description for Accounting Period 7/00 Through 6/01 | | Total | Zero Assets | Under 100 | 100 to 250 | 251 to 500 | 501 to 1,000 | 1,001 to 5,000 | 5,001 to 10,000 | 10,001 to 25,000 | 25,001 to 50,000 | 50,001 to 100,000 | 100,001 to 250,000 | 250,001 and over |
|---|---|---|---|---|---|---|---|---|---|---|---|---|---|---|
| Number of Enterprises | 1 | 398 | 0 | • | • | • | 127 | 131 | 35 | 41 | 23 | 9 | 13 | 0 |
| **Revenues ($ in Thousands)** | | | | | | | | | | | | | | |
| Net Sales | 2 | 60220118 | 0 | • | • | • | 63028 | 700113 | 893431 | 1444928 | 2055642 | 829753 | 3319235 | 0 |
| Interest | 3 | 2507073 | 0 | • | • | • | 0 | 292 | 139 | 1654 | 2725 | 3304 | 40739 | 0 |
| Rents | 4 | 294357 | 0 | • | • | • | 0 | 0 | 0 | 2490 | 1219 | 932 | 37301 | 0 |
| Royalties | 5 | 1416067 | 0 | • | • | • | 0 | 0 | 0 | 776 | 0 | 0 | 0 | 0 |
| Other Portfolio Income | 6 | 2418292 | 0 | • | • | • | 0 | 206 | 5287 | 23858 | 16136 | 4278 | 43025 | 0 |
| Other Receipts | 7 | 5700476 | 0 | • | • | • | 261 | 658 | 4982 | 13795 | 21834 | 29107 | 971572 | 0 |
| Total Receipts | 8 | 72556383 | 0 | • | • | • | 63289 | 701269 | 903839 | 1487501 | 2097556 | 867374 | 4411872 | 0 |
| Average Total Receipts | 9 | 182302 | • | • | • | • | 498 | 5353 | 25824 | 36281 | 91198 | 96375 | 339375 | • |
| **Operating Costs/Operating Income (%)** | | | | | | | | | | | | | | |
| Cost of Operations | 10 | 49.5 | • | • | • | • | 9.8 | 65.3 | 62.0 | 68.0 | 65.1 | 64.7 | 67.2 | • |
| Salaries and Wages | 11 | 12.4 | • | • | • | • | 20.6 | 10.5 | 7.9 | 8.0 | 12.2 | 11.4 | 12.6 | • |
| Taxes Paid | 12 | 1.9 | • | • | • | • | 4.0 | 1.7 | 2.1 | 1.6 | 2.0 | 2.1 | 2.3 | • |
| Interest Paid | 13 | 7.2 | • | • | • | • | 8.8 | 0.5 | 1.0 | 0.9 | 1.0 | 2.2 | 2.2 | • |
| Depreciation | 14 | 4.3 | • | • | • | • | 10.6 | 2.4 | 3.1 | 3.4 | 2.9 | 2.6 | 7.6 | • |
| Amortization and Depletion | 15 | 0.6 | • | • | • | • | • | 0.1 | 0.1 | 0.2 | 0.2 | 0.8 | 0.5 | • |
| Pensions and Other Deferred Comp. | 16 | 1.2 | • | • | • | • | • | 0.3 | 0.6 | 0.3 | 0.4 | 0.4 | 0.3 | • |
| Employee Benefits | 17 | 2.4 | • | • | • | • | • | 1.3 | 2.0 | 1.0 | 1.5 | 1.5 | 2.8 | • |
| Advertising | 18 | 6.8 | • | • | • | • | 0.1 | 1.7 | 2.3 | 4.3 | 5.1 | 2.4 | 2.2 | • |
| Other Expenses | 19 | 23.5 | • | • | • | • | 33.7 | 5.9 | 14.8 | 7.7 | 6.8 | 9.1 | 29.4 | • |
| Officers' Compensation | 20 | 0.4 | • | • | • | • | 7.9 | 2.6 | 1.3 | 1.4 | 0.7 | 0.8 | 0.6 | • |
| Operating Margin | 21 | • | • | • | • | • | 4.4 | 7.9 | 2.8 | 3.2 | 2.1 | 1.9 | • | • |
| Operating Margin Before Officers' Comp. | 22 | • | • | • | • | • | 12.4 | 10.4 | 4.2 | 4.7 | 2.9 | 2.8 | • | • |

## Selected Average Balance Sheet ($ in Thousands)

| | | | | | | | | | | | | | |
|---|---|---|---|---|---|---|---|---|---|---|---|---|---|
| Net Receivables 23 | 153107 | • | • | • | • | 70 | 549 | 1432 | 2820 | 7261 | 8416 | 22574 | • |
| Inventories 24 | 6471 | • | • | • | • | 10 | 319 | 609 | 1545 | 4529 | 5289 | 11342 | • |
| Net Property, Plant and Equipment 25 | 37461 | • | • | • | • | 530 | 638 | 3098 | 6186 | 12798 | 16421 | 63964 | • |
| Total Assets 26 | 424435 | • | • | • | • | 626 | 2221 | 7661 | 15582 | 34755 | 70597 | 156605 | • |
| Notes and Loans Payable 27 | 95524 | • | • | • | • | 530 | 477 | 3018 | 3679 | 9840 | 24779 | 37607 | • |
| All Other Liabilities 28 | 176010 | • | • | • | • | 23 | 578 | 1520 | 3506 | 7995 | 13319 | 51589 | • |
| Net Worth 29 | 152902 | • | • | • | • | 73 | 1167 | 3122 | 8396 | 16919 | 32498 | 67410 | • |

## Selected Financial Ratios (Times to 1)

| | | | | | | | | | | | | | |
|---|---|---|---|---|---|---|---|---|---|---|---|---|---|
| Current Ratio 30 | 1.0 | • | • | • | • | 2.0 | 1.2 | 1.8 | 1.6 | 1.6 | 1.3 | 1.1 | • |
| Quick Ratio 31 | 0.9 | • | • | • | • | 1.6 | 0.8 | 1.3 | 1.0 | 1.0 | 0.8 | 0.7 | • |
| Net Sales to Working Capital 32 | • | • | • | • | • | 10.2 | 39.1 | 17.7 | 14.3 | 14.3 | 25.6 | 99.9 | • |
| Coverage Ratio 33 | 2.6 | • | • | • | • | 1.6 | 16.3 | 5.0 | 7.8 | 5.1 | 4.0 | 3.4 | • |
| Total Asset Turnover 34 | 0.4 | • | • | • | • | 0.8 | 2.4 | 3.3 | 2.3 | 2.6 | 1.3 | 1.6 | • |
| Inventory Turnover 35 | 11.6 | • | • | • | • | 5.0 | 10.9 | 26.0 | 15.5 | 12.8 | 11.3 | 15.1 | • |
| Receivables Turnover 36 | 1.1 | • | • | • | • | • | 7.7 | 21.9 | 12.1 | 11.9 | 6.9 | 12.0 | • |
| Total Liabilities to Net Worth 37 | 1.8 | • | • | • | • | 7.6 | 0.9 | 1.5 | 0.9 | 1.1 | 1.2 | 1.3 | • |
| Current Assets to Working Capital 38 | • | • | • | • | • | 2.0 | 7.5 | 2.2 | 2.8 | 2.5 | 5.0 | 18.6 | • |
| Current Liabilities to Working Capital 39 | • | • | • | • | • | 1.0 | 6.5 | 1.2 | 1.8 | 1.5 | 4.0 | 17.6 | • |
| Working Capital to Net Sales 40 | • | • | • | • | • | 0.1 | 0.0 | 0.1 | 0.1 | 0.1 | 0.0 | 0.0 | • |
| Inventory to Working Capital 41 | • | • | • | • | • | 0.2 | 2.1 | 0.5 | 0.6 | 0.7 | 1.2 | 4.5 | • |
| Total Receipts to Cash Flow 42 | 3.4 | • | • | • | • | 3.6 | 7.8 | 6.5 | 9.9 | 11.9 | 7.7 | 5.5 | • |
| Cost of Goods to Cash Flow 43 | 1.7 | • | • | • | • | 0.4 | 5.1 | 4.0 | 6.7 | 7.8 | 5.0 | 3.7 | • |
| Cash Flow to Total Debt 44 | 0.2 | • | • | • | • | 0.2 | 0.6 | 0.9 | 0.5 | 0.4 | 0.3 | 0.5 | • |

## Selected Financial Factors (in Percentages)

| | | | | | | | | | | | | | |
|---|---|---|---|---|---|---|---|---|---|---|---|---|---|
| Debt Ratio 45 | 64.0 | • | • | • | • | 88.3 | 47.5 | 59.2 | 46.1 | 51.3 | 54.0 | 57.0 | • |
| Return on Total Assets 46 | 6.8 | • | • | • | • | 10.8 | 20.5 | 16.5 | 16.0 | 13.2 | 11.3 | 12.2 | • |
| Return on Equity Before Income Taxes 47 | 11.7 | • | • | • | • | 32.9 | 36.7 | 32.5 | 25.8 | 21.8 | 18.4 | 20.1 | • |
| Return on Equity After Income Taxes 48 | 7.9 | • | • | • | • | 27.9 | 34.9 | 31.4 | 24.1 | 18.5 | 14.1 | 17.4 | • |
| Profit Margin (Before Income Tax) 49 | 11.8 | • | • | • | • | 4.8 | 8.0 | 4.0 | 6.1 | 4.1 | 6.5 | 5.3 | • |
| Profit Margin (After Income Tax) 50 | 8.0 | • | • | • | • | 4.1 | 7.6 | 3.8 | 5.7 | 3.5 | 5.0 | 4.6 | • |

## Table I

Corporations with and without Net Income

# BREWERIES

| Item Description for Accounting Period 7/00 Through 6/01 | | Total | Zero Assets | Under 100 | 100 to 250 | 251 to 500 | 501 to 1,000 | 1,001 to 5,000 | 5,001 to 10,000 | 10,001 to 25,000 | 25,001 to 50,000 | 50,001 to 100,000 | 100,001 to 250,000 | 250,001 and over |
|---|---|---|---|---|---|---|---|---|---|---|---|---|---|---|
| | | **MONEY AMOUNTS AND SIZE OF ASSETS IN THOUSANDS OF DOLLARS** | | | | | | | | | | | | |
| Number of Enterprises | 1 | 128 | • | • | • | 102 | • | • | 0 | 10 | 9 | 3 | 0 | 3 |
| **Revenues ($ in Thousands)** | | | | | | | | | | | | | | |
| Net Sales | 2 | 17976027 | • | • | • | 606265 | • | • | 0 | 191282 | 338661 | 250718 | 0 | 16589101 |
| Interest | 3 | 50527 | • | • | • | 17 | • | • | 0 | 725 | 1135 | 4025 | 0 | 44624 |
| Rents | 4 | 38775 | • | • | • | 0 | • | • | 0 | 29 | 0 | 317 | 0 | 38429 |
| Royalties | 5 | 109382 | • | • | • | 0 | • | • | 0 | 0 | 0 | 4 | 0 | 109378 |
| Other Portfolio Income | 6 | 73176 | • | • | • | 0 | • | • | 0 | 46 | 690 | 10365 | 0 | 62075 |
| Other Receipts | 7 | 227283 | • | • | • | 188 | • | • | 0 | 1118 | 3896 | 30066 | 0 | 192016 |
| Total Receipts | 8 | 18475170 | • | • | • | 606470 | • | • | 0 | 193200 | 344382 | 295495 | 0 | 17035623 |
| Average Total Receipts | 9 | 144337 | • | • | • | 5946 | • | • | • | 19320 | 38265 | 98498 | • | 5678541 |
| **Operating Costs/Operating Income (%)** | | | | | | | | | | | | | | |
| Cost of Operations | 10 | 42.2 | • | • | • | 80.7 | • | • | • | 68.9 | 64.2 | 54.8 | • | 39.9 |
| Salaries and Wages | 11 | 9.0 | • | • | • | 0.1 | • | • | • | 4.1 | 3.0 | 5.5 | • | 9.5 |
| Taxes Paid | 12 | 13.3 | • | • | • | 7.1 | • | • | • | 5.2 | 4.2 | 12.6 | • | 13.9 |
| Interest Paid | 13 | 2.3 | • | • | • | 0.1 | • | • | • | 3.0 | 2.5 | 2.1 | • | 2.3 |
| Depreciation | 14 | 5.1 | • | • | • | 0.2 | • | • | • | 4.0 | 4.1 | 5.9 | • | 5.3 |
| Amortization and Depletion | 15 | 0.2 | • | • | • | 0.1 | • | • | • | 0.2 | 0.4 | 0.5 | • | 0.2 |
| Pensions and Other Deferred Comp. | 16 | 0.9 | • | • | • | 0.0 | • | • | • | 0.7 | 0.3 | 6.6 | • | 0.8 |
| Employee Benefits | 17 | 1.3 | • | • | • | 0.0 | • | • | • | 0.9 | 0.5 | 0.3 | • | 1.4 |
| Advertising | 18 | 6.4 | • | • | • | 0.1 | • | • | • | 2.3 | 2.5 | 1.6 | • | 6.9 |
| Other Expenses | 19 | 9.9 | • | • | • | 11.1 | • | • | • | 6.3 | 8.4 | 11.0 | • | 9.9 |
| Officers' Compensation | 20 | 0.9 | • | • | • | 0.1 | • | • | • | 1.4 | 0.7 | 1.2 | • | 0.9 |
| Operating Margin | 21 | 8.4 | • | • | • | 0.5 | • | • | • | 2.9 | 9.3 | • | • | 8.9 |
| Operating Margin Before Officers' Comp. | 22 | 9.3 | • | • | • | 0.5 | • | • | • | 4.3 | 10.1 | • | • | 9.8 |

| | | | | | | | | | | | | | |
|---|---|---|---|---|---|---|---|---|---|---|---|---|---|
| **Selected Average Balance Sheet ($ in Thousands)** | | | | | | | | | | | | | |
| Net Receivables 23 | 5746 | • | • | • | 264 | • | • | • | 1784 | 2060 | 12632 | • | 211428 |
| Inventories 24 | 6538 | • | • | • | 10 | • | • | • | 2555 | 1535 | 5630 | • | 257524 |
| Net Property, Plant and Equipment 25 | 70987 | • | • | • | 103 | • | • | • | 8954 | 15088 | 43584 | • | 2906578 |
| Total Assets 26 | 183596 | • | • | • | 400 | • | • | • | 17271 | 33482 | 101681 | • | 7560116 |
| Notes and Loans Payable 27 | 59659 | • | • | • | 99 | • | • | • | 7444 | 14105 | 19143 | • | 2455806 |
| All Other Liabilities 28 | 36937 | • | • | • | 247 | • | • | • | 4080 | 4728 | 920 | • | 1538885 |
| Net Worth 29 | 87000 | • | • | • | 55 | • | • | • | 5747 | 14649 | 81617 | • | 3565424 |
| **Selected Financial Ratios (Times to 1)** | | | | | | | | | | | | | |
| Current Ratio 30 | 1.0 | • | • | • | 1.0 | • | • | • | 1.4 | 1.5 | 4.5 | • | 1.0 |
| Quick Ratio 31 | 0.4 | • | • | • | 1.0 | • | • | • | 0.8 | 1.0 | 3.0 | • | 0.3 |
| Net Sales to Working Capital 32 | • | • | • | • | 898.2 | • | • | • | 9.8 | 16.6 | 3.7 | • | • |
| Coverage Ratio 33 | 5.9 | • | • | • | 6.0 | • | • | • | 2.3 | 5.4 | 8.5 | • | 6.0 |
| Total Asset Turnover 34 | 0.8 | • | • | • | 14.8 | • | • | • | 1.1 | 1.1 | 0.8 | • | 0.7 |
| Inventory Turnover 35 | 9.1 | • | • | • | 475.3 | • | • | • | 5.2 | 15.7 | 8.1 | • | 8.6 |
| Receivables Turnover 36 | 23.1 | • | • | • | • | • | • | • | 9.2 | 27.4 | 13.2 | • | 23.9 |
| Total Liabilities to Net Worth 37 | 1.1 | • | • | • | 6.3 | • | • | • | 2.0 | 1.3 | 0.2 | • | 1.1 |
| Current Assets to Working Capital 38 | • | • | • | • | 43.0 | • | • | • | 3.4 | 2.8 | 1.3 | • | • |
| Current Liabilities to Working Capital 39 | • | • | • | • | 42.0 | • | • | • | 2.4 | 1.8 | 0.3 | • | • |
| Working Capital to Net Sales 40 | • | • | • | • | 0.0 | • | • | • | 0.1 | 0.1 | 0.3 | • | • |
| Inventory to Working Capital 41 | • | • | • | • | 1.5 | • | • | • | 1.5 | 0.8 | 0.2 | • | • |
| Total Receipts to Cash Flow 42 | 5.3 | • | • | • | 106.3 | • | • | • | 12.0 | 5.4 | 4.6 | • | 5.1 |
| Cost of Goods to Cash Flow 43 | 2.2 | • | • | • | 85.8 | • | • | • | 8.3 | 3.5 | 2.5 | • | 2.0 |
| Cash Flow to Total Debt 44 | 0.3 | • | • | • | 0.2 | • | • | • | 0.1 | 0.4 | 0.9 | • | 0.3 |
| **Selected Financial Factors (in Percentages)** | | | | | | | | | | | | | |
| Debt Ratio 45 | 52.6 | • | • | • | 86.4 | • | • | • | 66.7 | 56.2 | 19.7 | • | 52.8 |
| Return on Total Assets 46 | 10.3 | • | • | • | 8.9 | • | • | • | 7.6 | 15.0 | 14.7 | • | 10.2 |
| Return on Equity Before Income Taxes 47 | 18.1 | • | • | • | 54.5 | • | • | • | 12.8 | 28.1 | 16.1 | • | 18.0 |
| Return on Equity After Income Taxes 48 | 11.8 | • | • | • | 35.7 | • | • | • | 10.5 | 26.7 | 10.0 | • | 11.6 |
| Profit Margin (Before Income Tax) 49 | 11.2 | • | • | • | 0.5 | • | • | • | 3.9 | 10.9 | 15.8 | • | 11.6 |
| Profit Margin (After Income Tax) 50 | 7.3 | • | • | • | 0.3 | • | • | • | 3.2 | 10.4 | 9.8 | • | 7.5 |

# Table II

Corporations with Net Income

## BREWERIES

| Item Description for Accounting Period 7/00 Through 6/01 | | MONEY AMOUNTS AND SIZE OF ASSETS IN THOUSANDS OF DOLLARS | | | | | | | | | | | | |
|---|---|---|---|---|---|---|---|---|---|---|---|---|---|---|
| | | Total | Zero Assets | Under 100 | 100 to 250 | 251 to 500 | 501 to 1,000 | 1,001 to 5,000 | 5,001 to 10,000 | 10,001 to 25,000 | 25,001 to 50,000 | 50,001 to 100,000 | 100,001 to 250,000 | 250,001 and over |
| Number of Enterprises | 1 | 118 | • | • | • | 0 | • | • | 0 | 6 | 0 | 0 | 3 | 0 |
| **Revenues ($ in Thousands)** | | | | | | | | | | | | | | |
| Net Sales | 2 | 17133939 | • | • | • | 0 | • | • | 0 | 141490 | 0 | 0 | 16004818 | 0 |
| Interest | 3 | 47018 | • | • | • | 0 | • | • | 0 | 718 | 0 | 0 | 42326 | 0 |
| Rents | 4 | 25111 | • | • | • | 0 | • | • | 0 | 0 | 0 | 0 | 24794 | 0 |
| Royalties | 5 | 107495 | • | • | • | 0 | • | • | 0 | 0 | 0 | 0 | 107491 | 0 |
| Other Portfolio Income | 6 | 71516 | • | • | • | 0 | • | • | 0 | 18 | 0 | 0 | 61407 | 0 |
| Other Receipts | 7 | 223697 | • | • | • | 0 | • | • | 0 | 231 | 0 | 0 | 191384 | 0 |
| Total Receipts | 8 | 17608776 | • | • | • | 0 | • | • | 0 | 142457 | 0 | 0 | 16432220 | 0 |
| Average Total Receipts | 9 | 149227 | • | • | • | • | • | • | • | 23743 | • | • | 5477407 | • |
| **Operating Costs/Operating Income (%)** | | | | | | | | | | | | | | |
| Cost of Operations | 10 | 40.4 | • | • | • | • | • | • | • | 66.2 | • | • | 38.1 | • |
| Salaries and Wages | 11 | 9.3 | • | • | • | • | • | • | • | 4.2 | • | • | 9.8 | • |
| Taxes Paid | 12 | 13.9 | • | • | • | • | • | • | • | 5.3 | • | • | 14.4 | • |
| Interest Paid | 13 | 2.1 | • | • | • | • | • | • | • | 2.4 | • | • | 2.2 | • |
| Depreciation | 14 | 5.2 | • | • | • | • | • | • | • | 3.8 | • | • | 5.5 | • |
| Amortization and Depletion | 15 | 0.1 | • | • | • | • | • | • | • | 0.2 | • | • | 0.1 | • |
| Pensions and Other Deferred Comp. | 16 | 0.8 | • | • | • | • | • | • | • | 0.8 | • | • | 0.8 | • |
| Employee Benefits | 17 | 1.2 | • | • | • | • | • | • | • | 0.9 | • | • | 1.3 | • |
| Advertising | 18 | 6.6 | • | • | • | • | • | • | • | 2.3 | • | • | 7.0 | • |
| Other Expenses | 19 | 10.1 | • | • | • | • | • | • | • | 6.8 | • | • | 10.2 | • |
| Officers' Compensation | 20 | 0.9 | • | • | • | • | • | • | • | 1.2 | • | • | 0.9 | • |
| Operating Margin | 21 | 9.3 | • | • | • | • | • | • | • | 6.0 | • | • | 9.7 | • |
| Operating Margin Before Officers' Comp. | 22 | 10.1 | • | • | • | • | • | • | • | 7.2 | • | • | 10.6 | • |

| Selected Average Balance Sheet ($ in Thousands) | | | | | | | | | | | | | |
|---|---|---|---|---|---|---|---|---|---|---|---|---|---|
| Net Receivables 23 | 5858 | • | • | • | • | • | • | • | 1938 | • | • | 202865 | • |
| Inventories 24 | 6807 | • | • | • | • | • | • | • | 1866 | • | • | 239131 | • |
| Net Property, Plant and Equipment 25 | 75142 | • | • | • | • | • | • | • | 6894 | • | • | 2908925 | • |
| Total Assets 26 | 193041 | • | • | • | • | • | • | • | 15912 | • | • | 7450379 | • |
| Notes and Loans Payable 27 | 61091 | • | • | • | • | • | • | • | 5772 | • | • | 2360090 | • |
| All Other Liabilities 28 | 37088 | • | • | • | • | • | • | • | 3562 | • | • | 1441628 | • |
| Net Worth 29 | 94862 | • | • | • | • | • | • | • | 6578 | • | • | 3648661 | • |
| **Selected Financial Ratios (Times to 1)** | | | | | | | | | | | | | |
| Current Ratio 30 | 1.1 | • | • | • | • | • | • | • | 1.7 | • | • | 1.1 | • |
| Quick Ratio 31 | 0.4 | • | • | • | • | • | • | • | 1.2 | • | • | 0.3 | • |
| Net Sales to Working Capital 32 | 65.2 | • | • | • | • | • | • | • | 8.4 | • | • | 102.2 | • |
| Coverage Ratio 33 | 6.8 | • | • | • | • | • | • | • | 3.8 | • | • | 6.7 | • |
| Total Asset Turnover 34 | 0.8 | • | • | • | • | • | • | • | 1.5 | • | • | 0.7 | • |
| Inventory Turnover 35 | 8.6 | • | • | • | • | • | • | • | 8.4 | • | • | 8.5 | • |
| Receivables Turnover 36 | 23.9 | • | • | • | • | • | • | • | 24.3 | • | • | 52.6 | • |
| Total Liabilities to Net Worth 37 | 1.0 | • | • | • | • | • | • | • | 1.4 | • | • | 1.0 | • |
| Current Assets to Working Capital 38 | 9.6 | • | • | • | • | • | • | • | 2.5 | • | • | 14.9 | • |
| Current Liabilities to Working Capital 39 | 8.6 | • | • | • | • | • | • | • | 1.5 | • | • | 13.9 | • |
| Working Capital to Net Sales 40 | 0.0 | • | • | • | • | • | • | • | 0.1 | • | • | 0.0 | • |
| Inventory to Working Capital 41 | 2.9 | • | • | • | • | • | • | • | 0.7 | • | • | 4.6 | • |
| Total Receipts to Cash Flow 42 | 5.1 | • | • | • | • | • | • | • | 8.9 | • | • | 4.9 | • |
| Cost of Goods to Cash Flow 43 | 2.0 | • | • | • | • | • | • | • | 5.9 | • | • | 1.9 | • |
| Cash Flow to Total Debt 44 | 0.3 | • | • | • | • | • | • | • | 0.3 | • | • | 0.3 | • |
| **Selected Financial Factors (in Percentages)** | | | | | | | | | | | | | |
| Debt Ratio 45 | 50.9 | • | • | • | • | • | • | • | 58.7 | • | • | 51.0 | • |
| Return on Total Assets 46 | 10.6 | • | • | • | • | • | • | • | 13.4 | • | • | 10.4 | • |
| Return on Equity Before Income Taxes 47 | 18.4 | • | • | • | • | • | • | • | 23.9 | • | • | 18.1 | • |
| Return on Equity After Income Taxes 48 | 12.1 | • | • | • | • | • | • | • | 20.5 | • | • | 11.8 | • |
| Profit Margin (Before Income Tax) 49 | 12.0 | • | • | • | • | • | • | • | 6.7 | • | • | 12.4 | • |
| Profit Margin (After Income Tax) 50 | 7.9 | • | • | • | • | • | • | • | 5.7 | • | • | 8.1 | • |

## Table I

Corporations with and without Net Income

# WINERIES AND DISTILLERIES

**MONEY AMOUNTS AND SIZE OF ASSETS IN THOUSANDS OF DOLLARS**

| Item Description for Accounting Period 7/00 Through 6/01 | | Total | Zero Assets | Under 100 | 100 to 250 | 251 to 500 | 501 to 1,000 | 1,001 to 5,000 | 5,001 to 10,000 | 10,001 to 25,000 | 25,001 to 50,000 | 50,001 to 100,000 | 100,001 to 250,000 | 250,001 and over |
|---|---|---|---|---|---|---|---|---|---|---|---|---|---|---|
| Number of Enterprises | 1 | 896 | 7 | • | • | 201 | 189 | 302 | 90 | 56 | 19 | 12 | 11 | 9 |
| **Revenues ($ in Thousands)** | | | | | | | | | | | | | | |
| Net Sales | 2 | 12980628 | 153780 | • | • | 32235 | 96584 | 499770 | 265370 | 621633 | 540851 | 662443 | 1262195 | 8845766 |
| Interest | 3 | 156224 | 169 | • | • | 18 | 13 | 515 | 460 | 3012 | 1693 | 2278 | 5813 | 142253 |
| Rents | 4 | 9018 | 18 | • | • | 0 | 0 | 0 | 0 | 765 | 448 | 250 | 1122 | 6415 |
| Royalties | 5 | 211961 | 0 | • | • | 0 | 0 | 0 | 0 | 1453 | 0 | 0 | 0 | 210507 |
| Other Portfolio Income | 6 | 90171 | 15585 | • | • | 0 | 990 | 1088 | 1629 | 1952 | 1905 | 3930 | 2827 | 60265 |
| Other Receipts | 7 | 321699 | 10676 | • | • | 2083 | 6265 | 5022 | 11059 | 26181 | 7960 | 12380 | 6479 | 233597 |
| Total Receipts | 8 | 13769701 | 180228 | • | • | 34336 | 103852 | 506395 | 278518 | 654996 | 552857 | 681281 | 1278436 | 9498803 |
| Average Total Receipts | 9 | 15368 | 25747 | • | • | 171 | 549 | 1677 | 3095 | 11696 | 29098 | 56773 | 116221 | 1055423 |
| **Operating Costs/Operating Income (%)** | | | | | | | | | | | | | | |
| Cost of Operations | 10 | 53.3 | 48.5 | • | • | 49.8 | 39.8 | 53.0 | 46.8 | 51.1 | 53.6 | 68.9 | 63.3 | 51.3 |
| Salaries and Wages | 11 | 7.0 | 3.4 | • | • | 22.3 | 13.9 | 9.9 | 14.6 | 7.9 | 7.4 | 5.4 | 5.5 | 6.8 |
| Taxes Paid | 12 | 12.9 | 11.6 | • | • | 6.3 | 4.1 | 4.3 | 3.4 | 9.0 | 8.3 | 2.5 | 4.1 | 16.4 |
| Interest Paid | 13 | 3.8 | 6.9 | • | • | 1.7 | 8.1 | 3.4 | 5.3 | 3.9 | 2.4 | 3.5 | 4.0 | 3.8 |
| Depreciation | 14 | 3.4 | 3.3 | • | • | 7.7 | 7.5 | 5.0 | 8.7 | 5.7 | 4.2 | 3.7 | 4.7 | 2.7 |
| Amortization and Depletion | 15 | 0.5 | 1.6 | • | • | • | • | 0.0 | 0.2 | 0.2 | 0.2 | 1.1 | 0.3 | 0.6 |
| Pensions and Other Deferred Comp. | 16 | 0.3 | 0.1 | • | • | • | 0.1 | 0.5 | 0.6 | 0.2 | 0.5 | 0.3 | 0.2 | 0.4 |
| Employee Benefits | 17 | 0.9 | 0.9 | • | • | 5.6 | 1.0 | 0.7 | 1.0 | 0.7 | 0.8 | 0.8 | 0.9 | 0.9 |
| Advertising | 18 | 5.1 | 6.6 | • | • | 0.0 | 3.4 | 1.9 | 0.9 | 1.5 | 2.4 | 2.1 | 3.3 | 6.3 |
| Other Expenses | 19 | 8.5 | 36.4 | • | • | 36.8 | 13.9 | 15.6 | 12.5 | 10.5 | 9.0 | 5.2 | 7.6 | 7.5 |
| Officers' Compensation | 20 | 1.9 | 17.1 | • | • | 1.8 | 10.6 | 4.5 | 4.8 | 2.1 | 2.8 | 1.8 | 1.6 | 1.2 |
| Operating Margin | 21 | 2.3 | • | • | • | • | • | 1.4 | 1.3 | 7.2 | 8.5 | 4.7 | 4.4 | 2.1 |
| Operating Margin Before Officers' Comp. | 22 | 4.2 | • | • | • | • | 8.1 | 5.9 | 6.1 | 9.3 | 11.3 | 6.5 | 6.0 | 3.3 |

### Selected Average Balance Sheet ($ in Thousands)

| | | | | | | | | | | | | | |
|---|---|---|---|---|---|---|---|---|---|---|---|---|---|
| Net Receivables 23 | 2218 | 0 | • | • | 5 | 29 | 337 | 297 | 1347 | 4566 | 8836 | 18087 | 153918 |
| Inventories 24 | 5316 | 0 | • | • | 245 | 403 | 852 | 1739 | 5103 | 13331 | 22608 | 51365 | 314977 |
| Net Property, Plant and Equipment 25 | 5149 | 0 | • | • | 60 | 249 | 762 | 2504 | 6534 | 14955 | 21752 | 53382 | 288925 |
| Total Assets 26 | 21676 | 0 | • | • | 312 | 697 | 2197 | 6028 | 16753 | 38349 | 68448 | 151164 | 1541120 |
| Notes and Loans Payable 27 | 8757 | 0 | • | • | 245 | 649 | 1029 | 3371 | 5095 | 10366 | 33624 | 59919 | 612873 |
| All Other Liabilities 28 | 5015 | 0 | • | • | 129 | 41 | 130 | 1362 | 2594 | 5913 | 10942 | 34929 | 391692 |
| Net Worth 29 | 7903 | 0 | • | • | -61 | 7 | 1038 | 1295 | 9064 | 22070 | 23882 | 56315 | 536555 |

### Selected Financial Ratios (Times to 1)

| | | | | | | | | | | | | | |
|---|---|---|---|---|---|---|---|---|---|---|---|---|---|
| Current Ratio 30 | 1.5 | • | • | • | 3.5 | 4.7 | 9.4 | 3.7 | 2.2 | 1.9 | 1.6 | 1.7 | 1.3 |
| Quick Ratio 31 | 0.4 | • | • | • | 0.1 | 0.5 | 2.8 | 1.1 | 0.6 | 0.7 | 0.4 | 0.5 | 0.4 |
| Net Sales to Working Capital 32 | 4.6 | • | • | • | 0.9 | 1.5 | 1.3 | 1.6 | 2.4 | 3.2 | 4.0 | 3.6 | 7.2 |
| Coverage Ratio 33 | 3.2 | • | • | • | • | 1.6 | 1.8 | 2.1 | 4.3 | 5.5 | 3.1 | 2.4 | 3.5 |
| Total Asset Turnover 34 | 0.7 | • | • | • | 0.5 | 0.7 | 0.8 | 0.5 | 0.7 | 0.7 | 0.8 | 0.8 | 0.6 |
| Inventory Turnover 35 | 1.5 | • | • | • | 0.3 | 0.5 | 1.0 | 0.8 | 1.1 | 1.1 | 1.7 | 1.4 | 1.6 |
| Receivables Turnover 36 | 7.0 | • | • | • | 60.7 | 14.6 | 5.1 | 11.7 | 8.7 | 5.9 | 7.4 | 5.6 | 7.1 |
| Total Liabilities to Net Worth 37 | 1.7 | • | • | • | • | 100.3 | 1.1 | 3.7 | 0.8 | 0.7 | 1.9 | 1.7 | 1.9 |
| Current Assets to Working Capital 38 | 2.8 | • | • | • | 1.4 | 1.3 | 1.1 | 1.4 | 1.8 | 2.2 | 2.7 | 2.4 | 4.1 |
| Current Liabilities to Working Capital 39 | 1.8 | • | • | • | 0.4 | 0.3 | 0.1 | 0.4 | 0.8 | 1.2 | 1.7 | 1.4 | 3.1 |
| Working Capital to Net Sales 40 | 0.2 | • | • | • | 1.1 | 0.7 | 0.8 | 0.6 | 0.4 | 0.3 | 0.2 | 0.3 | 0.1 |
| Inventory to Working Capital 41 | 1.8 | • | • | • | 1.4 | 1.1 | 0.7 | 0.9 | 1.2 | 1.3 | 1.9 | 1.4 | 2.5 |
| Total Receipts to Cash Flow 42 | 6.6 | 9.4 | • | • | 52.7 | 7.5 | 7.6 | 6.4 | 5.0 | 5.7 | 8.4 | 8.4 | 6.4 |
| Cost of Goods to Cash Flow 43 | 3.5 | 4.5 | • | • | 26.2 | 3.0 | 4.0 | 3.0 | 2.5 | 3.1 | 5.8 | 5.3 | 3.3 |
| Cash Flow to Total Debt 44 | 0.2 | • | • | • | 0.0 | 0.1 | 0.2 | 0.1 | 0.3 | 0.3 | 0.1 | 0.1 | 0.2 |

### Selected Financial Factors (in Percentages)

| | | | | | | | | | | | | | |
|---|---|---|---|---|---|---|---|---|---|---|---|---|---|
| Debt Ratio 45 | 63.5 | • | • | • | 119.6 | 99.0 | 52.8 | 78.5 | 45.9 | 42.4 | 65.1 | 62.7 | 65.2 |
| Return on Total Assets 46 | 8.3 | • | • | • | • | 9.6 | 4.6 | 5.5 | 10.9 | 9.6 | 8.9 | 7.4 | 8.6 |
| Return on Equity Before Income Taxes 47 | 15.6 | • | • | • | 66.9 | 367.0 | 4.3 | 13.4 | 15.4 | 13.7 | 17.5 | 11.7 | 17.7 |
| Return on Equity After Income Taxes 48 | 10.5 | • | • | • | 67.0 | 327.8 | 1.4 | 13.0 | 11.8 | 12.2 | 13.4 | 8.5 | 11.6 |
| Profit Margin (Before Income Tax) 49 | 8.5 | • | • | • | • | 4.9 | 2.7 | 5.9 | 12.6 | 10.6 | 7.6 | 5.7 | 9.7 |
| Profit Margin (After Income Tax) 50 | 5.7 | • | • | • | • | 4.4 | 0.9 | 5.7 | 9.7 | 9.5 | 5.8 | 4.2 | 6.3 |

**Table II**

Corporations with Net Income

# WINERIES AND DISTILLERIES

**MONEY AMOUNTS AND SIZE OF ASSETS IN THOUSANDS OF DOLLARS**

| Item Description for Accounting Period 7/00 Through 6/01 | | Total | Zero Assets | Under 100 | 100 to 250 | 251 to 500 | 501 to 1,000 | 1,001 to 5,000 | 5,001 to 10,000 | 10,001 to 25,000 | 25,001 to 50,000 | 50,001 to 100,000 | 100,001 to 250,000 | 250,001 and over |
|---|---|---|---|---|---|---|---|---|---|---|---|---|---|---|
| Number of Enterprises | 1 | 603 | 0 | • | • | 0 | 189 | 156 | 65 | 43 | 0 | 0 | 0 | 0 |
| **Revenues ($ in Thousands)** | | | | | | | | | | | | | | |
| Net Sales | 2 | 12126119 | 0 | • | • | 0 | 96584 | 407059 | 204615 | 527100 | 0 | 0 | 0 | 0 |
| Interest | 3 | 154882 | 0 | • | • | 0 | 13 | 487 | 459 | 1991 | 0 | 0 | 0 | 0 |
| Rents | 4 | 8284 | 0 | • | • | 0 | 0 | 0 | 0 | 50 | 0 | 0 | 0 | 0 |
| Royalties | 5 | 211515 | 0 | • | • | 0 | 0 | 0 | 0 | 1008 | 0 | 0 | 0 | 0 |
| Other Portfolio Income | 6 | 89827 | 0 | • | • | 0 | 990 | 997 | 1629 | 1828 | 0 | 0 | 0 | 0 |
| Other Receipts | 7 | 318675 | 0 | • | • | 0 | 6265 | 4801 | 6194 | 24708 | 0 | 0 | 0 | 0 |
| Total Receipts | 8 | 12909302 | 0 | • | • | 0 | 103852 | 413344 | 212897 | 556685 | 0 | 0 | 0 | 0 |
| Average Total Receipts | 9 | 21408 | • | • | • | • | 549 | 2650 | 3275 | 12946 | • | • | • | • |
| **Operating Costs/Operating Income (%)** | | | | | | | | | | | | | | |
| Cost of Operations | 10 | 53.2 | • | • | • | • | 39.8 | 53.9 | 47.1 | 49.1 | • | • | • | • |
| Salaries and Wages | 11 | 6.7 | • | • | • | • | 13.9 | 7.2 | 10.6 | 7.4 | • | • | • | • |
| Taxes Paid | 12 | 13.2 | • | • | • | • | 4.1 | 4.1 | 3.4 | 8.4 | • | • | • | • |
| Interest Paid | 13 | 3.6 | • | • | • | • | 8.1 | 1.7 | 3.0 | 3.3 | • | • | • | • |
| Depreciation | 14 | 3.1 | • | • | • | • | 7.5 | 4.5 | 7.9 | 5.3 | • | • | • | • |
| Amortization and Depletion | 15 | 0.6 | • | • | • | • | • | 0.0 | 0.2 | 0.2 | • | • | • | • |
| Pensions and Other Deferred Comp. | 16 | 0.3 | • | • | • | • | 0.1 | 0.6 | 0.7 | 0.2 | • | • | • | • |
| Employee Benefits | 17 | 0.9 | • | • | • | • | 1.0 | 0.6 | 0.8 | 0.6 | • | • | • | • |
| Advertising | 18 | 5.3 | • | • | • | • | 3.4 | 1.8 | 0.6 | 1.5 | • | • | • | • |
| Other Expenses | 19 | 7.7 | • | • | • | • | 13.9 | 12.9 | 11.4 | 10.5 | • | • | • | • |
| Officers' Compensation | 20 | 1.7 | • | • | • | • | 10.6 | 4.3 | 5.9 | 2.0 | • | • | • | • |
| Operating Margin | 21 | 3.7 | • | • | • | • | • | 8.5 | 8.6 | 11.5 | • | • | • | • |
| Operating Margin Before Officers' Comp. | 22 | 5.4 | • | • | • | • | 8.1 | 12.8 | 14.4 | 13.5 | • | • | • | • |

| | | | | | | | | | | | | | |
|---|---|---|---|---|---|---|---|---|---|---|---|---|---|
| | **Selected Average Balance Sheet ($ in Thousands)** | | | | | | | | | | | | |
| Net Receivables 23 | 2996 | • | • | • | • | 29 | 168 | 358 | 1448 | • | • | • | • |
| Inventories 24 | 7212 | • | • | • | • | 392 | 1356 | 1867 | 5362 | • | • | • | • |
| Net Property, Plant and Equipment 25 | 6607 | • | • | • | • | 249 | 1065 | 1377 | 6377 | • | • | • | • |
| Total Assets 26 | 29845 | • | • | • | • | 697 | 2782 | 5742 | 17303 | • | • | • | • |
| Notes and Loans Payable 27 | 11665 | • | • | • | • | 649 | 1384 | 2421 | 4303 | • | • | • | • |
| All Other Liabilities 28 | 7139 | • | • | • | • | 41 | 174 | 1628 | 2892 | • | • | • | • |
| Net Worth 29 | 11041 | • | • | • | • | 7 | 1224 | 1694 | 10108 | • | • | • | • |
| | **Selected Financial Ratios (Times to 1)** | | | | | | | | | | | | |
| Current Ratio 30 | 1.5 | • | • | • | • | 4.7 | 8.9 | 5.0 | 2.4 | • | • | • | • |
| Quick Ratio 31 | 0.4 | • | • | • | • | 0.5 | 1.5 | 1.7 | 0.6 | • | • | • | • |
| Net Sales to Working Capital 32 | 5.0 | • | • | • | • | 1.5 | 1.8 | 1.3 | 2.3 | • | • | • | • |
| Coverage Ratio 33 | 3.8 | • | • | • | • | 1.6 | 6.8 | 5.0 | 6.1 | • | • | • | • |
| Total Asset Turnover 34 | 0.7 | • | • | • | • | 0.7 | 0.9 | 0.5 | 0.7 | • | • | • | • |
| Inventory Turnover 35 | 1.5 | • | • | • | • | 0.5 | 1.0 | 0.8 | 1.1 | • | • | • | • |
| Receivables Turnover 36 | 7.2 | • | • | • | • | • | 12.5 | 17.6 | 8.8 | • | • | • | • |
| Total Liabilities to Net Worth 37 | 1.7 | • | • | • | • | 100.3 | 1.3 | 2.4 | 0.7 | • | • | • | • |
| Current Assets to Working Capital 38 | 3.0 | • | • | • | • | 1.3 | 1.1 | 1.2 | 1.7 | • | • | • | • |
| Current Liabilities to Working Capital 39 | 2.0 | • | • | • | • | 0.3 | 0.1 | 0.2 | 0.7 | • | • | • | • |
| Working Capital to Net Sales 40 | 0.2 | • | • | • | • | 0.7 | 0.6 | 0.8 | 0.4 | • | • | • | • |
| Inventory to Working Capital 41 | 1.9 | • | • | • | • | 1.1 | 0.9 | 0.8 | 1.2 | • | • | • | • |
| Total Receipts to Cash Flow 42 | 6.2 | • | • | • | • | 7.5 | 5.5 | 4.8 | 4.0 | • | • | • | • |
| Cost of Goods to Cash Flow 43 | 3.3 | • | • | • | • | 3.0 | 2.9 | 2.2 | 2.0 | • | • | • | • |
| Cash Flow to Total Debt 44 | 0.2 | • | • | • | • | 0.1 | 0.3 | 0.2 | 0.4 | • | • | • | • |
| | **Selected Financial Factors (in Percentages)** | | | | | | | | | | | | |
| Debt Ratio 45 | 63.0 | • | • | • | • | 99.0 | 56.0 | 70.5 | 41.6 | • | • | • | • |
| Return on Total Assets 46 | 9.4 | • | • | • | • | 9.6 | 11.0 | 8.3 | 14.4 | • | • | • | • |
| Return on Equity Before Income Taxes 47 | 18.7 | • | • | • | • | 367.0 | 21.4 | 22.5 | 20.7 | • | • | • | • |
| Return on Equity After Income Taxes 48 | 13.2 | • | • | • | • | 327.8 | 16.6 | 22.1 | 16.5 | • | • | • | • |
| Profit Margin (Before Income Tax) 49 | 10.3 | • | • | • | • | 4.9 | 10.0 | 12.1 | 17.1 | • | • | • | • |
| Profit Margin (After Income Tax) 50 | 7.2 | • | • | • | • | 4.4 | 7.8 | 11.9 | 13.6 | • | • | • | • |

**Table I**

Corporations with and without Net Income

# TOBACCO MANUFACTURING

MONEY AMOUNTS AND SIZE OF ASSETS IN THOUSANDS OF DOLLARS

| Item Description for Accounting Period 7/00 Through 6/01 | | Total | Zero Assets | Under 100 | 100 to 250 | 251 to 500 | 501 to 1,000 | 1,001 to 5,000 | 5,001 to 10,000 | 10,001 to 25,000 | 25,001 to 50,000 | 50,001 to 100,000 | 100,001 to 250,000 | 250,001 and over |
|---|---|---|---|---|---|---|---|---|---|---|---|---|---|---|
| Number of Enterprises | 1 | 40 | 0 | • | • | • | • | 0 | 0 | 5 | 0 | 0 | 3 | 9 |
| **Revenues ($ in Thousands)** | | | | | | | | | | | | | | |
| Net Sales | 2 | 71434220 | 0 | • | • | • | • | 0 | 0 | 398629 | 0 | 0 | 740329 | 69666382 |
| Interest | 3 | 1827118 | 0 | • | • | • | • | 0 | 0 | 1245 | 0 | 0 | 12781 | 1787707 |
| Rents | 4 | 1994881 | 0 | • | • | • | • | 0 | 0 | 0 | 0 | 0 | 0 | 1994876 |
| Royalties | 5 | 2627307 | 0 | • | • | • | • | 0 | 0 | 0 | 0 | 0 | 0 | 2623369 |
| Other Portfolio Income | 6 | 1532544 | 0 | • | • | • | • | 0 | 0 | 18 | 0 | 0 | 891 | 1529080 |
| Other Receipts | 7 | 1387912 | 0 | • | • | • | • | 0 | 0 | 21 | 0 | 0 | 342 | 1385785 |
| Total Receipts | 8 | 80803982 | 0 | • | • | • | • | 0 | 0 | 399913 | 0 | 0 | 754343 | 78987199 |
| Average Total Receipts | 9 | 2020100 | • | • | • | • | • | • | • | 79983 | • | • | 251448 | 8776355 |
| **Operating Costs/Operating Income (%)** | | | | | | | | | | | | | | |
| Cost of Operations | 10 | 38.2 | • | • | • | • | • | • | • | 51.0 | • | • | 31.3 | 37.9 |
| Salaries and Wages | 11 | 3.7 | • | • | • | • | • | • | • | 3.5 | • | • | 6.2 | 3.7 |
| Taxes Paid | 12 | 13.7 | • | • | • | • | • | • | • | 21.9 | • | • | 21.6 | 13.5 |
| Interest Paid | 13 | 5.1 | • | • | • | • | • | • | • | 1.0 | • | • | 0.3 | 5.2 |
| Depreciation | 14 | 3.2 | • | • | • | • | • | • | • | 1.9 | • | • | 1.9 | 3.3 |
| Amortization and Depletion | 15 | 0.3 | • | • | • | • | • | • | • | 0.0 | • | • | 0.1 | 0.3 |
| Pensions and Other Deferred Comp. | 16 | 1.1 | • | • | • | • | • | • | • | 0.1 | • | • | 0.4 | 1.1 |
| Employee Benefits | 17 | 1.2 | • | • | • | • | • | • | • | 0.2 | • | • | 0.8 | 1.2 |
| Advertising | 18 | 7.5 | • | • | • | • | • | • | • | 1.2 | • | • | 0.3 | 7.7 |
| Other Expenses | 19 | 24.8 | • | • | • | • | • | • | • | 7.9 | • | • | 8.4 | 25.3 |
| Officers' Compensation | 20 | 0.3 | • | • | • | • | • | • | • | 1.7 | • | • | 0.3 | 0.3 |
| Operating Margin | 21 | 0.8 | • | • | • | • | • | • | • | 9.7 | • | • | 28.4 | 0.5 |
| Operating Margin Before Officers' Comp. | 22 | 1.1 | • | • | • | • | • | • | • | 11.4 | • | • | 28.7 | 0.8 |

## Selected Average Balance Sheet ($ in Thousands)

| | | | | | | | | | | | | | |
|---|---|---|---|---|---|---|---|---|---|---|---|---|---|
| Net Receivables 23 | 304862 | • | • | • | • | • | • | • | 6840 | • | • | 16092 | 1345366 |
| Inventories 24 | 132745 | • | • | • | • | • | • | • | 4488 | • | • | 18929 | 574343 |
| Net Property, Plant and Equipment 25 | 108567 | • | • | • | • | • | • | • | 9585 | • | • | 31389 | 465624 |
| Total Assets 26 | 2631663 | • | • | • | • | • | • | • | 35251 | • | • | 188515 | 11605964 |
| Notes and Loans Payable 27 | 936411 | • | • | • | • | • | • | • | 12399 | • | • | 4588 | 4148829 |
| All Other Liabilities 28 | 824705 | • | • | • | • | • | • | • | 7108 | • | • | 32873 | 3649171 |
| Net Worth 29 | 870546 | • | • | • | • | • | • | • | 15745 | • | • | 151054 | 3807964 |

## Selected Financial Ratios (Times to 1)

| | | | | | | | | | | | | | |
|---|---|---|---|---|---|---|---|---|---|---|---|---|---|
| Current Ratio 30 | 0.5 | • | • | • | • | • | • | • | 1.2 | • | • | 2.2 | 0.5 |
| Quick Ratio 31 | 0.3 | • | • | • | • | • | • | • | 0.7 | • | • | 1.6 | 0.3 |
| Net Sales to Working Capital 32 | • | • | • | • | • | • | • | • | 27.6 | • | • | 6.0 | • |
| Coverage Ratio 33 | 4.5 | • | • | • | • | • | • | • | 11.5 | • | • | 119.0 | 4.5 |
| Total Asset Turnover 34 | 0.7 | • | • | • | • | • | • | • | 2.3 | • | • | 1.3 | 0.7 |
| Inventory Turnover 35 | 5.1 | • | • | • | • | • | • | • | 9.1 | • | • | 4.1 | 5.1 |
| Receivables Turnover 36 | 6.8 | • | • | • | • | • | • | • | 16.2 | • | • | 3.8 | 6.8 |
| Total Liabilities to Net Worth 37 | 2.0 | • | • | • | • | • | • | • | 1.2 | • | • | 0.2 | 2.0 |
| Current Assets to Working Capital 38 | • | • | • | • | • | • | • | • | 6.4 | • | • | 1.8 | • |
| Current Liabilities to Working Capital 39 | • | • | • | • | • | • | • | • | 5.4 | • | • | 0.8 | • |
| Working Capital to Net Sales 40 | • | • | • | • | • | • | • | • | 0.0 | • | • | 0.2 | • |
| Inventory to Working Capital 41 | • | • | • | • | • | • | • | • | 2.5 | • | • | 0.5 | • |
| Total Receipts to Cash Flow 42 | 2.7 | • | • | • | • | • | • | • | 5.8 | • | • | 2.6 | 2.6 |
| Cost of Goods to Cash Flow 43 | 1.0 | • | • | • | • | • | • | • | 2.9 | • | • | 0.8 | 1.0 |
| Cash Flow to Total Debt 44 | 0.4 | • | • | • | • | • | • | • | 0.7 | • | • | 2.5 | 0.4 |

## Selected Financial Factors (in Percentages)

| | | | | | | | | | | | | | |
|---|---|---|---|---|---|---|---|---|---|---|---|---|---|
| Debt Ratio 45 | 66.9 | • | • | • | • | • | • | • | 55.3 | • | • | 19.9 | 67.2 |
| Return on Total Assets 46 | 15.7 | • | • | • | • | • | • | • | 24.7 | • | • | 39.8 | 15.5 |
| Return on Equity Before Income Taxes 47 | 36.9 | • | • | • | • | • | • | • | 50.5 | • | • | 49.3 | 36.7 |
| Return on Equity After Income Taxes 48 | 24.6 | • | • | • | • | • | • | • | 43.8 | • | • | 42.2 | 24.3 |
| Profit Margin (Before Income Tax) 49 | 18.0 | • | • | • | • | • | • | • | 10.0 | • | • | 30.1 | 18.0 |
| Profit Margin (After Income Tax) 50 | 12.0 | • | • | • | • | • | • | • | 8.6 | • | • | 25.9 | 11.9 |

**Table II**

Corporations with Net Income

# TOBACCO MANUFACTURING

MONEY AMOUNTS AND SIZE OF ASSETS IN THOUSANDS OF DOLLARS

| Item Description for Accounting Period 7/00 Through 6/01 | | Total | Zero Assets | Under 100 | 100 to 250 | 251 to 500 | 501 to 1,000 | 1,001 to 5,000 | 5,001 to 10,000 | 10,001 to 25,000 | 25,001 to 50,000 | 50,001 to 100,000 | 100,001 to 250,000 | 250,001 and over |
|---|---|---|---|---|---|---|---|---|---|---|---|---|---|---|
| Number of Enterprises | 1 | 20 | 0 | • | • | • | • | 3 | 0 | 5 | 0 | 0 | 3 | 0 |
| **Revenues ($ in Thousands)** | | | | | | | | | | | | | | |
| Net Sales | 2 | 70773598 | 0 | • | • | • | • | 34508 | 0 | 398629 | 0 | 0 | 740329 | 0 |
| Interest | 3 | 1782148 | 0 | • | • | • | • | 9 | 0 | 1245 | 0 | 0 | 12781 | 0 |
| Rents | 4 | 1994657 | 0 | • | • | • | • | 0 | 0 | 0 | 0 | 0 | 0 | 0 |
| Royalties | 5 | 2620923 | 0 | • | • | • | • | 0 | 0 | 0 | 0 | 0 | 0 | 0 |
| Other Portfolio Income | 6 | 1532141 | 0 | • | • | • | • | 0 | 0 | 18 | 0 | 0 | 891 | 0 |
| Other Receipts | 7 | 1372641 | 0 | • | • | • | • | 438 | 0 | 21 | 0 | 0 | 342 | 0 |
| Total Receipts | 8 | 80076108 | 0 | • | • | • | • | 34955 | 0 | 399913 | 0 | 0 | 754343 | 0 |
| Average Total Receipts | 9 | 4003805 | • | • | • | • | • | 11652 | • | 79983 | • | • | 251448 | • |
| **Operating Costs/Operating Income (%)** | | | | | | | | | | | | | | |
| Cost of Operations | 10 | 37.9 | • | • | • | • | • | 35.4 | • | 51.0 | • | • | 31.3 | • |
| Salaries and Wages | 11 | 3.7 | • | • | • | • | • | 4.3 | • | 3.5 | • | • | 6.2 | • |
| Taxes Paid | 12 | 13.7 | • | • | • | • | • | 17.7 | • | 21.9 | • | • | 21.6 | • |
| Interest Paid | 13 | 5.1 | • | • | • | • | • | 0.4 | • | 1.0 | • | • | 0.3 | • |
| Depreciation | 14 | 3.2 | • | • | • | • | • | 0.2 | • | 1.9 | • | • | 1.9 | • |
| Amortization and Depletion | 15 | 0.3 | • | • | • | • | • | • | • | 0.0 | • | • | 0.1 | • |
| Pensions and Other Deferred Comp. | 16 | 1.1 | • | • | • | • | • | 0.4 | • | 0.1 | • | • | 0.4 | • |
| Employee Benefits | 17 | 1.2 | • | • | • | • | • | 0.1 | • | 0.2 | • | • | 0.8 | • |
| Advertising | 18 | 7.6 | • | • | • | • | • | 0.9 | • | 1.2 | • | • | 0.3 | • |
| Other Expenses | 19 | 24.9 | • | • | • | • | • | 11.9 | • | 7.9 | • | • | 8.4 | • |
| Officers' Compensation | 20 | 0.3 | • | • | • | • | • | 4.1 | • | 1.7 | • | • | 0.3 | • |
| Operating Margin | 21 | 1.0 | • | • | • | • | • | 24.8 | • | 9.7 | • | • | 28.4 | • |
| Operating Margin Before Officers' Comp. | 22 | 1.3 | • | • | • | • | • | 28.9 | • | 11.4 | • | • | 28.7 | • |

### Selected Average Balance Sheet ($ in Thousands)

| | | | | | | | | | | | | | |
|---|---|---|---|---|---|---|---|---|---|---|---|---|---|
| Net Receivables 23 | 608491 | • | • | • | • | • | 1231 | • | 6840 | • | • | 16092 | • |
| Inventories 24 | 261341 | • | • | • | • | • | 1193 | • | 7352 | • | • | 18929 | • |
| Net Property, Plant and Equipment 25 | 215748 | • | • | • | • | • | 365 | • | 9585 | • | • | 31389 | • |
| Total Assets 26 | 5246294 | • | • | • | • | • | 4780 | • | 35251 | • | • | 188515 | • |
| Notes and Loans Payable 27 | 1869115 | • | • | • | • | • | 510 | • | 12399 | • | • | 4588 | • |
| All Other Liabilities 28 | 1642329 | • | • | • | • | • | 2550 | • | 7108 | • | • | 32873 | • |
| Net Worth 29 | 1734849 | • | • | • | • | • | 1720 | • | 15745 | • | • | 151054 | • |

### Selected Financial Ratios (Times to 1)

| | | | | | | | | | | | | | |
|---|---|---|---|---|---|---|---|---|---|---|---|---|---|
| Current Ratio 30 | 0.5 | • | • | • | • | • | 1.4 | • | 1.2 | • | • | 2.2 | • |
| Quick Ratio 31 | 0.3 | • | • | • | • | • | 1.0 | • | 0.7 | • | • | 1.6 | • |
| Net Sales to Working Capital 32 | • | • | • | • | • | • | 9.0 | • | 27.6 | • | • | 6.0 | • |
| Coverage Ratio 33 | 4.6 | • | • | • | • | • | 74.7 | • | 11.5 | • | • | 119.0 | • |
| Total Asset Turnover 34 | 0.7 | • | • | • | • | • | 2.4 | • | 2.3 | • | • | 1.3 | • |
| Inventory Turnover 35 | 5.1 | • | • | • | • | • | 3.4 | • | 5.5 | • | • | 4.1 | • |
| Receivables Turnover 36 | 6.8 | • | • | • | • | • | 18.7 | • | 23.3 | • | • | 3.8 | • |
| Total Liabilities to Net Worth 37 | 2.0 | • | • | • | • | • | 1.8 | • | 1.2 | • | • | 0.2 | • |
| Current Assets to Working Capital 38 | • | • | • | • | • | • | 3.4 | • | 6.4 | • | • | 1.8 | • |
| Current Liabilities to Working Capital 39 | • | • | • | • | • | • | 2.4 | • | 5.4 | • | • | 0.8 | • |
| Working Capital to Net Sales 40 | • | • | • | • | • | • | 0.1 | • | 0.0 | • | • | 0.2 | • |
| Inventory to Working Capital 41 | • | • | • | • | • | • | 0.9 | • | 2.5 | • | • | 0.5 | • |
| Total Receipts to Cash Flow 42 | 2.7 | • | • | • | • | • | 2.7 | • | 5.8 | • | • | 2.6 | • |
| Cost of Goods to Cash Flow 43 | 1.0 | • | • | • | • | • | 0.9 | • | 2.9 | • | • | 0.8 | • |
| Cash Flow to Total Debt 44 | 0.4 | • | • | • | • | • | 1.4 | • | 0.7 | • | • | 2.5 | • |

### Selected Financial Factors (in Percentages)

| | | | | | | | | | | | | | |
|---|---|---|---|---|---|---|---|---|---|---|---|---|---|
| Debt Ratio 45 | 66.9 | • | • | • | • | • | 64.0 | • | 55.3 | • | • | 19.9 | • |
| Return on Total Assets 46 | 15.7 | • | • | • | • | • | 63.5 | • | 24.7 | • | • | 39.8 | • |
| Return on Equity Before Income Taxes 47 | 37.2 | • | • | • | • | • | 174.2 | • | 50.5 | • | • | 49.3 | • |
| Return on Equity After Income Taxes 48 | 24.8 | • | • | • | • | • | 174.2 | • | 43.8 | • | • | 42.2 | • |
| Profit Margin (Before Income Tax) 49 | 18.2 | • | • | • | • | • | 26.1 | • | 10.0 | • | • | 30.1 | • |
| Profit Margin (After Income Tax) 50 | 12.2 | • | • | • | • | • | 26.0 | • | 8.6 | • | • | 25.9 | • |

## Table I

Corporations with and without Net Income

# TEXTILE MILLS

| Item Description for Accounting Period 7/00 Through 6/01 | Total | Zero Assets | Under 100 | 100 to 250 | 251 to 500 | 501 to 1,000 | 1,001 to 5,000 | 5,001 to 10,000 | 10,001 to 25,000 | 25,001 to 50,000 | 50,001 to 100,000 | 100,001 to 250,000 | 250,001 and over |
|---|---|---|---|---|---|---|---|---|---|---|---|---|---|
| | MONEY AMOUNTS AND SIZE OF ASSETS IN THOUSANDS OF DOLLARS | | | | | | | | | | | | |
| Number of Enterprises 1 | 1891 | 4 | 614 | 519 | 0 | 150 | 305 | 72 | 119 | 42 | 20 | 27 | 18 |
| **Revenues ($ in Thousands)** | | | | | | | | | | | | | |
| Net Sales 2 | 25612613 | 497162 | 274438 | 135003 | 0 | 402104 | 1328028 | 975543 | 3221287 | 1969181 | 2045057 | 4300355 | 10464454 |
| Interest 3 | 230404 | 10230 | 47 | 1 | 0 | 1209 | 4599 | 1110 | 5518 | 5819 | 2930 | 24476 | 174465 |
| Rents 4 | 11802 | 1 | 0 | 0 | 0 | 131 | 805 | 1074 | 1839 | 1994 | 194 | 3196 | 2569 |
| Royalties 5 | 121517 | 927 | 0 | 0 | 0 | 0 | 716 | 0 | 0 | 0 | 0 | 685 | 119189 |
| Other Portfolio Income 6 | 243460 | 1532 | 0 | 0 | 0 | 17714 | 0 | 2048 | 4538 | 10277 | 12759 | 15926 | 178665 |
| Other Receipts 7 | 360917 | 1361 | 1 | 0 | 0 | 775 | 3706 | 6549 | 20178 | 20099 | 15657 | 169122 | 123471 |
| Total Receipts 8 | 26580713 | 511213 | 274486 | 135004 | 0 | 421933 | 1337854 | 986324 | 3253360 | 2007370 | 2076597 | 4513760 | 11062813 |
| Average Total Receipts 9 | 14056 | 127803 | 447 | 260 | • | 2813 | 4386 | 13699 | 27339 | 47795 | 103830 | 167176 | 614601 |
| **Operating Costs/Operating Income (%)** | | | | | | | | | | | | | |
| Cost of Operations 10 | 75.6 | 81.3 | 45.0 | 63.2 | • | 74.6 | 71.2 | 81.7 | 79.1 | 77.4 | 79.4 | 75.0 | 74.4 |
| Salaries and Wages 11 | 5.8 | 8.1 | 14.4 | 0.0 | • | 2.5 | 5.5 | 3.1 | 5.0 | 6.3 | 4.2 | 6.3 | 6.1 |
| Taxes Paid 12 | 1.8 | 1.1 | 3.7 | 2.3 | • | 2.1 | 1.4 | 1.4 | 1.7 | 1.9 | 2.1 | 2.1 | 1.8 |
| Interest Paid 13 | 3.5 | 8.2 | 0.9 | 1.8 | • | 2.3 | 1.4 | 1.9 | 1.7 | 2.4 | 2.5 | 3.8 | 4.6 |
| Depreciation 14 | 4.2 | 3.4 | 2.8 | 2.8 | • | 1.6 | 2.1 | 2.8 | 3.3 | 4.4 | 5.2 | 4.8 | 4.7 |
| Amortization and Depletion 15 | 0.3 | 1.1 | • | • | • | 0.0 | 0.1 | 0.2 | 0.2 | 0.1 | 0.5 | 0.5 | 0.3 |
| Pensions and Other Deferred Comp. 16 | 0.4 | 0.2 | • | • | • | 0.0 | 0.1 | 0.1 | 0.2 | 0.2 | 0.3 | 0.4 | 0.7 |
| Employee Benefits 17 | 1.2 | 0.2 | 0.2 | 1.7 | • | 0.2 | 1.3 | 0.9 | 1.1 | 1.7 | 1.6 | 1.0 | 1.3 |
| Advertising 18 | 0.6 | 0.1 | 0.4 | 0.5 | • | 0.5 | 0.3 | 0.1 | 0.2 | 0.4 | 0.1 | 0.4 | 1.0 |
| Other Expenses 19 | 8.5 | 4.0 | 30.8 | 14.4 | • | 8.1 | 11.4 | 6.4 | 6.1 | 6.1 | 5.8 | 11.8 | 8.3 |
| Officers' Compensation 20 | 1.3 | 0.9 | 6.1 | 8.2 | • | 5.4 | 4.0 | 1.8 | 2.2 | 1.4 | 0.6 | 0.8 | 0.6 |
| Operating Margin 21 | • | • | • | 5.1 | • | 2.6 | 1.3 | • | • | • | • | • | • |
| Operating Margin Before Officers' Comp. 22 | • | • | 1.9 | 13.3 | • | 8.0 | 5.3 | 1.5 | 1.6 | • | • | • | • |

## Selected Average Balance Sheet ($ in Thousands)

| | | | | | | | | | | | | | |
|---|---|---|---|---|---|---|---|---|---|---|---|---|---|
| Net Receivables 23 | 1782 | 0 | 0 | 17 | • | 148 | 580 | 1743 | 3373 | 6402 | 14825 | 22808 | 80730 |
| Inventories 24 | 1926 | 0 | 3 | 3 | • | 212 | 660 | 2252 | 3629 | 8305 | 14900 | 25270 | 82416 |
| Net Property, Plant and Equipment 25 | 3878 | 0 | 2 | 53 | • | 187 | 426 | 1575 | 5217 | 13372 | 27366 | 55612 | 211226 |
| Total Assets 26 | 12655 | 0 | 36 | 152 | • | 705 | 2240 | 6608 | 15899 | 34663 | 68146 | 159371 | 752839 |
| Notes and Loans Payable 27 | 4829 | 0 | 56 | 71 | • | 187 | 513 | 2146 | 5451 | 13164 | 27811 | 62494 | 293080 |
| All Other Liabilities 28 | 2938 | 0 | 2 | 58 | • | 173 | 815 | 1804 | 4129 | 6934 | 12395 | 40301 | 166737 |
| Net Worth 29 | 4888 | 0 | -22 | 23 | • | 345 | 911 | 2658 | 6318 | 14565 | 27940 | 56576 | 293022 |

## Selected Financial Ratios (Times to 1)

| | | | | | | | | | | | | | |
|---|---|---|---|---|---|---|---|---|---|---|---|---|---|
| Current Ratio 30 | 1.6 | • | 0.4 | 1.6 | • | 2.0 | 1.6 | 1.6 | 1.7 | 1.7 | 2.3 | 1.2 | 1.6 |
| Quick Ratio 31 | 0.8 | • | 0.3 | 1.4 | • | 1.2 | 0.9 | 0.8 | 0.9 | 0.8 | 1.3 | 0.5 | 0.8 |
| Net Sales to Working Capital 32 | 7.8 | • | • | 7.6 | • | 13.5 | 7.2 | 8.9 | 7.0 | 6.0 | 5.1 | 16.2 | 7.1 |
| Coverage Ratio 33 | 1.2 | 0.3 | • | 3.8 | • | 4.2 | 2.5 | 1.4 | 1.2 | 0.8 | 0.7 | 0.5 | 1.5 |
| Total Asset Turnover 34 | 1.1 | • | 12.6 | 1.7 | • | 3.8 | 1.9 | 2.1 | 1.7 | 1.4 | 1.5 | 1.0 | 0.8 |
| Inventory Turnover 35 | 5.3 | • | 69.4 | 63.1 | • | 9.4 | 4.7 | 4.9 | 5.9 | 4.4 | 5.4 | 4.7 | 5.2 |
| Receivables Turnover 36 | 7.0 | • | 1731.5 | 19.3 | • | 13.1 | 5.8 | 4.6 | 8.4 | 7.1 | 6.6 | 6.6 | 6.7 |
| Total Liabilities to Net Worth 37 | 1.6 | • | • | 5.6 | • | 1.0 | 1.5 | 1.5 | 1.5 | 1.4 | 1.4 | 1.8 | 1.6 |
| Current Assets to Working Capital 38 | 2.8 | • | • | 2.7 | • | 2.0 | 2.6 | 2.8 | 2.4 | 2.3 | 1.8 | 6.1 | 2.7 |
| Current Liabilities to Working Capital 39 | 1.8 | • | • | 1.7 | • | 1.0 | 1.6 | 1.8 | 1.4 | 1.3 | 0.8 | 5.1 | 1.7 |
| Working Capital to Net Sales 40 | 0.1 | • | • | 0.1 | • | 0.1 | 0.1 | 0.1 | 0.1 | 0.2 | 0.2 | 0.1 | 0.1 |
| Inventory to Working Capital 41 | 1.1 | • | • | 0.1 | • | 0.7 | 0.9 | 1.1 | 1.0 | 1.1 | 0.7 | 2.6 | 1.0 |
| Total Receipts to Cash Flow 42 | 14.4 | • | 5.9 | 8.7 | • | 8.2 | 8.8 | 21.5 | 21.9 | 28.6 | 23.4 | 13.1 | 12.3 |
| Cost of Goods to Cash Flow 43 | 10.9 | • | 2.6 | 5.5 | • | 6.1 | 6.3 | 17.6 | 17.3 | 22.2 | 18.6 | 9.8 | 9.2 |
| Cash Flow to Total Debt 44 | 0.1 | • | 1.3 | 0.2 | • | 0.9 | 0.4 | 0.2 | 0.1 | 0.1 | 0.1 | 0.1 | 0.1 |

## Selected Financial Factors (in Percentages)

| | | | | | | | | | | | | | |
|---|---|---|---|---|---|---|---|---|---|---|---|---|---|
| Debt Ratio 45 | 61.4 | • | 162.0 | 84.8 | • | 51.1 | 59.3 | 59.8 | 60.3 | 58.0 | 59.0 | 64.5 | 61.1 |
| Return on Total Assets 46 | 4.5 | • | • | 11.8 | • | 37.4 | 6.7 | 5.6 | 3.5 | 2.7 | 2.6 | 2.0 | 5.3 |
| Return on Equity Before Income Taxes 47 | 2.0 | • | 84.8 | 57.6 | • | 58.4 | 9.9 | 4.0 | 1.4 | • | • | • | 4.6 |
| Return on Equity After Income Taxes 48 | • | • | 84.8 | 57.6 | • | 57.8 | 8.4 | 0.6 | • | • | • | • | 1.9 |
| Profit Margin (Before Income Tax) 49 | 0.7 | • | • | 5.1 | • | 7.5 | 2.1 | 0.8 | 0.3 | • | • | • | 2.3 |
| Profit Margin (After Income Tax) 50 | • | • | • | 5.1 | • | 7.4 | 1.8 | 0.1 | • | • | • | • | 1.0 |

## Table II

Corporations with Net Income

# TEXTILE MILLS

**MONEY AMOUNTS AND SIZE OF ASSETS IN THOUSANDS OF DOLLARS**

| Item Description for Accounting Period 7/00 Through 6/01 | | Total | Zero Assets | Under 100 | 100 to 250 | 251 to 500 | 501 to 1,000 | 1,001 to 5,000 | 5,001 to 10,000 | 10,001 to 25,000 | 25,001 to 50,000 | 50,001 to 100,000 | 100,001 to 250,000 | 250,001 and over |
|---|---|---|---|---|---|---|---|---|---|---|---|---|---|---|
| Number of Enterprises | 1 | 1044 | 0 | • | 519 | 0 | 0 | 192 | 56 | 76 | 22 | 12 | 10 | 6 |
| **Revenues ($ in Thousands)** | | | | | | | | | | | | | | |
| Net Sales | 2 | 13944292 | 0 | • | 135003 | 0 | 0 | 990554 | 708189 | 2247317 | 1223419 | 1153996 | 1887745 | 5065651 |
| Interest | 3 | 78274 | 0 | • | 1 | 0 | 0 | 2490 | 584 | 3297 | 3706 | 2257 | 10313 | 53414 |
| Rents | 4 | 3484 | 0 | • | 0 | 0 | 0 | 280 | 1001 | 495 | 137 | 2 | 34 | 1405 |
| Royalties | 5 | 19503 | 0 | • | 0 | 0 | 0 | 0 | 0 | 0 | 0 | 0 | 550 | 18180 |
| Other Portfolio Income | 6 | 193137 | 0 | • | 0 | 0 | 0 | 0 | 1140 | 3943 | 6194 | 3044 | 5007 | 156094 |
| Other Receipts | 7 | 176221 | 0 | • | 0 | 0 | 0 | 1686 | 1849 | 16013 | 4426 | 12639 | 66845 | 71082 |
| Total Receipts | 8 | 14414911 | 0 | • | 135004 | 0 | 0 | 995010 | 712763 | 2271065 | 1237882 | 1171938 | 1970494 | 5365826 |
| Average Total Receipts | 9 | 13807 | • | • | 260 | • | • | 5182 | 12728 | 29882 | 56267 | 97662 | 197049 | 894304 |
| **Operating Costs/Operating Income (%)** | | | | | | | | | | | | | | |
| Cost of Operations | 10 | 74.5 | • | • | 63.2 | • | • | 71.6 | 80.7 | 78.1 | 73.9 | 76.5 | 70.2 | 74.7 |
| Salaries and Wages | 11 | 5.8 | • | • | 0.0 | • | • | 4.5 | 2.5 | 4.4 | 6.7 | 4.2 | 6.8 | 7.1 |
| Taxes Paid | 12 | 1.7 | • | • | 2.3 | • | • | 1.2 | 0.9 | 1.5 | 1.8 | 2.0 | 2.1 | 1.6 |
| Interest Paid | 13 | 1.4 | • | • | 1.8 | • | • | 1.1 | 1.5 | 1.4 | 2.0 | 1.5 | 1.6 | 1.0 |
| Depreciation | 14 | 3.2 | • | • | 2.8 | • | • | 1.3 | 2.1 | 2.4 | 3.5 | 4.9 | 4.1 | 3.6 |
| Amortization and Depletion | 15 | 0.1 | • | • | • | • | • | 0.1 | 0.2 | 0.1 | 0.0 | 0.0 | 0.1 | 0.2 |
| Pensions and Other Deferred Comp. | 16 | 0.4 | • | • | • | • | • | 0.1 | 0.1 | 0.2 | 0.2 | 0.3 | 0.2 | 0.8 |
| Employee Benefits | 17 | 1.0 | • | • | 1.7 | • | • | 1.2 | 0.6 | 1.0 | 1.4 | 1.4 | 1.0 | 0.8 |
| Advertising | 18 | 0.7 | • | • | 0.5 | • | • | 0.4 | 0.1 | 0.2 | 0.5 | 0.1 | 0.5 | 1.3 |
| Other Expenses | 19 | 6.7 | • | • | 14.4 | • | • | 8.8 | 4.4 | 5.0 | 6.4 | 5.8 | 10.5 | 5.9 |
| Officers' Compensation | 20 | 1.5 | • | • | 8.2 | • | • | 4.5 | 2.0 | 2.1 | 1.4 | 0.8 | 0.8 | 0.6 |
| Operating Margin | 21 | 2.9 | • | • | 5.1 | • | • | 5.2 | 5.1 | 3.5 | 2.2 | 2.4 | 2.1 | 2.4 |
| Operating Margin Before Officers' Comp. | 22 | 4.4 | • | • | 13.3 | • | • | 9.7 | 7.1 | 5.6 | 3.6 | 3.2 | 2.9 | 3.0 |

| | | | | | | | | | | | | |
|---|---|---|---|---|---|---|---|---|---|---|---|---|
| **Selected Average Balance Sheet ($ in Thousands)** | | | | | | | | | | | | |
| Net Receivables 23 | 1661 | • | • | 17 | • | • | 772 | 1903 | 3724 | 6808 | 14008 | 23404 | 102304 |
| Inventories 24 | 1988 | • | • | 4 | • | • | 796 | 2012 | 3885 | 9063 | 11420 | 28184 | 144071 |
| Net Property, Plant and Equipment 25 | 2856 | • | • | 53 | • | • | 277 | 1331 | 4311 | 10545 | 25774 | 50518 | 237402 |
| Total Assets 26 | 10164 | • | • | 152 | • | • | 2345 | 6434 | 15702 | 34925 | 66129 | 154783 | 885706 |
| Notes and Loans Payable 27 | 2149 | • | • | 71 | • | • | 563 | 1786 | 4186 | 12004 | 17880 | 43872 | 122485 |
| All Other Liabilities 28 | 1835 | • | • | 58 | • | • | 830 | 1482 | 3690 | 7432 | 10544 | 37068 | 112796 |
| Net Worth 29 | 6180 | • | • | 23 | • | • | 952 | 3167 | 7827 | 15490 | 37704 | 73844 | 650425 |
| **Selected Financial Ratios (Times to 1)** | | | | | | | | | | | | |
| Current Ratio 30 | 2.2 | • | • | 1.6 | • | • | 1.7 | 1.9 | 2.0 | 2.0 | 3.7 | 2.2 | 2.3 |
| Quick Ratio 31 | 1.2 | • | • | 1.4 | • | • | 1.1 | 1.0 | 1.1 | 0.9 | 2.1 | 0.9 | 1.4 |
| Net Sales to Working Capital 32 | 5.0 | • | • | 7.6 | • | • | 6.3 | 6.3 | 5.9 | 5.4 | 3.6 | 5.1 | 4.4 |
| Coverage Ratio 33 | 5.5 | • | • | 3.8 | • | • | 6.3 | 4.9 | 4.3 | 2.7 | 3.6 | 5.0 | 9.7 |
| Total Asset Turnover 34 | 1.3 | • | • | 1.7 | • | • | 2.2 | 2.0 | 1.9 | 1.6 | 1.5 | 1.2 | 1.0 |
| Inventory Turnover 35 | 5.0 | • | • | 46.2 | • | • | 4.6 | 5.1 | 5.9 | 4.5 | 6.4 | 4.7 | 4.4 |
| Receivables Turnover 36 | 6.4 | • | • | • | • | • | 5.5 | 3.9 | 8.1 | 7.7 | 7.5 | 6.9 | 5.5 |
| Total Liabilities to Net Worth 37 | 0.6 | • | • | 5.6 | • | • | 1.5 | 1.0 | 1.0 | 1.3 | 0.8 | 1.1 | 0.4 |
| Current Assets to Working Capital 38 | 1.9 | • | • | 2.7 | • | • | 2.4 | 2.1 | 2.0 | 2.0 | 1.4 | 1.9 | 1.8 |
| Current Liabilities to Working Capital 39 | 0.9 | • | • | 1.7 | • | • | 1.4 | 1.1 | 1.0 | 1.0 | 0.4 | 0.9 | 0.8 |
| Working Capital to Net Sales 40 | 0.2 | • | • | 0.1 | • | • | 0.2 | 0.2 | 0.2 | 0.2 | 0.3 | 0.2 | 0.2 |
| Inventory to Working Capital 41 | 0.6 | • | • | 0.1 | • | • | 0.8 | 0.8 | 0.8 | 1.0 | 0.5 | 0.9 | 0.5 |
| Total Receipts to Cash Flow 42 | 9.2 | • | • | 8.7 | • | • | 7.9 | 11.9 | 12.3 | 13.6 | 11.2 | 6.7 | 8.5 |
| Cost of Goods to Cash Flow 43 | 6.9 | • | • | 5.5 | • | • | 5.7 | 9.6 | 9.6 | 10.1 | 8.6 | 4.7 | 6.3 |
| Cash Flow to Total Debt 44 | 0.4 | • | • | 0.2 | • | • | 0.5 | 0.3 | 0.3 | 0.2 | 0.3 | 0.3 | 0.4 |
| **Selected Financial Factors (in Percentages)** | | | | | | | | | | | | |
| Debt Ratio 45 | 39.2 | • | • | 84.8 | • | • | 59.4 | 50.8 | 50.2 | 55.6 | 43.0 | 52.3 | 26.6 |
| Return on Total Assets 46 | 10.3 | • | • | 11.8 | • | • | 14.8 | 14.1 | 11.1 | 8.6 | 7.8 | 9.7 | 9.4 |
| Return on Equity Before Income Taxes 47 | 13.8 | • | • | 57.6 | • | • | 30.6 | 22.8 | 17.1 | 12.2 | 9.8 | 16.2 | 11.5 |
| Return on Equity After Income Taxes 48 | 10.6 | • | • | 57.6 | • | • | 28.4 | 19.1 | 14.9 | 9.5 | 8.2 | 12.3 | 7.9 |
| Profit Margin (Before Income Tax) 49 | 6.4 | • | • | 5.1 | • | • | 5.6 | 5.7 | 4.5 | 3.4 | 3.8 | 6.3 | 8.8 |
| Profit Margin (After Income Tax) 50 | 4.9 | • | • | 5.1 | • | • | 5.2 | 4.8 | 3.9 | 2.7 | 3.2 | 4.8 | 6.1 |

## Table I

Corporations with and without Net Income

# TEXTILE PRODUCT MILLS

MONEY AMOUNTS AND SIZE OF ASSETS IN THOUSANDS OF DOLLARS

| Item Description for Accounting Period 7/00 Through 6/01 | | Total | Zero Assets | Under 100 | 100 to 250 | 251 to 500 | 501 to 1,000 | 1,001 to 5,000 | 5,001 to 10,000 | 10,001 to 25,000 | 25,001 to 50,000 | 50,001 to 100,000 | 100,001 to 250,000 | 250,001 and over |
|---|---|---|---|---|---|---|---|---|---|---|---|---|---|---|
| Number of Enterprises | 1 | 3513 | 249 | 637 | 704 | 686 | 461 | 487 | 110 | 95 | 39 | 21 | 10 | 15 |
| **Revenues ($ in Thousands)** | | | | | | | | | | | | | | |
| Net Sales | 2 | 36165343 | 719912 | 3181 | 218217 | 1443710 | 873114 | 2330492 | 1415792 | 2501142 | 2071699 | 2012890 | 1776868 | 20798325 |
| Interest | 3 | 91873 | 1144 | 0 | 1075 | 53 | 673 | 2033 | 1407 | 4515 | 2004 | 3722 | 2561 | 72686 |
| Rents | 4 | 18055 | 481 | 0 | 247 | 0 | 0 | 75 | 208 | 921 | 703 | 554 | 411 | 14455 |
| Royalties | 5 | 77531 | 217 | 0 | 0 | 0 | 0 | 0 | 0 | 79 | 278 | 4423 | 0 | 72535 |
| Other Portfolio Income | 6 | 163159 | 3277 | 0 | 364 | 329 | 19 | 35024 | 1580 | 10993 | 1733 | 21418 | 1543 | 86878 |
| Other Receipts | 7 | 383268 | 3628 | 0 | 621 | 236 | 0 | 4962 | 4068 | 20233 | 3273 | 10598 | 2957 | 332693 |
| Total Receipts | 8 | 36899229 | 728659 | 3181 | 220524 | 1444328 | 873806 | 2372586 | 1423055 | 2537883 | 2079690 | 2053605 | 1784340 | 21377572 |
| Average Total Receipts | 9 | 10504 | 2926 | 5 | 313 | 2105 | 1895 | 4872 | 12937 | 26715 | 53325 | 97791 | 178434 | 1425171 |
| **Operating Costs/Operating Income (%)** | | | | | | | | | | | | | | |
| Cost of Operations | 10 | 70.5 | 69.5 | • | 68.4 | 62.1 | 72.6 | 72.3 | 80.0 | 75.4 | 74.2 | 78.1 | 76.0 | 68.0 |
| Salaries and Wages | 11 | 7.6 | 11.1 | • | 8.9 | 5.2 | 4.9 | 6.8 | 8.2 | 6.2 | 6.5 | 5.1 | 4.4 | 8.7 |
| Taxes Paid | 12 | 2.3 | 1.8 | 30.8 | 4.0 | 3.5 | 2.2 | 2.1 | 1.9 | 1.8 | 1.9 | 1.3 | 1.4 | 2.5 |
| Interest Paid | 13 | 3.2 | 5.1 | • | 1.2 | 0.7 | 0.2 | 1.4 | 1.5 | 1.4 | 2.1 | 4.1 | 3.4 | 4.0 |
| Depreciation | 14 | 3.3 | 4.1 | • | 1.1 | 0.6 | 2.3 | 1.7 | 2.5 | 2.4 | 2.4 | 2.9 | 3.8 | 4.0 |
| Amortization and Depletion | 15 | 0.3 | 0.8 | • | • | • | • | 0.0 | 0.0 | 0.2 | 0.3 | 0.2 | 0.4 | 0.3 |
| Pensions and Other Deferred Comp. | 16 | 0.4 | 0.2 | • | • | 0.8 | 0.2 | 0.8 | 0.4 | 0.3 | 0.3 | 0.3 | 0.3 | 0.4 |
| Employee Benefits | 17 | 1.6 | 1.1 | • | 1.0 | 0.6 | 0.4 | 1.1 | 1.4 | 1.2 | 1.1 | 1.3 | 1.4 | 1.9 |
| Advertising | 18 | 0.9 | 1.1 | • | • | 0.6 | 0.3 | 0.2 | 0.2 | 0.7 | 0.7 | 0.4 | 1.1 | 1.1 |
| Other Expenses | 19 | 9.0 | 8.6 | 87.4 | 15.5 | 12.8 | 10.5 | 9.0 | 1.5 | 7.0 | 8.3 | 7.6 | 8.2 | 9.7 |
| Officers' Compensation | 20 | 1.8 | 0.2 | • | 14.8 | 10.5 | 7.5 | 3.8 | 4.1 | 2.2 | 2.2 | 1.1 | 0.6 | 0.5 |
| Operating Margin | 21 | • | • | • | • | 2.6 | • | 0.8 | • | 1.1 | 0.1 | • | • | • |
| Operating Margin Before Officers' Comp. | 22 | 0.9 | • | • | • | 13.0 | 6.4 | 4.7 | 2.3 | 3.3 | 2.3 | • | • | • |

| Selected Average Balance Sheet ($ in Thousands) | | | | | | | | | | | | | | |
|---|---|---|---|---|---|---|---|---|---|---|---|---|---|---|
| Net Receivables | 23 | 1370 | 0 | 0 | 63 | 126 | 217 | 433 | 1263 | 3235 | 7603 | 13145 | 25564 | 206486 |
| Inventories | 24 | 1654 | 0 | 5 | 19 | 67 | 219 | 461 | 1662 | 4504 | 9977 | 17778 | 33459 | 248071 |
| Net Property, Plant and Equipment | 25 | 2275 | 0 | 0 | 33 | 54 | 145 | 481 | 2056 | 4042 | 8571 | 19248 | 51730 | 384341 |
| Total Assets | 26 | 7648 | 0 | 1 | 152 | 380 | 624 | 1854 | 6764 | 15683 | 34463 | 68443 | 144601 | 1256559 |
| Notes and Loans Payable | 27 | 3449 | 0 | 41 | 156 | 53 | 90 | 700 | 4042 | 3831 | 11074 | 34840 | 45855 | 608641 |
| All Other Liabilities | 28 | 2027 | 0 | 3 | 38 | 94 | 236 | 604 | 1033 | 3560 | 10023 | 17669 | 51688 | 326307 |
| Net Worth | 29 | 2173 | 0 | -43 | -42 | 233 | 298 | 550 | 1689 | 8293 | 13365 | 15934 | 47058 | 321611 |

| Selected Financial Ratios (Times to 1) | | | | | | | | | | | | | | |
|---|---|---|---|---|---|---|---|---|---|---|---|---|---|---|
| Current Ratio | 30 | 1.6 | • | 0.3 | 2.7 | 2.3 | 1.7 | 1.6 | 2.5 | 1.9 | 1.7 | 1.4 | 2.3 | 1.5 |
| Quick Ratio | 31 | 0.7 | • | 0.2 | 2.1 | 1.6 | 1.0 | 0.8 | 0.9 | 0.9 | 0.9 | 0.7 | 1.0 | 0.6 |
| Net Sales to Working Capital | 32 | 8.1 | • | • | 4.8 | 12.7 | 10.0 | 10.0 | 4.9 | 6.0 | 6.1 | 8.9 | 4.7 | 8.9 |
| Coverage Ratio | 33 | 1.4 | 0.5 | • | • | 4.8 | • | 2.9 | 0.1 | 2.8 | 1.2 | 0.9 | 0.8 | 1.4 |
| Total Asset Turnover | 34 | 1.3 | • | 5.8 | 2.0 | 5.5 | 3.0 | 2.6 | 1.9 | 1.7 | 1.5 | 1.4 | 1.2 | 1.1 |
| Inventory Turnover | 35 | 4.4 | • | • | 11.1 | 19.4 | 6.3 | 7.5 | 6.2 | 4.4 | 4.0 | 4.2 | 4.0 | 3.8 |
| Receivables Turnover | 36 | 7.3 | • | 50.5 | 6.9 | 14.6 | 9.2 | 11.3 | 9.9 | 7.5 | 6.3 | 7.4 | 5.6 | 6.6 |
| Total Liabilities to Net Worth | 37 | 2.5 | • | • | • | 0.6 | 1.1 | 2.4 | 3.0 | 0.9 | 1.6 | 3.3 | 2.1 | 2.9 |
| Current Assets to Working Capital | 38 | 2.7 | • | • | 1.6 | 1.8 | 2.5 | 2.7 | 1.6 | 2.1 | 2.4 | 3.3 | 1.8 | 3.2 |
| Current Liabilities to Working Capital | 39 | 1.7 | • | • | 0.6 | 0.8 | 1.5 | 1.7 | 0.6 | 1.1 | 1.4 | 2.3 | 0.8 | 2.2 |
| Working Capital to Net Sales | 40 | 0.1 | • | • | 0.2 | 0.1 | 0.1 | 0.1 | 0.2 | 0.2 | 0.2 | 0.1 | 0.2 | 0.1 |
| Inventory to Working Capital | 41 | 1.3 | • | • | 0.3 | 0.5 | 0.9 | 1.2 | 0.8 | 1.0 | 1.0 | 1.6 | 0.8 | 1.6 |
| Total Receipts to Cash Flow | 42 | 12.9 | 25.8 | 127.2 | • | 10.8 | 18.6 | 10.7 | • | 13.3 | 16.3 | 17.9 | 17.8 | 11.1 |
| Cost of Goods to Cash Flow | 43 | 9.1 | 17.9 | • | • | 6.7 | 13.5 | 7.8 | • | 10.0 | 12.1 | 14.0 | 13.5 | 7.6 |
| Cash Flow to Total Debt | 44 | 0.1 | • | 0.0 | • | 1.3 | 0.3 | 0.3 | • | 0.3 | 0.2 | 0.1 | 0.1 | 0.1 |

| Selected Financial Factors (in Percentages) | | | | | | | | | | | | | | |
|---|---|---|---|---|---|---|---|---|---|---|---|---|---|---|
| Debt Ratio | 45 | 71.6 | • | 5098.5 | 127.3 | 38.7 | 52.3 | 70.3 | 75.0 | 47.1 | 61.2 | 76.7 | 67.5 | 74.4 |
| Return on Total Assets | 46 | 5.9 | • | • | • | 18.1 | • | 10.4 | 0.3 | 6.6 | 4.0 | 5.1 | 3.4 | 6.3 |
| Return on Equity Before Income Taxes | 47 | 5.8 | • | 2.1 | 102.6 | 23.4 | • | 23.0 | • | 8.1 | 2.0 | • | • | 7.6 |
| Return on Equity After Income Taxes | 48 | 2.8 | • | 2.1 | 102.6 | 23.4 | • | 20.6 | • | 6.0 | 0.5 | • | • | 3.8 |
| Profit Margin (Before Income Tax) | 49 | 1.2 | • | • | • | 2.6 | • | 2.6 | • | 2.5 | 0.5 | • | • | 1.8 |
| Profit Margin (After Income Tax) | 50 | 0.6 | • | • | • | 2.6 | • | 2.4 | • | 1.9 | 0.1 | • | • | 0.9 |

## Table II

Corporations with Net Income

# TEXTILE PRODUCT MILLS

MONEY AMOUNTS AND SIZE OF ASSETS IN THOUSANDS OF DOLLARS

| Item Description for Accounting Period 7/00 Through 6/01 | | Total | Zero Assets | Under 100 | 100 to 250 | 251 to 500 | 501 to 1,000 | 1,001 to 5,000 | 5,001 to 10,000 | 10,001 to 25,000 | 25,001 to 50,000 | 50,001 to 100,000 | 100,001 to 250,000 | 250,001 and over |
|---|---|---|---|---|---|---|---|---|---|---|---|---|---|---|
| Number of Enterprises | 1 | 1187 | 0 | • | • | 419 | 0 | 293 | 64 | 68 | 22 | 13 | 3 | 12 |
| **Revenues ($ in Thousands)** | | | | | | | | | | | | | | |
| Net Sales | 2 | 27470653 | 0 | • | • | 1077547 | 0 | 1707079 | 1025188 | 1963946 | 1302914 | 1185105 | 593365 | 17879770 |
| Interest | 3 | 72678 | 0 | • | • | 0 | 0 | 1631 | 490 | 3786 | 1567 | 2752 | 1221 | 60559 |
| Rents | 4 | 5821 | 0 | • | • | 0 | 0 | 0 | 18 | 768 | 612 | 554 | 72 | 3796 |
| Royalties | 5 | 63103 | 0 | • | • | 0 | 0 | 0 | 0 | 79 | 0 | 18 | 0 | 63006 |
| Other Portfolio Income | 6 | 128861 | 0 | • | • | 0 | 0 | 33915 | 390 | 8793 | 1606 | 5152 | 380 | 78604 |
| Other Receipts | 7 | 240095 | 0 | • | • | 0 | 0 | 1053 | 1126 | 17784 | 2616 | 4042 | 3385 | 209182 |
| Total Receipts | 8 | 27981211 | 0 | • | • | 1077547 | 0 | 1743678 | 1027212 | 1995156 | 1309315 | 1197623 | 598423 | 18294917 |
| Average Total Receipts | 9 | 23573 | • | • | • | 2572 | • | 5951 | 16050 | 29341 | 59514 | 92125 | 199474 | 1524576 |
| **Operating Costs/Operating Income (%)** | | | | | | | | | | | | | | |
| Cost of Operations | 10 | 68.9 | • | • | • | 64.9 | • | 73.3 | 75.5 | 74.4 | 72.4 | 77.9 | 63.3 | 66.9 |
| Salaries and Wages | 11 | 7.6 | • | • | • | 5.7 | • | 6.2 | 4.3 | 6.1 | 6.5 | 5.0 | 6.0 | 8.7 |
| Taxes Paid | 12 | 2.2 | • | • | • | 3.2 | • | 2.0 | 1.8 | 1.7 | 2.2 | 1.5 | 1.3 | 2.4 |
| Interest Paid | 13 | 2.6 | • | • | • | 0.7 | • | 1.1 | 1.3 | 1.4 | 1.0 | 1.6 | 1.2 | 3.3 |
| Depreciation | 14 | 3.1 | • | • | • | 0.6 | • | 1.3 | 2.3 | 2.1 | 2.1 | 2.1 | 2.5 | 3.9 |
| Amortization and Depletion | 15 | 0.2 | • | • | • | • | • | 0.0 | 0.0 | 0.2 | 0.1 | 0.2 | 0.1 | 0.2 |
| Pensions and Other Deferred Comp. | 16 | 0.4 | • | • | • | 1.1 | • | 0.4 | 0.4 | 0.3 | 0.4 | 0.4 | 0.3 | 0.4 |
| Employee Benefits | 17 | 1.5 | • | • | • | 0.2 | • | 1.3 | 0.9 | 1.2 | 1.2 | 0.8 | 1.5 | 1.9 |
| Advertising | 18 | 1.0 | • | • | • | 0.3 | • | 0.1 | 0.2 | 0.7 | 0.8 | 0.3 | 2.7 | 1.2 |
| Other Expenses | 19 | 8.6 | • | • | • | 9.6 | • | 7.6 | 4.7 | 6.1 | 5.9 | 6.1 | 9.8 | 9.5 |
| Officers' Compensation | 20 | 1.7 | • | • | • | 9.6 | • | 3.8 | 5.1 | 2.0 | 2.6 | 1.1 | 0.5 | 0.6 |
| Operating Margin | 21 | 2.1 | • | • | • | 4.0 | • | 3.1 | 3.3 | 3.7 | 4.9 | 2.9 | 10.8 | 1.0 |
| Operating Margin Before Officers' Comp. | 22 | 3.8 | • | • | • | 13.6 | • | 6.9 | 8.4 | 5.7 | 7.5 | 4.1 | 11.3 | 1.6 |

**Selected Average Balance Sheet ($ in Thousands)**

| | | | | | | | | | | | | | |
|---|---|---|---|---|---|---|---|---|---|---|---|---|---|
| Net Receivables 23 | 3147 | • | • | • | 128 | • | 518 | 1483 | 3463 | 6640 | 13788 | 27054 | 225982 |
| Inventories 24 | 3795 | • | • | • | 75 | • | 470 | 2036 | 4728 | 12850 | 20166 | 41288 | 262818 |
| Net Property, Plant and Equipment 25 | 4903 | • | • | • | 47 | • | 367 | 2357 | 3807 | 8178 | 19160 | 38986 | 393896 |
| Total Assets 26 | 16731 | • | • | • | 393 | • | 1892 | 6923 | 15683 | 34229 | 68922 | 135715 | 1282066 |
| Notes and Loans Payable 27 | 7096 | • | • | • | 31 | • | 333 | 2700 | 3658 | 6683 | 15355 | 23192 | 621268 |
| All Other Liabilities 28 | 3810 | • | • | • | 134 | • | 736 | 1076 | 3603 | 7596 | 14225 | 28732 | 283796 |
| Net Worth 29 | 5825 | • | • | • | 228 | • | 823 | 3146 | 8422 | 19950 | 39342 | 83791 | 377002 |

**Selected Financial Ratios (Times to 1)**

| | | | | | | | | | | | | | |
|---|---|---|---|---|---|---|---|---|---|---|---|---|---|
| Current Ratio 30 | 1.9 | • | • | • | 2.4 | • | 1.8 | 2.5 | 2.0 | 2.4 | 2.0 | 2.5 | 1.9 |
| Quick Ratio 31 | 0.9 | • | • | • | 1.8 | • | 1.0 | 1.2 | 0.9 | 1.0 | 0.9 | 1.2 | 0.8 |
| Net Sales to Working Capital 32 | 6.1 | • | • | • | 12.6 | • | 9.0 | 6.4 | 6.0 | 4.7 | 5.2 | 4.5 | 5.9 |
| Coverage Ratio 33 | 2.6 | • | • | • | 6.7 | • | 5.7 | 3.6 | 4.9 | 6.2 | 3.4 | 10.5 | 2.0 |
| Total Asset Turnover 34 | 1.4 | • | • | • | 6.5 | • | 3.1 | 2.3 | 1.8 | 1.7 | 1.3 | 1.5 | 1.2 |
| Inventory Turnover 35 | 4.2 | • | • | • | 22.2 | • | 9.1 | 5.9 | 4.5 | 3.3 | 3.5 | 3.0 | 3.8 |
| Receivables Turnover 36 | 7.2 | • | • | • | 14.3 | • | 10.7 | 9.3 | 7.5 | 5.8 | 5.8 | 4.9 | 6.9 |
| Total Liabilities to Net Worth 37 | 1.9 | • | • | • | 0.7 | • | 1.3 | 1.2 | 0.9 | 0.7 | 0.8 | 0.6 | 2.4 |
| Current Assets to Working Capital 38 | 2.1 | • | • | • | 1.7 | • | 2.2 | 1.7 | 2.0 | 1.7 | 2.0 | 1.7 | 2.2 |
| Current Liabilities to Working Capital 39 | 1.1 | • | • | • | 0.7 | • | 1.2 | 0.7 | 1.0 | 0.7 | 1.0 | 0.7 | 1.2 |
| Working Capital to Net Sales 40 | 0.2 | • | • | • | 0.1 | • | 0.1 | 0.2 | 0.2 | 0.2 | 0.2 | 0.2 | 0.2 |
| Inventory to Working Capital 41 | 1.0 | • | • | • | 0.4 | • | 0.9 | 0.8 | 0.9 | 0.8 | 1.0 | 0.9 | 1.1 |
| Total Receipts to Cash Flow 42 | 9.5 | • | • | • | 10.9 | • | 9.5 | 14.4 | 10.6 | 10.1 | 11.6 | 5.0 | 9.2 |
| Cost of Goods to Cash Flow 43 | 6.6 | • | • | • | 7.1 | • | 7.0 | 10.9 | 7.9 | 7.3 | 9.0 | 3.2 | 6.2 |
| Cash Flow to Total Debt 44 | 0.2 | • | • | • | 1.4 | • | 0.6 | 0.3 | 0.4 | 0.4 | 0.3 | 0.8 | 0.2 |

**Selected Financial Factors (in Percentages)**

| | | | | | | | | | | | | | |
|---|---|---|---|---|---|---|---|---|---|---|---|---|---|
| Debt Ratio 45 | 65.2 | • | • | • | 42.0 | • | 56.5 | 54.6 | 46.3 | 41.7 | 42.9 | 38.3 | 70.6 |
| Return on Total Assets 46 | 9.1 | • | • | • | 30.9 | • | 19.6 | 11.2 | 12.4 | 11.1 | 7.3 | 18.7 | 7.9 |
| Return on Equity Before Income Taxes 47 | 15.9 | • | • | • | 45.3 | • | 37.0 | 17.7 | 18.4 | 16.0 | 9.1 | 27.3 | 13.5 |
| Return on Equity After Income Taxes 48 | 12.6 | • | • | • | 45.3 | • | 34.4 | 17.2 | 15.4 | 14.2 | 8.0 | 25.6 | 9.5 |
| Profit Margin (Before Income Tax) 49 | 4.0 | • | • | • | 4.0 | • | 5.2 | 3.5 | 5.4 | 5.4 | 3.9 | 11.6 | 3.4 |
| Profit Margin (After Income Tax) 50 | 3.2 | • | • | • | 4.0 | • | 4.9 | 3.4 | 4.5 | 4.8 | 3.5 | 10.9 | 2.4 |

## Table I

Corporations with and without Net Income

# APPAREL KNITTING MILLS

**MONEY AMOUNTS AND SIZE OF ASSETS IN THOUSANDS OF DOLLARS**

| Item Description for Accounting Period 7/00 Through 6/01 | | Total | Zero Assets | Under 100 | 100 to 250 | 251 to 500 | 501 to 1,000 | 1,001 to 5,000 | 5,001 to 10,000 | 10,001 to 25,000 | 25,001 to 50,000 | 50,001 to 100,000 | 100,001 to 250,000 | 250,001 and over |
|---|---|---|---|---|---|---|---|---|---|---|---|---|---|---|
| Number of Enterprises | 1 | 491 | • | • | • | 190 | 74 | 121 | 47 | 37 | 14 | 4 | 4 | 0 |
| **Revenues ($ in Thousands)** | | | | | | | | | | | | | | |
| Net Sales | 2 | 6115072 | • | • | • | 0 | 194716 | 805991 | 677577 | 1136608 | 858216 | 357190 | 2084773 | 0 |
| Interest | 3 | 19820 | • | • | • | 0 | 0 | 210 | 583 | 1195 | 453 | 1869 | 15510 | 0 |
| Rents | 4 | 1044 | • | • | • | 0 | 0 | 0 | 0 | 68 | 17 | 959 | 0 | 0 |
| Royalties | 5 | 72371 | • | • | • | 0 | 0 | 0 | 0 | 0 | 0 | 1302 | 71069 | 0 |
| Other Portfolio Income | 6 | 12465 | • | • | • | 0 | 0 | 786 | 3269 | 2719 | 695 | 858 | 4138 | 0 |
| Other Receipts | 7 | 64067 | • | • | • | 0 | 0 | 1383 | 4878 | 2677 | 12054 | 894 | 42182 | 0 |
| Total Receipts | 8 | 6284839 | • | • | • | 0 | 194716 | 808370 | 686307 | 1143267 | 871435 | 363072 | 2217672 | 0 |
| Average Total Receipts | 9 | 12800 | • | • | • | 0 | 2631 | 6681 | 14602 | 30899 | 62245 | 90768 | 554418 | • |
| **Operating Costs/Operating Income (%)** | | | | | | | | | | | | | | |
| Cost of Operations | 10 | 73.8 | • | • | • | • | 75.3 | 80.1 | 78.4 | 75.8 | 79.0 | 78.4 | 65.6 | • |
| Salaries and Wages | 11 | 4.6 | • | • | • | • | 2.0 | 3.3 | 2.8 | 5.3 | 4.3 | 5.5 | 5.6 | • |
| Taxes Paid | 12 | 3.0 | • | • | • | • | 1.3 | 2.3 | 1.8 | 1.8 | 2.9 | 2.0 | 4.7 | • |
| Interest Paid | 13 | 2.7 | • | • | • | • | 2.5 | 2.0 | 1.8 | 1.9 | 2.1 | 1.5 | 4.1 | • |
| Depreciation | 14 | 3.1 | • | • | • | • | 5.7 | 3.0 | 2.8 | 2.5 | 2.7 | 1.5 | 3.7 | • |
| Amortization and Depletion | 15 | 0.3 | • | • | • | • | • | • | 0.0 | 0.2 | 0.2 | 0.4 | 0.6 | • |
| Pensions and Other Deferred Comp. | 16 | 0.2 | • | • | • | • | • | 0.0 | 0.2 | 0.4 | 0.1 | 0.2 | 0.2 | • |
| Employee Benefits | 17 | 0.8 | • | • | • | • | 0.1 | 1.4 | 0.4 | 1.2 | 0.5 | 0.9 | 0.5 | • |
| Advertising | 18 | 2.0 | • | • | • | • | 0.0 | 0.2 | 0.0 | 0.9 | 0.3 | 1.8 | 4.8 | • |
| Other Expenses | 19 | 12.5 | • | • | • | • | 9.9 | 3.3 | 35.5 | 8.6 | 4.8 | 8.8 | 14.7 | • |
| Officers' Compensation | 20 | 1.9 | • | • | • | • | 2.3 | 4.0 | 3.6 | 1.5 | 2.4 | 0.8 | 0.7 | • |
| Operating Margin | 21 | • | • | • | • | • | 1.0 | 0.5 | • | 0.1 | 0.7 | • | • | • |
| Operating Margin Before Officers' Comp. | 22 | • | • | • | • | • | 3.3 | 4.4 | • | 1.5 | 3.1 | • | • | • |

## Selected Average Balance Sheet ($ in Thousands)

| | | | | | | | | | | | | | |
|---|---|---|---|---|---|---|---|---|---|---|---|---|---|
| Net Receivables 23 | 1513 | • | • | • | 0 | 35 | 543 | 1750 | 3572 | 7639 | 12556 | 75721 | • |
| Inventories 24 | 2264 | • | • | • | 0 | 64 | 878 | 1074 | 5070 | 8136 | 19226 | 143070 | • |
| Net Property, Plant and Equipment 25 | 2472 | • | • | • | 326 | 386 | 931 | 2065 | 4100 | 8182 | 11826 | 150080 | • |
| Total Assets 26 | 7847 | • | • | • | 356 | 691 | 2826 | 6342 | 16106 | 32216 | 71501 | 440304 | • |
| Notes and Loans Payable 27 | 4374 | • | • | • | 359 | 589 | 751 | 5844 | 4796 | 13608 | 21576 | 303984 | • |
| All Other Liabilities 28 | 1222 | • | • | • | 0 | 10 | 1073 | 2301 | 4084 | 8593 | 11111 | 11389 | • |
| Net Worth 29 | 2251 | • | • | • | -4 | 92 | 1002 | -1803 | 7227 | 10016 | 38814 | 124931 | • |

## Selected Financial Ratios (Times to 1)

| | | | | | | | | | | | | | |
|---|---|---|---|---|---|---|---|---|---|---|---|---|---|
| Current Ratio 30 | 1.2 | • | • | • | 0.2 | 1.3 | 1.4 | 0.9 | 1.8 | 1.5 | 3.3 | 1.0 | • |
| Quick Ratio 31 | 0.5 | • | • | • | 0.2 | 0.4 | 0.5 | 0.5 | 0.8 | 0.7 | 1.1 | 0.3 | • |
| Net Sales to Working Capital 32 | 14.1 | • | • | • | • | 56.1 | 12.9 | • | 6.8 | 8.5 | 2.7 | 153.7 | • |
| Coverage Ratio 33 | 0.3 | • | • | • | • | 1.4 | 1.4 | • | 1.3 | 2.0 | 0.9 | 1.3 | • |
| Total Asset Turnover 34 | 1.6 | • | • | • | • | 3.8 | 2.4 | 2.3 | 1.9 | 1.9 | 1.2 | 1.2 | • |
| Inventory Turnover 35 | 4.1 | • | • | • | • | 30.7 | 6.1 | 10.5 | 4.6 | 6.0 | 3.6 | 2.4 | • |
| Receivables Turnover 36 | 7.3 | • | • | • | • | 151.8 | 13.0 | 8.1 | 7.6 | 8.4 | 8.4 | 5.4 | • |
| Total Liabilities to Net Worth 37 | 2.5 | • | • | • | • | 6.5 | 1.8 | • | 1.2 | 2.2 | 0.8 | 2.5 | • |
| Current Assets to Working Capital 38 | 5.0 | • | • | • | • | 4.0 | 3.4 | • | 2.3 | 2.9 | 1.4 | 68.3 | • |
| Current Liabilities to Working Capital 39 | 4.0 | • | • | • | • | 3.0 | 2.4 | • | 1.3 | 1.9 | 0.4 | 67.3 | • |
| Working Capital to Net Sales 40 | 0.1 | • | • | • | • | 0.0 | 0.1 | • | 0.1 | 0.1 | 0.4 | 0.0 | • |
| Inventory to Working Capital 41 | 2.5 | • | • | • | • | 1.4 | 1.8 | • | 1.1 | 1.2 | 0.5 | 41.1 | • |
| Total Receipts to Cash Flow 42 | 13.8 | • | • | • | • | 15.7 | 47.0 | • | 13.1 | 17.7 | 19.5 | 7.3 | • |
| Cost of Goods to Cash Flow 43 | 10.2 | • | • | • | • | 11.8 | 37.7 | • | 10.0 | 14.0 | 15.3 | 4.8 | • |
| Cash Flow to Total Debt 44 | 0.2 | • | • | • | • | 0.3 | 0.1 | • | 0.3 | 0.2 | 0.1 | 0.2 | • |

## Selected Financial Factors (in Percentages)

| | | | | | | | | | | | | | |
|---|---|---|---|---|---|---|---|---|---|---|---|---|---|
| Debt Ratio 45 | 71.3 | • | • | • | 101.1 | 86.7 | 64.5 | 128.4 | 55.1 | 68.9 | 45.7 | 71.6 | • |
| Return on Total Assets 46 | 1.1 | • | • | • | • | 13.6 | 6.4 | • | 4.8 | 8.2 | 1.7 | 6.2 | • |
| Return on Equity Before Income Taxes 47 | • | • | • | • | 104.6 | 29.4 | 5.0 | 208.6 | 2.8 | 13.5 | • | 4.7 | • |
| Return on Equity After Income Taxes 48 | • | • | • | • | 104.6 | 24.3 | 4.1 | 209.1 | 1.2 | 11.7 | • | 1.3 | • |
| Profit Margin (Before Income Tax) 49 | • | • | • | • | • | 1.0 | 0.8 | • | 0.7 | 2.2 | • | 1.1 | • |
| Profit Margin (After Income Tax) 50 | • | • | • | • | • | 0.9 | 0.6 | • | 0.3 | 1.9 | • | 0.3 | • |

**Table II**

Corporations with Net Income

# APPAREL KNITTING MILLS

**MONEY AMOUNTS AND SIZE OF ASSETS IN THOUSANDS OF DOLLARS**

| Item Description for Accounting Period 7/00 Through 6/01 | | Total | Zero Assets | Under 100 | 100 to 250 | 251 to 500 | 501 to 1,000 | 1,001 to 5,000 | 5,001 to 10,000 | 10,001 to 25,000 | 25,001 to 50,000 | 50,001 to 100,000 | 100,001 to 250,000 | 250,001 and over |
|---|---|---|---|---|---|---|---|---|---|---|---|---|---|---|
| Number of Enterprises | 1 | 215 | • | • | • | • | 0 | 72 | 34 | 21 | 11 | 0 | 0 | 0 |
| **Revenues ($ in Thousands)** | | | | | | | | | | | | | | |
| Net Sales | 2 | 4503628 | • | • | • | • | 0 | 535509 | 503861 | 621578 | 820395 | 0 | 0 | 0 |
| Interest | 3 | 17064 | • | • | • | • | 0 | 196 | 0 | 1033 | 454 | 0 | 0 | 0 |
| Rents | 4 | 930 | • | • | • | • | 0 | 0 | 0 | 2 | 928 | 0 | 0 | 0 |
| Royalties | 5 | 59618 | • | • | • | • | 0 | 0 | 0 | 0 | 193 | 0 | 0 | 0 |
| Other Portfolio Income | 6 | 2552 | • | • | • | • | 0 | 70 | 1 | 1865 | 358 | 0 | 0 | 0 |
| Other Receipts | 7 | 47060 | • | • | • | • | 0 | 131 | 463 | 1606 | 3374 | 0 | 0 | 0 |
| Total Receipts | 8 | 4630852 | • | • | • | • | 0 | 535906 | 504325 | 626084 | 825702 | 0 | 0 | 0 |
| Average Total Receipts | 9 | 21539 | • | • | • | • | • | 7443 | 14833 | 29814 | 75064 | • | • | • |
| **Operating Costs/Operating Income (%)** | | | | | | | | | | | | | | |
| Cost of Operations | 10 | 71.7 | • | • | • | • | • | 83.2 | 61.6 | 76.1 | 78.3 | • | • | • |
| Salaries and Wages | 11 | 3.9 | • | • | • | • | • | 1.2 | 3.0 | 4.9 | 3.2 | • | • | • |
| Taxes Paid | 12 | 3.4 | • | • | • | • | • | 2.1 | 1.7 | 1.8 | 2.7 | • | • | • |
| Interest Paid | 13 | 2.2 | • | • | • | • | • | 0.5 | 2.1 | 1.0 | 1.4 | • | • | • |
| Depreciation | 14 | 3.0 | • | • | • | • | • | 0.6 | 2.9 | 2.3 | 2.4 | • | • | • |
| Amortization and Depletion | 15 | 0.3 | • | • | • | • | • | • | 0.0 | 0.0 | 0.1 | • | • | • |
| Pensions and Other Deferred Comp. | 16 | 0.2 | • | • | • | • | • | 0.0 | 0.3 | 0.5 | 0.1 | • | • | • |
| Employee Benefits | 17 | 0.8 | • | • | • | • | • | 2.1 | 0.1 | 1.4 | 0.5 | • | • | • |
| Advertising | 18 | 2.1 | • | • | • | • | • | 0.3 | 0.0 | 0.4 | 0.3 | • | • | • |
| Other Expenses | 19 | 9.4 | • | • | • | • | • | • | 20.7 | 6.0 | 3.9 | • | • | • |
| Officers' Compensation | 20 | 2.1 | • | • | • | • | • | 5.3 | 4.9 | 1.7 | 2.5 | • | • | • |
| Operating Margin | 21 | 1.0 | • | • | • | • | • | 5.4 | 2.8 | 3.8 | 4.6 | • | • | • |
| Operating Margin Before Officers' Comp. | 22 | 3.1 | • | • | • | • | • | 10.7 | 7.7 | 5.5 | 7.0 | • | • | • |

| | | | | | | | | | | | | | |
|---|---|---|---|---|---|---|---|---|---|---|---|---|---|
| **Selected Average Balance Sheet ($ in Thousands)** | | | | | | | | | | | | | |
| Net Receivables **23** | 2584 | • | • | • | • | • | 640 | 1724 | 4085 | 8564 | • | • | • |
| Inventories **24** | 2933 | • | • | • | • | • | 749 | 1153 | 5457 | 10694 | • | • | • |
| Net Property, Plant and Equipment **25** | 4062 | • | • | • | • | • | 450 | 1820 | 3421 | 9523 | • | • | • |
| Total Assets **26** | 13021 | • | • | • | • | • | 2316 | 6043 | 15353 | 39734 | • | • | • |
| Notes and Loans Payable **27** | 4561 | • | • | • | • | • | 349 | 4484 | 3006 | 10808 | • | • | • |
| All Other Liabilities **28** | 2912 | • | • | • | • | • | 434 | 1456 | 3186 | 8503 | • | • | • |
| Net Worth **29** | 5548 | • | • | • | • | • | 1533 | 103 | 9161 | 20423 | • | • | • |
| **Selected Financial Ratios (Times to 1)** | | | | | | | | | | | | | |
| Current Ratio **30** | 2.0 | • | • | • | • | • | 2.7 | 1.0 | 2.5 | 2.3 | • | • | • |
| Quick Ratio **31** | 0.8 | • | • | • | • | • | 1.3 | 0.6 | 1.2 | 1.1 | • | • | • |
| Net Sales to Working Capital **32** | 5.8 | • | • | • | • | • | 6.9 | • | 4.9 | 5.2 | • | • | • |
| Coverage Ratio **33** | 2.8 | • | • | • | • | • | 11.4 | 2.4 | 5.7 | 4.8 | • | • | • |
| Total Asset Turnover **34** | 1.6 | • | • | • | • | • | 3.2 | 2.5 | 1.9 | 1.9 | • | • | • |
| Inventory Turnover **35** | 5.1 | • | • | • | • | • | 8.3 | 7.9 | 4.1 | 5.5 | • | • | • |
| Receivables Turnover **36** | 8.4 | • | • | • | • | • | 11.9 | 8.4 | 5.9 | 17.4 | • | • | • |
| Total Liabilities to Net Worth **37** | 1.3 | • | • | • | • | • | 0.5 | 57.5 | 0.7 | 0.9 | • | • | • |
| Current Assets to Working Capital **38** | 2.0 | • | • | • | • | • | 1.6 | • | 1.7 | 1.8 | • | • | • |
| Current Liabilities to Working Capital **39** | 1.0 | • | • | • | • | • | 0.6 | • | 0.7 | 0.8 | • | • | • |
| Working Capital to Net Sales **40** | 0.2 | • | • | • | • | • | 0.1 | • | 0.2 | 0.2 | • | • | • |
| Inventory to Working Capital **41** | 1.1 | • | • | • | • | • | 0.8 | • | 0.7 | 0.7 | • | • | • |
| Total Receipts to Cash Flow **42** | 8.7 | • | • | • | • | • | 25.7 | 4.8 | 11.1 | 12.5 | • | • | • |
| Cost of Goods to Cash Flow **43** | 6.2 | • | • | • | • | • | 21.4 | 3.0 | 8.5 | 9.8 | • | • | • |
| Cash Flow to Total Debt **44** | 0.3 | • | • | • | • | • | 0.4 | 0.5 | 0.4 | 0.3 | • | • | • |
| **Selected Financial Factors (in Percentages)** | | | | | | | | | | | | | |
| Debt Ratio **45** | 57.4 | • | • | • | • | • | 33.8 | 98.3 | 40.3 | 48.6 | • | • | • |
| Return on Total Assets **46** | 9.6 | • | • | • | • | • | 19.4 | 12.2 | 10.6 | 12.3 | • | • | • |
| Return on Equity Before Income Taxes **47** | 14.4 | • | • | • | • | • | 26.7 | 413.7 | 14.7 | 19.0 | • | • | • |
| Return on Equity After Income Taxes **48** | 12.1 | • | • | • | • | • | 25.7 | 403.2 | 12.5 | 17.4 | • | • | • |
| Profit Margin (Before Income Tax) **49** | 3.8 | • | • | • | • | • | 5.5 | 2.9 | 4.5 | 5.2 | • | • | • |
| Profit Margin (After Income Tax) **50** | 3.2 | • | • | • | • | • | 5.3 | 2.8 | 3.9 | 4.8 | • | • | • |

**Table I**

Corporations with and without Net Income

# CUT AND SEW APPAREL CONTRACTORS AND MFRS.

**MONEY AMOUNTS AND SIZE OF ASSETS IN THOUSANDS OF DOLLARS**

| Item Description for Accounting Period 7/00 Through 6/01 | | Total | Zero Assets | Under 100 | 100 to 250 | 251 to 500 | 501 to 1,000 | 1,001 to 5,000 | 5,001 to 10,000 | 10,001 to 25,000 | 25,001 to 50,000 | 50,001 to 100,000 | 100,001 to 250,000 | 250,001 and over |
|---|---|---|---|---|---|---|---|---|---|---|---|---|---|---|
| Number of Enterprises | 1 | 7434 | 1200 | 3493 | 500 | 1107 | 112 | 606 | 158 | 139 | 58 | 21 | 21 | 19 |
| **Revenues ($ in Thousands)** | | | | | | | | | | | | | | |
| Net Sales | 2 | 54368951 | 577621 | 1315105 | 110234 | 1305834 | 41918 | 4105915 | 3496628 | 5463330 | 4027852 | 2321703 | 4161415 | 27441397 |
| Interest | 3 | 383286 | 796 | 250 | 0 | 215 | 1 | 490 | 708 | 4485 | 3792 | 3022 | 20537 | 348991 |
| Rents | 4 | 25154 | 0 | 0 | 0 | 0 | 0 | 0 | 46 | 1331 | 372 | 1123 | 1829 | 20453 |
| Royalties | 5 | 828640 | 2 | 0 | 0 | 0 | 0 | 3698 | 0 | 745 | 2478 | 1449 | 10181 | 810086 |
| Other Portfolio Income | 6 | 270845 | 269 | 801 | 0 | 346 | 76 | 11198 | 908 | 8679 | 5923 | 14007 | 10219 | 218419 |
| Other Receipts | 7 | 826919 | -1545 | 1236 | 150 | 23228 | 5344 | 5062 | 22235 | 34159 | 29218 | 54900 | 187689 | 465242 |
| Total Receipts | 8 | 56703795 | 577143 | 1317392 | 110384 | 1329623 | 47339 | 4126363 | 3520525 | 5512729 | 4069635 | 2396204 | 4391870 | 29304588 |
| Average Total Receipts | 9 | 7628 | 481 | 377 | 221 | 1201 | 423 | 6809 | 22282 | 39660 | 70166 | 114105 | 209137 | 1542347 |
| **Operating Costs/Operating Income (%)** | | | | | | | | | | | | | | |
| Cost of Operations | 10 | 69.2 | 68.0 | 55.4 | 62.4 | 45.2 | 46.9 | 71.8 | 73.3 | 75.2 | 74.3 | 75.8 | 70.7 | 67.5 |
| Salaries and Wages | 11 | 8.5 | 5.3 | 13.7 | 2.6 | 24.5 | 15.0 | 6.7 | 9.0 | 7.9 | 6.4 | 7.8 | 9.0 | 8.3 |
| Taxes Paid | 12 | 1.9 | 1.3 | 4.0 | 1.3 | 5.1 | 3.7 | 2.3 | 2.3 | 2.0 | 2.0 | 2.0 | 1.7 | 1.5 |
| Interest Paid | 13 | 3.2 | 5.3 | 0.6 | 0.9 | 0.4 | 0.3 | 1.3 | 1.8 | 1.7 | 2.0 | 2.8 | 2.1 | 4.5 |
| Depreciation | 14 | 1.3 | 0.7 | 0.9 | 7.1 | 2.2 | 0.6 | 0.6 | 0.6 | 0.7 | 1.0 | 1.1 | 1.3 | 1.6 |
| Amortization and Depletion | 15 | 0.4 | 2.1 | 0.0 | • | 0.2 | 0.0 | 0.1 | 0.0 | 0.1 | 0.3 | 0.4 | 0.1 | 0.7 |
| Pensions and Other Deferred Comp. | 16 | 0.2 | 0.2 | • | • | 0.0 | • | 0.1 | 0.1 | 0.1 | 0.2 | 0.4 | 0.4 | 0.3 |
| Employee Benefits | 17 | 1.0 | 0.2 | 0.5 | 0.1 | 1.1 | 4.2 | 0.5 | 0.4 | 0.6 | 0.7 | 1.3 | 1.7 | 1.1 |
| Advertising | 18 | 2.2 | 0.5 | 0.9 | 0.0 | 0.3 | 0.3 | 0.6 | 1.3 | 0.6 | 1.3 | 1.1 | 1.5 | 3.4 |
| Other Expenses | 19 | 11.4 | 11.7 | 19.1 | 15.6 | 17.5 | 21.6 | 8.7 | 9.7 | 7.5 | 8.0 | 7.4 | 7.5 | 13.6 |
| Officers' Compensation | 20 | 2.0 | 3.5 | 6.4 | 2.8 | 4.2 | 3.7 | 5.6 | 2.7 | 2.7 | 3.1 | 1.5 | 2.0 | 0.8 |
| Operating Margin | 21 | • | 1.1 | • | 7.1 | • | 3.9 | 1.8 | • | 1.0 | 0.7 | • | 1.9 | • |
| Operating Margin Before Officers' Comp. | 22 | 0.7 | 4.6 | 4.8 | 9.9 | 3.6 | 7.6 | 7.4 | 1.5 | 3.7 | 3.8 | • | 4.0 | • |

| | | | | | | | | | | | | | |
|---|---|---|---|---|---|---|---|---|---|---|---|---|---|
| **Selected Average Balance Sheet ($ in Thousands)** | | | | | | | | | | | | | |
| Net Receivables **23** | 971 | 0 | 10 | 0 | 38 | 40 | 587 | 1891 | 3705 | 7428 | 15327 | 36103 | 234620 |
| Inventories **24** | 1228 | 0 | 6 | 38 | 82 | 305 | 608 | 3153 | 6488 | 14172 | 25926 | 51094 | 250497 |
| Net Property, Plant and Equipment **25** | 547 | 0 | 12 | 40 | 71 | 8 | 197 | 463 | 1583 | 4111 | 8099 | 19866 | 141343 |
| Total Assets **26** | 4956 | 0 | 41 | 136 | 363 | 761 | 2133 | 7140 | 15559 | 34250 | 69234 | 146638 | 1318038 |
| Notes and Loans Payable **27** | 1720 | 0 | 76 | 109 | 56 | 14 | 799 | 1685 | 4701 | 11861 | 19049 | 38215 | 479494 |
| All Other Liabilities **28** | 1575 | 0 | 39 | 291 | 150 | 479 | 1009 | 2715 | 5050 | 8218 | 16713 | 31621 | 419554 |
| Net Worth **29** | 1662 | 0 | -73 | -263 | 157 | 268 | 326 | 2740 | 5807 | 14171 | 33473 | 76803 | 418990 |
| **Selected Financial Ratios (Times to 1)** | | | | | | | | | | | | | |
| Current Ratio **30** | 1.5 | • | 0.5 | 0.1 | 1.2 | 0.2 | 1.6 | 1.7 | 1.7 | 1.9 | 1.7 | 2.7 | 1.4 |
| Quick Ratio **31** | 0.7 | • | 0.4 | 0.0 | 0.5 | 0.1 | 0.8 | 0.6 | 0.6 | 0.7 | 0.6 | 1.3 | 0.6 |
| Net Sales to Working Capital **32** | 8.2 | • | • | • | 42.1 | • | 10.2 | 8.7 | 7.9 | 5.5 | 5.9 | 3.1 | 9.6 |
| Coverage Ratio **33** | 2.1 | 1.2 | • | 8.7 | 4.2 | 65.2 | 2.7 | 0.7 | 2.1 | 1.9 | 1.6 | 4.5 | 2.0 |
| Total Asset Turnover **34** | 1.5 | • | 9.1 | 1.6 | 3.2 | 0.5 | 3.2 | 3.1 | 2.5 | 2.0 | 1.6 | 1.4 | 1.1 |
| Inventory Turnover **35** | 4.1 | • | 37.4 | 3.7 | 6.5 | 0.6 | 8.0 | 5.1 | 4.6 | 3.6 | 3.2 | 2.7 | 3.9 |
| Receivables Turnover **36** | 7.6 | • | 48.4 | 8.1 | 35.0 | 0.4 | 12.6 | 12.9 | 10.5 | 9.0 | 6.2 | 5.5 | 6.3 |
| Total Liabilities to Net Worth **37** | 2.0 | • | • | • | 1.3 | 1.8 | 5.5 | 1.6 | 1.7 | 1.4 | 1.1 | 0.9 | 2.1 |
| Current Assets to Working Capital **38** | 3.0 | • | • | • | 6.8 | • | 2.6 | 2.4 | 2.5 | 2.1 | 2.5 | 1.6 | 3.8 |
| Current Liabilities to Working Capital **39** | 2.0 | • | • | • | 5.8 | • | 1.6 | 1.4 | 1.5 | 1.1 | 1.5 | 0.6 | 2.8 |
| Working Capital to Net Sales **40** | 0.1 | • | • | • | 0.0 | • | 0.1 | 0.1 | 0.1 | 0.2 | 0.2 | 0.3 | 0.1 |
| Inventory to Working Capital **41** | 1.4 | • | • | • | 3.2 | • | 1.1 | 1.4 | 1.3 | 1.1 | 1.4 | 0.7 | 1.7 |
| Total Receipts to Cash Flow **42** | 8.6 | 10.1 | 9.1 | 6.4 | 8.4 | 3.1 | 11.2 | 15.3 | 12.8 | 12.1 | 14.4 | 7.6 | 7.1 |
| Cost of Goods to Cash Flow **43** | 5.9 | 6.8 | 5.0 | 4.0 | 3.8 | 1.5 | 8.0 | 11.2 | 9.6 | 9.0 | 10.9 | 5.4 | 4.8 |
| Cash Flow to Total Debt **44** | 0.3 | • | 0.4 | 0.1 | 0.7 | 0.2 | 0.3 | 0.3 | 0.3 | 0.3 | 0.2 | 0.4 | 0.2 |
| **Selected Financial Factors (in Percentages)** | | | | | | | | | | | | | |
| Debt Ratio **45** | 66.5 | • | 276.5 | 292.7 | 56.7 | 64.8 | 84.7 | 61.6 | 62.7 | 58.6 | 51.7 | 47.6 | 68.2 |
| Return on Total Assets **46** | 9.6 | • | • | 13.2 | 5.5 | 8.4 | 11.5 | 4.1 | 9.3 | 7.7 | 7.0 | 13.0 | 9.6 |
| Return on Equity Before Income Taxes **47** | 14.7 | • | 7.5 | • | 9.7 | 23.5 | 47.7 | • | 13.2 | 8.7 | 5.2 | 19.4 | 14.9 |
| Return on Equity After Income Taxes **48** | 9.0 | • | 7.6 | • | 9.1 | 23.2 | 45.2 | • | 11.0 | 6.9 | 3.7 | 15.2 | 7.7 |
| Profit Margin (Before Income Tax) **49** | 3.3 | 1.0 | • | 7.2 | 1.3 | 16.8 | 2.3 | • | 2.0 | 1.8 | 1.6 | 7.5 | 4.3 |
| Profit Margin (After Income Tax) **50** | 2.0 | 0.9 | • | 6.2 | 1.2 | 16.7 | 2.2 | • | 1.6 | 1.4 | 1.1 | 5.9 | 2.2 |

**Table II**

Corporations with Net Income

# CUT AND SEW APPAREL CONTRACTORS AND MFRS.

MONEY AMOUNTS AND SIZE OF ASSETS IN THOUSANDS OF DOLLARS

| Item Description for Accounting Period 7/00 Through 6/01 | | Total | Zero Assets | Under 100 | 100 to 250 | 251 to 500 | 501 to 1,000 | 1,001 to 5,000 | 5,001 to 10,000 | 10,001 to 25,000 | 25,001 to 50,000 | 50,001 to 100,000 | 100,001 to 250,000 | 250,001 and over |
|---|---|---|---|---|---|---|---|---|---|---|---|---|---|---|
| Number of Enterprises | 1 | 4147 | 176 | 2330 | 167 | 591 | 0 | 494 | 102 | 93 | 39 | 13 | 0 | 16 |
| **Revenues ($ in Thousands)** | | | | | | | | | | | | | | |
| Net Sales | 2 | 41934270 | 215036 | 831767 | 75333 | 684322 | 0 | 3416146 | 2228776 | 4189444 | 2928520 | 1620505 | 0 | 22888706 |
| Interest | 3 | 225414 | 730 | 250 | 0 | 215 | 0 | 211 | 518 | 2891 | 2559 | 2636 | 0 | 196710 |
| Rents | 4 | 23520 | 0 | 0 | 0 | 0 | 0 | 0 | 0 | 995 | 298 | 87 | 0 | 20311 |
| Royalties | 5 | 586424 | 2 | 0 | 0 | 0 | 0 | 179 | 0 | 40 | 0 | 1304 | 0 | 576013 |
| Other Portfolio Income | 6 | 193245 | 269 | 801 | 0 | 346 | 0 | 56 | 225 | 5776 | 5657 | 13743 | 0 | 156615 |
| Other Receipts | 7 | 693645 | 1 | 11 | 0 | 381 | 0 | 2181 | 44373 | 23410 | 18034 | 11862 | 0 | 409472 |
| Total Receipts | 8 | 43656518 | 216038 | 832829 | 75333 | 685264 | 0 | 3418773 | 2273892 | 4222556 | 2955068 | 1650137 | 0 | 24247827 |
| Average Total Receipts | 9 | 10527 | 1227 | 357 | 451 | 1159 | • | 6921 | 22293 | 45404 | 75771 | 126934 | • | 1515489 |
| **Operating Costs/Operating Income (%)** | | | | | | | | | | | | | | |
| Cost of Operations | 10 | 66.8 | 67.5 | 44.5 | 64.0 | 32.8 | • | 70.4 | 73.1 | 73.9 | 73.1 | 74.8 | • | 65.0 |
| Salaries and Wages | 11 | 8.5 | 4.5 | 17.3 | 0.2 | 28.7 | • | 6.4 | 8.6 | 7.8 | 6.2 | 6.7 | • | 8.4 |
| Taxes Paid | 12 | 1.8 | 2.0 | 3.1 | 0.7 | 4.0 | • | 2.4 | 1.9 | 1.7 | 2.1 | 2.0 | • | 1.4 |
| Interest Paid | 13 | 2.4 | 5.1 | 0.5 | 0.3 | 0.4 | • | 1.0 | 1.4 | 1.4 | 1.8 | 2.0 | • | 3.3 |
| Depreciation | 14 | 1.2 | 0.7 | 1.0 | 3.2 | 1.9 | • | 0.6 | 0.2 | 0.6 | 0.7 | 1.3 | • | 1.5 |
| Amortization and Depletion | 15 | 0.4 | 0.0 | 0.0 | • | 0.3 | • | 0.0 | 0.0 | 0.1 | 0.2 | 0.1 | • | 0.6 |
| Pensions and Other Deferred Comp. | 16 | 0.3 | 0.1 | • | • | 0.0 | • | 0.1 | 0.1 | 0.1 | 0.2 | 0.5 | • | 0.3 |
| Employee Benefits | 17 | 1.0 | 0.0 | 0.8 | • | 0.6 | • | 0.4 | 0.4 | 0.6 | 0.7 | 1.0 | • | 1.3 |
| Advertising | 18 | 2.3 | 0.3 | 0.9 | • | 0.3 | • | 0.5 | 0.5 | 0.5 | 1.2 | 1.2 | • | 3.6 |
| Other Expenses | 19 | 10.9 | 9.4 | 22.0 | 6.7 | 22.2 | • | 7.5 | 8.2 | 6.5 | 7.1 | 5.1 | • | 13.0 |
| Officers' Compensation | 20 | 2.0 | 2.4 | 5.2 | 3.3 | 4.5 | • | 6.1 | 2.8 | 2.9 | 2.8 | 1.7 | • | 0.9 |
| Operating Margin | 21 | 2.4 | 8.2 | 4.7 | 21.4 | 4.3 | • | 4.5 | 2.9 | 4.1 | 4.0 | 3.7 | • | 0.8 |
| Operating Margin Before Officers' Comp. | 22 | 4.4 | 10.5 | 9.9 | 24.8 | 8.8 | • | 10.6 | 5.7 | 7.0 | 6.8 | 5.3 | • | 1.6 |

| Selected Average Balance Sheet ($ in Thousands) | | | | | | | | | | | | | |
|---|---|---|---|---|---|---|---|---|---|---|---|---|---|
| Net Receivables 23 | 1476 | 0 | 13 | 0 | 54 | • | 557 | 1740 | 3697 | 7898 | 16267 | • | 259182 |
| Inventories 24 | 1618 | 0 | 7 | 26 | 42 | • | 625 | 3617 | 6444 | 15529 | 32400 | • | 227832 |
| Net Property, Plant and Equipment 25 | 734 | 0 | 9 | 16 | 70 | • | 196 | 250 | 1389 | 3207 | 8706 | • | 136189 |
| Total Assets 26 | 6873 | 0 | 40 | 205 | 329 | • | 1993 | 7197 | 15246 | 34961 | 71815 | • | 1288194 |
| Notes and Loans Payable 27 | 1876 | 0 | 41 | 268 | 48 | • | 641 | 1110 | 3530 | 11983 | 12446 | • | 368029 |
| All Other Liabilities 28 | 2252 | 0 | 50 | 1 | 77 | • | 945 | 2932 | 5143 | 8290 | 17048 | • | 432711 |
| Net Worth 29 | 2745 | 0 | -52 | -64 | 204 | • | 407 | 3155 | 6573 | 14688 | 42321 | • | 487454 |

| Selected Financial Ratios (Times to 1) | | | | | | | | | | | | | |
|---|---|---|---|---|---|---|---|---|---|---|---|---|---|
| Current Ratio 30 | 1.7 | • | 0.7 | 2.2 | 1.7 | • | 1.7 | 1.6 | 1.8 | 2.0 | 1.7 | • | 1.5 |
| Quick Ratio 31 | 0.8 | • | 0.5 | 0.4 | 1.0 | • | 0.8 | 0.5 | 0.6 | 0.7 | 0.6 | • | 0.7 |
| Net Sales to Working Capital 32 | 6.8 | • | • | 26.9 | 17.7 | • | 9.8 | 9.8 | 8.0 | 5.4 | 5.8 | • | 7.1 |
| Coverage Ratio 33 | 3.8 | 2.7 | 11.1 | 63.1 | 11.2 | • | 5.7 | 4.6 | 4.6 | 3.7 | 3.8 | • | 3.3 |
| Total Asset Turnover 34 | 1.5 | • | 9.0 | 2.2 | 3.5 | • | 3.5 | 3.0 | 3.0 | 2.1 | 1.7 | • | 1.1 |
| Inventory Turnover 35 | 4.2 | • | 24.1 | 11.3 | 9.0 | • | 7.8 | 4.4 | 5.2 | 3.5 | 2.9 | • | 4.1 |
| Receivables Turnover 36 | 7.2 | • | 35.5 | • | 30.4 | • | 13.5 | 12.9 | 12.0 | 8.7 | 15.3 | • | 6.0 |
| Total Liabilities to Net Worth 37 | 1.5 | • | • | • | 0.6 | • | 3.9 | 1.3 | 1.3 | 1.4 | 0.7 | • | 1.6 |
| Current Assets to Working Capital 38 | 2.5 | • | • | 1.9 | 2.5 | • | 2.5 | 2.8 | 2.3 | 2.0 | 2.5 | • | 2.9 |
| Current Liabilities to Working Capital 39 | 1.5 | • | • | 0.9 | 1.5 | • | 1.5 | 1.8 | 1.3 | 1.0 | 1.5 | • | 1.9 |
| Working Capital to Net Sales 40 | 0.1 | • | • | 0.0 | 0.1 | • | 0.1 | 0.1 | 0.1 | 0.2 | 0.2 | • | 0.1 |
| Inventory to Working Capital 41 | 1.1 | • | • | 1.5 | 0.9 | • | 1.0 | 1.7 | 1.2 | 1.1 | 1.5 | • | 1.2 |
| Total Receipts to Cash Flow 42 | 6.7 | 6.9 | 5.3 | 3.9 | 5.3 | • | 9.6 | 8.8 | 10.2 | 9.5 | 11.9 | • | 5.9 |
| Cost of Goods to Cash Flow 43 | 4.5 | 4.7 | 2.4 | 2.5 | 1.7 | • | 6.7 | 6.4 | 7.5 | 7.0 | 8.9 | • | 3.8 |
| Cash Flow to Total Debt 44 | 0.4 | • | 0.7 | 0.4 | 1.8 | • | 0.5 | 0.6 | 0.5 | 0.4 | 0.4 | • | 0.3 |

| Selected Financial Factors (in Percentages) | | | | | | | | | | | | | |
|---|---|---|---|---|---|---|---|---|---|---|---|---|---|
| Debt Ratio 45 | 60.1 | • | 230.8 | 131.4 | 38.0 | • | 79.6 | 56.2 | 56.9 | 58.0 | 41.1 | • | 62.2 |
| Return on Total Assets 46 | 13.8 | • | 47.3 | 47.9 | 17.2 | • | 19.2 | 19.0 | 18.6 | 14.3 | 13.0 | • | 12.0 |
| Return on Equity Before Income Taxes 47 | 25.5 | • | • | • | 25.2 | • | 77.7 | 34.0 | 33.8 | 24.9 | 16.2 | • | 22.0 |
| Return on Equity After Income Taxes 48 | 19.3 | • | • | • | 24.4 | • | 75.3 | 30.6 | 30.9 | 22.3 | 14.5 | • | 14.6 |
| Profit Margin (Before Income Tax) 49 | 6.9 | 8.5 | 4.8 | 21.4 | 4.4 | • | 4.6 | 4.9 | 4.9 | 4.9 | 5.5 | • | 7.5 |
| Profit Margin (After Income Tax) 50 | 5.2 | 8.4 | 4.8 | 19.9 | 4.3 | • | 4.4 | 4.4 | 4.5 | 4.4 | 4.9 | • | 5.0 |

## Table I

Corporations with and without Net Income

# APPAREL ACCESSORIES AND OTHER APPAREL

MONEY AMOUNTS AND SIZE OF ASSETS IN THOUSANDS OF DOLLARS

| Item Description for Accounting Period 7/00 Through 6/01 | | Total | Zero Assets | Under 100 | 100 to 250 | 251 to 500 | 501 to 1,000 | 1,001 to 5,000 | 5,001 to 10,000 | 10,001 to 25,000 | 25,001 to 50,000 | 50,001 to 100,000 | 100,001 to 250,000 | 250,001 and over |
|---|---|---|---|---|---|---|---|---|---|---|---|---|---|---|
| Number of Enterprises | 1 | 4029 | 819 | 1517 | 249 | 546 | 506 | 248 | 38 | 60 | 26 | 12 | 8 | 0 |
| **Revenues ($ in Thousands)** | | | | | | | | | | | | | | |
| Net Sales | 2 | 10893546 | 71418 | 328503 | 70854 | 517489 | 1503593 | 1210519 | 458271 | 2009349 | 1632519 | 1437480 | 1653552 | 0 |
| Interest | 3 | 57679 | 12 | 0 | 0 | 199 | 35 | 1590 | 1463 | 616 | 2055 | 14869 | 36840 | 0 |
| Rents | 4 | 4872 | 0 | 630 | 0 | 0 | 209 | 1436 | 0 | 472 | 244 | 230 | 1651 | 0 |
| Royalties | 5 | 8393 | 0 | 0 | 0 | 0 | 600 | 0 | 101 | 0 | 1412 | 1969 | 4311 | 0 |
| Other Portfolio Income | 6 | 38454 | 999 | 9417 | 0 | 0 | 930 | 1287 | 1438 | 1106 | 1327 | 17915 | 4036 | 0 |
| Other Receipts | 7 | 237097 | 7217 | 0 | 12 | 31 | 52904 | 6507 | 240 | 26064 | 7461 | 61711 | 74948 | 0 |
| Total Receipts | 8 | 11240041 | 79646 | 338550 | 70866 | 517719 | 1558271 | 1221339 | 461513 | 2037607 | 1645018 | 1534174 | 1775338 | 0 |
| Average Total Receipts | 9 | 2790 | 97 | 223 | 285 | 948 | 3080 | 4925 | 12145 | 33960 | 63270 | 127848 | 221917 | • |
| **Operating Costs/Operating Income (%)** | | | | | | | | | | | | | | |
| Cost of Operations | 10 | 68.5 | 58.6 | 67.6 | 60.1 | 50.4 | 60.7 | 68.0 | 72.7 | 74.3 | 70.6 | 77.1 | 64.7 | • |
| Salaries and Wages | 11 | 8.7 | 14.4 | 7.0 | • | 12.8 | 14.1 | 7.9 | 6.4 | 7.7 | 6.5 | 6.3 | 9.9 | • |
| Taxes Paid | 12 | 2.2 | 1.6 | 2.3 | 0.4 | 3.2 | 1.9 | 2.6 | 2.2 | 2.1 | 2.2 | 1.9 | 2.3 | • |
| Interest Paid | 13 | 2.9 | 0.2 | 0.9 | 5.1 | 0.6 | 1.1 | 1.2 | 1.3 | 1.9 | 2.1 | 4.2 | 8.2 | • |
| Depreciation | 14 | 1.9 | 1.1 | 0.9 | 11.5 | 0.8 | 0.7 | 1.8 | 1.1 | 1.3 | 2.0 | 2.3 | 3.7 | • |
| Amortization and Depletion | 15 | 0.4 | 0.2 | 0.0 | • | 0.0 | 0.0 | 0.0 | 0.1 | 0.2 | 0.3 | 0.6 | 1.6 | • |
| Pensions and Other Deferred Comp. | 16 | 0.2 | • | • | • | 0.1 | 0.1 | 0.0 | 0.7 | 0.1 | 0.3 | 0.0 | 0.7 | • |
| Employee Benefits | 17 | 1.1 | 0.7 | 0.2 | • | 1.6 | 1.0 | 0.7 | 0.4 | 0.8 | 1.3 | 0.8 | 2.1 | • |
| Advertising | 18 | 1.0 | 1.9 | 0.7 | • | 0.9 | 1.1 | 0.4 | 0.1 | 1.0 | 1.2 | 1.3 | 1.3 | • |
| Other Expenses | 19 | 11.9 | 18.1 | 17.2 | 25.1 | 17.3 | 14.6 | 10.5 | 10.7 | 8.3 | 8.8 | 12.2 | 14.1 | • |
| Officers' Compensation | 20 | 3.1 | 1.4 | 1.2 | • | 10.5 | 6.7 | 3.2 | 3.8 | 2.4 | 1.7 | 1.9 | 1.0 | • |
| Operating Margin | 21 | • | 1.8 | 2.1 | • | 1.8 | • | 3.5 | 0.4 | • | 3.0 | • | • | • |
| Operating Margin Before Officers' Comp. | 22 | 1.1 | 3.2 | 3.3 | • | 12.3 | 4.6 | 6.7 | 4.3 | 2.1 | 4.7 | • | • | • |

| | | | | | | | | | | | | | |
|---|---|---|---|---|---|---|---|---|---|---|---|---|---|
| **Selected Average Balance Sheet ($ in Thousands)** | | | | | | | | | | | | | |
| Net Receivables **23** | 322 | 0 | 0 | 48 | 105 | 241 | 453 | 1852 | 4328 | 9169 | 10721 | 36901 | • |
| Inventories **24** | 425 | 0 | 3 | 116 | 82 | 299 | 483 | 2162 | 6026 | 11822 | 20493 | 45739 | • |
| Net Property, Plant and Equipment **25** | 257 | 0 | 8 | 49 | 24 | 82 | 383 | 558 | 2574 | 6867 | 14650 | 41550 | • |
| Total Assets **26** | 1427 | 0 | 33 | 157 | 354 | 821 | 1827 | 6804 | 16057 | 36463 | 69027 | 200272 | • |
| Notes and Loans Payable **27** | 662 | 0 | 31 | 105 | 45 | 270 | 660 | 1324 | 6215 | 13167 | 39649 | 128374 | • |
| All Other Liabilities **28** | 388 | 0 | 2 | 102 | 114 | 359 | 395 | 972 | 3727 | 8886 | 21408 | 55695 | • |
| Net Worth **29** | 377 | 0 | -0 | -49 | 194 | 192 | 772 | 4508 | 6114 | 14410 | 7971 | 16203 | • |
| **Selected Financial Ratios (Times to 1)** | | | | | | | | | | | | | |
| Current Ratio **30** | 1.6 | • | 17.3 | 0.8 | 2.1 | 2.0 | 2.0 | 3.5 | 1.7 | 2.1 | 1.2 | 1.1 | • |
| Quick Ratio **31** | 0.8 | • | 15.2 | 0.4 | 1.3 | 1.0 | 1.2 | 1.7 | 0.8 | 0.9 | 0.3 | 0.6 | • |
| Net Sales to Working Capital **32** | 7.5 | • | 9.1 | • | 5.6 | 8.2 | 7.5 | 3.0 | 6.9 | 4.8 | 12.4 | 21.7 | • |
| Coverage Ratio **33** | 1.4 | 78.3 | 6.9 | 0.6 | 4.2 | 2.4 | 4.6 | 1.8 | 1.6 | 2.8 | 0.6 | 0.7 | • |
| Total Asset Turnover **34** | 1.9 | • | 6.6 | 1.8 | 2.7 | 3.6 | 2.7 | 1.8 | 2.1 | 1.7 | 1.7 | 1.0 | • |
| Inventory Turnover **35** | 4.4 | • | 44.6 | 1.5 | 5.8 | 6.0 | 6.9 | 4.1 | 4.1 | 3.8 | 4.5 | 2.9 | • |
| Receivables Turnover **36** | 7.8 | • | 101.0 | 2.6 | 6.7 | 11.0 | 10.6 | 6.4 | 7.1 | 7.5 | 9.5 | 5.2 | • |
| Total Liabilities to Net Worth **37** | 2.8 | • | • | • | 0.8 | 3.3 | 1.4 | 0.5 | 1.6 | 1.5 | 7.7 | 11.4 | • |
| Current Assets to Working Capital **38** | 2.6 | • | 1.1 | • | 1.9 | 2.0 | 2.0 | 1.4 | 2.3 | 1.9 | 5.1 | 8.5 | • |
| Current Liabilities to Working Capital **39** | 1.6 | • | 0.1 | • | 0.9 | 1.0 | 1.0 | 0.4 | 1.3 | 0.9 | 4.1 | 7.5 | • |
| Working Capital to Net Sales **40** | 0.1 | • | 0.1 | • | 0.2 | 0.1 | 0.1 | 0.3 | 0.1 | 0.2 | 0.1 | 0.0 | • |
| Inventory to Working Capital **41** | 1.1 | • | 0.1 | • | 0.5 | 0.9 | 0.5 | 0.6 | 1.1 | 1.0 | 2.4 | 3.5 | • |
| Total Receipts to Cash Flow **42** | 9.9 | 3.9 | 6.0 | 5.8 | 6.5 | 9.8 | 8.7 | 10.4 | 12.7 | 9.0 | 14.0 | 10.8 | • |
| Cost of Goods to Cash Flow **43** | 6.8 | 2.3 | 4.1 | 3.5 | 3.3 | 6.0 | 5.9 | 7.6 | 9.5 | 6.3 | 10.8 | 7.0 | • |
| Cash Flow to Total Debt **44** | 0.3 | • | 1.1 | 0.2 | 0.9 | 0.5 | 0.5 | 0.5 | 0.3 | 0.3 | 0.1 | 0.1 | • |
| **Selected Financial Factors (in Percentages)** | | | | | | | | | | | | | |
| Debt Ratio **45** | 73.6 | • | 100.4 | 131.3 | 45.0 | 76.6 | 57.7 | 33.7 | 61.9 | 60.5 | 88.5 | 91.9 | • |
| Return on Total Assets **46** | 7.8 | • | 39.7 | 5.3 | 6.6 | 9.3 | 15.1 | 4.1 | 6.3 | 10.0 | 4.3 | 6.1 | • |
| Return on Equity Before Income Taxes **47** | 8.9 | • | • | 12.2 | 9.1 | 23.2 | 27.9 | 2.8 | 5.9 | 16.2 | • | • | • |
| Return on Equity After Income Taxes **48** | 6.9 | • | • | 12.2 | 8.7 | 22.8 | 27.6 | 1.4 | 5.3 | 13.5 | • | • | • |
| Profit Margin (Before Income Tax) **49** | 1.2 | 13.3 | 5.1 | • | 1.9 | 1.5 | 4.4 | 1.1 | 1.1 | 3.7 | • | • | • |
| Profit Margin (After Income Tax) **50** | 1.0 | 13.3 | 5.1 | • | 1.8 | 1.5 | 4.4 | 0.5 | 1.0 | 3.1 | • | • | • |

**Table II**

Corporations with Net Income

# APPAREL ACCESSORIES AND OTHER APPAREL

**MONEY AMOUNTS AND SIZE OF ASSETS IN THOUSANDS OF DOLLARS**

| Item Description for Accounting Period 7/00 Through 6/01 | | Total | Zero Assets | Under 100 | 100 to 250 | 251 to 500 | 501 to 1,000 | 1,001 to 5,000 | 5,001 to 10,000 | 10,001 to 25,000 | 25,001 to 50,000 | 50,001 to 100,000 | 100,001 to 250,000 | 250,001 and over |
|---|---|---|---|---|---|---|---|---|---|---|---|---|---|---|
| Number of Enterprises | 1 | 3193 | 595 | 1293 | • | 546 | 496 | 173 | 26 | 36 | 19 | 8 | 0 | • |
| **Revenues ($ in Thousands)** | | | | | | | | | | | | | | |
| Net Sales | 2 | 7324984 | 68084 | 305280 | • | 517489 | 1461347 | 865734 | 347798 | 1416640 | 1282862 | 1059751 | 0 | • |
| Interest | 3 | 8888 | 12 | 0 | • | 199 | 35 | 1590 | 461 | 417 | 1375 | 4799 | 0 | • |
| Rents | 4 | 3738 | 0 | 630 | • | 0 | 209 | 517 | 0 | 434 | 202 | 1746 | 0 | • |
| Royalties | 5 | 2481 | 0 | 0 | • | 0 | 600 | 0 | 0 | 0 | 1378 | 503 | 0 | • |
| Other Portfolio Income | 6 | 16228 | 999 | 9417 | • | 0 | 0 | 1287 | 251 | 362 | 1278 | 2634 | 0 | • |
| Other Receipts | 7 | 97896 | 7217 | 0 | • | 31 | 52884 | 6211 | 138 | 17905 | 6096 | 7413 | 0 | • |
| Total Receipts | 8 | 7454215 | 76312 | 315327 | • | 517719 | 1515075 | 875339 | 348648 | 1435758 | 1293191 | 1076846 | 0 | • |
| Average Total Receipts | 9 | 2335 | 128 | 244 | • | 948 | 3055 | 5060 | 13410 | 39882 | 68063 | 134606 | • | • |
| **Operating Costs/Operating Income (%)** | | | | | | | | | | | | | | |
| Cost of Operations | 10 | 67.9 | 61.5 | 72.2 | • | 50.4 | 60.9 | 64.9 | 72.9 | 74.6 | 68.4 | 76.4 | • | • |
| Salaries and Wages | 11 | 8.8 | 15.1 | 4.6 | • | 12.8 | 14.4 | 9.0 | 6.0 | 7.0 | 7.0 | 5.2 | • | • |
| Taxes Paid | 12 | 2.1 | 1.5 | 2.2 | • | 3.2 | 2.0 | 3.2 | 2.1 | 1.7 | 2.4 | 1.3 | • | • |
| Interest Paid | 13 | 1.2 | 0.2 | 0.4 | • | 0.6 | 1.1 | 0.8 | 0.3 | 1.4 | 1.7 | 2.0 | • | • |
| Depreciation | 14 | 1.2 | 1.2 | 0.4 | • | 0.8 | 0.7 | 0.8 | 1.0 | 1.1 | 1.6 | 2.3 | • | • |
| Amortization and Depletion | 15 | 0.1 | 0.2 | 0.0 | • | 0.0 | 0.0 | 0.0 | 0.0 | 0.1 | 0.1 | 0.2 | • | • |
| Pensions and Other Deferred Comp. | 16 | 0.2 | • | • | • | 0.1 | 0.1 | 0.0 | 0.9 | 0.1 | 0.3 | 0.4 | • | • |
| Employee Benefits | 17 | 0.9 | 0.7 | 0.2 | • | 1.6 | 1.0 | 0.4 | 0.4 | 0.7 | 1.1 | 1.2 | • | • |
| Advertising | 18 | 0.8 | 2.0 | 0.6 | • | 0.9 | 1.1 | 0.2 | 0.1 | 1.0 | 1.3 | 0.3 | • | • |
| Other Expenses | 19 | 10.1 | 14.0 | 14.7 | • | 17.3 | 14.7 | 9.4 | 8.6 | 6.4 | 9.1 | 6.1 | • | • |
| Officers' Compensation | 20 | 3.5 | 1.5 | 1.3 | • | 10.5 | 5.0 | 3.7 | 3.9 | 2.6 | 1.4 | 1.8 | • | • |
| Operating Margin | 21 | 3.2 | 2.3 | 3.4 | • | 1.8 | • | 7.6 | 3.8 | 3.2 | 5.6 | 3.0 | • | • |
| Operating Margin Before Officers' Comp. | 22 | 6.7 | 3.7 | 4.7 | • | 12.3 | 4.0 | 11.3 | 7.7 | 5.8 | 7.0 | 4.8 | • | • |

| | | | | | | | | | | | | | |
|---|---|---|---|---|---|---|---|---|---|---|---|---|---|
| | **Selected Average Balance Sheet ($ in Thousands)** | | | | | | | | | | | | |
| Net Receivables **23** | 234 | 0 | 0 | • | 105 | 245 | 378 | 1808 | 4382 | 10002 | 13603 | • | • |
| Inventories **24** | 328 | 0 | 4 | • | 54 | 270 | 431 | 2085 | 7133 | 13092 | 29578 | • | • |
| Net Property, Plant and Equipment **25** | 129 | 0 | 8 | • | 24 | 78 | 178 | 422 | 2399 | 5045 | 15641 | • | • |
| Total Assets **26** | 905 | 0 | 36 | • | 354 | 820 | 1684 | 5857 | 15602 | 35968 | 69232 | • | • |
| Notes and Loans Payable **27** | 267 | 0 | 22 | • | 45 | 267 | 317 | 393 | 5247 | 10430 | 26968 | • | • |
| All Other Liabilities **28** | 226 | 0 | 2 | • | 114 | 324 | 316 | 793 | 3682 | 7385 | 18406 | • | • |
| Net Worth **29** | 412 | 0 | 13 | • | 194 | 229 | 1050 | 4671 | 6674 | 18153 | 23858 | • | • |
| | **Selected Financial Ratios (Times to 1)** | | | | | | | | | | | | |
| Current Ratio **30** | 2.1 | • | 20.7 | • | 2.1 | 2.1 | 2.5 | 5.5 | 1.7 | 2.4 | 1.7 | • | • |
| Quick Ratio **31** | 1.1 | • | 18.1 | • | 1.3 | 1.1 | 1.5 | 3.1 | 0.8 | 1.1 | 0.6 | • | • |
| Net Sales to Working Capital **32** | 6.1 | • | 8.9 | • | 5.6 | 7.7 | 6.4 | 3.1 | 8.0 | 4.3 | 6.9 | • | • |
| Coverage Ratio **33** | 5.0 | 80.4 | 19.9 | • | 4.2 | 3.4 | 12.0 | 15.8 | 4.2 | 4.8 | 3.4 | • | • |
| Total Asset Turnover **34** | 2.5 | • | 6.6 | • | 2.7 | 3.6 | 3.0 | 2.3 | 2.5 | 1.9 | 1.9 | • | • |
| Inventory Turnover **35** | 4.7 | • | 44.3 | • | 8.9 | 6.6 | 7.5 | 4.7 | 4.1 | 3.5 | 3.4 | • | • |
| Receivables Turnover **36** | 8.4 | • | 174.7 | • | 9.6 | 11.8 | 11.3 | 6.3 | 7.3 | 13.5 | 6.1 | • | • |
| Total Liabilities to Net Worth **37** | 1.2 | • | 1.8 | • | 0.8 | 2.6 | 0.6 | 0.3 | 1.3 | 1.0 | 1.9 | • | • |
| Current Assets to Working Capital **38** | 1.9 | • | 1.1 | • | 1.9 | 1.9 | 1.7 | 1.2 | 2.4 | 1.7 | 2.4 | • | • |
| Current Liabilities to Working Capital **39** | 0.9 | • | 0.1 | • | 0.9 | 0.9 | 0.7 | 0.2 | 1.4 | 0.7 | 1.4 | • | • |
| Working Capital to Net Sales **40** | 0.2 | • | 0.1 | • | 0.2 | 0.1 | 0.2 | 0.3 | 0.1 | 0.2 | 0.1 | • | • |
| Inventory to Working Capital **41** | 0.8 | • | 0.1 | • | 0.5 | 0.9 | 0.4 | 0.5 | 1.1 | 0.8 | 1.4 | • | • |
| Total Receipts to Cash Flow **42** | 8.2 | 4.2 | 6.1 | • | 6.5 | 8.8 | 6.3 | 9.4 | 10.5 | 7.1 | 11.2 | • | • |
| Cost of Goods to Cash Flow **43** | 5.5 | 2.6 | 4.4 | • | 3.3 | 5.3 | 4.1 | 6.9 | 7.8 | 4.9 | 8.5 | • | • |
| Cash Flow to Total Debt **44** | 0.6 | • | 1.7 | • | 0.9 | 0.6 | 1.2 | 1.2 | 0.4 | 0.5 | 0.3 | • | • |
| | **Selected Financial Factors (in Percentages)** | | | | | | | | | | | | |
| Debt Ratio **45** | 54.5 | • | 64.9 | • | 45.0 | 72.1 | 37.6 | 20.3 | 57.2 | 49.5 | 65.5 | • | • |
| Return on Total Assets **46** | 15.7 | • | 46.6 | • | 6.6 | 13.5 | 28.2 | 9.7 | 15.1 | 15.2 | 12.5 | • | • |
| Return on Equity Before Income Taxes **47** | 27.6 | • | 126.2 | • | 9.1 | 34.0 | 41.4 | 11.4 | 26.9 | 23.8 | 25.5 | • | • |
| Return on Equity After Income Taxes **48** | 25.4 | • | 126.2 | • | 8.7 | 33.7 | 41.1 | 9.4 | 26.0 | 20.8 | 18.7 | • | • |
| Profit Margin (Before Income Tax) **49** | 5.0 | 14.3 | 6.7 | • | 1.9 | 2.6 | 8.7 | 4.0 | 4.6 | 6.4 | 4.6 | • | • |
| Profit Margin (After Income Tax) **50** | 4.6 | 14.3 | 6.7 | • | 1.8 | 2.6 | 8.6 | 3.3 | 4.4 | 5.6 | 3.4 | • | • |

## Table I

Corporations with and without Net Income

# LEATHER AND ALLIED PRODUCT MANUFACTURING

**MONEY AMOUNTS AND SIZE OF ASSETS IN THOUSANDS OF DOLLARS**

| Item Description for Accounting Period 7/00 Through 6/01 | | Total | Zero Assets | Under 100 | 100 to 250 | 251 to 500 | 501 to 1,000 | 1,001 to 5,000 | 5,001 to 10,000 | 10,001 to 25,000 | 25,001 to 50,000 | 50,001 to 100,000 | 100,001 to 250,000 | 250,001 and over |
|---|---|---|---|---|---|---|---|---|---|---|---|---|---|---|
| Number of Enterprises | 1 | 2017 | 3 | 752 | 331 | 463 | 113 | 230 | 44 | 44 | 13 | 8 | 8 | 7 |
| **Revenues ($ in Thousands)** | | | | | | | | | | | | | | |
| Net Sales | 2 | 10076993 | 144235 | 54319 | 90900 | 434990 | 381404 | 605310 | 448911 | 1261221 | 753411 | 856204 | 1696755 | 3349332 |
| Interest | 3 | 29705 | 33 | 495 | 0 | 0 | 512 | 957 | 88 | 2262 | 2410 | 2400 | 2446 | 18100 |
| Rents | 4 | 6934 | 0 | 0 | 0 | 0 | 1817 | 456 | 12 | 40 | 719 | 26 | 575 | 3290 |
| Royalties | 5 | 89151 | 19 | 0 | 0 | 0 | 0 | 0 | 0 | 277 | 0 | 1714 | 8428 | 78713 |
| Other Portfolio Income | 6 | 61496 | 117 | 0 | 0 | 0 | 642 | 3227 | 45 | 2370 | 3532 | 5891 | 5805 | 39864 |
| Other Receipts | 7 | 92844 | 67 | 0 | 0 | 11873 | 2664 | 2981 | 1523 | 4555 | 2326 | 8680 | 18377 | 39802 |
| Total Receipts | 8 | 10357123 | 144471 | 54814 | 90900 | 446863 | 387039 | 612931 | 450579 | 1270725 | 762398 | 874915 | 1732386 | 3529101 |
| Average Total Receipts | 9 | 5135 | 48157 | 73 | 275 | 965 | 3425 | 2665 | 10240 | 28880 | 58646 | 109364 | 216548 | 504157 |
| **Operating Costs/Operating Income (%)** | | | | | | | | | | | | | | |
| Cost of Operations | 10 | 65.3 | 46.2 | 72.1 | 49.1 | 63.9 | 50.0 | 65.0 | 75.1 | 71.1 | 71.8 | 64.5 | 66.5 | 63.2 |
| Salaries and Wages | 11 | 9.1 | 17.0 | 0.1 | 11.3 | 9.4 | 12.8 | 11.2 | 3.5 | 7.5 | 7.5 | 10.3 | 9.0 | 9.4 |
| Taxes Paid | 12 | 1.8 | 0.7 | 2.5 | 1.8 | 1.8 | 2.5 | 3.2 | 1.3 | 1.9 | 1.6 | 1.8 | 1.7 | 1.7 |
| Interest Paid | 13 | 2.3 | 0.2 | 7.6 | • | 0.9 | 0.7 | 0.5 | 1.2 | 2.4 | 1.9 | 2.1 | 3.0 | 2.9 |
| Depreciation | 14 | 1.7 | 3.6 | 3.0 | 1.1 | 1.4 | 0.5 | 1.2 | 1.7 | 1.6 | 1.1 | 1.5 | 1.8 | 2.1 |
| Amortization and Depletion | 15 | 0.2 | 0.1 | • | • | • | 0.0 | 0.0 | 0.5 | 0.3 | 0.4 | 0.3 | 0.1 | 0.2 |
| Pensions and Other Deferred Comp. | 16 | 0.3 | 0.1 | • | • | • | • | 0.0 | 0.8 | 0.2 | 0.2 | 0.4 | 0.2 | 0.4 |
| Employee Benefits | 17 | 1.1 | 5.2 | • | • | 0.6 | 0.1 | 0.8 | 0.4 | 1.3 | 1.8 | 1.2 | 1.2 | 1.1 |
| Advertising | 18 | 2.6 | 2.6 | 1.6 | 0.7 | 0.0 | 3.5 | 0.7 | 1.1 | 1.5 | 3.3 | 5.0 | 2.5 | 3.1 |
| Other Expenses | 19 | 13.4 | 25.8 | 36.4 | 26.7 | 16.3 | 24.7 | 10.0 | 6.5 | 12.5 | 8.3 | 14.7 | 12.6 | 13.6 |
| Officers' Compensation | 20 | 2.1 | 2.7 | • | 4.8 | 6.9 | 4.9 | 4.3 | 3.3 | 2.5 | 3.0 | 1.4 | 0.9 | 1.0 |
| Operating Margin | 21 | 0.0 | • | • | 4.4 | • | 0.2 | 3.0 | 4.5 | • | • | • | 0.4 | 1.2 |
| Operating Margin Before Officers' Comp. | 22 | 2.1 | • | • | 9.3 | 5.6 | 5.1 | 7.4 | 7.9 | • | 2.3 | • | 1.3 | 2.2 |

| Selected Average Balance Sheet ($ in Thousands) | | | | | | | | | | | | | |
|---|---|---|---|---|---|---|---|---|---|---|---|---|---|
| Net Receivables 23 | 841 | 0 | 1 | 28 | 50 | 173 | 425 | 1292 | 5061 | 9115 | 21465 | 52053 | 79909 |
| Inventories 24 | 903 | 0 | 2 | 87 | 25 | 294 | 771 | 1908 | 4920 | 11211 | 24583 | 42379 | 84072 |
| Net Property, Plant and Equipment 25 | 519 | 0 | 3 | 7 | 51 | 157 | 191 | 1780 | 2767 | 3753 | 7909 | 24082 | 64563 |
| Total Assets 26 | 3417 | 0 | 8 | 153 | 329 | 684 | 1792 | 5994 | 15598 | 32366 | 72772 | 180613 | 399442 |
| Notes and Loans Payable 27 | 1200 | 0 | 143 | 11 | 106 | 295 | 812 | 2491 | 6366 | 14096 | 16988 | 55593 | 126765 |
| All Other Liabilities 28 | 997 | 0 | 14 | 2 | 153 | 327 | 455 | 1019 | 4418 | 7910 | 14974 | 37437 | 146642 |
| Net Worth 29 | 1219 | 0 | -149 | 139 | 71 | 62 | 525 | 2484 | 4813 | 10360 | 40811 | 87583 | 126035 |

| Selected Financial Ratios (Times to 1) | | | | | | | | | | | | | |
|---|---|---|---|---|---|---|---|---|---|---|---|---|---|
| Current Ratio 30 | 2.1 | • | 0.4 | 68.0 | 1.0 | 1.0 | 2.9 | 2.6 | 1.6 | 1.4 | 2.6 | 3.9 | 1.7 |
| Quick Ratio 31 | 1.0 | • | 0.3 | 27.1 | 0.5 | 0.6 | 1.6 | 0.9 | 0.8 | 0.6 | 1.2 | 2.3 | 0.7 |
| Net Sales to Working Capital 32 | 4.4 | • | • | 1.9 | 194.8 | • | 3.0 | 4.1 | 6.7 | 8.2 | 3.2 | 2.4 | 4.9 |
| Coverage Ratio 33 | 2.2 | • | • | • | 2.5 | 3.3 | 10.2 | 5.2 | 0.2 | 1.2 | 0.6 | 1.9 | 3.3 |
| Total Asset Turnover 34 | 1.5 | • | 9.1 | 1.8 | 2.9 | 4.9 | 1.5 | 1.7 | 1.8 | 1.8 | 1.5 | 1.2 | 1.2 |
| Inventory Turnover 35 | 3.6 | • | 29.9 | 1.5 | 24.0 | 5.7 | 2.2 | 4.0 | 4.1 | 3.7 | 2.8 | 3.3 | 3.6 |
| Receivables Turnover 36 | 5.7 | • | 146.4 | 19.6 | 34.8 | 11.2 | 5.1 | 9.6 | 5.7 | 7.1 | 5.1 | 4.0 | 5.5 |
| Total Liabilities to Net Worth 37 | 1.8 | • | • | 0.1 | 3.7 | 10.1 | 2.4 | 1.4 | 2.2 | 2.1 | 0.8 | 1.1 | 2.2 |
| Current Assets to Working Capital 38 | 1.9 | • | • | 1.0 | 38.9 | • | 1.5 | 1.6 | 2.6 | 3.2 | 1.6 | 1.4 | 2.3 |
| Current Liabilities to Working Capital 39 | 0.9 | • | • | 0.0 | 37.9 | • | 0.5 | 0.6 | 1.6 | 2.2 | 0.6 | 0.4 | 1.3 |
| Working Capital to Net Sales 40 | 0.2 | • | • | 0.5 | 0.0 | • | 0.3 | 0.2 | 0.1 | 0.1 | 0.3 | 0.4 | 0.2 |
| Inventory to Working Capital 41 | 0.7 | • | • | 0.6 | 10.0 | • | 0.5 | 1.0 | 1.1 | 1.6 | 0.7 | 0.4 | 0.8 |
| Total Receipts to Cash Flow 42 | 8.1 | 6.3 | 11.2 | 3.9 | 7.9 | 4.8 | 9.1 | 9.5 | 11.7 | 14.6 | 9.2 | 8.9 | 6.6 |
| Cost of Goods to Cash Flow 43 | 5.3 | 2.9 | 8.1 | 1.9 | 5.0 | 2.4 | 5.9 | 7.1 | 8.3 | 10.5 | 6.0 | 5.9 | 4.2 |
| Cash Flow to Total Debt 44 | 0.3 | • | 0.0 | 5.2 | 0.5 | 1.1 | 0.2 | 0.3 | 0.2 | 0.2 | 0.4 | 0.3 | 0.3 |

| Selected Financial Factors (in Percentages) | | | | | | | | | | | | | |
|---|---|---|---|---|---|---|---|---|---|---|---|---|---|
| Debt Ratio 45 | 64.3 | • | 1977.7 | 8.9 | 78.5 | 91.0 | 70.7 | 58.6 | 69.1 | 68.0 | 43.9 | 51.5 | 68.4 |
| Return on Total Assets 46 | 7.5 | • | • | 8.0 | 6.6 | 11.9 | 6.9 | 10.4 | 1.0 | 4.2 | 1.7 | 6.6 | 11.5 |
| Return on Equity Before Income Taxes 47 | 11.7 | • | 10.8 | 8.8 | 18.3 | 91.4 | 21.3 | 20.2 | • | 2.5 | • | 6.3 | 25.4 |
| Return on Equity After Income Taxes 48 | 7.1 | • | 10.8 | 8.8 | 18.3 | 90.1 | 20.3 | 19.6 | • | 1.9 | • | 3.1 | 16.7 |
| Profit Margin (Before Income Tax) 49 | 2.8 | • | • | 4.4 | 1.4 | 1.7 | 4.2 | 4.9 | • | 0.4 | • | 2.6 | 6.7 |
| Profit Margin (After Income Tax) 50 | 1.7 | • | • | 4.4 | 1.4 | 1.6 | 4.0 | 4.8 | • | 0.3 | • | 1.3 | 4.4 |

# LEATHER AND ALLIED PRODUCT MANUFACTURING

MONEY AMOUNTS AND SIZE OF ASSETS IN THOUSANDS OF DOLLARS

| Item Description for Accounting Period 7/00 Through 6/01 | | Total | Zero Assets | Under 100 | 100 to 250 | 251 to 500 | 501 to 1,000 | 1,001 to 5,000 | 5,001 to 10,000 | 10,001 to 25,000 | 25,001 to 50,000 | 50,001 to 100,000 | 100,001 to 250,000 | 250,001 and over |
|---|---|---|---|---|---|---|---|---|---|---|---|---|---|---|
| Number of Enterprises | 1 | 903 | 0 | 0 | 0 | 273 | 90 | 146 | 16 | 22 | 10 | 0 | 0 | 0 |
| **Revenues ($ in Thousands)** | | | | | | | | | | | | | | |
| Net Sales | 2 | 6781942 | 0 | 0 | 0 | 224755 | 317279 | 364233 | 214131 | 666965 | 668459 | 0 | 0 | 0 |
| Interest | 3 | 23747 | 0 | 0 | 0 | 0 | 437 | 722 | 17 | 1236 | 2500 | 0 | 0 | 0 |
| Rents | 4 | 6190 | 0 | 0 | 0 | 0 | 1817 | 104 | 12 | 29 | 363 | 0 | 0 | 0 |
| Royalties | 5 | 55930 | 0 | 0 | 0 | 0 | 0 | 0 | 0 | 88 | 298 | 0 | 0 | 0 |
| Other Portfolio Income | 6 | 51594 | 0 | 0 | 0 | 0 | 0 | 3097 | 45 | 1649 | 3225 | 0 | 0 | 0 |
| Other Receipts | 7 | 65452 | 0 | 0 | 0 | 11873 | 29 | 409 | 529 | 341 | 3655 | 0 | 0 | 0 |
| Total Receipts | 8 | 6984855 | 0 | 0 | 0 | 236628 | 319562 | 368565 | 214734 | 670308 | 678500 | 0 | 0 | 0 |
| Average Total Receipts | 9 | 7735 | • | • | • | 867 | 3551 | 2524 | 13421 | 30469 | 67850 | • | • | • |
| **Operating Costs/Operating Income (%)** | | | | | | | | | | | | | | |
| Cost of Operations | 10 | 62.2 | • | • | • | 43.4 | 43.9 | 63.9 | 67.5 | 69.4 | 63.0 | • | • | • |
| Salaries and Wages | 11 | 8.9 | • | • | • | 18.2 | 13.0 | 5.1 | 3.7 | 5.9 | 8.5 | • | • | • |
| Taxes Paid | 12 | 1.8 | • | • | • | 3.0 | 2.1 | 2.2 | 0.6 | 1.7 | 1.7 | • | • | • |
| Interest Paid | 13 | 1.6 | • | • | • | 0.6 | 0.3 | 0.7 | 0.6 | 1.3 | 1.5 | • | • | • |
| Depreciation | 14 | 1.6 | • | • | • | 0.2 | 0.3 | 1.3 | 1.6 | 1.0 | 1.0 | • | • | • |
| Amortization and Depletion | 15 | 0.1 | • | • | • | • | • | 0.0 | 0.0 | 0.1 | 0.4 | • | • | • |
| Pensions and Other Deferred Comp. | 16 | 0.3 | • | • | • | • | • | 0.0 | 0.9 | 0.1 | 0.1 | • | • | • |
| Employee Benefits | 17 | 0.8 | • | • | • | 1.2 | • | 0.7 | 0.3 | 1.1 | 0.5 | • | • | • |
| Advertising | 18 | 2.6 | • | • | • | 0.0 | 3.8 | 0.6 | 1.1 | 1.3 | 4.1 | • | • | • |
| Other Expenses | 19 | 13.0 | • | • | • | 25.4 | 24.5 | 10.3 | 6.4 | 9.5 | 10.9 | • | • | • |
| Officers' Compensation | 20 | 2.1 | • | • | • | 9.1 | 5.5 | 3.6 | 3.2 | 2.4 | 3.1 | • | • | • |
| Operating Margin | 21 | 5.1 | • | • | • | • | 6.6 | 11.6 | 13.9 | 6.2 | 5.1 | • | • | • |
| Operating Margin Before Officers' Comp. | 22 | 7.2 | • | • | • | 7.9 | 12.2 | 15.2 | 17.1 | 8.5 | 8.2 | • | • | • |

## Selected Average Balance Sheet ($ in Thousands)

| | | | | | | | | | | | | | |
|---|---|---|---|---|---|---|---|---|---|---|---|---|---|
| Net Receivables 23 | 1415 | • | • | • | 83 | 166 | 440 | 1793 | 6048 | 12317 | • | • | • |
| Inventories 24 | 1242 | • | • | • | 78 | 320 | 534 | 2949 | 5214 | 11672 | • | • | • |
| Net Property, Plant and Equipment 25 | 768 | • | • | • | 26 | 145 | 192 | 1111 | 1930 | 3241 | • | • | • |
| Total Assets 26 | 5332 | • | • | • | 305 | 662 | 1538 | 6693 | 15022 | 40173 | • | • | • |
| Notes and Loans Payable 27 | 1285 | • | • | • | 128 | 112 | 371 | 1664 | 4883 | 11348 | • | • | • |
| All Other Liabilities 28 | 1599 | • | • | • | 44 | 275 | 373 | 1594 | 3127 | 9567 | • | • | • |
| Net Worth 29 | 2447 | • | • | • | 134 | 276 | 794 | 3436 | 7012 | 19259 | • | • | • |

## Selected Financial Ratios (Times to 1)

| | | | | | | | | | | | | | |
|---|---|---|---|---|---|---|---|---|---|---|---|---|---|
| Current Ratio 30 | 2.2 | • | • | • | 4.5 | 1.6 | 2.1 | 1.8 | 2.5 | 1.7 | • | • | • |
| Quick Ratio 31 | 1.1 | • | • | • | 1.7 | 1.1 | 1.3 | 0.7 | 1.5 | 0.8 | • | • | • |
| Net Sales to Working Capital 32 | 3.9 | • | • | • | 3.8 | 19.2 | 3.9 | 5.9 | 4.4 | 5.4 | • | • | • |
| Coverage Ratio 33 | 6.1 | • | • | • | 7.6 | 30.2 | 19.5 | 22.9 | 6.3 | 5.4 | • | • | • |
| Total Asset Turnover 34 | 1.4 | • | • | • | 2.7 | 5.3 | 1.6 | 2.0 | 2.0 | 1.7 | • | • | • |
| Inventory Turnover 35 | 3.8 | • | • | • | 4.6 | 4.8 | 3.0 | 3.1 | 4.0 | 3.6 | • | • | • |
| Receivables Turnover 36 | 5.7 | • | • | • | 19.9 | 10.7 | 4.6 | 7.5 | 5.1 | 7.0 | • | • | • |
| Total Liabilities to Net Worth 37 | 1.2 | • | • | • | 1.3 | 1.4 | 0.9 | 0.9 | 1.1 | 1.1 | • | • | • |
| Current Assets to Working Capital 38 | 1.9 | • | • | • | 1.3 | 2.6 | 1.9 | 2.3 | 1.7 | 2.4 | • | • | • |
| Current Liabilities to Working Capital 39 | 0.9 | • | • | • | 0.3 | 1.6 | 0.9 | 1.3 | 0.7 | 1.4 | • | • | • |
| Working Capital to Net Sales 40 | 0.3 | • | • | • | 0.3 | 0.1 | 0.3 | 0.2 | 0.2 | 0.2 | • | • | • |
| Inventory to Working Capital 41 | 0.6 | • | • | • | 0.4 | 0.8 | 0.5 | 1.2 | 0.6 | 1.1 | • | • | • |
| Total Receipts to Cash Flow 42 | 5.8 | • | • | • | 4.5 | 3.8 | 5.1 | 5.2 | 6.6 | 6.3 | • | • | • |
| Cost of Goods to Cash Flow 43 | 3.6 | • | • | • | 2.0 | 1.7 | 3.3 | 3.5 | 4.6 | 4.0 | • | • | • |
| Cash Flow to Total Debt 44 | 0.4 | • | • | • | 1.1 | 2.4 | 0.7 | 0.8 | 0.6 | 0.5 | • | • | • |

## Selected Financial Factors (in Percentages)

| | | | | | | | | | | | | | |
|---|---|---|---|---|---|---|---|---|---|---|---|---|---|
| Debt Ratio 45 | 54.1 | • | • | • | 56.2 | 58.4 | 48.3 | 48.7 | 53.3 | 52.1 | • | • | • |
| Return on Total Assets 46 | 13.6 | • | • | • | 12.6 | 40.5 | 21.8 | 29.7 | 16.2 | 13.5 | • | • | • |
| Return on Equity Before Income Taxes 47 | 24.8 | • | • | • | 25.0 | 94.1 | 40.0 | 55.4 | 29.1 | 23.0 | • | • | • |
| Return on Equity After Income Taxes 48 | 19.7 | • | • | • | 25.0 | 93.7 | 38.9 | 54.1 | 25.1 | 20.5 | • | • | • |
| Profit Margin (Before Income Tax) 49 | 8.1 | • | • | • | 4.1 | 7.4 | 12.7 | 14.2 | 6.7 | 6.6 | • | • | • |
| Profit Margin (After Income Tax) 50 | 6.4 | • | • | • | 4.1 | 7.3 | 12.4 | 13.9 | 5.8 | 5.9 | • | • | • |

## Table I

Corporations with and without Net Income

# WOOD PRODUCT MANUFACTURING

MONEY AMOUNTS AND SIZE OF ASSETS IN THOUSANDS OF DOLLARS

| Item Description for Accounting Period 7/00 Through 6/01 | | Total | Zero Assets | Under 100 | 100 to 250 | 251 to 500 | 501 to 1,000 | 1,001 to 5,000 | 5,001 to 10,000 | 10,001 to 25,000 | 25,001 to 50,000 | 50,001 to 100,000 | 100,001 to 250,000 | 250,001 and over |
|---|---|---|---|---|---|---|---|---|---|---|---|---|---|---|
| Number of Enterprises | 1 | 13863 | 318 | 4698 | 1682 | 1853 | 1769 | 2577 | 500 | 269 | 108 | 47 | 22 | 20 |
| **Revenues ($ in Thousands)** | | | | | | | | | | | | | | |
| Net Sales | 2 | 91357287 | 320442 | 879990 | 1775911 | 2093067 | 3320297 | 13384301 | 8780290 | 8177152 | 6048360 | 4551756 | 5569675 | 36456046 |
| Interest | 3 | 982440 | 3108 | 662 | 535 | 1435 | 3448 | 21017 | 10688 | 7438 | 12148 | 19430 | 24449 | 878081 |
| Rents | 4 | 86508 | 45 | 0 | 0 | 1050 | 979 | 4523 | 6531 | 5448 | 3331 | 4017 | 2836 | 57748 |
| Royalties | 5 | 109835 | 0 | 0 | 0 | 0 | 0 | 0 | 53 | 719 | 1174 | 210 | 0 | 107679 |
| Other Portfolio Income | 6 | 716236 | 15501 | 467 | 0 | 25831 | 5272 | 65364 | 24070 | 16410 | 27222 | 25379 | 19900 | 490818 |
| Other Receipts | 7 | 1162606 | 1385 | 93755 | 69 | 715 | -3052 | 96422 | 50902 | 53584 | 46308 | 40376 | 97599 | 684545 |
| Total Receipts | 8 | 94414912 | 340481 | 974874 | 1776515 | 2122098 | 3326944 | 13571627 | 8872534 | 8260751 | 6138543 | 4641168 | 5714459 | 38674917 |
| Average Total Receipts | 9 | 6811 | 1071 | 208 | 1056 | 1145 | 1881 | 5266 | 17745 | 30709 | 56838 | 98748 | 259748 | 1933746 |
| **Operating Costs/Operating Income (%)** | | | | | | | | | | | | | | |
| Cost of Operations | 10 | 76.4 | 84.3 | 53.2 | 71.2 | 69.1 | 68.5 | 72.7 | 80.2 | 81.0 | 82.2 | 81.4 | 72.9 | 76.8 |
| Salaries and Wages | 11 | 5.6 | 5.3 | 13.9 | 7.7 | 7.6 | 7.6 | 5.9 | 4.9 | 3.9 | 3.9 | 4.1 | 6.2 | 5.8 |
| Taxes Paid | 12 | 1.6 | 1.5 | 3.3 | 1.4 | 2.6 | 2.2 | 2.2 | 1.5 | 1.6 | 1.5 | 1.8 | 1.7 | 1.2 |
| Interest Paid | 13 | 2.7 | 2.4 | 2.7 | 0.9 | 1.0 | 2.2 | 1.1 | 1.3 | 1.7 | 1.8 | 3.7 | 2.0 | 4.3 |
| Depreciation | 14 | 2.9 | 2.3 | 1.9 | 2.0 | 3.0 | 2.6 | 2.4 | 2.0 | 3.2 | 3.0 | 2.7 | 3.1 | 3.3 |
| Amortization and Depletion | 15 | 0.8 | 0.1 | 0.0 | • | 0.0 | 0.1 | 0.0 | 0.0 | 0.3 | 0.1 | 0.7 | 0.2 | 1.8 |
| Pensions and Other Deferred Comp. | 16 | 0.3 | 1.3 | 0.6 | 0.4 | 0.1 | 0.2 | 0.3 | 0.3 | 0.3 | 0.3 | 0.2 | 0.5 | 0.4 |
| Employee Benefits | 17 | 0.9 | 1.5 | 1.1 | 0.6 | 1.0 | 1.5 | 1.1 | 0.8 | 1.0 | 0.9 | 0.8 | 1.3 | 0.7 |
| Advertising | 18 | 0.6 | 1.4 | 0.2 | 0.2 | 0.3 | 0.3 | 0.3 | 0.4 | 0.3 | 0.5 | 0.4 | 1.8 | 0.8 |
| Other Expenses | 19 | 8.0 | 13.8 | 29.9 | 8.3 | 13.2 | 11.0 | 8.9 | 5.5 | 5.0 | 5.0 | 7.3 | 9.8 | 8.2 |
| Officers' Compensation | 20 | 1.4 | 2.8 | 9.9 | 5.3 | 3.5 | 3.3 | 2.9 | 2.1 | 1.5 | 1.1 | 0.9 | 0.6 | 0.3 |
| Operating Margin | 21 | • | • | • | 2.0 | • | 0.8 | 2.1 | 1.0 | 0.4 | • | • | 0.0 | • |
| Operating Margin Before Officers' Comp. | 22 | 0.0 | • | • | 7.3 | 2.2 | 4.0 | 5.0 | 3.1 | 1.9 | 0.8 | • | 0.6 | • |

## Selected Average Balance Sheet ($ in Thousands)

| | | | | | | | | | | | | | |
|---|---|---|---|---|---|---|---|---|---|---|---|---|---|
| Net Receivables 23 | 710 | 0 | 6 | 21 | 98 | 178 | 483 | 1546 | 2379 | 4698 | 7440 | 25384 | 260222 |
| Inventories 24 | 750 | 0 | 4 | 50 | 60 | 118 | 566 | 1814 | 4406 | 9086 | 14734 | 29457 | 204660 |
| Net Property, Plant and Equipment 25 | 1872 | 0 | 11 | 75 | 137 | 209 | 694 | 2198 | 5787 | 13097 | 28261 | 55335 | 836915 |
| Total Assets 26 | 7191 | 0 | 32 | 180 | 348 | 674 | 2207 | 7374 | 15289 | 35145 | 70069 | 153993 | 3671798 |
| Notes and Loans Payable 27 | 1705 | 0 | 56 | 100 | 146 | 441 | 767 | 2744 | 6034 | 13294 | 40689 | 48108 | 638982 |
| All Other Liabilities 28 | 2994 | 0 | 22 | 16 | 60 | 186 | 455 | 1495 | 2805 | 5508 | 9762 | 35161 | 1821830 |
| Net Worth 29 | 2492 | 0 | -45 | 65 | 142 | 47 | 985 | 3134 | 6449 | 16342 | 19619 | 70725 | 1210986 |

## Selected Financial Ratios (Times to 1)

| | | | | | | | | | | | | | |
|---|---|---|---|---|---|---|---|---|---|---|---|---|---|
| Current Ratio 30 | 1.0 | • | 0.5 | 2.1 | 2.0 | 2.4 | 1.9 | 1.8 | 1.8 | 1.8 | 1.2 | 2.1 | 0.8 |
| Quick Ratio 31 | 0.3 | • | 0.3 | 1.0 | 1.5 | 1.5 | 1.0 | 0.9 | 0.7 | 0.6 | 0.5 | 1.2 | 0.2 |
| Net Sales to Working Capital 32 | • | • | • | 26.2 | 12.4 | 8.5 | 8.3 | 8.7 | 8.1 | 7.1 | 18.0 | 5.9 | • |
| Coverage Ratio 33 | 1.7 | • | • | 3.3 | 1.1 | 1.4 | 4.1 | 2.6 | 1.8 | 1.7 | 0.4 | 2.3 | 1.6 |
| Total Asset Turnover 34 | 0.9 | • | 5.9 | 5.9 | 3.2 | 2.8 | 2.4 | 2.4 | 2.0 | 1.6 | 1.4 | 1.6 | 0.5 |
| Inventory Turnover 35 | 6.7 | • | 22.6 | 14.9 | 12.9 | 10.9 | 6.7 | 7.8 | 5.6 | 5.1 | 5.4 | 6.3 | 6.8 |
| Receivables Turnover 36 | 9.8 | • | 36.1 | 21.0 | 11.8 | 11.1 | 11.4 | 12.5 | 12.1 | 11.3 | 11.5 | 9.9 | 7.8 |
| Total Liabilities to Net Worth 37 | 1.9 | • | • | 1.8 | 1.4 | 13.4 | 1.2 | 1.4 | 1.4 | 1.2 | 2.6 | 1.2 | 2.0 |
| Current Assets to Working Capital 38 | • | • | • | 1.9 | 2.0 | 1.7 | 2.1 | 2.2 | 2.2 | 2.2 | 5.4 | 1.9 | • |
| Current Liabilities to Working Capital 39 | • | • | • | 0.9 | 1.0 | 0.7 | 1.1 | 1.2 | 1.2 | 1.2 | 4.4 | 0.9 | • |
| Working Capital to Net Sales 40 | • | • | • | 0.0 | 0.1 | 0.1 | 0.1 | 0.1 | 0.1 | 0.1 | 0.1 | 0.2 | • |
| Inventory to Working Capital 41 | • | • | • | 0.9 | 0.5 | 0.6 | 0.9 | 1.0 | 1.2 | 1.1 | 2.7 | 0.6 | • |
| Total Receipts to Cash Flow 42 | 13.0 | 388.9 | 6.5 | 12.5 | 10.8 | 13.1 | 10.2 | 15.9 | 19.5 | 19.6 | 33.1 | 9.1 | 12.4 |
| Cost of Goods to Cash Flow 43 | 10.0 | 327.7 | 3.5 | 8.9 | 7.5 | 8.9 | 7.4 | 12.8 | 15.8 | 16.1 | 26.9 | 6.7 | 9.5 |
| Cash Flow to Total Debt 44 | 0.1 | • | 0.4 | 0.7 | 0.5 | 0.2 | 0.4 | 0.3 | 0.2 | 0.2 | 0.1 | 0.3 | 0.1 |

## Selected Financial Factors (in Percentages)

| | | | | | | | | | | | | | |
|---|---|---|---|---|---|---|---|---|---|---|---|---|---|
| Debt Ratio 45 | 65.3 | • | 242.6 | 64.2 | 59.1 | 93.0 | 55.4 | 57.5 | 57.8 | 53.5 | 72.0 | 54.1 | 67.0 |
| Return on Total Assets 46 | 4.3 | • | • | 17.3 | 3.6 | 8.7 | 11.0 | 7.9 | 6.0 | 4.8 | 2.1 | 7.5 | 3.4 |
| Return on Equity Before Income Taxes 47 | 5.1 | • | 24.4 | 33.6 | 1.1 | 38.7 | 18.6 | 11.5 | 6.4 | 4.2 | • | 9.4 | 3.7 |
| Return on Equity After Income Taxes 48 | 3.4 | • | 24.4 | 33.6 | • | 27.0 | 17.1 | 10.3 | 4.7 | 2.5 | • | 6.3 | 2.1 |
| Profit Margin (Before Income Tax) 49 | 1.9 | • | • | 2.1 | 0.1 | 1.0 | 3.5 | 2.0 | 1.4 | 1.2 | • | 2.6 | 2.5 |
| Profit Margin (After Income Tax) 50 | 1.3 | • | • | 2.1 | • | 0.7 | 3.2 | 1.8 | 1.0 | 0.7 | • | 1.8 | 1.4 |

**Table II**

Corporations with Net Income

# WOOD PRODUCT MANUFACTURING

| Item Description for Accounting Period 7/00 Through 6/01 | | Total | Zero Assets | Under 100 | 100 to 250 | 251 to 500 | 501 to 1,000 | 1,001 to 5,000 | 5,001 to 10,000 | 10,001 to 25,000 | 25,001 to 50,000 | 50,001 to 100,000 | 100,001 to 250,000 | 250,001 and over |
|---|---|---|---|---|---|---|---|---|---|---|---|---|---|---|
| | | **MONEY AMOUNTS AND SIZE OF ASSETS IN THOUSANDS OF DOLLARS** | | | | | | | | | | | | |
| Number of Enterprises | 1 | 6829 | 308 | 892 | 996 | 916 | 1277 | 1782 | 368 | 173 | 67 | 25 | 15 | 9 |
| **Revenues ($ in Thousands)** | | | | | | | | | | | | | | |
| Net Sales | 2 | 64305487 | 103253 | 391991 | 1434686 | 1029457 | 2744287 | 10045066 | 6998954 | 5636170 | 4047478 | 2610671 | 4083478 | 25179996 |
| Interest | 3 | 872538 | 2937 | 28 | 535 | 519 | 1998 | 19651 | 8479 | 4896 | 8824 | 9598 | 16848 | 798226 |
| Rents | 4 | 66559 | 35 | 0 | 0 | 0 | 966 | 2921 | 2510 | 2648 | 3115 | 386 | 1634 | 52343 |
| Royalties | 5 | 87952 | 0 | 0 | 0 | 0 | 0 | 0 | 1 | 713 | 1174 | 104 | 0 | 85959 |
| Other Portfolio Income | 6 | 603135 | 0 | 0 | 0 | 24608 | 3873 | 57853 | 6309 | 6351 | 17608 | 14444 | 18808 | 453278 |
| Other Receipts | 7 | 715825 | 1220 | 93550 | 31 | 580 | 5096 | 55898 | 33695 | 38615 | 25453 | 13440 | 74878 | 373373 |
| Total Receipts | 8 | 66651496 | 107445 | 485569 | 1435252 | 1055164 | 2756220 | 10181389 | 7049948 | 5689393 | 4103652 | 2648643 | 4195646 | 26943175 |
| Average Total Receipts | 9 | 9760 | 349 | 544 | 1441 | 1152 | 2158 | 5713 | 19157 | 32887 | 61249 | 105946 | 279710 | 2993686 |
| **Operating Costs/Operating Income (%)** | | | | | | | | | | | | | | |
| Cost of Operations | 10 | 74.2 | 70.7 | 52.2 | 69.1 | 67.5 | 67.9 | 72.9 | 79.7 | 77.7 | 78.6 | 78.4 | 69.6 | 73.5 |
| Salaries and Wages | 11 | 5.8 | 4.1 | 28.3 | 8.4 | 2.8 | 7.1 | 5.2 | 4.3 | 4.3 | 4.2 | 3.7 | 6.3 | 6.7 |
| Taxes Paid | 12 | 1.6 | 2.3 | 2.9 | 1.3 | 2.9 | 1.9 | 2.1 | 1.4 | 1.6 | 1.6 | 2.0 | 1.7 | 1.3 |
| Interest Paid | 13 | 2.7 | 0.3 | 3.3 | 0.3 | 0.9 | 1.3 | 0.8 | 1.0 | 1.2 | 1.2 | 2.5 | 1.5 | 5.0 |
| Depreciation | 14 | 2.6 | 1.5 | 1.5 | 1.7 | 2.9 | 1.9 | 1.8 | 1.8 | 2.2 | 2.2 | 2.5 | 2.7 | 3.5 |
| Amortization and Depletion | 15 | 0.9 | 0.0 | • | • | 0.1 | 0.0 | 0.0 | 0.0 | 0.2 | 0.1 | 0.4 | 0.1 | 2.0 |
| Pensions and Other Deferred Comp. | 16 | 0.3 | 0.8 | 0.5 | 0.5 | 0.1 | 0.2 | 0.3 | 0.3 | 0.3 | 0.4 | 0.2 | 0.7 | 0.2 |
| Employee Benefits | 17 | 0.8 | 2.4 | 1.3 | 0.4 | 0.9 | 1.6 | 1.0 | 0.8 | 1.0 | 0.9 | 0.7 | 1.4 | 0.5 |
| Advertising | 18 | 0.6 | 0.3 | 0.1 | 0.2 | 0.4 | 0.3 | 0.2 | 0.4 | 0.3 | 0.7 | 0.4 | 2.3 | 0.8 |
| Other Expenses | 19 | 7.4 | 9.2 | 26.7 | 8.2 | 11.3 | 10.6 | 7.6 | 4.2 | 5.3 | 5.1 | 5.5 | 9.8 | 8.1 |
| Officers' Compensation | 20 | 1.5 | 1.7 | 2.1 | 3.8 | 4.9 | 3.3 | 3.2 | 2.2 | 1.6 | 1.1 | 1.0 | 0.7 | 0.3 |
| Operating Margin | 21 | 1.7 | 6.7 | • | 6.0 | 5.3 | 3.9 | 4.9 | 3.7 | 4.5 | 3.9 | 2.6 | 3.2 | • |
| Operating Margin Before Officers' Comp. | 22 | 3.1 | 8.4 | • | 9.8 | 10.3 | 7.2 | 8.1 | 6.0 | 6.1 | 5.1 | 3.6 | 3.9 | • |

**Selected Average Balance Sheet ($ in Thousands)**

| | | | | | | | | | | | | | |
|---|---|---|---|---|---|---|---|---|---|---|---|---|---|
| Net Receivables 23 | 1053 | 0 | 0 | 11 | 127 | 210 | 533 | 1720 | 2651 | 5371 | 8262 | 31285 | 412845 |
| Inventories 24 | 1175 | 0 | 14 | 37 | 53 | 100 | 586 | 1882 | 5026 | 10631 | 18879 | 36872 | 339468 |
| Net Property, Plant and Equipment 25 | 2600 | 0 | 20 | 81 | 120 | 196 | 655 | 2132 | 4769 | 12049 | 22538 | 51199 | 1375982 |
| Total Assets 26 | 11762 | 0 | 44 | 177 | 364 | 700 | 2227 | 7445 | 14935 | 35017 | 67628 | 162387 | 7012735 |
| Notes and Loans Payable 27 | 2112 | 0 | 75 | 62 | 160 | 307 | 598 | 2265 | 4619 | 9857 | 31807 | 39978 | 1000187 |
| All Other Liabilities 28 | 5308 | 0 | 37 | 18 | 52 | 197 | 454 | 1377 | 2515 | 5510 | 9195 | 39115 | 3662632 |
| Net Worth 29 | 4341 | 0 | -68 | 97 | 152 | 196 | 1174 | 3803 | 7802 | 19650 | 26626 | 83295 | 2349916 |

**Selected Financial Ratios (Times to 1)**

| | | | | | | | | | | | | | |
|---|---|---|---|---|---|---|---|---|---|---|---|---|---|
| Current Ratio 30 | 0.9 | • | 0.4 | 2.3 | 2.7 | 2.8 | 2.2 | 2.2 | 2.2 | 2.3 | 1.9 | 2.2 | 0.7 |
| Quick Ratio 31 | 0.3 | • | 0.0 | 1.1 | 2.1 | 2.0 | 1.2 | 1.1 | 0.9 | 0.9 | 0.7 | 1.3 | 0.1 |
| Net Sales to Working Capital 32 | • | • | • | 35.3 | 7.8 | 8.3 | 7.1 | 7.7 | 6.7 | 5.8 | 6.9 | 5.1 | • |
| Coverage Ratio 33 | 3.0 | 33.1 | 2.6 | 20.8 | 9.5 | 4.4 | 8.6 | 5.5 | 5.7 | 5.5 | 2.6 | 5.0 | 2.0 |
| Total Asset Turnover 34 | 0.8 | • | 10.0 | 8.1 | 3.1 | 3.1 | 2.5 | 2.6 | 2.2 | 1.7 | 1.5 | 1.7 | 0.4 |
| Inventory Turnover 35 | 5.9 | • | 16.5 | 27.1 | 14.4 | 14.5 | 7.0 | 8.1 | 5.0 | 4.5 | 4.3 | 5.1 | 6.1 |
| Receivables Turnover 36 | 8.5 | • | 86.9 | 255.9 | 9.1 | 10.4 | 10.7 | 12.4 | 10.7 | 9.6 | 10.1 | 8.2 | 13.6 |
| Total Liabilities to Net Worth 37 | 1.7 | • | • | 0.8 | 1.4 | 2.6 | 0.9 | 1.0 | 0.9 | 0.8 | 1.5 | 0.9 | 2.0 |
| Current Assets to Working Capital 38 | • | • | • | 1.8 | 1.6 | 1.6 | 1.8 | 1.8 | 1.8 | 1.8 | 2.1 | 1.8 | • |
| Current Liabilities to Working Capital 39 | • | • | • | 0.8 | 0.6 | 0.6 | 0.8 | 0.8 | 0.8 | 0.8 | 1.1 | 0.8 | • |
| Working Capital to Net Sales 40 | • | • | • | 0.0 | 0.1 | 0.1 | 0.1 | 0.1 | 0.1 | 0.2 | 0.1 | 0.2 | • |
| Inventory to Working Capital 41 | • | • | • | 0.9 | 0.3 | 0.4 | 0.7 | 0.8 | 1.0 | 0.9 | 1.1 | 0.5 | • |
| Total Receipts to Cash Flow 42 | 9.7 | 5.2 | 3.9 | 8.4 | 6.5 | 9.4 | 8.9 | 13.1 | 10.6 | 10.7 | 12.4 | 7.1 | 9.9 |
| Cost of Goods to Cash Flow 43 | 7.2 | 3.7 | 2.0 | 5.8 | 4.4 | 6.4 | 6.5 | 10.5 | 8.2 | 8.4 | 9.7 | 4.9 | 7.3 |
| Cash Flow to Total Debt 44 | 0.1 | • | 1.0 | 2.2 | 0.8 | 0.5 | 0.6 | 0.4 | 0.4 | 0.4 | 0.2 | 0.5 | 0.1 |

**Selected Financial Factors (in Percentages)**

| | | | | | | | | | | | | | |
|---|---|---|---|---|---|---|---|---|---|---|---|---|---|
| Debt Ratio 45 | 63.1 | • | 256.5 | 45.0 | 58.3 | 72.0 | 47.3 | 48.9 | 47.8 | 43.9 | 60.6 | 48.7 | 66.5 |
| Return on Total Assets 46 | 6.4 | • | 84.6 | 52.0 | 27.1 | 17.1 | 17.9 | 13.8 | 14.3 | 11.1 | 10.1 | 12.4 | 4.0 |
| Return on Equity Before Income Taxes 47 | 11.5 | • | • | 90.0 | 58.1 | 47.3 | 30.0 | 22.2 | 22.6 | 16.2 | 15.8 | 19.3 | 6.1 |
| Return on Equity After Income Taxes 48 | 9.5 | • | • | 90.0 | 52.0 | 43.5 | 28.2 | 20.8 | 20.4 | 14.0 | 13.0 | 15.6 | 4.2 |
| Profit Margin (Before Income Tax) 49 | 5.3 | 10.7 | 5.2 | 6.1 | 7.8 | 4.3 | 6.2 | 4.4 | 5.4 | 5.3 | 4.0 | 5.9 | 5.1 |
| Profit Margin (After Income Tax) 50 | 4.4 | 7.7 | 5.2 | 6.1 | 7.0 | 4.0 | 5.9 | 4.2 | 4.9 | 4.5 | 3.3 | 4.8 | 3.6 |

## Table I

Corporations with and without Net Income

# PULP, PAPER, AND PAPERBOARD MILLS

**MONEY AMOUNTS AND SIZE OF ASSETS IN THOUSANDS OF DOLLARS**

| Item Description for Accounting Period 7/00 Through 6/01 | | Total | Zero Assets | Under 100 | 100 to 250 | 251 to 500 | 501 to 1,000 | 1,001 to 5,000 | 5,001 to 10,000 | 10,001 to 25,000 | 25,001 to 50,000 | 50,001 to 100,000 | 100,001 to 250,000 | 250,001 and over |
|---|---|---|---|---|---|---|---|---|---|---|---|---|---|---|
| Number of Enterprises | 1 | 517 | 6 | • | 358 | • | 0 | • | 44 | 20 | 16 | 17 | 16 | 40 |
| **Revenues ($ in Thousands)** | | | | | | | | | | | | | | |
| Net Sales | 2 | 104154625 | 7949548 | • | 100335 | • | 0 | • | 534221 | 693410 | 860146 | 1340300 | 3897742 | 88778923 |
| Interest | 3 | 2492914 | 189168 | • | 0 | • | 0 | • | 0 | 371 | 1288 | 3701 | 42810 | 2255576 |
| Rents | 4 | 145397 | 354 | • | 0 | • | 0 | • | 0 | 121 | 76 | 20 | 839 | 143987 |
| Royalties | 5 | 258936 | 11661 | • | 0 | • | 0 | • | 0 | 59 | 0 | 62 | 664 | 246490 |
| Other Portfolio Income | 6 | 2434698 | 23219 | • | 379 | • | 0 | • | 59 | 1939 | 420 | 26043 | 57981 | 2324658 |
| Other Receipts | 7 | 1250030 | 55562 | • | -8349 | • | 0 | • | 7465 | 277 | 1525 | 10573 | 34466 | 1148511 |
| Total Receipts | 8 | 110736600 | 8229512 | • | 92365 | • | 0 | • | 541745 | 696177 | 863455 | 1380699 | 4034502 | 94898145 |
| Average Total Receipts | 9 | 214191 | 1371585 | • | 258 | • | • | • | 12312 | 34809 | 53966 | 81218 | 252156 | 2372454 |
| **Operating Costs/Operating Income (%)** | | | | | | | | | | | | | | |
| Cost of Operations | 10 | 71.8 | 77.9 | • | 40.8 | • | • | • | 68.4 | 81.8 | 84.0 | 80.6 | 85.0 | 70.4 |
| Salaries and Wages | 11 | 5.4 | 2.5 | • | 7.3 | • | • | • | 6.4 | 3.9 | 3.5 | 3.5 | 2.2 | 5.9 |
| Taxes Paid | 12 | 1.6 | 1.1 | • | 6.8 | • | • | • | 2.7 | 1.1 | 1.1 | 1.0 | 1.0 | 1.6 |
| Interest Paid | 13 | 5.8 | 5.5 | • | 0.0 | • | • | • | 0.6 | 1.9 | 1.9 | 3.2 | 3.1 | 6.1 |
| Depreciation | 14 | 5.7 | 6.9 | • | 0.3 | • | • | • | 2.8 | 2.9 | 3.5 | 5.4 | 3.9 | 5.7 |
| Amortization and Depletion | 15 | 0.7 | 0.0 | • | • | • | • | • | • | 0.2 | 0.1 | 0.6 | 0.2 | 0.8 |
| Pensions and Other Deferred Comp. | 16 | 0.4 | 0.0 | • | • | • | • | • | 0.6 | 0.4 | 0.3 | 0.3 | 0.4 | 0.4 |
| Employee Benefits | 17 | 1.7 | 2.7 | • | 4.9 | • | • | • | 0.9 | 0.8 | 1.1 | 1.5 | 0.9 | 1.7 |
| Advertising | 18 | 0.7 | 3.3 | • | 0.2 | • | • | • | 0.0 | 0.1 | 0.6 | 0.6 | 0.1 | 0.5 |
| Other Expenses | 19 | 9.2 | 2.9 | • | 19.7 | • | • | • | 14.6 | 5.8 | 9.7 | 4.3 | 5.6 | 10.0 |
| Officers' Compensation | 20 | 0.3 | 0.1 | • | 22.9 | • | • | • | 3.4 | 0.8 | 0.9 | 1.1 | 0.5 | 0.3 |
| Operating Margin | 21 | • | • | • | • | • | • | • | • | 0.3 | • | • | • | • |
| Operating Margin Before Officers' Comp. | 22 | • | • | • | 20.1 | • | • | • | 3.1 | 1.1 | • | • | • | • |

| Selected Average Balance Sheet ($ in Thousands) | | | | | | | | | | | | |
|---|---|---|---|---|---|---|---|---|---|---|---|---|
| Net Receivables 23 | 25308 | 0 | • | 18 | • | • | • | 816 | 4757 | 8857 | 9824 | 36185 | 301469 |
| Inventories 24 | 18878 | 0 | • | 77 | • | • | • | 1886 | 2901 | 5272 | 7262 | 16439 | 227765 |
| Net Property, Plant and Equipment 25 | 118150 | 0 | • | 15 | • | • | • | 1804 | 7499 | 12848 | 32143 | 94444 | 1464642 |
| Total Assets 26 | 352794 | 0 | • | 145 | • | • | • | 7197 | 16945 | 33692 | 63367 | 178893 | 4430209 |
| Notes and Loans Payable 27 | 135111 | 0 | • | 0 | • | • | • | 872 | 8248 | 13265 | 29446 | 74282 | 1693695 |
| All Other Liabilities 28 | 91886 | 0 | • | 7 | • | • | • | 1473 | 6269 | 8753 | 16847 | 36820 | 1157414 |
| Net Worth 29 | 125797 | 0 | • | 138 | • | • | • | 4852 | 2429 | 11674 | 17074 | 67792 | 1579101 |

| Selected Financial Ratios (Times to 1) | | | | | | | | | | | | |
|---|---|---|---|---|---|---|---|---|---|---|---|---|
| Current Ratio 30 | 0.7 | • | • | 97.7 | • | • | • | 3.6 | 1.3 | 1.4 | 1.2 | 2.2 | 0.6 |
| Quick Ratio 31 | 0.3 | • | • | 39.6 | • | • | • | 1.8 | 0.8 | 0.7 | 0.7 | 1.2 | 0.3 |
| Net Sales to Working Capital 32 | • | • | • | 2.2 | • | • | • | 4.3 | 18.4 | 10.8 | 17.5 | 5.7 | • |
| Coverage Ratio 33 | 1.5 | 1.1 | • | • | • | • | • | 2.8 | 1.4 | • | 1.3 | 1.3 | 1.6 |
| Total Asset Turnover 34 | 0.6 | • | • | 1.9 | • | • | • | 1.7 | 2.0 | 1.6 | 1.2 | 1.4 | 0.5 |
| Inventory Turnover 35 | 7.7 | • | • | 1.5 | • | • | • | 4.4 | 9.8 | 8.6 | 8.8 | 12.6 | 6.9 |
| Receivables Turnover 36 | 8.2 | • | • | 30.4 | • | • | • | 9.3 | 7.2 | 7.4 | 8.7 | 7.4 | 7.5 |
| Total Liabilities to Net Worth 37 | 1.8 | • | • | 0.1 | • | • | • | 0.5 | 6.0 | 1.9 | 2.7 | 1.6 | 1.8 |
| Current Assets to Working Capital 38 | • | • | • | 1.0 | • | • | • | 1.4 | 4.4 | 3.5 | 5.1 | 1.8 | • |
| Current Liabilities to Working Capital 39 | • | • | • | 0.0 | • | • | • | 0.4 | 3.4 | 2.5 | 4.1 | 0.8 | • |
| Working Capital to Net Sales 40 | • | • | • | 0.5 | • | • | • | 0.2 | 0.1 | 0.1 | 0.1 | 0.2 | • |
| Inventory to Working Capital 41 | • | • | • | 0.6 | • | • | • | 0.6 | 1.4 | 1.3 | 1.7 | 0.4 | • |
| Total Receipts to Cash Flow 42 | 13.0 | 39.5 | • | 19.2 | • | • | • | 13.9 | 19.3 | • | 25.1 | 25.1 | 11.7 |
| Cost of Goods to Cash Flow 43 | 9.3 | 30.7 | • | 7.8 | • | • | • | 9.5 | 15.8 | • | 20.3 | 21.3 | 8.3 |
| Cash Flow to Total Debt 44 | 0.1 | • | • | 2.0 | • | • | • | 0.4 | 0.1 | • | 0.1 | 0.1 | 0.1 |

| Selected Financial Factors (in Percentages) | | | | | | | | | | | | |
|---|---|---|---|---|---|---|---|---|---|---|---|---|
| Debt Ratio 45 | 64.3 | • | • | 5.0 | • | • | • | 32.6 | 85.7 | 65.4 | 73.1 | 62.1 | 64.4 |
| Return on Total Assets 46 | 5.1 | • | • | • | • | • | • | 2.8 | 5.3 | • | 5.1 | 5.2 | 4.9 |
| Return on Equity Before Income Taxes 47 | 4.9 | • | • | • | • | • | • | 2.7 | 9.7 | • | 4.1 | 2.8 | 5.0 |
| Return on Equity After Income Taxes 48 | 3.4 | • | • | • | • | • | • | 2.2 | 3.3 | • | 2.4 | • | 3.6 |
| Profit Margin (Before Income Tax) 49 | 3.1 | 0.6 | • | • | • | • | • | 1.1 | 0.7 | • | 0.9 | 0.8 | 3.6 |
| Profit Margin (After Income Tax) 50 | 2.1 | • | • | • | • | • | • | 0.9 | 0.2 | • | 0.5 | • | 2.6 |

**Table II**

Corporations with Net Income

# PULP, PAPER, AND PAPERBOARD MILLS

**MONEY AMOUNTS AND SIZE OF ASSETS IN THOUSANDS OF DOLLARS**

| Item Description for Accounting Period 7/00 Through 6/01 | Total | Zero Assets | Under 100 | 100 to 250 | 251 to 500 | 501 to 1,000 | 1,001 to 5,000 | 5,001 to 10,000 | 10,001 to 25,000 | 25,001 to 50,000 | 50,001 to 100,000 | 100,001 to 250,000 | 250,001 and over |
|---|---|---|---|---|---|---|---|---|---|---|---|---|---|
| Number of Enterprises 1 | 81 | 0 | • | 0 | • | • | • | 16 | 11 | 4 | 0 | 8 | 26 |
| **Revenues ($ in Thousands)** | | | | | | | | | | | | | |
| Net Sales 2 | 88407069 | 0 | • | 0 | • | • | • | 88319 | 432772 | 293173 | 0 | 2316363 | 79961073 |
| Interest 3 | 2415016 | 0 | • | 0 | • | • | • | 0 | 229 | 70 | 0 | 33616 | 2191501 |
| Rents 4 | 140890 | 0 | • | 0 | • | • | • | 0 | 107 | 36 | 0 | 459 | 139949 |
| Royalties 5 | 225536 | 0 | • | 0 | • | • | • | 0 | 0 | 0 | 0 | 0 | 213812 |
| Other Portfolio Income 6 | 2400462 | 0 | • | 0 | • | • | • | 0 | 1199 | 0 | 0 | 55098 | 2295475 |
| Other Receipts 7 | 1124495 | 0 | • | 0 | • | • | • | 3446 | 1524 | 385 | 0 | 23828 | 1066099 |
| Total Receipts 8 | 94713468 | 0 | • | 0 | • | • | • | 91765 | 435831 | 293664 | 0 | 2429364 | 85867909 |
| Average Total Receipts 9 | 1169302 | • | • | • | • | • | • | 5735 | 39621 | 73416 | • | 303670 | 3302612 |
| **Operating Costs/Operating Income (%)** | | | | | | | | | | | | | |
| Cost of Operations 10 | 70.1 | • | • | • | • | • | • | 67.0 | 81.6 | 84.7 | • | 87.5 | 69.7 |
| Salaries and Wages 11 | 5.8 | • | • | • | • | • | • | 5.7 | 3.4 | 2.4 | • | 1.2 | 6.0 |
| Taxes Paid 12 | 1.6 | • | • | • | • | • | • | 1.8 | 1.0 | 0.4 | • | 0.5 | 1.7 |
| Interest Paid 13 | 6.2 | • | • | • | • | • | • | • | 1.8 | 1.1 | • | 1.7 | 6.3 |
| Depreciation 14 | 5.6 | • | • | • | • | • | • | 0.9 | 1.5 | 2.1 | • | 2.7 | 5.6 |
| Amortization and Depletion 15 | 0.5 | • | • | • | • | • | • | • | 0.1 | 0.0 | • | 0.1 | 0.6 |
| Pensions and Other Deferred Comp. 16 | 0.4 | • | • | • | • | • | • | 0.3 | 0.5 | 0.1 | • | 0.2 | 0.4 |
| Employee Benefits 17 | 1.8 | • | • | • | • | • | • | 1.0 | 0.7 | 0.8 | • | 0.4 | 1.7 |
| Advertising 18 | 0.8 | • | • | • | • | • | • | 0.2 | 0.0 | 0.5 | • | 0.0 | 0.5 |
| Other Expenses 19 | 9.7 | • | • | • | • | • | • | 6.5 | 5.5 | 6.0 | • | 4.6 | 10.2 |
| Officers' Compensation 20 | 0.3 | • | • | • | • | • | • | 1.4 | 0.8 | 0.9 | • | 0.1 | 0.3 |
| Operating Margin 21 | • | • | • | • | • | • | • | 15.1 | 3.0 | 1.0 | • | 0.9 | • |
| Operating Margin Before Officers' Comp. 22 | • | • | • | • | • | • | • | 16.6 | 3.8 | 1.9 | • | 1.1 | • |

| Selected Average Balance Sheet ($ in Thousands) | | | | | | | | | | | | | |
|---|---|---|---|---|---|---|---|---|---|---|---|---|---|
| Net Receivables **23** | 138895 | • | • | • | • | • | • | 526 | 4778 | 14144 | • | 53994 | 406705 |
| Inventories **24** | 80864 | • | • | • | • | • | • | 1808 | 3718 | 9654 | • | 12461 | 240130 |
| Net Property, Plant and Equipment **25** | 636158 | • | • | • | • | • | • | 459 | 6342 | 11104 | • | 75310 | 1939736 |
| Total Assets **26** | 2003231 | • | • | • | • | • | • | 6136 | 16277 | 37619 | • | 161073 | 6144543 |
| Notes and Loans Payable **27** | 749658 | • | • | • | • | • | • | 0 | 6613 | 10001 | • | 31254 | 2308950 |
| All Other Liabilities **28** | 528485 | • | • | • | • | • | • | 280 | 7214 | 15563 | • | 42054 | 1618863 |
| Net Worth **29** | 725088 | • | • | • | • | • | • | 5856 | 2450 | 12055 | • | 87765 | 2216730 |

| Selected Financial Ratios (Times to 1) | | | | | | | | | | | | | |
|---|---|---|---|---|---|---|---|---|---|---|---|---|---|
| Current Ratio **30** | 0.6 | • | • | • | • | • | • | 6.7 | 1.4 | 1.4 | • | 2.7 | 0.6 |
| Quick Ratio **31** | 0.3 | • | • | • | • | • | • | 4.8 | 0.8 | 0.8 | • | 2.2 | 0.3 |
| Net Sales to Working Capital **32** | • | • | • | • | • | • | • | 3.5 | 16.7 | 11.4 | • | 5.8 | • |
| Coverage Ratio **33** | 1.7 | • | • | • | • | • | • | • | 3.1 | 2.1 | • | 4.4 | 1.7 |
| Total Asset Turnover **34** | 0.5 | • | • | • | • | • | • | 0.9 | 2.4 | 1.9 | • | 1.8 | 0.5 |
| Inventory Turnover **35** | 9.5 | • | • | • | • | • | • | 2.0 | 8.6 | 6.4 | • | 20.3 | 8.9 |
| Receivables Turnover **36** | 9.4 | • | • | • | • | • | • | 3.3 | 7.0 | 4.9 | • | 6.2 | 9.2 |
| Total Liabilities to Net Worth **37** | 1.8 | • | • | • | • | • | • | 0.0 | 5.6 | 2.1 | • | 0.8 | 1.8 |
| Current Assets to Working Capital **38** | • | • | • | • | • | • | • | 1.2 | 3.6 | 3.8 | • | 1.6 | • |
| Current Liabilities to Working Capital **39** | • | • | • | • | • | • | • | 0.2 | 2.6 | 2.8 | • | 0.6 | • |
| Working Capital to Net Sales **40** | • | • | • | • | • | • | • | 0.3 | 0.1 | 0.1 | • | 0.2 | • |
| Inventory to Working Capital **41** | • | • | • | • | • | • | • | 0.3 | 1.3 | 1.3 | • | 0.2 | • |
| Total Receipts to Cash Flow **42** | 10.8 | • | • | • | • | • | • | 4.5 | 12.5 | 15.3 | • | 13.1 | 10.6 |
| Cost of Goods to Cash Flow **43** | 7.6 | • | • | • | • | • | • | 3.0 | 10.2 | 12.9 | • | 11.5 | 7.4 |
| Cash Flow to Total Debt **44** | 0.1 | • | • | • | • | • | • | 4.4 | 0.2 | 0.2 | • | 0.3 | 0.1 |

| Selected Financial Factors (in Percentages) | | | | | | | | | | | | | |
|---|---|---|---|---|---|---|---|---|---|---|---|---|---|
| Debt Ratio **45** | 63.8 | • | • | • | • | • | • | 4.6 | 85.0 | 68.0 | • | 45.5 | 63.9 |
| Return on Total Assets **46** | 5.9 | • | • | • | • | • | • | 17.1 | 13.3 | 4.4 | • | 13.5 | 5.4 |
| Return on Equity Before Income Taxes **47** | 6.9 | • | • | • | • | • | • | 17.9 | 60.2 | 7.3 | • | 19.2 | 6.4 |
| Return on Equity After Income Taxes **48** | 5.2 | • | • | • | • | • | • | 16.9 | 48.7 | 5.6 | • | 14.1 | 4.8 |
| Profit Margin (Before Income Tax) **49** | 4.6 | • | • | • | • | • | • | 19.0 | 3.7 | 1.2 | • | 5.8 | 4.6 |
| Profit Margin (After Income Tax) **50** | 3.5 | • | • | • | • | • | • | 17.9 | 3.0 | 0.9 | • | 4.3 | 3.5 |

# Table I

Corporations with and without Net Income

## CONVERTED PAPER PRODUCT

MONEY AMOUNTS AND SIZE OF ASSETS IN THOUSANDS OF DOLLARS

| Item Description for Accounting Period 7/00 Through 6/01 | | Total | Zero Assets | Under 100 | 100 to 250 | 251 to 500 | 501 to 1,000 | 1,001 to 5,000 | 5,001 to 10,000 | 10,001 to 25,000 | 25,001 to 50,000 | 50,001 to 100,000 | 100,001 to 250,000 | 250,001 and over |
|---|---|---|---|---|---|---|---|---|---|---|---|---|---|---|
| Number of Enterprises | 1 | 2563 | 8 | • | 284 | 0 | 734 | 1034 | 172 | 195 | 62 | 26 | 25 | 22 |
| **Revenues ($ in Thousands)** | | | | | | | | | | | | | | |
| Net Sales | 2 | 68825919 | 2209095 | • | 145269 | 0 | 1608438 | 6283146 | 2639186 | 5738903 | 3632177 | 2447264 | 5354411 | 38768030 |
| Interest | 3 | 668722 | 21055 | • | 17 | 0 | 830 | 3140 | 5313 | 9140 | 6032 | 6999 | 18183 | 598013 |
| Rents | 4 | 38163 | 270 | • | 0 | 0 | 0 | 3271 | 231 | 6357 | 1148 | 4770 | 4530 | 17585 |
| Royalties | 5 | 1244271 | 470 | • | 0 | 0 | 0 | 0 | 232 | 1333 | 3842 | 558 | 3721 | 1234115 |
| Other Portfolio Income | 6 | 1295284 | 14003 | • | 0 | 0 | 2 | 29746 | 26163 | 11531 | 4096 | 34492 | 12624 | 1162630 |
| Other Receipts | 7 | 682712 | 9987 | • | 3175 | 0 | 2036 | 42153 | 5569 | 28307 | 19839 | 17813 | 47680 | 506150 |
| Total Receipts | 8 | 72755071 | 2254880 | • | 148461 | 0 | 1611306 | 6361456 | 2676694 | 5795571 | 3667134 | 2511896 | 5441149 | 42286523 |
| Average Total Receipts | 9 | 28387 | 281860 | • | 523 | • | 2195 | 6152 | 15562 | 29721 | 59147 | 96611 | 217646 | 1922115 |
| **Operating Costs/Operating Income (%)** | | | | | | | | | | | | | | |
| Cost of Operations | 10 | 66.0 | 76.1 | • | 60.5 | • | 72.6 | 70.1 | 71.3 | 72.9 | 73.6 | 72.1 | 72.4 | 61.1 |
| Salaries and Wages | 11 | 8.3 | 3.9 | • | 18.3 | • | 7.4 | 6.6 | 7.2 | 6.1 | 5.8 | 7.6 | 6.4 | 9.9 |
| Taxes Paid | 12 | 2.1 | 1.5 | • | 3.5 | • | 1.7 | 1.9 | 1.9 | 1.8 | 1.9 | 1.7 | 1.7 | 2.4 |
| Interest Paid | 13 | 3.1 | 2.7 | • | 2.5 | • | 1.2 | 1.4 | 1.8 | 1.7 | 2.2 | 2.1 | 2.9 | 3.9 |
| Depreciation | 14 | 4.8 | 8.7 | • | 3.8 | • | 2.5 | 2.7 | 2.4 | 3.2 | 3.3 | 4.5 | 4.0 | 5.6 |
| Amortization and Depletion | 15 | 0.5 | 0.4 | • | 0.2 | • | 0.2 | 0.1 | 0.1 | 0.1 | 0.3 | 0.1 | 0.4 | 0.7 |
| Pensions and Other Deferred Comp. | 16 | 0.5 | 0.2 | • | • | • | 0.0 | 0.5 | 0.4 | 0.5 | 0.6 | 0.6 | 0.3 | 0.5 |
| Employee Benefits | 17 | 2.1 | 2.3 | • | 1.3 | • | 0.6 | 1.2 | 0.7 | 1.1 | 1.2 | 1.4 | 0.8 | 2.9 |
| Advertising | 18 | 1.0 | 0.5 | • | 0.4 | • | 0.2 | 0.2 | 0.2 | 0.3 | 0.6 | 0.9 | 0.6 | 1.4 |
| Other Expenses | 19 | 9.6 | 4.6 | • | 26.3 | • | 6.7 | 9.7 | 7.6 | 8.2 | 7.0 | 8.0 | 11.5 | 10.3 |
| Officers' Compensation | 20 | 1.2 | 0.4 | • | 7.6 | • | 6.6 | 3.4 | 4.0 | 2.3 | 1.5 | 1.1 | 0.8 | 0.4 |
| Operating Margin | 21 | 0.9 | • | • | • | • | 0.2 | 2.3 | 2.4 | 1.8 | 2.3 | • | • | 1.0 |
| Operating Margin Before Officers' Comp. | 22 | 2.1 | • | • | • | • | 6.8 | 5.7 | 6.4 | 4.0 | 3.8 | 1.0 | • | 1.3 |

| Selected Average Balance Sheet ($ in Thousands) | | | | | | | | | | | | | |
|---|---|---|---|---|---|---|---|---|---|---|---|---|---|
| Net Receivables 23 | 3668 | 0 | • | 29 | • | 254 | 615 | 1686 | 3471 | 8648 | 12703 | 31261 | 270752 |
| Inventories 24 | 2504 | 0 | • | 11 | • | 75 | 411 | 1487 | 3009 | 6947 | 11975 | 24325 | 169886 |
| Net Property, Plant and Equipment 25 | 9088 | 0 | • | 58 | • | 228 | 858 | 2935 | 5905 | 13230 | 30701 | 54109 | 799717 |
| Total Assets 26 | 28491 | 0 | • | 143 | • | 739 | 2349 | 7175 | 15485 | 35913 | 69469 | 157217 | 2626914 |
| Notes and Loans Payable 27 | 8165 | 0 | • | 170 | • | 291 | 822 | 3261 | 6183 | 13861 | 24512 | 74592 | 667588 |
| All Other Liabilities 28 | 9794 | 0 | • | 152 | • | 206 | 594 | 1515 | 3342 | 7767 | 17013 | 38826 | 976591 |
| Net Worth 29 | 10532 | 0 | • | -179 | • | 242 | 933 | 2399 | 5960 | 14285 | 27944 | 43799 | 982735 |

| Selected Financial Ratios (Times to 1) | | | | | | | | | | | | | |
|---|---|---|---|---|---|---|---|---|---|---|---|---|---|
| Current Ratio 30 | 1.0 | • | • | 0.6 | • | 1.7 | 1.7 | 1.5 | 1.6 | 1.6 | 1.6 | 1.2 | 0.8 |
| Quick Ratio 31 | 0.5 | • | • | 0.2 | • | 1.3 | 1.1 | 1.0 | 0.9 | 1.0 | 0.8 | 0.7 | 0.3 |
| Net Sales to Working Capital 32 | • | • | • | • | • | 11.8 | 10.6 | 11.7 | 10.3 | 8.7 | 8.0 | 16.7 | • |
| Coverage Ratio 33 | 3.5 | 1.3 | • | • | • | 1.4 | 3.6 | 3.2 | 2.6 | 2.5 | 2.1 | 1.0 | 4.0 |
| Total Asset Turnover 34 | 0.9 | • | • | 3.6 | • | 3.0 | 2.6 | 2.1 | 1.9 | 1.6 | 1.4 | 1.4 | 0.7 |
| Inventory Turnover 35 | 7.1 | • | • | 29.0 | • | 21.3 | 10.3 | 7.4 | 7.1 | 6.2 | 5.7 | 6.4 | 6.3 |
| Receivables Turnover 36 | 7.0 | • | • | • | • | 10.4 | 10.5 | 7.4 | 8.3 | 6.8 | 6.8 | 7.6 | 6.1 |
| Total Liabilities to Net Worth 37 | 1.7 | • | • | • | • | 2.1 | 1.5 | 2.0 | 1.6 | 1.5 | 1.5 | 2.6 | 1.7 |
| Current Assets to Working Capital 38 | • | • | • | • | • | 2.4 | 2.4 | 2.9 | 2.7 | 2.7 | 2.7 | 5.0 | • |
| Current Liabilities to Working Capital 39 | • | • | • | • | • | 1.4 | 1.4 | 1.9 | 1.7 | 1.7 | 1.7 | 4.0 | • |
| Working Capital to Net Sales 40 | • | • | • | • | • | 0.1 | 0.1 | 0.1 | 0.1 | 0.1 | 0.1 | 0.1 | • |
| Inventory to Working Capital 41 | • | • | • | • | • | 0.6 | 0.7 | 0.8 | 1.1 | 0.9 | 1.0 | 1.8 | • |
| Total Receipts to Cash Flow 42 | 7.3 | 44.0 | • | • | • | 22.9 | 10.4 | 12.0 | 11.9 | 11.8 | 12.2 | 10.4 | 5.6 |
| Cost of Goods to Cash Flow 43 | 4.8 | 33.5 | • | • | • | 16.6 | 7.3 | 8.6 | 8.7 | 8.7 | 8.8 | 7.5 | 3.4 |
| Cash Flow to Total Debt 44 | 0.2 | • | • | • | • | 0.2 | 0.4 | 0.3 | 0.3 | 0.2 | 0.2 | 0.2 | 0.2 |

| Selected Financial Factors (in Percentages) | | | | | | | | | | | | | |
|---|---|---|---|---|---|---|---|---|---|---|---|---|---|
| Debt Ratio 45 | 63.0 | • | • | 225.6 | • | 67.3 | 60.3 | 66.6 | 61.5 | 60.2 | 59.8 | 72.1 | 62.6 |
| Return on Total Assets 46 | 10.1 | • | • | • | • | 4.8 | 12.7 | 12.0 | 8.5 | 8.7 | 6.1 | 3.8 | 10.7 |
| Return on Equity Before Income Taxes 47 | 19.5 | • | • | 63.4 | • | 3.8 | 23.0 | 24.5 | 13.5 | 13.1 | 8.0 | • | 21.4 |
| Return on Equity After Income Taxes 48 | 13.1 | • | • | 63.4 | • | 1.4 | 21.6 | 22.0 | 10.9 | 10.7 | 6.4 | • | 14.1 |
| Profit Margin (Before Income Tax) 49 | 7.7 | 0.8 | • | • | • | 0.4 | 3.5 | 3.8 | 2.7 | 3.2 | 2.4 | • | 12.0 |
| Profit Margin (After Income Tax) 50 | 5.1 | 0.1 | • | • | • | 0.1 | 3.3 | 3.4 | 2.2 | 2.6 | 1.9 | • | 7.9 |

# CONVERTED PAPER PRODUCT

| Item Description for Accounting Period 7/00 Through 6/01 | Total | Zero Assets | Under 100 | 100 to 250 | 251 to 500 | 501 to 1,000 | 1,001 to 5,000 | 5,001 to 10,000 | 10,001 to 25,000 | 25,001 to 50,000 | 50,001 to 100,000 | 100,001 to 250,000 | 250,001 and over |
|---|---|---|---|---|---|---|---|---|---|---|---|---|---|
| | **Money Amounts and Size of Assets in Thousands of Dollars** | | | | | | | | | | | | |
| Number of Enterprises 1 | 1581 | 5 | • | • | • | 414 | 833 | 107 | 128 | 47 | 18 | 13 | 15 |
| | **Revenues ($ in Thousands)** | | | | | | | | | | | | |
| Net Sales 2 | 56968938 | 2004044 | • | • | • | 910806 | 5647217 | 2101901 | 4003825 | 2774302 | 1709811 | 2861457 | 34955576 |
| Interest 3 | 536753 | 21055 | • | • | • | 822 | 2379 | 4244 | 7980 | 5194 | 5712 | 10876 | 478491 |
| Rents 4 | 32435 | 262 | • | • | • | 0 | 650 | 202 | 5793 | 1143 | 2750 | 4350 | 17285 |
| Royalties 5 | 1243556 | 436 | • | • | • | 0 | 0 | 131 | 1297 | 3842 | 558 | 3195 | 1234096 |
| Other Portfolio Income 6 | 1224526 | 12823 | • | • | • | 2 | 27847 | 25153 | 9129 | 3474 | 28621 | 2714 | 1114765 |
| Other Receipts 7 | 578221 | 9604 | • | • | • | 2036 | 39057 | 5117 | 18911 | 14442 | 13736 | 42639 | 432676 |
| Total Receipts 8 | 60584429 | 2048224 | • | • | • | 913666 | 5717150 | 2136748 | 4046935 | 2802397 | 1761188 | 2925231 | 38232889 |
| Average Total Receipts 9 | 38320 | 409645 | • | • | • | 2207 | 6863 | 19970 | 31617 | 59625 | 97844 | 225018 | 2548859 |
| | **Operating Costs/Operating Income (%)** | | | | | | | | | | | | |
| Cost of Operations 10 | 63.4 | 76.0 | • | • | • | 68.6 | 70.1 | 70.0 | 70.9 | 71.5 | 72.9 | 70.4 | 58.5 |
| Salaries and Wages 11 | 8.8 | 3.4 | • | • | • | 8.1 | 6.2 | 7.2 | 6.1 | 6.2 | 6.5 | 7.1 | 10.4 |
| Taxes Paid 12 | 2.3 | 1.5 | • | • | • | 1.8 | 1.9 | 1.9 | 1.8 | 1.8 | 1.8 | 1.9 | 2.6 |
| Interest Paid 13 | 2.7 | 2.4 | • | • | • | 0.9 | 1.3 | 1.2 | 1.3 | 1.9 | 1.7 | 1.6 | 3.5 |
| Depreciation 14 | 5.0 | 9.1 | • | • | • | 1.6 | 2.6 | 1.9 | 3.2 | 3.1 | 4.4 | 3.6 | 6.0 |
| Amortization and Depletion 15 | 0.4 | 0.4 | • | • | • | 0.1 | 0.0 | 0.1 | 0.1 | 0.2 | 0.1 | 0.2 | 0.6 |
| Pensions and Other Deferred Comp. 16 | 0.5 | 0.2 | • | • | • | 0.0 | 0.5 | 0.4 | 0.5 | 0.6 | 0.5 | 0.3 | 0.5 |
| Employee Benefits 17 | 2.4 | 2.4 | • | • | • | 0.6 | 1.2 | 0.8 | 0.9 | 1.1 | 1.5 | 1.1 | 3.2 |
| Advertising 18 | 1.1 | 0.3 | • | • | • | 0.2 | 0.2 | 0.2 | 0.3 | 0.2 | 0.4 | 0.7 | 1.6 |
| Other Expenses 19 | 9.4 | 2.9 | • | • | • | 9.8 | 9.0 | 7.4 | 7.7 | 6.9 | 6.5 | 7.9 | 10.5 |
| Officers' Compensation 20 | 1.1 | 0.3 | • | • | • | 5.2 | 3.0 | 4.2 | 2.5 | 1.6 | 1.2 | 0.9 | 0.4 |
| Operating Margin 21 | 2.9 | 1.1 | • | • | • | 3.1 | 3.9 | 4.7 | 4.8 | 4.9 | 2.5 | 4.3 | 2.3 |
| Operating Margin Before Officers' Comp. 22 | 4.0 | 1.4 | • | • | • | 8.3 | 6.9 | 8.9 | 7.2 | 6.4 | 3.7 | 5.2 | 2.7 |

## Selected Average Balance Sheet ($ in Thousands)

| | | | | | | | | | | | | | |
|---|---|---|---|---|---|---|---|---|---|---|---|---|---|
| Net Receivables 23 | 4963 | 0 | • | • | • | 251 | 687 | 2099 | 3604 | 9403 | 12412 | 29523 | 362388 |
| Inventories 24 | 3258 | 0 | • | • | • | 87 | 419 | 1479 | 3130 | 7347 | 10245 | 26626 | 221818 |
| Net Property, Plant and Equipment 25 | 12470 | 0 | • | • | • | 173 | 906 | 2653 | 6067 | 12440 | 31476 | 52650 | 1066159 |
| Total Assets 26 | 39140 | 0 | • | • | • | 744 | 2459 | 7572 | 15649 | 36067 | 68399 | 152505 | 3453497 |
| Notes and Loans Payable 27 | 9861 | 0 | • | • | • | 232 | 839 | 2975 | 5063 | 11482 | 21313 | 40833 | 825001 |
| All Other Liabilities 28 | 13866 | 0 | • | • | • | 264 | 629 | 1422 | 3103 | 7572 | 13370 | 31584 | 1315456 |
| Net Worth 29 | 15413 | 0 | • | • | • | 247 | 991 | 3175 | 7482 | 17014 | 33716 | 80088 | 1313040 |

## Selected Financial Ratios (Times to 1)

| | | | | | | | | | | | | | |
|---|---|---|---|---|---|---|---|---|---|---|---|---|---|
| Current Ratio 30 | 1.0 | • | • | • | • | 1.6 | 1.7 | 1.9 | 1.9 | 1.7 | 2.0 | 1.9 | 0.8 |
| Quick Ratio 31 | 0.4 | • | • | • | • | 1.2 | 1.1 | 1.3 | 1.1 | 1.1 | 1.2 | 1.2 | 0.3 |
| Net Sales to Working Capital 32 | • | • | • | • | • | 10.8 | 11.7 | 9.6 | 8.5 | 7.2 | 6.2 | 7.2 | • |
| Coverage Ratio 33 | 4.9 | 2.4 | • | • | • | 5.0 | 4.9 | 6.1 | 5.5 | 4.1 | 4.1 | 5.1 | 5.0 |
| Total Asset Turnover 34 | 0.9 | • | • | • | • | 3.0 | 2.8 | 2.6 | 2.0 | 1.6 | 1.4 | 1.4 | 0.7 |
| Inventory Turnover 35 | 7.0 | • | • | • | • | 17.4 | 11.3 | 9.3 | 7.1 | 5.7 | 6.8 | 5.8 | 6.1 |
| Receivables Turnover 36 | 6.9 | • | • | • | • | 8.8 | 11.0 | 7.9 | 7.9 | 6.1 | 7.6 | 6.5 | 6.1 |
| Total Liabilities to Net Worth 37 | 1.5 | • | • | • | • | 2.0 | 1.5 | 1.4 | 1.1 | 1.1 | 1.0 | 0.9 | 1.6 |
| Current Assets to Working Capital 38 | • | • | • | • | • | 2.7 | 2.4 | 2.2 | 2.1 | 2.4 | 2.0 | 2.1 | • |
| Current Liabilities to Working Capital 39 | • | • | • | • | • | 1.7 | 1.4 | 1.2 | 1.1 | 1.4 | 1.0 | 1.1 | • |
| Working Capital to Net Sales 40 | • | • | • | • | • | 0.1 | 0.1 | 0.1 | 0.1 | 0.1 | 0.2 | 0.1 | • |
| Inventory to Working Capital 41 | • | • | • | • | • | 0.6 | 0.8 | 0.6 | 0.8 | 0.7 | 0.7 | 0.7 | • |
| Total Receipts to Cash Flow 42 | 6.2 | 26.7 | • | • | • | 10.4 | 9.4 | 9.6 | 9.1 | 9.1 | 10.4 | 7.6 | 5.1 |
| Cost of Goods to Cash Flow 43 | 3.9 | 20.3 | • | • | • | 7.1 | 6.6 | 6.7 | 6.4 | 6.5 | 7.6 | 5.4 | 3.0 |
| Cash Flow to Total Debt 44 | 0.2 | • | • | • | • | 0.4 | 0.5 | 0.5 | 0.4 | 0.3 | 0.3 | 0.4 | 0.2 |

## Selected Financial Factors (in Percentages)

| | | | | | | | | | | | | | |
|---|---|---|---|---|---|---|---|---|---|---|---|---|---|
| Debt Ratio 45 | 60.6 | • | • | • | • | 66.7 | 59.7 | 58.1 | 52.2 | 52.8 | 50.7 | 47.5 | 62.0 |
| Return on Total Assets 46 | 12.2 | • | • | • | • | 12.6 | 17.8 | 19.7 | 14.3 | 12.6 | 9.6 | 11.6 | 11.7 |
| Return on Equity Before Income Taxes 47 | 24.8 | • | • | • | • | 30.3 | 35.1 | 39.3 | 24.5 | 20.2 | 14.8 | 17.8 | 24.6 |
| Return on Equity After Income Taxes 48 | 17.6 | • | • | • | • | 26.1 | 33.5 | 36.3 | 21.3 | 17.6 | 12.8 | 14.0 | 16.5 |
| Profit Margin (Before Income Tax) 49 | 10.6 | 3.3 | • | • | • | 3.4 | 5.1 | 6.4 | 5.9 | 5.8 | 5.2 | 6.5 | 13.9 |
| Profit Margin (After Income Tax) 50 | 7.5 | 2.5 | • | • | • | 2.9 | 4.9 | 5.9 | 5.1 | 5.1 | 4.5 | 5.1 | 9.3 |

**Table I**

Corporations with and without Net Income

# PRINTING AND RELATED SUPPORT ACTIVITIES

| Item Description for Accounting Period 7/00 Through 6/01 | | MONEY AMOUNTS AND SIZE OF ASSETS IN THOUSANDS OF DOLLARS | | | | | | | | | | | | |
|---|---|---|---|---|---|---|---|---|---|---|---|---|---|---|
| | | Total | Zero Assets | Under 100 | 100 to 250 | 251 to 500 | 501 to 1,000 | 1,001 to 5,000 | 5,001 to 10,000 | 10,001 to 25,000 | 25,001 to 50,000 | 50,001 to 100,000 | 100,001 to 250,000 | 250,001 and over |
| Number of Enterprises | 1 | 32047 | 1303 | 14711 | 5115 | 3217 | 3178 | 3305 | 674 | 354 | 97 | 41 | 23 | 28 |
| **Revenues ($ in Thousands)** | | | | | | | | | | | | | | |
| Net Sales | 2 | 94035435 | 893374 | 3537514 | 2742762 | 4138538 | 5332527 | 14285231 | 7989347 | 9015914 | 4956080 | 4261819 | 3250228 | 33632100 |
| Interest | 3 | 388237 | 10641 | 686 | 2431 | 6353 | 6477 | 37061 | 7440 | 10418 | 7418 | 6709 | 23055 | 269544 |
| Rents | 4 | 94905 | 4556 | 0 | 0 | 0 | 131 | 4650 | 5198 | 3508 | 1407 | 775 | 1302 | 73379 |
| Royalties | 5 | 246276 | 4107 | 0 | 0 | 0 | 0 | 0 | 15 | 12508 | 2046 | 7591 | 4240 | 215768 |
| Other Portfolio Income | 6 | 486604 | 149 | 2713 | 26965 | 19142 | 25828 | 37306 | 48986 | 31243 | 19534 | 18930 | 6962 | 248846 |
| Other Receipts | 7 | 1149319 | 10942 | 4941 | 5038 | 15849 | 50506 | 75764 | 64005 | 61808 | 31862 | 29283 | 34681 | 764644 |
| Total Receipts | 8 | 96400776 | 923769 | 3545854 | 2777196 | 4179882 | 5415469 | 14440012 | 8114991 | 9135399 | 5018347 | 4325107 | 3320468 | 35204281 |
| Average Total Receipts | 9 | 3008 | 709 | 241 | 543 | 1299 | 1704 | 4369 | 12040 | 25806 | 51736 | 105490 | 144368 | 1257296 |
| **Operating Costs/Operating Income (%)** | | | | | | | | | | | | | | |
| Cost of Operations | 10 | 61.7 | 57.5 | 49.1 | 50.5 | 59.1 | 57.9 | 58.0 | 62.5 | 67.3 | 66.3 | 63.2 | 63.5 | 63.8 |
| Salaries and Wages | 11 | 9.6 | 16.2 | 8.7 | 9.6 | 6.3 | 11.2 | 10.2 | 10.6 | 9.3 | 9.3 | 9.6 | 8.5 | 9.3 |
| Taxes Paid | 12 | 2.3 | 3.2 | 3.0 | 3.0 | 2.3 | 2.7 | 2.8 | 2.5 | 2.3 | 2.3 | 2.0 | 2.3 | 2.0 |
| Interest Paid | 13 | 2.7 | 4.2 | 0.8 | 1.4 | 0.8 | 1.5 | 1.9 | 1.9 | 1.8 | 2.3 | 2.2 | 4.8 | 4.0 |
| Depreciation | 14 | 4.4 | 5.0 | 1.6 | 3.2 | 2.2 | 3.0 | 4.3 | 4.5 | 4.4 | 4.3 | 4.5 | 4.7 | 5.1 |
| Amortization and Depletion | 15 | 0.4 | 1.0 | 0.4 | 0.3 | 0.3 | 0.1 | 0.2 | 0.1 | 0.1 | 0.1 | 0.4 | 1.1 | 0.6 |
| Pensions and Other Deferred Comp. | 16 | 0.5 | 0.1 | 0.1 | 0.2 | 0.3 | 0.4 | 0.6 | 0.5 | 0.5 | 0.5 | 0.6 | 0.4 | 0.5 |
| Employee Benefits | 17 | 1.8 | 3.9 | 0.9 | 0.8 | 0.7 | 1.1 | 1.3 | 1.4 | 1.5 | 1.8 | 1.7 | 1.7 | 2.7 |
| Advertising | 18 | 0.7 | 0.2 | 0.6 | 0.7 | 0.5 | 0.3 | 0.6 | 0.5 | 0.4 | 1.2 | 2.6 | 1.6 | 0.7 |
| Other Expenses | 19 | 12.3 | 21.4 | 23.5 | 22.5 | 21.0 | 14.8 | 13.1 | 9.9 | 8.0 | 8.4 | 12.3 | 12.6 | 10.6 |
| Officers' Compensation | 20 | 3.4 | 4.7 | 8.6 | 9.2 | 7.6 | 6.6 | 6.6 | 4.5 | 2.6 | 1.8 | 1.3 | 1.5 | 0.5 |
| Operating Margin | 21 | 0.2 | • | 2.8 | • | • | 0.5 | 0.5 | 1.1 | 1.8 | 1.6 | • | • | 0.1 |
| Operating Margin Before Officers' Comp. | 22 | 3.6 | • | 11.4 | 7.8 | 6.4 | 7.0 | 7.1 | 5.6 | 4.4 | 3.4 | 0.8 | • | 0.6 |

## Selected Average Balance Sheet ($ in Thousands)

| | | | | | | | | | | | | | |
|---|---|---|---|---|---|---|---|---|---|---|---|---|---|
| Net Receivables 23 | 439 | 0 | 7 | 36 | 95 | 225 | 544 | 1723 | 4082 | 8490 | 16125 | 34691 | 216759 |
| Inventories 24 | 168 | 0 | 3 | 12 | 24 | 44 | 176 | 833 | 1720 | 4009 | 8221 | 13146 | 81110 |
| Net Property, Plant and Equipment 25 | 639 | 0 | 13 | 62 | 85 | 222 | 871 | 2675 | 6221 | 12522 | 22706 | 40825 | 321981 |
| Total Assets 26 | 2165 | 0 | 37 | 166 | 360 | 689 | 2131 | 6859 | 14959 | 34397 | 67219 | 156301 | 1356219 |
| Notes and Loans Payable 27 | 814 | 0 | 43 | 138 | 154 | 339 | 1017 | 2731 | 6254 | 12007 | 24906 | 66826 | 430311 |
| All Other Liabilities 28 | 557 | 0 | 8 | 33 | 78 | 201 | 499 | 1455 | 3503 | 8827 | 19950 | 36515 | 366787 |
| Net Worth 29 | 794 | 0 | -14 | -5 | 128 | 149 | 615 | 2673 | 5202 | 13563 | 22363 | 52960 | 559120 |

## Selected Financial Ratios (Times to 1)

| | | | | | | | | | | | | | |
|---|---|---|---|---|---|---|---|---|---|---|---|---|---|
| Current Ratio 30 | 1.4 | • | 1.4 | 1.2 | 2.2 | 1.7 | 1.5 | 1.4 | 1.4 | 1.3 | 1.4 | 1.8 | 1.2 |
| Quick Ratio 31 | 1.0 | • | 1.0 | 1.0 | 1.9 | 1.4 | 1.1 | 1.0 | 1.0 | 0.9 | 0.9 | 1.3 | 0.8 |
| Net Sales to Working Capital 32 | 14.0 | • | 52.8 | 43.8 | 12.3 | 10.8 | 12.2 | 11.3 | 12.0 | 12.7 | 12.3 | 5.8 | 18.3 |
| Coverage Ratio 33 | 2.0 | • | 4.7 | 0.9 | 0.8 | 2.4 | 1.8 | 2.4 | 2.7 | 2.2 | 1.4 | 0.9 | 2.2 |
| Total Asset Turnover 34 | 1.4 | • | 6.5 | 3.2 | 3.6 | 2.4 | 2.0 | 1.7 | 1.7 | 1.5 | 1.5 | 0.9 | 0.9 |
| Inventory Turnover 35 | 10.8 | • | 38.9 | 22.9 | 31.7 | 22.2 | 14.2 | 8.9 | 10.0 | 8.5 | 8.0 | 6.8 | 9.4 |
| Receivables Turnover 36 | 6.4 | • | 37.2 | 13.2 | 11.9 | 7.8 | 7.5 | 5.8 | 6.4 | 5.8 | 6.4 | 3.6 | 5.4 |
| Total Liabilities to Net Worth 37 | 1.7 | • | • | • | 1.8 | 3.6 | 2.5 | 1.6 | 1.9 | 1.5 | 2.0 | 2.0 | 1.4 |
| Current Assets to Working Capital 38 | 3.7 | • | 3.6 | 5.5 | 1.8 | 2.5 | 3.1 | 3.3 | 3.4 | 3.9 | 3.7 | 2.3 | 5.4 |
| Current Liabilities to Working Capital 39 | 2.7 | • | 2.6 | 4.5 | 0.8 | 1.5 | 2.1 | 2.3 | 2.4 | 2.9 | 2.7 | 1.3 | 4.4 |
| Working Capital to Net Sales 40 | 0.1 | • | 0.0 | 0.0 | 0.1 | 0.1 | 0.1 | 0.1 | 0.1 | 0.1 | 0.1 | 0.2 | 0.1 |
| Inventory to Working Capital 41 | 0.7 | • | 0.7 | 0.6 | 0.2 | 0.3 | 0.5 | 0.6 | 0.8 | 1.0 | 1.0 | 0.5 | 1.0 |
| Total Receipts to Cash Flow 42 | 8.8 | 83.7 | 4.9 | 7.9 | 6.4 | 8.0 | 9.3 | 10.9 | 11.6 | 12.0 | 9.5 | 11.0 | 8.1 |
| Cost of Goods to Cash Flow 43 | 5.4 | 48.1 | 2.4 | 4.0 | 3.8 | 4.6 | 5.4 | 6.8 | 7.8 | 7.9 | 6.0 | 7.0 | 5.2 |
| Cash Flow to Total Debt 44 | 0.2 | • | 1.0 | 0.4 | 0.9 | 0.4 | 0.3 | 0.3 | 0.2 | 0.2 | 0.2 | 0.1 | 0.2 |

## Selected Financial Factors (in Percentages)

| | | | | | | | | | | | | | |
|---|---|---|---|---|---|---|---|---|---|---|---|---|---|
| Debt Ratio 45 | 63.3 | • | 137.9 | 102.8 | 64.4 | 78.3 | 71.2 | 61.0 | 65.2 | 60.6 | 66.7 | 66.1 | 58.8 |
| Return on Total Assets 46 | 7.4 | • | 25.1 | 4.3 | 2.4 | 8.4 | 7.1 | 7.9 | 8.4 | 7.7 | 4.9 | 4.0 | 7.8 |
| Return on Equity Before Income Taxes 47 | 10.1 | • | • | 13.9 | • | 22.6 | 11.0 | 11.9 | 15.1 | 10.7 | 4.6 | • | 10.2 |
| Return on Equity After Income Taxes 48 | 7.1 | • | • | 42.4 | • | 21.0 | 8.6 | 9.7 | 13.2 | 8.4 | 3.5 | • | 6.7 |
| Profit Margin (Before Income Tax) 49 | 2.7 | • | 3.0 | • | • | 2.0 | 1.6 | 2.7 | 3.1 | 2.8 | 1.0 | • | 4.8 |
| Profit Margin (After Income Tax) 50 | 1.9 | • | 3.0 | • | • | 1.9 | 1.2 | 2.2 | 2.7 | 2.2 | 0.8 | • | 3.1 |

## Table II

Corporations with Net Income

# PRINTING AND RELATED SUPPORT ACTIVITIES

MONEY AMOUNTS AND SIZE OF ASSETS IN THOUSANDS OF DOLLARS

| Item Description for Accounting Period 7/00 Through 6/01 | | Total | Zero Assets | Under 100 | 100 to 250 | 251 to 500 | 501 to 1,000 | 1,001 to 5,000 | 5,001 to 10,000 | 10,001 to 25,000 | 25,001 to 50,000 | 50,001 to 100,000 | 100,001 to 250,000 | 250,001 and over |
|---|---|---|---|---|---|---|---|---|---|---|---|---|---|---|
| Number of Enterprises | 1 | 16813 | 20 | 7721 | 2015 | 1900 | 2245 | 2043 | 483 | 252 | 70 | 29 | 13 | 21 |
| **Revenues ($ in Thousands)** | | | | | | | | | | | | | | |
| Net Sales | 2 | 66612155 | 206153 | 2106774 | 1404616 | 1723477 | 3604555 | 9324893 | 5718325 | 6803407 | 3847758 | 3300872 | 2064820 | 26506505 |
| Interest | 3 | 272870 | 2678 | 151 | 1539 | 4462 | 4692 | 18574 | 6211 | 5923 | 5551 | 3281 | 11556 | 208253 |
| Rents | 4 | 35158 | 0 | 0 | 0 | 0 | 131 | 2622 | 3799 | 2575 | 1089 | 95 | 1079 | 23766 |
| Royalties | 5 | 208784 | 0 | 0 | 0 | 0 | 0 | 0 | 0 | 12349 | 2035 | 7567 | 4036 | 182797 |
| Other Portfolio Income | 6 | 365123 | 2 | 2713 | 25983 | 17411 | 25029 | 22131 | 48124 | 24951 | 17267 | 4369 | 4901 | 172242 |
| Other Receipts | 7 | 968722 | 2793 | 4632 | 2533 | 2250 | 28880 | 39032 | 39161 | 47466 | 25224 | 16202 | 16189 | 744360 |
| Total Receipts | 8 | 68462812 | 211626 | 2114270 | 1434671 | 1747600 | 3663287 | 9407252 | 5815620 | 6896671 | 3898924 | 3332386 | 2102581 | 27837923 |
| Average Total Receipts | 9 | 4072 | 10581 | 274 | 712 | 920 | 1632 | 4605 | 12041 | 27368 | 55699 | 114910 | 161737 | 1325615 |
| **Operating Costs/Operating Income (%)** | | | | | | | | | | | | | | |
| Cost of Operations | 10 | 60.7 | 27.4 | 50.6 | 54.2 | 47.3 | 54.4 | 55.2 | 60.5 | 65.9 | 66.8 | 61.0 | 64.4 | 63.3 |
| Salaries and Wages | 11 | 9.1 | 40.1 | 6.8 | 4.6 | 10.4 | 11.6 | 9.4 | 10.9 | 9.0 | 7.7 | 9.6 | 7.3 | 8.5 |
| Taxes Paid | 12 | 2.3 | 3.9 | 2.5 | 2.7 | 3.6 | 2.3 | 2.5 | 2.7 | 2.2 | 2.4 | 1.8 | 2.5 | 2.0 |
| Interest Paid | 13 | 2.4 | 0.6 | 0.4 | 1.3 | 0.6 | 1.3 | 1.4 | 1.8 | 1.5 | 1.7 | 1.7 | 3.4 | 3.8 |
| Depreciation | 14 | 4.4 | 2.9 | 1.5 | 3.3 | 3.4 | 2.3 | 3.6 | 4.6 | 4.0 | 3.8 | 4.2 | 4.4 | 5.4 |
| Amortization and Depletion | 15 | 0.3 | 0.1 | 0.1 | 0.0 | 0.1 | 0.1 | 0.2 | 0.1 | 0.1 | 0.1 | 0.2 | 0.6 | 0.5 |
| Pensions and Other Deferred Comp. | 16 | 0.5 | 0.1 | 0.2 | 0.3 | 0.4 | 0.5 | 0.7 | 0.6 | 0.6 | 0.5 | 0.6 | 0.6 | 0.5 |
| Employee Benefits | 17 | 1.8 | 2.3 | 0.6 | 0.5 | 1.0 | 1.3 | 1.2 | 1.4 | 1.5 | 1.8 | 1.8 | 1.9 | 2.5 |
| Advertising | 18 | 0.8 | 0.2 | 0.6 | 0.3 | 0.6 | 0.3 | 0.7 | 0.5 | 0.3 | 1.1 | 2.7 | 0.2 | 0.8 |
| Other Expenses | 19 | 11.2 | 13.5 | 18.9 | 19.7 | 19.0 | 14.9 | 13.5 | 8.9 | 7.9 | 7.2 | 10.7 | 10.1 | 10.3 |
| Officers' Compensation | 20 | 3.2 | 3.0 | 8.7 | 8.6 | 9.7 | 7.0 | 7.4 | 4.0 | 2.8 | 1.9 | 1.3 | 1.4 | 0.5 |
| Operating Margin | 21 | 3.4 | 6.0 | 9.1 | 4.6 | 3.8 | 4.0 | 4.1 | 3.9 | 4.1 | 4.9 | 4.4 | 3.3 | 1.8 |
| Operating Margin Before Officers' Comp. | 22 | 6.6 | 9.0 | 17.7 | 13.2 | 13.5 | 11.0 | 11.5 | 7.9 | 7.0 | 6.8 | 5.7 | 4.7 | 2.3 |

| Selected Average Balance Sheet ($ in Thousands) | | | | | | | | | | | | | |
|---|---|---|---|---|---|---|---|---|---|---|---|---|---|
| Net Receivables 23 | 622 | 0 | 6 | 21 | 110 | 225 | 534 | 1689 | 4104 | 9008 | 16714 | 38670 | 242459 |
| Inventories 24 | 230 | 0 | 2 | 11 | 21 | 41 | 191 | 855 | 1793 | 4415 | 8758 | 16111 | 78985 |
| Net Property, Plant and Equipment 25 | 890 | 0 | 14 | 76 | 89 | 169 | 761 | 2725 | 6045 | 12466 | 23297 | 46709 | 361891 |
| Total Assets 26 | 3096 | 0 | 35 | 147 | 352 | 683 | 2069 | 6971 | 15075 | 35328 | 66046 | 145599 | 1505547 |
| Notes and Loans Payable 27 | 962 | 0 | 14 | 97 | 94 | 213 | 814 | 2660 | 5461 | 10995 | 20268 | 46418 | 425183 |
| All Other Liabilities 28 | 753 | 0 | 7 | 47 | 50 | 213 | 495 | 1312 | 3410 | 9018 | 19032 | 42146 | 366667 |
| Net Worth 29 | 1381 | 0 | 14 | 2 | 208 | 257 | 760 | 2998 | 6203 | 15314 | 26746 | 57035 | 713696 |

| Selected Financial Ratios (Times to 1) | | | | | | | | | | | | | |
|---|---|---|---|---|---|---|---|---|---|---|---|---|---|
| Current Ratio 30 | 1.5 | • | 1.5 | 1.0 | 3.2 | 1.8 | 1.6 | 1.6 | 1.5 | 1.5 | 1.5 | 2.1 | 1.3 |
| Quick Ratio 31 | 1.1 | • | 1.3 | 0.9 | 2.8 | 1.6 | 1.3 | 1.2 | 1.1 | 1.0 | 1.0 | 1.5 | 0.9 |
| Net Sales to Working Capital 32 | 11.3 | • | 62.6 | • | 5.9 | 8.3 | 10.3 | 9.2 | 10.1 | 9.3 | 9.5 | 5.0 | 14.9 |
| Coverage Ratio 33 | 3.5 | 15.7 | 22.2 | 6.3 | 10.2 | 5.4 | 4.5 | 4.0 | 4.6 | 4.8 | 4.1 | 2.6 | 2.8 |
| Total Asset Turnover 34 | 1.3 | • | 7.7 | 4.7 | 2.6 | 2.4 | 2.2 | 1.7 | 1.8 | 1.6 | 1.7 | 1.1 | 0.8 |
| Inventory Turnover 35 | 10.5 | • | 59.1 | 34.9 | 20.5 | 21.1 | 13.2 | 8.4 | 9.9 | 8.3 | 7.9 | 6.3 | 10.1 |
| Receivables Turnover 36 | 6.0 | • | 46.4 | 13.8 | 6.2 | 6.9 | 7.4 | 5.8 | 6.5 | 5.7 | 7.2 | 3.6 | 5.2 |
| Total Liabilities to Net Worth 37 | 1.2 | • | 1.5 | 59.0 | 0.7 | 1.7 | 1.7 | 1.3 | 1.4 | 1.3 | 1.5 | 1.6 | 1.1 |
| Current Assets to Working Capital 38 | 3.1 | • | 3.2 | • | 1.4 | 2.2 | 2.6 | 2.7 | 2.8 | 2.9 | 2.8 | 1.9 | 4.5 |
| Current Liabilities to Working Capital 39 | 2.1 | • | 2.2 | • | 0.4 | 1.2 | 1.6 | 1.7 | 1.8 | 1.9 | 1.8 | 0.9 | 3.5 |
| Working Capital to Net Sales 40 | 0.1 | • | 0.0 | • | 0.2 | 0.1 | 0.1 | 0.1 | 0.1 | 0.1 | 0.1 | 0.2 | 0.1 |
| Inventory to Working Capital 41 | 0.6 | • | 0.3 | • | 0.1 | 0.2 | 0.4 | 0.5 | 0.7 | 0.7 | 0.8 | 0.5 | 0.8 |
| Total Receipts to Cash Flow 42 | 7.1 | 5.4 | 4.4 | 4.9 | 6.4 | 6.1 | 6.7 | 9.2 | 9.1 | 8.9 | 7.3 | 8.1 | 7.0 |
| Cost of Goods to Cash Flow 43 | 4.3 | 1.5 | 2.2 | 2.7 | 3.0 | 3.3 | 3.7 | 5.6 | 6.0 | 6.0 | 4.4 | 5.2 | 4.4 |
| Cash Flow to Total Debt 44 | 0.3 | • | 2.9 | 1.0 | 1.0 | 0.6 | 0.5 | 0.3 | 0.3 | 0.3 | 0.4 | 0.2 | 0.2 |

| Selected Financial Factors (in Percentages) | | | | | | | | | | | | | |
|---|---|---|---|---|---|---|---|---|---|---|---|---|---|
| Debt Ratio 45 | 55.4 | • | 60.1 | 98.3 | 40.7 | 62.4 | 63.3 | 57.0 | 58.8 | 56.7 | 59.5 | 60.8 | 52.6 |
| Return on Total Assets 46 | 11.0 | • | 76.4 | 37.8 | 14.9 | 16.2 | 14.2 | 12.5 | 12.5 | 12.3 | 12.2 | 9.6 | 8.9 |
| Return on Equity Before Income Taxes 47 | 17.7 | • | 182.5 | 1912.2 | 22.6 | 35.1 | 30.0 | 22.0 | 23.9 | 22.5 | 22.9 | 15.1 | 12.2 |
| Return on Equity After Income Taxes 48 | 14.4 | • | 180.1 | 1773.9 | 20.8 | 33.8 | 26.8 | 19.3 | 21.6 | 19.7 | 21.6 | 10.8 | 8.5 |
| Profit Margin (Before Income Tax) 49 | 6.2 | 8.7 | 9.4 | 6.7 | 5.2 | 5.6 | 5.0 | 5.6 | 5.5 | 6.3 | 5.4 | 5.4 | 6.9 |
| Profit Margin (After Income Tax) 50 | 5.0 | 8.5 | 9.3 | 6.2 | 4.8 | 5.4 | 4.5 | 4.9 | 5.0 | 5.5 | 5.1 | 3.9 | 4.8 |

## Table I

Corporations with and without Net Income

# PETROLEUM REFINERIES (INCLUDING INTEGRATED)

MONEY AMOUNTS AND SIZE OF ASSETS IN THOUSANDS OF DOLLARS

| Item Description for Accounting Period 7/00 Through 6/01 | | Total | Zero Assets | Under 100 | 100 to 250 | 251 to 500 | 501 to 1,000 | 1,001 to 5,000 | 5,001 to 10,000 | 10,001 to 25,000 | 25,001 to 50,000 | 50,001 to 100,000 | 100,001 to 250,000 | 250,001 and over |
|---|---|---|---|---|---|---|---|---|---|---|---|---|---|---|
| Number of Enterprises | 1 | 565 | 224 | • | 175 | 82 | • | 15 | 9 | 6 | 5 | 7 | 8 | 33 |
| **Revenues ($ in Thousands)** | | | | | | | | | | | | | | |
| Net Sales | 2 | 652377959 | 9190954 | • | 84305 | 0 | • | 211506 | 740 | 234724 | 493945 | 759832 | 3540551 | 637861403 |
| Interest | 3 | 15739432 | 198172 | • | 604 | 539 | • | 1 | 374 | 1056 | 630 | 4033 | 7485 | 15526538 |
| Rents | 4 | 1856398 | 99022 | • | 0 | 0 | • | 0 | 0 | 0 | 500 | 182 | 279 | 1756415 |
| Royalties | 5 | 1111754 | 13390 | • | 0 | 0 | • | 0 | 0 | 0 | 0 | 0 | 9 | 1098355 |
| Other Portfolio Income | 6 | 18444176 | 125264 | • | 0 | 0 | • | 162 | 1402 | 31 | 189 | 512 | 5013 | 18311602 |
| Other Receipts | 7 | 18944722 | 153418 | • | 0 | 6148 | • | 442 | 4622 | 2256 | 3922 | 5680 | 7988 | 18760246 |
| Total Receipts | 8 | 708474441 | 9780220 | • | 84909 | 6687 | • | 212111 | 7138 | 238067 | 499186 | 770239 | 3561325 | 693314559 |
| Average Total Receipts | 9 | 1253937 | 43662 | • | 485 | 82 | • | 14141 | 793 | 39678 | 99837 | 110034 | 445166 | 21009532 |
| **Operating Costs/Operating Income (%)** | | | | | | | | | | | | | | |
| Cost of Operations | 10 | 78.3 | 71.3 | • | 57.3 | • | • | 75.9 | 48.9 | 90.3 | 85.5 | 94.0 | 92.9 | 78.3 |
| Salaries and Wages | 11 | 2.0 | 2.5 | • | 0.3 | • | • | 3.0 | 92.4 | 2.7 | 3.7 | 1.3 | 0.8 | 2.0 |
| Taxes Paid | 12 | 3.6 | 2.8 | • | 3.8 | • | • | 1.2 | 349.5 | 0.5 | 1.2 | 0.6 | 0.7 | 3.6 |
| Interest Paid | 13 | 3.1 | 2.7 | • | • | • | • | 0.0 | 17.4 | 1.9 | 1.1 | 2.1 | 0.5 | 3.1 |
| Depreciation | 14 | 2.1 | 2.7 | • | 7.7 | • | • | 1.0 | 548.9 | 2.0 | 1.3 | 2.1 | 1.4 | 2.1 |
| Amortization and Depletion | 15 | 0.6 | 2.8 | • | • | • | • | 0.0 | • | 0.8 | 0.2 | 0.1 | 0.0 | 0.6 |
| Pensions and Other Deferred Comp. | 16 | 0.3 | 0.4 | • | • | • | • | 0.9 | • | • | 0.1 | 0.2 | 0.0 | 0.3 |
| Employee Benefits | 17 | 0.5 | 0.1 | • | 6.6 | • | • | • | • | 0.1 | 0.5 | 0.2 | 0.0 | 0.5 |
| Advertising | 18 | 0.1 | 0.1 | • | 0.7 | • | • | 0.0 | • | 0.0 | 0.8 | 0.0 | 0.0 | 0.1 |
| Other Expenses | 19 | 9.8 | 9.6 | • | 18.3 | • | • | 11.7 | 343.5 | 8.8 | 6.6 | 2.2 | 1.2 | 9.9 |
| Officers' Compensation | 20 | 0.1 | 1.4 | • | 4.7 | • | • | 5.3 | • | 0.2 | 0.7 | 1.0 | 0.8 | 0.1 |
| Operating Margin | 21 | • | 3.6 | • | 0.5 | • | • | 1.0 | • | • | • | • | 1.6 | • |
| Operating Margin Before Officers' Comp. | 22 | • | 5.0 | • | 5.3 | • | • | 6.3 | • | • | • | • | 2.4 | • |

| Selected Average Balance Sheet ($ in Thousands) | | | | | | | | | | | | | |
|---|---|---|---|---|---|---|---|---|---|---|---|---|---|
| Net Receivables 23 | 412665 | 0 | • | 0 | 0 | • | 1135 | 568 | 3010 | 13029 | 9840 | 19617 | 7055286 |
| Inventories 24 | 28899 | 0 | • | 0 | 0 | • | 558 | 8 | 1320 | 8566 | 4252 | 18409 | 487631 |
| Net Property, Plant and Equipment 25 | 268267 | 0 | • | 131 | 0 | • | 791 | 3545 | 4514 | 13696 | 31042 | 58441 | 4567391 |
| Total Assets 26 | 2063718 | 0 | • | 187 | 356 | • | 2546 | 6997 | 14042 | 41187 | 63678 | 156464 | 35268173 |
| Notes and Loans Payable 27 | 360424 | 0 | • | 0 | 0 | • | 55 | 7737 | 8699 | 8268 | 19576 | 14992 | 6158133 |
| All Other Liabilities 28 | 736053 | 0 | • | 0 | 0 | • | 1840 | 2695 | 5370 | 15867 | 21206 | 63202 | 12577350 |
| Net Worth 29 | 967241 | 0 | • | 187 | 356 | • | 651 | -3435 | -27 | 17052 | 22896 | 78270 | 16532690 |

| Selected Financial Ratios (Times to 1) | | | | | | | | | | | | | |
|---|---|---|---|---|---|---|---|---|---|---|---|---|---|
| Current Ratio 30 | 0.8 | • | • | • | • | • | 0.9 | 0.3 | 0.8 | 1.3 | 1.0 | 0.9 | 0.8 |
| Quick Ratio 31 | 0.6 | • | • | • | • | • | 0.7 | 0.1 | 0.6 | 0.8 | 0.7 | 0.5 | 0.6 |
| Net Sales to Working Capital 32 | • | • | • | 8.5 | • | • | • | • | • | 17.8 | 193.4 | • | • |
| Coverage Ratio 33 | 4.1 | 4.7 | • | • | 1447.8 | • | 186.4 | • | • | 0.5 | • | 5.3 | 4.1 |
| Total Asset Turnover 34 | 0.6 | • | • | 2.6 | • | • | 5.5 | 0.0 | 2.8 | 2.4 | 1.7 | 2.8 | 0.5 |
| Inventory Turnover 35 | 31.3 | • | • | • | • | • | 19.2 | 5.0 | 26.8 | 9.9 | 24.0 | 22.3 | 31.0 |
| Receivables Turnover 36 | 3.8 | • | • | • | • | • | 10.1 | 0.1 | 15.7 | 7.0 | 13.1 | 23.5 | 3.7 |
| Total Liabilities to Net Worth 37 | 1.1 | • | • | • | • | • | 2.9 | • | • | 1.4 | 1.8 | 1.0 | 1.1 |
| Current Assets to Working Capital 38 | • | • | • | 1.0 | 1.0 | • | • | • | • | 4.2 | 42.7 | • | • |
| Current Liabilities to Working Capital 39 | • | • | • | • | • | • | • | • | • | 3.2 | 41.7 | • | • |
| Working Capital to Net Sales 40 | • | • | • | 0.1 | • | • | • | • | • | 0.1 | 0.0 | • | • |
| Inventory to Working Capital 41 | • | • | • | • | • | • | • | • | • | 1.5 | 8.3 | • | • |
| Total Receipts to Cash Flow 42 | 6.1 | 5.9 | • | 12.6 | • | • | 11.4 | • | 55.3 | 22.8 | • | 34.7 | 6.1 |
| Cost of Goods to Cash Flow 43 | 4.8 | 4.2 | • | 7.2 | • | • | 8.7 | • | 50.0 | 19.5 | • | 32.2 | 4.8 |
| Cash Flow to Total Debt 44 | 0.2 | • | • | • | • | • | 0.7 | • | 0.1 | 0.2 | • | 0.2 | 0.2 |

| Selected Financial Factors (in Percentages) | | | | | | | | | | | | | |
|---|---|---|---|---|---|---|---|---|---|---|---|---|---|
| Debt Ratio 45 | 53.1 | • | • | • | • | • | 74.4 | 149.1 | 100.2 | 58.6 | 64.0 | 50.0 | 53.1 |
| Return on Total Assets 46 | 7.1 | • | • | 3.2 | 19.8 | • | 7.3 | • | • | 1.3 | • | 7.6 | 7.0 |
| Return on Equity Before Income Taxes 47 | 11.4 | • | • | 3.2 | 19.8 | • | 28.5 | 10.4 | 8410.5 | • | • | 12.4 | 11.2 |
| Return on Equity After Income Taxes 48 | 7.4 | • | • | 3.2 | 16.3 | • | 20.0 | 10.4 | 8627.8 | • | • | 5.7 | 7.3 |
| Profit Margin (Before Income Tax) 49 | 9.5 | 10.0 | • | 1.2 | • | • | 1.3 | • | • | • | • | 2.2 | 9.6 |
| Profit Margin (After Income Tax) 50 | 6.2 | 6.8 | • | 1.2 | • | • | 0.9 | • | • | • | • | 1.0 | 6.3 |

Table II

Corporations with Net Income

# PETROLEUM REFINERIES (INCLUDING INTEGRATED)

MONEY AMOUNTS AND SIZE OF ASSETS IN THOUSANDS OF DOLLARS

| Item Description for Accounting Period 7/00 Through 6/01 | | Total | Zero Assets | Under 100 | 100 to 250 | 251 to 500 | 501 to 1,000 | 1,001 to 5,000 | 5,001 to 10,000 | 10,001 to 25,000 | 25,001 to 50,000 | 50,001 to 100,000 | 100,001 to 250,000 | 250,001 and over |
|---|---|---|---|---|---|---|---|---|---|---|---|---|---|---|
| Number of Enterprises | 1 | 538 | 0 | • | 175 | 82 | • | 0 | • | 0 | 0 | 0 | 0 | 29 |
| **Revenues ($ in Thousands)** | | | | | | | | | | | | | | |
| Net Sales | 2 | 632482154 | 0 | • | 84305 | 0 | • | 0 | • | 0 | 0 | 0 | 0 | 618991202 |
| Interest | 3 | 15463454 | 0 | • | 604 | 539 | • | 0 | • | 0 | 0 | 0 | 0 | 15253226 |
| Rents | 4 | 1791978 | 0 | • | 0 | 0 | • | 0 | • | 0 | 0 | 0 | 0 | 1692177 |
| Royalties | 5 | 1063367 | 0 | • | 0 | 0 | • | 0 | • | 0 | 0 | 0 | 0 | 1049968 |
| Other Portfolio Income | 6 | 18435419 | 0 | • | 0 | 0 | • | 0 | • | 0 | 0 | 0 | 0 | 18304522 |
| Other Receipts | 7 | 18812250 | 0 | • | 0 | 6148 | • | 0 | • | 0 | 0 | 0 | 0 | 18642941 |
| Total Receipts | 8 | 688048622 | 0 | • | 84909 | 6687 | • | 0 | • | 0 | 0 | 0 | 0 | 673934036 |
| Average Total Receipts | 9 | 1278901 | • | • | 485 | 82 | • | • | • | • | • | • | • | 23239105 |
| **Operating Costs/Operating Income (%)** | | | | | | | | | | | | | | |
| Cost of Operations | 10 | 77.9 | • | • | 57.3 | • | • | • | • | • | • | • | • | 77.9 |
| Salaries and Wages | 11 | 2.0 | • | • | 0.3 | • | • | • | • | • | • | • | • | 2.0 |
| Taxes Paid | 12 | 3.6 | • | • | 3.8 | • | • | • | • | • | • | • | • | 3.7 |
| Interest Paid | 13 | 3.1 | • | • | • | • | • | • | • | • | • | • | • | 3.1 |
| Depreciation | 14 | 2.1 | • | • | 7.7 | • | • | • | • | • | • | • | • | 2.1 |
| Amortization and Depletion | 15 | 0.6 | • | • | • | • | • | • | • | • | • | • | • | 0.6 |
| Pensions and Other Deferred Comp. | 16 | 0.3 | • | • | • | • | • | • | • | • | • | • | • | 0.3 |
| Employee Benefits | 17 | 0.5 | • | • | 6.6 | • | • | • | • | • | • | • | • | 0.5 |
| Advertising | 18 | 0.1 | • | • | 0.7 | • | • | • | • | • | • | • | • | 0.1 |
| Other Expenses | 19 | 10.0 | • | • | 18.3 | • | • | • | • | • | • | • | • | 10.1 |
| Officers' Compensation | 20 | 0.1 | • | • | 4.7 | • | • | • | • | • | • | • | • | 0.1 |
| Operating Margin | 21 | • | • | • | 0.5 | • | • | • | • | • | • | • | • | • |
| Operating Margin Before Officers' Comp. | 22 | • | • | • | 5.3 | • | • | • | • | • | • | • | • | • |

## Selected Average Balance Sheet ($ in Thousands)

| | | | | | | | | | | | | | |
|---|---|---|---|---|---|---|---|---|---|---|---|---|---|
| Net Receivables 23 | 427222 | • | • | 0 | 0 | • | • | • | • | • | • | • | 7917180 |
| Inventories 24 | 25532 | • | • | 0 | 0 | • | • | • | • | • | • | • | 469115 |
| Net Property, Plant and Equipment 25 | 273925 | • | • | 131 | 0 | • | • | • | • | • | • | • | 5063797 |
| Total Assets 26 | 2125071 | • | • | 187 | 356 | • | • | • | • | • | • | • | 39375391 |
| Notes and Loans Payable 27 | 361358 | • | • | 0 | 0 | • | • | • | • | • | • | • | 6698545 |
| All Other Liabilities 28 | 764982 | • | • | 0 | 0 | • | • | • | • | • | • | • | 14174653 |
| Net Worth 29 | 998731 | • | • | 187 | 356 | • | • | • | • | • | • | • | 18502193 |

## Selected Financial Ratios (Times to 1)

| | | | | | | | | | | | | | |
|---|---|---|---|---|---|---|---|---|---|---|---|---|---|
| Current Ratio 30 | 0.8 | • | • | • | • | • | • | • | • | • | • | • | 0.8 |
| Quick Ratio 31 | 0.6 | • | • | • | • | • | • | • | • | • | • | • | 0.6 |
| Net Sales to Working Capital 32 | • | • | • | 8.5 | • | • | • | • | • | • | • | • | • |
| Coverage Ratio 33 | 4.2 | • | • | • | 1447.8 | • | • | • | • | • | • | • | 4.2 |
| Total Asset Turnover 34 | 0.6 | • | • | 2.6 | • | • | • | • | • | • | • | • | 0.5 |
| Inventory Turnover 35 | 35.9 | • | • | • | • | • | • | • | • | • | • | • | 35.4 |
| Receivables Turnover 36 | 3.9 | • | • | • | • | • | • | • | • | • | • | • | 3.8 |
| Total Liabilities to Net Worth 37 | 1.1 | • | • | • | • | • | • | • | • | • | • | • | 1.1 |
| Current Assets to Working Capital 38 | • | • | • | 1.0 | 1.0 | • | • | • | • | • | • | • | • |
| Current Liabilities to Working Capital 39 | • | • | • | • | • | • | • | • | • | • | • | • | • |
| Working Capital to Net Sales 40 | • | • | • | 0.1 | • | • | • | • | • | • | • | • | • |
| Inventory to Working Capital 41 | • | • | • | • | • | • | • | • | • | • | • | • | • |
| Total Receipts to Cash Flow 42 | 5.9 | • | • | 12.6 | • | • | • | • | • | • | • | • | 5.9 |
| Cost of Goods to Cash Flow 43 | 4.6 | • | • | 7.2 | • | • | • | • | • | • | • | • | 4.6 |
| Cash Flow to Total Debt 44 | 0.2 | • | • | • | • | • | • | • | • | • | • | • | 0.2 |

## Selected Financial Factors (in Percentages)

| | | | | | | | | | | | | | |
|---|---|---|---|---|---|---|---|---|---|---|---|---|---|
| Debt Ratio 45 | 53.0 | • | • | • | • | • | • | • | • | • | • | • | 53.0 |
| Return on Total Assets 46 | 7.2 | • | • | 3.2 | 19.8 | • | • | • | • | • | • | • | 7.1 |
| Return on Equity Before Income Taxes 47 | 11.7 | • | • | 3.2 | 19.8 | • | • | • | • | • | • | • | 11.5 |
| Return on Equity After Income Taxes 48 | 7.7 | • | • | 3.2 | 16.3 | • | • | • | • | • | • | • | 7.5 |
| Profit Margin (Before Income Tax) 49 | 9.9 | • | • | 1.2 | • | • | • | • | • | • | • | • | 10.0 |
| Profit Margin (After Income Tax) 50 | 6.5 | • | • | 1.2 | • | • | • | • | • | • | • | • | 6.5 |

## Table I

Corporations with and without Net Income

# ASPHALT PAVING, ROOFING, OTHER PETROLEUM AND COAL PRODUCTS

MONEY AMOUNTS AND SIZE OF ASSETS IN THOUSANDS OF DOLLARS

| Item Description for Accounting Period 7/00 Through 6/01 | | Total | Zero Assets | Under 100 | 100 to 250 | 251 to 500 | 501 to 1,000 | 1,001 to 5,000 | 5,001 to 10,000 | 10,001 to 25,000 | 25,001 to 50,000 | 50,001 to 100,000 | 100,001 to 250,000 | 250,001 and over |
|---|---|---|---|---|---|---|---|---|---|---|---|---|---|---|
| Number of Enterprises | 1 | 718 | 25 | 83 | 0 | 167 | 52 | 227 | 76 | 58 | 14 | 5 | 4 | 7 |
| **Revenues ($ in Thousands)** | | | | | | | | | | | | | | |
| Net Sales | 2 | 9309883 | 88308 | 11982 | 0 | 86931 | 88444 | 940723 | 1005211 | 1455342 | 711193 | 529379 | 461044 | 3931326 |
| Interest | 3 | 45310 | 212 | 2 | 0 | 0 | 24 | 1686 | 772 | 2108 | 1454 | 1970 | 6713 | 30370 |
| Rents | 4 | 7206 | 0 | 0 | 0 | 0 | 0 | 570 | 0 | 3682 | 68 | 646 | 203 | 2037 |
| Royalties | 5 | 49559 | 0 | 0 | 0 | 0 | 0 | 0 | 0 | 66 | 0 | 3020 | 0 | 46473 |
| Other Portfolio Income | 6 | 299576 | 72 | 0 | 0 | 0 | 0 | 298 | 1207 | 3865 | 1255 | 6482 | 25 | 286372 |
| Other Receipts | 7 | 121154 | 132 | 1488 | 0 | 0 | 0 | 2231 | 4114 | 28433 | 3489 | 2264 | 27326 | 51676 |
| Total Receipts | 8 | 9832688 | 88724 | 13472 | 0 | 86931 | 88468 | 945508 | 1011304 | 1493496 | 717459 | 543761 | 495311 | 4348254 |
| Average Total Receipts | 9 | 13695 | 3549 | 162 | • | 521 | 1701 | 4165 | 13307 | 25750 | 51247 | 108752 | 123828 | 621179 |
| **Operating Costs/Operating Income (%)** | | | | | | | | | | | | | | |
| Cost of Operations | 10 | 70.9 | 44.3 | 14.7 | • | 47.8 | 66.5 | 66.8 | 71.2 | 75.6 | 79.5 | 67.1 | 71.5 | 70.3 |
| Salaries and Wages | 11 | 6.7 | 9.0 | 0.2 | • | 16.9 | 7.7 | 8.6 | 5.8 | 5.6 | 4.2 | 9.2 | 7.7 | 6.6 |
| Taxes Paid | 12 | 1.8 | 3.8 | 2.0 | • | 6.3 | 2.1 | 2.3 | 1.9 | 1.6 | 1.3 | 2.1 | 2.7 | 1.5 |
| Interest Paid | 13 | 2.2 | 2.1 | 2.3 | • | 2.3 | 0.3 | 1.2 | 1.5 | 1.6 | 1.9 | 1.2 | 1.1 | 3.3 |
| Depreciation | 14 | 3.5 | 3.4 | 0.1 | • | 3.3 | 5.0 | 4.7 | 3.4 | 3.5 | 3.8 | 2.6 | 2.4 | 3.4 |
| Amortization and Depletion | 15 | 0.4 | 0.3 | 0.0 | • | 0.4 | • | 0.3 | 0.0 | 0.1 | 0.5 | 0.9 | 0.7 | 0.5 |
| Pensions and Other Deferred Comp. | 16 | 0.5 | 0.3 | • | • | • | • | 0.6 | 0.4 | 0.4 | 0.3 | 0.4 | 0.2 | 0.6 |
| Employee Benefits | 17 | 1.0 | 0.3 | • | • | 2.6 | • | 0.3 | 1.0 | 1.3 | 0.8 | 1.6 | 0.7 | 1.2 |
| Advertising | 18 | 1.3 | 0.3 | 0.1 | • | 0.1 | 0.1 | 0.7 | 0.6 | 0.3 | 0.3 | 0.2 | 0.2 | 2.6 |
| Other Expenses | 19 | 10.8 | 33.7 | 34.8 | • | 28.9 | 8.4 | 10.6 | 8.0 | 9.2 | 5.5 | 10.7 | 14.4 | 11.8 |
| Officers' Compensation | 20 | 1.9 | 5.8 | • | • | 0.3 | 8.3 | 3.0 | 4.3 | 2.2 | 1.5 | 1.9 | 1.2 | 0.8 |
| Operating Margin | 21 | • | • | 45.8 | • | • | 1.7 | 0.9 | 1.9 | • | 0.6 | 2.0 | • | • |
| Operating Margin Before Officers' Comp. | 22 | 0.9 | 2.4 | 45.8 | • | • | 10.0 | 3.8 | 6.2 | 0.7 | 2.1 | 3.9 | • | • |

| Selected Average Balance Sheet ($ in Thousands) | | | | | | | | | | | | | |
|---|---|---|---|---|---|---|---|---|---|---|---|---|---|
| Net Receivables 23 | 1962 | 0 | 0 | • | 92 | 264 | 282 | 2617 | 3636 | 6370 | 16933 | 21387 | 92318 |
| Inventories 24 | 1095 | 0 | 0 | • | 27 | 0 | 186 | 1020 | 2048 | 4252 | 5385 | 12242 | 58192 |
| Net Property, Plant and Equipment 25 | 3101 | 0 | 2 | • | 158 | 243 | 837 | 2289 | 5903 | 13127 | 23150 | 19947 | 157433 |
| Total Assets 26 | 10283 | 0 | 9 | • | 283 | 568 | 1958 | 7242 | 16060 | 32966 | 81094 | 132842 | 568664 |
| Notes and Loans Payable 27 | 3486 | 0 | 948 | • | 412 | 103 | 992 | 2253 | 5531 | 14216 | 13050 | 33192 | 176527 |
| All Other Liabilities 28 | 2920 | 0 | 21 | • | 1036 | 207 | 400 | 2780 | 4826 | 7125 | 21634 | 23293 | 146816 |
| Net Worth 29 | 3877 | 0 | -960 | • | -1165 | 258 | 566 | 2209 | 5704 | 11625 | 46411 | 76356 | 245321 |

| Selected Financial Ratios (Times to 1) | | | | | | | | | | | | | |
|---|---|---|---|---|---|---|---|---|---|---|---|---|---|
| Current Ratio 30 | 1.4 | • | 0.0 | • | 0.1 | 1.3 | 1.4 | 1.4 | 1.3 | 1.7 | 2.3 | 1.5 | 1.8 |
| Quick Ratio 31 | 1.0 | • | 0.0 | • | 0.1 | 1.3 | 1.0 | 1.1 | 0.9 | 1.0 | 1.5 | 1.1 | 1.3 |
| Net Sales to Working Capital 32 | 9.4 | • | • | • | • | 20.6 | 16.0 | 11.0 | 13.8 | 7.9 | 4.7 | 4.9 | 5.6 |
| Coverage Ratio 33 | 3.1 | • | 26.5 | • | • | 7.4 | 2.1 | 2.6 | 1.7 | 1.7 | 4.5 | 5.2 | 3.6 |
| Total Asset Turnover 34 | 1.3 | • | 16.2 | • | 1.8 | 3.0 | 2.1 | 1.8 | 1.6 | 1.5 | 1.3 | 0.9 | 1.0 |
| Inventory Turnover 35 | 8.4 | • | • | • | 9.1 | • | 14.9 | 9.2 | 9.3 | 9.5 | 13.2 | 6.7 | 6.8 |
| Receivables Turnover 36 | 6.3 | • | • | • | 6.2 | 5.4 | 11.7 | 6.8 | 6.6 | 7.8 | 6.0 | 5.0 | 5.5 |
| Total Liabilities to Net Worth 37 | 1.7 | • | • | • | • | 1.2 | 2.5 | 2.3 | 1.8 | 1.8 | 0.7 | 0.7 | 1.3 |
| Current Assets to Working Capital 38 | 3.3 | • | • | • | • | 3.9 | 3.5 | 3.8 | 4.0 | 2.4 | 1.8 | 3.1 | 2.2 |
| Current Liabilities to Working Capital 39 | 2.3 | • | • | • | • | 2.9 | 2.5 | 2.8 | 3.0 | 1.4 | 0.8 | 2.1 | 1.2 |
| Working Capital to Net Sales 40 | 0.1 | • | • | • | • | 0.0 | 0.1 | 0.1 | 0.1 | 0.1 | 0.2 | 0.2 | 0.2 |
| Inventory to Working Capital 41 | 0.7 | • | • | • | • | • | 0.6 | 0.8 | 1.0 | 0.8 | 0.3 | 0.3 | 0.6 |
| Total Receipts to Cash Flow 42 | 8.7 | 3.6 | 1.1 | • | 6.8 | 11.1 | 10.2 | 13.5 | 13.1 | 16.9 | 7.1 | 7.0 | 7.0 |
| Cost of Goods to Cash Flow 43 | 6.1 | 1.6 | 0.2 | • | 3.2 | 7.3 | 6.8 | 9.6 | 9.9 | 13.4 | 4.8 | 5.0 | 4.9 |
| Cash Flow to Total Debt 44 | 0.2 | • | 0.1 | • | 0.1 | 0.5 | 0.3 | 0.2 | 0.2 | 0.1 | 0.4 | 0.3 | 0.2 |

| Selected Financial Factors (in Percentages) | | | | | | | | | | | | | |
|---|---|---|---|---|---|---|---|---|---|---|---|---|---|
| Debt Ratio 45 | 62.3 | • | 10871.1 | • | 511.0 | 54.5 | 71.1 | 69.5 | 64.5 | 64.7 | 42.8 | 42.5 | 56.9 |
| Return on Total Assets 46 | 8.9 | • | 979.3 | • | • | 6.0 | 5.5 | 7.0 | 4.3 | 5.2 | 7.3 | 4.9 | 11.8 |
| Return on Equity Before Income Taxes 47 | 16.1 | • | • | • | 4.0 | 11.5 | 10.1 | 14.2 | 5.1 | 6.2 | 10.0 | 6.9 | 19.9 |
| Return on Equity After Income Taxes 48 | 13.2 | • | • | • | 4.0 | 9.7 | 9.2 | 12.6 | 2.2 | 3.5 | 6.6 | 3.2 | 17.3 |
| Profit Margin (Before Income Tax) 49 | 4.8 | • | 58.2 | • | • | 1.7 | 1.4 | 2.4 | 1.2 | 1.4 | 4.4 | 4.6 | 8.7 |
| Profit Margin (After Income Tax) 50 | 3.9 | • | 58.2 | • | • | 1.5 | 1.3 | 2.1 | 0.5 | 0.8 | 2.9 | 2.1 | 7.6 |

## Table II

Corporations with Net Income

# ASPHALT PAVING, ROOFING, OTHER PETROLEUM AND COAL PRODUCTS

| Item Description for Accounting Period 7/00 Through 6/01 | | Money Amounts and Size of Assets in Thousands of Dollars | | | | | | | | | | | | |
|---|---|---|---|---|---|---|---|---|---|---|---|---|---|---|
| | | Total | Zero Assets | Under 100 | 100 to 250 | 251 to 500 | 501 to 1,000 | 1,001 to 5,000 | 5,001 to 10,000 | 10,001 to 25,000 | 25,001 to 50,000 | 50,001 to 100,000 | 100,001 to 250,000 | 250,001 and over |
| Number of Enterprises | 1 | 448 | 0 | 83 | • | 0 | 52 | 0 | 61 | 37 | 0 | 0 | 0 | 4 |
| **Revenues ($ in Thousands)** | | | | | | | | | | | | | | |
| Net Sales | 2 | 6589753 | 0 | 12847 | • | 0 | 88444 | 0 | 834831 | 1073579 | 0 | 0 | 0 | 2613032 |
| Interest | 3 | 32496 | 0 | 1 | • | 0 | 24 | 0 | 729 | 1582 | 0 | 0 | 0 | 20621 |
| Rents | 4 | 4541 | 0 | 0 | • | 0 | 0 | 0 | 0 | 2003 | 0 | 0 | 0 | 1154 |
| Royalties | 5 | 47771 | 0 | 0 | • | 0 | 0 | 0 | 0 | 0 | 0 | 0 | 0 | 44773 |
| Other Portfolio Income | 6 | 297242 | 0 | 0 | • | 0 | 0 | 0 | 1207 | 2999 | 0 | 0 | 0 | 285630 |
| Other Receipts | 7 | 68523 | 0 | 1236 | • | 0 | 0 | 0 | 2481 | 23935 | 0 | 0 | 0 | 26788 |
| Total Receipts | 8 | 7040326 | 0 | 14084 | • | 0 | 88468 | 0 | 839248 | 1104098 | 0 | 0 | 0 | 2991998 |
| Average Total Receipts | 9 | 15715 | • | 170 | • | • | 1701 | • | 13758 | 29840 | • | • | • | 748000 |
| **Operating Costs/Operating Income (%)** | | | | | | | | | | | | | | |
| Cost of Operations | 10 | 68.1 | • | 17.4 | • | • | 66.5 | • | 67.3 | 73.5 | • | • | • | 67.1 |
| Salaries and Wages | 11 | 6.9 | • | • | • | • | 7.7 | • | 6.0 | 5.5 | • | • | • | 6.9 |
| Taxes Paid | 12 | 1.8 | • | 2.1 | • | • | 2.1 | • | 2.1 | 1.7 | • | • | • | 1.5 |
| Interest Paid | 13 | 2.2 | • | 0.8 | • | • | 0.3 | • | 1.0 | 1.3 | • | • | • | 3.9 |
| Depreciation | 14 | 2.8 | • | 0.6 | • | • | 5.0 | • | 2.3 | 2.5 | • | • | • | 2.7 |
| Amortization and Depletion | 15 | 0.3 | • | • | • | • | • | • | 0.0 | 0.1 | • | • | • | 0.4 |
| Pensions and Other Deferred Comp. | 16 | 0.6 | • | • | • | • | • | • | 0.5 | 0.5 | • | • | • | 0.8 |
| Employee Benefits | 17 | 1.1 | • | 0.1 | • | • | • | • | 1.2 | 1.3 | • | • | • | 1.4 |
| Advertising | 18 | 1.6 | • | 0.1 | • | • | 0.1 | • | 0.7 | 0.3 | • | • | • | 3.6 |
| Other Expenses | 19 | 9.9 | • | 3.6 | • | • | 8.4 | • | 7.4 | 7.9 | • | • | • | 12.3 |
| Officers' Compensation | 20 | 2.2 | • | 0.3 | • | • | 8.3 | • | 5.1 | 2.4 | • | • | • | 0.8 |
| Operating Margin | 21 | 2.5 | • | 74.9 | • | • | 1.7 | • | 6.4 | 2.9 | • | • | • | • |
| Operating Margin Before Officers' Comp. | 22 | 4.6 | • | 75.3 | • | • | 10.0 | • | 11.5 | 5.3 | • | • | • | • |

| Selected Average Balance Sheet ($ in Thousands) | | | | | | | | | | | | | |
|---|---|---|---|---|---|---|---|---|---|---|---|---|---|
| Net Receivables 23 | 2491 | • | 0 | • | • | 264 | • | 2780 | 4379 | • | • | • | 137760 |
| Inventories 24 | 1352 | • | 0 | • | • | 0 | • | 1083 | 2337 | • | • | • | 78990 |
| Net Property, Plant and Equipment 25 | 2973 | • | 2 | • | • | 243 | • | 2075 | 5421 | • | • | • | 150091 |
| Total Assets 26 | 11778 | • | 9 | • | • | 568 | • | 7614 | 17206 | • | • | • | 729535 |
| Notes and Loans Payable 27 | 3546 | • | 949 | • | • | 103 | • | 1664 | 4807 | • | • | • | 226758 |
| All Other Liabilities 28 | 3163 | • | 18 | • | • | 207 | • | 2763 | 4587 | • | • | • | 213647 |
| Net Worth 29 | 5069 | • | -957 | • | • | 258 | • | 3187 | 7811 | • | • | • | 289130 |

| Selected Financial Ratios (Times to 1) | | | | | | | | | | | | | |
|---|---|---|---|---|---|---|---|---|---|---|---|---|---|
| Current Ratio 30 | 1.8 | • | 0.0 | • | • | 1.3 | • | 1.7 | 1.8 | • | • | • | 2.0 |
| Quick Ratio 31 | 1.3 | • | 0.0 | • | • | 1.3 | • | 1.3 | 1.2 | • | • | • | 1.5 |
| Net Sales to Working Capital 32 | 6.1 | • | • | • | • | 20.6 | • | 6.6 | 7.9 | • | • | • | 4.3 |
| Coverage Ratio 33 | 5.5 | • | 100.7 | • | • | 7.4 | • | 7.8 | 5.3 | • | • | • | 4.6 |
| Total Asset Turnover 34 | 1.2 | • | 16.8 | • | • | 3.0 | • | 1.8 | 1.7 | • | • | • | 0.9 |
| Inventory Turnover 35 | 7.4 | • | • | • | • | • | • | 8.5 | 9.1 | • | • | • | 5.5 |
| Receivables Turnover 36 | 5.2 | • | 694.4 | • | • | 5.4 | • | 6.5 | 6.2 | • | • | • | 3.9 |
| Total Liabilities to Net Worth 37 | 1.3 | • | • | • | • | 1.2 | • | 1.4 | 1.2 | • | • | • | 1.5 |
| Current Assets to Working Capital 38 | 2.3 | • | • | • | • | 3.9 | • | 2.5 | 2.3 | • | • | • | 2.0 |
| Current Liabilities to Working Capital 39 | 1.3 | • | • | • | • | 2.9 | • | 1.5 | 1.3 | • | • | • | 1.0 |
| Working Capital to Net Sales 40 | 0.2 | • | • | • | • | 0.0 | • | 0.2 | 0.1 | • | • | • | 0.2 |
| Inventory to Working Capital 41 | 0.4 | • | • | • | • | • | • | 0.5 | 0.5 | • | • | • | 0.3 |
| Total Receipts to Cash Flow 42 | 6.7 | • | 1.1 | • | • | 11.1 | • | 8.5 | 8.6 | • | • | • | 5.5 |
| Cost of Goods to Cash Flow 43 | 4.5 | • | 0.2 | • | • | 7.3 | • | 5.7 | 6.3 | • | • | • | 3.7 |
| Cash Flow to Total Debt 44 | 0.3 | • | 0.1 | • | • | 0.5 | • | 0.4 | 0.4 | • | • | • | 0.3 |

| Selected Financial Factors (in Percentages) | | | | | | | | | | | | | |
|---|---|---|---|---|---|---|---|---|---|---|---|---|---|
| Debt Ratio 45 | 57.0 | • | 10514.4 | • | • | 54.5 | • | 58.1 | 54.6 | • | • | • | 60.4 |
| Return on Total Assets 46 | 14.7 | • | 1438.0 | • | • | 6.0 | • | 14.0 | 12.0 | • | • | • | 15.8 |
| Return on Equity Before Income Taxes 47 | 27.9 | • | • | • | • | 11.5 | • | 29.2 | 21.4 | • | • | • | 31.2 |
| Return on Equity After Income Taxes 48 | 24.3 | • | • | • | • | 9.7 | • | 27.8 | 18.1 | • | • | • | 27.4 |
| Profit Margin (Before Income Tax) 49 | 9.6 | • | 84.6 | • | • | 1.7 | • | 6.8 | 5.8 | • | • | • | 13.8 |
| Profit Margin (After Income Tax) 50 | 8.4 | • | 84.5 | • | • | 1.5 | • | 6.5 | 4.9 | • | • | • | 12.1 |

**Table I**

Corporations with and without Net Income

# BASIC CHEMICAL

MONEY AMOUNTS AND SIZE OF ASSETS IN THOUSANDS OF DOLLARS

| Item Description for Accounting Period 7/00 Through 6/01 | | Total | Zero Assets | Under 100 | 100 to 250 | 251 to 500 | 501 to 1,000 | 1,001 to 5,000 | 5,001 to 10,000 | 10,001 to 25,000 | 25,001 to 50,000 | 50,001 to 100,000 | 100,001 to 250,000 | 250,001 and over |
|---|---|---|---|---|---|---|---|---|---|---|---|---|---|---|
| Number of Enterprises | 1 | 1706 | 48 | 661 | • | 431 | 130 | 190 | 64 | 52 | 30 | 22 | 20 | 59 |
| **Revenues ($ in Thousands)** | | | | | | | | | | | | | | |
| Net Sales | 2 | 108311779 | 850763 | 57836 | • | 348037 | 223355 | 855667 | 613503 | 1195260 | 1061082 | 1844476 | 3387398 | 97874402 |
| Interest | 3 | 3964212 | 19231 | 2 | • | 0 | 399 | 2434 | 1597 | 3339 | 3659 | 5681 | 22528 | 3905342 |
| Rents | 4 | 246111 | 401 | 0 | • | 0 | 0 | 2 | 276 | 300 | 1142 | 120 | 23090 | 220780 |
| Royalties | 5 | 2890851 | 67230 | 0 | • | 684 | 0 | 1469 | 0 | 46 | 1472 | 749 | 9984 | 2809217 |
| Other Portfolio Income | 6 | 4299537 | 1162 | 0 | • | 0 | 0 | 774 | 1536 | 2022 | 8321 | 648 | 9961 | 4275113 |
| Other Receipts | 7 | 2309620 | 18324 | 323 | • | 5889 | 7563 | 755 | 3056 | 16676 | 11619 | -3238 | 37900 | 2210753 |
| Total Receipts | 8 | 122022110 | 957111 | 58161 | • | 354610 | 231317 | 861101 | 619968 | 1217643 | 1087295 | 1848436 | 3490861 | 111295607 |
| Average Total Receipts | 9 | 71525 | 19940 | 88 | • | 823 | 1779 | 4532 | 9687 | 23416 | 36243 | 84020 | 174543 | 1886366 |
| **Operating Costs/Operating Income (%)** | | | | | | | | | | | | | | |
| Cost of Operations | 10 | 71.5 | 87.3 | 85.1 | • | 66.0 | 67.9 | 53.3 | 68.4 | 68.0 | 63.5 | 70.4 | 79.6 | 71.4 |
| Salaries and Wages | 11 | 7.3 | 6.4 | 1.4 | • | 2.1 | 7.5 | 9.8 | 5.2 | 9.1 | 8.0 | 7.6 | 5.4 | 7.4 |
| Taxes Paid | 12 | 1.5 | 1.6 | 2.6 | • | 1.1 | 1.9 | 2.6 | 2.4 | 1.6 | 1.9 | 1.6 | 1.1 | 1.5 |
| Interest Paid | 13 | 7.9 | 6.6 | 4.9 | • | 0.6 | 0.8 | 1.3 | 0.8 | 1.7 | 3.0 | 3.8 | 2.8 | 8.5 |
| Depreciation | 14 | 6.9 | 8.3 | 0.2 | • | 1.1 | 1.1 | 2.9 | 4.5 | 3.6 | 6.0 | 6.2 | 5.6 | 7.1 |
| Amortization and Depletion | 15 | 0.8 | 0.9 | • | • | 0.0 | • | 0.0 | 0.2 | 0.2 | 0.3 | 1.0 | 0.4 | 0.8 |
| Pensions and Other Deferred Comp. | 16 | 0.5 | 0.3 | 0.0 | • | 0.1 | • | 1.2 | 0.5 | 0.5 | 0.5 | 0.3 | 0.2 | 0.5 |
| Employee Benefits | 17 | 2.0 | 2.4 | 1.1 | • | 1.2 | 2.1 | 0.8 | 1.1 | 1.2 | 1.6 | 1.5 | 0.9 | 2.1 |
| Advertising | 18 | 0.5 | 0.1 | 0.7 | • | 0.0 | 0.0 | 0.4 | 0.2 | 0.2 | 0.2 | 0.5 | 0.1 | 0.6 |
| Other Expenses | 19 | 12.0 | 10.5 | 19.0 | • | 16.2 | 9.3 | 17.5 | 6.5 | 10.0 | 16.2 | 9.2 | 8.8 | 12.2 |
| Officers' Compensation | 20 | 0.5 | 0.6 | 17.0 | • | 5.6 | 11.6 | 6.1 | 2.6 | 2.5 | 1.2 | 1.0 | 0.5 | 0.3 |
| Operating Margin | 21 | • | • | • | • | 5.8 | • | 4.0 | 7.4 | 1.3 | • | • | • | • |
| Operating Margin Before Officers' Comp. | 22 | • | • | • | • | 11.4 | 9.6 | 10.1 | 10.0 | 3.8 | • | • | • | • |

| Selected Average Balance Sheet ($ in Thousands) | | | | | | | | | | | | | |
|---|---|---|---|---|---|---|---|---|---|---|---|---|---|
| Net Receivables 23 | 25297 | 0 | 1 | • | 132 | 124 | 559 | 1424 | 3496 | 6207 | 10965 | 26968 | 707419 |
| Inventories 24 | 7454 | 0 | 5 | • | 51 | 182 | 410 | 694 | 2830 | 4126 | 11685 | 15978 | 198255 |
| Net Property, Plant and Equipment 25 | 30120 | 0 | 1 | • | 29 | 42 | 532 | 2297 | 5902 | 14771 | 30382 | 73575 | 817447 |
| Total Assets 26 | 153243 | 0 | 7 | • | 326 | 760 | 2430 | 6171 | 16775 | 36199 | 69284 | 167220 | 4296710 |
| Notes and Loans Payable 27 | 57001 | 0 | 38 | • | 126 | 214 | 726 | 2775 | 5335 | 12766 | 34882 | 66084 | 1594425 |
| All Other Liabilities 28 | 40973 | 0 | 79 | • | 105 | 117 | 523 | 844 | 3638 | 7817 | 17949 | 32841 | 1155229 |
| Net Worth 29 | 55270 | 0 | -110 | • | 94 | 428 | 1181 | 2552 | 7802 | 15616 | 16452 | 68296 | 1547056 |

| Selected Financial Ratios (Times to 1) | | | | | | | | | | | | | |
|---|---|---|---|---|---|---|---|---|---|---|---|---|---|
| Current Ratio 30 | 0.8 | • | 0.1 | • | 1.8 | 1.8 | 2.1 | 1.9 | 1.6 | 1.6 | 1.0 | 1.3 | 0.8 |
| Quick Ratio 31 | 0.6 | • | 0.0 | • | 0.9 | 1.1 | 1.4 | 1.3 | 1.0 | 0.9 | 0.5 | 0.7 | 0.6 |
| Net Sales to Working Capital 32 | • | • | • | • | 7.0 | 9.4 | 6.3 | 7.2 | 7.5 | 6.6 | 104.7 | 11.5 | • |
| Coverage Ratio 33 | 1.3 | • | • | • | 13.7 | 2.9 | 4.5 | 11.6 | 2.9 | 1.0 | 0.3 | 0.2 | 1.3 |
| Total Asset Turnover 34 | 0.4 | • | 13.2 | • | 2.5 | 2.3 | 1.9 | 1.6 | 1.4 | 1.0 | 1.2 | 1.0 | 0.4 |
| Inventory Turnover 35 | 6.1 | • | 16.4 | • | 10.5 | 6.4 | 5.9 | 9.5 | 5.5 | 5.4 | 5.0 | 8.4 | 6.0 |
| Receivables Turnover 36 | 2.6 | • | • | • | 6.6 | 6.0 | 5.9 | 6.5 | 6.4 | 6.3 | 7.0 | 6.5 | 2.5 |
| Total Liabilities to Net Worth 37 | 1.8 | • | • | • | 2.5 | 0.8 | 1.1 | 1.4 | 1.2 | 1.3 | 3.2 | 1.4 | 1.8 |
| Current Assets to Working Capital 38 | • | • | • | • | 2.3 | 2.2 | 2.0 | 2.2 | 2.6 | 2.7 | 33.7 | 4.0 | • |
| Current Liabilities to Working Capital 39 | • | • | • | • | 1.3 | 1.2 | 1.0 | 1.2 | 1.6 | 1.7 | 32.7 | 3.0 | • |
| Working Capital to Net Sales 40 | • | • | • | • | 0.1 | 0.1 | 0.2 | 0.1 | 0.1 | 0.2 | 0.0 | 0.1 | • |
| Inventory to Working Capital 41 | • | • | • | • | 0.4 | 0.9 | 0.6 | 0.6 | 0.8 | 0.9 | 14.7 | 1.4 | • |
| Total Receipts to Cash Flow 42 | 10.8 | • | • | • | 6.4 | 10.3 | 5.8 | 7.5 | 8.5 | 7.4 | 25.5 | 24.3 | 10.6 |
| Cost of Goods to Cash Flow 43 | 7.7 | • | • | • | 4.3 | 7.0 | 3.1 | 5.1 | 5.8 | 4.7 | 17.9 | 19.4 | 7.6 |
| Cash Flow to Total Debt 44 | 0.1 | • | • | • | 0.5 | 0.5 | 0.6 | 0.4 | 0.3 | 0.2 | 0.1 | 0.1 | 0.1 |

| Selected Financial Factors (in Percentages) | | | | | | | | | | | | | |
|---|---|---|---|---|---|---|---|---|---|---|---|---|---|
| Debt Ratio 45 | 63.9 | • | 1752.8 | • | 71.1 | 43.6 | 51.4 | 58.6 | 53.5 | 56.9 | 76.3 | 59.2 | 64.0 |
| Return on Total Assets 46 | 4.2 | • | • | • | 20.7 | 5.1 | 11.1 | 14.2 | 6.5 | 2.9 | 1.2 | 0.6 | 4.2 |
| Return on Equity Before Income Taxes 47 | 2.5 | • | 25.0 | • | 66.3 | 6.0 | 17.9 | 31.4 | 9.1 | • | • | • | 2.7 |
| Return on Equity After Income Taxes 48 | 1.1 | • | 25.0 | • | 64.6 | 5.5 | 15.8 | 30.2 | 8.0 | • | • | • | 1.3 |
| Profit Margin (Before Income Tax) 49 | 2.2 | • | • | • | 7.7 | 1.5 | 4.7 | 8.3 | 3.1 | • | • | • | 2.5 |
| Profit Margin (After Income Tax) 50 | 0.9 | • | • | • | 7.5 | 1.4 | 4.1 | 8.0 | 2.7 | • | • | • | 1.2 |

## Table II

Corporations with Net Income

# BASIC CHEMICAL

MONEY AMOUNTS AND SIZE OF ASSETS IN THOUSANDS OF DOLLARS

| Item Description for Accounting Period 7/00 Through 6/01 | | Total | Zero Assets | Under 100 | 100 to 250 | 251 to 500 | 501 to 1,000 | 1,001 to 5,000 | 5,001 to 10,000 | 10,001 to 25,000 | 25,001 to 50,000 | 50,001 to 100,000 | 100,001 to 250,000 | 250,001 and over |
|---|---|---|---|---|---|---|---|---|---|---|---|---|---|---|
| Number of Enterprises | 1 | 823 | 43 | 0 | • | 332 | 0 | 173 | 38 | 34 | 16 | 11 | 10 | 34 |
| **Revenues ($ in Thousands)** | | | | | | | | | | | | | | |
| Net Sales | 2 | 66089104 | 123561 | 0 | • | 304891 | 0 | 777360 | 504106 | 834135 | 747994 | 1185871 | 1521763 | 59865956 |
| Interest | 3 | 2833057 | 3546 | 0 | • | 0 | 0 | 2434 | 1382 | 1618 | 2402 | 4198 | 12468 | 2804607 |
| Rents | 4 | 100359 | 0 | 0 | • | 0 | 0 | 0 | 0 | 300 | 250 | 102 | 480 | 99226 |
| Royalties | 5 | 1304636 | 1906 | 0 | • | 0 | 0 | 1469 | 0 | 0 | 716 | 0 | 7987 | 1292558 |
| Other Portfolio Income | 6 | 3587434 | 0 | 0 | • | 0 | 0 | 767 | 1536 | 1504 | 7012 | 296 | 9961 | 3566357 |
| Other Receipts | 7 | 1698127 | 6248 | 0 | • | 2137 | 0 | 727 | 2786 | 14878 | 8273 | 13092 | 22075 | 1620349 |
| Total Receipts | 8 | 75612717 | 135261 | 0 | • | 307028 | 0 | 782757 | 509810 | 852435 | 766647 | 1203559 | 1574734 | 69249053 |
| Average Total Receipts | 9 | 91875 | 3146 | • | • | 925 | • | 4525 | 13416 | 25072 | 47915 | 109414 | 157473 | 2036737 |
| **Operating Costs/Operating Income (%)** | | | | | | | | | | | | | | |
| Cost of Operations | 10 | 70.6 | 55.3 | • | • | 62.9 | • | 51.1 | 66.6 | 63.3 | 59.7 | 71.1 | 69.9 | 71.2 |
| Salaries and Wages | 11 | 5.9 | 12.8 | • | • | 0.9 | • | 10.5 | 5.4 | 9.5 | 8.3 | 6.3 | 5.6 | 5.8 |
| Taxes Paid | 12 | 1.6 | 3.3 | • | • | 1.0 | • | 2.6 | 1.7 | 1.7 | 1.9 | 1.4 | 1.6 | 1.6 |
| Interest Paid | 13 | 8.5 | 1.1 | • | • | 0.4 | • | 0.9 | 0.6 | 1.4 | 0.9 | 1.7 | 1.9 | 9.3 |
| Depreciation | 14 | 6.4 | 1.8 | • | • | 1.1 | • | 2.2 | 2.1 | 3.0 | 5.5 | 4.3 | 5.1 | 6.6 |
| Amortization and Depletion | 15 | 0.7 | 0.3 | • | • | • | • | • | 0.2 | 0.2 | 0.2 | 0.4 | 0.2 | 0.7 |
| Pensions and Other Deferred Comp. | 16 | 0.5 | 1.1 | • | • | • | • | 1.4 | 0.6 | 0.6 | 0.3 | 0.3 | 0.4 | 0.5 |
| Employee Benefits | 17 | 2.1 | 1.7 | • | • | 1.1 | • | 0.9 | 1.3 | 1.2 | 1.7 | 1.4 | 0.9 | 2.2 |
| Advertising | 18 | 0.6 | 0.1 | • | • | 0.0 | • | 0.4 | 0.3 | 0.3 | 0.2 | 0.2 | 0.1 | 0.7 |
| Other Expenses | 19 | 11.1 | 8.9 | • | • | 14.9 | • | 18.2 | 6.3 | 9.7 | 15.3 | 8.4 | 10.6 | 11.0 |
| Officers' Compensation | 20 | 0.5 | 2.1 | • | • | 6.2 | • | 6.5 | 2.9 | 2.7 | 1.4 | 1.1 | 0.6 | 0.3 |
| Operating Margin | 21 | • | 11.4 | • | • | 11.5 | • | 5.4 | 11.9 | 6.4 | 4.7 | 3.4 | 3.2 | • |
| Operating Margin Before Officers' Comp. | 22 | • | 13.5 | • | • | 17.7 | • | 11.9 | 14.9 | 9.1 | 6.1 | 4.5 | 3.8 | • |

| | | | | | | | | | | | | | |
|---|---|---|---|---|---|---|---|---|---|---|---|---|---|
| **Selected Average Balance Sheet ($ in Thousands)** | | | | | | | | | | | | | |
| Net Receivables 23 | 38473 | 0 | • | • | 123 | • | 535 | 1799 | 3846 | 8076 | 13455 | 32109 | 903416 |
| Inventories 24 | 10888 | 0 | • | • | 46 | • | 321 | 1084 | 2920 | 4362 | 8539 | 18401 | 246612 |
| Net Property, Plant and Equipment 25 | 33405 | 0 | • | • | 31 | • | 443 | 1979 | 5590 | 15134 | 30078 | 59761 | 763651 |
| Total Assets 26 | 206136 | 0 | • | • | 326 | • | 2318 | 6362 | 16816 | 36586 | 69955 | 160325 | 4860882 |
| Notes and Loans Payable 27 | 83176 | 0 | • | • | 37 | • | 434 | 695 | 4942 | 7915 | 22820 | 54470 | 1977116 |
| All Other Liabilities 28 | 52415 | 0 | • | • | 43 | • | 513 | 1046 | 4246 | 6589 | 19670 | 27398 | 1242346 |
| Net Worth 29 | 70544 | 0 | • | • | 246 | • | 1370 | 4620 | 7629 | 22081 | 27465 | 78458 | 1641420 |
| **Selected Financial Ratios (Times to 1)** | | | | | | | | | | | | | |
| Current Ratio 30 | 0.8 | • | • | • | 3.2 | • | 2.3 | 3.7 | 1.7 | 1.9 | 1.4 | 1.4 | 0.8 |
| Quick Ratio 31 | 0.6 | • | • | • | 1.7 | • | 1.6 | 2.5 | 1.1 | 1.2 | 0.9 | 0.8 | 0.6 |
| Net Sales to Working Capital 32 | • | • | • | • | 5.2 | • | 5.8 | 4.5 | 7.0 | 6.4 | 13.4 | 8.2 | • |
| Coverage Ratio 33 | 1.9 | 19.3 | • | • | 30.6 | • | 8.1 | 22.2 | 7.1 | 9.4 | 3.9 | 4.7 | 1.8 |
| Total Asset Turnover 34 | 0.4 | • | • | • | 2.8 | • | 1.9 | 2.1 | 1.5 | 1.3 | 1.5 | 0.9 | 0.4 |
| Inventory Turnover 35 | 5.2 | • | • | • | 12.5 | • | 7.2 | 8.2 | 5.3 | 6.4 | 9.0 | 5.8 | 5.1 |
| Receivables Turnover 36 | 2.0 | • | • | • | 6.9 | • | 6.5 | 6.1 | 5.9 | 6.3 | 7.7 | 4.3 | 1.9 |
| Total Liabilities to Net Worth 37 | 1.9 | • | • | • | 0.3 | • | 0.7 | 0.4 | 1.2 | 0.7 | 1.5 | 1.0 | 2.0 |
| Current Assets to Working Capital 38 | • | • | • | • | 1.5 | • | 1.8 | 1.4 | 2.5 | 2.1 | 3.2 | 3.4 | • |
| Current Liabilities to Working Capital 39 | • | • | • | • | 0.5 | • | 0.8 | 0.4 | 1.5 | 1.1 | 2.2 | 2.4 | • |
| Working Capital to Net Sales 40 | • | • | • | • | 0.2 | • | 0.2 | 0.2 | 0.1 | 0.2 | 0.1 | 0.1 | • |
| Inventory to Working Capital 41 | • | • | • | • | 0.1 | • | 0.5 | 0.4 | 0.7 | 0.6 | 1.1 | 1.0 | • |
| Total Receipts to Cash Flow 42 | 8.1 | 3.5 | • | • | 5.1 | • | 5.2 | 5.4 | 5.9 | 5.1 | 9.4 | 6.4 | 8.4 |
| Cost of Goods to Cash Flow 43 | 5.8 | 1.9 | • | • | 3.2 | • | 2.7 | 3.6 | 3.8 | 3.0 | 6.7 | 4.5 | 6.0 |
| Cash Flow to Total Debt 44 | 0.1 | • | • | • | 2.2 | • | 0.9 | 1.4 | 0.5 | 0.6 | 0.3 | 0.3 | 0.1 |
| **Selected Financial Factors (in Percentages)** | | | | | | | | | | | | | |
| Debt Ratio 45 | 65.8 | • | • | • | 24.5 | • | 40.9 | 27.4 | 54.6 | 39.6 | 60.7 | 51.1 | 66.2 |
| Return on Total Assets 46 | 6.2 | • | • | • | 35.4 | • | 13.4 | 28.2 | 14.5 | 10.3 | 10.1 | 8.4 | 6.0 |
| Return on Equity Before Income Taxes 47 | 8.5 | • | • | • | 45.3 | • | 19.9 | 37.1 | 27.4 | 15.3 | 19.2 | 13.5 | 8.0 |
| Return on Equity After Income Taxes 48 | 6.2 | • | • | • | 44.5 | • | 18.0 | 36.1 | 25.6 | 11.6 | 15.3 | 9.9 | 5.7 |
| Profit Margin (Before Income Tax) 49 | 7.4 | 20.9 | • | • | 12.2 | • | 6.1 | 12.9 | 8.5 | 7.2 | 4.9 | 7.0 | 7.4 |
| Profit Margin (After Income Tax) 50 | 5.4 | 13.3 | • | • | 11.9 | • | 5.5 | 12.6 | 8.0 | 5.5 | 3.9 | 5.1 | 5.3 |

## Table I

Corporations with and without Net Income

# RESIN, SYNTHETIC RUBBER, AND FIBERS AND FILAMENTS

MONEY AMOUNTS AND SIZE OF ASSETS IN THOUSANDS OF DOLLARS

| Item Description for Accounting Period 7/00 Through 6/01 | | Total | Zero Assets | Under 100 | 100 to 250 | 251 to 500 | 501 to 1,000 | 1,001 to 5,000 | 5,001 to 10,000 | 10,001 to 25,000 | 25,001 to 50,000 | 50,001 to 100,000 | 100,001 to 250,000 | 250,001 and over |
|---|---|---|---|---|---|---|---|---|---|---|---|---|---|---|
| Number of Enterprises | 1 | 545 | 3 | 243 | • | • | • | 176 | 46 | 28 | 10 | 14 | 7 | 17 |
| **Revenues ($ in Thousands)** | | | | | | | | | | | | | | |
| Net Sales | 2 | 42020816 | 2618203 | 0 | • | • | • | 696843 | 562010 | 739910 | 542520 | 1370046 | 826301 | 34664982 |
| Interest | 3 | 2023534 | 4105 | 0 | • | • | • | 1349 | 1812 | 2250 | 802 | 6515 | 14032 | 1992670 |
| Rents | 4 | 49610 | 181 | 0 | • | • | • | 0 | 0 | 198 | 305 | 716 | 283 | 47927 |
| Royalties | 5 | 596878 | 3777 | 0 | • | • | • | 0 | 0 | 2689 | 1509 | 230 | 0 | 588673 |
| Other Portfolio Income | 6 | 865532 | 37621 | 0 | • | • | • | 26784 | 0 | 5778 | 2036 | 914 | 462 | 791936 |
| Other Receipts | 7 | 909861 | 65764 | 0 | • | • | • | 69 | 9585 | 4432 | 346 | 8802 | 7520 | 813344 |
| Total Receipts | 8 | 46466231 | 2729651 | 0 | • | • | • | 725045 | 573407 | 755257 | 547518 | 1387223 | 848598 | 38899532 |
| Average Total Receipts | 9 | 85259 | 909884 | 0 | • | • | • | 4120 | 12465 | 26973 | 54752 | 99087 | 121228 | 2288208 |
| **Operating Costs/Operating Income (%)** | | | | | | | | | | | | | | |
| Cost of Operations | 10 | 65.7 | 80.4 | • | • | • | • | 56.9 | 85.2 | 72.9 | 76.0 | 74.8 | 82.0 | 63.4 |
| Salaries and Wages | 11 | 2.4 | 5.6 | • | • | • | • | 9.7 | 2.8 | 5.6 | 5.5 | 4.7 | 4.2 | 1.7 |
| Taxes Paid | 12 | 0.9 | 0.4 | • | • | • | • | 2.2 | 1.6 | 2.0 | 1.2 | 1.3 | 0.9 | 0.9 |
| Interest Paid | 13 | 7.3 | 2.7 | • | • | • | • | 1.8 | 1.3 | 2.2 | 2.0 | 2.4 | 6.9 | 8.3 |
| Depreciation | 14 | 5.5 | 4.7 | • | • | • | • | 2.3 | 2.1 | 3.0 | 5.9 | 4.4 | 12.6 | 5.7 |
| Amortization and Depletion | 15 | 0.3 | 0.2 | • | • | • | • | 0.0 | 0.3 | 0.4 | 0.2 | 0.6 | 1.2 | 0.3 |
| Pensions and Other Deferred Comp. | 16 | 0.4 | 0.1 | • | • | • | • | 0.7 | • | 0.3 | 0.5 | 0.2 | 0.3 | 0.4 |
| Employee Benefits | 17 | 1.6 | 3.1 | • | • | • | • | 1.4 | 0.3 | 1.2 | 0.9 | 1.6 | 0.4 | 1.5 |
| Advertising | 18 | 0.6 | 0.2 | • | • | • | • | 0.4 | 0.3 | 0.7 | 0.4 | 0.2 | 0.1 | 0.7 |
| Other Expenses | 19 | 21.6 | 8.5 | • | • | • | • | 13.4 | 6.7 | 10.1 | 7.5 | 7.8 | 5.4 | 24.4 |
| Officers' Compensation | 20 | 0.5 | 0.4 | • | • | • | • | 9.7 | 0.3 | 2.3 | 1.3 | 1.3 | 1.1 | 0.2 |
| Operating Margin | 21 | • | • | • | • | • | • | 1.4 | • | • | • | 0.8 | • | • |
| Operating Margin Before Officers' Comp. | 22 | • | • | • | • | • | • | 11.1 | • | 1.5 | • | 2.0 | • | • |

| Selected Average Balance Sheet ($ in Thousands) | | | | | | | | | | | | | |
|---|---|---|---|---|---|---|---|---|---|---|---|---|---|
| Net Receivables 23 | 10246 | 0 | 0 | • | • | • | 458 | 1632 | 3566 | 7127 | 14361 | 18737 | 289705 |
| Inventories 24 | 8398 | 0 | 0 | • | • | • | 370 | 1024 | 3056 | 6779 | 12014 | 10926 | 239218 |
| Net Property, Plant and Equipment 25 | 31278 | 0 | 0 | • | • | • | 816 | 1138 | 5180 | 18280 | 27356 | 70812 | 920250 |
| Total Assets 26 | 182856 | 0 | 0 | • | • | • | 2347 | 6596 | 16423 | 36839 | 73513 | 157968 | 5645682 |
| Notes and Loans Payable 27 | 39410 | 0 | 0 | • | • | • | 1551 | 2090 | 7363 | 19282 | 22387 | 90664 | 1162482 |
| All Other Liabilities 28 | 58459 | 0 | 0 | • | • | • | 627 | 953 | 3978 | 7864 | 20780 | 33092 | 1823128 |
| Net Worth 29 | 84987 | 0 | 0 | • | • | • | 169 | 3553 | 5083 | 9693 | 30346 | 34212 | 2660072 |

| Selected Financial Ratios (Times to 1) | | | | | | | | | | | | | |
|---|---|---|---|---|---|---|---|---|---|---|---|---|---|
| Current Ratio 30 | 1.0 | • | • | • | • | • | 1.4 | 3.2 | 1.2 | 1.1 | 1.4 | 0.8 | 1.0 |
| Quick Ratio 31 | 0.5 | • | • | • | • | • | 0.8 | 2.0 | 0.7 | 0.6 | 0.8 | 0.4 | 0.5 |
| Net Sales to Working Capital 32 | 158.2 | • | • | • | • | • | 9.6 | 5.0 | 18.9 | 26.2 | 11.0 | • | • |
| Coverage Ratio 33 | 1.7 | 0.2 | • | • | • | • | 3.9 | 1.8 | 1.6 | 0.8 | 1.8 | • | 1.8 |
| Total Asset Turnover 34 | 0.4 | • | • | • | • | • | 1.7 | 1.9 | 1.6 | 1.5 | 1.3 | 0.7 | 0.4 |
| Inventory Turnover 35 | 6.0 | • | • | • | • | • | 6.1 | 10.2 | 6.3 | 6.1 | 6.1 | 8.9 | 5.4 |
| Receivables Turnover 36 | 7.6 | • | • | • | • | • | 7.8 | 5.5 | 6.5 | 6.8 | 6.8 | 5.6 | 7.3 |
| Total Liabilities to Net Worth 37 | 1.2 | • | • | • | • | • | 12.9 | 0.9 | 2.2 | 2.8 | 1.4 | 3.6 | 1.1 |
| Current Assets to Working Capital 38 | 49.5 | • | • | • | • | • | 3.4 | 1.5 | 6.0 | 7.7 | 3.5 | • | • |
| Current Liabilities to Working Capital 39 | 48.5 | • | • | • | • | • | 2.4 | 0.5 | 5.0 | 6.7 | 2.5 | • | • |
| Working Capital to Net Sales 40 | 0.0 | • | • | • | • | • | 0.1 | 0.2 | 0.1 | 0.0 | 0.1 | • | • |
| Inventory to Working Capital 41 | 18.3 | • | • | • | • | • | 0.9 | 0.4 | 2.1 | 3.1 | 1.3 | • | • |
| Total Receipts to Cash Flow 42 | 4.6 | 26.6 | • | • | • | • | 6.6 | 15.3 | 11.3 | 18.5 | 11.9 | • | 4.0 |
| Cost of Goods to Cash Flow 43 | 3.0 | 21.4 | • | • | • | • | 3.8 | 13.0 | 8.3 | 14.1 | 8.9 | • | 2.5 |
| Cash Flow to Total Debt 44 | 0.2 | • | • | • | • | • | 0.3 | 0.3 | 0.2 | 0.1 | 0.2 | • | 0.2 |

| Selected Financial Factors (in Percentages) | | | | | | | | | | | | | |
|---|---|---|---|---|---|---|---|---|---|---|---|---|---|
| Debt Ratio 45 | 53.5 | • | • | • | • | • | 92.8 | 46.1 | 69.1 | 73.7 | 58.7 | 78.3 | 52.9 |
| Return on Total Assets 46 | 5.2 | • | • | • | • | • | 12.1 | 4.3 | 5.6 | 2.2 | 5.9 | • | 5.2 |
| Return on Equity Before Income Taxes 47 | 4.5 | • | • | • | • | • | 125.4 | 3.6 | 6.8 | • | 6.5 | • | 4.8 |
| Return on Equity After Income Taxes 48 | 3.0 | • | • | • | • | • | 113.7 | 2.9 | 6.0 | • | 4.2 | • | 3.3 |
| Profit Margin (Before Income Tax) 49 | 5.0 | • | • | • | • | • | 5.4 | 1.0 | 1.3 | • | 2.0 | • | 6.3 |
| Profit Margin (After Income Tax) 50 | 3.3 | • | • | • | • | • | 4.9 | 0.9 | 1.2 | • | 1.3 | • | 4.3 |

# RESIN, SYNTHETIC RUBBER, AND FIBERS AND FILAMENTS

MONEY AMOUNTS AND SIZE OF ASSETS IN THOUSANDS OF DOLLARS

| Item Description for Accounting Period 7/00 Through 6/01 | | Total | Zero Assets | Under 100 | 100 to 250 | 251 to 500 | 501 to 1,000 | 1,001 to 5,000 | 5,001 to 10,000 | 10,001 to 25,000 | 25,001 to 50,000 | 50,001 to 100,000 | 100,001 to 250,000 | 250,001 and over |
|---|---|---|---|---|---|---|---|---|---|---|---|---|---|---|
| Number of Enterprises | 1 | 177 | • | • | • | • | • | 105 | 31 | 14 | 5 | 10 | • | 12 |
| **Revenues ($ in Thousands)** | | | | | | | | | | | | | | |
| Net Sales | 2 | 31818299 | • | • | • | • | • | 471581 | 148194 | 417198 | 347183 | 1062987 | • | 29371155 |
| Interest | 3 | 1982017 | • | • | • | • | • | 1343 | 1812 | 860 | 156 | 1890 | • | 1975955 |
| Rents | 4 | 44441 | • | • | • | • | • | 0 | 0 | 146 | 37 | 228 | • | 44030 |
| Royalties | 5 | 553585 | • | • | • | • | • | 0 | 0 | 2689 | 0 | 186 | • | 550710 |
| Other Portfolio Income | 6 | 803409 | • | • | • | • | • | 26728 | 0 | 485 | 838 | 861 | • | 774497 |
| Other Receipts | 7 | 813215 | • | • | • | • | • | 40 | 10232 | 1881 | 1488 | 4103 | • | 795473 |
| Total Receipts | 8 | 36014966 | • | • | • | • | • | 499692 | 160238 | 423259 | 349702 | 1070255 | • | 33511820 |
| Average Total Receipts | 9 | 203474 | • | • | • | • | • | 4759 | 5169 | 30233 | 69940 | 107026 | • | 2792652 |
| **Operating Costs/Operating Income (%)** | | | | | | | | | | | | | | |
| Cost of Operations | 10 | 62.9 | • | • | • | • | • | 55.1 | 73.3 | 69.7 | 72.5 | 76.5 | • | 62.2 |
| Salaries and Wages | 11 | 1.9 | • | • | • | • | • | 11.7 | 5.4 | 5.2 | 5.8 | 4.0 | • | 1.6 |
| Taxes Paid | 12 | 1.0 | • | • | • | • | • | 2.0 | 4.2 | 1.8 | 0.9 | 1.2 | • | 0.9 |
| Interest Paid | 13 | 8.3 | • | • | • | • | • | 1.5 | 2.2 | 1.9 | 1.5 | 2.3 | • | 8.8 |
| Depreciation | 14 | 5.3 | • | • | • | • | • | 2.7 | 1.8 | 2.7 | 5.6 | 3.0 | • | 5.4 |
| Amortization and Depletion | 15 | 0.2 | • | • | • | • | • | • | 1.3 | 0.5 | 0.2 | 0.6 | • | 0.2 |
| Pensions and Other Deferred Comp. | 16 | 0.3 | • | • | • | • | • | 0.7 | • | 0.3 | 0.5 | 0.2 | • | 0.3 |
| Employee Benefits | 17 | 1.6 | • | • | • | • | • | 0.7 | 1.1 | 0.7 | 1.1 | 1.5 | • | 1.6 |
| Advertising | 18 | 0.7 | • | • | • | • | • | 0.2 | 0.9 | 0.8 | 0.2 | 0.1 | • | 0.8 |
| Other Expenses | 19 | 23.7 | • | • | • | • | • | 12.8 | 13.1 | 10.4 | 6.8 | 5.7 | • | 24.9 |
| Officers' Compensation | 20 | 0.4 | • | • | • | • | • | 8.6 | 0.3 | 2.0 | 1.7 | 0.7 | • | 0.2 |
| Operating Margin | 21 | • | • | • | • | • | • | 3.9 | • | 3.8 | 3.1 | 4.3 | • | • |
| Operating Margin Before Officers' Comp. | 22 | • | • | • | • | • | • | 12.5 | • | 5.8 | 4.8 | 4.9 | • | • |

## Selected Average Balance Sheet ($ in Thousands)

| | | | | | | | | | | | | | |
|---|---|---|---|---|---|---|---|---|---|---|---|---|---|
| Net Receivables 23 | 24852 | • | • | • | • | • | 537 | 474 | 3583 | 8842 | 15227 | • | 340094 |
| Inventories 24 | 21532 | • | • | • | • | • | 537 | 465 | 4011 | 5477 | 12521 | • | 292872 |
| Net Property, Plant and Equipment 25 | 74313 | • | • | • | • | • | 599 | 964 | 4976 | 20360 | 23468 | • | 1054533 |
| Total Assets 26 | 513189 | • | • | • | • | • | 2258 | 6271 | 18044 | 38625 | 72017 | • | 7436420 |
| Notes and Loans Payable 27 | 98755 | • | • | • | • | • | 618 | 1581 | 7202 | 13283 | 23601 | • | 1413530 |
| All Other Liabilities 28 | 160684 | • | • | • | • | • | 503 | 620 | 4473 | 5250 | 21454 | • | 2338808 |
| Net Worth 29 | 253750 | • | • | • | • | • | 1137 | 4070 | 6369 | 20093 | 26963 | • | 3684082 |

## Selected Financial Ratios (Times to 1)

| | | | | | | | | | | | | | |
|---|---|---|---|---|---|---|---|---|---|---|---|---|---|
| Current Ratio 30 | 1.1 | • | • | • | • | • | 2.0 | 3.2 | 1.4 | 1.9 | 1.4 | • | 1.1 |
| Quick Ratio 31 | 0.6 | • | • | • | • | • | 1.3 | 2.0 | 0.7 | 1.2 | 0.8 | • | 0.6 |
| Net Sales to Working Capital 32 | 28.8 | • | • | • | • | • | 5.4 | 2.9 | 11.3 | 8.6 | 11.0 | • | 37.2 |
| Coverage Ratio 33 | 2.0 | • | • | • | • | • | 7.7 | 3.0 | 3.8 | 3.5 | 3.2 | • | 2.0 |
| Total Asset Turnover 34 | 0.4 | • | • | • | • | • | 2.0 | 0.8 | 1.7 | 1.8 | 1.5 | • | 0.3 |
| Inventory Turnover 35 | 5.2 | • | • | • | • | • | 4.6 | 7.5 | 5.2 | 9.2 | 6.5 | • | 5.2 |
| Receivables Turnover 36 | 6.9 | • | • | • | • | • | 6.1 | 20.2 | 5.8 | 7.5 | 5.6 | • | 7.1 |
| Total Liabilities to Net Worth 37 | 1.0 | • | • | • | • | • | 1.0 | 0.5 | 1.8 | 0.9 | 1.7 | • | 1.0 |
| Current Assets to Working Capital 38 | 9.9 | • | • | • | • | • | 2.0 | 1.4 | 3.7 | 2.1 | 3.4 | • | 12.8 |
| Current Liabilities to Working Capital 39 | 8.9 | • | • | • | • | • | 1.0 | 0.4 | 2.7 | 1.1 | 2.4 | • | 11.8 |
| Working Capital to Net Sales 40 | 0.0 | • | • | • | • | • | 0.2 | 0.3 | 0.1 | 0.1 | 0.1 | • | 0.0 |
| Inventory to Working Capital 41 | 3.6 | • | • | • | • | • | 0.5 | 0.3 | 1.4 | 0.7 | 1.3 | • | 4.8 |
| Total Receipts to Cash Flow 42 | 3.8 | • | • | • | • | • | 5.0 | 6.3 | 7.1 | 11.4 | 10.7 | • | 3.6 |
| Cost of Goods to Cash Flow 43 | 2.4 | • | • | • | • | • | 2.8 | 4.6 | 5.0 | 8.3 | 8.2 | • | 2.3 |
| Cash Flow to Total Debt 44 | 0.2 | • | • | • | • | • | 0.8 | 0.3 | 0.4 | 0.3 | 0.2 | • | 0.2 |

## Selected Financial Factors (in Percentages)

| | | | | | | | | | | | | | |
|---|---|---|---|---|---|---|---|---|---|---|---|---|---|
| Debt Ratio 45 | 50.6 | • | • | • | • | • | 49.7 | 35.1 | 64.7 | 48.0 | 62.6 | • | 50.5 |
| Return on Total Assets 46 | 5.8 | • | • | • | • | • | 22.4 | 5.1 | 11.9 | 9.6 | 10.7 | • | 5.7 |
| Return on Equity Before Income Taxes 47 | 5.8 | • | • | • | • | • | 38.7 | 5.3 | 24.7 | 13.1 | 19.6 | • | 5.6 |
| Return on Equity After Income Taxes 48 | 4.3 | • | • | • | • | • | 35.7 | 4.4 | 23.5 | 11.6 | 16.0 | • | 4.1 |
| Profit Margin (Before Income Tax) 49 | 8.2 | • | • | • | • | • | 9.8 | 4.5 | 5.3 | 3.8 | 5.0 | • | 8.5 |
| Profit Margin (After Income Tax) 50 | 6.1 | • | • | • | • | • | 9.0 | 3.8 | 5.0 | 3.3 | 4.1 | • | 6.1 |

## Table I

Corporations with and without Net Income

# PHARMACEUTICAL AND MEDICINE

MONEY AMOUNTS AND SIZE OF ASSETS IN THOUSANDS OF DOLLARS

| Item Description for Accounting Period 7/00 Through 6/01 | | Total | Zero Assets | Under 100 | 100 to 250 | 251 to 500 | 501 to 1,000 | 1,001 to 5,000 | 5,001 to 10,000 | 10,001 to 25,000 | 25,001 to 50,000 | 50,001 to 100,000 | 100,001 to 250,000 | 250,001 and over |
|---|---|---|---|---|---|---|---|---|---|---|---|---|---|---|
| Number of Enterprises | 1 | 1753 | 33 | 276 | 366 | 214 | 23 | 405 | 117 | 93 | 57 | 54 | 38 | 76 |
| **Revenues ($ in Thousands)** | | | | | | | | | | | | | | |
| Net Sales | 2 | 203210319 | 3412832 | 1891 | 0 | 197903 | 6841 | 1209644 | 752409 | 1620457 | 1468335 | 2337491 | 3030901 | 189171615 |
| Interest | 3 | 5827338 | 138096 | 0 | 0 | 70 | 1048 | 9411 | 8489 | 21333 | 43451 | 73145 | 126336 | 5405959 |
| Rents | 4 | 250769 | 23376 | 0 | 0 | 0 | 0 | 33 | 61 | 928 | 1695 | 1183 | 3039 | 220455 |
| Royalties | 5 | 11356862 | 68359 | 0 | 0 | 0 | 11 | 29443 | 8665 | 10576 | 8068 | 9779 | 22663 | 11199299 |
| Other Portfolio Income | 6 | 12669799 | 191522 | 0 | 0 | 242 | 0 | 717 | 13270 | 12411 | 15840 | 8998 | 30635 | 12396163 |
| Other Receipts | 7 | 17851012 | 807442 | 0 | 0 | 227 | 19 | 28362 | -188 | 28771 | 110478 | 81593 | 172424 | 16621884 |
| Total Receipts | 8 | 251166099 | 4641627 | 1891 | 0 | 198442 | 7919 | 1277610 | 782706 | 1694476 | 1647867 | 2512189 | 3385998 | 235015375 |
| Average Total Receipts | 9 | 143278 | 140655 | 7 | 0 | 927 | 344 | 3155 | 6690 | 18220 | 28910 | 46522 | 89105 | 3092308 |
| **Operating Costs/Operating Income (%)** | | | | | | | | | | | | | | |
| Cost of Operations | 10 | 47.7 | 45.1 | 37.5 | • | 59.3 | 54.5 | 56.9 | 63.3 | 52.9 | 52.7 | 47.5 | 42.2 | 47.6 |
| Salaries and Wages | 11 | 15.5 | 20.1 | • | • | 15.1 | 70.2 | 15.1 | 6.3 | 12.4 | 17.4 | 17.7 | 12.8 | 15.5 |
| Taxes Paid | 12 | 1.7 | 2.4 | 2.1 | • | 3.5 | 14.8 | 2.6 | 2.2 | 2.0 | 2.5 | 2.7 | 2.1 | 1.6 |
| Interest Paid | 13 | 4.5 | 4.5 | • | • | 0.8 | 33.3 | 1.8 | 1.1 | 2.2 | 3.4 | 2.5 | 2.0 | 4.7 |
| Depreciation | 14 | 3.1 | 2.9 | • | • | 0.9 | 11.9 | 5.3 | 3.0 | 2.9 | 4.3 | 3.8 | 4.3 | 3.1 |
| Amortization and Depletion | 15 | 0.8 | 0.5 | • | • | 0.0 | 0.1 | 0.6 | 0.3 | 1.9 | 1.1 | 1.4 | 0.8 | 0.8 |
| Pensions and Other Deferred Comp. | 16 | 0.8 | 2.3 | • | • | • | 0.5 | 0.9 | 0.2 | 0.2 | 0.6 | 0.4 | 0.3 | 0.8 |
| Employee Benefits | 17 | 1.7 | 3.2 | • | • | 0.1 | 1.2 | 1.4 | 0.7 | 1.6 | 1.6 | 1.8 | 1.5 | 1.7 |
| Advertising | 18 | 5.1 | 3.0 | • | • | 3.7 | 0.2 | 1.0 | 1.5 | 2.1 | 3.3 | 1.9 | 3.6 | 5.2 |
| Other Expenses | 19 | 28.8 | 39.3 | 53.2 | • | 31.3 | 423.3 | 26.1 | 27.5 | 30.4 | 38.1 | 37.1 | 33.7 | 28.3 |
| Officers' Compensation | 20 | 1.3 | 1.3 | • | • | 2.7 | 106.0 | 6.7 | 4.0 | 3.7 | 3.6 | 2.9 | 2.1 | 1.2 |
| Operating Margin | 21 | • | • | 7.2 | • | • | • | • | • | • | • | • | • | • |
| Operating Margin Before Officers' Comp. | 22 | • | • | 7.2 | • | • | • | • | • | • | • | • | • | • |

| Selected Average Balance Sheet ($ in Thousands) | | | | | | | | | | | | | |
|---|---|---|---|---|---|---|---|---|---|---|---|---|---|
| Net Receivables 23 | 35364 | 0 | 0 | 0 | 61 | 14 | 489 | 1717 | 2654 | 4231 | 7444 | 18321 | 789399 |
| Inventories 24 | 13998 | 0 | 3 | 0 | 117 | 550 | 246 | 316 | 2209 | 5068 | 7855 | 12425 | 302280 |
| Net Property, Plant and Equipment 25 | 29455 | 0 | 0 | 0 | 25 | 105 | 802 | 1564 | 3407 | 8339 | 11860 | 33257 | 637145 |
| Total Assets 26 | 229071 | 0 | 27 | 111 | 371 | 796 | 2373 | 6729 | 16495 | 35733 | 72713 | 150365 | 5084937 |
| Notes and Loans Payable 27 | 58647 | 0 | 8 | 31 | 166 | 377 | 1558 | 1200 | 4858 | 10139 | 15561 | 22658 | 1305900 |
| All Other Liabilities 28 | 89922 | 0 | 0 | 0 | 180 | 417 | 549 | 1509 | 3858 | 9220 | 15548 | 28001 | 2031559 |
| Net Worth 29 | 80501 | 0 | 19 | 81 | 24 | 3 | 267 | 4019 | 7779 | 16374 | 41604 | 99706 | 1747478 |

| Selected Financial Ratios (Times to 1) | | | | | | | | | | | | | |
|---|---|---|---|---|---|---|---|---|---|---|---|---|---|
| Current Ratio 30 | 1.0 | • | • | 23.0 | 1.5 | 0.8 | 2.0 | 3.1 | 2.0 | 2.2 | 2.8 | 3.1 | 1.0 |
| Quick Ratio 31 | 0.6 | • | • | 23.0 | 0.7 | 0.6 | 1.4 | 2.0 | 1.3 | 1.4 | 1.7 | 2.1 | 0.5 |
| Net Sales to Working Capital 32 | • | • | 0.3 | • | 9.0 | • | 4.4 | 2.3 | 3.5 | 2.2 | 1.7 | 1.4 | • |
| Coverage Ratio 33 | 4.3 | 3.6 | • | • | • | • | • | • | • | • | • | 4.4 | 4.5 |
| Total Asset Turnover 34 | 0.5 | • | 0.3 | • | 2.5 | 0.4 | 1.3 | 1.0 | 1.1 | 0.7 | 0.6 | 0.5 | 0.5 |
| Inventory Turnover 35 | 3.9 | • | 0.8 | • | 4.7 | 0.3 | 6.9 | 12.9 | 4.2 | 2.7 | 2.6 | 2.7 | 3.9 |
| Receivables Turnover 36 | 3.4 | • | • | • | 11.6 | 0.9 | 8.1 | 5.1 | 8.0 | 4.8 | 6.1 | 4.6 | 3.3 |
| Total Liabilities to Net Worth 37 | 1.8 | • | 0.4 | 0.4 | 14.2 | 276.4 | 7.9 | 0.7 | 1.1 | 1.2 | 0.7 | 0.5 | 1.9 |
| Current Assets to Working Capital 38 | • | • | 1.0 | 1.0 | 2.9 | • | 2.0 | 1.5 | 2.0 | 1.8 | 1.6 | 1.5 | • |
| Current Liabilities to Working Capital 39 | • | • | • | 0.0 | 1.9 | • | 1.0 | 0.5 | 1.0 | 0.8 | 0.6 | 0.5 | • |
| Working Capital to Net Sales 40 | • | • | 4.0 | • | 0.1 | • | 0.2 | 0.4 | 0.3 | 0.5 | 0.6 | 0.7 | • |
| Inventory to Working Capital 41 | • | • | 0.1 | • | 1.5 | • | 0.4 | 0.1 | 0.5 | 0.4 | 0.3 | 0.2 | • |
| Total Receipts to Cash Flow 42 | 2.8 | 2.3 | 1.7 | • | 17.1 | • | 12.6 | 5.7 | 5.4 | 5.8 | 4.7 | 2.8 | 2.8 |
| Cost of Goods to Cash Flow 43 | 1.3 | 1.0 | 0.6 | • | 10.2 | • | 7.1 | 3.6 | 2.8 | 3.1 | 2.3 | 1.2 | 1.3 |
| Cash Flow to Total Debt 44 | 0.3 | • | 0.5 | • | 0.2 | • | 0.1 | 0.4 | 0.4 | 0.2 | 0.3 | 0.6 | 0.3 |

| Selected Financial Factors (in Percentages) | | | | | | | | | | | | | |
|---|---|---|---|---|---|---|---|---|---|---|---|---|---|
| Debt Ratio 45 | 64.9 | • | 29.2 | 27.5 | 93.4 | 99.6 | 88.7 | 40.3 | 52.8 | 54.2 | 42.8 | 33.7 | 65.6 |
| Return on Total Assets 46 | 9.8 | • | 1.8 | • | • | • | • | • | • | • | • | 4.6 | 10.1 |
| Return on Equity Before Income Taxes 47 | 21.3 | • | 2.5 | • | • | • | • | • | • | • | • | 5.3 | 22.9 |
| Return on Equity After Income Taxes 48 | 13.6 | • | 2.5 | • | • | • | • | • | • | • | • | • | 15.1 |
| Profit Margin (Before Income Tax) 49 | 14.8 | 11.6 | 7.2 | • | • | • | • | • | • | • | • | 6.6 | 16.1 |
| Profit Margin (After Income Tax) 50 | 9.4 | 4.6 | 7.2 | • | • | • | • | • | • | • | • | • | 10.6 |

# PHARMACEUTICAL AND MEDICINE

MONEY AMOUNTS AND SIZE OF ASSETS IN THOUSANDS OF DOLLARS

| Item Description for Accounting Period 7/00 Through 6/01 | | Total | Zero Assets | Under 100 | 100 to 250 | 251 to 500 | 501 to 1,000 | 1,001 to 5,000 | 5,001 to 10,000 | 10,001 to 25,000 | 25,001 to 50,000 | 50,001 to 100,000 | 100,001 to 250,000 | 250,001 and over |
|---|---|---|---|---|---|---|---|---|---|---|---|---|---|---|
| Number of Enterprises | 1 | 787 | 11 | 0 | • | • | 0 | 267 | 73 | 43 | 21 | 20 | 0 | 57 |
| **Revenues ($ in Thousands)** | | | | | | | | | | | | | | |
| Net Sales | 2 | 168717414 | 1666455 | 0 | • | • | 0 | 947153 | 594960 | 1233793 | 919884 | 1745323 | 0 | 159330475 |
| Interest | 3 | 5195127 | 124925 | 0 | • | • | 0 | 1493 | 6283 | 6653 | 11826 | 14781 | 0 | 4996902 |
| Rents | 4 | 177304 | 23327 | 0 | • | • | 0 | 33 | 61 | 555 | 1218 | 818 | 0 | 148283 |
| Royalties | 5 | 10188587 | 37976 | 0 | • | • | 0 | 29063 | 8342 | 0 | 1739 | 3550 | 0 | 10089250 |
| Other Portfolio Income | 6 | 12009739 | 184566 | 0 | • | • | 0 | 717 | 4467 | 4557 | 9244 | 7090 | 0 | 11769075 |
| Other Receipts | 7 | 13578247 | 772716 | 0 | • | • | 0 | 25973 | 6016 | 7291 | 81876 | 26676 | 0 | 12519223 |
| Total Receipts | 8 | 209866418 | 2809965 | 0 | • | • | 0 | 1004432 | 620129 | 1252849 | 1025787 | 1798238 | 0 | 198853208 |
| Average Total Receipts | 9 | 266666 | 255451 | • | • | • | • | 3762 | 8495 | 29136 | 48847 | 89912 | • | 3488653 |
| **Operating Costs/Operating Income (%)** | | | | | | | | | | | | | | |
| Cost of Operations | 10 | 46.8 | 35.5 | • | • | • | • | 53.6 | 54.5 | 52.2 | 49.6 | 43.2 | • | 46.9 |
| Salaries and Wages | 11 | 14.2 | 21.2 | • | • | • | • | 12.6 | 4.6 | 7.3 | 8.8 | 11.8 | • | 14.4 |
| Taxes Paid | 12 | 1.6 | 3.8 | • | • | • | • | 2.0 | 2.1 | 1.5 | 1.7 | 2.0 | • | 1.6 |
| Interest Paid | 13 | 4.8 | 1.3 | • | • | • | • | 1.4 | 0.7 | 1.3 | 2.0 | 1.8 | • | 5.0 |
| Depreciation | 14 | 2.8 | 3.6 | • | • | • | • | 4.5 | 3.0 | 1.9 | 3.4 | 2.4 | • | 2.8 |
| Amortization and Depletion | 15 | 0.8 | 0.6 | • | • | • | • | 0.0 | 0.1 | 0.3 | 0.5 | 0.7 | • | 0.8 |
| Pensions and Other Deferred Comp. | 16 | 0.9 | 4.4 | • | • | • | • | 1.1 | 0.2 | 0.2 | 0.3 | 0.4 | • | 0.9 |
| Employee Benefits | 17 | 1.8 | 2.6 | • | • | • | • | 1.5 | 0.6 | 0.8 | 1.3 | 1.0 | • | 1.8 |
| Advertising | 18 | 4.9 | 6.1 | • | • | • | • | 0.9 | 1.4 | 1.5 | 3.5 | 1.9 | • | 5.0 |
| Other Expenses | 19 | 27.3 | 49.2 | • | • | • | • | 13.9 | 20.7 | 20.8 | 27.0 | 18.6 | • | 27.4 |
| Officers' Compensation | 20 | 0.8 | 1.4 | • | • | • | • | 5.7 | 4.2 | 2.0 | 1.4 | 1.3 | • | 0.7 |
| Operating Margin | 21 | • | • | • | • | • | • | 2.7 | 7.9 | 10.3 | 0.5 | 14.8 | • | • |
| Operating Margin Before Officers' Comp. | 22 | • | • | • | • | • | • | 8.5 | 12.1 | 12.3 | 1.9 | 16.1 | • | • |

| | | | | | | | | | | | | | |
|---|---|---|---|---|---|---|---|---|---|---|---|---|---|
| **Selected Average Balance Sheet ($ in Thousands)** | | | | | | | | | | | | | |
| Net Receivables 23 | 55695 | 0 | • | • | • | • | 437 | 1513 | 4035 | 5465 | 12853 | • | 746149 |
| Inventories 24 | 26164 | 0 | • | • | • | • | 261 | 369 | 3354 | 8541 | 13509 | • | 343659 |
| Net Property, Plant and Equipment 25 | 51212 | 0 | • | • | • | • | 733 | 2024 | 3849 | 11448 | 16354 | • | 675881 |
| Total Assets 26 | 421071 | 0 | • | • | • | • | 2188 | 6359 | 17007 | 35137 | 71653 | • | 5698307 |
| Notes and Loans Payable 27 | 111844 | 0 | • | • | • | • | 675 | 1250 | 4839 | 12817 | 17317 | • | 1518434 |
| All Other Liabilities 28 | 158262 | 0 | • | • | • | • | 473 | 912 | 3483 | 6961 | 18677 | • | 2157205 |
| Net Worth 29 | 150965 | 0 | • | • | • | • | 1041 | 4197 | 8685 | 15358 | 35658 | • | 2022667 |
| **Selected Financial Ratios (Times to 1)** | | | | | | | | | | | | | |
| Current Ratio 30 | 1.0 | • | • | • | • | • | 1.7 | 2.6 | 2.3 | 1.8 | 1.8 | • | 0.9 |
| Quick Ratio 31 | 0.5 | • | • | • | • | • | 1.1 | 2.1 | 1.3 | 0.8 | 1.0 | • | 0.5 |
| Net Sales to Working Capital 32 | • | • | • | • | • | • | 8.0 | 3.8 | 4.7 | 5.5 | 5.3 | • | • |
| Coverage Ratio 33 | 5.2 | 30.7 | • | • | • | • | 7.3 | 17.8 | 10.1 | 6.9 | 11.1 | • | 5.1 |
| Total Asset Turnover 34 | 0.5 | • | • | • | • | • | 1.6 | 1.3 | 1.7 | 1.2 | 1.2 | • | 0.5 |
| Inventory Turnover 35 | 3.8 | • | • | • | • | • | 7.3 | 12.0 | 4.5 | 2.5 | 2.8 | • | 3.8 |
| Receivables Turnover 36 | 3.4 | • | • | • | • | • | 10.4 | 6.4 | 8.9 | 5.9 | 6.7 | • | 3.3 |
| Total Liabilities to Net Worth 37 | 1.8 | • | • | • | • | • | 1.1 | 0.5 | 1.0 | 1.3 | 1.0 | • | 1.8 |
| Current Assets to Working Capital 38 | • | • | • | • | • | • | 2.3 | 1.6 | 1.8 | 2.3 | 2.2 | • | • |
| Current Liabilities to Working Capital 39 | • | • | • | • | • | • | 1.3 | 0.6 | 0.8 | 1.3 | 1.2 | • | • |
| Working Capital to Net Sales 40 | • | • | • | • | • | • | 0.1 | 0.3 | 0.2 | 0.2 | 0.2 | • | • |
| Inventory to Working Capital 41 | • | • | • | • | • | • | 0.7 | 0.2 | 0.6 | 0.9 | 0.8 | • | • |
| Total Receipts to Cash Flow 42 | 2.5 | 1.3 | • | • | • | • | 5.0 | 3.5 | 3.3 | 2.7 | 2.9 | • | 2.6 |
| Cost of Goods to Cash Flow 43 | 1.2 | 0.5 | • | • | • | • | 2.7 | 1.9 | 1.7 | 1.3 | 1.3 | • | 1.2 |
| Cash Flow to Total Debt 44 | 0.3 | • | • | • | • | • | 0.6 | 1.1 | 1.1 | 0.8 | 0.8 | • | 0.3 |
| **Selected Financial Factors (in Percentages)** | | | | | | | | | | | | | |
| Debt Ratio 45 | 64.1 | • | • | • | • | • | 52.5 | 34.0 | 48.9 | 56.3 | 50.2 | • | 64.5 |
| Return on Total Assets 46 | 12.7 | • | • | • | • | • | 16.5 | 16.5 | 22.1 | 17.4 | 23.7 | • | 12.3 |
| Return on Equity Before Income Taxes 47 | 28.7 | • | • | • | • | • | 30.0 | 23.5 | 39.0 | 34.1 | 43.3 | • | 27.9 |
| Return on Equity After Income Taxes 48 | 19.6 | • | • | • | • | • | 26.7 | 18.0 | 33.1 | 29.5 | 32.3 | • | 18.9 |
| Profit Margin (Before Income Tax) 49 | 20.2 | 39.6 | • | • | • | • | 8.8 | 12.1 | 11.8 | 12.0 | 17.7 | • | 20.2 |
| Profit Margin (After Income Tax) 50 | 13.8 | 25.2 | • | • | • | • | 7.8 | 9.3 | 10.0 | 10.4 | 13.2 | • | 13.7 |

## Table I

Corporations with and without Net Income

# PAINT, COATING, AND ADHESIVE

| Item Description for Accounting Period 7/00 Through 6/01 | Total | Zero Assets | Under 100 | 100 to 250 | 251 to 500 | 501 to 1,000 | 1,001 to 5,000 | 5,001 to 10,000 | 10,001 to 25,000 | 25,001 to 50,000 | 50,001 to 100,000 | 100,001 to 250,000 | 250,001 and over |
|---|---|---|---|---|---|---|---|---|---|---|---|---|---|
| | **MONEY AMOUNTS AND SIZE OF ASSETS IN THOUSANDS OF DOLLARS** | | | | | | | | | | | | |
| Number of Enterprises 1 | 995 | 4 | • | 0 | 0 | 172 | 509 | 80 | 68 | 24 | 8 | 10 | 15 |
| | **Revenues ($ in Thousands)** | | | | | | | | | | | | |
| Net Sales 2 | 34236758 | 327499 | • | 0 | 0 | 486750 | 2433173 | 1004779 | 2078468 | 1615936 | 738202 | 1769565 | 23704731 |
| Interest 3 | 597209 | 2938 | • | 0 | 0 | 14 | 5792 | 2779 | 3922 | 2419 | 3165 | 9744 | 566437 |
| Rents 4 | 12457 | 75 | • | 0 | 0 | 0 | 65 | 896 | 1966 | 257 | 3039 | 436 | 5723 |
| Royalties 5 | 440954 | 1881 | • | 0 | 0 | 0 | 8 | 674 | 1107 | 1125 | 353 | 7512 | 428294 |
| Other Portfolio Income 6 | 244955 | 2097 | • | 0 | 0 | 1783 | 1431 | 2138 | 4811 | 821 | 10518 | 8841 | 212258 |
| Other Receipts 7 | 240266 | 18469 | • | 0 | 0 | 0 | 3541 | 1765 | 9901 | 5109 | 9712 | 8673 | 183099 |
| Total Receipts 8 | 35772599 | 352959 | • | 0 | 0 | 488547 | 2444010 | 1013031 | 2100175 | 1625667 | 764989 | 1804771 | 25100542 |
| Average Total Receipts 9 | 35952 | 88240 | • | • | • | 2840 | 4802 | 12663 | 30885 | 67736 | 95624 | 180477 | 1673369 |
| | **Operating Costs/Operating Income (%)** | | | | | | | | | | | | |
| Cost of Operations 10 | 59.6 | 69.1 | • | • | • | 73.6 | 59.9 | 60.3 | 64.8 | 67.6 | 70.1 | 64.9 | 57.4 |
| Salaries and Wages 11 | 10.7 | 16.7 | • | • | • | 2.6 | 6.8 | 9.2 | 11.1 | 8.9 | 6.2 | 11.1 | 11.4 |
| Taxes Paid 12 | 2.0 | 1.2 | • | • | • | 2.7 | 2.0 | 2.8 | 2.0 | 1.5 | 1.5 | 2.3 | 1.9 |
| Interest Paid 13 | 4.5 | 1.3 | • | • | • | 0.6 | 0.8 | 1.4 | 1.2 | 0.7 | 1.7 | 2.0 | 6.0 |
| Depreciation 14 | 2.8 | 1.8 | • | • | • | 2.2 | 1.6 | 2.9 | 2.0 | 2.4 | 2.8 | 2.0 | 3.1 |
| Amortization and Depletion 15 | 0.6 | 0.3 | • | • | • | 0.0 | 0.0 | 0.0 | 0.2 | 0.1 | 0.2 | 0.8 | 0.7 |
| Pensions and Other Deferred Comp. 16 | 1.0 | 1.0 | • | • | • | 1.1 | 0.5 | 0.4 | 0.5 | 0.5 | 0.9 | 1.1 | 1.2 |
| Employee Benefits 17 | 2.0 | 2.0 | • | • | • | 0.4 | 1.7 | 2.1 | 1.0 | 1.2 | 1.0 | 2.2 | 2.2 |
| Advertising 18 | 1.8 | 0.6 | • | • | • | 0.4 | 1.0 | 0.8 | 1.4 | 1.0 | 1.0 | 0.9 | 2.1 |
| Other Expenses 19 | 14.4 | 9.9 | • | • | • | 14.1 | 12.0 | 14.1 | 11.8 | 10.4 | 13.4 | 11.3 | 15.5 |
| Officers' Compensation 20 | 1.7 | 14.1 | • | • | • | 8.9 | 10.3 | 3.0 | 2.0 | 1.9 | 1.5 | 1.1 | 0.4 |
| Operating Margin 21 | • | • | • | • | • | • | 3.3 | 3.0 | 2.1 | 3.7 | • | 0.4 | • |
| Operating Margin Before Officers' Comp. 22 | 0.7 | • | • | • | • | 2.3 | 13.5 | 6.0 | 4.1 | 5.5 | 1.3 | 1.5 | • |

## Selected Average Balance Sheet ($ in Thousands)

| | | | | | | | | | | | | | |
|---|---|---|---|---|---|---|---|---|---|---|---|---|---|
| Net Receivables 23 | 5078 | 0 | • | • | • | 253 | 663 | 1876 | 4387 | 7653 | 13527 | 36086 | 237385 |
| Inventories 24 | 3567 | 0 | • | • | • | 217 | 355 | 1238 | 4159 | 8167 | 12362 | 24231 | 160036 |
| Net Property, Plant and Equipment 25 | 7432 | 0 | • | • | • | 171 | 666 | 2160 | 4023 | 10062 | 24134 | 38559 | 383941 |
| Total Assets 26 | 33892 | 0 | • | • | • | 647 | 2253 | 6664 | 16043 | 34882 | 69026 | 159091 | 1855291 |
| Notes and Loans Payable 27 | 10810 | 0 | • | • | • | 348 | 675 | 2333 | 4255 | 6496 | 23076 | 39499 | 609324 |
| All Other Liabilities 28 | 13103 | 0 | • | • | • | 244 | 735 | 1781 | 3751 | 8903 | 17068 | 34094 | 767702 |
| Net Worth 29 | 9980 | 0 | • | • | • | 55 | 843 | 2550 | 8037 | 19483 | 28881 | 85498 | 478264 |

## Selected Financial Ratios (Times to 1)

| | | | | | | | | | | | | | |
|---|---|---|---|---|---|---|---|---|---|---|---|---|---|
| Current Ratio 30 | 1.2 | • | • | • | • | 1.7 | 1.7 | 1.5 | 2.1 | 1.9 | 1.3 | 2.5 | 1.1 |
| Quick Ratio 31 | 0.7 | • | • | • | • | 1.1 | 1.0 | 0.9 | 1.1 | 0.9 | 0.7 | 1.5 | 0.5 |
| Net Sales to Working Capital 32 | 16.4 | • | • | • | • | 14.8 | 8.4 | 10.2 | 5.4 | 7.1 | 14.6 | 3.8 | 45.0 |
| Coverage Ratio 33 | 1.8 | • | • | • | • | • | 5.5 | 3.7 | 3.5 | 6.9 | 3.0 | 2.2 | 1.7 |
| Total Asset Turnover 34 | 1.0 | • | • | • | • | 4.4 | 2.1 | 1.9 | 1.9 | 1.9 | 1.3 | 1.1 | 0.9 |
| Inventory Turnover 35 | 5.8 | • | • | • | • | 9.6 | 8.1 | 6.1 | 4.8 | 5.6 | 5.2 | 4.7 | 5.7 |
| Receivables Turnover 36 | 4.5 | • | • | • | • | 7.4 | 8.7 | 6.4 | 7.3 | 9.3 | 5.0 | 4.8 | 3.9 |
| Total Liabilities to Net Worth 37 | 2.4 | • | • | • | • | 10.7 | 1.7 | 1.6 | 1.0 | 0.8 | 1.4 | 0.9 | 2.9 |
| Current Assets to Working Capital 38 | 5.1 | • | • | • | • | 2.4 | 2.5 | 3.1 | 1.9 | 2.1 | 4.5 | 1.7 | 14.0 |
| Current Liabilities to Working Capital 39 | 4.1 | • | • | • | • | 1.4 | 1.5 | 2.1 | 0.9 | 1.1 | 3.5 | 0.7 | 13.0 |
| Working Capital to Net Sales 40 | 0.1 | • | • | • | • | 0.1 | 0.1 | 0.1 | 0.2 | 0.1 | 0.1 | 0.3 | 0.0 |
| Inventory to Working Capital 41 | 1.7 | • | • | • | • | 0.9 | 0.8 | 1.0 | 0.8 | 1.0 | 1.8 | 0.5 | 4.6 |
| Total Receipts to Cash Flow 42 | 6.9 | • | • | • | • | 17.8 | 7.4 | 7.7 | 8.1 | 7.7 | 6.8 | 10.0 | 6.4 |
| Cost of Goods to Cash Flow 43 | 4.1 | • | • | • | • | 13.1 | 4.4 | 4.6 | 5.2 | 5.2 | 4.7 | 6.5 | 3.7 |
| Cash Flow to Total Debt 44 | 0.2 | • | • | • | • | 0.3 | 0.5 | 0.4 | 0.5 | 0.6 | 0.3 | 0.2 | 0.2 |

## Selected Financial Factors (in Percentages)

| | | | | | | | | | | | | | |
|---|---|---|---|---|---|---|---|---|---|---|---|---|---|
| Debt Ratio 45 | 70.6 | • | • | • | • | 91.5 | 62.6 | 61.7 | 49.9 | 44.1 | 58.2 | 46.3 | 74.2 |
| Return on Total Assets 46 | 8.5 | • | • | • | • | • | 9.5 | 9.9 | 8.4 | 9.8 | 6.8 | 4.8 | 8.8 |
| Return on Equity Before Income Taxes 47 | 13.1 | • | • | • | • | • | 20.8 | 18.8 | 12.0 | 15.0 | 10.9 | 5.0 | 14.4 |
| Return on Equity After Income Taxes 48 | 8.2 | • | • | • | • | • | 17.6 | 14.0 | 9.5 | 12.7 | 7.3 | 2.6 | 8.8 |
| Profit Margin (Before Income Tax) 49 | 3.8 | • | • | • | • | • | 3.7 | 3.8 | 3.2 | 4.3 | 3.4 | 2.4 | 4.4 |
| Profit Margin (After Income Tax) 50 | 2.4 | • | • | • | • | • | 3.1 | 2.8 | 2.5 | 3.7 | 2.3 | 1.2 | 2.7 |

**Table II**

Corporations with Net Income

# PAINT, COATING, AND ADHESIVE

**MONEY AMOUNTS AND SIZE OF ASSETS IN THOUSANDS OF DOLLARS**

| Item Description for Accounting Period 7/00 Through 6/01 | Total | Zero Assets | Under 100 | 100 to 250 | 251 to 500 | 501 to 1,000 | 1,001 to 5,000 | 5,001 to 10,000 | 10,001 to 25,000 | 25,001 to 50,000 | 50,001 to 100,000 | 100,001 to 250,000 | 250,001 and over |
|---|---|---|---|---|---|---|---|---|---|---|---|---|---|
| Number of Enterprises 1 | 604 | 0 | • | 0 | • | 130 | 322 | 65 | 46 | 19 | 4 | 5 | 9 |
| **Revenues ($ in Thousands)** | | | | | | | | | | | | | |
| Net Sales 2 | 25048102 | 0 | • | 0 | • | 397400 | 1736822 | 675720 | 1534855 | 1357989 | 269791 | 1104143 | 17767769 |
| Interest 3 | 358751 | 0 | • | 0 | • | 14 | 3282 | 2775 | 2527 | 2142 | 2089 | 8249 | 337132 |
| Rents 4 | 6721 | 0 | • | 0 | • | 0 | 37 | 896 | 1026 | 48 | 114 | 311 | 4221 |
| Royalties 5 | 335184 | 0 | • | 0 | • | 0 | 0 | 674 | 1053 | 1125 | 278 | 6486 | 323735 |
| Other Portfolio Income 6 | 174918 | 0 | • | 0 | • | 1538 | 1354 | 2138 | 2397 | 796 | 10406 | 8134 | 145801 |
| Other Receipts 7 | 220584 | 0 | • | 0 | • | -1 | 5364 | 1511 | 6056 | 4319 | 5983 | 5907 | 172790 |
| Total Receipts 8 | 26144260 | 0 | • | 0 | • | 398951 | 1746859 | 683714 | 1547914 | 1366419 | 288661 | 1133230 | 18751448 |
| Average Total Receipts 9 | 43285 | • | • | • | • | 3069 | 5425 | 10519 | 33650 | 71917 | 72165 | 226646 | 2083494 |
| **Operating Costs/Operating Income (%)** | | | | | | | | | | | | | |
| Cost of Operations 10 | 58.7 | • | • | • | • | 70.6 | 57.7 | 58.9 | 64.0 | 65.6 | 56.3 | 66.4 | 57.0 |
| Salaries and Wages 11 | 10.7 | • | • | • | • | 0.8 | 7.6 | 11.3 | 10.3 | 9.0 | 6.6 | 10.0 | 11.4 |
| Taxes Paid 12 | 1.9 | • | • | • | • | 1.9 | 2.0 | 1.8 | 2.0 | 1.6 | 1.4 | 2.4 | 2.0 |
| Interest Paid 13 | 3.3 | • | • | • | • | 0.3 | 0.7 | 1.3 | 1.0 | 0.5 | 2.5 | 1.3 | 4.3 |
| Depreciation 14 | 2.5 | • | • | • | • | 1.0 | 1.4 | 2.4 | 1.9 | 2.3 | 2.5 | 1.8 | 2.8 |
| Amortization and Depletion 15 | 0.5 | • | • | • | • | 0.0 | 0.0 | 0.0 | 0.2 | 0.1 | 0.1 | 0.5 | 0.7 |
| Pensions and Other Deferred Comp. 16 | 1.1 | • | • | • | • | 1.3 | 0.5 | 0.4 | 0.5 | 0.6 | 0.4 | 0.6 | 1.3 |
| Employee Benefits 17 | 2.0 | • | • | • | • | 0.4 | 1.6 | 1.2 | 1.0 | 1.3 | 0.8 | 2.1 | 2.2 |
| Advertising 18 | 1.7 | • | • | • | • | 0.3 | 0.5 | 1.1 | 1.3 | 1.1 | 0.3 | 0.9 | 2.1 |
| Other Expenses 19 | 14.0 | • | • | • | • | 11.9 | 10.4 | 13.5 | 10.7 | 10.2 | 24.1 | 9.4 | 15.1 |
| Officers' Compensation 20 | 1.4 | • | • | • | • | 9.8 | 9.4 | 3.1 | 2.0 | 2.1 | 1.0 | 1.1 | 0.3 |
| Operating Margin 21 | 2.1 | • | • | • | • | 1.6 | 8.3 | 5.0 | 5.3 | 5.7 | 4.0 | 3.5 | 0.8 |
| Operating Margin Before Officers' Comp. 22 | 3.5 | • | • | • | • | 11.4 | 17.7 | 8.1 | 7.3 | 7.8 | 5.0 | 4.6 | 1.2 |

## Selected Average Balance Sheet ($ in Thousands)

| | | | | | | | | | | | | | |
|---|---|---|---|---|---|---|---|---|---|---|---|---|---|
| Net Receivables 23 | 6033 | • | • | • | • | 256 | 763 | 1541 | 4303 | 8364 | 11256 | 42515 | 294420 |
| Inventories 24 | 4798 | • | • | • | • | 205 | 433 | 1335 | 4918 | 8639 | 7850 | 30764 | 194527 |
| Net Property, Plant and Equipment 25 | 7532 | • | • | • | • | 64 | 472 | 1774 | 3917 | 9636 | 20502 | 35500 | 405649 |
| Total Assets 26 | 35339 | • | • | • | • | 595 | 2310 | 6197 | 16213 | 35103 | 65170 | 157098 | 1962424 |
| Notes and Loans Payable 27 | 10629 | • | • | • | • | 95 | 499 | 1693 | 3609 | 4259 | 20057 | 29185 | 629326 |
| All Other Liabilities 28 | 11059 | • | • | • | • | 197 | 717 | 1602 | 3513 | 9098 | 17454 | 32319 | 639246 |
| Net Worth 29 | 13651 | • | • | • | • | 303 | 1095 | 2902 | 9091 | 21746 | 27659 | 95594 | 693852 |

## Selected Financial Ratios (Times to 1)

| | | | | | | | | | | | | | |
|---|---|---|---|---|---|---|---|---|---|---|---|---|---|
| Current Ratio 30 | 1.4 | • | • | • | • | 2.5 | 2.0 | 2.2 | 2.5 | 2.1 | 1.3 | 2.9 | 1.2 |
| Quick Ratio 31 | 0.7 | • | • | • | • | 1.5 | 1.2 | 1.2 | 1.3 | 1.1 | 0.8 | 1.8 | 0.6 |
| Net Sales to Working Capital 32 | 11.5 | • | • | • | • | 10.0 | 6.4 | 5.2 | 5.0 | 6.5 | 12.7 | 3.5 | 20.1 |
| Coverage Ratio 33 | 3.0 | • | • | • | • | 7.6 | 14.5 | 5.9 | 7.4 | 13.1 | 5.4 | 5.5 | 2.6 |
| Total Asset Turnover 34 | 1.2 | • | • | • | • | 5.1 | 2.3 | 1.7 | 2.1 | 2.0 | 1.0 | 1.4 | 1.0 |
| Inventory Turnover 35 | 5.1 | • | • | • | • | 10.5 | 7.2 | 4.6 | 4.3 | 5.4 | 4.8 | 4.8 | 5.8 |
| Receivables Turnover 36 | 3.7 | • | • | • | • | 7.6 | 7.8 | 13.5 | 7.0 | 8.9 | 12.0 | 4.8 | 13.4 |
| Total Liabilities to Net Worth 37 | 1.6 | • | • | • | • | 1.0 | 1.1 | 1.1 | 0.8 | 0.6 | 1.4 | 0.6 | 1.8 |
| Current Assets to Working Capital 38 | 3.6 | • | • | • | • | 1.7 | 2.0 | 1.9 | 1.7 | 1.9 | 4.1 | 1.5 | 6.1 |
| Current Liabilities to Working Capital 39 | 2.6 | • | • | • | • | 0.7 | 1.0 | 0.9 | 0.7 | 0.9 | 3.1 | 0.5 | 5.1 |
| Working Capital to Net Sales 40 | 0.1 | • | • | • | • | 0.1 | 0.2 | 0.2 | 0.2 | 0.2 | 0.1 | 0.3 | 0.0 |
| Inventory to Working Capital 41 | 1.2 | • | • | • | • | 0.6 | 0.6 | 0.7 | 0.7 | 0.8 | 1.5 | 0.4 | 2.0 |
| Total Receipts to Cash Flow 42 | 5.9 | • | • | • | • | 8.0 | 5.8 | 6.0 | 6.9 | 6.7 | 3.1 | 8.3 | 5.8 |
| Cost of Goods to Cash Flow 43 | 3.5 | • | • | • | • | 5.6 | 3.3 | 3.5 | 4.4 | 4.4 | 1.8 | 5.5 | 3.3 |
| Cash Flow to Total Debt 44 | 0.3 | • | • | • | • | 1.3 | 0.8 | 0.5 | 0.7 | 0.8 | 0.6 | 0.4 | 0.3 |

## Selected Financial Factors (in Percentages)

| | | | | | | | | | | | | | |
|---|---|---|---|---|---|---|---|---|---|---|---|---|---|
| Debt Ratio 45 | 61.4 | • | • | • | • | 49.2 | 52.6 | 53.2 | 43.9 | 38.1 | 57.6 | 39.1 | 64.6 |
| Return on Total Assets 46 | 11.9 | • | • | • | • | 11.9 | 22.2 | 12.5 | 14.6 | 14.2 | 14.0 | 10.5 | 11.1 |
| Return on Equity Before Income Taxes 47 | 20.6 | • | • | • | • | 20.4 | 43.5 | 22.2 | 22.6 | 21.1 | 26.9 | 14.1 | 19.3 |
| Return on Equity After Income Taxes 48 | 14.7 | • | • | • | • | 16.9 | 40.3 | 17.0 | 19.3 | 18.5 | 19.4 | 9.8 | 12.8 |
| Profit Margin (Before Income Tax) 49 | 6.8 | • | • | • | • | 2.0 | 8.8 | 6.2 | 6.2 | 6.4 | 11.0 | 6.1 | 6.8 |
| Profit Margin (After Income Tax) 50 | 4.8 | • | • | • | • | 1.7 | 8.2 | 4.7 | 5.3 | 5.6 | 7.9 | 4.3 | 4.5 |

**Table I**

Corporations with and without Net Income

# SOAP, CLEANING COMPOUND, AND TOILET PREPARATION

| Item Description for Accounting Period 7/00 Through 6/01 | | MONEY AMOUNTS AND SIZE OF ASSETS IN THOUSANDS OF DOLLARS | | | | | | | | | | | | |
|---|---|---|---|---|---|---|---|---|---|---|---|---|---|---|
| | | Total | Zero Assets | Under 100 | 100 to 250 | 251 to 500 | 501 to 1,000 | 1,001 to 5,000 | 5,001 to 10,000 | 10,001 to 25,000 | 25,001 to 50,000 | 50,001 to 100,000 | 100,001 to 250,000 | 250,001 and over |
| Number of Enterprises | 1 | 2458 | 7 | 774 | 0 | 0 | 453 | 352 | 92 | 47 | 19 | 19 | 7 | 22 |
| **Revenues ($ in Thousands)** | | | | | | | | | | | | | | |
| Net Sales | 2 | 93372421 | 261647 | 69482 | 0 | 0 | 941088 | 1865352 | 1180655 | 1476011 | 1064732 | 1586660 | 1379908 | 83013516 |
| Interest | 3 | 848457 | 3065 | 0 | 0 | 0 | 275 | 5333 | 3642 | 2913 | 7007 | 13031 | 6978 | 806214 |
| Rents | 4 | 77636 | 1023 | 0 | 0 | 0 | 140 | 3641 | 124 | 479 | 303 | 1330 | 0 | 70597 |
| Royalties | 5 | 1880819 | 2362 | 0 | 0 | 0 | 0 | 5432 | 2879 | 581 | 226 | 2617 | 1684 | 1865037 |
| Other Portfolio Income | 6 | 2258631 | 4678 | 0 | 0 | 0 | 79 | 1750 | 1006 | 2738 | 2067 | 3118 | 1876 | 2241318 |
| Other Receipts | 7 | 1750541 | 3351 | 45 | 0 | 0 | 424 | 43549 | 12213 | 10099 | 3368 | 25580 | 63289 | 1588626 |
| Total Receipts | 8 | 100188505 | 276126 | 69527 | 0 | 0 | 942006 | 1925057 | 1200519 | 1492821 | 1077703 | 1632336 | 1453735 | 89585308 |
| Average Total Receipts | 9 | 40760 | 39447 | 90 | • | • | 2079 | 5469 | 13049 | 31762 | 56721 | 85912 | 207676 | 4072059 |
| **Operating Costs/Operating Income (%)** | | | | | | | | | | | | | | |
| Cost of Operations | 10 | 63.2 | 59.3 | 47.5 | • | • | 45.8 | 67.3 | 57.5 | 59.6 | 58.8 | 52.7 | 61.3 | 63.8 |
| Salaries and Wages | 11 | 7.2 | 13.1 | 10.1 | • | • | 13.3 | 9.2 | 9.5 | 11.4 | 11.1 | 8.0 | 5.0 | 6.9 |
| Taxes Paid | 12 | 1.2 | 2.1 | 2.5 | • | • | 1.3 | 2.4 | 2.2 | 1.6 | 1.8 | 1.6 | 0.7 | 1.1 |
| Interest Paid | 13 | 3.1 | 6.4 | 3.8 | • | • | 0.2 | 0.9 | 1.2 | 1.6 | 1.4 | 3.0 | 2.8 | 3.3 |
| Depreciation | 14 | 2.4 | 2.7 | 0.7 | • | • | 1.2 | 0.9 | 1.7 | 2.0 | 1.7 | 2.5 | 3.0 | 2.5 |
| Amortization and Depletion | 15 | 0.8 | 2.3 | 0.1 | • | • | 0.0 | 0.0 | 0.1 | 0.2 | 0.2 | 1.1 | 0.5 | 0.8 |
| Pensions and Other Deferred Comp. | 16 | 0.9 | 0.1 | 11.5 | • | • | 1.2 | 0.8 | 0.3 | 0.5 | 0.3 | 0.4 | 0.1 | 1.0 |
| Employee Benefits | 17 | 1.4 | 0.5 | • | • | • | 0.9 | 1.8 | 1.0 | 1.3 | 1.2 | 1.1 | 1.0 | 1.5 |
| Advertising | 18 | 5.4 | 6.5 | • | • | • | 0.4 | 0.2 | 1.4 | 5.2 | 3.9 | 10.1 | 7.2 | 5.5 |
| Other Expenses | 19 | 15.2 | 21.2 | 25.1 | • | • | 17.6 | 11.3 | 16.4 | 13.6 | 14.3 | 14.6 | 16.3 | 15.2 |
| Officers' Compensation | 20 | 0.8 | 0.8 | 6.7 | • | • | 13.9 | 4.6 | 2.5 | 2.6 | 2.7 | 1.5 | 1.0 | 0.4 |
| Operating Margin | 21 | • | • | • | • | • | 4.3 | 0.6 | 6.1 | 0.4 | 2.5 | 3.3 | 1.3 | • |
| Operating Margin Before Officers' Comp. | 22 | • | • | • | • | • | 18.1 | 5.2 | 8.6 | 3.1 | 5.2 | 4.8 | 2.3 | • |

| Selected Average Balance Sheet ($ in Thousands) | | | | | | | | | | | | | |
|---|---|---|---|---|---|---|---|---|---|---|---|---|---|
| Net Receivables 23 | 4254 | 0 | 9 | • | • | 260 | 681 | 2589 | 4771 | 8450 | 12754 | 26260 | 409201 |
| Inventories 24 | 2598 | 0 | 13 | • | • | 131 | 528 | 1710 | 3593 | 8511 | 10332 | 28964 | 236711 |
| Net Property, Plant and Equipment 25 | 6832 | 0 | 2 | • | • | 99 | 404 | 799 | 2995 | 7227 | 12795 | 62608 | 706753 |
| Total Assets 26 | 42778 | 0 | 31 | • | • | 657 | 2128 | 7124 | 15477 | 35801 | 69230 | 159524 | 4519551 |
| Notes and Loans Payable 27 | 20073 | 0 | 51 | • | • | 19 | 530 | 1605 | 5298 | 8878 | 26662 | 47379 | 2137934 |
| All Other Liabilities 28 | 9346 | 0 | 16 | • | • | 151 | 780 | 1756 | 4412 | 7036 | 16473 | 36169 | 976576 |
| Net Worth 29 | 13358 | 0 | -36 | • | • | 486 | 818 | 3764 | 5768 | 19888 | 26095 | 75976 | 1405041 |

| Selected Financial Ratios (Times to 1) | | | | | | | | | | | | | |
|---|---|---|---|---|---|---|---|---|---|---|---|---|---|
| Current Ratio 30 | 0.8 | • | 1.4 | • | • | 3.4 | 2.0 | 2.0 | 1.4 | 2.0 | 1.6 | 2.3 | 0.7 |
| Quick Ratio 31 | 0.4 | • | 0.6 | • | • | 2.3 | 1.0 | 1.2 | 0.8 | 1.1 | 0.9 | 1.2 | 0.4 |
| Net Sales to Working Capital 32 | • | • | 10.7 | • | • | 5.5 | 7.3 | 4.9 | 10.4 | 4.9 | 7.4 | 4.9 | • |
| Coverage Ratio 33 | 3.3 | • | • | • | • | 29.9 | 5.4 | 7.4 | 2.0 | 3.6 | 3.0 | 3.4 | 3.3 |
| Total Asset Turnover 34 | 0.9 | • | 2.9 | • | • | 3.2 | 2.5 | 1.8 | 2.0 | 1.6 | 1.2 | 1.2 | 0.8 |
| Inventory Turnover 35 | 9.2 | • | 3.2 | • | • | 7.3 | 6.8 | 4.3 | 5.2 | 3.9 | 4.3 | 4.2 | 10.2 |
| Receivables Turnover 36 | 8.6 | • | 10.2 | • | • | 8.8 | 8.4 | 5.7 | 6.9 | 5.5 | 7.2 | 6.0 | 8.8 |
| Total Liabilities to Net Worth 37 | 2.2 | • | • | • | • | 0.4 | 1.6 | 0.9 | 1.7 | 0.8 | 1.7 | 1.1 | 2.2 |
| Current Assets to Working Capital 38 | • | • | 3.3 | • | • | 1.4 | 2.1 | 2.0 | 3.3 | 2.0 | 2.8 | 1.8 | • |
| Current Liabilities to Working Capital 39 | • | • | 2.3 | • | • | 0.4 | 1.1 | 1.0 | 2.3 | 1.0 | 1.8 | 0.8 | • |
| Working Capital to Net Sales 40 | • | • | 0.1 | • | • | 0.2 | 0.1 | 0.2 | 0.1 | 0.2 | 0.1 | 0.2 | • |
| Inventory to Working Capital 41 | • | • | 1.9 | • | • | 0.4 | 0.7 | 0.8 | 1.2 | 0.6 | 1.0 | 0.6 | • |
| Total Receipts to Cash Flow 42 | 5.5 | 12.4 | 8.8 | • | • | 5.2 | 8.7 | 4.9 | 7.7 | 6.1 | 5.2 | 4.7 | 5.4 |
| Cost of Goods to Cash Flow 43 | 3.5 | 7.4 | 4.2 | • | • | 2.4 | 5.8 | 2.8 | 4.6 | 3.6 | 2.8 | 2.9 | 3.5 |
| Cash Flow to Total Debt 44 | 0.2 | • | 0.2 | • | • | 2.4 | 0.5 | 0.8 | 0.4 | 0.6 | 0.4 | 0.5 | 0.2 |

| Selected Financial Factors (in Percentages) | | | | | | | | | | | | | |
|---|---|---|---|---|---|---|---|---|---|---|---|---|---|
| Debt Ratio 45 | 68.8 | • | 215.0 | • | • | 25.9 | 61.6 | 47.2 | 62.7 | 44.5 | 62.3 | 52.4 | 68.9 |
| Return on Total Assets 46 | 9.3 | • | • | • | • | 14.3 | 11.6 | 16.2 | 6.6 | 8.0 | 11.0 | 11.6 | 9.3 |
| Return on Equity Before Income Taxes 47 | 21.0 | • | 19.9 | • | • | 18.6 | 24.5 | 26.6 | 8.6 | 10.4 | 19.5 | 17.2 | 20.9 |
| Return on Equity After Income Taxes 48 | 14.1 | • | 19.9 | • | • | 18.4 | 20.4 | 25.2 | 7.0 | 6.0 | 14.3 | 9.9 | 13.9 |
| Profit Margin (Before Income Tax) 49 | 7.4 | • | • | • | • | 4.4 | 3.8 | 7.8 | 1.6 | 3.7 | 6.1 | 6.6 | 7.8 |
| Profit Margin (After Income Tax) 50 | 4.9 | • | • | • | • | 4.3 | 3.1 | 7.4 | 1.3 | 2.1 | 4.5 | 3.8 | 5.2 |

# Table II

Corporations with Net Income

# SOAP, CLEANING COMPOUND, AND TOILET PREPARATION

MONEY AMOUNTS AND SIZE OF ASSETS IN THOUSANDS OF DOLLARS

| Item Description for Accounting Period 7/00 Through 6/01 | Total | Zero Assets | Under 100 | 100 to 250 | 251 to 500 | 501 to 1,000 | 1,001 to 5,000 | 5,001 to 10,000 | 10,001 to 25,000 | 25,001 to 50,000 | 50,001 to 100,000 | 100,001 to 250,000 | 250,001 and over |
|---|---|---|---|---|---|---|---|---|---|---|---|---|---|
| Number of Enterprises 1 | 1626 | 0 | 276 | 0 | • | 388 | 249 | 71 | 28 | 13 | 15 | 0 | 16 |
| **Revenues ($ in Thousands)** | | | | | | | | | | | | | |
| Net Sales 2 | 86916777 | 0 | 59 | 0 | • | 865301 | 1398088 | 963165 | 892149 | 859795 | 1406405 | 0 | 78813421 |
| Interest 3 | 786490 | 0 | 0 | 0 | • | 275 | 4035 | 3196 | 2134 | 4010 | 12931 | 0 | 750925 |
| Rents 4 | 75354 | 0 | 0 | 0 | • | 140 | 1924 | 0 | 266 | 297 | 1330 | 0 | 70380 |
| Royalties 5 | 1813904 | 0 | 0 | 0 | • | 0 | 5432 | 2879 | 356 | 226 | 2552 | 0 | 1798528 |
| Other Portfolio Income 6 | 2236166 | 0 | 0 | 0 | • | 79 | 1275 | 169 | 916 | 1622 | 3086 | 0 | 2223874 |
| Other Receipts 7 | 1734645 | 0 | 0 | 0 | • | 331 | 42750 | 11578 | 6707 | 3252 | 25399 | 0 | 1584185 |
| Total Receipts 8 | 93563336 | 0 | 59 | 0 | • | 866126 | 1453504 | 980987 | 902528 | 869202 | 1451703 | 0 | 85241313 |
| Average Total Receipts 9 | 57542 | • | 0 | • | • | 2232 | 5837 | 13817 | 32233 | 66862 | 96780 | • | 5327582 |
| **Operating Costs/Operating Income (%)** | | | | | | | | | | | | | |
| Cost of Operations 10 | 64.1 | • | 10.2 | • | • | 44.6 | 65.0 | 55.2 | 57.3 | 57.3 | 51.6 | • | 64.9 |
| Salaries and Wages 11 | 7.1 | • | • | • | • | 13.1 | 10.6 | 10.6 | 11.0 | 11.5 | 7.7 | • | 6.8 |
| Taxes Paid 12 | 1.1 | • | • | • | • | 1.2 | 2.3 | 2.2 | 1.8 | 1.9 | 1.6 | • | 1.1 |
| Interest Paid 13 | 3.0 | • | • | • | • | 0.1 | 0.6 | 1.2 | 0.8 | 1.1 | 2.5 | • | 3.2 |
| Depreciation 14 | 2.4 | • | • | • | • | 1.2 | 0.9 | 1.7 | 1.6 | 1.3 | 2.5 | • | 2.5 |
| Amortization and Depletion 15 | 0.6 | • | • | • | • | 0.0 | 0.0 | 0.1 | 0.0 | 0.1 | 1.0 | • | 0.7 |
| Pensions and Other Deferred Comp. 16 | 1.0 | • | • | • | • | 1.4 | 0.5 | 0.4 | 0.7 | 0.4 | 0.5 | • | 1.0 |
| Employee Benefits 17 | 1.4 | • | • | • | • | 0.9 | 1.8 | 1.1 | 1.1 | 1.4 | 0.9 | • | 1.5 |
| Advertising 18 | 4.8 | • | • | • | • | 0.4 | 0.2 | 1.7 | 4.1 | 2.9 | 10.2 | • | 4.8 |
| Other Expenses 19 | 14.8 | • | • | • | • | 18.2 | 12.9 | 15.5 | 12.1 | 13.0 | 14.6 | • | 14.8 |
| Officers' Compensation 20 | 0.7 | • | • | • | • | 14.1 | 2.4 | 2.4 | 3.0 | 2.6 | 1.5 | • | 0.4 |
| Operating Margin 21 | • | • | 89.8 | • | • | 4.7 | 2.8 | 8.0 | 6.4 | 6.6 | 5.4 | • | • |
| Operating Margin Before Officers' Comp. 22 | • | • | 89.8 | • | • | 18.8 | 5.1 | 10.4 | 9.4 | 9.2 | 6.9 | • | • |

## Selected Average Balance Sheet ($ in Thousands)

| | | | | | | | | | | | | | |
|---|---|---|---|---|---|---|---|---|---|---|---|---|---|
| Net Receivables 23 | 5802 | • | 0 | • | • | 285 | 781 | 2992 | 5270 | 9705 | 13548 | • | 515471 |
| Inventories 24 | 3453 | • | 0 | • | • | 127 | 599 | 1796 | 3923 | 9251 | 11151 | • | 305152 |
| Net Property, Plant and Equipment 25 | 9693 | • | 0 | • | • | 75 | 361 | 857 | 2614 | 6350 | 14302 | • | 926583 |
| Total Assets 26 | 58680 | • | 0 | • | • | 663 | 2180 | 7474 | 14992 | 36990 | 70291 | • | 5696349 |
| Notes and Loans Payable 27 | 28104 | • | 0 | • | • | 22 | 430 | 1819 | 3631 | 8612 | 27893 | • | 2748465 |
| All Other Liabilities 28 | 12533 | • | -0 | • | • | 170 | 907 | 1725 | 4050 | 7171 | 15428 | • | 1206530 |
| Net Worth 29 | 18043 | • | -0 | • | • | 470 | 844 | 3931 | 7311 | 21206 | 26970 | • | 1741354 |

## Selected Financial Ratios (Times to 1)

| | | | | | | | | | | | | | |
|---|---|---|---|---|---|---|---|---|---|---|---|---|---|
| Current Ratio 30 | 0.7 | • | • | • | • | 3.2 | 2.1 | 2.0 | 1.8 | 2.1 | 1.6 | • | 0.7 |
| Quick Ratio 31 | 0.4 | • | • | • | • | 2.1 | 1.1 | 1.3 | 1.1 | 1.1 | 1.0 | • | 0.3 |
| Net Sales to Working Capital 32 | • | • | 0.9 | • | • | 5.7 | 6.4 | 4.9 | 7.0 | 5.0 | 7.2 | • | • |
| Coverage Ratio 33 | 3.8 | • | • | • | • | 35.9 | 11.5 | 9.1 | 10.9 | 7.7 | 4.4 | • | 3.6 |
| Total Asset Turnover 34 | 0.9 | • | 0.9 | • | • | 3.4 | 2.6 | 1.8 | 2.1 | 1.8 | 1.3 | • | 0.9 |
| Inventory Turnover 35 | 9.9 | • | • | • | • | 7.8 | 6.1 | 4.2 | 4.7 | 4.1 | 4.3 | • | 10.5 |
| Receivables Turnover 36 | 8.8 | • | • | • | • | 9.5 | 7.5 | 5.1 | 5.6 | 6.3 | 13.8 | • | 19.1 |
| Total Liabilities to Net Worth 37 | 2.3 | • | • | • | • | 0.4 | 1.6 | 0.9 | 1.1 | 0.7 | 1.6 | • | 2.3 |
| Current Assets to Working Capital 38 | • | • | 1.0 | • | • | 1.5 | 1.9 | 2.0 | 2.3 | 1.9 | 2.6 | • | • |
| Current Liabilities to Working Capital 39 | • | • | • | • | • | 0.5 | 0.9 | 1.0 | 1.3 | 0.9 | 1.6 | • | • |
| Working Capital to Net Sales 40 | • | • | 1.1 | • | • | 0.2 | 0.2 | 0.2 | 0.1 | 0.2 | 0.1 | • | • |
| Inventory to Working Capital 41 | • | • | • | • | • | 0.4 | 0.6 | 0.7 | 0.7 | 0.6 | 0.9 | • | • |
| Total Receipts to Cash Flow 42 | 5.4 | • | 1.1 | • | • | 4.9 | 6.0 | 4.7 | 5.6 | 5.3 | 4.6 | • | 5.4 |
| Cost of Goods to Cash Flow 43 | 3.4 | • | 0.1 | • | • | 2.2 | 3.9 | 2.6 | 3.2 | 3.0 | 2.3 | • | 3.5 |
| Cash Flow to Total Debt 44 | 0.2 | • | 0.4 | • | • | 2.4 | 0.7 | 0.8 | 0.7 | 0.8 | 0.5 | • | 0.2 |

## Selected Financial Factors (in Percentages)

| | | | | | | | | | | | | | |
|---|---|---|---|---|---|---|---|---|---|---|---|---|---|
| Debt Ratio 45 | 69.3 | • | 184.6 | • | • | 29.1 | 61.3 | 47.4 | 51.2 | 42.7 | 61.6 | • | 69.4 |
| Return on Total Assets 46 | 10.3 | • | 81.5 | • | • | 16.6 | 18.8 | 20.1 | 17.8 | 15.7 | 14.8 | • | 10.0 |
| Return on Equity Before Income Taxes 47 | 24.6 | • | • | • | • | 22.7 | 44.4 | 34.0 | 33.1 | 23.9 | 29.7 | • | 23.7 |
| Return on Equity After Income Taxes 48 | 16.9 | • | • | • | • | 22.5 | 38.7 | 32.2 | 31.0 | 17.9 | 23.4 | • | 15.9 |
| Profit Margin (Before Income Tax) 49 | 8.3 | • | 89.8 | • | • | 4.8 | 6.7 | 9.8 | 7.6 | 7.7 | 8.6 | • | 8.4 |
| Profit Margin (After Income Tax) 50 | 5.7 | • | 89.8 | • | • | 4.7 | 5.8 | 9.3 | 7.1 | 5.7 | 6.7 | • | 5.6 |

# Table I

Corporations with and without Net Income

## CHEMICAL PRODUCT AND PREPARATION

**MONEY AMOUNTS AND SIZE OF ASSETS IN THOUSANDS OF DOLLARS**

| Item Description for Accounting Period 7/00 Through 6/01 | | Total | Zero Assets | Under 100 | 100 to 250 | 251 to 500 | 501 to 1,000 | 1,001 to 5,000 | 5,001 to 10,000 | 10,001 to 25,000 | 25,001 to 50,000 | 50,001 to 100,000 | 100,001 to 250,000 | 250,001 and over |
|---|---|---|---|---|---|---|---|---|---|---|---|---|---|---|
| Number of Enterprises | 1 | 3645 | 20 | 1678 | 0 | 810 | 230 | 456 | 190 | 112 | 53 | 39 | 22 | 35 |
| **Revenues ($ in Thousands)** | | | | | | | | | | | | | | |
| Net Sales | 2 | 65801372 | 1725700 | 351371 | 0 | 837603 | 345913 | 1540833 | 2100698 | 2496707 | 2214109 | 3238863 | 4350521 | 46599055 |
| Interest | 3 | 939752 | 12321 | 0 | 0 | 415 | 2481 | 5294 | 5284 | 8692 | 17805 | 14191 | 58614 | 814656 |
| Rents | 4 | 53031 | 263 | 0 | 0 | 17 | 397 | 168 | 1564 | 590 | 1157 | 1159 | 4856 | 42860 |
| Royalties | 5 | 936155 | 4968 | 0 | 0 | 0 | 0 | 308 | 29 | 10083 | 1385 | 4674 | 12807 | 901900 |
| Other Portfolio Income | 6 | 1799488 | 56988 | 928 | 0 | 0 | 491 | 6155 | 6701 | 60442 | 34678 | 27851 | 26192 | 1579060 |
| Other Receipts | 7 | 1280823 | 33445 | 6211 | 0 | 3648 | 381 | 10341 | 4320 | 29361 | 11166 | 87673 | 48612 | 1045667 |
| Total Receipts | 8 | 70810621 | 1833685 | 358510 | 0 | 841683 | 349663 | 1563099 | 2118596 | 2605875 | 2280300 | 3374411 | 4501602 | 50983198 |
| Average Total Receipts | 9 | 19427 | 91684 | 214 | • | 1039 | 1520 | 3428 | 11151 | 23267 | 43025 | 86523 | 204618 | 1456663 |
| **Operating Costs/Operating Income (%)** | | | | | | | | | | | | | | |
| Cost of Operations | 10 | 69.1 | 77.5 | 42.4 | • | 67.3 | 47.1 | 55.8 | 59.6 | 67.3 | 67.5 | 67.5 | 65.3 | 70.7 |
| Salaries and Wages | 11 | 8.8 | 8.2 | 14.1 | • | 5.9 | 9.9 | 10.7 | 9.4 | 8.6 | 9.3 | 7.4 | 8.5 | 8.8 |
| Taxes Paid | 12 | 1.3 | 1.1 | 3.2 | • | 2.4 | 2.7 | 2.5 | 1.8 | 1.9 | 1.9 | 1.6 | 1.7 | 1.0 |
| Interest Paid | 13 | 4.0 | 8.4 | 1.0 | • | 1.3 | 0.3 | 1.3 | 1.9 | 1.7 | 1.7 | 2.2 | 3.7 | 4.5 |
| Depreciation | 14 | 3.2 | 2.4 | 1.0 | • | 2.2 | 1.0 | 2.9 | 3.1 | 3.1 | 3.2 | 3.6 | 3.6 | 3.3 |
| Amortization and Depletion | 15 | 1.1 | 0.6 | 0.0 | • | 0.0 | 0.1 | 0.0 | 0.9 | 0.2 | 0.3 | 0.7 | 1.5 | 1.3 |
| Pensions and Other Deferred Comp. | 16 | 0.5 | 1.0 | 0.0 | • | 0.4 | 0.6 | 0.4 | 0.4 | 0.6 | 0.8 | 0.5 | 0.3 | 0.5 |
| Employee Benefits | 17 | 1.1 | 1.2 | 1.3 | • | 0.3 | 0.0 | 1.1 | 0.9 | 1.1 | 1.8 | 1.7 | 1.6 | 1.0 |
| Advertising | 18 | 1.6 | 0.2 | 0.3 | • | 0.2 | 1.1 | 0.4 | 0.9 | 1.0 | 0.6 | 1.8 | 2.1 | 1.7 |
| Other Expenses | 19 | 14.0 | 16.7 | 23.8 | • | 15.7 | 12.9 | 17.8 | 17.3 | 11.7 | 11.0 | 12.9 | 11.9 | 14.1 |
| Officers' Compensation | 20 | 1.1 | 0.7 | 18.1 | • | 4.9 | 8.2 | 5.7 | 3.9 | 2.4 | 2.2 | 1.4 | 0.7 | 0.5 |
| Operating Margin | 21 | • | • | • | • | • | 16.1 | 1.3 | • | 0.3 | • | • | • | • |
| Operating Margin Before Officers' Comp. | 22 | • | • | 12.8 | • | 4.3 | 24.3 | 7.0 | 3.9 | 2.7 | 1.9 | 0.0 | • | • |

| | | | | | | | | | | | | | |
|---|---|---|---|---|---|---|---|---|---|---|---|---|---|
| **Selected Average Balance Sheet ($ in Thousands)** | | | | | | | | | | | | | |
| Net Receivables **23** | 5377 | 0 | 10 | • | 187 | 177 | 359 | 1584 | 3194 | 6668 | 11887 | 26038 | 490753 |
| Inventories **24** | 2196 | 0 | 8 | • | 96 | 206 | 325 | 1108 | 3062 | 5733 | 12714 | 29308 | 163309 |
| Net Property, Plant and Equipment **25** | 4501 | 0 | 15 | • | 72 | 45 | 614 | 1881 | 5074 | 8352 | 18876 | 44291 | 370078 |
| Total Assets **26** | 25797 | 0 | 38 | • | 438 | 787 | 1849 | 7163 | 15051 | 33941 | 67700 | 169579 | 2324930 |
| Notes and Loans Payable **27** | 7219 | 0 | 17 | • | 180 | 44 | 1082 | 2159 | 3986 | 8792 | 18845 | 62804 | 634168 |
| All Other Liabilities **28** | 8655 | 0 | 13 | • | 111 | 168 | 389 | 2285 | 3639 | 7173 | 19386 | 45870 | 806616 |
| Net Worth **29** | 9924 | 0 | 8 | • | 147 | 575 | 378 | 2720 | 7426 | 17976 | 29469 | 60904 | 884146 |
| **Selected Financial Ratios (Times to 1)** | | | | | | | | | | | | | |
| Current Ratio **30** | 1.2 | • | 1.6 | • | 2.3 | 3.5 | 2.6 | 1.5 | 1.8 | 1.8 | 1.4 | 1.7 | 1.1 |
| Quick Ratio **31** | 0.8 | • | 1.0 | • | 1.4 | 2.4 | 1.7 | 0.9 | 1.1 | 1.0 | 0.7 | 0.9 | 0.8 |
| Net Sales to Working Capital **32** | 10.6 | • | 25.0 | • | 5.5 | 3.2 | 4.9 | 8.3 | 6.0 | 5.2 | 8.7 | 6.8 | 13.3 |
| Coverage Ratio **33** | 1.9 | • | • | • | 0.9 | 65.9 | 3.2 | 1.4 | 3.8 | 2.7 | 2.4 | 1.8 | 1.9 |
| Total Asset Turnover **34** | 0.7 | • | 5.5 | • | 2.4 | 1.9 | 1.8 | 1.5 | 1.5 | 1.2 | 1.2 | 1.2 | 0.6 |
| Inventory Turnover **35** | 5.7 | • | 11.3 | • | 7.2 | 3.4 | 5.8 | 5.9 | 4.9 | 4.9 | 4.4 | 4.4 | 5.8 |
| Receivables Turnover **36** | 3.8 | • | 40.6 | • | 8.1 | 9.0 | 7.0 | 9.4 | 6.4 | 5.5 | 6.6 | 5.9 | 3.1 |
| Total Liabilities to Net Worth **37** | 1.6 | • | 3.7 | • | 2.0 | 0.4 | 3.9 | 1.6 | 1.0 | 0.9 | 1.3 | 1.8 | 1.6 |
| Current Assets to Working Capital **38** | 5.7 | • | 2.7 | • | 1.8 | 1.4 | 1.6 | 2.9 | 2.2 | 2.3 | 3.4 | 2.5 | 8.2 |
| Current Liabilities to Working Capital **39** | 4.7 | • | 1.7 | • | 0.8 | 0.4 | 0.6 | 1.9 | 1.2 | 1.3 | 2.4 | 1.5 | 7.2 |
| Working Capital to Net Sales **40** | 0.1 | • | 0.0 | • | 0.2 | 0.3 | 0.2 | 0.1 | 0.2 | 0.2 | 0.1 | 0.1 | 0.1 |
| Inventory to Working Capital **41** | 1.3 | • | 0.9 | • | 0.6 | 0.4 | 0.5 | 1.0 | 0.8 | 0.7 | 1.4 | 0.9 | 1.7 |
| Total Receipts to Cash Flow **42** | 7.9 | 42.3 | 7.4 | • | 8.0 | 3.7 | 5.8 | 6.5 | 8.1 | 9.3 | 7.1 | 8.4 | 7.8 |
| Cost of Goods to Cash Flow **43** | 5.4 | 32.8 | 3.2 | • | 5.4 | 1.8 | 3.2 | 3.9 | 5.4 | 6.3 | 4.8 | 5.5 | 5.5 |
| Cash Flow to Total Debt **44** | 0.1 | • | 0.9 | • | 0.4 | 1.9 | 0.4 | 0.4 | 0.4 | 0.3 | 0.3 | 0.2 | 0.1 |
| **Selected Financial Factors (in Percentages)** | | | | | | | | | | | | | |
| Debt Ratio **45** | 61.5 | • | 78.8 | • | 66.5 | 26.9 | 79.5 | 62.0 | 50.7 | 47.0 | 56.5 | 64.1 | 62.0 |
| Return on Total Assets **46** | 5.2 | • | • | • | 2.7 | 33.3 | 7.4 | 4.2 | 9.3 | 5.6 | 6.4 | 7.8 | 5.0 |
| Return on Equity Before Income Taxes **47** | 6.2 | • | • | • | • | 44.9 | 24.8 | 3.2 | 14.0 | 6.7 | 8.5 | 9.9 | 6.2 |
| Return on Equity After Income Taxes **48** | 3.4 | • | • | • | • | 40.9 | 16.7 | • | 8.9 | 4.0 | 2.8 | 5.1 | 3.7 |
| Profit Margin (Before Income Tax) **49** | 3.4 | • | • | • | • | 17.2 | 2.8 | 0.8 | 4.6 | 2.9 | 3.0 | 3.0 | 4.1 |
| Profit Margin (After Income Tax) **50** | 1.8 | • | • | • | • | 15.6 | 1.9 | • | 3.0 | 1.7 | 1.0 | 1.6 | 2.5 |

## Table II

Corporations with Net Income

# CHEMICAL PRODUCT AND PREPARATION

MONEY AMOUNTS AND SIZE OF ASSETS IN THOUSANDS OF DOLLARS

| Item Description for Accounting Period 7/00 Through 6/01 | Total | Zero Assets | Under 100 | 100 to 250 | 251 to 500 | 501 to 1,000 | 1,001 to 5,000 | 5,001 to 10,000 | 10,001 to 25,000 | 25,001 to 50,000 | 50,001 to 100,000 | 100,001 to 250,000 | 250,001 and over |
|---|---|---|---|---|---|---|---|---|---|---|---|---|---|
| Number of Enterprises 1 | 2080 | 5 | 0 | • | 415 | 0 | 328 | 133 | 82 | 38 | 27 | 14 | 19 |
| **Revenues ($ in Thousands)** | | | | | | | | | | | | | |
| Net Sales 2 | 53601885 | 1579688 | 0 | • | 401243 | 0 | 1340024 | 1705291 | 2027605 | 1742607 | 2266664 | 2608570 | 39444082 |
| Interest 3 | 595268 | 6089 | 0 | • | 415 | 0 | 4510 | 2868 | 5100 | 12794 | 11649 | 52316 | 497046 |
| Rents 4 | 33206 | 164 | 0 | • | 0 | 0 | 168 | 408 | 122 | 750 | 605 | 4404 | 26189 |
| Royalties 5 | 802391 | 3175 | 0 | • | 0 | 0 | 308 | 0 | 9089 | 487 | 4483 | 8011 | 776837 |
| Other Portfolio Income 6 | 1729939 | 48010 | 0 | • | 0 | 0 | 5798 | 6197 | 59324 | 33142 | 18149 | 21434 | 1537398 |
| Other Receipts 7 | 1012345 | 32162 | 0 | • | 0 | 0 | 10250 | 2720 | 25226 | 13596 | 53334 | 41637 | 826833 |
| Total Receipts 8 | 57775034 | 1669288 | 0 | • | 401658 | 0 | 1361058 | 1717484 | 2126466 | 1803376 | 2354884 | 2736372 | 43108385 |
| Average Total Receipts 9 | 27776 | 333858 | • | • | 968 | • | 4150 | 12913 | 25933 | 47457 | 87218 | 195455 | 2268862 |
| **Operating Costs/Operating Income (%)** | | | | | | | | | | | | | |
| Cost of Operations 10 | 68.6 | 78.1 | • | • | 55.7 | • | 57.8 | 56.1 | 65.9 | 64.9 | 66.0 | 65.1 | 70.2 |
| Salaries and Wages 11 | 8.9 | 7.9 | • | • | 7.9 | • | 8.5 | 10.1 | 8.2 | 9.7 | 5.9 | 8.3 | 9.1 |
| Taxes Paid 12 | 1.2 | 1.1 | • | • | 2.5 | • | 2.1 | 1.8 | 1.8 | 2.0 | 1.6 | 2.0 | 1.0 |
| Interest Paid 13 | 2.9 | 1.6 | • | • | 1.0 | • | 1.1 | 1.6 | 1.3 | 1.3 | 1.2 | 2.7 | 3.3 |
| Depreciation 14 | 2.8 | 2.1 | • | • | 2.8 | • | 2.8 | 3.1 | 2.7 | 3.1 | 3.1 | 4.1 | 2.7 |
| Amortization and Depletion 15 | 1.1 | 0.6 | • | • | 0.0 | • | 0.0 | 0.2 | 0.2 | 0.3 | 0.7 | 0.5 | 1.4 |
| Pensions and Other Deferred Comp. 16 | 0.5 | 0.5 | • | • | 0.8 | • | 0.5 | 0.4 | 0.6 | 0.9 | 0.6 | 0.3 | 0.5 |
| Employee Benefits 17 | 0.9 | 0.5 | • | • | 0.7 | • | 1.2 | 1.0 | 0.9 | 1.9 | 1.3 | 1.5 | 0.8 |
| Advertising 18 | 1.6 | 0.2 | • | • | 0.1 | • | 0.3 | 0.9 | 0.9 | 0.7 | 1.4 | 0.2 | 2.0 |
| Other Expenses 19 | 13.7 | 8.8 | • | • | 17.0 | • | 17.2 | 13.6 | 9.9 | 9.4 | 10.5 | 12.5 | 14.3 |
| Officers' Compensation 20 | 1.1 | 0.5 | • | • | 7.7 | • | 5.2 | 4.2 | 2.6 | 2.5 | 1.2 | 0.8 | 0.5 |
| Operating Margin 21 | • | • | • | • | 3.7 | • | 3.3 | 6.9 | 5.0 | 3.2 | 6.6 | 2.0 | • |
| Operating Margin Before Officers' Comp. 22 | • | • | • | • | 11.5 | • | 8.5 | 11.2 | 7.5 | 5.7 | 7.8 | 2.8 | • |

## Selected Average Balance Sheet ($ in Thousands)

| | | | | | | | | | | | | | |
|---|---|---|---|---|---|---|---|---|---|---|---|---|---|
| Net Receivables 23 | 6989 | 0 | • | • | 217 | • | 457 | 1748 | 3418 | 7265 | 10312 | 26607 | 674616 |
| Inventories 24 | 2870 | 0 | • | • | 47 | • | 355 | 1191 | 3474 | 6326 | 12786 | 26602 | 230002 |
| Net Property, Plant and Equipment 25 | 5460 | 0 | • | • | 64 | • | 610 | 2225 | 4683 | 7657 | 16519 | 50243 | 473097 |
| Total Assets 26 | 34743 | 0 | • | • | 396 | • | 1983 | 7006 | 15179 | 33157 | 66287 | 179465 | 3342690 |
| Notes and Loans Payable 27 | 7609 | 0 | • | • | 132 | • | 555 | 2350 | 3609 | 7436 | 11783 | 45984 | 722615 |
| All Other Liabilities 28 | 12494 | 0 | • | • | 109 | • | 478 | 2147 | 3334 | 8027 | 16692 | 48014 | 1250952 |
| Net Worth 29 | 14640 | 0 | • | • | 156 | • | 950 | 2509 | 8236 | 17695 | 37812 | 85467 | 1369123 |

## Selected Financial Ratios (Times to 1)

| | | | | | | | | | | | | | |
|---|---|---|---|---|---|---|---|---|---|---|---|---|---|
| Current Ratio 30 | 1.2 | • | • | • | 1.9 | • | 2.3 | 1.8 | 2.0 | 2.0 | 1.8 | 2.2 | 1.1 |
| Quick Ratio 31 | 0.8 | • | • | • | 1.6 | • | 1.5 | 1.0 | 1.2 | 1.2 | 0.8 | 1.3 | 0.8 |
| Net Sales to Working Capital 32 | 10.8 | • | • | • | 6.3 | • | 6.0 | 7.6 | 5.7 | 5.0 | 6.0 | 4.3 | 15.1 |
| Coverage Ratio 33 | 3.3 | 4.0 | • | • | 5.0 | • | 5.4 | 5.6 | 8.4 | 6.5 | 9.6 | 3.8 | 2.9 |
| Total Asset Turnover 34 | 0.7 | • | • | • | 2.4 | • | 2.1 | 1.8 | 1.6 | 1.4 | 1.3 | 1.0 | 0.6 |
| Inventory Turnover 35 | 6.2 | • | • | • | 11.4 | • | 6.7 | 6.0 | 4.7 | 4.7 | 4.3 | 4.6 | 6.3 |
| Receivables Turnover 36 | 3.9 | • | • | • | 8.9 | • | 7.2 | 10.5 | 6.3 | 5.9 | 6.8 | 4.9 | 3.3 |
| Total Liabilities to Net Worth 37 | 1.4 | • | • | • | 1.5 | • | 1.1 | 1.8 | 0.8 | 0.9 | 0.8 | 1.1 | 1.4 |
| Current Assets to Working Capital 38 | 5.3 | • | • | • | 2.1 | • | 1.8 | 2.3 | 2.0 | 2.0 | 2.2 | 1.8 | 8.3 |
| Current Liabilities to Working Capital 39 | 4.3 | • | • | • | 1.1 | • | 0.8 | 1.3 | 1.0 | 1.0 | 1.2 | 0.8 | 7.3 |
| Working Capital to Net Sales 40 | 0.1 | • | • | • | 0.2 | • | 0.2 | 0.1 | 0.2 | 0.2 | 0.2 | 0.2 | 0.1 |
| Inventory to Working Capital 41 | 1.2 | • | • | • | 0.3 | • | 0.5 | 0.8 | 0.7 | 0.6 | 0.9 | 0.6 | 1.7 |
| Total Receipts to Cash Flow 42 | 6.6 | 9.5 | • | • | 5.8 | • | 5.1 | 5.3 | 6.5 | 7.8 | 5.0 | 6.1 | 6.8 |
| Cost of Goods to Cash Flow 43 | 4.5 | 7.4 | • | • | 3.2 | • | 2.9 | 3.0 | 4.3 | 5.1 | 3.3 | 4.0 | 4.8 |
| Cash Flow to Total Debt 44 | 0.2 | • | • | • | 0.7 | • | 0.8 | 0.5 | 0.5 | 0.4 | 0.6 | 0.3 | 0.2 |

## Selected Financial Factors (in Percentages)

| | | | | | | | | | | | | | |
|---|---|---|---|---|---|---|---|---|---|---|---|---|---|
| Debt Ratio 45 | 57.9 | • | • | • | 60.6 | • | 52.1 | 64.2 | 45.7 | 46.6 | 43.0 | 52.4 | 59.0 |
| Return on Total Assets 46 | 7.1 | • | • | • | 11.7 | • | 12.3 | 17.0 | 18.2 | 11.5 | 15.1 | 10.9 | 5.9 |
| Return on Equity Before Income Taxes 47 | 11.7 | • | • | • | 23.8 | • | 21.0 | 38.9 | 29.5 | 18.3 | 23.7 | 16.9 | 9.4 |
| Return on Equity After Income Taxes 48 | 8.3 | • | • | • | 23.0 | • | 16.5 | 32.6 | 23.2 | 14.4 | 17.3 | 11.5 | 6.4 |
| Profit Margin (Before Income Tax) 49 | 6.7 | 4.9 | • | • | 3.8 | • | 4.9 | 7.6 | 9.8 | 7.1 | 10.7 | 7.7 | 6.2 |
| Profit Margin (After Income Tax) 50 | 4.7 | 3.2 | • | • | 3.7 | • | 3.8 | 6.4 | 7.7 | 5.6 | 7.8 | 5.3 | 4.2 |

## Table I

Corporations with and without Net Income

# PLASTICS PRODUCT

MONEY AMOUNTS AND SIZE OF ASSETS IN THOUSANDS OF DOLLARS

| Item Description for Accounting Period 7/00 Through 6/01 | | Total | Zero Assets | Under 100 | 100 to 250 | 251 to 500 | 501 to 1,000 | 1,001 to 5,000 | 5,001 to 10,000 | 10,001 to 25,000 | 25,001 to 50,000 | 50,001 to 100,000 | 100,001 to 250,000 | 250,001 and over |
|---|---|---|---|---|---|---|---|---|---|---|---|---|---|---|
| Number of Enterprises | 1 | 11372 | 604 | 2597 | 2105 | 992 | 1826 | 1865 | 545 | 445 | 167 | 105 | 79 | 44 |
| **Revenues ($ in Thousands)** | | | | | | | | | | | | | | |
| Net Sales | 2 | 93482581 | 1578351 | 338740 | 940627 | 827025 | 2966593 | 9766000 | 6801716 | 11479632 | 8486462 | 9487360 | 13854424 | 26955651 |
| Interest | 3 | 693931 | 6711 | 10 | 47 | 1229 | 4855 | 9847 | 13780 | 13453 | 21152 | 24004 | 129861 | 468983 |
| Rents | 4 | 71558 | 450 | 0 | 0 | 0 | 478 | 4028 | 2521 | 1582 | 4398 | 2408 | 24812 | 30880 |
| Royalties | 5 | 240972 | 350 | 0 | 0 | 0 | 0 | 1392 | 50 | 1406 | 2718 | 5335 | 41209 | 188513 |
| Other Portfolio Income | 6 | 1546626 | 2415 | 23034 | 0 | 0 | 2364 | 31599 | 62880 | 31384 | 188990 | 30523 | 159227 | 1014211 |
| Other Receipts | 7 | 1201950 | 7396 | 7297 | 3614 | 1539 | 12095 | 63266 | 28881 | 72642 | 58188 | 70180 | 273450 | 603400 |
| Total Receipts | 8 | 97237618 | 1595673 | 369081 | 944288 | 829793 | 2986385 | 9876132 | 6909828 | 11600099 | 8761908 | 9619810 | 14482983 | 29261638 |
| Average Total Receipts | 9 | 8551 | 2642 | 142 | 449 | 836 | 1635 | 5296 | 12679 | 26068 | 52467 | 91617 | 183329 | 665037 |
| **Operating Costs/Operating Income (%)** | | | | | | | | | | | | | | |
| Cost of Operations | 10 | 70.9 | 85.7 | 53.2 | 48.9 | 69.3 | 63.2 | 69.5 | 69.2 | 72.5 | 72.1 | 72.4 | 72.1 | 70.5 |
| Salaries and Wages | 11 | 6.1 | 4.5 | 12.1 | 7.7 | 5.0 | 5.7 | 5.9 | 6.8 | 6.0 | 6.1 | 5.0 | 5.9 | 6.5 |
| Taxes Paid | 12 | 1.9 | 1.0 | 2.1 | 3.5 | 1.8 | 2.6 | 2.6 | 2.2 | 2.0 | 1.9 | 1.9 | 1.6 | 1.5 |
| Interest Paid | 13 | 4.6 | 0.9 | 1.4 | 3.1 | 0.4 | 1.6 | 1.4 | 2.2 | 1.9 | 2.6 | 2.7 | 4.4 | 9.7 |
| Depreciation | 14 | 4.2 | 2.3 | 0.7 | 4.5 | 2.7 | 3.4 | 3.0 | 4.2 | 3.9 | 4.4 | 4.7 | 4.5 | 4.8 |
| Amortization and Depletion | 15 | 0.5 | 0.3 | 0.2 | 0.2 | 0.0 | 0.1 | 0.1 | 0.4 | 0.2 | 0.3 | 0.5 | 0.6 | 0.8 |
| Pensions and Other Deferred Comp. | 16 | 0.4 | 0.1 | • | 0.2 | 0.0 | 0.6 | 0.3 | 0.4 | 0.4 | 0.4 | 0.4 | 0.3 | 0.4 |
| Employee Benefits | 17 | 1.4 | 0.6 | 0.1 | 1.2 | 1.6 | 1.1 | 1.2 | 1.4 | 1.3 | 1.8 | 1.1 | 1.4 | 1.4 |
| Advertising | 18 | 0.5 | 0.2 | 0.3 | 0.4 | 0.7 | 0.6 | 0.4 | 0.8 | 0.5 | 0.4 | 0.7 | 0.8 | 0.4 |
| Other Expenses | 19 | 9.2 | 9.9 | 24.1 | 16.3 | 13.7 | 12.4 | 8.4 | 8.2 | 8.0 | 8.5 | 8.7 | 10.9 | 9.0 |
| Officers' Compensation | 20 | 1.9 | 0.8 | 10.8 | 12.8 | 5.1 | 6.7 | 4.4 | 3.0 | 2.0 | 1.3 | 1.1 | 0.8 | 0.6 |
| Operating Margin | 21 | • | • | • | 1.2 | • | 2.1 | 2.9 | 1.2 | 1.3 | 0.2 | 0.9 | • | • |
| Operating Margin Before Officers' Comp. | 22 | 0.4 | • | 5.7 | 14.0 | 4.8 | 8.8 | 7.2 | 4.2 | 3.3 | 1.5 | 2.0 | • | • |

| Selected Average Balance Sheet ($ in Thousands) | | | | | | | | | | | | | |
|---|---|---|---|---|---|---|---|---|---|---|---|---|---|
| Net Receivables 23 | 1175 | 0 | 7 | 39 | 73 | 160 | 715 | 1529 | 3674 | 6950 | 13819 | 24184 | 103906 |
| Inventories 24 | 843 | 0 | 8 | 16 | 78 | 98 | 494 | 1145 | 2921 | 5272 | 10084 | 20765 | 64733 |
| Net Property, Plant and Equipment 25 | 2060 | 0 | 10 | 82 | 61 | 240 | 702 | 2703 | 5650 | 13293 | 25815 | 50034 | 194448 |
| Total Assets 26 | 14778 | 0 | 39 | 172 | 380 | 730 | 2362 | 6870 | 15280 | 34153 | 68176 | 152371 | 2864340 |
| Notes and Loans Payable 27 | 3835 | 0 | 142 | 141 | 68 | 352 | 884 | 2798 | 6076 | 14318 | 28161 | 64284 | 589315 |
| All Other Liabilities 28 | 1875 | 0 | 25 | 54 | 60 | 177 | 642 | 1496 | 3742 | 8785 | 15086 | 41167 | 245078 |
| Net Worth 29 | 9068 | 0 | -128 | -23 | 251 | 202 | 835 | 2576 | 5462 | 11049 | 24929 | 46920 | 2029947 |

| Selected Financial Ratios (Times to 1) | | | | | | | | | | | | | |
|---|---|---|---|---|---|---|---|---|---|---|---|---|---|
| Current Ratio 30 | 1.3 | • | 0.2 | 1.0 | 4.3 | 1.9 | 1.7 | 1.5 | 1.4 | 1.3 | 1.7 | 1.3 | 1.2 |
| Quick Ratio 31 | 0.8 | • | 0.1 | 0.8 | 2.6 | 1.2 | 1.1 | 0.9 | 0.8 | 0.7 | 0.9 | 0.7 | 0.6 |
| Net Sales to Working Capital 32 | 12.5 | • | • | • | 4.9 | 8.3 | 8.4 | 10.9 | 10.6 | 14.0 | 7.0 | 13.2 | 21.3 |
| Coverage Ratio 33 | 1.6 | • | 3.6 | 1.5 | 1.0 | 2.7 | 3.9 | 2.3 | 2.2 | 2.3 | 1.9 | 1.3 | 1.3 |
| Total Asset Turnover 34 | 0.6 | • | 3.3 | 2.6 | 2.2 | 2.2 | 2.2 | 1.8 | 1.7 | 1.5 | 1.3 | 1.2 | 0.2 |
| Inventory Turnover 35 | 6.9 | • | 8.2 | 13.7 | 7.4 | 10.4 | 7.4 | 7.5 | 6.4 | 6.9 | 6.5 | 6.1 | 6.7 |
| Receivables Turnover 36 | 6.7 | • | 19.2 | 11.7 | 8.5 | 9.6 | 7.6 | 8.3 | 6.8 | 7.4 | 6.7 | 7.3 | 5.3 |
| Total Liabilities to Net Worth 37 | 0.6 | • | • | • | 0.5 | 2.6 | 1.8 | 1.7 | 1.8 | 2.1 | 1.7 | 2.2 | 0.4 |
| Current Assets to Working Capital 38 | 3.9 | • | • | • | 1.3 | 2.2 | 2.4 | 3.1 | 3.3 | 4.3 | 2.4 | 4.3 | 7.6 |
| Current Liabilities to Working Capital 39 | 2.9 | • | • | • | 0.3 | 1.2 | 1.4 | 2.1 | 2.3 | 3.3 | 1.4 | 3.3 | 6.6 |
| Working Capital to Net Sales 40 | 0.1 | • | • | • | 0.2 | 0.1 | 0.1 | 0.1 | 0.1 | 0.1 | 0.1 | 0.1 | 0.0 |
| Inventory to Working Capital 41 | 1.3 | • | • | • | 0.4 | 0.6 | 0.7 | 1.0 | 1.2 | 1.5 | 0.8 | 1.6 | 2.3 |
| Total Receipts to Cash Flow 42 | 11.7 | • | 5.9 | 7.8 | 11.7 | 9.7 | 10.4 | 12.1 | 11.9 | 10.0 | 11.0 | 10.4 | 14.1 |
| Cost of Goods to Cash Flow 43 | 8.3 | • | 3.2 | 3.8 | 8.1 | 6.2 | 7.2 | 8.4 | 8.6 | 7.2 | 8.0 | 7.5 | 9.9 |
| Cash Flow to Total Debt 44 | 0.1 | • | 0.1 | 0.3 | 0.6 | 0.3 | 0.3 | 0.2 | 0.2 | 0.2 | 0.2 | 0.2 | 0.1 |

| Selected Financial Factors (in Percentages) | | | | | | | | | | | | | |
|---|---|---|---|---|---|---|---|---|---|---|---|---|---|
| Debt Ratio 45 | 38.6 | • | 424.1 | 113.6 | 33.8 | 72.4 | 64.6 | 62.5 | 64.3 | 67.6 | 63.4 | 69.2 | 29.1 |
| Return on Total Assets 46 | 4.0 | • | 17.4 | 12.4 | 0.9 | 9.8 | 11.9 | 9.0 | 7.1 | 9.1 | 6.6 | 6.5 | 2.8 |
| Return on Equity Before Income Taxes 47 | 2.3 | • | • | • | • | 22.2 | 24.9 | 13.6 | 10.8 | 16.1 | 8.4 | 4.7 | 1.0 |
| Return on Equity After Income Taxes 48 | 1.5 | • | • | • | • | 19.8 | 21.7 | 10.9 | 8.4 | 12.9 | 5.4 | 0.8 | 0.4 |
| Profit Margin (Before Income Tax) 49 | 2.6 | • | 3.8 | 1.6 | • | 2.8 | 4.0 | 2.8 | 2.3 | 3.5 | 2.3 | 1.2 | 3.2 |
| Profit Margin (After Income Tax) 50 | 1.6 | • | 3.8 | 1.6 | • | 2.5 | 3.5 | 2.3 | 1.8 | 2.8 | 1.5 | 0.2 | 1.5 |

## Table II

Corporations with Net Income

# PLASTICS PRODUCT

MONEY AMOUNTS AND SIZE OF ASSETS IN THOUSANDS OF DOLLARS

| Item Description for Accounting Period 7/00 Through 6/01 | | Total | Zero Assets | Under 100 | 100 to 250 | 251 to 500 | 501 to 1,000 | 1,001 to 5,000 | 5,001 to 10,000 | 10,001 to 25,000 | 25,001 to 50,000 | 50,001 to 100,000 | 100,001 to 250,000 | 250,001 and over |
|---|---|---|---|---|---|---|---|---|---|---|---|---|---|---|
| Number of Enterprises | 1 | 6512 | 0 | 822 | 1300 | 0 | 1326 | 1578 | 433 | 301 | 105 | 63 | 42 | 23 |
| **Revenues ($ in Thousands)** | | | | | | | | | | | | | | |
| Net Sales | 2 | 63575416 | 0 | 117373 | 463284 | 0 | 2293483 | 8549202 | 5750655 | 8389677 | 5768785 | 6406117 | 8831179 | 16087252 |
| Interest | 3 | 510568 | 0 | 0 | 2 | 0 | 2514 | 8433 | 11784 | 9498 | 14026 | 17513 | 56706 | 387342 |
| Rents | 4 | 40205 | 0 | 0 | 0 | 0 | 478 | 4024 | 2504 | 631 | 2003 | 1634 | 23194 | 5410 |
| Royalties | 5 | 191277 | 0 | 0 | 0 | 0 | 0 | 0 | 0 | 901 | 531 | 3957 | 24969 | 160918 |
| Other Portfolio Income | 6 | 1306320 | 0 | 23034 | 0 | 0 | 2195 | 27486 | 42750 | 11419 | 184335 | 27636 | 148963 | 837264 |
| Other Receipts | 7 | 948617 | 0 | 7307 | 188 | 0 | 6697 | 59027 | 25222 | 43148 | 35683 | 38320 | 250325 | 477727 |
| Total Receipts | 8 | 66572403 | 0 | 147714 | 463474 | 0 | 2305367 | 8648172 | 5832915 | 8455274 | 6005363 | 6495177 | 9335336 | 17955913 |
| Average Total Receipts | 9 | 10223 | • | 180 | 357 | • | 1739 | 5480 | 13471 | 28091 | 57194 | 103098 | 222270 | 780692 |
| **Operating Costs/Operating Income (%)** | | | | | | | | | | | | | | |
| Cost of Operations | 10 | 69.5 | • | 52.3 | 41.2 | • | 60.4 | 68.7 | 68.0 | 70.6 | 69.5 | 71.0 | 72.6 | 69.8 |
| Salaries and Wages | 11 | 6.1 | • | 9.5 | 5.9 | • | 6.2 | 5.5 | 6.8 | 6.0 | 5.9 | 4.9 | 6.0 | 6.8 |
| Taxes Paid | 12 | 1.9 | • | 2.8 | 4.2 | • | 2.6 | 2.6 | 2.1 | 2.0 | 1.9 | 2.0 | 1.6 | 1.3 |
| Interest Paid | 13 | 3.7 | • | 0.0 | 1.8 | • | 1.4 | 1.2 | 1.2 | 1.4 | 2.3 | 1.6 | 2.7 | 9.8 |
| Depreciation | 14 | 3.7 | • | 0.5 | 5.3 | • | 2.8 | 2.6 | 3.8 | 3.5 | 4.0 | 4.3 | 4.0 | 4.0 |
| Amortization and Depletion | 15 | 0.3 | • | • | • | • | 0.1 | 0.1 | 0.2 | 0.1 | 0.3 | 0.2 | 0.3 | 0.5 |
| Pensions and Other Deferred Comp. | 16 | 0.4 | • | • | 0.3 | • | 0.8 | 0.4 | 0.4 | 0.4 | 0.5 | 0.5 | 0.3 | 0.4 |
| Employee Benefits | 17 | 1.2 | • | • | 1.2 | • | 0.9 | 1.1 | 1.4 | 1.2 | 1.9 | 1.0 | 1.2 | 1.2 |
| Advertising | 18 | 0.5 | • | 0.1 | 0.4 | • | 0.7 | 0.4 | 0.8 | 0.4 | 0.4 | 0.7 | 0.6 | 0.3 |
| Other Expenses | 19 | 7.9 | • | 30.9 | 15.6 | • | 12.2 | 7.5 | 7.8 | 6.8 | 8.0 | 7.8 | 9.1 | 7.1 |
| Officers' Compensation | 20 | 2.1 | • | • | 15.3 | • | 7.2 | 4.6 | 3.1 | 2.1 | 1.4 | 1.1 | 0.8 | 0.5 |
| Operating Margin | 21 | 2.8 | • | 3.8 | 8.9 | • | 4.8 | 5.5 | 4.3 | 5.5 | 4.1 | 5.0 | 0.9 | • |
| Operating Margin Before Officers' Comp. | 22 | 4.8 | • | 3.8 | 24.2 | • | 12.0 | 10.1 | 7.4 | 7.6 | 5.4 | 6.1 | 1.7 | • |

## Selected Average Balance Sheet ($ in Thousands)

| | | | | | | | | | | | | | |
|---|---|---|---|---|---|---|---|---|---|---|---|---|---|
| Net Receivables **23** | 1481 | • | 9 | 44 | • | 173 | 750 | 1615 | 3863 | 7437 | 15182 | 30451 | 141032 |
| Inventories **24** | 1013 | • | 2 | 15 | • | 106 | 483 | 1268 | 3228 | 6045 | 11415 | 26824 | 70397 |
| Net Property, Plant and Equipment **25** | 2088 | • | 0 | 76 | • | 246 | 637 | 2505 | 5415 | 12938 | 26066 | 53411 | 180522 |
| Total Assets **26** | 21037 | • | 22 | 152 | • | 727 | 2381 | 6934 | 15403 | 34893 | 69239 | 154578 | 4769053 |
| Notes and Loans Payable **27** | 3676 | • | 286 | 72 | • | 257 | 634 | 2143 | 5021 | 11979 | 20633 | 50511 | 656257 |
| All Other Liabilities **28** | 1968 | • | 5 | 43 | • | 165 | 635 | 1496 | 3360 | 8007 | 15033 | 41331 | 274205 |
| Net Worth **29** | 15393 | • | -268 | 36 | • | 305 | 1113 | 3295 | 7022 | 14907 | 33573 | 62736 | 3838591 |

## Selected Financial Ratios (Times to 1)

| | | | | | | | | | | | | | |
|---|---|---|---|---|---|---|---|---|---|---|---|---|---|
| Current Ratio **30** | 1.7 | • | 0.1 | 1.3 | • | 2.4 | 2.0 | 1.9 | 1.7 | 1.6 | 1.9 | 1.6 | 1.5 |
| Quick Ratio **31** | 1.0 | • | 0.1 | 1.2 | • | 1.6 | 1.3 | 1.1 | 1.0 | 0.9 | 1.1 | 1.0 | 0.8 |
| Net Sales to Working Capital **32** | 7.8 | • | • | 18.9 | • | 6.5 | 7.1 | 7.5 | 7.8 | 8.6 | 6.2 | 7.8 | 8.3 |
| Coverage Ratio **33** | 3.0 | • | 34815.0 | 6.0 | • | 4.8 | 6.5 | 5.7 | 5.6 | 4.6 | 5.1 | 3.5 | 2.0 |
| Total Asset Turnover **34** | 0.5 | • | 6.4 | 2.4 | • | 2.4 | 2.3 | 1.9 | 1.8 | 1.6 | 1.5 | 1.4 | 0.1 |
| Inventory Turnover **35** | 6.7 | • | 49.0 | 9.9 | • | 9.8 | 7.7 | 7.1 | 6.1 | 6.3 | 6.3 | 5.7 | 6.9 |
| Receivables Turnover **36** | 6.3 | • | 14.9 | 8.4 | • | 9.8 | 7.7 | 8.3 | 6.6 | 6.9 | 6.4 | 6.5 | 4.7 |
| Total Liabilities to Net Worth **37** | 0.4 | • | • | 3.2 | • | 1.4 | 1.1 | 1.1 | 1.2 | 1.3 | 1.1 | 1.5 | 0.2 |
| Current Assets to Working Capital **38** | 2.5 | • | • | 4.0 | • | 1.7 | 2.0 | 2.2 | 2.4 | 2.6 | 2.1 | 2.6 | 3.2 |
| Current Liabilities to Working Capital **39** | 1.5 | • | • | 3.0 | • | 0.7 | 1.0 | 1.2 | 1.4 | 1.6 | 1.1 | 1.6 | 2.2 |
| Working Capital to Net Sales **40** | 0.1 | • | • | 0.1 | • | 0.2 | 0.1 | 0.1 | 0.1 | 0.1 | 0.2 | 0.1 | 0.1 |
| Inventory to Working Capital **41** | 0.8 | • | • | 0.4 | • | 0.5 | 0.6 | 0.7 | 0.9 | 0.9 | 0.7 | 0.9 | 0.9 |
| Total Receipts to Cash Flow **42** | 8.3 | • | 2.8 | 5.4 | • | 7.4 | 8.5 | 9.1 | 8.8 | 7.0 | 8.1 | 7.7 | 9.3 |
| Cost of Goods to Cash Flow **43** | 5.8 | • | 1.5 | 2.2 | • | 4.5 | 5.9 | 6.2 | 6.2 | 4.9 | 5.8 | 5.6 | 6.5 |
| Cash Flow to Total Debt **44** | 0.2 | • | 0.2 | 0.6 | • | 0.6 | 0.5 | 0.4 | 0.4 | 0.4 | 0.4 | 0.3 | 0.1 |

## Selected Financial Factors (in Percentages)

| | | | | | | | | | | | | | |
|---|---|---|---|---|---|---|---|---|---|---|---|---|---|
| Debt Ratio **45** | 26.8 | • | 1292.0 | 76.0 | • | 58.0 | 53.3 | 52.5 | 54.4 | 57.3 | 51.5 | 59.4 | 19.5 |
| Return on Total Assets **46** | 5.2 | • | 188.4 | 25.2 | • | 16.0 | 17.7 | 13.4 | 13.7 | 16.6 | 11.7 | 12.6 | 2.9 |
| Return on Equity Before Income Taxes **47** | 4.8 | • | • | 87.7 | • | 30.1 | 32.1 | 23.2 | 24.7 | 30.5 | 19.3 | 22.1 | 1.9 |
| Return on Equity After Income Taxes **48** | 3.9 | • | • | 87.1 | • | 27.9 | 29.3 | 20.7 | 21.9 | 26.7 | 15.7 | 16.8 | 1.3 |
| Profit Margin (Before Income Tax) **49** | 7.5 | • | 29.7 | 8.9 | • | 5.3 | 6.6 | 5.8 | 6.2 | 8.3 | 6.4 | 6.6 | 10.2 |
| Profit Margin (After Income Tax) **50** | 6.1 | • | 29.7 | 8.9 | • | 4.9 | 6.0 | 5.1 | 5.5 | 7.3 | 5.2 | 5.0 | 7.3 |

# Table I

Corporations with and without Net Income

## RUBBER PRODUCT

| Item Description for Accounting Period 7/00 Through 6/01 | | MONEY AMOUNTS AND SIZE OF ASSETS IN THOUSANDS OF DOLLARS Total | Zero Assets | Under 100 | 100 to 250 | 251 to 500 | 501 to 1,000 | 1,001 to 5,000 | 5,001 to 10,000 | 10,001 to 25,000 | 25,001 to 50,000 | 50,001 to 100,000 | 100,001 to 250,000 | 250,001 and over |
|---|---|---|---|---|---|---|---|---|---|---|---|---|---|---|
| Number of Enterprises | 1 | 1153 | 5 | • | 58 | 185 | 140 | 522 | 99 | 71 | 24 | 18 | 11 | 19 |
| **Revenues ($ in Thousands)** | | | | | | | | | | | | | | |
| Net Sales | 2 | 45905387 | 89760 | • | 40108 | 243503 | 222432 | 3432958 | 1221158 | 2053050 | 1285868 | 1543667 | 1386243 | 34386641 |
| Interest | 3 | 418323 | 6 | • | 0 | 105 | 1080 | 1153 | 789 | 4501 | 2106 | 7805 | 6085 | 394691 |
| Rents | 4 | 32657 | 243 | • | 0 | 0 | 0 | 1669 | 0 | 435 | 1347 | 207 | 377 | 28379 |
| Royalties | 5 | 539779 | 26 | • | 0 | 0 | 0 | 0 | 0 | 43 | 222 | 1050 | 7501 | 530937 |
| Other Portfolio Income | 6 | 434361 | 0 | • | 0 | 5 | 0 | 837 | 5568 | 18675 | 2084 | 2362 | 28483 | 376346 |
| Other Receipts | 7 | 283937 | 5838 | • | 0 | 513 | 28620 | 6257 | 1343 | 13416 | 9153 | 3261 | 49551 | 165987 |
| Total Receipts | 8 | 47614444 | 95873 | • | 40108 | 244126 | 252132 | 3442874 | 1228858 | 2090120 | 1300780 | 1558352 | 1478240 | 35882981 |
| Average Total Receipts | 9 | 41296 | 19175 | • | 692 | 1320 | 1801 | 6596 | 12413 | 29438 | 54199 | 86575 | 134385 | 1888578 |
| **Operating Costs/Operating Income (%)** | | | | | | | | | | | | | | |
| Cost of Operations | 10 | 70.5 | 77.5 | • | 96.6 | 50.6 | 59.6 | 63.1 | 71.9 | 71.5 | 71.3 | 70.7 | 76.2 | 71.1 |
| Salaries and Wages | 11 | 6.9 | 3.7 | • | 11.8 | 17.5 | 8.3 | 9.0 | 5.3 | 6.1 | 6.6 | 5.3 | 6.5 | 6.9 |
| Taxes Paid | 12 | 1.4 | 0.6 | • | 6.7 | 2.4 | 2.7 | 2.3 | 1.5 | 2.3 | 1.8 | 2.7 | 1.7 | 1.1 |
| Interest Paid | 13 | 3.0 | 2.0 | • | 3.8 | • | 0.8 | 0.5 | 0.9 | 2.1 | 1.9 | 4.5 | 7.3 | 3.2 |
| Depreciation | 14 | 3.2 | 3.0 | • | 1.0 | 0.9 | 1.6 | 1.7 | 3.4 | 3.4 | 3.1 | 3.1 | 4.6 | 3.3 |
| Amortization and Depletion | 15 | 0.3 | 0.0 | • | • | • | 0.0 | 0.1 | 0.0 | 0.3 | 0.2 | 1.3 | 1.3 | 0.3 |
| Pensions and Other Deferred Comp. | 16 | 0.7 | • | • | • | • | • | 0.6 | 0.4 | 0.3 | 0.6 | 0.6 | 0.4 | 0.8 |
| Employee Benefits | 17 | 2.5 | 6.0 | • | 10.5 | 1.5 | 0.3 | 1.8 | 1.1 | 1.7 | 2.3 | 2.6 | 3.0 | 2.7 |
| Advertising | 18 | 1.3 | 0.8 | • | 0.5 | 0.3 | 0.0 | 1.0 | 0.4 | 0.3 | 0.5 | 0.6 | 0.3 | 1.5 |
| Other Expenses | 19 | 11.8 | 9.5 | • | 23.8 | 16.8 | 20.0 | 9.4 | 6.0 | 8.0 | 9.1 | 9.2 | 5.4 | 12.9 |
| Officers' Compensation | 20 | 1.0 | • | • | 11.9 | 10.9 | 8.1 | 6.4 | 4.1 | 1.6 | 1.4 | 1.0 | 0.7 | 0.2 |
| Operating Margin | 21 | • | • | • | • | • | • | 4.2 | 5.0 | 2.4 | 1.2 | • | • | • |
| Operating Margin Before Officers' Comp. | 22 | • | • | • | • | 10.0 | 6.6 | 10.6 | 9.1 | 4.0 | 2.6 | • | • | • |

## Selected Average Balance Sheet ($ in Thousands)

| | | | | | | | | | | | | | |
|---|---|---|---|---|---|---|---|---|---|---|---|---|---|
| Net Receivables 23 | 5738 | 0 | • | 86 | 168 | 339 | 779 | 1945 | 3783 | 7596 | 11400 | 18117 | 267235 |
| Inventories 24 | 5718 | 0 | • | 21 | 218 | 234 | 497 | 1490 | 3310 | 7856 | 8680 | 18810 | 280253 |
| Net Property, Plant and Equipment 25 | 10667 | 0 | • | 35 | 52 | 115 | 595 | 2822 | 6212 | 10987 | 18194 | 34790 | 540340 |
| Total Assets 26 | 35543 | 0 | • | 148 | 389 | 770 | 2361 | 7183 | 16675 | 35285 | 66576 | 139656 | 1793886 |
| Notes and Loans Payable 27 | 13934 | 0 | • | 627 | 112 | 310 | 327 | 1360 | 7199 | 12937 | 40737 | 104520 | 681889 |
| All Other Liabilities 28 | 11802 | 0 | • | 547 | 138 | 237 | 473 | 1744 | 4120 | 8960 | 14919 | 30078 | 631087 |
| Net Worth 29 | 9807 | 0 | • | -1026 | 139 | 223 | 1561 | 4079 | 5356 | 13388 | 10920 | 5058 | 480911 |

## Selected Financial Ratios (Times to 1)

| | | | | | | | | | | | | | |
|---|---|---|---|---|---|---|---|---|---|---|---|---|---|
| Current Ratio 30 | 1.1 | • | • | 0.1 | 1.5 | 2.2 | 2.4 | 2.0 | 1.6 | 1.8 | 1.4 | 0.9 | 1.0 |
| Quick Ratio 31 | 0.5 | • | • | 0.1 | 0.9 | 1.7 | 1.6 | 1.2 | 0.9 | 0.9 | 0.7 | 0.5 | 0.5 |
| Net Sales to Working Capital 32 | 33.7 | • | • | • | 12.8 | 4.4 | 7.5 | 5.8 | 8.9 | 6.5 | 11.7 | • | 232.2 |
| Coverage Ratio 33 | 1.6 | 2.8 | • | • | • | 16.0 | 10.1 | 7.4 | 3.0 | 2.2 | 0.9 | 0.9 | 1.4 |
| Total Asset Turnover 34 | 1.1 | • | • | 4.7 | 3.4 | 2.1 | 2.8 | 1.7 | 1.7 | 1.5 | 1.3 | 0.9 | 1.0 |
| Inventory Turnover 35 | 4.9 | • | • | 32.3 | 3.1 | 4.0 | 8.3 | 6.0 | 6.2 | 4.9 | 7.0 | 5.1 | 4.6 |
| Receivables Turnover 36 | 6.9 | • | • | 6.9 | 6.0 | 3.6 | 7.7 | 7.4 | 7.4 | 5.9 | 8.9 | 4.3 | 6.9 |
| Total Liabilities to Net Worth 37 | 2.6 | • | • | • | 1.8 | 2.5 | 0.5 | 0.8 | 2.1 | 1.6 | 5.1 | 26.6 | 2.7 |
| Current Assets to Working Capital 38 | 11.2 | • | • | • | 3.2 | 1.8 | 1.7 | 2.0 | 2.8 | 2.2 | 3.6 | • | 80.3 |
| Current Liabilities to Working Capital 39 | 10.2 | • | • | • | 2.2 | 0.8 | 0.7 | 1.0 | 1.8 | 1.2 | 2.6 | • | 79.3 |
| Working Capital to Net Sales 40 | 0.0 | • | • | • | 0.1 | 0.2 | 0.1 | 0.2 | 0.1 | 0.2 | 0.1 | • | 0.0 |
| Inventory to Working Capital 41 | 5.1 | • | • | • | 1.2 | 0.4 | 0.5 | 0.8 | 1.0 | 0.9 | 1.4 | • | 39.1 |
| Total Receipts to Cash Flow 42 | 10.6 | 9.2 | • | • | 16.4 | 3.9 | 8.9 | 9.8 | 10.3 | 10.2 | 15.1 | 66.7 | 10.4 |
| Cost of Goods to Cash Flow 43 | 7.5 | 7.1 | • | • | 8.3 | 2.3 | 5.6 | 7.0 | 7.4 | 7.3 | 10.7 | 50.9 | 7.4 |
| Cash Flow to Total Debt 44 | 0.1 | • | • | • | 0.3 | 0.8 | 0.9 | 0.4 | 0.2 | 0.2 | 0.1 | 0.0 | 0.1 |

## Selected Financial Factors (in Percentages)

| | | | | | | | | | | | | | |
|---|---|---|---|---|---|---|---|---|---|---|---|---|---|
| Debt Ratio 45 | 72.4 | • | • | 790.9 | 64.2 | 71.0 | 33.9 | 43.2 | 67.9 | 62.1 | 83.6 | 96.4 | 73.2 |
| Return on Total Assets 46 | 5.2 | • | • | • | • | 26.1 | 14.0 | 11.1 | 10.8 | 6.5 | 4.9 | 6.0 | 4.5 |
| Return on Equity Before Income Taxes 47 | 6.8 | • | • | 45.0 | • | 84.6 | 19.0 | 16.9 | 22.3 | 9.3 | • | • | 4.9 |
| Return on Equity After Income Taxes 48 | 3.1 | • | • | 45.0 | • | 82.3 | 18.1 | 16.2 | 19.7 | 7.3 | • | • | 1.1 |
| Profit Margin (Before Income Tax) 49 | 1.7 | 3.6 | • | • | • | 11.9 | 4.5 | 5.6 | 4.1 | 2.3 | • | • | 1.3 |
| Profit Margin (After Income Tax) 50 | 0.8 | 2.7 | • | • | • | 11.6 | 4.3 | 5.4 | 3.7 | 1.8 | • | • | 0.3 |

**Table II**

Corporations with Net Income

# RUBBER PRODUCT

| Item Description for Accounting Period 7/00 Through 6/01 | Total | Zero Assets | Under 100 | 100 to 250 | 251 to 500 | 501 to 1,000 | 1,001 to 5,000 | 5,001 to 10,000 | 10,001 to 25,000 | 25,001 to 50,000 | 50,001 to 100,000 | 100,001 to 250,000 | 250,001 and over |
|---|---|---|---|---|---|---|---|---|---|---|---|---|---|
| | **MONEY AMOUNTS AND SIZE OF ASSETS IN THOUSANDS OF DOLLARS** | | | | | | | | | | | | |
| Number of Enterprises 1 | 869 | 0 | • | • | 0 | 140 | 455 | 86 | 51 | 15 | 10 | 5 | 11 |
| **Revenues ($ in Thousands)** | | | | | | | | | | | | | |
| Net Sales 2 | 31332345 | 0 | • | • | 0 | 222432 | 3192618 | 1085099 | 1555129 | 829625 | 959365 | 644588 | 22705375 |
| Interest 3 | 219601 | 0 | • | • | 0 | 1080 | 1138 | 122 | 3788 | 1087 | 7511 | 5742 | 199026 |
| Rents 4 | 15206 | 0 | • | • | 0 | 0 | 1669 | 0 | 176 | 630 | 207 | 56 | 12467 |
| Royalties 5 | 310211 | 0 | • | • | 0 | 0 | 0 | 0 | 43 | 222 | 999 | 5526 | 303421 |
| Other Portfolio Income 6 | 414013 | 0 | • | • | 0 | 0 | 837 | 5565 | 16863 | 890 | 2341 | 24793 | 362718 |
| Other Receipts 7 | 188794 | 0 | • | • | 0 | 28620 | 6257 | 1335 | 9768 | 1108 | 3538 | 47099 | 85243 |
| Total Receipts 8 | 32480170 | 0 | • | • | 0 | 252132 | 3202519 | 1092121 | 1585767 | 833562 | 973961 | 727804 | 23668250 |
| Average Total Receipts 9 | 37376 | • | • | • | • | 1801 | 7039 | 12699 | 31093 | 55571 | 97396 | 145561 | 2151659 |
| **Operating Costs/Operating Income (%)** | | | | | | | | | | | | | |
| Cost of Operations 10 | 67.3 | • | • | • | • | 59.6 | 65.3 | 71.2 | 70.6 | 69.7 | 68.5 | 78.4 | 66.7 |
| Salaries and Wages 11 | 7.1 | • | • | • | • | 8.3 | 8.1 | 5.3 | 6.1 | 6.5 | 5.3 | 4.8 | 7.2 |
| Taxes Paid 12 | 1.5 | • | • | • | • | 2.7 | 2.3 | 1.5 | 2.1 | 1.6 | 2.9 | 1.5 | 1.3 |
| Interest Paid 13 | 2.4 | • | • | • | • | 0.8 | 0.5 | 0.9 | 1.7 | 1.3 | 2.8 | 3.2 | 2.9 |
| Depreciation 14 | 3.3 | • | • | • | • | 1.6 | 1.6 | 3.3 | 2.6 | 3.2 | 3.0 | 2.8 | 3.6 |
| Amortization and Depletion 15 | 0.3 | • | • | • | • | 0.0 | 0.1 | 0.0 | 0.3 | 0.0 | 0.8 | 0.6 | 0.3 |
| Pensions and Other Deferred Comp. 16 | 0.6 | • | • | • | • | • | 0.6 | 0.5 | 0.4 | 0.4 | 0.6 | 0.5 | 0.6 |
| Employee Benefits 17 | 2.9 | • | • | • | • | 0.3 | 1.8 | 0.9 | 1.7 | 2.5 | 2.3 | 1.0 | 3.3 |
| Advertising 18 | 1.1 | • | • | • | • | 0.0 | 0.9 | 0.4 | 0.3 | 0.6 | 0.8 | 0.2 | 1.3 |
| Other Expenses 19 | 11.8 | • | • | • | • | 20.0 | 8.2 | 5.2 | 7.1 | 7.7 | 9.1 | 7.0 | 13.2 |
| Officers' Compensation 20 | 1.1 | • | • | • | • | 8.1 | 5.5 | 4.3 | 1.6 | 1.3 | 0.9 | 0.5 | 0.2 |
| Operating Margin 21 | 0.7 | • | • | • | • | • | 5.2 | 6.5 | 5.6 | 5.1 | 3.0 | • | • |
| Operating Margin Before Officers' Comp. 22 | 1.8 | • | • | • | • | 6.6 | 10.7 | 10.8 | 7.2 | 6.4 | 4.0 | 0.1 | • |

## Selected Average Balance Sheet ($ in Thousands)

| | | | | | | | | | | | | | |
|---|---|---|---|---|---|---|---|---|---|---|---|---|---|
| Net Receivables 23 | 5294 | • | • | • | • | 339 | 857 | 1977 | 3827 | 7481 | 12036 | 20165 | 313951 |
| Inventories 24 | 5895 | • | • | • | • | 234 | 556 | 1579 | 3394 | 7485 | 8917 | 20823 | 380462 |
| Net Property, Plant and Equipment 25 | 8745 | • | • | • | • | 115 | 544 | 2627 | 5180 | 12208 | 16804 | 21613 | 580366 |
| Total Assets 26 | 31164 | • | • | • | • | 770 | 2390 | 7094 | 16405 | 34302 | 64575 | 156216 | 2042140 |
| Notes and Loans Payable 27 | 9743 | • | • | • | • | 310 | 335 | 1395 | 5921 | 10615 | 28148 | 54117 | 648854 |
| All Other Liabilities 28 | 10267 | • | • | • | • | 237 | 512 | 1745 | 3723 | 6363 | 14000 | 15578 | 726472 |
| Net Worth 29 | 11154 | • | • | • | • | 223 | 1543 | 3954 | 6761 | 17324 | 22427 | 86520 | 666815 |

## Selected Financial Ratios (Times to 1)

| | | | | | | | | | | | | | |
|---|---|---|---|---|---|---|---|---|---|---|---|---|---|
| Current Ratio 30 | 1.3 | • | • | • | • | 2.2 | 2.6 | 2.0 | 2.1 | 1.8 | 1.4 | 1.6 | 1.1 |
| Quick Ratio 31 | 0.6 | • | • | • | • | 1.7 | 1.7 | 1.2 | 1.2 | 0.9 | 0.8 | 0.9 | 0.5 |
| Net Sales to Working Capital 32 | 14.6 | • | • | • | • | 4.4 | 7.0 | 5.8 | 6.2 | 6.9 | 11.7 | 8.2 | 25.4 |
| Coverage Ratio 33 | 3.2 | • | • | • | • | 16.0 | 11.5 | 9.2 | 5.4 | 5.2 | 2.6 | 4.9 | 2.7 |
| Total Asset Turnover 34 | 1.2 | • | • | • | • | 2.1 | 2.9 | 1.8 | 1.9 | 1.6 | 1.5 | 0.8 | 1.0 |
| Inventory Turnover 35 | 4.1 | • | • | • | • | 4.0 | 8.2 | 5.7 | 6.3 | 5.1 | 7.4 | 4.9 | 3.6 |
| Receivables Turnover 36 | 5.9 | • | • | • | • | 3.6 | 7.4 | 7.2 | 7.7 | 6.9 | 8.9 | 4.6 | 5.6 |
| Total Liabilities to Net Worth 37 | 1.8 | • | • | • | • | 2.5 | 0.5 | 0.8 | 1.4 | 1.0 | 1.9 | 0.8 | 2.1 |
| Current Assets to Working Capital 38 | 4.7 | • | • | • | • | 1.8 | 1.6 | 2.0 | 1.9 | 2.2 | 3.4 | 2.7 | 8.5 |
| Current Liabilities to Working Capital 39 | 3.7 | • | • | • | • | 0.8 | 0.6 | 1.0 | 0.9 | 1.2 | 2.4 | 1.7 | 7.5 |
| Working Capital to Net Sales 40 | 0.1 | • | • | • | • | 0.2 | 0.1 | 0.2 | 0.2 | 0.1 | 0.1 | 0.1 | 0.0 |
| Inventory to Working Capital 41 | 2.1 | • | • | • | • | 0.4 | 0.5 | 0.8 | 0.7 | 1.0 | 1.3 | 0.8 | 4.0 |
| Total Receipts to Cash Flow 42 | 8.0 | • | • | • | • | 3.9 | 8.7 | 8.8 | 8.3 | 8.1 | 8.3 | 6.7 | 7.9 |
| Cost of Goods to Cash Flow 43 | 5.4 | • | • | • | • | 2.3 | 5.7 | 6.3 | 5.8 | 5.6 | 5.7 | 5.3 | 5.3 |
| Cash Flow to Total Debt 44 | 0.2 | • | • | • | • | 0.8 | 0.9 | 0.5 | 0.4 | 0.4 | 0.3 | 0.3 | 0.2 |

## Selected Financial Factors (in Percentages)

| | | | | | | | | | | | | | |
|---|---|---|---|---|---|---|---|---|---|---|---|---|---|
| Debt Ratio 45 | 64.2 | • | • | • | • | 71.0 | 35.4 | 44.3 | 58.8 | 49.5 | 65.3 | 44.6 | 67.3 |
| Return on Total Assets 46 | 9.0 | • | • | • | • | 26.1 | 17.7 | 14.2 | 17.2 | 11.1 | 10.9 | 12.9 | 7.8 |
| Return on Equity Before Income Taxes 47 | 17.4 | • | • | • | • | 84.6 | 25.0 | 22.7 | 33.8 | 17.7 | 19.4 | 18.6 | 15.1 |
| Return on Equity After Income Taxes 48 | 13.1 | • | • | • | • | 82.3 | 24.0 | 21.8 | 31.0 | 15.5 | 14.8 | 12.3 | 10.4 |
| Profit Margin (Before Income Tax) 49 | 5.4 | • | • | • | • | 11.9 | 5.5 | 7.1 | 7.5 | 5.6 | 4.5 | 12.5 | 4.9 |
| Profit Margin (After Income Tax) 50 | 4.1 | • | • | • | • | 11.6 | 5.3 | 6.8 | 6.9 | 4.8 | 3.5 | 8.2 | 3.4 |

# Table I

Corporations with and without Net Income

## CLAY, REFRACTORY AND OTHER NONMETALLIC MINERAL PRODUCT

MONEY AMOUNTS AND SIZE OF ASSETS IN THOUSANDS OF DOLLARS

| Item Description for Accounting Period 7/00 Through 6/01 | | Total | Zero Assets | Under 100 | 100 to 250 | 251 to 500 | 501 to 1,000 | 1,001 to 5,000 | 5,001 to 10,000 | 10,001 to 25,000 | 25,001 to 50,000 | 50,001 to 100,000 | 100,001 to 250,000 | 250,001 and over |
|---|---|---|---|---|---|---|---|---|---|---|---|---|---|---|
| Number of Enterprises | 1 | 2364 | 11 | 1147 | • | 365 | 188 | 429 | 90 | 75 | 30 | 14 | 8 | 8 |
| **Revenues ($ in Thousands)** | | | | | | | | | | | | | | |
| Net Sales | 2 | 20028135 | 590691 | 83863 | • | 332431 | 599795 | 2058259 | 1033584 | 1650408 | 1252440 | 1275029 | 1068397 | 10083238 |
| Interest | 3 | 703010 | 22507 | 0 | • | 1201 | 849 | 3507 | 7707 | 2393 | 2074 | 3893 | 7627 | 651253 |
| Rents | 4 | 35131 | 274 | 0 | • | 0 | 0 | 4441 | 70 | 888 | 283 | 818 | 745 | 27612 |
| Royalties | 5 | 254573 | 48 | 0 | • | 0 | 0 | 5573 | 0 | 403 | 500 | 206 | 1189 | 246653 |
| Other Portfolio Income | 6 | 263165 | 579 | 0 | • | 1042 | 0 | 1800 | 403 | 8245 | 5454 | 8600 | 12830 | 224216 |
| Other Receipts | 7 | 361474 | 18338 | 0 | • | 132 | 5100 | 5918 | 3750 | 23980 | 4330 | 30004 | 37004 | 232913 |
| Total Receipts | 8 | 21645488 | 632437 | 83863 | • | 334806 | 605744 | 2079498 | 1045514 | 1686317 | 1265081 | 1318550 | 1127792 | 11465885 |
| Average Total Receipts | 9 | 9156 | 57494 | 73 | • | 917 | 3222 | 4847 | 11617 | 22484 | 42169 | 94182 | 140974 | 1433236 |
| **Operating Costs/Operating Income (%)** | | | | | | | | | | | | | | |
| Cost of Operations | 10 | 67.1 | 61.8 | 21.1 | • | 54.3 | 50.8 | 68.0 | 67.5 | 67.8 | 64.7 | 78.6 | 62.7 | 68.2 |
| Salaries and Wages | 11 | 7.8 | 8.2 | 2.0 | • | 19.8 | 3.3 | 7.1 | 6.8 | 6.6 | 6.8 | 5.3 | 10.1 | 8.3 |
| Taxes Paid | 12 | 2.0 | 3.2 | 1.8 | • | 3.6 | 3.3 | 2.3 | 2.2 | 2.2 | 1.6 | 1.8 | 2.0 | 1.7 |
| Interest Paid | 13 | 6.3 | 3.7 | 0.3 | • | 1.1 | 0.3 | 0.9 | 1.2 | 2.0 | 1.9 | 2.0 | 3.0 | 10.9 |
| Depreciation | 14 | 3.4 | 6.1 | 4.7 | • | 4.3 | 1.5 | 2.5 | 2.3 | 4.0 | 5.0 | 3.8 | 4.0 | 3.1 |
| Amortization and Depletion | 15 | 0.8 | 0.3 | 0.0 | • | 0.0 | 0.0 | 0.3 | 0.7 | 0.7 | 0.3 | 0.4 | 0.8 | 1.1 |
| Pensions and Other Deferred Comp. | 16 | 1.2 | 0.4 | 1.3 | • | 0.3 | 1.6 | 0.5 | 0.2 | 0.5 | 0.8 | 0.4 | 1.1 | 1.8 |
| Employee Benefits | 17 | 1.4 | 0.7 | 0.2 | • | 0.2 | 0.6 | 1.5 | 0.9 | 1.7 | 2.3 | 1.5 | 2.4 | 1.3 |
| Advertising | 18 | 0.7 | 1.6 | 0.4 | • | 0.0 | 0.5 | 0.6 | 0.6 | 0.6 | 0.5 | 0.6 | 0.4 | 0.9 |
| Other Expenses | 19 | 14.3 | 8.3 | 50.1 | • | 13.3 | 22.7 | 9.8 | 10.9 | 9.4 | 8.4 | 7.5 | 10.0 | 18.1 |
| Officers' Compensation | 20 | 2.0 | 1.0 | 8.6 | • | 4.9 | 16.1 | 4.4 | 1.2 | 2.4 | 1.9 | 1.1 | 1.7 | 0.7 |
| Operating Margin | 21 | • | 4.6 | 9.5 | • | • | • | 2.1 | 5.5 | 2.1 | 5.8 | • | 1.9 | • |
| Operating Margin Before Officers' Comp. | 22 | • | 5.6 | 18.1 | • | 3.0 | 15.3 | 6.5 | 6.7 | 4.5 | 7.7 | • | 3.5 | • |

| Selected Average Balance Sheet ($ in Thousands) | | | | | | | | | | | | | |
|---|---|---|---|---|---|---|---|---|---|---|---|---|---|
| Net Receivables 23 | 3109 | 0 | 0 | • | 83 | 363 | 649 | 1271 | 3059 | 6400 | 13772 | 26960 | 753588 |
| Inventories 24 | 971 | 0 | 3 | • | 34 | 304 | 321 | 1549 | 3552 | 7288 | 14966 | 24239 | 131623 |
| Net Property, Plant and Equipment 25 | 2112 | 0 | 10 | • | 144 | 130 | 648 | 2022 | 5881 | 14054 | 22175 | 49530 | 359423 |
| Total Assets 26 | 15845 | 0 | 17 | • | 394 | 732 | 2173 | 7817 | 16580 | 34742 | 71879 | 143339 | 3885266 |
| Notes and Loans Payable 27 | 5418 | 0 | 10 | • | 242 | 188 | 608 | 1834 | 5414 | 11717 | 20467 | 53996 | 1346473 |
| All Other Liabilities 28 | 5463 | 0 | 12 | • | 54 | 257 | 462 | 1957 | 3915 | 5415 | 16002 | 35818 | 1436580 |
| Net Worth 29 | 4964 | 0 | -4 | • | 99 | 288 | 1104 | 4026 | 7250 | 17611 | 35410 | 53526 | 1102214 |

| Selected Financial Ratios (Times to 1) | | | | | | | | | | | | | |
|---|---|---|---|---|---|---|---|---|---|---|---|---|---|
| Current Ratio 30 | 1.3 | • | 0.6 | • | 3.8 | 2.3 | 2.2 | 2.1 | 1.7 | 2.3 | 1.9 | 1.7 | 1.2 |
| Quick Ratio 31 | 0.8 | • | 0.3 | • | 2.0 | 1.6 | 1.4 | 1.0 | 0.9 | 1.1 | 1.0 | 0.8 | 0.8 |
| Net Sales to Working Capital 32 | 6.4 | • | • | • | 5.5 | 9.4 | 6.8 | 4.7 | 6.4 | 4.3 | 5.2 | 5.1 | 6.8 |
| Coverage Ratio 33 | 1.3 | 4.2 | 32.8 | • | • | 1.7 | 4.7 | 6.4 | 3.1 | 4.7 | 1.2 | 3.5 | 1.0 |
| Total Asset Turnover 34 | 0.5 | • | 4.3 | • | 2.3 | 4.4 | 2.2 | 1.5 | 1.3 | 1.2 | 1.3 | 0.9 | 0.3 |
| Inventory Turnover 35 | 5.9 | • | 5.4 | • | 14.7 | 5.3 | 10.2 | 5.0 | 4.2 | 3.7 | 4.8 | 3.5 | 6.5 |
| Receivables Turnover 36 | 4.1 | • | 28.6 | • | 17.9 | 6.4 | 11.0 | 9.4 | 7.2 | 6.6 | 7.3 | 5.5 | 2.7 |
| Total Liabilities to Net Worth 37 | 2.2 | • | • | • | 3.0 | 1.5 | 1.0 | 0.9 | 1.3 | 1.0 | 1.0 | 1.7 | 2.5 |
| Current Assets to Working Capital 38 | 4.6 | • | • | • | 1.4 | 1.8 | 1.9 | 1.9 | 2.5 | 1.8 | 2.1 | 2.5 | 7.5 |
| Current Liabilities to Working Capital 39 | 3.6 | • | • | • | 0.4 | 0.8 | 0.9 | 0.9 | 1.5 | 0.8 | 1.1 | 1.5 | 6.5 |
| Working Capital to Net Sales 40 | 0.2 | • | • | • | 0.2 | 0.1 | 0.1 | 0.2 | 0.2 | 0.2 | 0.2 | 0.2 | 0.1 |
| Inventory to Working Capital 41 | 0.8 | • | • | • | 0.3 | 0.5 | 0.6 | 0.7 | 1.1 | 0.8 | 1.0 | 1.0 | 0.8 |
| Total Receipts to Cash Flow 42 | 8.8 | 5.4 | 2.3 | • | 9.4 | 5.7 | 11.2 | 6.3 | 9.1 | 7.2 | 16.5 | 6.6 | 9.6 |
| Cost of Goods to Cash Flow 43 | 5.9 | 3.3 | 0.5 | • | 5.1 | 2.9 | 7.6 | 4.3 | 6.1 | 4.7 | 13.0 | 4.1 | 6.6 |
| Cash Flow to Total Debt 44 | 0.1 | • | 1.4 | • | 0.3 | 1.3 | 0.4 | 0.5 | 0.3 | 0.3 | 0.2 | 0.2 | 0.0 |

| Selected Financial Factors (in Percentages) | | | | | | | | | | | | | |
|---|---|---|---|---|---|---|---|---|---|---|---|---|---|
| Debt Ratio 45 | 68.7 | • | 125.7 | • | 75.0 | 60.7 | 49.2 | 48.5 | 56.3 | 49.3 | 50.7 | 62.7 | 71.6 |
| Return on Total Assets 46 | 4.4 | • | 41.6 | • | • | 2.6 | 8.8 | 11.5 | 8.2 | 10.6 | 3.1 | 9.8 | 3.4 |
| Return on Equity Before Income Taxes 47 | 3.4 | • | • | • | • | 2.8 | 13.6 | 18.9 | 12.6 | 16.4 | 1.0 | 18.8 | • |
| Return on Equity After Income Taxes 48 | 1.8 | • | • | • | • | 2.0 | 11.3 | 15.4 | 11.4 | 12.2 | 0.2 | 12.9 | • |
| Profit Margin (Before Income Tax) 49 | 2.0 | 11.7 | 9.5 | • | • | 0.3 | 3.1 | 6.6 | 4.1 | 6.9 | 0.4 | 7.5 | • |
| Profit Margin (After Income Tax) 50 | 1.1 | 7.4 | 9.5 | • | • | 0.2 | 2.6 | 5.4 | 3.7 | 5.1 | 0.1 | 5.2 | • |

**Table II**

Corporations with Net Income

# CLAY, REFRACTORY AND OTHER NONMETALLIC MINERAL PRODUCT

MONEY AMOUNTS AND SIZE OF ASSETS IN THOUSANDS OF DOLLARS

| Item Description for Accounting Period 7/00 Through 6/01 | Total | Zero Assets | Under 100 | 100 to 250 | 251 to 500 | 501 to 1,000 | 1,001 to 5,000 | 5,001 to 10,000 | 10,001 to 25,000 | 25,001 to 50,000 | 50,001 to 100,000 | 100,001 to 250,000 | 250,001 and over |
|---|---|---|---|---|---|---|---|---|---|---|---|---|---|
| Number of Enterprises 1 | 1522 | 0 | 727 | • | 168 | 125 | 319 | 75 | 54 | 25 | 0 | 0 | 4 |
| **Revenues ($ in Thousands)** | | | | | | | | | | | | | |
| Net Sales 2 | 10269101 | 0 | 76673 | • | 245646 | 479157 | 1568057 | 913436 | 1155193 | 1125848 | 0 | 0 | 2379810 |
| Interest 3 | 169009 | 0 | 0 | • | 211 | 849 | 1380 | 7381 | 1958 | 1568 | 0 | 0 | 123410 |
| Rents 4 | 7449 | 0 | 0 | • | 0 | 0 | 4441 | 70 | 609 | 264 | 0 | 0 | 290 |
| Royalties 5 | 23799 | 0 | 0 | • | 0 | 0 | 0 | 0 | 202 | 500 | 0 | 0 | 21860 |
| Other Portfolio Income 6 | 230393 | 0 | 0 | • | 950 | 0 | 1694 | 403 | 7939 | 4827 | 0 | 0 | 199335 |
| Other Receipts 7 | 248431 | 0 | 0 | • | -1 | 5100 | 5485 | 3354 | 21562 | 3046 | 0 | 0 | 132867 |
| Total Receipts 8 | 10948182 | 0 | 76673 | • | 246806 | 485106 | 1581057 | 924644 | 1187463 | 1136053 | 0 | 0 | 2857572 |
| Average Total Receipts 9 | 7193 | • | 105 | • | 1469 | 3881 | 4956 | 12329 | 21990 | 45442 | • | • | 714393 |
| **Operating Costs/Operating Income (%)** | | | | | | | | | | | | | |
| Cost of Operations 10 | 64.1 | • | 17.8 | • | 57.9 | 45.7 | 67.3 | 66.0 | 66.6 | 63.0 | • | • | 62.3 |
| Salaries and Wages 11 | 8.7 | • | 2.2 | • | 17.8 | 4.0 | 7.0 | 6.7 | 6.2 | 7.1 | • | • | 13.9 |
| Taxes Paid 12 | 2.1 | • | 1.7 | • | 3.6 | 3.5 | 2.3 | 2.2 | 2.1 | 1.6 | • | • | 2.0 |
| Interest Paid 13 | 3.3 | • | 0.3 | • | 1.4 | 0.1 | 0.6 | 0.9 | 1.3 | 1.9 | • | • | 9.4 |
| Depreciation 14 | 3.2 | • | 5.2 | • | 4.6 | 1.3 | 2.4 | 2.1 | 4.0 | 3.9 | • | • | 2.5 |
| Amortization and Depletion 15 | 0.6 | • | 0.0 | • | 0.0 | • | 0.0 | 0.8 | 0.3 | 0.3 | • | • | 1.5 |
| Pensions and Other Deferred Comp. 16 | 0.7 | • | 1.4 | • | 0.4 | 2.0 | 0.6 | 0.2 | 0.5 | 0.8 | • | • | 0.9 |
| Employee Benefits 17 | 1.2 | • | 0.2 | • | • | • | 1.1 | 1.0 | 1.5 | 2.4 | • | • | 1.0 |
| Advertising 18 | 0.7 | • | 0.3 | • | • | 0.6 | 0.6 | 0.6 | 0.6 | 0.5 | • | • | 1.0 |
| Other Expenses 19 | 11.6 | • | 50.9 | • | 9.1 | 23.8 | 8.6 | 7.5 | 7.7 | 8.7 | • | • | 18.8 |
| Officers' Compensation 20 | 2.9 | • | 9.4 | • | 2.6 | 19.6 | 4.2 | 1.1 | 2.7 | 2.0 | • | • | 1.3 |
| Operating Margin 21 | 0.7 | • | 10.6 | • | 2.6 | • | 5.3 | 10.7 | 6.6 | 8.0 | • | • | • |
| Operating Margin Before Officers' Comp. 22 | 3.6 | • | 20.0 | • | 5.3 | 19.0 | 9.5 | 11.8 | 9.2 | 10.0 | • | • | • |

## Selected Average Balance Sheet ($ in Thousands)

| | | | | | | | | | | | | |
|---|---|---|---|---|---|---|---|---|---|---|---|---|
| Net Receivables 23 | 1231 | • | 0 | • | 83 | 348 | 694 | 1313 | 2846 | 7128 | • | • 215430 |
| Inventories 24 | 830 | • | 3 | • | 45 | 268 | 329 | 1597 | 3250 | 7197 | • | • 100965 |
| Net Property, Plant and Equipment 25 | 1447 | • | 16 | • | 202 | 66 | 564 | 1850 | 5568 | 12584 | • | • 166490 |
| Total Assets 26 | 7457 | • | 22 | • | 436 | 727 | 2072 | 7908 | 16097 | 35164 | • | • 1635487 |
| Notes and Loans Payable 27 | 2481 | • | 15 | • | 239 | 20 | 495 | 713 | 3787 | 10761 | • | • 642526 |
| All Other Liabilities 28 | 2087 | • | 6 | • | 88 | 269 | 474 | 1745 | 2724 | 5676 | • | • 556196 |
| Net Worth 29 | 2890 | • | 0 | • | 110 | 438 | 1103 | 5450 | 9586 | 18728 | • | • 436765 |

## Selected Financial Ratios (Times to 1)

| | | | | | | | | | | | | |
|---|---|---|---|---|---|---|---|---|---|---|---|---|
| Current Ratio 30 | 1.5 | • | 1.3 | • | 2.4 | 2.4 | 2.5 | 2.5 | 2.3 | 2.5 | • | • 1.1 |
| Quick Ratio 31 | 1.0 | • | 1.3 | • | 1.7 | 1.6 | 1.6 | 1.2 | 1.2 | 1.2 | • | • 0.9 |
| Net Sales to Working Capital 32 | 5.8 | • | 128.6 | • | 10.8 | 10.0 | 5.8 | 4.3 | 4.4 | 4.1 | • | • 7.3 |
| Coverage Ratio 33 | 3.7 | • | 33.6 | • | 3.2 | 11.7 | 10.6 | 13.8 | 8.1 | 5.8 | • | • 2.3 |
| Total Asset Turnover 34 | 0.9 | • | 4.8 | • | 3.4 | 5.3 | 2.4 | 1.5 | 1.3 | 1.3 | • | • 0.4 |
| Inventory Turnover 35 | 5.2 | • | 7.2 | • | 18.6 | 6.5 | 10.0 | 5.0 | 4.4 | 3.9 | • | • 3.7 |
| Receivables Turnover 36 | 5.8 | • | 26.2 | • | 23.4 | 6.7 | 10.4 | 9.1 | 7.5 | 6.9 | • | • 2.8 |
| Total Liabilities to Net Worth 37 | 1.6 | • | 73.2 | • | 3.0 | 0.7 | 0.9 | 0.5 | 0.7 | 0.9 | • | • 2.7 |
| Current Assets to Working Capital 38 | 3.2 | • | 4.9 | • | 1.7 | 1.7 | 1.7 | 1.7 | 1.8 | 1.7 | • | • 9.2 |
| Current Liabilities to Working Capital 39 | 2.2 | • | 3.9 | • | 0.7 | 0.7 | 0.7 | 0.7 | 0.8 | 0.7 | • | • 8.2 |
| Working Capital to Net Sales 40 | 0.2 | • | 0.0 | • | 0.1 | 0.1 | 0.2 | 0.2 | 0.2 | 0.2 | • | • 0.1 |
| Inventory to Working Capital 41 | 0.7 | • | • | • | 0.5 | 0.5 | 0.5 | 0.6 | 0.7 | 0.7 | • | • 1.1 |
| Total Receipts to Cash Flow 42 | 6.7 | • | 2.3 | • | 9.3 | 5.2 | 9.5 | 5.4 | 6.6 | 6.2 | • | • 6.8 |
| Cost of Goods to Cash Flow 43 | 4.3 | • | 0.4 | • | 5.4 | 2.4 | 6.4 | 3.6 | 4.4 | 3.9 | • | • 4.2 |
| Cash Flow to Total Debt 44 | 0.2 | • | 2.1 | • | 0.5 | 2.6 | 0.5 | 0.9 | 0.5 | 0.4 | • | • 0.1 |

## Selected Financial Factors (in Percentages)

| | | | | | | | | | | | | |
|---|---|---|---|---|---|---|---|---|---|---|---|---|
| Debt Ratio 45 | 61.2 | • | 98.7 | • | 74.8 | 39.8 | 46.8 | 31.1 | 40.4 | 46.7 | • | • 73.3 |
| Return on Total Assets 46 | 11.1 | • | 52.9 | • | 15.1 | 3.5 | 16.0 | 19.8 | 13.9 | 13.9 | • | • 8.0 |
| Return on Equity Before Income Taxes 47 | 20.8 | • | 3803.7 | • | 41.5 | 5.3 | 27.2 | 26.7 | 20.5 | 21.6 | • | • 17.0 |
| Return on Equity After Income Taxes 48 | 16.7 | • | 3803.7 | • | 35.0 | 4.5 | 24.0 | 23.6 | 19.2 | 16.8 | • | • 12.9 |
| Profit Margin (Before Income Tax) 49 | 8.9 | • | 10.6 | • | 3.1 | 0.6 | 6.1 | 12.0 | 9.2 | 9.0 | • | • 12.5 |
| Profit Margin (After Income Tax) 50 | 7.2 | • | 10.6 | • | 2.6 | 0.5 | 5.4 | 10.6 | 8.6 | 7.0 | • | • 9.5 |

**Table I**

Corporations with and without Net Income

# GLASS AND GLASS PRODUCT

**MONEY AMOUNTS AND SIZE OF ASSETS IN THOUSANDS OF DOLLARS**

| Item Description for Accounting Period 7/00 Through 6/01 | | Total | Zero Assets | Under 100 | 100 to 250 | 251 to 500 | 501 to 1,000 | 1,001 to 5,000 | 5,001 to 10,000 | 10,001 to 25,000 | 25,001 to 50,000 | 50,001 to 100,000 | 100,001 to 250,000 | 250,001 and over |
|---|---|---|---|---|---|---|---|---|---|---|---|---|---|---|
| Number of Enterprises | 1 | 2365 | 9 | 1220 | 264 | 287 | 243 | 185 | 87 | 29 | 15 | 5 | 7 | 13 |
| **Revenues ($ in Thousands)** | | | | | | | | | | | | | | |
| Net Sales | 2 | 25686949 | 306403 | 123580 | 279903 | 466455 | 641374 | 933605 | 1018919 | 855648 | 633211 | 344801 | 1262912 | 18820138 |
| Interest | 3 | 1710281 | 722 | 0 | 180 | 1360 | 398 | 1452 | 792 | 2695 | 1996 | 7321 | 6148 | 1687217 |
| Rents | 4 | 17885 | 0 | 0 | 0 | 0 | 0 | 12 | 85 | 837 | 363 | 2 | 410 | 16176 |
| Royalties | 5 | 108151 | 0 | 0 | 0 | 0 | 0 | 0 | 0 | 555 | 107 | 64 | 3998 | 103428 |
| Other Portfolio Income | 6 | 180420 | 0 | 0 | 0 | 45 | 1470 | 1733 | 225 | 1798 | 2772 | 444 | 7166 | 164768 |
| Other Receipts | 7 | 304852 | -4688 | 2559 | 66 | 1305 | 989 | 2472 | 2398 | 1183 | 3226 | 746 | 70777 | 223818 |
| Total Receipts | 8 | 28008538 | 302437 | 126139 | 280149 | 469165 | 644231 | 939274 | 1022419 | 862716 | 641675 | 353378 | 1351411 | 21015545 |
| Average Total Receipts | 9 | 11843 | 33604 | 103 | 1061 | 1635 | 2651 | 5077 | 11752 | 29749 | 42778 | 70676 | 193059 | 1616580 |
| **Operating Costs/Operating Income (%)** | | | | | | | | | | | | | | |
| Cost of Operations | 10 | 63.8 | 86.5 | 46.0 | 60.9 | 35.1 | 61.4 | 63.2 | 70.5 | 73.5 | 67.6 | 66.3 | 63.6 | 63.4 |
| Salaries and Wages | 11 | 7.1 | 3.6 | 20.0 | 17.0 | 27.9 | 7.1 | 11.1 | 6.1 | 6.0 | 7.0 | 8.9 | 10.7 | 6.0 |
| Taxes Paid | 12 | 2.3 | 0.2 | 2.8 | 2.2 | 3.2 | 1.5 | 2.6 | 1.4 | 2.0 | 2.0 | 2.4 | 2.2 | 2.5 |
| Interest Paid | 13 | 10.3 | 0.1 | 0.6 | 2.0 | 0.0 | 1.3 | 1.8 | 2.1 | 1.8 | 1.7 | 6.0 | 1.4 | 13.4 |
| Depreciation | 14 | 5.1 | 0.5 | 3.1 | 1.7 | 0.6 | 1.9 | 2.2 | 2.4 | 2.9 | 2.4 | 6.7 | 3.6 | 6.1 |
| Amortization and Depletion | 15 | 0.5 | 0.0 | • | 0.1 | 0.0 | 0.0 | 0.0 | 0.0 | 0.2 | 0.2 | 1.7 | 0.2 | 0.6 |
| Pensions and Other Deferred Comp. | 16 | 0.6 | 0.0 | • | • | 1.0 | 0.1 | 0.3 | 0.6 | 0.5 | 0.3 | 1.1 | 0.6 | 0.6 |
| Employee Benefits | 17 | 2.9 | 0.0 | 0.0 | 1.1 | 0.9 | 0.6 | 1.5 | 0.9 | 1.6 | 1.6 | 1.9 | 2.2 | 3.5 |
| Advertising | 18 | 0.7 | 2.5 | 0.4 | 0.9 | 2.2 | 1.3 | 0.6 | 0.9 | 0.6 | 0.4 | 0.2 | 2.3 | 0.5 |
| Other Expenses | 19 | 13.1 | 5.1 | 21.8 | 8.8 | 19.5 | 16.4 | 11.6 | 7.6 | 9.2 | 9.7 | 12.4 | 15.6 | 13.4 |
| Officers' Compensation | 20 | 1.1 | 0.0 | 9.9 | 4.5 | 9.3 | 5.9 | 3.0 | 2.0 | 1.2 | 3.4 | 1.0 | 1.3 | 0.5 |
| Operating Margin | 21 | • | 1.4 | • | 0.8 | 0.3 | 2.5 | 2.1 | 5.5 | 0.4 | 3.7 | • | • | • |
| Operating Margin Before Officers' Comp. | 22 | • | 1.5 | 5.3 | 5.3 | 9.6 | 8.4 | 5.2 | 7.4 | 1.6 | 7.1 | • | • | • |

| | | | | | | | | | | | | | |
|---|---|---|---|---|---|---|---|---|---|---|---|---|---|
| **Selected Average Balance Sheet ($ in Thousands)** | | | | | | | | | | | | | |
| Net Receivables 23 | 1802 | 0 | 6 | 36 | 111 | 360 | 598 | 1586 | 4298 | 5118 | 8542 | 14903 | 271458 |
| Inventories 24 | 1586 | 0 | 0 | 73 | 106 | 95 | 936 | 1162 | 3635 | 4974 | 17497 | 23493 | 228678 |
| Net Property, Plant and Equipment 25 | 3896 | 0 | 2 | 50 | 27 | 175 | 735 | 2814 | 5521 | 11024 | 30396 | 31225 | 620760 |
| Total Assets 26 | 24622 | 0 | 28 | 206 | 431 | 720 | 2516 | 6843 | 16713 | 34306 | 81714 | 124167 | 4192804 |
| Notes and Loans Payable 27 | 7572 | 0 | 3 | 143 | 7 | 272 | 1144 | 3231 | 6380 | 13353 | 38673 | 23096 | 1274254 |
| All Other Liabilities 28 | 3654 | 0 | 12 | 42 | 165 | 499 | 504 | 1378 | 3922 | 6538 | -557 | 33736 | 599283 |
| Net Worth 29 | 13395 | 0 | 13 | 21 | 259 | -51 | 868 | 2234 | 6411 | 14415 | 43598 | 67335 | 2319267 |
| **Selected Financial Ratios (Times to 1)** | | | | | | | | | | | | | |
| Current Ratio 30 | 1.2 | • | 0.6 | 1.8 | 1.9 | 0.9 | 2.2 | 2.3 | 1.4 | 1.6 | 1.4 | 2.2 | 1.1 |
| Quick Ratio 31 | 0.7 | • | 0.6 | 0.9 | 0.8 | 0.7 | 1.0 | 1.5 | 0.8 | 0.8 | 0.8 | 0.8 | 0.6 |
| Net Sales to Working Capital 32 | 15.1 | • | • | 15.8 | 11.3 | • | 5.6 | 5.5 | 10.0 | 8.2 | 8.5 | 6.1 | 20.9 |
| Coverage Ratio 33 | 1.2 | 3.6 | • | 1.5 | 1070.5 | 3.3 | 2.5 | 3.7 | 1.7 | 3.9 | • | 3.2 | 1.1 |
| Total Asset Turnover 34 | 0.4 | • | 3.7 | 5.1 | 3.8 | 3.7 | 2.0 | 1.7 | 1.8 | 1.2 | 0.8 | 1.5 | 0.3 |
| Inventory Turnover 35 | 4.4 | • | 4058.1 | 8.9 | 5.4 | 17.0 | 3.4 | 7.1 | 6.0 | 5.7 | 2.6 | 4.9 | 4.0 |
| Receivables Turnover 36 | 3.6 | • | 23.0 | 25.7 | 13.7 | 6.8 | 6.0 | 8.5 | 7.2 | 7.8 | 5.2 | 8.4 | 2.9 |
| Total Liabilities to Net Worth 37 | 0.8 | • | 1.2 | 8.8 | 0.7 | • | 1.9 | 2.1 | 1.6 | 1.4 | 0.9 | 0.8 | 0.8 |
| Current Assets to Working Capital 38 | 5.4 | • | • | 2.3 | 2.1 | • | 1.8 | 1.8 | 3.3 | 2.8 | 3.6 | 1.9 | 8.1 |
| Current Liabilities to Working Capital 39 | 4.4 | • | • | 1.3 | 1.1 | • | 0.8 | 0.8 | 2.3 | 1.8 | 2.6 | 0.9 | 7.1 |
| Working Capital to Net Sales 40 | 0.1 | • | • | 0.1 | 0.1 | • | 0.2 | 0.2 | 0.1 | 0.1 | 0.1 | 0.2 | 0.0 |
| Inventory to Working Capital 41 | 2.1 | • | • | 1.1 | 0.9 | • | 0.9 | 0.6 | 1.1 | 1.1 | 1.4 | 0.8 | 3.1 |
| Total Receipts to Cash Flow 42 | 9.5 | 20.0 | 10.3 | 20.1 | 7.0 | 6.2 | 10.2 | 8.8 | 12.2 | 7.8 | 32.4 | 6.0 | 9.8 |
| Cost of Goods to Cash Flow 43 | 6.1 | 17.3 | 4.7 | 12.2 | 2.5 | 3.8 | 6.4 | 6.2 | 9.0 | 5.3 | 21.5 | 3.8 | 6.2 |
| Cash Flow to Total Debt 44 | 0.1 | • | 0.7 | 0.3 | 1.3 | 0.6 | 0.3 | 0.3 | 0.2 | 0.3 | 0.1 | 0.5 | 0.1 |
| **Selected Financial Factors (in Percentages)** | | | | | | | | | | | | | |
| Debt Ratio 45 | 45.6 | • | 54.3 | 89.8 | 39.9 | 107.1 | 65.5 | 67.4 | 61.6 | 58.0 | 46.6 | 45.8 | 44.7 |
| Return on Total Assets 46 | 5.3 | • | • | 14.9 | 3.5 | 15.7 | 9.1 | 13.6 | 5.3 | 8.3 | • | 6.7 | 5.2 |
| Return on Equity Before Income Taxes 47 | 1.4 | • | • | 46.0 | 5.8 | • | 15.8 | 30.4 | 5.4 | 14.7 | • | 8.4 | 1.0 |
| Return on Equity After Income Taxes 48 | 0.7 | • | • | 27.5 | 5.8 | • | 11.8 | 27.1 | 2.7 | 11.9 | • | 2.2 | 0.4 |
| Profit Margin (Before Income Tax) 49 | 1.8 | 0.1 | • | 0.9 | 0.9 | 3.0 | 2.7 | 5.8 | 1.2 | 5.0 | • | 3.1 | 1.5 |
| Profit Margin (After Income Tax) 50 | 0.9 | • | • | 0.5 | 0.9 | 2.9 | 2.0 | 5.2 | 0.6 | 4.0 | • | 0.8 | 0.7 |

## Table II

Corporations with Net Income

# GLASS AND GLASS PRODUCT

MONEY AMOUNTS AND SIZE OF ASSETS IN THOUSANDS OF DOLLARS

| Item Description for Accounting Period 7/00 Through 6/01 | | Total | Zero Assets | Under 100 | 100 to 250 | 251 to 500 | 501 to 1,000 | 1,001 to 5,000 | 5,001 to 10,000 | 10,001 to 25,000 | 25,001 to 50,000 | 50,001 to 100,000 | 100,001 to 250,000 | 250,001 and over |
|---|---|---|---|---|---|---|---|---|---|---|---|---|---|---|
| Number of Enterprises | 1 | 1275 | 0 | 406 | 166 | 225 | 180 | 161 | 87 | 18 | 9 | 0 | 0 | 8 |
| **Revenues ($ in Thousands)** | | | | | | | | | | | | | | |
| Net Sales | 2 | 17976750 | 0 | 13251 | 176381 | 445202 | 423417 | 867994 | 1018919 | 617965 | 391483 | 0 | 0 | 12400808 |
| Interest | 3 | 80654 | 0 | 0 | 129 | 0 | 279 | 1451 | 792 | 1477 | 456 | 0 | 0 | 71268 |
| Rents | 4 | 5938 | 0 | 0 | 0 | 0 | 0 | 0 | 85 | 837 | 355 | 0 | 0 | 4251 |
| Royalties | 5 | 43609 | 0 | 0 | 0 | 0 | 0 | 0 | 0 | 7 | 0 | 0 | 0 | 39885 |
| Other Portfolio Income | 6 | 129892 | 0 | 0 | 0 | 0 | 1470 | 1286 | 225 | 1056 | 682 | 0 | 0 | 123712 |
| Other Receipts | 7 | 172507 | 0 | 2559 | 0 | 1238 | 988 | 2424 | 2398 | 1017 | 959 | 0 | 0 | 105229 |
| Total Receipts | 8 | 18409350 | 0 | 15810 | 176510 | 446440 | 426154 | 873155 | 1022419 | 622359 | 393935 | 0 | 0 | 12745153 |
| Average Total Receipts | 9 | 14439 | • | 39 | 1063 | 1984 | 2368 | 5423 | 11752 | 34576 | 43771 | • | • | 1593144 |
| **Operating Costs/Operating Income (%)** | | | | | | | | | | | | | | |
| Cost of Operations | 10 | 63.2 | • | 26.3 | 76.3 | 35.2 | 60.7 | 61.7 | 70.5 | 72.9 | 67.4 | • | • | 62.4 |
| Salaries and Wages | 11 | 7.4 | • | 2.6 | 5.4 | 26.9 | 8.0 | 10.0 | 6.1 | 6.1 | 4.4 | • | • | 6.6 |
| Taxes Paid | 12 | 2.2 | • | 0.2 | 1.0 | 3.1 | 1.7 | 2.6 | 1.4 | 2.1 | 2.1 | • | • | 2.3 |
| Interest Paid | 13 | 2.8 | • | 0.3 | 0.3 | 0.0 | 1.5 | 1.4 | 2.1 | 1.3 | 1.4 | • | • | 3.5 |
| Depreciation | 14 | 5.0 | • | 0.1 | 0.4 | 0.5 | 2.8 | 1.8 | 2.4 | 2.5 | 2.3 | • | • | 6.1 |
| Amortization and Depletion | 15 | 0.4 | • | • | • | • | 0.0 | 0.0 | 0.0 | 0.1 | 0.1 | • | • | 0.6 |
| Pensions and Other Deferred Comp. | 16 | 0.6 | • | • | • | 1.0 | 0.1 | 0.3 | 0.6 | 0.6 | 0.4 | • | • | 0.7 |
| Employee Benefits | 17 | 2.3 | • | • | • | 0.7 | • | 1.6 | 0.9 | 1.6 | 0.7 | • | • | 2.8 |
| Advertising | 18 | 0.7 | • | 0.0 | 1.4 | 2.3 | 0.7 | 0.6 | 0.9 | 0.4 | 0.4 | • | • | 0.5 |
| Other Expenses | 19 | 12.0 | • | 21.7 | 7.6 | 19.6 | 15.6 | 13.2 | 7.6 | 8.6 | 5.0 | • | • | 12.8 |
| Officers' Compensation | 20 | 1.0 | • | 0.6 | 3.7 | 8.6 | 4.3 | 3.0 | 2.0 | 1.2 | 4.1 | • | • | 0.3 |
| Operating Margin | 21 | 2.2 | • | 48.1 | 3.8 | 2.1 | 4.6 | 3.9 | 5.5 | 2.7 | 11.7 | • | • | 1.4 |
| Operating Margin Before Officers' Comp. | 22 | 3.3 | • | 48.7 | 7.6 | 10.7 | 8.9 | 6.8 | 7.4 | 3.9 | 15.8 | • | • | 1.7 |

## Selected Average Balance Sheet ($ in Thousands)

| | | | | | | | | | | | | | |
|---|---|---|---|---|---|---|---|---|---|---|---|---|---|
| Net Receivables 23 | 2571 | • | 0 | 7 | 139 | 229 | 621 | 1586 | 4815 | 6158 | • | • | 339849 |
| Inventories 24 | 1983 | • | 0 | 98 | 112 | 71 | 864 | 1079 | 3726 | 4451 | • | • | 206506 |
| Net Property, Plant and Equipment 25 | 4860 | • | 0 | 27 | 27 | 221 | 731 | 2814 | 5195 | 11350 | • | • | 659548 |
| Total Assets 26 | 14385 | • | 63 | 191 | 430 | 637 | 2565 | 6843 | 17256 | 32418 | • | • | 1949566 |
| Notes and Loans Payable 27 | 5098 | • | 0 | 39 | 9 | 367 | 876 | 3231 | 5676 | 11003 | • | • | 694827 |
| All Other Liabilities 28 | 3623 | • | 0 | 18 | 209 | 221 | 438 | 1378 | 3621 | 6859 | • | • | 503061 |
| Net Worth 29 | 5664 | • | 62 | 134 | 212 | 49 | 1251 | 2234 | 7960 | 14556 | • | • | 751678 |

## Selected Financial Ratios (Times to 1)

| | | | | | | | | | | | | | |
|---|---|---|---|---|---|---|---|---|---|---|---|---|---|
| Current Ratio 30 | 1.4 | • | 1029.0 | 9.2 | 1.8 | 1.2 | 2.4 | 2.3 | 1.7 | 1.9 | • | • | 1.3 |
| Quick Ratio 31 | 0.8 | • | 1015.0 | 3.7 | 0.7 | 0.9 | 1.1 | 1.5 | 1.1 | 1.2 | • | • | 0.8 |
| Net Sales to Working Capital 32 | 9.7 | • | 12.9 | 7.3 | 12.5 | 41.8 | 5.5 | 5.5 | 7.3 | 6.3 | • | • | 10.8 |
| Coverage Ratio 33 | 2.7 | • | 230.2 | 15.7 | 2628.8 | 4.6 | 4.2 | 3.7 | 3.7 | 9.6 | • | • | 2.3 |
| Total Asset Turnover 34 | 1.0 | • | 0.5 | 5.6 | 4.6 | 3.7 | 2.1 | 1.7 | 2.0 | 1.3 | • | • | 0.8 |
| Inventory Turnover 35 | 4.5 | • | 248.7 | 8.3 | 6.2 | 20.2 | 3.8 | 7.7 | 6.7 | 6.6 | • | • | 4.7 |
| Receivables Turnover 36 | 4.7 | • | 8.9 | 316.7 | 19.5 | 9.3 | 6.5 | 9.2 | 8.0 | 6.2 | • | • | 9.1 |
| Total Liabilities to Net Worth 37 | 1.5 | • | 0.0 | 0.4 | 1.0 | 12.1 | 1.1 | 2.1 | 1.2 | 1.2 | • | • | 1.6 |
| Current Assets to Working Capital 38 | 3.6 | • | 1.0 | 1.1 | 2.3 | 6.2 | 1.7 | 1.8 | 2.3 | 2.2 | • | • | 4.4 |
| Current Liabilities to Working Capital 39 | 2.6 | • | 0.0 | 0.1 | 1.3 | 5.2 | 0.7 | 0.8 | 1.3 | 1.2 | • | • | 3.4 |
| Working Capital to Net Sales 40 | 0.1 | • | 0.1 | 0.1 | 0.1 | 0.0 | 0.2 | 0.2 | 0.1 | 0.2 | • | • | 0.1 |
| Inventory to Working Capital 41 | 1.2 | • | 0.0 | 0.7 | 1.0 | 1.5 | 0.8 | 0.6 | 0.8 | 0.7 | • | • | 1.4 |
| Total Receipts to Cash Flow 42 | 7.6 | • | 1.1 | 10.8 | 6.3 | 5.8 | 7.3 | 8.8 | 9.9 | 6.2 | • | • | 7.7 |
| Cost of Goods to Cash Flow 43 | 4.8 | • | 0.3 | 8.2 | 2.2 | 3.5 | 4.5 | 6.2 | 7.2 | 4.2 | • | • | 4.8 |
| Cash Flow to Total Debt 44 | 0.2 | • | 488.3 | 1.7 | 1.4 | 0.7 | 0.6 | 0.3 | 0.4 | 0.4 | • | • | 0.2 |

## Selected Financial Factors (in Percentages)

| | | | | | | | | | | | | | |
|---|---|---|---|---|---|---|---|---|---|---|---|---|---|
| Debt Ratio 45 | 60.6 | • | 0.1 | 29.7 | 50.7 | 92.3 | 51.2 | 67.4 | 53.9 | 55.1 | • | • | 61.4 |
| Return on Total Assets 46 | 7.6 | • | 35.4 | 23.2 | 10.9 | 24.8 | 12.3 | 13.6 | 9.3 | 18.4 | • | • | 6.4 |
| Return on Equity Before Income Taxes 47 | 12.2 | • | 35.2 | 30.8 | 22.1 | 252.9 | 19.3 | 30.4 | 14.6 | 36.6 | • | • | 9.4 |
| Return on Equity After Income Taxes 48 | 9.2 | • | 35.2 | 26.2 | 22.1 | 245.6 | 16.1 | 27.1 | 11.0 | 31.9 | • | • | 6.8 |
| Profit Margin (Before Income Tax) 49 | 4.9 | • | 67.4 | 3.9 | 2.4 | 5.2 | 4.5 | 5.8 | 3.4 | 12.3 | • | • | 4.6 |
| Profit Margin (After Income Tax) 50 | 3.7 | • | 67.4 | 3.3 | 2.4 | 5.1 | 3.7 | 5.2 | 2.6 | 10.7 | • | • | 3.3 |

**Table I**

Corporations with and without Net Income

# CEMENT, CONCRETE, LIME AND GYPSUM PRODUCT

**MONEY AMOUNTS AND SIZE OF ASSETS IN THOUSANDS OF DOLLARS**

| Item Description for Accounting Period 7/00 Through 6/01 | | Total | Zero Assets | Under 100 | 100 to 250 | 251 to 500 | 501 to 1,000 | 1,001 to 5,000 | 5,001 to 10,000 | 10,001 to 25,000 | 25,001 to 50,000 | 50,001 to 100,000 | 100,001 to 250,000 | 250,001 and over |
|---|---|---|---|---|---|---|---|---|---|---|---|---|---|---|
| Number of Enterprises | 1 | 3828 | 88 | 200 | 656 | 522 | 792 | 1116 | 215 | 133 | 47 | 19 | 12 | 29 |
| **Revenues ($ in Thousands)** | | | | | | | | | | | | | | |
| Net Sales | 2 | 48176818 | 1962589 | 107493 | 251554 | 530328 | 1473501 | 4500792 | 3359315 | 3729053 | 2307575 | 1914190 | 1847756 | 26192672 |
| Interest | 3 | 558112 | 67166 | 0 | 14 | 61 | 3905 | 12321 | 7165 | 7000 | 4961 | 5305 | 11982 | 438233 |
| Rents | 4 | 74793 | 2274 | 0 | 0 | 0 | 738 | 4427 | 3681 | 3053 | 1463 | 4178 | 6974 | 48006 |
| Royalties | 5 | 56328 | 113 | 0 | 0 | 0 | 0 | 0 | 4708 | 708 | 258 | 2310 | 79 | 48152 |
| Other Portfolio Income | 6 | 513035 | 16306 | 0 | 679 | 0 | 25510 | 16544 | 3019 | 28189 | 17522 | 8884 | 16671 | 379710 |
| Other Receipts | 7 | 828422 | 57554 | 0 | 3832 | 898 | 13923 | 31134 | 14698 | 51441 | 33195 | 8691 | 21954 | 591101 |
| Total Receipts | 8 | 50207508 | 2106002 | 107493 | 256079 | 531287 | 1517577 | 4565218 | 3392586 | 3819444 | 2364974 | 1943558 | 1905416 | 27697874 |
| Average Total Receipts | 9 | 13116 | 23932 | 537 | 390 | 1018 | 1916 | 4091 | 15779 | 28718 | 50319 | 102293 | 158785 | 955099 |
| **Operating Costs/Operating Income (%)** | | | | | | | | | | | | | | |
| Cost of Operations | 10 | 66.4 | 61.4 | 11.9 | 48.5 | 60.2 | 54.0 | 66.1 | 70.1 | 69.5 | 69.8 | 68.9 | 69.5 | 66.3 |
| Salaries and Wages | 11 | 6.6 | 6.2 | 65.5 | 2.4 | 13.6 | 21.2 | 6.4 | 7.1 | 6.4 | 6.0 | 5.2 | 3.6 | 5.8 |
| Taxes Paid | 12 | 2.3 | 2.0 | 6.6 | 5.1 | 4.0 | 2.0 | 2.6 | 2.5 | 2.3 | 2.1 | 2.4 | 2.7 | 2.2 |
| Interest Paid | 13 | 3.7 | 9.6 | 0.3 | 5.3 | 0.6 | 1.5 | 1.8 | 0.7 | 1.4 | 1.1 | 1.8 | 2.1 | 4.9 |
| Depreciation | 14 | 5.2 | 6.2 | 3.3 | 10.2 | 2.2 | 4.5 | 4.7 | 3.3 | 4.0 | 4.7 | 3.9 | 6.2 | 5.8 |
| Amortization and Depletion | 15 | 0.9 | 2.1 | • | 0.6 | • | 0.1 | 0.0 | 0.2 | 0.2 | 0.3 | 0.7 | 0.7 | 1.3 |
| Pensions and Other Deferred Comp. | 16 | 0.6 | 0.0 | • | • | • | 0.7 | 0.4 | 0.6 | 0.5 | 0.7 | 0.6 | 0.8 | 0.6 |
| Employee Benefits | 17 | 1.6 | 3.2 | • | 1.7 | 0.5 | 0.7 | 1.3 | 0.9 | 1.1 | 1.7 | 2.3 | 1.4 | 1.8 |
| Advertising | 18 | 0.4 | 0.2 | 0.1 | 0.1 | 0.2 | 0.5 | 0.3 | 0.5 | 0.4 | 0.4 | 0.9 | 0.2 | 0.4 |
| Other Expenses | 19 | 9.0 | 12.3 | 30.0 | 22.5 | 12.2 | 12.1 | 11.1 | 9.1 | 9.1 | 7.9 | 7.1 | 6.0 | 8.3 |
| Officers' Compensation | 20 | 1.3 | 0.3 | • | 10.7 | 2.3 | 3.7 | 3.7 | 2.1 | 2.1 | 1.9 | 1.1 | 0.9 | 0.4 |
| Operating Margin | 21 | 2.1 | • | • | • | 4.2 | • | 1.4 | 2.8 | 3.1 | 3.4 | 5.2 | 5.9 | 2.1 |
| Operating Margin Before Officers' Comp. | 22 | 3.4 | • | • | 3.4 | 6.5 | 2.6 | 5.1 | 4.9 | 5.2 | 5.3 | 6.3 | 6.8 | 2.6 |

| Selected Average Balance Sheet ($ in Thousands) | | | | | | | | | | | | | |
|---|---|---|---|---|---|---|---|---|---|---|---|---|---|
| Net Receivables 23 | 1998 | 0 | 32 | 32 | 88 | 156 | 487 | 2212 | 4383 | 7816 | 15704 | 19147 | 170813 |
| Inventories 24 | 939 | 0 | 0 | 12 | 37 | 64 | 243 | 642 | 1765 | 3779 | 8485 | 11687 | 82542 |
| Net Property, Plant and Equipment 25 | 6601 | 0 | 32 | 158 | 198 | 273 | 853 | 2459 | 6275 | 14818 | 37832 | 64257 | 701231 |
| Total Assets 26 | 13307 | 0 | 94 | 218 | 367 | 743 | 2117 | 7247 | 16081 | 34303 | 77092 | 142373 | 1350063 |
| Notes and Loans Payable 27 | 5049 | 0 | 186 | 177 | 42 | 312 | 904 | 1365 | 4587 | 8419 | 18197 | 38890 | 544326 |
| All Other Liabilities 28 | 3202 | 0 | 6 | 7 | 86 | 217 | 343 | 2004 | 3371 | 7106 | 14774 | 27237 | 338990 |
| Net Worth 29 | 5056 | 0 | -98 | 35 | 239 | 214 | 870 | 3878 | 8123 | 18778 | 44121 | 76246 | 466748 |

| Selected Financial Ratios (Times to 1) | | | | | | | | | | | | | |
|---|---|---|---|---|---|---|---|---|---|---|---|---|---|
| Current Ratio 30 | 1.3 | • | 9.7 | 2.0 | 1.5 | 1.4 | 2.3 | 1.7 | 1.8 | 1.6 | 2.3 | 1.2 | 1.1 |
| Quick Ratio 31 | 0.8 | • | 6.6 | 1.6 | 1.2 | 0.9 | 1.6 | 1.4 | 1.3 | 1.0 | 1.4 | 0.8 | 0.7 |
| Net Sales to Working Capital 32 | 15.2 | • | 9.6 | 14.6 | 18.3 | 17.4 | 6.7 | 9.4 | 7.6 | 8.8 | 5.1 | 18.7 | 34.3 |
| Coverage Ratio 33 | 2.8 | 1.4 | • | • | 8.2 | 2.2 | 2.6 | 6.7 | 5.2 | 6.3 | 4.8 | 5.3 | 2.6 |
| Total Asset Turnover 34 | 0.9 | • | 5.7 | 1.8 | 2.8 | 2.5 | 1.9 | 2.2 | 1.7 | 1.4 | 1.3 | 1.1 | 0.7 |
| Inventory Turnover 35 | 8.9 | • | • | 16.0 | 16.5 | 15.8 | 11.0 | 17.1 | 11.0 | 9.1 | 8.2 | 9.2 | 7.3 |
| Receivables Turnover 36 | 6.5 | • | 33.2 | 11.4 | 11.0 | 12.6 | 7.5 | 7.2 | 6.5 | 6.6 | 5.8 | 7.1 | 5.7 |
| Total Liabilities to Net Worth 37 | 1.6 | • | • | 5.3 | 0.5 | 2.5 | 1.4 | 0.9 | 1.0 | 0.8 | 0.7 | 0.9 | 1.9 |
| Current Assets to Working Capital 38 | 4.6 | • | 1.1 | 2.0 | 2.9 | 3.7 | 1.8 | 2.4 | 2.2 | 2.7 | 1.8 | 5.5 | 12.0 |
| Current Liabilities to Working Capital 39 | 3.6 | • | 0.1 | 1.0 | 1.9 | 2.7 | 0.8 | 1.4 | 1.2 | 1.7 | 0.8 | 4.5 | 11.0 |
| Working Capital to Net Sales 40 | 0.1 | • | 0.1 | 0.1 | 0.1 | 0.1 | 0.1 | 0.1 | 0.1 | 0.1 | 0.2 | 0.1 | 0.0 |
| Inventory to Working Capital 41 | 1.2 | • | • | 0.4 | 0.6 | 0.7 | 0.4 | 0.4 | 0.5 | 0.7 | 0.4 | 1.4 | 3.5 |
| Total Receipts to Cash Flow 42 | 8.3 | 6.9 | 8.8 | 25.2 | 6.8 | 9.5 | 10.6 | 10.7 | 9.1 | 9.0 | 8.9 | 7.9 | 7.7 |
| Cost of Goods to Cash Flow 43 | 5.5 | 4.2 | 1.0 | 12.2 | 4.1 | 5.1 | 7.0 | 7.5 | 6.3 | 6.3 | 6.2 | 5.5 | 5.1 |
| Cash Flow to Total Debt 44 | 0.2 | • | 0.3 | 0.1 | 1.2 | 0.4 | 0.3 | 0.4 | 0.4 | 0.4 | 0.3 | 0.3 | 0.1 |

| Selected Financial Factors (in Percentages) | | | | | | | | | | | | | |
|---|---|---|---|---|---|---|---|---|---|---|---|---|---|
| Debt Ratio 45 | 62.0 | • | 203.8 | 84.2 | 34.9 | 71.2 | 58.9 | 46.5 | 49.5 | 45.3 | 42.8 | 46.4 | 65.4 |
| Return on Total Assets 46 | 9.6 | • | • | • | 13.8 | 8.6 | 8.7 | 9.6 | 12.3 | 10.1 | 11.0 | 12.0 | 8.7 |
| Return on Equity Before Income Taxes 47 | 16.1 | • | 97.2 | • | 18.6 | 16.4 | 13.1 | 15.3 | 19.6 | 15.5 | 15.2 | 18.2 | 15.7 |
| Return on Equity After Income Taxes 48 | 11.0 | • | 97.2 | • | 18.3 | 14.3 | 11.3 | 12.1 | 17.4 | 12.5 | 11.7 | 12.3 | 10.2 |
| Profit Margin (Before Income Tax) 49 | 6.5 | 3.9 | • | • | 4.4 | 1.9 | 2.8 | 3.8 | 5.7 | 5.9 | 6.6 | 9.0 | 8.1 |
| Profit Margin (After Income Tax) 50 | 4.4 | 1.0 | • | • | 4.3 | 1.6 | 2.4 | 3.0 | 5.0 | 4.8 | 5.1 | 6.1 | 5.3 |

**Table II**

Corporations with Net Income

# CEMENT, CONCRETE, LIME AND GYPSUM PRODUCT

MONEY AMOUNTS AND SIZE OF ASSETS IN THOUSANDS OF DOLLARS

| Item Description for Accounting Period 7/00 Through 6/01 | | Total | Zero Assets | Under 100 | 100 to 250 | 251 to 500 | 501 to 1,000 | 1,001 to 5,000 | 5,001 to 10,000 | 10,001 to 25,000 | 25,001 to 50,000 | 50,001 to 100,000 | 100,001 to 250,000 | 250,001 and over |
|---|---|---|---|---|---|---|---|---|---|---|---|---|---|---|
| Number of Enterprises | 1 | 2309 | 84 | • | 99 | 522 | 484 | 749 | 176 | 110 | 39 | 16 | 9 | 23 |
| **Revenues ($ in Thousands)** | | | | | | | | | | | | | | |
| Net Sales | 2 | 41668401 | 1554899 | • | 61785 | 530328 | 974264 | 3650034 | 2736159 | 3187998 | 2078930 | 1765927 | 1474501 | 23653579 |
| Interest | 3 | 410293 | 46630 | • | 14 | 61 | 2437 | 8429 | 5840 | 6153 | 4815 | 4412 | 10481 | 321022 |
| Rents | 4 | 66068 | 896 | • | 0 | 0 | 0 | 4031 | 627 | 2944 | 1463 | 4158 | 5293 | 46656 |
| Royalties | 5 | 51907 | 91 | • | 0 | 0 | 0 | 0 | 4708 | 703 | 201 | 2310 | 79 | 43814 |
| Other Portfolio Income | 6 | 446902 | 15189 | • | 0 | 0 | 24521 | 15382 | 2811 | 20318 | 17364 | 6382 | 16033 | 328900 |
| Other Receipts | 7 | 736142 | 41358 | • | 189 | 898 | 11922 | 27935 | 7826 | 49102 | 23769 | 8549 | 23532 | 541059 |
| Total Receipts | 8 | 43379713 | 1659063 | • | 61988 | 531287 | 1013144 | 3705811 | 2757971 | 3267218 | 2126542 | 1791738 | 1529919 | 24935030 |
| Average Total Receipts | 9 | 18787 | 19751 | • | 626 | 1018 | 2093 | 4948 | 15670 | 29702 | 54527 | 111984 | 169991 | 1084132 |
| **Operating Costs/Operating Income (%)** | | | | | | | | | | | | | | |
| Cost of Operations | 10 | 65.8 | 58.4 | • | 42.6 | 60.2 | 62.0 | 63.7 | 66.8 | 68.6 | 69.0 | 69.1 | 67.5 | 65.7 |
| Salaries and Wages | 11 | 6.3 | 6.6 | • | 2.4 | 13.6 | 12.3 | 6.4 | 8.3 | 6.5 | 6.1 | 5.0 | 3.6 | 5.9 |
| Taxes Paid | 12 | 2.3 | 2.1 | • | 8.7 | 4.0 | 2.1 | 2.6 | 2.6 | 2.2 | 2.1 | 2.2 | 2.8 | 2.2 |
| Interest Paid | 13 | 3.2 | 6.0 | • | 0.1 | 0.6 | 1.7 | 1.2 | 0.7 | 1.2 | 1.0 | 1.6 | 1.9 | 4.4 |
| Depreciation | 14 | 4.8 | 5.7 | • | 8.9 | 2.2 | 4.5 | 3.9 | 3.4 | 3.7 | 4.7 | 3.6 | 5.6 | 5.4 |
| Amortization and Depletion | 15 | 0.8 | 2.3 | • | • | • | 0.1 | 0.0 | 0.2 | 0.1 | 0.3 | 0.4 | 0.7 | 1.2 |
| Pensions and Other Deferred Comp. | 16 | 0.6 | 0.0 | • | • | • | 0.7 | 0.4 | 0.7 | 0.5 | 0.7 | 0.7 | 1.0 | 0.7 |
| Employee Benefits | 17 | 1.6 | 2.8 | • | 2.1 | 0.5 | 0.4 | 1.5 | 0.9 | 1.1 | 1.7 | 2.2 | 1.5 | 1.7 |
| Advertising | 18 | 0.4 | 0.2 | • | 0.5 | 0.2 | 0.6 | 0.3 | 0.6 | 0.4 | 0.4 | 0.9 | 0.2 | 0.4 |
| Other Expenses | 19 | 8.5 | 9.3 | • | 12.1 | 12.2 | 11.5 | 12.0 | 9.3 | 8.1 | 7.5 | 6.4 | 5.4 | 8.1 |
| Officers' Compensation | 20 | 1.2 | 0.4 | • | 14.6 | 2.3 | 3.5 | 3.4 | 2.0 | 2.2 | 1.6 | 1.1 | 0.9 | 0.4 |
| Operating Margin | 21 | 4.5 | 6.3 | • | 8.0 | 4.2 | 0.5 | 4.4 | 4.7 | 5.3 | 4.9 | 6.8 | 9.0 | 3.9 |
| Operating Margin Before Officers' Comp. | 22 | 5.6 | 6.6 | • | 22.6 | 6.5 | 4.0 | 7.9 | 6.6 | 7.5 | 6.5 | 7.9 | 9.9 | 4.3 |

## Selected Average Balance Sheet ($ in Thousands)

| | | | | | | | | | | | | | |
|---|---|---|---|---|---|---|---|---|---|---|---|---|---|
| Net Receivables 23 | 2936 | 0 | • | 0 | 88 | 166 | 588 | 2092 | 4477 | 8093 | 17104 | 20608 | 198954 |
| Inventories 24 | 1314 | 0 | • | 25 | 31 | 70 | 263 | 670 | 1817 | 3939 | 9024 | 12368 | 90870 |
| Net Property, Plant and Equipment 25 | 8455 | 0 | • | 152 | 198 | 282 | 741 | 2441 | 6093 | 15167 | 36098 | 61557 | 690791 |
| Total Assets 26 | 17668 | 0 | • | 209 | 367 | 741 | 2192 | 7241 | 16203 | 35202 | 78379 | 146861 | 1372945 |
| Notes and Loans Payable 27 | 6169 | 0 | • | 0 | 42 | 360 | 625 | 1414 | 3753 | 8108 | 16330 | 33864 | 523345 |
| All Other Liabilities 28 | 4151 | 0 | • | 0 | 86 | 122 | 381 | 2068 | 3408 | 7048 | 15529 | 24901 | 335206 |
| Net Worth 29 | 7347 | 0 | • | 209 | 239 | 259 | 1185 | 3759 | 9041 | 20046 | 46520 | 88096 | 514394 |

## Selected Financial Ratios (Times to 1)

| | | | | | | | | | | | | | |
|---|---|---|---|---|---|---|---|---|---|---|---|---|---|
| Current Ratio 30 | 1.4 | • | • | • | 1.5 | 1.5 | 2.5 | 1.6 | 2.0 | 1.6 | 2.4 | 1.4 | 1.2 |
| Quick Ratio 31 | 0.9 | • | • | • | 1.2 | 1.1 | 1.7 | 1.2 | 1.4 | 1.0 | 1.5 | 0.9 | 0.8 |
| Net Sales to Working Capital 32 | 12.7 | • | • | 10.9 | 18.3 | 18.6 | 6.5 | 10.7 | 6.9 | 8.9 | 5.0 | 11.5 | 19.6 |
| Coverage Ratio 33 | 3.8 | 3.2 | • | 57.3 | 8.2 | 3.6 | 5.9 | 9.0 | 7.8 | 7.9 | 6.2 | 7.7 | 3.2 |
| Total Asset Turnover 34 | 1.0 | • | • | 3.0 | 2.8 | 2.7 | 2.2 | 2.1 | 1.8 | 1.5 | 1.4 | 1.1 | 0.7 |
| Inventory Turnover 35 | 9.0 | • | • | 10.8 | 20.0 | 17.8 | 11.8 | 15.5 | 10.9 | 9.3 | 8.5 | 8.9 | 7.4 |
| Receivables Turnover 36 | 6.3 | • | • | • | 13.3 | 11.5 | 7.4 | 7.5 | 6.4 | 6.8 | 12.9 | 7.0 | 10.3 |
| Total Liabilities to Net Worth 37 | 1.4 | • | • | • | 0.5 | 1.9 | 0.8 | 0.9 | 0.8 | 0.8 | 0.7 | 0.7 | 1.7 |
| Current Assets to Working Capital 38 | 3.8 | • | • | 1.0 | 2.9 | 3.2 | 1.7 | 2.7 | 2.0 | 2.6 | 1.7 | 3.4 | 6.7 |
| Current Liabilities to Working Capital 39 | 2.8 | • | • | • | 1.9 | 2.2 | 0.7 | 1.7 | 1.0 | 1.6 | 0.7 | 2.4 | 5.7 |
| Working Capital to Net Sales 40 | 0.1 | • | • | 0.1 | 0.1 | 0.1 | 0.2 | 0.1 | 0.1 | 0.1 | 0.2 | 0.1 | 0.1 |
| Inventory to Working Capital 41 | 0.9 | • | • | 0.4 | 0.6 | 0.6 | 0.3 | 0.5 | 0.4 | 0.7 | 0.4 | 0.9 | 1.7 |
| Total Receipts to Cash Flow 42 | 7.2 | 4.8 | • | 5.7 | 6.8 | 8.8 | 7.8 | 9.2 | 7.9 | 8.4 | 8.1 | 6.4 | 6.9 |
| Cost of Goods to Cash Flow 43 | 4.7 | 2.8 | • | 2.4 | 4.1 | 5.5 | 5.0 | 6.1 | 5.4 | 5.8 | 5.6 | 4.3 | 4.6 |
| Cash Flow to Total Debt 44 | 0.2 | • | • | • | 1.2 | 0.5 | 0.6 | 0.5 | 0.5 | 0.4 | 0.4 | 0.4 | 0.2 |

## Selected Financial Factors (in Percentages)

| | | | | | | | | | | | | | |
|---|---|---|---|---|---|---|---|---|---|---|---|---|---|
| Debt Ratio 45 | 58.4 | • | • | • | 34.9 | 65.1 | 45.9 | 48.1 | 44.2 | 43.1 | 40.6 | 40.0 | 62.5 |
| Return on Total Assets 46 | 12.2 | • | • | 25.2 | 13.8 | 16.7 | 15.9 | 13.2 | 16.4 | 12.4 | 13.7 | 16.3 | 10.5 |
| Return on Equity Before Income Taxes 47 | 21.5 | • | • | 24.7 | 18.6 | 34.7 | 24.4 | 22.6 | 25.5 | 19.1 | 19.4 | 23.6 | 19.2 |
| Return on Equity After Income Taxes 48 | 15.7 | • | • | 21.0 | 18.3 | 31.8 | 22.4 | 18.6 | 23.1 | 15.7 | 15.5 | 16.9 | 12.9 |
| Profit Margin (Before Income Tax) 49 | 8.8 | 13.0 | • | 8.3 | 4.4 | 4.5 | 5.9 | 5.5 | 8.0 | 7.2 | 8.2 | 12.7 | 9.6 |
| Profit Margin (After Income Tax) 50 | 6.4 | 9.4 | • | 7.1 | 4.3 | 4.1 | 5.5 | 4.5 | 7.2 | 5.9 | 6.5 | 9.1 | 6.5 |

**Table I**

Corporations with and without Net Income

# IRON, STEEL MILLS AND STEEL PRODUCT

MONEY AMOUNTS AND SIZE OF ASSETS IN THOUSANDS OF DOLLARS

| Item Description for Accounting Period 7/00 Through 6/01 | | Total | Zero Assets | Under 100 | 100 to 250 | 251 to 500 | 501 to 1,000 | 1,001 to 5,000 | 5,001 to 10,000 | 10,001 to 25,000 | 25,001 to 50,000 | 50,001 to 100,000 | 100,001 to 250,000 | 250,001 and over |
|---|---|---|---|---|---|---|---|---|---|---|---|---|---|---|
| Number of Enterprises | 1 | 2805 | 14 | 1119 | 358 | 205 | 354 | 341 | 126 | 115 | 48 | 36 | 46 | 43 |
| **Revenues ($ in Thousands)** | | | | | | | | | | | | | | |
| Net Sales | 2 | 77359822 | 381272 | 156331 | 273012 | 541142 | 620745 | 1793260 | 1477443 | 3103878 | 2635758 | 3257020 | 9952379 | 53167579 |
| Interest | 3 | 623365 | 5227 | 0 | 0 | 0 | 217 | 2565 | 5540 | 6906 | 4005 | 20162 | 78719 | 500024 |
| Rents | 4 | 39783 | 33 | 0 | 0 | 3 | 0 | 63 | 24 | 582 | 994 | 1296 | 5453 | 31335 |
| Royalties | 5 | 260340 | 0 | 0 | 0 | 0 | 0 | 0 | 0 | 9 | 3 | 1982 | 1762 | 256584 |
| Other Portfolio Income | 6 | 311379 | 21879 | 0 | 0 | 0 | 0 | 7175 | 6257 | 22018 | 4079 | 11525 | 16924 | 221526 |
| Other Receipts | 7 | 876274 | -1690 | 0 | 0 | 632 | 7 | 15681 | 23203 | 13365 | 10415 | 39370 | 111188 | 664101 |
| Total Receipts | 8 | 79470963 | 406721 | 156331 | 273012 | 541777 | 620969 | 1818744 | 1512467 | 3146758 | 2655254 | 3331355 | 10166425 | 54841149 |
| Average Total Receipts | 9 | 28332 | 29052 | 140 | 763 | 2643 | 1754 | 5334 | 12004 | 27363 | 55318 | 92538 | 221009 | 1275376 |
| **Operating Costs/Operating Income (%)** | | | | | | | | | | | | | | |
| Cost of Operations | 10 | 80.2 | 83.6 | 34.3 | 56.6 | 71.7 | 57.0 | 75.2 | 78.2 | 79.7 | 80.1 | 79.0 | 84.1 | 80.4 |
| Salaries and Wages | 11 | 3.1 | 2.2 | 1.6 | 21.7 | 17.1 | 7.4 | 3.2 | 4.8 | 4.4 | 4.1 | 3.5 | 2.8 | 2.7 |
| Taxes Paid | 12 | 1.4 | 1.1 | 1.0 | 0.3 | 2.6 | 2.3 | 2.1 | 1.5 | 1.6 | 1.4 | 1.6 | 1.2 | 1.4 |
| Interest Paid | 13 | 2.9 | 4.2 | 2.1 | 0.0 | 0.0 | 2.0 | 1.1 | 1.2 | 1.9 | 2.2 | 2.6 | 3.0 | 3.1 |
| Depreciation | 14 | 4.8 | 4.1 | 6.2 | 1.1 | 0.6 | 4.1 | 2.5 | 2.2 | 2.8 | 3.3 | 4.8 | 3.5 | 5.4 |
| Amortization and Depletion | 15 | 0.3 | 0.5 | 0.1 | 0.7 | • | 0.2 | 0.0 | 0.1 | 0.1 | 0.2 | 0.4 | 0.4 | 0.4 |
| Pensions and Other Deferred Comp. | 16 | 0.5 | 0.4 | • | • | • | 0.2 | 0.2 | 0.7 | 0.3 | 0.3 | 0.3 | 0.4 | 0.5 |
| Employee Benefits | 17 | 1.7 | 0.4 | • | • | • | 0.8 | 1.1 | 1.3 | 1.3 | 0.9 | 1.9 | 0.9 | 1.9 |
| Advertising | 18 | 0.1 | 0.1 | 0.4 | 0.4 | 0.2 | 0.3 | 0.3 | 0.3 | 0.2 | 0.2 | 0.1 | 0.1 | 0.1 |
| Other Expenses | 19 | 8.4 | 8.3 | 49.5 | 12.5 | 7.6 | 19.4 | 5.4 | 15.5 | 5.7 | 4.7 | 6.3 | 5.8 | 9.1 |
| Officers' Compensation | 20 | 0.7 | 0.7 | 3.3 | • | 0.0 | 7.7 | 5.2 | 2.2 | 1.9 | 1.1 | 0.8 | 0.7 | 0.3 |
| Operating Margin | 21 | • | • | 1.4 | 6.7 | 0.1 | • | 3.7 | • | 0.1 | 1.6 | • | • | • |
| Operating Margin Before Officers' Comp. | 22 | • | • | 4.7 | 6.7 | 0.1 | 6.2 | 8.9 | • | 2.0 | 2.8 | • | • | • |

## Selected Average Balance Sheet ($ in Thousands)

| | | | | | | | | | | | | | |
|---|---|---|---|---|---|---|---|---|---|---|---|---|---|
| Net Receivables 23 | 3010 | 0 | 10 | 91 | 261 | 148 | 724 | 1262 | 3503 | 6691 | 16416 | 27316 | 123667 |
| Inventories 24 | 4571 | 0 | 8 | 14 | 0 | 54 | 554 | 1699 | 3880 | 8730 | 13876 | 33775 | 220244 |
| Net Property, Plant and Equipment 25 | 11104 | 0 | 21 | 25 | 94 | 340 | 731 | 1605 | 4696 | 11787 | 26368 | 59272 | 598656 |
| Total Assets 26 | 25293 | 0 | 40 | 203 | 467 | 626 | 2469 | 6509 | 15582 | 35289 | 69525 | 165616 | 1284731 |
| Notes and Loans Payable 27 | 8548 | 0 | 80 | 20 | 1 | 384 | 721 | 2239 | 5535 | 13928 | 25972 | 73191 | 409534 |
| All Other Liabilities 28 | 9742 | 0 | 8 | 1 | 388 | 111 | 586 | 1862 | 4525 | 8554 | 17637 | 41643 | 541436 |
| Net Worth 29 | 7003 | 0 | -49 | 182 | 78 | 130 | 1163 | 2408 | 5522 | 12806 | 25917 | 50782 | 333762 |

## Selected Financial Ratios (Times to 1)

| | | | | | | | | | | | | | |
|---|---|---|---|---|---|---|---|---|---|---|---|---|---|
| Current Ratio 30 | 1.5 | • | 0.5 | 100.1 | 1.0 | 1.0 | 2.0 | 1.4 | 1.5 | 1.6 | 1.4 | 1.6 | 1.4 |
| Quick Ratio 31 | 0.6 | • | 0.3 | 79.9 | 0.9 | 0.6 | 1.2 | 0.8 | 0.7 | 0.6 | 0.8 | 0.7 | 0.5 |
| Net Sales to Working Capital 32 | 9.8 | • | • | 6.0 | • | • | 6.8 | 10.5 | 8.4 | 7.6 | 8.2 | 7.5 | 10.5 |
| Coverage Ratio 33 | 0.6 | 1.3 | 1.7 | 877.4 | 91.8 | 0.3 | 5.8 | • | 1.8 | 2.1 | 1.3 | 0.8 | 0.3 |
| Total Asset Turnover 34 | 1.1 | • | 3.5 | 3.8 | 5.7 | 2.8 | 2.1 | 1.8 | 1.7 | 1.6 | 1.3 | 1.3 | 1.0 |
| Inventory Turnover 35 | 4.8 | • | 5.8 | 30.3 | 5792.2 | 18.5 | 7.1 | 5.4 | 5.5 | 5.0 | 5.2 | 5.4 | 4.5 |
| Receivables Turnover 36 | 8.7 | • | 28.9 | 10.3 | • | 18.6 | 6.9 | 7.5 | 8.0 | 8.2 | 5.9 | 7.9 | 9.1 |
| Total Liabilities to Net Worth 37 | 2.6 | • | • | 0.1 | 5.0 | 3.8 | 1.1 | 1.7 | 1.8 | 1.8 | 1.7 | 2.3 | 2.8 |
| Current Assets to Working Capital 38 | 3.2 | • | • | 1.0 | • | • | 2.0 | 3.5 | 3.0 | 2.7 | 3.3 | 2.7 | 3.4 |
| Current Liabilities to Working Capital 39 | 2.2 | • | • | 0.0 | • | • | 1.0 | 2.5 | 2.0 | 1.7 | 2.3 | 1.7 | 2.4 |
| Working Capital to Net Sales 40 | 0.1 | • | • | 0.2 | • | • | 0.1 | 0.1 | 0.1 | 0.1 | 0.1 | 0.1 | 0.1 |
| Inventory to Working Capital 41 | 1.6 | • | • | 0.2 | • | • | 0.8 | 1.4 | 1.3 | 1.4 | 1.2 | 1.2 | 1.8 |
| Total Receipts to Cash Flow 42 | 27.6 | 29.3 | 6.4 | 7.0 | 17.7 | 7.2 | 13.3 | 14.1 | 19.3 | 17.2 | 18.8 | 27.5 | 34.9 |
| Cost of Goods to Cash Flow 43 | 22.1 | 24.5 | 2.2 | 3.9 | 12.7 | 4.1 | 10.0 | 11.0 | 15.4 | 13.7 | 14.9 | 23.1 | 28.0 |
| Cash Flow to Total Debt 44 | 0.1 | • | 0.2 | 5.1 | 0.4 | 0.5 | 0.3 | 0.2 | 0.1 | 0.1 | 0.1 | 0.1 | 0.0 |

## Selected Financial Factors (in Percentages)

| | | | | | | | | | | | | | |
|---|---|---|---|---|---|---|---|---|---|---|---|---|---|
| Debt Ratio 45 | 72.3 | • | 221.2 | 10.5 | 83.2 | 79.2 | 52.9 | 63.0 | 64.6 | 63.7 | 62.7 | 69.3 | 74.0 |
| Return on Total Assets 46 | 1.7 | • | 12.3 | 25.3 | 1.2 | 1.5 | 13.2 | • | 6.0 | 7.0 | 4.3 | 3.1 | 1.0 |
| Return on Equity Before Income Taxes 47 | • | • | • | 28.2 | 6.8 | • | 23.1 | • | 7.4 | 10.0 | 2.6 | • | • |
| Return on Equity After Income Taxes 48 | • | • | • | 28.2 | 6.7 | • | 21.8 | • | 6.1 | 8.2 | 0.3 | • | • |
| Profit Margin (Before Income Tax) 49 | • | 1.3 | 1.4 | 6.7 | 0.2 | • | 5.1 | • | 1.5 | 2.3 | 0.7 | • | • |
| Profit Margin (After Income Tax) 50 | • | 0.4 | 1.4 | 6.7 | 0.2 | • | 4.8 | • | 1.2 | 1.9 | 0.1 | • | • |

**Table II**

Corporations with Net Income

# IRON, STEEL MILLS AND STEEL PRODUCT

MONEY AMOUNTS AND SIZE OF ASSETS IN THOUSANDS OF DOLLARS

| Item Description for Accounting Period 7/00 Through 6/01 | | Total | Zero Assets | Under 100 | 100 to 250 | 251 to 500 | 501 to 1,000 | 1,001 to 5,000 | 5,001 to 10,000 | 10,001 to 25,000 | 25,001 to 50,000 | 50,001 to 100,000 | 100,001 to 250,000 | 250,001 and over |
|---|---|---|---|---|---|---|---|---|---|---|---|---|---|---|
| Number of Enterprises | 1 | 1599 | 6 | 369 | 358 | 205 | 169 | 259 | 69 | 71 | 32 | 22 | 25 | 14 |
| **Revenues ($ in Thousands)** | | | | | | | | | | | | | | |
| Net Sales | 2 | 33869975 | 128648 | 136466 | 273012 | 541142 | 304409 | 1424186 | 837093 | 2049848 | 1934213 | 2302882 | 5851150 | 18086925 |
| Interest | 3 | 165189 | 1647 | 0 | 0 | 0 | 0 | 858 | 2779 | 3844 | 2873 | 17814 | 59244 | 76128 |
| Rents | 4 | 17446 | 32 | 0 | 0 | 3 | 0 | 63 | 0 | 279 | 994 | 1156 | 3544 | 11375 |
| Royalties | 5 | 138619 | 0 | 0 | 0 | 0 | 0 | 0 | 0 | 9 | 0 | 1982 | 1341 | 135287 |
| Other Portfolio Income | 6 | 142191 | 21444 | 0 | 0 | 0 | 0 | 4882 | 6160 | 21282 | 1640 | 7547 | 8151 | 71086 |
| Other Receipts | 7 | 364671 | 749 | 0 | 0 | 632 | 0 | 6800 | 8157 | 10366 | 7722 | 33475 | 88388 | 208384 |
| Total Receipts | 8 | 34698091 | 152520 | 136466 | 273012 | 541777 | 304409 | 1436789 | 854189 | 2085628 | 1947442 | 2364856 | 6011818 | 18589185 |
| Average Total Receipts | 9 | 21700 | 25420 | 370 | 763 | 2643 | 1801 | 5547 | 12380 | 29375 | 60858 | 107493 | 240473 | 1327799 |
| **Operating Costs/Operating Income (%)** | | | | | | | | | | | | | | |
| Cost of Operations | 10 | 77.2 | 90.1 | 32.9 | 56.6 | 71.7 | 57.8 | 76.4 | 72.2 | 77.4 | 79.0 | 77.9 | 82.5 | 76.4 |
| Salaries and Wages | 11 | 3.2 | 2.5 | 1.9 | 21.7 | 17.1 | 3.1 | 3.2 | 6.0 | 4.5 | 3.7 | 3.6 | 3.1 | 2.2 |
| Taxes Paid | 12 | 1.5 | 1.4 | 0.7 | 0.3 | 2.6 | 1.6 | 1.6 | 1.9 | 1.7 | 1.5 | 1.5 | 1.2 | 1.6 |
| Interest Paid | 13 | 1.8 | 3.3 | 0.2 | 0.0 | 0.0 | 1.8 | 0.9 | 0.5 | 1.5 | 1.9 | 2.0 | 2.4 | 1.9 |
| Depreciation | 14 | 4.4 | 3.6 | 3.3 | 1.1 | 0.6 | 2.5 | 2.1 | 2.8 | 2.5 | 3.1 | 3.3 | 2.9 | 5.9 |
| Amortization and Depletion | 15 | 0.2 | 0.5 | • | 0.7 | • | 0.3 | 0.1 | 0.1 | 0.1 | 0.1 | 0.2 | 0.3 | 0.3 |
| Pensions and Other Deferred Comp. | 16 | 0.4 | 0.0 | • | • | • | 0.4 | 0.2 | 0.3 | 0.3 | 0.3 | 0.3 | 0.5 | 0.5 |
| Employee Benefits | 17 | 0.9 | 0.7 | • | • | • | 0.0 | 0.5 | 0.9 | 1.3 | 0.8 | 2.1 | 0.8 | 0.9 |
| Advertising | 18 | 0.1 | 0.2 | 0.4 | 0.4 | 0.2 | 0.4 | 0.3 | 0.5 | 0.2 | 0.1 | 0.1 | 0.1 | 0.1 |
| Other Expenses | 19 | 7.1 | • | 44.4 | 12.5 | 7.6 | 22.4 | 3.5 | 7.7 | 5.2 | 4.0 | 5.9 | 4.4 | 8.4 |
| Officers' Compensation | 20 | 0.9 | 0.4 | 3.7 | • | 0.0 | 7.2 | 4.9 | 1.8 | 2.0 | 1.2 | 0.8 | 0.8 | 0.3 |
| Operating Margin | 21 | 2.2 | • | 12.4 | 6.7 | 0.1 | 2.4 | 6.5 | 5.3 | 3.3 | 4.2 | 2.3 | 0.9 | 1.7 |
| Operating Margin Before Officers' Comp. | 22 | 3.1 | • | 16.1 | 6.7 | 0.1 | 9.6 | 11.4 | 7.1 | 5.3 | 5.5 | 3.1 | 1.7 | 2.0 |

| | | | | | | | | | | | | | |
|---|---|---|---|---|---|---|---|---|---|---|---|---|---|
| | **Selected Average Balance Sheet ($ in Thousands)** | | | | | | | | | | | | |
| Net Receivables **23** | 2478 | 0 | 29 | 91 | 261 | 168 | 772 | 1246 | 3682 | 6731 | 20515 | 26294 | 140390 |
| Inventories **24** | 3449 | 0 | 4 | 14 | 0 | 62 | 569 | 1834 | 4367 | 9190 | 13553 | 33064 | 249721 |
| Net Property, Plant and Equipment **25** | 7326 | 0 | 24 | 25 | 94 | 347 | 587 | 1971 | 4249 | 12508 | 21689 | 55465 | 626070 |
| Total Assets **26** | 18123 | 0 | 60 | 203 | 467 | 605 | 2380 | 6733 | 15769 | 35976 | 70399 | 165329 | 1403712 |
| Notes and Loans Payable **27** | 4777 | 0 | 22 | 20 | 1 | 396 | 637 | 1967 | 4433 | 12425 | 19624 | 56721 | 335186 |
| All Other Liabilities **28** | 6492 | 0 | 23 | 1 | 388 | 86 | 506 | 1190 | 3997 | 7620 | 17225 | 36135 | 589629 |
| Net Worth **29** | 6854 | 0 | 15 | 182 | 78 | 123 | 1237 | 3576 | 7340 | 15931 | 33551 | 72472 | 478896 |
| | **Selected Financial Ratios (Times to 1)** | | | | | | | | | | | | |
| Current Ratio **30** | 1.8 | • | 1.5 | 100.1 | 1.0 | 1.8 | 2.2 | 1.8 | 1.9 | 1.6 | 1.8 | 2.1 | 1.7 |
| Quick Ratio **31** | 0.8 | • | 1.4 | 79.9 | 0.9 | 1.2 | 1.4 | 0.9 | 1.0 | 0.7 | 1.1 | 0.9 | 0.6 |
| Net Sales to Working Capital **32** | 6.8 | • | 29.5 | 6.0 | • | 17.2 | 6.2 | 6.3 | 5.9 | 8.9 | 5.3 | 5.5 | 7.2 |
| Coverage Ratio **33** | 3.5 | 6.2 | 57.7 | 877.4 | 91.8 | 2.3 | 9.1 | 15.5 | 4.3 | 3.6 | 3.5 | 2.5 | 3.4 |
| Total Asset Turnover **34** | 1.2 | • | 6.2 | 3.8 | 5.7 | 3.0 | 2.3 | 1.8 | 1.8 | 1.7 | 1.5 | 1.4 | 0.9 |
| Inventory Turnover **35** | 4.7 | • | 33.7 | 30.3 | 5792.2 | 16.9 | 7.4 | 4.8 | 5.1 | 5.2 | 6.0 | 5.8 | 4.0 |
| Receivables Turnover **36** | 8.4 | • | 24.6 | 10.3 | • | 14.2 | 7.4 | 7.0 | 7.6 | 8.5 | 6.1 | 9.3 | 8.5 |
| Total Liabilities to Net Worth **37** | 1.6 | • | 3.1 | 0.1 | 5.0 | 3.9 | 0.9 | 0.9 | 1.1 | 1.3 | 1.1 | 1.3 | 1.9 |
| Current Assets to Working Capital **38** | 2.3 | • | 2.9 | 1.0 | • | 2.3 | 1.8 | 2.2 | 2.1 | 2.7 | 2.2 | 1.9 | 2.5 |
| Current Liabilities to Working Capital **39** | 1.3 | • | 1.9 | 0.0 | • | 1.3 | 0.8 | 1.2 | 1.1 | 1.7 | 1.2 | 0.9 | 1.5 |
| Working Capital to Net Sales **40** | 0.1 | • | 0.0 | 0.2 | • | 0.1 | 0.2 | 0.2 | 0.2 | 0.1 | 0.2 | 0.2 | 0.1 |
| Inventory to Working Capital **41** | 1.1 | • | 0.3 | 0.2 | • | 0.7 | 0.6 | 0.9 | 0.9 | 1.4 | 0.7 | 0.8 | 1.4 |
| Total Receipts to Cash Flow **42** | 11.9 | • | 3.7 | 7.0 | 17.7 | 4.8 | 10.7 | 8.2 | 12.7 | 12.9 | 11.2 | 14.0 | 12.0 |
| Cost of Goods to Cash Flow **43** | 9.2 | • | 1.2 | 3.9 | 12.7 | 2.7 | 8.2 | 5.9 | 9.8 | 10.2 | 8.7 | 11.6 | 9.1 |
| Cash Flow to Total Debt **44** | 0.2 | • | 2.2 | 5.1 | 0.4 | 0.8 | 0.5 | 0.5 | 0.3 | 0.2 | 0.3 | 0.2 | 0.1 |
| | **Selected Financial Factors (in Percentages)** | | | | | | | | | | | | |
| Debt Ratio **45** | 62.2 | • | 75.5 | 10.5 | 83.2 | 79.7 | 48.0 | 46.9 | 53.5 | 55.7 | 52.3 | 56.2 | 65.9 |
| Return on Total Assets **46** | 7.6 | • | 77.6 | 25.3 | 1.2 | 12.7 | 19.0 | 14.2 | 12.1 | 11.4 | 10.3 | 8.5 | 5.9 |
| Return on Equity Before Income Taxes **47** | 14.3 | • | 311.5 | 28.2 | 6.8 | 35.7 | 32.5 | 24.9 | 19.9 | 18.6 | 15.5 | 11.7 | 12.1 |
| Return on Equity After Income Taxes **48** | 11.1 | • | 311.5 | 28.2 | 6.7 | 29.1 | 30.9 | 21.1 | 18.3 | 16.5 | 12.6 | 9.1 | 8.4 |
| Profit Margin (Before Income Tax) **49** | 4.6 | 17.1 | 12.4 | 6.7 | 0.2 | 2.4 | 7.3 | 7.3 | 5.1 | 4.9 | 5.0 | 3.6 | 4.5 |
| Profit Margin (After Income Tax) **50** | 3.6 | 14.6 | 12.4 | 6.7 | 0.2 | 2.0 | 6.9 | 6.2 | 4.7 | 4.3 | 4.0 | 2.8 | 3.1 |

## Table I

Corporations with and without Net Income

# NONFERROUS METAL PRODUCTION AND PROCESSING

MONEY AMOUNTS AND SIZE OF ASSETS IN THOUSANDS OF DOLLARS

| Item Description for Accounting Period 7/00 Through 6/01 | | Total | Zero Assets | Under 100 | 100 to 250 | 251 to 500 | 501 to 1,000 | 1,001 to 5,000 | 5,001 to 10,000 | 10,001 to 25,000 | 25,001 to 50,000 | 50,001 to 100,000 | 100,001 to 250,000 | 250,001 and over |
|---|---|---|---|---|---|---|---|---|---|---|---|---|---|---|
| Number of Enterprises | 1 | 1099 | 0 | • | • | 0 | 25 | 455 | 114 | 96 | 39 | 24 | 15 | 29 |
| **Revenues ($ in Thousands)** | | | | | | | | | | | | | | |
| Net Sales | 2 | 65548093 | 0 | • | • | 0 | 11618 | 4339455 | 4298517 | 3146834 | 2482223 | 2124329 | 3165674 | 44252486 |
| Interest | 3 | 904605 | 0 | • | • | 0 | 4 | 1832 | 1099 | 7181 | 6718 | 11524 | 14906 | 856378 |
| Rents | 4 | 34416 | 0 | • | • | 0 | 4 | 1276 | 150 | 1405 | 447 | 48 | 486 | 30219 |
| Royalties | 5 | 126917 | 0 | • | • | 0 | 0 | 0 | 0 | 178 | 3 | 1887 | 1364 | 123332 |
| Other Portfolio Income | 6 | 1136081 | 0 | • | • | 0 | 17 | 2389 | 986 | 48548 | 10903 | 7660 | 98838 | 442693 |
| Other Receipts | 7 | 919689 | 0 | • | • | 0 | 53 | 2087 | 5309 | 20277 | 38328 | 230664 | 10118 | 591895 |
| Total Receipts | 8 | 68669801 | 0 | • | • | 0 | 11696 | 4347039 | 4306061 | 3224423 | 2538622 | 2376112 | 3291386 | 46297003 |
| Average Total Receipts | 9 | 62484 | • | • | • | • | 468 | 9554 | 37772 | 33588 | 65093 | 99005 | 219426 | 1596448 |
| **Operating Costs/Operating Income (%)** | | | | | | | | | | | | | | |
| Cost of Operations | 10 | 83.4 | • | • | • | • | 61.4 | 84.3 | 94.3 | 81.7 | 82.2 | 82.0 | 82.0 | 82.7 |
| Salaries and Wages | 11 | 2.9 | • | • | • | • | 61.6 | 2.9 | 0.7 | 3.7 | 3.7 | 6.0 | 2.5 | 3.0 |
| Taxes Paid | 12 | 0.9 | • | • | • | • | 8.5 | 1.2 | 0.3 | 1.4 | 1.4 | 1.4 | 0.9 | 0.8 |
| Interest Paid | 13 | 3.5 | • | • | • | • | 42.2 | 0.9 | 0.4 | 1.9 | 1.5 | 2.5 | 2.3 | 4.3 |
| Depreciation | 14 | 3.4 | • | • | • | • | 7.6 | 1.8 | 0.5 | 2.3 | 2.5 | 3.1 | 3.2 | 3.9 |
| Amortization and Depletion | 15 | 0.5 | • | • | • | • | 4.4 | 0.0 | 0.0 | 0.1 | 0.1 | 0.3 | 0.2 | 0.6 |
| Pensions and Other Deferred Comp. | 16 | 0.4 | • | • | • | • | 0.0 | 0.4 | 0.1 | 0.3 | 0.4 | 0.6 | 0.2 | 0.4 |
| Employee Benefits | 17 | 1.4 | • | • | • | • | 8.9 | 1.0 | 0.3 | 1.1 | 1.3 | 1.5 | 0.8 | 1.6 |
| Advertising | 18 | 0.2 | • | • | • | • | 0.0 | 0.1 | 0.0 | 0.2 | 0.1 | 0.1 | 0.1 | 0.2 |
| Other Expenses | 19 | 5.7 | • | • | • | • | 51.0 | 4.6 | 1.5 | 5.3 | 4.8 | 10.6 | 4.8 | 5.7 |
| Officers' Compensation | 20 | 0.6 | • | • | • | • | 2.0 | 1.9 | 0.7 | 1.6 | 1.6 | 0.9 | 1.1 | 0.2 |
| Operating Margin | 21 | • | • | • | • | • | • | 0.9 | 1.0 | 0.5 | 0.5 | • | 2.0 | • |
| Operating Margin Before Officers' Comp. | 22 | • | • | • | • | • | • | 2.8 | 1.7 | 2.1 | 2.1 | • | 3.0 | • |

| | | | | | | | | | | | | | |
|---|---|---|---|---|---|---|---|---|---|---|---|---|---|
| **Selected Average Balance Sheet ($ in Thousands)** | | | | | | | | | | | | | |
| Net Receivables **23** | 16131 | • | • | • | • | 39 | 866 | 2060 | 4263 | 8356 | 10812 | 22584 | 542965 |
| Inventories **24** | 6023 | • | • | • | • | 540 | 573 | 1616 | 3304 | 8743 | 11310 | 26528 | 165676 |
| Net Property, Plant and Equipment **25** | 17867 | • | • | • | • | 165 | 753 | 1294 | 4887 | 11685 | 25418 | 57083 | 575503 |
| Total Assets **26** | 88511 | • | • | • | • | 579 | 2645 | 7135 | 16100 | 36695 | 65532 | 152328 | 3044158 |
| Notes and Loans Payable **27** | 25241 | • | • | • | • | 2201 | 887 | 2357 | 5509 | 12022 | 21811 | 56562 | 847975 |
| All Other Liabilities **28** | 21265 | • | • | • | • | 593 | 701 | 2276 | 5336 | 7877 | 18599 | 36984 | 722281 |
| Net Worth **29** | 42005 | • | • | • | • | -2216 | 1057 | 2501 | 5255 | 16797 | 25122 | 58781 | 1473901 |
| **Selected Financial Ratios (Times to 1)** | | | | | | | | | | | | | |
| Current Ratio **30** | 1.1 | • | • | • | • | 0.3 | 1.8 | 1.4 | 1.4 | 1.7 | 1.4 | 2.4 | 1.0 |
| Quick Ratio **31** | 0.8 | • | • | • | • | 0.2 | 1.1 | 0.8 | 0.8 | 0.9 | 0.6 | 0.7 | 0.7 |
| Net Sales to Working Capital **32** | 29.0 | • | • | • | • | • | 12.3 | 30.1 | 13.7 | 7.1 | 10.1 | 4.0 | 267.5 |
| Coverage Ratio **33** | 1.7 | • | • | • | • | • | 2.1 | 3.8 | 2.6 | 2.8 | 2.1 | 3.7 | 1.5 |
| Total Asset Turnover **34** | 0.7 | • | • | • | • | 0.8 | 3.6 | 5.3 | 2.0 | 1.7 | 1.4 | 1.4 | 0.5 |
| Inventory Turnover **35** | 8.3 | • | • | • | • | 0.5 | 14.0 | 22.0 | 8.1 | 6.0 | 6.4 | 6.5 | 7.6 |
| Receivables Turnover **36** | 4.0 | • | • | • | • | 0.5 | 10.7 | 21.1 | 7.8 | 6.9 | 7.8 | 8.4 | 3.1 |
| Total Liabilities to Net Worth **37** | 1.1 | • | • | • | • | • | 1.5 | 1.9 | 2.1 | 1.2 | 1.6 | 1.6 | 1.1 |
| Current Assets to Working Capital **38** | 12.1 | • | • | • | • | • | 2.3 | 3.4 | 3.8 | 2.4 | 3.6 | 1.7 | 134.4 |
| Current Liabilities to Working Capital **39** | 11.1 | • | • | • | • | • | 1.3 | 2.4 | 2.8 | 1.4 | 2.6 | 0.7 | 133.4 |
| Working Capital to Net Sales **40** | 0.0 | • | • | • | • | • | 0.1 | 0.0 | 0.1 | 0.1 | 0.1 | 0.2 | 0.0 |
| Inventory to Working Capital **41** | 3.0 | • | • | • | • | • | 0.7 | 1.5 | 1.4 | 0.9 | 1.5 | 0.5 | 29.8 |
| Total Receipts to Cash Flow **42** | 18.1 | • | • | • | • | • | 25.7 | 43.6 | 14.2 | 16.4 | 9.3 | 12.3 | 17.8 |
| Cost of Goods to Cash Flow **43** | 15.1 | • | • | • | • | • | 21.6 | 41.2 | 11.6 | 13.5 | 7.6 | 10.1 | 14.7 |
| Cash Flow to Total Debt **44** | 0.1 | • | • | • | • | • | 0.2 | 0.2 | 0.2 | 0.2 | 0.2 | 0.2 | 0.1 |
| **Selected Financial Factors (in Percentages)** | | | | | | | | | | | | | |
| Debt Ratio **45** | 52.5 | • | • | • | • | 482.8 | 60.1 | 64.9 | 67.4 | 54.2 | 61.7 | 61.4 | 51.6 |
| Return on Total Assets **46** | 4.1 | • | • | • | • | • | 7.2 | 8.4 | 9.9 | 7.4 | 7.0 | 11.8 | 3.3 |
| Return on Equity Before Income Taxes **47** | 3.7 | • | • | • | • | 30.8 | 9.6 | 17.6 | 18.5 | 10.4 | 9.4 | 22.3 | 2.3 |
| Return on Equity After Income Taxes **48** | 2.5 | • | • | • | • | 30.8 | 7.1 | 16.3 | 16.4 | 7.2 | 6.7 | 16.0 | 1.2 |
| Profit Margin (Before Income Tax) **49** | 2.6 | • | • | • | • | • | 1.1 | 1.2 | 3.0 | 2.7 | 2.7 | 6.2 | 2.2 |
| Profit Margin (After Income Tax) **50** | 1.8 | • | • | • | • | • | 0.8 | 1.1 | 2.6 | 1.9 | 1.9 | 4.5 | 1.2 |

# NONFERROUS METAL PRODUCTION AND PROCESSING

MONEY AMOUNTS AND SIZE OF ASSETS IN THOUSANDS OF DOLLARS

| Item Description for Accounting Period 7/00 Through 6/01 | | Total | Zero Assets | Under 100 | 100 to 250 | 251 to 500 | 501 to 1,000 | 1,001 to 5,000 | 5,001 to 10,000 | 10,001 to 25,000 | 25,001 to 50,000 | 50,001 to 100,000 | 100,001 to 250,000 | 250,001 and over |
|---|---|---|---|---|---|---|---|---|---|---|---|---|---|---|
| Number of Enterprises | 1 | 804 | 0 | • | • | 205 | 0 | 369 | 88 | 67 | 25 | 0 | 12 | 0 |
| **Revenues ($ in Thousands)** | | | | | | | | | | | | | | |
| Net Sales | 2 | 51948967 | 0 | • | • | 292635 | 0 | 3648579 | 4183460 | 2116418 | 1775593 | 0 | 2778469 | 0 |
| Interest | 3 | 855380 | 0 | • | • | 0 | 0 | 1584 | 1086 | 5236 | 4779 | 0 | 13934 | 0 |
| Rents | 4 | 30933 | 0 | • | • | 4 | 0 | 1276 | 136 | 1368 | 180 | 0 | 485 | 0 |
| Royalties | 5 | 92055 | 0 | • | • | 0 | 0 | 0 | 0 | 2 | 3 | 0 | 776 | 0 |
| Other Portfolio Income | 6 | 1091776 | 0 | • | • | 17 | 0 | 2383 | 722 | 46420 | 7207 | 0 | 96015 | 0 |
| Other Receipts | 7 | 847075 | 0 | • | • | 618 | 0 | 2682 | 5203 | 11864 | 25560 | 0 | 10071 | 0 |
| Total Receipts | 8 | 54866186 | 0 | • | • | 293274 | 0 | 3656504 | 4190607 | 2181308 | 1813322 | 0 | 2899750 | 0 |
| Average Total Receipts | 9 | 68242 | • | • | • | 1431 | • | 9909 | 47621 | 32557 | 72533 | • | 241646 | • |
| **Operating Costs/Operating Income (%)** | | | | | | | | | | | | | | |
| Cost of Operations | 10 | 83.4 | • | • | • | 77.4 | • | 82.7 | 94.4 | 77.9 | 81.3 | • | 82.2 | • |
| Salaries and Wages | 11 | 2.9 | • | • | • | 0.1 | • | 3.2 | 0.7 | 3.7 | 3.5 | • | 2.4 | • |
| Taxes Paid | 12 | 0.8 | • | • | • | 1.1 | • | 1.2 | 0.3 | 1.5 | 1.4 | • | 0.9 | • |
| Interest Paid | 13 | 3.3 | • | • | • | 1.0 | • | 0.8 | 0.4 | 1.9 | 1.2 | • | 1.4 | • |
| Depreciation | 14 | 3.3 | • | • | • | 1.2 | • | 1.8 | 0.4 | 2.5 | 2.6 | • | 3.1 | • |
| Amortization and Depletion | 15 | 0.4 | • | • | • | 3.4 | • | 0.0 | 0.0 | 0.1 | 0.1 | • | 0.1 | • |
| Pensions and Other Deferred Comp. | 16 | 0.2 | • | • | • | 0.0 | • | 0.5 | 0.1 | 0.4 | 0.2 | • | 0.2 | • |
| Employee Benefits | 17 | 1.3 | • | • | • | 0.7 | • | 1.1 | 0.3 | 1.2 | 1.2 | • | 0.9 | • |
| Advertising | 18 | 0.2 | • | • | • | 0.7 | • | 0.1 | 0.0 | 0.2 | 0.1 | • | 0.0 | • |
| Other Expenses | 19 | 5.2 | • | • | • | 3.1 | • | 4.3 | 1.3 | 5.6 | 4.2 | • | 4.6 | • |
| Officers' Compensation | 20 | 0.5 | • | • | • | 3.2 | • | 2.0 | 0.8 | 1.9 | 1.4 | • | 1.1 | • |
| Operating Margin | 21 | • | • | • | • | 8.1 | • | 2.4 | 1.4 | 3.3 | 2.7 | • | 2.9 | • |
| Operating Margin Before Officers' Comp. | 22 | • | • | • | • | 11.3 | • | 4.4 | 2.1 | 5.2 | 4.1 | • | 4.0 | • |

| Selected Average Balance Sheet ($ in Thousands) | | | | | | | | | | | | | |
|---|---|---|---|---|---|---|---|---|---|---|---|---|---|
| Net Receivables 23 | 19424 | • | • | • | 24 | • | 906 | 2606 | 4286 | 9328 | • | 23807 | • |
| Inventories 24 | 5541 | • | • | • | 24 | • | 552 | 1805 | 3340 | 10404 | • | 23435 | • |
| Net Property, Plant and Equipment 25 | 19876 | • | • | • | 263 | • | 759 | 909 | 4610 | 12335 | • | 58094 | • |
| Total Assets 26 | 103137 | • | • | • | 476 | • | 2743 | 6966 | 16323 | 37304 | • | 157744 | • |
| Notes and Loans Payable 27 | 28309 | • | • | • | 252 | • | 648 | 2494 | 4316 | 10854 | • | 43702 | • |
| All Other Liabilities 28 | 22558 | • | • | • | 26 | • | 652 | 2612 | 4937 | 8086 | • | 35781 | • |
| Net Worth 29 | 52270 | • | • | • | 198 | • | 1444 | 1861 | 7070 | 18364 | • | 78261 | • |

| Selected Financial Ratios (Times to 1) | | | | | | | | | | | | | |
|---|---|---|---|---|---|---|---|---|---|---|---|---|---|
| Current Ratio 30 | 1.1 | • | • | • | 4.3 | • | 2.2 | 1.6 | 1.6 | 2.0 | • | 2.7 | • |
| Quick Ratio 31 | 0.8 | • | • | • | 3.4 | • | 1.5 | 0.9 | 1.0 | 1.1 | • | 0.8 | • |
| Net Sales to Working Capital 32 | 26.1 | • | • | • | 16.2 | • | 9.7 | 24.3 | 8.7 | 6.5 | • | 3.7 | • |
| Coverage Ratio 33 | 2.5 | • | • | • | 9.0 | • | 4.3 | 5.3 | 4.3 | 4.9 | • | 6.3 | • |
| Total Asset Turnover 34 | 0.6 | • | • | • | 3.0 | • | 3.6 | 6.8 | 1.9 | 1.9 | • | 1.5 | • |
| Inventory Turnover 35 | 9.7 | • | • | • | 45.6 | • | 14.8 | 24.8 | 7.4 | 5.6 | • | 8.1 | • |
| Receivables Turnover 36 | 3.6 | • | • | • | 118.0 | • | 10.8 | 23.5 | 7.2 | 6.0 | • | 9.1 | • |
| Total Liabilities to Net Worth 37 | 1.0 | • | • | • | 1.4 | • | 0.9 | 2.7 | 1.3 | 1.0 | • | 1.0 | • |
| Current Assets to Working Capital 38 | 11.4 | • | • | • | 1.3 | • | 1.8 | 2.7 | 2.6 | 2.0 | • | 1.6 | • |
| Current Liabilities to Working Capital 39 | 10.4 | • | • | • | 0.3 | • | 0.8 | 1.7 | 1.6 | 1.0 | • | 0.6 | • |
| Working Capital to Net Sales 40 | 0.0 | • | • | • | 0.1 | • | 0.1 | 0.0 | 0.1 | 0.2 | • | 0.3 | • |
| Inventory to Working Capital 41 | 2.4 | • | • | • | 0.3 | • | 0.5 | 1.2 | 0.9 | 0.7 | • | 0.4 | • |
| Total Receipts to Cash Flow 42 | 14.1 | • | • | • | 9.7 | • | 19.5 | 40.5 | 9.3 | 13.1 | • | 11.0 | • |
| Cost of Goods to Cash Flow 43 | 11.7 | • | • | • | 7.5 | • | 16.2 | 38.2 | 7.2 | 10.7 | • | 9.1 | • |
| Cash Flow to Total Debt 44 | 0.1 | • | • | • | 0.5 | • | 0.4 | 0.2 | 0.4 | 0.3 | • | 0.3 | • |

| Selected Financial Factors (in Percentages) | | | | | | | | | | | | | |
|---|---|---|---|---|---|---|---|---|---|---|---|---|---|
| Debt Ratio 45 | 49.3 | • | • | • | 58.4 | • | 47.4 | 73.3 | 56.7 | 50.8 | • | 50.4 | • |
| Return on Total Assets 46 | 5.1 | • | • | • | 28.0 | • | 12.1 | 13.1 | 16.0 | 11.4 | • | 13.3 | • |
| Return on Equity Before Income Taxes 47 | 6.0 | • | • | • | 59.8 | • | 17.7 | 39.7 | 28.4 | 18.4 | • | 22.4 | • |
| Return on Equity After Income Taxes 48 | 4.6 | • | • | • | 59.8 | • | 15.5 | 37.3 | 26.1 | 13.9 | • | 16.6 | • |
| Profit Margin (Before Income Tax) 49 | 4.8 | • | • | • | 8.3 | • | 2.6 | 1.6 | 6.4 | 4.8 | • | 7.6 | • |
| Profit Margin (After Income Tax) 50 | 3.7 | • | • | • | 8.3 | • | 2.3 | 1.5 | 5.8 | 3.6 | • | 5.6 | • |

# FOUNDRIES

| Item Description for Accounting Period 7/00 Through 6/01 | | Total | Zero Assets | Under 100 | 100 to 250 | 251 to 500 | 501 to 1,000 | 1,001 to 5,000 | 5,001 to 10,000 | 10,001 to 25,000 | 25,001 to 50,000 | 50,001 to 100,000 | 100,001 to 250,000 | 250,001 and over |
|---|---|---|---|---|---|---|---|---|---|---|---|---|---|---|
| | | **Money Amounts and Size of Assets in Thousands of Dollars** | | | | | | | | | | | | |
| Number of Enterprises | 1 | 1425 | 0 | • | 816 | 0 | • | 206 | 107 | 59 | 24 | 7 | 4 | 11 |
| | | **Revenues ($ in Thousands)** | | | | | | | | | | | | |
| Net Sales | 2 | 17017319 | 0 | • | 360184 | 0 | • | 987132 | 1496427 | 1376027 | 1289776 | 846375 | 1058342 | 9364640 |
| Interest | 3 | 63713 | 0 | • | 186 | 0 | • | 3379 | 2867 | 2402 | 1447 | 5668 | 2533 | 44952 |
| Rents | 4 | 14863 | 0 | • | 0 | 0 | • | 0 | 597 | 56 | 212 | 16 | 11949 | 2034 |
| Royalties | 5 | 15875 | 0 | • | 0 | 0 | • | 0 | 0 | 0 | 6 | 0 | 598 | 15270 |
| Other Portfolio Income | 6 | 108788 | 0 | • | 0 | 0 | • | 179 | 5816 | 2506 | 16878 | 2474 | 3029 | 77755 |
| Other Receipts | 7 | 128422 | 0 | • | 59 | 0 | • | 462 | 9636 | 6763 | 24835 | 5133 | 14512 | 66949 |
| Total Receipts | 8 | 17348980 | 0 | • | 360429 | 0 | • | 991152 | 1515343 | 1387754 | 1333154 | 859666 | 1090963 | 9571600 |
| Average Total Receipts | 9 | 12175 | • | • | 442 | • | • | 4811 | 14162 | 23521 | 55548 | 122809 | 272741 | 870145 |
| | | **Operating Costs/Operating Income (%)** | | | | | | | | | | | | |
| Cost of Operations | 10 | 75.2 | • | • | 54.2 | • | • | 74.5 | 76.0 | 76.5 | 76.6 | 80.3 | 80.4 | 74.6 |
| Salaries and Wages | 11 | 4.2 | • | • | 2.1 | • | • | 5.1 | 4.2 | 4.7 | 4.8 | 2.4 | 4.4 | 4.2 |
| Taxes Paid | 12 | 2.4 | • | • | 3.9 | • | • | 2.5 | 5.8 | 2.2 | 2.4 | 2.2 | 1.6 | 1.9 |
| Interest Paid | 13 | 2.7 | • | • | 0.9 | • | • | 0.9 | 1.4 | 1.3 | 1.9 | 1.4 | 1.9 | 3.8 |
| Depreciation | 14 | 4.0 | • | • | 4.3 | • | • | 3.4 | 3.0 | 3.5 | 4.4 | 2.9 | 5.4 | 4.2 |
| Amortization and Depletion | 15 | 0.2 | • | • | 0.2 | • | • | • | 0.1 | 0.1 | 0.1 | 0.0 | 0.6 | 0.3 |
| Pensions and Other Deferred Comp. | 16 | 0.5 | • | • | • | • | • | 0.4 | 0.5 | 0.4 | 0.4 | 0.7 | 0.4 | 0.4 |
| Employee Benefits | 17 | 2.0 | • | • | 0.5 | • | • | 2.9 | 1.6 | 1.7 | 1.7 | 1.0 | 1.8 | 2.2 |
| Advertising | 18 | 0.2 | • | • | 0.4 | • | • | 0.2 | 0.1 | 0.2 | 0.1 | 0.0 | 0.4 | 0.2 |
| Other Expenses | 19 | 8.2 | • | • | 14.1 | • | • | 7.2 | 3.8 | 5.0 | 6.8 | 2.7 | 57.7 | 4.6 |
| Officers' Compensation | 20 | 1.5 | • | • | 9.9 | • | • | 3.6 | 1.5 | 2.3 | 2.2 | 0.9 | 0.4 | 0.7 |
| Operating Margin | 21 | • | • | • | 9.5 | • | • | • | 2.1 | 2.1 | • | 5.4 | • | 3.1 |
| Operating Margin Before Officers' Comp. | 22 | 0.4 | • | • | 19.4 | • | • | 2.9 | 3.6 | 4.4 | 0.8 | 6.3 | • | 3.8 |

| | | | | | | | | | | | | |
|---|---|---|---|---|---|---|---|---|---|---|---|---|
| | **Selected Average Balance Sheet ($ in Thousands)** | | | | | | | | | | | |
| Net Receivables 23 | 1898 | • | • | 42 | • | • | 521 | 2144 | 3467 | 7178 | 13425 | 25974 | 158491 |
| Inventories 24 | 1240 | • | • | 21 | • | • | 444 | 1055 | 2273 | 4087 | 14932 | 16319 | 106082 |
| Net Property, Plant and Equipment 25 | 3100 | • | • | 69 | • | • | 942 | 2614 | 5783 | 14897 | 25994 | 71031 | 245084 |
| Total Assets 26 | 9506 | • | • | 160 | • | • | 2369 | 7228 | 14708 | 35141 | 74543 | 170931 | 834389 |
| Notes and Loans Payable 27 | 3418 | • | • | 77 | • | • | 718 | 3031 | 4157 | 11387 | 19424 | 86747 | 298806 |
| All Other Liabilities 28 | 2420 | • | • | 25 | • | • | 654 | 1533 | 2795 | 7366 | 18670 | 47467 | 221281 |
| Net Worth 29 | 3668 | • | • | 59 | • | • | 996 | 2664 | 7756 | 16387 | 36448 | 36716 | 314303 |
| | **Selected Financial Ratios (Times to 1)** | | | | | | | | | | | |
| Current Ratio 30 | 1.6 | • | • | 3.5 | • | • | 1.4 | 2.1 | 1.9 | 1.6 | 1.8 | 0.8 | 1.6 |
| Quick Ratio 31 | 1.0 | • | • | 2.5 | • | • | 0.9 | 1.4 | 1.1 | 1.0 | 1.3 | 0.5 | 0.9 |
| Net Sales to Working Capital 32 | 8.1 | • | • | 7.1 | • | • | 12.5 | 6.6 | 6.6 | 8.7 | 6.1 | • | 7.2 |
| Coverage Ratio 33 | 1.4 | • | • | 11.7 | • | • | 0.6 | 3.4 | 3.2 | 2.0 | 5.6 | • | 2.5 |
| Total Asset Turnover 34 | 1.3 | • | • | 2.8 | • | • | 2.0 | 1.9 | 1.6 | 1.5 | 1.6 | 1.5 | 1.0 |
| Inventory Turnover 35 | 7.2 | • | • | 11.3 | • | • | 8.0 | 10.1 | 7.8 | 10.1 | 6.5 | 13.0 | 6.0 |
| Receivables Turnover 36 | 6.8 | • | • | 14.0 | • | • | 6.7 | 7.8 | 6.5 | 8.4 | 5.5 | 20.4 | 6.0 |
| Total Liabilities to Net Worth 37 | 1.6 | • | • | 1.7 | • | • | 1.4 | 1.7 | 0.9 | 1.1 | 1.0 | 3.7 | 1.7 |
| Current Assets to Working Capital 38 | 2.6 | • | • | 1.4 | • | • | 3.4 | 1.9 | 2.1 | 2.6 | 2.2 | • | 2.6 |
| Current Liabilities to Working Capital 39 | 1.6 | • | • | 0.4 | • | • | 2.4 | 0.9 | 1.1 | 1.6 | 1.2 | • | 1.6 |
| Working Capital to Net Sales 40 | 0.1 | • | • | 0.1 | • | • | 0.1 | 0.2 | 0.2 | 0.1 | 0.2 | • | 0.1 |
| Inventory to Working Capital 41 | 0.9 | • | • | 0.4 | • | • | 1.0 | 0.5 | 0.7 | 0.8 | 0.5 | • | 0.9 |
| Total Receipts to Cash Flow 42 | 14.0 | • | • | 5.6 | • | • | 19.0 | 16.3 | 14.7 | 16.8 | 11.5 | 357.4 | 12.4 |
| Cost of Goods to Cash Flow 43 | 10.6 | • | • | 3.0 | • | • | 14.1 | 12.4 | 11.3 | 12.9 | 9.3 | 287.3 | 9.2 |
| Cash Flow to Total Debt 44 | 0.1 | • | • | 0.8 | • | • | 0.2 | 0.2 | 0.2 | 0.2 | 0.3 | 0.0 | 0.1 |
| | **Selected Financial Factors (in Percentages)** | | | | | | | | | | | |
| Debt Ratio 45 | 61.4 | • | • | 63.3 | • | • | 57.9 | 63.1 | 47.3 | 53.4 | 51.1 | 78.5 | 62.3 |
| Return on Total Assets 46 | 4.8 | • | • | 28.8 | • | • | 1.2 | 9.2 | 6.7 | 5.8 | 13.3 | • | 9.5 |
| Return on Equity Before Income Taxes 47 | 3.4 | • | • | 71.9 | • | • | • | 17.7 | 8.8 | 6.4 | 22.3 | • | 15.0 |
| Return on Equity After Income Taxes 48 | • | • | • | 71.9 | • | • | • | 12.4 | 7.9 | 4.7 | 17.4 | • | 10.8 |
| Profit Margin (Before Income Tax) 49 | 1.0 | • | • | 9.6 | • | • | • | 3.4 | 2.9 | 1.9 | 6.7 | • | 5.5 |
| Profit Margin (After Income Tax) 50 | • | • | • | 9.6 | • | • | • | 2.4 | 2.6 | 1.4 | 5.2 | • | 4.0 |

**Table II**

Corporations with Net Income

# FOUNDRIES

| Item Description for Accounting Period 7/00 Through 6/01 | Total | Zero Assets | Under 100 | 100 to 250 | 251 to 500 | 501 to 1,000 | 1,001 to 5,000 | 5,001 to 10,000 | 10,001 to 25,000 | 25,001 to 50,000 | 50,001 to 100,000 | 100,001 to 250,000 | 250,001 and over |
|---|---|---|---|---|---|---|---|---|---|---|---|---|---|
| | **Money Amounts and Size of Assets in Thousands of Dollars** | | | | | | | | | | | | |
| Number of Enterprises 1 | 1213 | 0 | • | 816 | 99 | • | 149 | 75 | 41 | 13 | 0 | 0 | 0 |
| | **Revenues ($ in Thousands)** | | | | | | | | | | | | |
| Net Sales 2 | 13866210 | 0 | • | 360184 | 43672 | • | 758459 | 1244872 | 992141 | 784046 | 0 | 0 | 0 |
| Interest 3 | 53750 | 0 | • | 186 | 0 | • | 2357 | 2758 | 2044 | 657 | 0 | 0 | 0 |
| Rents 4 | 2863 | 0 | • | 0 | 0 | • | 0 | 390 | 55 | 0 | 0 | 0 | 0 |
| Royalties 5 | 15276 | 0 | • | 0 | 0 | • | 0 | 0 | 0 | 6 | 0 | 0 | 0 |
| Other Portfolio Income 6 | 105314 | 0 | • | 0 | 0 | • | 179 | 5816 | 2272 | 16370 | 0 | 0 | 0 |
| Other Receipts 7 | 91793 | 0 | • | 59 | 0 | • | 193 | 8853 | 6888 | 11700 | 0 | 0 | 0 |
| Total Receipts 8 | 14135206 | 0 | • | 360429 | 43672 | • | 761188 | 1262689 | 1003400 | 812779 | 0 | 0 | 0 |
| Average Total Receipts 9 | 11653 | • | • | 442 | 441 | • | 5109 | 16836 | 24473 | 62521 | • | • | • |
| | **Operating Costs/Operating Income (%)** | | | | | | | | | | | | |
| Cost of Operations 10 | 74.0 | • | • | 54.2 | 59.4 | • | 73.4 | 74.0 | 75.0 | 73.6 | • | • | • |
| Salaries and Wages 11 | 4.2 | • | • | 2.1 | 14.1 | • | 5.6 | 4.2 | 4.5 | 4.0 | • | • | • |
| Taxes Paid 12 | 2.4 | • | • | 3.9 | 2.3 | • | 2.2 | 6.6 | 2.2 | 2.7 | • | • | • |
| Interest Paid 13 | 2.7 | • | • | 0.9 | 5.2 | • | 0.5 | 1.4 | 1.1 | 1.1 | • | • | • |
| Depreciation 14 | 3.7 | • | • | 4.3 | 6.7 | • | 2.5 | 2.6 | 3.1 | 3.5 | • | • | • |
| Amortization and Depletion 15 | 0.2 | • | • | 0.2 | • | • | • | 0.1 | 0.1 | 0.0 | • | • | • |
| Pensions and Other Deferred Comp. 16 | 0.4 | • | • | • | • | • | 0.5 | 0.6 | 0.4 | 0.4 | • | • | • |
| Employee Benefits 17 | 2.0 | • | • | 0.5 | • | • | 2.2 | 1.5 | 1.7 | 1.7 | • | • | • |
| Advertising 18 | 0.2 | • | • | 0.4 | • | • | 0.2 | 0.1 | 0.2 | 0.2 | • | • | • |
| Other Expenses 19 | 4.8 | • | • | 14.1 | 3.9 | • | 7.5 | 3.8 | 5.3 | 5.9 | • | • | • |
| Officers' Compensation 20 | 1.5 | • | • | 9.9 | 7.2 | • | 4.0 | 1.5 | 2.3 | 3.0 | • | • | • |
| Operating Margin 21 | 4.0 | • | • | 9.5 | 1.1 | • | 1.4 | 3.7 | 4.2 | 3.9 | • | • | • |
| Operating Margin Before Officers' Comp. 22 | 5.5 | • | • | 19.4 | 8.3 | • | 5.4 | 5.1 | 6.5 | 6.9 | • | • | • |

| | | | | | | | | | | | | | |
|---|---|---|---|---|---|---|---|---|---|---|---|---|---|
| **Selected Average Balance Sheet ($ in Thousands)** | | | | | | | | | | | | | |
| Net Receivables **23** | 1896 | • | • | 42 | 27 | • | 494 | 2234 | 3710 | 7629 | • | • | • |
| Inventories **24** | 1283 | • | • | 15 | 0 | • | 411 | 1298 | 2312 | 4433 | • | • | • |
| Net Property, Plant and Equipment **25** | 2834 | • | • | 69 | 174 | • | 804 | 2194 | 4859 | 13176 | • | • | • |
| Total Assets **26** | 9437 | • | • | 160 | 257 | • | 2223 | 7326 | 14350 | 37181 | • | • | • |
| Notes and Loans Payable **27** | 3099 | • | • | 77 | 482 | • | 311 | 2414 | 3353 | 7950 | • | • | • |
| All Other Liabilities **28** | 2412 | • | • | 25 | 53 | • | 710 | 1587 | 2510 | 6099 | • | • | • |
| Net Worth **29** | 3926 | • | • | 59 | -278 | • | 1202 | 3325 | 8487 | 23132 | • | • | • |
| **Selected Financial Ratios (Times to 1)** | | | | | | | | | | | | | |
| Current Ratio **30** | 1.7 | • | • | 3.5 | 0.5 | • | 1.6 | 2.1 | 2.3 | 2.4 | • | • | • |
| Quick Ratio **31** | 1.0 | • | • | 2.5 | 0.5 | • | 1.1 | 1.4 | 1.4 | 1.6 | • | • | • |
| Net Sales to Working Capital **32** | 7.1 | • | • | 7.1 | • | • | 10.3 | 6.9 | 5.5 | 5.6 | • | • | • |
| Coverage Ratio **33** | 3.3 | • | • | 11.7 | 1.2 | • | 4.3 | 4.5 | 5.8 | 7.6 | • | • | • |
| Total Asset Turnover **34** | 1.2 | • | • | 2.8 | 1.7 | • | 2.3 | 2.3 | 1.7 | 1.6 | • | • | • |
| Inventory Turnover **35** | 6.6 | • | • | 16.2 | • | • | 9.1 | 9.5 | 7.9 | 10.0 | • | • | • |
| Receivables Turnover **36** | 6.4 | • | • | 18.1 | • | • | 7.1 | 7.9 | 6.1 | 8.7 | • | • | • |
| Total Liabilities to Net Worth **37** | 1.4 | • | • | 1.7 | • | • | 0.8 | 1.2 | 0.7 | 0.6 | • | • | • |
| Current Assets to Working Capital **38** | 2.4 | • | • | 1.4 | • | • | 2.7 | 1.9 | 1.8 | 1.7 | • | • | • |
| Current Liabilities to Working Capital **39** | 1.4 | • | • | 0.4 | • | • | 1.7 | 0.9 | 0.8 | 0.7 | • | • | • |
| Working Capital to Net Sales **40** | 0.1 | • | • | 0.1 | • | • | 0.1 | 0.1 | 0.2 | 0.2 | • | • | • |
| Inventory to Working Capital **41** | 0.8 | • | • | 0.4 | • | • | 0.7 | 0.6 | 0.5 | 0.5 | • | • | • |
| Total Receipts to Cash Flow **42** | 11.3 | • | • | 5.6 | 20.1 | • | 13.3 | 13.0 | 10.7 | 10.1 | • | • | • |
| Cost of Goods to Cash Flow **43** | 8.3 | • | • | 3.0 | 12.0 | • | 9.8 | 9.6 | 8.0 | 7.4 | • | • | • |
| Cash Flow to Total Debt **44** | 0.2 | • | • | 0.8 | 0.0 | • | 0.4 | 0.3 | 0.4 | 0.4 | • | • | • |
| **Selected Financial Factors (in Percentages)** | | | | | | | | | | | | | |
| Debt Ratio **45** | 58.4 | • | • | 63.3 | 208.0 | • | 45.9 | 54.6 | 40.9 | 37.8 | • | • | • |
| Return on Total Assets **46** | 10.6 | • | • | 28.8 | 10.8 | • | 5.2 | 14.8 | 10.7 | 14.0 | • | • | • |
| Return on Equity Before Income Taxes **47** | 17.7 | • | • | 71.9 | • | • | 7.4 | 25.4 | 15.0 | 19.6 | • | • | • |
| Return on Equity After Income Taxes **48** | 13.7 | • | • | 71.9 | • | • | 5.4 | 19.3 | 13.9 | 17.4 | • | • | • |
| Profit Margin (Before Income Tax) **49** | 6.1 | • | • | 9.6 | 1.1 | • | 1.7 | 5.1 | 5.3 | 7.5 | • | • | • |
| Profit Margin (After Income Tax) **50** | 4.7 | • | • | 9.6 | 1.1 | • | 1.3 | 3.9 | 4.9 | 6.7 | • | • | • |

## Table I

Corporations with and without Net Income

# FORGING AND STAMPING

MONEY AMOUNTS AND SIZE OF ASSETS IN THOUSANDS OF DOLLARS

| Item Description for Accounting Period 7/00 Through 6/01 | | Total | Zero Assets | Under 100 | 100 to 250 | 251 to 500 | 501 to 1,000 | 1,001 to 5,000 | 5,001 to 10,000 | 10,001 to 25,000 | 25,001 to 50,000 | 50,001 to 100,000 | 100,001 to 250,000 | 250,001 and over |
|---|---|---|---|---|---|---|---|---|---|---|---|---|---|---|
| Number of Enterprises | 1 | 3235 | 5 | 782 | 182 | 478 | 415 | 883 | 234 | 150 | 61 | 31 | 11 | 4 |
| **Revenues ($ in Thousands)** | | | | | | | | | | | | | | |
| Net Sales | 2 | 22329025 | 154908 | 253370 | 981 | 579327 | 870986 | 3514539 | 3469199 | 3860470 | 2826458 | 2864600 | 2110702 | 1823485 |
| Interest | 3 | 71493 | 5 | 290 | 1959 | 229 | 40 | 3472 | 1237 | 5161 | 4237 | 9462 | 3368 | 42034 |
| Rents | 4 | 8297 | 52 | 0 | 0 | 188 | 1 | 1689 | 3 | 1337 | 1439 | 2928 | 544 | 117 |
| Royalties | 5 | 490 | 0 | 0 | 0 | 0 | 0 | 2 | 0 | 0 | 5 | 0 | 60 | 423 |
| Other Portfolio Income | 6 | 141567 | 9333 | 0 | 17 | 0 | 221 | 17424 | 3364 | 18600 | 2605 | 16090 | 172 | 73740 |
| Other Receipts | 7 | 197334 | 233 | 0 | -1 | 6 | 17624 | 29695 | 17899 | 15424 | 12641 | 50367 | 25835 | 27611 |
| Total Receipts | 8 | 22748206 | 164531 | 253660 | 2956 | 579750 | 888872 | 3566821 | 3491702 | 3900992 | 2847385 | 2943447 | 2140681 | 1967410 |
| Average Total Receipts | 9 | 7032 | 32906 | 324 | 16 | 1213 | 2142 | 4039 | 14922 | 26007 | 46678 | 94950 | 194607 | 491852 |
| **Operating Costs/Operating Income (%)** | | | | | | | | | | | | | | |
| Cost of Operations | 10 | 71.4 | 78.7 | 54.6 | • | 64.7 | 69.7 | 65.4 | 72.7 | 74.0 | 73.7 | 75.8 | 74.4 | 65.4 |
| Salaries and Wages | 11 | 5.3 | 4.8 | 4.2 | 46.3 | 3.2 | 5.6 | 5.9 | 4.5 | 4.9 | 3.9 | 4.3 | 5.2 | 10.7 |
| Taxes Paid | 12 | 2.4 | 2.7 | 3.1 | 35.8 | 4.4 | 3.3 | 2.8 | 2.0 | 2.3 | 2.2 | 2.1 | 1.9 | 2.5 |
| Interest Paid | 13 | 2.3 | 2.1 | 0.6 | 3.9 | 1.2 | 1.7 | 1.8 | 1.0 | 1.7 | 1.8 | 2.3 | 2.3 | 8.9 |
| Depreciation | 14 | 3.6 | 3.8 | 3.6 | 25.0 | 2.5 | 3.3 | 3.0 | 2.7 | 3.8 | 4.2 | 3.4 | 4.6 | 4.3 |
| Amortization and Depletion | 15 | 0.3 | 0.1 | 0.0 | • | 0.0 | 0.1 | 0.1 | 0.1 | 0.1 | 0.2 | 0.4 | 0.4 | 2.1 |
| Pensions and Other Deferred Comp. | 16 | 0.7 | 0.2 | • | 12.0 | • | 0.0 | 0.7 | 0.9 | 0.5 | 0.6 | 0.4 | 0.9 | 1.1 |
| Employee Benefits | 17 | 1.9 | 1.5 | 1.0 | 33.0 | 0.7 | 1.7 | 1.8 | 1.5 | 2.2 | 1.7 | 2.0 | 2.3 | 2.3 |
| Advertising | 18 | 0.3 | 0.0 | 0.1 | • | 0.2 | 0.3 | 0.5 | 0.4 | 0.1 | 0.2 | 0.1 | 0.2 | 0.2 |
| Other Expenses | 19 | 7.6 | 7.4 | 12.6 | 63.2 | 20.4 | 6.5 | 11.2 | 5.0 | 5.9 | 6.2 | 6.9 | 7.2 | 9.2 |
| Officers' Compensation | 20 | 2.8 | 4.6 | 14.8 | 80.5 | 3.4 | 5.6 | 4.9 | 3.7 | 2.0 | 1.7 | 1.9 | 0.8 | 0.4 |
| Operating Margin | 21 | 1.6 | • | 5.4 | • | • | 2.2 | 1.9 | 5.5 | 2.5 | 3.6 | 0.4 | • | • |
| Operating Margin Before Officers' Comp. | 22 | 4.3 | • | 20.2 | • | 2.6 | 7.8 | 6.8 | 9.2 | 4.4 | 5.3 | 2.3 | 0.4 | • |

| Selected Average Balance Sheet ($ in Thousands) | | | | | | | | | | | | | |
|---|---|---|---|---|---|---|---|---|---|---|---|---|---|
| Net Receivables 23 | 1031 | 0 | 0 | 0 | 221 | 214 | 528 | 2062 | 3568 | 7112 | 18476 | 28518 | 84477 |
| Inventories 24 | 750 | 0 | 1 | 0 | 17 | 74 | 393 | 1359 | 3084 | 5555 | 11834 | 28740 | 59588 |
| Net Property, Plant and Equipment 25 | 1622 | 0 | 27 | 39 | 110 | 312 | 751 | 2445 | 5920 | 13254 | 22804 | 54952 | 198090 |
| Total Assets 26 | 4616 | 0 | 58 | 160 | 448 | 714 | 2174 | 7385 | 15613 | 34561 | 71511 | 141129 | 619886 |
| Notes and Loans Payable 27 | 1717 | 0 | 8 | 0 | 256 | 549 | 856 | 1834 | 5060 | 12144 | 23760 | 50277 | 306223 |
| All Other Liabilities 28 | 1053 | 0 | 6 | 92 | 119 | 186 | 462 | 1444 | 3626 | 7077 | 15995 | 41882 | 143472 |
| Net Worth 29 | 1845 | 0 | 44 | 68 | 73 | -21 | 857 | 4106 | 6927 | 15341 | 31756 | 48970 | 170191 |

| Selected Financial Ratios (Times to 1) | | | | | | | | | | | | | |
|---|---|---|---|---|---|---|---|---|---|---|---|---|---|
| Current Ratio 30 | 1.6 | • | 4.2 | 3.1 | 1.2 | 1.1 | 1.7 | 2.2 | 1.7 | 1.7 | 2.2 | 1.0 | 1.2 |
| Quick Ratio 31 | 1.0 | • | 4.2 | 3.1 | 0.9 | 0.8 | 1.0 | 1.4 | 1.0 | 1.0 | 1.3 | 0.5 | 0.7 |
| Net Sales to Working Capital 32 | 8.3 | • | 15.4 | 1.0 | 24.8 | 49.4 | 8.5 | 6.3 | 7.6 | 6.4 | 4.3 | • | 19.2 |
| Coverage Ratio 33 | 2.5 | 1.2 | 9.8 | 1.4 | 0.3 | 3.5 | 2.9 | 6.9 | 3.0 | 3.4 | 2.4 | 1.5 | 1.1 |
| Total Asset Turnover 34 | 1.5 | • | 5.6 | 0.0 | 2.7 | 2.9 | 1.8 | 2.0 | 1.6 | 1.3 | 1.3 | 1.4 | 0.7 |
| Inventory Turnover 35 | 6.6 | • | 328.5 | • | 47.2 | 19.7 | 6.6 | 7.9 | 6.2 | 6.2 | 5.9 | 5.0 | 5.0 |
| Receivables Turnover 36 | 6.5 | • | 332.3 | • | 9.2 | 10.3 | 6.8 | 7.1 | 6.8 | 6.8 | 5.0 | 5.3 | 5.4 |
| Total Liabilities to Net Worth 37 | 1.5 | • | 0.3 | 1.3 | 5.2 | • | 1.5 | 0.8 | 1.3 | 1.3 | 1.3 | 1.9 | 2.6 |
| Current Assets to Working Capital 38 | 2.6 | • | 1.3 | 1.5 | 7.0 | 8.6 | 2.4 | 1.8 | 2.5 | 2.4 | 1.8 | • | 6.3 |
| Current Liabilities to Working Capital 39 | 1.6 | • | 0.3 | 0.5 | 6.0 | 7.6 | 1.4 | 0.8 | 1.5 | 1.4 | 0.8 | • | 5.3 |
| Working Capital to Net Sales 40 | 0.1 | • | 0.1 | 1.0 | 0.0 | 0.0 | 0.1 | 0.2 | 0.1 | 0.2 | 0.2 | • | 0.1 |
| Inventory to Working Capital 41 | 0.9 | • | 0.0 | • | 0.6 | 2.0 | 0.8 | 0.6 | 0.9 | 0.8 | 0.6 | • | 2.0 |
| Total Receipts to Cash Flow 42 | 11.9 | 18.4 | 8.5 | 2.1 | 14.9 | 12.2 | 8.7 | 10.7 | 13.4 | 11.5 | 11.4 | 16.2 | 21.8 |
| Cost of Goods to Cash Flow 43 | 8.5 | 14.5 | 4.7 | • | 9.6 | 8.5 | 5.7 | 7.8 | 9.9 | 8.5 | 8.6 | 12.1 | 14.3 |
| Cash Flow to Total Debt 44 | 0.2 | • | 2.6 | 0.0 | 0.2 | 0.2 | 0.3 | 0.4 | 0.2 | 0.2 | 0.2 | 0.1 | 0.0 |

| Selected Financial Factors (in Percentages) | | | | | | | | | | | | | |
|---|---|---|---|---|---|---|---|---|---|---|---|---|---|
| Debt Ratio 45 | 60.0 | • | 24.7 | 57.4 | 83.8 | 103.0 | 60.6 | 44.4 | 55.6 | 55.6 | 55.6 | 65.3 | 72.5 |
| Return on Total Assets 46 | 8.6 | • | 34.2 | 0.2 | 1.0 | 17.7 | 9.4 | 14.5 | 8.3 | 8.2 | 7.0 | 4.6 | 7.2 |
| Return on Equity Before Income Taxes 47 | 12.8 | • | 40.8 | 0.1 | • | • | 15.7 | 22.3 | 12.6 | 13.0 | 9.2 | 4.1 | 2.6 |
| Return on Equity After Income Taxes 48 | 10.7 | • | 38.5 | 0.1 | • | • | 12.9 | 20.7 | 10.9 | 9.9 | 6.0 | 2.8 | 2.0 |
| Profit Margin (Before Income Tax) 49 | 3.4 | 0.4 | 5.5 | 1.6 | • | 4.3 | 3.4 | 6.2 | 3.4 | 4.3 | 3.1 | 1.1 | 1.0 |
| Profit Margin (After Income Tax) 50 | 2.8 | 0.4 | 5.2 | 1.4 | • | 4.3 | 2.8 | 5.7 | 2.9 | 3.3 | 2.1 | 0.7 | 0.7 |

**Table II**

Corporations with Net Income

# FORGING AND STAMPING

**MONEY AMOUNTS AND SIZE OF ASSETS IN THOUSANDS OF DOLLARS**

| Item Description for Accounting Period 7/00 Through 6/01 | | Total | Zero Assets | Under 100 | 100 to 250 | 251 to 500 | 501 to 1,000 | 1,001 to 5,000 | 5,001 to 10,000 | 10,001 to 25,000 | 25,001 to 50,000 | 50,001 to 100,000 | 100,001 to 250,000 | 250,001 and over |
|---|---|---|---|---|---|---|---|---|---|---|---|---|---|---|
| Number of Enterprises | 1 | 2323 | 0 | 549 | 182 | 289 | 344 | 582 | 205 | 98 | 41 | 22 | 6 | 0 |
| **Revenues ($ in Thousands)** | | | | | | | | | | | | | | |
| Net Sales | 2 | 16028777 | 0 | 145529 | 981 | 268863 | 721428 | 2461373 | 3051139 | 2559013 | 1998579 | 2016245 | 1286412 | 0 |
| Interest | 3 | 62290 | 0 | 290 | 1959 | 227 | 40 | 2749 | 243 | 4308 | 2494 | 6573 | 3073 | 0 |
| Rents | 4 | 6564 | 0 | 0 | 0 | 0 | 1 | 1312 | 3 | 1191 | 840 | 2807 | 242 | 0 |
| Royalties | 5 | 483 | 0 | 0 | 0 | 0 | 0 | 0 | 0 | 0 | 0 | 0 | 60 | 0 |
| Other Portfolio Income | 6 | 127209 | 0 | 0 | 17 | 0 | 0 | 17222 | 1694 | 14882 | 1432 | 10435 | 133 | 0 |
| Other Receipts | 7 | 126680 | 0 | -1 | -1 | 6 | 17623 | 28449 | 18484 | 9978 | 9612 | 15743 | 9187 | 0 |
| Total Receipts | 8 | 16352003 | 0 | 145818 | 2956 | 269096 | 739092 | 2511105 | 3071563 | 2589372 | 2012957 | 2051803 | 1299107 | 0 |
| Average Total Receipts | 9 | 7039 | • | 266 | 16 | 931 | 2149 | 4315 | 14983 | 26422 | 49097 | 93264 | 216518 | • |
| **Operating Costs/Operating Income (%)** | | | | | | | | | | | | | | |
| Cost of Operations | 10 | 68.3 | • | 42.9 | • | 59.5 | 66.8 | 61.3 | 71.9 | 71.4 | 70.9 | 72.8 | 71.7 | • |
| Salaries and Wages | 11 | 5.5 | • | 1.2 | 46.3 | 2.2 | 6.5 | 5.9 | 4.7 | 4.7 | 4.2 | 4.2 | 5.5 | • |
| Taxes Paid | 12 | 2.3 | • | 3.6 | 35.8 | 4.9 | 3.2 | 2.6 | 1.8 | 2.2 | 2.2 | 2.1 | 1.7 | • |
| Interest Paid | 13 | 1.8 | • | 1.1 | 3.9 | 1.3 | 1.8 | 1.1 | 0.9 | 1.2 | 1.5 | 1.1 | 1.0 | • |
| Depreciation | 14 | 3.5 | • | 4.9 | 25.0 | 1.9 | 3.3 | 2.9 | 2.6 | 3.6 | 3.8 | 3.6 | 4.3 | • |
| Amortization and Depletion | 15 | 0.3 | • | 0.0 | • | 0.0 | 0.0 | 0.1 | 0.1 | 0.1 | 0.1 | 0.3 | 0.1 | • |
| Pensions and Other Deferred Comp. | 16 | 0.8 | • | • | 12.0 | • | 0.0 | 1.0 | 0.9 | 0.6 | 0.7 | 0.5 | 1.4 | • |
| Employee Benefits | 17 | 1.8 | • | 1.7 | 33.0 | 0.4 | 1.5 | 1.6 | 1.4 | 1.9 | 1.7 | 2.2 | 2.6 | • |
| Advertising | 18 | 0.3 | • | 0.1 | • | 0.3 | 0.4 | 0.6 | 0.4 | 0.1 | 0.2 | 0.1 | 0.2 | • |
| Other Expenses | 19 | 7.5 | • | 19.5 | 63.2 | 22.8 | 5.7 | 12.5 | 4.4 | 5.7 | 5.8 | 5.1 | 7.5 | • |
| Officers' Compensation | 20 | 3.0 | • | 14.7 | 80.5 | 4.5 | 5.7 | 5.4 | 3.8 | 2.2 | 1.8 | 2.2 | 0.8 | • |
| Operating Margin | 21 | 4.8 | • | 10.2 | • | 2.2 | 5.3 | 5.2 | 7.2 | 6.2 | 7.2 | 5.8 | 3.2 | • |
| Operating Margin Before Officers' Comp. | 22 | 7.8 | • | 24.9 | • | 6.7 | 10.9 | 10.6 | 11.0 | 8.4 | 9.0 | 8.0 | 4.0 | • |

| Selected Average Balance Sheet ($ in Thousands) | | | | | | | | | | | | | |
|---|---|---|---|---|---|---|---|---|---|---|---|---|---|
| Net Receivables 23 | 989 | • | 0 | 0 | 180 | 243 | 511 | 2031 | 3573 | 7127 | 14275 | 34734 | • |
| Inventories 24 | 732 | • | 1 | 0 | 16 | 67 | 405 | 1407 | 3184 | 6083 | 13298 | 21824 | • |
| Net Property, Plant and Equipment 25 | 1597 | • | 26 | 39 | 96 | 311 | 730 | 2342 | 5541 | 12759 | 24821 | 56488 | • |
| Total Assets 26 | 4554 | • | 44 | 160 | 442 | 721 | 2204 | 7373 | 15357 | 34302 | 71433 | 144961 | • |
| Notes and Loans Payable 27 | 1360 | • | 11 | 0 | 277 | 612 | 607 | 1586 | 3927 | 9561 | 16437 | 24029 | • |
| All Other Liabilities 28 | 990 | • | 1 | 92 | 50 | 163 | 401 | 1329 | 3172 | 6377 | 16044 | 48505 | • |
| Net Worth 29 | 2203 | • | 32 | 68 | 115 | -54 | 1196 | 4458 | 8258 | 18363 | 38951 | 72426 | • |

| Selected Financial Ratios (Times to 1) | | | | | | | | | | | | | |
|---|---|---|---|---|---|---|---|---|---|---|---|---|---|
| Current Ratio 30 | 1.9 | • | 23.6 | 3.1 | 1.1 | 1.3 | 2.0 | 2.6 | 2.1 | 2.1 | 2.2 | 1.3 | • |
| Quick Ratio 31 | 1.2 | • | 22.6 | 3.1 | 0.8 | 0.9 | 1.3 | 1.7 | 1.2 | 1.3 | 1.2 | 0.8 | • |
| Net Sales to Working Capital 32 | 6.6 | • | 15.5 | 1.0 | 51.3 | 25.1 | 7.2 | 5.6 | 5.8 | 5.3 | 4.5 | 15.4 | • |
| Coverage Ratio 33 | 4.7 | • | 10.6 | 1.4 | 2.8 | 5.4 | 7.7 | 9.7 | 6.8 | 6.4 | 7.7 | 5.2 | • |
| Total Asset Turnover 34 | 1.5 | • | 6.0 | 0.0 | 2.1 | 2.9 | 1.9 | 2.0 | 1.7 | 1.4 | 1.3 | 1.5 | • |
| Inventory Turnover 35 | 6.4 | • | 148.3 | • | 33.9 | 21.0 | 6.4 | 7.6 | 5.9 | 5.7 | 5.0 | 7.0 | • |
| Receivables Turnover 36 | 6.7 | • | 190.9 | • | 9.4 | 9.6 | 6.6 | 6.9 | 6.3 | 6.6 | 5.7 | 12.3 | • |
| Total Liabilities to Net Worth 37 | 1.1 | • | 0.4 | 1.3 | 2.8 | • | 0.8 | 0.7 | 0.9 | 0.9 | 0.8 | 1.0 | • |
| Current Assets to Working Capital 38 | 2.1 | • | 1.0 | 1.5 | 18.9 | 4.9 | 2.0 | 1.6 | 1.9 | 1.9 | 1.8 | 4.5 | • |
| Current Liabilities to Working Capital 39 | 1.1 | • | 0.0 | 0.5 | 17.9 | 3.9 | 1.0 | 0.6 | 0.9 | 0.9 | 0.8 | 3.5 | • |
| Working Capital to Net Sales 40 | 0.2 | • | 0.1 | 1.0 | 0.0 | 0.0 | 0.1 | 0.2 | 0.2 | 0.2 | 0.2 | 0.1 | • |
| Inventory to Working Capital 41 | 0.7 | • | 0.0 | • | 1.5 | 1.2 | 0.6 | 0.5 | 0.7 | 0.7 | 0.6 | 1.6 | • |
| Total Receipts to Cash Flow 42 | 8.6 | • | 5.1 | 2.1 | 14.0 | 8.5 | 6.0 | 9.2 | 8.8 | 8.2 | 8.8 | 11.0 | • |
| Cost of Goods to Cash Flow 43 | 5.9 | • | 2.2 | • | 8.3 | 5.7 | 3.6 | 6.6 | 6.3 | 5.8 | 6.4 | 7.9 | • |
| Cash Flow to Total Debt 44 | 0.3 | • | 4.3 | 0.0 | 0.2 | 0.3 | 0.7 | 0.6 | 0.4 | 0.4 | 0.3 | 0.3 | • |

| Selected Financial Factors (in Percentages) | | | | | | | | | | | | | |
|---|---|---|---|---|---|---|---|---|---|---|---|---|---|
| Debt Ratio 45 | 51.6 | • | 27.2 | 57.4 | 74.0 | 107.5 | 45.7 | 39.5 | 46.2 | 46.5 | 45.5 | 50.0 | • |
| Return on Total Assets 46 | 13.0 | • | 69.3 | 0.2 | 7.6 | 27.6 | 15.9 | 17.7 | 14.4 | 13.4 | 11.1 | 7.7 | • |
| Return on Equity Before Income Taxes 47 | 21.1 | • | 86.1 | 0.1 | 18.6 | • | 25.5 | 26.2 | 22.8 | 21.1 | 17.8 | 12.4 | • |
| Return on Equity After Income Taxes 48 | 18.6 | • | 81.6 | 0.1 | 18.1 | • | 22.5 | 24.5 | 20.7 | 17.3 | 14.1 | 10.7 | • |
| Profit Margin (Before Income Tax) 49 | 6.7 | • | 10.4 | 1.6 | 2.3 | 7.7 | 7.2 | 7.9 | 7.2 | 8.0 | 7.6 | 4.2 | • |
| Profit Margin (After Income Tax) 50 | 6.0 | • | 9.9 | 1.4 | 2.2 | 7.7 | 6.4 | 7.3 | 6.5 | 6.5 | 6.0 | 3.6 | • |

## Table I

Corporations with and without Net Income

# CUTLERY, HARDWARE, SPRING AND WIRE MACHINE SHOPS, NUT, BOLT

MONEY AMOUNTS AND SIZE OF ASSETS IN THOUSANDS OF DOLLARS

| Item Description for Accounting Period 7/00 Through 6/01 | | Total | Zero Assets | Under 100 | 100 to 250 | 251 to 500 | 501 to 1,000 | 1,001 to 5,000 | 5,001 to 10,000 | 10,001 to 25,000 | 25,001 to 50,000 | 50,001 to 100,000 | 100,001 to 250,000 | 250,001 and over |
|---|---|---|---|---|---|---|---|---|---|---|---|---|---|---|
| Number of Enterprises | 1 | 20177 | 390 | 7323 | 4185 | 2645 | 2142 | 2784 | 330 | 238 | 65 | 28 | 28 | 19 |
| **Revenues ($ in Thousands)** | | | | | | | | | | | | | | |
| Net Sales | 2 | 53318801 | 279703 | 740638 | 1431549 | 2870288 | 2717967 | 10952096 | 3872426 | 5579730 | 3412979 | 2801613 | 5111630 | 13548182 |
| Interest | 3 | 831792 | 31 | 1600 | 826 | 1878 | 7532 | 17103 | 5659 | 10934 | 7352 | 4088 | 11953 | 762837 |
| Rents | 4 | 29705 | 30 | 0 | 0 | 218 | 434 | 5510 | 586 | 1792 | 2587 | 774 | 1935 | 15837 |
| Royalties | 5 | 280942 | 1 | 0 | 0 | 0 | 0 | 0 | 0 | 396 | 7 | 87 | 1822 | 278631 |
| Other Portfolio Income | 6 | 212829 | 155 | 738 | 161 | 511 | 4369 | 28595 | 7897 | 16692 | 11980 | 9426 | 14490 | 117813 |
| Other Receipts | 7 | 660913 | 4262 | 23769 | 11505 | 13156 | 14193 | 19135 | 33929 | 23865 | 18389 | 21867 | 54404 | 422439 |
| Total Receipts | 8 | 55334982 | 284182 | 766745 | 1444041 | 2886051 | 2744495 | 11022439 | 3920497 | 5633409 | 3453294 | 2837855 | 5196234 | 15145739 |
| Average Total Receipts | 9 | 2742 | 729 | 105 | 345 | 1091 | 1281 | 3959 | 11880 | 23670 | 53128 | 101352 | 185580 | 797144 |
| **Operating Costs/Operating Income (%)** | | | | | | | | | | | | | | |
| Cost of Operations | 10 | 62.2 | 75.9 | 41.4 | 41.3 | 55.2 | 52.8 | 62.1 | 61.9 | 67.3 | 71.4 | 70.4 | 67.4 | 60.8 |
| Salaries and Wages | 11 | 7.7 | 2.9 | 13.5 | 17.1 | 5.9 | 9.2 | 6.7 | 7.5 | 6.1 | 6.2 | 6.2 | 6.4 | 9.4 |
| Taxes Paid | 12 | 2.4 | 2.0 | 3.5 | 3.8 | 3.8 | 3.5 | 3.0 | 2.9 | 2.3 | 2.1 | 1.8 | 1.9 | 1.7 |
| Interest Paid | 13 | 3.4 | 2.3 | 0.9 | 2.8 | 1.1 | 2.3 | 1.7 | 1.2 | 1.6 | 2.3 | 2.7 | 2.2 | 8.1 |
| Depreciation | 14 | 3.9 | 4.3 | 2.4 | 6.6 | 3.9 | 7.9 | 4.2 | 3.2 | 3.8 | 3.5 | 3.7 | 3.6 | 3.1 |
| Amortization and Depletion | 15 | 0.4 | 0.5 | 0.1 | 0.0 | 0.1 | 0.1 | 0.0 | 0.2 | 0.1 | 0.3 | 0.4 | 0.7 | 1.0 |
| Pensions and Other Deferred Comp. | 16 | 0.8 | 0.1 | 0.1 | 0.0 | 1.1 | 0.7 | 0.7 | 0.6 | 0.7 | 0.5 | 0.4 | 0.7 | 1.1 |
| Employee Benefits | 17 | 2.0 | 1.1 | 0.8 | 3.6 | 1.7 | 1.9 | 1.6 | 2.3 | 1.8 | 1.7 | 2.5 | 2.0 | 2.5 |
| Advertising | 18 | 0.8 | 0.2 | 0.8 | 0.7 | 0.3 | 0.3 | 0.3 | 0.7 | 0.8 | 0.8 | 0.9 | 0.7 | 1.3 |
| Other Expenses | 19 | 12.1 | 6.8 | 26.6 | 20.0 | 16.7 | 10.6 | 10.2 | 8.2 | 7.6 | 7.5 | 7.7 | 8.1 | 18.2 |
| Officers' Compensation | 20 | 3.7 | 2.0 | 10.3 | 7.3 | 10.9 | 8.7 | 6.2 | 5.2 | 3.0 | 1.7 | 1.1 | 0.9 | 0.6 |
| Operating Margin | 21 | 0.4 | 1.9 | • | • | • | 1.9 | 3.3 | 6.0 | 4.9 | 2.0 | 2.2 | 5.4 | • |
| Operating Margin Before Officers' Comp. | 22 | 4.1 | 3.9 | 9.9 | 3.8 | 10.2 | 10.6 | 9.5 | 11.2 | 7.9 | 3.7 | 3.3 | 6.3 | • |

| Selected Average Balance Sheet ($ in Thousands) | | | | | | | | | | | | | |
|---|---|---|---|---|---|---|---|---|---|---|---|---|---|
| Net Receivables 23 | 394 | 0 | 4 | 33 | 93 | 161 | 465 | 1481 | 3328 | 7487 | 13844 | 28094 | 155163 |
| Inventories 24 | 333 | 0 | 5 | 18 | 69 | 61 | 404 | 1359 | 3165 | 8523 | 14431 | 31396 | 111983 |
| Net Property, Plant and Equipment 25 | 553 | 0 | 10 | 92 | 163 | 349 | 767 | 1971 | 4933 | 11589 | 22890 | 41765 | 157534 |
| Total Assets 26 | 2076 | 0 | 32 | 171 | 384 | 730 | 2154 | 6543 | 15321 | 35662 | 72038 | 153360 | 943695 |
| Notes and Loans Payable 27 | 737 | 0 | 17 | 151 | 179 | 406 | 860 | 1540 | 4548 | 13724 | 30272 | 49225 | 298096 |
| All Other Liabilities 28 | 486 | 0 | 1 | 24 | 88 | 139 | 363 | 1461 | 2894 | 8324 | 19830 | 26750 | 270466 |
| Net Worth 29 | 853 | 0 | 13 | -4 | 116 | 185 | 930 | 3542 | 7879 | 13615 | 21935 | 77384 | 375133 |

| Selected Financial Ratios (Times to 1) | | | | | | | | | | | | | |
|---|---|---|---|---|---|---|---|---|---|---|---|---|---|
| Current Ratio 30 | 1.8 | • | 2.2 | 1.2 | 1.7 | 1.6 | 2.1 | 1.8 | 2.2 | 1.6 | 1.8 | 2.2 | 1.6 |
| Quick Ratio 31 | 1.0 | • | 1.5 | 0.8 | 1.1 | 1.2 | 1.2 | 1.0 | 1.2 | 0.8 | 0.8 | 1.1 | 0.9 |
| Net Sales to Working Capital 32 | 6.4 | • | 10.7 | 35.8 | 12.1 | 9.9 | 6.2 | 6.8 | 5.0 | 7.7 | 6.6 | 4.6 | 5.9 |
| Coverage Ratio 33 | 2.2 | 2.5 | 4.4 | 0.1 | 0.9 | 2.2 | 3.3 | 6.8 | 4.7 | 2.4 | 2.3 | 4.2 | 1.6 |
| Total Asset Turnover 34 | 1.3 | • | 3.2 | 2.0 | 2.8 | 1.7 | 1.8 | 1.8 | 1.5 | 1.5 | 1.4 | 1.2 | 0.8 |
| Inventory Turnover 35 | 4.9 | • | 8.9 | 7.9 | 8.7 | 11.0 | 6.1 | 5.3 | 5.0 | 4.4 | 4.9 | 3.9 | 3.9 |
| Receivables Turnover 36 | 7.1 | • | 18.9 | 11.9 | 11.5 | 9.3 | 8.5 | 8.1 | 7.5 | 7.4 | 7.7 | 6.2 | 5.2 |
| Total Liabilities to Net Worth 37 | 1.4 | • | 1.3 | • | 2.3 | 2.9 | 1.3 | 0.8 | 0.9 | 1.6 | 2.3 | 1.0 | 1.5 |
| Current Assets to Working Capital 38 | 2.3 | • | 1.8 | 7.3 | 2.4 | 2.6 | 1.9 | 2.3 | 1.9 | 2.7 | 2.3 | 1.8 | 2.8 |
| Current Liabilities to Working Capital 39 | 1.3 | • | 0.8 | 6.3 | 1.4 | 1.6 | 0.9 | 1.3 | 0.9 | 1.7 | 1.3 | 0.8 | 1.8 |
| Working Capital to Net Sales 40 | 0.2 | • | 0.1 | 0.0 | 0.1 | 0.1 | 0.2 | 0.1 | 0.2 | 0.1 | 0.2 | 0.2 | 0.2 |
| Inventory to Working Capital 41 | 0.8 | • | 0.5 | 2.3 | 0.7 | 0.5 | 0.7 | 0.8 | 0.7 | 1.3 | 1.0 | 0.8 | 1.0 |
| Total Receipts to Cash Flow 42 | 7.4 | 12.8 | 4.7 | 8.3 | 11.0 | 10.7 | 9.4 | 7.9 | 8.6 | 11.2 | 10.9 | 7.3 | 4.9 |
| Cost of Goods to Cash Flow 43 | 4.6 | 9.7 | 2.0 | 3.4 | 6.1 | 5.7 | 5.9 | 4.9 | 5.8 | 8.0 | 7.7 | 4.9 | 3.0 |
| Cash Flow to Total Debt 44 | 0.3 | • | 1.2 | 0.2 | 0.4 | 0.2 | 0.3 | 0.5 | 0.4 | 0.2 | 0.2 | 0.3 | 0.3 |

| Selected Financial Factors (in Percentages) | | | | | | | | | | | | | |
|---|---|---|---|---|---|---|---|---|---|---|---|---|---|
| Debt Ratio 45 | 58.9 | • | 57.2 | 102.2 | 69.7 | 74.6 | 56.8 | 45.9 | 48.6 | 61.8 | 69.6 | 49.5 | 60.2 |
| Return on Total Assets 46 | 9.9 | • | 13.0 | 0.5 | 2.8 | 9.0 | 10.4 | 15.1 | 11.3 | 8.1 | 8.6 | 11.1 | 9.5 |
| Return on Equity Before Income Taxes 47 | 13.3 | • | 23.5 | 240.1 | • | 19.6 | 16.8 | 23.8 | 17.3 | 12.4 | 16.2 | 16.8 | 8.6 |
| Return on Equity After Income Taxes 48 | 10.4 | • | 22.5 | 247.4 | • | 17.0 | 15.1 | 21.9 | 15.2 | 9.5 | 12.0 | 12.5 | 5.3 |
| Profit Margin (Before Income Tax) 49 | 4.3 | 3.5 | 3.1 | • | • | 2.9 | 4.0 | 7.2 | 5.8 | 3.2 | 3.5 | 7.1 | 4.5 |
| Profit Margin (After Income Tax) 50 | 3.4 | 3.2 | 3.0 | • | • | 2.5 | 3.6 | 6.6 | 5.1 | 2.5 | 2.6 | 5.3 | 2.8 |

**Table II**

Corporations with Net Income

# CUTLERY, HARDWARE, SPRING AND WIRE MACHINE SHOPS, NUT, BOLT

MONEY AMOUNTS AND SIZE OF ASSETS IN THOUSANDS OF DOLLARS

| Item Description for Accounting Period 7/00 Through 6/01 | | Total | Zero Assets | Under 100 | 100 to 250 | 251 to 500 | 501 to 1,000 | 1,001 to 5,000 | 5,001 to 10,000 | 10,001 to 25,000 | 25,001 to 50,000 | 50,001 to 100,000 | 100,001 to 250,000 | 250,001 and over |
|---|---|---|---|---|---|---|---|---|---|---|---|---|---|---|
| Number of Enterprises | 1 | 11555 | 8 | 3686 | 1758 | 2011 | 1404 | 2153 | 257 | 175 | 45 | 22 | 21 | 14 |
| **Revenues ($ in Thousands)** | | | | | | | | | | | | | | |
| Net Sales | 2 | 41255617 | 186003 | 479675 | 600279 | 2366819 | 1979571 | 8768729 | 3044362 | 4250927 | 2464949 | 2051886 | 3877212 | 11185205 |
| Interest | 3 | 769132 | 31 | 869 | 0 | 1541 | 5955 | 14016 | 4752 | 9012 | 4915 | 3929 | 10637 | 713475 |
| Rents | 4 | 17064 | 5 | 0 | 0 | 0 | 434 | 5303 | 0 | 1403 | 1543 | 337 | 1435 | 6605 |
| Royalties | 5 | 278226 | 1 | 0 | 0 | 0 | 0 | 0 | 0 | 346 | 7 | 0 | 1822 | 276050 |
| Other Portfolio Income | 6 | 177518 | 146 | 738 | 0 | 465 | 2300 | 20310 | 7838 | 14656 | 9523 | 9399 | 11502 | 100638 |
| Other Receipts | 7 | 562590 | 3614 | 0 | 0 | 9283 | 13083 | 14461 | 32518 | 16266 | 13297 | 18776 | 50493 | 390800 |
| Total Receipts | 8 | 43060147 | 189800 | 481282 | 600279 | 2378108 | 2001343 | 8822819 | 3089470 | 4292610 | 2494234 | 2084327 | 3953101 | 12672773 |
| Average Total Receipts | 9 | 3727 | 23725 | 131 | 341 | 1183 | 1425 | 4098 | 12021 | 24529 | 55427 | 94742 | 188243 | 905198 |
| **Operating Costs/Operating Income (%)** | | | | | | | | | | | | | | |
| Cost of Operations | 10 | 60.6 | 75.9 | 37.4 | 25.3 | 55.5 | 52.1 | 60.8 | 58.9 | 65.5 | 71.3 | 70.5 | 64.6 | 58.7 |
| Salaries and Wages | 11 | 7.5 | 2.3 | 15.1 | 17.5 | 3.6 | 7.2 | 7.0 | 7.4 | 6.0 | 5.2 | 4.5 | 6.5 | 10.2 |
| Taxes Paid | 12 | 2.3 | 1.6 | 2.6 | 3.4 | 3.6 | 3.2 | 2.8 | 2.8 | 2.2 | 2.0 | 1.9 | 1.9 | 1.8 |
| Interest Paid | 13 | 3.2 | 0.9 | 0.5 | 2.1 | 0.9 | 2.0 | 1.6 | 0.8 | 1.1 | 1.6 | 2.4 | 1.5 | 8.0 |
| Depreciation | 14 | 3.4 | 4.2 | 1.5 | 4.8 | 3.1 | 6.3 | 3.5 | 3.1 | 3.5 | 3.1 | 3.4 | 3.2 | 3.0 |
| Amortization and Depletion | 15 | 0.4 | 0.4 | 0.0 | 0.1 | 0.1 | 0.0 | 0.0 | 0.1 | 0.1 | 0.2 | 0.3 | 0.6 | 0.9 |
| Pensions and Other Deferred Comp. | 16 | 0.9 | 0.2 | 0.1 | • | 1.3 | 1.0 | 0.7 | 0.8 | 0.8 | 0.5 | 0.4 | 0.8 | 1.3 |
| Employee Benefits | 17 | 2.0 | 1.3 | 0.5 | 1.9 | 1.4 | 1.8 | 1.6 | 2.4 | 1.7 | 1.5 | 2.4 | 2.1 | 2.6 |
| Advertising | 18 | 0.8 | 0.2 | 0.8 | 0.4 | 0.3 | 0.3 | 0.4 | 0.8 | 0.7 | 0.8 | 0.9 | 0.8 | 1.5 |
| Other Expenses | 19 | 12.0 | 3.8 | 21.4 | 24.0 | 15.7 | 9.5 | 10.0 | 8.3 | 7.2 | 7.0 | 6.4 | 8.6 | 18.5 |
| Officers' Compensation | 20 | 3.8 | 2.8 | 8.6 | 7.9 | 11.3 | 8.9 | 6.1 | 6.1 | 3.3 | 1.7 | 1.3 | 0.9 | 0.5 |
| Operating Margin | 21 | 3.0 | 6.5 | 11.5 | 12.6 | 3.1 | 7.6 | 5.6 | 8.6 | 7.9 | 5.0 | 5.4 | 8.6 | • |
| Operating Margin Before Officers' Comp. | 22 | 6.8 | 9.3 | 20.1 | 20.5 | 14.4 | 16.6 | 11.7 | 14.7 | 11.2 | 6.7 | 6.8 | 9.5 | • |

## Selected Average Balance Sheet ($ in Thousands)

| | | | | | | | | | | | | | |
|---|---|---|---|---|---|---|---|---|---|---|---|---|---|
| Net Receivables 23 | 531 | 0 | 5 | 39 | 104 | 202 | 470 | 1452 | 3426 | 7804 | 13043 | 28427 | 166551 |
| Inventories 24 | 442 | 0 | 7 | 19 | 52 | 62 | 419 | 1357 | 3416 | 9011 | 13549 | 31560 | 116957 |
| Net Property, Plant and Equipment 25 | 665 | 0 | 10 | 69 | 130 | 288 | 675 | 1732 | 4618 | 11210 | 20993 | 36442 | 173397 |
| Total Assets 26 | 2781 | 0 | 37 | 161 | 378 | 725 | 2086 | 6477 | 15391 | 35567 | 68833 | 150028 | 1058561 |
| Notes and Loans Payable 27 | 845 | 0 | 7 | 105 | 142 | 278 | 743 | 1118 | 3469 | 10413 | 27011 | 39636 | 320406 |
| All Other Liabilities 28 | 638 | 0 | -0 | 16 | 90 | 172 | 353 | 1301 | 2692 | 8036 | 16754 | 24729 | 293185 |
| Net Worth 29 | 1298 | 0 | 30 | 39 | 146 | 275 | 990 | 4059 | 9231 | 17118 | 25068 | 85663 | 444970 |

## Selected Financial Ratios (Times to 1)

| | | | | | | | | | | | | | |
|---|---|---|---|---|---|---|---|---|---|---|---|---|---|
| Current Ratio 30 | 2.0 | • | 2.5 | 1.4 | 2.2 | 1.9 | 2.3 | 2.2 | 2.6 | 1.8 | 1.9 | 2.8 | 1.6 |
| Quick Ratio 31 | 1.1 | • | 1.8 | 0.9 | 1.4 | 1.4 | 1.3 | 1.3 | 1.5 | 0.9 | 1.0 | 1.4 | 0.9 |
| Net Sales to Working Capital 32 | 5.7 | • | 9.4 | 14.8 | 9.2 | 7.8 | 5.9 | 5.4 | 4.3 | 6.3 | 5.9 | 4.0 | 5.9 |
| Coverage Ratio 33 | 3.3 | 10.2 | 25.1 | 6.9 | 4.7 | 5.4 | 4.9 | 13.7 | 9.1 | 4.8 | 3.9 | 8.1 | 1.8 |
| Total Asset Turnover 34 | 1.3 | • | 3.6 | 2.1 | 3.1 | 1.9 | 2.0 | 1.8 | 1.6 | 1.5 | 1.4 | 1.2 | 0.8 |
| Inventory Turnover 35 | 4.9 | • | 7.4 | 4.6 | 12.6 | 11.9 | 5.9 | 5.1 | 4.7 | 4.3 | 4.9 | 3.8 | 4.0 |
| Receivables Turnover 36 | 7.0 | • | 20.2 | 9.6 | 14.2 | 8.8 | 8.7 | 8.1 | 7.0 | 7.3 | 7.5 | 6.1 | 5.1 |
| Total Liabilities to Net Worth 37 | 1.1 | • | 0.2 | 3.1 | 1.6 | 1.6 | 1.1 | 0.6 | 0.7 | 1.1 | 1.7 | 0.8 | 1.4 |
| Current Assets to Working Capital 38 | 2.0 | • | 1.7 | 3.6 | 1.8 | 2.2 | 1.8 | 1.8 | 1.6 | 2.2 | 2.1 | 1.6 | 2.6 |
| Current Liabilities to Working Capital 39 | 1.0 | • | 0.7 | 2.6 | 0.8 | 1.2 | 0.8 | 0.8 | 0.6 | 1.2 | 1.1 | 0.6 | 1.6 |
| Working Capital to Net Sales 40 | 0.2 | • | 0.1 | 0.1 | 0.1 | 0.1 | 0.2 | 0.2 | 0.2 | 0.2 | 0.2 | 0.2 | 0.2 |
| Inventory to Working Capital 41 | 0.7 | • | 0.5 | 1.1 | 0.6 | 0.3 | 0.6 | 0.7 | 0.6 | 1.0 | 0.9 | 0.6 | 0.9 |
| Total Receipts to Cash Flow 42 | 6.0 | 9.4 | 3.5 | 3.3 | 8.6 | 6.8 | 7.8 | 6.4 | 7.0 | 8.6 | 8.2 | 5.7 | 4.3 |
| Cost of Goods to Cash Flow 43 | 3.6 | 7.1 | 1.3 | 0.8 | 4.8 | 3.6 | 4.7 | 3.8 | 4.6 | 6.1 | 5.8 | 3.7 | 2.5 |
| Cash Flow to Total Debt 44 | 0.4 | • | 5.9 | 0.8 | 0.6 | 0.5 | 0.5 | 0.8 | 0.6 | 0.3 | 0.3 | 0.5 | 0.3 |

## Selected Financial Factors (in Percentages)

| | | | | | | | | | | | | | |
|---|---|---|---|---|---|---|---|---|---|---|---|---|---|
| Debt Ratio 45 | 53.3 | • | 17.2 | 75.5 | 61.4 | 62.1 | 52.5 | 37.3 | 40.0 | 51.9 | 63.6 | 42.9 | 58.0 |
| Return on Total Assets 46 | 13.8 | • | 44.0 | 31.3 | 13.9 | 20.8 | 15.2 | 19.9 | 15.7 | 12.1 | 12.8 | 14.9 | 11.2 |
| Return on Equity Before Income Taxes 47 | 20.7 | • | 51.0 | 109.3 | 28.4 | 44.8 | 25.5 | 29.4 | 23.2 | 19.9 | 26.1 | 22.8 | 12.3 |
| Return on Equity After Income Taxes 48 | 17.3 | • | 50.1 | 107.7 | 27.2 | 42.2 | 23.4 | 27.4 | 20.7 | 16.6 | 21.5 | 17.7 | 8.5 |
| Profit Margin (Before Income Tax) 49 | 7.5 | 8.6 | 11.8 | 12.6 | 3.5 | 8.7 | 6.2 | 10.1 | 8.8 | 6.2 | 7.0 | 10.6 | 6.8 |
| Profit Margin (After Income Tax) 50 | 6.3 | 8.1 | 11.6 | 12.4 | 3.4 | 8.2 | 5.7 | 9.4 | 7.9 | 5.2 | 5.8 | 8.2 | 4.7 |

## Table I

Corporations with and without Net Income

# ARCHITECTURAL AND STRUCTURAL METALS

| Item Description for Accounting Period 7/00 Through 6/01 | | MONEY AMOUNTS AND SIZE OF ASSETS IN THOUSANDS OF DOLLARS | | | | | | | | | | | | |
|---|---|---|---|---|---|---|---|---|---|---|---|---|---|---|
| | | Total | Zero Assets | Under 100 | 100 to 250 | 251 to 500 | 501 to 1,000 | 1,001 to 5,000 | 5,001 to 10,000 | 10,001 to 25,000 | 25,001 to 50,000 | 50,001 to 100,000 | 100,001 to 250,000 | 250,001 and over |
| Number of Enterprises | 1 | 7558 | 6 | 1994 | 963 | 1318 | 1136 | 1491 | 406 | 153 | 38 | 20 | 21 | 12 |
| **Revenues ($ in Thousands)** | | | | | | | | | | | | | | |
| Net Sales | 2 | 36970594 | 51502 | 429760 | 281214 | 1468415 | 2045030 | 6995747 | 5724415 | 4231066 | 2349096 | 2191598 | 5139752 | 6062998 |
| Interest | 3 | 217352 | 13 | 57 | 1112 | 6773 | 6067 | 14898 | 10809 | 8331 | 4538 | 2749 | 23854 | 138151 |
| Rents | 4 | 21638 | 8 | 0 | 0 | 600 | 617 | 5052 | 859 | 2471 | 1829 | 980 | 2283 | 6940 |
| Royalties | 5 | 4259 | 0 | 0 | 0 | 0 | 0 | 0 | 3 | 117 | 69 | 1229 | 202 | 2640 |
| Other Portfolio Income | 6 | 78470 | 2 | 0 | 0 | 746 | 584 | 18065 | 7000 | 16653 | 2979 | 2698 | 14621 | 15122 |
| Other Receipts | 7 | 310353 | 116 | 228 | 1909 | 805 | 3666 | 22166 | 32729 | 36220 | 10528 | 23496 | 42473 | 136016 |
| Total Receipts | 8 | 37602666 | 51641 | 430045 | 284235 | 1477339 | 2055964 | 7055928 | 5775815 | 4294858 | 2369039 | 2222750 | 5223185 | 6361867 |
| Average Total Receipts | 9 | 4975 | 8607 | 216 | 295 | 1121 | 1810 | 4732 | 14226 | 28071 | 62343 | 111138 | 248723 | 530156 |
| **Operating Costs/Operating Income (%)** | | | | | | | | | | | | | | |
| Cost of Operations | 10 | 70.4 | 55.4 | 60.3 | 65.3 | 66.3 | 67.7 | 70.0 | 72.4 | 72.5 | 70.8 | 73.3 | 70.9 | 69.0 |
| Salaries and Wages | 11 | 7.0 | 4.5 | 12.5 | 11.6 | 5.6 | 6.8 | 6.3 | 5.1 | 5.9 | 7.0 | 6.0 | 8.3 | 9.3 |
| Taxes Paid | 12 | 2.1 | 7.3 | 3.1 | 4.5 | 1.7 | 2.6 | 2.4 | 2.1 | 2.1 | 2.2 | 1.8 | 2.0 | 1.9 |
| Interest Paid | 13 | 2.0 | 2.2 | 0.3 | 1.6 | 0.7 | 0.9 | 1.1 | 0.8 | 1.0 | 2.2 | 1.4 | 1.9 | 5.8 |
| Depreciation | 14 | 2.3 | 2.0 | 0.9 | 4.5 | 2.1 | 2.2 | 1.8 | 2.3 | 2.1 | 2.9 | 2.8 | 2.6 | 2.3 |
| Amortization and Depletion | 15 | 0.2 | 0.2 | 0.0 | 0.2 | 0.0 | 0.0 | 0.0 | 0.0 | 0.1 | 0.1 | 0.2 | 0.2 | 0.6 |
| Pensions and Other Deferred Comp. | 16 | 0.5 | 1.2 | • | 0.0 | 0.8 | 0.3 | 0.4 | 0.8 | 0.5 | 0.4 | 0.4 | 0.5 | 0.4 |
| Employee Benefits | 17 | 1.5 | 0.8 | 1.9 | 2.8 | 1.1 | 2.1 | 1.4 | 1.6 | 1.4 | 1.4 | 1.2 | 1.3 | 1.8 |
| Advertising | 18 | 0.8 | 0.3 | 0.2 | 0.1 | 0.2 | 0.3 | 0.7 | 0.4 | 0.5 | 0.6 | 0.5 | 1.2 | 1.5 |
| Other Expenses | 19 | 8.1 | 17.6 | 15.4 | 11.6 | 14.7 | 10.4 | 7.7 | 6.2 | 6.9 | 6.6 | 8.6 | 6.3 | 10.1 |
| Officers' Compensation | 20 | 2.9 | 3.3 | 6.4 | 5.3 | 5.4 | 5.0 | 4.5 | 5.2 | 2.5 | 1.4 | 1.0 | 0.6 | 0.6 |
| Operating Margin | 21 | 2.2 | 5.2 | • | • | 1.4 | 1.6 | 3.6 | 3.1 | 4.5 | 4.3 | 2.8 | 4.1 | • |
| Operating Margin Before Officers' Comp. | 22 | 5.1 | 8.5 | 5.4 | • | 6.8 | 6.6 | 8.2 | 8.4 | 7.0 | 5.7 | 3.8 | 4.7 | • |

## Selected Average Balance Sheet ($ in Thousands)

| | | | | | | | | | | | | | |
|---|---|---|---|---|---|---|---|---|---|---|---|---|---|
| Net Receivables 23 | 775 | 0 | 5 | 48 | 96 | 203 | 722 | 1966 | 4754 | 9922 | 17910 | 42746 | 100664 |
| Inventories 24 | 467 | 0 | 11 | 7 | 64 | 146 | 364 | 1257 | 2575 | 6466 | 12138 | 27763 | 60955 |
| Net Property, Plant and Equipment 25 | 720 | 0 | 5 | 75 | 65 | 250 | 493 | 1478 | 3876 | 10654 | 21635 | 46036 | 105142 |
| Total Assets 26 | 2858 | 0 | 34 | 163 | 397 | 724 | 2195 | 6485 | 15191 | 35029 | 72324 | 162277 | 468115 |
| Notes and Loans Payable 27 | 910 | 0 | 11 | 108 | 107 | 185 | 547 | 1580 | 3816 | 13952 | 18269 | 52044 | 197396 |
| All Other Liabilities 28 | 771 | 0 | 17 | 34 | 84 | 191 | 533 | 1851 | 4219 | 9129 | 17492 | 48209 | 127894 |
| Net Worth 29 | 1177 | 0 | 7 | 21 | 206 | 348 | 1114 | 3054 | 7156 | 11948 | 36564 | 62024 | 142825 |

## Selected Financial Ratios (Times to 1)

| | | | | | | | | | | | | | |
|---|---|---|---|---|---|---|---|---|---|---|---|---|---|
| Current Ratio 30 | 1.9 | • | 1.6 | 1.2 | 2.9 | 3.2 | 2.2 | 2.0 | 1.8 | 1.5 | 1.8 | 1.9 | 1.5 |
| Quick Ratio 31 | 1.2 | • | 1.1 | 1.1 | 2.0 | 2.6 | 1.5 | 1.2 | 1.2 | 0.8 | 1.0 | 1.2 | 0.9 |
| Net Sales to Working Capital 32 | 6.4 | • | 18.8 | 19.0 | 6.4 | 5.7 | 5.7 | 6.4 | 6.2 | 8.5 | 6.5 | 5.7 | 7.4 |
| Coverage Ratio 33 | 3.0 | 3.5 | • | • | 4.0 | 3.4 | 5.0 | 6.2 | 6.8 | 3.4 | 4.3 | 4.0 | 1.3 |
| Total Asset Turnover 34 | 1.7 | • | 6.3 | 1.8 | 2.8 | 2.5 | 2.1 | 2.2 | 1.8 | 1.8 | 1.5 | 1.5 | 1.1 |
| Inventory Turnover 35 | 7.4 | • | 11.4 | 29.1 | 11.6 | 8.3 | 9.0 | 8.1 | 7.8 | 6.8 | 6.6 | 6.2 | 5.7 |
| Receivables Turnover 36 | 6.5 | • | 48.2 | 7.5 | 12.4 | 6.5 | 7.1 | 7.1 | 5.8 | 7.5 | 5.8 | 5.8 | 5.6 |
| Total Liabilities to Net Worth 37 | 1.4 | • | 3.9 | 6.9 | 0.9 | 1.1 | 1.0 | 1.1 | 1.1 | 1.9 | 1.0 | 1.6 | 2.3 |
| Current Assets to Working Capital 38 | 2.1 | • | 2.6 | 5.3 | 1.5 | 1.4 | 1.8 | 2.0 | 2.2 | 2.8 | 2.3 | 2.1 | 2.9 |
| Current Liabilities to Working Capital 39 | 1.1 | • | 1.6 | 4.3 | 0.5 | 0.4 | 0.8 | 1.0 | 1.2 | 1.8 | 1.3 | 1.1 | 1.9 |
| Working Capital to Net Sales 40 | 0.2 | • | 0.1 | 0.1 | 0.2 | 0.2 | 0.2 | 0.2 | 0.2 | 0.1 | 0.2 | 0.2 | 0.1 |
| Inventory to Working Capital 41 | 0.6 | • | 0.8 | 0.5 | 0.4 | 0.2 | 0.5 | 0.6 | 0.6 | 1.0 | 0.7 | 0.6 | 1.0 |
| Total Receipts to Cash Flow 42 | 10.4 | 7.8 | 11.3 | 41.2 | 8.3 | 12.0 | 9.8 | 12.0 | 9.5 | 10.1 | 10.0 | 9.8 | 11.0 |
| Cost of Goods to Cash Flow 43 | 7.3 | 4.3 | 6.8 | 26.9 | 5.5 | 8.1 | 6.9 | 8.7 | 6.9 | 7.2 | 7.3 | 7.0 | 7.6 |
| Cash Flow to Total Debt 44 | 0.3 | • | 0.7 | 0.1 | 0.7 | 0.4 | 0.4 | 0.3 | 0.4 | 0.3 | 0.3 | 0.2 | 0.1 |

## Selected Financial Factors (in Percentages)

| | | | | | | | | | | | | | |
|---|---|---|---|---|---|---|---|---|---|---|---|---|---|
| Debt Ratio 45 | 58.8 | • | 79.4 | 87.3 | 48.2 | 51.9 | 49.2 | 52.9 | 52.9 | 65.9 | 49.4 | 61.8 | 69.5 |
| Return on Total Assets 46 | 10.1 | • | • | • | 7.4 | 7.5 | 11.9 | 10.4 | 12.7 | 13.0 | 9.5 | 11.4 | 7.9 |
| Return on Equity Before Income Taxes 47 | 16.4 | • | • | • | 10.8 | 10.9 | 18.8 | 18.5 | 23.0 | 26.8 | 14.4 | 22.4 | 5.5 |
| Return on Equity After Income Taxes 48 | 12.7 | • | • | • | 10.4 | 8.2 | 17.0 | 15.2 | 19.0 | 21.9 | 12.0 | 17.4 | • |
| Profit Margin (Before Income Tax) 49 | 3.9 | 5.5 | • | • | 2.0 | 2.1 | 4.5 | 4.0 | 5.9 | 5.2 | 4.8 | 5.7 | 1.6 |
| Profit Margin (After Income Tax) 50 | 3.0 | 2.4 | • | • | 1.9 | 1.6 | 4.0 | 3.3 | 4.9 | 4.2 | 4.0 | 4.4 | • |

## Table II

Corporations with Net Income

# ARCHITECTURAL AND STRUCTURAL METALS

MONEY AMOUNTS AND SIZE OF ASSETS IN THOUSANDS OF DOLLARS

| Item Description for Accounting Period 7/00 Through 6/01 | | Total | Zero Assets | Under 100 | 100 to 250 | 251 to 500 | 501 to 1,000 | 1,001 to 5,000 | 5,001 to 10,000 | 10,001 to 25,000 | 25,001 to 50,000 | 50,001 to 100,000 | 100,001 to 250,000 | 250,001 and over |
|---|---|---|---|---|---|---|---|---|---|---|---|---|---|---|
| Number of Enterprises | 1 | 4766 | 0 | 968 | 182 | 980 | 824 | 1300 | 315 | 126 | 30 | 14 | 17 | 0 |
| **Revenues ($ in Thousands)** | | | | | | | | | | | | | | |
| Net Sales | 2 | 29681257 | 0 | 295792 | 12809 | 1239383 | 1737308 | 5815841 | 4380977 | 3655667 | 1952743 | 1626683 | 4554200 | 0 |
| Interest | 3 | 161562 | 0 | 0 | 0 | 4973 | 4484 | 12709 | 8151 | 7320 | 2268 | 1880 | 23505 | 0 |
| Rents | 4 | 17488 | 0 | 0 | 0 | 0 | 617 | 5052 | 183 | 2067 | 893 | 946 | 1862 | 0 |
| Royalties | 5 | 3972 | 0 | 0 | 0 | 0 | 0 | 0 | 3 | 117 | 69 | 1053 | 202 | 0 |
| Other Portfolio Income | 6 | 64358 | 0 | 0 | 0 | 0 | 332 | 17188 | 4632 | 16261 | 2976 | 1560 | 10450 | 0 |
| Other Receipts | 7 | 274135 | 0 | 228 | 0 | 659 | 3271 | 17734 | 25956 | 27699 | 6040 | 22720 | 39671 | 0 |
| Total Receipts | 8 | 30202772 | 0 | 296020 | 12809 | 1245015 | 1746012 | 5868524 | 4419902 | 3709131 | 1964989 | 1654842 | 4629890 | 0 |
| Average Total Receipts | 9 | 6337 | • | 306 | 70 | 1270 | 2119 | 4514 | 14031 | 29438 | 65500 | 118203 | 272346 | • |
| **Operating Costs/Operating Income (%)** | | | | | | | | | | | | | | |
| Cost of Operations | 10 | 69.7 | • | 54.7 | • | 68.1 | 68.7 | 67.3 | 71.1 | 71.8 | 70.4 | 72.4 | 70.0 | • |
| Salaries and Wages | 11 | 6.8 | • | 13.8 | 0.7 | 3.2 | 6.7 | 6.7 | 5.0 | 5.6 | 6.9 | 5.9 | 8.5 | • |
| Taxes Paid | 12 | 2.1 | • | 1.8 | • | 1.4 | 2.5 | 2.5 | 2.1 | 2.1 | 2.2 | 1.7 | 2.0 | • |
| Interest Paid | 13 | 1.5 | • | 0.2 | 4.9 | 0.5 | 0.7 | 0.9 | 0.7 | 0.9 | 1.7 | 0.9 | 1.6 | • |
| Depreciation | 14 | 2.1 | • | 0.3 | 38.3 | 1.9 | 1.8 | 1.7 | 1.9 | 2.0 | 3.0 | 2.7 | 2.5 | • |
| Amortization and Depletion | 15 | 0.1 | • | • | • | • | 0.0 | 0.0 | 0.0 | 0.1 | 0.2 | 0.1 | 0.2 | • |
| Pensions and Other Deferred Comp. | 16 | 0.6 | • | • | • | 0.9 | 0.3 | 0.5 | 0.9 | 0.6 | 0.4 | 0.5 | 0.6 | • |
| Employee Benefits | 17 | 1.4 | • | • | • | 1.0 | 1.0 | 1.2 | 1.5 | 1.4 | 1.3 | 1.3 | 1.3 | • |
| Advertising | 18 | 0.8 | • | 0.0 | • | 0.2 | 0.3 | 0.8 | 0.5 | 0.5 | 0.5 | 0.4 | 1.2 | • |
| Other Expenses | 19 | 7.2 | • | 18.2 | 15.4 | 13.8 | 9.6 | 8.1 | 5.9 | 6.2 | 5.4 | 6.7 | 5.7 | • |
| Officers' Compensation | 20 | 2.9 | • | 7.6 | • | 5.6 | 5.2 | 4.7 | 5.0 | 2.5 | 1.4 | 1.0 | 0.6 | • |
| Operating Margin | 21 | 4.9 | • | 3.4 | 40.6 | 3.3 | 3.2 | 5.6 | 5.4 | 6.4 | 6.6 | 6.4 | 5.8 | • |
| Operating Margin Before Officers' Comp. | 22 | 7.8 | • | 11.0 | 40.6 | 8.9 | 8.4 | 10.3 | 10.4 | 9.0 | 8.0 | 7.4 | 6.4 | • |

| Selected Average Balance Sheet ($ in Thousands) | | | | | | | | | | | | | |
|---|---|---|---|---|---|---|---|---|---|---|---|---|---|
| Net Receivables 23 | 992 | • | 8 | 47 | 100 | 214 | 729 | 2005 | 4995 | 10714 | 19677 | 46838 | • |
| Inventories 24 | 599 | • | 2 | 0 | 67 | 127 | 351 | 1407 | 2581 | 6616 | 12296 | 30707 | • |
| Net Property, Plant and Equipment 25 | 867 | • | 1 | 39 | 72 | 209 | 452 | 1403 | 3839 | 9740 | 22504 | 49326 | • |
| Total Assets 26 | 3447 | • | 35 | 111 | 417 | 733 | 2174 | 6446 | 15337 | 33922 | 74693 | 170798 | • |
| Notes and Loans Payable 27 | 893 | • | 15 | 34 | 81 | 109 | 432 | 1226 | 3537 | 11674 | 12657 | 47467 | • |
| All Other Liabilities 28 | 903 | • | 6 | 3 | 89 | 214 | 483 | 1917 | 4166 | 8123 | 16736 | 53369 | • |
| Net Worth 29 | 1651 | • | 13 | 74 | 247 | 410 | 1259 | 3303 | 7634 | 14125 | 45300 | 69962 | • |

| Selected Financial Ratios (Times to 1) | | | | | | | | | | | | | |
|---|---|---|---|---|---|---|---|---|---|---|---|---|---|
| Current Ratio 30 | 2.0 | • | 4.1 | 25.5 | 2.8 | 3.5 | 2.5 | 2.0 | 2.0 | 1.7 | 2.1 | 1.9 | • |
| Quick Ratio 31 | 1.3 | • | 3.9 | 25.5 | 2.1 | 2.9 | 1.7 | 1.2 | 1.3 | 1.0 | 1.3 | 1.2 | • |
| Net Sales to Working Capital 32 | 5.9 | • | 12.0 | 1.0 | 6.7 | 5.9 | 5.1 | 6.3 | 5.8 | 7.2 | 5.7 | 5.9 | • |
| Coverage Ratio 33 | 5.4 | • | 21.4 | 9.3 | 9.4 | 6.5 | 7.9 | 10.2 | 10.1 | 5.3 | 11.1 | 5.7 | • |
| Total Asset Turnover 34 | 1.8 | • | 8.7 | 0.6 | 3.0 | 2.9 | 2.1 | 2.2 | 1.9 | 1.9 | 1.6 | 1.6 | • |
| Inventory Turnover 35 | 7.2 | • | 73.5 | • | 12.9 | 11.4 | 8.6 | 7.0 | 8.1 | 6.9 | 6.8 | 6.1 | • |
| Receivables Turnover 36 | 6.4 | • | 76.0 | • | 25.4 | 7.8 | 6.6 | 6.8 | 5.7 | 7.0 | 5.5 | 5.7 | • |
| Total Liabilities to Net Worth 37 | 1.1 | • | 1.6 | 0.5 | 0.7 | 0.8 | 0.7 | 1.0 | 1.0 | 1.4 | 0.6 | 1.4 | • |
| Current Assets to Working Capital 38 | 2.0 | • | 1.3 | 1.0 | 1.6 | 1.4 | 1.7 | 2.0 | 2.0 | 2.3 | 1.9 | 2.1 | • |
| Current Liabilities to Working Capital 39 | 1.0 | • | 0.3 | 0.0 | 0.6 | 0.4 | 0.7 | 1.0 | 1.0 | 1.3 | 0.9 | 1.1 | • |
| Working Capital to Net Sales 40 | 0.2 | • | 0.1 | 1.0 | 0.1 | 0.2 | 0.2 | 0.2 | 0.2 | 0.1 | 0.2 | 0.2 | • |
| Inventory to Working Capital 41 | 0.6 | • | 0.1 | • | 0.4 | 0.2 | 0.4 | 0.6 | 0.5 | 0.8 | 0.6 | 0.6 | • |
| Total Receipts to Cash Flow 42 | 8.6 | • | 6.8 | 1.9 | 7.4 | 11.0 | 8.0 | 9.7 | 8.4 | 9.2 | 7.6 | 8.9 | • |
| Cost of Goods to Cash Flow 43 | 6.0 | • | 3.7 | • | 5.0 | 7.5 | 5.4 | 6.9 | 6.0 | 6.5 | 5.5 | 6.2 | • |
| Cash Flow to Total Debt 44 | 0.4 | • | 2.1 | 1.0 | 1.0 | 0.6 | 0.6 | 0.5 | 0.5 | 0.4 | 0.5 | 0.3 | • |

| Selected Financial Factors (in Percentages) | | | | | | | | | | | | | |
|---|---|---|---|---|---|---|---|---|---|---|---|---|---|
| Debt Ratio 45 | 52.1 | • | 61.7 | 33.2 | 40.8 | 44.1 | 42.1 | 48.8 | 50.2 | 58.4 | 39.4 | 59.0 | • |
| Return on Total Assets 46 | 14.8 | • | 31.8 | 28.9 | 12.9 | 12.4 | 15.2 | 15.0 | 16.5 | 17.0 | 15.1 | 14.1 | • |
| Return on Equity Before Income Taxes 47 | 25.3 | • | 79.0 | 38.6 | 19.4 | 18.8 | 23.0 | 26.4 | 29.8 | 33.3 | 22.6 | 28.4 | • |
| Return on Equity After Income Taxes 48 | 21.1 | • | 70.7 | 32.8 | 19.0 | 15.6 | 21.2 | 22.4 | 25.4 | 28.1 | 19.8 | 23.0 | • |
| Profit Margin (Before Income Tax) 49 | 6.7 | • | 3.5 | 40.6 | 3.8 | 3.7 | 6.5 | 6.3 | 7.9 | 7.2 | 8.8 | 7.4 | • |
| Profit Margin (After Income Tax) 50 | 5.6 | • | 3.1 | 34.6 | 3.7 | 3.0 | 6.0 | 5.3 | 6.7 | 6.1 | 7.7 | 6.0 | • |

## Table I

Corporations with and without Net Income



# BOILER, TANK, AND SHIPPING CONTAINER

MONEY AMOUNTS AND SIZE OF ASSETS IN THOUSANDS OF DOLLARS

| Item Description for Accounting Period 7/00 Through 6/01 | | Total | Zero Assets | Under 100 | 100 to 250 | 251 to 500 | 501 to 1,000 | 1,001 to 5,000 | 5,001 to 10,000 | 10,001 to 25,000 | 25,001 to 50,000 | 50,001 to 100,000 | 100,001 to 250,000 | 250,001 and over |
|---|---|---|---|---|---|---|---|---|---|---|---|---|---|---|
| Number of Enterprises | 1 | 481 | 9 | • | • | 114 | • | 251 | 42 | 38 | 6 | 5 | 7 | 8 |
| **Revenues ($ in Thousands)** | | | | | | | | | | | | | | |
| Net Sales | 2 | 16327845 | 110939 | • | • | 179523 | • | 894947 | 592433 | 1015838 | 402105 | 397085 | 1036471 | 11698503 |
| Interest | 3 | 438263 | 1 | • | • | 567 | • | 1285 | 4866 | 3495 | 271 | 1248 | 5944 | 420585 |
| Rents | 4 | 19519 | 0 | • | • | 0 | • | 4399 | 266 | 1445 | 10 | 0 | 1422 | 11977 |
| Royalties | 5 | 144439 | 0 | • | • | 0 | • | 0 | 0 | 338 | 0 | 186 | 1499 | 142417 |
| Other Portfolio Income | 6 | 155069 | 0 | • | • | 0 | • | 86 | 1528 | 3096 | 243 | 719 | 15822 | 133576 |
| Other Receipts | 7 | 203580 | 1 | • | • | 0 | • | 4501 | -4398 | 3113 | 1188 | 1330 | 4807 | 193037 |
| Total Receipts | 8 | 17288715 | 110941 | • | • | 180090 | • | 905218 | 594695 | 1027325 | 403817 | 400568 | 1065965 | 12600095 |
| Average Total Receipts | 9 | 35943 | 12327 | • | • | 1580 | • | 3606 | 14159 | 27035 | 67303 | 80114 | 152281 | 1575012 |
| **Operating Costs/Operating Income (%)** | | | | | | | | | | | | | | |
| Cost of Operations | 10 | 78.5 | 85.8 | • | • | 81.9 | • | 73.7 | 71.2 | 73.4 | 75.6 | 70.5 | 71.5 | 80.6 |
| Salaries and Wages | 11 | 4.4 | 1.3 | • | • | 2.5 | • | 10.1 | 4.9 | 6.5 | 5.0 | 7.0 | 7.6 | 3.5 |
| Taxes Paid | 12 | 1.4 | 0.2 | • | • | 3.3 | • | 2.9 | 1.8 | 2.3 | 1.6 | 0.9 | 1.7 | 1.2 |
| Interest Paid | 13 | 5.9 | 2.0 | • | • | • | • | 1.7 | 2.0 | 1.5 | 1.4 | 1.4 | 6.9 | 7.1 |
| Depreciation | 14 | 3.5 | 4.1 | • | • | 1.8 | • | 1.6 | 1.8 | 2.8 | 2.9 | 4.1 | 4.0 | 3.8 |
| Amortization and Depletion | 15 | 0.4 | 0.8 | • | • | 0.0 | • | 0.0 | 0.3 | 0.1 | 0.0 | 0.1 | 1.3 | 0.4 |
| Pensions and Other Deferred Comp. | 16 | 0.6 | • | • | • | • | • | 0.2 | 0.3 | 0.4 | 0.3 | 0.7 | 0.3 | 0.7 |
| Employee Benefits | 17 | 1.7 | 0.5 | • | • | 2.7 | • | 1.5 | 0.8 | 1.5 | 1.2 | 1.9 | 2.0 | 1.8 |
| Advertising | 18 | 0.3 | 0.4 | • | • | 0.7 | • | 0.1 | 4.5 | 0.6 | 0.2 | 0.3 | 0.3 | 0.1 |
| Other Expenses | 19 | 7.4 | 8.4 | • | • | 5.5 | • | 8.3 | 7.9 | 7.1 | 6.7 | 6.6 | 8.5 | 7.3 |
| Officers' Compensation | 20 | 1.0 | 0.6 | • | • | 2.8 | • | 4.6 | 2.0 | 2.0 | 2.4 | 3.6 | 0.6 | 0.5 |
| Operating Margin | 21 | • | • | • | • | • | • | • | 2.5 | 1.9 | 2.6 | 2.8 | • | • |
| Operating Margin Before Officers' Comp. | 22 | • | • | • | • | 1.5 | • | • | 4.5 | 3.8 | 5.1 | 6.4 | • | • |

| | | | | | | | | | | | | |
|---|---|---|---|---|---|---|---|---|---|---|---|---|
| **Selected Average Balance Sheet ($ in Thousands)** | | | | | | | | | | | | |
| Net Receivables 23 | 11796 | 0 | • | • | 191 | • | 644 | 1888 | 4358 | 9893 | 12194 | 26271 | 617699 |
| Inventories 24 | 4139 | 0 | • | • | 8 | • | 341 | 3244 | 3184 | 7244 | 24950 | 12835 | 172734 |
| Net Property, Plant and Equipment 25 | 7962 | 0 | • | • | 25 | • | 259 | 1468 | 4297 | 10618 | 22366 | 25895 | 397516 |
| Total Assets 26 | 54857 | 0 | • | • | 315 | • | 1610 | 7404 | 15711 | 38544 | 69847 | 165273 | 2912617 |
| Notes and Loans Payable 27 | 19880 | 0 | • | • | 0 | • | 683 | 3274 | 5056 | 10789 | 18412 | 103208 | 1022770 |
| All Other Liabilities 28 | 19177 | 0 | • | • | 199 | • | 423 | 1632 | 3422 | 13849 | 27314 | 37884 | 1051493 |
| Net Worth 29 | 15800 | 0 | • | • | 116 | • | 504 | 2498 | 7232 | 13906 | 24121 | 24180 | 838354 |
| **Selected Financial Ratios (Times to 1)** | | | | | | | | | | | | |
| Current Ratio 30 | 1.1 | • | • | • | 1.4 | • | 1.7 | 2.2 | 2.0 | 1.6 | 1.4 | 0.8 | 1.1 |
| Quick Ratio 31 | 0.8 | • | • | • | 1.4 | • | 1.0 | 1.1 | 1.1 | 0.7 | 0.5 | 0.5 | 0.8 |
| Net Sales to Working Capital 32 | 15.0 | • | • | • | 20.0 | • | 6.8 | 5.1 | 5.7 | 7.3 | 7.5 | • | 17.7 |
| Coverage Ratio 33 | 1.2 | • | • | • | • | • | • | 2.4 | 2.9 | 3.1 | 3.6 | 0.8 | 1.2 |
| Total Asset Turnover 34 | 0.6 | • | • | • | 5.0 | • | 2.2 | 1.9 | 1.7 | 1.7 | 1.1 | 0.9 | 0.5 |
| Inventory Turnover 35 | 6.4 | • | • | • | 171.0 | • | 7.7 | 3.1 | 6.2 | 7.0 | 2.2 | 8.2 | 6.8 |
| Receivables Turnover 36 | 3.1 | • | • | • | 10.3 | • | 5.3 | 3.5 | 6.5 | 5.8 | 4.0 | 5.8 | 2.7 |
| Total Liabilities to Net Worth 37 | 2.5 | • | • | • | 1.7 | • | 2.2 | 2.0 | 1.2 | 1.8 | 1.9 | 5.8 | 2.5 |
| Current Assets to Working Capital 38 | 8.5 | • | • | • | 3.5 | • | 2.4 | 1.8 | 2.1 | 2.8 | 3.7 | • | 11.3 |
| Current Liabilities to Working Capital 39 | 7.5 | • | • | • | 2.5 | • | 1.4 | 0.8 | 1.1 | 1.8 | 2.7 | • | 10.3 |
| Working Capital to Net Sales 40 | 0.1 | • | • | • | 0.0 | • | 0.1 | 0.2 | 0.2 | 0.1 | 0.1 | • | 0.1 |
| Inventory to Working Capital 41 | 1.7 | • | • | • | • | • | 0.7 | 0.7 | 0.7 | 1.0 | 2.3 | • | 2.0 |
| Total Receipts to Cash Flow 42 | 16.5 | 29.3 | • | • | 25.7 | • | 48.5 | 10.3 | 11.9 | 13.5 | 10.8 | 22.1 | 16.7 |
| Cost of Goods to Cash Flow 43 | 13.0 | 25.1 | • | • | 21.1 | • | 35.7 | 7.3 | 8.8 | 10.2 | 7.6 | 15.8 | 13.4 |
| Cash Flow to Total Debt 44 | 0.1 | • | • | • | 0.3 | • | 0.1 | 0.3 | 0.3 | 0.2 | 0.2 | 0.0 | 0.0 |
| **Selected Financial Factors (in Percentages)** | | | | | | | | | | | | |
| Debt Ratio 45 | 71.2 | • | • | • | 63.2 | • | 68.7 | 66.3 | 54.0 | 63.9 | 65.5 | 85.4 | 71.2 |
| Return on Total Assets 46 | 4.2 | • | • | • | • | • | • | 9.4 | 7.8 | 7.8 | 5.7 | 4.7 | 4.1 |
| Return on Equity Before Income Taxes 47 | 2.0 | • | • | • | • | • | • | 16.3 | 11.1 | 14.6 | 11.9 | • | 2.0 |
| Return on Equity After Income Taxes 48 | 0.9 | • | • | • | • | • | • | 9.6 | 9.3 | 8.3 | 8.8 | • | 1.1 |
| Profit Margin (Before Income Tax) 49 | 0.9 | • | • | • | • | • | • | 2.9 | 3.0 | 3.0 | 3.6 | • | 1.2 |
| Profit Margin (After Income Tax) 50 | 0.4 | • | • | • | • | • | • | 1.7 | 2.5 | 1.7 | 2.7 | • | 0.6 |

## Table II

Corporations with Net Income

# BOILER, TANK, AND SHIPPING CONTAINER

MONEY AMOUNTS AND SIZE OF ASSETS IN THOUSANDS OF DOLLARS

| Item Description for Accounting Period 7/00 Through 6/01 | | Total | Zero Assets | Under 100 | 100 to 250 | 251 to 500 | 501 to 1,000 | 1,001 to 5,000 | 5,001 to 10,000 | 10,001 to 25,000 | 25,001 to 50,000 | 50,001 to 100,000 | 100,001 to 250,000 | 250,001 and over |
|---|---|---|---|---|---|---|---|---|---|---|---|---|---|---|
| Number of Enterprises | 1 | 299 | • | • | • | 91 | • | 129 | 39 | 23 | 0 | 0 | 3 | 5 |
| **Revenues ($ in Thousands)** | | | | | | | | | | | | | | |
| Net Sales | 2 | 10698528 | • | • | • | 164106 | • | 437365 | 574632 | 616417 | 0 | 0 | 507772 | 7726757 |
| Interest | 3 | 291258 | • | • | • | 527 | • | 686 | 4814 | 867 | 0 | 0 | 3777 | 279080 |
| Rents | 4 | 12105 | • | • | • | 0 | • | 4399 | 0 | 870 | 0 | 0 | 13 | 6816 |
| Royalties | 5 | 116320 | • | • | • | 0 | • | 0 | 0 | 0 | 0 | 0 | 1497 | 114637 |
| Other Portfolio Income | 6 | 127162 | • | • | • | 0 | • | 0 | 1349 | 1619 | 0 | 0 | 2575 | 120806 |
| Other Receipts | 7 | 131859 | • | • | • | 0 | • | 623 | -4540 | 1258 | 0 | 0 | 1800 | 130781 |
| Total Receipts | 8 | 11377232 | • | • | • | 164633 | • | 443073 | 576255 | 621031 | 0 | 0 | 517434 | 8378877 |
| Average Total Receipts | 9 | 38051 | • | • | • | 1809 | • | 3435 | 14776 | 27001 | • | • | 172478 | 1675775 |
| **Operating Costs/Operating Income (%)** | | | | | | | | | | | | | | |
| Cost of Operations | 10 | 78.5 | • | • | • | 81.8 | • | 70.8 | 70.7 | 70.4 | • | • | 68.7 | 81.2 |
| Salaries and Wages | 11 | 4.2 | • | • | • | 2.8 | • | 9.4 | 4.6 | 6.3 | • | • | 9.1 | 3.2 |
| Taxes Paid | 12 | 1.3 | • | • | • | 3.6 | • | 2.9 | 1.6 | 2.3 | • | • | 1.1 | 1.1 |
| Interest Paid | 13 | 5.8 | • | • | • | • | • | 1.5 | 1.9 | 1.0 | • | • | 6.6 | 7.2 |
| Depreciation | 14 | 3.9 | • | • | • | 1.7 | • | 2.3 | 1.7 | 2.6 | • | • | 1.9 | 4.4 |
| Amortization and Depletion | 15 | 0.3 | • | • | • | • | • | 0.1 | 0.3 | 0.0 | • | • | 1.0 | 0.4 |
| Pensions and Other Deferred Comp. | 16 | 0.6 | • | • | • | • | • | 0.3 | 0.3 | 0.5 | • | • | 0.2 | 0.7 |
| Employee Benefits | 17 | 1.7 | • | • | • | 3.0 | • | 1.2 | 0.7 | 1.6 | • | • | 3.6 | 1.6 |
| Advertising | 18 | 0.4 | • | • | • | 0.7 | • | 0.1 | 4.5 | 0.5 | • | • | 0.3 | 0.1 |
| Other Expenses | 19 | 5.8 | • | • | • | 3.6 | • | 5.7 | 7.6 | 6.2 | • | • | 5.3 | 5.7 |
| Officers' Compensation | 20 | 1.0 | • | • | • | 3.1 | • | 4.0 | 1.9 | 2.2 | • | • | 0.7 | 0.4 |
| Operating Margin | 21 | • | • | • | • | • | • | 1.8 | 4.2 | 6.4 | • | • | 1.5 | • |
| Operating Margin Before Officers' Comp. | 22 | • | • | • | • | 2.9 | • | 5.7 | 6.1 | 8.5 | • | • | 2.3 | • |

## Selected Average Balance Sheet ($ in Thousands)

| | | | | | | | | | | | | | |
|---|---|---|---|---|---|---|---|---|---|---|---|---|---|
| Net Receivables 23 | 8417 | • | • | • | 157 | • | 644 | 1943 | 4081 | • | • | 23138 | 415691 |
| Inventories 24 | 5456 | • | • | • | 0 | • | 400 | 3172 | 3258 | • | • | 12262 | 246462 |
| Net Property, Plant and Equipment 25 | 8592 | • | • | • | 18 | • | 359 | 1336 | 3900 | • | • | 22657 | 429695 |
| Total Assets 26 | 39782 | • | • | • | 267 | • | 1679 | 7450 | 14697 | • | • | 181059 | 1996982 |
| Notes and Loans Payable 27 | 16477 | • | • | • | 0 | • | 539 | 3168 | 3623 | • | • | 98589 | 843902 |
| All Other Liabilities 28 | 10385 | • | • | • | 100 | • | 361 | 1591 | 3309 | • | • | 62134 | 509461 |
| Net Worth 29 | 12920 | • | • | • | 167 | • | 779 | 2691 | 7765 | • | • | 20336 | 643619 |

## Selected Financial Ratios (Times to 1)

| | | | | | | | | | | | | | |
|---|---|---|---|---|---|---|---|---|---|---|---|---|---|
| Current Ratio 30 | 1.9 | • | • | • | 2.5 | • | 1.9 | 2.5 | 2.1 | • | • | 1.3 | 2.0 |
| Quick Ratio 31 | 1.2 | • | • | • | 2.4 | • | 1.3 | 1.3 | 1.3 | • | • | 0.9 | 1.3 |
| Net Sales to Working Capital 32 | 4.6 | • | • | • | 12.1 | • | 6.0 | 4.7 | 5.5 | • | • | 8.4 | 4.2 |
| Coverage Ratio 33 | 1.6 | • | • | • | • | • | 3.0 | 3.3 | 8.1 | • | • | 1.5 | 1.4 |
| Total Asset Turnover 34 | 0.9 | • | • | • | 6.7 | • | 2.0 | 2.0 | 1.8 | • | • | 0.9 | 0.8 |
| Inventory Turnover 35 | 5.1 | • | • | • | • | • | 6.0 | 3.3 | 5.8 | • | • | 9.5 | 5.1 |
| Receivables Turnover 36 | 3.1 | • | • | • | 22.9 | • | 4.2 | 4.0 | 6.8 | • | • | 14.6 | 2.6 |
| Total Liabilities to Net Worth 37 | 2.1 | • | • | • | 0.6 | • | 1.2 | 1.8 | 0.9 | • | • | 7.9 | 2.1 |
| Current Assets to Working Capital 38 | 2.1 | • | • | • | 1.7 | • | 2.1 | 1.7 | 1.9 | • | • | 4.1 | 2.0 |
| Current Liabilities to Working Capital 39 | 1.1 | • | • | • | 0.7 | • | 1.1 | 0.7 | 0.9 | • | • | 3.1 | 1.0 |
| Working Capital to Net Sales 40 | 0.2 | • | • | • | 0.1 | • | 0.2 | 0.2 | 0.2 | • | • | 0.1 | 0.2 |
| Inventory to Working Capital 41 | 0.6 | • | • | • | • | • | 0.6 | 0.6 | 0.6 | • | • | 0.6 | 0.5 |
| Total Receipts to Cash Flow 42 | 15.0 | • | • | • | 30.3 | • | 14.4 | 9.0 | 8.6 | • | • | 13.7 | 17.2 |
| Cost of Goods to Cash Flow 43 | 11.8 | • | • | • | 24.8 | • | 10.2 | 6.4 | 6.1 | • | • | 9.4 | 14.0 |
| Cash Flow to Total Debt 44 | 0.1 | • | • | • | 0.6 | • | 0.3 | 0.3 | 0.4 | • | • | 0.1 | 0.1 |

## Selected Financial Factors (in Percentages)

| | | | | | | | | | | | | | |
|---|---|---|---|---|---|---|---|---|---|---|---|---|---|
| Debt Ratio 45 | 67.5 | • | • | • | 37.5 | • | 53.6 | 63.9 | 47.2 | • | • | 88.8 | 67.8 |
| Return on Total Assets 46 | 8.2 | • | • | • | 1.0 | • | 9.3 | 12.7 | 14.7 | • | • | 9.4 | 7.8 |
| Return on Equity Before Income Taxes 47 | 9.2 | • | • | • | 1.6 | • | 13.3 | 24.6 | 24.4 | • | • | 28.6 | 6.9 |
| Return on Equity After Income Taxes 48 | 6.9 | • | • | • | 1.4 | • | 10.7 | 18.0 | 21.7 | • | • | 19.7 | 5.0 |
| Profit Margin (Before Income Tax) 49 | 3.3 | • | • | • | 0.1 | • | 3.1 | 4.5 | 7.1 | • | • | 3.4 | 2.9 |
| Profit Margin (After Income Tax) 50 | 2.5 | • | • | • | 0.1 | • | 2.5 | 3.3 | 6.3 | • | • | 2.4 | 2.1 |

## Table I

Corporations with and without Net Income

# COATING, ENGRAVING, HEAT TREATING, AND ALLIED ACTIVITIES

MONEY AMOUNTS AND SIZE OF ASSETS IN THOUSANDS OF DOLLARS

| Item Description for Accounting Period 7/00 Through 6/01 | | Total | Zero Assets | Under 100 | 100 to 250 | 251 to 500 | 501 to 1,000 | 1,001 to 5,000 | 5,001 to 10,000 | 10,001 to 25,000 | 25,001 to 50,000 | 50,001 to 100,000 | 100,001 to 250,000 | 250,001 and over |
|---|---|---|---|---|---|---|---|---|---|---|---|---|---|---|
| Number of Enterprises | 1 | 4197 | 392 | 642 | 858 | 1006 | 383 | 722 | 108 | 55 | 19 | 7 | 6 | 0 |
| **Revenues ($ in Thousands)** | | | | | | | | | | | | | | |
| Net Sales | 2 | 12485972 | 12778 | 229324 | 1831869 | 635633 | 958870 | 3699189 | 1127711 | 1189877 | 838031 | 653820 | 1308871 | 0 |
| Interest | 3 | 19138 | 18 | 0 | 3191 | 806 | 537 | 3282 | 4097 | 2496 | 1264 | 1489 | 1957 | 0 |
| Rents | 4 | 12246 | 2 | 0 | 0 | 0 | 0 | 6037 | 4990 | 169 | 58 | 0 | 991 | 0 |
| Royalties | 5 | 1012 | 0 | 0 | 0 | 0 | 0 | 0 | 273 | 361 | 0 | 0 | 378 | 0 |
| Other Portfolio Income | 6 | 14112 | 3003 | 0 | 92 | 7 | 451 | 1616 | 1348 | 1527 | 222 | 2327 | 3519 | 0 |
| Other Receipts | 7 | 76348 | 12457 | 301 | 0 | 2014 | 342 | 18348 | 3531 | 6703 | 5825 | 17842 | 8983 | 0 |
| Total Receipts | 8 | 12608828 | 28258 | 229625 | 1835152 | 638460 | 960200 | 3728472 | 1141950 | 1201133 | 845400 | 675478 | 1324699 | 0 |
| Average Total Receipts | 9 | 3004 | 72 | 358 | 2139 | 635 | 2507 | 5164 | 10574 | 21839 | 44495 | 96497 | 220783 | • |
| **Operating Costs/Operating Income (%)** | | | | | | | | | | | | | | |
| Cost of Operations | 10 | 58.5 | 60.3 | 25.2 | 56.3 | 27.2 | 47.2 | 58.7 | 63.4 | 65.8 | 67.5 | 74.9 | 65.4 | • |
| Salaries and Wages | 11 | 10.0 | 90.5 | 20.5 | 17.0 | 16.0 | 13.4 | 9.4 | 5.8 | 6.1 | 6.4 | 5.1 | 5.3 | • |
| Taxes Paid | 12 | 3.1 | 5.0 | 3.8 | 3.0 | 3.9 | 4.5 | 3.3 | 3.2 | 2.6 | 2.1 | 1.5 | 2.5 | • |
| Interest Paid | 13 | 1.5 | 1.4 | 0.1 | 0.5 | 0.6 | 0.4 | 1.3 | 1.4 | 2.0 | 2.6 | 2.0 | 3.9 | • |
| Depreciation | 14 | 3.5 | 13.6 | 3.3 | 1.3 | 2.3 | 1.9 | 3.3 | 3.7 | 4.6 | 5.1 | 3.8 | 6.7 | • |
| Amortization and Depletion | 15 | 0.3 | 1.1 | • | 0.0 | 0.0 | • | 0.1 | 0.1 | 0.2 | 0.2 | 0.3 | 2.0 | • |
| Pensions and Other Deferred Comp. | 16 | 0.6 | 42.9 | 0.4 | 0.0 | 0.3 | 0.8 | 0.7 | 1.1 | 0.6 | 0.4 | 0.7 | 0.6 | • |
| Employee Benefits | 17 | 2.2 | 3.3 | 2.0 | 0.7 | 2.8 | 2.8 | 2.2 | 2.3 | 2.3 | 2.6 | 1.9 | 3.1 | • |
| Advertising | 18 | 0.3 | 0.1 | 0.6 | 0.0 | 0.1 | 0.3 | 0.4 | 0.2 | 0.3 | 0.2 | 0.2 | 0.3 | • |
| Other Expenses | 19 | 10.8 | 34.2 | 29.8 | 9.1 | 18.6 | 12.2 | 11.9 | 7.5 | 6.7 | 9.3 | 7.6 | 11.0 | • |
| Officers' Compensation | 20 | 5.2 | 0.3 | 10.3 | 9.0 | 9.4 | 11.7 | 3.7 | 7.0 | 3.1 | 1.9 | 1.3 | 1.1 | • |
| Operating Margin | 21 | 4.0 | • | 3.9 | 3.0 | 18.8 | 4.9 | 5.0 | 4.3 | 5.6 | 1.6 | 0.6 | • | • |
| Operating Margin Before Officers' Comp. | 22 | 9.3 | • | 14.2 | 12.0 | 28.2 | 16.6 | 8.8 | 11.3 | 8.7 | 3.5 | 1.8 | • | • |

| Selected Average Balance Sheet ($ in Thousands) | | | | | | | | | | | | | |
|---|---|---|---|---|---|---|---|---|---|---|---|---|---|
| Net Receivables 23 | 330 | 0 | 12 | 30 | 54 | 302 | 629 | 1487 | 3357 | 6767 | 10516 | 29784 | • |
| Inventories 24 | 133 | 0 | 2 | 3 | 26 | 14 | 163 | 524 | 1805 | 3913 | 7456 | 20622 | • |
| Net Property, Plant and Equipment 25 | 649 | 0 | 13 | 80 | 98 | 299 | 979 | 3132 | 6539 | 14376 | 32334 | 88634 | • |
| Total Assets 26 | 1541 | 0 | 46 | 179 | 348 | 787 | 2392 | 6877 | 15355 | 33171 | 69557 | 200058 | • |
| Notes and Loans Payable 27 | 576 | 0 | 20 | 145 | 55 | 123 | 831 | 2454 | 5431 | 13717 | 21124 | 100829 | • |
| All Other Liabilities 28 | 323 | 0 | 31 | 32 | 107 | 113 | 437 | 1196 | 3259 | 7758 | 16987 | 44332 | • |
| Net Worth 29 | 642 | 0 | -6 | 2 | 186 | 551 | 1124 | 3227 | 6665 | 11697 | 31446 | 54897 | • |

| Selected Financial Ratios (Times to 1) | | | | | | | | | | | | | |
|---|---|---|---|---|---|---|---|---|---|---|---|---|---|
| Current Ratio 30 | 1.7 | • | 8.2 | 1.3 | 2.3 | 4.1 | 1.8 | 1.4 | 1.5 | 1.3 | 1.6 | 1.5 | • |
| Quick Ratio 31 | 1.1 | • | 7.5 | 1.2 | 1.4 | 3.8 | 1.3 | 0.9 | 1.0 | 0.8 | 0.7 | 0.8 | • |
| Net Sales to Working Capital 32 | 10.8 | • | 12.8 | 104.2 | 4.9 | 7.7 | 9.8 | 11.8 | 8.8 | 15.6 | 7.9 | 11.4 | • |
| Coverage Ratio 33 | 4.3 | • | 29.0 | 7.3 | 32.3 | 12.9 | 5.4 | 5.0 | 4.3 | 1.9 | 2.9 | 0.8 | • |
| Total Asset Turnover 34 | 1.9 | • | 7.8 | 11.9 | 1.8 | 3.2 | 2.1 | 1.5 | 1.4 | 1.3 | 1.3 | 1.1 | • |
| Inventory Turnover 35 | 13.0 | • | 36.6 | 353.7 | 6.6 | 83.2 | 18.4 | 12.6 | 7.9 | 7.6 | 9.4 | 6.9 | • |
| Receivables Turnover 36 | 9.6 | • | 20.2 | 60.9 | 13.0 | 11.1 | 8.5 | 7.4 | 6.7 | 7.2 | 8.3 | 8.0 | • |
| Total Liabilities to Net Worth 37 | 1.4 | • | • | 86.5 | 0.9 | 0.4 | 1.1 | 1.1 | 1.3 | 1.8 | 1.2 | 2.6 | • |
| Current Assets to Working Capital 38 | 2.5 | • | 1.1 | 4.4 | 1.8 | 1.3 | 2.3 | 3.3 | 2.8 | 4.7 | 2.7 | 3.1 | • |
| Current Liabilities to Working Capital 39 | 1.5 | • | 0.1 | 3.4 | 0.8 | 0.3 | 1.3 | 2.3 | 1.8 | 3.7 | 1.7 | 2.1 | • |
| Working Capital to Net Sales 40 | 0.1 | • | 0.1 | 0.0 | 0.2 | 0.1 | 0.1 | 0.1 | 0.1 | 0.1 | 0.1 | 0.1 | • |
| Inventory to Working Capital 41 | 0.6 | • | 0.0 | • | 0.3 | 0.1 | 0.4 | 0.7 | 0.8 | 1.4 | 0.6 | 1.3 | • |
| Total Receipts to Cash Flow 42 | 8.0 | • | 3.7 | 11.7 | 3.0 | 8.6 | 7.1 | 9.0 | 8.8 | 10.0 | 10.3 | 14.0 | • |
| Cost of Goods to Cash Flow 43 | 4.7 | • | 0.9 | 6.6 | 0.8 | 4.0 | 4.2 | 5.7 | 5.8 | 6.8 | 7.7 | 9.2 | • |
| Cash Flow to Total Debt 44 | 0.4 | • | 1.9 | 1.0 | 1.3 | 1.2 | 0.6 | 0.3 | 0.3 | 0.2 | 0.2 | 0.1 | • |

| Selected Financial Factors (in Percentages) | | | | | | | | | | | | | |
|---|---|---|---|---|---|---|---|---|---|---|---|---|---|
| Debt Ratio 45 | 58.3 | • | 112.4 | 98.9 | 46.6 | 29.9 | 53.0 | 53.1 | 56.6 | 64.7 | 54.8 | 72.6 | • |
| Return on Total Assets 46 | 12.7 | • | 32.5 | 44.0 | 36.0 | 17.4 | 15.3 | 10.5 | 12.1 | 6.8 | 7.9 | 3.5 | • |
| Return on Equity Before Income Taxes 47 | 23.3 | • | • | 3323.1 | 65.4 | 23.0 | 26.5 | 17.9 | 21.4 | 9.3 | 11.4 | • | • |
| Return on Equity After Income Taxes 48 | 20.6 | • | • | 3213.5 | 65.2 | 20.7 | 24.2 | 13.4 | 18.0 | 8.3 | 6.7 | • | • |
| Profit Margin (Before Income Tax) 49 | 5.0 | • | 4.0 | 3.2 | 19.2 | 5.1 | 5.8 | 5.5 | 6.6 | 2.5 | 3.8 | • | • |
| Profit Margin (After Income Tax) 50 | 4.5 | • | 4.0 | 3.1 | 19.2 | 4.6 | 5.3 | 4.1 | 5.6 | 2.2 | 2.3 | • | • |

# Table II

Corporations with Net Income

## COATING, ENGRAVING, HEAT TREATING, AND ALLIED ACTIVITIES

MONEY AMOUNTS AND SIZE OF ASSETS IN THOUSANDS OF DOLLARS

| Item Description for Accounting Period 7/00 Through 6/01 | | Total | Zero Assets | Under 100 | 100 to 250 | 251 to 500 | 501 to 1,000 | 1,001 to 5,000 | 5,001 to 10,000 | 10,001 to 25,000 | 25,001 to 50,000 | 50,001 to 100,000 | 100,001 to 250,000 | 250,001 and over |
|---|---|---|---|---|---|---|---|---|---|---|---|---|---|---|
| Number of Enterprises | 1 | 3359 | 382 | 436 | 676 | 808 | 325 | 599 | 76 | 39 | 0 | 0 | 0 | • |
| **Revenues ($ in Thousands)** | | | | | | | | | | | | | | |
| Net Sales | 2 | 8522261 | 3840 | 199806 | 720325 | 635287 | 907636 | 3263375 | 841771 | 919077 | 0 | 0 | 0 | • |
| Interest | 3 | 13330 | 0 | 0 | 1250 | 806 | 537 | 3177 | 3911 | 1660 | 0 | 0 | 0 | • |
| Rents | 4 | 8215 | 0 | 0 | 0 | 0 | 0 | 3039 | 4990 | 169 | 0 | 0 | 0 | • |
| Royalties | 5 | 634 | 0 | 0 | 0 | 0 | 0 | 0 | 273 | 361 | 0 | 0 | 0 | • |
| Other Portfolio Income | 6 | 10410 | 3003 | 0 | 92 | 7 | 451 | 1039 | 1322 | 1431 | 0 | 0 | 0 | • |
| Other Receipts | 7 | 57719 | 12279 | 301 | 1 | 1985 | 336 | 12597 | 3202 | 4648 | 0 | 0 | 0 | • |
| Total Receipts | 8 | 8612569 | 19122 | 200107 | 721668 | 638085 | 908960 | 3283227 | 855469 | 927346 | 0 | 0 | 0 | • |
| Average Total Receipts | 9 | 2564 | 50 | 459 | 1068 | 790 | 2797 | 5481 | 11256 | 23778 | • | • | • | • |
| **Operating Costs/Operating Income (%)** | | | | | | | | | | | | | | |
| Cost of Operations | 10 | 51.4 | 36.8 | 25.7 | 13.2 | 27.2 | 45.2 | 58.4 | 61.8 | 64.8 | • | • | • | • |
| Salaries and Wages | 11 | 11.6 | 74.1 | 17.5 | 34.4 | 16.0 | 13.7 | 9.3 | 5.9 | 5.0 | • | • | • | • |
| Taxes Paid | 12 | 3.3 | 9.7 | 3.5 | 5.3 | 3.9 | 4.4 | 3.1 | 2.7 | 2.4 | • | • | • | • |
| Interest Paid | 13 | 1.2 | 0.2 | 0.2 | 0.9 | 0.6 | 0.3 | 1.2 | 1.1 | 1.5 | • | • | • | • |
| Depreciation | 14 | 3.1 | 23.0 | 1.1 | 2.4 | 2.3 | 1.6 | 3.1 | 3.0 | 4.2 | • | • | • | • |
| Amortization and Depletion | 15 | 0.1 | • | • | 0.0 | 0.0 | • | 0.1 | 0.1 | 0.1 | • | • | • | • |
| Pensions and Other Deferred Comp. | 16 | 0.6 | • | 0.5 | 0.1 | 0.2 | 0.8 | 0.5 | 1.3 | 0.6 | • | • | • | • |
| Employee Benefits | 17 | 2.1 | 1.5 | 2.3 | 1.3 | 2.8 | 2.8 | 1.8 | 1.5 | 2.6 | • | • | • | • |
| Advertising | 18 | 0.3 | • | 0.7 | 0.0 | 0.1 | 0.3 | 0.5 | 0.2 | 0.3 | • | • | • | • |
| Other Expenses | 19 | 11.6 | 95.1 | 23.0 | 16.3 | 18.6 | 12.1 | 11.0 | 7.2 | 5.6 | • | • | • | • |
| Officers' Compensation | 20 | 6.5 | • | 11.9 | 17.2 | 9.3 | 12.4 | 3.5 | 8.3 | 3.3 | • | • | • | • |
| Operating Margin | 21 | 8.3 | • | 13.8 | 8.8 | 18.9 | 6.3 | 7.5 | 7.0 | 9.5 | • | • | • | • |
| Operating Margin Before Officers' Comp. | 22 | 14.9 | • | 25.7 | 26.0 | 28.2 | 18.7 | 11.0 | 15.2 | 12.8 | • | • | • | • |

| Selected Average Balance Sheet ($ in Thousands) | | | | | | | | | | | | | |
|---|---|---|---|---|---|---|---|---|---|---|---|---|---|
| Net Receivables 23 | 295 | 0 | 18 | 38 | 60 | 344 | 652 | 1552 | 3565 | • | • | • | • |
| Inventories 24 | 104 | 0 | 2 | 4 | 31 | 15 | 172 | 457 | 1541 | • | • | • | • |
| Net Property, Plant and Equipment 25 | 469 | 0 | 7 | 79 | 122 | 269 | 871 | 2998 | 6330 | • | • | • | • |
| Total Assets 26 | 1218 | 0 | 55 | 174 | 368 | 826 | 2316 | 7300 | 14919 | • | • | • | • |
| Notes and Loans Payable 27 | 352 | 0 | 15 | 107 | 37 | 87 | 758 | 2244 | 4307 | • | • | • | • |
| All Other Liabilities 28 | 228 | 0 | 6 | 35 | 50 | 94 | 446 | 972 | 3365 | • | • | • | • |
| Net Worth 29 | 639 | 0 | 35 | 31 | 281 | 644 | 1111 | 4084 | 7248 | • | • | • | • |

| Selected Financial Ratios (Times to 1) | | | | | | | | | | | | | |
|---|---|---|---|---|---|---|---|---|---|---|---|---|---|
| Current Ratio 30 | 2.0 | • | 8.2 | 1.4 | 5.3 | 5.8 | 1.8 | 1.9 | 1.7 | • | • | • | • |
| Quick Ratio 31 | 1.5 | • | 7.5 | 1.3 | 4.2 | 5.4 | 1.4 | 1.3 | 1.2 | • | • | • | • |
| Net Sales to Working Capital 32 | 8.2 | • | 11.1 | 43.1 | 4.4 | 6.9 | 9.8 | 7.1 | 8.1 | • | • | • | • |
| Coverage Ratio 33 | 9.1 | 1413.6 | 85.9 | 11.1 | 32.4 | 26.2 | 7.6 | 8.9 | 7.8 | • | • | • | • |
| Total Asset Turnover 34 | 2.1 | • | 8.3 | 6.1 | 2.1 | 3.4 | 2.4 | 1.5 | 1.6 | • | • | • | • |
| Inventory Turnover 35 | 12.5 | • | 74.3 | 32.6 | 6.9 | 82.2 | 18.6 | 15.0 | 9.9 | • | • | • | • |
| Receivables Turnover 36 | 8.9 | • | 30.0 | 36.3 | 15.0 | 10.7 | 8.6 | 8.9 | 6.7 | • | • | • | • |
| Total Liabilities to Net Worth 37 | 0.9 | • | 0.6 | 4.5 | 0.3 | 0.3 | 1.1 | 0.8 | 1.1 | • | • | • | • |
| Current Assets to Working Capital 38 | 2.0 | • | 1.1 | 3.4 | 1.2 | 1.2 | 2.2 | 2.1 | 2.4 | • | • | • | • |
| Current Liabilities to Working Capital 39 | 1.0 | • | 0.1 | 2.4 | 0.2 | 0.2 | 1.2 | 1.1 | 1.4 | • | • | • | • |
| Working Capital to Net Sales 40 | 0.1 | • | 0.1 | 0.0 | 0.2 | 0.1 | 0.1 | 0.1 | 0.1 | • | • | • | • |
| Inventory to Working Capital 41 | 0.4 | • | 0.0 | • | 0.3 | 0.0 | 0.4 | 0.4 | 0.6 | • | • | • | • |
| Total Receipts to Cash Flow 42 | 5.8 | 0.3 | 3.3 | 5.7 | 3.0 | 7.5 | 6.5 | 7.2 | 7.0 | • | • | • | • |
| Cost of Goods to Cash Flow 43 | 3.0 | 0.1 | 0.8 | 0.7 | 0.8 | 3.4 | 3.8 | 4.4 | 4.5 | • | • | • | • |
| Cash Flow to Total Debt 44 | 0.8 | • | 6.9 | 1.3 | 3.0 | 2.0 | 0.7 | 0.5 | 0.4 | • | • | • | • |

| Selected Financial Factors (in Percentages) | | | | | | | | | | | | | |
|---|---|---|---|---|---|---|---|---|---|---|---|---|---|
| Debt Ratio 45 | 47.6 | • | 37.2 | 81.9 | 23.6 | 22.0 | 52.0 | 44.1 | 51.4 | • | • | • | • |
| Return on Total Assets 46 | 21.9 | • | 117.1 | 60.7 | 42.5 | 22.8 | 21.9 | 14.7 | 18.9 | • | • | • | • |
| Return on Equity Before Income Taxes 47 | 37.2 | • | 184.2 | 305.6 | 53.9 | 28.2 | 39.7 | 23.2 | 33.8 | • | • | • | • |
| Return on Equity After Income Taxes 48 | 34.1 | • | 184.2 | 296.6 | 53.8 | 25.9 | 36.8 | 18.2 | 29.5 | • | • | • | • |
| Profit Margin (Before Income Tax) 49 | 9.4 | 257.5 | 13.9 | 9.0 | 19.3 | 6.5 | 8.1 | 8.6 | 10.4 | • | • | • | • |
| Profit Margin (After Income Tax) 50 | 8.6 | 257.5 | 13.9 | 8.7 | 19.2 | 6.0 | 7.5 | 6.7 | 9.1 | • | • | • | • |

**Table I**

Corporations with and without Net Income

# OTHER FABRICATED METAL PRODUCT

**MONEY AMOUNTS AND SIZE OF ASSETS IN THOUSANDS OF DOLLARS**

| Item Description for Accounting Period 7/00 Through 6/01 | | Total | Zero Assets | Under 100 | 100 to 250 | 251 to 500 | 501 to 1,000 | 1,001 to 5,000 | 5,001 to 10,000 | 10,001 to 25,000 | 25,001 to 50,000 | 50,001 to 100,000 | 100,001 to 250,000 | 250,001 and over |
|---|---|---|---|---|---|---|---|---|---|---|---|---|---|---|
| Number of Enterprises | 1 | 22541 | 698 | 3934 | 5264 | 3546 | 2822 | 4714 | 788 | 447 | 151 | 80 | 44 | 53 |
| **Revenues ($ in Thousands)** | | | | | | | | | | | | | | |
| Net Sales | 2 | 147606198 | 767541 | 510881 | 3003073 | 3408309 | 4335591 | 21231395 | 11990797 | 12002484 | 7670283 | 7100908 | 7555324 | 68029611 |
| Interest | 3 | 2066472 | 1293 | 639 | 6374 | 3139 | 6883 | 27026 | 9963 | 25913 | 19881 | 22500 | 49448 | 1893414 |
| Rents | 4 | 234226 | 159 | 0 | 1199 | 2261 | 211 | 9084 | 3331 | 4844 | 4317 | 6884 | 2040 | 199896 |
| Royalties | 5 | 1199203 | 221 | 0 | 0 | 0 | 0 | 1053 | 1600 | 3737 | 11772 | 12086 | 16241 | 1152493 |
| Other Portfolio Income | 6 | 1705478 | 20571 | 4178 | 11993 | 16588 | 32754 | 50748 | 20226 | 32554 | 50877 | 52568 | 58781 | 1353638 |
| Other Receipts | 7 | 1289876 | 9639 | 78 | 4422 | 7182 | 14584 | 80585 | 58253 | 47332 | 53123 | 76097 | 57161 | 881421 |
| Total Receipts | 8 | 154101453 | 799424 | 515776 | 3027061 | 3437479 | 4390023 | 21399891 | 12084170 | 12116864 | 7810253 | 7271043 | 7738995 | 73510473 |
| Average Total Receipts | 9 | 6836 | 1145 | 131 | 575 | 969 | 1556 | 4540 | 15335 | 27107 | 51724 | 90888 | 175886 | 1386990 |
| **Operating Costs/Operating Income (%)** | | | | | | | | | | | | | | |
| Cost of Operations | 10 | 65.1 | 83.9 | 50.2 | 51.5 | 54.7 | 60.3 | 64.6 | 70.7 | 70.6 | 69.9 | 69.2 | 69.9 | 63.1 |
| Salaries and Wages | 11 | 6.7 | 6.8 | 9.6 | 16.5 | 10.5 | 6.8 | 6.5 | 5.9 | 6.3 | 6.3 | 7.9 | 6.6 | 6.3 |
| Taxes Paid | 12 | 2.2 | 2.9 | 3.9 | 3.2 | 3.5 | 3.1 | 2.7 | 2.0 | 2.2 | 1.8 | 1.8 | 2.0 | 1.9 |
| Interest Paid | 13 | 3.2 | 3.8 | 1.6 | 1.2 | 1.8 | 1.3 | 1.2 | 1.4 | 1.5 | 2.1 | 2.2 | 3.5 | 5.0 |
| Depreciation | 14 | 3.2 | 3.5 | 5.1 | 2.1 | 3.6 | 2.9 | 3.0 | 2.2 | 2.9 | 3.2 | 3.3 | 3.8 | 3.4 |
| Amortization and Depletion | 15 | 0.4 | 0.3 | 0.0 | 0.0 | 0.1 | 0.0 | 0.1 | 0.1 | 0.1 | 0.3 | 0.4 | 0.5 | 0.6 |
| Pensions and Other Deferred Comp. | 16 | 0.7 | 0.4 | • | 0.6 | 1.4 | 0.8 | 0.9 | 0.6 | 0.5 | 0.5 | 0.6 | 0.6 | 0.7 |
| Employee Benefits | 17 | 2.1 | 1.9 | 1.6 | 1.4 | 1.7 | 1.7 | 1.4 | 1.4 | 1.6 | 1.7 | 1.9 | 2.5 | 2.7 |
| Advertising | 18 | 1.1 | 0.2 | 0.3 | 0.3 | 0.6 | 1.2 | 0.5 | 0.4 | 0.5 | 0.7 | 0.6 | 1.1 | 1.8 |
| Other Expenses | 19 | 11.2 | 13.6 | 25.3 | 17.3 | 14.1 | 10.8 | 9.1 | 7.5 | 7.5 | 7.8 | 7.6 | 8.3 | 13.8 |
| Officers' Compensation | 20 | 2.4 | 10.0 | 3.5 | 7.0 | 7.5 | 8.3 | 6.0 | 3.7 | 2.6 | 1.7 | 1.4 | 1.0 | 0.4 |
| Operating Margin | 21 | 1.7 | • | • | • | 0.7 | 2.7 | 4.2 | 4.1 | 3.7 | 4.0 | 3.2 | 0.2 | 0.3 |
| Operating Margin Before Officers' Comp. | 22 | 4.0 | • | 2.4 | 5.8 | 8.1 | 11.0 | 10.2 | 7.8 | 6.3 | 5.7 | 4.6 | 1.2 | 0.6 |

## Selected Average Balance Sheet ($ in Thousands)

| | | | | | | | | | | | | | |
|---|---|---|---|---|---|---|---|---|---|---|---|---|---|
| Net Receivables 23 | 1073 | 0 | 1 | 35 | 81 | 169 | 580 | 2128 | 3756 | 7133 | 15681 | 30199 | 254239 |
| Inventories 24 | 812 | 0 | 4 | 16 | 57 | 145 | 452 | 1747 | 3987 | 7617 | 13829 | 34245 | 161016 |
| Net Property, Plant and Equipment 25 | 1349 | 0 | 17 | 48 | 141 | 215 | 645 | 1954 | 4575 | 10360 | 20862 | 45585 | 322754 |
| Total Assets 26 | 8143 | 0 | 32 | 161 | 340 | 713 | 2163 | 6780 | 15739 | 34163 | 71061 | 158922 | 2621472 |
| Notes and Loans Payable 27 | 2749 | 0 | 66 | 68 | 228 | 259 | 678 | 2441 | 4658 | 11473 | 22537 | 61974 | 874284 |
| All Other Liabilities 28 | 1789 | 0 | 10 | 51 | 94 | 143 | 473 | 2010 | 3838 | 7506 | 15716 | 36197 | 561813 |
| Net Worth 29 | 3605 | 0 | -44 | 42 | 18 | 311 | 1012 | 2330 | 7243 | 15184 | 32808 | 60751 | 1185375 |

## Selected Financial Ratios (Times to 1)

| | | | | | | | | | | | | | |
|---|---|---|---|---|---|---|---|---|---|---|---|---|---|
| Current Ratio 30 | 1.3 | • | 0.8 | 1.6 | 1.4 | 2.0 | 2.1 | 1.8 | 1.8 | 1.8 | 2.1 | 1.9 | 1.0 |
| Quick Ratio 31 | 0.7 | • | 0.5 | 1.2 | 0.9 | 1.3 | 1.3 | 1.0 | 1.0 | 0.9 | 1.2 | 0.9 | 0.5 |
| Net Sales to Working Capital 32 | 12.9 | • | • | 16.6 | 18.1 | 7.2 | 6.2 | 7.3 | 6.3 | 6.0 | 4.5 | 4.7 | • |
| Coverage Ratio 33 | 3.0 | • | 0.9 | 0.7 | 1.9 | 4.1 | 5.1 | 4.4 | 4.2 | 3.8 | 3.7 | 1.8 | 2.8 |
| Total Asset Turnover 34 | 0.8 | • | 4.0 | 3.6 | 2.8 | 2.2 | 2.1 | 2.2 | 1.7 | 1.5 | 1.2 | 1.1 | 0.5 |
| Inventory Turnover 35 | 5.3 | • | 18.2 | 18.5 | 9.2 | 6.4 | 6.4 | 6.2 | 4.8 | 4.7 | 4.4 | 3.5 | 5.0 |
| Receivables Turnover 36 | 6.3 | • | 166.3 | 16.9 | 12.3 | 7.7 | 8.1 | 8.0 | 6.8 | 6.9 | 6.1 | 5.4 | 5.3 |
| Total Liabilities to Net Worth 37 | 1.3 | • | • | 2.8 | 17.7 | 1.3 | 1.1 | 1.9 | 1.2 | 1.2 | 1.2 | 1.6 | 1.2 |
| Current Assets to Working Capital 38 | 4.7 | • | • | 2.8 | 3.5 | 2.0 | 1.9 | 2.3 | 2.2 | 2.2 | 1.9 | 2.1 | • |
| Current Liabilities to Working Capital 39 | 3.7 | • | • | 1.8 | 2.5 | 1.0 | 0.9 | 1.3 | 1.2 | 1.2 | 0.9 | 1.1 | • |
| Working Capital to Net Sales 40 | 0.1 | • | • | 0.1 | 0.1 | 0.1 | 0.2 | 0.1 | 0.2 | 0.2 | 0.2 | 0.2 | • |
| Inventory to Working Capital 41 | 1.6 | • | • | 0.5 | 1.1 | 0.6 | 0.6 | 0.9 | 0.9 | 0.9 | 0.7 | 0.9 | • |
| Total Receipts to Cash Flow 42 | 6.8 | • | 6.2 | 7.7 | 8.8 | 9.8 | 9.0 | 9.5 | 9.8 | 8.6 | 8.9 | 11.4 | 5.2 |
| Cost of Goods to Cash Flow 43 | 4.4 | • | 3.1 | 4.0 | 4.8 | 5.9 | 5.8 | 6.7 | 6.9 | 6.0 | 6.1 | 8.0 | 3.3 |
| Cash Flow to Total Debt 44 | 0.2 | • | 0.3 | 0.6 | 0.3 | 0.4 | 0.4 | 0.4 | 0.3 | 0.3 | 0.3 | 0.2 | 0.2 |

## Selected Financial Factors (in Percentages)

| | | | | | | | | | | | | | |
|---|---|---|---|---|---|---|---|---|---|---|---|---|---|
| Debt Ratio 45 | 55.7 | • | 236.0 | 73.7 | 94.7 | 56.4 | 53.2 | 65.6 | 54.0 | 55.6 | 53.8 | 61.8 | 54.8 |
| Return on Total Assets 46 | 7.8 | • | 5.9 | 2.7 | 9.3 | 11.3 | 12.9 | 14.2 | 10.5 | 11.7 | 9.9 | 6.8 | 6.9 |
| Return on Equity Before Income Taxes 47 | 11.8 | • | 0.5 | • | 80.7 | 19.7 | 22.2 | 32.0 | 17.3 | 19.5 | 15.5 | 7.8 | 9.9 |
| Return on Equity After Income Taxes 48 | 8.5 | • | 0.9 | • | 77.6 | 18.3 | 20.2 | 28.5 | 14.5 | 16.1 | 11.2 | 5.0 | 6.6 |
| Profit Margin (Before Income Tax) 49 | 6.5 | • | • | • | 1.5 | 4.0 | 5.0 | 4.9 | 4.7 | 5.8 | 5.7 | 2.7 | 9.2 |
| Profit Margin (After Income Tax) 50 | 4.7 | • | • | • | 1.5 | 3.7 | 4.5 | 4.4 | 3.9 | 4.8 | 4.1 | 1.8 | 6.1 |

## Table II

Corporations with Net Income

# OTHER FABRICATED METAL PRODUCT

MONEY AMOUNTS AND SIZE OF ASSETS IN THOUSANDS OF DOLLARS

| Item Description for Accounting Period 7/00 Through 6/01 | | Total | Zero Assets | Under 100 | 100 to 250 | 251 to 500 | 501 to 1,000 | 1,001 to 5,000 | 5,001 to 10,000 | 10,001 to 25,000 | 25,001 to 50,000 | 50,001 to 100,000 | 100,001 to 250,000 | 250,001 and over |
|---|---|---|---|---|---|---|---|---|---|---|---|---|---|---|
| Number of Enterprises | 1 | 14957 | 202 | 2296 | 3153 | 2384 | 2004 | 3697 | 632 | 339 | 116 | 60 | 28 | 45 |
| **Revenues ($ in Thousands)** | | | | | | | | | | | | | | |
| Net Sales | 2 | 125677172 | 286538 | 397901 | 1456725 | 2498814 | 3124345 | 18024674 | 10003214 | 9381258 | 6314735 | 5579499 | 5293081 | 63316388 |
| Interest | 3 | 1929055 | 420 | 639 | 6130 | 2769 | 4817 | 23135 | 9017 | 17871 | 16605 | 17596 | 26218 | 1803837 |
| Rents | 4 | 224514 | 148 | 0 | 0 | 922 | 211 | 8119 | 2317 | 4368 | 3129 | 6805 | 1968 | 196525 |
| Royalties | 5 | 1186120 | 189 | 0 | 0 | 0 | 0 | 1053 | 1426 | 2512 | 11107 | 11117 | 13043 | 1145674 |
| Other Portfolio Income | 6 | 1645254 | 15539 | 0 | 11981 | 13525 | 31660 | 44229 | 17066 | 25967 | 44354 | 48127 | 48725 | 1344076 |
| Other Receipts | 7 | 1142941 | 793 | 78 | 4042 | 6759 | 11629 | 55872 | 44995 | 37211 | 48429 | 68505 | 35869 | 828765 |
| Total Receipts | 8 | 131805056 | 303627 | 398618 | 1478878 | 2522789 | 3172662 | 18157082 | 10078035 | 9469187 | 6438359 | 5731649 | 5418904 | 68635265 |
| Average Total Receipts | 9 | 8812 | 1503 | 174 | 469 | 1058 | 1583 | 4911 | 15946 | 27933 | 55503 | 95527 | 193532 | 1525228 |
| **Operating Costs/Operating Income (%)** | | | | | | | | | | | | | | |
| Cost of Operations | 10 | 64.0 | 59.9 | 45.5 | 53.8 | 53.0 | 57.4 | 64.2 | 69.4 | 68.3 | 68.7 | 68.4 | 67.8 | 62.4 |
| Salaries and Wages | 11 | 6.3 | 4.8 | 8.0 | 8.3 | 9.7 | 6.6 | 6.4 | 5.5 | 6.3 | 6.3 | 7.1 | 5.9 | 6.3 |
| Taxes Paid | 12 | 2.1 | 1.8 | 2.8 | 3.7 | 3.0 | 2.9 | 2.6 | 2.0 | 2.2 | 1.8 | 1.8 | 2.2 | 1.9 |
| Interest Paid | 13 | 3.1 | 3.9 | 0.6 | 0.8 | 1.1 | 1.1 | 1.0 | 1.2 | 1.1 | 1.7 | 1.7 | 1.9 | 4.9 |
| Depreciation | 14 | 3.1 | 3.5 | 2.8 | 3.1 | 2.7 | 2.6 | 2.7 | 2.1 | 2.8 | 3.1 | 3.1 | 3.4 | 3.4 |
| Amortization and Depletion | 15 | 0.4 | 0.2 | • | 0.0 | 0.0 | 0.0 | 0.0 | 0.1 | 0.1 | 0.3 | 0.3 | 0.3 | 0.6 |
| Pensions and Other Deferred Comp. | 16 | 0.7 | 0.5 | • | 1.1 | 1.6 | 1.0 | 0.7 | 0.7 | 0.6 | 0.5 | 0.6 | 0.7 | 0.7 |
| Employee Benefits | 17 | 2.1 | 1.1 | 0.8 | 1.0 | 1.6 | 1.0 | 1.3 | 1.5 | 1.6 | 1.6 | 1.5 | 2.6 | 2.7 |
| Advertising | 18 | 1.2 | 0.2 | 0.3 | 0.1 | 0.4 | 1.6 | 0.5 | 0.3 | 0.5 | 0.7 | 0.5 | 1.3 | 1.8 |
| Other Expenses | 19 | 11.4 | 12.2 | 20.5 | 15.7 | 12.9 | 10.0 | 8.6 | 7.2 | 6.8 | 7.5 | 7.0 | 8.7 | 14.3 |
| Officers' Compensation | 20 | 2.3 | 8.0 | 4.0 | 7.5 | 8.2 | 9.3 | 6.0 | 4.0 | 2.8 | 1.7 | 1.4 | 1.0 | 0.4 |
| Operating Margin | 21 | 3.3 | 4.0 | 14.7 | 5.0 | 5.7 | 6.5 | 6.0 | 6.0 | 6.8 | 6.2 | 6.5 | 4.1 | 0.7 |
| Operating Margin Before Officers' Comp. | 22 | 5.6 | 12.0 | 18.7 | 12.5 | 13.9 | 15.7 | 12.0 | 10.0 | 9.6 | 7.9 | 7.9 | 5.1 | 1.0 |

| | | | | | | | | | | | | | |
|---|---|---|---|---|---|---|---|---|---|---|---|---|---|
| | **Selected Average Balance Sheet ($ in Thousands)** | | | | | | | | | | | | |
| Net Receivables 23 | 1375 | 0 | 0 | 41 | 92 | 167 | 619 | 2269 | 3782 | 7402 | 15933 | 32252 | 270046 |
| Inventories 24 | 1019 | 0 | 2 | 10 | 58 | 143 | 470 | 1642 | 4175 | 7828 | 13743 | 38111 | 173249 |
| Net Property, Plant and Equipment 25 | 1705 | 0 | 20 | 37 | 114 | 188 | 606 | 1925 | 4481 | 10587 | 21129 | 45117 | 354662 |
| Total Assets 26 | 11064 | 0 | 39 | 166 | 338 | 704 | 2203 | 6815 | 15881 | 34558 | 70892 | 161471 | 2934146 |
| Notes and Loans Payable 27 | 3429 | 0 | 43 | 41 | 153 | 221 | 580 | 2184 | 3890 | 10334 | 19129 | 35934 | 934467 |
| All Other Liabilities 28 | 2374 | 0 | 4 | 29 | 79 | 145 | 451 | 2062 | 3488 | 7439 | 14337 | 35097 | 623780 |
| Net Worth 29 | 5262 | 0 | -8 | 96 | 106 | 338 | 1173 | 2569 | 8504 | 16785 | 37426 | 90440 | 1375899 |
| | **Selected Financial Ratios (Times to 1)** | | | | | | | | | | | | |
| Current Ratio 30 | 1.3 | • | 3.7 | 3.0 | 2.1 | 2.1 | 2.3 | 2.0 | 2.1 | 2.1 | 2.3 | 2.9 | 0.9 |
| Quick Ratio 31 | 0.7 | • | 3.1 | 2.5 | 1.5 | 1.4 | 1.5 | 1.2 | 1.2 | 1.1 | 1.3 | 1.4 | 0.5 |
| Net Sales to Working Capital 32 | 12.9 | • | 12.5 | 6.5 | 9.4 | 6.8 | 5.8 | 6.4 | 5.3 | 5.4 | 4.3 | 3.4 | • |
| Coverage Ratio 33 | 3.8 | 3.6 | 28.0 | 8.9 | 7.0 | 8.0 | 7.8 | 6.6 | 7.8 | 5.6 | 6.6 | 4.5 | 3.1 |
| Total Asset Turnover 34 | 0.8 | • | 4.4 | 2.8 | 3.1 | 2.2 | 2.2 | 2.3 | 1.7 | 1.6 | 1.3 | 1.2 | 0.5 |
| Inventory Turnover 35 | 5.3 | • | 42.5 | 24.8 | 9.6 | 6.3 | 6.7 | 6.7 | 4.5 | 4.8 | 4.6 | 3.4 | 5.1 |
| Receivables Turnover 36 | 6.3 | • | • | 14.1 | 12.1 | 7.7 | 8.3 | 7.9 | 6.7 | 7.1 | 6.1 | 5.4 | 5.4 |
| Total Liabilities to Net Worth 37 | 1.1 | • | • | 0.7 | 2.2 | 1.1 | 0.9 | 1.7 | 0.9 | 1.1 | 0.9 | 0.8 | 1.1 |
| Current Assets to Working Capital 38 | 4.7 | • | 1.4 | 1.5 | 1.9 | 1.9 | 1.8 | 2.0 | 1.9 | 1.9 | 1.8 | 1.5 | • |
| Current Liabilities to Working Capital 39 | 3.7 | • | 0.4 | 0.5 | 0.9 | 0.9 | 0.8 | 1.0 | 0.9 | 0.9 | 0.8 | 0.5 | • |
| Working Capital to Net Sales 40 | 0.1 | • | 0.1 | 0.2 | 0.1 | 0.1 | 0.2 | 0.2 | 0.2 | 0.2 | 0.2 | 0.3 | • |
| Inventory to Working Capital 41 | 1.6 | • | 0.2 | 0.1 | 0.5 | 0.5 | 0.6 | 0.7 | 0.7 | 0.8 | 0.6 | 0.6 | • |
| Total Receipts to Cash Flow 42 | 5.9 | 5.2 | 3.5 | 5.9 | 6.4 | 7.5 | 8.0 | 8.2 | 7.8 | 7.3 | 6.9 | 7.8 | 4.9 |
| Cost of Goods to Cash Flow 43 | 3.8 | 3.1 | 1.6 | 3.2 | 3.4 | 4.3 | 5.1 | 5.7 | 5.3 | 5.0 | 4.7 | 5.3 | 3.0 |
| Cash Flow to Total Debt 44 | 0.2 | • | 1.1 | 1.1 | 0.7 | 0.6 | 0.6 | 0.5 | 0.5 | 0.4 | 0.4 | 0.3 | 0.2 |
| | **Selected Financial Factors (in Percentages)** | | | | | | | | | | | | |
| Debt Ratio 45 | 52.4 | • | 120.6 | 42.3 | 68.6 | 52.0 | 46.8 | 62.3 | 46.5 | 51.4 | 47.2 | 44.0 | 53.1 |
| Return on Total Assets 46 | 9.0 | • | 68.8 | 20.5 | 24.2 | 20.3 | 17.1 | 18.5 | 15.5 | 15.5 | 14.5 | 10.0 | 7.1 |
| Return on Equity Before Income Taxes 47 | 13.9 | • | • | 31.5 | 66.0 | 37.0 | 28.0 | 41.7 | 25.2 | 26.2 | 23.2 | 13.9 | 10.2 |
| Return on Equity After Income Taxes 48 | 10.5 | • | • | 30.7 | 65.2 | 35.2 | 25.7 | 37.9 | 21.9 | 22.3 | 18.2 | 11.0 | 6.8 |
| Profit Margin (Before Income Tax) 49 | 8.7 | 10.0 | 14.9 | 6.5 | 6.7 | 8.0 | 6.7 | 6.8 | 7.7 | 8.1 | 9.4 | 6.6 | 10.0 |
| Profit Margin (After Income Tax) 50 | 6.6 | 9.5 | 14.8 | 6.4 | 6.6 | 7.6 | 6.2 | 6.1 | 6.7 | 6.9 | 7.3 | 5.2 | 6.7 |

**Table I**

Corporations with and without Net Income

# AGRICULTURE, CONSTRUCTION, AND MINING MACHINERY

**MONEY AMOUNTS AND SIZE OF ASSETS IN THOUSANDS OF DOLLARS**

| Item Description for Accounting Period 7/00 Through 6/01 | | Total | Zero Assets | Under 100 | 100 to 250 | 251 to 500 | 501 to 1,000 | 1,001 to 5,000 | 5,001 to 10,000 | 10,001 to 25,000 | 25,001 to 50,000 | 50,001 to 100,000 | 100,001 to 250,000 | 250,001 and over |
|---|---|---|---|---|---|---|---|---|---|---|---|---|---|---|
| Number of Enterprises | 1 | 3512 | 216 | 1230 | 315 | 429 | 434 | 551 | 129 | 97 | 32 | 30 | 23 | 27 |
| **Revenues ($ in Thousands)** | | | | | | | | | | | | | | |
| Net Sales | 2 | 70190461 | 75774 | 11996 | 3201 | 563900 | 817246 | 2256213 | 1438010 | 2371255 | 1426062 | 2211916 | 3831884 | 55183004 |
| Interest | 3 | 3485168 | 35 | 0 | 0 | 20 | 1368 | 9565 | 2280 | 4819 | 2848 | 10106 | 24959 | 3429167 |
| Rents | 4 | 851688 | 0 | 0 | 0 | 0 | 174 | 2074 | 57 | 4486 | 2250 | 1722 | 1621 | 839305 |
| Royalties | 5 | 451540 | 0 | 0 | 0 | 0 | 0 | 0 | 0 | 17 | 698 | 5729 | 29418 | 415678 |
| Other Portfolio Income | 6 | 1164405 | 335 | 0 | 882 | 0 | 1030 | 12374 | 1388 | 2262 | 7192 | 13957 | 30063 | 1094920 |
| Other Receipts | 7 | 1364093 | 241 | 0 | 496 | 0 | 37838 | 14361 | 9194 | 18650 | 25643 | 53458 | 87122 | 1117093 |
| Total Receipts | 8 | 77507355 | 76385 | 11996 | 4579 | 563920 | 857656 | 2294587 | 1450929 | 2401489 | 1464693 | 2296888 | 4005067 | 62079167 |
| Average Total Receipts | 9 | 22069 | 354 | 10 | 15 | 1314 | 1976 | 4164 | 11248 | 24758 | 45772 | 76563 | 174133 | 2299228 |
| **Operating Costs/Operating Income (%)** | | | | | | | | | | | | | | |
| Cost of Operations | 10 | 73.9 | 65.5 | 31.2 | 21.1 | 77.9 | 53.0 | 68.2 | 72.4 | 73.4 | 72.6 | 68.9 | 73.9 | 74.7 |
| Salaries and Wages | 11 | 6.3 | 1.7 | • | • | 4.6 | 16.3 | 8.0 | 4.5 | 7.4 | 6.6 | 9.4 | 8.3 | 5.9 |
| Taxes Paid | 12 | 1.2 | 0.2 | 6.8 | 5.4 | 0.9 | 2.0 | 2.6 | 2.0 | 1.8 | 1.5 | 1.6 | 1.6 | 1.0 |
| Interest Paid | 13 | 5.7 | 1.4 | 4.9 | 35.1 | 0.9 | 0.7 | 1.5 | 1.1 | 2.2 | 2.6 | 2.7 | 3.7 | 6.6 |
| Depreciation | 14 | 3.4 | 0.1 | 29.6 | 158.0 | 0.9 | 1.7 | 1.7 | 1.6 | 2.2 | 3.2 | 2.7 | 3.7 | 3.6 |
| Amortization and Depletion | 15 | 0.3 | • | 0.3 | 2.0 | 0.2 | 0.1 | 0.1 | 0.1 | 0.1 | 0.3 | 0.8 | 0.5 | 0.3 |
| Pensions and Other Deferred Comp. | 16 | 0.6 | • | • | • | 0.8 | 1.1 | 0.4 | 0.3 | 0.6 | 0.3 | 0.5 | 0.4 | 0.6 |
| Employee Benefits | 17 | 1.8 | • | • | • | • | 0.4 | 1.0 | 1.3 | 1.3 | 1.6 | 1.1 | 2.0 | 1.9 |
| Advertising | 18 | 0.8 | 0.1 | • | • | 0.1 | 1.1 | 0.9 | 1.4 | 0.8 | 1.3 | 1.1 | 0.9 | 0.8 |
| Other Expenses | 19 | 15.6 | 9.3 | 7.0 | 247.9 | 7.1 | 15.6 | 11.5 | 4.7 | 8.0 | 10.8 | 10.4 | 8.0 | 17.3 |
| Officers' Compensation | 20 | 0.7 | • | • | • | 4.2 | 6.4 | 5.2 | 4.0 | 1.8 | 1.6 | 1.0 | 0.6 | 0.3 |
| Operating Margin | 21 | • | 21.8 | 20.1 | • | 2.4 | 1.6 | • | 6.6 | 0.5 | • | • | • | • |
| Operating Margin Before Officers' Comp. | 22 | • | 21.8 | 20.1 | • | 6.6 | 8.1 | 4.1 | 10.5 | 2.4 | • | 0.9 | • | • |

## Selected Average Balance Sheet ($ in Thousands)

| | | | | | | | | | | | | | |
|---|---|---|---|---|---|---|---|---|---|---|---|---|---|
| Net Receivables 23 | 12593 | 0 | 0 | 0 | 121 | 130 | 432 | 1646 | 3221 | 9186 | 12789 | 36652 | 1549409 |
| Inventories 24 | 3052 | 0 | 9 | 78 | 74 | 284 | 943 | 2666 | 5703 | 8801 | 15541 | 43421 | 272773 |
| Net Property, Plant and Equipment 25 | 3983 | 0 | 26 | 180 | 106 | 79 | 333 | 1254 | 3326 | 8182 | 14697 | 40103 | 426886 |
| Total Assets 26 | 33724 | 0 | 27 | 207 | 309 | 771 | 2454 | 6783 | 14929 | 34055 | 69218 | 156567 | 3978897 |
| Notes and Loans Payable 27 | 13878 | 0 | 138 | 134 | 146 | 244 | 752 | 1367 | 5605 | 11146 | 25678 | 54437 | 1660949 |
| All Other Liabilities 28 | 10677 | 0 | 0 | 7 | 134 | 167 | 571 | 1166 | 3926 | 13866 | 15698 | 37800 | 1286506 |
| Net Worth 29 | 9169 | 0 | -111 | 66 | 29 | 360 | 1130 | 4250 | 5398 | 9044 | 27842 | 64330 | 1031442 |

## Selected Financial Ratios (Times to 1)

| | | | | | | | | | | | | | |
|---|---|---|---|---|---|---|---|---|---|---|---|---|---|
| Current Ratio 30 | 1.3 | • | 0.2 | 1.0 | 1.5 | 5.7 | 2.2 | 2.9 | 1.7 | 1.2 | 1.7 | 1.8 | 1.3 |
| Quick Ratio 31 | 1.0 | • | 0.2 | 1.0 | 1.3 | 3.1 | 0.9 | 1.4 | 0.7 | 0.6 | 0.8 | 0.9 | 1.1 |
| Net Sales to Working Capital 32 | 4.7 | • | • | 33.0 | 19.4 | 3.5 | 4.1 | 3.5 | 5.6 | 11.8 | 5.3 | 4.0 | 4.7 |
| Coverage Ratio 33 | 1.2 | 17.7 | 5.1 | • | 3.7 | 10.4 | 1.4 | 7.6 | 1.8 | 1.1 | 2.3 | 1.3 | 1.1 |
| Total Asset Turnover 34 | 0.6 | • | 0.4 | 0.0 | 4.3 | 2.4 | 1.7 | 1.6 | 1.6 | 1.3 | 1.1 | 1.1 | 0.5 |
| Inventory Turnover 35 | 4.8 | • | 0.3 | 0.0 | 13.8 | 3.5 | 3.0 | 3.0 | 3.1 | 3.7 | 3.3 | 2.8 | 5.6 |
| Receivables Turnover 36 | 1.9 | • | 12.7 | • | 11.6 | 15.6 | 8.8 | 7.8 | 7.3 | 5.2 | 5.7 | 4.9 | 1.6 |
| Total Liabilities to Net Worth 37 | 2.7 | • | • | 2.1 | 9.6 | 1.1 | 1.2 | 0.6 | 1.8 | 2.8 | 1.5 | 1.4 | 2.9 |
| Current Assets to Working Capital 38 | 4.0 | • | • | 23.8 | 3.0 | 1.2 | 1.8 | 1.5 | 2.4 | 5.9 | 2.5 | 2.2 | 4.5 |
| Current Liabilities to Working Capital 39 | 3.0 | • | • | 22.8 | 2.0 | 0.2 | 0.8 | 0.5 | 1.4 | 4.9 | 1.5 | 1.2 | 3.5 |
| Working Capital to Net Sales 40 | 0.2 | • | • | 0.0 | 0.1 | 0.3 | 0.2 | 0.3 | 0.2 | 0.1 | 0.2 | 0.2 | 0.2 |
| Inventory to Working Capital 41 | 0.7 | • | • | • | 0.3 | 0.5 | 1.0 | 0.7 | 1.3 | 2.2 | 1.2 | 1.0 | 0.6 |
| Total Receipts to Cash Flow 42 | 7.4 | 3.2 | 3.7 | • | 14.0 | 5.7 | 11.8 | 9.3 | 11.9 | 11.2 | 8.2 | 14.0 | 6.8 |
| Cost of Goods to Cash Flow 43 | 5.4 | 2.1 | 1.1 | • | 10.9 | 3.0 | 8.1 | 6.7 | 8.8 | 8.2 | 5.6 | 10.4 | 5.1 |
| Cash Flow to Total Debt 44 | 0.1 | • | 0.0 | • | 0.3 | 0.8 | 0.3 | 0.5 | 0.2 | 0.2 | 0.2 | 0.1 | 0.1 |

## Selected Financial Factors (in Percentages)

| | | | | | | | | | | | | | |
|---|---|---|---|---|---|---|---|---|---|---|---|---|---|
| Debt Ratio 45 | 72.8 | • | 510.2 | 68.2 | 90.5 | 53.3 | 53.9 | 37.3 | 63.8 | 73.4 | 59.8 | 58.9 | 74.1 |
| Return on Total Assets 46 | 4.0 | • | 9.1 | • | 13.8 | 17.8 | 3.5 | 14.0 | 6.5 | 3.7 | 6.7 | 5.0 | 3.7 |
| Return on Equity Before Income Taxes 47 | 2.4 | • | • | • | 106.6 | 34.4 | 2.2 | 19.5 | 8.2 | 0.8 | 9.5 | 2.6 | 1.4 |
| Return on Equity After Income Taxes 48 | • | • | • | • | 105.7 | 32.6 | • | 18.8 | 5.2 | • | 6.7 | 0.3 | • |
| Profit Margin (Before Income Tax) 49 | 1.1 | 22.6 | 20.1 | • | 2.4 | 6.6 | 0.6 | 7.4 | 1.8 | 0.2 | 3.6 | 1.0 | 0.7 |
| Profit Margin (After Income Tax) 50 | • | 22.6 | 20.1 | • | 2.4 | 6.2 | • | 7.2 | 1.1 | • | 2.5 | 0.1 | • |

## Table II

Corporations with Net Income

# AGRICULTURE, CONSTRUCTION, AND MINING MACHINERY

MONEY AMOUNTS AND SIZE OF ASSETS IN THOUSANDS OF DOLLARS

| Item Description for Accounting Period 7/00 Through 6/01 | | Total | Zero Assets | Under 100 | 100 to 250 | 251 to 500 | 501 to 1,000 | 1,001 to 5,000 | 5,001 to 10,000 | 10,001 to 25,000 | 25,001 to 50,000 | 50,001 to 100,000 | 100,001 to 250,000 | 250,001 and over |
|---|---|---|---|---|---|---|---|---|---|---|---|---|---|---|
| Number of Enterprises | 1 | 1882 | 0 | 368 | • | 302 | 0 | 354 | 125 | 66 | 17 | 23 | 16 | 19 |
| **Revenues ($ in Thousands)** | | | | | | | | | | | | | | |
| Net Sales | 2 | 57535075 | 0 | 11928 | • | 542156 | 0 | 1233301 | 1404762 | 1695620 | 732653 | 1914602 | 2659089 | 46509236 |
| Interest | 3 | 2324729 | 0 | 0 | • | 0 | 0 | 7346 | 2102 | 4217 | 1444 | 8451 | 17027 | 2282741 |
| Rents | 4 | 725590 | 0 | 0 | • | 0 | 0 | 2074 | 57 | 4217 | 1787 | 1302 | 1350 | 714629 |
| Royalties | 5 | 350288 | 0 | 0 | • | 0 | 0 | 0 | 0 | 17 | 394 | 5729 | 19001 | 325147 |
| Other Portfolio Income | 6 | 1037392 | 0 | 0 | • | 0 | 0 | 7213 | 801 | 1892 | 3120 | 11665 | 21850 | 989816 |
| Other Receipts | 7 | 912395 | 0 | 0 | • | 0 | 0 | 6183 | 8786 | 15497 | 4779 | 41468 | 75416 | 743193 |
| Total Receipts | 8 | 62885469 | 0 | 11928 | • | 542156 | 0 | 1256117 | 1416508 | 1721460 | 744177 | 1983217 | 2793733 | 51564762 |
| Average Total Receipts | 9 | 33414 | • | 32 | • | 1795 | • | 3548 | 11332 | 26083 | 43775 | 86227 | 174608 | 2713935 |
| **Operating Costs/Operating Income (%)** | | | | | | | | | | | | | | |
| Cost of Operations | 10 | 73.8 | • | 5.2 | • | 79.1 | • | 65.1 | 72.5 | 70.6 | 67.6 | 68.6 | 71.5 | 74.9 |
| Salaries and Wages | 11 | 5.3 | • | • | • | 3.4 | • | 6.5 | 4.4 | 7.4 | 6.8 | 9.0 | 9.0 | 4.7 |
| Taxes Paid | 12 | 1.1 | • | 0.1 | • | 0.7 | • | 2.1 | 2.0 | 1.9 | 1.4 | 1.6 | 1.8 | 1.0 |
| Interest Paid | 13 | 4.4 | • | 5.0 | • | 0.4 | • | 1.3 | 1.0 | 1.8 | 1.1 | 2.3 | 2.1 | 5.1 |
| Depreciation | 14 | 3.1 | • | 23.0 | • | 0.7 | • | 1.6 | 1.6 | 1.9 | 2.2 | 2.4 | 4.0 | 3.3 |
| Amortization and Depletion | 15 | 0.2 | • | • | • | 0.0 | • | 0.2 | 0.1 | 0.1 | 0.3 | 0.6 | 0.2 | 0.2 |
| Pensions and Other Deferred Comp. | 16 | 0.6 | • | • | • | 0.8 | • | 0.6 | 0.3 | 0.8 | 0.3 | 0.4 | 0.5 | 0.6 |
| Employee Benefits | 17 | 1.3 | • | • | • | • | • | 0.6 | 1.3 | 1.4 | 1.3 | 1.1 | 2.3 | 1.4 |
| Advertising | 18 | 0.6 | • | • | • | 0.1 | • | 1.0 | 1.4 | 0.8 | 2.1 | 1.1 | 0.9 | 0.4 |
| Other Expenses | 19 | 13.0 | • | • | • | 5.5 | • | 11.0 | 4.4 | 7.6 | 10.3 | 10.0 | 6.3 | 14.2 |
| Officers' Compensation | 20 | 0.7 | • | • | • | 3.8 | • | 6.1 | 4.0 | 2.1 | 1.6 | 1.1 | 0.7 | 0.2 |
| Operating Margin | 21 | • | • | 66.8 | • | 5.4 | • | 3.9 | 7.1 | 3.6 | 4.9 | 1.7 | 0.8 | • |
| Operating Margin Before Officers' Comp. | 22 | • | • | 66.8 | • | 9.3 | • | 10.0 | 11.1 | 5.7 | 6.5 | 2.8 | 1.5 | • |

## Selected Average Balance Sheet ($ in Thousands)

| | | | | | | | | | | | | | |
|---|---|---|---|---|---|---|---|---|---|---|---|---|---|
| Net Receivables 23 | 15800 | • | 0 | • | 169 | • | 389 | 1637 | 3370 | 8945 | 13354 | 42408 | 1469884 |
| Inventories 24 | 3882 | • | 0 | • | 102 | • | 730 | 2236 | 5925 | 9405 | 15260 | 45149 | 262457 |
| Net Property, Plant and Equipment 25 | 5662 | • | 33 | • | 48 | • | 296 | 1274 | 3193 | 6642 | 13792 | 41222 | 476371 |
| Total Assets 26 | 45130 | • | 34 | • | 308 | • | 2106 | 6761 | 15447 | 31702 | 69861 | 165418 | 4058986 |
| Notes and Loans Payable 27 | 16534 | • | 22 | • | 39 | • | 606 | 1288 | 4587 | 6887 | 22577 | 33330 | 1534869 |
| All Other Liabilities 28 | 13443 | • | 0 | • | 176 | • | 458 | 1130 | 4025 | 8476 | 15135 | 44333 | 1233449 |
| Net Worth 29 | 15153 | • | 11 | • | 93 | • | 1042 | 4343 | 6836 | 16340 | 32148 | 87756 | 1290668 |

## Selected Financial Ratios (Times to 1)

| | | | | | | | | | | | | | |
|---|---|---|---|---|---|---|---|---|---|---|---|---|---|
| Current Ratio 30 | 1.4 | • | 0.1 | • | 1.5 | • | 2.6 | 3.0 | 2.0 | 2.1 | 1.7 | 2.3 | 1.3 |
| Quick Ratio 31 | 1.1 | • | 0.1 | • | 1.3 | • | 1.4 | 1.5 | 0.9 | 1.3 | 0.8 | 1.2 | 1.1 |
| Net Sales to Working Capital 32 | 5.0 | • | • | • | 21.3 | • | 3.7 | 3.5 | 4.6 | 4.0 | 5.3 | 2.9 | 5.3 |
| Coverage Ratio 33 | 2.4 | • | 14.4 | • | 15.3 | • | 5.5 | 8.5 | 3.8 | 6.6 | 3.3 | 3.9 | 2.2 |
| Total Asset Turnover 34 | 0.7 | • | 1.0 | • | 5.8 | • | 1.7 | 1.7 | 1.7 | 1.4 | 1.2 | 1.0 | 0.6 |
| Inventory Turnover 35 | 5.8 | • | • | • | 14.0 | • | 3.1 | 3.6 | 3.1 | 3.1 | 3.7 | 2.6 | 7.0 |
| Receivables Turnover 36 | 2.3 | • | • | • | 11.2 | • | 7.8 | 8.6 | 7.1 | 4.0 | 7.4 | 4.4 | 2.0 |
| Total Liabilities to Net Worth 37 | 2.0 | • | 2.0 | • | 2.3 | • | 1.0 | 0.6 | 1.3 | 0.9 | 1.2 | 0.9 | 2.1 |
| Current Assets to Working Capital 38 | 3.5 | • | • | • | 3.1 | • | 1.6 | 1.5 | 2.0 | 1.9 | 2.4 | 1.8 | 4.1 |
| Current Liabilities to Working Capital 39 | 2.5 | • | • | • | 2.1 | • | 0.6 | 0.5 | 1.0 | 0.9 | 1.4 | 0.8 | 3.1 |
| Working Capital to Net Sales 40 | 0.2 | • | • | • | 0.0 | • | 0.3 | 0.3 | 0.2 | 0.2 | 0.2 | 0.3 | 0.2 |
| Inventory to Working Capital 41 | 0.7 | • | • | • | 0.3 | • | 0.7 | 0.7 | 1.1 | 0.6 | 1.2 | 0.8 | 0.6 |
| Total Receipts to Cash Flow 42 | 6.1 | • | 1.5 | • | 11.5 | • | 7.7 | 9.1 | 8.6 | 6.8 | 7.4 | 9.7 | 5.8 |
| Cost of Goods to Cash Flow 43 | 4.5 | • | 0.1 | • | 9.1 | • | 5.0 | 6.6 | 6.1 | 4.6 | 5.0 | 6.9 | 4.4 |
| Cash Flow to Total Debt 44 | 0.2 | • | 0.9 | • | 0.7 | • | 0.4 | 0.5 | 0.3 | 0.4 | 0.3 | 0.2 | 0.2 |

## Selected Financial Factors (in Percentages)

| | | | | | | | | | | | | | |
|---|---|---|---|---|---|---|---|---|---|---|---|---|---|
| Debt Ratio 45 | 66.4 | • | 67.2 | • | 69.8 | • | 50.5 | 35.8 | 55.7 | 48.5 | 54.0 | 46.9 | 68.2 |
| Return on Total Assets 46 | 7.2 | • | 68.3 | • | 33.7 | • | 11.6 | 14.8 | 11.6 | 10.3 | 8.9 | 8.0 | 6.8 |
| Return on Equity Before Income Taxes 47 | 12.4 | • | 193.8 | • | 104.3 | • | 19.2 | 20.3 | 19.4 | 16.9 | 13.5 | 11.2 | 11.7 |
| Return on Equity After Income Taxes 48 | 9.1 | • | 193.8 | • | 103.9 | • | 14.9 | 19.6 | 15.9 | 14.0 | 10.3 | 8.7 | 8.2 |
| Profit Margin (Before Income Tax) 49 | 6.2 | • | 66.8 | • | 5.4 | • | 5.7 | 7.9 | 5.2 | 6.4 | 5.2 | 5.9 | 6.2 |
| Profit Margin (After Income Tax) 50 | 4.5 | • | 66.8 | • | 5.4 | • | 4.5 | 7.6 | 4.2 | 5.3 | 4.0 | 4.6 | 4.3 |

**Table I**

Corporations with and without Net Income

# INDUSTRIAL MACHINERY

**MONEY AMOUNTS AND SIZE OF ASSETS IN THOUSANDS OF DOLLARS**

| Item Description for Accounting Period 7/00 Through 6/01 | | Total | Zero Assets | Under 100 | 100 to 250 | 251 to 500 | 501 to 1,000 | 1,001 to 5,000 | 5,001 to 10,000 | 10,001 to 25,000 | 25,001 to 50,000 | 50,001 to 100,000 | 100,001 to 250,000 | 250,001 and over |
|---|---|---|---|---|---|---|---|---|---|---|---|---|---|---|
| Number of Enterprises | 1 | 4785 | 286 | 1331 | 966 | 459 | 179 | 851 | 381 | 179 | 61 | 36 | 32 | 22 |
| **Revenues ($ in Thousands)** | | | | | | | | | | | | | | |
| Net Sales | 2 | 41372662 | 698916 | 154586 | 440347 | 184702 | 362358 | 3720397 | 4616047 | 4061484 | 2789076 | 2916373 | 5139946 | 16288429 |
| Interest | 3 | 292193 | 3558 | 0 | 445 | 906 | 343 | 4681 | 6277 | 15097 | 16324 | 16901 | 54441 | 173221 |
| Rents | 4 | 31156 | 37 | 0 | 0 | 0 | 0 | 7036 | 1107 | 2807 | 6095 | 39 | 10470 | 3565 |
| Royalties | 5 | 146862 | 11 | 0 | 0 | 0 | 0 | 162 | 1524 | 1816 | 1343 | 6043 | 23780 | 112182 |
| Other Portfolio Income | 6 | 437891 | 55949 | 0 | 0 | 4712 | 54 | 11556 | 12055 | 10551 | 14153 | 13690 | 96615 | 218556 |
| Other Receipts | 7 | 375149 | 13713 | 0 | 5494 | 2180 | 52 | 35058 | 20835 | 53288 | 20697 | 55238 | -19945 | 188540 |
| Total Receipts | 8 | 42655913 | 772184 | 154586 | 446286 | 192500 | 362807 | 3778890 | 4657845 | 4145043 | 2847688 | 3008284 | 5305307 | 16984493 |
| Average Total Receipts | 9 | 8915 | 2700 | 116 | 462 | 419 | 2027 | 4441 | 12225 | 23157 | 46683 | 83563 | 165791 | 772022 |
| **Operating Costs/Operating Income (%)** | | | | | | | | | | | | | | |
| Cost of Operations | 10 | 66.1 | 69.1 | 45.5 | 51.7 | 41.8 | 57.2 | 64.5 | 67.7 | 68.4 | 68.2 | 71.0 | 65.6 | 65.2 |
| Salaries and Wages | 11 | 9.0 | 13.6 | 1.2 | 5.8 | 19.4 | 13.8 | 8.7 | 8.3 | 9.3 | 8.2 | 10.4 | 9.2 | 8.6 |
| Taxes Paid | 12 | 2.1 | 2.2 | 3.5 | 3.8 | 4.6 | 4.4 | 3.0 | 2.2 | 2.2 | 2.4 | 1.9 | 1.8 | 1.7 |
| Interest Paid | 13 | 2.5 | 1.2 | 0.5 | 0.3 | 2.3 | 1.9 | 1.2 | 1.4 | 1.5 | 2.3 | 1.9 | 2.9 | 3.5 |
| Depreciation | 14 | 2.4 | 1.4 | 1.1 | 1.8 | 7.7 | 4.6 | 2.3 | 2.0 | 2.3 | 2.6 | 2.2 | 2.8 | 2.5 |
| Amortization and Depletion | 15 | 0.6 | 0.2 | 0.0 | 0.0 | • | 0.3 | 0.0 | 0.2 | 0.2 | 0.3 | 0.4 | 0.5 | 1.0 |
| Pensions and Other Deferred Comp. | 16 | 0.6 | 0.5 | • | 0.4 | 0.7 | 0.4 | 0.9 | 0.6 | 0.7 | 0.8 | 0.6 | 0.6 | 0.6 |
| Employee Benefits | 17 | 2.4 | 2.3 | 1.3 | 3.0 | 3.7 | 3.5 | 2.6 | 1.8 | 1.7 | 1.8 | 2.1 | 2.5 | 2.7 |
| Advertising | 18 | 0.6 | 0.1 | 1.2 | 1.0 | 0.8 | 0.2 | 0.8 | 0.6 | 0.8 | 0.6 | 0.5 | 0.8 | 0.6 |
| Other Expenses | 19 | 11.1 | 14.5 | 23.4 | 13.2 | 16.6 | 14.5 | 10.4 | 9.3 | 12.1 | 10.1 | 8.9 | 10.5 | 11.7 |
| Officers' Compensation | 20 | 2.0 | 2.1 | 9.7 | 11.9 | 10.5 | 6.1 | 4.4 | 3.7 | 2.4 | 1.7 | 1.3 | 1.4 | 0.8 |
| Operating Margin | 21 | 0.7 | • | 12.6 | 7.1 | • | • | 1.3 | 2.1 | • | 1.0 | • | 1.4 | 1.0 |
| Operating Margin Before Officers' Comp. | 22 | 2.7 | • | 22.3 | 18.9 | 2.4 | • | 5.6 | 5.8 | 1.0 | 2.7 | • | 2.8 | 1.8 |

## Selected Average Balance Sheet ($ in Thousands)

| | | | | | | | | | | | | | |
|---|---|---|---|---|---|---|---|---|---|---|---|---|---|
| Net Receivables 23 | 1757 | 0 | 4 | 31 | 56 | 197 | 607 | 2256 | 4169 | 9224 | 17659 | 37204 | 172726 |
| Inventories 24 | 1289 | 0 | 1 | 21 | 57 | 125 | 525 | 1544 | 4112 | 7203 | 16998 | 29151 | 106627 |
| Net Property, Plant and Equipment 25 | 1237 | 0 | 2 | 28 | 103 | 351 | 468 | 1195 | 3233 | 8117 | 11987 | 31230 | 109995 |
| Total Assets 26 | 7254 | 0 | 21 | 152 | 316 | 863 | 2083 | 6847 | 15647 | 37160 | 71618 | 157005 | 781242 |
| Notes and Loans Payable 27 | 2391 | 0 | 2 | 68 | 108 | 495 | 651 | 2189 | 4846 | 11583 | 21078 | 66104 | 245389 |
| All Other Liabilities 28 | 2213 | 0 | 12 | 20 | 77 | 280 | 670 | 2206 | 4585 | 9533 | 20165 | 32511 | 267637 |
| Net Worth 29 | 2651 | 0 | 8 | 64 | 131 | 88 | 762 | 2452 | 6216 | 16043 | 30375 | 58390 | 268216 |

## Selected Financial Ratios (Times to 1)

| | | | | | | | | | | | | | |
|---|---|---|---|---|---|---|---|---|---|---|---|---|---|
| Current Ratio 30 | 1.6 | • | 0.9 | 4.3 | 1.9 | 0.9 | 1.5 | 1.7 | 1.6 | 1.7 | 1.6 | 1.6 | 1.5 |
| Quick Ratio 31 | 0.9 | • | 0.8 | 2.8 | 0.8 | 0.7 | 0.9 | 1.0 | 0.9 | 1.0 | 0.9 | 0.9 | 0.9 |
| Net Sales to Working Capital 32 | 5.9 | • | • | 6.2 | 5.1 | • | 8.4 | 5.8 | 5.4 | 5.0 | 5.5 | 5.0 | 5.8 |
| Coverage Ratio 33 | 2.6 | 5.5 | 26.5 | 28.3 | • | • | 3.3 | 3.1 | 1.4 | 2.3 | 1.9 | 2.7 | 2.6 |
| Total Asset Turnover 34 | 1.2 | • | 5.5 | 3.0 | 1.3 | 2.3 | 2.1 | 1.8 | 1.5 | 1.2 | 1.1 | 1.0 | 0.9 |
| Inventory Turnover 35 | 4.4 | • | 93.0 | 11.3 | 3.0 | 9.2 | 5.4 | 5.3 | 3.8 | 4.3 | 3.4 | 3.6 | 4.5 |
| Receivables Turnover 36 | 4.9 | • | 28.4 | 12.9 | 8.4 | 7.9 | 7.4 | 6.3 | 5.6 | 5.0 | 4.2 | 4.3 | 4.2 |
| Total Liabilities to Net Worth 37 | 1.7 | • | 1.8 | 1.4 | 1.4 | 8.8 | 1.7 | 1.8 | 1.5 | 1.3 | 1.4 | 1.7 | 1.9 |
| Current Assets to Working Capital 38 | 2.7 | • | • | 1.3 | 2.1 | • | 2.8 | 2.4 | 2.6 | 2.5 | 2.7 | 2.7 | 3.0 |
| Current Liabilities to Working Capital 39 | 1.7 | • | • | 0.3 | 1.1 | • | 1.8 | 1.4 | 1.6 | 1.5 | 1.7 | 1.7 | 2.0 |
| Working Capital to Net Sales 40 | 0.2 | • | • | 0.2 | 0.2 | • | 0.1 | 0.2 | 0.2 | 0.2 | 0.2 | 0.2 | 0.2 |
| Inventory to Working Capital 41 | 0.9 | • | • | 0.3 | 1.2 | • | 1.1 | 0.9 | 1.0 | 0.8 | 1.0 | 0.9 | 0.9 |
| Total Receipts to Cash Flow 42 | 7.9 | 6.6 | 3.3 | 5.7 | 13.7 | 43.9 | 10.5 | 9.8 | 9.1 | 8.7 | 10.7 | 8.2 | 6.5 |
| Cost of Goods to Cash Flow 43 | 5.2 | 4.5 | 1.5 | 2.9 | 5.7 | 25.1 | 6.8 | 6.6 | 6.2 | 5.9 | 7.6 | 5.4 | 4.2 |
| Cash Flow to Total Debt 44 | 0.2 | • | 2.6 | 0.9 | 0.2 | 0.1 | 0.3 | 0.3 | 0.3 | 0.2 | 0.2 | 0.2 | 0.2 |

## Selected Financial Factors (in Percentages)

| | | | | | | | | | | | | | |
|---|---|---|---|---|---|---|---|---|---|---|---|---|---|
| Debt Ratio 45 | 63.5 | • | 64.3 | 57.7 | 58.5 | 89.8 | 63.4 | 64.2 | 60.3 | 56.8 | 57.6 | 62.8 | 65.7 |
| Return on Total Assets 46 | 7.7 | • | 72.3 | 26.2 | • | • | 8.5 | 7.9 | 3.1 | 6.5 | 4.2 | 8.0 | 8.7 |
| Return on Equity Before Income Taxes 47 | 12.9 | • | 195.2 | 59.8 | • | • | 16.3 | 14.9 | 2.3 | 8.5 | 4.8 | 13.6 | 15.5 |
| Return on Equity After Income Taxes 48 | 8.5 | • | 193.3 | 59.8 | • | • | 12.5 | 11.3 | • | 5.7 | 2.3 | 8.7 | 10.5 |
| Profit Margin (Before Income Tax) 49 | 4.0 | 5.4 | 12.6 | 8.4 | • | • | 2.8 | 3.0 | 0.6 | 3.0 | 1.8 | 4.9 | 5.6 |
| Profit Margin (After Income Tax) 50 | 2.6 | 1.8 | 12.5 | 8.4 | • | • | 2.2 | 2.3 | • | 2.0 | 0.8 | 3.2 | 3.8 |

# Table II

Corporations with Net Income

## INDUSTRIAL MACHINERY

MONEY AMOUNTS AND SIZE OF ASSETS IN THOUSANDS OF DOLLARS

| Item Description for Accounting Period 7/00 Through 6/01 | | Total | Zero Assets | Under 100 | 100 to 250 | 251 to 500 | 501 to 1,000 | 1,001 to 5,000 | 5,001 to 10,000 | 10,001 to 25,000 | 25,001 to 50,000 | 50,001 to 100,000 | 100,001 to 250,000 | 250,001 and over |
|---|---|---|---|---|---|---|---|---|---|---|---|---|---|---|
| Number of Enterprises | 1 | 3189 | 14 | 1058 | 773 | 205 | 58 | 589 | 267 | 127 | 41 | 21 | 19 | 17 |
| **Revenues ($ in Thousands)** | | | | | | | | | | | | | | |
| Net Sales | 2 | 29158694 | 536831 | 154586 | 372239 | 118185 | 131412 | 2681051 | 3170449 | 3053217 | 2007993 | 1874601 | 3368604 | 11689527 |
| Interest | 3 | 182816 | 3037 | 0 | 0 | 0 | 4 | 2747 | 4490 | 13185 | 14130 | 13861 | 30000 | 101361 |
| Rents | 4 | 26900 | 0 | 0 | 0 | 0 | 0 | 6475 | 533 | 2330 | 5297 | 15 | 9598 | 2651 |
| Royalties | 5 | 118374 | 11 | 0 | 0 | 0 | 0 | 0 | 1524 | 966 | 1065 | 448 | 6986 | 107373 |
| Other Portfolio Income | 6 | 387636 | 54883 | 0 | 0 | 0 | 21 | 5785 | 7600 | 7064 | 11474 | 10533 | 93687 | 196589 |
| Other Receipts | 7 | 238402 | 3747 | 0 | 0 | 99 | 3 | 32734 | 11356 | 19427 | 16877 | 40215 | 7366 | 106580 |
| Total Receipts | 8 | 30112822 | 598509 | 154586 | 372239 | 118284 | 131440 | 2728792 | 3195952 | 3096189 | 2056836 | 1939673 | 3516241 | 12204081 |
| Average Total Receipts | 9 | 9443 | 42751 | 146 | 482 | 577 | 2266 | 4633 | 11970 | 24379 | 50167 | 92365 | 185065 | 717887 |
| **Operating Costs/Operating Income (%)** | | | | | | | | | | | | | | |
| Cost of Operations | 10 | 64.0 | 63.4 | 45.5 | 50.1 | 33.6 | 52.4 | 64.5 | 64.0 | 66.3 | 69.2 | 70.8 | 61.1 | 63.4 |
| Salaries and Wages | 11 | 8.4 | 14.6 | 1.2 | 6.8 | 30.4 | 6.0 | 7.6 | 8.3 | 8.8 | 6.8 | 10.1 | 8.2 | 8.2 |
| Taxes Paid | 12 | 2.1 | 2.1 | 3.5 | 3.4 | 4.6 | 5.4 | 3.2 | 2.1 | 2.1 | 2.3 | 1.8 | 1.8 | 1.7 |
| Interest Paid | 13 | 2.1 | 0.7 | 0.5 | • | 1.6 | 1.6 | 1.2 | 1.4 | 1.2 | 1.5 | 1.4 | 2.2 | 3.0 |
| Depreciation | 14 | 2.3 | 1.5 | 1.1 | 0.7 | 3.2 | 7.0 | 1.9 | 2.2 | 2.1 | 2.5 | 1.9 | 2.8 | 2.4 |
| Amortization and Depletion | 15 | 0.5 | 0.2 | 0.0 | 0.0 | • | • | 0.0 | 0.1 | 0.1 | 0.2 | 0.2 | 0.5 | 1.0 |
| Pensions and Other Deferred Comp. | 16 | 0.7 | 0.3 | • | 0.5 | 0.8 | 1.1 | 0.7 | 0.7 | 0.8 | 0.9 | 0.7 | 0.5 | 0.6 |
| Employee Benefits | 17 | 2.2 | 2.1 | 1.3 | 3.4 | 1.3 | 4.8 | 2.6 | 1.7 | 1.5 | 1.3 | 2.0 | 2.9 | 2.4 |
| Advertising | 18 | 0.6 | 0.1 | 1.2 | 1.1 | 0.6 | 0.0 | 0.5 | 0.5 | 0.7 | 0.6 | 0.5 | 0.7 | 0.6 |
| Other Expenses | 19 | 10.0 | 12.4 | 23.2 | 9.9 | 15.0 | 15.1 | 7.7 | 9.4 | 8.3 | 8.8 | 6.8 | 10.9 | 11.3 |
| Officers' Compensation | 20 | 2.0 | 2.5 | 9.7 | 11.7 | 7.5 | 5.1 | 3.7 | 3.8 | 2.5 | 1.8 | 1.3 | 1.6 | 0.8 |
| Operating Margin | 21 | 5.0 | • | 12.8 | 12.3 | 1.5 | 1.4 | 6.4 | 5.8 | 5.4 | 4.3 | 2.5 | 6.7 | 4.4 |
| Operating Margin Before Officers' Comp. | 22 | 7.1 | 2.3 | 22.6 | 24.0 | 9.0 | 6.5 | 10.2 | 9.6 | 8.0 | 6.1 | 3.8 | 8.3 | 5.2 |

## Selected Average Balance Sheet ($ in Thousands)

| | | | | | | | | | | | | | |
|---|---|---|---|---|---|---|---|---|---|---|---|---|---|
| Net Receivables **23** | 1848 | 0 | 5 | 23 | 61 | 297 | 558 | 2164 | 4493 | 9608 | 19861 | 33174 | 171892 |
| Inventories **24** | 1335 | 0 | 0 | 16 | 85 | 248 | 555 | 1673 | 4031 | 7646 | 15453 | 33699 | 97131 |
| Net Property, Plant and Equipment **25** | 1277 | 0 | 2 | 13 | 56 | 552 | 489 | 1263 | 3113 | 8202 | 11094 | 32301 | 106620 |
| Total Assets **26** | 7430 | 0 | 25 | 136 | 270 | 953 | 1998 | 6942 | 15873 | 36755 | 69715 | 155263 | 734408 |
| Notes and Loans Payable **27** | 2128 | 0 | 2 | 49 | 76 | 297 | 569 | 2071 | 3787 | 7981 | 15293 | 34261 | 237899 |
| All Other Liabilities **28** | 2050 | 0 | 15 | 7 | 23 | 108 | 576 | 2062 | 4570 | 9132 | 20164 | 46706 | 197001 |
| Net Worth **29** | 3252 | 0 | 8 | 79 | 171 | 547 | 853 | 2809 | 7515 | 19642 | 34258 | 74296 | 299508 |

## Selected Financial Ratios (Times to 1)

| | | | | | | | | | | | | | |
|---|---|---|---|---|---|---|---|---|---|---|---|---|---|
| Current Ratio **30** | 1.9 | • | 0.9 | 11.9 | 6.1 | 1.8 | 1.9 | 2.0 | 1.9 | 1.9 | 1.7 | 2.0 | 1.8 |
| Quick Ratio **31** | 1.1 | • | 0.8 | 7.9 | 2.2 | 1.4 | 1.0 | 1.1 | 1.1 | 1.2 | 1.1 | 1.1 | 1.1 |
| Net Sales to Working Capital **32** | 4.7 | • | • | 5.9 | 3.2 | 13.1 | 7.2 | 4.8 | 4.6 | 4.4 | 5.0 | 4.2 | 4.3 |
| Coverage Ratio **33** | 5.1 | 20.9 | 26.9 | • | 2.0 | 1.9 | 7.8 | 5.8 | 6.7 | 5.5 | 5.3 | 6.1 | 4.0 |
| Total Asset Turnover **34** | 1.2 | • | 5.9 | 3.5 | 2.1 | 2.4 | 2.3 | 1.7 | 1.5 | 1.3 | 1.3 | 1.1 | 0.9 |
| Inventory Turnover **35** | 4.4 | • | • | 15.4 | 2.3 | 4.8 | 5.3 | 4.5 | 4.0 | 4.4 | 4.1 | 3.2 | 4.5 |
| Receivables Turnover **36** | 4.9 | • | 60.6 | 17.4 | 10.6 | 4.4 | 7.2 | 6.0 | 5.6 | 4.9 | 4.2 | 4.8 | 4.1 |
| Total Liabilities to Net Worth **37** | 1.3 | • | 2.2 | 0.7 | 0.6 | 0.7 | 1.3 | 1.5 | 1.1 | 0.9 | 1.0 | 1.1 | 1.5 |
| Current Assets to Working Capital **38** | 2.2 | • | • | 1.1 | 1.2 | 2.3 | 2.1 | 2.0 | 2.1 | 2.1 | 2.4 | 2.0 | 2.3 |
| Current Liabilities to Working Capital **39** | 1.2 | • | • | 0.1 | 0.2 | 1.3 | 1.1 | 1.0 | 1.1 | 1.1 | 1.4 | 1.0 | 1.3 |
| Working Capital to Net Sales **40** | 0.2 | • | • | 0.2 | 0.3 | 0.1 | 0.1 | 0.2 | 0.2 | 0.2 | 0.2 | 0.2 | 0.2 |
| Inventory to Working Capital **41** | 0.7 | • | • | 0.2 | 0.8 | 0.2 | 0.8 | 0.8 | 0.8 | 0.7 | 0.7 | 0.7 | 0.7 |
| Total Receipts to Cash Flow **42** | 6.1 | 4.7 | 3.3 | 5.1 | 7.6 | 14.2 | 7.5 | 7.1 | 7.4 | 7.1 | 8.8 | 5.4 | 5.4 |
| Cost of Goods to Cash Flow **43** | 3.9 | 3.0 | 1.5 | 2.6 | 2.5 | 7.4 | 4.8 | 4.5 | 4.9 | 4.9 | 6.2 | 3.3 | 3.4 |
| Cash Flow to Total Debt **44** | 0.4 | • | 2.6 | 1.7 | 0.8 | 0.4 | 0.5 | 0.4 | 0.4 | 0.4 | 0.3 | 0.4 | 0.3 |

## Selected Financial Factors (in Percentages)

| | | | | | | | | | | | | | |
|---|---|---|---|---|---|---|---|---|---|---|---|---|---|
| Debt Ratio **45** | 56.2 | • | 69.1 | 41.6 | 36.6 | 42.6 | 57.3 | 59.5 | 52.7 | 46.6 | 50.9 | 52.1 | 59.2 |
| Return on Total Assets **46** | 13.1 | • | 78.9 | 43.7 | 6.7 | 7.1 | 21.4 | 13.7 | 12.2 | 10.8 | 9.4 | 15.6 | 11.5 |
| Return on Equity Before Income Taxes **47** | 24.1 | • | 245.7 | 74.8 | 5.3 | 5.8 | 43.7 | 28.0 | 21.9 | 16.6 | 15.5 | 27.1 | 21.3 |
| Return on Equity After Income Taxes **48** | 18.7 | • | 243.4 | 74.8 | 5.3 | 4.9 | 38.9 | 23.5 | 18.7 | 13.2 | 11.6 | 20.7 | 15.4 |
| Profit Margin (Before Income Tax) **49** | 8.6 | 14.3 | 12.8 | 12.3 | 1.6 | 1.4 | 8.2 | 6.6 | 6.8 | 6.6 | 5.9 | 11.4 | 9.3 |
| Profit Margin (After Income Tax) **50** | 6.7 | 9.6 | 12.7 | 12.3 | 1.6 | 1.2 | 7.3 | 5.6 | 5.9 | 5.3 | 4.5 | 8.7 | 6.7 |

## Table I

Corporations with and without Net Income

# COMMERCIAL AND SERVICE INDUSTRY MACHINERY

MONEY AMOUNTS AND SIZE OF ASSETS IN THOUSANDS OF DOLLARS

| Item Description for Accounting Period 7/00 Through 6/01 | Total | Zero Assets | Under 100 | 100 to 250 | 251 to 500 | 501 to 1,000 | 1,001 to 5,000 | 5,001 to 10,000 | 10,001 to 25,000 | 25,001 to 50,000 | 50,001 to 100,000 | 100,001 to 250,000 | 250,001 and over |
|---|---|---|---|---|---|---|---|---|---|---|---|---|---|
| Number of Enterprises 1 | 2645 | 19 | 420 | 563 | 751 | 158 | 519 | 78 | 58 | 30 | 15 | 15 | 17 |
| **Revenues ($ in Thousands)** | | | | | | | | | | | | | |
| Net Sales 2 | 48574486 | 82386 | 165096 | 322536 | 411471 | 486939 | 2571909 | 576647 | 1342788 | 951592 | 1162993 | 2255362 | 38244768 |
| Interest 3 | 1114019 | 2146 | 0 | 0 | 183 | 964 | 4978 | 2516 | 4311 | 9692 | 8451 | 36547 | 1044233 |
| Rents 4 | 1696080 | 11 | 0 | 5368 | 3682 | 0 | 2514 | 2038 | 930 | 1625 | 178 | 1035 | 1678700 |
| Royalties 5 | 635247 | 1010 | 0 | 0 | 0 | 0 | 0 | 0 | 2847 | 131 | 489 | 9125 | 621645 |
| Other Portfolio Income 6 | 1575336 | 236 | 0 | 0 | 125 | 0 | 31796 | 805 | 19588 | 5147 | 2333 | 21693 | 1493611 |
| Other Receipts 7 | 2528525 | 23419 | 0 | 0 | 2923 | -32 | 39961 | 7543 | 12406 | 6439 | 8202 | 40642 | 2387021 |
| Total Receipts 8 | 56123693 | 109208 | 165096 | 327904 | 418384 | 487871 | 2651158 | 589549 | 1382870 | 974626 | 1182646 | 2364404 | 45469978 |
| Average Total Receipts 9 | 21219 | 5748 | 393 | 582 | 557 | 3088 | 5108 | 7558 | 23843 | 32488 | 78843 | 157627 | 2674705 |
| **Operating Costs/Operating Income (%)** | | | | | | | | | | | | | |
| Cost of Operations 10 | 58.1 | 43.6 | 42.8 | 58.5 | 49.1 | 77.5 | 63.9 | 66.7 | 64.6 | 63.9 | 58.6 | 62.7 | 56.8 |
| Salaries and Wages 11 | 15.3 | 20.1 | 18.1 | 12.1 | 10.8 | 1.2 | 10.0 | 7.0 | 10.4 | 11.4 | 12.6 | 9.3 | 16.8 |
| Taxes Paid 12 | 2.1 | 4.1 | 2.6 | 2.2 | 4.0 | 2.9 | 3.0 | 1.9 | 2.0 | 2.4 | 2.6 | 2.2 | 2.0 |
| Interest Paid 13 | 5.5 | 11.7 | 1.0 | 0.0 | 2.0 | 1.6 | 1.1 | 1.1 | 1.6 | 3.5 | 2.1 | 3.4 | 6.5 |
| Depreciation 14 | 5.9 | 11.2 | 0.8 | 0.1 | 2.9 | 0.5 | 2.1 | 2.0 | 2.3 | 4.1 | 3.3 | 3.0 | 6.8 |
| Amortization and Depletion 15 | 1.1 | 6.1 | • | 0.2 | 0.0 | 0.0 | 0.1 | 0.0 | 0.5 | 0.9 | 0.2 | 0.5 | 1.3 |
| Pensions and Other Deferred Comp. 16 | 0.6 | 0.4 | • | 0.3 | 0.9 | 0.3 | 1.6 | 0.7 | 0.7 | 0.7 | 0.8 | 0.5 | 0.5 |
| Employee Benefits 17 | 4.6 | 4.7 | • | 1.9 | 3.0 | 0.8 | 2.9 | 0.8 | 1.6 | 1.6 | 2.8 | 2.1 | 5.3 |
| Advertising 18 | 2.0 | 0.2 | 1.5 | 7.5 | 0.4 | 0.1 | 0.8 | 1.0 | 1.1 | 1.1 | 1.5 | 0.7 | 2.3 |
| Other Expenses 19 | 13.7 | 41.9 | 23.3 | 21.2 | 11.9 | 9.6 | 10.0 | 8.6 | 15.3 | 11.7 | 13.9 | 13.9 | 13.9 |
| Officers' Compensation 20 | 1.0 | 0.5 | 4.1 | 6.0 | 8.0 | 1.4 | 3.8 | 4.3 | 2.0 | 1.9 | 2.0 | 2.0 | 0.5 |
| Operating Margin 21 | • | • | 5.8 | • | 6.9 | 4.2 | 0.8 | 5.8 | • | • | • | • | • |
| Operating Margin Before Officers' Comp. 22 | • | • | 9.9 | • | 14.9 | 5.6 | 4.6 | 10.1 | • | • | 1.5 | 1.7 | • |

## Selected Average Balance Sheet ($ in Thousands)

| | | | | | | | | | | | | | |
|---|---|---|---|---|---|---|---|---|---|---|---|---|---|
| Net Receivables 23 | 6208 | 0 | 0 | 49 | 88 | 623 | 578 | 1063 | 3398 | 5146 | 16901 | 36225 | 864576 |
| Inventories 24 | 1705 | 0 | 4 | 48 | 66 | 158 | 685 | 1756 | 3926 | 6326 | 12842 | 20904 | 175882 |
| Net Property, Plant and Equipment 25 | 5125 | 0 | 5 | 0 | 92 | 21 | 491 | 1404 | 3120 | 8117 | 15926 | 26942 | 708730 |
| Total Assets 26 | 33870 | 0 | 11 | 136 | 329 | 925 | 2394 | 6258 | 15695 | 35183 | 64711 | 151405 | 4833680 |
| Notes and Loans Payable 27 | 13514 | 0 | 0 | 132 | 146 | 2 | 642 | 1342 | 4551 | 12906 | 16120 | 69811 | 1951979 |
| All Other Liabilities 28 | 10788 | 0 | 50 | 46 | 89 | 495 | 590 | 1967 | 5925 | 6462 | 18173 | 36709 | 1560026 |
| Net Worth 29 | 9568 | 0 | -40 | -42 | 95 | 429 | 1161 | 2949 | 5220 | 15815 | 30417 | 44885 | 1321675 |

## Selected Financial Ratios (Times to 1)

| | | | | | | | | | | | | | |
|---|---|---|---|---|---|---|---|---|---|---|---|---|---|
| Current Ratio 30 | 1.2 | • | 0.1 | 2.8 | 2.3 | 1.8 | 2.1 | 2.0 | 1.7 | 1.9 | 1.7 | 1.5 | 1.1 |
| Quick Ratio 31 | 0.8 | • | 0.0 | 1.2 | 1.3 | 1.4 | 1.1 | 1.0 | 0.9 | 1.1 | 1.0 | 0.9 | 0.8 |
| Net Sales to Working Capital 32 | 10.8 | • | • | 6.8 | 4.2 | 7.8 | 5.8 | 4.6 | 5.6 | 3.8 | 5.0 | 5.9 | 14.6 |
| Coverage Ratio 33 | 2.2 | • | 6.7 | • | 5.4 | 3.7 | 4.5 | 8.6 | 1.5 | 0.8 | 1.6 | 2.3 | 2.1 |
| Total Asset Turnover 34 | 0.5 | • | 36.7 | 4.2 | 1.7 | 3.3 | 2.1 | 1.2 | 1.5 | 0.9 | 1.2 | 1.0 | 0.5 |
| Inventory Turnover 35 | 6.3 | • | 43.0 | 7.0 | 4.1 | 15.1 | 4.6 | 2.8 | 3.8 | 3.2 | 3.5 | 4.5 | 7.3 |
| Receivables Turnover 36 | 3.0 | • | • | 15.4 | 8.2 | 7.3 | 8.8 | 6.8 | 6.9 | 5.5 | 4.4 | 4.9 | 2.6 |
| Total Liabilities to Net Worth 37 | 2.5 | • | • | • | 2.5 | 1.2 | 1.1 | 1.1 | 2.0 | 1.2 | 1.1 | 2.4 | 2.7 |
| Current Assets to Working Capital 38 | 6.2 | • | • | 1.5 | 1.8 | 2.3 | 1.9 | 2.0 | 2.5 | 2.1 | 2.5 | 3.0 | 8.9 |
| Current Liabilities to Working Capital 39 | 5.2 | • | • | 0.5 | 0.8 | 1.3 | 0.9 | 1.0 | 1.5 | 1.1 | 1.5 | 2.0 | 7.9 |
| Working Capital to Net Sales 40 | 0.1 | • | • | 0.1 | 0.2 | 0.1 | 0.2 | 0.2 | 0.2 | 0.3 | 0.2 | 0.2 | 0.1 |
| Inventory to Working Capital 41 | 1.1 | • | • | 0.9 | 0.8 | 0.4 | 0.7 | 0.9 | 1.1 | 0.7 | 0.8 | 0.9 | 1.2 |
| Total Receipts to Cash Flow 42 | 6.6 | 3.7 | 5.4 | 13.6 | 5.9 | 13.8 | 8.4 | 6.7 | 9.5 | 11.5 | 8.0 | 6.0 | 6.3 |
| Cost of Goods to Cash Flow 43 | 3.8 | 1.6 | 2.3 | 8.0 | 2.9 | 10.7 | 5.3 | 4.5 | 6.1 | 7.3 | 4.7 | 3.7 | 3.6 |
| Cash Flow to Total Debt 44 | 0.1 | • | 1.4 | 0.2 | 0.4 | 0.4 | 0.5 | 0.3 | 0.2 | 0.1 | 0.3 | 0.2 | 0.1 |

## Selected Financial Factors (in Percentages)

| | | | | | | | | | | | | | |
|---|---|---|---|---|---|---|---|---|---|---|---|---|---|
| Debt Ratio 45 | 71.8 | • | 469.2 | 131.1 | 71.2 | 53.6 | 51.5 | 52.9 | 66.7 | 55.0 | 53.0 | 70.4 | 72.7 |
| Return on Total Assets 46 | 6.5 | • | 249.6 | • | 17.6 | 19.8 | 10.4 | 10.7 | 3.5 | 2.5 | 4.0 | 7.9 | 6.4 |
| Return on Equity Before Income Taxes 47 | 12.3 | • | • | 112.2 | 49.8 | 31.2 | 16.8 | 20.2 | 3.6 | • | 3.1 | 15.1 | 12.5 |
| Return on Equity After Income Taxes 48 | 8.2 | • | • | 112.2 | 49.2 | 31.0 | 14.1 | 18.1 | • | • | 1.1 | 7.8 | 8.4 |
| Profit Margin (Before Income Tax) 49 | 6.4 | • | 5.8 | • | 8.6 | 4.3 | 3.9 | 8.0 | 0.8 | • | 1.2 | 4.5 | 7.3 |
| Profit Margin (After Income Tax) 50 | 4.3 | • | 5.8 | • | 8.5 | 4.3 | 3.3 | 7.2 | • | • | 0.4 | 2.3 | 5.0 |

**Table II**

Corporations with Net Income

# COMMERCIAL AND SERVICE INDUSTRY MACHINERY

**MONEY AMOUNTS AND SIZE OF ASSETS IN THOUSANDS OF DOLLARS**

| Item Description for Accounting Period 7/00 Through 6/01 | | Total | Zero Assets | Under 100 | 100 to 250 | 251 to 500 | 501 to 1,000 | 1,001 to 5,000 | 5,001 to 10,000 | 10,001 to 25,000 | 25,001 to 50,000 | 50,001 to 100,000 | 100,001 to 250,000 | 250,001 and over |
|---|---|---|---|---|---|---|---|---|---|---|---|---|---|---|
| Number of Enterprises | 1 | 1936 | 9 | 420 | 200 | 0 | 0 | 339 | 66 | 41 | 15 | 0 | 8 | 10 |
| **Revenues ($ in Thousands)** | | | | | | | | | | | | | | |
| Net Sales | 2 | 42231729 | 17815 | 165096 | 113615 | 0 | 0 | 1887630 | 554279 | 939784 | 566360 | 0 | 1482096 | 34738506 |
| Interest | 3 | 1068280 | 0 | 0 | 0 | 0 | 0 | 3396 | 1256 | 3274 | 3825 | 0 | 28676 | 1019709 |
| Rents | 4 | 1677268 | 0 | 0 | 5368 | 0 | 0 | 6 | 2038 | 918 | 1625 | 0 | 577 | 1662933 |
| Royalties | 5 | 592393 | 0 | 0 | 0 | 0 | 0 | 0 | 0 | 2539 | 0 | 0 | 8775 | 581060 |
| Other Portfolio Income | 6 | 1522995 | 0 | 0 | 0 | 0 | 0 | 31347 | 805 | 17087 | 4187 | 0 | 16354 | 1451870 |
| Other Receipts | 7 | 2261602 | 2136 | 0 | 0 | 0 | 0 | 36805 | 2840 | 3519 | 2086 | 0 | 7924 | 2196357 |
| Total Receipts | 8 | 49354267 | 19951 | 165096 | 118983 | 0 | 0 | 1959184 | 561218 | 967121 | 578083 | 0 | 1544402 | 41650435 |
| Average Total Receipts | 9 | 25493 | 2217 | 393 | 595 | • | • | 5779 | 8503 | 23588 | 38539 | • | 193050 | 4165044 |
| **Operating Costs/Operating Income (%)** | | | | | | | | | | | | | | |
| Cost of Operations | 10 | 57.1 | 51.2 | 42.8 | 46.7 | • | • | 61.2 | 64.5 | 63.9 | 57.4 | • | 60.0 | 56.4 |
| Salaries and Wages | 11 | 15.6 | 9.0 | 18.1 | 7.4 | • | • | 10.6 | 6.9 | 10.4 | 10.3 | • | 7.9 | 17.0 |
| Taxes Paid | 12 | 2.1 | 6.8 | 2.6 | 3.2 | • | • | 2.8 | 1.8 | 2.1 | 2.6 | • | 1.6 | 2.0 |
| Interest Paid | 13 | 5.7 | 1.0 | 1.0 | • | • | • | 0.8 | 0.9 | 1.2 | 2.9 | • | 3.6 | 6.5 |
| Depreciation | 14 | 6.2 | 28.0 | 0.8 | 0.3 | • | • | 2.0 | 2.1 | 1.8 | 4.3 | • | 2.5 | 7.0 |
| Amortization and Depletion | 15 | 1.1 | 0.6 | • | • | • | • | 0.0 | 0.0 | 0.3 | 1.1 | • | 0.1 | 1.3 |
| Pensions and Other Deferred Comp. | 16 | 0.6 | • | • | 0.8 | • | • | 1.9 | 0.7 | 0.8 | 0.9 | • | 0.4 | 0.5 |
| Employee Benefits | 17 | 5.0 | 2.0 | • | 2.1 | • | • | 2.2 | 0.8 | 1.3 | 1.2 | • | 2.0 | 5.7 |
| Advertising | 18 | 1.8 | 0.1 | 1.5 | 0.1 | • | • | 0.9 | 1.0 | 0.9 | 0.7 | • | 0.5 | 2.1 |
| Other Expenses | 19 | 13.1 | 4.7 | 23.3 | 23.7 | • | • | 8.4 | 7.7 | 9.7 | 10.8 | • | 13.3 | 13.6 |
| Officers' Compensation | 20 | 0.9 | • | 4.1 | 17.2 | • | • | 3.2 | 4.4 | 2.2 | 1.4 | • | 0.9 | 0.5 |
| Operating Margin | 21 | • | • | 5.8 | • | • | • | 5.9 | 9.0 | 5.3 | 6.3 | • | 7.1 | • |
| Operating Margin Before Officers' Comp. | 22 | • | • | 9.9 | 15.8 | • | • | 9.1 | 13.4 | 7.5 | 7.8 | • | 8.0 | • |

## Selected Average Balance Sheet ($ in Thousands)

| | | | | | | | | | | | | | |
|---|---|---|---|---|---|---|---|---|---|---|---|---|---|
| Net Receivables 23 | 7699 | 0 | 0 | 73 | • | • | 630 | 1146 | 3588 | 6137 | • | 42106 | 1369165 |
| Inventories 24 | 1690 | 0 | 5 | 50 | • | • | 658 | 1567 | 3987 | 8001 | • | 21947 | 227922 |
| Net Property, Plant and Equipment 25 | 6077 | 0 | 5 | 1 | • | • | 436 | 1646 | 2595 | 7034 | • | 23666 | 1087820 |
| Total Assets 26 | 41901 | 0 | 11 | 127 | • | • | 2497 | 6371 | 15221 | 35916 | • | 150458 | 7648208 |
| Notes and Loans Payable 27 | 16443 | 0 | 0 | 15 | • | • | 549 | 742 | 3572 | 9181 | • | 63627 | 3057259 |
| All Other Liabilities 28 | 13316 | 0 | 50 | 66 | • | • | 421 | 1581 | 4869 | 7054 | • | 38376 | 2459459 |
| Net Worth 29 | 12141 | 0 | -40 | 46 | • | • | 1527 | 4048 | 6779 | 19681 | • | 48454 | 2131491 |

## Selected Financial Ratios (Times to 1)

| | | | | | | | | | | | | | |
|---|---|---|---|---|---|---|---|---|---|---|---|---|---|
| Current Ratio 30 | 1.2 | • | 0.1 | 1.9 | • | • | 2.9 | 2.1 | 1.7 | 2.0 | • | 1.3 | 1.1 |
| Quick Ratio 31 | 0.8 | • | 0.0 | 1.3 | • | • | 1.7 | 1.0 | 0.9 | 1.0 | • | 0.8 | 0.8 |
| Net Sales to Working Capital 32 | 11.3 | • | • | 9.5 | • | • | 5.2 | 4.5 | 5.2 | 4.3 | • | 9.0 | 14.1 |
| Coverage Ratio 33 | 2.5 | 10.0 | 6.7 | • | • | • | 13.6 | 11.9 | 7.7 | 3.9 | • | 4.1 | 2.3 |
| Total Asset Turnover 34 | 0.5 | • | 36.7 | 4.5 | • | • | 2.2 | 1.3 | 1.5 | 1.1 | • | 1.2 | 0.5 |
| Inventory Turnover 35 | 7.4 | • | 37.4 | 5.3 | • | • | 5.2 | 3.5 | 3.7 | 2.7 | • | 5.1 | 8.6 |
| Receivables Turnover 36 | 3.0 | • | • | 7.9 | • | • | 9.5 | 8.3 | 6.8 | 12.3 | • | 8.8 | 2.6 |
| Total Liabilities to Net Worth 37 | 2.5 | • | • | 1.8 | • | • | 0.6 | 0.6 | 1.2 | 0.8 | • | 2.1 | 2.6 |
| Current Assets to Working Capital 38 | 6.5 | • | • | 2.1 | • | • | 1.5 | 1.9 | 2.4 | 2.0 | • | 4.1 | 8.7 |
| Current Liabilities to Working Capital 39 | 5.5 | • | • | 1.1 | • | • | 0.5 | 0.9 | 1.4 | 1.0 | • | 3.1 | 7.7 |
| Working Capital to Net Sales 40 | 0.1 | • | • | 0.1 | • | • | 0.2 | 0.2 | 0.2 | 0.2 | • | 0.1 | 0.1 |
| Inventory to Working Capital 41 | 1.0 | • | • | 0.7 | • | • | 0.5 | 0.8 | 1.0 | 0.9 | • | 1.1 | 1.1 |
| Total Receipts to Cash Flow 42 | 5.9 | 8.2 | 5.4 | 6.6 | • | • | 6.1 | 6.1 | 6.1 | 5.7 | • | 4.2 | 6.0 |
| Cost of Goods to Cash Flow 43 | 3.4 | 4.2 | 2.3 | 3.1 | • | • | 3.7 | 3.9 | 3.9 | 3.3 | • | 2.5 | 3.4 |
| Cash Flow to Total Debt 44 | 0.1 | • | 1.4 | 1.1 | • | • | 0.9 | 0.6 | 0.4 | 0.4 | • | 0.4 | 0.1 |

## Selected Financial Factors (in Percentages)

| | | | | | | | | | | | | | |
|---|---|---|---|---|---|---|---|---|---|---|---|---|---|
| Debt Ratio 45 | 71.0 | • | 469.2 | 63.8 | • | • | 38.8 | 36.5 | 55.5 | 45.2 | • | 67.8 | 72.1 |
| Return on Total Assets 46 | 7.5 | • | 249.6 | 14.9 | • | • | 23.4 | 14.7 | 14.2 | 11.8 | • | 18.4 | 6.8 |
| Return on Equity Before Income Taxes 47 | 15.6 | • | • | 41.1 | • | • | 35.4 | 21.3 | 27.7 | 16.1 | • | 43.3 | 14.0 |
| Return on Equity After Income Taxes 48 | 11.2 | • | • | 41.1 | • | • | 32.3 | 19.5 | 22.6 | 11.1 | • | 30.5 | 9.7 |
| Profit Margin (Before Income Tax) 49 | 8.7 | 8.7 | 5.8 | 3.3 | • | • | 9.7 | 10.2 | 8.2 | 8.4 | • | 11.3 | 8.6 |
| Profit Margin (After Income Tax) 50 | 6.3 | 7.3 | 5.8 | 3.3 | • | • | 8.9 | 9.4 | 6.7 | 5.8 | • | 8.0 | 5.9 |

## Table I

Corporations with and without Net Income

# VENTILATION, HEATING, A.C. & COMMERCIAL REFRIGERATION EQUIP.

MONEY AMOUNTS AND SIZE OF ASSETS IN THOUSANDS OF DOLLARS

| Item Description for Accounting Period 7/00 Through 6/01 | | Total | Zero Assets | Under 100 | 100 to 250 | 251 to 500 | 501 to 1,000 | 1,001 to 5,000 | 5,001 to 10,000 | 10,001 to 25,000 | 25,001 to 50,000 | 50,001 to 100,000 | 100,001 to 250,000 | 250,001 and over |
|---|---|---|---|---|---|---|---|---|---|---|---|---|---|---|
| Number of Enterprises | 1 | 1206 | 0 | 510 | 195 | • | 198 | 120 | 50 | 67 | 30 | 15 | 11 | 7 |
| **Revenues ($ in Thousands)** | | | | | | | | | | | | | | |
| Net Sales | 2 | 24835170 | 0 | 82600 | 0 | • | 352023 | 636005 | 564603 | 1919047 | 1678630 | 1448082 | 2416456 | 15697787 |
| Interest | 3 | 141314 | 0 | 0 | 2546 | • | 634 | 394 | 878 | 4224 | 6772 | 3066 | 7049 | 115576 |
| Rents | 4 | 6630 | 0 | 0 | 0 | • | 0 | 0 | 11 | 855 | 1644 | 978 | 1073 | 2069 |
| Royalties | 5 | 87493 | 0 | 0 | 0 | • | 0 | 0 | 0 | 308 | 1720 | 983 | 3335 | 81147 |
| Other Portfolio Income | 6 | 117822 | 0 | 0 | 141 | • | 364 | 173 | 112 | 2785 | 5746 | 4663 | 7091 | 96744 |
| Other Receipts | 7 | 155055 | 0 | 0 | 0 | • | 3466 | 2081 | 11706 | 8453 | 12198 | 6806 | 10633 | 99713 |
| Total Receipts | 8 | 25343484 | 0 | 82600 | 2687 | • | 356487 | 638653 | 577310 | 1935672 | 1706710 | 1464578 | 2445637 | 16093036 |
| Average Total Receipts | 9 | 21014 | • | 162 | 14 | • | 1800 | 5322 | 11546 | 28891 | 56890 | 97639 | 222331 | 2299005 |
| **Operating Costs/Operating Income (%)** | | | | | | | | | | | | | | |
| Cost of Operations | 10 | 71.5 | • | 52.2 | • | • | 66.5 | 59.6 | 64.2 | 71.4 | 68.6 | 68.9 | 70.6 | 73.1 |
| Salaries and Wages | 11 | 6.0 | • | 8.9 | • | • | 8.5 | 4.2 | 7.9 | 7.5 | 8.2 | 6.6 | 5.9 | 5.5 |
| Taxes Paid | 12 | 1.2 | • | 1.9 | • | • | 2.4 | 2.2 | 3.1 | 1.7 | 2.1 | 1.8 | 1.5 | 0.8 |
| Interest Paid | 13 | 2.9 | • | 3.3 | • | • | 0.3 | 1.6 | 2.5 | 1.3 | 1.1 | 2.2 | 3.2 | 3.4 |
| Depreciation | 14 | 1.8 | • | 4.1 | • | • | 1.8 | 2.7 | 1.4 | 1.8 | 2.9 | 3.3 | 1.7 | 1.6 |
| Amortization and Depletion | 15 | 0.3 | • | 0.3 | • | • | 0.1 | 0.1 | 0.1 | 0.2 | 0.1 | 0.5 | 0.6 | 0.3 |
| Pensions and Other Deferred Comp. | 16 | 0.4 | • | • | • | • | 1.0 | 0.4 | 0.7 | 0.5 | 0.8 | 0.6 | 0.3 | 0.4 |
| Employee Benefits | 17 | 1.8 | • | 0.4 | • | • | 1.0 | 1.1 | 9.8 | 1.2 | 1.8 | 1.5 | 2.3 | 1.5 |
| Advertising | 18 | 1.3 | • | 1.4 | • | • | 0.5 | 0.8 | 0.7 | 0.7 | 0.7 | 0.9 | 1.5 | 1.5 |
| Other Expenses | 19 | 10.0 | • | 27.5 | • | • | 10.3 | 9.3 | 8.5 | 8.3 | 8.7 | 8.6 | 8.6 | 10.6 |
| Officers' Compensation | 20 | 1.2 | • | 9.0 | • | • | 15.1 | 7.5 | 2.0 | 2.3 | 2.0 | 1.5 | 0.8 | 0.3 |
| Operating Margin | 21 | 1.7 | • | • | • | • | • | 10.5 | • | 3.1 | 3.0 | 3.5 | 3.0 | 1.0 |
| Operating Margin Before Officers' Comp. | 22 | 2.8 | • | 0.2 | • | • | 7.5 | 18.0 | 1.2 | 5.4 | 5.0 | 5.0 | 3.9 | 1.3 |

## Selected Average Balance Sheet ($ in Thousands)

| | | | | | | | | | | | | | |
|---|---|---|---|---|---|---|---|---|---|---|---|---|---|
| Net Receivables 23 | 3658 | • | 1 | 0 | • | 221 | 612 | 2604 | 4981 | 8811 | 17571 | 30117 | 424392 |
| Inventories 24 | 2026 | • | 4 | 0 | • | 74 | 488 | 930 | 3690 | 6835 | 12710 | 24647 | 200218 |
| Net Property, Plant and Equipment 25 | 2563 | • | 40 | 0 | • | 179 | 811 | 2347 | 3368 | 10528 | 17358 | 24089 | 250600 |
| Total Assets 26 | 18610 | • | 73 | 211 | • | 670 | 2453 | 7610 | 16388 | 36012 | 66552 | 158558 | 2376666 |
| Notes and Loans Payable 27 | 5832 | • | 57 | 0 | • | 119 | 1002 | 4184 | 4679 | 6899 | 21054 | 73239 | 715631 |
| All Other Liabilities 28 | 8604 | • | 13 | 2 | • | 176 | 726 | 2659 | 4630 | 9336 | 18634 | 40735 | 1256739 |
| Net Worth 29 | 4173 | • | 3 | 209 | • | 376 | 725 | 766 | 7079 | 19777 | 26864 | 44584 | 404296 |

## Selected Financial Ratios (Times to 1)

| | | | | | | | | | | | | | |
|---|---|---|---|---|---|---|---|---|---|---|---|---|---|
| Current Ratio 30 | 1.0 | • | 1.2 | 43.5 | • | 1.8 | 1.7 | 1.3 | 1.8 | 2.2 | 1.4 | 1.5 | 0.8 |
| Quick Ratio 31 | 0.6 | • | 0.9 | 43.5 | • | 1.2 | 1.1 | 0.8 | 1.1 | 1.1 | 0.9 | 0.7 | 0.5 |
| Net Sales to Working Capital 32 | • | • | 43.1 | • | • | 9.3 | 8.6 | 9.7 | 5.5 | 4.7 | 8.6 | 10.3 | • |
| Coverage Ratio 33 | 2.4 | • | • | • | • | • | 7.8 | 1.6 | 4.1 | 5.3 | 3.2 | 2.3 | 2.1 |
| Total Asset Turnover 34 | 1.1 | • | 2.2 | • | • | 2.7 | 2.2 | 1.5 | 1.7 | 1.6 | 1.5 | 1.4 | 0.9 |
| Inventory Turnover 35 | 7.3 | • | 20.6 | • | • | 16.0 | 6.5 | 7.8 | 5.5 | 5.6 | 5.2 | 6.3 | 8.2 |
| Receivables Turnover 36 | 6.2 | • | 148.6 | • | • | 9.9 | 5.9 | 7.6 | 6.6 | 6.6 | 5.0 | 7.3 | 6.0 |
| Total Liabilities to Net Worth 37 | 3.5 | • | 27.7 | 0.0 | • | 0.8 | 2.4 | 8.9 | 1.3 | 0.8 | 1.5 | 2.6 | 4.9 |
| Current Assets to Working Capital 38 | • | • | 6.9 | 1.0 | • | 2.2 | 2.4 | 4.3 | 2.2 | 1.8 | 3.2 | 3.1 | • |
| Current Liabilities to Working Capital 39 | • | • | 5.9 | 0.0 | • | 1.2 | 1.4 | 3.3 | 1.2 | 0.8 | 2.2 | 2.1 | • |
| Working Capital to Net Sales 40 | • | • | 0.0 | • | • | 0.1 | 0.1 | 0.1 | 0.2 | 0.2 | 0.1 | 0.1 | • |
| Inventory to Working Capital 41 | • | • | 1.6 | • | • | 0.6 | 0.5 | 1.2 | 0.8 | 0.6 | 1.1 | 1.3 | • |
| Total Receipts to Cash Flow 42 | 8.7 | • | 14.3 | • | • | 276.1 | 5.2 | 13.0 | 9.4 | 8.2 | 8.2 | 9.3 | 8.7 |
| Cost of Goods to Cash Flow 43 | 6.2 | • | 7.5 | • | • | 183.6 | 3.1 | 8.3 | 6.7 | 5.6 | 5.6 | 6.6 | 6.3 |
| Cash Flow to Total Debt 44 | 0.2 | • | 0.2 | 5.7 | • | 0.0 | 0.6 | 0.1 | 0.3 | 0.4 | 0.3 | 0.2 | 0.1 |

## Selected Financial Factors (in Percentages)

| | | | | | | | | | | | | | |
|---|---|---|---|---|---|---|---|---|---|---|---|---|---|
| Debt Ratio 45 | 77.6 | • | 96.5 | 1.0 | • | 43.9 | 70.4 | 89.9 | 56.8 | 45.1 | 59.6 | 71.9 | 83.0 |
| Return on Total Assets 46 | 7.6 | • | • | 6.2 | • | • | 27.1 | 5.8 | 9.2 | 9.0 | 10.3 | 10.2 | 7.0 |
| Return on Equity Before Income Taxes 47 | 19.6 | • | • | 6.2 | • | • | 79.9 | 21.4 | 16.0 | 13.3 | 17.5 | 20.8 | 21.9 |
| Return on Equity After Income Taxes 48 | 13.6 | • | • | 5.3 | • | • | 74.5 | 16.1 | 12.1 | 10.0 | 10.5 | 13.9 | 14.9 |
| Profit Margin (Before Income Tax) 49 | 4.0 | • | • | • | • | • | 10.9 | 1.5 | 4.0 | 4.7 | 4.9 | 4.2 | 3.9 |
| Profit Margin (After Income Tax) 50 | 2.7 | • | • | • | • | • | 10.2 | 1.1 | 3.0 | 3.5 | 2.9 | 2.8 | 2.7 |

**Table II**

Corporations with Net Income

# VENTILATION, HEATING, A.C. & COMMERCIAL REFRIGERATION EQUIP.

**MONEY AMOUNTS AND SIZE OF ASSETS IN THOUSANDS OF DOLLARS**

| Item Description for Accounting Period 7/00 Through 6/01 | | Total | Zero Assets | Under 100 | 100 to 250 | 251 to 500 | 501 to 1,000 | 1,001 to 5,000 | 5,001 to 10,000 | 10,001 to 25,000 | 25,001 to 50,000 | 50,001 to 100,000 | 100,001 to 250,000 | 250,001 and over |
|---|---|---|---|---|---|---|---|---|---|---|---|---|---|---|
| Number of Enterprises | 1 | 1023 | 0 | 408 | 195 | • | 186 | 92 | 0 | 52 | 23 | 0 | 0 | 7 |
| **Revenues ($ in Thousands)** | | | | | | | | | | | | | | |
| Net Sales | 2 | 23125651 | 0 | 79445 | 0 | • | 347813 | 590552 | 0 | 1522007 | 1278697 | 0 | 0 | 15697787 |
| Interest | 3 | 136078 | 0 | 0 | 2546 | • | 233 | 394 | 0 | 3192 | 3951 | 0 | 0 | 115576 |
| Rents | 4 | 5364 | 0 | 0 | 0 | • | 0 | 0 | 0 | 297 | 955 | 0 | 0 | 2069 |
| Royalties | 5 | 85794 | 0 | 0 | 0 | • | 0 | 0 | 0 | 230 | 1348 | 0 | 0 | 81147 |
| Other Portfolio Income | 6 | 112587 | 0 | 0 | 141 | • | 364 | 173 | 0 | 2300 | 4366 | 0 | 0 | 96744 |
| Other Receipts | 7 | 145553 | 0 | 0 | 0 | • | 3467 | 195 | 0 | 5510 | 9179 | 0 | 0 | 99713 |
| Total Receipts | 8 | 23611027 | 0 | 79445 | 2687 | • | 351877 | 591314 | 0 | 1533536 | 1298496 | 0 | 0 | 16093036 |
| Average Total Receipts | 9 | 23080 | • | 195 | 14 | • | 1892 | 6427 | • | 29491 | 56456 | • | • | 2299005 |
| **Operating Costs/Operating Income (%)** | | | | | | | | | | | | | | |
| Cost of Operations | 10 | 71.3 | • | 49.8 | • | • | 64.0 | 60.0 | • | 70.7 | 65.5 | • | • | 73.1 |
| Salaries and Wages | 11 | 5.9 | • | • | • | • | 7.8 | 3.9 | • | 6.9 | 8.4 | • | • | 5.5 |
| Taxes Paid | 12 | 1.1 | • | 0.9 | • | • | 2.4 | 1.5 | • | 1.7 | 2.0 | • | • | 0.8 |
| Interest Paid | 13 | 2.7 | • | 3.2 | • | • | 0.2 | 1.6 | • | 1.1 | 0.7 | • | • | 3.4 |
| Depreciation | 14 | 1.7 | • | 3.7 | • | • | 1.8 | 2.2 | • | 1.7 | 2.6 | • | • | 1.6 |
| Amortization and Depletion | 15 | 0.3 | • | • | • | • | • | 0.1 | • | 0.2 | 0.1 | • | • | 0.3 |
| Pensions and Other Deferred Comp. | 16 | 0.5 | • | • | • | • | 1.0 | 0.5 | • | 0.5 | 0.8 | • | • | 0.4 |
| Employee Benefits | 17 | 1.8 | • | 0.4 | • | • | 0.9 | 1.1 | • | 1.3 | 1.8 | • | • | 1.5 |
| Advertising | 18 | 1.2 | • | 0.3 | • | • | 0.5 | 0.8 | • | 0.6 | 0.6 | • | • | 1.5 |
| Other Expenses | 19 | 9.8 | • | 15.7 | • | • | 5.6 | 7.8 | • | 7.4 | 8.5 | • | • | 10.6 |
| Officers' Compensation | 20 | 1.1 | • | 9.3 | • | • | 15.1 | 8.1 | • | 2.5 | 2.2 | • | • | 0.3 |
| Operating Margin | 21 | 2.6 | • | 16.7 | • | • | 0.6 | 12.4 | • | 5.5 | 6.8 | • | • | 1.0 |
| Operating Margin Before Officers' Comp. | 22 | 3.7 | • | 26.1 | • | • | 15.7 | 20.5 | • | 8.0 | 8.9 | • | • | 1.3 |

## Selected Average Balance Sheet ($ in Thousands)

| | | | | | | | | | | | | |
|---|---|---|---|---|---|---|---|---|---|---|---|---|
| Net Receivables 23 | 4076 | • | 0 | 0 | • | 184 | 798 | • | 5020 | 9546 | • | • | 424392 |
| Inventories 24 | 2174 | • | 0 | 0 | • | 79 | 541 | • | 3535 | 6812 | • | • | 202798 |
| Net Property, Plant and Equipment 25 | 2720 | • | 43 | 0 | • | 189 | 859 | • | 3374 | 9362 | • | • | 250600 |
| Total Assets 26 | 20624 | • | 66 | 211 | • | 653 | 2806 | • | 16703 | 35829 | • | • | 2376666 |
| Notes and Loans Payable 27 | 5935 | • | 57 | 0 | • | 52 | 1214 | • | 4120 | 4806 | • | • | 715631 |
| All Other Liabilities 28 | 9827 | • | 2 | 2 | • | 168 | 823 | • | 4689 | 8729 | • | • | 1256739 |
| Net Worth 29 | 4861 | • | 7 | 209 | • | 433 | 769 | • | 7895 | 22294 | • | • | 404296 |

## Selected Financial Ratios (Times to 1)

| | | | | | | | | | | | | |
|---|---|---|---|---|---|---|---|---|---|---|---|---|
| Current Ratio 30 | 1.0 | • | 1.5 | 43.5 | • | 2.1 | 2.1 | • | 2.0 | 2.4 | • | • | 0.8 |
| Quick Ratio 31 | 0.6 | • | 1.5 | 43.5 | • | 1.3 | 1.4 | • | 1.2 | 1.3 | • | • | 0.5 |
| Net Sales to Working Capital 32 | • | • | 25.0 | • | • | 9.2 | 6.5 | • | 4.9 | 4.2 | • | • | • |
| Coverage Ratio 33 | 2.8 | • | 6.2 | • | • | 9.1 | 9.0 | • | 6.9 | 13.0 | • | • | 2.1 |
| Total Asset Turnover 34 | 1.1 | • | 2.9 | • | • | 2.9 | 2.3 | • | 1.8 | 1.6 | • | • | 0.9 |
| Inventory Turnover 35 | 7.4 | • | • | • | • | 15.2 | 7.1 | • | 5.9 | 5.3 | • | • | 8.1 |
| Receivables Turnover 36 | 6.1 | • | • | • | • | 11.3 | 7.8 | • | 6.8 | 5.9 | • | • | 10.6 |
| Total Liabilities to Net Worth 37 | 3.2 | • | 8.1 | 0.0 | • | 0.5 | 2.6 | • | 1.1 | 0.6 | • | • | 4.9 |
| Current Assets to Working Capital 38 | • | • | 3.0 | 1.0 | • | 1.9 | 1.9 | • | 2.0 | 1.7 | • | • | • |
| Current Liabilities to Working Capital 39 | • | • | 2.0 | 0.0 | • | 0.9 | 0.9 | • | 1.0 | 0.7 | • | • | • |
| Working Capital to Net Sales 40 | • | • | 0.0 | • | • | 0.1 | 0.2 | • | 0.2 | 0.2 | • | • | • |
| Inventory to Working Capital 41 | • | • | • | • | • | 0.6 | 0.4 | • | 0.7 | 0.5 | • | • | • |
| Total Receipts to Cash Flow 42 | 8.2 | • | 4.7 | • | • | 18.1 | 5.2 | • | 8.2 | 6.4 | • | • | 8.7 |
| Cost of Goods to Cash Flow 43 | 5.8 | • | 2.3 | • | • | 11.6 | 3.1 | • | 5.8 | 4.2 | • | • | 6.3 |
| Cash Flow to Total Debt 44 | 0.2 | • | 0.7 | 5.7 | • | 0.5 | 0.6 | • | 0.4 | 0.6 | • | • | 0.1 |

## Selected Financial Factors (in Percentages)

| | | | | | | | | | | | | |
|---|---|---|---|---|---|---|---|---|---|---|---|---|
| Debt Ratio 45 | 76.4 | • | 89.0 | 1.0 | • | 33.7 | 72.6 | • | 52.7 | 37.8 | • | • | 83.0 |
| Return on Total Assets 46 | 8.5 | • | 58.5 | 6.2 | • | 5.6 | 32.3 | • | 12.8 | 14.0 | • | • | 7.0 |
| Return on Equity Before Income Taxes 47 | 23.3 | • | 448.2 | 6.2 | • | 7.5 | 104.7 | • | 23.1 | 20.8 | • | • | 21.9 |
| Return on Equity After Income Taxes 48 | 17.1 | • | 448.2 | 5.3 | • | 6.3 | 98.0 | • | 18.6 | 17.0 | • | • | 14.9 |
| Profit Margin (Before Income Tax) 49 | 5.0 | • | 16.7 | • | • | 1.7 | 12.5 | • | 6.2 | 8.3 | • | • | 3.9 |
| Profit Margin (After Income Tax) 50 | 3.7 | • | 16.7 | • | • | 1.5 | 11.7 | • | 5.0 | 6.8 | • | • | 2.7 |

## Table I

Corporations with and without Net Income

# METALWORKING MACHINERY

MONEY AMOUNTS AND SIZE OF ASSETS IN THOUSANDS OF DOLLARS

| Item Description for Accounting Period 7/00 Through 6/01 | | Total | Zero Assets | Under 100 | 100 to 250 | 251 to 500 | 501 to 1,000 | 1,001 to 5,000 | 5,001 to 10,000 | 10,001 to 25,000 | 25,001 to 50,000 | 50,001 to 100,000 | 100,001 to 250,000 | 250,001 and over |
|---|---|---|---|---|---|---|---|---|---|---|---|---|---|---|
| Number of Enterprises | 1 | 6909 | 37 | 2036 | 1489 | 810 | 882 | 1264 | 196 | 114 | 43 | 18 | 10 | 9 |
| **Revenues ($ in Thousands)** | | | | | | | | | | | | | | |
| Net Sales | 2 | 23907236 | 124657 | 333811 | 840683 | 741787 | 1052092 | 5244100 | 1961154 | 2501151 | 1664130 | 1382767 | 1570328 | 6490575 |
| Interest | 3 | 211526 | 13 | 0 | 328 | 780 | 1820 | 7966 | 3603 | 5681 | 5454 | 5791 | 16926 | 163162 |
| Rents | 4 | 12307 | 0 | 1657 | 95 | 0 | 757 | 209 | 3875 | 557 | 826 | 310 | 1313 | 2707 |
| Royalties | 5 | 192620 | 0 | 0 | 0 | 0 | 0 | 637 | 0 | 176 | 164 | 96 | 3669 | 187879 |
| Other Portfolio Income | 6 | 129093 | 58 | 749 | 103 | 0 | 7981 | 8599 | 1382 | 14427 | 6561 | 7756 | 11905 | 69575 |
| Other Receipts | 7 | 306987 | 236 | 257 | 62311 | 640 | 803 | 40317 | 187 | 12829 | 10320 | 18992 | 37918 | 122178 |
| Total Receipts | 8 | 24759769 | 124964 | 336474 | 903520 | 743207 | 1063453 | 5301828 | 1970201 | 2534821 | 1687455 | 1415712 | 1642059 | 7036076 |
| Average Total Receipts | 9 | 3584 | 3377 | 165 | 607 | 918 | 1206 | 4194 | 10052 | 22235 | 39243 | 78651 | 164206 | 781786 |
| **Operating Costs/Operating Income (%)** | | | | | | | | | | | | | | |
| Cost of Operations | 10 | 64.3 | 78.9 | 23.6 | 41.7 | 55.8 | 53.6 | 62.5 | 60.0 | 68.1 | 69.1 | 63.9 | 72.7 | 69.9 |
| Salaries and Wages | 11 | 8.3 | 4.6 | 10.3 | 25.0 | 5.2 | 3.8 | 6.9 | 6.5 | 6.8 | 7.7 | 9.3 | 7.5 | 9.7 |
| Taxes Paid | 12 | 2.9 | 2.1 | 2.5 | 2.8 | 4.7 | 3.3 | 3.8 | 3.4 | 3.1 | 2.9 | 2.7 | 2.1 | 1.9 |
| Interest Paid | 13 | 3.1 | 0.8 | 0.8 | 0.6 | 0.9 | 3.4 | 1.2 | 1.4 | 2.2 | 2.2 | 1.6 | 4.2 | 6.2 |
| Depreciation | 14 | 3.9 | 2.1 | 3.9 | 2.9 | 3.0 | 8.1 | 4.3 | 4.7 | 3.7 | 4.4 | 4.2 | 2.5 | 3.0 |
| Amortization and Depletion | 15 | 0.4 | 1.0 | 0.0 | • | • | 0.5 | 0.1 | 0.1 | 0.1 | 0.2 | 0.3 | 0.7 | 0.8 |
| Pensions and Other Deferred Comp. | 16 | 0.6 | 0.1 | 1.1 | • | 0.7 | 0.6 | 0.6 | 0.9 | 0.7 | 0.6 | 0.7 | 0.5 | 0.4 |
| Employee Benefits | 17 | 2.3 | 0.6 | 3.4 | 2.0 | 1.0 | 1.9 | 1.8 | 3.1 | 2.2 | 2.2 | 2.2 | 1.7 | 2.7 |
| Advertising | 18 | 0.5 | 0.1 | 0.8 | 0.2 | 0.1 | 0.3 | 0.3 | 0.2 | 0.4 | 0.5 | 0.7 | 0.8 | 0.7 |
| Other Expenses | 19 | 10.0 | 4.6 | 25.4 | 14.5 | 15.4 | 18.6 | 9.2 | 9.8 | 7.9 | 6.0 | 8.6 | 10.6 | 9.5 |
| Officers' Compensation | 20 | 3.7 | 4.4 | 23.0 | 8.6 | 12.3 | 6.0 | 6.6 | 3.5 | 2.5 | 2.1 | 1.3 | 0.8 | 0.5 |
| Operating Margin | 21 | 0.2 | 0.6 | 5.3 | 1.7 | 0.9 | 0.0 | 2.8 | 6.3 | 2.3 | 2.1 | 4.5 | • | • |
| Operating Margin Before Officers' Comp. | 22 | 3.9 | 5.1 | 28.3 | 10.3 | 13.2 | 6.0 | 9.4 | 9.8 | 4.8 | 4.2 | 5.8 | • | • |

**Selected Average Balance Sheet ($ in Thousands)**

| | | | | | | | | | | | | | |
|---|---|---|---|---|---|---|---|---|---|---|---|---|---|
| Net Receivables **23** | 612 | 0 | 8 | 41 | 98 | 119 | 533 | 2146 | 3964 | 8368 | 11933 | 47045 | 153042 |
| Inventories **24** | 464 | 0 | 2 | 24 | 31 | 131 | 410 | 1280 | 3294 | 7083 | 8836 | 35298 | 118145 |
| Net Property, Plant and Equipment **25** | 714 | 0 | 23 | 43 | 97 | 380 | 815 | 2460 | 4846 | 10025 | 18380 | 25418 | 147034 |
| Total Assets **26** | 2808 | 0 | 52 | 193 | 360 | 748 | 2196 | 6702 | 15233 | 33874 | 69356 | 170223 | 868784 |
| Notes and Loans Payable **27** | 1030 | 0 | 61 | 57 | 85 | 470 | 661 | 1961 | 5604 | 9910 | 13890 | 56906 | 368810 |
| All Other Liabilities **28** | 828 | 0 | 4 | 13 | 49 | 106 | 458 | 1593 | 3702 | 8650 | 13707 | 60101 | 336358 |
| Net Worth **29** | 949 | 0 | -12 | 123 | 225 | 172 | 1076 | 3149 | 5927 | 15314 | 41759 | 53216 | 163616 |

**Selected Financial Ratios (Times to 1)**

| | | | | | | | | | | | | | |
|---|---|---|---|---|---|---|---|---|---|---|---|---|---|
| Current Ratio **30** | 1.7 | • | 3.1 | 8.7 | 3.1 | 1.6 | 1.7 | 1.8 | 1.6 | 1.8 | 2.5 | 1.4 | 1.5 |
| Quick Ratio **31** | 0.9 | • | 2.8 | 6.8 | 2.3 | 0.9 | 1.1 | 1.1 | 0.8 | 1.0 | 1.4 | 0.8 | 0.7 |
| Net Sales to Working Capital **32** | 6.2 | • | 9.3 | 4.8 | 6.1 | 9.2 | 8.3 | 5.6 | 6.9 | 4.5 | 4.1 | 5.3 | 6.0 |
| Coverage Ratio **33** | 2.2 | 2.1 | 8.8 | 15.7 | 2.3 | 1.3 | 4.2 | 5.7 | 2.6 | 2.6 | 5.3 | 1.1 | 1.5 |
| Total Asset Turnover **34** | 1.2 | • | 3.1 | 2.9 | 2.5 | 1.6 | 1.9 | 1.5 | 1.4 | 1.1 | 1.1 | 0.9 | 0.8 |
| Inventory Turnover **35** | 4.8 | • | 18.8 | 9.8 | 16.7 | 4.9 | 6.3 | 4.7 | 4.5 | 3.8 | 5.6 | 3.2 | 4.3 |
| Receivables Turnover **36** | 5.4 | • | 32.4 | 16.2 | 9.1 | 6.8 | 6.9 | 4.9 | 5.7 | 4.6 | 6.4 | 3.2 | 4.5 |
| Total Liabilities to Net Worth **37** | 2.0 | • | • | 0.6 | 0.6 | 3.4 | 1.0 | 1.1 | 1.6 | 1.2 | 0.7 | 2.2 | 4.3 |
| Current Assets to Working Capital **38** | 2.5 | • | 1.5 | 1.1 | 1.5 | 2.7 | 2.4 | 2.2 | 2.8 | 2.2 | 1.7 | 3.3 | 2.9 |
| Current Liabilities to Working Capital **39** | 1.5 | • | 0.5 | 0.1 | 0.5 | 1.7 | 1.4 | 1.2 | 1.8 | 1.2 | 0.7 | 2.3 | 1.9 |
| Working Capital to Net Sales **40** | 0.2 | • | 0.1 | 0.2 | 0.2 | 0.1 | 0.1 | 0.2 | 0.1 | 0.2 | 0.2 | 0.2 | 0.2 |
| Inventory to Working Capital **41** | 0.8 | • | 0.2 | 0.2 | 0.2 | 0.9 | 0.7 | 0.7 | 1.0 | 0.8 | 0.5 | 1.2 | 1.0 |
| Total Receipts to Cash Flow **42** | 8.9 | 30.8 | 3.8 | 4.8 | 8.0 | 6.9 | 9.5 | 8.2 | 11.0 | 11.9 | 6.9 | 11.0 | 9.7 |
| Cost of Goods to Cash Flow **43** | 5.7 | 24.3 | 0.9 | 2.0 | 4.5 | 3.7 | 5.9 | 4.9 | 7.5 | 8.2 | 4.4 | 8.0 | 6.8 |
| Cash Flow to Total Debt **44** | 0.2 | • | 0.7 | 1.7 | 0.9 | 0.3 | 0.4 | 0.3 | 0.2 | 0.2 | 0.4 | 0.1 | 0.1 |

**Selected Financial Factors (in Percentages)**

| | | | | | | | | | | | | | |
|---|---|---|---|---|---|---|---|---|---|---|---|---|---|
| Debt Ratio **45** | 66.2 | • | 123.2 | 36.5 | 37.4 | 77.0 | 51.0 | 53.0 | 61.1 | 54.8 | 39.8 | 68.7 | 81.2 |
| Return on Total Assets **46** | 8.5 | • | 21.6 | 28.6 | 5.2 | 7.1 | 9.8 | 12.2 | 8.5 | 6.4 | 9.3 | 4.4 | 7.7 |
| Return on Equity Before Income Taxes **47** | 13.9 | • | • | 42.1 | 4.6 | 7.7 | 15.2 | 21.4 | 13.6 | 8.7 | 12.5 | 1.8 | 13.6 |
| Return on Equity After Income Taxes **48** | 10.9 | • | • | 41.6 | 2.8 | 6.0 | 13.1 | 19.7 | 10.8 | 7.3 | 10.4 | • | 7.7 |
| Profit Margin (Before Income Tax) **49** | 3.8 | 0.9 | 6.1 | 9.1 | 1.1 | 1.1 | 3.9 | 6.7 | 3.7 | 3.4 | 6.8 | 0.6 | 3.1 |
| Profit Margin (After Income Tax) **50** | 3.0 | 0.8 | 6.1 | 9.0 | 0.7 | 0.9 | 3.4 | 6.2 | 2.9 | 2.9 | 5.7 | • | 1.7 |

# Table II

Corporations with Net Income

## METALWORKING MACHINERY

MONEY AMOUNTS AND SIZE OF ASSETS IN THOUSANDS OF DOLLARS

| Item Description for Accounting Period 7/00 Through 6/01 | Total | Zero Assets | Under 100 | 100 to 250 | 251 to 500 | 501 to 1,000 | 1,001 to 5,000 | 5,001 to 10,000 | 10,001 to 25,000 | 25,001 to 50,000 | 50,001 to 100,000 | 100,001 to 250,000 | 250,001 and over |
|---|---|---|---|---|---|---|---|---|---|---|---|---|---|
| Number of Enterprises 1 | 3681 | 10 | 800 | 795 | 433 | 474 | 842 | 188 | 83 | 31 | 14 | 6 | 6 |
| **Revenues ($ in Thousands)** | | | | | | | | | | | | | |
| Net Sales 2 | 18032782 | 27613 | 147397 | 287554 | 548263 | 616470 | 3671903 | 1869294 | 1843948 | 1286507 | 1148869 | 938687 | 5646276 |
| Interest 3 | 167876 | 3 | 0 | 0 | 555 | 1190 | 4384 | 3444 | 3718 | 5322 | 4878 | 5369 | 139013 |
| Rents 4 | 10156 | 0 | 1657 | 0 | 0 | 757 | 209 | 3875 | 361 | 774 | 82 | 0 | 2440 |
| Royalties 5 | 188172 | 0 | 0 | 0 | 0 | 0 | 0 | 0 | 176 | 21 | 96 | 0 | 187879 |
| Other Portfolio Income 6 | 115516 | 58 | 749 | 103 | 0 | 7710 | 6867 | 1180 | 13238 | 3420 | 6120 | 7673 | 68399 |
| Other Receipts 7 | 218785 | 4 | 41 | 62135 | -1 | 76 | 7632 | 41 | 9398 | 8560 | 17300 | 13638 | 99963 |
| Total Receipts 8 | 18733287 | 27678 | 149844 | 349792 | 548817 | 626203 | 3690995 | 1877834 | 1870839 | 1304604 | 1177345 | 965367 | 6143970 |
| Average Total Receipts 9 | 5089 | 2768 | 187 | 440 | 1267 | 1321 | 4384 | 9988 | 22540 | 42084 | 84096 | 160894 | 1023995 |
| **Operating Costs/Operating Income (%)** | | | | | | | | | | | | | |
| Cost of Operations 10 | 62.7 | 60.5 | 20.4 | 42.9 | 50.9 | 44.2 | 58.3 | 58.9 | 65.1 | 68.4 | 63.3 | 65.4 | 69.4 |
| Salaries and Wages 11 | 8.2 | 2.4 | 10.9 | 21.2 | 6.4 | 1.9 | 7.8 | 6.4 | 6.8 | 7.8 | 8.4 | 9.1 | 9.6 |
| Taxes Paid 12 | 2.8 | 4.0 | 2.0 | 2.6 | 4.5 | 2.5 | 3.6 | 3.5 | 2.9 | 2.6 | 2.9 | 1.8 | 2.0 |
| Interest Paid 13 | 2.7 | 1.9 | 1.0 | 0.1 | 0.7 | 3.1 | 1.0 | 1.3 | 1.8 | 1.4 | 1.6 | 2.3 | 5.5 |
| Depreciation 14 | 3.7 | 3.1 | 3.9 | 3.0 | 2.8 | 8.6 | 4.3 | 4.6 | 3.6 | 4.0 | 3.6 | 2.3 | 2.8 |
| Amortization and Depletion 15 | 0.3 | 0.0 | • | • | • | 0.5 | 0.1 | 0.1 | 0.1 | 0.1 | 0.4 | 0.1 | 0.7 |
| Pensions and Other Deferred Comp. 16 | 0.6 | 0.3 | 0.5 | • | 0.9 | 0.4 | 0.5 | 0.9 | 0.8 | 0.7 | 0.7 | 0.7 | 0.4 |
| Employee Benefits 17 | 2.3 | 2.3 | 0.6 | 2.6 | 0.7 | 1.1 | 1.6 | 3.2 | 2.2 | 2.1 | 2.0 | 1.4 | 3.0 |
| Advertising 18 | 0.5 | 0.0 | 1.7 | 0.1 | 0.1 | 0.3 | 0.3 | 0.2 | 0.4 | 0.5 | 0.8 | 1.2 | 0.7 |
| Other Expenses 19 | 9.9 | 7.5 | 29.3 | 10.0 | 15.4 | 25.8 | 9.2 | 9.6 | 7.6 | 6.2 | 8.3 | 11.1 | 9.4 |
| Officers' Compensation 20 | 3.2 | 3.8 | 10.0 | 9.4 | 13.3 | 5.4 | 6.7 | 3.5 | 2.6 | 1.8 | 1.3 | 1.1 | 0.4 |
| Operating Margin 21 | 3.1 | 14.1 | 19.8 | 8.1 | 4.2 | 6.3 | 6.6 | 7.7 | 6.0 | 4.5 | 6.8 | 3.6 | • |
| Operating Margin Before Officers' Comp. 22 | 6.4 | 17.9 | 29.8 | 17.5 | 17.5 | 11.6 | 13.3 | 11.2 | 8.7 | 6.3 | 8.1 | 4.6 | • |

| Selected Average Balance Sheet ($ in Thousands) | | | | | | | | | | | | | |
|---|---|---|---|---|---|---|---|---|---|---|---|---|---|
| Net Receivables 23 | 913 | 0 | 5 | 33 | 114 | 106 | 599 | 2150 | 3956 | 8173 | 11890 | 49389 | 213294 |
| Inventories 24 | 673 | 0 | 6 | 14 | 44 | 108 | 405 | 1190 | 3086 | 7218 | 11084 | 44419 | 166150 |
| Net Property, Plant and Equipment 25 | 1000 | 0 | 26 | 31 | 129 | 354 | 887 | 2375 | 4535 | 9870 | 18339 | 24584 | 188826 |
| Total Assets 26 | 4071 | 0 | 51 | 179 | 416 | 713 | 2295 | 6613 | 14987 | 33104 | 67142 | 169559 | 1146702 |
| Notes and Loans Payable 27 | 1238 | 0 | 100 | 10 | 79 | 360 | 622 | 1833 | 4812 | 6545 | 14580 | 45846 | 385566 |
| All Other Liabilities 28 | 1183 | 0 | 2 | 8 | 77 | 67 | 438 | 1543 | 3416 | 8160 | 13903 | 45785 | 436442 |
| Net Worth 29 | 1650 | 0 | -50 | 161 | 260 | 286 | 1236 | 3238 | 6759 | 18399 | 38659 | 77928 | 324694 |
| **Selected Financial Ratios (Times to 1)** | | | | | | | | | | | | | |
| Current Ratio 30 | 1.8 | • | 4.1 | 10.1 | 2.6 | 2.3 | 1.8 | 1.9 | 1.7 | 2.0 | 2.7 | 2.0 | 1.6 |
| Quick Ratio 31 | 1.0 | • | 2.8 | 8.3 | 2.0 | 1.7 | 1.2 | 1.2 | 1.0 | 1.1 | 1.6 | 1.1 | 0.7 |
| Net Sales to Working Capital 32 | 5.3 | • | 13.7 | 3.3 | 7.5 | 6.7 | 7.9 | 5.3 | 6.0 | 4.1 | 4.0 | 2.9 | 5.3 |
| Coverage Ratio 33 | 3.6 | 8.7 | 23.1 | 556.0 | 7.3 | 3.5 | 7.8 | 7.1 | 5.2 | 5.1 | 6.6 | 3.8 | 1.9 |
| Total Asset Turnover 34 | 1.2 | • | 3.6 | 2.0 | 3.0 | 1.8 | 1.9 | 1.5 | 1.5 | 1.3 | 1.2 | 0.9 | 0.8 |
| Inventory Turnover 35 | 4.6 | • | 6.6 | 11.2 | 14.6 | 5.3 | 6.3 | 4.9 | 4.7 | 3.9 | 4.7 | 2.3 | 3.9 |
| Receivables Turnover 36 | 5.2 | • | 40.5 | 13.6 | 12.6 | 6.3 | 6.7 | 5.4 | 6.0 | 4.9 | 13.8 | 2.9 | 8.8 |
| Total Liabilities to Net Worth 37 | 1.5 | • | • | 0.1 | 0.6 | 1.5 | 0.9 | 1.0 | 1.2 | 0.8 | 0.7 | 1.2 | 2.5 |
| Current Assets to Working Capital 38 | 2.2 | • | 1.3 | 1.1 | 1.6 | 1.8 | 2.3 | 2.1 | 2.4 | 2.0 | 1.6 | 2.0 | 2.7 |
| Current Liabilities to Working Capital 39 | 1.2 | • | 0.3 | 0.1 | 0.6 | 0.8 | 1.3 | 1.1 | 1.4 | 1.0 | 0.6 | 1.0 | 1.7 |
| Working Capital to Net Sales 40 | 0.2 | • | 0.1 | 0.3 | 0.1 | 0.1 | 0.1 | 0.2 | 0.2 | 0.2 | 0.3 | 0.3 | 0.2 |
| Inventory to Working Capital 41 | 0.7 | • | 0.4 | 0.1 | 0.3 | 0.2 | 0.6 | 0.7 | 0.9 | 0.7 | 0.5 | 0.8 | 0.9 |
| Total Receipts to Cash Flow 42 | 7.0 | 5.2 | 2.2 | 2.8 | 6.4 | 3.6 | 7.4 | 7.5 | 7.9 | 9.1 | 6.1 | 6.4 | 8.1 |
| Cost of Goods to Cash Flow 43 | 4.4 | 3.2 | 0.4 | 1.2 | 3.3 | 1.6 | 4.3 | 4.4 | 5.2 | 6.2 | 3.8 | 4.2 | 5.6 |
| Cash Flow to Total Debt 44 | 0.3 | • | 0.8 | 7.1 | 1.3 | 0.8 | 0.6 | 0.4 | 0.3 | 0.3 | 0.5 | 0.3 | 0.1 |
| **Selected Financial Factors (in Percentages)** | | | | | | | | | | | | | |
| Debt Ratio 45 | 59.5 | • | 198.1 | 10.0 | 37.5 | 59.9 | 46.2 | 51.0 | 54.9 | 44.4 | 42.4 | 54.0 | 71.7 |
| Return on Total Assets 46 | 11.8 | • | 80.3 | 60.1 | 15.2 | 20.0 | 15.5 | 14.2 | 14.0 | 9.0 | 13.3 | 8.1 | 8.6 |
| Return on Equity Before Income Taxes 47 | 20.9 | • | • | 66.7 | 21.0 | 35.6 | 25.1 | 24.9 | 25.0 | 13.1 | 19.6 | 13.0 | 14.6 |
| Return on Equity After Income Taxes 48 | 17.8 | • | • | 66.0 | 18.1 | 33.8 | 22.4 | 23.2 | 21.6 | 11.6 | 16.7 | 9.4 | 10.1 |
| Profit Margin (Before Income Tax) 49 | 7.1 | 14.3 | 21.4 | 29.7 | 4.3 | 7.8 | 7.1 | 8.1 | 7.6 | 5.8 | 9.3 | 6.5 | 5.0 |
| Profit Margin (After Income Tax) 50 | 6.0 | 14.1 | 21.4 | 29.4 | 3.7 | 7.4 | 6.4 | 7.5 | 6.6 | 5.1 | 7.9 | 4.7 | 3.5 |

## Table I

Corporations with and without Net Income

# ENGINE, TURBINE AND POWER TRANSMISSION EQUIPMENT

MONEY AMOUNTS AND SIZE OF ASSETS IN THOUSANDS OF DOLLARS

| Item Description for Accounting Period 7/00 Through 6/01 | Total | Zero Assets | Under 100 | 100 to 250 | 251 to 500 | 501 to 1,000 | 1,001 to 5,000 | 5,001 to 10,000 | 10,001 to 25,000 | 25,001 to 50,000 | 50,001 to 100,000 | 100,001 to 250,000 | 250,001 and over |
|---|---|---|---|---|---|---|---|---|---|---|---|---|---|
| Number of Enterprises 1 | 738 | 67 | 273 | • | 103 | 0 | 214 | 20 | 28 | 13 | 0 | 8 | 11 |
| **Revenues ($ in Thousands)** | | | | | | | | | | | | | |
| Net Sales 2 | 21062388 | 1480224 | 0 | • | 106173 | 0 | 854932 | 257761 | 802204 | 505253 | 0 | 1521700 | 15534141 |
| Interest 3 | 105096 | 3055 | 0 | • | 23 | 0 | 515 | 290 | 699 | 1994 | 0 | 11968 | 86552 |
| Rents 4 | 15668 | 1532 | 0 | • | 0 | 0 | 0 | 723 | 216 | 0 | 0 | 1200 | 11997 |
| Royalties 5 | 96787 | 48 | 0 | • | 0 | 0 | 0 | 0 | 0 | 422 | 0 | 14497 | 81821 |
| Other Portfolio Income 6 | 89224 | 8656 | 0 | • | 0 | 0 | 1138 | 8932 | 363 | 3956 | 0 | 10393 | 55787 |
| Other Receipts 7 | 296406 | 13379 | 0 | • | 0 | 0 | 2679 | 1460 | 2926 | 615 | 0 | 16378 | 258966 |
| Total Receipts 8 | 21665569 | 1506894 | 0 | • | 106196 | 0 | 859264 | 269166 | 806408 | 512240 | 0 | 1576136 | 16029264 |
| Average Total Receipts 9 | 29357 | 22491 | 0 | • | 1031 | • | 4015 | 13458 | 28800 | 39403 | • | 197017 | 1457206 |
| **Operating Costs/Operating Income (%)** | | | | | | | | | | | | | |
| Cost of Operations 10 | 69.9 | 79.7 | • | • | 35.6 | • | 72.3 | 75.7 | 74.6 | 70.9 | • | 71.0 | 68.6 |
| Salaries and Wages 11 | 8.0 | 5.0 | • | • | 23.9 | • | 6.3 | 8.4 | 5.6 | 5.5 | • | 8.0 | 8.4 |
| Taxes Paid 12 | 1.8 | 1.4 | • | • | 5.6 | • | 1.8 | 2.1 | 1.6 | 1.8 | • | 2.0 | 1.8 |
| Interest Paid 13 | 1.8 | 0.7 | • | • | 0.0 | • | 0.9 | 2.6 | 1.4 | 2.7 | • | 2.0 | 2.0 |
| Depreciation 14 | 2.8 | 1.8 | • | • | 1.7 | • | 1.6 | 4.8 | 3.0 | 4.3 | • | 3.3 | 2.9 |
| Amortization and Depletion 15 | 0.6 | 0.2 | • | • | • | • | 0.0 | 0.1 | 0.0 | 0.5 | • | 0.5 | 0.7 |
| Pensions and Other Deferred Comp. 16 | 0.8 | 0.0 | • | • | • | • | 0.4 | 0.3 | 0.3 | 1.6 | • | 1.2 | 0.9 |
| Employee Benefits 17 | 3.4 | 3.8 | • | • | 0.0 | • | 1.7 | 2.3 | 1.3 | 0.9 | • | 1.6 | 3.8 |
| Advertising 18 | 0.6 | 0.2 | • | • | 1.3 | • | 0.5 | 0.4 | 0.4 | 0.3 | • | 1.2 | 0.6 |
| Other Expenses 19 | 13.1 | 14.8 | • | • | 19.0 | • | 10.1 | 4.3 | 5.4 | 9.8 | • | 9.4 | 14.1 |
| Officers' Compensation 20 | 0.7 | 0.0 | • | • | 10.7 | • | 3.6 | 1.6 | 2.5 | 1.4 | • | 1.1 | 0.4 |
| Operating Margin 21 | • | • | • | • | 2.0 | • | 0.7 | • | 3.9 | 0.2 | • | • | • |
| Operating Margin Before Officers' Comp. 22 | • | • | • | • | 12.7 | • | 4.2 | • | 6.4 | 1.6 | • | • | • |

| Selected Average Balance Sheet ($ in Thousands) | | | | | | | | | | | | | |
|---|---|---|---|---|---|---|---|---|---|---|---|---|---|
| Net Receivables 23 | 3560 | 0 | 0 | • | 52 | • | 365 | 1810 | 5226 | 9053 | • | 27113 | 184275 |
| Inventories 24 | 3532 | 0 | 2 | • | 134 | • | 644 | 678 | 4183 | 6568 | • | 37359 | 172132 |
| Net Property, Plant and Equipment 25 | 4662 | 0 | 0 | • | 19 | • | 296 | 3300 | 5536 | 9994 | • | 41100 | 245072 |
| Total Assets 26 | 21352 | 0 | 2 | • | 337 | • | 1902 | 7523 | 17394 | 41063 | • | 163240 | 1167119 |
| Notes and Loans Payable 27 | 5723 | 0 | 11 | • | 0 | • | 465 | 4069 | 6145 | 13114 | • | 35778 | 310079 |
| All Other Liabilities 28 | 8871 | 0 | 0 | • | 26 | • | 582 | 1944 | 5630 | 9739 | • | 46309 | 520542 |
| Net Worth 29 | 6758 | 0 | -9 | • | 311 | • | 855 | 1510 | 5619 | 18210 | • | 81153 | 336498 |

| Selected Financial Ratios (Times to 1) | | | | | | | | | | | | | |
|---|---|---|---|---|---|---|---|---|---|---|---|---|---|
| Current Ratio 30 | 1.2 | • | • | • | 10.7 | • | 1.9 | 1.5 | 1.5 | 2.3 | • | 1.4 | 1.1 |
| Quick Ratio 31 | 0.6 | • | • | • | 5.6 | • | 0.8 | 0.8 | 0.9 | 1.2 | • | 0.6 | 0.5 |
| Net Sales to Working Capital 32 | 16.3 | • | • | • | 4.1 | • | 7.1 | 10.1 | 7.7 | 3.1 | • | 7.9 | 23.5 |
| Coverage Ratio 33 | 0.7 | • | • | • | 2130.0 | • | 2.2 | 1.6 | 4.2 | 1.6 | • | 2.4 | 0.6 |
| Total Asset Turnover 34 | 1.3 | • | • | • | 3.1 | • | 2.1 | 1.7 | 1.6 | 0.9 | • | 1.2 | 1.2 |
| Inventory Turnover 35 | 5.7 | • | • | • | 2.7 | • | 4.5 | 14.4 | 5.1 | 4.2 | • | 3.6 | 5.6 |
| Receivables Turnover 36 | 6.0 | • | • | • | 16.7 | • | 10.1 | 13.0 | 6.6 | 6.1 | • | 8.0 | 5.3 |
| Total Liabilities to Net Worth 37 | 2.2 | • | • | • | 0.1 | • | 1.2 | 4.0 | 2.1 | 1.3 | • | 1.0 | 2.5 |
| Current Assets to Working Capital 38 | 5.5 | • | 1.0 | • | 1.1 | • | 2.1 | 3.0 | 3.0 | 1.8 | • | 3.4 | 8.3 |
| Current Liabilities to Working Capital 39 | 4.5 | • | • | • | 0.1 | • | 1.1 | 2.0 | 2.0 | 0.8 | • | 2.4 | 7.3 |
| Working Capital to Net Sales 40 | 0.1 | • | • | • | 0.2 | • | 0.1 | 0.1 | 0.1 | 0.3 | • | 0.1 | 0.0 |
| Inventory to Working Capital 41 | 1.8 | • | 1.0 | • | 0.5 | • | 1.1 | 1.0 | 1.1 | 0.6 | • | 1.7 | 2.4 |
| Total Receipts to Cash Flow 42 | 11.1 | 12.8 | • | • | 6.9 | • | 11.4 | 29.8 | 11.7 | 10.7 | • | 10.2 | 10.9 |
| Cost of Goods to Cash Flow 43 | 7.7 | 10.2 | • | • | 2.4 | • | 8.3 | 22.6 | 8.7 | 7.6 | • | 7.3 | 7.5 |
| Cash Flow to Total Debt 44 | 0.2 | • | • | • | 5.7 | • | 0.3 | 0.1 | 0.2 | 0.2 | • | 0.2 | 0.2 |

| Selected Financial Factors (in Percentages) | | | | | | | | | | | | | |
|---|---|---|---|---|---|---|---|---|---|---|---|---|---|
| Debt Ratio 45 | 68.3 | • | 581.5 | • | 7.8 | • | 55.1 | 79.9 | 67.7 | 55.7 | • | 50.3 | 71.2 |
| Return on Total Assets 46 | 1.7 | • | • | • | 6.1 | • | 4.1 | 7.4 | 9.6 | 4.0 | • | 5.5 | 1.4 |
| Return on Equity Before Income Taxes 47 | • | • | 11.4 | • | 6.6 | • | 5.0 | 14.1 | 22.6 | 3.3 | • | 6.4 | • |
| Return on Equity After Income Taxes 48 | • | • | 11.4 | • | 5.6 | • | 3.6 | 11.8 | 20.7 | • | • | 3.4 | • |
| Profit Margin (Before Income Tax) 49 | • | • | • | • | 2.0 | • | 1.1 | 1.7 | 4.4 | 1.5 | • | 2.7 | • |
| Profit Margin (After Income Tax) 50 | • | • | • | • | 1.7 | • | 0.8 | 1.4 | 4.1 | • | • | 1.4 | • |

# Table II

Corporations with Net Income

## ENGINE, TURBINE AND POWER TRANSMISSION EQUIPMENT

MONEY AMOUNTS AND SIZE OF ASSETS IN THOUSANDS OF DOLLARS

| Item Description for Accounting Period 7/00 Through 6/01 | | Total | Zero Assets | Under 100 | 100 to 250 | 251 to 500 | 501 to 1,000 | 1,001 to 5,000 | 5,001 to 10,000 | 10,001 to 25,000 | 25,001 to 50,000 | 50,001 to 100,000 | 100,001 to 250,000 | 250,001 and over |
|---|---|---|---|---|---|---|---|---|---|---|---|---|---|---|
| Number of Enterprises | 1 | 318 | 0 | • | • | 0 | • | 158 | 0 | 19 | 8 | 0 | 0 | 5 |
| **Revenues ($ in Thousands)** | | | | | | | | | | | | | | |
| Net Sales | 2 | 12477207 | 0 | • | • | 0 | • | 807210 | 0 | 610480 | 418242 | 0 | 0 | 8967023 |
| Interest | 3 | 47970 | 0 | • | • | 0 | • | 326 | 0 | 621 | 1046 | 0 | 0 | 37645 |
| Rents | 4 | 6828 | 0 | • | • | 0 | • | 0 | 0 | 216 | 0 | 0 | 0 | 4688 |
| Royalties | 5 | 44606 | 0 | • | • | 0 | • | 0 | 0 | 0 | 422 | 0 | 0 | 32062 |
| Other Portfolio Income | 6 | 43001 | 0 | • | • | 0 | • | 1138 | 0 | 341 | 3819 | 0 | 0 | 23843 |
| Other Receipts | 7 | 196153 | 0 | • | • | 0 | • | 2434 | 0 | 2521 | 504 | 0 | 0 | 173628 |
| Total Receipts | 8 | 12815765 | 0 | • | • | 0 | • | 811108 | 0 | 614179 | 424033 | 0 | 0 | 9238889 |
| Average Total Receipts | 9 | 40301 | • | • | • | • | • | 5134 | • | 32325 | 53004 | • | • | 1847778 |
| **Operating Costs/Operating Income (%)** | | | | | | | | | | | | | | |
| Cost of Operations | 10 | 68.3 | • | • | • | • | • | 72.8 | • | 71.5 | 68.9 | • | • | 67.6 |
| Salaries and Wages | 11 | 9.4 | • | • | • | • | • | 5.6 | • | 5.8 | 4.8 | • | • | 10.3 |
| Taxes Paid | 12 | 1.9 | • | • | • | • | • | 1.6 | • | 1.6 | 1.8 | • | • | 1.9 |
| Interest Paid | 13 | 1.4 | • | • | • | • | • | 0.7 | • | 1.2 | 2.7 | • | • | 1.4 |
| Depreciation | 14 | 2.4 | • | • | • | • | • | 1.5 | • | 2.6 | 4.1 | • | • | 2.3 |
| Amortization and Depletion | 15 | 0.6 | • | • | • | • | • | 0.0 | • | 0.0 | 0.2 | • | • | 0.8 |
| Pensions and Other Deferred Comp. | 16 | 0.8 | • | • | • | • | • | 0.4 | • | 0.3 | 1.0 | • | • | 0.8 |
| Employee Benefits | 17 | 3.0 | • | • | • | • | • | 1.7 | • | 1.5 | 0.9 | • | • | 3.5 |
| Advertising | 18 | 0.6 | • | • | • | • | • | 0.4 | • | 0.4 | 0.3 | • | • | 0.5 |
| Other Expenses | 19 | 10.1 | • | • | • | • | • | 9.1 | • | 5.9 | 8.9 | • | • | 10.8 |
| Officers' Compensation | 20 | 1.0 | • | • | • | • | • | 3.4 | • | 3.0 | 1.2 | • | • | 0.5 |
| Operating Margin | 21 | 0.6 | • | • | • | • | • | 2.8 | • | 6.1 | 5.2 | • | • | • |
| Operating Margin Before Officers' Comp. | 22 | 1.5 | • | • | • | • | • | 6.2 | • | 9.2 | 6.4 | • | • | • |

| Selected Average Balance Sheet ($ in Thousands) | | | | | | | | | | | | |
|---|---|---|---|---|---|---|---|---|---|---|---|---|
| Net Receivables 23 | 4236 | • | • | • | • | • | 447 | • | 5217 | 12532 | • | • 171145 |
| Inventories 24 | 6331 | • | • | • | • | • | 844 | • | 4288 | 6233 | • | • 293220 |
| Net Property, Plant and Equipment 25 | 5323 | • | • | • | • | • | 307 | • | 6030 | 10255 | • | • 226645 |
| Total Assets 26 | 26741 | • | • | • | • | • | 2175 | • | 17662 | 42285 | • | • 1253876 |
| Notes and Loans Payable 27 | 5443 | • | • | • | • | • | 364 | • | 6202 | 17716 | • | • 227374 |
| All Other Liabilities 28 | 11090 | • | • | • | • | • | 707 | • | 4153 | 11353 | • | • 594611 |
| Net Worth 29 | 10209 | • | • | • | • | • | 1103 | • | 7307 | 13216 | • | • 431891 |
| **Selected Financial Ratios (Times to 1)** | | | | | | | | | | | | |
| Current Ratio 30 | 1.4 | • | • | • | • | • | 1.8 | • | 1.7 | 2.2 | • | • 1.3 |
| Quick Ratio 31 | 0.5 | • | • | • | • | • | 0.7 | • | 1.0 | 1.2 | • | • 0.4 |
| Net Sales to Working Capital 32 | 10.0 | • | • | • | • | • | 8.6 | • | 7.2 | 3.7 | • | • 13.6 |
| Coverage Ratio 33 | 3.4 | • | • | • | • | • | 5.6 | • | 6.7 | 3.4 | • | • 2.9 |
| Total Asset Turnover 34 | 1.5 | • | • | • | • | • | 2.3 | • | 1.8 | 1.2 | • | • 1.4 |
| Inventory Turnover 35 | 4.2 | • | • | • | • | • | 4.4 | • | 5.4 | 5.8 | • | • 4.1 |
| Receivables Turnover 36 | 5.2 | • | • | • | • | • | 10.1 | • | 7.0 | 8.3 | • | • 4.7 |
| Total Liabilities to Net Worth 37 | 1.6 | • | • | • | • | • | 1.0 | • | 1.4 | 2.2 | • | • 1.9 |
| Current Assets to Working Capital 38 | 3.6 | • | • | • | • | • | 2.2 | • | 2.4 | 1.9 | • | • 4.9 |
| Current Liabilities to Working Capital 39 | 2.6 | • | • | • | • | • | 1.2 | • | 1.4 | 0.9 | • | • 3.9 |
| Working Capital to Net Sales 40 | 0.1 | • | • | • | • | • | 0.1 | • | 0.1 | 0.3 | • | • 0.1 |
| Inventory to Working Capital 41 | 1.2 | • | • | • | • | • | 1.3 | • | 0.8 | 0.4 | • | • 1.5 |
| Total Receipts to Cash Flow 42 | 9.8 | • | • | • | • | • | 10.3 | • | 8.7 | 7.4 | • | • 10.3 |
| Cost of Goods to Cash Flow 43 | 6.7 | • | • | • | • | • | 7.5 | • | 6.2 | 5.1 | • | • 7.0 |
| Cash Flow to Total Debt 44 | 0.2 | • | • | • | • | • | 0.5 | • | 0.4 | 0.2 | • | • 0.2 |
| **Selected Financial Factors (in Percentages)** | | | | | | | | | | | | |
| Debt Ratio 45 | 61.8 | • | • | • | • | • | 49.3 | • | 58.6 | 68.7 | • | • 65.6 |
| Return on Total Assets 46 | 7.0 | • | • | • | • | • | 8.9 | • | 14.4 | 11.4 | • | • 5.8 |
| Return on Equity Before Income Taxes 47 | 13.0 | • | • | • | • | • | 14.5 | • | 29.6 | 25.8 | • | • 11.2 |
| Return on Equity After Income Taxes 48 | 9.5 | • | • | • | • | • | 13.0 | • | 27.4 | 18.2 | • | • 7.5 |
| Profit Margin (Before Income Tax) 49 | 3.4 | • | • | • | • | • | 3.1 | • | 6.7 | 6.5 | • | • 2.7 |
| Profit Margin (After Income Tax) 50 | 2.5 | • | • | • | • | • | 2.8 | • | 6.2 | 4.6 | • | • 1.8 |

## Table I

Corporations with and without Net Income

# Other General Purpose Machinery

Money Amounts and Size of Assets in Thousands of Dollars

| Item Description for Accounting Period 7/00 Through 6/01 | | Total | Zero Assets | Under 100 | 100 to 250 | 251 to 500 | 501 to 1,000 | 1,001 to 5,000 | 5,001 to 10,000 | 10,001 to 25,000 | 25,001 to 50,000 | 50,001 to 100,000 | 100,001 to 250,000 | 250,001 and over |
|---|---|---|---|---|---|---|---|---|---|---|---|---|---|---|
| Number of Enterprises | 1 | 5667 | 26 | 2073 | 963 | 554 | 710 | 873 | 174 | 139 | 54 | 35 | 26 | 38 |
| **Revenues ($ in Thousands)** | | | | | | | | | | | | | | |
| Net Sales | 2 | 65782495 | 209270 | 346462 | 561044 | 497226 | 840828 | 3298210 | 1989497 | 3325236 | 2381264 | 3103675 | 3947313 | 45282471 |
| Interest | 3 | 1154654 | 3726 | 460 | 576 | 1905 | 1602 | 5308 | 4017 | 15891 | 6434 | 30403 | 38729 | 1045604 |
| Rents | 4 | 80542 | 398 | 0 | 0 | 72 | 0 | 3593 | 685 | 2509 | 1480 | 275 | 5841 | 65690 |
| Royalties | 5 | 531554 | 73 | 0 | 0 | 0 | 0 | 0 | 363 | 851 | 53 | 1489 | 9315 | 519410 |
| Other Portfolio Income | 6 | 640293 | 1655 | 7788 | 324 | 1208 | 39 | 34723 | 740 | 34460 | 25286 | 13457 | 50986 | 469625 |
| Other Receipts | 7 | 581988 | 2108 | 0 | -1 | 2850 | 2325 | 27325 | 19567 | 40015 | 23310 | 18361 | 27925 | 418203 |
| Total Receipts | 8 | 68771526 | 217230 | 354710 | 561943 | 503261 | 844794 | 3369159 | 2014869 | 3418962 | 2437827 | 3167660 | 4080109 | 47801003 |
| Average Total Receipts | 9 | 12135 | 8355 | 171 | 584 | 908 | 1190 | 3859 | 11580 | 24597 | 45145 | 90505 | 156927 | 1257921 |
| **Operating Costs/Operating Income (%)** | | | | | | | | | | | | | | |
| Cost of Operations | 10 | 66.8 | 68.0 | 36.6 | 55.0 | 42.0 | 56.9 | 68.3 | 69.1 | 68.7 | 70.7 | 71.5 | 68.9 | 66.6 |
| Salaries and Wages | 11 | 8.6 | 6.8 | 18.4 | 9.3 | 18.7 | 11.9 | 8.4 | 8.0 | 8.9 | 9.6 | 7.1 | 8.3 | 8.5 |
| Taxes Paid | 12 | 1.9 | 1.5 | 3.6 | 2.6 | 3.1 | 4.1 | 2.3 | 1.9 | 2.4 | 1.6 | 1.8 | 2.0 | 1.7 |
| Interest Paid | 13 | 4.3 | 4.6 | 0.8 | 0.6 | 0.7 | 2.0 | 1.5 | 1.6 | 1.6 | 1.6 | 3.1 | 2.6 | 5.3 |
| Depreciation | 14 | 2.7 | 3.4 | 1.1 | 3.9 | 2.8 | 2.5 | 2.5 | 2.6 | 2.5 | 2.8 | 2.9 | 2.7 | 2.7 |
| Amortization and Depletion | 15 | 0.8 | 0.2 | • | 0.0 | 0.1 | 0.3 | 0.1 | 0.2 | 0.2 | 0.2 | 0.4 | 0.7 | 1.1 |
| Pensions and Other Deferred Comp. | 16 | 0.7 | 0.5 | • | 1.1 | 0.1 | 0.1 | 0.6 | 0.8 | 0.7 | 0.5 | 0.7 | 0.6 | 0.8 |
| Employee Benefits | 17 | 2.1 | 1.3 | 1.4 | 3.0 | 1.7 | 3.8 | 1.4 | 1.7 | 1.7 | 1.6 | 1.9 | 2.4 | 2.2 |
| Advertising | 18 | 1.0 | 0.6 | 0.1 | 1.2 | 1.3 | 1.5 | 0.7 | 0.5 | 0.8 | 0.6 | 0.6 | 0.8 | 1.1 |
| Other Expenses | 19 | 11.2 | 21.3 | 23.7 | 12.0 | 18.8 | 14.7 | 9.9 | 10.0 | 9.5 | 9.0 | 9.4 | 9.6 | 11.5 |
| Officers' Compensation | 20 | 1.3 | 2.0 | 9.6 | 14.9 | 9.5 | 8.1 | 5.1 | 3.2 | 2.6 | 2.1 | 1.3 | 1.8 | 0.3 |
| Operating Margin | 21 | • | • | 4.7 | • | 1.1 | • | • | 0.4 | 0.3 | • | • | • | • |
| Operating Margin Before Officers' Comp. | 22 | • | • | 14.3 | 11.4 | 10.6 | 2.4 | 4.4 | 3.6 | 3.0 | 1.8 | 0.5 | 1.5 | • |

## Selected Average Balance Sheet ($ in Thousands)

| | | | | | | | | | | | | | |
|---|---|---|---|---|---|---|---|---|---|---|---|---|---|
| Net Receivables 23 | 2629 | 0 | 18 | 34 | 113 | 154 | 528 | 1792 | 3976 | 7900 | 18328 | 32797 | 300235 |
| Inventories 24 | 1540 | 0 | 2 | 45 | 130 | 158 | 661 | 1849 | 3503 | 8140 | 16747 | 27171 | 141452 |
| Net Property, Plant and Equipment 25 | 1876 | 0 | 4 | 43 | 65 | 132 | 475 | 1788 | 3387 | 8101 | 16384 | 29050 | 197106 |
| Total Assets 26 | 14122 | 0 | 37 | 169 | 361 | 614 | 1971 | 7027 | 14806 | 34727 | 72077 | 148336 | 1734146 |
| Notes and Loans Payable 27 | 5180 | 0 | 15 | 91 | 132 | 279 | 882 | 2667 | 4852 | 9528 | 28009 | 41208 | 644492 |
| All Other Liabilities 28 | 4479 | 0 | 15 | 31 | 80 | 157 | 528 | 2474 | 4409 | 10423 | 23632 | 39002 | 559436 |
| Net Worth 29 | 4463 | 0 | 8 | 47 | 148 | 178 | 561 | 1885 | 5545 | 14776 | 20436 | 68126 | 530218 |

## Selected Financial Ratios (Times to 1)

| | | | | | | | | | | | | | |
|---|---|---|---|---|---|---|---|---|---|---|---|---|---|
| Current Ratio 30 | 1.4 | • | 1.0 | 3.6 | 3.5 | 1.9 | 1.6 | 1.5 | 1.6 | 1.8 | 1.5 | 1.5 | 1.3 |
| Quick Ratio 31 | 0.8 | • | 0.9 | 2.0 | 2.0 | 1.0 | 0.9 | 0.8 | 0.8 | 0.8 | 0.8 | 0.8 | 0.7 |
| Net Sales to Working Capital 32 | 7.9 | • | 171.3 | 6.9 | 4.4 | 5.8 | 7.0 | 6.9 | 7.1 | 4.8 | 7.0 | 6.7 | 8.7 |
| Coverage Ratio 33 | 1.9 | • | 9.5 | • | 4.2 | • | 2.0 | 2.1 | 3.0 | 2.3 | 1.4 | 2.3 | 1.9 |
| Total Asset Turnover 34 | 0.8 | • | 4.5 | 3.5 | 2.5 | 1.9 | 1.9 | 1.6 | 1.6 | 1.3 | 1.2 | 1.0 | 0.7 |
| Inventory Turnover 35 | 5.0 | • | 26.9 | 7.1 | 2.9 | 4.3 | 3.9 | 4.3 | 4.7 | 3.8 | 3.8 | 3.9 | 5.6 |
| Receivables Turnover 36 | 4.9 | • | 9.8 | 12.0 | 9.5 | 7.5 | 5.7 | 5.4 | 6.4 | 5.8 | 5.1 | 3.7 | 4.7 |
| Total Liabilities to Net Worth 37 | 2.2 | • | 3.7 | 2.6 | 1.4 | 2.4 | 2.5 | 2.7 | 1.7 | 1.4 | 2.5 | 1.2 | 2.3 |
| Current Assets to Working Capital 38 | 3.6 | • | 28.4 | 1.4 | 1.4 | 2.1 | 2.5 | 2.9 | 2.8 | 2.3 | 3.2 | 3.1 | 4.1 |
| Current Liabilities to Working Capital 39 | 2.6 | • | 27.4 | 0.4 | 0.4 | 1.1 | 1.5 | 1.9 | 1.8 | 1.3 | 2.2 | 2.1 | 3.1 |
| Working Capital to Net Sales 40 | 0.1 | • | 0.0 | 0.1 | 0.2 | 0.2 | 0.1 | 0.1 | 0.1 | 0.2 | 0.1 | 0.1 | 0.1 |
| Inventory to Working Capital 41 | 1.1 | • | 3.5 | 0.6 | 0.5 | 0.9 | 1.0 | 1.1 | 1.1 | 1.0 | 1.2 | 1.0 | 1.1 |
| Total Receipts to Cash Flow 42 | 8.3 | 7.9 | 5.0 | 16.6 | 6.1 | 16.8 | 12.4 | 10.1 | 9.9 | 11.8 | 11.7 | 9.1 | 7.6 |
| Cost of Goods to Cash Flow 43 | 5.5 | 5.3 | 1.8 | 9.1 | 2.5 | 9.6 | 8.5 | 7.0 | 6.8 | 8.3 | 8.3 | 6.3 | 5.0 |
| Cash Flow to Total Debt 44 | 0.1 | • | 1.1 | 0.3 | 0.7 | 0.2 | 0.2 | 0.2 | 0.3 | 0.2 | 0.1 | 0.2 | 0.1 |

## Selected Financial Factors (in Percentages)

| | | | | | | | | | | | | | |
|---|---|---|---|---|---|---|---|---|---|---|---|---|---|
| Debt Ratio 45 | 68.4 | • | 78.8 | 71.8 | 58.9 | 71.0 | 71.5 | 73.2 | 62.5 | 57.5 | 71.6 | 54.1 | 69.4 |
| Return on Total Assets 46 | 6.8 | • | 35.5 | • | 7.6 | • | 5.6 | 5.3 | 7.7 | 4.7 | 5.5 | 6.0 | 7.0 |
| Return on Equity Before Income Taxes 47 | 10.3 | • | 149.3 | • | 14.1 | • | 9.9 | 10.3 | 13.7 | 6.2 | 5.9 | 7.3 | 11.1 |
| Return on Equity After Income Taxes 48 | 6.5 | • | 145.4 | • | 12.3 | • | 6.6 | 7.9 | 9.0 | 3.6 | 1.3 | 3.6 | 7.2 |
| Profit Margin (Before Income Tax) 49 | 4.0 | • | 7.1 | • | 2.3 | • | 1.5 | 1.7 | 3.2 | 2.1 | 1.3 | 3.3 | 4.9 |
| Profit Margin (After Income Tax) 50 | 2.5 | • | 6.9 | • | 2.0 | • | 1.0 | 1.3 | 2.1 | 1.2 | 0.3 | 1.6 | 3.2 |

**Table II**

Corporations with Net Income

# OTHER GENERAL PURPOSE MACHINERY

MONEY AMOUNTS AND SIZE OF ASSETS IN THOUSANDS OF DOLLARS

| Item Description for Accounting Period 7/00 Through 6/01 | | Total | Zero Assets | Under 100 | 100 to 250 | 251 to 500 | 501 to 1,000 | 1,001 to 5,000 | 5,001 to 10,000 | 10,001 to 25,000 | 25,001 to 50,000 | 50,001 to 100,000 | 100,001 to 250,000 | 250,001 and over |
|---|---|---|---|---|---|---|---|---|---|---|---|---|---|---|
| Number of Enterprises | 1 | 3656 | 5 | 1460 | 293 | 451 | 435 | 691 | 118 | 103 | 33 | 17 | 18 | 34 |
| **Revenues ($ in Thousands)** | | | | | | | | | | | | | | |
| Net Sales | 2 | 58534683 | 37835 | 294967 | 279763 | 472879 | 510477 | 2766020 | 1428662 | 2539972 | 1534870 | 1707535 | 2847689 | 44114014 |
| Interest | 3 | 1077695 | 264 | 0 | 10 | 871 | 719 | 4369 | 3324 | 14323 | 5080 | 8696 | 26092 | 1013947 |
| Rents | 4 | 73085 | 24 | 0 | 0 | 72 | 0 | 3574 | 115 | 2403 | 429 | 255 | 614 | 65597 |
| Royalties | 5 | 518464 | 0 | 0 | 0 | 0 | 0 | 0 | 0 | 801 | 46 | 1268 | 5745 | 510603 |
| Other Portfolio Income | 6 | 576669 | 3 | 7788 | 0 | 1122 | 39 | 34723 | 318 | 30483 | 6594 | 7356 | 31910 | 456331 |
| Other Receipts | 7 | 619674 | 1260 | 1 | 0 | 2850 | 1085 | 25733 | 14862 | 33165 | 9642 | 13930 | 48816 | 468335 |
| Total Receipts | 8 | 61400270 | 39386 | 302756 | 279773 | 477794 | 512320 | 2834419 | 1447281 | 2621147 | 1556661 | 1739040 | 2960866 | 46628827 |
| Average Total Receipts | 9 | 16794 | 7877 | 207 | 955 | 1059 | 1178 | 4102 | 12265 | 25448 | 47172 | 102296 | 164493 | 1371436 |
| **Operating Costs/Operating Income (%)** | | | | | | | | | | | | | | |
| Cost of Operations | 10 | 66.1 | 78.9 | 31.4 | 57.9 | 42.1 | 54.3 | 66.8 | 69.5 | 65.8 | 65.7 | 70.0 | 66.3 | 66.5 |
| Salaries and Wages | 11 | 8.5 | 5.4 | 21.4 | 8.2 | 19.6 | 11.0 | 8.8 | 5.0 | 8.5 | 9.1 | 6.8 | 7.6 | 8.5 |
| Taxes Paid | 12 | 1.8 | 1.1 | 3.9 | 1.6 | 3.0 | 3.3 | 2.4 | 1.7 | 2.4 | 1.8 | 1.9 | 1.8 | 1.7 |
| Interest Paid | 13 | 4.3 | 2.1 | 1.0 | 0.0 | 0.8 | 1.8 | 1.3 | 0.7 | 1.7 | 1.2 | 1.7 | 2.0 | 5.2 |
| Depreciation | 14 | 2.7 | 1.2 | 1.2 | 0.8 | 2.9 | 1.9 | 2.1 | 1.8 | 2.6 | 2.6 | 2.6 | 2.9 | 2.8 |
| Amortization and Depletion | 15 | 0.8 | 0.1 | • | • | 0.1 | 0.0 | 0.1 | 0.1 | 0.3 | 0.1 | 0.1 | 0.6 | 1.0 |
| Pensions and Other Deferred Comp. | 16 | 0.7 | 0.0 | • | 1.9 | 0.1 | 0.0 | 0.5 | 1.0 | 0.8 | 0.5 | 0.7 | 0.7 | 0.8 |
| Employee Benefits | 17 | 2.1 | 0.6 | 1.7 | 0.3 | 1.8 | 3.8 | 1.3 | 1.8 | 1.5 | 1.4 | 1.4 | 2.2 | 2.2 |
| Advertising | 18 | 1.0 | 0.3 | 0.0 | 0.6 | 0.9 | 0.4 | 0.7 | 0.4 | 0.8 | 0.5 | 0.5 | 0.7 | 1.1 |
| Other Expenses | 19 | 10.9 | 6.4 | 22.8 | 10.0 | 18.3 | 12.2 | 9.2 | 8.8 | 8.5 | 7.7 | 8.0 | 9.4 | 11.3 |
| Officers' Compensation | 20 | 1.2 | 1.6 | 9.7 | 15.9 | 8.5 | 9.6 | 5.2 | 3.7 | 2.8 | 2.4 | 1.2 | 2.1 | 0.3 |
| Operating Margin | 21 | • | 2.1 | 6.9 | 2.8 | 2.0 | 1.7 | 1.6 | 5.7 | 4.3 | 7.0 | 5.1 | 3.8 | • |
| Operating Margin Before Officers' Comp. | 22 | 1.1 | 3.7 | 16.6 | 18.7 | 10.4 | 11.2 | 6.8 | 9.3 | 7.1 | 9.4 | 6.3 | 5.9 | • |

## Selected Average Balance Sheet ($ in Thousands)

| | | | | | | | | | | | | | |
|---|---|---|---|---|---|---|---|---|---|---|---|---|---|
| Net Receivables **23** | 3684 | 0 | 20 | 54 | 137 | 153 | 508 | 2047 | 4218 | 7941 | 20199 | 32058 | 326051 |
| Inventories **24** | 1982 | 0 | 2 | 27 | 128 | 150 | 624 | 1624 | 3560 | 8244 | 17778 | 28232 | 148210 |
| Net Property, Plant and Equipment **25** | 2540 | 0 | 5 | 34 | 78 | 117 | 416 | 1133 | 3554 | 8299 | 15572 | 32126 | 214063 |
| Total Assets **26** | 20038 | 0 | 40 | 171 | 351 | 584 | 1832 | 6972 | 15045 | 34067 | 70760 | 147031 | 1886000 |
| Notes and Loans Payable **27** | 7063 | 0 | 21 | 56 | 156 | 271 | 645 | 1238 | 4328 | 7883 | 19912 | 36697 | 684975 |
| All Other Liabilities **28** | 6420 | 0 | 14 | 54 | 95 | 141 | 510 | 2518 | 4020 | 7956 | 24798 | 36366 | 615506 |
| Net Worth **29** | 6555 | 0 | 5 | 61 | 100 | 173 | 678 | 3216 | 6697 | 18227 | 26051 | 73967 | 585518 |

## Selected Financial Ratios (Times to 1)

| | | | | | | | | | | | | | |
|---|---|---|---|---|---|---|---|---|---|---|---|---|---|
| Current Ratio **30** | 1.4 | • | 0.9 | 2.4 | 2.7 | 2.3 | 1.6 | 1.9 | 1.9 | 2.4 | 1.6 | 1.8 | 1.3 |
| Quick Ratio **31** | 0.8 | • | 0.7 | 2.2 | 1.6 | 1.3 | 0.9 | 1.2 | 1.0 | 1.2 | 0.8 | 1.0 | 0.7 |
| Net Sales to Working Capital **32** | 7.7 | • | • | 12.6 | 6.2 | 5.1 | 8.3 | 4.6 | 5.5 | 3.8 | 6.0 | 5.2 | 8.7 |
| Coverage Ratio **33** | 2.3 | 4.0 | 10.7 | 259.6 | 4.9 | 2.1 | 4.1 | 11.3 | 5.4 | 8.0 | 5.1 | 4.9 | 2.1 |
| Total Asset Turnover **34** | 0.8 | • | 5.0 | 5.6 | 3.0 | 2.0 | 2.2 | 1.7 | 1.6 | 1.4 | 1.4 | 1.1 | 0.7 |
| Inventory Turnover **35** | 5.3 | • | 26.4 | 20.6 | 3.5 | 4.2 | 4.3 | 5.2 | 4.6 | 3.7 | 4.0 | 3.7 | 5.8 |
| Receivables Turnover **36** | 5.0 | • | 9.5 | 20.4 | 9.3 | 7.5 | 6.1 | 5.4 | 6.3 | 5.3 | 5.3 | 3.5 | 4.9 |
| Total Liabilities to Net Worth **37** | 2.1 | • | 7.0 | 1.8 | 2.5 | 2.4 | 1.7 | 1.2 | 1.2 | 0.9 | 1.7 | 1.0 | 2.2 |
| Current Assets to Working Capital **38** | 3.5 | • | • | 1.7 | 1.6 | 1.8 | 2.7 | 2.1 | 2.2 | 1.7 | 2.8 | 2.3 | 4.1 |
| Current Liabilities to Working Capital **39** | 2.5 | • | • | 0.7 | 0.6 | 0.8 | 1.7 | 1.1 | 1.2 | 0.7 | 1.8 | 1.3 | 3.1 |
| Working Capital to Net Sales **40** | 0.1 | • | • | 0.1 | 0.2 | 0.2 | 0.1 | 0.2 | 0.2 | 0.3 | 0.2 | 0.2 | 0.1 |
| Inventory to Working Capital **41** | 1.0 | • | • | • | 0.6 | 0.7 | 1.1 | 0.8 | 0.8 | 0.6 | 1.1 | 0.7 | 1.1 |
| Total Receipts to Cash Flow **42** | 7.4 | 8.8 | 4.7 | 9.6 | 5.9 | 9.4 | 10.1 | 6.8 | 7.6 | 6.9 | 7.7 | 6.3 | 7.4 |
| Cost of Goods to Cash Flow **43** | 4.9 | 7.0 | 1.5 | 5.6 | 2.5 | 5.1 | 6.8 | 4.7 | 5.0 | 4.5 | 5.4 | 4.2 | 4.9 |
| Cash Flow to Total Debt **44** | 0.2 | • | 1.2 | 0.9 | 0.7 | 0.3 | 0.3 | 0.5 | 0.4 | 0.4 | 0.3 | 0.3 | 0.1 |

## Selected Financial Factors (in Percentages)

| | | | | | | | | | | | | | |
|---|---|---|---|---|---|---|---|---|---|---|---|---|---|
| Debt Ratio **45** | 67.3 | • | 87.6 | 64.3 | 71.5 | 70.5 | 63.0 | 53.9 | 55.5 | 46.5 | 63.2 | 49.7 | 69.0 |
| Return on Total Assets **46** | 8.1 | • | 52.7 | 15.6 | 11.2 | 7.6 | 11.8 | 13.3 | 15.3 | 13.3 | 12.2 | 10.7 | 7.4 |
| Return on Equity Before Income Taxes **47** | 14.1 | • | 384.3 | 43.4 | 31.3 | 13.8 | 24.0 | 26.2 | 28.1 | 21.8 | 26.7 | 16.9 | 12.2 |
| Return on Equity After Income Taxes **48** | 10.0 | • | 375.5 | 34.7 | 28.2 | 13.5 | 20.6 | 24.1 | 22.8 | 18.3 | 19.3 | 12.0 | 8.3 |
| Profit Margin (Before Income Tax) **49** | 5.8 | 6.2 | 9.5 | 2.8 | 3.0 | 2.0 | 4.1 | 7.0 | 7.6 | 8.5 | 6.9 | 7.9 | 5.5 |
| Profit Margin (After Income Tax) **50** | 4.1 | 4.6 | 9.3 | 2.2 | 2.7 | 2.0 | 3.5 | 6.4 | 6.2 | 7.2 | 5.0 | 5.6 | 3.7 |

## Table I

Corporations with and without Net Income

# COMPUTER AND PERIPHERAL EQUIPMENT

MONEY AMOUNTS AND SIZE OF ASSETS IN THOUSANDS OF DOLLARS

| Item Description for Accounting Period 7/00 Through 6/01 | | Total | Zero Assets | Under 100 | 100 to 250 | 251 to 500 | 501 to 1,000 | 1,001 to 5,000 | 5,001 to 10,000 | 10,001 to 25,000 | 25,001 to 50,000 | 50,001 to 100,000 | 100,001 to 250,000 | 250,001 and over |
|---|---|---|---|---|---|---|---|---|---|---|---|---|---|---|
| Number of Enterprises | 1 | 2701 | 231 | 612 | 562 | 435 | 126 | 298 | 125 | 143 | 61 | 31 | 27 | 50 |
| **Revenues ($ in Thousands)** | | | | | | | | | | | | | | |
| Net Sales | 2 | 276643083 | 2371632 | 20676 | 306153 | 730685 | 283330 | 1134662 | 1585081 | 2770760 | 2448194 | 2514134 | 3901174 | 258576601 |
| Interest | 3 | 7395516 | 87861 | 17 | 2113 | 98 | 1576 | 4766 | 8169 | 34470 | 35527 | 20558 | 67078 | 7133282 |
| Rents | 4 | 1573372 | 71 | 0 | 12 | 0 | 0 | 8 | 3600 | 791 | 633 | 2232 | 80 | 1565944 |
| Royalties | 5 | 22335262 | 33452 | 0 | 661 | 163 | 0 | 0 | 3379 | 3154 | 798 | 3706 | 4747 | 22285202 |
| Other Portfolio Income | 6 | 14819105 | 1412558 | 0 | 0 | 423 | 2 | 16148 | 14251 | 48802 | 74062 | 15063 | 28308 | 13209488 |
| Other Receipts | 7 | 4319305 | 239391 | 0 | 234 | 4814 | 14456 | 60869 | 19542 | 24595 | 1882 | 27040 | 32374 | 3894110 |
| Total Receipts | 8 | 327085643 | 4144965 | 20693 | 309173 | 736183 | 299364 | 1216453 | 1634022 | 2882572 | 2561096 | 2582733 | 4033761 | 306664627 |
| Average Total Receipts | 9 | 121098 | 17944 | 34 | 550 | 1692 | 2376 | 4082 | 13072 | 20158 | 41985 | 83314 | 149399 | 6133293 |
| **Operating Costs/Operating Income (%)** | | | | | | | | | | | | | | |
| Cost of Operations | 10 | 67.1 | 68.5 | 96.0 | 71.4 | 68.3 | 57.0 | 53.4 | 70.4 | 68.0 | 74.1 | 70.4 | 65.4 | 67.0 |
| Salaries and Wages | 11 | 14.9 | 17.9 | 3.2 | 8.7 | 12.4 | 14.3 | 25.6 | 14.4 | 17.9 | 16.3 | 12.7 | 14.8 | 14.8 |
| Taxes Paid | 12 | 1.4 | 1.3 | 0.0 | 1.8 | 1.5 | 3.9 | 2.5 | 2.6 | 2.0 | 1.9 | 1.3 | 1.4 | 1.3 |
| Interest Paid | 13 | 2.3 | 2.8 | 8.6 | 0.8 | 0.6 | 4.2 | 1.7 | 1.7 | 1.7 | 1.8 | 1.2 | 0.8 | 2.3 |
| Depreciation | 14 | 3.6 | 3.0 | 7.1 | 1.5 | 1.9 | 2.5 | 1.6 | 2.1 | 2.4 | 2.6 | 2.2 | 2.4 | 3.7 |
| Amortization and Depletion | 15 | 0.4 | 1.0 | 0.8 | • | • | 1.8 | 0.3 | 0.3 | 0.8 | 1.3 | 0.6 | 0.4 | 0.4 |
| Pensions and Other Deferred Comp. | 16 | 0.4 | 0.1 | • | • | 0.1 | 0.2 | 0.7 | 0.2 | 0.2 | 0.2 | 0.3 | 0.2 | 0.4 |
| Employee Benefits | 17 | 2.4 | 30.0 | • | 0.3 | 1.1 | 1.1 | 1.1 | 1.5 | 1.5 | 1.5 | 0.7 | 1.0 | 2.2 |
| Advertising | 18 | 2.0 | 5.7 | 2.3 | 0.9 | 0.7 | 2.6 | 1.6 | 0.7 | 1.8 | 3.3 | 1.3 | 1.0 | 2.0 |
| Other Expenses | 19 | 16.8 | 45.9 | 34.6 | 15.3 | 10.3 | 50.4 | 22.1 | 11.6 | 19.8 | 20.1 | 12.2 | 13.9 | 16.6 |
| Officers' Compensation | 20 | 0.8 | 1.8 | 0.7 | 2.0 | 3.4 | 14.8 | 3.9 | 3.4 | 2.6 | 1.9 | 1.2 | 2.1 | 0.6 |
| Operating Margin | 21 | • | • | • | • | • | • | • | • | • | • | • | • | • |
| Operating Margin Before Officers' Comp. | 22 | • | • | • | • | 3.2 | • | • | • | • | • | • | • | • |

| Selected Average Balance Sheet ($ in Thousands) | | | | | | | | | | | | | |
|---|---|---|---|---|---|---|---|---|---|---|---|---|---|
| Net Receivables 23 | 31300 | 0 | 0 | 37 | 99 | 179 | 840 | 1945 | 3302 | 8282 | 16445 | 26443 | 1635210 |
| Inventories 24 | 6617 | 0 | 4 | 10 | 95 | 208 | 684 | 1257 | 2578 | 4966 | 10841 | 20875 | 317727 |
| Net Property, Plant and Equipment 25 | 14596 | 0 | 6 | 34 | 93 | 80 | 213 | 1631 | 1844 | 4118 | 7233 | 14396 | 759126 |
| Total Assets 26 | 113282 | 0 | 10 | 155 | 375 | 690 | 2428 | 7678 | 15616 | 36051 | 67475 | 160855 | 5861609 |
| Notes and Loans Payable 27 | 19228 | 0 | 57 | 134 | 113 | 1417 | 793 | 2340 | 4216 | 19358 | 14810 | 23168 | 963999 |
| All Other Liabilities 28 | 44900 | 0 | 4 | 146 | 212 | 442 | 926 | 2663 | 5128 | 11939 | 26667 | 35500 | 2343764 |
| Net Worth 29 | 49153 | 0 | -51 | -125 | 51 | -1170 | 709 | 2675 | 6273 | 4754 | 25999 | 102188 | 2553845 |

| Selected Financial Ratios (Times to 1) | | | | | | | | | | | | | |
|---|---|---|---|---|---|---|---|---|---|---|---|---|---|
| Current Ratio 30 | 1.6 | • | 0.1 | 0.5 | 1.4 | 0.3 | 1.3 | 1.5 | 2.1 | 1.8 | 1.3 | 2.3 | 1.6 |
| Quick Ratio 31 | 1.1 | • | 0.1 | 0.4 | 0.9 | 0.2 | 0.9 | 1.0 | 1.4 | 1.3 | 0.8 | 1.6 | 1.1 |
| Net Sales to Working Capital 32 | 4.6 | • | • | • | 19.8 | • | 9.6 | 7.2 | 3.2 | 3.4 | 7.5 | 2.6 | 4.5 |
| Coverage Ratio 33 | 5.0 | 0.0 | • | • | 1.9 | • | • | • | • | • | • | 0.8 | 5.4 |
| Total Asset Turnover 34 | 0.9 | • | 3.5 | 3.5 | 4.5 | 3.3 | 1.6 | 1.7 | 1.2 | 1.1 | 1.2 | 0.9 | 0.9 |
| Inventory Turnover 35 | 10.4 | • | 8.2 | 40.9 | 12.1 | 6.1 | 3.0 | 7.1 | 5.1 | 6.0 | 5.3 | 4.5 | 10.9 |
| Receivables Turnover 36 | 3.4 | • | 2953.7 | 20.3 | 28.2 | 6.2 | 3.9 | 7.2 | 5.9 | 5.7 | 5.2 | 4.3 | 3.3 |
| Total Liabilities to Net Worth 37 | 1.3 | • | • | • | 6.4 | • | 2.4 | 1.9 | 1.5 | 6.6 | 1.6 | 0.6 | 1.3 |
| Current Assets to Working Capital 38 | 2.6 | • | • | • | 3.3 | • | 4.4 | 3.0 | 1.9 | 2.2 | 4.0 | 1.8 | 2.6 |
| Current Liabilities to Working Capital 39 | 1.6 | • | • | • | 2.3 | • | 3.4 | 2.0 | 0.9 | 1.2 | 3.0 | 0.8 | 1.6 |
| Working Capital to Net Sales 40 | 0.2 | • | • | • | 0.1 | • | 0.1 | 0.1 | 0.3 | 0.3 | 0.1 | 0.4 | 0.2 |
| Inventory to Working Capital 41 | 0.3 | • | • | • | 1.1 | • | 1.2 | 0.8 | 0.4 | 0.5 | 1.1 | 0.4 | 0.3 |
| Total Receipts to Cash Flow 42 | 5.2 | 2.9 | • | 10.2 | 12.1 | • | 8.7 | 42.8 | 86.3 | • | 11.8 | 9.0 | 5.0 |
| Cost of Goods to Cash Flow 43 | 3.5 | 2.0 | • | 7.3 | 8.3 | • | 4.6 | 30.1 | 58.7 | • | 8.3 | 5.9 | 3.4 |
| Cash Flow to Total Debt 44 | 0.3 | • | • | 0.2 | 0.4 | • | 0.3 | 0.1 | 0.0 | • | 0.2 | 0.3 | 0.3 |

| Selected Financial Factors (in Percentages) | | | | | | | | | | | | | |
|---|---|---|---|---|---|---|---|---|---|---|---|---|---|
| Debt Ratio 45 | 56.6 | • | 622.2 | 180.3 | 86.5 | 269.6 | 70.8 | 65.2 | 59.8 | 86.8 | 61.5 | 36.5 | 56.4 |
| Return on Total Assets 46 | 10.4 | • | • | • | 5.2 | • | • | • | • | • | • | 0.5 | 11.2 |
| Return on Equity Before Income Taxes 47 | 19.2 | • | 35.3 | 7.8 | 18.0 | 90.6 | • | • | • | • | • | • | 21.0 |
| Return on Equity After Income Taxes 48 | 11.8 | • | 35.3 | 8.5 | 18.0 | 96.1 | • | • | • | • | • | • | 13.5 |
| Profit Margin (Before Income Tax) 49 | 9.2 | • | • | • | 0.5 | • | • | • | • | • | • | • | 10.4 |
| Profit Margin (After Income Tax) 50 | 5.6 | • | • | • | 0.5 | • | • | • | • | • | • | • | 6.7 |

## Table II

Corporations with Net Income

# COMPUTER AND PERIPHERAL EQUIPMENT

**MONEY AMOUNTS AND SIZE OF ASSETS IN THOUSANDS OF DOLLARS**

| Item Description for Accounting Period 7/00 Through 6/01 | | Total | Zero Assets | Under 100 | 100 to 250 | 251 to 500 | 501 to 1,000 | 1,001 to 5,000 | 5,001 to 10,000 | 10,001 to 25,000 | 25,001 to 50,000 | 50,001 to 100,000 | 100,001 to 250,000 | 250,001 and over |
|---|---|---|---|---|---|---|---|---|---|---|---|---|---|---|
| Number of Enterprises | 1 | 1410 | 23 | • | 538 | 408 | 57 | 180 | 78 | 54 | 22 | 13 | 10 | 25 |
| **Revenues ($ in Thousands)** | | | | | | | | | | | | | | |
| Net Sales | 2 | 220091068 | 306206 | • | 292257 | 696090 | 166569 | 609083 | 1309219 | 1769777 | 1230646 | 867959 | 1624834 | 211218428 |
| Interest | 3 | 6359510 | 17655 | • | 2113 | 0 | 1198 | 2867 | 4255 | 5320 | 8316 | 5556 | 25728 | 6286502 |
| Rents | 4 | 1326988 | 0 | • | 0 | 0 | 0 | 0 | 1173 | 652 | 90 | 1489 | 74 | 1323510 |
| Royalties | 5 | 21956728 | 6906 | • | 0 | 0 | 0 | 0 | 3281 | 30 | 111 | 0 | 18 | 21946383 |
| Other Portfolio Income | 6 | 13534748 | 1390754 | • | 0 | 0 | 0 | 12564 | 3805 | 19220 | 17725 | 4200 | 21320 | 12065159 |
| Other Receipts | 7 | 3554527 | 175573 | • | 507 | 1479 | 0 | 33933 | 14065 | 6651 | 7504 | 16516 | 4711 | 3293589 |
| Total Receipts | 8 | 266823569 | 1897094 | • | 294877 | 697569 | 167767 | 658447 | 1335798 | 1801650 | 1264392 | 895720 | 1676685 | 256133571 |
| Average Total Receipts | 9 | 189237 | 82482 | • | 548 | 1710 | 2943 | 3658 | 17126 | 33364 | 57472 | 68902 | 167668 | 10245343 |
| **Operating Costs/Operating Income (%)** | | | | | | | | | | | | | | |
| Cost of Operations | 10 | 67.9 | 63.8 | • | 71.7 | 67.9 | 43.1 | 40.2 | 68.7 | 64.9 | 70.6 | 53.8 | 53.8 | 68.2 |
| Salaries and Wages | 11 | 10.4 | 7.6 | • | 6.6 | 11.2 | • | 22.5 | 9.7 | 9.9 | 8.1 | 14.7 | 13.3 | 10.4 |
| Taxes Paid | 12 | 1.5 | 2.1 | • | 1.6 | 1.4 | 4.8 | 2.3 | 2.4 | 1.5 | 1.4 | 1.3 | 1.5 | 1.5 |
| Interest Paid | 13 | 2.6 | 1.8 | • | 0.8 | 0.2 | • | 0.3 | 0.7 | 0.9 | 0.6 | 1.5 | 0.7 | 2.7 |
| Depreciation | 14 | 3.6 | 1.9 | • | 1.3 | 1.8 | 2.4 | 0.8 | 1.3 | 1.6 | 1.3 | 1.8 | 2.1 | 3.7 |
| Amortization and Depletion | 15 | 0.4 | 3.4 | • | • | • | • | 0.3 | 0.1 | 0.3 | 0.4 | 0.8 | 0.3 | 0.4 |
| Pensions and Other Deferred Comp. | 16 | 0.5 | 0.0 | • | • | 0.1 | 0.3 | 1.0 | 0.3 | 0.2 | 0.2 | 0.2 | 0.2 | 0.5 |
| Employee Benefits | 17 | 1.7 | 225.0 | • | 0.3 | 1.0 | 0.7 | 0.9 | 1.1 | 0.9 | 0.6 | 1.0 | 0.9 | 1.4 |
| Advertising | 18 | 2.1 | 0.9 | • | 1.0 | 0.5 | 0.5 | 1.6 | 0.3 | 0.9 | 0.4 | 0.6 | 0.8 | 2.1 |
| Other Expenses | 19 | 18.7 | 191.6 | • | 12.8 | 8.0 | 11.9 | 17.4 | 5.3 | 9.6 | 6.3 | 12.1 | 13.4 | 18.8 |
| Officers' Compensation | 20 | 0.6 | 2.6 | • | 1.8 | 3.4 | 22.8 | 4.9 | 2.7 | 1.8 | 1.4 | 1.5 | 0.9 | 0.5 |
| Operating Margin | 21 | • | • | • | 2.0 | 4.4 | 13.6 | 7.8 | 7.5 | 7.4 | 8.7 | 10.6 | 12.0 | • |
| Operating Margin Before Officers' Comp. | 22 | • | • | • | 3.9 | 7.8 | 36.4 | 12.7 | 10.2 | 9.2 | 10.1 | 12.1 | 12.9 | • |

| | | | | | | | | | | | | | |
|---|---|---|---|---|---|---|---|---|---|---|---|---|---|
| **Selected Average Balance Sheet ($ in Thousands)** | | | | | | | | | | | | | |
| Net Receivables **23** | 53346 | 0 | • | 39 | 100 | 241 | 647 | 2451 | 4618 | 10641 | 14764 | 34462 | 2952579 |
| Inventories **24** | 9561 | 0 | • | 10 | 87 | 67 | 789 | 1028 | 3878 | 6684 | 11829 | 29405 | 497174 |
| Net Property, Plant and Equipment **25** | 23586 | 0 | • | 36 | 93 | 113 | 152 | 1773 | 1950 | 2640 | 5819 | 19111 | 1303887 |
| Total Assets **26** | 168854 | 0 | • | 157 | 370 | 614 | 2463 | 7786 | 15520 | 35221 | 69518 | 162582 | 9304825 |
| Notes and Loans Payable **27** | 31753 | 0 | • | 15 | 53 | 0 | 244 | 1779 | 2620 | 7052 | 11927 | 19878 | 1756379 |
| All Other Liabilities **28** | 69970 | 0 | • | 91 | 92 | -33 | 746 | 2392 | 5427 | 12230 | 24959 | 36792 | 3879922 |
| Net Worth **29** | 67130 | 0 | • | 51 | 225 | 647 | 1473 | 3615 | 7473 | 15939 | 32632 | 105911 | 3668524 |
| **Selected Financial Ratios (Times to 1)** | | | | | | | | | | | | | |
| Current Ratio **30** | 1.6 | • | • | 0.7 | 2.5 | • | 2.2 | 1.8 | 2.0 | 1.9 | 1.9 | 2.6 | 1.6 |
| Quick Ratio **31** | 1.2 | • | • | 0.6 | 1.6 | • | 1.4 | 1.2 | 1.2 | 1.2 | 1.1 | 1.9 | 1.2 |
| Net Sales to Working Capital **32** | 4.7 | • | • | • | 10.5 | 5.8 | 3.9 | 6.9 | 5.5 | 4.2 | 3.1 | 2.5 | 4.7 |
| Coverage Ratio **33** | 6.7 | 72.3 | • | 4.6 | 26.8 | • | 55.5 | 14.8 | 10.8 | 19.4 | 10.3 | 23.5 | 6.6 |
| Total Asset Turnover **34** | 0.9 | • | • | 3.5 | 4.6 | 4.8 | 1.4 | 2.2 | 2.1 | 1.6 | 1.0 | 1.0 | 0.9 |
| Inventory Turnover **35** | 11.1 | • | • | 39.2 | 13.3 | 18.9 | 1.7 | 11.2 | 5.5 | 5.9 | 3.0 | 3.0 | 11.6 |
| Receivables Turnover **36** | 3.2 | • | • | 27.3 | 29.2 | 7.5 | 3.8 | 9.0 | 6.8 | 5.0 | 4.7 | 3.2 | 3.2 |
| Total Liabilities to Net Worth **37** | 1.5 | • | • | 2.1 | 0.6 | • | 0.7 | 1.2 | 1.1 | 1.2 | 1.1 | 0.5 | 1.5 |
| Current Assets to Working Capital **38** | 2.7 | • | • | • | 1.7 | 1.0 | 1.8 | 2.2 | 2.0 | 2.1 | 2.1 | 1.6 | 2.7 |
| Current Liabilities to Working Capital **39** | 1.7 | • | • | • | 0.7 | • | 0.8 | 1.2 | 1.0 | 1.1 | 1.1 | 0.6 | 1.7 |
| Working Capital to Net Sales **40** | 0.2 | • | • | • | 0.1 | 0.2 | 0.3 | 0.1 | 0.2 | 0.2 | 0.3 | 0.4 | 0.2 |
| Inventory to Working Capital **41** | 0.3 | • | • | • | 0.5 | • | 0.5 | 0.7 | 0.7 | 0.5 | 0.6 | 0.3 | 0.3 |
| Total Receipts to Cash Flow **42** | 3.8 | 0.4 | • | 7.6 | 9.6 | 4.4 | 3.3 | 7.7 | 6.2 | 6.5 | 4.2 | 3.8 | 3.9 |
| Cost of Goods to Cash Flow **43** | 2.6 | 0.2 | • | 5.4 | 6.5 | 1.9 | 1.3 | 5.3 | 4.0 | 4.6 | 2.3 | 2.0 | 2.6 |
| Cash Flow to Total Debt **44** | 0.4 | • | • | 0.7 | 1.2 | • | 1.0 | 0.5 | 0.7 | 0.4 | 0.4 | 0.8 | 0.4 |
| **Selected Financial Factors (in Percentages)** | | | | | | | | | | | | | |
| Debt Ratio **45** | 60.2 | • | • | 67.8 | 39.2 | • | 40.2 | 53.6 | 51.8 | 54.7 | 53.1 | 34.9 | 60.6 |
| Return on Total Assets **46** | 16.1 | • | • | 12.9 | 22.1 | 68.1 | 22.2 | 22.0 | 21.4 | 19.1 | 14.5 | 15.7 | 15.9 |
| Return on Equity Before Income Taxes **47** | 34.6 | • | • | 31.4 | 35.0 | 64.6 | 36.4 | 44.2 | 40.4 | 40.1 | 27.9 | 23.1 | 34.2 |
| Return on Equity After Income Taxes **48** | 24.1 | • | • | 29.8 | 35.0 | 42.7 | 32.8 | 38.0 | 35.3 | 29.5 | 23.5 | 15.6 | 23.7 |
| Profit Margin (Before Income Tax) **49** | 14.9 | 126.9 | • | 2.9 | 4.6 | 14.3 | 15.8 | 9.5 | 9.2 | 11.4 | 13.7 | 15.0 | 14.9 |
| Profit Margin (After Income Tax) **50** | 10.4 | 83.4 | • | 2.8 | 4.6 | 9.4 | 14.3 | 8.2 | 8.0 | 8.4 | 11.5 | 10.2 | 10.3 |

## Table I

Corporations with and without Net Income

# COMMUNICATIONS EQUIPMENT

MONEY AMOUNTS AND SIZE OF ASSETS IN THOUSANDS OF DOLLARS

| Item Description for Accounting Period 7/00 Through 6/01 | | Total | Zero Assets | Under 100 | 100 to 250 | 251 to 500 | 501 to 1,000 | 1,001 to 5,000 | 5,001 to 10,000 | 10,001 to 25,000 | 25,001 to 50,000 | 50,001 to 100,000 | 100,001 to 250,000 | 250,001 and over |
|---|---|---|---|---|---|---|---|---|---|---|---|---|---|---|
| Number of Enterprises | 1 | 1528 | 511 | 91 | • | • | 147 | 372 | 100 | 95 | 56 | 53 | 46 | 57 |
| **Revenues ($ in Thousands)** | | | | | | | | | | | | | | |
| Net Sales | 2 | 144689678 | 581956 | 19819 | • | • | 149067 | 1169482 | 792078 | 1440296 | 1038848 | 2073460 | 6354488 | 131070185 |
| Interest | 3 | 1544789 | 6505 | 0 | • | • | 3690 | 8178 | 8231 | 27175 | 45417 | 75113 | 101527 | 1268954 |
| Rents | 4 | 76717 | 0 | 0 | • | • | 41 | 168 | 507 | 86 | 442 | 1726 | 10413 | 63334 |
| Royalties | 5 | 6723187 | 0 | 0 | • | • | 0 | 1 | 0 | 292 | 11341 | 5427 | 87272 | 6618854 |
| Other Portfolio Income | 6 | 5263169 | 246204 | 48 | • | • | 0 | 2434 | 12200 | 3981 | 102901 | 82759 | 123182 | 4689458 |
| Other Receipts | 7 | 2080896 | 3881 | 28129 | • | • | 599 | 30064 | 2309 | 22643 | 8211 | 74258 | 30990 | 1879812 |
| Total Receipts | 8 | 160378436 | 838546 | 47996 | • | • | 153397 | 1210327 | 815325 | 1494473 | 1207160 | 2312743 | 6707872 | 145590597 |
| Average Total Receipts | 9 | 104960 | 1641 | 527 | • | • | 1044 | 3254 | 8153 | 15731 | 21556 | 43637 | 145823 | 2554221 |
| **Operating Costs/Operating Income (%)** | | | | | | | | | | | | | | |
| Cost of Operations | 10 | 64.5 | 77.3 | 61.8 | • | • | 43.2 | 55.1 | 56.9 | 59.0 | 60.7 | 59.8 | 62.7 | 64.8 |
| Salaries and Wages | 11 | 17.1 | 29.5 | 21.7 | • | • | 17.6 | 21.3 | 21.8 | 23.4 | 39.8 | 28.5 | 18.6 | 16.4 |
| Taxes Paid | 12 | 1.1 | 2.2 | 5.9 | • | • | 4.5 | 3.7 | 3.5 | 3.0 | 4.1 | 2.7 | 1.5 | 1.0 |
| Interest Paid | 13 | 2.1 | 3.1 | 5.3 | • | • | 1.1 | 2.8 | 1.1 | 2.1 | 2.6 | 2.6 | 2.3 | 2.1 |
| Depreciation | 14 | 3.7 | 4.5 | 0.8 | • | • | 2.1 | 2.9 | 2.7 | 3.5 | 5.8 | 5.2 | 3.8 | 3.7 |
| Amortization and Depletion | 15 | 0.4 | 0.9 | • | • | • | 0.1 | 0.9 | 0.8 | 0.8 | 1.4 | 2.0 | 1.0 | 0.4 |
| Pensions and Other Deferred Comp. | 16 | 1.6 | 1.2 | • | • | • | 2.1 | 0.3 | 0.6 | 0.5 | 0.3 | 0.1 | 0.3 | 1.7 |
| Employee Benefits | 17 | 1.5 | 7.2 | 5.1 | • | • | 2.4 | 1.9 | 1.3 | 1.7 | 3.6 | 3.3 | 2.3 | 1.4 |
| Advertising | 18 | 1.2 | 1.1 | 13.0 | • | • | 1.8 | 2.2 | 1.0 | 1.2 | 3.3 | 2.2 | 1.2 | 1.1 |
| Other Expenses | 19 | 17.0 | 20.0 | 48.4 | • | • | 16.7 | 20.8 | 22.6 | 29.7 | 42.5 | 29.4 | 19.6 | 16.3 |
| Officers' Compensation | 20 | 0.9 | 2.9 | 13.4 | • | • | 14.9 | 6.5 | 8.4 | 4.7 | 6.2 | 3.1 | 1.1 | 0.7 |
| Operating Margin | 21 | • | • | • | • | • | • | • | • | • | • | • | • | • |
| Operating Margin Before Officers' Comp. | 22 | • | • | • | • | • | 8.4 | • | • | • | • | • | • | • |

| Selected Average Balance Sheet ($ in Thousands) | | | | | | | | | | | | | |
|---|---|---|---|---|---|---|---|---|---|---|---|---|---|
| Net Receivables 23 | 26548 | 0 | 10 | • | • | 121 | 388 | 1263 | 2942 | 3364 | 8028 | 30760 | 666109 |
| Inventories 24 | 9766 | 0 | 0 | • | • | 196 | 509 | 1388 | 2436 | 2651 | 8072 | 17255 | 226948 |
| Net Property, Plant and Equipment 25 | 18734 | 0 | 0 | • | • | 30 | 513 | 1024 | 2267 | 4572 | 9806 | 18690 | 464518 |
| Total Assets 26 | 169830 | 0 | 87 | • | • | 692 | 2343 | 6932 | 15780 | 36362 | 72148 | 147978 | 4274741 |
| Notes and Loans Payable 27 | 30419 | 0 | 0 | • | • | 101 | 1450 | 1344 | 3481 | 5639 | 11783 | 24274 | 761475 |
| All Other Liabilities 28 | 44514 | 0 | 0 | • | • | -67 | 664 | 1753 | 4424 | 6449 | 14811 | 45984 | 1121465 |
| Net Worth 29 | 94897 | 0 | 87 | • | • | 658 | 229 | 3835 | 7875 | 24274 | 45554 | 77721 | 2391801 |

| Selected Financial Ratios (Times to 1) | | | | | | | | | | | | | |
|---|---|---|---|---|---|---|---|---|---|---|---|---|---|
| Current Ratio 30 | 1.5 | • | 364.1 | • | • | 13.7 | 1.3 | 1.9 | 2.2 | 2.8 | 2.8 | 2.4 | 1.4 |
| Quick Ratio 31 | 0.9 | • | 364.1 | • | • | 10.8 | 0.7 | 1.1 | 1.6 | 2.2 | 1.7 | 1.4 | 0.8 |
| Net Sales to Working Capital 32 | 4.4 | • | 2.6 | • | • | 1.7 | 7.9 | 3.7 | 2.3 | 1.3 | 1.3 | 2.4 | 5.0 |
| Coverage Ratio 33 | 1.4 | • | 13.7 | • | • | • | • | • | • | • | • | • | 2.3 |
| Total Asset Turnover 34 | 0.6 | • | 2.5 | • | • | 1.5 | 1.3 | 1.1 | 1.0 | 0.5 | 0.5 | 0.9 | 0.5 |
| Inventory Turnover 35 | 6.3 | • | • | • | • | 2.2 | 3.4 | 3.2 | 3.7 | 4.2 | 2.9 | 5.0 | 6.6 |
| Receivables Turnover 36 | 3.7 | • | 26.0 | • | • | 3.8 | 8.1 | 5.3 | 5.1 | 6.5 | 4.3 | 5.0 | 3.6 |
| Total Liabilities to Net Worth 37 | 0.8 | • | 0.0 | • | • | 0.1 | 9.2 | 0.8 | 1.0 | 0.5 | 0.6 | 0.9 | 0.8 |
| Current Assets to Working Capital 38 | 3.0 | • | 1.0 | • | • | 1.1 | 4.0 | 2.1 | 1.8 | 1.5 | 1.6 | 1.7 | 3.2 |
| Current Liabilities to Working Capital 39 | 2.0 | • | 0.0 | • | • | 0.1 | 3.0 | 1.1 | 0.8 | 0.5 | 0.6 | 0.7 | 2.2 |
| Working Capital to Net Sales 40 | 0.2 | • | 0.4 | • | • | 0.6 | 0.1 | 0.3 | 0.4 | 0.8 | 0.8 | 0.4 | 0.2 |
| Inventory to Working Capital 41 | 0.5 | • | • | • | • | 0.2 | 1.6 | 0.6 | 0.4 | 0.2 | 0.3 | 0.4 | 0.6 |
| Total Receipts to Cash Flow 42 | 8.2 | • | 1.0 | • | • | 13.4 | 52.6 | 206.3 | • | • | • | 15.2 | 7.4 |
| Cost of Goods to Cash Flow 43 | 5.3 | • | 0.6 | • | • | 5.8 | 29.0 | 117.3 | • | • | • | 9.5 | 4.8 |
| Cash Flow to Total Debt 44 | 0.2 | • | 909.7 | • | • | 2.2 | 0.0 | 0.0 | • | • | • | 0.1 | 0.2 |

| Selected Financial Factors (in Percentages) | | | | | | | | | | | | | |
|---|---|---|---|---|---|---|---|---|---|---|---|---|---|
| Debt Ratio 45 | 44.1 | • | 0.3 | • | • | 4.9 | 90.2 | 44.7 | 50.1 | 33.2 | 36.9 | 47.5 | 44.0 |
| Return on Total Assets 46 | 1.6 | • | 179.9 | • | • | • | • | • | • | • | • | • | 2.5 |
| Return on Equity Before Income Taxes 47 | 0.7 | • | 167.2 | • | • | • | • | • | • | • | • | • | 2.6 |
| Return on Equity After Income Taxes 48 | • | • | 167.2 | • | • | • | • | • | • | • | • | • | 1.3 |
| Profit Margin (Before Income Tax) 49 | 0.7 | • | 66.8 | • | • | • | • | • | • | • | • | • | 2.7 |
| Profit Margin (After Income Tax) 50 | • | • | 66.8 | • | • | • | • | • | • | • | • | • | 1.4 |

# COMMUNICATIONS EQUIPMENT

| Item Description for Accounting Period 7/00 Through 6/01 | | MONEY AMOUNTS AND SIZE OF ASSETS IN THOUSANDS OF DOLLARS | | | | | | | | | | | | |
|---|---|---|---|---|---|---|---|---|---|---|---|---|---|---|
| | | Total | Zero Assets | Under 100 | 100 to 250 | 251 to 500 | 501 to 1,000 | 1,001 to 5,000 | 5,001 to 10,000 | 10,001 to 25,000 | 25,001 to 50,000 | 50,001 to 100,000 | 100,001 to 250,000 | 250,001 and over |
| Number of Enterprises | 1 | 567 | 6 | 91 | • | • | 120 | 182 | 59 | 37 | 15 | 12 | 19 | 25 |
| **Revenues ($ in Thousands)** | | | | | | | | | | | | | | |
| Net Sales | 2 | 118051015 | 385122 | 19819 | • | • | 149067 | 546400 | 687556 | 956237 | 546666 | 835801 | 3438966 | 110485381 |
| Interest | 3 | 761903 | 3950 | 0 | • | • | 3004 | 3573 | 1056 | 3268 | 8810 | 10708 | 31146 | 696386 |
| Rents | 4 | 55559 | 0 | 0 | • | • | 41 | 0 | 507 | 62 | 407 | 595 | 167 | 53779 |
| Royalties | 5 | 6644809 | 0 | 0 | • | • | 0 | 0 | 0 | 21 | 8122 | 88 | 26760 | 6609819 |
| Other Portfolio Income | 6 | 5079973 | 245027 | 48 | • | • | 0 | 2093 | 12067 | 2078 | 101791 | 71494 | 100702 | 4544675 |
| Other Receipts | 7 | 1226339 | 517 | 28129 | • | • | 524 | 227 | 1086 | 8481 | 2793 | 2757 | 3837 | 1177990 |
| Total Receipts | 8 | 131819598 | 634616 | 47996 | • | • | 152636 | 552293 | 702272 | 970147 | 668589 | 921443 | 3601578 | 123568030 |
| Average Total Receipts | 9 | 232486 | 105769 | 527 | • | • | 1272 | 3035 | 11903 | 26220 | 44573 | 76787 | 189557 | 4942721 |
| **Operating Costs/Operating Income (%)** | | | | | | | | | | | | | | |
| Cost of Operations | 10 | 63.1 | 75.6 | 61.8 | • | • | 43.2 | 47.5 | 54.1 | 54.6 | 52.1 | 61.8 | 68.9 | 63.2 |
| Salaries and Wages | 11 | 15.8 | 17.5 | 21.7 | • | • | 12.1 | 10.1 | 12.8 | 10.3 | 17.8 | 11.5 | 8.5 | 16.2 |
| Taxes Paid | 12 | 1.0 | 2.3 | 5.9 | • | • | 4.1 | 2.3 | 2.7 | 2.0 | 2.7 | 1.6 | 1.2 | 0.9 |
| Interest Paid | 13 | 1.7 | 3.3 | 5.3 | • | • | 1.0 | 1.4 | 0.5 | 0.6 | 1.1 | 1.6 | 0.8 | 1.7 |
| Depreciation | 14 | 3.5 | 2.4 | 0.8 | • | • | 1.8 | 1.0 | 1.3 | 1.7 | 3.0 | 1.5 | 1.8 | 3.6 |
| Amortization and Depletion | 15 | 0.3 | 0.4 | • | • | • | 0.1 | 0.1 | 0.0 | 0.3 | 0.7 | 0.8 | 0.4 | 0.3 |
| Pensions and Other Deferred Comp. | 16 | 1.8 | 1.9 | • | • | • | 2.1 | 0.3 | 0.7 | 0.5 | 0.3 | 0.1 | 0.3 | 1.9 |
| Employee Benefits | 17 | 1.5 | 1.2 | 5.1 | • | • | 2.3 | 0.8 | 0.6 | 0.9 | 2.3 | 1.4 | 1.6 | 1.5 |
| Advertising | 18 | 0.9 | 0.7 | 13.0 | • | • | 1.6 | 1.0 | 0.4 | 0.6 | 2.9 | 0.7 | 0.9 | 0.9 |
| Other Expenses | 19 | 16.1 | 12.5 | 48.4 | • | • | 12.3 | 13.3 | 8.9 | 9.9 | 14.8 | 14.6 | 10.7 | 16.4 |
| Officers' Compensation | 20 | 0.7 | 2.9 | 13.4 | • | • | 14.7 | 5.9 | 7.2 | 3.9 | 4.5 | 1.9 | 1.0 | 0.5 |
| Operating Margin | 21 | • | • | • | • | • | 4.7 | 16.4 | 10.8 | 14.7 | • | 2.3 | 3.8 | • |
| Operating Margin Before Officers' Comp. | 22 | • | • | • | • | • | 19.4 | 22.3 | 18.0 | 18.6 | 2.3 | 4.2 | 4.8 | • |

## Selected Average Balance Sheet ($ in Thousands)

| | | | | | | | | | | | | | |
|---|---|---|---|---|---|---|---|---|---|---|---|---|---|
| Net Receivables 23 | 60971 | 0 | 10 | • | • | 148 | 348 | 1761 | 4190 | 6841 | 15811 | 34490 | 1331269 |
| Inventories 24 | 20080 | 0 | 0 | • | • | 198 | 560 | 1821 | 3982 | 3558 | 18812 | 22074 | 411925 |
| Net Property, Plant and Equipment 25 | 39166 | 0 | 0 | • | • | 30 | 222 | 724 | 1790 | 4964 | 7884 | 15895 | 863323 |
| Total Assets 26 | 361179 | 0 | 87 | • | • | 656 | 1735 | 6783 | 15304 | 36043 | 68694 | 141058 | 7974976 |
| Notes and Loans Payable 27 | 65862 | 0 | 0 | • | • | 85 | 1474 | 957 | 1861 | 3530 | 15452 | 14724 | 1456880 |
| All Other Liabilities 28 | 101418 | 0 | 0 | • | • | 27 | 475 | 1618 | 3868 | 6417 | 14162 | 44201 | 2242782 |
| Net Worth 29 | 193899 | 0 | 87 | • | • | 543 | -213 | 4209 | 9575 | 26096 | 39079 | 82133 | 4275314 |

## Selected Financial Ratios (Times to 1)

| | | | | | | | | | | | | | |
|---|---|---|---|---|---|---|---|---|---|---|---|---|---|
| Current Ratio 30 | 1.4 | • | 364.1 | • | • | 19.0 | 1.0 | 2.3 | 3.0 | 3.2 | 2.9 | 2.6 | 1.4 |
| Quick Ratio 31 | 0.8 | • | 364.1 | • | • | 13.8 | 0.6 | 1.2 | 1.9 | 2.1 | 1.4 | 1.5 | 0.7 |
| Net Sales to Working Capital 32 | 5.8 | • | 2.6 | • | • | 2.1 | 74.2 | 4.4 | 3.3 | 2.5 | 2.2 | 2.9 | 6.1 |
| Coverage Ratio 33 | 4.8 | 14.2 | 13.7 | • | • | 7.8 | 13.6 | 27.6 | 26.1 | 18.6 | 8.6 | 11.4 | 4.4 |
| Total Asset Turnover 34 | 0.6 | • | 2.5 | • | • | 1.9 | 1.7 | 1.7 | 1.7 | 1.0 | 1.0 | 1.3 | 0.6 |
| Inventory Turnover 35 | 6.5 | • | • | • | • | 2.7 | 2.5 | 3.5 | 3.5 | 5.3 | 2.3 | 5.7 | 6.8 |
| Receivables Turnover 36 | 3.8 | • | • | • | • | 7.0 | 5.7 | 5.6 | 5.5 | 6.4 | 3.7 | 5.6 | 3.7 |
| Total Liabilities to Net Worth 37 | 0.9 | • | 0.0 | • | • | 0.2 | • | 0.6 | 0.6 | 0.4 | 0.8 | 0.7 | 0.9 |
| Current Assets to Working Capital 38 | 3.6 | • | 1.0 | • | • | 1.1 | 35.0 | 1.8 | 1.5 | 1.5 | 1.5 | 1.6 | 3.9 |
| Current Liabilities to Working Capital 39 | 2.6 | • | 0.0 | • | • | 0.1 | 34.0 | 0.8 | 0.5 | 0.5 | 0.5 | 0.6 | 2.9 |
| Working Capital to Net Sales 40 | 0.2 | • | 0.4 | • | • | 0.5 | 0.0 | 0.2 | 0.3 | 0.4 | 0.4 | 0.3 | 0.2 |
| Inventory to Working Capital 41 | 0.7 | • | • | • | • | 0.3 | 14.1 | 0.7 | 0.5 | 0.3 | 0.6 | 0.4 | 0.7 |
| Total Receipts to Cash Flow 42 | 6.0 | • | 1.0 | • | • | 6.6 | 3.5 | 5.5 | 4.1 | 4.0 | 5.8 | 6.6 | 6.1 |
| Cost of Goods to Cash Flow 43 | 3.8 | • | 0.6 | • | • | 2.9 | 1.7 | 3.0 | 2.3 | 2.1 | 3.6 | 4.5 | 3.8 |
| Cash Flow to Total Debt 44 | 0.2 | • | 909.7 | • | • | 1.7 | 0.4 | 0.8 | 1.1 | 0.9 | 0.4 | 0.5 | 0.2 |

## Selected Financial Factors (in Percentages)

| | | | | | | | | | | | | | |
|---|---|---|---|---|---|---|---|---|---|---|---|---|---|
| Debt Ratio 45 | 46.3 | • | 0.3 | • | • | 17.1 | 112.3 | 37.9 | 37.4 | 27.6 | 43.1 | 41.8 | 46.4 |
| Return on Total Assets 46 | 4.7 | • | 179.9 | • | • | 15.4 | 32.7 | 22.9 | 28.3 | 21.2 | 14.3 | 12.0 | 4.3 |
| Return on Equity Before Income Taxes 47 | 6.9 | • | 167.2 | • | • | 16.2 | • | 35.6 | 43.5 | 27.7 | 22.2 | 18.8 | 6.1 |
| Return on Equity After Income Taxes 48 | 5.2 | • | 167.2 | • | • | 12.9 | • | 31.9 | 36.0 | 20.3 | 17.2 | 14.0 | 4.6 |
| Profit Margin (Before Income Tax) 49 | 6.4 | 43.8 | 66.8 | • | • | 7.1 | 17.5 | 12.8 | 16.1 | 19.8 | 12.5 | 8.5 | 5.9 |
| Profit Margin (After Income Tax) 50 | 4.8 | 30.0 | 66.8 | • | • | 5.6 | 14.1 | 11.5 | 13.3 | 14.5 | 9.6 | 6.4 | 4.4 |

**Table I**

Corporations with and without Net Income

# AUDIO AND VIDEO EQUIP., REPRODUCING MAGNETIC & OPTICAL MEDIA

MONEY AMOUNTS AND SIZE OF ASSETS IN THOUSANDS OF DOLLARS

| Item Description for Accounting Period 7/00 Through 6/01 | | Total | Zero Assets | Under 100 | 100 to 250 | 251 to 500 | 501 to 1,000 | 1,001 to 5,000 | 5,001 to 10,000 | 10,001 to 25,000 | 25,001 to 50,000 | 50,001 to 100,000 | 100,001 to 250,000 | 250,001 and over |
|---|---|---|---|---|---|---|---|---|---|---|---|---|---|---|
| Number of Enterprises | 1 | 2012 | 388 | 381 | 465 | 92 | 70 | 395 | 41 | 87 | 32 | 24 | 25 | 12 |
| **Revenues ($ in Thousands)** | | | | | | | | | | | | | | |
| Net Sales | 2 | 22795579 | 628397 | 0 | 130025 | 161376 | 67036 | 2150518 | 479403 | 1317888 | 1128755 | 1799360 | 4251816 | 10681005 |
| Interest | 3 | 396032 | 8677 | 0 | 15 | 34 | 23 | 2726 | 2763 | 16616 | 8295 | 11215 | 66356 | 279313 |
| Rents | 4 | 4068 | 0 | 0 | 0 | 0 | 457 | 234 | 0 | 431 | 349 | 7 | 870 | 1719 |
| Royalties | 5 | 360195 | 0 | 0 | 0 | 0 | 0 | 0 | 11 | 108 | 1153 | 4308 | 10340 | 344274 |
| Other Portfolio Income | 6 | 195832 | 1372 | 0 | 0 | 0 | 0 | 2909 | 16097 | 17535 | 15659 | 24523 | 13842 | 103898 |
| Other Receipts | 7 | 304804 | 3545 | 0 | 58 | 22 | 331 | 4273 | 5639 | 21753 | 23276 | 4932 | 59804 | 181169 |
| Total Receipts | 8 | 24056510 | 641991 | 0 | 130098 | 161432 | 67847 | 2160660 | 503913 | 1374331 | 1177487 | 1844345 | 4403028 | 11591378 |
| Average Total Receipts | 9 | 11957 | 1655 | 0 | 280 | 1755 | 969 | 5470 | 12291 | 15797 | 36796 | 76848 | 176121 | 965948 |
| **Operating Costs/Operating Income (%)** | | | | | | | | | | | | | | |
| Cost of Operations | 10 | 60.1 | 72.0 | • | 78.9 | 32.6 | 52.6 | 54.5 | 58.6 | 58.1 | 53.2 | 67.7 | 63.9 | 59.0 |
| Salaries and Wages | 11 | 14.8 | 6.3 | • | 3.6 | 20.9 | 21.5 | 21.5 | 24.2 | 20.1 | 19.3 | 11.7 | 14.8 | 12.9 |
| Taxes Paid | 12 | 1.8 | 2.1 | • | 1.5 | 3.2 | 4.6 | 2.8 | 3.2 | 2.2 | 1.8 | 1.5 | 1.4 | 1.6 |
| Interest Paid | 13 | 3.0 | 6.5 | • | 4.7 | 1.6 | 5.4 | 0.8 | 1.2 | 2.4 | 1.2 | 2.3 | 2.2 | 4.1 |
| Depreciation | 14 | 3.3 | 5.8 | • | 3.0 | 4.7 | 1.4 | 2.1 | 2.6 | 3.9 | 3.7 | 2.3 | 4.4 | 3.1 |
| Amortization and Depletion | 15 | 0.8 | 4.4 | • | 0.1 | 0.0 | 4.8 | 0.3 | 0.7 | 1.2 | 0.6 | 0.5 | 0.5 | 0.8 |
| Pensions and Other Deferred Comp. | 16 | 0.3 | 0.4 | • | • | • | • | 0.1 | 0.2 | 0.2 | 0.4 | 0.3 | 0.1 | 0.4 |
| Employee Benefits | 17 | 1.7 | 2.3 | • | 2.0 | 0.1 | 0.9 | 1.1 | 1.1 | 1.4 | 2.1 | 0.7 | 1.7 | 2.0 |
| Advertising | 18 | 1.9 | 0.1 | • | 0.0 | 0.1 | 4.3 | 2.1 | 0.9 | 2.4 | 1.7 | 1.7 | 1.7 | 2.1 |
| Other Expenses | 19 | 18.7 | 13.5 | • | 49.6 | 23.3 | 44.3 | 18.2 | 28.7 | 22.0 | 19.9 | 14.3 | 17.9 | 18.7 |
| Officers' Compensation | 20 | 2.3 | 0.9 | • | 12.5 | 15.1 | 7.2 | 3.8 | 3.5 | 3.4 | 2.7 | 1.4 | 1.8 | 1.8 |
| Operating Margin | 21 | • | • | • | • | • | • | • | • | • | • | • | • | • |
| Operating Margin Before Officers' Comp. | 22 | • | • | • | • | 13.3 | • | • | • | • | • | • | • | • |

## Selected Average Balance Sheet ($ in Thousands)

| | | | | | | | | | | | | | |
|---|---|---|---|---|---|---|---|---|---|---|---|---|---|
| Net Receivables 23 | 1932 | 0 | 0 | 57 | 0 | 151 | 796 | 1866 | 2708 | 7051 | 14340 | 35054 | 148056 |
| Inventories 24 | 1285 | 0 | 0 | 17 | 169 | 133 | 537 | 1336 | 1689 | 5401 | 14183 | 16407 | 101707 |
| Net Property, Plant and Equipment 25 | 1487 | 0 | 0 | 17 | 185 | 35 | 300 | 1626 | 2938 | 6314 | 9686 | 27062 | 117643 |
| Total Assets 26 | 11062 | 0 | 15 | 134 | 266 | 531 | 2561 | 7898 | 15763 | 34654 | 67873 | 165192 | 1045976 |
| Notes and Loans Payable 27 | 3961 | 0 | 0 | 253 | 299 | 382 | 560 | 3626 | 3323 | 8606 | 25910 | 43848 | 428793 |
| All Other Liabilities 28 | 2800 | 0 | 0 | 112 | 12 | 729 | 1339 | 2714 | 4323 | 12084 | 11445 | 52082 | 212390 |
| Net Worth 29 | 4301 | 0 | 15 | -231 | -45 | -580 | 661 | 1559 | 8117 | 13965 | 30518 | 69261 | 404793 |

## Selected Financial Ratios (Times to 1)

| | | | | | | | | | | | | | |
|---|---|---|---|---|---|---|---|---|---|---|---|---|---|
| Current Ratio 30 | 1.8 | • | • | 0.3 | 0.3 | 0.4 | 1.4 | 1.6 | 2.0 | 1.5 | 1.6 | 1.6 | 2.1 |
| Quick Ratio 31 | 0.9 | • | • | 0.2 | 0.1 | 0.2 | 0.9 | 1.1 | 1.4 | 1.0 | 0.9 | 1.1 | 0.9 |
| Net Sales to Working Capital 32 | 4.3 | • | • | • | • | • | 10.2 | 5.9 | 2.8 | 4.8 | 5.0 | 4.9 | 3.3 |
| Coverage Ratio 33 | • | • | • | • | • | • | • | • | • | • | 0.2 | • | 1.6 |
| Total Asset Turnover 34 | 1.0 | • | • | 2.1 | 6.6 | 1.8 | 2.1 | 1.5 | 1.0 | 1.0 | 1.1 | 1.0 | 0.9 |
| Inventory Turnover 35 | 5.3 | • | • | 13.1 | 3.4 | 3.8 | 5.5 | 5.1 | 5.2 | 3.5 | 3.6 | 6.6 | 5.2 |
| Receivables Turnover 36 | 5.2 | • | • | 9.4 | 12.1 | 5.9 | 7.4 | 7.0 | 6.7 | 4.6 | 5.0 | 5.7 | 4.4 |
| Total Liabilities to Net Worth 37 | 1.6 | • | • | • | • | • | 2.9 | 4.1 | 0.9 | 1.5 | 1.2 | 1.4 | 1.6 |
| Current Assets to Working Capital 38 | 2.3 | • | 1.0 | • | • | • | 3.8 | 2.7 | 2.0 | 3.1 | 2.5 | 2.7 | 1.9 |
| Current Liabilities to Working Capital 39 | 1.3 | • | • | • | • | • | 2.8 | 1.7 | 1.0 | 2.1 | 1.5 | 1.7 | 0.9 |
| Working Capital to Net Sales 40 | 0.2 | • | • | • | • | • | 0.1 | 0.2 | 0.4 | 0.2 | 0.2 | 0.2 | 0.3 |
| Inventory to Working Capital 41 | 0.5 | • | • | • | • | • | 1.1 | 0.6 | 0.4 | 0.7 | 0.9 | 0.6 | 0.4 |
| Total Receipts to Cash Flow 42 | 8.0 | • | • | • | 9.5 | • | 13.5 | 39.3 | 25.1 | 7.6 | 10.6 | 12.0 | 5.4 |
| Cost of Goods to Cash Flow 43 | 4.8 | • | • | • | 3.1 | • | 7.3 | 23.1 | 14.6 | 4.0 | 7.2 | 7.7 | 3.2 |
| Cash Flow to Total Debt 44 | 0.2 | • | • | • | 0.6 | • | 0.2 | 0.0 | 0.1 | 0.2 | 0.2 | 0.1 | 0.3 |

## Selected Financial Factors (in Percentages)

| | | | | | | | | | | | | | |
|---|---|---|---|---|---|---|---|---|---|---|---|---|---|
| Debt Ratio 45 | 61.1 | • | • | 271.8 | 116.9 | 209.3 | 74.2 | 80.3 | 48.5 | 59.7 | 55.0 | 58.1 | 61.3 |
| Return on Total Assets 46 | • | • | • | • | • | • | • | • | • | • | 0.4 | • | 5.5 |
| Return on Equity Before Income Taxes 47 | • | • | • | 67.4 | 68.2 | 75.4 | • | • | • | • | • | • | 5.2 |
| Return on Equity After Income Taxes 48 | • | • | • | 67.4 | 68.2 | 75.4 | • | • | • | • | • | • | 2.0 |
| Profit Margin (Before Income Tax) 49 | • | • | • | • | • | • | • | • | • | • | • | • | 2.3 |
| Profit Margin (After Income Tax) 50 | • | • | • | • | • | • | • | • | • | • | • | • | 0.9 |

## Table II

Corporations with Net Income

# Audio and Video Equip., Reproducing Magnetic & Optical Media

**Money Amounts and Size of Assets in Thousands of Dollars**

| Item Description for Accounting Period 7/00 Through 6/01 | | Total | Zero Assets | Under 100 | 100 to 250 | 251 to 500 | 501 to 1,000 | 1,001 to 5,000 | 5,001 to 10,000 | 10,001 to 25,000 | 25,001 to 50,000 | 50,001 to 100,000 | 100,001 to 250,000 | 250,001 and over |
|---|---|---|---|---|---|---|---|---|---|---|---|---|---|---|
| Number of Enterprises | 1 | 275 | • | • | • | • | • | 182 | 16 | 34 | 16 | 10 | 10 | 6 |
| **Revenues ($ in Thousands)** | | | | | | | | | | | | | | |
| Net Sales | 2 | 14867452 | • | • | • | • | • | 813889 | 396830 | 847340 | 797519 | 1052558 | 2632685 | 8326631 |
| Interest | 3 | 182503 | • | • | • | • | • | 167 | 413 | 3516 | 3013 | 3354 | 17128 | 154911 |
| Rents | 4 | 2097 | • | • | • | • | • | 229 | 0 | 32 | 135 | 0 | 362 | 1340 |
| Royalties | 5 | 324252 | • | • | • | • | • | 0 | 0 | 50 | 1153 | 0 | 49 | 322999 |
| Other Portfolio Income | 6 | 141189 | • | • | • | • | • | 4 | 14868 | 14216 | 15549 | 1742 | 3887 | 90924 |
| Other Receipts | 7 | 189423 | • | • | • | • | • | 4820 | 2462 | 9717 | 22567 | 3469 | 48757 | 97630 |
| Total Receipts | 8 | 15706916 | • | • | • | • | • | 819109 | 414573 | 874871 | 839936 | 1061123 | 2702868 | 8994435 |
| Average Total Receipts | 9 | 57116 | • | • | • | • | • | 4501 | 25911 | 25732 | 52496 | 106112 | 270287 | 1499072 |
| **Operating Costs/Operating Income (%)** | | | | | | | | | | | | | | |
| Cost of Operations | 10 | 59.4 | • | • | • | • | • | 53.7 | 59.0 | 55.0 | 48.8 | 64.2 | 69.7 | 57.6 |
| Salaries and Wages | 11 | 11.9 | • | • | • | • | • | 15.5 | 13.2 | 14.7 | 18.7 | 7.9 | 6.6 | 12.7 |
| Taxes Paid | 12 | 1.5 | • | • | • | • | • | 1.9 | 2.4 | 2.0 | 1.6 | 1.5 | 1.2 | 1.5 |
| Interest Paid | 13 | 1.3 | • | • | • | • | • | 0.6 | 0.8 | 1.4 | 0.5 | 1.8 | 0.9 | 1.6 |
| Depreciation | 14 | 2.7 | • | • | • | • | • | 1.9 | 1.2 | 2.4 | 3.3 | 2.1 | 3.4 | 2.7 |
| Amortization and Depletion | 15 | 0.2 | • | • | • | • | • | 0.0 | 0.0 | 0.3 | 0.3 | 0.1 | 0.7 | 0.1 |
| Pensions and Other Deferred Comp. | 16 | 0.3 | • | • | • | • | • | 0.2 | 0.2 | 0.2 | 0.5 | 0.1 | 0.1 | 0.4 |
| Employee Benefits | 17 | 1.4 | • | • | • | • | • | 0.5 | 0.8 | 1.1 | 1.8 | 0.5 | 0.6 | 1.8 |
| Advertising | 18 | 2.1 | • | • | • | • | • | 2.0 | 0.2 | 1.5 | 1.5 | 1.8 | 1.6 | 2.5 |
| Other Expenses | 19 | 16.6 | • | • | • | • | • | 12.6 | 16.4 | 12.8 | 16.3 | 11.3 | 11.6 | 19.7 |
| Officers' Compensation | 20 | 2.1 | • | • | • | • | • | 4.4 | 2.8 | 2.7 | 2.5 | 1.5 | 1.3 | 2.0 |
| Operating Margin | 21 | 0.5 | • | • | • | • | • | 6.7 | 3.0 | 5.9 | 4.2 | 7.2 | 2.4 | • |
| Operating Margin Before Officers' Comp. | 22 | 2.6 | • | • | • | • | • | 11.1 | 5.8 | 8.6 | 6.6 | 8.7 | 3.7 | • |

| Selected Average Balance Sheet ($ in Thousands) | | | | | | | | | | | | | |
|---|---|---|---|---|---|---|---|---|---|---|---|---|---|
| Net Receivables 23 | 8208 | • | • | • | • | • | 648 | 2876 | 4038 | 8945 | 17487 | 38305 | 209161 |
| Inventories 24 | 6827 | • | • | • | • | • | 682 | 2264 | 2478 | 7204 | 23126 | 27505 | 168034 |
| Net Property, Plant and Equipment 25 | 5839 | • | • | • | • | • | 257 | 1620 | 2458 | 6728 | 12397 | 32985 | 147987 |
| Total Assets 26 | 42326 | • | • | • | • | • | 1949 | 8241 | 14636 | 33488 | 67595 | 166310 | 1296759 |
| Notes and Loans Payable 27 | 11939 | • | • | • | • | • | 395 | 1874 | 3837 | 10012 | 20957 | 30178 | 396553 |
| All Other Liabilities 28 | 12167 | • | • | • | • | • | 862 | 3719 | 4264 | 11654 | 11127 | 55988 | 354513 |
| Net Worth 29 | 18219 | • | • | • | • | • | 692 | 2648 | 6534 | 11822 | 35511 | 80144 | 545692 |

| Selected Financial Ratios (Times to 1) | | | | | | | | | | | | | |
|---|---|---|---|---|---|---|---|---|---|---|---|---|---|
| Current Ratio 30 | 2.1 | • | • | • | • | • | 1.6 | 1.3 | 1.9 | 1.5 | 2.6 | 1.5 | 2.4 |
| Quick Ratio 31 | 0.8 | • | • | • | • | • | 0.9 | 0.7 | 1.2 | 0.8 | 1.3 | 0.8 | 0.8 |
| Net Sales to Working Capital 32 | 4.0 | • | • | • | • | • | 7.5 | 19.3 | 5.5 | 7.4 | 3.9 | 7.4 | 3.1 |
| Coverage Ratio 33 | 5.7 | • | • | • | • | • | 14.0 | 10.6 | 7.5 | 19.6 | 5.5 | 6.5 | 4.6 |
| Total Asset Turnover 34 | 1.3 | • | • | • | • | • | 2.3 | 3.0 | 1.7 | 1.5 | 1.6 | 1.6 | 1.1 |
| Inventory Turnover 35 | 4.7 | • | • | • | • | • | 3.5 | 6.5 | 5.5 | 3.4 | 2.9 | 6.7 | 4.8 |
| Receivables Turnover 36 | 5.0 | • | • | • | • | • | 6.7 | 9.3 | 7.5 | 5.2 | 4.6 | 7.4 | 4.2 |
| Total Liabilities to Net Worth 37 | 1.3 | • | • | • | • | • | 1.8 | 2.1 | 1.2 | 1.8 | 0.9 | 1.1 | 1.4 |
| Current Assets to Working Capital 38 | 1.9 | • | • | • | • | • | 2.6 | 4.6 | 2.2 | 3.2 | 1.6 | 2.9 | 1.7 |
| Current Liabilities to Working Capital 39 | 0.9 | • | • | • | • | • | 1.6 | 3.6 | 1.2 | 2.2 | 0.6 | 1.9 | 0.7 |
| Working Capital to Net Sales 40 | 0.2 | • | • | • | • | • | 0.1 | 0.1 | 0.2 | 0.1 | 0.3 | 0.1 | 0.3 |
| Inventory to Working Capital 41 | 0.5 | • | • | • | • | • | 1.0 | 1.7 | 0.6 | 1.0 | 0.7 | 1.0 | 0.4 |
| Total Receipts to Cash Flow 42 | 4.9 | • | • | • | • | • | 5.8 | 5.3 | 5.4 | 4.7 | 5.7 | 6.9 | 4.4 |
| Cost of Goods to Cash Flow 43 | 2.9 | • | • | • | • | • | 3.1 | 3.1 | 3.0 | 2.3 | 3.6 | 4.8 | 2.5 |
| Cash Flow to Total Debt 44 | 0.5 | • | • | • | • | • | 0.6 | 0.8 | 0.6 | 0.5 | 0.6 | 0.4 | 0.4 |

| Selected Financial Factors (in Percentages) | | | | | | | | | | | | | |
|---|---|---|---|---|---|---|---|---|---|---|---|---|---|
| Debt Ratio 45 | 57.0 | • | • | • | • | • | 64.5 | 67.9 | 55.4 | 64.7 | 47.5 | 51.8 | 57.9 |
| Return on Total Assets 46 | 9.6 | • | • | • | • | • | 18.2 | 24.8 | 17.9 | 14.7 | 15.2 | 9.5 | 7.6 |
| Return on Equity Before Income Taxes 47 | 18.4 | • | • | • | • | • | 47.7 | 69.8 | 34.7 | 39.6 | 23.6 | 16.6 | 14.1 |
| Return on Equity After Income Taxes 48 | 13.6 | • | • | • | • | • | 46.7 | 58.2 | 28.0 | 35.7 | 18.1 | 11.8 | 9.4 |
| Profit Margin (Before Income Tax) 49 | 6.2 | • | • | • | • | • | 7.4 | 7.5 | 9.1 | 9.4 | 8.0 | 5.1 | 5.5 |
| Profit Margin (After Income Tax) 50 | 4.6 | • | • | • | • | • | 7.2 | 6.2 | 7.3 | 8.5 | 6.1 | 3.6 | 3.7 |

**Table I**

Corporations with and without Net Income

# SEMICONDUCTOR AND OTHER ELECTRONIC COMPONENT

**MONEY AMOUNTS AND SIZE OF ASSETS IN THOUSANDS OF DOLLARS**

| Item Description for Accounting Period 7/00 Through 6/01 | | Total | Zero Assets | Under 100 | 100 to 250 | 251 to 500 | 501 to 1,000 | 1,001 to 5,000 | 5,001 to 10,000 | 10,001 to 25,000 | 25,001 to 50,000 | 50,001 to 100,000 | 100,001 to 250,000 | 250,001 and over |
|---|---|---|---|---|---|---|---|---|---|---|---|---|---|---|
| Number of Enterprises | 1 | 4875 | 66 | 1327 | 360 | 506 | 594 | 1118 | 331 | 227 | 80 | 77 | 61 | 129 |
| **Revenues ($ in Thousands)** | | | | | | | | | | | | | | |
| Net Sales | 2 | 210563801 | 5592832 | 514044 | 225635 | 807097 | 449454 | 6021727 | 3798267 | 5316152 | 2879205 | 5575948 | 9680071 | 169703369 |
| Interest | 3 | 3008565 | 62895 | 34 | 1068 | 284 | 4194 | 10938 | 24335 | 30203 | 35128 | 74634 | 148753 | 2616100 |
| Rents | 4 | 167022 | 1921 | 0 | 0 | 0 | 27 | 213 | 2315 | 2580 | 4642 | 5741 | 2270 | 147312 |
| Royalties | 5 | 2586420 | 3815 | 0 | 0 | 0 | 0 | 4948 | 184 | 35429 | 4699 | 31954 | 59117 | 2446273 |
| Other Portfolio Income | 6 | 5725675 | 8125 | 0 | 0 | 0 | 0 | 26659 | 7279 | 78391 | 18534 | 51622 | 120056 | 5415007 |
| Other Receipts | 7 | 1753833 | 9947 | 961 | 1 | 175 | 4430 | 67424 | 67785 | 54880 | 35628 | 51906 | 96856 | 1363844 |
| Total Receipts | 8 | 223805316 | 5679535 | 515039 | 226704 | 807556 | 458105 | 6131909 | 3900165 | 5517635 | 2977836 | 5791805 | 10107123 | 181691905 |
| Average Total Receipts | 9 | 45909 | 86054 | 388 | 630 | 1596 | 771 | 5485 | 11783 | 24307 | 37223 | 75218 | 165691 | 1408464 |
| **Operating Costs/Operating Income (%)** | | | | | | | | | | | | | | |
| Cost of Operations | 10 | 66.7 | 71.5 | 49.1 | 47.6 | 49.1 | 59.4 | 62.0 | 63.4 | 69.3 | 65.8 | 66.0 | 66.8 | 66.9 |
| Salaries and Wages | 11 | 13.0 | 17.3 | 15.6 | 24.1 | 11.1 | 5.4 | 11.5 | 13.8 | 11.4 | 12.8 | 10.8 | 12.3 | 13.1 |
| Taxes Paid | 12 | 1.2 | 0.7 | 4.3 | 2.3 | 2.4 | 4.0 | 2.7 | 2.1 | 2.0 | 2.1 | 1.7 | 1.4 | 1.0 |
| Interest Paid | 13 | 2.1 | 0.3 | • | 1.5 | 1.2 | 2.4 | 1.1 | 0.9 | 1.7 | 2.0 | 1.6 | 2.7 | 2.3 |
| Depreciation | 14 | 4.1 | 3.1 | 0.1 | 3.2 | 0.9 | 2.8 | 2.5 | 2.5 | 3.8 | 3.9 | 3.5 | 4.3 | 4.3 |
| Amortization and Depletion | 15 | 0.4 | 0.3 | • | 0.5 | 0.1 | 0.8 | 0.3 | 0.3 | 0.3 | 0.8 | 0.4 | 0.7 | 0.4 |
| Pensions and Other Deferred Comp. | 16 | 0.5 | 0.9 | 0.0 | 0.5 | 0.4 | 0.0 | 0.6 | 0.5 | 0.4 | 0.4 | 0.3 | 0.2 | 0.6 |
| Employee Benefits | 17 | 1.4 | 1.2 | 5.6 | • | 0.3 | 0.8 | 1.2 | 1.4 | 1.1 | 1.7 | 1.2 | 1.8 | 1.4 |
| Advertising | 18 | 0.6 | 0.2 | • | 0.2 | 1.1 | 0.1 | 0.6 | 0.9 | 0.7 | 0.9 | 0.6 | 0.5 | 0.6 |
| Other Expenses | 19 | 10.3 | 11.0 | 20.3 | 16.2 | 24.3 | 15.9 | 11.4 | 14.0 | 13.8 | 17.4 | 14.2 | 12.0 | 9.5 |
| Officers' Compensation | 20 | 1.7 | 2.5 | 3.5 | 6.3 | 9.5 | 10.4 | 4.4 | 3.8 | 3.0 | 2.9 | 1.7 | 1.5 | 1.5 |
| Operating Margin | 21 | • | • | 1.4 | • | • | • | 1.8 | • | • | • | • | • | • |
| Operating Margin Before Officers' Comp. | 22 | • | • | 4.9 | 3.9 | 9.1 | 8.5 | 6.1 | 0.2 | • | • | • | • | 0.0 |

## Selected Average Balance Sheet ($ in Thousands)

| | | | | | | | | | | | | | |
|---|---|---|---|---|---|---|---|---|---|---|---|---|---|
| Net Receivables 23 | 9351 | 0 | 4 | 42 | 151 | 85 | 811 | 1726 | 3455 | 6044 | 16346 | 27854 | 308047 |
| Inventories 24 | 4930 | 0 | 1 | 15 | 70 | 94 | 608 | 1846 | 2774 | 6740 | 9813 | 23585 | 149491 |
| Net Property, Plant and Equipment 25 | 8949 | 0 | 1 | 41 | 25 | 127 | 615 | 1318 | 3572 | 7774 | 11859 | 28598 | 296956 |
| Total Assets 26 | 59422 | 0 | 27 | 134 | 348 | 690 | 2524 | 7437 | 15544 | 35375 | 72902 | 164580 | 2028809 |
| Notes and Loans Payable 27 | 12011 | 0 | 54 | 170 | 180 | 140 | 710 | 1612 | 5265 | 9126 | 11789 | 34010 | 403206 |
| All Other Liabilities 28 | 13899 | 0 | 9 | 41 | 237 | 524 | 873 | 2219 | 4748 | 9063 | 20831 | 42118 | 462134 |
| Net Worth 29 | 33511 | 0 | -35 | -78 | -70 | 26 | 941 | 3606 | 5530 | 17186 | 40282 | 88452 | 1163469 |

## Selected Financial Ratios (Times to 1)

| | | | | | | | | | | | | | |
|---|---|---|---|---|---|---|---|---|---|---|---|---|---|
| Current Ratio 30 | 2.2 | • | 2.3 | 1.5 | 1.7 | 0.9 | 1.8 | 2.0 | 1.7 | 2.0 | 2.1 | 2.1 | 2.2 |
| Quick Ratio 31 | 1.4 | • | 2.1 | 1.1 | 1.3 | 0.5 | 1.1 | 1.2 | 1.1 | 1.2 | 1.5 | 1.4 | 1.4 |
| Net Sales to Working Capital 32 | 2.9 | • | 35.5 | 29.8 | 13.2 | • | 7.0 | 4.3 | 5.3 | 3.3 | 2.8 | 3.1 | 2.7 |
| Coverage Ratio 33 | 3.2 | • | • | • | 0.8 | 1.0 | 4.3 | 0.0 | • | • | 2.1 | 1.1 | 3.7 |
| Total Asset Turnover 34 | 0.7 | • | 14.2 | 4.7 | 4.6 | 1.1 | 2.1 | 1.5 | 1.5 | 1.0 | 1.0 | 1.0 | 0.6 |
| Inventory Turnover 35 | 5.8 | • | 264.2 | 20.3 | 11.2 | 4.8 | 5.5 | 3.9 | 5.9 | 3.5 | 4.9 | 4.5 | 5.9 |
| Receivables Turnover 36 | 5.2 | • | 72.4 | 5.9 | 7.5 | 10.7 | 7.3 | 5.8 | 7.2 | 4.9 | 5.0 | 5.6 | 4.9 |
| Total Liabilities to Net Worth 37 | 0.8 | • | • | • | • | 25.3 | 1.7 | 1.1 | 1.8 | 1.1 | 0.8 | 0.9 | 0.7 |
| Current Assets to Working Capital 38 | 1.8 | • | 1.8 | 3.0 | 2.5 | • | 2.3 | 2.0 | 2.4 | 2.0 | 1.9 | 1.9 | 1.8 |
| Current Liabilities to Working Capital 39 | 0.8 | • | 0.8 | 2.0 | 1.5 | • | 1.3 | 1.0 | 1.4 | 1.0 | 0.9 | 0.9 | 0.8 |
| Working Capital to Net Sales 40 | 0.3 | • | 0.0 | 0.0 | 0.1 | • | 0.1 | 0.2 | 0.2 | 0.3 | 0.4 | 0.3 | 0.4 |
| Inventory to Working Capital 41 | 0.4 | • | 0.0 | 0.3 | 0.5 | • | 0.8 | 0.7 | 0.7 | 0.5 | 0.4 | 0.5 | 0.4 |
| Total Receipts to Cash Flow 42 | 9.3 | • | 8.2 | 11.0 | 4.9 | 9.3 | 9.0 | 9.2 | 16.7 | 15.1 | 7.7 | 10.3 | 8.8 |
| Cost of Goods to Cash Flow 43 | 6.2 | • | 4.0 | 5.2 | 2.4 | 5.5 | 5.6 | 5.8 | 11.6 | 9.9 | 5.1 | 6.9 | 5.9 |
| Cash Flow to Total Debt 44 | 0.2 | • | 0.8 | 0.3 | 0.8 | 0.1 | 0.4 | 0.3 | 0.1 | 0.1 | 0.3 | 0.2 | 0.2 |

## Selected Financial Factors (in Percentages)

| | | | | | | | | | | | | | |
|---|---|---|---|---|---|---|---|---|---|---|---|---|---|
| Debt Ratio 45 | 43.6 | • | 228.6 | 157.8 | 120.1 | 96.2 | 62.7 | 51.5 | 64.4 | 51.4 | 44.7 | 46.3 | 42.7 |
| Return on Total Assets 46 | 4.9 | • | 23.2 | • | 4.3 | 2.6 | 10.1 | 0.0 | • | • | 3.4 | 2.8 | 5.4 |
| Return on Equity Before Income Taxes 47 | 6.0 | • | • | 15.8 | 6.3 | 0.6 | 20.7 | • | • | • | 3.2 | 0.5 | 6.8 |
| Return on Equity After Income Taxes 48 | 2.9 | • | • | 21.7 | 12.7 | • | 17.0 | • | • | • | • | • | 3.8 |
| Profit Margin (Before Income Tax) 49 | 4.6 | • | 1.6 | • | • | 0.0 | 3.6 | • | • | • | 1.8 | 0.3 | 6.0 |
| Profit Margin (After Income Tax) 50 | 2.2 | • | 1.6 | • | • | • | 3.0 | • | • | • | • | • | 3.4 |

**Table II**

Corporations with Net Income

# SEMICONDUCTOR AND OTHER ELECTRONIC COMPONENT

MONEY AMOUNTS AND SIZE OF ASSETS IN THOUSANDS OF DOLLARS

| Item Description for Accounting Period 7/00 Through 6/01 | | Total | Zero Assets | Under 100 | 100 to 250 | 251 to 500 | 501 to 1,000 | 1,001 to 5,000 | 5,001 to 10,000 | 10,001 to 25,000 | 25,001 to 50,000 | 50,001 to 100,000 | 100,001 to 250,000 | 250,001 and over |
|---|---|---|---|---|---|---|---|---|---|---|---|---|---|---|
| Number of Enterprises | 1 | 2420 | 26 | 607 | 88 | 290 | 124 | 773 | 191 | 130 | 36 | 38 | 31 | 85 |
| **Revenues ($ in Thousands)** | | | | | | | | | | | | | | |
| Net Sales | 2 | 153486002 | 2640724 | 437288 | 93924 | 677446 | 245079 | 4667137 | 2931825 | 3541344 | 1757592 | 3927146 | 5466256 | 127100241 |
| Interest | 3 | 2027587 | 48389 | 27 | 1068 | 74 | 907 | 6329 | 4862 | 8890 | 13233 | 28662 | 95017 | 1820128 |
| Rents | 4 | 63101 | 1921 | 0 | 0 | 0 | 0 | 207 | 2312 | 1903 | 4052 | 2378 | 1446 | 48882 |
| Royalties | 5 | 1608391 | 2999 | 0 | 0 | 0 | 0 | 4948 | 184 | 250 | 3031 | 1934 | 51914 | 1543132 |
| Other Portfolio Income | 6 | 5069190 | 5603 | 0 | 0 | 0 | 0 | 26110 | 3214 | 74807 | 10450 | 45772 | 105482 | 4797754 |
| Other Receipts | 7 | 1417581 | 6180 | -1 | 1 | 1 | 1 | 40610 | 58050 | 17872 | 21192 | 37417 | 43173 | 1193084 |
| Total Receipts | 8 | 163671852 | 2705816 | 437314 | 94993 | 677521 | 245987 | 4745341 | 3000447 | 3645066 | 1809550 | 4043309 | 5763288 | 136503221 |
| Average Total Receipts | 9 | 67633 | 104070 | 720 | 1079 | 2336 | 1984 | 6139 | 15709 | 28039 | 50265 | 106403 | 185913 | 1605920 |
| **Operating Costs/Operating Income (%)** | | | | | | | | | | | | | | |
| Cost of Operations | 10 | 64.7 | 64.5 | 50.4 | 54.8 | 45.5 | 51.6 | 58.4 | 62.6 | 65.3 | 59.3 | 66.1 | 64.6 | 65.1 |
| Salaries and Wages | 11 | 9.4 | 23.7 | 18.3 | 15.0 | 7.5 | 1.5 | 12.1 | 10.3 | 7.9 | 9.5 | 6.9 | 8.6 | 9.2 |
| Taxes Paid | 12 | 1.2 | 0.6 | 4.5 | 1.5 | 2.3 | 2.4 | 2.5 | 1.9 | 2.0 | 1.9 | 1.6 | 1.5 | 1.1 |
| Interest Paid | 13 | 1.7 | 0.1 | • | 1.0 | 0.5 | 0.4 | 0.8 | 0.7 | 1.0 | 1.4 | 1.2 | 1.2 | 1.9 |
| Depreciation | 14 | 4.0 | 3.7 | 0.0 | 3.3 | 0.4 | 0.3 | 1.5 | 2.0 | 2.6 | 2.9 | 2.1 | 3.3 | 4.4 |
| Amortization and Depletion | 15 | 0.4 | 0.0 | • | • | 0.1 | • | 0.1 | 0.1 | 0.1 | 0.3 | 0.1 | 0.7 | 0.4 |
| Pensions and Other Deferred Comp. | 16 | 0.6 | 0.0 | • | 1.3 | 0.3 | 0.1 | 0.6 | 0.6 | 0.5 | 0.3 | 0.4 | 0.3 | 0.7 |
| Employee Benefits | 17 | 1.4 | 1.7 | 6.0 | • | • | 0.5 | 1.2 | 1.3 | 1.1 | 1.8 | 1.0 | 1.8 | 1.4 |
| Advertising | 18 | 0.7 | 0.3 | • | 0.3 | 0.0 | 0.0 | 0.6 | 0.8 | 0.6 | 0.8 | 0.5 | 0.5 | 0.7 |
| Other Expenses | 19 | 9.1 | • | 15.5 | 9.2 | 23.6 | 11.4 | 10.0 | 9.7 | 7.0 | 9.9 | 9.1 | 9.9 | 9.3 |
| Officers' Compensation | 20 | 1.3 | 4.3 | 3.1 | 6.3 | 10.0 | 9.4 | 4.3 | 3.5 | 3.2 | 2.5 | 1.2 | 1.3 | 0.9 |
| Operating Margin | 21 | 5.5 | 6.3 | 2.2 | 7.3 | 9.8 | 22.4 | 7.9 | 6.5 | 8.9 | 9.4 | 9.6 | 6.3 | 5.0 |
| Operating Margin Before Officers' Comp. | 22 | 6.8 | 10.5 | 5.2 | 13.6 | 19.7 | 31.8 | 12.2 | 10.0 | 12.0 | 12.0 | 10.8 | 7.6 | 5.9 |

## Selected Average Balance Sheet ($ in Thousands)

| | | | | | | | | | | | | | |
|---|---|---|---|---|---|---|---|---|---|---|---|---|---|
| Net Receivables 23 | 15299 | 0 | 7 | 0 | 172 | 208 | 923 | 2354 | 4038 | 8545 | 19782 | 28122 | 392068 |
| Inventories 24 | 6225 | 0 | 0 | 4 | 76 | 319 | 644 | 2022 | 3356 | 9826 | 12232 | 21494 | 143494 |
| Net Property, Plant and Equipment 25 | 12852 | 0 | 0 | 67 | 11 | 50 | 474 | 1457 | 3528 | 7022 | 11049 | 26500 | 335162 |
| Total Assets 26 | 75250 | 0 | 38 | 120 | 371 | 698 | 2550 | 7390 | 15178 | 35749 | 74599 | 165397 | 1967896 |
| Notes and Loans Payable 27 | 13577 | 0 | 99 | 0 | 67 | 21 | 561 | 1516 | 3225 | 7080 | 12300 | 14004 | 358538 |
| All Other Liabilities 28 | 21644 | 0 | 15 | 26 | 38 | 165 | 871 | 2035 | 4241 | 9857 | 20609 | 35939 | 570227 |
| Net Worth 29 | 40028 | 0 | -76 | 94 | 265 | 513 | 1118 | 3840 | 7711 | 18813 | 41690 | 115454 | 1039131 |

## Selected Financial Ratios (Times to 1)

| | | | | | | | | | | | | | |
|---|---|---|---|---|---|---|---|---|---|---|---|---|---|
| Current Ratio 30 | 2.2 | • | 2.5 | 2.1 | 9.0 | 3.3 | 2.0 | 1.9 | 2.0 | 2.0 | 2.1 | 2.9 | 2.1 |
| Quick Ratio 31 | 1.5 | • | 2.2 | • | 7.7 | 2.4 | 1.2 | 1.1 | 1.2 | 1.1 | 1.3 | 2.1 | 1.5 |
| Net Sales to Working Capital 32 | 3.0 | • | 32.0 | 38.4 | 7.6 | 5.0 | 6.4 | 6.2 | 5.0 | 4.0 | 4.0 | 2.5 | 2.8 |
| Coverage Ratio 33 | 8.3 | 66.7 | • | 9.3 | 19.7 | 52.6 | 12.5 | 13.0 | 12.9 | 9.8 | 11.2 | 10.6 | 7.9 |
| Total Asset Turnover 34 | 0.8 | • | 18.8 | 8.9 | 6.3 | 2.8 | 2.4 | 2.1 | 1.8 | 1.4 | 1.4 | 1.1 | 0.8 |
| Inventory Turnover 35 | 6.6 | • | • | 154.5 | 14.0 | 3.2 | 5.5 | 4.8 | 5.3 | 2.9 | 5.6 | 5.3 | 6.8 |
| Receivables Turnover 36 | 5.0 | • | 213.4 | 16.4 | 8.1 | 11.1 | 7.5 | 5.7 | 7.5 | 5.0 | 6.5 | 6.3 | 4.7 |
| Total Liabilities to Net Worth 37 | 0.9 | • | • | 0.3 | 0.4 | 0.4 | 1.3 | 0.9 | 1.0 | 0.9 | 0.8 | 0.4 | 0.9 |
| Current Assets to Working Capital 38 | 1.9 | • | 1.7 | 1.9 | 1.1 | 1.4 | 2.0 | 2.1 | 2.0 | 2.0 | 1.9 | 1.5 | 1.9 |
| Current Liabilities to Working Capital 39 | 0.9 | • | 0.7 | 0.9 | 0.1 | 0.4 | 1.0 | 1.1 | 1.0 | 1.0 | 0.9 | 0.5 | 0.9 |
| Working Capital to Net Sales 40 | 0.3 | • | 0.0 | 0.0 | 0.1 | 0.2 | 0.2 | 0.2 | 0.2 | 0.3 | 0.2 | 0.4 | 0.4 |
| Inventory to Working Capital 41 | 0.4 | • | • | 0.1 | 0.1 | 0.4 | 0.7 | 0.8 | 0.7 | 0.7 | 0.6 | 0.3 | 0.3 |
| Total Receipts to Cash Flow 42 | 5.7 | 32.9 | 9.8 | 6.5 | 3.2 | 3.4 | 6.2 | 5.9 | 6.5 | 5.1 | 5.1 | 5.3 | 5.6 |
| Cost of Goods to Cash Flow 43 | 3.7 | 21.2 | 4.9 | 3.5 | 1.5 | 1.7 | 3.6 | 3.7 | 4.2 | 3.0 | 3.4 | 3.4 | 3.7 |
| Cash Flow to Total Debt 44 | 0.3 | • | 0.6 | 6.4 | 6.9 | 3.1 | 0.7 | 0.7 | 0.6 | 0.6 | 0.6 | 0.7 | 0.3 |

## Selected Financial Factors (in Percentages)

| | | | | | | | | | | | | | |
|---|---|---|---|---|---|---|---|---|---|---|---|---|---|
| Debt Ratio 45 | 46.8 | • | 299.4 | 21.5 | 28.5 | 26.6 | 56.2 | 48.0 | 49.2 | 47.4 | 44.1 | 30.2 | 47.2 |
| Return on Total Assets 46 | 12.0 | • | 41.0 | 83.9 | 65.0 | 65.8 | 24.5 | 20.0 | 22.9 | 18.8 | 19.1 | 13.8 | 11.2 |
| Return on Equity Before Income Taxes 47 | 19.8 | • | • | 95.3 | 86.4 | 88.0 | 51.5 | 35.5 | 41.6 | 32.1 | 31.1 | 17.9 | 18.5 |
| Return on Equity After Income Taxes 48 | 14.7 | • | • | 75.3 | 83.4 | 82.4 | 47.0 | 30.1 | 36.0 | 27.4 | 24.4 | 13.4 | 13.4 |
| Profit Margin (Before Income Tax) 49 | 12.5 | 8.7 | 2.2 | 8.4 | 9.8 | 22.8 | 9.5 | 8.9 | 11.8 | 12.4 | 12.6 | 11.7 | 12.9 |
| Profit Margin (After Income Tax) 50 | 9.2 | 8.5 | 2.1 | 6.7 | 9.5 | 21.4 | 8.7 | 7.5 | 10.2 | 10.6 | 9.8 | 8.8 | 9.3 |

**Table I**

Corporations with and without Net Income

# NAVIGATIONAL, MEASURING, ELECTROMEDICAL & CNTL. INSTRUMENTS

**MONEY AMOUNTS AND SIZE OF ASSETS IN THOUSANDS OF DOLLARS**

| Item Description for Accounting Period 7/00 Through 6/01 | | Total | Zero Assets | Under 100 | 100 to 250 | 251 to 500 | 501 to 1,000 | 1,001 to 5,000 | 5,001 to 10,000 | 10,001 to 25,000 | 25,001 to 50,000 | 50,001 to 100,000 | 100,001 to 250,000 | 250,001 and over |
|---|---|---|---|---|---|---|---|---|---|---|---|---|---|---|
| Number of Enterprises | 1 | 2903 | 27 | 625 | 182 | 678 | 451 | 599 | 115 | 86 | 41 | 35 | 26 | 38 |
| **Revenues ($ in Thousands)** | | | | | | | | | | | | | | |
| Net Sales | 2 | 65783219 | 362398 | 0 | 35568 | 924854 | 431723 | 2753107 | 1408544 | 1802146 | 1719857 | 2639512 | 3290072 | 50415438 |
| Interest | 3 | 1550170 | 5911 | 2 | 47 | 245 | 1239 | 5164 | 1684 | 7413 | 9813 | 27468 | 64080 | 1427103 |
| Rents | 4 | 244871 | 115 | 0 | 0 | 0 | 0 | 758 | 2772 | 2690 | 1479 | 8598 | 2122 | 226337 |
| Royalties | 5 | 686796 | 3 | 0 | 0 | 0 | 0 | 734 | 0 | 1516 | 6842 | 2414 | 9590 | 665696 |
| Other Portfolio Income | 6 | 977628 | 6101 | 0 | 0 | 26 | 49 | 56956 | 10432 | 10479 | 19867 | 29469 | 25730 | 818517 |
| Other Receipts | 7 | 1041409 | 2545 | 0 | 0 | 4039 | 1440 | 47745 | 18595 | 20381 | 14999 | 24961 | 38313 | 868395 |
| Total Receipts | 8 | 70284093 | 377073 | 2 | 35615 | 929164 | 434451 | 2864464 | 1442027 | 1844625 | 1772857 | 2732422 | 3429907 | 54421486 |
| Average Total Receipts | 9 | 24211 | 13966 | 0 | 196 | 1370 | 963 | 4782 | 12539 | 21449 | 43240 | 78069 | 131920 | 1432144 |
| **Operating Costs/Operating Income (%)** | | | | | | | | | | | | | | |
| Cost of Operations | 10 | 59.7 | 66.5 | • | 38.0 | 58.6 | 64.8 | 53.7 | 63.6 | 58.1 | 57.6 | 57.0 | 53.1 | 60.6 |
| Salaries and Wages | 11 | 15.7 | 17.3 | • | • | 14.8 | 7.3 | 14.8 | 12.1 | 14.8 | 15.8 | 12.6 | 18.4 | 16.0 |
| Taxes Paid | 12 | 1.9 | 1.9 | • | 1.7 | 2.0 | 3.1 | 2.5 | 2.3 | 2.2 | 2.2 | 1.8 | 2.0 | 1.9 |
| Interest Paid | 13 | 4.0 | 1.2 | • | 8.2 | 0.5 | 0.8 | 1.1 | 1.6 | 1.6 | 2.4 | 2.1 | 1.7 | 4.7 |
| Depreciation | 14 | 3.1 | 2.1 | • | 8.6 | 0.6 | 1.4 | 1.8 | 2.4 | 2.1 | 2.6 | 2.2 | 2.3 | 3.4 |
| Amortization and Depletion | 15 | 0.7 | 0.2 | • | 4.6 | • | 0.2 | 0.1 | 0.2 | 0.5 | 0.7 | 0.7 | 0.7 | 0.7 |
| Pensions and Other Deferred Comp. | 16 | 0.7 | 3.3 | • | • | 2.1 | 2.1 | 0.5 | 0.4 | 0.6 | 0.7 | 0.6 | 0.4 | 0.6 |
| Employee Benefits | 17 | 1.8 | 1.0 | • | • | 0.9 | 1.3 | 1.5 | 1.6 | 1.8 | 2.4 | 1.9 | 2.5 | 1.8 |
| Advertising | 18 | 1.0 | 0.8 | • | • | 0.6 | 0.7 | 1.3 | 1.4 | 1.3 | 1.5 | 2.3 | 0.9 | 0.9 |
| Other Expenses | 19 | 14.2 | 18.6 | • | 18.8 | 10.2 | 13.5 | 16.9 | 11.0 | 14.2 | 11.8 | 16.5 | 16.9 | 13.9 |
| Officers' Compensation | 20 | 1.6 | 3.6 | • | 15.3 | 11.9 | 14.0 | 5.4 | 3.2 | 3.0 | 2.0 | 1.7 | 1.2 | 1.0 |
| Operating Margin | 21 | • | • | • | 4.7 | • | • | 0.2 | 0.2 | • | 0.3 | 0.5 | • | • |
| Operating Margin Before Officers' Comp. | 22 | • | • | • | 20.0 | 9.7 | 4.7 | 5.7 | 3.4 | 2.9 | 2.3 | 2.2 | 1.2 | • |

## Selected Average Balance Sheet ($ in Thousands)

| | | | | | | | | | | | | | |
|---|---|---|---|---|---|---|---|---|---|---|---|---|---|
| Net Receivables 23 | 6206 | 0 | 0 | 0 | 158 | 286 | 845 | 2117 | 4205 | 8915 | 15732 | 30219 | 393858 |
| Inventories 24 | 4242 | 0 | 1 | 24 | 46 | 174 | 584 | 2596 | 3464 | 6603 | 13687 | 22801 | 260848 |
| Net Property, Plant and Equipment 25 | 3783 | 0 | 0 | 25 | 40 | 62 | 419 | 1625 | 2446 | 5613 | 9983 | 19941 | 241445 |
| Total Assets 26 | 31739 | 0 | 4 | 154 | 312 | 689 | 2440 | 7525 | 15437 | 36115 | 74845 | 163843 | 2093981 |
| Notes and Loans Payable 27 | 6070 | 0 | 5 | 135 | 74 | 160 | 608 | 2540 | 3490 | 8156 | 14113 | 23270 | 396920 |
| All Other Liabilities 28 | 13336 | 0 | 2 | 13 | 74 | 128 | 781 | 1753 | 4291 | 9126 | 21149 | 30132 | 938544 |
| Net Worth 29 | 12333 | 0 | -3 | 6 | 164 | 400 | 1051 | 3232 | 7655 | 18833 | 39584 | 110442 | 758518 |

## Selected Financial Ratios (Times to 1)

| | | | | | | | | | | | | | |
|---|---|---|---|---|---|---|---|---|---|---|---|---|---|
| Current Ratio 30 | 1.7 | • | 0.6 | 0.9 | 3.5 | 2.6 | 1.8 | 2.1 | 2.1 | 2.0 | 2.4 | 2.7 | 1.6 |
| Quick Ratio 31 | 0.9 | • | 0.4 | 0.4 | 2.7 | 1.6 | 1.1 | 1.1 | 1.2 | 1.1 | 1.5 | 1.7 | 0.9 |
| Net Sales to Working Capital 32 | 3.6 | • | • | • | 7.0 | 3.0 | 5.6 | 4.5 | 3.7 | 3.8 | 2.7 | 2.0 | 3.7 |
| Coverage Ratio 33 | 1.8 | • | • | 1.6 | • | • | 4.9 | 2.6 | 2.5 | 2.4 | 3.3 | 3.5 | 1.7 |
| Total Asset Turnover 34 | 0.7 | • | • | 1.3 | 4.4 | 1.4 | 1.9 | 1.6 | 1.4 | 1.2 | 1.0 | 0.8 | 0.6 |
| Inventory Turnover 35 | 3.2 | • | • | 3.1 | 17.3 | 3.6 | 4.2 | 3.0 | 3.5 | 3.7 | 3.1 | 2.9 | 3.1 |
| Receivables Turnover 36 | 3.7 | • | • | 2.5 | 13.6 | 3.3 | 5.7 | 5.1 | 5.0 | 5.1 | 4.5 | 3.9 | 3.4 |
| Total Liabilities to Net Worth 37 | 1.6 | • | • | 23.3 | 0.9 | 0.7 | 1.3 | 1.3 | 1.0 | 0.9 | 0.9 | 0.5 | 1.8 |
| Current Assets to Working Capital 38 | 2.4 | • | • | • | 1.4 | 1.6 | 2.3 | 1.9 | 1.9 | 2.0 | 1.7 | 1.6 | 2.6 |
| Current Liabilities to Working Capital 39 | 1.4 | • | • | • | 0.4 | 0.6 | 1.3 | 0.9 | 0.9 | 1.0 | 0.7 | 0.6 | 1.6 |
| Working Capital to Net Sales 40 | 0.3 | • | • | • | 0.1 | 0.3 | 0.2 | 0.2 | 0.3 | 0.3 | 0.4 | 0.5 | 0.3 |
| Inventory to Working Capital 41 | 0.7 | • | • | • | 0.3 | 0.5 | 0.7 | 0.8 | 0.6 | 0.6 | 0.5 | 0.3 | 0.8 |
| Total Receipts to Cash Flow 42 | 7.3 | 27.7 | • | 5.3 | 19.3 | 79.2 | 5.9 | 9.1 | 6.9 | 8.2 | 5.6 | 5.3 | 7.5 |
| Cost of Goods to Cash Flow 43 | 4.4 | 18.4 | • | 2.0 | 11.3 | 51.3 | 3.2 | 5.8 | 4.0 | 4.7 | 3.2 | 2.8 | 4.6 |
| Cash Flow to Total Debt 44 | 0.2 | • | • | 0.3 | 0.5 | 0.0 | 0.6 | 0.3 | 0.4 | 0.3 | 0.4 | 0.4 | 0.1 |

## Selected Financial Factors (in Percentages)

| | | | | | | | | | | | | | |
|---|---|---|---|---|---|---|---|---|---|---|---|---|---|
| Debt Ratio 45 | 61.1 | • | 170.4 | 95.9 | 47.5 | 41.9 | 56.9 | 57.0 | 50.4 | 47.9 | 47.1 | 32.6 | 63.8 |
| Return on Total Assets 46 | 5.2 | • | • | 16.6 | • | • | 10.1 | 6.8 | 5.2 | 6.7 | 7.0 | 4.6 | 5.1 |
| Return on Equity Before Income Taxes 47 | 6.0 | • | 522.0 | 149.6 | • | • | 18.7 | 9.7 | 6.3 | 7.4 | 9.2 | 4.9 | 6.0 |
| Return on Equity After Income Taxes 48 | 3.4 | • | 522.0 | 127.2 | • | • | 16.3 | 5.4 | 4.1 | 4.2 | 5.7 | 2.1 | 3.5 |
| Profit Margin (Before Income Tax) 49 | 3.2 | • | • | 4.8 | • | • | 4.3 | 2.6 | 2.3 | 3.3 | 4.8 | 4.3 | 3.4 |
| Profit Margin (After Income Tax) 50 | 1.9 | • | • | 4.1 | • | • | 3.7 | 1.4 | 1.5 | 1.9 | 3.0 | 1.8 | 2.0 |

# Table II

Corporations with Net Income

## NAVIGATIONAL, MEASURING, ELECTROMEDICAL & CNTL. INSTRUMENTS

MONEY AMOUNTS AND SIZE OF ASSETS IN THOUSANDS OF DOLLARS

| Item Description for Accounting Period 7/00 Through 6/01 | | Total | Zero Assets | Under 100 | 100 to 250 | 251 to 500 | 501 to 1,000 | 1,001 to 5,000 | 5,001 to 10,000 | 10,001 to 25,000 | 25,001 to 50,000 | 50,001 to 100,000 | 100,001 to 250,000 | 250,001 and over |
|---|---|---|---|---|---|---|---|---|---|---|---|---|---|---|
| Number of Enterprises | 1 | 1558 | 10 | • | 182 | 474 | 119 | 521 | 103 | 53 | 29 | 26 | 18 | 24 |
| **Revenues ($ in Thousands)** | | | | | | | | | | | | | | |
| Net Sales | 2 | 52005458 | 63894 | • | 35568 | 821340 | 209193 | 2500047 | 1321738 | 1309002 | 1270636 | 2117228 | 2505869 | 39850943 |
| Interest | 3 | 749738 | 35 | • | 47 | 245 | 52 | 3541 | 479 | 3878 | 8364 | 19785 | 49835 | 663477 |
| Rents | 4 | 234219 | 0 | • | 0 | 0 | 0 | 95 | 2772 | 1820 | 1186 | 8586 | 1400 | 218361 |
| Royalties | 5 | 615739 | 0 | • | 0 | 0 | 0 | 734 | 0 | 4 | 104 | 1159 | 1603 | 612136 |
| Other Portfolio Income | 6 | 888490 | 445 | • | 0 | 26 | 0 | 56956 | 9465 | 8036 | 7354 | 25839 | 25444 | 754927 |
| Other Receipts | 7 | 759938 | -8 | • | 0 | 4038 | 287 | 44108 | 17936 | 4195 | 7648 | 14869 | 9023 | 657837 |
| Total Receipts | 8 | 55253582 | 64366 | • | 35615 | 825649 | 209532 | 2605481 | 1352390 | 1326935 | 1295292 | 2187466 | 2593174 | 42757681 |
| Average Total Receipts | 9 | 35464 | 6437 | • | 196 | 1742 | 1761 | 5001 | 13130 | 25037 | 44665 | 84133 | 144065 | 1781570 |
| **Operating Costs/Operating Income (%)** | | | | | | | | | | | | | | |
| Cost of Operations | 10 | 59.0 | 56.9 | • | 38.0 | 59.3 | 65.2 | 52.8 | 62.7 | 54.9 | 53.4 | 55.4 | 50.5 | 60.3 |
| Salaries and Wages | 11 | 16.1 | 14.0 | • | • | 16.7 | 6.7 | 14.9 | 10.9 | 13.8 | 16.0 | 11.4 | 17.9 | 16.7 |
| Taxes Paid | 12 | 1.9 | 1.7 | • | 1.7 | 1.8 | 2.5 | 2.4 | 2.2 | 1.9 | 2.2 | 1.8 | 2.0 | 1.9 |
| Interest Paid | 13 | 2.1 | 0.2 | • | 8.2 | 0.6 | 0.9 | 1.2 | 1.5 | 1.0 | 1.2 | 1.5 | 0.8 | 2.4 |
| Depreciation | 14 | 3.1 | 1.3 | • | 8.6 | 0.5 | 1.3 | 1.7 | 2.2 | 1.8 | 2.5 | 2.1 | 2.0 | 3.5 |
| Amortization and Depletion | 15 | 0.5 | 0.1 | • | 4.6 | • | 0.0 | 0.1 | 0.1 | 0.3 | 0.4 | 0.7 | 0.5 | 0.5 |
| Pensions and Other Deferred Comp. | 16 | 0.6 | 0.3 | • | • | 1.3 | 0.7 | 0.5 | 0.4 | 0.7 | 0.8 | 0.7 | 0.3 | 0.7 |
| Employee Benefits | 17 | 1.9 | 1.0 | • | • | 1.0 | 0.9 | 1.4 | 1.5 | 1.9 | 2.4 | 1.7 | 2.7 | 1.9 |
| Advertising | 18 | 1.0 | 0.8 | • | • | 0.7 | 0.2 | 1.2 | 1.4 | 1.1 | 1.3 | 2.6 | 0.8 | 0.9 |
| Other Expenses | 19 | 13.0 | 6.6 | • | 18.8 | 9.3 | 12.0 | 16.0 | 9.0 | 12.1 | 10.8 | 16.0 | 12.4 | 13.1 |
| Officers' Compensation | 20 | 1.2 | 0.6 | • | 15.3 | 8.2 | 6.9 | 5.2 | 3.1 | 2.8 | 1.9 | 1.7 | 1.1 | 0.6 |
| Operating Margin | 21 | • | 16.4 | • | 4.7 | 0.6 | 2.8 | 2.4 | 5.1 | 7.8 | 7.3 | 4.3 | 9.0 | • |
| Operating Margin Before Officers' Comp. | 22 | 0.7 | 17.0 | • | 20.0 | 8.8 | 9.7 | 7.7 | 8.2 | 10.6 | 9.3 | 6.0 | 10.1 | • |

## Selected Average Balance Sheet ($ in Thousands)

| | | | | | | | | | | | | | |
|---|---|---|---|---|---|---|---|---|---|---|---|---|---|
| Net Receivables 23 | 9035 | 0 | • | 0 | 214 | 367 | 895 | 2224 | 5032 | 9155 | 17180 | 34235 | 485073 |
| Inventories 24 | 6809 | 0 | • | 6 | 52 | 279 | 517 | 2550 | 3673 | 7069 | 13435 | 20610 | 370730 |
| Net Property, Plant and Equipment 25 | 5569 | 0 | • | 25 | 53 | 108 | 431 | 1591 | 2612 | 5745 | 10439 | 21091 | 303681 |
| Total Assets 26 | 41291 | 0 | • | 154 | 316 | 774 | 2417 | 7459 | 16114 | 36524 | 75534 | 164480 | 2299816 |
| Notes and Loans Payable 27 | 6771 | 0 | • | 135 | 106 | 286 | 616 | 2411 | 3005 | 4851 | 10857 | 10193 | 379379 |
| All Other Liabilities 28 | 14563 | 0 | • | 13 | 86 | 159 | 765 | 1493 | 4548 | 8884 | 18504 | 32919 | 854254 |
| Net Worth 29 | 19957 | 0 | • | 6 | 124 | 329 | 1036 | 3555 | 8561 | 22789 | 46173 | 121368 | 1066183 |

## Selected Financial Ratios (Times to 1)

| | | | | | | | | | | | | | |
|---|---|---|---|---|---|---|---|---|---|---|---|---|---|
| Current Ratio 30 | 1.7 | • | • | 0.9 | 3.3 | 1.7 | 1.9 | 2.3 | 2.1 | 2.3 | 2.6 | 3.3 | 1.6 |
| Quick Ratio 31 | 1.0 | • | • | 0.4 | 2.6 | 1.2 | 1.3 | 1.3 | 1.3 | 1.2 | 1.6 | 2.1 | 0.9 |
| Net Sales to Working Capital 32 | 3.7 | • | • | • | 7.9 | 8.3 | 5.3 | 4.3 | 4.1 | 3.3 | 2.7 | 1.9 | 3.8 |
| Coverage Ratio 33 | 4.2 | 78.6 | • | 1.6 | 2.9 | 4.3 | 6.6 | 6.0 | 10.3 | 9.0 | 6.7 | 16.1 | 3.6 |
| Total Asset Turnover 34 | 0.8 | • | • | 1.3 | 5.5 | 2.3 | 2.0 | 1.7 | 1.5 | 1.2 | 1.1 | 0.8 | 0.7 |
| Inventory Turnover 35 | 2.9 | • | • | 12.5 | 19.6 | 4.1 | 4.9 | 3.2 | 3.7 | 3.3 | 3.4 | 3.4 | 2.7 |
| Receivables Turnover 36 | 3.4 | • | • | • | 13.0 | 3.6 | 6.3 | 5.1 | 4.9 | 4.8 | 4.7 | 4.3 | 3.1 |
| Total Liabilities to Net Worth 37 | 1.1 | • | • | 23.3 | 1.6 | 1.4 | 1.3 | 1.1 | 0.9 | 0.6 | 0.6 | 0.4 | 1.2 |
| Current Assets to Working Capital 38 | 2.4 | • | • | • | 1.4 | 2.4 | 2.1 | 1.8 | 1.9 | 1.8 | 1.6 | 1.4 | 2.7 |
| Current Liabilities to Working Capital 39 | 1.4 | • | • | • | 0.4 | 1.4 | 1.1 | 0.8 | 0.9 | 0.8 | 0.6 | 0.4 | 1.7 |
| Working Capital to Net Sales 40 | 0.3 | • | • | • | 0.1 | 0.1 | 0.2 | 0.2 | 0.2 | 0.3 | 0.4 | 0.5 | 0.3 |
| Inventory to Working Capital 41 | 0.7 | • | • | • | 0.3 | 0.6 | 0.7 | 0.7 | 0.6 | 0.6 | 0.5 | 0.3 | 0.8 |
| Total Receipts to Cash Flow 42 | 6.4 | 4.4 | • | 5.3 | 13.8 | 7.4 | 5.4 | 7.2 | 5.1 | 5.6 | 4.8 | 4.3 | 6.8 |
| Cost of Goods to Cash Flow 43 | 3.8 | 2.5 | • | 2.0 | 8.2 | 4.8 | 2.9 | 4.5 | 2.8 | 3.0 | 2.6 | 2.2 | 4.1 |
| Cash Flow to Total Debt 44 | 0.2 | • | • | 0.3 | 0.7 | 0.5 | 0.6 | 0.5 | 0.6 | 0.6 | 0.6 | 0.7 | 0.2 |

## Selected Financial Factors (in Percentages)

| | | | | | | | | | | | | | |
|---|---|---|---|---|---|---|---|---|---|---|---|---|---|
| Debt Ratio 45 | 51.7 | • | • | 95.9 | 60.8 | 57.5 | 57.1 | 52.3 | 46.9 | 37.6 | 38.9 | 26.2 | 53.6 |
| Return on Total Assets 46 | 7.1 | • | • | 16.6 | 9.5 | 8.9 | 15.6 | 15.2 | 15.6 | 12.4 | 10.9 | 11.2 | 6.2 |
| Return on Equity Before Income Taxes 47 | 11.2 | • | • | 149.6 | 15.9 | 16.0 | 30.8 | 26.7 | 26.5 | 17.6 | 15.1 | 14.2 | 9.6 |
| Return on Equity After Income Taxes 48 | 8.3 | • | • | 127.2 | 14.8 | 14.0 | 28.0 | 22.3 | 23.3 | 13.8 | 11.1 | 10.5 | 6.9 |
| Profit Margin (Before Income Tax) 49 | 6.7 | 17.1 | • | 4.8 | 1.1 | 3.0 | 6.7 | 7.4 | 9.2 | 9.2 | 8.6 | 12.4 | 6.2 |
| Profit Margin (After Income Tax) 50 | 5.0 | 14.7 | • | 4.1 | 1.1 | 2.6 | 6.0 | 6.2 | 8.1 | 7.2 | 6.3 | 9.2 | 4.4 |

**Table I**

Corporations with and without Net Income

# ELECTRICAL LIGHTING EQUIPMENT AND HOUSEHOLD APPLIANCE

**MONEY AMOUNTS AND SIZE OF ASSETS IN THOUSANDS OF DOLLARS**

| Item Description for Accounting Period 7/00 Through 6/01 | | Total | Zero Assets | Under 100 | 100 to 250 | 251 to 500 | 501 to 1,000 | 1,001 to 5,000 | 5,001 to 10,000 | 10,001 to 25,000 | 25,001 to 50,000 | 50,001 to 100,000 | 100,001 to 250,000 | 250,001 and over |
|---|---|---|---|---|---|---|---|---|---|---|---|---|---|---|
| Number of Enterprises | 1 | 1270 | 0 | 0 | 186 | 16 | 177 | 281 | 104 | 50 | 21 | 7 | 19 | 10 |
| **Revenues ($ in Thousands)** | | | | | | | | | | | | | | |
| Net Sales | 2 | 118757750 | 0 | 0 | 74295 | 26779 | 216548 | 1506747 | 1277471 | 1450145 | 1260594 | 700953 | 4751268 | 107389273 |
| Interest | 3 | 23283090 | 0 | 0 | 0 | 0 | 0 | 1510 | 2748 | 2551 | 2261 | 3007 | 11081 | 23259924 |
| Rents | 4 | 12812 | 0 | 0 | 908 | 0 | 0 | 0 | 0 | 639 | 509 | 318 | 869 | 9570 |
| Royalties | 5 | 1550972 | 0 | 0 | 0 | 0 | 0 | 0 | 0 | 191 | 1 | 63 | 2330 | 1548387 |
| Other Portfolio Income | 6 | 6957805 | 0 | 0 | 0 | 0 | 0 | 853 | 955 | 1559 | 10103 | 108 | 23595 | 6920633 |
| Other Receipts | 7 | 8705689 | 0 | 0 | 23 | 0 | 0 | 2199 | 5639 | 7811 | 10697 | 7026 | 23298 | 8642698 |
| Total Receipts | 8 | 159268118 | 0 | 0 | 75226 | 26779 | 216548 | 1511309 | 1286813 | 1462896 | 1284165 | 711475 | 4812441 | 147770485 |
| Average Total Receipts | 9 | 125408 | • | • | 404 | 1674 | 1223 | 5378 | 12373 | 29258 | 61151 | 101639 | 253286 | 14777048 |
| **Operating Costs/Operating Income (%)** | | | | | | | | | | | | | | |
| Cost of Operations | 10 | 58.5 | • | • | 44.1 | 66.9 | 61.3 | 73.6 | 64.4 | 66.6 | 59.8 | 58.7 | 65.2 | 57.8 |
| Salaries and Wages | 11 | 11.1 | • | • | 6.6 | 13.1 | 3.2 | 8.6 | 9.2 | 7.4 | 5.8 | 14.5 | 6.1 | 11.5 |
| Taxes Paid | 12 | 1.0 | • | • | 3.3 | 1.1 | 3.6 | 1.6 | 2.2 | 1.6 | 3.2 | 1.9 | 1.3 | 0.9 |
| Interest Paid | 13 | 22.0 | • | • | 14.7 | 87.0 | 2.2 | 1.0 | 1.2 | 1.1 | 1.9 | 2.1 | 1.5 | 24.2 |
| Depreciation | 14 | 9.7 | • | • | 0.4 | • | 2.0 | 0.9 | 1.6 | 1.8 | 1.5 | 1.8 | 2.4 | 10.5 |
| Amortization and Depletion | 15 | 1.9 | • | • | 0.2 | • | • | 0.1 | 0.2 | 0.2 | 0.2 | 0.6 | 0.3 | 2.1 |
| Pensions and Other Deferred Comp. | 16 | 0.4 | • | • | • | • | 0.3 | 0.2 | 0.2 | 0.5 | 0.4 | 0.4 | 0.4 | 0.4 |
| Employee Benefits | 17 | 1.5 | • | • | 0.2 | • | 2.5 | 1.0 | 0.9 | 1.0 | 1.1 | 2.0 | 1.3 | 1.5 |
| Advertising | 18 | 1.3 | • | • | 1.7 | • | 0.1 | 0.8 | 1.3 | 1.2 | 6.3 | 1.0 | 5.4 | 1.1 |
| Other Expenses | 19 | 20.4 | • | • | 24.2 | 3.3 | 5.6 | 10.7 | 12.9 | 12.2 | 16.6 | 29.4 | 9.2 | 21.2 |
| Officers' Compensation | 20 | 0.8 | • | • | 15.6 | • | 15.9 | 3.2 | 3.1 | 2.9 | 1.4 | 12.0 | 0.8 | 0.6 |
| Operating Margin | 21 | • | • | • | • | • | 3.2 | • | 2.7 | 3.4 | 1.8 | • | 6.1 | • |
| Operating Margin Before Officers' Comp. | 22 | • | • | • | 4.8 | • | 19.1 | 1.5 | 5.8 | 6.3 | 3.1 | • | 6.9 | • |

## Selected Average Balance Sheet ($ in Thousands)

| | | | | | | | | | | | | | |
|---|---|---|---|---|---|---|---|---|---|---|---|---|---|
| Net Receivables 23 | 83386 | • | • | 162 | 216 | 272 | 649 | 1596 | 3722 | 10259 | 14774 | 46354 | 10408442 |
| Inventories 24 | 6351 | • | • | 109 | 335 | 144 | 668 | 1669 | 4385 | 9183 | 20028 | 31873 | 650790 |
| Net Property, Plant and Equipment 25 | 34412 | • | • | 6 | 0 | 245 | 256 | 1146 | 3061 | 7273 | 10378 | 33317 | 4245592 |
| Total Assets 26 | 518391 | • | • | 212 | 388 | 783 | 2016 | 7059 | 15308 | 37012 | 67030 | 150869 | 65199336 |
| Notes and Loans Payable 27 | 340710 | • | • | 240 | 12400 | 310 | 590 | 1919 | 3449 | 11087 | 22067 | 43737 | 43064417 |
| All Other Liabilities 28 | 93291 | • | • | 73 | -29822 | 46 | 796 | 2205 | 3754 | 15659 | 13204 | 43333 | 11705892 |
| Net Worth 29 | 84390 | • | • | -100 | 17810 | 428 | 629 | 2935 | 8105 | 10266 | 31758 | 63798 | 10429026 |

## Selected Financial Ratios (Times to 1)

| | | | | | | | | | | | | | |
|---|---|---|---|---|---|---|---|---|---|---|---|---|---|
| Current Ratio 30 | 0.8 | • | • | 2.8 | 0.5 | 7.4 | 1.6 | 2.1 | 2.1 | 2.0 | 2.5 | 1.9 | 0.8 |
| Quick Ratio 31 | 0.3 | • | • | 2.8 | 0.5 | 5.0 | 0.9 | 1.0 | 1.0 | 1.1 | 1.5 | 1.1 | 0.3 |
| Net Sales to Working Capital 32 | • | • | • | 3.1 | • | 2.7 | 9.5 | 4.6 | 5.2 | 4.6 | 3.6 | 5.6 | • |
| Coverage Ratio 33 | 1.3 | • | • | 0.4 | 0.2 | 2.5 | • | 3.8 | 4.9 | 2.9 | • | 6.1 | 1.3 |
| Total Asset Turnover 34 | 0.2 | • | • | 1.9 | 4.3 | 1.6 | 2.7 | 1.7 | 1.9 | 1.6 | 1.5 | 1.7 | 0.2 |
| Inventory Turnover 35 | 8.6 | • | • | 1.6 | 3.3 | 5.2 | 5.9 | 4.7 | 4.4 | 3.9 | 2.9 | 5.1 | 9.5 |
| Receivables Turnover 36 | 1.2 | • | • | 2.9 | 3.3 | 9.0 | 7.3 | 8.9 | 7.7 | 5.6 | 4.7 | 6.0 | 1.1 |
| Total Liabilities to Net Worth 37 | 5.1 | • | • | • | • | 0.8 | 2.2 | 1.4 | 0.9 | 2.6 | 1.1 | 1.4 | 5.3 |
| Current Assets to Working Capital 38 | • | • | • | 1.6 | • | 1.2 | 2.6 | 1.9 | 1.9 | 2.0 | 1.7 | 2.1 | • |
| Current Liabilities to Working Capital 39 | • | • | • | 0.6 | • | 0.2 | 1.6 | 0.9 | 0.9 | 1.0 | 0.7 | 1.1 | • |
| Working Capital to Net Sales 40 | • | • | • | 0.3 | • | 0.4 | 0.1 | 0.2 | 0.2 | 0.2 | 0.3 | 0.2 | • |
| Inventory to Working Capital 41 | • | • | • | • | • | 0.3 | 1.1 | 0.8 | 0.8 | 0.7 | 0.6 | 0.8 | • |
| Total Receipts to Cash Flow 42 | 4.8 | • | • | 9.5 | • | 11.8 | 15.4 | 7.0 | 6.9 | 6.7 | 19.2 | 6.6 | 4.6 |
| Cost of Goods to Cash Flow 43 | 2.8 | • | • | 4.2 | • | 7.2 | 11.3 | 4.5 | 4.6 | 4.0 | 11.3 | 4.3 | 2.7 |
| Cash Flow to Total Debt 44 | 0.0 | • | • | 0.1 | 0.1 | 0.3 | 0.3 | 0.4 | 0.6 | 0.3 | 0.1 | 0.4 | 0.0 |

## Selected Financial Factors (in Percentages)

| | | | | | | | | | | | | | |
|---|---|---|---|---|---|---|---|---|---|---|---|---|---|
| Debt Ratio 45 | 83.7 | • | • | 147.3 | • | 45.4 | 68.8 | 58.4 | 47.1 | 72.3 | 52.6 | 57.7 | 84.0 |
| Return on Total Assets 46 | 5.1 | • | • | 9.7 | 67.1 | 8.4 | • | 8.1 | 10.0 | 8.9 | • | 14.7 | 5.1 |
| Return on Equity Before Income Taxes 47 | 7.1 | • | • | 38.1 | • | 9.1 | • | 14.3 | 15.0 | 21.0 | • | 29.0 | 7.0 |
| Return on Equity After Income Taxes 48 | 4.7 | • | • | 38.1 | • | 9.1 | • | 13.6 | 12.6 | 15.8 | • | 24.5 | 4.6 |
| Profit Margin (Before Income Tax) 49 | 6.4 | • | • | • | • | 3.2 | • | 3.4 | 4.2 | 3.6 | • | 7.4 | 6.8 |
| Profit Margin (After Income Tax) 50 | 4.2 | • | • | • | • | 3.2 | • | 3.2 | 3.5 | 2.7 | • | 6.2 | 4.4 |

## Table II

Corporations with Net Income

# ELECTRICAL LIGHTING EQUIPMENT AND HOUSEHOLD APPLIANCE

MONEY AMOUNTS AND SIZE OF ASSETS IN THOUSANDS OF DOLLARS

| Item Description for Accounting Period 7/00 Through 6/01 | | Total | Zero Assets | Under 100 | 100 to 250 | 251 to 500 | 501 to 1,000 | 1,001 to 5,000 | 5,001 to 10,000 | 10,001 to 25,000 | 25,001 to 50,000 | 50,001 to 100,000 | 100,001 to 250,000 | 250,001 and over |
|---|---|---|---|---|---|---|---|---|---|---|---|---|---|---|
| Number of Enterprises | 1 | 922 | 0 | 0 | • | • | 111 | 244 | 0 | 40 | 12 | 0 | 0 | 0 |
| **Revenues ($ in Thousands)** | | | | | | | | | | | | | | |
| Net Sales | 2 | 114433565 | 0 | 0 | • | • | 169052 | 1453504 | 0 | 1241744 | 798296 | 0 | 0 | 0 |
| Interest | 3 | 23246057 | 0 | 0 | • | • | 0 | 679 | 0 | 1578 | 1368 | 0 | 0 | 0 |
| Rents | 4 | 10050 | 0 | 0 | • | • | 0 | 0 | 0 | 274 | 121 | 0 | 0 | 0 |
| Royalties | 5 | 1496876 | 0 | 0 | • | • | 0 | 0 | 0 | 0 | 0 | 0 | 0 | 0 |
| Other Portfolio Income | 6 | 6929958 | 0 | 0 | • | • | 0 | 853 | 0 | 763 | 9651 | 0 | 0 | 0 |
| Other Receipts | 7 | 8651740 | 0 | 0 | • | • | 0 | 1501 | 0 | 7232 | 1661 | 0 | 0 | 0 |
| Total Receipts | 8 | 154768246 | 0 | 0 | • | • | 169052 | 1456537 | 0 | 1251591 | 811097 | 0 | 0 | 0 |
| Average Total Receipts | 9 | 167861 | • | • | • | • | 1523 | 5969 | • | 31290 | 67591 | • | • | • |
| **Operating Costs/Operating Income (%)** | | | | | | | | | | | | | | |
| Cost of Operations | 10 | 58.0 | • | • | • | • | 62.0 | 72.7 | • | 65.2 | 62.7 | • | • | • |
| Salaries and Wages | 11 | 11.2 | • | • | • | • | • | 7.6 | • | 7.4 | 6.3 | • | • | • |
| Taxes Paid | 12 | 0.9 | • | • | • | • | 3.9 | 1.5 | • | 1.6 | 1.2 | • | • | • |
| Interest Paid | 13 | 22.6 | • | • | • | • | 0.5 | 0.6 | • | 0.9 | 1.1 | • | • | • |
| Depreciation | 14 | 10.0 | • | • | • | • | 2.3 | 0.8 | • | 1.6 | 1.4 | • | • | • |
| Amortization and Depletion | 15 | 2.0 | • | • | • | • | • | 0.0 | • | 0.1 | 0.1 | • | • | • |
| Pensions and Other Deferred Comp. | 16 | 0.4 | • | • | • | • | 0.3 | 0.2 | • | 0.5 | 0.4 | • | • | • |
| Employee Benefits | 17 | 1.5 | • | • | • | • | 3.1 | 0.9 | • | 0.9 | 1.0 | • | • | • |
| Advertising | 18 | 1.2 | • | • | • | • | 0.1 | 0.6 | • | 1.1 | 2.7 | • | • | • |
| Other Expenses | 19 | 20.3 | • | • | • | • | 4.5 | 9.3 | • | 11.2 | 15.6 | • | • | • |
| Officers' Compensation | 20 | 0.8 | • | • | • | • | 19.3 | 2.9 | • | 2.9 | 1.2 | • | • | • |
| Operating Margin | 21 | • | • | • | • | • | 4.1 | 2.8 | • | 6.4 | 6.2 | • | • | • |
| Operating Margin Before Officers' Comp. | 22 | • | • | • | • | • | 23.4 | 5.7 | • | 9.3 | 7.4 | • | • | • |

| | | | | | | | | | | | | | |
|---|---|---|---|---|---|---|---|---|---|---|---|---|---|
| **Selected Average Balance Sheet ($ in Thousands)** | | | | | | | | | | | | | |
| Net Receivables **23** | 114007 | • | • | • | • | 240 | 720 | • | 3890 | 11311 | • | • | • |
| Inventories **24** | 7988 | • | • | • | • | 156 | 690 | • | 4462 | 10401 | • | • | • |
| Net Property, Plant and Equipment **25** | 46585 | • | • | • | • | 262 | 225 | • | 2815 | 6287 | • | • | • |
| Total Assets **26** | 706565 | • | • | • | • | 860 | 1900 | • | 14906 | 36620 | • | • | • |
| Notes and Loans Payable **27** | 465158 | • | • | • | • | 114 | 286 | • | 3397 | 4857 | • | • | • |
| All Other Liabilities **28** | 125617 | • | • | • | • | 18 | 720 | • | 3800 | 14298 | • | • | • |
| Net Worth **29** | 115790 | • | • | • | • | 727 | 893 | • | 7709 | 17466 | • | • | • |
| **Selected Financial Ratios (Times to 1)** | | | | | | | | | | | | | |
| Current Ratio **30** | 0.8 | • | • | • | • | 14.8 | 2.1 | • | 2.1 | 2.4 | • | • | • |
| Quick Ratio **31** | 0.3 | • | • | • | • | 9.5 | 1.1 | • | 1.0 | 1.5 | • | • | • |
| Net Sales to Working Capital **32** | • | • | • | • | • | 2.9 | 7.5 | • | 5.4 | 4.2 | • | • | • |
| Coverage Ratio **33** | 1.3 | • | • | • | • | 9.3 | 5.7 | • | 8.6 | 7.8 | • | • | • |
| Total Asset Turnover **34** | 0.2 | • | • | • | • | 1.8 | 3.1 | • | 2.1 | 1.8 | • | • | • |
| Inventory Turnover **35** | 9.0 | • | • | • | • | 6.1 | 6.3 | • | 4.5 | 4.0 | • | • | • |
| Receivables Turnover **36** | 1.1 | • | • | • | • | 12.7 | 7.3 | • | 8.4 | 4.8 | • | • | • |
| Total Liabilities to Net Worth **37** | 5.1 | • | • | • | • | 0.2 | 1.1 | • | 0.9 | 1.1 | • | • | • |
| Current Assets to Working Capital **38** | • | • | • | • | • | 1.1 | 1.9 | • | 1.9 | 1.7 | • | • | • |
| Current Liabilities to Working Capital **39** | • | • | • | • | • | 0.1 | 0.9 | • | 0.9 | 0.7 | • | • | • |
| Working Capital to Net Sales **40** | • | • | • | • | • | 0.3 | 0.1 | • | 0.2 | 0.2 | • | • | • |
| Inventory to Working Capital **41** | • | • | • | • | • | 0.3 | 0.9 | • | 0.8 | 0.6 | • | • | • |
| Total Receipts to Cash Flow **42** | 4.7 | • | • | • | • | 11.6 | 10.2 | • | 6.0 | 5.9 | • | • | • |
| Cost of Goods to Cash Flow **43** | 2.7 | • | • | • | • | 7.2 | 7.4 | • | 3.9 | 3.7 | • | • | • |
| Cash Flow to Total Debt **44** | 0.0 | • | • | • | • | 1.0 | 0.6 | • | 0.7 | 0.6 | • | • | • |
| **Selected Financial Factors (in Percentages)** | | | | | | | | | | | | | |
| Debt Ratio **45** | 83.6 | • | • | • | • | 15.4 | 53.0 | • | 48.3 | 52.3 | • | • | • |
| Return on Total Assets **46** | 5.2 | • | • | • | • | 8.2 | 11.5 | • | 16.9 | 16.0 | • | • | • |
| Return on Equity Before Income Taxes **47** | 7.7 | • | • | • | • | 8.6 | 20.2 | • | 28.9 | 29.3 | • | • | • |
| Return on Equity After Income Taxes **48** | 5.3 | • | • | • | • | 8.6 | 19.5 | • | 25.8 | 24.0 | • | • | • |
| Profit Margin (Before Income Tax) **49** | 7.2 | • | • | • | • | 4.1 | 3.0 | • | 7.2 | 7.7 | • | • | • |
| Profit Margin (After Income Tax) **50** | 5.0 | • | • | • | • | 4.1 | 2.9 | • | 6.4 | 6.3 | • | • | • |

# Table I

Corporations with and without Net Income

## ELECTRICAL EQUIPMENT

MONEY AMOUNTS AND SIZE OF ASSETS IN THOUSANDS OF DOLLARS

| Item Description for Accounting Period 7/00 Through 6/01 | | Total | Zero Assets | Under 100 | 100 to 250 | 251 to 500 | 501 to 1,000 | 1,001 to 5,000 | 5,001 to 10,000 | 10,001 to 25,000 | 25,001 to 50,000 | 50,001 to 100,000 | 100,001 to 250,000 | 250,001 and over |
|---|---|---|---|---|---|---|---|---|---|---|---|---|---|---|
| Number of Enterprises | 1 | 817 | 0 | 0 | 56 | 114 | 83 | 383 | 45 | 59 | 24 | 13 | 13 | 14 |
| **Revenues ($ in Thousands)** | | | | | | | | | | | | | | |
| Net Sales | 2 | 35264336 | 0 | 0 | 29431 | 5679 | 130671 | 1512287 | 854053 | 1496269 | 1383083 | 1258299 | 2000295 | 26464863 |
| Interest | 3 | 712329 | 0 | 0 | 221 | 443 | 0 | 6747 | 1967 | 5413 | 6976 | 9534 | 21089 | 659181 |
| Rents | 4 | 78045 | 0 | 0 | 0 | 0 | 0 | 27 | 174 | 1028 | 1859 | 100 | 526 | 74290 |
| Royalties | 5 | 226643 | 0 | 0 | 0 | 0 | 0 | 0 | 0 | 380 | 1066 | 55227 | 4983 | 164987 |
| Other Portfolio Income | 6 | 553968 | 0 | 0 | 0 | 897 | 0 | 944 | 1722 | 26046 | 9038 | 2514 | 36660 | 475263 |
| Other Receipts | 7 | 575289 | 0 | 0 | -689 | -8953 | 238 | 2017 | 9582 | 5857 | 5751 | 26956 | 8840 | 525396 |
| Total Receipts | 8 | 37410610 | 0 | 0 | 28963 | -1934 | 130909 | 1522022 | 867498 | 1534993 | 1407773 | 1352630 | 2072393 | 28363980 |
| Average Total Receipts | 9 | 45790 | • | • | 517 | -17 | 1577 | 3974 | 19278 | 26017 | 58657 | 104048 | 159415 | 2025999 |
| **Operating Costs/Operating Income (%)** | | | | | | | | | | | | | | |
| Cost of Operations | 10 | 68.9 | • | • | 77.5 | 64.9 | 73.0 | 64.3 | 68.9 | 67.3 | 74.3 | 72.6 | 63.2 | 69.2 |
| Salaries and Wages | 11 | 7.1 | • | • | 28.6 | • | 1.7 | 9.5 | 10.0 | 11.4 | 6.9 | 11.7 | 9.9 | 6.1 |
| Taxes Paid | 12 | 1.7 | • | • | 5.3 | 5.3 | 1.4 | 2.8 | 1.4 | 2.1 | 1.5 | 1.6 | 2.1 | 1.6 |
| Interest Paid | 13 | 3.6 | • | • | • | 15.0 | 3.4 | 1.3 | 0.2 | 1.4 | 1.0 | 1.5 | 2.9 | 4.3 |
| Depreciation | 14 | 2.2 | • | • | 2.6 | 8.4 | 1.6 | 1.7 | 0.9 | 1.9 | 2.7 | 4.7 | 3.1 | 2.1 |
| Amortization and Depletion | 15 | 0.9 | • | • | • | 1.1 | • | 0.1 | • | 0.3 | 0.2 | 0.9 | 1.2 | 1.0 |
| Pensions and Other Deferred Comp. | 16 | 0.9 | • | • | • | • | • | 0.7 | 0.5 | 0.5 | 0.6 | 0.4 | 0.4 | 1.0 |
| Employee Benefits | 17 | 1.8 | • | • | 5.4 | • | 0.4 | 1.9 | 0.6 | 1.2 | 1.4 | 2.3 | 2.2 | 1.8 |
| Advertising | 18 | 0.8 | • | • | 1.9 | 0.3 | 2.7 | 0.2 | 0.5 | 0.8 | 0.5 | 0.6 | 0.9 | 0.8 |
| Other Expenses | 19 | 10.7 | • | • | 24.9 | 200.0 | 18.9 | 9.7 | 8.2 | 12.0 | 7.9 | 10.5 | 14.9 | 10.5 |
| Officers' Compensation | 20 | 1.0 | • | • | 4.9 | 8.0 | 0.7 | 5.5 | 3.6 | 2.1 | 1.3 | 2.5 | 0.8 | 0.5 |
| Operating Margin | 21 | 0.6 | • | • | • | • | • | 2.1 | 5.3 | • | 1.6 | • | • | 1.1 |
| Operating Margin Before Officers' Comp. | 22 | 1.5 | • | • | • | • | • | 7.6 | 8.9 | 1.0 | 2.8 | • | • | 1.6 |

| Selected Average Balance Sheet ($ in Thousands) | | | | | | | | | | | | | |
|---|---|---|---|---|---|---|---|---|---|---|---|---|---|
| Net Receivables 23 | 12601 | • | • | 70 | 0 | 150 | 526 | 2921 | 4486 | 8654 | 17908 | 27854 | 634201 |
| Inventories 24 | 4663 | • | • | 99 | 103 | 600 | 532 | 1982 | 4008 | 6834 | 13966 | 26735 | 180203 |
| Net Property, Plant and Equipment 25 | 7214 | • | • | 44 | 1 | 72 | 307 | 888 | 2383 | 9712 | 19904 | 29858 | 336253 |
| Total Assets 26 | 73164 | • | • | 231 | 312 | 882 | 2158 | 7021 | 16326 | 36428 | 78122 | 154222 | 3832352 |
| Notes and Loans Payable 27 | 13559 | • | • | 0 | 349 | 562 | 699 | 368 | 4648 | 6829 | 18907 | 49178 | 670246 |
| All Other Liabilities 28 | 17208 | • | • | 24 | 8 | 197 | 560 | 2868 | 4487 | 9488 | 21606 | 38263 | 888645 |
| Net Worth 29 | 42397 | • | • | 207 | -46 | 124 | 899 | 3785 | 7191 | 20110 | 37610 | 66781 | 2273462 |

| Selected Financial Ratios (Times to 1) | | | | | | | | | | | | | |
|---|---|---|---|---|---|---|---|---|---|---|---|---|---|
| Current Ratio 30 | 1.1 | • | • | 8.8 | 1.6 | 1.6 | 2.6 | 1.8 | 2.0 | 2.0 | 2.0 | 2.0 | 1.0 |
| Quick Ratio 31 | 0.7 | • | • | 4.0 | 0.1 | 0.3 | 1.4 | 1.2 | 1.1 | 1.1 | 1.2 | 1.1 | 0.7 |
| Net Sales to Working Capital 32 | 20.9 | • | • | 3.2 | 0.6 | 5.7 | 3.8 | 8.3 | 4.4 | 5.2 | 4.5 | 4.0 | • |
| Coverage Ratio 33 | 3.0 | • | • | • | • | • | 3.2 | 36.3 | 2.1 | 4.2 | • | 1.8 | 3.1 |
| Total Asset Turnover 34 | 0.6 | • | • | 2.3 | 0.2 | 1.8 | 1.8 | 2.7 | 1.6 | 1.6 | 1.2 | 1.0 | 0.5 |
| Inventory Turnover 35 | 6.4 | • | • | 4.1 | 0.3 | 1.9 | 4.8 | 6.6 | 4.3 | 6.3 | 5.0 | 3.6 | 7.3 |
| Receivables Turnover 36 | 3.6 | • | • | • | • | 3.5 | 7.3 | 6.1 | 5.9 | 6.9 | 5.5 | 5.2 | 3.1 |
| Total Liabilities to Net Worth 37 | 0.7 | • | • | 0.1 | • | 6.1 | 1.4 | 0.9 | 1.3 | 0.8 | 1.1 | 1.3 | 0.7 |
| Current Assets to Working Capital 38 | 10.0 | • | • | 1.1 | 2.8 | 2.7 | 1.6 | 2.3 | 2.0 | 2.0 | 2.0 | 2.0 | • |
| Current Liabilities to Working Capital 39 | 9.0 | • | • | 0.1 | 1.8 | 1.7 | 0.6 | 1.3 | 1.0 | 1.0 | 1.0 | 1.0 | • |
| Working Capital to Net Sales 40 | 0.0 | • | • | 0.3 | 1.7 | 0.2 | 0.3 | 0.1 | 0.2 | 0.2 | 0.2 | 0.2 | • |
| Inventory to Working Capital 41 | 2.4 | • | • | 0.6 | 0.6 | 2.0 | 0.6 | 0.7 | 0.7 | 0.7 | 0.7 | 0.6 | • |
| Total Receipts to Cash Flow 42 | 6.6 | • | • | • | • | 8.4 | 9.8 | 7.2 | 9.8 | 9.9 | 14.6 | 7.2 | 6.1 |
| Cost of Goods to Cash Flow 43 | 4.6 | • | • | • | • | 6.1 | 6.3 | 5.0 | 6.6 | 7.4 | 10.6 | 4.5 | 4.2 |
| Cash Flow to Total Debt 44 | 0.2 | • | • | • | • | 0.2 | 0.3 | 0.8 | 0.3 | 0.4 | 0.2 | 0.2 | 0.2 |

| Selected Financial Factors (in Percentages) | | | | | | | | | | | | | |
|---|---|---|---|---|---|---|---|---|---|---|---|---|---|
| Debt Ratio 45 | 42.1 | • | • | 10.3 | 114.7 | 86.0 | 58.3 | 46.1 | 56.0 | 44.8 | 51.9 | 56.7 | 40.7 |
| Return on Total Assets 46 | 6.4 | • | • | • | • | • | 7.3 | 19.1 | 4.5 | 6.8 | • | 5.3 | 6.5 |
| Return on Equity Before Income Taxes 47 | 7.3 | • | • | • | 366.3 | • | 12.0 | 34.5 | 5.4 | 9.4 | • | 5.6 | 7.5 |
| Return on Equity After Income Taxes 48 | 4.8 | • | • | • | 366.3 | • | 9.3 | 29.4 | 2.7 | 4.9 | • | 1.9 | 5.0 |
| Profit Margin (Before Income Tax) 49 | 7.2 | • | • | • | • | • | 2.7 | 6.9 | 1.5 | 3.3 | • | 2.4 | 9.0 |
| Profit Margin (After Income Tax) 50 | 4.7 | • | • | • | • | • | 2.1 | 5.9 | 0.8 | 1.7 | • | 0.8 | 6.1 |

# ELECTRICAL EQUIPMENT

MONEY AMOUNTS AND SIZE OF ASSETS IN THOUSANDS OF DOLLARS

| Item Description for Accounting Period 7/00 Through 6/01 | | Total | Zero Assets | Under 100 | 100 to 250 | 251 to 500 | 501 to 1,000 | 1,001 to 5,000 | 5,001 to 10,000 | 10,001 to 25,000 | 25,001 to 50,000 | 50,001 to 100,000 | 100,001 to 250,000 | 250,001 and over |
|---|---|---|---|---|---|---|---|---|---|---|---|---|---|---|
| Number of Enterprises | 1 | 595 | 0 | • | • | 91 | 57 | 310 | 0 | 40 | 14 | 0 | 9 | 0 |
| **Revenues ($ in Thousands)** | | | | | | | | | | | | | | |
| Net Sales | 2 | 31925426 | 0 | • | • | 5679 | 89262 | 1344186 | 0 | 1049991 | 908147 | 0 | 1611282 | 0 |
| Interest | 3 | 665425 | 0 | • | • | 115 | 0 | 4458 | 0 | 2812 | 2978 | 0 | 6820 | 0 |
| Rents | 4 | 76513 | 0 | • | • | 0 | 0 | 27 | 0 | 1027 | 480 | 0 | 526 | 0 |
| Royalties | 5 | 214972 | 0 | • | • | 0 | 0 | 0 | 0 | 82 | 840 | 0 | 4983 | 0 |
| Other Portfolio Income | 6 | 546972 | 0 | • | • | 213 | 0 | 942 | 0 | 25734 | 7029 | 0 | 35134 | 0 |
| Other Receipts | 7 | 570701 | 0 | • | • | 350 | 169 | 1987 | 0 | 3593 | 3534 | 0 | 7822 | 0 |
| Total Receipts | 8 | 34000009 | 0 | • | • | 6357 | 89431 | 1351600 | 0 | 1083239 | 923008 | 0 | 1666567 | 0 |
| Average Total Receipts | 9 | 57143 | • | • | • | 70 | 1569 | 4360 | • | 27081 | 65929 | • | 185174 | • |
| **Operating Costs/Operating Income (%)** | | | | | | | | | | | | | | |
| Cost of Operations | 10 | 68.1 | • | • | • | 53.4 | 68.5 | 63.7 | • | 64.4 | 72.5 | • | 58.3 | • |
| Salaries and Wages | 11 | 6.9 | • | • | • | • | 1.6 | 8.7 | • | 11.3 | 6.2 | • | 9.2 | • |
| Taxes Paid | 12 | 1.8 | • | • | • | 5.3 | 1.1 | 2.8 | • | 2.0 | 1.3 | • | 2.2 | • |
| Interest Paid | 13 | 3.7 | • | • | • | 3.3 | 1.9 | 1.3 | • | 1.1 | 0.4 | • | 2.4 | • |
| Depreciation | 14 | 2.1 | • | • | • | • | 0.0 | 1.5 | • | 1.8 | 1.4 | • | 3.2 | • |
| Amortization and Depletion | 15 | 0.9 | • | • | • | • | • | 0.0 | • | 0.2 | 0.1 | • | 1.5 | • |
| Pensions and Other Deferred Comp. | 16 | 0.9 | • | • | • | • | • | 0.6 | • | 0.6 | 0.8 | • | 0.5 | • |
| Employee Benefits | 17 | 1.8 | • | • | • | • | 0.1 | 1.9 | • | 1.1 | 1.0 | • | 2.2 | • |
| Advertising | 18 | 0.8 | • | • | • | 0.3 | 1.9 | 0.2 | • | 0.8 | 0.6 | • | 1.0 | • |
| Other Expenses | 19 | 10.1 | • | • | • | 30.5 | 20.2 | 8.3 | • | 9.8 | 7.1 | • | 13.9 | • |
| Officers' Compensation | 20 | 0.9 | • | • | • | 8.0 | 1.0 | 5.6 | • | 2.2 | 1.0 | • | 0.8 | • |
| Operating Margin | 21 | 1.9 | • | • | • | • | 3.6 | 5.4 | • | 4.7 | 7.5 | • | 4.9 | • |
| Operating Margin Before Officers' Comp. | 22 | 2.9 | • | • | • | 7.1 | 4.6 | 11.0 | • | 6.9 | 8.5 | • | 5.6 | • |

| | | | | | | | | | | | | |
|---|---|---|---|---|---|---|---|---|---|---|---|---|
| **Selected Average Balance Sheet ($ in Thousands)** | | | | | | | | | | | | |
| Net Receivables **23** | 16351 | • | • | • | 0 | 102 | 612 | • | 4694 | 9666 | • | 29546 | • |
| Inventories **24** | 5656 | • | • | • | 93 | 735 | 583 | • | 3743 | 6870 | • | 27293 | • |
| Net Property, Plant and Equipment **25** | 8852 | • | • | • | 1 | 3 | 299 | • | 2346 | 7144 | • | 33514 | • |
| Total Assets **26** | 94663 | • | • | • | 303 | 891 | 2184 | • | 15820 | 34459 | • | 148021 | • |
| Notes and Loans Payable **27** | 16915 | • | • | • | 0 | 417 | 797 | • | 4043 | 3364 | • | 38533 | • |
| All Other Liabilities **28** | 21964 | • | • | • | 3 | 157 | 633 | • | 4281 | 9860 | • | 39269 | • |
| Net Worth **29** | 55784 | • | • | • | 299 | 316 | 755 | • | 7496 | 21234 | • | 70220 | • |
| **Selected Financial Ratios (Times to 1)** | | | | | | | | | | | | | |
| Current Ratio **30** | 1.1 | • | • | • | 95.7 | 1.9 | 2.4 | • | 2.1 | 2.1 | • | 1.9 | • |
| Quick Ratio **31** | 0.7 | • | • | • | 7.6 | 0.2 | 1.3 | • | 1.1 | 1.2 | • | 1.0 | • |
| Net Sales to Working Capital **32** | 28.9 | • | • | • | 0.2 | 4.3 | 4.2 | • | 4.5 | 5.3 | • | 5.0 | • |
| Coverage Ratio **33** | 3.4 | • | • | • | 4.3 | 3.0 | 5.6 | • | 8.0 | 22.7 | • | 4.7 | • |
| Total Asset Turnover **34** | 0.6 | • | • | • | 0.2 | 1.8 | 2.0 | • | 1.7 | 1.9 | • | 1.2 | • |
| Inventory Turnover **35** | 6.5 | • | • | • | 0.4 | 1.5 | 4.7 | • | 4.5 | 6.8 | • | 3.8 | • |
| Receivables Turnover **36** | 3.4 | • | • | • | • | 3.1 | 6.8 | • | 6.0 | 7.4 | • | 12.1 | • |
| Total Liabilities to Net Worth **37** | 0.7 | • | • | • | 0.0 | 1.8 | 1.9 | • | 1.1 | 0.6 | • | 1.1 | • |
| Current Assets to Working Capital **38** | 13.9 | • | • | • | 1.0 | 2.2 | 1.7 | • | 1.9 | 1.9 | • | 2.1 | • |
| Current Liabilities to Working Capital **39** | 12.9 | • | • | • | 0.0 | 1.2 | 0.7 | • | 0.9 | 0.9 | • | 1.1 | • |
| Working Capital to Net Sales **40** | 0.0 | • | • | • | 4.8 | 0.2 | 0.2 | • | 0.2 | 0.2 | • | 0.2 | • |
| Inventory to Working Capital **41** | 3.1 | • | • | • | 0.2 | 1.7 | 0.6 | • | 0.7 | 0.6 | • | 0.8 | • |
| Total Receipts to Cash Flow **42** | 6.1 | • | • | • | 3.7 | 4.6 | 8.1 | • | 7.3 | 6.5 | • | 5.3 | • |
| Cost of Goods to Cash Flow **43** | 4.2 | • | • | • | 2.0 | 3.2 | 5.2 | • | 4.7 | 4.7 | • | 3.1 | • |
| Cash Flow to Total Debt **44** | 0.2 | • | • | • | 5.3 | 0.6 | 0.4 | • | 0.4 | 0.8 | • | 0.4 | • |
| **Selected Financial Factors (in Percentages)** | | | | | | | | | | | | | |
| Debt Ratio **45** | 41.1 | • | • | • | 1.0 | 64.5 | 65.4 | • | 52.6 | 38.4 | • | 52.6 | • |
| Return on Total Assets **46** | 7.2 | • | • | • | 3.0 | 10.0 | 14.3 | • | 14.9 | 17.8 | • | 13.5 | • |
| Return on Equity Before Income Taxes **47** | 8.7 | • | • | • | 2.3 | 18.8 | 34.0 | • | 27.6 | 27.6 | • | 22.4 | • |
| Return on Equity After Income Taxes **48** | 6.1 | • | • | • | 2.3 | 15.9 | 30.0 | • | 23.8 | 20.1 | • | 17.3 | • |
| Profit Margin (Before Income Tax) **49** | 9.0 | • | • | • | 11.1 | 3.8 | 5.9 | • | 7.9 | 9.0 | • | 8.8 | • |
| Profit Margin (After Income Tax) **50** | 6.3 | • | • | • | 11.1 | 3.2 | 5.2 | • | 6.8 | 6.6 | • | 6.8 | • |

**Table I**

Corporations with and without Net Income

# OTHER ELECTRICAL EQUIPMENT AND COMPONENT

MONEY AMOUNTS AND SIZE OF ASSETS IN THOUSANDS OF DOLLARS

| Item Description for Accounting Period 7/00 Through 6/01 | | Total | Zero Assets | Under 100 | 100 to 250 | 251 to 500 | 501 to 1,000 | 1,001 to 5,000 | 5,001 to 10,000 | 10,001 to 25,000 | 25,001 to 50,000 | 50,001 to 100,000 | 100,001 to 250,000 | 250,001 and over |
|---|---|---|---|---|---|---|---|---|---|---|---|---|---|---|
| Number of Enterprises | 1 | 6801 | 108 | 2884 | 524 | 579 | 606 | 1217 | 359 | 258 | 110 | 75 | 46 | 35 |
| **Revenues ($ in Thousands)** | | | | | | | | | | | | | | |
| Net Sales | 2 | 56874282 | 675554 | 194510 | 380842 | 544271 | 1018779 | 5539286 | 4352715 | 6360588 | 6220873 | 5976572 | 6038391 | 19571901 |
| Interest | 3 | 563206 | 8920 | 0 | 107 | 1706 | 1904 | 14827 | 8392 | 21882 | 22274 | 42046 | 97876 | 343272 |
| Rents | 4 | 56294 | 500 | 0 | 0 | 0 | 1649 | 2930 | 933 | 3213 | 1960 | 2508 | 3963 | 38638 |
| Royalties | 5 | 156249 | 12 | 0 | 0 | 0 | 0 | 554 | 8853 | 1507 | 1475 | 12681 | 19233 | 111934 |
| Other Portfolio Income | 6 | 1323386 | 1320 | 64 | 12 | 9863 | 6122 | 11631 | 40920 | 13446 | 18357 | 44330 | 478249 | 699073 |
| Other Receipts | 7 | 484741 | 2053 | 589 | 151 | 2506 | 7626 | 22617 | 19477 | 59365 | 49855 | 43410 | 159728 | 117365 |
| Total Receipts | 8 | 59458158 | 688359 | 195163 | 381112 | 558346 | 1036080 | 5591845 | 4431290 | 6460001 | 6314794 | 6121547 | 6797440 | 20882183 |
| Average Total Receipts | 9 | 8743 | 6374 | 68 | 727 | 964 | 1710 | 4595 | 12343 | 25039 | 57407 | 81621 | 147770 | 596634 |
| **Operating Costs/Operating Income (%)** | | | | | | | | | | | | | | |
| Cost of Operations | 10 | 64.9 | 66.9 | 46.9 | 64.7 | 80.2 | 55.9 | 63.3 | 67.0 | 65.6 | 71.2 | 67.8 | 66.2 | 61.6 |
| Salaries and Wages | 11 | 11.1 | 8.3 | 6.2 | 15.5 | 6.3 | 11.7 | 10.2 | 9.3 | 10.3 | 8.1 | 9.2 | 12.4 | 13.4 |
| Taxes Paid | 12 | 2.1 | 2.0 | 5.7 | 1.5 | 3.5 | 2.9 | 2.9 | 2.5 | 2.3 | 1.5 | 1.8 | 2.2 | 1.8 |
| Interest Paid | 13 | 2.5 | 1.3 | 0.5 | 0.7 | 0.5 | 0.9 | 1.5 | 1.4 | 1.4 | 1.3 | 2.0 | 2.9 | 3.9 |
| Depreciation | 14 | 2.8 | 2.8 | 1.3 | 0.1 | 0.9 | 1.7 | 2.6 | 2.1 | 2.5 | 2.2 | 3.0 | 4.1 | 3.0 |
| Amortization and Depletion | 15 | 0.5 | 0.1 | 0.0 | 0.0 | 0.5 | 0.2 | 0.1 | 0.1 | 0.3 | 0.2 | 0.4 | 1.0 | 0.7 |
| Pensions and Other Deferred Comp. | 16 | 0.4 | 0.1 | 0.0 | • | 0.2 | 0.3 | 0.5 | 0.3 | 0.5 | 0.3 | 0.4 | 0.4 | 0.5 |
| Employee Benefits | 17 | 1.8 | 1.5 | 0.0 | 0.6 | 1.5 | 1.5 | 1.1 | 1.6 | 1.5 | 1.1 | 1.7 | 1.7 | 2.5 |
| Advertising | 18 | 1.0 | 0.3 | 0.0 | 0.4 | 0.2 | 1.6 | 0.7 | 0.9 | 0.8 | 0.8 | 1.2 | 1.0 | 1.2 |
| Other Expenses | 19 | 12.3 | 18.1 | 17.4 | 23.4 | 7.3 | 15.0 | 10.6 | 9.4 | 10.5 | 9.7 | 11.7 | 16.4 | 13.3 |
| Officers' Compensation | 20 | 2.5 | 2.0 | 19.8 | • | 4.5 | 9.4 | 6.7 | 3.6 | 3.0 | 1.7 | 1.5 | 1.3 | 1.3 |
| Operating Margin | 21 | • | • | 2.1 | • | • | • | • | 1.8 | 1.3 | 1.9 | • | • | • |
| Operating Margin Before Officers' Comp. | 22 | 0.6 | • | 21.9 | • | • | 8.2 | 6.6 | 5.4 | 4.3 | 3.6 | 0.8 | • | • |

| Selected Average Balance Sheet ($ in Thousands) | | | | | | | | | | | | | |
|---|---|---|---|---|---|---|---|---|---|---|---|---|---|
| Net Receivables **23** | 1642 | 0 | 0 | 63 | 143 | 205 | 590 | 1792 | 4112 | 8385 | 15631 | 26957 | 147674 |
| Inventories **24** | 1218 | 0 | 4 | 41 | 143 | 133 | 546 | 2154 | 3843 | 8530 | 13360 | 21443 | 78112 |
| Net Property, Plant and Equipment **25** | 1458 | 0 | 5 | 2 | 18 | 124 | 550 | 1341 | 2970 | 6687 | 13083 | 33288 | 132912 |
| Total Assets **26** | 8711 | 0 | 13 | 134 | 388 | 684 | 2272 | 6895 | 15447 | 35717 | 70746 | 166400 | 925322 |
| Notes and Loans Payable **27** | 2485 | 0 | 13 | 99 | 127 | 647 | 790 | 2027 | 3657 | 8594 | 18417 | 34606 | 279839 |
| All Other Liabilities **28** | 2285 | 0 | 1 | 124 | 89 | 214 | 733 | 1563 | 4623 | 8636 | 18581 | 36061 | 247041 |
| Net Worth **29** | 3941 | 0 | -1 | -89 | 172 | -177 | 749 | 3306 | 7167 | 18487 | 33749 | 95733 | 398442 |

| Selected Financial Ratios (Times to 1) | | | | | | | | | | | | | |
|---|---|---|---|---|---|---|---|---|---|---|---|---|---|
| Current Ratio **30** | 1.9 | • | 10.3 | 0.8 | 2.4 | 2.1 | 1.6 | 2.2 | 2.0 | 2.1 | 2.1 | 2.0 | 1.8 |
| Quick Ratio **31** | 1.1 | • | 4.9 | 0.4 | 1.5 | 1.4 | 0.9 | 1.2 | 1.1 | 1.2 | 1.1 | 1.1 | 1.0 |
| Net Sales to Working Capital **32** | 4.3 | • | 12.8 | • | 5.5 | 6.7 | 8.3 | 4.5 | 4.6 | 4.8 | 3.6 | 3.2 | 3.9 |
| Coverage Ratio **33** | 2.1 | • | 6.2 | • | • | 1.5 | 1.5 | 3.6 | 3.1 | 3.7 | 1.9 | 2.0 | 1.9 |
| Total Asset Turnover **34** | 1.0 | • | 5.4 | 5.4 | 2.4 | 2.5 | 2.0 | 1.8 | 1.6 | 1.6 | 1.1 | 0.8 | 0.6 |
| Inventory Turnover **35** | 4.5 | • | 7.6 | 11.6 | 5.3 | 7.1 | 5.3 | 3.8 | 4.2 | 4.7 | 4.0 | 4.1 | 4.4 |
| Receivables Turnover **36** | 5.3 | • | 22.6 | 16.7 | 5.5 | 9.4 | 7.6 | 6.2 | 6.0 | 6.2 | 5.5 | 5.4 | 4.1 |
| Total Liabilities to Net Worth **37** | 1.2 | • | • | • | 1.3 | • | 2.0 | 1.1 | 1.2 | 0.9 | 1.1 | 0.7 | 1.3 |
| Current Assets to Working Capital **38** | 2.1 | • | 1.1 | • | 1.7 | 1.9 | 2.8 | 1.8 | 2.0 | 1.9 | 2.0 | 2.0 | 2.3 |
| Current Liabilities to Working Capital **39** | 1.1 | • | 0.1 | • | 0.7 | 0.9 | 1.8 | 0.8 | 1.0 | 0.9 | 1.0 | 1.0 | 1.3 |
| Working Capital to Net Sales **40** | 0.2 | • | 0.1 | • | 0.2 | 0.1 | 0.1 | 0.2 | 0.2 | 0.2 | 0.3 | 0.3 | 0.3 |
| Inventory to Working Capital **41** | 0.7 | • | 0.6 | • | 0.6 | 0.5 | 0.9 | 0.8 | 0.7 | 0.7 | 0.7 | 0.6 | 0.6 |
| Total Receipts to Cash Flow **42** | 9.0 | 13.4 | 7.8 | 6.6 | 226.5 | 9.1 | 11.7 | 9.4 | 8.6 | 8.7 | 8.9 | 9.6 | 8.2 |
| Cost of Goods to Cash Flow **43** | 5.8 | 8.9 | 3.6 | 4.3 | 181.6 | 5.1 | 7.4 | 6.3 | 5.6 | 6.2 | 6.0 | 6.4 | 5.1 |
| Cash Flow to Total Debt **44** | 0.2 | • | 0.6 | 0.5 | 0.0 | 0.2 | 0.3 | 0.4 | 0.3 | 0.4 | 0.2 | 0.2 | 0.1 |

| Selected Financial Factors (in Percentages) | | | | | | | | | | | | | |
|---|---|---|---|---|---|---|---|---|---|---|---|---|---|
| Debt Ratio **45** | 54.8 | • | 109.6 | 166.4 | 55.7 | 125.9 | 67.0 | 52.1 | 53.6 | 48.2 | 52.3 | 42.5 | 56.9 |
| Return on Total Assets **46** | 4.9 | • | 15.6 | • | • | 3.5 | 4.7 | 8.7 | 6.8 | 7.5 | 4.3 | 4.7 | 4.4 |
| Return on Equity Before Income Taxes **47** | 5.6 | • | • | 56.5 | • | • | 5.0 | 13.1 | 9.9 | 10.5 | 4.1 | 4.2 | 4.7 |
| Return on Equity After Income Taxes **48** | 2.0 | • | • | 56.5 | • | • | 1.7 | 10.1 | 6.6 | 6.4 | 0.2 | • | 2.0 |
| Profit Margin (Before Income Tax) **49** | 2.6 | • | 2.4 | • | • | 0.5 | 0.8 | 3.6 | 2.9 | 3.4 | 1.8 | 3.0 | 3.4 |
| Profit Margin (After Income Tax) **50** | 0.9 | • | 2.4 | • | • | 0.2 | 0.3 | 2.7 | 1.9 | 2.1 | 0.1 | • | 1.4 |

**Table II**

Corporations with Net Income

# OTHER ELECTRICAL EQUIPMENT AND COMPONENT

**MONEY AMOUNTS AND SIZE OF ASSETS IN THOUSANDS OF DOLLARS**

| Item Description for Accounting Period 7/00 Through 6/01 | | Total | Zero Assets | Under 100 | 100 to 250 | 251 to 500 | 501 to 1,000 | 1,001 to 5,000 | 5,001 to 10,000 | 10,001 to 25,000 | 25,001 to 50,000 | 50,001 to 100,000 | 100,001 to 250,000 | 250,001 and over |
|---|---|---|---|---|---|---|---|---|---|---|---|---|---|---|
| Number of Enterprises | 1 | 4259 | 47 | 0 | 323 | 287 | 350 | 766 | 258 | 188 | 76 | 47 | 0 | 24 |
| **Revenues ($ in Thousands)** | | | | | | | | | | | | | | |
| Net Sales | 2 | 42066832 | 567890 | 0 | 326206 | 265044 | 664854 | 3435429 | 3434338 | 5126295 | 5035672 | 4068732 | 0 | 15025827 |
| Interest | 3 | 316885 | 7726 | 0 | 0 | 1197 | 610 | 6101 | 3936 | 11698 | 11564 | 20641 | 0 | 211488 |
| Rents | 4 | 47650 | 500 | 0 | 0 | 0 | 711 | 2479 | 929 | 1135 | 571 | 1725 | 0 | 38191 |
| Royalties | 5 | 84214 | 12 | 0 | 0 | 0 | 0 | 29 | 7804 | 700 | 1204 | 115 | 0 | 61430 |
| Other Portfolio Income | 6 | 1252875 | 1303 | 0 | 0 | 179 | 6009 | 2517 | 36583 | 10291 | 12792 | 41092 | 0 | 666943 |
| Other Receipts | 7 | 364833 | 1862 | 0 | 0 | 0 | 707 | 18065 | 15631 | 45417 | 32088 | 32961 | 0 | 82010 |
| Total Receipts | 8 | 44133289 | 579293 | 0 | 326206 | 266420 | 672891 | 3464620 | 3499221 | 5195536 | 5093891 | 4165266 | 0 | 16085889 |
| Average Total Receipts | 9 | 10362 | 12325 | • | 1010 | 928 | 1923 | 4523 | 13563 | 27636 | 67025 | 88623 | • | 670245 |
| **Operating Costs/Operating Income (%)** | | | | | | | | | | | | | | |
| Cost of Operations | 10 | 63.9 | 65.7 | • | 71.7 | 71.8 | 52.5 | 58.9 | 63.8 | 64.8 | 71.5 | 64.2 | • | 62.5 |
| Salaries and Wages | 11 | 8.8 | 6.4 | • | 8.2 | 4.5 | 10.6 | 9.5 | 9.7 | 8.4 | 6.3 | 8.1 | • | 9.9 |
| Taxes Paid | 12 | 2.0 | 1.8 | • | 0.6 | 4.3 | 2.4 | 2.7 | 2.4 | 2.1 | 1.4 | 1.7 | • | 1.9 |
| Interest Paid | 13 | 2.1 | 0.8 | • | • | 0.2 | 0.8 | 1.2 | 0.9 | 1.1 | 1.0 | 1.5 | • | 3.6 |
| Depreciation | 14 | 2.5 | 2.4 | • | 0.0 | 0.6 | 2.0 | 2.7 | 1.7 | 2.0 | 1.7 | 2.8 | • | 2.8 |
| Amortization and Depletion | 15 | 0.4 | 0.1 | • | • | • | 0.0 | 0.1 | 0.0 | 0.1 | 0.2 | 0.3 | • | 0.8 |
| Pensions and Other Deferred Comp. | 16 | 0.4 | 0.1 | • | • | 0.4 | 0.5 | 0.5 | 0.3 | 0.5 | 0.3 | 0.4 | • | 0.5 |
| Employee Benefits | 17 | 1.9 | 1.6 | • | • | 1.4 | 0.9 | 1.4 | 1.6 | 1.5 | 1.0 | 1.5 | • | 2.8 |
| Advertising | 18 | 0.9 | 0.3 | • | 0.3 | • | 0.7 | 0.5 | 0.9 | 0.8 | 0.7 | 1.0 | • | 1.2 |
| Other Expenses | 19 | 10.4 | 6.3 | • | 18.8 | 6.3 | 10.9 | 9.5 | 8.6 | 8.0 | 7.5 | 9.3 | • | 11.9 |
| Officers' Compensation | 20 | 1.9 | 1.8 | • | • | 6.8 | 8.3 | 4.7 | 3.7 | 2.3 | 1.6 | 1.3 | • | 0.7 |
| Operating Margin | 21 | 4.8 | 12.6 | • | 0.4 | 3.7 | 10.5 | 8.4 | 6.2 | 8.4 | 6.8 | 7.8 | • | 1.4 |
| Operating Margin Before Officers' Comp. | 22 | 6.8 | 14.5 | • | 0.4 | 10.5 | 18.8 | 13.2 | 9.9 | 10.7 | 8.4 | 9.1 | • | 2.1 |

## Selected Average Balance Sheet ($ in Thousands)

| | | | | | | | | | | | | | |
|---|---|---|---|---|---|---|---|---|---|---|---|---|---|
| Net Receivables 23 | 1849 | 0 | • | 97 | 145 | 255 | 593 | 2004 | 4352 | 9309 | 16673 | • | 154802 |
| Inventories 24 | 1413 | 0 | • | 0 | 144 | 182 | 589 | 2104 | 4136 | 9360 | 14745 | • | 88445 |
| Net Property, Plant and Equipment 25 | 1514 | 0 | • | 1 | 9 | 169 | 422 | 1198 | 3004 | 6357 | 13086 | • | 128709 |
| Total Assets 26 | 9256 | 0 | • | 114 | 365 | 701 | 2097 | 7047 | 15124 | 35357 | 71113 | • | 937046 |
| Notes and Loans Payable 27 | 2285 | 0 | • | 50 | 18 | 149 | 541 | 1504 | 3455 | 8255 | 14901 | • | 253437 |
| All Other Liabilities 28 | 2246 | 0 | • | 149 | 19 | 179 | 483 | 1424 | 4447 | 8765 | 19939 | • | 219428 |
| Net Worth 29 | 4726 | 0 | • | -85 | 327 | 373 | 1072 | 4119 | 7222 | 18337 | 36273 | • | 464182 |

## Selected Financial Ratios (Times to 1)

| | | | | | | | | | | | | | |
|---|---|---|---|---|---|---|---|---|---|---|---|---|---|
| Current Ratio 30 | 2.0 | • | • | 0.8 | 10.9 | 2.4 | 2.1 | 2.7 | 2.1 | 2.1 | 2.2 | • | 1.9 |
| Quick Ratio 31 | 1.1 | • | • | 0.7 | 7.4 | 1.5 | 1.3 | 1.5 | 1.1 | 1.1 | 1.1 | • | 1.1 |
| Net Sales to Working Capital 32 | 4.5 | • | • | • | 3.5 | 6.1 | 5.7 | 3.9 | 4.9 | 5.5 | 3.7 | • | 4.1 |
| Coverage Ratio 33 | 5.7 | 20.4 | • | • | 20.7 | 16.0 | 8.9 | 9.5 | 9.8 | 9.2 | 7.6 | • | 3.4 |
| Total Asset Turnover 34 | 1.1 | • | • | 8.8 | 2.5 | 2.7 | 2.1 | 1.9 | 1.8 | 1.9 | 1.2 | • | 0.7 |
| Inventory Turnover 35 | 4.5 | • | • | • | 4.6 | 5.5 | 4.5 | 4.0 | 4.3 | 5.1 | 3.8 | • | 4.4 |
| Receivables Turnover 36 | 5.3 | • | • | • | 4.3 | 9.0 | 7.1 | 6.3 | 6.2 | 6.3 | 5.8 | • | 4.1 |
| Total Liabilities to Net Worth 37 | 1.0 | • | • | • | 0.1 | 0.9 | 1.0 | 0.7 | 1.1 | 0.9 | 1.0 | • | 1.0 |
| Current Assets to Working Capital 38 | 2.0 | • | • | • | 1.1 | 1.7 | 1.9 | 1.6 | 1.9 | 1.9 | 1.9 | • | 2.1 |
| Current Liabilities to Working Capital 39 | 1.0 | • | • | • | 0.1 | 0.7 | 0.9 | 0.6 | 0.9 | 0.9 | 0.9 | • | 1.1 |
| Working Capital to Net Sales 40 | 0.2 | • | • | • | 0.3 | 0.2 | 0.2 | 0.3 | 0.2 | 0.2 | 0.3 | • | 0.2 |
| Inventory to Working Capital 41 | 0.7 | • | • | • | 0.4 | 0.5 | 0.7 | 0.6 | 0.7 | 0.8 | 0.7 | • | 0.6 |
| Total Receipts to Cash Flow 42 | 6.2 | 5.1 | • | 5.3 | 14.3 | 5.5 | 6.4 | 6.9 | 6.2 | 7.0 | 5.7 | • | 6.4 |
| Cost of Goods to Cash Flow 43 | 3.9 | 3.3 | • | 3.8 | 10.3 | 2.9 | 3.7 | 4.4 | 4.0 | 5.0 | 3.7 | • | 4.0 |
| Cash Flow to Total Debt 44 | 0.4 | • | • | 1.0 | 1.7 | 1.1 | 0.7 | 0.7 | 0.6 | 0.6 | 0.4 | • | 0.2 |

## Selected Financial Factors (in Percentages)

| | | | | | | | | | | | | | |
|---|---|---|---|---|---|---|---|---|---|---|---|---|---|
| Debt Ratio 45 | 48.9 | • | • | 174.2 | 10.2 | 46.8 | 48.9 | 41.5 | 52.2 | 48.1 | 49.0 | • | 50.5 |
| Return on Total Assets 46 | 12.7 | • | • | 3.5 | 11.3 | 33.8 | 22.4 | 17.0 | 19.5 | 16.8 | 14.2 | • | 8.1 |
| Return on Equity Before Income Taxes 47 | 20.5 | • | • | • | 12.0 | 59.6 | 38.9 | 26.0 | 36.7 | 28.9 | 24.1 | • | 11.6 |
| Return on Equity After Income Taxes 48 | 15.7 | • | • | • | 12.0 | 57.4 | 35.2 | 22.6 | 32.2 | 22.9 | 18.2 | • | 8.1 |
| Profit Margin (Before Income Tax) 49 | 9.8 | 14.7 | • | 0.4 | 4.3 | 11.7 | 9.3 | 8.1 | 9.7 | 8.0 | 10.1 | • | 8.6 |
| Profit Margin (After Income Tax) 50 | 7.5 | 10.0 | • | 0.4 | 4.3 | 11.3 | 8.4 | 7.0 | 8.5 | 6.3 | 7.6 | • | 6.0 |

## Table I

Corporations with and without Net Income

# MOTOR VEHICLES AND PARTS

| Item Description for Accounting Period 7/00 Through 6/01 | Total | Zero Assets | Under 100 | 100 to 250 | 251 to 500 | 501 to 1,000 | 1,001 to 5,000 | 5,001 to 10,000 | 10,001 to 25,000 | 25,001 to 50,000 | 50,001 to 100,000 | 100,001 to 250,000 | 250,001 and over |
|---|---|---|---|---|---|---|---|---|---|---|---|---|---|
| | **MONEY AMOUNTS AND SIZE OF ASSETS IN THOUSANDS OF DOLLARS** | | | | | | | | | | | | |
| Number of Enterprises 1 | 4707 | 547 | 964 | 377 | 437 | 785 | 790 | 210 | 206 | 134 | 90 | 76 | 90 |
| **Revenues ($ in Thousands)** | | | | | | | | | | | | | |
| Net Sales 2 | 638402922 | 1515579 | 73353 | 1991 | 778155 | 2374713 | 4872458 | 3188498 | 5835899 | 8277433 | 11493232 | 17954450 | 582037161 |
| Interest 3 | 29346663 | 8947 | 18 | 35 | 584 | 836 | 9221 | 4624 | 12536 | 19850 | 32942 | 110592 | 29146476 |
| Rents 4 | 20182636 | 497 | 0 | 0 | 0 | 0 | 7713 | 6463 | 1497 | 3463 | 4105 | 8495 | 20150403 |
| Royalties 5 | 10114469 | 10642 | 0 | 0 | 0 | 0 | 1078 | 0 | 1884 | 6681 | 472 | 33056 | 10060656 |
| Other Portfolio Income 6 | 13272466 | 25851 | 0 | 0 | 2145 | 372 | 1470 | 15647 | 19854 | 17378 | 11915 | 23914 | 13153921 |
| Other Receipts 7 | 10058450 | 13777 | 258 | 284 | 1558 | 47246 | 7360 | 17650 | 57467 | 97762 | 107575 | 175124 | 9532389 |
| Total Receipts 8 | 721377606 | 1575293 | 73629 | 2310 | 782442 | 2423167 | 4899300 | 3232882 | 5929137 | 8422567 | 11650241 | 18305631 | 664081006 |
| Average Total Receipts 9 | 153256 | 2880 | 76 | 6 | 1790 | 3087 | 6202 | 15395 | 28782 | 62855 | 129447 | 240864 | 7378678 |
| **Operating Costs/Operating Income (%)** | | | | | | | | | | | | | |
| Cost of Operations 10 | 81.3 | 76.0 | 63.9 | 230.9 | 78.5 | 73.7 | 73.8 | 78.3 | 77.7 | 80.8 | 80.5 | 81.4 | 81.4 |
| Salaries and Wages 11 | 3.5 | 4.7 | 2.8 | • | 2.9 | 9.4 | 7.7 | 3.8 | 5.2 | 4.1 | 3.9 | 4.0 | 3.4 |
| Taxes Paid 12 | 1.0 | 1.7 | 1.9 | 2.1 | 2.4 | 1.9 | 2.5 | 2.0 | 1.8 | 1.6 | 1.5 | 1.4 | 0.9 |
| Interest Paid 13 | 5.2 | 2.9 | 0.3 | 155.4 | 0.4 | 0.9 | 1.3 | 2.0 | 1.8 | 1.7 | 1.7 | 2.1 | 5.5 |
| Depreciation 14 | 7.7 | 3.8 | 1.1 | 4.1 | 1.5 | 1.3 | 1.8 | 3.1 | 2.6 | 3.4 | 3.4 | 3.5 | 8.1 |
| Amortization and Depletion 15 | 0.3 | 0.5 | 0.1 | • | 0.0 | 0.2 | 0.1 | 0.1 | 0.2 | 0.2 | 0.4 | 0.3 | 0.3 |
| Pensions and Other Deferred Comp. 16 | 1.1 | 0.2 | • | • | 0.1 | 0.0 | 0.3 | 0.4 | 0.3 | 0.3 | 0.2 | 0.3 | 1.2 |
| Employee Benefits 17 | 1.6 | 1.0 | 0.7 | • | 0.2 | 1.3 | 1.1 | 0.6 | 1.3 | 1.3 | 1.6 | 1.3 | 1.7 |
| Advertising 18 | 1.5 | 0.4 | 8.7 | • | 0.8 | 0.3 | 0.5 | 0.8 | 0.5 | 0.4 | 0.3 | 0.3 | 1.6 |
| Other Expenses 19 | 8.7 | 9.9 | 26.2 | 307.1 | 7.7 | 7.8 | 7.8 | 7.0 | 7.3 | 5.6 | 5.4 | 4.8 | 9.0 |
| Officers' Compensation 20 | 0.2 | 1.3 | 6.1 | 7.6 | 1.7 | 3.8 | 3.4 | 1.8 | 1.6 | 1.0 | 0.6 | 0.5 | 0.1 |
| Operating Margin 21 | • | • | • | • | 3.6 | • | • | 0.1 | • | • | 0.5 | 0.2 | • |
| Operating Margin Before Officers' Comp. 22 | • | • | • | • | 5.4 | 3.4 | 3.0 | 1.9 | 1.3 | 0.6 | 1.1 | 0.7 | • |

## Selected Average Balance Sheet ($ in Thousands)

| | | | | | | | | | | | | | |
|---|---|---|---|---|---|---|---|---|---|---|---|---|---|
| Net Receivables 23 | 80742 | 0 | 6 | 0 | 106 | 228 | 404 | 1618 | 3682 | 7096 | 15865 | 32539 | 4150586 |
| Inventories 24 | 7875 | 0 | 30 | 28 | 78 | 188 | 799 | 2076 | 4083 | 7459 | 13106 | 28459 | 339965 |
| Net Property, Plant and Equipment 25 | 37818 | 0 | 2 | 0 | 129 | 124 | 662 | 2191 | 4544 | 12726 | 26038 | 49099 | 1868359 |
| Total Assets 26 | 232179 | 0 | 37 | 141 | 420 | 711 | 2395 | 6698 | 15833 | 36290 | 70405 | 152165 | 11807893 |
| Notes and Loans Payable 27 | 83791 | 0 | 26 | 145 | 143 | 307 | 891 | 3023 | 6274 | 14085 | 25990 | 52143 | 4257777 |
| All Other Liabilities 28 | 84779 | 0 | 16 | 687 | 102 | 183 | 1167 | 1869 | 5202 | 11144 | 20593 | 46565 | 4325782 |
| Net Worth 29 | 63609 | 0 | -5 | -690 | 174 | 220 | 338 | 1806 | 4357 | 11060 | 23821 | 53457 | 3224334 |

## Selected Financial Ratios (Times to 1)

| | | | | | | | | | | | | | |
|---|---|---|---|---|---|---|---|---|---|---|---|---|---|
| Current Ratio 30 | 1.2 | • | 2.1 | 5.8 | 2.8 | 2.2 | 1.4 | 1.3 | 1.3 | 1.2 | 1.2 | 1.3 | 1.2 |
| Quick Ratio 31 | 1.0 | • | 0.8 | 0.3 | 1.8 | 1.2 | 0.6 | 0.6 | 0.6 | 0.6 | 0.7 | 0.7 | 1.0 |
| Net Sales to Working Capital 32 | 8.2 | • | 4.1 | 0.1 | 10.1 | 10.2 | 12.7 | 13.7 | 13.8 | 20.6 | 22.4 | 13.2 | 7.8 |
| Coverage Ratio 33 | 1.3 | 1.5 | • | • | 10.5 | 2.9 | 1.1 | 1.8 | 1.7 | 1.8 | 2.1 | 2.0 | 1.3 |
| Total Asset Turnover 34 | 0.6 | • | 2.1 | 0.0 | 4.2 | 4.3 | 2.6 | 2.3 | 1.8 | 1.7 | 1.8 | 1.6 | 0.5 |
| Inventory Turnover 35 | 14.0 | • | 1.6 | 0.4 | 17.8 | 11.8 | 5.7 | 5.7 | 5.4 | 6.7 | 7.8 | 6.8 | 15.5 |
| Receivables Turnover 36 | 1.9 | • | 7.1 | 0.7 | 17.8 | 18.4 | 13.3 | 9.0 | 7.6 | 8.5 | 8.0 | 6.4 | 1.8 |
| Total Liabilities to Net Worth 37 | 2.7 | • | • | • | 1.4 | 2.2 | 6.1 | 2.7 | 2.6 | 2.3 | 2.0 | 1.8 | 2.7 |
| Current Assets to Working Capital 38 | 6.2 | • | 1.9 | 1.2 | 1.6 | 1.8 | 3.2 | 3.9 | 4.7 | 6.4 | 6.5 | 4.3 | 6.3 |
| Current Liabilities to Working Capital 39 | 5.2 | • | 0.9 | 0.2 | 0.6 | 0.8 | 2.2 | 2.9 | 3.7 | 5.4 | 5.5 | 3.3 | 5.3 |
| Working Capital to Net Sales 40 | 0.1 | • | 0.2 | 10.1 | 0.1 | 0.1 | 0.1 | 0.1 | 0.1 | 0.0 | 0.0 | 0.1 | 0.1 |
| Inventory to Working Capital 41 | 0.5 | • | 1.2 | 0.0 | 0.5 | 0.8 | 1.6 | 1.9 | 2.1 | 2.5 | 2.4 | 1.5 | 0.4 |
| Total Receipts to Cash Flow 42 | 12.0 | 10.5 | 21.9 | • | 9.1 | 14.5 | 17.5 | 15.1 | 15.0 | 18.2 | 16.0 | 17.3 | 11.7 |
| Cost of Goods to Cash Flow 43 | 9.7 | 8.0 | 14.0 | • | 7.2 | 10.7 | 12.9 | 11.8 | 11.7 | 14.7 | 12.9 | 14.1 | 9.5 |
| Cash Flow to Total Debt 44 | 0.1 | • | 0.1 | • | 0.8 | 0.4 | 0.2 | 0.2 | 0.2 | 0.1 | 0.2 | 0.1 | 0.1 |

## Selected Financial Factors (in Percentages)

| | | | | | | | | | | | | | |
|---|---|---|---|---|---|---|---|---|---|---|---|---|---|
| Debt Ratio 45 | 72.6 | • | 114.5 | 590.5 | 58.5 | 69.0 | 85.9 | 73.0 | 72.5 | 69.5 | 66.2 | 64.9 | 72.7 |
| Return on Total Assets 46 | 3.9 | • | • | • | 19.6 | 10.6 | 3.9 | 7.9 | 5.5 | 5.2 | 6.5 | 6.6 | 3.8 |
| Return on Equity Before Income Taxes 47 | 3.1 | • | 163.8 | 4.5 | 42.7 | 22.3 | 3.3 | 12.8 | 8.0 | 7.6 | 10.1 | 9.6 | 2.9 |
| Return on Equity After Income Taxes 48 | 1.6 | • | 163.8 | 4.5 | 42.3 | 20.8 | • | 9.3 | 3.7 | 3.4 | 5.7 | 5.7 | 1.4 |
| Profit Margin (Before Income Tax) 49 | 1.4 | 1.6 | • | • | 4.2 | 1.6 | 0.2 | 1.5 | 1.2 | 1.4 | 1.9 | 2.2 | 1.4 |
| Profit Margin (After Income Tax) 50 | 0.7 | 0.4 | • | • | 4.1 | 1.5 | • | 1.1 | 0.6 | 0.6 | 1.1 | 1.3 | 0.7 |

# Table II

Corporations with Net Income

## MOTOR VEHICLES AND PARTS

MONEY AMOUNTS AND SIZE OF ASSETS IN THOUSANDS OF DOLLARS

| Item Description for Accounting Period 7/00 Through 6/01 | | Total | Zero Assets | Under 100 | 100 to 250 | 251 to 500 | 501 to 1,000 | 1,001 to 5,000 | 5,001 to 10,000 | 10,001 to 25,000 | 25,001 to 50,000 | 50,001 to 100,000 | 100,001 to 250,000 | 250,001 and over |
|---|---|---|---|---|---|---|---|---|---|---|---|---|---|---|
| Number of Enterprises | 1 | 2884 | 529 | 424 | 175 | 337 | 505 | 419 | 129 | 129 | 84 | 47 | 48 | 57 |
| **Revenues ($ in Thousands)** | | | | | | | | | | | | | | |
| Net Sales | 2 | 466147259 | 1027770 | 16864 | 0 | 686475 | 1379768 | 3048248 | 1916642 | 4041426 | 5818120 | 6857666 | 12473487 | 428880792 |
| Interest | 3 | 27114622 | 6099 | 0 | 1 | 572 | 218 | 6830 | 4130 | 7994 | 14393 | 18183 | 61930 | 26994272 |
| Rents | 4 | 16293315 | 460 | 0 | 0 | 0 | 0 | 7673 | 6417 | 856 | 3097 | 3466 | 7132 | 16264215 |
| Royalties | 5 | 7975343 | 8821 | 0 | 0 | 0 | 0 | 1078 | 0 | 227 | 4888 | 257 | 32932 | 7927140 |
| Other Portfolio Income | 6 | 11728494 | 21013 | 0 | 0 | 2145 | 166 | 1015 | 13764 | 9945 | 3931 | 11173 | 19849 | 11645491 |
| Other Receipts | 7 | 6401711 | 15238 | 0 | 165 | 0 | 44051 | 6557 | 10643 | 19929 | 39241 | 70206 | 109078 | 6086606 |
| Total Receipts | 8 | 535660744 | 1079401 | 16864 | 166 | 689192 | 1424203 | 3071401 | 1951596 | 4080377 | 5883670 | 6960951 | 12704408 | 497798516 |
| Average Total Receipts | 9 | 185735 | 2040 | 40 | 1 | 2045 | 2820 | 7330 | 15129 | 31631 | 70044 | 148105 | 264675 | 8733307 |
| **Operating Costs/Operating Income (%)** | | | | | | | | | | | | | | |
| Cost of Operations | 10 | 81.3 | 75.5 | 75.0 | • | 77.4 | 68.4 | 70.6 | 74.7 | 75.4 | 78.9 | 78.6 | 80.1 | 81.6 |
| Salaries and Wages | 11 | 3.7 | 2.5 | • | • | 3.3 | 9.1 | 5.9 | 4.0 | 4.9 | 3.8 | 3.8 | 3.7 | 3.6 |
| Taxes Paid | 12 | 0.9 | 1.7 | 0.2 | • | 2.2 | 2.8 | 2.2 | 1.7 | 1.8 | 1.5 | 1.6 | 1.4 | 0.9 |
| Interest Paid | 13 | 5.5 | 3.3 | • | • | 0.4 | 1.1 | 0.8 | 1.7 | 1.1 | 1.1 | 0.9 | 1.5 | 5.9 |
| Depreciation | 14 | 7.4 | 3.7 | • | • | 1.6 | 1.4 | 1.7 | 3.3 | 2.4 | 2.8 | 2.7 | 3.2 | 7.8 |
| Amortization and Depletion | 15 | 0.2 | 0.2 | • | • | 0.0 | • | 0.0 | 0.1 | 0.1 | 0.1 | 0.2 | 0.2 | 0.2 |
| Pensions and Other Deferred Comp. | 16 | 1.1 | 0.1 | • | • | 0.2 | • | 0.2 | 0.6 | 0.3 | 0.3 | 0.3 | 0.3 | 1.1 |
| Employee Benefits | 17 | 1.5 | 0.7 | • | • | 0.2 | 1.7 | 1.3 | 0.6 | 1.2 | 1.1 | 1.5 | 1.0 | 1.5 |
| Advertising | 18 | 1.5 | 0.1 | • | • | 0.8 | 0.3 | 0.7 | 0.8 | 0.6 | 0.5 | 0.2 | 0.3 | 1.6 |
| Other Expenses | 19 | 9.0 | 10.3 | 1.0 | • | 6.6 | 8.1 | 8.5 | 5.5 | 5.5 | 4.8 | 4.7 | 5.0 | 9.3 |
| Officers' Compensation | 20 | 0.2 | 0.1 | • | • | 2.0 | 5.0 | 4.2 | 2.1 | 1.8 | 1.0 | 0.7 | 0.5 | 0.1 |
| Operating Margin | 21 | • | 1.7 | 23.7 | • | 5.4 | 2.1 | 3.8 | 4.9 | 4.9 | 4.1 | 4.9 | 2.8 | • |
| Operating Margin Before Officers' Comp. | 22 | • | 1.8 | 23.7 | • | 7.4 | 7.2 | 8.0 | 7.0 | 6.7 | 5.2 | 5.6 | 3.3 | • |

| Selected Average Balance Sheet ($ in Thousands) | | | | | | | | | | | | | |
|---|---|---|---|---|---|---|---|---|---|---|---|---|---|
| Net Receivables 23 | 95972 | 0 | 10 | 0 | 100 | 252 | 456 | 1374 | 3625 | 7541 | 18876 | 32201 | 4784495 |
| Inventories 24 | 9669 | 0 | 52 | 0 | 70 | 194 | 891 | 2048 | 4341 | 8503 | 15137 | 34599 | 411531 |
| Net Property, Plant and Equipment 25 | 40749 | 0 | 0 | 0 | 116 | 128 | 706 | 2152 | 4710 | 11952 | 23099 | 49908 | 1960550 |
| Total Assets 26 | 260616 | 0 | 42 | 164 | 427 | 734 | 2339 | 6631 | 15784 | 36612 | 73084 | 153821 | 12864742 |
| Notes and Loans Payable 27 | 108256 | 0 | 40 | 0 | 114 | 299 | 778 | 2637 | 4316 | 10330 | 15495 | 46733 | 5384928 |
| All Other Liabilities 28 | 89434 | 0 | 0 | 1455 | 112 | 128 | 681 | 1226 | 4172 | 11316 | 23955 | 42344 | 4429450 |
| Net Worth 29 | 62927 | 0 | 2 | -1290 | 201 | 306 | 880 | 2769 | 7296 | 14966 | 33633 | 64744 | 3050365 |

| Selected Financial Ratios (Times to 1) | | | | | | | | | | | | | |
|---|---|---|---|---|---|---|---|---|---|---|---|---|---|
| Current Ratio 30 | 1.2 | • | • | • | 2.7 | 3.3 | 1.9 | 2.1 | 1.8 | 1.4 | 1.6 | 1.6 | 1.2 |
| Quick Ratio 31 | 1.0 | • | • | • | 1.8 | 1.9 | 0.9 | 1.0 | 0.9 | 0.7 | 1.0 | 0.8 | 1.0 |
| Net Sales to Working Capital 32 | 6.6 | • | 0.9 | • | 11.0 | 6.9 | 10.0 | 6.5 | 7.3 | 11.1 | 9.0 | 8.4 | 6.5 |
| Coverage Ratio 33 | 1.6 | 3.1 | • | • | 14.8 | 5.9 | 6.4 | 5.0 | 6.2 | 5.8 | 8.5 | 4.0 | 1.5 |
| Total Asset Turnover 34 | 0.6 | • | 0.9 | • | 4.8 | 3.7 | 3.1 | 2.2 | 2.0 | 1.9 | 2.0 | 1.7 | 0.6 |
| Inventory Turnover 35 | 13.6 | • | 0.6 | • | 22.6 | 9.6 | 5.8 | 5.4 | 5.4 | 6.4 | 7.6 | 6.0 | 14.9 |
| Receivables Turnover 36 | 1.7 | • | 2.9 | • | 26.6 | 15.1 | 12.3 | 9.7 | 7.6 | 8.3 | 7.0 | 6.2 | 1.6 |
| Total Liabilities to Net Worth 37 | 3.1 | • | 20.3 | • | 1.1 | 1.4 | 1.7 | 1.4 | 1.2 | 1.4 | 1.2 | 1.4 | 3.2 |
| Current Assets to Working Capital 38 | 5.0 | • | 1.0 | 1.0 | 1.6 | 1.4 | 2.1 | 1.9 | 2.2 | 3.3 | 2.6 | 2.7 | 5.2 |
| Current Liabilities to Working Capital 39 | 4.0 | • | • | • | 0.6 | 0.4 | 1.1 | 0.9 | 1.2 | 2.3 | 1.6 | 1.7 | 4.2 |
| Working Capital to Net Sales 40 | 0.2 | • | 1.1 | • | 0.1 | 0.1 | 0.1 | 0.2 | 0.1 | 0.1 | 0.1 | 0.1 | 0.2 |
| Inventory to Working Capital 41 | 0.4 | • | 0.5 | • | 0.5 | 0.6 | 1.1 | 0.9 | 1.0 | 1.3 | 0.8 | 0.9 | 0.3 |
| Total Receipts to Cash Flow 42 | 9.6 | 6.7 | 4.0 | • | 8.8 | 9.8 | 9.4 | 9.4 | 10.4 | 11.1 | 9.8 | 11.6 | 9.6 |
| Cost of Goods to Cash Flow 43 | 7.8 | 5.0 | 3.0 | • | 6.8 | 6.7 | 6.6 | 7.0 | 7.8 | 8.8 | 7.7 | 9.3 | 7.8 |
| Cash Flow to Total Debt 44 | 0.1 | • | 0.2 | 0.0 | 1.0 | 0.7 | 0.5 | 0.4 | 0.4 | 0.3 | 0.4 | 0.3 | 0.1 |

| Selected Financial Factors (in Percentages) | | | | | | | | | | | | | |
|---|---|---|---|---|---|---|---|---|---|---|---|---|---|
| Debt Ratio 45 | 75.9 | • | 95.3 | 884.5 | 52.9 | 58.2 | 62.4 | 58.2 | 53.8 | 59.1 | 54.0 | 57.9 | 76.3 |
| Return on Total Assets 46 | 5.4 | • | 22.5 | 0.6 | 29.6 | 24.0 | 16.7 | 19.0 | 13.8 | 12.0 | 14.5 | 10.5 | 5.2 |
| Return on Equity Before Income Taxes 47 | 8.3 | • | 478.4 | • | 58.5 | 47.8 | 37.6 | 36.3 | 25.0 | 24.3 | 27.7 | 18.7 | 7.5 |
| Return on Equity After Income Taxes 48 | 5.8 | • | 478.4 | • | 58.0 | 46.0 | 31.4 | 32.5 | 20.9 | 19.3 | 21.8 | 13.6 | 5.1 |
| Profit Margin (Before Income Tax) 49 | 3.2 | 6.9 | 23.7 | • | 5.8 | 5.4 | 4.5 | 6.8 | 5.8 | 5.2 | 6.4 | 4.7 | 3.1 |
| Profit Margin (After Income Tax) 50 | 2.3 | 5.2 | 23.7 | • | 5.7 | 5.2 | 3.8 | 6.1 | 4.9 | 4.2 | 5.0 | 3.4 | 2.1 |

**Table I**

Corporations with and without Net Income

# AEROSPACE PRODUCT AND PARTS

| Item Description for Accounting Period 7/00 Through 6/01 | | Money Amounts and Size of Assets in Thousands of Dollars | | | | | | | | | | | | |
|---|---|---|---|---|---|---|---|---|---|---|---|---|---|---|
| | | Total | Zero Assets | Under 100 | 100 to 250 | 251 to 500 | 501 to 1,000 | 1,001 to 5,000 | 5,001 to 10,000 | 10,001 to 25,000 | 25,001 to 50,000 | 50,001 to 100,000 | 100,001 to 250,000 | 250,001 and over |
| Number of Enterprises | 1 | 1238 | 63 | 259 | 200 | 46 | 168 | 233 | 96 | 72 | 28 | 19 | 18 | 34 |
| **Revenues ($ in Thousands)** | | | | | | | | | | | | | | |
| Net Sales | 2 | 170095930 | 96984 | 0 | 91501 | 114282 | 269492 | 1296482 | 905915 | 1223915 | 1088793 | 1496689 | 2004007 | 161507871 |
| Interest | 3 | 3413725 | 1114 | 858 | 0 | 0 | 41 | 1450 | 363 | 4021 | 2817 | 6019 | 10879 | 3386164 |
| Rents | 4 | 1652310 | 0 | 0 | 0 | 0 | 0 | 1686 | 26 | 330 | 1868 | 2 | 6925 | 1641473 |
| Royalties | 5 | 1775359 | 0 | 0 | 0 | 0 | 0 | 0 | 3 | 0 | 111 | 2913 | 6 | 1772326 |
| Other Portfolio Income | 6 | 4330048 | 8824 | 129 | 0 | 0 | 168 | 31885 | 179 | 3262 | 4332 | 4814 | 16241 | 4260215 |
| Other Receipts | 7 | 1808217 | 300 | 110 | 0 | 0 | -2 | 8392 | 15360 | 18573 | 8059 | 26188 | 45489 | 1685744 |
| Total Receipts | 8 | 183075589 | 107222 | 1097 | 91501 | 114282 | 269699 | 1339895 | 921846 | 1250101 | 1105980 | 1536625 | 2083547 | 174253793 |
| Average Total Receipts | 9 | 147880 | 1702 | 4 | 458 | 2484 | 1605 | 5751 | 9603 | 17363 | 39499 | 80875 | 115753 | 5125112 |
| **Operating Costs/Operating Income (%)** | | | | | | | | | | | | | | |
| Cost of Operations | 10 | 75.0 | 59.5 | • | 91.0 | 49.7 | 54.9 | 66.6 | 66.3 | 69.0 | 67.1 | 70.9 | 70.6 | 75.4 |
| Salaries and Wages | 11 | 5.1 | 11.5 | • | • | 5.0 | 8.3 | 8.3 | 5.6 | 5.9 | 6.8 | 6.8 | 8.0 | 5.0 |
| Taxes Paid | 12 | 1.5 | 4.7 | • | 0.9 | 1.6 | 1.7 | 2.3 | 2.4 | 2.7 | 2.2 | 1.8 | 1.4 | 1.5 |
| Interest Paid | 13 | 3.4 | 3.0 | • | • | • | 1.1 | 1.4 | 2.4 | 5.0 | 3.2 | 2.9 | 6.5 | 3.4 |
| Depreciation | 14 | 2.4 | 5.2 | • | • | • | 2.5 | 3.2 | 2.3 | 4.4 | 2.3 | 3.6 | 3.2 | 2.3 |
| Amortization and Depletion | 15 | 0.4 | 0.0 | • | 0.0 | • | 0.0 | 0.1 | 0.1 | 0.3 | 1.2 | 0.6 | 0.9 | 0.4 |
| Pensions and Other Deferred Comp. | 16 | 0.3 | 0.1 | • | • | • | 0.9 | 0.2 | 0.2 | 0.6 | 0.5 | 0.5 | 0.3 | 0.3 |
| Employee Benefits | 17 | 1.9 | 0.9 | • | • | 1.3 | 1.8 | 1.6 | 1.0 | 2.1 | 1.8 | 1.6 | 1.6 | 1.9 |
| Advertising | 18 | 0.3 | 0.2 | • | 0.7 | 0.0 | 1.1 | 0.6 | 0.2 | 0.5 | 0.5 | 0.3 | 0.4 | 0.2 |
| Other Expenses | 19 | 11.4 | 98.0 | • | 8.1 | 6.7 | 10.8 | 12.8 | 10.3 | 9.5 | 14.3 | 10.4 | 6.1 | 11.4 |
| Officers' Compensation | 20 | 0.5 | 5.2 | • | • | 1.5 | 2.8 | 5.9 | 3.6 | 2.9 | 2.8 | 2.0 | 1.4 | 0.3 |
| Operating Margin | 21 | • | • | • | • | 34.2 | 13.9 | • | 5.5 | • | • | • | • | • |
| Operating Margin Before Officers' Comp. | 22 | • | • | • | • | 35.7 | 16.8 | 3.0 | 9.1 | 0.2 | 0.1 | 0.6 | 0.9 | • |

| Selected Average Balance Sheet ($ in Thousands) | | | | | | | | | | | | | |
|---|---|---|---|---|---|---|---|---|---|---|---|---|---|
| Net Receivables 23 | 23689 | 0 | 0 | 64 | 311 | 198 | 480 | 1464 | 2508 | 4756 | 14225 | 20079 | 825564 |
| Inventories 24 | 15445 | 0 | 0 | 130 | 314 | 278 | 851 | 2284 | 4549 | 10219 | 11893 | 36218 | 503667 |
| Net Property, Plant and Equipment 25 | 22990 | 0 | 19 | 7 | 0 | 88 | 706 | 1375 | 3926 | 6549 | 15197 | 36809 | 786084 |
| Total Assets 26 | 144254 | 0 | 78 | 235 | 386 | 748 | 2490 | 7067 | 15779 | 34825 | 73650 | 155391 | 5023827 |
| Notes and Loans Payable 27 | 52005 | 0 | 21 | 6 | 116 | 379 | 800 | 2661 | 10615 | 13572 | 22234 | 72657 | 1793810 |
| All Other Liabilities 28 | 49904 | 0 | 0 | 183 | 127 | 166 | 466 | 1071 | 1360 | 9034 | 18747 | 35033 | 1769473 |
| Net Worth 29 | 42346 | 0 | 57 | 46 | 143 | 203 | 1224 | 3335 | 3804 | 12218 | 32669 | 47701 | 1460545 |

| Selected Financial Ratios (Times to 1) | | | | | | | | | | | | | |
|---|---|---|---|---|---|---|---|---|---|---|---|---|---|
| Current Ratio 30 | 1.0 | • | • | 1.2 | 3.0 | 3.1 | 2.0 | 1.8 | 2.0 | 2.2 | 1.7 | 1.8 | 1.0 |
| Quick Ratio 31 | 0.6 | • | • | 0.4 | 2.5 | 1.1 | 0.9 | 0.8 | 0.9 | 0.8 | 1.0 | 0.7 | 0.5 |
| Net Sales to Working Capital 32 | • | • | • | 12.9 | 9.6 | 3.6 | 7.5 | 4.8 | 3.7 | 3.6 | 4.9 | 3.1 | • |
| Coverage Ratio 33 | 2.7 | • | • | • | • | 14.3 | 1.3 | 4.0 | 0.9 | 0.6 | 1.4 | 1.5 | 2.8 |
| Total Asset Turnover 34 | 1.0 | • | • | 1.9 | 6.4 | 2.1 | 2.2 | 1.3 | 1.1 | 1.1 | 1.1 | 0.7 | 0.9 |
| Inventory Turnover 35 | 6.7 | • | • | 3.2 | 3.9 | 3.2 | 4.4 | 2.7 | 2.6 | 2.6 | 4.7 | 2.2 | 7.1 |
| Receivables Turnover 36 | 4.7 | • | • | 8.3 | 10.4 | 8.5 | 11.0 | 7.7 | 6.2 | 8.5 | 6.3 | 6.1 | 4.7 |
| Total Liabilities to Net Worth 37 | 2.4 | • | 0.4 | 4.1 | 1.7 | 2.7 | 1.0 | 1.1 | 3.1 | 1.9 | 1.3 | 2.3 | 2.4 |
| Current Assets to Working Capital 38 | • | • | 1.0 | 6.3 | 1.5 | 1.5 | 2.0 | 2.2 | 2.0 | 1.9 | 2.4 | 2.2 | • |
| Current Liabilities to Working Capital 39 | • | • | • | 5.3 | 0.5 | 0.5 | 1.0 | 1.2 | 1.0 | 0.9 | 1.4 | 1.2 | • |
| Working Capital to Net Sales 40 | • | • | • | 0.1 | 0.1 | 0.3 | 0.1 | 0.2 | 0.3 | 0.3 | 0.2 | 0.3 | • |
| Inventory to Working Capital 41 | • | • | • | 4.1 | 0.2 | 0.9 | 1.0 | 1.1 | 1.0 | 1.0 | 0.7 | 1.2 | • |
| Total Receipts to Cash Flow 42 | 7.2 | • | • | 28.7 | 2.7 | 4.2 | 12.7 | 7.1 | 15.5 | 9.4 | 11.6 | 12.7 | 7.1 |
| Cost of Goods to Cash Flow 43 | 5.4 | • | • | 26.1 | 1.3 | 2.3 | 8.4 | 4.7 | 10.7 | 6.3 | 8.3 | 9.0 | 5.3 |
| Cash Flow to Total Debt 44 | 0.2 | • | 0.1 | 0.1 | 3.9 | 0.7 | 0.3 | 0.4 | 0.1 | 0.2 | 0.2 | 0.1 | 0.2 |

| Selected Financial Factors (in Percentages) | | | | | | | | | | | | | |
|---|---|---|---|---|---|---|---|---|---|---|---|---|---|
| Debt Ratio 45 | 70.6 | • | 27.2 | 80.3 | 62.9 | 72.9 | 50.8 | 52.8 | 75.9 | 64.9 | 55.6 | 69.3 | 70.9 |
| Return on Total Assets 46 | 8.8 | • | • | • | 219.9 | 32.3 | 4.0 | 12.9 | 4.7 | 2.2 | 4.3 | 7.0 | 8.9 |
| Return on Equity Before Income Taxes 47 | 18.8 | • | • | • | 592.3 | 110.5 | 1.9 | 20.4 | • | • | 2.6 | 7.5 | 19.5 |
| Return on Equity After Income Taxes 48 | 12.8 | • | • | • | 592.3 | 108.9 | 0.5 | 16.4 | • | • | 0.5 | 4.9 | 13.4 |
| Profit Margin (Before Income Tax) 49 | 5.8 | • | • | • | 34.2 | 14.0 | 0.4 | 7.2 | • | • | 1.1 | 3.2 | 6.0 |
| Profit Margin (After Income Tax) 50 | 4.0 | • | • | • | 34.2 | 13.8 | 0.1 | 5.8 | • | • | 0.2 | 2.1 | 4.1 |

# AEROSPACE PRODUCT AND PARTS

MONEY AMOUNTS AND SIZE OF ASSETS IN THOUSANDS OF DOLLARS

| Item Description for Accounting Period 7/00 Through 6/01 | | Total | Zero Assets | Under 100 | 100 to 250 | 251 to 500 | 501 to 1,000 | 1,001 to 5,000 | 5,001 to 10,000 | 10,001 to 25,000 | 25,001 to 50,000 | 50,001 to 100,000 | 100,001 to 250,000 | 250,001 and over |
|---|---|---|---|---|---|---|---|---|---|---|---|---|---|---|
| Number of Enterprises | 1 | 597 | 0 | • | • | 46 | 168 | 177 | 55 | 48 | 22 | 0 | 10 | 22 |
| **Revenues ($ in Thousands)** | | | | | | | | | | | | | | |
| Net Sales | 2 | 157947390 | 0 | • | • | 114282 | 269492 | 1073802 | 708320 | 878280 | 950697 | 0 | 1286561 | 151441298 |
| Interest | 3 | 3010367 | 0 | • | • | 0 | 41 | 1432 | 296 | 1797 | 1503 | 0 | 4089 | 2997685 |
| Rents | 4 | 1437080 | 0 | • | • | 0 | 0 | 1686 | 0 | 98 | 292 | 0 | 6189 | 1428813 |
| Royalties | 5 | 1757115 | 0 | • | • | 0 | 0 | 0 | 3 | 0 | 0 | 0 | 0 | 1754208 |
| Other Portfolio Income | 6 | 4032988 | 0 | • | • | 0 | 168 | 31725 | 176 | 2428 | 4267 | 0 | 11433 | 3969345 |
| Other Receipts | 7 | 1523378 | 0 | • | • | 0 | -2 | 1618 | 15240 | 12084 | 5707 | 0 | 8646 | 1460855 |
| Total Receipts | 8 | 169708318 | 0 | • | • | 114282 | 269699 | 1110263 | 724035 | 894687 | 962466 | 0 | 1316918 | 163052204 |
| Average Total Receipts | 9 | 284269 | • | • | • | 2484 | 1605 | 6273 | 13164 | 18639 | 43748 | • | 131692 | 7411464 |
| **Operating Costs/Operating Income (%)** | | | | | | | | | | | | | | |
| Cost of Operations | 10 | 75.0 | • | • | • | 49.7 | 54.9 | 67.2 | 65.1 | 64.4 | 65.0 | • | 68.8 | 75.4 |
| Salaries and Wages | 11 | 4.7 | • | • | • | 5.0 | 8.3 | 7.4 | 4.8 | 4.9 | 5.2 | • | 7.7 | 4.7 |
| Taxes Paid | 12 | 1.5 | • | • | • | 1.6 | 1.7 | 1.6 | 2.3 | 2.6 | 1.9 | • | 1.3 | 1.4 |
| Interest Paid | 13 | 3.1 | • | • | • | • | 1.1 | 1.2 | 1.0 | 2.3 | 2.2 | • | 4.5 | 3.1 |
| Depreciation | 14 | 2.0 | • | • | • | • | 2.5 | 2.1 | 1.9 | 3.9 | 1.9 | • | 2.6 | 2.0 |
| Amortization and Depletion | 15 | 0.3 | • | • | • | • | 0.0 | 0.1 | 0.0 | 0.3 | 0.8 | • | 0.1 | 0.3 |
| Pensions and Other Deferred Comp. | 16 | 0.3 | • | • | • | • | 0.9 | 0.2 | 0.2 | 0.5 | 0.6 | • | 0.3 | 0.3 |
| Employee Benefits | 17 | 1.8 | • | • | • | 1.3 | 1.8 | 0.6 | 0.6 | 2.1 | 1.4 | • | 1.9 | 1.9 |
| Advertising | 18 | 0.2 | • | • | • | 0.0 | 1.1 | 0.7 | 0.2 | 0.5 | 0.4 | • | 0.4 | 0.2 |
| Other Expenses | 19 | 11.3 | • | • | • | 6.7 | 10.8 | 12.2 | 9.7 | 7.1 | 9.5 | • | 3.2 | 11.4 |
| Officers' Compensation | 20 | 0.5 | • | • | • | 1.5 | 2.8 | 5.7 | 3.7 | 2.8 | 2.8 | • | 1.6 | 0.3 |
| Operating Margin | 21 | • | • | • | • | 34.2 | 13.9 | 1.1 | 10.5 | 8.5 | 8.4 | • | 7.6 | • |
| Operating Margin Before Officers' Comp. | 22 | • | • | • | • | 35.7 | 16.8 | 6.8 | 14.2 | 11.3 | 11.1 | • | 9.2 | • |

## Selected Average Balance Sheet ($ in Thousands)

| | | | | | | | | | | | | | |
|---|---|---|---|---|---|---|---|---|---|---|---|---|---|
| Net Receivables 23 | 39171 | • | • | • | 311 | 198 | 528 | 1588 | 2687 | 5440 | • | 23678 | 1021262 |
| Inventories 24 | 24158 | • | • | • | 120 | 278 | 781 | 2417 | 4974 | 9668 | • | 50389 | 593108 |
| Net Property, Plant and Equipment 25 | 41475 | • | • | • | 0 | 88 | 466 | 1527 | 3516 | 4892 | • | 30480 | 1084496 |
| Total Assets 26 | 266762 | • | • | • | 386 | 748 | 2280 | 6718 | 15628 | 34398 | • | 155897 | 7018092 |
| Notes and Loans Payable 27 | 89681 | • | • | • | 116 | 379 | 783 | 1316 | 4925 | 11180 | • | 68810 | 2358783 |
| All Other Liabilities 28 | 92440 | • | • | • | 127 | 166 | 518 | 1327 | 2581 | 7469 | • | 31994 | 2463348 |
| Net Worth 29 | 84641 | • | • | • | 143 | 203 | 978 | 4075 | 8121 | 15749 | • | 55093 | 2195961 |

## Selected Financial Ratios (Times to 1)

| | | | | | | | | | | | | | |
|---|---|---|---|---|---|---|---|---|---|---|---|---|---|
| Current Ratio 30 | 0.9 | • | • | • | 3.0 | 3.1 | 1.6 | 2.8 | 2.6 | 2.4 | • | 2.3 | 0.9 |
| Quick Ratio 31 | 0.5 | • | • | • | 2.5 | 1.1 | 0.7 | 1.5 | 1.3 | 0.9 | • | 0.9 | 0.5 |
| Net Sales to Working Capital 32 | • | • | • | • | 9.6 | 3.6 | 11.1 | 4.2 | 2.9 | 3.6 | • | 2.4 | • |
| Coverage Ratio 33 | 3.2 | • | • | • | • | 14.3 | 4.8 | 14.0 | 5.4 | 5.4 | • | 3.1 | 3.2 |
| Total Asset Turnover 34 | 1.0 | • | • | • | 6.4 | 2.1 | 2.7 | 1.9 | 1.2 | 1.3 | • | 0.8 | 1.0 |
| Inventory Turnover 35 | 8.2 | • | • | • | 10.3 | 3.2 | 5.2 | 3.5 | 2.4 | 2.9 | • | 1.8 | 8.8 |
| Receivables Turnover 36 | 5.5 | • | • | • | 12.3 | 8.5 | 10.6 | 10.3 | 5.8 | 9.1 | • | 10.9 | 5.4 |
| Total Liabilities to Net Worth 37 | 2.2 | • | • | • | 1.7 | 2.7 | 1.3 | 0.6 | 0.9 | 1.2 | • | 1.8 | 2.2 |
| Current Assets to Working Capital 38 | • | • | • | • | 1.5 | 1.5 | 2.7 | 1.6 | 1.6 | 1.7 | • | 1.8 | • |
| Current Liabilities to Working Capital 39 | • | • | • | • | 0.5 | 0.5 | 1.7 | 0.6 | 0.6 | 0.7 | • | 0.8 | • |
| Working Capital to Net Sales 40 | • | • | • | • | 0.1 | 0.3 | 0.1 | 0.2 | 0.3 | 0.3 | • | 0.4 | • |
| Inventory to Working Capital 41 | • | • | • | • | 0.2 | 0.9 | 1.4 | 0.7 | 0.7 | 0.9 | • | 0.9 | • |
| Total Receipts to Cash Flow 42 | 6.7 | • | • | • | 2.7 | 4.2 | 8.2 | 5.4 | 6.5 | 5.9 | • | 8.5 | 6.7 |
| Cost of Goods to Cash Flow 43 | 5.0 | • | • | • | 1.3 | 2.3 | 5.5 | 3.5 | 4.2 | 3.9 | • | 5.8 | 5.1 |
| Cash Flow to Total Debt 44 | 0.2 | • | • | • | 3.9 | 0.7 | 0.6 | 0.9 | 0.4 | 0.4 | • | 0.2 | 0.2 |

## Selected Financial Factors (in Percentages)

| | | | | | | | | | | | | | |
|---|---|---|---|---|---|---|---|---|---|---|---|---|---|
| Debt Ratio 45 | 68.3 | • | • | • | 62.9 | 72.9 | 57.1 | 39.3 | 48.0 | 54.2 | • | 64.7 | 68.7 |
| Return on Total Assets 46 | 9.9 | • | • | • | 219.9 | 32.3 | 15.0 | 26.2 | 14.8 | 14.8 | • | 11.5 | 9.7 |
| Return on Equity Before Income Taxes 47 | 21.6 | • | • | • | 592.3 | 110.5 | 27.8 | 40.1 | 23.2 | 26.3 | • | 22.1 | 21.3 |
| Return on Equity After Income Taxes 48 | 15.4 | • | • | • | 592.3 | 108.9 | 25.5 | 34.3 | 20.0 | 23.0 | • | 18.1 | 15.0 |
| Profit Margin (Before Income Tax) 49 | 6.9 | • | • | • | 34.2 | 14.0 | 4.5 | 12.7 | 10.3 | 9.6 | • | 9.5 | 6.8 |
| Profit Margin (After Income Tax) 50 | 4.9 | • | • | • | 34.2 | 13.8 | 4.1 | 10.8 | 8.9 | 8.4 | • | 7.8 | 4.8 |

# Table I

Corporations with and without Net Income

## SHIP AND BOAT BUILDING

MONEY AMOUNTS AND SIZE OF ASSETS IN THOUSANDS OF DOLLARS

| Item Description for Accounting Period 7/00 Through 6/01 | | Total | Zero Assets | Under 100 | 100 to 250 | 251 to 500 | 501 to 1,000 | 1,001 to 5,000 | 5,001 to 10,000 | 10,001 to 25,000 | 25,001 to 50,000 | 50,001 to 100,000 | 100,001 to 250,000 | 250,001 and over |
|---|---|---|---|---|---|---|---|---|---|---|---|---|---|---|
| Number of Enterprises | 1 | 1476 | 0 | 0 | • | 225 | 126 | 304 | 53 | 44 | 19 | 9 | 5 | 6 |
| **Revenues ($ in Thousands)** | | | | | | | | | | | | | | |
| Net Sales | 2 | 31121385 | 0 | 0 | • | 270075 | 40520 | 1521420 | 697187 | 1517369 | 1490384 | 1021263 | 1236009 | 19638139 |
| Interest | 3 | 58485 | 0 | 0 | • | 0 | 1653 | 2417 | 698 | 2477 | 3657 | 3173 | 8160 | 32850 |
| Rents | 4 | 50130 | 0 | 0 | • | 0 | 0 | 3644 | 1173 | 112 | 1072 | 2063 | 455 | 36960 |
| Royalties | 5 | 30890 | 0 | 0 | • | 0 | 0 | 0 | 0 | 9 | 0 | 0 | 2189 | 13406 |
| Other Portfolio Income | 6 | 166797 | 0 | 0 | • | 0 | 169 | 13 | 820 | 7386 | 1967 | 246 | 3694 | 138323 |
| Other Receipts | 7 | 212037 | 0 | 0 | • | 0 | 348 | 15652 | 24104 | 35873 | 29831 | 8204 | 17029 | 65214 |
| Total Receipts | 8 | 31639724 | 0 | 0 | • | 270075 | 42690 | 1543146 | 723982 | 1563226 | 1526911 | 1034949 | 1267536 | 19924892 |
| Average Total Receipts | 9 | 21436 | • | • | • | 1200 | 339 | 5076 | 13660 | 35528 | 80364 | 114994 | 253507 | 3320815 |
| **Operating Costs/Operating Income (%)** | | | | | | | | | | | | | | |
| Cost of Operations | 10 | 72.5 | • | • | • | 41.1 | 65.8 | 76.2 | 83.5 | 76.9 | 79.0 | 73.0 | 63.8 | 73.0 |
| Salaries and Wages | 11 | 5.0 | • | • | • | 16.5 | • | 5.3 | 4.8 | 3.9 | 3.8 | 4.2 | 7.7 | 4.6 |
| Taxes Paid | 12 | 2.8 | • | • | • | 2.4 | 3.9 | 2.8 | 2.0 | 1.9 | 1.5 | 2.3 | 2.1 | 3.0 |
| Interest Paid | 13 | 1.5 | • | • | • | 0.5 | • | 1.1 | 1.5 | 1.1 | 1.2 | 1.9 | 1.9 | 1.5 |
| Depreciation | 14 | 1.9 | • | • | • | 2.2 | 2.3 | 1.8 | 2.8 | 1.8 | 1.8 | 1.9 | 4.2 | 1.8 |
| Amortization and Depletion | 15 | 0.7 | • | • | • | • | 0.8 | 0.0 | 0.1 | 0.1 | 0.1 | 0.1 | 0.5 | 1.0 |
| Pensions and Other Deferred Comp. | 16 | 1.1 | • | • | • | • | 3.0 | 0.2 | 0.3 | 0.2 | 0.3 | 1.8 | 0.5 | 1.3 |
| Employee Benefits | 17 | 3.9 | • | • | • | 2.1 | • | 0.9 | 0.5 | 1.1 | 1.1 | 2.7 | 0.7 | 3.6 |
| Advertising | 18 | 0.4 | • | • | • | 0.2 | 1.6 | 0.9 | 0.8 | 1.0 | 1.5 | 0.8 | 0.3 | 0.3 |
| Other Expenses | 19 | 7.1 | • | • | • | 10.6 | 30.1 | 8.2 | 10.1 | 6.6 | 5.7 | 6.9 | 14.3 | 6.6 |
| Officers' Compensation | 20 | 1.1 | • | • | • | 9.8 | 11.9 | 3.5 | 2.3 | 2.1 | 1.1 | 1.2 | 1.4 | 0.8 |
| Operating Margin | 21 | 1.9 | • | • | • | 14.7 | • | • | • | 3.4 | 3.0 | 3.3 | 2.5 | 2.5 |
| Operating Margin Before Officers' Comp. | 22 | 3.0 | • | • | • | 24.5 | • | 2.6 | • | 5.5 | 4.0 | 4.5 | 3.9 | 3.3 |

| | | | | | | | | | | | | | |
|---|---|---|---|---|---|---|---|---|---|---|---|---|---|
| **Selected Average Balance Sheet ($ in Thousands)** | | | | | | | | | | | | | |
| Net Receivables **23** | 4178 | • | • | • | 175 | 73 | 128 | 681 | 2254 | 6558 | 7940 | 59888 | 908045 |
| Inventories **24** | 2779 | • | • | • | 108 | 24 | 789 | 1607 | 4421 | 8920 | 8294 | 5395 | 543517 |
| Net Property, Plant and Equipment **25** | 3129 | • | • | • | 124 | 29 | 680 | 2454 | 5367 | 11394 | 23046 | 80167 | 531551 |
| Total Assets **26** | 21961 | • | • | • | 475 | 615 | 1975 | 6774 | 16641 | 38023 | 65997 | 197618 | 4702370 |
| Notes and Loans Payable **27** | 4003 | • | • | • | 73 | 855 | 876 | 5761 | 6209 | 9502 | 23496 | 56205 | 710583 |
| All Other Liabilities **28** | 9862 | • | • | • | 48 | 2322 | 707 | 4786 | 5716 | 13815 | 15427 | 52243 | 2145153 |
| Net Worth **29** | 8096 | • | • | • | 354 | -2561 | 392 | -3773 | 4716 | 14707 | 27074 | 89170 | 1846634 |
| **Selected Financial Ratios (Times to 1)** | | | | | | | | | | | | | |
| Current Ratio **30** | 1.2 | • | • | • | 4.9 | 0.2 | 1.4 | 1.0 | 1.5 | 1.3 | 1.5 | 1.9 | 1.2 |
| Quick Ratio **31** | 0.5 | • | • | • | 4.7 | 0.2 | 0.3 | 0.4 | 0.7 | 0.6 | 0.6 | 1.4 | 0.5 |
| Net Sales to Working Capital **32** | 13.7 | • | • | • | 4.8 | • | 14.5 | • | 10.5 | 18.1 | 12.6 | 5.0 | 10.6 |
| Coverage Ratio **33** | 3.4 | • | • | • | 30.5 | • | 1.5 | • | 6.7 | 5.4 | 3.4 | 3.6 | 3.8 |
| Total Asset Turnover **34** | 1.0 | • | • | • | 2.5 | 0.5 | 2.5 | 1.9 | 2.1 | 2.1 | 1.7 | 1.3 | 0.7 |
| Inventory Turnover **35** | 5.5 | • | • | • | 4.6 | 8.9 | 4.8 | 6.8 | 6.0 | 6.9 | 10.0 | 29.2 | 4.4 |
| Receivables Turnover **36** | 6.4 | • | • | • | 9.4 | 8.8 | 28.3 | 32.6 | 13.9 | 12.8 | 21.3 | 4.9 | 4.7 |
| Total Liabilities to Net Worth **37** | 1.7 | • | • | • | 0.3 | • | 4.0 | • | 2.5 | 1.6 | 1.4 | 1.2 | 1.5 |
| Current Assets to Working Capital **38** | 6.6 | • | • | • | 1.3 | • | 3.6 | • | 3.0 | 4.7 | 3.1 | 2.1 | 6.8 |
| Current Liabilities to Working Capital **39** | 5.6 | • | • | • | 0.3 | • | 2.6 | • | 2.0 | 3.7 | 2.1 | 1.1 | 5.8 |
| Working Capital to Net Sales **40** | 0.1 | • | • | • | 0.2 | • | 0.1 | • | 0.1 | 0.1 | 0.1 | 0.2 | 0.1 |
| Inventory to Working Capital **41** | 1.9 | • | • | • | 0.0 | • | 2.4 | • | 1.4 | 2.1 | 1.4 | 0.1 | 1.9 |
| Total Receipts to Cash Flow **42** | 11.7 | • | • | • | 5.1 | 10.7 | 17.5 | 43.3 | 8.8 | 10.3 | 10.2 | 6.0 | 11.8 |
| Cost of Goods to Cash Flow **43** | 8.5 | • | • | • | 2.1 | 7.0 | 13.3 | 36.1 | 6.7 | 8.1 | 7.4 | 3.8 | 8.6 |
| Cash Flow to Total Debt **44** | 0.1 | • | • | • | 1.9 | 0.0 | 0.2 | 0.0 | 0.3 | 0.3 | 0.3 | 0.4 | 0.1 |
| **Selected Financial Factors (in Percentages)** | | | | | | | | | | | | | |
| Debt Ratio **45** | 63.1 | • | • | • | 25.4 | 516.5 | 80.2 | 155.7 | 71.7 | 61.3 | 59.0 | 54.9 | 60.7 |
| Return on Total Assets **46** | 5.0 | • | • | • | 38.5 | • | 4.3 | • | 15.6 | 13.7 | 11.2 | 8.6 | 3.9 |
| Return on Equity Before Income Taxes **47** | 9.5 | • | • | • | 49.9 | 1.8 | 7.2 | 16.6 | 46.8 | 28.8 | 19.2 | 13.8 | 7.3 |
| Return on Equity After Income Taxes **48** | 6.2 | • | • | • | 49.9 | 1.8 | 6.8 | 17.2 | 44.1 | 24.2 | 18.5 | 8.9 | 4.1 |
| Profit Margin (Before Income Tax) **49** | 3.7 | • | • | • | 14.7 | • | 0.6 | • | 6.4 | 5.4 | 4.6 | 5.0 | 4.1 |
| Profit Margin (After Income Tax) **50** | 2.4 | • | • | • | 14.7 | • | 0.5 | • | 6.0 | 4.5 | 4.4 | 3.2 | 2.3 |

**Table II**

Corporations with Net Income

# SHIP AND BOAT BUILDING

MONEY AMOUNTS AND SIZE OF ASSETS IN THOUSANDS OF DOLLARS

| Item Description for Accounting Period 7/00 Through 6/01 | | Total | Zero Assets | Under 100 | 100 to 250 | 251 to 500 | 501 to 1,000 | 1,001 to 5,000 | 5,001 to 10,000 | 10,001 to 25,000 | 25,001 to 50,000 | 50,001 to 100,000 | 100,001 to 250,000 | 250,001 and over |
|---|---|---|---|---|---|---|---|---|---|---|---|---|---|---|
| Number of Enterprises | 1 | 1184 | 0 | 0 | • | 225 | • | 197 | 24 | 30 | 15 | 0 | 0 | 0 |
| **Revenues ($ in Thousands)** | | | | | | | | | | | | | | |
| Net Sales | 2 | 28061930 | 0 | 0 | • | 270075 | • | 1411164 | 362777 | 1294276 | 1271385 | 0 | 0 | 0 |
| Interest | 3 | 47989 | 0 | 0 | • | 0 | • | 2408 | 600 | 1704 | 3105 | 0 | 0 | 0 |
| Rents | 4 | 49394 | 0 | 0 | • | 0 | • | 3644 | 1173 | 82 | 1072 | 0 | 0 | 0 |
| Royalties | 5 | 28170 | 0 | 0 | • | 0 | • | 0 | 0 | 9 | 0 | 0 | 0 | 0 |
| Other Portfolio Income | 6 | 138872 | 0 | 0 | • | 0 | • | 13 | 18 | 6573 | 766 | 0 | 0 | 0 |
| Other Receipts | 7 | 171442 | 0 | 0 | • | 0 | • | 15610 | 23947 | 34836 | 23472 | 0 | 0 | 0 |
| Total Receipts | 8 | 28497797 | 0 | 0 | • | 270075 | • | 1432839 | 388515 | 1337480 | 1299800 | 0 | 0 | 0 |
| Average Total Receipts | 9 | 24069 | • | • | • | 1200 | • | 7273 | 16188 | 44583 | 86653 | • | • | • |
| **Operating Costs/Operating Income (%)** | | | | | | | | | | | | | | |
| Cost of Operations | 10 | 71.4 | • | • | • | 41.1 | • | 75.2 | 78.8 | 76.0 | 77.9 | • | • | • |
| Salaries and Wages | 11 | 4.8 | • | • | • | 16.5 | • | 5.3 | 3.3 | 3.8 | 3.6 | • | • | • |
| Taxes Paid | 12 | 2.9 | • | • | • | 2.4 | • | 2.9 | 1.1 | 1.6 | 1.6 | • | • | • |
| Interest Paid | 13 | 1.4 | • | • | • | 0.5 | • | 1.0 | 1.5 | 0.9 | 1.0 | • | • | • |
| Depreciation | 14 | 1.8 | • | • | • | 2.2 | • | 1.9 | 3.2 | 1.4 | 1.5 | • | • | • |
| Amortization and Depletion | 15 | 0.8 | • | • | • | • | • | 0.0 | 0.2 | 0.1 | 0.1 | • | • | • |
| Pensions and Other Deferred Comp. | 16 | 1.2 | • | • | • | • | • | 0.2 | 0.1 | 0.2 | 0.4 | • | • | • |
| Employee Benefits | 17 | 4.2 | • | • | • | 2.1 | • | 1.0 | 0.3 | 1.0 | 1.0 | • | • | • |
| Advertising | 18 | 0.3 | • | • | • | 0.2 | • | 0.8 | 0.3 | 1.2 | 1.2 | • | • | • |
| Other Expenses | 19 | 6.4 | • | • | • | 10.6 | • | 7.8 | 9.1 | 6.4 | 5.9 | • | • | • |
| Officers' Compensation | 20 | 1.1 | • | • | • | 9.8 | • | 3.7 | 2.7 | 2.2 | 1.0 | • | • | • |
| Operating Margin | 21 | 3.6 | • | • | • | 14.7 | • | 0.2 | • | 5.3 | 4.7 | • | • | • |
| Operating Margin Before Officers' Comp. | 22 | 4.7 | • | • | • | 24.5 | • | 3.9 | 2.0 | 7.5 | 5.8 | • | • | • |

| | | | | | | | | | | | | | |
|---|---|---|---|---|---|---|---|---|---|---|---|---|---|
| **Selected Average Balance Sheet ($ in Thousands)** | | | | | | | | | | | | | |
| Net Receivables **23** | 4987 | • | • | • | 175 | • | 195 | 1291 | 2516 | 7345 | • | • | • |
| Inventories **24** | 3156 | • | • | • | 97 | • | 622 | 602 | 4808 | 11084 | • | • | • |
| Net Property, Plant and Equipment **25** | 3260 | • | • | • | 124 | • | 623 | 3063 | 4997 | 10951 | • | • | • |
| Total Assets **26** | 25268 | • | • | • | 475 | • | 1861 | 6544 | 16746 | 38999 | • | • | • |
| Notes and Loans Payable **27** | 4150 | • | • | • | 73 | • | 837 | 9358 | 4435 | 8461 | • | • | • |
| All Other Liabilities **28** | 11311 | • | • | • | 48 | • | 685 | 1466 | 5645 | 13426 | • | • | • |
| Net Worth **29** | 9807 | • | • | • | 354 | • | 339 | -4281 | 6666 | 17113 | • | • | • |
| **Selected Financial Ratios (Times to 1)** | | | | | | | | | | | | | |
| Current Ratio **30** | 1.2 | • | • | • | 4.9 | • | 1.3 | 1.5 | 1.6 | 1.4 | • | • | • |
| Quick Ratio **31** | 0.6 | • | • | • | 4.7 | • | 0.4 | 0.8 | 0.8 | 0.7 | • | • | • |
| Net Sales to Working Capital **32** | 10.8 | • | • | • | 4.8 | • | 27.8 | 16.3 | 10.8 | 12.7 | • | • | • |
| Coverage Ratio **33** | 4.8 | • | • | • | 30.5 | • | 2.8 | 5.1 | 10.1 | 7.9 | • | • | • |
| Total Asset Turnover **34** | 0.9 | • | • | • | 2.5 | • | 3.8 | 2.3 | 2.6 | 2.2 | • | • | • |
| Inventory Turnover **35** | 5.4 | • | • | • | 5.1 | • | 8.7 | 19.8 | 6.8 | 6.0 | • | • | • |
| Receivables Turnover **36** | 6.2 | • | • | • | 9.8 | • | 35.5 | 23.4 | 14.6 | 12.6 | • | • | • |
| Total Liabilities to Net Worth **37** | 1.6 | • | • | • | 0.3 | • | 4.5 | • | 1.5 | 1.3 | • | • | • |
| Current Assets to Working Capital **38** | 5.4 | • | • | • | 1.3 | • | 4.6 | 3.2 | 2.6 | 3.3 | • | • | • |
| Current Liabilities to Working Capital **39** | 4.4 | • | • | • | 0.3 | • | 3.6 | 2.2 | 1.6 | 2.3 | • | • | • |
| Working Capital to Net Sales **40** | 0.1 | • | • | • | 0.2 | • | 0.0 | 0.1 | 0.1 | 0.1 | • | • | • |
| Inventory to Working Capital **41** | 1.5 | • | • | • | 0.0 | • | 2.5 | 0.6 | 1.2 | 1.5 | • | • | • |
| Total Receipts to Cash Flow **42** | 10.6 | • | • | • | 5.1 | • | 15.8 | 8.7 | 7.3 | 8.7 | • | • | • |
| Cost of Goods to Cash Flow **43** | 7.6 | • | • | • | 2.1 | • | 11.9 | 6.8 | 5.6 | 6.8 | • | • | • |
| Cash Flow to Total Debt **44** | 0.1 | • | • | • | 1.9 | • | 0.3 | 0.2 | 0.6 | 0.4 | • | • | • |
| **Selected Financial Factors (in Percentages)** | | | | | | | | | | | | | |
| Debt Ratio **45** | 61.2 | • | • | • | 25.4 | • | 81.8 | 165.4 | 60.2 | 56.1 | • | • | • |
| Return on Total Assets **46** | 6.2 | • | • | • | 38.5 | • | 10.6 | 18.4 | 24.8 | 17.3 | • | • | • |
| Return on Equity Before Income Taxes **47** | 12.7 | • | • | • | 49.9 | • | 37.2 | • | 56.2 | 34.5 | • | • | • |
| Return on Equity After Income Taxes **48** | 9.2 | • | • | • | 49.9 | • | 36.5 | • | 53.4 | 29.4 | • | • | • |
| Profit Margin (Before Income Tax) **49** | 5.2 | • | • | • | 14.7 | • | 1.8 | 6.4 | 8.7 | 7.0 | • | • | • |
| Profit Margin (After Income Tax) **50** | 3.8 | • | • | • | 14.7 | • | 1.7 | 6.1 | 8.2 | 5.9 | • | • | • |

**Table I**

Corporations with and without Net Income

# OTHER TRANSPORTATION EQUIPMENT AND RAILROAD ROLLING STOCK

**MONEY AMOUNTS AND SIZE OF ASSETS IN THOUSANDS OF DOLLARS**

| Item Description for Accounting Period 7/00 Through 6/01 | | Total | Zero Assets | Under 100 | 100 to 250 | 251 to 500 | 501 to 1,000 | 1,001 to 5,000 | 5,001 to 10,000 | 10,001 to 25,000 | 25,001 to 50,000 | 50,001 to 100,000 | 100,001 to 250,000 | 250,001 and over |
|---|---|---|---|---|---|---|---|---|---|---|---|---|---|---|
| Number of Enterprises | 1 | 652 | 0 | 0 | • | 63 | 63 | 376 | 44 | 44 | 18 | 15 | 11 | 13 |
| **Revenues ($ in Thousands)** | | | | | | | | | | | | | | |
| Net Sales | 2 | 20235956 | 0 | 0 | • | 123166 | 129475 | 1904873 | 672763 | 1266829 | 1292107 | 1422022 | 2865265 | 10487079 |
| Interest | 3 | 373837 | 0 | 0 | • | 0 | 0 | 2188 | 40 | 1277 | 2705 | 3286 | 28044 | 336293 |
| Rents | 4 | 73092 | 0 | 0 | • | 0 | 0 | 0 | 0 | 153 | 91 | 10761 | 1454 | 60632 |
| Royalties | 5 | 166085 | 0 | 0 | • | 0 | 0 | 0 | 0 | 14 | 518 | 340 | 5570 | 159643 |
| Other Portfolio Income | 6 | 190276 | 0 | 0 | • | 753 | 0 | 2743 | 38 | 2038 | 2135 | 2417 | 77424 | 102476 |
| Other Receipts | 7 | 345366 | 0 | 0 | • | 1 | 0 | 9662 | 1398 | 4202 | 6157 | 6406 | 50723 | 266055 |
| Total Receipts | 8 | 21384612 | 0 | 0 | • | 123920 | 129475 | 1919466 | 674239 | 1274513 | 1303713 | 1445232 | 3028480 | 11412178 |
| Average Total Receipts | 9 | 32798 | • | • | • | 1967 | 2055 | 5105 | 15324 | 28966 | 72428 | 96349 | 275316 | 877860 |
| **Operating Costs/Operating Income (%)** | | | | | | | | | | | | | | |
| Cost of Operations | 10 | 74.4 | • | • | • | 66.7 | 80.3 | 75.1 | 77.0 | 73.8 | 75.8 | 78.0 | 79.4 | 72.2 |
| Salaries and Wages | 11 | 6.5 | • | • | • | 7.9 | • | 6.7 | 8.3 | 5.5 | 3.9 | 5.5 | 6.5 | 7.0 |
| Taxes Paid | 12 | 1.6 | • | • | • | 3.6 | 2.9 | 1.6 | 2.2 | 1.8 | 1.7 | 1.5 | 1.4 | 1.6 |
| Interest Paid | 13 | 2.7 | • | • | • | 1.1 | 1.2 | 1.2 | 1.0 | 1.4 | 1.4 | 2.4 | 2.8 | 3.5 |
| Depreciation | 14 | 3.9 | • | • | • | 0.8 | 1.0 | 2.1 | 1.6 | 2.2 | 1.6 | 2.6 | 2.3 | 5.7 |
| Amortization and Depletion | 15 | 0.4 | • | • | • | • | • | 0.8 | 0.1 | 0.2 | 0.4 | 0.8 | 0.3 | 0.3 |
| Pensions and Other Deferred Comp. | 16 | 0.3 | • | • | • | 0.7 | • | 0.4 | 0.2 | 0.2 | 0.2 | 0.5 | 0.3 | 0.3 |
| Employee Benefits | 17 | 1.5 | • | • | • | • | • | 1.2 | 1.0 | 1.0 | 0.8 | 1.5 | 1.4 | 1.7 |
| Advertising | 18 | 0.8 | • | • | • | 0.5 | 0.4 | 0.8 | 0.9 | 0.6 | 0.8 | 1.0 | 0.5 | 0.9 |
| Other Expenses | 19 | 10.2 | • | • | • | 19.4 | 12.1 | 11.0 | 7.8 | 7.5 | 8.5 | 7.2 | 10.0 | 11.0 |
| Officers' Compensation | 20 | 0.8 | • | • | • | 6.0 | 2.0 | 2.7 | 1.8 | 1.7 | 1.3 | 0.7 | 0.4 | 0.2 |
| Operating Margin | 21 | • | • | • | • | • | 0.1 | • | • | 4.0 | 3.7 | • | • | • |
| Operating Margin Before Officers' Comp. | 22 | • | • | • | • | • | 2.1 | • | • | 5.7 | 5.0 | • | • | • |

## Selected Average Balance Sheet ($ in Thousands)

| | | | | | | | | | | | | | |
|---|---|---|---|---|---|---|---|---|---|---|---|---|---|
| Net Receivables 23 | 5110 | • | • | • | 186 | 290 | 579 | 2153 | 3376 | 7981 | 10388 | 45607 | 156910 |
| Inventories 24 | 4097 | • | • | • | 46 | 304 | 572 | 3447 | 4423 | 9642 | 12857 | 32795 | 104817 |
| Net Property, Plant and Equipment 25 | 6958 | • | • | • | 107 | 65 | 573 | 1050 | 4158 | 7456 | 11999 | 25929 | 267828 |
| Total Assets 26 | 27579 | • | • | • | 470 | 620 | 2311 | 6911 | 15317 | 36904 | 63488 | 175166 | 963240 |
| Notes and Loans Payable 27 | 8762 | • | • | • | 123 | 340 | 1726 | 4558 | 4356 | 10069 | 22969 | 62301 | 263978 |
| All Other Liabilities 28 | 9713 | • | • | • | 111 | 188 | 3971 | 1987 | 4275 | 9599 | 17333 | 65402 | 261024 |
| Net Worth 29 | 9103 | • | • | • | 236 | 92 | -3386 | 365 | 6687 | 17236 | 23186 | 47463 | 438238 |

## Selected Financial Ratios (Times to 1)

| | | | | | | | | | | | | | |
|---|---|---|---|---|---|---|---|---|---|---|---|---|---|
| Current Ratio 30 | 1.3 | • | • | • | 1.0 | 3.1 | 2.1 | 2.5 | 1.7 | 1.7 | 1.4 | 1.6 | 1.2 |
| Quick Ratio 31 | 0.7 | • | • | • | 0.8 | 1.5 | 1.1 | 1.1 | 0.8 | 0.8 | 0.5 | 0.7 | 0.6 |
| Net Sales to Working Capital 32 | 10.0 | • | • | • | 479.2 | 5.3 | 6.1 | 4.9 | 7.3 | 8.0 | 10.7 | 5.7 | 18.2 |
| Coverage Ratio 33 | 1.9 | • | • | • | • | 1.1 | • | • | 4.3 | 4.3 | 1.0 | 1.3 | 2.2 |
| Total Asset Turnover 34 | 1.1 | • | • | • | 4.2 | 3.3 | 2.2 | 2.2 | 1.9 | 1.9 | 1.5 | 1.5 | 0.8 |
| Inventory Turnover 35 | 5.6 | • | • | • | 28.4 | 5.4 | 6.7 | 3.4 | 4.8 | 5.6 | 5.7 | 6.3 | 5.6 |
| Receivables Turnover 36 | 6.1 | • | • | • | • | 6.7 | 11.2 | 6.5 | 8.3 | 8.8 | 11.1 | 5.6 | 5.1 |
| Total Liabilities to Net Worth 37 | 2.0 | • | • | • | 1.0 | 5.7 | • | 17.9 | 1.3 | 1.1 | 1.7 | 2.7 | 1.2 |
| Current Assets to Working Capital 38 | 3.9 | • | • | • | 57.3 | 1.5 | 1.9 | 1.7 | 2.4 | 2.3 | 3.8 | 2.6 | 7.7 |
| Current Liabilities to Working Capital 39 | 2.9 | • | • | • | 56.3 | 0.5 | 0.9 | 0.7 | 1.4 | 1.3 | 2.8 | 1.6 | 6.7 |
| Working Capital to Net Sales 40 | 0.1 | • | • | • | 0.0 | 0.2 | 0.2 | 0.2 | 0.1 | 0.1 | 0.1 | 0.2 | 0.1 |
| Inventory to Working Capital 41 | 1.4 | • | • | • | 11.3 | 0.7 | 0.8 | 0.8 | 1.1 | 1.0 | 2.2 | 0.7 | 2.4 |
| Total Receipts to Cash Flow 42 | 9.6 | • | • | • | 8.7 | 9.7 | 17.1 | 23.5 | 9.4 | 8.5 | 17.2 | 17.6 | 7.5 |
| Cost of Goods to Cash Flow 43 | 7.2 | • | • | • | 5.8 | 7.8 | 12.9 | 18.1 | 7.0 | 6.5 | 13.4 | 14.0 | 5.4 |
| Cash Flow to Total Debt 44 | 0.2 | • | • | • | 1.0 | 0.4 | 0.1 | 0.1 | 0.4 | 0.4 | 0.1 | 0.1 | 0.2 |

## Selected Financial Factors (in Percentages)

| | | | | | | | | | | | | | |
|---|---|---|---|---|---|---|---|---|---|---|---|---|---|
| Debt Ratio 45 | 67.0 | • | • | • | 49.8 | 85.1 | 246.5 | 94.7 | 56.3 | 53.3 | 63.5 | 72.9 | 54.5 |
| Return on Total Assets 46 | 6.0 | • | • | • | • | 4.3 | • | • | 11.2 | 11.5 | 3.7 | 5.4 | 6.6 |
| Return on Equity Before Income Taxes 47 | 8.8 | • | • | • | • | 1.7 | 4.1 | • | 19.7 | 19.0 | 0.4 | 4.6 | 7.9 |
| Return on Equity After Income Taxes 48 | 4.3 | • | • | • | • | 1.4 | 4.1 | • | 17.5 | 13.3 | • | 0.5 | 4.2 |
| Profit Margin (Before Income Tax) 49 | 2.6 | • | • | • | • | 0.1 | • | • | 4.6 | 4.6 | 0.1 | 0.8 | 4.3 |
| Profit Margin (After Income Tax) 50 | 1.3 | • | • | • | • | 0.1 | • | • | 4.1 | 3.2 | • | 0.1 | 2.3 |

# Table II

Corporations with Net Income

## OTHER TRANSPORTATION EQUIPMENT AND RAILROAD ROLLING STOCK

MONEY AMOUNTS AND SIZE OF ASSETS IN THOUSANDS OF DOLLARS

| Item Description for Accounting Period 7/00 Through 6/01 | | Total | Zero Assets | Under 100 | 100 to 250 | 251 to 500 | 501 to 1,000 | 1,001 to 5,000 | 5,001 to 10,000 | 10,001 to 25,000 | 25,001 to 50,000 | 50,001 to 100,000 | 100,001 to 250,000 | 250,001 and over |
|---|---|---|---|---|---|---|---|---|---|---|---|---|---|---|
| Number of Enterprises | 1 | 333 | 0 | 0 | • | • | 63 | 187 | 12 | 38 | 12 | 5 | 0 | 0 |
| **Revenues ($ in Thousands)** | | | | | | | | | | | | | | |
| Net Sales | 2 | 12898342 | 0 | 0 | • | • | 129475 | 1447536 | 191049 | 1200571 | 885898 | 701697 | 0 | 0 |
| Interest | 3 | 340621 | 0 | 0 | • | • | 0 | 201 | 1 | 1176 | 1921 | 504 | 0 | 0 |
| Rents | 4 | 5230 | 0 | 0 | • | • | 0 | 0 | 0 | 153 | 70 | 4 | 0 | 0 |
| Royalties | 5 | 159496 | 0 | 0 | • | • | 0 | 0 | 0 | 14 | 518 | 0 | 0 | 0 |
| Other Portfolio Income | 6 | 148389 | 0 | 0 | • | • | 0 | 269 | 37 | 1433 | 2134 | 982 | 0 | 0 |
| Other Receipts | 7 | 240525 | 0 | 0 | • | • | 0 | 3649 | 1127 | 4637 | 2223 | 4250 | 0 | 0 |
| Total Receipts | 8 | 13792603 | 0 | 0 | • | • | 129475 | 1451655 | 192214 | 1207984 | 892764 | 707437 | 0 | 0 |
| Average Total Receipts | 9 | 41419 | • | • | • | • | 2055 | 7763 | 16018 | 31789 | 74397 | 141487 | • | • |
| **Operating Costs/Operating Income (%)** | | | | | | | | | | | | | | |
| Cost of Operations | 10 | 70.4 | • | • | • | • | 80.3 | 74.7 | 70.0 | 73.6 | 72.8 | 78.3 | • | • |
| Salaries and Wages | 11 | 6.3 | • | • | • | • | • | 4.7 | 9.3 | 5.4 | 4.0 | 3.5 | • | • |
| Taxes Paid | 12 | 1.5 | • | • | • | • | 2.9 | 1.3 | 1.6 | 1.8 | 2.0 | 1.3 | • | • |
| Interest Paid | 13 | 2.8 | • | • | • | • | 1.2 | 0.5 | 0.3 | 1.2 | 1.1 | 0.9 | • | • |
| Depreciation | 14 | 3.9 | • | • | • | • | 1.0 | 1.3 | 1.3 | 2.0 | 1.3 | 2.0 | • | • |
| Amortization and Depletion | 15 | 0.2 | • | • | • | • | • | • | 0.1 | 0.1 | 0.1 | 0.1 | • | • |
| Pensions and Other Deferred Comp. | 16 | 0.4 | • | • | • | • | • | 0.1 | 0.7 | 0.2 | 0.2 | 0.6 | • | • |
| Employee Benefits | 17 | 1.6 | • | • | • | • | • | 1.1 | 1.5 | 1.0 | 0.7 | 1.6 | • | • |
| Advertising | 18 | 0.9 | • | • | • | • | 0.4 | 0.3 | 0.5 | 0.6 | 0.3 | 0.5 | • | • |
| Other Expenses | 19 | 10.4 | • | • | • | • | 12.1 | 9.1 | 5.5 | 7.3 | 8.4 | 4.5 | • | • |
| Officers' Compensation | 20 | 0.7 | • | • | • | • | 2.0 | 2.5 | 2.4 | 1.8 | 1.4 | 0.5 | • | • |
| Operating Margin | 21 | 0.8 | • | • | • | • | 0.1 | 4.3 | 6.8 | 5.0 | 7.7 | 6.2 | • | • |
| Operating Margin Before Officers' Comp. | 22 | 1.5 | • | • | • | • | 2.1 | 6.8 | 9.2 | 6.7 | 9.1 | 6.6 | • | • |

| Selected Average Balance Sheet ($ in Thousands) | | | | | | | | | | | | | |
|---|---|---|---|---|---|---|---|---|---|---|---|---|---|
| Net Receivables 23 | 6146 | • | • | • | • | 290 | 878 | 2232 | 3661 | 8121 | 14998 | • | • |
| Inventories 24 | 5020 | • | • | • | • | 216 | 724 | 1636 | 4521 | 8601 | 17215 | • | • |
| Net Property, Plant and Equipment 25 | 8452 | • | • | • | • | 65 | 522 | 436 | 4290 | 7243 | 17403 | • | • |
| Total Assets 26 | 34897 | • | • | • | • | 620 | 2727 | 6108 | 15766 | 36470 | 58630 | • | • |
| Notes and Loans Payable 27 | 8687 | • | • | • | • | 340 | 736 | 418 | 4210 | 9377 | 7316 | • | • |
| All Other Liabilities 28 | 9783 | • | • | • | • | 188 | 1055 | 1774 | 4601 | 9246 | 15538 | • | • |
| Net Worth 29 | 16427 | • | • | • | • | 92 | 936 | 3916 | 6955 | 17847 | 35777 | • | • |

| Selected Financial Ratios (Times to 1) | | | | | | | | | | | | | |
|---|---|---|---|---|---|---|---|---|---|---|---|---|---|
| Current Ratio 30 | 1.7 | • | • | • | • | 3.1 | 2.4 | 2.2 | 1.7 | 1.8 | 2.2 | • | • |
| Quick Ratio 31 | 0.9 | • | • | • | • | 1.5 | 1.2 | 1.3 | 0.8 | 0.9 | 1.1 | • | • |
| Net Sales to Working Capital 32 | 6.4 | • | • | • | • | 5.3 | 6.9 | 6.7 | 7.4 | 7.5 | 7.0 | • | • |
| Coverage Ratio 33 | 3.8 | • | • | • | • | 1.1 | 10.7 | 24.3 | 5.8 | 8.7 | 9.0 | • | • |
| Total Asset Turnover 34 | 1.1 | • | • | • | • | 3.3 | 2.8 | 2.6 | 2.0 | 2.0 | 2.4 | • | • |
| Inventory Turnover 35 | 5.4 | • | • | • | • | 7.6 | 8.0 | 6.8 | 5.1 | 6.2 | 6.4 | • | • |
| Receivables Turnover 36 | 5.8 | • | • | • | • | 7.3 | 11.7 | 14.3 | 8.6 | 10.1 | 18.7 | • | • |
| Total Liabilities to Net Worth 37 | 1.1 | • | • | • | • | 5.7 | 1.9 | 0.6 | 1.3 | 1.0 | 0.6 | • | • |
| Current Assets to Working Capital 38 | 2.4 | • | • | • | • | 1.5 | 1.7 | 1.9 | 2.4 | 2.2 | 1.9 | • | • |
| Current Liabilities to Working Capital 39 | 1.4 | • | • | • | • | 0.5 | 0.7 | 0.9 | 1.4 | 1.2 | 0.9 | • | • |
| Working Capital to Net Sales 40 | 0.2 | • | • | • | • | 0.2 | 0.1 | 0.1 | 0.1 | 0.1 | 0.1 | • | • |
| Inventory to Working Capital 41 | 0.7 | • | • | • | • | 0.7 | 0.8 | 0.7 | 1.0 | 0.8 | 0.9 | • | • |
| Total Receipts to Cash Flow 42 | 6.4 | • | • | • | • | 9.7 | 8.5 | 8.8 | 8.8 | 6.5 | 9.4 | • | • |
| Cost of Goods to Cash Flow 43 | 4.5 | • | • | • | • | 7.8 | 6.3 | 6.2 | 6.5 | 4.7 | 7.3 | • | • |
| Cash Flow to Total Debt 44 | 0.3 | • | • | • | • | 0.4 | 0.5 | 0.8 | 0.4 | 0.6 | 0.7 | • | • |

| Selected Financial Factors (in Percentages) | | | | | | | | | | | | | |
|---|---|---|---|---|---|---|---|---|---|---|---|---|---|
| Debt Ratio 45 | 52.9 | • | • | • | • | 85.1 | 65.7 | 35.9 | 55.9 | 51.1 | 39.0 | • | • |
| Return on Total Assets 46 | 11.7 | • | • | • | • | 4.3 | 14.4 | 20.2 | 13.5 | 19.5 | 18.9 | • | • |
| Return on Equity Before Income Taxes 47 | 18.3 | • | • | • | • | 1.7 | 37.9 | 30.2 | 25.3 | 35.3 | 27.5 | • | • |
| Return on Equity After Income Taxes 48 | 13.4 | • | • | • | • | 1.4 | 37.8 | 27.1 | 22.9 | 27.1 | 21.7 | • | • |
| Profit Margin (Before Income Tax) 49 | 7.8 | • | • | • | • | 0.1 | 4.6 | 7.4 | 5.6 | 8.5 | 7.0 | • | • |
| Profit Margin (After Income Tax) 50 | 5.7 | • | • | • | • | 0.1 | 4.6 | 6.7 | 5.0 | 6.5 | 5.5 | • | • |

## Table I

Corporations with and without Net Income

# FURNITURE AND RELATED PRODUCT MANUFACTURING

MONEY AMOUNTS AND SIZE OF ASSETS IN THOUSANDS OF DOLLARS

| Item Description for Accounting Period 7/00 Through 6/01 | | Total | Zero Assets | Under 100 | 100 to 250 | 251 to 500 | 501 to 1,000 | 1,001 to 5,000 | 5,001 to 10,000 | 10,001 to 25,000 | 25,001 to 50,000 | 50,001 to 100,000 | 100,001 to 250,000 | 250,001 and over |
|---|---|---|---|---|---|---|---|---|---|---|---|---|---|---|
| Number of Enterprises | 1 | 12736 | 1146 | 4678 | 1915 | 1539 | 1642 | 1329 | 205 | 166 | 44 | 31 | 17 | 23 |
| **Revenues ($ in Thousands)** | | | | | | | | | | | | | | |
| Net Sales | 2 | 61246902 | 482917 | 856509 | 1492002 | 1769342 | 3326698 | 7284852 | 3498654 | 5605902 | 2586595 | 3990877 | 4234723 | 26117829 |
| Interest | 3 | 146382 | 411 | 89 | 1510 | 111 | 3898 | 6057 | 1689 | 8708 | 6900 | 2535 | 4834 | 109641 |
| Rents | 4 | 118521 | 0 | 0 | 0 | 849 | 420 | 768 | 1800 | 1905 | 2449 | 1016 | 5094 | 104220 |
| Royalties | 5 | 184086 | 0 | 0 | 0 | 0 | 0 | 0 | 0 | 418 | 194 | 410 | 18469 | 164596 |
| Other Portfolio Income | 6 | 198580 | 38853 | 159 | 0 | 20 | 3504 | 13475 | 1068 | 7487 | 9035 | 4336 | 19450 | 101194 |
| Other Receipts | 7 | 684745 | 5886 | 245 | 653 | 1997 | 3650 | 28626 | 6717 | 32758 | 29296 | 29336 | 31753 | 513828 |
| Total Receipts | 8 | 62579216 | 528067 | 857002 | 1494165 | 1772319 | 3338170 | 7333778 | 3509928 | 5657178 | 2634469 | 4028510 | 4314323 | 27111308 |
| Average Total Receipts | 9 | 4914 | 461 | 183 | 780 | 1152 | 2033 | 5518 | 17122 | 34079 | 59874 | 129952 | 253784 | 1178753 |
| **Operating Costs/Operating Income (%)** | | | | | | | | | | | | | | |
| Cost of Operations | 10 | 67.8 | 69.0 | 55.9 | 66.5 | 73.9 | 64.6 | 68.4 | 67.3 | 71.5 | 72.6 | 71.7 | 65.3 | 66.7 |
| Salaries and Wages | 11 | 7.5 | 6.9 | 9.1 | 8.4 | 6.1 | 7.3 | 7.9 | 8.5 | 6.3 | 6.5 | 6.6 | 5.5 | 8.1 |
| Taxes Paid | 12 | 2.2 | 2.5 | 5.3 | 2.9 | 2.4 | 4.0 | 2.7 | 2.0 | 1.9 | 1.9 | 1.9 | 2.2 | 1.9 |
| Interest Paid | 13 | 1.9 | 2.0 | 0.5 | 0.6 | 0.9 | 0.9 | 0.9 | 0.8 | 2.7 | 2.1 | 1.7 | 1.8 | 2.5 |
| Depreciation | 14 | 2.3 | 1.7 | 1.1 | 1.2 | 1.8 | 1.8 | 1.6 | 1.2 | 1.8 | 2.4 | 2.0 | 2.8 | 2.9 |
| Amortization and Depletion | 15 | 0.3 | 1.1 | 0.0 | 0.0 | 0.0 | 0.0 | 0.0 | 0.1 | 0.2 | 0.4 | 0.3 | 0.2 | 0.5 |
| Pensions and Other Deferred Comp. | 16 | 0.4 | 0.2 | 0.0 | 0.0 | 0.0 | 0.1 | 0.4 | 0.4 | 0.4 | 0.5 | 0.4 | 0.4 | 0.4 |
| Employee Benefits | 17 | 1.6 | 0.7 | 0.4 | 0.4 | 0.7 | 1.2 | 0.9 | 1.1 | 1.5 | 1.6 | 1.8 | 2.0 | 1.9 |
| Advertising | 18 | 1.9 | 1.1 | 0.2 | 0.7 | 0.6 | 0.5 | 1.0 | 1.1 | 1.4 | 1.6 | 1.7 | 2.3 | 2.7 |
| Other Expenses | 19 | 10.6 | 16.3 | 14.3 | 12.9 | 14.4 | 14.1 | 10.9 | 8.9 | 8.8 | 9.0 | 7.8 | 13.7 | 10.2 |
| Officers' Compensation | 20 | 2.0 | 8.4 | 9.7 | 5.8 | 2.2 | 4.8 | 4.0 | 3.7 | 1.9 | 1.5 | 1.7 | 1.0 | 0.5 |
| Operating Margin | 21 | 1.6 | • | 3.5 | 0.6 | • | 0.8 | 1.4 | 5.0 | 1.7 | 0.0 | 2.4 | 2.7 | 1.6 |
| Operating Margin Before Officers' Comp. | 22 | 3.6 | • | 13.2 | 6.4 | • | 5.6 | 5.4 | 8.7 | 3.6 | 1.5 | 4.0 | 3.7 | 2.1 |

| | | | | | | | | | | | | | |
|---|---|---|---|---|---|---|---|---|---|---|---|---|---|
| **Selected Average Balance Sheet ($ in Thousands)** | | | | | | | | | | | | | |
| Net Receivables 23 | 541 | 0 | 1 | 43 | 90 | 240 | 595 | 2208 | 4121 | 7545 | 16295 | 30570 | 129840 |
| Inventories 24 | 523 | 0 | 5 | 59 | 78 | 192 | 690 | 1802 | 4177 | 8590 | 14919 | 38683 | 113559 |
| Net Property, Plant and Equipment 25 | 712 | 0 | 10 | 31 | 80 | 146 | 527 | 1110 | 4286 | 10281 | 19952 | 46860 | 221511 |
| Total Assets 26 | 2793 | 0 | 26 | 155 | 351 | 746 | 2223 | 6643 | 15615 | 34928 | 70562 | 151558 | 877434 |
| Notes and Loans Payable 27 | 974 | 0 | 15 | 82 | 159 | 275 | 787 | 1652 | 9334 | 13231 | 24817 | 49680 | 276077 |
| All Other Liabilities 28 | 776 | 0 | 6 | 54 | 110 | 226 | 507 | 1809 | 4679 | 7713 | 15098 | 37342 | 258646 |
| Net Worth 29 | 1043 | 0 | 5 | 20 | 82 | 245 | 929 | 3182 | 1602 | 13984 | 30646 | 64537 | 342711 |
| **Selected Financial Ratios (Times to 1)** | | | | | | | | | | | | | |
| Current Ratio 30 | 1.7 | • | 1.8 | 1.6 | 1.5 | 1.8 | 2.3 | 2.1 | 1.5 | 2.1 | 1.8 | 2.1 | 1.5 |
| Quick Ratio 31 | 0.8 | • | 0.8 | 0.8 | 0.8 | 1.1 | 1.3 | 1.1 | 0.8 | 1.0 | 0.9 | 0.9 | 0.7 |
| Net Sales to Working Capital 32 | 8.8 | • | 29.1 | 17.8 | 16.5 | 8.1 | 6.2 | 6.6 | 10.2 | 5.8 | 7.8 | 5.8 | 10.9 |
| Coverage Ratio 33 | 3.0 | 0.7 | 7.9 | 2.3 | • | 2.3 | 3.4 | 7.9 | 2.0 | 1.9 | 2.9 | 3.5 | 3.2 |
| Total Asset Turnover 34 | 1.7 | • | 7.0 | 5.0 | 3.3 | 2.7 | 2.5 | 2.6 | 2.2 | 1.7 | 1.8 | 1.6 | 1.3 |
| Inventory Turnover 35 | 6.2 | • | 18.9 | 8.8 | 10.9 | 6.8 | 5.4 | 6.4 | 5.8 | 5.0 | 6.2 | 4.2 | 6.7 |
| Receivables Turnover 36 | 8.6 | • | 60.6 | 19.5 | 12.6 | 8.9 | 9.4 | 8.3 | 7.9 | 6.8 | 8.3 | 7.5 | 8.2 |
| Total Liabilities to Net Worth 37 | 1.7 | • | 4.4 | 6.7 | 3.3 | 2.0 | 1.4 | 1.1 | 8.7 | 1.5 | 1.3 | 1.3 | 1.6 |
| Current Assets to Working Capital 38 | 2.4 | • | 2.2 | 2.6 | 3.1 | 2.2 | 1.8 | 1.9 | 3.0 | 1.9 | 2.3 | 1.9 | 3.0 |
| Current Liabilities to Working Capital 39 | 1.4 | • | 1.2 | 1.6 | 2.1 | 1.2 | 0.8 | 0.9 | 2.0 | 0.9 | 1.3 | 0.9 | 2.0 |
| Working Capital to Net Sales 40 | 0.1 | • | 0.0 | 0.1 | 0.1 | 0.1 | 0.2 | 0.2 | 0.1 | 0.2 | 0.1 | 0.2 | 0.1 |
| Inventory to Working Capital 41 | 1.0 | • | 1.1 | 1.4 | 1.4 | 0.7 | 0.7 | 0.8 | 1.3 | 0.8 | 1.0 | 0.9 | 1.1 |
| Total Receipts to Cash Flow 42 | 8.5 | 9.4 | 8.2 | 11.9 | 17.7 | 9.6 | 10.3 | 8.5 | 10.2 | 11.1 | 10.6 | 6.2 | 7.3 |
| Cost of Goods to Cash Flow 43 | 5.7 | 6.5 | 4.6 | 7.9 | 13.1 | 6.2 | 7.0 | 5.7 | 7.3 | 8.1 | 7.6 | 4.1 | 4.9 |
| Cash Flow to Total Debt 44 | 0.3 | • | 1.0 | 0.5 | 0.2 | 0.4 | 0.4 | 0.6 | 0.2 | 0.3 | 0.3 | 0.5 | 0.3 |
| **Selected Financial Factors (in Percentages)** | | | | | | | | | | | | | |
| Debt Ratio 45 | 62.7 | • | 81.6 | 87.1 | 76.6 | 67.2 | 58.2 | 52.1 | 89.7 | 60.0 | 56.6 | 57.4 | 60.9 |
| Return on Total Assets 46 | 9.9 | • | 28.5 | 6.7 | • | 5.3 | 7.2 | 15.7 | 11.5 | 6.6 | 9.2 | 10.5 | 10.5 |
| Return on Equity Before Income Taxes 47 | 17.7 | • | 135.2 | 29.9 | • | 9.1 | 12.1 | 28.7 | 54.8 | 7.8 | 13.9 | 17.5 | 18.6 |
| Return on Equity After Income Taxes 48 | 12.3 | • | 132.6 | 21.2 | • | 7.7 | 10.3 | 27.4 | 38.9 | 4.7 | 11.9 | 11.5 | 11.9 |
| Profit Margin (Before Income Tax) 49 | 3.8 | • | 3.5 | 0.8 | • | 1.1 | 2.1 | 5.4 | 2.6 | 1.9 | 3.3 | 4.5 | 5.6 |
| Profit Margin (After Income Tax) 50 | 2.7 | • | 3.5 | 0.5 | • | 0.9 | 1.7 | 5.1 | 1.8 | 1.1 | 2.8 | 3.0 | 3.6 |

**Table II**

Corporations with Net Income

# FURNITURE AND RELATED PRODUCT MANUFACTURING

**MONEY AMOUNTS AND SIZE OF ASSETS IN THOUSANDS OF DOLLARS**

| Item Description for Accounting Period 7/00 Through 6/01 | | Total | Zero Assets | Under 100 | 100 to 250 | 251 to 500 | 501 to 1,000 | 1,001 to 5,000 | 5,001 to 10,000 | 10,001 to 25,000 | 25,001 to 50,000 | 50,001 to 100,000 | 100,001 to 250,000 | 250,001 and over |
|---|---|---|---|---|---|---|---|---|---|---|---|---|---|---|
| Number of Enterprises | 1 | 7957 | 1095 | 2392 | 1182 | 901 | 1044 | 952 | 172 | 137 | 29 | 22 | 15 | 15 |
| **Revenues ($ in Thousands)** | | | | | | | | | | | | | | |
| Net Sales | 2 | 48459225 | 274484 | 564897 | 849335 | 1180309 | 1951067 | 5491760 | 3263608 | 4776380 | 1682613 | 3020360 | 3817743 | 21586669 |
| Interest | 3 | 116771 | 106 | 71 | 1453 | 110 | 2863 | 5209 | 1678 | 4198 | 3806 | 1801 | 4670 | 90806 |
| Rents | 4 | 109056 | 0 | 0 | 0 | 849 | 0 | 768 | 1800 | 1495 | 1983 | 562 | 3155 | 98444 |
| Royalties | 5 | 164278 | 0 | 0 | 0 | 0 | 0 | 0 | 0 | 418 | 163 | 220 | 18469 | 145009 |
| Other Portfolio Income | 6 | 167949 | 38829 | 159 | 0 | 20 | 758 | 3066 | 491 | 7113 | 7001 | 3415 | 17186 | 89912 |
| Other Receipts | 7 | 634783 | 5080 | 244 | 161 | 177 | 1908 | 24765 | 4963 | 29868 | 24212 | 19215 | 30599 | 493590 |
| Total Receipts | 8 | 49652062 | 318499 | 565371 | 850949 | 1181465 | 1956596 | 5525568 | 3272540 | 4819472 | 1719778 | 3045573 | 3891822 | 22504430 |
| Average Total Receipts | 9 | 6240 | 291 | 236 | 720 | 1311 | 1874 | 5804 | 19026 | 35179 | 59303 | 138435 | 259455 | 1500295 |
| **Operating Costs/Operating Income (%)** | | | | | | | | | | | | | | |
| Cost of Operations | 10 | 66.9 | 62.8 | 57.7 | 62.9 | 68.3 | 58.8 | 66.3 | 67.8 | 70.6 | 71.3 | 72.0 | 65.4 | 66.4 |
| Salaries and Wages | 11 | 7.6 | 3.7 | 9.9 | 7.3 | 6.4 | 8.8 | 7.2 | 7.9 | 6.1 | 6.2 | 6.5 | 5.3 | 8.7 |
| Taxes Paid | 12 | 2.1 | 2.8 | 2.8 | 2.8 | 2.6 | 3.0 | 2.9 | 2.1 | 1.9 | 2.1 | 1.8 | 2.2 | 1.9 |
| Interest Paid | 13 | 1.4 | 1.3 | 0.3 | 0.3 | 0.9 | 0.5 | 0.7 | 0.6 | 1.1 | 1.3 | 1.2 | 1.7 | 1.8 |
| Depreciation | 14 | 2.3 | 0.9 | 1.2 | 1.2 | 2.2 | 1.7 | 1.5 | 1.2 | 1.8 | 2.1 | 2.1 | 2.7 | 3.0 |
| Amortization and Depletion | 15 | 0.2 | 0.1 | 0.0 | • | 0.0 | 0.0 | 0.0 | 0.0 | 0.2 | 0.1 | 0.2 | 0.3 | 0.4 |
| Pensions and Other Deferred Comp. | 16 | 0.4 | 0.2 | 0.0 | • | 0.1 | 0.1 | 0.5 | 0.4 | 0.3 | 0.7 | 0.4 | 0.5 | 0.4 |
| Employee Benefits | 17 | 1.5 | 0.5 | • | 0.2 | 0.9 | 0.9 | 1.0 | 1.2 | 1.5 | 1.8 | 1.8 | 2.0 | 1.8 |
| Advertising | 18 | 1.5 | 1.4 | 0.1 | 0.7 | 0.4 | 0.6 | 1.1 | 1.1 | 1.3 | 1.7 | 1.1 | 2.5 | 1.8 |
| Other Expenses | 19 | 10.3 | 17.6 | 12.2 | 14.1 | 14.1 | 15.3 | 10.1 | 9.0 | 8.7 | 8.0 | 6.4 | 13.0 | 10.2 |
| Officers' Compensation | 20 | 1.9 | 13.2 | 9.3 | 6.3 | 1.8 | 5.9 | 4.3 | 2.7 | 2.0 | 1.6 | 1.3 | 0.9 | 0.5 |
| Operating Margin | 21 | 3.7 | • | 6.3 | 4.2 | 2.3 | 4.3 | 4.4 | 6.0 | 4.6 | 3.1 | 5.3 | 3.6 | 2.9 |
| Operating Margin Before Officers' Comp. | 22 | 5.6 | 8.8 | 15.7 | 10.5 | 4.1 | 10.2 | 8.7 | 8.7 | 6.5 | 4.7 | 6.5 | 4.5 | 3.4 |

## Selected Average Balance Sheet ($ in Thousands)

| | | | | | | | | | | | | | |
|---|---|---|---|---|---|---|---|---|---|---|---|---|---|
| Net Receivables 23 | 699 | 0 | 1 | 16 | 107 | 235 | 634 | 2453 | 4131 | 7647 | 17272 | 31274 | 169028 |
| Inventories 24 | 626 | 0 | 5 | 56 | 63 | 205 | 685 | 1643 | 4034 | 9546 | 15538 | 38273 | 130330 |
| Net Property, Plant and Equipment 25 | 925 | 0 | 18 | 32 | 103 | 114 | 499 | 1242 | 4379 | 9614 | 21258 | 48242 | 287098 |
| Total Assets 26 | 3345 | 0 | 40 | 135 | 317 | 730 | 2232 | 6657 | 15412 | 34750 | 71374 | 154155 | 1002981 |
| Notes and Loans Payable 27 | 901 | 0 | 16 | 84 | 145 | 182 | 487 | 1322 | 4354 | 9509 | 19569 | 47979 | 266280 |
| All Other Liabilities 28 | 922 | 0 | 7 | 28 | 69 | 210 | 518 | 1745 | 3422 | 6994 | 14222 | 37686 | 310510 |
| Net Worth 29 | 1523 | 0 | 16 | 23 | 104 | 338 | 1226 | 3589 | 7637 | 18248 | 37582 | 68489 | 426190 |

## Selected Financial Ratios (Times to 1)

| | | | | | | | | | | | | | |
|---|---|---|---|---|---|---|---|---|---|---|---|---|---|
| Current Ratio 30 | 1.8 | • | 2.7 | 2.0 | 1.4 | 2.1 | 2.4 | 2.2 | 2.0 | 2.4 | 2.0 | 2.5 | 1.5 |
| Quick Ratio 31 | 0.9 | • | 1.2 | 0.7 | 1.0 | 1.3 | 1.4 | 1.2 | 1.1 | 1.3 | 1.0 | 1.1 | 0.7 |
| Net Sales to Working Capital 32 | 8.3 | • | 19.2 | 15.7 | 25.3 | 6.3 | 6.1 | 6.8 | 6.9 | 4.9 | 7.1 | 5.2 | 12.0 |
| Coverage Ratio 33 | 5.6 | 9.7 | 25.1 | 16.1 | 3.5 | 9.8 | 8.3 | 11.2 | 5.8 | 5.2 | 5.9 | 4.3 | 5.0 |
| Total Asset Turnover 34 | 1.8 | • | 5.9 | 5.3 | 4.1 | 2.6 | 2.6 | 2.9 | 2.3 | 1.7 | 1.9 | 1.7 | 1.4 |
| Inventory Turnover 35 | 6.5 | • | 26.5 | 8.1 | 14.1 | 5.4 | 5.6 | 7.8 | 6.1 | 4.3 | 6.4 | 4.3 | 7.3 |
| Receivables Turnover 36 | 8.2 | • | 47.9 | 19.5 | 10.8 | 7.8 | 8.9 | 9.2 | 8.3 | 6.1 | 8.0 | 8.2 | 7.6 |
| Total Liabilities to Net Worth 37 | 1.2 | • | 1.4 | 4.8 | 2.1 | 1.2 | 0.8 | 0.9 | 1.0 | 0.9 | 0.9 | 1.3 | 1.4 |
| Current Assets to Working Capital 38 | 2.2 | • | 1.6 | 2.0 | 3.7 | 1.9 | 1.7 | 1.8 | 2.0 | 1.7 | 2.0 | 1.7 | 3.2 |
| Current Liabilities to Working Capital 39 | 1.2 | • | 0.6 | 1.0 | 2.7 | 0.9 | 0.7 | 0.8 | 1.0 | 0.7 | 1.0 | 0.7 | 2.2 |
| Working Capital to Net Sales 40 | 0.1 | • | 0.1 | 0.1 | 0.0 | 0.2 | 0.2 | 0.1 | 0.1 | 0.2 | 0.1 | 0.2 | 0.1 |
| Inventory to Working Capital 41 | 0.8 | • | 0.7 | 1.3 | 0.9 | 0.5 | 0.7 | 0.7 | 0.8 | 0.7 | 0.9 | 0.8 | 1.0 |
| Total Receipts to Cash Flow 42 | 7.1 | 4.6 | 7.7 | 8.3 | 9.3 | 6.3 | 8.2 | 7.6 | 7.9 | 8.6 | 8.7 | 6.1 | 6.5 |
| Cost of Goods to Cash Flow 43 | 4.7 | 2.9 | 4.4 | 5.2 | 6.3 | 3.7 | 5.4 | 5.1 | 5.6 | 6.1 | 6.3 | 4.0 | 4.3 |
| Cash Flow to Total Debt 44 | 0.5 | • | 1.3 | 0.8 | 0.7 | 0.8 | 0.7 | 0.8 | 0.6 | 0.4 | 0.5 | 0.5 | 0.4 |

## Selected Financial Factors (in Percentages)

| | | | | | | | | | | | | | |
|---|---|---|---|---|---|---|---|---|---|---|---|---|---|
| Debt Ratio 45 | 54.5 | • | 58.7 | 82.7 | 67.4 | 53.7 | 45.0 | 46.1 | 50.4 | 47.5 | 47.3 | 55.6 | 57.5 |
| Return on Total Assets 46 | 13.8 | • | 39.7 | 24.9 | 13.6 | 13.1 | 14.6 | 19.7 | 14.9 | 11.0 | 14.1 | 11.8 | 13.1 |
| Return on Equity Before Income Taxes 47 | 24.9 | • | 92.4 | 135.0 | 29.8 | 25.3 | 23.4 | 33.3 | 24.8 | 16.9 | 22.2 | 20.3 | 24.6 |
| Return on Equity After Income Taxes 48 | 19.0 | • | 90.9 | 122.9 | 26.8 | 23.7 | 21.5 | 32.0 | 20.8 | 13.3 | 19.9 | 13.8 | 16.5 |
| Profit Margin (Before Income Tax) 49 | 6.2 | 11.7 | 6.4 | 4.4 | 2.4 | 4.6 | 5.0 | 6.3 | 5.4 | 5.3 | 6.1 | 5.4 | 7.3 |
| Profit Margin (After Income Tax) 50 | 4.8 | 11.2 | 6.3 | 4.0 | 2.1 | 4.3 | 4.6 | 6.0 | 4.6 | 4.2 | 5.4 | 3.7 | 4.9 |

## Table I

Corporations with and without Net Income

# MEDICAL EQUIPMENT AND SUPPLIES

MONEY AMOUNTS AND SIZE OF ASSETS IN THOUSANDS OF DOLLARS

| Item Description for Accounting Period 7/00 Through 6/01 | | Total | Zero Assets | Under 100 | 100 to 250 | 251 to 500 | 501 to 1,000 | 1,001 to 5,000 | 5,001 to 10,000 | 10,001 to 25,000 | 25,001 to 50,000 | 50,001 to 100,000 | 100,001 to 250,000 | 250,001 and over |
|---|---|---|---|---|---|---|---|---|---|---|---|---|---|---|
| Number of Enterprises | 1 | 9056 | 581 | 4769 | 981 | 531 | 619 | 963 | 175 | 183 | 97 | 65 | 34 | 56 |
| **Revenues ($ in Thousands)** | | | | | | | | | | | | | | |
| Net Sales | 2 | 68262890 | 1144564 | 1127036 | 866767 | 327316 | 708688 | 3839877 | 1764726 | 3023188 | 3294750 | 3924028 | 4748910 | 43493038 |
| Interest | 3 | 1025273 | 12145 | 1 | 705 | 1554 | 4117 | 11952 | 17422 | 32800 | 42700 | 53749 | 72848 | 775280 |
| Rents | 4 | 54664 | 2429 | 0 | 0 | 0 | 0 | 606 | 32 | 3228 | 3266 | 1563 | 5247 | 38294 |
| Royalties | 5 | 653174 | 37653 | 0 | 0 | 0 | 0 | 13 | 2121 | 3644 | 7989 | 1744 | 16637 | 583373 |
| Other Portfolio Income | 6 | 1177366 | 2051 | 0 | 6349 | 4 | 2600 | 4523 | 20738 | 37063 | 33217 | 30832 | 99064 | 940922 |
| Other Receipts | 7 | 1911680 | 42661 | 160 | 234 | 26261 | 3998 | 51175 | 27384 | 37836 | 51800 | 32462 | 52718 | 1584993 |
| Total Receipts | 8 | 73085047 | 1241503 | 1127197 | 874055 | 355135 | 719403 | 3908146 | 1832423 | 3137759 | 3433722 | 4044378 | 4995424 | 47415900 |
| Average Total Receipts | 9 | 8070 | 2137 | 236 | 891 | 669 | 1162 | 4058 | 10471 | 17146 | 35399 | 62221 | 146924 | 846712 |
| **Operating Costs/Operating Income (%)** | | | | | | | | | | | | | | |
| Cost of Operations | 10 | 49.4 | 64.6 | 23.9 | 43.5 | 43.2 | 40.4 | 55.4 | 52.0 | 51.9 | 53.2 | 50.0 | 44.8 | 49.4 |
| Salaries and Wages | 11 | 15.7 | 12.9 | 20.0 | 19.2 | 7.0 | 18.4 | 13.9 | 23.6 | 18.5 | 16.3 | 15.5 | 12.2 | 15.5 |
| Taxes Paid | 12 | 2.1 | 2.0 | 3.5 | 5.4 | 4.0 | 3.7 | 3.2 | 2.7 | 2.7 | 2.3 | 2.0 | 1.6 | 1.9 |
| Interest Paid | 13 | 3.9 | 3.2 | 1.3 | 0.9 | 0.1 | 2.0 | 1.6 | 1.5 | 2.0 | 2.0 | 2.6 | 3.0 | 5.0 |
| Depreciation | 14 | 3.3 | 3.6 | 1.4 | 1.8 | 3.1 | 2.2 | 2.4 | 2.2 | 3.2 | 3.1 | 3.7 | 3.1 | 3.5 |
| Amortization and Depletion | 15 | 1.5 | 0.9 | 0.0 | 0.0 | 0.0 | 0.4 | 0.4 | 0.5 | 0.9 | 1.1 | 1.1 | 1.2 | 1.9 |
| Pensions and Other Deferred Comp. | 16 | 0.7 | 0.9 | 0.0 | 1.7 | 1.0 | 1.8 | 0.4 | 0.3 | 0.4 | 0.3 | 0.4 | 0.6 | 0.8 |
| Employee Benefits | 17 | 2.0 | 2.0 | 2.4 | 0.5 | 0.2 | 2.6 | 1.9 | 3.0 | 1.9 | 2.0 | 2.2 | 1.3 | 2.1 |
| Advertising | 18 | 1.4 | 1.3 | 0.6 | 0.7 | 1.3 | 1.3 | 2.5 | 1.1 | 1.7 | 1.8 | 3.5 | 1.8 | 1.0 |
| Other Expenses | 19 | 21.0 | 21.2 | 18.1 | 18.4 | 36.1 | 23.3 | 16.9 | 20.2 | 23.1 | 23.2 | 26.5 | 26.9 | 19.8 |
| Officers' Compensation | 20 | 2.2 | 1.8 | 23.2 | 9.1 | 12.4 | 9.4 | 6.1 | 3.7 | 4.0 | 2.8 | 2.2 | 1.9 | 0.7 |
| Operating Margin | 21 | • | • | 5.6 | • | • | • | • | • | • | • | • | 1.6 | • |
| Operating Margin Before Officers' Comp. | 22 | • | • | 28.8 | 8.0 | 4.1 | 3.7 | 1.4 | • | • | • | • | 3.5 | • |

## Selected Average Balance Sheet ($ in Thousands)

| | | | | | | | | | | | | | |
|---|---|---|---|---|---|---|---|---|---|---|---|---|---|
| Net Receivables 23 | 2597 | 0 | 4 | 39 | 65 | 214 | 535 | 1834 | 3012 | 7572 | 14353 | 29297 | 343664 |
| Inventories 24 | 1047 | 0 | 2 | 14 | 34 | 113 | 441 | 1616 | 2623 | 5435 | 8275 | 18744 | 115762 |
| Net Property, Plant and Equipment 25 | 1390 | 0 | 15 | 47 | 49 | 106 | 448 | 1012 | 2857 | 5463 | 12408 | 24645 | 162143 |
| Total Assets 26 | 11500 | 0 | 28 | 162 | 292 | 673 | 2009 | 7057 | 15201 | 35611 | 72734 | 169909 | 1488763 |
| Notes and Loans Payable 27 | 3260 | 0 | 32 | 57 | 36 | 314 | 681 | 2053 | 4054 | 7545 | 18802 | 29615 | 435419 |
| All Other Liabilities 28 | 3131 | 0 | 15 | 27 | 49 | 121 | 628 | 3455 | 3518 | 7612 | 15995 | 46418 | 409747 |
| Net Worth 29 | 5109 | 0 | -19 | 77 | 206 | 238 | 700 | 1549 | 7629 | 20454 | 37937 | 93876 | 643597 |

## Selected Financial Ratios (Times to 1)

| | | | | | | | | | | | | | |
|---|---|---|---|---|---|---|---|---|---|---|---|---|---|
| Current Ratio 30 | 1.6 | • | 0.8 | 1.9 | 4.4 | 3.5 | 1.7 | 2.2 | 2.0 | 2.7 | 2.2 | 1.8 | 1.5 |
| Quick Ratio 31 | 1.1 | • | 0.6 | 1.5 | 2.5 | 2.6 | 1.1 | 1.3 | 1.3 | 1.7 | 1.3 | 1.1 | 1.1 |
| Net Sales to Working Capital 32 | 4.0 | • | • | 21.5 | 4.0 | 3.2 | 6.9 | 3.5 | 3.4 | 2.4 | 2.9 | 4.3 | 4.0 |
| Coverage Ratio 33 | 2.4 | • | 5.2 | 0.8 | 2.7 | • | • | • | • | • | • | 3.4 | 3.0 |
| Total Asset Turnover 34 | 0.7 | • | 8.6 | 5.5 | 2.1 | 1.7 | 2.0 | 1.4 | 1.1 | 1.0 | 0.8 | 0.8 | 0.5 |
| Inventory Turnover 35 | 3.6 | • | 34.4 | 26.7 | 7.9 | 4.1 | 5.0 | 3.2 | 3.3 | 3.3 | 3.6 | 3.3 | 3.3 |
| Receivables Turnover 36 | 2.8 | • | 68.6 | 18.8 | 9.2 | 5.6 | 7.7 | 5.1 | 5.3 | 4.3 | 4.8 | 4.4 | 2.2 |
| Total Liabilities to Net Worth 37 | 1.3 | • | • | 1.1 | 0.4 | 1.8 | 1.9 | 3.6 | 1.0 | 0.7 | 0.9 | 0.8 | 1.3 |
| Current Assets to Working Capital 38 | 2.6 | • | • | 2.1 | 1.3 | 1.4 | 2.4 | 1.8 | 2.0 | 1.6 | 1.8 | 2.2 | 3.0 |
| Current Liabilities to Working Capital 39 | 1.6 | • | • | 1.1 | 0.3 | 0.4 | 1.4 | 0.8 | 1.0 | 0.6 | 0.8 | 1.2 | 2.0 |
| Working Capital to Net Sales 40 | 0.2 | • | • | 0.0 | 0.3 | 0.3 | 0.1 | 0.3 | 0.3 | 0.4 | 0.3 | 0.2 | 0.3 |
| Inventory to Working Capital 41 | 0.5 | • | • | 0.4 | 0.3 | 0.3 | 0.8 | 0.5 | 0.6 | 0.4 | 0.4 | 0.5 | 0.6 |
| Total Receipts to Cash Flow 42 | 4.6 | 7.9 | 5.5 | 6.6 | 3.1 | 7.1 | 10.1 | 11.9 | 7.9 | 6.4 | 5.8 | 3.1 | 4.1 |
| Cost of Goods to Cash Flow 43 | 2.3 | 5.1 | 1.3 | 2.9 | 1.4 | 2.9 | 5.6 | 6.2 | 4.1 | 3.4 | 2.9 | 1.4 | 2.0 |
| Cash Flow to Total Debt 44 | 0.3 | • | 0.9 | 1.6 | 2.3 | 0.4 | 0.3 | 0.2 | 0.3 | 0.4 | 0.3 | 0.6 | 0.2 |

## Selected Financial Factors (in Percentages)

| | | | | | | | | | | | | | |
|---|---|---|---|---|---|---|---|---|---|---|---|---|---|
| Debt Ratio 45 | 55.6 | • | 169.7 | 52.1 | 29.3 | 64.6 | 65.2 | 78.1 | 49.8 | 42.6 | 47.8 | 44.7 | 56.8 |
| Return on Total Assets 46 | 6.3 | • | 59.6 | 3.8 | 0.5 | • | • | • | • | • | • | 8.4 | 7.8 |
| Return on Equity Before Income Taxes 47 | 8.3 | • | • | • | 0.4 | • | • | • | • | • | • | 10.8 | 12.0 |
| Return on Equity After Income Taxes 48 | 4.0 | • | • | • | • | • | • | • | • | • | • | 6.4 | 7.6 |
| Profit Margin (Before Income Tax) 49 | 5.6 | • | 5.6 | • | 0.1 | • | • | • | • | • | • | 7.2 | 10.0 |
| Profit Margin (After Income Tax) 50 | 2.7 | • | 5.6 | • | • | • | • | • | • | • | • | 4.3 | 6.3 |

**Table II**

Corporations with Net Income

# MEDICAL EQUIPMENT AND SUPPLIES

MONEY AMOUNTS AND SIZE OF ASSETS IN THOUSANDS OF DOLLARS

| Item Description for Accounting Period 7/00 Through 6/01 | | Total | Zero Assets | Under 100 | 100 to 250 | 251 to 500 | 501 to 1,000 | 1,001 to 5,000 | 5,001 to 10,000 | 10,001 to 25,000 | 25,001 to 50,000 | 50,001 to 100,000 | 100,001 to 250,000 | 250,001 and over |
|---|---|---|---|---|---|---|---|---|---|---|---|---|---|---|
| Number of Enterprises | 1 | 6848 | 570 | 3603 | 728 | 430 | 491 | 699 | 100 | 95 | 47 | 26 | 21 | 38 |
| **Revenues ($ in Thousands)** | | | | | | | | | | | | | | |
| Net Sales | 2 | 52758787 | 191882 | 964224 | 761038 | 225432 | 657498 | 3198199 | 1108651 | 2243415 | 2361107 | 2240495 | 3651018 | 35155827 |
| Interest | 3 | 806831 | 2727 | 0 | 421 | 1532 | 2937 | 4612 | 8969 | 6304 | 11547 | 10562 | 49549 | 707670 |
| Rents | 4 | 51119 | 1865 | 0 | 0 | 0 | 0 | 421 | 13 | 2876 | 2116 | 1374 | 5058 | 37395 |
| Royalties | 5 | 499923 | 204 | 0 | 0 | 0 | 0 | 0 | 1930 | 1038 | 896 | 872 | 14634 | 480351 |
| Other Portfolio Income | 6 | 959521 | 1291 | 0 | 5447 | 0 | 0 | 3849 | 15278 | 32129 | 6645 | 3798 | 96846 | 794237 |
| Other Receipts | 7 | 1637630 | 28873 | 160 | 7 | 26261 | 3912 | 40349 | 12488 | 23945 | 35357 | 6533 | 39214 | 1420533 |
| Total Receipts | 8 | 56713811 | 226842 | 964384 | 766913 | 253225 | 664347 | 3247430 | 1147329 | 2309707 | 2417668 | 2263634 | 3856319 | 38596013 |
| Average Total Receipts | 9 | 8282 | 398 | 268 | 1053 | 589 | 1353 | 4646 | 11473 | 24313 | 51440 | 87063 | 183634 | 1015685 |
| **Operating Costs/Operating Income (%)** | | | | | | | | | | | | | | |
| Cost of Operations | 10 | 47.0 | 60.6 | 22.2 | 42.1 | 42.2 | 39.7 | 54.9 | 47.4 | 50.9 | 51.6 | 47.9 | 43.0 | 47.0 |
| Salaries and Wages | 11 | 14.5 | 10.6 | 23.1 | 17.2 | 6.9 | 18.0 | 10.9 | 16.6 | 13.1 | 11.4 | 10.5 | 10.8 | 15.3 |
| Taxes Paid | 12 | 2.1 | 2.4 | 3.4 | 5.4 | 5.8 | 3.5 | 2.8 | 2.7 | 2.4 | 2.0 | 1.9 | 1.6 | 2.0 |
| Interest Paid | 13 | 3.1 | 1.6 | 0.5 | 0.5 | 0.1 | 1.6 | 1.0 | 1.1 | 1.4 | 1.0 | 1.3 | 2.7 | 4.0 |
| Depreciation | 14 | 3.0 | 3.5 | 1.1 | 1.5 | 4.1 | 1.9 | 2.0 | 1.4 | 2.3 | 2.4 | 3.2 | 2.5 | 3.3 |
| Amortization and Depletion | 15 | 1.4 | 1.0 | 0.0 | • | 0.0 | 0.0 | 0.1 | 0.1 | 0.4 | 0.5 | 0.5 | 0.7 | 1.9 |
| Pensions and Other Deferred Comp. | 16 | 0.8 | 0.6 | 0.0 | 1.8 | 1.4 | 1.4 | 0.3 | 0.4 | 0.5 | 0.3 | 0.5 | 0.7 | 0.9 |
| Employee Benefits | 17 | 1.9 | 1.9 | 2.5 | 0.3 | 0.3 | 2.5 | 1.5 | 2.4 | 1.3 | 1.5 | 2.3 | 1.4 | 2.0 |
| Advertising | 18 | 1.2 | 0.9 | 0.6 | 0.2 | 0.1 | 1.3 | 2.4 | 1.1 | 1.4 | 1.6 | 0.7 | 1.6 | 1.0 |
| Other Expenses | 19 | 19.4 | 18.3 | 15.0 | 16.5 | 30.7 | 17.4 | 11.7 | 15.1 | 14.6 | 16.6 | 16.4 | 27.1 | 20.3 |
| Officers' Compensation | 20 | 1.9 | 1.8 | 21.1 | 10.3 | 14.6 | 6.9 | 5.0 | 3.7 | 3.1 | 1.8 | 1.3 | 0.8 | 0.7 |
| Operating Margin | 21 | 3.8 | • | 10.4 | 4.2 | • | 5.8 | 7.4 | 7.9 | 8.6 | 9.2 | 13.5 | 7.1 | 1.5 |
| Operating Margin Before Officers' Comp. | 22 | 5.7 | • | 31.4 | 14.5 | 8.4 | 12.7 | 12.4 | 11.7 | 11.7 | 11.0 | 14.8 | 7.9 | 2.3 |

| | | | | | | | | | | | | | |
|---|---|---|---|---|---|---|---|---|---|---|---|---|---|
| **Selected Average Balance Sheet ($ in Thousands)** | | | | | | | | | | | | | |
| Net Receivables 23 | 2763 | 0 | 2 | 40 | 53 | 261 | 593 | 2086 | 3711 | 10015 | 17615 | 34172 | 423947 |
| Inventories 24 | 1042 | 0 | 1 | 9 | 27 | 80 | 395 | 1560 | 3223 | 6772 | 11866 | 20512 | 139004 |
| Net Property, Plant and Equipment 25 | 1361 | 0 | 14 | 54 | 53 | 96 | 482 | 670 | 3301 | 7453 | 16616 | 26676 | 186919 |
| Total Assets 26 | 11041 | 0 | 23 | 165 | 259 | 629 | 2046 | 6886 | 15219 | 36299 | 75065 | 177410 | 1685268 |
| Notes and Loans Payable 27 | 2679 | 0 | 9 | 38 | 13 | 267 | 560 | 1515 | 4306 | 5840 | 13006 | 23933 | 423285 |
| All Other Liabilities 28 | 3024 | 0 | 6 | 20 | 46 | 90 | 631 | 3550 | 3486 | 8251 | 12582 | 54551 | 463727 |
| Net Worth 29 | 5338 | 0 | 8 | 107 | 200 | 271 | 855 | 1821 | 7426 | 22208 | 49477 | 98925 | 798256 |
| **Selected Financial Ratios (Times to 1)** | | | | | | | | | | | | | |
| Current Ratio 30 | 1.6 | • | 0.8 | 2.8 | 3.9 | 4.4 | 1.8 | 3.0 | 1.9 | 2.3 | 2.7 | 2.1 | 1.5 |
| Quick Ratio 31 | 1.1 | • | 0.6 | 2.5 | 2.5 | 3.2 | 1.1 | 1.6 | 1.1 | 1.4 | 1.6 | 1.2 | 1.1 |
| Net Sales to Working Capital 32 | 4.0 | • | • | 22.2 | 4.5 | 3.3 | 7.6 | 3.1 | 5.3 | 3.9 | 3.7 | 4.3 | 3.7 |
| Coverage Ratio 33 | 5.3 | 10.2 | 19.9 | 11.0 | 50.6 | 5.3 | 10.0 | 11.8 | 9.1 | 12.2 | 12.4 | 6.0 | 4.6 |
| Total Asset Turnover 34 | 0.7 | • | 11.8 | 6.3 | 2.0 | 2.1 | 2.2 | 1.6 | 1.6 | 1.4 | 1.1 | 1.0 | 0.5 |
| Inventory Turnover 35 | 3.5 | • | 76.6 | 48.7 | 8.3 | 6.6 | 6.4 | 3.4 | 3.7 | 3.8 | 3.5 | 3.6 | 3.1 |
| Receivables Turnover 36 | 2.6 | • | 95.4 | 23.3 | 9.3 | 7.1 | 8.2 | 4.6 | 6.5 | 5.1 | 4.8 | 5.1 | 2.1 |
| Total Liabilities to Net Worth 37 | 1.1 | • | 1.9 | 0.5 | 0.3 | 1.3 | 1.4 | 2.8 | 1.0 | 0.6 | 0.5 | 0.8 | 1.1 |
| Current Assets to Working Capital 38 | 2.6 | • | • | 1.6 | 1.3 | 1.3 | 2.3 | 1.5 | 2.1 | 1.7 | 1.6 | 1.9 | 2.8 |
| Current Liabilities to Working Capital 39 | 1.6 | • | • | 0.6 | 0.3 | 0.3 | 1.3 | 0.5 | 1.1 | 0.7 | 0.6 | 0.9 | 1.8 |
| Working Capital to Net Sales 40 | 0.2 | • | • | 0.0 | 0.2 | 0.3 | 0.1 | 0.3 | 0.2 | 0.3 | 0.3 | 0.2 | 0.3 |
| Inventory to Working Capital 41 | 0.5 | • | • | 0.1 | 0.4 | 0.3 | 0.8 | 0.4 | 0.7 | 0.5 | 0.5 | 0.5 | 0.5 |
| Total Receipts to Cash Flow 42 | 3.6 | 3.4 | 4.9 | 5.4 | 3.3 | 5.0 | 5.8 | 4.5 | 4.4 | 3.8 | 3.4 | 2.6 | 3.4 |
| Cost of Goods to Cash Flow 43 | 1.7 | 2.1 | 1.1 | 2.3 | 1.4 | 2.0 | 3.2 | 2.1 | 2.2 | 1.9 | 1.6 | 1.1 | 1.6 |
| Cash Flow to Total Debt 44 | 0.4 | • | 3.7 | 3.3 | 2.7 | 0.7 | 0.7 | 0.5 | 0.7 | 0.9 | 1.0 | 0.8 | 0.3 |
| **Selected Financial Factors (in Percentages)** | | | | | | | | | | | | | |
| Debt Ratio 45 | 51.7 | • | 64.9 | 35.3 | 22.7 | 56.8 | 58.2 | 73.6 | 51.2 | 38.8 | 34.1 | 44.2 | 52.6 |
| Return on Total Assets 46 | 11.5 | • | 128.9 | 34.8 | 12.6 | 18.1 | 22.1 | 20.0 | 20.1 | 17.5 | 18.2 | 15.6 | 10.1 |
| Return on Equity Before Income Taxes 47 | 19.3 | • | 349.3 | 48.9 | 16.0 | 33.9 | 47.6 | 69.3 | 36.6 | 26.2 | 25.4 | 23.3 | 16.7 |
| Return on Equity After Income Taxes 48 | 13.9 | • | 349.2 | 43.8 | 15.2 | 30.6 | 42.2 | 62.3 | 31.1 | 20.4 | 17.6 | 16.5 | 11.5 |
| Profit Margin (Before Income Tax) 49 | 13.4 | 14.9 | 10.4 | 5.0 | 6.1 | 6.9 | 8.9 | 11.4 | 11.5 | 11.6 | 14.6 | 13.3 | 14.4 |
| Profit Margin (After Income Tax) 50 | 9.6 | 12.8 | 10.4 | 4.5 | 5.8 | 6.2 | 7.9 | 10.2 | 9.8 | 9.0 | 10.1 | 9.4 | 9.9 |

## Table I

Corporations with and without Net Income

# OTHER MISCELLANEOUS MANUFACTURING

MONEY AMOUNTS AND SIZE OF ASSETS IN THOUSANDS OF DOLLARS

| Item Description for Accounting Period 7/00 Through 6/01 | | Total | Zero Assets | Under 100 | 100 to 250 | 251 to 500 | 501 to 1,000 | 1,001 to 5,000 | 5,001 to 10,000 | 10,001 to 25,000 | 25,001 to 50,000 | 50,001 to 100,000 | 100,001 to 250,000 | 250,001 and over |
|---|---|---|---|---|---|---|---|---|---|---|---|---|---|---|
| Number of Enterprises | 1 | 29499 | 705 | 14079 | 3854 | 3392 | 2443 | 3593 | 566 | 458 | 204 | 98 | 69 | 39 |
| **Revenues ($ in Thousands)** | | | | | | | | | | | | | | |
| Net Sales | 2 | 106964407 | 952299 | 2691621 | 1947995 | 3043264 | 4976646 | 18286024 | 6260537 | 11240399 | 9770455 | 8829909 | 11088646 | 27876613 |
| Interest | 3 | 996459 | 2041 | 112 | 1442 | 2073 | 3909 | 21304 | 11048 | 38044 | 27849 | 36994 | 98797 | 752848 |
| Rents | 4 | 93900 | 88 | 0 | 0 | 723 | 2061 | 2092 | 2960 | 5992 | 2868 | 6410 | 12102 | 58603 |
| Royalties | 5 | 583830 | 540 | 0 | 0 | 0 | 0 | 400 | 664 | 4506 | 12096 | 22060 | 44522 | 499042 |
| Other Portfolio Income | 6 | 622049 | 22249 | 0 | 5073 | 1092 | 2800 | 53924 | 50141 | 41324 | 35120 | 23991 | 115374 | 270961 |
| Other Receipts | 7 | 1305604 | 28282 | -2254 | 5274 | 15140 | 4467 | 136996 | 76136 | 88092 | 78133 | 77427 | 115314 | 682594 |
| Total Receipts | 8 | 110566249 | 1005499 | 2689479 | 1959784 | 3062292 | 4989883 | 18500740 | 6401486 | 11418357 | 9926521 | 8996791 | 11474755 | 30140661 |
| Average Total Receipts | 9 | 3748 | 1426 | 191 | 509 | 903 | 2043 | 5149 | 11310 | 24931 | 48659 | 91804 | 166301 | 772837 |
| **Operating Costs/Operating Income (%)** | | | | | | | | | | | | | | |
| Cost of Operations | 10 | 64.2 | 66.9 | 57.5 | 54.4 | 48.4 | 58.9 | 65.6 | 60.5 | 68.4 | 66.6 | 67.1 | 66.1 | 63.8 |
| Salaries and Wages | 11 | 8.3 | 8.2 | 8.6 | 10.3 | 14.0 | 11.6 | 7.5 | 8.4 | 8.1 | 9.6 | 7.9 | 8.2 | 7.1 |
| Taxes Paid | 12 | 2.1 | 2.9 | 2.9 | 3.0 | 3.5 | 2.9 | 2.4 | 2.4 | 2.0 | 1.9 | 1.6 | 1.5 | 1.9 |
| Interest Paid | 13 | 3.2 | 4.0 | 1.1 | 1.6 | 1.4 | 0.8 | 1.5 | 1.6 | 2.0 | 2.3 | 3.0 | 4.2 | 6.1 |
| Depreciation | 14 | 2.6 | 2.8 | 1.1 | 1.9 | 2.1 | 1.3 | 2.1 | 2.6 | 2.4 | 2.7 | 2.8 | 3.2 | 3.1 |
| Amortization and Depletion | 15 | 0.6 | 1.5 | 0.1 | 0.2 | 0.2 | 0.1 | 0.1 | 0.2 | 0.3 | 0.5 | 0.6 | 0.9 | 1.4 |
| Pensions and Other Deferred Comp. | 16 | 0.5 | 0.5 | 0.3 | 0.8 | 0.2 | 0.4 | 0.5 | 0.7 | 0.4 | 0.5 | 0.4 | 0.3 | 0.5 |
| Employee Benefits | 17 | 1.3 | 3.1 | 0.6 | 1.0 | 1.8 | 1.5 | 1.3 | 1.3 | 1.2 | 1.7 | 1.4 | 1.5 | 1.3 |
| Advertising | 18 | 1.8 | 1.2 | 1.0 | 1.8 | 1.4 | 1.2 | 1.1 | 1.3 | 1.7 | 1.6 | 1.8 | 1.4 | 2.8 |
| Other Expenses | 19 | 12.8 | 12.1 | 17.4 | 19.8 | 15.9 | 12.1 | 11.5 | 12.5 | 10.4 | 10.7 | 11.5 | 12.5 | 14.8 |
| Officers' Compensation | 20 | 2.8 | 0.9 | 9.2 | 9.1 | 8.8 | 6.9 | 4.7 | 3.8 | 2.4 | 2.0 | 1.2 | 0.9 | 0.6 |
| Operating Margin | 21 | • | • | 0.2 | • | 2.4 | 2.3 | 1.8 | 4.9 | 1.0 | 0.1 | 0.6 | • | • |
| Operating Margin Before Officers' Comp. | 22 | 2.7 | • | 9.4 | 5.2 | 11.2 | 9.2 | 6.5 | 8.6 | 3.4 | 2.1 | 1.8 | 0.2 | • |

| Selected Average Balance Sheet ($ in Thousands) | | | | | | | | | | | | | |
|---|---|---|---|---|---|---|---|---|---|---|---|---|---|
| Net Receivables 23 | 566 | 0 | 6 | 49 | 91 | 142 | 624 | 1667 | 3954 | 8217 | 15604 | 28598 | 143384 |
| Inventories 24 | 509 | 0 | 7 | 43 | 74 | 168 | 620 | 1687 | 3880 | 8322 | 14225 | 21118 | 117369 |
| Net Property, Plant and Equipment 25 | 549 | 0 | 8 | 29 | 82 | 125 | 567 | 1562 | 3442 | 7598 | 15033 | 31684 | 145281 |
| Total Assets 26 | 2764 | 0 | 32 | 169 | 352 | 629 | 2324 | 6991 | 15441 | 34558 | 70923 | 154479 | 862600 |
| Notes and Loans Payable 27 | 1176 | 0 | 39 | 66 | 180 | 204 | 1040 | 2027 | 5581 | 12870 | 33392 | 67118 | 379402 |
| All Other Liabilities 28 | 652 | 0 | 14 | 74 | 90 | 175 | 664 | 1312 | 3833 | 8632 | 15169 | 33040 | 194867 |
| Net Worth 29 | 936 | 0 | -21 | 29 | 82 | 251 | 620 | 3653 | 6026 | 13056 | 22362 | 54321 | 288331 |

| Selected Financial Ratios (Times to 1) | | | | | | | | | | | | | |
|---|---|---|---|---|---|---|---|---|---|---|---|---|---|
| Current Ratio 30 | 1.7 | • | 0.9 | 1.4 | 2.0 | 2.6 | 1.6 | 2.0 | 1.8 | 1.7 | 1.4 | 1.7 | 1.9 |
| Quick Ratio 31 | 0.9 | • | 0.5 | 0.8 | 1.4 | 1.5 | 0.8 | 1.1 | 0.9 | 0.9 | 0.8 | 1.0 | 0.9 |
| Net Sales to Working Capital 32 | 6.1 | • | • | 14.7 | 8.4 | 7.2 | 8.7 | 5.2 | 5.6 | 5.8 | 7.6 | 5.4 | 4.5 |
| Coverage Ratio 33 | 2.0 | 1.4 | 1.1 | • | 3.1 | 4.3 | 2.9 | 5.4 | 2.3 | 1.7 | 1.8 | 1.7 | 1.9 |
| Total Asset Turnover 34 | 1.3 | • | 5.9 | 3.0 | 2.5 | 3.2 | 2.2 | 1.6 | 1.6 | 1.4 | 1.3 | 1.0 | 0.8 |
| Inventory Turnover 35 | 4.6 | • | 14.8 | 6.4 | 5.9 | 7.1 | 5.4 | 4.0 | 4.3 | 3.8 | 4.3 | 5.0 | 3.9 |
| Receivables Turnover 36 | 6.1 | • | 37.4 | 12.0 | 9.5 | 13.0 | 8.5 | 6.5 | 6.3 | 5.6 | 5.7 | 5.9 | 4.3 |
| Total Liabilities to Net Worth 37 | 2.0 | • | • | 4.9 | 3.3 | 1.5 | 2.7 | 0.9 | 1.6 | 1.6 | 2.2 | 1.8 | 2.0 |
| Current Assets to Working Capital 38 | 2.4 | • | • | 3.6 | 2.0 | 1.6 | 2.7 | 2.0 | 2.3 | 2.5 | 3.2 | 2.4 | 2.1 |
| Current Liabilities to Working Capital 39 | 1.4 | • | • | 2.6 | 1.0 | 0.6 | 1.7 | 1.0 | 1.3 | 1.5 | 2.2 | 1.4 | 1.1 |
| Working Capital to Net Sales 40 | 0.2 | • | • | 0.1 | 0.1 | 0.1 | 0.1 | 0.2 | 0.2 | 0.2 | 0.1 | 0.2 | 0.2 |
| Inventory to Working Capital 41 | 0.9 | • | • | 1.4 | 0.5 | 0.6 | 1.2 | 0.8 | 0.9 | 1.0 | 1.3 | 0.7 | 0.8 |
| Total Receipts to Cash Flow 42 | 7.6 | 10.0 | 7.7 | 9.8 | 7.2 | 9.6 | 8.9 | 6.2 | 9.2 | 9.9 | 8.1 | 7.8 | 5.9 |
| Cost of Goods to Cash Flow 43 | 4.9 | 6.7 | 4.4 | 5.3 | 3.5 | 5.7 | 5.8 | 3.7 | 6.3 | 6.6 | 5.4 | 5.2 | 3.8 |
| Cash Flow to Total Debt 44 | 0.3 | • | 0.5 | 0.4 | 0.5 | 0.6 | 0.3 | 0.5 | 0.3 | 0.2 | 0.2 | 0.2 | 0.2 |

| Selected Financial Factors (in Percentages) | | | | | | | | | | | | | |
|---|---|---|---|---|---|---|---|---|---|---|---|---|---|
| Debt Ratio 45 | 66.1 | • | 164.7 | 83.0 | 76.8 | 60.2 | 73.3 | 47.7 | 61.0 | 62.2 | 68.5 | 64.8 | 66.6 |
| Return on Total Assets 46 | 8.7 | • | 7.3 | • | 11.2 | 10.7 | 9.9 | 13.8 | 7.1 | 5.5 | 7.0 | 7.3 | 9.5 |
| Return on Equity Before Income Taxes 47 | 13.1 | • | • | • | 32.9 | 20.8 | 24.4 | 21.5 | 10.3 | 6.1 | 10.0 | 8.2 | 13.1 |
| Return on Equity After Income Taxes 48 | 9.6 | • | • | • | 31.5 | 19.3 | 20.9 | 19.1 | 7.7 | 3.7 | 6.6 | 5.1 | 8.8 |
| Profit Margin (Before Income Tax) 49 | 3.4 | 1.5 | 0.1 | • | 3.0 | 2.6 | 3.0 | 7.1 | 2.5 | 1.7 | 2.5 | 2.8 | 5.3 |
| Profit Margin (After Income Tax) 50 | 2.5 | 1.2 | 0.1 | • | 2.9 | 2.4 | 2.6 | 6.3 | 1.9 | 1.0 | 1.6 | 1.7 | 3.6 |

## Table II

Corporations with Net Income

# OTHER MISCELLANEOUS MANUFACTURING

MONEY AMOUNTS AND SIZE OF ASSETS IN THOUSANDS OF DOLLARS

| Item Description for Accounting Period 7/00 Through 6/01 | | Total | Zero Assets | Under 100 | 100 to 250 | 251 to 500 | 501 to 1,000 | 1,001 to 5,000 | 5,001 to 10,000 | 10,001 to 25,000 | 25,001 to 50,000 | 50,001 to 100,000 | 100,001 to 250,000 | 250,001 and over |
|---|---|---|---|---|---|---|---|---|---|---|---|---|---|---|
| Number of Enterprises | 1 | 15442 | 424 | 5913 | 1956 | 1827 | 1664 | 2629 | 450 | 318 | 130 | 58 | 43 | 29 |
| **Revenues ($ in Thousands)** | | | | | | | | | | | | | | |
| Net Sales | 2 | 80446038 | 600502 | 1405129 | 867848 | 2024193 | 3607314 | 14582348 | 5330592 | 8519943 | 6843056 | 5886349 | 7738775 | 23039990 |
| Interest | 3 | 845638 | 932 | 0 | 1332 | 1130 | 2340 | 17443 | 7934 | 22306 | 14267 | 12467 | 59188 | 706298 |
| Rents | 4 | 85412 | 88 | 0 | 0 | 0 | 2061 | 2088 | 2731 | 3529 | 2066 | 5198 | 11061 | 56590 |
| Royalties | 5 | 154519 | 535 | 0 | 0 | 0 | 0 | 366 | 664 | 4160 | 6870 | 16082 | 18829 | 107013 |
| Other Portfolio Income | 6 | 577035 | 20640 | 0 | 5073 | 3 | 2277 | 47638 | 48430 | 26918 | 27316 | 18884 | 113232 | 266626 |
| Other Receipts | 7 | 937138 | 25940 | 255 | -402 | 11107 | 5011 | 108804 | 68955 | 59954 | 35363 | 51489 | 60035 | 510627 |
| Total Receipts | 8 | 83045780 | 648637 | 1405384 | 873851 | 2036433 | 3619003 | 14758687 | 5459306 | 8636810 | 6928938 | 5990469 | 8001120 | 24687144 |
| Average Total Receipts | 9 | 5378 | 1530 | 238 | 447 | 1115 | 2175 | 5614 | 12132 | 27160 | 53300 | 103284 | 186073 | 851281 |
| **Operating Costs/Operating Income (%)** | | | | | | | | | | | | | | |
| Cost of Operations | 10 | 63.5 | 66.5 | 43.1 | 52.5 | 46.4 | 57.6 | 64.6 | 59.1 | 67.0 | 64.7 | 65.4 | 65.1 | 65.0 |
| Salaries and Wages | 11 | 7.6 | 7.3 | 11.3 | 10.1 | 12.8 | 10.1 | 6.7 | 8.1 | 7.5 | 9.0 | 7.1 | 7.6 | 6.6 |
| Taxes Paid | 12 | 2.1 | 2.8 | 3.0 | 2.9 | 3.3 | 3.0 | 2.3 | 2.3 | 2.0 | 1.9 | 1.5 | 1.6 | 1.9 |
| Interest Paid | 13 | 2.9 | 2.6 | 0.4 | 1.4 | 0.6 | 0.6 | 1.4 | 1.4 | 1.5 | 1.5 | 2.4 | 3.2 | 5.9 |
| Depreciation | 14 | 2.4 | 2.8 | 1.3 | 2.2 | 1.6 | 1.3 | 1.9 | 2.5 | 2.0 | 2.3 | 2.3 | 3.0 | 3.1 |
| Amortization and Depletion | 15 | 0.4 | 1.1 | 0.0 | • | 0.1 | 0.0 | 0.1 | 0.1 | 0.2 | 0.3 | 0.5 | 0.6 | 0.8 |
| Pensions and Other Deferred Comp. | 16 | 0.5 | 0.6 | 0.1 | 1.3 | 0.2 | 0.3 | 0.5 | 0.8 | 0.4 | 0.6 | 0.4 | 0.4 | 0.6 |
| Employee Benefits | 17 | 1.3 | 2.9 | 0.7 | 0.7 | 1.5 | 1.9 | 1.1 | 1.3 | 1.1 | 1.5 | 1.1 | 1.5 | 1.2 |
| Advertising | 18 | 1.4 | 0.6 | 0.5 | 0.8 | 1.6 | 0.8 | 1.0 | 1.2 | 1.4 | 1.5 | 2.0 | 1.6 | 1.7 |
| Other Expenses | 19 | 11.1 | 10.0 | 15.1 | 17.6 | 14.1 | 9.8 | 10.3 | 11.4 | 8.5 | 9.2 | 10.4 | 10.6 | 12.9 |
| Officers' Compensation | 20 | 2.8 | 1.2 | 10.5 | 8.2 | 9.4 | 7.6 | 5.0 | 3.8 | 2.5 | 1.8 | 1.2 | 1.0 | 0.6 |
| Operating Margin | 21 | 4.1 | 1.7 | 13.9 | 2.3 | 8.4 | 6.9 | 5.2 | 8.0 | 5.9 | 5.6 | 5.7 | 3.9 | • |
| Operating Margin Before Officers' Comp. | 22 | 6.9 | 2.9 | 24.4 | 10.5 | 17.8 | 14.5 | 10.2 | 11.8 | 8.4 | 7.4 | 6.9 | 4.8 | 0.3 |

| Selected Average Balance Sheet ($ in Thousands) | | | | | | | | | | | | | |
|---|---|---|---|---|---|---|---|---|---|---|---|---|---|
| Net Receivables 23 | 802 | 0 | 7 | 52 | 103 | 159 | 675 | 1737 | 4369 | 8383 | 17772 | 27733 | 156004 |
| Inventories 24 | 760 | 0 | 9 | 58 | 80 | 161 | 662 | 1761 | 4099 | 8799 | 16996 | 24045 | 143337 |
| Net Property, Plant and Equipment 25 | 764 | 0 | 10 | 24 | 86 | 126 | 543 | 1506 | 3203 | 7593 | 14595 | 33457 | 169710 |
| Total Assets 26 | 3809 | 0 | 34 | 164 | 353 | 623 | 2392 | 7176 | 15304 | 34491 | 71783 | 152238 | 932396 |
| Notes and Loans Payable 27 | 1406 | 0 | 17 | 40 | 93 | 100 | 873 | 1905 | 4521 | 9302 | 29432 | 58305 | 385847 |
| All Other Liabilities 28 | 843 | 0 | 7 | 51 | 51 | 152 | 611 | 1203 | 3510 | 8217 | 14400 | 30779 | 208366 |
| Net Worth 29 | 1560 | 0 | 10 | 73 | 209 | 371 | 909 | 4068 | 7273 | 16973 | 27951 | 63154 | 338184 |

| Selected Financial Ratios (Times to 1) | | | | | | | | | | | | | |
|---|---|---|---|---|---|---|---|---|---|---|---|---|---|
| Current Ratio 30 | 2.0 | • | 2.4 | 1.8 | 3.2 | 3.0 | 2.0 | 2.2 | 2.0 | 1.9 | 1.7 | 1.9 | 2.0 |
| Quick Ratio 31 | 1.0 | • | 1.5 | 1.1 | 2.6 | 1.8 | 1.1 | 1.2 | 1.1 | 1.0 | 0.9 | 1.0 | 1.0 |
| Net Sales to Working Capital 32 | 5.3 | • | 18.2 | 7.2 | 7.0 | 7.0 | 6.8 | 4.9 | 5.0 | 5.1 | 5.9 | 5.2 | 4.2 |
| Coverage Ratio 33 | 3.6 | 4.7 | 32.6 | 3.1 | 16.8 | 12.6 | 5.6 | 8.5 | 6.0 | 5.7 | 4.2 | 3.3 | 2.3 |
| Total Asset Turnover 34 | 1.4 | • | 6.9 | 2.7 | 3.1 | 3.5 | 2.3 | 1.7 | 1.8 | 1.5 | 1.4 | 1.2 | 0.9 |
| Inventory Turnover 35 | 4.3 | • | 11.1 | 4.0 | 6.5 | 7.8 | 5.4 | 4.0 | 4.4 | 3.9 | 3.9 | 4.9 | 3.6 |
| Receivables Turnover 36 | 5.8 | • | 27.1 | 7.5 | 9.7 | 11.9 | 8.1 | 6.5 | 6.2 | 5.7 | 5.4 | 6.2 | 4.1 |
| Total Liabilities to Net Worth 37 | 1.4 | • | 2.4 | 1.2 | 0.7 | 0.7 | 1.6 | 0.8 | 1.1 | 1.0 | 1.6 | 1.4 | 1.8 |
| Current Assets to Working Capital 38 | 2.0 | • | 1.7 | 2.2 | 1.5 | 1.5 | 2.0 | 1.9 | 2.0 | 2.1 | 2.5 | 2.1 | 2.0 |
| Current Liabilities to Working Capital 39 | 1.0 | • | 0.7 | 1.2 | 0.5 | 0.5 | 1.0 | 0.9 | 1.0 | 1.1 | 1.5 | 1.1 | 1.0 |
| Working Capital to Net Sales 40 | 0.2 | • | 0.1 | 0.1 | 0.1 | 0.1 | 0.1 | 0.2 | 0.2 | 0.2 | 0.2 | 0.2 | 0.2 |
| Inventory to Working Capital 41 | 0.8 | • | 0.6 | 0.7 | 0.2 | 0.5 | 0.9 | 0.7 | 0.8 | 0.8 | 1.0 | 0.7 | 0.8 |
| Total Receipts to Cash Flow 42 | 6.3 | 6.4 | 4.2 | 6.3 | 5.7 | 7.8 | 7.3 | 5.5 | 7.2 | 7.1 | 6.0 | 6.6 | 5.7 |
| Cost of Goods to Cash Flow 43 | 4.0 | 4.2 | 1.8 | 3.3 | 2.6 | 4.5 | 4.7 | 3.2 | 4.8 | 4.6 | 3.9 | 4.3 | 3.7 |
| Cash Flow to Total Debt 44 | 0.4 | • | 2.4 | 0.8 | 1.4 | 1.1 | 0.5 | 0.7 | 0.5 | 0.4 | 0.4 | 0.3 | 0.2 |

| Selected Financial Factors (in Percentages) | | | | | | | | | | | | | |
|---|---|---|---|---|---|---|---|---|---|---|---|---|---|
| Debt Ratio 45 | 59.1 | • | 70.7 | 55.4 | 40.6 | 40.5 | 62.0 | 43.3 | 52.5 | 50.8 | 61.1 | 58.5 | 63.7 |
| Return on Total Assets 46 | 14.2 | • | 99.4 | 11.9 | 30.0 | 27.4 | 18.1 | 19.4 | 15.2 | 12.7 | 14.0 | 12.4 | 11.4 |
| Return on Equity Before Income Taxes 47 | 25.0 | • | 328.5 | 18.1 | 47.5 | 42.4 | 39.2 | 30.3 | 26.7 | 21.3 | 27.2 | 20.8 | 17.4 |
| Return on Equity After Income Taxes 48 | 21.0 | • | 328.1 | 16.4 | 46.5 | 41.0 | 36.0 | 27.5 | 23.7 | 18.3 | 22.6 | 16.5 | 12.5 |
| Profit Margin (Before Income Tax) 49 | 7.5 | 9.7 | 13.9 | 3.0 | 9.0 | 7.3 | 6.4 | 10.4 | 7.2 | 6.9 | 7.5 | 7.3 | 7.4 |
| Profit Margin (After Income Tax) 50 | 6.3 | 9.1 | 13.9 | 2.7 | 8.8 | 7.0 | 5.9 | 9.5 | 6.4 | 5.9 | 6.2 | 5.8 | 5.3 |

**Table I**

Corporations with and without Net Income

# MOTOR VEHICLE AND MOTOR VEHICLE PARTS AND SUPPLIES WHOLESALERS

MONEY AMOUNTS AND SIZE OF ASSETS IN THOUSANDS OF DOLLARS

| Item Description for Accounting Period 7/00 Through 6/01 | | Total | Zero Assets | Under 100 | 100 to 250 | 251 to 500 | 501 to 1,000 | 1,001 to 5,000 | 5,001 to 10,000 | 10,001 to 25,000 | 25,001 to 50,000 | 50,001 to 100,000 | 100,001 to 250,000 | 250,001 and over |
|---|---|---|---|---|---|---|---|---|---|---|---|---|---|---|
| Number of Enterprises | 1 | 17567 | 732 | 3974 | 4134 | 2627 | 2864 | 2361 | 436 | 254 | 84 | 42 | 25 | 34 |
| **Revenues ($ in Thousands)** | | | | | | | | | | | | | | |
| Net Sales | 2 | 223072624 | 22861576 | 1246820 | 3467869 | 4240883 | 6456534 | 11218122 | 6704923 | 9468550 | 6820808 | 5561531 | 6940031 | 138084976 |
| Interest | 3 | 2206546 | 122054 | 207 | 2133 | 5939 | 7225 | 28085 | 15051 | 16178 | 24573 | 21387 | 38120 | 1925595 |
| Rents | 4 | 984491 | 21625 | 0 | 4189 | 2111 | 249 | 6093 | 1696 | 3621 | 6488 | 6517 | 3442 | 928460 |
| Royalties | 5 | 76807 | 0 | 0 | 0 | 0 | 0 | 157 | 0 | 1 | 290 | 0 | 1395 | 74964 |
| Other Portfolio Income | 6 | 4304147 | 40774 | 3599 | 82 | 1599 | 11635 | 5924 | 11655 | 7510 | 9745 | 6975 | 2842 | 4201804 |
| Other Receipts | 7 | 2311046 | 27886 | 15012 | 3358 | 10486 | 11496 | 59400 | 85199 | 87404 | 37425 | 21557 | 41258 | 1910569 |
| Total Receipts | 8 | 232955661 | 23073915 | 1265638 | 3477631 | 4261018 | 6487139 | 11317781 | 6818524 | 9583264 | 6899329 | 5617967 | 7027088 | 147126368 |
| Average Total Receipts | 9 | 13261 | 31522 | 318 | 841 | 1622 | 2265 | 4794 | 15639 | 37729 | 82135 | 133761 | 281084 | 4327246 |
| **Operating Costs/Operating Income (%)** | | | | | | | | | | | | | | |
| Cost of Operations | 10 | 79.4 | 84.9 | 79.3 | 80.4 | 81.6 | 78.1 | 77.4 | 74.8 | 79.1 | 79.5 | 77.7 | 77.3 | 79.1 |
| Salaries and Wages | 11 | 3.7 | 1.2 | 7.9 | 2.5 | 5.7 | 6.1 | 6.7 | 7.9 | 7.6 | 7.4 | 8.1 | 8.3 | 2.6 |
| Taxes Paid | 12 | 0.8 | 0.7 | 1.3 | 1.1 | 1.3 | 1.3 | 1.3 | 1.3 | 1.2 | 1.2 | 1.1 | 1.2 | 0.7 |
| Interest Paid | 13 | 2.2 | 0.2 | 0.4 | 0.5 | 0.5 | 0.6 | 0.6 | 1.1 | 1.1 | 1.2 | 1.2 | 1.7 | 3.2 |
| Depreciation | 14 | 5.9 | 2.3 | 0.1 | 0.4 | 0.8 | 0.6 | 0.8 | 0.8 | 0.9 | 1.2 | 1.4 | 1.2 | 8.7 |
| Amortization and Depletion | 15 | 0.1 | 0.0 | 0.0 | 0.2 | 0.1 | 0.0 | 0.0 | 0.0 | 0.0 | 0.1 | 0.2 | 0.4 | 0.1 |
| Pensions and Other Deferred Comp. | 16 | 0.1 | 0.1 | 0.1 | 0.0 | 0.0 | 0.1 | 0.2 | 0.1 | 0.2 | 0.2 | 0.2 | 0.2 | 0.1 |
| Employee Benefits | 17 | 0.4 | 0.1 | 0.7 | 0.2 | 0.3 | 1.7 | 0.5 | 0.6 | 0.6 | 0.7 | 0.7 | 1.0 | 0.3 |
| Advertising | 18 | 2.9 | 5.2 | 0.2 | 0.5 | 0.4 | 0.6 | 0.5 | 0.6 | 0.6 | 0.7 | 1.2 | 0.8 | 3.5 |
| Other Expenses | 19 | 5.3 | 2.6 | 10.5 | 9.3 | 7.1 | 7.6 | 7.9 | 9.4 | 6.7 | 6.6 | 5.9 | 7.2 | 4.7 |
| Officers' Compensation | 20 | 0.7 | 0.1 | 2.8 | 4.5 | 3.4 | 3.5 | 2.7 | 2.3 | 1.4 | 1.2 | 0.6 | 0.6 | 0.1 |
| Operating Margin | 21 | • | 2.8 | • | 0.5 | • | • | 1.5 | 1.1 | 0.5 | 0.1 | 1.6 | 0.2 | • |
| Operating Margin Before Officers' Comp. | 22 | • | 2.9 | • | 5.0 | 2.2 | 3.3 | 4.2 | 3.3 | 1.9 | 1.3 | 2.3 | 0.8 | • |

| Selected Average Balance Sheet ($ in Thousands) | | | | | | | | | | | | | |
|---|---|---|---|---|---|---|---|---|---|---|---|---|---|
| Net Receivables 23 | 2678 | 0 | 9 | 26 | 77 | 146 | 441 | 1760 | 4101 | 9059 | 14546 | 37124 | 1209922 |
| Inventories 24 | 1268 | 0 | 13 | 67 | 130 | 318 | 779 | 3036 | 6288 | 13132 | 24850 | 56215 | 364313 |
| Net Property, Plant and Equipment 25 | 1683 | 0 | 2 | 17 | 33 | 55 | 212 | 609 | 1900 | 5596 | 9783 | 19819 | 783048 |
| Total Assets 26 | 7810 | 0 | 35 | 158 | 355 | 671 | 1720 | 6536 | 14913 | 35650 | 64270 | 158657 | 3329226 |
| Notes and Loans Payable 27 | 2639 | 0 | 24 | 73 | 126 | 255 | 435 | 2212 | 5585 | 13859 | 25002 | 55008 | 1114538 |
| All Other Liabilities 28 | 3664 | 0 | 15 | 47 | 73 | 219 | 501 | 2071 | 4509 | 11233 | 18040 | 39498 | 1687173 |
| Net Worth 29 | 1508 | 0 | -5 | 38 | 156 | 197 | 784 | 2253 | 4819 | 10558 | 21228 | 64151 | 527515 |

| Selected Financial Ratios (Times to 1) | | | | | | | | | | | | | |
|---|---|---|---|---|---|---|---|---|---|---|---|---|---|
| Current Ratio 30 | 1.2 | • | 1.2 | 2.3 | 4.3 | 2.0 | 2.0 | 1.6 | 1.5 | 1.4 | 1.7 | 1.7 | 1.2 |
| Quick Ratio 31 | 0.7 | • | 0.6 | 0.9 | 2.2 | 0.8 | 0.8 | 0.6 | 0.7 | 0.5 | 0.7 | 0.7 | 0.7 |
| Net Sales to Working Capital 32 | 12.2 | • | 73.0 | 11.4 | 7.1 | 8.0 | 6.7 | 8.0 | 9.1 | 11.6 | 7.0 | 6.3 | 13.1 |
| Coverage Ratio 33 | 2.3 | 22.2 | • | 2.7 | • | 1.5 | 5.0 | 3.4 | 2.5 | 2.0 | 3.1 | 1.8 | 2.1 |
| Total Asset Turnover 34 | 1.6 | • | 9.0 | 5.3 | 4.5 | 3.4 | 2.8 | 2.4 | 2.5 | 2.3 | 2.1 | 1.7 | 1.2 |
| Inventory Turnover 35 | 8.0 | • | 19.3 | 10.1 | 10.2 | 5.5 | 4.7 | 3.8 | 4.7 | 4.9 | 4.1 | 3.8 | 8.8 |
| Receivables Turnover 36 | 5.0 | • | 44.8 | 33.6 | 21.9 | 14.8 | 10.8 | 8.6 | 8.7 | 9.5 | 9.0 | 6.9 | 3.6 |
| Total Liabilities to Net Worth 37 | 4.2 | • | • | 3.1 | 1.3 | 2.4 | 1.2 | 1.9 | 2.1 | 2.4 | 2.0 | 1.5 | 5.3 |
| Current Assets to Working Capital 38 | 5.1 | • | 6.0 | 1.8 | 1.3 | 2.1 | 2.0 | 2.8 | 2.9 | 3.8 | 2.5 | 2.4 | 7.1 |
| Current Liabilities to Working Capital 39 | 4.1 | • | 5.0 | 0.8 | 0.3 | 1.1 | 1.0 | 1.8 | 1.9 | 2.8 | 1.5 | 1.4 | 6.1 |
| Working Capital to Net Sales 40 | 0.1 | • | 0.0 | 0.1 | 0.1 | 0.1 | 0.1 | 0.1 | 0.1 | 0.1 | 0.1 | 0.2 | 0.1 |
| Inventory to Working Capital 41 | 1.3 | • | 2.9 | 1.0 | 0.6 | 1.2 | 1.1 | 1.5 | 1.5 | 2.0 | 1.3 | 1.2 | 1.2 |
| Total Receipts to Cash Flow 42 | 13.9 | 16.6 | 15.9 | 14.4 | 24.6 | 19.1 | 12.2 | 9.8 | 14.7 | 16.8 | 14.2 | 14.2 | 13.3 |
| Cost of Goods to Cash Flow 43 | 11.0 | 14.1 | 12.6 | 11.5 | 20.1 | 14.9 | 9.5 | 7.4 | 11.6 | 13.4 | 11.0 | 11.0 | 10.5 |
| Cash Flow to Total Debt 44 | 0.1 | • | 0.5 | 0.5 | 0.3 | 0.2 | 0.4 | 0.4 | 0.3 | 0.2 | 0.2 | 0.2 | 0.1 |

| Selected Financial Factors (in Percentages) | | | | | | | | | | | | | |
|---|---|---|---|---|---|---|---|---|---|---|---|---|---|
| Debt Ratio 45 | 80.7 | • | 113.5 | 75.7 | 55.9 | 70.7 | 54.4 | 65.5 | 67.7 | 70.4 | 67.0 | 59.6 | 84.2 |
| Return on Total Assets 46 | 8.4 | • | • | 6.5 | • | 3.2 | 8.2 | 9.1 | 7.1 | 5.5 | 8.0 | 5.6 | 8.0 |
| Return on Equity Before Income Taxes 47 | 24.6 | • | 123.7 | 16.7 | • | 3.7 | 14.4 | 18.8 | 13.3 | 9.2 | 16.6 | 6.2 | 26.4 |
| Return on Equity After Income Taxes 48 | 17.3 | • | 123.7 | 13.6 | • | 2.4 | 13.3 | 15.1 | 10.2 | 7.2 | 12.4 | 4.4 | 18.3 |
| Profit Margin (Before Income Tax) 49 | 2.9 | 3.7 | • | 0.8 | • | 0.3 | 2.4 | 2.8 | 1.7 | 1.2 | 2.7 | 1.4 | 3.4 |
| Profit Margin (After Income Tax) 50 | 2.1 | 2.4 | • | 0.6 | • | 0.2 | 2.2 | 2.2 | 1.3 | 0.9 | 2.0 | 1.0 | 2.4 |

**Table II**

Corporations with Net Income

# MOTOR VEHICLE AND MOTOR VEHICLE PARTS AND SUPPLIES WHOLESALERS

**MONEY AMOUNTS AND SIZE OF ASSETS IN THOUSANDS OF DOLLARS**

| Item Description for Accounting Period 7/00 Through 6/01 | | Total | Zero Assets | Under 100 | 100 to 250 | 251 to 500 | 501 to 1,000 | 1,001 to 5,000 | 5,001 to 10,000 | 10,001 to 25,000 | 25,001 to 50,000 | 50,001 to 100,000 | 100,001 to 250,000 | 250,001 and over |
|---|---|---|---|---|---|---|---|---|---|---|---|---|---|---|
| Number of Enterprises | 1 | 10120 | 36 | 1195 | 2751 | 1833 | 1723 | 1900 | 358 | 188 | 63 | 29 | 18 | 26 |
| **Revenues ($ in Thousands)** | | | | | | | | | | | | | | |
| Net Sales | 2 | 190754432 | 22793387 | 246890 | 2739190 | 3672399 | 4796815 | 9162034 | 5541949 | 7544883 | 5506803 | 4234718 | 5277245 | 119238118 |
| Interest | 3 | 2105856 | 121742 | 0 | 959 | 4773 | 3663 | 25579 | 13933 | 12313 | 13365 | 10431 | 35103 | 1863995 |
| Rents | 4 | 840954 | 21625 | 0 | 0 | 2101 | 120 | 5136 | 779 | 2838 | 6035 | 1638 | 3110 | 797572 |
| Royalties | 5 | 76175 | 0 | 0 | 0 | 0 | 0 | 6 | 0 | 1 | 290 | 0 | 1395 | 74482 |
| Other Portfolio Income | 6 | 4274178 | 39913 | 3599 | 45 | 1599 | 11419 | 5579 | 9384 | 3673 | 7350 | 3635 | 2808 | 4185176 |
| Other Receipts | 7 | 2022939 | 25986 | 14514 | 3 | 3581 | 7861 | 53788 | 76254 | 50338 | 32085 | 16397 | 28917 | 1713216 |
| Total Receipts | 8 | 200074534 | 23002653 | 265003 | 2740197 | 3684453 | 4819878 | 9252122 | 5642299 | 7614046 | 5565928 | 4266819 | 5348578 | 127872559 |
| Average Total Receipts | 9 | 19770 | 638963 | 222 | 996 | 2010 | 2797 | 4870 | 15761 | 40500 | 88348 | 147132 | 297143 | 4918175 |
| **Operating Costs/Operating Income (%)** | | | | | | | | | | | | | | |
| Cost of Operations | 10 | 78.9 | 84.9 | 62.4 | 82.1 | 81.7 | 82.0 | 77.6 | 73.2 | 79.5 | 79.2 | 78.3 | 76.7 | 78.0 |
| Salaries and Wages | 11 | 3.5 | 1.2 | 17.3 | 2.3 | 4.8 | 4.4 | 6.4 | 8.2 | 6.9 | 7.1 | 7.3 | 7.9 | 2.7 |
| Taxes Paid | 12 | 0.8 | 0.7 | 3.0 | 0.9 | 1.0 | 1.0 | 1.2 | 1.4 | 1.1 | 1.3 | 1.1 | 1.1 | 0.7 |
| Interest Paid | 13 | 2.3 | 0.2 | 0.2 | 0.3 | 0.3 | 0.4 | 0.5 | 1.1 | 0.9 | 0.8 | 0.9 | 1.4 | 3.4 |
| Depreciation | 14 | 6.5 | 2.3 | 0.2 | 0.3 | 0.6 | 0.6 | 0.7 | 0.7 | 0.8 | 0.9 | 1.1 | 1.2 | 9.7 |
| Amortization and Depletion | 15 | 0.1 | 0.0 | • | 0.2 | 0.1 | 0.0 | 0.0 | 0.0 | 0.0 | 0.1 | 0.0 | 0.4 | 0.1 |
| Pensions and Other Deferred Comp. | 16 | 0.1 | 0.1 | • | 0.0 | 0.0 | 0.1 | 0.2 | 0.1 | 0.2 | 0.2 | 0.2 | 0.2 | 0.1 |
| Employee Benefits | 17 | 0.3 | 0.1 | 1.0 | 0.2 | 0.3 | 0.4 | 0.4 | 0.6 | 0.5 | 0.7 | 0.6 | 1.0 | 0.3 |
| Advertising | 18 | 3.0 | 5.2 | 0.6 | 0.5 | 0.4 | 0.4 | 0.4 | 0.7 | 0.6 | 0.6 | 0.5 | 0.9 | 3.6 |
| Other Expenses | 19 | 4.7 | 2.5 | 11.4 | 7.5 | 6.4 | 6.1 | 7.2 | 9.5 | 5.7 | 6.1 | 5.3 | 7.0 | 4.3 |
| Officers' Compensation | 20 | 0.6 | 0.1 | 3.4 | 2.6 | 3.2 | 3.2 | 2.6 | 2.6 | 1.4 | 1.3 | 0.6 | 0.8 | 0.1 |
| Operating Margin | 21 | • | 2.9 | 0.7 | 3.1 | 1.2 | 1.4 | 2.8 | 2.0 | 2.3 | 1.8 | 3.9 | 1.3 | • |
| Operating Margin Before Officers' Comp. | 22 | • | 3.0 | 4.1 | 5.7 | 4.4 | 4.6 | 5.4 | 4.6 | 3.8 | 3.1 | 4.5 | 2.0 | • |

| Selected Average Balance Sheet ($ in Thousands) | | | | | | | | | | | | | |
|---|---|---|---|---|---|---|---|---|---|---|---|---|---|
| Net Receivables 23 | 4335 | 0 | 8 | 22 | 72 | 161 | 422 | 1649 | 4306 | 10018 | 13353 | 43368 | 1514851 |
| Inventories 24 | 1786 | 0 | 25 | 66 | 160 | 342 | 779 | 2856 | 6639 | 12852 | 26664 | 63118 | 404059 |
| Net Property, Plant and Equipment 25 | 2763 | 0 | 0 | 16 | 31 | 70 | 199 | 625 | 1884 | 4864 | 10838 | 21974 | 990909 |
| Total Assets 26 | 12205 | 0 | 46 | 149 | 375 | 681 | 1664 | 6497 | 15020 | 36006 | 65023 | 165611 | 4066808 |
| Notes and Loans Payable 27 | 3897 | 0 | 13 | 60 | 108 | 161 | 322 | 1735 | 4863 | 12512 | 18318 | 40780 | 1330240 |
| All Other Liabilities 28 | 5885 | 0 | 10 | 30 | 44 | 223 | 451 | 2172 | 4595 | 10810 | 21650 | 46908 | 2090199 |
| Net Worth 29 | 2422 | 0 | 24 | 59 | 224 | 297 | 891 | 2590 | 5563 | 12684 | 25055 | 77923 | 646369 |

| Selected Financial Ratios (Times to 1) | | | | | | | | | | | | | |
|---|---|---|---|---|---|---|---|---|---|---|---|---|---|
| Current Ratio 30 | 1.2 | • | 1.8 | 3.4 | 5.2 | 2.3 | 2.3 | 1.6 | 1.6 | 1.5 | 1.7 | 1.9 | 1.2 |
| Quick Ratio 31 | 0.7 | • | 1.0 | 1.6 | 2.6 | 0.9 | 1.0 | 0.7 | 0.7 | 0.6 | 0.7 | 0.8 | 0.7 |
| Net Sales to Working Capital 32 | 12.2 | • | 23.1 | 11.8 | 7.8 | 8.5 | 6.2 | 7.5 | 8.6 | 9.3 | 7.3 | 5.3 | 13.1 |
| Coverage Ratio 33 | 2.7 | 23.8 | 45.5 | 10.3 | 6.1 | 5.9 | 8.8 | 4.5 | 4.7 | 4.4 | 6.2 | 2.8 | 2.2 |
| Total Asset Turnover 34 | 1.5 | • | 4.5 | 6.7 | 5.3 | 4.1 | 2.9 | 2.4 | 2.7 | 2.4 | 2.2 | 1.8 | 1.1 |
| Inventory Turnover 35 | 8.3 | • | 5.3 | 12.3 | 10.2 | 6.7 | 4.8 | 4.0 | 4.8 | 5.4 | 4.3 | 3.6 | 8.8 |
| Receivables Turnover 36 | 4.6 | • | 19.5 | 50.9 | 26.7 | 14.5 | 11.5 | 9.5 | 8.5 | 9.5 | 9.4 | 6.1 | 3.2 |
| Total Liabilities to Net Worth 37 | 4.0 | • | 0.9 | 1.5 | 0.7 | 1.3 | 0.9 | 1.5 | 1.7 | 1.8 | 1.6 | 1.1 | 5.3 |
| Current Assets to Working Capital 38 | 5.3 | • | 2.3 | 1.4 | 1.2 | 1.7 | 1.8 | 2.6 | 2.6 | 2.9 | 2.4 | 2.1 | 7.6 |
| Current Liabilities to Working Capital 39 | 4.3 | • | 1.3 | 0.4 | 0.2 | 0.7 | 0.8 | 1.6 | 1.6 | 1.9 | 1.4 | 1.1 | 6.6 |
| Working Capital to Net Sales 40 | 0.1 | • | 0.0 | 0.1 | 0.1 | 0.1 | 0.2 | 0.1 | 0.1 | 0.1 | 0.1 | 0.2 | 0.1 |
| Inventory to Working Capital 41 | 1.2 | • | 0.9 | 0.7 | 0.6 | 1.0 | 1.0 | 1.4 | 1.4 | 1.5 | 1.3 | 1.0 | 1.2 |
| Total Receipts to Cash Flow 42 | 12.9 | 16.4 | 6.4 | 11.8 | 17.3 | 17.1 | 10.9 | 8.8 | 13.2 | 14.3 | 11.5 | 12.4 | 12.6 |
| Cost of Goods to Cash Flow 43 | 10.2 | 13.9 | 4.0 | 9.7 | 14.2 | 14.0 | 8.5 | 6.4 | 10.5 | 11.3 | 9.0 | 9.5 | 9.8 |
| Cash Flow to Total Debt 44 | 0.1 | • | 1.4 | 0.9 | 0.8 | 0.4 | 0.6 | 0.4 | 0.3 | 0.3 | 0.3 | 0.3 | 0.1 |

| Selected Financial Factors (in Percentages) | | | | | | | | | | | | | |
|---|---|---|---|---|---|---|---|---|---|---|---|---|---|
| Debt Ratio 45 | 80.2 | • | 48.6 | 60.3 | 40.3 | 56.4 | 46.4 | 60.1 | 63.0 | 64.8 | 61.5 | 52.9 | 84.1 |
| Return on Total Assets 46 | 9.7 | • | 36.9 | 23.2 | 9.7 | 9.1 | 12.3 | 11.7 | 10.9 | 9.0 | 12.4 | 7.2 | 8.6 |
| Return on Equity Before Income Taxes 47 | 30.5 | • | 70.2 | 52.7 | 13.6 | 17.3 | 20.3 | 22.8 | 23.3 | 19.6 | 27.0 | 9.9 | 30.1 |
| Return on Equity After Income Taxes 48 | 22.6 | • | 70.2 | 49.6 | 12.3 | 15.9 | 19.1 | 18.8 | 19.7 | 17.4 | 22.0 | 7.8 | 21.5 |
| Profit Margin (Before Income Tax) 49 | 3.9 | 3.8 | 8.0 | 3.1 | 1.5 | 1.8 | 3.8 | 3.8 | 3.2 | 2.8 | 4.6 | 2.6 | 4.2 |
| Profit Margin (After Income Tax) 50 | 2.9 | 2.5 | 8.0 | 3.0 | 1.4 | 1.7 | 3.5 | 3.2 | 2.7 | 2.5 | 3.8 | 2.1 | 3.0 |

**Table I**

Corporations with and without Net Income

# LUMBER AND OTHER CONSTRUCTION MATERIALS WHOLESALERS

**MONEY AMOUNTS AND SIZE OF ASSETS IN THOUSANDS OF DOLLARS**

| Item Description for Accounting Period 7/00 Through 6/01 | | Total | Zero Assets | Under 100 | 100 to 250 | 251 to 500 | 501 to 1,000 | 1,001 to 5,000 | 5,001 to 10,000 | 10,001 to 25,000 | 25,001 to 50,000 | 50,001 to 100,000 | 100,001 to 250,000 | 250,001 and over |
|---|---|---|---|---|---|---|---|---|---|---|---|---|---|---|
| Number of Enterprises | 1 | 13551 | 224 | 3810 | 1841 | 1517 | 1781 | 3277 | 645 | 320 | 79 | 32 | 16 | 8 |
| **Revenues ($ in Thousands)** | | | | | | | | | | | | | | |
| Net Sales | 2 | 88248182 | 456397 | 657860 | 1203209 | 1880382 | 3714564 | 25724680 | 13016441 | 15122545 | 7960626 | 5957397 | 4836413 | 7717670 |
| Interest | 3 | 300698 | 1165 | 12 | 1764 | 5727 | 8373 | 23339 | 14197 | 15082 | 12873 | 34932 | 23213 | 160021 |
| Rents | 4 | 120457 | 0 | 0 | 0 | 0 | 2849 | 8772 | 3862 | 13526 | 3504 | 7049 | 3382 | 77513 |
| Royalties | 5 | 2063 | 0 | 0 | 0 | 0 | 0 | 46 | 12 | 136 | 0 | 343 | 1526 | 1 |
| Other Portfolio Income | 6 | 191133 | 20869 | 2651 | 2173 | 9070 | 6159 | 27445 | 6352 | 21309 | 11300 | 11005 | 26046 | 46755 |
| Other Receipts | 7 | 517604 | 29987 | 3339 | 3428 | 23600 | 10652 | 142555 | 54090 | 57073 | 37973 | 19339 | 54328 | 81237 |
| Total Receipts | 8 | 89380137 | 508418 | 663862 | 1210574 | 1918779 | 3742597 | 25926837 | 13094954 | 15229671 | 8026276 | 6030065 | 4944908 | 8083197 |
| Average Total Receipts | 9 | 6596 | 2270 | 174 | 658 | 1265 | 2101 | 7912 | 20302 | 47593 | 101598 | 188440 | 309057 | 1010400 |
| **Operating Costs/Operating Income (%)** | | | | | | | | | | | | | | |
| Cost of Operations | 10 | 79.8 | 87.3 | 75.3 | 68.2 | 81.6 | 72.6 | 78.5 | 80.1 | 80.9 | 81.9 | 82.0 | 77.8 | 83.5 |
| Salaries and Wages | 11 | 6.2 | 3.6 | 1.7 | 8.6 | 3.1 | 7.4 | 6.4 | 6.3 | 6.7 | 6.1 | 6.7 | 6.0 | 4.0 |
| Taxes Paid | 12 | 1.2 | 1.6 | 2.0 | 1.3 | 1.6 | 1.5 | 1.1 | 1.2 | 1.0 | 1.0 | 1.1 | 1.1 | 1.4 |
| Interest Paid | 13 | 1.3 | 1.0 | 1.7 | 0.5 | 0.8 | 0.6 | 0.7 | 1.0 | 1.0 | 1.1 | 1.6 | 2.6 | 3.7 |
| Depreciation | 14 | 1.2 | 1.3 | 0.7 | 1.0 | 0.8 | 1.2 | 1.0 | 0.8 | 0.9 | 1.0 | 1.2 | 2.0 | 2.4 |
| Amortization and Depletion | 15 | 0.1 | 0.8 | 0.0 | 0.2 | 0.0 | 0.0 | 0.0 | 0.1 | 0.0 | 0.1 | 0.1 | 0.3 | 0.7 |
| Pensions and Other Deferred Comp. | 16 | 0.3 | 0.1 | 1.2 | 0.1 | 0.5 | 0.2 | 0.3 | 0.2 | 0.3 | 0.2 | 0.2 | 0.4 | 0.1 |
| Employee Benefits | 17 | 0.6 | 0.5 | 0.5 | 2.6 | 0.3 | 0.6 | 0.5 | 0.6 | 0.5 | 0.6 | 0.5 | 0.8 | 0.5 |
| Advertising | 18 | 0.4 | 0.5 | 0.2 | 0.6 | 1.2 | 0.3 | 0.4 | 0.3 | 0.4 | 0.3 | 0.3 | 0.5 | 0.2 |
| Other Expenses | 19 | 6.3 | 5.9 | 15.6 | 13.0 | 7.4 | 8.5 | 6.2 | 5.7 | 5.6 | 5.0 | 5.8 | 7.3 | 6.9 |
| Officers' Compensation | 20 | 2.1 | 1.0 | 12.0 | 4.6 | 3.0 | 5.2 | 3.0 | 2.1 | 1.4 | 1.2 | 0.6 | 0.7 | 0.8 |
| Operating Margin | 21 | 0.8 | • | • | • | • | 1.7 | 1.8 | 1.7 | 1.4 | 1.6 | • | 0.5 | • |
| Operating Margin Before Officers' Comp. | 22 | 2.9 | • | 1.2 | 4.1 | 2.7 | 6.9 | 4.7 | 3.8 | 2.8 | 2.8 | 0.5 | 1.3 | • |

## Selected Average Balance Sheet ($ in Thousands)

| | | | | | | | | | | | | | |
|---|---|---|---|---|---|---|---|---|---|---|---|---|---|
| Net Receivables 23 | 693 | 0 | 3 | 45 | 133 | 271 | 732 | 2323 | 5087 | 10918 | 20817 | 38261 | 118035 |
| Inventories 24 | 606 | 0 | 7 | 45 | 88 | 200 | 745 | 2255 | 4811 | 10409 | 17877 | 26513 | 45493 |
| Net Property, Plant and Equipment 25 | 484 | 0 | 2 | 33 | 47 | 100 | 361 | 1047 | 2402 | 6063 | 13925 | 35078 | 265439 |
| Total Assets 26 | 2354 | 0 | 19 | 184 | 369 | 733 | 2326 | 6930 | 15222 | 34000 | 67904 | 155397 | 664515 |
| Notes and Loans Payable 27 | 900 | 0 | 42 | 118 | 145 | 185 | 721 | 2214 | 5066 | 12851 | 27225 | 72763 | 351727 |
| All Other Liabilities 28 | 634 | 0 | 44 | 54 | 101 | 202 | 592 | 1792 | 3882 | 7313 | 16259 | 48031 | 200349 |
| Net Worth 29 | 820 | 0 | -67 | 11 | 123 | 346 | 1014 | 2924 | 6274 | 13836 | 24419 | 34604 | 112439 |

## Selected Financial Ratios (Times to 1)

| | | | | | | | | | | | | | |
|---|---|---|---|---|---|---|---|---|---|---|---|---|---|
| Current Ratio 30 | 1.6 | • | 0.3 | 1.6 | 1.7 | 2.1 | 2.0 | 1.7 | 1.7 | 1.9 | 1.9 | 1.4 | 0.8 |
| Quick Ratio 31 | 0.9 | • | 0.2 | 1.1 | 1.3 | 1.3 | 1.0 | 0.9 | 0.9 | 1.0 | 1.1 | 0.8 | 0.4 |
| Net Sales to Working Capital 32 | 10.8 | • | • | 12.9 | 11.3 | 6.8 | 8.6 | 9.0 | 9.7 | 8.6 | 8.8 | 12.9 | • |
| Coverage Ratio 33 | 2.6 | 8.5 | • | 1.2 | 3.3 | 5.0 | 4.4 | 3.3 | 3.1 | 3.2 | 1.7 | 2.1 | 1.1 |
| Total Asset Turnover 34 | 2.8 | • | 9.3 | 3.6 | 3.4 | 2.8 | 3.4 | 2.9 | 3.1 | 3.0 | 2.7 | 1.9 | 1.5 |
| Inventory Turnover 35 | 8.6 | • | 17.6 | 9.8 | 11.5 | 7.6 | 8.3 | 7.2 | 7.9 | 7.9 | 8.5 | 8.9 | 17.7 |
| Receivables Turnover 36 | 9.7 | • | 44.6 | 18.3 | 9.0 | 9.5 | 11.7 | 8.7 | 9.0 | 9.0 | 8.9 | 8.6 | 8.2 |
| Total Liabilities to Net Worth 37 | 1.9 | • | • | 15.2 | 2.0 | 1.1 | 1.3 | 1.4 | 1.4 | 1.5 | 1.8 | 3.5 | 4.9 |
| Current Assets to Working Capital 38 | 2.6 | • | • | 2.6 | 2.4 | 1.9 | 2.0 | 2.4 | 2.4 | 2.1 | 2.1 | 3.3 | • |
| Current Liabilities to Working Capital 39 | 1.6 | • | • | 1.6 | 1.4 | 0.9 | 1.0 | 1.4 | 1.4 | 1.1 | 1.1 | 2.3 | • |
| Working Capital to Net Sales 40 | 0.1 | • | • | 0.1 | 0.1 | 0.1 | 0.1 | 0.1 | 0.1 | 0.1 | 0.1 | 0.1 | • |
| Inventory to Working Capital 41 | 1.0 | • | • | 0.8 | 0.5 | 0.7 | 0.9 | 1.0 | 1.0 | 0.9 | 0.8 | 1.1 | • |
| Total Receipts to Cash Flow 42 | 15.4 | 13.1 | 40.8 | 12.0 | 14.1 | 12.1 | 14.4 | 15.5 | 16.7 | 17.1 | 20.2 | 12.1 | 17.2 |
| Cost of Goods to Cash Flow 43 | 12.3 | 11.4 | 30.7 | 8.2 | 11.5 | 8.8 | 11.3 | 12.4 | 13.5 | 14.0 | 16.6 | 9.4 | 14.4 |
| Cash Flow to Total Debt 44 | 0.3 | • | 0.0 | 0.3 | 0.4 | 0.4 | 0.4 | 0.3 | 0.3 | 0.3 | 0.2 | 0.2 | 0.1 |

## Selected Financial Factors (in Percentages)

| | | | | | | | | | | | | | |
|---|---|---|---|---|---|---|---|---|---|---|---|---|---|
| Debt Ratio 45 | 65.2 | • | 462.3 | 93.8 | 66.6 | 52.8 | 56.4 | 57.8 | 58.8 | 59.3 | 64.0 | 77.7 | 83.1 |
| Return on Total Assets 46 | 9.1 | • | • | 2.0 | 8.6 | 8.7 | 11.1 | 9.8 | 9.5 | 10.2 | 7.4 | 10.4 | 6.0 |
| Return on Equity Before Income Taxes 47 | 16.1 | • | 25.4 | 5.1 | 18.1 | 14.8 | 19.7 | 16.1 | 15.7 | 17.2 | 8.5 | 24.1 | 3.9 |
| Return on Equity After Income Taxes 48 | 13.4 | • | 25.4 | • | 16.9 | 12.4 | 17.7 | 14.1 | 13.3 | 15.0 | 4.9 | 16.7 | 0.6 |
| Profit Margin (Before Income Tax) 49 | 2.0 | 7.8 | • | 0.1 | 1.8 | 2.4 | 2.5 | 2.3 | 2.1 | 2.4 | 1.1 | 2.8 | 0.5 |
| Profit Margin (After Income Tax) 50 | 1.7 | 7.0 | • | • | 1.7 | 2.1 | 2.3 | 2.0 | 1.8 | 2.1 | 0.6 | 1.9 | 0.1 |

# LUMBER AND OTHER CONSTRUCTION MATERIALS WHOLESALERS

MONEY AMOUNTS AND SIZE OF ASSETS IN THOUSANDS OF DOLLARS

| Item Description for Accounting Period 7/00 Through 6/01 | | Total | Zero Assets | Under 100 | 100 to 250 | 251 to 500 | 501 to 1,000 | 1,001 to 5,000 | 5,001 to 10,000 | 10,001 to 25,000 | 25,001 to 50,000 | 50,001 to 100,000 | 100,001 to 250,000 | 250,001 and over |
|---|---|---|---|---|---|---|---|---|---|---|---|---|---|---|
| Number of Enterprises | 1 | 9132 | 0 | 1486 | 1265 | 1277 | 1271 | 2705 | 556 | 265 | 64 | 24 | 0 | 5 |
| **Revenues ($ in Thousands)** | | | | | | | | | | | | | | |
| Net Sales | 2 | 73173052 | 0 | 147551 | 913261 | 1770344 | 3071587 | 21791668 | 11259522 | 12597475 | 6482337 | 4846238 | 0 | 5495317 |
| Interest | 3 | 242667 | 0 | 12 | 0 | 5716 | 6549 | 18333 | 13236 | 12862 | 9173 | 12388 | 0 | 145026 |
| Rents | 4 | 114840 | 0 | 0 | 0 | 0 | 2849 | 8435 | 3268 | 12673 | 550 | 6840 | 0 | 77175 |
| Royalties | 5 | 2063 | 0 | 0 | 0 | 0 | 0 | 46 | 12 | 136 | 0 | 343 | 0 | 1 |
| Other Portfolio Income | 6 | 153220 | 0 | 0 | 73 | 9070 | 3124 | 23593 | 6272 | 11896 | 9004 | 5714 | 0 | 37559 |
| Other Receipts | 7 | 465071 | 0 | 0 | 1907 | 19344 | 8766 | 130387 | 48585 | 60177 | 33814 | 12901 | 0 | 73844 |
| Total Receipts | 8 | 74150913 | 0 | 147563 | 915241 | 1804474 | 3092875 | 21972462 | 11330895 | 12695219 | 6534878 | 4884424 | 0 | 5828922 |
| Average Total Receipts | 9 | 8120 | • | 99 | 724 | 1413 | 2433 | 8123 | 20379 | 47906 | 102107 | 203518 | • | 1165784 |
| **Operating Costs/Operating Income (%)** | | | | | | | | | | | | | | |
| Cost of Operations | 10 | 79.2 | • | 58.1 | 67.0 | 82.3 | 72.7 | 77.7 | 79.6 | 79.8 | 81.6 | 80.9 | • | 83.4 |
| Salaries and Wages | 11 | 6.3 | • | 1.7 | 9.6 | 2.3 | 6.7 | 6.6 | 6.2 | 7.0 | 6.0 | 7.2 | • | 4.8 |
| Taxes Paid | 12 | 1.1 | • | 1.5 | 1.3 | 1.6 | 1.3 | 1.2 | 1.2 | 1.0 | 1.0 | 1.1 | • | 1.1 |
| Interest Paid | 13 | 1.1 | • | 1.0 | 0.4 | 0.7 | 0.6 | 0.6 | 1.0 | 0.8 | 1.0 | 1.1 | • | 4.0 |
| Depreciation | 14 | 1.1 | • | 1.3 | 0.8 | 0.8 | 0.9 | 1.0 | 0.8 | 0.9 | 0.9 | 0.9 | • | 2.3 |
| Amortization and Depletion | 15 | 0.1 | • | 0.0 | 0.0 | 0.0 | 0.0 | 0.0 | 0.1 | 0.0 | 0.1 | 0.1 | • | 0.3 |
| Pensions and Other Deferred Comp. | 16 | 0.3 | • | • | • | 0.5 | 0.2 | 0.3 | 0.2 | 0.3 | 0.2 | 0.2 | • | 0.1 |
| Employee Benefits | 17 | 0.6 | • | • | 3.3 | 0.2 | 0.6 | 0.5 | 0.6 | 0.5 | 0.5 | 0.5 | • | 0.6 |
| Advertising | 18 | 0.4 | • | 0.4 | 0.5 | 0.7 | 0.4 | 0.4 | 0.3 | 0.4 | 0.3 | 0.2 | • | 0.2 |
| Other Expenses | 19 | 5.9 | • | 21.3 | 9.9 | 6.4 | 8.0 | 5.9 | 5.5 | 5.2 | 4.5 | 5.5 | • | 6.4 |
| Officers' Compensation | 20 | 2.1 | • | 1.7 | 4.1 | 3.0 | 5.4 | 3.0 | 2.2 | 1.5 | 1.3 | 0.7 | • | 1.0 |
| Operating Margin | 21 | 1.9 | • | 12.9 | 3.1 | 1.6 | 3.2 | 2.7 | 2.3 | 2.4 | 2.6 | 1.6 | • | • |
| Operating Margin Before Officers' Comp. | 22 | 4.0 | • | 14.6 | 7.2 | 4.5 | 8.6 | 5.7 | 4.5 | 3.9 | 3.9 | 2.2 | • | • |

| | | | | | | | | | | | | | |
|---|---|---|---|---|---|---|---|---|---|---|---|---|---|
| **Selected Average Balance Sheet ($ in Thousands)** | | | | | | | | | | | | | |
| Net Receivables **23** | 864 | • | 5 | 52 | 149 | 305 | 749 | 2259 | 5235 | 11029 | 23407 | • | 146654 |
| Inventories **24** | 748 | • | 17 | 44 | 75 | 154 | 770 | 2267 | 5017 | 11236 | 19845 | • | 58346 |
| Net Property, Plant and Equipment **25** | 531 | • | 2 | 45 | 37 | 68 | 350 | 1100 | 2350 | 5916 | 12507 | • | 270223 |
| Total Assets **26** | 2807 | • | 31 | 190 | 370 | 708 | 2376 | 6873 | 15213 | 33579 | 67386 | • | 756723 |
| Notes and Loans Payable **27** | 981 | • | 20 | 86 | 133 | 136 | 649 | 2105 | 4474 | 11804 | 25828 | • | 389942 |
| All Other Liabilities **28** | 751 | • | 5 | 45 | 77 | 179 | 561 | 1795 | 3756 | 7237 | 15923 | • | 303704 |
| Net Worth **29** | 1074 | • | 6 | 59 | 160 | 394 | 1166 | 2973 | 6984 | 14537 | 25636 | • | 63077 |
| **Selected Financial Ratios (Times to 1)** | | | | | | | | | | | | | |
| Current Ratio **30** | 1.7 | • | 2.3 | 2.8 | 2.0 | 2.5 | 2.2 | 1.8 | 1.9 | 2.0 | 1.9 | • | 0.7 |
| Quick Ratio **31** | 0.9 | • | 1.0 | 1.8 | 1.7 | 1.8 | 1.1 | 0.9 | 1.0 | 1.0 | 1.1 | • | 0.4 |
| Net Sales to Working Capital **32** | 10.1 | • | 6.0 | 8.0 | 10.3 | 6.9 | 8.0 | 9.2 | 8.7 | 8.3 | 9.0 | • | • |
| Coverage Ratio **33** | 3.8 | • | 14.5 | 8.5 | 6.1 | 8.1 | 6.4 | 3.9 | 4.8 | 4.3 | 3.2 | • | 1.4 |
| Total Asset Turnover **34** | 2.9 | • | 3.2 | 3.8 | 3.7 | 3.4 | 3.4 | 2.9 | 3.1 | 3.0 | 3.0 | • | 1.5 |
| Inventory Turnover **35** | 8.5 | • | 3.3 | 10.9 | 15.2 | 11.4 | 8.1 | 7.1 | 7.6 | 7.4 | 8.2 | • | 15.7 |
| Receivables Turnover **36** | 9.3 | • | 12.9 | 19.8 | 9.9 | 10.0 | 11.3 | 8.7 | 8.6 | 8.4 | 8.1 | • | 6.6 |
| Total Liabilities to Net Worth **37** | 1.6 | • | 4.2 | 2.2 | 1.3 | 0.8 | 1.0 | 1.3 | 1.2 | 1.3 | 1.6 | • | 11.0 |
| Current Assets to Working Capital **38** | 2.5 | • | 1.7 | 1.6 | 2.0 | 1.7 | 1.9 | 2.3 | 2.1 | 2.0 | 2.1 | • | • |
| Current Liabilities to Working Capital **39** | 1.5 | • | 0.7 | 0.6 | 1.0 | 0.7 | 0.9 | 1.3 | 1.1 | 1.0 | 1.1 | • | • |
| Working Capital to Net Sales **40** | 0.1 | • | 0.2 | 0.1 | 0.1 | 0.1 | 0.1 | 0.1 | 0.1 | 0.1 | 0.1 | • | • |
| Inventory to Working Capital **41** | 0.9 | • | 1.0 | 0.5 | 0.2 | 0.4 | 0.8 | 1.0 | 0.9 | 0.9 | 0.8 | • | • |
| Total Receipts to Cash Flow **42** | 13.7 | • | 3.7 | 10.7 | 12.3 | 10.5 | 13.1 | 14.8 | 14.7 | 15.4 | 16.6 | • | 14.7 |
| Cost of Goods to Cash Flow **43** | 10.8 | • | 2.1 | 7.1 | 10.1 | 7.6 | 10.2 | 11.8 | 11.8 | 12.5 | 13.4 | • | 12.3 |
| Cash Flow to Total Debt **44** | 0.3 | • | 1.1 | 0.5 | 0.5 | 0.7 | 0.5 | 0.3 | 0.4 | 0.3 | 0.3 | • | 0.1 |
| **Selected Financial Factors (in Percentages)** | | | | | | | | | | | | | |
| Debt Ratio **45** | 61.7 | • | 80.8 | 69.1 | 56.6 | 44.4 | 50.9 | 56.7 | 54.1 | 56.7 | 62.0 | • | 91.7 |
| Return on Total Assets **46** | 12.4 | • | 44.4 | 14.4 | 15.7 | 15.2 | 14.1 | 11.5 | 12.6 | 13.1 | 10.2 | • | 8.3 |
| Return on Equity Before Income Taxes **47** | 23.9 | • | 216.0 | 41.2 | 30.3 | 23.9 | 24.3 | 19.7 | 21.7 | 23.3 | 18.4 | • | 31.0 |
| Return on Equity After Income Taxes **48** | 20.9 | • | 215.4 | 34.9 | 29.2 | 20.9 | 22.3 | 17.5 | 19.2 | 20.8 | 13.8 | • | 21.5 |
| Profit Margin (Before Income Tax) **49** | 3.2 | • | 12.9 | 3.3 | 3.5 | 3.9 | 3.5 | 2.9 | 3.2 | 3.3 | 2.3 | • | 1.8 |
| Profit Margin (After Income Tax) **50** | 2.8 | • | 12.9 | 2.8 | 3.4 | 3.4 | 3.2 | 2.6 | 2.8 | 3.0 | 1.8 | • | 1.2 |

**Table I**

Corporations with and without Net Income

# Professional and Commercial Equipment & Supplies Wholesalers

**Money Amounts and Size of Assets in Thousands of Dollars**

| Item Description for Accounting Period 7/00 Through 6/01 | | Total | Zero Assets | Under 100 | 100 to 250 | 251 to 500 | 501 to 1,000 | 1,001 to 5,000 | 5,001 to 10,000 | 10,001 to 25,000 | 25,001 to 50,000 | 50,001 to 100,000 | 100,001 to 250,000 | 250,001 and over |
|---|---|---|---|---|---|---|---|---|---|---|---|---|---|---|
| Number of Enterprises | 1 | 28395 | 395 | 15418 | 2935 | 3156 | 3097 | 2464 | 458 | 255 | 104 | 44 | 32 | 36 |
| **Revenues ($ in Thousands)** | | | | | | | | | | | | | | |
| Net Sales | 2 | 143823892 | 1017092 | 4061119 | 1322068 | 3232890 | 7807409 | 16143179 | 10142498 | 9673369 | 6727807 | 5648886 | 11336372 | 66711202 |
| Interest | 3 | 571027 | 3808 | 1884 | 1708 | 3161 | 7224 | 32368 | 9199 | 19646 | 19703 | 30260 | 30805 | 411261 |
| Rents | 4 | 317610 | 471 | 233 | 0 | 122 | 1148 | 10642 | 651 | 4360 | 3546 | 5992 | 7581 | 282864 |
| Royalties | 5 | 206403 | 0 | 0 | 0 | 22007 | 0 | 0 | 0 | 1866 | 32677 | 2706 | 2949 | 144199 |
| Other Portfolio Income | 6 | 437178 | 18617 | 222 | 74 | 12601 | 10320 | 11947 | 7935 | 31326 | 76212 | 26229 | 131064 | 110632 |
| Other Receipts | 7 | 1261965 | 13191 | 680 | 48027 | 94836 | 88466 | 112152 | 69686 | 59959 | 59824 | 68262 | 67240 | 579641 |
| Total Receipts | 8 | 146618075 | 1053179 | 4064138 | 1371877 | 3365617 | 7914567 | 16310288 | 10229969 | 9790526 | 6919769 | 5782335 | 11576011 | 68239799 |
| Average Total Receipts | 9 | 5164 | 2666 | 264 | 467 | 1066 | 2556 | 6619 | 22336 | 38394 | 66536 | 131417 | 361750 | 1895550 |
| **Operating Costs/Operating Income (%)** | | | | | | | | | | | | | | |
| Cost of Operations | 10 | 76.2 | 73.0 | 64.5 | 43.9 | 63.1 | 58.9 | 75.8 | 78.5 | 76.5 | 75.3 | 75.4 | 85.4 | 78.5 |
| Salaries and Wages | 11 | 8.7 | 15.9 | 6.6 | 16.5 | 11.8 | 16.4 | 8.4 | 8.7 | 9.0 | 9.3 | 8.9 | 4.5 | 8.3 |
| Taxes Paid | 12 | 1.1 | 1.4 | 1.7 | 2.6 | 2.5 | 2.1 | 1.5 | 1.0 | 1.1 | 1.2 | 0.9 | 0.7 | 0.8 |
| Interest Paid | 13 | 1.2 | 2.4 | 0.3 | 0.8 | 1.0 | 1.6 | 0.7 | 0.8 | 1.1 | 1.1 | 1.4 | 1.1 | 1.5 |
| Depreciation | 14 | 2.0 | 1.5 | 0.5 | 1.7 | 1.3 | 1.2 | 0.8 | 1.1 | 1.0 | 1.4 | 1.0 | 0.7 | 3.1 |
| Amortization and Depletion | 15 | 0.2 | 0.1 | 0.0 | 0.4 | 0.0 | 0.0 | 0.1 | 0.2 | 0.2 | 0.3 | 0.2 | 0.2 | 0.2 |
| Pensions and Other Deferred Comp. | 16 | 0.2 | 0.2 | 0.7 | 0.6 | 0.9 | 0.2 | 0.3 | 0.2 | 0.3 | 0.2 | 0.2 | 0.1 | 0.2 |
| Employee Benefits | 17 | 0.6 | 0.9 | 0.2 | 1.4 | 0.4 | 1.0 | 0.7 | 0.4 | 0.6 | 0.7 | 0.8 | 0.5 | 0.6 |
| Advertising | 18 | 0.9 | 1.6 | 0.7 | 1.5 | 0.5 | 0.5 | 0.9 | 0.6 | 0.8 | 1.0 | 1.0 | 1.2 | 1.1 |
| Other Expenses | 19 | 8.2 | 7.5 | 15.5 | 19.6 | 14.6 | 15.1 | 8.6 | 7.1 | 8.7 | 10.8 | 9.2 | 6.1 | 6.5 |
| Officers' Compensation | 20 | 1.7 | 2.3 | 8.3 | 15.1 | 7.8 | 4.7 | 3.5 | 1.7 | 1.4 | 1.0 | 0.7 | 0.4 | 0.3 |
| Operating Margin | 21 | • | • | 1.0 | • | • | • | • | • | • | • | 0.2 | • | • |
| Operating Margin Before Officers' Comp. | 22 | 0.5 | • | 9.2 | 11.0 | 3.9 | 2.9 | 2.4 | 1.3 | 0.8 | • | 0.9 | • | • |

| | | | | | | | | | | | | | |
|---|---|---|---|---|---|---|---|---|---|---|---|---|---|
| **Selected Average Balance Sheet ($ in Thousands)** | | | | | | | | | | | | | |
| Net Receivables **23** | 675 | 0 | 5 | 36 | 97 | 250 | 712 | 2899 | 5870 | 11303 | 23508 | 56416 | 258751 |
| Inventories **24** | 472 | 0 | 4 | 54 | 96 | 184 | 590 | 2038 | 3974 | 8258 | 15812 | 46386 | 163522 |
| Net Property, Plant and Equipment **25** | 209 | 0 | 4 | 31 | 66 | 80 | 210 | 960 | 1656 | 3477 | 6975 | 13347 | 79274 |
| Total Assets **26** | 2348 | 0 | 30 | 180 | 345 | 713 | 2109 | 7206 | 15611 | 33836 | 72325 | 153286 | 1063616 |
| Notes and Loans Payable **27** | 809 | 0 | 18 | 94 | 110 | 321 | 587 | 2215 | 4279 | 8630 | 19689 | 46243 | 396499 |
| All Other Liabilities **28** | 898 | 0 | 12 | 44 | 136 | 414 | 945 | 2906 | 6950 | 17163 | 24964 | 62174 | 366041 |
| Net Worth **29** | 640 | 0 | -0 | 41 | 100 | -23 | 577 | 2085 | 4382 | 8042 | 27672 | 44868 | 301076 |
| **Selected Financial Ratios (Times to 1)** | | | | | | | | | | | | | |
| Current Ratio **30** | 1.2 | • | 1.3 | 2.8 | 1.3 | 1.1 | 1.4 | 1.4 | 1.3 | 1.2 | 1.5 | 1.4 | 1.0 |
| Quick Ratio **31** | 0.7 | • | 1.0 | 1.2 | 0.8 | 0.7 | 0.9 | 0.9 | 0.8 | 0.7 | 0.9 | 0.8 | 0.6 |
| Net Sales to Working Capital **32** | 25.2 | • | 54.2 | 5.3 | 19.3 | 44.7 | 12.7 | 12.7 | 12.5 | 13.1 | 8.0 | 9.6 | • |
| Coverage Ratio **33** | 1.7 | • | 4.0 | 0.6 | 1.2 | 0.7 | 0.9 | 1.6 | 1.6 | 1.6 | 2.8 | 2.2 | 1.8 |
| Total Asset Turnover **34** | 2.2 | • | 8.8 | 2.5 | 3.0 | 3.5 | 3.1 | 3.1 | 2.4 | 1.9 | 1.8 | 2.3 | 1.7 |
| Inventory Turnover **35** | 8.2 | • | 46.2 | 3.7 | 6.7 | 8.1 | 8.4 | 8.5 | 7.3 | 5.9 | 6.1 | 6.5 | 8.9 |
| Receivables Turnover **36** | 8.1 | • | 62.2 | 13.2 | 9.0 | 9.9 | 8.9 | 8.5 | 6.3 | 5.9 | 5.3 | 6.8 | 8.3 |
| Total Liabilities to Net Worth **37** | 2.7 | • | • | 3.4 | 2.5 | • | 2.7 | 2.5 | 2.6 | 3.2 | 1.6 | 2.4 | 2.5 |
| Current Assets to Working Capital **38** | 7.0 | • | 4.6 | 1.6 | 4.4 | 9.8 | 3.3 | 3.3 | 4.0 | 5.1 | 3.0 | 3.3 | • |
| Current Liabilities to Working Capital **39** | 6.0 | • | 3.6 | 0.6 | 3.4 | 8.8 | 2.3 | 2.3 | 3.0 | 4.1 | 2.0 | 2.3 | • |
| Working Capital to Net Sales **40** | 0.0 | • | 0.0 | 0.2 | 0.1 | 0.0 | 0.1 | 0.1 | 0.1 | 0.1 | 0.1 | 0.1 | • |
| Inventory to Working Capital **41** | 2.4 | • | 0.8 | 0.8 | 1.4 | 3.4 | 1.1 | 1.1 | 1.3 | 1.8 | 0.9 | 1.3 | • |
| Total Receipts to Cash Flow **42** | 13.7 | • | 7.3 | 7.8 | 9.1 | 8.6 | 15.1 | 16.5 | 12.7 | 10.9 | 9.7 | 17.4 | 15.7 |
| Cost of Goods to Cash Flow **43** | 10.4 | • | 4.7 | 3.4 | 5.7 | 5.1 | 11.4 | 12.9 | 9.7 | 8.2 | 7.3 | 14.9 | 12.3 |
| Cash Flow to Total Debt **44** | 0.2 | • | 1.2 | 0.4 | 0.5 | 0.4 | 0.3 | 0.3 | 0.3 | 0.2 | 0.3 | 0.2 | 0.2 |
| **Selected Financial Factors (in Percentages)** | | | | | | | | | | | | | |
| Debt Ratio **45** | 72.7 | • | 100.1 | 77.1 | 71.2 | 103.2 | 72.6 | 71.1 | 71.9 | 76.2 | 61.7 | 70.7 | 71.7 |
| Return on Total Assets **46** | 4.5 | • | 12.3 | 1.1 | 3.6 | 4.1 | 1.8 | 4.0 | 4.1 | 3.3 | 7.1 | 5.5 | 4.7 |
| Return on Equity Before Income Taxes **47** | 6.7 | • | • | • | 2.3 | 47.5 | • | 5.1 | 5.4 | 5.2 | 11.9 | 10.3 | 7.4 |
| Return on Equity After Income Taxes **48** | 2.7 | • | • | • | 1.5 | 68.8 | • | 2.3 | 2.5 | • | 8.0 | 5.5 | 3.4 |
| Profit Margin (Before Income Tax) **49** | 0.8 | • | 1.0 | • | 0.2 | • | • | 0.5 | 0.6 | 0.6 | 2.6 | 1.3 | 1.2 |
| Profit Margin (After Income Tax) **50** | 0.3 | • | 1.0 | • | 0.1 | • | • | 0.2 | 0.3 | • | 1.7 | 0.7 | 0.5 |

## Table II

Corporations with Net Income

# PROFESSIONAL AND COMMERCIAL EQUIPMENT & SUPPLIES WHOLESALERS

| Item Description for Accounting Period 7/00 Through 6/01 | | MONEY AMOUNTS AND SIZE OF ASSETS IN THOUSANDS OF DOLLARS | | | | | | | | | | | | |
|---|---|---|---|---|---|---|---|---|---|---|---|---|---|---|
| | | Total | Zero Assets | Under 100 | 100 to 250 | 251 to 500 | 501 to 1,000 | 1,001 to 5,000 | 5,001 to 10,000 | 10,001 to 25,000 | 25,001 to 50,000 | 50,001 to 100,000 | 100,001 to 250,000 | 250,001 and over |
| Number of Enterprises | 1 | 15324 | 63 | 6843 | 2027 | 1939 | 2067 | 1717 | 372 | 154 | 65 | 31 | 20 | 24 |
| **Revenues ($ in Thousands)** | | | | | | | | | | | | | | |
| Net Sales | 2 | 110207335 | 622734 | 1906909 | 974995 | 2074858 | 5390629 | 11663278 | 8017631 | 6402916 | 4583827 | 4633852 | 9178659 | 54757048 |
| Interest | 3 | 428175 | 870 | 26 | 572 | 2107 | 6183 | 24369 | 6684 | 8911 | 10580 | 21893 | 18609 | 327370 |
| Rents | 4 | 240846 | 0 | 0 | 0 | 105 | 1148 | 4868 | 139 | 958 | 401 | 1139 | 7306 | 224782 |
| Royalties | 5 | 166620 | 0 | 0 | 0 | 22007 | 0 | 0 | 0 | 748 | 32112 | 738 | 2949 | 108066 |
| Other Portfolio Income | 6 | 349937 | 18488 | 0 | 74 | 353 | 10195 | 9307 | 7511 | 26011 | 67704 | 19542 | 127630 | 63120 |
| Other Receipts | 7 | 861836 | 5911 | -1 | 48011 | 45461 | 74348 | 68380 | 75543 | 39726 | 39311 | 56996 | 46919 | 361232 |
| Total Receipts | 8 | 112254749 | 648003 | 1906934 | 1023652 | 2144891 | 5482503 | 11770202 | 8107508 | 6479270 | 4733935 | 4734160 | 9382072 | 55841618 |
| Average Total Receipts | 9 | 7325 | 10286 | 279 | 505 | 1106 | 2652 | 6855 | 21794 | 42073 | 72830 | 152715 | 469104 | 2326734 |
| **Operating Costs/Operating Income (%)** | | | | | | | | | | | | | | |
| Cost of Operations | 10 | 76.1 | 79.6 | 42.5 | 31.7 | 57.9 | 63.6 | 74.6 | 77.3 | 75.9 | 74.8 | 76.8 | 85.1 | 78.7 |
| Salaries and Wages | 11 | 7.6 | 6.5 | 9.2 | 21.0 | 11.8 | 11.4 | 7.4 | 8.5 | 8.0 | 8.1 | 7.6 | 4.2 | 7.2 |
| Taxes Paid | 12 | 1.0 | 1.0 | 2.5 | 3.0 | 2.7 | 1.7 | 1.6 | 1.1 | 1.0 | 1.0 | 0.9 | 0.7 | 0.8 |
| Interest Paid | 13 | 1.1 | 1.3 | 0.2 | 1.1 | 0.5 | 1.6 | 0.5 | 0.6 | 0.9 | 0.9 | 1.2 | 0.7 | 1.4 |
| Depreciation | 14 | 2.0 | 0.8 | 0.8 | 1.8 | 1.2 | 1.2 | 0.7 | 1.1 | 0.7 | 1.4 | 0.7 | 0.6 | 3.2 |
| Amortization and Depletion | 15 | 0.1 | 0.0 | 0.0 | 0.5 | 0.0 | 0.0 | 0.0 | 0.0 | 0.1 | 0.1 | 0.2 | 0.1 | 0.2 |
| Pensions and Other Deferred Comp. | 16 | 0.2 | 0.1 | 1.3 | 0.2 | 1.2 | 0.2 | 0.4 | 0.3 | 0.3 | 0.2 | 0.2 | 0.1 | 0.1 |
| Employee Benefits | 17 | 0.6 | 0.6 | 0.3 | 1.8 | 0.2 | 0.9 | 0.5 | 0.4 | 0.5 | 0.6 | 0.7 | 0.5 | 0.6 |
| Advertising | 18 | 0.9 | 1.6 | 0.8 | 0.9 | 0.6 | 0.4 | 0.9 | 0.6 | 0.8 | 0.9 | 0.8 | 1.2 | 1.0 |
| Other Expenses | 19 | 7.2 | 4.3 | 18.4 | 20.3 | 13.7 | 11.9 | 7.4 | 6.1 | 7.3 | 9.1 | 7.0 | 5.7 | 6.2 |
| Officers' Compensation | 20 | 1.6 | 2.2 | 13.6 | 15.5 | 7.6 | 4.9 | 3.6 | 1.9 | 1.3 | 1.0 | 0.6 | 0.3 | 0.2 |
| Operating Margin | 21 | 1.4 | 1.9 | 10.3 | 2.2 | 2.6 | 2.0 | 2.4 | 2.2 | 3.1 | 1.8 | 3.3 | 0.7 | 0.4 |
| Operating Margin Before Officers' Comp. | 22 | 3.0 | 4.1 | 23.9 | 17.7 | 10.2 | 6.9 | 6.0 | 4.0 | 4.5 | 2.8 | 3.8 | 1.0 | 0.6 |

| Selected Average Balance Sheet ($ in Thousands) | | | | | | | | | | | | | |
|---|---|---|---|---|---|---|---|---|---|---|---|---|---|
| Net Receivables 23 | 887 | 0 | 2 | 23 | 85 | 223 | 721 | 2863 | 6375 | 11600 | 26920 | 58381 | 286199 |
| Inventories 24 | 651 | 0 | 3 | 66 | 94 | 175 | 597 | 2146 | 4524 | 9218 | 15987 | 50267 | 193813 |
| Net Property, Plant and Equipment 25 | 244 | 0 | 6 | 34 | 52 | 76 | 215 | 850 | 1402 | 3775 | 5541 | 14683 | 73146 |
| Total Assets 26 | 3238 | 0 | 33 | 182 | 348 | 682 | 2077 | 7185 | 15147 | 34244 | 72245 | 153121 | 1285091 |
| Notes and Loans Payable 27 | 1095 | 0 | 11 | 129 | 57 | 181 | 409 | 1772 | 3768 | 7714 | 22152 | 40504 | 500538 |
| All Other Liabilities 28 | 1135 | 0 | 6 | 29 | 144 | 434 | 753 | 2912 | 6809 | 14908 | 25359 | 69140 | 398393 |
| Net Worth 29 | 1008 | 0 | 17 | 24 | 146 | 67 | 914 | 2501 | 4570 | 11622 | 24735 | 43477 | 386159 |

| Selected Financial Ratios (Times to 1) | | | | | | | | | | | | | |
|---|---|---|---|---|---|---|---|---|---|---|---|---|---|
| Current Ratio 30 | 1.2 | • | 3.6 | 3.8 | 1.4 | 1.1 | 1.7 | 1.5 | 1.4 | 1.4 | 1.5 | 1.4 | 0.9 |
| Quick Ratio 31 | 0.7 | • | 3.0 | 1.1 | 0.9 | 0.7 | 1.1 | 0.9 | 0.9 | 0.8 | 0.9 | 0.8 | 0.5 |
| Net Sales to Working Capital 32 | 28.1 | • | 16.4 | 5.0 | 15.4 | 64.8 | 10.3 | 11.5 | 11.1 | 9.4 | 8.0 | 12.9 | • |
| Coverage Ratio 33 | 3.9 | 5.5 | 44.5 | 7.8 | 12.2 | 3.2 | 7.8 | 6.2 | 6.0 | 6.9 | 5.5 | 5.0 | 2.7 |
| Total Asset Turnover 34 | 2.2 | • | 8.3 | 2.6 | 3.1 | 3.8 | 3.3 | 3.0 | 2.7 | 2.1 | 2.1 | 3.0 | 1.8 |
| Inventory Turnover 35 | 8.4 | • | 36.2 | 2.3 | 6.6 | 9.5 | 8.5 | 7.8 | 7.0 | 5.7 | 7.2 | 7.8 | 9.3 |
| Receivables Turnover 36 | 8.5 | • | 97.8 | 16.3 | 8.5 | 10.7 | 8.9 | 8.2 | 6.1 | 6.1 | 5.8 | 7.9 | 9.1 |
| Total Liabilities to Net Worth 37 | 2.2 | • | 1.0 | 6.5 | 1.4 | 9.2 | 1.3 | 1.9 | 2.3 | 1.9 | 1.9 | 2.5 | 2.3 |
| Current Assets to Working Capital 38 | 7.1 | • | 1.4 | 1.4 | 3.5 | 12.5 | 2.5 | 3.1 | 3.4 | 3.5 | 2.8 | 3.5 | • |
| Current Liabilities to Working Capital 39 | 6.1 | • | 0.4 | 0.4 | 2.5 | 11.5 | 1.5 | 2.1 | 2.4 | 2.5 | 1.8 | 2.5 | • |
| Working Capital to Net Sales 40 | 0.0 | • | 0.1 | 0.2 | 0.1 | 0.0 | 0.1 | 0.1 | 0.1 | 0.1 | 0.1 | 0.1 | • |
| Inventory to Working Capital 41 | 2.5 | • | 0.1 | 0.9 | 1.0 | 4.0 | 0.7 | 1.1 | 1.1 | 1.3 | 0.9 | 1.4 | • |
| Total Receipts to Cash Flow 42 | 11.2 | 16.7 | 3.9 | 4.9 | 6.2 | 7.9 | 10.8 | 12.7 | 9.7 | 8.4 | 9.0 | 14.8 | 13.4 |
| Cost of Goods to Cash Flow 43 | 8.5 | 13.3 | 1.7 | 1.6 | 3.6 | 5.0 | 8.0 | 9.8 | 7.4 | 6.3 | 6.9 | 12.6 | 10.6 |
| Cash Flow to Total Debt 44 | 0.3 | • | 4.3 | 0.6 | 0.9 | 0.5 | 0.5 | 0.4 | 0.4 | 0.4 | 0.4 | 0.3 | 0.2 |

| Selected Financial Factors (in Percentages) | | | | | | | | | | | | | |
|---|---|---|---|---|---|---|---|---|---|---|---|---|---|
| Debt Ratio 45 | 68.9 | • | 50.1 | 86.7 | 58.0 | 90.2 | 56.0 | 65.2 | 69.8 | 66.1 | 65.8 | 71.6 | 70.0 |
| Return on Total Assets 46 | 9.7 | • | 87.8 | 21.9 | 20.2 | 20.2 | 12.2 | 11.7 | 14.1 | 12.1 | 13.7 | 10.8 | 6.8 |
| Return on Equity Before Income Taxes 47 | 23.3 | • | 172.1 | 143.0 | 44.1 | 142.8 | 24.3 | 28.1 | 39.1 | 30.6 | 32.8 | 30.5 | 14.2 |
| Return on Equity After Income Taxes 48 | 18.7 | • | 171.2 | 135.2 | 43.2 | 132.0 | 22.4 | 25.2 | 34.5 | 24.7 | 26.6 | 22.5 | 9.4 |
| Profit Margin (Before Income Tax) 49 | 3.3 | 6.0 | 10.3 | 7.2 | 6.0 | 3.6 | 3.3 | 3.3 | 4.3 | 5.0 | 5.4 | 2.9 | 2.4 |
| Profit Margin (After Income Tax) 50 | 2.6 | 4.8 | 10.2 | 6.8 | 5.9 | 3.4 | 3.0 | 2.9 | 3.8 | 4.1 | 4.4 | 2.1 | 1.6 |

**Table I**

Corporations with and without Net Income

# METAL AND MINERAL (EXCEPT PETROLEUM) WHOLESALERS

| Item Description for Accounting Period 7/00 Through 6/01 | | Total | Zero Assets | Under 100 | 100 to 250 | 251 to 500 | 501 to 1,000 | 1,001 to 5,000 | 5,001 to 10,000 | 10,001 to 25,000 | 25,001 to 50,000 | 50,001 to 100,000 | 100,001 to 250,000 | 250,001 and over |
|---|---|---|---|---|---|---|---|---|---|---|---|---|---|---|
| | | **MONEY AMOUNTS AND SIZE OF ASSETS IN THOUSANDS OF DOLLARS** | | | | | | | | | | | | |
| Number of Enterprises | 1 | 5654 | 729 | 1423 | 524 | 750 | 436 | 1144 | 285 | 195 | 70 | 48 | 23 | 25 |
| | | **Revenues ($ in Thousands)** | | | | | | | | | | | | |
| Net Sales | 2 | 85782541 | 2249159 | 144101 | 310551 | 873934 | 1020732 | 6349258 | 5630744 | 8202276 | 5463104 | 8426272 | 7347174 | 39765236 |
| Interest | 3 | 704380 | 1811 | 7 | 67 | 1775 | 3971 | 13853 | 9005 | 11497 | 14431 | 19710 | 61112 | 567142 |
| Rents | 4 | 68160 | 264 | 0 | 0 | 2367 | 0 | 146 | 234 | 3230 | 600 | 1795 | 12971 | 46552 |
| Royalties | 5 | 3106 | 0 | 0 | 0 | 0 | 0 | 0 | 0 | 599 | 1 | 84 | 1504 | 919 |
| Other Portfolio Income | 6 | 370502 | 276 | 0 | 448 | 350 | 0 | 36545 | 2202 | 6161 | 4706 | 24101 | 5975 | 289737 |
| Other Receipts | 7 | 481183 | 6243 | 0 | 2608 | 2249 | 3628 | 54445 | 8556 | 45980 | 24980 | 30059 | 46619 | 255816 |
| Total Receipts | 8 | 87409872 | 2257753 | 144108 | 313674 | 880675 | 1028331 | 6454247 | 5650741 | 8269743 | 5507822 | 8502021 | 7475355 | 40925402 |
| Average Total Receipts | 9 | 15460 | 3097 | 101 | 599 | 1174 | 2359 | 5642 | 19827 | 42409 | 78683 | 177125 | 325015 | 1637016 |
| | | **Operating Costs/Operating Income (%)** | | | | | | | | | | | | |
| Cost of Operations | 10 | 88.0 | 97.9 | 60.8 | 71.4 | 61.7 | 70.7 | 77.2 | 85.1 | 85.9 | 87.2 | 88.6 | 88.0 | 91.3 |
| Salaries and Wages | 11 | 3.4 | 1.1 | 4.1 | 7.1 | 7.1 | 6.4 | 5.4 | 5.0 | 4.0 | 3.5 | 3.3 | 3.3 | 2.6 |
| Taxes Paid | 12 | 0.7 | 0.2 | 1.1 | 1.4 | 1.4 | 1.2 | 1.1 | 0.8 | 0.8 | 0.8 | 0.7 | 1.0 | 0.5 |
| Interest Paid | 13 | 1.6 | 0.9 | 0.6 | 1.0 | 1.2 | 0.6 | 1.0 | 1.1 | 1.2 | 1.4 | 1.3 | 1.7 | 2.1 |
| Depreciation | 14 | 0.9 | 0.2 | 1.8 | 1.2 | 1.5 | 0.9 | 1.1 | 0.5 | 0.7 | 0.7 | 0.7 | 0.9 | 1.1 |
| Amortization and Depletion | 15 | 0.2 | 0.0 | 0.0 | • | 0.1 | • | 0.0 | 0.0 | 0.0 | 0.1 | 0.1 | 0.2 | 0.3 |
| Pensions and Other Deferred Comp. | 16 | 0.2 | 0.1 | • | 1.3 | 0.9 | 0.2 | 0.4 | 0.2 | 0.2 | 0.2 | 0.2 | 0.3 | 0.1 |
| Employee Benefits | 17 | 0.5 | 0.2 | 0.2 | 1.7 | 0.9 | 0.5 | 0.5 | 0.4 | 0.4 | 0.5 | 0.5 | 0.7 | 0.4 |
| Advertising | 18 | 0.1 | 0.0 | 0.0 | 0.1 | 0.4 | 0.3 | 0.2 | 0.1 | 0.1 | 0.1 | 0.1 | 0.1 | 0.1 |
| Other Expenses | 19 | 4.2 | 0.9 | 14.0 | 7.4 | 15.7 | 13.7 | 7.0 | 4.5 | 4.3 | 4.3 | 3.6 | 4.0 | 3.5 |
| Officers' Compensation | 20 | 1.0 | 0.1 | 2.1 | 9.4 | 11.2 | 4.3 | 3.6 | 1.3 | 1.5 | 1.1 | 0.7 | 0.6 | 0.3 |
| Operating Margin | 21 | • | • | 15.3 | • | • | 1.2 | 2.3 | 1.0 | 0.9 | 0.2 | 0.3 | • | • |
| Operating Margin Before Officers' Comp. | 22 | 0.2 | • | 17.3 | 7.6 | 9.2 | 5.5 | 6.0 | 2.4 | 2.4 | 1.4 | 1.0 | • | • |

| | | | | | | | | | | | | | |
|---|---|---|---|---|---|---|---|---|---|---|---|---|---|
| **Selected Average Balance Sheet ($ in Thousands)** | | | | | | | | | | | | | |
| Net Receivables 23 | 2140 | 0 | 10 | 49 | 114 | 167 | 658 | 2717 | 5221 | 11817 | 23832 | 45801 | 253347 |
| Inventories 24 | 1863 | 0 | 1 | 39 | 84 | 373 | 843 | 2538 | 5696 | 13232 | 27775 | 41679 | 170704 |
| Net Property, Plant and Equipment 25 | 901 | 0 | 10 | 18 | 89 | 55 | 266 | 720 | 1789 | 4098 | 8645 | 27346 | 111554 |
| Total Assets 26 | 7369 | 0 | 32 | 151 | 378 | 794 | 2411 | 7221 | 15597 | 36973 | 70943 | 171806 | 924255 |
| Notes and Loans Payable 27 | 2599 | 0 | 5 | 64 | 246 | 179 | 613 | 2632 | 5997 | 14405 | 26506 | 47318 | 336107 |
| All Other Liabilities 28 | 2539 | 0 | -10 | 28 | 122 | 307 | 652 | 1719 | 5261 | 12767 | 20575 | 58018 | 346225 |
| Net Worth 29 | 2230 | 0 | 37 | 60 | 10 | 308 | 1146 | 2870 | 4339 | 9801 | 23862 | 66469 | 241924 |
| **Selected Financial Ratios (Times to 1)** | | | | | | | | | | | | | |
| Current Ratio 30 | 1.5 | • | 1.0 | 1.5 | 1.8 | 1.8 | 2.2 | 1.7 | 1.6 | 1.4 | 1.6 | 1.4 | 1.3 |
| Quick Ratio 31 | 0.8 | • | 1.0 | 0.8 | 1.1 | 1.0 | 1.2 | 1.0 | 0.8 | 0.7 | 0.7 | 0.7 | 0.7 |
| Net Sales to Working Capital 32 | 9.7 | • | 16011.2 | 15.4 | 10.6 | 7.3 | 5.4 | 7.8 | 9.0 | 9.0 | 8.6 | 10.5 | 11.3 |
| Coverage Ratio 33 | 1.7 | • | 24.9 | 0.2 | • | 4.1 | 4.4 | 2.3 | 2.5 | 1.8 | 2.0 | 1.5 | 1.3 |
| Total Asset Turnover 34 | 2.1 | • | 3.1 | 3.9 | 3.1 | 2.9 | 2.3 | 2.7 | 2.7 | 2.1 | 2.5 | 1.9 | 1.7 |
| Inventory Turnover 35 | 7.2 | • | 48.1 | 10.9 | 8.6 | 4.4 | 5.1 | 6.6 | 6.3 | 5.1 | 5.6 | 6.7 | 8.5 |
| Receivables Turnover 36 | 6.9 | • | 7.6 | 8.4 | 9.8 | 9.3 | 7.1 | 6.7 | 8.4 | 6.4 | 7.2 | 7.0 | 6.2 |
| Total Liabilities to Net Worth 37 | 2.3 | • | • | 1.5 | 36.6 | 1.6 | 1.1 | 1.5 | 2.6 | 2.8 | 2.0 | 1.6 | 2.8 |
| Current Assets to Working Capital 38 | 3.1 | • | 3200.1 | 3.1 | 2.3 | 2.2 | 1.8 | 2.3 | 2.7 | 3.3 | 2.8 | 3.5 | 3.9 |
| Current Liabilities to Working Capital 39 | 2.1 | • | 3199.1 | 2.1 | 1.3 | 1.2 | 0.8 | 1.3 | 1.7 | 2.3 | 1.8 | 2.5 | 2.9 |
| Working Capital to Net Sales 40 | 0.1 | • | 0.0 | 0.1 | 0.1 | 0.1 | 0.2 | 0.1 | 0.1 | 0.1 | 0.1 | 0.1 | 0.1 |
| Inventory to Working Capital 41 | 1.2 | • | 71.4 | 0.3 | 0.8 | 0.9 | 0.8 | 0.9 | 1.3 | 1.6 | 1.4 | 1.5 | 1.2 |
| Total Receipts to Cash Flow 42 | 24.7 | • | 4.0 | 21.2 | 11.4 | 7.9 | 11.3 | 21.4 | 20.1 | 23.9 | 25.6 | 24.6 | 34.8 |
| Cost of Goods to Cash Flow 43 | 21.7 | • | 2.4 | 15.1 | 7.1 | 5.6 | 8.7 | 18.2 | 17.2 | 20.8 | 22.7 | 21.6 | 31.8 |
| Cash Flow to Total Debt 44 | 0.1 | • | • | 0.3 | 0.3 | 0.6 | 0.4 | 0.2 | 0.2 | 0.1 | 0.1 | 0.1 | 0.1 |
| **Selected Financial Factors (in Percentages)** | | | | | | | | | | | | | |
| Debt Ratio 45 | 69.7 | • | • | 60.2 | 97.3 | 61.2 | 52.5 | 60.3 | 72.2 | 73.5 | 66.4 | 61.3 | 73.8 |
| Return on Total Assets 46 | 5.6 | • | 50.1 | 0.6 | • | 7.5 | 10.3 | 6.7 | 7.9 | 5.1 | 6.1 | 5.0 | 4.8 |
| Return on Equity Before Income Taxes 47 | 7.4 | • | 41.5 | • | • | 14.6 | 16.9 | 9.5 | 16.8 | 8.4 | 9.0 | 4.6 | 4.3 |
| Return on Equity After Income Taxes 48 | 4.8 | • | 40.3 | • | • | 10.9 | 16.3 | 7.8 | 13.5 | 5.6 | 6.6 | 3.0 | 0.9 |
| Profit Margin (Before Income Tax) 49 | 1.1 | • | 15.3 | • | • | 1.9 | 3.5 | 1.4 | 1.7 | 1.1 | 1.2 | 1.0 | 0.7 |
| Profit Margin (After Income Tax) 50 | 0.7 | • | 14.8 | • | • | 1.4 | 3.4 | 1.1 | 1.4 | 0.7 | 0.9 | 0.6 | 0.1 |

## Table II

Corporations with Net Income

# METAL AND MINERAL (EXCEPT PETROLEUM) WHOLESALERS

MONEY AMOUNTS AND SIZE OF ASSETS IN THOUSANDS OF DOLLARS

| Item Description for Accounting Period 7/00 Through 6/01 | | Total | Zero Assets | Under 100 | 100 to 250 | 251 to 500 | 501 to 1,000 | 1,001 to 5,000 | 5,001 to 10,000 | 10,001 to 25,000 | 25,001 to 50,000 | 50,001 to 100,000 | 100,001 to 250,000 | 250,001 and over |
|---|---|---|---|---|---|---|---|---|---|---|---|---|---|---|
| Number of Enterprises | 1 | 3211 | 0 | 823 | 314 | 533 | 287 | 808 | 191 | 142 | 48 | 32 | 0 | 19 |
| **Revenues ($ in Thousands)** | | | | | | | | | | | | | | |
| Net Sales | 2 | 66520151 | 0 | 141173 | 292591 | 643991 | 939581 | 4395178 | 4003093 | 6041647 | 4210661 | 5837919 | 0 | 36095438 |
| Interest | 3 | 566453 | 0 | 0 | 30 | 870 | 24 | 11173 | 4106 | 6343 | 7706 | 12810 | 0 | 498873 |
| Rents | 4 | 49388 | 0 | 0 | 0 | 683 | 0 | 25 | 199 | 1756 | 494 | 1299 | 0 | 43173 |
| Royalties | 5 | 1065 | 0 | 0 | 0 | 0 | 0 | 0 | 0 | 599 | 1 | 67 | 0 | 396 |
| Other Portfolio Income | 6 | 357611 | 0 | 0 | 0 | 350 | 0 | 35986 | 1121 | 4303 | 2196 | 23809 | 0 | 284718 |
| Other Receipts | 7 | 401601 | 0 | 0 | 2608 | 1158 | 3079 | 34612 | 2760 | 28538 | 17710 | 21215 | 0 | 264880 |
| Total Receipts | 8 | 67896269 | 0 | 141173 | 295229 | 647052 | 942684 | 4476974 | 4011279 | 6083186 | 4238768 | 5897119 | 0 | 37187478 |
| Average Total Receipts | 9 | 21145 | • | 172 | 940 | 1214 | 3285 | 5541 | 21001 | 42839 | 88308 | 184285 | • | 1957236 |
| **Operating Costs/Operating Income (%)** | | | | | | | | | | | | | | |
| Cost of Operations | 10 | 87.5 | • | 61.2 | 75.7 | 65.4 | 72.5 | 73.7 | 84.0 | 84.7 | 87.5 | 87.9 | • | 91.1 |
| Salaries and Wages | 11 | 3.3 | • | 3.5 | 2.4 | 2.4 | 6.2 | 5.7 | 4.9 | 4.1 | 3.0 | 3.1 | • | 2.7 |
| Taxes Paid | 12 | 0.7 | • | 1.0 | 1.1 | 1.4 | 1.0 | 1.1 | 0.9 | 0.8 | 0.8 | 0.7 | • | 0.5 |
| Interest Paid | 13 | 1.5 | • | 0.7 | 1.0 | 0.2 | 0.4 | 0.8 | 1.1 | 0.9 | 1.0 | 1.1 | • | 2.0 |
| Depreciation | 14 | 0.8 | • | 1.7 | 1.2 | 1.0 | 0.9 | 1.1 | 0.6 | 0.6 | 0.5 | 0.6 | • | 0.9 |
| Amortization and Depletion | 15 | 0.1 | • | • | • | 0.1 | • | 0.0 | 0.0 | 0.0 | 0.1 | 0.0 | • | 0.1 |
| Pensions and Other Deferred Comp. | 16 | 0.2 | • | • | 0.6 | 1.2 | 0.2 | 0.5 | 0.3 | 0.2 | 0.2 | 0.2 | • | 0.1 |
| Employee Benefits | 17 | 0.5 | • | 0.1 | 0.7 | 0.9 | 0.5 | 0.5 | 0.4 | 0.3 | 0.3 | 0.5 | • | 0.5 |
| Advertising | 18 | 0.1 | • | 0.0 | 0.1 | 0.2 | 0.1 | 0.2 | 0.1 | 0.1 | 0.0 | 0.1 | • | 0.1 |
| Other Expenses | 19 | 3.7 | • | 11.8 | 6.4 | 13.0 | 13.0 | 7.2 | 3.7 | 4.1 | 3.2 | 3.2 | • | 2.9 |
| Officers' Compensation | 20 | 1.0 | • | 2.1 | 10.0 | 11.1 | 2.6 | 4.2 | 1.3 | 1.5 | 1.1 | 0.7 | • | 0.3 |
| Operating Margin | 21 | 0.7 | • | 17.9 | 0.8 | 3.2 | 2.4 | 5.0 | 2.9 | 2.6 | 2.3 | 1.8 | • | • |
| Operating Margin Before Officers' Comp. | 22 | 1.6 | • | 20.0 | 10.7 | 14.3 | 5.0 | 9.2 | 4.1 | 4.0 | 3.4 | 2.5 | • | • |

| Selected Average Balance Sheet ($ in Thousands) | | | | | | | | | | | | | |
|---|---|---|---|---|---|---|---|---|---|---|---|---|---|
| Net Receivables 23 | 2727 | • | 17 | 74 | 136 | 208 | 632 | 2916 | 5371 | 12548 | 22681 | • | 256493 |
| Inventories 24 | 2658 | • | 1 | 21 | 73 | 358 | 848 | 2794 | 6217 | 14363 | 31765 | • | 202254 |
| Net Property, Plant and Equipment 25 | 1112 | • | 16 | 20 | 85 | 77 | 247 | 906 | 1817 | 3496 | 8224 | • | 110122 |
| Total Assets 26 | 9353 | • | 38 | 152 | 370 | 781 | 2375 | 7050 | 15556 | 37430 | 67751 | • | 939718 |
| Notes and Loans Payable 27 | 3251 | • | 9 | 106 | 55 | 142 | 427 | 2814 | 4630 | 11684 | 21476 | • | 369097 |
| All Other Liabilities 28 | 3057 | • | -19 | 39 | 135 | 450 | 565 | 1735 | 5312 | 12847 | 20502 | • | 322314 |
| Net Worth 29 | 3046 | • | 48 | 7 | 180 | 188 | 1383 | 2501 | 5615 | 12899 | 25772 | • | 248307 |
| **Selected Financial Ratios (Times to 1)** | | | | | | | | | | | | | |
| Current Ratio 30 | 1.6 | • | 0.6 | 0.9 | 1.5 | 1.2 | 2.6 | 1.5 | 1.7 | 1.5 | 1.8 | • | 1.5 |
| Quick Ratio 31 | 0.8 | • | 0.5 | 0.6 | 1.1 | 0.6 | 1.6 | 0.9 | 0.9 | 0.7 | 0.8 | • | 0.8 |
| Net Sales to Working Capital 32 | 8.8 | • | • | • | 14.9 | 29.6 | 4.8 | 10.3 | 8.1 | 8.2 | 7.3 | • | 10.1 |
| Coverage Ratio 33 | 2.8 | • | 28.4 | 2.7 | 19.3 | 7.7 | 9.2 | 3.9 | 4.4 | 4.0 | 3.5 | • | 2.0 |
| Total Asset Turnover 34 | 2.2 | • | 4.5 | 6.1 | 3.3 | 4.2 | 2.3 | 3.0 | 2.7 | 2.3 | 2.7 | • | 2.0 |
| Inventory Turnover 35 | 6.8 | • | 185.5 | 33.8 | 10.8 | 6.6 | 4.7 | 6.3 | 5.8 | 5.3 | 5.1 | • | 8.6 |
| Receivables Turnover 36 | 6.7 | • | 9.8 | 25.0 | 8.0 | 10.0 | 6.3 | 5.9 | 8.0 | 6.8 | 6.8 | • | 6.6 |
| Total Liabilities to Net Worth 37 | 2.1 | • | • | 21.9 | 1.1 | 3.1 | 0.7 | 1.8 | 1.8 | 1.9 | 1.6 | • | 2.8 |
| Current Assets to Working Capital 38 | 2.8 | • | • | • | 3.0 | 6.0 | 1.6 | 2.8 | 2.4 | 2.8 | 2.3 | • | 3.2 |
| Current Liabilities to Working Capital 39 | 1.8 | • | • | • | 2.0 | 5.0 | 0.6 | 1.8 | 1.4 | 1.8 | 1.3 | • | 2.2 |
| Working Capital to Net Sales 40 | 0.1 | • | • | • | 0.1 | 0.0 | 0.2 | 0.1 | 0.1 | 0.1 | 0.1 | • | 0.1 |
| Inventory to Working Capital 41 | 1.0 | • | • | • | 0.7 | 2.6 | 0.6 | 1.1 | 1.1 | 1.4 | 1.2 | • | 1.0 |
| Total Receipts to Cash Flow 42 | 19.5 | • | 3.8 | 15.0 | 7.4 | 7.5 | 8.5 | 17.5 | 15.9 | 18.1 | 20.0 | • | 28.4 |
| Cost of Goods to Cash Flow 43 | 17.1 | • | 2.3 | 11.4 | 4.9 | 5.5 | 6.3 | 14.7 | 13.5 | 15.9 | 17.6 | • | 25.9 |
| Cash Flow to Total Debt 44 | 0.2 | • | • | 0.4 | 0.9 | 0.7 | 0.6 | 0.3 | 0.3 | 0.2 | 0.2 | • | 0.1 |
| **Selected Financial Factors (in Percentages)** | | | | | | | | | | | | | |
| Debt Ratio 45 | 67.4 | • | • | 95.6 | 51.4 | 75.9 | 41.8 | 64.5 | 63.9 | 65.5 | 62.0 | • | 73.6 |
| Return on Total Assets 46 | 9.3 | • | 84.2 | 16.3 | 12.5 | 13.3 | 15.9 | 12.2 | 11.4 | 9.2 | 10.6 | • | 8.0 |
| Return on Equity Before Income Taxes 47 | 18.3 | • | 64.4 | 232.7 | 24.5 | 48.1 | 24.4 | 25.7 | 24.5 | 20.1 | 19.8 | • | 15.1 |
| Return on Equity After Income Taxes 48 | 14.9 | • | 62.8 | 197.8 | 22.9 | 39.0 | 23.8 | 22.9 | 21.1 | 17.0 | 16.4 | • | 10.8 |
| Profit Margin (Before Income Tax) 49 | 2.7 | • | 17.9 | 1.7 | 3.6 | 2.8 | 6.2 | 3.1 | 3.2 | 3.0 | 2.8 | • | 2.0 |
| Profit Margin (After Income Tax) 50 | 2.2 | • | 17.4 | 1.4 | 3.4 | 2.2 | 6.0 | 2.7 | 2.8 | 2.5 | 2.3 | • | 1.4 |

**Table I**

Corporations with and without Net Income

# Electrical Goods Wholesalers

**Money Amounts and Size of Assets in Thousands of Dollars**

| Item Description for Accounting Period 7/00 Through 6/01 | | Total | Zero Assets | Under 100 | 100 to 250 | 251 to 500 | 501 to 1,000 | 1,001 to 5,000 | 5,001 to 10,000 | 10,001 to 25,000 | 25,001 to 50,000 | 50,001 to 100,000 | 100,001 to 250,000 | 250,001 and over |
|---|---|---|---|---|---|---|---|---|---|---|---|---|---|---|
| Number of Enterprises | 1 | 20725 | 1348 | 6297 | 2417 | 3542 | 2480 | 3399 | 533 | 381 | 139 | 84 | 51 | 53 |
| **Revenues ($ in Thousands)** | | | | | | | | | | | | | | |
| Net Sales | 2 | 232641361 | 1628066 | 1724758 | 1829569 | 3702292 | 5124801 | 24092771 | 9905228 | 15683165 | 12618127 | 13381058 | 17115609 | 125835916 |
| Interest | 3 | 925836 | 5235 | 408 | 1892 | 6547 | 9890 | 19388 | 12226 | 25938 | 34243 | 32193 | 78605 | 699270 |
| Rents | 4 | 182383 | 610 | 0 | 619 | 3005 | 5161 | 5669 | 3114 | 3329 | 5577 | 27252 | 2289 | 125759 |
| Royalties | 5 | 326422 | 0 | 0 | 0 | 0 | 0 | 814 | 0 | 158 | 707 | 4958 | 1667 | 318118 |
| Other Portfolio Income | 6 | 939620 | 61935 | 0 | 714 | 1193 | 587 | 40566 | 1974 | 13577 | 7817 | 32486 | 26662 | 752113 |
| Other Receipts | 7 | 2665547 | 10861 | 141371 | 163541 | 18385 | 214867 | 228794 | 8277 | 111267 | 123658 | 163500 | 114840 | 1366182 |
| Total Receipts | 8 | 237681169 | 1706707 | 1866537 | 1996335 | 3731422 | 5355306 | 24388002 | 9930819 | 15837434 | 12790129 | 13641447 | 17339672 | 129097358 |
| Average Total Receipts | 9 | 11468 | 1266 | 296 | 826 | 1053 | 2159 | 7175 | 18632 | 41568 | 92015 | 162398 | 339994 | 2435799 |
| **Operating Costs/Operating Income (%)** | | | | | | | | | | | | | | |
| Cost of Operations | 10 | 80.1 | 83.3 | 72.6 | 63.3 | 63.2 | 74.3 | 76.9 | 75.7 | 79.4 | 82.4 | 81.2 | 83.9 | 81.2 |
| Salaries and Wages | 11 | 6.1 | 5.6 | 3.8 | 9.0 | 12.5 | 8.6 | 7.5 | 8.5 | 7.4 | 6.2 | 6.5 | 5.3 | 5.3 |
| Taxes Paid | 12 | 0.9 | 1.1 | 1.1 | 2.1 | 2.3 | 1.4 | 1.2 | 1.1 | 1.1 | 0.8 | 0.9 | 0.8 | 0.7 |
| Interest Paid | 13 | 1.2 | 0.8 | 0.3 | 0.6 | 0.3 | 1.7 | 0.6 | 0.9 | 0.8 | 0.9 | 0.8 | 1.2 | 1.5 |
| Depreciation | 14 | 0.8 | 0.6 | 0.9 | 0.8 | 0.7 | 0.7 | 0.6 | 0.6 | 0.6 | 0.5 | 0.9 | 0.9 | 0.9 |
| Amortization and Depletion | 15 | 1.3 | 0.1 | 0.0 | 0.0 | 0.0 | 0.1 | 0.0 | 0.0 | 0.1 | 0.1 | 0.1 | 0.1 | 2.3 |
| Pensions and Other Deferred Comp. | 16 | 0.2 | 0.0 | 0.4 | 1.3 | 0.3 | 0.8 | 0.4 | 0.2 | 0.2 | 0.2 | 0.3 | 0.2 | 0.2 |
| Employee Benefits | 17 | 0.6 | 0.4 | 0.1 | 1.2 | 0.5 | 0.4 | 0.5 | 0.4 | 0.5 | 0.5 | 0.5 | 0.5 | 0.6 |
| Advertising | 18 | 0.9 | 0.5 | 0.5 | 0.5 | 0.8 | 0.4 | 0.6 | 0.5 | 0.6 | 0.5 | 0.7 | 1.0 | 1.1 |
| Other Expenses | 19 | 6.6 | 12.9 | 16.9 | 16.6 | 13.9 | 10.5 | 7.2 | 6.6 | 6.0 | 6.6 | 6.2 | 6.7 | 5.9 |
| Officers' Compensation | 20 | 1.2 | 1.5 | 7.8 | 12.5 | 5.0 | 6.3 | 3.3 | 2.2 | 1.6 | 0.9 | 0.9 | 0.5 | 0.2 |
| Operating Margin | 21 | 0.1 | • | • | • | 0.5 | • | 1.3 | 3.3 | 1.7 | 0.5 | 1.0 | • | 0.0 |
| Operating Margin Before Officers' Comp. | 22 | 1.3 | • | 3.3 | 4.6 | 5.5 | 1.0 | 4.6 | 5.5 | 3.4 | 1.4 | 1.8 | • | 0.3 |

| Selected Average Balance Sheet ($ in Thousands) | | | | | | | | | | | | | |
|---|---|---|---|---|---|---|---|---|---|---|---|---|---|
| Net Receivables 23 | 1676 | 0 | 3 | 71 | 128 | 183 | 893 | 2538 | 5919 | 13010 | 25885 | 52783 | 383509 |
| Inventories 24 | 1327 | 0 | 7 | 21 | 72 | 268 | 589 | 2381 | 4971 | 10267 | 18265 | 40029 | 308086 |
| Net Property, Plant and Equipment 25 | 506 | 0 | 6 | 23 | 29 | 55 | 232 | 533 | 1330 | 2609 | 7736 | 14927 | 128254 |
| Total Assets 26 | 5589 | 0 | 28 | 180 | 344 | 719 | 2220 | 7102 | 15498 | 34561 | 70817 | 162243 | 1433203 |
| Notes and Loans Payable 27 | 1772 | 0 | 38 | 59 | 89 | 344 | 566 | 1965 | 3666 | 9621 | 15766 | 45676 | 486946 |
| All Other Liabilities 28 | 1969 | 0 | 2 | 89 | 123 | 300 | 887 | 2686 | 6337 | 14380 | 30765 | 72931 | 457358 |
| Net Worth 29 | 1848 | 0 | -12 | 31 | 132 | 75 | 767 | 2451 | 5494 | 10560 | 24286 | 43636 | 488899 |

| Selected Financial Ratios (Times to 1) | | | | | | | | | | | | | |
|---|---|---|---|---|---|---|---|---|---|---|---|---|---|
| Current Ratio 30 | 1.4 | • | 1.6 | 1.1 | 1.8 | 1.7 | 1.6 | 1.6 | 1.6 | 1.5 | 1.5 | 1.4 | 1.3 |
| Quick Ratio 31 | 0.7 | • | 1.0 | 1.0 | 1.2 | 0.8 | 1.0 | 0.8 | 0.9 | 0.9 | 0.9 | 0.8 | 0.7 |
| Net Sales to Working Capital 32 | 11.3 | • | 43.9 | 41.3 | 8.5 | 8.0 | 9.8 | 8.5 | 8.7 | 9.0 | 8.5 | 9.9 | 13.7 |
| Coverage Ratio 33 | 3.0 | • | 13.8 | 3.0 | 5.4 | 0.5 | 5.2 | 4.8 | 4.6 | 3.0 | 4.8 | 1.2 | 2.8 |
| Total Asset Turnover 34 | 2.0 | • | 9.6 | 4.2 | 3.0 | 2.9 | 3.2 | 2.6 | 2.7 | 2.6 | 2.2 | 2.1 | 1.7 |
| Inventory Turnover 35 | 6.8 | • | 30.0 | 22.5 | 9.2 | 5.7 | 9.3 | 5.9 | 6.6 | 7.3 | 7.1 | 7.0 | 6.3 |
| Receivables Turnover 36 | 7.1 | • | 57.0 | 11.9 | 10.2 | 9.4 | 8.7 | 7.2 | 6.7 | 7.5 | 6.8 | 7.3 | 6.6 |
| Total Liabilities to Net Worth 37 | 2.0 | • | • | 4.7 | 1.6 | 8.6 | 1.9 | 1.9 | 1.8 | 2.3 | 1.9 | 2.7 | 1.9 |
| Current Assets to Working Capital 38 | 3.7 | • | 2.6 | 7.9 | 2.3 | 2.4 | 2.6 | 2.7 | 2.8 | 2.9 | 3.0 | 3.7 | 4.8 |
| Current Liabilities to Working Capital 39 | 2.7 | • | 1.6 | 6.9 | 1.3 | 1.4 | 1.6 | 1.7 | 1.8 | 1.9 | 2.0 | 2.7 | 3.8 |
| Working Capital to Net Sales 40 | 0.1 | • | 0.0 | 0.0 | 0.1 | 0.1 | 0.1 | 0.1 | 0.1 | 0.1 | 0.1 | 0.1 | 0.1 |
| Inventory to Working Capital 41 | 1.4 | • | 0.6 | 1.0 | 0.7 | 1.0 | 0.9 | 1.1 | 1.1 | 1.1 | 1.0 | 1.4 | 1.9 |
| Total Receipts to Cash Flow 42 | 13.4 | 19.4 | 5.3 | 6.7 | 8.8 | 13.2 | 12.5 | 11.3 | 13.3 | 13.6 | 12.5 | 16.7 | 14.2 |
| Cost of Goods to Cash Flow 43 | 10.7 | 16.1 | 3.9 | 4.2 | 5.6 | 9.8 | 9.6 | 8.6 | 10.6 | 11.2 | 10.2 | 14.0 | 11.6 |
| Cash Flow to Total Debt 44 | 0.2 | • | 1.3 | 0.8 | 0.6 | 0.2 | 0.4 | 0.4 | 0.3 | 0.3 | 0.3 | 0.2 | 0.2 |

| Selected Financial Factors (in Percentages) | | | | | | | | | | | | | |
|---|---|---|---|---|---|---|---|---|---|---|---|---|---|
| Debt Ratio 45 | 66.9 | • | 141.2 | 82.6 | 61.7 | 89.6 | 65.4 | 65.5 | 64.5 | 69.4 | 65.7 | 73.1 | 65.9 |
| Return on Total Assets 46 | 7.2 | • | 39.1 | 7.8 | 5.0 | 2.3 | 9.9 | 11.7 | 9.2 | 7.2 | 8.3 | 3.0 | 7.0 |
| Return on Equity Before Income Taxes 47 | 14.4 | • | • | 30.0 | 10.6 | • | 23.2 | 26.8 | 20.2 | 15.7 | 19.2 | 1.7 | 13.3 |
| Return on Equity After Income Taxes 48 | 10.5 | • | • | 24.9 | 9.1 | • | 20.4 | 23.5 | 16.8 | 9.9 | 14.9 | • | 9.3 |
| Profit Margin (Before Income Tax) 49 | 2.4 | • | 3.8 | 1.2 | 1.3 | • | 2.5 | 3.5 | 2.7 | 1.8 | 2.9 | 0.2 | 2.7 |
| Profit Margin (After Income Tax) 50 | 1.7 | • | 3.6 | 1.0 | 1.1 | • | 2.2 | 3.1 | 2.2 | 1.2 | 2.3 | • | 1.9 |

**Table II**

Corporations with Net Income

# ELECTRICAL GOODS WHOLESALERS

MONEY AMOUNTS AND SIZE OF ASSETS IN THOUSANDS OF DOLLARS

| Item Description for Accounting Period 7/00 Through 6/01 | | Total | Zero Assets | Under 100 | 100 to 250 | 251 to 500 | 501 to 1,000 | 1,001 to 5,000 | 5,001 to 10,000 | 10,001 to 25,000 | 25,001 to 50,000 | 50,001 to 100,000 | 100,001 to 250,000 | 250,001 and over |
|---|---|---|---|---|---|---|---|---|---|---|---|---|---|---|
| Number of Enterprises | 1 | 13210 | 410 | 3701 | 1650 | 2167 | 1430 | 2879 | 417 | 305 | 113 | 60 | 32 | 46 |
| **Revenues ($ in Thousands)** | | | | | | | | | | | | | | |
| Net Sales | 2 | 203295702 | 1057877 | 1501059 | 1093896 | 2980174 | 3644941 | 21810896 | 8370875 | 13123900 | 10374775 | 10557321 | 12675216 | 116104771 |
| Interest | 3 | 714131 | 2964 | 36 | 1156 | 3445 | 7168 | 15709 | 10987 | 18444 | 14593 | 22966 | 32176 | 584486 |
| Rents | 4 | 167042 | 607 | 0 | 0 | 0 | 4392 | 4505 | 1170 | 3032 | 5038 | 26373 | 991 | 120935 |
| Royalties | 5 | 320821 | 0 | 0 | 0 | 0 | 0 | 814 | 0 | 36 | 55 | 4554 | 1 | 315361 |
| Other Portfolio Income | 6 | 653937 | 313 | 0 | 660 | 502 | 374 | 27257 | 1674 | 12189 | 7755 | 12310 | 22051 | 568850 |
| Other Receipts | 7 | 2562794 | 2973 | 140791 | 137306 | 15678 | 198748 | 206188 | 32854 | 93990 | 109690 | 137211 | 64787 | 1422581 |
| Total Receipts | 8 | 207714427 | 1064734 | 1641886 | 1233018 | 2999799 | 3855623 | 22065369 | 8417560 | 13251591 | 10511906 | 10760735 | 12795222 | 119116984 |
| Average Total Receipts | 9 | 15724 | 2597 | 444 | 747 | 1384 | 2696 | 7664 | 20186 | 43448 | 93026 | 179346 | 399851 | 2589500 |
| **Operating Costs/Operating Income (%)** | | | | | | | | | | | | | | |
| Cost of Operations | 10 | 80.0 | 81.8 | 74.0 | 66.0 | 65.6 | 76.4 | 77.2 | 74.8 | 78.3 | 81.5 | 80.8 | 84.0 | 81.0 |
| Salaries and Wages | 11 | 6.0 | 4.5 | 3.2 | 5.7 | 10.6 | 7.3 | 6.9 | 8.4 | 7.5 | 6.1 | 6.5 | 4.3 | 5.4 |
| Taxes Paid | 12 | 0.8 | 1.1 | 1.2 | 2.0 | 2.1 | 1.3 | 1.2 | 1.0 | 1.1 | 0.8 | 0.9 | 0.8 | 0.7 |
| Interest Paid | 13 | 1.0 | 0.7 | 0.1 | 0.4 | 0.2 | 0.7 | 0.5 | 0.6 | 0.7 | 0.7 | 0.7 | 0.9 | 1.4 |
| Depreciation | 14 | 0.7 | 0.2 | 0.9 | 0.9 | 0.5 | 0.6 | 0.5 | 0.5 | 0.6 | 0.5 | 0.8 | 0.5 | 0.7 |
| Amortization and Depletion | 15 | 1.4 | 0.0 | 0.0 | • | 0.0 | 0.0 | 0.0 | 0.0 | 0.0 | 0.0 | 0.1 | 0.1 | 2.5 |
| Pensions and Other Deferred Comp. | 16 | 0.2 | 0.0 | 0.5 | 1.9 | 0.3 | 0.9 | 0.4 | 0.3 | 0.3 | 0.2 | 0.3 | 0.2 | 0.2 |
| Employee Benefits | 17 | 0.5 | 0.4 | 0.0 | 1.6 | 0.6 | 0.3 | 0.5 | 0.4 | 0.5 | 0.5 | 0.4 | 0.5 | 0.5 |
| Advertising | 18 | 0.9 | 0.5 | 0.4 | 0.5 | 0.8 | 0.4 | 0.5 | 0.4 | 0.6 | 0.5 | 0.5 | 0.7 | 1.1 |
| Other Expenses | 19 | 5.9 | 6.2 | 14.5 | 11.0 | 10.9 | 8.3 | 6.7 | 6.3 | 5.6 | 5.2 | 5.1 | 5.5 | 5.6 |
| Officers' Compensation | 20 | 1.1 | 1.1 | 7.9 | 15.1 | 4.7 | 6.8 | 3.1 | 2.1 | 1.8 | 1.0 | 0.9 | 0.4 | 0.2 |
| Operating Margin | 21 | 1.4 | 3.3 | • | • | 3.7 | • | 2.7 | 5.3 | 3.2 | 2.9 | 2.9 | 2.3 | 0.5 |
| Operating Margin Before Officers' Comp. | 22 | 2.6 | 4.4 | 5.2 | 10.0 | 8.4 | 3.9 | 5.7 | 7.4 | 4.9 | 4.0 | 3.8 | 2.6 | 0.8 |

## Selected Average Balance Sheet ($ in Thousands)

| | | | | | | | | | | | | | |
|---|---|---|---|---|---|---|---|---|---|---|---|---|---|
| Net Receivables 23 | 2202 | 0 | 2 | 67 | 143 | 180 | 928 | 2591 | 6101 | 13642 | 27387 | 58320 | 385742 |
| Inventories 24 | 1847 | 0 | 2 | 22 | 76 | 329 | 566 | 2640 | 4966 | 10652 | 19404 | 47185 | 338961 |
| Net Property, Plant and Equipment 25 | 617 | 0 | 9 | 19 | 28 | 53 | 190 | 532 | 1306 | 2631 | 7917 | 12447 | 122037 |
| Total Assets 26 | 7522 | 0 | 33 | 170 | 346 | 717 | 2226 | 7157 | 15347 | 34438 | 71742 | 159598 | 1517553 |
| Notes and Loans Payable 27 | 2307 | 0 | 10 | 32 | 34 | 198 | 461 | 1612 | 3527 | 7573 | 15120 | 46726 | 515295 |
| All Other Liabilities 28 | 2561 | 0 | 3 | 85 | 174 | 222 | 903 | 2709 | 5866 | 14914 | 30065 | 69585 | 472675 |
| Net Worth 29 | 2654 | 0 | 20 | 52 | 138 | 297 | 862 | 2837 | 5954 | 11951 | 26558 | 43287 | 529583 |

## Selected Financial Ratios (Times to 1)

| | | | | | | | | | | | | | |
|---|---|---|---|---|---|---|---|---|---|---|---|---|---|
| Current Ratio 30 | 1.4 | • | 3.0 | 1.4 | 1.6 | 2.6 | 1.7 | 1.7 | 1.7 | 1.6 | 1.6 | 1.4 | 1.2 |
| Quick Ratio 31 | 0.7 | • | 2.3 | 1.3 | 1.0 | 1.3 | 1.1 | 0.9 | 1.0 | 0.9 | 1.0 | 0.7 | 0.6 |
| Net Sales to Working Capital 32 | 11.6 | • | 33.1 | 15.3 | 12.4 | 6.7 | 9.3 | 8.0 | 8.1 | 8.5 | 8.5 | 10.2 | 14.6 |
| Coverage Ratio 33 | 4.5 | 6.3 | 112.3 | 18.8 | 25.7 | 5.5 | 9.3 | 10.2 | 7.3 | 7.0 | 8.4 | 4.7 | 3.4 |
| Total Asset Turnover 34 | 2.0 | • | 12.4 | 3.9 | 4.0 | 3.6 | 3.4 | 2.8 | 2.8 | 2.7 | 2.5 | 2.5 | 1.7 |
| Inventory Turnover 35 | 6.7 | • | 144.1 | 20.2 | 11.8 | 5.9 | 10.3 | 5.7 | 6.8 | 7.0 | 7.3 | 7.0 | 6.0 |
| Receivables Turnover 36 | 7.3 | • | 125.7 | 9.9 | 12.2 | 9.4 | 9.5 | 7.1 | 6.8 | 7.3 | 6.8 | 7.5 | 6.8 |
| Total Liabilities to Net Worth 37 | 1.8 | • | 0.7 | 2.3 | 1.5 | 1.4 | 1.6 | 1.5 | 1.6 | 1.9 | 1.7 | 2.7 | 1.9 |
| Current Assets to Working Capital 38 | 3.7 | • | 1.5 | 3.3 | 2.6 | 1.6 | 2.4 | 2.5 | 2.5 | 2.7 | 2.8 | 3.4 | 5.1 |
| Current Liabilities to Working Capital 39 | 2.7 | • | 0.5 | 2.3 | 1.6 | 0.6 | 1.4 | 1.5 | 1.5 | 1.7 | 1.8 | 2.4 | 4.1 |
| Working Capital to Net Sales 40 | 0.1 | • | 0.0 | 0.1 | 0.1 | 0.1 | 0.1 | 0.1 | 0.1 | 0.1 | 0.1 | 0.1 | 0.1 |
| Inventory to Working Capital 41 | 1.5 | • | 0.3 | 0.2 | 0.9 | 0.8 | 0.8 | 1.1 | 0.9 | 1.1 | 0.9 | 1.4 | 2.1 |
| Total Receipts to Cash Flow 42 | 12.2 | 11.2 | 5.1 | 6.1 | 8.7 | 10.7 | 11.1 | 9.2 | 11.7 | 11.9 | 11.2 | 12.5 | 13.5 |
| Cost of Goods to Cash Flow 43 | 9.7 | 9.2 | 3.8 | 4.0 | 5.7 | 8.1 | 8.6 | 6.9 | 9.1 | 9.7 | 9.0 | 10.5 | 10.9 |
| Cash Flow to Total Debt 44 | 0.3 | • | 6.1 | 0.9 | 0.8 | 0.6 | 0.5 | 0.5 | 0.4 | 0.3 | 0.3 | 0.3 | 0.2 |

## Selected Financial Factors (in Percentages)

| | | | | | | | | | | | | | |
|---|---|---|---|---|---|---|---|---|---|---|---|---|---|
| Debt Ratio 45 | 64.7 | • | 40.0 | 69.3 | 60.1 | 58.6 | 61.3 | 60.4 | 61.2 | 65.3 | 63.0 | 72.9 | 65.1 |
| Return on Total Assets 46 | 9.7 | • | 83.5 | 31.7 | 18.1 | 12.8 | 14.5 | 18.1 | 13.5 | 13.2 | 13.6 | 10.3 | 7.7 |
| Return on Equity Before Income Taxes 47 | 21.3 | • | 138.1 | 97.7 | 43.7 | 25.2 | 33.4 | 41.1 | 30.0 | 32.6 | 32.4 | 29.9 | 15.5 |
| Return on Equity After Income Taxes 48 | 17.0 | • | 134.7 | 93.2 | 41.3 | 21.6 | 30.5 | 37.4 | 26.0 | 26.3 | 26.9 | 22.8 | 11.3 |
| Profit Margin (Before Income Tax) 49 | 3.7 | 4.0 | 6.7 | 7.7 | 4.4 | 2.9 | 3.8 | 5.8 | 4.1 | 4.2 | 4.9 | 3.3 | 3.2 |
| Profit Margin (After Income Tax) 50 | 2.9 | 3.1 | 6.5 | 7.3 | 4.1 | 2.5 | 3.5 | 5.3 | 3.6 | 3.4 | 4.1 | 2.5 | 2.4 |

## Table I

Corporations with and without Net Income

# HARDWARE, PLUMBING, HEATING EQUIPMENT & SUPPLIES WHOLESALERS

MONEY AMOUNTS AND SIZE OF ASSETS IN THOUSANDS OF DOLLARS

| Item Description for Accounting Period 7/00 Through 6/01 | | Total | Zero Assets | Under 100 | 100 to 250 | 251 to 500 | 501 to 1,000 | 1,001 to 5,000 | 5,001 to 10,000 | 10,001 to 25,000 | 25,001 to 50,000 | 50,001 to 100,000 | 100,001 to 250,000 | 250,001 and over |
|---|---|---|---|---|---|---|---|---|---|---|---|---|---|---|
| Number of Enterprises | 1 | 16423 | 1519 | 5074 | 2092 | 2447 | 1959 | 2389 | 556 | 253 | 75 | 31 | 16 | 13 |
| **Revenues ($ in Thousands)** | | | | | | | | | | | | | | |
| Net Sales | 2 | 78658463 | 523247 | 1286431 | 824783 | 2212764 | 3727508 | 13978702 | 8988731 | 8922254 | 6182638 | 4628464 | 4352369 | 23030572 |
| Interest | 3 | 309309 | 443 | 458 | 2 | 1210 | 2264 | 27709 | 10064 | 15075 | 11175 | 6945 | 7041 | 226922 |
| Rents | 4 | 35602 | 257 | 0 | 0 | 1480 | 802 | 4180 | 1245 | 2273 | 2184 | 7960 | 817 | 14403 |
| Royalties | 5 | 109283 | 0 | 0 | 0 | 0 | 0 | 0 | 1 | 0 | 16 | 23 | 4276 | 104967 |
| Other Portfolio Income | 6 | 281227 | 29275 | 0 | 3350 | 1590 | 11825 | 11171 | 3619 | 34072 | 108833 | 16357 | 4344 | 56789 |
| Other Receipts | 7 | 1240264 | 54197 | 1782 | 2871 | 9506 | 88635 | 168420 | 142925 | 81323 | 67083 | 88007 | 65654 | 469864 |
| Total Receipts | 8 | 80634148 | 607419 | 1288671 | 831006 | 2226550 | 3831034 | 14190182 | 9146585 | 9054997 | 6371929 | 4747756 | 4434501 | 23903517 |
| Average Total Receipts | 9 | 4910 | 400 | 254 | 397 | 910 | 1956 | 5940 | 16451 | 35791 | 84959 | 153153 | 277156 | 1838732 |
| **Operating Costs/Operating Income (%)** | | | | | | | | | | | | | | |
| Cost of Operations | 10 | 74.1 | 83.1 | 49.3 | 69.3 | 70.2 | 66.9 | 73.8 | 75.2 | 75.4 | 77.7 | 76.7 | 73.8 | 74.7 |
| Salaries and Wages | 11 | 9.3 | 13.0 | 10.7 | 10.0 | 8.2 | 11.1 | 9.7 | 9.5 | 9.6 | 8.4 | 9.0 | 10.8 | 8.4 |
| Taxes Paid | 12 | 1.3 | 3.0 | 2.2 | 2.8 | 1.8 | 2.1 | 1.5 | 1.3 | 1.3 | 1.3 | 1.1 | 1.2 | 1.0 |
| Interest Paid | 13 | 1.5 | 1.1 | 1.2 | 0.2 | 0.9 | 0.9 | 0.8 | 1.0 | 1.1 | 1.9 | 1.8 | 1.8 | 2.2 |
| Depreciation | 14 | 0.8 | 0.7 | 0.6 | 0.4 | 1.2 | 1.1 | 0.6 | 0.7 | 0.7 | 0.7 | 1.1 | 1.4 | 0.7 |
| Amortization and Depletion | 15 | 0.2 | 0.0 | 0.0 | 0.0 | 0.1 | 0.2 | 0.0 | 0.0 | 0.1 | 0.1 | 0.3 | 0.3 | 0.4 |
| Pensions and Other Deferred Comp. | 16 | 0.3 | 0.2 | 0.1 | 0.4 | 0.3 | 0.5 | 0.4 | 0.4 | 0.4 | 0.3 | 0.2 | 0.4 | 0.3 |
| Employee Benefits | 17 | 0.7 | 0.3 | 0.3 | 0.1 | 0.6 | 1.0 | 0.6 | 0.5 | 0.7 | 0.7 | 0.8 | 1.3 | 0.7 |
| Advertising | 18 | 0.4 | 0.5 | 0.3 | 0.4 | 0.4 | 0.3 | 0.4 | 0.3 | 0.5 | 0.6 | 0.6 | 0.8 | 0.2 |
| Other Expenses | 19 | 9.9 | 16.8 | 28.1 | 13.3 | 12.0 | 10.5 | 7.6 | 7.3 | 6.6 | 7.1 | 7.8 | 8.6 | 13.5 |
| Officers' Compensation | 20 | 2.2 | 5.2 | 7.9 | 6.8 | 5.5 | 6.6 | 3.8 | 3.0 | 2.0 | 1.1 | 0.9 | 0.6 | 0.2 |
| Operating Margin | 21 | • | • | • | • | • | • | 0.6 | 0.7 | 1.7 | 0.2 | • | • | • |
| Operating Margin Before Officers' Comp. | 22 | 1.5 | • | 7.1 | 3.0 | 4.3 | 5.4 | 4.4 | 3.7 | 3.7 | 1.3 | 0.5 | • | • |

## Selected Average Balance Sheet ($ in Thousands)

| | | | | | | | | | | | | | |
|---|---|---|---|---|---|---|---|---|---|---|---|---|---|
| Net Receivables 23 | 686 | 0 | 5 | 23 | 109 | 181 | 711 | 2457 | 5030 | 11287 | 19803 | 35004 | 324127 |
| Inventories 24 | 707 | 0 | 5 | 68 | 116 | 221 | 985 | 2603 | 5432 | 11929 | 23300 | 49998 | 240572 |
| Net Property, Plant and Equipment 25 | 248 | 0 | 4 | 18 | 49 | 89 | 214 | 521 | 1605 | 4075 | 11206 | 26967 | 109935 |
| Total Assets 26 | 2133 | 0 | 30 | 174 | 360 | 686 | 2305 | 6680 | 14809 | 34381 | 69150 | 159905 | 926194 |
| Notes and Loans Payable 27 | 776 | 0 | 11 | 69 | 138 | 249 | 545 | 1996 | 4653 | 10645 | 33952 | 62834 | 404940 |
| All Other Liabilities 28 | 621 | 0 | 10 | 58 | 99 | 195 | 691 | 2311 | 3839 | 9710 | 17114 | 43790 | 272307 |
| Net Worth 29 | 736 | 0 | 9 | 47 | 123 | 241 | 1069 | 2373 | 6318 | 14026 | 18084 | 53281 | 248946 |

## Selected Financial Ratios (Times to 1)

| | | | | | | | | | | | | | |
|---|---|---|---|---|---|---|---|---|---|---|---|---|---|
| Current Ratio 30 | 2.0 | • | 1.6 | 2.2 | 2.2 | 2.1 | 2.1 | 1.8 | 1.8 | 1.9 | 1.6 | 1.7 | 2.1 |
| Quick Ratio 31 | 1.0 | • | 1.2 | 0.7 | 1.3 | 1.1 | 1.0 | 0.9 | 0.9 | 1.0 | 0.7 | 0.7 | 1.1 |
| Net Sales to Working Capital 32 | 6.1 | • | 30.3 | 5.1 | 5.7 | 7.2 | 5.7 | 6.1 | 6.6 | 6.4 | 8.5 | 6.6 | 5.4 |
| Coverage Ratio 33 | 2.2 | • | 0.5 | • | 0.3 | 2.7 | 3.6 | 3.4 | 3.9 | 2.7 | 2.2 | 1.6 | 1.7 |
| Total Asset Turnover 34 | 2.2 | • | 8.5 | 2.3 | 2.5 | 2.8 | 2.5 | 2.4 | 2.4 | 2.4 | 2.2 | 1.7 | 1.9 |
| Inventory Turnover 35 | 5.0 | • | 23.7 | 4.0 | 5.5 | 5.8 | 4.4 | 4.7 | 4.9 | 5.4 | 4.9 | 4.0 | 5.5 |
| Receivables Turnover 36 | 7.3 | • | 45.4 | 13.0 | 7.5 | 10.2 | 7.7 | 7.2 | 7.2 | 7.8 | 7.7 | 7.8 | 6.1 |
| Total Liabilities to Net Worth 37 | 1.9 | • | 2.4 | 2.7 | 1.9 | 1.8 | 1.2 | 1.8 | 1.3 | 1.5 | 2.8 | 2.0 | 2.7 |
| Current Assets to Working Capital 38 | 2.0 | • | 2.5 | 1.8 | 1.8 | 1.9 | 1.9 | 2.2 | 2.3 | 2.1 | 2.7 | 2.4 | 1.9 |
| Current Liabilities to Working Capital 39 | 1.0 | • | 1.5 | 0.8 | 0.8 | 0.9 | 0.9 | 1.2 | 1.3 | 1.1 | 1.7 | 1.4 | 0.9 |
| Working Capital to Net Sales 40 | 0.2 | • | 0.0 | 0.2 | 0.2 | 0.1 | 0.2 | 0.2 | 0.2 | 0.2 | 0.1 | 0.2 | 0.2 |
| Inventory to Working Capital 41 | 0.9 | • | 0.6 | 1.1 | 0.7 | 0.8 | 0.9 | 1.0 | 1.1 | 1.0 | 1.3 | 1.3 | 0.8 |
| Total Receipts to Cash Flow 42 | 10.5 | • | 4.1 | 18.4 | 11.8 | 11.8 | 12.8 | 12.5 | 12.6 | 14.4 | 12.9 | 13.7 | 7.6 |
| Cost of Goods to Cash Flow 43 | 7.8 | • | 2.0 | 12.8 | 8.3 | 7.9 | 9.4 | 9.4 | 9.5 | 11.2 | 9.9 | 10.1 | 5.7 |
| Cash Flow to Total Debt 44 | 0.3 | • | 2.9 | 0.2 | 0.3 | 0.4 | 0.4 | 0.3 | 0.3 | 0.3 | 0.2 | 0.2 | 0.3 |

## Selected Financial Factors (in Percentages)

| | | | | | | | | | | | | | |
|---|---|---|---|---|---|---|---|---|---|---|---|---|---|
| Debt Ratio 45 | 65.5 | • | 70.8 | 73.0 | 65.9 | 64.8 | 53.6 | 64.5 | 57.3 | 59.2 | 73.8 | 66.7 | 73.1 |
| Return on Total Assets 46 | 7.5 | • | 5.2 | • | 0.8 | 7.0 | 7.4 | 8.3 | 10.1 | 12.3 | 8.7 | 4.7 | 7.2 |
| Return on Equity Before Income Taxes 47 | 12.1 | • | • | • | • | 12.4 | 11.5 | 16.6 | 17.6 | 19.0 | 18.0 | 5.0 | 11.0 |
| Return on Equity After Income Taxes 48 | 9.2 | • | • | • | • | 11.2 | 9.6 | 15.4 | 14.8 | 14.8 | 13.8 | 2.3 | 6.9 |
| Profit Margin (Before Income Tax) 49 | 1.9 | • | • | • | • | 1.6 | 2.1 | 2.4 | 3.2 | 3.2 | 2.2 | 1.0 | 1.5 |
| Profit Margin (After Income Tax) 50 | 1.4 | • | • | • | • | 1.4 | 1.7 | 2.3 | 2.7 | 2.5 | 1.7 | 0.4 | 1.0 |

**Table II**

Corporations with Net Income

# HARDWARE, PLUMBING, HEATING EQUIPMENT & SUPPLIES WHOLESALERS

**MONEY AMOUNTS AND SIZE OF ASSETS IN THOUSANDS OF DOLLARS**

| Item Description for Accounting Period 7/00 Through 6/01 | | Total | Zero Assets | Under 100 | 100 to 250 | 251 to 500 | 501 to 1,000 | 1,001 to 5,000 | 5,001 to 10,000 | 10,001 to 25,000 | 25,001 to 50,000 | 50,001 to 100,000 | 100,001 to 250,000 | 250,001 and over |
|---|---|---|---|---|---|---|---|---|---|---|---|---|---|---|
| Number of Enterprises | 1 | 8109 | 718 | 1147 | 1027 | 1333 | 1359 | 1813 | 393 | 220 | 61 | 20 | 11 | 7 |
| **Revenues ($ in Thousands)** | | | | | | | | | | | | | | |
| Net Sales | 2 | 59137615 | 332742 | 312095 | 355551 | 1472259 | 2611313 | 10804243 | 6827086 | 7765759 | 5283541 | 3138641 | 2809595 | 17424789 |
| Interest | 3 | 245237 | 340 | 0 | 0 | 707 | 1540 | 23089 | 6820 | 14028 | 9237 | 1449 | 1893 | 186133 |
| Rents | 4 | 27577 | 257 | 0 | 0 | 1480 | 802 | 3476 | 186 | 1964 | 2096 | 3642 | 625 | 13048 |
| Royalties | 5 | 93992 | 0 | 0 | 0 | 0 | 0 | 0 | 1 | 0 | 0 | 23 | 4276 | 89692 |
| Other Portfolio Income | 6 | 199838 | 5681 | 0 | 3350 | 1393 | 11359 | 5949 | 2450 | 32762 | 108762 | 14330 | 3740 | 10059 |
| Other Receipts | 7 | 1018752 | 42022 | 1741 | 986 | 8613 | 87476 | 132505 | 134716 | 74880 | 54707 | 62624 | 39233 | 379255 |
| Total Receipts | 8 | 60723011 | 381042 | 313836 | 359887 | 1484452 | 2712490 | 10969262 | 6971259 | 7889393 | 5458343 | 3220709 | 2859362 | 18102976 |
| Average Total Receipts | 9 | 7488 | 531 | 274 | 350 | 1114 | 1996 | 6050 | 17739 | 35861 | 89481 | 161035 | 259942 | 2586139 |
| **Operating Costs/Operating Income (%)** | | | | | | | | | | | | | | |
| Cost of Operations | 10 | 75.8 | 68.0 | 48.8 | 63.6 | 69.7 | 67.7 | 73.3 | 74.9 | 75.1 | 77.1 | 75.1 | 76.2 | 80.4 |
| Salaries and Wages | 11 | 9.1 | 13.8 | 19.2 | 8.7 | 6.3 | 10.3 | 9.2 | 9.0 | 9.5 | 8.6 | 9.4 | 8.8 | 8.7 |
| Taxes Paid | 12 | 1.3 | 3.2 | 1.7 | 2.9 | 1.5 | 2.2 | 1.5 | 1.3 | 1.3 | 1.3 | 1.2 | 1.1 | 1.0 |
| Interest Paid | 13 | 1.3 | 0.6 | 0.1 | 0.1 | 0.7 | 0.8 | 0.7 | 0.9 | 1.0 | 1.8 | 1.6 | 1.1 | 1.8 |
| Depreciation | 14 | 0.7 | 0.6 | 0.4 | 0.5 | 1.0 | 1.1 | 0.6 | 0.7 | 0.7 | 0.7 | 0.9 | 1.5 | 0.6 |
| Amortization and Depletion | 15 | 0.1 | 0.0 | • | • | 0.0 | 0.1 | 0.0 | 0.0 | 0.1 | 0.1 | 0.2 | 0.0 | 0.3 |
| Pensions and Other Deferred Comp. | 16 | 0.4 | 0.2 | • | • | 0.3 | 0.6 | 0.4 | 0.5 | 0.4 | 0.4 | 0.3 | 0.3 | 0.3 |
| Employee Benefits | 17 | 0.6 | 0.5 | 0.1 | • | 0.5 | 1.0 | 0.5 | 0.4 | 0.7 | 0.7 | 0.8 | 0.9 | 0.6 |
| Advertising | 18 | 0.4 | 0.4 | 0.6 | 0.1 | 0.1 | 0.3 | 0.4 | 0.4 | 0.5 | 0.6 | 0.6 | 0.9 | 0.2 |
| Other Expenses | 19 | 7.5 | 9.6 | 13.8 | 12.7 | 12.0 | 9.9 | 7.5 | 7.6 | 6.3 | 6.7 | 7.5 | 6.9 | 7.5 |
| Officers' Compensation | 20 | 2.1 | 0.9 | 9.3 | 6.8 | 6.3 | 6.9 | 3.9 | 2.8 | 2.1 | 1.1 | 0.9 | 0.6 | 0.1 |
| Operating Margin | 21 | 0.7 | 2.2 | 6.0 | 4.5 | 1.5 | • | 1.9 | 1.5 | 2.5 | 0.9 | 1.5 | 1.6 | • |
| Operating Margin Before Officers' Comp. | 22 | 2.8 | 3.1 | 15.3 | 11.3 | 7.8 | 6.0 | 5.8 | 4.4 | 4.5 | 2.1 | 2.4 | 2.2 | • |

## Selected Average Balance Sheet ($ in Thousands)

| | | | | | | | | | | | | | |
|---|---|---|---|---|---|---|---|---|---|---|---|---|---|
| Net Receivables 23 | 1099 | 0 | 0 | 18 | 150 | 176 | 762 | 2369 | 5017 | 11811 | 21473 | 32014 | 505708 |
| Inventories 24 | 1079 | 0 | 2 | 102 | 99 | 184 | 946 | 2942 | 5557 | 12479 | 26503 | 52243 | 325740 |
| Net Property, Plant and Equipment 25 | 364 | 0 | 7 | 15 | 43 | 101 | 224 | 505 | 1471 | 4291 | 10298 | 31976 | 140452 |
| Total Assets 26 | 3128 | 0 | 20 | 168 | 374 | 686 | 2299 | 6572 | 14705 | 35203 | 68382 | 148782 | 1228822 |
| Notes and Loans Payable 27 | 1003 | 0 | 5 | 11 | 92 | 224 | 479 | 1810 | 4275 | 9770 | 29876 | 50835 | 487821 |
| All Other Liabilities 28 | 919 | 0 | 1 | 29 | 119 | 204 | 704 | 2250 | 3748 | 9422 | 16402 | 43325 | 373918 |
| Net Worth 29 | 1207 | 0 | 14 | 128 | 163 | 258 | 1116 | 2511 | 6682 | 16011 | 22104 | 54623 | 367083 |

## Selected Financial Ratios (Times to 1)

| | | | | | | | | | | | | | |
|---|---|---|---|---|---|---|---|---|---|---|---|---|---|
| Current Ratio 30 | 2.1 | • | 5.6 | 4.9 | 2.3 | 2.3 | 2.1 | 2.0 | 1.9 | 2.0 | 1.8 | 1.7 | 2.5 |
| Quick Ratio 31 | 1.1 | • | 4.9 | 1.5 | 1.5 | 1.3 | 1.1 | 1.0 | 0.9 | 1.0 | 0.9 | 0.6 | 1.4 |
| Net Sales to Working Capital 32 | 5.6 | • | 27.2 | 2.9 | 6.2 | 6.8 | 5.8 | 6.0 | 6.2 | 6.0 | 7.0 | 6.7 | 4.6 |
| Coverage Ratio 33 | 3.7 | 27.8 | 58.0 | 54.6 | 4.3 | 4.7 | 6.1 | 5.1 | 5.1 | 3.3 | 3.6 | 3.9 | 2.3 |
| Total Asset Turnover 34 | 2.3 | • | 13.7 | 2.1 | 3.0 | 2.8 | 2.6 | 2.6 | 2.4 | 2.5 | 2.3 | 1.7 | 2.0 |
| Inventory Turnover 35 | 5.1 | • | 55.7 | 2.2 | 7.8 | 7.1 | 4.6 | 4.4 | 4.8 | 5.4 | 4.4 | 3.7 | 6.1 |
| Receivables Turnover 36 | 7.0 | • | 103.8 | 38.5 | 9.3 | 11.1 | 7.3 | 7.1 | 7.2 | 8.0 | 6.9 | 16.0 | 5.8 |
| Total Liabilities to Net Worth 37 | 1.6 | • | 0.4 | 0.3 | 1.3 | 1.7 | 1.1 | 1.6 | 1.2 | 1.2 | 2.1 | 1.7 | 2.3 |
| Current Assets to Working Capital 38 | 1.9 | • | 1.2 | 1.3 | 1.7 | 1.8 | 1.9 | 2.0 | 2.1 | 2.0 | 2.2 | 2.5 | 1.7 |
| Current Liabilities to Working Capital 39 | 0.9 | • | 0.2 | 0.3 | 0.7 | 0.8 | 0.9 | 1.0 | 1.1 | 1.0 | 1.2 | 1.5 | 0.7 |
| Working Capital to Net Sales 40 | 0.2 | • | 0.0 | 0.3 | 0.2 | 0.1 | 0.2 | 0.2 | 0.2 | 0.2 | 0.1 | 0.2 | 0.2 |
| Inventory to Working Capital 41 | 0.8 | • | • | 0.9 | 0.6 | 0.7 | 0.8 | 1.0 | 1.0 | 0.9 | 1.1 | 1.4 | 0.6 |
| Total Receipts to Cash Flow 42 | 11.3 | 5.1 | 5.3 | 7.7 | 8.3 | 10.9 | 10.9 | 10.5 | 11.6 | 13.7 | 10.7 | 11.8 | 12.2 |
| Cost of Goods to Cash Flow 43 | 8.6 | 3.5 | 2.6 | 4.9 | 5.8 | 7.4 | 8.0 | 7.9 | 8.7 | 10.5 | 8.0 | 9.0 | 9.8 |
| Cash Flow to Total Debt 44 | 0.3 | • | 8.4 | 1.1 | 0.6 | 0.4 | 0.5 | 0.4 | 0.4 | 0.3 | 0.3 | 0.2 | 0.2 |

## Selected Financial Factors (in Percentages)

| | | | | | | | | | | | | | |
|---|---|---|---|---|---|---|---|---|---|---|---|---|---|
| Debt Ratio 45 | 61.4 | • | 30.9 | 23.9 | 56.4 | 62.3 | 51.4 | 61.8 | 54.6 | 54.5 | 67.7 | 63.3 | 70.1 |
| Return on Total Assets 46 | 10.8 | • | 91.7 | 12.1 | 8.8 | 10.7 | 10.5 | 12.0 | 12.1 | 14.9 | 13.1 | 7.7 | 8.6 |
| Return on Equity Before Income Taxes 47 | 20.4 | • | 130.3 | 15.6 | 15.4 | 22.4 | 18.1 | 25.2 | 21.3 | 22.9 | 29.2 | 15.6 | 16.2 |
| Return on Equity After Income Taxes 48 | 16.9 | • | 122.8 | 13.9 | 14.0 | 20.9 | 15.6 | 23.6 | 18.3 | 18.4 | 23.9 | 11.8 | 11.0 |
| Profit Margin (Before Income Tax) 49 | 3.4 | 16.1 | 6.6 | 5.8 | 2.3 | 3.0 | 3.4 | 3.6 | 4.0 | 4.2 | 4.1 | 3.3 | 2.4 |
| Profit Margin (After Income Tax) 50 | 2.8 | 15.5 | 6.2 | 5.1 | 2.1 | 2.8 | 2.9 | 3.4 | 3.5 | 3.4 | 3.4 | 2.5 | 1.6 |

## Table I

Corporations with and without Net Income

# MACHINERY, EQUIPMENT, AND SUPPLIES WHOLESALERS

MONEY AMOUNTS AND SIZE OF ASSETS IN THOUSANDS OF DOLLARS

| Item Description for Accounting Period 7/00 Through 6/01 | | Total | Zero Assets | Under 100 | 100 to 250 | 251 to 500 | 501 to 1,000 | 1,001 to 5,000 | 5,001 to 10,000 | 10,001 to 25,000 | 25,001 to 50,000 | 50,001 to 100,000 | 100,001 to 250,000 | 250,001 and over |
|---|---|---|---|---|---|---|---|---|---|---|---|---|---|---|
| Number of Enterprises | 1 | 50253 | 652 | 19215 | 8651 | 5576 | 5779 | 7758 | 1472 | 729 | 210 | 102 | 72 | 37 |
| **Revenues ($ in Thousands)** | | | | | | | | | | | | | | |
| Net Sales | 2 | 199018125 | 4791092 | 4557050 | 4290943 | 6268148 | 12966304 | 40595882 | 21995579 | 21103016 | 12293375 | 10116395 | 16174281 | 43866061 |
| Interest | 3 | 964602 | 10977 | 2958 | 3132 | 4996 | 21966 | 75967 | 25416 | 45119 | 30081 | 53859 | 77057 | 613076 |
| Rents | 4 | 866755 | 1442 | 0 | 19749 | 948 | 4920 | 22555 | 24469 | 13843 | 8281 | 6393 | 59646 | 704510 |
| Royalties | 5 | 30470 | 155 | 0 | 0 | 88 | 0 | 505 | 7 | 2066 | 492 | 631 | 1364 | 25163 |
| Other Portfolio Income | 6 | 1325310 | 17355 | 3894 | 9584 | 5902 | 20879 | 83308 | 94518 | 117904 | 53422 | 80305 | 127532 | 710708 |
| Other Receipts | 7 | 1797483 | 20733 | 24060 | 26272 | 28018 | 58853 | 545874 | 211960 | 189599 | 144648 | 91206 | 183360 | 272895 |
| Total Receipts | 8 | 204002745 | 4841754 | 4587962 | 4349680 | 6308100 | 13072922 | 41324091 | 22351949 | 21471547 | 12530299 | 10348789 | 16623240 | 46192413 |
| Average Total Receipts | 9 | 4060 | 7426 | 239 | 503 | 1131 | 2262 | 5327 | 15185 | 29453 | 59668 | 101459 | 230878 | 1248444 |
| **Operating Costs/Operating Income (%)** | | | | | | | | | | | | | | |
| Cost of Operations | 10 | 76.9 | 91.2 | 63.2 | 66.3 | 70.7 | 73.7 | 73.8 | 77.3 | 76.1 | 75.5 | 76.9 | 77.8 | 82.8 |
| Salaries and Wages | 11 | 7.2 | 2.8 | 4.6 | 9.9 | 6.0 | 7.1 | 8.5 | 8.0 | 8.0 | 8.4 | 7.8 | 6.7 | 5.7 |
| Taxes Paid | 12 | 1.2 | 0.4 | 1.7 | 1.6 | 1.2 | 1.3 | 1.4 | 1.1 | 1.3 | 1.2 | 1.1 | 1.0 | 0.8 |
| Interest Paid | 13 | 1.4 | 0.4 | 0.8 | 0.8 | 0.9 | 0.8 | 0.9 | 1.3 | 1.4 | 1.6 | 2.0 | 2.3 | 2.0 |
| Depreciation | 14 | 1.9 | 0.4 | 0.8 | 1.2 | 1.0 | 0.9 | 1.0 | 1.2 | 2.1 | 2.1 | 2.6 | 3.6 | 2.8 |
| Amortization and Depletion | 15 | 0.1 | 0.0 | 0.0 | 0.0 | 0.0 | 0.0 | 0.0 | 0.0 | 0.1 | 0.2 | 0.2 | 0.1 | 0.2 |
| Pensions and Other Deferred Comp. | 16 | 0.3 | 0.0 | 0.7 | 0.8 | 0.4 | 0.3 | 0.4 | 0.3 | 0.3 | 0.3 | 0.2 | 0.2 | 0.3 |
| Employee Benefits | 17 | 0.7 | 0.4 | 0.6 | 0.5 | 0.5 | 0.5 | 0.7 | 0.6 | 0.8 | 0.8 | 0.9 | 1.2 | 0.7 |
| Advertising | 18 | 0.5 | 0.2 | 1.5 | 0.3 | 0.4 | 0.5 | 0.5 | 0.6 | 0.5 | 0.6 | 0.5 | 0.4 | 0.2 |
| Other Expenses | 19 | 7.9 | 3.8 | 17.0 | 11.4 | 11.5 | 9.0 | 8.6 | 6.7 | 7.3 | 7.3 | 8.0 | 7.5 | 7.0 |
| Officers' Compensation | 20 | 2.3 | 0.6 | 9.2 | 6.6 | 5.4 | 5.1 | 3.5 | 2.3 | 1.8 | 1.3 | 1.0 | 0.7 | 0.4 |
| Operating Margin | 21 | • | • | • | 0.4 | 1.8 | 0.9 | 0.6 | 0.5 | 0.5 | 0.7 | • | • | • |
| Operating Margin Before Officers' Comp. | 22 | 1.9 | 0.3 | 9.0 | 7.0 | 7.2 | 5.9 | 4.1 | 2.8 | 2.3 | 2.0 | • | • | • |

## Selected Average Balance Sheet ($ in Thousands)

| | | | | | | | | | | | | | |
|---|---|---|---|---|---|---|---|---|---|---|---|---|---|
| Net Receivables 23 | 574 | 0 | 6 | 33 | 109 | 227 | 635 | 2003 | 4029 | 9647 | 17636 | 42032 | 239479 |
| Inventories 24 | 643 | 0 | 6 | 47 | 115 | 242 | 895 | 2630 | 5797 | 12137 | 20815 | 59442 | 155562 |
| Net Property, Plant and Equipment 25 | 300 | 0 | 8 | 33 | 65 | 83 | 243 | 824 | 2342 | 5843 | 11366 | 31564 | 116875 |
| Total Assets 26 | 2037 | 0 | 35 | 155 | 365 | 723 | 2203 | 6785 | 14923 | 34321 | 70038 | 164994 | 809663 |
| Notes and Loans Payable 27 | 761 | 0 | 50 | 68 | 120 | 212 | 675 | 2315 | 5444 | 13044 | 27719 | 67235 | 318050 |
| All Other Liabilities 28 | 633 | 0 | 17 | 50 | 139 | 265 | 717 | 2611 | 4753 | 10182 | 18941 | 51412 | 219585 |
| Net Worth 29 | 643 | 0 | -32 | 37 | 106 | 246 | 812 | 1859 | 4726 | 11095 | 23379 | 46347 | 272028 |

## Selected Financial Ratios (Times to 1)

| | | | | | | | | | | | | | |
|---|---|---|---|---|---|---|---|---|---|---|---|---|---|
| Current Ratio 30 | 1.5 | • | 0.9 | 1.9 | 1.6 | 1.8 | 1.8 | 1.5 | 1.5 | 1.6 | 1.5 | 1.4 | 1.4 |
| Quick Ratio 31 | 0.7 | • | 0.6 | 0.9 | 0.9 | 1.0 | 0.8 | 0.6 | 0.7 | 0.7 | 0.7 | 0.6 | 0.7 |
| Net Sales to Working Capital 32 | 8.0 | • | • | 9.4 | 11.8 | 8.3 | 6.3 | 8.4 | 7.5 | 6.3 | 6.7 | 6.6 | 9.4 |
| Coverage Ratio 33 | 2.5 | 3.1 | 1.7 | 3.1 | 3.7 | 3.2 | 3.6 | 2.7 | 2.6 | 2.6 | 1.5 | 1.6 | 2.2 |
| Total Asset Turnover 34 | 1.9 | • | 6.8 | 3.2 | 3.1 | 3.1 | 2.4 | 2.2 | 1.9 | 1.7 | 1.4 | 1.4 | 1.5 |
| Inventory Turnover 35 | 4.7 | • | 24.2 | 7.0 | 6.9 | 6.8 | 4.3 | 4.4 | 3.8 | 3.6 | 3.7 | 2.9 | 6.3 |
| Receivables Turnover 36 | 7.2 | • | 45.3 | 14.6 | 9.5 | 10.2 | 8.6 | 8.4 | 7.4 | 6.5 | 5.8 | 5.5 | 5.1 |
| Total Liabilities to Net Worth 37 | 2.2 | • | • | 3.2 | 2.5 | 1.9 | 1.7 | 2.7 | 2.2 | 2.1 | 2.0 | 2.6 | 2.0 |
| Current Assets to Working Capital 38 | 2.9 | • | • | 2.1 | 2.7 | 2.2 | 2.2 | 3.1 | 3.0 | 2.7 | 3.2 | 3.3 | 3.8 |
| Current Liabilities to Working Capital 39 | 1.9 | • | • | 1.1 | 1.7 | 1.2 | 1.2 | 2.1 | 2.0 | 1.7 | 2.2 | 2.3 | 2.8 |
| Working Capital to Net Sales 40 | 0.1 | • | • | 0.1 | 0.1 | 0.1 | 0.2 | 0.1 | 0.1 | 0.2 | 0.1 | 0.2 | 0.1 |
| Inventory to Working Capital 41 | 1.4 | • | • | 1.1 | 1.1 | 0.9 | 1.1 | 1.7 | 1.5 | 1.3 | 1.5 | 1.7 | 1.4 |
| Total Receipts to Cash Flow 42 | 12.6 | 24.3 | 7.2 | 9.7 | 8.6 | 11.7 | 11.0 | 13.8 | 12.9 | 11.9 | 14.0 | 13.7 | 15.9 |
| Cost of Goods to Cash Flow 43 | 9.7 | 22.1 | 4.5 | 6.4 | 6.1 | 8.6 | 8.1 | 10.7 | 9.8 | 9.0 | 10.7 | 10.7 | 13.1 |
| Cash Flow to Total Debt 44 | 0.2 | • | 0.5 | 0.4 | 0.5 | 0.4 | 0.3 | 0.2 | 0.2 | 0.2 | 0.2 | 0.1 | 0.1 |

## Selected Financial Factors (in Percentages)

| | | | | | | | | | | | | | |
|---|---|---|---|---|---|---|---|---|---|---|---|---|---|
| Debt Ratio 45 | 68.4 | • | 193.0 | 75.9 | 71.1 | 65.9 | 63.2 | 72.6 | 68.3 | 67.7 | 66.6 | 71.9 | 66.4 |
| Return on Total Assets 46 | 6.9 | • | 9.2 | 8.2 | 10.5 | 7.6 | 7.9 | 7.6 | 7.1 | 7.2 | 4.3 | 5.0 | 6.5 |
| Return on Equity Before Income Taxes 47 | 12.9 | • | • | 23.3 | 26.4 | 15.4 | 15.4 | 17.3 | 13.8 | 13.7 | 4.4 | 6.8 | 10.8 |
| Return on Equity After Income Taxes 48 | 9.1 | • | • | 21.8 | 25.0 | 12.8 | 13.2 | 13.6 | 10.4 | 10.1 | 2.3 | 5.0 | 4.8 |
| Profit Margin (Before Income Tax) 49 | 2.1 | 0.8 | 0.5 | 1.8 | 2.5 | 1.7 | 2.4 | 2.2 | 2.3 | 2.6 | 1.0 | 1.4 | 2.5 |
| Profit Margin (After Income Tax) 50 | 1.5 | 0.5 | 0.5 | 1.6 | 2.3 | 1.4 | 2.0 | 1.7 | 1.7 | 1.9 | 0.5 | 1.0 | 1.1 |

## Table II

Corporations with Net Income

# MACHINERY, EQUIPMENT, AND SUPPLIES WHOLESALERS

MONEY AMOUNTS AND SIZE OF ASSETS IN THOUSANDS OF DOLLARS

| Item Description for Accounting Period 7/00 Through 6/01 | | Total | Zero Assets | Under 100 | 100 to 250 | 251 to 500 | 501 to 1,000 | 1,001 to 5,000 | 5,001 to 10,000 | 10,001 to 25,000 | 25,001 to 50,000 | 50,001 to 100,000 | 100,001 to 250,000 | 250,001 and over |
|---|---|---|---|---|---|---|---|---|---|---|---|---|---|---|
| Number of Enterprises | 1 | 29819 | 224 | 8167 | 5575 | 3466 | 4518 | 5876 | 1161 | 544 | 157 | 66 | 45 | 20 |
| **Revenues ($ in Thousands)** | | | | | | | | | | | | | | |
| Net Sales | 2 | 152005910 | 4406895 | 3189745 | 3658496 | 4676717 | 10911362 | 34032365 | 18324834 | 16560141 | 9772298 | 7087603 | 11034517 | 28350937 |
| Interest | 3 | 695087 | 9345 | 2302 | 3112 | 4161 | 17024 | 57980 | 18495 | 36822 | 21504 | 41796 | 33903 | 448644 |
| Rents | 4 | 738104 | 1014 | 0 | 11884 | 906 | 1615 | 17608 | 21435 | 8420 | 5785 | 4439 | 34623 | 630374 |
| Royalties | 5 | 6932 | 0 | 0 | 0 | 0 | 0 | 0 | 6 | 2066 | 212 | 631 | 1307 | 2710 |
| Other Portfolio Income | 6 | 827378 | 15372 | 2298 | 1038 | 5218 | 17163 | 70027 | 67615 | 80711 | 32229 | 47464 | 96709 | 391538 |
| Other Receipts | 7 | 1435755 | 10452 | 23879 | 24973 | 27420 | 47392 | 477308 | 173901 | 153176 | 121295 | 53828 | 105963 | 216166 |
| Total Receipts | 8 | 155709166 | 4443078 | 3218224 | 3699503 | 4714422 | 10994556 | 34655288 | 18606286 | 16841336 | 9953323 | 7235761 | 11307022 | 30040369 |
| Average Total Receipts | 9 | 5222 | 19835 | 394 | 664 | 1360 | 2434 | 5898 | 16026 | 30958 | 63397 | 109633 | 251267 | 1502018 |
| **Operating Costs/Operating Income (%)** | | | | | | | | | | | | | | |
| Cost of Operations | 10 | 75.9 | 92.3 | 62.4 | 66.9 | 71.2 | 73.6 | 73.0 | 76.6 | 75.6 | 75.3 | 76.2 | 77.6 | 80.2 |
| Salaries and Wages | 11 | 7.2 | 2.1 | 3.0 | 9.0 | 5.5 | 6.8 | 8.5 | 8.1 | 7.9 | 8.2 | 7.6 | 6.4 | 6.2 |
| Taxes Paid | 12 | 1.1 | 0.3 | 1.4 | 1.4 | 1.2 | 1.2 | 1.4 | 1.1 | 1.3 | 1.2 | 1.1 | 0.9 | 1.0 |
| Interest Paid | 13 | 1.2 | 0.3 | 0.7 | 0.4 | 0.8 | 0.7 | 0.8 | 1.0 | 1.2 | 1.3 | 1.5 | 1.7 | 1.8 |
| Depreciation | 14 | 1.7 | 0.2 | 0.7 | 1.2 | 0.9 | 0.7 | 0.9 | 1.0 | 1.7 | 1.7 | 2.1 | 3.0 | 3.2 |
| Amortization and Depletion | 15 | 0.1 | 0.0 | 0.0 | 0.0 | 0.0 | 0.0 | 0.0 | 0.0 | 0.1 | 0.1 | 0.2 | 0.1 | 0.2 |
| Pensions and Other Deferred Comp. | 16 | 0.4 | 0.0 | 0.5 | 1.0 | 0.4 | 0.3 | 0.4 | 0.3 | 0.3 | 0.3 | 0.2 | 0.2 | 0.4 |
| Employee Benefits | 17 | 0.7 | 0.1 | 0.3 | 0.5 | 0.5 | 0.5 | 0.7 | 0.5 | 0.7 | 0.7 | 0.8 | 1.2 | 0.7 |
| Advertising | 18 | 0.5 | 0.1 | 2.0 | 0.2 | 0.4 | 0.4 | 0.5 | 0.6 | 0.5 | 0.5 | 0.5 | 0.4 | 0.2 |
| Other Expenses | 19 | 7.1 | 2.8 | 14.5 | 9.9 | 9.4 | 8.2 | 8.1 | 6.5 | 6.6 | 6.7 | 7.6 | 6.9 | 5.4 |
| Officers' Compensation | 20 | 2.4 | 0.2 | 9.7 | 6.4 | 5.8 | 5.3 | 3.5 | 2.4 | 1.8 | 1.2 | 1.0 | 0.7 | 0.4 |
| Operating Margin | 21 | 1.8 | 1.5 | 4.8 | 3.0 | 3.8 | 2.4 | 2.1 | 1.9 | 2.3 | 2.6 | 1.3 | 1.0 | 0.3 |
| Operating Margin Before Officers' Comp. | 22 | 4.3 | 1.8 | 14.5 | 9.4 | 9.6 | 7.7 | 5.6 | 4.3 | 4.2 | 3.8 | 2.3 | 1.7 | 0.7 |

| Selected Average Balance Sheet ($ in Thousands) | | | | | | | | | | | | | |
|---|---|---|---|---|---|---|---|---|---|---|---|---|---|
| Net Receivables 23 | 739 | 0 | 7 | 41 | 128 | 260 | 691 | 2113 | 4170 | 10100 | 19671 | 42760 | 328005 |
| Inventories 24 | 780 | 0 | 8 | 32 | 113 | 212 | 923 | 2521 | 5692 | 12418 | 22503 | 67580 | 187098 |
| Net Property, Plant and Equipment 25 | 315 | 0 | 8 | 30 | 54 | 68 | 236 | 781 | 2151 | 5187 | 10371 | 26094 | 126105 |
| Total Assets 26 | 2427 | 0 | 44 | 154 | 375 | 725 | 2267 | 6651 | 14865 | 34402 | 71638 | 166226 | 991356 |
| Notes and Loans Payable 27 | 796 | 0 | 21 | 41 | 97 | 161 | 638 | 1892 | 4672 | 12133 | 24985 | 57936 | 380390 |
| All Other Liabilities 28 | 747 | 0 | 16 | 43 | 132 | 265 | 737 | 2688 | 4872 | 9850 | 19257 | 57358 | 237144 |
| Net Worth 29 | 884 | 0 | 7 | 69 | 146 | 299 | 892 | 2070 | 5320 | 12420 | 27396 | 50931 | 373822 |

| Selected Financial Ratios (Times to 1) | | | | | | | | | | | | | |
|---|---|---|---|---|---|---|---|---|---|---|---|---|---|
| Current Ratio 30 | 1.6 | • | 1.1 | 2.1 | 1.7 | 1.9 | 1.9 | 1.6 | 1.6 | 1.7 | 1.5 | 1.5 | 1.4 |
| Quick Ratio 31 | 0.8 | • | 0.6 | 1.2 | 1.1 | 1.1 | 0.9 | 0.7 | 0.7 | 0.8 | 0.7 | 0.6 | 0.9 |
| Net Sales to Working Capital 32 | 7.6 | • | 267.7 | 10.6 | 10.8 | 8.0 | 6.4 | 7.9 | 7.1 | 5.8 | 6.0 | 6.6 | 8.4 |
| Coverage Ratio 33 | 4.7 | 9.5 | 8.9 | 12.0 | 6.6 | 5.8 | 6.0 | 4.5 | 4.5 | 4.3 | 3.2 | 3.0 | 4.4 |
| Total Asset Turnover 34 | 2.1 | • | 8.9 | 4.3 | 3.6 | 3.3 | 2.6 | 2.4 | 2.0 | 1.8 | 1.5 | 1.5 | 1.4 |
| Inventory Turnover 35 | 5.0 | • | 29.4 | 13.6 | 8.5 | 8.4 | 4.6 | 4.8 | 4.0 | 3.8 | 3.6 | 2.8 | 6.1 |
| Receivables Turnover 36 | 7.1 | • | 65.9 | 17.4 | 10.4 | 10.7 | 8.5 | 8.6 | 7.5 | 6.5 | 5.5 | 5.3 | 4.4 |
| Total Liabilities to Net Worth 37 | 1.7 | • | 5.7 | 1.2 | 1.6 | 1.4 | 1.5 | 2.2 | 1.8 | 1.8 | 1.6 | 2.3 | 1.7 |
| Current Assets to Working Capital 38 | 2.7 | • | 19.5 | 1.9 | 2.3 | 2.1 | 2.1 | 2.8 | 2.7 | 2.4 | 2.8 | 3.2 | 3.5 |
| Current Liabilities to Working Capital 39 | 1.7 | • | 18.5 | 0.9 | 1.3 | 1.1 | 1.1 | 1.8 | 1.7 | 1.4 | 1.8 | 2.2 | 2.5 |
| Working Capital to Net Sales 40 | 0.1 | • | 0.0 | 0.1 | 0.1 | 0.1 | 0.2 | 0.1 | 0.1 | 0.2 | 0.2 | 0.2 | 0.1 |
| Inventory to Working Capital 41 | 1.2 | • | 5.9 | 0.7 | 0.9 | 0.7 | 1.0 | 1.4 | 1.4 | 1.2 | 1.2 | 1.6 | 1.1 |
| Total Receipts to Cash Flow 42 | 10.4 | 21.0 | 5.8 | 8.6 | 8.4 | 10.7 | 9.6 | 12.0 | 11.2 | 10.1 | 10.9 | 11.3 | 10.3 |
| Cost of Goods to Cash Flow 43 | 7.9 | 19.4 | 3.6 | 5.7 | 6.0 | 7.8 | 7.0 | 9.2 | 8.4 | 7.6 | 8.3 | 8.8 | 8.3 |
| Cash Flow to Total Debt 44 | 0.3 | • | 1.8 | 0.9 | 0.7 | 0.5 | 0.4 | 0.3 | 0.3 | 0.3 | 0.2 | 0.2 | 0.2 |

| Selected Financial Factors (in Percentages) | | | | | | | | | | | | | |
|---|---|---|---|---|---|---|---|---|---|---|---|---|---|
| Debt Ratio 45 | 63.6 | • | 85.1 | 54.8 | 61.0 | 58.8 | 60.6 | 68.9 | 64.2 | 63.9 | 61.8 | 69.4 | 62.3 |
| Return on Total Assets 46 | 11.3 | • | 56.9 | 19.3 | 19.5 | 12.7 | 12.1 | 10.4 | 10.7 | 10.5 | 7.3 | 7.6 | 11.6 |
| Return on Equity Before Income Taxes 47 | 24.5 | • | 338.6 | 39.2 | 42.5 | 25.5 | 25.6 | 26.0 | 23.1 | 22.3 | 13.1 | 16.4 | 23.8 |
| Return on Equity After Income Taxes 48 | 19.9 | • | 332.9 | 37.9 | 40.9 | 22.8 | 23.0 | 21.7 | 19.0 | 17.9 | 10.3 | 13.7 | 15.8 |
| Profit Margin (Before Income Tax) 49 | 4.2 | 2.3 | 5.7 | 4.1 | 4.6 | 3.2 | 3.9 | 3.4 | 4.0 | 4.4 | 3.3 | 3.4 | 6.3 |
| Profit Margin (After Income Tax) 50 | 3.4 | 2.0 | 5.6 | 4.0 | 4.4 | 2.8 | 3.5 | 2.8 | 3.3 | 3.6 | 2.6 | 2.8 | 4.2 |

## Table I

Corporations with and without Net Income

# FURNITURE, SPORTS, TOYS, JEWELRY, OTHER DURABLE GOODS

**MONEY AMOUNTS AND SIZE OF ASSETS IN THOUSANDS OF DOLLARS**

| Item Description for Accounting Period 7/00 Through 6/01 | | Total | Zero Assets | Under 100 | 100 to 250 | 251 to 500 | 501 to 1,000 | 1,001 to 5,000 | 5,001 to 10,000 | 10,001 to 25,000 | 25,001 to 50,000 | 50,001 to 100,000 | 100,001 to 250,000 | 250,001 and over |
|---|---|---|---|---|---|---|---|---|---|---|---|---|---|---|
| Number of Enterprises | 1 | 67264 | 2915 | 32736 | 8893 | 6562 | 5766 | 7895 | 1330 | 741 | 225 | 102 | 62 | 39 |
| **Revenues ($ in Thousands)** | | | | | | | | | | | | | | |
| Net Sales | 2 | 217086647 | 1671360 | 5702219 | 4011147 | 7068425 | 11946991 | 45861584 | 27089622 | 24627088 | 16192952 | 16961849 | 16738405 | 39215005 |
| Interest | 3 | 806924 | 2251 | 1345 | 6159 | 9848 | 12195 | 59552 | 40900 | 39052 | 26938 | 42273 | 90953 | 475457 |
| Rents | 4 | 77917 | 1040 | 17 | 0 | 901 | 2271 | 16396 | 6195 | 4682 | 6688 | 10870 | 3403 | 25454 |
| Royalties | 5 | 407934 | 687 | 0 | 0 | 0 | 0 | 5500 | 1716 | 5289 | 16163 | 27435 | 103504 | 247641 |
| Other Portfolio Income | 6 | 454766 | 25207 | 10692 | 2874 | 10089 | 20328 | 52851 | 30123 | 27693 | 13501 | 22771 | 59868 | 178771 |
| Other Receipts | 7 | 1809731 | 11243 | 8337 | 108350 | 125484 | 4906 | 365661 | 199598 | 183347 | 145503 | 90761 | 175242 | 391296 |
| Total Receipts | 8 | 220643919 | 1711788 | 5722610 | 4128530 | 7214747 | 11986691 | 46361544 | 27368154 | 24887151 | 16401745 | 17155959 | 17171375 | 40533624 |
| Average Total Receipts | 9 | 3280 | 587 | 175 | 464 | 1099 | 2079 | 5872 | 20578 | 33586 | 72897 | 168196 | 276958 | 1039324 |
| **Operating Costs/Operating Income (%)** | | | | | | | | | | | | | | |
| Cost of Operations | 10 | 76.4 | 58.1 | 39.2 | 64.0 | 74.3 | 75.1 | 72.9 | 83.1 | 76.5 | 77.8 | 82.4 | 76.6 | 80.5 |
| Salaries and Wages | 11 | 6.4 | 15.9 | 10.0 | 6.5 | 5.9 | 5.9 | 7.5 | 4.9 | 7.0 | 6.4 | 5.2 | 6.2 | 5.5 |
| Taxes Paid | 12 | 1.1 | 2.3 | 1.7 | 2.0 | 1.2 | 1.1 | 1.2 | 0.8 | 1.1 | 1.1 | 0.9 | 1.0 | 0.9 |
| Interest Paid | 13 | 1.3 | 1.0 | 0.6 | 0.6 | 0.6 | 1.0 | 0.8 | 0.8 | 1.2 | 1.5 | 1.2 | 2.0 | 2.3 |
| Depreciation | 14 | 0.8 | 1.1 | 0.8 | 0.7 | 0.7 | 0.8 | 0.7 | 0.6 | 0.7 | 0.8 | 0.8 | 1.1 | 1.0 |
| Amortization and Depletion | 15 | 0.2 | 0.1 | 0.1 | 0.1 | 0.0 | 0.1 | 0.1 | 0.0 | 0.1 | 0.2 | 0.1 | 0.4 | 0.6 |
| Pensions and Other Deferred Comp. | 16 | 0.3 | 0.8 | 0.9 | 0.6 | 0.3 | 0.2 | 0.3 | 0.2 | 0.2 | 0.1 | 0.1 | 0.2 | 0.3 |
| Employee Benefits | 17 | 0.4 | 0.2 | 0.4 | 0.3 | 0.4 | 0.3 | 0.4 | 0.4 | 0.4 | 0.4 | 0.6 | 0.7 | 0.5 |
| Advertising | 18 | 1.5 | 1.5 | 1.1 | 0.7 | 0.7 | 0.5 | 1.2 | 0.6 | 1.1 | 1.5 | 1.3 | 2.3 | 3.2 |
| Other Expenses | 19 | 9.1 | 17.3 | 29.8 | 18.3 | 10.8 | 10.5 | 9.8 | 5.3 | 8.0 | 7.8 | 5.6 | 9.6 | 8.4 |
| Officers' Compensation | 20 | 2.4 | 5.9 | 9.9 | 7.5 | 5.3 | 4.2 | 3.6 | 2.0 | 1.9 | 1.3 | 1.0 | 0.6 | 0.4 |
| Operating Margin | 21 | 0.2 | • | 5.6 | • | • | 0.2 | 1.4 | 1.3 | 1.7 | 1.2 | 0.7 | • | • |
| Operating Margin Before Officers' Comp. | 22 | 2.5 | 1.8 | 15.5 | 6.4 | 5.1 | 4.5 | 5.0 | 3.3 | 3.6 | 2.5 | 1.7 | • | • |

| Selected Average Balance Sheet ($ in Thousands) | | | | | | | | | | | | | |
|---|---|---|---|---|---|---|---|---|---|---|---|---|---|
| Net Receivables 23 | 436 | 0 | 3 | 33 | 99 | 208 | 677 | 2188 | 5318 | 11393 | 21086 | 44629 | 189880 |
| Inventories 24 | 417 | 0 | 7 | 60 | 87 | 261 | 846 | 2217 | 5447 | 10673 | 20514 | 39949 | 117352 |
| Net Property, Plant and Equipment 25 | 147 | 0 | 5 | 20 | 48 | 67 | 242 | 662 | 1395 | 3288 | 8597 | 17313 | 58711 |
| Total Assets 26 | 1487 | 0 | 30 | 155 | 348 | 740 | 2265 | 6560 | 15152 | 33644 | 68734 | 148462 | 755751 |
| Notes and Loans Payable 27 | 510 | 0 | 50 | 67 | 134 | 323 | 619 | 1882 | 4801 | 12296 | 20693 | 62349 | 246225 |
| All Other Liabilities 28 | 617 | 0 | 93 | 150 | 157 | 339 | 992 | 2505 | 5674 | 11528 | 23669 | 51199 | 271142 |
| Net Worth 29 | 360 | 0 | -114 | -62 | 56 | 78 | 655 | 2173 | 4676 | 9821 | 24372 | 34914 | 238384 |

| Selected Financial Ratios (Times to 1) | | | | | | | | | | | | | |
|---|---|---|---|---|---|---|---|---|---|---|---|---|---|
| Current Ratio 30 | 1.3 | • | 0.2 | 0.7 | 1.5 | 1.6 | 1.6 | 1.5 | 1.5 | 1.5 | 1.5 | 1.4 | 1.1 |
| Quick Ratio 31 | 0.7 | • | 0.1 | 0.4 | 1.0 | 0.9 | 0.8 | 0.8 | 0.8 | 0.8 | 0.8 | 0.8 | 0.6 |
| Net Sales to Working Capital 32 | 12.3 | • | • | • | 11.7 | 9.0 | 8.1 | 10.8 | 7.7 | 8.3 | 9.2 | 9.2 | 24.8 |
| Coverage Ratio 33 | 2.4 | • | 11.1 | 4.4 | 4.3 | 1.5 | 3.9 | 3.9 | 3.2 | 2.7 | 2.6 | 2.0 | 1.0 |
| Total Asset Turnover 34 | 2.2 | • | 5.8 | 2.9 | 3.1 | 2.8 | 2.6 | 3.1 | 2.2 | 2.1 | 2.4 | 1.8 | 1.3 |
| Inventory Turnover 35 | 5.9 | • | 9.5 | 4.8 | 9.2 | 6.0 | 5.0 | 7.6 | 4.7 | 5.2 | 6.7 | 5.2 | 6.9 |
| Receivables Turnover 36 | 7.2 | • | 58.7 | 12.2 | 11.9 | 9.0 | 8.3 | 9.6 | 6.3 | 6.6 | 7.2 | 5.6 | 4.9 |
| Total Liabilities to Net Worth 37 | 3.1 | • | • | • | 5.2 | 8.4 | 2.5 | 2.0 | 2.2 | 2.4 | 1.8 | 3.3 | 2.2 |
| Current Assets to Working Capital 38 | 4.1 | • | • | • | 2.8 | 2.6 | 2.6 | 2.8 | 2.9 | 3.0 | 2.8 | 3.5 | 10.4 |
| Current Liabilities to Working Capital 39 | 3.1 | • | • | • | 1.8 | 1.6 | 1.6 | 1.8 | 1.9 | 2.0 | 1.8 | 2.5 | 9.4 |
| Working Capital to Net Sales 40 | 0.1 | • | • | • | 0.1 | 0.1 | 0.1 | 0.1 | 0.1 | 0.1 | 0.1 | 0.1 | 0.0 |
| Inventory to Working Capital 41 | 1.6 | • | • | • | 1.0 | 1.1 | 1.2 | 1.2 | 1.3 | 1.3 | 1.2 | 1.2 | 2.8 |
| Total Receipts to Cash Flow 42 | 11.4 | 8.5 | 3.2 | 7.4 | 9.4 | 12.2 | 10.0 | 15.7 | 10.9 | 11.3 | 15.7 | 10.6 | 17.4 |
| Cost of Goods to Cash Flow 43 | 8.7 | 4.9 | 1.3 | 4.7 | 7.0 | 9.2 | 7.3 | 13.1 | 8.4 | 8.8 | 12.9 | 8.1 | 14.0 |
| Cash Flow to Total Debt 44 | 0.3 | • | 0.4 | 0.3 | 0.4 | 0.3 | 0.4 | 0.3 | 0.3 | 0.3 | 0.2 | 0.2 | 0.1 |

| Selected Financial Factors (in Percentages) | | | | | | | | | | | | | |
|---|---|---|---|---|---|---|---|---|---|---|---|---|---|
| Debt Ratio 45 | 75.8 | • | 481.6 | 140.3 | 83.8 | 89.4 | 71.1 | 66.9 | 69.1 | 70.8 | 64.5 | 76.5 | 68.5 |
| Return on Total Assets 46 | 6.9 | • | 38.0 | 7.0 | 7.5 | 4.4 | 8.4 | 9.7 | 8.8 | 8.5 | 7.3 | 7.0 | 3.1 |
| Return on Equity Before Income Taxes 47 | 16.7 | • | • | • | 35.8 | 14.7 | 21.7 | 21.7 | 19.5 | 18.2 | 12.6 | 14.6 | 0.0 |
| Return on Equity After Income Taxes 48 | 12.5 | • | • | • | 30.8 | 11.8 | 19.6 | 19.4 | 16.6 | 14.9 | 9.9 | 8.5 | • |
| Profit Margin (Before Income Tax) 49 | 1.9 | • | 5.9 | 1.9 | 1.9 | 0.6 | 2.4 | 2.3 | 2.7 | 2.5 | 1.8 | 1.9 | 0.0 |
| Profit Margin (After Income Tax) 50 | 1.4 | • | 5.8 | 1.7 | 1.6 | 0.4 | 2.2 | 2.1 | 2.3 | 2.0 | 1.5 | 1.1 | • |

# Table II

Corporations with Net Income

## FURNITURE, SPORTS, TOYS, JEWELRY, OTHER DURABLE GOODS

MONEY AMOUNTS AND SIZE OF ASSETS IN THOUSANDS OF DOLLARS

| Item Description for Accounting Period 7/00 Through 6/01 | | Total | Zero Assets | Under 100 | 100 to 250 | 251 to 500 | 501 to 1,000 | 1,001 to 5,000 | 5,001 to 10,000 | 10,001 to 25,000 | 25,001 to 50,000 | 50,001 to 100,000 | 100,001 to 250,000 | 250,001 and over |
|---|---|---|---|---|---|---|---|---|---|---|---|---|---|---|
| Number of Enterprises | 1 | 40106 | 746 | 18950 | 4178 | 4510 | 3582 | 6132 | 1097 | 594 | 174 | 78 | 41 | 25 |
| **Revenues ($ in Thousands)** | | | | | | | | | | | | | | |
| Net Sales | 2 | 171041154 | 1110545 | 3829121 | 2176063 | 5566420 | 8553600 | 38347037 | 24255178 | 20612625 | 13700423 | 12084763 | 12199543 | 28605836 |
| Interest | 3 | 635292 | 1566 | 372 | 1953 | 8764 | 6919 | 43384 | 33443 | 29369 | 13741 | 30280 | 66610 | 398893 |
| Rents | 4 | 64934 | 929 | 17 | 0 | 0 | 1698 | 11649 | 5918 | 3633 | 4275 | 9937 | 2194 | 24684 |
| Royalties | 5 | 176331 | 687 | 0 | 0 | 0 | 0 | 1800 | 20 | 5192 | 11268 | 24743 | 44885 | 87736 |
| Other Portfolio Income | 6 | 336980 | 5873 | 4290 | 2782 | 8688 | 14566 | 39212 | 29739 | 21847 | 7760 | 10800 | 58037 | 133387 |
| Other Receipts | 7 | 1364153 | 13618 | 5323 | 107121 | 118732 | 51261 | 312006 | 125515 | 134637 | 123898 | 61104 | 139570 | 171364 |
| Total Receipts | 8 | 173618844 | 1133218 | 3839123 | 2287919 | 5702604 | 8628044 | 38755088 | 24449813 | 20807303 | 13861365 | 12221627 | 12510839 | 29421900 |
| Average Total Receipts | 9 | 4329 | 1519 | 203 | 548 | 1264 | 2409 | 6320 | 22288 | 35029 | 79663 | 156688 | 305142 | 1176876 |
| **Operating Costs/Operating Income (%)** | | | | | | | | | | | | | | |
| Cost of Operations | 10 | 76.7 | 65.2 | 30.8 | 52.8 | 74.8 | 75.9 | 72.7 | 83.3 | 76.5 | 78.9 | 80.0 | 75.8 | 83.7 |
| Salaries and Wages | 11 | 5.9 | 9.0 | 10.9 | 9.4 | 5.4 | 5.5 | 7.4 | 4.3 | 6.5 | 5.9 | 5.5 | 5.6 | 4.1 |
| Taxes Paid | 12 | 1.0 | 1.3 | 1.7 | 1.9 | 1.3 | 1.1 | 1.2 | 0.7 | 1.1 | 1.1 | 1.0 | 1.0 | 0.7 |
| Interest Paid | 13 | 1.0 | 0.8 | 0.2 | 0.5 | 0.6 | 0.7 | 0.8 | 0.6 | 1.1 | 1.2 | 1.2 | 1.6 | 1.7 |
| Depreciation | 14 | 0.7 | 1.2 | 0.6 | 0.7 | 0.6 | 0.6 | 0.6 | 0.5 | 0.6 | 0.7 | 0.8 | 0.9 | 0.8 |
| Amortization and Depletion | 15 | 0.1 | 0.0 | 0.1 | 0.1 | 0.0 | 0.1 | 0.0 | 0.0 | 0.1 | 0.1 | 0.1 | 0.2 | 0.3 |
| Pensions and Other Deferred Comp. | 16 | 0.2 | 1.3 | 1.1 | 0.8 | 0.2 | 0.2 | 0.3 | 0.2 | 0.2 | 0.1 | 0.1 | 0.3 | 0.1 |
| Employee Benefits | 17 | 0.4 | 0.2 | 0.4 | 0.3 | 0.5 | 0.2 | 0.4 | 0.3 | 0.4 | 0.4 | 0.5 | 0.7 | 0.4 |
| Advertising | 18 | 1.1 | 1.0 | 1.4 | 0.7 | 0.7 | 0.4 | 1.0 | 0.6 | 1.0 | 1.0 | 1.3 | 1.8 | 1.8 |
| Other Expenses | 19 | 7.6 | 9.4 | 29.0 | 20.1 | 9.1 | 9.1 | 8.6 | 4.8 | 7.2 | 6.7 | 5.6 | 8.8 | 4.7 |
| Officers' Compensation | 20 | 2.2 | 1.0 | 11.0 | 8.9 | 5.0 | 3.4 | 3.4 | 2.0 | 1.7 | 1.3 | 1.2 | 0.6 | 0.3 |
| Operating Margin | 21 | 3.0 | 9.5 | 12.7 | 3.7 | 1.8 | 2.8 | 3.5 | 2.6 | 3.5 | 2.7 | 2.5 | 2.7 | 1.3 |
| Operating Margin Before Officers' Comp. | 22 | 5.2 | 10.5 | 23.8 | 12.6 | 6.8 | 6.2 | 6.9 | 4.6 | 5.3 | 4.0 | 3.7 | 3.3 | 1.7 |

## Selected Average Balance Sheet ($ in Thousands)

| | | | | | | | | | | | | | |
|---|---|---|---|---|---|---|---|---|---|---|---|---|---|
| Net Receivables 23 | 550 | 0 | 4 | 44 | 105 | 212 | 721 | 2309 | 5523 | 11533 | 22094 | 46481 | 187354 |
| Inventories 24 | 535 | 0 | 7 | 71 | 91 | 308 | 858 | 2230 | 5617 | 11049 | 20749 | 43075 | 126465 |
| Net Property, Plant and Equipment 25 | 167 | 0 | 5 | 14 | 36 | 78 | 222 | 633 | 1264 | 3291 | 8815 | 14557 | 58498 |
| Total Assets 26 | 1759 | 0 | 31 | 156 | 355 | 721 | 2319 | 6518 | 15082 | 33452 | 70472 | 148931 | 694691 |
| Notes and Loans Payable 27 | 532 | 0 | 10 | 53 | 156 | 183 | 559 | 1640 | 4444 | 10684 | 20161 | 60963 | 230090 |
| All Other Liabilities 28 | 625 | 0 | 7 | 48 | 153 | 299 | 924 | 2540 | 5524 | 11331 | 23187 | 41128 | 230270 |
| Net Worth 29 | 602 | 0 | 14 | 54 | 46 | 240 | 836 | 2337 | 5114 | 11436 | 27124 | 46840 | 234331 |

## Selected Financial Ratios (Times to 1)

| | | | | | | | | | | | | | |
|---|---|---|---|---|---|---|---|---|---|---|---|---|---|
| Current Ratio 30 | 1.6 | • | 3.0 | 1.8 | 1.7 | 1.8 | 1.8 | 1.5 | 1.6 | 1.6 | 1.7 | 1.6 | 1.3 |
| Quick Ratio 31 | 0.8 | • | 2.0 | 1.1 | 1.0 | 1.0 | 0.9 | 0.8 | 0.8 | 0.8 | 0.9 | 0.9 | 0.6 |
| Net Sales to Working Capital 32 | 8.6 | • | 12.7 | 9.9 | 10.6 | 8.6 | 7.1 | 11.8 | 7.2 | 8.0 | 7.4 | 6.9 | 11.5 |
| Coverage Ratio 33 | 5.3 | 14.6 | 61.9 | 17.7 | 8.6 | 6.3 | 7.1 | 6.3 | 5.1 | 4.3 | 4.0 | 4.5 | 3.5 |
| Total Asset Turnover 34 | 2.4 | • | 6.5 | 3.3 | 3.5 | 3.3 | 2.7 | 3.4 | 2.3 | 2.4 | 2.2 | 2.0 | 1.6 |
| Inventory Turnover 35 | 6.1 | • | 9.4 | 3.9 | 10.2 | 5.9 | 5.3 | 8.3 | 4.7 | 5.6 | 6.0 | 5.2 | 7.6 |
| Receivables Turnover 36 | 7.5 | • | 67.3 | 9.4 | 14.0 | 8.9 | 8.5 | 10.3 | 6.3 | 6.9 | 6.5 | 5.8 | 5.5 |
| Total Liabilities to Net Worth 37 | 1.9 | • | 1.3 | 1.9 | 6.7 | 2.0 | 1.8 | 1.8 | 1.9 | 1.9 | 1.6 | 2.2 | 2.0 |
| Current Assets to Working Capital 38 | 2.8 | • | 1.5 | 2.3 | 2.4 | 2.2 | 2.3 | 2.9 | 2.7 | 2.8 | 2.5 | 2.6 | 4.6 |
| Current Liabilities to Working Capital 39 | 1.8 | • | 0.5 | 1.3 | 1.4 | 1.2 | 1.3 | 1.9 | 1.7 | 1.8 | 1.5 | 1.6 | 3.6 |
| Working Capital to Net Sales 40 | 0.1 | • | 0.1 | 0.1 | 0.1 | 0.1 | 0.1 | 0.1 | 0.1 | 0.1 | 0.1 | 0.1 | 0.1 |
| Inventory to Working Capital 41 | 1.1 | • | 0.5 | 0.8 | 0.9 | 0.9 | 1.0 | 1.2 | 1.2 | 1.2 | 1.1 | 0.9 | 1.2 |
| Total Receipts to Cash Flow 42 | 9.7 | 5.4 | 2.7 | 4.5 | 8.6 | 9.7 | 9.0 | 14.2 | 9.8 | 10.6 | 12.3 | 8.4 | 12.7 |
| Cost of Goods to Cash Flow 43 | 7.4 | 3.5 | 0.8 | 2.4 | 6.4 | 7.3 | 6.6 | 11.9 | 7.5 | 8.4 | 9.8 | 6.3 | 10.6 |
| Cash Flow to Total Debt 44 | 0.4 | • | 4.3 | 1.1 | 0.5 | 0.5 | 0.5 | 0.4 | 0.4 | 0.3 | 0.3 | 0.3 | 0.2 |

## Selected Financial Factors (in Percentages)

| | | | | | | | | | | | | | |
|---|---|---|---|---|---|---|---|---|---|---|---|---|---|
| Debt Ratio 45 | 65.8 | • | 56.5 | 65.2 | 87.1 | 66.8 | 64.0 | 64.1 | 66.1 | 65.8 | 61.5 | 68.5 | 66.3 |
| Return on Total Assets 46 | 13.4 | • | 85.8 | 31.4 | 16.7 | 14.4 | 14.4 | 13.7 | 12.8 | 12.0 | 10.6 | 13.8 | 9.8 |
| Return on Equity Before Income Taxes 47 | 31.9 | • | 193.9 | 85.0 | 113.9 | 36.5 | 34.3 | 32.1 | 30.4 | 26.9 | 20.5 | 34.0 | 20.7 |
| Return on Equity After Income Taxes 48 | 27.7 | • | 190.8 | 82.8 | 104.9 | 35.0 | 32.1 | 29.5 | 27.0 | 23.2 | 17.4 | 27.2 | 13.8 |
| Profit Margin (Before Income Tax) 49 | 4.5 | 11.5 | 13.0 | 8.9 | 4.2 | 3.7 | 4.6 | 3.4 | 4.5 | 3.9 | 3.6 | 5.4 | 4.2 |
| Profit Margin (After Income Tax) 50 | 3.9 | 10.6 | 12.8 | 8.6 | 3.9 | 3.5 | 4.3 | 3.1 | 4.0 | 3.4 | 3.1 | 4.3 | 2.8 |

## Table I

Corporations with and without Net Income

# PAPER AND PAPER PRODUCT WHOLESALERS

MONEY AMOUNTS AND SIZE OF ASSETS IN THOUSANDS OF DOLLARS

| Item Description for Accounting Period 7/00 Through 6/01 | | Total | Zero Assets | Under 100 | 100 to 250 | 251 to 500 | 501 to 1,000 | 1,001 to 5,000 | 5,001 to 10,000 | 10,001 to 25,000 | 25,001 to 50,000 | 50,001 to 100,000 | 100,001 to 250,000 | 250,001 and over |
|---|---|---|---|---|---|---|---|---|---|---|---|---|---|---|
| Number of Enterprises | 1 | 8007 | 666 | 2992 | 984 | 618 | 1190 | 1190 | 177 | 106 | 37 | 24 | 14 | 9 |
| **Revenues ($ in Thousands)** | | | | | | | | | | | | | | |
| Net Sales | 2 | 51216853 | 178358 | 783146 | 854500 | 499919 | 2551246 | 9568964 | 4026460 | 5645854 | 4335264 | 5393386 | 5419809 | 11959948 |
| Interest | 3 | 186136 | 177 | 1349 | 200 | 400 | 2380 | 4204 | 4201 | 6643 | 3879 | 6028 | 7792 | 148883 |
| Rents | 4 | 9237 | 0 | 0 | 0 | 0 | 0 | 2918 | 634 | 1212 | 1418 | 1205 | 181 | 1668 |
| Royalties | 5 | 2940 | 0 | 0 | 0 | 0 | 0 | 0 | 0 | 26 | 0 | 1884 | 258 | 772 |
| Other Portfolio Income | 6 | 185677 | 0 | 0 | 5558 | 0 | 989 | 31024 | 1757 | 3058 | 39355 | 1260 | 2658 | 100018 |
| Other Receipts | 7 | 374462 | 7 | 3213 | 3491 | 411 | 91127 | 115611 | 11813 | 20582 | 12547 | 34217 | 28358 | 53086 |
| Total Receipts | 8 | 51975305 | 178542 | 787708 | 863749 | 500730 | 2645742 | 9722721 | 4044865 | 5677375 | 4392463 | 5437980 | 5459056 | 12264375 |
| Average Total Receipts | 9 | 6491 | 268 | 263 | 878 | 810 | 2223 | 8170 | 22852 | 53560 | 118715 | 226582 | 389933 | 1362708 |
| **Operating Costs/Operating Income (%)** | | | | | | | | | | | | | | |
| Cost of Operations | 10 | 79.9 | 94.3 | 69.1 | 39.0 | 67.3 | 79.4 | 76.7 | 83.9 | 82.6 | 84.3 | 89.5 | 85.0 | 75.7 |
| Salaries and Wages | 11 | 6.7 | 0.6 | 6.0 | 15.9 | 9.8 | 4.4 | 7.4 | 6.3 | 6.8 | 5.8 | 4.2 | 5.5 | 7.9 |
| Taxes Paid | 12 | 1.0 | 0.6 | 1.7 | 3.2 | 1.7 | 1.0 | 1.1 | 1.0 | 0.8 | 0.9 | 0.6 | 0.8 | 1.0 |
| Interest Paid | 13 | 1.3 | 0.0 | 0.5 | 0.8 | 0.3 | 0.6 | 0.6 | 0.8 | 1.5 | 1.0 | 1.0 | 1.4 | 2.5 |
| Depreciation | 14 | 0.7 | 0.2 | 0.1 | 0.7 | 1.2 | 0.5 | 0.6 | 0.5 | 0.7 | 0.5 | 0.5 | 0.5 | 1.3 |
| Amortization and Depletion | 15 | 0.2 | 0.1 | • | 0.1 | • | 0.0 | 0.1 | 0.0 | 0.1 | 0.2 | 0.2 | 0.2 | 0.4 |
| Pensions and Other Deferred Comp. | 16 | 0.3 | 0.1 | 1.4 | 0.9 | 1.3 | 0.7 | 0.3 | 0.2 | 0.2 | 0.2 | 0.2 | 0.2 | 0.4 |
| Employee Benefits | 17 | 0.4 | 0.2 | 0.5 | 1.3 | 1.3 | 0.2 | 0.4 | 0.3 | 0.5 | 0.4 | 0.3 | 0.4 | 0.6 |
| Advertising | 18 | 0.5 | 0.0 | 0.9 | 0.9 | 0.8 | 0.1 | 0.2 | 0.1 | 0.3 | 0.3 | 0.8 | 0.7 | 0.9 |
| Other Expenses | 19 | 7.1 | 3.4 | 14.3 | 25.4 | 8.5 | 8.3 | 8.6 | 4.6 | 5.7 | 4.9 | 3.7 | 4.9 | 8.5 |
| Officers' Compensation | 20 | 1.9 | 2.5 | 5.2 | 7.3 | 7.4 | 5.7 | 3.7 | 2.2 | 1.6 | 1.0 | 0.7 | 0.5 | 0.3 |
| Operating Margin | 21 | • | • | 0.3 | 4.5 | 0.5 | • | 0.4 | 0.1 | • | 0.5 | • | • | 0.4 |
| Operating Margin Before Officers' Comp. | 22 | 1.9 | 0.5 | 5.6 | 11.8 | 7.9 | 4.8 | 4.0 | 2.3 | 0.9 | 1.5 | • | 0.4 | 0.7 |

| | | | | | | | | | | | | | |
|---|---|---|---|---|---|---|---|---|---|---|---|---|---|
| **Selected Average Balance Sheet ($ in Thousands)** | | | | | | | | | | | | | |
| Net Receivables 23 | 815 | 0 | 14 | 63 | 103 | 213 | 843 | 2666 | 6182 | 16030 | 32182 | 52996 | 207014 |
| Inventories 24 | 436 | 0 | 8 | 41 | 105 | 200 | 529 | 2108 | 3620 | 8526 | 12597 | 26412 | 83278 |
| Net Property, Plant and Equipment 25 | 342 | 0 | 1 | 20 | 79 | 58 | 188 | 837 | 2065 | 3295 | 6889 | 10669 | 174362 |
| Total Assets 26 | 2652 | 0 | 29 | 200 | 343 | 696 | 2021 | 7108 | 15293 | 34742 | 67156 | 128026 | 1103899 |
| Notes and Loans Payable 27 | 1071 | 0 | 29 | 134 | 96 | 225 | 644 | 2334 | 7811 | 14234 | 30287 | 62351 | 432479 |
| All Other Liabilities 28 | 960 | 0 | 21 | 41 | 138 | 194 | 693 | 2707 | 6358 | 10774 | 24571 | 39731 | 416286 |
| Net Worth 29 | 621 | 0 | -22 | 25 | 109 | 278 | 684 | 2067 | 1124 | 9734 | 12298 | 25944 | 255133 |
| **Selected Financial Ratios (Times to 1)** | | | | | | | | | | | | | |
| Current Ratio 30 | 1.3 | • | 1.5 | 1.7 | 1.6 | 2.0 | 1.6 | 1.6 | 1.1 | 1.5 | 1.3 | 1.7 | 1.0 |
| Quick Ratio 31 | 0.8 | • | 1.0 | 1.0 | 1.0 | 1.0 | 1.0 | 1.0 | 0.7 | 1.0 | 1.0 | 1.0 | 0.5 |
| Net Sales to Working Capital 32 | 19.6 | • | 32.3 | 19.4 | 10.3 | 8.6 | 14.4 | 10.9 | 39.0 | 13.0 | 18.2 | 10.4 | • |
| Coverage Ratio 33 | 2.1 | • | 3.0 | 7.9 | 3.3 | 5.8 | 4.4 | 1.7 | 0.9 | 2.8 | 0.2 | 1.5 | 2.2 |
| Total Asset Turnover 34 | 2.4 | • | 9.2 | 4.3 | 2.4 | 3.1 | 4.0 | 3.2 | 3.5 | 3.4 | 3.3 | 3.0 | 1.2 |
| Inventory Turnover 35 | 11.7 | • | 23.5 | 8.2 | 5.2 | 8.5 | 11.7 | 9.1 | 12.2 | 11.6 | 16.0 | 12.5 | 12.1 |
| Receivables Turnover 36 | 8.2 | • | 15.0 | 20.3 | 4.9 | 10.8 | 9.5 | 8.7 | 8.4 | 7.2 | 7.0 | 7.6 | 7.7 |
| Total Liabilities to Net Worth 37 | 3.3 | • | • | 7.1 | 2.1 | 1.5 | 2.0 | 2.4 | 12.6 | 2.6 | 4.5 | 3.9 | 3.3 |
| Current Assets to Working Capital 38 | 4.7 | • | 3.1 | 2.5 | 2.8 | 2.0 | 2.8 | 2.7 | 8.5 | 3.1 | 3.9 | 2.5 | • |
| Current Liabilities to Working Capital 39 | 3.7 | • | 2.1 | 1.5 | 1.8 | 1.0 | 1.8 | 1.7 | 7.5 | 2.1 | 2.9 | 1.5 | • |
| Working Capital to Net Sales 40 | 0.1 | • | 0.0 | 0.1 | 0.1 | 0.1 | 0.1 | 0.1 | 0.0 | 0.1 | 0.1 | 0.1 | • |
| Inventory to Working Capital 41 | 1.4 | • | 0.7 | 1.0 | 1.0 | 0.9 | 1.0 | 1.0 | 2.9 | 1.0 | 0.9 | 0.9 | • |
| Total Receipts to Cash Flow 42 | 15.3 | 98.3 | 8.1 | 5.4 | 19.5 | 11.3 | 12.0 | 25.3 | 25.4 | 22.7 | 44.7 | 25.3 | 10.5 |
| Cost of Goods to Cash Flow 43 | 12.2 | 92.7 | 5.6 | 2.1 | 13.1 | 9.0 | 9.2 | 21.2 | 21.0 | 19.2 | 40.0 | 21.5 | 7.9 |
| Cash Flow to Total Debt 44 | 0.2 | • | 0.6 | 0.9 | 0.2 | 0.5 | 0.5 | 0.2 | 0.1 | 0.2 | 0.1 | 0.2 | 0.1 |
| **Selected Financial Factors (in Percentages)** | | | | | | | | | | | | | |
| Debt Ratio 45 | 76.6 | • | 176.3 | 87.6 | 68.2 | 60.1 | 66.2 | 70.9 | 92.7 | 72.0 | 81.7 | 79.7 | 76.9 |
| Return on Total Assets 46 | 6.7 | • | 12.6 | 27.9 | 2.1 | 10.4 | 10.1 | 4.2 | 4.5 | 9.4 | 0.8 | 6.1 | 6.7 |
| Return on Equity Before Income Taxes 47 | 15.3 | • | • | 196.5 | 4.6 | 21.6 | 23.0 | 5.8 | • | 21.7 | • | 9.5 | 15.9 |
| Return on Equity After Income Taxes 48 | 11.2 | • | • | 185.0 | 4.3 | 20.3 | 20.6 | 3.8 | • | 17.7 | • | 6.2 | 10.5 |
| Profit Margin (Before Income Tax) 49 | 1.5 | • | 0.9 | 5.6 | 0.6 | 2.8 | 2.0 | 0.5 | • | 1.8 | • | 0.6 | 3.1 |
| Profit Margin (After Income Tax) 50 | 1.1 | • | 0.9 | 5.3 | 0.6 | 2.6 | 1.8 | 0.3 | • | 1.5 | • | 0.4 | 2.0 |

# Table II

Corporations with Net Income

## PAPER AND PAPER PRODUCT WHOLESALERS

MONEY AMOUNTS AND SIZE OF ASSETS IN THOUSANDS OF DOLLARS

| Item Description for Accounting Period 7/00 Through 6/01 | Total | Zero Assets | Under 100 | 100 to 250 | 251 to 500 | 501 to 1,000 | 1,001 to 5,000 | 5,001 to 10,000 | 10,001 to 25,000 | 25,001 to 50,000 | 50,001 to 100,000 | 100,001 to 250,000 | 250,001 and over |
|---|---|---|---|---|---|---|---|---|---|---|---|---|---|
| Number of Enterprises 1 | 4502 | 0 | 1346 | 775 | 313 | 887 | 927 | 108 | 80 | 30 | 17 | 10 | 0 |
| **Revenues ($ in Thousands)** | | | | | | | | | | | | | |
| Net Sales 2 | 37395492 | 0 | 603845 | 733187 | 434308 | 2255671 | 7625106 | 2347115 | 4116798 | 3709810 | 4170769 | 3438872 | 0 |
| Interest 3 | 88928 | 0 | 0 | 200 | 397 | 1398 | 3481 | 1828 | 5485 | 3654 | 3617 | 4046 | 0 |
| Rents 4 | 6847 | 0 | 0 | 0 | 0 | 0 | 2897 | 449 | 1197 | 1380 | 8 | 18 | 0 |
| Royalties 5 | 2914 | 0 | 0 | 0 | 0 | 0 | 0 | 0 | 0 | 0 | 1884 | 258 | 0 |
| Other Portfolio Income 6 | 176917 | 0 | 0 | 4773 | 0 | 1 | 28840 | 935 | 2548 | 39355 | 1220 | 693 | 0 |
| Other Receipts 7 | 327446 | 0 | 3199 | 3491 | 410 | 90049 | 96247 | 4689 | 15520 | 11110 | 24988 | 27099 | 0 |
| Total Receipts 8 | 37998544 | 0 | 607044 | 741651 | 435115 | 2347119 | 7756571 | 2355016 | 4141548 | 3765309 | 4202486 | 3470986 | 0 |
| Average Total Receipts 9 | 8440 | • | 451 | 957 | 1390 | 2646 | 8367 | 21806 | 51769 | 125510 | 247205 | 347099 | • |
| **Operating Costs/Operating Income (%)** | | | | | | | | | | | | | |
| Cost of Operations 10 | 80.5 | • | 67.6 | 45.0 | 68.3 | 78.3 | 77.1 | 82.7 | 81.8 | 83.4 | 91.2 | 82.4 | • |
| Salaries and Wages 11 | 5.8 | • | 7.1 | 11.4 | 9.0 | 4.8 | 7.0 | 5.8 | 6.5 | 6.0 | 3.4 | 6.4 | • |
| Taxes Paid 12 | 0.9 | • | 1.0 | 2.8 | 1.6 | 1.0 | 1.1 | 1.0 | 0.9 | 1.0 | 0.4 | 1.0 | • |
| Interest Paid 13 | 0.9 | • | 0.4 | 0.1 | 0.2 | 0.4 | 0.5 | 0.8 | 0.6 | 0.9 | 0.7 | 1.0 | • |
| Depreciation 14 | 0.7 | • | 0.0 | 0.5 | 0.9 | 0.4 | 0.6 | 0.5 | 0.6 | 0.5 | 0.4 | 0.7 | • |
| Amortization and Depletion 15 | 0.1 | • | • | 0.0 | • | 0.0 | 0.0 | 0.0 | 0.0 | 0.2 | 0.1 | 0.1 | • |
| Pensions and Other Deferred Comp. 16 | 0.4 | • | 0.6 | 1.1 | 1.4 | 0.8 | 0.4 | 0.2 | 0.2 | 0.2 | 0.1 | 0.2 | • |
| Employee Benefits 17 | 0.4 | • | • | 0.2 | 1.4 | 0.2 | 0.4 | 0.2 | 0.5 | 0.4 | 0.2 | 0.5 | • |
| Advertising 18 | 0.5 | • | 0.6 | 1.0 | 0.6 | 0.1 | 0.2 | 0.1 | 0.3 | 0.3 | 0.1 | 1.0 | • |
| Other Expenses 19 | 6.2 | • | 14.8 | 23.3 | 7.5 | 8.2 | 7.2 | 4.9 | 4.9 | 5.0 | 2.5 | 5.5 | • |
| Officers' Compensation 20 | 2.1 | • | 3.5 | 7.0 | 7.9 | 6.3 | 4.0 | 1.9 | 1.8 | 1.0 | 0.7 | 0.6 | • |
| Operating Margin 21 | 1.4 | • | 4.4 | 7.6 | 1.2 | • | 1.4 | 2.0 | 1.8 | 1.0 | 0.3 | 0.5 | • |
| Operating Margin Before Officers' Comp. 22 | 3.5 | • | 7.9 | 14.6 | 9.1 | 5.7 | 5.5 | 3.9 | 3.6 | 2.0 | 1.0 | 1.1 | • |

## Selected Average Balance Sheet ($ in Thousands)

| | | | | | | | | | | | | | |
|---|---|---|---|---|---|---|---|---|---|---|---|---|---|
| Net Receivables 23 | 984 | • | 29 | 54 | 164 | 247 | 833 | 2830 | 6343 | 15785 | 34914 | 41352 | • |
| Inventories 24 | 559 | • | 1 | 30 | 162 | 256 | 505 | 2267 | 3624 | 8093 | 9997 | 32072 | • |
| Net Property, Plant and Equipment 25 | 468 | • | 0 | 6 | 41 | 33 | 194 | 1090 | 1978 | 3777 | 6293 | 13892 | • |
| Total Assets 26 | 2982 | • | 38 | 204 | 387 | 685 | 1897 | 6882 | 15224 | 35434 | 64996 | 125727 | • |
| Notes and Loans Payable 27 | 1066 | • | 12 | 80 | 74 | 200 | 562 | 1653 | 4407 | 13242 | 23596 | 52364 | • |
| All Other Liabilities 28 | 896 | • | 30 | 27 | 185 | 232 | 634 | 2870 | 5331 | 10887 | 26511 | 37983 | • |
| Net Worth 29 | 1021 | • | -5 | 97 | 128 | 253 | 701 | 2360 | 5486 | 11305 | 14888 | 35380 | • |

## Selected Financial Ratios (Times to 1)

| | | | | | | | | | | | | | |
|---|---|---|---|---|---|---|---|---|---|---|---|---|---|
| Current Ratio 30 | 1.6 | • | 1.2 | 3.2 | 1.5 | 2.2 | 1.7 | 1.7 | 1.5 | 1.5 | 1.3 | 1.4 | • |
| Quick Ratio 31 | 1.0 | • | 1.0 | 1.6 | 1.2 | 1.0 | 1.1 | 1.1 | 1.0 | 1.0 | 1.0 | 0.7 | • |
| Net Sales to Working Capital 32 | 12.5 | • | 98.3 | 12.2 | 13.1 | 7.8 | 12.7 | 9.1 | 12.4 | 13.1 | 20.8 | 14.6 | • |
| Coverage Ratio 33 | 4.2 | • | 12.3 | 80.0 | 7.8 | 9.3 | 7.6 | 4.1 | 4.7 | 3.7 | 2.5 | 2.4 | • |
| Total Asset Turnover 34 | 2.8 | • | 11.9 | 4.6 | 3.6 | 3.7 | 4.3 | 3.2 | 3.4 | 3.5 | 3.8 | 2.7 | • |
| Inventory Turnover 35 | 12.0 | • | 247.7 | 14.0 | 5.9 | 7.8 | 12.6 | 7.9 | 11.6 | 12.7 | 22.4 | 8.8 | • |
| Receivables Turnover 36 | 8.3 | • | 14.4 | 25.4 | 4.5 | 10.6 | 9.4 | 7.8 | 7.7 | 7.8 | 14.1 | 6.2 | • |
| Total Liabilities to Net Worth 37 | 1.9 | • | • | 1.1 | 2.0 | 1.7 | 1.7 | 1.9 | 1.8 | 2.1 | 3.4 | 2.6 | • |
| Current Assets to Working Capital 38 | 2.8 | • | 7.6 | 1.4 | 2.9 | 1.8 | 2.4 | 2.4 | 2.8 | 3.0 | 4.3 | 3.6 | • |
| Current Liabilities to Working Capital 39 | 1.8 | • | 6.6 | 0.4 | 1.9 | 0.8 | 1.4 | 1.4 | 1.8 | 2.0 | 3.3 | 2.6 | • |
| Working Capital to Net Sales 40 | 0.1 | • | 0.0 | 0.1 | 0.1 | 0.1 | 0.1 | 0.1 | 0.1 | 0.1 | 0.0 | 0.1 | • |
| Inventory to Working Capital 41 | 0.9 | • | • | 0.7 | 0.5 | 0.9 | 0.8 | 0.9 | 0.9 | 0.9 | 0.8 | 1.5 | • |
| Total Receipts to Cash Flow 42 | 13.7 | • | 5.9 | 5.6 | 18.4 | 10.2 | 12.0 | 16.0 | 16.3 | 19.6 | 33.3 | 20.1 | • |
| Cost of Goods to Cash Flow 43 | 11.0 | • | 4.0 | 2.5 | 12.6 | 8.0 | 9.2 | 13.2 | 13.4 | 16.4 | 30.4 | 16.6 | • |
| Cash Flow to Total Debt 44 | 0.3 | • | 1.8 | 1.6 | 0.3 | 0.6 | 0.6 | 0.3 | 0.3 | 0.3 | 0.1 | 0.2 | • |

## Selected Financial Factors (in Percentages)

| | | | | | | | | | | | | | |
|---|---|---|---|---|---|---|---|---|---|---|---|---|---|
| Debt Ratio 45 | 65.8 | • | 112.0 | 52.2 | 66.8 | 63.0 | 63.0 | 65.7 | 64.0 | 68.1 | 77.1 | 71.9 | • |
| Return on Total Assets 46 | 11.2 | • | 63.5 | 41.3 | 5.9 | 14.6 | 15.7 | 9.9 | 10.3 | 11.8 | 6.6 | 6.6 | • |
| Return on Equity Before Income Taxes 47 | 25.0 | • | • | 85.4 | 15.5 | 35.3 | 36.9 | 21.8 | 22.5 | 26.9 | 17.1 | 13.6 | • |
| Return on Equity After Income Taxes 48 | 20.6 | • | • | 81.7 | 15.1 | 33.4 | 33.9 | 18.9 | 19.5 | 22.7 | 14.8 | 10.2 | • |
| Profit Margin (Before Income Tax) 49 | 3.1 | • | 4.9 | 8.8 | 1.4 | 3.5 | 3.1 | 2.4 | 2.4 | 2.5 | 1.0 | 1.4 | • |
| Profit Margin (After Income Tax) 50 | 2.5 | • | 4.9 | 8.4 | 1.4 | 3.3 | 2.9 | 2.1 | 2.1 | 2.1 | 0.9 | 1.1 | • |

**Table I**

Corporations with and without Net Income

# DRUGS AND DRUGGISTS SUNDRIES WHOLESALERS

**MONEY AMOUNTS AND SIZE OF ASSETS IN THOUSANDS OF DOLLARS**

| Item Description for Accounting Period 7/00 Through 6/01 | | Total | Zero Assets | Under 100 | 100 to 250 | 251 to 500 | 501 to 1,000 | 1,001 to 5,000 | 5,001 to 10,000 | 10,001 to 25,000 | 25,001 to 50,000 | 50,001 to 100,000 | 100,001 to 250,000 | 250,001 and over |
|---|---|---|---|---|---|---|---|---|---|---|---|---|---|---|
| Number of Enterprises | 1 | 5434 | 345 | 2298 | 767 | 627 | 392 | 659 | 144 | 86 | 37 | 22 | 24 | 33 |
| **Revenues ($ in Thousands)** | | | | | | | | | | | | | | |
| Net Sales | 2 | 184996367 | 5218952 | 286459 | 617829 | 965950 | 875679 | 5028679 | 2791424 | 3337818 | 3027326 | 4032492 | 7726240 | 151087520 |
| Interest | 3 | 802557 | 33376 | 8 | 617 | 181 | 2472 | 6255 | 1297 | 6071 | 16219 | 14095 | 37798 | 684166 |
| Rents | 4 | 249856 | 333 | 0 | 0 | 0 | 5 | 909 | 1185 | 514 | 895 | 494 | 753 | 244769 |
| Royalties | 5 | 726147 | 673 | 0 | 0 | 0 | 0 | 0 | 0 | 10897 | 4783 | 539 | 26431 | 682825 |
| Other Portfolio Income | 6 | 353964 | 14092 | 0 | 0 | 0 | 1682 | 77064 | 305 | 6427 | 3329 | 7879 | 4340 | 238846 |
| Other Receipts | 7 | 2247918 | 83845 | 48309 | 2328 | 1071 | 2095 | 17138 | 3370 | 28513 | 9505 | 68937 | 255457 | 1727348 |
| Total Receipts | 8 | 189376809 | 5351271 | 334776 | 620774 | 967202 | 881933 | 5130045 | 2797581 | 3390240 | 3062057 | 4124436 | 8051019 | 154665474 |
| Average Total Receipts | 9 | 34850 | 15511 | 146 | 809 | 1543 | 2250 | 7785 | 19428 | 39421 | 82758 | 187474 | 335459 | 4686833 |
| **Operating Costs/Operating Income (%)** | | | | | | | | | | | | | | |
| Cost of Operations | 10 | 84.4 | 92.2 | 72.4 | 53.1 | 81.4 | 80.4 | 65.8 | 79.1 | 74.9 | 73.3 | 84.0 | 80.6 | 85.7 |
| Salaries and Wages | 11 | 4.9 | 2.7 | 3.1 | 8.1 | 4.0 | 3.1 | 8.7 | 5.0 | 7.0 | 5.8 | 3.8 | 7.8 | 4.7 |
| Taxes Paid | 12 | 0.4 | 0.4 | 1.1 | 1.4 | 0.5 | 0.7 | 1.3 | 0.7 | 0.9 | 0.8 | 0.8 | 0.6 | 0.3 |
| Interest Paid | 13 | 0.7 | 0.6 | 0.5 | 0.1 | 0.2 | 1.5 | 0.6 | 0.9 | 0.9 | 1.2 | 0.9 | 1.1 | 0.7 |
| Depreciation | 14 | 0.5 | 0.4 | 1.3 | 0.8 | 0.3 | 1.0 | 0.4 | 0.4 | 0.8 | 0.5 | 0.4 | 0.6 | 0.5 |
| Amortization and Depletion | 15 | 0.3 | 0.1 | 0.2 | • | 0.3 | 0.0 | 0.0 | 0.1 | 0.5 | 0.5 | 0.5 | 0.4 | 0.3 |
| Pensions and Other Deferred Comp. | 16 | 0.1 | 0.0 | • | 1.5 | • | 1.1 | 0.3 | 0.2 | 0.2 | 0.1 | 0.1 | 0.1 | 0.1 |
| Employee Benefits | 17 | 0.4 | 0.0 | 0.1 | 0.8 | 0.2 | 0.2 | 0.5 | 0.2 | 0.4 | 0.5 | 0.3 | 0.5 | 0.5 |
| Advertising | 18 | 0.8 | 0.2 | 1.8 | 1.8 | 1.4 | 0.4 | 1.8 | 1.7 | 1.8 | 3.1 | 1.9 | 1.0 | 0.6 |
| Other Expenses | 19 | 7.6 | 7.2 | 21.8 | 18.2 | 7.2 | 8.0 | 14.1 | 7.3 | 9.7 | 14.0 | 7.9 | 9.4 | 7.1 |
| Officers' Compensation | 20 | 0.4 | 0.3 | 5.4 | 11.5 | 1.7 | 7.7 | 3.5 | 2.0 | 2.1 | 1.4 | 0.5 | 0.4 | 0.2 |
| Operating Margin | 21 | • | • | • | 2.8 | 2.9 | • | 2.9 | 2.4 | 0.9 | • | • | • | • |
| Operating Margin Before Officers' Comp. | 22 | • | • | • | 14.3 | 4.6 | 3.5 | 6.4 | 4.4 | 3.0 | 0.3 | • | • | • |

## Selected Average Balance Sheet ($ in Thousands)

| | | | | | | | | | | | | | |
|---|---|---|---|---|---|---|---|---|---|---|---|---|---|
| Net Receivables 23 | 4092 | 0 | 3 | 80 | 208 | 256 | 834 | 2350 | 4268 | 10178 | 24815 | 29588 | 577194 |
| Inventories 24 | 3347 | 0 | 11 | 27 | 18 | 101 | 616 | 2470 | 4481 | 7983 | 19887 | 30436 | 469158 |
| Net Property, Plant and Equipment 25 | 1025 | 0 | 3 | 10 | 13 | 111 | 163 | 304 | 1526 | 2551 | 5170 | 12458 | 142798 |
| Total Assets 26 | 16578 | 0 | 22 | 148 | 380 | 663 | 2503 | 6744 | 15250 | 34793 | 72844 | 148138 | 2395326 |
| Notes and Loans Payable 27 | 2517 | 0 | 15 | 7 | 190 | 233 | 506 | 2640 | 4311 | 10293 | 20373 | 33040 | 324885 |
| All Other Liabilities 28 | 7437 | 0 | 49 | 30 | 148 | 295 | 993 | 2458 | 5559 | 13019 | 27942 | 56432 | 1094842 |
| Net Worth 29 | 6625 | 0 | -41 | 111 | 42 | 135 | 1004 | 1646 | 5381 | 11481 | 24528 | 58666 | 975599 |

## Selected Financial Ratios (Times to 1)

| | | | | | | | | | | | | | |
|---|---|---|---|---|---|---|---|---|---|---|---|---|---|
| Current Ratio 30 | 1.5 | • | 0.3 | 4.6 | 2.0 | 1.8 | 1.8 | 1.5 | 1.5 | 1.5 | 1.3 | 1.2 | 1.5 |
| Quick Ratio 31 | 0.8 | • | 0.1 | 3.2 | 1.8 | 1.4 | 1.0 | 0.7 | 0.8 | 0.7 | 0.7 | 0.6 | 0.8 |
| Net Sales to Working Capital 32 | 10.8 | • | • | 7.4 | 9.0 | 9.0 | 7.8 | 9.8 | 10.8 | 10.3 | 16.7 | 24.7 | 10.2 |
| Coverage Ratio 33 | 3.5 | • | 17.9 | 44.5 | 13.3 | • | 8.8 | 3.8 | 3.7 | 1.0 | 2.4 | 2.6 | 3.7 |
| Total Asset Turnover 34 | 2.1 | • | 5.6 | 5.4 | 4.0 | 3.4 | 3.0 | 2.9 | 2.5 | 2.4 | 2.5 | 2.2 | 1.9 |
| Inventory Turnover 35 | 8.6 | • | 8.1 | 16.1 | 70.0 | 17.8 | 8.2 | 6.2 | 6.5 | 7.5 | 7.7 | 8.5 | 8.4 |
| Receivables Turnover 36 | 9.9 | • | 39.0 | 8.8 | 12.4 | 8.7 | 10.2 | 9.8 | 9.1 | 8.1 | 8.1 | 10.7 | 9.7 |
| Total Liabilities to Net Worth 37 | 1.5 | • | • | 0.3 | 8.1 | 3.9 | 1.5 | 3.1 | 1.8 | 2.0 | 2.0 | 1.5 | 1.5 |
| Current Assets to Working Capital 38 | 3.2 | • | • | 1.3 | 2.0 | 2.2 | 2.2 | 3.2 | 3.2 | 3.1 | 4.6 | 6.4 | 3.1 |
| Current Liabilities to Working Capital 39 | 2.2 | • | • | 0.3 | 1.0 | 1.2 | 1.2 | 2.2 | 2.2 | 2.1 | 3.6 | 5.4 | 2.1 |
| Working Capital to Net Sales 40 | 0.1 | • | • | 0.1 | 0.1 | 0.1 | 0.1 | 0.1 | 0.1 | 0.1 | 0.1 | 0.0 | 0.1 |
| Inventory to Working Capital 41 | 1.3 | • | • | 0.4 | 0.1 | 0.2 | 0.7 | 1.3 | 1.3 | 1.1 | 1.7 | 2.2 | 1.3 |
| Total Receipts to Cash Flow 42 | 11.9 | 19.1 | 3.9 | 5.4 | 11.3 | 30.3 | 6.3 | 11.5 | 9.3 | 7.9 | 11.9 | 9.7 | 12.5 |
| Cost of Goods to Cash Flow 43 | 10.0 | 17.6 | 2.8 | 2.9 | 9.2 | 24.4 | 4.1 | 9.1 | 7.0 | 5.8 | 10.0 | 7.8 | 10.7 |
| Cash Flow to Total Debt 44 | 0.3 | • | 0.5 | 4.0 | 0.4 | 0.1 | 0.8 | 0.3 | 0.4 | 0.4 | 0.3 | 0.4 | 0.3 |

## Selected Financial Factors (in Percentages)

| | | | | | | | | | | | | | |
|---|---|---|---|---|---|---|---|---|---|---|---|---|---|
| Debt Ratio 45 | 60.0 | • | 283.2 | 24.9 | 89.0 | 79.6 | 59.9 | 75.6 | 64.7 | 67.0 | 66.3 | 60.4 | 59.3 |
| Return on Total Assets 46 | 5.4 | • | 54.1 | 18.5 | 13.2 | • | 16.9 | 10.2 | 8.5 | 2.9 | 5.3 | 6.0 | 5.0 |
| Return on Equity Before Income Taxes 47 | 9.6 | • | • | 24.0 | 111.4 | • | 37.4 | 30.6 | 17.6 | 0.1 | 9.2 | 9.4 | 9.0 |
| Return on Equity After Income Taxes 48 | 5.6 | • | • | 23.5 | 111.2 | • | 33.1 | 26.4 | 14.3 | • | 6.4 | 5.5 | 5.0 |
| Profit Margin (Before Income Tax) 49 | 1.9 | • | 9.2 | 3.3 | 3.0 | • | 4.9 | 2.6 | 2.4 | 0.0 | 1.2 | 1.7 | 1.9 |
| Profit Margin (After Income Tax) 50 | 1.1 | • | 9.2 | 3.2 | 3.0 | • | 4.3 | 2.2 | 2.0 | • | 0.9 | 1.0 | 1.1 |

**Table II**

Corporations with Net Income

# Drugs and Druggists Sundries Wholesalers

**Money Amounts and Size of Assets in Thousands of Dollars**

| Item Description for Accounting Period 7/00 Through 6/01 | Total | Zero Assets | Under 100 | 100 to 250 | 251 to 500 | 501 to 1,000 | 1,001 to 5,000 | 5,001 to 10,000 | 10,001 to 25,000 | 25,001 to 50,000 | 50,001 to 100,000 | 100,001 to 250,000 | 250,001 and over |
|---|---|---|---|---|---|---|---|---|---|---|---|---|---|
| Number of Enterprises 1 | 3602 | 66 | 1588 | 767 | 314 | 84 | 532 | 110 | 63 | 19 | 18 | 16 | 25 |
| **Revenues ($ in Thousands)** | | | | | | | | | | | | | |
| Net Sales 2 | 145091534 | 162220 | 259484 | 617829 | 601979 | 488379 | 3776506 | 2492463 | 2719401 | 1659703 | 3771129 | 6212593 | 122329848 |
| Interest 3 | 564379 | 363 | 8 | 617 | 181 | 0 | 5818 | 546 | 4212 | 6062 | 13232 | 20124 | 513216 |
| Rents 4 | 240060 | 3 | 0 | 0 | 0 | 0 | 909 | 1185 | 419 | 815 | 73 | 686 | 235970 |
| Royalties 5 | 600271 | 673 | 0 | 0 | 0 | 0 | 0 | 0 | 10897 | 2319 | 539 | 26431 | 559412 |
| Other Portfolio Income 6 | 297599 | 10806 | 0 | 0 | 0 | 0 | 77040 | 59 | 5040 | 2183 | 7879 | 2502 | 192091 |
| Other Receipts 7 | 1240724 | 638 | 48184 | 2328 | 1071 | 1339 | 14387 | 2071 | 23002 | 4084 | 65956 | 175266 | 902396 |
| Total Receipts 8 | 148034567 | 174703 | 307676 | 620774 | 603231 | 489718 | 3874660 | 2496324 | 2762971 | 1675166 | 3858808 | 6437602 | 124732933 |
| Average Total Receipts 9 | 41098 | 2647 | 194 | 809 | 1921 | 5830 | 7283 | 22694 | 43857 | 88167 | 214378 | 402350 | 4989317 |
| **Operating Costs/Operating Income (%)** | | | | | | | | | | | | | |
| Cost of Operations 10 | 84.2 | 69.8 | 73.2 | 53.1 | 79.1 | 92.3 | 62.3 | 80.0 | 75.6 | 77.2 | 86.5 | 79.1 | 85.6 |
| Salaries and Wages 11 | 4.3 | 5.5 | 3.4 | 8.1 | 5.5 | 0.1 | 7.8 | 4.1 | 5.8 | 4.1 | 3.5 | 7.6 | 4.0 |
| Taxes Paid 12 | 0.4 | 1.7 | 1.2 | 1.4 | 0.2 | 0.2 | 1.3 | 0.6 | 0.8 | 0.7 | 0.8 | 0.5 | 0.3 |
| Interest Paid 13 | 0.6 | 0.8 | 0.6 | 0.1 | 0.2 | 0.9 | 0.6 | 0.7 | 0.7 | 0.9 | 0.7 | 1.0 | 0.6 |
| Depreciation 14 | 0.5 | 0.4 | 1.4 | 0.8 | 0.5 | 0.0 | 0.4 | 0.3 | 0.8 | 0.3 | 0.4 | 0.5 | 0.5 |
| Amortization and Depletion 15 | 0.3 | 1.0 | 0.2 | • | 0.1 | 0.0 | 0.0 | 0.0 | 0.2 | 0.3 | 0.3 | 0.3 | 0.3 |
| Pensions and Other Deferred Comp. 16 | 0.1 | 0.0 | • | 1.5 | • | 2.0 | 0.4 | 0.2 | 0.2 | 0.1 | 0.1 | 0.1 | 0.1 |
| Employee Benefits 17 | 0.4 | 0.1 | 0.1 | 0.8 | 0.0 | • | 0.4 | 0.2 | 0.3 | 0.4 | 0.3 | 0.5 | 0.4 |
| Advertising 18 | 0.8 | 2.6 | 1.8 | 1.8 | 0.0 | • | 2.3 | 1.1 | 1.6 | 2.3 | 1.4 | 0.9 | 0.7 |
| Other Expenses 19 | 6.8 | 11.4 | 15.0 | 18.2 | 7.0 | 1.6 | 15.3 | 6.3 | 8.6 | 6.4 | 6.0 | 8.0 | 6.4 |
| Officers' Compensation 20 | 0.4 | 5.0 | 6.0 | 11.5 | 0.8 | 1.7 | 3.8 | 2.1 | 2.2 | 1.5 | 0.5 | 0.4 | 0.1 |
| Operating Margin 21 | 1.1 | 1.6 | • | 2.8 | 6.4 | 1.3 | 5.5 | 4.4 | 3.1 | 5.8 | • | 1.1 | 0.9 |
| Operating Margin Before Officers' Comp. 22 | 1.5 | 6.6 | 3.3 | 14.3 | 7.2 | 3.0 | 9.2 | 6.4 | 5.4 | 7.3 | • | 1.5 | 1.0 |

## Selected Average Balance Sheet ($ in Thousands)

| | | | | | | | | | | | | | |
|---|---|---|---|---|---|---|---|---|---|---|---|---|---|
| Net Receivables 23 | 5084 | 0 | 3 | 80 | 63 | 669 | 735 | 2838 | 4532 | 10699 | 27008 | 30553 | 640049 |
| Inventories 24 | 4494 | 0 | 11 | 27 | 29 | 91 | 550 | 2215 | 4635 | 9951 | 21064 | 37574 | 565468 |
| Net Property, Plant and Equipment 25 | 1114 | 0 | 4 | 10 | 22 | 4 | 127 | 258 | 1556 | 1886 | 4872 | 14393 | 137797 |
| Total Assets 26 | 18906 | 0 | 29 | 148 | 393 | 699 | 2362 | 6618 | 14954 | 33392 | 72868 | 148006 | 2420720 |
| Notes and Loans Payable 27 | 3013 | 0 | 14 | 7 | 79 | 583 | 524 | 1693 | 4096 | 7697 | 16724 | 38625 | 358482 |
| All Other Liabilities 28 | 9062 | 0 | 22 | 30 | 153 | 108 | 848 | 2702 | 5518 | 11991 | 30158 | 58060 | 1189255 |
| Net Worth 29 | 6832 | 0 | -7 | 111 | 161 | 8 | 990 | 2223 | 5340 | 13703 | 25986 | 51322 | 872983 |

## Selected Financial Ratios (Times to 1)

| | | | | | | | | | | | | | |
|---|---|---|---|---|---|---|---|---|---|---|---|---|---|
| Current Ratio 30 | 1.4 | • | 1.0 | 4.6 | 1.7 | 3.8 | 2.0 | 1.6 | 1.5 | 1.5 | 1.5 | 1.3 | 1.4 |
| Quick Ratio 31 | 0.7 | • | 0.3 | 3.2 | 1.3 | 3.7 | 1.1 | 0.8 | 0.8 | 0.8 | 0.8 | 0.6 | 0.7 |
| Net Sales to Working Capital 32 | 11.1 | • | 1840.3 | 7.4 | 15.3 | 11.4 | 7.1 | 9.8 | 11.1 | 11.0 | 11.8 | 21.8 | 11.0 |
| Coverage Ratio 33 | 6.3 | 12.2 | 27.4 | 44.5 | 30.1 | 2.8 | 13.5 | 7.4 | 7.4 | 8.6 | 3.5 | 5.8 | 6.1 |
| Total Asset Turnover 34 | 2.1 | • | 5.6 | 5.4 | 4.9 | 8.3 | 3.0 | 3.4 | 2.9 | 2.6 | 2.9 | 2.6 | 2.0 |
| Inventory Turnover 35 | 7.5 | • | 11.1 | 16.1 | 52.5 | 58.9 | 8.1 | 8.2 | 7.0 | 6.8 | 8.6 | 8.2 | 7.4 |
| Receivables Turnover 36 | 8.9 | • | 56.2 | 16.1 | 27.0 | 8.7 | 11.3 | 10.4 | 9.3 | 6.8 | 8.7 | 10.7 | 8.8 |
| Total Liabilities to Net Worth 37 | 1.8 | • | • | 0.3 | 1.4 | 85.1 | 1.4 | 2.0 | 1.8 | 1.4 | 1.8 | 1.9 | 1.8 |
| Current Assets to Working Capital 38 | 3.3 | • | 245.7 | 1.3 | 2.4 | 1.4 | 2.0 | 2.7 | 3.1 | 3.0 | 3.0 | 4.6 | 3.4 |
| Current Liabilities to Working Capital 39 | 2.3 | • | 244.7 | 0.3 | 1.4 | 0.4 | 1.0 | 1.7 | 2.1 | 2.0 | 2.0 | 3.6 | 2.4 |
| Working Capital to Net Sales 40 | 0.1 | • | 0.0 | 0.1 | 0.1 | 0.1 | 0.1 | 0.1 | 0.1 | 0.1 | 0.1 | 0.0 | 0.1 |
| Inventory to Working Capital 41 | 1.4 | • | 156.0 | 0.4 | 0.1 | 0.0 | 0.6 | 1.2 | 1.2 | 1.2 | 1.1 | 1.9 | 1.5 |
| Total Receipts to Cash Flow 42 | 10.9 | 8.7 | 3.8 | 5.4 | 8.2 | 34.6 | 5.1 | 10.3 | 8.2 | 8.2 | 14.0 | 8.3 | 11.6 |
| Cost of Goods to Cash Flow 43 | 9.1 | 6.1 | 2.8 | 2.9 | 6.5 | 31.9 | 3.2 | 8.2 | 6.2 | 6.3 | 12.1 | 6.6 | 9.9 |
| Cash Flow to Total Debt 44 | 0.3 | • | 1.2 | 4.0 | 1.0 | 0.2 | 1.0 | 0.5 | 0.6 | 0.5 | 0.3 | 0.5 | 0.3 |

## Selected Financial Factors (in Percentages)

| | | | | | | | | | | | | | |
|---|---|---|---|---|---|---|---|---|---|---|---|---|---|
| Debt Ratio 45 | 63.9 | • | 122.4 | 24.9 | 59.1 | 98.8 | 58.1 | 66.4 | 64.3 | 59.0 | 64.3 | 65.3 | 63.9 |
| Return on Total Assets 46 | 8.5 | • | 92.2 | 18.5 | 33.4 | 20.4 | 26.2 | 17.9 | 15.8 | 20.1 | 7.3 | 14.9 | 7.4 |
| Return on Equity Before Income Taxes 47 | 19.9 | • | • | 24.0 | 79.1 | 1123.3 | 57.8 | 46.0 | 38.3 | 43.2 | 14.6 | 35.5 | 17.2 |
| Return on Equity After Income Taxes 48 | 14.0 | • | • | 23.5 | 78.9 | 1052.8 | 52.4 | 41.9 | 33.8 | 35.5 | 11.3 | 28.7 | 11.3 |
| Profit Margin (Before Income Tax) 49 | 3.4 | 9.3 | 15.8 | 3.3 | 6.6 | 1.6 | 8.1 | 4.5 | 4.7 | 6.8 | 1.8 | 4.7 | 3.1 |
| Profit Margin (After Income Tax) 50 | 2.4 | 7.6 | 15.8 | 3.2 | 6.6 | 1.5 | 7.3 | 4.1 | 4.2 | 5.6 | 1.4 | 3.8 | 2.0 |

## Table I

Corporations with and without Net Income

# APPAREL, PIECE GOODS, AND NOTIONS WHOLESALERS

MONEY AMOUNTS AND SIZE OF ASSETS IN THOUSANDS OF DOLLARS

| Item Description for Accounting Period 7/00 Through 6/01 | | Total | Zero Assets | Under 100 | 100 to 250 | 251 to 500 | 501 to 1,000 | 1,001 to 5,000 | 5,001 to 10,000 | 10,001 to 25,000 | 25,001 to 50,000 | 50,001 to 100,000 | 100,001 to 250,000 | 250,001 and over |
|---|---|---|---|---|---|---|---|---|---|---|---|---|---|---|
| Number of Enterprises | 1 | 21570 | 1291 | 10711 | 2609 | 2159 | 1920 | 2150 | 314 | 266 | 72 | 38 | 26 | 13 |
| **Revenues ($ in Thousands)** | | | | | | | | | | | | | | |
| Net Sales | 2 | 75345160 | 1613727 | 1712083 | 1666317 | 2161050 | 5039701 | 12214578 | 6786132 | 11050914 | 4657082 | 4854000 | 5913070 | 17676504 |
| Interest | 3 | 309596 | 1824 | 1070 | 1809 | 3960 | 6426 | 10561 | 2448 | 11198 | 5414 | 6966 | 19158 | 238762 |
| Rents | 4 | 55060 | 86 | 0 | 5254 | 695 | 735 | 4393 | 145 | 2406 | 1396 | 9839 | 7150 | 22962 |
| Royalties | 5 | 624692 | 0 | 0 | 0 | 0 | 0 | 0 | 7371 | 7967 | 1498 | 9861 | 75113 | 522883 |
| Other Portfolio Income | 6 | 437187 | 158 | 13 | 894 | 2563 | 329 | 33660 | 1235 | 7423 | 3541 | 21912 | 23850 | 341609 |
| Other Receipts | 7 | 1020622 | 67265 | 23590 | 97612 | 4873 | 11361 | 162115 | 58012 | 150764 | 48564 | 32062 | 56127 | 308276 |
| Total Receipts | 8 | 77792317 | 1683060 | 1736756 | 1771886 | 2173141 | 5058552 | 12425307 | 6855343 | 11230672 | 4717495 | 4934640 | 6094468 | 19110996 |
| Average Total Receipts | 9 | 3607 | 1304 | 162 | 679 | 1007 | 2635 | 5779 | 21832 | 42221 | 65521 | 129859 | 234403 | 1470077 |
| **Operating Costs/Operating Income (%)** | | | | | | | | | | | | | | |
| Cost of Operations | 10 | 70.5 | 77.4 | 42.6 | 63.0 | 72.0 | 68.8 | 74.5 | 75.7 | 76.5 | 73.2 | 71.0 | 64.3 | 66.4 |
| Salaries and Wages | 11 | 7.7 | 4.7 | 8.1 | 9.1 | 5.7 | 7.4 | 7.6 | 7.6 | 6.7 | 7.5 | 6.7 | 8.9 | 8.9 |
| Taxes Paid | 12 | 2.0 | 2.6 | 2.3 | 1.7 | 1.0 | 1.4 | 2.1 | 1.6 | 2.2 | 2.9 | 2.0 | 3.0 | 1.7 |
| Interest Paid | 13 | 1.8 | 1.9 | 1.5 | 0.5 | 0.8 | 0.6 | 1.3 | 1.7 | 1.6 | 1.9 | 2.6 | 2.0 | 2.8 |
| Depreciation | 14 | 1.1 | 0.4 | 0.5 | 0.6 | 1.1 | 0.6 | 0.4 | 0.4 | 0.4 | 0.7 | 1.0 | 1.4 | 2.6 |
| Amortization and Depletion | 15 | 0.2 | 0.1 | 0.1 | 0.0 | 0.1 | 0.1 | 0.1 | 0.0 | 0.1 | 0.2 | 0.2 | 0.4 | 0.4 |
| Pensions and Other Deferred Comp. | 16 | 0.2 | 0.1 | 0.5 | 0.1 | 0.2 | 0.3 | 0.1 | 0.1 | 0.2 | 0.2 | 0.1 | 0.1 | 0.2 |
| Employee Benefits | 17 | 0.4 | 0.3 | 0.5 | 0.7 | 0.4 | 0.1 | 0.3 | 0.3 | 0.3 | 0.4 | 0.5 | 0.7 | 0.3 |
| Advertising | 18 | 1.9 | 0.9 | 1.5 | 2.6 | 0.4 | 0.4 | 0.8 | 0.8 | 0.9 | 1.0 | 3.3 | 3.1 | 3.7 |
| Other Expenses | 19 | 11.8 | 11.7 | 29.6 | 16.2 | 10.6 | 13.1 | 10.4 | 8.5 | 8.7 | 9.2 | 10.5 | 13.5 | 14.3 |
| Officers' Compensation | 20 | 2.5 | 2.1 | 10.6 | 10.7 | 5.1 | 6.2 | 2.6 | 1.6 | 2.3 | 2.2 | 1.3 | 1.5 | 0.8 |
| Operating Margin | 21 | • | • | 2.2 | • | 2.7 | 1.0 | • | 1.6 | 0.1 | 0.6 | 0.8 | 1.1 | • |
| Operating Margin Before Officers' Comp. | 22 | 2.3 | • | 12.8 | 5.5 | 7.7 | 7.2 | 2.4 | 3.2 | 2.3 | 2.8 | 2.1 | 2.6 | • |

## Selected Average Balance Sheet ($ in Thousands)

| | | | | | | | | | | | | | |
|---|---|---|---|---|---|---|---|---|---|---|---|---|---|
| Net Receivables 23 | 427 | 0 | 3 | 40 | 63 | 209 | 733 | 2063 | 4464 | 10334 | 21046 | 33792 | 207889 |
| Inventories 24 | 455 | 0 | 6 | 61 | 111 | 173 | 652 | 3666 | 5850 | 10869 | 24305 | 43294 | 160428 |
| Net Property, Plant and Equipment 25 | 212 | 0 | 3 | 11 | 34 | 59 | 149 | 409 | 995 | 2736 | 8532 | 15963 | 205440 |
| Total Assets 26 | 1809 | 0 | 27 | 160 | 365 | 698 | 2071 | 7063 | 15213 | 34162 | 73109 | 142749 | 1271145 |
| Notes and Loans Payable 27 | 557 | 0 | 47 | 41 | 74 | 200 | 805 | 1731 | 5279 | 12264 | 31770 | 62626 | 267115 |
| All Other Liabilities 28 | 597 | 0 | 47 | 68 | 199 | 271 | 913 | 3330 | 5388 | 9917 | 19593 | 30175 | 351866 |
| Net Worth 29 | 655 | 0 | -66 | 50 | 93 | 226 | 353 | 2002 | 4545 | 11981 | 21746 | 49948 | 652164 |

## Selected Financial Ratios (Times to 1)

| | | | | | | | | | | | | | |
|---|---|---|---|---|---|---|---|---|---|---|---|---|---|
| Current Ratio 30 | 1.5 | • | 0.7 | 1.6 | 2.2 | 1.6 | 1.6 | 1.5 | 1.5 | 1.6 | 1.7 | 1.7 | 1.4 |
| Quick Ratio 31 | 0.7 | • | 0.3 | 1.0 | 1.0 | 1.0 | 0.9 | 0.6 | 0.6 | 0.7 | 0.8 | 0.8 | 0.7 |
| Net Sales to Working Capital 32 | 9.0 | • | • | 12.0 | 6.1 | 11.8 | 8.7 | 10.8 | 9.8 | 6.5 | 5.6 | 5.4 | 10.4 |
| Coverage Ratio 33 | 2.8 | 2.1 | 3.4 | 3.1 | 5.1 | 3.2 | 2.1 | 2.5 | 2.1 | 2.0 | 1.9 | 3.0 | 3.4 |
| Total Asset Turnover 34 | 1.9 | • | 5.9 | 4.0 | 2.7 | 3.8 | 2.7 | 3.1 | 2.7 | 1.9 | 1.7 | 1.6 | 1.1 |
| Inventory Turnover 35 | 5.4 | • | 11.2 | 6.6 | 6.5 | 10.4 | 6.5 | 4.5 | 5.4 | 4.4 | 3.7 | 3.4 | 5.6 |
| Receivables Turnover 36 | 8.5 | • | 68.0 | 14.0 | 14.6 | 11.8 | 7.8 | 10.3 | 9.5 | 6.8 | 6.4 | 6.5 | 7.4 |
| Total Liabilities to Net Worth 37 | 1.8 | • | • | 2.2 | 2.9 | 2.1 | 4.9 | 2.5 | 2.3 | 1.9 | 2.4 | 1.9 | 0.9 |
| Current Assets to Working Capital 38 | 3.0 | • | • | 2.6 | 1.8 | 2.6 | 2.7 | 3.2 | 3.1 | 2.7 | 2.4 | 2.4 | 3.8 |
| Current Liabilities to Working Capital 39 | 2.0 | • | • | 1.6 | 0.8 | 1.6 | 1.7 | 2.2 | 2.1 | 1.7 | 1.4 | 1.4 | 2.8 |
| Working Capital to Net Sales 40 | 0.1 | • | • | 0.1 | 0.2 | 0.1 | 0.1 | 0.1 | 0.1 | 0.2 | 0.2 | 0.2 | 0.1 |
| Inventory to Working Capital 41 | 1.2 | • | • | 1.0 | 0.7 | 0.7 | 1.0 | 1.7 | 1.5 | 1.2 | 1.1 | 1.0 | 1.4 |
| Total Receipts to Cash Flow 42 | 8.0 | 9.7 | 3.8 | 8.4 | 9.4 | 8.1 | 10.3 | 10.6 | 12.2 | 10.9 | 9.3 | 6.9 | 5.6 |
| Cost of Goods to Cash Flow 43 | 5.7 | 7.5 | 1.6 | 5.3 | 6.8 | 5.6 | 7.6 | 8.0 | 9.3 | 8.0 | 6.6 | 4.4 | 3.7 |
| Cash Flow to Total Debt 44 | 0.4 | • | 0.4 | 0.7 | 0.4 | 0.7 | 0.3 | 0.4 | 0.3 | 0.3 | 0.3 | 0.4 | 0.4 |

## Selected Financial Factors (in Percentages)

| | | | | | | | | | | | | | |
|---|---|---|---|---|---|---|---|---|---|---|---|---|---|
| Debt Ratio 45 | 63.8 | • | 343.7 | 68.5 | 74.6 | 67.6 | 83.0 | 71.7 | 70.1 | 64.9 | 70.3 | 65.0 | 48.7 |
| Return on Total Assets 46 | 9.8 | • | 30.4 | 6.6 | 11.0 | 7.5 | 7.6 | 13.2 | 9.0 | 7.1 | 8.7 | 9.9 | 10.2 |
| Return on Equity Before Income Taxes 47 | 17.3 | • | • | 14.3 | 34.8 | 15.9 | 23.6 | 27.9 | 15.5 | 10.1 | 14.2 | 19.0 | 14.1 |
| Return on Equity After Income Taxes 48 | 13.0 | • | • | 13.6 | 31.0 | 15.3 | 18.2 | 25.6 | 12.8 | 8.6 | 9.1 | 11.5 | 10.0 |
| Profit Margin (Before Income Tax) 49 | 3.2 | 2.1 | 3.6 | 1.1 | 3.2 | 1.4 | 1.5 | 2.6 | 1.7 | 1.9 | 2.4 | 4.2 | 6.7 |
| Profit Margin (After Income Tax) 50 | 2.4 | 1.2 | 3.6 | 1.1 | 2.9 | 1.3 | 1.1 | 2.4 | 1.4 | 1.6 | 1.6 | 2.5 | 4.8 |

# APPAREL, PIECE GOODS, AND NOTIONS WHOLESALERS

MONEY AMOUNTS AND SIZE OF ASSETS IN THOUSANDS OF DOLLARS

| Item Description for Accounting Period 7/00 Through 6/01 | | Total | Zero Assets | Under 100 | 100 to 250 | 251 to 500 | 501 to 1,000 | 1,001 to 5,000 | 5,001 to 10,000 | 10,001 to 25,000 | 25,001 to 50,000 | 50,001 to 100,000 | 100,001 to 250,000 | 250,001 and over |
|---|---|---|---|---|---|---|---|---|---|---|---|---|---|---|
| Number of Enterprises | 1 | 12895 | 518 | 5724 | 1516 | 1579 | 1436 | 1545 | 248 | 221 | 51 | 26 | 20 | 10 |
| **Revenues ($ in Thousands)** | | | | | | | | | | | | | | |
| Net Sales | 2 | 58267948 | 1260147 | 1326427 | 1130936 | 1811781 | 4434949 | 10070509 | 4866595 | 9382112 | 3656580 | 3375782 | 4560428 | 12391704 |
| Interest | 3 | 193296 | 191 | 1066 | 1809 | 2741 | 4736 | 8730 | 1567 | 8425 | 3686 | 4728 | 13228 | 142389 |
| Rents | 4 | 41297 | 41 | 0 | 5254 | 695 | 735 | 1906 | 145 | 2238 | 643 | 9839 | 2232 | 17570 |
| Royalties | 5 | 466191 | 0 | 0 | 0 | 0 | 0 | 0 | 0 | 7157 | 750 | 7599 | 67794 | 382892 |
| Other Portfolio Income | 6 | 424873 | 0 | 0 | 894 | 1984 | 329 | 32094 | 1095 | 5732 | 3280 | 20494 | 23842 | 335128 |
| Other Receipts | 7 | 809800 | 82417 | 6393 | 97330 | 4370 | 10291 | 121253 | 27954 | 104913 | 24984 | 36050 | 40735 | 253109 |
| Total Receipts | 8 | 60203405 | 1342796 | 1333886 | 1236223 | 1821571 | 4451040 | 10234492 | 4897356 | 9510577 | 3689923 | 3454492 | 4708259 | 13522792 |
| Average Total Receipts | 9 | 4669 | 2592 | 233 | 815 | 1154 | 3100 | 6624 | 19747 | 43034 | 72351 | 132865 | 235413 | 1352279 |
| **Operating Costs/Operating Income (%)** | | | | | | | | | | | | | | |
| Cost of Operations | 10 | 68.7 | 77.1 | 36.9 | 65.3 | 70.8 | 66.6 | 75.6 | 73.6 | 76.5 | 73.2 | 68.8 | 62.1 | 59.6 |
| Salaries and Wages | 11 | 7.7 | 5.0 | 7.5 | 5.9 | 6.3 | 7.7 | 5.9 | 7.3 | 6.1 | 7.1 | 6.5 | 8.8 | 11.3 |
| Taxes Paid | 12 | 1.9 | 2.9 | 2.3 | 1.6 | 1.1 | 1.4 | 1.6 | 1.7 | 2.0 | 2.9 | 2.5 | 3.0 | 1.7 |
| Interest Paid | 13 | 1.4 | 0.8 | 0.6 | 0.6 | 0.6 | 0.5 | 1.2 | 1.4 | 1.3 | 1.5 | 1.6 | 1.9 | 2.0 |
| Depreciation | 14 | 1.1 | 0.3 | 0.3 | 0.8 | 1.0 | 0.5 | 0.2 | 0.3 | 0.4 | 0.6 | 1.0 | 1.1 | 3.0 |
| Amortization and Depletion | 15 | 0.1 | 0.1 | 0.0 | 0.0 | 0.1 | 0.1 | 0.1 | 0.0 | 0.0 | 0.1 | 0.1 | 0.5 | 0.2 |
| Pensions and Other Deferred Comp. | 16 | 0.2 | 0.1 | 0.7 | 0.1 | 0.2 | 0.4 | 0.1 | 0.1 | 0.2 | 0.2 | 0.1 | 0.2 | 0.3 |
| Employee Benefits | 17 | 0.4 | 0.3 | 0.5 | 0.7 | 0.4 | 0.1 | 0.3 | 0.3 | 0.3 | 0.4 | 0.5 | 0.7 | 0.4 |
| Advertising | 18 | 2.0 | 0.3 | 1.7 | 3.0 | 0.5 | 0.5 | 0.9 | 0.9 | 0.8 | 0.9 | 3.5 | 2.8 | 4.9 |
| Other Expenses | 19 | 11.3 | 8.8 | 26.2 | 13.5 | 9.4 | 12.8 | 9.5 | 8.7 | 7.1 | 7.2 | 10.2 | 12.5 | 16.0 |
| Officers' Compensation | 20 | 2.7 | 2.6 | 12.1 | 11.5 | 5.5 | 6.8 | 2.6 | 1.5 | 2.3 | 2.3 | 1.6 | 1.6 | 0.8 |
| Operating Margin | 21 | 2.5 | 1.5 | 11.2 | • | 4.1 | 2.8 | 2.0 | 4.1 | 2.9 | 3.7 | 3.5 | 4.8 | • |
| Operating Margin Before Officers' Comp. | 22 | 5.2 | 4.1 | 23.3 | 8.4 | 9.7 | 9.5 | 4.6 | 5.6 | 5.3 | 5.9 | 5.1 | 6.4 | 0.6 |

## Selected Average Balance Sheet ($ in Thousands)

| | | | | | | | | | | | | | |
|---|---|---|---|---|---|---|---|---|---|---|---|---|---|
| Net Receivables 23 | 529 | 0 | 3 | 37 | 32 | 247 | 796 | 2165 | 4830 | 11452 | 20808 | 34690 | 169244 |
| Inventories 24 | 594 | 0 | 9 | 39 | 105 | 151 | 661 | 3751 | 6021 | 11200 | 25459 | 38670 | 208254 |
| Net Property, Plant and Equipment 25 | 259 | 0 | 3 | 19 | 34 | 62 | 88 | 325 | 980 | 2518 | 8878 | 14441 | 206828 |
| Total Assets 26 | 2234 | 0 | 32 | 164 | 383 | 714 | 2081 | 6675 | 15404 | 32832 | 72172 | 140437 | 1211304 |
| Notes and Loans Payable 27 | 525 | 0 | 17 | 46 | 53 | 143 | 494 | 1618 | 4969 | 10449 | 23195 | 57593 | 175890 |
| All Other Liabilities 28 | 611 | 0 | 8 | 74 | 128 | 249 | 918 | 2530 | 5026 | 10092 | 18247 | 23279 | 255165 |
| Net Worth 29 | 1098 | 0 | 7 | 44 | 201 | 322 | 669 | 2526 | 5410 | 12291 | 30729 | 59565 | 780249 |

## Selected Financial Ratios (Times to 1)

| | | | | | | | | | | | | | |
|---|---|---|---|---|---|---|---|---|---|---|---|---|---|
| Current Ratio 30 | 1.8 | • | 1.8 | 1.3 | 2.3 | 1.9 | 1.7 | 1.6 | 1.6 | 1.7 | 1.8 | 2.0 | 1.8 |
| Quick Ratio 31 | 0.8 | • | 0.9 | 0.8 | 0.8 | 1.2 | 1.0 | 0.7 | 0.7 | 0.8 | 0.8 | 1.0 | 0.7 |
| Net Sales to Working Capital 32 | 7.2 | • | 18.3 | 24.7 | 6.4 | 10.7 | 8.4 | 8.2 | 8.4 | 6.2 | 5.4 | 4.6 | 5.8 |
| Coverage Ratio 33 | 5.3 | 10.9 | 19.3 | 11.1 | 8.6 | 7.8 | 4.0 | 4.3 | 4.2 | 4.1 | 4.7 | 5.1 | 6.0 |
| Total Asset Turnover 34 | 2.0 | • | 7.3 | 4.6 | 3.0 | 4.3 | 3.1 | 2.9 | 2.8 | 2.2 | 1.8 | 1.6 | 1.0 |
| Inventory Turnover 35 | 5.2 | • | 9.8 | 12.3 | 7.8 | 13.6 | 7.5 | 3.9 | 5.4 | 4.7 | 3.5 | 3.7 | 3.5 |
| Receivables Turnover 36 | 8.7 | • | 76.5 | 13.9 | 35.1 | 13.2 | 8.4 | 9.4 | 9.0 | 7.1 | 12.5 | 6.6 | 14.6 |
| Total Liabilities to Net Worth 37 | 1.0 | • | 3.8 | 2.7 | 0.9 | 1.2 | 2.1 | 1.6 | 1.8 | 1.7 | 1.3 | 1.4 | 0.6 |
| Current Assets to Working Capital 38 | 2.3 | • | 2.2 | 4.3 | 1.8 | 2.1 | 2.4 | 2.5 | 2.7 | 2.4 | 2.3 | 2.0 | 2.3 |
| Current Liabilities to Working Capital 39 | 1.3 | • | 1.2 | 3.3 | 0.8 | 1.1 | 1.4 | 1.5 | 1.7 | 1.4 | 1.3 | 1.0 | 1.3 |
| Working Capital to Net Sales 40 | 0.1 | • | 0.1 | 0.0 | 0.2 | 0.1 | 0.1 | 0.1 | 0.1 | 0.2 | 0.2 | 0.2 | 0.2 |
| Inventory to Working Capital 41 | 1.0 | • | 0.6 | 1.6 | 0.8 | 0.5 | 0.9 | 1.3 | 1.2 | 1.0 | 1.0 | 0.8 | 1.0 |
| Total Receipts to Cash Flow 42 | 6.7 | 6.5 | 3.0 | 6.0 | 9.2 | 7.1 | 8.8 | 8.3 | 9.9 | 9.8 | 7.3 | 5.8 | 4.5 |
| Cost of Goods to Cash Flow 43 | 4.6 | 5.0 | 1.1 | 3.9 | 6.5 | 4.7 | 6.7 | 6.1 | 7.6 | 7.2 | 5.0 | 3.6 | 2.7 |
| Cash Flow to Total Debt 44 | 0.6 | • | 3.0 | 1.0 | 0.7 | 1.1 | 0.5 | 0.6 | 0.4 | 0.4 | 0.4 | 0.5 | 0.6 |

## Selected Financial Factors (in Percentages)

| | | | | | | | | | | | | | |
|---|---|---|---|---|---|---|---|---|---|---|---|---|---|
| Debt Ratio 45 | 50.8 | • | 79.2 | 73.2 | 47.4 | 54.8 | 67.9 | 62.2 | 64.9 | 62.6 | 57.4 | 57.6 | 35.6 |
| Return on Total Assets 46 | 15.1 | • | 89.7 | 31.2 | 15.9 | 15.6 | 15.1 | 18.0 | 15.6 | 13.2 | 13.3 | 16.2 | 12.4 |
| Return on Equity Before Income Taxes 47 | 24.9 | • | 409.2 | 105.8 | 26.7 | 30.1 | 35.0 | 36.6 | 33.8 | 26.6 | 24.6 | 30.7 | 16.0 |
| Return on Equity After Income Taxes 48 | 20.6 | • | 407.9 | 104.6 | 24.3 | 29.6 | 31.1 | 34.2 | 31.1 | 24.6 | 19.3 | 22.6 | 11.6 |
| Profit Margin (Before Income Tax) 49 | 6.1 | 8.1 | 11.7 | 6.2 | 4.7 | 3.1 | 3.6 | 4.7 | 4.3 | 4.6 | 5.8 | 8.0 | 10.1 |
| Profit Margin (After Income Tax) 50 | 5.0 | 6.9 | 11.7 | 6.1 | 4.3 | 3.1 | 3.2 | 4.4 | 4.0 | 4.2 | 4.6 | 5.9 | 7.3 |

**Table I**

Corporations with and without Net Income

# GROCERY AND RELATED PRODUCT WHOLESALERS

**MONEY AMOUNTS AND SIZE OF ASSETS IN THOUSANDS OF DOLLARS**

| Item Description for Accounting Period 7/00 Through 6/01 | | Total | Zero Assets | Under 100 | 100 to 250 | 251 to 500 | 501 to 1,000 | 1,001 to 5,000 | 5,001 to 10,000 | 10,001 to 25,000 | 25,001 to 50,000 | 50,001 to 100,000 | 100,001 to 250,000 | 250,001 and over |
|---|---|---|---|---|---|---|---|---|---|---|---|---|---|---|
| Number of Enterprises | 1 | 32670 | 1311 | 11373 | 6799 | 3488 | 4153 | 4159 | 639 | 465 | 138 | 71 | 39 | 35 |
| **Revenues ($ in Thousands)** | | | | | | | | | | | | | | |
| Net Sales | 2 | 334974401 | 731105 | 3487444 | 5771258 | 5913098 | 16667125 | 53185758 | 20919845 | 29418478 | 19245050 | 18844977 | 23576240 | 137214022 |
| Interest | 3 | 739182 | 1766 | 1030 | 4594 | 5256 | 14377 | 36210 | 14331 | 29730 | 19650 | 15847 | 43720 | 552672 |
| Rents | 4 | 389665 | 415 | 0 | 2148 | 642 | 1991 | 18589 | 10974 | 8481 | 10146 | 4071 | 24626 | 307582 |
| Royalties | 5 | 662506 | 0 | 0 | 0 | 0 | 0 | 0 | 236 | 1229 | 1385 | 0 | 1534 | 658122 |
| Other Portfolio Income | 6 | 370409 | 4195 | 364 | 17308 | 15051 | 2505 | 38745 | 7605 | 16565 | 19978 | 6756 | 25097 | 216244 |
| Other Receipts | 7 | 3691597 | 19901 | 51239 | 14151 | 26650 | 89149 | 198874 | 131515 | 186310 | 148150 | 184043 | 235506 | 2406106 |
| Total Receipts | 8 | 340827760 | 757382 | 3540077 | 5809459 | 5960697 | 16775147 | 53478176 | 21084506 | 29660793 | 19444359 | 19055694 | 23906723 | 141354748 |
| Average Total Receipts | 9 | 10432 | 578 | 311 | 854 | 1709 | 4039 | 12858 | 32996 | 63787 | 140901 | 268390 | 612993 | 4038707 |
| **Operating Costs/Operating Income (%)** | | | | | | | | | | | | | | |
| Cost of Operations | 10 | 85.4 | 84.5 | 77.6 | 72.0 | 81.0 | 83.1 | 85.6 | 86.7 | 86.4 | 86.6 | 87.4 | 86.7 | 85.5 |
| Salaries and Wages | 11 | 5.2 | 5.7 | 2.2 | 7.0 | 5.3 | 4.6 | 4.4 | 4.6 | 4.7 | 4.9 | 3.8 | 5.4 | 6.1 |
| Taxes Paid | 12 | 0.8 | 1.1 | 1.1 | 1.3 | 1.1 | 1.4 | 0.8 | 0.9 | 0.7 | 0.8 | 0.6 | 1.3 | 0.7 |
| Interest Paid | 13 | 0.8 | 0.5 | 0.5 | 0.6 | 0.4 | 0.3 | 0.4 | 0.5 | 0.6 | 0.8 | 0.7 | 0.9 | 1.0 |
| Depreciation | 14 | 0.8 | 0.6 | 0.8 | 1.1 | 0.9 | 0.6 | 0.5 | 0.6 | 0.6 | 0.7 | 0.6 | 0.7 | 1.0 |
| Amortization and Depletion | 15 | 0.1 | 0.0 | 0.2 | 0.2 | 0.1 | 0.0 | 0.0 | 0.1 | 0.1 | 0.1 | 0.1 | 0.1 | 0.2 |
| Pensions and Other Deferred Comp. | 16 | 0.2 | 0.2 | 0.4 | 0.1 | 0.4 | 0.2 | 0.1 | 0.2 | 0.2 | 0.1 | 0.1 | 0.2 | 0.3 |
| Employee Benefits | 17 | 0.5 | 0.7 | 0.3 | 0.4 | 0.2 | 0.3 | 0.4 | 0.4 | 0.4 | 0.4 | 0.3 | 0.5 | 0.7 |
| Advertising | 18 | 0.4 | 0.1 | 0.1 | 0.2 | 0.2 | 0.2 | 0.2 | 0.3 | 0.5 | 0.3 | 1.1 | 0.3 | 0.5 |
| Other Expenses | 19 | 5.7 | 7.4 | 11.3 | 12.4 | 7.3 | 6.8 | 5.3 | 4.4 | 4.5 | 4.6 | 4.9 | 4.9 | 6.0 |
| Officers' Compensation | 20 | 0.9 | 3.2 | 7.0 | 4.2 | 3.5 | 2.1 | 1.9 | 1.1 | 0.9 | 0.5 | 0.5 | 0.3 | 0.1 |
| Operating Margin | 21 | • | • | • | 0.5 | • | 0.4 | 0.3 | 0.3 | 0.4 | 0.1 | • | • | • |
| Operating Margin Before Officers' Comp. | 22 | 0.1 | • | 5.5 | 4.7 | 3.0 | 2.5 | 2.2 | 1.4 | 1.3 | 0.6 | 0.4 | • | • |

| Selected Average Balance Sheet ($ in Thousands) | | | | | | | | | | | | | |
|---|---|---|---|---|---|---|---|---|---|---|---|---|---|
| Net Receivables 23 | 641 | 0 | 1 | 33 | 101 | 216 | 838 | 2710 | 5408 | 10390 | 21213 | 36682 | 210542 |
| Inventories 24 | 528 | 0 | 6 | 17 | 57 | 153 | 506 | 1579 | 3574 | 8907 | 16654 | 41153 | 212560 |
| Net Property, Plant and Equipment 25 | 514 | 0 | 6 | 37 | 95 | 102 | 316 | 1206 | 2799 | 7056 | 10477 | 34183 | 265261 |
| Total Assets 26 | 2392 | 0 | 33 | 142 | 364 | 708 | 2160 | 6840 | 15326 | 34562 | 67238 | 159967 | 1037862 |
| Notes and Loans Payable 27 | 811 | 0 | 32 | 86 | 163 | 165 | 618 | 2146 | 4961 | 11256 | 23385 | 63358 | 352645 |
| All Other Liabilities 28 | 875 | 0 | 15 | 76 | 109 | 254 | 875 | 2461 | 5441 | 11878 | 26023 | 56438 | 372182 |
| Net Worth 29 | 707 | 0 | -14 | -20 | 92 | 290 | 667 | 2234 | 4924 | 11427 | 17830 | 40171 | 313035 |

| Selected Financial Ratios (Times to 1) | | | | | | | | | | | | | |
|---|---|---|---|---|---|---|---|---|---|---|---|---|---|
| Current Ratio 30 | 1.3 | • | 0.7 | 1.0 | 1.9 | 1.8 | 1.4 | 1.5 | 1.4 | 1.4 | 1.3 | 1.2 | 1.3 |
| Quick Ratio 31 | 0.8 | • | 0.4 | 0.7 | 1.3 | 1.2 | 0.9 | 1.0 | 0.8 | 0.8 | 0.7 | 0.6 | 0.7 |
| Net Sales to Working Capital 32 | 27.7 | • | • | • | 14.7 | 17.0 | 27.7 | 18.8 | 19.5 | 19.3 | 22.1 | 39.8 | 36.1 |
| Coverage Ratio 33 | 2.3 | 0.5 | 1.0 | 2.9 | 1.6 | 4.6 | 3.3 | 3.1 | 2.8 | 2.5 | 2.4 | 1.1 | 2.0 |
| Total Asset Turnover 34 | 4.3 | • | 9.2 | 6.0 | 4.7 | 5.7 | 5.9 | 4.8 | 4.1 | 4.0 | 3.9 | 3.8 | 3.8 |
| Inventory Turnover 35 | 16.6 | • | 41.4 | 35.7 | 24.0 | 21.8 | 21.6 | 18.0 | 15.3 | 13.6 | 13.9 | 12.7 | 15.8 |
| Receivables Turnover 36 | 16.0 | • | 262.1 | 27.3 | 18.2 | 18.3 | 14.8 | 13.0 | 12.5 | 13.6 | 14.0 | 16.9 | 17.8 |
| Total Liabilities to Net Worth 37 | 2.4 | • | • | • | 3.0 | 1.4 | 2.2 | 2.1 | 2.1 | 2.0 | 2.8 | 3.0 | 2.3 |
| Current Assets to Working Capital 38 | 3.9 | • | • | • | 2.1 | 2.2 | 3.5 | 2.9 | 3.4 | 3.2 | 3.9 | 6.0 | 4.8 |
| Current Liabilities to Working Capital 39 | 2.9 | • | • | • | 1.1 | 1.2 | 2.5 | 1.9 | 2.4 | 2.2 | 2.9 | 5.0 | 3.8 |
| Working Capital to Net Sales 40 | 0.0 | • | • | • | 0.1 | 0.1 | 0.0 | 0.1 | 0.1 | 0.1 | 0.0 | 0.0 | 0.0 |
| Inventory to Working Capital 41 | 1.4 | • | • | • | 0.5 | 0.6 | 1.1 | 0.9 | 1.1 | 1.2 | 1.5 | 2.6 | 1.9 |
| Total Receipts to Cash Flow 42 | 18.9 | 18.8 | 10.8 | 9.7 | 17.7 | 16.0 | 20.9 | 22.8 | 21.8 | 21.6 | 20.2 | 27.8 | 17.4 |
| Cost of Goods to Cash Flow 43 | 16.2 | 15.9 | 8.4 | 7.0 | 14.3 | 13.3 | 17.9 | 19.7 | 18.8 | 18.7 | 17.7 | 24.1 | 14.9 |
| Cash Flow to Total Debt 44 | 0.3 | • | 0.6 | 0.5 | 0.4 | 0.6 | 0.4 | 0.3 | 0.3 | 0.3 | 0.3 | 0.2 | 0.3 |

| Selected Financial Factors (in Percentages) | | | | | | | | | | | | | |
|---|---|---|---|---|---|---|---|---|---|---|---|---|---|
| Debt Ratio 45 | 70.5 | • | 142.4 | 114.2 | 74.8 | 59.0 | 69.1 | 67.3 | 67.9 | 66.9 | 73.5 | 74.9 | 69.8 |
| Return on Total Assets 46 | 7.4 | • | 4.4 | 10.8 | 3.1 | 7.8 | 7.6 | 7.6 | 7.6 | 7.8 | 6.9 | 3.7 | 7.9 |
| Return on Equity Before Income Taxes 47 | 13.8 | • | 0.5 | • | 4.7 | 14.8 | 17.0 | 15.8 | 15.3 | 14.2 | 15.0 | 1.5 | 13.2 |
| Return on Equity After Income Taxes 48 | 9.8 | • | 7.8 | • | 2.6 | 14.2 | 14.3 | 13.2 | 13.1 | 11.6 | 10.5 | • | 7.8 |
| Profit Margin (Before Income Tax) 49 | 1.0 | • | • | 1.2 | 0.3 | 1.1 | 0.9 | 1.1 | 1.2 | 1.2 | 1.0 | 0.1 | 1.1 |
| Profit Margin (After Income Tax) 50 | 0.7 | • | • | 1.1 | 0.1 | 1.0 | 0.7 | 0.9 | 1.0 | 1.0 | 0.7 | • | 0.6 |

## Table II

Corporations with Net Income

# GROCERY AND RELATED PRODUCT WHOLESALERS

MONEY AMOUNTS AND SIZE OF ASSETS IN THOUSANDS OF DOLLARS

| Item Description for Accounting Period 7/00 Through 6/01 | | Total | Zero Assets | Under 100 | 100 to 250 | 251 to 500 | 501 to 1,000 | 1,001 to 5,000 | 5,001 to 10,000 | 10,001 to 25,000 | 25,001 to 50,000 | 50,001 to 100,000 | 100,001 to 250,000 | 250,001 and over |
|---|---|---|---|---|---|---|---|---|---|---|---|---|---|---|
| Number of Enterprises | 1 | 19485 | 594 | 5246 | 4183 | 2081 | 2959 | 3284 | 540 | 383 | 115 | 54 | 23 | 24 |
| **Revenues ($ in Thousands)** | | | | | | | | | | | | | | |
| Net Sales | 2 | 257056668 | 424994 | 2109500 | 3633835 | 3899760 | 13466530 | 41720303 | 19512713 | 25142531 | 17304354 | 14821801 | 14697762 | 100322586 |
| Interest | 3 | 555397 | 1710 | 931 | 2214 | 4245 | 10636 | 30041 | 12523 | 23919 | 17626 | 12780 | 24209 | 414564 |
| Rents | 4 | 303356 | 396 | 0 | 0 | 642 | 1341 | 18354 | 10659 | 7598 | 8048 | 3841 | 14428 | 238049 |
| Royalties | 5 | 644127 | 0 | 0 | 0 | 0 | 0 | 0 | 212 | 1222 | 1180 | 0 | 0 | 641512 |
| Other Portfolio Income | 6 | 288964 | 4018 | 150 | 17308 | 15051 | 1534 | 36572 | 6353 | 13884 | 16718 | 5983 | 16069 | 155326 |
| Other Receipts | 7 | 2848160 | 17609 | 36909 | 13381 | 3346 | 79373 | 181751 | 98520 | 129537 | 116715 | 130971 | 163670 | 1876376 |
| Total Receipts | 8 | 261696672 | 448727 | 2147490 | 3666738 | 3923044 | 13559414 | 41987021 | 19640980 | 25318691 | 17464641 | 14975376 | 14916138 | 103648413 |
| Average Total Receipts | 9 | 13431 | 755 | 409 | 877 | 1885 | 4582 | 12785 | 36372 | 66106 | 151866 | 277322 | 648528 | 4318684 |
| **Operating Costs/Operating Income (%)** | | | | | | | | | | | | | | |
| Cost of Operations | 10 | 85.4 | 78.5 | 72.9 | 70.7 | 78.1 | 84.1 | 85.1 | 87.2 | 86.4 | 86.6 | 86.9 | 87.1 | 85.6 |
| Salaries and Wages | 11 | 5.0 | 6.8 | 1.5 | 5.3 | 5.2 | 3.9 | 4.3 | 4.3 | 4.6 | 4.7 | 3.8 | 5.1 | 6.0 |
| Taxes Paid | 12 | 0.8 | 1.4 | 1.1 | 1.2 | 1.1 | 1.4 | 0.8 | 0.9 | 0.7 | 0.7 | 0.6 | 0.7 | 0.8 |
| Interest Paid | 13 | 0.6 | 0.4 | 0.4 | 0.4 | 0.3 | 0.2 | 0.4 | 0.4 | 0.6 | 0.7 | 0.7 | 0.7 | 0.8 |
| Depreciation | 14 | 0.8 | 0.6 | 0.8 | 1.0 | 0.9 | 0.5 | 0.6 | 0.5 | 0.6 | 0.6 | 0.6 | 0.7 | 1.0 |
| Amortization and Depletion | 15 | 0.1 | 0.0 | 0.0 | 0.1 | 0.0 | 0.0 | 0.0 | 0.0 | 0.0 | 0.1 | 0.1 | 0.1 | 0.2 |
| Pensions and Other Deferred Comp. | 16 | 0.2 | 0.3 | 0.6 | 0.0 | 0.6 | 0.2 | 0.2 | 0.2 | 0.2 | 0.2 | 0.1 | 0.2 | 0.3 |
| Employee Benefits | 17 | 0.5 | 0.9 | 0.4 | 0.3 | 0.3 | 0.3 | 0.4 | 0.4 | 0.4 | 0.4 | 0.3 | 0.6 | 0.8 |
| Advertising | 18 | 0.4 | 0.0 | 0.1 | 0.2 | 0.2 | 0.1 | 0.2 | 0.3 | 0.4 | 0.3 | 1.0 | 0.3 | 0.6 |
| Other Expenses | 19 | 5.1 | 5.8 | 10.1 | 12.4 | 6.0 | 5.7 | 5.2 | 3.8 | 4.0 | 4.4 | 4.6 | 4.3 | 5.4 |
| Officers' Compensation | 20 | 0.9 | 3.7 | 7.6 | 3.7 | 4.3 | 1.9 | 2.0 | 1.1 | 0.9 | 0.5 | 0.5 | 0.4 | 0.1 |
| Operating Margin | 21 | 0.1 | 1.5 | 4.6 | 4.7 | 3.0 | 1.6 | 0.9 | 1.1 | 1.2 | 0.7 | 0.8 | • | • |
| Operating Margin Before Officers' Comp. | 22 | 1.0 | 5.2 | 12.2 | 8.4 | 7.3 | 3.5 | 2.9 | 2.2 | 2.1 | 1.2 | 1.3 | 0.3 | • |

## Selected Average Balance Sheet ($ in Thousands)

| | | | | | | | | | | | | | |
|---|---|---|---|---|---|---|---|---|---|---|---|---|---|
| Net Receivables 23 | 791 | 0 | 2 | 40 | 73 | 218 | 852 | 2836 | 5656 | 10864 | 21551 | 36037 | 195952 |
| Inventories 24 | 674 | 0 | 9 | 12 | 67 | 151 | 519 | 1617 | 3630 | 9169 | 18655 | 53936 | 216087 |
| Net Property, Plant and Equipment 25 | 635 | 0 | 7 | 38 | 98 | 97 | 315 | 1141 | 2568 | 6469 | 10437 | 35638 | 288870 |
| Total Assets 26 | 2911 | 0 | 47 | 147 | 374 | 724 | 2184 | 6761 | 15337 | 34176 | 67616 | 166309 | 1035231 |
| Notes and Loans Payable 27 | 891 | 0 | 19 | 66 | 88 | 140 | 594 | 1886 | 4613 | 10566 | 22157 | 55954 | 331338 |
| All Other Liabilities 28 | 971 | 0 | 17 | 43 | 87 | 223 | 857 | 2393 | 5382 | 11824 | 23525 | 58712 | 319036 |
| Net Worth 29 | 1050 | 0 | 11 | 38 | 199 | 361 | 734 | 2483 | 5341 | 11786 | 21934 | 51644 | 384856 |

## Selected Financial Ratios (Times to 1)

| | | | | | | | | | | | | | |
|---|---|---|---|---|---|---|---|---|---|---|---|---|---|
| Current Ratio 30 | 1.4 | • | 1.2 | 1.7 | 3.4 | 2.2 | 1.5 | 1.6 | 1.5 | 1.5 | 1.3 | 1.4 | 1.3 |
| Quick Ratio 31 | 0.8 | • | 0.6 | 1.4 | 2.2 | 1.4 | 0.9 | 1.0 | 0.9 | 0.8 | 0.7 | 0.7 | 0.7 |
| Net Sales to Working Capital 32 | 24.5 | • | 95.3 | 30.0 | 11.0 | 15.3 | 23.0 | 18.8 | 18.0 | 18.5 | 22.3 | 20.5 | 39.2 |
| Coverage Ratio 33 | 4.0 | 19.7 | 17.0 | 15.8 | 14.2 | 11.4 | 5.1 | 5.3 | 4.2 | 3.3 | 3.6 | 3.0 | 3.1 |
| Total Asset Turnover 34 | 4.5 | • | 8.6 | 5.9 | 5.0 | 6.3 | 5.8 | 5.3 | 4.3 | 4.4 | 4.1 | 3.8 | 4.0 |
| Inventory Turnover 35 | 16.7 | • | 31.7 | 51.3 | 21.7 | 25.3 | 20.8 | 19.5 | 15.6 | 14.2 | 12.8 | 10.3 | 16.6 |
| Receivables Turnover 36 | 16.5 | • | 292.3 | 24.9 | 19.4 | 19.9 | 14.3 | 13.7 | 12.8 | 14.0 | 13.1 | 15.6 | 20.5 |
| Total Liabilities to Net Worth 37 | 1.8 | • | 3.3 | 2.9 | 0.9 | 1.0 | 2.0 | 1.7 | 1.9 | 1.9 | 2.1 | 2.2 | 1.7 |
| Current Assets to Working Capital 38 | 3.3 | • | 5.1 | 2.4 | 1.4 | 1.8 | 3.0 | 2.7 | 3.1 | 3.0 | 3.9 | 3.2 | 4.7 |
| Current Liabilities to Working Capital 39 | 2.3 | • | 4.1 | 1.4 | 0.4 | 0.8 | 2.0 | 1.7 | 2.1 | 2.0 | 2.9 | 2.2 | 3.7 |
| Working Capital to Net Sales 40 | 0.0 | • | 0.0 | 0.0 | 0.1 | 0.1 | 0.0 | 0.1 | 0.1 | 0.1 | 0.0 | 0.0 | 0.0 |
| Inventory to Working Capital 41 | 1.2 | • | 2.1 | 0.4 | 0.3 | 0.5 | 1.0 | 0.9 | 1.0 | 1.1 | 1.5 | 1.6 | 1.9 |
| Total Receipts to Cash Flow 42 | 17.4 | 8.9 | 6.9 | 6.7 | 12.5 | 14.8 | 18.7 | 22.2 | 20.4 | 20.1 | 18.0 | 22.1 | 16.7 |
| Cost of Goods to Cash Flow 43 | 14.8 | 7.0 | 5.1 | 4.7 | 9.8 | 12.5 | 16.0 | 19.3 | 17.6 | 17.4 | 15.7 | 19.3 | 14.3 |
| Cash Flow to Total Debt 44 | 0.4 | • | 1.6 | 1.2 | 0.9 | 0.8 | 0.5 | 0.4 | 0.3 | 0.3 | 0.3 | 0.3 | 0.4 |

## Selected Financial Factors (in Percentages)

| | | | | | | | | | | | | | |
|---|---|---|---|---|---|---|---|---|---|---|---|---|---|
| Debt Ratio 45 | 63.9 | • | 76.9 | 74.2 | 46.9 | 50.2 | 66.4 | 63.3 | 65.2 | 65.5 | 67.6 | 68.9 | 62.8 |
| Return on Total Assets 46 | 11.4 | • | 58.6 | 35.5 | 19.4 | 15.7 | 11.0 | 11.3 | 10.5 | 10.2 | 10.1 | 8.3 | 10.7 |
| Return on Equity Before Income Taxes 47 | 23.6 | • | 238.6 | 129.0 | 34.0 | 28.8 | 26.3 | 25.0 | 22.9 | 20.6 | 22.5 | 17.8 | 19.6 |
| Return on Equity After Income Taxes 48 | 19.1 | • | 218.0 | 127.9 | 32.3 | 28.2 | 23.2 | 22.2 | 20.4 | 17.6 | 17.6 | 15.1 | 13.2 |
| Profit Margin (Before Income Tax) 49 | 1.9 | 7.1 | 6.4 | 5.6 | 3.6 | 2.3 | 1.5 | 1.7 | 1.9 | 1.6 | 1.8 | 1.4 | 1.8 |
| Profit Margin (After Income Tax) 50 | 1.5 | 5.7 | 5.8 | 5.6 | 3.4 | 2.2 | 1.3 | 1.5 | 1.7 | 1.4 | 1.4 | 1.2 | 1.2 |

**Table I**

Corporations with and without Net Income

# FARM PRODUCT RAW MATERIAL WHOLESALERS

MONEY AMOUNTS AND SIZE OF ASSETS IN THOUSANDS OF DOLLARS

| Item Description for Accounting Period 7/00 Through 6/01 | | Total | Zero Assets | Under 100 | 100 to 250 | 251 to 500 | 501 to 1,000 | 1,001 to 5,000 | 5,001 to 10,000 | 10,001 to 25,000 | 25,001 to 50,000 | 50,001 to 100,000 | 100,001 to 250,000 | 250,001 and over |
|---|---|---|---|---|---|---|---|---|---|---|---|---|---|---|
| Number of Enterprises | 1 | 4822 | 21 | 1042 | 450 | 744 | 876 | 1383 | 167 | 74 | 21 | 19 | 15 | 10 |
| **Revenues ($ in Thousands)** | | | | | | | | | | | | | | |
| Net Sales | 2 | 92537318 | 158298 | 216193 | 639860 | 592045 | 3767142 | 11406431 | 4161918 | 3704436 | 1505459 | 3057346 | 10217690 | 53110499 |
| Interest | 3 | 1086929 | 348 | 438 | 7 | 3517 | 4506 | 18621 | 5004 | 8887 | 6948 | 10599 | 34225 | 993829 |
| Rents | 4 | 107230 | 0 | 207 | 0 | 0 | 2780 | 5687 | 1349 | 2417 | 187 | 3198 | 1808 | 89596 |
| Royalties | 5 | 14706 | 0 | 0 | 0 | 56 | 0 | 2064 | 0 | 194 | 1792 | 78 | 5987 | 4536 |
| Other Portfolio Income | 6 | 1350570 | 0 | 38616 | 261 | 45203 | 15098 | 7206 | 3154 | 3026 | 6032 | 41179 | 45285 | 1145510 |
| Other Receipts | 7 | 1147861 | 741 | 953 | 34115 | 92054 | 163530 | 167210 | 13962 | 48017 | 17348 | 24760 | 36326 | 548846 |
| Total Receipts | 8 | 96244614 | 159387 | 256407 | 674243 | 732875 | 3953056 | 11607219 | 4185387 | 3766977 | 1537766 | 3137160 | 10341321 | 55892816 |
| Average Total Receipts | 9 | 19959 | 7590 | 246 | 1498 | 985 | 4513 | 8393 | 25062 | 50905 | 73227 | 165114 | 689421 | 5589282 |
| **Operating Costs/Operating Income (%)** | | | | | | | | | | | | | | |
| Cost of Operations | 10 | 92.4 | 92.8 | 93.8 | 77.8 | 88.7 | 88.5 | 88.7 | 87.4 | 91.1 | 88.4 | 90.3 | 96.3 | 93.7 |
| Salaries and Wages | 11 | 2.5 | 3.7 | 2.0 | 2.3 | 2.6 | 4.2 | 3.9 | 4.0 | 2.7 | 3.6 | 1.6 | 1.5 | 2.1 |
| Taxes Paid | 12 | 0.4 | 0.6 | 1.5 | 0.8 | 1.0 | 1.0 | 0.7 | 0.6 | 0.5 | 0.6 | 0.5 | 0.2 | 0.2 |
| Interest Paid | 13 | 2.0 | 1.2 | 3.0 | 0.7 | 1.3 | 0.6 | 0.7 | 0.7 | 0.8 | 1.5 | 1.5 | 0.8 | 2.9 |
| Depreciation | 14 | 1.3 | 1.0 | 1.0 | 1.3 | 1.1 | 1.6 | 1.1 | 0.7 | 0.8 | 1.1 | 1.0 | 0.5 | 1.6 |
| Amortization and Depletion | 15 | 0.1 | 0.0 | • | 0.0 | • | 0.0 | 0.0 | 0.0 | 0.0 | 0.0 | 0.0 | 0.1 | 0.1 |
| Pensions and Other Deferred Comp. | 16 | 0.2 | 0.0 | • | 1.1 | • | 0.1 | 0.1 | 0.2 | 0.1 | 0.1 | 0.2 | 0.1 | 0.2 |
| Employee Benefits | 17 | 0.2 | 0.3 | 0.1 | 0.2 | 0.0 | 0.3 | 0.2 | 0.2 | 0.2 | 0.3 | 0.2 | 0.2 | 0.1 |
| Advertising | 18 | 0.1 | 0.0 | 0.1 | 0.4 | 0.3 | 0.4 | 0.1 | 0.1 | 0.2 | 0.2 | 0.1 | 0.1 | 0.1 |
| Other Expenses | 19 | 3.5 | 3.4 | 21.4 | 10.9 | 17.4 | 6.8 | 4.6 | 3.9 | 3.7 | 4.3 | 5.1 | 1.6 | 2.9 |
| Officers' Compensation | 20 | 0.6 | 0.6 | 7.9 | 4.8 | 2.1 | 2.4 | 1.1 | 1.3 | 0.7 | 0.7 | 0.5 | 0.2 | 0.2 |
| Operating Margin | 21 | • | • | • | • | • | • | • | 0.8 | • | • | • | • | • |
| Operating Margin Before Officers' Comp. | 22 | • | • | • | 4.6 | • | • | • | 2.1 | • | • | • | • | • |

| | | | | | | | | | | | | | |
|---|---|---|---|---|---|---|---|---|---|---|---|---|---|
| **Selected Average Balance Sheet ($ in Thousands)** | | | | | | | | | | | | | |
| Net Receivables **23** | 3337 | 0 | 3 | 26 | 190 | 118 | 664 | 2645 | 4412 | 9013 | 12808 | 40113 | 1310744 |
| Inventories **24** | 1494 | 0 | 5 | 52 | 26 | 90 | 360 | 1327 | 3761 | 11598 | 18922 | 49706 | 473218 |
| Net Property, Plant and Equipment **25** | 1446 | 0 | 3 | 51 | 47 | 265 | 529 | 1437 | 3110 | 6530 | 16453 | 23134 | 468180 |
| Total Assets **26** | 10838 | 0 | 31 | 181 | 359 | 696 | 2109 | 6615 | 15733 | 35396 | 66710 | 154865 | 4175134 |
| Notes and Loans Payable **27** | 2892 | 0 | 33 | 82 | 45 | 304 | 734 | 1900 | 5400 | 14211 | 28994 | 56939 | 1014023 |
| All Other Liabilities **28** | 4446 | 0 | 7 | 56 | 37 | 258 | 928 | 2717 | 4741 | 10633 | 19013 | 48658 | 1775080 |
| Net Worth **29** | 3500 | 0 | -9 | 43 | 277 | 134 | 448 | 1998 | 5592 | 10552 | 18703 | 49267 | 1386031 |
| **Selected Financial Ratios (Times to 1)** | | | | | | | | | | | | | |
| Current Ratio **30** | 1.2 | • | 2.6 | 0.8 | 3.6 | 1.1 | 1.1 | 1.4 | 1.4 | 1.3 | 1.2 | 1.5 | 1.2 |
| Quick Ratio **31** | 0.8 | • | 2.2 | 0.4 | 3.5 | 0.8 | 0.8 | 0.9 | 0.8 | 0.7 | 0.4 | 0.6 | 0.8 |
| Net Sales to Working Capital **32** | 18.6 | • | 20.3 | • | 4.7 | 126.1 | 50.9 | 18.9 | 16.3 | 13.2 | 24.5 | 18.8 | 15.8 |
| Coverage Ratio **33** | 1.6 | • | • | 8.5 | 7.9 | • | 1.6 | 3.0 | 2.1 | 1.8 | 2.1 | 0.6 | 1.6 |
| Total Asset Turnover **34** | 1.8 | • | 6.7 | 7.9 | 2.2 | 6.2 | 3.9 | 3.8 | 3.2 | 2.0 | 2.4 | 4.4 | 1.3 |
| Inventory Turnover **35** | 11.9 | • | 42.1 | 21.2 | 26.8 | 42.2 | 20.3 | 16.4 | 12.1 | 5.5 | 7.7 | 13.2 | 10.5 |
| Receivables Turnover **36** | 6.6 | • | 38.0 | 15.3 | 5.4 | 22.8 | 12.6 | 9.8 | 10.7 | 7.5 | 17.2 | 15.2 | 4.8 |
| Total Liabilities to Net Worth **37** | 2.1 | • | • | 3.2 | 0.3 | 4.2 | 3.7 | 2.3 | 1.8 | 2.4 | 2.6 | 2.1 | 2.0 |
| Current Assets to Working Capital **38** | 5.9 | • | 1.6 | • | 1.4 | 10.3 | 8.7 | 3.7 | 3.6 | 4.3 | 6.7 | 3.2 | 6.6 |
| Current Liabilities to Working Capital **39** | 4.9 | • | 0.6 | • | 0.4 | 9.3 | 7.7 | 2.7 | 2.6 | 3.3 | 5.7 | 2.2 | 5.6 |
| Working Capital to Net Sales **40** | 0.1 | • | 0.0 | • | 0.2 | 0.0 | 0.0 | 0.1 | 0.1 | 0.1 | 0.0 | 0.1 | 0.1 |
| Inventory to Working Capital **41** | 1.4 | • | 0.2 | • | 0.0 | 2.3 | 2.1 | 1.0 | 1.2 | 1.7 | 3.8 | 1.3 | 1.4 |
| Total Receipts to Cash Flow **42** | 30.6 | • | • | 7.0 | 6.8 | 23.0 | 26.2 | 24.2 | 26.5 | 22.5 | 17.4 | 221.9 | 31.8 |
| Cost of Goods to Cash Flow **43** | 28.3 | • | • | 5.5 | 6.1 | 20.4 | 23.3 | 21.1 | 24.1 | 19.9 | 15.7 | 213.7 | 29.8 |
| Cash Flow to Total Debt **44** | 0.1 | • | • | 1.5 | 1.4 | 0.3 | 0.2 | 0.2 | 0.2 | 0.1 | 0.2 | 0.0 | 0.1 |
| **Selected Financial Factors (in Percentages)** | | | | | | | | | | | | | |
| Debt Ratio **45** | 67.7 | • | 127.4 | 76.4 | 22.9 | 80.8 | 78.8 | 69.8 | 64.5 | 70.2 | 72.0 | 68.2 | 66.8 |
| Return on Total Assets **46** | 5.8 | • | • | 45.7 | 23.4 | • | 4.5 | 7.5 | 5.5 | 5.5 | 7.9 | 2.1 | 6.0 |
| Return on Equity Before Income Taxes **47** | 7.0 | • | 299.9 | 170.6 | 26.5 | • | 8.1 | 16.6 | 8.2 | 8.0 | 14.9 | • | 7.1 |
| Return on Equity After Income Taxes **48** | 5.5 | • | 299.9 | 159.9 | 23.0 | • | 6.2 | 12.6 | 6.0 | 5.6 | 12.4 | • | 5.8 |
| Profit Margin (Before Income Tax) **49** | 1.3 | • | • | 5.1 | 9.2 | • | 0.4 | 1.3 | 0.9 | 1.2 | 1.7 | • | 1.8 |
| Profit Margin (After Income Tax) **50** | 1.0 | • | • | 4.8 | 8.0 | • | 0.3 | 1.0 | 0.7 | 0.8 | 1.4 | • | 1.5 |

**Table II**

Corporations with Net Income

# FARM PRODUCT RAW MATERIAL WHOLESALERS

MONEY AMOUNTS AND SIZE OF ASSETS IN THOUSANDS OF DOLLARS

| Item Description for Accounting Period 7/00 Through 6/01 | Total | Zero Assets | Under 100 | 100 to 250 | 251 to 500 | 501 to 1,000 | 1,001 to 5,000 | 5,001 to 10,000 | 10,001 to 25,000 | 25,001 to 50,000 | 50,001 to 100,000 | 100,001 to 250,000 | 250,001 and over |
|---|---|---|---|---|---|---|---|---|---|---|---|---|---|
| Number of Enterprises 1 | 3139 | 18 | 396 | 353 | 648 | 544 | 949 | 134 | 52 | 18 | 13 | 9 | 5 |
| **Revenues ($ in Thousands)** | | | | | | | | | | | | | |
| Net Sales 2 | 74385849 | 59454 | 178125 | 396957 | 574274 | 2202516 | 8248647 | 3350856 | 2660364 | 1326199 | 2531097 | 6741566 | 46115794 |
| Interest 3 | 944121 | 40 | 124 | 7 | 3517 | 3368 | 13109 | 4081 | 5664 | 6619 | 9219 | 23677 | 874695 |
| Rents 4 | 98108 | 0 | 207 | 0 | 0 | 2546 | 1536 | 282 | 2252 | 129 | 972 | 1037 | 89147 |
| Royalties 5 | 8389 | 0 | 0 | 0 | 0 | 0 | 2064 | 0 | 194 | 1792 | 42 | 0 | 4299 |
| Other Portfolio Income 6 | 1299131 | 0 | 37657 | 261 | 45203 | 12381 | 6590 | 1806 | 1273 | 5662 | 40771 | 43977 | 1103550 |
| Other Receipts 7 | 867047 | 718 | 177 | 34115 | 87109 | 104108 | 117387 | 9003 | 39347 | 13752 | 20802 | 15007 | 425519 |
| Total Receipts 8 | 77602645 | 60212 | 216290 | 431340 | 710103 | 2324919 | 8389333 | 3366028 | 2709094 | 1354153 | 2602903 | 6825264 | 48613004 |
| Average Total Receipts 9 | 24722 | 3345 | 546 | 1222 | 1096 | 4274 | 8840 | 25120 | 52098 | 75231 | 200223 | 758363 | 9722601 |
| **Operating Costs/Operating Income (%)** | | | | | | | | | | | | | |
| Cost of Operations 10 | 92.7 | 88.1 | 90.6 | 70.4 | 88.5 | 88.5 | 88.8 | 86.4 | 89.7 | 88.1 | 91.5 | 96.7 | 94.1 |
| Salaries and Wages 11 | 2.2 | 4.8 | 1.5 | 1.3 | 1.9 | 3.1 | 3.7 | 4.3 | 2.9 | 3.6 | 1.1 | 1.0 | 2.0 |
| Taxes Paid 12 | 0.3 | 0.9 | 1.3 | 0.8 | 0.9 | 1.0 | 0.6 | 0.6 | 0.6 | 0.6 | 0.4 | 0.2 | 0.2 |
| Interest Paid 13 | 2.1 | 0.9 | 3.6 | 1.0 | 1.1 | 0.6 | 0.6 | 0.6 | 0.7 | 1.4 | 1.2 | 0.9 | 2.8 |
| Depreciation 14 | 1.3 | 1.0 | 1.0 | 1.6 | 1.1 | 1.7 | 0.9 | 0.6 | 0.9 | 1.0 | 0.7 | 0.2 | 1.6 |
| Amortization and Depletion 15 | 0.1 | 0.0 | • | 0.0 | • | • | 0.0 | 0.0 | 0.0 | 0.0 | 0.0 | 0.0 | 0.1 |
| Pensions and Other Deferred Comp. 16 | 0.2 | 0.1 | • | 0.9 | • | 0.2 | 0.2 | 0.2 | 0.1 | 0.1 | 0.2 | 0.1 | 0.3 |
| Employee Benefits 17 | 0.1 | 0.6 | • | 0.2 | 0.0 | 0.1 | 0.2 | 0.2 | 0.2 | 0.2 | 0.2 | 0.1 | 0.1 |
| Advertising 18 | 0.1 | 0.0 | 0.1 | 0.6 | 0.3 | 0.3 | 0.2 | 0.1 | 0.2 | 0.2 | 0.1 | 0.0 | 0.1 |
| Other Expenses 19 | 3.2 | 2.7 | 6.1 | 14.9 | 17.6 | 5.7 | 3.9 | 4.1 | 3.7 | 4.3 | 4.7 | 1.5 | 2.6 |
| Officers' Compensation 20 | 0.5 | 0.8 | 6.7 | 6.2 | 2.2 | 3.0 | 1.2 | 1.1 | 0.7 | 0.6 | 0.4 | 0.3 | 0.2 |
| Operating Margin 21 | • | 0.2 | • | 1.9 | • | • | • | 1.8 | 0.3 | • | • | • | • |
| Operating Margin Before Officers' Comp. 22 | • | 0.9 | • | 8.1 | • | • | 1.0 | 2.8 | 1.0 | 0.4 | • | • | • |

| Selected Average Balance Sheet ($ in Thousands) | | | | | | | | | | | | | | |
|---|---|---|---|---|---|---|---|---|---|---|---|---|---|---|
| Net Receivables | 23 | 3673 | 0 | 8 | 1 | 210 | 100 | 716 | 2838 | 4583 | 9979 | 13786 | 50883 | 1843922 |
| Inventories | 24 | 1786 | 0 | 10 | 56 | 22 | 96 | 364 | 1389 | 4141 | 11827 | 27229 | 59246 | 757235 |
| Net Property, Plant and Equipment | 25 | 1656 | 0 | 0 | 55 | 54 | 270 | 416 | 1248 | 3408 | 5785 | 11343 | 14884 | 774724 |
| Total Assets | 26 | 13292 | 0 | 66 | 165 | 370 | 662 | 2174 | 6463 | 16065 | 35141 | 66143 | 163784 | 6861902 |
| Notes and Loans Payable | 27 | 3691 | 0 | 49 | 67 | 21 | 267 | 698 | 1898 | 4893 | 13550 | 26180 | 78312 | 1784771 |
| All Other Liabilities | 28 | 4836 | 0 | 3 | 22 | 42 | 58 | 1032 | 2477 | 5293 | 10340 | 21071 | 47889 | 2527179 |
| Net Worth | 29 | 4765 | 0 | 14 | 76 | 308 | 336 | 444 | 2089 | 5879 | 11251 | 18892 | 37584 | 2549952 |

| Selected Financial Ratios (Times to 1) | | | | | | | | | | | | | | |
|---|---|---|---|---|---|---|---|---|---|---|---|---|---|---|
| Current Ratio | 30 | 1.3 | • | 12.4 | 0.5 | 6.1 | 2.6 | 1.1 | 1.5 | 1.4 | 1.3 | 1.3 | 1.5 | 1.2 |
| Quick Ratio | 31 | 0.8 | • | 12.4 | 0.1 | 5.9 | 2.0 | 0.8 | 1.0 | 0.8 | 0.7 | 0.4 | 0.6 | 0.8 |
| Net Sales to Working Capital | 32 | 16.5 | • | 14.1 | • | 4.1 | 23.7 | 55.8 | 16.2 | 16.1 | 12.7 | 19.1 | 16.3 | 14.9 |
| Coverage Ratio | 33 | 2.0 | 2.5 | 3.9 | 11.1 | 9.7 | 2.8 | 3.5 | 4.7 | 4.0 | 2.3 | 3.0 | 1.4 | 1.8 |
| Total Asset Turnover | 34 | 1.8 | • | 6.8 | 6.8 | 2.4 | 6.1 | 4.0 | 3.9 | 3.2 | 2.1 | 2.9 | 4.6 | 1.3 |
| Inventory Turnover | 35 | 12.3 | • | 42.8 | 14.1 | 36.2 | 37.2 | 21.2 | 15.5 | 11.1 | 5.5 | 6.5 | 12.2 | 11.5 |
| Receivables Turnover | 36 | 6.7 | • | 68.8 | 34.0 | 6.7 | 22.2 | 12.9 | 8.7 | 10.3 | 7.2 | 28.2 | 29.4 | 5.2 |
| Total Liabilities to Net Worth | 37 | 1.8 | • | 3.7 | 1.2 | 0.2 | 1.0 | 3.9 | 2.1 | 1.7 | 2.1 | 2.5 | 3.4 | 1.7 |
| Current Assets to Working Capital | 38 | 4.8 | • | 1.1 | • | 1.2 | 1.6 | 9.9 | 3.2 | 3.5 | 4.1 | 4.8 | 3.0 | 5.3 |
| Current Liabilities to Working Capital | 39 | 3.8 | • | 0.1 | • | 0.2 | 0.6 | 8.9 | 2.2 | 2.5 | 3.1 | 3.8 | 2.0 | 4.3 |
| Working Capital to Net Sales | 40 | 0.1 | • | 0.1 | • | 0.2 | 0.0 | 0.0 | 0.1 | 0.1 | 0.1 | 0.1 | 0.1 | 0.1 |
| Inventory to Working Capital | 41 | 1.2 | • | • | • | 0.0 | 0.4 | 2.2 | 0.9 | 1.2 | 1.6 | 2.7 | 1.3 | 1.2 |
| Total Receipts to Cash Flow | 42 | 26.6 | 28.2 | • | 4.2 | 6.5 | 18.0 | 22.2 | 19.8 | 19.7 | 19.4 | 16.7 | 122.4 | 29.9 |
| Cost of Goods to Cash Flow | 43 | 24.7 | 24.8 | • | 3.0 | 5.8 | 15.9 | 19.7 | 17.1 | 17.7 | 17.1 | 15.3 | 118.3 | 28.1 |
| Cash Flow to Total Debt | 44 | 0.1 | • | • | 3.0 | 2.2 | 0.7 | 0.2 | 0.3 | 0.3 | 0.2 | 0.2 | 0.0 | 0.1 |

| Selected Financial Factors (in Percentages) | | | | | | | | | | | | | | |
|---|---|---|---|---|---|---|---|---|---|---|---|---|---|---|
| Debt Ratio | 45 | 64.2 | • | 78.5 | 54.1 | 17.0 | 49.2 | 79.6 | 67.7 | 63.4 | 68.0 | 71.4 | 77.1 | 62.8 |
| Return on Total Assets | 46 | 7.5 | • | 96.2 | 79.0 | 26.5 | 11.0 | 8.6 | 10.8 | 9.2 | 7.0 | 10.5 | 5.4 | 7.0 |
| Return on Equity Before Income Taxes | 47 | 10.6 | • | 333.5 | 156.6 | 28.6 | 13.9 | 30.2 | 26.4 | 18.8 | 12.4 | 24.4 | 6.4 | 8.4 |
| Return on Equity After Income Taxes | 48 | 9.0 | • | 333.5 | 148.9 | 25.0 | 11.5 | 27.5 | 21.7 | 15.8 | 9.8 | 20.8 | 5.3 | 7.0 |
| Profit Margin (Before Income Tax) | 49 | 2.1 | 1.4 | 10.5 | 10.6 | 9.9 | 1.2 | 1.5 | 2.2 | 2.2 | 1.9 | 2.4 | 0.3 | 2.3 |
| Profit Margin (After Income Tax) | 50 | 1.8 | 1.3 | 10.5 | 10.0 | 8.7 | 1.0 | 1.4 | 1.8 | 1.8 | 1.5 | 2.0 | 0.3 | 1.9 |

## Table I

Corporations with and without Net Income

# CHEMICAL AND ALLIED PRODUCTS WHOLESALERS

| Item Description for Accounting Period 7/00 Through 6/01 | | Total | Zero Assets | Under 100 | 100 to 250 | 251 to 500 | 501 to 1,000 | 1,001 to 5,000 | 5,001 to 10,000 | 10,001 to 25,000 | 25,001 to 50,000 | 50,001 to 100,000 | 100,001 to 250,000 | 250,001 and over |
|---|---|---|---|---|---|---|---|---|---|---|---|---|---|---|
| | | MONEY AMOUNTS AND SIZE OF ASSETS IN THOUSANDS OF DOLLARS | | | | | | | | | | | | |
| Number of Enterprises | 1 | 9552 | 475 | 4515 | 1522 | 654 | 502 | 1352 | 276 | 151 | 50 | 21 | 15 | 18 |
| **Revenues ($ in Thousands)** | | | | | | | | | | | | | | |
| Net Sales | 2 | 52138369 | 222585 | 646077 | 975500 | 807489 | 1151899 | 9552695 | 4996275 | 6002594 | 4079420 | 3323302 | 2889926 | 17490608 |
| Interest | 3 | 198471 | 521 | 10 | 0 | 2575 | 1809 | 13912 | 14547 | 8471 | 9739 | 7179 | 32692 | 107016 |
| Rents | 4 | 58328 | 1 | 0 | 0 | 0 | 0 | 2949 | 122 | 2666 | 1172 | 202 | 235 | 50982 |
| Royalties | 5 | 116912 | 0 | 0 | 0 | 0 | 0 | 0 | 6 | 1 | 16496 | 67 | 2001 | 98341 |
| Other Portfolio Income | 6 | 763200 | 21 | 2732 | 5941 | 1896 | 0 | 2869 | 14211 | 60430 | 23734 | 2479 | 6818 | 642069 |
| Other Receipts | 7 | 560798 | 449 | 3661 | 11448 | 2064 | 1532 | 42378 | 38352 | 51285 | 38978 | 81280 | 44204 | 245166 |
| Total Receipts | 8 | 53836078 | 223577 | 652480 | 992889 | 814024 | 1155240 | 9614803 | 5063513 | 6125447 | 4169539 | 3414509 | 2975876 | 18634182 |
| Average Total Receipts | 9 | 5636 | 471 | 145 | 652 | 1245 | 2301 | 7112 | 18346 | 40566 | 83391 | 162596 | 198392 | 1035232 |
| **Operating Costs/Operating Income (%)** | | | | | | | | | | | | | | |
| Cost of Operations | 10 | 76.3 | 101.3 | 46.2 | 71.9 | 58.6 | 65.7 | 76.7 | 83.6 | 82.5 | 82.4 | 87.5 | 80.9 | 70.0 |
| Salaries and Wages | 11 | 6.3 | 3.6 | 9.2 | 4.3 | 5.1 | 7.0 | 7.8 | 4.3 | 5.7 | 4.5 | 3.6 | 6.1 | 7.2 |
| Taxes Paid | 12 | 1.1 | 0.9 | 2.1 | 1.6 | 1.5 | 3.6 | 1.2 | 0.8 | 0.9 | 0.9 | 0.7 | 0.9 | 1.1 |
| Interest Paid | 13 | 1.7 | 0.7 | 2.3 | 0.2 | 0.5 | 0.3 | 0.7 | 0.8 | 1.0 | 1.3 | 1.1 | 3.2 | 3.0 |
| Depreciation | 14 | 1.6 | 0.6 | 1.3 | 0.7 | 0.8 | 1.0 | 1.0 | 0.8 | 1.0 | 0.9 | 1.4 | 3.1 | 2.6 |
| Amortization and Depletion | 15 | 0.3 | 0.3 | 0.1 | 0.0 | • | 0.0 | 0.1 | 0.3 | 0.1 | 0.1 | 0.1 | 0.5 | 0.6 |
| Pensions and Other Deferred Comp. | 16 | 0.4 | 8.3 | 0.4 | 0.6 | 1.1 | 0.7 | 0.4 | 0.3 | 0.3 | 0.2 | 0.2 | 0.2 | 0.5 |
| Employee Benefits | 17 | 0.8 | 0.7 | 0.8 | 0.3 | 0.5 | 0.4 | 0.4 | 0.4 | 0.4 | 0.4 | 0.6 | 1.0 | 1.3 |
| Advertising | 18 | 0.8 | 0.1 | 0.1 | 0.1 | 0.2 | 0.5 | 0.2 | 0.3 | 0.2 | 0.1 | 0.1 | 0.6 | 1.8 |
| Other Expenses | 19 | 9.8 | 5.9 | 29.3 | 11.2 | 15.1 | 17.1 | 7.9 | 5.1 | 6.0 | 6.8 | 5.6 | 9.2 | 13.6 |
| Officers' Compensation | 20 | 1.8 | 3.8 | 8.0 | 6.3 | 16.7 | 4.5 | 2.4 | 2.1 | 1.5 | 1.7 | 0.7 | 0.8 | 0.5 |
| Operating Margin | 21 | • | • | 0.3 | 2.8 | • | • | 1.0 | 1.4 | 0.5 | 0.8 | • | • | • |
| Operating Margin Before Officers' Comp. | 22 | 1.0 | • | 8.3 | 9.1 | 16.7 | 3.5 | 3.4 | 3.4 | 2.0 | 2.5 | • | • | • |

## Selected Average Balance Sheet ($ in Thousands)

| | | | | | | | | | | | | | |
|---|---|---|---|---|---|---|---|---|---|---|---|---|---|
| Net Receivables 23 | 752 | 0 | 2 | 50 | 124 | 276 | 879 | 2393 | 5805 | 14017 | 21846 | 41350 | 132148 |
| Inventories 24 | 510 | 0 | 2 | 25 | 36 | 157 | 543 | 1805 | 4035 | 8092 | 20774 | 22350 | 94785 |
| Net Property, Plant and Equipment 25 | 718 | 0 | 5 | 36 | 68 | 62 | 354 | 792 | 2315 | 4198 | 12522 | 43409 | 251932 |
| Total Assets 26 | 3400 | 0 | 25 | 167 | 397 | 701 | 2356 | 6960 | 15582 | 34464 | 67397 | 157197 | 1030075 |
| Notes and Loans Payable 27 | 1236 | 0 | 15 | 39 | 188 | 283 | 716 | 2140 | 4901 | 9605 | 25428 | 77903 | 384884 |
| All Other Liabilities 28 | 1092 | 0 | 21 | 51 | 147 | 277 | 964 | 2848 | 6044 | 12762 | 19492 | 54792 | 286146 |
| Net Worth 29 | 1073 | 0 | -11 | 77 | 62 | 141 | 676 | 1972 | 4637 | 12096 | 22477 | 24501 | 359045 |

## Selected Financial Ratios (Times to 1)

| | | | | | | | | | | | | | |
|---|---|---|---|---|---|---|---|---|---|---|---|---|---|
| Current Ratio 30 | 1.3 | • | 0.6 | 1.7 | 1.3 | 2.0 | 1.6 | 1.5 | 1.4 | 1.5 | 1.2 | 1.0 | 1.2 |
| Quick Ratio 31 | 0.8 | • | 0.5 | 1.3 | 1.0 | 1.5 | 1.0 | 0.9 | 0.8 | 0.9 | 0.6 | 0.6 | 0.6 |
| Net Sales to Working Capital 32 | 14.5 | • | • | 14.3 | 25.7 | 8.2 | 11.3 | 10.1 | 11.2 | 9.4 | 21.1 | • | 18.0 |
| Coverage Ratio 33 | 2.5 | • | 1.6 | 20.0 | 2.7 | • | 3.3 | 4.3 | 3.6 | 3.4 | 2.2 | • | 2.7 |
| Total Asset Turnover 34 | 1.6 | • | 5.7 | 3.8 | 3.1 | 3.3 | 3.0 | 2.6 | 2.6 | 2.4 | 2.3 | 1.2 | 0.9 |
| Inventory Turnover 35 | 8.2 | • | 33.7 | 18.5 | 19.9 | 9.6 | 10.0 | 8.4 | 8.1 | 8.3 | 6.7 | 7.0 | 7.2 |
| Receivables Turnover 36 | 7.7 | • | 97.1 | 16.6 | 6.8 | 9.1 | 7.5 | 7.9 | 7.0 | 6.6 | 6.8 | 5.0 | 8.6 |
| Total Liabilities to Net Worth 37 | 2.2 | • | • | 1.2 | 5.4 | 4.0 | 2.5 | 2.5 | 2.4 | 1.8 | 2.0 | 5.4 | 1.9 |
| Current Assets to Working Capital 38 | 4.2 | • | • | 2.4 | 5.0 | 2.0 | 2.8 | 3.0 | 3.3 | 3.0 | 6.2 | • | 5.5 |
| Current Liabilities to Working Capital 39 | 3.2 | • | • | 1.4 | 4.0 | 1.0 | 1.8 | 2.0 | 2.3 | 2.0 | 5.2 | • | 4.5 |
| Working Capital to Net Sales 40 | 0.1 | • | • | 0.1 | 0.0 | 0.1 | 0.1 | 0.1 | 0.1 | 0.1 | 0.0 | • | 0.1 |
| Inventory to Working Capital 41 | 1.4 | • | • | 0.6 | 0.8 | 0.4 | 0.8 | 1.1 | 1.2 | 1.0 | 2.5 | • | 2.1 |
| Total Receipts to Cash Flow 42 | 10.6 | • | 3.7 | 7.4 | 7.6 | 7.8 | 12.7 | 14.9 | 15.7 | 12.5 | 16.9 | 33.0 | 7.6 |
| Cost of Goods to Cash Flow 43 | 8.1 | • | 1.7 | 5.3 | 4.4 | 5.1 | 9.8 | 12.4 | 13.0 | 10.3 | 14.8 | 26.7 | 5.3 |
| Cash Flow to Total Debt 44 | 0.2 | • | 1.1 | 1.0 | 0.5 | 0.5 | 0.3 | 0.2 | 0.2 | 0.3 | 0.2 | 0.0 | 0.2 |

## Selected Financial Factors (in Percentages)

| | | | | | | | | | | | | | |
|---|---|---|---|---|---|---|---|---|---|---|---|---|---|
| Debt Ratio 45 | 68.5 | • | 142.6 | 53.9 | 84.3 | 79.9 | 71.3 | 71.7 | 70.2 | 64.9 | 66.6 | 84.4 | 65.1 |
| Return on Total Assets 46 | 7.1 | • | 20.5 | 18.5 | 3.9 | • | 7.1 | 9.1 | 9.1 | 10.3 | 5.5 | • | 7.6 |
| Return on Equity Before Income Taxes 47 | 13.5 | • | • | 38.1 | 15.7 | • | 17.3 | 24.6 | 22.0 | 20.7 | 9.1 | • | 13.6 |
| Return on Equity After Income Taxes 48 | 8.4 | • | • | 37.3 | 9.3 | • | 14.2 | 20.3 | 17.9 | 17.6 | 5.9 | • | 7.6 |
| Profit Margin (Before Income Tax) 49 | 2.7 | • | 1.3 | 4.6 | 0.8 | • | 1.7 | 2.7 | 2.6 | 3.1 | 1.3 | • | 5.0 |
| Profit Margin (After Income Tax) 50 | 1.7 | • | 0.9 | 4.5 | 0.5 | • | 1.4 | 2.2 | 2.1 | 2.6 | 0.8 | • | 2.8 |

## Table II

Corporations with Net Income

# CHEMICAL AND ALLIED PRODUCTS WHOLESALERS

**MONEY AMOUNTS AND SIZE OF ASSETS IN THOUSANDS OF DOLLARS**

| Item Description for Accounting Period 7/00 Through 6/01 | | Total | Zero Assets | Under 100 | 100 to 250 | 251 to 500 | 501 to 1,000 | 1,001 to 5,000 | 5,001 to 10,000 | 10,001 to 25,000 | 25,001 to 50,000 | 50,001 to 100,000 | 100,001 to 250,000 | 250,001 and over |
|---|---|---|---|---|---|---|---|---|---|---|---|---|---|---|
| Number of Enterprises | 1 | 4979 | 12 | 1494 | 1330 | 382 | 261 | 1063 | 249 | 117 | 44 | 13 | 4 | 10 |
| **Revenues ($ in Thousands)** | | | | | | | | | | | | | | |
| Net Sales | 2 | 39094527 | 81960 | 344175 | 864101 | 569649 | 687950 | 8320562 | 4573522 | 5018014 | 3666946 | 2416963 | 994244 | 11556441 |
| Interest | 3 | 109403 | 321 | 1 | 0 | 1607 | 1459 | 13227 | 13659 | 7607 | 9495 | 3803 | 4447 | 53779 |
| Rents | 4 | 25373 | 1 | 0 | 0 | 0 | 0 | 1640 | 45 | 479 | 446 | 95 | 60 | 22607 |
| Royalties | 5 | 113005 | 0 | 0 | 0 | 0 | 0 | 0 | 6 | 1 | 16496 | 67 | 2 | 96433 |
| Other Portfolio Income | 6 | 704556 | 0 | 2732 | 5941 | 1084 | 0 | 2403 | 4705 | 55479 | 23681 | 1599 | 3413 | 603519 |
| Other Receipts | 7 | 479216 | 426 | 3661 | 11379 | 1416 | 282 | 28994 | 25392 | 43938 | 38527 | 12283 | 34971 | 277945 |
| Total Receipts | 8 | 40526080 | 82708 | 350569 | 881421 | 573756 | 689691 | 8366826 | 4617329 | 5125518 | 3755591 | 2434810 | 1037137 | 12610724 |
| Average Total Receipts | 9 | 8139 | 6892 | 235 | 663 | 1502 | 2642 | 7871 | 18543 | 43808 | 85354 | 187293 | 259284 | 1261072 |
| **Operating Costs/Operating Income (%)** | | | | | | | | | | | | | | |
| Cost of Operations | 10 | 74.0 | 89.2 | 55.2 | 70.9 | 60.3 | 73.4 | 76.3 | 83.2 | 82.3 | 82.4 | 89.4 | 81.9 | 59.8 |
| Salaries and Wages | 11 | 6.5 | 3.2 | 0.1 | 3.5 | 3.4 | 6.2 | 7.6 | 4.1 | 5.4 | 4.2 | 2.2 | 5.9 | 9.4 |
| Taxes Paid | 12 | 1.2 | 0.7 | 0.8 | 1.6 | 1.2 | 4.7 | 1.1 | 0.8 | 0.9 | 0.9 | 0.6 | 0.8 | 1.5 |
| Interest Paid | 13 | 1.5 | 0.6 | 1.2 | 0.3 | 0.1 | 0.5 | 0.6 | 0.8 | 0.8 | 1.3 | 0.6 | 2.2 | 3.2 |
| Depreciation | 14 | 1.7 | 0.5 | 1.2 | 0.8 | 0.3 | 1.5 | 1.1 | 0.8 | 0.7 | 1.0 | 0.6 | 2.9 | 3.4 |
| Amortization and Depletion | 15 | 0.3 | 0.0 | 0.0 | 0.0 | • | 0.0 | 0.0 | 0.0 | 0.1 | 0.1 | 0.0 | 0.5 | 0.8 |
| Pensions and Other Deferred Comp. | 16 | 0.5 | 0.1 | 0.7 | 0.7 | 1.5 | 0.5 | 0.5 | 0.3 | 0.3 | 0.2 | 0.2 | 0.2 | 0.7 |
| Employee Benefits | 17 | 0.8 | 0.3 | 0.7 | 0.1 | 0.5 | 0.4 | 0.4 | 0.4 | 0.4 | 0.4 | 0.5 | 0.8 | 1.7 |
| Advertising | 18 | 0.9 | 0.1 | 0.0 | 0.1 | 0.2 | 0.1 | 0.2 | 0.2 | 0.2 | 0.1 | 0.1 | 0.2 | 2.5 |
| Other Expenses | 19 | 9.2 | 1.9 | 22.2 | 11.5 | 15.7 | 7.5 | 7.0 | 4.7 | 5.4 | 6.9 | 2.3 | 5.6 | 16.1 |
| Officers' Compensation | 20 | 1.8 | 0.5 | 6.1 | 7.1 | 13.8 | 2.5 | 2.4 | 2.0 | 1.5 | 1.5 | 0.9 | 0.7 | 0.6 |
| Operating Margin | 21 | 1.8 | 3.1 | 11.8 | 3.3 | 3.0 | 2.8 | 2.7 | 2.7 | 2.0 | 1.2 | 2.5 | • | 0.3 |
| Operating Margin Before Officers' Comp. | 22 | 3.5 | 3.5 | 17.9 | 10.4 | 16.8 | 5.4 | 5.1 | 4.7 | 3.5 | 2.6 | 3.4 | • | 0.9 |

## Selected Average Balance Sheet ($ in Thousands)

| | | | | | | | | | | | | | |
|---|---|---|---|---|---|---|---|---|---|---|---|---|---|
| Net Receivables 23 | 1011 | 0 | 0 | 43 | 152 | 309 | 938 | 2369 | 6282 | 14714 | 22300 | 65252 | 131722 |
| Inventories 24 | 755 | 0 | 5 | 13 | 32 | 178 | 552 | 1799 | 4305 | 8014 | 28362 | 40554 | 125634 |
| Net Property, Plant and Equipment 25 | 908 | 0 | 2 | 41 | 40 | 109 | 387 | 835 | 1873 | 4452 | 7530 | 42882 | 311666 |
| Total Assets 26 | 4537 | 0 | 37 | 160 | 400 | 768 | 2416 | 6951 | 15568 | 34425 | 67138 | 174038 | 1276658 |
| Notes and Loans Payable 27 | 1272 | 0 | 0 | 44 | 89 | 149 | 682 | 2203 | 3781 | 8904 | 12268 | 60144 | 369565 |
| All Other Liabilities 28 | 1569 | 0 | 5 | 20 | 183 | 331 | 946 | 2729 | 6576 | 12801 | 28967 | 73399 | 393153 |
| Net Worth 29 | 1696 | 0 | 32 | 96 | 128 | 287 | 787 | 2020 | 5211 | 12720 | 25903 | 40494 | 513939 |

## Selected Financial Ratios (Times to 1)

| | | | | | | | | | | | | | |
|---|---|---|---|---|---|---|---|---|---|---|---|---|---|
| Current Ratio 30 | 1.4 | • | 3.7 | 2.7 | 1.1 | 1.8 | 1.7 | 1.5 | 1.5 | 1.6 | 1.6 | 1.1 | 1.1 |
| Quick Ratio 31 | 0.8 | • | 2.7 | 2.3 | 1.0 | 1.5 | 1.2 | 0.9 | 0.9 | 1.0 | 0.8 | 0.7 | 0.5 |
| Net Sales to Working Capital 32 | 13.8 | • | 16.1 | 11.1 | 62.7 | 9.2 | 10.4 | 10.3 | 10.5 | 8.3 | 9.7 | 35.1 | 56.6 |
| Coverage Ratio 33 | 4.8 | 7.6 | 12.1 | 20.7 | 39.5 | 7.8 | 6.2 | 5.6 | 6.1 | 3.9 | 6.9 | 2.3 | 4.3 |
| Total Asset Turnover 34 | 1.7 | • | 6.2 | 4.1 | 3.7 | 3.4 | 3.2 | 2.6 | 2.8 | 2.4 | 2.8 | 1.4 | 0.9 |
| Inventory Turnover 35 | 7.7 | • | 26.4 | 34.2 | 28.1 | 10.8 | 10.8 | 8.5 | 8.2 | 8.6 | 5.9 | 5.0 | 5.5 |
| Receivables Turnover 36 | 7.6 | • | 480.0 | 20.4 | 5.6 | 8.3 | 7.6 | 8.1 | 6.7 | 7.1 | 7.1 | 3.4 | 8.4 |
| Total Liabilities to Net Worth 37 | 1.7 | • | 0.2 | 0.7 | 2.1 | 1.7 | 2.1 | 2.4 | 2.0 | 1.7 | 1.6 | 3.3 | 1.5 |
| Current Assets to Working Capital 38 | 3.8 | • | 1.4 | 1.6 | 9.6 | 2.2 | 2.4 | 3.0 | 3.0 | 2.7 | 2.7 | 14.4 | 16.2 |
| Current Liabilities to Working Capital 39 | 2.8 | • | 0.4 | 0.6 | 8.6 | 1.2 | 1.4 | 2.0 | 2.0 | 1.7 | 1.7 | 13.4 | 15.2 |
| Working Capital to Net Sales 40 | 0.1 | • | 0.1 | 0.1 | 0.0 | 0.1 | 0.1 | 0.1 | 0.1 | 0.1 | 0.1 | 0.0 | 0.0 |
| Inventory to Working Capital 41 | 1.3 | • | 0.3 | 0.2 | 0.4 | 0.3 | 0.6 | 1.0 | 1.0 | 0.9 | 1.3 | 3.6 | 7.1 |
| Total Receipts to Cash Flow 42 | 8.5 | 17.9 | 2.8 | 6.8 | 5.9 | 10.9 | 11.5 | 13.7 | 13.4 | 11.4 | 19.7 | 14.0 | 5.1 |
| Cost of Goods to Cash Flow 43 | 6.3 | 15.9 | 1.6 | 4.8 | 3.6 | 8.0 | 8.8 | 11.4 | 11.0 | 9.4 | 17.7 | 11.5 | 3.1 |
| Cash Flow to Total Debt 44 | 0.3 | • | 14.9 | 1.5 | 0.9 | 0.5 | 0.4 | 0.3 | 0.3 | 0.3 | 0.2 | 0.1 | 0.3 |

## Selected Financial Factors (in Percentages)

| | | | | | | | | | | | | | |
|---|---|---|---|---|---|---|---|---|---|---|---|---|---|
| Debt Ratio 45 | 62.6 | • | 14.5 | 39.9 | 68.0 | 62.6 | 67.4 | 70.9 | 66.5 | 63.1 | 61.4 | 76.7 | 59.7 |
| Return on Total Assets 46 | 12.6 | • | 91.7 | 22.8 | 14.1 | 12.2 | 12.7 | 11.6 | 13.7 | 11.9 | 10.6 | 7.2 | 12.5 |
| Return on Equity Before Income Taxes 47 | 26.6 | • | 98.4 | 36.1 | 43.0 | 28.3 | 32.6 | 32.9 | 34.3 | 23.8 | 23.4 | 17.6 | 23.8 |
| Return on Equity After Income Taxes 48 | 20.5 | • | 93.6 | 35.3 | 37.6 | 22.1 | 29.2 | 28.3 | 29.6 | 20.5 | 19.0 | 12.1 | 16.4 |
| Profit Margin (Before Income Tax) 49 | 5.8 | 4.0 | 13.6 | 5.3 | 3.7 | 3.1 | 3.3 | 3.6 | 4.2 | 3.6 | 3.3 | 2.9 | 10.6 |
| Profit Margin (After Income Tax) 50 | 4.4 | 2.7 | 13.0 | 5.2 | 3.2 | 2.4 | 2.9 | 3.1 | 3.6 | 3.1 | 2.6 | 2.0 | 7.3 |

## Table I

Corporations with and without Net Income

# PETROLEUM AND PETROLEUM PRODUCTS WHOLESALERS

MONEY AMOUNTS AND SIZE OF ASSETS IN THOUSANDS OF DOLLARS

| Item Description for Accounting Period 7/00 Through 6/01 | Total | Zero Assets | Under 100 | 100 to 250 | 251 to 500 | 501 to 1,000 | 1,001 to 5,000 | 5,001 to 10,000 | 10,001 to 25,000 | 25,001 to 50,000 | 50,001 to 100,000 | 100,001 to 250,000 | 250,001 and over |
|---|---|---|---|---|---|---|---|---|---|---|---|---|---|
| Number of Enterprises 1 | 8505 | 34 | 1626 | 1770 | 872 | 815 | 2418 | 485 | 296 | 108 | 30 | 29 | 22 |
| **Revenues ($ in Thousands)** | | | | | | | | | | | | | |
| Net Sales 2 | 252617634 | 28984575 | 542883 | 1426947 | 1276165 | 5413711 | 31004369 | 20158592 | 20982262 | 16623396 | 11313738 | 31867598 | 83023398 |
| Interest 3 | 2016777 | 18509 | 0 | 1425 | 3482 | 1166 | 30438 | 22937 | 21164 | 11323 | 10051 | 35629 | 1860654 |
| Rents 4 | 188620 | 243 | 0 | 0 | 608 | 954 | 31614 | 25354 | 41374 | 24948 | 9516 | 5798 | 48212 |
| Royalties 5 | 158644 | 0 | 0 | 0 | 0 | 0 | 459 | 1201 | 265 | 38 | 0 | 3095 | 153586 |
| Other Portfolio Income 6 | 1763357 | 8319 | 0 | 45 | 1300 | 2351 | 35252 | 31021 | 49090 | 29714 | 9163 | 87542 | 1509554 |
| Other Receipts 7 | 1526604 | 15320 | 5956 | 10725 | 2138 | 53934 | 111034 | 97196 | 122164 | 102155 | 45005 | 71485 | 889496 |
| Total Receipts 8 | 258271636 | 29026966 | 548839 | 1439142 | 1283693 | 5472116 | 31213166 | 20336301 | 21216319 | 16791574 | 11387473 | 32071147 | 87484900 |
| Average Total Receipts 9 | 30367 | 853734 | 338 | 813 | 1472 | 6714 | 12909 | 41931 | 71677 | 155478 | 379582 | 1105902 | 3976586 |
| **Operating Costs/Operating Income (%)** | | | | | | | | | | | | | |
| Cost of Operations 10 | 91.7 | 98.5 | 90.3 | 86.7 | 81.8 | 83.6 | 89.5 | 89.9 | 90.3 | 91.6 | 93.8 | 96.5 | 89.5 |
| Salaries and Wages 11 | 1.9 | 0.4 | 2.0 | 3.2 | 4.5 | 5.2 | 3.0 | 2.7 | 3.1 | 2.9 | 2.2 | 1.1 | 1.4 |
| Taxes Paid 12 | 0.7 | 0.0 | 0.3 | 1.9 | 1.0 | 1.1 | 1.1 | 2.2 | 1.0 | 0.7 | 0.4 | 0.2 | 0.7 |
| Interest Paid 13 | 1.4 | 0.3 | 0.0 | 0.5 | 0.4 | 0.3 | 0.4 | 0.5 | 0.6 | 0.6 | 0.4 | 0.4 | 3.3 |
| Depreciation 14 | 0.9 | 0.1 | 0.1 | 1.1 | 0.9 | 0.7 | 1.0 | 0.8 | 1.1 | 0.9 | 0.8 | 0.4 | 1.2 |
| Amortization and Depletion 15 | 0.3 | 0.0 | 0.0 | 0.0 | • | 0.0 | 0.0 | 0.0 | 0.0 | 0.1 | 0.0 | 0.0 | 0.7 |
| Pensions and Other Deferred Comp. 16 | 0.1 | 0.0 | • | 0.4 | 0.4 | 0.1 | 0.1 | 0.1 | 0.1 | 0.1 | 0.1 | 0.0 | 0.0 |
| Employee Benefits 17 | 0.1 | 0.0 | • | 0.2 | 0.3 | 0.3 | 0.1 | 0.1 | 0.2 | 0.2 | 0.1 | 0.1 | 0.2 |
| Advertising 18 | 0.1 | 0.0 | 0.3 | 0.0 | 0.3 | 0.2 | 0.1 | 0.1 | 0.1 | 0.1 | 0.1 | 0.0 | 0.0 |
| Other Expenses 19 | 3.8 | 0.6 | 12.8 | 4.9 | 5.7 | 6.9 | 3.7 | 3.2 | 3.6 | 3.1 | 2.3 | 1.2 | 6.3 |
| Officers' Compensation 20 | 0.5 | 0.1 | • | 3.1 | 3.3 | 1.6 | 1.1 | 0.6 | 0.5 | 0.3 | 0.2 | 0.3 | 0.3 |
| Operating Margin 21 | • | • | • | • | 1.3 | • | • | • | • | • | • | • | • |
| Operating Margin Before Officers' Comp. 22 | • | 0.0 | • | 0.8 | 4.6 | 1.5 | 0.9 | 0.4 | • | • | • | 0.1 | • |

## Selected Average Balance Sheet ($ in Thousands)

| | | | | | | | | | | | | | |
|---|---|---|---|---|---|---|---|---|---|---|---|---|---|
| Net Receivables 23 | 2600 | 0 | 2 | 39 | 114 | 187 | 726 | 2269 | 4364 | 10899 | 25849 | 59395 | 634833 |
| Inventories 24 | 587 | 0 | 0 | 14 | 68 | 154 | 260 | 746 | 1534 | 3578 | 8531 | 21473 | 94097 |
| Net Property, Plant and Equipment 25 | 4355 | 0 | 17 | 48 | 44 | 172 | 691 | 2276 | 5609 | 11113 | 18496 | 34756 | 1343030 |
| Total Assets 26 | 12850 | 0 | 26 | 189 | 368 | 699 | 2283 | 7259 | 15124 | 33505 | 66317 | 164444 | 3823981 |
| Notes and Loans Payable 27 | 2860 | 0 | 11 | 43 | 147 | 293 | 615 | 2777 | 5301 | 11415 | 22090 | 47096 | 736383 |
| All Other Liabilities 28 | 4525 | 0 | 4 | 36 | 84 | 238 | 694 | 2348 | 5446 | 12241 | 30663 | 78569 | 1327441 |
| Net Worth 29 | 5464 | 0 | 11 | 111 | 136 | 168 | 974 | 2134 | 4377 | 9848 | 13564 | 38780 | 1760157 |

## Selected Financial Ratios (Times to 1)

| | | | | | | | | | | | | | |
|---|---|---|---|---|---|---|---|---|---|---|---|---|---|
| Current Ratio 30 | 1.2 | • | 1.3 | 6.6 | 2.4 | 1.8 | 1.7 | 1.4 | 1.1 | 1.2 | 1.1 | 1.2 | 1.1 |
| Quick Ratio 31 | 0.9 | • | 1.2 | 5.3 | 1.9 | 1.0 | 1.2 | 1.0 | 0.8 | 0.9 | 0.8 | 0.7 | 0.8 |
| Net Sales to Working Capital 32 | 46.4 | • | 244.0 | 7.1 | 9.3 | 30.4 | 22.6 | 31.2 | 85.7 | 51.1 | 69.5 | 71.3 | 48.1 |
| Coverage Ratio 33 | 1.7 | 1.3 | • | • | 5.4 | 4.5 | 2.1 | 2.4 | 1.9 | 1.8 | 1.7 | 2.3 | 1.7 |
| Total Asset Turnover 34 | 2.3 | • | 13.0 | 4.3 | 4.0 | 9.5 | 5.6 | 5.7 | 4.7 | 4.6 | 5.7 | 6.7 | 1.0 |
| Inventory Turnover 35 | 46.4 | • | 780.6 | 48.8 | 17.5 | 36.1 | 44.1 | 50.0 | 41.7 | 39.4 | 41.5 | 49.4 | 35.9 |
| Receivables Turnover 36 | 14.1 | • | 93.5 | 28.2 | 11.8 | 29.6 | 17.1 | 22.7 | 16.7 | 16.2 | 18.8 | 24.0 | 7.7 |
| Total Liabilities to Net Worth 37 | 1.4 | • | 1.4 | 0.7 | 1.7 | 3.2 | 1.3 | 2.4 | 2.5 | 2.4 | 3.9 | 3.2 | 1.2 |
| Current Assets to Working Capital 38 | 7.3 | • | 4.6 | 1.2 | 1.7 | 2.2 | 2.5 | 3.3 | 9.4 | 6.0 | 7.7 | 6.9 | 14.3 |
| Current Liabilities to Working Capital 39 | 6.3 | • | 3.6 | 0.2 | 0.7 | 1.2 | 1.5 | 2.3 | 8.4 | 5.0 | 6.7 | 5.9 | 13.3 |
| Working Capital to Net Sales 40 | 0.0 | • | 0.0 | 0.1 | 0.1 | 0.0 | 0.0 | 0.0 | 0.0 | 0.0 | 0.0 | 0.0 | 0.0 |
| Inventory to Working Capital 41 | 1.0 | • | 0.1 | 0.2 | 0.3 | 0.8 | 0.5 | 0.7 | 1.9 | 1.3 | 1.5 | 1.9 | 1.3 |
| Total Receipts to Cash Flow 42 | 27.3 | 154.5 | 53.6 | 49.3 | 16.5 | 19.5 | 33.5 | 34.5 | 36.0 | 39.5 | 54.7 | 85.3 | 14.9 |
| Cost of Goods to Cash Flow 43 | 25.0 | 152.2 | 48.4 | 42.8 | 13.5 | 16.3 | 29.9 | 31.0 | 32.5 | 36.1 | 51.3 | 82.3 | 13.3 |
| Cash Flow to Total Debt 44 | 0.1 | • | 0.4 | 0.2 | 0.4 | 0.6 | 0.3 | 0.2 | 0.2 | 0.2 | 0.1 | 0.1 | 0.1 |

## Selected Financial Factors (in Percentages)

| | | | | | | | | | | | | | |
|---|---|---|---|---|---|---|---|---|---|---|---|---|---|
| Debt Ratio 45 | 57.5 | • | 58.1 | 41.3 | 63.0 | 76.0 | 57.3 | 70.6 | 71.1 | 70.6 | 79.5 | 76.4 | 54.0 |
| Return on Total Assets 46 | 5.5 | • | • | • | 9.3 | 11.9 | 4.9 | 7.0 | 4.9 | 4.9 | 4.3 | 5.9 | 5.5 |
| Return on Equity Before Income Taxes 47 | 5.5 | • | • | • | 20.5 | 38.7 | 6.1 | 13.6 | 8.0 | 7.4 | 8.8 | 14.3 | 4.7 |
| Return on Equity After Income Taxes 48 | 4.1 | • | • | • | 13.4 | 38.4 | 5.3 | 11.8 | 5.6 | 5.7 | 6.3 | 8.9 | 3.5 |
| Profit Margin (Before Income Tax) 49 | 1.0 | 0.1 | • | • | 1.9 | 1.0 | 0.5 | 0.7 | 0.5 | 0.5 | 0.3 | 0.5 | 2.2 |
| Profit Margin (After Income Tax) 50 | 0.7 | • | • | • | 1.2 | 1.0 | 0.4 | 0.6 | 0.3 | 0.4 | 0.2 | 0.3 | 1.7 |

**Table II**

Corporations with Net Income

# PETROLEUM AND PETROLEUM PRODUCTS WHOLESALERS

**MONEY AMOUNTS AND SIZE OF ASSETS IN THOUSANDS OF DOLLARS**

| Item Description for Accounting Period 7/00 Through 6/01 | | Total | Zero Assets | Under 100 | 100 to 250 | 251 to 500 | 501 to 1,000 | 1,001 to 5,000 | 5,001 to 10,000 | 10,001 to 25,000 | 25,001 to 50,000 | 50,001 to 100,000 | 100,001 to 250,000 | 250,001 and over |
|---|---|---|---|---|---|---|---|---|---|---|---|---|---|---|
| Number of Enterprises | 1 | 4758 | 26 | 0 | 1056 | 534 | 572 | 1855 | 370 | 203 | 73 | 25 | 24 | 0 |
| **Revenues ($ in Thousands)** | | | | | | | | | | | | | | |
| Net Sales | 2 | 193227345 | 14088211 | 0 | 611586 | 890904 | 4515963 | 24799651 | 16917985 | 15273914 | 13128636 | 9132314 | 25333015 | 0 |
| Interest | 3 | 1940437 | 5515 | 0 | 1424 | 2484 | 424 | 25820 | 20798 | 16272 | 8512 | 9460 | 34247 | 0 |
| Rents | 4 | 153456 | 222 | 0 | 0 | 608 | 954 | 28051 | 11416 | 31050 | 19125 | 8991 | 5635 | 0 |
| Royalties | 5 | 158496 | 0 | 0 | 0 | 0 | 0 | 459 | 1201 | 201 | 8 | 0 | 3095 | 0 |
| Other Portfolio Income | 6 | 1668566 | 8290 | 0 | 45 | 1300 | 1263 | 30041 | 29031 | 37085 | 23707 | 8880 | 87119 | 0 |
| Other Receipts | 7 | 1265606 | 2699 | 0 | 262 | 652 | 53193 | 88411 | 81965 | 83907 | 76693 | 37151 | 59957 | 0 |
| Total Receipts | 8 | 198413906 | 14104937 | 0 | 613317 | 895948 | 4571797 | 24972433 | 17062396 | 15442429 | 13256681 | 9196796 | 25523068 | 0 |
| Average Total Receipts | 9 | 41701 | 542498 | • | 581 | 1678 | 7993 | 13462 | 46115 | 76071 | 181598 | 367872 | 1063461 | • |
| **Operating Costs/Operating Income (%)** | | | | | | | | | | | | | | |
| Cost of Operations | 10 | 90.6 | 98.7 | • | 85.3 | 77.1 | 83.6 | 89.2 | 89.8 | 90.5 | 92.5 | 93.1 | 95.9 | • |
| Salaries and Wages | 11 | 2.0 | 0.3 | • | 0.7 | 5.9 | 5.7 | 3.0 | 2.6 | 2.9 | 2.4 | 2.4 | 1.1 | • |
| Taxes Paid | 12 | 0.8 | 0.0 | • | 0.7 | 1.2 | 1.0 | 1.1 | 2.5 | 1.0 | 0.5 | 0.4 | 0.2 | • |
| Interest Paid | 13 | 1.6 | 0.1 | • | 0.4 | 0.2 | 0.2 | 0.4 | 0.5 | 0.4 | 0.4 | 0.4 | 0.4 | • |
| Depreciation | 14 | 0.9 | 0.0 | • | 1.1 | 0.9 | 0.6 | 1.0 | 0.7 | 1.0 | 0.8 | 0.8 | 0.4 | • |
| Amortization and Depletion | 15 | 0.3 | 0.0 | • | • | • | 0.0 | 0.0 | 0.0 | 0.0 | 0.0 | 0.0 | 0.0 | • |
| Pensions and Other Deferred Comp. | 16 | 0.1 | 0.0 | • | 0.8 | 0.6 | 0.1 | 0.1 | 0.1 | 0.1 | 0.1 | 0.1 | 0.0 | • |
| Employee Benefits | 17 | 0.2 | 0.0 | • | • | 0.4 | 0.3 | 0.2 | 0.1 | 0.2 | 0.2 | 0.1 | 0.1 | • |
| Advertising | 18 | 0.1 | 0.0 | • | 0.0 | 0.4 | 0.2 | 0.1 | 0.1 | 0.1 | 0.1 | 0.1 | 0.0 | • |
| Other Expenses | 19 | 4.2 | 0.1 | • | 5.3 | 6.4 | 7.3 | 3.5 | 2.9 | 3.2 | 2.6 | 2.4 | 1.3 | • |
| Officers' Compensation | 20 | 0.5 | 0.1 | • | 4.4 | 4.3 | 1.2 | 1.1 | 0.5 | 0.5 | 0.3 | 0.3 | 0.3 | • |
| Operating Margin | 21 | • | 0.5 | • | 1.2 | 2.7 | • | 0.3 | 0.2 | 0.1 | 0.1 | • | 0.1 | • |
| Operating Margin Before Officers' Comp. | 22 | • | 0.6 | • | 5.6 | 7.0 | 1.1 | 1.4 | 0.7 | 0.6 | 0.4 | 0.2 | 0.4 | • |

| Selected Average Balance Sheet ($ in Thousands) | | | | | | | | | | | | | |
|---|---|---|---|---|---|---|---|---|---|---|---|---|---|
| Net Receivables 23 | 4048 | 0 | • | 16 | 135 | 186 | 741 | 2318 | 4626 | 12858 | 28412 | 61891 | • |
| Inventories 24 | 761 | 0 | • | 6 | 93 | 160 | 269 | 684 | 1574 | 3690 | 6604 | 18886 | • |
| Net Property, Plant and Equipment 25 | 7220 | 0 | • | 43 | 25 | 165 | 624 | 2372 | 5160 | 10240 | 18486 | 34870 | • |
| Total Assets 26 | 20802 | 0 | • | 155 | 347 | 685 | 2229 | 7407 | 15183 | 34072 | 67059 | 165547 | • |
| Notes and Loans Payable 27 | 4373 | 0 | • | 19 | 39 | 251 | 513 | 2488 | 4621 | 8894 | 22610 | 40041 | • |
| All Other Liabilities 28 | 7207 | 0 | • | 20 | 97 | 259 | 713 | 2529 | 5428 | 13736 | 30555 | 75879 | • |
| Net Worth 29 | 9221 | 0 | • | 116 | 211 | 175 | 1003 | 2390 | 5134 | 11442 | 13894 | 49627 | • |

| Selected Financial Ratios (Times to 1) | | | | | | | | | | | | | |
|---|---|---|---|---|---|---|---|---|---|---|---|---|---|
| Current Ratio 30 | 1.1 | • | • | 3.8 | 2.9 | 1.8 | 1.7 | 1.5 | 1.2 | 1.2 | 1.1 | 1.3 | • |
| Quick Ratio 31 | 0.9 | • | • | 3.6 | 2.2 | 1.0 | 1.3 | 1.1 | 0.9 | 0.9 | 0.9 | 0.9 | • |
| Net Sales to Working Capital 32 | 45.9 | • | • | 7.4 | 8.3 | 37.7 | 22.7 | 30.1 | 47.2 | 45.5 | 73.1 | 39.9 | • |
| Coverage Ratio 33 | 2.0 | 10.3 | • | 4.2 | 16.7 | 7.2 | 3.8 | 3.2 | 3.6 | 3.4 | 2.5 | 3.4 | • |
| Total Asset Turnover 34 | 2.0 | • | • | 3.7 | 4.8 | 11.5 | 6.0 | 6.2 | 5.0 | 5.3 | 5.4 | 6.4 | • |
| Inventory Turnover 35 | 48.4 | • | • | 85.5 | 13.8 | 41.2 | 44.3 | 60.0 | 43.2 | 45.1 | 51.5 | 53.6 | • |
| Receivables Turnover 36 | 13.4 | • | • | 35.6 | 9.7 | 34.9 | 17.5 | 26.9 | 17.3 | 15.8 | 17.3 | 23.1 | • |
| Total Liabilities to Net Worth 37 | 1.3 | • | • | 0.3 | 0.6 | 2.9 | 1.2 | 2.1 | 2.0 | 2.0 | 3.8 | 2.3 | • |
| Current Assets to Working Capital 38 | 7.8 | • | • | 1.4 | 1.5 | 2.3 | 2.4 | 3.0 | 5.2 | 5.1 | 8.4 | 4.0 | • |
| Current Liabilities to Working Capital 39 | 6.8 | • | • | 0.4 | 0.5 | 1.3 | 1.4 | 2.0 | 4.2 | 4.1 | 7.4 | 3.0 | • |
| Working Capital to Net Sales 40 | 0.0 | • | • | 0.1 | 0.1 | 0.0 | 0.0 | 0.0 | 0.0 | 0.0 | 0.0 | 0.0 | • |
| Inventory to Working Capital 41 | 1.0 | • | • | 0.1 | 0.3 | 0.9 | 0.5 | 0.5 | 1.0 | 0.9 | 1.3 | 1.0 | • |
| Total Receipts to Cash Flow 42 | 21.6 | 138.6 | • | 17.5 | 13.0 | 18.3 | 29.5 | 33.7 | 31.9 | 37.6 | 45.0 | 62.7 | • |
| Cost of Goods to Cash Flow 43 | 19.6 | 136.9 | • | 14.9 | 10.0 | 15.3 | 26.3 | 30.3 | 28.9 | 34.8 | 41.9 | 60.1 | • |
| Cash Flow to Total Debt 44 | 0.2 | • | • | 0.8 | 0.9 | 0.8 | 0.4 | 0.3 | 0.2 | 0.2 | 0.2 | 0.1 | • |

| Selected Financial Factors (in Percentages) | | | | | | | | | | | | | |
|---|---|---|---|---|---|---|---|---|---|---|---|---|---|
| Debt Ratio 45 | 55.7 | • | • | 25.2 | 39.2 | 74.4 | 55.0 | 67.7 | 66.2 | 66.4 | 79.3 | 70.0 | • |
| Return on Total Assets 46 | 6.5 | • | • | 7.1 | 16.6 | 16.4 | 8.1 | 9.0 | 7.9 | 8.0 | 5.9 | 7.9 | • |
| Return on Equity Before Income Taxes 47 | 7.4 | • | • | 7.3 | 25.7 | 55.2 | 13.2 | 19.3 | 16.9 | 16.7 | 17.1 | 18.7 | • |
| Return on Equity After Income Taxes 48 | 5.9 | • | • | 7.2 | 18.2 | 54.7 | 12.2 | 17.2 | 13.9 | 14.7 | 14.2 | 13.6 | • |
| Profit Margin (Before Income Tax) 49 | 1.7 | 0.7 | • | 1.5 | 3.3 | 1.2 | 1.0 | 1.0 | 1.2 | 1.1 | 0.7 | 0.9 | • |
| Profit Margin (After Income Tax) 50 | 1.4 | 0.4 | • | 1.4 | 2.3 | 1.2 | 0.9 | 0.9 | 1.0 | 0.9 | 0.5 | 0.6 | • |

## Table I

Corporations with and without Net Income

# BEER, WINE, AND DISTILLED ALCOHOLIC BEVERAGE WHOLESALERS

MONEY AMOUNTS AND SIZE OF ASSETS IN THOUSANDS OF DOLLARS

| Item Description for Accounting Period 7/00 Through 6/01 | | Total | Zero Assets | Under 100 | 100 to 250 | 251 to 500 | 501 to 1,000 | 1,001 to 5,000 | 5,001 to 10,000 | 10,001 to 25,000 | 25,001 to 50,000 | 50,001 to 100,000 | 100,001 to 250,000 | 250,001 and over |
|---|---|---|---|---|---|---|---|---|---|---|---|---|---|---|
| Number of Enterprises | 1 | 5188 | 6 | 1090 | 1562 | 598 | 85 | 1174 | 339 | 218 | 66 | 28 | 13 | 8 |
| **Revenues ($ in Thousands)** | | | | | | | | | | | | | | |
| Net Sales | 2 | 61092534 | 140495 | 467332 | 927411 | 809671 | 460006 | 11545841 | 9196517 | 10928207 | 6438845 | 5883103 | 3992461 | 10302645 |
| Interest | 3 | 117986 | 297 | 26 | 745 | 1847 | 556 | 8019 | 5355 | 5103 | 4954 | 3512 | 6261 | 81310 |
| Rents | 4 | 61794 | 6 | 0 | 0 | 0 | 0 | 6443 | 340 | 2138 | 1229 | 2539 | 464 | 48635 |
| Royalties | 5 | 174874 | 0 | 0 | 0 | 0 | 0 | 4944 | 0 | 0 | 0 | 0 | 27 | 169903 |
| Other Portfolio Income | 6 | 110700 | 4959 | 0 | 570 | 0 | 46 | 14437 | 14550 | 26856 | 16154 | 1963 | 1225 | 29940 |
| Other Receipts | 7 | 633630 | 3114 | 5646 | 16040 | 5005 | 163 | 100666 | 50573 | 115391 | 95969 | 72659 | 23679 | 144726 |
| Total Receipts | 8 | 62191518 | 148871 | 473004 | 944766 | 816523 | 460771 | 11680350 | 9267335 | 11077695 | 6557151 | 5963776 | 4024117 | 10777159 |
| Average Total Receipts | 9 | 11988 | 24812 | 434 | 605 | 1365 | 5421 | 9949 | 27337 | 50815 | 99351 | 212992 | 309547 | 1347145 |
| **Operating Costs/Operating Income (%)** | | | | | | | | | | | | | | |
| Cost of Operations | 10 | 76.1 | 72.5 | 82.1 | 82.4 | 69.5 | 94.5 | 76.3 | 75.1 | 75.0 | 76.6 | 75.4 | 75.7 | 77.3 |
| Salaries and Wages | 11 | 8.1 | 5.3 | 1.5 | 4.2 | 8.2 | 1.9 | 8.5 | 8.2 | 8.3 | 8.1 | 7.9 | 7.3 | 8.7 |
| Taxes Paid | 12 | 2.8 | 1.5 | 1.4 | 2.0 | 1.6 | 0.1 | 2.0 | 3.0 | 3.5 | 2.6 | 2.7 | 3.7 | 2.8 |
| Interest Paid | 13 | 1.0 | 0.1 | 0.5 | 0.8 | 1.1 | 0.1 | 0.7 | 0.6 | 0.7 | 0.6 | 0.8 | 1.1 | 2.2 |
| Depreciation | 14 | 0.8 | 0.2 | 0.2 | 0.8 | 1.2 | 0.2 | 0.8 | 0.9 | 0.8 | 0.7 | 0.9 | 0.5 | 0.7 |
| Amortization and Depletion | 15 | 0.2 | 0.1 | • | 0.8 | 0.4 | 0.0 | 0.2 | 0.2 | 0.3 | 0.3 | 0.3 | 0.1 | 0.3 |
| Pensions and Other Deferred Comp. | 16 | 0.3 | 0.2 | • | • | • | 0.0 | 0.2 | 0.3 | 0.3 | 0.3 | 0.2 | 0.3 | 0.2 |
| Employee Benefits | 17 | 0.6 | 0.7 | • | 0.3 | 0.2 | • | 0.5 | 0.8 | 0.7 | 0.7 | 0.6 | 0.5 | 0.6 |
| Advertising | 18 | 1.1 | 3.5 | 1.0 | 0.7 | 1.0 | 0.0 | 0.7 | 0.4 | 1.1 | 1.1 | 1.6 | 2.7 | 1.3 |
| Other Expenses | 19 | 5.9 | 10.8 | 11.1 | 6.8 | 11.3 | 1.5 | 5.9 | 5.8 | 5.5 | 5.3 | 5.2 | 5.0 | 6.8 |
| Officers' Compensation | 20 | 1.4 | 1.0 | 0.9 | 4.1 | 5.0 | 4.6 | 2.2 | 1.6 | 1.5 | 1.1 | 0.8 | 0.9 | 0.5 |
| Operating Margin | 21 | 1.8 | 4.1 | 1.1 | • | 0.4 | • | 2.1 | 3.0 | 2.2 | 2.7 | 3.7 | 2.3 | • |
| Operating Margin Before Officers' Comp. | 22 | 3.2 | 5.2 | 2.0 | 1.4 | 5.5 | 1.7 | 4.3 | 4.6 | 3.7 | 3.7 | 4.5 | 3.1 | • |

| Selected Average Balance Sheet ($ in Thousands) | | | | | | | | | | | | | |
|---|---|---|---|---|---|---|---|---|---|---|---|---|---|
| Net Receivables 23 | 765 | 0 | 11 | 13 | 40 | 251 | 410 | 1333 | 2849 | 7679 | 13429 | 33348 | 127465 |
| Inventories 24 | 933 | 0 | 8 | 37 | 68 | 448 | 613 | 1962 | 3077 | 7579 | 18925 | 35610 | 143406 |
| Net Property, Plant and Equipment 25 | 598 | 0 | 2 | 19 | 70 | 16 | 519 | 1415 | 2641 | 4967 | 10793 | 11949 | 71846 |
| Total Assets 26 | 4006 | 0 | 34 | 135 | 356 | 640 | 2418 | 7024 | 15764 | 34894 | 72363 | 143499 | 676962 |
| Notes and Loans Payable 27 | 1339 | 0 | 25 | 88 | 244 | 52 | 734 | 2336 | 4917 | 8904 | 27031 | 54264 | 232272 |
| All Other Liabilities 28 | 1246 | 0 | 9 | 43 | 24 | 611 | 642 | 1668 | 3899 | 9855 | 17633 | 34734 | 319212 |
| Net Worth 29 | 1421 | 0 | 0 | 4 | 88 | -23 | 1042 | 3020 | 6948 | 16134 | 27699 | 54502 | 125478 |
| **Selected Financial Ratios (Times to 1)** | | | | | | | | | | | | | |
| Current Ratio 30 | 1.5 | • | 2.9 | 2.3 | 7.8 | 1.0 | 1.9 | 2.2 | 1.6 | 1.7 | 1.9 | 1.7 | 1.0 |
| Quick Ratio 31 | 0.8 | • | 2.3 | 0.8 | 4.6 | 0.5 | 1.0 | 1.2 | 0.9 | 0.9 | 0.9 | 0.8 | 0.5 |
| Net Sales to Working Capital 32 | 14.7 | • | 22.3 | 10.4 | 8.3 | • | 15.3 | 11.5 | 15.9 | 11.2 | 10.6 | 9.0 | 82.6 |
| Coverage Ratio 33 | 4.7 | 71.5 | 5.2 | • | 2.2 | • | 6.0 | 7.0 | 5.8 | 8.5 | 7.4 | 3.8 | 2.6 |
| Total Asset Turnover 34 | 2.9 | • | 12.4 | 4.4 | 3.8 | 8.5 | 4.1 | 3.9 | 3.2 | 2.8 | 2.9 | 2.1 | 1.9 |
| Inventory Turnover 35 | 9.6 | • | 42.6 | 13.1 | 13.8 | 11.4 | 12.2 | 10.4 | 12.2 | 9.9 | 8.4 | 6.5 | 6.9 |
| Receivables Turnover 36 | 15.6 | • | 78.9 | 37.9 | 53.5 | 9.7 | 23.5 | 20.1 | 18.0 | 13.1 | 15.4 | 9.9 | 10.4 |
| Total Liabilities to Net Worth 37 | 1.8 | • | 210.0 | 31.3 | 3.0 | • | 1.3 | 1.3 | 1.3 | 1.2 | 1.6 | 1.6 | 4.4 |
| Current Assets to Working Capital 38 | 2.8 | • | 1.5 | 1.8 | 1.1 | • | 2.2 | 1.8 | 2.7 | 2.4 | 2.1 | 2.5 | 21.7 |
| Current Liabilities to Working Capital 39 | 1.8 | • | 0.5 | 0.8 | 0.1 | • | 1.2 | 0.8 | 1.7 | 1.4 | 1.1 | 1.5 | 20.7 |
| Working Capital to Net Sales 40 | 0.1 | • | 0.0 | 0.1 | 0.1 | • | 0.1 | 0.1 | 0.1 | 0.1 | 0.1 | 0.1 | 0.0 |
| Inventory to Working Capital 41 | 1.2 | • | 0.3 | 1.1 | 0.4 | • | 1.0 | 0.8 | 1.0 | 0.9 | 0.9 | 1.2 | 10.1 |
| Total Receipts to Cash Flow 42 | 12.6 | 5.9 | 8.9 | 25.9 | 12.6 | • | 13.0 | 13.0 | 13.4 | 12.0 | 10.8 | 13.9 | 11.6 |
| Cost of Goods to Cash Flow 43 | 9.6 | 4.3 | 7.3 | 21.3 | 8.8 | • | 9.9 | 9.7 | 10.0 | 9.2 | 8.2 | 10.5 | 8.9 |
| Cash Flow to Total Debt 44 | 0.4 | • | 1.4 | 0.2 | 0.4 | • | 0.5 | 0.5 | 0.4 | 0.4 | 0.4 | 0.2 | 0.2 |
| **Selected Financial Factors (in Percentages)** | | | | | | | | | | | | | |
| Debt Ratio 45 | 64.5 | • | 99.5 | 96.9 | 75.2 | 103.6 | 56.9 | 57.0 | 55.9 | 53.8 | 61.7 | 62.0 | 81.5 |
| Return on Total Assets 46 | 13.4 | • | 35.2 | • | 8.9 | • | 16.1 | 17.0 | 13.7 | 14.2 | 17.0 | 8.9 | 10.6 |
| Return on Equity Before Income Taxes 47 | 29.7 | • | 5999.4 | • | 19.5 | 636.4 | 31.1 | 33.9 | 25.7 | 27.1 | 38.4 | 17.3 | 35.1 |
| Return on Equity After Income Taxes 48 | 27.0 | • | 5007.9 | • | 16.6 | 636.4 | 29.6 | 31.9 | 24.4 | 24.7 | 36.0 | 13.6 | 28.6 |
| Profit Margin (Before Income Tax) 49 | 3.6 | 10.0 | 2.3 | • | 1.3 | • | 3.3 | 3.8 | 3.6 | 4.5 | 5.1 | 3.1 | 3.4 |
| Profit Margin (After Income Tax) 50 | 3.3 | 6.0 | 1.9 | • | 1.1 | • | 3.1 | 3.6 | 3.4 | 4.1 | 4.7 | 2.4 | 2.8 |

## Table II

Corporations with Net Income

# BEER, WINE, AND DISTILLED ALCOHOLIC BEVERAGE WHOLESALERS

MONEY AMOUNTS AND SIZE OF ASSETS IN THOUSANDS OF DOLLARS

| Item Description for Accounting Period 7/00 Through 6/01 | | Total | Zero Assets | Under 100 | 100 to 250 | 251 to 500 | 501 to 1,000 | 1,001 to 5,000 | 5,001 to 10,000 | 10,001 to 25,000 | 25,001 to 50,000 | 50,001 to 100,000 | 100,001 to 250,000 | 250,001 and over |
|---|---|---|---|---|---|---|---|---|---|---|---|---|---|---|
| Number of Enterprises | 1 | 3729 | 0 | 0 | 710 | 405 | 61 | 1066 | 294 | 183 | 62 | 0 | 0 | 8 |
| **Revenues ($ in Thousands)** | | | | | | | | | | | | | | |
| Net Sales | 2 | 56702492 | 0 | 0 | 583657 | 473234 | 3959 | 11189789 | 8537279 | 9374222 | 6199245 | 0 | 0 | 10302645 |
| Interest | 3 | 115190 | 0 | 0 | 745 | 1845 | 0 | 7446 | 5222 | 3580 | 4945 | 0 | 0 | 81310 |
| Rents | 4 | 61300 | 0 | 0 | 0 | 0 | 0 | 6285 | 340 | 1871 | 1161 | 0 | 0 | 48635 |
| Royalties | 5 | 174874 | 0 | 0 | 0 | 0 | 0 | 4944 | 0 | 0 | 0 | 0 | 0 | 169903 |
| Other Portfolio Income | 6 | 105628 | 0 | 0 | 570 | 0 | 0 | 11615 | 14454 | 25563 | 16148 | 0 | 0 | 29940 |
| Other Receipts | 7 | 614037 | 0 | 0 | 16040 | 2333 | 34 | 100254 | 41522 | 108738 | 95844 | 0 | 0 | 144726 |
| Total Receipts | 8 | 57773521 | 0 | 0 | 601012 | 477412 | 3993 | 11320333 | 8598817 | 9513974 | 6317343 | 0 | 0 | 10777159 |
| Average Total Receipts | 9 | 15493 | • | • | 846 | 1179 | 65 | 10619 | 29248 | 51989 | 101893 | • | • | 1347145 |
| **Operating Costs/Operating Income (%)** | | | | | | | | | | | | | | |
| Cost of Operations | 10 | 76.0 | • | • | 84.2 | 63.9 | 47.9 | 76.3 | 75.1 | 74.9 | 76.8 | • | • | 77.3 |
| Salaries and Wages | 11 | 8.0 | • | • | 1.9 | 8.0 | 3.7 | 8.4 | 8.1 | 8.1 | 8.1 | • | • | 8.7 |
| Taxes Paid | 12 | 2.7 | • | • | 2.3 | 1.7 | 0.9 | 2.0 | 3.1 | 3.4 | 2.2 | • | • | 2.8 |
| Interest Paid | 13 | 0.9 | • | • | 0.3 | 1.2 | 5.8 | 0.6 | 0.6 | 0.6 | 0.6 | • | • | 2.2 |
| Depreciation | 14 | 0.7 | • | • | 0.8 | 1.2 | 1.8 | 0.8 | 0.9 | 0.8 | 0.7 | • | • | 0.7 |
| Amortization and Depletion | 15 | 0.2 | • | • | • | 0.7 | 1.5 | 0.2 | 0.2 | 0.2 | 0.3 | • | • | 0.3 |
| Pensions and Other Deferred Comp. | 16 | 0.3 | • | • | • | • | • | 0.2 | 0.3 | 0.4 | 0.3 | • | • | 0.2 |
| Employee Benefits | 17 | 0.6 | • | • | 0.4 | 0.4 | • | 0.5 | 0.8 | 0.7 | 0.7 | • | • | 0.6 |
| Advertising | 18 | 1.1 | • | • | 0.7 | 0.7 | • | 0.6 | 0.4 | 0.9 | 1.1 | • | • | 1.3 |
| Other Expenses | 19 | 5.8 | • | • | 5.7 | 12.1 | 29.7 | 5.7 | 5.6 | 5.3 | 5.4 | • | • | 6.8 |
| Officers' Compensation | 20 | 1.4 | • | • | 4.4 | 8.6 | • | 2.2 | 1.5 | 1.5 | 1.1 | • | • | 0.5 |
| Operating Margin | 21 | 2.2 | • | • | • | 1.4 | 8.7 | 2.4 | 3.5 | 3.2 | 2.8 | • | • | • |
| Operating Margin Before Officers' Comp. | 22 | 3.6 | • | • | 3.6 | 10.0 | 8.7 | 4.6 | 5.0 | 4.6 | 3.9 | • | • | • |

## Selected Average Balance Sheet ($ in Thousands)

| | | | | | | | | | | | | | |
|---|---|---|---|---|---|---|---|---|---|---|---|---|---|
| Net Receivables 23 | 988 | • | • | 0 | 58 | 168 | 445 | 1255 | 2997 | 7988 | • | • | 127465 |
| Inventories 24 | 1197 | • | • | 43 | 34 | 393 | 611 | 2037 | 3276 | 7714 | • | • | 143406 |
| Net Property, Plant and Equipment 25 | 751 | • | • | 23 | 47 | 2 | 550 | 1348 | 2625 | 5009 | • | • | 71846 |
| Total Assets 26 | 5132 | • | • | 145 | 361 | 522 | 2515 | 7014 | 15658 | 35197 | • | • | 676962 |
| Notes and Loans Payable 27 | 1663 | • | • | 110 | 259 | 54 | 736 | 2296 | 4390 | 8771 | • | • | 232272 |
| All Other Liabilities 28 | 1601 | • | • | 2 | 15 | 557 | 654 | 1621 | 3747 | 10013 | • | • | 319212 |
| Net Worth 29 | 1868 | • | • | 34 | 88 | -90 | 1124 | 3098 | 7521 | 16413 | • | • | 125478 |

## Selected Financial Ratios (Times to 1)

| | | | | | | | | | | | | | |
|---|---|---|---|---|---|---|---|---|---|---|---|---|---|
| Current Ratio 30 | 1.6 | • | • | 57.9 | 14.3 | 0.9 | 1.9 | 2.3 | 1.7 | 1.7 | • | • | 1.0 |
| Quick Ratio 31 | 0.8 | • | • | 19.9 | 10.3 | 0.3 | 1.0 | 1.3 | 0.9 | 0.9 | • | • | 0.5 |
| Net Sales to Working Capital 32 | 14.4 | • | • | 7.3 | 6.0 | • | 15.0 | 11.8 | 14.8 | 11.1 | • | • | 82.6 |
| Coverage Ratio 33 | 5.3 | • | • | 8.4 | 2.9 | 2.7 | 6.7 | 7.9 | 8.2 | 8.8 | • | • | 2.6 |
| Total Asset Turnover 34 | 3.0 | • | • | 5.7 | 3.2 | 0.1 | 4.2 | 4.1 | 3.3 | 2.8 | • | • | 1.9 |
| Inventory Turnover 35 | 9.7 | • | • | 16.1 | 22.3 | 0.1 | 13.1 | 10.7 | 11.7 | 10.0 | • | • | 6.9 |
| Receivables Turnover 36 | 15.5 | • | • | 123.8 | 34.6 | 0.1 | 24.5 | 20.6 | 16.8 | 13.1 | • | • | 10.4 |
| Total Liabilities to Net Worth 37 | 1.7 | • | • | 3.3 | 3.1 | • | 1.2 | 1.3 | 1.1 | 1.1 | • | • | 4.4 |
| Current Assets to Working Capital 38 | 2.8 | • | • | 1.0 | 1.1 | • | 2.1 | 1.8 | 2.5 | 2.4 | • | • | 21.7 |
| Current Liabilities to Working Capital 39 | 1.8 | • | • | 0.0 | 0.1 | • | 1.1 | 0.8 | 1.5 | 1.4 | • | • | 20.7 |
| Working Capital to Net Sales 40 | 0.1 | • | • | 0.1 | 0.2 | • | 0.1 | 0.1 | 0.1 | 0.1 | • | • | 0.0 |
| Inventory to Working Capital 41 | 1.2 | • | • | 0.6 | 0.2 | • | 0.9 | 0.7 | 0.9 | 0.9 | • | • | 10.1 |
| Total Receipts to Cash Flow 42 | 12.0 | • | • | 17.6 | 11.3 | 2.9 | 12.8 | 12.5 | 11.9 | 11.7 | • | • | 11.6 |
| Cost of Goods to Cash Flow 43 | 9.1 | • | • | 14.8 | 7.2 | 1.4 | 9.8 | 9.4 | 8.9 | 9.0 | • | • | 8.9 |
| Cash Flow to Total Debt 44 | 0.4 | • | • | 0.4 | 0.4 | 0.0 | 0.6 | 0.6 | 0.5 | 0.5 | • | • | 0.2 |

## Selected Financial Factors (in Percentages)

| | | | | | | | | | | | | | |
|---|---|---|---|---|---|---|---|---|---|---|---|---|---|
| Debt Ratio 45 | 63.6 | • | • | 77.0 | 75.7 | 117.2 | 55.3 | 55.8 | 52.0 | 53.4 | • | • | 81.5 |
| Return on Total Assets 46 | 14.9 | • | • | 14.4 | 11.4 | 1.9 | 17.3 | 19.8 | 17.2 | 15.1 | • | • | 10.6 |
| Return on Equity Before Income Taxes 47 | 33.2 | • | • | 54.9 | 30.9 | • | 32.8 | 39.3 | 31.4 | 28.6 | • | • | 35.1 |
| Return on Equity After Income Taxes 48 | 30.3 | • | • | 52.3 | 26.6 | • | 31.2 | 37.1 | 30.1 | 26.1 | • | • | 28.6 |
| Profit Margin (Before Income Tax) 49 | 4.1 | • | • | 2.2 | 2.3 | 9.6 | 3.5 | 4.2 | 4.6 | 4.7 | • | • | 3.4 |
| Profit Margin (After Income Tax) 50 | 3.7 | • | • | 2.1 | 2.0 | 9.6 | 3.3 | 4.0 | 4.4 | 4.3 | • | • | 2.8 |

## Table I

Corporations with and without Net Income

# MISCELLANEOUS NONDURABLE GOODS WHOLESALERS

MONEY AMOUNTS AND SIZE OF ASSETS IN THOUSANDS OF DOLLARS

| Item Description for Accounting Period 7/00 Through 6/01 | | Total | Zero Assets | Under 100 | 100 to 250 | 251 to 500 | 501 to 1,000 | 1,001 to 5,000 | 5,001 to 10,000 | 10,001 to 25,000 | 25,001 to 50,000 | 50,001 to 100,000 | 100,001 to 250,000 | 250,001 and over |
|---|---|---|---|---|---|---|---|---|---|---|---|---|---|---|
| Number of Enterprises | 1 | 39393 | 1476 | 18091 | 5770 | 4537 | 4142 | 4115 | 715 | 335 | 104 | 42 | 37 | 29 |
| **Revenues ($ in Thousands)** | | | | | | | | | | | | | | |
| Net Sales | 2 | 154413756 | 1317379 | 3071582 | 3410162 | 7473726 | 11878102 | 30517421 | 15473026 | 13269084 | 9576829 | 5617665 | 9061477 | 43747302 |
| Interest | 3 | 576730 | 18897 | 2084 | 2957 | 8114 | 9207 | 30101 | 27064 | 23443 | 18594 | 13840 | 78456 | 343973 |
| Rents | 4 | 36319 | 47 | 0 | 1075 | 1290 | 763 | 5293 | 3458 | 6550 | 1520 | 2488 | 5391 | 8444 |
| Royalties | 5 | 62010 | 4720 | 6 | 0 | 0 | 0 | 0 | 2459 | 7054 | 488 | 602 | 2094 | 44587 |
| Other Portfolio Income | 6 | 562190 | 8652 | 7773 | 11026 | 1374 | 5066 | 32397 | 24232 | 21690 | 7904 | 9465 | 12648 | 419963 |
| Other Receipts | 7 | 1113802 | 5290 | 37693 | 3592 | 25308 | 58033 | 307384 | 46226 | 115675 | 62174 | 53403 | 43388 | 355638 |
| Total Receipts | 8 | 156764807 | 1354985 | 3119138 | 3428812 | 7509812 | 11951171 | 30892596 | 15576465 | 13443496 | 9667509 | 5697463 | 9203454 | 44919907 |
| Average Total Receipts | 9 | 3980 | 918 | 172 | 594 | 1655 | 2885 | 7507 | 21785 | 40130 | 92957 | 135654 | 248742 | 1548962 |
| **Operating Costs/Operating Income (%)** | | | | | | | | | | | | | | |
| Cost of Operations | 10 | 80.0 | 78.6 | 60.4 | 61.2 | 80.2 | 77.4 | 81.3 | 82.0 | 79.9 | 82.1 | 76.4 | 73.9 | 83.3 |
| Salaries and Wages | 11 | 5.6 | 9.0 | 8.8 | 11.3 | 4.8 | 6.2 | 5.4 | 5.1 | 6.6 | 5.5 | 6.6 | 8.1 | 4.2 |
| Taxes Paid | 12 | 1.2 | 1.6 | 1.9 | 2.3 | 1.2 | 1.0 | 1.7 | 1.1 | 1.3 | 1.1 | 1.1 | 0.9 | 0.7 |
| Interest Paid | 13 | 1.2 | 3.9 | 0.5 | 1.2 | 0.6 | 0.5 | 0.6 | 0.7 | 1.0 | 0.9 | 1.4 | 2.6 | 1.7 |
| Depreciation | 14 | 1.0 | 1.0 | 1.0 | 1.1 | 0.7 | 0.8 | 0.7 | 0.5 | 0.8 | 0.7 | 1.0 | 1.1 | 1.4 |
| Amortization and Depletion | 15 | 0.2 | 0.2 | 0.0 | 0.1 | 0.1 | 0.0 | 0.0 | 0.0 | 0.1 | 0.1 | 0.7 | 0.5 | 0.4 |
| Pensions and Other Deferred Comp. | 16 | 0.2 | 0.1 | 0.4 | 1.1 | 0.3 | 0.3 | 0.3 | 0.1 | 0.2 | 0.2 | 0.2 | 0.2 | 0.1 |
| Employee Benefits | 17 | 0.4 | 0.2 | 0.8 | 0.1 | 0.2 | 0.4 | 0.4 | 0.2 | 0.4 | 0.4 | 0.6 | 0.6 | 0.4 |
| Advertising | 18 | 0.6 | 3.0 | 0.9 | 0.7 | 0.2 | 0.3 | 0.4 | 0.4 | 0.8 | 1.1 | 1.3 | 0.6 | 0.7 |
| Other Expenses | 19 | 8.0 | 34.7 | 18.7 | 10.7 | 7.8 | 7.9 | 6.9 | 6.7 | 7.1 | 6.7 | 8.3 | 11.6 | 7.2 |
| Officers' Compensation | 20 | 1.7 | 1.1 | 9.5 | 8.0 | 3.8 | 3.1 | 2.1 | 1.8 | 1.4 | 1.0 | 1.0 | 0.7 | 0.3 |
| Operating Margin | 21 | • | • | • | 2.1 | 0.1 | 2.0 | 0.3 | 1.2 | 0.4 | 0.1 | 1.5 | • | • |
| Operating Margin Before Officers' Comp. | 22 | 1.7 | • | 6.7 | 10.1 | 3.9 | 5.1 | 2.4 | 3.0 | 1.7 | 1.2 | 2.4 | • | • |

| Selected Average Balance Sheet ($ in Thousands) | | | | | | | | | | | | | |
|---|---|---|---|---|---|---|---|---|---|---|---|---|---|
| Net Receivables 23 | 459 | 0 | 5 | 28 | 96 | 216 | 785 | 2157 | 4614 | 11088 | 18844 | 55475 | 213430 |
| Inventories 24 | 342 | 0 | 6 | 31 | 59 | 158 | 583 | 2066 | 4737 | 9073 | 14514 | 29779 | 142845 |
| Net Property, Plant and Equipment 25 | 250 | 0 | 7 | 25 | 49 | 164 | 311 | 803 | 1998 | 3872 | 9839 | 19365 | 158756 |
| Total Assets 26 | 1734 | 0 | 28 | 158 | 341 | 716 | 2196 | 6805 | 15086 | 33382 | 68851 | 156874 | 1077518 |
| Notes and Loans Payable 27 | 620 | 0 | 38 | 317 | 195 | 269 | 569 | 2221 | 4605 | 10317 | 23558 | 65874 | 341809 |
| All Other Liabilities 28 | 548 | 0 | 7 | 119 | 75 | 220 | 796 | 2569 | 4830 | 14773 | 20183 | 44859 | 301253 |
| Net Worth 29 | 566 | 0 | -18 | -278 | 72 | 228 | 830 | 2015 | 5650 | 8292 | 25110 | 46141 | 434456 |

| Selected Financial Ratios (Times to 1) | | | | | | | | | | | | | |
|---|---|---|---|---|---|---|---|---|---|---|---|---|---|
| Current Ratio 30 | 1.5 | • | 1.6 | 0.3 | 2.1 | 1.9 | 1.7 | 1.5 | 1.5 | 1.3 | 1.7 | 1.6 | 1.4 |
| Quick Ratio 31 | 0.9 | • | 1.0 | 0.2 | 1.3 | 1.2 | 1.0 | 0.9 | 0.8 | 0.7 | 1.0 | 1.0 | 0.8 |
| Net Sales to Working Capital 32 | 11.8 | • | 27.4 | • | 13.5 | 12.5 | 10.8 | 12.0 | 10.3 | 14.8 | 6.8 | 6.0 | 10.1 |
| Coverage Ratio 33 | 2.3 | • | • | 3.2 | 1.9 | 6.6 | 3.4 | 3.5 | 2.7 | 2.2 | 3.1 | 1.2 | 2.4 |
| Total Asset Turnover 34 | 2.3 | • | 6.2 | 3.8 | 4.8 | 4.0 | 3.4 | 3.2 | 2.6 | 2.8 | 1.9 | 1.6 | 1.4 |
| Inventory Turnover 35 | 9.2 | • | 17.7 | 11.5 | 22.2 | 14.1 | 10.3 | 8.6 | 6.7 | 8.3 | 7.0 | 6.1 | 8.8 |
| Receivables Turnover 36 | 8.7 | • | 37.5 | 18.9 | 17.5 | 14.2 | 10.1 | 10.2 | 8.1 | 8.0 | 6.6 | 4.6 | 7.3 |
| Total Liabilities to Net Worth 37 | 2.1 | • | • | • | 3.8 | 2.1 | 1.6 | 2.4 | 1.7 | 3.0 | 1.7 | 2.4 | 1.5 |
| Current Assets to Working Capital 38 | 3.2 | • | 2.7 | • | 1.9 | 2.1 | 2.4 | 3.0 | 2.9 | 4.2 | 2.3 | 2.6 | 3.3 |
| Current Liabilities to Working Capital 39 | 2.2 | • | 1.7 | • | 0.9 | 1.1 | 1.4 | 2.0 | 1.9 | 3.2 | 1.3 | 1.6 | 2.3 |
| Working Capital to Net Sales 40 | 0.1 | • | 0.0 | • | 0.1 | 0.1 | 0.1 | 0.1 | 0.1 | 0.1 | 0.1 | 0.2 | 0.1 |
| Inventory to Working Capital 41 | 1.0 | • | 0.9 | • | 0.6 | 0.6 | 0.9 | 1.2 | 1.2 | 1.4 | 0.7 | 0.7 | 0.9 |
| Total Receipts to Cash Flow 42 | 13.1 | • | 7.2 | 10.1 | 16.4 | 11.6 | 15.3 | 13.9 | 13.5 | 14.9 | 10.4 | 9.5 | 13.1 |
| Cost of Goods to Cash Flow 43 | 10.5 | • | 4.3 | 6.2 | 13.1 | 9.0 | 12.4 | 11.4 | 10.8 | 12.2 | 7.9 | 7.0 | 10.9 |
| Cash Flow to Total Debt 44 | 0.3 | • | 0.5 | 0.1 | 0.4 | 0.5 | 0.4 | 0.3 | 0.3 | 0.2 | 0.3 | 0.2 | 0.2 |

| Selected Financial Factors (in Percentages) | | | | | | | | | | | | | |
|---|---|---|---|---|---|---|---|---|---|---|---|---|---|
| Debt Ratio 45 | 67.3 | • | 165.3 | 276.4 | 79.0 | 68.2 | 62.2 | 70.4 | 62.5 | 75.2 | 63.5 | 70.6 | 59.7 |
| Return on Total Assets 46 | 6.1 | • | • | 14.4 | 5.8 | 12.5 | 7.4 | 8.1 | 7.1 | 5.7 | 8.4 | 5.1 | 5.8 |
| Return on Equity Before Income Taxes 47 | 10.7 | • | 12.2 | • | 13.1 | 33.3 | 13.9 | 19.4 | 12.0 | 12.7 | 15.5 | 3.3 | 8.4 |
| Return on Equity After Income Taxes 48 | 7.2 | • | 12.2 | • | 11.6 | 32.0 | 12.2 | 15.9 | 9.2 | 8.9 | 10.3 | 0.1 | 5.0 |
| Profit Margin (Before Income Tax) 49 | 1.5 | • | • | 2.6 | 0.6 | 2.6 | 1.6 | 1.8 | 1.7 | 1.1 | 2.9 | 0.6 | 2.4 |
| Profit Margin (After Income Tax) 50 | 1.0 | • | • | 2.4 | 0.5 | 2.5 | 1.4 | 1.5 | 1.3 | 0.8 | 1.9 | 0.0 | 1.4 |

## Table II

Corporations with Net Income

# MISCELLANEOUS NONDURABLE GOODS WHOLESALERS

MONEY AMOUNTS AND SIZE OF ASSETS IN THOUSANDS OF DOLLARS

| Item Description for Accounting Period 7/00 Through 6/01 | | Total | Zero Assets | Under 100 | 100 to 250 | 251 to 500 | 501 to 1,000 | 1,001 to 5,000 | 5,001 to 10,000 | 10,001 to 25,000 | 25,001 to 50,000 | 50,001 to 100,000 | 100,001 to 250,000 | 250,001 and over |
|---|---|---|---|---|---|---|---|---|---|---|---|---|---|---|
| Number of Enterprises | 1 | 19882 | 541 | 6291 | 3516 | 2535 | 3054 | 2999 | 546 | 249 | 75 | 0 | 0 | 21 |
| **Revenues ($ in Thousands)** | | | | | | | | | | | | | | |
| Net Sales | 2 | 126861360 | 756113 | 1391868 | 2677309 | 5211105 | 9544121 | 25764629 | 14019537 | 10623146 | 7851959 | 0 | 0 | 37909407 |
| Interest | 3 | 383742 | 4772 | 311 | 680 | 3270 | 7757 | 19063 | 17771 | 17492 | 9381 | 0 | 0 | 235228 |
| Rents | 4 | 28941 | 47 | 0 | 0 | 682 | 388 | 3309 | 2887 | 5667 | 1012 | 0 | 0 | 8444 |
| Royalties | 5 | 39814 | 120 | 0 | 0 | 0 | 0 | 0 | 1362 | 6226 | 199 | 0 | 0 | 30265 |
| Other Portfolio Income | 6 | 519579 | 2400 | 7642 | 8118 | 45 | 4379 | 29679 | 22251 | 14591 | 4854 | 0 | 0 | 408721 |
| Other Receipts | 7 | 943864 | 3548 | 1704 | 856 | 18805 | 56103 | 232542 | 42671 | 99948 | 36130 | 0 | 0 | 320027 |
| Total Receipts | 8 | 128777300 | 767000 | 1401525 | 2686963 | 5233907 | 9612748 | 26049222 | 14106479 | 10767070 | 7903535 | 0 | 0 | 38912092 |
| Average Total Receipts | 9 | 6477 | 1418 | 223 | 764 | 2065 | 3148 | 8686 | 25836 | 43241 | 105380 | • | • | 1852957 |
| **Operating Costs/Operating Income (%)** | | | | | | | | | | | | | | |
| Cost of Operations | 10 | 80.7 | 71.4 | 57.9 | 56.8 | 77.5 | 76.6 | 81.6 | 83.6 | 80.3 | 81.7 | • | • | 84.8 |
| Salaries and Wages | 11 | 5.1 | 7.4 | 4.9 | 13.2 | 4.2 | 6.2 | 4.9 | 4.6 | 6.1 | 5.1 | • | • | 3.7 |
| Taxes Paid | 12 | 1.2 | 2.3 | 1.4 | 2.5 | 1.3 | 1.0 | 1.8 | 1.1 | 1.3 | 1.1 | • | • | 0.7 |
| Interest Paid | 13 | 0.9 | 1.6 | 0.2 | 1.0 | 0.5 | 0.4 | 0.5 | 0.6 | 0.8 | 0.8 | • | • | 1.2 |
| Depreciation | 14 | 0.8 | 0.5 | 0.5 | 1.0 | 0.5 | 0.7 | 0.6 | 0.5 | 0.7 | 0.6 | • | • | 1.0 |
| Amortization and Depletion | 15 | 0.2 | 0.2 | 0.0 | 0.2 | 0.1 | 0.0 | 0.0 | 0.0 | 0.1 | 0.1 | • | • | 0.3 |
| Pensions and Other Deferred Comp. | 16 | 0.2 | 0.1 | 0.6 | 1.4 | 0.5 | 0.2 | 0.3 | 0.1 | 0.2 | 0.2 | • | • | 0.1 |
| Employee Benefits | 17 | 0.4 | 0.3 | 1.1 | 0.1 | 0.1 | 0.4 | 0.3 | 0.2 | 0.4 | 0.4 | • | • | 0.4 |
| Advertising | 18 | 0.6 | 1.8 | 0.1 | 0.6 | 0.3 | 0.3 | 0.3 | 0.3 | 0.7 | 1.2 | • | • | 0.7 |
| Other Expenses | 19 | 6.7 | 12.2 | 16.4 | 8.6 | 7.7 | 7.5 | 6.2 | 5.6 | 6.1 | 5.4 | • | • | 6.4 |
| Officers' Compensation | 20 | 1.6 | 1.2 | 8.2 | 9.6 | 4.5 | 3.1 | 1.9 | 1.3 | 1.4 | 1.1 | • | • | 0.3 |
| Operating Margin | 21 | 1.9 | 1.2 | 8.7 | 5.0 | 2.8 | 3.6 | 1.6 | 2.1 | 1.9 | 2.4 | • | • | 0.5 |
| Operating Margin Before Officers' Comp. | 22 | 3.4 | 2.3 | 16.9 | 14.6 | 7.4 | 6.7 | 3.5 | 3.4 | 3.3 | 3.4 | • | • | 0.8 |

## Selected Average Balance Sheet ($ in Thousands)

| | | | | | | | | | | | | | |
|---|---|---|---|---|---|---|---|---|---|---|---|---|---|
| Net Receivables 23 | 724 | 0 | 4 | 34 | 91 | 241 | 855 | 2270 | 4767 | 11374 | • | • | 264039 |
| Inventories 24 | 532 | 0 | 5 | 26 | 44 | 158 | 621 | 2196 | 4847 | 9750 | • | • | 167486 |
| Net Property, Plant and Equipment 25 | 297 | 0 | 4 | 32 | 31 | 118 | 296 | 733 | 1872 | 4069 | • | • | 120742 |
| Total Assets 26 | 2329 | 0 | 24 | 166 | 324 | 729 | 2248 | 6925 | 14724 | 33510 | • | • | 951478 |
| Notes and Loans Payable 27 | 625 | 0 | 16 | 102 | 110 | 189 | 481 | 1980 | 3727 | 10464 | • | • | 225372 |
| All Other Liabilities 28 | 783 | 0 | 4 | 55 | 71 | 242 | 812 | 2805 | 4829 | 12399 | • | • | 323587 |
| Net Worth 29 | 922 | 0 | 4 | 8 | 144 | 298 | 955 | 2140 | 6168 | 10647 | • | • | 402519 |

## Selected Financial Ratios (Times to 1)

| | | | | | | | | | | | | | |
|---|---|---|---|---|---|---|---|---|---|---|---|---|---|
| Current Ratio 30 | 1.7 | • | 2.4 | 1.9 | 2.3 | 1.9 | 1.8 | 1.5 | 1.6 | 1.5 | • | • | 1.6 |
| Quick Ratio 31 | 1.0 | • | 1.9 | 1.5 | 1.7 | 1.3 | 1.1 | 0.9 | 0.9 | 0.8 | • | • | 0.9 |
| Net Sales to Working Capital 32 | 9.9 | • | 26.9 | 14.7 | 15.9 | 12.0 | 10.9 | 13.3 | 10.0 | 12.2 | • | • | 8.6 |
| Coverage Ratio 33 | 4.9 | 2.7 | 63.5 | 6.3 | 7.5 | 13.2 | 6.1 | 5.7 | 4.9 | 4.9 | • | • | 3.9 |
| Total Asset Turnover 34 | 2.7 | • | 9.1 | 4.6 | 6.3 | 4.3 | 3.8 | 3.7 | 2.9 | 3.1 | • | • | 1.9 |
| Inventory Turnover 35 | 9.7 | • | 27.5 | 16.9 | 36.6 | 15.2 | 11.3 | 9.8 | 7.1 | 8.8 | • | • | 9.1 |
| Receivables Turnover 36 | 9.1 | • | 42.5 | 21.8 | 19.5 | 13.9 | 10.6 | 11.4 | 8.2 | 9.0 | • | • | 7.5 |
| Total Liabilities to Net Worth 37 | 1.5 | • | 5.0 | 18.6 | 1.3 | 1.4 | 1.4 | 2.2 | 1.4 | 2.1 | • | • | 1.4 |
| Current Assets to Working Capital 38 | 2.5 | • | 1.7 | 2.1 | 1.8 | 2.1 | 2.3 | 3.0 | 2.6 | 3.1 | • | • | 2.6 |
| Current Liabilities to Working Capital 39 | 1.5 | • | 0.7 | 1.1 | 0.8 | 1.1 | 1.3 | 2.0 | 1.6 | 2.1 | • | • | 1.6 |
| Working Capital to Net Sales 40 | 0.1 | • | 0.0 | 0.1 | 0.1 | 0.1 | 0.1 | 0.1 | 0.1 | 0.1 | • | • | 0.1 |
| Inventory to Working Capital 41 | 0.8 | • | 0.3 | 0.4 | 0.4 | 0.6 | 0.8 | 1.2 | 1.1 | 1.1 | • | • | 0.8 |
| Total Receipts to Cash Flow 42 | 11.9 | 7.4 | 4.3 | 9.4 | 11.8 | 10.1 | 14.0 | 14.3 | 12.5 | 13.4 | • | • | 12.8 |
| Cost of Goods to Cash Flow 43 | 9.6 | 5.3 | 2.5 | 5.3 | 9.2 | 7.7 | 11.5 | 12.0 | 10.1 | 11.0 | • | • | 10.9 |
| Cash Flow to Total Debt 44 | 0.4 | • | 2.5 | 0.5 | 1.0 | 0.7 | 0.5 | 0.4 | 0.4 | 0.3 | • | • | 0.3 |

## Selected Financial Factors (in Percentages)

| | | | | | | | | | | | | | |
|---|---|---|---|---|---|---|---|---|---|---|---|---|---|
| Debt Ratio 45 | 60.4 | • | 83.4 | 94.9 | 55.7 | 59.2 | 57.5 | 69.1 | 58.1 | 68.2 | • | • | 57.7 |
| Return on Total Assets 46 | 11.8 | • | 87.1 | 29.0 | 23.8 | 20.0 | 12.3 | 12.0 | 11.8 | 12.2 | • | • | 8.6 |
| Return on Equity Before Income Taxes 47 | 23.8 | • | 514.9 | 478.7 | 46.5 | 45.3 | 24.2 | 32.1 | 22.4 | 30.4 | • | • | 15.2 |
| Return on Equity After Income Taxes 48 | 19.6 | • | 514.0 | 451.2 | 45.1 | 43.9 | 22.3 | 27.7 | 18.9 | 26.3 | • | • | 10.1 |
| Profit Margin (Before Income Tax) 49 | 3.4 | 2.6 | 9.4 | 5.3 | 3.2 | 4.3 | 2.7 | 2.7 | 3.2 | 3.1 | • | • | 3.4 |
| Profit Margin (After Income Tax) 50 | 2.8 | 2.0 | 9.4 | 5.0 | 3.2 | 4.2 | 2.5 | 2.3 | 2.7 | 2.7 | • | • | 2.2 |

**Table I**

Corporations with and without Net Income

# NEW AND USED CAR DEALERS

**MONEY AMOUNTS AND SIZE OF ASSETS IN THOUSANDS OF DOLLARS**

| Item Description for Accounting Period 7/00 Through 6/01 | | Total | Zero Assets | Under 100 | 100 to 250 | 251 to 500 | 501 to 1,000 | 1,001 to 5,000 | 5,001 to 10,000 | 10,001 to 25,000 | 25,001 to 50,000 | 50,001 to 100,000 | 100,001 to 250,000 | 250,001 and over |
|---|---|---|---|---|---|---|---|---|---|---|---|---|---|---|
| Number of Enterprises | 1 | 45676 | 2385 | 10781 | 7050 | 4584 | 2215 | 10378 | 4806 | 2862 | 457 | 120 | 22 | 15 |
| **Revenues ($ in Thousands)** | | | | | | | | | | | | | | |
| Net Sales | 2 | 618438311 | 1993951 | 4196676 | 6700388 | 7821374 | 5797606 | 121444901 | 145520374 | 184135168 | 58300439 | 26605598 | 8447368 | 47474469 |
| Interest | 3 | 1629643 | 4590 | 192 | 1050 | 20575 | 25698 | 193589 | 208453 | 206653 | 89891 | 73056 | 87113 | 718782 |
| Rents | 4 | 362538 | 180 | 251 | 1706 | 0 | 8087 | 36936 | 31408 | 75305 | 51428 | 23132 | 56889 | 77216 |
| Royalties | 5 | 125893 | 0 | 0 | 0 | 0 | 0 | 0 | 0 | 349 | 5365 | 0 | 4616 | 115563 |
| Other Portfolio Income | 6 | 731080 | 13500 | 10471 | 10417 | 17326 | 13698 | 83005 | 47129 | 74010 | 65679 | 56495 | 53186 | 286166 |
| Other Receipts | 7 | 8687427 | 21652 | 8260 | 42095 | 57172 | 48508 | 1529679 | 1998364 | 2735564 | 865131 | 445680 | 174694 | 760625 |
| Total Receipts | 8 | 629974892 | 2033873 | 4215850 | 6755656 | 7916447 | 5893597 | 123288110 | 147805728 | 187227049 | 59377933 | 27203961 | 8823866 | 49432821 |
| Average Total Receipts | 9 | 13792 | 853 | 391 | 958 | 1727 | 2661 | 11880 | 30754 | 65418 | 129930 | 226700 | 401085 | 3295521 |
| **Operating Costs/Operating Income (%)** | | | | | | | | | | | | | | |
| Cost of Operations | 10 | 88.6 | 87.4 | 88.2 | 86.3 | 86.3 | 86.1 | 88.9 | 89.1 | 89.3 | 89.1 | 88.0 | 89.2 | 83.8 |
| Salaries and Wages | 11 | 4.6 | 3.2 | 1.3 | 2.0 | 3.2 | 4.4 | 4.2 | 4.6 | 4.7 | 4.8 | 5.2 | 4.4 | 5.8 |
| Taxes Paid | 12 | 0.8 | 0.9 | 1.0 | 1.6 | 1.1 | 1.0 | 0.7 | 0.7 | 0.7 | 0.7 | 0.8 | 0.8 | 1.1 |
| Interest Paid | 13 | 0.9 | 0.7 | 0.6 | 0.6 | 1.0 | 1.1 | 1.0 | 0.8 | 0.7 | 0.7 | 0.8 | 1.8 | 2.3 |
| Depreciation | 14 | 0.5 | 0.2 | 0.4 | 0.1 | 0.2 | 0.4 | 0.3 | 0.3 | 0.3 | 0.5 | 0.9 | 1.8 | 2.2 |
| Amortization and Depletion | 15 | 0.1 | 2.0 | 0.0 | 0.0 | 0.0 | 0.0 | 0.0 | 0.0 | 0.0 | 0.0 | 0.1 | 0.0 | 0.3 |
| Pensions and Other Deferred Comp. | 16 | 0.0 | 0.0 | • | 0.1 | 0.0 | 0.1 | 0.0 | 0.0 | 0.1 | 0.1 | 0.1 | 0.1 | 0.0 |
| Employee Benefits | 17 | 0.4 | 0.3 | 0.3 | 0.1 | 0.2 | 0.3 | 0.4 | 0.4 | 0.3 | 0.3 | 0.3 | 0.4 | 0.4 |
| Advertising | 18 | 1.0 | 1.0 | 0.6 | 0.7 | 1.2 | 0.9 | 0.9 | 1.0 | 1.0 | 0.9 | 1.1 | 0.8 | 1.0 |
| Other Expenses | 19 | 3.6 | 11.5 | 6.6 | 6.8 | 5.2 | 5.0 | 3.7 | 3.2 | 3.0 | 3.0 | 3.6 | 3.4 | 5.8 |
| Officers' Compensation | 20 | 0.8 | 0.5 | 1.5 | 2.7 | 1.5 | 1.5 | 1.0 | 0.8 | 0.7 | 0.6 | 0.6 | 0.4 | 0.1 |
| Operating Margin | 21 | • | • | • | • | • | • | • | • | • | • | • | • | • |
| Operating Margin Before Officers' Comp. | 22 | • | • | 1.2 | 1.7 | 1.4 | 0.6 | • | • | • | • | • | • | • |

| | | | | | | | | | | | | | |
|---|---|---|---|---|---|---|---|---|---|---|---|---|---|
| **Selected Average Balance Sheet ($ in Thousands)** | | | | | | | | | | | | | |
| Net Receivables **23** | 442 | 0 | 2 | 18 | 58 | 109 | 315 | 675 | 1664 | 4197 | 8817 | 31908 | 306792 |
| Inventories **24** | 1873 | 0 | 23 | 96 | 167 | 493 | 1834 | 4665 | 8404 | 16403 | 27473 | 45090 | 365906 |
| Net Property, Plant and Equipment **25** | 359 | 0 | 6 | 14 | 44 | 92 | 184 | 574 | 1459 | 4384 | 10924 | 29605 | 202468 |
| Total Assets **26** | 3420 | 0 | 39 | 165 | 355 | 626 | 2730 | 7054 | 14643 | 32942 | 65325 | 153528 | 1413770 |
| Notes and Loans Payable **27** | 2323 | 0 | 43 | 102 | 216 | 358 | 1917 | 5295 | 10761 | 23312 | 44659 | 104922 | 578596 |
| All Other Liabilities **28** | 460 | 0 | 3 | 23 | 58 | 70 | 308 | 698 | 1463 | 3621 | 7794 | 20623 | 442327 |
| Net Worth **29** | 637 | 0 | -7 | 40 | 81 | 197 | 505 | 1061 | 2419 | 6009 | 12872 | 27983 | 392847 |
| **Selected Financial Ratios (Times to 1)** | | | | | | | | | | | | | |
| Current Ratio **30** | 1.2 | • | 1.8 | 2.7 | 3.0 | 2.1 | 1.3 | 1.2 | 1.2 | 1.2 | 1.2 | 1.1 | 1.1 |
| Quick Ratio **31** | 0.3 | • | 0.5 | 0.8 | 1.1 | 0.7 | 0.3 | 0.2 | 0.3 | 0.3 | 0.4 | 0.5 | 0.5 |
| Net Sales to Working Capital **32** | 26.3 | • | 27.1 | 10.3 | 8.7 | 10.4 | 19.1 | 31.8 | 31.3 | 29.4 | 31.8 | 30.4 | 36.5 |
| Coverage Ratio **33** | 1.8 | • | 1.2 | 0.7 | 2.1 | 1.7 | 1.3 | 1.8 | 2.3 | 2.5 | 2.0 | 1.7 | 1.6 |
| Total Asset Turnover **34** | 4.0 | • | 9.9 | 5.8 | 4.8 | 4.2 | 4.3 | 4.3 | 4.4 | 3.9 | 3.4 | 2.5 | 2.2 |
| Inventory Turnover **35** | 6.4 | • | 14.8 | 8.5 | 8.8 | 4.6 | 5.7 | 5.8 | 6.8 | 6.9 | 7.1 | 7.6 | 7.2 |
| Receivables Turnover **36** | 33.0 | • | 159.7 | 37.8 | 20.3 | 15.5 | 38.0 | 44.1 | 40.9 | 31.7 | 28.2 | 14.8 | 13.7 |
| Total Liabilities to Net Worth **37** | 4.4 | • | • | 3.1 | 3.4 | 2.2 | 4.4 | 5.6 | 5.1 | 4.5 | 4.1 | 4.5 | 2.6 |
| Current Assets to Working Capital **38** | 5.4 | • | 2.2 | 1.6 | 1.5 | 1.9 | 4.0 | 6.5 | 6.0 | 6.1 | 6.7 | 8.0 | 8.8 |
| Current Liabilities to Working Capital **39** | 4.4 | • | 1.2 | 0.6 | 0.5 | 0.9 | 3.0 | 5.5 | 5.0 | 5.1 | 5.7 | 7.0 | 7.8 |
| Working Capital to Net Sales **40** | 0.0 | • | 0.0 | 0.1 | 0.1 | 0.1 | 0.1 | 0.0 | 0.0 | 0.0 | 0.0 | 0.0 | 0.0 |
| Inventory to Working Capital **41** | 3.8 | • | 1.6 | 1.0 | 0.9 | 1.3 | 3.0 | 5.1 | 4.5 | 4.2 | 4.4 | 4.3 | 4.5 |
| Total Receipts to Cash Flow **42** | 31.5 | 24.1 | 22.3 | 22.4 | 19.8 | 22.6 | 33.9 | 35.4 | 34.0 | 30.8 | 29.3 | 26.9 | 21.9 |
| Cost of Goods to Cash Flow **43** | 27.9 | 21.0 | 19.7 | 19.3 | 17.1 | 19.5 | 30.1 | 31.5 | 30.3 | 27.5 | 25.8 | 24.0 | 18.4 |
| Cash Flow to Total Debt **44** | 0.2 | • | 0.4 | 0.3 | 0.3 | 0.3 | 0.2 | 0.1 | 0.2 | 0.2 | 0.1 | 0.1 | 0.1 |
| **Selected Financial Factors (in Percentages)** | | | | | | | | | | | | | |
| Debt Ratio **45** | 81.4 | • | 117.5 | 75.8 | 77.2 | 68.5 | 81.5 | 85.0 | 83.5 | 81.8 | 80.3 | 81.8 | 72.2 |
| Return on Total Assets **46** | 6.5 | • | 6.6 | 2.5 | 10.3 | 8.2 | 5.5 | 5.8 | 6.7 | 7.2 | 5.7 | 7.9 | 8.3 |
| Return on Equity Before Income Taxes **47** | 15.7 | • | • | • | 24.0 | 11.2 | 7.7 | 17.2 | 23.1 | 23.7 | 14.2 | 18.2 | 11.5 |
| Return on Equity After Income Taxes **48** | 13.2 | • | • | • | 23.2 | 10.6 | 6.5 | 15.4 | 21.3 | 20.8 | 11.7 | 10.9 | 7.1 |
| Profit Margin (Before Income Tax) **49** | 0.7 | • | 0.1 | • | 1.1 | 0.8 | 0.3 | 0.6 | 0.9 | 1.1 | 0.8 | 1.3 | 1.4 |
| Profit Margin (After Income Tax) **50** | 0.6 | • | 0.1 | • | 1.1 | 0.8 | 0.3 | 0.5 | 0.8 | 1.0 | 0.7 | 0.8 | 0.9 |

## Table II

Corporations with Net Income

# NEW AND USED CAR DEALERS

MONEY AMOUNTS AND SIZE OF ASSETS IN THOUSANDS OF DOLLARS

| Item Description for Accounting Period 7/00 Through 6/01 | | Total | Zero Assets | Under 100 | 100 to 250 | 251 to 500 | 501 to 1,000 | 1,001 to 5,000 | 5,001 to 10,000 | 10,001 to 25,000 | 25,001 to 50,000 | 50,001 to 100,000 | 100,001 to 250,000 | 250,001 and over |
|---|---|---|---|---|---|---|---|---|---|---|---|---|---|---|
| Number of Enterprises | 1 | 23606 | 290 | 5092 | 2173 | 2831 | 1153 | 6181 | 3272 | 2133 | 357 | 96 | 16 | 11 |
| **Revenues ($ in Thousands)** | | | | | | | | | | | | | | |
| Net Sales | 2 | 462598599 | 1178096 | 2404527 | 2417856 | 4981235 | 3628149 | 78587910 | 104349978 | 143842030 | 47635860 | 21918231 | 6692732 | 44961996 |
| Interest | 3 | 1311592 | 2340 | 6 | 0 | 8426 | 10994 | 136342 | 161682 | 158078 | 73519 | 67573 | 74737 | 617894 |
| Rents | 4 | 287602 | 180 | 0 | 309 | 0 | 9 | 24569 | 23536 | 54418 | 33423 | 21309 | 54220 | 75629 |
| Royalties | 5 | 125893 | 0 | 0 | 0 | 0 | 0 | 0 | 0 | 349 | 5365 | 0 | 4616 | 115563 |
| Other Portfolio Income | 6 | 612995 | 8663 | 10315 | 10159 | 12154 | 10088 | 69888 | 34278 | 50297 | 56551 | 39859 | 30479 | 280266 |
| Other Receipts | 7 | 6805994 | 18109 | 870 | 26722 | 33066 | 23603 | 1034820 | 1523721 | 2187236 | 719890 | 396925 | 151308 | 689721 |
| Total Receipts | 8 | 471742675 | 1207388 | 2415718 | 2455046 | 5034881 | 3672843 | 79853529 | 106093195 | 146292408 | 48524608 | 22443897 | 7008092 | 46741069 |
| Average Total Receipts | 9 | 19984 | 4163 | 474 | 1130 | 1778 | 3185 | 12919 | 32425 | 68585 | 135923 | 233791 | 438006 | 4249188 |
| **Operating Costs/Operating Income (%)** | | | | | | | | | | | | | | |
| Cost of Operations | 10 | 88.3 | 82.6 | 84.7 | 82.9 | 84.1 | 84.6 | 88.4 | 88.9 | 89.2 | 89.0 | 87.9 | 89.5 | 84.3 |
| Salaries and Wages | 11 | 4.6 | 2.9 | 1.5 | 1.7 | 3.2 | 4.3 | 4.2 | 4.6 | 4.7 | 4.7 | 5.3 | 4.7 | 5.7 |
| Taxes Paid | 12 | 0.8 | 0.6 | 0.6 | 2.2 | 1.2 | 1.0 | 0.7 | 0.7 | 0.7 | 0.7 | 0.8 | 0.8 | 1.1 |
| Interest Paid | 13 | 0.8 | 0.5 | 0.5 | 0.5 | 0.7 | 0.8 | 0.8 | 0.7 | 0.6 | 0.7 | 0.8 | 1.5 | 2.2 |
| Depreciation | 14 | 0.5 | 0.2 | 0.5 | 0.1 | 0.2 | 0.3 | 0.2 | 0.3 | 0.3 | 0.5 | 0.7 | 0.8 | 2.1 |
| Amortization and Depletion | 15 | 0.0 | 0.0 | 0.0 | • | • | 0.0 | 0.0 | 0.0 | 0.0 | 0.0 | 0.0 | 0.0 | 0.2 |
| Pensions and Other Deferred Comp. | 16 | 0.1 | 0.0 | • | 0.0 | 0.0 | 0.1 | 0.1 | 0.1 | 0.1 | 0.1 | 0.0 | 0.1 | 0.0 |
| Employee Benefits | 17 | 0.3 | 0.2 | 0.4 | 0.1 | 0.3 | 0.3 | 0.4 | 0.3 | 0.3 | 0.3 | 0.3 | 0.4 | 0.3 |
| Advertising | 18 | 0.9 | 0.9 | 0.8 | 0.7 | 1.1 | 0.8 | 0.9 | 1.0 | 0.9 | 0.9 | 1.0 | 0.9 | 1.0 |
| Other Expenses | 19 | 3.4 | 11.8 | 6.7 | 6.1 | 5.8 | 5.0 | 3.5 | 3.0 | 2.8 | 2.9 | 3.3 | 3.5 | 5.2 |
| Officers' Compensation | 20 | 0.8 | 0.7 | 0.5 | 3.3 | 1.5 | 1.3 | 1.2 | 0.9 | 0.8 | 0.6 | 0.6 | 0.5 | 0.1 |
| Operating Margin | 21 | • | • | 3.7 | 2.4 | 1.9 | 1.6 | • | • | • | • | • | • | • |
| Operating Margin Before Officers' Comp. | 22 | 0.2 | 0.3 | 4.2 | 5.7 | 3.4 | 2.9 | 0.8 | 0.4 | 0.4 | 0.3 | • | • | • |

| Selected Average Balance Sheet ($ in Thousands) | | | | | | | | | | | | | |
|---|---|---|---|---|---|---|---|---|---|---|---|---|---|
| Net Receivables 23 | 647 | 0 | 2 | 23 | 38 | 120 | 337 | 689 | 1706 | 4132 | 9254 | 34098 | 371463 |
| Inventories 24 | 2764 | 0 | 28 | 124 | 188 | 554 | 2052 | 5072 | 9041 | 17556 | 29084 | 52786 | 500048 |
| Net Property, Plant and Equipment 25 | 506 | 0 | 7 | 20 | 36 | 71 | 193 | 603 | 1436 | 4393 | 10921 | 26509 | 219593 |
| Total Assets 26 | 4837 | 0 | 45 | 171 | 354 | 640 | 2778 | 7087 | 14768 | 33062 | 65269 | 150854 | 1772520 |
| Notes and Loans Payable 27 | 3073 | 0 | 42 | 75 | 150 | 271 | 1806 | 5106 | 10502 | 22836 | 43543 | 92665 | 667715 |
| All Other Liabilities 28 | 694 | 0 | 3 | 22 | 64 | 89 | 292 | 655 | 1466 | 3648 | 7741 | 24382 | 593080 |
| Net Worth 29 | 1070 | 0 | 0 | 74 | 139 | 280 | 681 | 1325 | 2800 | 6578 | 13985 | 33807 | 511726 |

| Selected Financial Ratios (Times to 1) | | | | | | | | | | | | | |
|---|---|---|---|---|---|---|---|---|---|---|---|---|---|
| Current Ratio 30 | 1.3 | • | 2.2 | 2.6 | 3.2 | 2.3 | 1.4 | 1.2 | 1.2 | 1.2 | 1.2 | 1.2 | 1.1 |
| Quick Ratio 31 | 0.3 | • | 0.5 | 0.9 | 1.1 | 0.9 | 0.3 | 0.3 | 0.3 | 0.4 | 0.4 | 0.6 | 0.5 |
| Net Sales to Working Capital 32 | 25.2 | • | 23.9 | 11.9 | 8.4 | 11.6 | 17.8 | 27.3 | 28.9 | 27.3 | 29.6 | 21.9 | 40.4 |
| Coverage Ratio 33 | 2.7 | 5.5 | 9.3 | 9.5 | 5.0 | 4.7 | 2.6 | 2.8 | 3.3 | 3.2 | 2.9 | 2.4 | 1.7 |
| Total Asset Turnover 34 | 4.1 | • | 10.5 | 6.5 | 5.0 | 4.9 | 4.6 | 4.5 | 4.6 | 4.0 | 3.5 | 2.8 | 2.3 |
| Inventory Turnover 35 | 6.3 | • | 14.1 | 7.4 | 7.9 | 4.8 | 5.5 | 5.6 | 6.7 | 6.8 | 6.9 | 7.1 | 6.9 |
| Receivables Turnover 36 | 31.2 | • | 157.1 | 31.5 | 27.7 | 13.7 | 34.7 | 42.5 | 39.7 | 32.4 | 27.3 | 24.5 | 22.0 |
| Total Liabilities to Net Worth 37 | 3.5 | • | 358.0 | 1.3 | 1.5 | 1.3 | 3.1 | 4.3 | 4.3 | 4.0 | 3.7 | 3.5 | 2.5 |
| Current Assets to Working Capital 38 | 5.0 | • | 1.8 | 1.6 | 1.5 | 1.8 | 3.5 | 5.3 | 5.4 | 5.5 | 6.2 | 5.5 | 9.5 |
| Current Liabilities to Working Capital 39 | 4.0 | • | 0.8 | 0.6 | 0.5 | 0.8 | 2.5 | 4.3 | 4.4 | 4.5 | 5.2 | 4.5 | 8.5 |
| Working Capital to Net Sales 40 | 0.0 | • | 0.0 | 0.1 | 0.1 | 0.1 | 0.1 | 0.0 | 0.0 | 0.0 | 0.0 | 0.0 | 0.0 |
| Inventory to Working Capital 41 | 3.5 | • | 1.3 | 1.0 | 0.9 | 1.1 | 2.6 | 4.1 | 3.9 | 3.7 | 4.0 | 2.8 | 4.9 |
| Total Receipts to Cash Flow 42 | 27.2 | 7.4 | 11.6 | 12.0 | 13.7 | 15.7 | 26.9 | 30.4 | 30.2 | 28.3 | 25.2 | 22.3 | 24.2 |
| Cost of Goods to Cash Flow 43 | 24.0 | 6.1 | 9.8 | 9.9 | 11.5 | 13.3 | 23.8 | 27.0 | 26.9 | 25.1 | 22.1 | 20.0 | 20.4 |
| Cash Flow to Total Debt 44 | 0.2 | • | 0.9 | 1.0 | 0.6 | 0.6 | 0.2 | 0.2 | 0.2 | 0.2 | 0.2 | 0.2 | 0.1 |

| Selected Financial Factors (in Percentages) | | | | | | | | | | | | | |
|---|---|---|---|---|---|---|---|---|---|---|---|---|---|
| Debt Ratio 45 | 77.9 | • | 99.7 | 56.7 | 60.7 | 56.3 | 75.5 | 81.3 | 81.0 | 80.1 | 78.6 | 77.6 | 71.1 |
| Return on Total Assets 46 | 9.2 | • | 48.4 | 28.7 | 18.4 | 17.6 | 9.5 | 8.6 | 8.8 | 8.8 | 8.2 | 9.9 | 8.9 |
| Return on Equity Before Income Taxes 47 | 26.3 | • | 15486.9 | 59.3 | 37.5 | 31.7 | 24.0 | 29.5 | 32.3 | 30.7 | 25.3 | 25.5 | 13.2 |
| Return on Equity After Income Taxes 48 | 23.5 | • | 15429.0 | 58.6 | 36.8 | 30.9 | 22.5 | 27.5 | 30.3 | 27.3 | 22.4 | 17.3 | 8.6 |
| Profit Margin (Before Income Tax) 49 | 1.4 | 2.1 | 4.1 | 3.9 | 3.0 | 2.8 | 1.3 | 1.2 | 1.3 | 1.5 | 1.6 | 2.1 | 1.7 |
| Profit Margin (After Income Tax) 50 | 1.3 | 1.9 | 4.1 | 3.9 | 2.9 | 2.7 | 1.2 | 1.1 | 1.3 | 1.3 | 1.4 | 1.4 | 1.1 |

## Table I

Corporations with and without Net Income

# OTHER MOTOR VEHICLE AND PARTS DEALERS

MONEY AMOUNTS AND SIZE OF ASSETS IN THOUSANDS OF DOLLARS

| Item Description for Accounting Period 7/00 Through 6/01 | | Total | Zero Assets | Under 100 | 100 to 250 | 251 to 500 | 501 to 1,000 | 1,001 to 5,000 | 5,001 to 10,000 | 10,001 to 25,000 | 25,001 to 50,000 | 50,001 to 100,000 | 100,001 to 250,000 | 250,001 and over |
|---|---|---|---|---|---|---|---|---|---|---|---|---|---|---|
| Number of Enterprises | 1 | 45736 | 3699 | 13492 | 9578 | 6132 | 5661 | 5992 | 648 | 378 | 87 | 40 | 19 | 10 |
| **Revenues ($ in Thousands)** | | | | | | | | | | | | | | |
| Net Sales | 2 | 121762940 | 1698911 | 3586732 | 8020076 | 5531969 | 10966885 | 31830001 | 11514348 | 14354759 | 6997927 | 6150958 | 4733835 | 16376537 |
| Interest | 3 | 215878 | 3780 | 539 | 1868 | 7441 | 14264 | 49755 | 15865 | 24424 | 10867 | 11390 | 33786 | 41899 |
| Rents | 4 | 115257 | 725 | 0 | 24 | 1275 | 7605 | 18622 | 11419 | 25005 | 5113 | 12496 | 18899 | 14072 |
| Royalties | 5 | 182935 | 0 | 0 | 0 | 0 | 0 | 0 | 0 | 624 | 2 | 9963 | 3 | 172344 |
| Other Portfolio Income | 6 | 344946 | 54637 | 6683 | 4575 | 51463 | 30768 | 55417 | 15038 | 45200 | 20834 | 26163 | 15954 | 18214 |
| Other Receipts | 7 | 2312332 | 139527 | 10380 | 26918 | 33969 | 72899 | 277893 | 130696 | 168683 | 58520 | 80397 | 56824 | 1255629 |
| Total Receipts | 8 | 124934288 | 1897580 | 3604334 | 8053461 | 5626117 | 11092421 | 32231688 | 11687366 | 14618695 | 7093263 | 6291367 | 4859301 | 17878695 |
| Average Total Receipts | 9 | 2732 | 513 | 267 | 841 | 918 | 1959 | 5379 | 18036 | 38674 | 81532 | 157284 | 255753 | 1787870 |
| **Operating Costs/Operating Income (%)** | | | | | | | | | | | | | | |
| Cost of Operations | 10 | 74.2 | 85.7 | 51.8 | 73.7 | 63.3 | 70.9 | 78.1 | 82.4 | 82.5 | 78.8 | 78.7 | 74.1 | 59.8 |
| Salaries and Wages | 11 | 9.4 | 9.3 | 18.7 | 8.0 | 10.8 | 9.4 | 7.1 | 6.6 | 6.8 | 7.6 | 8.1 | 9.1 | 17.9 |
| Taxes Paid | 12 | 1.8 | 1.8 | 2.9 | 2.0 | 2.9 | 1.8 | 1.4 | 1.1 | 1.1 | 1.2 | 1.2 | 1.4 | 3.2 |
| Interest Paid | 13 | 1.6 | 1.7 | 0.8 | 1.2 | 1.5 | 1.2 | 1.5 | 1.5 | 1.6 | 1.7 | 1.7 | 2.3 | 2.0 |
| Depreciation | 14 | 1.3 | 1.0 | 0.7 | 0.9 | 1.6 | 1.1 | 0.8 | 0.9 | 1.3 | 1.9 | 2.3 | 2.4 | 2.2 |
| Amortization and Depletion | 15 | 0.1 | 0.1 | 0.0 | 0.0 | 0.0 | 0.0 | 0.0 | 0.0 | 0.0 | 0.0 | 0.2 | 0.2 | 0.3 |
| Pensions and Other Deferred Comp. | 16 | 0.2 | 0.3 | 0.2 | 0.1 | 0.2 | 0.3 | 0.1 | 0.1 | 0.1 | 0.2 | 0.2 | 0.5 | 0.2 |
| Employee Benefits | 17 | 0.6 | 0.6 | 0.5 | 0.2 | 0.3 | 0.4 | 0.5 | 0.6 | 0.6 | 0.7 | 0.8 | 1.1 | 1.2 |
| Advertising | 18 | 1.1 | 1.3 | 1.4 | 0.8 | 1.4 | 1.2 | 1.1 | 1.3 | 0.9 | 0.7 | 1.3 | 0.7 | 1.1 |
| Other Expenses | 19 | 9.3 | 13.3 | 14.0 | 9.4 | 15.9 | 10.3 | 6.9 | 5.1 | 5.4 | 7.4 | 7.8 | 7.8 | 17.9 |
| Officers' Compensation | 20 | 1.8 | 1.8 | 6.7 | 3.1 | 4.6 | 3.2 | 2.2 | 1.3 | 1.0 | 0.7 | 0.5 | 0.4 | 0.2 |
| Operating Margin | 21 | • | • | 2.4 | 0.7 | • | • | 0.2 | • | • | • | • | • | • |
| Operating Margin Before Officers' Comp. | 22 | 0.4 | • | 9.1 | 3.7 | 2.0 | 3.2 | 2.4 | 0.4 | • | • | • | 0.4 | • |

## Selected Average Balance Sheet ($ in Thousands)

| | | | | | | | | | | | | | |
|---|---|---|---|---|---|---|---|---|---|---|---|---|---|
| Net Receivables 23 | 149 | 0 | 6 | 24 | 49 | 82 | 200 | 734 | 2090 | 5481 | 9430 | 27642 | 189309 |
| Inventories 24 | 560 | 0 | 16 | 88 | 162 | 412 | 1219 | 4370 | 8425 | 17868 | 32877 | 46994 | 412732 |
| Net Property, Plant and Equipment 25 | 217 | 0 | 9 | 32 | 84 | 110 | 280 | 877 | 2493 | 7540 | 13362 | 47532 | 306754 |
| Total Assets 26 | 1151 | 0 | 45 | 167 | 348 | 721 | 2071 | 6880 | 15259 | 34806 | 70429 | 158871 | 1271806 |
| Notes and Loans Payable 27 | 543 | 0 | 23 | 73 | 207 | 273 | 956 | 3871 | 8933 | 19650 | 39824 | 74041 | 469298 |
| All Other Liabilities 28 | 325 | 0 | 14 | 90 | 65 | 202 | 548 | 1307 | 3393 | 10973 | 17351 | 32492 | 460844 |
| Net Worth 29 | 283 | 0 | 8 | 5 | 75 | 246 | 568 | 1702 | 2932 | 4183 | 13254 | 52339 | 341664 |

## Selected Financial Ratios (Times to 1)

| | | | | | | | | | | | | | |
|---|---|---|---|---|---|---|---|---|---|---|---|---|---|
| Current Ratio 30 | 1.5 | • | 2.0 | 1.3 | 2.6 | 2.2 | 1.6 | 1.4 | 1.3 | 1.2 | 1.4 | 1.2 | 1.5 |
| Quick Ratio 31 | 0.4 | • | 1.0 | 0.5 | 0.9 | 0.6 | 0.3 | 0.3 | 0.3 | 0.4 | 0.4 | 0.4 | 0.4 |
| Net Sales to Working Capital 32 | 9.7 | • | 16.0 | 28.3 | 6.2 | 6.3 | 8.5 | 10.5 | 13.9 | 16.2 | 10.4 | 20.6 | 7.2 |
| Coverage Ratio 33 | 1.8 | • | 4.6 | 1.9 | 0.4 | 1.9 | 2.0 | 1.4 | 1.4 | 1.4 | 0.7 | 2.2 | 2.5 |
| Total Asset Turnover 34 | 2.3 | • | 5.9 | 5.0 | 2.6 | 2.7 | 2.6 | 2.6 | 2.5 | 2.3 | 2.2 | 1.6 | 1.3 |
| Inventory Turnover 35 | 3.5 | • | 8.5 | 7.0 | 3.5 | 3.3 | 3.4 | 3.3 | 3.7 | 3.5 | 3.7 | 3.9 | 2.4 |
| Receivables Turnover 36 | 18.7 | • | 49.1 | 39.2 | 18.8 | 21.7 | 28.3 | 23.1 | 19.4 | 14.2 | 13.2 | 11.3 | 9.7 |
| Total Liabilities to Net Worth 37 | 3.1 | • | 4.6 | 34.0 | 3.6 | 1.9 | 2.6 | 3.0 | 4.2 | 7.3 | 4.3 | 2.0 | 2.7 |
| Current Assets to Working Capital 38 | 3.0 | • | 2.0 | 4.4 | 1.6 | 1.9 | 2.7 | 3.4 | 4.3 | 5.1 | 3.2 | 7.2 | 3.2 |
| Current Liabilities to Working Capital 39 | 2.0 | • | 1.0 | 3.4 | 0.6 | 0.9 | 1.7 | 2.4 | 3.3 | 4.1 | 2.2 | 6.2 | 2.2 |
| Working Capital to Net Sales 40 | 0.1 | • | 0.1 | 0.0 | 0.2 | 0.2 | 0.1 | 0.1 | 0.1 | 0.1 | 0.1 | 0.0 | 0.1 |
| Inventory to Working Capital 41 | 2.1 | • | 1.0 | 2.7 | 1.0 | 1.3 | 2.1 | 2.5 | 3.1 | 3.3 | 2.2 | 4.1 | 1.8 |
| Total Receipts to Cash Flow 42 | 13.1 | 23.3 | 8.3 | 12.7 | 9.5 | 12.5 | 16.5 | 23.6 | 23.8 | 16.8 | 21.3 | 11.8 | 6.4 |
| Cost of Goods to Cash Flow 43 | 9.7 | 20.0 | 4.3 | 9.4 | 6.0 | 8.9 | 12.9 | 19.5 | 19.6 | 13.2 | 16.8 | 8.7 | 3.8 |
| Cash Flow to Total Debt 44 | 0.2 | • | 0.9 | 0.4 | 0.3 | 0.3 | 0.2 | 0.1 | 0.1 | 0.2 | 0.1 | 0.2 | 0.3 |

## Selected Financial Factors (in Percentages)

| | | | | | | | | | | | | | |
|---|---|---|---|---|---|---|---|---|---|---|---|---|---|
| Debt Ratio 45 | 75.4 | • | 82.0 | 97.1 | 78.4 | 65.8 | 72.6 | 75.3 | 80.8 | 88.0 | 81.2 | 67.1 | 73.1 |
| Return on Total Assets 46 | 6.3 | • | 21.5 | 11.5 | 1.5 | 6.3 | 7.6 | 5.4 | 5.4 | 5.2 | 2.8 | 8.0 | 6.5 |
| Return on Equity Before Income Taxes 47 | 11.1 | • | 93.7 | 192.2 | • | 8.7 | 13.7 | 6.3 | 7.5 | 11.4 | • | 13.4 | 14.6 |
| Return on Equity After Income Taxes 48 | 8.0 | • | 91.9 | 186.7 | • | 7.8 | 12.0 | 5.0 | 5.1 | 6.4 | • | 9.3 | 9.0 |
| Profit Margin (Before Income Tax) 49 | 1.2 | • | 2.9 | 1.1 | • | 1.1 | 1.5 | 0.6 | 0.6 | 0.6 | • | 2.8 | 3.0 |
| Profit Margin (After Income Tax) 50 | 0.8 | • | 2.8 | 1.1 | • | 1.0 | 1.3 | 0.5 | 0.4 | 0.3 | • | 1.9 | 1.9 |

**Table II**

Corporations with Net Income

# OTHER MOTOR VEHICLE AND PARTS DEALERS

MONEY AMOUNTS AND SIZE OF ASSETS IN THOUSANDS OF DOLLARS

| Item Description for Accounting Period 7/00 Through 6/01 | | Total | Zero Assets | Under 100 | 100 to 250 | 251 to 500 | 501 to 1,000 | 1,001 to 5,000 | 5,001 to 10,000 | 10,001 to 25,000 | 25,001 to 50,000 | 50,001 to 100,000 | 100,001 to 250,000 | 250,001 and over |
|---|---|---|---|---|---|---|---|---|---|---|---|---|---|---|
| Number of Enterprises | 1 | 29287 | 1958 | 7935 | 6800 | 3660 | 3783 | 4363 | 436 | 263 | 46 | 25 | 12 | 6 |
| **Revenues ($ in Thousands)** | | | | | | | | | | | | | | |
| Net Sales | 2 | 82499335 | 829874 | 1897604 | 4951129 | 3263537 | 8263189 | 24869526 | 7518002 | 10382099 | 3967407 | 3771683 | 3067789 | 9717499 |
| Interest | 3 | 159864 | 3389 | 356 | 896 | 7090 | 8695 | 39660 | 10959 | 16633 | 7316 | 6184 | 30014 | 28671 |
| Rents | 4 | 56741 | 725 | 0 | 24 | 827 | 2777 | 12118 | 10655 | 13159 | 1326 | 8975 | 2476 | 3676 |
| Royalties | 5 | 143162 | 0 | 0 | 0 | 0 | 0 | 0 | 0 | 483 | 0 | 9963 | 3 | 132714 |
| Other Portfolio Income | 6 | 206076 | 23951 | 1668 | 3631 | 4759 | 27927 | 46561 | 10033 | 29321 | 14163 | 18396 | 12407 | 13259 |
| Other Receipts | 7 | 1859364 | 16608 | 9256 | 25614 | 24473 | 59094 | 224334 | 81554 | 130369 | 36586 | 38592 | 34372 | 1178514 |
| Total Receipts | 8 | 84924542 | 874547 | 1908884 | 4981294 | 3300686 | 8361682 | 25192199 | 7631203 | 10572064 | 4026798 | 3853793 | 3147061 | 11074333 |
| Average Total Receipts | 9 | 2900 | 447 | 241 | 733 | 902 | 2210 | 5774 | 17503 | 40198 | 87539 | 154152 | 262255 | 1845722 |
| **Operating Costs/Operating Income (%)** | | | | | | | | | | | | | | |
| Cost of Operations | 10 | 74.1 | 75.4 | 45.7 | 69.6 | 60.3 | 70.0 | 77.4 | 82.7 | 82.2 | 78.0 | 78.5 | 71.3 | 63.6 |
| Salaries and Wages | 11 | 8.8 | 10.4 | 15.2 | 8.4 | 12.3 | 9.5 | 7.1 | 6.7 | 6.5 | 8.2 | 6.6 | 9.4 | 15.4 |
| Taxes Paid | 12 | 1.7 | 1.3 | 3.2 | 2.2 | 3.0 | 1.9 | 1.4 | 1.0 | 1.1 | 1.3 | 0.9 | 1.6 | 3.3 |
| Interest Paid | 13 | 1.2 | 0.4 | 1.0 | 0.5 | 1.1 | 1.0 | 1.3 | 1.4 | 1.4 | 1.2 | 1.4 | 1.7 | 1.3 |
| Depreciation | 14 | 1.1 | 0.6 | 0.6 | 1.2 | 1.5 | 1.2 | 0.8 | 0.7 | 1.0 | 1.4 | 2.2 | 1.7 | 1.6 |
| Amortization and Depletion | 15 | 0.1 | 0.0 | 0.0 | 0.0 | 0.0 | 0.0 | 0.0 | 0.0 | 0.0 | 0.0 | 0.1 | 0.2 | 0.1 |
| Pensions and Other Deferred Comp. | 16 | 0.2 | 0.1 | • | 0.2 | 0.3 | 0.2 | 0.2 | 0.2 | 0.2 | 0.2 | 0.2 | 0.6 | 0.3 |
| Employee Benefits | 17 | 0.6 | 0.6 | 0.5 | 0.3 | 0.3 | 0.4 | 0.5 | 0.5 | 0.5 | 0.7 | 0.7 | 1.2 | 1.0 |
| Advertising | 18 | 1.0 | 1.0 | 1.7 | 1.0 | 1.4 | 1.2 | 1.1 | 0.7 | 0.8 | 0.7 | 0.8 | 0.9 | 1.1 |
| Other Expenses | 19 | 9.0 | 6.5 | 17.3 | 10.1 | 13.2 | 9.9 | 6.7 | 4.6 | 5.1 | 6.0 | 7.6 | 8.6 | 20.4 |
| Officers' Compensation | 20 | 1.9 | 0.7 | 6.1 | 3.8 | 5.2 | 3.0 | 2.1 | 1.2 | 1.0 | 0.8 | 0.6 | 0.5 | 0.2 |
| Operating Margin | 21 | 0.3 | 3.0 | 8.6 | 2.8 | 1.3 | 1.8 | 1.3 | 0.3 | 0.2 | 1.4 | 0.3 | 2.3 | • |
| Operating Margin Before Officers' Comp. | 22 | 2.1 | 3.7 | 14.7 | 6.5 | 6.6 | 4.7 | 3.5 | 1.6 | 1.2 | 2.2 | 0.9 | 2.8 | • |

**Selected Average Balance Sheet ($ in Thousands)**

| | | | | | | | | | | | | | |
|---|---|---|---|---|---|---|---|---|---|---|---|---|---|
| Net Receivables **23** | 174 | 0 | 7 | 25 | 59 | 90 | 202 | 616 | 2133 | 5885 | 10326 | 34035 | 277319 |
| Inventories **24** | 636 | 0 | 17 | 86 | 177 | 405 | 1310 | 5201 | 9114 | 22233 | 38390 | 57856 | 340704 |
| Net Property, Plant and Equipment **25** | 183 | 0 | 11 | 24 | 73 | 116 | 268 | 756 | 2270 | 6956 | 15025 | 32890 | 201812 |
| Total Assets **26** | 1191 | 0 | 48 | 163 | 351 | 730 | 2105 | 6933 | 15036 | 35319 | 69918 | 157530 | 1320103 |
| Notes and Loans Payable **27** | 480 | 0 | 24 | 78 | 149 | 190 | 829 | 3772 | 8142 | 15720 | 34814 | 58158 | 397319 |
| All Other Liabilities **28** | 342 | 0 | 14 | 32 | 50 | 241 | 579 | 1396 | 3440 | 9689 | 14906 | 45708 | 531075 |
| Net Worth **29** | 369 | 0 | 10 | 53 | 152 | 300 | 697 | 1765 | 3454 | 9909 | 20198 | 53664 | 391709 |

**Selected Financial Ratios (Times to 1)**

| | | | | | | | | | | | | | |
|---|---|---|---|---|---|---|---|---|---|---|---|---|---|
| Current Ratio **30** | 1.6 | • | 2.3 | 3.1 | 3.2 | 2.0 | 1.7 | 1.5 | 1.3 | 1.3 | 1.6 | 1.5 | 1.4 |
| Quick Ratio **31** | 0.5 | • | 1.3 | 1.1 | 1.3 | 0.6 | 0.4 | 0.3 | 0.3 | 0.4 | 0.5 | 0.6 | 0.6 |
| Net Sales to Working Capital **32** | 8.6 | • | 12.2 | 7.9 | 5.2 | 7.6 | 8.1 | 8.9 | 13.4 | 16.1 | 8.3 | 7.8 | 7.3 |
| Coverage Ratio **33** | 3.6 | 22.9 | 10.1 | 7.2 | 3.2 | 4.0 | 3.1 | 2.3 | 2.5 | 3.4 | 2.8 | 4.0 | 5.4 |
| Total Asset Turnover **34** | 2.4 | • | 5.0 | 4.5 | 2.5 | 3.0 | 2.7 | 2.5 | 2.6 | 2.4 | 2.2 | 1.6 | 1.2 |
| Inventory Turnover **35** | 3.3 | • | 6.4 | 5.9 | 3.0 | 3.8 | 3.4 | 2.7 | 3.6 | 3.0 | 3.1 | 3.2 | 3.0 |
| Receivables Turnover **36** | 16.1 | • | 34.3 | 32.1 | 15.3 | 21.8 | 28.4 | 20.7 | 18.5 | 11.8 | 9.6 | 15.0 | 11.7 |
| Total Liabilities to Net Worth **37** | 2.2 | • | 3.9 | 2.1 | 1.3 | 1.4 | 2.0 | 2.9 | 3.4 | 2.6 | 2.5 | 1.9 | 2.4 |
| Current Assets to Working Capital **38** | 2.7 | • | 1.8 | 1.5 | 1.4 | 2.0 | 2.5 | 3.1 | 4.0 | 4.7 | 2.6 | 3.2 | 3.5 |
| Current Liabilities to Working Capital **39** | 1.7 | • | 0.8 | 0.5 | 0.4 | 1.0 | 1.5 | 2.1 | 3.0 | 3.7 | 1.6 | 2.2 | 2.5 |
| Working Capital to Net Sales **40** | 0.1 | • | 0.1 | 0.1 | 0.2 | 0.1 | 0.1 | 0.1 | 0.1 | 0.1 | 0.1 | 0.1 | 0.1 |
| Inventory to Working Capital **41** | 1.8 | • | 0.7 | 0.9 | 0.9 | 1.4 | 1.8 | 2.3 | 2.9 | 3.0 | 1.7 | 1.8 | 1.5 |
| Total Receipts to Cash Flow **42** | 10.5 | 7.8 | 4.8 | 9.4 | 8.9 | 10.7 | 14.4 | 19.8 | 18.7 | 14.4 | 13.2 | 8.6 | 4.6 |
| Cost of Goods to Cash Flow **43** | 7.8 | 5.9 | 2.2 | 6.5 | 5.3 | 7.5 | 11.1 | 16.4 | 15.4 | 11.3 | 10.4 | 6.1 | 2.9 |
| Cash Flow to Total Debt **44** | 0.3 | • | 1.3 | 0.7 | 0.5 | 0.5 | 0.3 | 0.2 | 0.2 | 0.2 | 0.2 | 0.3 | 0.4 |

**Selected Financial Factors (in Percentages)**

| | | | | | | | | | | | | | |
|---|---|---|---|---|---|---|---|---|---|---|---|---|---|
| Debt Ratio **45** | 69.0 | • | 79.6 | 67.6 | 56.8 | 58.9 | 66.9 | 74.5 | 77.0 | 71.9 | 71.1 | 65.9 | 70.3 |
| Return on Total Assets **46** | 10.5 | • | 51.1 | 17.4 | 9.1 | 11.7 | 10.5 | 8.0 | 9.0 | 10.4 | 8.3 | 11.1 | 8.6 |
| Return on Equity Before Income Taxes **47** | 24.6 | • | 226.2 | 46.3 | 14.5 | 21.4 | 21.5 | 18.0 | 23.3 | 26.2 | 18.3 | 24.5 | 23.6 |
| Return on Equity After Income Taxes **48** | 20.9 | • | 223.6 | 45.6 | 13.4 | 20.4 | 19.6 | 16.1 | 20.3 | 22.3 | 15.3 | 18.1 | 15.5 |
| Profit Margin (Before Income Tax) **49** | 3.2 | 8.4 | 9.2 | 3.4 | 2.5 | 2.9 | 2.6 | 1.8 | 2.0 | 3.0 | 2.5 | 5.1 | 5.7 |
| Profit Margin (After Income Tax) **50** | 2.7 | 6.9 | 9.1 | 3.3 | 2.3 | 2.8 | 2.4 | 1.7 | 1.8 | 2.6 | 2.1 | 3.8 | 3.7 |

**Table I**

Corporations with and without Net Income

# FURNITURE AND HOME FURNISHINGS STORES

**MONEY AMOUNTS AND SIZE OF ASSETS IN THOUSANDS OF DOLLARS**

| Item Description for Accounting Period 7/00 Through 6/01 | | Total | Zero Assets | Under 100 | 100 to 250 | 251 to 500 | 501 to 1,000 | 1,001 to 5,000 | 5,001 to 10,000 | 10,001 to 25,000 | 25,001 to 50,000 | 50,001 to 100,000 | 100,001 to 250,000 | 250,001 and over |
|---|---|---|---|---|---|---|---|---|---|---|---|---|---|---|
| Number of Enterprises | 1 | 37533 | 1241 | 14880 | 8389 | 5408 | 4198 | 2909 | 262 | 156 | 32 | 24 | 19 | 15 |
| **Revenues ($ in Thousands)** | | | | | | | | | | | | | | |
| Net Sales | 2 | 76787754 | 842366 | 4051145 | 6070296 | 6309043 | 8681430 | 16408693 | 3658411 | 5976446 | 2837018 | 3277866 | 5105740 | 13569300 |
| Interest | 3 | 341111 | 129 | 473 | 740 | 7968 | 30424 | 66332 | 6452 | 14014 | 2723 | 15422 | 40437 | 155996 |
| Rents | 4 | 67826 | 492 | 1586 | 0 | 0 | 1236 | 9030 | 2362 | 3372 | 388 | 1069 | 7040 | 41252 |
| Royalties | 5 | 133826 | 0 | 0 | 0 | 0 | 0 | 0 | 0 | 10 | 0 | 0 | 2203 | 131613 |
| Other Portfolio Income | 6 | 104028 | 21528 | 10208 | 769 | 10960 | 15085 | 6425 | 3743 | 7045 | 710 | 922 | 7857 | 18777 |
| Other Receipts | 7 | 950656 | 26249 | 11272 | 21144 | 11810 | 68072 | 141572 | 26290 | 116567 | 28699 | 54420 | 118610 | 325950 |
| Total Receipts | 8 | 78385201 | 890764 | 4074684 | 6092949 | 6339781 | 8796247 | 16632052 | 3697258 | 6117454 | 2869538 | 3349699 | 5281887 | 14242888 |
| Average Total Receipts | 9 | 2088 | 718 | 274 | 726 | 1172 | 2095 | 5717 | 14112 | 39214 | 89673 | 139571 | 277994 | 949526 |
| **Operating Costs/Operating Income (%)** | | | | | | | | | | | | | | |
| Cost of Operations | 10 | 61.3 | 53.1 | 63.8 | 63.7 | 66.4 | 64.4 | 63.1 | 64.7 | 64.4 | 62.1 | 58.9 | 57.5 | 53.0 |
| Salaries and Wages | 11 | 11.9 | 14.8 | 6.8 | 7.4 | 8.3 | 11.1 | 12.2 | 13.0 | 13.5 | 13.7 | 14.5 | 14.5 | 14.1 |
| Taxes Paid | 12 | 2.3 | 2.3 | 2.5 | 3.0 | 2.3 | 2.2 | 2.1 | 2.3 | 1.7 | 1.7 | 1.8 | 2.4 | 2.5 |
| Interest Paid | 13 | 1.1 | 2.0 | 0.3 | 0.7 | 0.8 | 0.8 | 0.8 | 1.0 | 0.8 | 0.7 | 1.3 | 1.4 | 2.2 |
| Depreciation | 14 | 1.2 | 1.4 | 0.8 | 0.8 | 0.9 | 0.8 | 1.0 | 1.2 | 1.1 | 1.0 | 1.2 | 1.5 | 2.2 |
| Amortization and Depletion | 15 | • | 3.4 | 0.0 | 0.1 | 0.1 | 0.0 | 0.1 | 0.0 | 0.1 | 0.1 | 0.1 | 0.4 | • |
| Pensions and Other Deferred Comp. | 16 | 0.2 | 0.2 | 0.1 | 0.1 | 0.1 | 0.3 | 0.2 | 0.2 | 0.2 | 0.2 | 0.1 | 0.2 | 0.2 |
| Employee Benefits | 17 | 0.7 | 1.0 | 0.4 | 0.3 | 0.4 | 0.5 | 0.5 | 0.5 | 0.7 | 0.7 | 0.8 | 0.8 | 1.2 |
| Advertising | 18 | 3.8 | 7.6 | 1.8 | 3.2 | 2.9 | 2.8 | 3.8 | 3.7 | 4.0 | 4.2 | 5.5 | 5.5 | 4.4 |
| Other Expenses | 19 | 15.6 | 26.6 | 18.4 | 14.6 | 13.4 | 11.6 | 12.5 | 11.8 | 15.5 | 12.3 | 15.8 | 17.5 | 22.8 |
| Officers' Compensation | 20 | 2.9 | 0.9 | 3.8 | 5.4 | 4.9 | 4.6 | 3.5 | 3.1 | 1.4 | 1.5 | 1.1 | 0.6 | 1.2 |
| Operating Margin | 21 | • | • | 1.2 | 0.9 | • | 0.9 | 0.3 | • | • | 1.9 | • | • | • |
| Operating Margin Before Officers' Comp. | 22 | 2.0 | • | 5.1 | 6.3 | 4.4 | 5.5 | 3.9 | 1.5 | • | 3.4 | 0.1 | • | • |

| | | | | | | | | | | | | | |
|---|---|---|---|---|---|---|---|---|---|---|---|---|---|
| **Selected Average Balance Sheet ($ in Thousands)** | | | | | | | | | | | | | |
| Net Receivables 23 | 126 | 0 | 5 | 34 | 39 | 167 | 376 | 995 | 3470 | 6153 | 16409 | 22628 | 35907 |
| Inventories 24 | 309 | 0 | 13 | 68 | 160 | 262 | 879 | 3100 | 5095 | 12103 | 16899 | 45212 | 202834 |
| Net Property, Plant and Equipment 25 | 194 | 0 | 6 | 32 | 108 | 116 | 324 | 1430 | 2802 | 7502 | 16316 | 37006 | 183207 |
| Total Assets 26 | 859 | 0 | 37 | 171 | 378 | 722 | 2064 | 6546 | 14891 | 34082 | 68562 | 154256 | 629921 |
| Notes and Loans Payable 27 | 242 | 0 | 20 | 62 | 178 | 176 | 567 | 1634 | 3527 | 9243 | 24339 | 45976 | 146025 |
| All Other Liabilities 28 | 309 | 0 | 24 | 44 | 109 | 235 | 740 | 2103 | 6972 | 14463 | 23063 | 41814 | 246600 |
| Net Worth 29 | 307 | 0 | -6 | 66 | 91 | 310 | 756 | 2809 | 4393 | 10376 | 21160 | 66467 | 237296 |
| **Selected Financial Ratios (Times to 1)** | | | | | | | | | | | | | |
| Current Ratio 30 | 1.7 | • | 1.1 | 2.2 | 1.7 | 2.0 | 1.8 | 1.7 | 1.4 | 1.4 | 1.4 | 1.7 | 1.8 |
| Quick Ratio 31 | 0.6 | • | 0.5 | 0.9 | 0.6 | 1.0 | 0.7 | 0.6 | 0.6 | 0.5 | 0.7 | 0.7 | 0.4 |
| Net Sales to Working Capital 32 | 8.9 | • | 120.7 | 10.3 | 12.1 | 7.8 | 8.2 | 7.3 | 12.3 | 14.8 | 12.6 | 7.4 | 5.9 |
| Coverage Ratio 33 | 2.1 | • | 7.5 | 2.8 | 1.0 | 3.7 | 3.2 | 0.4 | • | 5.2 | 1.9 | 1.8 | 1.8 |
| Total Asset Turnover 34 | 2.4 | • | 7.3 | 4.2 | 3.1 | 2.9 | 2.7 | 2.1 | 2.6 | 2.6 | 2.0 | 1.7 | 1.4 |
| Inventory Turnover 35 | 4.1 | • | 13.8 | 6.7 | 4.8 | 5.1 | 4.0 | 2.9 | 4.8 | 4.5 | 4.8 | 3.4 | 2.4 |
| Receivables Turnover 36 | 15.7 | • | 65.3 | 23.7 | 23.4 | 13.9 | 14.2 | 10.4 | 11.6 | 13.7 | 9.7 | 12.7 | 18.8 |
| Total Liabilities to Net Worth 37 | 1.8 | • | • | 1.6 | 3.1 | 1.3 | 1.7 | 1.3 | 2.4 | 2.3 | 2.2 | 1.3 | 1.7 |
| Current Assets to Working Capital 38 | 2.4 | • | 12.4 | 1.8 | 2.4 | 2.0 | 2.3 | 2.5 | 3.5 | 3.8 | 3.7 | 2.4 | 2.3 |
| Current Liabilities to Working Capital 39 | 1.4 | • | 11.4 | 0.8 | 1.4 | 1.0 | 1.3 | 1.5 | 2.5 | 2.8 | 2.7 | 1.4 | 1.3 |
| Working Capital to Net Sales 40 | 0.1 | • | 0.0 | 0.1 | 0.1 | 0.1 | 0.1 | 0.1 | 0.1 | 0.1 | 0.1 | 0.1 | 0.2 |
| Inventory to Working Capital 41 | 1.4 | • | 6.0 | 1.1 | 1.5 | 1.0 | 1.3 | 1.4 | 1.7 | 2.3 | 1.7 | 1.2 | 1.4 |
| Total Receipts to Cash Flow 42 | 9.0 | 12.5 | 7.4 | 10.5 | 12.3 | 9.9 | 11.0 | 16.0 | 10.7 | 9.5 | 8.4 | 8.1 | 5.9 |
| Cost of Goods to Cash Flow 43 | 5.5 | 6.6 | 4.7 | 6.7 | 8.2 | 6.4 | 7.0 | 10.4 | 6.9 | 5.9 | 4.9 | 4.6 | 3.1 |
| Cash Flow to Total Debt 44 | 0.4 | • | 0.8 | 0.7 | 0.3 | 0.5 | 0.4 | 0.2 | 0.3 | 0.4 | 0.3 | 0.4 | 0.4 |
| **Selected Financial Factors (in Percentages)** | | | | | | | | | | | | | |
| Debt Ratio 45 | 64.2 | • | 117.1 | 61.7 | 75.8 | 57.0 | 63.4 | 57.1 | 70.5 | 69.6 | 69.1 | 56.9 | 62.3 |
| Return on Total Assets 46 | 5.3 | • | 15.4 | 8.1 | 2.5 | 8.6 | 6.7 | 0.9 | • | 9.8 | 4.9 | 4.3 | 5.6 |
| Return on Equity Before Income Taxes 47 | 7.6 | • | • | 13.7 | • | 14.6 | 12.6 | • | • | 26.1 | 7.4 | 4.3 | 6.7 |
| Return on Equity After Income Taxes 48 | 4.2 | • | • | 12.8 | • | 13.3 | 11.3 | • | • | 23.9 | 5.6 | 2.8 | • |
| Profit Margin (Before Income Tax) 49 | 1.1 | • | 1.8 | 1.2 | • | 2.2 | 1.7 | • | • | 3.1 | 1.1 | 1.1 | 1.8 |
| Profit Margin (After Income Tax) 50 | 0.6 | • | 1.8 | 1.2 | • | 2.0 | 1.5 | • | • | 2.8 | 0.9 | 0.7 | • |

# FURNITURE AND HOME FURNISHINGS STORES

MONEY AMOUNTS AND SIZE OF ASSETS IN THOUSANDS OF DOLLARS

| Item Description for Accounting Period 7/00 Through 6/01 | | Total | Zero Assets | Under 100 | 100 to 250 | 251 to 500 | 501 to 1,000 | 1,001 to 5,000 | 5,001 to 10,000 | 10,001 to 25,000 | 25,001 to 50,000 | 50,001 to 100,000 | 100,001 to 250,000 | 250,001 and over |
|---|---|---|---|---|---|---|---|---|---|---|---|---|---|---|
| Number of Enterprises | 1 | 23224 | 359 | 8136 | 5552 | 3415 | 3247 | 2150 | 171 | 127 | 26 | 15 | 14 | 11 |
| **Revenues ($ in Thousands)** | | | | | | | | | | | | | | |
| Net Sales | 2 | 56922126 | 109292 | 2616031 | 4492578 | 3904696 | 6920588 | 12473089 | 2487208 | 4930884 | 2503258 | 2362180 | 3660289 | 10462035 |
| Interest | 3 | 238928 | 0 | 467 | 283 | 6707 | 18107 | 51042 | 2394 | 8551 | 2665 | 12307 | 39252 | 97152 |
| Rents | 4 | 55567 | 0 | 0 | 0 | 0 | 642 | 3898 | 1808 | 3364 | 337 | 1065 | 4690 | 39762 |
| Royalties | 5 | 133826 | 0 | 0 | 0 | 0 | 0 | 0 | 0 | 10 | 0 | 0 | 2203 | 131613 |
| Other Portfolio Income | 6 | 92104 | 19584 | 10098 | 769 | 7505 | 14595 | 3489 | 3440 | 5211 | 700 | 820 | 7856 | 18038 |
| Other Receipts | 7 | 526551 | 1019 | 10395 | 18266 | 6425 | 60358 | 104093 | 12399 | 86578 | 29238 | 30237 | 46802 | 120741 |
| Total Receipts | 8 | 57969102 | 129895 | 2636991 | 4511896 | 3925333 | 7014290 | 12635611 | 2507249 | 5034598 | 2536198 | 2406609 | 3761092 | 10869341 |
| Average Total Receipts | 9 | 2496 | 362 | 324 | 813 | 1149 | 2160 | 5877 | 14662 | 39643 | 97546 | 160441 | 268649 | 988122 |
| **Operating Costs/Operating Income (%)** | | | | | | | | | | | | | | |
| Cost of Operations | 10 | 61.2 | 39.3 | 61.9 | 62.3 | 67.9 | 65.1 | 62.5 | 65.2 | 63.8 | 61.7 | 62.7 | 58.4 | 52.4 |
| Salaries and Wages | 11 | 11.5 | 26.1 | 6.8 | 7.1 | 6.6 | 10.1 | 12.1 | 11.8 | 13.1 | 13.7 | 13.5 | 14.5 | 13.8 |
| Taxes Paid | 12 | 2.2 | 0.7 | 3.0 | 3.1 | 2.2 | 2.1 | 1.9 | 1.9 | 1.7 | 1.7 | 1.5 | 2.3 | 2.6 |
| Interest Paid | 13 | 0.9 | 0.3 | 0.2 | 0.7 | 0.9 | 0.7 | 0.7 | 0.7 | 0.7 | 0.6 | 1.0 | 1.3 | 1.4 |
| Depreciation | 14 | 1.2 | 6.2 | 0.9 | 0.7 | 0.9 | 0.8 | 0.8 | 0.8 | 1.0 | 1.0 | 1.0 | 1.3 | 2.4 |
| Amortization and Depletion | 15 | 0.1 | • | 0.0 | 0.1 | 0.0 | 0.0 | 0.0 | 0.0 | 0.0 | 0.0 | 0.0 | 0.3 | 0.3 |
| Pensions and Other Deferred Comp. | 16 | 0.2 | 0.4 | 0.1 | 0.0 | 0.1 | 0.3 | 0.2 | 0.3 | 0.2 | 0.2 | 0.2 | 0.3 | 0.3 |
| Employee Benefits | 17 | 0.6 | 0.1 | 0.4 | 0.2 | 0.3 | 0.5 | 0.5 | 0.5 | 0.6 | 0.7 | 0.5 | 0.8 | 1.2 |
| Advertising | 18 | 3.5 | 0.8 | 2.0 | 3.4 | 2.4 | 1.9 | 3.9 | 3.5 | 3.7 | 4.3 | 3.7 | 5.6 | 3.8 |
| Other Expenses | 19 | 12.9 | 30.3 | 16.1 | 13.8 | 12.0 | 10.5 | 11.8 | 8.7 | 11.6 | 12.0 | 12.7 | 13.9 | 16.2 |
| Officers' Compensation | 20 | 3.0 | 1.9 | 3.6 | 5.7 | 4.3 | 5.1 | 3.6 | 3.1 | 1.5 | 1.5 | 1.1 | 0.4 | 1.5 |
| Operating Margin | 21 | 2.8 | • | 4.8 | 3.0 | 2.3 | 2.9 | 2.1 | 3.5 | 2.1 | 2.6 | 2.0 | 1.1 | 4.1 |
| Operating Margin Before Officers' Comp. | 22 | 5.8 | • | 8.5 | 8.7 | 6.6 | 7.9 | 5.7 | 6.6 | 3.5 | 4.1 | 3.1 | 1.5 | 5.6 |

## Selected Average Balance Sheet ($ in Thousands)

| | | | | | | | | | | | | | |
|---|---|---|---|---|---|---|---|---|---|---|---|---|---|
| Net Receivables **23** | 164 | 0 | 6 | 32 | 52 | 186 | 364 | 1132 | 3662 | 6259 | 19857 | 29025 | 44632 |
| Inventories **24** | 388 | 0 | 14 | 70 | 158 | 258 | 919 | 3551 | 5602 | 12168 | 22715 | 38730 | 239619 |
| Net Property, Plant and Equipment **25** | 234 | 0 | 7 | 26 | 111 | 106 | 326 | 1466 | 2710 | 7936 | 16393 | 37543 | 203140 |
| Total Assets **26** | 1054 | 0 | 43 | 166 | 375 | 728 | 2094 | 6335 | 14910 | 34011 | 69794 | 159257 | 720775 |
| Notes and Loans Payable **27** | 261 | 0 | 9 | 48 | 149 | 160 | 444 | 1420 | 3251 | 7450 | 23960 | 46135 | 171753 |
| All Other Liabilities **28** | 335 | 0 | 21 | 54 | 96 | 221 | 748 | 1880 | 5844 | 14293 | 23910 | 38624 | 211340 |
| Net Worth **29** | 458 | 0 | 12 | 63 | 131 | 347 | 902 | 3035 | 5815 | 12268 | 21924 | 74498 | 337682 |

## Selected Financial Ratios (Times to 1)

| | | | | | | | | | | | | | |
|---|---|---|---|---|---|---|---|---|---|---|---|---|---|
| Current Ratio **30** | 1.8 | • | 1.3 | 1.8 | 1.8 | 2.2 | 1.9 | 1.8 | 1.6 | 1.4 | 1.6 | 1.9 | 1.9 |
| Quick Ratio **31** | 0.7 | • | 0.7 | 0.7 | 0.7 | 1.2 | 0.7 | 0.8 | 0.7 | 0.6 | 0.7 | 1.0 | 0.5 |
| Net Sales to Working Capital **32** | 7.8 | • | 42.6 | 13.9 | 11.1 | 7.2 | 7.7 | 7.3 | 9.5 | 14.7 | 9.1 | 5.8 | 5.2 |
| Coverage Ratio **33** | 6.3 | 40.8 | 29.5 | 6.0 | 4.0 | 6.7 | 6.2 | 7.2 | 6.9 | 7.6 | 4.9 | 4.0 | 6.6 |
| Total Asset Turnover **34** | 2.3 | • | 7.5 | 4.9 | 3.0 | 2.9 | 2.8 | 2.3 | 2.6 | 2.8 | 2.3 | 1.6 | 1.3 |
| Inventory Turnover **35** | 3.9 | • | 14.5 | 7.2 | 4.9 | 5.4 | 3.9 | 2.7 | 4.4 | 4.9 | 4.3 | 3.9 | 2.1 |
| Receivables Turnover **36** | 14.1 | • | 57.3 | 25.2 | 16.9 | 13.6 | 14.6 | 9.2 | 10.5 | 13.8 | 8.6 | 9.7 | 15.9 |
| Total Liabilities to Net Worth **37** | 1.3 | • | 2.5 | 1.6 | 1.9 | 1.1 | 1.3 | 1.1 | 1.6 | 1.8 | 2.2 | 1.1 | 1.1 |
| Current Assets to Working Capital **38** | 2.2 | • | 4.2 | 2.2 | 2.2 | 1.8 | 2.2 | 2.2 | 2.7 | 3.4 | 2.7 | 2.1 | 2.1 |
| Current Liabilities to Working Capital **39** | 1.2 | • | 3.2 | 1.2 | 1.2 | 0.8 | 1.2 | 1.2 | 1.7 | 2.4 | 1.7 | 1.1 | 1.1 |
| Working Capital to Net Sales **40** | 0.1 | • | 0.0 | 0.1 | 0.1 | 0.1 | 0.1 | 0.1 | 0.1 | 0.1 | 0.1 | 0.2 | 0.2 |
| Inventory to Working Capital **41** | 1.2 | • | 1.7 | 1.3 | 1.3 | 0.8 | 1.2 | 1.2 | 1.4 | 1.9 | 1.3 | 0.9 | 1.4 |
| Total Receipts to Cash Flow **42** | 8.0 | 3.5 | 6.2 | 8.9 | 9.6 | 8.7 | 9.7 | 10.4 | 8.8 | 8.9 | 7.7 | 7.8 | 5.8 |
| Cost of Goods to Cash Flow **43** | 4.9 | 1.4 | 3.8 | 5.5 | 6.5 | 5.7 | 6.0 | 6.8 | 5.6 | 5.5 | 4.8 | 4.5 | 3.0 |
| Cash Flow to Total Debt **44** | 0.5 | • | 1.7 | 0.9 | 0.5 | 0.6 | 0.5 | 0.4 | 0.5 | 0.5 | 0.4 | 0.4 | 0.4 |

## Selected Financial Factors (in Percentages)

| | | | | | | | | | | | | | |
|---|---|---|---|---|---|---|---|---|---|---|---|---|---|
| Debt Ratio **45** | 56.6 | • | 71.3 | 61.8 | 65.2 | 52.3 | 56.9 | 52.1 | 61.0 | 63.9 | 68.6 | 53.2 | 53.2 |
| Return on Total Assets **46** | 12.7 | • | 44.0 | 20.1 | 11.6 | 14.4 | 11.3 | 11.3 | 12.7 | 12.8 | 11.1 | 8.1 | 12.5 |
| Return on Equity Before Income Taxes **47** | 24.7 | • | 148.2 | 43.9 | 25.1 | 25.7 | 22.0 | 20.2 | 27.9 | 30.7 | 28.1 | 13.0 | 22.6 |
| Return on Equity After Income Taxes **48** | 21.0 | • | 145.3 | 42.4 | 24.1 | 24.2 | 20.5 | 18.3 | 25.9 | 28.3 | 25.3 | 11.2 | 15.2 |
| Profit Margin (Before Income Tax) **49** | 4.6 | 12.7 | 5.6 | 3.4 | 2.9 | 4.2 | 3.4 | 4.2 | 4.2 | 3.9 | 3.9 | 3.7 | 8.0 |
| Profit Margin (After Income Tax) **50** | 3.9 | 12.3 | 5.5 | 3.3 | 2.7 | 3.9 | 3.2 | 3.8 | 3.9 | 3.6 | 3.5 | 3.2 | 5.4 |

## Table I

Corporations with and without Net Income

# ELECTRONICS AND APPLIANCE STORES

MONEY AMOUNTS AND SIZE OF ASSETS IN THOUSANDS OF DOLLARS

| Item Description for Accounting Period 7/00 Through 6/01 | | Total | Zero Assets | Under 100 | 100 to 250 | 251 to 500 | 501 to 1,000 | 1,001 to 5,000 | 5,001 to 10,000 | 10,001 to 25,000 | 25,001 to 50,000 | 50,001 to 100,000 | 100,001 to 250,000 | 250,001 and over |
|---|---|---|---|---|---|---|---|---|---|---|---|---|---|---|
| Number of Enterprises | 1 | 30214 | 1908 | 15892 | 2935 | 3592 | 2888 | 2492 | 249 | 136 | 57 | 23 | 23 | 20 |
| **Revenues ($ in Thousands)** | | | | | | | | | | | | | | |
| Net Sales | 2 | 96306399 | 1567872 | 3422927 | 1893258 | 5441110 | 6342602 | 16014252 | 5087679 | 5368680 | 3682134 | 3906999 | 7277228 | 36301657 |
| Interest | 3 | 1080173 | 1248 | 382 | 3199 | 4267 | 9874 | 17971 | 15647 | 18634 | 23147 | 16998 | 103635 | 865169 |
| Rents | 4 | 77491 | 0 | 0 | 1450 | 0 | 1151 | 3576 | 200 | 3714 | 325 | 72 | 12391 | 54612 |
| Royalties | 5 | 345663 | 0 | 0 | 0 | 177 | 0 | 0 | 1501 | 14220 | 1771 | 7836 | 31441 | 288717 |
| Other Portfolio Income | 6 | 392604 | 309 | 1173 | 7918 | 4156 | 4936 | 29593 | 24161 | 101659 | 2030 | 3949 | 53100 | 159615 |
| Other Receipts | 7 | 1367256 | 92391 | 84121 | 5919 | 9051 | 242562 | 102619 | 46319 | 87779 | 46527 | 38918 | 116432 | 494627 |
| Total Receipts | 8 | 99569586 | 1661820 | 3508603 | 1911744 | 5458761 | 6601125 | 16168011 | 5175507 | 5594686 | 3755934 | 3974772 | 7594227 | 38164397 |
| Average Total Receipts | 9 | 3295 | 871 | 221 | 651 | 1520 | 2286 | 6488 | 20785 | 41137 | 65894 | 172816 | 330184 | 1908220 |
| **Operating Costs/Operating Income (%)** | | | | | | | | | | | | | | |
| Cost of Operations | 10 | 69.2 | 71.2 | 59.9 | 52.5 | 62.4 | 65.3 | 69.6 | 74.8 | 73.1 | 75.7 | 73.0 | 72.9 | 69.2 |
| Salaries and Wages | 11 | 13.6 | 13.3 | 9.4 | 13.3 | 15.3 | 13.6 | 12.2 | 11.7 | 12.2 | 14.7 | 12.3 | 14.0 | 14.8 |
| Taxes Paid | 12 | 1.8 | 1.6 | 2.4 | 3.9 | 2.0 | 2.2 | 1.6 | 1.4 | 1.3 | 1.2 | 1.4 | 1.9 | 1.9 |
| Interest Paid | 13 | 1.0 | 2.1 | 0.8 | 0.7 | 0.6 | 0.4 | 0.5 | 0.7 | 0.8 | 0.9 | 1.0 | 0.9 | 1.5 |
| Depreciation | 14 | 1.7 | 0.8 | 1.2 | 1.1 | 1.0 | 0.9 | 0.9 | 0.9 | 1.3 | 1.4 | 2.9 | 1.3 | 2.5 |
| Amortization and Depletion | 15 | 0.2 | 0.2 | 0.1 | 0.1 | 0.1 | 0.0 | 0.1 | 0.1 | 0.2 | 0.3 | 0.2 | 0.4 | 0.2 |
| Pensions and Other Deferred Comp. | 16 | 0.2 | 0.1 | 0.1 | 0.6 | 0.2 | 0.4 | 0.3 | 0.2 | 0.2 | 0.2 | 0.1 | 0.1 | 0.1 |
| Employee Benefits | 17 | 0.6 | 1.2 | 0.6 | 0.7 | 0.8 | 0.7 | 0.6 | 0.7 | 0.6 | 0.9 | 0.8 | 0.8 | 0.5 |
| Advertising | 18 | 2.1 | 2.5 | 1.9 | 1.3 | 1.5 | 2.0 | 1.4 | 1.9 | 1.7 | 2.0 | 1.8 | 1.8 | 2.7 |
| Other Expenses | 19 | 11.8 | 15.3 | 20.8 | 17.2 | 12.1 | 12.0 | 9.7 | 8.2 | 9.2 | 11.5 | 10.1 | 15.3 | 11.6 |
| Officers' Compensation | 20 | 2.3 | 2.0 | 7.2 | 8.7 | 5.0 | 5.7 | 3.2 | 3.0 | 1.8 | 1.6 | 1.1 | 0.5 | 0.6 |
| Operating Margin | 21 | • | • | • | • | • | • | • | • | • | • | • | • | • |
| Operating Margin Before Officers' Comp. | 22 | • | • | 2.9 | 8.5 | 4.1 | 2.4 | 3.0 | • | • | • | • | • | • |

| Selected Average Balance Sheet ($ in Thousands) | | | | | | | | | | | | | |
|---|---|---|---|---|---|---|---|---|---|---|---|---|---|
| Net Receivables 23 | 354 | 0 | 6 | 21 | 77 | 154 | 542 | 2305 | 5309 | 12203 | 18172 | 32814 | 265505 |
| Inventories 24 | 288 | 0 | 14 | 74 | 90 | 215 | 465 | 1603 | 2887 | 3366 | 13559 | 28234 | 210519 |
| Net Property, Plant and Equipment 25 | 221 | 0 | 10 | 20 | 65 | 86 | 261 | 630 | 1987 | 4191 | 13272 | 23811 | 190273 |
| Total Assets 26 | 1580 | 0 | 48 | 166 | 370 | 677 | 1941 | 7073 | 15040 | 34754 | 68648 | 165948 | 1359935 |
| Notes and Loans Payable 27 | 331 | 0 | 47 | 80 | 115 | 129 | 376 | 2104 | 3726 | 7672 | 25378 | 49134 | 205549 |
| All Other Liabilities 28 | 646 | 0 | 19 | 75 | 193 | 272 | 833 | 3266 | 6589 | 18528 | 29807 | 52423 | 539010 |
| Net Worth 29 | 604 | 0 | -18 | 11 | 61 | 277 | 732 | 1702 | 4725 | 8554 | 13463 | 64391 | 615377 |
| **Selected Financial Ratios (Times to 1)** | | | | | | | | | | | | | |
| Current Ratio 30 | 1.4 | • | 1.5 | 1.3 | 1.1 | 1.7 | 1.6 | 1.2 | 1.4 | 1.3 | 1.2 | 1.8 | 1.3 |
| Quick Ratio 31 | 0.8 | • | 0.7 | 0.8 | 0.7 | 0.8 | 1.0 | 0.8 | 0.9 | 1.0 | 0.7 | 1.1 | 0.8 |
| Net Sales to Working Capital 32 | 12.3 | • | 19.7 | 20.9 | 57.7 | 10.8 | 11.7 | 22.3 | 13.1 | 11.7 | 19.8 | 6.0 | 11.6 |
| Coverage Ratio 33 | 0.0 | • | • | 2.1 | • | 2.9 | 2.5 | • | 3.4 | • | • | • | 0.7 |
| Total Asset Turnover 34 | 2.0 | • | 4.5 | 3.9 | 4.1 | 3.2 | 3.3 | 2.9 | 2.6 | 1.9 | 2.5 | 1.9 | 1.3 |
| Inventory Turnover 35 | 7.7 | • | 9.0 | 4.6 | 10.5 | 6.7 | 9.6 | 9.5 | 10.0 | 14.5 | 9.1 | 8.2 | 6.0 |
| Receivables Turnover 36 | 8.4 | • | 37.7 | 17.1 | 18.3 | 12.5 | 11.6 | 8.3 | 7.1 | 5.7 | 9.8 | 9.3 | 6.2 |
| Total Liabilities to Net Worth 37 | 1.6 | • | • | 13.6 | 5.0 | 1.4 | 1.7 | 3.2 | 2.2 | 3.1 | 4.1 | 1.6 | 1.2 |
| Current Assets to Working Capital 38 | 3.7 | • | 3.0 | 3.9 | 8.8 | 2.5 | 2.7 | 5.5 | 3.7 | 4.6 | 5.5 | 2.2 | 4.6 |
| Current Liabilities to Working Capital 39 | 2.7 | • | 2.0 | 2.9 | 7.8 | 1.5 | 1.7 | 4.5 | 2.7 | 3.6 | 4.5 | 1.2 | 3.6 |
| Working Capital to Net Sales 40 | 0.1 | • | 0.1 | 0.0 | 0.0 | 0.1 | 0.1 | 0.0 | 0.1 | 0.1 | 0.1 | 0.2 | 0.1 |
| Inventory to Working Capital 41 | 1.2 | • | 1.4 | 1.6 | 3.3 | 1.1 | 0.9 | 1.5 | 1.0 | 0.6 | 1.7 | 0.6 | 1.4 |
| Total Receipts to Cash Flow 42 | 14.0 | 14.1 | 7.5 | 7.1 | 12.6 | 9.9 | 12.3 | 22.4 | 13.2 | 92.3 | 23.5 | 44.2 | 13.6 |
| Cost of Goods to Cash Flow 43 | 9.7 | 10.0 | 4.5 | 3.7 | 7.8 | 6.5 | 8.6 | 16.8 | 9.6 | 69.8 | 17.2 | 32.2 | 9.4 |
| Cash Flow to Total Debt 44 | 0.2 | • | 0.4 | 0.6 | 0.4 | 0.6 | 0.4 | 0.2 | 0.3 | 0.0 | 0.1 | 0.1 | 0.2 |
| **Selected Financial Factors (in Percentages)** | | | | | | | | | | | | | |
| Debt Ratio 45 | 61.8 | • | 138.1 | 93.1 | 83.5 | 59.1 | 62.3 | 75.9 | 68.6 | 75.4 | 80.4 | 61.2 | 54.7 |
| Return on Total Assets 46 | 0.1 | • | • | 5.5 | • | 4.2 | 4.1 | • | 7.3 | • | • | • | 1.4 |
| Return on Equity Before Income Taxes 47 | • | • | 21.5 | 42.6 | • | 6.7 | 6.6 | • | 16.5 | • | • | • | • |
| Return on Equity After Income Taxes 48 | • | • | 21.7 | 37.7 | • | 4.6 | 4.2 | • | 13.1 | • | • | • | • |
| Profit Margin (Before Income Tax) 49 | • | • | • | 0.8 | • | 0.8 | 0.8 | • | 2.0 | • | • | • | • |
| Profit Margin (After Income Tax) 50 | • | • | • | 0.7 | • | 0.6 | 0.5 | • | 1.6 | • | • | • | • |

**Table II**

Corporations with Net Income

# ELECTRONICS AND APPLIANCE STORES

**MONEY AMOUNTS AND SIZE OF ASSETS IN THOUSANDS OF DOLLARS**

| Item Description for Accounting Period 7/00 Through 6/01 | | Total | Zero Assets | Under 100 | 100 to 250 | 251 to 500 | 501 to 1,000 | 1,001 to 5,000 | 5,001 to 10,000 | 10,001 to 25,000 | 25,001 to 50,000 | 50,001 to 100,000 | 100,001 to 250,000 | 250,001 and over |
|---|---|---|---|---|---|---|---|---|---|---|---|---|---|---|
| Number of Enterprises | 1 | 15984 | 447 | 7304 | 2113 | 2275 | 1827 | 1714 | 144 | 97 | 28 | 12 | 15 | 9 |
| **Revenues ($ in Thousands)** | | | | | | | | | | | | | | |
| Net Sales | 2 | 71749968 | 865858 | 1795275 | 1520843 | 4062095 | 4426841 | 12437362 | 3517173 | 4081372 | 2622776 | 2177781 | 4568342 | 29674248 |
| Interest | 3 | 949579 | 119 | 20 | 1765 | 4042 | 3467 | 11656 | 9990 | 14297 | 3902 | 9297 | 87622 | 803403 |
| Rents | 4 | 55014 | 0 | 0 | 1450 | 0 | 130 | 2032 | 145 | 831 | 142 | 0 | 12369 | 37915 |
| Royalties | 5 | 271455 | 0 | 0 | 0 | 177 | 0 | 0 | 0 | 641 | 0 | 3 | 31441 | 239193 |
| Other Portfolio Income | 6 | 252085 | 13 | 0 | 6292 | 2364 | 4936 | 25319 | 15310 | 90315 | 419 | 3443 | 44938 | 58731 |
| Other Receipts | 7 | 986629 | 89412 | 48605 | 3612 | 7462 | 238204 | 79453 | 38905 | 51639 | 20264 | 21182 | 55530 | 332367 |
| Total Receipts | 8 | 74264730 | 955402 | 1843900 | 1533962 | 4076140 | 4673578 | 12555822 | 3581523 | 4239095 | 2647503 | 2211706 | 4800242 | 31145857 |
| Average Total Receipts | 9 | 4646 | 2137 | 252 | 726 | 1792 | 2558 | 7325 | 24872 | 43702 | 94554 | 184309 | 320016 | 3460651 |
| **Operating Costs/Operating Income (%)** | | | | | | | | | | | | | | |
| Cost of Operations | 10 | 69.7 | 75.8 | 62.1 | 56.3 | 68.0 | 66.3 | 70.5 | 74.9 | 72.5 | 80.4 | 76.3 | 68.2 | 69.0 |
| Salaries and Wages | 11 | 11.0 | 11.2 | 3.5 | 10.0 | 10.1 | 11.5 | 10.4 | 10.2 | 11.0 | 7.9 | 8.2 | 13.6 | 11.9 |
| Taxes Paid | 12 | 1.7 | 1.5 | 1.8 | 3.9 | 1.4 | 1.9 | 1.5 | 1.3 | 1.2 | 0.9 | 0.9 | 1.7 | 2.0 |
| Interest Paid | 13 | 1.0 | 0.5 | 0.8 | 0.5 | 0.2 | 0.4 | 0.3 | 0.6 | 0.7 | 0.5 | 0.8 | 1.0 | 1.7 |
| Depreciation | 14 | 1.5 | 0.7 | 0.6 | 1.0 | 0.9 | 0.7 | 0.7 | 0.9 | 1.2 | 0.5 | 3.2 | 1.3 | 2.3 |
| Amortization and Depletion | 15 | 0.1 | 0.0 | 0.0 | 0.1 | 0.1 | 0.0 | 0.0 | 0.0 | 0.1 | 0.2 | 0.1 | 0.4 | 0.2 |
| Pensions and Other Deferred Comp. | 16 | 0.2 | 0.1 | • | 0.2 | 0.3 | 0.4 | 0.4 | 0.3 | 0.2 | 0.1 | 0.1 | 0.1 | 0.1 |
| Employee Benefits | 17 | 0.5 | 0.6 | 0.6 | 0.5 | 0.6 | 0.6 | 0.5 | 0.7 | 0.5 | 0.3 | 0.6 | 0.6 | 0.5 |
| Advertising | 18 | 1.9 | 4.4 | 2.3 | 1.0 | 1.1 | 2.0 | 1.2 | 0.9 | 1.4 | 0.7 | 0.9 | 1.4 | 2.8 |
| Other Expenses | 19 | 9.6 | 10.5 | 18.9 | 13.7 | 9.1 | 11.0 | 8.0 | 6.2 | 7.8 | 4.8 | 5.5 | 11.4 | 10.4 |
| Officers' Compensation | 20 | 2.1 | 1.2 | 5.0 | 7.4 | 4.6 | 6.4 | 3.3 | 2.8 | 1.8 | 1.0 | 1.1 | 0.6 | 0.4 |
| Operating Margin | 21 | 0.6 | • | 4.4 | 5.3 | 3.7 | • | 3.2 | 1.2 | 1.5 | 2.7 | 2.4 | • | • |
| Operating Margin Before Officers' Comp. | 22 | 2.7 | • | 9.4 | 12.8 | 8.2 | 5.1 | 6.5 | 4.0 | 3.3 | 3.8 | 3.5 | 0.3 | • |

## Selected Average Balance Sheet ($ in Thousands)

| | | | | | | | | | | | | | |
|---|---|---|---|---|---|---|---|---|---|---|---|---|---|
| Net Receivables 23 | 330 | 0 | 7 | 18 | 74 | 167 | 572 | 2639 | 5583 | 15876 | 20593 | 22669 | 197724 |
| Inventories 24 | 418 | 0 | 13 | 52 | 104 | 248 | 541 | 2083 | 3192 | 5015 | 12966 | 31126 | 386330 |
| Net Property, Plant and Equipment 25 | 299 | 0 | 9 | 16 | 62 | 79 | 208 | 604 | 2028 | 2623 | 12848 | 27535 | 345245 |
| Total Assets 26 | 1760 | 0 | 49 | 166 | 372 | 700 | 1948 | 7179 | 14982 | 33945 | 70543 | 167588 | 1685156 |
| Notes and Loans Payable 27 | 301 | 0 | 30 | 69 | 44 | 107 | 227 | 2091 | 3854 | 6364 | 17044 | 25914 | 256475 |
| All Other Liabilities 28 | 693 | 0 | 20 | 60 | 155 | 287 | 827 | 2932 | 6301 | 19189 | 29051 | 54512 | 641088 |
| Net Worth 29 | 767 | 0 | -1 | 37 | 173 | 305 | 894 | 2156 | 4828 | 8392 | 24449 | 87161 | 787594 |

## Selected Financial Ratios (Times to 1)

| | | | | | | | | | | | | | |
|---|---|---|---|---|---|---|---|---|---|---|---|---|---|
| Current Ratio 30 | 1.6 | • | 2.0 | 1.9 | 1.6 | 1.8 | 1.8 | 1.3 | 1.4 | 1.2 | 1.6 | 1.9 | 1.5 |
| Quick Ratio 31 | 0.9 | • | 1.2 | 0.9 | 1.0 | 0.9 | 1.1 | 0.9 | 1.0 | 0.9 | 1.0 | 0.9 | 0.8 |
| Net Sales to Working Capital 32 | 10.2 | • | 13.8 | 12.2 | 18.1 | 10.1 | 10.4 | 19.1 | 12.5 | 18.9 | 10.8 | 5.6 | 9.1 |
| Coverage Ratio 33 | 5.1 | 9.3 | 10.4 | 12.4 | 19.9 | 12.2 | 15.8 | 6.0 | 8.5 | 8.4 | 6.1 | 5.5 | 3.2 |
| Total Asset Turnover 34 | 2.6 | • | 5.0 | 4.3 | 4.8 | 3.5 | 3.7 | 3.4 | 2.8 | 2.8 | 2.6 | 1.8 | 2.0 |
| Inventory Turnover 35 | 7.5 | • | 11.4 | 7.8 | 11.6 | 6.5 | 9.4 | 8.8 | 9.6 | 15.0 | 10.7 | 6.7 | 5.9 |
| Receivables Turnover 36 | 12.0 | • | 34.1 | 25.3 | 22.2 | 13.9 | 11.5 | 7.9 | 7.4 | 6.0 | 9.7 | 11.0 | 13.5 |
| Total Liabilities to Net Worth 37 | 1.3 | • | • | 3.5 | 1.2 | 1.3 | 1.2 | 2.3 | 2.1 | 3.0 | 1.9 | 0.9 | 1.1 |
| Current Assets to Working Capital 38 | 2.7 | • | 2.0 | 2.2 | 2.6 | 2.3 | 2.2 | 4.3 | 3.4 | 5.4 | 2.7 | 2.1 | 2.9 |
| Current Liabilities to Working Capital 39 | 1.7 | • | 1.0 | 1.2 | 1.6 | 1.3 | 1.2 | 3.3 | 2.4 | 4.4 | 1.7 | 1.1 | 1.9 |
| Working Capital to Net Sales 40 | 0.1 | • | 0.1 | 0.1 | 0.1 | 0.1 | 0.1 | 0.1 | 0.1 | 0.1 | 0.1 | 0.2 | 0.1 |
| Inventory to Working Capital 41 | 1.0 | • | 0.7 | 1.0 | 1.0 | 1.1 | 0.8 | 1.3 | 0.9 | 1.0 | 0.7 | 0.7 | 1.2 |
| Total Receipts to Cash Flow 42 | 9.2 | 11.1 | 4.6 | 6.1 | 9.5 | 7.7 | 9.7 | 13.2 | 10.6 | 14.0 | 12.6 | 8.3 | 9.3 |
| Cost of Goods to Cash Flow 43 | 6.5 | 8.4 | 2.8 | 3.5 | 6.4 | 5.1 | 6.9 | 9.9 | 7.7 | 11.2 | 9.6 | 5.7 | 6.4 |
| Cash Flow to Total Debt 44 | 0.5 | • | 1.1 | 0.9 | 0.9 | 0.8 | 0.7 | 0.4 | 0.4 | 0.3 | 0.3 | 0.5 | 0.4 |

## Selected Financial Factors (in Percentages)

| | | | | | | | | | | | | | |
|---|---|---|---|---|---|---|---|---|---|---|---|---|---|
| Debt Ratio 45 | 56.4 | • | 101.5 | 77.6 | 53.6 | 56.4 | 54.1 | 70.0 | 67.8 | 75.3 | 65.3 | 48.0 | 53.3 |
| Return on Total Assets 46 | 13.0 | • | 39.7 | 29.1 | 20.1 | 16.5 | 16.6 | 12.3 | 16.9 | 11.5 | 12.1 | 10.5 | 10.5 |
| Return on Equity Before Income Taxes 47 | 24.0 | • | • | 119.6 | 41.1 | 34.6 | 33.9 | 34.2 | 46.3 | 40.9 | 29.2 | 16.5 | 15.4 |
| Return on Equity After Income Taxes 48 | 19.7 | • | • | 117.5 | 39.6 | 31.6 | 30.9 | 28.0 | 41.7 | 35.0 | 25.0 | 12.0 | 10.7 |
| Profit Margin (Before Income Tax) 49 | 4.1 | 3.8 | 7.1 | 6.2 | 4.0 | 4.4 | 4.2 | 3.0 | 5.3 | 3.7 | 3.9 | 4.7 | 3.7 |
| Profit Margin (After Income Tax) 50 | 3.4 | 3.8 | 7.1 | 6.1 | 3.8 | 4.0 | 3.8 | 2.5 | 4.8 | 3.1 | 3.4 | 3.4 | 2.6 |

# HOMES CENTERS; PAINT AND WALLPAPER STORES

MONEY AMOUNTS AND SIZE OF ASSETS IN THOUSANDS OF DOLLARS

| Item Description for Accounting Period 7/00 Through 6/01 | | Total | Zero Assets | Under 100 | 100 to 250 | 251 to 500 | 501 to 1,000 | 1,001 to 5,000 | 5,001 to 10,000 | 10,001 to 25,000 | 25,001 to 50,000 | 50,001 to 100,000 | 100,001 to 250,000 | 250,001 and over |
|---|---|---|---|---|---|---|---|---|---|---|---|---|---|---|
| Number of Enterprises | 1 | 4850 | 0 | 0 | 628 | 694 | 231 | 441 | 69 | 28 | 10 | 7 | 0 | 7 |
| **Revenues ($ in Thousands)** | | | | | | | | | | | | | | |
| Net Sales | 2 | 80357837 | 0 | 0 | 515005 | 581772 | 408556 | 1882637 | 1555676 | 928801 | 867600 | 1107457 | 0 | 71250907 |
| Interest | 3 | 677481 | 0 | 0 | 333 | 633 | 54 | 3617 | 3297 | 1877 | 99 | 4081 | 0 | 663144 |
| Rents | 4 | 68903 | 0 | 0 | 0 | 292 | 128 | 2370 | 675 | 78 | 245 | 25155 | 0 | 39961 |
| Royalties | 5 | 1780190 | 0 | 0 | 0 | 0 | 0 | 0 | 0 | 1100 | 0 | 0 | 0 | 1779090 |
| Other Portfolio Income | 6 | 43049 | 0 | 0 | 0 | 467 | 0 | 1278 | 1125 | 2287 | 197 | 535 | 0 | 29595 |
| Other Receipts | 7 | 1677234 | 0 | 0 | 32 | 25999 | 1754 | 10570 | 11608 | 5761 | 9798 | 1349069 | 0 | 261471 |
| Total Receipts | 8 | 84604694 | 0 | 0 | 515370 | 609163 | 410492 | 1900472 | 1572381 | 939904 | 877939 | 2486297 | 0 | 74024168 |
| Average Total Receipts | 9 | 17444 | • | • | 821 | 878 | 1777 | 4309 | 22788 | 33568 | 87794 | 355185 | • | 10574881 |
| **Operating Costs/Operating Income (%)** | | | | | | | | | | | | | | |
| Cost of Operations | 10 | 70.1 | • | • | 62.1 | 72.7 | 68.3 | 66.2 | 73.3 | 70.8 | 75.1 | 77.3 | • | 70.2 |
| Salaries and Wages | 11 | 12.6 | • | • | 12.2 | 9.2 | 9.8 | 10.9 | 11.5 | 12.7 | 11.7 | 12.4 | • | 12.7 |
| Taxes Paid | 12 | 2.0 | • | • | 1.6 | 2.0 | 1.7 | 2.3 | 1.4 | 1.7 | 1.6 | 2.8 | • | 1.9 |
| Interest Paid | 13 | 1.1 | • | • | 0.5 | 1.7 | 2.3 | 0.9 | 0.7 | 1.3 | 1.2 | 1.4 | • | 1.1 |
| Depreciation | 14 | 1.9 | • | • | 0.5 | 1.7 | 1.6 | 1.3 | 0.9 | 1.3 | 1.4 | 1.6 | • | 2.0 |
| Amortization and Depletion | 15 | 0.0 | • | • | • | 0.0 | • | 0.1 | 0.0 | 0.1 | 0.0 | 0.3 | • | 0.0 |
| Pensions and Other Deferred Comp. | 16 | 0.1 | • | • | • | 0.7 | 0.1 | 0.2 | 0.3 | 0.3 | 0.1 | 0.0 | • | 0.1 |
| Employee Benefits | 17 | 0.3 | • | • | 0.1 | 0.7 | 0.8 | 0.8 | 0.7 | 0.8 | 0.7 | 2.1 | • | 0.3 |
| Advertising | 18 | 0.4 | • | • | 1.6 | 1.8 | 1.7 | 1.0 | 1.2 | 1.5 | 0.8 | 0.6 | • | 0.4 |
| Other Expenses | 19 | 10.3 | • | • | 17.7 | 11.1 | 13.8 | 11.7 | 7.1 | 7.9 | 7.1 | 144.8 | • | 8.2 |
| Officers' Compensation | 20 | 0.4 | • | • | 2.5 | 4.6 | 4.8 | 3.3 | 2.2 | 1.1 | 0.9 | 0.7 | • | 0.1 |
| Operating Margin | 21 | 0.7 | • | • | 1.3 | • | • | 1.3 | 0.7 | 0.7 | • | • | • | 3.0 |
| Operating Margin Before Officers' Comp. | 22 | 1.1 | • | • | 3.8 | • | • | 4.6 | 2.9 | 1.7 | 0.4 | • | • | 3.1 |

| | | | | | | | | | | | | | |
|---|---|---|---|---|---|---|---|---|---|---|---|---|---|
| **Selected Average Balance Sheet ($ in Thousands)** | | | | | | | | | | | | | |
| Net Receivables **23** | 471 | • | • | 45 | 30 | 168 | 379 | 1338 | 2627 | 6140 | 11285 | • | 242869 |
| Inventories **24** | 2405 | • | • | 124 | 106 | 470 | 675 | 3370 | 5789 | 14535 | 22076 | • | 1473842 |
| Net Property, Plant and Equipment **25** | 3920 | • | • | 28 | 136 | 98 | 304 | 998 | 2954 | 9947 | 15053 | • | 2625161 |
| Total Assets **26** | 14887 | • | • | 166 | 355 | 724 | 1890 | 7630 | 15285 | 33774 | 95172 | • | 9817198 |
| Notes and Loans Payable **27** | 2508 | • | • | 56 | 183 | 465 | 797 | 1972 | 4917 | 11599 | 62852 | • | 1516514 |
| All Other Liabilities **28** | 2249 | • | • | 41 | 117 | 250 | 969 | 2086 | 2867 | 6633 | 127548 | • | 1292874 |
| Net Worth **29** | 10130 | • | • | 70 | 54 | 8 | 123 | 3572 | 7501 | 15542 | -95227 | • | 7007810 |
| **Selected Financial Ratios (Times to 1)** | | | | | | | | | | | | | |
| Current Ratio **30** | 1.7 | • | • | 2.6 | 2.2 | 1.5 | 2.0 | 1.9 | 1.8 | 2.4 | 0.9 | • | 1.7 |
| Quick Ratio **31** | 0.4 | • | • | 1.0 | 0.7 | 0.5 | 0.9 | 0.7 | 0.6 | 0.8 | 0.5 | • | 0.4 |
| Net Sales to Working Capital **32** | 11.6 | • | • | 9.6 | 8.2 | 8.3 | 6.0 | 7.9 | 7.7 | 6.6 | • | • | 12.0 |
| Coverage Ratio **33** | 6.4 | • | • | 3.5 | 0.1 | • | 3.5 | 3.4 | 2.5 | 1.5 | • | • | 7.2 |
| Total Asset Turnover **34** | 1.1 | • | • | 4.9 | 2.4 | 2.4 | 2.3 | 3.0 | 2.2 | 2.6 | 1.7 | • | 1.0 |
| Inventory Turnover **35** | 4.8 | • | • | 4.1 | 5.8 | 2.6 | 4.2 | 4.9 | 4.1 | 4.5 | 5.5 | • | 4.8 |
| Receivables Turnover **36** | 32.4 | • | • | 12.3 | 21.6 | 7.7 | 9.7 | 12.6 | 13.1 | 12.5 | 14.1 | • | 39.6 |
| Total Liabilities to Net Worth **37** | 0.5 | • | • | 1.4 | 5.5 | 84.3 | 14.3 | 1.1 | 1.0 | 1.2 | • | • | 0.4 |
| Current Assets to Working Capital **38** | 2.5 | • | • | 1.6 | 1.9 | 2.8 | 2.0 | 2.1 | 2.2 | 1.7 | • | • | 2.4 |
| Current Liabilities to Working Capital **39** | 1.5 | • | • | 0.6 | 0.9 | 1.8 | 1.0 | 1.1 | 1.2 | 0.7 | • | • | 1.4 |
| Working Capital to Net Sales **40** | 0.1 | • | • | 0.1 | 0.1 | 0.1 | 0.2 | 0.1 | 0.1 | 0.2 | • | • | 0.1 |
| Inventory to Working Capital **41** | 1.8 | • | • | 1.0 | 1.2 | 1.8 | 0.8 | 1.3 | 1.4 | 1.1 | • | • | 1.8 |
| Total Receipts to Cash Flow **42** | 7.1 | • | • | 6.2 | 23.0 | 20.6 | 9.4 | 17.3 | 14.2 | 19.5 | 0.9 | • | 7.6 |
| Cost of Goods to Cash Flow **43** | 5.0 | • | • | 3.9 | 16.7 | 14.1 | 6.2 | 12.7 | 10.1 | 14.7 | 0.7 | • | 5.4 |
| Cash Flow to Total Debt **44** | 0.5 | • | • | 1.4 | 0.1 | 0.1 | 0.3 | 0.3 | 0.3 | 0.2 | 0.9 | • | 0.5 |
| **Selected Financial Factors (in Percentages)** | | | | | | | | | | | | | |
| Debt Ratio **45** | 32.0 | • | • | 58.0 | 84.6 | 98.8 | 93.5 | 53.2 | 50.9 | 54.0 | 200.1 | • | 28.6 |
| Return on Total Assets **46** | 7.9 | • | • | 9.1 | 0.4 | • | 7.2 | 7.1 | 6.7 | 4.6 | • | • | 8.3 |
| Return on Equity Before Income Taxes **47** | 9.7 | • | • | 15.5 | • | • | 79.2 | 10.8 | 8.2 | 3.5 | 32.6 | • | 10.0 |
| Return on Equity After Income Taxes **48** | 6.1 | • | • | 15.5 | • | • | 75.5 | 7.6 | 7.8 | 3.0 | 33.0 | • | 6.4 |
| Profit Margin (Before Income Tax) **49** | 5.9 | • | • | 1.3 | • | • | 2.3 | 1.7 | 1.8 | 0.6 | • | • | 6.9 |
| Profit Margin (After Income Tax) **50** | 3.8 | • | • | 1.3 | • | • | 2.2 | 1.2 | 1.8 | 0.5 | • | • | 4.4 |

## Table II

Corporations with Net Income

# Homes Centers; Paint and Wallpaper Stores

**Money Amounts and Size of Assets in Thousands of Dollars**

| Item Description for Accounting Period 7/00 Through 6/01 | | Total | Zero Assets | Under 100 | 100 to 250 | 251 to 500 | 501 to 1,000 | 1,001 to 5,000 | 5,001 to 10,000 | 10,001 to 25,000 | 25,001 to 50,000 | 50,001 to 100,000 | 100,001 to 250,000 | 250,001 and over |
|---|---|---|---|---|---|---|---|---|---|---|---|---|---|---|
| Number of Enterprises | 1 | 2634 | 0 | 1247 | 463 | 444 | 75 | 300 | 0 | 21 | 0 | 0 | • | 0 |
| **Revenues ($ in Thousands)** | | | | | | | | | | | | | | |
| Net Sales | 2 | 74615166 | 0 | 312771 | 391153 | 374827 | 148665 | 1547103 | 0 | 747155 | 0 | 0 | • | 0 |
| Interest | 3 | 668638 | 0 | 0 | 0 | 507 | 54 | 2715 | 0 | 1192 | 0 | 0 | • | 0 |
| Rents | 4 | 25287 | 0 | 0 | 0 | 0 | 128 | 1870 | 0 | 58 | 0 | 0 | • | 0 |
| Royalties | 5 | 1779090 | 0 | 0 | 0 | 0 | 0 | 0 | 0 | 0 | 0 | 0 | • | 0 |
| Other Portfolio Income | 6 | 39547 | 0 | 0 | 0 | 0 | 0 | 971 | 0 | 1997 | 0 | 0 | • | 0 |
| Other Receipts | 7 | 307341 | 0 | 73 | 33 | 21823 | 1754 | 8745 | 0 | 3479 | 0 | 0 | • | 0 |
| Total Receipts | 8 | 77435069 | 0 | 312844 | 391186 | 397157 | 150601 | 1561404 | 0 | 753881 | 0 | 0 | • | 0 |
| Average Total Receipts | 9 | 29398 | • | 251 | 845 | 894 | 2008 | 5205 | • | 35899 | • | • | • | • |
| **Operating Costs/Operating Income (%)** | | | | | | | | | | | | | | |
| Cost of Operations | 10 | 70.1 | • | 43.6 | 59.7 | 73.6 | 78.8 | 67.3 | • | 71.4 | • | • | • | • |
| Salaries and Wages | 11 | 12.6 | • | 15.6 | 12.5 | 7.2 | 3.7 | 11.6 | • | 12.1 | • | • | • | • |
| Taxes Paid | 12 | 1.9 | • | 5.5 | 1.5 | 1.8 | 1.9 | 2.4 | • | 1.6 | • | • | • | • |
| Interest Paid | 13 | 1.1 | • | 1.4 | 0.6 | 1.6 | 1.1 | 0.7 | • | 0.9 | • | • | • | • |
| Depreciation | 14 | 1.9 | • | 1.4 | 0.6 | 1.6 | 0.8 | 1.1 | • | 1.1 | • | • | • | • |
| Amortization and Depletion | 15 | 0.0 | • | 0.0 | • | 0.0 | • | 0.0 | • | 0.1 | • | • | • | • |
| Pensions and Other Deferred Comp. | 16 | 0.1 | • | 0.2 | • | 1.0 | • | 0.2 | • | 0.3 | • | • | • | • |
| Employee Benefits | 17 | 0.3 | • | • | 0.1 | 1.0 | 0.1 | 0.9 | • | 0.8 | • | • | • | • |
| Advertising | 18 | 0.4 | • | 1.0 | 1.6 | 0.6 | 0.6 | 0.8 | • | 1.4 | • | • | • | • |
| Other Expenses | 19 | 8.2 | • | 16.4 | 19.3 | 9.8 | 10.8 | 8.4 | • | 7.2 | • | • | • | • |
| Officers' Compensation | 20 | 0.3 | • | 6.9 | 1.3 | 6.0 | 3.2 | 3.7 | • | 1.1 | • | • | • | • |
| Operating Margin | 21 | 3.2 | • | 7.9 | 3.0 | • | • | 2.8 | • | 2.0 | • | • | • | • |
| Operating Margin Before Officers' Comp. | 22 | 3.5 | • | 14.8 | 4.2 | 2.0 | 2.1 | 6.5 | • | 3.1 | • | • | • | • |

## Selected Average Balance Sheet ($ in Thousands)

| | | | | | | | | | | | | | |
|---|---|---|---|---|---|---|---|---|---|---|---|---|---|
| Net Receivables **23** | 817 | • | 3 | 47 | 33 | 274 | 505 | • | 2911 | • | • | • | • |
| Inventories **24** | 4094 | • | 38 | 141 | 103 | 629 | 813 | • | 5819 | • | • | • | • |
| Net Property, Plant and Equipment **25** | 6929 | • | 9 | 38 | 160 | 72 | 320 | • | 2578 | • | • | • | • |
| Total Assets **26** | 26468 | • | 57 | 174 | 325 | 632 | 2009 | • | 15067 | • | • | • | • |
| Notes and Loans Payable **27** | 4093 | • | 34 | 65 | 150 | 272 | 524 | • | 4090 | • | • | • | • |
| All Other Liabilities **28** | 3556 | • | 25 | 35 | 107 | 230 | 790 | • | 3092 | • | • | • | • |
| Net Worth **29** | 18819 | • | -2 | 74 | 68 | 129 | 694 | • | 7885 | • | • | • | • |

## Selected Financial Ratios (Times to 1)

| | | | | | | | | | | | | | |
|---|---|---|---|---|---|---|---|---|---|---|---|---|---|
| Current Ratio **30** | 1.7 | • | 1.4 | 2.7 | 2.5 | 1.4 | 3.2 | • | 1.9 | • | • | • | • |
| Quick Ratio **31** | 0.4 | • | 0.4 | 1.2 | 1.2 | 0.8 | 1.6 | • | 0.8 | • | • | • | • |
| Net Sales to Working Capital **32** | 11.3 | • | 17.8 | 10.1 | 8.7 | 12.6 | 5.0 | • | 7.6 | • | • | • | • |
| Coverage Ratio **33** | 7.5 | • | 6.8 | 6.1 | 2.2 | 1.2 | 6.2 | • | 4.2 | • | • | • | • |
| Total Asset Turnover **34** | 1.1 | • | 4.4 | 4.9 | 2.6 | 3.1 | 2.6 | • | 2.4 | • | • | • | • |
| Inventory Turnover **35** | 4.9 | • | 2.9 | 3.6 | 6.0 | 2.5 | 4.3 | • | 4.4 | • | • | • | • |
| Receivables Turnover **36** | 31.9 | • | 26.2 | 10.7 | 16.6 | 4.2 | 10.1 | • | 12.6 | • | • | • | • |
| Total Liabilities to Net Worth **37** | 0.4 | • | • | 1.3 | 3.8 | 3.9 | 1.9 | • | 0.9 | • | • | • | • |
| Current Assets to Working Capital **38** | 2.4 | • | 3.4 | 1.6 | 1.7 | 3.4 | 1.5 | • | 2.1 | • | • | • | • |
| Current Liabilities to Working Capital **39** | 1.4 | • | 2.4 | 0.6 | 0.7 | 2.4 | 0.5 | • | 1.1 | • | • | • | • |
| Working Capital to Net Sales **40** | 0.1 | • | 0.1 | 0.1 | 0.1 | 0.1 | 0.2 | • | 0.1 | • | • | • | • |
| Inventory to Working Capital **41** | 1.7 | • | 2.3 | 0.9 | 0.9 | 1.5 | 0.7 | • | 1.2 | • | • | • | • |
| Total Receipts to Cash Flow **42** | 7.6 | • | 5.3 | 5.2 | 15.6 | 11.3 | 10.2 | • | 13.0 | • | • | • | • |
| Cost of Goods to Cash Flow **43** | 5.3 | • | 2.3 | 3.1 | 11.5 | 8.9 | 6.9 | • | 9.3 | • | • | • | • |
| Cash Flow to Total Debt **44** | 0.5 | • | 0.8 | 1.6 | 0.2 | 0.4 | 0.4 | • | 0.4 | • | • | • | • |

## Selected Financial Factors (in Percentages)

| | | | | | | | | | | | | | |
|---|---|---|---|---|---|---|---|---|---|---|---|---|---|
| Debt Ratio **45** | 28.9 | • | 103.9 | 57.2 | 79.2 | 79.5 | 65.4 | • | 47.7 | • | • | • | • |
| Return on Total Assets **46** | 8.6 | • | 41.3 | 17.3 | 9.0 | 4.2 | 11.5 | • | 9.1 | • | • | • | • |
| Return on Equity Before Income Taxes **47** | 10.5 | • | • | 33.8 | 23.9 | 3.1 | 27.9 | • | 13.2 | • | • | • | • |
| Return on Equity After Income Taxes **48** | 6.9 | • | • | 33.8 | 20.4 | 2.6 | 26.9 | • | 12.8 | • | • | • | • |
| Profit Margin (Before Income Tax) **49** | 7.0 | • | 8.0 | 3.0 | 1.9 | 0.2 | 3.8 | • | 2.9 | • | • | • | • |
| Profit Margin (After Income Tax) **50** | 4.6 | • | 7.6 | 3.0 | 1.6 | 0.2 | 3.6 | • | 2.8 | • | • | • | • |

# Table I

Corporations with and without Net Income

## HARDWARE STORES

**MONEY AMOUNTS AND SIZE OF ASSETS IN THOUSANDS OF DOLLARS**

| Item Description for Accounting Period 7/00 Through 6/01 | | Total | Zero Assets | Under 100 | 100 to 250 | 251 to 500 | 501 to 1,000 | 1,001 to 5,000 | 5,001 to 10,000 | 10,001 to 25,000 | 25,001 to 50,000 | 50,001 to 100,000 | 100,001 to 250,000 | 250,001 and over |
|---|---|---|---|---|---|---|---|---|---|---|---|---|---|---|
| Number of Enterprises | 1 | 9274 | 0 | 0 | 1714 | 2530 | 1596 | 1304 | 81 | 44 | 6 | 3 | 0 | • |
| **Revenues ($ in Thousands)** | | | | | | | | | | | | | | |
| Net Sales | 2 | 14687045 | 0 | 0 | 915000 | 2265383 | 2181703 | 4892111 | 1065712 | 1614011 | 656731 | 847680 | 0 | • |
| Interest | 3 | 25290 | 0 | 0 | 257 | 5066 | 7275 | 8054 | 674 | 1912 | 1196 | 71 | 0 | • |
| Rents | 4 | 8423 | 0 | 0 | 130 | 1186 | 1031 | 1941 | 0 | 2477 | 1465 | 191 | 0 | • |
| Royalties | 5 | 33 | 0 | 0 | 0 | 0 | 33 | 0 | 0 | 0 | 0 | 0 | 0 | • |
| Other Portfolio Income | 6 | 35028 | 0 | 0 | 108 | 1226 | 23441 | 5193 | 1121 | 3618 | 110 | 212 | 0 | • |
| Other Receipts | 7 | 117967 | 0 | 0 | 10490 | 12837 | 18339 | 38385 | 13159 | 14021 | 3521 | 5542 | 0 | • |
| Total Receipts | 8 | 14873786 | 0 | 0 | 925985 | 2285698 | 2231822 | 4945684 | 1080666 | 1636039 | 663023 | 853696 | 0 | • |
| Average Total Receipts | 9 | 1604 | • | • | 540 | 903 | 1398 | 3793 | 13342 | 37183 | 110504 | 284565 | • | • |
| **Operating Costs/Operating Income (%)** | | | | | | | | | | | | | | |
| Cost of Operations | 10 | 65.0 | • | • | 59.2 | 64.6 | 63.5 | 66.8 | 61.4 | 70.2 | 71.0 | 56.7 | • | • |
| Salaries and Wages | 11 | 13.1 | • | • | 16.8 | 10.5 | 12.8 | 12.8 | 18.4 | 12.8 | 13.0 | 15.0 | • | • |
| Taxes Paid | 12 | 2.4 | • | • | 3.7 | 2.7 | 2.6 | 2.3 | 2.2 | 2.0 | 1.5 | 2.2 | • | • |
| Interest Paid | 13 | 1.2 | • | • | 0.7 | 1.5 | 1.0 | 1.4 | 1.2 | 0.7 | 0.8 | 1.6 | • | • |
| Depreciation | 14 | 1.2 | • | • | 1.1 | 0.9 | 1.3 | 1.2 | 1.3 | 1.1 | 0.8 | 2.3 | • | • |
| Amortization and Depletion | 15 | 0.1 | • | • | 0.0 | 0.1 | 0.0 | 0.1 | 0.0 | 0.0 | 0.1 | 0.1 | • | • |
| Pensions and Other Deferred Comp. | 16 | 0.3 | • | • | 0.0 | 0.3 | 0.2 | 0.3 | 0.1 | 0.6 | 0.4 | 0.2 | • | • |
| Employee Benefits | 17 | 1.1 | • | • | 1.8 | 1.1 | 1.3 | 0.8 | 0.9 | 1.0 | 1.5 | 1.1 | • | • |
| Advertising | 18 | 1.8 | • | • | 1.8 | 1.8 | 1.9 | 1.5 | 1.8 | 2.2 | 1.1 | 2.7 | • | • |
| Other Expenses | 19 | 10.5 | • | • | 13.4 | 11.3 | 10.1 | 9.8 | 10.5 | 7.5 | 7.8 | 15.7 | • | • |
| Officers' Compensation | 20 | 3.5 | • | • | 4.6 | 5.8 | 6.0 | 3.0 | 1.6 | 1.1 | 0.6 | 1.2 | • | • |
| Operating Margin | 21 | • | • | • | • | • | • | 0.1 | 0.6 | 0.8 | 1.5 | 1.2 | • | • |
| Operating Margin Before Officers' Comp. | 22 | 3.4 | • | • | 1.5 | 5.0 | 5.2 | 3.1 | 2.2 | 1.9 | 2.1 | 2.4 | • | • |

| Selected Average Balance Sheet ($ in Thousands) | | | | | | | | | | | | | |
|---|---|---|---|---|---|---|---|---|---|---|---|---|---|
| Net Receivables **23** | 87 | • | • | 21 | 51 | 75 | 233 | 812 | 1842 | 6453 | 6357 | • | • |
| Inventories **24** | 327 | • | • | 173 | 181 | 316 | 719 | 2842 | 6143 | 18235 | 68445 | • | • |
| Net Property, Plant and Equipment **25** | 126 | • | • | 19 | 28 | 100 | 318 | 1376 | 3756 | 6970 | 52824 | • | • |
| Total Assets **26** | 699 | • | • | 190 | 365 | 669 | 1698 | 6943 | 14496 | 40165 | 140776 | • | • |
| Notes and Loans Payable **27** | 248 | • | • | 101 | 178 | 233 | 595 | 1757 | 3011 | 10492 | 46281 | • | • |
| All Other Liabilities **28** | 160 | • | • | 23 | 60 | 93 | 461 | 1441 | 3191 | 14504 | 57774 | • | • |
| Net Worth **29** | 291 | • | • | 65 | 127 | 343 | 641 | 3746 | 8294 | 15170 | 36721 | • | • |

| Selected Financial Ratios (Times to 1) | | | | | | | | | | | | | |
|---|---|---|---|---|---|---|---|---|---|---|---|---|---|
| Current Ratio **30** | 2.6 | • | • | 4.7 | 3.3 | 4.1 | 2.4 | 2.3 | 2.0 | 1.2 | 1.5 | • | • |
| Quick Ratio **31** | 0.8 | • | • | 0.9 | 0.9 | 1.3 | 0.8 | 0.7 | 0.6 | 0.4 | 0.2 | • | • |
| Net Sales to Working Capital **32** | 5.4 | • | • | 4.0 | 4.5 | 3.8 | 5.5 | 5.6 | 8.1 | 22.8 | 10.5 | • | • |
| Coverage Ratio **33** | 2.0 | • | • | • | 1.1 | 2.5 | 1.8 | 2.7 | 4.2 | 4.1 | 2.2 | • | • |
| Total Asset Turnover **34** | 2.3 | • | • | 2.8 | 2.5 | 2.0 | 2.2 | 1.9 | 2.5 | 2.7 | 2.0 | • | • |
| Inventory Turnover **35** | 3.1 | • | • | 1.8 | 3.2 | 2.7 | 3.5 | 2.8 | 4.2 | 4.3 | 2.3 | • | • |
| Receivables Turnover **36** | 17.3 | • | • | 21.3 | 19.8 | 16.1 | 14.9 | 16.0 | 22.3 | 13.4 | 41.1 | • | • |
| Total Liabilities to Net Worth **37** | 1.4 | • | • | 1.9 | 1.9 | 0.9 | 1.6 | 0.9 | 0.7 | 1.6 | 2.8 | • | • |
| Current Assets to Working Capital **38** | 1.6 | • | • | 1.3 | 1.4 | 1.3 | 1.7 | 1.8 | 2.0 | 5.5 | 2.9 | • | • |
| Current Liabilities to Working Capital **39** | 0.6 | • | • | 0.3 | 0.4 | 0.3 | 0.7 | 0.8 | 1.0 | 4.5 | 1.9 | • | • |
| Working Capital to Net Sales **40** | 0.2 | • | • | 0.2 | 0.2 | 0.3 | 0.2 | 0.2 | 0.1 | 0.0 | 0.1 | • | • |
| Inventory to Working Capital **41** | 1.1 | • | • | 1.0 | 1.0 | 0.8 | 1.1 | 1.1 | 1.4 | 3.7 | 2.5 | • | • |
| Total Receipts to Cash Flow **42** | 13.4 | • | • | 21.6 | 15.6 | 13.6 | 13.2 | 11.0 | 13.2 | 14.5 | 10.7 | • | • |
| Cost of Goods to Cash Flow **43** | 8.7 | • | • | 12.8 | 10.1 | 8.6 | 8.8 | 6.7 | 9.3 | 10.3 | 6.1 | • | • |
| Cash Flow to Total Debt **44** | 0.3 | • | • | 0.2 | 0.2 | 0.3 | 0.3 | 0.4 | 0.4 | 0.3 | 0.3 | • | • |

| Selected Financial Factors (in Percentages) | | | | | | | | | | | | | |
|---|---|---|---|---|---|---|---|---|---|---|---|---|---|
| Debt Ratio **45** | 58.3 | • | • | 65.6 | 65.2 | 48.7 | 62.2 | 46.1 | 42.8 | 62.2 | 73.9 | • | • |
| Return on Total Assets **46** | 5.4 | • | • | • | 4.0 | 5.3 | 5.8 | 6.0 | 7.3 | 8.8 | 7.1 | • | • |
| Return on Equity Before Income Taxes **47** | 6.4 | • | • | • | 0.7 | 6.2 | 7.0 | 7.0 | 9.7 | 17.7 | 14.8 | • | • |
| Return on Equity After Income Taxes **48** | 5.4 | • | • | • | 0.1 | 5.6 | 5.9 | 6.3 | 7.8 | 14.8 | 14.5 | • | • |
| Profit Margin (Before Income Tax) **49** | 1.2 | • | • | • | 0.1 | 1.6 | 1.2 | 2.0 | 2.2 | 2.4 | 1.9 | • | • |
| Profit Margin (After Income Tax) **50** | 1.0 | • | • | • | 0.0 | 1.4 | 1.0 | 1.8 | 1.8 | 2.0 | 1.9 | • | • |

# Table II

Corporations with Net Income

## HARDWARE STORES

**MONEY AMOUNTS AND SIZE OF ASSETS IN THOUSANDS OF DOLLARS**

| Item Description for Accounting Period 7/00 Through 6/01 | | Total | Zero Assets | Under 100 | 100 to 250 | 251 to 500 | 501 to 1,000 | 1,001 to 5,000 | 5,001 to 10,000 | 10,001 to 25,000 | 25,001 to 50,000 | 50,001 to 100,000 | 100,001 to 250,000 | 250,001 and over |
|---|---|---|---|---|---|---|---|---|---|---|---|---|---|---|
| Number of Enterprises | 1 | 5088 | • | 1201 | 632 | 1240 | 1033 | 882 | 0 | 36 | 0 | 0 | 0 | • |
| **Revenues ($ in Thousands)** | | | | | | | | | | | | | | |
| Net Sales | 2 | 9683767 | • | 122430 | 399787 | 1073905 | 1471071 | 3315261 | 0 | 1363530 | 0 | 0 | 0 | • |
| Interest | 3 | 14499 | • | 785 | 135 | 2532 | 2917 | 4908 | 0 | 1407 | 0 | 0 | 0 | • |
| Rents | 4 | 6828 | • | 0 | 0 | 1186 | 970 | 1406 | 0 | 1801 | 0 | 0 | 0 | • |
| Royalties | 5 | 33 | • | 0 | 0 | 0 | 33 | 0 | 0 | 0 | 0 | 0 | 0 | • |
| Other Portfolio Income | 6 | 31194 | • | 0 | 0 | 0 | 22321 | 4695 | 0 | 3549 | 0 | 0 | 0 | • |
| Other Receipts | 7 | 81132 | • | 1674 | 2495 | 8340 | 7109 | 26093 | 0 | 11310 | 0 | 0 | 0 | • |
| Total Receipts | 8 | 9817453 | • | 124889 | 402417 | 1085963 | 1504421 | 3352363 | 0 | 1381597 | 0 | 0 | 0 | • |
| Average Total Receipts | 9 | 1930 | • | 104 | 637 | 876 | 1456 | 3801 | • | 38378 | • | • | • | • |
| **Operating Costs/Operating Income (%)** | | | | | | | | | | | | | | |
| Cost of Operations | 10 | 64.6 | • | 43.8 | 56.8 | 62.8 | 62.4 | 65.8 | • | 70.9 | • | • | • | • |
| Salaries and Wages | 11 | 12.6 | • | • | 15.7 | 8.7 | 12.1 | 12.5 | • | 12.1 | • | • | • | • |
| Taxes Paid | 12 | 2.2 | • | 1.0 | 2.2 | 2.5 | 2.4 | 2.4 | • | 2.0 | • | • | • | • |
| Interest Paid | 13 | 1.1 | • | 0.7 | 0.6 | 1.3 | 1.1 | 1.3 | • | 0.6 | • | • | • | • |
| Depreciation | 14 | 1.2 | • | 2.9 | 0.7 | 1.0 | 1.8 | 1.2 | • | 0.9 | • | • | • | • |
| Amortization and Depletion | 15 | 0.1 | • | • | 0.0 | 0.0 | 0.0 | 0.1 | • | 0.0 | • | • | • | • |
| Pensions and Other Deferred Comp. | 16 | 0.3 | • | • | • | 0.4 | 0.2 | 0.3 | • | 0.6 | • | • | • | • |
| Employee Benefits | 17 | 0.8 | • | • | 1.6 | 0.3 | 1.2 | 0.6 | • | 0.9 | • | • | • | • |
| Advertising | 18 | 1.6 | • | 0.1 | 2.7 | 1.3 | 1.7 | 1.4 | • | 2.1 | • | • | • | • |
| Other Expenses | 19 | 9.6 | • | 24.3 | 11.2 | 11.0 | 9.9 | 9.2 | • | 6.5 | • | • | • | • |
| Officers' Compensation | 20 | 3.4 | • | 6.1 | 3.9 | 7.5 | 5.5 | 3.3 | • | 1.0 | • | • | • | • |
| Operating Margin | 21 | 2.5 | • | 21.1 | 4.5 | 3.2 | 1.7 | 2.0 | • | 2.3 | • | • | • | • |
| Operating Margin Before Officers' Comp. | 22 | 5.9 | • | 27.2 | 8.4 | 10.7 | 7.2 | 5.3 | • | 3.4 | • | • | • | • |

| Selected Average Balance Sheet ($ in Thousands) | | | | | | | | | | | | | |
|---|---|---|---|---|---|---|---|---|---|---|---|---|---|
| Net Receivables 23 | 108 | • | 10 | 6 | 52 | 82 | 236 | • | 1926 | • | • | • | • |
| Inventories 24 | 419 | • | 7 | 294 | 210 | 338 | 754 | • | 6261 | • | • | • | • |
| Net Property, Plant and Equipment 25 | 154 | • | 8 | 13 | 26 | 138 | 311 | • | 3602 | • | • | • | • |
| Total Assets 26 | 831 | • | 41 | 236 | 369 | 687 | 1714 | • | 14514 | • | • | • | • |
| Notes and Loans Payable 27 | 243 | • | 7 | 82 | 126 | 254 | 477 | • | 2646 | • | • | • | • |
| All Other Liabilities 28 | 168 | • | 0 | 5 | 45 | 75 | 407 | • | 3201 | • | • | • | • |
| Net Worth 29 | 420 | • | 34 | 148 | 198 | 358 | 831 | • | 8668 | • | • | • | • |

| Selected Financial Ratios (Times to 1) | | | | | | | | | | | | | |
|---|---|---|---|---|---|---|---|---|---|---|---|---|---|
| Current Ratio 30 | 2.9 | • | 582.6 | 14.5 | 5.0 | 5.6 | 2.8 | • | 2.1 | • | • | • | • |
| Quick Ratio 31 | 0.9 | • | 487.0 | 1.0 | 1.5 | 1.7 | 1.0 | • | 0.6 | • | • | • | • |
| Net Sales to Working Capital 32 | 5.0 | • | 4.4 | 3.1 | 3.8 | 3.5 | 5.1 | • | 7.8 | • | • | • | • |
| Coverage Ratio 33 | 4.6 | • | 34.7 | 9.2 | 4.2 | 4.5 | 3.4 | • | 7.3 | • | • | • | • |
| Total Asset Turnover 34 | 2.3 | • | 2.5 | 2.7 | 2.3 | 2.1 | 2.2 | • | 2.6 | • | • | • | • |
| Inventory Turnover 35 | 2.9 | • | 6.7 | 1.2 | 2.6 | 2.6 | 3.3 | • | 4.3 | • | • | • | • |
| Receivables Turnover 36 | 15.3 | • | 9.9 | 19.8 | 18.0 | 14.6 | 13.1 | • | 21.1 | • | • | • | • |
| Total Liabilities to Net Worth 37 | 1.0 | • | 0.2 | 0.6 | 0.9 | 0.9 | 1.1 | • | 0.7 | • | • | • | • |
| Current Assets to Working Capital 38 | 1.5 | • | 1.0 | 1.1 | 1.3 | 1.2 | 1.6 | • | 1.9 | • | • | • | • |
| Current Liabilities to Working Capital 39 | 0.5 | • | 0.0 | 0.1 | 0.3 | 0.2 | 0.6 | • | 0.9 | • | • | • | • |
| Working Capital to Net Sales 40 | 0.2 | • | 0.2 | 0.3 | 0.3 | 0.3 | 0.2 | • | 0.1 | • | • | • | • |
| Inventory to Working Capital 41 | 1.0 | • | 0.2 | 0.9 | 0.8 | 0.8 | 1.0 | • | 1.3 | • | • | • | • |
| Total Receipts to Cash Flow 42 | 10.0 | • | 2.8 | 9.4 | 9.5 | 10.5 | 10.4 | • | 11.8 | • | • | • | • |
| Cost of Goods to Cash Flow 43 | 6.5 | • | 1.2 | 5.3 | 6.0 | 6.5 | 6.8 | • | 8.4 | • | • | • | • |
| Cash Flow to Total Debt 44 | 0.5 | • | 5.1 | 0.8 | 0.5 | 0.4 | 0.4 | • | 0.5 | • | • | • | • |

| Selected Financial Factors (in Percentages) | | | | | | | | | | | | | |
|---|---|---|---|---|---|---|---|---|---|---|---|---|---|
| Debt Ratio 45 | 49.4 | • | 17.4 | 37.1 | 46.5 | 47.9 | 51.5 | • | 40.3 | • | • | • | • |
| Return on Total Assets 46 | 11.3 | • | 59.3 | 15.5 | 13.3 | 10.5 | 9.6 | • | 11.1 | • | • | • | • |
| Return on Equity Before Income Taxes 47 | 17.5 | • | 69.8 | 22.0 | 18.9 | 15.7 | 14.0 | • | 16.0 | • | • | • | • |
| Return on Equity After Income Taxes 48 | 16.2 | • | 69.6 | 21.6 | 18.2 | 14.8 | 12.7 | • | 13.8 | • | • | • | • |
| Profit Margin (Before Income Tax) 49 | 3.9 | • | 23.1 | 5.2 | 4.3 | 3.9 | 3.1 | • | 3.7 | • | • | • | • |
| Profit Margin (After Income Tax) 50 | 3.6 | • | 23.1 | 5.1 | 4.1 | 3.7 | 2.8 | • | 3.2 | • | • | • | • |

**Table I**

Corporations with and without Net Income

# OTHER BUILDING MATERIAL DEALERS

**MONEY AMOUNTS AND SIZE OF ASSETS IN THOUSANDS OF DOLLARS**

| Item Description for Accounting Period 7/00 Through 6/01 | Total | Zero Assets | Under 100 | 100 to 250 | 251 to 500 | 501 to 1,000 | 1,001 to 5,000 | 5,001 to 10,000 | 10,001 to 25,000 | 25,001 to 50,000 | 50,001 to 100,000 | 100,001 to 250,000 | 250,001 and over |
|---|---|---|---|---|---|---|---|---|---|---|---|---|---|
| Number of Enterprises 1 | 14182 | 602 | 2669 | 3578 | 1788 | 1981 | 3024 | 319 | 148 | 44 | 15 | 8 | 6 |
| **Revenues ($ in Thousands)** | | | | | | | | | | | | | |
| Net Sales 2 | 53442974 | 55956 | 666233 | 2136222 | 1588704 | 4384788 | 18447771 | 5917269 | 5627448 | 3828409 | 2282623 | 2100473 | 6407079 |
| Interest 3 | 156223 | 0 | 58 | 3701 | 3126 | 6553 | 37122 | 6100 | 10927 | 8653 | 5950 | 17221 | 56812 |
| Rents 4 | 46676 | 0 | 0 | 0 | 0 | 500 | 11975 | 1523 | 4092 | 5669 | 1258 | 1289 | 20371 |
| Royalties 5 | 1610 | 0 | 0 | 0 | 0 | 0 | 0 | 0 | 30 | 0 | 1574 | 0 | 5 |
| Other Portfolio Income 6 | 110823 | 11127 | 628 | 782 | 11018 | 5457 | 19144 | 8597 | 13449 | 11318 | 11097 | 1311 | 16896 |
| Other Receipts 7 | 360062 | -265 | 845 | 5600 | 852 | 28199 | 112282 | 38410 | 43697 | 40708 | 14340 | 1918 | 73475 |
| Total Receipts 8 | 54118368 | 66818 | 667764 | 2146305 | 1603700 | 4425497 | 18628294 | 5971899 | 5699643 | 3894757 | 2316842 | 2122212 | 6574638 |
| Average Total Receipts 9 | 3816 | 111 | 250 | 600 | 897 | 2234 | 6160 | 18721 | 38511 | 88517 | 154456 | 265276 | 1095773 |
| **Operating Costs/Operating Income (%)** | | | | | | | | | | | | | |
| Cost of Operations 10 | 74.4 | 87.4 | 72.3 | 64.3 | 63.1 | 70.5 | 75.0 | 76.9 | 75.1 | 76.3 | 79.5 | 74.2 | 76.1 |
| Salaries and Wages 11 | 9.1 | 10.9 | 4.9 | 8.0 | 9.2 | 9.7 | 8.4 | 8.9 | 9.7 | 10.5 | 8.5 | 9.6 | 9.9 |
| Taxes Paid 12 | 1.6 | 1.3 | 1.7 | 2.7 | 2.4 | 2.2 | 1.5 | 1.4 | 1.6 | 1.6 | 1.2 | 1.2 | 1.2 |
| Interest Paid 13 | 1.1 | 0.9 | 0.2 | 0.9 | 0.7 | 0.7 | 0.9 | 1.1 | 0.9 | 1.0 | 1.5 | 1.8 | 2.2 |
| Depreciation 14 | 1.1 | 0.8 | 1.1 | 1.7 | 1.0 | 1.2 | 1.0 | 1.0 | 1.3 | 1.2 | 0.9 | 1.3 | 1.3 |
| Amortization and Depletion 15 | 0.1 | 0.0 | 0.0 | • | 0.0 | 0.0 | 0.0 | 0.0 | 0.0 | 0.0 | 0.1 | 0.2 | 0.4 |
| Pensions and Other Deferred Comp. 16 | 0.3 | • | 0.1 | 0.0 | 0.5 | 0.4 | 0.4 | 0.2 | 0.3 | 0.3 | 0.3 | 0.2 | 0.2 |
| Employee Benefits 17 | 0.7 | 4.6 | 0.0 | 0.9 | 0.6 | 0.7 | 0.5 | 0.7 | 0.7 | 0.9 | 0.7 | 0.7 | 1.1 |
| Advertising 18 | 0.6 | 0.1 | 1.3 | 2.5 | 1.3 | 0.9 | 0.4 | 0.6 | 0.4 | 0.6 | 0.4 | 0.6 | 0.4 |
| Other Expenses 19 | 7.3 | 12.6 | 13.2 | 13.4 | 12.0 | 8.9 | 6.8 | 6.2 | 5.7 | 6.0 | 5.8 | 9.2 | 6.5 |
| Officers' Compensation 20 | 2.3 | 0.2 | 7.4 | 4.2 | 8.2 | 3.4 | 3.0 | 1.6 | 1.9 | 1.1 | 0.9 | 0.4 | 0.2 |
| Operating Margin 21 | 1.3 | • | • | 1.3 | 1.0 | 1.3 | 2.0 | 1.4 | 2.2 | 0.4 | 0.3 | 0.7 | 0.4 |
| Operating Margin Before Officers' Comp. 22 | 3.7 | • | 5.1 | 5.5 | 9.2 | 4.7 | 5.0 | 3.0 | 4.1 | 1.5 | 1.2 | 1.1 | 0.6 |

| Selected Average Balance Sheet ($ in Thousands) | | | | | | | | | | | | | |
|---|---|---|---|---|---|---|---|---|---|---|---|---|---|
| Net Receivables 23 | 409 | 0 | 5 | 42 | 69 | 183 | 711 | 2207 | 4858 | 9293 | 20523 | 41735 | 87845 |
| Inventories 24 | 442 | 0 | 14 | 55 | 99 | 305 | 710 | 2130 | 4537 | 8446 | 16873 | 36574 | 139539 |
| Net Property, Plant and Equipment 25 | 254 | 0 | 14 | 39 | 46 | 95 | 340 | 1185 | 3079 | 7079 | 12084 | 26050 | 98513 |
| Total Assets 26 | 1457 | 0 | 50 | 178 | 334 | 709 | 2229 | 6637 | 15142 | 32369 | 61301 | 142032 | 551714 |
| Notes and Loans Payable 27 | 441 | 0 | 26 | 84 | 82 | 184 | 655 | 2362 | 4071 | 9673 | 19056 | 45238 | 160340 |
| All Other Liabilities 28 | 340 | 0 | 16 | 47 | 77 | 214 | 499 | 1643 | 3357 | 7012 | 20484 | 37217 | 100752 |
| Net Worth 29 | 676 | 0 | 8 | 47 | 175 | 311 | 1075 | 2632 | 7713 | 15685 | 21762 | 59576 | 290622 |

| Selected Financial Ratios (Times to 1) | | | | | | | | | | | | | |
|---|---|---|---|---|---|---|---|---|---|---|---|---|---|
| Current Ratio 30 | 2.1 | • | 1.4 | 1.6 | 2.5 | 2.3 | 2.5 | 1.6 | 2.0 | 1.8 | 1.5 | 2.1 | 2.5 |
| Quick Ratio 31 | 1.1 | • | 0.7 | 0.8 | 1.6 | 1.1 | 1.4 | 0.9 | 1.1 | 1.0 | 0.9 | 1.1 | 1.0 |
| Net Sales to Working Capital 32 | 7.0 | • | 28.0 | 12.8 | 5.9 | 7.0 | 5.8 | 9.7 | 7.0 | 8.8 | 11.1 | 5.8 | 6.7 |
| Coverage Ratio 33 | 3.3 | 1.7 | • | 3.1 | 3.7 | 4.0 | 4.5 | 3.1 | 4.9 | 3.1 | 2.2 | 1.9 | 2.4 |
| Total Asset Turnover 34 | 2.6 | • | 5.0 | 3.4 | 2.7 | 3.1 | 2.7 | 2.8 | 2.5 | 2.7 | 2.5 | 1.8 | 1.9 |
| Inventory Turnover 35 | 6.3 | • | 12.8 | 7.0 | 5.7 | 5.1 | 6.4 | 6.7 | 6.3 | 7.9 | 7.2 | 5.3 | 5.8 |
| Receivables Turnover 36 | 8.6 | • | 39.2 | 15.1 | 11.2 | 10.3 | 8.8 | 8.0 | 7.3 | 9.1 | 6.2 | 7.6 | 8.3 |
| Total Liabilities to Net Worth 37 | 1.2 | • | 5.3 | 2.8 | 0.9 | 1.3 | 1.1 | 1.5 | 1.0 | 1.1 | 1.8 | 1.4 | 0.9 |
| Current Assets to Working Capital 38 | 1.9 | • | 3.5 | 2.5 | 1.7 | 1.8 | 1.7 | 2.6 | 2.0 | 2.2 | 2.9 | 1.9 | 1.6 |
| Current Liabilities to Working Capital 39 | 0.9 | • | 2.5 | 1.5 | 0.7 | 0.8 | 0.7 | 1.6 | 1.0 | 1.2 | 1.9 | 0.9 | 0.6 |
| Working Capital to Net Sales 40 | 0.1 | • | 0.0 | 0.1 | 0.2 | 0.1 | 0.2 | 0.1 | 0.1 | 0.1 | 0.1 | 0.2 | 0.2 |
| Inventory to Working Capital 41 | 0.8 | • | 1.7 | 1.3 | 0.6 | 0.9 | 0.7 | 1.1 | 0.8 | 0.9 | 1.0 | 0.8 | 0.8 |
| Total Receipts to Cash Flow 42 | 12.9 | • | 12.4 | 8.3 | 9.7 | 12.0 | 12.6 | 15.2 | 13.5 | 16.3 | 17.5 | 11.0 | 13.3 |
| Cost of Goods to Cash Flow 43 | 9.6 | • | 8.9 | 5.3 | 6.1 | 8.4 | 9.5 | 11.7 | 10.1 | 12.5 | 13.9 | 8.1 | 10.2 |
| Cash Flow to Total Debt 44 | 0.4 | • | 0.5 | 0.6 | 0.6 | 0.5 | 0.4 | 0.3 | 0.4 | 0.3 | 0.2 | 0.3 | 0.3 |

| Selected Financial Factors (in Percentages) | | | | | | | | | | | | | |
|---|---|---|---|---|---|---|---|---|---|---|---|---|---|
| Debt Ratio 45 | 53.6 | • | 84.0 | 73.4 | 47.6 | 56.1 | 51.8 | 60.3 | 49.1 | 51.5 | 64.5 | 58.1 | 47.3 |
| Return on Total Assets 46 | 9.6 | • | • | 9.0 | 7.0 | 9.3 | 10.6 | 9.6 | 10.7 | 8.6 | 8.1 | 6.6 | 10.2 |
| Return on Equity Before Income Taxes 47 | 14.5 | • | • | 22.9 | 9.8 | 15.9 | 17.0 | 16.3 | 16.8 | 11.9 | 12.5 | 7.6 | 11.1 |
| Return on Equity After Income Taxes 48 | 12.6 | • | • | 22.5 | 6.9 | 15.1 | 15.5 | 14.7 | 14.8 | 8.9 | 9.8 | 5.5 | 8.9 |
| Profit Margin (Before Income Tax) 49 | 2.6 | 0.6 | • | 1.8 | 1.9 | 2.2 | 3.0 | 2.3 | 3.4 | 2.1 | 1.8 | 1.7 | 3.0 |
| Profit Margin (After Income Tax) 50 | 2.3 | • | • | 1.8 | 1.4 | 2.1 | 2.7 | 2.1 | 3.0 | 1.6 | 1.4 | 1.2 | 2.4 |

# Table II

Corporations with Net Income

## OTHER BUILDING MATERIAL DEALERS

MONEY AMOUNTS AND SIZE OF ASSETS IN THOUSANDS OF DOLLARS

| Item Description for Accounting Period 7/00 Through 6/01 | | Total | Zero Assets | Under 100 | 100 to 250 | 251 to 500 | 501 to 1,000 | 1,001 to 5,000 | 5,001 to 10,000 | 10,001 to 25,000 | 25,001 to 50,000 | 50,001 to 100,000 | 100,001 to 250,000 | 250,001 and over |
|---|---|---|---|---|---|---|---|---|---|---|---|---|---|---|
| Number of Enterprises | 1 | 9740 | 0 | 1380 | 2125 | 1319 | 1510 | 2686 | 285 | 129 | 36 | 0 | 0 | 6 |
| **Revenues ($ in Thousands)** | | | | | | | | | | | | | | |
| Net Sales | 2 | 47199565 | 0 | 351080 | 1355467 | 1229159 | 3692151 | 16956612 | 5409058 | 4977442 | 2727328 | 0 | 0 | 6407079 |
| Interest | 3 | 143468 | 0 | 58 | 3403 | 1630 | 6128 | 33589 | 5820 | 10251 | 6847 | 0 | 0 | 56812 |
| Rents | 4 | 38728 | 0 | 0 | 0 | 0 | 500 | 5441 | 1447 | 3700 | 4817 | 0 | 0 | 20371 |
| Royalties | 5 | 38 | 0 | 0 | 0 | 0 | 0 | 0 | 0 | 30 | 0 | 0 | 0 | 5 |
| Other Portfolio Income | 6 | 99177 | 0 | 628 | 0 | 10933 | 5457 | 16437 | 8457 | 9596 | 7865 | 0 | 0 | 16896 |
| Other Receipts | 7 | 330199 | 0 | 395 | 3226 | 235 | 25608 | 108093 | 34176 | 38332 | 24465 | 0 | 0 | 73475 |
| Total Receipts | 8 | 47811175 | 0 | 352161 | 1362096 | 1241957 | 3729844 | 17120172 | 5458958 | 5039351 | 2771322 | 0 | 0 | 6574638 |
| Average Total Receipts | 9 | 4909 | • | 255 | 641 | 942 | 2470 | 6374 | 19154 | 39065 | 76981 | • | • | 1095773 |
| **Operating Costs/Operating Income (%)** | | | | | | | | | | | | | | |
| Cost of Operations | 10 | 74.1 | • | 69.5 | 58.8 | 61.3 | 70.8 | 74.7 | 77.0 | 74.8 | 72.7 | • | • | 76.1 |
| Salaries and Wages | 11 | 9.0 | • | 4.3 | 8.6 | 8.6 | 9.0 | 8.3 | 8.6 | 9.5 | 11.4 | • | • | 9.9 |
| Taxes Paid | 12 | 1.6 | • | 2.2 | 2.8 | 2.2 | 2.3 | 1.5 | 1.3 | 1.6 | 1.7 | • | • | 1.2 |
| Interest Paid | 13 | 1.1 | • | 0.3 | 0.8 | 0.6 | 0.7 | 0.8 | 1.0 | 0.8 | 1.2 | • | • | 2.2 |
| Depreciation | 14 | 1.1 | • | 1.3 | 1.8 | 1.2 | 1.3 | 1.0 | 0.9 | 1.3 | 1.2 | • | • | 1.3 |
| Amortization and Depletion | 15 | 0.1 | • | 0.0 | • | 0.0 | 0.0 | 0.0 | 0.0 | 0.0 | 0.1 | • | • | 0.4 |
| Pensions and Other Deferred Comp. | 16 | 0.3 | • | 0.1 | • | 0.6 | 0.5 | 0.3 | 0.2 | 0.4 | 0.5 | • | • | 0.2 |
| Employee Benefits | 17 | 0.7 | • | 0.0 | 0.6 | 0.6 | 0.7 | 0.5 | 0.7 | 0.7 | 1.0 | • | • | 1.1 |
| Advertising | 18 | 0.6 | • | 0.4 | 3.2 | 1.4 | 0.7 | 0.4 | 0.6 | 0.4 | 0.6 | • | • | 0.4 |
| Other Expenses | 19 | 7.0 | • | 11.6 | 14.2 | 11.2 | 8.5 | 6.6 | 6.2 | 5.6 | 5.9 | • | • | 6.5 |
| Officers' Compensation | 20 | 2.3 | • | 7.6 | 4.3 | 8.5 | 3.4 | 3.0 | 1.7 | 1.9 | 1.3 | • | • | 0.2 |
| Operating Margin | 21 | 2.2 | • | 2.6 | 4.9 | 3.8 | 2.1 | 2.7 | 1.7 | 3.1 | 2.5 | • | • | 0.4 |
| Operating Margin Before Officers' Comp. | 22 | 4.5 | • | 10.2 | 9.2 | 12.3 | 5.5 | 5.7 | 3.4 | 5.0 | 3.8 | • | • | 0.6 |

| | | | | | | | | | | | | | |
|---|---|---|---|---|---|---|---|---|---|---|---|---|---|
| | **Selected Average Balance Sheet ($ in Thousands)** | | | | | | | | | | | | |
| Net Receivables 23 | 529 | • | 5 | 28 | 82 | 207 | 727 | 2282 | 4857 | 9557 | • | • | 87845 |
| Inventories 24 | 569 | • | 20 | 58 | 94 | 311 | 720 | 2199 | 4656 | 8239 | • | • | 122112 |
| Net Property, Plant and Equipment 25 | 323 | • | 10 | 40 | 48 | 108 | 336 | 1102 | 3010 | 7031 | • | • | 98513 |
| Total Assets 26 | 1852 | • | 55 | 184 | 339 | 738 | 2203 | 6666 | 15146 | 32641 | • | • | 551714 |
| Notes and Loans Payable 27 | 540 | • | 13 | 69 | 81 | 178 | 629 | 2268 | 3713 | 9724 | • | • | 160340 |
| All Other Liabilities 28 | 418 | • | 17 | 56 | 49 | 242 | 488 | 1725 | 3245 | 6162 | • | • | 100752 |
| Net Worth 29 | 894 | • | 25 | 59 | 209 | 318 | 1086 | 2672 | 8188 | 16755 | • | • | 290622 |
| | **Selected Financial Ratios (Times to 1)** | | | | | | | | | | | | |
| Current Ratio 30 | 2.2 | • | 2.0 | 1.2 | 3.4 | 2.2 | 2.5 | 1.6 | 2.2 | 2.0 | • | • | 2.5 |
| Quick Ratio 31 | 1.2 | • | 1.1 | 0.4 | 2.2 | 1.2 | 1.4 | 0.9 | 1.3 | 1.1 | • | • | 1.0 |
| Net Sales to Working Capital 32 | 6.9 | • | 13.4 | 40.3 | 5.0 | 7.8 | 6.1 | 10.0 | 6.7 | 7.0 | • | • | 6.7 |
| Coverage Ratio 33 | 4.2 | • | 11.3 | 7.3 | 8.6 | 5.6 | 5.5 | 3.5 | 6.4 | 4.4 | • | • | 2.4 |
| Total Asset Turnover 34 | 2.6 | • | 4.6 | 3.5 | 2.8 | 3.3 | 2.9 | 2.8 | 2.5 | 2.3 | • | • | 1.9 |
| Inventory Turnover 35 | 6.3 | • | 8.9 | 6.4 | 6.1 | 5.6 | 6.6 | 6.6 | 6.2 | 6.7 | • | • | 6.7 |
| Receivables Turnover 36 | 8.4 | • | 30.2 | 21.9 | 10.7 | 10.0 | 8.6 | 7.6 | 7.1 | 8.0 | • | • | 24.3 |
| Total Liabilities to Net Worth 37 | 1.1 | • | 1.2 | 2.1 | 0.6 | 1.3 | 1.0 | 1.5 | 0.8 | 0.9 | • | • | 0.9 |
| Current Assets to Working Capital 38 | 1.8 | • | 2.0 | 7.1 | 1.4 | 1.8 | 1.7 | 2.6 | 1.9 | 2.0 | • | • | 1.6 |
| Current Liabilities to Working Capital 39 | 0.8 | • | 1.0 | 6.1 | 0.4 | 0.8 | 0.7 | 1.6 | 0.9 | 1.0 | • | • | 0.6 |
| Working Capital to Net Sales 40 | 0.1 | • | 0.1 | 0.0 | 0.2 | 0.1 | 0.2 | 0.1 | 0.2 | 0.1 | • | • | 0.2 |
| Inventory to Working Capital 41 | 0.8 | • | 0.9 | 4.3 | 0.5 | 0.8 | 0.7 | 1.1 | 0.7 | 0.8 | • | • | 0.8 |
| Total Receipts to Cash Flow 42 | 11.9 | • | 8.7 | 6.1 | 8.1 | 11.3 | 11.8 | 14.5 | 12.2 | 12.9 | • | • | 13.3 |
| Cost of Goods to Cash Flow 43 | 8.8 | • | 6.1 | 3.6 | 4.9 | 8.0 | 8.8 | 11.2 | 9.1 | 9.4 | • | • | 10.2 |
| Cash Flow to Total Debt 44 | 0.4 | • | 1.0 | 0.8 | 0.9 | 0.5 | 0.5 | 0.3 | 0.5 | 0.4 | • | • | 0.3 |
| | **Selected Financial Factors (in Percentages)** | | | | | | | | | | | | |
| Debt Ratio 45 | 51.7 | • | 55.3 | 67.9 | 38.3 | 57.0 | 50.7 | 59.9 | 45.9 | 48.7 | • | • | 47.3 |
| Return on Total Assets 46 | 11.9 | • | 14.9 | 21.4 | 15.1 | 12.5 | 12.9 | 10.5 | 12.7 | 12.2 | • | • | 10.2 |
| Return on Equity Before Income Taxes 47 | 18.8 | • | 30.3 | 57.6 | 21.6 | 23.9 | 21.4 | 18.8 | 19.9 | 18.5 | • | • | 11.1 |
| Return on Equity After Income Taxes 48 | 16.7 | • | 29.6 | 57.0 | 18.3 | 22.9 | 19.7 | 17.0 | 17.8 | 15.0 | • | • | 8.9 |
| Profit Margin (Before Income Tax) 49 | 3.5 | • | 2.9 | 5.3 | 4.8 | 3.1 | 3.7 | 2.6 | 4.2 | 4.1 | • | • | 3.0 |
| Profit Margin (After Income Tax) 50 | 3.1 | • | 2.9 | 5.3 | 4.1 | 3.0 | 3.4 | 2.4 | 3.8 | 3.3 | • | • | 2.4 |

# LAWN AND GARDEN EQUIPMENT AND SUPPLIES STORES

| Item Description for Accounting Period 7/00 Through 6/01 | Total | Zero Assets | Under 100 | 100 to 250 | 251 to 500 | 501 to 1,000 | 1,001 to 5,000 | 5,001 to 10,000 | 10,001 to 25,000 | 25,001 to 50,000 | 50,001 to 100,000 | 100,001 to 250,000 | 250,001 and over |
|---|---|---|---|---|---|---|---|---|---|---|---|---|---|
| | MONEY AMOUNTS AND SIZE OF ASSETS IN THOUSANDS OF DOLLARS | | | | | | | | | | | | |
| Number of Enterprises 1 | 10780 | 8 | 4236 | 3080 | 1171 | 1145 | 993 | 109 | 28 | 6 | 3 | • | 0 |
| **Revenues ($ in Thousands)** | | | | | | | | | | | | | |
| Net Sales 2 | 14869046 | 2 | 1369685 | 1855381 | 901590 | 2009179 | 4126364 | 1648194 | 900374 | 334066 | 1724211 | • | 0 |
| Interest 3 | 20219 | 0 | 2 | 181 | 135 | 2196 | 12136 | 2967 | 1266 | 631 | 705 | • | 0 |
| Rents 4 | 13345 | 0 | 0 | 0 | 896 | 0 | 1779 | 4551 | 2702 | 2125 | 1293 | • | 0 |
| Royalties 5 | 0 | 0 | 0 | 0 | 0 | 0 | 0 | 0 | 0 | 0 | 0 | • | 0 |
| Other Portfolio Income 6 | 19549 | 0 | 0 | 2557 | 2040 | 1578 | 3869 | 557 | 3046 | 89 | 5812 | • | 0 |
| Other Receipts 7 | 116334 | 1 | 2088 | 2396 | 633 | 8676 | 37139 | 30764 | 11983 | 3506 | 19149 | • | 0 |
| Total Receipts 8 | 15038493 | 3 | 1371775 | 1860515 | 905294 | 2021629 | 4181287 | 1687033 | 919371 | 340417 | 1751170 | • | 0 |
| Average Total Receipts 9 | 1395 | 0 | 324 | 604 | 773 | 1766 | 4211 | 15477 | 32835 | 56736 | 583723 | • | • |
| **Operating Costs/Operating Income (%)** | | | | | | | | | | | | | |
| Cost of Operations 10 | 69.3 | • | 63.7 | 56.5 | 74.3 | 67.0 | 71.4 | 83.3 | 74.1 | 68.5 | 66.6 | • | • |
| Salaries and Wages 11 | 9.4 | • | 9.5 | 9.2 | 6.2 | 12.3 | 9.3 | 4.9 | 9.0 | 12.9 | 12.0 | • | • |
| Taxes Paid 12 | 2.1 | 400.0 | 2.4 | 3.7 | 2.0 | 2.3 | 1.7 | 1.0 | 1.2 | 1.9 | 2.1 | • | • |
| Interest Paid 13 | 1.4 | • | 0.6 | 0.8 | 0.8 | 0.6 | 1.2 | 1.2 | 1.9 | 2.3 | 4.2 | • | • |
| Depreciation 14 | 1.4 | 100.0 | 1.6 | 1.2 | 1.0 | 1.3 | 1.5 | 0.7 | 1.5 | 1.9 | 2.0 | • | • |
| Amortization and Depletion 15 | 0.0 | • | 0.0 | 0.0 | • | 0.0 | 0.0 | 0.0 | 0.1 | 0.5 | 0.1 | • | • |
| Pensions and Other Deferred Comp. 16 | 0.2 | • | • | • | • | 0.2 | 0.4 | 0.2 | 0.2 | 0.1 | 0.1 | • | • |
| Employee Benefits 17 | 0.6 | • | 0.6 | 0.5 | 0.2 | 0.7 | 0.6 | 0.6 | 0.9 | 0.5 | 0.7 | • | • |
| Advertising 18 | 1.2 | • | 1.0 | 0.8 | 0.8 | 0.9 | 0.9 | 0.7 | 1.0 | 1.6 | 3.7 | • | • |
| Other Expenses 19 | 11.5 | 9800.0 | 15.0 | 17.8 | 12.0 | 8.9 | 9.3 | 8.2 | 10.4 | 8.5 | 14.4 | • | • |
| Officers' Compensation 20 | 3.1 | • | 2.9 | 6.4 | 5.0 | 5.3 | 3.0 | 0.8 | 1.1 | 1.5 | 0.1 | • | • |
| Operating Margin 21 | • | • | 2.7 | 3.1 | • | 0.4 | 0.7 | • | • | • | • | • | • |
| Operating Margin Before Officers' Comp. 22 | 2.9 | • | 5.6 | 9.4 | 2.8 | 5.7 | 3.7 | • | • | 1.3 | • | • | • |

| | | | | | | | | | | | | | |
|---|---|---|---|---|---|---|---|---|---|---|---|---|---|
| **Selected Average Balance Sheet ($ in Thousands)** | | | | | | | | | | | | | |
| Net Receivables **23** | 77 | 0 | 3 | 12 | 124 | 62 | 206 | 739 | 2748 | 4488 | 59344 | • | • |
| Inventories **24** | 267 | 0 | 21 | 57 | 149 | 284 | 895 | 3967 | 7634 | 18164 | 142677 | • | • |
| Net Property, Plant and Equipment **25** | 123 | 0 | 10 | 63 | 37 | 155 | 393 | 735 | 2609 | 8429 | 89981 | • | • |
| Total Assets **26** | 624 | 0 | 43 | 157 | 361 | 652 | 1897 | 7647 | 14964 | 34012 | 518194 | • | • |
| Notes and Loans Payable **27** | 236 | 0 | 18 | 107 | 107 | 134 | 555 | 2251 | 5622 | 15123 | 270444 | • | • |
| All Other Liabilities **28** | 193 | 0 | 16 | 23 | 147 | 181 | 626 | 3290 | 6174 | 13022 | 110467 | • | • |
| Net Worth **29** | 196 | 0 | 10 | 27 | 106 | 337 | 716 | 2105 | 3168 | 5868 | 137283 | • | • |
| **Selected Financial Ratios (Times to 1)** | | | | | | | | | | | | | |
| Current Ratio **30** | 1.5 | • | 1.5 | 2.1 | 2.4 | 2.2 | 1.6 | 1.4 | 1.2 | 1.2 | 1.1 | • | • |
| Quick Ratio **31** | 0.4 | • | 0.5 | 0.7 | 1.0 | 0.8 | 0.4 | 0.2 | 0.3 | 0.3 | 0.3 | • | • |
| Net Sales to Working Capital **32** | 9.6 | • | 34.3 | 13.3 | 4.2 | 6.7 | 8.1 | 7.6 | 14.0 | 17.2 | 35.1 | • | • |
| Coverage Ratio **33** | 1.7 | • | 6.1 | 5.2 | • | 2.6 | 2.7 | 1.8 | 1.5 | 1.7 | • | • | • |
| Total Asset Turnover **34** | 2.2 | • | 7.5 | 3.8 | 2.1 | 2.7 | 2.2 | 2.0 | 2.1 | 1.6 | 1.1 | • | • |
| Inventory Turnover **35** | 3.6 | • | 10.0 | 6.0 | 3.8 | 4.1 | 3.3 | 3.2 | 3.1 | 2.1 | 2.7 | • | • |
| Receivables Turnover **36** | 18.7 | • | 81.4 | 39.9 | 6.7 | 27.2 | 20.7 | 22.3 | 11.2 | 9.6 | 19.4 | • | • |
| Total Liabilities to Net Worth **37** | 2.2 | • | 3.5 | 4.8 | 2.4 | 0.9 | 1.6 | 2.6 | 3.7 | 4.8 | 2.8 | • | • |
| Current Assets to Working Capital **38** | 2.9 | • | 3.0 | 1.9 | 1.7 | 1.8 | 2.6 | 3.4 | 5.1 | 6.5 | 14.8 | • | • |
| Current Liabilities to Working Capital **39** | 1.9 | • | 2.0 | 0.9 | 0.7 | 0.8 | 1.6 | 2.4 | 4.1 | 5.5 | 13.8 | • | • |
| Working Capital to Net Sales **40** | 0.1 | • | 0.0 | 0.1 | 0.2 | 0.1 | 0.1 | 0.1 | 0.1 | 0.1 | 0.0 | • | • |
| Inventory to Working Capital **41** | 2.0 | • | 2.0 | 1.3 | 0.9 | 1.1 | 1.8 | 2.7 | 3.6 | 4.7 | 8.7 | • | • |
| Total Receipts to Cash Flow **42** | 10.5 | • | 6.8 | 5.6 | 19.9 | 14.9 | 10.9 | 12.3 | 11.6 | 15.7 | 17.6 | • | • |
| Cost of Goods to Cash Flow **43** | 7.2 | • | 4.4 | 3.2 | 14.8 | 10.0 | 7.8 | 10.2 | 8.6 | 10.8 | 11.7 | • | • |
| Cash Flow to Total Debt **44** | 0.3 | • | 1.4 | 0.8 | 0.2 | 0.4 | 0.3 | 0.2 | 0.2 | 0.1 | 0.1 | • | • |
| **Selected Financial Factors (in Percentages)** | | | | | | | | | | | | | |
| Debt Ratio **45** | 68.6 | • | 77.6 | 82.8 | 70.5 | 48.4 | 62.3 | 72.5 | 78.8 | 82.7 | 73.5 | • | • |
| Return on Total Assets **46** | 5.2 | • | 25.8 | 15.9 | • | 4.5 | 7.2 | 4.0 | 5.9 | 6.7 | • | • | • |
| Return on Equity Before Income Taxes **47** | 6.7 | • | 96.2 | 74.7 | • | 5.3 | 12.0 | 6.4 | 9.1 | 16.6 | • | • | • |
| Return on Equity After Income Taxes **48** | 5.2 | • | 88.9 | 73.2 | • | 4.6 | 9.5 | 5.2 | 6.0 | 11.7 | • | • | • |
| Profit Margin (Before Income Tax) **49** | 1.0 | • | 2.9 | 3.4 | • | 1.0 | 2.1 | 0.9 | 0.9 | 1.7 | • | • | • |
| Profit Margin (After Income Tax) **50** | 0.7 | • | 2.6 | 3.3 | • | 0.9 | 1.6 | 0.7 | 0.6 | 1.2 | • | • | • |

**Table II**

Corporations with Net Income

# LAWN AND GARDEN EQUIPMENT AND SUPPLIES STORES

**MONEY AMOUNTS AND SIZE OF ASSETS IN THOUSANDS OF DOLLARS**

| Item Description for Accounting Period 7/00 Through 6/01 | | Total | Zero Assets | Under 100 | 100 to 250 | 251 to 500 | 501 to 1,000 | 1,001 to 5,000 | 5,001 to 10,000 | 10,001 to 25,000 | 25,001 to 50,000 | 50,001 to 100,000 | 100,001 to 250,000 | 250,001 and over |
|---|---|---|---|---|---|---|---|---|---|---|---|---|---|---|
| Number of Enterprises | 1 | 6630 | • | 2686 | 1821 | 492 | 822 | 697 | 0 | 20 | 0 | 0 | • | • |
| **Revenues ($ in Thousands)** | | | | | | | | | | | | | | |
| Net Sales | 2 | 10622794 | • | 1212208 | 1358744 | 525961 | 1644942 | 3315951 | 0 | 654851 | 0 | 0 | • | • |
| Interest | 3 | 15768 | • | 2 | 181 | 18 | 2192 | 9430 | 0 | 1024 | 0 | 0 | • | • |
| Rents | 4 | 9455 | • | 0 | 0 | 699 | 0 | 1779 | 0 | 347 | 0 | 0 | • | • |
| Royalties | 5 | 0 | • | 0 | 0 | 0 | 0 | 0 | 0 | 0 | 0 | 0 | • | • |
| Other Portfolio Income | 6 | 10568 | • | 0 | 2557 | 1946 | 1227 | 1870 | 0 | 2431 | 0 | 0 | • | • |
| Other Receipts | 7 | 80721 | • | -1 | 1097 | 243 | 8266 | 27702 | 0 | 11087 | 0 | 0 | • | • |
| Total Receipts | 8 | 10739306 | • | 1212209 | 1362579 | 528867 | 1656627 | 3356732 | 0 | 669740 | 0 | 0 | • | • |
| Average Total Receipts | 9 | 1620 | • | 451 | 748 | 1075 | 2015 | 4816 | • | 33487 | • | • | • | • |
| **Operating Costs/Operating Income (%)** | | | | | | | | | | | | | | |
| Cost of Operations | 10 | 69.3 | • | 66.8 | 55.3 | 77.4 | 64.5 | 70.7 | • | 71.1 | • | • | • | • |
| Salaries and Wages | 11 | 8.4 | • | 8.6 | 5.1 | 4.9 | 12.7 | 8.8 | • | 9.4 | • | • | • | • |
| Taxes Paid | 12 | 1.9 | • | 2.1 | 3.6 | 0.8 | 2.5 | 1.7 | • | 1.2 | • | • | • | • |
| Interest Paid | 13 | 0.9 | • | 0.2 | 0.8 | 0.5 | 0.5 | 1.1 | • | 1.5 | • | • | • | • |
| Depreciation | 14 | 1.1 | • | 0.9 | 1.1 | 0.7 | 1.4 | 1.2 | • | 1.6 | • | • | • | • |
| Amortization and Depletion | 15 | 0.0 | • | 0.0 | 0.0 | • | 0.0 | 0.0 | • | 0.1 | • | • | • | • |
| Pensions and Other Deferred Comp. | 16 | 0.2 | • | • | • | • | 0.3 | 0.4 | • | 0.2 | • | • | • | • |
| Employee Benefits | 17 | 0.6 | • | 0.6 | 0.6 | • | 0.6 | 0.6 | • | 0.9 | • | • | • | • |
| Advertising | 18 | 0.9 | • | 1.1 | 0.8 | 0.8 | 1.0 | 0.9 | • | 1.1 | • | • | • | • |
| Other Expenses | 19 | 10.8 | • | 12.6 | 19.4 | 8.9 | 8.6 | 9.2 | • | 11.7 | • | • | • | • |
| Officers' Compensation | 20 | 3.7 | • | 2.6 | 7.9 | 4.1 | 6.1 | 3.2 | • | 1.2 | • | • | • | • |
| Operating Margin | 21 | 2.1 | • | 4.5 | 5.3 | 1.8 | 1.8 | 2.2 | • | • | • | • | • | • |
| Operating Margin Before Officers' Comp. | 22 | 5.8 | • | 7.2 | 13.2 | 5.9 | 7.9 | 5.4 | • | 1.2 | • | • | • | • |

## Selected Average Balance Sheet ($ in Thousands)

| | | | | | | | | | | | | | |
|---|---|---|---|---|---|---|---|---|---|---|---|---|---|
| Net Receivables 23 | 74 | • | 5 | 15 | 77 | 71 | 251 | • | 3033 | • | • | • | • |
| Inventories 24 | 301 | • | 15 | 69 | 214 | 305 | 943 | • | 7706 | • | • | • | • |
| Net Property, Plant and Equipment 25 | 114 | • | 10 | 63 | 41 | 175 | 396 | • | 2810 | • | • | • | • |
| Total Assets 26 | 569 | • | 48 | 172 | 390 | 660 | 2001 | • | 14391 | • | • | • | • |
| Notes and Loans Payable 27 | 166 | • | 12 | 117 | 135 | 129 | 499 | • | 4787 | • | • | • | • |
| All Other Liabilities 28 | 193 | • | 18 | 24 | 156 | 122 | 687 | • | 5744 | • | • | • | • |
| Net Worth 29 | 209 | • | 18 | 31 | 98 | 410 | 816 | • | 3860 | • | • | • | • |

## Selected Financial Ratios (Times to 1)

| | | | | | | | | | | | | | |
|---|---|---|---|---|---|---|---|---|---|---|---|---|---|
| Current Ratio 30 | 1.6 | • | 1.5 | 2.0 | 1.8 | 2.8 | 1.6 | • | 1.3 | • | • | • | • |
| Quick Ratio 31 | 0.5 | • | 0.5 | 0.6 | 0.6 | 1.0 | 0.5 | • | 0.4 | • | • | • | • |
| Net Sales to Working Capital 32 | 9.9 | • | 43.2 | 14.9 | 7.0 | 6.7 | 8.5 | • | 12.3 | • | • | • | • |
| Coverage Ratio 33 | 4.6 | • | 23.8 | 8.4 | 5.6 | 5.6 | 4.1 | • | 2.5 | • | • | • | • |
| Total Asset Turnover 34 | 2.8 | • | 9.4 | 4.3 | 2.7 | 3.0 | 2.4 | • | 2.3 | • | • | • | • |
| Inventory Turnover 35 | 3.7 | • | 20.5 | 6.0 | 3.9 | 4.2 | 3.6 | • | 3.0 | • | • | • | • |
| Receivables Turnover 36 | 20.1 | • | 151.9 | 35.1 | 13.2 | 25.9 | 20.0 | • | 9.6 | • | • | • | • |
| Total Liabilities to Net Worth 37 | 1.7 | • | 1.7 | 4.5 | 3.0 | 0.6 | 1.5 | • | 2.7 | • | • | • | • |
| Current Assets to Working Capital 38 | 2.6 | • | 3.2 | 2.0 | 2.2 | 1.6 | 2.6 | • | 4.2 | • | • | • | • |
| Current Liabilities to Working Capital 39 | 1.6 | • | 2.2 | 1.0 | 1.2 | 0.6 | 1.6 | • | 3.2 | • | • | • | • |
| Working Capital to Net Sales 40 | 0.1 | • | 0.0 | 0.1 | 0.1 | 0.1 | 0.1 | • | 0.1 | • | • | • | • |
| Inventory to Working Capital 41 | 1.7 | • | 2.0 | 1.4 | 1.5 | 0.9 | 1.7 | • | 2.7 | • | • | • | • |
| Total Receipts to Cash Flow 42 | 8.6 | • | 7.0 | 4.5 | 11.9 | 12.5 | 9.7 | • | 9.1 | • | • | • | • |
| Cost of Goods to Cash Flow 43 | 6.0 | • | 4.7 | 2.5 | 9.2 | 8.1 | 6.8 | • | 6.5 | • | • | • | • |
| Cash Flow to Total Debt 44 | 0.5 | • | 2.1 | 1.2 | 0.3 | 0.6 | 0.4 | • | 0.3 | • | • | • | • |

## Selected Financial Factors (in Percentages)

| | | | | | | | | | | | | | |
|---|---|---|---|---|---|---|---|---|---|---|---|---|---|
| Debt Ratio 45 | 63.2 | • | 62.5 | 81.9 | 74.8 | 37.9 | 59.2 | • | 73.2 | • | • | • | • |
| Return on Total Assets 46 | 11.6 | • | 44.3 | 27.3 | 7.8 | 9.3 | 10.7 | • | 8.6 | • | • | • | • |
| Return on Equity Before Income Taxes 47 | 24.7 | • | 113.2 | 132.5 | 25.5 | 12.3 | 19.8 | • | 19.1 | • | • | • | • |
| Return on Equity After Income Taxes 48 | 22.4 | • | 107.0 | 130.3 | 24.6 | 11.5 | 16.7 | • | 15.6 | • | • | • | • |
| Profit Margin (Before Income Tax) 49 | 3.2 | • | 4.5 | 5.5 | 2.3 | 2.5 | 3.4 | • | 2.3 | • | • | • | • |
| Profit Margin (After Income Tax) 50 | 2.9 | • | 4.3 | 5.4 | 2.3 | 2.4 | 2.9 | • | 1.8 | • | • | • | • |

**Table I**

Corporations with and without Net Income

# FOOD AND BEVERAGE STORES

**MONEY AMOUNTS AND SIZE OF ASSETS IN THOUSANDS OF DOLLARS**

| Item Description for Accounting Period 7/00 Through 6/01 | | Total | Zero Assets | Under 100 | 100 to 250 | 251 to 500 | 501 to 1,000 | 1,001 to 5,000 | 5,001 to 10,000 | 10,001 to 25,000 | 25,001 to 50,000 | 50,001 to 100,000 | 100,001 to 250,000 | 250,001 and over |
|---|---|---|---|---|---|---|---|---|---|---|---|---|---|---|
| Number of Enterprises | 1 | 72478 | 4471 | 33026 | 18855 | 7571 | 4027 | 3715 | 393 | 215 | 80 | 57 | 26 | 42 |
| **Revenues ($ in Thousands)** | | | | | | | | | | | | | | |
| Net Sales | 2 | 419811872 | 3295937 | 11793111 | 15660186 | 13775466 | 12111658 | 34776453 | 9450412 | 14100162 | 10155510 | 14718822 | 15936582 | 264037574 |
| Interest | 3 | 927072 | 1212 | 1204 | 3309 | 3983 | 7662 | 21734 | 10647 | 13824 | 8867 | 17894 | 7585 | 829151 |
| Rents | 4 | 1132791 | 3714 | 150 | 8224 | 4599 | 2481 | 25901 | 6852 | 19817 | 17214 | 19904 | 22838 | 1001098 |
| Royalties | 5 | 1099241 | 4930 | 0 | 0 | 0 | 0 | 0 | 0 | 5669 | 5980 | 49 | 6221 | 1076391 |
| Other Portfolio Income | 6 | 544037 | 34273 | 22864 | 113072 | 2811 | 16242 | 52234 | 14555 | 31737 | 6131 | 14816 | 4266 | 231034 |
| Other Receipts | 7 | 4638595 | 58444 | 149503 | 243120 | 85828 | 170356 | 253778 | 198206 | 178859 | 113353 | 177015 | 180404 | 2829729 |
| Total Receipts | 8 | 428153608 | 3398510 | 11966832 | 16027911 | 13872687 | 12308399 | 35130100 | 9680672 | 14350068 | 10307055 | 14948500 | 16157896 | 270004977 |
| Average Total Receipts | 9 | 5907 | 760 | 362 | 850 | 1832 | 3056 | 9456 | 24633 | 66745 | 128838 | 262254 | 621458 | 6428690 |
| **Operating Costs/Operating Income (%)** | | | | | | | | | | | | | | |
| Cost of Operations | 10 | 73.3 | 73.4 | 66.7 | 75.8 | 74.7 | 76.2 | 73.6 | 76.4 | 76.9 | 73.1 | 75.1 | 75.4 | 72.7 |
| Salaries and Wages | 11 | 10.9 | 11.5 | 9.9 | 7.1 | 9.1 | 9.7 | 9.9 | 10.6 | 9.6 | 12.1 | 10.3 | 11.4 | 11.4 |
| Taxes Paid | 12 | 1.6 | 2.6 | 2.2 | 2.4 | 1.8 | 1.6 | 1.6 | 1.5 | 1.4 | 1.6 | 1.9 | 1.5 | 1.5 |
| Interest Paid | 13 | 1.1 | 0.4 | 0.5 | 0.6 | 0.7 | 0.6 | 0.7 | 1.0 | 0.6 | 0.8 | 0.7 | 1.0 | 1.4 |
| Depreciation | 14 | 1.8 | 1.7 | 1.0 | 1.1 | 1.0 | 1.0 | 1.1 | 1.5 | 1.4 | 1.7 | 1.6 | 1.7 | 2.0 |
| Amortization and Depletion | 15 | 0.1 | 0.1 | 0.1 | 0.1 | 0.1 | 0.1 | 0.1 | 0.1 | 0.1 | 0.1 | 0.1 | 0.1 | 0.1 |
| Pensions and Other Deferred Comp. | 16 | 0.3 | 0.2 | 0.1 | 0.1 | 0.1 | 0.1 | 0.1 | 0.2 | 0.2 | 0.3 | 0.3 | 0.3 | 0.4 |
| Employee Benefits | 17 | 1.1 | 1.9 | 0.3 | 0.4 | 0.4 | 0.6 | 0.7 | 0.5 | 0.8 | 1.0 | 1.0 | 1.4 | 1.3 |
| Advertising | 18 | 0.9 | 1.7 | 0.8 | 0.7 | 0.9 | 0.9 | 1.4 | 1.1 | 1.1 | 1.1 | 1.1 | 1.0 | 0.8 |
| Other Expenses | 19 | 8.7 | 11.7 | 15.8 | 11.3 | 9.5 | 8.5 | 9.3 | 7.6 | 8.3 | 9.0 | 8.1 | 8.9 | 8.1 |
| Officers' Compensation | 20 | 0.7 | 1.8 | 4.0 | 2.8 | 1.9 | 1.9 | 1.7 | 0.8 | 0.7 | 0.7 | 0.4 | 0.3 | 0.2 |
| Operating Margin | 21 | • | • | • | • | • | • | • | • | • | • | • | • | • |
| Operating Margin Before Officers' Comp. | 22 | 0.2 | • | 2.8 | 0.6 | 1.7 | 0.7 | 1.4 | • | • | • | • | • | 0.2 |

| Selected Average Balance Sheet ($ in Thousands) | | | | | | | | | | | | | |
|---|---|---|---|---|---|---|---|---|---|---|---|---|---|
| Net Receivables 23 | 103 | 0 | 1 | 6 | 18 | 44 | 144 | 367 | 1217 | 1840 | 4038 | 8688 | 130711 |
| Inventories 24 | 368 | 0 | 14 | 43 | 111 | 177 | 474 | 1297 | 3251 | 6518 | 11743 | 33397 | 447352 |
| Net Property, Plant and Equipment 25 | 906 | 0 | 14 | 57 | 118 | 217 | 734 | 2856 | 6205 | 15204 | 33692 | 78186 | 1238288 |
| Total Assets 26 | 2108 | 0 | 45 | 167 | 354 | 660 | 1985 | 6960 | 15605 | 33795 | 72034 | 170317 | 2811730 |
| Notes and Loans Payable 27 | 873 | 0 | 45 | 100 | 234 | 290 | 859 | 3075 | 5224 | 12824 | 26414 | 62488 | 1125274 |
| All Other Liabilities 28 | 598 | 0 | 7 | 33 | 82 | 249 | 560 | 1663 | 4504 | 9654 | 20784 | 59569 | 800444 |
| Net Worth 29 | 638 | 0 | -7 | 35 | 38 | 121 | 566 | 2222 | 5877 | 11317 | 24836 | 48260 | 886012 |

| Selected Financial Ratios (Times to 1) | | | | | | | | | | | | | |
|---|---|---|---|---|---|---|---|---|---|---|---|---|---|
| Current Ratio 30 | 1.0 | • | 2.3 | 2.1 | 1.8 | 1.4 | 1.5 | 1.5 | 1.3 | 1.2 | 1.1 | 1.1 | 0.9 |
| Quick Ratio 31 | 0.3 | • | 0.8 | 0.8 | 0.5 | 0.6 | 0.7 | 0.6 | 0.6 | 0.5 | 0.4 | 0.4 | 0.3 |
| Net Sales to Working Capital 32 | 234.9 | • | 27.2 | 20.4 | 23.1 | 33.4 | 30.5 | 26.9 | 43.0 | 54.3 | 137.1 | 192.0 | • |
| Coverage Ratio 33 | 2.3 | • | 1.4 | 1.3 | 1.8 | 1.6 | 2.1 | 2.2 | 2.3 | 1.1 | 2.3 | • | 2.6 |
| Total Asset Turnover 34 | 2.7 | • | 7.9 | 5.0 | 5.1 | 4.6 | 4.7 | 3.5 | 4.2 | 3.8 | 3.6 | 3.6 | 2.2 |
| Inventory Turnover 35 | 11.5 | • | 16.7 | 14.6 | 12.3 | 13.0 | 14.5 | 14.2 | 15.5 | 14.2 | 16.5 | 13.8 | 10.2 |
| Receivables Turnover 36 | 55.9 | • | 249.5 | 138.1 | 102.9 | 71.4 | 63.6 | 90.7 | 46.0 | 61.0 | 68.3 | 71.7 | 48.1 |
| Total Liabilities to Net Worth 37 | 2.3 | • | • | 3.8 | 8.4 | 4.5 | 2.5 | 2.1 | 1.7 | 2.0 | 1.9 | 2.5 | 2.2 |
| Current Assets to Working Capital 38 | 26.2 | • | 1.8 | 1.9 | 2.2 | 3.6 | 3.2 | 3.2 | 4.5 | 5.9 | 13.7 | 17.4 | • |
| Current Liabilities to Working Capital 39 | 25.2 | • | 0.8 | 0.9 | 1.2 | 2.6 | 2.2 | 2.2 | 3.5 | 4.9 | 12.7 | 16.4 | • |
| Working Capital to Net Sales 40 | 0.0 | • | 0.0 | 0.0 | 0.0 | 0.0 | 0.0 | 0.0 | 0.0 | 0.0 | 0.0 | 0.0 | • |
| Inventory to Working Capital 41 | 15.0 | • | 1.1 | 1.0 | 1.4 | 1.9 | 1.5 | 1.6 | 2.0 | 2.8 | 6.8 | 10.1 | • |
| Total Receipts to Cash Flow 42 | 14.5 | 29.4 | 10.9 | 14.5 | 15.3 | 18.8 | 14.1 | 17.8 | 16.6 | 17.0 | 16.8 | 36.7 | 13.6 |
| Cost of Goods to Cash Flow 43 | 10.6 | 21.6 | 7.3 | 11.0 | 11.4 | 14.3 | 10.4 | 13.6 | 12.8 | 12.4 | 12.6 | 27.7 | 9.9 |
| Cash Flow to Total Debt 44 | 0.3 | • | 0.6 | 0.4 | 0.4 | 0.3 | 0.5 | 0.3 | 0.4 | 0.3 | 0.3 | 0.1 | 0.2 |

| Selected Financial Factors (in Percentages) | | | | | | | | | | | | | |
|---|---|---|---|---|---|---|---|---|---|---|---|---|---|
| Debt Ratio 45 | 69.7 | • | 115.8 | 79.2 | 89.3 | 81.7 | 71.5 | 68.1 | 62.3 | 66.5 | 65.5 | 71.7 | 68.5 |
| Return on Total Assets 46 | 7.2 | • | 5.4 | 3.5 | 6.3 | 4.6 | 7.1 | 7.4 | 5.8 | 3.5 | 6.3 | • | 8.0 |
| Return on Equity Before Income Taxes 47 | 13.5 | • | • | 3.4 | 25.6 | 9.6 | 13.0 | 12.6 | 8.7 | 1.2 | 10.5 | • | 15.6 |
| Return on Equity After Income Taxes 48 | 8.9 | • | • | 1.6 | 23.7 | 7.3 | 11.3 | 10.9 | 7.4 | • | 8.7 | • | 10.5 |
| Profit Margin (Before Income Tax) 49 | 1.5 | • | 0.2 | 0.1 | 0.5 | 0.4 | 0.8 | 1.2 | 0.8 | 0.1 | 1.0 | • | 2.2 |
| Profit Margin (After Income Tax) 50 | 1.0 | • | 0.1 | 0.1 | 0.5 | 0.3 | 0.7 | 1.0 | 0.7 | • | 0.8 | • | 1.5 |

# Table II

Corporations with Net Income

## FOOD AND BEVERAGE STORES

MONEY AMOUNTS AND SIZE OF ASSETS IN THOUSANDS OF DOLLARS

| Item Description for Accounting Period 7/00 Through 6/01 | | Total | Zero Assets | Under 100 | 100 to 250 | 251 to 500 | 501 to 1,000 | 1,001 to 5,000 | 5,001 to 10,000 | 10,001 to 25,000 | 25,001 to 50,000 | 50,001 to 100,000 | 100,001 to 250,000 | 250,001 and over |
|---|---|---|---|---|---|---|---|---|---|---|---|---|---|---|
| Number of Enterprises | 1 | 36539 | 1039 | 15459 | 10181 | 4406 | 2192 | 2671 | 298 | 154 | 46 | 40 | 16 | 36 |
| **Revenues ($ in Thousands)** | | | | | | | | | | | | | | |
| Net Sales | 2 | 355082072 | 2090770 | 8213905 | 8887604 | 10318779 | 5932511 | 27693704 | 7406460 | 10786579 | 6143435 | 11694239 | 9207001 | 246707085 |
| Interest | 3 | 882508 | 647 | 986 | 3149 | 643 | 5435 | 18876 | 9387 | 10546 | 6020 | 16074 | 3843 | 806900 |
| Rents | 4 | 1012491 | 3157 | 0 | 4936 | 2362 | 762 | 17966 | 2740 | 10985 | 12154 | 10954 | 11391 | 935085 |
| Royalties | 5 | 1085661 | 4930 | 0 | 0 | 0 | 0 | 0 | 0 | 5667 | 0 | 49 | 0 | 1075016 |
| Other Portfolio Income | 6 | 466748 | 21040 | 22864 | 112681 | 0 | 14915 | 23287 | 12028 | 22005 | 4039 | 4892 | 2383 | 226611 |
| Other Receipts | 7 | 4084703 | 48202 | 118016 | 134846 | 68618 | 141261 | 211432 | 167647 | 137107 | 72593 | 161356 | 114686 | 2708941 |
| Total Receipts | 8 | 362614183 | 2168746 | 8355771 | 9143216 | 10390402 | 6094884 | 27965265 | 7598262 | 10972889 | 6238241 | 11887564 | 9339304 | 252459638 |
| Average Total Receipts | 9 | 9924 | 2087 | 541 | 898 | 2358 | 2781 | 10470 | 25498 | 71253 | 135614 | 297189 | 583706 | 7012768 |
| **Operating Costs/Operating Income (%)** | | | | | | | | | | | | | | |
| Cost of Operations | 10 | 73.3 | 71.9 | 68.4 | 76.8 | 74.2 | 74.7 | 73.2 | 77.3 | 76.8 | 73.7 | 75.5 | 76.5 | 72.8 |
| Salaries and Wages | 11 | 10.8 | 11.0 | 9.2 | 4.9 | 8.7 | 9.7 | 9.6 | 10.4 | 9.4 | 11.2 | 10.2 | 10.5 | 11.4 |
| Taxes Paid | 12 | 1.5 | 1.7 | 2.0 | 2.6 | 1.7 | 1.5 | 1.5 | 1.6 | 1.3 | 1.5 | 1.9 | 1.3 | 1.5 |
| Interest Paid | 13 | 1.1 | 0.4 | 0.3 | 0.3 | 0.4 | 0.5 | 0.5 | 0.8 | 0.4 | 0.6 | 0.7 | 0.5 | 1.4 |
| Depreciation | 14 | 1.7 | 1.8 | 0.6 | 0.8 | 0.7 | 1.0 | 1.0 | 1.2 | 1.2 | 1.5 | 1.5 | 1.6 | 2.0 |
| Amortization and Depletion | 15 | 0.1 | 0.0 | 0.1 | 0.1 | 0.1 | 0.1 | 0.1 | 0.0 | 0.0 | 0.0 | 0.1 | 0.1 | 0.1 |
| Pensions and Other Deferred Comp. | 16 | 0.4 | 0.3 | 0.1 | 0.1 | 0.1 | 0.1 | 0.2 | 0.2 | 0.2 | 0.2 | 0.3 | 0.3 | 0.4 |
| Employee Benefits | 17 | 1.1 | 1.6 | 0.4 | 0.3 | 0.4 | 0.5 | 0.6 | 0.5 | 0.8 | 0.8 | 1.0 | 1.1 | 1.3 |
| Advertising | 18 | 0.9 | 1.5 | 0.6 | 0.7 | 1.0 | 0.7 | 1.5 | 0.9 | 1.1 | 1.0 | 1.1 | 0.9 | 0.8 |
| Other Expenses | 19 | 8.1 | 10.1 | 13.4 | 9.8 | 9.1 | 8.9 | 8.9 | 6.5 | 7.8 | 7.8 | 7.4 | 6.6 | 7.9 |
| Officers' Compensation | 20 | 0.6 | 0.9 | 3.6 | 2.9 | 1.9 | 2.4 | 1.7 | 0.9 | 0.7 | 0.7 | 0.4 | 0.2 | 0.2 |
| Operating Margin | 21 | 0.3 | • | 1.3 | 0.8 | 1.6 | • | 1.3 | • | 0.2 | 0.9 | • | 0.4 | 0.2 |
| Operating Margin Before Officers' Comp. | 22 | 1.0 | • | 4.9 | 3.7 | 3.5 | 2.3 | 3.0 | 0.6 | 0.9 | 1.6 | 0.3 | 0.7 | 0.4 |

| Selected Average Balance Sheet ($ in Thousands) | | | | | | | | | | | | | |
|---|---|---|---|---|---|---|---|---|---|---|---|---|---|
| Net Receivables 23 | 176 | 0 | 1 | 7 | 10 | 29 | 162 | 427 | 1224 | 1788 | 4721 | 8371 | 140888 |
| Inventories 24 | 630 | 0 | 17 | 45 | 146 | 193 | 489 | 1304 | 3177 | 6401 | 13489 | 37605 | 486662 |
| Net Property, Plant and Equipment 25 | 1587 | 0 | 14 | 36 | 111 | 169 | 692 | 2451 | 5490 | 15076 | 36187 | 84391 | 1378559 |
| Total Assets 26 | 3671 | 0 | 49 | 167 | 368 | 663 | 2009 | 6823 | 15511 | 33710 | 75168 | 162399 | 3101503 |
| Notes and Loans Payable 27 | 1426 | 0 | 31 | 58 | 167 | 157 | 636 | 2607 | 3859 | 10177 | 27278 | 39316 | 1241245 |
| All Other Liabilities 28 | 1028 | 0 | 8 | 25 | 99 | 162 | 566 | 1673 | 4574 | 9769 | 20964 | 50750 | 877374 |
| Net Worth 29 | 1217 | 0 | 10 | 85 | 102 | 345 | 807 | 2542 | 7078 | 13764 | 26926 | 72333 | 982884 |

| Selected Financial Ratios (Times to 1) | | | | | | | | | | | | | |
|---|---|---|---|---|---|---|---|---|---|---|---|---|---|
| Current Ratio 30 | 1.0 | • | 2.5 | 5.0 | 1.7 | 3.1 | 1.6 | 1.7 | 1.4 | 1.3 | 1.1 | 1.1 | 0.9 |
| Quick Ratio 31 | 0.3 | • | 1.0 | 2.3 | 0.4 | 1.4 | 0.7 | 0.7 | 0.7 | 0.5 | 0.4 | 0.4 | 0.3 |
| Net Sales to Working Capital 32 | 290.6 | • | 28.4 | 11.9 | 31.8 | 11.4 | 27.5 | 19.0 | 32.4 | 46.2 | 98.9 | 120.1 | • |
| Coverage Ratio 33 | 3.2 | 6.7 | 11.7 | 14.1 | 6.5 | 5.9 | 5.7 | 3.9 | 5.7 | 5.1 | 3.3 | 5.0 | 2.8 |
| Total Asset Turnover 34 | 2.6 | • | 10.8 | 5.2 | 6.4 | 4.1 | 5.2 | 3.6 | 4.5 | 4.0 | 3.9 | 3.5 | 2.2 |
| Inventory Turnover 35 | 11.3 | • | 21.9 | 14.8 | 11.9 | 10.5 | 15.5 | 14.7 | 16.9 | 15.4 | 16.4 | 11.7 | 10.3 |
| Receivables Turnover 36 | 54.8 | • | 1117.6 | 130.7 | 131.7 | 89.3 | 69.9 | 84.8 | 114.4 | 149.4 | 64.7 | 59.2 | 48.3 |
| Total Liabilities to Net Worth 37 | 2.0 | • | 3.9 | 1.0 | 2.6 | 0.9 | 1.5 | 1.7 | 1.2 | 1.4 | 1.8 | 1.2 | 2.2 |
| Current Assets to Working Capital 38 | 32.7 | • | 1.7 | 1.3 | 2.5 | 1.5 | 2.7 | 2.4 | 3.5 | 4.8 | 9.4 | 10.8 | • |
| Current Liabilities to Working Capital 39 | 31.7 | • | 0.7 | 0.3 | 1.5 | 0.5 | 1.7 | 1.4 | 2.5 | 3.8 | 8.4 | 9.8 | • |
| Working Capital to Net Sales 40 | 0.0 | • | 0.0 | 0.1 | 0.0 | 0.1 | 0.0 | 0.1 | 0.0 | 0.0 | 0.0 | 0.0 | • |
| Inventory to Working Capital 41 | 19.0 | • | 0.9 | 0.6 | 1.9 | 0.8 | 1.3 | 1.2 | 1.5 | 2.2 | 4.9 | 6.5 | • |
| Total Receipts to Cash Flow 42 | 13.2 | 11.2 | 9.3 | 10.8 | 12.4 | 13.6 | 11.8 | 16.7 | 14.6 | 13.5 | 16.2 | 17.1 | 13.3 |
| Cost of Goods to Cash Flow 43 | 9.7 | 8.0 | 6.4 | 8.3 | 9.2 | 10.2 | 8.6 | 12.9 | 11.2 | 10.0 | 12.3 | 13.1 | 9.7 |
| Cash Flow to Total Debt 44 | 0.3 | • | 1.5 | 1.0 | 0.7 | 0.6 | 0.7 | 0.3 | 0.6 | 0.5 | 0.4 | 0.4 | 0.2 |

| Selected Financial Factors (in Percentages) | | | | | | | | | | | | | |
|---|---|---|---|---|---|---|---|---|---|---|---|---|---|
| Debt Ratio 45 | 66.8 | • | 79.7 | 49.3 | 72.4 | 48.0 | 59.8 | 62.7 | 54.4 | 59.2 | 64.2 | 55.5 | 68.3 |
| Return on Total Assets 46 | 9.3 | • | 36.2 | 20.4 | 17.5 | 13.0 | 14.0 | 11.2 | 10.4 | 11.8 | 9.0 | 8.2 | 8.5 |
| Return on Equity Before Income Taxes 47 | 19.4 | • | 163.3 | 37.4 | 53.8 | 20.7 | 28.8 | 22.3 | 18.9 | 23.2 | 17.5 | 14.7 | 17.3 |
| Return on Equity After Income Taxes 48 | 14.8 | • | 159.7 | 36.0 | 52.6 | 19.2 | 27.1 | 20.3 | 17.4 | 20.1 | 15.2 | 12.1 | 12.0 |
| Profit Margin (Before Income Tax) 49 | 2.4 | 2.5 | 3.1 | 3.6 | 2.3 | 2.6 | 2.2 | 2.3 | 1.9 | 2.4 | 1.6 | 1.9 | 2.5 |
| Profit Margin (After Income Tax) 50 | 1.9 | 2.0 | 3.0 | 3.5 | 2.3 | 2.5 | 2.1 | 2.1 | 1.8 | 2.1 | 1.4 | 1.5 | 1.7 |

## Table I

Corporations with and without Net Income

# BEER, WINE, AND LIQUOR STORES

MONEY AMOUNTS AND SIZE OF ASSETS IN THOUSANDS OF DOLLARS

| Item Description for Accounting Period 7/00 Through 6/01 | Total | Zero Assets | Under 100 | 100 to 250 | 251 to 500 | 501 to 1,000 | 1,001 to 5,000 | 5,001 to 10,000 | 10,001 to 25,000 | 25,001 to 50,000 | 50,001 to 100,000 | 100,001 to 250,000 | 250,001 and over |
|---|---|---|---|---|---|---|---|---|---|---|---|---|---|
| Number of Enterprises 1 | 14379 | 1248 | 2821 | 5328 | 3865 | 728 | 342 | 25 | 21 | • | 0 | 0 | • |
| **Revenues ($ in Thousands)** | | | | | | | | | | | | | |
| Net Sales 2 | 14815931 | 386287 | 1335213 | 3774488 | 3514586 | 1790000 | 2148122 | 622251 | 1244984 | • | 0 | 0 | • |
| Interest 3 | 10907 | 1286 | 16 | 1620 | 1119 | 1272 | 3276 | 5 | 2314 | • | 0 | 0 | • |
| Rents 4 | 11193 | 1049 | 1433 | 2331 | 0 | 0 | 3668 | 0 | 2711 | • | 0 | 0 | • |
| Royalties 5 | 0 | 0 | 0 | 0 | 0 | 0 | 0 | 0 | 0 | • | 0 | 0 | • |
| Other Portfolio Income 6 | 34968 | 27941 | 0 | 1561 | 0 | 3794 | 0 | 0 | 1671 | • | 0 | 0 | • |
| Other Receipts 7 | 287289 | 71303 | 2528 | 56904 | 50839 | 28975 | 67223 | 470 | 9048 | • | 0 | 0 | • |
| Total Receipts 8 | 15160288 | 487866 | 1339190 | 3836904 | 3566544 | 1824041 | 2222289 | 622726 | 1260728 | • | 0 | 0 | • |
| Average Total Receipts 9 | 1054 | 391 | 475 | 720 | 923 | 2506 | 6498 | 24909 | 60035 | • | • | • | • |
| **Operating Costs/Operating Income (%)** | | | | | | | | | | | | | |
| Cost of Operations 10 | 79.1 | 82.3 | 82.8 | 77.5 | 78.9 | 81.5 | 75.7 | 90.5 | 76.4 | • | • | • | • |
| Salaries and Wages 11 | 5.7 | 3.4 | 5.9 | 6.5 | 3.8 | 5.5 | 7.8 | 2.3 | 7.5 | • | • | • | • |
| Taxes Paid 12 | 1.8 | 5.4 | 2.0 | 2.3 | 2.0 | 1.2 | 1.5 | 0.4 | 1.3 | • | • | • | • |
| Interest Paid 13 | 0.6 | 0.3 | 0.9 | 0.3 | 0.8 | 0.6 | 0.6 | 0.0 | 0.6 | • | • | • | • |
| Depreciation 14 | 0.6 | 0.5 | 0.6 | 0.5 | 0.9 | 0.6 | 0.5 | 0.1 | 0.9 | • | • | • | • |
| Amortization and Depletion 15 | 0.2 | 0.3 | 0.0 | 0.2 | 0.4 | 0.0 | 0.2 | • | 0.2 | • | • | • | • |
| Pensions and Other Deferred Comp. 16 | 0.1 | 0.0 | 0.1 | 0.1 | 0.0 | 0.1 | 0.4 | 0.0 | 0.1 | • | • | • | • |
| Employee Benefits 17 | 0.3 | 0.1 | • | 0.3 | 0.3 | 0.0 | 0.4 | 0.0 | 0.7 | • | • | • | • |
| Advertising 18 | 0.4 | 0.1 | 0.0 | 0.2 | 0.3 | 0.7 | 0.8 | 0.1 | 1.0 | • | • | • | • |
| Other Expenses 19 | 9.1 | 25.9 | 8.5 | 9.2 | 8.9 | 7.0 | 10.3 | 1.5 | 9.3 | • | • | • | • |
| Officers' Compensation 20 | 2.6 | 0.5 | 1.5 | 3.4 | 3.3 | 1.7 | 3.0 | 0.5 | 1.4 | • | • | • | • |
| Operating Margin 21 | • | • | • | • | 0.5 | 1.1 | • | 4.7 | 0.6 | • | • | • | • |
| Operating Margin Before Officers' Comp. 22 | 2.1 | • | • | 3.1 | 3.8 | 2.8 | 1.9 | 5.1 | 2.0 | • | • | • | • |

## Selected Average Balance Sheet ($ in Thousands)

| | | | | | | | | | | | | | |
|---|---|---|---|---|---|---|---|---|---|---|---|---|---|
| Net Receivables 23 | 6 | 0 | 0 | 0 | 5 | 7 | 89 | 228 | 1021 | • | • | • | • |
| Inventories 24 | 124 | 0 | 17 | 64 | 117 | 513 | 1089 | 1894 | 7167 | • | • | • | • |
| Net Property, Plant and Equipment 25 | 53 | 0 | 10 | 29 | 80 | 58 | 259 | 76 | 6398 | • | • | • | • |
| Total Assets 26 | 283 | 0 | 43 | 174 | 328 | 699 | 1833 | 5517 | 23204 | • | • | • | • |
| Notes and Loans Payable 27 | 127 | 0 | 46 | 79 | 205 | 242 | 482 | 24 | 7009 | • | • | • | • |
| All Other Liabilities 28 | 67 | 0 | 7 | 26 | 66 | 238 | 593 | 1762 | 5950 | • | • | • | • |
| Net Worth 29 | 90 | 0 | -10 | 70 | 57 | 218 | 758 | 3731 | 10246 | • | • | • | • |

## Selected Financial Ratios (Times to 1)

| | | | | | | | | | | | | | |
|---|---|---|---|---|---|---|---|---|---|---|---|---|---|
| Current Ratio 30 | 2.3 | • | 2.7 | 3.8 | 2.1 | 2.0 | 1.9 | 3.1 | 1.8 | • | • | • | • |
| Quick Ratio 31 | 0.6 | • | 0.5 | 1.2 | 0.5 | 0.5 | 0.5 | 0.9 | 0.3 | • | • | • | • |
| Net Sales to Working Capital 32 | 10.3 | • | 41.2 | 8.7 | 10.1 | 8.9 | 10.1 | 6.7 | 10.5 | • | • | • | • |
| Coverage Ratio 33 | 4.2 | 24.0 | • | 5.1 | 3.4 | 5.8 | 4.7 | 202.5 | 3.9 | • | • | • | • |
| Total Asset Turnover 34 | 3.6 | • | 11.1 | 4.1 | 2.8 | 3.5 | 3.4 | 4.5 | 2.6 | • | • | • | • |
| Inventory Turnover 35 | 6.5 | • | 22.6 | 8.6 | 6.1 | 3.9 | 4.4 | 11.9 | 6.3 | • | • | • | • |
| Receivables Turnover 36 | 131.5 | • | 1668.0 | 8997.6 | 217.4 | 370.6 | 35.4 | 218.4 | 79.5 | • | • | • | • |
| Total Liabilities to Net Worth 37 | 2.2 | • | • | 1.5 | 4.8 | 2.2 | 1.4 | 0.5 | 1.3 | • | • | • | • |
| Current Assets to Working Capital 38 | 1.8 | • | 1.6 | 1.4 | 1.9 | 2.0 | 2.2 | 1.5 | 2.2 | • | • | • | • |
| Current Liabilities to Working Capital 39 | 0.8 | • | 0.6 | 0.4 | 0.9 | 1.0 | 1.2 | 0.5 | 1.2 | • | • | • | • |
| Working Capital to Net Sales 40 | 0.1 | • | 0.0 | 0.1 | 0.1 | 0.1 | 0.1 | 0.1 | 0.1 | • | • | • | • |
| Inventory to Working Capital 41 | 1.2 | • | 1.2 | 0.9 | 1.5 | 1.4 | 1.4 | 0.5 | 1.6 | • | • | • | • |
| Total Receipts to Cash Flow 42 | 14.3 | 4.0 | 35.0 | 14.3 | 16.0 | 15.3 | 12.6 | 18.1 | 12.8 | • | • | • | • |
| Cost of Goods to Cash Flow 43 | 11.3 | 3.3 | 29.0 | 11.1 | 12.6 | 12.5 | 9.6 | 16.3 | 9.8 | • | • | • | • |
| Cash Flow to Total Debt 44 | 0.4 | • | 0.3 | 0.5 | 0.2 | 0.3 | 0.5 | 0.8 | 0.4 | • | • | • | • |

## Selected Financial Factors (in Percentages)

| | | | | | | | | | | | | | |
|---|---|---|---|---|---|---|---|---|---|---|---|---|---|
| Debt Ratio 45 | 68.4 | • | 124.2 | 60.0 | 82.7 | 68.8 | 58.6 | 32.4 | 55.8 | • | • | • | • |
| Return on Total Assets 46 | 8.9 | • | • | 6.9 | 7.6 | 13.0 | 9.9 | 21.4 | 6.5 | • | • | • | • |
| Return on Equity Before Income Taxes 47 | 21.6 | • | 94.6 | 13.9 | 31.0 | 34.4 | 18.8 | 31.5 | 11.0 | • | • | • | • |
| Return on Equity After Income Taxes 48 | 19.2 | • | 95.3 | 12.7 | 27.9 | 33.4 | 16.4 | 30.6 | 8.8 | • | • | • | • |
| Profit Margin (Before Income Tax) 49 | 1.9 | 7.5 | • | 1.4 | 1.9 | 3.1 | 2.3 | 4.7 | 1.9 | • | • | • | • |
| Profit Margin (After Income Tax) 50 | 1.7 | 6.2 | • | 1.2 | 1.7 | 3.0 | 2.0 | 4.6 | 1.5 | • | • | • | • |

# Table II

Corporations with Net Income

## Beer, Wine, and Liquor Stores

**Money Amounts and Size of Assets in Thousands of Dollars**

| Item Description for Accounting Period 7/00 Through 6/01 | | Total | Zero Assets | Under 100 | 100 to 250 | 251 to 500 | 501 to 1,000 | 1,001 to 5,000 | 5,001 to 10,000 | 10,001 to 25,000 | 25,001 to 50,000 | 50,001 to 100,000 | 100,001 to 250,000 | 250,001 and over |
|---|---|---|---|---|---|---|---|---|---|---|---|---|---|---|
| Number of Enterprises | 1 | 7404 | 830 | 463 | 3336 | 1982 | 469 | 282 | 25 | 16 | • | 0 | 0 | • |
| **Revenues ($ in Thousands)** | | | | | | | | | | | | | | |
| Net Sales | 2 | 9792558 | 329119 | 96899 | 2546822 | 2164224 | 1101311 | 1840220 | 622251 | 1091712 | • | 0 | 0 | • |
| Interest | 3 | 10482 | 1286 | 16 | 1542 | 901 | 1153 | 3274 | 5 | 2305 | • | 0 | 0 | • |
| Rents | 4 | 10485 | 1049 | 1433 | 1865 | 0 | 0 | 3668 | 0 | 2470 | • | 0 | 0 | • |
| Royalties | 5 | 0 | 0 | 0 | 0 | 0 | 0 | 0 | 0 | 0 | • | 0 | 0 | • |
| Other Portfolio Income | 6 | 34397 | 27941 | 0 | 1086 | 0 | 3794 | 0 | 0 | 1575 | • | 0 | 0 | • |
| Other Receipts | 7 | 249205 | 70952 | 171 | 49790 | 41777 | 14446 | 63785 | 470 | 7816 | • | 0 | 0 | • |
| Total Receipts | 8 | 10097127 | 430347 | 98519 | 2601105 | 2206902 | 1120704 | 1910947 | 622726 | 1105878 | • | 0 | 0 | • |
| Average Total Receipts | 9 | 1364 | 518 | 213 | 780 | 1113 | 2390 | 6776 | 24909 | 69117 | • | • | • | • |
| **Operating Costs/Operating Income (%)** | | | | | | | | | | | | | | |
| Cost of Operations | 10 | 78.0 | 82.0 | 48.0 | 76.9 | 78.5 | 77.6 | 76.2 | 90.5 | 77.8 | • | • | • | • |
| Salaries and Wages | 11 | 6.2 | 2.7 | 10.2 | 6.5 | 4.7 | 6.4 | 8.7 | 2.3 | 7.3 | • | • | • | • |
| Taxes Paid | 12 | 1.9 | 6.2 | 8.6 | 2.1 | 2.1 | 1.5 | 1.4 | 0.4 | 1.3 | • | • | • | • |
| Interest Paid | 13 | 0.4 | 0.3 | 1.2 | 0.2 | 0.5 | 0.6 | 0.6 | 0.0 | 0.5 | • | • | • | • |
| Depreciation | 14 | 0.6 | 0.5 | 5.4 | 0.5 | 0.5 | 0.8 | 0.5 | 0.1 | 0.9 | • | • | • | • |
| Amortization and Depletion | 15 | 0.2 | 0.3 | • | 0.2 | 0.3 | 0.0 | 0.2 | • | 0.1 | • | • | • | • |
| Pensions and Other Deferred Comp. | 16 | 0.1 | 0.0 | • | 0.1 | 0.1 | 0.0 | 0.4 | 0.0 | 0.1 | • | • | • | • |
| Employee Benefits | 17 | 0.3 | 0.0 | • | 0.3 | 0.3 | • | 0.4 | 0.0 | 0.7 | • | • | • | • |
| Advertising | 18 | 0.4 | 0.0 | 0.2 | 0.2 | 0.3 | 0.6 | 0.7 | 0.1 | 1.0 | • | • | • | • |
| Other Expenses | 19 | 8.6 | 29.2 | 22.2 | 8.7 | 7.4 | 7.9 | 9.0 | 1.5 | 7.9 | • | • | • | • |
| Officers' Compensation | 20 | 2.5 | 0.5 | 3.8 | 3.9 | 3.0 | 1.0 | 2.7 | 0.5 | 1.2 | • | • | • | • |
| Operating Margin | 21 | 0.6 | • | 0.4 | 0.5 | 2.3 | 3.6 | • | 4.7 | 1.1 | • | • | • | • |
| Operating Margin Before Officers' Comp. | 22 | 3.1 | • | 4.2 | 4.4 | 5.2 | 4.6 | 1.9 | 5.1 | 2.3 | • | • | • | • |

| | | | | | | | | | | | | | |
|---|---|---|---|---|---|---|---|---|---|---|---|---|---|
| **Selected Average Balance Sheet ($ in Thousands)** | | | | | | | | | | | | | |
| Net Receivables **23** | 8 | 0 | 0 | 0 | 4 | 2 | 102 | 228 | 962 | • | • | • | • |
| Inventories **24** | 178 | 0 | 26 | 65 | 143 | 655 | 1137 | 1894 | 9988 | • | • | • | • |
| Net Property, Plant and Equipment **25** | 62 | 0 | 44 | 22 | 63 | 64 | 290 | 76 | 7890 | • | • | • | • |
| Total Assets **26** | 363 | 0 | 86 | 180 | 329 | 714 | 1843 | 5517 | 25291 | • | • | • | • |
| Notes and Loans Payable **27** | 115 | 0 | 29 | 51 | 165 | 217 | 494 | 24 | 5895 | • | • | • | • |
| All Other Liabilities **28** | 84 | 0 | 12 | 20 | 62 | 201 | 648 | 1762 | 6865 | • | • | • | • |
| Net Worth **29** | 164 | 0 | 45 | 109 | 102 | 297 | 701 | 3731 | 12531 | • | • | • | • |
| **Selected Financial Ratios (Times to 1)** | | | | | | | | | | | | | |
| Current Ratio **30** | 2.7 | • | 3.3 | 5.6 | 2.9 | 2.5 | 1.9 | 3.1 | 1.9 | • | • | • | • |
| Quick Ratio **31** | 0.8 | • | 0.6 | 2.4 | 0.8 | 0.8 | 0.5 | 0.9 | 0.3 | • | • | • | • |
| Net Sales to Working Capital **32** | 8.7 | • | 9.3 | 7.7 | 8.9 | 6.9 | 9.8 | 6.7 | 10.4 | • | • | • | • |
| Coverage Ratio **33** | 9.4 | 32.9 | 2.8 | 12.0 | 9.0 | 10.7 | 5.8 | 202.5 | 5.8 | • | • | • | • |
| Total Asset Turnover **34** | 3.6 | • | 2.4 | 4.2 | 3.3 | 3.3 | 3.5 | 4.5 | 2.7 | • | • | • | • |
| Inventory Turnover **35** | 5.8 | • | 3.9 | 9.0 | 6.0 | 2.8 | 4.4 | 11.9 | 5.3 | • | • | • | • |
| Receivables Turnover **36** | 105.6 | • | • | 8008.9 | 234.6 | 961.0 | 31.0 | 218.4 | 141.8 | • | • | • | • |
| Total Liabilities to Net Worth **37** | 1.2 | • | 0.9 | 0.7 | 2.2 | 1.4 | 1.6 | 0.5 | 1.0 | • | • | • | • |
| Current Assets to Working Capital **38** | 1.6 | • | 1.4 | 1.2 | 1.5 | 1.7 | 2.1 | 1.5 | 2.1 | • | • | • | • |
| Current Liabilities to Working Capital **39** | 0.6 | • | 0.4 | 0.2 | 0.5 | 0.7 | 1.1 | 0.5 | 1.1 | • | • | • | • |
| Working Capital to Net Sales **40** | 0.1 | • | 0.1 | 0.1 | 0.1 | 0.1 | 0.1 | 0.1 | 0.1 | • | • | • | • |
| Inventory to Working Capital **41** | 1.0 | • | 1.2 | 0.7 | 1.1 | 1.1 | 1.3 | 0.5 | 1.5 | • | • | • | • |
| Total Receipts to Cash Flow **42** | 11.5 | 3.4 | 10.7 | 12.6 | 11.6 | 11.4 | 12.1 | 18.1 | 14.2 | • | • | • | • |
| Cost of Goods to Cash Flow **43** | 9.0 | 2.8 | 5.1 | 9.7 | 9.1 | 8.8 | 9.2 | 16.3 | 11.0 | • | • | • | • |
| Cash Flow to Total Debt **44** | 0.6 | • | 0.5 | 0.8 | 0.4 | 0.5 | 0.5 | 0.8 | 0.4 | • | • | • | • |
| **Selected Financial Factors (in Percentages)** | | | | | | | | | | | | | |
| Debt Ratio **45** | 54.8 | • | 47.5 | 39.6 | 69.0 | 58.4 | 62.0 | 32.4 | 50.5 | • | • | • | • |
| Return on Total Assets **46** | 15.1 | • | 7.8 | 12.2 | 15.8 | 19.5 | 13.2 | 21.4 | 7.8 | • | • | • | • |
| Return on Equity Before Income Taxes **47** | 29.8 | • | 9.5 | 18.5 | 45.3 | 42.5 | 28.8 | 31.5 | 13.1 | • | • | • | • |
| Return on Equity After Income Taxes **48** | 27.3 | • | 8.6 | 17.3 | 41.9 | 41.4 | 25.6 | 30.6 | 10.7 | • | • | • | • |
| Profit Margin (Before Income Tax) **49** | 3.7 | 9.0 | 2.0 | 2.6 | 4.2 | 5.4 | 3.1 | 4.7 | 2.4 | • | • | • | • |
| Profit Margin (After Income Tax) **50** | 3.4 | 7.5 | 1.8 | 2.5 | 3.9 | 5.2 | 2.7 | 4.6 | 2.0 | • | • | • | • |

## Table I

Corporations with and without Net Income

# HEALTH AND PERSONAL CARE STORES

**MONEY AMOUNTS AND SIZE OF ASSETS IN THOUSANDS OF DOLLARS**

| Item Description for Accounting Period 7/00 Through 6/01 | | Total | Zero Assets | Under 100 | 100 to 250 | 251 to 500 | 501 to 1,000 | 1,001 to 5,000 | 5,001 to 10,000 | 10,001 to 25,000 | 25,001 to 50,000 | 50,001 to 100,000 | 100,001 to 250,000 | 250,001 and over |
|---|---|---|---|---|---|---|---|---|---|---|---|---|---|---|
| Number of Enterprises | 1 | 36273 | 824 | 10632 | 12240 | 6256 | 4420 | 1650 | 107 | 72 | 22 | 20 | 18 | 12 |
| **Revenues ($ in Thousands)** | | | | | | | | | | | | | | |
| Net Sales | 2 | 166134008 | 15562 | 1841259 | 10428648 | 12533846 | 12706342 | 9728159 | 1576404 | 2863896 | 1697454 | 3674318 | 6097184 | 102970937 |
| Interest | 3 | 947349 | 16 | 334 | 2028 | 9648 | 15992 | 12727 | 1514 | 6704 | 1811 | 8608 | 17139 | 870827 |
| Rents | 4 | 101732 | 0 | 0 | 91 | 3461 | 2322 | 2192 | 173 | 1868 | 5124 | 8558 | 3183 | 74761 |
| Royalties | 5 | 121275 | 0 | 0 | 0 | 0 | 0 | 0 | 0 | 9368 | 936 | 4404 | 34505 | 72061 |
| Other Portfolio Income | 6 | 151158 | 38 | 1745 | 15593 | 16705 | 15029 | 29714 | 4582 | 6176 | 6982 | 20138 | 11070 | 23382 |
| Other Receipts | 7 | 2008151 | 0 | 2560 | 21726 | 30141 | 54283 | 49448 | 30658 | 53569 | 19053 | 32753 | 126974 | 1586990 |
| Total Receipts | 8 | 169463673 | 15616 | 1845898 | 10468086 | 12593801 | 12793968 | 9822240 | 1613331 | 2941581 | 1731360 | 3748779 | 6290055 | 105598958 |
| Average Total Receipts | 9 | 4672 | 19 | 174 | 855 | 2013 | 2895 | 5953 | 15078 | 40855 | 78698 | 187439 | 349448 | 8799913 |
| **Operating Costs/Operating Income (%)** | | | | | | | | | | | | | | |
| Cost of Operations | 10 | 75.3 | 73.1 | 44.2 | 72.8 | 74.6 | 72.6 | 72.7 | 55.0 | 64.5 | 62.9 | 63.6 | 71.6 | 78.2 |
| Salaries and Wages | 11 | 9.4 | 5.5 | 10.8 | 7.4 | 6.9 | 9.4 | 11.1 | 14.5 | 14.2 | 14.6 | 13.7 | 12.2 | 9.0 |
| Taxes Paid | 12 | 1.2 | 0.7 | 2.2 | 1.5 | 1.2 | 1.6 | 1.5 | 1.9 | 1.8 | 1.7 | 1.8 | 1.8 | 1.0 |
| Interest Paid | 13 | 1.4 | 0.0 | 0.5 | 0.8 | 0.5 | 0.5 | 0.5 | 1.6 | 1.0 | 1.5 | 1.4 | 2.0 | 1.7 |
| Depreciation | 14 | 1.0 | 5.4 | 1.1 | 0.5 | 0.5 | 0.6 | 0.7 | 2.1 | 1.1 | 1.3 | 1.4 | 1.4 | 1.1 |
| Amortization and Depletion | 15 | 0.3 | 0.1 | 0.2 | 0.1 | 0.1 | 0.1 | 0.1 | 0.2 | 0.7 | 0.5 | 0.4 | 0.4 | 0.3 |
| Pensions and Other Deferred Comp. | 16 | 0.2 | • | 0.1 | 0.2 | 0.3 | 0.3 | 0.3 | 0.1 | 0.2 | 0.1 | 0.1 | 0.2 | 0.2 |
| Employee Benefits | 17 | 0.5 | 0.2 | 0.5 | 0.3 | 0.3 | 0.3 | 0.4 | 1.0 | 0.7 | 0.5 | 1.2 | 0.7 | 0.6 |
| Advertising | 18 | 1.1 | 2.8 | 1.8 | 0.9 | 0.8 | 0.9 | 1.3 | 3.4 | 3.3 | 1.8 | 2.5 | 1.9 | 1.0 |
| Other Expenses | 19 | 8.3 | 93.6 | 27.8 | 8.7 | 7.9 | 6.9 | 8.2 | 18.7 | 14.6 | 12.0 | 13.2 | 11.2 | 7.5 |
| Officers' Compensation | 20 | 1.4 | 1.4 | 6.9 | 5.0 | 4.5 | 4.7 | 3.0 | 2.8 | 1.4 | 1.1 | 0.5 | 0.4 | 0.1 |
| Operating Margin | 21 | • | • | 3.8 | 1.8 | 2.3 | 2.1 | 0.1 | • | • | 1.9 | 0.2 | • | • |
| Operating Margin Before Officers' Comp. | 22 | 1.2 | • | 10.7 | 6.8 | 6.9 | 6.7 | 3.2 | 1.7 | • | 3.1 | 0.7 | • | • |

| Selected Average Balance Sheet ($ in Thousands) | | | | | | | | | | | | | |
|---|---|---|---|---|---|---|---|---|---|---|---|---|---|
| Net Receivables 23 | 219 | 0 | 3 | 19 | 55 | 121 | 347 | 1600 | 3727 | 7873 | 13886 | 23625 | 410439 |
| Inventories 24 | 431 | 0 | 16 | 81 | 123 | 196 | 421 | 1335 | 3848 | 8878 | 19108 | 42004 | 865198 |
| Net Property, Plant and Equipment 25 | 346 | 0 | 9 | 29 | 40 | 89 | 254 | 1697 | 2397 | 5261 | 16724 | 26276 | 812965 |
| Total Assets 26 | 2013 | 0 | 44 | 174 | 364 | 693 | 1670 | 7067 | 15738 | 34019 | 75565 | 168456 | 4595484 |
| Notes and Loans Payable 27 | 495 | 0 | 35 | 87 | 119 | 207 | 431 | 2875 | 5584 | 13115 | 29431 | 72270 | 937193 |
| All Other Liabilities 28 | 724 | 0 | 10 | 48 | 126 | 160 | 580 | 3259 | 5729 | 9915 | 18510 | 64123 | 1719194 |
| Net Worth 29 | 794 | 0 | -1 | 39 | 119 | 326 | 659 | 933 | 4426 | 10989 | 27624 | 32064 | 1939097 |

| Selected Financial Ratios (Times to 1) | | | | | | | | | | | | | |
|---|---|---|---|---|---|---|---|---|---|---|---|---|---|
| Current Ratio 30 | 1.6 | • | 3.4 | 2.4 | 2.0 | 2.6 | 1.9 | 1.6 | 1.3 | 1.6 | 1.4 | 1.4 | 1.5 |
| Quick Ratio 31 | 0.6 | • | 1.0 | 0.9 | 0.9 | 1.4 | 1.0 | 0.7 | 0.7 | 0.8 | 0.6 | 0.5 | 0.5 |
| Net Sales to Working Capital 32 | 14.7 | • | 9.1 | 11.1 | 14.3 | 9.7 | 10.6 | 8.1 | 15.3 | 10.5 | 13.9 | 14.6 | 17.6 |
| Coverage Ratio 33 | 2.3 | • | 8.6 | 3.7 | 6.7 | 7.0 | 3.2 | 1.7 | 0.2 | 3.6 | 2.6 | 0.7 | 2.0 |
| Total Asset Turnover 34 | 2.3 | • | 4.0 | 4.9 | 5.5 | 4.2 | 3.5 | 2.1 | 2.5 | 2.3 | 2.4 | 2.0 | 1.9 |
| Inventory Turnover 35 | 8.0 | • | 4.7 | 7.7 | 12.2 | 10.6 | 10.2 | 6.1 | 6.7 | 5.5 | 6.1 | 5.8 | 7.8 |
| Receivables Turnover 36 | 21.1 | • | 75.2 | 48.7 | 31.5 | 27.5 | 17.2 | 13.3 | 12.4 | 11.5 | 14.6 | 15.8 | 20.3 |
| Total Liabilities to Net Worth 37 | 1.5 | • | • | 3.5 | 2.1 | 1.1 | 1.5 | 6.6 | 2.6 | 2.1 | 1.7 | 4.3 | 1.4 |
| Current Assets to Working Capital 38 | 2.6 | • | 1.4 | 1.7 | 2.0 | 1.6 | 2.1 | 2.7 | 4.0 | 2.7 | 3.3 | 3.6 | 2.9 |
| Current Liabilities to Working Capital 39 | 1.6 | • | 0.4 | 0.7 | 1.0 | 0.6 | 1.1 | 1.7 | 3.0 | 1.7 | 2.3 | 2.6 | 1.9 |
| Working Capital to Net Sales 40 | 0.1 | • | 0.1 | 0.1 | 0.1 | 0.1 | 0.1 | 0.1 | 0.1 | 0.1 | 0.1 | 0.1 | 0.1 |
| Inventory to Working Capital 41 | 1.4 | • | 0.9 | 1.1 | 1.0 | 0.7 | 0.8 | 0.9 | 1.5 | 1.1 | 1.5 | 2.1 | 1.8 |
| Total Receipts to Cash Flow 42 | 14.2 | 16.5 | 4.4 | 12.6 | 13.0 | 14.2 | 15.5 | 6.4 | 9.9 | 8.2 | 8.9 | 17.2 | 16.0 |
| Cost of Goods to Cash Flow 43 | 10.7 | 12.1 | 1.9 | 9.2 | 9.7 | 10.3 | 11.2 | 3.5 | 6.4 | 5.2 | 5.6 | 12.3 | 12.5 |
| Cash Flow to Total Debt 44 | 0.3 | • | 0.9 | 0.5 | 0.6 | 0.6 | 0.4 | 0.4 | 0.4 | 0.4 | 0.4 | 0.1 | 0.2 |

| Selected Financial Factors (in Percentages) | | | | | | | | | | | | | |
|---|---|---|---|---|---|---|---|---|---|---|---|---|---|
| Debt Ratio 45 | 60.6 | • | 102.9 | 77.8 | 67.4 | 53.0 | 60.6 | 86.8 | 71.9 | 67.7 | 63.4 | 81.0 | 57.8 |
| Return on Total Assets 46 | 7.3 | • | 18.0 | 14.8 | 18.2 | 13.4 | 5.6 | 5.8 | 0.6 | 12.3 | 8.9 | 2.8 | 6.5 |
| Return on Equity Before Income Taxes 47 | 10.5 | • | • | 48.6 | 47.6 | 24.4 | 9.8 | 18.6 | • | 27.7 | 14.9 | • | 7.9 |
| Return on Equity After Income Taxes 48 | 7.0 | • | • | 47.4 | 44.0 | 22.1 | 6.4 | 15.4 | • | 26.5 | 12.1 | • | 4.1 |
| Profit Margin (Before Income Tax) 49 | 1.8 | • | 4.0 | 2.2 | 2.8 | 2.8 | 1.1 | 1.2 | • | 3.9 | 2.2 | • | 1.8 |
| Profit Margin (After Income Tax) 50 | 1.2 | • | 4.0 | 2.1 | 2.6 | 2.5 | 0.7 | 1.0 | • | 3.8 | 1.8 | • | 0.9 |

**Table II**

Corporations with Net Income

# Health and Personal Care Stores

**Money Amounts and Size of Assets in Thousands of Dollars**

| Item Description for Accounting Period 7/00 Through 6/01 | Total | Zero Assets | Under 100 | 100 to 250 | 251 to 500 | 501 to 1,000 | 1,001 to 5,000 | 5,001 to 10,000 | 10,001 to 25,000 | 25,001 to 50,000 | 50,001 to 100,000 | 100,001 to 250,000 | 250,001 and over |
|---|---|---|---|---|---|---|---|---|---|---|---|---|---|
| Number of Enterprises 1 | 24580 | 9 | 6677 | 7798 | 5040 | 3666 | 1252 | 50 | 40 | 17 | 14 | 9 | 9 |
| **Revenues ($ in Thousands)** | | | | | | | | | | | | | |
| Net Sales 2 | 134604813 | 15284 | 1502974 | 8284419 | 10457157 | 10815001 | 7719273 | 956563 | 1803448 | 1490268 | 2949351 | 3383216 | 85227859 |
| Interest 3 | 600549 | 0 | 0 | 688 | 9299 | 15383 | 10074 | 1018 | 2210 | 1193 | 4979 | 5626 | 550078 |
| Rents 4 | 47797 | 0 | 0 | 58 | 3461 | 1689 | 2012 | 0 | 1191 | 3943 | 4390 | 1136 | 29916 |
| Royalties 5 | 84464 | 0 | 0 | 0 | 0 | 0 | 0 | 0 | 1 | 504 | 4404 | 25928 | 53628 |
| Other Portfolio Income 6 | 115636 | 38 | 0 | 15593 | 14918 | 8226 | 26048 | 2631 | 5260 | 6076 | 20069 | 6416 | 10359 |
| Other Receipts 7 | 984584 | 0 | 1730 | 19743 | 27137 | 46297 | 44626 | 6755 | 32854 | 17972 | 28179 | 35134 | 724161 |
| Total Receipts 8 | 136437843 | 15322 | 1504704 | 8320501 | 10511972 | 10886596 | 7802033 | 966967 | 1844964 | 1519956 | 3011372 | 3457456 | 86596001 |
| Average Total Receipts 9 | 5551 | 1702 | 225 | 1067 | 2086 | 2970 | 6232 | 19339 | 46124 | 89409 | 215098 | 384162 | 9621778 |
| **Operating Costs/Operating Income (%)** | | | | | | | | | | | | | |
| Cost of Operations 10 | 76.8 | 58.5 | 43.9 | 73.7 | 74.9 | 73.4 | 72.6 | 58.9 | 67.0 | 63.3 | 63.4 | 75.0 | 80.0 |
| Salaries and Wages 11 | 8.4 | 1.6 | 8.7 | 6.9 | 6.5 | 8.9 | 11.1 | 9.9 | 11.9 | 14.5 | 13.6 | 10.1 | 8.1 |
| Taxes Paid 12 | 1.1 | 0.3 | 2.0 | 1.4 | 1.1 | 1.6 | 1.6 | 1.3 | 1.5 | 1.5 | 1.9 | 1.7 | 0.8 |
| Interest Paid 13 | 0.9 | • | 0.4 | 0.5 | 0.4 | 0.3 | 0.4 | 1.1 | 0.8 | 1.0 | 1.3 | 1.3 | 1.0 |
| Depreciation 14 | 0.8 | 0.2 | 1.0 | 0.3 | 0.5 | 0.6 | 0.7 | 1.1 | 0.8 | 1.0 | 1.3 | 0.9 | 0.9 |
| Amortization and Depletion 15 | 0.2 | • | 0.2 | 0.0 | 0.1 | 0.0 | 0.1 | 0.1 | 0.2 | 0.4 | 0.4 | 0.1 | 0.2 |
| Pensions and Other Deferred Comp. 16 | 0.2 | • | 0.1 | 0.2 | 0.3 | 0.4 | 0.3 | 0.2 | 0.3 | 0.1 | 0.2 | 0.3 | 0.2 |
| Employee Benefits 17 | 0.5 | 0.2 | 0.5 | 0.3 | 0.3 | 0.3 | 0.5 | 0.4 | 0.5 | 0.4 | 1.1 | 1.0 | 0.5 |
| Advertising 18 | 0.7 | 0.1 | 1.4 | 0.8 | 0.8 | 0.5 | 0.7 | 3.4 | 1.6 | 2.0 | 2.8 | 0.9 | 0.6 |
| Other Expenses 19 | 6.9 | 19.9 | 24.2 | 7.2 | 7.3 | 5.9 | 7.1 | 11.5 | 10.8 | 11.5 | 11.3 | 6.8 | 6.3 |
| Officers' Compensation 20 | 1.4 | 1.4 | 5.6 | 4.6 | 4.4 | 4.9 | 2.8 | 3.5 | 1.2 | 1.2 | 0.5 | 0.3 | 0.1 |
| Operating Margin 21 | 2.1 | 17.9 | 12.2 | 3.9 | 3.5 | 3.2 | 2.2 | 8.7 | 3.4 | 3.0 | 2.2 | 1.5 | 1.3 |
| Operating Margin Before Officers' Comp. 22 | 3.5 | 19.4 | 17.7 | 8.5 | 7.8 | 8.1 | 5.1 | 12.2 | 4.6 | 4.2 | 2.7 | 1.9 | 1.4 |

## Selected Average Balance Sheet ($ in Thousands)

| | | | | | | | | | | | | | |
|---|---|---|---|---|---|---|---|---|---|---|---|---|---|
| Net Receivables **23** | 235 | 0 | 3 | 23 | 56 | 133 | 352 | 2344 | 4039 | 8098 | 14989 | 25001 | 390280 |
| Inventories **24** | 463 | 0 | 23 | 89 | 118 | 190 | 414 | 1329 | 4830 | 9097 | 22673 | 51029 | 836091 |
| Net Property, Plant and Equipment **25** | 338 | 0 | 8 | 18 | 38 | 89 | 266 | 868 | 2293 | 5392 | 19354 | 27362 | 723648 |
| Total Assets **26** | 1851 | 0 | 47 | 176 | 367 | 696 | 1693 | 6533 | 15977 | 33863 | 77944 | 177825 | 3673337 |
| Notes and Loans Payable **27** | 372 | 0 | 31 | 58 | 115 | 142 | 327 | 1635 | 4788 | 9749 | 34692 | 62053 | 608853 |
| All Other Liabilities **28** | 448 | 0 | 10 | 40 | 118 | 160 | 513 | 2747 | 4849 | 10589 | 17405 | 51228 | 844621 |
| Net Worth **29** | 1031 | 0 | 6 | 78 | 133 | 394 | 853 | 2152 | 6340 | 13525 | 25848 | 64544 | 2219863 |

## Selected Financial Ratios (Times to 1)

| | | | | | | | | | | | | | |
|---|---|---|---|---|---|---|---|---|---|---|---|---|---|
| Current Ratio **30** | 1.7 | • | 3.3 | 3.4 | 2.2 | 3.0 | 2.0 | 2.1 | 1.7 | 1.8 | 1.5 | 2.1 | 1.5 |
| Quick Ratio **31** | 0.7 | • | 0.9 | 1.3 | 1.1 | 1.8 | 1.1 | 1.4 | 0.9 | 0.8 | 0.6 | 0.7 | 0.5 |
| Net Sales to Working Capital **32** | 14.8 | • | 9.1 | 10.2 | 13.5 | 8.7 | 10.2 | 7.2 | 10.5 | 9.4 | 14.1 | 7.6 | 20.2 |
| Coverage Ratio **33** | 5.0 | • | 34.5 | 9.3 | 10.2 | 13.1 | 9.3 | 10.0 | 8.1 | 5.9 | 4.3 | 3.9 | 3.8 |
| Total Asset Turnover **34** | 3.0 | • | 4.8 | 6.0 | 5.7 | 4.2 | 3.6 | 2.9 | 2.8 | 2.6 | 2.7 | 2.1 | 2.6 |
| Inventory Turnover **35** | 9.1 | • | 4.3 | 8.8 | 13.2 | 11.4 | 10.8 | 8.5 | 6.2 | 6.1 | 5.9 | 5.5 | 9.1 |
| Receivables Turnover **36** | 24.0 | • | 90.1 | 49.3 | 35.2 | 26.3 | 16.9 | 12.5 | 11.8 | 15.1 | 14.6 | 15.2 | 24.2 |
| Total Liabilities to Net Worth **37** | 0.8 | • | 7.4 | 1.3 | 1.7 | 0.8 | 1.0 | 2.0 | 1.5 | 1.5 | 2.0 | 1.8 | 0.7 |
| Current Assets to Working Capital **38** | 2.4 | • | 1.4 | 1.4 | 1.9 | 1.5 | 2.0 | 1.9 | 2.5 | 2.3 | 3.1 | 1.9 | 3.1 |
| Current Liabilities to Working Capital **39** | 1.4 | • | 0.4 | 0.4 | 0.9 | 0.5 | 1.0 | 0.9 | 1.5 | 1.3 | 2.1 | 0.9 | 2.1 |
| Working Capital to Net Sales **40** | 0.1 | • | 0.1 | 0.1 | 0.1 | 0.1 | 0.1 | 0.1 | 0.1 | 0.1 | 0.1 | 0.1 | 0.0 |
| Inventory to Working Capital **41** | 1.3 | • | 1.0 | 0.9 | 0.9 | 0.6 | 0.8 | 0.6 | 1.0 | 1.0 | 1.6 | 1.1 | 1.9 |
| Total Receipts to Cash Flow **42** | 13.2 | 2.7 | 3.5 | 10.9 | 12.0 | 13.1 | 13.0 | 5.3 | 7.4 | 7.9 | 9.2 | 12.9 | 15.4 |
| Cost of Goods to Cash Flow **43** | 10.1 | 1.6 | 1.6 | 8.1 | 9.0 | 9.6 | 9.5 | 3.1 | 4.9 | 5.0 | 5.8 | 9.7 | 12.3 |
| Cash Flow to Total Debt **44** | 0.5 | • | 1.5 | 1.0 | 0.7 | 0.7 | 0.6 | 0.8 | 0.6 | 0.5 | 0.4 | 0.3 | 0.4 |

## Selected Financial Factors (in Percentages)

| | | | | | | | | | | | | | |
|---|---|---|---|---|---|---|---|---|---|---|---|---|---|
| Debt Ratio **45** | 44.3 | • | 88.1 | 55.8 | 63.6 | 43.3 | 49.6 | 67.1 | 60.3 | 60.1 | 66.8 | 63.7 | 39.6 |
| Return on Total Assets **46** | 12.8 | • | 60.5 | 29.6 | 24.9 | 17.6 | 13.4 | 31.8 | 18.3 | 15.6 | 15.1 | 10.6 | 10.2 |
| Return on Equity Before Income Taxes **47** | 18.3 | • | 492.1 | 59.8 | 61.8 | 28.8 | 23.7 | 86.9 | 40.4 | 32.5 | 34.9 | 21.6 | 12.5 |
| Return on Equity After Income Taxes **48** | 14.3 | • | 490.8 | 58.9 | 57.8 | 26.5 | 20.3 | 83.9 | 35.1 | 31.2 | 30.5 | 19.3 | 8.1 |
| Profit Margin (Before Income Tax) **49** | 3.5 | 18.2 | 12.3 | 4.4 | 4.0 | 3.8 | 3.3 | 9.8 | 5.7 | 5.0 | 4.3 | 3.7 | 2.9 |
| Profit Margin (After Income Tax) **50** | 2.7 | 18.2 | 12.3 | 4.3 | 3.7 | 3.5 | 2.8 | 9.4 | 4.9 | 4.8 | 3.7 | 3.3 | 1.9 |

## Table I

Corporations with and without Net Income

# GASOLINE STATIONS

MONEY AMOUNTS AND SIZE OF ASSETS IN THOUSANDS OF DOLLARS

| Item Description for Accounting Period 7/00 Through 6/01 | | Total | Zero Assets | Under 100 | 100 to 250 | 251 to 500 | 501 to 1,000 | 1,001 to 5,000 | 5,001 to 10,000 | 10,001 to 25,000 | 25,001 to 50,000 | 50,001 to 100,000 | 100,001 to 250,000 | 250,001 and over |
|---|---|---|---|---|---|---|---|---|---|---|---|---|---|---|
| Number of Enterprises | 1 | 35178 | 1248 | 6686 | 12358 | 7766 | 3674 | 2953 | 247 | 142 | 53 | 23 | 14 | 14 |
| **Revenues ($ in Thousands)** | | | | | | | | | | | | | | |
| Net Sales | 2 | 144345406 | 2582878 | 5629933 | 21527693 | 18994226 | 11727803 | 22216830 | 6864158 | 9168176 | 8302609 | 4308372 | 7032554 | 25990171 |
| Interest | 3 | 84124 | 356 | 1337 | 1771 | 4640 | 7459 | 14162 | 4004 | 7069 | 7685 | 3694 | 8323 | 23624 |
| Rents | 4 | 157076 | 3394 | 1611 | 3126 | 4401 | 9061 | 16530 | 4791 | 14843 | 7552 | 11108 | 55993 | 24666 |
| Royalties | 5 | 11783 | 0 | 0 | 0 | 0 | 0 | 0 | 0 | 292 | 540 | 471 | 1842 | 8638 |
| Other Portfolio Income | 6 | 280063 | 28616 | 22711 | 14487 | 5941 | 40404 | 43900 | 13817 | 18154 | 35897 | 24621 | 9117 | 22397 |
| Other Receipts | 7 | 1070517 | 35829 | 21377 | 204943 | 44788 | 87743 | 155266 | 73266 | 87812 | 27422 | 53413 | 92246 | 186416 |
| Total Receipts | 8 | 145948969 | 2651073 | 5676969 | 21752020 | 19053996 | 11872470 | 22446688 | 6960036 | 9296346 | 8381705 | 4401679 | 7200075 | 26255912 |
| Average Total Receipts | 9 | 4149 | 2124 | 849 | 1760 | 2454 | 3231 | 7601 | 28178 | 65467 | 158145 | 191377 | 514291 | 1875422 |
| **Operating Costs/Operating Income (%)** | | | | | | | | | | | | | | |
| Cost of Operations | 10 | 86.2 | 88.0 | 86.6 | 87.9 | 85.3 | 86.6 | 86.1 | 84.2 | 87.6 | 87.2 | 86.3 | 83.9 | 85.5 |
| Salaries and Wages | 11 | 4.5 | 3.8 | 3.9 | 3.0 | 3.5 | 4.4 | 4.8 | 7.9 | 4.4 | 4.2 | 5.3 | 5.9 | 5.2 |
| Taxes Paid | 12 | 1.1 | 0.8 | 1.0 | 1.0 | 1.8 | 1.1 | 1.0 | 1.0 | 1.0 | 1.4 | 0.9 | 1.0 | 0.8 |
| Interest Paid | 13 | 0.7 | 0.3 | 0.2 | 0.3 | 0.4 | 0.8 | 1.0 | 1.0 | 0.8 | 0.7 | 1.1 | 0.9 | 0.9 |
| Depreciation | 14 | 1.3 | 1.0 | 0.4 | 0.6 | 0.7 | 1.5 | 1.4 | 1.5 | 1.4 | 1.6 | 1.9 | 1.9 | 2.0 |
| Amortization and Depletion | 15 | 0.1 | 0.3 | 0.1 | 0.1 | 0.1 | 0.2 | 0.1 | 0.0 | 0.1 | 0.0 | 0.1 | 0.1 | 0.1 |
| Pensions and Other Deferred Comp. | 16 | 0.0 | 0.0 | • | 0.0 | 0.0 | 0.0 | 0.0 | 0.0 | 0.1 | 0.0 | 0.1 | 0.1 | 0.1 |
| Employee Benefits | 17 | 0.2 | 0.5 | 0.0 | 0.1 | 0.1 | 0.1 | 0.1 | 0.6 | 0.2 | 0.3 | 0.3 | 0.4 | 0.3 |
| Advertising | 18 | 0.2 | 0.3 | 0.2 | 0.1 | 0.2 | 0.1 | 0.2 | 0.2 | 0.2 | 0.1 | 0.3 | 0.3 | 0.3 |
| Other Expenses | 19 | 5.7 | 8.3 | 9.1 | 6.4 | 6.4 | 5.2 | 5.4 | 4.8 | 4.8 | 4.3 | 5.0 | 6.6 | 4.9 |
| Officers' Compensation | 20 | 0.7 | 0.4 | 1.0 | 1.3 | 1.3 | 0.9 | 0.7 | 0.4 | 0.5 | 0.4 | 0.4 | 0.3 | 0.2 |
| Operating Margin | 21 | • | • | • | • | 0.1 | • | • | • | • | • | • | • | • |
| Operating Margin Before Officers' Comp. | 22 | • | • | • | 0.5 | 1.4 | • | • | • | • | 0.2 | • | • | • |

## Selected Average Balance Sheet ($ in Thousands)

| | | | | | | | | | | | | | |
|---|---|---|---|---|---|---|---|---|---|---|---|---|---|
| Net Receivables 23 | 78 | 0 | 4 | 16 | 25 | 56 | 135 | 1091 | 1503 | 3588 | 6808 | 12307 | 51647 |
| Inventories 24 | 89 | 0 | 22 | 32 | 56 | 68 | 148 | 636 | 1273 | 3232 | 4179 | 15687 | 44972 |
| Net Property, Plant and Equipment 25 | 439 | 0 | 9 | 60 | 106 | 414 | 1072 | 3761 | 8216 | 20349 | 32420 | 78611 | 294040 |
| Total Assets 26 | 846 | 0 | 40 | 162 | 328 | 726 | 1882 | 6582 | 14846 | 35444 | 66765 | 154729 | 528387 |
| Notes and Loans Payable 27 | 402 | 0 | 32 | 93 | 164 | 384 | 1141 | 3720 | 7233 | 13250 | 26242 | 54848 | 191854 |
| All Other Liabilities 28 | 206 | 0 | 16 | 31 | 56 | 100 | 291 | 1531 | 3814 | 10418 | 15488 | 55375 | 177954 |
| Net Worth 29 | 238 | 0 | -8 | 37 | 107 | 241 | 450 | 1332 | 3799 | 11776 | 25034 | 44506 | 158579 |

## Selected Financial Ratios (Times to 1)

| | | | | | | | | | | | | | |
|---|---|---|---|---|---|---|---|---|---|---|---|---|---|
| Current Ratio 30 | 1.2 | • | 1.5 | 2.0 | 2.6 | 1.9 | 1.6 | 1.3 | 1.1 | 1.0 | 0.9 | 1.0 | 0.8 |
| Quick Ratio 31 | 0.7 | • | 0.6 | 1.1 | 1.3 | 1.1 | 0.9 | 0.9 | 0.7 | 0.6 | 0.6 | 0.5 | 0.4 |
| Net Sales to Working Capital 32 | 75.9 | • | 93.0 | 44.3 | 25.4 | 31.6 | 37.0 | 49.7 | 170.5 | • | • | • | • |
| Coverage Ratio 33 | 1.4 | • | • | 1.7 | 1.9 | 1.3 | 1.2 | 0.7 | 1.4 | 2.1 | 1.4 | 2.2 | 1.9 |
| Total Asset Turnover 34 | 4.9 | • | 21.0 | 10.7 | 7.5 | 4.4 | 4.0 | 4.2 | 4.3 | 4.4 | 2.8 | 3.2 | 3.5 |
| Inventory Turnover 35 | 39.9 | • | 33.0 | 47.9 | 37.1 | 40.8 | 43.8 | 36.8 | 44.4 | 42.2 | 38.7 | 26.9 | 35.3 |
| Receivables Turnover 36 | 59.1 | • | 239.3 | 116.7 | 111.2 | 62.3 | 53.4 | 27.2 | 46.4 | 53.5 | 32.6 | 47.9 | 45.3 |
| Total Liabilities to Net Worth 37 | 2.6 | • | • | 3.3 | 2.0 | 2.0 | 3.2 | 3.9 | 2.9 | 2.0 | 1.7 | 2.5 | 2.3 |
| Current Assets to Working Capital 38 | 5.1 | • | 3.1 | 2.0 | 1.6 | 2.1 | 2.7 | 3.9 | 12.7 | • | • | • | • |
| Current Liabilities to Working Capital 39 | 4.1 | • | 2.1 | 1.0 | 0.6 | 1.1 | 1.7 | 2.9 | 11.7 | • | • | • | • |
| Working Capital to Net Sales 40 | 0.0 | • | 0.0 | 0.0 | 0.0 | 0.0 | 0.0 | 0.0 | 0.0 | • | • | • | • |
| Inventory to Working Capital 41 | 1.7 | • | 1.9 | 0.8 | 0.6 | 0.7 | 0.8 | 1.1 | 3.6 | • | • | • | • |
| Total Receipts to Cash Flow 42 | 26.2 | 22.7 | 35.2 | 26.8 | 23.1 | 30.0 | 27.8 | 32.7 | 28.7 | 27.9 | 28.6 | 18.9 | 24.1 |
| Cost of Goods to Cash Flow 43 | 22.6 | 20.0 | 30.5 | 23.6 | 19.7 | 26.0 | 23.9 | 27.6 | 25.1 | 24.3 | 24.7 | 15.9 | 20.6 |
| Cash Flow to Total Debt 44 | 0.3 | • | 0.5 | 0.5 | 0.5 | 0.2 | 0.2 | 0.2 | 0.2 | 0.2 | 0.2 | 0.2 | 0.2 |

## Selected Financial Factors (in Percentages)

| | | | | | | | | | | | | | |
|---|---|---|---|---|---|---|---|---|---|---|---|---|---|
| Debt Ratio 45 | 71.9 | • | 119.4 | 76.9 | 67.2 | 66.7 | 76.1 | 79.8 | 74.4 | 66.8 | 62.5 | 71.2 | 70.0 |
| Return on Total Assets 46 | 5.0 | • | • | 4.9 | 6.4 | 4.9 | 4.9 | 3.0 | 5.1 | 6.5 | 4.7 | 6.3 | 5.8 |
| Return on Equity Before Income Taxes 47 | 5.4 | • | 183.3 | 8.6 | 9.4 | 3.5 | 3.3 | • | 5.7 | 10.1 | 3.9 | 11.7 | 9.3 |
| Return on Equity After Income Taxes 48 | 3.8 | • | 183.8 | 7.9 | 8.6 | 1.9 | 2.5 | • | 4.5 | 8.2 | 0.9 | 8.1 | 7.9 |
| Profit Margin (Before Income Tax) 49 | 0.3 | • | • | 0.2 | 0.4 | 0.3 | 0.2 | • | 0.3 | 0.8 | 0.5 | 1.0 | 0.8 |
| Profit Margin (After Income Tax) 50 | 0.2 | • | • | 0.2 | 0.4 | 0.1 | 0.1 | • | 0.3 | 0.6 | 0.1 | 0.7 | 0.7 |

# GASOLINE STATIONS

MONEY AMOUNTS AND SIZE OF ASSETS IN THOUSANDS OF DOLLARS

| Item Description for Accounting Period 7/00 Through 6/01 | Total | Zero Assets | Under 100 | 100 to 250 | 251 to 500 | 501 to 1,000 | 1,001 to 5,000 | 5,001 to 10,000 | 10,001 to 25,000 | 25,001 to 50,000 | 50,001 to 100,000 | 100,001 to 250,000 | 250,001 and over |
|---|---|---|---|---|---|---|---|---|---|---|---|---|---|
| Number of Enterprises 1 | 19226 | 494 | 1872 | 7789 | 4911 | 2241 | 1679 | 96 | 78 | 34 | 11 | 10 | 10 |
| **Revenues ($ in Thousands)** | | | | | | | | | | | | | |
| Net Sales 2 | 97584960 | 179112 | 1650373 | 14940658 | 14486554 | 8232525 | 16324656 | 2048534 | 5702532 | 5743721 | 2055281 | 5247614 | 20973400 |
| Interest 3 | 61672 | 0 | 561 | 857 | 2491 | 7237 | 10850 | 2618 | 5237 | 4551 | 2958 | 7252 | 17060 |
| Rents 4 | 98314 | 0 | 0 | 203 | 3157 | 9040 | 7560 | 2048 | 8214 | 3375 | 8285 | 54321 | 2110 |
| Royalties 5 | 4413 | 0 | 0 | 0 | 0 | 0 | 0 | 0 | 292 | 540 | 471 | 605 | 2505 |
| Other Portfolio Income 6 | 224845 | 24291 | 0 | 8499 | 5912 | 40355 | 43164 | 11034 | 14014 | 32684 | 22808 | 7282 | 14801 |
| Other Receipts 7 | 675207 | 25065 | 366 | 143012 | 27277 | 47248 | 107203 | 25970 | 50965 | 18420 | 29647 | 67983 | 132054 |
| Total Receipts 8 | 98649411 | 228468 | 1651300 | 15093229 | 14525391 | 8336405 | 16493433 | 2090204 | 5781254 | 5803291 | 2119450 | 5385057 | 21141930 |
| Average Total Receipts 9 | 5131 | 462 | 882 | 1938 | 2958 | 3720 | 9823 | 21773 | 74119 | 170685 | 192677 | 538506 | 2114193 |
| **Operating Costs/Operating Income (%)** | | | | | | | | | | | | | |
| Cost of Operations 10 | 86.3 | 90.0 | 83.2 | 88.0 | 85.1 | 86.1 | 86.2 | 85.6 | 88.2 | 87.1 | 85.3 | 84.9 | 86.0 |
| Salaries and Wages 11 | 4.1 | 7.0 | 3.9 | 2.6 | 3.2 | 4.3 | 4.8 | 3.9 | 4.0 | 4.2 | 5.3 | 5.1 | 4.8 |
| Taxes Paid 12 | 1.0 | 1.0 | 1.1 | 0.9 | 1.7 | 1.1 | 0.9 | 0.7 | 0.9 | 1.3 | 1.0 | 0.9 | 0.8 |
| Interest Paid 13 | 0.5 | 0.8 | 0.3 | 0.2 | 0.3 | 0.6 | 0.7 | 1.0 | 0.5 | 0.6 | 0.8 | 0.6 | 0.7 |
| Depreciation 14 | 1.2 | 2.5 | 0.4 | 0.6 | 0.6 | 1.0 | 1.2 | 1.4 | 1.2 | 1.3 | 1.6 | 1.9 | 1.9 |
| Amortization and Depletion 15 | 0.1 | 1.9 | 0.2 | 0.1 | 0.1 | 0.1 | 0.1 | 0.0 | 0.1 | 0.0 | 0.1 | 0.0 | 0.1 |
| Pensions and Other Deferred Comp. 16 | 0.0 | 0.0 | • | • | 0.0 | 0.0 | 0.1 | 0.0 | 0.1 | 0.1 | 0.1 | 0.0 | 0.1 |
| Employee Benefits 17 | 0.2 | 0.2 | • | 0.1 | 0.1 | 0.1 | 0.1 | 0.0 | 0.2 | 0.3 | 0.3 | 0.5 | 0.2 |
| Advertising 18 | 0.2 | 0.1 | 0.5 | 0.1 | 0.2 | 0.2 | 0.2 | 0.2 | 0.2 | 0.1 | 0.3 | 0.2 | 0.3 |
| Other Expenses 19 | 5.3 | 9.0 | 9.6 | 6.2 | 6.2 | 4.7 | 5.0 | 7.0 | 4.2 | 4.1 | 4.9 | 6.4 | 4.4 |
| Officers' Compensation 20 | 0.7 | 1.0 | 0.1 | 1.1 | 1.3 | 1.1 | 0.6 | 0.5 | 0.6 | 0.4 | 0.5 | 0.3 | 0.2 |
| Operating Margin 21 | 0.4 | • | 0.7 | 0.2 | 1.1 | 0.6 | 0.2 | • | • | 0.5 | • | • | 0.7 |
| Operating Margin Before Officers' Comp. 22 | 1.1 | • | 0.8 | 1.3 | 2.4 | 1.7 | 0.8 | 0.2 | 0.4 | 0.9 | 0.2 | • | 0.9 |

### Selected Average Balance Sheet ($ in Thousands)

| | | | | | | | | | | | | | |
|---|---|---|---|---|---|---|---|---|---|---|---|---|---|
| Net Receivables 23 | 91 | 0 | 2 | 8 | 27 | 73 | 150 | 1624 | 1590 | 3626 | 6106 | 12783 | 54571 |
| Inventories 24 | 107 | 0 | 40 | 32 | 57 | 68 | 184 | 567 | 1419 | 3723 | 4363 | 13452 | 51826 |
| Net Property, Plant and Equipment 25 | 484 | 0 | 10 | 63 | 91 | 295 | 1031 | 3225 | 7486 | 18644 | 32561 | 86678 | 320991 |
| Total Assets 26 | 968 | 0 | 54 | 164 | 340 | 707 | 1999 | 6575 | 14874 | 33765 | 64627 | 155561 | 542623 |
| Notes and Loans Payable 27 | 367 | 0 | 25 | 86 | 129 | 264 | 971 | 3234 | 5303 | 10993 | 21310 | 42705 | 172423 |
| All Other Liabilities 28 | 241 | 0 | 8 | 26 | 54 | 135 | 330 | 1539 | 4162 | 9653 | 12596 | 57368 | 178044 |
| Net Worth 29 | 361 | 0 | 21 | 52 | 158 | 309 | 698 | 1802 | 5409 | 13119 | 30721 | 55488 | 192156 |

### Selected Financial Ratios (Times to 1)

| | | | | | | | | | | | | | |
|---|---|---|---|---|---|---|---|---|---|---|---|---|---|
| Current Ratio 30 | 1.4 | • | 4.6 | 2.1 | 3.1 | 1.9 | 1.9 | 2.2 | 1.2 | 1.2 | 1.1 | 1.0 | 0.9 |
| Quick Ratio 31 | 0.8 | • | 2.1 | 1.1 | 1.5 | 1.2 | 1.0 | 1.7 | 0.8 | 0.8 | 0.7 | 0.7 | 0.5 |
| Net Sales to Working Capital 32 | 49.2 | • | 26.3 | 51.1 | 24.2 | 29.0 | 29.1 | 14.5 | 68.4 | 73.5 | 98.7 | 730.2 | • |
| Coverage Ratio 33 | 3.7 | 18.5 | 3.3 | 6.1 | 5.5 | 4.1 | 2.8 | 2.7 | 3.2 | 3.7 | 4.6 | 4.0 | 3.3 |
| Total Asset Turnover 34 | 5.2 | • | 16.2 | 11.7 | 8.7 | 5.2 | 4.9 | 3.2 | 4.9 | 5.0 | 2.9 | 3.4 | 3.9 |
| Inventory Turnover 35 | 41.0 | • | 18.4 | 53.0 | 44.4 | 46.3 | 45.7 | 32.2 | 45.5 | 39.5 | 36.5 | 33.1 | 34.8 |
| Receivables Turnover 36 | 61.2 | • | 184.2 | 213.3 | 138.9 | 60.9 | 60.8 | 13.0 | 50.9 | 51.5 | 33.4 | 48.3 | 46.1 |
| Total Liabilities to Net Worth 37 | 1.7 | • | 1.5 | 2.1 | 1.2 | 1.3 | 1.9 | 2.6 | 1.7 | 1.6 | 1.1 | 1.8 | 1.8 |
| Current Assets to Working Capital 38 | 3.4 | • | 1.3 | 1.9 | 1.5 | 2.1 | 2.1 | 1.8 | 5.3 | 5.4 | 8.9 | 61.9 | • |
| Current Liabilities to Working Capital 39 | 2.4 | • | 0.3 | 0.9 | 0.5 | 1.1 | 1.1 | 0.8 | 4.3 | 4.4 | 7.9 | 60.9 | • |
| Working Capital to Net Sales 40 | 0.0 | • | 0.0 | 0.0 | 0.0 | 0.0 | 0.0 | 0.1 | 0.0 | 0.0 | 0.0 | 0.0 | • |
| Inventory to Working Capital 41 | 1.1 | • | 0.7 | 0.8 | 0.5 | 0.7 | 0.6 | 0.3 | 1.4 | 1.5 | 2.8 | 17.4 | • |
| Total Receipts to Cash Flow 42 | 21.4 | 5.0 | 17.9 | 21.1 | 20.0 | 22.0 | 23.2 | 15.1 | 26.0 | 24.3 | 18.4 | 17.0 | 22.8 |
| Cost of Goods to Cash Flow 43 | 18.4 | 4.5 | 14.9 | 18.6 | 17.1 | 19.0 | 20.0 | 12.9 | 22.9 | 21.2 | 15.7 | 14.4 | 19.6 |
| Cash Flow to Total Debt 44 | 0.4 | • | 1.5 | 0.8 | 0.8 | 0.4 | 0.3 | 0.3 | 0.3 | 0.3 | 0.3 | 0.3 | 0.3 |

### Selected Financial Factors (in Percentages)

| | | | | | | | | | | | | | |
|---|---|---|---|---|---|---|---|---|---|---|---|---|---|
| Debt Ratio 45 | 62.7 | • | 60.5 | 68.0 | 53.6 | 56.3 | 65.1 | 72.6 | 63.6 | 61.1 | 52.5 | 64.3 | 64.6 |
| Return on Total Assets 46 | 10.4 | • | 17.6 | 16.6 | 14.8 | 12.7 | 9.3 | 8.9 | 8.7 | 10.2 | 10.4 | 8.1 | 8.3 |
| Return on Equity Before Income Taxes 47 | 20.5 | • | 31.0 | 43.4 | 26.0 | 22.0 | 17.0 | 20.5 | 16.5 | 19.2 | 17.1 | 16.9 | 16.3 |
| Return on Equity After Income Taxes 48 | 18.6 | • | 30.4 | 42.6 | 25.1 | 19.9 | 16.0 | 17.8 | 14.9 | 16.5 | 12.2 | 12.9 | 14.7 |
| Profit Margin (Before Income Tax) 49 | 1.5 | 14.1 | 0.8 | 1.2 | 1.4 | 1.8 | 1.2 | 1.7 | 1.2 | 1.5 | 2.8 | 1.8 | 1.5 |
| Profit Margin (After Income Tax) 50 | 1.3 | 14.1 | 0.7 | 1.2 | 1.3 | 1.7 | 1.1 | 1.5 | 1.1 | 1.3 | 2.0 | 1.4 | 1.4 |

# CLOTHING AND CLOTHING ACCESSORIES STORES

| Item Description for Accounting Period 7/00 Through 6/01 | | MONEY AMOUNTS AND SIZE OF ASSETS IN THOUSANDS OF DOLLARS | | | | | | | | | | | | |
|---|---|---|---|---|---|---|---|---|---|---|---|---|---|---|
| | | Total | Zero Assets | Under 100 | 100 to 250 | 251 to 500 | 501 to 1,000 | 1,001 to 5,000 | 5,001 to 10,000 | 10,001 to 25,000 | 25,001 to 50,000 | 50,001 to 100,000 | 100,001 to 250,000 | 250,001 and over |
| Number of Enterprises | 1 | 51675 | 2024 | 23839 | 12278 | 6346 | 4283 | 2413 | 188 | 145 | 47 | 31 | 37 | 44 |
| **Revenues ($ in Thousands)** | | | | | | | | | | | | | | |
| Net Sales | 2 | 133810739 | 734476 | 4239800 | 5435213 | 4692879 | 5897852 | 8028164 | 2935117 | 4790456 | 3328221 | 4736975 | 10997604 | 77993982 |
| Interest | 3 | 1656585 | 1969 | 596 | 2665 | 9290 | 10771 | 18270 | 6120 | 15792 | 7778 | 9792 | 138916 | 1434625 |
| Rents | 4 | 161635 | 0 | 334 | 0 | 19 | 697 | 5969 | 561 | 5367 | 5104 | 1713 | 11612 | 130259 |
| Royalties | 5 | 1190426 | 9369 | 16 | 0 | 0 | 0 | 0 | 883 | 1986 | 1124 | 5334 | 21242 | 1150472 |
| Other Portfolio Income | 6 | 309362 | 9348 | 13346 | 13197 | 7802 | 898 | 15168 | 4992 | 10310 | 9193 | 1299 | 33623 | 190186 |
| Other Receipts | 7 | 2088635 | 19234 | 11168 | 14062 | 6105 | 17575 | 44956 | 30421 | 69587 | 55638 | 55965 | 115244 | 1648683 |
| Total Receipts | 8 | 139217382 | 774396 | 4265260 | 5465137 | 4716095 | 5927793 | 8112527 | 2978094 | 4893498 | 3407058 | 4811078 | 11318241 | 82548207 |
| Average Total Receipts | 9 | 2694 | 383 | 179 | 445 | 743 | 1384 | 3362 | 15841 | 33748 | 72491 | 155196 | 305898 | 1876096 |
| **Operating Costs/Operating Income (%)** | | | | | | | | | | | | | | |
| Cost of Operations | 10 | 55.9 | 55.6 | 56.1 | 56.4 | 58.6 | 58.4 | 60.0 | 59.3 | 57.7 | 55.9 | 55.6 | 52.5 | 55.4 |
| Salaries and Wages | 11 | 14.1 | 15.8 | 7.2 | 9.4 | 11.6 | 12.5 | 12.6 | 13.7 | 14.0 | 14.5 | 14.3 | 13.9 | 15.2 |
| Taxes Paid | 12 | 2.1 | 2.1 | 2.9 | 2.5 | 2.5 | 2.1 | 2.1 | 1.9 | 2.1 | 2.4 | 2.1 | 2.5 | 2.0 |
| Interest Paid | 13 | 1.7 | 2.1 | 0.5 | 0.5 | 0.8 | 1.0 | 0.9 | 1.0 | 1.1 | 1.4 | 1.1 | 1.8 | 2.1 |
| Depreciation | 14 | 2.0 | 2.0 | 0.6 | 0.6 | 1.0 | 0.8 | 0.9 | 1.0 | 1.3 | 1.3 | 1.7 | 2.0 | 2.5 |
| Amortization and Depletion | 15 | 0.2 | 0.2 | 0.1 | 0.1 | 0.1 | 0.1 | 0.1 | 0.1 | 0.1 | 0.2 | 0.1 | 0.3 | 0.3 |
| Pensions and Other Deferred Comp. | 16 | 0.2 | 0.1 | 0.6 | 0.0 | 0.1 | 0.4 | 0.6 | 0.2 | 0.2 | 0.1 | 0.1 | 0.1 | 0.1 |
| Employee Benefits | 17 | 1.0 | 0.7 | 0.3 | 0.3 | 0.4 | 0.4 | 0.5 | 0.6 | 0.7 | 0.7 | 1.0 | 0.9 | 1.2 |
| Advertising | 18 | 2.5 | 2.2 | 1.9 | 1.4 | 3.2 | 2.7 | 2.6 | 3.6 | 3.4 | 3.8 | 4.8 | 1.7 | 2.4 |
| Other Expenses | 19 | 18.6 | 28.2 | 23.7 | 20.4 | 17.2 | 13.9 | 15.3 | 19.6 | 17.7 | 20.5 | 19.2 | 21.1 | 18.4 |
| Officers' Compensation | 20 | 1.9 | 2.0 | 6.6 | 5.0 | 5.1 | 6.2 | 4.9 | 1.7 | 2.3 | 1.5 | 0.9 | 1.6 | 0.7 |
| Operating Margin | 21 | • | • | • | 3.2 | • | 1.5 | • | • | • | • | • | 1.6 | • |
| Operating Margin Before Officers' Comp. | 22 | 1.6 | • | 5.9 | 8.2 | 4.4 | 7.7 | 4.6 | • | 1.5 | • | • | 3.3 | 0.2 |

| Selected Average Balance Sheet ($ in Thousands) | | | | | | | | | | | | | |
|---|---|---|---|---|---|---|---|---|---|---|---|---|---|
| Net Receivables 23 | 315 | 0 | 3 | 6 | 25 | 41 | 113 | 905 | 1615 | 2878 | 5074 | 15968 | 324042 |
| Inventories 24 | 486 | 0 | 22 | 85 | 220 | 368 | 1001 | 3250 | 7452 | 15853 | 38739 | 51151 | 286808 |
| Net Property, Plant and Equipment 25 | 339 | 0 | 5 | 12 | 29 | 79 | 249 | 1356 | 3034 | 5828 | 17041 | 42368 | 297387 |
| Total Assets 26 | 1662 | 0 | 42 | 144 | 365 | 667 | 1835 | 6964 | 15452 | 34548 | 71993 | 151087 | 1375701 |
| Notes and Loans Payable 27 | 364 | 0 | 34 | 42 | 86 | 245 | 457 | 2566 | 4858 | 10769 | 21065 | 33316 | 255237 |
| All Other Liabilities 28 | 671 | 0 | 12 | 35 | 105 | 137 | 577 | 2989 | 5447 | 12050 | 28757 | 45657 | 608972 |
| Net Worth 29 | 627 | 0 | -4 | 67 | 173 | 285 | 800 | 1409 | 5147 | 11730 | 22171 | 72114 | 511493 |
| **Selected Financial Ratios (Times to 1)** | | | | | | | | | | | | | |
| Current Ratio 30 | 1.6 | • | 2.0 | 3.0 | 2.5 | 2.8 | 2.1 | 1.7 | 1.5 | 1.7 | 1.7 | 1.6 | 1.4 |
| Quick Ratio 31 | 0.7 | • | 0.5 | 0.6 | 0.7 | 0.7 | 0.5 | 0.5 | 0.4 | 0.4 | 0.4 | 0.6 | 0.7 |
| Net Sales to Working Capital 32 | 7.2 | • | 10.5 | 5.7 | 4.2 | 3.9 | 4.3 | 7.3 | 8.6 | 6.6 | 7.6 | 9.2 | 8.2 |
| Coverage Ratio 33 | 3.3 | • | 0.8 | 8.1 | 0.8 | 2.9 | 1.8 | • | 2.2 | 1.1 | 1.5 | 3.4 | 3.7 |
| Total Asset Turnover 34 | 1.6 | • | 4.2 | 3.1 | 2.0 | 2.1 | 1.8 | 2.2 | 2.1 | 2.0 | 2.1 | 2.0 | 1.3 |
| Inventory Turnover 35 | 3.0 | • | 4.6 | 2.9 | 2.0 | 2.2 | 2.0 | 2.8 | 2.6 | 2.5 | 2.2 | 3.1 | 3.4 |
| Receivables Turnover 36 | 9.5 | • | 56.0 | 51.9 | 27.7 | 30.5 | 26.5 | 25.8 | 19.3 | 20.6 | 27.0 | 17.4 | 6.5 |
| Total Liabilities to Net Worth 37 | 1.7 | • | • | 1.2 | 1.1 | 1.3 | 1.3 | 3.9 | 2.0 | 1.9 | 2.2 | 1.1 | 1.7 |
| Current Assets to Working Capital 38 | 2.8 | • | 2.0 | 1.5 | 1.7 | 1.6 | 1.9 | 2.4 | 2.9 | 2.4 | 2.4 | 2.8 | 3.5 |
| Current Liabilities to Working Capital 39 | 1.8 | • | 1.0 | 0.5 | 0.7 | 0.6 | 0.9 | 1.4 | 1.9 | 1.4 | 1.4 | 1.8 | 2.5 |
| Working Capital to Net Sales 40 | 0.1 | • | 0.1 | 0.2 | 0.2 | 0.3 | 0.2 | 0.1 | 0.1 | 0.2 | 0.1 | 0.1 | 0.1 |
| Inventory to Working Capital 41 | 1.4 | • | 1.4 | 1.1 | 1.2 | 1.1 | 1.4 | 1.6 | 1.9 | 1.5 | 1.7 | 1.5 | 1.4 |
| Total Receipts to Cash Flow 42 | 7.2 | 10.1 | 7.8 | 7.0 | 9.0 | 9.4 | 10.6 | 10.4 | 9.0 | 8.7 | 8.8 | 6.4 | 6.6 |
| Cost of Goods to Cash Flow 43 | 4.0 | 5.6 | 4.4 | 3.9 | 5.3 | 5.5 | 6.4 | 6.1 | 5.2 | 4.9 | 4.9 | 3.4 | 3.7 |
| Cash Flow to Total Debt 44 | 0.3 | • | 0.5 | 0.8 | 0.4 | 0.4 | 0.3 | 0.3 | 0.4 | 0.4 | 0.3 | 0.6 | 0.3 |
| **Selected Financial Factors (in Percentages)** | | | | | | | | | | | | | |
| Debt Ratio 45 | 62.3 | • | 108.8 | 53.7 | 52.5 | 57.2 | 56.4 | 79.8 | 66.7 | 66.0 | 69.2 | 52.3 | 62.8 |
| Return on Total Assets 46 | 8.9 | • | 1.7 | 13.2 | 1.3 | 6.3 | 2.9 | • | 5.4 | 3.1 | 3.7 | 12.4 | 10.1 |
| Return on Equity Before Income Taxes 47 | 16.4 | • | 3.6 | 25.1 | • | 9.7 | 2.9 | • | 8.9 | 0.4 | 4.3 | 18.4 | 19.8 |
| Return on Equity After Income Taxes 48 | 10.1 | • | 11.9 | 21.4 | • | 8.8 | 1.3 | • | 6.2 | • | • | 11.0 | 12.3 |
| Profit Margin (Before Income Tax) 49 | 4.0 | • | • | 3.8 | • | 2.0 | 0.7 | • | 1.4 | 0.1 | 0.6 | 4.5 | 5.7 |
| Profit Margin (After Income Tax) 50 | 2.5 | • | • | 3.2 | • | 1.8 | 0.3 | • | 1.0 | • | • | 2.7 | 3.5 |

**Table II**

Corporations with Net Income

# CLOTHING AND CLOTHING ACCESSORIES STORES

**MONEY AMOUNTS AND SIZE OF ASSETS IN THOUSANDS OF DOLLARS**

| Item Description for Accounting Period 7/00 Through 6/01 | | Total | Zero Assets | Under 100 | 100 to 250 | 251 to 500 | 501 to 1,000 | 1,001 to 5,000 | 5,001 to 10,000 | 10,001 to 25,000 | 25,001 to 50,000 | 50,001 to 100,000 | 100,001 to 250,000 | 250,001 and over |
|---|---|---|---|---|---|---|---|---|---|---|---|---|---|---|
| Number of Enterprises | 1 | 31833 | 483 | 13522 | 8422 | 4114 | 3396 | 1550 | 125 | 110 | 32 | 18 | 24 | 37 |
| **Revenues ($ in Thousands)** | | | | | | | | | | | | | | |
| Net Sales | 2 | 114612711 | 128398 | 3090095 | 4101038 | 3024404 | 5123089 | 6021294 | 1950969 | 3889646 | 2106581 | 2983628 | 8703001 | 73490568 |
| Interest | 3 | 1463686 | 1320 | 162 | 1092 | 2192 | 8002 | 8433 | 4150 | 9982 | 6278 | 5220 | 102211 | 1314643 |
| Rents | 4 | 123867 | 0 | 0 | 0 | 19 | 697 | 2271 | 31 | 4858 | 2540 | 258 | 92 | 113100 |
| Royalties | 5 | 1172354 | 0 | 16 | 0 | 0 | 0 | 0 | 0 | 32 | 1124 | 4753 | 18627 | 1147802 |
| Other Portfolio Income | 6 | 270909 | 702 | 13346 | 12374 | 6553 | 898 | 5815 | 4939 | 4182 | 9133 | 315 | 23476 | 189174 |
| Other Receipts | 7 | 1847129 | 1952 | 9828 | 10680 | 2769 | 7128 | 22688 | 22390 | 55177 | 27213 | 22532 | 96940 | 1567836 |
| Total Receipts | 8 | 119490656 | 132372 | 3113447 | 4125184 | 3035937 | 5139814 | 6060501 | 1982479 | 3963877 | 2152869 | 3016706 | 8944347 | 77823123 |
| Average Total Receipts | 9 | 3754 | 274 | 230 | 490 | 738 | 1513 | 3910 | 15860 | 36035 | 67277 | 167595 | 372681 | 2103328 |
| **Operating Costs/Operating Income (%)** | | | | | | | | | | | | | | |
| Cost of Operations | 10 | 55.5 | 49.9 | 52.0 | 56.2 | 55.4 | 59.0 | 59.3 | 60.9 | 57.6 | 52.8 | 55.5 | 51.2 | 55.4 |
| Salaries and Wages | 11 | 13.9 | 3.6 | 6.8 | 9.9 | 11.9 | 11.5 | 11.6 | 11.4 | 13.5 | 14.0 | 13.1 | 12.8 | 15.2 |
| Taxes Paid | 12 | 2.1 | 1.8 | 3.1 | 2.4 | 2.4 | 2.1 | 2.1 | 1.7 | 2.1 | 2.5 | 2.1 | 2.5 | 1.9 |
| Interest Paid | 13 | 1.5 | 1.4 | 0.5 | 0.3 | 0.7 | 0.9 | 0.7 | 0.9 | 1.0 | 1.2 | 0.9 | 1.7 | 1.9 |
| Depreciation | 14 | 2.0 | 1.2 | 0.6 | 0.5 | 1.2 | 0.7 | 0.7 | 0.8 | 1.1 | 1.2 | 1.4 | 1.9 | 2.5 |
| Amortization and Depletion | 15 | 0.2 | • | 0.0 | 0.0 | 0.0 | 0.1 | 0.0 | 0.1 | 0.1 | 0.1 | 0.1 | 0.2 | 0.2 |
| Pensions and Other Deferred Comp. | 16 | 0.2 | 0.6 | 0.8 | • | 0.1 | 0.4 | 0.6 | 0.1 | 0.2 | 0.1 | 0.2 | 0.1 | 0.1 |
| Employee Benefits | 17 | 1.0 | 0.7 | 0.4 | 0.2 | 0.3 | 0.4 | 0.4 | 0.3 | 0.6 | 0.6 | 1.1 | 0.8 | 1.3 |
| Advertising | 18 | 2.3 | 3.9 | 1.7 | 1.0 | 3.4 | 2.4 | 2.5 | 3.3 | 2.4 | 4.5 | 3.4 | 1.4 | 2.3 |
| Other Expenses | 19 | 17.7 | 23.1 | 20.8 | 19.0 | 15.9 | 12.6 | 13.9 | 16.3 | 15.8 | 18.0 | 17.5 | 20.9 | 18.0 |
| Officers' Compensation | 20 | 1.8 | 5.7 | 7.1 | 4.3 | 5.5 | 6.1 | 4.9 | 1.5 | 2.4 | 1.8 | 1.0 | 1.9 | 0.7 |
| Operating Margin | 21 | 1.8 | 8.1 | 6.1 | 6.0 | 3.3 | 3.9 | 3.3 | 2.6 | 3.1 | 3.2 | 3.7 | 4.7 | 0.5 |
| Operating Margin Before Officers' Comp. | 22 | 3.6 | 13.8 | 13.2 | 10.3 | 8.7 | 10.1 | 8.2 | 4.1 | 5.6 | 5.1 | 4.6 | 6.6 | 1.2 |

| Selected Average Balance Sheet ($ in Thousands) | | | | | | | | | | | | | |
|---|---|---|---|---|---|---|---|---|---|---|---|---|---|
| Net Receivables **23** | 447 | 0 | 2 | 8 | 19 | 38 | 96 | 989 | 1710 | 3065 | 4122 | 9260 | 352886 |
| Inventories **24** | 646 | 0 | 24 | 85 | 242 | 372 | 1143 | 3490 | 7698 | 15621 | 42357 | 55355 | 314191 |
| Net Property, Plant and Equipment **25** | 470 | 0 | 4 | 9 | 27 | 83 | 216 | 1113 | 2754 | 5507 | 18195 | 45444 | 325742 |
| Total Assets **26** | 2249 | 0 | 48 | 142 | 352 | 675 | 1839 | 6652 | 15511 | 33288 | 73003 | 156257 | 1472617 |
| Notes and Loans Payable **27** | 379 | 0 | 23 | 31 | 74 | 199 | 347 | 2367 | 4109 | 8777 | 20975 | 23732 | 216449 |
| All Other Liabilities **28** | 943 | 0 | 11 | 36 | 107 | 138 | 551 | 1974 | 5197 | 10052 | 22636 | 41580 | 683114 |
| Net Worth **29** | 926 | 0 | 15 | 75 | 170 | 337 | 941 | 2312 | 6206 | 14459 | 29392 | 90945 | 573054 |

| Selected Financial Ratios (Times to 1) | | | | | | | | | | | | | |
|---|---|---|---|---|---|---|---|---|---|---|---|---|---|
| Current Ratio **30** | 1.6 | • | 3.1 | 3.1 | 2.4 | 3.3 | 2.2 | 1.8 | 1.7 | 2.2 | 1.7 | 2.1 | 1.5 |
| Quick Ratio **31** | 0.7 | • | 0.7 | 0.7 | 0.6 | 0.9 | 0.5 | 0.5 | 0.4 | 0.6 | 0.3 | 0.7 | 0.7 |
| Net Sales to Working Capital **32** | 6.8 | • | 8.3 | 5.8 | 4.5 | 3.8 | 4.7 | 6.8 | 7.6 | 4.8 | 8.0 | 7.5 | 7.5 |
| Coverage Ratio **33** | 5.1 | 9.0 | 14.2 | 23.2 | 6.3 | 5.6 | 7.0 | 6.0 | 6.2 | 5.5 | 6.2 | 5.3 | 4.6 |
| Total Asset Turnover **34** | 1.6 | • | 4.7 | 3.4 | 2.1 | 2.2 | 2.1 | 2.3 | 2.3 | 2.0 | 2.3 | 2.3 | 1.3 |
| Inventory Turnover **35** | 3.1 | • | 4.9 | 3.2 | 1.7 | 2.4 | 2.0 | 2.7 | 2.6 | 2.2 | 2.2 | 3.4 | 3.5 |
| Receivables Turnover **36** | 9.3 | • | 74.1 | 42.2 | 28.4 | 33.0 | 28.2 | 22.0 | 19.6 | 20.0 | 27.4 | 30.1 | 6.8 |
| Total Liabilities to Net Worth **37** | 1.4 | • | 2.3 | 0.9 | 1.1 | 1.0 | 1.0 | 1.9 | 1.5 | 1.3 | 1.5 | 0.7 | 1.6 |
| Current Assets to Working Capital **38** | 2.6 | • | 1.5 | 1.5 | 1.7 | 1.4 | 1.8 | 2.2 | 2.5 | 1.9 | 2.4 | 1.9 | 3.1 |
| Current Liabilities to Working Capital **39** | 1.6 | • | 0.5 | 0.5 | 0.7 | 0.4 | 0.8 | 1.2 | 1.5 | 0.9 | 1.4 | 0.9 | 2.1 |
| Working Capital to Net Sales **40** | 0.1 | • | 0.1 | 0.2 | 0.2 | 0.3 | 0.2 | 0.1 | 0.1 | 0.2 | 0.1 | 0.1 | 0.1 |
| Inventory to Working Capital **41** | 1.3 | • | 1.0 | 1.0 | 1.2 | 1.0 | 1.3 | 1.5 | 1.7 | 1.1 | 1.7 | 1.0 | 1.3 |
| Total Receipts to Cash Flow **42** | 6.5 | 3.7 | 5.7 | 6.3 | 7.5 | 8.4 | 8.5 | 7.2 | 7.4 | 6.9 | 6.9 | 5.4 | 6.3 |
| Cost of Goods to Cash Flow **43** | 3.6 | 1.8 | 3.0 | 3.5 | 4.2 | 4.9 | 5.0 | 4.4 | 4.2 | 3.6 | 3.8 | 2.8 | 3.5 |
| Cash Flow to Total Debt **44** | 0.4 | • | 1.2 | 1.2 | 0.5 | 0.5 | 0.5 | 0.5 | 0.5 | 0.5 | 0.5 | 1.0 | 0.3 |

| Selected Financial Factors (in Percentages) | | | | | | | | | | | | | |
|---|---|---|---|---|---|---|---|---|---|---|---|---|---|
| Debt Ratio **45** | 58.8 | • | 69.8 | 46.9 | 51.6 | 50.0 | 48.8 | 65.3 | 60.0 | 56.6 | 59.7 | 41.8 | 61.1 |
| Return on Total Assets **46** | 12.6 | • | 34.6 | 23.6 | 9.0 | 11.6 | 9.7 | 11.9 | 13.7 | 12.9 | 12.9 | 21.1 | 11.7 |
| Return on Equity Before Income Taxes **47** | 24.5 | • | 106.7 | 42.6 | 15.7 | 19.0 | 16.2 | 28.6 | 28.7 | 24.4 | 26.9 | 29.5 | 23.5 |
| Return on Equity After Income Taxes **48** | 17.6 | • | 103.0 | 37.9 | 14.6 | 18.1 | 14.0 | 27.5 | 25.8 | 20.3 | 21.1 | 20.5 | 15.6 |
| Profit Margin (Before Income Tax) **49** | 6.3 | 11.2 | 6.8 | 6.6 | 3.6 | 4.3 | 3.9 | 4.2 | 5.0 | 5.4 | 4.8 | 7.4 | 6.8 |
| Profit Margin (After Income Tax) **50** | 4.5 | 10.3 | 6.6 | 5.9 | 3.4 | 4.1 | 3.4 | 4.1 | 4.5 | 4.5 | 3.7 | 5.1 | 4.5 |

**Table I**

Corporations with and without Net Income

# SPORTING GOODS, HOBBY, BOOK, AND MUSIC STORES

**MONEY AMOUNTS AND SIZE OF ASSETS IN THOUSANDS OF DOLLARS**

| Item Description for Accounting Period 7/00 Through 6/01 | | Total | Zero Assets | Under 100 | 100 to 250 | 251 to 500 | 501 to 1,000 | 1,001 to 5,000 | 5,001 to 10,000 | 10,001 to 25,000 | 25,001 to 50,000 | 50,001 to 100,000 | 100,001 to 250,000 | 250,001 and over |
|---|---|---|---|---|---|---|---|---|---|---|---|---|---|---|
| Number of Enterprises | 1 | 30634 | 2089 | 15065 | 5984 | 3088 | 2330 | 1775 | 164 | 66 | 27 | 18 | 10 | 19 |
| **Revenues ($ in Thousands)** | | | | | | | | | | | | | | |
| Net Sales | 2 | 65060649 | 752735 | 2433734 | 2969560 | 2366390 | 3454294 | 7906202 | 2271741 | 2081313 | 1742229 | 2343334 | 3222687 | 33516430 |
| Interest | 3 | 475712 | 4077 | 211 | 1747 | 3566 | 2640 | 13067 | 1338 | 4308 | 7049 | 7064 | 4926 | 425718 |
| Rents | 4 | 39718 | 246 | 0 | 0 | 0 | 1693 | 3459 | 602 | 789 | 1471 | 1171 | 2486 | 27801 |
| Royalties | 5 | 391073 | 345 | 0 | 0 | 0 | 0 | 0 | 1148 | 3932 | 742 | 0 | 350 | 384556 |
| Other Portfolio Income | 6 | 326494 | 1985 | 0 | 292 | 2584 | 2054 | 13318 | 1645 | 4318 | 3162 | 1249 | 6452 | 289432 |
| Other Receipts | 7 | 977982 | 52908 | 14581 | 18506 | 10575 | 16050 | 61989 | 42646 | 18616 | 18421 | 31066 | 8877 | 683751 |
| Total Receipts | 8 | 67271628 | 812296 | 2448526 | 2990105 | 2383115 | 3476731 | 7998035 | 2319120 | 2113276 | 1773074 | 2383884 | 3245778 | 35327688 |
| Average Total Receipts | 9 | 2196 | 389 | 163 | 500 | 772 | 1492 | 4506 | 14141 | 32019 | 65669 | 132438 | 324578 | 1859352 |
| **Operating Costs/Operating Income (%)** | | | | | | | | | | | | | | |
| Cost of Operations | 10 | 63.1 | 64.6 | 53.0 | 62.7 | 58.4 | 66.3 | 65.3 | 58.4 | 67.0 | 61.5 | 64.4 | 66.4 | 63.0 |
| Salaries and Wages | 11 | 11.8 | 11.7 | 12.2 | 8.0 | 9.3 | 8.8 | 11.7 | 14.9 | 12.3 | 13.6 | 13.0 | 11.8 | 12.2 |
| Taxes Paid | 12 | 2.3 | 2.6 | 3.5 | 1.9 | 3.3 | 2.8 | 1.8 | 2.2 | 2.0 | 2.1 | 2.2 | 2.2 | 2.3 |
| Interest Paid | 13 | 1.8 | 1.1 | 0.9 | 0.7 | 1.1 | 1.1 | 1.1 | 1.5 | 1.3 | 1.0 | 1.8 | 2.0 | 2.3 |
| Depreciation | 14 | 2.0 | 1.4 | 1.2 | 1.1 | 1.4 | 1.0 | 1.5 | 1.1 | 1.3 | 1.9 | 2.1 | 2.0 | 2.5 |
| Amortization and Depletion | 15 | 0.2 | 0.3 | 0.1 | 0.0 | 0.1 | 0.0 | 0.1 | 0.2 | 0.3 | 1.4 | 0.3 | 0.3 | 0.1 |
| Pensions and Other Deferred Comp. | 16 | 0.3 | 0.4 | • | 0.9 | 0.5 | 0.3 | 0.3 | 0.1 | 0.2 | 0.3 | 0.1 | 0.1 | 0.3 |
| Employee Benefits | 17 | 0.5 | 0.3 | 0.6 | 0.4 | 0.3 | 0.3 | 0.4 | 0.5 | 0.6 | 1.0 | 0.6 | 0.7 | 0.5 |
| Advertising | 18 | 2.1 | 3.0 | 1.3 | 1.7 | 3.1 | 2.5 | 2.2 | 2.9 | 2.7 | 6.0 | 3.1 | 2.5 | 1.7 |
| Other Expenses | 19 | 16.4 | 21.7 | 21.2 | 17.9 | 14.5 | 11.5 | 13.4 | 15.8 | 14.9 | 14.3 | 14.9 | 16.6 | 17.4 |
| Officers' Compensation | 20 | 1.8 | 2.7 | 6.3 | 5.6 | 7.0 | 4.0 | 3.0 | 2.0 | 2.0 | 2.2 | 0.7 | 0.6 | 0.3 |
| Operating Margin | 21 | • | • | • | • | 1.1 | 1.5 | • | 0.4 | • | • | • | • | • |
| Operating Margin Before Officers' Comp. | 22 | • | • | 5.9 | 4.7 | 8.1 | 5.4 | 2.2 | 2.4 | • | • | • | • | • |

## Selected Average Balance Sheet ($ in Thousands)

| | | | | | | | | | | | | | |
|---|---|---|---|---|---|---|---|---|---|---|---|---|---|
| Net Receivables 23 | 65 | 0 | 3 | 13 | 20 | 37 | 228 | 704 | 2310 | 5629 | 6571 | 15127 | 33395 |
| Inventories 24 | 514 | 0 | 21 | 95 | 190 | 349 | 1042 | 3457 | 6791 | 12928 | 39054 | 104559 | 447094 |
| Net Property, Plant and Equipment 25 | 263 | 0 | 7 | 32 | 45 | 146 | 283 | 931 | 2228 | 6276 | 15334 | 38199 | 297536 |
| Total Assets 26 | 1264 | 0 | 37 | 171 | 342 | 657 | 1929 | 6993 | 15337 | 35558 | 73153 | 162891 | 1318370 |
| Notes and Loans Payable 27 | 442 | 0 | 38 | 82 | 164 | 205 | 676 | 2556 | 5329 | 8974 | 21550 | 46310 | 442865 |
| All Other Liabilities 28 | 477 | 0 | 12 | 59 | 87 | 188 | 742 | 2988 | 6347 | 13031 | 24716 | 87561 | 499719 |
| Net Worth 29 | 345 | 0 | -13 | 30 | 92 | 264 | 511 | 1449 | 3661 | 13553 | 26887 | 29019 | 375786 |

## Selected Financial Ratios (Times to 1)

| | | | | | | | | | | | | | |
|---|---|---|---|---|---|---|---|---|---|---|---|---|---|
| Current Ratio 30 | 1.4 | • | 2.2 | 2.2 | 2.4 | 2.2 | 1.8 | 1.3 | 1.5 | 1.9 | 1.6 | 1.3 | 1.2 |
| Quick Ratio 31 | 0.3 | • | 0.7 | 0.7 | 0.6 | 0.5 | 0.5 | 0.3 | 0.5 | 0.7 | 0.3 | 0.2 | 0.1 |
| Net Sales to Working Capital 32 | 10.1 | • | 10.4 | 6.7 | 5.0 | 5.8 | 6.6 | 10.4 | 8.5 | 5.5 | 7.1 | 10.9 | 16.1 |
| Coverage Ratio 33 | 1.7 | • | 1.3 | 0.7 | 2.6 | 3.0 | 1.3 | 2.6 | • | • | 0.2 | • | 2.2 |
| Total Asset Turnover 34 | 1.7 | • | 4.3 | 2.9 | 2.2 | 2.3 | 2.3 | 2.0 | 2.1 | 1.8 | 1.8 | 2.0 | 1.3 |
| Inventory Turnover 35 | 2.6 | • | 4.1 | 3.3 | 2.4 | 2.8 | 2.8 | 2.3 | 3.1 | 3.1 | 2.1 | 2.0 | 2.5 |
| Receivables Turnover 36 | 34.5 | • | 86.7 | 33.1 | 38.1 | 34.4 | 20.7 | 15.2 | 14.8 | 13.6 | 17.2 | 28.5 | 60.2 |
| Total Liabilities to Net Worth 37 | 2.7 | • | • | 4.6 | 2.7 | 1.5 | 2.8 | 3.8 | 3.2 | 1.6 | 1.7 | 4.6 | 2.5 |
| Current Assets to Working Capital 38 | 3.6 | • | 1.9 | 1.8 | 1.7 | 1.9 | 2.3 | 4.1 | 3.2 | 2.2 | 2.7 | 3.9 | 6.0 |
| Current Liabilities to Working Capital 39 | 2.6 | • | 0.9 | 0.8 | 0.7 | 0.9 | 1.3 | 3.1 | 2.2 | 1.2 | 1.7 | 2.9 | 5.0 |
| Working Capital to Net Sales 40 | 0.1 | • | 0.1 | 0.2 | 0.2 | 0.2 | 0.2 | 0.1 | 0.1 | 0.2 | 0.1 | 0.1 | 0.1 |
| Inventory to Working Capital 41 | 2.6 | • | 1.3 | 1.2 | 1.3 | 1.3 | 1.5 | 3.1 | 1.9 | 1.2 | 2.0 | 3.1 | 4.5 |
| Total Receipts to Cash Flow 42 | 10.1 | 8.2 | 7.8 | 8.9 | 9.6 | 11.0 | 12.3 | 8.8 | 19.4 | 16.1 | 20.1 | 20.3 | 9.0 |
| Cost of Goods to Cash Flow 43 | 6.4 | 5.3 | 4.1 | 5.6 | 5.6 | 7.3 | 8.1 | 5.1 | 13.0 | 9.9 | 12.9 | 13.5 | 5.7 |
| Cash Flow to Total Debt 44 | 0.2 | • | 0.4 | 0.4 | 0.3 | 0.3 | 0.3 | 0.3 | 0.1 | 0.2 | 0.1 | 0.1 | 0.2 |

## Selected Financial Factors (in Percentages)

| | | | | | | | | | | | | | |
|---|---|---|---|---|---|---|---|---|---|---|---|---|---|
| Debt Ratio 45 | 72.7 | • | 133.6 | 82.3 | 73.3 | 59.8 | 73.5 | 79.3 | 76.1 | 61.9 | 63.2 | 82.2 | 71.5 |
| Return on Total Assets 46 | 5.1 | • | 5.0 | 1.3 | 6.3 | 7.2 | 3.3 | 7.9 | • | • | 0.7 | • | 6.8 |
| Return on Equity Before Income Taxes 47 | 7.8 | • | • | • | 14.7 | 12.0 | 3.0 | 23.7 | • | • | • | • | 13.1 |
| Return on Equity After Income Taxes 48 | 4.1 | • | • | • | 13.8 | 10.8 | 0.9 | 20.5 | • | • | • | • | 8.9 |
| Profit Margin (Before Income Tax) 49 | 1.3 | • | 0.2 | • | 1.8 | 2.1 | 0.3 | 2.5 | • | • | • | • | 2.8 |
| Profit Margin (After Income Tax) 50 | 0.7 | • | 0.2 | • | 1.6 | 1.9 | 0.1 | 2.1 | • | • | • | • | 1.9 |

## Table II

Corporations with Net Income

# Sporting Goods, Hobby, Book, and Music Stores

**Money Amounts and Size of Assets in Thousands of Dollars**

| Item Description for Accounting Period 7/00 Through 6/01 | | Total | Zero Assets | Under 100 | 100 to 250 | 251 to 500 | 501 to 1,000 | 1,001 to 5,000 | 5,001 to 10,000 | 10,001 to 25,000 | 25,001 to 50,000 | 50,001 to 100,000 | 100,001 to 250,000 | 250,001 and over |
|---|---|---|---|---|---|---|---|---|---|---|---|---|---|---|
| Number of Enterprises | 1 | 16310 | 1029 | 6480 | 3703 | 1891 | 1723 | 1244 | 146 | 44 | 19 | 0 | 0 | 0 |
| **Revenues ($ in Thousands)** | | | | | | | | | | | | | | |
| Net Sales | 2 | 53842614 | 306405 | 1148970 | 2167473 | 1639483 | 2886133 | 5879956 | 1997692 | 1488924 | 1464349 | 0 | 0 | 0 |
| Interest | 3 | 447300 | 1069 | 0 | 27 | 1813 | 2615 | 11149 | 752 | 1994 | 2238 | 0 | 0 | 0 |
| Rents | 4 | 34932 | 0 | 0 | 0 | 0 | 1693 | 2255 | 503 | 742 | 912 | 0 | 0 | 0 |
| Royalties | 5 | 387017 | 203 | 0 | 0 | 0 | 0 | 0 | 1148 | 19 | 742 | 0 | 0 | 0 |
| Other Portfolio Income | 6 | 312623 | 125 | 0 | 69 | 864 | 1057 | 9778 | 154 | 1145 | 2603 | 0 | 0 | 0 |
| Other Receipts | 7 | 888938 | 47466 | 11271 | 10042 | 8775 | 15635 | 44624 | 37134 | 12020 | 16202 | 0 | 0 | 0 |
| Total Receipts | 8 | 55913424 | 355268 | 1160241 | 2177611 | 1650935 | 2907133 | 5947762 | 2037383 | 1504844 | 1487046 | 0 | 0 | 0 |
| Average Total Receipts | 9 | 3428 | 345 | 179 | 588 | 873 | 1687 | 4781 | 13955 | 34201 | 78266 | • | • | • |
| **Operating Costs/Operating Income (%)** | | | | | | | | | | | | | | |
| Cost of Operations | 10 | 62.7 | 64.5 | 56.1 | 65.5 | 56.3 | 66.4 | 64.4 | 56.5 | 64.5 | 59.5 | • | • | • |
| Salaries and Wages | 11 | 11.6 | 9.5 | 6.4 | 6.8 | 8.3 | 8.8 | 11.0 | 15.1 | 12.2 | 12.5 | • | • | • |
| Taxes Paid | 12 | 2.2 | 1.5 | 2.2 | 1.5 | 3.1 | 2.9 | 1.7 | 2.2 | 1.7 | 2.0 | • | • | • |
| Interest Paid | 13 | 1.8 | 0.8 | 0.8 | 0.6 | 1.0 | 0.7 | 0.9 | 1.1 | 1.0 | 1.0 | • | • | • |
| Depreciation | 14 | 1.9 | 1.1 | 1.3 | 0.6 | 1.2 | 0.7 | 1.0 | 1.0 | 1.0 | 1.7 | • | • | • |
| Amortization and Depletion | 15 | 0.1 | 0.5 | 0.1 | 0.0 | 0.0 | • | 0.0 | 0.2 | 0.1 | 0.0 | • | • | • |
| Pensions and Other Deferred Comp. | 16 | 0.2 | 0.7 | • | 0.2 | 0.3 | 0.4 | 0.3 | 0.1 | 0.2 | 0.3 | • | • | • |
| Employee Benefits | 17 | 0.4 | 0.2 | 0.3 | 0.5 | 0.2 | 0.3 | 0.4 | 0.3 | 0.6 | 0.7 | • | • | • |
| Advertising | 18 | 1.9 | 4.2 | 1.2 | 1.8 | 3.0 | 2.3 | 2.1 | 2.9 | 1.8 | 3.3 | • | • | • |
| Other Expenses | 19 | 15.8 | 17.8 | 17.3 | 13.9 | 13.3 | 11.1 | 12.5 | 15.5 | 12.2 | 13.0 | • | • | • |
| Officers' Compensation | 20 | 1.5 | 0.8 | 8.6 | 4.8 | 6.8 | 3.8 | 3.2 | 2.0 | 1.8 | 2.1 | • | • | • |
| Operating Margin | 21 | • | • | 5.7 | 3.8 | 6.5 | 2.7 | 2.3 | 3.2 | 2.9 | 3.7 | • | • | • |
| Operating Margin Before Officers' Comp. | 22 | 1.3 | • | 14.2 | 8.6 | 13.3 | 6.5 | 5.6 | 5.2 | 4.8 | 5.8 | • | • | • |

| | | | | | | | | | | | | | |
|---|---|---|---|---|---|---|---|---|---|---|---|---|---|
| | **Selected Average Balance Sheet ($ in Thousands)** | | | | | | | | | | | | |
| Net Receivables 23 | 86 | 0 | 5 | 8 | 30 | 44 | 218 | 701 | 2638 | 7148 | • | • | • |
| Inventories 24 | 748 | 0 | 20 | 106 | 200 | 335 | 1102 | 3089 | 7116 | 13966 | • | • | • |
| Net Property, Plant and Equipment 25 | 392 | 0 | 7 | 18 | 46 | 98 | 181 | 942 | 2365 | 6448 | • | • | • |
| Total Assets 26 | 2004 | 0 | 42 | 166 | 345 | 633 | 1883 | 6835 | 15384 | 35759 | • | • | • |
| Notes and Loans Payable 27 | 664 | 0 | 34 | 80 | 125 | 118 | 496 | 2126 | 3868 | 7821 | • | • | • |
| All Other Liabilities 28 | 741 | 0 | 9 | 48 | 83 | 216 | 692 | 2715 | 5512 | 14490 | • | • | • |
| Net Worth 29 | 600 | 0 | -1 | 38 | 137 | 299 | 695 | 1994 | 6004 | 13448 | • | • | • |
| | **Selected Financial Ratios (Times to 1)** | | | | | | | | | | | | |
| Current Ratio 30 | 1.4 | • | 3.4 | 2.5 | 2.6 | 2.2 | 1.9 | 1.4 | 1.6 | 1.8 | • | • | • |
| Quick Ratio 31 | 0.2 | • | 1.2 | 0.6 | 0.6 | 0.5 | 0.6 | 0.3 | 0.6 | 0.7 | • | • | • |
| Net Sales to Working Capital 32 | 9.9 | • | 7.6 | 6.7 | 5.0 | 6.0 | 6.1 | 8.9 | 7.6 | 6.5 | • | • | • |
| Coverage Ratio 33 | 3.0 | 19.0 | 9.4 | 8.4 | 8.3 | 6.1 | 4.9 | 5.8 | 5.1 | 6.1 | • | • | • |
| Total Asset Turnover 34 | 1.6 | • | 4.2 | 3.5 | 2.5 | 2.6 | 2.5 | 2.0 | 2.2 | 2.2 | • | • | • |
| Inventory Turnover 35 | 2.8 | • | 4.9 | 3.6 | 2.4 | 3.3 | 2.8 | 2.5 | 3.1 | 3.3 | • | • | • |
| Receivables Turnover 36 | 37.7 | • | 56.8 | 37.7 | 33.3 | 35.0 | 21.6 | 14.5 | 12.7 | 13.5 | • | • | • |
| Total Liabilities to Net Worth 37 | 2.3 | • | • | 3.3 | 1.5 | 1.1 | 1.7 | 2.4 | 1.6 | 1.7 | • | • | • |
| Current Assets to Working Capital 38 | 3.5 | • | 1.4 | 1.7 | 1.6 | 1.9 | 2.1 | 3.4 | 2.6 | 2.3 | • | • | • |
| Current Liabilities to Working Capital 39 | 2.5 | • | 0.4 | 0.7 | 0.6 | 0.9 | 1.1 | 2.4 | 1.6 | 1.3 | • | • | • |
| Working Capital to Net Sales 40 | 0.1 | • | 0.1 | 0.1 | 0.2 | 0.2 | 0.2 | 0.1 | 0.1 | 0.2 | • | • | • |
| Inventory to Working Capital 41 | 2.6 | • | 0.9 | 1.3 | 1.2 | 1.3 | 1.4 | 2.5 | 1.5 | 1.2 | • | • | • |
| Total Receipts to Cash Flow 42 | 8.6 | 3.7 | 6.2 | 7.6 | 6.5 | 9.9 | 9.2 | 7.4 | 8.9 | 7.1 | • | • | • |
| Cost of Goods to Cash Flow 43 | 5.4 | 2.4 | 3.5 | 5.0 | 3.7 | 6.5 | 5.9 | 4.2 | 5.7 | 4.3 | • | • | • |
| Cash Flow to Total Debt 44 | 0.3 | • | 0.7 | 0.6 | 0.6 | 0.5 | 0.4 | 0.4 | 0.4 | 0.5 | • | • | • |
| | **Selected Financial Factors (in Percentages)** | | | | | | | | | | | | |
| Debt Ratio 45 | 70.1 | • | 102.8 | 76.9 | 60.3 | 52.8 | 63.1 | 70.8 | 61.0 | 62.4 | • | • | • |
| Return on Total Assets 46 | 8.8 | • | 31.6 | 17.2 | 20.7 | 11.0 | 11.0 | 12.5 | 11.0 | 13.5 | • | • | • |
| Return on Equity Before Income Taxes 47 | 19.8 | • | • | 65.4 | 45.7 | 19.4 | 23.7 | 35.3 | 22.6 | 30.0 | • | • | • |
| Return on Equity After Income Taxes 48 | 15.7 | • | • | 64.8 | 44.7 | 18.2 | 21.4 | 32.7 | 19.0 | 26.1 | • | • | • |
| Profit Margin (Before Income Tax) 49 | 3.6 | 14.2 | 6.7 | 4.3 | 7.2 | 3.5 | 3.5 | 5.1 | 4.0 | 5.2 | • | • | • |
| Profit Margin (After Income Tax) 50 | 2.9 | 11.8 | 6.5 | 4.2 | 7.1 | 3.3 | 3.2 | 4.8 | 3.4 | 4.6 | • | • | • |

## Table I

Corporations with and without Net Income

# GENERAL MERCHANDISE STORES

MONEY AMOUNTS AND SIZE OF ASSETS IN THOUSANDS OF DOLLARS

| Item Description for Accounting Period 7/00 Through 6/01 | | Total | Zero Assets | Under 100 | 100 to 250 | 251 to 500 | 501 to 1,000 | 1,001 to 5,000 | 5,001 to 10,000 | 10,001 to 25,000 | 25,001 to 50,000 | 50,001 to 100,000 | 100,001 to 250,000 | 250,001 and over |
|---|---|---|---|---|---|---|---|---|---|---|---|---|---|---|
| Number of Enterprises | 1 | 10791 | 1062 | 5259 | 2000 | 1040 | 681 | 600 | 22 | 45 | 19 | 10 | 20 | 34 |
| **Revenues ($ in Thousands)** | | | | | | | | | | | | | | |
| Net Sales | 2 | 485020073 | 260506 | 791659 | 972784 | 924664 | 1249477 | 4313492 | 415464 | 1807924 | 1041368 | 1613111 | 6882855 | 464746767 |
| Interest | 3 | 4236914 | 9060 | 0 | 276 | 337 | 1495 | 4063 | 1180 | 1727 | 4133 | 14358 | 30216 | 4170068 |
| Rents | 4 | 998919 | 83 | 0 | 0 | 0 | 192 | 3294 | 25 | 3563 | 2144 | 7606 | 6062 | 975952 |
| Royalties | 5 | 1127746 | 0 | 0 | 0 | 0 | 0 | 803 | 0 | 3062 | 0 | 0 | 2377 | 1121504 |
| Other Portfolio Income | 6 | 1384545 | 50 | 0 | 1469 | 0 | 2750 | 18391 | 64 | 4024 | 772 | 2319 | 3644 | 1351063 |
| Other Receipts | 7 | 7957696 | 15475 | 2321 | 32966 | 152 | 4411 | 24073 | 361 | 12092 | 25238 | 37279 | 135534 | 7667794 |
| Total Receipts | 8 | 500725893 | 285174 | 793980 | 1007495 | 925153 | 1258325 | 4364116 | 417094 | 1832392 | 1073655 | 1674673 | 7060688 | 480033148 |
| Average Total Receipts | 9 | 46402 | 269 | 151 | 504 | 890 | 1848 | 7274 | 18959 | 40720 | 56508 | 167467 | 353034 | 14118622 |
| **Operating Costs/Operating Income (%)** | | | | | | | | | | | | | | |
| Cost of Operations | 10 | 72.3 | 80.4 | 66.8 | 70.4 | 67.0 | 67.4 | 66.2 | 75.5 | 69.4 | 64.7 | 64.8 | 65.0 | 72.5 |
| Salaries and Wages | 11 | 10.8 | 7.0 | 7.8 | 11.1 | 10.4 | 7.6 | 12.4 | 10.2 | 12.2 | 14.5 | 12.7 | 12.3 | 10.7 |
| Taxes Paid | 12 | 1.6 | 3.2 | 2.6 | 1.7 | 1.7 | 2.0 | 2.2 | 1.1 | 1.8 | 2.4 | 1.6 | 1.5 | 1.6 |
| Interest Paid | 13 | 1.7 | 1.0 | 0.3 | 0.9 | 0.4 | 1.0 | 0.6 | • | 0.8 | 1.2 | 0.8 | 1.3 | 1.7 |
| Depreciation | 14 | 1.7 | 0.7 | 0.4 | 0.7 | 0.7 | 0.8 | 0.6 | 1.8 | 1.2 | 2.0 | 1.1 | 1.8 | 1.7 |
| Amortization and Depletion | 15 | 0.1 | 0.0 | 0.0 | 0.1 | 0.1 | 0.0 | 0.0 | 0.0 | 0.1 | 0.2 | 0.0 | 0.3 | 0.1 |
| Pensions and Other Deferred Comp. | 16 | 0.2 | 0.3 | • | • | 0.4 | • | 0.4 | 0.2 | 0.1 | 0.2 | 0.2 | 0.2 | 0.2 |
| Employee Benefits | 17 | 0.7 | 3.1 | 0.1 | 0.2 | 0.4 | 0.4 | 0.5 | 1.6 | 0.7 | 0.9 | 0.9 | 1.7 | 0.6 |
| Advertising | 18 | 1.6 | 0.5 | 0.1 | 0.5 | 0.6 | 1.5 | 2.3 | 2.4 | 1.6 | 5.5 | 2.6 | 1.9 | 1.6 |
| Other Expenses | 19 | 9.2 | 29.8 | 22.0 | 14.5 | 14.5 | 15.0 | 12.5 | 12.8 | 10.8 | 14.4 | 15.1 | 15.3 | 9.0 |
| Officers' Compensation | 20 | 0.2 | 1.2 | 5.9 | 2.3 | 3.7 | 3.0 | 2.1 | 0.5 | 1.0 | 0.5 | 0.5 | 1.2 | 0.1 |
| Operating Margin | 21 | • | • | • | • | 0.3 | 1.2 | 0.1 | • | 0.3 | • | • | • | 0.1 |
| Operating Margin Before Officers' Comp. | 22 | 0.2 | • | • | • | 4.0 | 4.2 | 2.2 | • | 1.3 | • | 0.1 | • | 0.2 |

| | | | | | | | | | | | | | |
|---|---|---|---|---|---|---|---|---|---|---|---|---|---|
| **Selected Average Balance Sheet ($ in Thousands)** | | | | | | | | | | | | | |
| Net Receivables 23 | 4803 | 0 | 0 | 14 | 31 | 6 | 137 | 88 | 1726 | 4338 | 14295 | 14862 | 1502221 |
| Inventories 24 | 6021 | 0 | 15 | 97 | 213 | 311 | 1109 | 4469 | 6389 | 14094 | 21667 | 52601 | 1814113 |
| Net Property, Plant and Equipment 25 | 6840 | 0 | 6 | 30 | 29 | 147 | 355 | 2564 | 3839 | 7637 | 17428 | 32284 | 2122870 |
| Total Assets 26 | 25248 | 0 | 35 | 184 | 322 | 744 | 2219 | 7561 | 17185 | 34421 | 68585 | 163163 | 7770211 |
| Notes and Loans Payable 27 | 6109 | 0 | 37 | 92 | 116 | 161 | 571 | 840 | 4961 | 10454 | 12278 | 31983 | 1875577 |
| All Other Liabilities 28 | 10108 | 0 | 7 | 38 | 163 | 99 | 689 | 6710 | 5181 | 7415 | 18278 | 68499 | 3124554 |
| Net Worth 29 | 9031 | 0 | -9 | 53 | 42 | 484 | 959 | 10 | 7043 | 16553 | 38028 | 62680 | 2770079 |
| **Selected Financial Ratios (Times to 1)** | | | | | | | | | | | | | |
| Current Ratio 30 | 1.3 | • | 3.0 | 3.4 | 1.3 | 6.1 | 2.1 | 0.6 | 1.6 | 2.2 | 2.8 | 1.7 | 1.2 |
| Quick Ratio 31 | 0.6 | • | 0.9 | 0.6 | 0.3 | 0.6 | 0.5 | 0.1 | 0.5 | 0.8 | 1.3 | 0.6 | 0.6 |
| Net Sales to Working Capital 32 | 17.9 | • | 9.0 | 4.7 | 13.6 | 4.2 | 8.4 | • | 9.2 | 4.4 | 6.0 | 8.8 | 19.0 |
| Coverage Ratio 33 | 2.9 | • | • | 2.2 | 1.8 | 2.8 | 3.2 | • | 3.0 | • | 5.4 | 1.0 | 3.0 |
| Total Asset Turnover 34 | 1.8 | • | 4.3 | 2.6 | 2.8 | 2.5 | 3.2 | 2.5 | 2.3 | 1.6 | 2.4 | 2.1 | 1.8 |
| Inventory Turnover 35 | 5.4 | • | 6.6 | 3.5 | 2.8 | 4.0 | 4.3 | 3.2 | 4.4 | 2.5 | 4.8 | 4.3 | 5.5 |
| Receivables Turnover 36 | 10.1 | • | 544.8 | 46.4 | 19.4 | 92.9 | 60.7 | 169.2 | 22.6 | 10.5 | 9.5 | 25.5 | 9.8 |
| Total Liabilities to Net Worth 37 | 1.8 | • | • | 2.5 | 6.6 | 0.5 | 1.3 | 744.9 | 1.4 | 1.1 | 0.8 | 1.6 | 1.8 |
| Current Assets to Working Capital 38 | 4.8 | • | 1.5 | 1.4 | 4.0 | 1.2 | 1.9 | • | 2.6 | 1.8 | 1.5 | 2.4 | 5.1 |
| Current Liabilities to Working Capital 39 | 3.8 | • | 0.5 | 0.4 | 3.0 | 0.2 | 0.9 | • | 1.6 | 0.8 | 0.5 | 1.4 | 4.1 |
| Working Capital to Net Sales 40 | 0.1 | • | 0.1 | 0.2 | 0.1 | 0.2 | 0.1 | • | 0.1 | 0.2 | 0.2 | 0.1 | 0.1 |
| Inventory to Working Capital 41 | 2.4 | • | 1.0 | 1.0 | 3.0 | 0.8 | 1.4 | • | 1.6 | 1.0 | 0.8 | 1.4 | 2.5 |
| Total Receipts to Cash Flow 42 | 10.3 | 22.9 | 27.9 | 14.9 | 13.2 | 9.0 | 11.5 | 40.1 | 14.0 | 18.6 | 7.7 | 9.5 | 10.3 |
| Cost of Goods to Cash Flow 43 | 7.5 | 18.4 | 18.6 | 10.5 | 8.8 | 6.1 | 7.6 | 30.3 | 9.7 | 12.0 | 5.0 | 6.2 | 7.5 |
| Cash Flow to Total Debt 44 | 0.3 | • | 0.1 | 0.3 | 0.2 | 0.8 | 0.5 | 0.1 | 0.3 | 0.2 | 0.7 | 0.4 | 0.3 |
| **Selected Financial Factors (in Percentages)** | | | | | | | | | | | | | |
| Debt Ratio 45 | 64.2 | • | 126.6 | 71.1 | 86.9 | 34.9 | 56.8 | 99.9 | 59.0 | 51.9 | 44.6 | 61.6 | 64.4 |
| Return on Total Assets 46 | 8.9 | • | • | 5.0 | 2.2 | 7.3 | 6.1 | • | 5.8 | • | 9.7 | 2.9 | 9.0 |
| Return on Equity Before Income Taxes 47 | 16.3 | • | 94.9 | 9.5 | 7.5 | 7.3 | 9.6 | • | 9.4 | • | 14.3 | 0.1 | 16.9 |
| Return on Equity After Income Taxes 48 | 10.2 | • | 96.0 | 9.5 | 0.7 | 7.2 | 6.7 | • | 7.5 | • | 11.7 | • | 10.6 |
| Profit Margin (Before Income Tax) 49 | 3.3 | • | • | 1.0 | 0.4 | 1.9 | 1.3 | • | 1.6 | • | 3.4 | 0.0 | 3.4 |
| Profit Margin (After Income Tax) 50 | 2.1 | • | • | 1.0 | 0.0 | 1.9 | 0.9 | • | 1.3 | • | 2.8 | • | 2.2 |

## Table II

Corporations with Net Income

# GENERAL MERCHANDISE STORES

MONEY AMOUNTS AND SIZE OF ASSETS IN THOUSANDS OF DOLLARS

| Item Description for Accounting Period 7/00 Through 6/01 | | Total | Zero Assets | Under 100 | 100 to 250 | 251 to 500 | 501 to 1,000 | 1,001 to 5,000 | 5,001 to 10,000 | 10,001 to 25,000 | 25,001 to 50,000 | 50,001 to 100,000 | 100,001 to 250,000 | 250,001 and over |
|---|---|---|---|---|---|---|---|---|---|---|---|---|---|---|
| Number of Enterprises | 1 | 4699 | 89 | 1849 | 1307 | 464 | 462 | 440 | 0 | 33 | 9 | 0 | 0 | 25 |
| **Revenues ($ in Thousands)** | | | | | | | | | | | | | | |
| Net Sales | 2 | 426660618 | 167062 | 374868 | 761328 | 423430 | 761842 | 2828211 | 0 | 1329899 | 634265 | 0 | 0 | 413830300 |
| Interest | 3 | 3790279 | 1365 | 0 | 263 | 337 | 1478 | 3646 | 0 | 1330 | 2523 | 0 | 0 | 3743786 |
| Rents | 4 | 851289 | 70 | 0 | 0 | 0 | 192 | 463 | 0 | 2985 | 1854 | 0 | 0 | 832755 |
| Royalties | 5 | 1078213 | 0 | 0 | 0 | 0 | 0 | 803 | 0 | 3062 | 0 | 0 | 0 | 1074072 |
| Other Portfolio Income | 6 | 1311984 | 50 | 0 | 247 | 0 | 2750 | 17703 | 0 | 3663 | 752 | 0 | 0 | 1284240 |
| Other Receipts | 7 | 7750177 | 961 | 2 | 32734 | 152 | 804 | 11288 | 0 | 7691 | 21284 | 0 | 0 | 7555413 |
| Total Receipts | 8 | 441442560 | 169508 | 374870 | 794572 | 423919 | 767066 | 2862114 | 0 | 1348630 | 660678 | 0 | 0 | 428320566 |
| Average Total Receipts | 9 | 93944 | 1905 | 203 | 608 | 914 | 1660 | 6505 | • | 40868 | 73409 | • | • | 17132823 |
| **Operating Costs/Operating Income (%)** | | | | | | | | | | | | | | |
| Cost of Operations | 10 | 72.5 | 74.2 | 67.4 | 72.3 | 61.1 | 65.0 | 62.1 | • | 69.0 | 63.3 | • | • | 72.7 |
| Salaries and Wages | 11 | 10.6 | 9.0 | 4.1 | 9.6 | 11.8 | 6.5 | 13.0 | • | 11.9 | 14.9 | • | • | 10.5 |
| Taxes Paid | 12 | 1.6 | 1.9 | 1.9 | 1.4 | 1.8 | 2.3 | 2.3 | • | 1.7 | 2.5 | • | • | 1.6 |
| Interest Paid | 13 | 1.8 | • | • | 0.9 | 0.2 | 1.1 | 0.5 | • | 0.9 | 0.9 | • | • | 1.8 |
| Depreciation | 14 | 1.7 | 0.1 | 0.4 | 0.5 | 0.7 | 0.4 | 0.5 | • | 1.1 | 2.4 | • | • | 1.7 |
| Amortization and Depletion | 15 | 0.1 | • | 0.0 | 0.2 | 0.1 | • | 0.0 | • | 0.1 | 0.1 | • | • | 0.1 |
| Pensions and Other Deferred Comp. | 16 | 0.2 | 0.5 | • | • | 0.5 | • | 0.6 | • | 0.1 | 0.3 | • | • | 0.2 |
| Employee Benefits | 17 | 0.6 | 0.0 | • | 0.0 | 0.1 | 0.2 | 0.6 | • | 0.7 | 1.1 | • | • | 0.6 |
| Advertising | 18 | 1.5 | 0.6 | 0.1 | 0.3 | 0.7 | 1.6 | 2.1 | • | 1.2 | 2.6 | • | • | 1.5 |
| Other Expenses | 19 | 8.7 | 8.3 | 17.0 | 12.9 | 13.8 | 15.7 | 12.4 | • | 9.7 | 11.5 | • | • | 8.5 |
| Officers' Compensation | 20 | 0.2 | 1.9 | 5.5 | 2.7 | 2.6 | 3.0 | 2.4 | • | 1.1 | 0.6 | • | • | 0.1 |
| Operating Margin | 21 | 0.7 | 3.4 | 3.6 | • | 6.7 | 4.3 | 3.6 | • | 2.5 | • | • | • | 0.7 |
| Operating Margin Before Officers' Comp. | 22 | 0.9 | 5.3 | 9.1 | 1.8 | 9.3 | 7.3 | 5.9 | • | 3.6 | 0.3 | • | • | 0.8 |

## Selected Average Balance Sheet ($ in Thousands)

| | | | | | | | | | | | | | |
|---|---|---|---|---|---|---|---|---|---|---|---|---|---|
| Net Receivables 23 | 10784 | 0 | 0 | 12 | 0 | 2 | 95 | • | 1451 | 7092 | • | • | 2005781 |
| Inventories 24 | 12489 | 0 | 21 | 75 | 223 | 317 | 1095 | • | 7095 | 18788 | • | • | 2256246 |
| Net Property, Plant and Equipment 25 | 14165 | 0 | 3 | 14 | 42 | 110 | 223 | • | 3564 | 10121 | • | • | 2623379 |
| Total Assets 26 | 52999 | 0 | 41 | 171 | 314 | 726 | 2081 | • | 17107 | 36860 | • | • | 9745791 |
| Notes and Loans Payable 27 | 12723 | 0 | 17 | 89 | 92 | 142 | 359 | • | 4967 | 6111 | • | • | 2349994 |
| All Other Liabilities 28 | 21327 | 0 | 4 | 40 | 100 | 129 | 581 | • | 5772 | 8498 | • | • | 3938038 |
| Net Worth 29 | 18948 | 0 | 20 | 42 | 121 | 455 | 1141 | • | 6368 | 22251 | • | • | 3457759 |

## Selected Financial Ratios (Times to 1)

| | | | | | | | | | | | | | |
|---|---|---|---|---|---|---|---|---|---|---|---|---|---|
| Current Ratio 30 | 1.2 | • | 8.5 | 3.4 | 2.3 | 5.0 | 2.6 | • | 1.4 | 3.0 | • | • | 1.2 |
| Quick Ratio 31 | 0.6 | • | 3.6 | 0.6 | 0.4 | 0.6 | 0.6 | • | 0.4 | 1.2 | • | • | 0.6 |
| Net Sales to Working Capital 32 | 20.3 | • | 7.2 | 5.4 | 6.6 | 3.9 | 6.7 | • | 12.1 | 4.2 | • | • | 21.9 |
| Coverage Ratio 33 | 3.4 | • | • | 4.9 | 31.9 | 5.7 | 10.4 | • | 5.6 | 5.0 | • | • | 3.4 |
| Total Asset Turnover 34 | 1.7 | • | 4.9 | 3.4 | 2.9 | 2.3 | 3.1 | • | 2.4 | 1.9 | • | • | 1.7 |
| Inventory Turnover 35 | 5.3 | • | 6.5 | 5.6 | 2.5 | 3.4 | 3.6 | • | 3.9 | 2.4 | • | • | 5.3 |
| Receivables Turnover 36 | 9.0 | • | 465.4 | 63.7 | 25.9 | 1511.6 | 62.2 | • | 55.5 | 9.6 | • | • | 8.8 |
| Total Liabilities to Net Worth 37 | 1.8 | • | 1.1 | 3.1 | 1.6 | 0.6 | 0.8 | • | 1.7 | 0.7 | • | • | 1.8 |
| Current Assets to Working Capital 38 | 5.6 | • | 1.1 | 1.4 | 1.7 | 1.2 | 1.6 | • | 3.3 | 1.5 | • | • | 6.0 |
| Current Liabilities to Working Capital 39 | 4.6 | • | 0.1 | 0.4 | 0.7 | 0.2 | 0.6 | • | 2.3 | 0.5 | • | • | 5.0 |
| Working Capital to Net Sales 40 | 0.0 | • | 0.1 | 0.2 | 0.2 | 0.3 | 0.2 | • | 0.1 | 0.2 | • | • | 0.0 |
| Inventory to Working Capital 41 | 2.6 | • | 0.6 | 1.1 | 1.4 | 0.7 | 1.2 | • | 2.1 | 0.8 | • | • | 2.8 |
| Total Receipts to Cash Flow 42 | 9.6 | 12.6 | 10.2 | 12.5 | 8.1 | 6.5 | 8.4 | • | 12.5 | 9.5 | • | • | 9.6 |
| Cost of Goods to Cash Flow 43 | 6.9 | 9.4 | 6.9 | 9.0 | 4.9 | 4.2 | 5.2 | • | 8.6 | 6.0 | • | • | 7.0 |
| Cash Flow to Total Debt 44 | 0.3 | • | 0.9 | 0.4 | 0.6 | 0.9 | 0.8 | • | 0.3 | 0.5 | • | • | 0.3 |

## Selected Financial Factors (in Percentages)

| | | | | | | | | | | | | | |
|---|---|---|---|---|---|---|---|---|---|---|---|---|---|
| Debt Ratio 45 | 64.2 | • | 51.3 | 75.3 | 61.4 | 37.3 | 45.2 | • | 62.8 | 39.6 | • | • | 64.5 |
| Return on Total Assets 46 | 10.2 | • | 17.8 | 15.1 | 20.5 | 13.8 | 16.3 | • | 11.2 | 9.0 | • | • | 10.2 |
| Return on Equity Before Income Taxes 47 | 20.2 | • | 36.5 | 48.6 | 51.5 | 18.2 | 26.9 | • | 24.7 | 11.9 | • | • | 20.2 |
| Return on Equity After Income Taxes 48 | 13.6 | • | 35.0 | 48.6 | 46.2 | 18.1 | 23.5 | • | 21.9 | 9.6 | • | • | 13.4 |
| Profit Margin (Before Income Tax) 49 | 4.2 | 4.9 | 3.6 | 3.5 | 6.8 | 5.0 | 4.8 | • | 3.9 | 3.8 | • | • | 4.2 |
| Profit Margin (After Income Tax) 50 | 2.8 | 4.1 | 3.5 | 3.5 | 6.1 | 5.0 | 4.2 | • | 3.5 | 3.0 | • | • | 2.8 |

# Table I

Corporations with and without Net Income

## MISCELLANEOUS STORE RETAILERS

MONEY AMOUNTS AND SIZE OF ASSETS IN THOUSANDS OF DOLLARS

| Item Description for Accounting Period 7/00 Through 6/01 | | Total | Zero Assets | Under 100 | 100 to 250 | 251 to 500 | 501 to 1,000 | 1,001 to 5,000 | 5,001 to 10,000 | 10,001 to 25,000 | 25,001 to 50,000 | 50,001 to 100,000 | 100,001 to 250,000 | 250,001 and over |
|---|---|---|---|---|---|---|---|---|---|---|---|---|---|---|
| Number of Enterprises | 1 | 107374 | 7534 | 52748 | 23125 | 12646 | 5294 | 5259 | 463 | 182 | 55 | 24 | 22 | 22 |
| **Revenues ($ in Thousands)** | | | | | | | | | | | | | | |
| Net Sales | 2 | 134588934 | 829888 | 10599366 | 13216168 | 12967324 | 10310485 | 22448952 | 7056514 | 5333374 | 3614236 | 2816964 | 5133274 | 40262388 |
| Interest | 3 | 565142 | 2734 | 2379 | 14765 | 40736 | 18722 | 50833 | 15513 | 14019 | 11027 | 11984 | 30396 | 352033 |
| Rents | 4 | 108221 | 0 | 302 | 0 | 6144 | 5933 | 21136 | 537 | 7390 | 2704 | 6273 | 9430 | 48372 |
| Royalties | 5 | 479242 | 0 | 0 | 0 | 0 | 0 | 49 | 0 | 17464 | 705 | 8022 | 14753 | 438251 |
| Other Portfolio Income | 6 | 393075 | 55602 | 21130 | 53261 | 6594 | 7253 | 77196 | 18426 | 19544 | 10015 | 18448 | 39472 | 66135 |
| Other Receipts | 7 | 2673207 | 16331 | 53887 | 82081 | 177321 | 70375 | 361171 | 161283 | 79466 | 62454 | 71868 | 51094 | 1485874 |
| Total Receipts | 8 | 138807821 | 904555 | 10677064 | 13366275 | 13198119 | 10412768 | 22959337 | 7252273 | 5471257 | 3701141 | 2933559 | 5278419 | 42653053 |
| Average Total Receipts | 9 | 1293 | 120 | 202 | 578 | 1044 | 1967 | 4366 | 15664 | 30062 | 67293 | 122232 | 239928 | 1938775 |
| **Operating Costs/Operating Income (%)** | | | | | | | | | | | | | | |
| Cost of Operations | 10 | 65.1 | 75.2 | 58.6 | 62.1 | 59.6 | 68.0 | 67.1 | 69.6 | 68.5 | 63.2 | 61.0 | 61.7 | 67.0 |
| Salaries and Wages | 11 | 11.4 | 9.1 | 10.0 | 9.1 | 11.8 | 9.3 | 11.3 | 11.2 | 10.2 | 14.5 | 14.0 | 11.9 | 12.6 |
| Taxes Paid | 12 | 2.0 | 1.8 | 2.9 | 2.1 | 2.3 | 1.7 | 2.2 | 1.6 | 1.8 | 1.8 | 1.8 | 1.6 | 1.6 |
| Interest Paid | 13 | 1.5 | 1.9 | 0.5 | 0.7 | 1.0 | 1.0 | 1.3 | 1.2 | 1.7 | 1.8 | 3.1 | 2.9 | 2.0 |
| Depreciation | 14 | 1.5 | 1.0 | 1.2 | 1.0 | 1.1 | 1.0 | 1.2 | 1.4 | 1.6 | 1.7 | 2.4 | 3.0 | 2.1 |
| Amortization and Depletion | 15 | 0.2 | 0.1 | 0.1 | 0.1 | 0.1 | 0.2 | 0.1 | 0.1 | 0.1 | 0.2 | 0.2 | 0.6 | 0.3 |
| Pensions and Other Deferred Comp. | 16 | 0.2 | 1.0 | 0.1 | 0.1 | 0.6 | 0.2 | 0.3 | 0.2 | 0.2 | 0.2 | 0.1 | 0.2 | 0.1 |
| Employee Benefits | 17 | 0.6 | 0.4 | 0.5 | 0.5 | 0.4 | 0.4 | 0.6 | 0.6 | 0.7 | 0.6 | 0.8 | 1.2 | 0.8 |
| Advertising | 18 | 2.1 | 1.3 | 1.7 | 1.8 | 1.6 | 1.6 | 1.1 | 1.0 | 2.2 | 2.6 | 2.4 | 2.4 | 3.4 |
| Other Expenses | 19 | 14.9 | 21.6 | 20.4 | 15.0 | 15.5 | 12.7 | 12.2 | 12.4 | 13.0 | 13.5 | 17.3 | 16.4 | 15.5 |
| Officers' Compensation | 20 | 2.9 | 2.8 | 5.4 | 5.7 | 5.7 | 3.5 | 3.9 | 2.7 | 1.7 | 1.3 | 1.7 | 0.6 | 0.4 |
| Operating Margin | 21 | • | • | • | 1.8 | 0.1 | 0.4 | • | • | • | • | • | • | • |
| Operating Margin Before Officers' Comp. | 22 | 0.6 | • | 4.0 | 7.5 | 5.8 | 3.9 | 2.7 | 0.9 | • | • | • | • | • |

| Selected Average Balance Sheet ($ in Thousands) | | | | | | | | | | | | | |
|---|---|---|---|---|---|---|---|---|---|---|---|---|---|
| Net Receivables 23 | 89 | 0 | 4 | 17 | 56 | 103 | 318 | 1187 | 2718 | 5299 | 7286 | 11146 | 193231 |
| Inventories 24 | 204 | 0 | 15 | 62 | 134 | 293 | 967 | 3048 | 6349 | 14173 | 29449 | 47446 | 283101 |
| Net Property, Plant and Equipment 25 | 116 | 0 | 7 | 29 | 54 | 141 | 368 | 1410 | 2917 | 6616 | 14040 | 30697 | 248045 |
| Total Assets 26 | 576 | 0 | 38 | 153 | 348 | 674 | 1948 | 6675 | 15403 | 34934 | 69428 | 157675 | 1144593 |
| Notes and Loans Payable 27 | 228 | 0 | 29 | 82 | 172 | 278 | 670 | 2352 | 5292 | 10749 | 33150 | 58539 | 416157 |
| All Other Liabilities 28 | 189 | 0 | 8 | 34 | 89 | 181 | 555 | 2188 | 5174 | 11260 | 25747 | 49105 | 444938 |
| Net Worth 29 | 159 | 0 | 1 | 37 | 87 | 215 | 723 | 2135 | 4937 | 12924 | 10532 | 50031 | 283497 |

| Selected Financial Ratios (Times to 1) | | | | | | | | | | | | | |
|---|---|---|---|---|---|---|---|---|---|---|---|---|---|
| Current Ratio 30 | 1.5 | • | 2.1 | 2.0 | 2.0 | 1.9 | 1.8 | 1.7 | 1.4 | 1.6 | 1.2 | 1.4 | 1.3 |
| Quick Ratio 31 | 0.6 | • | 0.9 | 0.8 | 0.8 | 0.8 | 0.7 | 0.6 | 0.5 | 0.5 | 0.3 | 0.4 | 0.5 |
| Net Sales to Working Capital 32 | 10.2 | • | 14.6 | 10.9 | 8.3 | 9.2 | 6.8 | 8.0 | 9.1 | 6.8 | 18.2 | 10.4 | 15.7 |
| Coverage Ratio 33 | 1.5 | • | • | 5.4 | 2.8 | 2.3 | 1.7 | 1.8 | 1.5 | 1.6 | 0.8 | 1.1 | 1.1 |
| Total Asset Turnover 34 | 2.2 | • | 5.3 | 3.7 | 2.9 | 2.9 | 2.2 | 2.3 | 1.9 | 1.9 | 1.7 | 1.5 | 1.6 |
| Inventory Turnover 35 | 4.0 | • | 8.0 | 5.7 | 4.6 | 4.5 | 3.0 | 3.5 | 3.2 | 2.9 | 2.4 | 3.0 | 4.3 |
| Receivables Turnover 36 | 14.6 | • | 52.0 | 36.3 | 20.6 | 19.2 | 12.7 | 11.1 | 10.3 | 12.3 | 13.1 | 24.1 | 10.4 |
| Total Liabilities to Net Worth 37 | 2.6 | • | 69.5 | 3.2 | 3.0 | 2.1 | 1.7 | 2.1 | 2.1 | 1.7 | 5.6 | 2.2 | 3.0 |
| Current Assets to Working Capital 38 | 2.8 | • | 1.9 | 2.0 | 2.0 | 2.2 | 2.3 | 2.5 | 3.3 | 2.5 | 6.4 | 3.6 | 4.8 |
| Current Liabilities to Working Capital 39 | 1.8 | • | 0.9 | 1.0 | 1.0 | 1.2 | 1.3 | 1.5 | 2.3 | 1.5 | 5.4 | 2.6 | 3.8 |
| Working Capital to Net Sales 40 | 0.1 | • | 0.1 | 0.1 | 0.1 | 0.1 | 0.1 | 0.1 | 0.1 | 0.1 | 0.1 | 0.1 | 0.1 |
| Inventory to Working Capital 41 | 1.6 | • | 1.0 | 1.1 | 1.1 | 1.2 | 1.3 | 1.4 | 1.9 | 1.4 | 4.3 | 2.2 | 2.4 |
| Total Receipts to Cash Flow 42 | 9.7 | 15.0 | 8.6 | 8.5 | 8.7 | 10.3 | 10.9 | 10.7 | 10.7 | 11.0 | 9.7 | 9.5 | 9.8 |
| Cost of Goods to Cash Flow 43 | 6.3 | 11.3 | 5.0 | 5.3 | 5.2 | 7.0 | 7.3 | 7.5 | 7.3 | 6.9 | 5.9 | 5.9 | 6.6 |
| Cash Flow to Total Debt 44 | 0.3 | • | 0.6 | 0.6 | 0.5 | 0.4 | 0.3 | 0.3 | 0.3 | 0.3 | 0.2 | 0.2 | 0.2 |

| Selected Financial Factors (in Percentages) | | | | | | | | | | | | | |
|---|---|---|---|---|---|---|---|---|---|---|---|---|---|
| Debt Ratio 45 | 72.4 | • | 98.6 | 76.0 | 75.0 | 68.1 | 62.9 | 68.0 | 67.9 | 63.0 | 84.8 | 68.3 | 75.2 |
| Return on Total Assets 46 | 5.0 | • | • | 13.5 | 8.6 | 6.9 | 5.1 | 4.8 | 4.8 | 5.3 | 4.0 | 4.7 | 3.5 |
| Return on Equity Before Income Taxes 47 | 6.3 | • | • | 45.9 | 22.2 | 12.3 | 5.8 | 6.8 | 4.8 | 5.2 | • | 1.6 | 1.3 |
| Return on Equity After Income Taxes 48 | 3.3 | • | • | 44.2 | 19.9 | 10.5 | 3.9 | 5.3 | 3.0 | 3.4 | • | • | • |
| Profit Margin (Before Income Tax) 49 | 0.8 | • | • | 2.9 | 1.9 | 1.4 | 1.0 | 1.0 | 0.8 | 1.0 | • | 0.3 | 0.2 |
| Profit Margin (After Income Tax) 50 | 0.4 | • | • | 2.8 | 1.7 | 1.2 | 0.7 | 0.7 | 0.5 | 0.7 | • | • | • |

# MISCELLANEOUS STORE RETAILERS

MONEY AMOUNTS AND SIZE OF ASSETS IN THOUSANDS OF DOLLARS

| Item Description for Accounting Period 7/00 Through 6/01 | Total | Zero Assets | Under 100 | 100 to 250 | 251 to 500 | 501 to 1,000 | 1,001 to 5,000 | 5,001 to 10,000 | 10,001 to 25,000 | 25,001 to 50,000 | 50,001 to 100,000 | 100,001 to 250,000 | 250,001 and over |
|---|---|---|---|---|---|---|---|---|---|---|---|---|---|
| Number of Enterprises 1 | 58932 | 2602 | 25145 | 15188 | 8374 | 3614 | 3507 | 313 | 121 | 36 | 9 | 10 | 14 |
| **Revenues ($ in Thousands)** | | | | | | | | | | | | | |
| Net Sales 2 | 96743713 | 545091 | 6167490 | 10970105 | 9489446 | 7634251 | 15645740 | 5468431 | 3989514 | 2506373 | 1060202 | 2557317 | 30709752 |
| Interest 3 | 372155 | 1267 | 1615 | 11246 | 35432 | 16504 | 40716 | 12946 | 7406 | 5197 | 885 | 22400 | 216541 |
| Rents 4 | 92782 | 0 | 302 | 0 | 5070 | 2777 | 20414 | 184 | 5502 | 2403 | 1049 | 8554 | 46527 |
| Royalties 5 | 355499 | 0 | 0 | 0 | 0 | 0 | 49 | 0 | 17444 | 705 | 63 | 14753 | 322486 |
| Other Portfolio Income 6 | 318821 | 53956 | 17971 | 52725 | 4864 | 5985 | 45446 | 13525 | 17652 | 9860 | 4337 | 26363 | 66135 |
| Other Receipts 7 | 1867628 | 13388 | 34951 | 65173 | 110633 | 56548 | 254769 | 139303 | 50712 | 52016 | 15072 | 41247 | 1033818 |
| Total Receipts 8 | 99750598 | 613702 | 6222329 | 11099249 | 9645445 | 7716065 | 16007134 | 5634389 | 4088230 | 2576554 | 1081608 | 2670634 | 32395259 |
| Average Total Receipts 9 | 1693 | 236 | 247 | 731 | 1152 | 2135 | 4564 | 18001 | 33787 | 71571 | 120179 | 267063 | 2313947 |
| **Operating Costs/Operating Income (%)** | | | | | | | | | | | | | |
| Cost of Operations 10 | 64.8 | 71.8 | 54.8 | 63.9 | 59.1 | 68.1 | 66.2 | 69.8 | 67.7 | 61.2 | 53.5 | 59.3 | 67.0 |
| Salaries and Wages 11 | 10.9 | 9.5 | 9.7 | 8.1 | 11.9 | 8.9 | 10.9 | 11.3 | 10.0 | 14.0 | 12.2 | 10.5 | 12.2 |
| Taxes Paid 12 | 1.9 | 1.4 | 2.7 | 2.0 | 2.0 | 1.6 | 2.3 | 1.5 | 1.7 | 1.7 | 1.9 | 1.7 | 1.5 |
| Interest Paid 13 | 1.1 | 1.7 | 0.4 | 0.4 | 0.5 | 0.8 | 1.0 | 0.9 | 1.3 | 1.1 | 3.5 | 2.1 | 1.7 |
| Depreciation 14 | 1.4 | 1.2 | 0.8 | 0.7 | 1.0 | 1.0 | 1.2 | 1.2 | 1.5 | 1.2 | 1.3 | 2.9 | 2.0 |
| Amortization and Depletion 15 | 0.1 | 0.1 | 0.1 | 0.1 | 0.1 | 0.1 | 0.0 | 0.0 | 0.1 | 0.1 | 0.1 | 0.1 | 0.2 |
| Pensions and Other Deferred Comp. 16 | 0.2 | 0.0 | 0.2 | 0.1 | 0.7 | 0.3 | 0.4 | 0.2 | 0.3 | 0.3 | 0.1 | 0.2 | 0.1 |
| Employee Benefits 17 | 0.6 | 0.5 | 0.4 | 0.5 | 0.4 | 0.4 | 0.7 | 0.7 | 0.7 | 0.6 | 0.7 | 1.3 | 0.8 |
| Advertising 18 | 2.1 | 0.7 | 1.8 | 1.6 | 1.5 | 1.6 | 0.8 | 1.0 | 1.3 | 2.9 | 3.8 | 3.4 | 3.2 |
| Other Expenses 19 | 13.0 | 9.0 | 18.0 | 12.6 | 14.1 | 11.3 | 10.8 | 10.3 | 11.7 | 12.7 | 17.2 | 15.1 | 13.7 |
| Officers' Compensation 20 | 2.9 | 2.2 | 5.3 | 5.6 | 6.0 | 3.8 | 4.2 | 2.6 | 1.8 | 1.6 | 1.4 | 0.7 | 0.2 |
| Operating Margin 21 | 1.0 | 1.8 | 5.9 | 4.4 | 2.7 | 2.2 | 1.4 | 0.4 | 1.9 | 2.5 | 4.4 | 2.6 | • |
| Operating Margin Before Officers' Comp. 22 | 3.9 | 3.9 | 11.2 | 10.1 | 8.6 | 5.9 | 5.6 | 2.9 | 3.7 | 4.0 | 5.8 | 3.3 | • |

| Selected Average Balance Sheet ($ in Thousands) | | | | | | | | | | | | | |
|---|---|---|---|---|---|---|---|---|---|---|---|---|---|
| Net Receivables 23 | 115 | 0 | 5 | 20 | 61 | 104 | 342 | 1384 | 2852 | 6174 | 10937 | 8957 | 220080 |
| Inventories 24 | 260 | 0 | 18 | 58 | 129 | 288 | 967 | 3455 | 6889 | 13932 | 29169 | 69928 | 365842 |
| Net Property, Plant and Equipment 25 | 139 | 0 | 5 | 19 | 48 | 130 | 363 | 1269 | 2672 | 5125 | 12183 | 34806 | 305206 |
| Total Assets 26 | 692 | 0 | 43 | 151 | 343 | 685 | 1893 | 6898 | 15407 | 34623 | 73936 | 161518 | 1277624 |
| Notes and Loans Payable 27 | 227 | 0 | 16 | 47 | 87 | 205 | 567 | 2253 | 4765 | 7924 | 44899 | 47044 | 453462 |
| All Other Liabilities 28 | 212 | 0 | 12 | 39 | 88 | 179 | 500 | 2315 | 5274 | 10433 | 27100 | 48129 | 427559 |
| Net Worth 29 | 254 | 0 | 15 | 65 | 168 | 300 | 826 | 2330 | 5369 | 16265 | 1936 | 66345 | 396603 |

| Selected Financial Ratios (Times to 1) | | | | | | | | | | | | | |
|---|---|---|---|---|---|---|---|---|---|---|---|---|---|
| Current Ratio 30 | 1.7 | • | 2.6 | 2.2 | 2.0 | 2.0 | 1.9 | 1.9 | 1.5 | 1.9 | 1.3 | 1.9 | 1.4 |
| Quick Ratio 31 | 0.7 | • | 1.1 | 1.1 | 1.0 | 0.8 | 0.9 | 0.8 | 0.5 | 0.6 | 0.5 | 0.4 | 0.6 |
| Net Sales to Working Capital 32 | 9.3 | • | 12.0 | 11.7 | 8.9 | 9.0 | 6.8 | 7.3 | 8.7 | 5.9 | 12.2 | 5.5 | 12.2 |
| Coverage Ratio 33 | 4.7 | 8.2 | 20.1 | 14.6 | 9.6 | 5.1 | 4.7 | 4.7 | 4.4 | 6.0 | 2.9 | 4.3 | 2.7 |
| Total Asset Turnover 34 | 2.4 | • | 5.7 | 4.8 | 3.3 | 3.1 | 2.4 | 2.5 | 2.1 | 2.0 | 1.6 | 1.6 | 1.7 |
| Inventory Turnover 35 | 4.1 | • | 7.6 | 7.9 | 5.2 | 5.0 | 3.1 | 3.5 | 3.2 | 3.1 | 2.2 | 2.2 | 4.0 |
| Receivables Turnover 36 | 14.0 | • | 42.5 | 40.5 | 21.0 | 20.0 | 11.4 | 9.9 | 10.0 | 12.0 | 11.5 | 23.8 | 10.5 |
| Total Liabilities to Net Worth 37 | 1.7 | • | 2.0 | 1.3 | 1.0 | 1.3 | 1.3 | 2.0 | 1.9 | 1.1 | 37.2 | 1.4 | 2.2 |
| Current Assets to Working Capital 38 | 2.4 | • | 1.6 | 1.8 | 2.0 | 2.0 | 2.1 | 2.2 | 2.9 | 2.2 | 4.5 | 2.1 | 3.3 |
| Current Liabilities to Working Capital 39 | 1.4 | • | 0.6 | 0.8 | 1.0 | 1.0 | 1.1 | 1.2 | 1.9 | 1.2 | 3.5 | 1.1 | 2.3 |
| Working Capital to Net Sales 40 | 0.1 | • | 0.1 | 0.1 | 0.1 | 0.1 | 0.1 | 0.1 | 0.1 | 0.2 | 0.1 | 0.2 | 0.1 |
| Inventory to Working Capital 41 | 1.3 | • | 0.9 | 0.9 | 1.0 | 1.0 | 1.1 | 1.2 | 1.7 | 1.1 | 2.5 | 1.4 | 1.7 |
| Total Receipts to Cash Flow 42 | 8.1 | 5.5 | 5.7 | 7.8 | 7.6 | 8.8 | 9.4 | 9.3 | 8.5 | 7.1 | 5.4 | 6.0 | 8.6 |
| Cost of Goods to Cash Flow 43 | 5.2 | 4.0 | 3.1 | 5.0 | 4.5 | 6.0 | 6.2 | 6.5 | 5.8 | 4.4 | 2.9 | 3.6 | 5.8 |
| Cash Flow to Total Debt 44 | 0.5 | • | 1.5 | 1.1 | 0.9 | 0.6 | 0.4 | 0.4 | 0.4 | 0.5 | 0.3 | 0.4 | 0.3 |

| Selected Financial Factors (in Percentages) | | | | | | | | | | | | | |
|---|---|---|---|---|---|---|---|---|---|---|---|---|---|
| Debt Ratio 45 | 63.4 | • | 66.2 | 56.7 | 51.0 | 56.1 | 56.4 | 66.2 | 65.2 | 53.0 | 97.4 | 58.9 | 69.0 |
| Return on Total Assets 46 | 12.3 | • | 40.5 | 28.9 | 15.8 | 12.4 | 11.1 | 10.9 | 12.1 | 12.8 | 15.7 | 14.4 | 7.7 |
| Return on Equity Before Income Taxes 47 | 26.4 | • | 113.7 | 62.2 | 28.9 | 22.7 | 20.0 | 25.4 | 26.8 | 22.7 | 389.8 | 26.9 | 15.8 |
| Return on Equity After Income Taxes 48 | 22.9 | • | 112.2 | 60.8 | 27.1 | 20.7 | 17.4 | 23.4 | 24.3 | 20.5 | 346.3 | 22.5 | 10.4 |
| Profit Margin (Before Income Tax) 49 | 4.1 | 12.5 | 6.8 | 5.6 | 4.3 | 3.2 | 3.7 | 3.4 | 4.4 | 5.3 | 6.4 | 7.0 | 2.9 |
| Profit Margin (After Income Tax) 50 | 3.5 | 11.8 | 6.7 | 5.5 | 4.0 | 2.9 | 3.2 | 3.1 | 4.0 | 4.8 | 5.7 | 5.8 | 1.9 |

**Table I**

Corporations with and without Net Income

# NONSTORE RETAILERS

MONEY AMOUNTS AND SIZE OF ASSETS IN THOUSANDS OF DOLLARS

| Item Description for Accounting Period 7/00 Through 6/01 | | Total | Zero Assets | Under 100 | 100 to 250 | 251 to 500 | 501 to 1,000 | 1,001 to 5,000 | 5,001 to 10,000 | 10,001 to 25,000 | 25,001 to 50,000 | 50,001 to 100,000 | 100,001 to 250,000 | 250,001 and over |
|---|---|---|---|---|---|---|---|---|---|---|---|---|---|---|
| Number of Enterprises | 1 | 43721 | 3321 | 24898 | 5834 | 3356 | 2860 | 2833 | 231 | 191 | 80 | 39 | 45 | 32 |
| **Revenues ($ in Thousands)** | | | | | | | | | | | | | | |
| Net Sales | 2 | 97575385 | 488152 | 2829886 | 3315867 | 5613889 | 6587308 | 15866038 | 3734715 | 6246119 | 5454902 | 4499426 | 13391476 | 29547608 |
| Interest | 3 | 804898 | 7941 | 616 | 1770 | 6344 | 11349 | 23634 | 18549 | 36261 | 33179 | 35285 | 178042 | 451929 |
| Rents | 4 | 128699 | 0 | 3697 | 0 | 0 | 8086 | 7846 | 343 | 3771 | 6528 | 6891 | 14068 | 77467 |
| Royalties | 5 | 769490 | 1064 | 0 | 0 | 0 | 48 | 1286 | 0 | 4689 | 894 | 15154 | 8525 | 737829 |
| Other Portfolio Income | 6 | 578252 | 15540 | 5964 | 6604 | 1477 | 13116 | 74565 | 5940 | 9059 | 110611 | 8686 | 64080 | 262612 |
| Other Receipts | 7 | 2190827 | 25764 | 4236 | 4964 | 7100 | 39428 | 193405 | 35143 | 118721 | 76995 | 88425 | 271216 | 1325428 |
| Total Receipts | 8 | 102047551 | 538461 | 2844399 | 3329205 | 5628810 | 6659335 | 16166774 | 3794690 | 6418620 | 5683109 | 4653867 | 13927407 | 32402873 |
| Average Total Receipts | 9 | 2334 | 162 | 114 | 571 | 1677 | 2328 | 5707 | 16427 | 33605 | 71039 | 119330 | 309498 | 1012590 |
| **Operating Costs/Operating Income (%)** | | | | | | | | | | | | | | |
| Cost of Operations | 10 | 66.8 | 71.1 | 56.3 | 63.9 | 67.5 | 71.2 | 68.7 | 73.1 | 65.6 | 64.6 | 64.5 | 68.0 | 65.8 |
| Salaries and Wages | 11 | 11.4 | 17.3 | 6.5 | 5.4 | 8.1 | 8.6 | 10.2 | 14.3 | 12.5 | 10.8 | 14.6 | 14.0 | 12.1 |
| Taxes Paid | 12 | 1.7 | 2.4 | 1.3 | 2.3 | 2.7 | 2.7 | 1.8 | 1.8 | 1.7 | 1.4 | 2.0 | 1.5 | 1.4 |
| Interest Paid | 13 | 1.6 | 2.0 | 0.5 | 1.2 | 0.9 | 1.8 | 1.0 | 0.8 | 1.4 | 0.9 | 1.9 | 1.2 | 2.4 |
| Depreciation | 14 | 2.1 | 4.1 | 2.3 | 2.2 | 1.5 | 2.2 | 2.4 | 1.8 | 2.6 | 1.8 | 2.9 | 1.4 | 2.2 |
| Amortization and Depletion | 15 | 0.6 | 1.4 | 0.3 | 0.2 | 0.1 | 0.1 | 0.2 | 0.4 | 0.6 | 0.6 | 2.6 | 0.6 | 0.7 |
| Pensions and Other Deferred Comp. | 16 | 0.2 | 0.0 | 0.4 | 0.3 | 0.3 | 0.3 | 0.3 | 0.2 | 0.2 | 0.2 | 0.2 | 0.2 | 0.2 |
| Employee Benefits | 17 | 0.7 | 1.1 | 0.3 | 0.4 | 0.5 | 0.7 | 0.7 | 0.6 | 0.8 | 0.7 | 1.0 | 0.4 | 1.0 |
| Advertising | 18 | 5.0 | 5.5 | 1.9 | 1.9 | 0.7 | 1.2 | 2.9 | 4.7 | 9.6 | 10.2 | 6.7 | 8.4 | 4.9 |
| Other Expenses | 19 | 17.9 | 36.5 | 23.9 | 14.2 | 16.3 | 10.1 | 11.6 | 25.7 | 21.9 | 19.7 | 19.9 | 17.8 | 20.3 |
| Officers' Compensation | 20 | 2.2 | 1.2 | 6.1 | 7.0 | 4.7 | 5.8 | 2.7 | 2.3 | 1.9 | 1.4 | 0.9 | 1.3 | 0.6 |
| Operating Margin | 21 | • | • | 0.1 | 1.0 | • | • | • | • | • | • | • | • | • |
| Operating Margin Before Officers' Comp. | 22 | • | • | 6.2 | 8.0 | 1.4 | 1.1 | 0.2 | • | • | • | • | • | • |

## Selected Average Balance Sheet ($ in Thousands)

| | | | | | | | | | | | | | |
|---|---|---|---|---|---|---|---|---|---|---|---|---|---|
| Net Receivables 23 | 221 | 0 | 2 | 38 | 68 | 172 | 429 | 1298 | 3033 | 6776 | 12243 | 25886 | 137538 |
| Inventories 24 | 159 | 0 | 4 | 22 | 64 | 99 | 301 | 1433 | 2218 | 6470 | 8613 | 22259 | 86299 |
| Net Property, Plant and Equipment 25 | 220 | 0 | 7 | 50 | 91 | 239 | 587 | 1374 | 3538 | 5883 | 12995 | 20683 | 112640 |
| Total Assets 26 | 1175 | 0 | 24 | 162 | 333 | 744 | 1979 | 6349 | 15171 | 34893 | 68290 | 156537 | 753384 |
| Notes and Loans Payable 27 | 365 | 0 | 22 | 74 | 198 | 563 | 687 | 1729 | 4588 | 8208 | 20978 | 41061 | 192775 |
| All Other Liabilities 28 | 382 | 0 | 4 | 67 | 99 | 205 | 642 | 2363 | 4563 | 12284 | 24134 | 49879 | 246349 |
| Net Worth 29 | 428 | 0 | -2 | 21 | 36 | -24 | 649 | 2257 | 6020 | 14400 | 23178 | 65597 | 314260 |

## Selected Financial Ratios (Times to 1)

| | | | | | | | | | | | | | |
|---|---|---|---|---|---|---|---|---|---|---|---|---|---|
| Current Ratio 30 | 1.6 | • | 1.6 | 1.6 | 1.4 | 1.5 | 1.4 | 1.5 | 1.4 | 1.7 | 1.6 | 1.7 | 1.8 |
| Quick Ratio 31 | 1.0 | • | 0.9 | 1.1 | 0.7 | 1.0 | 0.9 | 0.9 | 0.9 | 0.9 | 0.9 | 1.1 | 1.0 |
| Net Sales to Working Capital 32 | 8.7 | • | 20.7 | 16.2 | 28.3 | 16.4 | 15.9 | 12.5 | 11.0 | 7.4 | 7.9 | 7.7 | 5.5 |
| Coverage Ratio 33 | • | • | 2.1 | 2.2 | • | • | 0.4 | • | • | • | • | • | 0.3 |
| Total Asset Turnover 34 | 1.9 | • | 4.7 | 3.5 | 5.0 | 3.1 | 2.8 | 2.5 | 2.2 | 2.0 | 1.7 | 1.9 | 1.2 |
| Inventory Turnover 35 | 9.4 | • | 16.1 | 16.4 | 17.7 | 16.6 | 12.8 | 8.2 | 9.7 | 6.8 | 8.6 | 9.1 | 7.0 |
| Receivables Turnover 36 | 11.1 | • | 47.9 | 18.2 | 27.2 | 17.1 | 14.9 | 11.1 | 11.7 | 11.8 | 10.1 | 12.2 | 7.3 |
| Total Liabilities to Net Worth 37 | 1.7 | • | • | 6.6 | 8.2 | • | 2.0 | 1.8 | 1.5 | 1.4 | 1.9 | 1.4 | 1.4 |
| Current Assets to Working Capital 38 | 2.6 | • | 2.6 | 2.7 | 3.7 | 2.9 | 3.3 | 3.0 | 3.3 | 2.5 | 2.7 | 2.4 | 2.3 |
| Current Liabilities to Working Capital 39 | 1.6 | • | 1.6 | 1.7 | 2.7 | 1.9 | 2.3 | 2.0 | 2.3 | 1.5 | 1.7 | 1.4 | 1.3 |
| Working Capital to Net Sales 40 | 0.1 | • | 0.0 | 0.1 | 0.0 | 0.1 | 0.1 | 0.1 | 0.1 | 0.1 | 0.1 | 0.1 | 0.2 |
| Inventory to Working Capital 41 | 0.7 | • | 0.7 | 0.9 | 1.2 | 0.7 | 1.0 | 1.0 | 0.8 | 0.8 | 0.7 | 0.5 | 0.6 |
| Total Receipts to Cash Flow 42 | 10.8 | • | 5.0 | 7.8 | 9.5 | 24.1 | 11.0 | • | 33.2 | 12.7 | 31.1 | 19.8 | 6.7 |
| Cost of Goods to Cash Flow 43 | 7.2 | • | 2.8 | 5.0 | 6.4 | 17.2 | 7.6 | • | 21.7 | 8.2 | 20.0 | 13.4 | 4.4 |
| Cash Flow to Total Debt 44 | 0.3 | • | 0.9 | 0.5 | 0.6 | 0.1 | 0.4 | • | 0.1 | 0.3 | 0.1 | 0.2 | 0.3 |

## Selected Financial Factors (in Percentages)

| | | | | | | | | | | | | | |
|---|---|---|---|---|---|---|---|---|---|---|---|---|---|
| Debt Ratio 45 | 63.6 | • | 107.7 | 86.9 | 89.2 | 103.2 | 67.2 | 64.4 | 60.3 | 58.7 | 66.1 | 58.1 | 58.3 |
| Return on Total Assets 46 | • | • | 5.1 | 8.9 | • | • | 1.0 | • | • | • | • | • | 0.8 |
| Return on Equity Before Income Taxes 47 | • | • | • | 36.3 | • | 355.9 | • | • | • | • | • | • | • |
| Return on Equity After Income Taxes 48 | • | • | • | 34.3 | • | 375.3 | • | • | • | • | • | • | • |
| Profit Margin (Before Income Tax) 49 | • | • | 0.6 | 1.4 | • | • | • | • | • | • | • | • | • |
| Profit Margin (After Income Tax) 50 | • | • | 0.4 | 1.3 | • | • | • | • | • | • | • | • | • |

**Table II**

Corporations with Net Income

# NONSTORE RETAILERS

| Item Description for Accounting Period 7/00 Through 6/01 | Total | Zero Assets | Under 100 | 100 to 250 | 251 to 500 | 501 to 1,000 | 1,001 to 5,000 | 5,001 to 10,000 | 10,001 to 25,000 | 25,001 to 50,000 | 50,001 to 100,000 | 100,001 to 250,000 | 250,001 and over |
|---|---|---|---|---|---|---|---|---|---|---|---|---|---|
| | **MONEY AMOUNTS AND SIZE OF ASSETS IN THOUSANDS OF DOLLARS** | | | | | | | | | | | | |
| Number of Enterprises 1 | 23216 | 217 | 12788 | 3762 | 2367 | 1760 | 2009 | 125 | 98 | 41 | 16 | 15 | 17 |
| **Revenues ($ in Thousands)** | | | | | | | | | | | | | |
| Net Sales 2 | 60258338 | 253010 | 1964031 | 2564225 | 4781526 | 4803618 | 11825617 | 2257447 | 4189278 | 3826850 | 2520336 | 5483114 | 15789287 |
| Interest 3 | 409685 | 725 | 176 | 1255 | 4970 | 7364 | 16112 | 4168 | 6981 | 7681 | 9146 | 67675 | 283431 |
| Rents 4 | 96490 | 0 | 260 | 0 | 0 | 6812 | 7139 | 323 | 2296 | 5398 | 6747 | 6899 | 60617 |
| Royalties 5 | 608950 | 761 | 0 | 0 | 0 | 0 | 0 | 0 | 388 | 894 | 12358 | 623 | 593927 |
| Other Portfolio Income 6 | 394728 | 7910 | 4791 | 6392 | 421 | 12408 | 48062 | 5283 | 5589 | 99586 | 4258 | 2034 | 197992 |
| Other Receipts 7 | 1012940 | 19065 | 3164 | 4400 | 8754 | 15234 | 124402 | 25092 | 85455 | 77343 | 55680 | 107366 | 486986 |
| Total Receipts 8 | 62781131 | 281471 | 1972422 | 2576272 | 4795671 | 4845436 | 12021332 | 2292313 | 4289987 | 4017752 | 2608525 | 5667711 | 17412240 |
| Average Total Receipts 9 | 2704 | 1297 | 154 | 685 | 2026 | 2753 | 5984 | 18339 | 43775 | 97994 | 163033 | 377847 | 1024249 |
| **Operating Costs/Operating Income (%)** | | | | | | | | | | | | | |
| Cost of Operations 10 | 65.6 | 80.4 | 54.0 | 66.6 | 68.0 | 72.3 | 71.2 | 71.8 | 65.1 | 65.6 | 61.8 | 51.7 | 64.5 |
| Salaries and Wages 11 | 8.6 | 5.0 | 4.0 | 4.1 | 7.0 | 7.8 | 8.5 | 8.8 | 8.4 | 7.7 | 11.8 | 10.7 | 9.6 |
| Taxes Paid 12 | 1.7 | 0.7 | 1.0 | 2.3 | 2.6 | 2.8 | 1.5 | 1.3 | 1.3 | 1.2 | 1.9 | 1.9 | 1.3 |
| Interest Paid 13 | 1.1 | 0.4 | 0.3 | 0.5 | 0.7 | 0.6 | 0.6 | 0.2 | 0.9 | 0.7 | 1.5 | 1.2 | 2.1 |
| Depreciation 14 | 1.5 | 2.3 | 1.6 | 1.4 | 0.9 | 1.8 | 1.9 | 0.9 | 1.9 | 1.1 | 1.5 | 0.9 | 1.5 |
| Amortization and Depletion 15 | 0.3 | 0.1 | 0.0 | 0.0 | 0.0 | 0.1 | 0.1 | 0.0 | 0.2 | 0.4 | 0.6 | 0.1 | 0.7 |
| Pensions and Other Deferred Comp. 16 | 0.3 | 0.0 | 0.5 | 0.4 | 0.3 | 0.4 | 0.3 | 0.2 | 0.2 | 0.2 | 0.2 | 0.2 | 0.3 |
| Employee Benefits 17 | 0.6 | 0.4 | 0.1 | 0.2 | 0.5 | 0.6 | 0.6 | 0.4 | 0.6 | 0.6 | 0.8 | 0.3 | 0.8 |
| Advertising 18 | 3.0 | 0.7 | 1.6 | 1.6 | 0.4 | 0.5 | 1.4 | 0.4 | 4.1 | 8.0 | 5.5 | 8.0 | 3.1 |
| Other Expenses 19 | 13.4 | 10.2 | 17.8 | 12.1 | 13.2 | 7.2 | 8.9 | 9.6 | 14.2 | 13.4 | 12.8 | 16.8 | 17.7 |
| Officers' Compensation 20 | 2.3 | 0.4 | 6.2 | 5.3 | 5.2 | 4.0 | 2.4 | 2.3 | 1.6 | 1.1 | 0.9 | 1.3 | 0.9 |
| Operating Margin 21 | 1.7 | • | 12.8 | 5.6 | 1.1 | 2.0 | 2.5 | 3.9 | 1.6 | • | 0.8 | 6.8 | • |
| Operating Margin Before Officers' Comp. 22 | 3.9 | • | 19.0 | 10.8 | 6.3 | 6.0 | 4.9 | 6.2 | 3.2 | 1.0 | 1.7 | 8.1 | • |

| | | | | | | | | | | | | | |
|---|---|---|---|---|---|---|---|---|---|---|---|---|---|
| **Selected Average Balance Sheet ($ in Thousands)** | | | | | | | | | | | | | |
| Net Receivables **23** | 250 | 0 | 3 | 42 | 83 | 183 | 489 | 1560 | 4201 | 10714 | 19741 | 37596 | 128056 |
| Inventories **24** | 197 | 0 | 4 | 12 | 60 | 91 | 270 | 1785 | 2845 | 9003 | 10357 | 37795 | 119956 |
| Net Property, Plant and Equipment **25** | 208 | 0 | 5 | 44 | 54 | 220 | 477 | 886 | 3165 | 5645 | 10516 | 23108 | 115120 |
| Total Assets **26** | 1068 | 0 | 30 | 155 | 322 | 725 | 1864 | 5760 | 14814 | 36557 | 68732 | 163398 | 635939 |
| Notes and Loans Payable **27** | 293 | 0 | 18 | 55 | 118 | 222 | 473 | 628 | 4275 | 9300 | 20287 | 54351 | 160845 |
| All Other Liabilities **28** | 315 | 0 | 5 | 58 | 85 | 181 | 582 | 1546 | 5176 | 13642 | 26521 | 35886 | 183652 |
| Net Worth **29** | 459 | 0 | 7 | 43 | 119 | 322 | 809 | 3586 | 5363 | 13615 | 21924 | 73161 | 291443 |
| **Selected Financial Ratios (Times to 1)** | | | | | | | | | | | | | |
| Current Ratio **30** | 1.6 | • | 2.1 | 1.7 | 1.7 | 1.8 | 1.7 | 2.1 | 1.5 | 1.6 | 1.6 | 1.7 | 1.5 |
| Quick Ratio **31** | 0.9 | • | 1.3 | 1.4 | 1.0 | 1.3 | 1.1 | 1.4 | 0.9 | 0.8 | 0.9 | 1.1 | 0.7 |
| Net Sales to Working Capital **32** | 11.0 | • | 14.9 | 17.7 | 19.4 | 15.2 | 12.3 | 8.5 | 13.3 | 9.7 | 9.7 | 7.6 | 9.1 |
| Coverage Ratio **33** | 6.5 | 26.3 | 39.5 | 13.9 | 2.9 | 5.7 | 7.5 | 23.6 | 5.2 | 7.9 | 4.5 | 9.4 | 5.1 |
| Total Asset Turnover **34** | 2.4 | • | 5.1 | 4.4 | 6.3 | 3.8 | 3.2 | 3.1 | 2.9 | 2.6 | 2.3 | 2.2 | 1.5 |
| Inventory Turnover **35** | 8.6 | • | 20.9 | 38.6 | 23.0 | 21.8 | 15.5 | 7.3 | 9.8 | 6.8 | 9.4 | 5.0 | 5.0 |
| Receivables Turnover **36** | 10.5 | • | 54.9 | 19.5 | 27.7 | 18.3 | 13.9 | 11.0 | 10.8 | 10.6 | 10.1 | 8.6 | 6.4 |
| Total Liabilities to Net Worth **37** | 1.3 | • | 3.4 | 2.6 | 1.7 | 1.3 | 1.3 | 0.6 | 1.8 | 1.7 | 2.1 | 1.2 | 1.2 |
| Current Assets to Working Capital **38** | 2.6 | • | 1.9 | 2.4 | 2.4 | 2.2 | 2.4 | 1.9 | 3.0 | 2.8 | 2.7 | 2.4 | 3.0 |
| Current Liabilities to Working Capital **39** | 1.6 | • | 0.9 | 1.4 | 1.4 | 1.2 | 1.4 | 0.9 | 2.0 | 1.8 | 1.7 | 1.4 | 2.0 |
| Working Capital to Net Sales **40** | 0.1 | • | 0.1 | 0.1 | 0.1 | 0.1 | 0.1 | 0.1 | 0.1 | 0.1 | 0.1 | 0.1 | 0.1 |
| Inventory to Working Capital **41** | 0.8 | • | 0.4 | 0.4 | 0.7 | 0.5 | 0.7 | 0.6 | 0.9 | 1.0 | 0.8 | 0.6 | 1.1 |
| Total Receipts to Cash Flow **42** | 5.9 | 5.6 | 3.7 | 6.1 | 8.0 | 12.6 | 8.8 | 7.4 | 6.0 | 7.0 | 6.4 | 3.9 | 4.4 |
| Cost of Goods to Cash Flow **43** | 3.9 | 4.5 | 2.0 | 4.1 | 5.4 | 9.1 | 6.3 | 5.3 | 3.9 | 4.6 | 4.0 | 2.0 | 2.9 |
| Cash Flow to Total Debt **44** | 0.7 | • | 1.8 | 1.0 | 1.2 | 0.5 | 0.6 | 1.1 | 0.7 | 0.6 | 0.5 | 1.0 | 0.6 |
| **Selected Financial Factors (in Percentages)** | | | | | | | | | | | | | |
| Debt Ratio **45** | 57.0 | • | 77.1 | 72.6 | 63.0 | 55.6 | 56.6 | 37.7 | 63.8 | 62.8 | 68.1 | 55.2 | 54.2 |
| Return on Total Assets **46** | 17.3 | • | 68.6 | 28.6 | 13.6 | 13.0 | 15.1 | 17.7 | 14.3 | 14.2 | 15.5 | 25.5 | 15.3 |
| Return on Equity Before Income Taxes **47** | 34.1 | • | 292.2 | 96.6 | 24.3 | 24.1 | 30.1 | 27.3 | 32.0 | 33.4 | 37.7 | 50.8 | 26.9 |
| Return on Equity After Income Taxes **48** | 28.7 | • | 287.5 | 95.1 | 23.3 | 21.7 | 27.9 | 25.6 | 29.6 | 28.9 | 30.8 | 44.5 | 19.2 |
| Profit Margin (Before Income Tax) **49** | 6.0 | 10.5 | 13.2 | 6.0 | 1.4 | 2.8 | 4.1 | 5.4 | 4.0 | 4.9 | 5.2 | 10.2 | 8.4 |
| Profit Margin (After Income Tax) **50** | 5.1 | 9.4 | 13.0 | 5.9 | 1.4 | 2.6 | 3.8 | 5.1 | 3.7 | 4.2 | 4.3 | 8.9 | 6.0 |

## Table I

Corporations with and without Net Income

# Air Transportation

**Money Amounts and Size of Assets in Thousands of Dollars**

| Item Description for Accounting Period 7/00 Through 6/01 | Total | Zero Assets | Under 100 | 100 to 250 | 251 to 500 | 501 to 1,000 | 1,001 to 5,000 | 5,001 to 10,000 | 10,001 to 25,000 | 25,001 to 50,000 | 50,001 to 100,000 | 100,001 to 250,000 | 250,001 and over |
|---|---|---|---|---|---|---|---|---|---|---|---|---|---|
| Number of Enterprises 1 | 8435 | 42 | 4633 | 912 | 436 | 1017 | 1087 | 112 | 116 | 28 | 9 | 18 | 25 |
| **Revenues ($ in Thousands)** | | | | | | | | | | | | | |
| Net Sales 2 | 114063043 | 456879 | 344657 | 176015 | 143466 | 648188 | 2156187 | 418400 | 1900864 | 1210242 | 677320 | 3260194 | 102670630 |
| Interest 3 | 1101285 | 75 | 0 | 151 | 2188 | 3710 | 10140 | 799 | 5453 | 3536 | 932 | 16778 | 1057523 |
| Rents 4 | 385759 | 49 | 0 | 0 | 0 | 0 | 503 | 1 | 345 | 911 | 37 | 6718 | 377194 |
| Royalties 5 | 21018 | 0 | 0 | 0 | 0 | 0 | 0 | 0 | 0 | 0 | 0 | 1 | 21018 |
| Other Portfolio Income 6 | 1124802 | 61170 | 22433 | 0 | 0 | 19770 | 24436 | 9616 | 38976 | 6762 | 6388 | 35393 | 899862 |
| Other Receipts 7 | 1191026 | 2978 | 2484 | 432 | 30 | 6391 | -26905 | -2902 | 43232 | 19597 | 7800 | 121356 | 1016530 |
| Total Receipts 8 | 117886933 | 521151 | 369574 | 176598 | 145684 | 678059 | 2164361 | 425914 | 1988870 | 1241048 | 692477 | 3440440 | 106042757 |
| Average Total Receipts 9 | 13976 | 12408 | 80 | 194 | 334 | 667 | 1991 | 3803 | 17145 | 44323 | 76942 | 191136 | 4241710 |
| **Operating Costs/Operating Income (%)** | | | | | | | | | | | | | |
| Cost of Operations 10 | 25.5 | 65.4 | 4.1 | 54.6 | 3.2 | 32.4 | 43.3 | 26.5 | 56.0 | 31.5 | 53.0 | 32.4 | 23.9 |
| Salaries and Wages 11 | 23.1 | 2.3 | 2.5 | 4.3 | 1.0 | 14.4 | 9.4 | 16.7 | 9.4 | 15.1 | 16.1 | 16.6 | 24.3 |
| Taxes Paid 12 | 2.6 | 0.2 | 1.7 | 4.5 | 2.0 | 2.5 | 2.0 | 2.3 | 1.8 | 2.5 | 2.6 | 2.9 | 2.6 |
| Interest Paid 13 | 2.5 | 0.6 | 5.0 | 0.1 | 5.4 | 1.8 | 4.8 | 9.1 | 3.5 | 1.0 | 1.6 | 3.0 | 2.5 |
| Depreciation 14 | 8.9 | 8.2 | 10.5 | 14.0 | 8.5 | 24.7 | 14.2 | 26.8 | 9.0 | 3.7 | 5.1 | 6.9 | 8.8 |
| Amortization and Depletion 15 | 0.4 | 0.0 | 0.0 | • | 0.2 | 0.0 | 0.1 | 0.1 | 0.1 | 0.1 | 0.4 | 0.3 | 0.5 |
| Pensions and Other Deferred Comp. 16 | 1.2 | • | • | • | 1.4 | 0.9 | 0.0 | 0.1 | 0.3 | 0.4 | 0.1 | 0.6 | 1.3 |
| Employee Benefits 17 | 3.9 | • | 1.2 | • | 0.0 | 1.5 | 0.6 | 1.3 | 1.2 | 1.2 | 1.5 | 1.3 | 4.2 |
| Advertising 18 | 1.1 | 0.0 | 0.1 | 0.4 | 2.8 | 0.4 | 0.4 | 0.7 | 0.5 | 0.7 | 0.8 | 0.9 | 1.1 |
| Other Expenses 19 | 34.2 | 27.2 | 74.9 | 35.5 | 73.9 | 29.1 | 36.3 | 35.4 | 26.2 | 49.2 | 25.5 | 43.4 | 33.7 |
| Officers' Compensation 20 | 0.5 | 0.0 | 5.7 | 10.2 | 9.6 | 5.1 | 2.9 | 1.1 | 1.5 | 1.0 | 0.3 | 1.0 | 0.4 |
| Operating Margin 21 | • | • | • | • | • | • | • | • | • | • | • | • | • |
| Operating Margin Before Officers' Comp. 22 | • | • | • | • | 1.6 | • | • | • | • | • | • | • | • |

## Selected Average Balance Sheet ($ in Thousands)

| | | | | | | | | | | | | | |
|---|---|---|---|---|---|---|---|---|---|---|---|---|---|
| Net Receivables 23 | 914 | 0 | 1 | 9 | 19 | 130 | 208 | 800 | 1862 | 4687 | 4709 | 20658 | 259171 |
| Inventories 24 | 310 | 0 | 0 | 0 | 6 | 2 | 62 | 221 | 680 | 734 | 822 | 8854 | 90221 |
| Net Property, Plant and Equipment 25 | 9779 | 0 | 31 | 110 | 178 | 361 | 1375 | 4270 | 9670 | 20297 | 22745 | 78324 | 3060659 |
| Total Assets 26 | 16008 | 0 | 46 | 166 | 344 | 750 | 2127 | 7251 | 15814 | 36766 | 60841 | 145156 | 4984127 |
| Notes and Loans Payable 27 | 5366 | 0 | 70 | 100 | 256 | 418 | 1955 | 6366 | 9641 | 9581 | 19182 | 56060 | 1556027 |
| All Other Liabilities 28 | 7247 | 0 | -3 | 64 | 34 | 120 | 384 | 720 | 4549 | 9831 | 20792 | 50330 | 2342186 |
| Net Worth 29 | 3395 | 0 | -22 | 3 | 54 | 212 | -213 | 165 | 1624 | 17354 | 20868 | 38766 | 1085913 |

## Selected Financial Ratios (Times to 1)

| | | | | | | | | | | | | | |
|---|---|---|---|---|---|---|---|---|---|---|---|---|---|
| Current Ratio 30 | 0.8 | • | 1.5 | 0.4 | 1.3 | 2.2 | 1.2 | 1.9 | 0.9 | 1.2 | 0.5 | 1.1 | 0.8 |
| Quick Ratio 31 | 0.5 | • | 0.9 | 0.3 | 1.2 | 1.6 | 0.9 | 1.3 | 0.6 | 0.8 | 0.3 | 0.7 | 0.4 |
| Net Sales to Working Capital 32 | • | • | 16.1 | • | 33.9 | 3.4 | 21.9 | 4.0 | • | 18.3 | • | 31.1 | • |
| Coverage Ratio 33 | 0.8 | 17.2 | 1.3 | • | • | • | • | • | • | • | • | • | 1.0 |
| Total Asset Turnover 34 | 0.8 | • | 1.6 | 1.2 | 1.0 | 0.8 | 0.9 | 0.5 | 1.0 | 1.2 | 1.2 | 1.2 | 0.8 |
| Inventory Turnover 35 | 11.1 | • | • | • | 1.7 | 94.0 | 13.8 | 4.5 | 13.5 | 18.5 | 48.5 | 6.6 | 10.9 |
| Receivables Turnover 36 | 14.6 | • | 46.4 | 44.0 | 17.7 | 7.7 | 8.4 | 3.9 | 9.4 | 9.1 | 10.8 | 8.5 | 15.6 |
| Total Liabilities to Net Worth 37 | 3.7 | • | • | 58.9 | 5.4 | 2.5 | • | 42.8 | 8.7 | 1.1 | 1.9 | 2.7 | 3.6 |
| Current Assets to Working Capital 38 | • | • | 3.0 | • | 4.5 | 1.8 | 6.2 | 2.1 | • | 5.4 | • | 8.3 | • |
| Current Liabilities to Working Capital 39 | • | • | 2.0 | • | 3.5 | 0.8 | 5.2 | 1.1 | • | 4.4 | • | 7.3 | • |
| Working Capital to Net Sales 40 | • | • | 0.1 | • | 0.0 | 0.3 | 0.0 | 0.3 | • | 0.1 | • | 0.0 | • |
| Inventory to Working Capital 41 | • | • | • | • | • | 0.0 | 0.6 | 0.1 | • | 0.2 | • | 1.5 | • |
| Total Receipts to Cash Flow 42 | 5.5 | 4.0 | 1.6 | • | 1.7 | 64.5 | 9.9 | 72.4 | 10.6 | 5.5 | 10.2 | 6.7 | 5.3 |
| Cost of Goods to Cash Flow 43 | 1.4 | 2.6 | 0.1 | • | 0.1 | 20.9 | 4.3 | 19.2 | 6.0 | 1.7 | 5.4 | 2.2 | 1.3 |
| Cash Flow to Total Debt 44 | 0.2 | • | 0.7 | • | 0.7 | 0.0 | 0.1 | 0.0 | 0.1 | 0.4 | 0.2 | 0.3 | 0.2 |

## Selected Financial Factors (in Percentages)

| | | | | | | | | | | | | | |
|---|---|---|---|---|---|---|---|---|---|---|---|---|---|
| Debt Ratio 45 | 78.8 | • | 147.5 | 98.3 | 84.3 | 71.8 | 110.0 | 97.7 | 89.7 | 52.8 | 65.7 | 73.3 | 78.2 |
| Return on Total Assets 46 | 1.7 | • | 10.5 | • | • | • | • | • | • | • | • | • | 2.1 |
| Return on Equity Before Income Taxes 47 | • | • | • | • | • | • | 127.0 | • | • | • | • | • | 0.4 |
| Return on Equity After Income Taxes 48 | • | • | • | • | • | • | 128.5 | • | • | • | • | • | • |
| Profit Margin (Before Income Tax) 49 | • | 10.3 | 1.5 | • | • | • | • | • | • | • | • | • | 0.1 |
| Profit Margin (After Income Tax) 50 | • | 8.8 | 1.5 | • | • | • | • | • | • | • | • | • | • |

## Table II

Corporations with Net Income

# AIR TRANSPORTATION

MONEY AMOUNTS AND SIZE OF ASSETS IN THOUSANDS OF DOLLARS

| Item Description for Accounting Period 7/00 Through 6/01 | | Total | Zero Assets | Under 100 | 100 to 250 | 251 to 500 | 501 to 1,000 | 1,001 to 5,000 | 5,001 to 10,000 | 10,001 to 25,000 | 25,001 to 50,000 | 50,001 to 100,000 | 100,001 to 250,000 | 250,001 and over |
|---|---|---|---|---|---|---|---|---|---|---|---|---|---|---|
| Number of Enterprises | 1 | 3054 | 33 | 1613 | 205 | 332 | 438 | 319 | 43 | 40 | 12 | 0 | 8 | 10 |
| **Revenues ($ in Thousands)** | | | | | | | | | | | | | | |
| Net Sales | 2 | 49676319 | 55501 | 318782 | 6972 | 138916 | 494277 | 1386756 | 218224 | 1257916 | 1081728 | 0 | 1591235 | 43126014 |
| Interest | 3 | 396679 | 75 | 0 | 151 | 27 | 2231 | 3693 | 621 | 3069 | 3474 | 0 | 11393 | 371945 |
| Rents | 4 | 103665 | 0 | 0 | 0 | 0 | 0 | 0 | 0 | 27 | 249 | 0 | 6485 | 96904 |
| Royalties | 5 | 0 | 0 | 0 | 0 | 0 | 0 | 0 | 0 | 0 | 0 | 0 | 0 | 0 |
| Other Portfolio Income | 6 | 798346 | 61170 | 22433 | 0 | 0 | 19770 | 23245 | 9224 | 8469 | 5406 | 0 | 27698 | 620930 |
| Other Receipts | 7 | 351599 | 806 | 2169 | 196 | 29 | 1506 | 3421 | 90 | 29098 | 7155 | 0 | 28798 | 278331 |
| Total Receipts | 8 | 51326608 | 117552 | 343384 | 7319 | 138972 | 517784 | 1417115 | 228159 | 1298579 | 1098012 | 0 | 1665609 | 44494124 |
| Average Total Receipts | 9 | 16806 | 3562 | 213 | 36 | 419 | 1182 | 4442 | 5306 | 32464 | 91501 | • | 208201 | 4449412 |
| **Operating Costs/Operating Income (%)** | | | | | | | | | | | | | | |
| Cost of Operations | 10 | 20.2 | 55.3 | 3.4 | • | • | 25.9 | 44.4 | 22.1 | 55.6 | 26.1 | • | 38.6 | 17.6 |
| Salaries and Wages | 11 | 22.7 | 8.2 | 2.5 | • | 0.3 | 10.5 | 4.8 | 16.3 | 9.2 | 15.1 | • | 15.0 | 24.6 |
| Taxes Paid | 12 | 2.8 | 1.1 | 0.9 | 2.6 | 2.0 | 2.4 | 1.1 | 1.8 | 1.7 | 2.4 | • | 3.1 | 2.9 |
| Interest Paid | 13 | 1.9 | 3.4 | 2.6 | • | 5.5 | 0.9 | 2.5 | 2.6 | 0.9 | 0.6 | • | 1.3 | 2.0 |
| Depreciation | 14 | 8.5 | 9.5 | 5.8 | 41.8 | 6.9 | 21.0 | 6.1 | 6.4 | 2.5 | 2.7 | • | 5.0 | 8.9 |
| Amortization and Depletion | 15 | 0.5 | 0.2 | • | • | • | • | 0.0 | • | 0.0 | 0.2 | • | 0.2 | 0.5 |
| Pensions and Other Deferred Comp. | 16 | 1.2 | • | • | • | 1.5 | 0.9 | 0.0 | 0.1 | 0.4 | 0.4 | • | 0.5 | 1.3 |
| Employee Benefits | 17 | 2.5 | • | 1.1 | • | • | 1.9 | 0.3 | 1.2 | 1.1 | 1.4 | • | 0.9 | 2.8 |
| Advertising | 18 | 1.0 | 0.0 | 0.1 | • | 2.9 | 0.5 | 0.2 | 0.4 | 0.3 | 0.1 | • | 0.1 | 1.2 |
| Other Expenses | 19 | 36.2 | 31.3 | 70.7 | 60.1 | 70.9 | 29.7 | 31.9 | 38.7 | 24.7 | 45.9 | • | 34.4 | 36.2 |
| Officers' Compensation | 20 | 0.8 | • | 4.4 | • | 9.9 | 4.8 | 3.6 | 1.5 | 1.7 | 1.1 | • | 1.1 | 0.5 |
| Operating Margin | 21 | 1.7 | • | 8.4 | • | 0.1 | 1.5 | 5.2 | 9.0 | 1.8 | 4.0 | • | • | 1.5 |
| Operating Margin Before Officers' Comp. | 22 | 2.4 | • | 12.8 | • | 10.0 | 6.3 | 8.8 | 10.5 | 3.5 | 5.1 | • | 0.7 | 2.0 |

## Selected Average Balance Sheet ($ in Thousands)

| | | | | | | | | | | | | | |
|---|---|---|---|---|---|---|---|---|---|---|---|---|---|
| Net Receivables 23 | 1052 | 0 | 4 | 0 | 25 | 125 | 417 | 1453 | 3353 | 7810 | • | 29391 | 248624 |
| Inventories 24 | 500 | 0 | 0 | 0 | 0 | 5 | 84 | 148 | 808 | 1345 | • | 12837 | 134096 |
| Net Property, Plant and Equipment 25 | 11054 | 0 | 44 | 124 | 214 | 417 | 998 | 3522 | 5932 | 21354 | • | 63136 | 3194020 |
| Total Assets 26 | 17703 | 0 | 63 | 156 | 361 | 761 | 2335 | 7029 | 14551 | 42914 | • | 154163 | 5009915 |
| Notes and Loans Payable 27 | 4791 | 0 | 59 | 177 | 228 | 143 | 1088 | 5764 | 4575 | 10590 | • | 30991 | 1320948 |
| All Other Liabilities 28 | 8050 | 0 | 1 | 0 | 25 | 82 | 873 | 809 | 4124 | 15117 | • | 43243 | 2353134 |
| Net Worth 29 | 4862 | 0 | 2 | -21 | 107 | 537 | 374 | 456 | 5852 | 17208 | • | 79928 | 1335832 |

## Selected Financial Ratios (Times to 1)

| | | | | | | | | | | | | | |
|---|---|---|---|---|---|---|---|---|---|---|---|---|---|
| Current Ratio 30 | 0.9 | • | 1.2 | • | 2.1 | 1.8 | 1.6 | 1.9 | 1.5 | 1.0 | • | 1.8 | 0.8 |
| Quick Ratio 31 | 0.5 | • | 1.2 | • | 2.0 | 1.7 | 1.3 | 1.5 | 1.1 | 0.8 | • | 1.1 | 0.4 |
| Net Sales to Working Capital 32 | • | • | 68.5 | 1.3 | 14.8 | 11.3 | 8.9 | 3.4 | 13.9 | 112.2 | • | 6.1 | • |
| Coverage Ratio 33 | 3.6 | 31.3 | 7.2 | • | 1.0 | 8.2 | 4.0 | 6.1 | 6.4 | 9.7 | • | 4.2 | 3.3 |
| Total Asset Turnover 34 | 0.9 | • | 3.1 | 0.2 | 1.2 | 1.5 | 1.9 | 0.7 | 2.2 | 2.1 | • | 1.3 | 0.9 |
| Inventory Turnover 35 | 6.6 | • | • | • | • | 57.4 | 22.9 | 7.6 | 21.6 | 17.5 | • | 6.0 | 5.7 |
| Receivables Turnover 36 | 9.8 | • | 60.8 | • | 20.1 | 11.9 | 11.5 | 3.0 | 10.1 | 13.4 | • | 8.2 | 9.8 |
| Total Liabilities to Net Worth 37 | 2.6 | • | 27.0 | • | 2.4 | 0.4 | 5.2 | 14.4 | 1.5 | 1.5 | • | 0.9 | 2.8 |
| Current Assets to Working Capital 38 | • | • | 5.9 | 1.0 | 1.9 | 2.3 | 2.7 | 2.2 | 3.2 | 21.3 | • | 2.2 | • |
| Current Liabilities to Working Capital 39 | • | • | 4.9 | • | 0.9 | 1.3 | 1.7 | 1.2 | 2.2 | 20.3 | • | 1.2 | • |
| Working Capital to Net Sales 40 | • | • | 0.0 | 0.8 | 0.1 | 0.1 | 0.1 | 0.3 | 0.1 | 0.0 | • | 0.2 | • |
| Inventory to Working Capital 41 | • | • | • | • | • | 0.1 | 0.2 | 0.1 | 0.2 | 1.8 | • | 0.5 | • |
| Total Receipts to Cash Flow 42 | 3.9 | 1.1 | 1.4 | 4.2 | 1.6 | 8.4 | 3.4 | 2.3 | 5.3 | 3.4 | • | 5.9 | 4.0 |
| Cost of Goods to Cash Flow 43 | 0.8 | 0.6 | 0.0 | • | • | 2.2 | 1.5 | 0.5 | 2.9 | 0.9 | • | 2.3 | 0.7 |
| Cash Flow to Total Debt 44 | 0.3 | • | 2.4 | 0.0 | 1.1 | 0.6 | 0.7 | 0.3 | 0.7 | 1.0 | • | 0.5 | 0.3 |

## Selected Financial Factors (in Percentages)

| | | | | | | | | | | | | | |
|---|---|---|---|---|---|---|---|---|---|---|---|---|---|
| Debt Ratio 45 | 72.5 | • | 96.4 | 113.3 | 70.3 | 29.5 | 84.0 | 93.5 | 59.8 | 59.9 | • | 48.2 | 73.3 |
| Return on Total Assets 46 | 6.4 | • | 58.6 | 0.1 | 6.5 | 10.5 | 18.4 | 11.7 | 13.0 | 12.9 | • | 7.2 | 5.8 |
| Return on Equity Before Income Taxes 47 | 16.8 | • | 1412.6 | • | 0.5 | 13.1 | 86.2 | 150.3 | 27.2 | 28.8 | • | 10.6 | 15.2 |
| Return on Equity After Income Taxes 48 | 12.1 | • | 1412.6 | • | 0.4 | 12.0 | 83.4 | 124.7 | 24.5 | 24.9 | • | 7.5 | 10.4 |
| Profit Margin (Before Income Tax) 49 | 5.0 | 102.7 | 16.1 | 0.5 | 0.1 | 6.2 | 7.4 | 13.5 | 5.1 | 5.5 | • | 4.2 | 4.7 |
| Profit Margin (After Income Tax) 50 | 3.6 | 90.6 | 16.1 | 0.4 | 0.1 | 5.7 | 7.2 | 11.2 | 4.6 | 4.8 | • | 3.0 | 3.2 |

**Table I**

Corporations with and without Net Income

# RAIL TRANSPORTATION

MONEY AMOUNTS AND SIZE OF ASSETS IN THOUSANDS OF DOLLARS

| Item Description for Accounting Period 7/00 Through 6/01 | | Total | Zero Assets | Under 100 | 100 to 250 | 251 to 500 | 501 to 1,000 | 1,001 to 5,000 | 5,001 to 10,000 | 10,001 to 25,000 | 25,001 to 50,000 | 50,001 to 100,000 | 100,001 to 250,000 | 250,001 and over |
|---|---|---|---|---|---|---|---|---|---|---|---|---|---|---|
| Number of Enterprises | 1 | 548 | 9 | 129 | • | 205 | • | 109 | 34 | 20 | 13 | 11 | 3 | 15 |
| **Revenues ($ in Thousands)** | | | | | | | | | | | | | | |
| Net Sales | 2 | 44207946 | 79371 | 36180 | • | 903 | • | 459181 | 7956 | 210156 | 249101 | 398352 | 152736 | 42614010 |
| Interest | 3 | 1910413 | 47 | 0 | • | 1090 | • | 979 | 4486 | 1520 | 2329 | 3294 | 2357 | 1894310 |
| Rents | 4 | 646601 | 962 | 6 | • | 0 | • | 2946 | 16 | 1682 | 824 | 6161 | 3742 | 630262 |
| Royalties | 5 | 2841 | 0 | 0 | • | 0 | • | 0 | 0 | 0 | 0 | 139 | 0 | 2702 |
| Other Portfolio Income | 6 | 1263156 | 0 | 314 | • | 0 | • | 925 | 10526 | 14981 | 589 | 5121 | 1290 | 1229411 |
| Other Receipts | 7 | 2124880 | -8901 | 429 | • | 0 | • | 5960 | 597 | 8910 | 6214 | 7624 | 8854 | 2095191 |
| Total Receipts | 8 | 50155837 | 71479 | 36929 | • | 1993 | • | 469991 | 23581 | 237249 | 259057 | 420691 | 168979 | 48465886 |
| Average Total Receipts | 9 | 91525 | 7942 | 286 | • | 10 | • | 4312 | 694 | 11862 | 19927 | 38245 | 56326 | 3231059 |
| **Operating Costs/Operating Income (%)** | | | | | | | | | | | | | | |
| Cost of Operations | 10 | 28.1 | 18.8 | • | • | • | • | 1.1 | 11.5 | 37.4 | 26.6 | 35.9 | 3.3 | 28.4 |
| Salaries and Wages | 11 | 21.5 | 38.7 | 4.2 | • | • | • | 24.3 | 11.6 | 10.8 | 13.0 | 15.3 | 26.8 | 21.6 |
| Taxes Paid | 12 | 7.4 | 15.1 | 0.5 | • | 0.6 | • | 6.8 | 21.9 | 6.1 | 4.7 | 6.3 | 4.2 | 7.4 |
| Interest Paid | 13 | 10.1 | 2.4 | 0.8 | • | 27.4 | • | 1.8 | 1.1 | 3.0 | 3.1 | 2.6 | 8.3 | 10.3 |
| Depreciation | 14 | 10.6 | 10.9 | 6.0 | • | • | • | 6.0 | 16.6 | 12.1 | 10.2 | 9.4 | 7.7 | 10.6 |
| Amortization and Depletion | 15 | 0.3 | • | • | • | • | • | 0.0 | • | 0.2 | 0.6 | 0.1 | 0.5 | 0.3 |
| Pensions and Other Deferred Comp. | 16 | 0.2 | • | • | • | • | • | 0.0 | 8.0 | 0.3 | 0.8 | 0.7 | 1.9 | 0.2 |
| Employee Benefits | 17 | 3.7 | 9.1 | 0.0 | • | • | • | 3.5 | 2.0 | 1.8 | 2.2 | 2.9 | 1.6 | 3.7 |
| Advertising | 18 | 0.2 | • | 0.0 | • | 3.4 | • | 0.6 | 0.2 | 0.3 | 0.2 | 0.2 | • | 0.2 |
| Other Expenses | 19 | 28.0 | 12.8 | 173.9 | • | 391.6 | • | 56.0 | 231.0 | 23.9 | 29.2 | 27.7 | 44.9 | 27.5 |
| Officers' Compensation | 20 | 0.3 | 0.4 | • | • | • | • | 0.8 | 8.4 | 2.2 | 1.7 | 1.3 | 1.5 | 0.2 |
| Operating Margin | 21 | • | • | • | • | • | • | • | • | 1.8 | 7.5 | • | • | • |
| Operating Margin Before Officers' Comp. | 22 | • | • | • | • | • | • | • | • | 4.0 | 9.3 | • | 0.8 | • |

| Selected Average Balance Sheet ($ in Thousands) | | | | | | | | | | | | |
|---|---|---|---|---|---|---|---|---|---|---|---|---|
| Net Receivables 23 | 9707 | 0 | 1 | • | 84 | • | 485 | 137 | 1962 | 3867 | 6225 | 9126 | 337283 |
| Inventories 24 | 1514 | 0 | 0 | • | 155 | • | 11 | 7 | 265 | 342 | 2200 | 1519 | 51596 |
| Net Property, Plant and Equipment 25 | 183604 | 0 | 10 | • | 50 | • | 1532 | 1909 | 9507 | 17374 | 54178 | 88776 | 6606233 |
| Total Assets 26 | 291655 | 0 | 20 | • | 301 | • | 2468 | 7747 | 16051 | 34244 | 73825 | 145459 | 10481045 |
| Notes and Loans Payable 27 | 73949 | 0 | 35 | • | 170 | • | 766 | 134 | 3994 | 8431 | 11519 | 46192 | 2662811 |
| All Other Liabilities 28 | 96008 | 0 | -13 | • | 0 | • | 772 | 1408 | 4475 | 9149 | 20073 | 35556 | 3463069 |
| Net Worth 29 | 121698 | 0 | -2 | • | 130 | • | 931 | 6206 | 7582 | 16664 | 42233 | 63711 | 4355165 |

| Selected Financial Ratios (Times to 1) | | | | | | | | | | | | |
|---|---|---|---|---|---|---|---|---|---|---|---|---|
| Current Ratio 30 | 0.6 | • | 0.5 | • | 2230.1 | • | 0.8 | 1.7 | 1.5 | 1.5 | 1.0 | 1.0 | 0.6 |
| Quick Ratio 31 | 0.4 | • | 0.5 | • | 849.3 | • | 0.7 | 1.7 | 1.0 | 1.1 | 0.7 | 0.7 | 0.4 |
| Net Sales to Working Capital 32 | • | • | • | • | 0.0 | • | • | 0.2 | 6.4 | 4.8 | 160.6 | • | • |
| Coverage Ratio 33 | 1.3 | • | • | • | • | • | 1.7 | • | 5.9 | 4.7 | 2.3 | 2.2 | 1.3 |
| Total Asset Turnover 34 | 0.3 | • | 14.1 | • | 0.0 | • | 1.7 | 0.0 | 0.7 | 0.6 | 0.5 | 0.4 | 0.3 |
| Inventory Turnover 35 | 15.0 | • | • | • | • | • | 4.0 | 3.7 | 14.8 | 14.9 | 5.9 | 1.1 | 15.7 |
| Receivables Turnover 36 | 7.6 | • | • | • | 0.0 | • | 8.7 | 2.4 | 5.2 | 5.5 | 4.9 | 3.3 | 7.7 |
| Total Liabilities to Net Worth 37 | 1.4 | • | • | • | 1.3 | • | 1.7 | 0.2 | 1.1 | 1.1 | 0.7 | 1.3 | 1.4 |
| Current Assets to Working Capital 38 | • | • | • | • | 1.0 | • | • | 2.4 | 3.0 | 2.9 | 57.4 | • | • |
| Current Liabilities to Working Capital 39 | • | • | • | • | 0.0 | • | • | 1.4 | 2.0 | 1.9 | 56.4 | • | • |
| Working Capital to Net Sales 40 | • | • | • | • | 56.8 | • | • | 4.1 | 0.2 | 0.2 | 0.0 | • | • |
| Inventory to Working Capital 41 | • | • | • | • | 0.6 | • | • | 0.0 | 0.2 | 0.1 | 9.7 | • | • |
| Total Receipts to Cash Flow 42 | 6.7 | • | 1.2 | • | 0.5 | • | 2.4 | 2.3 | 3.4 | 3.0 | 4.3 | 2.4 | 7.0 |
| Cost of Goods to Cash Flow 43 | 1.9 | • | • | • | • | • | 0.0 | 0.3 | 1.3 | 0.8 | 1.5 | 0.1 | 2.0 |
| Cash Flow to Total Debt 44 | 0.1 | • | 11.0 | • | 0.0 | • | 1.1 | 0.1 | 0.4 | 0.4 | 0.3 | 0.3 | 0.1 |

| Selected Financial Factors (in Percentages) | | | | | | | | | | | | |
|---|---|---|---|---|---|---|---|---|---|---|---|---|
| Debt Ratio 45 | 58.3 | • | 110.7 | • | 56.6 | • | 62.3 | 19.9 | 52.8 | 51.3 | 42.8 | 56.2 | 58.4 |
| Return on Total Assets 46 | 3.7 | • | • | • | • | • | 5.3 | • | 11.6 | 8.2 | 2.9 | 6.4 | 3.7 |
| Return on Equity Before Income Taxes 47 | 2.1 | • | 10953.1 | • | • | • | 5.8 | • | 20.4 | 13.2 | 2.8 | 7.9 | 2.1 |
| Return on Equity After Income Taxes 48 | 1.5 | • | 10953.1 | • | • | • | 5.7 | • | 18.3 | 8.9 | 1.0 | 5.0 | 1.5 |
| Profit Margin (Before Income Tax) 49 | 3.2 | • | • | • | • | • | 1.3 | • | 14.7 | 11.5 | 3.2 | 9.9 | 3.2 |
| Profit Margin (After Income Tax) 50 | 2.3 | • | • | • | • | • | 1.3 | • | 13.2 | 7.7 | 1.1 | 6.2 | 2.3 |

## Table II

Corporations with Net Income

# RAIL TRANSPORTATION

MONEY AMOUNTS AND SIZE OF ASSETS IN THOUSANDS OF DOLLARS

| Item Description for Accounting Period 7/00 Through 6/01 | | Total | Zero Assets | Under 100 | 100 to 250 | 251 to 500 | 501 to 1,000 | 1,001 to 5,000 | 5,001 to 10,000 | 10,001 to 25,000 | 25,001 to 50,000 | 50,001 to 100,000 | 100,001 to 250,000 | 250,001 and over |
|---|---|---|---|---|---|---|---|---|---|---|---|---|---|---|
| Number of Enterprises | 1 | 141 | • | • | • | • | • | 92 | 0 | 15 | 10 | 0 | 0 | 0 |
| **Revenues ($ in Thousands)** | | | | | | | | | | | | | | |
| Net Sales | 2 | 42013476 | • | • | • | • | • | 171115 | 0 | 148670 | 198543 | 0 | 0 | 0 |
| Interest | 3 | 1813200 | • | • | • | • | • | 334 | 0 | 1202 | 2039 | 0 | 0 | 0 |
| Rents | 4 | 586064 | • | • | • | • | • | 2961 | 0 | 1015 | 824 | 0 | 0 | 0 |
| Royalties | 5 | 2713 | • | • | • | • | • | 0 | 0 | 0 | 0 | 0 | 0 | 0 |
| Other Portfolio Income | 6 | 1219472 | • | • | • | • | • | 10381 | 0 | 13736 | 323 | 0 | 0 | 0 |
| Other Receipts | 7 | 1304288 | • | • | • | • | • | 5243 | 0 | 3987 | 3971 | 0 | 0 | 0 |
| Total Receipts | 8 | 46939213 | • | • | • | • | • | 190034 | 0 | 168610 | 205700 | 0 | 0 | 0 |
| Average Total Receipts | 9 | 332902 | • | • | • | • | • | 2066 | • | 11241 | 20570 | • | • | • |
| **Operating Costs/Operating Income (%)** | | | | | | | | | | | | | | |
| Cost of Operations | 10 | 27.9 | • | • | • | • | • | 3.4 | • | 33.7 | 14.8 | • | • | • |
| Salaries and Wages | 11 | 19.7 | • | • | • | • | • | 21.0 | • | 9.1 | 15.6 | • | • | • |
| Taxes Paid | 12 | 6.9 | • | • | • | • | • | 6.6 | • | 6.4 | 5.0 | • | • | • |
| Interest Paid | 13 | 10.2 | • | • | • | • | • | 4.0 | • | 3.0 | 2.3 | • | • | • |
| Depreciation | 14 | 10.2 | • | • | • | • | • | 11.3 | • | 10.9 | 7.3 | • | • | • |
| Amortization and Depletion | 15 | 0.3 | • | • | • | • | • | 0.0 | • | 0.1 | 0.4 | • | • | • |
| Pensions and Other Deferred Comp. | 16 | 0.2 | • | • | • | • | • | 0.1 | • | 0.2 | 0.9 | • | • | • |
| Employee Benefits | 17 | 3.4 | • | • | • | • | • | 1.9 | • | 2.1 | 2.1 | • | • | • |
| Advertising | 18 | 0.1 | • | • | • | • | • | 1.2 | • | 0.3 | 0.1 | • | • | • |
| Other Expenses | 19 | 27.1 | • | • | • | • | • | 46.2 | • | 21.7 | 32.1 | • | • | • |
| Officers' Compensation | 20 | 0.2 | • | • | • | • | • | 2.3 | • | 2.5 | 2.2 | • | • | • |
| Operating Margin | 21 | • | • | • | • | • | • | 2.1 | • | 9.9 | 17.2 | • | • | • |
| Operating Margin Before Officers' Comp. | 22 | • | • | • | • | • | • | 4.4 | • | 12.4 | 19.4 | • | • | • |

| | | | | | | | | | | | | | | |
|---|---|---|---|---|---|---|---|---|---|---|---|---|---|---|
| | | **Selected Average Balance Sheet ($ in Thousands)** | | | | | | | | | | | | |
| Net Receivables | **23** | 35728 | • | • | • | • | • | 198 | • | 1812 | 2855 | • | • | • |
| Inventories | **24** | 4046 | • | • | • | • | • | 14 | • | 317 | 384 | • | • | • |
| Net Property, Plant and Equipment | **25** | 648523 | • | • | • | • | • | 1495 | • | 8412 | 19135 | • | • | • |
| Total Assets | **26** | 1052170 | • | • | • | • | • | 2118 | • | 15376 | 32824 | • | • | • |
| Notes and Loans Payable | **27** | 260838 | • | • | • | • | • | 684 | • | 3616 | 7395 | • | • | • |
| All Other Liabilities | **28** | 358999 | • | • | • | • | • | 450 | • | 4092 | 8660 | • | • | • |
| Net Worth | **29** | 432333 | • | • | • | • | • | 983 | • | 7669 | 16769 | • | • | • |
| | | **Selected Financial Ratios (Times to 1)** | | | | | | | | | | | | |
| Current Ratio | **30** | 0.6 | • | • | • | • | • | 0.8 | • | 1.8 | 2.9 | • | • | • |
| Quick Ratio | **31** | 0.4 | • | • | • | • | • | 0.7 | • | 1.1 | 2.0 | • | • | • |
| Net Sales to Working Capital | **32** | • | • | • | • | • | • | • | • | 4.1 | 2.5 | • | • | • |
| Coverage Ratio | **33** | 1.6 | • | • | • | • | • | 4.3 | • | 8.9 | 10.1 | • | • | • |
| Total Asset Turnover | **34** | 0.3 | • | • | • | • | • | 0.9 | • | 0.6 | 0.6 | • | • | • |
| Inventory Turnover | **35** | 20.6 | • | • | • | • | • | 4.6 | • | 10.5 | 7.6 | • | • | • |
| Receivables Turnover | **36** | 8.5 | • | • | • | • | • | 5.7 | • | 5.0 | 7.6 | • | • | • |
| Total Liabilities to Net Worth | **37** | 1.4 | • | • | • | • | • | 1.2 | • | 1.0 | 1.0 | • | • | • |
| Current Assets to Working Capital | **38** | • | • | • | • | • | • | • | • | 2.2 | 1.5 | • | • | • |
| Current Liabilities to Working Capital | **39** | • | • | • | • | • | • | • | • | 1.2 | 0.5 | • | • | • |
| Working Capital to Net Sales | **40** | • | • | • | • | • | • | • | • | 0.2 | 0.4 | • | • | • |
| Inventory to Working Capital | **41** | • | • | • | • | • | • | • | • | 0.1 | 0.0 | • | • | • |
| Total Receipts to Cash Flow | **42** | 6.2 | • | • | • | • | • | 2.5 | • | 2.9 | 2.2 | • | • | • |
| Cost of Goods to Cash Flow | **43** | 1.7 | • | • | • | • | • | 0.1 | • | 1.0 | 0.3 | • | • | • |
| Cash Flow to Total Debt | **44** | 0.1 | • | • | • | • | • | 0.6 | • | 0.4 | 0.6 | • | • | • |
| | | **Selected Financial Factors (in Percentages)** | | | | | | | | | | | | |
| Debt Ratio | **45** | 58.9 | • | • | • | • | • | 53.6 | • | 50.1 | 48.9 | • | • | • |
| Return on Total Assets | **46** | 4.5 | • | • | • | • | • | 15.1 | • | 17.0 | 14.0 | • | • | • |
| Return on Equity Before Income Taxes | **47** | 3.9 | • | • | • | • | • | 24.9 | • | 30.2 | 24.6 | • | • | • |
| Return on Equity After Income Taxes | **48** | 3.2 | • | • | • | • | • | 21.5 | • | 27.4 | 19.0 | • | • | • |
| Profit Margin (Before Income Tax) | **49** | 5.6 | • | • | • | • | • | 13.2 | • | 23.3 | 20.8 | • | • | • |
| Profit Margin (After Income Tax) | **50** | 4.7 | • | • | • | • | • | 11.4 | • | 21.2 | 16.1 | • | • | • |

## Table I

Corporations with and without Net Income

# WATER TRANSPORTATION

**MONEY AMOUNTS AND SIZE OF ASSETS IN THOUSANDS OF DOLLARS**

| Item Description for Accounting Period 7/00 Through 6/01 | | Total | Zero Assets | Under 100 | 100 to 250 | 251 to 500 | 501 to 1,000 | 1,001 to 5,000 | 5,001 to 10,000 | 10,001 to 25,000 | 25,001 to 50,000 | 50,001 to 100,000 | 100,001 to 250,000 | 250,001 and over |
|---|---|---|---|---|---|---|---|---|---|---|---|---|---|---|
| Number of Enterprises | 1 | 3105 | 522 | 663 | 293 | 536 | 366 | 480 | 102 | 66 | 19 | 20 | 21 | 15 |
| **Revenues ($ in Thousands)** | | | | | | | | | | | | | | |
| Net Sales | 2 | 17752855 | 57964 | 11888 | 171185 | 185876 | 950106 | 1764290 | 570495 | 1415036 | 923126 | 1068043 | 1751857 | 8882989 |
| Interest | 3 | 320546 | 4053 | 470 | 454 | 1916 | 2272 | 3388 | 2814 | 5654 | 2760 | 12589 | 46210 | 237966 |
| Rents | 4 | 106702 | 61 | 0 | 0 | 1971 | 0 | 1676 | 2162 | 1064 | 0 | 9546 | 2423 | 87799 |
| Royalties | 5 | 1170 | 298 | 0 | 0 | 0 | 0 | 0 | 0 | 0 | 0 | 871 | 0 | 0 |
| Other Portfolio Income | 6 | 452329 | 24069 | 0 | 194 | 0 | 0 | 77578 | 1363 | 7358 | 26699 | 10151 | 11876 | 293043 |
| Other Receipts | 7 | 1643582 | -1054 | 58482 | 0 | 0 | 1430 | 8110 | 14553 | 92340 | 10467 | 16229 | 30469 | 1412555 |
| Total Receipts | 8 | 20277184 | 85391 | 70840 | 171833 | 189763 | 953808 | 1855042 | 591387 | 1521452 | 963052 | 1117429 | 1842835 | 10914352 |
| Average Total Receipts | 9 | 6530 | 164 | 107 | 586 | 354 | 2606 | 3865 | 5798 | 23052 | 50687 | 55871 | 87754 | 727623 |
| **Operating Costs/Operating Income (%)** | | | | | | | | | | | | | | |
| Cost of Operations | 10 | 50.4 | 25.0 | • | 66.9 | 11.0 | 40.8 | 61.8 | 63.7 | 52.8 | 65.3 | 26.7 | 53.8 | 49.4 |
| Salaries and Wages | 11 | 10.6 | 40.2 | 0.4 | 16.3 | 17.2 | 24.6 | 5.4 | 11.2 | 10.4 | 10.1 | 9.9 | 5.3 | 10.8 |
| Taxes Paid | 12 | 1.9 | 4.2 | 27.7 | 0.2 | 3.2 | 2.6 | 1.8 | 2.2 | 1.9 | 1.6 | 2.8 | 1.1 | 1.9 |
| Interest Paid | 13 | 5.0 | 31.4 | 1.0 | • | 2.7 | 2.5 | 2.9 | 1.0 | 2.3 | 2.7 | 5.3 | 7.6 | 6.0 |
| Depreciation | 14 | 7.0 | 11.4 | 2.1 | • | 5.2 | 5.1 | 4.1 | 5.2 | 5.2 | 5.5 | 11.1 | 9.9 | 7.4 |
| Amortization and Depletion | 15 | 0.4 | 2.9 | • | • | • | 0.0 | 0.2 | 0.1 | 0.1 | 0.0 | 0.1 | 0.2 | 0.6 |
| Pensions and Other Deferred Comp. | 16 | 0.4 | 0.8 | • | • | • | 0.0 | 0.1 | 0.0 | 0.9 | 0.5 | 0.5 | 0.2 | 0.5 |
| Employee Benefits | 17 | 2.2 | 3.7 | 28.3 | • | • | 0.7 | 0.8 | 0.8 | 3.6 | 1.5 | 1.6 | 1.7 | 2.8 |
| Advertising | 18 | 0.4 | 0.2 | • | 0.1 | 0.2 | 0.1 | 0.6 | 0.2 | 0.4 | 0.3 | 0.1 | 0.0 | 0.5 |
| Other Expenses | 19 | 31.5 | 39.7 | 88.5 | 5.6 | 60.3 | 23.8 | 22.9 | 16.8 | 28.1 | 11.9 | 41.5 | 23.4 | 37.7 |
| Officers' Compensation | 20 | 1.5 | 3.6 | 455.0 | • | 10.6 | 1.3 | 2.2 | 1.3 | 1.5 | 1.4 | 1.5 | 0.8 | 0.8 |
| Operating Margin | 21 | • | • | • | 10.9 | • | • | • | • | • | • | • | • | • |
| Operating Margin Before Officers' Comp. | 22 | • | • | • | 10.9 | 0.3 | • | • | • | • | 0.6 | 0.4 | • | • |

| Selected Average Balance Sheet ($ in Thousands) | | | | | | | | | | | | | |
|---|---|---|---|---|---|---|---|---|---|---|---|---|---|
| Net Receivables 23 | 968 | 0 | 8 | 113 | 49 | 66 | 348 | 896 | 2823 | 5887 | 9059 | 14011 | 125577 |
| Inventories 24 | 64 | 0 | 0 | 0 | 0 | 1 | 50 | 2 | 176 | 300 | 708 | 870 | 8344 |
| Net Property, Plant and Equipment 25 | 3652 | 0 | 1 | 0 | 230 | 630 | 1660 | 3985 | 8677 | 20437 | 43479 | 76859 | 422490 |
| Total Assets 26 | 7441 | 0 | 66 | 171 | 379 | 803 | 2682 | 6353 | 17300 | 36164 | 71676 | 150472 | 943661 |
| Notes and Loans Payable 27 | 3052 | 0 | 0 | 0 | 112 | 725 | 1875 | 1991 | 6353 | 14735 | 36697 | 73164 | 338561 |
| All Other Liabilities 28 | 1794 | 0 | 1 | 75 | 69 | 95 | 707 | 1362 | 4740 | 8011 | 16293 | 27852 | 241566 |
| Net Worth 29 | 2594 | 0 | 65 | 96 | 199 | -18 | 100 | 3000 | 6207 | 13418 | 18686 | 49456 | 363534 |

| Selected Financial Ratios (Times to 1) | | | | | | | | | | | | | |
|---|---|---|---|---|---|---|---|---|---|---|---|---|---|
| Current Ratio 30 | 1.1 | • | 74.8 | 2.3 | 1.7 | 0.4 | 0.7 | 1.4 | 1.1 | 1.3 | 1.0 | 1.3 | 1.2 |
| Quick Ratio 31 | 0.9 | • | 47.1 | 2.0 | 1.4 | 0.4 | 0.4 | 1.2 | 0.9 | 0.9 | 0.9 | 0.9 | 0.9 |
| Net Sales to Working Capital 32 | 29.6 | • | 0.5 | 6.1 | 5.9 | • | • | 10.6 | 48.1 | 14.7 | 403.2 | 10.3 | 23.2 |
| Coverage Ratio 33 | 1.7 | 0.5 | • | • | • | 0.5 | 1.8 | 2.0 | 1.1 | 2.3 | 1.7 | 1.2 | 2.0 |
| Total Asset Turnover 34 | 0.8 | • | 0.3 | 3.4 | 0.9 | 3.2 | 1.4 | 0.9 | 1.2 | 1.3 | 0.7 | 0.6 | 0.6 |
| Inventory Turnover 35 | 44.9 | • | • | • | • | 1027.1 | 45.6 | 1605.0 | 64.2 | 105.7 | 20.2 | 51.6 | 35.1 |
| Receivables Turnover 36 | 6.7 | • | 4.4 | 6.0 | 6.3 | 40.9 | 12.4 | 5.9 | 7.5 | 7.9 | 5.4 | 6.5 | 5.7 |
| Total Liabilities to Net Worth 37 | 1.9 | • | 0.0 | 0.8 | 0.9 | • | 25.8 | 1.1 | 1.8 | 1.7 | 2.8 | 2.0 | 1.6 |
| Current Assets to Working Capital 38 | 8.8 | • | 1.0 | 1.8 | 2.5 | • | • | 3.7 | 13.3 | 3.9 | 134.0 | 4.4 | 7.2 |
| Current Liabilities to Working Capital 39 | 7.8 | • | 0.0 | 0.8 | 1.5 | • | • | 2.7 | 12.3 | 2.9 | 133.0 | 3.4 | 6.2 |
| Working Capital to Net Sales 40 | 0.0 | • | 2.1 | 0.2 | 0.2 | • | • | 0.1 | 0.0 | 0.1 | 0.0 | 0.1 | 0.0 |
| Inventory to Working Capital 41 | 0.4 | • | • | • | • | • | • | • | 0.3 | 0.1 | 6.4 | 0.2 | 0.3 |
| Total Receipts to Cash Flow 42 | 3.8 | 5.7 | 1.3 | 5.9 | 3.2 | 6.5 | 5.0 | 7.2 | 5.9 | 9.3 | 2.6 | 8.7 | 3.0 |
| Cost of Goods to Cash Flow 43 | 1.9 | 1.4 | • | 4.0 | 0.3 | 2.6 | 3.1 | 4.6 | 3.1 | 6.0 | 0.7 | 4.7 | 1.5 |
| Cash Flow to Total Debt 44 | 0.3 | • | 26.2 | 1.3 | 0.6 | 0.5 | 0.3 | 0.2 | 0.3 | 0.2 | 0.4 | 0.1 | 0.3 |

| Selected Financial Factors (in Percentages) | | | | | | | | | | | | | |
|---|---|---|---|---|---|---|---|---|---|---|---|---|---|
| Debt Ratio 45 | 65.1 | • | 0.8 | 43.8 | 47.5 | 102.2 | 96.3 | 52.8 | 64.1 | 62.9 | 73.9 | 67.1 | 61.5 |
| Return on Total Assets 46 | 6.6 | • | • | 38.3 | • | 4.3 | 7.2 | 1.8 | 3.2 | 8.5 | 6.5 | 5.1 | 7.4 |
| Return on Equity Before Income Taxes 47 | 8.0 | • | • | 68.0 | • | 171.5 | 84.7 | 1.9 | 1.2 | 13.0 | 10.0 | 2.8 | 9.4 |
| Return on Equity After Income Taxes 48 | 5.2 | • | • | 68.0 | • | 171.5 | 68.5 | • | 0.1 | 10.3 | 2.3 | 1.4 | 6.4 |
| Profit Margin (Before Income Tax) 49 | 3.6 | • | • | 11.2 | • | • | 2.3 | 1.0 | 0.3 | 3.6 | 3.5 | 1.6 | 5.8 |
| Profit Margin (After Income Tax) 50 | 2.3 | • | • | 11.2 | • | • | 1.9 | • | 0.0 | 2.9 | 0.8 | 0.8 | 4.0 |

## Table II

Corporations with Net Income

# WATER TRANSPORTATION

| Item Description for Accounting Period 7/00 Through 6/01 | | Total | Zero Assets | Under 100 | 100 to 250 | 251 to 500 | 501 to 1,000 | 1,001 to 5,000 | 5,001 to 10,000 | 10,001 to 25,000 | 25,001 to 50,000 | 50,001 to 100,000 | 100,001 to 250,000 | 250,001 and over |
|---|---|---|---|---|---|---|---|---|---|---|---|---|---|---|
| | | **MONEY AMOUNTS AND SIZE OF ASSETS IN THOUSANDS OF DOLLARS** | | | | | | | | | | | | |
| Number of Enterprises | 1 | 1486 | 252 | 262 | 229 | 332 | 45 | 243 | 42 | 35 | 11 | 0 | 12 | 0 |
| | | **Revenues ($ in Thousands)** | | | | | | | | | | | | |
| Net Sales | 2 | 11761039 | 46733 | 0 | 171185 | 76253 | 101774 | 1292260 | 522595 | 854798 | 546820 | 0 | 1082845 | 0 |
| Interest | 3 | 269816 | 316 | 470 | 0 | 1887 | 86 | 3348 | 2700 | 3135 | 2710 | 0 | 27155 | 0 |
| Rents | 4 | 94885 | 61 | 0 | 0 | 0 | 0 | 1648 | 2162 | 641 | 0 | 0 | 291 | 0 |
| Royalties | 5 | 1165 | 298 | 0 | 0 | 0 | 0 | 0 | 0 | 0 | 0 | 0 | 0 | 0 |
| Other Portfolio Income | 6 | 410112 | 24069 | 0 | 0 | 0 | 0 | 75286 | 1209 | 4345 | 19481 | 0 | 11515 | 0 |
| Other Receipts | 7 | 1574652 | 192 | 58266 | 0 | 0 | 400 | 1899 | 13840 | 78184 | 9042 | 0 | 6311 | 0 |
| Total Receipts | 8 | 14111669 | 71669 | 58736 | 171185 | 78140 | 102260 | 1374441 | 542506 | 941103 | 578053 | 0 | 1128117 | 0 |
| Average Total Receipts | 9 | 9496 | 284 | 224 | 748 | 235 | 2272 | 5656 | 12917 | 26889 | 52550 | • | 94010 | • |
| | | **Operating Costs/Operating Income (%)** | | | | | | | | | | | | |
| Cost of Operations | 10 | 48.1 | 21.9 | • | 66.9 | 26.9 | 0.8 | 79.8 | 68.2 | 41.7 | 57.5 | • | 45.5 | • |
| Salaries and Wages | 11 | 10.1 | 32.1 | • | 13.9 | 2.7 | 21.1 | 2.4 | 9.8 | 13.2 | 11.8 | • | 5.3 | • |
| Taxes Paid | 12 | 1.8 | 3.9 | • | 0.1 | 2.3 | 3.3 | 1.4 | 2.0 | 2.0 | 1.8 | • | 1.2 | • |
| Interest Paid | 13 | 4.8 | 3.6 | • | • | 5.8 | 4.5 | 1.6 | 0.7 | 1.7 | 2.3 | • | 4.9 | • |
| Depreciation | 14 | 5.8 | 8.5 | • | • | 7.4 | 17.0 | 2.0 | 1.9 | 4.6 | 5.1 | • | 9.6 | • |
| Amortization and Depletion | 15 | 0.3 | 0.3 | • | • | • | • | 0.0 | 0.0 | 0.1 | 0.0 | • | 0.1 | • |
| Pensions and Other Deferred Comp. | 16 | 0.5 | 1.0 | • | • | • | 0.1 | 0.1 | 0.0 | 1.3 | 0.4 | • | 0.2 | • |
| Employee Benefits | 17 | 2.3 | 2.6 | • | • | • | 2.2 | 0.6 | 0.8 | 4.6 | 1.4 | • | 1.2 | • |
| Advertising | 18 | 0.3 | 0.2 | • | 0.1 | 0.1 | • | 0.8 | 0.1 | 0.3 | 0.4 | • | 0.0 | • |
| Other Expenses | 19 | 34.8 | 16.6 | • | 4.3 | 37.6 | 42.9 | 7.9 | 11.1 | 33.1 | 12.9 | • | 28.3 | • |
| Officers' Compensation | 20 | 1.6 | 3.7 | • | • | 9.0 | • | 2.3 | 1.1 | 1.6 | 1.3 | • | 0.6 | • |
| Operating Margin | 21 | • | 5.4 | • | 14.7 | 8.2 | 8.0 | 1.0 | 4.3 | • | 5.0 | • | 3.2 | • |
| Operating Margin Before Officers' Comp. | 22 | • | 9.1 | • | 14.7 | 17.2 | 8.0 | 3.3 | 5.4 | • | 6.4 | • | 3.8 | • |

| Selected Average Balance Sheet ($ in Thousands) | | | | | | | | | | | | | |
|---|---|---|---|---|---|---|---|---|---|---|---|---|---|
| Net Receivables 23 | 1297 | 0 | 0 | 145 | 12 | 0 | 613 | 2158 | 2416 | 5783 | • | 13130 | • |
| Inventories 24 | 103 | 0 | 0 | 0 | 0 | 8 | 97 | 1 | 262 | 293 | • | 580 | • |
| Net Property, Plant and Equipment 25 | 4749 | 0 | 0 | 0 | 267 | 797 | 1343 | 1735 | 8266 | 19911 | • | 75931 | • |
| Total Assets 26 | 10732 | 0 | 96 | 168 | 416 | 890 | 2568 | 6953 | 17495 | 35004 | • | 154120 | • |
| Notes and Loans Payable 27 | 3591 | 0 | 0 | 0 | 138 | 761 | 1349 | 761 | 5383 | 12973 | • | 57908 | • |
| All Other Liabilities 28 | 2821 | 0 | 0 | 66 | 22 | 166 | 784 | 2859 | 3887 | 7940 | • | 27508 | • |
| Net Worth 29 | 4320 | 0 | 96 | 102 | 257 | -37 | 434 | 3332 | 8226 | 14091 | • | 68704 | • |

| Selected Financial Ratios (Times to 1) | | | | | | | | | | | | | |
|---|---|---|---|---|---|---|---|---|---|---|---|---|---|
| Current Ratio 30 | 1.3 | • | • | 2.5 | 4.2 | 0.6 | 1.0 | 1.7 | 1.3 | 1.3 | • | 1.5 | • |
| Quick Ratio 31 | 1.0 | • | • | 2.2 | 3.6 | 0.5 | 0.8 | 1.5 | 1.1 | 1.1 | • | 1.0 | • |
| Net Sales to Working Capital 32 | 17.0 | • | • | 7.3 | 2.0 | • | • | 7.4 | 16.4 | 18.4 | • | 6.6 | • |
| Coverage Ratio 33 | 3.2 | 17.4 | 9.6 | • | 2.9 | 2.9 | 5.5 | 12.2 | 4.4 | 5.6 | • | 2.5 | • |
| Total Asset Turnover 34 | 0.7 | • | • | 4.4 | 0.6 | 2.5 | 2.1 | 1.8 | 1.4 | 1.4 | • | 0.6 | • |
| Inventory Turnover 35 | 37.1 | • | • | • | • | 2.0 | 43.6 | 10966.2 | 38.9 | 97.4 | • | 70.8 | • |
| Receivables Turnover 36 | 7.3 | • | • | 6.0 | 4.2 | 11.0 | 12.0 | 5.5 | 8.0 | 7.8 | • | 6.7 | • |
| Total Liabilities to Net Worth 37 | 1.5 | • | • | 0.6 | 0.6 | • | 4.9 | 1.1 | 1.1 | 1.5 | • | 1.2 | • |
| Current Assets to Working Capital 38 | 5.0 | • | 1.0 | 1.6 | 1.3 | • | • | 2.5 | 4.3 | 4.2 | • | 3.0 | • |
| Current Liabilities to Working Capital 39 | 4.0 | • | • | 0.6 | 0.3 | • | • | 1.5 | 3.3 | 3.2 | • | 2.0 | • |
| Working Capital to Net Sales 40 | 0.1 | • | • | 0.1 | 0.5 | • | • | 0.1 | 0.1 | 0.1 | • | 0.2 | • |
| Inventory to Working Capital 41 | 0.2 | • | • | • | • | • | • | • | 0.1 | 0.2 | • | 0.1 | • |
| Total Receipts to Cash Flow 42 | 2.8 | 1.4 | • | 5.3 | 2.3 | 3.8 | 9.8 | 5.7 | 4.0 | 5.3 | • | 5.8 | • |
| Cost of Goods to Cash Flow 43 | 1.4 | 0.3 | • | 3.5 | 0.6 | 0.0 | 7.8 | 3.9 | 1.7 | 3.1 | • | 2.6 | • |
| Cash Flow to Total Debt 44 | 0.4 | • | • | 2.1 | 0.6 | 0.6 | 0.3 | 0.6 | 0.7 | 0.4 | • | 0.2 | • |

| Selected Financial Factors (in Percentages) | | | | | | | | | | | | | |
|---|---|---|---|---|---|---|---|---|---|---|---|---|---|
| Debt Ratio 45 | 59.7 | • | • | 39.3 | 38.3 | 104.1 | 83.1 | 52.1 | 53.0 | 59.7 | • | 55.4 | • |
| Return on Total Assets 46 | 11.3 | • | 4.4 | 65.1 | 9.1 | 33.2 | 18.6 | 15.7 | 10.6 | 18.5 | • | 7.2 | • |
| Return on Equity Before Income Taxes 47 | 19.2 | • | 3.9 | 107.3 | 9.6 | • | 90.1 | 30.1 | 17.4 | 37.9 | • | 9.7 | • |
| Return on Equity After Income Taxes 48 | 15.6 | • | 3.3 | 107.3 | 9.4 | • | 82.7 | 25.4 | 15.9 | 33.5 | • | 8.0 | • |
| Profit Margin (Before Income Tax) 49 | 10.5 | 58.8 | • | 14.7 | 10.7 | 8.5 | 7.4 | 8.1 | 5.8 | 10.7 | • | 7.4 | • |
| Profit Margin (After Income Tax) 50 | 8.5 | 58.2 | • | 14.7 | 10.5 | 8.5 | 6.8 | 6.8 | 5.3 | 9.5 | • | 6.1 | • |

**Table I**

Corporations with and without Net Income

# TRUCK TRANSPORTATION

**MONEY AMOUNTS AND SIZE OF ASSETS IN THOUSANDS OF DOLLARS**

| Item Description for Accounting Period 7/00 Through 6/01 | | Total | Zero Assets | Under 100 | 100 to 250 | 251 to 500 | 501 to 1,000 | 1,001 to 5,000 | 5,001 to 10,000 | 10,001 to 25,000 | 25,001 to 50,000 | 50,001 to 100,000 | 100,001 to 250,000 | 250,001 and over |
|---|---|---|---|---|---|---|---|---|---|---|---|---|---|---|
| Number of Enterprises | 1 | 89602 | 6451 | 49711 | 12710 | 7985 | 6286 | 5292 | 551 | 382 | 95 | 57 | 46 | 36 |
| **Revenues ($ in Thousands)** | | | | | | | | | | | | | | |
| Net Sales | 2 | 168976315 | 2929268 | 10677298 | 9099736 | 8197178 | 13653460 | 31140075 | 9080009 | 13257202 | 5875966 | 5975904 | 11184818 | 47905402 |
| Interest | 3 | 482992 | 5622 | 1164 | 4571 | 6380 | 14852 | 46249 | 17933 | 21117 | 19639 | 25502 | 28626 | 291336 |
| Rents | 4 | 314908 | 915 | 1060 | 356 | 249 | 7352 | 40112 | 18913 | 23299 | 16692 | 8665 | 10685 | 186610 |
| Royalties | 5 | 123257 | 0 | 0 | 0 | 0 | 194 | 0 | 0 | 8 | 0 | 13 | 0 | 123042 |
| Other Portfolio Income | 6 | 1468112 | 150382 | 77473 | 63450 | 49215 | 79374 | 221639 | 64279 | 120691 | 121949 | 68709 | 100166 | 350788 |
| Other Receipts | 7 | 1415392 | 306291 | 28684 | 27464 | 37218 | 67599 | 161629 | 38123 | 112389 | 63934 | 175694 | 92453 | 303912 |
| Total Receipts | 8 | 172780976 | 3392478 | 10785679 | 9195577 | 8290240 | 13822831 | 31609704 | 9219257 | 13534706 | 6098180 | 6254487 | 11416748 | 49161090 |
| Average Total Receipts | 9 | 1928 | 526 | 217 | 723 | 1038 | 2199 | 5973 | 16732 | 35431 | 64191 | 109728 | 248190 | 1365586 |
| **Operating Costs/Operating Income (%)** | | | | | | | | | | | | | | |
| Cost of Operations | 10 | 33.1 | 61.1 | 19.3 | 21.7 | 23.8 | 39.4 | 38.0 | 38.0 | 38.2 | 31.0 | 39.3 | 36.0 | 29.7 |
| Salaries and Wages | 11 | 18.2 | 12.9 | 8.3 | 23.9 | 17.0 | 11.7 | 15.2 | 15.8 | 16.1 | 21.4 | 20.1 | 17.3 | 24.4 |
| Taxes Paid | 12 | 4.1 | 2.8 | 2.9 | 4.1 | 3.9 | 3.6 | 3.6 | 3.5 | 4.0 | 4.7 | 5.4 | 4.9 | 4.7 |
| Interest Paid | 13 | 1.7 | 2.0 | 1.0 | 1.5 | 2.2 | 1.6 | 1.4 | 1.3 | 1.7 | 2.0 | 2.4 | 2.4 | 1.7 |
| Depreciation | 14 | 5.7 | 2.2 | 3.8 | 6.2 | 8.7 | 5.6 | 5.2 | 4.9 | 5.7 | 6.6 | 8.2 | 7.5 | 5.3 |
| Amortization and Depletion | 15 | 0.1 | 2.6 | 0.0 | 0.0 | 0.0 | 0.0 | 0.1 | 0.0 | 0.1 | 0.1 | 0.2 | 0.3 | 0.1 |
| Pensions and Other Deferred Comp. | 16 | 0.5 | 0.1 | 0.1 | 0.1 | 0.2 | 0.3 | 0.5 | 0.4 | 0.4 | 1.1 | 0.6 | 0.4 | 0.9 |
| Employee Benefits | 17 | 2.6 | 1.4 | 0.8 | 1.1 | 1.2 | 1.6 | 1.3 | 1.9 | 1.8 | 2.2 | 3.0 | 2.2 | 5.2 |
| Advertising | 18 | 0.2 | 0.0 | 0.2 | 0.1 | 0.3 | 0.2 | 0.3 | 0.2 | 0.2 | 0.3 | 0.2 | 0.3 | 0.2 |
| Other Expenses | 19 | 33.7 | 58.7 | 57.3 | 37.8 | 40.3 | 34.2 | 32.9 | 32.2 | 31.6 | 33.0 | 24.7 | 31.0 | 28.0 |
| Officers' Compensation | 20 | 1.8 | 1.6 | 4.7 | 4.3 | 3.7 | 3.2 | 2.6 | 1.5 | 1.3 | 0.9 | 1.0 | 0.5 | 0.3 |
| Operating Margin | 21 | • | • | 1.6 | • | • | • | • | 0.2 | • | • | • | • | • |
| Operating Margin Before Officers' Comp. | 22 | 0.0 | • | 6.3 | 3.3 | 2.5 | 1.7 | 1.6 | 1.7 | 0.2 | • | • | • | • |

## Selected Average Balance Sheet ($ in Thousands)

| | | | | | | | | | | | | | |
|---|---|---|---|---|---|---|---|---|---|---|---|---|---|
| Net Receivables 23 | 194 | 0 | 2 | 18 | 62 | 148 | 538 | 1951 | 3983 | 8171 | 14855 | 34468 | 193897 |
| Inventories 24 | 7 | 0 | 0 | 2 | 3 | 3 | 21 | 55 | 141 | 591 | 796 | 1694 | 5115 |
| Net Property, Plant and Equipment 25 | 399 | 0 | 18 | 106 | 212 | 367 | 953 | 2738 | 7605 | 17628 | 42058 | 79565 | 340956 |
| Total Assets 26 | 848 | 0 | 30 | 167 | 354 | 711 | 2019 | 6733 | 15073 | 34878 | 72317 | 143659 | 857415 |
| Notes and Loans Payable 27 | 383 | 0 | 33 | 138 | 277 | 439 | 983 | 3248 | 7259 | 15932 | 34414 | 66116 | 268722 |
| All Other Liabilities 28 | 234 | 0 | 4 | 27 | 53 | 120 | 458 | 2169 | 3438 | 8321 | 16104 | 39694 | 297815 |
| Net Worth 29 | 231 | 0 | -8 | 2 | 25 | 152 | 578 | 1316 | 4376 | 10626 | 21798 | 37849 | 290879 |

## Selected Financial Ratios (Times to 1)

| | | | | | | | | | | | | | |
|---|---|---|---|---|---|---|---|---|---|---|---|---|---|
| Current Ratio 30 | 1.1 | • | 1.2 | 1.0 | 1.0 | 1.3 | 1.3 | 1.1 | 1.1 | 1.0 | 0.9 | 1.0 | 1.1 |
| Quick Ratio 31 | 0.9 | • | 1.0 | 0.8 | 0.9 | 1.1 | 1.1 | 0.9 | 0.9 | 0.9 | 0.8 | 0.8 | 0.9 |
| Net Sales to Working Capital 32 | 57.5 | • | 183.9 | 939.7 | 485.5 | 35.0 | 30.7 | 67.3 | 78.0 | 119.1 | • | • | 37.2 |
| Coverage Ratio 33 | 1.3 | • | 3.6 | 1.1 | 1.0 | 0.8 | 1.4 | 2.4 | 1.6 | 1.2 | 0.8 | 0.7 | 2.2 |
| Total Asset Turnover 34 | 2.2 | • | 7.3 | 4.3 | 2.9 | 3.1 | 2.9 | 2.4 | 2.3 | 1.8 | 1.4 | 1.7 | 1.6 |
| Inventory Turnover 35 | 88.9 | • | 514.8 | 71.0 | 92.6 | 272.9 | 108.3 | 113.0 | 94.4 | 32.4 | 51.7 | 51.7 | 77.3 |
| Receivables Turnover 36 | 10.1 | • | 131.5 | 42.1 | 17.2 | 17.5 | 11.9 | 8.4 | 9.0 | 7.2 | 7.0 | 7.4 | 7.0 |
| Total Liabilities to Net Worth 37 | 2.7 | • | • | 73.9 | 13.0 | 3.7 | 2.5 | 4.1 | 2.4 | 2.3 | 2.3 | 2.8 | 1.9 |
| Current Assets to Working Capital 38 | 9.3 | • | 6.9 | 69.3 | 52.0 | 4.6 | 4.6 | 13.1 | 13.5 | 23.6 | • | • | 8.0 |
| Current Liabilities to Working Capital 39 | 8.3 | • | 5.9 | 68.3 | 51.0 | 3.6 | 3.6 | 12.1 | 12.5 | 22.6 | • | • | 7.0 |
| Working Capital to Net Sales 40 | 0.0 | • | 0.0 | 0.0 | 0.0 | 0.0 | 0.0 | 0.0 | 0.0 | 0.0 | • | • | 0.0 |
| Inventory to Working Capital 41 | 0.2 | • | 0.1 | 0.2 | 1.4 | 0.1 | 0.1 | 0.2 | 0.3 | 0.8 | • | • | 0.2 |
| Total Receipts to Cash Flow 42 | 4.3 | 521.6 | 2.0 | 3.8 | 3.7 | 3.9 | 4.5 | 5.1 | 4.6 | 4.8 | 6.7 | 5.3 | 4.6 |
| Cost of Goods to Cash Flow 43 | 1.4 | 318.7 | 0.4 | 0.8 | 0.9 | 1.5 | 1.7 | 2.0 | 1.8 | 1.5 | 2.6 | 1.9 | 1.4 |
| Cash Flow to Total Debt 44 | 0.7 | • | 2.8 | 1.1 | 0.8 | 1.0 | 0.9 | 0.6 | 0.7 | 0.5 | 0.3 | 0.4 | 0.5 |

## Selected Financial Factors (in Percentages)

| | | | | | | | | | | | | | |
|---|---|---|---|---|---|---|---|---|---|---|---|---|---|
| Debt Ratio 45 | 72.8 | • | 128.3 | 98.7 | 92.8 | 78.7 | 71.4 | 80.5 | 71.0 | 69.5 | 69.9 | 73.7 | 66.1 |
| Return on Total Assets 46 | 4.7 | • | 26.4 | 7.0 | 6.1 | 4.0 | 5.7 | 7.3 | 6.1 | 4.2 | 2.8 | 2.8 | 5.9 |
| Return on Equity Before Income Taxes 47 | 3.6 | • | • | 28.0 | • | • | 5.6 | 21.7 | 7.8 | 2.4 | • | • | 9.4 |
| Return on Equity After Income Taxes 48 | 0.5 | • | • | • | • | • | 3.4 | 16.5 | 5.6 | 0.6 | • | • | 5.9 |
| Profit Margin (Before Income Tax) 49 | 0.4 | • | 2.6 | 0.1 | • | • | 0.6 | 1.7 | 1.0 | 0.4 | • | • | 2.1 |
| Profit Margin (After Income Tax) 50 | 0.1 | • | 2.6 | • | • | • | 0.3 | 1.3 | 0.7 | 0.1 | • | • | 1.3 |

## Table II

Corporations with Net Income

# Truck Transportation

**Money Amounts and Size of Assets in Thousands of Dollars**

| Item Description for Accounting Period 7/00 Through 6/01 | | Total | Zero Assets | Under 100 | 100 to 250 | 251 to 500 | 501 to 1,000 | 1,001 to 5,000 | 5,001 to 10,000 | 10,001 to 25,000 | 25,001 to 50,000 | 50,001 to 100,000 | 100,001 to 250,000 | 250,001 and over |
|---|---|---|---|---|---|---|---|---|---|---|---|---|---|---|
| Number of Enterprises | 1 | 48492 | 3951 | 27542 | 5634 | 4107 | 3431 | 3118 | 359 | 231 | 50 | 28 | 17 | 25 |
| **Revenues ($ in Thousands)** | | | | | | | | | | | | | | |
| Net Sales | 2 | 105535748 | 1101626 | 7141823 | 5402330 | 4157107 | 7870570 | 19476749 | 6360374 | 8585388 | 3159883 | 3202621 | 4628518 | 34448757 |
| Interest | 3 | 332190 | 120 | 846 | 3816 | 3867 | 12653 | 35793 | 13427 | 15215 | 12922 | 6711 | 12744 | 214077 |
| Rents | 4 | 155700 | 153 | 0 | 356 | 0 | 6286 | 22183 | 7027 | 14315 | 9353 | 3201 | 6568 | 86259 |
| Royalties | 5 | 123236 | 0 | 0 | 0 | 0 | 194 | 0 | 0 | 0 | 0 | 0 | 0 | 123042 |
| Other Portfolio Income | 6 | 980888 | 150311 | 63243 | 40184 | 35034 | 52053 | 135370 | 41007 | 80049 | 99530 | 20435 | 33760 | 229914 |
| Other Receipts | 7 | 700991 | 1283 | 6958 | 7396 | 20396 | 33194 | 63163 | 24673 | 66678 | 47678 | 142269 | 36204 | 251097 |
| Total Receipts | 8 | 107828753 | 1253493 | 7212870 | 5454082 | 4216404 | 7974950 | 19733258 | 6446508 | 8761645 | 3329366 | 3375237 | 4717794 | 35353146 |
| Average Total Receipts | 9 | 2224 | 317 | 262 | 968 | 1027 | 2324 | 6329 | 17957 | 37929 | 66587 | 120544 | 277517 | 1414126 |
| **Operating Costs/Operating Income (%)** | | | | | | | | | | | | | | |
| Cost of Operations | 10 | 33.0 | 32.0 | 16.0 | 23.2 | 24.4 | 40.3 | 39.5 | 43.5 | 36.2 | 29.0 | 40.2 | 37.4 | 30.0 |
| Salaries and Wages | 11 | 18.2 | 11.3 | 6.7 | 28.1 | 16.4 | 11.6 | 13.6 | 13.5 | 16.0 | 22.2 | 21.6 | 13.3 | 25.0 |
| Taxes Paid | 12 | 4.1 | 3.2 | 2.5 | 3.8 | 3.6 | 3.8 | 3.2 | 2.9 | 3.8 | 4.8 | 5.7 | 4.4 | 5.0 |
| Interest Paid | 13 | 1.2 | 1.5 | 0.9 | 0.6 | 1.5 | 1.2 | 0.9 | 0.9 | 1.2 | 1.5 | 1.7 | 1.3 | 1.6 |
| Depreciation | 14 | 4.7 | 3.2 | 3.0 | 3.1 | 7.2 | 5.0 | 3.9 | 3.8 | 4.4 | 6.4 | 7.2 | 6.7 | 5.0 |
| Amortization and Depletion | 15 | 0.1 | 0.0 | 0.0 | 0.0 | 0.0 | 0.1 | 0.1 | 0.0 | 0.1 | 0.1 | 0.0 | 0.2 | 0.1 |
| Pensions and Other Deferred Comp. | 16 | 0.6 | 0.1 | 0.1 | 0.2 | 0.3 | 0.3 | 0.3 | 0.5 | 0.4 | 1.3 | 0.3 | 0.3 | 1.0 |
| Employee Benefits | 17 | 2.9 | 1.1 | 1.1 | 1.5 | 1.0 | 1.7 | 1.1 | 2.0 | 1.8 | 2.8 | 3.8 | 2.7 | 5.4 |
| Advertising | 18 | 0.2 | 0.1 | 0.1 | 0.2 | 0.4 | 0.2 | 0.3 | 0.1 | 0.2 | 0.3 | 0.2 | 0.2 | 0.2 |
| Other Expenses | 19 | 31.3 | 35.6 | 59.8 | 31.4 | 37.4 | 29.8 | 32.6 | 28.3 | 33.1 | 31.3 | 20.4 | 30.1 | 25.3 |
| Officers' Compensation | 20 | 1.9 | 4.0 | 3.5 | 4.8 | 4.3 | 3.6 | 2.7 | 1.7 | 1.5 | 1.1 | 1.2 | 0.6 | 0.4 |
| Operating Margin | 21 | 1.9 | 7.9 | 6.3 | 3.1 | 3.5 | 2.3 | 1.8 | 2.8 | 1.2 | • | • | 2.8 | 1.0 |
| Operating Margin Before Officers' Comp. | 22 | 3.8 | 11.9 | 9.8 | 7.9 | 7.9 | 5.9 | 4.6 | 4.4 | 2.7 | 0.3 | • | 3.3 | 1.4 |

## Selected Average Balance Sheet ($ in Thousands)

| | | | | | | | | | | | | | |
|---|---|---|---|---|---|---|---|---|---|---|---|---|---|
| Net Receivables **23** | 230 | 0 | 2 | 13 | 60 | 143 | 604 | 2138 | 4293 | 8794 | 13979 | 43034 | 203719 |
| Inventories **24** | 8 | 0 | 0 | 4 | 4 | 3 | 17 | 41 | 153 | 958 | 1074 | 1765 | 5058 |
| Net Property, Plant and Equipment **25** | 409 | 0 | 17 | 93 | 161 | 348 | 730 | 2292 | 6591 | 17800 | 41838 | 78577 | 359274 |
| Total Assets **26** | 922 | 0 | 30 | 167 | 338 | 712 | 1978 | 6534 | 14615 | 35418 | 71198 | 154350 | 833561 |
| Notes and Loans Payable **27** | 310 | 0 | 36 | 83 | 165 | 310 | 680 | 2069 | 5689 | 11594 | 27335 | 41386 | 223909 |
| All Other Liabilities **28** | 247 | 0 | 4 | 17 | 68 | 102 | 491 | 1428 | 3509 | 8530 | 13319 | 39741 | 273180 |
| Net Worth **29** | 365 | 0 | -10 | 67 | 105 | 300 | 808 | 3036 | 5418 | 15294 | 30544 | 73224 | 336471 |

## Selected Financial Ratios (Times to 1)

| | | | | | | | | | | | | | |
|---|---|---|---|---|---|---|---|---|---|---|---|---|---|
| Current Ratio **30** | 1.4 | • | 1.2 | 2.3 | 1.3 | 1.9 | 1.5 | 1.8 | 1.3 | 1.4 | 1.2 | 1.7 | 1.2 |
| Quick Ratio **31** | 1.1 | • | 1.1 | 1.8 | 1.2 | 1.7 | 1.3 | 1.4 | 1.1 | 1.1 | 1.0 | 1.5 | 1.0 |
| Net Sales to Working Capital **32** | 22.7 | • | 141.0 | 26.2 | 31.3 | 15.4 | 17.9 | 11.1 | 26.6 | 16.1 | 31.5 | 10.9 | 33.2 |
| Coverage Ratio **33** | 4.3 | 15.7 | 9.3 | 7.9 | 4.4 | 4.0 | 4.5 | 5.4 | 3.7 | 4.2 | 2.9 | 4.7 | 3.3 |
| Total Asset Turnover **34** | 2.4 | • | 8.7 | 5.7 | 3.0 | 3.2 | 3.2 | 2.7 | 2.5 | 1.8 | 1.6 | 1.8 | 1.7 |
| Inventory Turnover **35** | 89.0 | • | 1528.2 | 50.8 | 59.5 | 287.2 | 145.3 | 188.4 | 88.1 | 19.2 | 42.8 | 57.7 | 81.8 |
| Receivables Turnover **36** | 9.1 | • | 176.5 | 59.8 | 15.0 | 16.3 | 10.9 | 8.0 | 8.9 | 6.3 | 7.2 | 5.4 | 6.4 |
| Total Liabilities to Net Worth **37** | 1.5 | • | • | 1.5 | 2.2 | 1.4 | 1.4 | 1.2 | 1.7 | 1.3 | 1.3 | 1.1 | 1.5 |
| Current Assets to Working Capital **38** | 3.8 | • | 5.2 | 1.8 | 4.1 | 2.1 | 2.9 | 2.2 | 4.7 | 3.6 | 5.9 | 2.4 | 6.8 |
| Current Liabilities to Working Capital **39** | 2.8 | • | 4.2 | 0.8 | 3.1 | 1.1 | 1.9 | 1.2 | 3.7 | 2.6 | 4.9 | 1.4 | 5.8 |
| Working Capital to Net Sales **40** | 0.0 | • | 0.0 | 0.0 | 0.0 | 0.1 | 0.1 | 0.1 | 0.0 | 0.1 | 0.0 | 0.1 | 0.0 |
| Inventory to Working Capital **41** | 0.1 | • | • | • | 0.2 | 0.0 | 0.0 | 0.0 | 0.1 | 0.2 | 0.3 | 0.0 | 0.1 |
| Total Receipts to Cash Flow **42** | 3.9 | 2.3 | 1.7 | 4.0 | 3.2 | 3.9 | 4.3 | 5.3 | 3.9 | 4.6 | 6.5 | 4.2 | 4.6 |
| Cost of Goods to Cash Flow **43** | 1.3 | 0.7 | 0.3 | 0.9 | 0.8 | 1.6 | 1.7 | 2.3 | 1.4 | 1.3 | 2.6 | 1.6 | 1.4 |
| Cash Flow to Total Debt **44** | 1.0 | • | 3.8 | 2.4 | 1.3 | 1.4 | 1.2 | 1.0 | 1.0 | 0.7 | 0.4 | 0.8 | 0.6 |

## Selected Financial Factors (in Percentages)

| | | | | | | | | | | | | | |
|---|---|---|---|---|---|---|---|---|---|---|---|---|---|
| Debt Ratio **45** | 60.4 | • | 132.7 | 60.0 | 69.1 | 57.9 | 59.2 | 53.5 | 62.9 | 56.8 | 57.1 | 52.6 | 59.6 |
| Return on Total Assets **46** | 12.6 | • | 71.2 | 26.6 | 19.2 | 15.6 | 12.7 | 13.7 | 11.2 | 10.8 | 7.8 | 10.5 | 8.5 |
| Return on Equity Before Income Taxes **47** | 24.4 | • | • | 58.0 | 48.1 | 27.8 | 24.2 | 24.0 | 22.0 | 19.0 | 11.9 | 17.5 | 14.7 |
| Return on Equity After Income Taxes **48** | 20.8 | • | • | 55.1 | 46.6 | 25.5 | 21.4 | 20.6 | 19.1 | 16.5 | 10.0 | 13.6 | 10.3 |
| Profit Margin (Before Income Tax) **49** | 4.1 | 21.7 | 7.3 | 4.0 | 5.0 | 3.6 | 3.1 | 4.1 | 3.2 | 4.6 | 3.2 | 4.7 | 3.6 |
| Profit Margin (After Income Tax) **50** | 3.5 | 21.5 | 7.2 | 3.8 | 4.8 | 3.3 | 2.8 | 3.5 | 2.8 | 4.0 | 2.7 | 3.7 | 2.5 |

**Table I**

Corporations with and without Net Income

# TRANSIT AND GROUND PASSENGER TRANSPORTATION

**MONEY AMOUNTS AND SIZE OF ASSETS IN THOUSANDS OF DOLLARS**

| Item Description for Accounting Period 7/00 Through 6/01 | | Total | Zero Assets | Under 100 | 100 to 250 | 251 to 500 | 501 to 1,000 | 1,001 to 5,000 | 5,001 to 10,000 | 10,001 to 25,000 | 25,001 to 50,000 | 50,001 to 100,000 | 100,001 to 250,000 | 250,001 and over |
|---|---|---|---|---|---|---|---|---|---|---|---|---|---|---|
| Number of Enterprises | 1 | 18734 | 534 | 11824 | 2260 | 1992 | 609 | 1229 | 191 | 64 | 16 | 7 | 0 | 7 |
| **Revenues ($ in Thousands)** | | | | | | | | | | | | | | |
| Net Sales | 2 | 20365435 | 57498 | 933741 | 470881 | 1098263 | 757298 | 4764690 | 1828744 | 1408337 | 786782 | 661974 | 0 | 7597226 |
| Interest | 3 | 681256 | 720 | 518 | 535 | 944 | 2499 | 14307 | 4283 | 4550 | 1015 | 3693 | 0 | 648190 |
| Rents | 4 | 75542 | 0 | 0 | 19962 | 0 | 0 | 23672 | 1888 | 4306 | 3422 | 3673 | 0 | 18619 |
| Royalties | 5 | 6220 | 0 | 0 | 0 | 0 | 0 | 0 | 0 | 0 | 133 | 0 | 0 | 6087 |
| Other Portfolio Income | 6 | 195052 | 46263 | 357 | 33 | 464 | 48862 | 20725 | 27728 | 15809 | 4283 | 7868 | 0 | 22659 |
| Other Receipts | 7 | 298141 | 133 | 2 | 1188 | 8886 | 10111 | 53117 | 9713 | 14486 | 61040 | 6385 | 0 | 133083 |
| Total Receipts | 8 | 21621646 | 104614 | 934618 | 492599 | 1108557 | 818770 | 4876511 | 1872356 | 1447488 | 856675 | 683593 | 0 | 8425864 |
| Average Total Receipts | 9 | 1154 | 196 | 79 | 218 | 557 | 1344 | 3968 | 9803 | 22617 | 53542 | 97656 | • | 1203695 |
| **Operating Costs/Operating Income (%)** | | | | | | | | | | | | | | |
| Cost of Operations | 10 | 29.3 | 3.4 | 13.0 | 5.4 | 16.1 | 39.7 | 44.7 | 29.5 | 50.3 | 31.7 | 44.6 | • | 18.6 |
| Salaries and Wages | 11 | 23.1 | 60.2 | 20.3 | 32.7 | 18.3 | 12.1 | 15.2 | 23.5 | 15.7 | 31.8 | 16.1 | • | 30.2 |
| Taxes Paid | 12 | 4.3 | 6.4 | 4.3 | 3.9 | 3.9 | 2.7 | 3.4 | 4.2 | 3.6 | 3.5 | 4.0 | • | 5.2 |
| Interest Paid | 13 | 6.1 | 1.9 | 1.7 | 4.2 | 3.4 | 2.9 | 1.7 | 2.5 | 2.1 | 2.0 | 4.4 | • | 12.4 |
| Depreciation | 14 | 6.8 | 5.0 | 4.8 | 5.0 | 4.1 | 6.9 | 5.4 | 8.6 | 7.5 | 7.8 | 7.4 | • | 7.7 |
| Amortization and Depletion | 15 | 0.7 | 0.1 | 0.0 | 0.0 | 0.8 | 0.2 | 0.1 | 0.3 | 0.1 | 0.3 | 0.9 | • | 1.5 |
| Pensions and Other Deferred Comp. | 16 | 0.5 | 0.1 | 1.3 | • | 1.2 | 0.0 | 0.4 | 0.8 | 0.4 | 0.7 | 0.4 | • | 0.4 |
| Employee Benefits | 17 | 1.7 | 1.0 | 0.9 | 0.1 | 0.4 | 0.4 | 0.9 | 2.8 | 2.6 | 4.1 | 2.1 | • | 1.9 |
| Advertising | 18 | 0.6 | 0.1 | 1.9 | 0.9 | 0.6 | 0.6 | 0.5 | 0.7 | 0.4 | 0.9 | 0.5 | • | 0.5 |
| Other Expenses | 19 | 31.1 | 77.0 | 43.0 | 43.0 | 47.3 | 38.6 | 22.9 | 28.2 | 17.1 | 24.0 | 19.5 | • | 35.5 |
| Officers' Compensation | 20 | 2.3 | 0.2 | 12.5 | 5.1 | 1.6 | 4.2 | 3.8 | 1.7 | 1.6 | 1.4 | 1.8 | • | 0.3 |
| Operating Margin | 21 | • | • | • | • | 2.2 | • | 0.9 | • | • | • | • | • | • |
| Operating Margin Before Officers' Comp. | 22 | • | • | 8.8 | 4.7 | 3.8 | • | 4.7 | • | 0.2 | • | • | • | • |

## Selected Average Balance Sheet ($ in Thousands)

| | | | | | | | | | | | | | |
|---|---|---|---|---|---|---|---|---|---|---|---|---|---|
| Net Receivables 23 | 143 | 0 | 1 | 10 | 22 | 90 | 333 | 787 | 2198 | 6766 | 13486 | • | 234848 |
| Inventories 24 | 12 | 0 | 0 | 0 | 1 | 5 | 16 | 53 | 239 | 567 | 2045 | • | 20987 |
| Net Property, Plant and Equipment 25 | 345 | 0 | 10 | 28 | 90 | 390 | 933 | 4063 | 7335 | 18062 | 35923 | • | 419051 |
| Total Assets 26 | 977 | 0 | 34 | 151 | 352 | 678 | 1973 | 7035 | 14346 | 39502 | 89613 | • | 1500077 |
| Notes and Loans Payable 27 | 567 | 0 | 30 | 128 | 239 | 339 | 970 | 4290 | 6430 | 14009 | 30960 | • | 920351 |
| All Other Liabilities 28 | 197 | 0 | 3 | 7 | 43 | 229 | 465 | 910 | 3099 | 10464 | 27917 | • | 301599 |
| Net Worth 29 | 212 | 0 | 1 | 15 | 70 | 111 | 537 | 1835 | 4817 | 15029 | 30736 | • | 278127 |

## Selected Financial Ratios (Times to 1)

| | | | | | | | | | | | | | |
|---|---|---|---|---|---|---|---|---|---|---|---|---|---|
| Current Ratio 30 | 1.1 | • | 1.3 | 1.7 | 1.8 | 0.6 | 1.1 | 0.6 | 1.2 | 0.9 | 0.9 | • | 1.2 |
| Quick Ratio 31 | 0.8 | • | 1.0 | 1.1 | 1.7 | 0.6 | 0.8 | 0.4 | 0.8 | 0.6 | 0.7 | • | 0.9 |
| Net Sales to Working Capital 32 | 61.6 | • | 65.5 | 19.6 | 16.0 | • | 71.5 | • | 34.1 | • | • | • | 17.2 |
| Coverage Ratio 33 | 1.0 | 15.2 | • | 2.0 | 1.9 | 0.9 | 2.9 | 0.8 | 1.6 | 1.4 | 1.3 | • | 0.7 |
| Total Asset Turnover 34 | 1.1 | • | 2.3 | 1.4 | 1.6 | 1.8 | 2.0 | 1.4 | 1.5 | 1.2 | 1.1 | • | 0.7 |
| Inventory Turnover 35 | 26.9 | • | 261.8 | 59.3 | 168.7 | 93.6 | 111.8 | 53.0 | 46.3 | 27.5 | 20.6 | • | 9.6 |
| Receivables Turnover 36 | 7.7 | • | 72.8 | 22.9 | 25.6 | 12.1 | 12.0 | 9.5 | 10.4 | 7.5 | 9.0 | • | 4.9 |
| Total Liabilities to Net Worth 37 | 3.6 | • | 24.5 | 8.8 | 4.0 | 5.1 | 2.7 | 2.8 | 2.0 | 1.6 | 1.9 | • | 4.4 |
| Current Assets to Working Capital 38 | 14.7 | • | 4.2 | 2.4 | 2.2 | • | 13.3 | • | 7.3 | • | • | • | 5.9 |
| Current Liabilities to Working Capital 39 | 13.7 | • | 3.2 | 1.4 | 1.2 | • | 12.3 | • | 6.3 | • | • | • | 4.9 |
| Working Capital to Net Sales 40 | 0.0 | • | 0.0 | 0.1 | 0.1 | • | 0.0 | • | 0.0 | • | • | • | 0.1 |
| Inventory to Working Capital 41 | 0.7 | • | • | 0.0 | 0.0 | • | 0.2 | • | 0.4 | • | • | • | 0.4 |
| Total Receipts to Cash Flow 42 | 4.4 | 1.4 | 3.0 | 2.6 | 2.4 | 5.9 | 5.5 | 5.1 | 7.2 | 5.6 | 10.1 | • | 4.1 |
| Cost of Goods to Cash Flow 43 | 1.3 | 0.0 | 0.4 | 0.1 | 0.4 | 2.3 | 2.5 | 1.5 | 3.6 | 1.8 | 4.5 | • | 0.8 |
| Cash Flow to Total Debt 44 | 0.3 | • | 0.8 | 0.6 | 0.8 | 0.4 | 0.5 | 0.4 | 0.3 | 0.4 | 0.2 | • | 0.2 |

## Selected Financial Factors (in Percentages)

| | | | | | | | | | | | | | |
|---|---|---|---|---|---|---|---|---|---|---|---|---|---|
| Debt Ratio 45 | 78.3 | • | 96.1 | 89.8 | 80.1 | 83.7 | 72.8 | 73.9 | 66.4 | 62.0 | 65.7 | • | 81.5 |
| Return on Total Assets 46 | 6.5 | • | • | 11.6 | 10.2 | 5.0 | 9.8 | 2.9 | 5.3 | 3.6 | 6.2 | • | 6.5 |
| Return on Equity Before Income Taxes 47 | • | • | • | 56.4 | 24.9 | • | 23.4 | • | 6.0 | 2.8 | 4.6 | • | • |
| Return on Equity After Income Taxes 48 | • | • | • | 43.8 | 23.1 | • | 20.8 | • | 4.3 | 2.2 | 1.2 | • | • |
| Profit Margin (Before Income Tax) 49 | • | 26.5 | • | 4.2 | 3.2 | • | 3.2 | • | 1.3 | 0.8 | 1.5 | • | • |
| Profit Margin (After Income Tax) 50 | • | 26.4 | • | 3.2 | 2.9 | • | 2.9 | • | 0.9 | 0.7 | 0.4 | • | • |

**Table II**

Corporations with Net Income

# TRANSIT AND GROUND PASSENGER TRANSPORTATION

MONEY AMOUNTS AND SIZE OF ASSETS IN THOUSANDS OF DOLLARS

| Item Description for Accounting Period 7/00 Through 6/01 | | Total | Zero Assets | Under 100 | 100 to 250 | 251 to 500 | 501 to 1,000 | 1,001 to 5,000 | 5,001 to 10,000 | 10,001 to 25,000 | 25,001 to 50,000 | 50,001 to 100,000 | 100,001 to 250,000 | 250,001 and over |
|---|---|---|---|---|---|---|---|---|---|---|---|---|---|---|
| Number of Enterprises | 1 | 8644 | 273 | 4671 | 1733 | 883 | 184 | 742 | 104 | 41 | 8 | 4 | 0 | 0 |
| **Revenues ($ in Thousands)** | | | | | | | | | | | | | | |
| Net Sales | 2 | 8945560 | 49574 | 539157 | 385962 | 696608 | 272860 | 3971246 | 1091378 | 1088521 | 418921 | 431333 | 0 | 0 |
| Interest | 3 | 26238 | 672 | 101 | 535 | 452 | 2472 | 10532 | 4040 | 3677 | 299 | 3459 | 0 | 0 |
| Rents | 4 | 52664 | 0 | 0 | 19962 | 0 | 0 | 23595 | 0 | 2605 | 3170 | 3332 | 0 | 0 |
| Royalties | 5 | 17 | 0 | 0 | 0 | 0 | 0 | 0 | 0 | 0 | 17 | 0 | 0 | 0 |
| Other Portfolio Income | 6 | 149794 | 46157 | 357 | 33 | 464 | 48862 | 15110 | 26774 | 10483 | 1335 | 219 | 0 | 0 |
| Other Receipts | 7 | 78267 | 316 | 0 | 1188 | 8884 | 1105 | 30491 | 6770 | 11849 | 15940 | 1722 | 0 | 0 |
| Total Receipts | 8 | 9252540 | 96719 | 539615 | 407680 | 706408 | 325299 | 4050974 | 1128962 | 1117135 | 439682 | 440065 | 0 | 0 |
| Average Total Receipts | 9 | 1070 | 354 | 116 | 235 | 800 | 1768 | 5460 | 10855 | 27247 | 54960 | 110016 | • | • |
| **Operating Costs/Operating Income (%)** | | | | | | | | | | | | | | |
| Cost of Operations | 10 | 38.3 | 3.4 | 9.9 | 6.6 | 19.0 | 33.5 | 45.9 | 43.3 | 49.4 | 33.2 | 34.5 | • | • |
| Salaries and Wages | 11 | 18.3 | 63.9 | 13.8 | 33.4 | 21.2 | 19.6 | 15.7 | 17.3 | 16.6 | 27.1 | 21.2 | • | • |
| Taxes Paid | 12 | 3.7 | 6.6 | 3.4 | 4.6 | 5.4 | 4.7 | 3.2 | 4.2 | 3.4 | 3.8 | 4.2 | • | • |
| Interest Paid | 13 | 1.4 | 1.7 | 2.0 | 2.9 | 1.5 | 0.4 | 1.1 | 1.7 | 1.4 | 1.4 | 2.5 | • | • |
| Depreciation | 14 | 4.8 | 5.1 | 5.7 | 3.1 | 5.0 | 6.4 | 3.8 | 6.2 | 5.6 | 7.3 | 5.0 | • | • |
| Amortization and Depletion | 15 | 0.1 | 0.0 | 0.0 | 0.0 | 0.3 | 0.1 | 0.1 | 0.1 | 0.1 | 0.1 | 0.1 | • | • |
| Pensions and Other Deferred Comp. | 16 | 0.5 | 0.1 | • | • | 2.0 | 0.0 | 0.4 | 1.1 | 0.4 | 0.3 | 0.5 | • | • |
| Employee Benefits | 17 | 1.5 | 1.1 | 1.2 | 0.1 | 0.7 | 0.8 | 0.9 | 3.5 | 2.5 | 1.4 | 1.8 | • | • |
| Advertising | 18 | 0.5 | 0.1 | 0.2 | 1.0 | 0.6 | 0.9 | 0.4 | 0.3 | 0.4 | 1.0 | 0.4 | • | • |
| Other Expenses | 19 | 24.6 | 79.7 | 43.7 | 38.9 | 37.0 | 25.2 | 21.6 | 19.9 | 17.5 | 21.4 | 22.5 | • | • |
| Officers' Compensation | 20 | 3.8 | 0.1 | 12.9 | 6.3 | 1.8 | 10.1 | 4.0 | 1.4 | 1.7 | 1.7 | 2.5 | • | • |
| Operating Margin | 21 | 2.4 | • | 7.1 | 3.2 | 5.8 | • | 2.9 | 1.0 | 0.8 | 1.3 | 4.8 | • | • |
| Operating Margin Before Officers' Comp. | 22 | 6.3 | • | 20.0 | 9.4 | 7.5 | 8.5 | 6.9 | 2.4 | 2.5 | 3.0 | 7.3 | • | • |

## Selected Average Balance Sheet ($ in Thousands)

| | | | | | | | | | | | | | |
|---|---|---|---|---|---|---|---|---|---|---|---|---|---|
| Net Receivables 23 | 85 | 0 | 1 | 12 | 29 | 12 | 478 | 783 | 2883 | 7593 | 15238 | • | • |
| Inventories 24 | 6 | 0 | 0 | 0 | 1 | 16 | 14 | 71 | 213 | 674 | 1885 | • | • |
| Net Property, Plant and Equipment 25 | 200 | 0 | 12 | 12 | 132 | 273 | 786 | 3553 | 6181 | 18642 | 32830 | • | • |
| Total Assets 26 | 512 | 0 | 42 | 161 | 340 | 695 | 2152 | 6532 | 14495 | 40514 | 83241 | • | • |
| Notes and Loans Payable 27 | 209 | 0 | 21 | 96 | 133 | 83 | 886 | 3442 | 5028 | 13175 | 19831 | • | • |
| All Other Liabilities 28 | 102 | 0 | 1 | 10 | 78 | 66 | 557 | 696 | 3228 | 9599 | 21502 | • | • |
| Net Worth 29 | 202 | 0 | 20 | 56 | 129 | 546 | 708 | 2395 | 6240 | 17740 | 41908 | • | • |

## Selected Financial Ratios (Times to 1)

| | | | | | | | | | | | | | |
|---|---|---|---|---|---|---|---|---|---|---|---|---|---|
| Current Ratio 30 | 1.1 | • | 3.1 | 3.5 | 1.7 | 4.1 | 1.2 | 0.5 | 1.3 | 0.9 | 1.2 | • | • |
| Quick Ratio 31 | 0.9 | • | 2.4 | 2.4 | 1.5 | 3.3 | 0.9 | 0.4 | 1.0 | 0.7 | 1.0 | • | • |
| Net Sales to Working Capital 32 | 45.3 | • | 23.1 | 9.7 | 16.0 | 6.9 | 29.0 | • | 19.4 | • | 20.0 | • | • |
| Coverage Ratio 33 | 5.0 | 21.1 | 4.6 | 4.1 | 5.8 | 49.2 | 5.4 | 3.6 | 3.4 | 5.5 | 3.7 | • | • |
| Total Asset Turnover 34 | 2.0 | • | 2.8 | 1.4 | 2.3 | 2.1 | 2.5 | 1.6 | 1.8 | 1.3 | 1.3 | • | • |
| Inventory Turnover 35 | 69.0 | • | • | 59.2 | 125.9 | 30.8 | 176.3 | 64.2 | 61.6 | 25.8 | 19.7 | • | • |
| Receivables Turnover 36 | 10.7 | • | 73.6 | 18.8 | 27.3 | 36.0 | 11.8 | 8.2 | 11.0 | 6.2 | 14.2 | • | • |
| Total Liabilities to Net Worth 37 | 1.5 | • | 1.1 | 1.9 | 1.6 | 0.3 | 2.0 | 1.7 | 1.3 | 1.3 | 1.0 | • | • |
| Current Assets to Working Capital 38 | 8.0 | • | 1.5 | 1.4 | 2.4 | 1.3 | 5.1 | • | 4.1 | • | 5.7 | • | • |
| Current Liabilities to Working Capital 39 | 7.0 | • | 0.5 | 0.4 | 1.4 | 0.3 | 4.1 | • | 3.1 | • | 4.7 | • | • |
| Working Capital to Net Sales 40 | 0.0 | • | 0.0 | 0.1 | 0.1 | 0.1 | 0.0 | • | 0.1 | • | 0.0 | • | • |
| Inventory to Working Capital 41 | 0.2 | • | • | 0.0 | 0.0 | 0.1 | 0.1 | • | 0.2 | • | 0.3 | • | • |
| Total Receipts to Cash Flow 42 | 4.5 | 1.2 | 2.2 | 2.6 | 3.0 | 8.2 | 5.3 | 5.3 | 6.0 | 4.6 | 6.2 | • | • |
| Cost of Goods to Cash Flow 43 | 1.7 | 0.0 | 0.2 | 0.2 | 0.6 | 2.7 | 2.4 | 2.3 | 3.0 | 1.5 | 2.1 | • | • |
| Cash Flow to Total Debt 44 | 0.7 | • | 2.4 | 0.8 | 1.3 | 1.2 | 0.7 | 0.5 | 0.5 | 0.5 | 0.4 | • | • |

## Selected Financial Factors (in Percentages)

| | | | | | | | | | | | | | |
|---|---|---|---|---|---|---|---|---|---|---|---|---|---|
| Debt Ratio 45 | 60.6 | • | 52.6 | 65.3 | 62.0 | 21.4 | 67.1 | 63.3 | 57.0 | 56.2 | 49.7 | • | • |
| Return on Total Assets 46 | 14.8 | • | 25.4 | 16.0 | 20.1 | 38.1 | 15.1 | 9.8 | 8.9 | 10.2 | 12.1 | • | • |
| Return on Equity Before Income Taxes 47 | 30.1 | • | 41.8 | 34.9 | 43.9 | 47.5 | 37.3 | 19.4 | 14.5 | 19.0 | 17.6 | • | • |
| Return on Equity After Income Taxes 48 | 27.6 | • | 40.3 | 30.3 | 41.7 | 45.7 | 34.1 | 18.6 | 12.4 | 18.0 | 13.3 | • | • |
| Profit Margin (Before Income Tax) 49 | 5.9 | 33.5 | 7.2 | 8.8 | 7.2 | 17.5 | 4.9 | 4.4 | 3.4 | 6.4 | 6.8 | • | • |
| Profit Margin (After Income Tax) 50 | 5.4 | 33.3 | 6.9 | 7.6 | 6.8 | 16.8 | 4.5 | 4.2 | 2.9 | 6.1 | 5.2 | • | • |

## Table I

Corporations with and without Net Income

# PIPELINE TRANSPORTATION

MONEY AMOUNTS AND SIZE OF ASSETS IN THOUSANDS OF DOLLARS

| Item Description for Accounting Period 7/00 Through 6/01 | | Total | Zero Assets | Under 100 | 100 to 250 | 251 to 500 | 501 to 1,000 | 1,001 to 5,000 | 5,001 to 10,000 | 10,001 to 25,000 | 25,001 to 50,000 | 50,001 to 100,000 | 100,001 to 250,000 | 250,001 and over |
|---|---|---|---|---|---|---|---|---|---|---|---|---|---|---|
| Number of Enterprises | 1 | 597 | 237 | 0 | 97 | 0 | 47 | 126 | 50 | 12 | 10 | 5 | 9 | 5 |
| **Revenues ($ in Thousands)** | | | | | | | | | | | | | | |
| Net Sales | 2 | 6296838 | 0 | 0 | 158813 | 0 | 245803 | 520017 | 89435 | 196922 | 437688 | 137065 | 497740 | 4013354 |
| Interest | 3 | 295655 | 122 | 0 | 0 | 0 | 0 | 1375 | 2392 | 1777 | 2728 | 2195 | 5201 | 279865 |
| Rents | 4 | 4953 | 0 | 0 | 0 | 0 | 0 | 0 | 142 | 121 | 213 | 5 | 4425 | 46 |
| Royalties | 5 | 672 | 0 | 0 | 0 | 0 | 0 | 164 | 0 | 0 | 0 | 0 | 0 | 507 |
| Other Portfolio Income | 6 | 313409 | 0 | 0 | 0 | 0 | 0 | 0 | 413 | 26 | 1277 | 0 | 23 | 311669 |
| Other Receipts | 7 | 223349 | 0 | 0 | 0 | 0 | 28569 | 6530 | 10615 | 4431 | 4661 | 12428 | 21575 | 134543 |
| Total Receipts | 8 | 7134876 | 122 | 0 | 158813 | 0 | 274372 | 528086 | 102997 | 203277 | 446567 | 151693 | 528964 | 4739984 |
| Average Total Receipts | 9 | 11951 | 1 | • | 1637 | • | 5838 | 4191 | 2060 | 16940 | 44657 | 30339 | 58774 | 947997 |
| **Operating Costs/Operating Income (%)** | | | | | | | | | | | | | | |
| Cost of Operations | 10 | 32.6 | • | • | • | • | 94.8 | 81.1 | 40.3 | 40.5 | 38.6 | 37.6 | 13.7 | 24.7 |
| Salaries and Wages | 11 | 9.0 | • | • | 10.8 | • | 0.8 | 5.1 | 7.9 | 4.1 | 3.0 | 7.4 | 6.1 | 11.3 |
| Taxes Paid | 12 | 4.8 | • | • | 1.9 | • | 0.7 | 1.5 | 4.4 | 4.0 | 4.7 | 4.8 | 4.0 | 5.8 |
| Interest Paid | 13 | 16.0 | • | • | • | • | 0.1 | 1.9 | 17.2 | 4.0 | 2.6 | 2.3 | 8.2 | 22.9 |
| Depreciation | 14 | 11.8 | • | • | 3.6 | • | 1.7 | 2.5 | 18.9 | 4.5 | 3.2 | 9.1 | 9.5 | 15.5 |
| Amortization and Depletion | 15 | 2.4 | • | • | • | • | • | 0.0 | 1.2 | 0.1 | 0.0 | 0.3 | 1.0 | 3.5 |
| Pensions and Other Deferred Comp. | 16 | 0.1 | • | • | • | • | • | • | 0.5 | 0.0 | 0.0 | 0.4 | 0.0 | 0.2 |
| Employee Benefits | 17 | 1.5 | • | • | • | • | • | • | 0.4 | 0.2 | 0.8 | 0.5 | 0.8 | 2.2 |
| Advertising | 18 | 0.0 | • | • | • | • | 0.1 | 0.1 | 0.0 | 0.1 | 0.0 | 0.0 | 0.0 | 0.1 |
| Other Expenses | 19 | 33.9 | • | • | 81.2 | • | 22.4 | 13.1 | 17.0 | 13.6 | 29.6 | 21.8 | 38.6 | 37.1 |
| Officers' Compensation | 20 | 2.0 | • | • | • | • | 2.3 | 1.5 | 0.3 | 0.4 | 0.5 | 2.3 | 0.3 | 2.6 |
| Operating Margin | 21 | • | • | • | 2.5 | • | • | • | • | 28.5 | 16.9 | 13.4 | 17.7 | • |
| Operating Margin Before Officers' Comp. | 22 | • | • | • | 2.5 | • | • | • | • | 28.9 | 17.4 | 15.7 | 17.9 | • |

## Selected Average Balance Sheet ($ in Thousands)

| | | | | | | | | | | | | | |
|---|---|---|---|---|---|---|---|---|---|---|---|---|---|
| Net Receivables 23 | 8628 | 0 | • | 0 | • | 690 | 501 | 633 | 2792 | 8298 | 9689 | 13555 | 947302 |
| Inventories 24 | 249 | 0 | • | 0 | • | 4 | 6 | 75 | 401 | 889 | 226 | 805 | 24365 |
| Net Property, Plant and Equipment 25 | 27984 | 0 | • | 140 | • | 0 | 944 | 2869 | 9799 | 17960 | 44810 | 83438 | 3031690 |
| Total Assets 26 | 59870 | 0 | • | 160 | • | 946 | 2603 | 7291 | 16730 | 34463 | 76356 | 175419 | 6496827 |
| Notes and Loans Payable 27 | 21040 | 0 | • | 135 | • | 0 | 504 | 4685 | 7492 | 13628 | 13168 | 73910 | 2258603 |
| All Other Liabilities 28 | 27829 | 0 | • | 0 | • | 1021 | 1717 | 626 | 3167 | 11113 | 19971 | 50075 | 3123687 |
| Net Worth 29 | 11002 | 0 | • | 25 | • | -75 | 383 | 1981 | 6071 | 9722 | 43217 | 51434 | 1114538 |

## Selected Financial Ratios (Times to 1)

| | | | | | | | | | | | | | |
|---|---|---|---|---|---|---|---|---|---|---|---|---|---|
| Current Ratio 30 | 1.0 | • | • | 1.0 | • | 0.9 | 1.4 | 1.3 | 1.8 | 1.0 | 0.9 | 0.7 | 1.0 |
| Quick Ratio 31 | 0.5 | • | • | 0.9 | • | 0.9 | 1.1 | 1.1 | 1.4 | 0.8 | 0.8 | 0.4 | 0.5 |
| Net Sales to Working Capital 32 | • | • | • | • | • | • | 22.4 | 8.5 | 7.4 | 280.0 | • | • | • |
| Coverage Ratio 33 | 1.0 | • | • | • | • | • | • | 1.4 | 9.0 | 8.2 | 11.3 | 3.9 | 0.7 |
| Total Asset Turnover 34 | 0.2 | • | • | 10.2 | • | 5.5 | 1.6 | 0.2 | 1.0 | 1.3 | 0.4 | 0.3 | 0.1 |
| Inventory Turnover 35 | 13.8 | • | • | • | • | 1354.7 | 524.9 | 9.6 | 16.6 | 19.0 | 45.6 | 9.4 | 8.2 |
| Receivables Turnover 36 | 1.7 | • | • | • | • | 9.8 | 6.1 | 2.3 | 6.0 | 5.8 | 4.4 | 5.0 | 1.2 |
| Total Liabilities to Net Worth 37 | 4.4 | • | • | 5.4 | • | • | 5.8 | 2.7 | 1.8 | 2.5 | 0.8 | 2.4 | 4.8 |
| Current Assets to Working Capital 38 | • | • | • | • | • | • | 3.9 | 4.7 | 2.3 | 85.5 | • | • | • |
| Current Liabilities to Working Capital 39 | • | • | • | • | • | • | 2.9 | 3.7 | 1.3 | 84.5 | • | • | • |
| Working Capital to Net Sales 40 | • | • | • | • | • | • | 0.0 | 0.1 | 0.1 | 0.0 | • | • | • |
| Inventory to Working Capital 41 | • | • | • | • | • | • | 0.0 | 0.2 | 0.2 | 7.5 | • | • | • |
| Total Receipts to Cash Flow 42 | 3.5 | • | • | 1.3 | • | 9.3 | 17.3 | 4.9 | 2.4 | 2.2 | 2.2 | 1.7 | 4.1 |
| Cost of Goods to Cash Flow 43 | 1.1 | • | • | • | • | 8.8 | 14.0 | 2.0 | 1.0 | 0.9 | 0.8 | 0.2 | 1.0 |
| Cash Flow to Total Debt 44 | 0.1 | • | • | 9.5 | • | 0.6 | 0.1 | 0.1 | 0.6 | 0.8 | 0.4 | 0.3 | 0.0 |

## Selected Financial Factors (in Percentages)

| | | | | | | | | | | | | | |
|---|---|---|---|---|---|---|---|---|---|---|---|---|---|
| Debt Ratio 45 | 81.6 | • | • | 84.3 | • | 107.9 | 85.3 | 72.8 | 63.7 | 71.8 | 43.4 | 70.7 | 82.8 |
| Return on Total Assets 46 | 2.7 | • | • | 25.8 | • | • | • | 5.9 | 35.0 | 27.3 | 9.5 | 10.1 | 1.9 |
| Return on Equity Before Income Taxes 47 | • | • | • | 164.1 | • | 789.9 | • | 6.3 | 85.7 | 85.0 | 15.3 | 25.7 | • |
| Return on Equity After Income Taxes 48 | • | • | • | 139.5 | • | 789.9 | • | 2.8 | 58.8 | 54.5 | 9.7 | 14.3 | • |
| Profit Margin (Before Income Tax) 49 | • | • | • | 2.5 | • | • | • | 6.9 | 31.7 | 18.9 | 24.1 | 23.9 | • |
| Profit Margin (After Income Tax) 50 | • | • | • | 2.1 | • | • | • | 3.1 | 21.8 | 12.1 | 15.2 | 13.3 | • |

# Table II

Corporations with Net Income

## PIPELINE TRANSPORTATION

MONEY AMOUNTS AND SIZE OF ASSETS IN THOUSANDS OF DOLLARS

| Item Description for Accounting Period 7/00 Through 6/01 | | Total | Zero Assets | Under 100 | 100 to 250 | 251 to 500 | 501 to 1,000 | 1,001 to 5,000 | 5,001 to 10,000 | 10,001 to 25,000 | 25,001 to 50,000 | 50,001 to 100,000 | 100,001 to 250,000 | 250,001 and over |
|---|---|---|---|---|---|---|---|---|---|---|---|---|---|---|
| Number of Enterprises | 1 | 212 | 0 | 0 | 97 | 0 | 0 | 48 | 35 | 0 | 0 | 0 | 6 | 0 |
| **Revenues ($ in Thousands)** | | | | | | | | | | | | | | |
| Net Sales | 2 | 2975940 | 0 | 0 | 158813 | 0 | 0 | 333358 | 76465 | 0 | 0 | 0 | 446479 | 0 |
| Interest | 3 | 39480 | 0 | 0 | 0 | 0 | 0 | 301 | 2060 | 0 | 0 | 0 | 3855 | 0 |
| Rents | 4 | 4230 | 0 | 0 | 0 | 0 | 0 | 0 | 142 | 0 | 0 | 0 | 3786 | 0 |
| Royalties | 5 | 0 | 0 | 0 | 0 | 0 | 0 | 0 | 0 | 0 | 0 | 0 | 0 | 0 |
| Other Portfolio Income | 6 | 12048 | 0 | 0 | 0 | 0 | 0 | 0 | 0 | 0 | 0 | 0 | 23 | 0 |
| Other Receipts | 7 | 81722 | 0 | 0 | 0 | 0 | 0 | 0 | 7442 | 0 | 0 | 0 | 20864 | 0 |
| Total Receipts | 8 | 3113420 | 0 | 0 | 158813 | 0 | 0 | 333659 | 86109 | 0 | 0 | 0 | 475007 | 0 |
| Average Total Receipts | 9 | 14686 | • | • | 1637 | • | • | 6951 | 2460 | • | • | • | 79168 | • |
| **Operating Costs/Operating Income (%)** | | | | | | | | | | | | | | |
| Cost of Operations | 10 | 30.8 | • | • | • | • | • | 76.5 | 31.3 | • | • | • | 11.3 | • |
| Salaries and Wages | 11 | 5.6 | • | • | 10.8 | • | • | 6.9 | 8.2 | • | • | • | 5.6 | • |
| Taxes Paid | 12 | 4.4 | • | • | 1.9 | • | • | 1.7 | 5.0 | • | • | • | 4.2 | • |
| Interest Paid | 13 | 7.2 | • | • | • | • | • | 0.4 | 11.3 | • | • | • | 6.1 | • |
| Depreciation | 14 | 7.3 | • | • | 3.6 | • | • | 0.9 | 21.6 | • | • | • | 6.7 | • |
| Amortization and Depletion | 15 | 0.2 | • | • | • | • | • | • | 1.4 | • | • | • | 1.1 | • |
| Pensions and Other Deferred Comp. | 16 | 0.1 | • | • | • | • | • | • | 0.6 | • | • | • | 0.1 | • |
| Employee Benefits | 17 | 0.5 | • | • | • | • | • | • | 0.3 | • | • | • | 0.7 | • |
| Advertising | 18 | 0.0 | • | • | • | • | • | 0.1 | • | • | • | • | 0.0 | • |
| Other Expenses | 19 | 24.5 | • | • | 81.2 | • | • | 8.6 | 18.2 | • | • | • | 34.6 | • |
| Officers' Compensation | 20 | 0.6 | • | • | • | • | • | 2.3 | • | • | • | • | 0.3 | • |
| Operating Margin | 21 | 18.5 | • | • | 2.5 | • | • | 2.5 | 2.2 | • | • | • | 29.3 | • |
| Operating Margin Before Officers' Comp. | 22 | 19.1 | • | • | 2.5 | • | • | 4.8 | 2.2 | • | • | • | 29.6 | • |

| | | | | | | | | | | | | | |
|---|---|---|---|---|---|---|---|---|---|---|---|---|---|
| **Selected Average Balance Sheet ($ in Thousands)** | | | | | | | | | | | | | |
| Net Receivables **23** | 2517 | • | • | 0 | • | • | 776 | 852 | • | • | • | 13704 | • |
| Inventories **24** | 107 | • | • | 0 | • | • | 3 | 83 | • | • | • | 1547 | • |
| Net Property, Plant and Equipment **25** | 21681 | • | • | 140 | • | • | 443 | 3841 | • | • | • | 81046 | • |
| Total Assets **26** | 30160 | • | • | 160 | • | • | 1329 | 6843 | • | • | • | 171580 | • |
| Notes and Loans Payable **27** | 13524 | • | • | 135 | • | • | 298 | 3573 | • | • | • | 77361 | • |
| All Other Liabilities **28** | 8619 | • | • | 0 | • | • | 579 | 830 | • | • | • | 66044 | • |
| Net Worth **29** | 8017 | • | • | 25 | • | • | 452 | 2440 | • | • | • | 28175 | • |
| **Selected Financial Ratios (Times to 1)** | | | | | | | | | | | | | |
| Current Ratio **30** | 0.8 | • | • | 1.0 | • | • | 1.0 | 1.1 | • | • | • | 0.8 | • |
| Quick Ratio **31** | 0.6 | • | • | 0.9 | • | • | 1.0 | 1.0 | • | • | • | 0.4 | • |
| Net Sales to Working Capital **32** | • | • | • | • | • | • | 402.1 | 23.0 | • | • | • | • | • |
| Coverage Ratio **33** | 4.2 | • | • | • | • | • | 7.5 | 2.3 | • | • | • | 6.9 | • |
| Total Asset Turnover **34** | 0.5 | • | • | 10.2 | • | • | 5.2 | 0.3 | • | • | • | 0.4 | • |
| Inventory Turnover **35** | 40.5 | • | • | • | • | • | 1889.8 | 8.2 | • | • | • | 5.4 | • |
| Receivables Turnover **36** | 6.9 | • | • | • | • | • | 10.0 | 3.1 | • | • | • | 10.9 | • |
| Total Liabilities to Net Worth **37** | 2.8 | • | • | 5.4 | • | • | 1.9 | 1.8 | • | • | • | 5.1 | • |
| Current Assets to Working Capital **38** | • | • | • | • | • | • | 51.8 | 12.2 | • | • | • | • | • |
| Current Liabilities to Working Capital **39** | • | • | • | • | • | • | 50.8 | 11.2 | • | • | • | • | • |
| Working Capital to Net Sales **40** | • | • | • | • | • | • | 0.0 | 0.0 | • | • | • | • | • |
| Inventory to Working Capital **41** | • | • | • | • | • | • | 0.2 | 0.7 | • | • | • | • | • |
| Total Receipts to Cash Flow **42** | 2.3 | • | • | 1.3 | • | • | 11.1 | 3.4 | • | • | • | 1.5 | • |
| Cost of Goods to Cash Flow **43** | 0.7 | • | • | • | • | • | 8.5 | 1.1 | • | • | • | 0.2 | • |
| Cash Flow to Total Debt **44** | 0.3 | • | • | 9.5 | • | • | 0.7 | 0.1 | • | • | • | 0.3 | • |
| **Selected Financial Factors (in Percentages)** | | | | | | | | | | | | | |
| Debt Ratio **45** | 73.4 | • | • | 84.3 | • | • | 66.0 | 64.3 | • | • | • | 83.6 | • |
| Return on Total Assets **46** | 14.1 | • | • | 25.8 | • | • | 15.6 | 8.3 | • | • | • | 18.1 | • |
| Return on Equity Before Income Taxes **47** | 40.5 | • | • | 164.1 | • | • | 39.7 | 13.2 | • | • | • | 94.2 | • |
| Return on Equity After Income Taxes **48** | 26.9 | • | • | 139.5 | • | • | 32.8 | 9.2 | • | • | • | 63.1 | • |
| Profit Margin (Before Income Tax) **49** | 23.1 | • | • | 2.5 | • | • | 2.6 | 14.8 | • | • | • | 35.7 | • |
| Profit Margin (After Income Tax) **50** | 15.4 | • | • | 2.1 | • | • | 2.1 | 10.3 | • | • | • | 23.9 | • |

# OTHER TRANSPORTATION AND SUPPORT ACTIVITIES

MONEY AMOUNTS AND SIZE OF ASSETS IN THOUSANDS OF DOLLARS

| Item Description for Accounting Period 7/00 Through 6/01 | Total | Zero Assets | Under 100 | 100 to 250 | 251 to 500 | 501 to 1,000 | 1,001 to 5,000 | 5,001 to 10,000 | 10,001 to 25,000 | 25,001 to 50,000 | 50,001 to 100,000 | 100,001 to 250,000 | 250,001 and over |
|---|---|---|---|---|---|---|---|---|---|---|---|---|---|
| Number of Enterprises 1 | 33746 | 1716 | 17920 | 7419 | 2522 | 1935 | 1694 | 243 | 167 | 58 | 16 | 39 | 17 |
| **Revenues ($ in Thousands)** | | | | | | | | | | | | | |
| Net Sales 2 | 120608275 | 1906447 | 2500911 | 6802698 | 3593336 | 5600345 | 8742407 | 3154848 | 5801216 | 3508558 | 1815430 | 7485918 | 69696162 |
| Interest 3 | 825916 | 9948 | 1401 | 6957 | 4588 | 4575 | 11886 | 8563 | 18238 | 15749 | 10739 | 31427 | 701845 |
| Rents 4 | 153315 | 3007 | 56 | 443 | 481 | 11903 | 4199 | 1327 | 7211 | 6864 | 8246 | 36866 | 72711 |
| Royalties 5 | 79190 | 0 | 0 | 0 | 0 | 0 | 0 | 0 | 631 | 0 | 0 | 603 | 77956 |
| Other Portfolio Income 6 | 638116 | 10132 | 93287 | 26159 | 45244 | 3937 | 22112 | 28589 | 24571 | 10366 | 23042 | 6848 | 343827 |
| Other Receipts 7 | 753209 | 75519 | 2463 | 19927 | 9490 | 5802 | 57389 | 24383 | 142906 | 58026 | 16997 | 56131 | 284177 |
| Total Receipts 8 | 123058021 | 2005053 | 2598118 | 6856184 | 3653139 | 5626562 | 8837993 | 3217710 | 5994773 | 3599563 | 1874454 | 7617793 | 71176678 |
| Average Total Receipts 9 | 3647 | 1168 | 145 | 924 | 1449 | 2908 | 5217 | 13242 | 35897 | 62061 | 117153 | 195328 | 4186863 |
| **Operating Costs/Operating Income (%)** | | | | | | | | | | | | | |
| Cost of Operations 10 | 36.3 | 25.6 | 28.7 | 37.4 | 52.9 | 67.0 | 59.2 | 60.8 | 65.5 | 63.7 | 56.9 | 47.0 | 23.9 |
| Salaries and Wages 11 | 18.8 | 23.6 | 13.2 | 10.8 | 11.4 | 7.0 | 12.3 | 10.9 | 11.9 | 14.7 | 14.1 | 18.3 | 23.2 |
| Taxes Paid 12 | 3.1 | 2.6 | 2.3 | 2.1 | 5.4 | 2.4 | 2.2 | 2.5 | 2.0 | 2.9 | 3.2 | 2.8 | 3.5 |
| Interest Paid 13 | 1.4 | 2.6 | 1.1 | 0.8 | 0.8 | 0.3 | 0.8 | 1.2 | 1.1 | 1.2 | 1.5 | 2.4 | 1.6 |
| Depreciation 14 | 3.5 | 2.1 | 3.9 | 3.5 | 3.2 | 0.9 | 1.7 | 2.6 | 2.1 | 1.8 | 3.3 | 2.7 | 4.2 |
| Amortization and Depletion 15 | 0.2 | 0.1 | 0.0 | 0.0 | 0.0 | 0.0 | 0.1 | 0.2 | 0.2 | 0.3 | 0.2 | 0.8 | 0.2 |
| Pensions and Other Deferred Comp. 16 | 1.3 | 0.6 | 0.0 | 0.5 | 0.2 | 0.3 | 0.3 | 0.2 | 0.3 | 0.1 | 0.1 | 0.4 | 2.1 |
| Employee Benefits 17 | 2.8 | 2.5 | 0.7 | 0.4 | 0.4 | 0.4 | 0.7 | 1.1 | 1.5 | 1.1 | 1.9 | 1.8 | 4.1 |
| Advertising 18 | 0.5 | 0.2 | 0.4 | 0.2 | 0.3 | 0.2 | 0.2 | 0.4 | 0.4 | 0.5 | 0.8 | 0.4 | 0.7 |
| Other Expenses 19 | 28.0 | 40.9 | 45.0 | 38.0 | 20.5 | 15.7 | 19.8 | 14.3 | 16.4 | 16.2 | 20.8 | 23.1 | 31.4 |
| Officers' Compensation 20 | 2.1 | 2.7 | 6.1 | 7.1 | 5.5 | 4.8 | 3.4 | 4.4 | 1.8 | 1.2 | 0.6 | 0.8 | 1.0 |
| Operating Margin 21 | 2.0 | • | • | • | • | 1.0 | • | 1.5 | • | • | • | • | 4.3 |
| Operating Margin Before Officers' Comp. 22 | 4.1 | • | 4.7 | 6.3 | 5.0 | 5.8 | 2.7 | 5.8 | • | • | • | 0.3 | 5.2 |

| Selected Average Balance Sheet ($ in Thousands) | | | | | | | | | | | | | |
|---|---|---|---|---|---|---|---|---|---|---|---|---|---|
| Net Receivables 23 | 440 | 0 | 1 | 31 | 106 | 237 | 692 | 2258 | 5473 | 9929 | 17520 | 37577 | 525164 |
| Inventories 24 | 31 | 0 | 1 | 5 | 4 | 15 | 110 | 256 | 374 | 1046 | 2975 | 3029 | 24744 |
| Net Property, Plant and Equipment 25 | 769 | 0 | 17 | 71 | 142 | 163 | 581 | 1644 | 4361 | 11032 | 21071 | 41342 | 1161734 |
| Total Assets 26 | 2076 | 0 | 30 | 167 | 339 | 698 | 2110 | 6248 | 15537 | 34073 | 66454 | 154034 | 2901795 |
| Notes and Loans Payable 27 | 567 | 0 | 27 | 91 | 183 | 164 | 1062 | 2213 | 5179 | 11131 | 22227 | 60423 | 625199 |
| All Other Liabilities 28 | 698 | 0 | 9 | 48 | 79 | 268 | 680 | 1886 | 6554 | 12985 | 17970 | 51807 | 974266 |
| Net Worth 29 | 810 | 0 | -7 | 29 | 77 | 267 | 368 | 2149 | 3804 | 9957 | 26257 | 41804 | 1302330 |
| **Selected Financial Ratios (Times to 1)** | | | | | | | | | | | | | |
| Current Ratio 30 | 1.1 | • | 1.0 | 1.5 | 1.4 | 1.6 | 1.4 | 1.4 | 1.2 | 1.1 | 1.3 | 1.1 | 1.1 |
| Quick Ratio 31 | 0.9 | • | 0.8 | 1.3 | 1.3 | 1.3 | 1.1 | 1.2 | 1.0 | 0.9 | 1.1 | 0.7 | 0.8 |
| Net Sales to Working Capital 32 | 41.0 | • | 409.0 | 29.0 | 30.2 | 18.5 | 16.4 | 13.3 | 26.6 | 26.8 | 13.8 | 56.3 | 77.4 |
| Coverage Ratio 33 | 4.0 | 1.7 | 3.1 | 1.0 | 2.5 | 5.8 | 1.5 | 4.0 | 1.3 | 0.1 | 0.8 | 1.5 | 5.2 |
| Total Asset Turnover 34 | 1.7 | • | 4.7 | 5.5 | 4.2 | 4.1 | 2.4 | 2.1 | 2.2 | 1.8 | 1.7 | 1.2 | 1.4 |
| Inventory Turnover 35 | 41.4 | • | 32.3 | 72.2 | 168.7 | 132.8 | 27.7 | 30.9 | 60.8 | 36.9 | 21.7 | 29.8 | 39.6 |
| Receivables Turnover 36 | 8.3 | • | 86.5 | 29.9 | 13.7 | 10.9 | 7.2 | 6.5 | 6.5 | 6.2 | 3.8 | 4.9 | 8.4 |
| Total Liabilities to Net Worth 37 | 1.6 | • | • | 4.8 | 3.4 | 1.6 | 4.7 | 1.9 | 3.1 | 2.4 | 1.5 | 2.7 | 1.2 |
| Current Assets to Working Capital 38 | 8.7 | • | 30.9 | 2.8 | 3.4 | 2.8 | 3.8 | 3.6 | 6.7 | 8.0 | 4.0 | 19.0 | 16.9 |
| Current Liabilities to Working Capital 39 | 7.7 | • | 29.9 | 1.8 | 2.4 | 1.8 | 2.8 | 2.6 | 5.7 | 7.0 | 3.0 | 18.0 | 15.9 |
| Working Capital to Net Sales 40 | 0.0 | • | 0.0 | 0.0 | 0.0 | 0.1 | 0.1 | 0.1 | 0.0 | 0.0 | 0.1 | 0.0 | 0.0 |
| Inventory to Working Capital 41 | 0.3 | • | 0.9 | 0.1 | 0.1 | 0.1 | 0.3 | 0.2 | 0.3 | 0.5 | 0.3 | 1.0 | 0.5 |
| Total Receipts to Cash Flow 42 | 3.9 | 3.0 | 2.4 | 3.1 | 6.0 | 7.2 | 6.6 | 7.8 | 8.4 | 9.2 | 6.4 | 5.2 | 3.3 |
| Cost of Goods to Cash Flow 43 | 1.4 | 0.8 | 0.7 | 1.2 | 3.2 | 4.8 | 3.9 | 4.7 | 5.5 | 5.9 | 3.6 | 2.4 | 0.8 |
| Cash Flow to Total Debt 44 | 0.7 | • | 1.6 | 2.1 | 0.9 | 0.9 | 0.4 | 0.4 | 0.4 | 0.3 | 0.4 | 0.3 | 0.8 |
| **Selected Financial Factors (in Percentages)** | | | | | | | | | | | | | |
| Debt Ratio 45 | 61.0 | • | 123.2 | 82.8 | 77.4 | 61.8 | 82.6 | 65.6 | 75.5 | 70.8 | 60.5 | 72.9 | 55.1 |
| Return on Total Assets 46 | 10.0 | • | 16.8 | 4.6 | 8.2 | 7.3 | 2.8 | 9.7 | 3.3 | 0.2 | 2.0 | 4.6 | 12.1 |
| Return on Equity Before Income Taxes 47 | 19.2 | • | • | • | 21.7 | 15.8 | 5.3 | 21.0 | 3.5 | • | • | 5.6 | 21.8 |
| Return on Equity After Income Taxes 48 | 12.0 | • | • | • | 16.7 | 13.5 | 1.3 | 19.5 | • | • | • | 1.7 | 13.7 |
| Profit Margin (Before Income Tax) 49 | 4.4 | 1.7 | 2.4 | • | 1.2 | 1.5 | 0.4 | 3.5 | 0.4 | • | • | 1.2 | 6.9 |
| Profit Margin (After Income Tax) 50 | 2.7 | 1.6 | 2.4 | • | 0.9 | 1.2 | 0.1 | 3.2 | • | • | • | 0.4 | 4.4 |

# OTHER TRANSPORTATION AND SUPPORT ACTIVITIES

MONEY AMOUNTS AND SIZE OF ASSETS IN THOUSANDS OF DOLLARS

| Item Description for Accounting Period 7/00 Through 6/01 | | Total | Zero Assets | Under 100 | 100 to 250 | 251 to 500 | 501 to 1,000 | 1,001 to 5,000 | 5,001 to 10,000 | 10,001 to 25,000 | 25,001 to 50,000 | 50,001 to 100,000 | 100,001 to 250,000 | 250,001 and over |
|---|---|---|---|---|---|---|---|---|---|---|---|---|---|---|
| Number of Enterprises | 1 | 19102 | 1308 | 8658 | 4264 | 1951 | 1559 | 991 | 191 | 104 | 35 | 9 | 0 | 0 |
| **Revenues ($ in Thousands)** | | | | | | | | | | | | | | |
| Net Sales | 2 | 99565942 | 1583384 | 1568510 | 4122543 | 3149194 | 4688591 | 7111430 | 2534963 | 3928347 | 2202422 | 1046984 | 0 | 0 |
| Interest | 3 | 768804 | 7269 | 449 | 5232 | 3846 | 3699 | 10602 | 2657 | 14452 | 7914 | 6270 | 0 | 0 |
| Rents | 4 | 131194 | 2336 | 56 | 443 | 303 | 11903 | 4010 | 84 | 6071 | 2253 | 7622 | 0 | 0 |
| Royalties | 5 | 78587 | 0 | 0 | 0 | 0 | 0 | 0 | 0 | 631 | 0 | 0 | 0 | 0 |
| Other Portfolio Income | 6 | 595163 | 5030 | 90628 | 17068 | 43694 | 3359 | 13230 | 26604 | 22039 | 9113 | 22008 | 0 | 0 |
| Other Receipts | 7 | 564143 | 79240 | 2201 | 13223 | 7015 | 5712 | 36150 | 22498 | 112272 | 52996 | 14130 | 0 | 0 |
| Total Receipts | 8 | 101703833 | 1677259 | 1661844 | 4158509 | 3204052 | 4713264 | 7175422 | 2586806 | 4083812 | 2274698 | 1097014 | 0 | 0 |
| Average Total Receipts | 9 | 5324 | 1282 | 192 | 975 | 1642 | 3023 | 7241 | 13543 | 39267 | 64991 | 121890 | • | • |
| **Operating Costs/Operating Income (%)** | | | | | | | | | | | | | | |
| Cost of Operations | 10 | 34.1 | 19.6 | 35.1 | 51.7 | 51.2 | 64.3 | 57.7 | 61.2 | 64.6 | 66.9 | 55.2 | • | • |
| Salaries and Wages | 11 | 18.6 | 24.2 | 5.3 | 8.5 | 10.9 | 6.9 | 12.6 | 10.8 | 11.6 | 9.9 | 12.3 | • | • |
| Taxes Paid | 12 | 3.2 | 2.6 | 1.6 | 2.4 | 5.7 | 2.7 | 2.0 | 2.6 | 1.8 | 1.8 | 2.3 | • | • |
| Interest Paid | 13 | 1.4 | 2.8 | 1.3 | 0.9 | 0.7 | 0.3 | 0.6 | 1.0 | 1.0 | 0.8 | 1.1 | • | • |
| Depreciation | 14 | 3.3 | 1.9 | 3.9 | 2.9 | 2.8 | 0.7 | 1.1 | 1.8 | 1.8 | 1.4 | 3.8 | • | • |
| Amortization and Depletion | 15 | 0.1 | 0.1 | 0.0 | 0.0 | 0.0 | 0.0 | 0.1 | 0.2 | 0.1 | 0.2 | 0.1 | • | • |
| Pensions and Other Deferred Comp. | 16 | 1.5 | 0.7 | 0.0 | 0.6 | 0.2 | 0.3 | 0.3 | 0.3 | 0.4 | 0.1 | 0.2 | • | • |
| Employee Benefits | 17 | 2.9 | 2.6 | 0.2 | 0.4 | 0.3 | 0.4 | 0.5 | 1.3 | 1.2 | 1.0 | 1.7 | • | • |
| Advertising | 18 | 0.6 | 0.2 | 0.4 | 0.2 | 0.3 | 0.2 | 0.2 | 0.4 | 0.2 | 0.5 | 0.4 | • | • |
| Other Expenses | 19 | 28.0 | 44.7 | 40.3 | 19.7 | 20.3 | 16.7 | 19.6 | 13.2 | 15.8 | 16.1 | 20.6 | • | • |
| Officers' Compensation | 20 | 2.0 | 2.9 | 4.9 | 8.5 | 5.9 | 5.1 | 3.4 | 3.3 | 1.7 | 1.3 | 0.6 | • | • |
| Operating Margin | 21 | 4.2 | • | 7.0 | 4.2 | 1.7 | 2.4 | 1.9 | 3.8 | • | • | 1.8 | • | • |
| Operating Margin Before Officers' Comp. | 22 | 6.2 | 0.6 | 11.9 | 12.8 | 7.5 | 7.4 | 5.3 | 7.1 | 1.5 | 1.3 | 2.3 | • | • |

| | | | | | | | | | | | | | |
|---|---|---|---|---|---|---|---|---|---|---|---|---|---|
| **Selected Average Balance Sheet ($ in Thousands)** | | | | | | | | | | | | | |
| Net Receivables 23 | 647 | 0 | 2 | 36 | 122 | 228 | 875 | 2423 | 5811 | 10957 | 18305 | • | • |
| Inventories 24 | 40 | 0 | 1 | 2 | 6 | 18 | 109 | 149 | 330 | 1362 | 4011 | • | • |
| Net Property, Plant and Equipment 25 | 1113 | 0 | 16 | 65 | 101 | 125 | 354 | 1464 | 4071 | 8803 | 20325 | • | • |
| Total Assets 26 | 3048 | 0 | 32 | 167 | 331 | 702 | 1997 | 6260 | 15531 | 33139 | 67488 | • | • |
| Notes and Loans Payable 27 | 687 | 0 | 18 | 92 | 114 | 91 | 473 | 1813 | 4152 | 8228 | 13534 | • | • |
| All Other Liabilities 28 | 1019 | 0 | 6 | 48 | 89 | 244 | 825 | 1790 | 6525 | 12134 | 18406 | • | • |
| Net Worth 29 | 1342 | 0 | 8 | 26 | 127 | 367 | 699 | 2658 | 4854 | 12776 | 35548 | • | • |
| **Selected Financial Ratios (Times to 1)** | | | | | | | | | | | | | |
| Current Ratio 30 | 1.2 | • | 1.2 | 1.4 | 1.5 | 1.8 | 1.5 | 1.5 | 1.2 | 1.4 | 1.8 | • | • |
| Quick Ratio 31 | 0.9 | • | 1.0 | 1.2 | 1.5 | 1.4 | 1.2 | 1.4 | 1.0 | 1.1 | 1.5 | • | • |
| Net Sales to Working Capital 32 | 31.1 | • | 123.5 | 38.0 | 24.1 | 15.0 | 15.9 | 10.5 | 26.5 | 12.2 | 7.2 | • | • |
| Coverage Ratio 33 | 5.9 | 2.3 | 10.6 | 6.5 | 5.8 | 11.8 | 6.0 | 7.1 | 4.8 | 5.2 | 6.9 | • | • |
| Total Asset Turnover 34 | 1.7 | • | 5.7 | 5.8 | 4.9 | 4.3 | 3.6 | 2.1 | 2.4 | 1.9 | 1.7 | • | • |
| Inventory Turnover 35 | 44.6 | • | 54.5 | 267.6 | 143.0 | 109.5 | 38.1 | 54.6 | 73.8 | 30.9 | 16.0 | • | • |
| Receivables Turnover 36 | 8.3 | • | 102.3 | 25.6 | 14.3 | 12.5 | 8.0 | 6.4 | 6.6 | 11.5 | 3.0 | • | • |
| Total Liabilities to Net Worth 37 | 1.3 | • | 3.0 | 5.4 | 1.6 | 0.9 | 1.9 | 1.4 | 2.2 | 1.6 | 0.9 | • | • |
| Current Assets to Working Capital 38 | 6.7 | • | 7.5 | 3.7 | 2.8 | 2.3 | 3.1 | 2.9 | 6.4 | 3.7 | 2.2 | • | • |
| Current Liabilities to Working Capital 39 | 5.7 | • | 6.5 | 2.7 | 1.8 | 1.3 | 2.1 | 1.9 | 5.4 | 2.7 | 1.2 | • | • |
| Working Capital to Net Sales 40 | 0.0 | • | 0.0 | 0.0 | 0.0 | 0.1 | 0.1 | 0.1 | 0.0 | 0.1 | 0.1 | • | • |
| Inventory to Working Capital 41 | 0.2 | • | 0.2 | 0.1 | 0.1 | 0.1 | 0.1 | 0.1 | 0.3 | 0.3 | 0.1 | • | • |
| Total Receipts to Cash Flow 42 | 3.6 | 2.6 | 2.1 | 5.3 | 5.2 | 6.2 | 5.7 | 6.9 | 6.5 | 6.7 | 4.7 | • | • |
| Cost of Goods to Cash Flow 43 | 1.2 | 0.5 | 0.7 | 2.8 | 2.7 | 4.0 | 3.3 | 4.2 | 4.2 | 4.5 | 2.6 | • | • |
| Cash Flow to Total Debt 44 | 0.8 | • | 3.6 | 1.3 | 1.5 | 1.5 | 1.0 | 0.5 | 0.5 | 0.5 | 0.8 | • | • |
| **Selected Financial Factors (in Percentages)** | | | | | | | | | | | | | |
| Debt Ratio 45 | 56.0 | • | 74.7 | 84.3 | 61.6 | 47.8 | 65.0 | 57.5 | 68.7 | 61.4 | 47.3 | • | • |
| Return on Total Assets 46 | 13.8 | • | 80.8 | 35.0 | 20.0 | 13.4 | 12.1 | 14.4 | 11.7 | 7.6 | 13.1 | • | • |
| Return on Equity Before Income Taxes 47 | 26.1 | • | 289.3 | 188.3 | 43.1 | 23.4 | 28.8 | 29.1 | 29.6 | 15.9 | 21.3 | • | • |
| Return on Equity After Income Taxes 48 | 18.5 | • | 286.8 | 184.9 | 39.2 | 21.4 | 25.2 | 27.6 | 23.1 | 12.8 | 18.5 | • | • |
| Profit Margin (Before Income Tax) 49 | 6.7 | 3.7 | 12.9 | 5.1 | 3.4 | 2.9 | 2.8 | 5.8 | 3.8 | 3.2 | 6.5 | • | • |
| Profit Margin (After Income Tax) 50 | 4.8 | 3.5 | 12.8 | 5.0 | 3.1 | 2.6 | 2.5 | 5.5 | 3.0 | 2.6 | 5.6 | • | • |

## Table I

Corporations with and without Net Income

# WAREHOUSING AND STORAGE

| Item Description for Accounting Period 7/00 Through 6/01 | | Money Amounts and Size of Assets in Thousands of Dollars | | | | | | | | | | | | |
|---|---|---|---|---|---|---|---|---|---|---|---|---|---|---|
| | | Total | Zero Assets | Under 100 | 100 to 250 | 251 to 500 | 501 to 1,000 | 1,001 to 5,000 | 5,001 to 10,000 | 10,001 to 25,000 | 25,001 to 50,000 | 50,001 to 100,000 | 100,001 to 250,000 | 250,001 and over |
| Number of Enterprises | 1 | 5670 | 399 | 2073 | 268 | 831 | 993 | 771 | 183 | 98 | 24 | 14 | 13 | 4 |
| **Revenues ($ in Thousands)** | | | | | | | | | | | | | | |
| Net Sales | 2 | 13443073 | 227743 | 151226 | 232139 | 1356450 | 1139101 | 2239240 | 1807866 | 1651751 | 740149 | 1345688 | 976296 | 1575423 |
| Interest | 3 | 134025 | 117 | 0 | 0 | 1623 | 3377 | 4445 | 4019 | 5843 | 2350 | 7669 | 28531 | 76050 |
| Rents | 4 | 39208 | 4614 | 0 | 0 | 1770 | 3284 | 1836 | 767 | 8087 | 3531 | 8036 | 6319 | 964 |
| Royalties | 5 | 248 | 57 | 0 | 0 | 0 | 0 | 0 | 0 | 38 | 0 | 0 | 153 | 0 |
| Other Portfolio Income | 6 | 227833 | 6374 | 0 | 17033 | 8332 | 7071 | 15830 | 3781 | 6057 | 45946 | 10640 | 106143 | 626 |
| Other Receipts | 7 | 407499 | -824 | 97 | 2370 | 421 | 10596 | 64412 | 30354 | 20089 | 10952 | 26112 | 32102 | 210818 |
| Total Receipts | 8 | 14251886 | 238081 | 151323 | 251542 | 1368596 | 1163429 | 2325763 | 1846787 | 1691865 | 802928 | 1398145 | 1149544 | 1863881 |
| Average Total Receipts | 9 | 2514 | 597 | 73 | 939 | 1647 | 1172 | 3017 | 10092 | 17264 | 33455 | 99868 | 88426 | 465970 |
| **Operating Costs/Operating Income (%)** | | | | | | | | | | | | | | |
| Cost of Operations | 10 | 31.1 | 48.4 | 6.9 | 27.3 | 41.4 | 34.6 | 28.7 | 50.2 | 35.0 | 23.0 | 17.5 | 22.9 | 18.0 |
| Salaries and Wages | 11 | 21.6 | 9.7 | 7.4 | 14.6 | 10.5 | 16.1 | 20.8 | 16.0 | 16.5 | 23.0 | 39.7 | 23.2 | 35.3 |
| Taxes Paid | 12 | 3.5 | 4.7 | 1.5 | 4.0 | 2.3 | 3.7 | 3.5 | 2.8 | 3.8 | 3.7 | 3.3 | 5.1 | 4.1 |
| Interest Paid | 13 | 4.2 | 4.9 | 1.0 | 3.2 | 0.4 | 2.9 | 2.4 | 2.1 | 3.0 | 3.3 | 2.2 | 5.0 | 16.6 |
| Depreciation | 14 | 4.8 | 5.6 | 2.6 | 4.4 | 2.2 | 3.4 | 4.6 | 3.4 | 4.7 | 4.7 | 3.1 | 6.3 | 10.4 |
| Amortization and Depletion | 15 | 0.7 | 0.5 | 0.1 | 0.1 | 0.6 | 0.5 | 0.2 | 0.1 | 0.2 | 0.2 | 0.5 | 0.4 | 3.6 |
| Pensions and Other Deferred Comp. | 16 | 0.5 | 0.5 | • | • | 0.5 | 0.9 | 0.6 | 0.3 | 0.6 | 0.5 | 0.3 | 0.5 | 0.3 |
| Employee Benefits | 17 | 2.2 | 2.4 | 0.3 | 0.4 | 1.5 | 1.6 | 1.5 | 1.1 | 2.1 | 3.8 | 6.3 | 2.7 | 1.7 |
| Advertising | 18 | 0.3 | 0.1 | 0.0 | 1.8 | 0.2 | 0.8 | 0.4 | 0.2 | 0.2 | 0.2 | 0.2 | 0.2 | 0.1 |
| Other Expenses | 19 | 30.7 | 27.8 | 86.0 | 29.5 | 33.6 | 24.5 | 35.9 | 23.8 | 29.9 | 35.4 | 25.8 | 30.5 | 31.6 |
| Officers' Compensation | 20 | 2.3 | 1.1 | • | 0.8 | 3.4 | 3.2 | 3.4 | 2.5 | 2.8 | 4.0 | 1.1 | 1.1 | 0.3 |
| Operating Margin | 21 | • | • | • | 13.8 | 3.3 | 7.8 | • | • | 1.2 | • | • | 2.0 | • |
| Operating Margin Before Officers' Comp. | 22 | 0.3 | • | • | 14.6 | 6.7 | 10.9 | 1.4 | • | 4.0 | 2.1 | 1.0 | 3.1 | • |

| Selected Average Balance Sheet ($ in Thousands) | | | | | | | | | | | | | |
|---|---|---|---|---|---|---|---|---|---|---|---|---|---|
| Net Receivables 23 | 328 | 0 | 4 | 59 | 138 | 153 | 349 | 948 | 2646 | 5537 | 16081 | 26509 | 41420 |
| Inventories 24 | 48 | 0 | 0 | 2 | 15 | 1 | 147 | 300 | 432 | 347 | 794 | 1948 | 2541 |
| Net Property, Plant and Equipment 25 | 1082 | 0 | 4 | 143 | 117 | 281 | 1102 | 3659 | 7733 | 18953 | 29670 | 59685 | 447642 |
| Total Assets 26 | 2390 | 0 | 14 | 225 | 403 | 757 | 2234 | 7687 | 14882 | 37171 | 73946 | 164753 | 929861 |
| Notes and Loans Payable 27 | 1114 | 0 | 15 | 363 | 239 | 460 | 910 | 4025 | 6735 | 16369 | 28467 | 44482 | 515628 |
| All Other Liabilities 28 | 462 | 0 | 7 | 109 | 104 | 79 | 366 | 1574 | 2646 | 5769 | 18423 | 38836 | 169626 |
| Net Worth 29 | 815 | 0 | -7 | -247 | 60 | 218 | 957 | 2089 | 5502 | 15033 | 27056 | 81436 | 244607 |

| Selected Financial Ratios (Times to 1) | | | | | | | | | | | | | |
|---|---|---|---|---|---|---|---|---|---|---|---|---|---|
| Current Ratio 30 | 1.2 | • | 2.8 | 0.5 | 2.6 | 1.4 | 1.4 | 1.3 | 1.4 | 1.2 | 1.2 | 1.6 | 0.5 |
| Quick Ratio 31 | 0.9 | • | 2.4 | 0.5 | 2.4 | 1.3 | 1.0 | 0.8 | 1.0 | 0.9 | 0.9 | 1.0 | 0.3 |
| Net Sales to Working Capital 32 | 21.5 | • | 17.0 | • | 11.3 | 11.9 | 13.6 | 19.0 | 12.9 | 16.1 | 20.3 | 4.0 | • |
| Coverage Ratio 33 | 1.9 | 0.8 | • | 7.9 | 11.6 | 4.4 | 1.7 | 0.8 | 2.2 | 3.0 | 2.7 | 4.9 | 0.8 |
| Total Asset Turnover 34 | 1.0 | • | 5.2 | 3.9 | 4.1 | 1.5 | 1.3 | 1.3 | 1.1 | 0.8 | 1.3 | 0.5 | 0.4 |
| Inventory Turnover 35 | 15.3 | • | • | 117.0 | 44.3 | 489.7 | 5.7 | 16.5 | 13.7 | 20.5 | 21.2 | 8.8 | 28.0 |
| Receivables Turnover 36 | 7.5 | • | 35.2 | 19.1 | 17.8 | 6.6 | 6.9 | 9.7 | 7.0 | 5.1 | 6.2 | 4.2 | 9.1 |
| Total Liabilities to Net Worth 37 | 1.9 | • | • | • | 5.7 | 2.5 | 1.3 | 2.7 | 1.7 | 1.5 | 1.7 | 1.0 | 2.8 |
| Current Assets to Working Capital 38 | 5.9 | • | 1.6 | • | 1.6 | 3.3 | 3.5 | 5.0 | 3.8 | 5.5 | 5.9 | 2.8 | • |
| Current Liabilities to Working Capital 39 | 4.9 | • | 0.6 | • | 0.6 | 2.3 | 2.5 | 4.0 | 2.8 | 4.5 | 4.9 | 1.8 | • |
| Working Capital to Net Sales 40 | 0.0 | • | 0.1 | • | 0.1 | 0.1 | 0.1 | 0.1 | 0.1 | 0.1 | 0.0 | 0.2 | • |
| Inventory to Working Capital 41 | 0.6 | • | • | • | 0.1 | 0.0 | 0.6 | 1.0 | 0.6 | 0.2 | 0.1 | 0.2 | • |
| Total Receipts to Cash Flow 42 | 4.7 | 7.9 | 3.2 | 3.1 | 4.8 | 4.1 | 4.8 | 7.6 | 5.0 | 4.4 | 5.3 | 2.4 | 5.9 |
| Cost of Goods to Cash Flow 43 | 1.5 | 3.8 | 0.2 | 0.8 | 2.0 | 1.4 | 1.4 | 3.8 | 1.8 | 1.0 | 0.9 | 0.5 | 1.1 |
| Cash Flow to Total Debt 44 | 0.3 | • | 1.1 | 0.6 | 1.0 | 0.5 | 0.5 | 0.2 | 0.4 | 0.3 | 0.4 | 0.4 | 0.1 |

| Selected Financial Factors (in Percentages) | | | | | | | | | | | | | |
|---|---|---|---|---|---|---|---|---|---|---|---|---|---|
| Debt Ratio 45 | 65.9 | • | 152.4 | 210.0 | 85.0 | 71.2 | 57.2 | 72.8 | 63.0 | 59.6 | 63.4 | 50.6 | 73.7 |
| Return on Total Assets 46 | 8.1 | • | • | 97.7 | 18.5 | 19.3 | 5.5 | 2.2 | 7.4 | 8.2 | 7.9 | 11.2 | 5.5 |
| Return on Equity Before Income Taxes 47 | 11.6 | • | 58.2 | • | 113.1 | 51.8 | 5.4 | • | 10.8 | 13.4 | 13.7 | 18.1 | • |
| Return on Equity After Income Taxes 48 | 9.0 | • | 58.2 | • | 107.4 | 51.0 | 4.1 | • | 9.4 | 9.8 | 11.2 | 12.1 | • |
| Profit Margin (Before Income Tax) 49 | 4.0 | • | • | 22.2 | 4.2 | 9.8 | 1.8 | • | 3.5 | 6.5 | 3.9 | 19.6 | • |
| Profit Margin (After Income Tax) 50 | 3.1 | • | • | 21.7 | 4.0 | 9.7 | 1.4 | • | 3.1 | 4.8 | 3.2 | 13.1 | • |

**Table II**

Corporations with Net Income

# WAREHOUSING AND STORAGE

MONEY AMOUNTS AND SIZE OF ASSETS IN THOUSANDS OF DOLLARS

| Item Description for Accounting Period 7/00 Through 6/01 | | Total | Zero Assets | Under 100 | 100 to 250 | 251 to 500 | 501 to 1,000 | 1,001 to 5,000 | 5,001 to 10,000 | 10,001 to 25,000 | 25,001 to 50,000 | 50,001 to 100,000 | 100,001 to 250,000 | 250,001 and over |
|---|---|---|---|---|---|---|---|---|---|---|---|---|---|---|
| Number of Enterprises | 1 | 3141 | 16 | 715 | 268 | 777 | 650 | 496 | 106 | 0 | 0 | 0 | 0 | 0 |
| **Revenues ($ in Thousands)** | | | | | | | | | | | | | | |
| Net Sales | 2 | 10036508 | 41963 | 84791 | 232139 | 1267765 | 976145 | 1648931 | 1677505 | 0 | 0 | 0 | 0 | 0 |
| Interest | 3 | 48522 | 56 | 0 | 0 | 1621 | 3324 | 3267 | 3977 | 0 | 0 | 0 | 0 | 0 |
| Rents | 4 | 22602 | 6 | 0 | 0 | 1770 | 3284 | 1836 | 750 | 0 | 0 | 0 | 0 | 0 |
| Royalties | 5 | 38 | 0 | 0 | 0 | 0 | 0 | 0 | 0 | 0 | 0 | 0 | 0 | 0 |
| Other Portfolio Income | 6 | 213148 | 6374 | 0 | 17033 | 7044 | 7071 | 14699 | 2987 | 0 | 0 | 0 | 0 | 0 |
| Other Receipts | 7 | 169755 | 293 | 0 | 2370 | 422 | 10593 | 53602 | 25557 | 0 | 0 | 0 | 0 | 0 |
| Total Receipts | 8 | 10490573 | 48692 | 84791 | 251542 | 1278622 | 1000417 | 1722335 | 1710776 | 0 | 0 | 0 | 0 | 0 |
| Average Total Receipts | 9 | 3340 | 3043 | 119 | 939 | 1646 | 1539 | 3472 | 16139 | • | • | • | • | • |
| **Operating Costs/Operating Income (%)** | | | | | | | | | | | | | | |
| Cost of Operations | 10 | 31.5 | 25.1 | 2.4 | 27.3 | 44.2 | 35.5 | 18.6 | 50.8 | • | • | • | • | • |
| Salaries and Wages | 11 | 20.1 | 9.2 | • | 14.6 | 9.3 | 16.4 | 22.7 | 15.9 | • | • | • | • | • |
| Taxes Paid | 12 | 3.4 | 4.6 | 0.3 | 4.0 | 2.2 | 4.0 | 3.9 | 2.3 | • | • | • | • | • |
| Interest Paid | 13 | 2.2 | 8.1 | 1.1 | 3.2 | 0.4 | 2.2 | 1.5 | 1.1 | • | • | • | • | • |
| Depreciation | 14 | 3.5 | 7.3 | 2.6 | 4.4 | 2.0 | 1.5 | 4.3 | 3.0 | • | • | • | • | • |
| Amortization and Depletion | 15 | 0.3 | 0.3 | 0.0 | 0.1 | 0.6 | 0.0 | 0.2 | 0.1 | • | • | • | • | • |
| Pensions and Other Deferred Comp. | 16 | 0.5 | 0.7 | • | • | 0.6 | 1.0 | 0.5 | 0.3 | • | • | • | • | • |
| Employee Benefits | 17 | 2.3 | 1.8 | • | 0.4 | 1.6 | 1.7 | 1.4 | 1.1 | • | • | • | • | • |
| Advertising | 18 | 0.4 | 0.1 | • | 1.8 | 0.2 | 0.9 | 0.4 | 0.2 | • | • | • | • | • |
| Other Expenses | 19 | 29.8 | 37.4 | 92.5 | 29.5 | 31.4 | 24.2 | 39.4 | 22.1 | • | • | • | • | • |
| Officers' Compensation | 20 | 2.5 | 0.8 | • | 0.8 | 3.7 | 2.7 | 3.8 | 1.8 | • | • | • | • | • |
| Operating Margin | 21 | 3.7 | 4.6 | 1.1 | 13.8 | 3.7 | 9.8 | 3.2 | 1.5 | • | • | • | • | • |
| Operating Margin Before Officers' Comp. | 22 | 6.2 | 5.4 | 1.1 | 14.6 | 7.4 | 12.5 | 6.9 | 3.2 | • | • | • | • | • |

| Selected Average Balance Sheet ($ in Thousands) | | | | | | | | | | | | | |
|---|---|---|---|---|---|---|---|---|---|---|---|---|---|
| Net Receivables **23** | 435 | 0 | 1 | 59 | 137 | 211 | 358 | 1524 | • | • | • | • | • |
| Inventories **24** | 52 | 0 | 0 | 2 | 16 | 1 | 112 | 476 | • | • | • | • | • |
| Net Property, Plant and Equipment **25** | 1079 | 0 | 6 | 143 | 116 | 183 | 1111 | 2613 | • | • | • | • | • |
| Total Assets **26** | 2369 | 0 | 15 | 225 | 409 | 710 | 2152 | 7459 | • | • | • | • | • |
| Notes and Loans Payable **27** | 896 | 0 | 27 | 363 | 171 | 386 | 507 | 3056 | • | • | • | • | • |
| All Other Liabilities **28** | 487 | 0 | 3 | 109 | 104 | 82 | 330 | 2241 | • | • | • | • | • |
| Net Worth **29** | 986 | 0 | -16 | -247 | 134 | 242 | 1315 | 2162 | • | • | • | • | • |

| Selected Financial Ratios (Times to 1) | | | | | | | | | | | | | |
|---|---|---|---|---|---|---|---|---|---|---|---|---|---|
| Current Ratio **30** | 1.5 | • | 1.8 | 0.5 | 2.7 | 1.6 | 1.8 | 1.1 | • | • | • | • | • |
| Quick Ratio **31** | 1.1 | • | 1.6 | 0.5 | 2.4 | 1.5 | 1.5 | 0.7 | • | • | • | • | • |
| Net Sales to Working Capital **32** | 12.2 | • | 48.0 | • | 10.9 | 10.0 | 10.7 | 40.5 | • | • | • | • | • |
| Coverage Ratio **33** | 4.7 | 3.5 | 1.9 | 7.9 | 12.6 | 6.5 | 6.0 | 4.0 | • | • | • | • | • |
| Total Asset Turnover **34** | 1.3 | • | 8.2 | 3.9 | 4.0 | 2.1 | 1.5 | 2.1 | • | • | • | • | • |
| Inventory Turnover **35** | 19.3 | • | • | 117.0 | 44.3 | 796.7 | 5.5 | 16.9 | • | • | • | • | • |
| Receivables Turnover **36** | 7.9 | • | 22.3 | 19.1 | 20.7 | 9.4 | 6.6 | 10.1 | • | • | • | • | • |
| Total Liabilities to Net Worth **37** | 1.4 | • | • | • | 2.0 | 1.9 | 0.6 | 2.5 | • | • | • | • | • |
| Current Assets to Working Capital **38** | 3.2 | • | 2.3 | • | 1.6 | 2.7 | 2.2 | 8.8 | • | • | • | • | • |
| Current Liabilities to Working Capital **39** | 2.2 | • | 1.3 | • | 0.6 | 1.7 | 1.2 | 7.8 | • | • | • | • | • |
| Working Capital to Net Sales **40** | 0.1 | • | 0.0 | • | 0.1 | 0.1 | 0.1 | 0.0 | • | • | • | • | • |
| Inventory to Working Capital **41** | 0.2 | • | • | • | 0.1 | 0.0 | 0.1 | 2.2 | • | • | • | • | • |
| Total Receipts to Cash Flow **42** | 4.2 | 2.5 | 4.4 | 3.1 | 5.4 | 3.7 | 3.7 | 6.4 | • | • | • | • | • |
| Cost of Goods to Cash Flow **43** | 1.3 | 0.6 | 0.1 | 0.8 | 2.4 | 1.3 | 0.7 | 3.2 | • | • | • | • | • |
| Cash Flow to Total Debt **44** | 0.6 | • | 0.9 | 0.6 | 1.1 | 0.9 | 1.1 | 0.5 | • | • | • | • | • |

| Selected Financial Factors (in Percentages) | | | | | | | | | | | | | |
|---|---|---|---|---|---|---|---|---|---|---|---|---|---|
| Debt Ratio **45** | 58.4 | • | 209.9 | 210.0 | 67.1 | 65.9 | 38.9 | 71.0 | • | • | • | • | • |
| Return on Total Assets **46** | 14.0 | • | 17.8 | 97.7 | 19.6 | 30.4 | 14.1 | 9.7 | • | • | • | • | • |
| Return on Equity Before Income Taxes **47** | 26.4 | • | • | • | 54.9 | 75.6 | 19.2 | 25.2 | • | • | • | • | • |
| Return on Equity After Income Taxes **48** | 22.7 | • | • | • | 52.2 | 74.6 | 17.8 | 22.2 | • | • | • | • | • |
| Profit Margin (Before Income Tax) **49** | 8.2 | 20.6 | 1.1 | 22.2 | 4.5 | 12.2 | 7.6 | 3.4 | • | • | • | • | • |
| Profit Margin (After Income Tax) **50** | 7.0 | 14.9 | 1.1 | 21.7 | 4.3 | 12.0 | 7.0 | 3.0 | • | • | • | • | • |

## Table I

Corporations with and without Net Income

# NEWSPAPER PUBLISHERS

MONEY AMOUNTS AND SIZE OF ASSETS IN THOUSANDS OF DOLLARS

| Item Description for Accounting Period 7/00 Through 6/01 | | Total | Zero Assets | Under 100 | 100 to 250 | 251 to 500 | 501 to 1,000 | 1,001 to 5,000 | 5,001 to 10,000 | 10,001 to 25,000 | 25,001 to 50,000 | 50,001 to 100,000 | 100,001 to 250,000 | 250,001 and over |
|---|---|---|---|---|---|---|---|---|---|---|---|---|---|---|
| Number of Enterprises | 1 | 5981 | 273 | 3316 | 687 | 576 | 605 | 274 | 50 | 82 | 41 | 27 | 13 | 37 |
| **Revenues ($ in Thousands)** | | | | | | | | | | | | | | |
| Net Sales | 2 | 50760997 | 515134 | 885009 | 292837 | 640557 | 567814 | 1220847 | 792020 | 1587947 | 1381533 | 1502975 | 1704484 | 39669839 |
| Interest | 3 | 934033 | 1428 | 527 | 998 | 610 | 1164 | 3214 | 907 | 7814 | 7667 | 8086 | 21704 | 879914 |
| Rents | 4 | 95098 | 518 | 0 | 0 | 81 | 0 | 680 | 15 | 1839 | 2504 | 2671 | 6826 | 79964 |
| Royalties | 5 | 488634 | 1625 | 0 | 0 | 0 | 0 | 0 | 0 | 849 | 0 | 0 | 0 | 486160 |
| Other Portfolio Income | 6 | 5752632 | 17013 | 2097 | 16746 | 64554 | 5107 | 19507 | 7801 | 5483 | 26734 | 114973 | 71804 | 5400815 |
| Other Receipts | 7 | 1699161 | 59713 | 24567 | 2788 | -1740 | 64 | 1280 | 11723 | 1323 | 45337 | 45977 | 11309 | 1496821 |
| Total Receipts | 8 | 59730555 | 595431 | 912200 | 313369 | 704062 | 574149 | 1245528 | 812466 | 1605255 | 1463775 | 1674682 | 1816127 | 48013513 |
| Average Total Receipts | 9 | 9987 | 2181 | 275 | 456 | 1222 | 949 | 4546 | 16249 | 19576 | 35702 | 62025 | 139702 | 1297663 |
| **Operating Costs/Operating Income (%)** | | | | | | | | | | | | | | |
| Cost of Operations | 10 | 26.2 | 46.1 | 37.9 | 21.5 | 36.9 | 27.9 | 37.0 | 49.5 | 34.3 | 27.3 | 31.1 | 25.6 | 24.2 |
| Salaries and Wages | 11 | 22.3 | 10.8 | 19.0 | 16.5 | 16.7 | 23.9 | 19.0 | 15.9 | 21.5 | 24.8 | 23.1 | 26.2 | 22.5 |
| Taxes Paid | 12 | 3.5 | 4.4 | 2.5 | 3.5 | 4.1 | 3.0 | 3.2 | 3.5 | 3.7 | 3.6 | 4.0 | 3.8 | 3.4 |
| Interest Paid | 13 | 5.1 | 4.5 | 0.5 | 2.5 | 0.9 | 1.9 | 1.2 | 0.5 | 2.1 | 2.9 | 3.1 | 4.9 | 5.9 |
| Depreciation | 14 | 3.9 | 3.5 | 1.4 | 1.4 | 1.8 | 1.9 | 3.6 | 3.1 | 3.6 | 4.0 | 5.1 | 5.7 | 4.0 |
| Amortization and Depletion | 15 | 2.4 | 0.3 | • | 0.7 | 1.1 | 1.8 | 0.4 | 0.4 | 0.8 | 1.3 | 1.7 | 3.1 | 2.7 |
| Pensions and Other Deferred Comp. | 16 | 1.0 | 2.2 | 0.8 | 3.8 | 0.2 | 0.7 | 0.2 | 1.4 | 1.0 | 1.1 | 1.0 | 1.0 | 1.0 |
| Employee Benefits | 17 | 3.1 | 1.4 | 0.7 | 0.9 | 3.3 | 2.1 | 0.8 | 2.9 | 2.2 | 2.7 | 3.9 | 2.3 | 3.3 |
| Advertising | 18 | 1.9 | 2.1 | 4.5 | 1.0 | 0.4 | 0.3 | 0.5 | 1.1 | 1.0 | 1.1 | 1.3 | 2.0 | 2.0 |
| Other Expenses | 19 | 24.7 | 21.2 | 22.6 | 31.2 | 30.6 | 27.8 | 28.7 | 12.7 | 19.8 | 26.1 | 21.2 | 23.3 | 25.1 |
| Officers' Compensation | 20 | 1.8 | 0.7 | 10.1 | 11.6 | 7.3 | 4.7 | 3.3 | 3.6 | 3.2 | 2.1 | 2.0 | 1.7 | 1.3 |
| Operating Margin | 21 | 4.2 | 3.0 | 0.0 | 5.3 | • | 3.8 | 2.3 | 5.3 | 6.8 | 3.0 | 2.3 | 0.4 | 4.6 |
| Operating Margin Before Officers' Comp. | 22 | 6.0 | 3.7 | 10.1 | 16.9 | 3.9 | 8.4 | 5.6 | 9.0 | 10.0 | 5.0 | 4.4 | 2.2 | 5.9 |

## Selected Average Balance Sheet ($ in Thousands)

| | | | | | | | | | | | | | |
|---|---|---|---|---|---|---|---|---|---|---|---|---|---|
| Net Receivables 23 | 1064 | 0 | 15 | 34 | 83 | 102 | 358 | 1341 | 2589 | 3943 | 5852 | 15445 | 142764 |
| Inventories 24 | 129 | 0 | 0 | 0 | 10 | 7 | 53 | 248 | 323 | 474 | 722 | 1889 | 17416 |
| Net Property, Plant and Equipment 25 | 2665 | 0 | 9 | 44 | 86 | 101 | 970 | 2373 | 4244 | 9730 | 16103 | 51423 | 365720 |
| Total Assets 26 | 13674 | 0 | 32 | 177 | 375 | 767 | 2299 | 7954 | 15293 | 36580 | 63941 | 159816 | 1980844 |
| Notes and Loans Payable 27 | 5227 | 0 | 31 | 86 | 114 | 311 | 900 | 1801 | 5050 | 12444 | 18709 | 54939 | 766713 |
| All Other Liabilities 28 | 2457 | 0 | 21 | 12 | 105 | 244 | 475 | 2178 | 2467 | 6300 | 9254 | 39385 | 350023 |
| Net Worth 29 | 5989 | 0 | -20 | 79 | 157 | 212 | 923 | 3975 | 7776 | 17836 | 35978 | 65492 | 864108 |

## Selected Financial Ratios (Times to 1)

| | | | | | | | | | | | | | |
|---|---|---|---|---|---|---|---|---|---|---|---|---|---|
| Current Ratio 30 | 1.0 | • | 1.1 | 3.1 | 1.1 | 1.9 | 1.7 | 1.3 | 1.6 | 2.0 | 2.2 | 1.1 | 1.0 |
| Quick Ratio 31 | 0.7 | • | 1.0 | 3.0 | 1.0 | 1.8 | 1.5 | 1.1 | 1.3 | 1.5 | 1.9 | 0.9 | 0.6 |
| Net Sales to Working Capital 32 | 85.9 | • | 193.6 | 12.8 | 61.8 | 8.4 | 12.3 | 20.0 | 9.7 | 6.3 | 5.6 | 42.4 | • |
| Coverage Ratio 33 | 5.3 | 5.1 | 6.7 | 5.8 | 7.8 | 3.1 | 4.7 | 16.4 | 4.7 | 4.0 | 5.4 | 2.4 | 5.4 |
| Total Asset Turnover 34 | 0.6 | • | 8.3 | 2.4 | 3.0 | 1.2 | 1.9 | 2.0 | 1.3 | 0.9 | 0.9 | 0.8 | 0.5 |
| Inventory Turnover 35 | 17.2 | • | 1644.4 | 284.2 | 41.4 | 35.7 | 31.2 | 31.6 | 20.5 | 19.4 | 24.0 | 17.7 | 14.9 |
| Receivables Turnover 36 | 7.9 | • | 28.4 | 8.5 | 14.0 | 8.4 | 10.6 | 9.7 | 7.7 | 7.6 | 10.8 | 7.9 | 7.4 |
| Total Liabilities to Net Worth 37 | 1.3 | • | • | 1.2 | 1.4 | 2.6 | 1.5 | 1.0 | 1.0 | 1.1 | 0.8 | 1.4 | 1.3 |
| Current Assets to Working Capital 38 | 23.0 | • | 16.3 | 1.5 | 7.8 | 2.1 | 2.4 | 4.2 | 2.8 | 2.0 | 1.9 | 13.0 | • |
| Current Liabilities to Working Capital 39 | 22.0 | • | 15.3 | 0.5 | 6.8 | 1.1 | 1.4 | 3.2 | 1.8 | 1.0 | 0.9 | 12.0 | • |
| Working Capital to Net Sales 40 | 0.0 | • | 0.0 | 0.1 | 0.0 | 0.1 | 0.1 | 0.0 | 0.1 | 0.2 | 0.2 | 0.0 | • |
| Inventory to Working Capital 41 | 1.3 | • | • | 0.0 | 0.9 | 0.0 | 0.2 | 0.4 | 0.2 | 0.1 | 0.1 | 0.6 | • |
| Total Receipts to Cash Flow 42 | 2.9 | 2.9 | 4.6 | 2.9 | 4.2 | 3.6 | 3.5 | 5.7 | 4.0 | 3.1 | 3.1 | 4.0 | 2.7 |
| Cost of Goods to Cash Flow 43 | 0.7 | 1.3 | 1.8 | 0.6 | 1.6 | 1.0 | 1.3 | 2.8 | 1.4 | 0.8 | 1.0 | 1.0 | 0.7 |
| Cash Flow to Total Debt 44 | 0.4 | • | 1.1 | 1.5 | 1.2 | 0.5 | 0.9 | 0.7 | 0.6 | 0.6 | 0.6 | 0.3 | 0.4 |

## Selected Financial Factors (in Percentages)

| | | | | | | | | | | | | | |
|---|---|---|---|---|---|---|---|---|---|---|---|---|---|
| Debt Ratio 45 | 56.2 | • | 161.2 | 55.3 | 58.1 | 72.4 | 59.8 | 50.0 | 49.1 | 51.2 | 43.7 | 59.0 | 56.4 |
| Return on Total Assets 46 | 16.8 | • | 29.9 | 35.7 | 21.9 | 7.5 | 10.7 | 16.5 | 12.6 | 10.8 | 14.7 | 9.8 | 17.2 |
| Return on Equity Before Income Taxes 47 | 31.2 | • | • | 66.3 | 45.7 | 18.4 | 21.0 | 31.0 | 19.4 | 16.7 | 21.2 | 14.0 | 32.1 |
| Return on Equity After Income Taxes 48 | 20.9 | • | • | 62.3 | 44.4 | 18.2 | 17.5 | 26.8 | 16.8 | 13.4 | 18.4 | 7.8 | 21.2 |
| Profit Margin (Before Income Tax) 49 | 22.0 | 18.6 | 3.1 | 12.3 | 6.5 | 4.2 | 4.4 | 7.8 | 7.8 | 8.8 | 13.7 | 7.0 | 25.8 |
| Profit Margin (After Income Tax) 50 | 14.8 | 12.5 | 2.5 | 11.6 | 6.3 | 4.1 | 3.6 | 6.7 | 6.7 | 7.1 | 11.9 | 3.9 | 17.0 |

**Table II**

Corporations with Net Income

# NEWSPAPER PUBLISHERS

| Item Description for Accounting Period 7/00 Through 6/01 | | Total | Zero Assets | Under 100 | 100 to 250 | 251 to 500 | 501 to 1,000 | 1,001 to 5,000 | 5,001 to 10,000 | 10,001 to 25,000 | 25,001 to 50,000 | 50,001 to 100,000 | 100,001 to 250,000 | 250,001 and over |
|---|---|---|---|---|---|---|---|---|---|---|---|---|---|---|
| | | **MONEY AMOUNTS AND SIZE OF ASSETS IN THOUSANDS OF DOLLARS** | | | | | | | | | | | | |
| Number of Enterprises | 1 | 4141 | 0 | 2317 | 393 | 379 | 430 | 160 | 34 | 64 | 31 | 0 | 8 | 32 |
| **Revenues ($ in Thousands)** | | | | | | | | | | | | | | |
| Net Sales | 2 | 46283702 | 0 | 613864 | 162939 | 476795 | 542546 | 607142 | 571629 | 1307095 | 1191473 | 0 | 1256882 | 37805877 |
| Interest | 3 | 874652 | 0 | 0 | 965 | 146 | 1160 | 3214 | 509 | 5465 | 6608 | 0 | 21704 | 826813 |
| Rents | 4 | 85376 | 0 | 0 | 0 | 0 | 0 | 680 | 15 | 1696 | 2444 | 0 | 6826 | 71368 |
| Royalties | 5 | 487831 | 0 | 0 | 0 | 0 | 0 | 0 | 0 | 47 | 0 | 0 | 0 | 486160 |
| Other Portfolio Income | 6 | 5600534 | 0 | 2097 | 16746 | 0 | 819 | 15005 | 4348 | 5373 | 26650 | 0 | 71779 | 5326754 |
| Other Receipts | 7 | 1633591 | 0 | 23799 | 89 | 0 | 65 | 7440 | 10955 | -547 | 44250 | 0 | 9509 | 1436929 |
| Total Receipts | 8 | 54965686 | 0 | 639760 | 180739 | 476941 | 544590 | 633481 | 587456 | 1319129 | 1271425 | 0 | 1366700 | 45953901 |
| Average Total Receipts | 9 | 13274 | • | 276 | 460 | 1258 | 1266 | 3959 | 17278 | 20611 | 41014 | • | 170838 | 1436059 |
| **Operating Costs/Operating Income (%)** | | | | | | | | | | | | | | |
| Cost of Operations | 10 | 25.6 | • | 43.8 | 38.1 | 36.8 | 29.2 | 28.3 | 37.8 | 33.8 | 26.3 | • | 25.2 | 24.1 |
| Salaries and Wages | 11 | 22.4 | • | 15.4 | 7.8 | 11.6 | 22.8 | 23.8 | 20.7 | 21.0 | 24.6 | • | 25.6 | 22.6 |
| Taxes Paid | 12 | 3.5 | • | 1.9 | 3.8 | 4.1 | 3.2 | 3.4 | 4.1 | 3.8 | 3.6 | • | 4.1 | 3.4 |
| Interest Paid | 13 | 4.7 | • | 0.5 | 2.4 | 0.9 | 2.0 | 1.8 | 0.4 | 1.3 | 2.0 | • | 3.7 | 5.3 |
| Depreciation | 14 | 3.8 | • | 1.5 | 0.9 | 1.9 | 1.8 | 3.4 | 2.5 | 3.6 | 4.1 | • | 5.2 | 3.8 |
| Amortization and Depletion | 15 | 2.2 | • | • | 0.0 | 1.4 | 1.4 | 0.8 | 0.4 | 0.4 | 0.7 | • | 1.8 | 2.5 |
| Pensions and Other Deferred Comp. | 16 | 1.0 | • | 0.1 | 6.8 | • | 0.8 | 0.2 | 1.6 | 1.1 | 1.3 | • | 1.1 | 1.0 |
| Employee Benefits | 17 | 3.2 | • | 0.9 | 1.7 | 3.9 | 2.0 | 1.6 | 3.4 | 2.2 | 2.9 | • | 2.2 | 3.3 |
| Advertising | 18 | 1.9 | • | 6.5 | 0.4 | 0.5 | 0.3 | 0.5 | 0.7 | 1.0 | 0.8 | • | 1.9 | 2.0 |
| Other Expenses | 19 | 24.3 | • | 25.0 | 14.8 | 22.0 | 25.1 | 23.3 | 14.4 | 18.9 | 26.3 | • | 23.7 | 24.8 |
| Officers' Compensation | 20 | 1.7 | • | 2.5 | 9.1 | 7.0 | 4.9 | 5.0 | 3.9 | 3.4 | 2.2 | • | 2.0 | 1.3 |
| Operating Margin | 21 | 5.9 | • | 1.9 | 14.4 | 10.0 | 6.7 | 8.0 | 10.3 | 9.6 | 5.3 | • | 3.5 | 5.8 |
| Operating Margin Before Officers' Comp. | 22 | 7.5 | • | 4.4 | 23.4 | 17.0 | 11.5 | 13.0 | 14.2 | 13.0 | 7.4 | • | 5.5 | 7.1 |

| Selected Average Balance Sheet ($ in Thousands) | | | | | | | | | | | | | |
|---|---|---|---|---|---|---|---|---|---|---|---|---|---|
| Net Receivables 23 | 1411 | • | 19 | 27 | 96 | 139 | 388 | 1516 | 2525 | 4354 | • | 18715 | 156448 |
| Inventories 24 | 172 | • | 0 | 1 | 12 | 10 | 69 | 212 | 347 | 591 | • | 2609 | 19017 |
| Net Property, Plant and Equipment 25 | 3475 | • | 8 | 65 | 110 | 135 | 830 | 2084 | 4389 | 11119 | • | 58271 | 393768 |
| Total Assets 26 | 17656 | • | 31 | 160 | 425 | 781 | 2495 | 7800 | 15647 | 37474 | • | 167683 | 2095789 |
| Notes and Loans Payable 27 | 6405 | • | 36 | 83 | 109 | 295 | 808 | 462 | 3180 | 9726 | • | 36382 | 782744 |
| All Other Liabilities 28 | 3218 | • | 12 | 9 | 96 | 168 | 342 | 2732 | 2560 | 6624 | • | 54668 | 374784 |
| Net Worth 29 | 8033 | • | -17 | 68 | 220 | 318 | 1345 | 4607 | 9906 | 21124 | • | 76632 | 938261 |
| **Selected Financial Ratios (Times to 1)** | | | | | | | | | | | | | |
| Current Ratio 30 | 1.0 | • | 1.7 | 2.5 | 1.5 | 2.1 | 2.8 | 1.9 | 2.0 | 2.4 | • | 1.2 | 0.9 |
| Quick Ratio 31 | 0.7 | • | 1.6 | 2.5 | 1.2 | 1.9 | 2.3 | 1.6 | 1.7 | 1.7 | • | 1.0 | 0.6 |
| Net Sales to Working Capital 32 | 703.2 | • | 28.3 | 17.5 | 25.3 | 7.9 | 6.4 | 9.9 | 6.7 | 5.3 | • | 20.5 | • |
| Coverage Ratio 33 | 6.3 | • | 13.8 | 11.7 | 12.0 | 4.5 | 7.9 | 33.7 | 9.3 | 7.0 | • | 4.3 | 6.2 |
| Total Asset Turnover 34 | 0.6 | • | 8.4 | 2.6 | 3.0 | 1.6 | 1.5 | 2.2 | 1.3 | 1.0 | • | 0.9 | 0.6 |
| Inventory Turnover 35 | 16.6 | • | 1318.1 | 279.8 | 37.0 | 36.8 | 15.6 | 29.9 | 19.8 | 17.1 | • | 15.2 | 15.0 |
| Receivables Turnover 36 | 7.7 | • | 23.7 | 7.6 | 14.1 | 8.3 | 7.8 | 8.2 | 8.5 | 7.4 | • | 7.4 | 7.3 |
| Total Liabilities to Net Worth 37 | 1.2 | • | • | 1.4 | 0.9 | 1.5 | 0.9 | 0.7 | 0.6 | 0.8 | • | 1.2 | 1.2 |
| Current Assets to Working Capital 38 | 178.2 | • | 2.5 | 1.7 | 3.1 | 1.9 | 1.6 | 2.1 | 2.0 | 1.7 | • | 7.4 | • |
| Current Liabilities to Working Capital 39 | 177.2 | • | 1.5 | 0.7 | 2.1 | 0.9 | 0.6 | 1.1 | 1.0 | 0.7 | • | 6.4 | • |
| Working Capital to Net Sales 40 | 0.0 | • | 0.0 | 0.1 | 0.0 | 0.1 | 0.2 | 0.1 | 0.2 | 0.2 | • | 0.0 | • |
| Inventory to Working Capital 41 | 9.9 | • | • | 0.0 | 0.4 | 0.0 | 0.1 | 0.1 | 0.1 | 0.1 | • | 0.3 | • |
| Total Receipts to Cash Flow 42 | 2.7 | • | 3.7 | 3.8 | 3.5 | 3.7 | 3.2 | 4.0 | 3.7 | 2.8 | • | 3.4 | 2.6 |
| Cost of Goods to Cash Flow 43 | 0.7 | • | 1.6 | 1.5 | 1.3 | 1.1 | 0.9 | 1.5 | 1.3 | 0.7 | • | 0.8 | 0.6 |
| Cash Flow to Total Debt 44 | 0.4 | • | 1.5 | 1.2 | 1.7 | 0.7 | 1.0 | 1.3 | 1.0 | 0.8 | • | 0.5 | 0.4 |
| **Selected Financial Factors (in Percentages)** | | | | | | | | | | | | | |
| Debt Ratio 45 | 54.5 | • | 153.4 | 57.6 | 48.3 | 59.3 | 46.1 | 40.9 | 36.7 | 43.6 | • | 54.3 | 55.2 |
| Return on Total Assets 46 | 18.6 | • | 55.2 | 71.8 | 32.5 | 14.7 | 21.6 | 28.9 | 15.3 | 14.2 | • | 14.9 | 18.5 |
| Return on Equity Before Income Taxes 47 | 34.4 | • | • | 155.1 | 57.5 | 28.0 | 34.9 | 47.6 | 21.5 | 21.6 | • | 25.1 | 34.6 |
| Return on Equity After Income Taxes 48 | 23.4 | • | • | 147.1 | 56.1 | 27.8 | 30.9 | 42.1 | 18.9 | 17.9 | • | 16.5 | 23.0 |
| Profit Margin (Before Income Tax) 49 | 24.7 | • | 6.1 | 25.3 | 10.0 | 7.0 | 12.4 | 13.0 | 10.4 | 11.9 | • | 12.2 | 27.5 |
| Profit Margin (After Income Tax) 50 | 16.8 | • | 5.2 | 24.0 | 9.8 | 7.0 | 10.9 | 11.5 | 9.1 | 9.8 | • | 8.0 | 18.3 |

**Table I**

Corporations with and without Net Income

# PERIODICAL PUBLISHERS

MONEY AMOUNTS AND SIZE OF ASSETS IN THOUSANDS OF DOLLARS

| Item Description for Accounting Period 7/00 Through 6/01 | | Total | Zero Assets | Under 100 | 100 to 250 | 251 to 500 | 501 to 1,000 | 1,001 to 5,000 | 5,001 to 10,000 | 10,001 to 25,000 | 25,001 to 50,000 | 50,001 to 100,000 | 100,001 to 250,000 | 250,001 and over |
|---|---|---|---|---|---|---|---|---|---|---|---|---|---|---|
| Number of Enterprises | 1 | 6104 | 89 | 3229 | 1110 | 210 | 632 | 560 | 129 | 73 | 24 | 10 | 15 | 21 |
| **Revenues ($ in Thousands)** | | | | | | | | | | | | | | |
| Net Sales | 2 | 38224453 | 1644786 | 305812 | 1016543 | 217671 | 1167548 | 2742484 | 1892655 | 1653387 | 926001 | 839565 | 1834973 | 23983027 |
| Interest | 3 | 1096892 | 144459 | 3 | 766 | 1413 | 2915 | 5748 | 3823 | 4365 | 10757 | 6152 | 36069 | 880420 |
| Rents | 4 | 123320 | 2224 | 0 | 0 | 1177 | 0 | 0 | 5577 | 419 | 1986 | 0 | 5478 | 106460 |
| Royalties | 5 | 1545441 | 31805 | 0 | 0 | 0 | 0 | 1 | 823 | 0 | 8 | 337 | 6904 | 1505562 |
| Other Portfolio Income | 6 | 1995608 | 866764 | 0 | 0 | 0 | 18068 | 20227 | 14303 | 13454 | 4561 | 10694 | 87123 | 960413 |
| Other Receipts | 7 | 2949674 | 60557 | 3905 | 1676 | 61 | -24878 | 54188 | 20228 | 17511 | 28679 | 5289 | 136412 | 2646049 |
| Total Receipts | 8 | 45935388 | 2750595 | 309720 | 1018985 | 220322 | 1163653 | 2822648 | 1937409 | 1689136 | 971992 | 862037 | 2106959 | 30081931 |
| Average Total Receipts | 9 | 7525 | 30906 | 96 | 918 | 1049 | 1841 | 5040 | 15019 | 23139 | 40500 | 86204 | 140464 | 1432473 |
| **Operating Costs/Operating Income (%)** | | | | | | | | | | | | | | |
| Cost of Operations | 10 | 38.0 | 31.9 | 47.7 | 45.7 | 24.6 | 33.6 | 49.5 | 56.0 | 45.7 | 35.0 | 35.6 | 47.5 | 34.5 |
| Salaries and Wages | 11 | 20.9 | 25.7 | 11.9 | 15.9 | 14.0 | 23.5 | 16.4 | 10.4 | 15.3 | 19.8 | 18.9 | 14.8 | 23.2 |
| Taxes Paid | 12 | 2.4 | 2.8 | 1.6 | 2.2 | 2.6 | 2.9 | 2.1 | 1.9 | 2.8 | 2.1 | 1.9 | 2.5 | 2.5 |
| Interest Paid | 13 | 9.2 | 16.7 | 0.0 | 0.9 | • | 1.0 | 1.4 | 0.8 | 1.6 | 2.4 | 2.2 | 4.0 | 12.6 |
| Depreciation | 14 | 2.2 | 2.6 | 0.5 | 0.8 | 0.6 | 0.5 | 2.1 | 1.3 | 2.2 | 2.1 | 1.8 | 1.9 | 2.5 |
| Amortization and Depletion | 15 | 5.1 | 8.4 | 0.0 | • | • | 0.3 | 0.7 | 0.4 | 0.9 | 1.3 | 1.7 | 1.5 | 7.1 |
| Pensions and Other Deferred Comp. | 16 | 0.5 | 0.4 | • | • | 0.8 | 0.9 | 0.5 | 0.4 | 0.6 | 0.6 | 0.5 | 1.0 | 0.5 |
| Employee Benefits | 17 | 1.7 | 1.4 | • | 0.5 | 0.9 | 1.9 | 1.8 | 1.0 | 1.5 | 1.0 | 1.4 | 1.5 | 1.8 |
| Advertising | 18 | 5.1 | 7.2 | 0.3 | 1.9 | 1.2 | 0.3 | 1.6 | 2.0 | 1.7 | 2.2 | 3.7 | 3.1 | 6.7 |
| Other Expenses | 19 | 26.2 | 35.9 | 18.3 | 20.7 | 25.6 | 16.2 | 20.4 | 15.4 | 24.6 | 33.4 | 32.3 | 29.5 | 27.3 |
| Officers' Compensation | 20 | 3.3 | 1.2 | 6.9 | 4.1 | 17.6 | 23.3 | 3.8 | 9.8 | 3.4 | 2.7 | 1.7 | 2.7 | 1.8 |
| Operating Margin | 21 | • | • | 12.8 | 7.3 | 11.9 | • | • | 0.7 | • | • | • | • | • |
| Operating Margin Before Officers' Comp. | 22 | • | • | 19.7 | 11.4 | 29.5 | 18.7 | 3.5 | 10.5 | 3.0 | 0.1 | 0.1 | • | • |

## Selected Average Balance Sheet ($ in Thousands)

| | | | | | | | | | | | | | |
|---|---|---|---|---|---|---|---|---|---|---|---|---|---|
| Net Receivables 23 | 2312 | 0 | 3 | 8 | 101 | 141 | 721 | 2405 | 3257 | 6955 | 15751 | 20254 | 590467 |
| Inventories 24 | 344 | 0 | 1 | 0 | 10 | 16 | 167 | 370 | 807 | 1048 | 1748 | 4639 | 84241 |
| Net Property, Plant and Equipment 25 | 652 | 0 | 2 | 41 | 83 | 37 | 409 | 780 | 2767 | 5758 | 7356 | 16452 | 138058 |
| Total Assets 26 | 21958 | 0 | 21 | 168 | 444 | 695 | 2355 | 7507 | 15427 | 33402 | 76607 | 141895 | 6006301 |
| Notes and Loans Payable 27 | 5543 | 0 | 13 | 97 | 0 | 116 | 1069 | 1818 | 4995 | 11632 | 30838 | 32522 | 1492366 |
| All Other Liabilities 28 | 5158 | 0 | 6 | 126 | 67 | 498 | 1063 | 3913 | 6572 | 15448 | 33922 | 62713 | 1322191 |
| Net Worth 29 | 11257 | 0 | 3 | -55 | 377 | 82 | 222 | 1776 | 3860 | 6321 | 11847 | 46660 | 3191744 |

## Selected Financial Ratios (Times to 1)

| | | | | | | | | | | | | | |
|---|---|---|---|---|---|---|---|---|---|---|---|---|---|
| Current Ratio 30 | 1.2 | • | 3.3 | 1.1 | 5.0 | 1.0 | 1.1 | 1.4 | 1.3 | 1.6 | 0.9 | 1.6 | 1.2 |
| Quick Ratio 31 | 0.8 | • | 3.1 | 0.9 | 4.7 | 0.6 | 0.9 | 1.2 | 0.9 | 1.1 | 0.7 | 1.2 | 0.8 |
| Net Sales to Working Capital 32 | 7.6 | • | 7.3 | 67.0 | 3.8 | 387.5 | 30.4 | 9.9 | 14.3 | 6.3 | • | 5.8 | 5.8 |
| Coverage Ratio 33 | 1.7 | 3.0 | 898.3 | 9.2 | • | • | 3.0 | 4.5 | 2.1 | 1.9 | 1.3 | 2.1 | 1.5 |
| Total Asset Turnover 34 | 0.3 | • | 4.5 | 5.4 | 2.3 | 2.7 | 2.1 | 2.0 | 1.5 | 1.2 | 1.1 | 0.9 | 0.2 |
| Inventory Turnover 35 | 6.9 | • | 32.2 | • | 25.6 | 37.7 | 14.5 | 22.2 | 12.8 | 12.9 | 17.1 | 12.5 | 4.7 |
| Receivables Turnover 36 | 2.3 | • | 22.6 | 104.4 | 6.3 | 12.0 | 6.6 | 6.8 | 7.0 | 5.9 | 6.5 | 6.0 | 1.6 |
| Total Liabilities to Net Worth 37 | 1.0 | • | 6.9 | • | 0.2 | 7.5 | 9.6 | 3.2 | 3.0 | 4.3 | 5.5 | 2.0 | 0.9 |
| Current Assets to Working Capital 38 | 5.1 | • | 1.4 | 8.8 | 1.2 | 86.9 | 8.5 | 3.2 | 5.0 | 2.8 | • | 2.7 | 5.2 |
| Current Liabilities to Working Capital 39 | 4.1 | • | 0.4 | 7.8 | 0.2 | 85.9 | 7.5 | 2.2 | 4.0 | 1.8 | • | 1.7 | 4.2 |
| Working Capital to Net Sales 40 | 0.1 | • | 0.1 | 0.0 | 0.3 | 0.0 | 0.0 | 0.1 | 0.1 | 0.2 | • | 0.2 | 0.2 |
| Inventory to Working Capital 41 | 0.4 | • | 0.1 | • | • | -4.4 | 1.0 | 0.3 | 0.5 | 0.2 | • | 0.3 | 0.4 |
| Total Receipts to Cash Flow 42 | 4.0 | 3.4 | 3.4 | 3.8 | 2.9 | 12.2 | 5.1 | 6.2 | 4.4 | 3.1 | 3.3 | 3.5 | 3.9 |
| Cost of Goods to Cash Flow 43 | 1.5 | 1.1 | 1.6 | 1.8 | 0.7 | 4.1 | 2.5 | 3.5 | 2.0 | 1.1 | 1.2 | 1.7 | 1.3 |
| Cash Flow to Total Debt 44 | 0.1 | • | 1.5 | 1.1 | 5.2 | 0.2 | 0.4 | 0.4 | 0.4 | 0.5 | 0.4 | 0.4 | 0.1 |

## Selected Financial Factors (in Percentages)

| | | | | | | | | | | | | | |
|---|---|---|---|---|---|---|---|---|---|---|---|---|---|
| Debt Ratio 45 | 48.7 | • | 87.3 | 132.7 | 15.1 | 88.3 | 90.6 | 76.3 | 75.0 | 81.1 | 84.5 | 67.1 | 46.9 |
| Return on Total Assets 46 | 4.4 | • | 63.7 | 45.9 | 30.7 | • | 8.4 | 7.1 | 4.8 | 5.4 | 3.2 | 7.3 | 3.5 |
| Return on Equity Before Income Taxes 47 | 3.4 | • | 501.5 | • | 36.2 | • | 59.4 | 23.2 | 10.1 | 13.8 | 5.1 | 11.6 | 2.1 |
| Return on Equity After Income Taxes 48 | 2.3 | • | 492.9 | • | 34.5 | • | 41.3 | 19.9 | 7.3 | 9.1 | • | 9.8 | 1.3 |
| Profit Margin (Before Income Tax) 49 | 6.1 | 33.0 | 14.1 | 7.5 | 13.2 | • | 2.7 | 2.8 | 1.7 | 2.3 | 0.7 | 4.4 | 6.0 |
| Profit Margin (After Income Tax) 50 | 4.1 | 25.1 | 13.8 | 7.5 | 12.5 | • | 1.9 | 2.4 | 1.3 | 1.5 | • | 3.7 | 3.7 |

## Table II

Corporations with Net Income

# PERIODICAL PUBLISHERS

MONEY AMOUNTS AND SIZE OF ASSETS IN THOUSANDS OF DOLLARS

| Item Description for Accounting Period 7/00 Through 6/01 | | Total | Zero Assets | Under 100 | 100 to 250 | 251 to 500 | 501 to 1,000 | 1,001 to 5,000 | 5,001 to 10,000 | 10,001 to 25,000 | 25,001 to 50,000 | 50,001 to 100,000 | 100,001 to 250,000 | 250,001 and over |
|---|---|---|---|---|---|---|---|---|---|---|---|---|---|---|
| Number of Enterprises | 1 | 4104 | 83 | 1776 | 1110 | 112 | 394 | 419 | 121 | 46 | 15 | 4 | 9 | 13 |
| **Revenues ($ in Thousands)** | | | | | | | | | | | | | | |
| Net Sales | 2 | 29390605 | 1326028 | 172247 | 1016543 | 198336 | 738015 | 2246064 | 1785536 | 1209365 | 697945 | 384555 | 1589152 | 18026820 |
| Interest | 3 | 951772 | 93334 | 0 | 766 | 545 | 1563 | 4779 | 3346 | 3660 | 7370 | 3961 | 22280 | 810168 |
| Rents | 4 | 110334 | 777 | 0 | 0 | 0 | 0 | 0 | 5577 | 359 | 2 | 0 | 5153 | 98465 |
| Royalties | 5 | 1348074 | 1064 | 0 | 0 | 0 | 0 | 0 | 823 | 0 | 8 | 169 | 3073 | 1342937 |
| Other Portfolio Income | 6 | 1776040 | 817133 | 0 | 0 | 0 | 6511 | 20027 | 14303 | 10017 | 1612 | 2730 | 68187 | 835520 |
| Other Receipts | 7 | 2688912 | 30790 | 3905 | 1676 | 18 | 4194 | 29650 | 19310 | 11461 | 15416 | 1720 | 117682 | 2453091 |
| Total Receipts | 8 | 36265737 | 2269126 | 176152 | 1018985 | 198899 | 750283 | 2300520 | 1828895 | 1234862 | 722353 | 393135 | 1805527 | 23567001 |
| Average Total Receipts | 9 | 8837 | 27339 | 99 | 918 | 1776 | 1904 | 5491 | 15115 | 26845 | 48157 | 98284 | 200614 | 1812846 |
| **Operating Costs/Operating Income (%)** | | | | | | | | | | | | | | |
| Cost of Operations | 10 | 38.3 | 30.3 | 23.1 | 45.7 | 24.5 | 23.4 | 54.5 | 56.0 | 47.3 | 40.1 | 49.1 | 46.0 | 34.0 |
| Salaries and Wages | 11 | 20.6 | 23.5 | 4.5 | 15.9 | 15.4 | 27.1 | 14.9 | 9.2 | 12.9 | 18.2 | 9.5 | 13.4 | 23.9 |
| Taxes Paid | 12 | 2.5 | 2.7 | 1.5 | 2.2 | 2.3 | 3.1 | 2.1 | 1.8 | 3.1 | 1.9 | 1.6 | 2.2 | 2.6 |
| Interest Paid | 13 | 8.7 | 14.7 | • | 0.9 | • | 0.4 | 0.7 | 0.6 | 1.0 | 2.5 | 0.2 | 2.9 | 12.5 |
| Depreciation | 14 | 2.0 | 2.6 | 0.2 | 0.8 | 0.4 | 0.4 | 1.8 | 1.2 | 2.5 | 1.6 | 1.9 | 1.8 | 2.2 |
| Amortization and Depletion | 15 | 4.7 | 8.2 | • | • | • | 0.1 | 0.4 | 0.3 | 0.5 | 1.5 | 0.0 | 1.0 | 6.9 |
| Pensions and Other Deferred Comp. | 16 | 0.5 | 0.4 | • | • | 0.3 | 1.0 | 0.5 | 0.4 | 0.7 | 0.8 | 0.8 | 1.0 | 0.5 |
| Employee Benefits | 17 | 1.5 | 1.1 | • | 0.5 | 1.0 | 2.0 | 1.6 | 1.0 | 1.6 | 0.9 | 0.9 | 1.5 | 1.7 |
| Advertising | 18 | 5.6 | 5.9 | 0.2 | 1.9 | 1.1 | 0.2 | 1.0 | 1.5 | 2.0 | 1.6 | 3.5 | 1.6 | 7.9 |
| Other Expenses | 19 | 25.1 | 36.1 | 23.2 | 20.7 | 24.7 | 11.9 | 11.9 | 12.8 | 17.8 | 23.0 | 23.4 | 29.8 | 28.2 |
| Officers' Compensation | 20 | 3.7 | 1.5 | 11.3 | 4.1 | 16.0 | 29.4 | 3.7 | 10.2 | 3.8 | 2.9 | 1.2 | 2.4 | 2.2 |
| Operating Margin | 21 | • | • | 36.0 | 7.3 | 14.3 | 0.9 | 6.9 | 5.1 | 6.7 | 5.0 | 7.8 | • | • |
| Operating Margin Before Officers' Comp. | 22 | • | • | 47.3 | 11.4 | 30.3 | 30.4 | 10.6 | 15.3 | 10.5 | 7.9 | 9.0 | • | • |

## Selected Average Balance Sheet ($ in Thousands)

| | | | | | | | | | | | | | |
|---|---|---|---|---|---|---|---|---|---|---|---|---|---|
| Net Receivables 23 | 2911 | 0 | 0 | 8 | 185 | 124 | 700 | 2478 | 3494 | 6809 | 15521 | 27444 | 823397 |
| Inventories 24 | 459 | 0 | 3 | 0 | 5 | 6 | 143 | 340 | 1044 | 1405 | 3259 | 6815 | 126433 |
| Net Property, Plant and Equipment 25 | 749 | 0 | 1 | 41 | 0 | 16 | 388 | 768 | 3682 | 5055 | 9258 | 23838 | 174433 |
| Total Assets 26 | 28606 | 0 | 27 | 168 | 447 | 699 | 2239 | 7512 | 15552 | 32846 | 74698 | 133696 | 8636985 |
| Notes and Loans Payable 27 | 5604 | 0 | 0 | 97 | 0 | 16 | 463 | 1414 | 3319 | 11975 | 3956 | 25779 | 1687653 |
| All Other Liabilities 28 | 6690 | 0 | 9 | 126 | 79 | 525 | 972 | 3746 | 7213 | 15705 | 41062 | 79421 | 1906041 |
| Net Worth 29 | 16311 | 0 | 19 | -55 | 368 | 157 | 803 | 2351 | 5020 | 5166 | 29680 | 28496 | 5043291 |

## Selected Financial Ratios (Times to 1)

| | | | | | | | | | | | | | |
|---|---|---|---|---|---|---|---|---|---|---|---|---|---|
| Current Ratio 30 | 1.3 | • | 3.0 | 1.1 | 5.1 | 1.1 | 1.4 | 1.6 | 1.5 | 1.3 | 1.4 | 1.5 | 1.3 |
| Quick Ratio 31 | 0.8 | • | 2.7 | 0.9 | 4.5 | 0.6 | 1.1 | 1.3 | 1.1 | 0.9 | 0.9 | 1.2 | 0.8 |
| Net Sales to Working Capital 32 | 5.5 | • | 5.4 | 67.0 | 5.4 | 35.9 | 12.7 | 8.0 | 9.4 | 11.7 | 7.4 | 8.6 | 4.1 |
| Coverage Ratio 33 | 2.3 | 4.0 | • | 9.2 | • | 7.6 | 13.4 | 12.9 | 10.0 | 4.4 | 61.2 | 4.3 | 1.8 |
| Total Asset Turnover 34 | 0.3 | • | 3.5 | 5.4 | 4.0 | 2.7 | 2.4 | 2.0 | 1.7 | 1.4 | 1.3 | 1.3 | 0.2 |
| Inventory Turnover 35 | 6.0 | • | 8.8 | • | 87.4 | 77.7 | 20.5 | 24.3 | 11.9 | 13.3 | 14.5 | 11.9 | 3.7 |
| Receivables Turnover 36 | 2.1 | • | 562.0 | 224.7 | 6.3 | 11.8 | 7.6 | 7.3 | 7.4 | 6.7 | 6.0 | 12.9 | 1.4 |
| Total Liabilities to Net Worth 37 | 0.8 | • | 0.5 | • | 0.2 | 3.4 | 1.8 | 2.2 | 2.1 | 5.4 | 1.5 | 3.7 | 0.7 |
| Current Assets to Working Capital 38 | 4.1 | • | 1.5 | 8.8 | 1.2 | 9.0 | 3.4 | 2.7 | 2.9 | 4.1 | 3.5 | 2.8 | 4.4 |
| Current Liabilities to Working Capital 39 | 3.1 | • | 0.5 | 7.8 | 0.2 | 8.0 | 2.4 | 1.7 | 1.9 | 3.1 | 2.5 | 1.8 | 3.4 |
| Working Capital to Net Sales 40 | 0.2 | • | 0.2 | 0.0 | 0.2 | 0.0 | 0.1 | 0.1 | 0.1 | 0.1 | 0.1 | 0.1 | 0.2 |
| Inventory to Working Capital 41 | 0.3 | • | 0.1 | • | • | 0.1 | 0.3 | 0.2 | 0.4 | 0.3 | 0.2 | 0.3 | 0.3 |
| Total Receipts to Cash Flow 42 | 3.6 | 3.1 | 1.7 | 3.8 | 2.9 | 7.6 | 5.5 | 5.5 | 4.2 | 3.5 | 3.1 | 2.9 | 3.4 |
| Cost of Goods to Cash Flow 43 | 1.4 | 0.9 | 0.4 | 1.8 | 0.7 | 1.8 | 3.0 | 3.1 | 2.0 | 1.4 | 1.5 | 1.3 | 1.1 |
| Cash Flow to Total Debt 44 | 0.2 | • | 6.4 | 1.1 | 7.8 | 0.5 | 0.7 | 0.5 | 0.6 | 0.5 | 0.7 | 0.6 | 0.1 |

## Selected Financial Factors (in Percentages)

| | | | | | | | | | | | | | |
|---|---|---|---|---|---|---|---|---|---|---|---|---|---|
| Debt Ratio 45 | 43.0 | • | 32.4 | 132.7 | 17.6 | 77.5 | 64.1 | 68.7 | 67.7 | 84.3 | 60.3 | 78.7 | 41.6 |
| Return on Total Assets 46 | 4.9 | • | 135.4 | 45.9 | 57.7 | 8.1 | 24.0 | 15.5 | 16.6 | 15.5 | 12.4 | 16.6 | 3.6 |
| Return on Equity Before Income Taxes 47 | 4.8 | • | 200.4 | • | 70.1 | 31.1 | 62.0 | 45.7 | 46.1 | 75.9 | 30.8 | 59.7 | 2.7 |
| Return on Equity After Income Taxes 48 | 3.7 | • | 198.1 | • | 66.8 | 31.1 | 55.3 | 43.0 | 42.7 | 66.7 | 23.9 | 54.8 | 1.8 |
| Profit Margin (Before Income Tax) 49 | 11.0 | 44.1 | 38.3 | 7.5 | 14.6 | 2.6 | 9.3 | 7.3 | 8.8 | 8.4 | 9.5 | 9.6 | 9.7 |
| Profit Margin (After Income Tax) 50 | 8.4 | 34.4 | 37.8 | 7.5 | 13.9 | 2.6 | 8.3 | 6.9 | 8.2 | 7.4 | 7.4 | 8.8 | 6.6 |

## Table I

Corporations with and without Net Income

# BOOK PUBLISHERS

MONEY AMOUNTS AND SIZE OF ASSETS IN THOUSANDS OF DOLLARS

| Item Description for Accounting Period 7/00 Through 6/01 | | Total | Zero Assets | Under 100 | 100 to 250 | 251 to 500 | 501 to 1,000 | 1,001 to 5,000 | 5,001 to 10,000 | 10,001 to 25,000 | 25,001 to 50,000 | 50,001 to 100,000 | 100,001 to 250,000 | 250,001 and over |
|---|---|---|---|---|---|---|---|---|---|---|---|---|---|---|
| Number of Enterprises | 1 | 5984 | 3 | 4625 | 309 | 327 | 308 | 253 | 54 | 56 | 16 | 11 | 9 | 13 |
| **Revenues ($ in Thousands)** | | | | | | | | | | | | | | |
| Net Sales | 2 | 24137641 | 42550 | 125147 | 87849 | 255245 | 285777 | 717872 | 582553 | 1092049 | 703020 | 909041 | 1315151 | 18021387 |
| Interest | 3 | 621272 | 60 | 13 | 66 | 1438 | 2311 | 2056 | 429 | 2631 | 3423 | 3160 | 16177 | 589510 |
| Rents | 4 | 67727 | 31 | 0 | 0 | 0 | 0 | 38 | 900 | 958 | 388 | 160 | 627 | 64624 |
| Royalties | 5 | 319952 | 12 | 0 | 0 | 0 | 451 | 37878 | 38 | 3438 | 589 | 3668 | 11316 | 262560 |
| Other Portfolio Income | 6 | 490265 | 298 | 0 | 0 | 0 | 857 | 273 | 442 | 6290 | 8737 | 3443 | 20514 | 449408 |
| Other Receipts | 7 | 560701 | 6 | 1721 | 33421 | 0 | 631 | 2744 | 19664 | 26181 | 7241 | 15767 | 67182 | 386147 |
| Total Receipts | 8 | 26197558 | 42957 | 126881 | 121336 | 256683 | 290027 | 760861 | 604026 | 1131547 | 723398 | 935239 | 1430967 | 19773636 |
| Average Total Receipts | 9 | 4378 | 14319 | 27 | 393 | 785 | 942 | 3007 | 11186 | 20206 | 45212 | 85022 | 158996 | 1521049 |
| **Operating Costs/Operating Income (%)** | | | | | | | | | | | | | | |
| Cost of Operations | 10 | 31.7 | 29.2 | 28.3 | 42.8 | 69.0 | 36.1 | 51.0 | 63.7 | 50.0 | 48.3 | 46.9 | 40.1 | 26.2 |
| Salaries and Wages | 11 | 18.2 | 7.8 | 6.6 | 34.3 | 5.2 | 9.5 | 10.3 | 11.2 | 15.8 | 17.5 | 11.5 | 16.0 | 19.8 |
| Taxes Paid | 12 | 2.4 | 4.5 | 3.1 | 0.1 | 1.9 | 3.0 | 1.2 | 1.6 | 2.2 | 2.5 | 1.6 | 3.5 | 2.5 |
| Interest Paid | 13 | 5.6 | • | 0.4 | • | 1.3 | 0.8 | 2.2 | 1.3 | 1.8 | 1.2 | 2.1 | 5.9 | 6.6 |
| Depreciation | 14 | 3.2 | 0.6 | 2.7 | 0.1 | 0.6 | 0.2 | 1.2 | 1.7 | 1.8 | 1.8 | 0.8 | 1.6 | 3.8 |
| Amortization and Depletion | 15 | 2.4 | 0.1 | 0.0 | • | 0.0 | • | 1.5 | 0.2 | 1.6 | 1.5 | 1.7 | 4.0 | 2.6 |
| Pensions and Other Deferred Comp. | 16 | 0.8 | 0.3 | • | • | 0.9 | 1.8 | 0.8 | 0.2 | 0.5 | 0.4 | 0.7 | 0.3 | 0.9 |
| Employee Benefits | 17 | 1.7 | 0.5 | 0.8 | 0.0 | 0.6 | 0.6 | 0.5 | 1.7 | 1.1 | 1.3 | 0.8 | 1.1 | 1.9 |
| Advertising | 18 | 4.3 | 0.2 | 1.4 | 0.0 | 1.6 | 1.3 | 1.9 | 2.3 | 3.3 | 5.6 | 3.6 | 4.1 | 4.7 |
| Other Expenses | 19 | 31.7 | 15.6 | 49.6 | 24.9 | 16.2 | 21.7 | 26.5 | 14.8 | 19.7 | 19.5 | 19.3 | 34.6 | 34.5 |
| Officers' Compensation | 20 | 2.1 | 1.9 | 5.6 | • | 6.4 | 22.1 | 4.8 | 3.5 | 3.7 | 3.0 | 2.7 | 1.3 | 1.4 |
| Operating Margin | 21 | • | 39.3 | 1.6 | • | • | 2.8 | • | • | • | • | 8.2 | • | • |
| Operating Margin Before Officers' Comp. | 22 | • | 41.2 | 7.2 | • | 2.7 | 24.8 | 2.8 | 1.3 | 2.1 | 0.3 | 10.9 | • | • |

## Selected Average Balance Sheet ($ in Thousands)

| | | | | | | | | | | | | | |
|---|---|---|---|---|---|---|---|---|---|---|---|---|---|
| Net Receivables 23 | 1013 | 0 | 0 | 63 | 22 | 88 | 383 | 1207 | 4539 | 9061 | 16704 | 32074 | 382384 |
| Inventories 24 | 494 | 0 | 8 | 128 | 39 | 90 | 656 | 1464 | 4218 | 8034 | 10406 | 11244 | 154855 |
| Net Property, Plant and Equipment 25 | 444 | 0 | 3 | 0 | 16 | 3 | 321 | 1037 | 1627 | 4397 | 5211 | 11324 | 167656 |
| Total Assets 26 | 7588 | 0 | 20 | 245 | 330 | 613 | 2088 | 5795 | 16293 | 35779 | 76883 | 167522 | 3097278 |
| Notes and Loans Payable 27 | 3469 | 0 | 13 | 5 | 159 | 103 | 841 | 3638 | 3935 | 7020 | 25074 | 101419 | 1436917 |
| All Other Liabilities 28 | 2505 | 0 | 9 | 114 | 142 | 97 | 639 | 3372 | 6056 | 14143 | 25867 | 61240 | 1007249 |
| Net Worth 29 | 1614 | 0 | -2 | 125 | 29 | 413 | 609 | -1215 | 6303 | 14616 | 25942 | 4863 | 653112 |

## Selected Financial Ratios (Times to 1)

| | | | | | | | | | | | | | |
|---|---|---|---|---|---|---|---|---|---|---|---|---|---|
| Current Ratio 30 | 1.1 | • | 1.8 | 2.1 | 1.0 | 2.6 | 2.0 | 0.8 | 1.5 | 1.8 | 1.9 | 0.8 | 1.1 |
| Quick Ratio 31 | 0.4 | • | 0.8 | 1.0 | 0.6 | 1.9 | 0.7 | 0.3 | 0.7 | 0.9 | 1.1 | 0.5 | 0.4 |
| Net Sales to Working Capital 32 | 11.6 | • | 3.7 | 2.2 | • | 3.0 | 3.9 | • | 5.8 | 3.9 | 3.8 | • | 13.9 |
| Coverage Ratio 33 | 1.8 | • | 8.6 | • | • | 6.3 | 2.8 | 2.1 | 2.1 | 1.1 | 6.2 | 0.4 | 1.8 |
| Total Asset Turnover 34 | 0.5 | • | 1.4 | 1.2 | 2.4 | 1.5 | 1.4 | 1.9 | 1.2 | 1.2 | 1.1 | 0.9 | 0.4 |
| Inventory Turnover 35 | 2.6 | • | 0.9 | 0.9 | 13.9 | 3.7 | 2.2 | 4.7 | 2.3 | 2.6 | 3.7 | 5.2 | 2.3 |
| Receivables Turnover 36 | 4.3 | • | 160.8 | 7.1 | 46.4 | 10.9 | 4.5 | 6.8 | 4.3 | 4.2 | 5.6 | 5.3 | 4.1 |
| Total Liabilities to Net Worth 37 | 3.7 | • | • | 1.0 | 10.3 | 0.5 | 2.4 | • | 1.6 | 1.4 | 2.0 | 33.4 | 3.7 |
| Current Assets to Working Capital 38 | 9.5 | • | 2.2 | 1.9 | • | 1.6 | 2.0 | • | 3.2 | 2.3 | 2.1 | • | 12.9 |
| Current Liabilities to Working Capital 39 | 8.5 | • | 1.2 | 0.9 | • | 0.6 | 1.0 | • | 2.2 | 1.3 | 1.1 | • | 11.9 |
| Working Capital to Net Sales 40 | 0.1 | • | 0.3 | 0.5 | • | 0.3 | 0.3 | • | 0.2 | 0.3 | 0.3 | • | 0.1 |
| Inventory to Working Capital 41 | 1.5 | • | 1.1 | 1.0 | • | 0.4 | 0.7 | • | 1.3 | 0.7 | 0.6 | • | 1.7 |
| Total Receipts to Cash Flow 42 | 3.2 | 1.8 | 2.1 | 1.8 | 9.9 | 4.1 | 3.6 | 6.8 | 5.4 | 6.6 | 3.5 | 3.8 | 2.9 |
| Cost of Goods to Cash Flow 43 | 1.0 | 0.5 | 0.6 | 0.8 | 6.8 | 1.5 | 1.8 | 4.3 | 2.7 | 3.2 | 1.7 | 1.5 | 0.8 |
| Cash Flow to Total Debt 44 | 0.2 | • | 0.6 | 1.3 | 0.3 | 1.1 | 0.5 | 0.2 | 0.4 | 0.3 | 0.5 | 0.2 | 0.2 |

## Selected Financial Factors (in Percentages)

| | | | | | | | | | | | | | |
|---|---|---|---|---|---|---|---|---|---|---|---|---|---|
| Debt Ratio 45 | 78.7 | • | 111.8 | 48.9 | 91.1 | 32.6 | 70.8 | 121.0 | 61.3 | 59.1 | 66.3 | 97.1 | 78.9 |
| Return on Total Assets 46 | 5.4 | • | 4.6 | 41.7 | • | 7.7 | 8.5 | 5.3 | 4.5 | 1.7 | 14.2 | 2.0 | 5.3 |
| Return on Equity Before Income Taxes 47 | 11.7 | • | • | 81.5 | • | 9.6 | 18.9 | • | 6.1 | 0.5 | 35.4 | • | 11.3 |
| Return on Equity After Income Taxes 48 | 5.8 | • | • | 81.5 | • | 8.8 | 13.8 | • | 2.1 | • | 26.0 | • | 5.5 |
| Profit Margin (Before Income Tax) 49 | 4.7 | 40.2 | 3.0 | 35.8 | • | 4.3 | 4.1 | 1.5 | 2.0 | 0.2 | 11.1 | • | 5.3 |
| Profit Margin (After Income Tax) 50 | 2.3 | 40.0 | 3.0 | 35.8 | • | 3.9 | 3.0 | 0.6 | 0.7 | • | 8.2 | • | 2.6 |

## Table II

Corporations with Net Income

# BOOK PUBLISHERS

MONEY AMOUNTS AND SIZE OF ASSETS IN THOUSANDS OF DOLLARS

| Item Description for Accounting Period 7/00 Through 6/01 | | Total | Zero Assets | Under 100 | 100 to 250 | 251 to 500 | 501 to 1,000 | 1,001 to 5,000 | 5,001 to 10,000 | 10,001 to 25,000 | 25,001 to 50,000 | 50,001 to 100,000 | 100,001 to 250,000 | 250,001 and over |
|---|---|---|---|---|---|---|---|---|---|---|---|---|---|---|
| Number of Enterprises | 1 | 1822 | 0 | 823 | 113 | 0 | 0 | 162 | 27 | 36 | 11 | 0 | 4 | 8 |
| **Revenues ($ in Thousands)** | | | | | | | | | | | | | | |
| Net Sales | 2 | 15441044 | 0 | 66562 | 57874 | 0 | 0 | 605717 | 335440 | 746535 | 495751 | 0 | 348692 | 11403332 |
| Interest | 3 | 98066 | 0 | 0 | 3 | 0 | 0 | 29 | 382 | 1761 | 1753 | 0 | 13565 | 73651 |
| Rents | 4 | 40424 | 0 | 0 | 0 | 0 | 0 | 0 | 458 | 848 | 373 | 0 | 623 | 37930 |
| Royalties | 5 | 223088 | 0 | 0 | 0 | 0 | 0 | 37671 | 7 | 1894 | 82 | 0 | 0 | 181653 |
| Other Portfolio Income | 6 | 478202 | 0 | 0 | 0 | 0 | 0 | 214 | 442 | 6062 | 8736 | 0 | 9566 | 449384 |
| Other Receipts | 7 | 436811 | 0 | 14 | 30813 | 0 | 0 | 951 | 8162 | 22882 | 3859 | 0 | 29940 | 325409 |
| Total Receipts | 8 | 16717635 | 0 | 66576 | 88690 | 0 | 0 | 644582 | 344891 | 779982 | 510554 | 0 | 402386 | 12471359 |
| Average Total Receipts | 9 | 9175 | • | 81 | 785 | • | • | 3979 | 12774 | 21666 | 46414 | • | 100596 | 1558920 |
| **Operating Costs/Operating Income (%)** | | | | | | | | | | | | | | |
| Cost of Operations | 10 | 24.0 | • | 16.9 | 47.4 | • | • | 50.1 | 61.6 | 46.7 | 44.0 | • | 50.3 | 15.5 |
| Salaries and Wages | 11 | 18.9 | • | • | 25.5 | • | • | 9.2 | 7.5 | 14.3 | 16.3 | • | 7.3 | 21.8 |
| Taxes Paid | 12 | 2.7 | • | 2.0 | 0.1 | • | • | 1.2 | 1.4 | 2.2 | 2.3 | • | 8.4 | 2.8 |
| Interest Paid | 13 | 2.5 | • | • | • | • | • | 1.1 | 1.0 | 1.5 | 0.7 | • | 7.7 | 2.8 |
| Depreciation | 14 | 3.8 | • | 0.8 | 0.1 | • | • | 1.2 | 0.7 | 1.7 | 1.9 | • | 1.4 | 4.7 |
| Amortization and Depletion | 15 | 2.8 | • | • | • | • | • | 0.1 | 0.1 | 1.2 | 1.9 | • | 1.6 | 3.5 |
| Pensions and Other Deferred Comp. | 16 | 1.1 | • | • | • | • | • | 0.9 | 0.3 | 0.6 | 0.5 | • | 0.3 | 1.2 |
| Employee Benefits | 17 | 1.7 | • | • | 0.0 | • | • | 0.3 | 0.9 | 0.9 | 1.4 | • | 0.5 | 2.1 |
| Advertising | 18 | 4.7 | • | 0.0 | • | • | • | 1.4 | 2.1 | 3.0 | 3.8 | • | 6.4 | 5.3 |
| Other Expenses | 19 | 30.9 | • | 27.5 | 24.7 | • | • | 23.7 | 15.2 | 19.3 | 16.3 | • | 15.4 | 35.2 |
| Officers' Compensation | 20 | 2.4 | • | 1.6 | • | • | • | 4.6 | 4.0 | 4.1 | 3.3 | • | 1.5 | 1.5 |
| Operating Margin | 21 | 4.5 | • | 51.3 | 2.2 | • | • | 6.2 | 5.2 | 4.5 | 7.6 | • | • | 3.6 |
| Operating Margin Before Officers' Comp. | 22 | 6.9 | • | 52.8 | 2.2 | • | • | 10.8 | 9.2 | 8.5 | 11.0 | • | 0.6 | 5.1 |

| | | | | | | | | | | | | | |
|---|---|---|---|---|---|---|---|---|---|---|---|---|---|
| **Selected Average Balance Sheet ($ in Thousands)** | | | | | | | | | | | | | |
| Net Receivables **23** | 2348 | • | 0 | 136 | • | • | 453 | 1400 | 4975 | 9971 | • | 22066 | 448388 |
| Inventories **24** | 1238 | • | 6 | 0 | • | • | 755 | 1909 | 4499 | 7841 | • | 9232 | 204894 |
| Net Property, Plant and Equipment **25** | 839 | • | 3 | 0 | • | • | 449 | 324 | 1607 | 4701 | • | 7287 | 155694 |
| Total Assets **26** | 11199 | • | 26 | 239 | • | • | 2169 | 5889 | 16335 | 36504 | • | 176405 | 2149818 |
| Notes and Loans Payable **27** | 3686 | • | 0 | 0 | • | • | 785 | 1614 | 3327 | 4471 | • | 72228 | 734081 |
| All Other Liabilities **28** | 4804 | • | 38 | 257 | • | • | 724 | 2220 | 5721 | 13989 | • | 34500 | 961693 |
| Net Worth **29** | 2709 | • | -12 | -18 | • | • | 659 | 2055 | 7287 | 18043 | • | 69677 | 454044 |
| **Selected Financial Ratios (Times to 1)** | | | | | | | | | | | | | |
| Current Ratio **30** | 1.2 | • | 0.6 | 0.9 | • | • | 1.5 | 2.1 | 1.6 | 1.9 | • | 1.0 | 1.1 |
| Quick Ratio **31** | 0.7 | • | 0.5 | 0.9 | • | • | 0.6 | 0.9 | 0.9 | 1.0 | • | 0.4 | 0.6 |
| Net Sales to Working Capital **32** | 12.2 | • | • | • | • | • | 7.7 | 5.1 | 4.7 | 3.7 | • | • | 20.7 |
| Coverage Ratio **33** | 6.2 | • | • | • | • | • | 12.4 | 8.9 | 7.0 | 16.5 | • | 2.9 | 5.8 |
| Total Asset Turnover **34** | 0.8 | • | 3.1 | 2.1 | • | • | 1.7 | 2.1 | 1.3 | 1.2 | • | 0.5 | 0.7 |
| Inventory Turnover **35** | 1.6 | • | 2.2 | • | • | • | 2.5 | 4.0 | 2.2 | 2.5 | • | 4.8 | 1.1 |
| Receivables Turnover **36** | 3.4 | • | 42.4 | 7.5 | • | • | 4.7 | 5.3 | 4.1 | 9.0 | • | 3.0 | 3.1 |
| Total Liabilities to Net Worth **37** | 3.1 | • | • | • | • | • | 2.3 | 1.9 | 1.2 | 1.0 | • | 1.5 | 3.7 |
| Current Assets to Working Capital **38** | 6.7 | • | • | • | • | • | 2.9 | 1.9 | 2.6 | 2.1 | • | • | 11.9 |
| Current Liabilities to Working Capital **39** | 5.7 | • | • | • | • | • | 1.9 | 0.9 | 1.6 | 1.1 | • | • | 10.9 |
| Working Capital to Net Sales **40** | 0.1 | • | • | • | • | • | 0.1 | 0.2 | 0.2 | 0.3 | • | • | 0.0 |
| Inventory to Working Capital **41** | 1.8 | • | • | • | • | • | 1.0 | 0.8 | 0.9 | 0.6 | • | • | 3.1 |
| Total Receipts to Cash Flow **42** | 2.6 | • | 1.3 | 1.3 | • | • | 3.0 | 4.6 | 4.0 | 4.5 | • | 4.2 | 2.4 |
| Cost of Goods to Cash Flow **43** | 0.6 | • | 0.2 | 0.6 | • | • | 1.5 | 2.8 | 1.9 | 2.0 | • | 2.1 | 0.4 |
| Cash Flow to Total Debt **44** | 0.4 | • | 1.7 | 1.5 | • | • | 0.8 | 0.7 | 0.6 | 0.5 | • | 0.2 | 0.4 |
| **Selected Financial Factors (in Percentages)** | | | | | | | | | | | | | |
| Debt Ratio **45** | 75.8 | • | 145.9 | 107.7 | • | • | 69.6 | 65.1 | 55.4 | 50.6 | • | 60.5 | 78.9 |
| Return on Total Assets **46** | 11.8 | • | 159.2 | 119.0 | • | • | 23.6 | 18.9 | 13.2 | 13.9 | • | 11.0 | 10.8 |
| Return on Equity Before Income Taxes **47** | 41.0 | • | • | • | • | • | 71.4 | 48.1 | 25.3 | 26.4 | • | 18.2 | 42.2 |
| Return on Equity After Income Taxes **48** | 29.5 | • | • | • | • | • | 64.1 | 38.8 | 20.5 | 21.1 | • | 13.0 | 28.8 |
| Profit Margin (Before Income Tax) **49** | 13.1 | • | 51.3 | 55.5 | • | • | 12.6 | 8.0 | 8.9 | 10.6 | • | 14.5 | 13.4 |
| Profit Margin (After Income Tax) **50** | 9.4 | • | 51.3 | 55.5 | • | • | 11.3 | 6.4 | 7.2 | 8.4 | • | 10.4 | 9.2 |

# DATABASE, DIRECTORY, AND OTHER PUBLISHERS

**MONEY AMOUNTS AND SIZE OF ASSETS IN THOUSANDS OF DOLLARS**

| Item Description for Accounting Period 7/00 Through 6/01 | | Total | Zero Assets | Under 100 | 100 to 250 | 251 to 500 | 501 to 1,000 | 1,001 to 5,000 | 5,001 to 10,000 | 10,001 to 25,000 | 25,001 to 50,000 | 50,001 to 100,000 | 100,001 to 250,000 | 250,001 and over |
|---|---|---|---|---|---|---|---|---|---|---|---|---|---|---|
| Number of Enterprises | 1 | 4834 | 265 | 3398 | 195 | 62 | 550 | 214 | 69 | 37 | 13 | 8 | 7 | 15 |
| **Revenues ($ in Thousands)** | | | | | | | | | | | | | | |
| Net Sales | 2 | 20758270 | 30648 | 258409 | 0 | 72125 | 577355 | 769555 | 549011 | 936016 | 507893 | 315520 | 1052182 | 15689556 |
| Interest | 3 | 875717 | 256 | 273 | 0 | 769 | 4049 | 1005 | 2310 | 4584 | 880 | 5516 | 11618 | 844458 |
| Rents | 4 | 70325 | 6 | 0 | 0 | 0 | 0 | 0 | 720 | 8 | 836 | 0 | 39 | 68716 |
| Royalties | 5 | 631569 | 481 | 0 | 3198 | 0 | 1177 | 0 | 178 | 0 | 112 | 8 | 7571 | 618843 |
| Other Portfolio Income | 6 | 2220527 | 0 | 187 | 4923 | 0 | 61 | 157 | 138 | 5187 | 234 | 12747 | 15522 | 2181370 |
| Other Receipts | 7 | 420675 | -2588 | 2937 | 0 | 2 | 9029 | -1256 | 3670 | 7153 | 16032 | 3360 | 10948 | 371389 |
| Total Receipts | 8 | 24977083 | 28803 | 261806 | 8121 | 72896 | 591671 | 769461 | 556027 | 952948 | 525987 | 337151 | 1097880 | 19774332 |
| Average Total Receipts | 9 | 5167 | 109 | 77 | 42 | 1176 | 1076 | 3596 | 8058 | 25755 | 40461 | 42144 | 156840 | 1318289 |
| **Operating Costs/Operating Income (%)** | | | | | | | | | | | | | | |
| Cost of Operations | 10 | 25.0 | 70.4 | 13.7 | • | 23.1 | 20.5 | 22.8 | 47.7 | 42.1 | 41.4 | 30.5 | 29.4 | 22.6 |
| Salaries and Wages | 11 | 22.8 | 29.2 | 34.6 | • | 22.7 | 10.4 | 29.6 | 21.2 | 26.8 | 18.1 | 28.5 | 13.4 | 23.2 |
| Taxes Paid | 12 | 3.5 | 17.3 | 4.1 | • | 3.3 | 2.1 | 4.1 | 2.3 | 2.6 | 1.6 | 3.3 | 2.5 | 3.7 |
| Interest Paid | 13 | 9.3 | 2.0 | 1.1 | • | 0.0 | 0.0 | 1.1 | 4.6 | 1.0 | 1.4 | 7.2 | 4.9 | 11.5 |
| Depreciation | 14 | 3.7 | 9.1 | 3.7 | • | 1.1 | 0.7 | 2.6 | 2.5 | 2.4 | 1.6 | 4.8 | 1.4 | 4.1 |
| Amortization and Depletion | 15 | 3.2 | 0.0 | 1.0 | • | 0.4 | 0.1 | 0.2 | 1.1 | 0.5 | 1.2 | 3.1 | 3.1 | 3.9 |
| Pensions and Other Deferred Comp. | 16 | 0.5 | • | • | • | • | 2.0 | 0.5 | 0.1 | 0.5 | 0.2 | 0.3 | 0.7 | 0.5 |
| Employee Benefits | 17 | 1.7 | 4.1 | 1.3 | • | 4.3 | 2.2 | 2.1 | 0.5 | 1.6 | 2.0 | 2.6 | 1.1 | 1.7 |
| Advertising | 18 | 2.4 | 2.0 | 2.4 | • | 2.2 | 0.7 | 2.3 | 2.5 | 3.2 | 3.7 | 6.2 | 7.4 | 2.0 |
| Other Expenses | 19 | 35.4 | 111.6 | 49.3 | • | 21.2 | 40.1 | 25.7 | 34.1 | 26.0 | 24.0 | 30.7 | 42.8 | 35.9 |
| Officers' Compensation | 20 | 2.2 | 0.9 | 4.8 | • | 27.1 | 16.4 | 10.5 | 2.4 | 4.7 | 1.6 | 2.1 | 1.4 | 1.1 |
| Operating Margin | 21 | • | • | • | • | • | 4.9 | • | • | • | 3.3 | • | • | • |
| Operating Margin Before Officers' Comp. | 22 | • | • | • | • | 21.8 | 21.3 | 9.1 | • | • | 4.9 | • | • | • |

## Selected Average Balance Sheet ($ in Thousands)

| | | | | | | | | | | | | | |
|---|---|---|---|---|---|---|---|---|---|---|---|---|---|
| Net Receivables **23** | 763 | 0 | 1 | 0 | 77 | 102 | 512 | 1293 | 4934 | 12499 | 7289 | 38097 | 183775 |
| Inventories **24** | 471 | 0 | 1 | 0 | 280 | 71 | 212 | 550 | 1044 | 3303 | 2444 | 9550 | 131230 |
| Net Property, Plant and Equipment **25** | 644 | 0 | 8 | 0 | 30 | 28 | 479 | 1152 | 2824 | 3278 | 11016 | 5942 | 174020 |
| Total Assets **26** | 6594 | 0 | 31 | 155 | 435 | 723 | 1894 | 6556 | 15529 | 36147 | 71936 | 172968 | 1841590 |
| Notes and Loans Payable **27** | 2664 | 0 | 30 | 136 | 0 | 171 | 643 | 3897 | 3294 | 9347 | 27767 | 74540 | 750634 |
| All Other Liabilities **28** | 2164 | 0 | 9 | 161 | 125 | 200 | 450 | 2186 | 9006 | 15023 | 13275 | 47997 | 604066 |
| Net Worth **29** | 1766 | 0 | -8 | -142 | 311 | 352 | 800 | 473 | 3229 | 11776 | 30894 | 50431 | 486889 |

## Selected Financial Ratios (Times to 1)

| | | | | | | | | | | | | | |
|---|---|---|---|---|---|---|---|---|---|---|---|---|---|
| Current Ratio **30** | 1.3 | • | 1.7 | 3.0 | 2.9 | 2.1 | 1.2 | 0.9 | 1.1 | 1.5 | 1.3 | 0.9 | 1.3 |
| Quick Ratio **31** | 0.6 | • | 1.1 | 0.4 | 1.9 | 1.2 | 1.1 | 0.7 | 0.8 | 1.2 | 0.9 | 0.6 | 0.6 |
| Net Sales to Working Capital **32** | 9.9 | • | 11.6 | • | 5.0 | 3.8 | 18.5 | • | 36.8 | 5.8 | 12.9 | • | 8.8 |
| Coverage Ratio **33** | 2.2 | • | • | 15.5 | • | 1716.0 | • | • | • | 5.9 | • | 0.5 | 2.4 |
| Total Asset Turnover **34** | 0.7 | • | 2.4 | • | 2.7 | 1.5 | 1.9 | 1.2 | 1.6 | 1.1 | 0.5 | 0.9 | 0.6 |
| Inventory Turnover **35** | 2.3 | • | 15.4 | • | 1.0 | 3.0 | 3.9 | 6.9 | 10.2 | 4.9 | 4.9 | 4.6 | 1.8 |
| Receivables Turnover **36** | 5.4 | • | 180.5 | • | 8.6 | 8.3 | 7.3 | 4.3 | 5.4 | 3.5 | 4.1 | 3.5 | 5.5 |
| Total Liabilities to Net Worth **37** | 2.7 | • | • | • | 0.4 | 1.1 | 1.4 | 12.9 | 3.8 | 2.1 | 1.3 | 2.4 | 2.8 |
| Current Assets to Working Capital **38** | 4.5 | • | 2.5 | 1.5 | 1.5 | 1.9 | 5.1 | • | 14.1 | 3.2 | 4.8 | • | 4.2 |
| Current Liabilities to Working Capital **39** | 3.5 | • | 1.5 | 0.5 | 0.5 | 0.9 | 4.1 | • | 13.1 | 2.2 | 3.8 | • | 3.2 |
| Working Capital to Net Sales **40** | 0.1 | • | 0.1 | • | 0.2 | 0.3 | 0.1 | • | 0.0 | 0.2 | 0.1 | • | 0.1 |
| Inventory to Working Capital **41** | 1.1 | • | 0.1 | • | 0.5 | 0.4 | 0.4 | • | 1.7 | 0.3 | 0.8 | • | 1.1 |
| Total Receipts to Cash Flow **42** | 3.6 | • | 3.7 | • | 12.1 | 2.3 | 6.4 | 8.0 | 7.8 | 3.7 | 9.7 | 2.8 | 3.4 |
| Cost of Goods to Cash Flow **43** | 0.9 | • | 0.5 | • | 2.8 | 0.5 | 1.4 | 3.8 | 3.3 | 1.5 | 2.9 | 0.8 | 0.8 |
| Cash Flow to Total Debt **44** | 0.2 | • | 0.5 | 0.1 | 0.8 | 1.3 | 0.5 | 0.2 | 0.3 | 0.4 | 0.1 | 0.4 | 0.2 |

## Selected Financial Factors (in Percentages)

| | | | | | | | | | | | | | |
|---|---|---|---|---|---|---|---|---|---|---|---|---|---|
| Debt Ratio **45** | 73.2 | • | 126.3 | 191.7 | 28.7 | 51.3 | 57.8 | 92.8 | 79.2 | 67.4 | 57.1 | 70.8 | 73.6 |
| Return on Total Assets **46** | 13.4 | • | • | 8.7 | • | 10.8 | • | • | • | 8.9 | • | 2.1 | 16.0 |
| Return on Equity Before Income Taxes **47** | 27.4 | • | 135.8 | • | • | 22.1 | • | • | • | 22.7 | • | • | 35.7 |
| Return on Equity After Income Taxes **48** | 15.1 | • | 136.9 | • | • | 21.4 | • | • | • | 19.3 | • | • | 22.2 |
| Profit Margin (Before Income Tax) **49** | 11.3 | • | • | • | • | 7.4 | • | • | • | 6.8 | • | • | 16.6 |
| Profit Margin (After Income Tax) **50** | 6.2 | • | • | • | • | 7.2 | • | • | • | 5.8 | • | • | 10.3 |

**Table II**

Corporations with Net Income

# DATABASE, DIRECTORY, AND OTHER PUBLISHERS

**MONEY AMOUNTS AND SIZE OF ASSETS IN THOUSANDS OF DOLLARS**

| Item Description for Accounting Period 7/00 Through 6/01 | | Total | Zero Assets | Under 100 | 100 to 250 | 251 to 500 | 501 to 1,000 | 1,001 to 5,000 | 5,001 to 10,000 | 10,001 to 25,000 | 25,001 to 50,000 | 50,001 to 100,000 | 100,001 to 250,000 | 250,001 and over |
|---|---|---|---|---|---|---|---|---|---|---|---|---|---|---|
| Number of Enterprises | 1 | 2920 | • | 2031 | 195 | 0 | 0 | 173 | 57 | 18 | 8 | 4 | 0 | 7 |
| **Revenues ($ in Thousands)** | | | | | | | | | | | | | | |
| Net Sales | 2 | 15410719 | • | 169838 | 0 | 0 | 0 | 718364 | 499919 | 490084 | 378931 | 478884 | 0 | 12109048 |
| Interest | 3 | 812414 | • | 273 | 0 | 0 | 0 | 458 | 323 | 939 | 692 | 5107 | 0 | 801979 |
| Rents | 4 | 55320 | • | 0 | 0 | 0 | 0 | 0 | 0 | 7 | 0 | 0 | 0 | 55313 |
| Royalties | 5 | 478539 | • | 0 | 3198 | 0 | 0 | 0 | 0 | 0 | 0 | 2919 | 0 | 471246 |
| Other Portfolio Income | 6 | 2190784 | • | 187 | 4923 | 0 | 0 | 88 | 122 | 139 | 221 | 13469 | 0 | 2171573 |
| Other Receipts | 7 | 347758 | • | 2938 | 0 | 0 | 0 | 30 | 1245 | 2454 | 15772 | 824 | 0 | 322082 |
| Total Receipts | 8 | 19295534 | • | 173236 | 8121 | 0 | 0 | 718940 | 501609 | 493623 | 395616 | 501203 | 0 | 15931241 |
| Average Total Receipts | 9 | 6608 | • | 85 | 42 | • | • | 4156 | 8800 | 27424 | 49452 | 125301 | • | 2275892 |
| **Operating Costs/Operating Income (%)** | | | | | | | | | | | | | | |
| Cost of Operations | 10 | 22.4 | • | 20.6 | • | • | • | 20.6 | 40.1 | 41.4 | 48.8 | 27.5 | • | 20.1 |
| Salaries and Wages | 11 | 22.6 | • | 40.5 | • | • | • | 26.8 | 14.8 | 22.8 | 14.2 | 15.3 | • | 23.5 |
| Taxes Paid | 12 | 3.5 | • | 4.5 | • | • | • | 3.8 | 1.8 | 2.0 | 1.3 | 3.5 | • | 3.7 |
| Interest Paid | 13 | 10.8 | • | 0.2 | • | • | • | 0.5 | 2.0 | 0.6 | 1.5 | 1.1 | • | 13.5 |
| Depreciation | 14 | 3.7 | • | 3.9 | • | • | • | 2.1 | 1.2 | 1.5 | 1.7 | 2.0 | • | 4.2 |
| Amortization and Depletion | 15 | 3.4 | • | • | • | • | • | 0.0 | 0.3 | 0.6 | 0.6 | 0.8 | • | 4.3 |
| Pensions and Other Deferred Comp. | 16 | 0.4 | • | • | • | • | • | 0.5 | 0.1 | 0.7 | 0.3 | 0.8 | • | 0.4 |
| Employee Benefits | 17 | 1.5 | • | • | • | • | • | 2.2 | 0.1 | 1.1 | 1.1 | 1.5 | • | 1.5 |
| Advertising | 18 | 1.7 | • | 0.3 | • | • | • | 1.7 | 0.8 | 1.6 | 4.6 | 3.1 | • | 1.6 |
| Other Expenses | 19 | 32.5 | • | 18.7 | • | • | • | 20.5 | 25.5 | 15.7 | 14.1 | 26.0 | • | 34.8 |
| Officers' Compensation | 20 | 2.1 | • | • | • | • | • | 10.6 | 1.3 | 5.7 | 1.3 | 1.2 | • | 1.1 |
| Operating Margin | 21 | • | • | 11.3 | • | • | • | 10.7 | 11.9 | 6.3 | 10.7 | 17.2 | • | • |
| Operating Margin Before Officers' Comp. | 22 | • | • | 11.3 | • | • | • | 21.4 | 13.3 | 12.0 | 12.0 | 18.4 | • | • |

| | | | | | | | | | | | | | |
|---|---|---|---|---|---|---|---|---|---|---|---|---|---|
| **Selected Average Balance Sheet ($ in Thousands)** | | | | | | | | | | | | | |
| Net Receivables **23** | 873 | • | 0 | 0 | • | • | 604 | 1443 | 5176 | 14087 | 11454 | • | 298876 |
| Inventories **24** | 627 | • | 1 | 0 | • | • | 255 | 212 | 1375 | 1779 | 4095 | • | 236979 |
| Net Property, Plant and Equipment **25** | 778 | • | 5 | 0 | • | • | 384 | 937 | 2802 | 2871 | 14158 | • | 285351 |
| Total Assets **26** | 8389 | • | 34 | 155 | • | • | 1964 | 6484 | 15876 | 37025 | 115395 | • | 3191458 |
| Notes and Loans Payable **27** | 3346 | • | 16 | 136 | • | • | 373 | 3039 | 2476 | 5984 | 24876 | • | 1324042 |
| All Other Liabilities **28** | 2792 | • | 3 | 161 | • | • | 410 | 1749 | 6910 | 17498 | 19862 | • | 1077115 |
| Net Worth **29** | 2251 | • | 15 | -142 | • | • | 1180 | 1696 | 6490 | 13544 | 70658 | • | 790300 |
| **Selected Financial Ratios (Times to 1)** | | | | | | | | | | | | | |
| Current Ratio **30** | 1.6 | • | 6.1 | 3.0 | • | • | 1.9 | 1.8 | 1.4 | 1.5 | 2.7 | • | 1.5 |
| Quick Ratio **31** | 0.7 | • | 3.7 | 0.4 | • | • | 1.7 | 1.3 | 1.0 | 1.2 | 2.1 | • | 0.6 |
| Net Sales to Working Capital **32** | 5.5 | • | 4.6 | • | • | • | 8.1 | 6.4 | 10.2 | 6.8 | 4.4 | • | 5.5 |
| Coverage Ratio **33** | 3.0 | • | 61.9 | 15.5 | • | • | 22.7 | 7.2 | 12.0 | 11.2 | 23.6 | • | 2.8 |
| Total Asset Turnover **34** | 0.6 | • | 2.5 | • | • | • | 2.1 | 1.4 | 1.7 | 1.3 | 1.0 | • | 0.5 |
| Inventory Turnover **35** | 1.9 | • | 15.2 | • | • | • | 3.3 | 16.6 | 8.2 | 13.0 | 8.0 | • | 1.5 |
| Receivables Turnover **36** | 5.6 | • | • | • | • | • | 7.1 | 7.3 | 4.3 | 6.7 | 11.5 | • | 5.7 |
| Total Liabilities to Net Worth **37** | 2.7 | • | 1.3 | • | • | • | 0.7 | 2.8 | 1.4 | 1.7 | 0.6 | • | 3.0 |
| Current Assets to Working Capital **38** | 2.7 | • | 1.2 | 1.5 | • | • | 2.2 | 2.3 | 3.6 | 3.1 | 1.6 | • | 2.9 |
| Current Liabilities to Working Capital **39** | 1.7 | • | 0.2 | 0.5 | • | • | 1.2 | 1.3 | 2.6 | 2.1 | 0.6 | • | 1.9 |
| Working Capital to Net Sales **40** | 0.2 | • | 0.2 | • | • | • | 0.1 | 0.2 | 0.1 | 0.1 | 0.2 | • | 0.2 |
| Inventory to Working Capital **41** | 0.6 | • | 0.1 | • | • | • | 0.2 | 0.2 | 0.6 | 0.3 | 0.1 | • | 0.7 |
| Total Receipts to Cash Flow **42** | 3.0 | • | 3.5 | • | • | • | 4.2 | 2.9 | 4.9 | 3.7 | 2.3 | • | 2.9 |
| Cost of Goods to Cash Flow **43** | 0.7 | • | 0.7 | • | • | • | 0.9 | 1.1 | 2.0 | 1.8 | 0.6 | • | 0.6 |
| Cash Flow to Total Debt **44** | 0.3 | • | 1.3 | 0.1 | • | • | 1.3 | 0.6 | 0.6 | 0.5 | 1.2 | • | 0.2 |
| **Selected Financial Factors (in Percentages)** | | | | | | | | | | | | | |
| Debt Ratio **45** | 73.2 | • | 56.4 | 191.7 | • | • | 39.9 | 73.8 | 59.1 | 63.4 | 38.8 | • | 75.2 |
| Return on Total Assets **46** | 20.3 | • | 33.4 | 8.7 | • | • | 23.9 | 19.3 | 13.1 | 21.1 | 27.1 | • | 20.2 |
| Return on Equity Before Income Taxes **47** | 50.2 | • | 75.5 | • | • | • | 38.0 | 63.5 | 29.4 | 52.6 | 42.4 | • | 51.9 |
| Return on Equity After Income Taxes **48** | 34.2 | • | 74.4 | • | • | • | 34.4 | 59.2 | 26.9 | 47.8 | 27.8 | • | 34.0 |
| Profit Margin (Before Income Tax) **49** | 21.4 | • | 13.3 | • | • | • | 10.8 | 12.3 | 7.0 | 15.0 | 25.0 | • | 23.7 |
| Profit Margin (After Income Tax) **50** | 14.6 | • | 13.1 | • | • | • | 9.8 | 11.4 | 6.4 | 13.7 | 16.4 | • | 15.5 |

**Table I**

Corporations with and without Net Income

# SOFTWARE PUBLISHERS

**MONEY AMOUNTS AND SIZE OF ASSETS IN THOUSANDS OF DOLLARS**

| Item Description for Accounting Period 7/00 Through 6/01 | | Total | Zero Assets | Under 100 | 100 to 250 | 251 to 500 | 501 to 1,000 | 1,001 to 5,000 | 5,001 to 10,000 | 10,001 to 25,000 | 25,001 to 50,000 | 50,001 to 100,000 | 100,001 to 250,000 | 250,001 and over |
|---|---|---|---|---|---|---|---|---|---|---|---|---|---|---|
| Number of Enterprises | 1 | 9648 | 578 | 4789 | 1283 | 740 | 600 | 889 | 226 | 236 | 114 | 65 | 57 | 72 |
| **Revenues ($ in Thousands)** | | | | | | | | | | | | | | |
| Net Sales | 2 | 67871264 | 752045 | 611911 | 386502 | 650932 | 509769 | 1679616 | 1242420 | 2050846 | 2018668 | 2415264 | 4845086 | 50708204 |
| Interest | 3 | 3861172 | 12849 | 979 | 867 | 1071 | 7536 | 37642 | 37122 | 105760 | 105813 | 116793 | 179173 | 3255565 |
| Rents | 4 | 104307 | 123 | 0 | 0 | 0 | 35 | 138 | 666 | 1488 | 214 | 2753 | 97 | 98792 |
| Royalties | 5 | 3254686 | 850 | 0 | 0 | 550 | 9672 | 9751 | 17317 | 6697 | 6717 | 66715 | 127279 | 3009138 |
| Other Portfolio Income | 6 | 4718952 | 122616 | 3727 | 4291 | 10678 | 202 | 70959 | 34850 | 40352 | 18075 | 29985 | 56051 | 4327166 |
| Other Receipts | 7 | 11240741 | 19182 | 21971 | 374 | 32370 | 1277 | 92035 | 23377 | 59053 | 41912 | 32860 | 178228 | 10738106 |
| Total Receipts | 8 | 91051122 | 907665 | 638588 | 392034 | 695601 | 528491 | 1890141 | 1355752 | 2264196 | 2191399 | 2664370 | 5385914 | 72136971 |
| Average Total Receipts | 9 | 9437 | 1570 | 133 | 306 | 940 | 881 | 2126 | 5999 | 9594 | 19223 | 40990 | 94490 | 1001902 |
| **Operating Costs/Operating Income (%)** | | | | | | | | | | | | | | |
| Cost of Operations | 10 | 18.0 | 8.5 | 14.5 | 10.4 | 23.2 | 20.2 | 14.2 | 30.1 | 25.3 | 32.0 | 24.5 | 20.5 | 16.6 |
| Salaries and Wages | 11 | 56.0 | 60.3 | 19.5 | 53.0 | 50.5 | 50.3 | 66.7 | 62.5 | 73.1 | 64.5 | 54.6 | 45.7 | 56.1 |
| Taxes Paid | 12 | 3.6 | 3.4 | 3.5 | 3.6 | 3.9 | 5.6 | 5.6 | 5.3 | 6.4 | 5.3 | 3.8 | 2.7 | 3.4 |
| Interest Paid | 13 | 3.1 | 0.8 | 0.9 | 1.7 | 1.8 | 2.1 | 2.8 | 2.4 | 2.7 | 2.1 | 0.8 | 0.8 | 3.6 |
| Depreciation | 14 | 3.7 | 3.6 | 2.3 | 1.6 | 4.1 | 3.2 | 4.5 | 4.5 | 5.8 | 5.6 | 4.7 | 3.3 | 3.5 |
| Amortization and Depletion | 15 | 1.7 | 3.2 | 0.7 | 1.3 | 1.0 | 0.4 | 2.2 | 1.4 | 2.1 | 2.2 | 2.2 | 1.6 | 1.6 |
| Pensions and Other Deferred Comp. | 16 | 0.3 | 0.3 | 1.0 | 0.2 | 0.1 | 0.6 | 0.5 | 0.6 | 0.3 | 0.4 | 0.7 | 0.3 | 0.2 |
| Employee Benefits | 17 | 2.9 | 6.1 | 2.1 | 1.6 | 5.1 | 2.4 | 4.2 | 4.1 | 4.5 | 4.0 | 3.9 | 2.8 | 2.6 |
| Advertising | 18 | 6.7 | 2.6 | 1.8 | 1.7 | 1.1 | 6.1 | 6.5 | 7.1 | 8.4 | 9.2 | 7.4 | 4.9 | 6.9 |
| Other Expenses | 19 | 36.4 | 69.0 | 52.9 | 51.8 | 42.3 | 57.9 | 76.2 | 53.9 | 68.7 | 57.5 | 54.2 | 42.6 | 29.9 |
| Officers' Compensation | 20 | 4.6 | 5.2 | 16.9 | 13.2 | 9.0 | 31.8 | 12.1 | 12.8 | 8.5 | 5.9 | 6.5 | 3.5 | 3.5 |
| Operating Margin | 21 | • | • | • | • | • | • | • | • | • | • | • | • | • |
| Operating Margin Before Officers' Comp. | 22 | • | • | 0.9 | • | • | • | • | • | • | • | • | • | • |

## Selected Average Balance Sheet ($ in Thousands)

| | | | | | | | | | | | | | |
|---|---|---|---|---|---|---|---|---|---|---|---|---|---|
| Net Receivables 23 | 4090 | 0 | 2 | 19 | 41 | 64 | 412 | 1121 | 2248 | 5179 | 12506 | 28619 | 488465 |
| Inventories 24 | 95 | 0 | 2 | 1 | 0 | 7 | 55 | 279 | 134 | 204 | 602 | 1037 | 8748 |
| Net Property, Plant and Equipment 25 | 1055 | 0 | 7 | 33 | 85 | 81 | 323 | 1096 | 2013 | 3866 | 7243 | 9906 | 104264 |
| Total Assets 26 | 16814 | 0 | 31 | 134 | 342 | 789 | 2201 | 7425 | 16331 | 34339 | 71570 | 154909 | 1892864 |
| Notes and Loans Payable 27 | 2045 | 0 | 57 | 132 | 320 | 428 | 886 | 1665 | 2450 | 4074 | 5358 | 10281 | 217449 |
| All Other Liabilities 28 | 4082 | 0 | 8 | 94 | 250 | 235 | 1059 | 3250 | 5459 | 9904 | 19782 | 40406 | 433514 |
| Net Worth 29 | 10687 | 0 | -34 | -92 | -228 | 127 | 257 | 2510 | 8422 | 20361 | 46430 | 104222 | 1241901 |

## Selected Financial Ratios (Times to 1)

| | | | | | | | | | | | | | |
|---|---|---|---|---|---|---|---|---|---|---|---|---|---|
| Current Ratio 30 | 2.1 | • | 1.6 | 0.8 | 0.5 | 1.5 | 1.3 | 1.6 | 2.5 | 2.4 | 2.7 | 2.5 | 2.1 |
| Quick Ratio 31 | 1.8 | • | 1.1 | 0.6 | 0.4 | 1.4 | 1.2 | 1.3 | 2.2 | 1.9 | 2.0 | 2.0 | 1.8 |
| Net Sales to Working Capital 32 | 1.7 | • | 16.2 | • | • | 4.7 | 4.8 | 2.8 | 1.2 | 1.3 | 1.2 | 1.6 | 1.6 |
| Coverage Ratio 33 | 0.4 | • | • | • | • | • | • | • | • | • | • | • | 5.3 |
| Total Asset Turnover 34 | 0.4 | • | 4.1 | 2.2 | 2.6 | 1.1 | 0.9 | 0.7 | 0.5 | 0.5 | 0.5 | 0.5 | 0.4 |
| Inventory Turnover 35 | 13.4 | • | 7.8 | 28.6 | 7940.1 | 24.3 | 4.9 | 5.9 | 16.4 | 27.8 | 15.1 | 16.8 | 13.3 |
| Receivables Turnover 36 | 2.0 | • | 28.1 | 29.6 | 21.5 | 14.6 | 4.0 | 5.2 | 4.0 | 4.0 | 3.3 | 3.6 | 1.7 |
| Total Liabilities to Net Worth 37 | 0.6 | • | • | • | • | 5.2 | 7.6 | 2.0 | 0.9 | 0.7 | 0.5 | 0.5 | 0.5 |
| Current Assets to Working Capital 38 | 1.9 | • | 2.8 | • | • | 2.8 | 3.9 | 2.8 | 1.7 | 1.7 | 1.6 | 1.7 | 1.9 |
| Current Liabilities to Working Capital 39 | 0.9 | • | 1.8 | • | • | 1.8 | 2.9 | 1.8 | 0.7 | 0.7 | 0.6 | 0.7 | 0.9 |
| Working Capital to Net Sales 40 | 0.6 | • | 0.1 | • | • | 0.2 | 0.2 | 0.4 | 0.8 | 0.8 | 0.8 | 0.6 | 0.6 |
| Inventory to Working Capital 41 | 0.0 | • | 0.3 | • | • | 0.1 | 0.1 | 0.2 | 0.0 | 0.0 | 0.0 | 0.0 | 0.0 |
| Total Receipts to Cash Flow 42 | 4.2 | 16.1 | 2.8 | 37.5 | • | • | • | • | • | • | • | 5.0 | 2.9 |
| Cost of Goods to Cash Flow 43 | 0.7 | 1.4 | 0.4 | 3.9 | • | • | • | • | • | • | • | 1.0 | 0.5 |
| Cash Flow to Total Debt 44 | 0.3 | • | 0.7 | 0.0 | • | • | • | • | • | • | • | 0.3 | 0.4 |

## Selected Financial Factors (in Percentages)

| | | | | | | | | | | | | | |
|---|---|---|---|---|---|---|---|---|---|---|---|---|---|
| Debt Ratio 45 | 36.4 | • | 209.3 | 168.7 | 166.8 | 83.9 | 88.3 | 66.2 | 48.4 | 40.7 | 35.1 | 32.7 | 34.4 |
| Return on Total Assets 46 | 0.6 | • | • | • | • | • | • | • | • | • | • | • | 7.2 |
| Return on Equity Before Income Taxes 47 | • | • | 44.1 | 126.1 | 136.0 | • | • | • | • | • | • | • | 8.9 |
| Return on Equity After Income Taxes 48 | • | • | 45.0 | 132.0 | 136.0 | • | • | • | • | • | • | • | 6.1 |
| Profit Margin (Before Income Tax) 49 | • | • | • | • | • | • | • | • | • | • | • | • | 15.8 |
| Profit Margin (After Income Tax) 50 | • | • | • | • | • | • | • | • | • | • | • | • | 10.8 |

## Table II

Corporations with Net Income

# SOFTWARE PUBLISHERS

| Item Description for Accounting Period 7/00 Through 6/01 | | Total | Zero Assets | Under 100 | 100 to 250 | 251 to 500 | 501 to 1,000 | 1,001 to 5,000 | 5,001 to 10,000 | 10,001 to 25,000 | 25,001 to 50,000 | 50,001 to 100,000 | 100,001 to 250,000 | 250,001 and over |
|---|---|---|---|---|---|---|---|---|---|---|---|---|---|---|
| | | **Money Amounts and Size of Assets in Thousands of Dollars** | | | | | | | | | | | | |
| Number of Enterprises | 1 | 3704 | 383 | 1801 | 728 | 187 | 248 | 219 | 42 | 31 | 13 | 11 | 18 | 24 |
| | | **Revenues ($ in Thousands)** | | | | | | | | | | | | |
| Net Sales | 2 | 41313839 | 294895 | 505318 | 333906 | 415091 | 328800 | 657659 | 418534 | 669731 | 594619 | 580422 | 2034191 | 34480672 |
| Interest | 3 | 2669618 | 3439 | 300 | 47 | 359 | 2566 | 6412 | 2286 | 8181 | 3616 | 15753 | 50759 | 2575899 |
| Rents | 4 | 67594 | 0 | 0 | 0 | 0 | 0 | 0 | 134 | 140 | 18 | 0 | 97 | 67205 |
| Royalties | 5 | 2399940 | 0 | 0 | 0 | 0 | 9595 | 2448 | 0 | 202 | 0 | 17471 | 97653 | 2272572 |
| Other Portfolio Income | 6 | 4286383 | 113387 | 3456 | 0 | 0 | 3 | 3097 | 31791 | 28132 | 330 | 430 | 32384 | 4073374 |
| Other Receipts | 7 | 10816205 | 12585 | 15948 | 0 | 32313 | 371 | 12219 | 2135 | 29626 | 1755 | 9660 | 135727 | 10563865 |
| Total Receipts | 8 | 61553579 | 424306 | 525022 | 333953 | 447763 | 341335 | 681835 | 454880 | 736012 | 600338 | 623736 | 2350811 | 54033587 |
| Average Total Receipts | 9 | 16618 | 1108 | 292 | 459 | 2394 | 1376 | 3113 | 10830 | 23742 | 46180 | 56703 | 130601 | 2251399 |
| | | **Operating Costs/Operating Income (%)** | | | | | | | | | | | | |
| Cost of Operations | 10 | 16.0 | 8.3 | 6.5 | 9.4 | 21.8 | 1.5 | 7.1 | 25.7 | 28.4 | 37.8 | 41.7 | 19.0 | 15.2 |
| Salaries and Wages | 11 | 50.7 | 49.4 | 17.3 | 33.3 | 44.9 | 25.6 | 33.0 | 25.9 | 26.3 | 28.6 | 18.5 | 38.1 | 54.4 |
| Taxes Paid | 12 | 3.6 | 3.2 | 2.6 | 1.3 | 2.4 | 3.4 | 2.8 | 2.8 | 3.1 | 3.2 | 2.1 | 2.6 | 3.7 |
| Interest Paid | 13 | 3.9 | 0.4 | 0.3 | 1.1 | 1.0 | 1.1 | 2.0 | 3.1 | 0.9 | 0.8 | 0.5 | 0.1 | 4.5 |
| Depreciation | 14 | 3.2 | 2.6 | 1.6 | 0.4 | 2.2 | 1.7 | 2.2 | 2.6 | 2.7 | 3.0 | 2.5 | 2.6 | 3.3 |
| Amortization and Depletion | 15 | 1.2 | 4.4 | 0.0 | 1.4 | 1.2 | 0.3 | 1.5 | 0.1 | 0.3 | 0.4 | 1.5 | 0.7 | 1.2 |
| Pensions and Other Deferred Comp. | 16 | 0.3 | 0.4 | 1.2 | 0.2 | • | 0.9 | 0.6 | 0.2 | 0.6 | 0.4 | 1.4 | 0.5 | 0.3 |
| Employee Benefits | 17 | 2.5 | 3.6 | 2.3 | 0.1 | 4.7 | 1.4 | 2.0 | 2.2 | 2.0 | 1.3 | 2.9 | 3.3 | 2.5 |
| Advertising | 18 | 7.1 | 1.9 | 1.0 | 1.6 | 0.0 | 4.1 | 2.8 | 2.5 | 2.7 | 0.9 | 0.9 | 2.9 | 8.0 |
| Other Expenses | 19 | 27.8 | 36.3 | 47.6 | 31.2 | 22.4 | 19.7 | 34.4 | 20.7 | 25.3 | 9.1 | 20.6 | 28.4 | 27.9 |
| Officers' Compensation | 20 | 3.7 | 3.0 | 16.0 | 5.1 | 6.9 | 35.2 | 6.4 | 4.3 | 3.2 | 2.2 | 1.9 | 3.3 | 3.2 |
| Operating Margin | 21 | • | • | 3.6 | 15.0 | • | 5.2 | 5.3 | 10.0 | 4.5 | 12.3 | 5.5 | • | • |
| Operating Margin Before Officers' Comp. | 22 | • | • | 19.7 | 20.1 | • | 40.4 | 11.7 | 14.3 | 7.7 | 14.5 | 7.4 | 1.7 | • |

| Selected Average Balance Sheet ($ in Thousands) | | | | | | | | | | | | | |
|---|---|---|---|---|---|---|---|---|---|---|---|---|---|
| Net Receivables 23 | 8130 | 0 | 0 | 22 | 80 | 45 | 386 | 1448 | 4352 | 12060 | 8571 | 35666 | 1204133 |
| Inventories 24 | 153 | 0 | 6 | 2 | 0 | 9 | 47 | 716 | 383 | 871 | 2619 | 888 | 18697 |
| Net Property, Plant and Equipment 25 | 1409 | 0 | 7 | 9 | 89 | 46 | 234 | 1252 | 1980 | 4765 | 5443 | 10505 | 195643 |
| Total Assets 26 | 25185 | 0 | 42 | 135 | 320 | 716 | 2152 | 7430 | 15385 | 35296 | 69364 | 149268 | 3654269 |
| Notes and Loans Payable 27 | 3424 | 0 | 113 | 97 | 178 | 109 | 508 | 2383 | 981 | 5516 | 1239 | 932 | 500258 |
| All Other Liabilities 28 | 6984 | 0 | 11 | 14 | 459 | 162 | 922 | 3578 | 6730 | 15204 | 15967 | 40637 | 1001931 |
| Net Worth 29 | 14776 | 0 | -81 | 23 | -317 | 445 | 722 | 1470 | 7674 | 14576 | 52159 | 107700 | 2152079 |

| Selected Financial Ratios (Times to 1) | | | | | | | | | | | | | |
|---|---|---|---|---|---|---|---|---|---|---|---|---|---|
| Current Ratio 30 | 2.1 | • | 1.4 | 5.5 | 0.5 | 4.6 | 1.5 | 1.0 | 1.6 | 1.8 | 3.3 | 2.8 | 2.1 |
| Quick Ratio 31 | 1.8 | • | 0.8 | 3.6 | 0.4 | 4.5 | 1.3 | 0.8 | 1.4 | 1.5 | 2.1 | 2.5 | 1.8 |
| Net Sales to Working Capital 32 | 1.7 | • | 27.1 | 7.2 | • | 2.7 | 5.8 | • | 5.9 | 4.4 | 1.6 | 1.6 | 1.5 |
| Coverage Ratio 33 | 8.9 | 78.5 | 30.0 | 15.1 | 1.4 | 9.0 | 5.5 | 7.0 | 17.7 | 18.1 | 26.0 | 101.9 | 8.6 |
| Total Asset Turnover 34 | 0.4 | • | 6.6 | 3.4 | 6.9 | 1.9 | 1.4 | 1.3 | 1.4 | 1.3 | 0.8 | 0.8 | 0.4 |
| Inventory Turnover 35 | 11.7 | • | 3.0 | 25.1 | 30094.3 | 2.2 | 4.5 | 3.6 | 16.0 | 19.8 | 8.4 | 24.2 | 11.7 |
| Receivables Turnover 36 | 1.5 | • | 19816.4 | 41.2 | 43.0 | 37.0 | 4.3 | 5.3 | 4.1 | 4.0 | 2.9 | 3.9 | 1.3 |
| Total Liabilities to Net Worth 37 | 0.7 | • | • | 4.7 | • | 0.6 | 2.0 | 4.1 | 1.0 | 1.4 | 0.3 | 0.4 | 0.7 |
| Current Assets to Working Capital 38 | 1.9 | • | 3.4 | 1.2 | • | 1.3 | 3.1 | • | 2.8 | 2.3 | 1.4 | 1.6 | 1.9 |
| Current Liabilities to Working Capital 39 | 0.9 | • | 2.4 | 0.2 | • | 0.3 | 2.1 | • | 1.8 | 1.3 | 0.4 | 0.6 | 0.9 |
| Working Capital to Net Sales 40 | 0.6 | • | 0.0 | 0.1 | • | 0.4 | 0.2 | • | 0.2 | 0.2 | 0.6 | 0.6 | 0.7 |
| Inventory to Working Capital 41 | 0.0 | • | 0.6 | 0.0 | • | 0.0 | 0.2 | • | 0.1 | 0.1 | 0.1 | 0.0 | 0.0 |
| Total Receipts to Cash Flow 42 | 2.2 | 3.2 | 2.0 | 2.4 | 5.8 | 5.3 | 2.5 | 3.2 | 3.1 | 5.3 | 3.2 | 2.6 | 2.1 |
| Cost of Goods to Cash Flow 43 | 0.3 | 0.3 | 0.1 | 0.2 | 1.3 | 0.1 | 0.2 | 0.8 | 0.9 | 2.0 | 1.3 | 0.5 | 0.3 |
| Cash Flow to Total Debt 44 | 0.5 | • | 1.2 | 1.7 | 0.6 | 0.9 | 0.8 | 0.5 | 0.9 | 0.4 | 0.9 | 1.0 | 0.5 |

| Selected Financial Factors (in Percentages) | | | | | | | | | | | | | |
|---|---|---|---|---|---|---|---|---|---|---|---|---|---|
| Debt Ratio 45 | 41.3 | • | 291.9 | 82.6 | 198.9 | 37.8 | 66.4 | 80.2 | 50.1 | 58.7 | 24.8 | 27.8 | 41.1 |
| Return on Total Assets 46 | 15.4 | • | 51.5 | 54.8 | 9.4 | 18.8 | 15.0 | 29.2 | 21.5 | 18.1 | 10.4 | 10.8 | 15.3 |
| Return on Equity Before Income Taxes 47 | 23.3 | • | • | 293.5 | • | 26.9 | 36.6 | 126.5 | 40.6 | 41.4 | 13.2 | 14.8 | 23.0 |
| Return on Equity After Income Taxes 48 | 18.4 | • | • | 252.8 | • | 21.8 | 32.7 | 114.6 | 31.1 | 32.8 | 11.4 | 11.3 | 18.1 |
| Profit Margin (Before Income Tax) 49 | 30.8 | 30.4 | 7.5 | 15.0 | 0.4 | 9.0 | 8.8 | 18.7 | 14.4 | 13.2 | 13.1 | 14.1 | 34.4 |
| Profit Margin (After Income Tax) 50 | 24.4 | 26.2 | 7.2 | 12.9 | 0.4 | 7.3 | 7.9 | 16.9 | 11.1 | 10.4 | 11.3 | 10.8 | 27.1 |

## Table I

Corporations with and without Net Income

# MOTION PICTURE AND VIDEO INDUSTRIES (EXCEPT VIDEO RENTAL)

MONEY AMOUNTS AND SIZE OF ASSETS IN THOUSANDS OF DOLLARS

| Item Description for Accounting Period 7/00 Through 6/01 | | Total | Zero Assets | Under 100 | 100 to 250 | 251 to 500 | 501 to 1,000 | 1,001 to 5,000 | 5,001 to 10,000 | 10,001 to 25,000 | 25,001 to 50,000 | 50,001 to 100,000 | 100,001 to 250,000 | 250,001 and over |
|---|---|---|---|---|---|---|---|---|---|---|---|---|---|---|
| Number of Enterprises | 1 | 21051 | 1329 | 12564 | 2541 | 2294 | 1051 | 885 | 198 | 97 | 36 | 18 | 16 | 22 |
| **Revenues ($ in Thousands)** | | | | | | | | | | | | | | |
| Net Sales | 2 | 55797747 | 634668 | 2181845 | 1705887 | 1149836 | 2773134 | 5394301 | 3039960 | 1306123 | 1067949 | 1053663 | 1508686 | 33981695 |
| Interest | 3 | 4995296 | 1548 | 2598 | 2693 | 6544 | 5427 | 11245 | 2882 | 9710 | 3115 | 5029 | 22455 | 4922049 |
| Rents | 4 | 351258 | 784 | 0 | 0 | 6058 | 1288 | 663 | 44 | 1190 | 881 | 1314 | 246 | 338791 |
| Royalties | 5 | 312600 | 880 | 0 | 51918 | 0 | 0 | 874 | 96 | 69 | 27 | 309 | 6536 | 251891 |
| Other Portfolio Income | 6 | 583802 | 377 | 3660 | 2195 | 2567 | 692 | 30104 | 7899 | 6595 | 5750 | 2628 | 24631 | 496705 |
| Other Receipts | 7 | 1246977 | 41940 | 15496 | 44420 | 9887 | 27335 | 180375 | 50131 | 39942 | 51998 | 45660 | -11264 | 751056 |
| Total Receipts | 8 | 63287680 | 680197 | 2203599 | 1807113 | 1174892 | 2807876 | 5617562 | 3101012 | 1363629 | 1129720 | 1108603 | 1551290 | 40742187 |
| Average Total Receipts | 9 | 3006 | 512 | 175 | 711 | 512 | 2672 | 6348 | 15662 | 14058 | 31381 | 61589 | 96956 | 1851918 |
| **Operating Costs/Operating Income (%)** | | | | | | | | | | | | | | |
| Cost of Operations | 10 | 39.6 | 52.2 | 18.6 | 78.6 | 26.4 | 31.4 | 27.7 | 60.4 | 45.6 | 34.0 | 55.9 | 28.3 | 39.8 |
| Salaries and Wages | 11 | 12.7 | 7.3 | 2.8 | 5.4 | 9.0 | 11.6 | 6.7 | 11.1 | 15.3 | 11.1 | 4.8 | 18.5 | 15.0 |
| Taxes Paid | 12 | 2.0 | 1.3 | 1.5 | 1.8 | 2.1 | 1.5 | 1.3 | 2.5 | 2.7 | 1.7 | 1.7 | 2.1 | 2.1 |
| Interest Paid | 13 | 12.4 | 5.9 | 0.3 | 0.0 | 1.0 | 0.4 | 1.1 | 2.2 | 2.2 | 3.9 | 3.0 | 4.1 | 19.2 |
| Depreciation | 14 | 7.3 | 9.1 | 2.5 | 2.5 | 6.7 | 2.9 | 1.8 | 5.3 | 4.9 | 13.6 | 3.0 | 10.9 | 9.0 |
| Amortization and Depletion | 15 | 8.2 | 7.3 | 0.0 | 0.1 | 0.2 | 0.0 | 0.4 | 0.4 | 1.8 | 2.8 | 18.9 | 13.5 | 11.8 |
| Pensions and Other Deferred Comp. | 16 | 0.3 | 0.1 | 1.8 | 1.2 | 1.2 | 1.1 | 0.2 | 0.6 | 0.2 | 0.1 | 0.1 | 0.1 | 0.1 |
| Employee Benefits | 17 | 1.2 | 0.6 | 0.4 | 0.2 | 0.2 | 0.4 | 0.4 | 0.6 | 1.5 | 0.9 | 0.4 | 1.2 | 1.6 |
| Advertising | 18 | 4.4 | 18.5 | 3.1 | 0.2 | 0.6 | 0.4 | 0.4 | 0.6 | 3.6 | 1.4 | 0.9 | 2.6 | 6.1 |
| Other Expenses | 19 | 22.9 | 22.7 | 37.1 | 12.9 | 31.8 | 14.9 | 59.6 | 10.8 | 24.1 | 27.3 | 16.9 | 24.7 | 18.0 |
| Officers' Compensation | 20 | 4.5 | 1.7 | 29.5 | 5.0 | 14.6 | 35.6 | 2.7 | 4.6 | 2.9 | 8.1 | 1.6 | 1.3 | 0.5 |
| Operating Margin | 21 | • | • | 2.4 | • | 6.3 | • | • | 0.8 | • | • | • | • | • |
| Operating Margin Before Officers' Comp. | 22 | • | • | 31.9 | • | 20.9 | 35.3 | 0.4 | 5.4 | • | 3.2 | • | • | • |

| Selected Average Balance Sheet ($ in Thousands) | | | | | | | | | | | | | |
|---|---|---|---|---|---|---|---|---|---|---|---|---|---|
| Net Receivables 23 | 509 | 0 | 0 | 26 | 29 | 90 | 380 | 1916 | 2566 | 4644 | 13384 | 19820 | 399690 |
| Inventories 24 | 545 | 0 | 1 | 11 | 0 | 6 | 96 | 174 | 736 | 248 | 5578 | 16623 | 493730 |
| Net Property, Plant and Equipment 25 | 753 | 0 | 8 | 26 | 27 | 219 | 550 | 2122 | 3193 | 9435 | 21297 | 51720 | 574080 |
| Total Assets 26 | 10476 | 0 | 24 | 153 | 309 | 726 | 2224 | 7036 | 15921 | 34692 | 71578 | 141661 | 9484874 |
| Notes and Loans Payable 27 | 3996 | 0 | 26 | 118 | 196 | 274 | 1425 | 4233 | 5397 | 16879 | 23922 | 49289 | 3559747 |
| All Other Liabilities 28 | 2667 | 0 | 11 | 12 | 33 | 269 | 428 | 2887 | 4526 | 7790 | 25097 | 44167 | 2399452 |
| Net Worth 29 | 3813 | 0 | -13 | 23 | 80 | 183 | 371 | -85 | 5999 | 10023 | 22558 | 48205 | 3525675 |

| Selected Financial Ratios (Times to 1) | | | | | | | | | | | | | |
|---|---|---|---|---|---|---|---|---|---|---|---|---|---|
| Current Ratio 30 | 1.3 | • | 0.9 | 6.0 | 3.4 | 1.4 | 1.5 | 0.8 | 1.2 | 1.0 | 1.1 | 1.2 | 1.3 |
| Quick Ratio 31 | 0.6 | • | 0.6 | 5.4 | 2.2 | 1.0 | 1.2 | 0.7 | 0.8 | 0.8 | 0.6 | 0.8 | 0.5 |
| Net Sales to Working Capital 32 | 6.3 | • | • | 9.0 | 4.4 | 24.8 | 15.0 | • | 12.6 | 75.4 | 17.5 | 13.0 | 4.3 |
| Coverage Ratio 33 | 0.9 | • | 12.6 | • | 9.5 | 3.4 | 2.6 | 2.3 | 0.8 | 1.2 | 0.3 | • | 0.8 |
| Total Asset Turnover 34 | 0.3 | • | 7.4 | 4.4 | 1.6 | 3.6 | 2.7 | 2.2 | 0.8 | 0.9 | 0.8 | 0.7 | 0.2 |
| Inventory Turnover 35 | 1.9 | • | 22.5 | 49.2 | 478.8 | 133.6 | 17.5 | 53.4 | 8.3 | 40.6 | 5.9 | 1.6 | 1.2 |
| Receivables Turnover 36 | 6.2 | • | 199.5 | 34.9 | 24.3 | 23.9 | 15.8 | 9.5 | 5.5 | 6.4 | 4.5 | 3.8 | 4.7 |
| Total Liabilities to Net Worth 37 | 1.7 | • | • | 5.7 | 2.9 | 3.0 | 5.0 | • | 1.7 | 2.5 | 2.2 | 1.9 | 1.7 |
| Current Assets to Working Capital 38 | 4.3 | • | • | 1.2 | 1.4 | 3.8 | 2.9 | • | 6.0 | 26.5 | 9.6 | 7.3 | 4.1 |
| Current Liabilities to Working Capital 39 | 3.3 | • | • | 0.2 | 0.4 | 2.8 | 1.9 | • | 5.0 | 25.5 | 8.6 | 6.3 | 3.1 |
| Working Capital to Net Sales 40 | 0.2 | • | • | 0.1 | 0.2 | 0.0 | 0.1 | • | 0.1 | 0.0 | 0.1 | 0.1 | 0.2 |
| Inventory to Working Capital 41 | 1.3 | • | • | • | 0.0 | 0.0 | 0.3 | • | 0.6 | 0.5 | 2.0 | 1.4 | 1.4 |
| Total Receipts to Cash Flow 42 | 6.5 | • | 2.7 | 17.8 | 3.3 | 7.1 | 1.7 | 9.8 | 5.8 | 4.6 | 10.1 | 10.9 | 12.5 |
| Cost of Goods to Cash Flow 43 | 2.6 | • | 0.5 | 14.0 | 0.9 | 2.2 | 0.5 | 5.9 | 2.6 | 1.5 | 5.6 | 3.1 | 5.0 |
| Cash Flow to Total Debt 44 | 0.1 | • | 1.8 | 0.3 | 0.7 | 0.7 | 2.0 | 0.2 | 0.2 | 0.3 | 0.1 | 0.1 | 0.0 |

| Selected Financial Factors (in Percentages) | | | | | | | | | | | | | |
|---|---|---|---|---|---|---|---|---|---|---|---|---|---|
| Debt Ratio 45 | 63.6 | • | 155.2 | 85.0 | 74.1 | 74.8 | 83.3 | 101.2 | 62.3 | 71.1 | 68.5 | 66.0 | 62.8 |
| Return on Total Assets 46 | 2.7 | • | 26.8 | • | 15.4 | 5.1 | 8.0 | 10.9 | 1.5 | 4.1 | 0.8 | • | 2.6 |
| Return on Equity Before Income Taxes 47 | • | • | • | • | 53.0 | 14.4 | 29.6 | • | • | 2.7 | • | • | • |
| Return on Equity After Income Taxes 48 | • | • | • | • | 48.7 | 14.0 | 27.5 | • | • | 2.3 | • | • | • |
| Profit Margin (Before Income Tax) 49 | • | • | 3.3 | • | 8.5 | 1.0 | 1.8 | 2.8 | • | 0.9 | • | • | • |
| Profit Margin (After Income Tax) 50 | • | • | 3.2 | • | 7.8 | 1.0 | 1.7 | 2.7 | • | 0.8 | • | • | • |

# MOTION PICTURE AND VIDEO INDUSTRIES (EXCEPT VIDEO RENTAL)

MONEY AMOUNTS AND SIZE OF ASSETS IN THOUSANDS OF DOLLARS

| Item Description for Accounting Period 7/00 Through 6/01 | | Total | Zero Assets | Under 100 | 100 to 250 | 251 to 500 | 501 to 1,000 | 1,001 to 5,000 | 5,001 to 10,000 | 10,001 to 25,000 | 25,001 to 50,000 | 50,001 to 100,000 | 100,001 to 250,000 | 250,001 and over |
|---|---|---|---|---|---|---|---|---|---|---|---|---|---|---|
| Number of Enterprises | 1 | 11124 | 766 | 6583 | 1266 | 1203 | 638 | 464 | 126 | 0 | 13 | 0 | 7 | 7 |
| **Revenues ($ in Thousands)** | | | | | | | | | | | | | | |
| Net Sales | 2 | 12798547 | 143000 | 1986751 | 335718 | 814996 | 1854918 | 1496584 | 1622161 | 0 | 677276 | 0 | 738625 | 1638801 |
| Interest | 3 | 117700 | 448 | 2037 | 681 | 4720 | 3857 | 1627 | 1473 | 0 | 1690 | 0 | 12850 | 81631 |
| Rents | 4 | 5547 | 772 | 0 | 0 | 0 | 1288 | 188 | 16 | 0 | 0 | 0 | 29 | 1123 |
| Royalties | 5 | 109960 | 0 | 0 | 51918 | 0 | 0 | 0 | 0 | 0 | 0 | 0 | 149 | 57550 |
| Other Portfolio Income | 6 | 282732 | 308 | 1170 | 2161 | 513 | 46 | 28099 | 4306 | 0 | 452 | 0 | 15214 | 223879 |
| Other Receipts | 7 | 443021 | 29750 | 9439 | 4485 | 6496 | 24728 | 179042 | 47631 | 0 | 18729 | 0 | 11086 | 34626 |
| Total Receipts | 8 | 13757507 | 174278 | 1999397 | 394963 | 826725 | 1884837 | 1705540 | 1675587 | 0 | 698147 | 0 | 777953 | 2037610 |
| Average Total Receipts | 9 | 1237 | 228 | 304 | 312 | 687 | 2954 | 3676 | 13298 | • | 53704 | • | 111136 | 291087 |
| **Operating Costs/Operating Income (%)** | | | | | | | | | | | | | | |
| Cost of Operations | 10 | 28.5 | 43.5 | 16.2 | 11.4 | 23.3 | 6.0 | 41.0 | 36.7 | • | 19.7 | • | 26.5 | 37.4 |
| Salaries and Wages | 11 | 12.2 | 8.3 | 2.9 | 17.9 | 10.3 | 15.7 | 14.9 | 16.0 | • | 9.5 | • | 8.6 | 20.2 |
| Taxes Paid | 12 | 3.0 | 1.5 | 1.4 | 6.8 | 2.4 | 1.8 | 3.1 | 4.2 | • | 1.5 | • | 1.0 | 6.9 |
| Interest Paid | 13 | 1.4 | 6.1 | 0.1 | 0.0 | 0.9 | 0.5 | 2.0 | 1.6 | • | 2.1 | • | 2.6 | 1.8 |
| Depreciation | 14 | 5.2 | 13.3 | 1.5 | 2.7 | 2.4 | 3.6 | 3.6 | 8.5 | • | 17.2 | • | 14.9 | 4.1 |
| Amortization and Depletion | 15 | 2.7 | 0.5 | 0.0 | 0.4 | 0.3 | 0.0 | 0.8 | 0.7 | • | 2.3 | • | 19.8 | 2.2 |
| Pensions and Other Deferred Comp. | 16 | 0.9 | • | 2.0 | 4.2 | 1.1 | 0.8 | 0.8 | 1.0 | • | 0.1 | • | 0.0 | 0.1 |
| Employee Benefits | 17 | 0.8 | 0.1 | 0.3 | 1.3 | 0.2 | 0.4 | 0.7 | 0.9 | • | 0.5 | • | 0.2 | 2.4 |
| Advertising | 18 | 2.0 | 0.8 | 3.4 | 0.7 | 0.8 | 0.3 | 1.0 | 1.1 | • | 0.5 | • | 2.5 | 3.9 |
| Other Expenses | 19 | 21.8 | 30.2 | 34.5 | 40.0 | 29.8 | 18.2 | 22.6 | 14.6 | • | 26.9 | • | 17.9 | 14.2 |
| Officers' Compensation | 20 | 16.3 | 1.8 | 31.0 | 14.3 | 8.7 | 48.9 | 8.1 | 7.6 | • | 11.1 | • | 1.0 | 5.9 |
| Operating Margin | 21 | 5.3 | • | 6.7 | 0.3 | 19.9 | 3.9 | 1.5 | 7.1 | • | 8.4 | • | 5.0 | 1.0 |
| Operating Margin Before Officers' Comp. | 22 | 21.7 | • | 37.7 | 14.6 | 28.6 | 52.8 | 9.6 | 14.7 | • | 19.6 | • | 6.0 | 6.9 |

## Selected Average Balance Sheet ($ in Thousands)

| | | | | | | | | | | | | | |
|---|---|---|---|---|---|---|---|---|---|---|---|---|---|
| Net Receivables 23 | 131 | 0 | 0 | 34 | 24 | 110 | 460 | 1314 | • | 5659 | • | 22496 | 56184 |
| Inventories 24 | 147 | 0 | 2 | 0 | 0 | 10 | 18 | 181 | • | 329 | • | 9804 | 209416 |
| Net Property, Plant and Equipment 25 | 212 | 0 | 8 | 13 | 33 | 308 | 637 | 1669 | • | 15526 | • | 56404 | 86716 |
| Total Assets 26 | 1171 | 0 | 28 | 149 | 309 | 730 | 2429 | 6972 | • | 34430 | • | 140833 | 996897 |
| Notes and Loans Payable 27 | 249 | 0 | 7 | 89 | 25 | 297 | 1123 | 2940 | • | 9759 | • | 42571 | 86409 |
| All Other Liabilities 28 | 219 | 0 | 10 | 16 | 44 | 252 | 498 | 1948 | • | 9273 | • | 51993 | 106552 |
| Net Worth 29 | 703 | 0 | 12 | 44 | 239 | 181 | 808 | 2084 | • | 15397 | • | 46268 | 803936 |

## Selected Financial Ratios (Times to 1)

| | | | | | | | | | | | | | |
|---|---|---|---|---|---|---|---|---|---|---|---|---|---|
| Current Ratio 30 | 1.6 | • | 1.3 | 3.2 | 3.4 | 1.3 | 2.4 | 1.5 | • | 1.3 | • | 1.4 | 1.5 |
| Quick Ratio 31 | 1.1 | • | 0.8 | 3.1 | 3.1 | 0.9 | 2.3 | 1.3 | • | 1.2 | • | 0.7 | 0.8 |
| Net Sales to Working Capital 32 | 8.4 | • | 100.5 | 5.4 | 6.4 | 37.5 | 3.8 | 14.7 | • | 22.0 | • | 6.4 | 3.7 |
| Coverage Ratio 33 | 10.3 | 3.6 | 53.2 | 795.9 | 25.9 | 12.7 | 8.8 | 7.5 | • | 6.4 | • | 5.0 | 14.8 |
| Total Asset Turnover 34 | 1.0 | • | 10.6 | 1.8 | 2.2 | 4.0 | 1.3 | 1.8 | • | 1.5 | • | 0.7 | 0.2 |
| Inventory Turnover 35 | 2.2 | • | 23.7 | 210.8 | 1424.8 | 17.7 | 74.5 | 26.1 | • | 31.1 | • | 2.9 | 0.4 |
| Receivables Turnover 36 | 5.3 | • | 236.6 | 10.3 | 44.5 | 18.2 | 6.6 | 19.6 | • | 8.8 | • | 7.2 | 1.2 |
| Total Liabilities to Net Worth 37 | 0.7 | • | 1.4 | 2.4 | 0.3 | 3.0 | 2.0 | 2.3 | • | 1.2 | • | 2.0 | 0.2 |
| Current Assets to Working Capital 38 | 2.8 | • | 4.6 | 1.4 | 1.4 | 4.4 | 1.7 | 3.2 | • | 4.7 | • | 3.9 | 3.0 |
| Current Liabilities to Working Capital 39 | 1.8 | • | 3.6 | 0.4 | 0.4 | 3.4 | 0.7 | 2.2 | • | 3.7 | • | 2.9 | 2.0 |
| Working Capital to Net Sales 40 | 0.1 | • | 0.0 | 0.2 | 0.2 | 0.0 | 0.3 | 0.1 | • | 0.0 | • | 0.2 | 0.3 |
| Inventory to Working Capital 41 | 0.2 | • | 0.8 | • | 0.0 | 0.1 | 0.0 | 0.2 | • | 0.1 | • | 1.2 | 0.2 |
| Total Receipts to Cash Flow 42 | 3.5 | 2.4 | 2.6 | 2.4 | 2.4 | 4.6 | 3.0 | 5.0 | • | 2.9 | • | 4.1 | 4.0 |
| Cost of Goods to Cash Flow 43 | 1.0 | 1.0 | 0.4 | 0.3 | 0.6 | 0.3 | 1.2 | 1.8 | • | 0.6 | • | 1.1 | 1.5 |
| Cash Flow to Total Debt 44 | 0.7 | • | 7.1 | 1.0 | 4.0 | 1.2 | 0.7 | 0.5 | • | 0.9 | • | 0.3 | 0.3 |

## Selected Financial Factors (in Percentages)

| | | | | | | | | | | | | | |
|---|---|---|---|---|---|---|---|---|---|---|---|---|---|
| Debt Ratio 45 | 40.0 | • | 58.2 | 70.6 | 22.5 | 75.1 | 66.7 | 70.1 | • | 55.3 | • | 67.1 | 19.4 |
| Return on Total Assets 46 | 13.8 | • | 79.4 | 32.0 | 48.7 | 24.0 | 23.1 | 22.0 | • | 20.7 | • | 9.7 | 6.2 |
| Return on Equity Before Income Taxes 47 | 20.8 | • | 186.4 | 108.7 | 60.4 | 88.9 | 61.6 | 63.7 | • | 39.0 | • | 23.6 | 7.1 |
| Return on Equity After Income Taxes 48 | 18.8 | • | 183.6 | 103.7 | 57.6 | 88.1 | 59.8 | 62.7 | • | 38.9 | • | 20.8 | 5.3 |
| Profit Margin (Before Income Tax) 49 | 12.7 | 15.9 | 7.3 | 18.0 | 21.3 | 5.5 | 15.4 | 10.3 | • | 11.5 | • | 10.3 | 24.5 |
| Profit Margin (After Income Tax) 50 | 11.5 | 14.0 | 7.2 | 17.2 | 20.3 | 5.5 | 15.0 | 10.2 | • | 11.5 | • | 9.1 | 18.2 |

# SOUND RECORDING INDUSTRIES

MONEY AMOUNTS AND SIZE OF ASSETS IN THOUSANDS OF DOLLARS

| Item Description for Accounting Period 7/00 Through 6/01 | Total | Zero Assets | Under 100 | 100 to 250 | 251 to 500 | 501 to 1,000 | 1,001 to 5,000 | 5,001 to 10,000 | 10,001 to 25,000 | 25,001 to 50,000 | 50,001 to 100,000 | 100,001 to 250,000 | 250,001 and over |
|---|---|---|---|---|---|---|---|---|---|---|---|---|---|
| Number of Enterprises 1 | 8878 | 832 | 5193 | 1355 | 252 | 417 | 747 | 36 | 26 | 8 | 7 | 0 | 4 |
| **Revenues ($ in Thousands)** | | | | | | | | | | | | | |
| Net Sales 2 | 15174641 | 17916 | 252302 | 834543 | 335127 | 387866 | 493172 | 81205 | 286418 | 137570 | 420897 | 0 | 11927627 |
| Interest 3 | 390968 | 28 | 0 | 23 | 3 | 1322 | 3197 | 7 | 4813 | 7745 | 3188 | 0 | 370643 |
| Rents 4 | 44135 | 0 | 0 | 0 | 0 | 560 | 261 | 0 | 1723 | 42 | 43 | 0 | 41506 |
| Royalties 5 | 1719219 | 1444 | 0 | 7804 | 0 | 22624 | 30466 | 0 | 20621 | 14343 | 17339 | 0 | 1604578 |
| Other Portfolio Income 6 | 385697 | 25397 | 0 | 15329 | 0 | 62 | 1404 | 20 | 12691 | 1461 | 502 | 0 | 328834 |
| Other Receipts 7 | 553160 | -1 | 68173 | 940 | 0 | 4317 | 19298 | 228 | 12709 | -2475 | 13734 | 0 | 436231 |
| Total Receipts 8 | 18267820 | 44784 | 320475 | 858639 | 335130 | 416751 | 547798 | 81460 | 338975 | 158686 | 455703 | 0 | 14709419 |
| Average Total Receipts 9 | 2058 | 54 | 62 | 634 | 1330 | 999 | 733 | 2263 | 13038 | 19836 | 65100 | • | 3677355 |
| **Operating Costs/Operating Income (%)** | | | | | | | | | | | | | |
| Cost of Operations 10 | 49.1 | 0.2 | 11.6 | 5.1 | 66.9 | 56.4 | 35.7 | 28.9 | 49.8 | 37.6 | 57.0 | • | 52.9 |
| Salaries and Wages 11 | 10.5 | 0.4 | 12.1 | 17.0 | 18.6 | 2.4 | 9.0 | 5.6 | 13.9 | 22.9 | 11.4 | • | 10.0 |
| Taxes Paid 12 | 3.2 | 2.7 | 3.3 | 2.3 | 1.9 | 0.5 | 1.7 | 1.7 | 2.7 | 2.7 | 2.5 | • | 3.5 |
| Interest Paid 13 | 5.5 | 0.4 | 0.7 | 0.8 | 1.2 | 1.6 | 3.3 | 13.6 | 2.1 | 6.2 | 2.3 | • | 6.4 |
| Depreciation 14 | 12.0 | 0.5 | 4.1 | 4.5 | 0.4 | 0.4 | 3.3 | 1.9 | 2.9 | 3.2 | 2.9 | • | 14.4 |
| Amortization and Depletion 15 | 1.9 | 0.6 | 0.6 | 0.0 | 0.3 | 2.9 | 0.8 | 0.0 | 1.2 | 3.0 | 3.1 | • | 2.0 |
| Pensions and Other Deferred Comp. 16 | 0.2 | • | • | • | 0.0 | • | 0.1 | 0.0 | 0.3 | 0.7 | 0.2 | • | 0.2 |
| Employee Benefits 17 | 1.0 | 0.0 | 1.7 | 0.7 | 0.1 | 0.1 | 0.5 | 0.2 | 1.0 | 2.0 | 0.9 | • | 1.1 |
| Advertising 18 | 8.0 | 0.5 | 2.4 | 1.7 | 6.0 | 0.7 | 4.2 | 0.1 | 1.9 | 0.4 | 5.6 | • | 9.4 |
| Other Expenses 19 | 33.4 | 86.6 | 73.1 | 60.0 | 24.9 | 29.7 | 35.7 | 52.9 | 37.4 | 61.1 | 15.2 | • | 30.9 |
| Officers' Compensation 20 | 2.2 | 50.7 | 28.7 | 8.5 | 2.5 | 1.4 | 2.6 | 1.4 | 19.3 | 11.1 | 2.3 | • | 0.6 |
| Operating Margin 21 | • | • | • | • | • | 3.8 | 3.2 | • | • | • | • | • | • |
| Operating Margin Before Officers' Comp. 22 | • | 8.2 | • | 7.9 | • | 5.3 | 5.8 | • | • | • | • | • | • |

## Selected Average Balance Sheet ($ in Thousands)

| | | | | | | | | | | | | | |
|---|---|---|---|---|---|---|---|---|---|---|---|---|---|
| Net Receivables 23 | 6750 | 0 | 0 | 6 | 0 | 86 | 111 | 494 | 2130 | 2268 | 15261 | • | 14901390 |
| Inventories 24 | 252 | 0 | 3 | 8 | 12 | 105 | 26 | 3 | 623 | 2162 | 3634 | • | 523141 |
| Net Property, Plant and Equipment 25 | 441 | 0 | 9 | 77 | 178 | 31 | 235 | 1709 | 2272 | 3931 | 7690 | • | 831565 |
| Total Assets 26 | 18454 | 0 | 15 | 158 | 372 | 788 | 1606 | 5672 | 15479 | 35395 | 87236 | • | 40104001 |
| Notes and Loans Payable 27 | 1396 | 0 | 42 | 130 | 976 | 344 | 1147 | 3187 | 7524 | 14674 | 33977 | • | 2522972 |
| All Other Liabilities 28 | 7835 | 0 | 3 | 47 | 0 | 487 | 251 | 1265 | 7305 | 12672 | 22418 | • | 17148996 |
| Net Worth 29 | 9223 | 0 | -29 | -19 | -604 | -42 | 208 | 1220 | 649 | 8049 | 30840 | • | 20432034 |

## Selected Financial Ratios (Times to 1)

| | | | | | | | | | | | | | |
|---|---|---|---|---|---|---|---|---|---|---|---|---|---|
| Current Ratio 30 | 1.0 | • | 0.8 | 1.7 | 0.5 | 1.2 | 2.5 | 2.2 | 1.1 | 0.6 | 1.3 | • | 1.0 |
| Quick Ratio 31 | 0.9 | • | 0.7 | 0.8 | 0.1 | 0.9 | 0.7 | 0.4 | 0.7 | 0.5 | 0.9 | • | 0.9 |
| Net Sales to Working Capital 32 | 68.8 | • | • | 19.2 | • | 13.6 | 1.7 | 1.2 | 11.6 | • | 8.5 | • | • |
| Coverage Ratio 33 | • | 241.6 | • | 4.0 | • | 7.9 | 5.3 | 0.5 | • | • | 3.1 | • | • |
| Total Asset Turnover 34 | 0.1 | • | 3.1 | 3.9 | 3.6 | 1.2 | 0.4 | 0.4 | 0.7 | 0.5 | 0.7 | • | 0.1 |
| Inventory Turnover 35 | 3.3 | • | 1.6 | 3.8 | 75.0 | 5.0 | 9.0 | 258.2 | 8.8 | 3.0 | 9.4 | • | 3.0 |
| Receivables Turnover 36 | 0.3 | • | 46.9 | 210.7 | 28.7 | 5.4 | 6.0 | 7.3 | 4.6 | 3.3 | 3.8 | • | 0.2 |
| Total Liabilities to Net Worth 37 | 1.0 | • | • | • | • | • | 6.7 | 3.6 | 22.8 | 3.4 | 1.8 | • | 1.0 |
| Current Assets to Working Capital 38 | 310.8 | • | • | 2.5 | • | 7.0 | 1.6 | 1.8 | 9.9 | • | 4.1 | • | • |
| Current Liabilities to Working Capital 39 | 309.8 | • | • | 1.5 | • | 6.0 | 0.6 | 0.8 | 8.9 | • | 3.1 | • | • |
| Working Capital to Net Sales 40 | 0.0 | • | • | 0.1 | • | 0.1 | 0.6 | 0.9 | 0.1 | • | 0.1 | • | • |
| Inventory to Working Capital 41 | 10.1 | • | • | 0.3 | • | 1.3 | 0.1 | • | 0.7 | • | 0.5 | • | • |
| Total Receipts to Cash Flow 42 | 4.6 | 4.5 | 2.2 | 1.9 | • | 2.6 | 2.3 | 2.3 | 4.9 | 4.5 | 5.6 | • | 5.5 |
| Cost of Goods to Cash Flow 43 | 2.3 | 0.0 | 0.3 | 0.1 | • | 1.5 | 0.8 | 0.7 | 2.5 | 1.7 | 3.2 | • | 2.9 |
| Cash Flow to Total Debt 44 | 0.0 | • | 0.5 | 1.8 | • | 0.4 | 0.2 | 0.2 | 0.2 | 0.1 | 0.2 | • | 0.0 |

## Selected Financial Factors (in Percentages)

| | | | | | | | | | | | | | |
|---|---|---|---|---|---|---|---|---|---|---|---|---|---|
| Debt Ratio 45 | 50.0 | • | 288.7 | 112.2 | 262.1 | 105.4 | 87.0 | 78.5 | 95.8 | 77.3 | 64.6 | • | 49.1 |
| Return on Total Assets 46 | • | • | • | 12.1 | • | 15.2 | 7.2 | 2.9 | • | • | 5.0 | • | • |
| Return on Equity Before Income Taxes 47 | • | • | 18.8 | • | 50.1 | • | 45.2 | • | • | • | 9.6 | • | • |
| Return on Equity After Income Taxes 48 | • | • | 18.8 | • | 50.1 | • | 43.1 | • | • | • | 6.0 | • | • |
| Profit Margin (Before Income Tax) 49 | • | 107.4 | • | 2.3 | • | 11.3 | 14.3 | • | • | • | 4.9 | • | • |
| Profit Margin (After Income Tax) 50 | • | 101.3 | • | 1.5 | • | 11.2 | 13.6 | • | • | • | 3.1 | • | • |

**Table II**

Corporations with Net Income

# SOUND RECORDING INDUSTRIES

**MONEY AMOUNTS AND SIZE OF ASSETS IN THOUSANDS OF DOLLARS**

| Item Description for Accounting Period 7/00 Through 6/01 | | Total | Zero Assets | Under 100 | 100 to 250 | 251 to 500 | 501 to 1,000 | 1,001 to 5,000 | 5,001 to 10,000 | 10,001 to 25,000 | 25,001 to 50,000 | 50,001 to 100,000 | 100,001 to 250,000 | 250,001 and over |
|---|---|---|---|---|---|---|---|---|---|---|---|---|---|---|
| Number of Enterprises | 1 | 2809 | 213 | 1198 | 929 | 0 | 211 | 237 | 0 | 0 | 0 | 0 | 0 | 0 |
| **Revenues ($ in Thousands)** | | | | | | | | | | | | | | |
| Net Sales | 2 | 2732386 | 17759 | 87893 | 753259 | 0 | 329132 | 461012 | 0 | 0 | 0 | 0 | 0 | 0 |
| Interest | 3 | 22657 | 0 | 0 | 23 | 0 | 1302 | 2907 | 0 | 0 | 0 | 0 | 0 | 0 |
| Rents | 4 | 7498 | 0 | 0 | 0 | 0 | 0 | 216 | 0 | 0 | 0 | 0 | 0 | 0 |
| Royalties | 5 | 180010 | 0 | 0 | 6923 | 0 | 0 | 29598 | 0 | 0 | 0 | 0 | 0 | 0 |
| Other Portfolio Income | 6 | 55220 | 25397 | 0 | 15329 | 0 | 0 | 1364 | 0 | 0 | 0 | 0 | 0 | 0 |
| Other Receipts | 7 | 103197 | 0 | 59392 | 940 | 0 | 0 | 19440 | 0 | 0 | 0 | 0 | 0 | 0 |
| Total Receipts | 8 | 3100968 | 43156 | 147285 | 776474 | 0 | 330434 | 514537 | 0 | 0 | 0 | 0 | 0 | 0 |
| Average Total Receipts | 9 | 1104 | 203 | 123 | 836 | • | 1566 | 2171 | • | • | • | • | • | • |
| **Operating Costs/Operating Income (%)** | | | | | | | | | | | | | | |
| Cost of Operations | 10 | 33.8 | 0.2 | 13.4 | • | • | 54.7 | 35.7 | • | • | • | • | • | • |
| Salaries and Wages | 11 | 8.5 | 0.3 | 15.5 | 15.9 | • | • | 4.6 | • | • | • | • | • | • |
| Taxes Paid | 12 | 2.0 | 1.4 | 4.7 | 2.3 | • | 0.1 | 1.4 | • | • | • | • | • | • |
| Interest Paid | 13 | 1.2 | • | 0.4 | 0.8 | • | • | 2.4 | • | • | • | • | • | • |
| Depreciation | 14 | 2.2 | 0.5 | 2.7 | 4.3 | • | 0.2 | 1.8 | • | • | • | • | • | • |
| Amortization and Depletion | 15 | 0.9 | 0.6 | • | • | • | 2.9 | 0.7 | • | • | • | • | • | • |
| Pensions and Other Deferred Comp. | 16 | 0.1 | • | • | 0.0 | • | • | 0.1 | • | • | • | • | • | • |
| Employee Benefits | 17 | 0.4 | 0.0 | • | 0.8 | • | • | 0.1 | • | • | • | • | • | • |
| Advertising | 18 | 2.0 | • | 0.8 | 0.9 | • | • | 3.2 | • | • | • | • | • | • |
| Other Expenses | 19 | 34.0 | 50.9 | 48.2 | 60.2 | • | 22.9 | 35.1 | • | • | • | • | • | • |
| Officers' Compensation | 20 | 5.7 | 51.2 | 32.6 | 9.4 | • | • | 1.1 | • | • | • | • | • | • |
| Operating Margin | 21 | 9.3 | • | • | 5.4 | • | 19.2 | 13.8 | • | • | • | • | • | • |
| Operating Margin Before Officers' Comp. | 22 | 15.0 | 46.2 | 14.2 | 14.8 | • | 19.2 | 14.9 | • | • | • | • | • | • |

| Selected Average Balance Sheet ($ in Thousands) | | | | | | | | | | | | | |
|---|---|---|---|---|---|---|---|---|---|---|---|---|---|
| Net Receivables 23 | 146 | 0 | 0 | 0 | • | 75 | 327 | • | • | • | • | • | • |
| Inventories 24 | 40 | 0 | 6 | 0 | • | 157 | 71 | • | • | • | • | • | • |
| Net Property, Plant and Equipment 25 | 99 | 0 | 13 | 105 | • | 8 | 329 | • | • | • | • | • | • |
| Total Assets 26 | 698 | 0 | 15 | 166 | • | 748 | 2002 | • | • | • | • | • | • |
| Notes and Loans Payable 27 | 152 | 0 | 7 | 31 | • | 82 | 468 | • | • | • | • | • | • |
| All Other Liabilities 28 | 266 | 0 | 1 | 55 | • | 643 | 674 | • | • | • | • | • | • |
| Net Worth 29 | 280 | 0 | 7 | 80 | • | 23 | 859 | • | • | • | • | • | • |

| Selected Financial Ratios (Times to 1) | | | | | | | | | | | | | |
|---|---|---|---|---|---|---|---|---|---|---|---|---|---|
| Current Ratio 30 | 1.7 | • | 1.9 | 4.4 | • | 1.1 | 2.0 | • | • | • | • | • | • |
| Quick Ratio 31 | 1.2 | • | 1.9 | 3.6 | • | 1.0 | 0.9 | • | • | • | • | • | • |
| Net Sales to Working Capital 32 | 5.7 | • | 71.1 | 17.1 | • | 18.3 | 3.0 | • | • | • | • | • | • |
| Coverage Ratio 33 | 20.2 | • | 111.4 | 11.6 | • | • | 11.8 | • | • | • | • | • | • |
| Total Asset Turnover 34 | 1.4 | • | 5.0 | 4.9 | • | 2.1 | 1.0 | • | • | • | • | • | • |
| Inventory Turnover 35 | 8.1 | • | 1.6 | • | • | 5.4 | 9.8 | • | • | • | • | • | • |
| Receivables Turnover 36 | 5.3 | • | 178.3 | • | • | 5.8 | 7.6 | • | • | • | • | • | • |
| Total Liabilities to Net Worth 37 | 1.5 | • | 1.1 | 1.1 | • | 31.1 | 1.3 | • | • | • | • | • | • |
| Current Assets to Working Capital 38 | 2.5 | • | 2.1 | 1.3 | • | 8.5 | 2.0 | • | • | • | • | • | • |
| Current Liabilities to Working Capital 39 | 1.5 | • | 1.1 | 0.3 | • | 7.5 | 1.0 | • | • | • | • | • | • |
| Working Capital to Net Sales 40 | 0.2 | • | 0.0 | 0.1 | • | 0.1 | 0.3 | • | • | • | • | • | • |
| Inventory to Working Capital 41 | 0.2 | • | • | • | • | 1.0 | 0.1 | • | • | • | • | • | • |
| Total Receipts to Cash Flow 42 | 2.0 | 4.2 | 1.1 | 1.7 | • | 2.5 | 1.8 | • | • | • | • | • | • |
| Cost of Goods to Cash Flow 43 | 0.7 | 0.0 | 0.1 | • | • | 1.4 | 0.6 | • | • | • | • | • | • |
| Cash Flow to Total Debt 44 | 1.2 | • | 8.7 | 5.6 | • | 0.9 | 0.9 | • | • | • | • | • | • |

| Selected Financial Factors (in Percentages) | | | | | | | | | | | | | |
|---|---|---|---|---|---|---|---|---|---|---|---|---|---|
| Debt Ratio 45 | 59.9 | • | 52.3 | 51.6 | • | 96.9 | 57.1 | • | • | • | • | • | • |
| Return on Total Assets 46 | 33.6 | • | 245.9 | 45.2 | • | 40.8 | 27.0 | • | • | • | • | • | • |
| Return on Equity Before Income Taxes 47 | 79.5 | • | 511.3 | 85.4 | • | 1311.5 | 57.5 | • | • | • | • | • | • |
| Return on Equity After Income Taxes 48 | 65.8 | • | 511.3 | 75.9 | • | 1303.1 | 55.9 | • | • | • | • | • | • |
| Profit Margin (Before Income Tax) 49 | 22.9 | 138.1 | 49.1 | 8.5 | • | 19.6 | 25.4 | • | • | • | • | • | • |
| Profit Margin (After Income Tax) 50 | 18.9 | 131.9 | 49.1 | 7.5 | • | 19.4 | 24.7 | • | • | • | • | • | • |

# Table I

Corporations with and without Net Income

# RADIO AND TELEVISION, CABLE NETWORKS & PROGRAM DISTRIBUTION

MONEY AMOUNTS AND SIZE OF ASSETS IN THOUSANDS OF DOLLARS

| Item Description for Accounting Period 7/00 Through 6/01 | | Total | Zero Assets | Under 100 | 100 to 250 | 251 to 500 | 501 to 1,000 | 1,001 to 5,000 | 5,001 to 10,000 | 10,001 to 25,000 | 25,001 to 50,000 | 50,001 to 100,000 | 100,001 to 250,000 | 250,001 and over |
|---|---|---|---|---|---|---|---|---|---|---|---|---|---|---|
| Number of Enterprises | 1 | 8432 | 877 | 3343 | 974 | 631 | 915 | 1058 | 288 | 140 | 54 | 48 | 39 | 64 |
| **Revenues ($ in Thousands)** | | | | | | | | | | | | | | |
| Net Sales | 2 | 80458377 | 2133400 | 329645 | 935040 | 567897 | 689357 | 2585372 | 1522062 | 1492994 | 662829 | 1155990 | 3066486 | 65317306 |
| Interest | 3 | 3220768 | 16569 | 0 | 26 | 2645 | 1353 | 8545 | 13237 | 9781 | 17806 | 29557 | 52381 | 3068869 |
| Rents | 4 | 341415 | 3144 | 0 | 0 | 1362 | 391 | 3112 | 1265 | 1814 | 2514 | 1942 | 1032 | 324840 |
| Royalties | 5 | 1736427 | 469 | 0 | 0 | 0 | 0 | 0 | 765 | 0 | 4329 | 0 | 2042 | 1728822 |
| Other Portfolio Income | 6 | 7088079 | 1996982 | 837 | 2985 | 28826 | 56541 | 80539 | 175527 | 53101 | 109772 | 131834 | 88737 | 4362399 |
| Other Receipts | 7 | 1626326 | 126222 | 7962 | 5790 | 683 | 12233 | 85359 | 38234 | 59893 | 62528 | 19564 | 25514 | 1182337 |
| Total Receipts | 8 | 94471392 | 4276786 | 338444 | 943841 | 601413 | 759875 | 2762927 | 1751090 | 1617583 | 859778 | 1338887 | 3236192 | 75984573 |
| Average Total Receipts | 9 | 11204 | 4877 | 101 | 969 | 953 | 830 | 2611 | 6080 | 11554 | 15922 | 27893 | 82979 | 1187259 |
| **Operating Costs/Operating Income (%)** | | | | | | | | | | | | | | |
| Cost of Operations | 10 | 26.2 | 1.9 | 14.0 | 0.3 | 12.3 | 13.3 | 27.0 | 21.5 | 25.9 | 15.1 | 15.7 | 35.6 | 27.6 |
| Salaries and Wages | 11 | 17.7 | 29.2 | 11.9 | 4.5 | 29.7 | 35.8 | 22.7 | 25.2 | 16.3 | 23.2 | 26.2 | 15.6 | 16.7 |
| Taxes Paid | 12 | 3.2 | 5.3 | 2.7 | 4.3 | 4.2 | 7.0 | 4.3 | 3.8 | 3.0 | 3.9 | 3.9 | 3.5 | 3.0 |
| Interest Paid | 13 | 11.4 | 20.5 | 0.6 | 0.6 | 3.5 | 4.6 | 4.9 | 7.6 | 4.9 | 12.7 | 13.6 | 8.1 | 12.0 |
| Depreciation | 14 | 9.7 | 4.2 | 2.0 | 0.5 | 2.2 | 9.8 | 4.4 | 6.2 | 5.5 | 13.9 | 11.4 | 6.8 | 10.6 |
| Amortization and Depletion | 15 | 5.3 | 12.6 | 0.3 | 0.3 | 0.1 | 2.0 | 1.3 | 2.7 | 3.1 | 5.9 | 9.1 | 3.8 | 5.5 |
| Pensions and Other Deferred Comp. | 16 | 0.2 | 0.2 | • | • | 0.8 | 0.0 | 0.2 | 0.3 | 0.4 | 0.3 | 0.5 | 0.4 | 0.2 |
| Employee Benefits | 17 | 1.0 | 1.9 | 1.9 | 1.0 | 0.5 | 1.2 | 1.2 | 1.7 | 0.9 | 1.9 | 1.9 | 1.0 | 0.9 |
| Advertising | 18 | 2.1 | 3.1 | 1.0 | 0.1 | 1.9 | 1.6 | 1.6 | 2.9 | 1.6 | 2.6 | 3.8 | 2.5 | 2.1 |
| Other Expenses | 19 | 33.3 | 47.0 | 37.6 | 13.2 | 34.8 | 31.6 | 25.8 | 46.7 | 38.3 | 45.1 | 34.6 | 26.6 | 33.2 |
| Officers' Compensation | 20 | 2.9 | 3.7 | 30.0 | 75.8 | 9.6 | 6.6 | 9.3 | 2.8 | 2.5 | 4.9 | 3.5 | 2.0 | 1.4 |
| Operating Margin | 21 | • | • | • | • | 0.3 | • | • | • | • | • | • | • | • |
| Operating Margin Before Officers' Comp. | 22 | • | • | 28.0 | 75.4 | 9.9 | • | 6.7 | • | 0.1 | • | • | • | • |

## Selected Average Balance Sheet ($ in Thousands)

| | | | | | | | | | | | | | |
|---|---|---|---|---|---|---|---|---|---|---|---|---|---|
| Net Receivables 23 | 5043 | 0 | 4 | 86 | 104 | 106 | 317 | 798 | 2283 | 2501 | 7680 | 19795 | 626657 |
| Inventories 24 | 251 | 0 | 0 | 0 | 0 | 0 | 25 | 30 | 293 | 257 | 474 | 1961 | 30041 |
| Net Property, Plant and Equipment 25 | 4806 | 0 | 10 | 91 | 68 | 358 | 517 | 2060 | 3103 | 6446 | 15516 | 30042 | 565561 |
| Total Assets 26 | 44204 | 0 | 26 | 203 | 356 | 764 | 2071 | 7411 | 15600 | 36104 | 70760 | 162101 | 5521010 |
| Notes and Loans Payable 27 | 14449 | 0 | 23 | 143 | 389 | 496 | 1692 | 4689 | 6387 | 15672 | 43056 | 77809 | 1733345 |
| All Other Liabilities 28 | 12077 | 0 | 17 | 26 | 107 | 444 | 489 | 1226 | 3754 | 8629 | 10018 | 27658 | 1528998 |
| Net Worth 29 | 17678 | 0 | -15 | 34 | -139 | -177 | -109 | 1496 | 5459 | 11803 | 17687 | 56634 | 2258668 |

## Selected Financial Ratios (Times to 1)

| | | | | | | | | | | | | | |
|---|---|---|---|---|---|---|---|---|---|---|---|---|---|
| Current Ratio 30 | 1.0 | • | 1.5 | 4.3 | 1.6 | 0.8 | 1.6 | 1.5 | 1.6 | 0.9 | 1.4 | 1.6 | 1.0 |
| Quick Ratio 31 | 0.7 | • | 1.5 | 4.3 | 1.6 | 0.7 | 1.4 | 1.3 | 1.2 | 0.7 | 0.9 | 1.2 | 0.7 |
| Net Sales to Working Capital 32 | 66.7 | • | 20.8 | 12.0 | 11.8 | • | 8.4 | 7.8 | 4.9 | • | 3.2 | 4.8 | • |
| Coverage Ratio 33 | 1.4 | 4.4 | 2.1 | 2.0 | 2.8 | 0.3 | 1.9 | 0.2 | 2.2 | 1.0 | 0.4 | 0.9 | 1.3 |
| Total Asset Turnover 34 | 0.2 | • | 3.9 | 4.7 | 2.5 | 1.0 | 1.2 | 0.7 | 0.7 | 0.3 | 0.3 | 0.5 | 0.2 |
| Inventory Turnover 35 | 10.0 | • | • | • | • | 210.7 | 26.1 | 37.9 | 9.4 | 7.2 | 8.0 | 14.3 | 9.4 |
| Receivables Turnover 36 | 2.2 | • | 19.6 | 14.3 | 6.8 | 9.9 | 6.8 | 8.4 | 5.3 | 4.2 | 3.3 | 4.7 | 1.9 |
| Total Liabilities to Net Worth 37 | 1.5 | • | • | 5.0 | • | • | • | 4.0 | 1.9 | 2.1 | 3.0 | 1.9 | 1.4 |
| Current Assets to Working Capital 38 | 56.6 | • | 3.1 | 1.3 | 2.5 | • | 2.6 | 3.2 | 2.7 | • | 3.4 | 2.7 | • |
| Current Liabilities to Working Capital 39 | 55.6 | • | 2.1 | 0.3 | 1.5 | • | 1.6 | 2.2 | 1.7 | • | 2.4 | 1.7 | • |
| Working Capital to Net Sales 40 | 0.0 | • | 0.0 | 0.1 | 0.1 | • | 0.1 | 0.1 | 0.2 | • | 0.3 | 0.2 | • |
| Inventory to Working Capital 41 | 1.9 | • | • | • | • | • | 0.1 | 0.1 | 0.1 | • | 0.1 | 0.2 | • |
| Total Receipts to Cash Flow 42 | 3.7 | 3.8 | 3.3 | 7.8 | 3.3 | 5.8 | 4.0 | 3.7 | 2.5 | 3.3 | 6.5 | 4.7 | 3.6 |
| Cost of Goods to Cash Flow 43 | 1.0 | 0.1 | 0.5 | 0.0 | 0.4 | 0.8 | 1.1 | 0.8 | 0.7 | 0.5 | 1.0 | 1.7 | 1.0 |
| Cash Flow to Total Debt 44 | 0.1 | • | 0.7 | 0.7 | 0.5 | 0.1 | 0.3 | 0.2 | 0.4 | 0.2 | 0.1 | 0.2 | 0.1 |

## Selected Financial Factors (in Percentages)

| | | | | | | | | | | | | | |
|---|---|---|---|---|---|---|---|---|---|---|---|---|---|
| Debt Ratio 45 | 60.0 | • | 157.7 | 83.3 | 139.0 | 123.1 | 105.3 | 79.8 | 65.0 | 67.3 | 75.0 | 65.1 | 59.1 |
| Return on Total Assets 46 | 3.4 | • | 4.9 | 5.2 | 24.4 | 1.4 | 10.9 | 0.9 | 7.3 | 4.4 | 1.6 | 3.6 | 2.8 |
| Return on Equity Before Income Taxes 47 | 2.4 | • | • | 15.3 | • | 13.6 | • | • | 11.3 | 0.2 | • | • | 1.4 |
| Return on Equity After Income Taxes 48 | 0.8 | • | • | 10.1 | • | 20.0 | • | • | 8.4 | • | • | • | 0.3 |
| Profit Margin (Before Income Tax) 49 | 4.4 | 70.7 | 0.7 | 0.5 | 6.2 | • | 4.3 | • | 5.8 | 0.2 | • | • | 3.1 |
| Profit Margin (After Income Tax) 50 | 1.6 | 49.6 | 0.7 | 0.4 | 4.4 | • | 3.2 | • | 4.3 | • | • | • | 0.6 |

## Table II

Corporations with Net Income

# RADIO AND TELEVISION, CABLE NETWORKS & PROGRAM DISTRIBUTION

MONEY AMOUNTS AND SIZE OF ASSETS IN THOUSANDS OF DOLLARS

| Item Description for Accounting Period 7/00 Through 6/01 | | Total | Zero Assets | Under 100 | 100 to 250 | 251 to 500 | 501 to 1,000 | 1,001 to 5,000 | 5,001 to 10,000 | 10,001 to 25,000 | 25,001 to 50,000 | 50,001 to 100,000 | 100,001 to 250,000 | 250,001 and over |
|---|---|---|---|---|---|---|---|---|---|---|---|---|---|---|
| Number of Enterprises | 1 | 4824 | 68 | 2294 | 860 | 496 | 190 | 550 | 207 | 74 | 28 | 17 | 18 | 21 |
| **Revenues ($ in Thousands)** | | | | | | | | | | | | | | |
| Net Sales | 2 | 59445480 | 1629710 | 222442 | 917426 | 394130 | 172794 | 1763985 | 1083682 | 1057099 | 482696 | 562278 | 2164499 | 48994738 |
| Interest | 3 | 2147987 | 5122 | 0 | 19 | 2597 | 801 | 4038 | 7523 | 4543 | 12705 | 2225 | 22695 | 2085717 |
| Rents | 4 | 305158 | 2860 | 0 | 0 | 1362 | 391 | 2013 | 1259 | 1737 | 2396 | 575 | 778 | 291787 |
| Royalties | 5 | 1708263 | 0 | 0 | 0 | 0 | 0 | 0 | 765 | 0 | 703 | 0 | 2042 | 1704754 |
| Other Portfolio Income | 6 | 6085677 | 1995499 | 837 | 2985 | 28826 | 54723 | 76697 | 38432 | 45020 | 98362 | 39165 | 57938 | 3647194 |
| Other Receipts | 7 | 2520890 | 150642 | 19093 | 5791 | 683 | 5010 | 43891 | 26790 | 40867 | 38142 | 25132 | 12524 | 2152326 |
| Total Receipts | 8 | 72213455 | 3783833 | 242372 | 926221 | 427598 | 233719 | 1890624 | 1158451 | 1149266 | 635004 | 629375 | 2260476 | 58876516 |
| Average Total Receipts | 9 | 14970 | 55645 | 106 | 1077 | 862 | 1230 | 3437 | 5596 | 15531 | 22679 | 37022 | 125582 | 2803644 |
| **Operating Costs/Operating Income (%)** | | | | | | | | | | | | | | |
| Cost of Operations | 10 | 29.6 | 0.1 | 2.0 | 0.3 | • | 22.3 | 25.6 | 18.5 | 31.7 | 14.0 | 13.9 | 41.5 | 31.7 |
| Salaries and Wages | 11 | 17.2 | 27.3 | 15.9 | 3.9 | 30.0 | 17.0 | 22.7 | 23.9 | 15.4 | 20.1 | 21.8 | 11.6 | 16.9 |
| Taxes Paid | 12 | 2.3 | 5.4 | 3.1 | 4.2 | 4.2 | 2.4 | 3.9 | 3.5 | 3.3 | 3.8 | 4.2 | 2.8 | 2.0 |
| Interest Paid | 13 | 8.2 | 19.9 | 0.3 | 0.5 | 2.9 | 1.3 | 1.6 | 5.3 | 2.9 | 7.6 | 3.7 | 4.7 | 8.6 |
| Depreciation | 14 | 9.6 | 2.8 | 1.3 | 0.3 | 2.2 | 4.0 | 2.5 | 6.2 | 4.7 | 9.3 | 6.4 | 5.1 | 10.8 |
| Amortization and Depletion | 15 | 3.0 | 13.6 | • | • | 0.0 | • | 0.2 | 1.9 | 2.6 | 3.5 | 7.2 | 2.3 | 2.8 |
| Pensions and Other Deferred Comp. | 16 | 0.2 | 0.2 | • | • | 1.2 | 0.1 | 0.1 | 0.4 | 0.5 | 0.2 | 0.8 | 0.3 | 0.2 |
| Employee Benefits | 17 | 1.0 | 2.2 | 2.8 | 1.0 | 0.0 | 1.6 | 1.0 | 1.2 | 0.9 | 1.6 | 1.7 | 1.0 | 0.9 |
| Advertising | 18 | 1.8 | 3.0 | 1.5 | 0.0 | 1.1 | 3.1 | 1.5 | 2.4 | 1.7 | 2.7 | 1.7 | 2.3 | 1.7 |
| Other Expenses | 19 | 29.9 | 42.9 | 28.4 | 12.1 | 33.9 | 18.1 | 20.4 | 29.9 | 23.2 | 33.6 | 22.6 | 21.8 | 30.7 |
| Officers' Compensation | 20 | 3.3 | 0.7 | 41.7 | 76.5 | 12.0 | 17.4 | 8.7 | 1.8 | 3.0 | 3.7 | 3.7 | 1.4 | 1.7 |
| Operating Margin | 21 | • | • | 3.0 | 1.2 | 12.5 | 12.6 | 11.7 | 4.9 | 10.1 | • | 12.2 | 5.1 | • |
| Operating Margin Before Officers' Comp. | 22 | • | • | 44.7 | 77.7 | 24.6 | 30.0 | 20.4 | 6.7 | 13.1 | 3.6 | 15.9 | 6.5 | • |

## Selected Average Balance Sheet ($ in Thousands)

| | | | | | | | | | | | | | |
|---|---|---|---|---|---|---|---|---|---|---|---|---|---|
| Net Receivables 23 | 1936 | 0 | 5 | 98 | 96 | 153 | 396 | 734 | 2427 | 2917 | 6425 | 20929 | 383242 |
| Inventories 24 | 370 | 0 | 0 | 0 | 0 | 0 | 48 | 4 | 154 | 231 | 118 | 2549 | 80598 |
| Net Property, Plant and Equipment 25 | 5350 | 0 | 8 | 89 | 49 | 277 | 307 | 2026 | 3305 | 7215 | 11885 | 37037 | 1130195 |
| Total Assets 26 | 35607 | 0 | 21 | 203 | 358 | 710 | 1785 | 7134 | 15428 | 36865 | 64271 | 176681 | 7729887 |
| Notes and Loans Payable 27 | 10805 | 0 | 6 | 117 | 221 | 93 | 595 | 3266 | 5098 | 12298 | 18809 | 59492 | 2322319 |
| All Other Liabilities 28 | 8009 | 0 | 2 | 20 | 25 | 233 | 230 | 673 | 2724 | 6712 | 16512 | 40470 | 1756704 |
| Net Worth 29 | 16793 | 0 | 13 | 66 | 112 | 384 | 960 | 3195 | 7606 | 17854 | 28949 | 76719 | 3650863 |

## Selected Financial Ratios (Times to 1)

| | | | | | | | | | | | | | |
|---|---|---|---|---|---|---|---|---|---|---|---|---|---|
| Current Ratio 30 | 1.8 | • | 2.1 | 5.8 | 8.2 | 1.4 | 3.8 | 2.2 | 2.0 | 1.3 | 1.5 | 1.5 | 1.8 |
| Quick Ratio 31 | 1.0 | • | 2.1 | 5.8 | 8.1 | 1.4 | 3.3 | 1.9 | 1.6 | 1.1 | 0.8 | 1.1 | 0.9 |
| Net Sales to Working Capital 32 | 4.9 | • | 16.3 | 11.4 | 4.4 | 10.8 | 4.5 | 4.8 | 4.6 | 7.8 | 4.7 | 8.5 | 4.6 |
| Coverage Ratio 33 | 2.9 | 6.7 | 47.9 | 5.0 | 8.2 | 38.0 | 12.9 | 3.2 | 7.3 | 5.1 | 7.5 | 3.0 | 2.4 |
| Total Asset Turnover 34 | 0.3 | • | 4.6 | 5.3 | 2.2 | 1.3 | 1.8 | 0.7 | 0.9 | 0.5 | 0.5 | 0.7 | 0.3 |
| Inventory Turnover 35 | 9.9 | • | • | • | • | • | 17.1 | 258.4 | 29.4 | 10.4 | 39.0 | 19.6 | 9.2 |
| Receivables Turnover 36 | 4.2 | • | 35.7 | 17.8 | 8.5 | 7.0 | 6.2 | 9.5 | 5.7 | 5.5 | 3.8 | 6.0 | 3.8 |
| Total Liabilities to Net Worth 37 | 1.1 | • | 0.7 | 2.1 | 2.2 | 0.8 | 0.9 | 1.2 | 1.0 | 1.1 | 1.2 | 1.3 | 1.1 |
| Current Assets to Working Capital 38 | 2.2 | • | 1.9 | 1.2 | 1.1 | 3.4 | 1.4 | 1.9 | 2.0 | 4.6 | 3.2 | 3.2 | 2.2 |
| Current Liabilities to Working Capital 39 | 1.2 | • | 0.9 | 0.2 | 0.1 | 2.4 | 0.4 | 0.9 | 1.0 | 3.6 | 2.2 | 2.2 | 1.2 |
| Working Capital to Net Sales 40 | 0.2 | • | 0.1 | 0.1 | 0.2 | 0.1 | 0.2 | 0.2 | 0.2 | 0.1 | 0.2 | 0.1 | 0.2 |
| Inventory to Working Capital 41 | 0.2 | • | • | • | • | • | 0.1 | 0.0 | 0.1 | 0.2 | 0.0 | 0.3 | 0.2 |
| Total Receipts to Cash Flow 42 | 2.9 | 2.5 | 3.0 | 7.3 | 2.4 | 3.2 | 2.9 | 2.7 | 2.7 | 2.1 | 2.5 | 3.7 | 2.9 |
| Cost of Goods to Cash Flow 43 | 0.9 | 0.0 | 0.1 | 0.0 | • | 0.7 | 0.7 | 0.5 | 0.9 | 0.3 | 0.4 | 1.5 | 0.9 |
| Cash Flow to Total Debt 44 | 0.2 | • | 3.9 | 1.1 | 1.4 | 0.9 | 1.3 | 0.5 | 0.7 | 0.4 | 0.4 | 0.3 | 0.2 |

## Selected Financial Factors (in Percentages)

| | | | | | | | | | | | | | |
|---|---|---|---|---|---|---|---|---|---|---|---|---|---|
| Debt Ratio 45 | 52.8 | • | 39.9 | 67.3 | 68.7 | 45.9 | 46.2 | 55.2 | 50.7 | 51.6 | 55.0 | 56.6 | 52.8 |
| Return on Total Assets 46 | 8.2 | • | 56.3 | 13.9 | 53.1 | 62.9 | 36.7 | 12.5 | 20.0 | 18.1 | 14.2 | 9.6 | 6.3 |
| Return on Equity Before Income Taxes 47 | 11.4 | • | 91.7 | 34.1 | 149.1 | 113.3 | 63.0 | 19.4 | 35.0 | 30.2 | 27.4 | 14.7 | 7.9 |
| Return on Equity After Income Taxes 48 | 8.7 | • | 91.7 | 31.1 | 131.1 | 99.1 | 57.5 | 17.6 | 31.2 | 23.4 | 22.1 | 11.1 | 5.8 |
| Profit Margin (Before Income Tax) 49 | 15.6 | 114.1 | 12.0 | 2.1 | 21.0 | 47.8 | 18.9 | 11.8 | 18.6 | 31.2 | 24.0 | 9.4 | 12.4 |
| Profit Margin (After Income Tax) 50 | 11.8 | 87.6 | 12.0 | 1.9 | 18.5 | 41.8 | 17.2 | 10.7 | 16.6 | 24.2 | 19.3 | 7.1 | 9.1 |

**Table I**

Corporations with and without Net Income

# TELECOMMUNICATIONS (INCLUDING PAGING, CELLULAR, SATELLITE)

**MONEY AMOUNTS AND SIZE OF ASSETS IN THOUSANDS OF DOLLARS**

| Item Description for Accounting Period 7/00 Through 6/01 | | Total | Zero Assets | Under 100 | 100 to 250 | 251 to 500 | 501 to 1,000 | 1,001 to 5,000 | 5,001 to 10,000 | 10,001 to 25,000 | 25,001 to 50,000 | 50,001 to 100,000 | 100,001 to 250,000 | 250,001 and over |
|---|---|---|---|---|---|---|---|---|---|---|---|---|---|---|
| Number of Enterprises | 1 | 21779 | 4220 | 10338 | 1956 | 1322 | 752 | 1632 | 502 | 450 | 218 | 129 | 101 | 158 |
| **Revenues ($ in Thousands)** | | | | | | | | | | | | | | |
| Net Sales | 2 | 379940844 | 15709144 | 1822536 | 848859 | 2774572 | 1543660 | 5367125 | 3714751 | 4503717 | 4039004 | 4597871 | 8077121 | 326942484 |
| Interest | 3 | 19562386 | 608950 | 1613 | 2697 | 3013 | 2971 | 26984 | 50139 | 99881 | 80986 | 96228 | 251060 | 18337863 |
| Rents | 4 | 5492910 | 184019 | 0 | 948 | 0 | 1426 | 2920 | 6715 | 7521 | 9117 | 10681 | 26578 | 5242984 |
| Royalties | 5 | 2460219 | 25976 | 0 | 0 | 0 | 0 | 0 | 0 | 27 | 1361 | 190 | 1461 | 2431203 |
| Other Portfolio Income | 6 | 23173544 | 1812761 | 5820 | 72314 | 10145 | 4973 | 61943 | 123832 | 223957 | 190004 | 146048 | 496934 | 20024812 |
| Other Receipts | 7 | 15356172 | 933745 | 22245 | 240 | 51029 | 14564 | 184006 | 142292 | 159120 | 190644 | 136520 | -66018 | 13587787 |
| Total Receipts | 8 | 445986075 | 19274595 | 1852214 | 925058 | 2838759 | 1567594 | 5642978 | 4037729 | 4994223 | 4511116 | 4987538 | 8787136 | 386567133 |
| Average Total Receipts | 9 | 20478 | 4567 | 179 | 473 | 2147 | 2085 | 3458 | 8043 | 11098 | 20693 | 38663 | 87001 | 2446627 |
| **Operating Costs/Operating Income (%)** | | | | | | | | | | | | | | |
| Cost of Operations | 10 | 25.3 | 36.2 | 39.6 | 41.5 | 59.7 | 32.9 | 56.8 | 53.8 | 45.8 | 42.4 | 46.7 | 59.4 | 21.8 |
| Salaries and Wages | 11 | 14.5 | 12.6 | 15.7 | 23.2 | 17.2 | 28.7 | 14.2 | 16.4 | 15.3 | 16.4 | 14.8 | 16.1 | 14.4 |
| Taxes Paid | 12 | 3.4 | 5.7 | 2.8 | 6.5 | 3.8 | 3.6 | 2.9 | 3.2 | 3.2 | 3.0 | 3.6 | 2.4 | 3.3 |
| Interest Paid | 13 | 10.8 | 10.6 | 0.6 | 4.3 | 0.8 | 1.4 | 1.5 | 1.9 | 4.1 | 4.2 | 5.8 | 6.4 | 11.6 |
| Depreciation | 14 | 15.2 | 16.8 | 1.7 | 3.5 | 1.3 | 2.2 | 4.1 | 5.1 | 9.1 | 10.6 | 10.2 | 10.7 | 16.0 |
| Amortization and Depletion | 15 | 1.3 | 1.1 | 0.2 | 3.0 | 0.3 | 0.0 | 0.9 | 0.5 | 1.2 | 1.5 | 1.5 | 1.9 | 1.4 |
| Pensions and Other Deferred Comp. | 16 | 0.7 | 0.4 | 1.1 | 2.1 | 0.0 | 0.3 | 0.2 | 0.2 | 0.2 | 0.2 | 0.3 | 0.3 | 0.8 |
| Employee Benefits | 17 | 2.2 | 2.1 | 0.4 | 0.7 | 5.9 | 1.4 | 0.8 | 1.0 | 1.1 | 1.4 | 1.3 | 1.3 | 2.3 |
| Advertising | 18 | 2.3 | 1.9 | 2.4 | 2.4 | 1.0 | 2.3 | 1.3 | 1.3 | 1.7 | 1.5 | 1.9 | 2.2 | 2.4 |
| Other Expenses | 19 | 39.5 | 36.0 | 27.9 | 20.1 | 20.3 | 21.9 | 23.9 | 31.5 | 37.1 | 41.5 | 33.4 | 34.5 | 40.6 |
| Officers' Compensation | 20 | 0.7 | 0.3 | 7.9 | 15.0 | 2.4 | 8.0 | 5.4 | 3.2 | 3.3 | 2.3 | 1.4 | 2.2 | 0.4 |
| Operating Margin | 21 | • | • | • | • | • | • | • | • | • | • | • | • | • |
| Operating Margin Before Officers' Comp. | 22 | • | • | 7.5 | • | • | 5.3 | • | • | • | • | • | • | • |

## Selected Average Balance Sheet ($ in Thousands)

| | | | | | | | | | | | | | |
|---|---|---|---|---|---|---|---|---|---|---|---|---|---|
| Net Receivables 23 | 6893 | 0 | 1 | 26 | 95 | 232 | 499 | 1280 | 1959 | 3347 | 8142 | 17950 | 910312 |
| Inventories 24 | 312 | 0 | 2 | 9 | 23 | 60 | 80 | 185 | 473 | 723 | 1859 | 3545 | 34747 |
| Net Property, Plant and Equipment 25 | 16954 | 0 | 7 | 58 | 113 | 248 | 651 | 2012 | 5686 | 12745 | 25689 | 53351 | 2231653 |
| Total Assets 26 | 70566 | 0 | 21 | 156 | 388 | 712 | 2262 | 7225 | 16063 | 35105 | 71756 | 160188 | 9415492 |
| Notes and Loans Payable 27 | 23146 | 0 | 17 | 295 | 250 | 368 | 795 | 2643 | 5839 | 12409 | 29170 | 73085 | 3060966 |
| All Other Liabilities 28 | 15959 | 0 | 4 | 133 | 272 | 252 | 830 | 2964 | 4460 | 9388 | 17675 | 32119 | 2115902 |
| Net Worth 29 | 31460 | 0 | 0 | -272 | -133 | 93 | 636 | 1618 | 5764 | 13308 | 24910 | 54984 | 4238623 |

## Selected Financial Ratios (Times to 1)

| | | | | | | | | | | | | | |
|---|---|---|---|---|---|---|---|---|---|---|---|---|---|
| Current Ratio 30 | 0.8 | • | 1.5 | 0.8 | 0.6 | 1.6 | 1.4 | 1.7 | 1.4 | 1.3 | 1.2 | 1.3 | 0.8 |
| Quick Ratio 31 | 0.6 | • | 0.7 | 0.4 | 0.4 | 1.3 | 1.1 | 1.3 | 1.1 | 1.0 | 0.9 | 1.0 | 0.6 |
| Net Sales to Working Capital 32 | • | • | 53.5 | • | • | 12.4 | 9.3 | 4.4 | 5.7 | 6.3 | 9.7 | 6.6 | • |
| Coverage Ratio 33 | 1.1 | 1.0 | 2.9 | • | • | 0.1 | • | • | • | • | • | • | 1.3 |
| Total Asset Turnover 34 | 0.2 | • | 8.4 | 2.8 | 5.4 | 2.9 | 1.5 | 1.0 | 0.6 | 0.5 | 0.5 | 0.5 | 0.2 |
| Inventory Turnover 35 | 14.1 | • | 37.4 | 19.3 | 53.5 | 11.3 | 23.4 | 21.6 | 9.7 | 10.9 | 9.0 | 13.4 | 13.0 |
| Receivables Turnover 36 | 2.8 | • | 37.1 | 19.6 | 28.5 | 10.4 | 7.4 | 7.5 | 5.2 | 4.8 | 4.8 | 4.9 | 2.6 |
| Total Liabilities to Net Worth 37 | 1.2 | • | 117.2 | • | • | 6.7 | 2.6 | 3.5 | 1.8 | 1.6 | 1.9 | 1.9 | 1.2 |
| Current Assets to Working Capital 38 | • | • | 3.0 | • | • | 2.6 | 3.5 | 2.5 | 3.6 | 4.3 | 6.4 | 4.7 | • |
| Current Liabilities to Working Capital 39 | • | • | 2.0 | • | • | 1.6 | 2.5 | 1.5 | 2.6 | 3.3 | 5.4 | 3.7 | • |
| Working Capital to Net Sales 40 | • | • | 0.0 | • | • | 0.1 | 0.1 | 0.2 | 0.2 | 0.2 | 0.1 | 0.2 | • |
| Inventory to Working Capital 41 | • | • | 0.8 | • | • | 0.3 | 0.2 | 0.1 | 0.3 | 0.3 | 0.6 | 0.4 | • |
| Total Receipts to Cash Flow 42 | 3.5 | 5.2 | 4.1 | 109.7 | 16.1 | 6.5 | 8.1 | 7.4 | 6.1 | 8.2 | 7.1 | • | 3.2 |
| Cost of Goods to Cash Flow 43 | 0.9 | 1.9 | 1.6 | 45.5 | 9.6 | 2.1 | 4.6 | 4.0 | 2.8 | 3.5 | 3.3 | • | 0.7 |
| Cash Flow to Total Debt 44 | 0.1 | • | 2.1 | 0.0 | 0.2 | 0.5 | 0.3 | 0.2 | 0.2 | 0.1 | 0.1 | • | 0.1 |

## Selected Financial Factors (in Percentages)

| | | | | | | | | | | | | | |
|---|---|---|---|---|---|---|---|---|---|---|---|---|---|
| Debt Ratio 45 | 55.4 | • | 99.2 | 275.1 | 134.4 | 87.0 | 71.9 | 77.6 | 64.1 | 62.1 | 65.3 | 65.7 | 55.0 |
| Return on Total Assets 46 | 3.1 | • | 15.1 | • | • | 0.5 | • | • | • | • | • | • | 3.3 |
| Return on Equity Before Income Taxes 47 | 0.9 | • | 1170.9 | 21.0 | 164.0 | • | • | • | • | • | • | • | 1.7 |
| Return on Equity After Income Taxes 48 | • | • | 1169.7 | 21.4 | 164.1 | • | • | • | • | • | • | • | • |
| Profit Margin (Before Income Tax) 49 | 1.6 | • | 1.2 | • | • | • | • | • | • | • | • | • | 3.5 |
| Profit Margin (After Income Tax) 50 | • | • | 1.2 | • | • | • | • | • | • | • | • | • | • |

**Table II**

Corporations with Net Income

# TELECOMMUNICATIONS (INCLUDING PAGING, CELLULAR, SATELLITE)

MONEY AMOUNTS AND SIZE OF ASSETS IN THOUSANDS OF DOLLARS

| Item Description for Accounting Period 7/00 Through 6/01 | | Total | Zero Assets | Under 100 | 100 to 250 | 251 to 500 | 501 to 1,000 | 1,001 to 5,000 | 5,001 to 10,000 | 10,001 to 25,000 | 25,001 to 50,000 | 50,001 to 100,000 | 100,001 to 250,000 | 250,001 and over |
|---|---|---|---|---|---|---|---|---|---|---|---|---|---|---|
| Number of Enterprises | 1 | 8182 | 1728 | 2737 | 898 | 498 | 590 | 969 | 259 | 263 | 107 | 59 | 34 | 40 |
| **Revenues ($ in Thousands)** | | | | | | | | | | | | | | |
| Net Sales | 2 | 281930621 | 13439466 | 726134 | 526804 | 488735 | 1242734 | 3809890 | 2123541 | 2791580 | 2392799 | 2486248 | 3278227 | 248624462 |
| Interest | 3 | 13557970 | 541967 | 0 | 1633 | 1849 | 1181 | 17651 | 19974 | 43125 | 29291 | 38257 | 67677 | 12795364 |
| Rents | 4 | 4911300 | 183811 | 0 | 942 | 0 | 823 | 2848 | 3633 | 6211 | 8269 | 9903 | 22144 | 4672716 |
| Royalties | 5 | 2376498 | 25976 | 0 | 0 | 0 | 0 | 0 | 0 | 0 | 0 | 0 | 1461 | 2349061 |
| Other Portfolio Income | 6 | 20315822 | 1792259 | 5819 | 72314 | 0 | 1439 | 59373 | 84165 | 211763 | 165167 | 104782 | 456780 | 17361959 |
| Other Receipts | 7 | 14614885 | 791579 | 18109 | 229 | 6988 | 11512 | 123690 | 107064 | 123261 | 139438 | 62128 | 74710 | 13156180 |
| Total Receipts | 8 | 337707096 | 16775058 | 750062 | 601922 | 497572 | 1257689 | 4013452 | 2338377 | 3175940 | 2734964 | 2701318 | 3900999 | 298959742 |
| Average Total Receipts | 9 | 41274 | 9708 | 274 | 670 | 999 | 2132 | 4142 | 9028 | 12076 | 25560 | 45785 | 114735 | 7473994 |
| **Operating Costs/Operating Income (%)** | | | | | | | | | | | | | | |
| Cost of Operations | 10 | 19.4 | 37.0 | 38.3 | 30.9 | 39.4 | 25.2 | 53.4 | 54.4 | 38.6 | 34.8 | 46.4 | 43.4 | 16.6 |
| Salaries and Wages | 11 | 12.4 | 9.2 | 4.8 | 19.4 | 14.1 | 29.1 | 10.3 | 7.6 | 7.9 | 11.5 | 5.5 | 10.4 | 12.7 |
| Taxes Paid | 12 | 3.5 | 5.9 | 1.6 | 3.7 | 2.7 | 3.6 | 2.4 | 3.1 | 3.0 | 3.1 | 2.2 | 2.6 | 3.4 |
| Interest Paid | 13 | 9.8 | 9.5 | 0.3 | 1.4 | 2.7 | 1.3 | 1.1 | 0.6 | 3.2 | 3.3 | 3.0 | 5.2 | 10.4 |
| Depreciation | 14 | 14.7 | 16.1 | 0.8 | 1.1 | 2.7 | 1.5 | 3.9 | 4.5 | 8.9 | 10.1 | 9.4 | 9.4 | 15.3 |
| Amortization and Depletion | 15 | 1.1 | 0.3 | 0.2 | 0.3 | 0.8 | 0.0 | 0.1 | 0.2 | 0.5 | 0.7 | 0.5 | 1.2 | 1.2 |
| Pensions and Other Deferred Comp. | 16 | 0.7 | 0.5 | 2.8 | 3.2 | 0.0 | 0.2 | 0.3 | 0.2 | 0.3 | 0.2 | 0.3 | 0.5 | 0.8 |
| Employee Benefits | 17 | 2.2 | 2.1 | 0.8 | 0.2 | 0.8 | 1.3 | 0.7 | 0.7 | 0.7 | 0.7 | 0.5 | 0.9 | 2.3 |
| Advertising | 18 | 2.2 | 1.5 | 3.3 | 2.2 | 0.3 | 2.5 | 0.7 | 0.5 | 0.5 | 0.8 | 1.9 | 1.1 | 2.3 |
| Other Expenses | 19 | 39.0 | 26.0 | 22.3 | 16.8 | 18.7 | 17.6 | 19.1 | 19.2 | 27.2 | 29.1 | 22.8 | 24.7 | 41.0 |
| Officers' Compensation | 20 | 0.3 | 0.1 | 6.1 | 17.7 | 5.9 | 7.1 | 4.1 | 2.7 | 2.8 | 1.4 | 0.9 | 1.9 | 0.1 |
| Operating Margin | 21 | • | • | 18.7 | 3.1 | 11.8 | 10.5 | 3.8 | 6.4 | 6.2 | 4.3 | 6.7 | • | • |
| Operating Margin Before Officers' Comp. | 22 | • | • | 24.8 | 20.8 | 17.7 | 17.6 | 7.9 | 9.1 | 9.0 | 5.7 | 7.6 | 0.7 | • |

| Selected Average Balance Sheet ($ in Thousands) | | | | | | | | | | | | | |
|---|---|---|---|---|---|---|---|---|---|---|---|---|---|
| Net Receivables 23 | 14716 | 0 | 1 | 23 | 80 | 207 | 512 | 1572 | 1859 | 3141 | 8868 | 17086 | 2934789 |
| Inventories 24 | 503 | 0 | 3 | 6 | 24 | 71 | 110 | 190 | 465 | 637 | 1833 | 6041 | 84836 |
| Net Property, Plant and Equipment 25 | 29505 | 0 | 9 | 36 | 126 | 231 | 729 | 2658 | 6483 | 15054 | 29903 | 55071 | 5820212 |
| Total Assets 26 | 131656 | 0 | 27 | 147 | 385 | 676 | 2277 | 7306 | 16015 | 35234 | 71756 | 154616 | 26370988 |
| Notes and Loans Payable 27 | 39969 | 0 | 5 | 42 | 305 | 273 | 645 | 1155 | 5007 | 10701 | 22153 | 60180 | 7998009 |
| All Other Liabilities 28 | 32668 | 0 | 7 | 23 | 66 | 156 | 623 | 1768 | 2907 | 7440 | 12224 | 32285 | 6567092 |
| Net Worth 29 | 59019 | 0 | 15 | 82 | 15 | 247 | 1009 | 4382 | 8100 | 17093 | 37379 | 62151 | 11805887 |

| Selected Financial Ratios (Times to 1) | | | | | | | | | | | | | |
|---|---|---|---|---|---|---|---|---|---|---|---|---|---|
| Current Ratio 30 | 0.7 | • | 1.5 | 2.8 | 1.4 | 2.8 | 1.9 | 2.3 | 2.0 | 1.5 | 2.0 | 1.3 | 0.7 |
| Quick Ratio 31 | 0.5 | • | 0.8 | 2.7 | 0.8 | 2.3 | 1.4 | 1.8 | 1.5 | 1.1 | 1.6 | 0.8 | 0.5 |
| Net Sales to Working Capital 32 | • | • | 71.5 | 11.5 | 19.2 | 7.9 | 6.7 | 4.0 | 3.7 | 6.6 | 3.6 | 8.5 | • |
| Coverage Ratio 33 | 2.5 | 2.8 | 70.0 | 13.2 | 6.0 | 9.9 | 9.0 | 28.7 | 7.2 | 6.6 | 6.1 | 4.4 | 2.4 |
| Total Asset Turnover 34 | 0.3 | • | 9.9 | 4.0 | 2.5 | 3.1 | 1.7 | 1.1 | 0.7 | 0.6 | 0.6 | 0.6 | 0.2 |
| Inventory Turnover 35 | 13.3 | • | 38.4 | 30.5 | 16.1 | 7.5 | 19.0 | 23.5 | 8.8 | 12.2 | 10.7 | 6.9 | 12.1 |
| Receivables Turnover 36 | 2.6 | • | 97.9 | 19.6 | 15.5 | 10.8 | 8.9 | 6.7 | 5.6 | 5.9 | 5.7 | 6.0 | 2.3 |
| Total Liabilities to Net Worth 37 | 1.2 | • | 0.8 | 0.8 | 24.7 | 1.7 | 1.3 | 0.7 | 1.0 | 1.1 | 0.9 | 1.5 | 1.2 |
| Current Assets to Working Capital 38 | • | • | 3.0 | 1.6 | 3.5 | 1.6 | 2.2 | 1.7 | 2.0 | 3.2 | 2.0 | 4.0 | • |
| Current Liabilities to Working Capital 39 | • | • | 2.0 | 0.6 | 2.5 | 0.6 | 1.2 | 0.7 | 1.0 | 2.2 | 1.0 | 3.0 | • |
| Working Capital to Net Sales 40 | • | • | 0.0 | 0.1 | 0.1 | 0.1 | 0.2 | 0.3 | 0.3 | 0.2 | 0.3 | 0.1 | • |
| Inventory to Working Capital 41 | • | • | 0.7 | 0.0 | 0.5 | 0.2 | 0.2 | 0.1 | 0.2 | 0.2 | 0.2 | 0.7 | • |
| Total Receipts to Cash Flow 42 | 2.4 | 3.7 | 2.4 | 3.6 | 3.7 | 4.2 | 4.1 | 3.6 | 2.8 | 2.7 | 3.2 | 3.9 | 2.4 |
| Cost of Goods to Cash Flow 43 | 0.5 | 1.4 | 0.9 | 1.1 | 1.4 | 1.1 | 2.2 | 2.0 | 1.1 | 0.9 | 1.5 | 1.7 | 0.4 |
| Cash Flow to Total Debt 44 | 0.2 | • | 9.2 | 2.5 | 0.7 | 1.2 | 0.8 | 0.8 | 0.5 | 0.5 | 0.4 | 0.3 | 0.2 |

| Selected Financial Factors (in Percentages) | | | | | | | | | | | | | |
|---|---|---|---|---|---|---|---|---|---|---|---|---|---|
| Debt Ratio 45 | 55.2 | • | 44.2 | 44.1 | 96.1 | 63.5 | 55.7 | 40.0 | 49.4 | 51.5 | 47.9 | 59.8 | 55.2 |
| Return on Total Assets 46 | 6.4 | • | 219.8 | 75.0 | 41.5 | 40.6 | 17.8 | 19.1 | 15.3 | 13.9 | 10.7 | 14.3 | 5.9 |
| Return on Equity Before Income Taxes 47 | 8.6 | • | 388.1 | 123.9 | 890.1 | 99.9 | 35.6 | 30.8 | 26.0 | 24.3 | 17.1 | 27.5 | 7.7 |
| Return on Equity After Income Taxes 48 | 6.0 | • | 388.0 | 121.0 | 888.7 | 95.5 | 31.3 | 24.1 | 18.9 | 18.1 | 11.7 | 20.3 | 5.3 |
| Profit Margin (Before Income Tax) 49 | 14.8 | 17.2 | 22.0 | 17.4 | 13.6 | 11.7 | 9.1 | 16.5 | 19.9 | 18.6 | 15.2 | 17.7 | 14.6 |
| Profit Margin (After Income Tax) 50 | 10.3 | 11.5 | 22.0 | 17.0 | 13.6 | 11.2 | 8.0 | 12.9 | 14.5 | 13.8 | 10.4 | 13.1 | 10.0 |

## Table I

Corporations with and without Net Income

# INFORMATION SERVICES AND DATA PROCESSING SERVICES

MONEY AMOUNTS AND SIZE OF ASSETS IN THOUSANDS OF DOLLARS

| Item Description for Accounting Period 7/00 Through 6/01 | | Total | Zero Assets | Under 100 | 100 to 250 | 251 to 500 | 501 to 1,000 | 1,001 to 5,000 | 5,001 to 10,000 | 10,001 to 25,000 | 25,001 to 50,000 | 50,001 to 100,000 | 100,001 to 250,000 | 250,001 and over |
|---|---|---|---|---|---|---|---|---|---|---|---|---|---|---|
| Number of Enterprises | 1 | 25382 | 2054 | 16820 | 1906 | 1213 | 954 | 1535 | 300 | 266 | 141 | 67 | 53 | 73 |
| **Revenues ($ in Thousands)** | | | | | | | | | | | | | | |
| Net Sales | 2 | 84062412 | 965496 | 1948265 | 617789 | 984425 | 1950297 | 4838114 | 1519786 | 2261100 | 2259371 | 2401266 | 3241555 | 61074949 |
| Interest | 3 | 4000187 | 87011 | 1041 | 4105 | 2497 | 5928 | 48836 | 44325 | 105549 | 135835 | 123059 | 204302 | 3237699 |
| Rents | 4 | 378111 | 1160 | 0 | 0 | 0 | 572 | 423 | 254 | 1102 | 3377 | 2292 | 6061 | 362871 |
| Royalties | 5 | 1656879 | 112138 | 0 | 0 | 0 | 27 | 10 | 0 | 3319 | 133 | 179 | 7333 | 1533740 |
| Other Portfolio Income | 6 | 3255386 | 108569 | 407 | 799 | 0 | 194 | 38520 | 60877 | 55332 | 36274 | 20140 | 12309 | 2921964 |
| Other Receipts | 7 | 3932388 | 77459 | 22526 | 1572 | 7251 | 6327 | -9609 | 42294 | 66174 | 40114 | 42778 | 266184 | 3369317 |
| Total Receipts | 8 | 97285363 | 1351833 | 1972239 | 624265 | 994173 | 1963345 | 4916294 | 1667536 | 2492576 | 2475104 | 2589714 | 3737744 | 72500540 |
| Average Total Receipts | 9 | 3833 | 658 | 117 | 328 | 820 | 2058 | 3203 | 5558 | 9371 | 17554 | 38652 | 70523 | 993158 |
| **Operating Costs/Operating Income (%)** | | | | | | | | | | | | | | |
| Cost of Operations | 10 | 25.5 | 27.8 | 39.4 | 2.6 | 5.3 | 27.9 | 32.3 | 36.2 | 32.8 | 39.4 | 31.6 | 27.6 | 23.6 |
| Salaries and Wages | 11 | 37.9 | 47.3 | 13.9 | 50.1 | 26.8 | 35.3 | 34.5 | 52.2 | 61.6 | 48.0 | 42.7 | 42.9 | 36.8 |
| Taxes Paid | 12 | 3.5 | 5.0 | 2.2 | 5.3 | 2.4 | 3.3 | 3.7 | 5.6 | 5.0 | 4.5 | 4.8 | 3.4 | 3.4 |
| Interest Paid | 13 | 5.3 | 14.0 | 3.0 | 1.9 | 1.6 | 0.4 | 1.9 | 2.0 | 3.0 | 2.9 | 2.9 | 5.0 | 6.1 |
| Depreciation | 14 | 5.6 | 10.8 | 2.7 | 3.0 | 3.5 | 2.2 | 4.1 | 6.5 | 7.7 | 8.4 | 9.4 | 8.1 | 5.5 |
| Amortization and Depletion | 15 | 2.5 | 3.6 | 0.4 | 0.9 | 1.2 | 0.1 | 0.8 | 2.4 | 2.9 | 2.8 | 1.9 | 3.2 | 2.8 |
| Pensions and Other Deferred Comp. | 16 | 0.8 | 0.4 | 1.0 | 2.1 | 1.1 | 0.1 | 0.4 | 1.0 | 0.4 | 0.3 | 0.7 | 0.3 | 0.9 |
| Employee Benefits | 17 | 2.7 | 3.5 | 0.5 | 1.8 | 0.8 | 2.2 | 2.0 | 2.8 | 4.3 | 3.4 | 3.2 | 2.3 | 2.8 |
| Advertising | 18 | 5.5 | 11.1 | 1.5 | 4.3 | 3.1 | 2.7 | 11.5 | 13.7 | 20.3 | 12.7 | 15.1 | 17.0 | 3.2 |
| Other Expenses | 19 | 43.7 | 87.8 | 48.3 | 56.7 | 72.1 | 35.7 | 46.5 | 69.3 | 81.7 | 71.0 | 63.5 | 54.3 | 37.9 |
| Officers' Compensation | 20 | 3.4 | 5.3 | 6.3 | 39.4 | 8.3 | 6.6 | 5.9 | 7.6 | 7.4 | 5.2 | 5.5 | 2.5 | 2.2 |
| Operating Margin | 21 | • | • | • | • | • | • | • | • | • | • | • | • | • |
| Operating Margin Before Officers' Comp. | 22 | • | • | • | • | • | • | • | • | • | • | • | • | • |

**Selected Average Balance Sheet ($ in Thousands)**

| | | | | | | | | | | | | | |
|---|---|---|---|---|---|---|---|---|---|---|---|---|---|
| Net Receivables 23 | 1012 | 0 | 1 | 9 | 63 | 281 | 295 | 782 | 1537 | 3501 | 6216 | 12799 | 309880 |
| Inventories 24 | 26 | 0 | 0 | 0 | 2 | 14 | 34 | 51 | 79 | 187 | 208 | 1155 | 6208 |
| Net Property, Plant and Equipment 25 | 1143 | 0 | 10 | 27 | 70 | 160 | 544 | 1436 | 3138 | 7015 | 13333 | 21606 | 320966 |
| Total Assets 26 | 11255 | 0 | 29 | 147 | 324 | 671 | 2166 | 6784 | 15928 | 36390 | 68876 | 161484 | 3506195 |
| Notes and Loans Payable 27 | 2066 | 0 | 56 | 97 | 336 | 189 | 1056 | 1392 | 4032 | 5950 | 10870 | 30438 | 608695 |
| All Other Liabilities 28 | 4401 | 0 | 18 | 96 | 1512 | 288 | 926 | 2632 | 4682 | 8774 | 17373 | 30314 | 1392316 |
| Net Worth 29 | 4788 | 0 | -45 | -46 | -1524 | 194 | 184 | 2760 | 7214 | 21666 | 40633 | 100732 | 1505184 |

**Selected Financial Ratios (Times to 1)**

| | | | | | | | | | | | | | |
|---|---|---|---|---|---|---|---|---|---|---|---|---|---|
| Current Ratio 30 | 1.1 | • | 0.8 | 0.7 | 0.1 | 1.4 | 1.1 | 1.4 | 1.7 | 2.0 | 1.9 | 2.1 | 1.1 |
| Quick Ratio 31 | 0.6 | • | 0.6 | 0.6 | 0.1 | 1.3 | 0.8 | 1.2 | 1.5 | 1.7 | 1.5 | 1.6 | 0.5 |
| Net Sales to Working Capital 32 | 8.8 | • | • | • | • | 16.5 | 43.5 | 4.8 | 2.2 | 1.7 | 2.1 | 1.4 | 11.6 |
| Coverage Ratio 33 | • | • | • | • | • | • | • | • | • | • | • | • | • |
| Total Asset Turnover 34 | 0.3 | • | 3.9 | 2.2 | 2.5 | 3.0 | 1.5 | 0.7 | 0.5 | 0.4 | 0.5 | 0.4 | 0.2 |
| Inventory Turnover 35 | 32.5 | • | 424.5 | 86.9 | 24.2 | 41.4 | 29.6 | 36.2 | 35.1 | 33.8 | 54.4 | 14.6 | 31.8 |
| Receivables Turnover 36 | 4.6 | • | 116.6 | 19.5 | 12.4 | 10.2 | 11.3 | 6.9 | 6.7 | 5.6 | 7.2 | 4.8 | 3.9 |
| Total Liabilities to Net Worth 37 | 1.4 | • | • | • | • | 2.4 | 10.7 | 1.5 | 1.2 | 0.7 | 0.7 | 0.6 | 1.3 |
| Current Assets to Working Capital 38 | 10.5 | • | • | • | • | 3.7 | 15.7 | 3.6 | 2.4 | 2.0 | 2.1 | 1.9 | 16.0 |
| Current Liabilities to Working Capital 39 | 9.5 | • | • | • | • | 2.7 | 14.7 | 2.6 | 1.4 | 1.0 | 1.1 | 0.9 | 15.0 |
| Working Capital to Net Sales 40 | 0.1 | • | • | • | • | 0.1 | 0.0 | 0.2 | 0.5 | 0.6 | 0.5 | 0.7 | 0.1 |
| Inventory to Working Capital 41 | 0.1 | • | • | • | • | 0.1 | 0.6 | 0.1 | 0.0 | 0.0 | 0.0 | 0.0 | 0.1 |
| Total Receipts to Cash Flow 42 | 7.9 | • | 4.1 | • | 2.8 | 13.9 | • | • | • | • | • | • | 4.7 |
| Cost of Goods to Cash Flow 43 | 2.0 | • | 1.6 | • | 0.1 | 3.9 | • | • | • | • | • | • | 1.1 |
| Cash Flow to Total Debt 44 | 0.1 | • | 0.4 | • | 0.2 | 0.3 | • | • | • | • | • | • | 0.1 |

**Selected Financial Factors (in Percentages)**

| | | | | | | | | | | | | | |
|---|---|---|---|---|---|---|---|---|---|---|---|---|---|
| Debt Ratio 45 | 57.5 | • | 252.0 | 131.1 | 570.0 | 71.0 | 91.5 | 59.3 | 54.7 | 40.5 | 41.0 | 37.6 | 57.1 |
| Return on Total Assets 46 | • | • | • | • | • | • | • | • | • | • | • | • | • |
| Return on Equity Before Income Taxes 47 | • | • | 46.4 | 473.6 | 13.4 | • | • | • | • | • | • | • | • |
| Return on Equity After Income Taxes 48 | • | • | 46.7 | 475.4 | 13.7 | • | • | • | • | • | • | • | • |
| Profit Margin (Before Income Tax) 49 | • | • | • | • | • | • | • | • | • | • | • | • | • |
| Profit Margin (After Income Tax) 50 | • | • | • | • | • | • | • | • | • | • | • | • | • |

**Table II**

Corporations with Net Income

# INFORMATION SERVICES AND DATA PROCESSING SERVICES

MONEY AMOUNTS AND SIZE OF ASSETS IN THOUSANDS OF DOLLARS

| Item Description for Accounting Period 7/00 Through 6/01 | | Total | Zero Assets | Under 100 | 100 to 250 | 251 to 500 | 501 to 1,000 | 1,001 to 5,000 | 5,001 to 10,000 | 10,001 to 25,000 | 25,001 to 50,000 | 50,001 to 100,000 | 100,001 to 250,000 | 250,001 and over |
|---|---|---|---|---|---|---|---|---|---|---|---|---|---|---|
| Number of Enterprises | 1 | 7728 | 379 | 4428 | 943 | 659 | 697 | 459 | 62 | 42 | 17 | 10 | 9 | 23 |
| **Revenues ($ in Thousands)** | | | | | | | | | | | | | | |
| Net Sales | 2 | 55033452 | 245242 | 730990 | 476344 | 949686 | 1817719 | 2077497 | 695136 | 1102295 | 1266572 | 657423 | 957843 | 44056704 |
| Interest | 3 | 1421395 | 34915 | 337 | 1626 | 338 | 979 | 11944 | 3227 | 6887 | 11646 | 7936 | 45998 | 1295562 |
| Rents | 4 | 363286 | 963 | 0 | 0 | 0 | 0 | 207 | 7 | 709 | 2182 | 258 | 117 | 358844 |
| Royalties | 5 | 1338325 | 0 | 0 | 0 | 0 | 0 | 0 | 0 | 224 | 0 | 0 | 2371 | 1335729 |
| Other Portfolio Income | 6 | 1248143 | 34817 | 0 | 635 | 0 | 194 | 3730 | 57351 | 28501 | 30630 | 2401 | 4797 | 1085085 |
| Other Receipts | 7 | 3127003 | 33327 | 0 | 111 | 6691 | 5070 | 22727 | 32876 | 35815 | 11225 | 13799 | 159335 | 2806031 |
| Total Receipts | 8 | 62531604 | 349264 | 731327 | 478716 | 956715 | 1823962 | 2116105 | 788597 | 1174431 | 1322255 | 681817 | 1170461 | 50937955 |
| Average Total Receipts | 9 | 8092 | 922 | 165 | 508 | 1452 | 2617 | 4610 | 12719 | 27963 | 77780 | 68182 | 130051 | 2214694 |
| **Operating Costs/Operating Income (%)** | | | | | | | | | | | | | | |
| Cost of Operations | 10 | 22.2 | 16.3 | 2.0 | 2.1 | 3.2 | 29.1 | 28.3 | 31.3 | 31.6 | 46.9 | 12.3 | 31.9 | 21.4 |
| Salaries and Wages | 11 | 29.6 | 35.9 | 15.5 | 28.6 | 17.5 | 28.7 | 24.7 | 20.3 | 26.8 | 17.5 | 27.1 | 19.9 | 31.2 |
| Taxes Paid | 12 | 3.1 | 1.4 | 2.2 | 2.6 | 1.8 | 2.8 | 2.7 | 2.0 | 2.7 | 1.9 | 3.4 | 2.5 | 3.3 |
| Interest Paid | 13 | 2.8 | 25.5 | 0.8 | 0.1 | 1.0 | 0.2 | 0.6 | 0.3 | 1.0 | 1.1 | 0.2 | 2.9 | 3.1 |
| Depreciation | 14 | 3.3 | 4.6 | 1.7 | 2.0 | 2.8 | 1.4 | 1.9 | 2.3 | 2.6 | 2.3 | 4.0 | 5.4 | 3.5 |
| Amortization and Depletion | 15 | 2.1 | 0.7 | 0.0 | 0.1 | 0.4 | 0.0 | 0.2 | 0.3 | 0.5 | 0.6 | 0.4 | 4.4 | 2.4 |
| Pensions and Other Deferred Comp. | 16 | 1.0 | 0.8 | 2.4 | 2.4 | 1.1 | 0.1 | 0.8 | 0.3 | 0.4 | 0.4 | 1.1 | 0.4 | 1.1 |
| Employee Benefits | 17 | 2.3 | 0.6 | 0.5 | 0.7 | 0.3 | 2.0 | 1.7 | 0.9 | 2.6 | 1.5 | 1.9 | 1.2 | 2.5 |
| Advertising | 18 | 2.1 | 1.5 | 0.3 | 1.9 | 2.2 | 0.8 | 1.3 | 3.5 | 1.0 | 0.3 | 2.2 | 3.7 | 2.2 |
| Other Expenses | 19 | 30.7 | 31.0 | 42.5 | 15.9 | 54.5 | 23.0 | 22.6 | 26.5 | 23.8 | 19.0 | 25.1 | 22.8 | 31.7 |
| Officers' Compensation | 20 | 2.0 | 4.3 | 9.4 | 39.2 | 6.5 | 6.1 | 4.3 | 5.2 | 3.9 | 3.2 | 9.2 | 2.0 | 0.8 |
| Operating Margin | 21 | • | • | 22.6 | 4.3 | 8.7 | 5.8 | 10.7 | 7.2 | 3.0 | 5.4 | 13.0 | 2.9 | • |
| Operating Margin Before Officers' Comp. | 22 | 0.9 | • | 32.1 | 43.5 | 15.2 | 11.9 | 15.1 | 12.4 | 6.9 | 8.6 | 22.1 | 5.0 | • |

| Selected Average Balance Sheet ($ in Thousands) | | | | | | | | | | | | | |
|---|---|---|---|---|---|---|---|---|---|---|---|---|---|
| Net Receivables 23 | 1305 | 0 | 1 | 0 | 36 | 369 | 634 | 1671 | 3086 | 9590 | 9367 | 27144 | 381429 |
| Inventories 24 | 48 | 0 | 0 | 0 | 2 | 18 | 39 | 51 | 161 | 326 | 459 | 1350 | 13525 |
| Net Property, Plant and Equipment 25 | 942 | 0 | 11 | 10 | 60 | 118 | 412 | 769 | 3297 | 8324 | 9674 | 23454 | 272877 |
| Total Assets 26 | 15898 | 0 | 44 | 138 | 283 | 677 | 2202 | 6439 | 16356 | 38617 | 66688 | 184306 | 5078090 |
| Notes and Loans Payable 27 | 1625 | 0 | 20 | 7 | 117 | 86 | 491 | 351 | 3014 | 6899 | 4005 | 18785 | 505362 |
| All Other Liabilities 28 | 8653 | 0 | 8 | 73 | 100 | 304 | 820 | 3787 | 7260 | 19780 | 20614 | 32104 | 2814817 |
| Net Worth 29 | 5621 | 0 | 17 | 58 | 67 | 287 | 892 | 2301 | 6082 | 11938 | 42069 | 133417 | 1757911 |

| Selected Financial Ratios (Times to 1) | | | | | | | | | | | | | |
|---|---|---|---|---|---|---|---|---|---|---|---|---|---|
| Current Ratio 30 | 0.9 | • | 2.8 | 1.2 | 0.7 | 1.5 | 1.5 | 1.1 | 1.3 | 1.2 | 1.6 | 2.3 | 0.9 |
| Quick Ratio 31 | 0.4 | • | 2.4 | 1.2 | 0.6 | 1.5 | 1.2 | 0.9 | 1.1 | 1.1 | 1.3 | 1.6 | 0.4 |
| Net Sales to Working Capital 32 | • | • | 7.7 | 32.6 | • | 14.1 | 10.0 | 33.8 | 13.4 | 24.3 | 7.6 | 2.9 | • |
| Coverage Ratio 33 | 5.4 | 1.8 | 28.6 | 73.6 | 10.0 | 30.8 | 20.5 | 83.6 | 10.9 | 9.8 | 69.5 | 9.7 | 4.9 |
| Total Asset Turnover 34 | 0.4 | • | 3.7 | 3.7 | 5.1 | 3.8 | 2.1 | 1.7 | 1.6 | 1.9 | 1.0 | 0.6 | 0.4 |
| Inventory Turnover 35 | 32.6 | • | • | • | 29.5 | 42.2 | 32.5 | 68.8 | 51.6 | 107.0 | 17.6 | 25.2 | 30.3 |
| Receivables Turnover 36 | 6.1 | • | 84.9 | 56.9 | 19.5 | 10.6 | 7.7 | 6.4 | 8.6 | 10.5 | 8.3 | 3.7 | 5.7 |
| Total Liabilities to Net Worth 37 | 1.8 | • | 1.6 | 1.4 | 3.2 | 1.4 | 1.5 | 1.8 | 1.7 | 2.2 | 0.6 | 0.4 | 1.9 |
| Current Assets to Working Capital 38 | • | • | 1.6 | 5.7 | • | 2.8 | 3.0 | 11.8 | 4.6 | 6.3 | 2.8 | 1.7 | • |
| Current Liabilities to Working Capital 39 | • | • | 0.6 | 4.7 | • | 1.8 | 2.0 | 10.8 | 3.6 | 5.3 | 1.8 | 0.7 | • |
| Working Capital to Net Sales 40 | • | • | 0.1 | 0.0 | • | 0.1 | 0.1 | 0.0 | 0.1 | 0.0 | 0.1 | 0.3 | • |
| Inventory to Working Capital 41 | • | • | • | • | • | 0.1 | 0.1 | 0.0 | 0.1 | 0.1 | 0.0 | 0.0 | • |
| Total Receipts to Cash Flow 42 | 2.8 | 3.4 | 1.6 | 5.2 | 1.8 | 5.4 | 3.2 | 2.8 | 3.9 | 4.3 | 2.7 | 2.3 | 2.7 |
| Cost of Goods to Cash Flow 43 | 0.6 | 0.6 | 0.0 | 0.1 | 0.1 | 1.6 | 0.9 | 0.9 | 1.2 | 2.0 | 0.3 | 0.7 | 0.6 |
| Cash Flow to Total Debt 44 | 0.3 | • | 3.8 | 1.2 | 3.6 | 1.2 | 1.1 | 1.0 | 0.7 | 0.6 | 1.0 | 0.9 | 0.2 |

| Selected Financial Factors (in Percentages) | | | | | | | | | | | | | |
|---|---|---|---|---|---|---|---|---|---|---|---|---|---|
| Debt Ratio 45 | 64.6 | • | 61.7 | 58.1 | 76.4 | 57.7 | 59.5 | 64.3 | 62.8 | 69.1 | 36.9 | 27.6 | 65.4 |
| Return on Total Assets 46 | 6.7 | • | 87.1 | 17.9 | 53.1 | 24.4 | 27.2 | 36.4 | 16.8 | 20.6 | 16.3 | 16.1 | 5.7 |
| Return on Equity Before Income Taxes 47 | 15.4 | • | 219.8 | 42.3 | 202.2 | 55.8 | 63.9 | 100.8 | 40.9 | 59.9 | 25.5 | 19.9 | 13.1 |
| Return on Equity After Income Taxes 48 | 11.7 | • | 216.9 | 39.5 | 189.7 | 51.3 | 52.5 | 92.7 | 35.3 | 42.9 | 21.5 | 14.0 | 9.6 |
| Profit Margin (Before Income Tax) 49 | 12.2 | 19.8 | 22.7 | 4.8 | 9.4 | 6.1 | 12.6 | 20.7 | 9.5 | 9.6 | 16.3 | 24.9 | 12.0 |
| Profit Margin (After Income Tax) 50 | 9.2 | 17.4 | 22.4 | 4.5 | 8.8 | 5.6 | 10.3 | 19.0 | 8.2 | 6.9 | 13.8 | 17.6 | 8.8 |

## Table I

Corporations with and without Net Income

# COMMERCIAL BANKING

| Item Description for Accounting Period 7/00 Through 6/01 | | Total | Zero Assets | Under 100 | 100 to 250 | 251 to 500 | 501 to 1,000 | 1,001 to 5,000 | 5,001 to 10,000 | 10,001 to 25,000 | 25,001 to 50,000 | 50,001 to 100,000 | 100,001 to 250,000 | 250,001 and over |
|---|---|---|---|---|---|---|---|---|---|---|---|---|---|---|
| | | **MONEY AMOUNTS AND SIZE OF ASSETS IN THOUSANDS OF DOLLARS** | | | | | | | | | | | | |
| Number of Enterprises | 1 | 2486 | 331 | 4 | 6 | 0 | 3 | 22 | 57 | 382 | 541 | 551 | 431 | 159 |
| | | **Revenues ($ in Thousands)** | | | | | | | | | | | | |
| Net Sales | 2 | 94935082 | 74229069 | 1332 | 5270 | 0 | 7528 | -126116 | 34214 | 502368 | 1495822 | 3096859 | 5243479 | 10445257 |
| Interest | 3 | 76746259 | 61859778 | 1030 | 1549 | 0 | 5319 | 5723 | 20198 | 342605 | 1002918 | 2086387 | 3756591 | 7664160 |
| Rents | 4 | 528318 | 124956 | 0 | 21 | 0 | 6 | 165 | 91 | 694 | 2716 | 5626 | 11260 | 382783 |
| Royalties | 5 | 245 | 2 | 0 | 0 | 0 | 0 | 0 | 0 | 0 | 114 | 74 | 30 | 25 |
| Other Portfolio Income | 6 | 1840921 | 1217678 | 0 | 0 | 0 | 0 | 68 | 608 | 12420 | 40748 | 85095 | 151745 | 332560 |
| Other Receipts | 7 | 15819339 | 11026655 | 302 | 3700 | 0 | 2203 | -132072 | 13317 | 146649 | 449326 | 919677 | 1323853 | 2065729 |
| Total Receipts | 8 | 94935082 | 74229069 | 1332 | 5270 | 0 | 7528 | -126116 | 34214 | 502368 | 1495822 | 3096859 | 5243479 | 10445257 |
| Average Total Receipts | 9 | 38188 | 224257 | 333 | 878 | • | 2509 | -5733 | 600 | 1315 | 2765 | 5620 | 12166 | 65693 |
| | | **Operating Costs/Operating Income (%)** | | | | | | | | | | | | |
| Cost of Operations | 10 | 0.0 | • | • | • | • | • | • | • | • | 0.2 | • | 0.1 | 0.1 |
| Salaries and Wages | 11 | 5.7 | 4.3 | 22.7 | • | • | • | • | 10.0 | 11.4 | 11.0 | 11.3 | 11.6 | 9.8 |
| Taxes Paid | 12 | 1.2 | 0.9 | 11.4 | • | • | • | • | 2.5 | 2.7 | 2.5 | 2.5 | 2.5 | 2.0 |
| Interest Paid | 13 | 68.5 | 75.7 | 2241.4 | • | • | 1.1 | • | 28.7 | 38.6 | 40.7 | 40.1 | 41.5 | 43.7 |
| Depreciation | 14 | 1.2 | 0.5 | 10.0 | • | • | • | • | 4.4 | 2.7 | 2.8 | 2.6 | 2.4 | 5.0 |
| Amortization and Depletion | 15 | 0.1 | 0.1 | • | • | • | • | • | 0.3 | 0.9 | 0.7 | 0.5 | 0.3 | 0.3 |
| Pensions and Other Deferred Comp. | 16 | 0.2 | 0.1 | • | • | • | • | • | 0.1 | 0.6 | 0.6 | 0.5 | 0.6 | 0.7 |
| Employee Benefits | 17 | 0.6 | 0.3 | 7.1 | • | • | • | • | 1.5 | 2.2 | 2.1 | 1.8 | 1.6 | 1.3 |
| Advertising | 18 | 0.2 | 0.0 | 21.2 | • | • | • | • | 0.7 | 1.1 | 1.0 | 1.1 | 0.8 | 0.9 |
| Other Expenses | 19 | 15.9 | 14.3 | 1323.7 | 452.5 | • | 722.7 | • | 104.7 | 25.6 | 20.5 | 19.0 | 15.4 | 23.7 |
| Officers' Compensation | 20 | 1.6 | 0.5 | • | • | • | • | • | 12.4 | 11.8 | 8.9 | 6.7 | 5.2 | 4.0 |
| Operating Margin | 21 | 4.8 | 3.3 | • | • | • | • | 151.1 | • | 2.3 | 9.1 | 13.9 | 18.2 | 8.4 |
| Operating Margin Before Officers' Comp. | 22 | 6.4 | 3.8 | • | • | • | • | 149.8 | • | 14.1 | 18.0 | 20.6 | 23.3 | 12.4 |

| Selected Average Balance Sheet ($ in Thousands) | | | | | | | | | | | | | |
|---|---|---|---|---|---|---|---|---|---|---|---|---|---|
| Net Receivables 23 | 55110 | 0 | 9 | 60 | • | 154 | 1616 | 4286 | 9841 | 21381 | 39994 | 87718 | 387124 |
| Inventories 24 | • | • | • | • | • | • | • | • | • | • | • | • | • |
| Net Property, Plant and Equipment 25 | 1640 | 0 | 6 | 0 | • | 0 | 94 | 184 | 359 | 808 | 1375 | 2920 | 9271 |
| Total Assets 26 | 102238 | 0 | 22 | 232 | • | 665 | 3102 | 7867 | 17763 | 37067 | 70241 | 151539 | 772253 |
| Notes and Loans Payable 27 | 4556 | 0 | 15 | 58096 | • | 0 | 9 | 0 | 125 | 386 | 1177 | 4425 | 51353 |
| All Other Liabilities 28 | 89961 | 0 | 235054 | 125702 | • | 94647 | 80509 | 15740 | 18068 | 33279 | 60759 | 131399 | 653958 |
| Net Worth 29 | 7721 | 0 | -235047 | -183565 | • | -93982 | -77415 | -7872 | -430 | 3402 | 8305 | 15716 | 66942 |
| **Selected Financial Ratios (Times to 1)** | | | | | | | | | | | | | |
| Current Ratio 30 | 1.0 | • | 0.0 | 0.0 | • | 0.0 | 0.2 | 0.7 | 1.1 | 1.0 | 1.0 | 1.0 | 1.0 |
| Quick Ratio 31 | 0.9 | • | 0.0 | 0.0 | • | 0.0 | 0.2 | 0.7 | 1.1 | 1.0 | 1.0 | 0.9 | 0.9 |
| Net Sales to Working Capital 32 | • | • | • | • | • | • | 0.6 | • | 1.0 | 2.0 | 332.5 | • | • |
| Coverage Ratio 33 | 1.1 | 1.0 | • | • | • | • | • | • | 1.0 | 1.2 | 1.3 | 1.4 | 1.2 |
| Total Asset Turnover 34 | 0.4 | • | 15.3 | 3.8 | • | 3.8 | • | 0.1 | 0.1 | 0.1 | 0.1 | 0.1 | 0.1 |
| Inventory Turnover 35 | • | • | • | • | • | • | • | • | • | • | • | • | • |
| Receivables Turnover 36 | • | • | • | • | • | • | • | • | • | • | • | • | • |
| Total Liabilities to Net Worth 37 | 12.2 | • | • | • | • | • | • | • | • | 9.9 | 7.5 | 8.6 | 10.5 |
| Current Assets to Working Capital 38 | • | • | • | • | • | • | • | • | 11.8 | 24.2 | 3597.2 | • | • |
| Current Liabilities to Working Capital 39 | • | • | • | • | • | • | • | • | 10.8 | 23.2 | 3596.2 | • | • |
| Working Capital to Net Sales 40 | • | • | • | • | • | • | 1.6 | • | 1.0 | 0.5 | 0.0 | • | • |
| Inventory to Working Capital 41 | • | • | • | • | • | • | • | • | • | • | 0.0 | • | • |
| Total Receipts to Cash Flow 42 | 5.8 | 7.0 | • | 1.0 | • | • | 1.0 | • | 4.8 | 3.7 | 3.4 | 3.2 | 3.4 |
| Cost of Goods to Cash Flow 43 | 0.0 | • | • | • | • | • | • | • | • | 0.0 | • | 0.0 | 0.0 |
| Cash Flow to Total Debt 44 | 0.1 | • | • | 0.0 | • | • | • | • | 0.0 | 0.0 | 0.0 | 0.0 | 0.0 |
| **Selected Financial Factors (in Percentages)** | | | | | | | | | | | | | |
| Debt Ratio 45 | 92.4 | • | 1080775.9 | 79223.0 | • | 14225.5 | 2595.5 | 200.1 | 102.4 | 90.8 | 88.2 | 89.6 | 91.3 |
| Return on Total Assets 46 | 27.2 | • | • | • | • | • | • | • | 2.9 | 3.5 | 4.1 | 4.6 | 4.3 |
| Return on Equity Before Income Taxes 47 | 21.2 | • | 5.0 | 1.7 | • | 16.7 | 11.2 | 5.1 | • | 5.5 | 7.8 | 12.1 | 6.8 |
| Return on Equity After Income Taxes 48 | 11.3 | • | 5.0 | 1.7 | • | 16.7 | 11.2 | 5.2 | 6.5 | 3.2 | 5.6 | 8.9 | 2.0 |
| Profit Margin (Before Income Tax) 49 | 4.3 | 3.2 | • | • | • | • | 151.2 | • | 0.2 | 6.7 | 11.5 | 15.7 | 6.9 |
| Profit Margin (After Income Tax) 50 | 2.3 | 1.9 | • | • | • | • | 151.2 | • | • | 3.9 | 8.2 | 11.4 | 2.1 |

**Table II**

Corporations with Net Income

# COMMERCIAL BANKING

**MONEY AMOUNTS AND SIZE OF ASSETS IN THOUSANDS OF DOLLARS**

| Item Description for Accounting Period 7/00 Through 6/01 | | Total | Zero Assets | Under 100 | 100 to 250 | 251 to 500 | 501 to 1,000 | 1,001 to 5,000 | 5,001 to 10,000 | 10,001 to 25,000 | 25,001 to 50,000 | 50,001 to 100,000 | 100,001 to 250,000 | 250,001 and over |
|---|---|---|---|---|---|---|---|---|---|---|---|---|---|---|
| Number of Enterprises | 1 | 1986 | 213 | • | 0 | • | • | • | 0 | 263 | 424 | 487 | 406 | 151 |
| **Revenues ($ in Thousands)** | | | | | | | | | | | | | | |
| Net Sales | 2 | 72785108 | 53438571 | • | 0 | • | • | • | 0 | 386576 | 1241374 | 2771480 | 4974433 | 9941473 |
| Interest | 3 | 57145053 | 43392560 | • | 0 | • | • | • | 0 | 256845 | 807914 | 1840009 | 3529082 | 7304910 |
| Rents | 4 | 460702 | 87119 | • | 0 | • | • | • | 0 | 471 | 1549 | 5345 | 10492 | 355693 |
| Royalties | 5 | 221 | 2 | • | 0 | • | • | • | 0 | 0 | 93 | 71 | 30 | 25 |
| Other Portfolio Income | 6 | 1326631 | 730036 | • | 0 | • | • | • | 0 | 11640 | 35821 | 81513 | 148176 | 318928 |
| Other Receipts | 7 | 13852501 | 9228854 | • | 0 | • | • | • | 0 | 117620 | 395997 | 844542 | 1286653 | 1961917 |
| Total Receipts | 8 | 72785108 | 53438571 | • | 0 | • | • | • | 0 | 386576 | 1241374 | 2771480 | 4974433 | 9941473 |
| Average Total Receipts | 9 | 36649 | 250885 | • | • | • | • | • | • | 1470 | 2928 | 5691 | 12252 | 65838 |
| **Operating Costs/Operating Income (%)** | | | | | | | | | | | | | | |
| Cost of Operations | 10 | 0.0 | • | • | • | • | • | • | • | • | 0.2 | • | 0.1 | 0.1 |
| Salaries and Wages | 11 | 5.6 | 4.0 | • | • | • | • | • | • | 9.4 | 9.5 | 10.6 | 11.3 | 9.6 |
| Taxes Paid | 12 | 1.3 | 1.0 | • | • | • | • | • | • | 2.5 | 2.3 | 2.5 | 2.5 | 2.0 |
| Interest Paid | 13 | 65.6 | 74.1 | • | • | • | • | • | • | 37.8 | 40.5 | 40.0 | 41.2 | 43.3 |
| Depreciation | 14 | 1.3 | 0.5 | • | • | • | • | • | • | 2.0 | 2.2 | 2.4 | 2.3 | 4.9 |
| Amortization and Depletion | 15 | 0.1 | 0.1 | • | • | • | • | • | • | 0.1 | 0.4 | 0.3 | 0.2 | 0.3 |
| Pensions and Other Deferred Comp. | 16 | 0.2 | 0.1 | • | • | • | • | • | • | 0.7 | 0.7 | 0.6 | 0.6 | 0.7 |
| Employee Benefits | 17 | 0.6 | 0.2 | • | • | • | • | • | • | 2.1 | 2.0 | 1.7 | 1.6 | 1.4 |
| Advertising | 18 | 0.2 | 0.0 | • | • | • | • | • | • | 0.8 | 0.8 | 0.8 | 0.8 | 0.9 |
| Other Expenses | 19 | 13.5 | 13.0 | • | • | • | • | • | • | 17.0 | 15.4 | 16.3 | 14.6 | 14.8 |
| Officers' Compensation | 20 | 1.8 | 0.6 | • | • | • | • | • | • | 10.8 | 8.5 | 6.6 | 5.2 | 4.2 |
| Operating Margin | 21 | 9.6 | 6.4 | • | • | • | • | • | • | 16.8 | 17.5 | 18.3 | 19.6 | 17.9 |
| Operating Margin Before Officers' Comp. | 22 | 11.4 | 7.0 | • | • | • | • | • | • | 27.6 | 26.1 | 24.9 | 24.8 | 22.1 |

| Selected Average Balance Sheet ($ in Thousands) | | | | | | | | | | | | | |
|---|---|---|---|---|---|---|---|---|---|---|---|---|---|
| Net Receivables 23 | 63307 | 0 | • | • | • | • | • | • | 9648 | 21507 | 40723 | 88735 | 384326 |
| Inventories 24 | • | • | • | • | • | • | • | • | • | • | • | • | • |
| Net Property, Plant and Equipment 25 | 1795 | 0 | • | • | • | • | • | • | 229 | 607 | 1303 | 2906 | 9476 |
| Total Assets 26 | 117909 | 0 | • | • | • | • | • | • | 17981 | 37348 | 70684 | 151779 | 776361 |
| Notes and Loans Payable 27 | 5220 | 0 | • | • | • | • | • | • | 131 | 329 | 1222 | 4570 | 51277 |
| All Other Liabilities 28 | 101036 | 0 | • | • | • | • | • | • | 19257 | 32320 | 61239 | 131470 | 651581 |
| Net Worth 29 | 11652 | 0 | • | • | • | • | • | • | -1408 | 4699 | 8223 | 15739 | 73502 |
| **Selected Financial Ratios (Times to 1)** | | | | | | | | | | | | | |
| Current Ratio 30 | 1.0 | • | • | • | • | • | • | • | 1.1 | 1.0 | 1.0 | 1.0 | 1.0 |
| Quick Ratio 31 | 0.9 | • | • | • | • | • | • | • | 1.0 | 1.0 | 1.0 | 0.9 | 0.9 |
| Net Sales to Working Capital 32 | • | • | • | • | • | • | • | • | 1.3 | 2.1 | 10.1 | • | • |
| Coverage Ratio 33 | 1.1 | 1.1 | • | • | • | • | • | • | 1.4 | 1.4 | 1.4 | 1.4 | 1.4 |
| Total Asset Turnover 34 | 0.3 | • | • | • | • | • | • | • | 0.1 | 0.1 | 0.1 | 0.1 | 0.1 |
| Inventory Turnover 35 | • | • | • | • | • | • | • | • | • | • | • | • | • |
| Receivables Turnover 36 | • | • | • | • | • | • | • | • | • | • | • | • | • |
| Total Liabilities to Net Worth 37 | 9.1 | • | • | • | • | • | • | • | • | 6.9 | 7.6 | 8.6 | 9.6 |
| Current Assets to Working Capital 38 | • | • | • | • | • | • | • | • | 15.0 | 23.8 | 110.2 | • | • |
| Current Liabilities to Working Capital 39 | • | • | • | • | • | • | • | • | 14.0 | 22.8 | 109.2 | • | • |
| Working Capital to Net Sales 40 | • | • | • | • | • | • | • | • | 0.7 | 0.5 | 0.1 | • | • |
| Inventory to Working Capital 41 | • | • | • | • | • | • | • | • | • | • | 0.0 | • | • |
| Total Receipts to Cash Flow 42 | 5.0 | 6.2 | • | • | • | • | • | • | 3.3 | 3.3 | 3.1 | 3.2 | 3.4 |
| Cost of Goods to Cash Flow 43 | 0.0 | • | • | • | • | • | • | • | • | 0.0 | • | 0.0 | 0.0 |
| Cash Flow to Total Debt 44 | 0.1 | • | • | • | • | • | • | • | 0.0 | 0.0 | 0.0 | 0.0 | 0.0 |
| **Selected Financial Factors (in Percentages)** | | | | | | | | | | | | | |
| Debt Ratio 45 | 90.1 | • | • | • | • | • | • | • | 107.8 | 87.4 | 88.4 | 89.6 | 90.5 |
| Return on Total Assets 46 | 23.2 | • | • | • | • | • | • | • | 4.3 | 4.3 | 4.5 | 4.7 | 5.1 |
| Return on Equity Before Income Taxes 47 | 28.5 | • | • | • | • | • | • | • | • | 9.3 | 10.8 | 13.3 | 14.7 |
| Return on Equity After Income Taxes 48 | 20.4 | • | • | • | • | • | • | • | • | 7.2 | 8.3 | 9.8 | 10.1 |
| Profit Margin (Before Income Tax) 49 | 9.1 | 6.4 | • | • | • | • | • | • | 14.2 | 14.9 | 15.6 | 17.0 | 16.4 |
| Profit Margin (After Income Tax) 50 | 6.5 | 4.6 | • | • | • | • | • | • | 11.2 | 11.5 | 11.9 | 12.5 | 11.3 |

## Table I

Corporations with and without Net Income

# SAVINGS INSTITUTIONS, CREDIT UNIONS, OTHER DEP. CREDIT INST.

| Item Description for Accounting Period 7/00 Through 6/01 | | MONEY AMOUNTS AND SIZE OF ASSETS IN THOUSANDS OF DOLLARS | | | | | | | | | | | | |
|---|---|---|---|---|---|---|---|---|---|---|---|---|---|---|
| | | Total | Zero Assets | Under 100 | 100 to 250 | 251 to 500 | 501 to 1,000 | 1,001 to 5,000 | 5,001 to 10,000 | 10,001 to 25,000 | 25,001 to 50,000 | 50,001 to 100,000 | 100,001 to 250,000 | 250,001 and over |
| Number of Enterprises | 1 | 2346 | 541 | 241 | 0 | 4 | 7 | 97 | 29 | 104 | 178 | 271 | 398 | 476 |
| **Revenues ($ in Thousands)** | | | | | | | | | | | | | | |
| Net Sales | 2 | 89192659 | 1131055 | 129 | 0 | 4401 | 11733 | 116563 | 83182 | 165083 | 726457 | 1501525 | 5042507 | 80410024 |
| Interest | 3 | 71318681 | 970189 | 114 | 0 | 1030 | 1979 | 16283 | 11317 | 120801 | 426367 | 1296997 | 4324587 | 64149018 |
| Rents | 4 | 483752 | 1651 | 0 | 0 | 0 | 0 | 0 | 30 | 593 | 1256 | 2705 | 12245 | 465274 |
| Royalties | 5 | 476 | 0 | 0 | 0 | 0 | 0 | 0 | 0 | 0 | 9 | 2 | 0 | 465 |
| Other Portfolio Income | 6 | 1705843 | 24481 | 0 | 0 | 0 | 8367 | 151 | 62 | 2332 | 7548 | 48567 | 106123 | 1508210 |
| Other Receipts | 7 | 15683907 | 134734 | 15 | 0 | 3371 | 1387 | 100129 | 71773 | 41357 | 291277 | 153254 | 599552 | 14287057 |
| Total Receipts | 8 | 89192659 | 1131055 | 129 | 0 | 4401 | 11733 | 116563 | 83182 | 165083 | 726457 | 1501525 | 5042507 | 80410024 |
| Average Total Receipts | 9 | 38019 | 2091 | 1 | • | 1100 | 1676 | 1202 | 2868 | 1587 | 4081 | 5541 | 12670 | 168929 |
| **Operating Costs/Operating Income (%)** | | | | | | | | | | | | | | |
| Cost of Operations | 10 | 0.2 | 0.1 | • | • | • | • | 6.1 | 39.9 | 0.0 | • | 0.0 | 0.2 | 0.2 |
| Salaries and Wages | 11 | 9.5 | 13.2 | • | • | • | • | 12.0 | 8.1 | 12.6 | 16.3 | 9.6 | 10.5 | 9.3 |
| Taxes Paid | 12 | 1.5 | 1.6 | • | • | • | • | 1.5 | 1.0 | 2.1 | 2.4 | 2.2 | 2.2 | 1.5 |
| Interest Paid | 13 | 56.2 | 57.5 | 4282.2 | • | 97.7 | 817.6 | 139.8 | 77.5 | 40.2 | 42.4 | 50.2 | 50.9 | 56.5 |
| Depreciation | 14 | 2.8 | 2.1 | 158.1 | • | • | • | 1.2 | 2.8 | 2.2 | 1.8 | 1.9 | 2.0 | 2.9 |
| Amortization and Depletion | 15 | 0.8 | 2.4 | 20.2 | • | • | • | 0.1 | 0.0 | 0.2 | 0.9 | 0.2 | 0.3 | 0.8 |
| Pensions and Other Deferred Comp. | 16 | 0.4 | 0.9 | • | • | • | • | • | 0.0 | 0.6 | 0.7 | 0.9 | 0.8 | 0.4 |
| Employee Benefits | 17 | 1.1 | 1.0 | • | • | • | • | 1.7 | 0.6 | 1.6 | 1.7 | 1.7 | 1.6 | 1.1 |
| Advertising | 18 | 0.9 | 0.7 | • | • | • | • | 0.3 | 0.1 | 0.8 | 0.7 | 0.9 | 1.0 | 0.9 |
| Other Expenses | 19 | 14.9 | 67.0 | 3640.3 | • | 597.1 | 752.3 | 182.8 | 95.6 | 167.8 | 25.7 | 22.4 | 14.8 | 13.1 |
| Officers' Compensation | 20 | 1.4 | 3.2 | • | • | • | • | 2.1 | 1.1 | 5.7 | 4.4 | 4.7 | 3.6 | 1.1 |
| Operating Margin | 21 | 10.2 | • | • | • | • | • | • | • | • | 2.9 | 5.3 | 12.2 | 12.1 |
| Operating Margin Before Officers' Comp. | 22 | 11.6 | • | • | • | • | • | • | • | • | 7.4 | 10.0 | 15.8 | 13.2 |

| | | | | | | | | | | | | | |
|---|---|---|---|---|---|---|---|---|---|---|---|---|---|
| **Selected Average Balance Sheet ($ in Thousands)** | | | | | | | | | | | | | |
| Net Receivables 23 | 29089 | 0 | 0 | • | 33 | 44 | 1216 | 2424 | 1086 | 3449 | 5887 | 14574 | 125905 |
| Inventories 24 | • | • | • | • | • | • | • | • | • | • | • | • | • |
| Net Property, Plant and Equipment 25 | 5165 | 0 | 2 | • | 0 | 0 | 71 | 298 | 234 | 633 | 1226 | 2766 | 22126 |
| Total Assets 26 | 468311 | 0 | 28 | • | 377 | 765 | 3229 | 6643 | 17623 | 37265 | 73206 | 163910 | 2110498 |
| Notes and Loans Payable 27 | 119382 | 0 | 0 | • | 0 | 0 | 1209 | 1080 | 792 | 1983 | 5051 | 13598 | 572913 |
| All Other Liabilities 28 | 320104 | 0 | 1562 | • | 248635 | 556439 | 130715 | 119242 | 52241 | 37169 | 59287 | 136202 | 1359738 |
| Net Worth 29 | 28825 | 0 | -1534 | • | -248258 | -555675 | -128695 | -113679 | -35410 | -1887 | 8868 | 14110 | 177847 |
| **Selected Financial Ratios (Times to 1)** | | | | | | | | | | | | | |
| Current Ratio 30 | 0.2 | • | 0.4 | • | 0.8 | 4.8 | 0.2 | 0.1 | 0.4 | 0.4 | 0.3 | 0.3 | 0.2 |
| Quick Ratio 31 | 0.2 | • | 0.4 | • | 0.8 | 4.4 | 0.2 | 0.1 | 0.3 | 0.4 | 0.3 | 0.3 | 0.2 |
| Net Sales to Working Capital 32 | • | • | • | • | • | 2.4 | • | • | • | • | • | • | • |
| Coverage Ratio 33 | 1.2 | 0.1 | • | • | • | • | • | • | • | 1.1 | 1.1 | 1.2 | 1.2 |
| Total Asset Turnover 34 | 0.1 | • | 0.0 | • | 2.9 | 2.2 | 0.4 | 0.4 | 0.1 | 0.1 | 0.1 | 0.1 | 0.1 |
| Inventory Turnover 35 | • | • | • | • | • | • | • | • | • | • | • | • | • |
| Receivables Turnover 36 | • | • | • | • | • | • | • | • | • | • | • | • | • |
| Total Liabilities to Net Worth 37 | 15.2 | • | • | • | • | • | • | • | • | • | 7.3 | 10.6 | 10.9 |
| Current Assets to Working Capital 38 | • | • | • | • | • | 1.3 | • | • | • | • | • | • | • |
| Current Liabilities to Working Capital 39 | • | • | • | • | • | 0.3 | • | • | • | • | • | • | • |
| Working Capital to Net Sales 40 | • | • | • | • | • | 0.4 | • | • | • | • | • | • | • |
| Inventory to Working Capital 41 | • | • | • | • | • | • | • | • | • | • | • | • | • |
| Total Receipts to Cash Flow 42 | 4.7 | 8.4 | • | • | • | • | • | • | 3.3 | 4.0 | 4.4 | 4.0 | 4.6 |
| Cost of Goods to Cash Flow 43 | 0.0 | 0.0 | • | • | • | • | • | • | 0.0 | • | 0.0 | 0.0 | 0.0 |
| Cash Flow to Total Debt 44 | 0.0 | • | • | • | • | • | • | • | 0.0 | 0.0 | 0.0 | 0.0 | 0.0 |
| **Selected Financial Factors (in Percentages)** | | | | | | | | | | | | | |
| Debt Ratio 45 | 93.8 | • | 5559.2 | • | 65950.9 | 72764.4 | 4086.0 | 1811.4 | 300.9 | 105.1 | 87.9 | 91.4 | 91.6 |
| Return on Total Assets 46 | 5.4 | • | • | • | • | • | • | • | • | 4.9 | 4.2 | 4.8 | 5.5 |
| Return on Equity Before Income Taxes 47 | 13.1 | • | 2.8 | • | 2.6 | 4.4 | 2.3 | 3.2 | 6.0 | • | 2.9 | 10.5 | 11.3 |
| Return on Equity After Income Taxes 48 | 8.0 | • | 2.8 | • | 2.6 | 4.4 | 2.3 | 3.2 | 6.1 | 0.7 | 0.4 | 6.4 | 7.6 |
| Profit Margin (Before Income Tax) 49 | 9.9 | • | • | • | • | • | • | • | • | 2.4 | 4.7 | 11.7 | 11.9 |
| Profit Margin (After Income Tax) 50 | 6.0 | • | • | • | • | • | • | • | • | • | 0.7 | 7.2 | 8.0 |

# Table II

Corporations with Net Income

## SAVINGS INSTITUTIONS, CREDIT UNIONS, OTHER DEP. CREDIT INST.

MONEY AMOUNTS AND SIZE OF ASSETS IN THOUSANDS OF DOLLARS

| Item Description for Accounting Period 7/00 Through 6/01 | | Total | Zero Assets | Under 100 | 100 to 250 | 251 to 500 | 501 to 1,000 | 1,001 to 5,000 | 5,001 to 10,000 | 10,001 to 25,000 | 25,001 to 50,000 | 50,001 to 100,000 | 100,001 to 250,000 | 250,001 and over |
|---|---|---|---|---|---|---|---|---|---|---|---|---|---|---|
| Number of Enterprises | 1 | 1408 | 25 | • | • | • | • | 43 | 20 | 81 | 150 | 249 | 382 | 458 |
| **Revenues ($ in Thousands)** | | | | | | | | | | | | | | |
| Net Sales | 2 | 81880346 | 986353 | • | • | • | • | 73973 | 8019 | 131057 | 595967 | 1377028 | 4856422 | 73851527 |
| Interest | 3 | 66425693 | 821619 | • | • | • | • | 1652 | 5425 | 101259 | 371812 | 1200962 | 4186151 | 59736814 |
| Rents | 4 | 341737 | 1544 | • | • | • | • | 0 | 30 | 593 | 966 | 2636 | 12050 | 323919 |
| Royalties | 5 | 104 | 0 | • | • | • | • | 0 | 0 | 0 | 9 | 2 | 0 | 93 |
| Other Portfolio Income | 6 | 1552032 | 21240 | • | • | • | • | 0 | 0 | 1439 | 4994 | 36084 | 104341 | 1383934 |
| Other Receipts | 7 | 13560780 | 141950 | • | • | • | • | 72321 | 2564 | 27766 | 218186 | 137344 | 553880 | 12406767 |
| Total Receipts | 8 | 81880346 | 986353 | • | • | • | • | 73973 | 8019 | 131057 | 595967 | 1377028 | 4856422 | 73851527 |
| Average Total Receipts | 9 | 58154 | 39454 | • | • | • | • | 1720 | 401 | 1618 | 3973 | 5530 | 12713 | 161248 |
| **Operating Costs/Operating Income (%)** | | | | | | | | | | | | | | |
| Cost of Operations | 10 | 0.1 | • | • | • | • | • | 9.7 | • | 0.0 | • | 0.0 | 0.1 | 0.1 |
| Salaries and Wages | 11 | 9.3 | 10.4 | • | • | • | • | 19.0 | 10.0 | 12.9 | 17.3 | 9.0 | 10.1 | 9.1 |
| Taxes Paid | 12 | 1.5 | 1.4 | • | • | • | • | 2.3 | 1.3 | 2.3 | 2.5 | 2.1 | 2.2 | 1.4 |
| Interest Paid | 13 | 56.5 | 55.9 | • | • | • | • | 12.2 | 48.0 | 42.1 | 39.3 | 50.2 | 49.2 | 57.3 |
| Depreciation | 14 | 1.8 | 2.0 | • | • | • | • | 1.8 | 1.0 | 2.4 | 1.6 | 1.8 | 1.9 | 1.8 |
| Amortization and Depletion | 15 | 0.8 | 2.7 | • | • | • | • | 0.2 | • | 0.1 | 0.1 | 0.1 | 0.2 | 0.8 |
| Pensions and Other Deferred Comp. | 16 | 0.4 | 0.1 | • | • | • | • | • | 0.0 | 0.8 | 0.8 | 0.9 | 0.8 | 0.4 |
| Employee Benefits | 17 | 1.2 | 0.7 | • | • | • | • | 2.6 | 0.6 | 1.7 | 1.7 | 1.6 | 1.5 | 1.1 |
| Advertising | 18 | 0.8 | 0.6 | • | • | • | • | 0.5 | 0.4 | 0.8 | 0.6 | 0.8 | 0.9 | 0.8 |
| Other Expenses | 19 | 12.3 | 12.0 | • | • | • | • | 28.3 | 34.2 | 16.1 | 18.5 | 12.8 | 14.2 | 12.1 |
| Officers' Compensation | 20 | 1.4 | 1.4 | • | • | • | • | 3.3 | 0.1 | 6.6 | 4.7 | 4.6 | 3.6 | 1.2 |
| Operating Margin | 21 | 14.0 | 12.7 | • | • | • | • | 20.1 | 4.4 | 14.4 | 12.9 | 15.8 | 15.2 | 13.9 |
| Operating Margin Before Officers' Comp. | 22 | 15.4 | 14.1 | • | • | • | • | 23.4 | 4.6 | 20.9 | 17.6 | 20.5 | 18.8 | 15.1 |

| Selected Average Balance Sheet ($ in Thousands) | | | | | | | | | | | | | |
|---|---|---|---|---|---|---|---|---|---|---|---|---|---|
| Net Receivables 23 | 39520 | 0 | • | • | • | • | 2293 | 3368 | 1145 | 3186 | 5911 | 14991 | 104167 |
| Inventories 24 | • | • | • | • | • | • | • | • | • | • | • | • | • |
| Net Property, Plant and Equipment 25 | 7449 | 0 | • | • | • | • | 159 | 29 | 233 | 612 | 1196 | 2755 | 19694 |
| Total Assets 26 | 729190 | 0 | • | • | • | • | 3501 | 7078 | 17970 | 37637 | 73631 | 164364 | 2048439 |
| Notes and Loans Payable 27 | 186504 | 0 | • | • | • | • | 2618 | 672 | 695 | 2023 | 4809 | 13796 | 558174 |
| All Other Liabilities 28 | 480352 | 0 | • | • | • | • | 77041 | 5584 | 13865 | 30474 | 59192 | 131323 | 1315093 |
| Net Worth 29 | 62335 | 0 | • | • | • | • | -76158 | 821 | 3410 | 5140 | 9630 | 19245 | 175172 |
| **Selected Financial Ratios (Times to 1)** | | | | | | | | | | | | | |
| Current Ratio 30 | 0.2 | • | • | • | • | • | 1.3 | 1.4 | 0.4 | 0.4 | 0.3 | 0.3 | 0.2 |
| Quick Ratio 31 | 0.2 | • | • | • | • | • | 1.3 | 1.4 | 0.3 | 0.3 | 0.3 | 0.3 | 0.1 |
| Net Sales to Working Capital 32 | • | • | • | • | • | • | 2.4 | 0.3 | • | • | • | • | • |
| Coverage Ratio 33 | 1.2 | 1.2 | • | • | • | • | 2.6 | 1.1 | 1.3 | 1.3 | 1.3 | 1.3 | 1.2 |
| Total Asset Turnover 34 | 0.1 | • | • | • | • | • | 0.5 | 0.1 | 0.1 | 0.1 | 0.1 | 0.1 | 0.1 |
| Inventory Turnover 35 | • | • | • | • | • | • | • | • | • | • | • | • | • |
| Receivables Turnover 36 | • | • | • | • | • | • | • | • | • | • | • | • | • |
| Total Liabilities to Net Worth 37 | 10.7 | • | • | • | • | • | • | 7.6 | 4.3 | 6.3 | 6.6 | 7.5 | 10.7 |
| Current Assets to Working Capital 38 | • | • | • | • | • | • | 4.5 | 3.5 | • | • | • | • | • |
| Current Liabilities to Working Capital 39 | • | • | • | • | • | • | 3.5 | 2.5 | • | • | • | • | • |
| Working Capital to Net Sales 40 | • | • | • | • | • | • | 0.4 | 3.4 | • | • | • | • | • |
| Inventory to Working Capital 41 | • | • | • | • | • | • | • | • | • | • | • | • | • |
| Total Receipts to Cash Flow 42 | 4.3 | 4.4 | • | • | • | • | 2.5 | 2.6 | 3.6 | 3.5 | 3.8 | 3.7 | 4.4 |
| Cost of Goods to Cash Flow 43 | 0.0 | • | • | • | • | • | 0.2 | • | 0.0 | • | 0.0 | 0.0 | 0.0 |
| Cash Flow to Total Debt 44 | 0.0 | • | • | • | • | • | 0.0 | 0.0 | 0.0 | 0.0 | 0.0 | 0.0 | 0.0 |
| **Selected Financial Factors (in Percentages)** | | | | | | | | | | | | | |
| Debt Ratio 45 | 91.5 | • | • | • | • | • | 2275.3 | 88.4 | 81.0 | 86.3 | 86.9 | 88.3 | 91.4 |
| Return on Total Assets 46 | 5.6 | • | • | • | • | • | 15.9 | 3.0 | 5.0 | 5.5 | 4.9 | 4.9 | 5.6 |
| Return on Equity Before Income Taxes 47 | 12.8 | • | • | • | • | • | • | 2.2 | 6.6 | 9.6 | 8.8 | 9.7 | 12.5 |
| Return on Equity After Income Taxes 48 | 8.9 | • | • | • | • | • | • | 1.9 | 5.3 | 7.1 | 6.2 | 6.6 | 8.7 |
| Profit Margin (Before Income Tax) 49 | 13.7 | 12.6 | • | • | • | • | 20.1 | 4.4 | 14.0 | 12.4 | 15.2 | 14.7 | 13.6 |
| Profit Margin (After Income Tax) 50 | 9.5 | 9.8 | • | • | • | • | 19.9 | 3.9 | 11.1 | 9.1 | 10.9 | 9.9 | 9.4 |

## Table I

Corporations with and without Net Income

# CREDIT CARD ISSUING AND OTHER CONSUMER CREDIT

MONEY AMOUNTS AND SIZE OF ASSETS IN THOUSANDS OF DOLLARS

| Item Description for Accounting Period 7/00 Through 6/01 | | Total | Zero Assets | Under 100 | 100 to 250 | 251 to 500 | 501 to 1,000 | 1,001 to 5,000 | 5,001 to 10,000 | 10,001 to 25,000 | 25,001 to 50,000 | 50,001 to 100,000 | 100,001 to 250,000 | 250,001 and over |
|---|---|---|---|---|---|---|---|---|---|---|---|---|---|---|
| Number of Enterprises | 1 | 7773 | 47 | 1911 | 1470 | 1038 | 1348 | 1307 | 243 | 192 | 68 | 49 | 34 | 65 |
| **Revenues ($ in Thousands)** | | | | | | | | | | | | | | |
| Net Sales | 2 | 71746971 | 597608 | 43827 | 170069 | 157741 | 455441 | 1019922 | 576371 | 761581 | 595259 | 1089257 | 1278715 | 65001180 |
| Interest | 3 | 37670697 | 548755 | 1476 | 3616 | 8688 | 337 | 147403 | 58011 | 81830 | 130317 | 310773 | 510015 | 35869476 |
| Rents | 4 | 1898138 | 9705 | 0 | 0 | 0 | 0 | 2233 | 460 | 682 | 1228 | 386 | 281 | 1883162 |
| Royalties | 5 | 13553 | 0 | 0 | 0 | 0 | 0 | 0 | 74 | 0 | 10068 | 0 | 0 | 3411 |
| Other Portfolio Income | 6 | 2660582 | 7765 | 8746 | 40 | 785 | 4713 | 12048 | 3940 | 3339 | 9779 | 27692 | 4387 | 2577346 |
| Other Receipts | 7 | 29504001 | 31383 | 33605 | 166413 | 148268 | 450391 | 858238 | 513886 | 675730 | 443867 | 750406 | 764032 | 24667785 |
| Total Receipts | 8 | 71746971 | 597608 | 43827 | 170069 | 157741 | 455441 | 1019922 | 576371 | 761581 | 595259 | 1089257 | 1278715 | 65001180 |
| Average Total Receipts | 9 | 9230 | 12715 | 23 | 116 | 152 | 338 | 780 | 2372 | 3967 | 8754 | 22230 | 37609 | 1000018 |
| **Operating Costs/Operating Income (%)** | | | | | | | | | | | | | | |
| Cost of Operations | 10 | 2.1 | 0.2 | • | • | • | 10.6 | 3.2 | 14.7 | 12.9 | 3.9 | 0.3 | 3.2 | 1.8 |
| Salaries and Wages | 11 | 7.8 | 7.3 | 18.9 | 7.8 | 8.8 | 19.6 | 14.6 | 11.1 | 16.3 | 11.5 | 15.7 | 17.7 | 7.1 |
| Taxes Paid | 12 | 0.8 | 0.4 | 1.9 | 2.7 | 4.0 | 2.7 | 2.1 | 1.7 | 2.1 | 2.0 | 2.6 | 2.0 | 0.6 |
| Interest Paid | 13 | 41.6 | 60.6 | 5.9 | 2.4 | 8.9 | 10.5 | 11.5 | 19.0 | 21.8 | 23.8 | 35.3 | 26.3 | 43.4 |
| Depreciation | 14 | 9.7 | 3.3 | 2.2 | 1.2 | 0.5 | 2.9 | 3.1 | 3.2 | 4.0 | 4.6 | 1.7 | 2.9 | 10.4 |
| Amortization and Depletion | 15 | 0.8 | 0.1 | 0.5 | 0.0 | • | 0.0 | 0.1 | 0.3 | 0.3 | 2.2 | 0.7 | 0.6 | 0.9 |
| Pensions and Other Deferred Comp. | 16 | 0.5 | 1.3 | • | • | 2.6 | 0.1 | 0.6 | 0.3 | 0.3 | 0.5 | 0.2 | 0.1 | 0.5 |
| Employee Benefits | 17 | 0.9 | 0.7 | 1.5 | 0.5 | 0.2 | 0.9 | 1.4 | 0.5 | 0.8 | 0.7 | 0.9 | 1.0 | 0.9 |
| Advertising | 18 | 2.0 | 0.1 | 1.6 | 4.2 | 0.5 | 3.9 | 1.3 | 0.8 | 1.6 | 0.6 | 2.0 | 1.3 | 2.0 |
| Other Expenses | 19 | 30.4 | 28.0 | 179.8 | 48.2 | 28.9 | 45.3 | 46.2 | 32.0 | 33.7 | 54.9 | 38.4 | 26.5 | 29.6 |
| Officers' Compensation | 20 | 1.0 | 0.4 | • | • | 40.3 | 3.4 | 6.0 | 8.6 | 6.0 | 4.9 | 2.3 | 1.0 | 0.6 |
| Operating Margin | 21 | 2.4 | • | • | 32.9 | 5.3 | 0.2 | 10.0 | 7.9 | 0.1 | • | • | 17.4 | 2.1 |
| Operating Margin Before Officers' Comp. | 22 | 3.4 | • | • | 32.9 | 45.6 | 3.6 | 16.0 | 16.4 | 6.0 | • | 2.2 | 18.5 | 2.8 |

## Selected Average Balance Sheet ($ in Thousands)

| | | | | | | | | | | | | | |
|---|---|---|---|---|---|---|---|---|---|---|---|---|---|
| Net Receivables 23 | 30162 | 0 | 17 | 63 | 199 | 528 | 1419 | 5661 | 11392 | 22545 | 46341 | 77626 | 3408432 |
| Inventories 24 | • | • | • | • | • | • | • | • | • | • | • | • | • |
| Net Property, Plant and Equipment 25 | 1502 | 0 | 1 | 20 | 17 | 26 | 124 | 511 | 280 | 845 | 1460 | 3230 | 169382 |
| Total Assets 26 | 62956 | 0 | 32 | 193 | 398 | 737 | 2093 | 7567 | 15180 | 34793 | 70089 | 154254 | 7216543 |
| Notes and Loans Payable 27 | 38363 | 0 | 28 | 54 | 188 | 465 | 1328 | 5553 | 10550 | 22787 | 50884 | 95491 | 4382163 |
| All Other Liabilities 28 | 15081 | 0 | 2 | 1 | 83 | 164 | 322 | 855 | 2004 | 6276 | 9006 | 33353 | 1752207 |
| Net Worth 29 | 9513 | 0 | 3 | 138 | 126 | 108 | 443 | 1160 | 2626 | 5730 | 10199 | 25410 | 1082173 |

## Selected Financial Ratios (Times to 1)

| | | | | | | | | | | | | | |
|---|---|---|---|---|---|---|---|---|---|---|---|---|---|
| Current Ratio 30 | 1.3 | • | 14.1 | 28.1 | 2.0 | 2.7 | 2.2 | 1.5 | 2.0 | 1.5 | 2.2 | 1.7 | 1.2 |
| Quick Ratio 31 | 1.2 | • | 13.5 | 27.9 | 1.5 | 2.5 | 2.2 | 1.4 | 1.8 | 1.5 | 2.1 | 1.5 | 1.1 |
| Net Sales to Working Capital 32 | 1.2 | • | 1.0 | 0.7 | 0.9 | 0.9 | 0.9 | 1.2 | 0.6 | 0.9 | 0.8 | 0.8 | 1.2 |
| Coverage Ratio 33 | 1.1 | 1.0 | • | 14.4 | 1.6 | 1.0 | 1.9 | 1.4 | 1.0 | 0.6 | 1.0 | 1.7 | 1.1 |
| Total Asset Turnover 34 | 0.1 | • | 0.7 | 0.6 | 0.4 | 0.5 | 0.4 | 0.3 | 0.3 | 0.3 | 0.3 | 0.2 | 0.1 |
| Inventory Turnover 35 | • | • | • | • | • | • | • | • | • | • | • | • | • |
| Receivables Turnover 36 | • | • | • | • | • | • | • | • | • | • | • | • | • |
| Total Liabilities to Net Worth 37 | 5.6 | • | 11.7 | 0.4 | 2.2 | 5.8 | 3.7 | 5.5 | 4.8 | 5.1 | 5.9 | 5.1 | 5.7 |
| Current Assets to Working Capital 38 | 4.7 | • | 1.1 | 1.0 | 2.0 | 1.6 | 1.8 | 3.2 | 2.0 | 2.8 | 1.8 | 2.4 | 5.1 |
| Current Liabilities to Working Capital 39 | 3.7 | • | 0.1 | 0.0 | 1.0 | 0.6 | 0.8 | 2.2 | 1.0 | 1.8 | 0.8 | 1.4 | 4.1 |
| Working Capital to Net Sales 40 | 0.8 | • | 1.0 | 1.4 | 1.1 | 1.1 | 1.2 | 0.8 | 1.6 | 1.1 | 1.3 | 1.3 | 0.8 |
| Inventory to Working Capital 41 | 0.0 | • | • | • | • | • | • | • | 0.0 | 0.0 | 0.0 | 0.0 | 0.0 |
| Total Receipts to Cash Flow 42 | 3.3 | 6.9 | 2.5 | 1.3 | 3.1 | 2.7 | 1.9 | 2.7 | 3.3 | 3.5 | 3.3 | 2.4 | 3.4 |
| Cost of Goods to Cash Flow 43 | 0.1 | 0.0 | • | • | • | 0.3 | 0.1 | 0.4 | 0.4 | 0.1 | 0.0 | 0.1 | 0.1 |
| Cash Flow to Total Debt 44 | 0.1 | • | 0.3 | 1.6 | 0.2 | 0.2 | 0.2 | 0.1 | 0.1 | 0.1 | 0.1 | 0.1 | 0.0 |

## Selected Financial Factors (in Percentages)

| | | | | | | | | | | | | | |
|---|---|---|---|---|---|---|---|---|---|---|---|---|---|
| Debt Ratio 45 | 84.9 | • | 92.1 | 28.4 | 68.3 | 85.3 | 78.8 | 84.7 | 82.7 | 83.5 | 85.4 | 83.5 | 85.0 |
| Return on Total Assets 46 | 6.5 | • | • | 21.3 | 5.4 | 4.9 | 8.0 | 8.4 | 5.7 | 3.6 | 11.2 | 10.6 | 6.3 |
| Return on Equity Before Income Taxes 47 | 2.4 | • | • | 27.7 | 6.3 | 0.6 | 17.4 | 16.1 | 0.1 | • | • | 25.6 | 2.0 |
| Return on Equity After Income Taxes 48 | 0.6 | • | • | 27.5 | 5.3 | • | 15.6 | 12.6 | • | • | • | 21.1 | 0.3 |
| Profit Margin (Before Income Tax) 49 | 2.4 | • | • | 32.9 | 5.3 | 0.2 | 9.9 | 7.9 | 0.0 | • | • | 17.3 | 2.2 |
| Profit Margin (After Income Tax) 50 | 0.6 | • | • | 32.8 | 4.4 | • | 8.8 | 6.2 | • | • | • | 14.2 | 0.3 |

**Table II**

Corporations with Net Income

# CREDIT CARD ISSUING AND OTHER CONSUMER CREDIT

MONEY AMOUNTS AND SIZE OF ASSETS IN THOUSANDS OF DOLLARS

| Item Description for Accounting Period 7/00 Through 6/01 | | Total | Zero Assets | Under 100 | 100 to 250 | 251 to 500 | 501 to 1,000 | 1,001 to 5,000 | 5,001 to 10,000 | 10,001 to 25,000 | 25,001 to 50,000 | 50,001 to 100,000 | 100,001 to 250,000 | 250,001 and over |
|---|---|---|---|---|---|---|---|---|---|---|---|---|---|---|
| Number of Enterprises | 1 | 4322 | 25 | 233 | 1109 | 859 | 728 | 925 | 148 | 145 | 52 | 32 | 24 | 41 |
| **Revenues ($ in Thousands)** | | | | | | | | | | | | | | |
| Net Sales | 2 | 53504188 | 52877 | 2722 | 163734 | 140112 | 269570 | 864011 | 356893 | 589188 | 423469 | 761068 | 1096250 | 48784293 |
| Interest | 3 | 28677528 | 47525 | 0 | 1817 | 7843 | 167 | 119079 | 38523 | 59792 | 104609 | 251116 | 414708 | 27632350 |
| Rents | 4 | 1805890 | 0 | 0 | 0 | 0 | 0 | 1793 | 410 | 500 | 901 | 115 | 281 | 1801889 |
| Royalties | 5 | 13479 | 0 | 0 | 0 | 0 | 0 | 0 | 0 | 0 | 10068 | 0 | 0 | 3411 |
| Other Portfolio Income | 6 | 1757652 | 0 | 291 | 0 | 785 | 4713 | 10259 | 946 | 2639 | 7454 | 18564 | 4383 | 1707616 |
| Other Receipts | 7 | 21249639 | 5352 | 2431 | 161917 | 131484 | 264690 | 732880 | 317014 | 526257 | 300437 | 491273 | 676878 | 17639027 |
| Total Receipts | 8 | 53504188 | 52877 | 2722 | 163734 | 140112 | 269570 | 864011 | 356893 | 589188 | 423469 | 761068 | 1096250 | 48784293 |
| Average Total Receipts | 9 | 12379 | 2115 | 12 | 148 | 163 | 370 | 934 | 2411 | 4063 | 8144 | 23783 | 45677 | 1189861 |
| **Operating Costs/Operating Income (%)** | | | | | | | | | | | | | | |
| Cost of Operations | 10 | 2.2 | • | • | • | • | 17.8 | 2.5 | 12.1 | 9.7 | 1.1 | 0.0 | 3.7 | 2.0 |
| Salaries and Wages | 11 | 8.0 | 2.2 | • | 7.9 | 5.7 | 13.4 | 12.1 | 11.9 | 13.9 | 11.9 | 13.5 | 16.9 | 7.5 |
| Taxes Paid | 12 | 0.8 | 0.3 | • | 2.8 | 3.5 | 2.4 | 2.2 | 1.9 | 1.9 | 1.9 | 2.8 | 1.9 | 0.7 |
| Interest Paid | 13 | 37.2 | 2.9 | • | 1.2 | 9.1 | 8.2 | 11.6 | 15.9 | 20.7 | 25.9 | 33.5 | 22.0 | 38.9 |
| Depreciation | 14 | 5.2 | 0.2 | • | 0.9 | 0.3 | 3.6 | 1.3 | 1.4 | 4.4 | 2.6 | 1.2 | 2.3 | 5.5 |
| Amortization and Depletion | 15 | 0.9 | 0.0 | 2.8 | 0.0 | • | 0.0 | 0.1 | 0.3 | 0.2 | 1.8 | 0.1 | 0.3 | 0.9 |
| Pensions and Other Deferred Comp. | 16 | 0.6 | • | • | • | 2.9 | 0.1 | 0.3 | 0.5 | 0.3 | 0.7 | 0.3 | 0.2 | 0.6 |
| Employee Benefits | 17 | 0.8 | • | • | 0.5 | 0.3 | 1.1 | 0.9 | 0.7 | 0.7 | 0.8 | 0.6 | 1.0 | 0.8 |
| Advertising | 18 | 2.4 | • | • | 4.4 | 0.5 | 1.2 | 1.5 | 0.5 | 1.0 | 0.6 | 2.1 | 1.4 | 2.5 |
| Other Expenses | 19 | 32.4 | 44.8 | 2.9 | 46.8 | 29.0 | 32.2 | 37.7 | 28.9 | 27.0 | 31.2 | 26.8 | 25.3 | 32.6 |
| Officers' Compensation | 20 | 1.0 | • | • | • | 42.4 | 4.7 | 6.1 | 5.5 | 5.9 | 4.8 | 2.4 | 1.0 | 0.6 |
| Operating Margin | 21 | 8.6 | 49.5 | 94.4 | 35.5 | 6.3 | 15.1 | 23.7 | 20.5 | 14.2 | 16.8 | 16.8 | 24.1 | 7.5 |
| Operating Margin Before Officers' Comp. | 22 | 9.6 | 49.5 | 94.4 | 35.5 | 48.7 | 19.9 | 29.7 | 26.0 | 20.0 | 21.6 | 19.2 | 25.0 | 8.1 |

| Selected Average Balance Sheet ($ in Thousands) | | | | | | | | | | | | | |
|---|---|---|---|---|---|---|---|---|---|---|---|---|---|
| Net Receivables 23 | 39588 | 0 | 0 | 49 | 196 | 582 | 1598 | 6257 | 11922 | 24566 | 55159 | 76482 | 3937601 |
| Inventories 24 | • | • | • | • | • | • | • | • | • | • | • | • | • |
| Net Property, Plant and Equipment 25 | 1012 | 0 | 0 | 1 | 5 | 34 | 53 | 205 | 265 | 843 | 1452 | 3337 | 98928 |
| Total Assets 26 | 84910 | 0 | 33 | 194 | 407 | 839 | 2153 | 7107 | 15024 | 35599 | 70098 | 156744 | 8602914 |
| Notes and Loans Payable 27 | 47853 | 0 | 0 | 24 | 215 | 356 | 1192 | 4644 | 9905 | 23262 | 47933 | 83008 | 4838769 |
| All Other Liabilities 28 | 24390 | 0 | 0 | 1 | 93 | 263 | 281 | 731 | 1893 | 6254 | 8387 | 41805 | 2509840 |
| Net Worth 29 | 12666 | 0 | 33 | 169 | 99 | 219 | 680 | 1732 | 3226 | 6084 | 13778 | 31931 | 1254305 |

| Selected Financial Ratios (Times to 1) | | | | | | | | | | | | | |
|---|---|---|---|---|---|---|---|---|---|---|---|---|---|
| Current Ratio 30 | 1.3 | • | • | 31.3 | 1.8 | 2.4 | 2.8 | 1.8 | 2.1 | 1.4 | 2.6 | 1.6 | 1.2 |
| Quick Ratio 31 | 1.1 | • | • | 31.1 | 1.3 | 2.1 | 2.7 | 1.8 | 2.0 | 1.4 | 2.5 | 1.5 | 1.1 |
| Net Sales to Working Capital 32 | 1.2 | • | 0.4 | 0.8 | 1.0 | 0.9 | 0.8 | 0.8 | 0.6 | 1.0 | 0.7 | 1.0 | 1.3 |
| Coverage Ratio 33 | 1.2 | 17.9 | • | 31.5 | 1.7 | 2.9 | 3.0 | 2.3 | 1.7 | 1.6 | 1.5 | 2.1 | 1.2 |
| Total Asset Turnover 34 | 0.1 | • | 0.4 | 0.8 | 0.4 | 0.4 | 0.4 | 0.3 | 0.3 | 0.2 | 0.3 | 0.3 | 0.1 |
| Inventory Turnover 35 | • | • | • | • | • | • | • | • | • | • | • | • | • |
| Receivables Turnover 36 | • | • | • | • | • | • | • | • | • | • | • | • | • |
| Total Liabilities to Net Worth 37 | 5.7 | • | • | 0.2 | 3.1 | 2.8 | 2.2 | 3.1 | 3.7 | 4.9 | 4.1 | 3.9 | 5.9 |
| Current Assets to Working Capital 38 | 4.9 | • | 1.0 | 1.0 | 2.2 | 1.7 | 1.6 | 2.2 | 1.9 | 3.2 | 1.6 | 2.6 | 5.4 |
| Current Liabilities to Working Capital 39 | 3.9 | • | • | 0.0 | 1.2 | 0.7 | 0.6 | 1.2 | 0.9 | 2.2 | 0.6 | 1.6 | 4.4 |
| Working Capital to Net Sales 40 | 0.8 | • | 2.8 | 1.2 | 1.0 | 1.1 | 1.2 | 1.3 | 1.7 | 1.0 | 1.5 | 1.0 | 0.8 |
| Inventory to Working Capital 41 | 0.0 | • | • | • | • | • | • | • | 0.0 | 0.0 | 0.0 | 0.0 | 0.0 |
| Total Receipts to Cash Flow 42 | 2.6 | 1.1 | 1.0 | 1.3 | 3.0 | 2.4 | 1.8 | 2.2 | 2.6 | 2.2 | 2.9 | 2.1 | 2.6 |
| Cost of Goods to Cash Flow 43 | 0.1 | • | • | • | • | 0.4 | 0.0 | 0.3 | 0.3 | 0.0 | 0.0 | 0.1 | 0.1 |
| Cash Flow to Total Debt 44 | 0.1 | • | • | 4.6 | 0.2 | 0.2 | 0.4 | 0.2 | 0.1 | 0.1 | 0.1 | 0.2 | 0.1 |

| Selected Financial Factors (in Percentages) | | | | | | | | | | | | | |
|---|---|---|---|---|---|---|---|---|---|---|---|---|---|
| Debt Ratio 45 | 85.1 | • | • | 13.1 | 75.6 | 73.9 | 68.4 | 75.6 | 78.5 | 82.9 | 80.3 | 79.6 | 85.4 |
| Return on Total Assets 46 | 6.7 | • | 29.5 | 27.9 | 6.2 | 10.3 | 15.3 | 12.3 | 9.4 | 9.7 | 17.0 | 13.4 | 6.4 |
| Return on Equity Before Income Taxes 47 | 8.5 | • | 29.5 | 31.1 | 10.3 | 25.6 | 32.4 | 28.5 | 17.8 | 22.2 | 28.9 | 34.3 | 7.1 |
| Return on Equity After Income Taxes 48 | 6.1 | • | 25.1 | 30.9 | 8.7 | 24.0 | 30.7 | 24.7 | 16.1 | 19.7 | 26.5 | 29.1 | 4.8 |
| Profit Margin (Before Income Tax) 49 | 8.7 | 49.5 | 83.7 | 35.5 | 6.3 | 15.1 | 23.6 | 20.5 | 14.1 | 16.6 | 16.8 | 23.9 | 7.5 |
| Profit Margin (After Income Tax) 50 | 6.2 | 47.9 | 71.1 | 35.4 | 5.3 | 14.2 | 22.3 | 17.8 | 12.8 | 14.7 | 15.3 | 20.4 | 5.0 |

## Table I

Corporations with and without Net Income

# REAL ESTATE CREDIT AND MORTGAGE BANKERS

MONEY AMOUNTS AND SIZE OF ASSETS IN THOUSANDS OF DOLLARS

| Item Description for Accounting Period 7/00 Through 6/01 | | Total | Zero Assets | Under 100 | 100 to 250 | 251 to 500 | 501 to 1,000 | 1,001 to 5,000 | 5,001 to 10,000 | 10,001 to 25,000 | 25,001 to 50,000 | 50,001 to 100,000 | 100,001 to 250,000 | 250,001 and over |
|---|---|---|---|---|---|---|---|---|---|---|---|---|---|---|
| Number of Enterprises | 1 | 14527 | 490 | 8181 | 2924 | 808 | 583 | 992 | 181 | 178 | 75 | 45 | 33 | 37 |
| **Revenues ($ in Thousands)** | | | | | | | | | | | | | | |
| Net Sales | 2 | 49872819 | 138754 | 4149406 | 1457817 | 179685 | 166661 | 1955075 | 391597 | 923523 | 787430 | 587751 | 1156507 | 37978613 |
| Interest | 3 | 23918161 | 6345 | 2641145 | 3710 | 1883 | 19746 | 51585 | 57298 | 91337 | 88513 | 114347 | 413806 | 20428445 |
| Rents | 4 | 1878953 | 199 | 1726 | 0 | 0 | 0 | 3276 | 26 | 5780 | 1168 | 7937 | 13870 | 1844969 |
| Royalties | 5 | 1533 | 0 | 0 | 0 | 0 | 0 | 25 | 0 | 20 | 0 | 370 | 1118 | 0 |
| Other Portfolio Income | 6 | 970885 | 5644 | 1781 | 536 | 726 | 4669 | 18049 | 3365 | 17742 | 14145 | 16558 | 33724 | 853947 |
| Other Receipts | 7 | 23103287 | 126566 | 1504754 | 1453571 | 177076 | 142246 | 1882140 | 330908 | 808644 | 683604 | 448539 | 693989 | 14851252 |
| Total Receipts | 8 | 49872819 | 138754 | 4149406 | 1457817 | 179685 | 166661 | 1955075 | 391597 | 923523 | 787430 | 587751 | 1156507 | 37978613 |
| Average Total Receipts | 9 | 3433 | 283 | 507 | 499 | 222 | 286 | 1971 | 2164 | 5188 | 10499 | 13061 | 35046 | 1026449 |
| **Operating Costs/Operating Income (%)** | | | | | | | | | | | | | | |
| Cost of Operations | 10 | 1.8 | • | 4.4 | 3.5 | 4.3 | 0.3 | 8.5 | 11.7 | 7.9 | 5.0 | 2.3 | 4.0 | 0.7 |
| Salaries and Wages | 11 | 19.3 | 18.7 | 8.6 | 46.8 | 27.2 | 30.1 | 29.3 | 20.8 | 28.8 | 36.3 | 30.2 | 24.4 | 17.9 |
| Taxes Paid | 12 | 2.0 | 5.9 | 1.5 | 2.8 | 5.2 | 2.5 | 2.7 | 3.3 | 3.5 | 3.3 | 3.4 | 2.4 | 1.9 |
| Interest Paid | 13 | 32.6 | 6.1 | 63.8 | 0.4 | 4.8 | 8.1 | 4.1 | 18.5 | 14.7 | 24.2 | 17.9 | 19.3 | 33.6 |
| Depreciation | 14 | 5.9 | 1.6 | 0.4 | 1.1 | 1.2 | 1.6 | 0.9 | 1.6 | 1.3 | 1.5 | 1.6 | 1.5 | 7.5 |
| Amortization and Depletion | 15 | 1.2 | 0.2 | 0.1 | 0.2 | 0.2 | 0.3 | 0.1 | 0.3 | 0.4 | 0.8 | 1.3 | 1.0 | 1.5 |
| Pensions and Other Deferred Comp. | 16 | 0.6 | 0.0 | 0.0 | 0.1 | 0.9 | 0.0 | 0.2 | 0.3 | 0.3 | 0.4 | 0.7 | 0.3 | 0.7 |
| Employee Benefits | 17 | 1.3 | 2.7 | 0.2 | 0.4 | 1.4 | 1.4 | 0.6 | 0.6 | 1.0 | 1.5 | 1.3 | 1.2 | 1.5 |
| Advertising | 18 | 1.2 | 3.5 | 1.0 | 2.9 | 0.5 | 0.7 | 2.1 | 4.2 | 1.6 | 1.9 | 1.1 | 1.7 | 1.1 |
| Other Expenses | 19 | 34.7 | 95.3 | 14.1 | 21.0 | 32.8 | 35.0 | 44.0 | 38.2 | 35.4 | 33.6 | 27.9 | 105.1 | 34.7 |
| Officers' Compensation | 20 | 1.7 | 16.5 | 4.1 | 14.2 | 19.7 | 6.0 | 6.0 | 4.5 | 6.0 | 4.2 | 5.6 | 2.6 | 0.3 |
| Operating Margin | 21 | • | • | 1.8 | 6.8 | 1.7 | 14.0 | 1.5 | • | • | • | 6.6 | • | • |
| Operating Margin Before Officers' Comp. | 22 | • | • | 5.9 | 21.0 | 21.5 | 20.0 | 7.5 | 0.6 | 5.2 | • | 12.1 | • | • |

## Selected Average Balance Sheet ($ in Thousands)

| | | | | | | | | | | | | | |
|---|---|---|---|---|---|---|---|---|---|---|---|---|---|
| Net Receivables 23 | 7447 | 0 | 1 | 7 | 5 | 207 | 417 | 1768 | 2925 | 7935 | 8140 | 15081 | 2846413 |
| Inventories 24 | • | • | • | • | • | • | • | • | • | • | • | • | • |
| Net Property, Plant and Equipment 25 | 312 | 0 | 8 | 28 | 16 | 49 | 238 | 256 | 529 | 1095 | 2085 | 1993 | 100671 |
| Total Assets 26 | 21358 | 0 | 24 | 153 | 401 | 754 | 2107 | 6915 | 15982 | 35261 | 67491 | 153342 | 7890065 |
| Notes and Loans Payable 27 | 14511 | 0 | 15 | 120 | 120 | 294 | 1070 | 4649 | 9520 | 27550 | 41808 | 87645 | 5395375 |
| All Other Liabilities 28 | 4596 | 0 | 4 | 5 | 11 | 241 | 324 | 957 | 3462 | 7030 | 9957 | 56487 | 1692400 |
| Net Worth 29 | 2251 | 0 | 5 | 28 | 269 | 219 | 713 | 1309 | 3000 | 681 | 15726 | 9210 | 802290 |

## Selected Financial Ratios (Times to 1)

| | | | | | | | | | | | | | |
|---|---|---|---|---|---|---|---|---|---|---|---|---|---|
| Current Ratio 30 | 0.8 | • | 3.8 | 3.5 | 3.4 | 1.2 | 1.1 | 0.6 | 0.7 | 0.6 | 0.6 | 0.4 | 0.8 |
| Quick Ratio 31 | 0.6 | • | 3.5 | 3.1 | 2.8 | 1.2 | 0.9 | 0.5 | 0.4 | 0.5 | 0.4 | 0.3 | 0.6 |
| Net Sales to Working Capital 32 | • | • | 45.8 | 11.2 | 2.3 | 4.9 | 33.2 | • | • | • | • | • | • |
| Coverage Ratio 33 | 0.9 | • | 1.0 | 19.6 | 1.4 | 2.7 | 1.4 | 0.8 | 0.9 | 0.5 | 1.4 | • | 1.0 |
| Total Asset Turnover 34 | 0.2 | • | 20.8 | 3.3 | 0.6 | 0.4 | 0.9 | 0.3 | 0.3 | 0.3 | 0.2 | 0.2 | 0.1 |
| Inventory Turnover 35 | • | • | • | • | • | • | • | • | • | • | • | • | • |
| Receivables Turnover 36 | • | • | • | • | • | • | • | • | • | • | • | • | • |
| Total Liabilities to Net Worth 37 | 8.5 | • | 3.6 | 4.5 | 0.5 | 2.4 | 2.0 | 4.3 | 4.3 | 50.8 | 3.3 | 15.6 | 8.8 |
| Current Assets to Working Capital 38 | • | • | 1.4 | 1.4 | 1.4 | 5.4 | 15.0 | • | • | • | • | • | • |
| Current Liabilities to Working Capital 39 | • | • | 0.4 | 0.4 | 0.4 | 4.4 | 14.0 | • | • | • | • | • | • |
| Working Capital to Net Sales 40 | • | • | 0.0 | 0.1 | 0.4 | 0.2 | 0.0 | • | • | • | • | • | • |
| Inventory to Working Capital 41 | • | • | • | • | • | • | • | • | • | • | • | • | • |
| Total Receipts to Cash Flow 42 | 3.6 | 4.3 | 7.3 | 4.4 | 3.3 | 2.3 | 2.4 | 3.3 | 3.4 | 6.1 | 3.4 | • | 3.4 |
| Cost of Goods to Cash Flow 43 | 0.1 | • | 0.3 | 0.2 | 0.1 | 0.0 | 0.2 | 0.4 | 0.3 | 0.3 | 0.1 | • | 0.0 |
| Cash Flow to Total Debt 44 | 0.0 | • | 3.7 | 0.9 | 0.5 | 0.2 | 0.6 | 0.1 | 0.1 | 0.0 | 0.1 | • | 0.0 |

## Selected Financial Factors (in Percentages)

| | | | | | | | | | | | | | |
|---|---|---|---|---|---|---|---|---|---|---|---|---|---|
| Debt Ratio 45 | 89.5 | • | 78.2 | 81.8 | 32.9 | 71.0 | 66.1 | 81.1 | 81.2 | 98.1 | 76.7 | 94.0 | 89.8 |
| Return on Total Assets 46 | 4.9 | • | 1367.1 | 23.4 | 3.6 | 8.4 | 5.2 | 4.4 | 4.5 | 3.4 | 4.7 | • | 4.2 |
| Return on Equity Before Income Taxes 47 | • | • | 175.0 | 121.9 | 1.4 | 18.2 | 4.0 | • | • | • | 5.4 | • | • |
| Return on Equity After Income Taxes 48 | • | • | 174.2 | 118.7 | • | 18.0 | 3.0 | • | • | • | 3.6 | • | • |
| Profit Margin (Before Income Tax) 49 | • | • | 1.8 | 6.8 | 1.7 | 14.0 | 1.5 | • | • | • | 6.5 | • | • |
| Profit Margin (After Income Tax) 50 | • | • | 1.8 | 6.6 | • | 13.8 | 1.1 | • | • | • | 4.3 | • | • |

## Table II

Corporations with Net Income

# REAL ESTATE CREDIT AND MORTGAGE BANKERS

MONEY AMOUNTS AND SIZE OF ASSETS IN THOUSANDS OF DOLLARS

| Item Description for Accounting Period 7/00 Through 6/01 | | Total | Zero Assets | Under 100 | 100 to 250 | 251 to 500 | 501 to 1,000 | 1,001 to 5,000 | 5,001 to 10,000 | 10,001 to 25,000 | 25,001 to 50,000 | 50,001 to 100,000 | 100,001 to 250,000 | 250,001 and over |
|---|---|---|---|---|---|---|---|---|---|---|---|---|---|---|
| Number of Enterprises | 1 | 8324 | 226 | 4304 | 1800 | 494 | 467 | 712 | 90 | 109 | 49 | 37 | 19 | 17 |
| **Revenues ($ in Thousands)** | | | | | | | | | | | | | | |
| Net Sales | 2 | 14794688 | 124347 | 1192689 | 1449042 | 153715 | 159281 | 1624552 | 193362 | 559370 | 562667 | 527456 | 614567 | 7633640 |
| Interest | 3 | 4136612 | 4345 | 1354 | 3710 | 1855 | 19706 | 35405 | 39256 | 49552 | 52038 | 102190 | 154731 | 3672469 |
| Rents | 4 | 48019 | 0 | 1726 | 0 | 0 | 0 | 3155 | 0 | 3697 | 603 | 7937 | 761 | 30141 |
| Royalties | 5 | 1533 | 0 | 0 | 0 | 0 | 0 | 25 | 0 | 20 | 0 | 370 | 1118 | 0 |
| Other Portfolio Income | 6 | 466633 | 0 | 0 | 536 | 725 | 4636 | 17273 | 3136 | 8351 | 6840 | 16558 | 4674 | 403903 |
| Other Receipts | 7 | 10141891 | 120002 | 1189609 | 1444796 | 151135 | 134939 | 1568694 | 150970 | 497750 | 503186 | 400401 | 453283 | 3527127 |
| Total Receipts | 8 | 14794688 | 124347 | 1192689 | 1449042 | 153715 | 159281 | 1624552 | 193362 | 559370 | 562667 | 527456 | 614567 | 7633640 |
| Average Total Receipts | 9 | 1777 | 550 | 277 | 805 | 311 | 341 | 2282 | 2148 | 5132 | 11483 | 14256 | 32346 | 449038 |
| **Operating Costs/Operating Income (%)** | | | | | | | | | | | | | | |
| Cost of Operations | 10 | 3.8 | • | 12.8 | 3.6 | 2.0 | 0.3 | 6.0 | 23.5 | 8.6 | 6.5 | 2.2 | 3.9 | 1.2 |
| Salaries and Wages | 11 | 28.6 | 18.7 | 25.3 | 46.8 | 29.3 | 30.8 | 29.2 | 15.9 | 23.1 | 30.9 | 28.1 | 28.7 | 26.2 |
| Taxes Paid | 12 | 2.9 | 4.5 | 4.2 | 2.7 | 5.4 | 2.3 | 2.6 | 4.5 | 2.9 | 3.3 | 3.5 | 3.1 | 2.6 |
| Interest Paid | 13 | 22.9 | 4.8 | 0.5 | 0.4 | 1.4 | 6.5 | 3.7 | 10.7 | 13.4 | 18.7 | 16.0 | 22.6 | 37.6 |
| Depreciation | 14 | 1.4 | 1.5 | 0.3 | 0.9 | 1.1 | 1.6 | 0.7 | 1.1 | 1.1 | 1.4 | 1.3 | 1.5 | 1.8 |
| Amortization and Depletion | 15 | 0.5 | 0.0 | 0.0 | 0.1 | 0.0 | 0.0 | 0.0 | 0.0 | 0.4 | 0.7 | 0.9 | 1.0 | 0.7 |
| Pensions and Other Deferred Comp. | 16 | 0.3 | • | 0.1 | 0.1 | 1.1 | • | 0.1 | 0.5 | 0.4 | 0.4 | 0.7 | 0.5 | 0.3 |
| Employee Benefits | 17 | 1.2 | 2.2 | 0.6 | 0.4 | 0.8 | 1.4 | 0.5 | 0.4 | 0.9 | 0.9 | 1.4 | 1.3 | 1.6 |
| Advertising | 18 | 1.8 | 3.9 | 2.5 | 2.9 | 0.3 | 0.7 | 1.8 | 3.9 | 1.2 | 1.6 | 1.1 | 1.7 | 1.5 |
| Other Expenses | 19 | 22.2 | 22.3 | 35.5 | 20.2 | 25.3 | 33.9 | 43.6 | 21.7 | 29.5 | 22.6 | 25.9 | 22.2 | 14.8 |
| Officers' Compensation | 20 | 4.1 | 18.3 | 7.1 | 14.3 | 19.8 | 6.1 | 4.9 | 5.6 | 6.7 | 4.6 | 4.1 | 3.3 | 0.8 |
| Operating Margin | 21 | 10.4 | 23.7 | 11.2 | 7.6 | 13.5 | 16.4 | 6.8 | 12.2 | 11.9 | 8.3 | 14.8 | 10.1 | 10.9 |
| Operating Margin Before Officers' Comp. | 22 | 14.5 | 42.0 | 18.3 | 21.9 | 33.2 | 22.5 | 11.7 | 17.8 | 18.5 | 12.9 | 19.0 | 13.5 | 11.7 |

## Selected Average Balance Sheet ($ in Thousands)

| | | | | | | | | | | | | | |
|---|---|---|---|---|---|---|---|---|---|---|---|---|---|
| Net Receivables 23 | 2566 | 0 | 3 | 2 | 0 | 70 | 445 | 2375 | 2404 | 10305 | 9781 | 25503 | 1127641 |
| Inventories 24 | • | • | • | • | • | • | • | • | • | • | • | • | • |
| Net Property, Plant and Equipment 25 | 161 | 0 | 7 | 42 | 18 | 60 | 205 | 276 | 479 | 1307 | 2209 | 2094 | 46616 |
| Total Assets 26 | 8753 | 0 | 30 | 150 | 400 | 705 | 2040 | 6791 | 15866 | 35117 | 68454 | 148844 | 3591440 |
| Notes and Loans Payable 27 | 5660 | 0 | 9 | 45 | 185 | 367 | 1089 | 4633 | 9713 | 23143 | 39462 | 62580 | 2393940 |
| All Other Liabilities 28 | 1820 | 0 | 6 | 8 | 14 | 106 | 249 | 314 | 2693 | 7869 | 11046 | 66960 | 734242 |
| Net Worth 29 | 1273 | 0 | 15 | 97 | 201 | 232 | 702 | 1844 | 3460 | 4105 | 17947 | 19304 | 463258 |

## Selected Financial Ratios (Times to 1)

| | | | | | | | | | | | | | |
|---|---|---|---|---|---|---|---|---|---|---|---|---|---|
| Current Ratio 30 | 0.8 | • | 4.5 | 2.9 | 4.4 | 1.3 | 1.2 | 1.0 | 0.6 | 0.8 | 0.7 | 0.5 | 0.8 |
| Quick Ratio 31 | 0.7 | • | 4.1 | 2.2 | 3.6 | 1.3 | 1.1 | 0.9 | 0.4 | 0.7 | 0.4 | 0.4 | 0.7 |
| Net Sales to Working Capital 32 | • | • | 17.6 | 20.9 | 1.9 | 9.9 | 15.5 | • | • | • | • | • | • |
| Coverage Ratio 33 | 1.5 | 6.0 | 25.3 | 21.6 | 10.7 | 3.5 | 2.8 | 2.1 | 1.9 | 1.4 | 1.9 | 1.4 | 1.3 |
| Total Asset Turnover 34 | 0.2 | • | 9.1 | 5.4 | 0.8 | 0.5 | 1.1 | 0.3 | 0.3 | 0.3 | 0.2 | 0.2 | 0.1 |
| Inventory Turnover 35 | • | • | • | • | • | • | • | • | • | • | • | • | • |
| Receivables Turnover 36 | • | • | • | • | • | • | • | • | • | • | • | • | • |
| Total Liabilities to Net Worth 37 | 5.9 | • | 1.0 | 0.5 | 1.0 | 2.0 | 1.9 | 2.7 | 3.6 | 7.6 | 2.8 | 6.7 | 6.8 |
| Current Assets to Working Capital 38 | • | • | 1.3 | 1.5 | 1.3 | 4.6 | 6.2 | • | • | • | • | • | • |
| Current Liabilities to Working Capital 39 | • | • | 0.3 | 0.5 | 0.3 | 3.6 | 5.2 | • | • | • | • | • | • |
| Working Capital to Net Sales 40 | • | • | 0.1 | 0.0 | 0.5 | 0.1 | 0.1 | • | • | • | • | • | • |
| Inventory to Working Capital 41 | • | • | • | • | • | • | • | • | • | • | • | • | • |
| Total Receipts to Cash Flow 42 | 3.6 | 2.3 | 2.4 | 4.4 | 2.8 | 2.2 | 2.1 | 3.3 | 2.7 | 3.6 | 2.8 | 3.6 | 4.7 |
| Cost of Goods to Cash Flow 43 | 0.1 | • | 0.3 | 0.2 | 0.1 | 0.0 | 0.1 | 0.8 | 0.2 | 0.2 | 0.1 | 0.1 | 0.1 |
| Cash Flow to Total Debt 44 | 0.1 | • | 7.7 | 3.4 | 0.6 | 0.3 | 0.8 | 0.1 | 0.2 | 0.1 | 0.1 | 0.1 | 0.0 |

## Selected Financial Factors (in Percentages)

| | | | | | | | | | | | | | |
|---|---|---|---|---|---|---|---|---|---|---|---|---|---|
| Debt Ratio 45 | 85.5 | • | 49.8 | 35.4 | 49.8 | 67.1 | 65.6 | 72.9 | 78.2 | 88.3 | 73.8 | 87.0 | 87.1 |
| Return on Total Assets 46 | 6.7 | • | 106.4 | 42.7 | 11.6 | 11.1 | 11.6 | 7.0 | 8.1 | 8.8 | 6.4 | 7.1 | 6.1 |
| Return on Equity Before Income Taxes 47 | 14.4 | • | 203.5 | 63.1 | 20.9 | 24.1 | 21.8 | 13.3 | 17.4 | 23.3 | 11.7 | 17.0 | 10.5 |
| Return on Equity After Income Taxes 48 | 11.5 | • | 202.9 | 61.6 | 15.7 | 23.8 | 20.3 | 11.9 | 15.2 | 20.7 | 9.8 | 12.0 | 7.4 |
| Profit Margin (Before Income Tax) 49 | 10.3 | 23.7 | 11.2 | 7.6 | 13.5 | 16.4 | 6.7 | 11.4 | 11.8 | 8.3 | 14.8 | 10.1 | 10.8 |
| Profit Margin (After Income Tax) 50 | 8.3 | 23.4 | 11.2 | 7.4 | 10.1 | 16.2 | 6.2 | 10.2 | 10.3 | 7.4 | 12.3 | 7.2 | 7.6 |

## Table I

Corporations with and without Net Income

# INTERNAT. & SECONDARY FINANCE, OTHER NONDEP. INTERMEDIATION

MONEY AMOUNTS AND SIZE OF ASSETS IN THOUSANDS OF DOLLARS

| Item Description for Accounting Period 7/00 Through 6/01 | | Total | Zero Assets | Under 100 | 100 to 250 | 251 to 500 | 501 to 1,000 | 1,001 to 5,000 | 5,001 to 10,000 | 10,001 to 25,000 | 25,001 to 50,000 | 50,001 to 100,000 | 100,001 to 250,000 | 250,001 and over |
|---|---|---|---|---|---|---|---|---|---|---|---|---|---|---|
| Number of Enterprises | 1 | 6246 | 606 | 1688 | 1444 | 819 | 583 | 628 | 81 | 98 | 48 | 49 | 67 | 135 |
| **Revenues ($ in Thousands)** | | | | | | | | | | | | | | |
| Net Sales | 2 | 143975441 | 819188 | 123039 | 215775 | 219205 | 328516 | 538265 | 275770 | 380782 | 348003 | 428050 | 1625671 | 138673177 |
| Interest | 3 | 101061364 | 572190 | 4799 | 26596 | 41597 | 44162 | 60387 | 33340 | 68486 | 79860 | 225554 | 691172 | 99213222 |
| Rents | 4 | 141494 | 472 | 0 | 0 | 0 | 640 | 772 | 2573 | 152 | 515 | 111 | 7491 | 128768 |
| Royalties | 5 | 62771 | 0 | 0 | 0 | 0 | 0 | 0 | 0 | 19 | 0 | 56 | 0 | 62695 |
| Other Portfolio Income | 6 | 2424770 | 8625 | 0 | 0 | 534 | 0 | 2595 | 454 | 9179 | 10634 | 4092 | 10015 | 2378641 |
| Other Receipts | 7 | 40285042 | 237901 | 118240 | 189179 | 177074 | 283714 | 474511 | 239403 | 302946 | 256994 | 198237 | 916993 | 36889851 |
| Total Receipts | 8 | 143975441 | 819188 | 123039 | 215775 | 219205 | 328516 | 538265 | 275770 | 380782 | 348003 | 428050 | 1625671 | 138673177 |
| Average Total Receipts | 9 | 23051 | 1352 | 73 | 149 | 268 | 563 | 857 | 3405 | 3886 | 7250 | 8736 | 24264 | 1027209 |
| **Operating Costs/Operating Income (%)** | | | | | | | | | | | | | | |
| Cost of Operations | 10 | 4.2 | 4.2 | • | • | • | • | 4.8 | 6.2 | 0.3 | 0.6 | 1.1 | 0.2 | 4.3 |
| Salaries and Wages | 11 | 4.1 | 9.7 | 12.7 | 29.2 | 3.0 | 29.9 | 15.5 | 28.0 | 22.3 | 22.2 | 13.4 | 12.6 | 3.6 |
| Taxes Paid | 12 | 0.6 | 1.4 | 2.5 | 5.1 | 1.6 | 4.6 | 2.6 | 3.9 | 2.6 | 2.7 | 1.7 | 1.7 | 0.5 |
| Interest Paid | 13 | 63.1 | 65.0 | 6.2 | 2.8 | 21.8 | 4.2 | 15.6 | 18.0 | 24.5 | 25.2 | 41.1 | 32.8 | 64.3 |
| Depreciation | 14 | 0.9 | 1.1 | 0.8 | 2.1 | 3.5 | 0.5 | 1.4 | 2.7 | 1.8 | 3.5 | 1.0 | 2.0 | 0.8 |
| Amortization and Depletion | 15 | 0.2 | 0.1 | 0.4 | • | 0.4 | 0.5 | 0.4 | 0.5 | 3.5 | 0.5 | 0.5 | 0.5 | 0.1 |
| Pensions and Other Deferred Comp. | 16 | 0.2 | 0.2 | • | • | 1.0 | 0.3 | 0.0 | 0.4 | 0.3 | 0.4 | 0.2 | 0.2 | 0.2 |
| Employee Benefits | 17 | 0.3 | 0.8 | 1.4 | 1.4 | 0.0 | 2.0 | 0.8 | 1.1 | 0.8 | 2.0 | 1.3 | 0.9 | 0.3 |
| Advertising | 18 | 1.0 | 0.6 | 0.9 | 5.1 | 1.1 | 3.2 | 2.0 | 2.4 | 0.7 | 1.5 | 0.5 | 0.4 | 1.0 |
| Other Expenses | 19 | 16.1 | 17.6 | 47.7 | 39.2 | 47.1 | 32.8 | 37.3 | 34.6 | 33.3 | 29.0 | 23.6 | 44.0 | 15.4 |
| Officers' Compensation | 20 | 0.6 | 0.7 | 8.1 | 11.4 | 5.1 | 4.5 | 8.9 | 6.4 | 6.0 | 4.4 | 4.8 | 2.0 | 0.4 |
| Operating Margin | 21 | 8.8 | • | 19.3 | 3.7 | 15.3 | 17.5 | 10.6 | • | 3.8 | 8.1 | 10.8 | 2.6 | 9.0 |
| Operating Margin Before Officers' Comp. | 22 | 9.4 | • | 27.4 | 15.2 | 20.5 | 22.0 | 19.5 | 2.2 | 9.9 | 12.4 | 15.6 | 4.6 | 9.4 |

## Selected Average Balance Sheet ($ in Thousands)

| | | | | | | | | | | | | | |
|---|---|---|---|---|---|---|---|---|---|---|---|---|---|
| Net Receivables 23 | 56532 | 0 | 13 | 30 | 145 | 328 | 998 | 3109 | 8396 | 18964 | 52788 | 107928 | 2520710 |
| Inventories 24 | • | • | • | • | • | • | • | • | • | • | • | • | • |
| Net Property, Plant and Equipment 25 | 723 | 0 | 8 | 10 | 90 | 23 | 112 | 362 | 366 | 1444 | 938 | 2416 | 29529 |
| Total Assets 26 | 278510 | 0 | 37 | 150 | 392 | 712 | 2188 | 6311 | 15787 | 34153 | 71918 | 162091 | 12734066 |
| Notes and Loans Payable 27 | 235277 | 0 | 30 | 64 | 333 | 260 | 1236 | 3362 | 9671 | 22474 | 54168 | 116431 | 10781067 |
| All Other Liabilities 28 | 29039 | 0 | 2 | 3 | -160 | 138 | 274 | 1818 | 2591 | 6064 | 6156 | 13990 | 1328276 |
| Net Worth 29 | 14193 | 0 | 5 | 83 | 220 | 314 | 678 | 1130 | 3524 | 5615 | 11594 | 31669 | 624723 |

## Selected Financial Ratios (Times to 1)

| | | | | | | | | | | | | | |
|---|---|---|---|---|---|---|---|---|---|---|---|---|---|
| Current Ratio 30 | 0.6 | • | 1.2 | 38.4 | 6.7 | 2.5 | 2.0 | 0.9 | 1.7 | 1.6 | 1.5 | 1.2 | 0.6 |
| Quick Ratio 31 | 0.4 | • | 1.2 | 19.9 | 4.7 | 2.0 | 1.7 | 0.7 | 1.4 | 1.4 | 1.4 | 1.1 | 0.4 |
| Net Sales to Working Capital 32 | • | • | 16.9 | 1.4 | 1.1 | 1.5 | 1.1 | • | 0.8 | 0.7 | 0.4 | 1.4 | • |
| Coverage Ratio 33 | 1.1 | 1.0 | 4.1 | 2.4 | 1.7 | 5.2 | 1.7 | 0.8 | 1.2 | 1.3 | 1.2 | 1.1 | 1.1 |
| Total Asset Turnover 34 | 0.1 | • | 1.9 | 1.0 | 0.7 | 0.8 | 0.4 | 0.5 | 0.2 | 0.2 | 0.1 | 0.1 | 0.1 |
| Inventory Turnover 35 | • | • | • | • | • | • | • | • | • | • | • | • | • |
| Receivables Turnover 36 | • | • | • | • | • | • | • | • | • | • | • | • | • |
| Total Liabilities to Net Worth 37 | 18.6 | • | 5.9 | 0.8 | 0.8 | 1.3 | 2.2 | 4.6 | 3.5 | 5.1 | 5.2 | 4.1 | 19.4 |
| Current Assets to Working Capital 38 | • | • | 5.1 | 1.0 | 1.2 | 1.7 | 2.0 | • | 2.4 | 2.6 | 3.0 | 6.5 | • |
| Current Liabilities to Working Capital 39 | • | • | 4.1 | 0.0 | 0.2 | 0.7 | 1.0 | • | 1.4 | 1.6 | 2.0 | 5.5 | • |
| Working Capital to Net Sales 40 | • | • | 0.1 | 0.7 | 0.9 | 0.7 | 0.9 | • | 1.3 | 1.4 | 2.3 | 0.7 | • |
| Inventory to Working Capital 41 | • | • | • | • | • | • | 0.0 | • | • | 0.0 | 0.0 | 0.0 | • |
| Total Receipts to Cash Flow 42 | 4.2 | 7.9 | 1.8 | 3.7 | 1.7 | 2.6 | 2.3 | 4.5 | 3.1 | 3.6 | 3.0 | 2.3 | 4.3 |
| Cost of Goods to Cash Flow 43 | 0.2 | 0.3 | • | • | • | • | 0.1 | 0.3 | 0.0 | 0.0 | 0.0 | 0.0 | 0.2 |
| Cash Flow to Total Debt 44 | 0.0 | • | 1.3 | 0.6 | 0.9 | 0.5 | 0.2 | 0.1 | 0.1 | 0.1 | 0.0 | 0.1 | 0.0 |

## Selected Financial Factors (in Percentages)

| | | | | | | | | | | | | | |
|---|---|---|---|---|---|---|---|---|---|---|---|---|---|
| Debt Ratio 45 | 94.9 | • | 85.6 | 44.6 | 44.0 | 55.9 | 69.0 | 82.1 | 77.7 | 83.6 | 83.9 | 80.5 | 95.1 |
| Return on Total Assets 46 | 5.9 | • | 49.6 | 6.5 | 25.2 | 17.2 | 10.2 | 7.5 | 7.0 | 7.0 | 6.2 | 5.3 | 5.8 |
| Return on Equity Before Income Taxes 47 | 12.7 | • | 261.2 | 6.7 | 18.4 | 31.4 | 13.4 | • | 4.2 | 10.4 | 7.4 | 2.1 | 13.1 |
| Return on Equity After Income Taxes 48 | 8.0 | • | 261.1 | 6.6 | 16.5 | 31.1 | 12.6 | • | 1.0 | 6.8 | 5.5 | 0.1 | 8.2 |
| Profit Margin (Before Income Tax) 49 | 7.8 | • | 19.3 | 3.7 | 15.1 | 17.5 | 10.6 | • | 3.8 | 8.0 | 9.8 | 2.7 | 7.9 |
| Profit Margin (After Income Tax) 50 | 4.9 | • | 19.3 | 3.7 | 13.5 | 17.3 | 10.0 | • | 0.9 | 5.2 | 7.2 | 0.1 | 5.0 |

## Table II

Corporations with Net Income

# INTERNAT. & SECONDARY FINANCE, OTHER NONDEP. INTERMEDIATION

MONEY AMOUNTS AND SIZE OF ASSETS IN THOUSANDS OF DOLLARS

| Item Description for Accounting Period 7/00 Through 6/01 | | Total | Zero Assets | Under 100 | 100 to 250 | 251 to 500 | 501 to 1,000 | 1,001 to 5,000 | 5,001 to 10,000 | 10,001 to 25,000 | 25,001 to 50,000 | 50,001 to 100,000 | 100,001 to 250,000 | 250,001 and over |
|---|---|---|---|---|---|---|---|---|---|---|---|---|---|---|
| Number of Enterprises | 1 | 3523 | 452 | 443 | 0 | 507 | 352 | 521 | 0 | 66 | 35 | 37 | 54 | 111 |
| **Revenues ($ in Thousands)** | | | | | | | | | | | | | | |
| Net Sales | 2 | 137968298 | 652766 | 77027 | 0 | 206491 | 215468 | 471965 | 0 | 306826 | 305763 | 360077 | 1332000 | 133700104 |
| Interest | 3 | 98350954 | 565041 | 39 | 0 | 41061 | 19867 | 16719 | 0 | 40627 | 58968 | 184496 | 605659 | 96817826 |
| Rents | 4 | 139482 | 472 | 0 | 0 | 0 | 640 | 661 | 0 | 142 | 122 | 111 | 6466 | 128723 |
| Royalties | 5 | 62771 | 0 | 0 | 0 | 0 | 0 | 0 | 0 | 19 | 0 | 56 | 0 | 62695 |
| Other Portfolio Income | 6 | 2281524 | 8606 | 0 | 0 | 534 | 0 | 1971 | 0 | 8710 | 8888 | 1264 | 9491 | 2242029 |
| Other Receipts | 7 | 37133567 | 78647 | 76988 | 0 | 164896 | 194961 | 452614 | 0 | 257328 | 237785 | 174150 | 710384 | 34448831 |
| Total Receipts | 8 | 137968298 | 652766 | 77027 | 0 | 206491 | 215468 | 471965 | 0 | 306826 | 305763 | 360077 | 1332000 | 133700104 |
| Average Total Receipts | 9 | 39162 | 1444 | 174 | • | 407 | 612 | 906 | • | 4649 | 8736 | 9732 | 24667 | 1204505 |
| **Operating Costs/Operating Income (%)** | | | | | | | | | | | | | | |
| Cost of Operations | 10 | 4.3 | • | • | • | • | • | 5.5 | • | 0.4 | 0.7 | 1.3 | • | 4.4 |
| Salaries and Wages | 11 | 4.0 | 2.3 | 20.3 | • | 2.5 | 23.9 | 16.4 | • | 21.0 | 23.6 | 12.6 | 9.9 | 3.7 |
| Taxes Paid | 12 | 0.6 | 0.8 | 2.1 | • | 1.2 | 4.2 | 2.9 | • | 2.3 | 3.0 | 1.7 | 1.2 | 0.6 |
| Interest Paid | 13 | 63.1 | 77.3 | 0.4 | • | 21.4 | 0.8 | 7.3 | • | 16.6 | 21.4 | 39.9 | 30.9 | 64.2 |
| Depreciation | 14 | 0.8 | 0.2 | 0.1 | • | 0.4 | 0.4 | 1.5 | • | 1.0 | 2.3 | 0.9 | 1.8 | 0.8 |
| Amortization and Depletion | 15 | 0.1 | 0.1 | 0.6 | • | 0.0 | 0.7 | 0.3 | • | 3.2 | 0.3 | 0.4 | 0.4 | 0.1 |
| Pensions and Other Deferred Comp. | 16 | 0.2 | 0.2 | • | • | 1.0 | • | 0.0 | • | 0.4 | 0.3 | 0.2 | 0.2 | 0.2 |
| Employee Benefits | 17 | 0.3 | 0.4 | • | • | 0.0 | 1.0 | 0.9 | • | 0.5 | 2.1 | 1.2 | 0.9 | 0.3 |
| Advertising | 18 | 1.1 | 0.5 | 1.2 | • | 1.1 | 2.0 | 2.2 | • | 0.8 | 1.7 | 0.5 | 0.4 | 1.1 |
| Other Expenses | 19 | 14.8 | 12.9 | 29.4 | • | 39.9 | 32.7 | 36.8 | • | 27.4 | 25.2 | 21.1 | 42.8 | 14.3 |
| Officers' Compensation | 20 | 0.6 | 0.8 | • | • | 5.4 | 3.6 | 9.9 | • | 5.7 | 4.3 | 4.7 | 2.1 | 0.5 |
| Operating Margin | 21 | 10.0 | 4.5 | 45.9 | • | 26.9 | 30.8 | 16.4 | • | 20.7 | 15.1 | 15.6 | 9.4 | 9.8 |
| Operating Margin Before Officers' Comp. | 22 | 10.5 | 5.3 | 45.9 | • | 32.3 | 34.3 | 26.2 | • | 26.4 | 19.5 | 20.4 | 11.4 | 10.3 |

| | | | | | | | | | | | | | |
|---|---|---|---|---|---|---|---|---|---|---|---|---|---|
| **Selected Average Balance Sheet ($ in Thousands)** | | | | | | | | | | | | | |
| Net Receivables **23** | 90508 | 0 | 9 | • | 210 | 198 | 1047 | • | 9344 | 19245 | 55690 | 113285 | 2778816 |
| Inventories **24** | • | • | • | • | • | • | • | • | • | • | • | • | • |
| Net Property, Plant and Equipment **25** | 1187 | 0 | 0 | • | 6 | 24 | 103 | • | 329 | 1422 | 572 | 1710 | 35172 |
| Total Assets **26** | 475321 | 0 | 41 | • | 388 | 640 | 2091 | • | 15673 | 33561 | 71792 | 157688 | 14947771 |
| Notes and Loans Payable **27** | 401569 | 0 | 11 | • | 301 | 46 | 944 | • | 9098 | 20630 | 53455 | 113890 | 12652088 |
| All Other Liabilities **28** | 49573 | 0 | 2 | • | -259 | 192 | 305 | • | 2735 | 5287 | 7525 | 14339 | 1559541 |
| Net Worth **29** | 24179 | 0 | 28 | • | 346 | 403 | 842 | • | 3840 | 7644 | 10812 | 29458 | 736142 |
| **Selected Financial Ratios (Times to 1)** | | | | | | | | | | | | | |
| Current Ratio **30** | 0.5 | • | 15.0 | • | 15.3 | 2.8 | 2.2 | • | 1.6 | 1.9 | 1.5 | 1.2 | 0.5 |
| Quick Ratio **31** | 0.4 | • | 14.9 | • | 9.8 | 2.4 | 1.9 | • | 1.3 | 1.7 | 1.3 | 1.1 | 0.4 |
| Net Sales to Working Capital **32** | • | • | 6.5 | • | 1.2 | 1.7 | 1.0 | • | 1.0 | 0.6 | 0.5 | 1.4 | • |
| Coverage Ratio **33** | 1.1 | 1.1 | 111.8 | • | 2.2 | 40.2 | 3.2 | • | 2.3 | 1.7 | 1.4 | 1.3 | 1.1 |
| Total Asset Turnover **34** | 0.1 | • | 4.3 | • | 1.0 | 1.0 | 0.4 | • | 0.3 | 0.3 | 0.1 | 0.2 | 0.1 |
| Inventory Turnover **35** | • | • | • | • | • | • | • | • | • | • | • | • | • |
| Receivables Turnover **36** | • | • | • | • | • | • | • | • | • | • | • | • | • |
| Total Liabilities to Net Worth **37** | 18.7 | • | 0.5 | • | 0.1 | 0.6 | 1.5 | • | 3.1 | 3.4 | 5.6 | 4.4 | 19.3 |
| Current Assets to Working Capital **38** | • | • | 1.1 | • | 1.1 | 1.6 | 1.8 | • | 2.7 | 2.1 | 3.2 | 7.0 | • |
| Current Liabilities to Working Capital **39** | • | • | 0.1 | • | 0.1 | 0.6 | 0.8 | • | 1.7 | 1.1 | 2.2 | 6.0 | • |
| Working Capital to Net Sales **40** | • | • | 0.2 | • | 0.9 | 0.6 | 1.0 | • | 1.0 | 1.6 | 2.0 | 0.7 | • |
| Inventory to Working Capital **41** | • | • | • | • | • | • | 0.0 | • | • | • | 0.0 | 0.0 | • |
| Total Receipts to Cash Flow **42** | 4.2 | 6.5 | 1.5 | • | 1.6 | 1.9 | 2.1 | • | 2.3 | 3.0 | 2.8 | 2.0 | 4.3 |
| Cost of Goods to Cash Flow **43** | 0.2 | • | • | • | • | • | 0.1 | • | 0.0 | 0.0 | 0.0 | • | 0.2 |
| Cash Flow to Total Debt **44** | 0.0 | • | 9.0 | • | 6.0 | 1.4 | 0.3 | • | 0.2 | 0.1 | 0.1 | 0.1 | 0.0 |
| **Selected Financial Factors (in Percentages)** | | | | | | | | | | | | | |
| Debt Ratio **45** | 94.9 | • | 32.2 | • | 10.9 | 37.1 | 59.7 | • | 75.5 | 77.2 | 84.9 | 81.3 | 95.1 |
| Return on Total Assets **46** | 5.9 | • | 197.8 | • | 50.4 | 30.2 | 10.2 | • | 11.1 | 9.5 | 7.5 | 6.3 | 5.9 |
| Return on Equity Before Income Taxes **47** | 14.6 | • | 289.2 | • | 31.4 | 46.8 | 17.6 | • | 25.1 | 17.2 | 13.8 | 7.9 | 14.5 |
| Return on Equity After Income Taxes **48** | 9.8 | • | 289.1 | • | 29.4 | 46.4 | 16.8 | • | 20.8 | 13.5 | 11.0 | 5.3 | 9.5 |
| Profit Margin (Before Income Tax) **49** | 9.0 | 4.5 | 45.9 | • | 26.6 | 30.8 | 16.3 | • | 20.7 | 15.0 | 15.3 | 9.5 | 8.9 |
| Profit Margin (After Income Tax) **50** | 6.0 | 3.0 | 45.9 | • | 25.0 | 30.5 | 15.6 | • | 17.2 | 11.8 | 12.2 | 6.3 | 5.8 |

# CREDIT INTERMEDIATION, INCLUDING LOAN BROKERS

MONEY AMOUNTS AND SIZE OF ASSETS IN THOUSANDS OF DOLLARS

| Item Description for Accounting Period 7/00 Through 6/01 | | Total | Zero Assets | Under 100 | 100 to 250 | 251 to 500 | 501 to 1,000 | 1,001 to 5,000 | 5,001 to 10,000 | 10,001 to 25,000 | 25,001 to 50,000 | 50,001 to 100,000 | 100,001 to 250,000 | 250,001 and over |
|---|---|---|---|---|---|---|---|---|---|---|---|---|---|---|
| Number of Enterprises | 1 | 20425 | 2155 | 12391 | 2817 | 1586 | 431 | 601 | 218 | 122 | 43 | 24 | 13 | 24 |
| **Revenues ($ in Thousands)** | | | | | | | | | | | | | | |
| Net Sales | 2 | 15320135 | 122154 | 1982268 | 754104 | 1336420 | 441605 | 502379 | 574528 | 911988 | 899993 | 562762 | 506022 | 6725912 |
| Interest | 3 | 1888498 | 9143 | 12157 | 17967 | 8246 | 9533 | 31763 | 25848 | 54021 | 68635 | 65064 | 116243 | 1469879 |
| Rents | 4 | 80204 | 0 | 480 | 58 | 0 | 0 | 1257 | 443 | 583 | 676 | 5 | 545 | 76157 |
| Royalties | 5 | 2460 | 0 | 0 | 0 | 0 | 0 | 0 | 0 | 0 | 0 | 0 | 0 | 2460 |
| Other Portfolio Income | 6 | 331316 | 4164 | 0 | 763 | 0 | 44292 | 47768 | 1408 | 12158 | 45171 | 10218 | 1313 | 164062 |
| Other Receipts | 7 | 13017657 | 108847 | 1969631 | 735316 | 1328174 | 387780 | 421591 | 546829 | 845226 | 785511 | 487475 | 387921 | 5013354 |
| Total Receipts | 8 | 15320135 | 122154 | 1982268 | 754104 | 1336420 | 441605 | 502379 | 574528 | 911988 | 899993 | 562762 | 506022 | 6725912 |
| Average Total Receipts | 9 | 750 | 57 | 160 | 268 | 843 | 1025 | 836 | 2635 | 7475 | 20930 | 23448 | 38925 | 280246 |
| **Operating Costs/Operating Income (%)** | | | | | | | | | | | | | | |
| Cost of Operations | 10 | 17.8 | • | 41.3 | 29.5 | 37.8 | 37.9 | 23.5 | 9.8 | 8.8 | 4.9 | 30.5 | • | 8.0 |
| Salaries and Wages | 11 | 17.8 | 28.3 | 7.1 | 22.3 | 17.3 | 11.8 | 21.0 | 28.3 | 32.7 | 23.3 | 21.9 | 16.4 | 16.7 |
| Taxes Paid | 12 | 2.4 | 4.6 | 1.9 | 4.6 | 2.2 | 1.6 | 3.6 | 3.7 | 3.0 | 4.7 | 2.4 | 6.2 | 1.5 |
| Interest Paid | 13 | 12.4 | 10.0 | 1.0 | 0.9 | 1.0 | 10.8 | 8.9 | 10.4 | 11.4 | 9.9 | 14.7 | 23.6 | 19.2 |
| Depreciation | 14 | 2.2 | 0.8 | 1.6 | 0.7 | 0.7 | 1.0 | 1.8 | 2.6 | 2.9 | 1.8 | 2.6 | 3.6 | 2.8 |
| Amortization and Depletion | 15 | 0.8 | • | 0.1 | 0.3 | 0.2 | 0.1 | 0.5 | 0.3 | 1.6 | 0.3 | 1.0 | 2.5 | 1.2 |
| Pensions and Other Deferred Comp. | 16 | 1.3 | • | 0.5 | • | 0.7 | 1.9 | 0.3 | 0.4 | 0.4 | 0.3 | 0.2 | 0.7 | 2.3 |
| Employee Benefits | 17 | 1.0 | 0.3 | 0.1 | 0.7 | 0.3 | 0.1 | 1.5 | 1.0 | 1.8 | 1.3 | 1.0 | 3.8 | 1.0 |
| Advertising | 18 | 6.6 | 7.2 | 1.4 | 1.8 | 0.7 | 2.2 | 1.7 | 2.8 | 1.5 | 7.4 | 5.4 | 1.1 | 12.0 |
| Other Expenses | 19 | 33.6 | 53.8 | 35.4 | 26.0 | 21.6 | 20.7 | 46.2 | 36.0 | 46.5 | 41.5 | 33.6 | 36.4 | 32.6 |
| Officers' Compensation | 20 | 4.4 | 8.3 | 11.8 | 4.9 | 9.8 | 12.6 | 6.3 | 7.3 | 4.5 | 3.1 | 2.7 | 2.1 | 0.6 |
| Operating Margin | 21 | • | • | • | 8.3 | 7.8 | • | • | • | • | 1.6 | • | 3.6 | 2.1 |
| Operating Margin Before Officers' Comp. | 22 | 4.1 | • | 9.4 | 13.2 | 17.6 | 12.0 | • | 4.8 | • | 4.6 | • | 5.7 | 2.7 |

| Selected Average Balance Sheet ($ in Thousands) | | | | | | | | | | | | | |
|---|---|---|---|---|---|---|---|---|---|---|---|---|---|
| Net Receivables 23 | 488 | 0 | 5 | 35 | 43 | 248 | 756 | 682 | 5181 | 12776 | 20631 | 39425 | 285101 |
| Inventories 24 | • | • | • | • | • | • | • | • | • | • | • | • | • |
| Net Property, Plant and Equipment 25 | 66 | 0 | 7 | 10 | 34 | 63 | 142 | 668 | 997 | 2213 | 1846 | 3736 | 25317 |
| Total Assets 26 | 2132 | 0 | 24 | 148 | 327 | 797 | 2238 | 6713 | 16185 | 36851 | 74123 | 169919 | 1317015 |
| Notes and Loans Payable 27 | 1289 | 0 | 40 | 29 | 57 | 575 | 790 | 3573 | 9525 | 20073 | 35097 | 95355 | 835534 |
| All Other Liabilities 28 | 450 | 0 | 11 | 13 | 73 | 81 | 573 | 1948 | 3770 | 6945 | 28988 | 43413 | 253331 |
| Net Worth 29 | 393 | 0 | -27 | 106 | 197 | 141 | 874 | 1192 | 2890 | 9833 | 10039 | 31151 | 228150 |
| **Selected Financial Ratios (Times to 1)** | | | | | | | | | | | | | |
| Current Ratio 30 | 0.7 | • | 0.6 | 4.5 | 2.5 | 4.8 | 1.6 | 0.8 | 1.1 | 1.1 | 0.9 | 1.8 | 0.6 |
| Quick Ratio 31 | 0.6 | • | 0.6 | 4.4 | 2.2 | 4.1 | 1.3 | 0.5 | 0.9 | 0.9 | 0.8 | 1.4 | 0.5 |
| Net Sales to Working Capital 32 | • | • | • | 4.4 | 6.9 | 2.1 | 1.7 | • | 6.5 | 12.1 | • | 0.8 | • |
| Coverage Ratio 33 | 1.0 | • | • | 10.0 | 8.8 | 0.9 | • | 0.8 | • | 1.2 | • | 1.2 | 1.1 |
| Total Asset Turnover 34 | 0.4 | • | 6.6 | 1.8 | 2.6 | 1.3 | 0.4 | 0.4 | 0.5 | 0.6 | 0.3 | 0.2 | 0.2 |
| Inventory Turnover 35 | • | • | • | • | • | • | • | • | • | • | • | • | • |
| Receivables Turnover 36 | • | • | • | • | • | • | • | • | • | • | • | • | • |
| Total Liabilities to Net Worth 37 | 4.4 | • | • | 0.4 | 0.7 | 4.6 | 1.6 | 4.6 | 4.6 | 2.7 | 6.4 | 4.5 | 4.8 |
| Current Assets to Working Capital 38 | • | • | • | 1.3 | 1.7 | 1.3 | 2.7 | • | 7.7 | 12.5 | • | 2.2 | • |
| Current Liabilities to Working Capital 39 | • | • | • | 0.3 | 0.7 | 0.3 | 1.7 | • | 6.7 | 11.5 | • | 1.2 | • |
| Working Capital to Net Sales 40 | • | • | • | 0.2 | 0.1 | 0.5 | 0.6 | • | 0.2 | 0.1 | • | 1.2 | • |
| Inventory to Working Capital 41 | • | • | • | • | • | • | 0.0 | • | 0.0 | 0.0 | • | • | • |
| Total Receipts to Cash Flow 42 | 3.8 | 3.2 | 3.8 | 3.5 | 3.9 | 14.3 | 6.4 | 3.7 | 4.0 | 3.1 | 7.7 | 2.9 | 3.6 |
| Cost of Goods to Cash Flow 43 | 0.7 | • | 1.6 | 1.0 | 1.5 | 5.4 | 1.5 | 0.4 | 0.4 | 0.1 | 2.3 | • | 0.3 |
| Cash Flow to Total Debt 44 | 0.1 | • | 0.8 | 1.8 | 1.7 | 0.1 | 0.1 | 0.1 | 0.1 | 0.3 | 0.0 | 0.1 | 0.1 |
| **Selected Financial Factors (in Percentages)** | | | | | | | | | | | | | |
| Debt Ratio 45 | 81.6 | • | 211.0 | 28.3 | 39.8 | 82.3 | 60.9 | 82.2 | 82.1 | 73.3 | 86.5 | 81.7 | 82.7 |
| Return on Total Assets 46 | 4.2 | • | • | 16.6 | 22.8 | 13.1 | • | 3.1 | • | 6.5 | • | 6.2 | 4.5 |
| Return on Equity Before Income Taxes 47 | • | • | 14.3 | 20.8 | 33.5 | • | • | • | • | 3.3 | • | 4.5 | 2.4 |
| Return on Equity After Income Taxes 48 | • | • | 14.6 | 18.6 | 32.5 | • | • | • | • | • | • | 1.6 | • |
| Profit Margin (Before Income Tax) 49 | • | • | • | 8.3 | 7.8 | • | • | • | • | 1.5 | • | 3.6 | 2.0 |
| Profit Margin (After Income Tax) 50 | • | • | • | 7.4 | 7.6 | • | • | • | • | • | • | 1.3 | • |

# CREDIT INTERMEDIATION, INCLUDING LOAN BROKERS

MONEY AMOUNTS AND SIZE OF ASSETS IN THOUSANDS OF DOLLARS

| Item Description for Accounting Period 7/00 Through 6/01 | | Total | Zero Assets | Under 100 | 100 to 250 | 251 to 500 | 501 to 1,000 | 1,001 to 5,000 | 5,001 to 10,000 | 10,001 to 25,000 | 25,001 to 50,000 | 50,001 to 100,000 | 100,001 to 250,000 | 250,001 and over |
|---|---|---|---|---|---|---|---|---|---|---|---|---|---|---|
| Number of Enterprises | 1 | 9043 | 245 | 4880 | 1856 | 1296 | 249 | 281 | 105 | 66 | 28 | 13 | 9 | 15 |
| **Revenues ($ in Thousands)** | | | | | | | | | | | | | | |
| Net Sales | 2 | 11368231 | 30256 | 834376 | 588984 | 1336244 | 377922 | 373602 | 290117 | 526673 | 711603 | 346695 | 409547 | 5542212 |
| Interest | 3 | 1402574 | 9126 | 11327 | 17415 | 8178 | 2057 | 18287 | 6994 | 25297 | 41778 | 36077 | 66539 | 1159499 |
| Rents | 4 | 52807 | 0 | 480 | 58 | 0 | 0 | 643 | 411 | 232 | 327 | 5 | 545 | 50106 |
| Royalties | 5 | 2460 | 0 | 0 | 0 | 0 | 0 | 0 | 0 | 0 | 0 | 0 | 0 | 2460 |
| Other Portfolio Income | 6 | 307554 | 4164 | 0 | 0 | 0 | 44292 | 47443 | 1122 | 9326 | 44464 | 1935 | 1313 | 153496 |
| Other Receipts | 7 | 9602836 | 16966 | 822569 | 571511 | 1328066 | 331573 | 307229 | 281590 | 491818 | 625034 | 308678 | 341150 | 4176651 |
| Total Receipts | 8 | 11368231 | 30256 | 834376 | 588984 | 1336244 | 377922 | 373602 | 290117 | 526673 | 711603 | 346695 | 409547 | 5542212 |
| Average Total Receipts | 9 | 1257 | 123 | 171 | 317 | 1031 | 1518 | 1330 | 2763 | 7980 | 25414 | 26669 | 45505 | 369481 |
| **Operating Costs/Operating Income (%)** | | | | | | | | | | | | | | |
| Cost of Operations | 10 | 13.8 | • | 0.1 | 18.8 | 37.8 | 43.3 | 10.8 | 14.3 | 3.2 | 1.4 | 49.5 | • | 9.2 |
| Salaries and Wages | 11 | 15.0 | 33.1 | 9.6 | 25.0 | 17.3 | 6.7 | 20.1 | 22.8 | 32.6 | 19.9 | 11.1 | 17.6 | 11.8 |
| Taxes Paid | 12 | 2.2 | 4.0 | 2.0 | 3.5 | 2.2 | 1.3 | 3.3 | 2.8 | 2.7 | 5.0 | 1.3 | 7.4 | 1.2 |
| Interest Paid | 13 | 12.3 | 28.2 | 1.5 | 0.6 | 1.0 | 11.8 | 7.5 | 10.5 | 8.7 | 7.2 | 12.5 | 14.7 | 19.1 |
| Depreciation | 14 | 2.0 | 1.0 | 1.9 | 0.7 | 0.7 | 0.9 | 0.8 | 2.4 | 1.9 | 1.6 | 1.1 | 4.2 | 2.6 |
| Amortization and Depletion | 15 | 0.4 | • | 0.0 | 0.3 | 0.2 | 0.0 | 0.0 | 0.1 | 0.2 | 0.3 | 0.1 | 1.2 | 0.6 |
| Pensions and Other Deferred Comp. | 16 | 0.9 | • | • | • | 0.7 | 2.2 | 0.1 | 0.5 | 0.2 | 0.3 | 0.2 | 0.8 | 1.4 |
| Employee Benefits | 17 | 0.8 | 0.0 | 0.2 | 0.5 | 0.3 | • | 1.2 | 0.8 | 1.1 | 1.2 | 0.5 | 4.6 | 0.7 |
| Advertising | 18 | 7.5 | 2.3 | 2.3 | 2.1 | 0.7 | 0.1 | 1.6 | 1.6 | 1.7 | 2.4 | 2.4 | 1.4 | 13.6 |
| Other Expenses | 19 | 31.0 | 19.7 | 53.6 | 26.1 | 21.3 | 8.9 | 36.6 | 23.6 | 30.0 | 42.2 | 12.5 | 35.5 | 31.5 |
| Officers' Compensation | 20 | 4.1 | 0.1 | 16.9 | 3.7 | 9.8 | 14.7 | 3.9 | 6.5 | 4.8 | 2.8 | 2.0 | 2.7 | 0.3 |
| Operating Margin | 21 | 10.0 | 11.6 | 11.8 | 18.6 | 8.1 | 10.2 | 14.1 | 14.2 | 13.0 | 15.5 | 6.8 | 9.9 | 8.0 |
| Operating Margin Before Officers' Comp. | 22 | 14.1 | 11.7 | 28.7 | 22.3 | 17.8 | 24.9 | 17.9 | 20.7 | 17.7 | 18.3 | 8.8 | 12.6 | 8.3 |

| Selected Average Balance Sheet ($ in Thousands) | | | | | | | | | | | | | |
|---|---|---|---|---|---|---|---|---|---|---|---|---|---|
| Net Receivables 23 | 771 | 0 | 1 | 29 | 38 | 118 | 676 | 169 | 5097 | 12788 | 21999 | 31570 | 357615 |
| Inventories 24 | • | • | • | • | • | • | • | • | • | • | • | • | • |
| Net Property, Plant and Equipment 25 | 82 | 0 | 6 | 11 | 42 | 94 | 99 | 577 | 876 | 2269 | 1014 | 5317 | 22699 |
| Total Assets 26 | 3399 | 0 | 20 | 131 | 324 | 762 | 2335 | 6599 | 16317 | 36058 | 74304 | 171443 | 1589231 |
| Notes and Loans Payable 27 | 2141 | 0 | 8 | 20 | 40 | 526 | 694 | 3823 | 9013 | 21070 | 30789 | 59809 | 1092050 |
| All Other Liabilities 28 | 772 | 0 | 3 | 18 | 89 | 39 | 756 | 1787 | 3876 | 4760 | 37021 | 56779 | 335204 |
| Net Worth 29 | 486 | 0 | 9 | 93 | 195 | 197 | 885 | 989 | 3428 | 10227 | 6493 | 54855 | 161977 |
| **Selected Financial Ratios (Times to 1)** | | | | | | | | | | | | | |
| Current Ratio 30 | 0.6 | • | 1.6 | 6.2 | 2.0 | 4.5 | 1.6 | 0.9 | 1.1 | 0.9 | 0.6 | 2.0 | 0.5 |
| Quick Ratio 31 | 0.5 | • | 1.4 | 6.1 | 2.0 | 4.4 | 1.1 | 0.4 | 1.0 | 0.8 | 0.6 | 1.7 | 0.4 |
| Net Sales to Working Capital 32 | • | • | 45.3 | 5.1 | 9.9 | 4.0 | 2.6 | • | 9.7 | • | • | 0.9 | • |
| Coverage Ratio 33 | 1.8 | 1.4 | 8.8 | 30.3 | 9.0 | 1.9 | 2.9 | 2.4 | 2.5 | 3.1 | 1.5 | 1.7 | 1.4 |
| Total Asset Turnover 34 | 0.4 | • | 8.4 | 2.4 | 3.2 | 2.0 | 0.6 | 0.4 | 0.5 | 0.7 | 0.4 | 0.3 | 0.2 |
| Inventory Turnover 35 | • | • | • | • | • | • | • | • | • | • | • | • | • |
| Receivables Turnover 36 | • | • | • | • | • | • | • | • | • | • | • | • | • |
| Total Liabilities to Net Worth 37 | 6.0 | • | 1.3 | 0.4 | 0.7 | 2.9 | 1.6 | 5.7 | 3.8 | 2.5 | 10.4 | 2.1 | 8.8 |
| Current Assets to Working Capital 38 | • | • | 2.8 | 1.2 | 2.0 | 1.3 | 2.8 | • | 10.7 | • | • | 2.0 | • |
| Current Liabilities to Working Capital 39 | • | • | 1.8 | 0.2 | 1.0 | 0.3 | 1.8 | • | 9.7 | • | • | 1.0 | • |
| Working Capital to Net Sales 40 | • | • | 0.0 | 0.2 | 0.1 | 0.3 | 0.4 | • | 0.1 | • | • | 1.1 | • |
| Inventory to Working Capital 41 | • | • | • | • | • | • | • | • | • | • | • | • | • |
| Total Receipts to Cash Flow 42 | 2.9 | 7.4 | 1.8 | 2.6 | 3.9 | 15.9 | 2.9 | 3.0 | 2.7 | 2.2 | 6.0 | 2.5 | 3.0 |
| Cost of Goods to Cash Flow 43 | 0.4 | • | 0.0 | 0.5 | 1.5 | 6.9 | 0.3 | 0.4 | 0.1 | 0.0 | 3.0 | • | 0.3 |
| Cash Flow to Total Debt 44 | 0.1 | • | 8.2 | 3.2 | 2.1 | 0.2 | 0.3 | 0.2 | 0.2 | 0.5 | 0.1 | 0.2 | 0.1 |
| **Selected Financial Factors (in Percentages)** | | | | | | | | | | | | | |
| Debt Ratio 45 | 85.7 | • | 56.0 | 29.0 | 39.8 | 74.1 | 62.1 | 85.0 | 79.0 | 71.6 | 91.3 | 68.0 | 89.8 |
| Return on Total Assets 46 | 8.3 | • | 111.5 | 46.5 | 28.8 | 43.9 | 12.3 | 10.3 | 10.5 | 16.0 | 6.7 | 6.5 | 6.3 |
| Return on Equity Before Income Taxes 47 | 25.9 | • | 224.8 | 63.3 | 42.6 | 78.4 | 21.1 | 39.7 | 29.9 | 38.4 | 25.6 | 8.2 | 18.3 |
| Return on Equity After Income Taxes 48 | 20.9 | • | 222.5 | 59.6 | 41.4 | 68.4 | 18.1 | 39.4 | 26.3 | 32.7 | 23.2 | 5.9 | 11.9 |
| Profit Margin (Before Income Tax) 49 | 10.0 | 11.6 | 11.8 | 18.6 | 8.1 | 10.2 | 14.1 | 14.2 | 12.8 | 15.5 | 6.2 | 9.9 | 8.0 |
| Profit Margin (After Income Tax) 50 | 8.1 | 11.2 | 11.7 | 17.5 | 7.8 | 8.9 | 12.0 | 14.1 | 11.3 | 13.1 | 5.7 | 7.1 | 5.2 |

**Table I**

Corporations with and without Net Income

# INVESTMENT BANKING AND SECURITIES DEALING

| Item Description for Accounting Period 7/00 Through 6/01 | | MONEY AMOUNTS AND SIZE OF ASSETS IN THOUSANDS OF DOLLARS | | | | | | | | | | | | |
|---|---|---|---|---|---|---|---|---|---|---|---|---|---|---|
| | | Total | Zero Assets | Under 100 | 100 to 250 | 251 to 500 | 501 to 1,000 | 1,001 to 5,000 | 5,001 to 10,000 | 10,001 to 25,000 | 25,001 to 50,000 | 50,001 to 100,000 | 100,001 to 250,000 | 250,001 and over |
| Number of Enterprises | 1 | 4514 | 358 | 2222 | 373 | 499 | 399 | 425 | 107 | 49 | 30 | 13 | 17 | 21 |
| **Revenues ($ in Thousands)** | | | | | | | | | | | | | | |
| Net Sales | 2 | 70703732 | 244081 | 61198 | 419780 | 203479 | 28983 | 411363 | 261769 | 233901 | 658614 | 293370 | 1125110 | 66762083 |
| Interest | 3 | 45001759 | 110869 | 9 | 866 | 1570 | 3223 | 5784 | 15848 | 6259 | 21711 | 20077 | 456794 | 44358748 |
| Rents | 4 | 104367 | 0 | 0 | 0 | 0 | 0 | 0 | 197 | 157 | 158 | 0 | 0 | 103856 |
| Royalties | 5 | 2473 | 227 | 0 | 0 | 0 | 0 | 0 | 0 | 0 | 1372 | 0 | 193 | 680 |
| Other Portfolio Income | 6 | 4875520 | 866 | 217 | 0 | 10789 | 122 | 11628 | 10019 | 17388 | 48506 | 16622 | 35771 | 4723594 |
| Other Receipts | 7 | 20719613 | 132119 | 60972 | 418914 | 191120 | 25638 | 393951 | 235705 | 210097 | 586867 | 256671 | 632352 | 17575205 |
| Total Receipts | 8 | 70703732 | 244081 | 61198 | 419780 | 203479 | 28983 | 411363 | 261769 | 233901 | 658614 | 293370 | 1125110 | 66762083 |
| Average Total Receipts | 9 | 15663 | 682 | 28 | 1125 | 408 | 73 | 968 | 2446 | 4773 | 21954 | 22567 | 66183 | 3179147 |
| **Operating Costs/Operating Income (%)** | | | | | | | | | | | | | | |
| Cost of Operations | 10 | 0.6 | 5.1 | • | 65.9 | 0.3 | • | 0.0 | 6.2 | 1.5 | 4.8 | 4.5 | 8.4 | • |
| Salaries and Wages | 11 | 10.8 | 48.8 | 18.9 | 2.6 | 4.7 | • | 36.5 | 19.5 | 37.8 | 38.6 | 52.5 | 23.7 | 9.7 |
| Taxes Paid | 12 | 0.9 | 2.9 | 4.0 | 0.1 | 0.7 | 4.3 | 3.5 | 2.8 | 3.3 | 2.8 | 3.3 | 1.4 | 0.8 |
| Interest Paid | 13 | 62.5 | 39.5 | 3.2 | 1.2 | 63.7 | 12.0 | 12.6 | 4.7 | 3.6 | 2.2 | 3.5 | 99.0 | 64.0 |
| Depreciation | 14 | 0.7 | 0.6 | 1.6 | 1.8 | 0.0 | 0.3 | 0.7 | 2.8 | 1.8 | 1.6 | 0.4 | 1.0 | 0.7 |
| Amortization and Depletion | 15 | 0.1 | 0.1 | 0.0 | 0.0 | 0.0 | 0.2 | 0.0 | 0.2 | 0.1 | 0.4 | 0.2 | 0.2 | 0.1 |
| Pensions and Other Deferred Comp. | 16 | 0.1 | 0.7 | 1.1 | 0.0 | 2.8 | • | 1.1 | 1.2 | 1.3 | 0.5 | 1.0 | 0.3 | 0.1 |
| Employee Benefits | 17 | 0.4 | 0.2 | 0.4 | 0.0 | 0.0 | • | 1.3 | 0.7 | 1.0 | 1.4 | 1.5 | 0.6 | 0.4 |
| Advertising | 18 | 0.2 | 0.1 | 0.2 | 0.3 | 0.3 | • | 0.6 | 0.3 | 0.8 | 1.4 | 0.7 | 1.0 | 0.1 |
| Other Expenses | 19 | 10.2 | 20.9 | 85.4 | 18.4 | 10.7 | 118.2 | 38.4 | 39.9 | 46.1 | 47.5 | 22.3 | 22.2 | 8.9 |
| Officers' Compensation | 20 | 3.0 | 4.5 | 8.0 | 2.0 | 6.2 | 85.4 | 21.7 | 16.1 | 19.2 | 10.3 | 14.0 | 3.1 | 2.6 |
| Operating Margin | 21 | 10.5 | • | • | 7.8 | 10.6 | • | • | 5.6 | • | • | • | • | 12.5 |
| Operating Margin Before Officers' Comp. | 22 | 13.5 | • | • | 9.8 | 16.8 | • | 5.2 | 21.7 | 2.6 | • | 10.1 | • | 15.1 |

| Selected Average Balance Sheet ($ in Thousands) | | | | | | | | | | | | | |
|---|---|---|---|---|---|---|---|---|---|---|---|---|---|
| Net Receivables 23 | 38095 | 0 | 1 | 0 | 0 | 19 | 313 | 1153 | 1702 | 3553 | 19009 | 30259 | 8130488 |
| Inventories 24 | • | • | • | • | • | • | • | • | • | • | • | • | • |
| Net Property, Plant and Equipment 25 | 538 | 0 | 1 | 65 | 1 | 29 | 39 | 936 | 456 | 1752 | 217 | 2362 | 102711 |
| Total Assets 26 | 180257 | 0 | 34 | 132 | 357 | 658 | 2139 | 6346 | 15788 | 36428 | 63250 | 169295 | 38379023 |
| Notes and Loans Payable 27 | 29952 | 0 | 52 | 42 | 87 | 226 | 666 | 2166 | 2779 | 6658 | 6068 | 38058 | 6350648 |
| All Other Liabilities 28 | 141071 | 0 | 5 | 3 | 13 | 77 | 226 | 715 | 3492 | 11746 | 25165 | 69230 | 30216349 |
| Net Worth 29 | 9234 | 0 | -23 | 87 | 257 | 356 | 1246 | 3465 | 9517 | 18024 | 32018 | 62006 | 1812027 |

| Selected Financial Ratios (Times to 1) | | | | | | | | | | | | | |
|---|---|---|---|---|---|---|---|---|---|---|---|---|---|
| Current Ratio 30 | 0.7 | • | 3.2 | 15.7 | 2.8 | 1.5 | 1.7 | 3.5 | 1.8 | 1.1 | 1.5 | 1.1 | 0.7 |
| Quick Ratio 31 | 0.3 | • | 3.2 | 15.5 | 2.7 | 0.4 | 1.4 | 2.8 | 1.1 | 0.9 | 1.1 | 0.5 | 0.3 |
| Net Sales to Working Capital 32 | • | • | 2.3 | 22.9 | 17.1 | 1.0 | 2.5 | 1.1 | 1.6 | 10.6 | 2.0 | 10.9 | • |
| Coverage Ratio 33 | 1.2 | 0.4 | • | 7.7 | 1.2 | • | • | 1.8 | • | • | • | 0.4 | 1.2 |
| Total Asset Turnover 34 | 0.1 | • | 0.8 | 8.5 | 1.1 | 0.1 | 0.5 | 0.4 | 0.3 | 0.6 | 0.4 | 0.4 | 0.1 |
| Inventory Turnover 35 | • | • | • | • | • | • | • | • | • | • | • | • | • |
| Receivables Turnover 36 | • | • | • | • | • | • | • | • | • | • | • | • | • |
| Total Liabilities to Net Worth 37 | 18.5 | • | • | 0.5 | 0.4 | 0.9 | 0.7 | 0.8 | 0.7 | 1.0 | 1.0 | 1.7 | 20.2 |
| Current Assets to Working Capital 38 | • | • | 1.4 | 1.1 | 1.6 | 3.2 | 2.5 | 1.4 | 2.3 | 8.0 | 3.2 | 16.0 | • |
| Current Liabilities to Working Capital 39 | • | • | 0.4 | 0.1 | 0.6 | 2.2 | 1.5 | 0.4 | 1.3 | 7.0 | 2.2 | 15.0 | • |
| Working Capital to Net Sales 40 | • | • | 0.4 | 0.0 | 0.1 | 1.0 | 0.4 | 0.9 | 0.6 | 0.1 | 0.5 | 0.1 | • |
| Inventory to Working Capital 41 | • | • | • | • | • | • | • | • | • | • | 0.0 | 0.0 | • |
| Total Receipts to Cash Flow 42 | 6.7 | • | 2.7 | 4.5 | 8.7 | • | 6.5 | 2.7 | 4.4 | 4.0 | 9.6 | • | 6.3 |
| Cost of Goods to Cash Flow 43 | 0.0 | • | • | 2.9 | 0.0 | • | 0.0 | 0.2 | 0.1 | 0.2 | 0.4 | • | • |
| Cash Flow to Total Debt 44 | 0.0 | • | 0.2 | 5.5 | 0.5 | • | 0.2 | 0.3 | 0.2 | 0.3 | 0.1 | • | 0.0 |

| Selected Financial Factors (in Percentages) | | | | | | | | | | | | | |
|---|---|---|---|---|---|---|---|---|---|---|---|---|---|
| Debt Ratio 45 | 94.9 | • | 168.6 | 34.4 | 28.2 | 46.0 | 41.7 | 45.4 | 39.7 | 50.5 | 49.4 | 63.4 | 95.3 |
| Return on Total Assets 46 | 6.4 | • | • | 76.4 | 84.8 | • | • | 3.3 | • | • | • | 14.5 | 6.4 |
| Return on Equity Before Income Taxes 47 | 18.5 | • | 27.1 | 101.3 | 16.8 | • | • | 2.7 | • | • | • | • | 22.7 |
| Return on Equity After Income Taxes 48 | 11.4 | • | 27.9 | 101.0 | 16.7 | • | • | 1.7 | • | • | • | • | 15.0 |
| Profit Margin (Before Income Tax) 49 | 10.9 | • | • | 7.8 | 10.6 | • | • | 3.8 | • | • | • | • | 12.9 |
| Profit Margin (After Income Tax) 50 | 6.7 | • | • | 7.8 | 10.5 | • | • | 2.4 | • | • | • | • | 8.6 |

# Table II

Corporations with Net Income

## INVESTMENT BANKING AND SECURITIES DEALING

| Item Description for Accounting Period 7/00 Through 6/01 | | Money Amounts and Size of Assets in Thousands of Dollars | | | | | | | | | | | | |
|---|---|---|---|---|---|---|---|---|---|---|---|---|---|---|
| | | Total | Zero Assets | Under 100 | 100 to 250 | 251 to 500 | 501 to 1,000 | 1,001 to 5,000 | 5,001 to 10,000 | 10,001 to 25,000 | 25,001 to 50,000 | 50,001 to 100,000 | 100,001 to 250,000 | 250,001 and over |
| Number of Enterprises | 1 | 2271 | 118 | 1129 | 284 | 304 | 109 | 204 | 61 | 18 | 15 | 4 | 0 | 0 |
| **Revenues ($ in Thousands)** | | | | | | | | | | | | | | |
| Net Sales | 2 | 68735342 | 18403 | 67578 | 387803 | 99750 | 28651 | 354275 | 243727 | 151203 | 553376 | 134768 | 0 | 0 |
| Interest | 3 | 44238582 | 0 | 9 | 866 | 1570 | 0 | 3416 | 14767 | 2690 | 16625 | 13399 | 0 | 0 |
| Rents | 4 | 104055 | 0 | 0 | 0 | 0 | 0 | 0 | 0 | 44 | 155 | 0 | 0 | 0 |
| Royalties | 5 | 1146 | 0 | 0 | 0 | 0 | 0 | 0 | 0 | 0 | 466 | 0 | 0 | 0 |
| Other Portfolio Income | 6 | 4823650 | 0 | 217 | 0 | 10789 | 0 | 11623 | 5242 | 7073 | 46738 | 13227 | 0 | 0 |
| Other Receipts | 7 | 19567909 | 18403 | 67352 | 386937 | 87391 | 28651 | 339236 | 223718 | 141396 | 489392 | 108142 | 0 | 0 |
| Total Receipts | 8 | 68735342 | 18403 | 67578 | 387803 | 99750 | 28651 | 354275 | 243727 | 151203 | 553376 | 134768 | 0 | 0 |
| Average Total Receipts | 9 | 30267 | 156 | 60 | 1366 | 328 | 263 | 1737 | 3996 | 8400 | 36892 | 33692 | • | • |
| **Operating Costs/Operating Income (%)** | | | | | | | | | | | | | | |
| Cost of Operations | 10 | 0.5 | 67.9 | • | 66.9 | 0.6 | • | 0.0 | 6.6 | • | 5.7 | 9.8 | • | • |
| Salaries and Wages | 11 | 10.2 | • | 16.7 | 0.4 | 9.5 | • | 30.5 | 15.3 | 34.3 | 31.5 | 47.8 | • | • |
| Taxes Paid | 12 | 0.8 | 2.8 | 2.3 | 0.1 | 1.3 | 3.4 | 2.3 | 2.4 | 2.8 | 2.3 | 2.8 | • | • |
| Interest Paid | 13 | 62.0 | 2.5 | 0.4 | 1.3 | 2.2 | • | 0.8 | 2.2 | 1.7 | 1.3 | 2.2 | • | • |
| Depreciation | 14 | 0.7 | • | 0.8 | 1.2 | 0.1 | • | 0.6 | 0.5 | 1.4 | 0.7 | 0.3 | • | • |
| Amortization and Depletion | 15 | 0.1 | 0.0 | 0.0 | 0.0 | 0.0 | 0.2 | • | 0.0 | 0.0 | 0.1 | 0.1 | • | • |
| Pensions and Other Deferred Comp. | 16 | 0.1 | • | 1.0 | 0.0 | 5.7 | • | 0.7 | 1.2 | 1.3 | 0.5 | 0.9 | • | • |
| Employee Benefits | 17 | 0.4 | • | 0.4 | 0.0 | 0.0 | • | 1.1 | 0.6 | 0.6 | 0.8 | 0.7 | • | • |
| Advertising | 18 | 0.1 | 0.2 | • | 0.3 | 0.7 | • | 0.1 | 0.2 | 0.8 | 0.1 | 1.3 | • | • |
| Other Expenses | 19 | 9.4 | 5.0 | 33.7 | 14.8 | 8.6 | 0.0 | 22.9 | 28.5 | 17.5 | 39.3 | 19.1 | • | • |
| Officers' Compensation | 20 | 2.8 | • | • | 2.1 | 12.6 | 85.7 | 15.7 | 15.5 | 5.2 | 5.9 | 2.9 | • | • |
| Operating Margin | 21 | 12.9 | 21.6 | 44.7 | 12.8 | 58.7 | 10.7 | 25.3 | 27.0 | 34.4 | 11.7 | 12.0 | • | • |
| Operating Margin Before Officers' Comp. | 22 | 15.7 | 21.6 | 44.7 | 14.9 | 71.3 | 96.4 | 41.0 | 42.5 | 39.5 | 17.6 | 14.9 | • | • |

## Selected Average Balance Sheet ($ in Thousands)

| | | | | | | | | | | | | | |
|---|---|---|---|---|---|---|---|---|---|---|---|---|---|
| Net Receivables 23 | 75359 | 0 | 0 | 0 | 0 | 0 | 104 | 1899 | 1122 | 2966 | 15415 | • | • |
| Inventories 24 | • | • | • | • | • | • | • | • | • | • | • | • | • |
| Net Property, Plant and Equipment 25 | 979 | 0 | 2 | 55 | 1 | 0 | 19 | 131 | 586 | 1670 | 277 | • | • |
| Total Assets 26 | 354764 | 0 | 30 | 122 | 354 | 792 | 1938 | 6064 | 15640 | 35988 | 65335 | • | • |
| Notes and Loans Payable 27 | 57921 | 0 | 0 | 29 | 143 | 335 | 309 | 1860 | 1181 | 2791 | 187 | • | • |
| All Other Liabilities 28 | 279476 | 0 | 1 | 4 | 22 | 0 | 308 | 1126 | 4843 | 9146 | 19109 | • | • |
| Net Worth 29 | 17367 | 0 | 28 | 89 | 189 | 457 | 1321 | 3078 | 9616 | 24051 | 46039 | • | • |

## Selected Financial Ratios (Times to 1)

| | | | | | | | | | | | | | |
|---|---|---|---|---|---|---|---|---|---|---|---|---|---|
| Current Ratio 30 | 0.7 | • | 6.3 | 16.8 | 2.8 | 0.0 | 3.8 | 2.5 | 1.1 | 1.7 | 2.0 | • | • |
| Quick Ratio 31 | 0.3 | • | 6.3 | 16.8 | 2.7 | 0.0 | 3.1 | 1.9 | 0.8 | 1.4 | 2.0 | • | • |
| Net Sales to Working Capital 32 | • | • | 12.6 | 21.3 | 8.4 | • | 2.4 | 2.0 | 22.5 | 6.6 | 1.9 | • | • |
| Coverage Ratio 33 | 1.2 | 9.6 | 108.4 | 11.2 | 27.5 | • | 32.5 | 13.3 | 21.0 | 9.5 | 6.3 | • | • |
| Total Asset Turnover 34 | 0.1 | • | 2.0 | 11.2 | 0.9 | 0.3 | 0.9 | 0.7 | 0.5 | 1.0 | 0.5 | • | • |
| Inventory Turnover 35 | • | • | • | • | • | • | • | • | • | • | • | • | • |
| Receivables Turnover 36 | • | • | • | • | • | • | • | • | • | • | • | • | • |
| Total Liabilities to Net Worth 37 | 19.4 | • | 0.0 | 0.4 | 0.9 | 0.7 | 0.5 | 1.0 | 0.6 | 0.5 | 0.4 | • | • |
| Current Assets to Working Capital 38 | • | • | 1.2 | 1.1 | 1.6 | • | 1.4 | 1.7 | 12.5 | 2.3 | 2.0 | • | • |
| Current Liabilities to Working Capital 39 | • | • | 0.2 | 0.1 | 0.6 | • | 0.4 | 0.7 | 11.5 | 1.3 | 1.0 | • | • |
| Working Capital to Net Sales 40 | • | • | 0.1 | 0.0 | 0.1 | • | 0.4 | 0.5 | 0.0 | 0.2 | 0.5 | • | • |
| Inventory to Working Capital 41 | • | • | • | • | • | • | • | • | • | • | • | • | • |
| Total Receipts to Cash Flow 42 | 6.0 | 3.8 | 1.7 | 4.1 | 1.8 | 9.3 | 2.3 | 2.0 | 2.2 | 2.5 | 5.4 | • | • |
| Cost of Goods to Cash Flow 43 | 0.0 | 2.6 | • | 2.7 | 0.0 | • | 0.0 | 0.1 | • | 0.1 | 0.5 | • | • |
| Cash Flow to Total Debt 44 | 0.0 | • | 28.1 | 10.1 | 1.1 | 0.1 | 1.3 | 0.7 | 0.6 | 1.2 | 0.3 | • | • |

## Selected Financial Factors (in Percentages)

| | | | | | | | | | | | | | |
|---|---|---|---|---|---|---|---|---|---|---|---|---|---|
| Debt Ratio 45 | 95.1 | • | 4.4 | 27.2 | 46.6 | 42.3 | 31.8 | 49.2 | 38.5 | 33.2 | 29.5 | • | • |
| Return on Total Assets 46 | 6.4 | • | 90.9 | 157.7 | 56.5 | 3.6 | 23.4 | 19.0 | 19.3 | 12.7 | 7.3 | • | • |
| Return on Equity Before Income Taxes 47 | 23.1 | • | 94.2 | 197.1 | 102.0 | 6.2 | 33.2 | 34.7 | 29.8 | 17.0 | 8.8 | • | • |
| Return on Equity After Income Taxes 48 | 15.6 | • | 92.8 | 196.6 | 101.6 | 6.2 | 32.5 | 32.7 | 28.7 | 13.8 | 6.7 | • | • |
| Profit Margin (Before Income Tax) 49 | 13.3 | 21.6 | 44.7 | 12.8 | 58.7 | 10.7 | 25.3 | 26.7 | 34.2 | 11.1 | 12.0 | • | • |
| Profit Margin (After Income Tax) 50 | 9.0 | 21.6 | 44.0 | 12.8 | 58.5 | 10.7 | 24.7 | 25.2 | 32.8 | 9.0 | 9.2 | • | • |

**Table I**

Corporations with and without Net Income

# SECURITIES BROKERAGE

MONEY AMOUNTS AND SIZE OF ASSETS IN THOUSANDS OF DOLLARS

| Item Description for Accounting Period 7/00 Through 6/01 | | Total | Zero Assets | Under 100 | 100 to 250 | 251 to 500 | 501 to 1,000 | 1,001 to 5,000 | 5,001 to 10,000 | 10,001 to 25,000 | 25,001 to 50,000 | 50,001 to 100,000 | 100,001 to 250,000 | 250,001 and over |
|---|---|---|---|---|---|---|---|---|---|---|---|---|---|---|
| Number of Enterprises | 1 | 8654 | 414 | 5220 | 1030 | 605 | 432 | 568 | 116 | 101 | 47 | 31 | 25 | 65 |
| **Revenues ($ in Thousands)** | | | | | | | | | | | | | | |
| Net Sales | 2 | 223048058 | 10600286 | 952716 | 979539 | 385002 | 1140293 | 2361616 | 1012600 | 1495921 | 881846 | 2127271 | 1660663 | 199450305 |
| Interest | 3 | 110625659 | 4694536 | 1473 | 5982 | 5141 | 2990 | 16730 | 17781 | 39151 | 54390 | 61641 | 78834 | 105647009 |
| Rents | 4 | 976638 | 10078 | 0 | 0 | 0 | 0 | 766 | 291 | 2216 | 9702 | 2303 | 1457 | 949824 |
| Royalties | 5 | 40759 | 1109 | 0 | 0 | 0 | 0 | 0 | 0 | 20 | 0 | 69 | 74 | 39487 |
| Other Portfolio Income | 6 | 5241165 | 195440 | 640 | 0 | 8259 | 219 | 59799 | 43257 | 40605 | 95104 | 29514 | 167957 | 4600372 |
| Other Receipts | 7 | 106163837 | 5699123 | 950603 | 973557 | 371602 | 1137084 | 2284321 | 951271 | 1413929 | 722650 | 2033744 | 1412341 | 88213613 |
| Total Receipts | 8 | 223048058 | 10600286 | 952716 | 979539 | 385002 | 1140293 | 2361616 | 1012600 | 1495921 | 881846 | 2127271 | 1660663 | 199450305 |
| Average Total Receipts | 9 | 25774 | 25605 | 183 | 951 | 636 | 2640 | 4158 | 8729 | 14811 | 18763 | 68622 | 66427 | 3068466 |
| **Operating Costs/Operating Income (%)** | | | | | | | | | | | | | | |
| Cost of Operations | 10 | 1.4 | 1.8 | 3.2 | 0.4 | 2.1 | 0.4 | 9.4 | 0.6 | 11.6 | 4.1 | 29.8 | 0.0 | 0.9 |
| Salaries and Wages | 11 | 19.3 | 31.0 | 14.5 | 37.5 | 20.6 | 32.6 | 25.3 | 58.8 | 42.0 | 57.3 | 23.4 | 32.5 | 17.8 |
| Taxes Paid | 12 | 1.6 | 1.8 | 3.1 | 1.4 | 3.3 | 3.0 | 2.5 | 4.3 | 3.8 | 5.0 | 2.1 | 2.2 | 1.5 |
| Interest Paid | 13 | 45.0 | 32.5 | 0.6 | 0.9 | 0.3 | 0.1 | 0.6 | 0.7 | 1.5 | 6.0 | 1.8 | 2.3 | 48.5 |
| Depreciation | 14 | 1.1 | 1.3 | 1.4 | 0.3 | 1.1 | 0.6 | 0.6 | 1.0 | 1.0 | 1.7 | 0.7 | 1.4 | 1.1 |
| Amortization and Depletion | 15 | 0.4 | 0.2 | 0.1 | 0.1 | 0.0 | 0.0 | 0.0 | 0.1 | 0.1 | 0.3 | 0.1 | 0.3 | 0.5 |
| Pensions and Other Deferred Comp. | 16 | 0.5 | 0.6 | 1.1 | 0.9 | 3.1 | 0.9 | 0.2 | 0.3 | 0.5 | 0.9 | 0.7 | 1.1 | 0.4 |
| Employee Benefits | 17 | 0.7 | 0.3 | 2.1 | • | 1.3 | 0.7 | 1.2 | 1.2 | 0.9 | 1.8 | 0.8 | 1.8 | 0.6 |
| Advertising | 18 | 1.1 | 0.8 | 2.2 | 0.8 | 0.0 | 0.9 | 0.8 | 1.2 | 1.2 | 2.7 | 0.8 | 0.9 | 1.1 |
| Other Expenses | 19 | 21.4 | 34.7 | 31.3 | 37.8 | 43.8 | 45.7 | 41.2 | 49.4 | 54.3 | 58.3 | 26.9 | 43.2 | 19.3 |
| Officers' Compensation | 20 | 4.0 | 15.4 | 25.5 | 9.7 | 26.4 | 14.5 | 13.8 | 18.3 | 12.9 | 15.1 | 5.6 | 8.4 | 2.8 |
| Operating Margin | 21 | 3.5 | • | 14.9 | 10.1 | • | 0.5 | 4.4 | • | • | • | 7.4 | 6.0 | 5.3 |
| Operating Margin Before Officers' Comp. | 22 | 7.5 | • | 40.4 | 19.8 | 24.4 | 15.0 | 18.2 | • | • | • | 13.0 | 14.4 | 8.2 |

## Selected Average Balance Sheet ($ in Thousands)

| | | | | | | | | | | | | | |
|---|---|---|---|---|---|---|---|---|---|---|---|---|---|
| Net Receivables 23 | 55548 | 0 | 5 | 14 | 26 | 141 | 274 | 537 | 2092 | 5971 | 18225 | 36025 | 7360319 |
| Inventories 24 | • | • | • | • | • | • | • | • | • | • | • | • | • |
| Net Property, Plant and Equipment 25 | 1439 | 0 | 5 | 11 | 12 | 50 | 91 | 346 | 795 | 2145 | 2393 | 4117 | 183646 |
| Total Assets 26 | 225930 | 0 | 29 | 176 | 349 | 674 | 2172 | 7087 | 14992 | 35441 | 72214 | 169921 | 29886787 |
| Notes and Loans Payable 27 | 35082 | 0 | 11 | 89 | 10 | 20 | 167 | 294 | 1864 | 9629 | 6580 | 19868 | 4645534 |
| All Other Liabilities 28 | 175927 | 0 | 20 | 27 | 110 | 297 | 827 | 1809 | 4736 | 11644 | 36829 | 90498 | 23338992 |
| Net Worth 29 | 14922 | 0 | -2 | 61 | 229 | 357 | 1178 | 4983 | 8393 | 14168 | 28805 | 59555 | 1902261 |

## Selected Financial Ratios (Times to 1)

| | | | | | | | | | | | | | |
|---|---|---|---|---|---|---|---|---|---|---|---|---|---|
| Current Ratio 30 | 0.9 | • | 0.8 | 1.2 | 2.7 | 2.0 | 2.1 | 2.0 | 1.7 | 1.6 | 1.1 | 1.2 | 0.9 |
| Quick Ratio 31 | 0.5 | • | 0.7 | 0.5 | 1.8 | 1.9 | 1.6 | 1.1 | 1.2 | 1.1 | 0.9 | 0.8 | 0.5 |
| Net Sales to Working Capital 32 | • | • | • | 69.4 | 3.5 | 9.9 | 5.3 | 5.0 | 4.1 | 2.2 | 16.3 | 4.7 | • |
| Coverage Ratio 33 | 1.1 | 0.4 | 26.9 | 12.1 | • | 8.7 | 8.1 | • | • | • | 5.0 | 3.9 | 1.1 |
| Total Asset Turnover 34 | 0.1 | • | 6.3 | 5.4 | 1.8 | 3.9 | 1.9 | 1.2 | 1.0 | 0.5 | 1.0 | 0.4 | 0.1 |
| Inventory Turnover 35 | • | • | • | • | • | • | • | • | • | • | • | • | • |
| Receivables Turnover 36 | • | • | • | • | • | • | • | • | • | • | • | • | • |
| Total Liabilities to Net Worth 37 | 14.1 | • | • | 1.9 | 0.5 | 0.9 | 0.8 | 0.4 | 0.8 | 1.5 | 1.5 | 1.9 | 14.7 |
| Current Assets to Working Capital 38 | • | • | • | 6.7 | 1.6 | 2.0 | 1.9 | 2.0 | 2.5 | 2.6 | 10.2 | 6.4 | • |
| Current Liabilities to Working Capital 39 | • | • | • | 5.7 | 0.6 | 1.0 | 0.9 | 1.0 | 1.5 | 1.6 | 9.2 | 5.4 | • |
| Working Capital to Net Sales 40 | • | • | • | 0.0 | 0.3 | 0.1 | 0.2 | 0.2 | 0.2 | 0.4 | 0.1 | 0.2 | • |
| Inventory to Working Capital 41 | • | • | • | • | • | • | • | • | 0.0 | 0.0 | 0.0 | • | • |
| Total Receipts to Cash Flow 42 | 4.7 | 9.9 | 2.6 | 2.2 | 2.6 | 2.4 | 2.4 | 11.9 | 4.7 | • | 3.2 | 2.8 | 4.7 |
| Cost of Goods to Cash Flow 43 | 0.1 | 0.2 | 0.1 | 0.0 | 0.1 | 0.0 | 0.2 | 0.1 | 0.5 | • | 1.0 | 0.0 | 0.0 |
| Cash Flow to Total Debt 44 | 0.0 | • | 2.2 | 3.7 | 2.1 | 3.5 | 1.7 | 0.4 | 0.5 | • | 0.5 | 0.2 | 0.0 |

## Selected Financial Factors (in Percentages)

| | | | | | | | | | | | | | |
|---|---|---|---|---|---|---|---|---|---|---|---|---|---|
| Debt Ratio 45 | 93.4 | • | 108.1 | 65.6 | 34.5 | 47.1 | 45.8 | 29.7 | 44.0 | 60.0 | 60.1 | 65.0 | 93.6 |
| Return on Total Assets 46 | 5.6 | • | 97.1 | 59.7 | • | 2.1 | 9.3 | • | • | • | 8.4 | 3.4 | 5.6 |
| Return on Equity Before Income Taxes 47 | 6.7 | • | • | 159.1 | • | 3.6 | 15.0 | • | • | • | 16.7 | 7.2 | 9.3 |
| Return on Equity After Income Taxes 48 | 3.5 | • | • | 159.1 | • | 3.0 | 12.3 | • | • | • | 12.3 | 3.7 | 6.1 |
| Profit Margin (Before Income Tax) 49 | 3.9 | • | 14.9 | 10.1 | • | 0.5 | 4.3 | • | • | • | 7.0 | 6.4 | 5.8 |
| Profit Margin (After Income Tax) 50 | 2.0 | • | 14.8 | 10.1 | • | 0.4 | 3.5 | • | • | • | 5.2 | 3.3 | 3.8 |

## Table II

Corporations with Net Income

# SECURITIES BROKERAGE

MONEY AMOUNTS AND SIZE OF ASSETS IN THOUSANDS OF DOLLARS

| Item Description for Accounting Period 7/00 Through 6/01 | | Total | Zero Assets | Under 100 | 100 to 250 | 251 to 500 | 501 to 1,000 | 1,001 to 5,000 | 5,001 to 10,000 | 10,001 to 25,000 | 25,001 to 50,000 | 50,001 to 100,000 | 100,001 to 250,000 | 250,001 and over |
|---|---|---|---|---|---|---|---|---|---|---|---|---|---|---|
| Number of Enterprises | 1 | 6619 | 406 | 4169 | 612 | 405 | 373 | 420 | 47 | 64 | 27 | 24 | 17 | 55 |
| **Revenues ($ in Thousands)** | | | | | | | | | | | | | | |
| Net Sales | 2 | 193109125 | 409916 | 858750 | 936049 | 210712 | 1102576 | 2162001 | 532611 | 1441461 | 1007558 | 1899102 | 1296532 | 181251856 |
| Interest | 3 | 93599406 | 143182 | 1473 | 0 | 2018 | 944 | 10859 | 4073 | 29200 | 21368 | 34895 | 55527 | 93295867 |
| Rents | 4 | 918931 | 5819 | 0 | 0 | 0 | 0 | 766 | 0 | 1906 | 2042 | 356 | 1457 | 906585 |
| Royalties | 5 | 39339 | 0 | 0 | 0 | 0 | 0 | 0 | 0 | 0 | 0 | 69 | 74 | 39195 |
| Other Portfolio Income | 6 | 4752471 | 5355 | 0 | 0 | 7626 | 0 | 57555 | 30586 | 16200 | 65036 | 28415 | 149826 | 4391871 |
| Other Receipts | 7 | 93798978 | 255560 | 857277 | 936049 | 201068 | 1101632 | 2092821 | 497952 | 1394155 | 919112 | 1835367 | 1089648 | 82618338 |
| Total Receipts | 8 | 193109125 | 409916 | 858750 | 936049 | 210712 | 1102576 | 2162001 | 532611 | 1441461 | 1007558 | 1899102 | 1296532 | 181251856 |
| Average Total Receipts | 9 | 29175 | 1010 | 206 | 1529 | 520 | 2956 | 5148 | 11332 | 22523 | 37317 | 79129 | 76267 | 3295488 |
| **Operating Costs/Operating Income (%)** | | | | | | | | | | | | | | |
| Cost of Operations | 10 | 1.4 | • | 3.6 | 0.5 | 3.9 | 0.1 | 10.2 | 1.1 | 2.6 | 1.0 | 33.3 | • | 1.0 |
| Salaries and Wages | 11 | 19.1 | 20.2 | 14.3 | 38.5 | 12.0 | 32.4 | 21.6 | 34.9 | 26.0 | 30.9 | 21.3 | 28.3 | 18.7 |
| Taxes Paid | 12 | 1.7 | 1.9 | 3.1 | 1.4 | 3.5 | 2.9 | 2.4 | 2.9 | 3.1 | 3.2 | 2.1 | 2.5 | 1.6 |
| Interest Paid | 13 | 43.8 | 29.0 | 0.6 | 1.0 | 0.5 | 0.0 | 0.5 | 0.5 | 0.7 | 3.0 | 1.3 | 2.1 | 46.5 |
| Depreciation | 14 | 1.2 | 0.4 | 1.4 | 0.1 | 1.7 | 0.6 | 0.3 | 0.6 | 0.6 | 0.7 | 0.6 | 1.2 | 1.2 |
| Amortization and Depletion | 15 | 0.5 | 0.0 | 0.1 | 0.0 | 0.0 | • | 0.0 | • | 0.0 | 0.1 | 0.1 | 0.1 | 0.5 |
| Pensions and Other Deferred Comp. | 16 | 0.5 | 0.3 | 1.2 | 1.0 | 5.7 | 1.0 | 0.2 | 0.4 | 0.4 | 0.6 | 0.8 | 0.7 | 0.5 |
| Employee Benefits | 17 | 0.7 | 1.5 | 2.3 | • | 2.3 | 0.6 | 1.2 | 0.4 | 0.6 | 0.9 | 0.8 | 1.4 | 0.7 |
| Advertising | 18 | 1.0 | 0.2 | 2.4 | 0.4 | 0.0 | 1.0 | 0.8 | 1.5 | 0.6 | 0.5 | 0.7 | 0.3 | 1.1 |
| Other Expenses | 19 | 20.1 | 24.1 | 25.9 | 33.3 | 19.9 | 41.3 | 39.8 | 23.4 | 45.3 | 33.5 | 23.1 | 42.3 | 19.1 |
| Officers' Compensation | 20 | 3.4 | 6.9 | 22.9 | 10.2 | 42.6 | 14.9 | 13.6 | 22.4 | 8.1 | 7.3 | 5.9 | 6.5 | 2.9 |
| Operating Margin | 21 | 6.7 | 15.4 | 22.2 | 13.7 | 8.0 | 5.3 | 9.4 | 12.1 | 12.1 | 18.3 | 10.0 | 14.6 | 6.3 |
| Operating Margin Before Officers' Comp. | 22 | 10.1 | 22.3 | 45.1 | 23.9 | 50.5 | 20.3 | 22.9 | 34.5 | 20.2 | 25.7 | 15.9 | 21.1 | 9.2 |

| | | | | | | | | | | | | | |
|---|---|---|---|---|---|---|---|---|---|---|---|---|---|
| | **Selected Average Balance Sheet ($ in Thousands)** | | | | | | | | | | | | |
| Net Receivables **23** | 65249 | 0 | 3 | 23 | 38 | 160 | 303 | 541 | 2268 | 7631 | 20275 | 38264 | 7820695 |
| Inventories **24** | • | • | • | • | • | • | • | • | • | • | • | • | • |
| Net Property, Plant and Equipment **25** | 1801 | 0 | 6 | 3 | 12 | 55 | 61 | 277 | 760 | 1533 | 1878 | 4337 | 211374 |
| Total Assets **26** | 265934 | 0 | 30 | 196 | 347 | 645 | 2145 | 7692 | 14940 | 35603 | 72172 | 173813 | 31849485 |
| Notes and Loans Payable **27** | 43544 | 0 | 12 | 92 | 5 | 22 | 167 | 2 | 1388 | 5954 | 6700 | 21119 | 5222920 |
| All Other Liabilities **28** | 203795 | 0 | 1 | 13 | 132 | 179 | 910 | 1541 | 5011 | 10221 | 36582 | 89272 | 24460655 |
| Net Worth **29** | 18595 | 0 | 16 | 91 | 210 | 443 | 1068 | 6149 | 8541 | 19428 | 28891 | 63421 | 2165910 |
| | **Selected Financial Ratios (Times to 1)** | | | | | | | | | | | | |
| Current Ratio **30** | 0.9 | • | 2.2 | 0.9 | 2.4 | 2.4 | 2.3 | 2.8 | 1.8 | 1.9 | 1.0 | 1.3 | 0.9 |
| Quick Ratio **31** | 0.5 | • | 1.9 | 0.5 | 1.7 | 2.2 | 1.6 | 1.9 | 1.3 | 1.5 | 0.9 | 0.9 | 0.5 |
| Net Sales to Working Capital **32** | • | • | 19.3 | • | 2.8 | 10.8 | 5.7 | 4.5 | 5.0 | 3.3 | 51.8 | 3.7 | • |
| Coverage Ratio **33** | 1.2 | 1.5 | 36.3 | 15.3 | 15.7 | 311.6 | 21.4 | 27.1 | 19.1 | 7.0 | 8.7 | 8.3 | 1.1 |
| Total Asset Turnover **34** | 0.1 | • | 6.9 | 7.8 | 1.5 | 4.6 | 2.4 | 1.5 | 1.5 | 1.0 | 1.1 | 0.4 | 0.1 |
| Inventory Turnover **35** | • | • | • | • | • | • | • | • | • | • | • | • | • |
| Receivables Turnover **36** | • | • | • | • | • | • | • | • | • | • | • | • | • |
| Total Liabilities to Net Worth **37** | 13.3 | • | 0.8 | 1.2 | 0.7 | 0.5 | 1.0 | 0.3 | 0.7 | 0.8 | 1.5 | 1.7 | 13.7 |
| Current Assets to Working Capital **38** | • | • | 1.8 | • | 1.7 | 1.7 | 1.8 | 1.6 | 2.2 | 2.1 | 29.0 | 4.7 | • |
| Current Liabilities to Working Capital **39** | • | • | 0.8 | • | 0.7 | 0.7 | 0.8 | 0.6 | 1.2 | 1.1 | 28.0 | 3.7 | • |
| Working Capital to Net Sales **40** | • | • | 0.1 | • | 0.4 | 0.1 | 0.2 | 0.2 | 0.2 | 0.3 | 0.0 | 0.3 | • |
| Inventory to Working Capital **41** | • | • | • | • | • | • | • | • | 0.0 | 0.0 | 0.0 | • | • |
| Total Receipts to Cash Flow **42** | 4.3 | 2.8 | 2.5 | 2.2 | 4.2 | 2.4 | 2.2 | 3.1 | 1.8 | 2.3 | 3.3 | 2.3 | 4.5 |
| Cost of Goods to Cash Flow **43** | 0.1 | • | 0.1 | 0.0 | 0.2 | 0.0 | 0.2 | 0.0 | 0.0 | 0.0 | 1.1 | • | 0.0 |
| Cash Flow to Total Debt **44** | 0.0 | • | 6.2 | 6.5 | 0.9 | 6.2 | 2.2 | 2.3 | 1.9 | 1.0 | 0.6 | 0.3 | 0.0 |
| | **Selected Financial Factors (in Percentages)** | | | | | | | | | | | | |
| Debt Ratio **45** | 93.0 | • | 45.2 | 53.7 | 39.6 | 31.3 | 50.2 | 20.1 | 42.8 | 45.4 | 60.0 | 63.5 | 93.2 |
| Return on Total Assets **46** | 5.6 | • | 157.8 | 114.1 | 12.0 | 24.5 | 23.4 | 18.4 | 18.8 | 21.9 | 12.0 | 7.6 | 5.5 |
| Return on Equity Before Income Taxes **47** | 11.2 | • | 280.0 | 230.4 | 18.6 | 35.5 | 44.9 | 22.2 | 31.1 | 34.3 | 26.5 | 18.3 | 10.4 |
| Return on Equity After Income Taxes **48** | 7.8 | • | 278.6 | 230.4 | 15.3 | 35.0 | 40.8 | 20.2 | 28.2 | 29.1 | 20.8 | 13.5 | 7.0 |
| Profit Margin (Before Income Tax) **49** | 7.2 | 15.4 | 22.2 | 13.7 | 7.5 | 5.3 | 9.3 | 12.1 | 11.8 | 17.9 | 9.7 | 15.2 | 6.8 |
| Profit Margin (After Income Tax) **50** | 5.0 | 10.5 | 22.1 | 13.7 | 6.2 | 5.2 | 8.5 | 11.0 | 10.7 | 15.1 | 7.6 | 11.3 | 4.6 |

# COMMODITY CONTRACTS DEALING AND BROKERAGE

**MONEY AMOUNTS AND SIZE OF ASSETS IN THOUSANDS OF DOLLARS**

| Item Description for Accounting Period 7/00 Through 6/01 | | Total | Zero Assets | Under 100 | 100 to 250 | 251 to 500 | 501 to 1,000 | 1,001 to 5,000 | 5,001 to 10,000 | 10,001 to 25,000 | 25,001 to 50,000 | 50,001 to 100,000 | 100,001 to 250,000 | 250,001 and over |
|---|---|---|---|---|---|---|---|---|---|---|---|---|---|---|
| Number of Enterprises | 1 | 2070 | 9 | 1405 | 88 | 13 | 230 | 156 | 90 | 34 | 15 | 14 | 6 | 9 |
| **Revenues ($ in Thousands)** | | | | | | | | | | | | | | |
| Net Sales | 2 | 5521314 | 182960 | 446756 | 7492 | 60979 | 560795 | 281038 | 1415431 | 399610 | 202485 | 154724 | 164693 | 1644351 |
| Interest | 3 | 573284 | 7653 | 0 | 1359 | 0 | 0 | 1951 | 11240 | 5175 | 13249 | 8383 | 14302 | 509975 |
| Rents | 4 | 488 | 0 | 0 | 0 | 0 | 0 | 0 | 476 | 11 | 0 | 0 | 0 | 0 |
| Royalties | 5 | 19935 | 0 | 0 | 0 | 0 | 0 | 0 | 0 | 0 | 0 | 0 | 19929 | 6 |
| Other Portfolio Income | 6 | 193032 | 966 | 0 | 0 | 0 | 0 | 540 | 3230 | 123 | 2885 | 5669 | 22 | 179597 |
| Other Receipts | 7 | 4734575 | 174341 | 446756 | 6133 | 60979 | 560795 | 278547 | 1400485 | 394301 | 186351 | 140672 | 130440 | 954773 |
| Total Receipts | 8 | 5521314 | 182960 | 446756 | 7492 | 60979 | 560795 | 281038 | 1415431 | 399610 | 202485 | 154724 | 164693 | 1644351 |
| Average Total Receipts | 9 | 2667 | 20329 | 318 | 85 | 4691 | 2438 | 1802 | 15727 | 11753 | 13499 | 11052 | 27449 | 182706 |
| **Operating Costs/Operating Income (%)** | | | | | | | | | | | | | | |
| Cost of Operations | 10 | 34.7 | 62.4 | 73.8 | • | • | 72.9 | 28.9 | 50.0 | 54.4 | • | 3.3 | 11.8 | 2.1 |
| Salaries and Wages | 11 | 14.9 | 7.9 | 3.2 | • | 7.2 | 6.5 | 18.3 | 19.8 | 18.5 | 37.4 | 19.1 | 17.2 | 13.0 |
| Taxes Paid | 12 | 1.1 | 1.4 | 1.2 | 0.1 | 1.0 | 0.7 | 1.8 | 0.6 | 1.7 | 1.9 | 3.0 | 1.9 | 1.2 |
| Interest Paid | 13 | 12.6 | 4.0 | 0.5 | • | 0.1 | 0.5 | 1.2 | 1.6 | 2.3 | 3.8 | 14.1 | 10.0 | 36.6 |
| Depreciation | 14 | 0.7 | 0.3 | 0.0 | 1.7 | 0.0 | 0.3 | 0.7 | 0.2 | 0.9 | 1.9 | 1.1 | 3.4 | 0.9 |
| Amortization and Depletion | 15 | 0.2 | 0.1 | • | • | • | • | 0.0 | 0.3 | 0.0 | 0.3 | 0.2 | 0.8 | 0.4 |
| Pensions and Other Deferred Comp. | 16 | 0.6 | 0.2 | • | 1.8 | 8.3 | 1.0 | 0.1 | 0.1 | 0.3 | 0.8 | 2.4 | 1.4 | 0.6 |
| Employee Benefits | 17 | 0.7 | 0.9 | • | • | 0.4 | 0.2 | 0.8 | 0.3 | 1.0 | 2.9 | 1.7 | 0.9 | 0.9 |
| Advertising | 18 | 0.6 | 0.2 | 0.1 | • | • | 3.0 | 1.0 | 0.2 | 0.2 | 2.7 | 0.6 | 0.1 | 0.3 |
| Other Expenses | 19 | 29.3 | 11.1 | 15.8 | 5.0 | 17.4 | 8.5 | 22.2 | 27.9 | 19.6 | 41.9 | 42.8 | 39.1 | 43.5 |
| Officers' Compensation | 20 | 3.4 | 1.0 | 8.8 | 2.4 | 22.9 | 5.5 | 5.5 | 1.6 | 3.6 | 6.0 | 6.6 | 1.0 | 1.6 |
| Operating Margin | 21 | 1.2 | 10.6 | • | 89.1 | 42.6 | 1.0 | 19.5 | • | • | 0.4 | 5.0 | 12.4 | • |
| Operating Margin Before Officers' Comp. | 22 | 4.6 | 11.5 | 5.4 | 91.5 | 65.6 | 6.4 | 24.9 | • | 1.1 | 6.4 | 11.6 | 13.3 | 0.5 |

| Selected Average Balance Sheet ($ in Thousands) | | | | | | | | | | | | | |
|---|---|---|---|---|---|---|---|---|---|---|---|---|---|
| Net Receivables 23 | 1006 | 0 | 13 | 0 | 0 | 164 | 693 | 1592 | 5181 | 4990 | 16507 | 22054 | 128990 |
| Inventories 24 | • | • | • | • | • | • | • | • | • | • | • | • | • |
| Net Property, Plant and Equipment 25 | 111 | 0 | 2 | 31 | 1 | 27 | 83 | 155 | 695 | 2173 | 731 | 1901 | 12640 |
| Total Assets 26 | 7848 | 0 | 35 | 231 | 407 | 792 | 2736 | 7284 | 15988 | 38120 | 70506 | 125485 | 1338896 |
| Notes and Loans Payable 27 | 1557 | 0 | 27 | 0 | 0 | 346 | 761 | 1955 | 3348 | 10771 | 17747 | 17304 | 242541 |
| All Other Liabilities 28 | 5901 | 0 | 14 | 1 | 392 | 183 | 750 | 3954 | 7207 | 18612 | 43486 | 84461 | 1115092 |
| Net Worth 29 | 390 | 0 | -6 | 230 | 16 | 263 | 1225 | 1375 | 5432 | 8737 | 9272 | 23721 | -18737 |

| Selected Financial Ratios (Times to 1) | | | | | | | | | | | | | |
|---|---|---|---|---|---|---|---|---|---|---|---|---|---|
| Current Ratio 30 | 0.9 | • | 2.7 | 97.0 | 0.3 | 2.3 | 2.3 | 0.8 | 1.2 | 1.2 | 0.9 | 1.2 | 0.9 |
| Quick Ratio 31 | 0.5 | • | 1.9 | 85.5 | 0.3 | 2.3 | 1.1 | 0.6 | 1.0 | 0.7 | 0.5 | 0.8 | 0.4 |
| Net Sales to Working Capital 32 | • | • | 15.3 | 0.8 | • | 6.4 | 1.6 | • | 5.5 | 4.5 | • | 1.9 | • |
| Coverage Ratio 33 | 1.1 | 3.6 | • | • | 703.2 | 2.9 | 17.8 | • | • | 1.1 | 1.4 | 2.2 | 1.0 |
| Total Asset Turnover 34 | 0.3 | • | 9.1 | 0.4 | 11.5 | 3.1 | 0.7 | 2.2 | 0.7 | 0.4 | 0.2 | 0.2 | 0.1 |
| Inventory Turnover 35 | • | • | • | • | • | • | • | • | • | • | • | • | • |
| Receivables Turnover 36 | • | • | • | • | • | • | • | • | • | • | • | • | • |
| Total Liabilities to Net Worth 37 | 19.1 | • | • | 0.0 | 25.0 | 2.0 | 1.2 | 4.3 | 1.9 | 3.4 | 6.6 | 4.3 | • |
| Current Assets to Working Capital 38 | • | • | 1.6 | 1.0 | • | 1.8 | 1.7 | • | 5.3 | 7.6 | • | 6.5 | • |
| Current Liabilities to Working Capital 39 | • | • | 0.6 | 0.0 | • | 0.8 | 0.7 | • | 4.3 | 6.6 | • | 5.5 | • |
| Working Capital to Net Sales 40 | • | • | 0.1 | 1.2 | • | 0.2 | 0.6 | • | 0.2 | 0.2 | • | 0.5 | • |
| Inventory to Working Capital 41 | • | • | • | • | • | • | • | • | • | • | • | • | • |
| Total Receipts to Cash Flow 42 | 3.6 | 5.2 | 9.5 | 1.1 | 1.7 | 12.5 | 2.6 | 4.2 | 6.9 | 2.7 | 2.5 | 2.1 | 2.5 |
| Cost of Goods to Cash Flow 43 | 1.2 | 3.2 | 7.0 | • | • | 9.1 | 0.8 | 2.1 | 3.8 | • | 0.1 | 0.2 | 0.1 |
| Cash Flow to Total Debt 44 | 0.1 | • | 0.8 | 74.4 | 7.1 | 0.4 | 0.5 | 0.6 | 0.2 | 0.2 | 0.1 | 0.1 | 0.1 |

| Selected Financial Factors (in Percentages) | | | | | | | | | | | | | |
|---|---|---|---|---|---|---|---|---|---|---|---|---|---|
| Debt Ratio 45 | 95.0 | • | 116.1 | 0.5 | 96.1 | 66.8 | 55.2 | 81.1 | 66.0 | 77.1 | 86.8 | 81.1 | 101.4 |
| Return on Total Assets 46 | 4.7 | • | • | 32.8 | 491.4 | 4.6 | 13.5 | • | • | 1.5 | 3.0 | 4.9 | 4.8 |
| Return on Equity Before Income Taxes 47 | 8.0 | • | 189.8 | 33.0 | 12736.3 | 9.0 | 28.4 | • | • | 0.5 | 6.0 | 14.3 | 10.8 |
| Return on Equity After Income Taxes 48 | 3.0 | • | 189.8 | 33.0 | 12736.3 | 8.9 | 28.3 | • | • | • | 3.3 | 11.3 | 17.4 |
| Profit Margin (Before Income Tax) 49 | 1.2 | 10.6 | • | 89.1 | 42.6 | 1.0 | 19.3 | • | • | 0.3 | 5.1 | 12.4 | • |
| Profit Margin (After Income Tax) 50 | 0.4 | 3.2 | • | 89.1 | 42.6 | 1.0 | 19.3 | • | • | • | 2.8 | 9.7 | • |

# Table II

Corporations with Net Income

## COMMODITY CONTRACTS DEALING AND BROKERAGE

| Item Description for Accounting Period 7/00 Through 6/01 | | Total | Zero Assets | Under 100 | 100 to 250 | 251 to 500 | 501 to 1,000 | 1,001 to 5,000 | 5,001 to 10,000 | 10,001 to 25,000 | 25,001 to 50,000 | 50,001 to 100,000 | 100,001 to 250,000 | 250,001 and over |
|---|---|---|---|---|---|---|---|---|---|---|---|---|---|---|
| | | **Money Amounts and Size of Assets in Thousands of Dollars** | | | | | | | | | | | | |
| Number of Enterprises | 1 | 1089 | 3 | 719 | 0 | 13 | 206 | 57 | 43 | 19 | 10 | 8 | 0 | 0 |
| **Revenues ($ in Thousands)** | | | | | | | | | | | | | | |
| Net Sales | 2 | 4165297 | 156125 | 419299 | 0 | 60979 | 558498 | 169606 | 554543 | 374774 | 187586 | 122140 | 0 | 0 |
| Interest | 3 | 487925 | 1579 | 0 | 0 | 0 | 0 | 1 | 9549 | 804 | 9773 | 7023 | 0 | 0 |
| Rents | 4 | 16 | 0 | 0 | 0 | 0 | 0 | 0 | 16 | 0 | 0 | 0 | 0 | 0 |
| Royalties | 5 | 6 | 0 | 0 | 0 | 0 | 0 | 0 | 0 | 0 | 0 | 0 | 0 | 0 |
| Other Portfolio Income | 6 | 187260 | 57 | 0 | 0 | 0 | 0 | 532 | 23 | 11 | 1369 | 5648 | 0 | 0 |
| Other Receipts | 7 | 3490090 | 154489 | 419299 | 0 | 60979 | 558498 | 169073 | 544955 | 373959 | 176444 | 109469 | 0 | 0 |
| Total Receipts | 8 | 4165297 | 156125 | 419299 | 0 | 60979 | 558498 | 169606 | 554543 | 374774 | 187586 | 122140 | 0 | 0 |
| Average Total Receipts | 9 | 3825 | 52042 | 583 | • | 4691 | 2711 | 2976 | 12896 | 19725 | 18759 | 15268 | • | • |
| **Operating Costs/Operating Income (%)** | | | | | | | | | | | | | | |
| Cost of Operations | 10 | 39.2 | 73.1 | 78.6 | • | • | 73.2 | 3.9 | 90.2 | 56.7 | • | 4.2 | • | • |
| Salaries and Wages | 11 | 10.5 | 0.9 | 0.9 | • | 7.2 | 6.1 | 16.8 | 1.8 | 15.3 | 35.9 | 17.1 | • | • |
| Taxes Paid | 12 | 1.1 | 0.8 | 0.7 | • | 1.0 | 0.6 | 1.9 | 0.3 | 1.4 | 1.6 | 2.9 | • | • |
| Interest Paid | 13 | 11.6 | 1.3 | 0.1 | • | 0.1 | 0.4 | 0.2 | 1.9 | 1.6 | 3.6 | 14.3 | • | • |
| Depreciation | 14 | 0.6 | 0.0 | • | • | 0.0 | 0.2 | 0.6 | 0.0 | 0.8 | 1.6 | 1.0 | • | • |
| Amortization and Depletion | 15 | 0.2 | 0.1 | • | • | • | • | 0.0 | 0.0 | 0.0 | 0.3 | 0.2 | • | • |
| Pensions and Other Deferred Comp. | 16 | 0.6 | 0.2 | 0.0 | • | 8.3 | 0.8 | 0.2 | 0.0 | 0.3 | 0.6 | 3.0 | • | • |
| Employee Benefits | 17 | 0.7 | 0.0 | • | • | 0.4 | 0.2 | 0.8 | 0.0 | 0.8 | 2.7 | 1.9 | • | • |
| Advertising | 18 | 0.6 | 0.0 | 0.1 | • | • | 3.0 | 1.3 | 0.1 | 0.2 | 1.0 | 0.0 | • | • |
| Other Expenses | 19 | 23.1 | 1.0 | 6.9 | • | 17.4 | 5.4 | 20.2 | 2.7 | 12.6 | 33.1 | 26.8 | • | • |
| Officers' Compensation | 20 | 3.1 | 0.6 | 6.9 | • | 22.9 | 4.2 | 3.6 | 0.7 | 2.4 | 4.7 | 7.9 | • | • |
| Operating Margin | 21 | 8.8 | 21.9 | 5.7 | • | 42.6 | 5.8 | 50.7 | 2.3 | 7.8 | 14.8 | 20.7 | • | • |
| Operating Margin Before Officers' Comp. | 22 | 11.9 | 22.6 | 12.6 | • | 65.6 | 10.1 | 54.3 | 3.0 | 10.2 | 19.6 | 28.6 | • | • |

| Selected Average Balance Sheet ($ in Thousands) | | | | | | | | | | | | | |
|---|---|---|---|---|---|---|---|---|---|---|---|---|---|
| Net Receivables 23 | 1689 | 0 | 24 | • | 0 | 183 | 1468 | 1808 | 6587 | 7429 | 24495 | • | • |
| Inventories 24 | • | • | • | • | • | • | • | • | • | • | • | • | • |
| Net Property, Plant and Equipment 25 | 168 | 0 | 3 | • | 1 | 29 | 119 | 124 | 651 | 2794 | 1016 | • | • |
| Total Assets 26 | 12251 | 0 | 61 | • | 407 | 811 | 2891 | 7313 | 15141 | 38778 | 68770 | • | • |
| Notes and Loans Payable 27 | 1708 | 0 | 3 | • | 0 | 386 | 105 | 2284 | 4192 | 10077 | 21492 | • | • |
| All Other Liabilities 28 | 9575 | 0 | 21 | • | 392 | 200 | 1378 | 2642 | 6893 | 20322 | 37480 | • | • |
| Net Worth 29 | 968 | 0 | 37 | • | 16 | 225 | 1409 | 2388 | 4056 | 8380 | 9797 | • | • |

| Selected Financial Ratios (Times to 1) | | | | | | | | | | | | | |
|---|---|---|---|---|---|---|---|---|---|---|---|---|---|
| Current Ratio 30 | 0.9 | • | 2.8 | • | 0.3 | 2.3 | 1.2 | 0.9 | 1.1 | 1.2 | 0.8 | • | • |
| Quick Ratio 31 | 0.5 | • | 1.9 | • | 0.3 | 2.3 | 1.2 | 0.7 | 1.0 | 0.8 | 0.6 | • | • |
| Net Sales to Working Capital 32 | • | • | 16.0 | • | • | 6.4 | 10.8 | • | 20.0 | 5.1 | • | • | • |
| Coverage Ratio 33 | 1.8 | 17.9 | 78.8 | • | 703.2 | 15.1 | 290.7 | 2.2 | 5.8 | 5.1 | 2.4 | • | • |
| Total Asset Turnover 34 | 0.3 | • | 9.6 | • | 11.5 | 3.3 | 1.0 | 1.8 | 1.3 | 0.5 | 0.2 | • | • |
| Inventory Turnover 35 | • | • | • | • | • | • | • | • | • | • | • | • | • |
| Receivables Turnover 36 | • | • | • | • | • | • | • | • | • | • | • | • | • |
| Total Liabilities to Net Worth 37 | 11.6 | • | 0.6 | • | 25.0 | 2.6 | 1.1 | 2.1 | 2.7 | 3.6 | 6.0 | • | • |
| Current Assets to Working Capital 38 | • | • | 1.6 | • | • | 1.8 | 6.1 | • | 11.0 | 7.1 | • | • | • |
| Current Liabilities to Working Capital 39 | • | • | 0.6 | • | • | 0.8 | 5.1 | • | 10.0 | 6.1 | • | • | • |
| Working Capital to Net Sales 40 | • | • | 0.1 | • | • | 0.2 | 0.1 | • | 0.1 | 0.2 | • | • | • |
| Inventory to Working Capital 41 | • | • | • | • | • | • | • | • | • | • | • | • | • |
| Total Receipts to Cash Flow 42 | 3.3 | 4.4 | 9.0 | • | 1.7 | 9.7 | 1.5 | 20.7 | 5.4 | 2.3 | 2.5 | • | • |
| Cost of Goods to Cash Flow 43 | 1.3 | 3.2 | 7.1 | • | • | 7.1 | 0.1 | 18.7 | 3.1 | • | 0.1 | • | • |
| Cash Flow to Total Debt 44 | 0.1 | • | 2.7 | • | 7.1 | 0.5 | 1.4 | 0.1 | 0.3 | 0.3 | 0.1 | • | • |

| Selected Financial Factors (in Percentages) | | | | | | | | | | | | | |
|---|---|---|---|---|---|---|---|---|---|---|---|---|---|
| Debt Ratio 45 | 92.1 | • | 39.0 | • | 96.1 | 72.3 | 51.3 | 67.4 | 73.2 | 78.4 | 85.8 | • | • |
| Return on Total Assets 46 | 6.4 | • | 55.6 | • | 491.4 | 20.9 | 52.0 | 7.3 | 12.4 | 8.9 | 7.8 | • | • |
| Return on Equity Before Income Taxes 47 | 34.8 | • | 90.0 | • | 12736.3 | 70.4 | 106.5 | 12.3 | 38.4 | 33.0 | 32.3 | • | • |
| Return on Equity After Income Taxes 48 | 30.9 | • | 90.0 | • | 12736.3 | 70.2 | 106.4 | 12.1 | 35.4 | 26.6 | 27.8 | • | • |
| Profit Margin (Before Income Tax) 49 | 8.8 | 21.9 | 5.7 | • | 42.6 | 5.8 | 50.4 | 2.3 | 7.9 | 14.7 | 20.7 | • | • |
| Profit Margin (After Income Tax) 50 | 7.8 | 13.3 | 5.7 | • | 42.6 | 5.8 | 50.4 | 2.2 | 7.3 | 11.9 | 17.8 | • | • |

# Table I

Corporations with and without Net Income

## SECURITIES & COMMODITY EXCHANGES, OTHER FINANCIAL INVESTMENT

MONEY AMOUNTS AND SIZE OF ASSETS IN THOUSANDS OF DOLLARS

| Item Description for Accounting Period 7/00 Through 6/01 | | Total | Zero Assets | Under 100 | 100 to 250 | 251 to 500 | 501 to 1,000 | 1,001 to 5,000 | 5,001 to 10,000 | 10,001 to 25,000 | 25,001 to 50,000 | 50,001 to 100,000 | 100,001 to 250,000 | 250,001 and over |
|---|---|---|---|---|---|---|---|---|---|---|---|---|---|---|
| Number of Enterprises | 1 | 34604 | 2539 | 19103 | 4573 | 2953 | 1610 | 2682 | 478 | 342 | 125 | 69 | 62 | 67 |
| **Revenues ($ in Thousands)** | | | | | | | | | | | | | | |
| Net Sales | 2 | 108294724 | 1678121 | 2459981 | 5903096 | 2311594 | 722272 | 6153322 | 2071247 | 3116123 | 1812109 | 1000118 | 4554045 | 76512696 |
| Interest | 3 | 24524577 | 40296 | 12395 | 5164 | 17602 | 12893 | 72675 | 20878 | 47968 | 52947 | 79656 | 194566 | 23967537 |
| Rents | 4 | 119127 | 136 | 1002 | 251 | 11 | 16 | 5464 | 914 | 1993 | 239 | 2212 | 1094 | 105795 |
| Royalties | 5 | 55835 | 107 | 6831 | 6 | 0 | 0 | 67 | 6 | 1138 | 29 | 151 | 1 | 47498 |
| Other Portfolio Income | 6 | 4555053 | 133258 | 24757 | 25751 | 14631 | 18014 | 91877 | 65475 | 123127 | 90809 | 91208 | 187841 | 3688305 |
| Other Receipts | 7 | 79040132 | 1504324 | 2414996 | 5871924 | 2279350 | 691349 | 5983239 | 1983974 | 2941897 | 1668085 | 826891 | 4170543 | 48703561 |
| Total Receipts | 8 | 108294724 | 1678121 | 2459981 | 5903096 | 2311594 | 722272 | 6153322 | 2071247 | 3116123 | 1812109 | 1000118 | 4554045 | 76512696 |
| Average Total Receipts | 9 | 3130 | 661 | 129 | 1291 | 783 | 449 | 2294 | 4333 | 9111 | 14497 | 14494 | 73452 | 1141981 |
| **Operating Costs/Operating Income (%)** | | | | | | | | | | | | | | |
| Cost of Operations | 10 | 1.0 | 8.1 | 0.6 | 0.4 | • | 15.9 | 4.4 | 0.1 | 4.2 | 6.0 | 13.3 | 2.1 | 0.1 |
| Salaries and Wages | 11 | 17.2 | 27.1 | 20.9 | 35.4 | 25.2 | 8.4 | 19.9 | 33.6 | 23.3 | 25.8 | 23.5 | 29.0 | 13.4 |
| Taxes Paid | 12 | 2.1 | 2.6 | 3.0 | 2.6 | 2.7 | 1.7 | 3.2 | 2.9 | 2.5 | 2.5 | 2.3 | 2.3 | 1.8 |
| Interest Paid | 13 | 19.6 | 7.2 | 0.9 | 0.3 | 0.6 | 1.4 | 1.1 | 1.4 | 3.1 | 4.0 | 11.0 | 4.4 | 26.8 |
| Depreciation | 14 | 1.7 | 1.2 | 0.7 | 0.5 | 1.2 | 2.4 | 1.4 | 2.1 | 1.9 | 2.2 | 2.3 | 2.7 | 1.8 |
| Amortization and Depletion | 15 | 0.5 | 2.9 | 0.0 | 0.0 | 0.2 | 0.0 | 0.1 | 0.2 | 0.4 | 0.4 | 0.7 | 1.0 | 0.5 |
| Pensions and Other Deferred Comp. | 16 | 0.8 | 0.7 | 3.0 | 1.5 | 1.7 | 4.9 | 0.8 | 0.6 | 1.0 | 1.3 | 0.4 | 0.6 | 0.6 |
| Employee Benefits | 17 | 1.6 | 0.8 | 1.0 | 1.6 | 1.1 | 0.4 | 0.7 | 1.2 | 1.4 | 1.1 | 1.4 | 1.3 | 1.7 |
| Advertising | 18 | 1.2 | 3.1 | 1.1 | 0.0 | 0.3 | 0.5 | 0.8 | 1.1 | 0.7 | 0.6 | 0.3 | 2.0 | 1.4 |
| Other Expenses | 19 | 29.6 | 35.5 | 33.4 | 12.4 | 29.1 | 17.8 | 20.6 | 23.5 | 32.3 | 35.0 | 36.6 | 27.5 | 31.5 |
| Officers' Compensation | 20 | 13.5 | 6.1 | 21.1 | 44.0 | 30.5 | 25.5 | 36.9 | 17.2 | 17.9 | 16.3 | 9.0 | 9.6 | 8.5 |
| Operating Margin | 21 | 11.2 | 4.9 | 14.4 | 1.2 | 7.4 | 21.3 | 10.0 | 16.1 | 11.4 | 4.8 | • | 17.5 | 11.9 |
| Operating Margin Before Officers' Comp. | 22 | 24.6 | 11.0 | 35.5 | 45.2 | 37.9 | 46.8 | 46.9 | 33.2 | 29.3 | 21.1 | 8.3 | 27.1 | 20.4 |

| Selected Average Balance Sheet ($ in Thousands) | | | | | | | | | | | | | |
|---|---|---|---|---|---|---|---|---|---|---|---|---|---|
| Net Receivables 23 | 4265 | 0 | 3 | 11 | 72 | 140 | 356 | 527 | 2051 | 3680 | 6037 | 28888 | 2126501 |
| Inventories 24 | • | • | • | • | • | • | • | • | • | • | • | • | • |
| Net Property, Plant and Equipment 25 | 352 | 0 | 3 | 18 | 33 | 79 | 231 | 511 | 1314 | 1926 | 2983 | 11296 | 139792 |
| Total Assets 26 | 14332 | 0 | 24 | 152 | 360 | 693 | 2182 | 6985 | 15076 | 34541 | 68569 | 154775 | 6860134 |
| Notes and Loans Payable 27 | 2590 | 0 | 20 | 27 | 84 | 166 | 602 | 1086 | 4921 | 8962 | 18495 | 37203 | 1195347 |
| All Other Liabilities 28 | 9565 | 0 | 14 | 33 | 39 | 118 | 350 | 990 | 2720 | 5362 | 14132 | 36527 | 4835782 |
| Net Worth 29 | 2177 | 0 | -11 | 91 | 237 | 408 | 1230 | 4909 | 7436 | 20218 | 35942 | 81045 | 829005 |

| Selected Financial Ratios (Times to 1) | | | | | | | | | | | | | |
|---|---|---|---|---|---|---|---|---|---|---|---|---|---|
| Current Ratio 30 | 0.7 | • | 1.0 | 1.7 | 5.0 | 2.2 | 2.8 | 2.6 | 1.6 | 2.2 | 1.7 | 1.5 | 0.7 |
| Quick Ratio 31 | 0.6 | • | 0.9 | 1.5 | 4.2 | 1.9 | 2.1 | 2.0 | 1.2 | 1.7 | 1.1 | 1.2 | 0.6 |
| Net Sales to Working Capital 32 | • | • | • | 49.9 | 5.5 | 3.0 | 3.3 | 3.0 | 4.0 | 2.0 | 1.5 | 3.4 | • |
| Coverage Ratio 33 | 1.6 | 1.7 | 16.4 | 4.6 | 13.8 | 16.4 | 9.8 | 12.5 | 4.6 | 1.8 | 0.9 | 5.0 | 1.4 |
| Total Asset Turnover 34 | 0.2 | • | 5.5 | 8.5 | 2.2 | 0.6 | 1.1 | 0.6 | 0.6 | 0.4 | 0.2 | 0.5 | 0.2 |
| Inventory Turnover 35 | • | • | • | • | • | • | • | • | • | • | • | • | • |
| Receivables Turnover 36 | • | • | • | • | • | • | • | • | • | • | • | • | • |
| Total Liabilities to Net Worth 37 | 5.6 | • | • | 0.7 | 0.5 | 0.7 | 0.8 | 0.4 | 1.0 | 0.7 | 0.9 | 0.9 | 7.3 |
| Current Assets to Working Capital 38 | • | • | • | 2.4 | 1.2 | 1.9 | 1.6 | 1.6 | 2.7 | 1.8 | 2.5 | 3.0 | • |
| Current Liabilities to Working Capital 39 | • | • | • | 1.4 | 0.2 | 0.9 | 0.6 | 0.6 | 1.7 | 0.8 | 1.5 | 2.0 | • |
| Working Capital to Net Sales 40 | • | • | • | 0.0 | 0.2 | 0.3 | 0.3 | 0.3 | 0.3 | 0.5 | 0.7 | 0.3 | • |
| Inventory to Working Capital 41 | • | • | • | • | • | • | • | • | 0.0 | • | 0.0 | 0.0 | • |
| Total Receipts to Cash Flow 42 | 2.8 | 3.2 | 2.4 | 8.0 | 3.3 | 2.9 | 3.7 | 2.9 | 2.7 | 3.5 | 4.0 | 2.6 | 2.6 |
| Cost of Goods to Cash Flow 43 | 0.0 | 0.3 | 0.0 | 0.0 | • | 0.5 | 0.2 | 0.0 | 0.1 | 0.2 | 0.5 | 0.1 | 0.0 |
| Cash Flow to Total Debt 44 | 0.1 | • | 1.6 | 2.6 | 1.9 | 0.5 | 0.6 | 0.7 | 0.4 | 0.3 | 0.1 | 0.4 | 0.1 |

| Selected Financial Factors (in Percentages) | | | | | | | | | | | | | |
|---|---|---|---|---|---|---|---|---|---|---|---|---|---|
| Debt Ratio 45 | 84.8 | • | 146.3 | 39.9 | 34.3 | 41.1 | 43.6 | 29.7 | 50.7 | 41.5 | 47.6 | 47.6 | 87.9 |
| Return on Total Assets 46 | 6.7 | • | 80.5 | 13.1 | 17.1 | 14.6 | 11.5 | 10.8 | 8.6 | 3.1 | 2.1 | 10.4 | 6.5 |
| Return on Equity Before Income Taxes 47 | 16.1 | • | • | 17.1 | 24.2 | 23.2 | 18.3 | 14.1 | 13.6 | 2.4 | • | 15.9 | 16.6 |
| Return on Equity After Income Taxes 48 | 10.7 | • | • | 15.1 | 23.6 | 22.5 | 16.7 | 11.6 | 11.8 | 1.2 | • | 13.3 | 10.2 |
| Profit Margin (Before Income Tax) 49 | 11.2 | 4.8 | 13.8 | 1.2 | 7.3 | 21.1 | 9.8 | 15.9 | 11.1 | 3.3 | • | 17.6 | 12.0 |
| Profit Margin (After Income Tax) 50 | 7.4 | • | 13.8 | 1.1 | 7.1 | 20.5 | 9.0 | 13.1 | 9.7 | 1.6 | • | 14.7 | 7.4 |

# Table II

Corporations with Net Income

## SECURITIES & COMMODITY EXCHANGES, OTHER FINANCIAL INVESTMENT

MONEY AMOUNTS AND SIZE OF ASSETS IN THOUSANDS OF DOLLARS

| Item Description for Accounting Period 7/00 Through 6/01 | Total | Zero Assets | Under 100 | 100 to 250 | 251 to 500 | 501 to 1,000 | 1,001 to 5,000 | 5,001 to 10,000 | 10,001 to 25,000 | 25,001 to 50,000 | 50,001 to 100,000 | 100,001 to 250,000 | 250,001 and over |
|---|---|---|---|---|---|---|---|---|---|---|---|---|---|
| Number of Enterprises 1 | 18929 | 807 | 10835 | 2530 | 1267 | 1169 | 1649 | 323 | 177 | 58 | 29 | 38 | 47 |
| **Revenues ($ in Thousands)** | | | | | | | | | | | | | |
| Net Sales 2 | 91456977 | 1652088 | 2280755 | 656335 | 1913918 | 711681 | 5583485 | 1909035 | 2441931 | 1383818 | 594491 | 4102928 | 68226513 |
| Interest 3 | 21664956 | 18223 | 1909 | 4655 | 12973 | 12872 | 59214 | 14995 | 27706 | 33985 | 34681 | 161170 | 21282574 |
| Rents 4 | 110260 | 136 | 1002 | 251 | 0 | 16 | 5363 | 347 | 371 | 208 | 2082 | 533 | 99952 |
| Royalties 5 | 55134 | 107 | 6831 | 6 | 0 | 0 | 0 | 0 | 662 | 29 | 0 | 0 | 47498 |
| Other Portfolio Income 6 | 4440123 | 129834 | 719 | 24478 | 14619 | 18008 | 81897 | 61839 | 111651 | 79831 | 58187 | 174672 | 3684388 |
| Other Receipts 7 | 65186504 | 1503788 | 2270294 | 626945 | 1886326 | 680785 | 5437011 | 1831854 | 2301541 | 1269765 | 499541 | 3766553 | 43112101 |
| Total Receipts 8 | 91456977 | 1652088 | 2280755 | 656335 | 1913918 | 711681 | 5583485 | 1909035 | 2441931 | 1383818 | 594491 | 4102928 | 68226513 |
| Average Total Receipts 9 | 4832 | 2047 | 210 | 259 | 1511 | 609 | 3386 | 5910 | 13796 | 23859 | 20500 | 107972 | 1451628 |
| **Operating Costs/Operating Income (%)** | | | | | | | | | | | | | |
| Cost of Operations 10 | 0.7 | 2.4 | 0.6 | 3.6 | • | 16.1 | 4.8 | 0.1 | 5.2 | 1.0 | 0.1 | 0.1 | 0.0 |
| Salaries and Wages 11 | 14.2 | 18.7 | 22.2 | 13.0 | 26.3 | 7.7 | 16.7 | 28.5 | 18.6 | 22.2 | 14.9 | 28.3 | 11.8 |
| Taxes Paid 12 | 2.0 | 2.1 | 2.8 | 2.6 | 2.6 | 1.5 | 3.1 | 2.7 | 2.4 | 2.4 | 2.4 | 2.1 | 1.9 |
| Interest Paid 13 | 20.0 | 6.5 | 0.2 | 2.0 | 0.1 | 1.3 | 0.8 | 0.9 | 1.6 | 2.3 | 4.9 | 4.2 | 26.1 |
| Depreciation 14 | 1.6 | 0.8 | 0.6 | 0.7 | 0.7 | 2.4 | 0.9 | 1.4 | 1.1 | 1.6 | 1.9 | 2.1 | 1.7 |
| Amortization and Depletion 15 | 0.5 | 2.2 | 0.0 | 0.3 | 0.1 | 0.0 | 0.0 | 0.1 | 0.3 | 0.2 | 0.2 | 0.8 | 0.5 |
| Pensions and Other Deferred Comp. 16 | 0.7 | 0.5 | 3.0 | 4.5 | 1.8 | 4.9 | 0.8 | 0.6 | 0.8 | 1.5 | 0.3 | 0.6 | 0.5 |
| Employee Benefits 17 | 1.6 | 0.6 | 1.0 | 1.6 | 1.0 | 0.3 | 0.7 | 1.2 | 1.2 | 1.1 | 1.3 | 1.1 | 1.8 |
| Advertising 18 | 1.3 | 2.8 | 1.0 | 0.2 | 0.3 | 0.5 | 0.5 | 0.8 | 0.6 | 0.4 | 0.3 | 2.2 | 1.4 |
| Other Expenses 19 | 28.4 | 26.6 | 26.6 | 27.9 | 19.6 | 15.3 | 16.9 | 19.4 | 22.5 | 25.7 | 34.6 | 26.5 | 30.4 |
| Officers' Compensation 20 | 12.0 | 0.6 | 21.4 | 21.7 | 31.7 | 25.7 | 37.2 | 14.9 | 17.8 | 17.6 | 11.3 | 10.0 | 8.9 |
| Operating Margin 21 | 17.1 | 36.2 | 20.6 | 22.0 | 15.7 | 24.3 | 17.4 | 29.4 | 27.8 | 24.0 | 27.8 | 21.9 | 15.1 |
| Operating Margin Before Officers' Comp. 22 | 29.1 | 36.8 | 42.0 | 43.7 | 47.4 | 49.9 | 54.7 | 44.4 | 45.6 | 41.6 | 39.1 | 32.0 | 23.9 |

| Selected Average Balance Sheet ($ in Thousands) | | | | | | | | | | | | | |
|---|---|---|---|---|---|---|---|---|---|---|---|---|---|
| Net Receivables 23 | 7408 | 0 | 2 | 16 | 47 | 123 | 465 | 685 | 2370 | 4580 | 5409 | 33797 | 2911732 |
| Inventories 24 | • | • | • | • | • | • | • | • | • | • | • | • | • |
| Net Property, Plant and Equipment 25 | 495 | 0 | 5 | 3 | 45 | 99 | 215 | 380 | 1047 | 2108 | 4046 | 12161 | 165353 |
| Total Assets 26 | 22274 | 0 | 28 | 149 | 388 | 680 | 2256 | 7098 | 14881 | 34544 | 69427 | 160760 | 8529400 |
| Notes and Loans Payable 27 | 3673 | 0 | 11 | 16 | 75 | 185 | 570 | 901 | 3527 | 5853 | 15213 | 42226 | 1378886 |
| All Other Liabilities 28 | 15587 | 0 | 12 | 19 | 39 | 156 | 421 | 1069 | 3276 | 6605 | 15544 | 40119 | 6184132 |
| Net Worth 29 | 3015 | 0 | 5 | 114 | 273 | 340 | 1266 | 5128 | 8078 | 22086 | 38669 | 78414 | 966382 |

| Selected Financial Ratios (Times to 1) | | | | | | | | | | | | | |
|---|---|---|---|---|---|---|---|---|---|---|---|---|---|
| Current Ratio 30 | 0.7 | • | 1.4 | 3.9 | 5.5 | 2.0 | 2.6 | 2.8 | 1.7 | 2.3 | 1.5 | 1.5 | 0.7 |
| Quick Ratio 31 | 0.7 | • | 1.3 | 3.5 | 4.8 | 1.7 | 1.9 | 2.1 | 1.3 | 1.8 | 1.0 | 1.1 | 0.6 |
| Net Sales to Working Capital 32 | • | • | 47.4 | 4.4 | 9.2 | 4.1 | 4.2 | 3.6 | 5.0 | 3.0 | 2.9 | 4.7 | • |
| Coverage Ratio 33 | 1.9 | 6.6 | 98.4 | 11.9 | 118.0 | 19.1 | 22.4 | 33.2 | 18.4 | 10.7 | 6.7 | 6.3 | 1.6 |
| Total Asset Turnover 34 | 0.2 | • | 7.5 | 1.7 | 3.9 | 0.9 | 1.5 | 0.8 | 0.9 | 0.7 | 0.3 | 0.7 | 0.2 |
| Inventory Turnover 35 | • | • | • | • | • | • | • | • | • | • | • | • | • |
| Receivables Turnover 36 | • | • | • | • | • | • | • | • | • | • | • | • | • |
| Total Liabilities to Net Worth 37 | 6.4 | • | 4.3 | 0.3 | 0.4 | 1.0 | 0.8 | 0.4 | 0.8 | 0.6 | 0.8 | 1.1 | 7.8 |
| Current Assets to Working Capital 38 | • | • | 3.4 | 1.3 | 1.2 | 2.0 | 1.6 | 1.6 | 2.5 | 1.8 | 3.2 | 3.1 | • |
| Current Liabilities to Working Capital 39 | • | • | 2.4 | 0.3 | 0.2 | 1.0 | 0.6 | 0.6 | 1.5 | 0.8 | 2.2 | 2.1 | • |
| Working Capital to Net Sales 40 | • | • | 0.0 | 0.2 | 0.1 | 0.2 | 0.2 | 0.3 | 0.2 | 0.3 | 0.3 | 0.2 | • |
| Inventory to Working Capital 41 | • | • | • | • | • | • | • | • | • | • | 0.0 | 0.0 | • |
| Total Receipts to Cash Flow 42 | 2.5 | 1.8 | 2.4 | 2.4 | 3.2 | 2.8 | 3.2 | 2.3 | 2.2 | 2.3 | 2.0 | 2.4 | 2.5 |
| Cost of Goods to Cash Flow 43 | 0.0 | 0.0 | 0.0 | 0.1 | • | 0.5 | 0.2 | 0.0 | 0.1 | 0.0 | 0.0 | 0.0 | 0.0 |
| Cash Flow to Total Debt 44 | 0.1 | • | 3.9 | 3.1 | 4.2 | 0.6 | 1.1 | 1.3 | 0.9 | 0.8 | 0.3 | 0.5 | 0.1 |

| Selected Financial Factors (in Percentages) | | | | | | | | | | | | | |
|---|---|---|---|---|---|---|---|---|---|---|---|---|---|
| Debt Ratio 45 | 86.5 | • | 81.3 | 23.6 | 29.4 | 50.0 | 43.9 | 27.7 | 45.7 | 36.1 | 44.3 | 51.2 | 88.7 |
| Return on Total Assets 46 | 8.0 | • | 156.7 | 41.8 | 61.4 | 22.8 | 27.2 | 25.3 | 27.1 | 17.2 | 9.6 | 17.6 | 7.0 |
| Return on Equity Before Income Taxes 47 | 27.5 | • | 828.5 | 50.2 | 86.3 | 43.1 | 46.4 | 34.0 | 47.1 | 24.4 | 14.7 | 30.3 | 22.9 |
| Return on Equity After Income Taxes 48 | 20.3 | • | 824.2 | 47.3 | 85.1 | 42.0 | 43.9 | 30.4 | 44.0 | 22.1 | 12.4 | 26.0 | 15.1 |
| Profit Margin (Before Income Tax) 49 | 17.2 | 36.2 | 20.6 | 22.0 | 15.6 | 24.1 | 17.3 | 29.5 | 27.6 | 22.6 | 27.7 | 22.0 | 15.3 |
| Profit Margin (After Income Tax) 50 | 12.7 | 24.9 | 20.5 | 20.7 | 15.4 | 23.5 | 16.4 | 26.4 | 25.8 | 20.5 | 23.3 | 18.9 | 10.1 |

# Table I

Corporations with and without Net Income

## LIFE INSURANCE

MONEY AMOUNTS AND SIZE OF ASSETS IN THOUSANDS OF DOLLARS

| Item Description for Accounting Period 7/00 Through 6/01 | | Total | Zero Assets | Under 100 | 100 to 250 | 251 to 500 | 501 to 1,000 | 1,001 to 5,000 | 5,001 to 10,000 | 10,001 to 25,000 | 25,001 to 50,000 | 50,001 to 100,000 | 100,001 to 250,000 | 250,001 and over |
|---|---|---|---|---|---|---|---|---|---|---|---|---|---|---|
| Number of Enterprises | 1 | 1520 | 55 | 145 | 149 | 102 | 146 | 304 | 117 | 96 | 81 | 40 | 60 | 227 |
| **Revenues ($ in Thousands)** | | | | | | | | | | | | | | |
| Net Sales | 2 | 892993111 | 49868208 | 31658 | 30097 | 26833 | 78497 | 629686 | 360083 | 605482 | 1956147 | 1390755 | 4112861 | 833902803 |
| Interest | 3 | 137507516 | 5229753 | 277 | 950 | 1658 | 4701 | 66829 | 38949 | 77287 | 195658 | 231138 | 533084 | 131127231 |
| Rents | 4 | 5961024 | 81045 | 0 | 0 | 0 | 0 | 60 | 999 | 1819 | 2941 | 5872 | 22544 | 5845744 |
| Royalties | 5 | 58096 | 272 | 0 | 0 | 0 | 0 | 0 | 0 | 0 | 0 | 0 | 284 | 57540 |
| Other Portfolio Income | 6 | 23637730 | 302953 | 1 | 23 | 44 | 288 | 7113 | 13561 | 11806 | 81701 | 25779 | 48254 | 23146205 |
| Other Receipts | 7 | 725828745 | 44254185 | 31380 | 29124 | 25131 | 73508 | 555684 | 306574 | 514570 | 1675847 | 1127966 | 3508695 | 673726083 |
| Total Receipts | 8 | 892993111 | 49868208 | 31658 | 30097 | 26833 | 78497 | 629686 | 360083 | 605482 | 1956147 | 1390755 | 4112861 | 833902803 |
| Average Total Receipts | 9 | 587495 | 906695 | 218 | 202 | 263 | 538 | 2071 | 3078 | 6307 | 24150 | 34769 | 68548 | 3673581 |
| **Operating Costs/Operating Income (%)** | | | | | | | | | | | | | | |
| Cost of Operations | 10 | 51.8 | 69.9 | 24.1 | 23.5 | 20.3 | 28.9 | 62.8 | 44.5 | 32.1 | 38.8 | 32.3 | 54.0 | 50.8 |
| Salaries and Wages | 11 | 1.9 | 0.0 | • | • | • | • | • | • | 0.1 | 0.5 | 1.0 | 0.5 | 2.0 |
| Taxes Paid | 12 | 0.8 | 0.8 | 0.2 | 0.3 | 1.1 | 0.8 | 0.4 | 2.5 | 1.7 | 1.1 | 1.2 | 1.6 | 0.8 |
| Interest Paid | 13 | 2.2 | 0.1 | 0.0 | 0.0 | 0.0 | 0.1 | 0.2 | 0.3 | 0.3 | 0.2 | 0.6 | 0.3 | 2.4 |
| Depreciation | 14 | 0.5 | 0.3 | • | • | 0.0 | 0.0 | 0.0 | 0.3 | 0.2 | 0.2 | 0.3 | 0.3 | 0.5 |
| Amortization and Depletion | 15 | 0.8 | 0.3 | 0.2 | 0.5 | 0.7 | 0.7 | 0.5 | 2.5 | 2.1 | 2.0 | 1.7 | 2.2 | 0.8 |
| Pensions and Other Deferred Comp. | 16 | 0.2 | 0.2 | • | • | • | • | 0.1 | 0.2 | 0.4 | 0.5 | 0.4 | 0.5 | 0.2 |
| Employee Benefits | 17 | 0.2 | 0.1 | • | 0.0 | • | • | 0.0 | 0.1 | 0.2 | 0.3 | 0.1 | 0.1 | 0.2 |
| Advertising | 18 | 0.2 | 0.1 | • | • | • | 0.0 | 0.0 | 0.0 | 0.1 | 0.1 | 0.4 | 0.1 | 0.2 |
| Other Expenses | 19 | 37.9 | 28.4 | 110.6 | 87.8 | 72.0 | 64.4 | 28.1 | 39.1 | 52.5 | 58.2 | 59.2 | 34.3 | 38.4 |
| Officers' Compensation | 20 | 0.1 | • | • | • | • | • | • | 1.1 | 0.3 | 0.3 | • | 0.0 | 0.1 |
| Operating Margin | 21 | 3.4 | • | • | • | 5.8 | 5.2 | 8.0 | 10.1 | 10.1 | • | 2.8 | 5.9 | 3.7 |
| Operating Margin Before Officers' Comp. | 22 | 3.5 | • | • | • | 5.8 | 5.2 | 8.0 | 11.1 | 10.3 | • | 2.8 | 6.0 | 3.8 |

**Selected Average Balance Sheet ($ in Thousands)**

| | | | | | | | | | | | | | |
|---|---|---|---|---|---|---|---|---|---|---|---|---|---|
| Net Receivables 23 | 49175 | 0 | 1 | 11 | 12 | 41 | 148 | 176 | 470 | 466 | 337 | 1505 | 328123 |
| Inventories 24 | • | • | • | • | • | • | • | • | • | • | • | • | • |
| Net Property, Plant and Equipment 25 | 18906 | 0 | 0 | 0 | 0 | 0 | 16 | 93 | 113 | 120 | 809 | 1284 | 125950 |
| Total Assets 26 | 2185393 | 0 | 46 | 163 | 368 | 729 | 2512 | 6908 | 16071 | 34278 | 68806 | 158822 | 14552639 |
| Notes and Loans Payable 27 | 67919 | 0 | 0 | 0 | 0 | 0 | 0 | 6 | 67 | 34 | 53 | 952 | 454486 |
| All Other Liabilities 28 | 1832146 | 0 | 80 | 220 | 319 | 497 | 1439 | 4507 | 11189 | 24586 | 56618 | 123671 | 12207035 |
| Net Worth 29 | 285328 | 0 | -34 | -57 | 49 | 233 | 1073 | 2396 | 4816 | 9658 | 12136 | 34198 | 1891119 |

**Selected Financial Ratios (Times to 1)**

| | | | | | | | | | | | | | |
|---|---|---|---|---|---|---|---|---|---|---|---|---|---|
| Current Ratio 30 | 0.9 | • | 0.4 | 4.6 | 7.4 | 3.6 | 5.4 | 4.1 | 2.2 | 3.3 | 2.5 | 1.6 | 0.9 |
| Quick Ratio 31 | 0.7 | • | 0.3 | 4.1 | 5.8 | 2.7 | 4.9 | 3.8 | 2.0 | 2.8 | 2.0 | 1.3 | 0.6 |
| Net Sales to Working Capital 32 | • | • | • | 2.0 | 1.0 | 1.4 | 1.9 | 1.2 | 1.7 | 2.7 | 2.2 | 4.3 | • |
| Coverage Ratio 33 | 2.5 | • | • | • | 223.3 | 60.1 | 51.0 | 36.1 | 36.2 | • | 5.5 | 20.9 | 2.5 |
| Total Asset Turnover 34 | 0.3 | • | 4.7 | 1.2 | 0.7 | 0.7 | 0.8 | 0.4 | 0.4 | 0.7 | 0.5 | 0.4 | 0.3 |
| Inventory Turnover 35 | • | • | • | • | • | • | • | • | • | • | • | • | • |
| Receivables Turnover 36 | • | • | • | • | • | • | • | • | • | • | • | • | • |
| Total Liabilities to Net Worth 37 | 6.7 | • | • | • | 6.5 | 2.1 | 1.3 | 1.9 | 2.3 | 2.5 | 4.7 | 3.6 | 6.7 |
| Current Assets to Working Capital 38 | • | • | • | 1.3 | 1.2 | 1.4 | 1.2 | 1.3 | 1.8 | 1.4 | 1.7 | 2.8 | • |
| Current Liabilities to Working Capital 39 | • | • | • | 0.3 | 0.2 | 0.4 | 0.2 | 0.3 | 0.8 | 0.4 | 0.7 | 1.8 | • |
| Working Capital to Net Sales 40 | • | • | • | 0.5 | 1.0 | 0.7 | 0.5 | 0.8 | 0.6 | 0.4 | 0.5 | 0.2 | • |
| Inventory to Working Capital 41 | • | • | • | • | • | • | • | • | • | • | 0.0 | • | • |
| Total Receipts to Cash Flow 42 | 2.6 | 3.6 | 1.3 | 1.3 | 1.3 | 1.4 | 2.8 | 2.2 | 1.6 | 1.9 | 1.7 | 2.6 | 2.5 |
| Cost of Goods to Cash Flow 43 | 1.3 | 2.5 | 0.3 | 0.3 | 0.3 | 0.4 | 1.8 | 1.0 | 0.5 | 0.7 | 0.5 | 1.4 | 1.3 |
| Cash Flow to Total Debt 44 | 0.1 | • | 2.0 | 0.7 | 0.6 | 0.8 | 0.5 | 0.3 | 0.3 | 0.5 | 0.4 | 0.2 | 0.1 |

**Selected Financial Factors (in Percentages)**

| | | | | | | | | | | | | | |
|---|---|---|---|---|---|---|---|---|---|---|---|---|---|
| Debt Ratio 45 | 86.9 | • | 173.4 | 135.0 | 86.7 | 68.1 | 57.3 | 65.3 | 70.0 | 71.8 | 82.4 | 78.5 | 87.0 |
| Return on Total Assets 46 | 1.5 | • | • | • | 4.2 | 3.9 | 6.7 | 4.5 | 4.0 | • | 1.6 | 2.7 | 1.5 |
| Return on Equity Before Income Taxes 47 | 7.0 | • | 225.8 | 43.0 | 31.1 | 12.0 | 15.3 | 12.6 | 12.9 | • | 7.5 | 11.8 | 7.0 |
| Return on Equity After Income Taxes 48 | 4.5 | • | 226.8 | 44.2 | 25.9 | 8.7 | 12.6 | 10.2 | 9.6 | • | 3.1 | 8.1 | 4.5 |
| Profit Margin (Before Income Tax) 49 | 3.4 | • | • | • | 5.8 | 5.2 | 7.9 | 9.8 | 9.8 | • | 2.6 | 5.9 | 3.6 |
| Profit Margin (After Income Tax) 50 | 2.2 | • | • | • | 4.8 | 3.8 | 6.5 | 7.9 | 7.4 | • | 1.1 | 4.0 | 2.3 |

## Table II

Corporations with Net Income

# LIFE INSURANCE

MONEY AMOUNTS AND SIZE OF ASSETS IN THOUSANDS OF DOLLARS

| Item Description for Accounting Period 7/00 Through 6/01 | | Total | Zero Assets | Under 100 | 100 to 250 | 251 to 500 | 501 to 1,000 | 1,001 to 5,000 | 5,001 to 10,000 | 10,001 to 25,000 | 25,001 to 50,000 | 50,001 to 100,000 | 100,001 to 250,000 | 250,001 and over |
|---|---|---|---|---|---|---|---|---|---|---|---|---|---|---|
| Number of Enterprises | 1 | 1132 | 45 | 65 | 80 | 71 | 110 | 261 | 96 | 74 | 66 | 31 | 47 | 187 |
| **Revenues ($ in Thousands)** | | | | | | | | | | | | | | |
| Net Sales | 2 | 733068980 | 38396265 | 5901 | 10868 | 17092 | 50756 | 482333 | 190210 | 409534 | 1385254 | 1092583 | 2831541 | 688196643 |
| Interest | 3 | 108854003 | 3280295 | 164 | 586 | 1334 | 3719 | 60862 | 33679 | 61635 | 145928 | 203570 | 403876 | 104658354 |
| Rents | 4 | 3744853 | 63621 | 0 | 0 | 0 | 0 | 48 | 802 | 1547 | 2416 | 5165 | 15860 | 3655394 |
| Royalties | 5 | 57837 | 12 | 0 | 0 | 0 | 0 | 0 | 0 | 0 | 0 | 0 | 284 | 57540 |
| Other Portfolio Income | 6 | 22611547 | 261405 | 1 | 5 | 1 | 264 | 6327 | 3364 | 11175 | 38566 | 24761 | 44675 | 22220999 |
| Other Receipts | 7 | 597800740 | 34790932 | 5736 | 10277 | 15757 | 46773 | 415096 | 152365 | 335177 | 1198344 | 859087 | 2366846 | 557604356 |
| Total Receipts | 8 | 733068980 | 38396265 | 5901 | 10868 | 17092 | 50756 | 482333 | 190210 | 409534 | 1385254 | 1092583 | 2831541 | 688196643 |
| Average Total Receipts | 9 | 647587 | 853250 | 91 | 136 | 241 | 461 | 1848 | 1981 | 5534 | 20989 | 35245 | 60246 | 3680196 |
| **Operating Costs/Operating Income (%)** | | | | | | | | | | | | | | |
| Cost of Operations | 10 | 52.2 | 70.9 | 27.1 | 22.0 | 20.2 | 34.1 | 60.1 | 28.6 | 31.9 | 44.9 | 34.0 | 52.6 | 51.2 |
| Salaries and Wages | 11 | 2.2 | 0.0 | • | • | • | • | • | • | • | 0.7 | 1.3 | 0.6 | 2.4 |
| Taxes Paid | 12 | 0.8 | 0.8 | 0.5 | 0.4 | 1.1 | 0.8 | 0.4 | 1.7 | 1.7 | 1.1 | 1.2 | 1.8 | 0.8 |
| Interest Paid | 13 | 2.5 | 0.0 | • | • | 0.0 | 0.0 | 0.2 | 0.5 | 0.4 | 0.3 | 0.7 | 0.3 | 2.6 |
| Depreciation | 14 | 0.5 | 0.3 | • | • | 0.0 | 0.0 | 0.0 | 0.3 | 0.2 | 0.2 | 0.2 | 0.3 | 0.6 |
| Amortization and Depletion | 15 | 0.8 | 0.1 | 0.6 | 0.7 | 0.4 | 0.6 | 0.4 | 1.6 | 1.8 | 1.1 | 1.6 | 2.2 | 0.8 |
| Pensions and Other Deferred Comp. | 16 | 0.2 | 0.1 | • | • | • | • | 0.1 | 0.1 | 0.3 | 0.6 | 0.4 | 0.5 | 0.2 |
| Employee Benefits | 17 | 0.2 | 0.1 | • | 0.1 | • | • | 0.0 | 0.1 | 0.2 | 0.4 | 0.2 | 0.1 | 0.2 |
| Advertising | 18 | 0.2 | 0.1 | • | • | • | 0.0 | 0.0 | 0.0 | 0.1 | 0.1 | 0.1 | 0.2 | 0.2 |
| Other Expenses | 19 | 35.6 | 27.3 | 45.8 | 49.5 | 54.1 | 41.7 | 23.4 | 45.4 | 43.2 | 39.9 | 51.9 | 31.7 | 36.0 |
| Officers' Compensation | 20 | 0.1 | • | • | • | • | • | • | • | 0.2 | 0.4 | • | 0.0 | 0.1 |
| Operating Margin | 21 | 4.7 | 0.3 | 26.1 | 27.3 | 24.1 | 22.8 | 15.4 | 21.7 | 20.1 | 10.3 | 8.5 | 9.7 | 4.8 |
| Operating Margin Before Officers' Comp. | 22 | 4.8 | 0.3 | 26.1 | 27.3 | 24.1 | 22.8 | 15.4 | 21.7 | 20.3 | 10.7 | 8.5 | 9.7 | 4.9 |

| Selected Average Balance Sheet ($ in Thousands) | | | | | | | | | | | | | |
|---|---|---|---|---|---|---|---|---|---|---|---|---|---|
| Net Receivables 23 | 64547 | 0 | 3 | 13 | 13 | 42 | 162 | 186 | 585 | 547 | 335 | 1423 | 389536 |
| Inventories 24 | • | • | • | • | • | • | • | • | • | • | • | • | • |
| Net Property, Plant and Equipment 25 | 22543 | 0 | 0 | 0 | 0 | 0 | 16 | 36 | 74 | 141 | 839 | 1109 | 135927 |
| Total Assets 26 | 2413728 | 0 | 54 | 163 | 364 | 744 | 2581 | 6820 | 16213 | 34998 | 68584 | 154585 | 14534684 |
| Notes and Loans Payable 27 | 89312 | 0 | 0 | 0 | 0 | 0 | 0 | 0 | 76 | 37 | 68 | 662 | 540425 |
| All Other Liabilities 28 | 1979929 | 0 | 68 | 138 | 258 | 455 | 1373 | 4370 | 10350 | 24408 | 55377 | 117130 | 11929515 |
| Net Worth 29 | 344487 | 0 | -14 | 25 | 107 | 290 | 1208 | 2450 | 5787 | 10553 | 13139 | 36793 | 2064744 |

| Selected Financial Ratios (Times to 1) | | | | | | | | | | | | | |
|---|---|---|---|---|---|---|---|---|---|---|---|---|---|
| Current Ratio 30 | 0.9 | • | 3.3 | 5.1 | 9.8 | 5.9 | 6.2 | 4.7 | 3.9 | 4.3 | 3.0 | 1.9 | 0.9 |
| Quick Ratio 31 | 0.6 | • | 2.9 | 4.5 | 7.7 | 4.8 | 5.6 | 4.3 | 3.5 | 3.7 | 2.2 | 1.7 | 0.6 |
| Net Sales to Working Capital 32 | • | • | 3.3 | 1.3 | 0.9 | 1.1 | 1.7 | 0.8 | 1.0 | 1.9 | 2.4 | 3.0 | • |
| Coverage Ratio 33 | 2.9 | 131.4 | • | • | 589.3 | 2314.4 | 90.0 | 44.7 | 55.8 | 35.9 | 12.5 | 32.0 | 2.8 |
| Total Asset Turnover 34 | 0.3 | • | 1.7 | 0.8 | 0.7 | 0.6 | 0.7 | 0.3 | 0.3 | 0.6 | 0.5 | 0.4 | 0.3 |
| Inventory Turnover 35 | • | • | • | • | • | • | • | • | • | • | • | • | • |
| Receivables Turnover 36 | • | • | • | • | • | • | • | • | • | • | • | • | • |
| Total Liabilities to Net Worth 37 | 6.0 | • | • | 5.5 | 2.4 | 1.6 | 1.1 | 1.8 | 1.8 | 2.3 | 4.2 | 3.2 | 6.0 |
| Current Assets to Working Capital 38 | • | • | 1.4 | 1.2 | 1.1 | 1.2 | 1.2 | 1.3 | 1.4 | 1.3 | 1.5 | 2.1 | • |
| Current Liabilities to Working Capital 39 | • | • | 0.4 | 0.2 | 0.1 | 0.2 | 0.2 | 0.3 | 0.4 | 0.3 | 0.5 | 1.1 | • |
| Working Capital to Net Sales 40 | • | • | 0.3 | 0.8 | 1.1 | 0.9 | 0.6 | 1.3 | 1.0 | 0.5 | 0.4 | 0.3 | • |
| Inventory to Working Capital 41 | • | • | • | • | • | • | • | • | • | • | 0.0 | • | • |
| Total Receipts to Cash Flow 42 | 2.7 | 3.7 | 1.4 | 1.3 | 1.3 | 1.6 | 2.6 | 1.5 | 1.6 | 2.1 | 1.7 | 2.5 | 2.6 |
| Cost of Goods to Cash Flow 43 | 1.4 | 2.6 | 0.4 | 0.3 | 0.3 | 0.5 | 1.6 | 0.4 | 0.5 | 0.9 | 0.6 | 1.3 | 1.3 |
| Cash Flow to Total Debt 44 | 0.1 | • | 1.0 | 0.8 | 0.7 | 0.7 | 0.5 | 0.3 | 0.3 | 0.4 | 0.4 | 0.2 | 0.1 |

| Selected Financial Factors (in Percentages) | | | | | | | | | | | | | |
|---|---|---|---|---|---|---|---|---|---|---|---|---|---|
| Debt Ratio 45 | 85.7 | • | 125.1 | 84.6 | 70.7 | 61.1 | 53.2 | 64.1 | 64.3 | 69.8 | 80.8 | 76.2 | 85.8 |
| Return on Total Assets 46 | 1.9 | • | 43.8 | 22.7 | 15.9 | 14.1 | 11.1 | 6.4 | 6.9 | 6.2 | 4.6 | 3.9 | 1.9 |
| Return on Equity Before Income Taxes 47 | 8.7 | • | • | 147.0 | 54.3 | 36.3 | 23.5 | 17.4 | 19.0 | 19.9 | 22.0 | 15.8 | 8.5 |
| Return on Equity After Income Taxes 48 | 5.9 | • | • | 142.0 | 50.9 | 32.7 | 20.7 | 14.6 | 15.5 | 15.4 | 16.9 | 11.4 | 5.8 |
| Profit Margin (Before Income Tax) 49 | 4.6 | 0.3 | 26.1 | 27.3 | 24.1 | 22.8 | 15.3 | 21.6 | 19.8 | 10.0 | 8.2 | 9.6 | 4.8 |
| Profit Margin (After Income Tax) 50 | 3.1 | 0.2 | 25.3 | 26.4 | 22.6 | 20.6 | 13.5 | 18.1 | 16.2 | 7.7 | 6.3 | 6.9 | 3.2 |

**Table I**

Corporations with and without Net Income

# LIFE INSURANCE, STOCK COMPANIES (FORM 1120L)

**MONEY AMOUNTS AND SIZE OF ASSETS IN THOUSANDS OF DOLLARS**

| Item Description for Accounting Period 7/00 Through 6/01 | | Total | Zero Assets | Under 100 | 100 to 250 | 251 to 500 | 501 to 1,000 | 1,001 to 5,000 | 5,001 to 10,000 | 10,001 to 25,000 | 25,001 to 50,000 | 50,001 to 100,000 | 100,001 to 250,000 | 250,001 and over |
|---|---|---|---|---|---|---|---|---|---|---|---|---|---|---|
| Number of Enterprises | 1 | 1441 | 52 | 145 | 147 | 102 | 141 | 285 | 117 | 96 | 74 | 37 | 54 | 193 |
| **Revenues ($ in Thousands)** | | | | | | | | | | | | | | |
| Net Sales | 2 | 716156229 | 49868135 | 31658 | 29985 | 26833 | 77885 | 356193 | 360083 | 605482 | 1894064 | 1352751 | 3672520 | 657880641 |
| Interest | 3 | 100099047 | 5229752 | 277 | 934 | 1658 | 4521 | 50372 | 38949 | 77287 | 184490 | 217089 | 467498 | 93826219 |
| Rents | 4 | 4086242 | 81045 | 0 | 0 | 0 | 0 | 58 | 999 | 1819 | 2811 | 5739 | 20156 | 3973615 |
| Royalties | 5 | 54006 | 272 | 0 | 0 | 0 | 0 | 0 | 0 | 0 | 0 | 0 | 0 | 53734 |
| Other Portfolio Income | 6 | 17976834 | 302953 | 1 | 23 | 44 | 264 | 6859 | 13561 | 11806 | 79427 | 25221 | 44307 | 17492367 |
| Other Receipts | 7 | 593940100 | 44254113 | 31380 | 29028 | 25131 | 73100 | 298904 | 306574 | 514570 | 1627336 | 1104702 | 3140559 | 542534706 |
| Total Receipts | 8 | 716156229 | 49868135 | 31658 | 29985 | 26833 | 77885 | 356193 | 360083 | 605482 | 1894064 | 1352751 | 3672520 | 657880641 |
| Average Total Receipts | 9 | 496986 | 959003 | 218 | 204 | 263 | 552 | 1250 | 3078 | 6307 | 25595 | 36561 | 68010 | 3408708 |
| **Operating Costs/Operating Income (%)** | | | | | | | | | | | | | | |
| Cost of Operations | 10 | 52.0 | 69.9 | 24.1 | 23.4 | 20.3 | 29.0 | 41.6 | 44.5 | 32.1 | 38.2 | 32.2 | 53.0 | 50.7 |
| Salaries and Wages | 11 | 1.9 | 0.0 | • | • | • | • | • | • | 0.1 | 0.5 | 1.0 | 0.6 | 2.0 |
| Taxes Paid | 12 | 0.8 | 0.8 | 0.2 | 0.3 | 1.1 | 0.8 | 0.7 | 2.5 | 1.7 | 1.0 | 1.1 | 1.6 | 0.8 |
| Interest Paid | 13 | 1.9 | 0.1 | 0.0 | 0.0 | 0.0 | 0.0 | 0.2 | 0.3 | 0.3 | 0.2 | 0.6 | 0.3 | 2.1 |
| Depreciation | 14 | 0.5 | 0.3 | • | • | 0.0 | 0.0 | 0.1 | 0.3 | 0.2 | 0.2 | 0.3 | 0.3 | 0.5 |
| Amortization and Depletion | 15 | 0.7 | 0.3 | 0.2 | 0.5 | 0.7 | 0.6 | 0.8 | 2.5 | 2.1 | 2.0 | 1.6 | 2.2 | 0.7 |
| Pensions and Other Deferred Comp. | 16 | 0.2 | 0.2 | • | • | • | • | 0.0 | 0.2 | 0.4 | 0.4 | 0.4 | 0.4 | 0.2 |
| Employee Benefits | 17 | 0.2 | 0.1 | • | 0.0 | • | • | 0.0 | 0.1 | 0.2 | 0.3 | 0.1 | 0.1 | 0.2 |
| Advertising | 18 | 0.2 | 0.1 | • | • | • | 0.0 | 0.0 | 0.0 | 0.1 | 0.1 | 0.4 | 0.2 | 0.2 |
| Other Expenses | 19 | 38.1 | 28.4 | 110.6 | 88.0 | 72.0 | 64.1 | 46.2 | 39.1 | 52.5 | 59.1 | 59.7 | 34.7 | 38.8 |
| Officers' Compensation | 20 | 0.1 | • | • | • | • | • | • | 1.1 | 0.3 | 0.3 | • | 0.0 | 0.1 |
| Operating Margin | 21 | 3.4 | • | • | • | 5.8 | 5.5 | 10.3 | 10.1 | 10.1 | • | 2.5 | 6.6 | 3.7 |
| Operating Margin Before Officers' Comp. | 22 | 3.5 | • | • | • | 5.8 | 5.5 | 10.3 | 11.1 | 10.3 | • | 2.5 | 6.7 | 3.7 |

## Selected Average Balance Sheet ($ in Thousands)

| | | | | | | | | | | | | | |
|---|---|---|---|---|---|---|---|---|---|---|---|---|---|
| Net Receivables 23 | 34489 | 0 | 1 | 11 | 12 | 43 | 158 | 176 | 470 | 485 | 364 | 1666 | 256162 |
| Inventories 24 | • | • | • | • | • | • | • | • | • | • | • | • | • |
| Net Property, Plant and Equipment 25 | 18118 | 0 | 0 | 0 | 0 | 0 | 16 | 93 | 113 | 115 | 826 | 1178 | 134605 |
| Total Assets 26 | 1788556 | 0 | 46 | 163 | 368 | 729 | 2436 | 6908 | 16071 | 34876 | 68713 | 155901 | 13267101 |
| Notes and Loans Payable 27 | 62491 | 0 | 0 | 0 | 0 | 0 | 0 | 6 | 67 | 37 | 57 | 1058 | 466219 |
| All Other Liabilities 28 | 1468459 | 0 | 80 | 221 | 319 | 505 | 1349 | 4507 | 11189 | 24979 | 56553 | 119781 | 10898994 |
| Net Worth 29 | 257607 | 0 | -34 | -58 | 49 | 224 | 1087 | 2396 | 4816 | 9860 | 12103 | 35062 | 1901888 |

## Selected Financial Ratios (Times to 1)

| | | | | | | | | | | | | | |
|---|---|---|---|---|---|---|---|---|---|---|---|---|---|
| Current Ratio 30 | 1.0 | • | 0.4 | 4.5 | 7.4 | 3.6 | 5.9 | 4.1 | 2.2 | 3.2 | 2.4 | 1.7 | 1.0 |
| Quick Ratio 31 | 0.7 | • | 0.3 | 4.0 | 5.8 | 2.7 | 5.3 | 3.8 | 2.0 | 2.7 | 2.0 | 1.4 | 0.7 |
| Net Sales to Working Capital 32 | 120.0 | • | • | 2.0 | 1.0 | 1.4 | 1.1 | 1.2 | 1.7 | 2.7 | 2.3 | 3.8 | 247.2 |
| Coverage Ratio 33 | 2.8 | • | • | • | 223.3 | 861.6 | 51.4 | 36.1 | 36.2 | • | 5.0 | 25.4 | 2.7 |
| Total Asset Turnover 34 | 0.3 | • | 4.7 | 1.3 | 0.7 | 0.8 | 0.5 | 0.4 | 0.4 | 0.7 | 0.5 | 0.4 | 0.3 |
| Inventory Turnover 35 | • | • | • | • | • | • | • | • | • | • | • | • | • |
| Receivables Turnover 36 | • | • | • | • | • | • | • | • | • | • | • | • | • |
| Total Liabilities to Net Worth 37 | 5.9 | • | • | • | 6.5 | 2.3 | 1.2 | 1.9 | 2.3 | 2.5 | 4.7 | 3.4 | 6.0 |
| Current Assets to Working Capital 38 | 58.5 | • | • | 1.3 | 1.2 | 1.4 | 1.2 | 1.3 | 1.8 | 1.4 | 1.7 | 2.5 | 128.9 |
| Current Liabilities to Working Capital 39 | 57.5 | • | • | 0.3 | 0.2 | 0.4 | 0.2 | 0.3 | 0.8 | 0.4 | 0.7 | 1.5 | 127.9 |
| Working Capital to Net Sales 40 | 0.0 | • | • | 0.5 | 1.0 | 0.7 | 0.9 | 0.8 | 0.6 | 0.4 | 0.4 | 0.3 | 0.0 |
| Inventory to Working Capital 41 | 0.0 | • | • | • | • | • | • | • | • | • | 0.0 | • | 0.1 |
| Total Receipts to Cash Flow 42 | 2.5 | 3.6 | 1.3 | 1.3 | 1.3 | 1.4 | 1.8 | 2.2 | 1.6 | 1.9 | 1.7 | 2.5 | 2.5 |
| Cost of Goods to Cash Flow 43 | 1.3 | 2.5 | 0.3 | 0.3 | 0.3 | 0.4 | 0.8 | 1.0 | 0.5 | 0.7 | 0.5 | 1.3 | 1.3 |
| Cash Flow to Total Debt 44 | 0.1 | • | 2.0 | 0.7 | 0.6 | 0.8 | 0.5 | 0.3 | 0.3 | 0.5 | 0.4 | 0.2 | 0.1 |

## Selected Financial Factors (in Percentages)

| | | | | | | | | | | | | | |
|---|---|---|---|---|---|---|---|---|---|---|---|---|---|
| Debt Ratio 45 | 85.6 | • | 173.4 | 135.5 | 86.7 | 69.3 | 55.4 | 65.3 | 70.0 | 71.7 | 82.4 | 77.5 | 85.7 |
| Return on Total Assets 46 | 1.5 | • | • | • | 4.2 | 4.2 | 5.4 | 4.5 | 4.0 | • | 1.6 | 3.0 | 1.5 |
| Return on Equity Before Income Taxes 47 | 6.5 | • | 225.8 | 43.2 | 31.1 | 13.6 | 11.8 | 12.6 | 12.9 | • | 7.2 | 12.7 | 6.5 |
| Return on Equity After Income Taxes 48 | 4.2 | • | 226.8 | 44.4 | 25.9 | 10.0 | 9.1 | 10.2 | 9.6 | • | 2.6 | 8.7 | 4.2 |
| Profit Margin (Before Income Tax) 49 | 3.4 | • | • | • | 5.8 | 5.5 | 10.3 | 9.8 | 9.8 | • | 2.4 | 6.6 | 3.6 |
| Profit Margin (After Income Tax) 50 | 2.2 | • | • | • | 4.8 | 4.1 | 7.9 | 7.9 | 7.4 | • | 0.9 | 4.5 | 2.3 |

**Table II**

Corporations with Net Income

# LIFE INSURANCE, STOCK COMPANIES (FORM 1120L)

**MONEY AMOUNTS AND SIZE OF ASSETS IN THOUSANDS OF DOLLARS**

| Item Description for Accounting Period 7/00 Through 6/01 | | Total | Zero Assets | Under 100 | 100 to 250 | 251 to 500 | 501 to 1,000 | 1,001 to 5,000 | 5,001 to 10,000 | 10,001 to 25,000 | 25,001 to 50,000 | 50,001 to 100,000 | 100,001 to 250,000 | 250,001 and over |
|---|---|---|---|---|---|---|---|---|---|---|---|---|---|---|
| Number of Enterprises | 1 | 1069 | 42 | 65 | 77 | 71 | 110 | 247 | 96 | 74 | 60 | 28 | 0 | 0 |
| **Revenues ($ in Thousands)** | | | | | | | | | | | | | | |
| Net Sales | 2 | 574249316 | 38396191 | 5901 | 10756 | 17092 | 50756 | 210524 | 190210 | 409534 | 1323170 | 1054578 | 0 | 0 |
| Interest | 3 | 75109850 | 3280295 | 164 | 570 | 1334 | 3719 | 44915 | 33679 | 61635 | 134760 | 189520 | 0 | 0 |
| Rents | 4 | 2119613 | 63621 | 0 | 0 | 0 | 0 | 48 | 802 | 1547 | 2286 | 5032 | 0 | 0 |
| Royalties | 5 | 53746 | 12 | 0 | 0 | 0 | 0 | 0 | 0 | 0 | 0 | 0 | 0 | 0 |
| Other Portfolio Income | 6 | 17256041 | 261405 | 1 | 5 | 1 | 264 | 6092 | 3364 | 11175 | 36293 | 24205 | 0 | 0 |
| Other Receipts | 7 | 479710066 | 34790858 | 5736 | 10181 | 15757 | 46773 | 159469 | 152365 | 335177 | 1149831 | 835821 | 0 | 0 |
| Total Receipts | 8 | 574249316 | 38396191 | 5901 | 10756 | 17092 | 50756 | 210524 | 190210 | 409534 | 1323170 | 1054578 | 0 | 0 |
| Average Total Receipts | 9 | 537184 | 914195 | 91 | 140 | 241 | 461 | 852 | 1981 | 5534 | 22053 | 37664 | • | • |
| **Operating Costs/Operating Income (%)** | | | | | | | | | | | | | | |
| Cost of Operations | 10 | 52.5 | 70.9 | 27.1 | 21.6 | 20.2 | 34.1 | 20.5 | 28.6 | 31.9 | 44.4 | 33.9 | • | • |
| Salaries and Wages | 11 | 2.3 | 0.0 | • | • | • | • | • | • | • | 0.7 | 1.3 | • | • |
| Taxes Paid | 12 | 0.8 | 0.8 | 0.5 | 0.4 | 1.1 | 0.8 | 0.9 | 1.7 | 1.7 | 1.1 | 1.1 | • | • |
| Interest Paid | 13 | 2.1 | 0.0 | • | • | 0.0 | 0.0 | 0.3 | 0.5 | 0.4 | 0.3 | 0.7 | • | • |
| Depreciation | 14 | 0.6 | 0.3 | • | • | 0.0 | 0.0 | 0.1 | 0.3 | 0.2 | 0.2 | 0.2 | • | • |
| Amortization and Depletion | 15 | 0.7 | 0.1 | 0.6 | 0.8 | 0.4 | 0.6 | 0.9 | 1.6 | 1.8 | 1.1 | 1.6 | • | • |
| Pensions and Other Deferred Comp. | 16 | 0.2 | 0.1 | • | • | • | • | 0.1 | 0.1 | 0.3 | 0.6 | 0.3 | • | • |
| Employee Benefits | 17 | 0.2 | 0.1 | • | 0.1 | • | • | 0.0 | 0.1 | 0.2 | 0.4 | 0.2 | • | • |
| Advertising | 18 | 0.2 | 0.1 | • | • | • | 0.0 | 0.0 | 0.0 | 0.1 | 0.1 | 0.1 | • | • |
| Other Expenses | 19 | 35.5 | 27.3 | 45.8 | 49.8 | 54.1 | 41.7 | 48.3 | 45.4 | 43.2 | 40.3 | 52.2 | • | • |
| Officers' Compensation | 20 | 0.1 | • | • | • | • | • | • | • | 0.2 | 0.5 | • | • | • |
| Operating Margin | 21 | 4.8 | 0.3 | 26.1 | 27.4 | 24.1 | 22.8 | 28.8 | 21.7 | 20.1 | 10.5 | 8.3 | • | • |
| Operating Margin Before Officers' Comp. | 22 | 4.8 | 0.3 | 26.1 | 27.4 | 24.1 | 22.8 | 28.8 | 21.7 | 20.3 | 10.9 | 8.3 | • | • |

| | | | | | | | | | | | | | |
|---|---|---|---|---|---|---|---|---|---|---|---|---|---|
| **Selected Average Balance Sheet ($ in Thousands)** | | | | | | | | | | | | | |
| Net Receivables **23** | 45646 | 0 | 3 | 14 | 13 | 42 | 171 | 186 | 585 | 571 | 369 | • | • |
| Inventories **24** | • | • | • | • | • | • | • | • | • | • | • | • | • |
| Net Property, Plant and Equipment **25** | 21745 | 0 | 0 | 0 | 0 | 0 | 17 | 36 | 74 | 134 | 865 | • | • |
| Total Assets **26** | 1939692 | 0 | 54 | 165 | 364 | 744 | 2481 | 6820 | 16213 | 35237 | 68436 | • | • |
| Notes and Loans Payable **27** | 82877 | 0 | 0 | 0 | 0 | 0 | 0 | 0 | 76 | 41 | 76 | • | • |
| All Other Liabilities **28** | 1543386 | 0 | 68 | 139 | 258 | 455 | 1268 | 4370 | 10350 | 24465 | 55158 | • | • |
| Net Worth **29** | 313428 | 0 | -14 | 26 | 107 | 290 | 1214 | 2450 | 5787 | 10731 | 13203 | • | • |
| **Selected Financial Ratios (Times to 1)** | | | | | | | | | | | | | |
| Current Ratio **30** | 0.9 | • | 3.3 | 5.0 | 9.8 | 5.9 | 6.8 | 4.7 | 3.9 | 4.2 | 2.9 | • | • |
| Quick Ratio **31** | 0.6 | • | 2.9 | 4.4 | 7.7 | 4.8 | 6.2 | 4.3 | 3.5 | 3.6 | 2.1 | • | • |
| Net Sales to Working Capital **32** | • | • | 3.3 | 1.3 | 0.9 | 1.1 | 0.7 | 0.8 | 1.0 | 2.0 | 2.5 | • | • |
| Coverage Ratio **33** | 3.2 | 131.4 | • | • | 589.3 | 2314.4 | 84.3 | 44.7 | 55.8 | 35.0 | 12.0 | • | • |
| Total Asset Turnover **34** | 0.3 | • | 1.7 | 0.8 | 0.7 | 0.6 | 0.3 | 0.3 | 0.3 | 0.6 | 0.6 | • | • |
| Inventory Turnover **35** | • | • | • | • | • | • | • | • | • | • | • | • | • |
| Receivables Turnover **36** | • | • | • | • | • | • | • | • | • | • | • | • | • |
| Total Liabilities to Net Worth **37** | 5.2 | • | • | 5.3 | 2.4 | 1.6 | 1.0 | 1.8 | 1.8 | 2.3 | 4.2 | • | • |
| Current Assets to Working Capital **38** | • | • | 1.4 | 1.3 | 1.1 | 1.2 | 1.2 | 1.3 | 1.4 | 1.3 | 1.5 | • | • |
| Current Liabilities to Working Capital **39** | • | • | 0.4 | 0.3 | 0.1 | 0.2 | 0.2 | 0.3 | 0.4 | 0.3 | 0.5 | • | • |
| Working Capital to Net Sales **40** | • | • | 0.3 | 0.8 | 1.1 | 0.9 | 1.3 | 1.3 | 1.0 | 0.5 | 0.4 | • | • |
| Inventory to Working Capital **41** | • | • | • | • | • | • | • | • | • | • | 0.0 | • | • |
| Total Receipts to Cash Flow **42** | 2.6 | 3.7 | 1.4 | 1.3 | 1.3 | 1.6 | 1.3 | 1.5 | 1.6 | 2.1 | 1.7 | • | • |
| Cost of Goods to Cash Flow **43** | 1.4 | 2.6 | 0.4 | 0.3 | 0.3 | 0.5 | 0.3 | 0.4 | 0.5 | 0.9 | 0.6 | • | • |
| Cash Flow to Total Debt **44** | 0.1 | • | 1.0 | 0.8 | 0.7 | 0.7 | 0.5 | 0.3 | 0.3 | 0.4 | 0.4 | • | • |
| **Selected Financial Factors (in Percentages)** | | | | | | | | | | | | | |
| Debt Ratio **45** | 83.8 | • | 125.1 | 84.1 | 70.7 | 61.1 | 51.1 | 64.1 | 64.3 | 69.5 | 80.7 | • | • |
| Return on Total Assets **46** | 1.9 | • | 43.8 | 23.2 | 15.9 | 14.1 | 10.0 | 6.4 | 6.9 | 6.6 | 4.9 | • | • |
| Return on Equity Before Income Taxes **47** | 8.1 | • | • | 146.0 | 54.3 | 36.3 | 20.1 | 17.4 | 19.0 | 21.0 | 23.2 | • | • |
| Return on Equity After Income Taxes **48** | 5.5 | • | • | 141.1 | 50.9 | 32.7 | 17.3 | 14.6 | 15.5 | 16.2 | 17.6 | • | • |
| Profit Margin (Before Income Tax) **49** | 4.7 | 0.3 | 26.1 | 27.4 | 24.1 | 22.8 | 28.7 | 21.6 | 19.8 | 10.2 | 8.1 | • | • |
| Profit Margin (After Income Tax) **50** | 3.2 | 0.2 | 25.3 | 26.5 | 22.6 | 20.6 | 24.6 | 18.1 | 16.2 | 7.9 | 6.2 | • | • |

# Table I

Corporations with and without Net Income

## LIFE INSURANCE, MUTUAL COMPANIES (FORM 1120L)

MONEY AMOUNTS AND SIZE OF ASSETS IN THOUSANDS OF DOLLARS

| Item Description for Accounting Period 7/00 Through 6/01 | Total | Zero Assets | Under 100 | 100 to 250 | 251 to 500 | 501 to 1,000 | 1,001 to 5,000 | 5,001 to 10,000 | 10,001 to 25,000 | 25,001 to 50,000 | 50,001 to 100,000 | 100,001 to 250,000 | 250,001 and over |
|---|---|---|---|---|---|---|---|---|---|---|---|---|---|
| Number of Enterprises 1 | 78 | 3 | • | 3 | • | 5 | 19 | • | 0 | 6 | 3 | 6 | 34 |
| **Revenues ($ in Thousands)** | | | | | | | | | | | | | |
| Net Sales 2 | 176836882 | 73 | • | 112 | • | 613 | 273494 | • | 0 | 62084 | 38005 | 440340 | 176022162 |
| Interest 3 | 37408469 | 0 | • | 16 | • | 180 | 16457 | • | 0 | 11168 | 14050 | 65586 | 37301012 |
| Rents 4 | 1874782 | 0 | • | 0 | • | 0 | 2 | • | 0 | 130 | 134 | 2388 | 1872129 |
| Royalties 5 | 4090 | 0 | • | 0 | • | 0 | 0 | • | 0 | 0 | 0 | 284 | 3806 |
| Other Portfolio Income 6 | 5660894 | 0 | • | 0 | • | 24 | 254 | • | 0 | 2275 | 558 | 3947 | 5653839 |
| Other Receipts 7 | 131888647 | 73 | • | 96 | • | 409 | 256781 | • | 0 | 48511 | 23263 | 368135 | 131191376 |
| Total Receipts 8 | 176836882 | 73 | • | 112 | • | 613 | 273494 | • | 0 | 62084 | 38005 | 440340 | 176022162 |
| Average Total Receipts 9 | 2267140 | 24 | • | 37 | • | 123 | 14394 | • | • | 10347 | 12668 | 73390 | 5177122 |
| **Operating Costs/Operating Income (%)** | | | | | | | | | | | | | |
| Cost of Operations 10 | 51.1 | 86.3 | • | 65.2 | • | 14.7 | 90.3 | • | • | 57.1 | 36.1 | 62.9 | 51.0 |
| Salaries and Wages 11 | 2.0 | • | • | • | • | • | • | • | • | • | • | 0.0 | 2.0 |
| Taxes Paid 12 | 0.8 | • | • | 0.9 | • | 2.0 | 0.1 | • | • | 1.6 | 2.4 | 2.1 | 0.8 |
| Interest Paid 13 | 3.4 | • | • | • | • | 10.4 | 0.1 | • | • | • | 0.1 | 0.5 | 3.4 |
| Depreciation 14 | 0.5 | • | • | • | • | • | 0.0 | • | • | 1.2 | 0.6 | 0.5 | 0.5 |
| Amortization and Depletion 15 | 1.0 | • | • | • | • | 9.6 | 0.1 | • | • | 1.6 | 4.0 | 1.5 | 1.0 |
| Pensions and Other Deferred Comp. 16 | 0.1 | • | • | • | • | • | 0.1 | • | • | 1.1 | 2.4 | 1.4 | 0.1 |
| Employee Benefits 17 | 0.1 | • | • | • | • | • | 0.0 | • | • | 0.4 | 0.1 | 0.2 | 0.1 |
| Advertising 18 | 0.2 | • | • | • | • | • | 0.0 | • | • | 0.3 | 0.4 | 0.0 | 0.2 |
| Other Expenses 19 | 36.9 | 6.8 | • | 17.0 | • | 96.6 | 4.5 | • | • | 30.8 | 42.5 | 30.8 | 36.9 |
| Officers' Compensation 20 | 0.2 | • | • | • | • | • | • | • | • | • | • | • | 0.2 |
| Operating Margin 21 | 3.6 | 6.8 | • | 17.0 | • | • | 4.9 | • | • | 5.8 | 11.5 | 0.1 | 3.6 |
| Operating Margin Before Officers' Comp. 22 | 3.8 | 6.8 | • | 17.0 | • | • | 4.9 | • | • | 5.8 | 11.5 | 0.1 | 3.8 |

## Selected Average Balance Sheet ($ in Thousands)

| | | | | | | | | | | | | | |
|---|---|---|---|---|---|---|---|---|---|---|---|---|---|
| Net Receivables 23 | 321114 | 0 | • | 0 | • | 0 | 0 | • | • | 306 | 11 | 61 | 736608 |
| Inventories 24 | • | • | • | • | • | • | • | • | • | • | • | • | • |
| Net Property, Plant and Equipment 25 | 33702 | 0 | • | 0 | • | 0 | 24 | • | • | 204 | 594 | 2238 | 76821 |
| Total Assets 26 | 9544716 | 0 | • | 115 | • | 741 | 3637 | • | • | 32613 | 69964 | 185102 | 21849956 |
| Notes and Loans Payable 27 | 169077 | 0 | • | 0 | • | 0 | 0 | • | • | 0 | 0 | 0 | 387883 |
| All Other Liabilities 28 | 8574524 | 0 | • | 115 | • | 257 | 2783 | • | • | 23837 | 57420 | 158682 | 19632088 |
| Net Worth 29 | 801115 | 0 | • | 0 | • | 484 | 854 | • | • | 8776 | 12543 | 26421 | 1829985 |

## Selected Financial Ratios (Times to 1)

| | | | | | | | | | | | | | |
|---|---|---|---|---|---|---|---|---|---|---|---|---|---|
| Current Ratio 30 | 0.7 | • | • | • | • | 41.5 | 1.7 | • | • | 6.2 | 11.8 | 1.0 | 0.7 |
| Quick Ratio 31 | 0.5 | • | • | • | • | 40.4 | 1.3 | • | • | 5.8 | 10.7 | 0.9 | 0.5 |
| Net Sales to Working Capital 32 | • | • | • | 0.5 | • | 0.4 | 46.0 | • | • | 1.4 | 1.0 | 402.5 | • |
| Coverage Ratio 33 | 2.0 | • | • | • | • | • | 49.7 | • | • | • | 109.8 | 1.2 | 2.0 |
| Total Asset Turnover 34 | 0.2 | • | • | 0.3 | • | 0.2 | 4.0 | • | • | 0.3 | 0.2 | 0.4 | 0.2 |
| Inventory Turnover 35 | • | • | • | • | • | • | • | • | • | • | • | • | • |
| Receivables Turnover 36 | • | • | • | • | • | • | • | • | • | • | • | • | • |
| Total Liabilities to Net Worth 37 | 10.9 | • | • | • | • | 0.5 | 3.3 | • | • | 2.7 | 4.6 | 6.0 | 10.9 |
| Current Assets to Working Capital 38 | • | • | • | 1.0 | • | 1.0 | 2.3 | • | • | 1.2 | 1.1 | 248.4 | • |
| Current Liabilities to Working Capital 39 | • | • | • | • | • | 0.0 | 1.3 | • | • | 0.2 | 0.1 | 247.4 | • |
| Working Capital to Net Sales 40 | • | • | • | 2.0 | • | 2.3 | 0.0 | • | • | 0.7 | 1.0 | 0.0 | • |
| Inventory to Working Capital 41 | • | • | • | • | • | • | • | • | • | • | • | • | • |
| Total Receipts to Cash Flow 42 | 2.6 | 7.3 | • | 2.9 | • | 1.6 | 10.7 | • | • | 3.1 | 1.9 | 3.4 | 2.6 |
| Cost of Goods to Cash Flow 43 | 1.4 | 6.3 | • | 1.9 | • | 0.2 | 9.7 | • | • | 1.7 | 0.7 | 2.1 | 1.3 |
| Cash Flow to Total Debt 44 | 0.1 | • | • | 0.1 | • | 0.3 | 0.5 | • | • | 0.1 | 0.1 | 0.1 | 0.1 |

## Selected Financial Factors (in Percentages)

| | | | | | | | | | | | | | |
|---|---|---|---|---|---|---|---|---|---|---|---|---|---|
| Debt Ratio 45 | 91.6 | • | • | 100.0 | • | 34.7 | 76.5 | • | • | 73.1 | 82.1 | 85.7 | 91.6 |
| Return on Total Assets 46 | 1.6 | • | • | 5.5 | • | • | 19.8 | • | • | 1.8 | 2.0 | 0.2 | 1.6 |
| Return on Equity Before Income Taxes 47 | 10.0 | • | • | • | • | • | 82.6 | • | • | 6.8 | 11.0 | 0.3 | 10.0 |
| Return on Equity After Income Taxes 48 | 6.5 | • | • | • | • | • | 80.5 | • | • | 5.7 | 9.1 | 0.1 | 6.5 |
| Profit Margin (Before Income Tax) 49 | 3.5 | 8.2 | • | 17.0 | • | • | 4.9 | • | • | 5.8 | 10.9 | 0.1 | 3.5 |
| Profit Margin (After Income Tax) 50 | 2.3 | 8.2 | • | 16.1 | • | • | 4.8 | • | • | 4.8 | 9.0 | 0.0 | 2.3 |

**Table II**

Corporations with Net Income

# LIFE INSURANCE, MUTUAL COMPANIES (FORM 1120L)

MONEY AMOUNTS AND SIZE OF ASSETS IN THOUSANDS OF DOLLARS

| Item Description for Accounting Period 7/00 Through 6/01 | | Total | Zero Assets | Under 100 | 100 to 250 | 251 to 500 | 501 to 1,000 | 1,001 to 5,000 | 5,001 to 10,000 | 10,001 to 25,000 | 25,001 to 50,000 | 50,001 to 100,000 | 100,001 to 250,000 | 250,001 and over |
|---|---|---|---|---|---|---|---|---|---|---|---|---|---|---|
| Number of Enterprises | 1 | 63 | 3 | • | 3 | • | • | 14 | • | 0 | 6 | 3 | 0 | 0 |
| **Revenues ($ in Thousands)** | | | | | | | | | | | | | | |
| Net Sales | 2 | 158819663 | 73 | • | 112 | • | • | 271809 | • | 0 | 62084 | 38005 | 0 | 0 |
| Interest | 3 | 33744153 | 0 | • | 16 | • | • | 15946 | • | 0 | 11168 | 14050 | 0 | 0 |
| Rents | 4 | 1625240 | 0 | • | 0 | • | • | 0 | • | 0 | 130 | 134 | 0 | 0 |
| Royalties | 5 | 4090 | 0 | • | 0 | • | • | 0 | • | 0 | 0 | 0 | 0 | 0 |
| Other Portfolio Income | 6 | 5355506 | 0 | • | 0 | • | • | 236 | • | 0 | 2275 | 558 | 0 | 0 |
| Other Receipts | 7 | 118090674 | 73 | • | 96 | • | • | 255627 | • | 0 | 48511 | 23263 | 0 | 0 |
| Total Receipts | 8 | 158819663 | 73 | • | 112 | • | • | 271809 | • | 0 | 62084 | 38005 | 0 | 0 |
| Average Total Receipts | 9 | 2520947 | 24 | • | 37 | • | • | 19415 | • | • | 10347 | 12668 | • | • |
| **Operating Costs/Operating Income (%)** | | | | | | | | | | | | | | |
| Cost of Operations | 10 | 51.1 | 86.3 | • | 65.2 | • | • | 90.7 | • | • | 57.1 | 36.1 | • | • |
| Salaries and Wages | 11 | 2.1 | • | • | • | • | • | • | • | • | • | • | • | • |
| Taxes Paid | 12 | 0.8 | • | • | 0.9 | • | • | 0.0 | • | • | 1.6 | 2.4 | • | • |
| Interest Paid | 13 | 3.7 | • | • | • | • | • | 0.0 | • | • | • | 0.1 | • | • |
| Depreciation | 14 | 0.5 | • | • | • | • | • | 0.0 | • | • | 1.2 | 0.6 | • | • |
| Amortization and Depletion | 15 | 1.0 | • | • | • | • | • | 0.0 | • | • | 1.6 | 4.0 | • | • |
| Pensions and Other Deferred Comp. | 16 | 0.1 | • | • | • | • | • | 0.1 | • | • | 1.1 | 2.4 | • | • |
| Employee Benefits | 17 | 0.1 | • | • | • | • | • | • | • | • | 0.4 | 0.1 | • | • |
| Advertising | 18 | 0.2 | • | • | • | • | • | 0.0 | • | • | 0.3 | 0.4 | • | • |
| Other Expenses | 19 | 35.8 | 6.8 | • | 17.0 | • | • | 4.1 | • | • | 30.8 | 42.5 | • | • |
| Officers' Compensation | 20 | 0.2 | • | • | • | • | • | • | • | • | • | • | • | • |
| Operating Margin | 21 | 4.3 | 6.8 | • | 17.0 | • | • | 5.0 | • | • | 5.8 | 11.5 | • | • |
| Operating Margin Before Officers' Comp. | 22 | 4.5 | 6.8 | • | 17.0 | • | • | 5.0 | • | • | 5.8 | 11.5 | • | • |

| Selected Average Balance Sheet ($ in Thousands) | | | | | | | | | | | | | |
|---|---|---|---|---|---|---|---|---|---|---|---|---|---|
| Net Receivables 23 | 385258 | 0 | • | 0 | • | • | 0 | • | • | 306 | 11 | • | • |
| Inventories 24 | • | • | • | • | • | • | • | • | • | • | • | • | • |
| Net Property, Plant and Equipment 25 | 36088 | 0 | • | 0 | • | • | 0 | • | • | 204 | 594 | • | • |
| Total Assets 26 | 10457296 | 0 | • | 115 | • | • | 4342 | • | • | 32613 | 69964 | • | • |
| Notes and Loans Payable 27 | 198492 | 0 | • | 0 | • | • | 0 | • | • | 0 | 0 | • | • |
| All Other Liabilities 28 | 9387295 | 0 | • | 115 | • | • | 3226 | • | • | 23837 | 57420 | • | • |
| Net Worth 29 | 871508 | 0 | • | 0 | • | • | 1116 | • | • | 8776 | 12543 | • | • |

| Selected Financial Ratios (Times to 1) | | | | | | | | | | | | | |
|---|---|---|---|---|---|---|---|---|---|---|---|---|---|
| Current Ratio 30 | 0.8 | • | • | • | • | • | 2.0 | • | • | 6.2 | 11.8 | • | • |
| Quick Ratio 31 | 0.6 | • | • | • | • | • | 1.5 | • | • | 5.8 | 10.7 | • | • |
| Net Sales to Working Capital 32 | • | • | • | 0.5 | • | • | 40.1 | • | • | 1.4 | 1.0 | • | • |
| Coverage Ratio 33 | 2.1 | • | • | • | • | • | 128.4 | • | • | • | 109.8 | • | • |
| Total Asset Turnover 34 | 0.2 | • | • | 0.3 | • | • | 4.5 | • | • | 0.3 | 0.2 | • | • |
| Inventory Turnover 35 | • | • | • | • | • | • | • | • | • | • | • | • | • |
| Receivables Turnover 36 | • | • | • | • | • | • | • | • | • | • | • | • | • |
| Total Liabilities to Net Worth 37 | 11.0 | • | • | • | • | • | 2.9 | • | • | 2.7 | 4.6 | • | • |
| Current Assets to Working Capital 38 | • | • | • | 1.0 | • | • | 2.0 | • | • | 1.2 | 1.1 | • | • |
| Current Liabilities to Working Capital 39 | • | • | • | • | • | • | 1.0 | • | • | 0.2 | 0.1 | • | • |
| Working Capital to Net Sales 40 | • | • | • | 2.0 | • | • | 0.0 | • | • | 0.7 | 1.0 | • | • |
| Inventory to Working Capital 41 | • | • | • | • | • | • | • | • | • | • | • | • | • |
| Total Receipts to Cash Flow 42 | 2.7 | 7.3 | • | 2.9 | • | • | 11.0 | • | • | 3.1 | 1.9 | • | • |
| Cost of Goods to Cash Flow 43 | 1.4 | 6.3 | • | 1.9 | • | • | 10.0 | • | • | 1.7 | 0.7 | • | • |
| Cash Flow to Total Debt 44 | 0.1 | • | • | 0.1 | • | • | 0.5 | • | • | 0.1 | 0.1 | • | • |

| Selected Financial Factors (in Percentages) | | | | | | | | | | | | | |
|---|---|---|---|---|---|---|---|---|---|---|---|---|---|
| Debt Ratio 45 | 91.7 | • | • | 100.0 | • | • | 74.3 | • | • | 73.1 | 82.1 | • | • |
| Return on Total Assets 46 | 1.9 | • | • | 5.5 | • | • | 22.6 | • | • | 1.8 | 2.0 | • | • |
| Return on Equity Before Income Taxes 47 | 12.1 | • | • | • | • | • | 87.2 | • | • | 6.8 | 11.0 | • | • |
| Return on Equity After Income Taxes 48 | 8.1 | • | • | • | • | • | 85.1 | • | • | 5.7 | 9.1 | • | • |
| Profit Margin (Before Income Tax) 49 | 4.2 | 8.2 | • | 17.0 | • | • | 5.0 | • | • | 5.8 | 10.9 | • | • |
| Profit Margin (After Income Tax) 50 | 2.8 | 8.2 | • | 16.1 | • | • | 4.9 | • | • | 4.8 | 9.0 | • | • |

**Table I**

Corporations with and without Net Income

# MUTUAL PROPERTY AND CASUALTY COMPANIES (FORM 1120-PC)

MONEY AMOUNTS AND SIZE OF ASSETS IN THOUSANDS OF DOLLARS

| Item Description for Accounting Period 7/00 Through 6/01 | | Total | Zero Assets | Under 100 | 100 to 250 | 251 to 500 | 501 to 1,000 | 1,001 to 5,000 | 5,001 to 10,000 | 10,001 to 25,000 | 25,001 to 50,000 | 50,001 to 100,000 | 100,001 to 250,000 | 250,001 and over |
|---|---|---|---|---|---|---|---|---|---|---|---|---|---|---|
| Number of Enterprises | 1 | 1494 | 36 | 24 | 47 | 71 | 118 | 565 | 141 | 157 | 79 | 52 | 100 | 104 |
| **Revenues ($ in Thousands)** | | | | | | | | | | | | | | |
| Net Sales | 2 | 175336266 | 113463 | 10 | 3515 | 41511 | 81488 | 536684 | 612290 | 1272725 | 1229803 | 1999209 | 9851017 | 159594553 |
| Interest | 3 | 13208233 | 28391 | 10 | 467 | 1277 | 3415 | 55994 | 45266 | 100556 | 109985 | 131642 | 616638 | 12114592 |
| Rents | 4 | 459479 | 0 | 0 | 0 | 0 | 57 | 1325 | 741 | 2617 | 3003 | 3637 | 20416 | 427683 |
| Royalties | 5 | 206 | 0 | 0 | 0 | 0 | 0 | 0 | 0 | 0 | 0 | 0 | 6 | 200 |
| Other Portfolio Income | 6 | 10239046 | 10218 | 0 | 77 | 0 | 753 | 20533 | 8568 | 32377 | 43534 | 70628 | 321996 | 9730364 |
| Other Receipts | 7 | 151429302 | 74854 | 0 | 2971 | 40234 | 77263 | 458832 | 557715 | 1137175 | 1073281 | 1793302 | 8891961 | 137321714 |
| Total Receipts | 8 | 175336266 | 113463 | 10 | 3515 | 41511 | 81488 | 536684 | 612290 | 1272725 | 1229803 | 1999209 | 9851017 | 159594553 |
| Average Total Receipts | 9 | 117360 | 3152 | 0 | 75 | 585 | 691 | 950 | 4342 | 8107 | 15567 | 38446 | 98510 | 1534563 |
| **Operating Costs/Operating Income (%)** | | | | | | | | | | | | | | |
| Cost of Operations | 10 | 61.1 | 54.7 | • | • | 111.2 | 51.4 | 56.4 | 39.6 | 58.7 | 56.4 | 64.9 | 62.0 | 61.1 |
| Salaries and Wages | 11 | 13.2 | 3.7 | • | • | • | 14.1 | 10.1 | 27.5 | 12.3 | 15.7 | 16.0 | 14.9 | 13.0 |
| Taxes Paid | 12 | 2.3 | 2.6 | 20.0 | • | 0.9 | 2.6 | 2.0 | 6.7 | 2.6 | 2.4 | 2.3 | 2.4 | 2.3 |
| Interest Paid | 13 | 0.8 | 0.0 | • | • | • | 0.5 | 0.3 | 0.1 | 0.2 | 0.1 | 0.1 | 0.1 | 0.9 |
| Depreciation | 14 | 0.8 | 0.5 | • | • | • | 0.4 | 0.4 | 0.2 | 0.5 | 0.6 | 0.5 | 0.8 | 0.8 |
| Amortization and Depletion | 15 | 0.3 | 0.2 | • | • | • | • | 0.0 | 0.0 | 0.1 | 0.1 | 0.1 | 0.1 | 0.3 |
| Pensions and Other Deferred Comp. | 16 | 0.2 | • | • | • | • | 0.0 | 0.1 | 0.2 | 0.2 | 0.2 | 0.0 | 0.2 | 0.2 |
| Employee Benefits | 17 | 1.1 | 1.5 | • | • | • | 0.5 | 0.9 | 1.4 | 0.9 | 1.3 | 1.3 | 1.5 | 1.1 |
| Advertising | 18 | 0.4 | 0.2 | • | • | • | 0.6 | 1.1 | 0.2 | 0.4 | 0.3 | 0.2 | 0.3 | 0.4 |
| Other Expenses | 19 | 16.6 | 36.5 | 1150.0 | 114.6 | 9.4 | 36.1 | 25.3 | 23.5 | 20.0 | 20.5 | 14.2 | 14.0 | 16.7 |
| Officers' Compensation | 20 | 0.3 | 2.1 | • | • | • | 2.0 | 1.4 | 0.8 | 0.9 | 1.6 | 0.8 | 0.6 | 0.2 |
| Operating Margin | 21 | 3.0 | • | • | • | • | • | 2.0 | • | 3.1 | 0.7 | • | 3.0 | 3.0 |
| Operating Margin Before Officers' Comp. | 22 | 3.2 | 0.1 | • | • | • | • | 3.5 | 0.6 | 4.1 | 2.3 | 0.2 | 3.7 | 3.3 |

**Selected Average Balance Sheet ($ in Thousands)**

| | | | | | | | | | | | | | |
|---|---|---|---|---|---|---|---|---|---|---|---|---|---|
| Net Receivables 23 | 23248 | 0 | 0 | 8 | 15 | 29 | 75 | 278 | 916 | 1448 | 6076 | 11028 | 317017 |
| Inventories 24 | • | • | • | • | • | • | • | • | • | • | • | • | • |
| Net Property, Plant and Equipment 25 | 5762 | 0 | 0 | 0 | 13 | 9 | 58 | 54 | 357 | 577 | 1374 | 4411 | 76455 |
| Total Assets 26 | 273123 | 0 | 35 | 172 | 421 | 744 | 2383 | 7655 | 15506 | 34853 | 70933 | 159265 | 3660485 |
| Notes and Loans Payable 27 | 5645 | 0 | 2 | 0 | 0 | 20 | 44 | 47 | 100 | 417 | 298 | 2287 | 77949 |
| All Other Liabilities 28 | 163603 | 0 | 24 | 84 | 834 | 713 | 1136 | 5777 | 9811 | 21455 | 45940 | 93569 | 2190743 |
| Net Worth 29 | 103875 | 0 | 9 | 88 | -413 | 11 | 1203 | 1831 | 5595 | 12982 | 24696 | 63408 | 1391793 |

**Selected Financial Ratios (Times to 1)**

| | | | | | | | | | | | | | |
|---|---|---|---|---|---|---|---|---|---|---|---|---|---|
| Current Ratio 30 | 0.8 | • | 1.5 | 2.4 | 0.5 | 4.9 | 1.5 | 1.2 | 1.0 | 0.9 | 0.9 | 0.9 | 0.8 |
| Quick Ratio 31 | 0.7 | • | 0.6 | 2.4 | 0.5 | 4.7 | 1.3 | 0.9 | 0.9 | 0.7 | 0.7 | 0.8 | 0.7 |
| Net Sales to Working Capital 32 | • | • | 0.0 | 1.0 | • | 0.3 | 1.7 | 3.7 | • | • | • | • | • |
| Coverage Ratio 33 | 3.0 | • | • | • | • | • | 1.7 | • | 14.5 | • | • | 18.7 | 2.9 |
| Total Asset Turnover 34 | 0.4 | • | 0.0 | 0.4 | 1.4 | 0.9 | 0.4 | 0.6 | 0.5 | 0.4 | 0.5 | 0.6 | 0.4 |
| Inventory Turnover 35 | • | • | • | • | • | • | • | • | • | • | • | • | • |
| Receivables Turnover 36 | • | • | • | • | • | • | • | • | • | • | • | • | • |
| Total Liabilities to Net Worth 37 | 1.6 | • | 3.0 | 1.0 | • | 66.0 | 1.0 | 3.2 | 1.8 | 1.7 | 1.9 | 1.5 | 1.6 |
| Current Assets to Working Capital 38 | • | • | 3.2 | 1.7 | • | 1.3 | 2.9 | 5.4 | • | • | • | • | • |
| Current Liabilities to Working Capital 39 | • | • | 2.2 | 0.7 | • | 0.3 | 1.9 | 4.4 | • | • | • | • | • |
| Working Capital to Net Sales 40 | • | • | 26.3 | 1.0 | • | 4.0 | 0.6 | 0.3 | • | • | • | • | • |
| Inventory to Working Capital 41 | • | • | • | • | • | • | • | • | • | • | • | • | • |
| Total Receipts to Cash Flow 42 | 6.7 | 3.6 | 1.4 | 1.0 | • | 3.7 | 4.0 | 4.8 | 4.8 | 5.4 | 8.8 | 7.0 | 6.7 |
| Cost of Goods to Cash Flow 43 | 4.1 | 2.0 | • | • | • | 1.9 | 2.2 | 1.9 | 2.8 | 3.0 | 5.7 | 4.4 | 4.1 |
| Cash Flow to Total Debt 44 | 0.1 | • | 0.0 | 0.9 | • | 0.3 | 0.2 | 0.2 | 0.2 | 0.1 | 0.1 | 0.1 | 0.1 |

**Selected Financial Factors (in Percentages)**

| | | | | | | | | | | | | | |
|---|---|---|---|---|---|---|---|---|---|---|---|---|---|
| Debt Ratio 45 | 62.0 | • | 75.0 | 48.8 | 197.9 | 98.5 | 49.5 | 76.1 | 63.9 | 62.8 | 65.2 | 60.2 | 62.0 |
| Return on Total Assets 46 | 1.1 | • | • | • | • | • | 0.2 | • | 1.4 | • | • | 1.4 | 1.1 |
| Return on Equity Before Income Taxes 47 | 1.9 | • | • | • | 30.5 | • | 0.1 | • | 3.6 | • | • | 3.4 | 1.9 |
| Return on Equity After Income Taxes 48 | 0.8 | • | • | • | 32.0 | • | • | • | 1.5 | • | • | 1.6 | 0.9 |
| Profit Margin (Before Income Tax) 49 | 1.7 | • | • | • | • | • | 0.2 | • | 2.5 | • | • | 2.2 | 1.7 |
| Profit Margin (After Income Tax) 50 | 0.7 | • | • | • | • | • | • | • | 1.1 | • | • | 1.0 | 0.8 |

# Table II

Corporations with Net Income

## MUTUAL PROPERTY AND CASUALTY COMPANIES (FORM 1120-PC)

MONEY AMOUNTS AND SIZE OF ASSETS IN THOUSANDS OF DOLLARS

| Item Description for Accounting Period 7/00 Through 6/01 | Total | Zero Assets | Under 100 | 100 to 250 | 251 to 500 | 501 to 1,000 | 1,001 to 5,000 | 5,001 to 10,000 | 10,001 to 25,000 | 25,001 to 50,000 | 50,001 to 100,000 | 100,001 to 250,000 | 250,001 and over |
|---|---|---|---|---|---|---|---|---|---|---|---|---|---|
| Number of Enterprises 1 | 917 | 12 | • | 24 | 24 | 24 | 408 | 94 | 93 | 56 | 30 | 73 | 79 |
| **Revenues ($ in Thousands)** | | | | | | | | | | | | | |
| Net Sales 2 | 118168743 | 1 | • | 260 | 24939 | 5346 | 327779 | 462749 | 618272 | 778630 | 1269101 | 7230098 | 107451567 |
| Interest 3 | 9391608 | 1 | • | 192 | 400 | 1066 | 42167 | 26256 | 54847 | 78269 | 71082 | 437753 | 8679575 |
| Rents 4 | 340759 | 0 | • | 0 | 0 | 0 | 1284 | 690 | 2005 | 1634 | 2634 | 17118 | 315394 |
| Royalties 5 | 206 | 0 | • | 0 | 0 | 0 | 0 | 0 | 0 | 0 | 0 | 6 | 200 |
| Other Portfolio Income 6 | 8691924 | 0 | • | 0 | 0 | 131 | 18092 | 5449 | 22293 | 34262 | 52604 | 233652 | 8325441 |
| Other Receipts 7 | 99744246 | 0 | • | 68 | 24539 | 4149 | 266236 | 430354 | 539127 | 664465 | 1142781 | 6541569 | 90130957 |
| Total Receipts 8 | 118168743 | 1 | • | 260 | 24939 | 5346 | 327779 | 462749 | 618272 | 778630 | 1269101 | 7230098 | 107451567 |
| Average Total Receipts 9 | 128864 | 0 | • | 11 | 1039 | 223 | 803 | 4923 | 6648 | 13904 | 42303 | 99042 | 1360146 |
| **Operating Costs/Operating Income (%)** | | | | | | | | | | | | | |
| Cost of Operations 10 | 58.6 | • | • | • | 87.4 | • | 39.9 | 28.5 | 46.2 | 45.6 | 59.6 | 59.7 | 58.8 |
| Salaries and Wages 11 | 13.4 | • | • | • | • | • | 12.0 | 33.9 | 13.6 | 15.9 | 15.9 | 14.4 | 13.2 |
| Taxes Paid 12 | 2.2 | • | • | • | • | 1.3 | 2.6 | 5.9 | 2.3 | 2.5 | 2.3 | 2.5 | 2.2 |
| Interest Paid 13 | 0.8 | • | • | • | • | 0.1 | 0.1 | 0.0 | 0.1 | 0.1 | 0.1 | 0.1 | 0.9 |
| Depreciation 14 | 0.9 | • | • | • | • | 3.4 | 0.5 | 0.2 | 0.5 | 0.6 | 0.6 | 0.7 | 0.9 |
| Amortization and Depletion 15 | 0.3 | • | • | • | • | • | 0.0 | 0.0 | 0.1 | 0.1 | 0.1 | 0.1 | 0.4 |
| Pensions and Other Deferred Comp. 16 | 0.2 | • | • | • | • | • | 0.1 | 0.2 | 0.3 | 0.3 | 0.0 | 0.2 | 0.2 |
| Employee Benefits 17 | 1.2 | • | • | • | • | • | 1.3 | 1.4 | 1.0 | 1.1 | 1.2 | 1.4 | 1.2 |
| Advertising 18 | 0.3 | • | • | • | • | • | 1.7 | 0.3 | 0.3 | 0.3 | 0.3 | 0.3 | 0.3 |
| Other Expenses 19 | 15.7 | • | • | 55.4 | 5.1 | 29.9 | 21.6 | 20.4 | 20.5 | 20.6 | 11.6 | 13.5 | 15.8 |
| Officers' Compensation 20 | 0.3 | • | • | • | • | 14.3 | 2.0 | 0.5 | 1.2 | 1.9 | 0.9 | 0.6 | 0.3 |
| Operating Margin 21 | 6.0 | 100.0 | • | 44.6 | 7.5 | 51.0 | 18.2 | 8.8 | 14.0 | 11.1 | 7.5 | 6.5 | 5.8 |
| Operating Margin Before Officers' Comp. 22 | 6.4 | 100.0 | • | 44.6 | 7.5 | 65.3 | 20.2 | 9.3 | 15.2 | 12.9 | 8.3 | 7.1 | 6.1 |

| | | | | | | | | | | | | | |
|---|---|---|---|---|---|---|---|---|---|---|---|---|---|
| **Selected Average Balance Sheet ($ in Thousands)** | | | | | | | | | | | | | |
| Net Receivables 23 | 27449 | 0 | • | 15 | 12 | 0 | 55 | 295 | 780 | 1318 | 6161 | 11688 | 302985 |
| Inventories 24 | • | • | • | • | • | • | • | • | • | • | • | • | • |
| Net Property, Plant and Equipment 25 | 7671 | 0 | • | 0 | 39 | 8 | 67 | 46 | 314 | 570 | 1570 | 4104 | 83462 |
| Total Assets 26 | 320128 | 0 | • | 166 | 434 | 876 | 2383 | 7567 | 15326 | 34552 | 74361 | 163597 | 3472212 |
| Notes and Loans Payable 27 | 7178 | 0 | • | 0 | 0 | 0 | 8 | 0 | 54 | 452 | 296 | 2278 | 80673 |
| All Other Liabilities 28 | 189406 | 0 | • | 85 | 947 | 394 | 736 | 4955 | 8771 | 19127 | 41037 | 89927 | 2065854 |
| Net Worth 29 | 123544 | 0 | • | 81 | -513 | 482 | 1639 | 2612 | 6500 | 14972 | 33028 | 71391 | 1325686 |
| **Selected Financial Ratios (Times to 1)** | | | | | | | | | | | | | |
| Current Ratio 30 | 0.9 | • | • | 6.6 | 0.6 | 0.4 | 2.4 | 1.3 | 1.0 | 1.0 | 0.9 | 1.0 | 0.9 |
| Quick Ratio 31 | 0.8 | • | • | 6.6 | 0.6 | 0.4 | 2.2 | 1.0 | 0.9 | 0.8 | 0.8 | 0.9 | 0.8 |
| Net Sales to Working Capital 32 | • | • | • | 0.1 | • | • | 0.8 | 3.1 | 22.8 | 415.7 | • | 46.4 | • |
| Coverage Ratio 33 | 6.4 | • | • | • | • | 682.5 | 161.9 | 18755.5 | 125.6 | 105.1 | 92.2 | 64.1 | 5.7 |
| Total Asset Turnover 34 | 0.4 | • | • | 0.1 | 2.4 | 0.3 | 0.3 | 0.7 | 0.4 | 0.4 | 0.6 | 0.6 | 0.4 |
| Inventory Turnover 35 | • | • | • | • | • | • | • | • | • | • | • | • | • |
| Receivables Turnover 36 | • | • | • | • | • | • | • | • | • | • | • | • | • |
| Total Liabilities to Net Worth 37 | 1.6 | • | • | 1.0 | • | 0.8 | 0.5 | 1.9 | 1.4 | 1.3 | 1.3 | 1.3 | 1.6 |
| Current Assets to Working Capital 38 | • | • | • | 1.2 | • | • | 1.7 | 4.1 | 29.3 | 553.1 | • | 40.1 | • |
| Current Liabilities to Working Capital 39 | • | • | • | 0.2 | • | • | 0.7 | 3.1 | 28.3 | 552.1 | • | 39.1 | • |
| Working Capital to Net Sales 40 | • | • | • | 13.0 | • | • | 1.2 | 0.3 | 0.0 | 0.0 | • | 0.0 | • |
| Inventory to Working Capital 41 | • | • | • | • | • | • | • | • | • | • | • | • | • |
| Total Receipts to Cash Flow 42 | 6.3 | 1.0 | • | 1.0 | 8.0 | 1.3 | 2.7 | 3.7 | 3.2 | 3.5 | 6.1 | 5.8 | 6.4 |
| Cost of Goods to Cash Flow 43 | 3.7 | • | • | • | 7.0 | • | 1.1 | 1.1 | 1.5 | 1.6 | 3.6 | 3.4 | 3.8 |
| Cash Flow to Total Debt 44 | 0.1 | • | • | 0.1 | 0.1 | 0.4 | 0.4 | 0.3 | 0.2 | 0.2 | 0.2 | 0.2 | 0.1 |
| **Selected Financial Factors (in Percentages)** | | | | | | | | | | | | | |
| Debt Ratio 45 | 61.4 | • | • | 51.1 | 218.2 | 45.0 | 31.2 | 65.5 | 57.6 | 56.7 | 55.6 | 56.4 | 61.8 |
| Return on Total Assets 46 | 2.1 | • | • | 2.9 | 17.8 | 13.0 | 5.2 | 5.3 | 5.7 | 3.9 | 3.5 | 3.4 | 2.0 |
| Return on Equity Before Income Taxes 47 | 4.6 | • | • | 5.9 | • | 23.6 | 7.5 | 15.3 | 13.3 | 8.9 | 7.8 | 7.8 | 4.3 |
| Return on Equity After Income Taxes 48 | 3.2 | • | • | 5.3 | • | 22.9 | 5.9 | 11.4 | 10.2 | 6.5 | 5.3 | 5.6 | 3.0 |
| Profit Margin (Before Income Tax) 49 | 4.4 | 100.0 | • | 44.6 | 7.5 | 51.0 | 15.3 | 8.1 | 13.0 | 9.5 | 6.1 | 5.6 | 4.2 |
| Profit Margin (After Income Tax) 50 | 3.1 | 100.0 | • | 39.6 | 5.6 | 49.6 | 12.1 | 6.1 | 10.0 | 7.0 | 4.1 | 4.0 | 2.9 |

**Table I**

Corporations with and without Net Income

# STOCK PROPERTY AND CASUALTY COMPANIES (FORM 1120-PC)

MONEY AMOUNTS AND SIZE OF ASSETS IN THOUSANDS OF DOLLARS

| Item Description for Accounting Period 7/00 Through 6/01 | | Total | Zero Assets | Under 100 | 100 to 250 | 251 to 500 | 501 to 1,000 | 1,001 to 5,000 | 5,001 to 10,000 | 10,001 to 25,000 | 25,001 to 50,000 | 50,001 to 100,000 | 100,001 to 250,000 | 250,001 and over |
|---|---|---|---|---|---|---|---|---|---|---|---|---|---|---|
| Number of Enterprises | 1 | 2238 | 103 | 179 | 249 | 224 | 189 | 436 | 202 | 193 | 102 | 85 | 82 | 195 |
| **Revenues ($ in Thousands)** | | | | | | | | | | | | | | |
| Net Sales | 2 | 464863950 | 24143148 | 9383759 | 17497 | 20985 | 37537 | 912899 | 1316040 | 3445179 | 4499123 | 6743476 | 9530694 | 404813612 |
| Interest | 3 | 30491993 | 508852 | 126921 | 3414 | 3598 | 5055 | 47887 | 57812 | 123843 | 124615 | 209304 | 477592 | 28803100 |
| Rents | 4 | 1741092 | 26218 | 1796 | 0 | 0 | 6 | 1674 | 638 | 1591 | 6972 | 5889 | 5587 | 1690721 |
| Royalties | 5 | 618848 | 0 | 0 | 0 | 0 | 0 | 0 | 0 | 534 | 6 | 0 | 1459 | 616848 |
| Other Portfolio Income | 6 | 19860710 | 181430 | 12216 | 33 | 367 | 3545 | 15479 | 16636 | 42079 | 41946 | 103561 | 160700 | 19282718 |
| Other Receipts | 7 | 412151307 | 23426648 | 9242826 | 14050 | 17020 | 28931 | 847859 | 1240954 | 3277132 | 4325584 | 6424722 | 8885356 | 354420225 |
| Total Receipts | 8 | 464863950 | 24143148 | 9383759 | 17497 | 20985 | 37537 | 912899 | 1316040 | 3445179 | 4499123 | 6743476 | 9530694 | 404813612 |
| Average Total Receipts | 9 | 207714 | 234399 | 52423 | 70 | 94 | 199 | 2094 | 6515 | 17851 | 44109 | 79335 | 116228 | 2075967 |
| **Operating Costs/Operating Income (%)** | | | | | | | | | | | | | | |
| Cost of Operations | 10 | 56.2 | 72.3 | 89.0 | 32.1 | 31.5 | 57.3 | 24.8 | 67.9 | 58.7 | 70.9 | 69.2 | 60.5 | 54.0 |
| Salaries and Wages | 11 | 11.3 | 11.1 | 4.1 | 38.4 | 34.0 | 20.4 | 14.3 | 10.9 | 9.6 | 13.0 | 10.2 | 12.5 | 11.4 |
| Taxes Paid | 12 | 1.8 | 1.0 | 0.4 | 0.8 | 0.3 | 0.2 | 1.2 | 6.8 | 1.6 | 1.8 | 2.0 | 2.1 | 1.8 |
| Interest Paid | 13 | 1.6 | 1.3 | 0.0 | 0.3 | • | 0.1 | 0.1 | 0.4 | 0.3 | 0.5 | 0.2 | 0.7 | 1.8 |
| Depreciation | 14 | 0.6 | 0.2 | 0.3 | • | • | 0.0 | 0.2 | 0.6 | 0.3 | 0.5 | 0.5 | 0.6 | 0.6 |
| Amortization and Depletion | 15 | 0.3 | 0.3 | 0.5 | 0.3 | 0.1 | 0.1 | 0.5 | 0.2 | 0.2 | 0.1 | 0.2 | 0.2 | 0.3 |
| Pensions and Other Deferred Comp. | 16 | 0.2 | 0.0 | • | • | • | • | 0.0 | 0.0 | 0.1 | 0.1 | 0.1 | 0.2 | 0.3 |
| Employee Benefits | 17 | 2.1 | 1.6 | 0.4 | • | • | • | 0.4 | 3.2 | 0.5 | 0.7 | 0.9 | 1.1 | 2.3 |
| Advertising | 18 | 0.5 | 0.3 | 0.1 | • | • | • | 0.2 | 1.8 | 0.5 | 0.7 | 0.8 | 0.3 | 0.5 |
| Other Expenses | 19 | 21.2 | 11.3 | 4.2 | 9.4 | 13.0 | 11.1 | 60.1 | 6.8 | 27.5 | 11.2 | 13.3 | 21.0 | 22.3 |
| Officers' Compensation | 20 | 0.4 | 0.2 | 0.0 | • | • | • | 1.1 | 1.9 | 0.8 | 0.7 | 0.8 | 0.6 | 0.4 |
| Operating Margin | 21 | 3.9 | 0.6 | 1.1 | 18.8 | 21.2 | 10.8 | • | • | • | • | 2.0 | 0.2 | 4.4 |
| Operating Margin Before Officers' Comp. | 22 | 4.2 | 0.7 | 1.1 | 18.8 | 21.2 | 10.8 | • | 1.4 | 0.7 | 0.5 | 2.7 | 0.8 | 4.7 |

## Selected Average Balance Sheet ($ in Thousands)

| | | | | | | | | | | | | | |
|---|---|---|---|---|---|---|---|---|---|---|---|---|---|
| Net Receivables 23 | 25594 | 0 | -8 | 5 | 10 | 0 | 73 | 699 | 1149 | 3609 | 6255 | 13603 | 281371 |
| Inventories 24 | • | • | • | • | • | • | • | • | • | • | • | • | • |
| Net Property, Plant and Equipment 25 | 7210 | 0 | 0 | 0 | 0 | 0 | 44 | 140 | 165 | 944 | 1497 | 3542 | 79708 |
| Total Assets 26 | 493405 | 0 | 36 | 164 | 373 | 670 | 2647 | 7181 | 16193 | 34858 | 67843 | 161477 | 5516355 |
| Notes and Loans Payable 27 | 34702 | 0 | 0 | 1 | 0 | 0 | 104 | 395 | 400 | 1619 | 3761 | 8565 | 391144 |
| All Other Liabilities 28 | 285024 | 0 | 93 | 312 | 323 | 687 | 2941 | 5152 | 10936 | 21921 | 39400 | 98987 | 3176675 |
| Net Worth 29 | 173679 | 0 | -57 | -149 | 50 | -17 | -398 | 1634 | 4857 | 11318 | 24682 | 53924 | 1948536 |

## Selected Financial Ratios (Times to 1)

| | | | | | | | | | | | | | |
|---|---|---|---|---|---|---|---|---|---|---|---|---|---|
| Current Ratio 30 | 0.7 | • | 0.1 | 0.4 | 0.7 | 0.5 | 0.7 | 1.0 | 1.0 | 1.0 | 1.0 | 0.8 | 0.7 |
| Quick Ratio 31 | 0.5 | • | 0.1 | 0.4 | 0.6 | 0.5 | 0.6 | 0.9 | 0.8 | 0.8 | 0.8 | 0.7 | 0.5 |
| Net Sales to Working Capital 32 | • | • | • | • | • | • | • | • | 89.5 | 501.9 | 85.9 | • | • |
| Coverage Ratio 33 | 2.8 | 1.1 | 49.4 | 69.7 | • | 113.5 | • | • | • | • | 7.9 | 0.5 | 2.8 |
| Total Asset Turnover 34 | 0.4 | • | 1466.9 | 0.4 | 0.3 | 0.3 | 0.8 | 0.9 | 1.1 | 1.3 | 1.2 | 0.7 | 0.4 |
| Inventory Turnover 35 | • | • | • | • | • | • | • | • | • | • | • | • | • |
| Receivables Turnover 36 | • | • | • | • | • | • | • | • | • | • | • | • | • |
| Total Liabilities to Net Worth 37 | 1.8 | • | • | • | 6.5 | • | • | 3.4 | 2.3 | 2.1 | 1.7 | 2.0 | 1.8 |
| Current Assets to Working Capital 38 | • | • | • | • | • | • | • | • | 54.2 | 238.8 | 43.7 | • | • |
| Current Liabilities to Working Capital 39 | • | • | • | • | • | • | • | • | 53.2 | 237.8 | 42.7 | • | • |
| Working Capital to Net Sales 40 | • | • | • | • | • | • | • | • | 0.0 | 0.0 | 0.0 | • | • |
| Inventory to Working Capital 41 | • | • | • | • | • | • | • | • | 0.0 | 0.0 | 0.0 | • | • |
| Total Receipts to Cash Flow 42 | 4.7 | 9.8 | 22.3 | 3.6 | 3.1 | 7.6 | 1.8 | 25.6 | 3.8 | 10.3 | 7.5 | 5.2 | 4.4 |
| Cost of Goods to Cash Flow 43 | 2.6 | 7.1 | 19.8 | 1.1 | 1.0 | 4.3 | 0.4 | 17.4 | 2.3 | 7.3 | 5.2 | 3.1 | 2.4 |
| Cash Flow to Total Debt 44 | 0.1 | • | 25.4 | 0.1 | 0.1 | 0.0 | 0.4 | 0.0 | 0.4 | 0.2 | 0.2 | 0.2 | 0.1 |

## Selected Financial Factors (in Percentages)

| | | | | | | | | | | | | | |
|---|---|---|---|---|---|---|---|---|---|---|---|---|---|
| Debt Ratio 45 | 64.8 | • | 259.0 | 190.6 | 86.7 | 102.6 | 115.0 | 77.2 | 70.0 | 67.5 | 63.6 | 66.6 | 64.7 |
| Return on Total Assets 46 | 1.9 | • | 1588.9 | 8.2 | 5.3 | 3.2 | • | • | • | • | 2.1 | 0.3 | 1.9 |
| Return on Equity Before Income Taxes 47 | 3.4 | • | • | • | 39.9 | • | 16.5 | • | • | • | 5.0 | • | 3.5 |
| Return on Equity After Income Taxes 48 | 1.9 | • | • | • | 34.2 | • | 25.0 | • | • | • | 1.6 | • | 2.0 |
| Profit Margin (Before Income Tax) 49 | 2.9 | 0.1 | 1.1 | 18.8 | 21.2 | 10.8 | • | • | • | • | 1.6 | • | 3.3 |
| Profit Margin (After Income Tax) 50 | 1.6 | 0.0 | 0.8 | 14.9 | 18.2 | 9.4 | • | • | • | • | 0.5 | • | 1.9 |

**Table II**

Corporations with Net Income

# STOCK PROPERTY AND CASUALTY COMPANIES (FORM 1120-PC)

**MONEY AMOUNTS AND SIZE OF ASSETS IN THOUSANDS OF DOLLARS**

| Item Description for Accounting Period 7/00 Through 6/01 | | Total | Zero Assets | Under 100 | 100 to 250 | 251 to 500 | 501 to 1,000 | 1,001 to 5,000 | 5,001 to 10,000 | 10,001 to 25,000 | 25,001 to 50,000 | 50,001 to 100,000 | 100,001 to 250,000 | 250,001 and over |
|---|---|---|---|---|---|---|---|---|---|---|---|---|---|---|
| Number of Enterprises | 1 | 1489 | 56 | 95 | 178 | 177 | 153 | 290 | 131 | 117 | 62 | 57 | 50 | 123 |
| **Revenues ($ in Thousands)** | | | | | | | | | | | | | | |
| Net Sales | 2 | 367880586 | 22365343 | 9315153 | 11038 | 14822 | 19335 | 284060 | 650403 | 1359944 | 2380827 | 4556075 | 5351847 | 321571739 |
| Interest | 3 | 21919751 | 465132 | 125963 | 1201 | 3037 | 3498 | 31625 | 36205 | 75073 | 71341 | 126851 | 267703 | 20712125 |
| Rents | 4 | 1347709 | 200 | 1796 | 0 | 0 | 6 | 1674 | 0 | 1013 | 5811 | 3612 | 4119 | 1329478 |
| Royalties | 5 | 614015 | 0 | 0 | 0 | 0 | 0 | 0 | 0 | 534 | 6 | 0 | 0 | 613475 |
| Other Portfolio Income | 6 | 16467623 | 148628 | 12216 | 33 | 79 | 247 | 13289 | 8570 | 32524 | 33388 | 45276 | 109134 | 16064236 |
| Other Receipts | 7 | 327531488 | 21751383 | 9175178 | 9804 | 11706 | 15584 | 237472 | 605628 | 1250800 | 2270281 | 4380336 | 4970891 | 282852425 |
| Total Receipts | 8 | 367880586 | 22365343 | 9315153 | 11038 | 14822 | 19335 | 284060 | 650403 | 1359944 | 2380827 | 4556075 | 5351847 | 321571739 |
| Average Total Receipts | 9 | 247066 | 399381 | 98054 | 62 | 84 | 126 | 980 | 4965 | 11623 | 38400 | 79931 | 107037 | 2614404 |
| **Operating Costs/Operating Income (%)** | | | | | | | | | | | | | | |
| Cost of Operations | 10 | 54.8 | 75.5 | 88.9 | 14.3 | 25.6 | 34.3 | 30.0 | 57.3 | 53.5 | 63.3 | 65.5 | 62.4 | 52.1 |
| Salaries and Wages | 11 | 10.4 | 10.0 | 4.1 | 28.0 | 14.1 | 23.0 | 25.6 | 13.8 | 13.2 | 15.7 | 8.6 | 11.8 | 10.6 |
| Taxes Paid | 12 | 1.6 | 0.8 | 0.4 | 1.0 | 0.3 | 0.2 | 3.1 | 12.0 | 1.9 | 1.8 | 2.0 | 2.2 | 1.7 |
| Interest Paid | 13 | 1.4 | 1.1 | 0.0 | 0.4 | • | • | 0.2 | 0.6 | 0.4 | 0.3 | 0.3 | 0.4 | 1.5 |
| Depreciation | 14 | 0.6 | 0.1 | 0.3 | • | • | 0.0 | 0.4 | 0.2 | 0.4 | 0.4 | 0.4 | 0.5 | 0.6 |
| Amortization and Depletion | 15 | 0.3 | 0.3 | 0.5 | 0.3 | 0.1 | 0.0 | 0.1 | 0.1 | 0.3 | 0.1 | 0.1 | 0.1 | 0.3 |
| Pensions and Other Deferred Comp. | 16 | 0.3 | 0.0 | • | • | • | • | 0.0 | 0.0 | 0.1 | 0.0 | 0.2 | 0.2 | 0.3 |
| Employee Benefits | 17 | 2.4 | 1.6 | 0.4 | • | • | • | 1.1 | 5.6 | 0.8 | 0.8 | 0.8 | 1.3 | 2.6 |
| Advertising | 18 | 0.5 | 0.2 | 0.1 | • | • | • | 0.4 | 2.7 | 0.8 | 0.5 | 0.9 | 0.4 | 0.5 |
| Other Expenses | 19 | 21.1 | 9.5 | 4.1 | 2.7 | 11.9 | 17.3 | 18.7 | • | 15.5 | 10.1 | 14.9 | 11.7 | 22.9 |
| Officers' Compensation | 20 | 0.3 | 0.2 | 0.0 | • | • | • | 1.8 | 2.5 | 1.0 | 0.8 | 0.6 | 0.7 | 0.3 |
| Operating Margin | 21 | 6.3 | 0.7 | 1.2 | 53.3 | 48.0 | 25.1 | 18.5 | 11.3 | 12.1 | 6.1 | 5.7 | 8.3 | 6.7 |
| Operating Margin Before Officers' Comp. | 22 | 6.6 | 0.8 | 1.3 | 53.3 | 48.0 | 25.1 | 20.4 | 13.8 | 13.1 | 6.9 | 6.3 | 9.0 | 7.0 |

| Selected Average Balance Sheet ($ in Thousands) | | | | | | | | | | | | | |
|---|---|---|---|---|---|---|---|---|---|---|---|---|---|
| Net Receivables 23 | 26207 | 0 | 0 | 0 | 12 | 0 | 71 | 734 | 1110 | 2963 | 6034 | 13455 | 305467 |
| Inventories 24 | • | • | • | • | • | • | • | • | • | • | • | • | • |
| Net Property, Plant and Equipment 25 | 8830 | 0 | 0 | 0 | 0 | 0 | 63 | 25 | 128 | 725 | 1666 | 2525 | 104434 |
| Total Assets 26 | 530472 | 0 | 45 | 170 | 380 | 679 | 2640 | 7090 | 15981 | 34219 | 68794 | 153509 | 6279545 |
| Notes and Loans Payable 27 | 33070 | 0 | 0 | 0 | 0 | 0 | 61 | 478 | 323 | 843 | 3603 | 3114 | 396008 |
| All Other Liabilities 28 | 314706 | 0 | 76 | 145 | 290 | 647 | 2417 | 5861 | 9772 | 18778 | 37326 | 94282 | 3721921 |
| Net Worth 29 | 182696 | 0 | -30 | 25 | 90 | 31 | 162 | 751 | 5886 | 14598 | 27865 | 56112 | 2161616 |

| Selected Financial Ratios (Times to 1) | | | | | | | | | | | | | |
|---|---|---|---|---|---|---|---|---|---|---|---|---|---|
| Current Ratio 30 | 0.7 | • | 0.3 | 0.9 | 0.7 | 0.6 | 0.7 | 0.8 | 1.1 | 1.1 | 1.1 | 0.9 | 0.7 |
| Quick Ratio 31 | 0.5 | • | 0.3 | 0.9 | 0.7 | 0.5 | 0.6 | 0.7 | 0.9 | 1.0 | 0.8 | 0.7 | 0.5 |
| Net Sales to Working Capital 32 | • | • | • | • | • | • | • | • | 14.3 | 16.5 | 22.1 | • | • |
| Coverage Ratio 33 | 4.8 | 1.3 | 56.2 | 123.5 | • | • | 75.3 | 17.9 | 31.7 | 22.2 | 20.3 | 20.8 | 4.8 |
| Total Asset Turnover 34 | 0.5 | • | 2158.3 | 0.4 | 0.2 | 0.2 | 0.4 | 0.7 | 0.7 | 1.1 | 1.2 | 0.7 | 0.4 |
| Inventory Turnover 35 | • | • | • | • | • | • | • | • | • | • | • | • | • |
| Receivables Turnover 36 | • | • | • | • | • | • | • | • | • | • | • | • | • |
| Total Liabilities to Net Worth 37 | 1.9 | • | • | 5.9 | 3.2 | 20.7 | 15.3 | 8.4 | 1.7 | 1.3 | 1.5 | 1.7 | 1.9 |
| Current Assets to Working Capital 38 | • | • | • | • | • | • | • | • | 12.7 | 8.5 | 11.2 | • | • |
| Current Liabilities to Working Capital 39 | • | • | • | • | • | • | • | • | 11.7 | 7.5 | 10.2 | • | • |
| Working Capital to Net Sales 40 | • | • | • | • | • | • | • | • | 0.1 | 0.1 | 0.0 | • | • |
| Inventory to Working Capital 41 | • | • | • | • | • | • | • | • | • | 0.0 | 0.0 | • | • |
| Total Receipts to Cash Flow 42 | 4.2 | 11.6 | 21.9 | 1.8 | 1.7 | 2.4 | 3.1 | 41.7 | 4.0 | 6.8 | 5.2 | 5.6 | 3.9 |
| Cost of Goods to Cash Flow 43 | 2.3 | 8.7 | 19.4 | 0.3 | 0.4 | 0.8 | 0.9 | 23.9 | 2.1 | 4.3 | 3.4 | 3.5 | 2.0 |
| Cash Flow to Total Debt 44 | 0.2 | • | 59.3 | 0.2 | 0.2 | 0.1 | 0.1 | 0.0 | 0.3 | 0.3 | 0.4 | 0.2 | 0.2 |

| Selected Financial Factors (in Percentages) | | | | | | | | | | | | | |
|---|---|---|---|---|---|---|---|---|---|---|---|---|---|
| Debt Ratio 45 | 65.6 | • | 166.5 | 85.4 | 76.2 | 95.4 | 93.9 | 89.4 | 63.2 | 57.3 | 59.5 | 63.4 | 65.6 |
| Return on Total Assets 46 | 3.0 | • | 2679.4 | 19.6 | 10.6 | 4.7 | 6.8 | 7.9 | 8.7 | 6.8 | 6.5 | 5.5 | 2.9 |
| Return on Equity Before Income Taxes 47 | 7.0 | • | • | 133.3 | 44.4 | 101.8 | 109.8 | 70.6 | 22.9 | 15.2 | 15.3 | 14.4 | 6.7 |
| Return on Equity After Income Taxes 48 | 4.8 | • | • | 117.7 | 40.5 | 91.0 | 78.5 | 51.4 | 17.9 | 11.0 | 10.8 | 10.4 | 4.5 |
| Profit Margin (Before Income Tax) 49 | 5.2 | 0.3 | 1.2 | 53.3 | 48.0 | 25.1 | 18.1 | 10.7 | 11.6 | 5.8 | 5.3 | 7.6 | 5.5 |
| Profit Margin (After Income Tax) 50 | 3.5 | 0.2 | 1.0 | 47.0 | 43.7 | 22.5 | 13.0 | 7.8 | 9.1 | 4.2 | 3.8 | 5.5 | 3.8 |

## Table I

Corporations with and without Net Income

# INSURANCE AGENCIES AND BROKERAGES

MONEY AMOUNTS AND SIZE OF ASSETS IN THOUSANDS OF DOLLARS

| Item Description for Accounting Period 7/00 Through 6/01 | | Total | Zero Assets | Under 100 | 100 to 250 | 251 to 500 | 501 to 1,000 | 1,001 to 5,000 | 5,001 to 10,000 | 10,001 to 25,000 | 25,001 to 50,000 | 50,001 to 100,000 | 100,001 to 250,000 | 250,001 and over |
|---|---|---|---|---|---|---|---|---|---|---|---|---|---|---|
| Number of Enterprises | 1 | 79923 | 4753 | 48646 | 8898 | 8010 | 5417 | 3362 | 478 | 212 | 82 | 34 | 15 | 15 |
| **Revenues ($ in Thousands)** | | | | | | | | | | | | | | |
| Net Sales | 2 | 71769733 | 398683 | 9317891 | 3961540 | 6927001 | 6247997 | 9565958 | 3294906 | 3004877 | 2734746 | 2334779 | 1380969 | 22600386 |
| Interest | 3 | 833798 | 4495 | 7369 | 10867 | 25937 | 40006 | 71274 | 48606 | 41554 | 41801 | 40297 | 51457 | 450134 |
| Rents | 4 | 91175 | 13 | 3130 | 7632 | 3254 | 6638 | 25877 | 8364 | 4994 | 2325 | 3436 | 163 | 25348 |
| Royalties | 5 | 87247 | 0 | 0 | 0 | 0 | 1543 | 41 | 4 | 0 | 1805 | 0 | 24674 | 59179 |
| Other Portfolio Income | 6 | 609611 | 1482 | 8549 | 41469 | 11984 | 20823 | 46015 | 9262 | 14792 | 14364 | 2612 | 31352 | 406903 |
| Other Receipts | 7 | 70147902 | 392693 | 9298843 | 3901572 | 6885826 | 6178987 | 9422751 | 3228670 | 2943537 | 2674451 | 2288434 | 1273323 | 21658822 |
| Total Receipts | 8 | 71769733 | 398683 | 9317891 | 3961540 | 6927001 | 6247997 | 9565958 | 3294906 | 3004877 | 2734746 | 2334779 | 1380969 | 22600386 |
| Average Total Receipts | 9 | 898 | 84 | 192 | 445 | 865 | 1153 | 2845 | 6893 | 14174 | 33351 | 68670 | 92065 | 1506692 |
| **Operating Costs/Operating Income (%)** | | | | | | | | | | | | | | |
| Cost of Operations | 10 | 22.6 | 7.1 | 21.0 | 2.4 | 25.6 | 8.5 | 17.5 | 6.3 | 21.9 | 23.4 | 30.3 | 10.6 | 34.4 |
| Salaries and Wages | 11 | 24.2 | 28.5 | 17.0 | 24.7 | 21.1 | 26.1 | 27.1 | 38.4 | 30.4 | 25.9 | 22.8 | 23.8 | 23.3 |
| Taxes Paid | 12 | 2.7 | 4.5 | 3.0 | 3.6 | 2.4 | 3.3 | 2.9 | 3.4 | 2.5 | 1.9 | 1.7 | 2.6 | 2.2 |
| Interest Paid | 13 | 1.8 | 3.2 | 0.6 | 1.6 | 1.0 | 1.6 | 1.3 | 1.2 | 1.4 | 1.0 | 1.7 | 2.8 | 3.1 |
| Depreciation | 14 | 1.3 | 2.2 | 0.8 | 1.2 | 0.9 | 1.3 | 1.5 | 2.0 | 1.5 | 1.2 | 1.0 | 1.8 | 1.3 |
| Amortization and Depletion | 15 | 0.7 | 2.3 | 0.1 | 0.5 | 0.3 | 0.5 | 0.7 | 0.6 | 0.4 | 0.5 | 0.6 | 1.4 | 1.2 |
| Pensions and Other Deferred Comp. | 16 | 1.2 | 1.0 | 1.1 | 1.1 | 0.7 | 1.5 | 1.3 | 1.3 | 1.1 | 0.5 | 0.6 | 0.5 | 1.7 |
| Employee Benefits | 17 | 1.8 | 2.2 | 1.1 | 2.1 | 1.4 | 2.2 | 1.6 | 2.0 | 1.7 | 6.0 | 1.2 | 1.8 | 1.6 |
| Advertising | 18 | 1.1 | 0.5 | 2.3 | 1.3 | 1.0 | 1.5 | 1.1 | 0.8 | 1.2 | 1.4 | 0.5 | 1.8 | 0.4 |
| Other Expenses | 19 | 25.9 | 49.1 | 26.1 | 25.3 | 28.1 | 27.8 | 28.5 | 29.8 | 25.0 | 33.5 | 37.5 | 45.0 | 19.4 |
| Officers' Compensation | 20 | 11.0 | 16.1 | 16.9 | 23.6 | 12.3 | 16.5 | 11.7 | 13.7 | 8.5 | 4.8 | 3.3 | 4.5 | 5.8 |
| Operating Margin | 21 | 5.9 | • | 9.9 | 12.7 | 5.1 | 9.2 | 4.9 | 0.6 | 4.3 | • | • | 3.4 | 5.7 |
| Operating Margin Before Officers' Comp. | 22 | 16.8 | • | 26.9 | 36.3 | 17.4 | 25.6 | 16.6 | 14.3 | 12.7 | 4.6 | 2.2 | 7.9 | 11.5 |

| Selected Average Balance Sheet ($ in Thousands) | | | | | | | | | | | | | |
|---|---|---|---|---|---|---|---|---|---|---|---|---|---|
| Net Receivables 23 | 291 | 0 | 2 | 13 | 31 | 116 | 476 | 2301 | 4878 | 9389 | 19426 | 42844 | 1091490 |
| Inventories 24 | • | • | • | • | • | • | • | • | • | • | • | • | • |
| Net Property, Plant and Equipment 25 | 57 | 0 | 6 | 34 | 46 | 56 | 229 | 612 | 1133 | 2216 | 3662 | 6398 | 102021 |
| Total Assets 26 | 1163 | 0 | 27 | 169 | 346 | 714 | 2024 | 6975 | 14976 | 33278 | 70310 | 163721 | 4172223 |
| Notes and Loans Payable 27 | 172 | 0 | 18 | 79 | 103 | 176 | 541 | 1156 | 2865 | 4491 | 11974 | 23881 | 420203 |
| All Other Liabilities 28 | 541 | 0 | 8 | 41 | 98 | 298 | 1035 | 4802 | 9973 | 20258 | 44902 | 112048 | 1821863 |
| Net Worth 29 | 450 | 0 | 2 | 49 | 145 | 240 | 449 | 1017 | 2137 | 8529 | 13434 | 27792 | 1930156 |

| Selected Financial Ratios (Times to 1) | | | | | | | | | | | | | |
|---|---|---|---|---|---|---|---|---|---|---|---|---|---|
| Current Ratio 30 | 1.2 | • | 1.3 | 1.1 | 1.5 | 1.3 | 1.1 | 1.0 | 1.0 | 1.1 | 1.0 | 1.1 | 1.2 |
| Quick Ratio 31 | 1.0 | • | 1.2 | 1.0 | 1.3 | 1.1 | 1.0 | 1.0 | 0.9 | 0.9 | 0.8 | 1.0 | 1.0 |
| Net Sales to Working Capital 32 | 10.8 | • | 62.1 | 50.4 | 13.8 | 12.9 | 17.3 | 51.2 | • | 21.2 | 36.4 | 8.1 | 5.1 |
| Coverage Ratio 33 | 4.4 | • | 18.7 | 9.0 | 6.1 | 6.7 | 4.8 | 1.5 | 4.0 | 0.5 | 0.3 | 2.1 | 3.2 |
| Total Asset Turnover 34 | 0.8 | • | 7.1 | 2.6 | 2.5 | 1.6 | 1.4 | 1.0 | 0.9 | 1.0 | 1.0 | 0.6 | 0.4 |
| Inventory Turnover 35 | • | • | • | • | • | • | • | • | • | • | • | • | • |
| Receivables Turnover 36 | • | • | • | • | • | • | • | • | • | • | • | • | • |
| Total Liabilities to Net Worth 37 | 1.6 | • | 16.5 | 2.4 | 1.4 | 2.0 | 3.5 | 5.9 | 6.0 | 2.9 | 4.2 | 4.9 | 1.2 |
| Current Assets to Working Capital 38 | 6.1 | • | 4.2 | 8.1 | 2.8 | 4.5 | 7.8 | 37.8 | • | 13.9 | 23.1 | 7.8 | 5.0 |
| Current Liabilities to Working Capital 39 | 5.1 | • | 3.2 | 7.1 | 1.8 | 3.5 | 6.8 | 36.8 | • | 12.9 | 22.1 | 6.8 | 4.0 |
| Working Capital to Net Sales 40 | 0.1 | • | 0.0 | 0.0 | 0.1 | 0.1 | 0.1 | 0.0 | • | 0.0 | 0.0 | 0.1 | 0.2 |
| Inventory to Working Capital 41 | 0.0 | • | • | • | • | • | • | 0.0 | • | • | 0.0 | 0.0 | 0.0 |
| Total Receipts to Cash Flow 42 | 3.7 | 3.8 | 3.3 | 3.2 | 3.4 | 3.1 | 3.5 | 3.9 | 4.0 | 3.3 | 3.0 | 2.3 | 4.8 |
| Cost of Goods to Cash Flow 43 | 0.8 | 0.3 | 0.7 | 0.1 | 0.9 | 0.3 | 0.6 | 0.2 | 0.9 | 0.8 | 0.9 | 0.2 | 1.7 |
| Cash Flow to Total Debt 44 | 0.3 | • | 2.3 | 1.2 | 1.3 | 0.8 | 0.5 | 0.3 | 0.3 | 0.4 | 0.4 | 0.3 | 0.1 |

| Selected Financial Factors (in Percentages) | | | | | | | | | | | | | |
|---|---|---|---|---|---|---|---|---|---|---|---|---|---|
| Debt Ratio 45 | 61.3 | • | 94.3 | 71.0 | 58.2 | 66.4 | 77.8 | 85.4 | 85.7 | 74.4 | 80.9 | 83.0 | 53.7 |
| Return on Total Assets 46 | 6.2 | • | 74.7 | 37.6 | 15.4 | 17.2 | 8.7 | 1.7 | 5.4 | 0.5 | 0.4 | 3.3 | 3.6 |
| Return on Equity Before Income Taxes 47 | 12.3 | • | 1236.0 | 115.1 | 30.7 | 43.6 | 31.1 | 3.7 | 28.1 | • | • | 9.9 | 5.3 |
| Return on Equity After Income Taxes 48 | 10.2 | • | 1227.1 | 110.6 | 29.1 | 41.4 | 28.3 | • | 23.0 | • | • | 6.7 | 3.4 |
| Profit Margin (Before Income Tax) 49 | 6.2 | • | 9.9 | 12.7 | 5.1 | 9.1 | 4.9 | 0.5 | 4.2 | • | • | 3.0 | 6.8 |
| Profit Margin (After Income Tax) 50 | 5.1 | • | 9.9 | 12.2 | 4.9 | 8.6 | 4.5 | • | 3.5 | • | • | 2.0 | 4.4 |

**Table II**

Corporations with Net Income

# INSURANCE AGENCIES AND BROKERAGES

MONEY AMOUNTS AND SIZE OF ASSETS IN THOUSANDS OF DOLLARS

| Item Description for Accounting Period 7/00 Through 6/01 | | Total | Zero Assets | Under 100 | 100 to 250 | 251 to 500 | 501 to 1,000 | 1,001 to 5,000 | 5,001 to 10,000 | 10,001 to 25,000 | 25,001 to 50,000 | 50,001 to 100,000 | 100,001 to 250,000 | 250,001 and over |
|---|---|---|---|---|---|---|---|---|---|---|---|---|---|---|
| Number of Enterprises | 1 | 57539 | 1720 | 34225 | 7652 | 6548 | 4244 | 2562 | 323 | 168 | 55 | 20 | 10 | 12 |
| **Revenues ($ in Thousands)** | | | | | | | | | | | | | | |
| Net Sales | 2 | 60896578 | 205906 | 6816093 | 3753629 | 5918477 | 5743408 | 7134542 | 1994910 | 2581852 | 1832855 | 1517092 | 1156755 | 22241059 |
| Interest | 3 | 678710 | 2863 | 3929 | 7571 | 24665 | 27758 | 49223 | 31063 | 29977 | 27884 | 28321 | 19064 | 426391 |
| Rents | 4 | 70830 | 0 | 909 | 1041 | 3254 | 2850 | 22549 | 8361 | 3611 | 2145 | 600 | 163 | 25348 |
| Royalties | 5 | 85662 | 0 | 0 | 0 | 0 | 0 | 0 | 4 | 0 | 1805 | 0 | 24674 | 59179 |
| Other Portfolio Income | 6 | 564890 | 1250 | 2432 | 36633 | 8573 | 14164 | 38917 | 8036 | 11403 | 10485 | 1564 | 31309 | 400121 |
| Other Receipts | 7 | 59496486 | 201793 | 6808823 | 3708384 | 5881985 | 5698636 | 7023853 | 1947446 | 2536861 | 1790536 | 1486607 | 1081545 | 21330020 |
| Total Receipts | 8 | 60896578 | 205906 | 6816093 | 3753629 | 5918477 | 5743408 | 7134542 | 1994910 | 2581852 | 1832855 | 1517092 | 1156755 | 22241059 |
| Average Total Receipts | 9 | 1058 | 120 | 199 | 491 | 904 | 1353 | 2785 | 6176 | 15368 | 33325 | 75855 | 115676 | 1853422 |
| **Operating Costs/Operating Income (%)** | | | | | | | | | | | | | | |
| Cost of Operations | 10 | 22.8 | 4.1 | 13.4 | 2.5 | 28.4 | 8.3 | 16.6 | 7.3 | 23.0 | 24.0 | 29.7 | 10.5 | 34.9 |
| Salaries and Wages | 11 | 23.7 | 17.6 | 16.9 | 24.0 | 20.9 | 25.6 | 27.8 | 35.7 | 28.9 | 30.0 | 18.8 | 21.3 | 23.1 |
| Taxes Paid | 12 | 2.6 | 3.9 | 3.1 | 3.4 | 2.3 | 3.3 | 2.9 | 3.2 | 2.3 | 2.1 | 1.8 | 2.5 | 2.2 |
| Interest Paid | 13 | 1.8 | 0.7 | 0.5 | 1.6 | 1.0 | 1.6 | 1.3 | 1.3 | 1.0 | 0.9 | 0.9 | 1.4 | 3.0 |
| Depreciation | 14 | 1.2 | 0.7 | 0.6 | 1.1 | 0.8 | 1.4 | 1.2 | 2.1 | 1.4 | 1.2 | 0.8 | 1.6 | 1.3 |
| Amortization and Depletion | 15 | 0.7 | 0.4 | 0.1 | 0.5 | 0.3 | 0.5 | 0.7 | 0.6 | 0.4 | 0.6 | 0.4 | 0.6 | 1.2 |
| Pensions and Other Deferred Comp. | 16 | 1.3 | 0.9 | 0.8 | 1.1 | 0.7 | 1.4 | 1.4 | 1.5 | 1.2 | 0.7 | 0.6 | 0.6 | 1.7 |
| Employee Benefits | 17 | 1.6 | 1.1 | 1.1 | 2.1 | 1.2 | 2.2 | 1.7 | 2.0 | 1.6 | 1.1 | 1.2 | 1.4 | 1.5 |
| Advertising | 18 | 1.0 | 0.1 | 2.7 | 1.4 | 0.8 | 1.4 | 0.9 | 0.8 | 0.6 | 0.4 | 0.6 | 1.9 | 0.4 |
| Other Expenses | 19 | 23.7 | 50.8 | 27.6 | 24.8 | 24.0 | 27.0 | 23.6 | 24.8 | 23.2 | 25.5 | 37.1 | 46.4 | 19.0 |
| Officers' Compensation | 20 | 10.8 | 1.8 | 16.9 | 23.6 | 12.6 | 16.9 | 12.7 | 12.3 | 8.7 | 5.3 | 3.1 | 4.8 | 5.7 |
| Operating Margin | 21 | 8.8 | 18.0 | 16.3 | 14.0 | 7.0 | 10.5 | 9.3 | 8.5 | 7.7 | 8.2 | 5.1 | 7.1 | 6.0 |
| Operating Margin Before Officers' Comp. | 22 | 19.7 | 19.8 | 33.2 | 37.6 | 19.6 | 27.4 | 22.0 | 20.7 | 16.4 | 13.5 | 8.2 | 11.9 | 11.7 |

| Selected Average Balance Sheet ($ in Thousands) | | | | | | | | | | | | | |
|---|---|---|---|---|---|---|---|---|---|---|---|---|---|
| Net Receivables 23 | 372 | 0 | 2 | 15 | 27 | 114 | 502 | 1849 | 5026 | 11083 | 23609 | 51152 | 1352511 |
| Inventories 24 | • | • | • | • | • | • | • | • | • | • | • | • | • |
| Net Property, Plant and Equipment 25 | 65 | 0 | 7 | 32 | 46 | 64 | 209 | 649 | 1088 | 1883 | 4224 | 7269 | 124139 |
| Total Assets 26 | 1453 | 0 | 28 | 170 | 347 | 715 | 2019 | 6879 | 15065 | 33322 | 71216 | 172099 | 5095798 |
| Notes and Loans Payable 27 | 194 | 0 | 12 | 84 | 90 | 206 | 472 | 1155 | 2153 | 4176 | 7539 | 21860 | 511329 |
| All Other Liabilities 28 | 654 | 0 | 7 | 47 | 91 | 285 | 1024 | 4023 | 10456 | 22245 | 53026 | 86855 | 2201485 |
| Net Worth 29 | 605 | 0 | 10 | 40 | 166 | 225 | 522 | 1702 | 2456 | 6900 | 10652 | 63384 | 2382983 |

| Selected Financial Ratios (Times to 1) | | | | | | | | | | | | | |
|---|---|---|---|---|---|---|---|---|---|---|---|---|---|
| Current Ratio 30 | 1.2 | • | 1.6 | 1.0 | 1.8 | 1.3 | 1.2 | 1.2 | 1.0 | 1.0 | 0.9 | 1.0 | 1.3 |
| Quick Ratio 31 | 1.0 | • | 1.5 | 0.9 | 1.5 | 1.2 | 1.0 | 1.1 | 0.9 | 0.9 | 0.8 | 0.9 | 1.0 |
| Net Sales to Working Capital 32 | 9.4 | • | 38.4 | 142.3 | 11.7 | 12.7 | 13.9 | 7.6 | 416.2 | 42.1 | • | 388.0 | 4.9 |
| Coverage Ratio 33 | 6.1 | 26.4 | 31.1 | 9.7 | 8.3 | 7.6 | 8.0 | 7.7 | 8.8 | 9.6 | 6.6 | 5.8 | 3.4 |
| Total Asset Turnover 34 | 0.7 | • | 7.0 | 2.9 | 2.6 | 1.9 | 1.4 | 0.9 | 1.0 | 1.0 | 1.1 | 0.7 | 0.4 |
| Inventory Turnover 35 | • | • | • | • | • | • | • | • | • | • | • | • | • |
| Receivables Turnover 36 | • | • | • | • | • | • | • | • | • | • | • | • | • |
| Total Liabilities to Net Worth 37 | 1.4 | • | 1.9 | 3.3 | 1.1 | 2.2 | 2.9 | 3.0 | 5.1 | 3.8 | 5.7 | 1.7 | 1.1 |
| Current Assets to Working Capital 38 | 5.5 | • | 2.7 | 21.7 | 2.3 | 4.0 | 6.5 | 6.2 | 284.7 | 28.9 | • | 302.8 | 4.8 |
| Current Liabilities to Working Capital 39 | 4.5 | • | 1.7 | 20.7 | 1.3 | 3.0 | 5.5 | 5.2 | 283.7 | 27.9 | • | 301.8 | 3.8 |
| Working Capital to Net Sales 40 | 0.1 | • | 0.0 | 0.0 | 0.1 | 0.1 | 0.1 | 0.1 | 0.0 | 0.0 | • | 0.0 | 0.2 |
| Inventory to Working Capital 41 | 0.0 | • | • | • | • | • | • | 0.0 | 0.0 | • | • | 0.0 | 0.0 |
| Total Receipts to Cash Flow 42 | 3.6 | 1.5 | 2.6 | 3.1 | 3.6 | 3.0 | 3.5 | 3.5 | 3.7 | 3.2 | 2.5 | 2.1 | 4.8 |
| Cost of Goods to Cash Flow 43 | 0.8 | 0.1 | 0.4 | 0.1 | 1.0 | 0.3 | 0.6 | 0.3 | 0.8 | 0.8 | 0.7 | 0.2 | 1.7 |
| Cash Flow to Total Debt 44 | 0.4 | • | 4.0 | 1.2 | 1.4 | 0.9 | 0.5 | 0.3 | 0.3 | 0.4 | 0.5 | 0.5 | 0.1 |

| Selected Financial Factors (in Percentages) | | | | | | | | | | | | | |
|---|---|---|---|---|---|---|---|---|---|---|---|---|---|
| Debt Ratio 45 | 58.4 | • | 65.9 | 76.5 | 52.1 | 68.5 | 74.1 | 75.3 | 83.7 | 79.3 | 85.0 | 63.2 | 53.2 |
| Return on Total Assets 46 | 8.0 | • | 118.6 | 45.2 | 20.7 | 23.0 | 14.7 | 8.6 | 8.8 | 8.8 | 6.4 | 5.4 | 3.7 |
| Return on Equity Before Income Taxes 47 | 16.1 | • | 337.0 | 172.6 | 38.0 | 63.3 | 49.7 | 30.4 | 48.1 | 38.1 | 36.2 | 12.1 | 5.5 |
| Return on Equity After Income Taxes 48 | 13.9 | • | 335.0 | 166.1 | 36.3 | 60.3 | 46.5 | 27.0 | 42.5 | 30.6 | 27.7 | 10.0 | 3.6 |
| Profit Margin (Before Income Tax) 49 | 9.2 | 18.0 | 16.3 | 14.0 | 7.0 | 10.5 | 9.3 | 8.4 | 7.7 | 7.9 | 5.1 | 6.6 | 7.1 |
| Profit Margin (After Income Tax) 50 | 7.9 | 12.7 | 16.3 | 13.5 | 6.7 | 10.0 | 8.7 | 7.4 | 6.8 | 6.3 | 3.9 | 5.5 | 4.7 |

**Table I**

Corporations with and without Net Income

# OTHER INSURANCE RELATED ACTIVITIES

MONEY AMOUNTS AND SIZE OF ASSETS IN THOUSANDS OF DOLLARS

| Item Description for Accounting Period 7/00 Through 6/01 | | Total | Zero Assets | Under 100 | 100 to 250 | 251 to 500 | 501 to 1,000 | 1,001 to 5,000 | 5,001 to 10,000 | 10,001 to 25,000 | 25,001 to 50,000 | 50,001 to 100,000 | 100,001 to 250,000 | 250,001 and over |
|---|---|---|---|---|---|---|---|---|---|---|---|---|---|---|
| Number of Enterprises | 1 | 15265 | 1916 | 7774 | 2798 | 1037 | 507 | 877 | 150 | 107 | 31 | 31 | 19 | 17 |
| **Revenues ($ in Thousands)** | | | | | | | | | | | | | | |
| Net Sales | 2 | 37795101 | 622729 | 1365939 | 2294517 | 723308 | 1324207 | 2095178 | 2243263 | 2339054 | 936178 | 2499065 | 2244761 | 19106902 |
| Interest | 3 | 1188288 | 19730 | 10714 | 2584 | 8872 | 9908 | 44063 | 22446 | 42712 | 19802 | 57088 | 80218 | 870151 |
| Rents | 4 | 92062 | 115 | 249 | 852 | 0 | 4874 | 3213 | 7002 | 2347 | 2884 | 8119 | 1417 | 60990 |
| Royalties | 5 | 11674 | 0 | 0 | 0 | 0 | 0 | 0 | 0 | 0 | 0 | 0 | 0 | 11674 |
| Other Portfolio Income | 6 | 336081 | 1614 | 5068 | 1520 | 2657 | 21 | 4123 | 7472 | 9640 | 1716 | 5835 | 19540 | 276870 |
| Other Receipts | 7 | 36166996 | 601270 | 1349908 | 2289561 | 711779 | 1309404 | 2043779 | 2206343 | 2284355 | 911776 | 2428023 | 2143586 | 17887217 |
| Total Receipts | 8 | 37795101 | 622729 | 1365939 | 2294517 | 723308 | 1324207 | 2095178 | 2243263 | 2339054 | 936178 | 2499065 | 2244761 | 19106902 |
| Average Total Receipts | 9 | 2476 | 325 | 176 | 820 | 698 | 2612 | 2389 | 14955 | 21860 | 30199 | 80615 | 118145 | 1123935 |
| **Operating Costs/Operating Income (%)** | | | | | | | | | | | | | | |
| Cost of Operations | 10 | 29.1 | 50.5 | 11.7 | 6.9 | 1.8 | 20.9 | 15.4 | 6.5 | 15.9 | 23.7 | 19.1 | 37.8 | 40.2 |
| Salaries and Wages | 11 | 16.9 | 12.1 | 7.4 | 33.4 | 34.6 | 21.3 | 23.3 | 16.5 | 13.8 | 31.7 | 8.2 | 18.6 | 14.7 |
| Taxes Paid | 12 | 2.0 | 1.5 | 2.1 | 3.8 | 3.3 | 2.3 | 2.7 | 1.6 | 1.5 | 2.8 | 0.9 | 2.2 | 1.8 |
| Interest Paid | 13 | 1.3 | 2.1 | 1.4 | 0.4 | 1.1 | 0.4 | 1.2 | 0.2 | 1.1 | 1.7 | 1.0 | 1.8 | 1.7 |
| Depreciation | 14 | 1.1 | 1.3 | 0.7 | 1.2 | 0.9 | 1.1 | 1.5 | 0.9 | 1.1 | 2.0 | 0.9 | 1.2 | 1.1 |
| Amortization and Depletion | 15 | 0.4 | 0.7 | 0.1 | 0.2 | 0.0 | 0.0 | 0.3 | 0.1 | 0.3 | 0.9 | 0.4 | 0.9 | 0.5 |
| Pensions and Other Deferred Comp. | 16 | 0.6 | 0.3 | 0.2 | 1.3 | 0.6 | 0.3 | 0.4 | 0.4 | 0.4 | 0.4 | 0.1 | 0.6 | 0.7 |
| Employee Benefits | 17 | 3.3 | 0.7 | 1.0 | 1.6 | 1.6 | 3.1 | 1.5 | 1.6 | 1.3 | 1.7 | 1.0 | 2.4 | 5.0 |
| Advertising | 18 | 0.5 | 0.4 | 0.6 | 0.6 | 0.2 | 0.2 | 0.8 | 0.2 | 0.4 | 3.0 | 1.4 | 0.2 | 0.4 |
| Other Expenses | 19 | 36.0 | 46.4 | 46.9 | 29.7 | 38.6 | 45.0 | 47.6 | 64.9 | 60.8 | 35.1 | 67.1 | 34.8 | 23.4 |
| Officers' Compensation | 20 | 2.9 | 1.2 | 15.2 | 16.9 | 5.4 | 4.1 | 6.2 | 3.2 | 2.1 | 2.7 | 0.8 | 2.2 | 0.2 |
| Operating Margin | 21 | 5.8 | • | 12.7 | 4.0 | 11.9 | 1.2 | • | 3.7 | 1.4 | • | • | • | 10.4 |
| Operating Margin Before Officers' Comp. | 22 | 8.7 | • | 27.9 | 20.9 | 17.3 | 5.3 | 5.2 | 7.0 | 3.5 | • | • | • | 10.6 |

| Selected Average Balance Sheet ($ in Thousands) | | | | | | | | | | | | | |
|---|---|---|---|---|---|---|---|---|---|---|---|---|---|
| Net Receivables 23 | 366 | 0 | 1 | 11 | 35 | 246 | 543 | 2028 | 4254 | 7968 | 17295 | 27380 | 167890 |
| Inventories 24 | • | • | • | • | • | • | • | • | • | • | • | • | • |
| Net Property, Plant and Equipment 25 | 125 | 0 | 3 | 28 | 13 | 101 | 230 | 515 | 886 | 3051 | 3476 | 6789 | 61096 |
| Total Assets 26 | 2637 | 0 | 20 | 187 | 358 | 660 | 2218 | 6758 | 16443 | 34304 | 66790 | 153300 | 1653443 |
| Notes and Loans Payable 27 | 283 | 0 | 12 | 38 | 74 | 91 | 377 | 1164 | 3059 | 5418 | 9587 | 18764 | 137769 |
| All Other Liabilities 28 | 1434 | 0 | 8 | 299 | 92 | 243 | 1553 | 4620 | 11321 | 16532 | 39339 | 112165 | 802755 |
| Net Worth 29 | 920 | 0 | -1 | -150 | 192 | 325 | 289 | 974 | 2064 | 12354 | 17864 | 22371 | 712919 |

| Selected Financial Ratios (Times to 1) | | | | | | | | | | | | | |
|---|---|---|---|---|---|---|---|---|---|---|---|---|---|
| Current Ratio 30 | 1.3 | • | 1.6 | 1.6 | 3.6 | 1.9 | 1.3 | 1.2 | 1.2 | 1.2 | 1.2 | 1.1 | 1.3 |
| Quick Ratio 31 | 1.1 | • | 1.4 | 1.3 | 3.0 | 1.8 | 1.0 | 1.1 | 1.0 | 1.0 | 1.0 | 0.9 | 1.1 |
| Net Sales to Working Capital 32 | 11.4 | • | 34.5 | 20.3 | 5.2 | 11.2 | 6.9 | 16.9 | 14.4 | 8.8 | 14.7 | 15.7 | 10.1 |
| Coverage Ratio 33 | 5.2 | • | 10.1 | 10.8 | 11.5 | 3.8 | 0.1 | 18.2 | 2.2 | • | • | • | 7.1 |
| Total Asset Turnover 34 | 0.9 | • | 9.0 | 4.4 | 1.9 | 4.0 | 1.1 | 2.2 | 1.3 | 0.9 | 1.2 | 0.8 | 0.7 |
| Inventory Turnover 35 | • | • | • | • | • | • | • | • | • | • | • | • | • |
| Receivables Turnover 36 | • | • | • | • | • | • | • | • | • | • | • | • | • |
| Total Liabilities to Net Worth 37 | 1.9 | • | • | • | 0.9 | 1.0 | 6.7 | 5.9 | 7.0 | 1.8 | 2.7 | 5.9 | 1.3 |
| Current Assets to Working Capital 38 | 4.6 | • | 2.8 | 2.6 | 1.4 | 2.1 | 4.6 | 6.3 | 6.9 | 5.8 | 6.4 | 9.3 | 4.2 |
| Current Liabilities to Working Capital 39 | 3.6 | • | 1.8 | 1.6 | 0.4 | 1.1 | 3.6 | 5.3 | 5.9 | 4.8 | 5.4 | 8.3 | 3.2 |
| Working Capital to Net Sales 40 | 0.1 | • | 0.0 | 0.0 | 0.2 | 0.1 | 0.1 | 0.1 | 0.1 | 0.1 | 0.1 | 0.1 | 0.1 |
| Inventory to Working Capital 41 | 0.0 | • | • | • | • | • | 0.0 | 0.0 | 0.0 | 0.0 | 0.0 | 0.2 | 0.0 |
| Total Receipts to Cash Flow 42 | 2.6 | 4.0 | 1.8 | 3.6 | 2.3 | 2.2 | 2.4 | 1.5 | 1.7 | 4.0 | 1.5 | 3.5 | 3.2 |
| Cost of Goods to Cash Flow 43 | 0.8 | 2.0 | 0.2 | 0.2 | 0.0 | 0.5 | 0.4 | 0.1 | 0.3 | 1.0 | 0.3 | 1.3 | 1.3 |
| Cash Flow to Total Debt 44 | 0.6 | • | 4.8 | 0.7 | 1.9 | 3.5 | 0.5 | 1.7 | 0.9 | 0.3 | 1.1 | 0.3 | 0.4 |

| Selected Financial Factors (in Percentages) | | | | | | | | | | | | | |
|---|---|---|---|---|---|---|---|---|---|---|---|---|---|
| Debt Ratio 45 | 65.1 | • | 105.4 | 180.5 | 46.3 | 50.7 | 87.0 | 85.6 | 87.4 | 64.0 | 73.3 | 85.4 | 56.9 |
| Return on Total Assets 46 | 6.6 | • | 126.9 | 19.4 | 25.4 | 6.4 | 0.2 | 8.7 | 3.1 | • | • | • | 8.0 |
| Return on Equity Before Income Taxes 47 | 15.3 | • | • | • | 43.2 | 9.6 | • | 57.3 | 13.3 | • | • | • | 16.0 |
| Return on Equity After Income Taxes 48 | 10.1 | • | • | • | 35.4 | 6.2 | • | 42.7 | 5.4 | • | • | • | 11.2 |
| Profit Margin (Before Income Tax) 49 | 5.7 | • | 12.7 | 4.0 | 11.9 | 1.2 | • | 3.7 | 1.3 | • | • | • | 10.1 |
| Profit Margin (After Income Tax) 50 | 3.8 | • | 12.5 | 3.8 | 9.7 | 0.8 | • | 2.8 | 0.5 | • | • | • | 7.1 |

# OTHER INSURANCE RELATED ACTIVITIES

MONEY AMOUNTS AND SIZE OF ASSETS IN THOUSANDS OF DOLLARS

| Item Description for Accounting Period 7/00 Through 6/01 | Total | Zero Assets | Under 100 | 100 to 250 | 251 to 500 | 501 to 1,000 | 1,001 to 5,000 | 5,001 to 10,000 | 10,001 to 25,000 | 25,001 to 50,000 | 50,001 to 100,000 | 100,001 to 250,000 | 250,001 and over |
|---|---|---|---|---|---|---|---|---|---|---|---|---|---|
| Number of Enterprises 1 | 10491 | 1079 | 5425 | 1712 | 929 | 486 | 613 | 130 | 62 | 14 | 17 | 11 | 13 |
| **Revenues ($ in Thousands)** | | | | | | | | | | | | | |
| Net Sales 2 | 30968874 | 391090 | 992769 | 1433238 | 697670 | 1317640 | 1526273 | 1563035 | 1186789 | 551689 | 1716876 | 1899522 | 17692284 |
| Interest 3 | 956014 | 16600 | 2513 | 406 | 8779 | 6749 | 36385 | 17066 | 27200 | 6444 | 35565 | 30278 | 768029 |
| Rents 4 | 79289 | 56 | 249 | 852 | 0 | 4874 | 3213 | 7000 | 405 | 8 | 331 | 1417 | 60884 |
| Royalties 5 | 7535 | 0 | 0 | 0 | 0 | 0 | 0 | 0 | 0 | 0 | 0 | 0 | 7535 |
| Other Portfolio Income 6 | 320024 | 1612 | 5068 | 1304 | 2657 | 21 | 734 | 7471 | 6411 | 993 | 1117 | 16734 | 275900 |
| Other Receipts 7 | 29606012 | 372822 | 984939 | 1430676 | 686234 | 1305996 | 1485941 | 1531498 | 1152773 | 544244 | 1679863 | 1851093 | 16579936 |
| Total Receipts 8 | 30968874 | 391090 | 992769 | 1433238 | 697670 | 1317640 | 1526273 | 1563035 | 1186789 | 551689 | 1716876 | 1899522 | 17692284 |
| Average Total Receipts 9 | 2952 | 362 | 183 | 837 | 751 | 2711 | 2490 | 12023 | 19142 | 39406 | 100993 | 172684 | 1360945 |
| **Operating Costs/Operating Income (%)** | | | | | | | | | | | | | |
| Cost of Operations 10 | 31.9 | 54.5 | 9.0 | • | 1.9 | 21.1 | 10.4 | 9.2 | 21.2 | 33.1 | 1.5 | 44.6 | 43.4 |
| Salaries and Wages 11 | 16.9 | 8.9 | 8.5 | 32.9 | 34.0 | 20.8 | 27.6 | 22.1 | 12.9 | 20.7 | 8.0 | 15.8 | 15.0 |
| Taxes Paid 12 | 2.0 | 1.2 | 2.4 | 4.1 | 3.2 | 2.2 | 3.2 | 2.2 | 1.4 | 2.2 | 1.1 | 1.9 | 1.8 |
| Interest Paid 13 | 1.3 | 2.3 | 1.4 | 0.5 | 0.8 | 0.4 | 1.5 | 0.2 | 1.3 | 1.2 | 0.7 | 0.8 | 1.6 |
| Depreciation 14 | 1.1 | 0.7 | 0.7 | 1.3 | 0.8 | 1.1 | 1.7 | 1.2 | 0.9 | 1.5 | 0.7 | 0.9 | 1.1 |
| Amortization and Depletion 15 | 0.4 | 0.2 | 0.0 | 0.1 | 0.0 | 0.0 | 0.3 | 0.1 | 0.3 | 0.8 | 0.6 | 0.9 | 0.5 |
| Pensions and Other Deferred Comp. 16 | 0.6 | 0.3 | 0.2 | 1.2 | 0.5 | 0.3 | 0.6 | 0.5 | 0.5 | 0.4 | 0.1 | 0.6 | 0.6 |
| Employee Benefits 17 | 1.4 | 0.6 | 1.1 | 1.8 | 1.3 | 3.1 | 1.8 | 2.1 | 1.1 | 1.2 | 0.5 | 2.0 | 1.1 |
| Advertising 18 | 0.4 | 0.2 | 0.6 | 0.9 | 0.1 | 0.1 | 0.6 | 0.3 | 0.6 | 0.3 | 0.3 | 0.2 | 0.4 |
| Other Expenses 19 | 31.2 | 17.3 | 36.0 | 33.5 | 37.9 | 42.9 | 37.0 | 50.2 | 47.1 | 30.0 | 83.5 | 19.9 | 22.9 |
| Officers' Compensation 20 | 2.6 | 1.0 | 17.6 | 15.5 | 5.0 | 4.1 | 7.4 | 4.5 | 3.3 | 2.7 | 0.4 | 2.2 | 0.2 |
| Operating Margin 21 | 10.2 | 12.8 | 22.6 | 8.1 | 14.5 | 3.8 | 7.8 | 7.4 | 9.3 | 5.8 | 2.6 | 10.1 | 11.4 |
| Operating Margin Before Officers' Comp. 22 | 12.9 | 13.8 | 40.2 | 23.6 | 19.5 | 7.9 | 15.3 | 11.8 | 12.6 | 8.5 | 3.0 | 12.3 | 11.6 |

## Selected Average Balance Sheet ($ in Thousands)

| | | | | | | | | | | | | | |
|---|---|---|---|---|---|---|---|---|---|---|---|---|---|
| Net Receivables 23 | 434 | 0 | 1 | 18 | 34 | 256 | 516 | 2256 | 4869 | 10621 | 17717 | 22551 | 212004 |
| Inventories 24 | • | • | • | • | • | • | • | • | • | • | • | • | • |
| Net Property, Plant and Equipment 25 | 149 | 0 | 4 | 30 | 13 | 105 | 214 | 548 | 658 | 2457 | 2041 | 9079 | 77916 |
| Total Assets 26 | 3103 | 0 | 22 | 181 | 369 | 657 | 2261 | 6670 | 16711 | 32848 | 64663 | 149724 | 1920539 |
| Notes and Loans Payable 27 | 300 | 0 | 11 | 30 | 48 | 91 | 397 | 1132 | 3313 | 6371 | 11421 | 15875 | 145479 |
| All Other Liabilities 28 | 1691 | 0 | 4 | 438 | 99 | 228 | 1502 | 4467 | 10465 | 12234 | 34465 | 87223 | 991639 |
| Net Worth 29 | 1113 | 0 | 7 | -287 | 222 | 339 | 363 | 1070 | 2932 | 14243 | 18777 | 46626 | 783420 |

## Selected Financial Ratios (Times to 1)

| | | | | | | | | | | | | | |
|---|---|---|---|---|---|---|---|---|---|---|---|---|---|
| Current Ratio 30 | 1.4 | • | 2.1 | 2.3 | 3.9 | 1.9 | 1.6 | 1.2 | 1.4 | 1.3 | 1.4 | 1.4 | 1.4 |
| Quick Ratio 31 | 1.2 | • | 1.8 | 2.2 | 3.2 | 1.8 | 1.1 | 1.2 | 1.2 | 1.1 | 1.2 | 1.2 | 1.1 |
| Net Sales to Working Capital 32 | 8.7 | • | 24.2 | 12.8 | 5.1 | 11.7 | 4.0 | 12.4 | 6.4 | 7.2 | 8.9 | 9.7 | 8.8 |
| Coverage Ratio 33 | 8.8 | 6.6 | 17.7 | 16.8 | 20.1 | 10.0 | 6.1 | 31.4 | 8.0 | 5.7 | 4.9 | 14.0 | 7.9 |
| Total Asset Turnover 34 | 1.0 | • | 8.4 | 4.6 | 2.0 | 4.1 | 1.1 | 1.8 | 1.1 | 1.2 | 1.6 | 1.2 | 0.7 |
| Inventory Turnover 35 | • | • | • | • | • | • | • | • | • | • | • | • | • |
| Receivables Turnover 36 | • | • | • | • | • | • | • | • | • | • | • | • | • |
| Total Liabilities to Net Worth 37 | 1.8 | • | 2.3 | • | 0.7 | 0.9 | 5.2 | 5.2 | 4.7 | 1.3 | 2.4 | 2.2 | 1.5 |
| Current Assets to Working Capital 38 | 3.5 | • | 1.9 | 1.8 | 1.3 | 2.1 | 2.8 | 5.7 | 3.8 | 3.9 | 3.3 | 3.6 | 3.9 |
| Current Liabilities to Working Capital 39 | 2.5 | • | 0.9 | 0.8 | 0.3 | 1.1 | 1.8 | 4.7 | 2.8 | 2.9 | 2.3 | 2.6 | 2.9 |
| Working Capital to Net Sales 40 | 0.1 | • | 0.0 | 0.1 | 0.2 | 0.1 | 0.3 | 0.1 | 0.2 | 0.1 | 0.1 | 0.1 | 0.1 |
| Inventory to Working Capital 41 | 0.0 | • | • | • | • | • | 0.0 | 0.0 | 0.0 | 0.0 | • | 0.1 | • |
| Total Receipts to Cash Flow 42 | 2.6 | 3.6 | 1.8 | 2.8 | 2.1 | 2.2 | 2.5 | 1.8 | 1.9 | 3.0 | 1.2 | 3.7 | 3.2 |
| Cost of Goods to Cash Flow 43 | 0.8 | 2.0 | 0.2 | • | 0.0 | 0.5 | 0.3 | 0.2 | 0.4 | 1.0 | 0.0 | 1.7 | 1.4 |
| Cash Flow to Total Debt 44 | 0.6 | • | 6.6 | 0.6 | 2.4 | 3.8 | 0.5 | 1.2 | 0.8 | 0.7 | 1.9 | 0.5 | 0.4 |

## Selected Financial Factors (in Percentages)

| | | | | | | | | | | | | | |
|---|---|---|---|---|---|---|---|---|---|---|---|---|---|
| Debt Ratio 45 | 64.1 | • | 69.9 | 258.9 | 39.8 | 48.5 | 84.0 | 84.0 | 82.5 | 56.6 | 71.0 | 68.9 | 59.2 |
| Return on Total Assets 46 | 10.8 | • | 200.6 | 40.0 | 31.1 | 17.3 | 10.3 | 13.7 | 12.1 | 8.3 | 5.0 | 12.4 | 9.0 |
| Return on Equity Before Income Taxes 47 | 26.7 | • | 629.8 | • | 49.2 | 30.3 | 53.5 | 82.6 | 60.2 | 15.8 | 13.8 | 36.9 | 19.3 |
| Return on Equity After Income Taxes 48 | 20.6 | • | 621.1 | • | 41.6 | 26.9 | 50.0 | 67.2 | 55.4 | 14.5 | 11.7 | 28.1 | 13.7 |
| Profit Margin (Before Income Tax) 49 | 10.1 | 12.8 | 22.6 | 8.1 | 14.5 | 3.8 | 7.8 | 7.4 | 9.2 | 5.7 | 2.6 | 10.0 | 11.1 |
| Profit Margin (After Income Tax) 50 | 7.8 | 9.2 | 22.3 | 7.8 | 12.3 | 3.4 | 7.3 | 6.0 | 8.5 | 5.2 | 2.2 | 7.6 | 7.9 |

## Table I

Corporations with and without Net Income

# OPEN-END INVESTMENT FUNDS (FORM 1120-RIC)

| Item Description for Accounting Period 7/00 Through 6/01 | | MONEY AMOUNTS AND SIZE OF ASSETS IN THOUSANDS OF DOLLARS | | | | | | | | | | | | |
|---|---|---|---|---|---|---|---|---|---|---|---|---|---|---|
| | | Total | Zero Assets | Under 100 | 100 to 250 | 251 to 500 | 501 to 1,000 | 1,001 to 5,000 | 5,001 to 10,000 | 10,001 to 25,000 | 25,001 to 50,000 | 50,001 to 100,000 | 100,001 to 250,000 | 250,001 and over |
| Number of Enterprises | 1 | 10991 | 825 | 14 | 29 | 29 | 93 | 499 | 474 | 1061 | 1139 | 1372 | 1907 | 3549 |
| **Revenues ($ in Thousands)** | | | | | | | | | | | | | | |
| Net Sales | 2 | 321466048 | 3544385 | 149 | 453 | 273 | 3726 | 123182 | 129514 | 874177 | 1837265 | 4865635 | 15334193 | 294753097 |
| Interest | 3 | 178322807 | 2430863 | 3 | 38 | 24 | 2301 | 94842 | 47100 | 316493 | 780803 | 2082709 | 6429174 | 166138457 |
| Rents | 4 | 0 | 0 | 0 | 0 | 0 | 0 | 0 | 0 | 0 | 0 | 0 | 0 | 0 |
| Royalties | 5 | 0 | 0 | 0 | 0 | 0 | 0 | 0 | 0 | 0 | 0 | 0 | 0 | 0 |
| Other Portfolio Income | 6 | 92125194 | 611425 | 143 | 0 | 0 | 69 | 15767 | 54026 | 390146 | 731300 | 1945039 | 6704299 | 81672979 |
| Other Receipts | 7 | 51018047 | 502097 | 3 | 415 | 249 | 1356 | 12573 | 28388 | 167538 | 325162 | 837887 | 2200720 | 46941661 |
| Total Receipts | 8 | 321466048 | 3544385 | 149 | 453 | 273 | 3726 | 123182 | 129514 | 874177 | 1837265 | 4865635 | 15334193 | 294753097 |
| Average Total Receipts | 9 | 29248 | 4296 | 11 | 16 | 9 | 40 | 247 | 273 | 824 | 1613 | 3546 | 8041 | 83052 |
| **Operating Costs/Operating Income (%)** | | | | | | | | | | | | | | |
| Cost of Operations | 10 | • | • | • | • | • | • | • | • | • | • | • | • | • |
| Salaries and Wages | 11 | 0.0 | 0.0 | • | • | • | • | 0.3 | 0.3 | 0.1 | 0.2 | 0.1 | 0.1 | 0.0 |
| Taxes Paid | 12 | 0.1 | 0.1 | • | 1.8 | 1.1 | 0.3 | 0.1 | 0.8 | 0.6 | 0.3 | 0.4 | 0.3 | 0.1 |
| Interest Paid | 13 | 0.2 | 0.8 | 6.7 | 5.5 | • | • | 10.7 | 1.5 | 0.3 | 0.4 | 0.4 | 0.7 | 0.2 |
| Depreciation | 14 | 0.0 | • | • | • | • | • | • | • | 0.0 | 0.0 | 0.0 | 0.0 | 0.0 |
| Amortization and Depletion | 15 | 0.0 | 0.0 | • | 6.0 | • | • | 0.2 | 0.1 | 0.1 | 0.1 | 0.0 | 0.0 | 0.0 |
| Pensions and Other Deferred Comp. | 16 | • | • | • | • | • | • | • | • | • | • | • | • | • |
| Employee Benefits | 17 | • | • | • | • | • | • | • | • | • | • | • | • | • |
| Advertising | 18 | 0.0 | 0.0 | • | • | • | • | • | 0.1 | 0.0 | 0.0 | 0.0 | 0.0 | 0.0 |
| Other Expenses | 19 | 17.9 | 18.0 | 0.7 | 99.1 | 38.8 | 38.0 | 18.8 | 30.2 | 24.6 | 23.5 | 20.8 | 18.8 | 17.7 |
| Officers' Compensation | 20 | 0.0 | • | • | • | • | • | • | • | 0.0 | 0.2 | 0.0 | 0.0 | 0.0 |
| Operating Margin | 21 | 81.7 | 81.1 | 93.3 | • | 60.1 | 61.6 | 70.0 | 67.1 | 74.2 | 75.1 | 78.3 | 80.1 | 82.0 |
| Operating Margin Before Officers' Comp. | 22 | 81.8 | 81.1 | 93.3 | • | 60.1 | 61.6 | 70.0 | 67.1 | 74.2 | 75.4 | 78.3 | 80.1 | 82.0 |

| Selected Average Balance Sheet ($ in Thousands) | | | | | | | | | | | | | |
|---|---|---|---|---|---|---|---|---|---|---|---|---|---|
| Net Receivables 23 | 19644 | 0 | 6 | 0 | 4 | 6 | 50 | 206 | 471 | 778 | 1452 | 4159 | 57614 |
| Inventories 24 | • | • | • | • | • | • | • | • | • | • | • | • | • |
| Net Property, Plant and Equipment 25 | 5 | 0 | 0 | 0 | 0 | 0 | 0 | 0 | 0 | 27 | 0 | 1 | 6 |
| Total Assets 26 | 709574 | 0 | 62 | 134 | 349 | 749 | 3052 | 6893 | 16712 | 36574 | 73167 | 162885 | 2063584 |
| Notes and Loans Payable 27 | 659 | 0 | 0 | 0 | 0 | 0 | 2 | 63 | 45 | 72 | 148 | 552 | 1641 |
| All Other Liabilities 28 | 27046 | 0 | 9 | 10 | 90 | 49 | 109 | 285 | 612 | 1293 | 2879 | 6715 | 78386 |
| Net Worth 29 | 681869 | 0 | 54 | 124 | 259 | 700 | 2941 | 6544 | 16055 | 35209 | 70140 | 155619 | 1983557 |

| Selected Financial Ratios (Times to 1) | | | | | | | | | | | | | |
|---|---|---|---|---|---|---|---|---|---|---|---|---|---|
| Current Ratio 30 | 4.4 | • | 3.2 | 2.2 | 1.2 | 4.5 | 3.8 | 4.2 | 5.0 | 6.4 | 6.7 | 6.2 | 4.2 |
| Quick Ratio 31 | 4.0 | • | 1.1 | 1.8 | 0.9 | 3.7 | 2.8 | 3.7 | 4.3 | 5.8 | 6.1 | 5.7 | 3.9 |
| Net Sales to Working Capital 32 | 0.3 | • | 0.5 | 1.2 | 5.7 | 0.2 | 0.8 | 0.3 | 0.3 | 0.2 | 0.2 | 0.2 | 0.3 |
| Coverage Ratio 33 | 332.2 | 93.3 | 14.9 | • | • | • | 7.4 | 39.6 | 198.6 | 132.7 | 153.0 | 88.7 | 411.2 |
| Total Asset Turnover 34 | 0.0 | • | 0.2 | 0.1 | 0.0 | 0.1 | 0.1 | 0.0 | 0.0 | 0.0 | 0.0 | 0.0 | 0.0 |
| Inventory Turnover 35 | • | • | • | • | • | • | • | • | • | • | • | • | • |
| Receivables Turnover 36 | • | • | • | • | • | • | • | • | • | • | • | • | • |
| Total Liabilities to Net Worth 37 | 0.0 | • | 0.2 | 0.1 | 0.3 | 0.1 | 0.0 | 0.1 | 0.0 | 0.0 | 0.0 | 0.0 | 0.0 |
| Current Assets to Working Capital 38 | 1.3 | • | 1.4 | 1.8 | 5.7 | 1.3 | 1.4 | 1.3 | 1.2 | 1.2 | 1.2 | 1.2 | 1.3 |
| Current Liabilities to Working Capital 39 | 0.3 | • | 0.4 | 0.8 | 4.7 | 0.3 | 0.4 | 0.3 | 0.2 | 0.2 | 0.2 | 0.2 | 0.3 |
| Working Capital to Net Sales 40 | 3.1 | • | 1.8 | 0.8 | 0.2 | 4.3 | 1.2 | 3.3 | 2.9 | 4.3 | 4.2 | 4.4 | 3.1 |
| Inventory to Working Capital 41 | • | • | • | • | • | • | • | • | • | • | • | • | • |
| Total Receipts to Cash Flow 42 | 1.3 | 1.1 | • | 1.2 | 1.0 | 1.0 | 1.3 | 1.5 | 1.5 | 1.3 | 1.3 | 1.3 | 1.3 |
| Cost of Goods to Cash Flow 43 | • | • | • | • | • | • | • | • | • | • | • | • | • |
| Cash Flow to Total Debt 44 | 0.8 | • | • | 1.3 | 0.1 | 0.8 | 1.7 | 0.5 | 0.8 | 0.9 | 0.9 | 0.8 | 0.8 |

| Selected Financial Factors (in Percentages) | | | | | | | | | | | | | |
|---|---|---|---|---|---|---|---|---|---|---|---|---|---|
| Debt Ratio 45 | 3.9 | • | 14.1 | 7.7 | 25.8 | 6.5 | 3.6 | 5.1 | 3.9 | 3.7 | 4.1 | 4.5 | 3.9 |
| Return on Total Assets 46 | 3.0 | • | 17.0 | • | 1.6 | 3.3 | 6.4 | 2.3 | 3.1 | 2.6 | 2.9 | 3.0 | 3.0 |
| Return on Equity Before Income Taxes 47 | 3.1 | • | 18.5 | • | 2.2 | 3.5 | 5.7 | 2.4 | 3.2 | 2.7 | 3.0 | 3.1 | 3.1 |
| Return on Equity After Income Taxes 48 | 3.1 | • | 18.5 | • | 2.2 | 3.5 | 5.7 | 2.4 | 3.2 | 2.7 | 3.0 | 3.1 | 3.1 |
| Profit Margin (Before Income Tax) 49 | 72.9 | 71.6 | 93.3 | • | 60.1 | 61.6 | 68.3 | 57.0 | 62.0 | 58.2 | 59.0 | 59.3 | 74.0 |
| Profit Margin (After Income Tax) 50 | 72.9 | 71.6 | 93.3 | • | 60.1 | 61.6 | 68.3 | 57.0 | 62.0 | 57.9 | 58.9 | 59.2 | 74.0 |

## Table II

Corporations with Net Income

# OPEN-END INVESTMENT FUNDS (FORM 1120-RIC)

MONEY AMOUNTS AND SIZE OF ASSETS IN THOUSANDS OF DOLLARS

| Item Description for Accounting Period 7/00 Through 6/01 | | Total | Zero Assets | Under 100 | 100 to 250 | 251 to 500 | 501 to 1,000 | 1,001 to 5,000 | 5,001 to 10,000 | 10,001 to 25,000 | 25,001 to 50,000 | 50,001 to 100,000 | 100,001 to 250,000 | 250,001 and over |
|---|---|---|---|---|---|---|---|---|---|---|---|---|---|---|
| Number of Enterprises | 1 | 8344 | 568 | 14 | 7 | 22 | 79 | 348 | 309 | 800 | 847 | 1037 | 1457 | 2856 |
| **Revenues ($ in Thousands)** | | | | | | | | | | | | | | |
| Net Sales | 2 | 300531822 | 3386101 | 149 | 403 | 254 | 3670 | 120047 | 112394 | 801780 | 1603957 | 4185987 | 13508921 | 276808159 |
| Interest | 3 | 175691738 | 2400726 | 3 | 2 | 24 | 2274 | 94029 | 43853 | 299459 | 734726 | 1998968 | 6214343 | 163903331 |
| Rents | 4 | 0 | 0 | 0 | 0 | 0 | 0 | 0 | 0 | 0 | 0 | 0 | 0 | 0 |
| Royalties | 5 | 0 | 0 | 0 | 0 | 0 | 0 | 0 | 0 | 0 | 0 | 0 | 0 | 0 |
| Other Portfolio Income | 6 | 78208997 | 512867 | 143 | 0 | 0 | 69 | 14885 | 47151 | 338765 | 578683 | 1445103 | 5267439 | 70003891 |
| Other Receipts | 7 | 46631087 | 472508 | 3 | 401 | 230 | 1327 | 11133 | 21390 | 163556 | 290548 | 741916 | 2027139 | 42900937 |
| Total Receipts | 8 | 300531822 | 3386101 | 149 | 403 | 254 | 3670 | 120047 | 112394 | 801780 | 1603957 | 4185987 | 13508921 | 276808159 |
| Average Total Receipts | 9 | 36018 | 5961 | 11 | 58 | 12 | 46 | 345 | 364 | 1002 | 1894 | 4037 | 9272 | 96922 |
| **Operating Costs/Operating Income (%)** | | | | | | | | | | | | | | |
| Cost of Operations | 10 | • | • | • | • | • | • | • | • | • | • | • | • | • |
| Salaries and Wages | 11 | 0.0 | 0.0 | • | • | • | • | 0.2 | 0.2 | 0.1 | 0.1 | 0.0 | 0.1 | 0.0 |
| Taxes Paid | 12 | 0.1 | 0.1 | • | 1.5 | • | 0.3 | 0.0 | 0.7 | 0.2 | 0.2 | 0.2 | 0.2 | 0.1 |
| Interest Paid | 13 | 0.2 | 0.8 | 6.7 | • | • | • | 10.9 | 1.7 | 0.2 | 0.4 | 0.3 | 0.7 | 0.2 |
| Depreciation | 14 | 0.0 | • | • | • | • | • | • | • | 0.0 | 0.0 | 0.0 | 0.0 | 0.0 |
| Amortization and Depletion | 15 | 0.0 | 0.0 | • | 6.7 | • | • | 0.1 | 0.1 | 0.1 | 0.1 | 0.0 | 0.0 | 0.0 |
| Pensions and Other Deferred Comp. | 16 | • | • | • | • | • | • | • | • | • | • | • | • | • |
| Employee Benefits | 17 | • | • | • | • | • | • | • | • | • | • | • | • | • |
| Advertising | 18 | 0.0 | 0.0 | • | • | • | • | • | 0.1 | 0.0 | 0.0 | 0.0 | 0.0 | 0.0 |
| Other Expenses | 19 | 14.7 | 14.8 | 0.7 | 86.6 | 19.3 | 36.0 | 12.9 | 19.1 | 17.3 | 16.4 | 16.1 | 15.2 | 14.7 |
| Officers' Compensation | 20 | 0.0 | • | • | • | • | • | • | • | 0.0 | 0.1 | 0.0 | 0.0 | 0.0 |
| Operating Margin | 21 | 84.9 | 84.3 | 93.3 | 5.5 | 80.7 | 63.7 | 75.9 | 78.2 | 82.1 | 82.8 | 83.3 | 83.8 | 85.0 |
| Operating Margin Before Officers' Comp. | 22 | 84.9 | 84.3 | 93.3 | 5.5 | 80.7 | 63.7 | 75.9 | 78.2 | 82.1 | 82.8 | 83.3 | 83.9 | 85.0 |

| Selected Average Balance Sheet ($ in Thousands) | | | | | | | | | | | | | |
|---|---|---|---|---|---|---|---|---|---|---|---|---|---|
| Net Receivables 23 | 23297 | 0 | 6 | 0 | 1 | 0 | 52 | 184 | 455 | 773 | 1499 | 4492 | 64845 |
| Inventories 24 | • | • | • | • | • | • | • | • | • | • | • | • | • |
| Net Property, Plant and Equipment 25 | 2 | 0 | 0 | 0 | 0 | 0 | 0 | 0 | 0 | 4 | 0 | 1 | 3 |
| Total Assets 26 | 787013 | 0 | 62 | 145 | 347 | 755 | 2967 | 7021 | 16685 | 36693 | 73130 | 163002 | 2172902 |
| Notes and Loans Payable 27 | 786 | 0 | 0 | 0 | 0 | 0 | 2 | 88 | 41 | 57 | 107 | 550 | 1940 |
| All Other Liabilities 28 | 31247 | 0 | 9 | 26 | 112 | 54 | 83 | 257 | 624 | 1306 | 3098 | 6921 | 86033 |
| Net Worth 29 | 754980 | 0 | 54 | 119 | 235 | 701 | 2882 | 6676 | 16021 | 35331 | 69925 | 155531 | 2084930 |

| Selected Financial Ratios (Times to 1) | | | | | | | | | | | | | |
|---|---|---|---|---|---|---|---|---|---|---|---|---|---|
| Current Ratio 30 | 3.9 | • | 3.2 | 1.0 | 1.2 | 4.8 | 4.5 | 4.6 | 4.2 | 5.7 | 5.2 | 5.4 | 3.9 |
| Quick Ratio 31 | 3.6 | • | 1.1 | 0.7 | 0.3 | 3.9 | 2.9 | 3.8 | 3.5 | 5.0 | 4.6 | 4.9 | 3.5 |
| Net Sales to Working Capital 32 | 0.4 | • | 0.5 | • | 14.9 | 0.2 | 1.2 | 0.4 | 0.5 | 0.3 | 0.3 | 0.3 | 0.4 |
| Coverage Ratio 33 | 357.0 | 96.9 | 14.9 | • | • | • | 7.8 | 43.8 | 358.6 | 170.0 | 216.9 | 102.5 | 433.5 |
| Total Asset Turnover 34 | 0.0 | • | 0.2 | 0.4 | 0.0 | 0.1 | 0.1 | 0.1 | 0.1 | 0.1 | 0.1 | 0.1 | 0.0 |
| Inventory Turnover 35 | • | • | • | • | • | • | • | • | • | • | • | • | • |
| Receivables Turnover 36 | • | • | • | • | • | • | • | • | • | • | • | • | • |
| Total Liabilities to Net Worth 37 | 0.0 | • | 0.2 | 0.2 | 0.5 | 0.1 | 0.0 | 0.1 | 0.0 | 0.0 | 0.0 | 0.0 | 0.0 |
| Current Assets to Working Capital 38 | 1.3 | • | 1.4 | • | 5.4 | 1.3 | 1.3 | 1.3 | 1.3 | 1.2 | 1.2 | 1.2 | 1.3 |
| Current Liabilities to Working Capital 39 | 0.3 | • | 0.4 | • | 4.4 | 0.3 | 0.3 | 0.3 | 0.3 | 0.2 | 0.2 | 0.2 | 0.3 |
| Working Capital to Net Sales 40 | 2.6 | • | 1.8 | • | 0.1 | 4.3 | 0.8 | 2.5 | 2.0 | 3.2 | 2.9 | 3.3 | 2.5 |
| Inventory to Working Capital 41 | • | • | • | • | • | • | • | • | • | • | • | • | • |
| Total Receipts to Cash Flow 42 | 1.3 | 1.1 | • | 1.1 | 1.0 | 1.0 | 1.3 | 1.6 | 1.6 | 1.4 | 1.3 | 1.4 | 1.3 |
| Cost of Goods to Cash Flow 43 | • | • | • | • | • | • | • | • | • | • | • | • | • |
| Cash Flow to Total Debt 44 | 0.9 | • | • | 2.0 | 0.1 | 0.8 | 3.1 | 0.6 | 1.0 | 1.0 | 1.0 | 0.9 | 0.9 |

| Selected Financial Factors (in Percentages) | | | | | | | | | | | | | |
|---|---|---|---|---|---|---|---|---|---|---|---|---|---|
| Debt Ratio 45 | 4.1 | • | 14.1 | 18.0 | 32.3 | 7.1 | 2.9 | 4.9 | 4.0 | 3.7 | 4.4 | 4.6 | 4.0 |
| Return on Total Assets 46 | 3.7 | • | 17.0 | 2.2 | 2.7 | 3.9 | 10.0 | 3.9 | 4.5 | 3.8 | 4.0 | 4.1 | 3.6 |
| Return on Equity Before Income Taxes 47 | 3.8 | • | 18.5 | 2.7 | 4.0 | 4.2 | 9.0 | 4.0 | 4.7 | 3.9 | 4.2 | 4.2 | 3.7 |
| Return on Equity After Income Taxes 48 | 3.8 | • | 18.5 | 2.7 | 4.0 | 4.2 | 9.0 | 4.0 | 4.7 | 3.9 | 4.2 | 4.2 | 3.7 |
| Profit Margin (Before Income Tax) 49 | 80.0 | 77.2 | 93.3 | 5.5 | 80.7 | 63.7 | 74.9 | 72.7 | 75.0 | 72.6 | 72.5 | 70.7 | 80.6 |
| Profit Margin (After Income Tax) 50 | 80.0 | 77.2 | 93.3 | 5.5 | 80.7 | 63.7 | 74.9 | 72.7 | 75.0 | 72.6 | 72.5 | 70.6 | 80.6 |

**Table I**

Corporations with and without Net Income

# REAL ESTATE INVESTMENT TRUSTS (FORM 1120-REIT)

**MONEY AMOUNTS AND SIZE OF ASSETS IN THOUSANDS OF DOLLARS**

| Item Description for Accounting Period 7/00 Through 6/01 | | Total | Zero Assets | Under 100 | 100 to 250 | 251 to 500 | 501 to 1,000 | 1,001 to 5,000 | 5,001 to 10,000 | 10,001 to 25,000 | 25,001 to 50,000 | 50,001 to 100,000 | 100,001 to 250,000 | 250,001 and over |
|---|---|---|---|---|---|---|---|---|---|---|---|---|---|---|
| Number of Enterprises | 1 | 1099 | 146 | 10 | 10 | 6 | 16 | 63 | 49 | 82 | 89 | 125 | 157 | 347 |
| **Revenues ($ in Thousands)** | | | | | | | | | | | | | | |
| Net Sales | 2 | 59576925 | 2855992 | 2065 | 23481 | 2531 | 13566 | -57139 | 817909 | 259333 | 514849 | 1075075 | 3267572 | 50801689 |
| Interest | 3 | 23231806 | 165270 | 45 | 68 | 72 | 481 | 16412 | 9584 | 26194 | 140237 | 487776 | 1057636 | 21328032 |
| Rents | 4 | 26100088 | 316968 | 0 | 60 | 106 | 486 | 41063 | 81505 | 162948 | 185065 | 396944 | 1392390 | 23522553 |
| Royalties | 5 | 0 | 0 | 0 | 0 | 0 | 0 | 0 | 0 | 0 | 0 | 0 | 0 | 0 |
| Other Portfolio Income | 6 | 5932376 | 2312197 | 2000 | 22542 | 1459 | 11451 | 5855 | 724376 | 61722 | 49517 | 125217 | 509211 | 2106830 |
| Other Receipts | 7 | 4312655 | 61557 | 20 | 811 | 894 | 1148 | -120469 | 2444 | 8469 | 140030 | 65138 | 308335 | 3844274 |
| Total Receipts | 8 | 59576925 | 2855992 | 2065 | 23481 | 2531 | 13566 | -57139 | 817909 | 259333 | 514849 | 1075075 | 3267572 | 50801689 |
| Average Total Receipts | 9 | 54210 | 19562 | 206 | 2348 | 422 | 848 | -907 | 16692 | 3163 | 5785 | 8601 | 20813 | 146403 |
| **Operating Costs/Operating Income (%)** | | | | | | | | | | | | | | |
| Cost of Operations | 10 | • | • | • | • | • | • | • | • | • | • | • | • | • |
| Salaries and Wages | 11 | 1.3 | 0.7 | • | • | • | • | • | 0.1 | 1.2 | 0.6 | 1.2 | 0.7 | 1.4 |
| Taxes Paid | 12 | 2.4 | 0.9 | • | 0.1 | 1.5 | 0.4 | • | 1.0 | 3.3 | 2.3 | 2.7 | 1.7 | 2.5 |
| Interest Paid | 13 | 12.8 | 3.5 | • | 0.1 | 18.3 | 2.1 | • | 2.7 | 14.4 | 7.6 | 14.1 | 11.2 | 13.5 |
| Depreciation | 14 | 6.3 | 1.4 | • | 0.0 | 0.4 | 0.6 | • | 0.7 | 5.1 | 3.4 | 4.4 | 4.5 | 6.9 |
| Amortization and Depletion | 15 | 0.6 | 0.1 | • | • | 2.3 | • | • | 0.7 | 2.3 | 0.7 | 0.6 | 0.7 | 0.6 |
| Pensions and Other Deferred Comp. | 16 | • | • | • | • | • | • | • | • | • | • | • | • | • |
| Employee Benefits | 17 | • | • | • | • | • | • | • | • | • | • | • | • | • |
| Advertising | 18 | 0.2 | 0.0 | • | • | • | • | • | 0.0 | 0.2 | 0.1 | 0.2 | 0.1 | 0.2 |
| Other Expenses | 19 | 15.4 | 5.8 | 5.2 | 0.0 | 37.0 | 4.4 | • | 5.8 | 45.5 | 21.8 | 19.7 | 19.7 | 15.5 |
| Officers' Compensation | 20 | 0.4 | 0.0 | • | • | • | • | • | • | 0.1 | 0.2 | 0.3 | 0.5 | 0.4 |
| Operating Margin | 21 | 60.6 | 87.6 | 94.8 | 99.7 | 40.5 | 92.6 | 166.1 | 89.0 | 27.8 | 63.2 | 56.6 | 60.9 | 58.9 |
| Operating Margin Before Officers' Comp. | 22 | 61.0 | 87.6 | 94.8 | 99.7 | 40.5 | 92.6 | 166.1 | 89.0 | 27.9 | 63.4 | 57.0 | 61.5 | 59.3 |

## Selected Average Balance Sheet ($ in Thousands)

| | | | | | | | | | | | | | |
|---|---|---|---|---|---|---|---|---|---|---|---|---|---|
| Net Receivables 23 | 24154 | 0 | 0 | 1 | 0 | 236 | 18 | 153 | 105 | 2458 | 3007 | 7354 | 71398 |
| Inventories 24 | • | • | • | • | • | • | • | • | • | • | • | • | • |
| Net Property, Plant and Equipment 25 | 137296 | 0 | 0 | 47 | 89 | 89 | 256 | 1979 | 5414 | 5112 | 11551 | 34266 | 412250 |
| Total Assets 26 | 495847 | 0 | 25 | 152 | 330 | 737 | 2554 | 7356 | 16052 | 37809 | 72963 | 168847 | 1452704 |
| Notes and Loans Payable 27 | 96110 | 0 | 6 | 26 | 2 | 54 | 295 | 1734 | 4157 | 4407 | 10769 | 26170 | 286260 |
| All Other Liabilities 28 | 30497 | 0 | 2 | 1 | 113 | 1880 | 184 | 215 | 504 | 874 | 1966 | 7266 | 92096 |
| Net Worth 29 | 369240 | 0 | 17 | 125 | 216 | -1197 | 2075 | 5407 | 11392 | 32528 | 60228 | 135411 | 1074348 |

## Selected Financial Ratios (Times to 1)

| | | | | | | | | | | | | | |
|---|---|---|---|---|---|---|---|---|---|---|---|---|---|
| Current Ratio 30 | 1.7 | • | 1.1 | 12.3 | 1.5 | 13.8 | 1.9 | 1.0 | 2.1 | 5.2 | 3.2 | 2.3 | 1.6 |
| Quick Ratio 31 | 1.5 | • | 1.1 | 12.3 | 1.4 | 13.4 | 1.6 | 0.9 | 2.0 | 3.5 | 2.8 | 2.0 | 1.4 |
| Net Sales to Working Capital 32 | 2.3 | • | 172.1 | 345.3 | 8.0 | 2.6 | • | 12982.7 | 4.8 | 1.0 | 1.5 | 2.4 | 2.2 |
| Coverage Ratio 33 | 5.7 | 26.2 | • | 1019.3 | 3.2 | 45.5 | • | 34.0 | 2.9 | 9.3 | 5.0 | 6.4 | 5.3 |
| Total Asset Turnover 34 | 0.1 | • | 8.2 | 15.4 | 1.3 | 1.2 | • | 2.3 | 0.2 | 0.2 | 0.1 | 0.1 | 0.1 |
| Inventory Turnover 35 | • | • | • | • | • | • | • | • | • | • | • | • | • |
| Receivables Turnover 36 | • | • | • | • | • | • | • | • | • | • | • | • | • |
| Total Liabilities to Net Worth 37 | 0.3 | • | 0.5 | 0.2 | 0.5 | • | 0.2 | 0.4 | 0.4 | 0.2 | 0.2 | 0.2 | 0.4 |
| Current Assets to Working Capital 38 | 2.5 | • | 7.8 | 1.1 | 3.1 | 1.1 | 2.1 | 456.8 | 1.9 | 1.2 | 1.5 | 1.8 | 2.6 |
| Current Liabilities to Working Capital 39 | 1.5 | • | 6.8 | 0.1 | 2.1 | 0.1 | 1.1 | 455.8 | 0.9 | 0.2 | 0.5 | 0.8 | 1.6 |
| Working Capital to Net Sales 40 | 0.4 | • | 0.0 | 0.0 | 0.1 | 0.4 | • | 0.0 | 0.2 | 1.0 | 0.7 | 0.4 | 0.5 |
| Inventory to Working Capital 41 | • | • | • | • | • | • | • | • | • | • | • | • | • |
| Total Receipts to Cash Flow 42 | 1.6 | 8.6 | 31.8 | 26.6 | 5.1 | 8.1 | 0.8 | 17.7 | 3.0 | 1.4 | 1.5 | 1.6 | 1.5 |
| Cost of Goods to Cash Flow 43 | • | • | • | • | • | • | • | • | • | • | • | • | • |
| Cash Flow to Total Debt 44 | 0.3 | • | 0.8 | 3.3 | 0.7 | 0.1 | • | 0.5 | 0.2 | 0.8 | 0.4 | 0.4 | 0.3 |

## Selected Financial Factors (in Percentages)

| | | | | | | | | | | | | | |
|---|---|---|---|---|---|---|---|---|---|---|---|---|---|
| Debt Ratio 45 | 25.5 | • | 32.8 | 17.7 | 34.6 | 262.4 | 18.8 | 26.5 | 29.0 | 14.0 | 17.5 | 19.8 | 26.0 |
| Return on Total Assets 46 | 8.0 | • | 773.5 | 1540.3 | 75.2 | 108.9 | • | 208.0 | 8.3 | 10.8 | 8.3 | 8.9 | 7.3 |
| Return on Equity Before Income Taxes 47 | 8.9 | • | 1151.2 | 1870.6 | 79.3 | • | • | 274.7 | 7.7 | 11.2 | 8.1 | 9.4 | 8.0 |
| Return on Equity After Income Taxes 48 | 8.9 | • | 1151.2 | 1870.6 | 79.3 | • | • | 274.6 | 7.7 | 11.2 | 8.1 | 9.4 | 8.0 |
| Profit Margin (Before Income Tax) 49 | 60.6 | 87.6 | 94.8 | 99.7 | 40.5 | 92.6 | 166.1 | 89.0 | 27.8 | 63.2 | 56.6 | 60.9 | 58.9 |
| Profit Margin (After Income Tax) 50 | 60.5 | 87.4 | 94.8 | 99.7 | 40.5 | 92.6 | 166.4 | 89.0 | 27.7 | 63.2 | 56.6 | 60.9 | 58.9 |

**Table II**

Corporations with Net Income

# REAL ESTATE INVESTMENT TRUSTS (FORM 1120-REIT)

MONEY AMOUNTS AND SIZE OF ASSETS IN THOUSANDS OF DOLLARS

| Item Description for Accounting Period 7/00 Through 6/01 | | Total | Zero Assets | Under 100 | 100 to 250 | 251 to 500 | 501 to 1,000 | 1,001 to 5,000 | 5,001 to 10,000 | 10,001 to 25,000 | 25,001 to 50,000 | 50,001 to 100,000 | 100,001 to 250,000 | 250,001 and over |
|---|---|---|---|---|---|---|---|---|---|---|---|---|---|---|
| Number of Enterprises | 1 | 896 | 71 | 0 | 0 | 6 | 12 | 41 | 27 | 52 | 78 | 116 | 147 | 328 |
| **Revenues ($ in Thousands)** | | | | | | | | | | | | | | |
| Net Sales | 2 | 57385901 | 2851212 | 0 | 0 | 2531 | 13607 | 39611 | 805323 | 238692 | 495309 | 976145 | 3189580 | 48748344 |
| Interest | 3 | 22098153 | 164724 | 0 | 0 | 72 | 463 | 2136 | 8728 | 23452 | 136906 | 485697 | 1049497 | 20226365 |
| Rents | 4 | 24657115 | 311538 | 0 | 0 | 106 | 486 | 28303 | 68136 | 144292 | 164626 | 315775 | 1329915 | 22293877 |
| Royalties | 5 | 0 | 0 | 0 | 0 | 0 | 0 | 0 | 0 | 0 | 0 | 0 | 0 | 0 |
| Other Portfolio Income | 6 | 5920294 | 2312197 | 0 | 0 | 1459 | 11451 | 5855 | 724376 | 61717 | 49517 | 125097 | 508788 | 2095295 |
| Other Receipts | 7 | 4710339 | 62753 | 0 | 0 | 894 | 1207 | 3317 | 4083 | 9231 | 144260 | 49576 | 301380 | 4132807 |
| Total Receipts | 8 | 57385901 | 2851212 | 0 | 0 | 2531 | 13607 | 39611 | 805323 | 238692 | 495309 | 976145 | 3189580 | 48748344 |
| Average Total Receipts | 9 | 64047 | 40158 | • | • | 422 | 1134 | 966 | 29827 | 4590 | 6350 | 8415 | 21698 | 148623 |
| **Operating Costs/Operating Income (%)** | | | | | | | | | | | | | | |
| Cost of Operations | 10 | • | • | • | • | • | • | • | • | • | • | • | • | • |
| Salaries and Wages | 11 | 1.3 | 0.7 | • | • | • | • | 0.1 | 0.0 | 0.6 | 0.3 | 0.9 | 0.7 | 1.4 |
| Taxes Paid | 12 | 2.3 | 0.9 | • | • | 1.5 | 0.4 | 0.8 | 0.9 | 2.7 | 1.8 | 2.4 | 1.6 | 2.4 |
| Interest Paid | 13 | 11.0 | 3.3 | • | • | 18.3 | 2.1 | 1.6 | 1.2 | 10.5 | 5.6 | 12.4 | 10.6 | 11.6 |
| Depreciation | 14 | 5.9 | 1.4 | • | • | 0.4 | 0.6 | 1.7 | 0.5 | 3.8 | 3.0 | 3.6 | 4.2 | 6.5 |
| Amortization and Depletion | 15 | 0.6 | 0.1 | • | • | 2.3 | • | 1.0 | 0.7 | 1.8 | 0.4 | 0.5 | 0.7 | 0.6 |
| Pensions and Other Deferred Comp. | 16 | • | • | • | • | • | • | • | • | • | • | • | • | • |
| Employee Benefits | 17 | • | • | • | • | • | • | • | • | • | • | • | • | • |
| Advertising | 18 | 0.2 | 0.0 | • | • | • | • | 0.1 | • | 0.2 | 0.1 | 0.2 | 0.1 | 0.2 |
| Other Expenses | 19 | 14.2 | 5.4 | • | • | 37.0 | 2.9 | 37.7 | 3.9 | 36.1 | 20.3 | 15.8 | 18.3 | 14.4 |
| Officers' Compensation | 20 | 0.3 | 0.0 | • | • | • | • | • | • | 0.1 | 0.1 | 0.2 | 0.6 | 0.4 |
| Operating Margin | 21 | 64.3 | 88.1 | • | • | 40.5 | 94.1 | 56.9 | 92.6 | 44.1 | 68.2 | 64.0 | 63.3 | 62.5 |
| Operating Margin Before Officers' Comp. | 22 | 64.6 | 88.1 | • | • | 40.5 | 94.1 | 56.9 | 92.6 | 44.3 | 68.4 | 64.2 | 63.8 | 62.9 |

## Selected Average Balance Sheet ($ in Thousands)

| | | | | | | | | | | | | | |
|---|---|---|---|---|---|---|---|---|---|---|---|---|---|
| Net Receivables 23 | 29008 | 0 | • | • | 0 | 315 | 14 | 92 | 86 | 2799 | 3238 | 7759 | 73918 |
| Inventories 24 | • | • | • | • | • | • | • | • | • | • | • | • | • |
| Net Property, Plant and Equipment 25 | 159418 | 0 | • | • | 89 | 119 | 187 | 2103 | 4170 | 3941 | 9589 | 31073 | 416364 |
| Total Assets 26 | 582506 | 0 | • | • | 330 | 730 | 2312 | 7160 | 16197 | 38155 | 73187 | 169333 | 1476904 |
| Notes and Loans Payable 27 | 104117 | 0 | • | • | 2 | 72 | 178 | 1067 | 3242 | 3102 | 8059 | 23123 | 269840 |
| All Other Liabilities 28 | 34514 | 0 | • | • | 113 | 2506 | 109 | 282 | 308 | 722 | 1774 | 7420 | 89977 |
| Net Worth 29 | 443875 | 0 | • | • | 216 | -1849 | 2026 | 5810 | 12646 | 34330 | 63355 | 138790 | 1117087 |

## Selected Financial Ratios (Times to 1)

| | | | | | | | | | | | | | |
|---|---|---|---|---|---|---|---|---|---|---|---|---|---|
| Current Ratio 30 | 1.9 | • | • | • | 1.5 | 13.8 | 6.0 | 0.9 | 2.6 | 6.0 | 3.5 | 2.3 | 1.8 |
| Quick Ratio 31 | 1.7 | • | • | • | 1.4 | 13.4 | 4.4 | 0.8 | 2.4 | 4.0 | 3.1 | 2.1 | 1.6 |
| Net Sales to Working Capital 32 | 1.9 | • | • | • | 8.0 | 2.6 | 4.6 | • | 4.8 | 1.0 | 1.3 | 2.4 | 1.8 |
| Coverage Ratio 33 | 6.9 | 27.6 | • | • | 3.2 | 46.4 | 36.1 | 76.7 | 5.2 | 13.2 | 6.2 | 7.0 | 6.4 |
| Total Asset Turnover 34 | 0.1 | • | • | • | 1.3 | 1.6 | 0.4 | 4.2 | 0.3 | 0.2 | 0.1 | 0.1 | 0.1 |
| Inventory Turnover 35 | • | • | • | • | • | • | • | • | • | • | • | • | • |
| Receivables Turnover 36 | • | • | • | • | • | • | • | • | • | • | • | • | • |
| Total Liabilities to Net Worth 37 | 0.3 | • | • | • | 0.5 | • | 0.1 | 0.2 | 0.3 | 0.1 | 0.2 | 0.2 | 0.3 |
| Current Assets to Working Capital 38 | 2.1 | • | • | • | 3.1 | 1.1 | 1.2 | • | 1.6 | 1.2 | 1.4 | 1.8 | 2.2 |
| Current Liabilities to Working Capital 39 | 1.1 | • | • | • | 2.1 | 0.1 | 0.2 | • | 0.6 | 0.2 | 0.4 | 0.8 | 1.2 |
| Working Capital to Net Sales 40 | 0.5 | • | • | • | 0.1 | 0.4 | 0.2 | • | 0.2 | 1.0 | 0.7 | 0.4 | 0.6 |
| Inventory to Working Capital 41 | • | • | • | • | • | • | • | • | • | • | • | • | • |
| Total Receipts to Cash Flow 42 | 1.5 | 8.4 | • | • | 5.1 | 7.9 | 1.3 | 16.1 | 2.6 | 1.4 | 1.5 | 1.6 | 1.4 |
| Cost of Goods to Cash Flow 43 | • | • | • | • | • | • | • | • | • | • | • | • | • |
| Cash Flow to Total Debt 44 | 0.3 | • | • | • | 0.7 | 0.1 | 2.7 | 1.4 | 0.5 | 1.2 | 0.6 | 0.4 | 0.3 |

## Selected Financial Factors (in Percentages)

| | | | | | | | | | | | | | |
|---|---|---|---|---|---|---|---|---|---|---|---|---|---|
| Debt Ratio 45 | 23.8 | • | • | • | 34.6 | 353.5 | 12.4 | 18.8 | 21.9 | 10.0 | 13.4 | 18.0 | 24.4 |
| Return on Total Assets 46 | 8.3 | • | • | • | 75.2 | 149.4 | 24.5 | 391.0 | 15.5 | 12.3 | 8.8 | 9.5 | 7.5 |
| Return on Equity Before Income Taxes 47 | 9.3 | • | • | • | 79.3 | • | 27.2 | 475.5 | 16.0 | 12.6 | 8.5 | 9.9 | 8.3 |
| Return on Equity After Income Taxes 48 | 9.3 | • | • | • | 79.3 | • | 26.9 | 475.5 | 16.0 | 12.6 | 8.5 | 9.9 | 8.3 |
| Profit Margin (Before Income Tax) 49 | 64.3 | 88.1 | • | • | 40.5 | 94.1 | 56.9 | 92.6 | 44.1 | 68.2 | 64.0 | 63.3 | 62.5 |
| Profit Margin (After Income Tax) 50 | 64.2 | 88.0 | • | • | 40.5 | 94.1 | 56.4 | 92.6 | 44.1 | 68.2 | 63.9 | 63.2 | 62.5 |

**Table I**

Corporations with and without Net Income

# OTHER FINANCIAL VEHICLES

**MONEY AMOUNTS AND SIZE OF ASSETS IN THOUSANDS OF DOLLARS**

| Item Description for Accounting Period 7/00 Through 6/01 | | Total | Zero Assets | Under 100 | 100 to 250 | 251 to 500 | 501 to 1,000 | 1,001 to 5,000 | 5,001 to 10,000 | 10,001 to 25,000 | 25,001 to 50,000 | 50,001 to 100,000 | 100,001 to 250,000 | 250,001 and over |
|---|---|---|---|---|---|---|---|---|---|---|---|---|---|---|
| Number of Enterprises | 1 | 5219 | 387 | 2193 | 198 | 604 | 858 | 590 | 121 | 51 | 36 | 33 | 26 | 121 |
| **Revenues ($ in Thousands)** | | | | | | | | | | | | | | |
| Net Sales | 2 | 19127492 | 43021 | 26239 | -8946 | 26811 | 19651 | 285825 | 126629 | 185981 | 128309 | 420360 | 413363 | 17460251 |
| Interest | 3 | 17004923 | 17079 | 242 | 12524 | 2273 | 6048 | 15434 | 21155 | 47036 | 66188 | 107995 | 408021 | 16300929 |
| Rents | 4 | 75663 | 19 | 0 | 0 | 0 | 55 | 414 | 7 | 2179 | 34 | 10305 | 499 | 62150 |
| Royalties | 5 | 116 | 0 | 0 | 0 | 0 | 0 | 5 | 101 | 10 | 0 | 0 | 0 | 0 |
| Other Portfolio Income | 6 | 708590 | 24416 | 10496 | 8419 | 9739 | 351 | 49997 | 54447 | 9716 | 23768 | 88669 | 5683 | 422890 |
| Other Receipts | 7 | 1338200 | 1507 | 15501 | -29889 | 14799 | 13197 | 219975 | 50919 | 127040 | 38319 | 213391 | -840 | 674282 |
| Total Receipts | 8 | 19127492 | 43021 | 26239 | -8946 | 26811 | 19651 | 285825 | 126629 | 185981 | 128309 | 420360 | 413363 | 17460251 |
| Average Total Receipts | 9 | 3665 | 111 | 12 | -45 | 44 | 23 | 484 | 1047 | 3647 | 3564 | 12738 | 15899 | 144300 |
| **Operating Costs/Operating Income (%)** | | | | | | | | | | | | | | |
| Cost of Operations | 10 | 0.1 | • | • | • | 6.7 | • | 2.4 | • | • | 7.5 | 0.3 | • | • |
| Salaries and Wages | 11 | 0.5 | 3.5 | • | • | 11.5 | 23.3 | 6.8 | 5.1 | 20.1 | 4.5 | 3.5 | 0.1 | 0.0 |
| Taxes Paid | 12 | 0.3 | 1.0 | 22.6 | • | 2.0 | 16.6 | 2.6 | 1.8 | 3.6 | 2.0 | 0.9 | 0.1 | 0.2 |
| Interest Paid | 13 | 77.6 | 38.6 | • | • | 0.7 | 31.3 | 8.3 | 26.5 | 8.5 | 44.5 | 24.7 | 74.5 | 81.7 |
| Depreciation | 14 | 0.1 | 1.3 | 3.0 | • | 2.9 | 4.9 | 1.7 | 0.5 | 1.8 | 0.1 | 0.6 | 0.0 | 0.0 |
| Amortization and Depletion | 15 | 0.1 | 6.0 | • | • | 5.2 | • | 0.2 | 3.2 | 2.0 | 0.3 | 0.1 | 0.1 | 0.0 |
| Pensions and Other Deferred Comp. | 16 | 0.0 | • | • | • | 0.6 | • | 0.8 | • | 1.2 | 0.0 | 0.1 | 0.0 | • |
| Employee Benefits | 17 | 1.9 | 0.0 | • | • | • | 1.0 | 1.1 | 0.5 | 1.8 | 0.1 | 0.3 | 6.3 | 1.9 |
| Advertising | 18 | 0.0 | • | • | • | • | 0.1 | 0.3 | 0.2 | 0.3 | 0.4 | 0.2 | 0.0 | • |
| Other Expenses | 19 | 8.5 | 114.7 | 78.4 | • | 60.6 | 76.9 | 27.7 | 30.6 | 48.3 | 109.1 | 51.3 | 18.9 | 4.9 |
| Officers' Compensation | 20 | 0.4 | 1.4 | • | • | • | 2.5 | 12.1 | 17.4 | 6.0 | 0.7 | 1.0 | 0.1 | 0.0 |
| Operating Margin | 21 | 10.4 | • | • | 558.4 | 9.8 | • | 36.0 | 14.2 | 6.4 | • | 17.1 | • | 11.2 |
| Operating Margin Before Officers' Comp. | 22 | 10.8 | • | • | 558.4 | 9.8 | • | 48.1 | 31.5 | 12.5 | • | 18.1 | • | 11.3 |

| | | | | | | | | | | | | | |
|---|---|---|---|---|---|---|---|---|---|---|---|---|---|
| | **Selected Average Balance Sheet ($ in Thousands)** | | | | | | | | | | | | |
| Net Receivables 23 | 12755 | 0 | 0 | 1 | 8 | 43 | 222 | 51 | 1005 | 4492 | 6534 | 43754 | 535728 |
| Inventories 24 | • | • | • | • | • | • | • | • | • | • | • | • | • |
| Net Property, Plant and Equipment 25 | 76 | 0 | 3 | 0 | 41 | 51 | 72 | 732 | 795 | 375 | 1025 | 3915 | 0 |
| Total Assets 26 | 54568 | 0 | 28 | 182 | 317 | 776 | 2512 | 7070 | 15481 | 35201 | 68907 | 159137 | 2256446 |
| Notes and Loans Payable 27 | 37979 | 0 | 17 | 0 | 64 | 330 | 761 | 2105 | 3925 | 12087 | 33894 | 78983 | 1597866 |
| All Other Liabilities 28 | 8141 | 0 | 14 | 2 | 27 | 208 | 193 | 591 | 2685 | 6635 | 12885 | 35061 | 333601 |
| Net Worth 29 | 8448 | 0 | -3 | 180 | 227 | 238 | 1559 | 4374 | 8871 | 16478 | 22128 | 45092 | 324979 |
| | **Selected Financial Ratios (Times to 1)** | | | | | | | | | | | | |
| Current Ratio 30 | 0.6 | • | 2.2 | 4.2 | 9.6 | 5.1 | 6.1 | 3.8 | 1.8 | 1.6 | 1.0 | 1.3 | 0.6 |
| Quick Ratio 31 | 0.5 | • | 0.7 | 4.2 | 8.0 | 5.1 | 4.4 | 1.9 | 1.3 | 1.3 | 0.8 | 1.0 | 0.4 |
| Net Sales to Working Capital 32 | • | • | 1.9 | • | 0.4 | 0.1 | 0.5 | 0.6 | 1.4 | 0.9 | 18.1 | 1.1 | • |
| Coverage Ratio 33 | 1.1 | • | • | • | 13.3 | • | 5.0 | 1.5 | 1.8 | • | 1.7 | 1.0 | 1.1 |
| Total Asset Turnover 34 | 0.1 | • | 0.4 | • | 0.1 | 0.0 | 0.2 | 0.1 | 0.2 | 0.1 | 0.2 | 0.1 | 0.1 |
| Inventory Turnover 35 | • | • | • | • | • | • | • | • | • | • | • | • | • |
| Receivables Turnover 36 | • | • | • | • | • | • | • | • | • | • | • | • | • |
| Total Liabilities to Net Worth 37 | 5.5 | • | • | 0.0 | 0.4 | 2.3 | 0.6 | 0.6 | 0.7 | 1.1 | 2.1 | 2.5 | 5.9 |
| Current Assets to Working Capital 38 | • | • | 1.8 | 1.3 | 1.1 | 1.2 | 1.2 | 1.4 | 2.2 | 2.8 | 26.9 | 4.8 | • |
| Current Liabilities to Working Capital 39 | • | • | 0.8 | 0.3 | 0.1 | 0.2 | 0.2 | 0.4 | 1.2 | 1.8 | 25.9 | 3.8 | • |
| Working Capital to Net Sales 40 | • | • | 0.5 | • | 2.3 | 8.4 | 1.9 | 1.8 | 0.7 | 1.2 | 0.1 | 0.9 | • |
| Inventory to Working Capital 41 | • | • | • | • | • | • | 0.0 | 0.0 | 0.1 | 0.0 | • | • | • |
| Total Receipts to Cash Flow 42 | 6.2 | • | 1.5 | 0.3 | 2.9 | • | 2.0 | 27.9 | 2.1 | 5.3 | 1.9 | 5.7 | 6.9 |
| Cost of Goods to Cash Flow 43 | 0.0 | • | • | • | 0.2 | • | 0.0 | • | • | 0.4 | 0.0 | • | • |
| Cash Flow to Total Debt 44 | 0.0 | • | 0.3 | • | 0.2 | • | 0.2 | 0.0 | 0.3 | 0.0 | 0.1 | 0.0 | 0.0 |
| | **Selected Financial Factors (in Percentages)** | | | | | | | | | | | | |
| Debt Ratio 45 | 84.5 | • | 112.0 | 1.1 | 28.6 | 69.4 | 38.0 | 38.1 | 42.7 | 53.2 | 67.9 | 71.7 | 85.6 |
| Return on Total Assets 46 | 5.9 | • | • | • | 1.3 | • | 8.0 | 6.0 | 3.5 | • | 7.7 | 7.4 | 5.9 |
| Return on Equity Before Income Taxes 47 | 4.4 | • | 14.1 | • | 1.6 | • | 10.3 | 3.4 | 2.7 | • | 9.7 | • | 4.9 |
| Return on Equity After Income Taxes 48 | 2.7 | • | 29.4 | • | 1.1 | • | 9.1 | 0.3 | 0.9 | • | 5.4 | • | 3.2 |
| Profit Margin (Before Income Tax) 49 | 10.1 | • | • | 558.4 | 8.3 | • | 33.1 | 14.1 | 6.5 | • | 16.8 | • | 10.9 |
| Profit Margin (After Income Tax) 50 | 6.2 | • | • | 559.2 | 5.5 | • | 29.1 | 1.0 | 2.2 | • | 9.4 | • | 7.3 |

# Table II

Corporations with Net Income

## OTHER FINANCIAL VEHICLES

MONEY AMOUNTS AND SIZE OF ASSETS IN THOUSANDS OF DOLLARS

| Item Description for Accounting Period 7/00 Through 6/01 | | Total | Zero Assets | Under 100 | 100 to 250 | 251 to 500 | 501 to 1,000 | 1,001 to 5,000 | 5,001 to 10,000 | 10,001 to 25,000 | 25,001 to 50,000 | 50,001 to 100,000 | 100,001 to 250,000 | 250,001 and over |
|---|---|---|---|---|---|---|---|---|---|---|---|---|---|---|
| Number of Enterprises | 1 | 1922 | 57 | 0 | 0 | 276 | 109 | 359 | 54 | 26 | 17 | 21 | 11 | 72 |
| **Revenues ($ in Thousands)** | | | | | | | | | | | | | | |
| Net Sales | 2 | 14125595 | 38053 | 0 | 0 | 13174 | 4804 | 220615 | 66462 | 156772 | 64553 | 416614 | 311020 | 12806056 |
| Interest | 3 | 12252397 | 2941 | 0 | 0 | 1402 | 4725 | 7203 | 14298 | 37008 | 16708 | 69401 | 307707 | 11790763 |
| Rents | 4 | 14220 | 19 | 0 | 0 | 0 | 0 | 299 | 6 | 1963 | 0 | 10305 | 0 | 1629 |
| Royalties | 5 | 2 | 0 | 0 | 0 | 0 | 0 | 1 | 2 | 0 | 0 | 0 | 0 | 0 |
| Other Portfolio Income | 6 | 647400 | 22005 | 0 | 0 | 9739 | 79 | 42676 | 37511 | 8138 | 16216 | 88669 | 0 | 410637 |
| Other Receipts | 7 | 1211576 | 13088 | 0 | 0 | 2033 | 0 | 170436 | 14645 | 109663 | 31629 | 248239 | 3313 | 603027 |
| Total Receipts | 8 | 14125595 | 38053 | 0 | 0 | 13174 | 4804 | 220615 | 66462 | 156772 | 64553 | 416614 | 311020 | 12806056 |
| Average Total Receipts | 9 | 7349 | 668 | • | • | 48 | 44 | 615 | 1231 | 6030 | 3797 | 19839 | 28275 | 177862 |
| **Operating Costs/Operating Income (%)** | | | | | | | | | | | | | | |
| Cost of Operations | 10 | 0.0 | • | • | • | • | • | • | • | • | • | 0.3 | • | • |
| Salaries and Wages | 11 | 0.4 | • | • | • | • | • | 3.7 | 0.1 | 21.2 | 2.4 | 3.5 | • | 0.0 |
| Taxes Paid | 12 | 0.4 | 0.0 | • | • | 1.6 | 1.7 | 1.9 | 1.6 | 3.9 | 2.1 | 0.9 | 0.0 | 0.2 |
| Interest Paid | 13 | 73.2 | 1.3 | • | • | 1.4 | 14.9 | 8.9 | 2.3 | 2.9 | 11.6 | 16.5 | 82.9 | 77.9 |
| Depreciation | 14 | 0.1 | 0.0 | • | • | • | 1.2 | 0.9 | 0.1 | 1.9 | 0.1 | 0.6 | • | 0.0 |
| Amortization and Depletion | 15 | 0.0 | 0.0 | • | • | • | • | 0.1 | • | 2.2 | 0.6 | 0.1 | 0.1 | 0.0 |
| Pensions and Other Deferred Comp. | 16 | 0.0 | • | • | • | • | • | 1.0 | • | 1.2 | 0.0 | 0.0 | • | • |
| Employee Benefits | 17 | 2.1 | 0.0 | • | • | • | • | 0.7 | • | 1.9 | 0.2 | 0.3 | • | 2.3 |
| Advertising | 18 | 0.0 | • | • | • | • | • | 0.3 | • | 0.4 | 0.7 | 0.2 | • | • |
| Other Expenses | 19 | 6.3 | 15.2 | • | • | 23.3 | 37.2 | 15.8 | 10.2 | 40.5 | 30.3 | 48.4 | 3.0 | 4.2 |
| Officers' Compensation | 20 | 0.2 | 0.2 | • | • | • | • | 6.8 | • | 6.7 | 0.2 | 0.8 | • | 0.0 |
| Operating Margin | 21 | 17.2 | 83.3 | • | • | 73.8 | 45.0 | 60.0 | 85.8 | 17.2 | 51.7 | 28.4 | 14.0 | 15.3 |
| Operating Margin Before Officers' Comp. | 22 | 17.4 | 83.5 | • | • | 73.8 | 45.0 | 66.8 | 85.8 | 23.9 | 51.9 | 29.2 | 14.0 | 15.3 |

## Selected Average Balance Sheet ($ in Thousands)

| | | | | | | | | | | | | | |
|---|---|---|---|---|---|---|---|---|---|---|---|---|---|
| Net Receivables 23 | 21274 | 0 | • | • | 15 | 0 | 339 | 72 | 987 | 2776 | 4340 | 45465 | 556873 |
| Inventories 24 | • | • | • | • | • | • | • | • | • | • | • | • | • |
| Net Property, Plant and Equipment 25 | 60 | 0 | • | • | 0 | 19 | 97 | 6 | 1413 | 101 | 1605 | 0 | 0 |
| Total Assets 26 | 102099 | 0 | • | • | 322 | 653 | 2464 | 7040 | 14692 | 33260 | 71223 | 174937 | 2644140 |
| Notes and Loans Payable 27 | 64781 | 0 | • | • | 0 | 97 | 645 | 1521 | 1658 | 8817 | 31264 | 95483 | 1698275 |
| All Other Liabilities 28 | 17893 | 0 | • | • | 0 | 199 | 289 | 203 | 2567 | 3946 | 12789 | 10219 | 468492 |
| Net Worth 29 | 19426 | 0 | • | • | 322 | 358 | 1530 | 5316 | 10466 | 20497 | 27170 | 69235 | 477372 |

## Selected Financial Ratios (Times to 1)

| | | | | | | | | | | | | | |
|---|---|---|---|---|---|---|---|---|---|---|---|---|---|
| Current Ratio 30 | 0.5 | • | • | • | 589.8 | 0.6 | 5.6 | 12.6 | 2.3 | 2.6 | 0.8 | 0.9 | 0.5 |
| Quick Ratio 31 | 0.4 | • | • | • | 471.5 | 0.6 | 3.8 | 10.4 | 1.9 | 2.5 | 0.4 | 0.7 | 0.4 |
| Net Sales to Working Capital 32 | • | • | • | • | 0.2 | • | 0.6 | 0.5 | 2.0 | 0.7 | • | • | • |
| Coverage Ratio 33 | 1.2 | 63.7 | • | • | 52.5 | 4.0 | 7.6 | 37.9 | 7.3 | 5.3 | 2.7 | 1.2 | 1.2 |
| Total Asset Turnover 34 | 0.1 | • | • | • | 0.1 | 0.1 | 0.2 | 0.2 | 0.4 | 0.1 | 0.3 | 0.2 | 0.1 |
| Inventory Turnover 35 | • | • | • | • | • | • | • | • | • | • | • | • | • |
| Receivables Turnover 36 | • | • | • | • | • | • | • | • | • | • | • | • | • |
| Total Liabilities to Net Worth 37 | 4.3 | • | • | • | 0.0 | 0.8 | 0.6 | 0.3 | 0.4 | 0.6 | 1.6 | 1.5 | 4.5 |
| Current Assets to Working Capital 38 | • | • | • | • | 1.0 | • | 1.2 | 1.1 | 1.8 | 1.6 | • | • | • |
| Current Liabilities to Working Capital 39 | • | • | • | • | 0.0 | • | 0.2 | 0.1 | 0.8 | 0.6 | • | • | • |
| Working Capital to Net Sales 40 | • | • | • | • | 4.2 | • | 1.6 | 2.1 | 0.5 | 1.5 | • | • | • |
| Inventory to Working Capital 41 | • | • | • | • | • | • | • | • | 0.0 | • | • | • | • |
| Total Receipts to Cash Flow 42 | 5.0 | 2.0 | • | • | 2.5 | 1.2 | 1.7 | 2.2 | 2.0 | 1.5 | 1.6 | 5.9 | 5.8 |
| Cost of Goods to Cash Flow 43 | 0.0 | • | • | • | • | • | • | • | • | • | 0.0 | • | • |
| Cash Flow to Total Debt 44 | 0.0 | • | • | • | 56.5 | 0.1 | 0.4 | 0.3 | 0.7 | 0.2 | 0.3 | 0.0 | 0.0 |

## Selected Financial Factors (in Percentages)

| | | | | | | | | | | | | | |
|---|---|---|---|---|---|---|---|---|---|---|---|---|---|
| Debt Ratio 45 | 81.0 | • | • | • | 0.1 | 45.3 | 37.9 | 24.5 | 28.8 | 38.4 | 61.9 | 60.4 | 81.9 |
| Return on Total Assets 46 | 6.5 | • | • | • | 10.7 | 4.0 | 17.0 | 15.4 | 8.7 | 7.0 | 12.4 | 15.7 | 6.3 |
| Return on Equity Before Income Taxes 47 | 6.4 | • | • | • | 10.5 | 5.6 | 23.8 | 19.8 | 10.5 | 9.3 | 20.5 | 5.7 | 5.6 |
| Return on Equity After Income Taxes 48 | 4.4 | • | • | • | 9.6 | 3.9 | 21.8 | 14.1 | 7.5 | 6.8 | 15.0 | 3.7 | 3.7 |
| Profit Margin (Before Income Tax) 49 | 16.9 | 81.7 | • | • | 70.8 | 45.0 | 59.4 | 85.6 | 18.2 | 50.1 | 28.1 | 14.0 | 15.0 |
| Profit Margin (After Income Tax) 50 | 11.7 | 58.1 | • | • | 65.1 | 31.3 | 54.3 | 60.8 | 13.1 | 36.9 | 20.6 | 9.2 | 10.0 |

## Table I

Corporations with and without Net Income

# LESSORS OF BUILDINGS

| Item Description for Accounting Period 7/00 Through 6/01 | | Total | Zero Assets | Under 100 | 100 to 250 | 251 to 500 | 501 to 1,000 | 1,001 to 5,000 | 5,001 to 10,000 | 10,001 to 25,000 | 25,001 to 50,000 | 50,001 to 100,000 | 100,001 to 250,000 | 250,001 and over |
|---|---|---|---|---|---|---|---|---|---|---|---|---|---|---|
| | | **Money Amounts and Size of Assets in Thousands of Dollars** | | | | | | | | | | | | |
| Number of Enterprises | 1 | 195439 | 11564 | 48428 | 37917 | 33565 | 30445 | 28217 | 3075 | 1574 | 401 | 143 | 74 | 38 |
| **Revenues ($ in Thousands)** | | | | | | | | | | | | | | |
| Net Sales | 2 | 33940426 | 1749421 | 1243473 | 965239 | 1352203 | 2165874 | 7882780 | 3088454 | 3756701 | 2042929 | 1602999 | 2582255 | 5508097 |
| Interest | 3 | 1282296 | 29303 | 6208 | 31522 | 38406 | 80346 | 199652 | 86572 | 109458 | 111405 | 57670 | 99058 | 432697 |
| Rents | 4 | 275157 | 8144 | 1752 | 6335 | 28015 | 26669 | 62114 | 28411 | 43664 | 8536 | 2094 | 40257 | 19167 |
| Royalties | 5 | 53421 | 411 | 2347 | 44 | 5698 | 1563 | 24797 | 223 | 932 | 4169 | 12832 | 15 | 388 |
| Other Portfolio Income | 6 | 2422951 | 364559 | 107845 | 79612 | 69216 | 110572 | 454412 | 182522 | 308267 | 113059 | 53064 | 208175 | 371647 |
| Other Receipts | 7 | 29906601 | 1347004 | 1125321 | 847726 | 1210868 | 1946724 | 7141805 | 2790726 | 3294380 | 1805760 | 1477339 | 2234750 | 4684198 |
| Total Receipts | 8 | 33940426 | 1749421 | 1243473 | 965239 | 1352203 | 2165874 | 7882780 | 3088454 | 3756701 | 2042929 | 1602999 | 2582255 | 5508097 |
| Average Total Receipts | 9 | 174 | 151 | 26 | 25 | 40 | 71 | 279 | 1004 | 2387 | 5095 | 11210 | 34895 | 144950 |
| **Operating Costs/Operating Income (%)** | | | | | | | | | | | | | | |
| Cost of Operations | 10 | 13.1 | 5.5 | 6.1 | 1.8 | 0.8 | 5.0 | 13.8 | 8.6 | 16.1 | 8.4 | 9.3 | 27.1 | 21.2 |
| Salaries and Wages | 11 | 9.0 | 2.9 | 8.0 | 4.0 | 10.8 | 7.3 | 11.3 | 11.6 | 10.3 | 9.5 | 7.7 | 8.1 | 7.5 |
| Taxes Paid | 12 | 9.8 | 8.1 | 6.5 | 13.0 | 10.6 | 13.0 | 11.2 | 13.7 | 10.4 | 10.5 | 9.7 | 5.5 | 6.1 |
| Interest Paid | 13 | 16.1 | 15.2 | 3.2 | 7.8 | 12.9 | 13.9 | 13.9 | 16.0 | 16.4 | 19.0 | 20.2 | 16.0 | 23.4 |
| Depreciation | 14 | 9.5 | 10.6 | 3.6 | 8.5 | 9.3 | 10.8 | 9.7 | 10.2 | 10.5 | 11.9 | 12.8 | 6.9 | 7.9 |
| Amortization and Depletion | 15 | 0.7 | 1.2 | 0.1 | 0.1 | 0.1 | 0.3 | 0.4 | 0.4 | 0.7 | 0.8 | 0.7 | 0.8 | 1.4 |
| Pensions and Other Deferred Comp. | 16 | 0.3 | 0.3 | 0.1 | 0.1 | 0.2 | 0.4 | 0.4 | 0.4 | 0.3 | 0.3 | 0.2 | 0.5 | 0.1 |
| Employee Benefits | 17 | 0.8 | 0.2 | 1.4 | 1.1 | 0.1 | 0.8 | 0.8 | 1.4 | 1.2 | 1.1 | 0.9 | 0.9 | 0.4 |
| Advertising | 18 | 0.4 | 0.2 | 1.5 | 0.3 | 0.3 | 0.3 | 0.4 | 0.2 | 0.3 | 0.4 | 0.4 | 0.6 | 0.3 |
| Other Expenses | 19 | 31.3 | 43.1 | 42.8 | 37.4 | 38.2 | 33.8 | 30.6 | 28.6 | 28.5 | 31.8 | 29.0 | 27.6 | 27.9 |
| Officers' Compensation | 20 | 3.6 | 2.2 | 18.9 | 5.6 | 3.0 | 7.1 | 4.3 | 3.5 | 2.2 | 2.5 | 1.6 | 1.8 | 0.6 |
| Operating Margin | 21 | 5.4 | 10.5 | 7.9 | 20.3 | 13.6 | 7.4 | 3.2 | 5.3 | 3.0 | 3.8 | 7.5 | 4.1 | 3.1 |
| Operating Margin Before Officers' Comp. | 22 | 9.0 | 12.7 | 26.7 | 25.9 | 16.6 | 14.5 | 7.5 | 8.8 | 5.3 | 6.3 | 9.1 | 6.0 | 3.7 |

**Selected Average Balance Sheet ($ in Thousands)**

| | | | | | | | | | | | | | |
|---|---|---|---|---|---|---|---|---|---|---|---|---|---|
| Net Receivables 23 | 61 | 0 | 1 | 6 | 6 | 22 | 49 | 197 | 406 | 1197 | 1626 | 8594 | 177982 |
| Inventories 24 | • | • | • | • | • | • | • | • | • | • | • | • | • |
| Net Property, Plant and Equipment 25 | 744 | 0 | 24 | 116 | 277 | 529 | 1487 | 4873 | 10786 | 21966 | 47551 | 81894 | 493705 |
| Total Assets 26 | 1123 | 0 | 40 | 168 | 354 | 705 | 2010 | 6859 | 15049 | 34156 | 67341 | 149719 | 1103308 |
| Notes and Loans Payable 27 | 656 | 0 | 22 | 86 | 252 | 452 | 1358 | 4241 | 9353 | 18874 | 40406 | 82639 | 421758 |
| All Other Liabilities 28 | 114 | 0 | 4 | 10 | 18 | 57 | 119 | 349 | 1008 | 3577 | 7442 | 23613 | 237945 |
| Net Worth 29 | 354 | 0 | 14 | 72 | 84 | 195 | 533 | 2269 | 4687 | 11705 | 19493 | 43466 | 443604 |

**Selected Financial Ratios (Times to 1)**

| | | | | | | | | | | | | | |
|---|---|---|---|---|---|---|---|---|---|---|---|---|---|
| Current Ratio 30 | 1.5 | • | 2.7 | 2.3 | 1.4 | 1.7 | 1.4 | 2.2 | 1.5 | 1.5 | 0.9 | 1.6 | 1.3 |
| Quick Ratio 31 | 1.1 | • | 2.4 | 2.1 | 1.0 | 1.3 | 1.0 | 1.8 | 1.0 | 1.1 | 0.6 | 1.2 | 1.0 |
| Net Sales to Working Capital 32 | 2.9 | • | 3.9 | 1.4 | 3.8 | 1.9 | 3.8 | 1.8 | 3.2 | 2.8 | • | 3.8 | 1.9 |
| Coverage Ratio 33 | 1.3 | 1.7 | 3.5 | 3.6 | 2.0 | 1.5 | 1.2 | 1.3 | 1.2 | 1.2 | 1.4 | 1.2 | 1.1 |
| Total Asset Turnover 34 | 0.2 | • | 0.6 | 0.2 | 0.1 | 0.1 | 0.1 | 0.1 | 0.2 | 0.1 | 0.2 | 0.2 | 0.1 |
| Inventory Turnover 35 | • | • | • | • | • | • | • | • | • | • | • | • | • |
| Receivables Turnover 36 | • | • | • | • | • | • | • | • | • | • | • | • | • |
| Total Liabilities to Net Worth 37 | 2.2 | • | 1.8 | 1.3 | 3.2 | 2.6 | 2.8 | 2.0 | 2.2 | 1.9 | 2.5 | 2.4 | 1.5 |
| Current Assets to Working Capital 38 | 3.1 | • | 1.6 | 1.8 | 3.9 | 2.5 | 3.4 | 1.8 | 2.9 | 2.9 | • | 2.7 | 4.1 |
| Current Liabilities to Working Capital 39 | 2.1 | • | 0.6 | 0.8 | 2.9 | 1.5 | 2.4 | 0.8 | 1.9 | 1.9 | • | 1.7 | 3.1 |
| Working Capital to Net Sales 40 | 0.3 | • | 0.3 | 0.7 | 0.3 | 0.5 | 0.3 | 0.5 | 0.3 | 0.4 | • | 0.3 | 0.5 |
| Inventory to Working Capital 41 | 0.0 | • | • | • | • | 0.0 | 0.0 | 0.0 | 0.0 | 0.0 | • | 0.0 | 0.0 |
| Total Receipts to Cash Flow 42 | 4.4 | 4.5 | 3.6 | 2.5 | 2.7 | 3.7 | 5.0 | 4.4 | 5.3 | 4.5 | 3.9 | 4.4 | 5.2 |
| Cost of Goods to Cash Flow 43 | 0.6 | 0.2 | 0.2 | 0.0 | 0.0 | 0.2 | 0.7 | 0.4 | 0.8 | 0.4 | 0.4 | 1.2 | 1.1 |
| Cash Flow to Total Debt 44 | 0.1 | • | 0.3 | 0.1 | 0.1 | 0.0 | 0.0 | 0.0 | 0.0 | 0.1 | 0.1 | 0.1 | 0.0 |

**Selected Financial Factors (in Percentages)**

| | | | | | | | | | | | | | |
|---|---|---|---|---|---|---|---|---|---|---|---|---|---|
| Debt Ratio 45 | 68.5 | • | 64.2 | 57.1 | 76.2 | 72.3 | 73.5 | 66.9 | 68.9 | 65.7 | 71.1 | 71.0 | 59.8 |
| Return on Total Assets 46 | 3.3 | • | 7.1 | 4.3 | 3.0 | 2.1 | 2.3 | 3.1 | 3.0 | 3.4 | 4.6 | 4.6 | 3.5 |
| Return on Equity Before Income Taxes 47 | 2.6 | • | 14.1 | 7.1 | 6.5 | 2.7 | 1.6 | 2.2 | 1.4 | 1.5 | 4.3 | 3.1 | 1.0 |
| Return on Equity After Income Taxes 48 | 1.3 | • | 12.4 | 6.2 | 5.5 | 1.7 | 0.4 | 1.0 | 0.2 | 0.2 | 2.0 | 1.2 | 0.2 |
| Profit Margin (Before Income Tax) 49 | 5.2 | 10.5 | 7.9 | 20.3 | 13.5 | 7.3 | 3.0 | 5.0 | 2.7 | 3.5 | 7.5 | 3.9 | 3.1 |
| Profit Margin (After Income Tax) 50 | 2.7 | 5.5 | 6.9 | 17.7 | 11.6 | 4.6 | 0.8 | 2.2 | 0.5 | 0.5 | 3.5 | 1.5 | 0.7 |

**Table II**

Corporations with Net Income

# LESSORS OF BUILDINGS

| Item Description for Accounting Period 7/00 Through 6/01 | | MONEY AMOUNTS AND SIZE OF ASSETS IN THOUSANDS OF DOLLARS | | | | | | | | | | | | |
|---|---|---|---|---|---|---|---|---|---|---|---|---|---|---|
| | | Total | Zero Assets | Under 100 | 100 to 250 | 251 to 500 | 501 to 1,000 | 1,001 to 5,000 | 5,001 to 10,000 | 10,001 to 25,000 | 25,001 to 50,000 | 50,001 to 100,000 | 100,001 to 250,000 | 250,001 and over |
| Number of Enterprises | 1 | 50589 | 3266 | 11817 | 12131 | 6706 | 7088 | 7794 | 958 | 532 | 168 | 67 | 42 | 20 |
| **Revenues ($ in Thousands)** | | | | | | | | | | | | | | |
| Net Sales | 2 | 21301116 | 1195612 | 769045 | 742470 | 897303 | 1358061 | 5165609 | 1688108 | 2294914 | 1292241 | 1014781 | 1738469 | 3144502 |
| Interest | 3 | 868875 | 18250 | 3458 | 20016 | 25074 | 62844 | 149132 | 64903 | 61354 | 79806 | 39577 | 80923 | 263537 |
| Rents | 4 | 222688 | 3404 | 1396 | 198 | 24789 | 25840 | 45614 | 23830 | 35378 | 4816 | 1425 | 39862 | 16137 |
| Royalties | 5 | 5392 | 1 | 443 | 31 | 1 | 1290 | 979 | 215 | 931 | 750 | 355 | 8 | 388 |
| Other Portfolio Income | 6 | 2046727 | 302237 | 104146 | 75413 | 60325 | 92934 | 390345 | 175899 | 274451 | 82822 | 43904 | 152948 | 291306 |
| Other Receipts | 7 | 18157434 | 871720 | 659602 | 646812 | 787114 | 1175153 | 4579539 | 1423261 | 1922800 | 1124047 | 929520 | 1464728 | 2573134 |
| Total Receipts | 8 | 21301116 | 1195612 | 769045 | 742470 | 897303 | 1358061 | 5165609 | 1688108 | 2294914 | 1292241 | 1014781 | 1738469 | 3144502 |
| Average Total Receipts | 9 | 421 | 366 | 65 | 61 | 134 | 192 | 663 | 1762 | 4314 | 7692 | 15146 | 41392 | 157225 |
| **Operating Costs/Operating Income (%)** | | | | | | | | | | | | | | |
| Cost of Operations | 10 | 13.8 | 7.9 | 8.5 | 1.4 | 0.9 | 6.1 | 16.2 | 13.6 | 22.0 | 9.5 | 6.9 | 30.8 | 11.9 |
| Salaries and Wages | 11 | 7.5 | 1.5 | 9.5 | 3.7 | 11.4 | 5.2 | 10.3 | 6.8 | 6.7 | 8.0 | 6.1 | 7.4 | 6.8 |
| Taxes Paid | 12 | 8.0 | 7.6 | 4.6 | 11.5 | 7.7 | 9.9 | 8.4 | 10.5 | 6.6 | 8.1 | 8.5 | 5.4 | 7.7 |
| Interest Paid | 13 | 12.1 | 10.7 | 2.4 | 5.6 | 8.4 | 8.5 | 9.6 | 12.7 | 12.5 | 13.8 | 16.0 | 12.3 | 20.6 |
| Depreciation | 14 | 7.2 | 9.7 | 3.1 | 7.6 | 6.0 | 7.8 | 6.2 | 7.2 | 6.8 | 8.5 | 12.9 | 6.0 | 7.2 |
| Amortization and Depletion | 15 | 0.6 | 0.6 | 0.1 | 0.0 | 0.1 | 0.2 | 0.3 | 0.4 | 0.6 | 0.7 | 0.8 | 0.7 | 1.3 |
| Pensions and Other Deferred Comp. | 16 | 0.2 | 0.4 | 0.1 | • | • | 0.2 | 0.3 | 0.3 | 0.2 | 0.3 | 0.3 | 0.3 | 0.1 |
| Employee Benefits | 17 | 0.6 | 0.1 | 0.2 | 1.1 | 0.0 | 0.8 | 0.6 | 0.6 | 0.8 | 1.0 | 0.6 | 1.2 | 0.2 |
| Advertising | 18 | 0.5 | 0.1 | 2.1 | 0.3 | 0.1 | 0.3 | 0.5 | 0.2 | 0.3 | 0.5 | 0.4 | 0.7 | 0.5 |
| Other Expenses | 19 | 24.3 | 20.6 | 41.1 | 32.0 | 33.5 | 26.9 | 24.2 | 21.5 | 21.1 | 25.1 | 25.0 | 19.0 | 22.2 |
| Officers' Compensation | 20 | 3.2 | 3.0 | 6.5 | 5.3 | 1.5 | 5.2 | 5.1 | 2.8 | 2.3 | 3.3 | 1.5 | 1.9 | 0.5 |
| Operating Margin | 21 | 22.1 | 37.8 | 21.7 | 31.6 | 30.3 | 28.9 | 18.2 | 23.4 | 20.0 | 21.1 | 21.1 | 14.4 | 21.0 |
| Operating Margin Before Officers' Comp. | 22 | 25.3 | 40.8 | 28.2 | 36.8 | 31.8 | 34.1 | 23.3 | 26.2 | 22.4 | 24.4 | 22.6 | 16.3 | 21.5 |

| Selected Average Balance Sheet ($ in Thousands) | | | | | | | | | | | | | |
|---|---|---|---|---|---|---|---|---|---|---|---|---|---|
| Net Receivables 23 | 169 | 0 | 1 | 10 | 6 | 38 | 68 | 235 | 537 | 1796 | 1587 | 7530 | 316959 |
| Inventories 24 | • | • | • | • | • | • | • | • | • | • | • | • | • |
| Net Property, Plant and Equipment 25 | 914 | 0 | 18 | 88 | 225 | 376 | 1223 | 4263 | 9914 | 18742 | 47473 | 73381 | 624377 |
| Total Assets 26 | 1667 | 0 | 41 | 168 | 369 | 683 | 2032 | 6890 | 15205 | 33935 | 69428 | 145658 | 1373190 |
| Notes and Loans Payable 27 | 726 | 0 | 13 | 52 | 201 | 271 | 987 | 3294 | 8255 | 16329 | 40020 | 74316 | 444028 |
| All Other Liabilities 28 | 242 | 0 | 4 | 13 | 33 | 75 | 187 | 328 | 1091 | 5006 | 6383 | 14312 | 352016 |
| Net Worth 29 | 699 | 0 | 24 | 104 | 135 | 337 | 858 | 3268 | 5859 | 12600 | 23025 | 57030 | 577146 |

| Selected Financial Ratios (Times to 1) | | | | | | | | | | | | | |
|---|---|---|---|---|---|---|---|---|---|---|---|---|---|
| Current Ratio 30 | 1.7 | • | 3.9 | 6.9 | 2.0 | 2.8 | 2.1 | 3.1 | 1.8 | 2.1 | 1.1 | 1.8 | 1.3 |
| Quick Ratio 31 | 1.3 | • | 3.7 | 6.2 | 1.6 | 2.4 | 1.5 | 2.7 | 1.2 | 1.5 | 0.8 | 1.4 | 1.1 |
| Net Sales to Working Capital 32 | 2.5 | • | 5.1 | 1.4 | 3.5 | 1.8 | 3.2 | 1.8 | 3.7 | 2.1 | 15.2 | 3.8 | 1.3 |
| Coverage Ratio 33 | 2.8 | 4.5 | 10.2 | 6.7 | 4.6 | 4.4 | 2.9 | 2.8 | 2.6 | 2.5 | 2.3 | 2.1 | 2.0 |
| Total Asset Turnover 34 | 0.3 | • | 1.6 | 0.4 | 0.4 | 0.3 | 0.3 | 0.3 | 0.3 | 0.2 | 0.2 | 0.3 | 0.1 |
| Inventory Turnover 35 | • | • | • | • | • | • | • | • | • | • | • | • | • |
| Receivables Turnover 36 | • | • | • | • | • | • | • | • | • | • | • | • | • |
| Total Liabilities to Net Worth 37 | 1.4 | • | 0.7 | 0.6 | 1.7 | 1.0 | 1.4 | 1.1 | 1.6 | 1.7 | 2.0 | 1.6 | 1.4 |
| Current Assets to Working Capital 38 | 2.5 | • | 1.3 | 1.2 | 2.1 | 1.6 | 1.9 | 1.5 | 2.3 | 1.9 | 9.2 | 2.2 | 3.9 |
| Current Liabilities to Working Capital 39 | 1.5 | • | 0.3 | 0.2 | 1.1 | 0.6 | 0.9 | 0.5 | 1.3 | 0.9 | 8.2 | 1.2 | 2.9 |
| Working Capital to Net Sales 40 | 0.4 | • | 0.2 | 0.7 | 0.3 | 0.6 | 0.3 | 0.5 | 0.3 | 0.5 | 0.1 | 0.3 | 0.8 |
| Inventory to Working Capital 41 | 0.0 | • | • | • | • | 0.0 | 0.0 | 0.0 | 0.0 | 0.0 | 0.0 | 0.1 | 0.0 |
| Total Receipts to Cash Flow 42 | 3.1 | 3.1 | 3.1 | 2.2 | 2.1 | 2.4 | 3.6 | 3.2 | 3.6 | 2.9 | 2.7 | 4.5 | 3.0 |
| Cost of Goods to Cash Flow 43 | 0.4 | 0.2 | 0.3 | 0.0 | 0.0 | 0.1 | 0.6 | 0.4 | 0.8 | 0.3 | 0.2 | 1.4 | 0.4 |
| Cash Flow to Total Debt 44 | 0.1 | • | 1.3 | 0.4 | 0.3 | 0.2 | 0.2 | 0.2 | 0.1 | 0.1 | 0.1 | 0.1 | 0.1 |

| Selected Financial Factors (in Percentages) | | | | | | | | | | | | | |
|---|---|---|---|---|---|---|---|---|---|---|---|---|---|
| Debt Ratio 45 | 58.0 | • | 40.2 | 38.3 | 63.4 | 50.7 | 57.8 | 52.6 | 61.5 | 62.9 | 66.8 | 60.8 | 58.0 |
| Return on Total Assets 46 | 8.6 | • | 38.5 | 13.5 | 14.0 | 10.4 | 9.0 | 9.1 | 9.1 | 7.9 | 8.1 | 7.5 | 4.8 |
| Return on Equity Before Income Taxes 47 | 13.2 | • | 58.0 | 18.6 | 30.0 | 16.3 | 13.9 | 12.4 | 14.5 | 12.7 | 13.9 | 10.2 | 5.7 |
| Return on Equity After Income Taxes 48 | 10.8 | • | 54.0 | 16.6 | 27.1 | 13.9 | 11.3 | 9.7 | 11.9 | 10.0 | 9.8 | 7.7 | 4.6 |
| Profit Margin (Before Income Tax) 49 | 22.0 | 37.7 | 21.7 | 31.5 | 30.3 | 28.8 | 18.0 | 22.9 | 19.7 | 20.8 | 21.1 | 14.1 | 21.0 |
| Profit Margin (After Income Tax) 50 | 17.9 | 30.6 | 20.2 | 28.2 | 27.4 | 24.5 | 14.7 | 17.9 | 16.2 | 16.4 | 14.8 | 10.6 | 16.9 |

## Table I

Corporations with and without Net Income

# LESSORS OF MINIWAREHOUSES, SELF-STORAGE, AND OTHER R.E.

MONEY AMOUNTS AND SIZE OF ASSETS IN THOUSANDS OF DOLLARS

| Item Description for Accounting Period 7/00 Through 6/01 | | Total | Zero Assets | Under 100 | 100 to 250 | 251 to 500 | 501 to 1,000 | 1,001 to 5,000 | 5,001 to 10,000 | 10,001 to 25,000 | 25,001 to 50,000 | 50,001 to 100,000 | 100,001 to 250,000 | 250,001 and over |
|---|---|---|---|---|---|---|---|---|---|---|---|---|---|---|
| Number of Enterprises | 1 | 58097 | 3936 | 17443 | 11415 | 12306 | 6788 | 5365 | 413 | 283 | 78 | 34 | 25 | 11 |
| **Revenues ($ in Thousands)** | | | | | | | | | | | | | | |
| Net Sales | 2 | 9410980 | 305668 | 867046 | 423102 | 1285356 | 877216 | 1763038 | 432549 | 666416 | 512278 | 550156 | 501704 | 1226451 |
| Interest | 3 | 284776 | 12613 | 2086 | 3982 | 8670 | 20240 | 49529 | 13405 | 30711 | 23611 | 27941 | 37897 | 54091 |
| Rents | 4 | 410270 | 927 | 126526 | 7771 | 11017 | 12759 | 2653 | 1956 | 10554 | 5335 | 4207 | 62157 | 164409 |
| Royalties | 5 | 19355 | 0 | 313 | 0 | 2656 | 0 | 2069 | 0 | 8265 | 5087 | 0 | 964 | 0 |
| Other Portfolio Income | 6 | 865758 | 114023 | 3146 | 25164 | 45162 | 45658 | 150176 | 38344 | 62719 | 65854 | 55347 | 80467 | 179700 |
| Other Receipts | 7 | 7830821 | 178105 | 734975 | 386185 | 1217851 | 798559 | 1558611 | 378844 | 554167 | 412391 | 462661 | 320219 | 828251 |
| Total Receipts | 8 | 9410980 | 305668 | 867046 | 423102 | 1285356 | 877216 | 1763038 | 432549 | 666416 | 512278 | 550156 | 501704 | 1226451 |
| Average Total Receipts | 9 | 162 | 78 | 50 | 37 | 104 | 129 | 329 | 1047 | 2355 | 6568 | 16181 | 20068 | 111496 |
| **Operating Costs/Operating Income (%)** | | | | | | | | | | | | | | |
| Cost of Operations | 10 | 11.8 | 1.4 | 6.3 | 0.1 | 40.2 | 2.1 | 10.8 | 5.5 | 4.5 | 15.4 | 29.5 | 3.4 | 1.1 |
| Salaries and Wages | 11 | 8.4 | 1.6 | 12.8 | 2.0 | 6.1 | 13.3 | 7.4 | 13.4 | 8.7 | 11.1 | 7.9 | 10.9 | 5.8 |
| Taxes Paid | 12 | 6.5 | 10.9 | 4.9 | 12.7 | 4.5 | 8.3 | 6.9 | 7.2 | 6.0 | 6.5 | 4.9 | 6.8 | 5.6 |
| Interest Paid | 13 | 13.6 | 7.7 | 2.3 | 9.0 | 7.9 | 7.8 | 12.5 | 15.6 | 28.3 | 14.0 | 17.7 | 23.1 | 21.5 |
| Depreciation | 14 | 7.4 | 7.3 | 1.3 | 5.9 | 4.4 | 7.4 | 8.1 | 7.7 | 7.2 | 6.7 | 6.8 | 10.3 | 14.0 |
| Amortization and Depletion | 15 | 0.6 | 0.8 | 0.0 | 0.0 | 0.0 | 0.3 | 0.1 | 0.4 | 1.1 | 1.0 | 1.9 | 1.1 | 2.0 |
| Pensions and Other Deferred Comp. | 16 | 0.6 | 0.0 | 0.4 | 1.6 | • | 0.7 | 1.2 | 1.4 | 0.6 | 0.2 | 0.6 | 0.3 | • |
| Employee Benefits | 17 | 0.6 | 0.1 | 1.2 | 1.2 | 0.1 | 0.2 | 0.5 | 0.8 | 0.7 | 1.2 | 1.1 | 0.9 | 0.6 |
| Advertising | 18 | 1.1 | 0.0 | 0.6 | 0.2 | 2.2 | 2.2 | 0.9 | 0.5 | 0.6 | 1.0 | 0.7 | 0.6 | 1.2 |
| Other Expenses | 19 | 33.0 | 69.4 | 51.6 | 30.9 | 21.2 | 32.5 | 33.2 | 33.7 | 27.2 | 24.8 | 21.7 | 46.9 | 29.7 |
| Officers' Compensation | 20 | 5.5 | 3.8 | 16.9 | 16.9 | 1.0 | 4.6 | 6.2 | 9.8 | 3.8 | 3.7 | 1.9 | 3.3 | 0.5 |
| Operating Margin | 21 | 10.8 | • | 1.6 | 19.6 | 12.5 | 20.6 | 12.2 | 3.9 | 11.4 | 14.5 | 5.5 | • | 17.9 |
| Operating Margin Before Officers' Comp. | 22 | 16.3 | 0.8 | 18.5 | 36.5 | 13.5 | 25.2 | 18.4 | 13.7 | 15.2 | 18.2 | 7.4 | • | 18.4 |

| | | | | | | | | | | | | | |
|---|---|---|---|---|---|---|---|---|---|---|---|---|---|
| **Selected Average Balance Sheet ($ in Thousands)** | | | | | | | | | | | | | |
| Net Receivables 23 | 30 | 0 | 1 | 6 | 20 | 15 | 68 | 465 | 628 | 2432 | 5049 | 1756 | 17958 |
| Inventories 24 | • | • | • | • | • | • | • | • | • | • | • | • | • |
| Net Property, Plant and Equipment 25 | 440 | 0 | 20 | 106 | 233 | 518 | 1203 | 4225 | 8140 | 18010 | 32761 | 73051 | 253098 |
| Total Assets 26 | 760 | 0 | 34 | 156 | 363 | 697 | 1982 | 6697 | 14766 | 33880 | 70113 | 166971 | 524839 |
| Notes and Loans Payable 27 | 434 | 0 | 21 | 76 | 178 | 456 | 1236 | 4313 | 8425 | 18106 | 32462 | 88040 | 288440 |
| All Other Liabilities 28 | 81 | 0 | 11 | 31 | 20 | 45 | 174 | 440 | 1782 | 2968 | 14505 | 15196 | 77858 |
| Net Worth 29 | 245 | 0 | 2 | 49 | 165 | 195 | 572 | 1945 | 4559 | 12806 | 23146 | 63735 | 158540 |
| **Selected Financial Ratios (Times to 1)** | | | | | | | | | | | | | |
| Current Ratio 30 | 1.4 | • | 0.8 | 0.9 | 2.7 | 1.7 | 1.6 | 2.1 | 1.5 | 1.6 | 1.1 | 0.7 | 1.5 |
| Quick Ratio 31 | 1.0 | • | 0.7 | 0.6 | 2.1 | 1.4 | 1.0 | 1.4 | 0.9 | 1.2 | 0.9 | 0.3 | 0.6 |
| Net Sales to Working Capital 32 | 4.1 | • | • | • | 2.3 | 3.6 | 2.6 | 1.4 | 2.5 | 2.4 | 9.2 | • | 5.5 |
| Coverage Ratio 33 | 1.8 | • | 1.9 | 3.2 | 2.6 | 3.6 | 1.9 | 1.2 | 1.4 | 2.0 | 1.3 | 0.7 | 1.8 |
| Total Asset Turnover 34 | 0.2 | • | 1.5 | 0.2 | 0.3 | 0.2 | 0.2 | 0.2 | 0.2 | 0.2 | 0.2 | 0.1 | 0.2 |
| Inventory Turnover 35 | • | • | • | • | • | • | • | • | • | • | • | • | • |
| Receivables Turnover 36 | • | • | • | • | • | • | • | • | • | • | • | • | • |
| Total Liabilities to Net Worth 37 | 2.1 | • | 21.0 | 2.2 | 1.2 | 2.6 | 2.5 | 2.4 | 2.2 | 1.6 | 2.0 | 1.6 | 2.3 |
| Current Assets to Working Capital 38 | 3.3 | • | • | • | 1.6 | 2.5 | 2.8 | 1.9 | 3.0 | 2.7 | 8.4 | • | 3.1 |
| Current Liabilities to Working Capital 39 | 2.3 | • | • | • | 0.6 | 1.5 | 1.8 | 0.9 | 2.0 | 1.7 | 7.4 | • | 2.1 |
| Working Capital to Net Sales 40 | 0.2 | • | • | • | 0.4 | 0.3 | 0.4 | 0.7 | 0.4 | 0.4 | 0.1 | • | 0.2 |
| Inventory to Working Capital 41 | 0.0 | • | • | • | 0.0 | 0.0 | 0.0 | 0.2 | 0.0 | 0.0 | 0.1 | • | 0.0 |
| Total Receipts to Cash Flow 42 | 3.8 | 10.6 | 4.5 | 2.6 | 3.9 | 2.4 | 3.2 | 4.2 | 4.1 | 5.0 | 7.0 | 8.0 | 3.5 |
| Cost of Goods to Cash Flow 43 | 0.4 | 0.2 | 0.3 | 0.0 | 1.6 | 0.1 | 0.3 | 0.2 | 0.2 | 0.8 | 2.1 | 0.3 | 0.0 |
| Cash Flow to Total Debt 44 | 0.1 | • | 0.3 | 0.1 | 0.1 | 0.1 | 0.1 | 0.1 | 0.1 | 0.1 | 0.0 | 0.0 | 0.1 |
| **Selected Financial Factors (in Percentages)** | | | | | | | | | | | | | |
| Debt Ratio 45 | 67.8 | • | 95.5 | 68.4 | 54.6 | 72.0 | 71.1 | 71.0 | 69.1 | 62.2 | 67.0 | 61.8 | 69.8 |
| Return on Total Assets 46 | 5.1 | • | 6.2 | 6.8 | 5.8 | 5.3 | 4.0 | 2.9 | 6.3 | 5.5 | 5.3 | 1.8 | 8.4 |
| Return on Equity Before Income Taxes 47 | 6.9 | • | 65.0 | 14.7 | 7.8 | 13.6 | 6.6 | 1.5 | 5.7 | 7.3 | 3.8 | • | 12.6 |
| Return on Equity After Income Taxes 48 | 5.0 | • | 39.6 | 13.5 | 7.4 | 12.2 | 4.4 | 0.0 | 3.8 | 5.4 | 0.7 | • | 10.9 |
| Profit Margin (Before Income Tax) 49 | 10.4 | • | 2.0 | 19.5 | 12.4 | 20.6 | 11.5 | 2.8 | 11.0 | 14.2 | 5.4 | • | 17.9 |
| Profit Margin (After Income Tax) 50 | 7.5 | • | 1.2 | 17.9 | 11.6 | 18.5 | 7.7 | 0.0 | 7.3 | 10.5 | 1.0 | • | 15.5 |

# LESSORS OF MINIWAREHOUSES, SELF-STORAGE, AND OTHER R.E.

MONEY AMOUNTS AND SIZE OF ASSETS IN THOUSANDS OF DOLLARS

| Item Description for Accounting Period 7/00 Through 6/01 | | Total | Zero Assets | Under 100 | 100 to 250 | 251 to 500 | 501 to 1,000 | 1,001 to 5,000 | 5,001 to 10,000 | 10,001 to 25,000 | 25,001 to 50,000 | 50,001 to 100,000 | 100,001 to 250,000 | 250,001 and over |
|---|---|---|---|---|---|---|---|---|---|---|---|---|---|---|
| Number of Enterprises | 1 | 20343 | 556 | 5784 | 4154 | 4721 | 2452 | 2302 | 175 | 122 | 40 | 21 | 12 | 4 |
| **Revenues ($ in Thousands)** | | | | | | | | | | | | | | |
| Net Sales | 2 | 6448374 | 190123 | 518093 | 257819 | 1191756 | 720817 | 1199838 | 319362 | 423505 | 383438 | 356217 | 289884 | 597523 |
| Interest | 3 | 196476 | 4636 | 1088 | 3607 | 8574 | 17755 | 40364 | 12217 | 23538 | 17994 | 16200 | 14790 | 35712 |
| Rents | 4 | 292299 | 927 | 126526 | 7771 | 11017 | 12733 | 1074 | 1956 | 8159 | 5298 | 0 | 2063 | 114774 |
| Royalties | 5 | 16809 | 0 | 313 | 0 | 112 | 0 | 2067 | 0 | 8265 | 5087 | 0 | 964 | 0 |
| Other Portfolio Income | 6 | 725102 | 86667 | 1153 | 23740 | 44813 | 35648 | 125619 | 36007 | 60026 | 63604 | 53092 | 78150 | 116589 |
| Other Receipts | 7 | 5217688 | 97893 | 389013 | 222701 | 1127240 | 654681 | 1030714 | 269182 | 323517 | 291455 | 286925 | 193917 | 330448 |
| Total Receipts | 8 | 6448374 | 190123 | 518093 | 257819 | 1191756 | 720817 | 1199838 | 319362 | 423505 | 383438 | 356217 | 289884 | 597523 |
| Average Total Receipts | 9 | 317 | 342 | 90 | 62 | 252 | 294 | 521 | 1825 | 3471 | 9586 | 16963 | 24157 | 149381 |
| **Operating Costs/Operating Income (%)** | | | | | | | | | | | | | | |
| Cost of Operations | 10 | 14.5 | 2.3 | 10.5 | • | 43.4 | 2.4 | 11.6 | 7.2 | 2.0 | 18.2 | 22.8 | 4.8 | 0.6 |
| Salaries and Wages | 11 | 6.0 | 0.9 | 2.8 | 0.5 | 6.0 | 12.2 | 5.1 | 10.2 | 8.8 | 7.8 | 7.3 | 5.3 | 1.7 |
| Taxes Paid | 12 | 5.9 | 6.9 | 3.7 | 9.8 | 3.6 | 6.9 | 6.7 | 6.5 | 6.6 | 6.4 | 6.0 | 5.6 | 6.5 |
| Interest Paid | 13 | 8.5 | 7.4 | 2.4 | 2.6 | 5.8 | 4.4 | 11.0 | 11.0 | 13.1 | 11.1 | 11.9 | 11.5 | 12.1 |
| Depreciation | 14 | 5.1 | 6.1 | 0.9 | 4.4 | 3.4 | 4.4 | 7.4 | 6.5 | 6.6 | 5.0 | 5.1 | 5.7 | 6.0 |
| Amortization and Depletion | 15 | 0.4 | 0.7 | 0.0 | • | 0.0 | 0.2 | 0.1 | 0.2 | 1.2 | 0.8 | 1.3 | 1.0 | 0.9 |
| Pensions and Other Deferred Comp. | 16 | 0.3 | • | 0.2 | • | • | 0.2 | 0.8 | 1.4 | 0.5 | 0.2 | 0.5 | 0.3 | • |
| Employee Benefits | 17 | 0.4 | 0.1 | 0.1 | 1.1 | 0.1 | 0.2 | 0.4 | 0.4 | 0.5 | 0.8 | 1.3 | 1.0 | 0.1 |
| Advertising | 18 | 0.9 | 0.0 | 0.3 | 0.3 | 2.3 | 2.0 | 0.2 | 0.3 | 0.5 | 0.1 | 0.8 | 0.1 | 0.3 |
| Other Expenses | 19 | 24.3 | 19.3 | 51.0 | 21.3 | 15.7 | 31.0 | 18.1 | 31.5 | 27.0 | 17.9 | 20.6 | 27.6 | 24.7 |
| Officers' Compensation | 20 | 3.7 | 0.0 | 7.1 | 9.1 | 1.1 | 5.2 | 5.7 | 6.3 | 4.1 | 2.6 | 1.1 | 3.5 | 0.2 |
| Operating Margin | 21 | 29.9 | 56.2 | 20.8 | 50.9 | 18.5 | 30.9 | 32.6 | 18.5 | 29.0 | 29.0 | 21.2 | 33.6 | 47.0 |
| Operating Margin Before Officers' Comp. | 22 | 33.7 | 56.3 | 27.9 | 60.0 | 19.6 | 36.1 | 38.3 | 24.8 | 33.1 | 31.6 | 22.3 | 37.1 | 47.1 |

| Selected Average Balance Sheet ($ in Thousands) | | | | | | | | | | | | | |
|---|---|---|---|---|---|---|---|---|---|---|---|---|---|
| Net Receivables 23 | 41 | 0 | 2 | 3 | 25 | 29 | 49 | 345 | 659 | 3113 | 5082 | 2162 | 27839 |
| Inventories 24 | • | • | • | • | • | • | • | • | • | • | • | • | • |
| Net Property, Plant and Equipment 25 | 478 | 0 | 19 | 85 | 225 | 367 | 997 | 4116 | 7237 | 16619 | 33069 | 76216 | 279858 |
| Total Assets 26 | 922 | 0 | 37 | 140 | 373 | 679 | 1865 | 6587 | 14924 | 35054 | 70386 | 147275 | 654095 |
| Notes and Loans Payable 27 | 424 | 0 | 26 | 44 | 131 | 278 | 1049 | 3412 | 7475 | 15644 | 29293 | 69098 | 251614 |
| All Other Liabilities 28 | 89 | 0 | 2 | 8 | 14 | 72 | 139 | 448 | 1929 | 3477 | 17018 | 17783 | 45953 |
| Net Worth 29 | 408 | 0 | 9 | 89 | 228 | 329 | 677 | 2727 | 5520 | 15933 | 24076 | 60394 | 356528 |

| Selected Financial Ratios (Times to 1) | | | | | | | | | | | | | |
|---|---|---|---|---|---|---|---|---|---|---|---|---|---|
| Current Ratio 30 | 2.0 | • | 4.8 | 4.4 | 3.9 | 1.9 | 2.6 | 2.7 | 1.7 | 1.2 | 1.4 | 1.1 | 2.2 |
| Quick Ratio 31 | 1.5 | • | 4.2 | 4.0 | 3.1 | 1.5 | 2.0 | 2.0 | 1.1 | 1.1 | 1.1 | 0.6 | 0.9 |
| Net Sales to Working Capital 32 | 3.2 | • | 9.0 | 2.5 | 3.7 | 4.4 | 2.0 | 1.7 | 2.6 | 7.0 | 3.5 | 11.8 | 2.5 |
| Coverage Ratio 33 | 4.5 | 8.6 | 9.9 | 20.8 | 4.2 | 8.0 | 3.9 | 2.6 | 3.2 | 3.6 | 2.8 | 3.9 | 4.9 |
| Total Asset Turnover 34 | 0.3 | • | 2.4 | 0.4 | 0.7 | 0.4 | 0.3 | 0.3 | 0.2 | 0.3 | 0.2 | 0.2 | 0.2 |
| Inventory Turnover 35 | • | • | • | • | • | • | • | • | • | • | • | • | • |
| Receivables Turnover 36 | • | • | • | • | • | • | • | • | • | • | • | • | • |
| Total Liabilities to Net Worth 37 | 1.3 | • | 3.2 | 0.6 | 0.6 | 1.1 | 1.8 | 1.4 | 1.7 | 1.2 | 1.9 | 1.4 | 0.8 |
| Current Assets to Working Capital 38 | 2.0 | • | 1.3 | 1.3 | 1.3 | 2.1 | 1.6 | 1.6 | 2.5 | 5.0 | 3.7 | 8.6 | 1.8 |
| Current Liabilities to Working Capital 39 | 1.0 | • | 0.3 | 0.3 | 0.3 | 1.1 | 0.6 | 0.6 | 1.5 | 4.0 | 2.7 | 7.6 | 0.8 |
| Working Capital to Net Sales 40 | 0.3 | • | 0.1 | 0.4 | 0.3 | 0.2 | 0.5 | 0.6 | 0.4 | 0.1 | 0.3 | 0.1 | 0.4 |
| Inventory to Working Capital 41 | 0.0 | • | • | • | 0.0 | 0.0 | 0.0 | 0.3 | 0.0 | 0.0 | 0.0 | 0.1 | 0.0 |
| Total Receipts to Cash Flow 42 | 2.7 | 3.4 | 2.8 | 1.8 | 3.7 | 2.0 | 2.7 | 3.0 | 2.6 | 3.8 | 3.9 | 3.1 | 2.1 |
| Cost of Goods to Cash Flow 43 | 0.4 | 0.1 | 0.3 | • | 1.6 | 0.0 | 0.3 | 0.2 | 0.1 | 0.7 | 0.9 | 0.2 | 0.0 |
| Cash Flow to Total Debt 44 | 0.2 | • | 1.1 | 0.7 | 0.5 | 0.4 | 0.2 | 0.2 | 0.1 | 0.1 | 0.1 | 0.1 | 0.2 |

| Selected Financial Factors (in Percentages) | | | | | | | | | | | | | |
|---|---|---|---|---|---|---|---|---|---|---|---|---|---|
| Debt Ratio 45 | 55.7 | • | 76.4 | 36.7 | 38.9 | 51.5 | 63.7 | 58.6 | 63.0 | 54.5 | 65.8 | 59.0 | 45.5 |
| Return on Total Assets 46 | 13.2 | • | 57.6 | 23.7 | 16.4 | 15.3 | 12.0 | 7.9 | 9.7 | 11.0 | 8.0 | 7.4 | 13.5 |
| Return on Equity Before Income Taxes 47 | 23.1 | • | 219.0 | 35.7 | 20.4 | 27.5 | 24.6 | 11.8 | 18.1 | 17.5 | 14.9 | 13.4 | 19.7 |
| Return on Equity After Income Taxes 48 | 20.1 | • | 212.2 | 33.8 | 19.5 | 25.3 | 20.9 | 9.3 | 14.4 | 14.5 | 10.9 | 9.2 | 17.6 |
| Profit Margin (Before Income Tax) 49 | 29.8 | 56.2 | 21.5 | 50.9 | 18.5 | 30.8 | 32.0 | 17.7 | 28.8 | 29.0 | 21.1 | 33.6 | 47.0 |
| Profit Margin (After Income Tax) 50 | 25.9 | 47.8 | 20.8 | 48.2 | 17.6 | 28.3 | 27.2 | 14.0 | 22.9 | 24.1 | 15.5 | 23.0 | 42.0 |

## Table I

Corporations with and without Net Income

# OFFICES OF REAL ESTATE AGENTS AND BROKERS

MONEY AMOUNTS AND SIZE OF ASSETS IN THOUSANDS OF DOLLARS

| Item Description for Accounting Period 7/00 Through 6/01 | Total | Zero Assets | Under 100 | 100 to 250 | 251 to 500 | 501 to 1,000 | 1,001 to 5,000 | 5,001 to 10,000 | 10,001 to 25,000 | 25,001 to 50,000 | 50,001 to 100,000 | 100,001 to 250,000 | 250,001 and over |
|---|---|---|---|---|---|---|---|---|---|---|---|---|---|
| Number of Enterprises 1 | 70653 | 4904 | 46268 | 10080 | 5061 | 2163 | 1918 | 148 | 69 | 19 | 5 | 8 | 10 |
| **Revenues ($ in Thousands)** | | | | | | | | | | | | | |
| Net Sales 2 | 38832271 | 806261 | 11676729 | 6927875 | 4489446 | 1482659 | 4716187 | 2092842 | 1255756 | 603715 | 394726 | 812115 | 3573959 |
| Interest 3 | 359271 | 1054 | 11438 | 12239 | 5525 | 8209 | 25200 | 4565 | 10144 | 8543 | 5897 | 20635 | 245823 |
| Rents 4 | 257601 | 0 | 3944 | 2917 | 5053 | 15252 | 43386 | 19777 | 16898 | 3017 | 62 | 6420 | 140874 |
| Royalties 5 | 15724 | 0 | 0 | 5096 | 0 | 0 | 8885 | 0 | 1481 | 0 | 0 | 0 | 263 |
| Other Portfolio Income 6 | 527038 | 11276 | 3498 | 9711 | 15012 | 23464 | 28476 | 762 | 9328 | 3160 | 915 | 2930 | 418507 |
| Other Receipts 7 | 37672637 | 793931 | 11657849 | 6897912 | 4463856 | 1435734 | 4610240 | 2067738 | 1217905 | 588995 | 387852 | 782130 | 2768492 |
| Total Receipts 8 | 38832271 | 806261 | 11676729 | 6927875 | 4489446 | 1482659 | 4716187 | 2092842 | 1255756 | 603715 | 394726 | 812115 | 3573959 |
| Average Total Receipts 9 | 550 | 164 | 252 | 687 | 887 | 685 | 2459 | 14141 | 18199 | 31774 | 78945 | 101514 | 357396 |
| **Operating Costs/Operating Income (%)** | | | | | | | | | | | | | |
| Cost of Operations 10 | 23.5 | 24.8 | 16.2 | 8.0 | 45.8 | 32.9 | 40.3 | 43.3 | 35.1 | 31.1 | 8.0 | 46.4 | 2.5 |
| Salaries and Wages 11 | 21.7 | 11.4 | 29.4 | 16.0 | 5.8 | 18.0 | 17.4 | 29.4 | 24.7 | 17.4 | 17.2 | 13.1 | 34.7 |
| Taxes Paid 12 | 1.8 | 1.2 | 1.4 | 1.9 | 1.3 | 1.5 | 2.0 | 1.8 | 1.7 | 2.6 | 2.4 | 1.8 | 3.4 |
| Interest Paid 13 | 1.6 | 0.3 | 0.3 | 0.5 | 0.5 | 3.3 | 1.7 | 1.1 | 3.1 | 2.5 | 0.7 | 3.5 | 8.6 |
| Depreciation 14 | 1.1 | 0.4 | 0.7 | 1.1 | 1.0 | 1.1 | 0.8 | 1.0 | 1.7 | 1.7 | 1.1 | 1.9 | 2.6 |
| Amortization and Depletion 15 | 0.2 | 0.0 | 0.1 | 0.0 | 0.0 | 0.0 | 0.2 | 0.0 | 0.2 | 0.3 | 0.4 | 1.0 | 1.5 |
| Pensions and Other Deferred Comp. 16 | 0.8 | 0.3 | 0.8 | 2.2 | 0.3 | 1.0 | 0.5 | 0.0 | 0.2 | 0.5 | 0.5 | 0.4 | 0.3 |
| Employee Benefits 17 | 0.6 | 1.0 | 0.5 | 0.3 | 0.2 | 0.2 | 0.7 | 0.2 | 0.6 | 0.9 | 0.8 | 0.8 | 1.8 |
| Advertising 18 | 3.5 | 3.0 | 4.3 | 3.8 | 2.2 | 3.0 | 2.8 | 2.4 | 4.9 | 4.1 | 2.5 | 3.3 | 3.3 |
| Other Expenses 19 | 30.4 | 41.9 | 25.8 | 47.6 | 30.8 | 24.8 | 25.6 | 15.5 | 27.6 | 22.8 | 48.2 | 20.4 | 28.5 |
| Officers' Compensation 20 | 8.6 | 7.2 | 12.0 | 13.6 | 8.2 | 5.7 | 4.7 | 1.9 | 3.0 | 10.4 | 11.2 | 1.7 | 2.3 |
| Operating Margin 21 | 6.1 | 8.3 | 8.5 | 5.0 | 3.8 | 8.6 | 3.3 | 3.3 | • | 5.8 | 6.8 | 5.7 | 10.4 |
| Operating Margin Before Officers' Comp. 22 | 14.8 | 15.5 | 20.6 | 18.6 | 12.0 | 14.2 | 7.9 | 5.2 | 0.3 | 16.2 | 18.0 | 7.4 | 12.7 |

**Selected Average Balance Sheet ($ in Thousands)**

| | | | | | | | | | | | | | |
|---|---|---|---|---|---|---|---|---|---|---|---|---|---|
| Net Receivables **23** | 29 | 0 | 1 | 1 | 41 | 33 | 162 | 322 | 1467 | 5555 | 10543 | 4573 | 104762 |
| Inventories **24** | • | • | • | • | • | • | • | • | • | • | • | • | • |
| Net Property, Plant and Equipment **25** | 79 | 0 | 9 | 52 | 94 | 256 | 374 | 2492 | 5223 | 6273 | 3424 | 16784 | 188809 |
| Total Assets **26** | 342 | 0 | 30 | 155 | 332 | 712 | 1845 | 6371 | 14220 | 33508 | 72035 | 144648 | 1037727 |
| Notes and Loans Payable **27** | 147 | 0 | 14 | 65 | 157 | 460 | 1005 | 3618 | 7779 | 14821 | 19118 | 63984 | 338321 |
| All Other Liabilities **28** | 86 | 0 | 10 | 25 | 44 | 111 | 417 | 1521 | 3179 | 8231 | 19778 | 39108 | 311060 |
| Net Worth **29** | 109 | 0 | 6 | 65 | 131 | 141 | 424 | 1231 | 3262 | 10455 | 33139 | 41556 | 388346 |

**Selected Financial Ratios (Times to 1)**

| | | | | | | | | | | | | | |
|---|---|---|---|---|---|---|---|---|---|---|---|---|---|
| Current Ratio **30** | 1.4 | • | 1.5 | 2.4 | 2.7 | 2.7 | 2.2 | 1.2 | 1.2 | 1.4 | 1.5 | 1.3 | 1.1 |
| Quick Ratio **31** | 0.9 | • | 1.3 | 1.8 | 1.9 | 2.2 | 1.2 | 0.4 | 0.6 | 0.8 | 1.0 | 0.4 | 0.7 |
| Net Sales to Working Capital **32** | 12.9 | • | 59.9 | 21.3 | 9.4 | 5.3 | 4.6 | 33.8 | 16.5 | 6.1 | 5.8 | 10.0 | 11.5 |
| Coverage Ratio **33** | 4.7 | 28.2 | 29.3 | 10.5 | 8.6 | 3.5 | 2.9 | 4.1 | 0.1 | 3.3 | 10.1 | 2.6 | 2.2 |
| Total Asset Turnover **34** | 1.6 | • | 8.5 | 4.4 | 2.7 | 1.0 | 1.3 | 2.2 | 1.3 | 0.9 | 1.1 | 0.7 | 0.3 |
| Inventory Turnover **35** | • | • | • | • | • | • | • | • | • | • | • | • | • |
| Receivables Turnover **36** | • | • | • | • | • | • | • | • | • | • | • | • | • |
| Total Liabilities to Net Worth **37** | 2.1 | • | 3.8 | 1.4 | 1.5 | 4.1 | 3.4 | 4.2 | 3.4 | 2.2 | 1.2 | 2.5 | 1.7 |
| Current Assets to Working Capital **38** | 3.3 | • | 3.2 | 1.7 | 1.6 | 1.6 | 1.9 | 6.2 | 5.6 | 3.3 | 3.1 | 4.8 | 12.8 |
| Current Liabilities to Working Capital **39** | 2.3 | • | 2.2 | 0.7 | 0.6 | 0.6 | 0.9 | 5.2 | 4.6 | 2.3 | 2.1 | 3.8 | 11.8 |
| Working Capital to Net Sales **40** | 0.1 | • | 0.0 | 0.0 | 0.1 | 0.2 | 0.2 | 0.0 | 0.1 | 0.2 | 0.2 | 0.1 | 0.1 |
| Inventory to Working Capital **41** | 0.0 | • | • | • | • | • | 0.0 | • | 0.2 | 0.0 | • | 0.0 | 0.0 |
| Total Receipts to Cash Flow **42** | 3.2 | 2.2 | 3.4 | 2.1 | 3.3 | 3.4 | 4.1 | 6.8 | 5.1 | 4.3 | 2.0 | 4.9 | 4.3 |
| Cost of Goods to Cash Flow **43** | 0.8 | 0.6 | 0.6 | 0.2 | 1.5 | 1.1 | 1.6 | 2.9 | 1.8 | 1.3 | 0.2 | 2.3 | 0.1 |
| Cash Flow to Total Debt **44** | 0.7 | • | 3.1 | 3.7 | 1.3 | 0.3 | 0.4 | 0.4 | 0.3 | 0.3 | 1.0 | 0.2 | 0.1 |

**Selected Financial Factors (in Percentages)**

| | | | | | | | | | | | | | |
|---|---|---|---|---|---|---|---|---|---|---|---|---|---|
| Debt Ratio **45** | 68.1 | • | 79.4 | 57.9 | 60.5 | 80.2 | 77.0 | 80.7 | 77.1 | 68.8 | 54.0 | 71.3 | 62.6 |
| Return on Total Assets **46** | 12.5 | • | 74.7 | 24.5 | 11.4 | 11.3 | 6.6 | 9.8 | 0.5 | 7.7 | 8.3 | 6.4 | 6.5 |
| Return on Equity Before Income Taxes **47** | 30.7 | • | 349.7 | 52.6 | 25.5 | 41.2 | 18.9 | 38.2 | • | 17.3 | 16.2 | 14.0 | 9.6 |
| Return on Equity After Income Taxes **48** | 27.7 | • | 347.4 | 50.6 | 25.1 | 39.6 | 15.9 | 36.9 | • | 14.6 | 10.5 | 9.6 | 5.9 |
| Profit Margin (Before Income Tax) **49** | 6.1 | 8.3 | 8.5 | 5.0 | 3.8 | 8.5 | 3.3 | 3.3 | • | 5.7 | 6.8 | 5.7 | 10.4 |
| Profit Margin (After Income Tax) **50** | 5.5 | 8.0 | 8.5 | 4.8 | 3.7 | 8.1 | 2.7 | 3.2 | • | 4.8 | 4.4 | 3.9 | 6.5 |

**Table II**

Corporations with Net Income

# OFFICES OF REAL ESTATE AGENTS AND BROKERS

MONEY AMOUNTS AND SIZE OF ASSETS IN THOUSANDS OF DOLLARS

| Item Description for Accounting Period 7/00 Through 6/01 | Total | Zero Assets | Under 100 | 100 to 250 | 251 to 500 | 501 to 1,000 | 1,001 to 5,000 | 5,001 to 10,000 | 10,001 to 25,000 | 25,001 to 50,000 | 50,001 to 100,000 | 100,001 to 250,000 | 250,001 and over |
|---|---|---|---|---|---|---|---|---|---|---|---|---|---|
| Number of Enterprises 1 | 44404 | 2783 | 28797 | 7658 | 2382 | 1370 | 1289 | 51 | 41 | 16 | 0 | 0 | 7 |
| **Revenues ($ in Thousands)** | | | | | | | | | | | | | |
| Net Sales 2 | 31952626 | 475353 | 9282341 | 6585652 | 3222527 | 1155999 | 4414118 | 1247561 | 1089293 | 413778 | 0 | 0 | 2927169 |
| Interest 3 | 270548 | 183 | 4481 | 11273 | 1725 | 5680 | 20106 | 1580 | 6364 | 8543 | 0 | 0 | 192421 |
| Rents 4 | 212255 | 0 | 0 | 2483 | 5053 | 4915 | 39974 | 18412 | 12232 | 3017 | 0 | 0 | 120541 |
| Royalties 5 | 15724 | 0 | 0 | 5096 | 0 | 0 | 8885 | 0 | 1481 | 0 | 0 | 0 | 263 |
| Other Portfolio Income 6 | 494606 | 6071 | 3003 | 7033 | 9528 | 22388 | 20439 | 762 | 7515 | 3098 | 0 | 0 | 411502 |
| Other Receipts 7 | 30959493 | 469099 | 9274857 | 6559767 | 3206221 | 1123016 | 4324714 | 1226807 | 1061701 | 399120 | 0 | 0 | 2202442 |
| Total Receipts 8 | 31952626 | 475353 | 9282341 | 6585652 | 3222527 | 1155999 | 4414118 | 1247561 | 1089293 | 413778 | 0 | 0 | 2927169 |
| Average Total Receipts 9 | 720 | 171 | 322 | 860 | 1353 | 844 | 3424 | 24462 | 26568 | 25861 | • | • | 418167 |
| **Operating Costs/Operating Income (%)** | | | | | | | | | | | | | |
| Cost of Operations 10 | 21.9 | • | 14.8 | 7.9 | 51.6 | 30.4 | 41.4 | 24.6 | 37.1 | 21.3 | • | • | 3.1 |
| Salaries and Wages 11 | 21.8 | 9.5 | 31.1 | 15.5 | 4.8 | 20.8 | 16.2 | 43.3 | 22.1 | 17.7 | • | • | 30.6 |
| Taxes Paid 12 | 1.6 | 0.8 | 1.1 | 1.8 | 1.0 | 1.1 | 1.6 | 1.3 | 1.4 | 2.6 | • | • | 3.2 |
| Interest Paid 13 | 1.4 | 0.3 | 0.2 | 0.4 | 0.4 | 1.3 | 1.5 | 0.7 | 2.1 | 3.3 | • | • | 8.1 |
| Depreciation 14 | 1.0 | 0.1 | 0.6 | 1.1 | 0.9 | 0.8 | 0.8 | 0.8 | 1.3 | 1.7 | • | • | 2.7 |
| Amortization and Depletion 15 | 0.2 | • | 0.1 | 0.0 | 0.0 | 0.0 | 0.2 | 0.1 | 0.2 | 0.4 | • | • | 1.0 |
| Pensions and Other Deferred Comp. 16 | 0.6 | 0.3 | 0.7 | 1.1 | 0.0 | 0.3 | 0.2 | 0.1 | 0.2 | 0.6 | • | • | 0.3 |
| Employee Benefits 17 | 0.4 | 1.4 | 0.2 | 0.2 | 0.1 | 0.2 | 0.6 | 0.4 | 0.5 | 0.7 | • | • | 1.3 |
| Advertising 18 | 3.6 | 1.8 | 4.7 | 3.7 | 2.0 | 2.3 | 2.7 | 2.6 | 3.2 | 4.3 | • | • | 3.9 |
| Other Expenses 19 | 29.2 | 51.6 | 21.9 | 48.5 | 24.5 | 23.9 | 23.9 | 15.5 | 23.9 | 28.3 | • | • | 28.0 |
| Officers' Compensation 20 | 8.5 | 7.1 | 12.3 | 13.4 | 6.4 | 2.3 | 4.6 | 2.5 | 3.0 | 9.6 | • | • | 2.7 |
| Operating Margin 21 | 9.8 | 27.1 | 12.2 | 6.3 | 8.2 | 16.8 | 6.3 | 8.2 | 5.0 | 9.4 | • | • | 14.9 |
| Operating Margin Before Officers' Comp. 22 | 18.3 | 34.2 | 24.5 | 19.7 | 14.5 | 19.0 | 11.0 | 10.6 | 8.0 | 19.0 | • | • | 17.6 |

| Selected Average Balance Sheet ($ in Thousands) | | | | | | | | | | | | | |
|---|---|---|---|---|---|---|---|---|---|---|---|---|---|
| Net Receivables 23 | 36 | 0 | 1 | 1 | 44 | 21 | 203 | 144 | 1872 | 6450 | • | • | 126245 |
| Inventories 24 | • | • | • | • | • | • | • | • | • | • | • | • | • |
| Net Property, Plant and Equipment 25 | 86 | 0 | 10 | 52 | 87 | 76 | 400 | 1733 | 5744 | 4315 | • | • | 258206 |
| Total Assets 26 | 409 | 0 | 32 | 159 | 306 | 673 | 1944 | 6384 | 14226 | 33148 | • | • | 1313715 |
| Notes and Loans Payable 27 | 149 | 0 | 12 | 49 | 163 | 135 | 896 | 2720 | 6385 | 14408 | • | • | 444184 |
| All Other Liabilities 28 | 106 | 0 | 7 | 18 | 49 | 97 | 450 | 2543 | 2978 | 7601 | • | • | 395098 |
| Net Worth 29 | 154 | 0 | 13 | 92 | 95 | 440 | 598 | 1122 | 4863 | 11139 | • | • | 474433 |

| Selected Financial Ratios (Times to 1) | | | | | | | | | | | | | |
|---|---|---|---|---|---|---|---|---|---|---|---|---|---|
| Current Ratio 30 | 1.3 | • | 1.6 | 2.6 | 2.1 | 5.8 | 2.2 | 1.1 | 1.2 | 1.6 | • | • | 1.0 |
| Quick Ratio 31 | 0.9 | • | 1.5 | 2.0 | 1.3 | 4.5 | 1.2 | 0.4 | 0.8 | 0.9 | • | • | 0.7 |
| Net Sales to Working Capital 32 | 16.1 | • | 54.9 | 22.9 | 15.7 | 4.7 | 5.7 | 58.3 | 27.1 | 3.4 | • | • | 92.3 |
| Coverage Ratio 33 | 8.0 | 98.7 | 58.3 | 15.7 | 23.4 | 13.8 | 5.3 | 12.3 | 3.4 | 3.8 | • | • | 2.8 |
| Total Asset Turnover 34 | 1.8 | • | 10.0 | 5.4 | 4.4 | 1.3 | 1.8 | 3.8 | 1.9 | 0.8 | • | • | 0.3 |
| Inventory Turnover 35 | • | • | • | • | • | • | • | • | • | • | • | • | • |
| Receivables Turnover 36 | • | • | • | • | • | • | • | • | • | • | • | • | • |
| Total Liabilities to Net Worth 37 | 1.6 | • | 1.6 | 0.7 | 2.2 | 0.5 | 2.3 | 4.7 | 1.9 | 2.0 | • | • | 1.8 |
| Current Assets to Working Capital 38 | 3.9 | • | 2.6 | 1.6 | 1.9 | 1.2 | 1.8 | 7.8 | 6.0 | 2.6 | • | • | 109.6 |
| Current Liabilities to Working Capital 39 | 2.9 | • | 1.6 | 0.6 | 0.9 | 0.2 | 0.8 | 6.8 | 5.0 | 1.6 | • | • | 108.6 |
| Working Capital to Net Sales 40 | 0.1 | • | 0.0 | 0.0 | 0.1 | 0.2 | 0.2 | 0.0 | 0.0 | 0.3 | • | • | 0.0 |
| Inventory to Working Capital 41 | 0.0 | • | • | • | • | • | 0.0 | • | • | 0.0 | • | • | 0.0 |
| Total Receipts to Cash Flow 42 | 3.0 | 1.3 | 3.4 | 2.0 | 3.5 | 2.8 | 3.8 | 5.0 | 4.2 | 3.1 | • | • | 4.0 |
| Cost of Goods to Cash Flow 43 | 0.7 | • | 0.5 | 0.2 | 1.8 | 0.8 | 1.6 | 1.2 | 1.6 | 0.7 | • | • | 0.1 |
| Cash Flow to Total Debt 44 | 0.9 | • | 4.8 | 6.5 | 1.8 | 1.3 | 0.7 | 0.9 | 0.7 | 0.4 | • | • | 0.1 |

| Selected Financial Factors (in Percentages) | | | | | | | | | | | | | |
|---|---|---|---|---|---|---|---|---|---|---|---|---|---|
| Debt Ratio 45 | 62.3 | • | 60.9 | 42.5 | 69.1 | 34.5 | 69.2 | 82.4 | 65.8 | 66.4 | • | • | 63.9 |
| Return on Total Assets 46 | 19.7 | • | 123.9 | 36.3 | 37.8 | 22.5 | 13.7 | 34.2 | 13.2 | 9.8 | • | • | 7.3 |
| Return on Equity Before Income Taxes 47 | 45.6 | • | 311.2 | 59.2 | 116.8 | 31.9 | 36.1 | 178.6 | 27.4 | 21.6 | • | • | 13.1 |
| Return on Equity After Income Taxes 48 | 42.4 | • | 309.4 | 57.3 | 115.5 | 31.1 | 34.5 | 174.4 | 24.6 | 18.6 | • | • | 8.9 |
| Profit Margin (Before Income Tax) 49 | 9.8 | 27.1 | 12.2 | 6.3 | 8.2 | 16.6 | 6.3 | 8.2 | 5.0 | 9.3 | • | • | 14.9 |
| Profit Margin (After Income Tax) 50 | 9.1 | 26.6 | 12.2 | 6.1 | 8.1 | 16.2 | 6.0 | 8.0 | 4.5 | 8.0 | • | • | 10.0 |

# Table I

Corporations with and without Net Income

## OTHER REAL ESTATE ACTIVITIES

MONEY AMOUNTS AND SIZE OF ASSETS IN THOUSANDS OF DOLLARS

| Item Description for Accounting Period 7/00 Through 6/01 | | Total | Zero Assets | Under 100 | 100 to 250 | 251 to 500 | 501 to 1,000 | 1,001 to 5,000 | 5,001 to 10,000 | 10,001 to 25,000 | 25,001 to 50,000 | 50,001 to 100,000 | 100,001 to 250,000 | 250,001 and over |
|---|---|---|---|---|---|---|---|---|---|---|---|---|---|---|
| Number of Enterprises | 1 | 154909 | 13854 | 79054 | 23620 | 15074 | 10531 | 10357 | 1246 | 765 | 248 | 111 | 42 | 8 |
| **Revenues ($ in Thousands)** | | | | | | | | | | | | | | |
| Net Sales | 2 | 45688087 | 1684286 | 9430518 | 5823341 | 3278095 | 4506880 | 8531175 | 2814123 | 2411774 | 2323072 | 1668931 | 2035063 | 1180830 |
| Interest | 3 | 936293 | 101389 | 27272 | 34876 | 43708 | 55574 | 162152 | 88465 | 105852 | 101709 | 94044 | 98367 | 22887 |
| Rents | 4 | 1588902 | 107988 | 54884 | 55902 | 282524 | 64251 | 232255 | 163711 | 194684 | 142143 | 192446 | 64486 | 33628 |
| Royalties | 5 | 76862 | 4589 | 0 | 35 | 270 | 80 | 25092 | 3313 | 6851 | 4131 | 31686 | 103 | 713 |
| Other Portfolio Income | 6 | 1822430 | 567774 | 42366 | 34267 | 66688 | 56349 | 383981 | 150322 | 130666 | 149924 | 99498 | 118735 | 21861 |
| Other Receipts | 7 | 41263600 | 902546 | 9305996 | 5698261 | 2884905 | 4330626 | 7727695 | 2408312 | 1973721 | 1925165 | 1251257 | 1753372 | 1101741 |
| Total Receipts | 8 | 45688087 | 1684286 | 9430518 | 5823341 | 3278095 | 4506880 | 8531175 | 2814123 | 2411774 | 2323072 | 1668931 | 2035063 | 1180830 |
| Average Total Receipts | 9 | 295 | 122 | 119 | 247 | 217 | 428 | 824 | 2259 | 3153 | 9367 | 15035 | 48454 | 147604 |
| **Operating Costs/Operating Income (%)** | | | | | | | | | | | | | | |
| Cost of Operations | 10 | 10.8 | 6.1 | 7.9 | 8.5 | 8.3 | 15.8 | 11.7 | 10.4 | 15.8 | 20.7 | 7.3 | 16.0 | 0.1 |
| Salaries and Wages | 11 | 26.4 | 8.1 | 25.6 | 33.4 | 23.4 | 29.7 | 28.1 | 18.9 | 19.6 | 21.7 | 26.5 | 25.2 | 49.4 |
| Taxes Paid | 12 | 3.8 | 3.0 | 4.1 | 3.7 | 4.4 | 3.2 | 4.1 | 3.8 | 4.1 | 2.6 | 5.1 | 3.4 | 1.5 |
| Interest Paid | 13 | 4.5 | 10.9 | 0.7 | 1.1 | 3.3 | 2.7 | 5.2 | 9.0 | 10.1 | 7.9 | 12.9 | 7.2 | 4.3 |
| Depreciation | 14 | 2.2 | 3.4 | 1.3 | 1.3 | 1.6 | 1.6 | 2.4 | 3.4 | 4.1 | 2.7 | 4.3 | 1.8 | 4.5 |
| Amortization and Depletion | 15 | 0.4 | 0.6 | 0.1 | 0.1 | 0.0 | 0.2 | 0.3 | 0.3 | 0.5 | 0.5 | 1.0 | 1.5 | 1.8 |
| Pensions and Other Deferred Comp. | 16 | 0.7 | 0.0 | 0.6 | 1.7 | 0.6 | 1.3 | 0.4 | 0.2 | 0.2 | 0.3 | 0.3 | 0.3 | 0.1 |
| Employee Benefits | 17 | 1.4 | 0.4 | 1.6 | 1.2 | 0.7 | 1.1 | 1.6 | 1.2 | 0.9 | 1.0 | 1.3 | 0.8 | 6.1 |
| Advertising | 18 | 0.9 | 0.4 | 0.9 | 0.9 | 0.6 | 1.8 | 0.9 | 0.6 | 0.6 | 0.6 | 1.6 | 0.8 | 2.7 |
| Other Expenses | 19 | 35.2 | 48.1 | 34.9 | 33.3 | 40.8 | 28.1 | 30.7 | 42.6 | 35.5 | 44.0 | 38.4 | 35.0 | 30.8 |
| Officers' Compensation | 20 | 7.9 | 2.7 | 13.2 | 8.5 | 8.6 | 10.6 | 7.3 | 3.8 | 4.8 | 3.1 | 3.9 | 3.6 | 0.3 |
| Operating Margin | 21 | 6.0 | 16.3 | 9.2 | 6.5 | 7.9 | 3.8 | 7.3 | 5.7 | 3.7 | • | • | 4.5 | • |
| Operating Margin Before Officers' Comp. | 22 | 13.9 | 19.0 | 22.4 | 14.9 | 16.5 | 14.4 | 14.6 | 9.5 | 8.5 | • | 1.4 | 8.1 | • |

| | | | | | | | | | | | | | |
|---|---|---|---|---|---|---|---|---|---|---|---|---|---|
| **Selected Average Balance Sheet ($ in Thousands)** | | | | | | | | | | | | | |
| Net Receivables **23** | 41 | 0 | 1 | 7 | 22 | 37 | 186 | 378 | 1075 | 2939 | 4243 | 12273 | 51813 |
| Inventories **24** | • | • | • | • | • | • | • | • | • | • | • | • | • |
| Net Property, Plant and Equipment **25** | 180 | 0 | 7 | 53 | 117 | 273 | 747 | 2601 | 5047 | 10255 | 21650 | 33140 | 35648 |
| Total Assets **26** | 561 | 0 | 31 | 165 | 349 | 717 | 2122 | 6956 | 15215 | 34547 | 69643 | 146458 | 373899 |
| Notes and Loans Payable **27** | 292 | 0 | 31 | 108 | 178 | 318 | 1247 | 3761 | 7747 | 15315 | 31680 | 55322 | 119638 |
| All Other Liabilities **28** | 120 | 0 | 7 | 30 | 45 | 106 | 485 | 1242 | 2515 | 11238 | 14224 | 37045 | 135700 |
| Net Worth **29** | 149 | 0 | -8 | 27 | 126 | 293 | 390 | 1954 | 4953 | 7993 | 23739 | 54091 | 118562 |
| **Selected Financial Ratios (Times to 1)** | | | | | | | | | | | | | |
| Current Ratio **30** | 1.7 | • | 2.7 | 1.9 | 2.4 | 1.9 | 2.1 | 1.8 | 1.5 | 1.1 | 1.1 | 1.3 | 1.7 |
| Quick Ratio **31** | 1.0 | • | 2.0 | 1.5 | 1.5 | 1.1 | 1.1 | 1.0 | 0.9 | 0.7 | 0.6 | 1.0 | 1.2 |
| Net Sales to Working Capital **32** | 4.1 | • | 10.9 | 7.4 | 3.1 | 4.3 | 2.1 | 2.5 | 2.3 | 6.9 | 10.3 | 5.5 | 3.9 |
| Coverage Ratio **33** | 2.3 | 2.5 | 14.6 | 7.1 | 3.4 | 2.4 | 2.4 | 1.6 | 1.3 | 0.3 | 0.8 | 1.6 | 0.6 |
| Total Asset Turnover **34** | 0.5 | • | 3.9 | 1.5 | 0.6 | 0.6 | 0.4 | 0.3 | 0.2 | 0.3 | 0.2 | 0.3 | 0.4 |
| Inventory Turnover **35** | • | • | • | • | • | • | • | • | • | • | • | • | • |
| Receivables Turnover **36** | • | • | • | • | • | • | • | • | • | • | • | • | • |
| Total Liabilities to Net Worth **37** | 2.8 | • | • | 5.2 | 1.8 | 1.4 | 4.4 | 2.6 | 2.1 | 3.3 | 1.9 | 1.7 | 2.2 |
| Current Assets to Working Capital **38** | 2.5 | • | 1.6 | 2.1 | 1.7 | 2.2 | 1.9 | 2.3 | 3.1 | 7.8 | 11.0 | 4.6 | 2.5 |
| Current Liabilities to Working Capital **39** | 1.5 | • | 0.6 | 1.1 | 0.7 | 1.2 | 0.9 | 1.3 | 2.1 | 6.8 | 10.0 | 3.6 | 1.5 |
| Working Capital to Net Sales **40** | 0.2 | • | 0.1 | 0.1 | 0.3 | 0.2 | 0.5 | 0.4 | 0.4 | 0.1 | 0.1 | 0.2 | 0.3 |
| Inventory to Working Capital **41** | 0.0 | • | • | • | 0.0 | • | • | 0.0 | 0.0 | 0.2 | 0.2 | 0.1 | 0.0 |
| Total Receipts to Cash Flow **42** | 3.3 | 4.6 | 2.7 | 3.2 | 2.6 | 3.8 | 3.6 | 3.2 | 3.4 | 3.4 | 4.7 | 3.4 | 4.7 |
| Cost of Goods to Cash Flow **43** | 0.4 | 0.3 | 0.2 | 0.3 | 0.2 | 0.6 | 0.4 | 0.3 | 0.5 | 0.7 | 0.3 | 0.5 | 0.0 |
| Cash Flow to Total Debt **44** | 0.2 | • | 1.1 | 0.6 | 0.4 | 0.3 | 0.1 | 0.1 | 0.1 | 0.1 | 0.1 | 0.2 | 0.1 |
| **Selected Financial Factors (in Percentages)** | | | | | | | | | | | | | |
| Debt Ratio **45** | 73.4 | • | 124.6 | 83.8 | 63.9 | 59.2 | 81.6 | 71.9 | 67.4 | 76.9 | 65.9 | 63.1 | 68.3 |
| Return on Total Assets **46** | 5.5 | • | 38.5 | 11.2 | 7.0 | 3.9 | 4.8 | 4.7 | 2.8 | 0.6 | 2.2 | 3.8 | 1.1 |
| Return on Equity Before Income Taxes **47** | 11.7 | • | • | 59.4 | 13.6 | 5.5 | 15.2 | 6.5 | 2.1 | • | • | 4.0 | • |
| Return on Equity After Income Taxes **48** | 9.5 | • | • | 57.0 | 12.5 | 4.7 | 12.8 | 4.3 | 0.8 | • | • | 3.2 | • |
| Profit Margin (Before Income Tax) **49** | 5.9 | 16.3 | 9.2 | 6.5 | 7.9 | 3.8 | 7.2 | 5.6 | 3.3 | • | • | 4.5 | • |
| Profit Margin (After Income Tax) **50** | 4.8 | 10.6 | 9.1 | 6.2 | 7.2 | 3.2 | 6.1 | 3.8 | 1.2 | • | • | 3.6 | • |

**Table II**

Corporations with Net Income

# OTHER REAL ESTATE ACTIVITIES

| Item Description for Accounting Period 7/00 Through 6/01 | MONEY AMOUNTS AND SIZE OF ASSETS IN THOUSANDS OF DOLLARS | | | | | | | | | | | | |
|---|---|---|---|---|---|---|---|---|---|---|---|---|---|
| | Total | Zero Assets | Under 100 | 100 to 250 | 251 to 500 | 501 to 1,000 | 1,001 to 5,000 | 5,001 to 10,000 | 10,001 to 25,000 | 25,001 to 50,000 | 50,001 to 100,000 | 100,001 to 250,000 | 250,001 and over |
| Number of Enterprises 1 | 76041 | 5529 | 41056 | 12809 | 6731 | 4155 | 4567 | 641 | 353 | 118 | 0 | 0 | 3 |
| **Revenues ($ in Thousands)** | | | | | | | | | | | | | |
| Net Sales 2 | 33380308 | 1224768 | 6598663 | 5050783 | 2405920 | 3034865 | 6237891 | 2010956 | 1614115 | 1545161 | 0 | 0 | 998172 |
| Interest 3 | 594939 | 71750 | 19380 | 22305 | 33147 | 46049 | 107607 | 57057 | 62482 | 62286 | 0 | 0 | 3801 |
| Rents 4 | 841589 | 59856 | 37445 | 38264 | 63949 | 40674 | 147871 | 71261 | 124197 | 102196 | 0 | 0 | 3262 |
| Royalties 5 | 74614 | 4406 | 0 | 0 | 270 | 80 | 25092 | 3313 | 6041 | 3076 | 0 | 0 | 713 |
| Other Portfolio Income 6 | 1535089 | 498669 | 39390 | 32631 | 62335 | 43466 | 357456 | 132352 | 95669 | 120881 | 0 | 0 | 16348 |
| Other Receipts 7 | 30334077 | 590087 | 6502448 | 4957583 | 2246219 | 2904596 | 5599865 | 1746973 | 1325726 | 1256722 | 0 | 0 | 974048 |
| Total Receipts 8 | 33380308 | 1224768 | 6598663 | 5050783 | 2405920 | 3034865 | 6237891 | 2010956 | 1614115 | 1545161 | 0 | 0 | 998172 |
| Average Total Receipts 9 | 439 | 222 | 161 | 394 | 357 | 730 | 1366 | 3137 | 4573 | 13095 | • | • | 332724 |
| **Operating Costs/Operating Income (%)** | | | | | | | | | | | | | |
| Cost of Operations 10 | 9.1 | 8.3 | 3.4 | 9.1 | 3.3 | 8.2 | 10.4 | 12.1 | 18.2 | 24.9 | • | • | • |
| Salaries and Wages 11 | 26.2 | 7.7 | 24.1 | 34.0 | 23.3 | 35.2 | 28.6 | 14.6 | 16.7 | 11.6 | • | • | 54.5 |
| Taxes Paid 12 | 3.5 | 2.9 | 3.7 | 3.4 | 4.2 | 3.1 | 3.8 | 2.9 | 3.7 | 2.8 | • | • | 0.8 |
| Interest Paid 13 | 2.9 | 7.8 | 0.5 | 0.7 | 1.7 | 1.7 | 3.4 | 7.3 | 6.2 | 4.6 | • | • | 2.8 |
| Depreciation 14 | 1.6 | 0.9 | 1.2 | 1.1 | 1.1 | 1.4 | 1.8 | 1.9 | 3.0 | 2.1 | • | • | 1.8 |
| Amortization and Depletion 15 | 0.3 | 0.4 | 0.1 | 0.1 | 0.0 | 0.3 | 0.3 | 0.1 | 0.4 | 0.2 | • | • | 1.7 |
| Pensions and Other Deferred Comp. 16 | 0.7 | 0.1 | 0.8 | 1.9 | 0.4 | 1.0 | 0.5 | 0.1 | 0.2 | 0.3 | • | • | • |
| Employee Benefits 17 | 1.3 | 0.3 | 1.5 | 1.0 | 0.3 | 1.2 | 1.6 | 0.9 | 0.9 | 0.6 | • | • | 6.7 |
| Advertising 18 | 0.9 | 0.3 | 0.7 | 0.9 | 0.6 | 2.4 | 0.7 | 0.5 | 0.5 | 0.4 | • | • | 3.0 |
| Other Expenses 19 | 28.0 | 12.5 | 31.8 | 30.0 | 32.6 | 27.0 | 22.4 | 36.5 | 21.7 | 31.4 | • | • | 19.3 |
| Officers' Compensation 20 | 7.5 | 2.3 | 14.7 | 6.9 | 9.2 | 5.0 | 7.9 | 2.2 | 5.0 | 3.8 | • | • | 0.2 |
| Operating Margin 21 | 18.1 | 56.5 | 17.5 | 10.9 | 23.4 | 13.7 | 18.6 | 20.9 | 23.5 | 17.5 | • | • | 9.2 |
| Operating Margin Before Officers' Comp. 22 | 25.5 | 58.8 | 32.2 | 17.8 | 32.6 | 18.6 | 26.5 | 23.1 | 28.5 | 21.2 | • | • | 9.4 |

| Selected Average Balance Sheet ($ in Thousands) | | | | | | | | | | | | | |
|---|---|---|---|---|---|---|---|---|---|---|---|---|---|
| Net Receivables 23 | 47 | 0 | 2 | 10 | 21 | 49 | 224 | 505 | 1159 | 3992 | • | • | 54363 |
| Inventories 24 | • | • | • | • | • | • | • | • | • | • | • | • | • |
| Net Property, Plant and Equipment 25 | 127 | 0 | 8 | 37 | 67 | 167 | 443 | 2146 | 4114 | 7815 | • | • | 31617 |
| Total Assets 26 | 539 | 0 | 33 | 164 | 338 | 708 | 2121 | 6851 | 15316 | 35280 | • | • | 481218 |
| Notes and Loans Payable 27 | 212 | 0 | 20 | 53 | 121 | 203 | 959 | 3260 | 6387 | 12428 | • | • | 123714 |
| All Other Liabilities 28 | 127 | 0 | 6 | 40 | 42 | 167 | 463 | 1780 | 2704 | 11054 | • | • | 161427 |
| Net Worth 29 | 200 | 0 | 6 | 71 | 175 | 339 | 699 | 1811 | 6226 | 11798 | • | • | 196077 |

| Selected Financial Ratios (Times to 1) | | | | | | | | | | | | | |
|---|---|---|---|---|---|---|---|---|---|---|---|---|---|
| Current Ratio 30 | 1.8 | • | 2.6 | 1.9 | 4.0 | 1.9 | 2.1 | 1.8 | 1.5 | 1.6 | • | • | 1.4 |
| Quick Ratio 31 | 1.1 | • | 1.9 | 1.6 | 2.5 | 1.2 | 1.2 | 1.0 | 0.9 | 1.1 | • | • | 0.8 |
| Net Sales to Working Capital 32 | 4.7 | • | 14.9 | 10.2 | 2.7 | 4.2 | 2.8 | 2.6 | 2.7 | 2.5 | • | • | 8.1 |
| Coverage Ratio 33 | 7.2 | 8.2 | 35.1 | 15.7 | 15.1 | 9.0 | 6.4 | 3.9 | 4.7 | 4.7 | • | • | 4.3 |
| Total Asset Turnover 34 | 0.8 | • | 4.9 | 2.4 | 1.1 | 1.0 | 0.6 | 0.5 | 0.3 | 0.4 | • | • | 0.7 |
| Inventory Turnover 35 | • | • | • | • | • | • | • | • | • | • | • | • | • |
| Receivables Turnover 36 | • | • | • | • | • | • | • | • | • | • | • | • | • |
| Total Liabilities to Net Worth 37 | 1.7 | • | 4.4 | 1.3 | 0.9 | 1.1 | 2.0 | 2.8 | 1.5 | 2.0 | • | • | 1.5 |
| Current Assets to Working Capital 38 | 2.3 | • | 1.6 | 2.1 | 1.3 | 2.1 | 1.9 | 2.2 | 2.9 | 2.6 | • | • | 3.8 |
| Current Liabilities to Working Capital 39 | 1.3 | • | 0.6 | 1.1 | 0.3 | 1.1 | 0.9 | 1.2 | 1.9 | 1.6 | • | • | 2.8 |
| Working Capital to Net Sales 40 | 0.2 | • | 0.1 | 0.1 | 0.4 | 0.2 | 0.4 | 0.4 | 0.4 | 0.4 | • | • | 0.1 |
| Inventory to Working Capital 41 | 0.0 | • | • | • | 0.0 | • | • | 0.0 | 0.0 | 0.0 | • | • | 0.0 |
| Total Receipts to Cash Flow 42 | 2.7 | 3.5 | 2.3 | 3.0 | 2.0 | 2.9 | 3.3 | 2.5 | 2.7 | 2.5 | • | • | 4.1 |
| Cost of Goods to Cash Flow 43 | 0.2 | 0.3 | 0.1 | 0.3 | 0.1 | 0.2 | 0.3 | 0.3 | 0.5 | 0.6 | • | • | • |
| Cash Flow to Total Debt 44 | 0.5 | • | 2.6 | 1.4 | 1.1 | 0.7 | 0.3 | 0.3 | 0.2 | 0.2 | • | • | 0.3 |

| Selected Financial Factors (in Percentages) | | | | | | | | | | | | | |
|---|---|---|---|---|---|---|---|---|---|---|---|---|---|
| Debt Ratio 45 | 62.8 | • | 81.4 | 56.6 | 48.3 | 52.2 | 67.0 | 73.6 | 59.4 | 66.6 | • | • | 59.3 |
| Return on Total Assets 46 | 17.0 | • | 87.8 | 28.1 | 26.5 | 15.9 | 14.1 | 12.9 | 8.8 | 8.0 | • | • | 8.3 |
| Return on Equity Before Income Taxes 47 | 39.4 | • | 458.3 | 60.6 | 47.8 | 29.5 | 36.2 | 36.0 | 17.0 | 18.9 | • | • | 15.6 |
| Return on Equity After Income Taxes 48 | 36.3 | • | 453.8 | 58.9 | 46.0 | 27.8 | 33.3 | 31.5 | 14.9 | 15.8 | • | • | 10.6 |
| Profit Margin (Before Income Tax) 49 | 18.0 | 56.5 | 17.5 | 10.9 | 23.4 | 13.7 | 18.6 | 20.8 | 23.1 | 17.1 | • | • | 9.2 |
| Profit Margin (After Income Tax) 50 | 16.6 | 48.7 | 17.3 | 10.6 | 22.5 | 12.9 | 17.0 | 18.2 | 20.3 | 14.2 | • | • | 6.2 |

**Table I**

Corporations with and without Net Income

# Automotive Equipment Rental and Leasing

**Money Amounts and Size of Assets in Thousands of Dollars**

| Item Description for Accounting Period 7/00 Through 6/01 | | Total | Zero Assets | Under 100 | 100 to 250 | 251 to 500 | 501 to 1,000 | 1,001 to 5,000 | 5,001 to 10,000 | 10,001 to 25,000 | 25,001 to 50,000 | 50,001 to 100,000 | 100,001 to 250,000 | 250,001 and over |
|---|---|---|---|---|---|---|---|---|---|---|---|---|---|---|
| Number of Enterprises | 1 | 8894 | 638 | 2816 | 1254 | 1511 | 1105 | 1089 | 222 | 171 | 45 | 20 | 12 | 11 |
| **Revenues ($ in Thousands)** | | | | | | | | | | | | | | |
| Net Sales | 2 | 47653831 | 490255 | 219894 | 325013 | 272442 | 573523 | 1564106 | 736905 | 1656651 | 1059935 | 785501 | 1809000 | 38160605 |
| Interest | 3 | 855918 | 262 | 511 | 43 | 3121 | 2776 | 7857 | 991 | 6994 | 5948 | 1544 | 2490 | 823381 |
| Rents | 4 | 167029 | 3373 | 0 | 0 | 0 | 212 | 2830 | 0 | 596 | 10236 | 293 | 13773 | 135715 |
| Royalties | 5 | 50669 | 0 | 0 | 0 | 0 | 0 | 0 | 0 | 0 | 0 | 0 | 152 | 50517 |
| Other Portfolio Income | 6 | 1572392 | 73231 | 4715 | 310 | 14615 | 23700 | 108456 | 48776 | 132113 | 63420 | 56735 | 99967 | 946355 |
| Other Receipts | 7 | 45007823 | 413389 | 214668 | 324660 | 254706 | 546835 | 1444963 | 687138 | 1516948 | 980331 | 726929 | 1692618 | 36204637 |
| Total Receipts | 8 | 47653831 | 490255 | 219894 | 325013 | 272442 | 573523 | 1564106 | 736905 | 1656651 | 1059935 | 785501 | 1809000 | 38160605 |
| Average Total Receipts | 9 | 5358 | 768 | 78 | 259 | 180 | 519 | 1436 | 3319 | 9688 | 23554 | 39275 | 150750 | 3469146 |
| **Operating Costs/Operating Income (%)** | | | | | | | | | | | | | | |
| Cost of Operations | 10 | 33.7 | 2.8 | 19.9 | 63.1 | 25.5 | 44.4 | 24.9 | 19.5 | 24.6 | 38.0 | 32.2 | 11.0 | 35.9 |
| Salaries and Wages | 11 | 10.7 | 18.0 | 37.6 | 4.8 | 6.2 | 15.6 | 10.7 | 10.8 | 9.6 | 6.4 | 9.2 | 11.1 | 10.6 |
| Taxes Paid | 12 | 2.2 | 3.6 | 5.4 | 1.5 | 3.3 | 2.5 | 2.5 | 3.0 | 2.4 | 1.7 | 2.5 | 2.4 | 2.2 |
| Interest Paid | 13 | 6.4 | 10.8 | 1.9 | 4.1 | 9.3 | 3.9 | 5.4 | 9.3 | 8.4 | 8.8 | 7.7 | 5.5 | 6.3 |
| Depreciation | 14 | 20.7 | 41.6 | 8.9 | 10.3 | 48.7 | 10.9 | 25.5 | 36.4 | 34.2 | 28.8 | 29.0 | 32.3 | 18.6 |
| Amortization and Depletion | 15 | 0.2 | 0.0 | 0.0 | • | 1.3 | 0.0 | 0.1 | 0.0 | 0.0 | 0.1 | 0.1 | 0.2 | 0.2 |
| Pensions and Other Deferred Comp. | 16 | 0.3 | 0.2 | • | 0.4 | • | 0.0 | 0.2 | 0.5 | 0.1 | 0.1 | 0.3 | 1.5 | 0.2 |
| Employee Benefits | 17 | 0.9 | 2.3 | • | 1.1 | 0.5 | 0.3 | 0.5 | 0.9 | 0.5 | 0.6 | 0.5 | 1.2 | 0.9 |
| Advertising | 18 | 0.8 | 0.3 | 0.4 | 0.9 | 4.5 | 2.1 | 1.3 | 0.7 | 0.9 | 0.7 | 0.9 | 0.4 | 0.8 |
| Other Expenses | 19 | 23.5 | 26.4 | 24.1 | 15.9 | 26.9 | 17.5 | 22.7 | 20.4 | 16.3 | 11.7 | 17.0 | 32.4 | 24.0 |
| Officers' Compensation | 20 | 0.8 | 3.2 | 6.8 | 6.9 | 3.2 | 4.0 | 3.4 | 2.5 | 1.8 | 1.4 | 1.4 | 1.0 | 0.4 |
| Operating Margin | 21 | • | • | • | • | • | • | 2.9 | • | 1.1 | 1.7 | • | 1.0 | • |
| Operating Margin Before Officers' Comp. | 22 | 0.5 | • | 1.7 | • | • | 2.8 | 6.3 | • | 2.9 | 3.1 | 0.6 | 1.9 | 0.3 |

## Selected Average Balance Sheet ($ in Thousands)

| | | | | | | | | | | | | | |
|---|---|---|---|---|---|---|---|---|---|---|---|---|---|
| Net Receivables 23 | 675 | 0 | 15 | 5 | 34 | 50 | 158 | 522 | 1370 | 4191 | 6924 | 12842 | 440478 |
| Inventories 24 | • | • | • | • | • | • | • | • | • | • | • | • | • |
| Net Property, Plant and Equipment 25 | 4237 | 0 | 19 | 104 | 255 | 305 | 1343 | 4942 | 10360 | 21642 | 45559 | 129778 | 2636380 |
| Total Assets 26 | 6847 | 0 | 58 | 139 | 373 | 645 | 2140 | 6830 | 15704 | 33310 | 67284 | 155322 | 4367269 |
| Notes and Loans Payable 27 | 4589 | 0 | 47 | 164 | 590 | 376 | 1414 | 5273 | 11502 | 25342 | 45233 | 116684 | 2822626 |
| All Other Liabilities 28 | 1255 | 0 | 9 | 3 | 21 | 46 | 153 | 627 | 1473 | 2384 | 10394 | 20289 | 902923 |
| Net Worth 29 | 1003 | 0 | 2 | -28 | -238 | 223 | 573 | 931 | 2728 | 5584 | 11657 | 18349 | 641720 |

## Selected Financial Ratios (Times to 1)

| | | | | | | | | | | | | | |
|---|---|---|---|---|---|---|---|---|---|---|---|---|---|
| Current Ratio 30 | 0.5 | • | 1.6 | 2.2 | 2.5 | 2.0 | 1.1 | 0.5 | 0.7 | 0.5 | 0.7 | 0.3 | 0.5 |
| Quick Ratio 31 | 0.4 | • | 1.3 | 0.8 | 2.3 | 1.2 | 0.7 | 0.3 | 0.4 | 0.4 | 0.4 | 0.2 | 0.3 |
| Net Sales to Working Capital 32 | • | • | 8.1 | 18.2 | 3.1 | 5.2 | 29.0 | • | • | • | • | • | • |
| Coverage Ratio 33 | 1.0 | 0.2 | • | • | • | 0.7 | 1.5 | 0.6 | 1.1 | 1.2 | 0.9 | 1.2 | 1.0 |
| Total Asset Turnover 34 | 0.8 | • | 1.3 | 1.9 | 0.5 | 0.8 | 0.7 | 0.5 | 0.6 | 0.7 | 0.6 | 1.0 | 0.8 |
| Inventory Turnover 35 | • | • | • | • | • | • | • | • | • | • | • | • | • |
| Receivables Turnover 36 | • | • | • | • | • | • | • | • | • | • | • | • | • |
| Total Liabilities to Net Worth 37 | 5.8 | • | 30.0 | • | • | 1.9 | 2.7 | 6.3 | 4.8 | 5.0 | 4.8 | 7.5 | 5.8 |
| Current Assets to Working Capital 38 | • | • | 2.6 | 1.9 | 1.6 | 2.0 | 9.8 | • | • | • | • | • | • |
| Current Liabilities to Working Capital 39 | • | • | 1.6 | 0.9 | 0.6 | 1.0 | 8.8 | • | • | • | • | • | • |
| Working Capital to Net Sales 40 | • | • | 0.1 | 0.1 | 0.3 | 0.2 | 0.0 | • | • | • | • | • | • |
| Inventory to Working Capital 41 | • | • | • | 1.2 | 0.0 | 0.6 | 1.7 | • | • | • | • | • | • |
| Total Receipts to Cash Flow 42 | 7.3 | 576.1 | 6.9 | 64.3 | • | 11.8 | 6.7 | 11.4 | 10.3 | 10.4 | 11.1 | 4.4 | 7.1 |
| Cost of Goods to Cash Flow 43 | 2.5 | 15.9 | 1.4 | 40.6 | • | 5.2 | 1.7 | 2.2 | 2.5 | 3.9 | 3.6 | 0.5 | 2.5 |
| Cash Flow to Total Debt 44 | 0.1 | • | 0.2 | 0.0 | • | 0.1 | 0.1 | 0.0 | 0.1 | 0.1 | 0.1 | 0.2 | 0.1 |

## Selected Financial Factors (in Percentages)

| | | | | | | | | | | | | | |
|---|---|---|---|---|---|---|---|---|---|---|---|---|---|
| Debt Ratio 45 | 85.4 | • | 96.8 | 120.3 | 163.6 | 65.4 | 73.2 | 86.4 | 82.6 | 83.2 | 82.7 | 88.2 | 85.3 |
| Return on Total Assets 46 | 4.8 | • | • | • | • | 2.1 | 5.6 | 2.5 | 5.8 | 7.4 | 4.1 | 6.3 | 4.9 |
| Return on Equity Before Income Taxes 47 | • | • | • | 83.5 | 22.4 | • | 7.3 | • | 3.6 | 7.0 | • | 7.9 | • |
| Return on Equity After Income Taxes 48 | • | • | • | 85.2 | 22.5 | • | 5.1 | • | 2.4 | 4.5 | • | 7.2 | • |
| Profit Margin (Before Income Tax) 49 | • | • | • | • | • | • | 2.9 | • | 1.0 | 1.7 | • | 1.0 | • |
| Profit Margin (After Income Tax) 50 | • | • | • | • | • | • | 2.1 | • | 0.7 | 1.1 | • | 0.9 | • |

**Table II**

Corporations with Net Income

# AUTOMOTIVE EQUIPMENT RENTAL AND LEASING

| Item Description for Accounting Period 7/00 Through 6/01 | | MONEY AMOUNTS AND SIZE OF ASSETS IN THOUSANDS OF DOLLARS | | | | | | | | | | | | |
|---|---|---|---|---|---|---|---|---|---|---|---|---|---|---|
| | | Total | Zero Assets | Under 100 | 100 to 250 | 251 to 500 | 501 to 1,000 | 1,001 to 5,000 | 5,001 to 10,000 | 10,001 to 25,000 | 25,001 to 50,000 | 50,001 to 100,000 | 100,001 to 250,000 | 250,001 and over |
| Number of Enterprises | 1 | 3315 | 4 | 581 | 720 | 583 | 614 | 619 | 68 | 76 | 30 | 8 | 5 | 6 |
| **Revenues ($ in Thousands)** | | | | | | | | | | | | | | |
| Net Sales | 2 | 26125568 | 37813 | 23481 | 179375 | 104283 | 385026 | 979795 | 391778 | 823791 | 754714 | 307807 | 1018425 | 21119278 |
| Interest | 3 | 754134 | 98 | 388 | 43 | 3118 | 2765 | 7786 | 844 | 4961 | 5489 | 996 | 1048 | 726600 |
| Rents | 4 | 161198 | 0 | 0 | 0 | 0 | 0 | 2830 | 0 | 460 | 9480 | 0 | 13160 | 135267 |
| Royalties | 5 | 49846 | 0 | 0 | 0 | 0 | 0 | 0 | 0 | 0 | 0 | 0 | 152 | 49694 |
| Other Portfolio Income | 6 | 848344 | 13334 | 4715 | 310 | 7899 | 22366 | 51437 | 23965 | 85994 | 31351 | 19611 | 35388 | 551972 |
| Other Receipts | 7 | 24312046 | 24381 | 18378 | 179022 | 93266 | 359895 | 917742 | 366969 | 732376 | 708394 | 287200 | 968677 | 19655745 |
| Total Receipts | 8 | 26125568 | 37813 | 23481 | 179375 | 104283 | 385026 | 979795 | 391778 | 823791 | 754714 | 307807 | 1018425 | 21119278 |
| Average Total Receipts | 9 | 7881 | 9453 | 40 | 249 | 179 | 627 | 1583 | 5761 | 10839 | 25157 | 38476 | 203685 | 3519880 |
| **Operating Costs/Operating Income (%)** | | | | | | | | | | | | | | |
| Cost of Operations | 10 | 32.7 | 3.5 | 22.2 | 35.9 | • | 47.9 | 28.3 | 29.2 | 21.7 | 45.5 | 25.9 | 8.6 | 34.1 |
| Salaries and Wages | 11 | 11.3 | 9.9 | • | 8.7 | 0.1 | 10.2 | 8.6 | 13.0 | 10.0 | 7.5 | 10.2 | 12.3 | 11.6 |
| Taxes Paid | 12 | 2.2 | 3.5 | 0.6 | 2.2 | 2.1 | 1.4 | 2.3 | 3.4 | 2.4 | 2.0 | 2.8 | 2.2 | 2.2 |
| Interest Paid | 13 | 6.5 | 6.7 | 6.2 | 1.7 | 5.2 | 4.0 | 4.7 | 5.5 | 7.2 | 6.4 | 5.1 | 3.8 | 6.9 |
| Depreciation | 14 | 16.5 | 20.7 | 28.5 | 9.9 | 53.6 | 9.3 | 22.8 | 23.2 | 30.9 | 21.3 | 24.2 | 16.0 | 15.2 |
| Amortization and Depletion | 15 | 0.2 | 0.0 | 0.2 | • | • | 0.0 | 0.1 | 0.0 | 0.0 | 0.1 | 0.1 | 0.2 | 0.3 |
| Pensions and Other Deferred Comp. | 16 | 0.4 | 0.0 | • | 0.8 | • | 0.0 | 0.3 | 0.9 | 0.2 | 0.1 | 0.3 | 2.6 | 0.3 |
| Employee Benefits | 17 | 1.0 | 0.2 | • | 1.9 | 0.1 | 0.2 | 0.4 | 1.2 | 0.6 | 0.6 | 0.5 | 1.6 | 1.0 |
| Advertising | 18 | 0.9 | 0.4 | 0.8 | 1.6 | 1.0 | 2.9 | 1.2 | 0.5 | 0.8 | 0.8 | 0.4 | 0.2 | 0.9 |
| Other Expenses | 19 | 23.1 | 23.4 | 16.3 | 21.9 | 25.2 | 14.3 | 16.1 | 14.5 | 16.9 | 10.0 | 22.6 | 46.7 | 23.3 |
| Officers' Compensation | 20 | 1.0 | 1.9 | • | 12.0 | 4.2 | 4.4 | 3.6 | 3.1 | 1.8 | 1.5 | 1.7 | 0.9 | 0.6 |
| Operating Margin | 21 | 4.3 | 29.7 | 25.2 | 3.5 | 8.4 | 5.3 | 11.6 | 5.4 | 7.7 | 4.2 | 6.3 | 5.0 | 3.6 |
| Operating Margin Before Officers' Comp. | 22 | 5.2 | 31.6 | 25.2 | 15.5 | 12.6 | 9.7 | 15.2 | 8.5 | 9.5 | 5.7 | 8.0 | 5.9 | 4.2 |

## Selected Average Balance Sheet ($ in Thousands)

| | | | | | | | | | | | | | |
|---|---|---|---|---|---|---|---|---|---|---|---|---|---|
| Net Receivables 23 | 920 | 0 | 0 | 0 | 53 | 24 | 135 | 327 | 1668 | 5470 | 10095 | 12728 | 410229 |
| Inventories 24 | • | • | • | • | • | • | • | • | • | • | • | • | • |
| Net Property, Plant and Equipment 25 | 5989 | 0 | 42 | 104 | 201 | 201 | 1114 | 5751 | 9856 | 20059 | 45290 | 115901 | 2690193 |
| Total Assets 26 | 10371 | 0 | 63 | 122 | 336 | 641 | 1897 | 8159 | 15206 | 33522 | 67684 | 147413 | 4749326 |
| Notes and Loans Payable 27 | 6669 | 0 | 39 | 89 | 279 | 325 | 1050 | 5193 | 9800 | 22902 | 44082 | 102299 | 3060006 |
| All Other Liabilities 28 | 1726 | 0 | 7 | 3 | 6 | 60 | 135 | 507 | 1261 | 2737 | 6195 | 25217 | 867217 |
| Net Worth 29 | 1976 | 0 | 17 | 30 | 52 | 256 | 712 | 2459 | 4145 | 7883 | 17408 | 19897 | 822102 |

## Selected Financial Ratios (Times to 1)

| | | | | | | | | | | | | | |
|---|---|---|---|---|---|---|---|---|---|---|---|---|---|
| Current Ratio 30 | 0.4 | • | 0.6 | 0.4 | 5.0 | 1.6 | 1.0 | 0.5 | 0.8 | 0.6 | 0.7 | 0.2 | 0.4 |
| Quick Ratio 31 | 0.3 | • | 0.5 | 0.4 | 5.0 | 0.9 | 0.7 | 0.5 | 0.5 | 0.4 | 0.5 | 0.2 | 0.3 |
| Net Sales to Working Capital 32 | • | • | • | • | 1.7 | 9.3 | 77.1 | • | • | • | • | • | • |
| Coverage Ratio 33 | 1.7 | 5.5 | 5.1 | 3.1 | 2.6 | 2.3 | 3.5 | 2.0 | 2.1 | 1.7 | 2.2 | 2.3 | 1.5 |
| Total Asset Turnover 34 | 0.8 | • | 0.6 | 2.0 | 0.5 | 1.0 | 0.8 | 0.7 | 0.7 | 0.8 | 0.6 | 1.4 | 0.7 |
| Inventory Turnover 35 | • | • | • | • | • | • | • | • | • | • | • | • | • |
| Receivables Turnover 36 | • | • | • | • | • | • | • | • | • | • | • | • | • |
| Total Liabilities to Net Worth 37 | 4.2 | • | 2.6 | 3.0 | 5.5 | 1.5 | 1.7 | 2.3 | 2.7 | 3.3 | 2.9 | 6.4 | 4.8 |
| Current Assets to Working Capital 38 | • | • | • | • | 1.3 | 2.8 | 25.0 | • | • | • | • | • | • |
| Current Liabilities to Working Capital 39 | • | • | • | • | 0.3 | 1.8 | 24.0 | • | • | • | • | • | • |
| Working Capital to Net Sales 40 | • | • | • | • | 0.6 | 0.1 | 0.0 | • | • | • | • | • | • |
| Inventory to Working Capital 41 | • | • | • | • | • | 0.7 | 2.9 | • | • | • | • | • | • |
| Total Receipts to Cash Flow 42 | 6.0 | 3.6 | 4.2 | 5.6 | 3.8 | 8.1 | 4.5 | 6.8 | 5.8 | 9.1 | 5.0 | 2.6 | 6.4 |
| Cost of Goods to Cash Flow 43 | 2.0 | 0.1 | 0.9 | 2.0 | • | 3.9 | 1.3 | 2.0 | 1.3 | 4.1 | 1.3 | 0.2 | 2.2 |
| Cash Flow to Total Debt 44 | 0.2 | • | 0.2 | 0.5 | 0.2 | 0.2 | 0.3 | 0.1 | 0.2 | 0.1 | 0.2 | 0.6 | 0.1 |

## Selected Financial Factors (in Percentages)

| | | | | | | | | | | | | | |
|---|---|---|---|---|---|---|---|---|---|---|---|---|---|
| Debt Ratio 45 | 80.9 | • | 72.5 | 75.2 | 84.7 | 60.0 | 62.5 | 69.9 | 72.7 | 76.5 | 74.3 | 86.5 | 82.7 |
| Return on Total Assets 46 | 8.2 | • | 20.1 | 10.7 | 7.2 | 9.1 | 13.7 | 7.7 | 10.6 | 8.0 | 6.5 | 12.2 | 7.7 |
| Return on Equity Before Income Taxes 47 | 17.0 | • | 58.5 | 28.9 | 29.1 | 12.9 | 25.8 | 12.7 | 20.0 | 13.5 | 13.9 | 51.3 | 15.4 |
| Return on Equity After Income Taxes 48 | 12.7 | • | 58.5 | 26.3 | 28.1 | 10.7 | 22.8 | 12.1 | 18.4 | 10.8 | 10.2 | 49.8 | 10.5 |
| Profit Margin (Before Income Tax) 49 | 4.3 | 29.7 | 25.2 | 3.5 | 8.4 | 5.3 | 11.6 | 5.4 | 7.7 | 4.2 | 6.3 | 5.0 | 3.6 |
| Profit Margin (After Income Tax) 50 | 3.2 | 28.3 | 25.2 | 3.2 | 8.1 | 4.4 | 10.3 | 5.2 | 7.0 | 3.4 | 4.6 | 4.9 | 2.4 |

# OTHER CONSUMER GOODS AND GENERAL RENTAL CENTERS

MONEY AMOUNTS AND SIZE OF ASSETS IN THOUSANDS OF DOLLARS

| Item Description for Accounting Period 7/00 Through 6/01 | | Total | Zero Assets | Under 100 | 100 to 250 | 251 to 500 | 501 to 1,000 | 1,001 to 5,000 | 5,001 to 10,000 | 10,001 to 25,000 | 25,001 to 50,000 | 50,001 to 100,000 | 100,001 to 250,000 | 250,001 and over |
|---|---|---|---|---|---|---|---|---|---|---|---|---|---|---|
| Number of Enterprises | 1 | 13079 | 1225 | 6339 | 2054 | 0 | 0 | 580 | 71 | 43 | 13 | 8 | 5 | 6 |
| **Revenues ($ in Thousands)** | | | | | | | | | | | | | | |
| Net Sales | 2 | 12212377 | 263080 | 622417 | 836434 | 0 | 0 | 2139479 | 969920 | 651519 | 370357 | 696916 | 609119 | 2826821 |
| Interest | 3 | 88774 | 263 | 1079 | 1697 | 0 | 0 | 3031 | 948 | 4267 | 2820 | 2154 | 4734 | 65018 |
| Rents | 4 | 13451 | 0 | 0 | 0 | 0 | 0 | 0 | 8 | 3 | 117 | 0 | 454 | 6549 |
| Royalties | 5 | 1657 | 0 | 0 | 0 | 0 | 0 | 0 | 0 | 13 | 0 | 1595 | 50 | 0 |
| Other Portfolio Income | 6 | 83372 | 9294 | 0 | 3598 | 0 | 0 | 27960 | 20019 | 5979 | 533 | 4987 | 5929 | 787 |
| Other Receipts | 7 | 12025123 | 253523 | 621338 | 831139 | 0 | 0 | 2108488 | 948945 | 641257 | 366887 | 688180 | 597952 | 2754467 |
| Total Receipts | 8 | 12212377 | 263080 | 622417 | 836434 | 0 | 0 | 2139479 | 969920 | 651519 | 370357 | 696916 | 609119 | 2826821 |
| Average Total Receipts | 9 | 934 | 215 | 98 | 407 | • | • | 3689 | 13661 | 15152 | 28489 | 87114 | 121824 | 471137 |
| **Operating Costs/Operating Income (%)** | | | | | | | | | | | | | | |
| Cost of Operations | 10 | 23.8 | 33.5 | 22.3 | 25.0 | • | • | 27.4 | 27.8 | 34.1 | 39.4 | 26.4 | 7.3 | 15.7 |
| Salaries and Wages | 11 | 21.0 | 22.9 | 16.7 | 20.9 | • | • | 20.7 | 20.8 | 19.9 | 18.0 | 24.3 | 28.8 | 20.6 |
| Taxes Paid | 12 | 3.5 | 3.0 | 4.0 | 4.2 | • | • | 3.6 | 3.0 | 3.0 | 2.8 | 3.5 | 2.7 | 4.0 |
| Interest Paid | 13 | 3.5 | 0.8 | 0.8 | 1.5 | • | • | 2.0 | 1.1 | 4.4 | 5.0 | 4.4 | 2.5 | 7.4 |
| Depreciation | 14 | 11.2 | 4.1 | 8.1 | 9.1 | • | • | 9.5 | 9.4 | 14.0 | 12.6 | 10.8 | 17.8 | 14.5 |
| Amortization and Depletion | 15 | 3.2 | 0.2 | 0.4 | 0.2 | • | • | 0.9 | 0.0 | 0.5 | 1.6 | 2.9 | 6.9 | 10.5 |
| Pensions and Other Deferred Comp. | 16 | 0.2 | 0.1 | • | 0.0 | • | • | 0.3 | 0.4 | 0.2 | 0.0 | 0.1 | 0.0 | 0.1 |
| Employee Benefits | 17 | 0.9 | 0.7 | 0.3 | 0.4 | • | • | 0.7 | 1.1 | 1.3 | 1.3 | 1.5 | 0.6 | 1.1 |
| Advertising | 18 | 2.5 | 1.5 | 1.8 | 1.5 | • | • | 2.0 | 1.5 | 2.9 | 2.5 | 3.0 | 7.1 | 2.6 |
| Other Expenses | 19 | 31.9 | 59.0 | 40.4 | 31.7 | • | • | 23.5 | 24.5 | 22.8 | 19.2 | 42.9 | 59.4 | 34.4 |
| Officers' Compensation | 20 | 3.6 | 2.1 | 7.9 | 5.9 | • | • | 6.0 | 3.3 | 1.7 | 2.4 | 1.4 | 1.5 | 0.3 |
| Operating Margin | 21 | • | • | • | • | • | • | 3.4 | 7.1 | • | • | • | • | • |
| Operating Margin Before Officers' Comp. | 22 | • | • | 5.1 | 5.5 | • | • | 9.4 | 10.4 | • | • | • | • | • |

## Selected Average Balance Sheet ($ in Thousands)

| | | | | | | | | | | | | | |
|---|---|---|---|---|---|---|---|---|---|---|---|---|---|
| Net Receivables 23 | 57 | 0 | 2 | 23 | • | • | 337 | 1210 | 1883 | 3697 | 6828 | 4415 | 22923 |
| Inventories 24 | • | • | • | • | • | • | • | • | • | • | • | • | • |
| Net Property, Plant and Equipment 25 | 382 | 0 | 17 | 123 | • | • | 1214 | 2558 | 6363 | 13211 | 26608 | 60628 | 299668 |
| Total Assets 26 | 716 | 0 | 37 | 190 | • | • | 2258 | 5836 | 15776 | 34158 | 65440 | 149158 | 543813 |
| Notes and Loans Payable 27 | 450 | 0 | 37 | 153 | • | • | 1129 | 1474 | 8449 | 18093 | 29108 | 92429 | 399863 |
| All Other Liabilities 28 | 154 | 0 | 8 | 23 | • | • | 567 | 1125 | 3332 | 7618 | 46670 | 27108 | 90006 |
| Net Worth 29 | 112 | 0 | -8 | 13 | • | • | 562 | 3237 | 3995 | 8447 | -10338 | 29621 | 53944 |

## Selected Financial Ratios (Times to 1)

| | | | | | | | | | | | | | |
|---|---|---|---|---|---|---|---|---|---|---|---|---|---|
| Current Ratio 30 | 0.7 | • | 1.0 | 2.0 | • | • | 1.2 | 1.5 | 1.2 | 0.7 | 0.5 | 0.5 | 0.3 |
| Quick Ratio 31 | 0.4 | • | 0.7 | 1.5 | • | • | 1.0 | 1.0 | 0.6 | 0.4 | 0.2 | 0.3 | 0.1 |
| Net Sales to Working Capital 32 | • | • | 506.0 | 16.1 | • | • | 31.1 | 14.6 | 16.0 | • | • | • | • |
| Coverage Ratio 33 | • | • | • | 0.8 | • | • | 2.7 | 7.3 | • | 0.0 | • | • | • |
| Total Asset Turnover 34 | 1.3 | • | 2.7 | 2.1 | • | • | 1.6 | 2.3 | 1.0 | 0.8 | 1.3 | 0.8 | 0.9 |
| Inventory Turnover 35 | • | • | • | • | • | • | • | • | • | • | • | • | • |
| Receivables Turnover 36 | • | • | • | • | • | • | • | • | • | • | • | • | • |
| Total Liabilities to Net Worth 37 | 5.4 | • | • | 13.1 | • | • | 3.0 | 0.8 | 2.9 | 3.0 | • | 4.0 | 9.1 |
| Current Assets to Working Capital 38 | • | • | 64.5 | 2.0 | • | • | 6.6 | 3.2 | 6.3 | • | • | • | • |
| Current Liabilities to Working Capital 39 | • | • | 63.5 | 1.0 | • | • | 5.6 | 2.2 | 5.3 | • | • | • | • |
| Working Capital to Net Sales 40 | • | • | 0.0 | 0.1 | • | • | 0.0 | 0.1 | 0.1 | • | • | • | • |
| Inventory to Working Capital 41 | • | • | 22.4 | 0.2 | • | • | 0.8 | 0.6 | 2.1 | • | • | • | • |
| Total Receipts to Cash Flow 42 | 6.9 | 21.0 | 5.3 | 4.9 | • | • | 5.6 | 5.0 | 10.8 | 9.1 | 16.9 | 11.2 | 10.4 |
| Cost of Goods to Cash Flow 43 | 1.7 | 7.0 | 1.2 | 1.2 | • | • | 1.5 | 1.4 | 3.7 | 3.6 | 4.5 | 0.8 | 1.6 |
| Cash Flow to Total Debt 44 | 0.2 | • | 0.4 | 0.5 | • | • | 0.4 | 1.1 | 0.1 | 0.1 | 0.1 | 0.1 | 0.1 |

## Selected Financial Factors (in Percentages)

| | | | | | | | | | | | | | |
|---|---|---|---|---|---|---|---|---|---|---|---|---|---|
| Debt Ratio 45 | 84.4 | • | 121.4 | 92.9 | • | • | 75.1 | 44.5 | 74.7 | 75.3 | 115.8 | 80.1 | 90.1 |
| Return on Total Assets 46 | • | • | • | 2.5 | • | • | 8.9 | 19.0 | • | 0.0 | • | • | • |
| Return on Equity Before Income Taxes 47 | • | • | 35.0 | • | • | • | 22.4 | 29.6 | • | • | 177.8 | • | • |
| Return on Equity After Income Taxes 48 | • | • | 39.3 | • | • | • | 20.1 | 26.0 | • | • | 179.8 | • | • |
| Profit Margin (Before Income Tax) 49 | • | • | • | • | • | • | 3.4 | 7.0 | • | • | • | • | • |
| Profit Margin (After Income Tax) 50 | • | • | • | • | • | • | 3.1 | 6.2 | • | • | • | • | • |

**Table II**

Corporations with Net Income

# OTHER CONSUMER GOODS AND GENERAL RENTAL CENTERS

MONEY AMOUNTS AND SIZE OF ASSETS IN THOUSANDS OF DOLLARS

| Item Description for Accounting Period 7/00 Through 6/01 | | Total | Zero Assets | Under 100 | 100 to 250 | 251 to 500 | 501 to 1,000 | 1,001 to 5,000 | 5,001 to 10,000 | 10,001 to 25,000 | 25,001 to 50,000 | 50,001 to 100,000 | 100,001 to 250,000 | 250,001 and over |
|---|---|---|---|---|---|---|---|---|---|---|---|---|---|---|
| Number of Enterprises | 1 | 6939 | 0 | 2571 | 855 | 0 | 0 | 373 | 0 | 18 | 0 | 0 | 0 | 0 |
| **Revenues ($ in Thousands)** | | | | | | | | | | | | | | |
| Net Sales | 2 | 7006495 | 0 | 395222 | 578488 | 0 | 0 | 1582453 | 0 | 283730 | 0 | 0 | 0 | 0 |
| Interest | 3 | 7938 | 0 | 778 | 1695 | 0 | 0 | 1170 | 0 | 361 | 0 | 0 | 0 | 0 |
| Rents | 4 | 4672 | 0 | 0 | 0 | 0 | 0 | 0 | 0 | 0 | 0 | 0 | 0 | 0 |
| Royalties | 5 | 54 | 0 | 0 | 0 | 0 | 0 | 0 | 0 | 4 | 0 | 0 | 0 | 0 |
| Other Portfolio Income | 6 | 66820 | 0 | 0 | 2953 | 0 | 0 | 27960 | 0 | 2004 | 0 | 0 | 0 | 0 |
| Other Receipts | 7 | 6927011 | 0 | 394444 | 573840 | 0 | 0 | 1553323 | 0 | 281361 | 0 | 0 | 0 | 0 |
| Total Receipts | 8 | 7006495 | 0 | 395222 | 578488 | 0 | 0 | 1582453 | 0 | 283730 | 0 | 0 | 0 | 0 |
| Average Total Receipts | 9 | 1010 | • | 154 | 677 | • | • | 4243 | • | 15763 | • | • | • | • |
| **Operating Costs/Operating Income (%)** | | | | | | | | | | | | | | |
| Cost of Operations | 10 | 25.9 | • | 27.0 | 32.8 | • | • | 22.8 | • | 40.8 | • | • | • | • |
| Salaries and Wages | 11 | 20.1 | • | 15.7 | 18.2 | • | • | 23.8 | • | 11.4 | • | • | • | • |
| Taxes Paid | 12 | 3.4 | • | 4.6 | 3.7 | • | • | 3.9 | • | 2.6 | • | • | • | • |
| Interest Paid | 13 | 1.6 | • | 0.4 | 0.1 | • | • | 2.0 | • | 3.6 | • | • | • | • |
| Depreciation | 14 | 9.8 | • | 4.9 | 4.7 | • | • | 7.9 | • | 14.2 | • | • | • | • |
| Amortization and Depletion | 15 | 0.9 | • | 0.4 | • | • | • | 1.2 | • | 0.4 | • | • | • | • |
| Pensions and Other Deferred Comp. | 16 | 0.2 | • | • | 0.0 | • | • | 0.3 | • | 0.4 | • | • | • | • |
| Employee Benefits | 17 | 0.7 | • | 0.3 | 0.4 | • | • | 1.0 | • | 0.9 | • | • | • | • |
| Advertising | 18 | 2.0 | • | 1.5 | 1.8 | • | • | 2.3 | • | 2.1 | • | • | • | • |
| Other Expenses | 19 | 24.0 | • | 26.5 | 23.4 | • | • | 23.5 | • | 15.9 | • | • | • | • |
| Officers' Compensation | 20 | 4.3 | • | 11.6 | 6.0 | • | • | 4.0 | • | 1.8 | • | • | • | • |
| Operating Margin | 21 | 7.0 | • | 7.2 | 8.7 | • | • | 7.5 | • | 5.7 | • | • | • | • |
| Operating Margin Before Officers' Comp. | 22 | 11.3 | • | 18.8 | 14.7 | • | • | 11.5 | • | 7.6 | • | • | • | • |

| | | | | | | | | | | | | | |
|---|---|---|---|---|---|---|---|---|---|---|---|---|---|
| | **Selected Average Balance Sheet ($ in Thousands)** | | | | | | | | | | | | |
| Net Receivables 23 | 51 | • | 3 | 42 | • | • | 250 | • | 2794 | • | • | • | • |
| Inventories 24 | • | • | • | • | • | • | • | • | • | • | • | • | • |
| Net Property, Plant and Equipment 25 | 294 | • | 15 | 47 | • | • | 1194 | • | 7386 | • | • | • | • |
| Total Assets 26 | 519 | • | 47 | 181 | • | • | 2269 | • | 15821 | • | • | • | • |
| Notes and Loans Payable 27 | 215 | • | 25 | 18 | • | • | 1092 | • | 7942 | • | • | • | • |
| All Other Liabilities 28 | 91 | • | 18 | 48 | • | • | 432 | • | 2980 | • | • | • | • |
| Net Worth 29 | 212 | • | 5 | 115 | • | • | 745 | • | 4899 | • | • | • | • |
| | **Selected Financial Ratios (Times to 1)** | | | | | | | | | | | | |
| Current Ratio 30 | 1.3 | • | 1.1 | 2.0 | • | • | 1.8 | • | 1.4 | • | • | • | • |
| Quick Ratio 31 | 0.9 | • | 0.6 | 1.5 | • | • | 1.5 | • | 0.9 | • | • | • | • |
| Net Sales to Working Capital 32 | 23.8 | • | 107.0 | 13.7 | • | • | 12.5 | • | 11.2 | • | • | • | • |
| Coverage Ratio 33 | 5.3 | • | 19.4 | 97.7 | • | • | 4.7 | • | 2.6 | • | • | • | • |
| Total Asset Turnover 34 | 1.9 | • | 3.3 | 3.7 | • | • | 1.9 | • | 1.0 | • | • | • | • |
| Inventory Turnover 35 | • | • | • | • | • | • | • | • | • | • | • | • | • |
| Receivables Turnover 36 | • | • | • | • | • | • | • | • | • | • | • | • | • |
| Total Liabilities to Net Worth 37 | 1.4 | • | 8.9 | 0.6 | • | • | 2.0 | • | 2.2 | • | • | • | • |
| Current Assets to Working Capital 38 | 3.9 | • | 15.6 | 2.0 | • | • | 2.3 | • | 3.8 | • | • | • | • |
| Current Liabilities to Working Capital 39 | 2.9 | • | 14.6 | 1.0 | • | • | 1.3 | • | 2.8 | • | • | • | • |
| Working Capital to Net Sales 40 | 0.0 | • | 0.0 | 0.1 | • | • | 0.1 | • | 0.1 | • | • | • | • |
| Inventory to Working Capital 41 | 0.9 | • | 6.4 | 0.2 | • | • | 0.3 | • | 0.8 | • | • | • | • |
| Total Receipts to Cash Flow 42 | 4.8 | • | 4.4 | 4.2 | • | • | 4.6 | • | 6.8 | • | • | • | • |
| Cost of Goods to Cash Flow 43 | 1.2 | • | 1.2 | 1.4 | • | • | 1.0 | • | 2.8 | • | • | • | • |
| Cash Flow to Total Debt 44 | 0.7 | • | 0.8 | 2.4 | • | • | 0.6 | • | 0.2 | • | • | • | • |
| | **Selected Financial Factors (in Percentages)** | | | | | | | | | | | | |
| Debt Ratio 45 | 59.1 | • | 89.9 | 36.4 | • | • | 67.2 | • | 69.0 | • | • | • | • |
| Return on Total Assets 46 | 16.6 | • | 24.9 | 32.7 | • | • | 17.8 | • | 9.3 | • | • | • | • |
| Return on Equity Before Income Taxes 47 | 33.1 | • | 234.2 | 50.9 | • | • | 42.8 | • | 18.4 | • | • | • | • |
| Return on Equity After Income Taxes 48 | 30.2 | • | 216.7 | 50.3 | • | • | 40.1 | • | 17.0 | • | • | • | • |
| Profit Margin (Before Income Tax) 49 | 6.9 | • | 7.2 | 8.7 | • | • | 7.5 | • | 5.7 | • | • | • | • |
| Profit Margin (After Income Tax) 50 | 6.3 | • | 6.7 | 8.6 | • | • | 7.0 | • | 5.3 | • | • | • | • |

# Table I

Corporations with and without Net Income

## Commercial and Industrial Machinery and Equipment Rental

| Item Description for Accounting Period 7/00 Through 6/01 | | Total | Zero Assets | Under 100 | 100 to 250 | 251 to 500 | 501 to 1,000 | 1,001 to 5,000 | 5,001 to 10,000 | 10,001 to 25,000 | 25,001 to 50,000 | 50,001 to 100,000 | 100,001 to 250,000 | 250,001 and over |
|---|---|---|---|---|---|---|---|---|---|---|---|---|---|---|
| | | **Money Amounts and Size of Assets in Thousands of Dollars** | | | | | | | | | | | | |
| Number of Enterprises | 1 | 31167 | 981 | 11738 | 7199 | 3929 | 3208 | 3071 | 507 | 278 | 105 | 57 | 39 | 56 |
| **Revenues ($ in Thousands)** | | | | | | | | | | | | | | |
| Net Sales | 2 | 46680397 | 315629 | 362135 | 870710 | 1721427 | 2175380 | 4530203 | 2902924 | 2599731 | 2179137 | 1769722 | 2585851 | 24667548 |
| Interest | 3 | 1510653 | 20524 | 245 | 2804 | 8739 | 6957 | 13438 | 18929 | 22051 | 33104 | 63370 | 160728 | 1159764 |
| Rents | 4 | 231831 | 392 | 0 | 420 | 12349 | 1131 | 3017 | 13037 | 2647 | 69407 | 10313 | 6094 | 113023 |
| Royalties | 5 | 111274 | 0 | 0 | 0 | 0 | 0 | 19 | 10674 | 619 | 34 | 0 | 22632 | 77296 |
| Other Portfolio Income | 6 | 2215087 | 75639 | 7829 | 87603 | 47020 | 79396 | 171439 | 135815 | 87989 | 167054 | 63868 | 91188 | 1200247 |
| Other Receipts | 7 | 42611552 | 219074 | 354061 | 779883 | 1653319 | 2087896 | 4342290 | 2724469 | 2486425 | 1909538 | 1632171 | 2305209 | 22117218 |
| Total Receipts | 8 | 46680397 | 315629 | 362135 | 870710 | 1721427 | 2175380 | 4530203 | 2902924 | 2599731 | 2179137 | 1769722 | 2585851 | 24667548 |
| Average Total Receipts | 9 | 1498 | 322 | 31 | 121 | 438 | 678 | 1475 | 5726 | 9352 | 20754 | 31048 | 66304 | 440492 |
| **Operating Costs/Operating Income (%)** | | | | | | | | | | | | | | |
| Cost of Operations | 10 | 26.0 | 4.7 | 13.3 | 10.1 | 23.6 | 21.9 | 34.2 | 43.8 | 41.4 | 34.7 | 42.9 | 29.1 | 20.1 |
| Salaries and Wages | 11 | 10.7 | 3.7 | 10.0 | 14.5 | 15.0 | 15.1 | 8.6 | 10.1 | 7.4 | 8.2 | 7.5 | 9.5 | 11.4 |
| Taxes Paid | 12 | 2.0 | 3.5 | 2.3 | 2.5 | 3.7 | 3.9 | 2.6 | 2.2 | 2.1 | 1.6 | 1.4 | 1.6 | 1.6 |
| Interest Paid | 13 | 11.2 | 19.9 | 2.8 | 2.9 | 4.6 | 4.4 | 5.1 | 3.8 | 6.6 | 8.4 | 10.6 | 13.6 | 15.0 |
| Depreciation | 14 | 24.3 | 35.7 | 14.9 | 15.5 | 14.5 | 17.8 | 19.3 | 11.7 | 21.5 | 27.5 | 21.6 | 22.9 | 28.7 |
| Amortization and Depletion | 15 | 0.7 | 1.1 | 0.1 | 0.2 | 0.0 | 0.1 | 0.1 | 0.1 | 0.2 | 0.3 | 0.3 | 0.3 | 1.2 |
| Pensions and Other Deferred Comp. | 16 | 0.4 | 0.1 | 0.1 | • | 0.4 | 0.2 | 0.2 | 1.1 | 0.4 | 0.3 | 0.2 | 0.2 | 0.5 |
| Employee Benefits | 17 | 1.1 | 0.5 | 0.1 | 0.5 | 0.1 | 1.4 | 0.6 | 0.9 | 0.8 | 0.7 | 0.7 | 1.3 | 1.3 |
| Advertising | 18 | 0.5 | 0.1 | 1.6 | 0.7 | 1.8 | 1.0 | 0.4 | 0.4 | 0.4 | 0.4 | 0.4 | 0.2 | 0.4 |
| Other Expenses | 19 | 23.2 | 14.8 | 66.9 | 29.9 | 23.5 | 23.4 | 25.8 | 22.8 | 24.3 | 16.9 | 15.9 | 26.5 | 22.6 |
| Officers' Compensation | 20 | 2.0 | 1.9 | 3.8 | 7.1 | 8.7 | 5.7 | 4.1 | 2.6 | 2.6 | 2.4 | 1.8 | 0.8 | 0.6 |
| Operating Margin | 21 | • | 14.0 | • | 16.1 | 4.1 | 5.1 | • | 0.6 | • | • | • | • | • |
| Operating Margin Before Officers' Comp. | 22 | • | 15.9 | • | 23.2 | 12.9 | 10.8 | 3.0 | 3.2 | • | 1.2 | • | • | • |

| Selected Average Balance Sheet ($ in Thousands) | | | | | | | | | | | | | |
|---|---|---|---|---|---|---|---|---|---|---|---|---|---|
| Net Receivables 23 | 539 | 0 | 0 | 24 | 60 | 88 | 213 | 1188 | 2211 | 5526 | 13290 | 26805 | 211510 |
| Inventories 24 | • | • | • | • | • | • | • | • | • | • | • | • | • |
| Net Property, Plant and Equipment 25 | 1361 | 0 | 20 | 88 | 195 | 393 | 1258 | 4226 | 7800 | 15868 | 27574 | 69555 | 453541 |
| Total Assets 26 | 3713 | 0 | 31 | 154 | 354 | 761 | 2062 | 6904 | 15095 | 34545 | 70111 | 162972 | 1471808 |
| Notes and Loans Payable 27 | 1863 | 0 | 34 | 92 | 215 | 389 | 1294 | 4006 | 9177 | 22171 | 41976 | 99039 | 674802 |
| All Other Liabilities 28 | 872 | 0 | -3 | 8 | 47 | 190 | 304 | 808 | 2224 | 6727 | 17479 | 39163 | 377747 |
| Net Worth 29 | 978 | 0 | 0 | 53 | 93 | 182 | 464 | 2090 | 3693 | 5647 | 10656 | 24771 | 419259 |
| **Selected Financial Ratios (Times to 1)** | | | | | | | | | | | | | |
| Current Ratio 30 | 1.0 | • | 1.0 | 1.9 | 1.1 | 1.5 | 1.1 | 1.0 | 1.3 | 1.3 | 1.5 | 1.3 | 0.9 |
| Quick Ratio 31 | 0.7 | • | 1.0 | 1.6 | 1.0 | 0.9 | 0.7 | 0.8 | 0.8 | 0.8 | 0.9 | 0.9 | 0.6 |
| Net Sales to Working Capital 32 | 84.1 | • | 118.3 | 4.8 | 36.0 | 6.5 | 21.9 | 130.5 | 8.8 | 7.7 | 3.6 | 5.9 | • |
| Coverage Ratio 33 | 0.8 | 1.7 | • | 6.6 | 1.9 | 2.2 | 0.8 | 1.2 | • | 0.8 | 0.7 | 0.6 | 0.8 |
| Total Asset Turnover 34 | 0.4 | • | 1.0 | 0.8 | 1.2 | 0.9 | 0.7 | 0.8 | 0.6 | 0.6 | 0.4 | 0.4 | 0.3 |
| Inventory Turnover 35 | • | • | • | • | • | • | • | • | • | • | • | • | • |
| Receivables Turnover 36 | • | • | • | • | • | • | • | • | • | • | • | • | • |
| Total Liabilities to Net Worth 37 | 2.8 | • | 269.0 | 1.9 | 2.8 | 3.2 | 3.4 | 2.3 | 3.1 | 5.1 | 5.6 | 5.6 | 2.5 |
| Current Assets to Working Capital 38 | 55.5 | • | 27.9 | 2.1 | 9.0 | 2.9 | 8.8 | 43.3 | 4.6 | 4.4 | 3.1 | 4.5 | • |
| Current Liabilities to Working Capital 39 | 54.5 | • | 26.9 | 1.1 | 8.0 | 1.9 | 7.8 | 42.3 | 3.6 | 3.4 | 2.1 | 3.5 | • |
| Working Capital to Net Sales 40 | 0.0 | • | 0.0 | 0.2 | 0.0 | 0.2 | 0.0 | 0.0 | 0.1 | 0.1 | 0.3 | 0.2 | • |
| Inventory to Working Capital 41 | 5.4 | • | 0.0 | 0.1 | 0.7 | 0.6 | 1.3 | 4.6 | 0.8 | 0.6 | 0.6 | 0.4 | • |
| Total Receipts to Cash Flow 42 | 10.6 | 5.4 | 2.8 | 3.8 | 4.9 | 5.8 | 10.5 | 5.9 | 21.6 | 14.2 | 16.0 | 19.9 | 13.5 |
| Cost of Goods to Cash Flow 43 | 2.8 | 0.3 | 0.4 | 0.4 | 1.1 | 1.3 | 3.6 | 2.6 | 8.9 | 4.9 | 6.9 | 5.8 | 2.7 |
| Cash Flow to Total Debt 44 | 0.1 | • | 0.4 | 0.3 | 0.3 | 0.2 | 0.1 | 0.2 | 0.0 | 0.1 | 0.0 | 0.0 | 0.0 |
| **Selected Financial Factors (in Percentages)** | | | | | | | | | | | | | |
| Debt Ratio 45 | 73.7 | • | 99.6 | 65.2 | 73.8 | 76.1 | 77.5 | 69.7 | 75.5 | 83.7 | 84.8 | 84.8 | 71.5 |
| Return on Total Assets 46 | 3.7 | • | • | 15.0 | 10.7 | 8.4 | 2.8 | 3.6 | • | 4.3 | 3.3 | 3.1 | 3.5 |
| Return on Equity Before Income Taxes 47 | • | • | • | 36.6 | 19.5 | 19.0 | • | 1.6 | • | • | • | • | • |
| Return on Equity After Income Taxes 48 | • | • | • | 35.0 | 17.5 | 16.8 | • | 0.1 | • | • | • | • | • |
| Profit Margin (Before Income Tax) 49 | • | 14.0 | • | 16.1 | 4.1 | 5.1 | • | 0.6 | • | • | • | • | • |
| Profit Margin (After Income Tax) 50 | • | 11.0 | • | 15.5 | 3.7 | 4.5 | • | 0.0 | • | • | • | • | • |

**Table II**

Corporations with Net Income

# COMMERCIAL AND INDUSTRIAL MACHINERY AND EQUIPMENT RENTAL

MONEY AMOUNTS AND SIZE OF ASSETS IN THOUSANDS OF DOLLARS

| Item Description for Accounting Period 7/00 Through 6/01 | | Total | Zero Assets | Under 100 | 100 to 250 | 251 to 500 | 501 to 1,000 | 1,001 to 5,000 | 5,001 to 10,000 | 10,001 to 25,000 | 25,001 to 50,000 | 50,001 to 100,000 | 100,001 to 250,000 | 250,001 and over |
|---|---|---|---|---|---|---|---|---|---|---|---|---|---|---|
| Number of Enterprises | 1 | 10888 | 0 | 1989 | 2867 | 2235 | 1502 | 1599 | 234 | 133 | 40 | 20 | 0 | 21 |
| **Revenues ($ in Thousands)** | | | | | | | | | | | | | | |
| Net Sales | 2 | 20120624 | 0 | 215373 | 757773 | 1091944 | 1477199 | 3208449 | 1513194 | 1675348 | 1202531 | 528777 | 0 | 7236372 |
| Interest | 3 | 544646 | 0 | 127 | 2161 | 8479 | 4658 | 8448 | 16633 | 13846 | 21043 | 38643 | 0 | 350840 |
| Rents | 4 | 65480 | 0 | 0 | 420 | 12349 | 251 | 203 | 7335 | 1832 | 4577 | 50 | 0 | 35496 |
| Royalties | 5 | 33242 | 0 | 0 | 0 | 0 | 0 | 19 | 0 | 563 | 0 | 0 | 0 | 32629 |
| Other Portfolio Income | 6 | 868042 | 0 | 6503 | 85391 | 43904 | 75051 | 133975 | 38988 | 58386 | 138215 | 35943 | 0 | 141427 |
| Other Receipts | 7 | 18609214 | 0 | 208743 | 669801 | 1027212 | 1397239 | 3065804 | 1450238 | 1600721 | 1038696 | 454141 | 0 | 6675980 |
| Total Receipts | 8 | 20120624 | 0 | 215373 | 757773 | 1091944 | 1477199 | 3208449 | 1513194 | 1675348 | 1202531 | 528777 | 0 | 7236372 |
| Average Total Receipts | 9 | 1848 | • | 108 | 264 | 489 | 983 | 2007 | 6467 | 12597 | 30063 | 26439 | • | 344589 |
| **Operating Costs/Operating Income (%)** | | | | | | | | | | | | | | |
| Cost of Operations | 10 | 26.8 | • | 3.0 | 11.6 | 13.9 | 12.4 | 35.4 | 38.5 | 45.4 | 41.0 | 33.6 | • | 22.6 |
| Salaries and Wages | 11 | 8.9 | • | 3.4 | 16.5 | 18.1 | 15.1 | 8.1 | 8.6 | 6.6 | 6.6 | 5.0 | • | 7.3 |
| Taxes Paid | 12 | 2.1 | • | 1.6 | 2.6 | 3.7 | 4.1 | 2.4 | 2.5 | 2.2 | 1.4 | 1.1 | • | 1.4 |
| Interest Paid | 13 | 8.5 | • | 0.4 | 1.7 | 2.5 | 3.6 | 3.1 | 3.6 | 4.8 | 6.4 | 14.8 | • | 14.7 |
| Depreciation | 14 | 19.9 | • | 7.2 | 8.1 | 14.4 | 21.4 | 12.6 | 14.2 | 16.4 | 19.7 | 20.7 | • | 26.4 |
| Amortization and Depletion | 15 | 0.3 | • | 0.1 | 0.3 | 0.0 | 0.1 | 0.1 | 0.0 | 0.1 | 0.2 | 0.6 | • | 0.7 |
| Pensions and Other Deferred Comp. | 16 | 0.5 | • | 0.2 | • | 0.5 | 0.3 | 0.3 | 0.2 | 0.4 | 0.2 | 0.2 | • | 1.0 |
| Employee Benefits | 17 | 1.0 | • | • | 0.6 | 0.1 | 0.8 | 0.6 | 1.1 | 0.6 | 0.4 | 0.4 | • | 1.5 |
| Advertising | 18 | 0.5 | • | 0.7 | 0.8 | 2.3 | 0.8 | 0.3 | 0.3 | 0.4 | 0.5 | 0.4 | • | 0.3 |
| Other Expenses | 19 | 20.0 | • | 61.7 | 29.1 | 23.3 | 22.6 | 24.9 | 20.6 | 12.4 | 11.2 | 8.5 | • | 18.7 |
| Officers' Compensation | 20 | 2.7 | • | 6.4 | 5.7 | 7.7 | 5.4 | 4.1 | 2.4 | 2.5 | 1.8 | 2.8 | • | 0.8 |
| Operating Margin | 21 | 8.8 | • | 15.4 | 23.1 | 13.5 | 13.4 | 8.2 | 8.0 | 8.2 | 10.6 | 12.0 | • | 4.6 |
| Operating Margin Before Officers' Comp. | 22 | 11.4 | • | 21.8 | 28.8 | 21.2 | 18.8 | 12.3 | 10.3 | 10.8 | 12.5 | 14.8 | • | 5.4 |

| | | | | | | | | | | | | | |
|---|---|---|---|---|---|---|---|---|---|---|---|---|---|
| **Selected Average Balance Sheet ($ in Thousands)** | | | | | | | | | | | | | |
| Net Receivables 23 | 826 | • | 0 | 39 | 88 | 63 | 278 | 1401 | 2855 | 8105 | 19922 | • | 291539 |
| Inventories 24 | • | • | • | • | • | • | • | • | • | • | • | • | • |
| Net Property, Plant and Equipment 25 | 1237 | • | 14 | 68 | 169 | 528 | 920 | 4441 | 6961 | 10661 | 20357 | • | 315012 |
| Total Assets 26 | 4059 | • | 26 | 170 | 367 | 754 | 1945 | 6850 | 15457 | 35072 | 69791 | • | 1393381 |
| Notes and Loans Payable 27 | 1760 | • | 13 | 32 | 151 | 454 | 790 | 3548 | 8055 | 18089 | 42320 | • | 570933 |
| All Other Liabilities 28 | 957 | • | 8 | 21 | 52 | 37 | 295 | 618 | 2668 | 8724 | 9858 | • | 379303 |
| Net Worth 29 | 1341 | • | 4 | 117 | 164 | 262 | 860 | 2684 | 4734 | 8259 | 17613 | • | 443145 |
| **Selected Financial Ratios (Times to 1)** | | | | | | | | | | | | | |
| Current Ratio 30 | 1.4 | • | 1.2 | 4.0 | 1.8 | 1.3 | 1.6 | 1.1 | 1.3 | 1.7 | 3.9 | • | 1.3 |
| Quick Ratio 31 | 1.1 | • | 1.1 | 3.3 | 1.6 | 0.9 | 0.9 | 0.9 | 0.9 | 1.0 | 2.9 | • | 1.1 |
| Net Sales to Working Capital 32 | 4.6 | • | 57.9 | 3.9 | 7.4 | 23.0 | 7.2 | 47.2 | 8.8 | 4.5 | 1.1 | • | 3.3 |
| Coverage Ratio 33 | 2.0 | • | 40.8 | 14.6 | 6.3 | 4.7 | 3.6 | 3.2 | 2.7 | 2.7 | 1.8 | • | 1.3 |
| Total Asset Turnover 34 | 0.5 | • | 4.2 | 1.6 | 1.3 | 1.3 | 1.0 | 0.9 | 0.8 | 0.9 | 0.4 | • | 0.2 |
| Inventory Turnover 35 | • | • | • | • | • | • | • | • | • | • | • | • | • |
| Receivables Turnover 36 | • | • | • | • | • | • | • | • | • | • | • | • | • |
| Total Liabilities to Net Worth 37 | 2.0 | • | 4.9 | 0.5 | 1.2 | 1.9 | 1.3 | 1.6 | 2.3 | 3.2 | 3.0 | • | 2.1 |
| Current Assets to Working Capital 38 | 3.3 | • | 6.1 | 1.3 | 2.3 | 4.4 | 2.8 | 14.7 | 4.2 | 2.5 | 1.3 | • | 3.9 |
| Current Liabilities to Working Capital 39 | 2.3 | • | 5.1 | 0.3 | 1.3 | 3.4 | 1.8 | 13.7 | 3.2 | 1.5 | 0.3 | • | 2.9 |
| Working Capital to Net Sales 40 | 0.2 | • | 0.0 | 0.3 | 0.1 | 0.0 | 0.1 | 0.0 | 0.1 | 0.2 | 0.9 | • | 0.3 |
| Inventory to Working Capital 41 | 0.3 | • | 0.0 | 0.1 | 0.1 | 0.6 | 0.4 | 2.0 | 0.7 | 0.4 | 0.1 | • | 0.3 |
| Total Receipts to Cash Flow 42 | 5.4 | • | 1.4 | 3.1 | 3.3 | 4.3 | 6.3 | 4.5 | 6.7 | 6.0 | 5.7 | • | 7.1 |
| Cost of Goods to Cash Flow 43 | 1.4 | • | 0.0 | 0.4 | 0.5 | 0.5 | 2.2 | 1.7 | 3.0 | 2.4 | 1.9 | • | 1.6 |
| Cash Flow to Total Debt 44 | 0.1 | • | 3.7 | 1.6 | 0.7 | 0.5 | 0.3 | 0.3 | 0.2 | 0.2 | 0.1 | • | 0.1 |
| **Selected Financial Factors (in Percentages)** | | | | | | | | | | | | | |
| Debt Ratio 45 | 66.9 | • | 82.9 | 31.3 | 55.3 | 65.2 | 55.8 | 60.8 | 69.4 | 76.5 | 74.8 | • | 68.2 |
| Return on Total Assets 46 | 7.9 | • | 66.9 | 38.6 | 21.4 | 22.1 | 11.5 | 10.9 | 10.4 | 14.6 | 10.1 | • | 4.9 |
| Return on Equity Before Income Taxes 47 | 12.3 | • | 382.2 | 52.4 | 40.3 | 50.1 | 18.9 | 19.2 | 21.1 | 38.6 | 18.0 | • | 3.9 |
| Return on Equity After Income Taxes 48 | 10.6 | • | 375.8 | 50.6 | 38.3 | 46.8 | 17.3 | 16.8 | 18.2 | 31.4 | 15.3 | • | 3.0 |
| Profit Margin (Before Income Tax) 49 | 8.9 | • | 15.4 | 23.1 | 13.5 | 13.4 | 8.1 | 8.0 | 7.9 | 10.6 | 12.0 | • | 5.0 |
| Profit Margin (After Income Tax) 50 | 7.7 | • | 15.1 | 22.4 | 12.9 | 12.5 | 7.4 | 7.0 | 6.8 | 8.6 | 10.2 | • | 3.8 |

## Table I

Corporations with and without Net Income

# Lessors of Nonfinan. Intangible Assets (ex. copyrighted works)

| Item Description for Accounting Period 7/00 Through 6/01 | | Money Amounts and Size of Assets in Thousands of Dollars | | | | | | | | | | | | |
|---|---|---|---|---|---|---|---|---|---|---|---|---|---|---|
| | | Total | Zero Assets | Under 100 | 100 to 250 | 251 to 500 | 501 to 1,000 | 1,001 to 5,000 | 5,001 to 10,000 | 10,001 to 25,000 | 25,001 to 50,000 | 50,001 to 100,000 | 100,001 to 250,000 | 250,001 and over |
| Number of Enterprises | 1 | 188 | 0 | 0 | 0 | 0 | 0 | 71 | 24 | 15 | 7 | 0 | 6 | 0 |
| **Revenues ($ in Thousands)** | | | | | | | | | | | | | | |
| Net Sales | 2 | 761449 | 0 | 0 | 0 | 0 | 0 | 125489 | 70925 | 116009 | 140479 | 0 | 296224 | 0 |
| Interest | 3 | 46523 | 0 | 0 | 0 | 0 | 0 | 6867 | 2747 | 2185 | 969 | 0 | 33652 | 0 |
| Rents | 4 | 637 | 0 | 0 | 0 | 0 | 0 | 0 | 189 | 40 | 0 | 0 | 0 | 0 |
| Royalties | 5 | 277515 | 0 | 0 | 0 | 0 | 0 | 0 | 19050 | 32786 | 26406 | 0 | 195556 | 0 |
| Other Portfolio Income | 6 | 30691 | 0 | 0 | 0 | 0 | 0 | 11329 | 15627 | 1389 | 112 | 0 | 1703 | 0 |
| Other Receipts | 7 | 406083 | 0 | 0 | 0 | 0 | 0 | 107293 | 33312 | 79609 | 112992 | 0 | 65313 | 0 |
| Total Receipts | 8 | 761449 | 0 | 0 | 0 | 0 | 0 | 125489 | 70925 | 116009 | 140479 | 0 | 296224 | 0 |
| Average Total Receipts | 9 | 4050 | • | • | • | • | • | 1767 | 2955 | 7734 | 20068 | • | 49371 | • |
| **Operating Costs/Operating Income (%)** | | | | | | | | | | | | | | |
| Cost of Operations | 10 | 6.8 | • | • | • | • | • | • | 0.6 | 8.9 | 18.0 | • | 5.3 | • |
| Salaries and Wages | 11 | 17.9 | • | • | • | • | • | 20.7 | 3.8 | 17.3 | 11.6 | • | 23.5 | • |
| Taxes Paid | 12 | 4.9 | • | • | • | • | • | 2.4 | 8.7 | 2.4 | 10.9 | • | 3.1 | • |
| Interest Paid | 13 | 5.6 | • | • | • | • | • | 1.1 | 10.3 | 3.5 | 6.3 | • | 7.0 | • |
| Depreciation | 14 | 2.8 | • | • | • | • | • | 1.5 | 2.3 | 2.0 | 0.6 | • | 4.9 | • |
| Amortization and Depletion | 15 | 5.0 | • | • | • | • | • | 1.0 | 5.6 | 2.8 | 2.7 | • | 7.7 | • |
| Pensions and Other Deferred Comp. | 16 | 0.2 | • | • | • | • | • | 0.1 | 0.7 | 0.4 | 0.2 | • | 0.2 | • |
| Employee Benefits | 17 | 1.1 | • | • | • | • | • | 0.7 | 0.1 | 0.5 | 1.0 | • | 1.9 | • |
| Advertising | 18 | 1.5 | • | • | • | • | • | 0.9 | • | 4.6 | 3.3 | • | 0.2 | • |
| Other Expenses | 19 | 37.4 | • | • | • | • | • | 45.7 | 23.2 | 40.8 | 23.0 | • | 44.1 | • |
| Officers' Compensation | 20 | 5.1 | • | • | • | • | • | 16.3 | 3.7 | 6.0 | 1.7 | • | 2.0 | • |
| Operating Margin | 21 | 11.7 | • | • | • | • | • | 9.6 | 40.9 | 10.7 | 20.6 | • | 0.1 | • |
| Operating Margin Before Officers' Comp. | 22 | 16.7 | • | • | • | • | • | 25.9 | 44.6 | 16.7 | 22.3 | • | 2.1 | • |

| | | | | | | | | | | | | | |
|---|---|---|---|---|---|---|---|---|---|---|---|---|---|
| **Selected Average Balance Sheet ($ in Thousands)** | | | | | | | | | | | | | |
| Net Receivables 23 | 802 | • | • | • | • | • | 806 | 350 | 1583 | 2041 | • | 7664 | • |
| Inventories 24 | • | • | • | • | • | • | • | • | • | • | • | • | • |
| Net Property, Plant and Equipment 25 | 2660 | • | • | • | • | • | 324 | 3364 | 1471 | 2705 | • | 53539 | • |
| Total Assets 26 | 9981 | • | • | • | • | • | 3145 | 5920 | 15232 | 44209 | • | 155116 | • |
| Notes and Loans Payable 27 | 3883 | • | • | • | • | • | 793 | 3312 | 1741 | 14950 | • | 76991 | • |
| All Other Liabilities 28 | 1776 | • | • | • | • | • | 395 | 1218 | 4553 | 14747 | • | 17497 | • |
| Net Worth 29 | 4323 | • | • | • | • | • | 1957 | 1390 | 8937 | 14512 | • | 60628 | • |
| **Selected Financial Ratios (Times to 1)** | | | | | | | | | | | | | |
| Current Ratio 30 | 2.3 | • | • | • | • | • | 2.3 | 8.8 | 2.2 | 1.1 | • | 2.5 | • |
| Quick Ratio 31 | 1.6 | • | • | • | • | • | 2.3 | 8.3 | 1.8 | 0.7 | • | 1.1 | • |
| Net Sales to Working Capital 32 | 3.3 | • | • | • | • | • | 3.0 | 1.9 | 2.5 | 56.2 | • | 3.1 | • |
| Coverage Ratio 33 | 3.1 | • | • | • | • | • | 9.5 | 5.0 | 4.0 | 4.3 | • | 1.0 | • |
| Total Asset Turnover 34 | 0.4 | • | • | • | • | • | 0.6 | 0.5 | 0.5 | 0.5 | • | 0.3 | • |
| Inventory Turnover 35 | • | • | • | • | • | • | • | • | • | • | • | • | • |
| Receivables Turnover 36 | • | • | • | • | • | • | • | • | • | • | • | • | • |
| Total Liabilities to Net Worth 37 | 1.3 | • | • | • | • | • | 0.6 | 3.3 | 0.7 | 2.0 | • | 1.6 | • |
| Current Assets to Working Capital 38 | 1.7 | • | • | • | • | • | 1.7 | 1.1 | 1.8 | 15.3 | • | 1.7 | • |
| Current Liabilities to Working Capital 39 | 0.7 | • | • | • | • | • | 0.7 | 0.1 | 0.8 | 14.3 | • | 0.7 | • |
| Working Capital to Net Sales 40 | 0.3 | • | • | • | • | • | 0.3 | 0.5 | 0.4 | 0.0 | • | 0.3 | • |
| Inventory to Working Capital 41 | 0.0 | • | • | • | • | • | 0.0 | 0.0 | 0.0 | 2.4 | • | 0.0 | • |
| Total Receipts to Cash Flow 42 | 2.4 | • | • | • | • | • | 3.0 | 2.4 | 2.1 | 2.4 | • | 2.4 | • |
| Cost of Goods to Cash Flow 43 | 0.2 | • | • | • | • | • | • | 0.0 | 0.2 | 0.4 | • | 0.1 | • |
| Cash Flow to Total Debt 44 | 0.3 | • | • | • | • | • | 0.5 | 0.3 | 0.6 | 0.3 | • | 0.2 | • |
| **Selected Financial Factors (in Percentages)** | | | | | | | | | | | | | |
| Debt Ratio 45 | 56.7 | • | • | • | • | • | 37.8 | 76.5 | 41.3 | 67.2 | • | 60.9 | • |
| Return on Total Assets 46 | 7.0 | • | • | • | • | • | 6.0 | 25.6 | 7.2 | 12.2 | • | 2.3 | • |
| Return on Equity Before Income Taxes 47 | 10.9 | • | • | • | • | • | 8.7 | 87.0 | 9.2 | 28.5 | • | 0.1 | • |
| Return on Equity After Income Taxes 48 | 7.2 | • | • | • | • | • | 6.9 | 71.1 | 7.1 | 27.6 | • | • | • |
| Profit Margin (Before Income Tax) 49 | 11.6 | • | • | • | • | • | 9.6 | 40.9 | 10.6 | 20.6 | • | 0.1 | • |
| Profit Margin (After Income Tax) 50 | 7.6 | • | • | • | • | • | 7.7 | 33.4 | 8.2 | 19.9 | • | • | • |

## Table II

Corporations with Net Income

# LESSORS OF NONFINAN. INTANGIBLE ASSETS (EX. COPYRIGHTED WORKS)

MONEY AMOUNTS AND SIZE OF ASSETS IN THOUSANDS OF DOLLARS

| Item Description for Accounting Period 7/00 Through 6/01 | | Total | Zero Assets | Under 100 | 100 to 250 | 251 to 500 | 501 to 1,000 | 1,001 to 5,000 | 5,001 to 10,000 | 10,001 to 25,000 | 25,001 to 50,000 | 50,001 to 100,000 | 100,001 to 250,000 | 250,001 and over |
|---|---|---|---|---|---|---|---|---|---|---|---|---|---|---|
| Number of Enterprises | 1 | 164 | 0 | 0 | 0 | 0 | 0 | 61 | 0 | 10 | 0 | 0 | 0 | 0 |
| **Revenues ($ in Thousands)** | | | | | | | | | | | | | | |
| Net Sales | 2 | 611889 | 0 | 0 | 0 | 0 | 0 | 106431 | 0 | 112195 | 0 | 0 | 0 | 0 |
| Interest | 3 | 22007 | 0 | 0 | 0 | 0 | 0 | 6864 | 0 | 1195 | 0 | 0 | 0 | 0 |
| Rents | 4 | 637 | 0 | 0 | 0 | 0 | 0 | 0 | 0 | 40 | 0 | 0 | 0 | 0 |
| Royalties | 5 | 243211 | 0 | 0 | 0 | 0 | 0 | 0 | 0 | 32786 | 0 | 0 | 0 | 0 |
| Other Portfolio Income | 6 | 21178 | 0 | 0 | 0 | 0 | 0 | 1831 | 0 | 1389 | 0 | 0 | 0 | 0 |
| Other Receipts | 7 | 324856 | 0 | 0 | 0 | 0 | 0 | 97736 | 0 | 76785 | 0 | 0 | 0 | 0 |
| Total Receipts | 8 | 611889 | 0 | 0 | 0 | 0 | 0 | 106431 | 0 | 112195 | 0 | 0 | 0 | 0 |
| Average Total Receipts | 9 | 3731 | • | • | • | • | • | 1745 | • | 11220 | • | • | • | • |
| **Operating Costs/Operating Income (%)** | | | | | | | | | | | | | | |
| Cost of Operations | 10 | 5.8 | • | • | • | • | • | • | • | 8.9 | • | • | • | • |
| Salaries and Wages | 11 | 12.1 | • | • | • | • | • | 24.4 | • | 15.4 | • | • | • | • |
| Taxes Paid | 12 | 2.5 | • | • | • | • | • | 2.8 | • | 2.0 | • | • | • | • |
| Interest Paid | 13 | 5.1 | • | • | • | • | • | 1.1 | • | 3.4 | • | • | • | • |
| Depreciation | 14 | 2.9 | • | • | • | • | • | 1.3 | • | 1.7 | • | • | • | • |
| Amortization and Depletion | 15 | 3.1 | • | • | • | • | • | 1.2 | • | 2.3 | • | • | • | • |
| Pensions and Other Deferred Comp. | 16 | 0.3 | • | • | • | • | • | 0.1 | • | 0.4 | • | • | • | • |
| Employee Benefits | 17 | 0.8 | • | • | • | • | • | 0.9 | • | 0.4 | • | • | • | • |
| Advertising | 18 | 1.6 | • | • | • | • | • | 1.0 | • | 3.5 | • | • | • | • |
| Other Expenses | 19 | 32.3 | • | • | • | • | • | 36.0 | • | 28.5 | • | • | • | • |
| Officers' Compensation | 20 | 6.2 | • | • | • | • | • | 19.3 | • | 5.9 | • | • | • | • |
| Operating Margin | 21 | 27.3 | • | • | • | • | • | 11.9 | • | 27.4 | • | • | • | • |
| Operating Margin Before Officers' Comp. | 22 | 33.5 | • | • | • | • | • | 31.2 | • | 33.3 | • | • | • | • |

| Selected Average Balance Sheet ($ in Thousands) | | | | | | | | | | | | | |
|---|---|---|---|---|---|---|---|---|---|---|---|---|---|
| Net Receivables 23 | 684 | • | • | • | • | • | 857 | • | 2327 | • | • | • | • |
| Inventories 24 | • | • | • | • | • | • | • | • | • | • | • | • | • |
| Net Property, Plant and Equipment 25 | 2034 | • | • | • | • | • | 334 | • | 1604 | • | • | • | • |
| Total Assets 26 | 6290 | • | • | • | • | • | 2852 | • | 14732 | • | • | • | • |
| Notes and Loans Payable 27 | 1970 | • | • | • | • | • | 906 | • | 2454 | • | • | • | • |
| All Other Liabilities 28 | 687 | • | • | • | • | • | 394 | • | 2823 | • | • | • | • |
| Net Worth 29 | 3633 | • | • | • | • | • | 1552 | • | 9455 | • | • | • | • |

| Selected Financial Ratios (Times to 1) | | | | | | | | | | | | | |
|---|---|---|---|---|---|---|---|---|---|---|---|---|---|
| Current Ratio 30 | 2.3 | • | • | • | • | • | 2.6 | • | 2.1 | • | • | • | • |
| Quick Ratio 31 | 2.1 | • | • | • | • | • | 2.5 | • | 1.8 | • | • | • | • |
| Net Sales to Working Capital 32 | 5.0 | • | • | • | • | • | 2.5 | • | 4.0 | • | • | • | • |
| Coverage Ratio 33 | 6.4 | • | • | • | • | • | 11.5 | • | 9.0 | • | • | • | • |
| Total Asset Turnover 34 | 0.6 | • | • | • | • | • | 0.6 | • | 0.8 | • | • | • | • |
| Inventory Turnover 35 | • | • | • | • | • | • | • | • | • | • | • | • | • |
| Receivables Turnover 36 | • | • | • | • | • | • | • | • | • | • | • | • | • |
| Total Liabilities to Net Worth 37 | 0.7 | • | • | • | • | • | 0.8 | • | 0.6 | • | • | • | • |
| Current Assets to Working Capital 38 | 1.8 | • | • | • | • | • | 1.6 | • | 1.9 | • | • | • | • |
| Current Liabilities to Working Capital 39 | 0.8 | • | • | • | • | • | 0.6 | • | 0.9 | • | • | • | • |
| Working Capital to Net Sales 40 | 0.2 | • | • | • | • | • | 0.4 | • | 0.3 | • | • | • | • |
| Inventory to Working Capital 41 | 0.1 | • | • | • | • | • | 0.0 | • | 0.0 | • | • | • | • |
| Total Receipts to Cash Flow 42 | 1.9 | • | • | • | • | • | 2.8 | • | 1.9 | • | • | • | • |
| Cost of Goods to Cash Flow 43 | 0.1 | • | • | • | • | • | • | • | 0.2 | • | • | • | • |
| Cash Flow to Total Debt 44 | 0.7 | • | • | • | • | • | 0.5 | • | 1.1 | • | • | • | • |

| Selected Financial Factors (in Percentages) | | | | | | | | | | | | | |
|---|---|---|---|---|---|---|---|---|---|---|---|---|---|
| Debt Ratio 45 | 42.2 | • | • | • | • | • | 45.6 | • | 35.8 | • | • | • | • |
| Return on Total Assets 46 | 19.2 | • | • | • | • | • | 8.0 | • | 23.4 | • | • | • | • |
| Return on Equity Before Income Taxes 47 | 28.0 | • | • | • | • | • | 13.4 | • | 32.4 | • | • | • | • |
| Return on Equity After Income Taxes 48 | 22.9 | • | • | • | • | • | 10.8 | • | 29.4 | • | • | • | • |
| Profit Margin (Before Income Tax) 49 | 27.3 | • | • | • | • | • | 11.9 | • | 27.3 | • | • | • | • |
| Profit Margin (After Income Tax) 50 | 22.3 | • | • | • | • | • | 9.6 | • | 24.8 | • | • | • | • |

## Table I

Corporations with and without Net Income

# LEGAL SERVICES

MONEY AMOUNTS AND SIZE OF ASSETS IN THOUSANDS OF DOLLARS

| Item Description for Accounting Period 7/00 Through 6/01 | | Total | Zero Assets | Under 100 | 100 to 250 | 251 to 500 | 501 to 1,000 | 1,001 to 5,000 | 5,001 to 10,000 | 10,001 to 25,000 | 25,001 to 50,000 | 50,001 to 100,000 | 100,001 to 250,000 | 250,001 and over |
|---|---|---|---|---|---|---|---|---|---|---|---|---|---|---|
| Number of Enterprises | 1 | 83636 | 6371 | 57877 | 9737 | 5599 | 2403 | 1368 | 191 | 69 | 14 | 7 | 0 | • |
| **Revenues ($ in Thousands)** | | | | | | | | | | | | | | |
| Net Sales | 2 | 56139316 | 601457 | 15268497 | 8114563 | 8978993 | 7043493 | 8396633 | 2377990 | 3167922 | 1611789 | 577979 | 0 | • |
| Interest | 3 | 114324 | 997 | 10941 | 18062 | 20247 | 10798 | 17263 | 11138 | 11048 | 10188 | 3643 | 0 | • |
| Rents | 4 | 66826 | 0 | 8137 | 9234 | 216 | 20626 | 18242 | 7612 | 953 | 1747 | 58 | 0 | • |
| Royalties | 5 | 947 | 0 | 0 | 0 | 124 | 113 | 0 | 586 | 122 | 1 | 0 | 0 | • |
| Other Portfolio Income | 6 | 88143 | 5 | 32790 | 7684 | 18297 | 10569 | 6915 | 324 | 6376 | 2304 | 2876 | 0 | • |
| Other Receipts | 7 | 2706478 | 403193 | 662637 | 275921 | 141734 | 115544 | 393974 | 589843 | 66026 | 34122 | 23488 | 0 | • |
| Total Receipts | 8 | 59116034 | 1005652 | 15983002 | 8425464 | 9159611 | 7201143 | 8833027 | 2987493 | 3252447 | 1660151 | 608044 | 0 | • |
| Average Total Receipts | 9 | 707 | 158 | 276 | 865 | 1636 | 2997 | 6457 | 15641 | 47137 | 118582 | 86863 | • | • |
| **Operating Costs/Operating Income (%)** | | | | | | | | | | | | | | |
| Cost of Operations | 10 | 5.8 | 1.3 | 3.7 | 5.3 | 7.3 | 7.3 | 8.5 | 2.1 | 7.2 | 0.2 | 16.6 | • | • |
| Salaries and Wages | 11 | 30.3 | 21.0 | 21.6 | 23.6 | 27.8 | 32.2 | 35.0 | 67.0 | 47.6 | 45.6 | 29.6 | • | • |
| Taxes Paid | 12 | 3.7 | 6.6 | 4.0 | 3.7 | 3.6 | 3.9 | 3.3 | 4.1 | 3.3 | 3.2 | 2.4 | • | • |
| Interest Paid | 13 | 0.7 | 0.5 | 0.5 | 0.7 | 0.5 | 0.6 | 0.8 | 0.9 | 0.7 | 0.8 | 1.8 | • | • |
| Depreciation | 14 | 1.2 | 1.4 | 0.9 | 1.0 | 1.1 | 1.4 | 1.3 | 1.6 | 1.6 | 2.3 | 1.2 | • | • |
| Amortization and Depletion | 15 | 0.0 | 0.3 | 0.0 | 0.0 | 0.0 | 0.1 | 0.0 | 0.1 | 0.1 | 0.3 | 0.9 | • | • |
| Pensions and Other Deferred Comp. | 16 | 1.9 | 7.7 | 1.5 | 2.2 | 2.0 | 1.8 | 2.0 | 3.2 | 1.9 | 1.2 | 0.5 | • | • |
| Employee Benefits | 17 | 1.7 | 1.8 | 1.5 | 2.1 | 1.6 | 1.8 | 1.1 | 2.9 | 2.0 | 1.8 | 1.6 | • | • |
| Advertising | 18 | 1.6 | 0.3 | 1.8 | 1.3 | 2.2 | 1.1 | 1.8 | 1.3 | 0.8 | 0.2 | 1.3 | • | • |
| Other Expenses | 19 | 26.1 | 42.9 | 31.5 | 26.1 | 22.7 | 27.7 | 20.1 | 22.0 | 19.7 | 27.1 | 29.6 | • | • |
| Officers' Compensation | 20 | 25.1 | 62.6 | 28.8 | 28.9 | 26.0 | 20.5 | 24.3 | 17.9 | 13.2 | 17.7 | 6.0 | • | • |
| Operating Margin | 21 | 1.9 | • | 4.1 | 5.1 | 5.1 | 1.8 | 1.7 | • | 1.9 | • | 8.4 | • | • |
| Operating Margin Before Officers' Comp. | 22 | 27.0 | 16.2 | 32.9 | 34.0 | 31.2 | 22.3 | 26.0 | • | 15.1 | 17.2 | 14.5 | • | • |

| | | | | | | | | | | | | | |
|---|---|---|---|---|---|---|---|---|---|---|---|---|---|
| **Selected Average Balance Sheet ($ in Thousands)** | | | | | | | | | | | | | |
| Net Receivables **23** | 11 | 0 | 1 | 11 | 11 | 54 | 223 | 110 | 1622 | 4981 | 9344 | • | • |
| Inventories **24** | 1 | 0 | 0 | 0 | 3 | 0 | 13 | 16 | 199 | 41 | 0 | • | • |
| Net Property, Plant and Equipment **25** | 32 | 0 | 8 | 30 | 82 | 157 | 312 | 1551 | 3080 | 10934 | 3828 | • | • |
| Total Assets **26** | 151 | 0 | 27 | 157 | 348 | 668 | 1868 | 6626 | 15067 | 34472 | 87088 | • | • |
| Notes and Loans Payable **27** | 55 | 0 | 14 | 80 | 115 | 204 | 621 | 1703 | 4213 | 13008 | 25918 | • | • |
| All Other Liabilities **28** | 63 | 0 | 11 | 67 | 137 | 268 | 866 | 2944 | 6597 | 10360 | 24468 | • | • |
| Net Worth **29** | 34 | 0 | 2 | 10 | 96 | 197 | 381 | 1979 | 4257 | 11104 | 36702 | • | • |
| **Selected Financial Ratios (Times to 1)** | | | | | | | | | | | | | |
| Current Ratio **30** | 1.1 | • | 0.9 | 1.0 | 1.2 | 1.1 | 1.1 | 1.2 | 1.3 | 1.5 | 1.1 | • | • |
| Quick Ratio **31** | 0.7 | • | 0.7 | 0.8 | 0.6 | 0.6 | 0.8 | 0.6 | 0.9 | 1.0 | 0.6 | • | • |
| Net Sales to Working Capital **32** | 86.5 | • | • | 1233.4 | 59.0 | 156.0 | 48.3 | 21.3 | 25.1 | 17.8 | 37.2 | • | • |
| Coverage Ratio **33** | 11.9 | 41.5 | 17.6 | 13.4 | 14.3 | 7.7 | 9.3 | 3.9 | 7.7 | 4.1 | 8.5 | • | • |
| Total Asset Turnover **34** | 4.5 | • | 9.7 | 5.3 | 4.6 | 4.4 | 3.3 | 1.9 | 3.0 | 3.3 | 0.9 | • | • |
| Inventory Turnover **35** | 73.3 | • | 560151.0 | • | 33.9 | • | 40.6 | 15.8 | 16.5 | 5.1 | • | • | • |
| Receivables Turnover **36** | 61.9 | • | 291.6 | 68.6 | 114.0 | 53.2 | 33.7 | 74.0 | 30.0 | 26.7 | 13.7 | • | • |
| Total Liabilities to Net Worth **37** | 3.5 | • | 16.6 | 14.3 | 2.6 | 2.4 | 3.9 | 2.3 | 2.5 | 2.1 | 1.4 | • | • |
| Current Assets to Working Capital **38** | 10.8 | • | • | 133.9 | 7.0 | 19.9 | 9.4 | 6.7 | 4.5 | 2.8 | 15.4 | • | • |
| Current Liabilities to Working Capital **39** | 9.8 | • | • | 132.9 | 6.0 | 18.9 | 8.4 | 5.7 | 3.5 | 1.8 | 14.4 | • | • |
| Working Capital to Net Sales **40** | 0.0 | • | • | 0.0 | 0.0 | 0.0 | 0.0 | 0.0 | 0.0 | 0.1 | 0.0 | • | • |
| Inventory to Working Capital **41** | 0.1 | • | • | • | 0.1 | • | 0.1 | 0.0 | 0.1 | 0.0 | • | • | • |
| Total Receipts to Cash Flow **42** | 3.8 | 1.8 | 3.1 | 3.6 | 4.2 | 4.1 | 4.7 | 5.4 | 5.4 | 4.4 | 2.5 | • | • |
| Cost of Goods to Cash Flow **43** | 0.2 | 0.0 | 0.1 | 0.2 | 0.3 | 0.3 | 0.4 | 0.1 | 0.4 | 0.0 | 0.4 | • | • |
| Cash Flow to Total Debt **44** | 1.5 | • | 3.3 | 1.6 | 1.5 | 1.5 | 0.9 | 0.5 | 0.8 | 1.1 | 0.7 | • | • |
| **Selected Financial Factors (in Percentages)** | | | | | | | | | | | | | |
| Debt Ratio **45** | 77.8 | • | 94.3 | 93.5 | 72.4 | 70.6 | 79.6 | 70.1 | 71.7 | 67.8 | 57.9 | • | • |
| Return on Total Assets **46** | 34.7 | • | 89.8 | 51.2 | 35.4 | 20.2 | 25.4 | 6.4 | 15.9 | 11.1 | 14.2 | • | • |
| Return on Equity Before Income Taxes **47** | 142.9 | • | 1489.2 | 726.1 | 119.1 | 59.6 | 111.2 | 15.8 | 49.1 | 26.0 | 29.7 | • | • |
| Return on Equity After Income Taxes **48** | 138.5 | • | 1467.4 | 711.4 | 115.3 | 56.8 | 107.9 | 13.4 | 44.5 | 17.6 | 29.1 | • | • |
| Profit Margin (Before Income Tax) **49** | 7.1 | 20.8 | 8.8 | 8.9 | 7.1 | 4.0 | 6.9 | 2.5 | 4.6 | 2.5 | 13.2 | • | • |
| Profit Margin (After Income Tax) **50** | 6.9 | 20.8 | 8.6 | 8.7 | 6.9 | 3.8 | 6.7 | 2.1 | 4.1 | 1.7 | 12.9 | • | • |

**Table II**

Corporations with Net Income

# LEGAL SERVICES

**MONEY AMOUNTS AND SIZE OF ASSETS IN THOUSANDS OF DOLLARS**

| Item Description for Accounting Period 7/00 Through 6/01 | | Total | Zero Assets | Under 100 | 100 to 250 | 251 to 500 | 501 to 1,000 | 1,001 to 5,000 | 5,001 to 10,000 | 10,001 to 25,000 | 25,001 to 50,000 | 50,001 to 100,000 | 100,001 to 250,000 | 250,001 and over |
|---|---|---|---|---|---|---|---|---|---|---|---|---|---|---|
| Number of Enterprises | 1 | 55648 | 3173 | 38291 | 7511 | 3703 | 1890 | 877 | 130 | 0 | 10 | 0 | 0 | • |
| **Revenues ($ in Thousands)** | | | | | | | | | | | | | | |
| Net Sales | 2 | 41508992 | 379378 | 10598210 | 6827748 | 7237205 | 4686876 | 5710618 | 1593301 | 0 | 1381566 | 0 | 0 | • |
| Interest | 3 | 74848 | 15 | 4194 | 14077 | 11629 | 8322 | 15356 | 2020 | 0 | 6875 | 0 | 0 | • |
| Rents | 4 | 47109 | 0 | 8137 | 8568 | 0 | 2688 | 17829 | 7612 | 0 | 1321 | 0 | 0 | • |
| Royalties | 5 | 768 | 0 | 0 | 0 | 124 | 0 | 0 | 586 | 0 | 0 | 0 | 0 | • |
| Other Portfolio Income | 6 | 40857 | 5 | 1531 | 5685 | 16003 | 2413 | 5198 | 322 | 0 | 649 | 0 | 0 | • |
| Other Receipts | 7 | 1835417 | 375886 | 545744 | 219438 | 130761 | 85822 | 342395 | 26580 | 0 | 27552 | 0 | 0 | • |
| Total Receipts | 8 | 43507991 | 755284 | 11157816 | 7075516 | 7395722 | 4786121 | 6091396 | 1630421 | 0 | 1417963 | 0 | 0 | • |
| Average Total Receipts | 9 | 782 | 238 | 291 | 942 | 1997 | 2532 | 6946 | 12542 | • | 141796 | • | • | • |
| **Operating Costs/Operating Income (%)** | | | | | | | | | | | | | | |
| Cost of Operations | 10 | 6.8 | • | 3.3 | 6.0 | 8.9 | 11.0 | 9.6 | 2.9 | • | 0.1 | • | • | • |
| Salaries and Wages | 11 | 27.7 | 18.3 | 19.2 | 21.7 | 26.4 | 24.5 | 36.1 | 47.7 | • | 47.6 | • | • | • |
| Taxes Paid | 12 | 3.4 | 5.7 | 3.5 | 3.5 | 3.4 | 3.6 | 3.2 | 3.4 | • | 3.3 | • | • | • |
| Interest Paid | 13 | 0.6 | 0.8 | 0.5 | 0.7 | 0.5 | 0.5 | 0.6 | 0.9 | • | 0.5 | • | • | • |
| Depreciation | 14 | 1.1 | 0.5 | 0.9 | 1.1 | 1.0 | 1.4 | 1.1 | 1.8 | • | 1.9 | • | • | • |
| Amortization and Depletion | 15 | 0.0 | • | 0.0 | 0.0 | 0.0 | 0.0 | 0.0 | 0.1 | • | 0.1 | • | • | • |
| Pensions and Other Deferred Comp. | 16 | 1.8 | 1.9 | 1.8 | 2.0 | 1.9 | 1.8 | 1.8 | 2.7 | • | 1.3 | • | • | • |
| Employee Benefits | 17 | 1.4 | 2.1 | 0.9 | 1.7 | 1.6 | 1.2 | 1.0 | 2.3 | • | 2.0 | • | • | • |
| Advertising | 18 | 1.3 | 0.4 | 1.7 | 0.9 | 2.3 | 1.6 | 0.7 | 0.5 | • | 0.1 | • | • | • |
| Other Expenses | 19 | 25.1 | 37.5 | 30.1 | 25.5 | 21.0 | 28.2 | 20.4 | 21.7 | • | 25.6 | • | • | • |
| Officers' Compensation | 20 | 24.6 | 83.5 | 28.7 | 29.1 | 25.9 | 21.4 | 21.2 | 11.7 | • | 16.4 | • | • | • |
| Operating Margin | 21 | 6.2 | • | 9.6 | 7.8 | 7.2 | 4.8 | 4.3 | 4.4 | • | 1.0 | • | • | • |
| Operating Margin Before Officers' Comp. | 22 | 30.7 | 32.8 | 38.2 | 36.9 | 33.1 | 26.1 | 25.5 | 16.1 | • | 17.4 | • | • | • |

| | | | | | | | | | | | | | |
|---|---|---|---|---|---|---|---|---|---|---|---|---|---|
| **Selected Average Balance Sheet ($ in Thousands)** | | | | | | | | | | | | | |
| Net Receivables 23 | 12 | 0 | 1 | 14 | 9 | 59 | 217 | 117 | • | 5802 | • | • | • |
| Inventories 24 | 0 | 0 | 0 | 0 | 0 | 0 | 12 | 24 | • | 58 | • | • | • |
| Net Property, Plant and Equipment 25 | 35 | 0 | 8 | 34 | 92 | 135 | 260 | 1914 | • | 11590 | • | • | • |
| Total Assets 26 | 162 | 0 | 28 | 161 | 352 | 653 | 1891 | 6769 | • | 34274 | • | • | • |
| Notes and Loans Payable 27 | 52 | 0 | 12 | 83 | 127 | 151 | 513 | 1389 | • | 11653 | • | • | • |
| All Other Liabilities 28 | 60 | 0 | 10 | 66 | 109 | 219 | 693 | 2854 | • | 12693 | • | • | • |
| Net Worth 29 | 50 | 0 | 6 | 13 | 116 | 283 | 685 | 2526 | • | 9929 | • | • | • |
| **Selected Financial Ratios (Times to 1)** | | | | | | | | | | | | | |
| Current Ratio 30 | 1.2 | • | 1.1 | 1.0 | 1.3 | 1.4 | 1.4 | 1.2 | • | 1.3 | • | • | • |
| Quick Ratio 31 | 0.8 | • | 0.9 | 0.7 | 0.7 | 0.9 | 0.9 | 0.6 | • | 0.9 | • | • | • |
| Net Sales to Working Capital 32 | 42.2 | • | 160.9 | • | 47.3 | 24.0 | 17.6 | 22.8 | • | 29.5 | • | • | • |
| Coverage Ratio 33 | 19.7 | 60.2 | 30.8 | 16.6 | 20.5 | 13.5 | 18.3 | 8.9 | • | 7.7 | • | • | • |
| Total Asset Turnover 34 | 4.6 | • | 9.8 | 5.6 | 5.5 | 3.8 | 3.4 | 1.8 | • | 4.0 | • | • | • |
| Inventory Turnover 35 | 114.3 | • | 347479.0 | • | • | • | 50.8 | 14.8 | • | 2.5 | • | • | • |
| Receivables Turnover 36 | 61.3 | • | 263.3 | 60.5 | 156.4 | 39.5 | 39.5 | 59.5 | • | 47.6 | • | • | • |
| Total Liabilities to Net Worth 37 | 2.3 | • | 3.8 | 11.9 | 2.0 | 1.3 | 1.8 | 1.7 | • | 2.5 | • | • | • |
| Current Assets to Working Capital 38 | 5.2 | • | 8.0 | • | 4.4 | 3.6 | 3.4 | 6.8 | • | 4.2 | • | • | • |
| Current Liabilities to Working Capital 39 | 4.2 | • | 7.0 | • | 3.4 | 2.6 | 2.4 | 5.8 | • | 3.2 | • | • | • |
| Working Capital to Net Sales 40 | 0.0 | • | 0.0 | • | 0.0 | 0.0 | 0.1 | 0.0 | • | 0.0 | • | • | • |
| Inventory to Working Capital 41 | 0.0 | • | 0.0 | • | • | • | 0.0 | 0.1 | • | 0.0 | • | • | • |
| Total Receipts to Cash Flow 42 | 3.4 | 1.3 | 2.7 | 3.3 | 4.0 | 3.5 | 3.9 | 4.5 | • | 4.5 | • | • | • |
| Cost of Goods to Cash Flow 43 | 0.2 | • | 0.1 | 0.2 | 0.4 | 0.4 | 0.4 | 0.1 | • | 0.0 | • | • | • |
| Cash Flow to Total Debt 44 | 2.0 | • | 4.6 | 1.9 | 2.1 | 1.9 | 1.4 | 0.6 | • | 1.3 | • | • | • |
| **Selected Financial Factors (in Percentages)** | | | | | | | | | | | | | |
| Debt Ratio 45 | 69.4 | • | 79.0 | 92.3 | 66.9 | 56.6 | 63.8 | 62.7 | • | 71.0 | • | • | • |
| Return on Total Assets 46 | 53.1 | • | 150.1 | 68.7 | 54.8 | 28.2 | 40.0 | 13.8 | • | 16.9 | • | • | • |
| Return on Equity Before Income Taxes 47 | 164.6 | • | 690.4 | 833.4 | 157.7 | 60.1 | 104.3 | 32.8 | • | 50.8 | • | • | • |
| Return on Equity After Income Taxes 48 | 160.1 | • | 681.8 | 817.8 | 152.9 | 57.7 | 101.5 | 30.0 | • | 37.6 | • | • | • |
| Profit Margin (Before Income Tax) 49 | 11.0 | 48.3 | 14.8 | 11.5 | 9.4 | 6.9 | 11.0 | 6.8 | • | 3.7 | • | • | • |
| Profit Margin (After Income Tax) 50 | 10.7 | 48.2 | 14.7 | 11.2 | 9.1 | 6.6 | 10.7 | 6.2 | • | 2.7 | • | • | • |

**Table I**

Corporations with and without Net Income

# ACCOUNTING, TAX PREPARATION, BOOKKEEPING, AND PAYROLL SERVICES

**MONEY AMOUNTS AND SIZE OF ASSETS IN THOUSANDS OF DOLLARS**

| Item Description for Accounting Period 7/00 Through 6/01 | | Total | Zero Assets | Under 100 | 100 to 250 | 251 to 500 | 501 to 1,000 | 1,001 to 5,000 | 5,001 to 10,000 | 10,001 to 25,000 | 25,001 to 50,000 | 50,001 to 100,000 | 100,001 to 250,000 | 250,001 and over |
|---|---|---|---|---|---|---|---|---|---|---|---|---|---|---|
| Number of Enterprises | 1 | 50030 | 2454 | 39012 | 5132 | 2381 | 655 | 326 | 13 | 34 | 14 | 5 | 0 | 4 |
| **Revenues ($ in Thousands)** | | | | | | | | | | | | | | |
| Net Sales | 2 | 23658224 | 280470 | 6732060 | 2282735 | 3198013 | 1563555 | 1678924 | 95662 | 641357 | 1673112 | 255063 | 0 | 5257275 |
| Interest | 3 | 608289 | 682 | 3571 | 8193 | 7252 | 2406 | 5864 | 3000 | 8443 | 3987 | 6696 | 0 | 558195 |
| Rents | 4 | 24922 | 0 | 249 | 0 | 6648 | 0 | 749 | 0 | 55 | 227 | 0 | 0 | 16993 |
| Royalties | 5 | 279380 | 0 | 0 | 0 | 0 | 0 | 0 | 0 | 2850 | 0 | 7 | 0 | 276523 |
| Other Portfolio Income | 6 | 369761 | 1755 | 648 | 11323 | 109 | 0 | 5506 | 10 | 3716 | 1018 | 64 | 0 | 345614 |
| Other Receipts | 7 | 368586 | 4481 | 34934 | 35002 | 18348 | 1232 | 876 | 209 | 8749 | 60895 | 13496 | 0 | 190362 |
| Total Receipts | 8 | 25309162 | 287388 | 6771462 | 2337253 | 3230370 | 1567193 | 1691919 | 98881 | 665170 | 1739239 | 275326 | 0 | 6644962 |
| Average Total Receipts | 9 | 506 | 117 | 174 | 455 | 1357 | 2393 | 5190 | 7606 | 19564 | 124231 | 55065 | • | 1661240 |
| **Operating Costs/Operating Income (%)** | | | | | | | | | | | | | | |
| Cost of Operations | 10 | 16.1 | 25.2 | 1.7 | 0.9 | 9.7 | 3.7 | 33.7 | • | 65.1 | 63.2 | 28.6 | • | 21.3 |
| Salaries and Wages | 11 | 28.3 | 19.7 | 21.5 | 31.6 | 30.5 | 39.6 | 29.8 | 55.8 | 16.3 | 22.1 | 38.3 | • | 33.5 |
| Taxes Paid | 12 | 4.4 | 4.2 | 4.1 | 4.6 | 4.3 | 4.7 | 5.3 | 5.4 | 2.0 | 4.5 | 2.8 | • | 5.0 |
| Interest Paid | 13 | 2.7 | 0.9 | 0.8 | 1.0 | 0.8 | 2.0 | 1.3 | 3.0 | 1.5 | 0.6 | 2.2 | • | 8.7 |
| Depreciation | 14 | 1.7 | 0.4 | 1.3 | 1.7 | 1.3 | 2.4 | 1.4 | 2.4 | 1.3 | 0.9 | 4.7 | • | 2.6 |
| Amortization and Depletion | 15 | 0.7 | 0.0 | 0.3 | 0.5 | 0.4 | 0.4 | 0.3 | 0.3 | 0.2 | 0.6 | 0.5 | • | 1.8 |
| Pensions and Other Deferred Comp. | 16 | 1.5 | 2.7 | 1.3 | 2.7 | 3.2 | 1.5 | 0.6 | 0.9 | 0.2 | 1.4 | 0.4 | • | 0.8 |
| Employee Benefits | 17 | 2.2 | 1.0 | 2.0 | 2.6 | 2.5 | 2.6 | 3.1 | 5.4 | 0.9 | 4.5 | 2.3 | • | 1.1 |
| Advertising | 18 | 1.1 | 0.1 | 0.6 | 0.4 | 0.5 | 1.0 | 0.3 | 0.0 | 1.0 | 0.1 | 0.8 | • | 2.9 |
| Other Expenses | 19 | 24.4 | 24.1 | 29.8 | 20.5 | 18.6 | 23.8 | 13.3 | 25.1 | 17.1 | 7.6 | 32.9 | • | 32.2 |
| Officers' Compensation | 20 | 15.3 | 12.7 | 23.5 | 28.3 | 25.1 | 16.2 | 11.2 | 3.5 | 2.6 | 0.6 | 6.3 | • | 1.4 |
| Operating Margin | 21 | 1.5 | 9.0 | 13.2 | 5.3 | 3.1 | 2.1 | • | • | • | • | • | • | • |
| Operating Margin Before Officers' Comp. | 22 | 16.8 | 21.7 | 36.6 | 33.6 | 28.2 | 18.3 | 10.9 | 1.6 | • | • | • | • | • |

| Selected Average Balance Sheet ($ in Thousands) | | | | | | | | | | | | | |
|---|---|---|---|---|---|---|---|---|---|---|---|---|---|
| Net Receivables 23 | 84 | 0 | 2 | 15 | 35 | 69 | 645 | 1335 | 2551 | 8555 | 19728 | • | 848140 |
| Inventories 24 | 2 | 0 | 0 | 0 | 11 | 0 | 0 | 0 | 18 | 13 | 48 | • | 22757 |
| Net Property, Plant and Equipment 25 | 33 | 0 | 8 | 33 | 60 | 358 | 340 | 861 | 982 | 4372 | 10873 | • | 138105 |
| Total Assets 26 | 376 | 0 | 28 | 143 | 337 | 726 | 1871 | 8470 | 14509 | 36397 | 124082 | • | 3339100 |
| Notes and Loans Payable 27 | 129 | 0 | 17 | 62 | 177 | 759 | 975 | 2098 | 2266 | 14322 | 28840 | • | 952444 |
| All Other Liabilities 28 | 177 | 0 | 8 | 29 | 65 | 73 | 739 | 6244 | 8858 | 14998 | 94371 | • | 1730278 |
| Net Worth 29 | 69 | 0 | 3 | 53 | 95 | -106 | 156 | 129 | 3385 | 7077 | 872 | • | 656378 |

| Selected Financial Ratios (Times to 1) | | | | | | | | | | | | | |
|---|---|---|---|---|---|---|---|---|---|---|---|---|---|
| Current Ratio 30 | 1.1 | • | 1.3 | 1.3 | 1.2 | 0.3 | 1.1 | 1.0 | 1.2 | 1.0 | 0.7 | • | 1.1 |
| Quick Ratio 31 | 1.0 | • | 1.2 | 1.0 | 1.1 | 0.3 | 1.0 | 0.9 | 0.9 | 0.7 | 0.6 | • | 1.0 |
| Net Sales to Working Capital 32 | 40.7 | • | 61.2 | 37.8 | 47.4 | • | 55.8 | • | 14.3 | 140.1 | • | • | 8.6 |
| Coverage Ratio 33 | 4.0 | 14.3 | 17.4 | 8.8 | 6.1 | 2.1 | 1.3 | 1.5 | • | • | • | • | 2.5 |
| Total Asset Turnover 34 | 1.3 | • | 6.2 | 3.1 | 4.0 | 3.3 | 2.8 | 0.9 | 1.3 | 3.3 | 0.4 | • | 0.4 |
| Inventory Turnover 35 | 31.3 | • | 30.2 | • | 12.1 | • | 5259.5 | • | 676.6 | 5717.4 | 303.0 | • | 12.3 |
| Receivables Turnover 36 | 5.6 | • | 110.7 | 21.7 | 44.4 | 57.2 | 10.9 | 8.4 | 7.2 | 17.4 | 2.9 | • | 1.5 |
| Total Liabilities to Net Worth 37 | 4.4 | • | 7.5 | 1.7 | 2.5 | • | 11.0 | 64.9 | 3.3 | 4.1 | 141.3 | • | 4.1 |
| Current Assets to Working Capital 38 | 16.2 | • | 4.4 | 4.9 | 5.4 | • | 11.9 | • | 7.0 | 26.9 | • | • | 11.2 |
| Current Liabilities to Working Capital 39 | 15.2 | • | 3.4 | 3.9 | 4.4 | • | 10.9 | • | 6.0 | 25.9 | • | • | 10.2 |
| Working Capital to Net Sales 40 | 0.0 | • | 0.0 | 0.0 | 0.0 | • | 0.0 | • | 0.1 | 0.0 | • | • | 0.1 |
| Inventory to Working Capital 41 | 0.3 | • | 0.0 | • | 0.3 | • | 0.0 | • | 0.0 | 0.0 | • | • | 0.2 |
| Total Receipts to Cash Flow 42 | 3.7 | 3.1 | 2.8 | 4.7 | 5.6 | 5.0 | 9.8 | 4.8 | 10.6 | 24.8 | 5.9 | • | 2.5 |
| Cost of Goods to Cash Flow 43 | 0.6 | 0.8 | 0.0 | 0.0 | 0.5 | 0.2 | 3.3 | • | 6.9 | 15.7 | 1.7 | • | 0.5 |
| Cash Flow to Total Debt 44 | 0.4 | • | 2.5 | 1.1 | 1.0 | 0.6 | 0.3 | 0.2 | 0.2 | 0.2 | 0.1 | • | 0.2 |

| Selected Financial Factors (in Percentages) | | | | | | | | | | | | | |
|---|---|---|---|---|---|---|---|---|---|---|---|---|---|
| Debt Ratio 45 | 81.6 | • | 88.2 | 63.0 | 71.7 | 114.6 | 91.7 | 98.5 | 76.7 | 80.6 | 99.3 | • | 80.3 |
| Return on Total Assets 46 | 13.7 | • | 89.8 | 26.9 | 19.7 | 14.4 | 4.8 | 3.9 | • | • | • | • | 8.7 |
| Return on Equity Before Income Taxes 47 | 55.6 | • | 720.4 | 64.4 | 58.0 | • | 13.8 | 84.7 | • | • | • | • | 26.9 |
| Return on Equity After Income Taxes 48 | 49.0 | • | 712.4 | 63.4 | 57.2 | • | 11.2 | 48.1 | • | • | • | • | 19.2 |
| Profit Margin (Before Income Tax) 49 | 8.1 | 11.5 | 13.8 | 7.7 | 4.1 | 2.3 | 0.4 | 1.5 | • | • | • | • | 13.4 |
| Profit Margin (After Income Tax) 50 | 7.2 | 10.6 | 13.6 | 7.6 | 4.1 | 2.3 | 0.3 | 0.8 | • | • | • | • | 9.6 |

**Table II**

Corporations with Net Income

# ACCOUNTING, TAX PREPARATION, BOOKKEEPING, AND PAYROLL SERVICES

**MONEY AMOUNTS AND SIZE OF ASSETS IN THOUSANDS OF DOLLARS**

| Item Description for Accounting Period 7/00 Through 6/01 | | Total | Zero Assets | Under 100 | 100 to 250 | 251 to 500 | 501 to 1,000 | 1,001 to 5,000 | 5,001 to 10,000 | 10,001 to 25,000 | 25,001 to 50,000 | 50,001 to 100,000 | 100,001 to 250,000 | 250,001 and over |
|---|---|---|---|---|---|---|---|---|---|---|---|---|---|---|
| Number of Enterprises | 1 | 37909 | 805 | 30778 | 4101 | 1783 | 224 | 180 | 0 | 16 | 7 | 0 | • | 0 |
| **Revenues ($ in Thousands)** | | | | | | | | | | | | | | |
| Net Sales | 2 | 19718950 | 232549 | 5612800 | 1945172 | 2808116 | 1206948 | 1287497 | 0 | 257558 | 1608074 | 0 | • | 0 |
| Interest | 3 | 574021 | 98 | 1760 | 7231 | 4418 | 1628 | 1651 | 0 | 1377 | 2242 | 0 | • | 0 |
| Rents | 4 | 24172 | 0 | 249 | 0 | 6648 | 0 | 0 | 0 | 55 | 227 | 0 | • | 0 |
| Royalties | 5 | 277404 | 0 | 0 | 0 | 0 | 0 | 0 | 0 | 881 | 0 | 0 | • | 0 |
| Other Portfolio Income | 6 | 357924 | 1755 | 614 | 8924 | 0 | 0 | 35 | 0 | 1015 | 873 | 0 | • | 0 |
| Other Receipts | 7 | 296401 | 4465 | 28975 | 34987 | 12485 | 1144 | 1081 | 0 | 7400 | 29021 | 0 | • | 0 |
| Total Receipts | 8 | 21248872 | 238867 | 5644398 | 1996314 | 2831667 | 1209720 | 1290264 | 0 | 268286 | 1640437 | 0 | • | 0 |
| Average Total Receipts | 9 | 561 | 297 | 183 | 487 | 1588 | 5401 | 7168 | • | 16768 | 234348 | • | • | • |
| **Operating Costs/Operating Income (%)** | | | | | | | | | | | | | | |
| Cost of Operations | 10 | 16.8 | 30.3 | 1.7 | 1.0 | 11.0 | 0.2 | 42.8 | • | 44.8 | 65.6 | • | • | • |
| Salaries and Wages | 11 | 27.0 | 13.1 | 19.6 | 32.9 | 30.5 | 40.3 | 24.2 | • | 19.7 | 18.9 | • | • | • |
| Taxes Paid | 12 | 4.5 | 4.1 | 4.0 | 4.5 | 4.3 | 4.6 | 5.5 | • | 2.9 | 4.4 | • | • | • |
| Interest Paid | 13 | 2.8 | 1.0 | 0.7 | 1.0 | 0.6 | 1.3 | 0.8 | • | 1.2 | 0.3 | • | • | • |
| Depreciation | 14 | 1.6 | 0.2 | 1.2 | 1.9 | 1.2 | 2.4 | 1.0 | • | 1.3 | 0.5 | • | • | • |
| Amortization and Depletion | 15 | 0.7 | 0.0 | 0.2 | 0.4 | 0.5 | 0.1 | 0.0 | • | 0.1 | 0.2 | • | • | • |
| Pensions and Other Deferred Comp. | 16 | 1.6 | 2.7 | 1.3 | 2.9 | 2.9 | 1.8 | 0.6 | • | 0.4 | 1.5 | • | • | • |
| Employee Benefits | 17 | 2.1 | 1.0 | 1.9 | 2.0 | 2.5 | 2.0 | 2.9 | • | 1.3 | 4.4 | • | • | • |
| Advertising | 18 | 1.0 | 0.0 | 0.6 | 0.2 | 0.5 | 0.7 | 0.1 | • | 0.6 | 0.0 | • | • | • |
| Other Expenses | 19 | 23.0 | 18.3 | 28.0 | 19.3 | 18.0 | 24.2 | 9.0 | • | 15.4 | 4.9 | • | • | • |
| Officers' Compensation | 20 | 14.7 | 15.0 | 23.1 | 26.7 | 23.8 | 18.2 | 9.2 | • | 4.2 | 0.2 | • | • | • |
| Operating Margin | 21 | 4.2 | 14.3 | 17.5 | 7.1 | 4.3 | 4.3 | 3.9 | • | 8.1 | • | • | • | • |
| Operating Margin Before Officers' Comp. | 22 | 18.9 | 29.3 | 40.6 | 33.8 | 28.1 | 22.5 | 13.1 | • | 12.2 | • | • | • | • |

| | | | | | | | | | | | | | |
|---|---|---|---|---|---|---|---|---|---|---|---|---|---|
| | **Selected Average Balance Sheet ($ in Thousands)** | | | | | | | | | | | | |
| Net Receivables **23** | 99 | 0 | 2 | 18 | 47 | 0 | 586 | • | 2913 | 15224 | • | • | • |
| Inventories **24** | 3 | 0 | 0 | 0 | 14 | 0 | 0 | • | 16 | 44 | • | • | • |
| Net Property, Plant and Equipment **25** | 31 | 0 | 7 | 38 | 66 | 342 | 364 | • | 698 | 4989 | • | • | • |
| Total Assets **26** | 422 | 0 | 29 | 144 | 350 | 668 | 1868 | • | 14426 | 43587 | • | • | • |
| Notes and Loans Payable **27** | 135 | 0 | 11 | 66 | 178 | 917 | 949 | • | 2021 | 12723 | • | • | • |
| All Other Liabilities **28** | 212 | 0 | 7 | 31 | 66 | 122 | 762 | • | 8479 | 51135 | • | • | • |
| Net Worth **29** | 75 | 0 | 11 | 47 | 105 | -371 | 158 | • | 3926 | -20272 | • | • | • |
| | **Selected Financial Ratios (Times to 1)** | | | | | | | | | | | | |
| Current Ratio **30** | 1.1 | • | 1.5 | 1.4 | 1.5 | 0.0 | 1.2 | • | 1.2 | 0.6 | • | • | • |
| Quick Ratio **31** | 1.0 | • | 1.4 | 1.2 | 1.3 | 0.0 | 1.2 | • | 0.9 | 0.5 | • | • | • |
| Net Sales to Working Capital **32** | 30.1 | • | 41.1 | 25.9 | 26.7 | • | 43.6 | • | 11.5 | • | • | • | • |
| Coverage Ratio **33** | 5.1 | 17.8 | 27.2 | 10.4 | 9.4 | 4.5 | 6.3 | • | 11.1 | 4.1 | • | • | • |
| Total Asset Turnover **34** | 1.2 | • | 6.3 | 3.3 | 4.5 | 8.1 | 3.8 | • | 1.1 | 5.3 | • | • | • |
| Inventory Turnover **35** | 27.7 | • | 26.5 | • | 12.1 | • | 27556.2 | • | 448.6 | 3423.1 | • | • | • |
| Receivables Turnover **36** | 5.0 | • | 105.5 | 18.5 | 39.0 | 267.4 | 14.4 | • | 4.8 | 15.8 | • | • | • |
| Total Liabilities to Net Worth **37** | 4.7 | • | 1.8 | 2.0 | 2.3 | • | 10.8 | • | 2.7 | • | • | • | • |
| Current Assets to Working Capital **38** | 12.6 | • | 3.1 | 3.6 | 2.9 | • | 6.0 | • | 7.1 | • | • | • | • |
| Current Liabilities to Working Capital **39** | 11.6 | • | 2.1 | 2.6 | 1.9 | • | 5.0 | • | 6.1 | • | • | • | • |
| Working Capital to Net Sales **40** | 0.0 | • | 0.0 | 0.0 | 0.0 | • | 0.0 | • | 0.1 | • | • | • | • |
| Inventory to Working Capital **41** | 0.2 | • | 0.0 | • | 0.2 | • | • | • | 0.0 | • | • | • | • |
| Total Receipts to Cash Flow **42** | 3.4 | 3.0 | 2.6 | 4.5 | 5.5 | 4.5 | 9.4 | • | 4.2 | 18.2 | • | • | • |
| Cost of Goods to Cash Flow **43** | 0.6 | 0.9 | 0.0 | 0.0 | 0.6 | 0.0 | 4.0 | • | 1.9 | 12.0 | • | • | • |
| Cash Flow to Total Debt **44** | 0.4 | • | 3.8 | 1.1 | 1.2 | 1.2 | 0.4 | • | 0.4 | 0.2 | • | • | • |
| | **Selected Financial Factors (in Percentages)** | | | | | | | | | | | | |
| Debt Ratio **45** | 82.3 | • | 63.7 | 67.2 | 69.8 | 155.5 | 91.6 | • | 72.8 | 146.5 | • | • | • |
| Return on Total Assets **46** | 17.7 | • | 117.2 | 35.2 | 25.8 | 46.8 | 18.7 | • | 15.0 | 7.5 | • | • | • |
| Return on Equity Before Income Taxes **47** | 80.3 | • | 310.8 | 97.1 | 76.4 | • | 186.4 | • | 50.1 | • | • | • | • |
| Return on Equity After Income Taxes **48** | 72.2 | • | 307.7 | 95.6 | 75.4 | • | 181.7 | • | 47.8 | • | • | • | • |
| Profit Margin (Before Income Tax) **49** | 11.5 | 17.0 | 18.1 | 9.7 | 5.1 | 4.5 | 4.1 | • | 12.2 | 1.1 | • | • | • |
| Profit Margin (After Income Tax) **50** | 10.3 | 16.0 | 17.9 | 9.6 | 5.0 | 4.5 | 4.0 | • | 11.7 | 0.8 | • | • | • |

**Table I**

Corporations with and without Net Income

# ARCHITECTURAL, ENGINEERING, AND RELATED SERVICES

| Item Description for Accounting Period 7/00 Through 6/01 | | Total | Zero Assets | Under 100 | 100 to 250 | 251 to 500 | 501 to 1,000 | 1,001 to 5,000 | 5,001 to 10,000 | 10,001 to 25,000 | 25,001 to 50,000 | 50,001 to 100,000 | 100,001 to 250,000 | 250,001 and over |
|---|---|---|---|---|---|---|---|---|---|---|---|---|---|---|
| | | **MONEY AMOUNTS AND SIZE OF ASSETS IN THOUSANDS OF DOLLARS** | | | | | | | | | | | | |
| Number of Enterprises | 1 | 84830 | 5748 | 56021 | 11642 | 4795 | 2689 | 3230 | 307 | 227 | 74 | 42 | 32 | 24 |
| | | **Revenues ($ in Thousands)** | | | | | | | | | | | | |
| Net Sales | 2 | 118943178 | 3387556 | 16199831 | 10084511 | 5791912 | 8019392 | 19979313 | 5032384 | 7465417 | 5344947 | 5264698 | 6653671 | 25719547 |
| Interest | 3 | 643990 | 18122 | 31016 | 7764 | 19049 | 19152 | 41853 | 22785 | 22739 | 18262 | 26982 | 51229 | 365037 |
| Rents | 4 | 189458 | 12462 | 1484 | 340 | 1020 | 96 | 6442 | 3555 | 2295 | 8684 | 10063 | 4992 | 138024 |
| Royalties | 5 | 78113 | 836 | 0 | 0 | 0 | 0 | 3545 | 5 | 1689 | 444 | 788 | 22386 | 48419 |
| Other Portfolio Income | 6 | 624946 | 81636 | 8685 | 5638 | 18285 | 10999 | 54388 | 4454 | 28494 | 18664 | 26927 | 69192 | 297584 |
| Other Receipts | 7 | 1488771 | 63504 | 60584 | 82066 | 3461 | 117031 | 325762 | 35417 | 113277 | 31856 | 69757 | 81504 | 504554 |
| Total Receipts | 8 | 121968456 | 3564116 | 16301600 | 10180319 | 5833727 | 8166670 | 20411303 | 5098600 | 7633911 | 5422857 | 5399215 | 6882974 | 27073165 |
| Average Total Receipts | 9 | 1438 | 620 | 291 | 874 | 1217 | 3037 | 6319 | 16608 | 33630 | 73282 | 128553 | 215093 | 1128049 |
| | | **Operating Costs/Operating Income (%)** | | | | | | | | | | | | |
| Cost of Operations | 10 | 41.5 | 55.4 | 14.3 | 20.7 | 24.7 | 23.2 | 39.0 | 45.6 | 48.3 | 54.9 | 36.4 | 52.1 | 69.2 |
| Salaries and Wages | 11 | 19.7 | 17.6 | 22.0 | 27.5 | 25.5 | 27.2 | 21.3 | 18.8 | 18.8 | 16.0 | 22.5 | 18.3 | 11.4 |
| Taxes Paid | 12 | 3.1 | 2.3 | 3.5 | 4.2 | 4.2 | 3.3 | 3.6 | 3.3 | 3.2 | 3.5 | 2.9 | 2.5 | 1.7 |
| Interest Paid | 13 | 1.3 | 1.8 | 0.5 | 1.1 | 0.8 | 0.9 | 0.8 | 0.7 | 1.0 | 1.0 | 1.0 | 1.7 | 2.4 |
| Depreciation | 14 | 1.9 | 1.4 | 1.5 | 2.0 | 1.9 | 1.7 | 2.0 | 2.1 | 2.0 | 1.6 | 1.5 | 1.7 | 2.1 |
| Amortization and Depletion | 15 | 0.2 | 0.3 | 0.0 | 0.0 | 0.0 | 0.2 | 0.1 | 0.1 | 0.2 | 0.3 | 0.3 | 0.5 | 0.4 |
| Pensions and Other Deferred Comp. | 16 | 0.9 | 0.7 | 0.8 | 0.9 | 1.1 | 1.0 | 1.3 | 0.9 | 1.2 | 0.8 | 1.2 | 0.9 | 0.6 |
| Employee Benefits | 17 | 1.9 | 2.3 | 1.5 | 1.5 | 1.4 | 1.6 | 2.5 | 2.4 | 2.1 | 2.2 | 2.1 | 2.2 | 1.5 |
| Advertising | 18 | 0.3 | 0.1 | 0.4 | 0.3 | 0.6 | 0.4 | 0.3 | 0.7 | 0.4 | 0.3 | 0.2 | 0.4 | 0.2 |
| Other Expenses | 19 | 20.9 | 16.7 | 29.8 | 25.6 | 23.8 | 26.8 | 19.6 | 18.5 | 19.8 | 16.3 | 29.1 | 18.6 | 13.3 |
| Officers' Compensation | 20 | 7.5 | 6.4 | 20.4 | 11.1 | 9.9 | 11.9 | 7.4 | 5.0 | 3.5 | 2.8 | 2.7 | 1.7 | 1.5 |
| Operating Margin | 21 | 0.8 | • | 5.3 | 4.9 | 6.0 | 2.0 | 1.9 | 1.9 | • | 0.3 | 0.1 | • | • |
| Operating Margin Before Officers' Comp. | 22 | 8.4 | 1.2 | 25.7 | 16.0 | 15.9 | 13.8 | 9.4 | 6.9 | 3.2 | 3.2 | 2.8 | 1.2 | • |

## Selected Average Balance Sheet ($ in Thousands)

| | | | | | | | | | | | | | |
|---|---|---|---|---|---|---|---|---|---|---|---|---|---|
| Net Receivables 23 | 202 | 0 | 2 | 19 | 88 | 119 | 706 | 2476 | 6144 | 16309 | 30400 | 51313 | 313387 |
| Inventories 24 | 18 | 0 | 1 | 3 | 8 | 33 | 50 | 403 | 547 | 1270 | 4263 | 4878 | 20859 |
| Net Property, Plant and Equipment 25 | 103 | 0 | 12 | 80 | 80 | 162 | 510 | 1539 | 2850 | 5137 | 8314 | 15775 | 98970 |
| Total Assets 26 | 679 | 0 | 29 | 167 | 348 | 670 | 2089 | 6572 | 14998 | 35836 | 72011 | 141500 | 1173900 |
| Notes and Loans Payable 27 | 180 | 0 | 19 | 103 | 113 | 277 | 594 | 1711 | 3751 | 7994 | 18055 | 32815 | 252004 |
| All Other Liabilities 28 | 246 | 0 | 7 | 24 | 70 | 159 | 663 | 2982 | 5850 | 15969 | 31288 | 43841 | 466702 |
| Net Worth 29 | 253 | 0 | 4 | 39 | 165 | 234 | 831 | 1879 | 5396 | 11873 | 22669 | 64844 | 455195 |

## Selected Financial Ratios (Times to 1)

| | | | | | | | | | | | | | |
|---|---|---|---|---|---|---|---|---|---|---|---|---|---|
| Current Ratio 30 | 1.4 | • | 1.3 | 1.3 | 2.0 | 1.4 | 1.6 | 1.2 | 1.4 | 1.6 | 1.3 | 1.7 | 1.3 |
| Quick Ratio 31 | 1.1 | • | 1.1 | 1.1 | 1.8 | 1.2 | 1.3 | 1.0 | 1.1 | 1.3 | 1.0 | 1.3 | 0.9 |
| Net Sales to Working Capital 32 | 13.5 | • | 91.0 | 58.9 | 12.0 | 29.4 | 12.7 | 19.3 | 10.9 | 7.0 | 10.3 | 6.1 | 9.0 |
| Coverage Ratio 33 | 3.7 | 1.1 | 12.1 | 6.3 | 9.3 | 5.3 | 6.1 | 5.4 | 2.9 | 2.8 | 3.6 | 2.7 | 1.4 |
| Total Asset Turnover 34 | 2.1 | • | 9.8 | 5.2 | 3.5 | 4.4 | 3.0 | 2.5 | 2.2 | 2.0 | 1.7 | 1.5 | 0.9 |
| Inventory Turnover 35 | 32.4 | • | 82.6 | 71.0 | 38.9 | 21.1 | 48.0 | 18.5 | 29.0 | 31.2 | 10.7 | 22.2 | 35.6 |
| Receivables Turnover 36 | 7.3 | • | 141.5 | 46.7 | 14.3 | 21.7 | 8.5 | 6.1 | 5.6 | 4.9 | 3.6 | 4.4 | 3.9 |
| Total Liabilities to Net Worth 37 | 1.7 | • | 6.1 | 3.2 | 1.1 | 1.9 | 1.5 | 2.5 | 1.8 | 2.0 | 2.2 | 1.2 | 1.6 |
| Current Assets to Working Capital 38 | 3.4 | • | 4.3 | 4.5 | 2.0 | 3.3 | 2.7 | 5.1 | 3.3 | 2.6 | 3.9 | 2.4 | 4.3 |
| Current Liabilities to Working Capital 39 | 2.4 | • | 3.3 | 3.5 | 1.0 | 2.3 | 1.7 | 4.1 | 2.3 | 1.6 | 2.9 | 1.4 | 3.3 |
| Working Capital to Net Sales 40 | 0.1 | • | 0.0 | 0.0 | 0.1 | 0.0 | 0.1 | 0.1 | 0.1 | 0.1 | 0.1 | 0.2 | 0.1 |
| Inventory to Working Capital 41 | 0.2 | • | 0.2 | 0.1 | 0.1 | 0.2 | 0.1 | 0.3 | 0.2 | 0.2 | 0.1 | 0.1 | 0.2 |
| Total Receipts to Cash Flow 42 | 5.0 | 8.6 | 3.3 | 3.7 | 3.8 | 3.8 | 5.2 | 5.8 | 5.9 | 6.7 | 3.6 | 6.2 | 9.7 |
| Cost of Goods to Cash Flow 43 | 2.1 | 4.8 | 0.5 | 0.8 | 0.9 | 0.9 | 2.0 | 2.6 | 2.9 | 3.7 | 1.3 | 3.2 | 6.7 |
| Cash Flow to Total Debt 44 | 0.7 | • | 3.5 | 1.8 | 1.7 | 1.8 | 1.0 | 0.6 | 0.6 | 0.4 | 0.7 | 0.4 | 0.2 |

## Selected Financial Factors (in Percentages)

| | | | | | | | | | | | | | |
|---|---|---|---|---|---|---|---|---|---|---|---|---|---|
| Debt Ratio 45 | 62.8 | • | 85.9 | 76.4 | 52.7 | 65.1 | 60.2 | 71.4 | 64.0 | 66.9 | 68.5 | 54.2 | 61.2 |
| Return on Total Assets 46 | 9.6 | • | 63.0 | 36.2 | 26.0 | 20.8 | 14.5 | 9.8 | 6.5 | 5.5 | 6.4 | 6.8 | 3.1 |
| Return on Equity Before Income Taxes 47 | 18.9 | • | 409.7 | 129.3 | 49.0 | 48.3 | 30.5 | 27.9 | 11.8 | 10.7 | 14.6 | 9.2 | 2.4 |
| Return on Equity After Income Taxes 48 | 15.7 | • | 397.3 | 128.0 | 45.9 | 42.6 | 26.8 | 20.7 | 7.7 | 7.0 | 7.8 | 5.9 | 0.3 |
| Profit Margin (Before Income Tax) 49 | 3.4 | 0.2 | 5.9 | 5.9 | 6.7 | 3.8 | 4.1 | 3.2 | 1.9 | 1.8 | 2.6 | 2.9 | 1.0 |
| Profit Margin (After Income Tax) 50 | 2.8 | • | 5.7 | 5.8 | 6.3 | 3.3 | 3.6 | 2.4 | 1.3 | 1.2 | 1.4 | 1.8 | 0.1 |

**Table II**

Corporations with Net Income

# Architectural, Engineering, and Related Services

**Money Amounts and Size of Assets in Thousands of Dollars**

| Item Description for Accounting Period 7/00 Through 6/01 | | Total | Zero Assets | Under 100 | 100 to 250 | 251 to 500 | 501 to 1,000 | 1,001 to 5,000 | 5,001 to 10,000 | 10,001 to 25,000 | 25,001 to 50,000 | 50,001 to 100,000 | 100,001 to 250,000 | 250,001 and over |
|---|---|---|---|---|---|---|---|---|---|---|---|---|---|---|
| Number of Enterprises | 1 | 54637 | 2942 | 33902 | 9045 | 3762 | 2126 | 2362 | 228 | 154 | 57 | 0 | 21 | 0 |
| **Revenues ($ in Thousands)** | | | | | | | | | | | | | | |
| Net Sales | 2 | 95459893 | 2969428 | 13713038 | 8252990 | 4827161 | 6121119 | 15100201 | 4261908 | 5696088 | 4587186 | 0 | 5749135 | 0 |
| Interest | 3 | 460000 | 14981 | 27980 | 6211 | 14833 | 11206 | 31782 | 18582 | 12826 | 14521 | 0 | 30197 | 0 |
| Rents | 4 | 170165 | 11745 | 1475 | 340 | 1020 | 0 | 2760 | 1800 | 1908 | 8527 | 0 | 3400 | 0 |
| Royalties | 5 | 74150 | 829 | 0 | 0 | 0 | 0 | 16 | 5 | 1689 | 443 | 0 | 22008 | 0 |
| Other Portfolio Income | 6 | 505304 | 74260 | 4960 | 137 | 18169 | 6227 | 16452 | 4234 | 27188 | 18465 | 0 | 48774 | 0 |
| Other Receipts | 7 | 1206908 | 69011 | 58482 | 80613 | 3082 | 90275 | 283506 | 32260 | 43698 | 24339 | 0 | 46686 | 0 |
| Total Receipts | 8 | 97876420 | 3140254 | 13805935 | 8340291 | 4864265 | 6228827 | 15434717 | 4318789 | 5783397 | 4653481 | 0 | 5900200 | 0 |
| Average Total Receipts | 9 | 1791 | 1067 | 407 | 922 | 1293 | 2930 | 6535 | 18942 | 37555 | 81640 | • | 280962 | • |
| **Operating Costs/Operating Income (%)** | | | | | | | | | | | | | | |
| Cost of Operations | 10 | 42.0 | 53.4 | 13.6 | 22.2 | 27.9 | 18.2 | 37.9 | 47.3 | 48.6 | 54.8 | • | 49.2 | • |
| Salaries and Wages | 11 | 18.3 | 17.9 | 21.7 | 23.5 | 21.3 | 27.3 | 20.5 | 16.3 | 17.0 | 14.5 | • | 19.3 | • |
| Taxes Paid | 12 | 3.0 | 2.3 | 3.3 | 4.2 | 4.0 | 3.2 | 3.4 | 3.2 | 3.1 | 3.3 | • | 2.6 | • |
| Interest Paid | 13 | 1.1 | 1.8 | 0.4 | 1.0 | 0.7 | 0.7 | 0.6 | 0.7 | 0.8 | 0.9 | • | 1.2 | • |
| Depreciation | 14 | 1.7 | 1.4 | 1.1 | 1.8 | 1.8 | 1.7 | 1.9 | 1.8 | 1.6 | 1.5 | • | 1.5 | • |
| Amortization and Depletion | 15 | 0.2 | 0.3 | 0.0 | 0.1 | 0.0 | 0.2 | 0.1 | 0.0 | 0.1 | 0.3 | • | 0.3 | • |
| Pensions and Other Deferred Comp. | 16 | 0.9 | 0.7 | 0.7 | 1.0 | 1.1 | 1.2 | 1.4 | 0.7 | 1.2 | 0.9 | • | 1.0 | • |
| Employee Benefits | 17 | 1.9 | 2.2 | 1.6 | 1.6 | 1.6 | 1.8 | 2.6 | 2.1 | 2.1 | 2.4 | • | 2.3 | • |
| Advertising | 18 | 0.3 | 0.1 | 0.5 | 0.3 | 0.7 | 0.4 | 0.3 | 0.6 | 0.3 | 0.3 | • | 0.3 | • |
| Other Expenses | 19 | 19.5 | 14.4 | 29.2 | 25.6 | 21.8 | 28.0 | 19.2 | 16.7 | 17.6 | 15.8 | • | 18.2 | • |
| Officers' Compensation | 20 | 7.5 | 7.1 | 20.2 | 10.9 | 10.4 | 12.5 | 7.1 | 4.9 | 3.7 | 2.9 | • | 1.9 | • |
| Operating Margin | 21 | 3.7 | • | 7.7 | 7.9 | 8.5 | 4.8 | 5.1 | 5.5 | 4.0 | 2.5 | • | 2.2 | • |
| Operating Margin Before Officers' Comp. | 22 | 11.2 | 5.3 | 27.9 | 18.8 | 18.9 | 17.3 | 12.2 | 10.4 | 7.6 | 5.4 | • | 4.1 | • |

| Selected Average Balance Sheet ($ in Thousands) | | | | | | | | | | | | | |
|---|---|---|---|---|---|---|---|---|---|---|---|---|---|
| Net Receivables 23 | 244 | 0 | 3 | 16 | 71 | 118 | 727 | 2229 | 6740 | 16777 | • | 60225 | • |
| Inventories 24 | 18 | 0 | 0 | 2 | 3 | 24 | 41 | 299 | 564 | 1253 | • | 4434 | • |
| Net Property, Plant and Equipment 25 | 115 | 0 | 12 | 69 | 91 | 149 | 473 | 1487 | 2623 | 5390 | • | 17538 | • |
| Total Assets 26 | 746 | 0 | 34 | 156 | 344 | 671 | 2127 | 6607 | 14545 | 35680 | • | 144533 | • |
| Notes and Loans Payable 27 | 171 | 0 | 18 | 78 | 100 | 235 | 436 | 1668 | 3565 | 8266 | • | 29885 | • |
| All Other Liabilities 28 | 279 | 0 | 8 | 26 | 67 | 108 | 627 | 2522 | 5998 | 16121 | • | 47020 | • |
| Net Worth 29 | 296 | 0 | 8 | 52 | 177 | 328 | 1064 | 2417 | 4982 | 11293 | • | 67628 | • |
| **Selected Financial Ratios (Times to 1)** | | | | | | | | | | | | | |
| Current Ratio 30 | 1.5 | • | 1.3 | 1.3 | 1.8 | 1.8 | 1.9 | 1.3 | 1.5 | 1.6 | • | 1.7 | • |
| Quick Ratio 31 | 1.1 | • | 1.1 | 1.0 | 1.6 | 1.4 | 1.7 | 1.0 | 1.2 | 1.3 | • | 1.3 | • |
| Net Sales to Working Capital 32 | 13.4 | • | 106.0 | 57.9 | 15.7 | 19.0 | 9.4 | 18.1 | 11.5 | 8.8 | • | 7.4 | • |
| Coverage Ratio 33 | 6.9 | 3.4 | 23.9 | 10.4 | 13.4 | 10.9 | 13.0 | 11.2 | 7.5 | 5.3 | • | 4.9 | • |
| Total Asset Turnover 34 | 2.3 | • | 11.9 | 5.8 | 3.7 | 4.3 | 3.0 | 2.8 | 2.5 | 2.3 | • | 1.9 | • |
| Inventory Turnover 35 | 41.3 | • | 153.2 | 83.3 | 119.8 | 21.8 | 59.7 | 29.6 | 31.8 | 35.2 | • | 30.4 | • |
| Receivables Turnover 36 | 7.6 | • | 167.1 | 62.9 | 21.3 | 23.5 | 9.0 | 7.5 | 5.8 | 5.2 | • | 4.9 | • |
| Total Liabilities to Net Worth 37 | 1.5 | • | 3.4 | 2.0 | 0.9 | 1.0 | 1.0 | 1.7 | 1.9 | 2.2 | • | 1.1 | • |
| Current Assets to Working Capital 38 | 3.1 | • | 4.3 | 4.1 | 2.3 | 2.3 | 2.1 | 4.3 | 3.2 | 2.8 | • | 2.5 | • |
| Current Liabilities to Working Capital 39 | 2.1 | • | 3.3 | 3.1 | 1.3 | 1.3 | 1.1 | 3.3 | 2.2 | 1.8 | • | 1.5 | • |
| Working Capital to Net Sales 40 | 0.1 | • | 0.0 | 0.0 | 0.1 | 0.1 | 0.1 | 0.1 | 0.1 | 0.1 | • | 0.1 | • |
| Inventory to Working Capital 41 | 0.1 | • | 0.1 | 0.1 | 0.1 | 0.1 | 0.1 | 0.3 | 0.2 | 0.2 | • | 0.1 | • |
| Total Receipts to Cash Flow 42 | 4.7 | 7.5 | 3.0 | 3.3 | 3.8 | 3.3 | 4.4 | 5.1 | 5.2 | 6.1 | • | 5.6 | • |
| Cost of Goods to Cash Flow 43 | 2.0 | 4.0 | 0.4 | 0.7 | 1.1 | 0.6 | 1.7 | 2.4 | 2.5 | 3.4 | • | 2.8 | • |
| Cash Flow to Total Debt 44 | 0.8 | • | 5.0 | 2.7 | 2.0 | 2.6 | 1.4 | 0.9 | 0.7 | 0.5 | • | 0.6 | • |
| **Selected Financial Factors (in Percentages)** | | | | | | | | | | | | | |
| Debt Ratio 45 | 60.3 | • | 77.2 | 66.6 | 48.6 | 51.1 | 50.0 | 63.4 | 65.7 | 68.3 | • | 53.2 | • |
| Return on Total Assets 46 | 17.1 | • | 103.7 | 57.6 | 37.3 | 31.0 | 23.7 | 21.2 | 16.1 | 10.9 | • | 11.4 | • |
| Return on Equity Before Income Taxes 47 | 36.8 | • | 436.5 | 155.7 | 67.2 | 57.7 | 43.8 | 52.8 | 40.8 | 27.9 | • | 19.4 | • |
| Return on Equity After Income Taxes 48 | 32.5 | • | 425.6 | 154.5 | 63.5 | 52.5 | 39.8 | 45.3 | 34.3 | 22.9 | • | 14.6 | • |
| Profit Margin (Before Income Tax) 49 | 6.2 | 4.2 | 8.4 | 8.9 | 9.3 | 6.6 | 7.3 | 6.8 | 5.5 | 3.9 | • | 4.8 | • |
| Profit Margin (After Income Tax) 50 | 5.5 | 3.8 | 8.2 | 8.9 | 8.8 | 6.0 | 6.6 | 5.9 | 4.6 | 3.2 | • | 3.6 | • |

# SPECIALIZED DESIGN SERVICES

MONEY AMOUNTS AND SIZE OF ASSETS IN THOUSANDS OF DOLLARS

| Item Description for Accounting Period 7/00 Through 6/01 | | Total | Zero Assets | Under 100 | 100 to 250 | 251 to 500 | 501 to 1,000 | 1,001 to 5,000 | 5,001 to 10,000 | 10,001 to 25,000 | 25,001 to 50,000 | 50,001 to 100,000 | 100,001 to 250,000 | 250,001 and over |
|---|---|---|---|---|---|---|---|---|---|---|---|---|---|---|
| Number of Enterprises | 1 | 28582 | 1194 | 21201 | 2913 | 1987 | 570 | 619 | 73 | 13 | 7 | 0 | 3 | 3 |
| **Revenues ($ in Thousands)** | | | | | | | | | | | | | | |
| Net Sales | 2 | 16207967 | 147175 | 3827425 | 1216348 | 3829980 | 652575 | 3019234 | 1297344 | 237787 | 279346 | 0 | 459503 | 1241249 |
| Interest | 3 | 40560 | 843 | 1329 | 1051 | 1718 | 323 | 3917 | 1523 | 1665 | 3101 | 0 | 3273 | 21817 |
| Rents | 4 | 564 | 0 | 0 | 0 | 32 | 0 | 151 | 34 | 14 | 333 | 0 | 0 | 0 |
| Royalties | 5 | 102281 | 0 | 0 | 0 | 0 | 0 | 3499 | 0 | 0 | 0 | 0 | 228 | 98554 |
| Other Portfolio Income | 6 | 54226 | 19806 | 0 | 0 | 31 | 810 | 7125 | 342 | 18202 | 6592 | 0 | 639 | 678 |
| Other Receipts | 7 | 171237 | 70465 | 11369 | 2201 | 29085 | 19803 | 6335 | 9073 | 9520 | 8577 | 0 | 3514 | 1295 |
| Total Receipts | 8 | 16576835 | 238289 | 3840123 | 1219600 | 3860846 | 673511 | 3040261 | 1308316 | 267188 | 297949 | 0 | 467157 | 1363593 |
| Average Total Receipts | 9 | 580 | 200 | 181 | 419 | 1943 | 1182 | 4912 | 17922 | 20553 | 42564 | • | 155719 | 454531 |
| **Operating Costs/Operating Income (%)** | | | | | | | | | | | | | | |
| Cost of Operations | 10 | 52.9 | 13.1 | 42.2 | 48.7 | 73.5 | 46.4 | 54.4 | 64.1 | 45.8 | 57.2 | • | 62.9 | 16.2 |
| Salaries and Wages | 11 | 13.4 | 5.4 | 8.9 | 11.8 | 6.9 | 15.9 | 15.6 | 10.3 | 26.1 | 20.0 | • | 12.6 | 42.6 |
| Taxes Paid | 12 | 2.2 | 2.8 | 2.5 | 2.0 | 1.4 | 2.9 | 2.1 | 2.5 | 3.0 | 3.1 | • | 2.3 | 3.1 |
| Interest Paid | 13 | 0.7 | 0.4 | 0.5 | 1.4 | 0.2 | 0.5 | 0.4 | 0.5 | 2.8 | 4.9 | • | 2.7 | 0.8 |
| Depreciation | 14 | 1.5 | 1.0 | 1.0 | 2.2 | 0.7 | 1.9 | 1.9 | 1.0 | 2.2 | 3.6 | • | 1.9 | 3.2 |
| Amortization and Depletion | 15 | 0.1 | 0.4 | 0.0 | 0.0 | 0.0 | 0.1 | 0.0 | 0.1 | 0.4 | 1.0 | • | 0.6 | 0.9 |
| Pensions and Other Deferred Comp. | 16 | 0.7 | 3.0 | 0.6 | 1.1 | 0.6 | 1.0 | 1.0 | 0.4 | 0.4 | 0.8 | • | 1.4 | 0.4 |
| Employee Benefits | 17 | 1.2 | 0.9 | 0.9 | 0.9 | 0.4 | 0.9 | 1.0 | 2.0 | 3.0 | 3.6 | • | 0.6 | 3.5 |
| Advertising | 18 | 0.7 | 4.9 | 1.4 | 0.7 | 0.4 | 0.6 | 0.6 | 0.3 | 0.5 | 0.4 | • | 0.6 | 0.4 |
| Other Expenses | 19 | 17.9 | 113.0 | 26.0 | 18.3 | 10.0 | 17.0 | 12.3 | 11.7 | 23.8 | 18.4 | • | 14.1 | 26.2 |
| Officers' Compensation | 20 | 7.7 | 19.5 | 12.3 | 9.5 | 6.5 | 12.5 | 6.5 | 4.2 | 4.3 | 3.7 | • | 2.0 | 1.8 |
| Operating Margin | 21 | 0.9 | • | 3.6 | 3.4 | • | 0.2 | 4.1 | 2.8 | • | • | • | • | 0.8 |
| Operating Margin Before Officers' Comp. | 22 | 8.6 | • | 15.9 | 12.9 | 6.0 | 12.6 | 10.6 | 7.0 | • | • | • | 0.3 | 2.6 |

| Selected Average Balance Sheet ($ in Thousands) | | | | | | | | | | | | | |
|---|---|---|---|---|---|---|---|---|---|---|---|---|---|
| Net Receivables 23 | 51 | 0 | 3 | 40 | 69 | 168 | 857 | 2247 | 3569 | 7058 | • | 34916 | 48374 |
| Inventories 24 | 23 | 0 | 2 | 14 | 58 | 205 | 293 | 960 | 770 | 2391 | • | 12263 | 433 |
| Net Property, Plant and Equipment 25 | 38 | 0 | 6 | 72 | 74 | 148 | 397 | 741 | 1752 | 5989 | • | 16441 | 35967 |
| Total Assets 26 | 231 | 0 | 23 | 166 | 348 | 658 | 2329 | 6575 | 13989 | 43034 | • | 157618 | 562036 |
| Notes and Loans Payable 27 | 67 | 0 | 14 | 58 | 102 | 396 | 286 | 1195 | 4627 | 13598 | • | 45927 | 150381 |
| All Other Liabilities 28 | 83 | 0 | 9 | 42 | 178 | 235 | 1096 | 4229 | 4206 | 8812 | • | 52778 | 107868 |
| Net Worth 29 | 81 | 0 | 0 | 66 | 68 | 27 | 946 | 1152 | 5156 | 20623 | • | 58913 | 303786 |
| **Selected Financial Ratios (Times to 1)** | | | | | | | | | | | | | |
| Current Ratio 30 | 1.9 | • | 1.3 | 2.1 | 1.2 | 1.8 | 1.6 | 1.1 | 2.0 | 3.4 | • | 1.3 | 9.3 |
| Quick Ratio 31 | 1.4 | • | 1.0 | 1.7 | 0.8 | 1.1 | 1.1 | 0.6 | 1.6 | 2.1 | • | 0.8 | 8.4 |
| Net Sales to Working Capital 32 | 8.1 | • | 50.4 | 9.9 | 43.7 | 5.3 | 7.7 | 36.2 | 4.4 | 2.1 | • | 11.2 | 1.3 |
| Coverage Ratio 33 | 5.9 | • | 8.9 | 3.5 | 2.3 | 7.2 | 13.7 | 7.8 | 1.1 | • | • | 1.0 | 17.0 |
| Total Asset Turnover 34 | 2.5 | • | 7.8 | 2.5 | 5.5 | 1.7 | 2.1 | 2.7 | 1.3 | 0.9 | • | 1.0 | 0.7 |
| Inventory Turnover 35 | 13.2 | • | 41.1 | 14.5 | 24.2 | 2.6 | 9.1 | 11.9 | 10.9 | 9.6 | • | 7.9 | 154.7 |
| Receivables Turnover 36 | 10.6 | • | 38.3 | 11.7 | 26.9 | 4.5 | 5.3 | 9.2 | 4.0 | 7.9 | • | 3.6 | 17.1 |
| Total Liabilities to Net Worth 37 | 1.9 | • | 4214.4 | 1.5 | 4.1 | 23.2 | 1.5 | 4.7 | 1.7 | 1.1 | • | 1.7 | 0.9 |
| Current Assets to Working Capital 38 | 2.1 | • | 3.9 | 2.0 | 5.6 | 2.3 | 2.7 | 10.8 | 2.0 | 1.4 | • | 4.8 | 1.1 |
| Current Liabilities to Working Capital 39 | 1.1 | • | 2.9 | 1.0 | 4.6 | 1.3 | 1.7 | 9.8 | 1.0 | 0.4 | • | 3.8 | 0.1 |
| Working Capital to Net Sales 40 | 0.1 | • | 0.0 | 0.1 | 0.0 | 0.2 | 0.1 | 0.0 | 0.2 | 0.5 | • | 0.1 | 0.8 |
| Inventory to Working Capital 41 | 0.3 | • | 0.6 | 0.1 | 1.8 | 0.8 | 0.4 | 2.8 | 0.3 | 0.1 | • | 0.9 | 0.0 |
| Total Receipts to Cash Flow 42 | 5.9 | 1.1 | 4.0 | 5.5 | 12.0 | 7.1 | 7.2 | 11.2 | 8.2 | 57.2 | • | 8.7 | 3.2 |
| Cost of Goods to Cash Flow 43 | 3.1 | 0.1 | 1.7 | 2.7 | 8.8 | 3.3 | 3.9 | 7.1 | 3.7 | 32.7 | • | 5.5 | 0.5 |
| Cash Flow to Total Debt 44 | 0.6 | • | 2.0 | 0.8 | 0.6 | 0.3 | 0.5 | 0.3 | 0.3 | 0.0 | • | 0.2 | 0.5 |
| **Selected Financial Factors (in Percentages)** | | | | | | | | | | | | | |
| Debt Ratio 45 | 65.0 | • | 100.0 | 60.3 | 80.4 | 95.9 | 59.4 | 82.5 | 63.1 | 52.1 | • | 62.6 | 45.9 |
| Return on Total Assets 46 | 9.8 | • | 34.3 | 12.7 | 2.7 | 6.8 | 11.0 | 11.3 | 4.0 | • | • | 2.6 | 9.6 |
| Return on Equity Before Income Taxes 47 | 23.4 | • | 128402.6 | 23.0 | 7.8 | 141.1 | 25.0 | 56.1 | 0.7 | • | • | • | 16.7 |
| Return on Equity After Income Taxes 48 | 20.5 | • | 126808.6 | 22.0 | 6.1 | 109.7 | 22.7 | 45.7 | • | • | • | • | 13.8 |
| Profit Margin (Before Income Tax) 49 | 3.3 | • | 3.9 | 3.6 | 0.3 | 3.3 | 4.8 | 3.6 | 0.2 | • | • | • | 12.3 |
| Profit Margin (After Income Tax) 50 | 2.9 | • | 3.8 | 3.5 | 0.2 | 2.6 | 4.4 | 3.0 | • | • | • | • | 10.1 |

**Table II**

Corporations with Net Income

# SPECIALIZED DESIGN SERVICES

| Item Description for Accounting Period 7/00 Through 6/01 | | MONEY AMOUNTS AND SIZE OF ASSETS IN THOUSANDS OF DOLLARS | | | | | | | | | | | | |
|---|---|---|---|---|---|---|---|---|---|---|---|---|---|---|
| | | Total | Zero Assets | Under 100 | 100 to 250 | 251 to 500 | 501 to 1,000 | 1,001 to 5,000 | 5,001 to 10,000 | 10,001 to 25,000 | 25,001 to 50,000 | 50,001 to 100,000 | 100,001 to 250,000 | 250,001 and over |
| Number of Enterprises | 1 | 14083 | 933 | 9923 | 1130 | 1238 | 336 | 456 | 0 | 0 | • | 0 | 0 | 3 |
| **Revenues ($ in Thousands)** | | | | | | | | | | | | | | |
| Net Sales | 2 | 11631453 | 109368 | 2285377 | 764395 | 2889944 | 607974 | 2339808 | 0 | 0 | • | 0 | 0 | 1241249 |
| Interest | 3 | 30018 | 22 | 1117 | 24 | 1074 | 323 | 3055 | 0 | 0 | • | 0 | 0 | 21817 |
| Rents | 4 | 461 | 0 | 0 | 0 | 32 | 0 | 95 | 0 | 0 | • | 0 | 0 | 0 |
| Royalties | 5 | 98554 | 0 | 0 | 0 | 0 | 0 | 0 | 0 | 0 | • | 0 | 0 | 98554 |
| Other Portfolio Income | 6 | 47322 | 19806 | 0 | 0 | 2 | 403 | 691 | 0 | 0 | • | 0 | 0 | 678 |
| Other Receipts | 7 | 147237 | 70223 | 9667 | 671 | 28589 | 19803 | 3035 | 0 | 0 | • | 0 | 0 | 1295 |
| Total Receipts | 8 | 11955045 | 199419 | 2296161 | 765090 | 2919641 | 628503 | 2346684 | 0 | 0 | • | 0 | 0 | 1363593 |
| Average Total Receipts | 9 | 849 | 214 | 231 | 677 | 2358 | 1871 | 5146 | • | • | • | • | • | 454531 |
| **Operating Costs/Operating Income (%)** | | | | | | | | | | | | | | |
| Cost of Operations | 10 | 50.5 | 2.7 | 34.9 | 43.3 | 77.9 | 48.3 | 51.1 | • | • | • | • | • | 16.2 |
| Salaries and Wages | 11 | 13.8 | • | 7.7 | 10.4 | 6.3 | 15.9 | 15.2 | • | • | • | • | • | 42.6 |
| Taxes Paid | 12 | 2.1 | 3.4 | 2.1 | 2.0 | 1.4 | 2.3 | 2.2 | • | • | • | • | • | 3.1 |
| Interest Paid | 13 | 0.5 | 0.0 | 0.4 | 0.9 | 0.1 | 0.5 | 0.4 | • | • | • | • | • | 0.8 |
| Depreciation | 14 | 1.4 | 0.0 | 0.8 | 1.7 | 0.7 | 1.1 | 1.9 | • | • | • | • | • | 3.2 |
| Amortization and Depletion | 15 | 0.1 | • | 0.0 | • | 0.0 | 0.0 | 0.0 | • | • | • | • | • | 0.9 |
| Pensions and Other Deferred Comp. | 16 | 0.7 | 3.9 | 0.7 | 1.4 | 0.4 | 1.1 | 0.9 | • | • | • | • | • | 0.4 |
| Employee Benefits | 17 | 1.2 | 0.8 | 0.7 | 0.9 | 0.5 | 1.0 | 1.1 | • | • | • | • | • | 3.5 |
| Advertising | 18 | 0.6 | 6.5 | 0.6 | 0.8 | 0.5 | 0.6 | 0.5 | • | • | • | • | • | 0.4 |
| Other Expenses | 19 | 16.8 | 128.1 | 28.6 | 14.2 | 7.2 | 13.7 | 11.8 | • | • | • | • | • | 26.2 |
| Officers' Compensation | 20 | 7.0 | 26.1 | 11.6 | 10.6 | 4.1 | 11.3 | 7.2 | • | • | • | • | • | 1.8 |
| Operating Margin | 21 | 5.1 | • | 11.7 | 13.8 | 0.9 | 4.3 | 7.6 | • | • | • | • | • | 0.8 |
| Operating Margin Before Officers' Comp. | 22 | 12.1 | • | 23.3 | 24.4 | 5.0 | 15.5 | 14.8 | • | • | • | • | • | 2.6 |

| | | | | | | | | | | | | | |
|---|---|---|---|---|---|---|---|---|---|---|---|---|---|
| **Selected Average Balance Sheet ($ in Thousands)** | | | | | | | | | | | | | |
| Net Receivables 23 | 66 | 0 | 2 | 44 | 50 | 269 | 717 | • | • | • | • | • | 48374 |
| Inventories 24 | 29 | 0 | 1 | 33 | 58 | 122 | 314 | • | • | • | • | • | 433 |
| Net Property, Plant and Equipment 25 | 48 | 0 | 6 | 104 | 81 | 63 | 402 | • | • | • | • | • | 35967 |
| Total Assets 26 | 324 | 0 | 28 | 195 | 358 | 627 | 2272 | • | • | • | • | • | 562036 |
| Notes and Loans Payable 27 | 74 | 0 | 12 | 49 | 45 | 75 | 341 | • | • | • | • | • | 150381 |
| All Other Liabilities 28 | 113 | 0 | 10 | 27 | 214 | 398 | 875 | • | • | • | • | • | 107868 |
| Net Worth 29 | 137 | 0 | 6 | 119 | 98 | 154 | 1056 | • | • | • | • | • | 303786 |
| **Selected Financial Ratios (Times to 1)** | | | | | | | | | | | | | |
| Current Ratio 30 | 2.0 | • | 1.4 | 2.8 | 1.1 | 1.2 | 1.7 | • | • | • | • | • | 9.3 |
| Quick Ratio 31 | 1.5 | • | 1.0 | 2.6 | 0.7 | 1.0 | 1.1 | • | • | • | • | • | 8.4 |
| Net Sales to Working Capital 32 | 7.4 | • | 43.0 | 13.2 | 142.4 | 20.3 | 7.4 | • | • | • | • | • | 1.3 |
| Coverage Ratio 33 | 15.9 | 5907.0 | 30.9 | 16.8 | 15.4 | 17.1 | 20.6 | • | • | • | • | • | 17.0 |
| Total Asset Turnover 34 | 2.5 | • | 8.2 | 3.5 | 6.5 | 2.9 | 2.3 | • | • | • | • | • | 0.7 |
| Inventory Turnover 35 | 14.6 | • | 58.0 | 8.8 | 31.4 | 7.1 | 8.4 | • | • | • | • | • | 154.7 |
| Receivables Turnover 36 | 11.4 | • | 50.5 | 14.5 | 36.3 | 4.8 | 6.5 | • | • | • | • | • | 17.1 |
| Total Liabilities to Net Worth 37 | 1.4 | • | 3.4 | 0.6 | 2.6 | 3.1 | 1.2 | • | • | • | • | • | 0.9 |
| Current Assets to Working Capital 38 | 2.0 | • | 3.2 | 1.6 | 15.2 | 6.0 | 2.4 | • | • | • | • | • | 1.1 |
| Current Liabilities to Working Capital 39 | 1.0 | • | 2.2 | 0.6 | 14.2 | 5.0 | 1.4 | • | • | • | • | • | 0.1 |
| Working Capital to Net Sales 40 | 0.1 | • | 0.0 | 0.1 | 0.0 | 0.0 | 0.1 | • | • | • | • | • | 0.8 |
| Inventory to Working Capital 41 | 0.2 | • | 0.3 | 0.1 | 4.5 | 0.7 | 0.4 | • | • | • | • | • | 0.0 |
| Total Receipts to Cash Flow 42 | 4.8 | 0.9 | 2.7 | 3.9 | 13.2 | 6.3 | 6.2 | • | • | • | • | • | 3.2 |
| Cost of Goods to Cash Flow 43 | 2.4 | 0.0 | 1.0 | 1.7 | 10.2 | 3.0 | 3.2 | • | • | • | • | • | 0.5 |
| Cash Flow to Total Debt 44 | 0.9 | • | 3.9 | 2.3 | 0.7 | 0.6 | 0.7 | • | • | • | • | • | 0.5 |
| **Selected Financial Factors (in Percentages)** | | | | | | | | | | | | | |
| Debt Ratio 45 | 57.8 | • | 77.4 | 39.1 | 72.5 | 75.5 | 53.5 | • | • | • | • | • | 45.9 |
| Return on Total Assets 46 | 22.0 | • | 103.2 | 51.2 | 13.5 | 23.4 | 18.8 | • | • | • | • | • | 9.6 |
| Return on Equity Before Income Taxes 47 | 48.8 | • | 441.0 | 79.1 | 45.8 | 90.1 | 38.4 | • | • | • | • | • | 16.7 |
| Return on Equity After Income Taxes 48 | 45.4 | • | 438.0 | 77.7 | 43.9 | 80.7 | 35.6 | • | • | • | • | • | 13.8 |
| Profit Margin (Before Income Tax) 49 | 8.1 | 10.8 | 12.2 | 13.9 | 1.9 | 7.6 | 7.9 | • | • | • | • | • | 12.3 |
| Profit Margin (After Income Tax) 50 | 7.5 | 10.8 | 12.1 | 13.6 | 1.8 | 6.8 | 7.3 | • | • | • | • | • | 10.1 |

# COMPUTER SYSTEMS DESIGN AND RELATED SERVICES

MONEY AMOUNTS AND SIZE OF ASSETS IN THOUSANDS OF DOLLARS

| Item Description for Accounting Period 7/00 Through 6/01 | | Total | Zero Assets | Under 100 | 100 to 250 | 251 to 500 | 501 to 1,000 | 1,001 to 5,000 | 5,001 to 10,000 | 10,001 to 25,000 | 25,001 to 50,000 | 50,001 to 100,000 | 100,001 to 250,000 | 250,001 and over |
|---|---|---|---|---|---|---|---|---|---|---|---|---|---|---|
| Number of Enterprises | 1 | 109609 | 11578 | 76735 | 9118 | 3844 | 2951 | 3575 | 684 | 561 | 243 | 146 | 105 | 70 |
| **Revenues ($ in Thousands)** | | | | | | | | | | | | | | |
| Net Sales | 2 | 127247582 | 4045573 | 11078665 | 6625319 | 4833067 | 6318678 | 16625037 | 5118704 | 8125624 | 7036901 | 7570119 | 11922338 | 37947556 |
| Interest | 3 | 2554906 | 64433 | 5227 | 4298 | 8859 | 20808 | 101097 | 88721 | 170778 | 158425 | 207605 | 273788 | 1450866 |
| Rents | 4 | 153285 | 143 | 226 | 1988 | 12 | 159 | 3223 | 1304 | 7521 | 4858 | 33059 | 12783 | 88009 |
| Royalties | 5 | 2062412 | 58968 | 590 | 0 | 10657 | 31 | 12621 | 9392 | 49950 | 6114 | 41392 | 89826 | 1782872 |
| Other Portfolio Income | 6 | 1719736 | 25601 | 2538 | 31843 | 966 | 18820 | 149328 | 47723 | 97365 | 92623 | 77679 | 304452 | 870797 |
| Other Receipts | 7 | 1742005 | 66213 | 26358 | 43939 | 65626 | 49576 | 202461 | 72310 | 189548 | 135755 | 255372 | 186405 | 448446 |
| Total Receipts | 8 | 135479926 | 4260931 | 11113604 | 6707387 | 4919187 | 6408072 | 17093767 | 5338154 | 8640786 | 7434676 | 8185226 | 12789592 | 42588546 |
| Average Total Receipts | 9 | 1236 | 368 | 145 | 736 | 1280 | 2171 | 4781 | 7804 | 15402 | 30595 | 56063 | 121806 | 608408 |
| **Operating Costs/Operating Income (%)** | | | | | | | | | | | | | | |
| Cost of Operations | 10 | 31.0 | 26.8 | 13.0 | 16.5 | 18.2 | 34.8 | 40.6 | 33.7 | 42.4 | 45.2 | 42.2 | 33.4 | 27.5 |
| Salaries and Wages | 11 | 34.5 | 40.9 | 17.9 | 26.2 | 37.4 | 29.5 | 29.4 | 44.2 | 38.2 | 36.8 | 37.3 | 41.1 | 37.6 |
| Taxes Paid | 12 | 4.0 | 3.7 | 3.4 | 3.5 | 4.0 | 4.0 | 4.1 | 4.5 | 4.3 | 3.7 | 3.5 | 3.6 | 4.4 |
| Interest Paid | 13 | 2.1 | 0.9 | 0.6 | 0.6 | 0.9 | 1.2 | 0.9 | 2.0 | 1.8 | 1.6 | 2.5 | 1.7 | 3.9 |
| Depreciation | 14 | 3.0 | 1.9 | 1.4 | 1.3 | 1.1 | 1.9 | 1.6 | 3.4 | 3.4 | 3.5 | 4.4 | 3.3 | 4.3 |
| Amortization and Depletion | 15 | 1.5 | 1.1 | 0.1 | 1.0 | 0.2 | 0.2 | 0.3 | 0.8 | 0.8 | 1.6 | 1.7 | 1.8 | 2.9 |
| Pensions and Other Deferred Comp. | 16 | 0.6 | 0.9 | 1.3 | 1.2 | 0.3 | 0.7 | 0.7 | 0.6 | 0.5 | 0.5 | 0.3 | 0.4 | 0.4 |
| Employee Benefits | 17 | 2.7 | 1.8 | 0.8 | 1.7 | 1.3 | 1.8 | 2.0 | 3.0 | 2.6 | 2.5 | 3.1 | 3.2 | 4.1 |
| Advertising | 18 | 1.9 | 3.7 | 0.8 | 0.8 | 1.2 | 0.9 | 1.5 | 3.1 | 4.3 | 3.4 | 3.8 | 2.6 | 1.2 |
| Other Expenses | 19 | 33.3 | 40.7 | 31.6 | 34.7 | 34.5 | 23.3 | 28.2 | 40.2 | 38.5 | 32.4 | 37.4 | 32.2 | 34.0 |
| Officers' Compensation | 20 | 6.6 | 10.6 | 23.2 | 12.7 | 7.0 | 12.3 | 7.1 | 6.1 | 4.2 | 3.2 | 2.6 | 2.5 | 2.5 |
| Operating Margin | 21 | • | • | 5.9 | • | • | • | • | • | • | • | • | • | • |
| Operating Margin Before Officers' Comp. | 22 | • | • | 29.1 | 12.4 | 0.9 | 1.6 | • | • | • | • | • | • | • |

| | | | | | | | | | | | | | |
|---|---|---|---|---|---|---|---|---|---|---|---|---|---|
| **Selected Average Balance Sheet ($ in Thousands)** | | | | | | | | | | | | | |
| Net Receivables 23 | 229 | 0 | 2 | 25 | 81 | 174 | 543 | 1592 | 3080 | 7204 | 12998 | 25616 | 182681 |
| Inventories 24 | 15 | 0 | 0 | 7 | 9 | 27 | 54 | 140 | 292 | 647 | 986 | 1489 | 7283 |
| Net Property, Plant and Equipment 25 | 130 | 0 | 5 | 35 | 60 | 134 | 283 | 1051 | 2034 | 4183 | 9277 | 14209 | 88549 |
| Total Assets 26 | 1359 | 0 | 22 | 161 | 356 | 751 | 2124 | 6913 | 15617 | 34857 | 70575 | 156460 | 1228788 |
| Notes and Loans Payable 27 | 258 | 0 | 16 | 74 | 167 | 283 | 704 | 1572 | 2608 | 5393 | 11186 | 21471 | 208569 |
| All Other Liabilities 28 | 335 | 0 | 9 | 42 | 118 | 297 | 829 | 2679 | 4756 | 9785 | 20093 | 41081 | 246444 |
| Net Worth 29 | 766 | 0 | -4 | 45 | 71 | 171 | 591 | 2662 | 8253 | 19679 | 39296 | 93908 | 773776 |
| **Selected Financial Ratios (Times to 1)** | | | | | | | | | | | | | |
| Current Ratio 30 | 1.7 | • | 1.4 | 1.8 | 1.5 | 1.1 | 1.4 | 1.7 | 2.0 | 2.1 | 1.9 | 2.1 | 1.5 |
| Quick Ratio 31 | 1.4 | • | 1.3 | 1.5 | 1.3 | 1.0 | 1.1 | 1.4 | 1.7 | 1.8 | 1.5 | 1.6 | 1.2 |
| Net Sales to Working Capital 32 | 4.9 | • | 39.6 | 15.4 | 19.3 | 37.1 | 11.0 | 4.0 | 2.7 | 2.5 | 2.7 | 2.6 | 4.3 |
| Coverage Ratio 33 | • | • | 10.7 | 2.7 | • | • | • | • | • | • | • | • | • |
| Total Asset Turnover 34 | 0.9 | • | 6.7 | 4.5 | 3.5 | 2.9 | 2.2 | 1.1 | 0.9 | 0.8 | 0.7 | 0.7 | 0.4 |
| Inventory Turnover 35 | 24.3 | • | 60.3 | 17.8 | 25.1 | 27.6 | 35.1 | 18.0 | 21.0 | 20.2 | 22.2 | 25.5 | 20.5 |
| Receivables Turnover 36 | 5.3 | • | 70.3 | 25.3 | 18.7 | 13.3 | 8.9 | 5.0 | 4.8 | 4.4 | 4.1 | 4.2 | 3.2 |
| Total Liabilities to Net Worth 37 | 0.8 | • | • | 2.6 | 4.0 | 3.4 | 2.6 | 1.6 | 0.9 | 0.8 | 0.8 | 0.7 | 0.6 |
| Current Assets to Working Capital 38 | 2.5 | • | 3.8 | 2.2 | 3.0 | 7.9 | 3.5 | 2.5 | 2.0 | 1.9 | 2.1 | 1.9 | 3.0 |
| Current Liabilities to Working Capital 39 | 1.5 | • | 2.8 | 1.2 | 2.0 | 6.9 | 2.5 | 1.5 | 1.0 | 0.9 | 1.1 | 0.9 | 2.0 |
| Working Capital to Net Sales 40 | 0.2 | • | 0.0 | 0.1 | 0.1 | 0.0 | 0.1 | 0.3 | 0.4 | 0.4 | 0.4 | 0.4 | 0.2 |
| Inventory to Working Capital 41 | 0.1 | • | 0.1 | 0.2 | 0.1 | 0.5 | 0.1 | 0.1 | 0.1 | 0.1 | 0.1 | 0.0 | 0.1 |
| Total Receipts to Cash Flow 42 | 7.7 | 11.3 | 3.0 | 3.2 | 3.9 | 10.8 | 9.6 | • | • | • | 178.0 | 16.7 | 5.9 |
| Cost of Goods to Cash Flow 43 | 2.4 | 3.0 | 0.4 | 0.5 | 0.7 | 3.8 | 3.9 | • | • | • | 75.0 | 5.6 | 1.6 |
| Cash Flow to Total Debt 44 | 0.3 | • | 1.9 | 2.0 | 1.1 | 0.3 | 0.3 | • | • | • | 0.0 | 0.1 | 0.2 |
| **Selected Financial Factors (in Percentages)** | | | | | | | | | | | | | |
| Debt Ratio 45 | 43.6 | • | 117.6 | 71.9 | 79.9 | 77.3 | 72.2 | 61.5 | 47.2 | 43.5 | 44.3 | 40.0 | 37.0 |
| Return on Total Assets 46 | • | • | 45.7 | 7.3 | • | • | • | • | • | • | • | • | • |
| Return on Equity Before Income Taxes 47 | • | • | • | 16.4 | • | • | • | • | • | • | • | • | • |
| Return on Equity After Income Taxes 48 | • | • | • | 13.0 | • | • | • | • | • | • | • | • | • |
| Profit Margin (Before Income Tax) 49 | • | • | 6.2 | 1.0 | • | • | • | • | • | • | • | • | • |
| Profit Margin (After Income Tax) 50 | • | • | 6.1 | 0.8 | • | • | • | • | • | • | • | • | • |

**Table II**

Corporations with Net Income

# COMPUTER SYSTEMS DESIGN AND RELATED SERVICES

MONEY AMOUNTS AND SIZE OF ASSETS IN THOUSANDS OF DOLLARS

| Item Description for Accounting Period 7/00 Through 6/01 | | Total | Zero Assets | Under 100 | 100 to 250 | 251 to 500 | 501 to 1,000 | 1,001 to 5,000 | 5,001 to 10,000 | 10,001 to 25,000 | 25,001 to 50,000 | 50,001 to 100,000 | 100,001 to 250,000 | 250,001 and over |
|---|---|---|---|---|---|---|---|---|---|---|---|---|---|---|
| Number of Enterprises | 1 | 58834 | 3144 | 42599 | 6511 | 2872 | 1440 | 1786 | 201 | 146 | 58 | 29 | 22 | 25 |
| **Revenues ($ in Thousands)** | | | | | | | | | | | | | | |
| Net Sales | 2 | 71530865 | 2225243 | 7414809 | 5159152 | 2965384 | 4273961 | 11428054 | 2830403 | 4419445 | 3116480 | 2044630 | 4898902 | 20754402 |
| Interest | 3 | 829776 | 3251 | 1527 | 1850 | 4614 | 13779 | 41825 | 14620 | 24257 | 14390 | 18850 | 51457 | 639356 |
| Rents | 4 | 124833 | 3 | 0 | 1988 | 0 | 159 | 1017 | 764 | 325 | 1445 | 28843 | 7127 | 83163 |
| Royalties | 5 | 1647546 | 640 | 18 | 0 | 10657 | 0 | 6642 | 434 | 38236 | 868 | 9237 | 3276 | 1577538 |
| Other Portfolio Income | 6 | 1272802 | 21330 | 708 | 0 | 35 | 51 | 130368 | 27936 | 61798 | 72056 | 41276 | 166502 | 750742 |
| Other Receipts | 7 | 872106 | 44326 | 56791 | 24370 | 32616 | 17945 | 148281 | 23864 | 79512 | 61986 | 120207 | 24484 | 237721 |
| Total Receipts | 8 | 76277928 | 2294793 | 7473853 | 5187360 | 3013306 | 4305895 | 11756187 | 2898021 | 4623573 | 3267225 | 2263043 | 5151748 | 24042922 |
| Average Total Receipts | 9 | 1296 | 730 | 175 | 797 | 1049 | 2990 | 6582 | 14418 | 31668 | 56331 | 78036 | 234170 | 961717 |
| **Operating Costs/Operating Income (%)** | | | | | | | | | | | | | | |
| Cost of Operations | 10 | 31.3 | 30.9 | 8.2 | 16.8 | 26.2 | 33.2 | 40.2 | 31.6 | 42.0 | 47.9 | 38.1 | 38.0 | 31.5 |
| Salaries and Wages | 11 | 24.1 | 25.1 | 17.4 | 24.8 | 21.4 | 23.1 | 22.2 | 27.9 | 22.1 | 20.6 | 26.4 | 26.6 | 27.4 |
| Taxes Paid | 12 | 3.9 | 3.0 | 3.2 | 3.4 | 3.0 | 3.4 | 3.9 | 3.3 | 3.0 | 2.6 | 2.6 | 2.6 | 5.4 |
| Interest Paid | 13 | 1.5 | 0.2 | 0.3 | 0.2 | 0.9 | 0.6 | 0.5 | 0.4 | 0.8 | 1.1 | 0.9 | 0.9 | 3.7 |
| Depreciation | 14 | 2.0 | 0.9 | 1.0 | 1.0 | 0.9 | 1.3 | 0.9 | 2.1 | 1.4 | 1.8 | 2.9 | 2.0 | 3.6 |
| Amortization and Depletion | 15 | 0.8 | 0.1 | 0.1 | 0.4 | 0.1 | 0.1 | 0.0 | 0.2 | 0.4 | 0.7 | 0.9 | 0.7 | 2.2 |
| Pensions and Other Deferred Comp. | 16 | 0.8 | 0.8 | 1.6 | 1.5 | 0.5 | 0.8 | 0.8 | 0.7 | 0.6 | 0.4 | 0.3 | 0.5 | 0.6 |
| Employee Benefits | 17 | 2.3 | 0.9 | 0.6 | 1.5 | 1.3 | 1.8 | 1.4 | 2.0 | 1.5 | 1.6 | 2.1 | 3.5 | 4.2 |
| Advertising | 18 | 0.8 | 0.7 | 0.4 | 0.5 | 0.9 | 0.7 | 0.4 | 0.6 | 0.8 | 0.6 | 1.4 | 1.0 | 1.0 |
| Other Expenses | 19 | 23.1 | 23.7 | 25.8 | 27.1 | 30.3 | 18.0 | 19.2 | 18.1 | 19.6 | 14.1 | 23.6 | 21.3 | 26.5 |
| Officers' Compensation | 20 | 6.4 | 8.2 | 21.9 | 13.5 | 6.4 | 12.0 | 6.3 | 4.8 | 2.6 | 2.4 | 2.1 | 1.6 | 1.0 |
| Operating Margin | 21 | 3.1 | 5.4 | 19.5 | 9.3 | 8.0 | 5.0 | 4.2 | 8.1 | 5.3 | 6.1 | • | 1.2 | • |
| Operating Margin Before Officers' Comp. | 22 | 9.5 | 13.7 | 41.4 | 22.8 | 14.4 | 17.0 | 10.5 | 12.9 | 7.9 | 8.6 | 0.9 | 2.8 | • |

| Selected Average Balance Sheet ($ in Thousands) | | | | | | | | | | | | | |
|---|---|---|---|---|---|---|---|---|---|---|---|---|---|
| Net Receivables 23 | 186 | 0 | 2 | 19 | 90 | 169 | 653 | 2550 | 5755 | 13351 | 15650 | 44159 | 219569 |
| Inventories 24 | 16 | 0 | 0 | 6 | 7 | 42 | 57 | 175 | 614 | 1174 | 2249 | 1403 | 16322 |
| Net Property, Plant and Equipment 25 | 81 | 0 | 4 | 36 | 59 | 98 | 225 | 952 | 1722 | 3808 | 6451 | 12713 | 101940 |
| Total Assets 26 | 843 | 0 | 22 | 155 | 356 | 719 | 1963 | 6474 | 15458 | 35281 | 71168 | 179042 | 1218437 |
| Notes and Loans Payable 27 | 217 | 0 | 6 | 51 | 109 | 135 | 395 | 737 | 2982 | 7890 | 9257 | 28156 | 362294 |
| All Other Liabilities 28 | 221 | 0 | 7 | 25 | 47 | 253 | 606 | 2896 | 6343 | 15175 | 23039 | 53763 | 267847 |
| Net Worth 29 | 405 | 0 | 9 | 79 | 200 | 330 | 962 | 2841 | 6133 | 12216 | 38872 | 97123 | 588295 |

| Selected Financial Ratios (Times to 1) | | | | | | | | | | | | | |
|---|---|---|---|---|---|---|---|---|---|---|---|---|---|
| Current Ratio 30 | 1.7 | • | 2.4 | 2.2 | 3.6 | 1.6 | 1.9 | 1.7 | 1.5 | 1.4 | 1.7 | 1.9 | 1.7 |
| Quick Ratio 31 | 1.4 | • | 2.4 | 1.8 | 2.9 | 1.3 | 1.6 | 1.5 | 1.2 | 1.2 | 1.3 | 1.5 | 1.3 |
| Net Sales to Working Capital 32 | 7.1 | • | 18.4 | 15.2 | 7.8 | 18.0 | 9.6 | 7.4 | 8.3 | 8.0 | 4.4 | 4.5 | 4.5 |
| Coverage Ratio 33 | 7.7 | 37.4 | 60.2 | 51.4 | 11.7 | 11.1 | 16.3 | 26.7 | 13.7 | 11.1 | 11.7 | 8.0 | 3.5 |
| Total Asset Turnover 34 | 1.4 | • | 7.8 | 5.1 | 2.9 | 4.1 | 3.3 | 2.2 | 2.0 | 1.5 | 1.0 | 1.2 | 0.7 |
| Inventory Turnover 35 | 24.3 | • | 91.8 | 24.2 | 39.4 | 23.4 | 45.1 | 25.5 | 20.7 | 21.9 | 11.9 | 60.3 | 16.0 |
| Receivables Turnover 36 | 6.0 | • | 83.3 | 32.0 | 16.9 | 14.7 | 9.5 | 5.6 | 5.0 | 4.1 | 3.2 | 4.0 | 3.5 |
| Total Liabilities to Net Worth 37 | 1.1 | • | 1.4 | 1.0 | 0.8 | 1.2 | 1.0 | 1.3 | 1.5 | 1.9 | 0.8 | 0.8 | 1.1 |
| Current Assets to Working Capital 38 | 2.3 | • | 1.7 | 1.9 | 1.4 | 2.7 | 2.1 | 2.4 | 2.9 | 3.5 | 2.4 | 2.1 | 2.4 |
| Current Liabilities to Working Capital 39 | 1.3 | • | 0.7 | 0.9 | 0.4 | 1.7 | 1.1 | 1.4 | 1.9 | 2.5 | 1.4 | 1.1 | 1.4 |
| Working Capital to Net Sales 40 | 0.1 | • | 0.1 | 0.1 | 0.1 | 0.1 | 0.1 | 0.1 | 0.1 | 0.1 | 0.2 | 0.2 | 0.2 |
| Inventory to Working Capital 41 | 0.1 | • | 0.0 | 0.1 | 0.1 | 0.2 | 0.0 | 0.1 | 0.2 | 0.2 | 0.1 | 0.0 | 0.1 |
| Total Receipts to Cash Flow 42 | 3.5 | 3.3 | 2.3 | 2.9 | 2.9 | 4.8 | 4.3 | 4.0 | 3.8 | 4.9 | 3.5 | 4.7 | 3.5 |
| Cost of Goods to Cash Flow 43 | 1.1 | 1.0 | 0.2 | 0.5 | 0.8 | 1.6 | 1.7 | 1.3 | 1.6 | 2.3 | 1.3 | 1.8 | 1.1 |
| Cash Flow to Total Debt 44 | 0.8 | • | 5.8 | 3.6 | 2.2 | 1.6 | 1.5 | 1.0 | 0.8 | 0.5 | 0.6 | 0.6 | 0.4 |

| Selected Financial Factors (in Percentages) | | | | | | | | | | | | | |
|---|---|---|---|---|---|---|---|---|---|---|---|---|---|
| Debt Ratio 45 | 52.0 | • | 58.3 | 48.9 | 43.9 | 54.1 | 51.0 | 56.1 | 60.3 | 65.4 | 45.4 | 45.8 | 51.7 |
| Return on Total Assets 46 | 16.4 | • | 161.4 | 51.2 | 30.5 | 26.1 | 24.5 | 23.8 | 20.8 | 18.3 | 10.1 | 9.3 | 8.9 |
| Return on Equity Before Income Taxes 47 | 29.7 | • | 380.7 | 98.1 | 49.7 | 51.7 | 46.9 | 52.1 | 48.7 | 48.1 | 16.8 | 15.1 | 13.2 |
| Return on Equity After Income Taxes 48 | 25.2 | • | 378.0 | 95.4 | 46.8 | 49.4 | 41.7 | 45.1 | 39.9 | 42.2 | 14.2 | 11.5 | 8.9 |
| Profit Margin (Before Income Tax) 49 | 9.9 | 8.5 | 20.3 | 9.8 | 9.6 | 5.7 | 7.1 | 10.5 | 9.9 | 10.9 | 9.3 | 6.6 | 9.4 |
| Profit Margin (After Income Tax) 50 | 8.4 | 7.1 | 20.2 | 9.6 | 9.1 | 5.5 | 6.3 | 9.1 | 8.1 | 9.6 | 7.8 | 5.0 | 6.3 |

## Table I

Corporations with and without Net Income

# MANAGEMENT, SCIENTIFIC, AND TECHNICAL CONSULTING SERVICES

MONEY AMOUNTS AND SIZE OF ASSETS IN THOUSANDS OF DOLLARS

| Item Description for Accounting Period 7/00 Through 6/01 | | Total | Zero Assets | Under 100 | 100 to 250 | 251 to 500 | 501 to 1,000 | 1,001 to 5,000 | 5,001 to 10,000 | 10,001 to 25,000 | 25,001 to 50,000 | 50,001 to 100,000 | 100,001 to 250,000 | 250,001 and over |
|---|---|---|---|---|---|---|---|---|---|---|---|---|---|---|
| Number of Enterprises | 1 | 173511 | 13549 | 128471 | 15030 | 7754 | 3626 | 3809 | 598 | 396 | 131 | 74 | 41 | 32 |
| **Revenues ($ in Thousands)** | | | | | | | | | | | | | | |
| Net Sales | 2 | 106254611 | 1413646 | 21178653 | 8276120 | 7548362 | 6273916 | 13716464 | 4931579 | 7794599 | 5009795 | 3875606 | 5739607 | 20496263 |
| Interest | 3 | 883851 | 6490 | 18863 | 10266 | 25366 | 32057 | 74351 | 23552 | 70397 | 47390 | 70303 | 89910 | 414906 |
| Rents | 4 | 102926 | 273 | 829 | 0 | 59 | 2038 | 4278 | 926 | 5037 | 5877 | 8143 | 5418 | 70048 |
| Royalties | 5 | 357160 | 15 | 1842 | 0 | 0 | 85 | 1031 | 1378 | 12015 | 100140 | 320 | 19630 | 220703 |
| Other Portfolio Income | 6 | 1101912 | 40265 | 25976 | 46555 | 16635 | 17494 | 62071 | 103600 | 65211 | 33965 | 57928 | 65920 | 566293 |
| Other Receipts | 7 | 3184668 | -27341 | 191601 | 130743 | 127934 | 35846 | 691915 | 588673 | 181787 | 74534 | 351869 | 124651 | 712457 |
| Total Receipts | 8 | 111885128 | 1433348 | 21417764 | 8463684 | 7718356 | 6361436 | 14550110 | 5649708 | 8129046 | 5271701 | 4364169 | 6045136 | 22480670 |
| Average Total Receipts | 9 | 645 | 106 | 167 | 563 | 995 | 1754 | 3820 | 9448 | 20528 | 40242 | 58975 | 147442 | 702521 |
| **Operating Costs/Operating Income (%)** | | | | | | | | | | | | | | |
| Cost of Operations | 10 | 29.1 | 16.7 | 25.0 | 24.0 | 41.7 | 18.4 | 30.0 | 36.1 | 35.7 | 35.5 | 31.6 | 37.5 | 25.7 |
| Salaries and Wages | 11 | 25.0 | 25.2 | 16.2 | 17.7 | 19.6 | 25.2 | 23.7 | 25.3 | 31.4 | 29.8 | 31.6 | 27.2 | 34.3 |
| Taxes Paid | 12 | 3.0 | 4.2 | 3.0 | 2.5 | 2.6 | 2.9 | 3.3 | 3.5 | 3.1 | 3.1 | 2.8 | 2.3 | 3.2 |
| Interest Paid | 13 | 1.7 | 1.9 | 0.4 | 0.8 | 0.6 | 0.7 | 1.2 | 1.9 | 2.1 | 1.8 | 2.7 | 2.2 | 4.0 |
| Depreciation | 14 | 1.6 | 1.3 | 1.0 | 1.4 | 1.1 | 1.2 | 1.6 | 2.0 | 2.2 | 2.1 | 2.8 | 2.0 | 2.0 |
| Amortization and Depletion | 15 | 0.3 | 0.5 | 0.1 | 0.1 | 0.0 | 0.2 | 0.2 | 0.3 | 0.5 | 0.4 | 0.9 | 0.8 | 0.6 |
| Pensions and Other Deferred Comp. | 16 | 1.5 | 0.3 | 1.9 | 2.4 | 1.7 | 1.2 | 1.2 | 1.1 | 0.8 | 1.2 | 0.9 | 0.5 | 1.7 |
| Employee Benefits | 17 | 1.9 | 1.2 | 1.8 | 0.8 | 1.3 | 2.2 | 1.8 | 2.9 | 2.4 | 2.7 | 2.6 | 1.5 | 1.9 |
| Advertising | 18 | 1.0 | 1.4 | 1.2 | 0.4 | 0.6 | 0.2 | 1.5 | 0.6 | 1.0 | 0.9 | 1.5 | 1.8 | 0.9 |
| Other Expenses | 19 | 28.1 | 47.3 | 25.0 | 27.4 | 18.1 | 34.0 | 31.7 | 39.3 | 29.0 | 30.2 | 30.9 | 29.2 | 25.4 |
| Officers' Compensation | 20 | 9.2 | 11.7 | 19.1 | 14.4 | 10.4 | 12.1 | 7.1 | 5.6 | 3.6 | 3.8 | 7.4 | 2.4 | 3.3 |
| Operating Margin | 21 | • | • | 5.2 | 8.1 | 2.3 | 1.8 | • | • | • | • | • | • | • |
| Operating Margin Before Officers' Comp. | 22 | 6.7 | 0.0 | 24.3 | 22.6 | 12.7 | 13.9 | 3.9 | • | • | • | • | • | 0.3 |

| Selected Average Balance Sheet ($ in Thousands) | | | | | | | | | | | | | |
|---|---|---|---|---|---|---|---|---|---|---|---|---|---|
| Net Receivables 23 | 96 | 0 | 2 | 13 | 47 | 104 | 507 | 1631 | 3762 | 7882 | 13967 | 32323 | 241772 |
| Inventories 24 | 6 | 0 | 0 | 2 | 10 | 12 | 64 | 142 | 207 | 489 | 816 | 4818 | 5192 |
| Net Property, Plant and Equipment 25 | 52 | 0 | 5 | 26 | 78 | 161 | 287 | 837 | 2245 | 4633 | 11004 | 16980 | 67981 |
| Total Assets 26 | 387 | 0 | 22 | 153 | 345 | 688 | 2131 | 6772 | 15063 | 35655 | 71291 | 160927 | 692513 |
| Notes and Loans Payable 27 | 145 | 0 | 19 | 77 | 165 | 382 | 759 | 2051 | 5282 | 10856 | 17847 | 40328 | 258417 |
| All Other Liabilities 28 | 121 | 0 | 8 | 42 | 88 | 144 | 741 | 2144 | 4967 | 11066 | 23274 | 35620 | 235722 |
| Net Worth 29 | 120 | 0 | -5 | 34 | 92 | 162 | 632 | 2577 | 4814 | 13733 | 30171 | 84979 | 198374 |

| Selected Financial Ratios (Times to 1) | | | | | | | | | | | | | |
|---|---|---|---|---|---|---|---|---|---|---|---|---|---|
| Current Ratio 30 | 1.6 | • | 1.5 | 1.6 | 1.6 | 1.8 | 1.5 | 1.4 | 1.4 | 1.6 | 1.4 | 1.5 | 2.0 |
| Quick Ratio 31 | 1.3 | • | 1.3 | 1.4 | 1.2 | 1.6 | 1.1 | 1.0 | 1.1 | 1.3 | 1.1 | 1.0 | 1.5 |
| Net Sales to Working Capital 32 | 7.9 | • | 39.9 | 19.9 | 14.5 | 10.2 | 9.1 | 8.4 | 9.1 | 6.5 | 5.6 | 6.2 | 3.4 |
| Coverage Ratio 33 | 2.6 | • | 15.1 | 13.9 | 8.0 | 5.4 | 3.4 | • | • | • | • | 0.1 | 2.7 |
| Total Asset Turnover 34 | 1.6 | • | 7.6 | 3.6 | 2.8 | 2.5 | 1.7 | 1.2 | 1.3 | 1.1 | 0.7 | 0.9 | 0.9 |
| Inventory Turnover 35 | 28.4 | • | 136.9 | 71.4 | 39.9 | 26.7 | 16.8 | 21.0 | 34.0 | 27.7 | 20.3 | 10.9 | 31.7 |
| Receivables Turnover 36 | 6.8 | • | 102.5 | 34.5 | 21.0 | 13.8 | 6.5 | 4.8 | 5.7 | 5.2 | 4.0 | 3.7 | 3.2 |
| Total Liabilities to Net Worth 37 | 2.2 | • | • | 3.6 | 2.8 | 3.2 | 2.4 | 1.6 | 2.1 | 1.6 | 1.4 | 0.9 | 2.5 |
| Current Assets to Working Capital 38 | 2.6 | • | 3.2 | 2.7 | 2.7 | 2.2 | 3.1 | 3.5 | 3.7 | 2.8 | 3.4 | 3.1 | 2.0 |
| Current Liabilities to Working Capital 39 | 1.6 | • | 2.2 | 1.7 | 1.7 | 1.2 | 2.1 | 2.5 | 2.7 | 1.8 | 2.4 | 2.1 | 1.0 |
| Working Capital to Net Sales 40 | 0.1 | • | 0.0 | 0.1 | 0.1 | 0.1 | 0.1 | 0.1 | 0.1 | 0.2 | 0.2 | 0.2 | 0.3 |
| Inventory to Working Capital 41 | 0.1 | • | 0.1 | 0.1 | 0.1 | 0.0 | 0.2 | 0.1 | 0.1 | 0.1 | 0.1 | 0.2 | 0.0 |
| Total Receipts to Cash Flow 42 | 3.8 | 3.4 | 3.6 | 2.9 | 5.0 | 3.2 | 3.3 | 3.3 | 5.8 | 5.1 | 4.6 | 4.5 | 3.9 |
| Cost of Goods to Cash Flow 43 | 1.1 | 0.6 | 0.9 | 0.7 | 2.1 | 0.6 | 1.0 | 1.2 | 2.1 | 1.8 | 1.4 | 1.7 | 1.0 |
| Cash Flow to Total Debt 44 | 0.6 | • | 1.7 | 1.6 | 0.8 | 1.0 | 0.7 | 0.6 | 0.3 | 0.3 | 0.3 | 0.4 | 0.3 |

| Selected Financial Factors (in Percentages) | | | | | | | | | | | | | |
|---|---|---|---|---|---|---|---|---|---|---|---|---|---|
| Debt Ratio 45 | 68.9 | • | 124.0 | 78.1 | 73.4 | 76.5 | 70.3 | 62.0 | 68.0 | 61.5 | 57.7 | 47.2 | 71.4 |
| Return on Total Assets 46 | 7.3 | • | 51.6 | 40.4 | 14.6 | 9.5 | 6.6 | • | • | • | • | 0.2 | 10.0 |
| Return on Equity Before Income Taxes 47 | 14.5 | • | • | 171.0 | 48.1 | 32.8 | 15.8 | • | • | • | • | • | 22.0 |
| Return on Equity After Income Taxes 48 | 10.4 | • | • | 168.2 | 44.6 | 31.5 | 12.0 | • | • | • | • | • | 14.7 |
| Profit Margin (Before Income Tax) 49 | 2.8 | • | 6.3 | 10.4 | 4.5 | 3.1 | 2.8 | • | • | • | • | • | 6.8 |
| Profit Margin (After Income Tax) 50 | 2.0 | • | 6.2 | 10.2 | 4.2 | 2.9 | 2.1 | • | • | • | • | • | 4.5 |

**Table II**

Corporations with Net Income

# MANAGEMENT, SCIENTIFIC, AND TECHNICAL CONSULTING SERVICES

| Item Description for Accounting Period 7/00 Through 6/01 | | MONEY AMOUNTS AND SIZE OF ASSETS IN THOUSANDS OF DOLLARS | | | | | | | | | | | | |
|---|---|---|---|---|---|---|---|---|---|---|---|---|---|---|
| | | Total | Zero Assets | Under 100 | 100 to 250 | 251 to 500 | 501 to 1,000 | 1,001 to 5,000 | 5,001 to 10,000 | 10,001 to 25,000 | 25,001 to 50,000 | 50,001 to 100,000 | 100,001 to 250,000 | 250,001 and over |
| Number of Enterprises | 1 | 97102 | 4673 | 70547 | 11384 | 5481 | 2241 | 2180 | 293 | 161 | 59 | 30 | 24 | 28 |
| **Revenues ($ in Thousands)** | | | | | | | | | | | | | | |
| Net Sales | 2 | 74258375 | 694818 | 13904357 | 6113282 | 6194953 | 3070988 | 8928511 | 2783746 | 4023385 | 3334192 | 2410340 | 4164679 | 18635124 |
| Interest | 3 | 601992 | 1207 | 9562 | 9515 | 19140 | 7326 | 44486 | 11105 | 19138 | 25031 | 30764 | 49891 | 374827 |
| Rents | 4 | 90096 | 40 | 393 | 0 | 59 | 221 | 3852 | 57 | 1504 | 1743 | 7710 | 4873 | 69643 |
| Royalties | 5 | 346689 | 0 | 1842 | 0 | 0 | 0 | 1031 | 1376 | 5229 | 96826 | 316 | 19590 | 220479 |
| Other Portfolio Income | 6 | 966200 | 37171 | 23578 | 17854 | 15867 | 10454 | 55296 | 70874 | 46480 | 15820 | 55223 | 53651 | 563933 |
| Other Receipts | 7 | 2866537 | 13356 | 167362 | 154968 | 140043 | 23323 | 569388 | 664746 | 75645 | 74824 | 194682 | 85333 | 702867 |
| Total Receipts | 8 | 79129889 | 746592 | 14107094 | 6295619 | 6370062 | 3112312 | 9602564 | 3531904 | 4171381 | 3548436 | 2699035 | 4378017 | 20566873 |
| Average Total Receipts | 9 | 815 | 160 | 200 | 553 | 1162 | 1389 | 4405 | 12054 | 25909 | 60143 | 89968 | 182417 | 734531 |
| **Operating Costs/Operating Income (%)** | | | | | | | | | | | | | | |
| Cost of Operations | 10 | 25.1 | 17.0 | 14.5 | 13.8 | 37.0 | 20.2 | 26.9 | 38.0 | 41.5 | 34.7 | 31.9 | 45.0 | 20.5 |
| Salaries and Wages | 11 | 25.3 | 19.4 | 17.9 | 17.8 | 20.9 | 24.1 | 23.0 | 19.8 | 23.4 | 27.9 | 30.5 | 19.1 | 37.5 |
| Taxes Paid | 12 | 3.0 | 4.9 | 3.2 | 2.3 | 2.4 | 2.5 | 3.1 | 3.3 | 2.7 | 3.0 | 2.7 | 1.9 | 3.5 |
| Interest Paid | 13 | 1.6 | 1.0 | 0.3 | 0.4 | 0.6 | 0.8 | 0.9 | 0.9 | 1.5 | 0.9 | 2.1 | 2.5 | 3.6 |
| Depreciation | 14 | 1.4 | 0.9 | 0.9 | 1.2 | 1.0 | 1.4 | 1.4 | 1.3 | 1.5 | 1.3 | 2.4 | 1.7 | 2.0 |
| Amortization and Depletion | 15 | 0.3 | 0.6 | 0.0 | 0.1 | 0.0 | 0.0 | 0.1 | 0.2 | 0.3 | 0.3 | 0.5 | 0.8 | 0.6 |
| Pensions and Other Deferred Comp. | 16 | 1.6 | 0.1 | 1.9 | 2.4 | 1.7 | 1.2 | 1.3 | 1.6 | 0.9 | 1.7 | 1.0 | 0.5 | 1.9 |
| Employee Benefits | 17 | 1.6 | 0.8 | 1.2 | 0.7 | 1.3 | 2.7 | 1.5 | 2.7 | 2.3 | 2.4 | 1.8 | 0.9 | 2.0 |
| Advertising | 18 | 0.9 | 1.6 | 0.8 | 0.4 | 0.6 | 0.3 | 1.6 | 0.4 | 0.4 | 0.4 | 0.4 | 2.1 | 0.9 |
| Other Expenses | 19 | 25.2 | 23.7 | 25.0 | 28.7 | 16.8 | 23.3 | 25.4 | 42.7 | 18.8 | 22.8 | 26.7 | 23.9 | 26.6 |
| Officers' Compensation | 20 | 9.2 | 10.8 | 21.2 | 17.4 | 10.4 | 8.3 | 7.7 | 4.3 | 3.2 | 3.1 | 3.1 | 1.9 | 3.5 |
| Operating Margin | 21 | 4.9 | 19.2 | 13.1 | 14.8 | 7.4 | 15.2 | 7.0 | • | 3.5 | 1.5 | • | • | • |
| Operating Margin Before Officers' Comp. | 22 | 14.1 | 30.0 | 34.3 | 32.2 | 17.7 | 23.5 | 14.8 | • | 6.7 | 4.6 | • | 1.6 | 0.9 |

| Selected Average Balance Sheet ($ in Thousands) | | | | | | | | | | | | | |
|---|---|---|---|---|---|---|---|---|---|---|---|---|---|
| Net Receivables 23 | 128 | 0 | 2 | 13 | 49 | 126 | 500 | 2032 | 4727 | 10408 | 15174 | 39150 | 254216 |
| Inventories 24 | 7 | 0 | 0 | 1 | 7 | 10 | 86 | 42 | 234 | 256 | 1895 | 6904 | 5318 |
| Net Property, Plant and Equipment 25 | 55 | 0 | 5 | 24 | 58 | 171 | 261 | 715 | 1791 | 4402 | 10395 | 15541 | 71448 |
| Total Assets 26 | 454 | 0 | 25 | 150 | 341 | 694 | 2101 | 6984 | 14739 | 36501 | 74219 | 166013 | 706558 |
| Notes and Loans Payable 27 | 153 | 0 | 12 | 50 | 117 | 245 | 614 | 1356 | 4462 | 8433 | 20167 | 55743 | 260733 |
| All Other Liabilities 28 | 137 | 0 | 7 | 29 | 64 | 138 | 641 | 2020 | 4940 | 11989 | 22227 | 32218 | 245211 |
| Net Worth 29 | 164 | 0 | 6 | 70 | 161 | 311 | 846 | 3607 | 5336 | 16078 | 31825 | 78052 | 200614 |

| Selected Financial Ratios (Times to 1) | | | | | | | | | | | | | |
|---|---|---|---|---|---|---|---|---|---|---|---|---|---|
| Current Ratio 30 | 1.8 | • | 1.9 | 2.3 | 1.8 | 2.5 | 1.7 | 1.7 | 1.4 | 1.7 | 1.2 | 1.4 | 2.1 |
| Quick Ratio 31 | 1.4 | • | 1.7 | 2.1 | 1.4 | 2.2 | 1.3 | 1.2 | 1.1 | 1.4 | 0.9 | 0.9 | 1.6 |
| Net Sales to Working Capital 32 | 6.8 | • | 26.0 | 11.3 | 13.0 | 5.3 | 8.4 | 5.9 | 11.4 | 7.3 | 12.1 | 8.6 | 3.2 |
| Coverage Ratio 33 | 8.4 | 28.2 | 56.0 | 44.8 | 18.8 | 22.7 | 17.0 | 13.8 | 5.9 | 9.4 | 5.1 | 3.0 | 3.2 |
| Total Asset Turnover 34 | 1.7 | • | 7.8 | 3.6 | 3.3 | 2.0 | 1.9 | 1.4 | 1.7 | 1.5 | 1.1 | 1.0 | 0.9 |
| Inventory Turnover 35 | 25.7 | • | 79.8 | 62.5 | 56.9 | 28.4 | 12.7 | 86.8 | 44.4 | 76.5 | 13.5 | 11.3 | 25.7 |
| Receivables Turnover 36 | 6.6 | • | 122.7 | 37.7 | 23.0 | 9.7 | 7.3 | 4.1 | 5.4 | 6.4 | 4.7 | 4.2 | 3.2 |
| Total Liabilities to Net Worth 37 | 1.8 | • | 3.3 | 1.1 | 1.1 | 1.2 | 1.5 | 0.9 | 1.8 | 1.3 | 1.3 | 1.1 | 2.5 |
| Current Assets to Working Capital 38 | 2.2 | • | 2.2 | 1.7 | 2.2 | 1.7 | 2.4 | 2.5 | 3.7 | 2.5 | 5.7 | 3.8 | 1.9 |
| Current Liabilities to Working Capital 39 | 1.2 | • | 1.2 | 0.7 | 1.2 | 0.7 | 1.4 | 1.5 | 2.7 | 1.5 | 4.7 | 2.8 | 0.9 |
| Working Capital to Net Sales 40 | 0.1 | • | 0.0 | 0.1 | 0.1 | 0.2 | 0.1 | 0.2 | 0.1 | 0.1 | 0.1 | 0.1 | 0.3 |
| Inventory to Working Capital 41 | 0.1 | • | 0.1 | 0.0 | 0.1 | 0.0 | 0.1 | 0.0 | 0.1 | 0.1 | 0.4 | 0.4 | 0.0 |
| Total Receipts to Cash Flow 42 | 3.1 | 2.4 | 2.8 | 2.3 | 4.1 | 3.1 | 2.8 | 2.0 | 4.4 | 3.7 | 3.5 | 4.0 | 3.6 |
| Cost of Goods to Cash Flow 43 | 0.8 | 0.4 | 0.4 | 0.3 | 1.5 | 0.6 | 0.8 | 0.8 | 1.8 | 1.3 | 1.1 | 1.8 | 0.7 |
| Cash Flow to Total Debt 44 | 0.8 | • | 3.7 | 2.9 | 1.5 | 1.2 | 1.1 | 1.4 | 0.6 | 0.7 | 0.5 | 0.5 | 0.4 |

| Selected Financial Factors (in Percentages) | | | | | | | | | | | | | |
|---|---|---|---|---|---|---|---|---|---|---|---|---|---|
| Debt Ratio 45 | 63.8 | • | 76.8 | 53.3 | 52.7 | 55.1 | 59.7 | 48.3 | 63.8 | 56.0 | 57.1 | 53.0 | 71.6 |
| Return on Total Assets 46 | 21.9 | • | 115.7 | 65.4 | 35.6 | 34.2 | 30.1 | 17.2 | 14.7 | 13.7 | 11.6 | 7.8 | 10.9 |
| Return on Equity Before Income Taxes 47 | 53.4 | • | 490.2 | 137.1 | 71.4 | 72.9 | 70.3 | 31.0 | 33.6 | 27.9 | 21.6 | 11.1 | 26.3 |
| Return on Equity After Income Taxes 48 | 48.1 | • | 482.8 | 135.3 | 68.6 | 71.8 | 65.4 | 27.9 | 29.9 | 21.4 | 18.0 | 8.8 | 18.0 |
| Profit Margin (Before Income Tax) 49 | 11.5 | 26.7 | 14.6 | 17.8 | 10.2 | 16.6 | 14.5 | 11.8 | 7.2 | 7.9 | 8.6 | 5.0 | 7.9 |
| Profit Margin (After Income Tax) 50 | 10.3 | 25.5 | 14.3 | 17.6 | 9.8 | 16.3 | 13.5 | 10.6 | 6.4 | 6.1 | 7.1 | 4.0 | 5.4 |

## Table I

Corporations with and without Net Income

# SCIENTIFIC RESEARCH AND DEVELOPMENT SERVICES

MONEY AMOUNTS AND SIZE OF ASSETS IN THOUSANDS OF DOLLARS

| Item Description for Accounting Period 7/00 Through 6/01 | | Total | Zero Assets | Under 100 | 100 to 250 | 251 to 500 | 501 to 1,000 | 1,001 to 5,000 | 5,001 to 10,000 | 10,001 to 25,000 | 25,001 to 50,000 | 50,001 to 100,000 | 100,001 to 250,000 | 250,001 and over |
|---|---|---|---|---|---|---|---|---|---|---|---|---|---|---|
| Number of Enterprises | 1 | 8317 | 425 | 3403 | 1289 | 977 | 706 | 891 | 155 | 208 | 104 | 67 | 60 | 32 |
| **Revenues ($ in Thousands)** | | | | | | | | | | | | | | |
| Net Sales | 2 | 19941804 | 175436 | 93492 | 579210 | 1264218 | 484264 | 1627107 | 320626 | 1290934 | 975775 | 1357023 | 1555838 | 10217881 |
| Interest | 3 | 1244789 | 20742 | 826 | 4579 | 2985 | 5590 | 26554 | 46785 | 76738 | 101441 | 117296 | 264501 | 576751 |
| Rents | 4 | 29512 | 177 | 0 | 0 | 0 | 2949 | 1307 | 313 | 2533 | 417 | 711 | 2124 | 18981 |
| Royalties | 5 | 506721 | 296 | 0 | 0 | 0 | 18636 | 3355 | 3024 | 15675 | 8486 | 22752 | 281917 | 152581 |
| Other Portfolio Income | 6 | 2685715 | 176112 | 0 | 5478 | 950 | 9385 | 9554 | 93442 | 36117 | 39743 | 54898 | 68597 | 2191437 |
| Other Receipts | 7 | 1639365 | -4842 | 2530 | 36226 | 99688 | 137547 | 70179 | 18271 | 100106 | 171676 | 220365 | 429999 | 357623 |
| Total Receipts | 8 | 26047906 | 367921 | 96848 | 625493 | 1367841 | 658371 | 1738056 | 482461 | 1522103 | 1297538 | 1773045 | 2602976 | 13515254 |
| Average Total Receipts | 9 | 3132 | 866 | 28 | 485 | 1400 | 933 | 1951 | 3113 | 7318 | 12476 | 26463 | 43383 | 422352 |
| **Operating Costs/Operating Income (%)** | | | | | | | | | | | | | | |
| Cost of Operations | 10 | 36.2 | 26.6 | 15.9 | 0.5 | 25.7 | 16.3 | 21.1 | 34.6 | 47.2 | 45.0 | 27.5 | 36.4 | 42.2 |
| Salaries and Wages | 11 | 36.6 | 35.7 | 11.4 | 29.4 | 24.5 | 44.9 | 35.8 | 79.5 | 35.2 | 45.1 | 44.8 | 52.2 | 33.0 |
| Taxes Paid | 12 | 4.4 | 6.7 | 2.8 | 3.9 | 3.1 | 5.5 | 4.7 | 10.2 | 4.8 | 5.3 | 4.4 | 6.1 | 3.9 |
| Interest Paid | 13 | 2.6 | 4.3 | 8.8 | 0.6 | 0.8 | 1.0 | 1.8 | 5.9 | 4.2 | 2.8 | 2.8 | 4.4 | 2.4 |
| Depreciation | 14 | 4.5 | 3.8 | 2.0 | 1.9 | 1.8 | 5.3 | 4.2 | 10.0 | 5.8 | 8.4 | 7.7 | 9.6 | 3.2 |
| Amortization and Depletion | 15 | 2.4 | 2.7 | 0.2 | 0.1 | 0.3 | 0.8 | 2.4 | 5.0 | 3.3 | 4.0 | 2.3 | 4.6 | 2.2 |
| Pensions and Other Deferred Comp. | 16 | 1.4 | 1.7 | 1.5 | 4.8 | 2.1 | 3.6 | 1.2 | 0.9 | 1.4 | 1.6 | 0.5 | 1.2 | 1.1 |
| Employee Benefits | 17 | 3.2 | 3.8 | 2.6 | 1.5 | 2.4 | 4.1 | 2.6 | 6.9 | 3.2 | 5.7 | 4.4 | 5.4 | 2.6 |
| Advertising | 18 | 0.8 | 0.6 | 1.4 | 0.9 | 0.0 | 0.7 | 1.0 | 4.8 | 1.4 | 3.0 | 0.8 | 1.6 | 0.4 |
| Other Expenses | 19 | 53.6 | 131.4 | 151.6 | 44.1 | 48.5 | 55.3 | 58.5 | 134.7 | 72.7 | 90.4 | 71.7 | 87.7 | 35.6 |
| Officers' Compensation | 20 | 7.3 | 9.1 | 24.3 | 18.5 | 5.1 | 31.6 | 10.4 | 23.8 | 9.0 | 8.7 | 5.5 | 8.6 | 4.3 |
| Operating Margin | 21 | • | • | • | • | • | • | • | • | • | • | • | • | • |
| Operating Margin Before Officers' Comp. | 22 | • | • | • | 12.2 | • | • | • | • | • | • | • | • | • |

| Selected Average Balance Sheet ($ in Thousands) | | | | | | | | | | | | | |
|---|---|---|---|---|---|---|---|---|---|---|---|---|---|
| Net Receivables 23 | 639 | 0 | 5 | 6 | 120 | 97 | 324 | 503 | 1674 | 2442 | 4338 | 11575 | 98481 |
| Inventories 24 | 60 | 0 | 1 | 1 | 6 | 2 | 64 | 216 | 258 | 436 | 961 | 1680 | 4152 |
| Net Property, Plant and Equipment 25 | 603 | 0 | 1 | 47 | 73 | 163 | 378 | 859 | 1822 | 3851 | 9648 | 15278 | 61117 |
| Total Assets 26 | 6207 | 0 | 11 | 151 | 344 | 657 | 2332 | 7487 | 15557 | 34172 | 69044 | 158596 | 825774 |
| Notes and Loans Payable 27 | 989 | 0 | 41 | 28 | 194 | 234 | 755 | 988 | 2511 | 3076 | 6048 | 12869 | 151674 |
| All Other Liabilities 28 | 1393 | 0 | 33 | 66 | 135 | 101 | 729 | 1770 | 4261 | 6276 | 9812 | 20451 | 213666 |
| Net Worth 29 | 3825 | 0 | -63 | 57 | 15 | 322 | 848 | 4729 | 8785 | 24819 | 53184 | 125276 | 460434 |

| Selected Financial Ratios (Times to 1) | | | | | | | | | | | | | |
|---|---|---|---|---|---|---|---|---|---|---|---|---|---|
| Current Ratio 30 | 3.1 | • | 0.9 | 1.0 | 1.5 | 2.7 | 1.7 | 3.2 | 2.2 | 4.1 | 4.5 | 5.7 | 2.8 |
| Quick Ratio 31 | 2.1 | • | 0.7 | 0.8 | 1.4 | 2.5 | 1.4 | 2.4 | 1.9 | 3.3 | 3.3 | 3.9 | 1.7 |
| Net Sales to Working Capital 32 | 0.9 | • | • | 166.5 | 17.0 | 3.3 | 3.0 | 0.5 | 1.1 | 0.5 | 0.6 | 0.3 | 1.0 |
| Coverage Ratio 33 | • | • | • | 3.7 | • | • | • | • | • | • | • | • | 1.6 |
| Total Asset Turnover 34 | 0.4 | • | 2.5 | 3.0 | 3.8 | 1.0 | 0.8 | 0.3 | 0.4 | 0.3 | 0.3 | 0.2 | 0.4 |
| Inventory Turnover 35 | 14.5 | • | 3.5 | 2.4 | 60.0 | 62.1 | 6.0 | 3.3 | 11.4 | 9.7 | 5.8 | 5.6 | 32.5 |
| Receivables Turnover 36 | 4.1 | • | 8.9 | 15.0 | 10.4 | 7.5 | 6.3 | 3.1 | 4.3 | 4.2 | 5.1 | 3.1 | 3.4 |
| Total Liabilities to Net Worth 37 | 0.6 | • | • | 1.7 | 22.0 | 1.0 | 1.8 | 0.6 | 0.8 | 0.4 | 0.3 | 0.3 | 0.8 |
| Current Assets to Working Capital 38 | 1.5 | • | • | 23.8 | 2.9 | 1.6 | 2.5 | 1.4 | 1.8 | 1.3 | 1.3 | 1.2 | 1.5 |
| Current Liabilities to Working Capital 39 | 0.5 | • | • | 22.8 | 1.9 | 0.6 | 1.5 | 0.4 | 0.8 | 0.3 | 0.3 | 0.2 | 0.5 |
| Working Capital to Net Sales 40 | 1.1 | • | • | 0.0 | 0.1 | 0.3 | 0.3 | 1.9 | 0.9 | 1.8 | 1.6 | 3.0 | 1.0 |
| Inventory to Working Capital 41 | 0.0 | • | • | 0.0 | 0.0 | 0.0 | 0.1 | 0.1 | 0.1 | 0.0 | 0.0 | 0.0 | 0.0 |
| Total Receipts to Cash Flow 42 | 9.0 | • | 3.6 | 2.7 | 2.7 | 8.9 | 7.0 | • | • | • | 7.0 | 4.2 | 8.9 |
| Cost of Goods to Cash Flow 43 | 3.3 | • | 0.6 | 0.0 | 0.7 | 1.4 | 1.5 | • | • | • | 1.9 | 1.5 | 3.8 |
| Cash Flow to Total Debt 44 | 0.1 | • | 0.1 | 1.8 | 1.5 | 0.2 | 0.2 | • | • | • | 0.2 | 0.2 | 0.1 |

| Selected Financial Factors (in Percentages) | | | | | | | | | | | | | |
|---|---|---|---|---|---|---|---|---|---|---|---|---|---|
| Debt Ratio 45 | 38.4 | • | 674.4 | 62.3 | 95.7 | 51.0 | 63.6 | 36.8 | 43.5 | 27.4 | 23.0 | 21.0 | 44.2 |
| Return on Total Assets 46 | • | • | • | 6.7 | • | • | • | • | • | • | • | • | 1.5 |
| Return on Equity Before Income Taxes 47 | • | • | 51.8 | 13.0 | • | • | • | • | • | • | • | • | 1.0 |
| Return on Equity After Income Taxes 48 | • | • | 51.8 | 9.4 | • | • | • | • | • | • | • | • | • |
| Profit Margin (Before Income Tax) 49 | • | • | • | 1.6 | • | • | • | • | • | • | • | • | 1.5 |
| Profit Margin (After Income Tax) 50 | • | • | • | 1.2 | • | • | • | • | • | • | • | • | • |

**Table II**

Corporations with Net Income

# SCIENTIFIC RESEARCH AND DEVELOPMENT SERVICES

MONEY AMOUNTS AND SIZE OF ASSETS IN THOUSANDS OF DOLLARS

| Item Description for Accounting Period 7/00 Through 6/01 | | Total | Zero Assets | Under 100 | 100 to 250 | 251 to 500 | 501 to 1,000 | 1,001 to 5,000 | 5,001 to 10,000 | 10,001 to 25,000 | 25,001 to 50,000 | 50,001 to 100,000 | 100,001 to 250,000 | 250,001 and over |
|---|---|---|---|---|---|---|---|---|---|---|---|---|---|---|
| Number of Enterprises | 1 | 3296 | 33 | 1044 | 726 | 643 | 376 | 357 | 28 | 34 | 18 | 18 | 10 | 8 |
| **Revenues ($ in Thousands)** | | | | | | | | | | | | | | |
| Net Sales | 2 | 14455560 | 73767 | 72485 | 295900 | 1218022 | 469150 | 1364168 | 176014 | 720194 | 578714 | 981199 | 924393 | 7581554 |
| Interest | 3 | 214559 | 1487 | 2 | 4214 | 2690 | 1903 | 5136 | 6189 | 6269 | 14438 | 26968 | 24593 | 120670 |
| Rents | 4 | 17353 | 0 | 0 | 0 | 0 | 2949 | 0 | 0 | 740 | 0 | 79 | 986 | 12599 |
| Royalties | 5 | 334412 | 204 | 0 | 0 | 0 | 18605 | 2595 | 0 | 6132 | 2807 | 21437 | 279346 | 3287 |
| Other Portfolio Income | 6 | 2415538 | 162187 | 0 | 4678 | 946 | 9385 | 7329 | 608 | 7184 | 27678 | 45901 | 11194 | 2138451 |
| Other Receipts | 7 | 616466 | 5010 | 2427 | 36100 | 95805 | 14700 | 14126 | 2774 | 33431 | 79053 | 94174 | 117405 | 121457 |
| Total Receipts | 8 | 18053888 | 242655 | 74914 | 340892 | 1317463 | 516692 | 1393354 | 185585 | 773950 | 702690 | 1169758 | 1357917 | 9978018 |
| Average Total Receipts | 9 | 5478 | 7353 | 72 | 470 | 2049 | 1374 | 3903 | 6628 | 22763 | 39038 | 64987 | 135792 | 1247252 |
| **Operating Costs/Operating Income (%)** | | | | | | | | | | | | | | |
| Cost of Operations | 10 | 39.1 | 25.1 | 14.3 | 0.3 | 26.3 | 11.7 | 19.2 | 22.7 | 44.8 | 47.8 | 28.5 | 41.5 | 48.6 |
| Salaries and Wages | 11 | 18.8 | 14.6 | • | 21.7 | 19.9 | 29.0 | 25.3 | 19.3 | 15.3 | 21.2 | 25.2 | 17.3 | 16.5 |
| Taxes Paid | 12 | 3.3 | 6.6 | 1.7 | 2.5 | 2.8 | 3.3 | 3.2 | 3.1 | 2.9 | 3.4 | 3.0 | 3.3 | 3.5 |
| Interest Paid | 13 | 0.8 | 1.0 | 0.3 | 0.5 | 0.3 | 0.5 | 0.4 | 0.2 | 0.6 | 0.5 | 1.4 | 1.0 | 1.0 |
| Depreciation | 14 | 2.6 | 1.4 | • | 2.2 | 1.2 | 4.1 | 2.2 | 1.5 | 2.3 | 3.4 | 4.2 | 4.9 | 2.4 |
| Amortization and Depletion | 15 | 1.0 | 0.2 | 0.1 | 0.0 | 0.0 | 0.0 | 0.0 | 0.1 | 0.2 | 0.6 | 0.9 | 1.0 | 1.6 |
| Pensions and Other Deferred Comp. | 16 | 1.4 | 2.5 | 1.9 | 1.8 | 2.1 | 3.4 | 1.1 | 1.2 | 2.1 | 2.3 | 0.4 | 0.8 | 1.2 |
| Employee Benefits | 17 | 2.0 | 2.1 | • | 0.5 | 2.1 | 1.6 | 1.9 | 1.7 | 1.6 | 3.4 | 3.2 | 3.3 | 1.8 |
| Advertising | 18 | 0.3 | 0.8 | • | 1.5 | 0.0 | 0.1 | 0.4 | 0.2 | 0.2 | 1.6 | 0.5 | 0.3 | 0.2 |
| Other Expenses | 19 | 28.5 | 26.8 | 25.4 | 41.8 | 40.8 | 14.9 | 31.1 | 24.4 | 20.2 | 24.0 | 37.7 | 52.3 | 23.6 |
| Officers' Compensation | 20 | 3.5 | 9.3 | 16.1 | 10.0 | 4.7 | 24.7 | 6.4 | 10.5 | 2.5 | 4.1 | 3.2 | 2.3 | 1.1 |
| Operating Margin | 21 | • | 9.6 | 40.3 | 17.2 | • | 6.6 | 8.8 | 15.1 | 7.3 | • | • | • | • |
| Operating Margin Before Officers' Comp. | 22 | 2.0 | 18.9 | 56.4 | 27.2 | 4.3 | 31.3 | 15.2 | 25.6 | 9.8 | • | • | • | • |

| Selected Average Balance Sheet ($ in Thousands) | | | | | | | | | | | | | |
|---|---|---|---|---|---|---|---|---|---|---|---|---|---|
| Net Receivables 23 | 940 | 0 | 2 | 10 | 177 | 65 | 538 | 1028 | 4922 | 7219 | 11311 | 40990 | 227244 |
| Inventories 24 | 71 | 0 | 0 | 0 | 2 | 3 | 88 | 191 | 238 | 556 | 658 | 9309 | 12305 |
| Net Property, Plant and Equipment 25 | 511 | 0 | 0 | 27 | 56 | 211 | 349 | 471 | 2216 | 4053 | 11648 | 29568 | 94756 |
| Total Assets 26 | 4711 | 0 | 17 | 144 | 371 | 700 | 2165 | 6955 | 14971 | 33494 | 71170 | 157703 | 1245764 |
| Notes and Loans Payable 27 | 452 | 0 | 0 | 4 | 74 | 183 | 587 | 317 | 1551 | 3771 | 9159 | 13304 | 91842 |
| All Other Liabilities 28 | 1667 | 0 | 7 | 65 | 134 | 10 | 761 | 898 | 3794 | 9555 | 15038 | 39234 | 511084 |
| Net Worth 29 | 2592 | 0 | 10 | 75 | 163 | 508 | 816 | 5740 | 9626 | 20167 | 46974 | 105165 | 642838 |

| Selected Financial Ratios (Times to 1) | | | | | | | | | | | | | |
|---|---|---|---|---|---|---|---|---|---|---|---|---|---|
| Current Ratio 30 | 1.9 | • | 2.5 | 1.3 | 2.1 | 46.3 | 1.6 | 6.6 | 2.5 | 2.4 | 3.7 | 2.9 | 1.6 |
| Quick Ratio 31 | 1.4 | • | 2.3 | 1.1 | 2.0 | 45.8 | 1.4 | 4.2 | 2.1 | 2.0 | 3.3 | 2.0 | 1.0 |
| Net Sales to Working Capital 32 | 3.7 | • | 7.1 | 28.0 | 12.4 | 3.7 | 6.8 | 1.2 | 3.4 | 2.8 | 1.7 | 1.5 | 4.4 |
| Coverage Ratio 33 | 30.1 | 229.0 | 166.6 | 72.1 | 28.4 | 36.8 | 30.7 | 109.8 | 23.8 | 21.3 | 8.7 | 19.9 | 32.5 |
| Total Asset Turnover 34 | 0.9 | • | 4.2 | 2.8 | 5.1 | 1.8 | 1.8 | 0.9 | 1.4 | 1.0 | 0.8 | 0.6 | 0.8 |
| Inventory Turnover 35 | 24.3 | • | • | 59.7 | 327.7 | 51.1 | 8.3 | 7.5 | 39.8 | 27.6 | 23.6 | 4.1 | 37.4 |
| Receivables Turnover 36 | 4.2 | • | 21.8 | 8.7 | 10.5 | 12.5 | 7.3 | 3.0 | 4.9 | 8.9 | 7.2 | 4.5 | 3.3 |
| Total Liabilities to Net Worth 37 | 0.8 | • | 0.7 | 0.9 | 1.3 | 0.4 | 1.7 | 0.2 | 0.6 | 0.7 | 0.5 | 0.5 | 0.9 |
| Current Assets to Working Capital 38 | 2.1 | • | 1.7 | 4.0 | 1.9 | 1.0 | 2.7 | 1.2 | 1.7 | 1.7 | 1.4 | 1.5 | 2.6 |
| Current Liabilities to Working Capital 39 | 1.1 | • | 0.7 | 3.0 | 0.9 | 0.0 | 1.7 | 0.2 | 0.7 | 0.7 | 0.4 | 0.5 | 1.6 |
| Working Capital to Net Sales 40 | 0.3 | • | 0.1 | 0.0 | 0.1 | 0.3 | 0.1 | 0.8 | 0.3 | 0.4 | 0.6 | 0.7 | 0.2 |
| Inventory to Working Capital 41 | 0.1 | • | • | 0.0 | • | 0.0 | 0.2 | 0.0 | 0.0 | 0.0 | 0.0 | 0.1 | 0.1 |
| Total Receipts to Cash Flow 42 | 3.2 | 2.1 | 1.5 | 1.5 | 2.2 | 3.8 | 2.6 | 2.5 | 3.3 | 4.1 | 2.7 | 1.5 | 4.5 |
| Cost of Goods to Cash Flow 43 | 1.2 | 0.5 | 0.2 | 0.0 | 0.6 | 0.4 | 0.5 | 0.6 | 1.5 | 2.0 | 0.8 | 0.6 | 2.2 |
| Cash Flow to Total Debt 44 | 0.7 | • | 6.8 | 4.0 | 4.1 | 1.7 | 1.1 | 2.0 | 1.2 | 0.6 | 0.8 | 1.2 | 0.3 |

| Selected Financial Factors (in Percentages) | | | | | | | | | | | | | |
|---|---|---|---|---|---|---|---|---|---|---|---|---|---|
| Debt Ratio 45 | 45.0 | • | 40.3 | 48.2 | 56.1 | 27.5 | 62.3 | 17.5 | 35.7 | 39.8 | 34.0 | 33.3 | 48.4 |
| Return on Total Assets 46 | 22.5 | • | 184.6 | 92.8 | 41.3 | 30.6 | 19.6 | 18.4 | 21.8 | 9.3 | 9.5 | 11.6 | 23.6 |
| Return on Equity Before Income Taxes 47 | 39.6 | • | 307.5 | 176.9 | 90.8 | 41.1 | 50.3 | 22.1 | 32.4 | 14.7 | 12.7 | 16.5 | 44.4 |
| Return on Equity After Income Taxes 48 | 29.0 | • | 306.5 | 172.0 | 87.2 | 37.1 | 41.3 | 20.9 | 27.3 | 10.8 | 10.4 | 12.7 | 29.6 |
| Profit Margin (Before Income Tax) 49 | 23.4 | 238.6 | 43.6 | 32.4 | 7.8 | 16.7 | 10.8 | 20.2 | 14.7 | 9.2 | 10.9 | 18.8 | 30.1 |
| Profit Margin (After Income Tax) 50 | 17.1 | 216.0 | 43.5 | 31.5 | 7.5 | 15.1 | 8.8 | 19.1 | 12.4 | 6.8 | 9.0 | 14.4 | 20.1 |

**Table I**

Corporations with and without Net Income

# ADVERTISING AND RELATED SERVICES

| Item Description for Accounting Period 7/00 Through 6/01 | MONEY AMOUNTS AND SIZE OF ASSETS IN THOUSANDS OF DOLLARS | | | | | | | | | | | | |
|---|---|---|---|---|---|---|---|---|---|---|---|---|---|
| | Total | Zero Assets | Under 100 | 100 to 250 | 251 to 500 | 501 to 1,000 | 1,001 to 5,000 | 5,001 to 10,000 | 10,001 to 25,000 | 25,001 to 50,000 | 50,001 to 100,000 | 100,001 to 250,000 | 250,001 and over |
| Number of Enterprises 1 | 43744 | 2803 | 28034 | 5960 | 2751 | 1813 | 1779 | 273 | 181 | 65 | 29 | 26 | 28 |
| **Revenues ($ in Thousands)** | | | | | | | | | | | | | |
| Net Sales 2 | 70285982 | 330620 | 4835961 | 6896308 | 4319127 | 5340916 | 12190467 | 2421366 | 5632685 | 3653268 | 2105566 | 3011749 | 19547949 |
| Interest 3 | 931474 | 746 | 5540 | 4960 | 5397 | 6288 | 25606 | 15817 | 22350 | 25554 | 27020 | 46407 | 745788 |
| Rents 4 | 50220 | 0 | 1808 | 2715 | 76 | 828 | 605 | 2144 | 777 | 21 | 426 | 245 | 40575 |
| Royalties 5 | 216116 | 4527 | 0 | 0 | 0 | 0 | 0 | 570 | 25000 | 1165 | 0 | 49289 | 135566 |
| Other Portfolio Income 6 | 933445 | 3196 | 102790 | 749 | 405 | 247 | 11801 | 8661 | 12541 | 9209 | 12456 | 15377 | 756014 |
| Other Receipts 7 | 2801582 | 3553 | 95413 | 125562 | 28354 | 44865 | 1713682 | 41733 | 125212 | 34178 | 39178 | 76808 | 473045 |
| Total Receipts 8 | 75218819 | 342642 | 5041512 | 7030294 | 4353359 | 5393144 | 13942161 | 2490291 | 5818565 | 3723395 | 2184646 | 3199875 | 21698937 |
| Average Total Receipts 9 | 1720 | 122 | 180 | 1180 | 1582 | 2975 | 7837 | 9122 | 32147 | 57283 | 75333 | 123072 | 774962 |
| **Operating Costs/Operating Income (%)** | | | | | | | | | | | | | |
| Cost of Operations 10 | 40.2 | 23.4 | 21.0 | 56.3 | 31.1 | 55.6 | 57.3 | 57.3 | 58.4 | 47.7 | 50.3 | 52.7 | 15.0 |
| Salaries and Wages 11 | 21.7 | 12.1 | 10.2 | 8.6 | 12.6 | 14.6 | 15.3 | 14.0 | 14.0 | 16.3 | 23.1 | 22.0 | 41.4 |
| Taxes Paid 12 | 2.4 | 2.2 | 2.3 | 1.4 | 1.8 | 2.7 | 1.9 | 2.2 | 1.7 | 2.0 | 1.9 | 2.2 | 3.6 |
| Interest Paid 13 | 2.3 | 0.6 | 0.4 | 0.4 | 0.3 | 0.3 | 0.6 | 1.0 | 0.7 | 1.2 | 2.0 | 2.8 | 6.2 |
| Depreciation 14 | 1.7 | 2.3 | 1.2 | 0.7 | 0.9 | 0.9 | 1.1 | 1.8 | 1.4 | 1.4 | 2.3 | 2.1 | 2.9 |
| Amortization and Depletion 15 | 0.6 | 1.0 | 0.0 | 0.1 | 0.1 | 0.1 | 0.1 | 0.3 | 0.2 | 0.4 | 1.6 | 2.1 | 1.4 |
| Pensions and Other Deferred Comp. 16 | 0.5 | 0.0 | 0.7 | 0.3 | 0.4 | 0.4 | 0.5 | 0.5 | 0.4 | 0.4 | 0.3 | 0.4 | 0.8 |
| Employee Benefits 17 | 1.3 | 0.4 | 1.1 | 0.4 | 0.4 | 0.6 | 0.9 | 1.0 | 0.8 | 1.3 | 1.1 | 1.2 | 2.3 |
| Advertising 18 | 6.2 | 41.3 | 5.7 | 8.0 | 0.5 | 2.8 | 16.8 | 1.1 | 7.8 | 11.4 | 3.8 | 1.3 | 0.8 |
| Other Expenses 19 | 23.5 | 25.9 | 45.1 | 18.1 | 43.2 | 10.9 | 12.5 | 19.4 | 14.9 | 19.7 | 23.9 | 22.6 | 29.9 |
| Officers' Compensation 20 | 5.3 | 1.4 | 11.2 | 4.4 | 5.7 | 8.1 | 5.0 | 6.8 | 3.4 | 2.7 | 2.8 | 2.0 | 5.1 |
| Operating Margin 21 | • | • | 1.2 | 1.4 | 3.0 | 2.9 | • | • | • | • | • | • | • |
| Operating Margin Before Officers' Comp. 22 | • | • | 12.4 | 5.8 | 8.7 | 11.0 | • | 1.3 | • | • | • | • | • |

## Selected Average Balance Sheet ($ in Thousands)

| | | | | | | | | | | | | | |
|---|---|---|---|---|---|---|---|---|---|---|---|---|---|
| Net Receivables 23 | 446 | 0 | 3 | 40 | 81 | 221 | 888 | 2299 | 6132 | 15092 | 23869 | 34953 | 452370 |
| Inventories 24 | 22 | 0 | 0 | 7 | 9 | 27 | 40 | 165 | 348 | 855 | 1253 | 5356 | 14960 |
| Net Property, Plant and Equipment 25 | 160 | 0 | 6 | 37 | 83 | 155 | 376 | 983 | 2291 | 4892 | 7582 | 12133 | 138135 |
| Total Assets 26 | 2108 | 0 | 20 | 150 | 354 | 694 | 2129 | 6612 | 14979 | 35118 | 70523 | 151445 | 2569311 |
| Notes and Loans Payable 27 | 520 | 0 | 15 | 54 | 85 | 211 | 547 | 1194 | 2733 | 8049 | 13162 | 32523 | 638402 |
| All Other Liabilities 28 | 834 | 0 | 9 | 57 | 179 | 210 | 1229 | 4078 | 8319 | 20674 | 39442 | 65886 | 928173 |
| Net Worth 29 | 754 | 0 | -4 | 39 | 89 | 274 | 353 | 1340 | 3927 | 6394 | 17919 | 53037 | 1002736 |

## Selected Financial Ratios (Times to 1)

| | | | | | | | | | | | | | |
|---|---|---|---|---|---|---|---|---|---|---|---|---|---|
| Current Ratio 30 | 1.0 | • | 0.9 | 1.2 | 1.0 | 1.9 | 1.1 | 1.1 | 1.2 | 1.1 | 1.0 | 1.2 | 1.0 |
| Quick Ratio 31 | 0.7 | • | 0.8 | 1.0 | 0.9 | 1.7 | 1.0 | 1.0 | 1.1 | 0.9 | 0.8 | 1.0 | 0.5 |
| Net Sales to Working Capital 32 | 119.9 | • | • | 68.8 | 1970.4 | 13.9 | 71.7 | 14.5 | 15.0 | 18.9 | • | 9.1 | • |
| Coverage Ratio 33 | 1.7 | • | 15.4 | 10.2 | 13.8 | 12.6 | 4.9 | • | 0.3 | • | • | • | 1.4 |
| Total Asset Turnover 34 | 0.8 | • | 8.6 | 7.7 | 4.4 | 4.2 | 3.2 | 1.3 | 2.1 | 1.6 | 1.0 | 0.8 | 0.3 |
| Inventory Turnover 35 | 29.8 | • | 180.7 | 94.9 | 56.9 | 60.5 | 99.2 | 30.8 | 52.2 | 31.4 | 29.2 | 11.4 | 7.0 |
| Receivables Turnover 36 | 3.9 | • | 52.5 | 28.1 | 21.4 | 13.9 | 8.6 | 3.2 | 5.3 | 4.2 | 2.5 | 3.5 | 1.7 |
| Total Liabilities to Net Worth 37 | 1.8 | • | • | 2.8 | 3.0 | 1.5 | 5.0 | 3.9 | 2.8 | 4.5 | 2.9 | 1.9 | 1.6 |
| Current Assets to Working Capital 38 | 70.1 | • | • | 5.1 | 240.2 | 2.1 | 16.0 | 7.8 | 5.2 | 8.4 | • | 6.0 | • |
| Current Liabilities to Working Capital 39 | 69.1 | • | • | 4.1 | 239.2 | 1.1 | 15.0 | 6.8 | 4.2 | 7.4 | • | 5.0 | • |
| Working Capital to Net Sales 40 | 0.0 | • | • | 0.0 | 0.0 | 0.1 | 0.0 | 0.1 | 0.1 | 0.1 | • | 0.1 | • |
| Inventory to Working Capital 41 | 1.7 | • | • | 0.4 | 10.5 | 0.1 | 0.4 | 0.2 | 0.2 | 0.3 | • | 0.4 | • |
| Total Receipts to Cash Flow 42 | 5.1 | 7.7 | 2.4 | 5.2 | 2.3 | 8.3 | 8.5 | 7.4 | 8.4 | 7.6 | 11.3 | 7.4 | 4.6 |
| Cost of Goods to Cash Flow 43 | 2.1 | 1.8 | 0.5 | 2.9 | 0.7 | 4.6 | 4.9 | 4.3 | 4.9 | 3.6 | 5.7 | 3.9 | 0.7 |
| Cash Flow to Total Debt 44 | 0.2 | • | 3.1 | 2.0 | 2.6 | 0.8 | 0.5 | 0.2 | 0.3 | 0.3 | 0.1 | 0.2 | 0.1 |

## Selected Financial Factors (in Percentages)

| | | | | | | | | | | | | | |
|---|---|---|---|---|---|---|---|---|---|---|---|---|---|
| Debt Ratio 45 | 64.2 | • | 118.4 | 74.0 | 74.8 | 60.6 | 83.4 | 79.7 | 73.8 | 81.8 | 74.6 | 65.0 | 61.0 |
| Return on Total Assets 46 | 2.9 | • | 50.3 | 28.9 | 18.0 | 17.6 | 9.5 | • | 0.4 | • | • | • | 2.3 |
| Return on Equity Before Income Taxes 47 | 3.2 | • | • | 100.0 | 66.3 | 41.2 | 45.6 | • | • | • | • | • | 1.7 |
| Return on Equity After Income Taxes 48 | 1.2 | • | • | 96.7 | 64.2 | 38.6 | 40.9 | • | • | • | • | • | • |
| Profit Margin (Before Income Tax) 49 | 1.5 | • | 5.4 | 3.4 | 3.8 | 3.8 | 2.3 | • | • | • | • | • | 2.4 |
| Profit Margin (After Income Tax) 50 | 0.6 | • | 5.3 | 3.3 | 3.6 | 3.6 | 2.1 | • | • | • | • | • | • |

# ADVERTISING AND RELATED SERVICES

MONEY AMOUNTS AND SIZE OF ASSETS IN THOUSANDS OF DOLLARS

| Item Description for Accounting Period 7/00 Through 6/01 | | Total | Zero Assets | Under 100 | 100 to 250 | 251 to 500 | 501 to 1,000 | 1,001 to 5,000 | 5,001 to 10,000 | 10,001 to 25,000 | 25,001 to 50,000 | 50,001 to 100,000 | 100,001 to 250,000 | 250,001 and over |
|---|---|---|---|---|---|---|---|---|---|---|---|---|---|---|
| Number of Enterprises | 1 | 25158 | 639 | 15560 | 4233 | 1674 | 1429 | 1231 | 192 | 118 | 42 | 11 | 13 | 15 |
| **Revenues ($ in Thousands)** | | | | | | | | | | | | | | |
| Net Sales | 2 | 50812478 | 89902 | 3599116 | 6513854 | 2405408 | 4235611 | 9046745 | 1787603 | 3956937 | 2462466 | 1088009 | 1784445 | 13842382 |
| Interest | 3 | 638741 | 575 | 3884 | 4814 | 4226 | 3032 | 21680 | 11018 | 11075 | 11017 | 9656 | 15436 | 542328 |
| Rents | 4 | 25175 | 0 | 0 | 2715 | 0 | 295 | 485 | 1100 | 448 | 21 | 97 | 123 | 19890 |
| Royalties | 5 | 93607 | 4527 | 0 | 0 | 0 | 0 | 0 | 570 | 573 | 1165 | 0 | 7318 | 79453 |
| Other Portfolio Income | 6 | 847267 | 3168 | 102309 | 749 | 309 | 247 | 11509 | 8442 | 9196 | 7794 | 1309 | 10947 | 691289 |
| Other Receipts | 7 | 2422433 | 2072 | 8128 | 123733 | 22267 | 42731 | 1708129 | 38290 | 56647 | 30379 | 31324 | 16984 | 341750 |
| Total Receipts | 8 | 54839701 | 100244 | 3713437 | 6645865 | 2432210 | 4281916 | 10788548 | 1847023 | 4034876 | 2512842 | 1130395 | 1835253 | 15517092 |
| Average Total Receipts | 9 | 2180 | 157 | 239 | 1570 | 1453 | 2996 | 8764 | 9620 | 34194 | 59830 | 102763 | 141173 | 1034473 |
| **Operating Costs/Operating Income (%)** | | | | | | | | | | | | | | |
| Cost of Operations | 10 | 40.9 | 20.9 | 15.7 | 56.4 | 40.7 | 63.3 | 58.6 | 61.3 | 56.4 | 53.3 | 44.2 | 57.7 | 10.3 |
| Salaries and Wages | 11 | 20.1 | 10.9 | 11.0 | 8.2 | 14.2 | 6.6 | 14.0 | 10.9 | 13.4 | 17.0 | 19.0 | 18.6 | 41.4 |
| Taxes Paid | 12 | 2.3 | 1.5 | 2.0 | 1.2 | 1.8 | 1.2 | 2.0 | 1.7 | 1.7 | 2.1 | 2.1 | 2.2 | 4.0 |
| Interest Paid | 13 | 2.1 | 0.0 | 0.4 | 0.3 | 0.1 | 0.3 | 0.4 | 1.0 | 0.4 | 1.0 | 1.1 | 1.5 | 6.2 |
| Depreciation | 14 | 1.4 | 0.8 | 1.1 | 0.6 | 0.6 | 0.8 | 0.9 | 1.9 | 1.1 | 1.2 | 1.6 | 1.6 | 2.4 |
| Amortization and Depletion | 15 | 0.4 | 0.1 | 0.0 | 0.0 | 0.0 | 0.1 | 0.1 | 0.2 | 0.1 | 0.3 | 0.4 | 0.4 | 1.2 |
| Pensions and Other Deferred Comp. | 16 | 0.6 | 0.0 | 0.7 | 0.3 | 0.7 | 0.4 | 0.6 | 0.3 | 0.4 | 0.5 | 0.4 | 0.4 | 0.9 |
| Employee Benefits | 17 | 1.2 | 0.8 | 0.9 | 0.3 | 0.3 | 0.4 | 0.8 | 0.9 | 0.9 | 1.0 | 0.9 | 1.0 | 2.5 |
| Advertising | 18 | 5.8 | 20.6 | 3.5 | 8.4 | 0.5 | 3.5 | 19.1 | 0.8 | 5.2 | 1.0 | 3.2 | 0.6 | 0.4 |
| Other Expenses | 19 | 20.3 | 35.9 | 46.3 | 17.5 | 24.8 | 9.3 | 11.6 | 13.2 | 13.3 | 15.8 | 24.5 | 11.0 | 27.8 |
| Officers' Compensation | 20 | 5.3 | 0.7 | 10.6 | 3.8 | 6.7 | 8.4 | 5.5 | 3.7 | 3.3 | 3.0 | 1.3 | 2.0 | 5.1 |
| Operating Margin | 21 | • | 7.7 | 8.0 | 2.9 | 9.6 | 5.7 | • | 4.0 | 3.9 | 3.8 | 1.4 | 3.1 | • |
| Operating Margin Before Officers' Comp. | 22 | 5.0 | 8.4 | 18.6 | 6.8 | 16.3 | 14.1 | • | 7.8 | 7.2 | 6.8 | 2.7 | 5.1 | 3.0 |

## Selected Average Balance Sheet ($ in Thousands)

| | | | | | | | | | | | | | |
|---|---|---|---|---|---|---|---|---|---|---|---|---|---|
| Net Receivables 23 | 570 | 0 | 5 | 45 | 103 | 207 | 873 | 2208 | 6843 | 16703 | 31365 | 44386 | 644579 |
| Inventories 24 | 28 | 0 | 0 | 4 | 7 | 31 | 33 | 153 | 419 | 1015 | 2433 | 8812 | 22374 |
| Net Property, Plant and Equipment 25 | 140 | 0 | 8 | 30 | 23 | 162 | 298 | 999 | 1817 | 4329 | 5317 | 11293 | 122086 |
| Total Assets 26 | 2111 | 0 | 24 | 146 | 379 | 693 | 2001 | 6364 | 14384 | 35467 | 67827 | 144705 | 2733255 |
| Notes and Loans Payable 27 | 428 | 0 | 12 | 55 | 38 | 231 | 430 | 959 | 2127 | 6691 | 10918 | 29204 | 546937 |
| All Other Liabilities 28 | 1063 | 0 | 11 | 47 | 95 | 162 | 956 | 4012 | 8923 | 23135 | 37735 | 77074 | 1372869 |
| Net Worth 29 | 620 | 0 | -0 | 43 | 246 | 300 | 615 | 1394 | 3334 | 5641 | 19175 | 38426 | 813449 |

## Selected Financial Ratios (Times to 1)

| | | | | | | | | | | | | | |
|---|---|---|---|---|---|---|---|---|---|---|---|---|---|
| Current Ratio 30 | 1.0 | • | 0.9 | 1.7 | 2.3 | 2.4 | 1.3 | 1.1 | 1.2 | 1.2 | 1.0 | 1.1 | 0.9 |
| Quick Ratio 31 | 0.7 | • | 0.8 | 1.4 | 2.1 | 2.0 | 1.2 | 1.0 | 1.1 | 1.0 | 0.9 | 0.8 | 0.6 |
| Net Sales to Working Capital 32 | • | • | • | 38.5 | 9.9 | 12.5 | 21.0 | 19.4 | 15.7 | 16.7 | 102.9 | 31.7 | • |
| Coverage Ratio 33 | 4.9 | 692.2 | 30.5 | 16.9 | 82.4 | 22.1 | 15.5 | 8.6 | 14.1 | 6.7 | 5.8 | 5.0 | 2.8 |
| Total Asset Turnover 34 | 1.0 | • | 9.8 | 10.5 | 3.8 | 4.3 | 3.7 | 1.5 | 2.3 | 1.7 | 1.5 | 0.9 | 0.3 |
| Inventory Turnover 35 | 29.1 | • | 289.6 | 226.4 | 84.1 | 60.5 | 129.8 | 37.3 | 45.1 | 30.8 | 18.0 | 9.0 | 4.2 |
| Receivables Turnover 36 | 3.6 | • | 54.9 | 36.4 | 16.4 | 15.2 | 9.5 | 3.0 | 5.0 | 3.8 | 1.9 | 2.9 | 1.5 |
| Total Liabilities to Net Worth 37 | 2.4 | • | • | 2.4 | 0.5 | 1.3 | 2.3 | 3.6 | 3.3 | 5.3 | 2.5 | 2.8 | 2.4 |
| Current Assets to Working Capital 38 | • | • | • | 2.4 | 1.8 | 1.7 | 4.3 | 9.6 | 5.3 | 7.6 | 43.3 | 18.6 | • |
| Current Liabilities to Working Capital 39 | • | • | • | 1.4 | 0.8 | 0.7 | 3.3 | 8.6 | 4.3 | 6.6 | 42.3 | 17.6 | • |
| Working Capital to Net Sales 40 | • | • | • | 0.0 | 0.1 | 0.1 | 0.0 | 0.1 | 0.1 | 0.1 | 0.0 | 0.0 | • |
| Inventory to Working Capital 41 | • | • | • | 0.1 | 0.0 | 0.2 | 0.1 | 0.2 | 0.2 | 0.3 | 1.9 | 2.0 | • |
| Total Receipts to Cash Flow 42 | 4.4 | 1.9 | 2.1 | 4.9 | 3.0 | 7.4 | 7.0 | 5.8 | 6.0 | 5.7 | 4.5 | 7.3 | 3.7 |
| Cost of Goods to Cash Flow 43 | 1.8 | 0.4 | 0.3 | 2.7 | 1.2 | 4.7 | 4.1 | 3.5 | 3.4 | 3.0 | 2.0 | 4.2 | 0.4 |
| Cash Flow to Total Debt 44 | 0.3 | • | 4.8 | 3.1 | 3.5 | 1.0 | 0.8 | 0.3 | 0.5 | 0.3 | 0.5 | 0.2 | 0.1 |

## Selected Financial Factors (in Percentages)

| | | | | | | | | | | | | | |
|---|---|---|---|---|---|---|---|---|---|---|---|---|---|
| Debt Ratio 45 | 70.6 | • | 100.5 | 70.3 | 35.1 | 56.7 | 69.3 | 78.1 | 76.8 | 84.1 | 71.7 | 73.4 | 70.2 |
| Return on Total Assets 46 | 9.6 | • | 113.5 | 55.3 | 41.3 | 30.4 | 22.9 | 12.2 | 14.6 | 11.3 | 9.3 | 6.9 | 5.9 |
| Return on Equity Before Income Taxes 47 | 25.9 | • | • | 175.1 | 62.8 | 67.1 | 69.8 | 49.2 | 58.5 | 60.6 | 27.1 | 20.9 | 12.7 |
| Return on Equity After Income Taxes 48 | 21.7 | • | • | 171.0 | 61.6 | 64.1 | 65.9 | 43.5 | 52.7 | 55.9 | 22.2 | 16.5 | 8.5 |
| Profit Margin (Before Income Tax) 49 | 7.9 | 19.2 | 11.2 | 4.9 | 10.8 | 6.8 | 5.8 | 7.4 | 5.8 | 5.8 | 5.3 | 5.9 | 11.2 |
| Profit Margin (After Income Tax) 50 | 6.6 | 16.1 | 11.0 | 4.8 | 10.5 | 6.5 | 5.5 | 6.5 | 5.2 | 5.4 | 4.3 | 4.6 | 7.5 |

**Table I**

Corporations with and without Net Income

# OTHER PROFESSIONAL, SCIENTIFIC, AND TECHNICAL SERVICES

**MONEY AMOUNTS AND SIZE OF ASSETS IN THOUSANDS OF DOLLARS**

| Item Description for Accounting Period 7/00 Through 6/01 | Total | Zero Assets | Under 100 | 100 to 250 | 251 to 500 | 501 to 1,000 | 1,001 to 5,000 | 5,001 to 10,000 | 10,001 to 25,000 | 25,001 to 50,000 | 50,001 to 100,000 | 100,001 to 250,000 | 250,001 and over |
|---|---|---|---|---|---|---|---|---|---|---|---|---|---|
| Number of Enterprises 1 | 107153 | 8168 | 68358 | 15072 | 7836 | 3396 | 3328 | 508 | 282 | 107 | 55 | 31 | 13 |
| **Revenues ($ in Thousands)** | | | | | | | | | | | | | |
| Net Sales 2 | 84689473 | 1476753 | 14198478 | 9893602 | 6628326 | 6626405 | 16233805 | 6685547 | 6460241 | 4700644 | 3348426 | 4012649 | 4424597 |
| Interest 3 | 365059 | 4699 | 10490 | 9589 | 7435 | 10400 | 43562 | 21829 | 54175 | 48061 | 53531 | 56503 | 44788 |
| Rents 4 | 27545 | 133 | 498 | 771 | 1399 | 2200 | 3539 | 1127 | 4066 | 3087 | 421 | 8642 | 1660 |
| Royalties 5 | 156891 | 4378 | 0 | 0 | 35547 | 100 | 38 | 908 | 10597 | 799 | 416 | 32758 | 71350 |
| Other Portfolio Income 6 | 274557 | 3333 | 21619 | 14815 | 8050 | 3857 | 30563 | 15818 | 49008 | 53163 | 27638 | 33064 | 13629 |
| Other Receipts 7 | 1631566 | 52291 | 76031 | 25309 | 255926 | 188317 | 236696 | 88539 | 287255 | 128124 | 188510 | 35842 | 68725 |
| Total Receipts 8 | 87145091 | 1541587 | 14307116 | 9944086 | 6936683 | 6831279 | 16548203 | 6813768 | 6865342 | 4933878 | 3618942 | 4179458 | 4624749 |
| Average Total Receipts 9 | 813 | 189 | 209 | 660 | 885 | 2012 | 4972 | 13413 | 24345 | 46111 | 65799 | 134821 | 355750 |
| **Operating Costs/Operating Income (%)** | | | | | | | | | | | | | |
| Cost of Operations 10 | 36.8 | 6.6 | 24.4 | 20.4 | 41.2 | 43.3 | 43.9 | 51.3 | 35.8 | 43.6 | 35.2 | 53.6 | 38.4 |
| Salaries and Wages 11 | 21.0 | 33.7 | 13.9 | 22.0 | 18.4 | 19.6 | 22.7 | 18.6 | 22.5 | 24.9 | 29.5 | 17.8 | 31.7 |
| Taxes Paid 12 | 3.2 | 5.0 | 3.5 | 3.5 | 2.4 | 5.0 | 2.9 | 2.5 | 3.1 | 2.7 | 3.3 | 2.9 | 3.0 |
| Interest Paid 13 | 1.3 | 0.9 | 0.6 | 0.8 | 1.7 | 1.3 | 0.9 | 1.1 | 1.4 | 1.8 | 3.1 | 3.9 | 1.9 |
| Depreciation 14 | 1.9 | 2.1 | 1.3 | 1.4 | 1.2 | 1.3 | 1.9 | 2.0 | 2.2 | 3.1 | 3.4 | 2.6 | 2.6 |
| Amortization and Depletion 15 | 0.5 | 0.7 | 0.0 | 0.2 | 0.1 | 0.2 | 0.2 | 0.3 | 0.5 | 0.7 | 1.4 | 2.7 | 1.4 |
| Pensions and Other Deferred Comp. 16 | 0.8 | 1.4 | 1.3 | 1.1 | 0.9 | 0.7 | 0.5 | 0.6 | 0.5 | 0.3 | 0.6 | 0.5 | 1.0 |
| Employee Benefits 17 | 1.3 | 3.1 | 0.7 | 1.6 | 0.3 | 1.4 | 0.9 | 1.1 | 1.6 | 1.7 | 2.8 | 2.6 | 1.7 |
| Advertising 18 | 1.1 | 0.6 | 0.7 | 1.7 | 0.9 | 0.6 | 0.8 | 0.9 | 1.7 | 1.3 | 1.0 | 1.1 | 2.0 |
| Other Expenses 19 | 26.4 | 46.6 | 34.6 | 29.1 | 20.3 | 18.8 | 19.9 | 22.2 | 37.4 | 28.3 | 33.6 | 18.8 | 21.1 |
| Officers' Compensation 20 | 7.5 | 4.8 | 12.7 | 14.4 | 9.9 | 8.8 | 5.8 | 4.6 | 3.6 | 2.3 | 2.1 | 2.5 | 1.5 |
| Operating Margin 21 | • | • | 6.2 | 3.8 | 2.9 | • | • | • | • | • | • | • | • |
| Operating Margin Before Officers' Comp. 22 | 5.8 | • | 18.8 | 18.2 | 12.7 | 7.7 | 5.5 | • | • | • | • | • | • |

## Selected Average Balance Sheet ($ in Thousands)

| | | | | | | | | | | | | | |
|---|---|---|---|---|---|---|---|---|---|---|---|---|---|
| Net Receivables 23 | 87 | 0 | 2 | 27 | 41 | 189 | 564 | 1564 | 4406 | 8282 | 14829 | 36146 | 82764 |
| Inventories 24 | 19 | 0 | 1 | 7 | 19 | 35 | 94 | 166 | 353 | 991 | 1968 | 2239 | 64248 |
| Net Property, Plant and Equipment 25 | 74 | 0 | 8 | 39 | 57 | 157 | 547 | 1618 | 2429 | 6026 | 10982 | 19384 | 48827 |
| Total Assets 26 | 415 | 0 | 24 | 160 | 345 | 704 | 2077 | 6842 | 15505 | 35524 | 69925 | 165343 | 597155 |
| Notes and Loans Payable 27 | 136 | 0 | 22 | 76 | 134 | 366 | 752 | 1827 | 4141 | 9680 | 21175 | 51447 | 98900 |
| All Other Liabilities 28 | 153 | 0 | 7 | 42 | 114 | 196 | 699 | 2217 | 6057 | 12813 | 22970 | 77873 | 274527 |
| Net Worth 29 | 125 | 0 | -5 | 42 | 96 | 142 | 625 | 2797 | 5307 | 13030 | 25779 | 36023 | 223727 |

## Selected Financial Ratios (Times to 1)

| | | | | | | | | | | | | | |
|---|---|---|---|---|---|---|---|---|---|---|---|---|---|
| Current Ratio 30 | 1.4 | • | 1.5 | 1.8 | 1.7 | 1.3 | 1.5 | 1.5 | 1.4 | 1.4 | 1.5 | 1.2 | 1.2 |
| Quick Ratio 31 | 1.1 | • | 1.2 | 1.4 | 1.2 | 1.2 | 1.2 | 1.1 | 1.2 | 1.1 | 1.2 | 1.0 | 0.8 |
| Net Sales to Working Capital 32 | 13.0 | • | 46.8 | 17.0 | 10.1 | 20.8 | 13.3 | 10.1 | 8.3 | 8.0 | 5.8 | 11.6 | 9.5 |
| Coverage Ratio 33 | 1.9 | • | 12.1 | 6.4 | 5.5 | 2.5 | 2.8 | • | • | • | • | • | 0.1 |
| Total Asset Turnover 34 | 1.9 | • | 8.6 | 4.1 | 2.5 | 2.8 | 2.3 | 1.9 | 1.5 | 1.2 | 0.9 | 0.8 | 0.6 |
| Inventory Turnover 35 | 15.0 | • | 43.3 | 19.4 | 18.3 | 23.9 | 22.8 | 40.7 | 23.2 | 19.3 | 10.9 | 31.0 | 2.0 |
| Receivables Turnover 36 | 9.5 | • | 117.3 | 29.0 | 20.8 | 11.8 | 9.7 | 8.7 | 5.7 | 5.3 | 3.8 | 3.6 | 4.1 |
| Total Liabilities to Net Worth 37 | 2.3 | • | • | 2.8 | 2.6 | 4.0 | 2.3 | 1.4 | 1.9 | 1.7 | 1.7 | 3.6 | 1.7 |
| Current Assets to Working Capital 38 | 3.5 | • | 2.9 | 2.3 | 2.5 | 4.0 | 3.0 | 3.0 | 3.4 | 3.4 | 3.2 | 5.8 | 7.4 |
| Current Liabilities to Working Capital 39 | 2.5 | • | 1.9 | 1.3 | 1.5 | 3.0 | 2.0 | 2.0 | 2.4 | 2.4 | 2.2 | 4.8 | 6.4 |
| Working Capital to Net Sales 40 | 0.1 | • | 0.0 | 0.1 | 0.1 | 0.0 | 0.1 | 0.1 | 0.1 | 0.1 | 0.2 | 0.1 | 0.1 |
| Inventory to Working Capital 41 | 0.3 | • | 0.3 | 0.2 | 0.3 | 0.3 | 0.2 | 0.2 | 0.1 | 0.2 | 0.2 | 0.2 | 1.5 |
| Total Receipts to Cash Flow 42 | 4.4 | 2.8 | 2.8 | 3.6 | 4.4 | 6.2 | 5.8 | 6.2 | 3.5 | 5.6 | 5.0 | 10.9 | 6.4 |
| Cost of Goods to Cash Flow 43 | 1.6 | 0.2 | 0.7 | 0.7 | 1.8 | 2.7 | 2.5 | 3.2 | 1.2 | 2.5 | 1.8 | 5.8 | 2.5 |
| Cash Flow to Total Debt 44 | 0.6 | • | 2.6 | 1.5 | 0.8 | 0.6 | 0.6 | 0.5 | 0.6 | 0.3 | 0.3 | 0.1 | 0.1 |

## Selected Financial Factors (in Percentages)

| | | | | | | | | | | | | | |
|---|---|---|---|---|---|---|---|---|---|---|---|---|---|
| Debt Ratio 45 | 69.9 | • | 119.2 | 73.7 | 72.1 | 79.9 | 69.9 | 59.1 | 65.8 | 63.3 | 63.1 | 78.2 | 62.5 |
| Return on Total Assets 46 | 4.8 | • | 65.2 | 20.9 | 22.5 | 9.1 | 6.1 | • | • | • | • | • | 0.1 |
| Return on Equity Before Income Taxes 47 | 7.4 | • | • | 67.1 | 66.1 | 27.2 | 13.0 | • | • | • | • | • | • |
| Return on Equity After Income Taxes 48 | 5.1 | • | • | 63.8 | 64.6 | 25.7 | 9.7 | • | • | • | • | • | • |
| Profit Margin (Before Income Tax) 49 | 1.2 | • | 6.9 | 4.3 | 7.5 | 2.0 | 1.7 | • | • | • | • | • | • |
| Profit Margin (After Income Tax) 50 | 0.8 | • | 6.9 | 4.1 | 7.3 | 1.9 | 1.2 | • | • | • | • | • | • |

**Table II**

Corporations with Net Income

# OTHER PROFESSIONAL, SCIENTIFIC, AND TECHNICAL SERVICES

**MONEY AMOUNTS AND SIZE OF ASSETS IN THOUSANDS OF DOLLARS**

| Item Description for Accounting Period 7/00 Through 6/01 | | Total | Zero Assets | Under 100 | 100 to 250 | 251 to 500 | 501 to 1,000 | 1,001 to 5,000 | 5,001 to 10,000 | 10,001 to 25,000 | 25,001 to 50,000 | 50,001 to 100,000 | 100,001 to 250,000 | 250,001 and over |
|---|---|---|---|---|---|---|---|---|---|---|---|---|---|---|
| Number of Enterprises | 1 | 63040 | 3792 | 39093 | 10640 | 4926 | 2036 | 2037 | 282 | 148 | 46 | 24 | 13 | 4 |
| **Revenues ($ in Thousands)** | | | | | | | | | | | | | | |
| Net Sales | 2 | 58465573 | 1067468 | 9797759 | 7488296 | 5054363 | 3986138 | 12501810 | 4852346 | 4413907 | 2876021 | 2194182 | 1995920 | 2237363 |
| Interest | 3 | 142970 | 4306 | 6186 | 8216 | 5342 | 7027 | 24074 | 7441 | 22730 | 15901 | 15121 | 22626 | 3999 |
| Rents | 4 | 16789 | 100 | 498 | 0 | 1057 | 2130 | 3382 | 349 | 3660 | 2688 | 421 | 2342 | 162 |
| Royalties | 5 | 81782 | 3190 | 0 | 0 | 1083 | 0 | 0 | 0 | 7188 | 799 | 2 | 0 | 69520 |
| Other Portfolio Income | 6 | 186492 | 3225 | 18283 | 11268 | 7429 | 1861 | 22401 | 15387 | 41049 | 40743 | 7368 | 5998 | 11483 |
| Other Receipts | 7 | 1452862 | 100319 | 42419 | 24671 | 240347 | 185804 | 275658 | 72371 | 258219 | 47896 | 179132 | 18308 | 7716 |
| Total Receipts | 8 | 60346468 | 1178608 | 9865145 | 7532451 | 5309621 | 4182960 | 12827325 | 4947894 | 4746753 | 2984048 | 2396226 | 2045194 | 2330243 |
| Average Total Receipts | 9 | 957 | 311 | 252 | 708 | 1078 | 2054 | 6297 | 17546 | 32073 | 64871 | 99843 | 157323 | 582561 |
| **Operating Costs/Operating Income (%)** | | | | | | | | | | | | | | |
| Cost of Operations | 10 | 34.9 | 2.9 | 21.6 | 18.8 | 38.0 | 39.3 | 39.7 | 55.1 | 39.8 | 44.7 | 35.2 | 63.1 | 28.1 |
| Salaries and Wages | 11 | 19.6 | 35.5 | 12.4 | 22.2 | 19.6 | 19.6 | 23.1 | 13.2 | 19.3 | 20.9 | 25.4 | 12.3 | 28.5 |
| Taxes Paid | 12 | 3.1 | 5.8 | 3.6 | 3.5 | 2.4 | 2.9 | 2.8 | 2.0 | 3.3 | 2.8 | 3.1 | 3.1 | 4.0 |
| Interest Paid | 13 | 0.9 | 0.4 | 0.6 | 0.6 | 0.9 | 1.3 | 0.7 | 0.9 | 1.0 | 1.2 | 1.4 | 1.7 | 0.9 |
| Depreciation | 14 | 1.5 | 1.0 | 1.1 | 1.5 | 0.8 | 1.2 | 1.5 | 1.5 | 1.5 | 2.8 | 2.3 | 1.8 | 3.0 |
| Amortization and Depletion | 15 | 0.3 | 0.7 | 0.0 | 0.2 | 0.2 | 0.2 | 0.1 | 0.1 | 0.2 | 0.3 | 0.6 | 1.6 | 1.1 |
| Pensions and Other Deferred Comp. | 16 | 0.9 | 0.6 | 1.4 | 1.2 | 1.1 | 0.6 | 0.5 | 0.5 | 0.6 | 0.5 | 0.8 | 0.4 | 1.9 |
| Employee Benefits | 17 | 1.1 | 3.3 | 0.6 | 1.4 | 0.3 | 0.8 | 0.7 | 0.6 | 1.7 | 1.6 | 2.7 | 1.6 | 2.3 |
| Advertising | 18 | 0.9 | 0.6 | 0.4 | 1.7 | 0.9 | 0.4 | 0.6 | 0.3 | 1.4 | 0.9 | 0.4 | 0.4 | 3.0 |
| Other Expenses | 19 | 22.6 | 39.2 | 30.6 | 27.0 | 18.5 | 18.9 | 18.3 | 17.1 | 27.0 | 18.2 | 28.6 | 5.9 | 23.7 |
| Officers' Compensation | 20 | 7.7 | 5.1 | 13.4 | 13.3 | 9.4 | 9.0 | 6.0 | 4.4 | 3.5 | 2.4 | 2.0 | 2.4 | 1.5 |
| Operating Margin | 21 | 6.7 | 5.0 | 14.4 | 8.7 | 8.0 | 5.8 | 5.9 | 4.3 | 0.6 | 3.7 | • | 5.6 | 1.8 |
| Operating Margin Before Officers' Comp. | 22 | 14.4 | 10.0 | 27.8 | 22.0 | 17.4 | 14.7 | 11.9 | 8.7 | 4.1 | 6.1 | • | 8.0 | 3.3 |

## Selected Average Balance Sheet ($ in Thousands)

| | | | | | | | | | | | | | |
|---|---|---|---|---|---|---|---|---|---|---|---|---|---|
| Net Receivables 23 | 81 | 0 | 2 | 18 | 49 | 171 | 632 | 1925 | 5253 | 10416 | 18964 | 35806 | 62730 |
| Inventories 24 | 19 | 0 | 1 | 7 | 16 | 52 | 98 | 133 | 507 | 1142 | 2225 | 2683 | 111012 |
| Net Property, Plant and Equipment 25 | 72 | 0 | 9 | 39 | 44 | 181 | 555 | 1952 | 2166 | 7289 | 12991 | 16475 | 82981 |
| Total Assets 26 | 369 | 0 | 27 | 160 | 349 | 751 | 2109 | 6925 | 15163 | 36583 | 72392 | 161187 | 811134 |
| Notes and Loans Payable 27 | 99 | 0 | 13 | 53 | 110 | 325 | 630 | 1954 | 3963 | 10136 | 18283 | 30905 | 68201 |
| All Other Liabilities 28 | 126 | 0 | 5 | 35 | 71 | 111 | 728 | 2160 | 6782 | 12484 | 27192 | 44607 | 463189 |
| Net Worth 29 | 144 | 0 | 9 | 72 | 168 | 315 | 750 | 2810 | 4419 | 13964 | 26917 | 85676 | 279744 |

## Selected Financial Ratios (Times to 1)

| | | | | | | | | | | | | | |
|---|---|---|---|---|---|---|---|---|---|---|---|---|---|
| Current Ratio 30 | 1.5 | • | 1.9 | 2.2 | 2.1 | 2.0 | 1.6 | 1.6 | 1.3 | 1.4 | 1.4 | 1.7 | 1.0 |
| Quick Ratio 31 | 1.2 | • | 1.5 | 1.7 | 1.7 | 1.7 | 1.3 | 1.2 | 1.1 | 1.1 | 1.2 | 1.4 | 0.8 |
| Net Sales to Working Capital 32 | 13.6 | • | 36.0 | 14.8 | 9.6 | 10.0 | 12.9 | 11.1 | 11.9 | 11.0 | 8.2 | 5.9 | • |
| Coverage Ratio 33 | 12.6 | 36.2 | 27.0 | 15.9 | 16.0 | 9.5 | 12.7 | 8.3 | 8.8 | 7.2 | 5.7 | 5.8 | 7.6 |
| Total Asset Turnover 34 | 2.5 | • | 9.2 | 4.4 | 2.9 | 2.6 | 2.9 | 2.5 | 2.0 | 1.7 | 1.3 | 1.0 | 0.7 |
| Inventory Turnover 35 | 17.0 | • | 50.8 | 18.7 | 24.7 | 14.8 | 24.8 | 71.1 | 23.4 | 24.5 | 14.5 | 36.1 | 1.4 |
| Receivables Turnover 36 | 11.2 | • | 148.3 | 46.1 | 19.0 | 11.3 | 10.4 | 8.4 | 6.4 | 5.9 | 4.5 | 3.5 | 6.5 |
| Total Liabilities to Net Worth 37 | 1.6 | • | 2.0 | 1.2 | 1.1 | 1.4 | 1.8 | 1.5 | 2.4 | 1.6 | 1.7 | 0.9 | 1.9 |
| Current Assets to Working Capital 38 | 2.9 | • | 2.1 | 1.9 | 1.9 | 2.0 | 2.6 | 2.7 | 3.9 | 3.5 | 3.3 | 2.5 | • |
| Current Liabilities to Working Capital 39 | 1.9 | • | 1.1 | 0.9 | 0.9 | 1.0 | 1.6 | 1.7 | 2.9 | 2.5 | 2.3 | 1.5 | • |
| Working Capital to Net Sales 40 | 0.1 | • | 0.0 | 0.1 | 0.1 | 0.1 | 0.1 | 0.1 | 0.1 | 0.1 | 0.1 | 0.2 | • |
| Inventory to Working Capital 41 | 0.2 | • | 0.2 | 0.2 | 0.1 | 0.2 | 0.2 | 0.1 | 0.2 | 0.2 | 0.2 | 0.1 | • |
| Total Receipts to Cash Flow 42 | 3.6 | 2.2 | 2.5 | 3.3 | 3.8 | 4.0 | 4.4 | 4.8 | 3.2 | 4.8 | 3.2 | 8.4 | 3.9 |
| Cost of Goods to Cash Flow 43 | 1.2 | 0.1 | 0.5 | 0.6 | 1.4 | 1.6 | 1.7 | 2.6 | 1.3 | 2.2 | 1.1 | 5.3 | 1.1 |
| Cash Flow to Total Debt 44 | 1.2 | • | 5.5 | 2.5 | 1.5 | 1.1 | 1.0 | 0.9 | 0.9 | 0.6 | 0.6 | 0.2 | 0.3 |

## Selected Financial Factors (in Percentages)

| | | | | | | | | | | | | | |
|---|---|---|---|---|---|---|---|---|---|---|---|---|---|
| Debt Ratio 45 | 61.0 | • | 67.1 | 54.9 | 51.9 | 58.0 | 64.4 | 59.4 | 70.9 | 61.8 | 62.8 | 46.8 | 65.5 |
| Return on Total Assets 46 | 27.1 | • | 144.3 | 43.7 | 40.9 | 31.1 | 26.8 | 17.6 | 18.0 | 14.8 | 10.2 | 9.4 | 4.9 |
| Return on Equity Before Income Taxes 47 | 63.9 | • | 422.1 | 90.8 | 79.9 | 66.4 | 69.2 | 38.1 | 54.9 | 33.5 | 22.6 | 14.7 | 12.4 |
| Return on Equity After Income Taxes 48 | 60.4 | • | 419.1 | 88.1 | 78.5 | 65.2 | 64.8 | 35.7 | 48.9 | 28.0 | 17.2 | 11.0 | 10.8 |
| Profit Margin (Before Income Tax) 49 | 9.9 | 15.5 | 15.1 | 9.3 | 13.0 | 10.7 | 8.5 | 6.2 | 8.1 | 7.5 | 6.6 | 8.2 | 6.2 |
| Profit Margin (After Income Tax) 50 | 9.4 | 14.3 | 15.0 | 9.0 | 12.8 | 10.5 | 7.9 | 5.8 | 7.3 | 6.2 | 5.1 | 6.1 | 5.4 |

# OFFICES OF BANK HOLDING COMPANIES

MONEY AMOUNTS AND SIZE OF ASSETS IN THOUSANDS OF DOLLARS

| Item Description for Accounting Period 7/00 Through 6/01 | | Total | Zero Assets | Under 100 | 100 to 250 | 251 to 500 | 501 to 1,000 | 1,001 to 5,000 | 5,001 to 10,000 | 10,001 to 25,000 | 25,001 to 50,000 | 50,001 to 100,000 | 100,001 to 250,000 | 250,001 and over |
|---|---|---|---|---|---|---|---|---|---|---|---|---|---|---|
| Number of Enterprises | 1 | 5250 | 105 | 382 | • | 0 | • | 97 | 43 | 386 | 808 | 1131 | 1312 | 986 |
| **Revenues ($ in Thousands)** | | | | | | | | | | | | | | |
| Net Sales | 2 | 124008435 | 1157528 | 356 | • | 0 | • | 69513 | 1315 | 91840 | 482717 | 1249264 | 2730249 | 118225652 |
| Interest | 3 | 419423622 | 4554363 | 7494 | • | 0 | • | 4598 | 17877 | 339576 | 1463842 | 4200038 | 11673426 | 397162409 |
| Rents | 4 | 28427589 | 302205 | 0 | • | 0 | • | 0 | 6 | 2108 | 3620 | 15555 | 59770 | 28044324 |
| Royalties | 5 | 260739 | 139816 | 0 | • | 0 | • | 0 | 0 | 0 | 37 | 258 | 182 | 120446 |
| Other Portfolio Income | 6 | 24855049 | 182387 | 17 | • | 0 | • | 34789 | 8318 | 22203 | 74665 | 260847 | 616118 | 23655706 |
| Other Receipts | 7 | 69319974 | -4548 | 10388 | • | 0 | • | 1473 | 610 | 78951 | 381139 | 954278 | 1818574 | 66079110 |
| Total Receipts | 8 | 666295408 | 6331751 | 18255 | • | 0 | • | 110373 | 28126 | 534678 | 2406020 | 6680240 | 16898319 | 633287647 |
| Average Total Receipts | 9 | 126913 | 60302 | 48 | • | • | • | 1138 | 654 | 1385 | 2978 | 5906 | 12880 | 642280 |
| **Operating Costs/Operating Income (%)** | | | | | | | | | | | | | | |
| Cost of Operations | 10 | 5.4 | 0.0 | • | • | • | • | • | • | 0.0 | 4.6 | 0.9 | 0.1 | 5.6 |
| Salaries and Wages | 11 | 65.5 | 70.5 | 337.1 | • | • | • | 1.7 | 206.4 | 57.0 | 48.8 | 54.1 | 69.0 | 65.6 |
| Taxes Paid | 12 | 8.2 | 10.4 | 19.9 | • | • | • | 10.8 | 20.2 | 14.5 | 12.0 | 12.6 | 14.2 | 8.0 |
| Interest Paid | 13 | 231.8 | 229.5 | 910.7 | • | • | • | 54.9 | 428.1 | 232.0 | 207.0 | 224.6 | 260.8 | 231.4 |
| Depreciation | 14 | 33.8 | 41.2 | 223.6 | • | • | • | 13.3 | 24.9 | 13.7 | 13.0 | 13.5 | 15.7 | 34.5 |
| Amortization and Depletion | 15 | 6.2 | 3.2 | 10.1 | • | • | • | 4.8 | 9.5 | 3.2 | 2.0 | 1.7 | 1.8 | 6.4 |
| Pensions and Other Deferred Comp. | 16 | 2.8 | 4.2 | 7.9 | • | • | • | 0.2 | 3.9 | 4.7 | 3.4 | 4.8 | 4.4 | 2.8 |
| Employee Benefits | 17 | 7.5 | 9.1 | 23.0 | • | • | • | 0.8 | 18.4 | 14.8 | 10.6 | 9.5 | 10.2 | 7.4 |
| Advertising | 18 | 4.5 | 3.9 | 0.3 | • | • | • | 0.5 | 4.3 | 5.4 | 4.5 | 4.9 | 5.0 | 4.5 |
| Other Expenses | 19 | 109.0 | 138.3 | 6717.1 | • | • | • | 46.3 | 529.3 | 108.7 | 79.8 | 82.8 | 96.0 | 109.4 |
| Officers' Compensation | 20 | 7.0 | 24.0 | 109.8 | • | • | • | 6.0 | 338.6 | 65.7 | 44.1 | 38.2 | 32.1 | 5.7 |
| Operating Margin | 21 | • | • | • | • | • | • | • | • | • | • | • | • | • |
| Operating Margin Before Officers' Comp. | 22 | • | • | • | • | • | • | • | • | • | • | • | • | • |

## Selected Average Balance Sheet ($ in Thousands)

| | | | | | | | | | | | | | |
|---|---|---|---|---|---|---|---|---|---|---|---|---|---|
| Net Receivables 23 | 623476 | 0 | 0 | • | • | • | 725 | 1997 | 10345 | 22208 | 43611 | 95443 | 3120292 |
| Inventories 24 | 23 | 0 | 0 | • | • | • | 0 | 0 | 0 | 12 | 1 | 0 | 114 |
| Net Property, Plant and Equipment 25 | 15543 | 0 | 10 | • | • | • | 187 | 29 | 286 | 762 | 1452 | 3215 | 76057 |
| Total Assets 26 | 1435862 | 0 | 36 | • | • | • | 3256 | 6811 | 18566 | 37731 | 72327 | 156370 | 7315458 |
| Notes and Loans Payable 27 | 232391 | 0 | 11 | • | • | • | 90 | 127 | 310 | 948 | 2648 | 5539 | 1226052 |
| All Other Liabilities 28 | 1016835 | 0 | 5 | • | • | • | 183 | 2802 | 15056 | 32187 | 62380 | 134607 | 5131104 |
| Net Worth 29 | 186635 | 0 | 20 | • | • | • | 2983 | 3882 | 3200 | 4595 | 7298 | 16223 | 958301 |

## Selected Financial Ratios (Times to 1)

| | | | | | | | | | | | | | |
|---|---|---|---|---|---|---|---|---|---|---|---|---|---|
| Current Ratio 30 | 0.8 | • | 0.4 | • | • | • | 21.9 | 1.4 | 1.1 | 1.0 | 1.0 | 1.0 | 0.8 |
| Quick Ratio 31 | 0.8 | • | 0.4 | • | • | • | 8.7 | 1.3 | 1.0 | 1.0 | 1.0 | 1.0 | 0.7 |
| Net Sales to Working Capital 32 | • | • | • | • | • | • | 0.4 | 0.0 | 0.2 | 0.6 | 1.0 | • | • |
| Coverage Ratio 33 | 1.2 | 1.0 | • | • | • | • | 1.4 | 2.2 | 1.2 | 1.3 | 1.3 | 1.4 | 1.2 |
| Total Asset Turnover 34 | 0.0 | • | 0.0 | • | • | • | 0.2 | 0.0 | 0.0 | 0.0 | 0.0 | 0.0 | 0.0 |
| Inventory Turnover 35 | 54.1 | • | • | • | • | • | • | • | 0.1 | 2.4 | 14.5 | 3.9 | 59.0 |
| Receivables Turnover 36 | 0.0 | • | • | • | • | • | 1.8 | 0.0 | 0.0 | 0.0 | 0.0 | 0.0 | 0.0 |
| Total Liabilities to Net Worth 37 | 6.7 | • | 0.8 | • | • | • | 0.1 | 0.8 | 4.8 | 7.2 | 8.9 | 8.6 | 6.6 |
| Current Assets to Working Capital 38 | • | • | • | • | • | • | 1.0 | 3.6 | 15.3 | 35.0 | 55.5 | • | • |
| Current Liabilities to Working Capital 39 | • | • | • | • | • | • | 0.0 | 2.6 | 14.3 | 34.0 | 54.5 | • | • |
| Working Capital to Net Sales 40 | • | • | • | • | • | • | 2.8 | 37.3 | 4.4 | 1.6 | 1.0 | • | • |
| Inventory to Working Capital 41 | • | • | • | • | • | • | • | • | 0.0 | 0.0 | 0.0 | • | • |
| Total Receipts to Cash Flow 42 | 0.7 | 0.8 | 0.2 | • | • | • | 5.7 | 0.1 | 0.6 | 0.7 | 0.6 | 0.5 | 0.7 |
| Cost of Goods to Cash Flow 43 | 0.0 | 0.0 | • | • | • | • | • | • | 0.0 | 0.0 | 0.0 | 0.0 | 0.0 |
| Cash Flow to Total Debt 44 | 0.0 | • | 0.3 | • | • | • | 0.5 | 0.1 | 0.0 | 0.0 | 0.0 | 0.0 | 0.0 |

## Selected Financial Factors (in Percentages)

| | | | | | | | | | | | | | |
|---|---|---|---|---|---|---|---|---|---|---|---|---|---|
| Debt Ratio 45 | 87.0 | • | 43.7 | • | • | • | 8.4 | 43.0 | 82.8 | 87.8 | 89.9 | 89.6 | 86.9 |
| Return on Total Assets 46 | 4.7 | • | • | • | • | • | 16.4 | 4.3 | 3.6 | 4.1 | 4.5 | 4.7 | 4.7 |
| Return on Equity Before Income Taxes 47 | 6.7 | • | • | • | • | • | 4.7 | 4.1 | 3.6 | 7.2 | 10.7 | 11.7 | 6.6 |
| Return on Equity After Income Taxes 48 | 4.4 | • | • | • | • | • | 3.2 | 4.0 | 2.5 | 5.4 | 8.0 | 8.4 | 4.3 |
| Profit Margin (Before Income Tax) 49 | 53.2 | 5.6 | • | • | • | • | 19.4 | 525.2 | 48.5 | 55.0 | 70.7 | 91.3 | 52.6 |
| Profit Margin (After Income Tax) 50 | 35.0 | • | • | • | • | • | 13.4 | 513.2 | 34.0 | 41.8 | 53.1 | 65.8 | 34.5 |

**Table II**

Corporations with Net Income

# OFFICES OF BANK HOLDING COMPANIES

| Item Description for Accounting Period 7/00 Through 6/01 | | MONEY AMOUNTS AND SIZE OF ASSETS IN THOUSANDS OF DOLLARS | | | | | | | | | | | | |
|---|---|---|---|---|---|---|---|---|---|---|---|---|---|---|
| | | Total | Zero Assets | Under 100 | 100 to 250 | 251 to 500 | 501 to 1,000 | 1,001 to 5,000 | 5,001 to 10,000 | 10,001 to 25,000 | 25,001 to 50,000 | 50,001 to 100,000 | 100,001 to 250,000 | 250,001 and over |
| Number of Enterprises | 1 | 4429 | 66 | • | • | • | • | 33 | 33 | 311 | 706 | 1068 | 1263 | 949 |
| **Revenues ($ in Thousands)** | | | | | | | | | | | | | | |
| Net Sales | 2 | 117065252 | 584602 | • | • | • | • | 66396 | 897 | 75134 | 411083 | 1219805 | 2592054 | 112115280 |
| Interest | 3 | 407281340 | 3027284 | • | • | • | • | 1800 | 12546 | 286056 | 1272400 | 3936779 | 11215483 | 387528992 |
| Rents | 4 | 27610405 | 301857 | • | • | • | • | 0 | 6 | 1985 | 3011 | 14376 | 53611 | 27235559 |
| Royalties | 5 | 235280 | 114357 | • | • | • | • | 0 | 0 | 0 | 37 | 257 | 182 | 120446 |
| Other Portfolio Income | 6 | 24398272 | 153991 | • | • | • | • | 34337 | 7970 | 20259 | 69000 | 250630 | 575343 | 23286740 |
| Other Receipts | 7 | 68373779 | 305804 | • | • | • | • | 1071 | 225 | 65589 | 362745 | 913586 | 1789505 | 64935258 |
| Total Receipts | 8 | 644964328 | 4487895 | • | • | • | • | 103604 | 21644 | 449023 | 2118276 | 6335433 | 16226178 | 615222275 |
| Average Total Receipts | 9 | 145623 | 67998 | • | • | • | • | 3140 | 656 | 1444 | 3000 | 5932 | 12847 | 648285 |
| **Operating Costs/Operating Income (%)** | | | | | | | | | | | | | | |
| Cost of Operations | 10 | 5.6 | • | • | • | • | • | • | • | 0.0 | 0.4 | 1.0 | 0.1 | 5.9 |
| Salaries and Wages | 11 | 67.2 | 92.2 | • | • | • | • | • | 123.5 | 50.2 | 47.5 | 51.5 | 68.5 | 67.3 |
| Taxes Paid | 12 | 8.4 | 13.7 | • | • | • | • | 10.6 | 29.0 | 14.3 | 12.3 | 12.2 | 14.4 | 8.1 |
| Interest Paid | 13 | 239.0 | 289.4 | • | • | • | • | 57.5 | 377.8 | 238.5 | 215.0 | 216.9 | 262.5 | 238.6 |
| Depreciation | 14 | 34.5 | 73.2 | • | • | • | • | 13.3 | 32.3 | 11.4 | 12.2 | 12.7 | 15.6 | 35.1 |
| Amortization and Depletion | 15 | 6.4 | 5.8 | • | • | • | • | 3.8 | 13.9 | 0.9 | 1.4 | 1.5 | 1.7 | 6.6 |
| Pensions and Other Deferred Comp. | 16 | 2.9 | 5.3 | • | • | • | • | • | 5.7 | 4.7 | 3.6 | 4.8 | 4.5 | 2.9 |
| Employee Benefits | 17 | 7.7 | 16.3 | • | • | • | • | • | 27.0 | 14.0 | 10.5 | 9.2 | 10.4 | 7.5 |
| Advertising | 18 | 4.5 | 5.1 | • | • | • | • | 0.0 | 2.1 | 4.7 | 4.2 | 4.4 | 5.0 | 4.5 |
| Other Expenses | 19 | 108.0 | 153.5 | • | • | • | • | 39.6 | 282.9 | 88.5 | 74.0 | 74.4 | 93.3 | 108.6 |
| Officers' Compensation | 20 | 6.9 | 18.7 | • | • | • | • | • | 453.2 | 63.4 | 45.1 | 37.1 | 32.6 | 5.7 |
| Operating Margin | 21 | • | • | • | • | • | • | • | • | • | • | • | • | • |
| Operating Margin Before Officers' Comp. | 22 | • | • | • | • | • | • | • | • | • | • | • | • | • |

| | | | | | | | | | | | | | |
|---|---|---|---|---|---|---|---|---|---|---|---|---|---|
| **Selected Average Balance Sheet ($ in Thousands)** | | | | | | | | | | | | | |
| Net Receivables 23 | 719107 | 0 | • | • | • | • | 2 | 1778 | 10515 | 22422 | 43652 | 95452 | 3159739 |
| Inventories 24 | 24 | 0 | • | • | • | • | 0 | 0 | 0 | 3 | 1 | 0 | 107 |
| Net Property, Plant and Equipment 25 | 17672 | 0 | • | • | • | • | 375 | 37 | 208 | 647 | 1417 | 3170 | 76097 |
| Total Assets 26 | 1666036 | 0 | • | • | • | • | 4095 | 6589 | 18631 | 37841 | 72371 | 156370 | 7451238 |
| Notes and Loans Payable 27 | 269620 | 0 | • | • | • | • | 10 | 166 | 286 | 909 | 2218 | 5393 | 1247873 |
| All Other Liabilities 28 | 1178024 | 0 | • | • | • | • | 253 | 2221 | 15488 | 32514 | 62398 | 134578 | 5219181 |
| Net Worth 29 | 218392 | 0 | • | • | • | • | 3832 | 4202 | 2857 | 4417 | 7755 | 16399 | 984184 |
| **Selected Financial Ratios (Times to 1)** | | | | | | | | | | | | | |
| Current Ratio 30 | 0.8 | • | • | • | • | • | 14.2 | 1.4 | 1.1 | 1.0 | 1.0 | 1.0 | 0.8 |
| Quick Ratio 31 | 0.8 | • | • | • | • | • | 0.2 | 1.3 | 1.0 | 1.0 | 1.0 | 1.0 | 0.7 |
| Net Sales to Working Capital 32 | • | • | • | • | • | • | 0.6 | 0.0 | 0.2 | 0.5 | 0.9 | • | • |
| Coverage Ratio 33 | 1.2 | 1.3 | • | • | • | • | 1.5 | 3.8 | 1.4 | 1.3 | 1.4 | 1.4 | 1.2 |
| Total Asset Turnover 34 | 0.0 | • | • | • | • | • | 0.5 | 0.0 | 0.0 | 0.0 | 0.0 | 0.0 | 0.0 |
| Inventory Turnover 35 | 62.5 | • | • | • | • | • | • | • | 0.3 | 0.7 | 14.5 | 3.9 | 64.7 |
| Receivables Turnover 36 | 0.0 | • | • | • | • | • | 22.2 | 0.0 | 0.0 | 0.0 | 0.0 | 0.0 | 0.0 |
| Total Liabilities to Net Worth 37 | 6.6 | • | • | • | • | • | 0.1 | 0.6 | 5.5 | 7.6 | 8.3 | 8.5 | 6.6 |
| Current Assets to Working Capital 38 | • | • | • | • | • | • | 1.1 | 3.7 | 15.9 | 29.2 | 49.1 | • | • |
| Current Liabilities to Working Capital 39 | • | • | • | • | • | • | 0.1 | 2.7 | 14.9 | 28.2 | 48.1 | • | • |
| Working Capital to Net Sales 40 | • | • | • | • | • | • | 1.7 | 31.9 | 4.3 | 2.0 | 1.1 | • | • |
| Inventory to Working Capital 41 | • | • | • | • | • | • | • | • | • | 0.0 | 0.0 | • | • |
| Total Receipts to Cash Flow 42 | 0.7 | 0.5 | • | • | • | • | 4.6 | 0.1 | 0.5 | 0.7 | 0.6 | 0.5 | 0.7 |
| Cost of Goods to Cash Flow 43 | 0.0 | • | • | • | • | • | • | • | 0.0 | 0.0 | 0.0 | 0.0 | 0.0 |
| Cash Flow to Total Debt 44 | 0.0 | • | • | • | • | • | 1.7 | 0.2 | 0.0 | 0.0 | 0.0 | 0.0 | 0.0 |
| **Selected Financial Factors (in Percentages)** | | | | | | | | | | | | | |
| Debt Ratio 45 | 86.9 | • | • | • | • | • | 6.4 | 36.2 | 84.7 | 88.3 | 89.3 | 89.5 | 86.8 |
| Return on Total Assets 46 | 4.7 | • | • | • | • | • | 43.6 | 5.9 | 4.3 | 4.5 | 4.6 | 4.7 | 4.7 |
| Return on Equity Before Income Taxes 47 | 6.9 | • | • | • | • | • | 16.4 | 6.9 | 7.8 | 9.8 | 11.4 | 12.3 | 6.7 |
| Return on Equity After Income Taxes 48 | 4.6 | • | • | • | • | • | 13.1 | 6.7 | 6.3 | 7.8 | 8.8 | 9.0 | 4.4 |
| Profit Margin (Before Income Tax) 49 | 57.3 | 84.1 | • | • | • | • | 31.2 | 1059.6 | 92.6 | 74.3 | 77.5 | 98.6 | 56.0 |
| Profit Margin (After Income Tax) 50 | 38.1 | 57.9 | • | • | • | • | 24.9 | 1042.0 | 74.9 | 58.8 | 59.4 | 71.7 | 36.9 |

**Table I**

Corporations with and without Net Income

# OFFICES OF OTHER HOLDING COMPANIES

MONEY AMOUNTS AND SIZE OF ASSETS IN THOUSANDS OF DOLLARS

| Item Description for Accounting Period 7/00 Through 6/01 | | Total | Zero Assets | Under 100 | 100 to 250 | 251 to 500 | 501 to 1,000 | 1,001 to 5,000 | 5,001 to 10,000 | 10,001 to 25,000 | 25,001 to 50,000 | 50,001 to 100,000 | 100,001 to 250,000 | 250,001 and over |
|---|---|---|---|---|---|---|---|---|---|---|---|---|---|---|
| Number of Enterprises | 1 | 42293 | 4985 | 17124 | 6429 | 3375 | 3055 | 4844 | 867 | 752 | 335 | 202 | 143 | 184 |
| **Revenues ($ in Thousands)** | | | | | | | | | | | | | | |
| Net Sales | 2 | 3233846 | 187017 | 66370 | 44175 | 282153 | 2702 | 245688 | 119179 | 278451 | 242157 | 119038 | 179414 | 1467501 |
| Interest | 3 | 10132268 | 140879 | 9462 | 12332 | 35629 | 33560 | 125312 | 98449 | 189024 | 198157 | 235711 | 550100 | 8503652 |
| Rents | 4 | 251069 | 17054 | 0 | 1140 | 983 | 1367 | 31431 | 46795 | 19374 | 35599 | 31672 | 12485 | 53169 |
| Royalties | 5 | 107857 | 12662 | 0 | 0 | 191 | 3853 | 1157 | 2890 | 13413 | 1528 | 35898 | 20003 | 16261 |
| Other Portfolio Income | 6 | 8824926 | 550468 | 16661 | 76392 | 150217 | 149946 | 470953 | 254959 | 483439 | 237731 | 569524 | 1013833 | 4850806 |
| Other Receipts | 7 | 4608012 | 249469 | 48687 | -4929 | -20760 | 8063 | 659599 | 240291 | 510350 | 295224 | 259127 | 358425 | 2004467 |
| Total Receipts | 8 | 27157978 | 1157549 | 141180 | 129110 | 448413 | 199491 | 1534140 | 762563 | 1494051 | 1010396 | 1250970 | 2134260 | 16895856 |
| Average Total Receipts | 9 | 642 | 232 | 8 | 20 | 133 | 65 | 317 | 880 | 1987 | 3016 | 6193 | 14925 | 91825 |
| **Operating Costs/Operating Income (%)** | | | | | | | | | | | | | | |
| Cost of Operations | 10 | 23.1 | 64.9 | • | • | • | • | 3.6 | 59.5 | 24.2 | 27.9 | 49.9 | 16.5 | 21.9 |
| Salaries and Wages | 11 | 39.4 | 18.3 | 46.0 | 5.1 | 31.0 | 80.9 | 17.7 | 29.6 | 37.6 | 36.0 | 37.3 | 82.9 | 44.5 |
| Taxes Paid | 12 | 14.3 | 17.6 | 25.8 | 13.0 | 5.1 | 309.9 | 24.5 | 15.1 | 15.3 | 9.9 | 33.3 | 28.4 | 10.2 |
| Interest Paid | 13 | 198.3 | 124.6 | 20.0 | 51.9 | 11.4 | 846.3 | 62.1 | 62.9 | 61.5 | 84.3 | 202.2 | 260.4 | 325.6 |
| Depreciation | 14 | 6.7 | 6.4 | 4.9 | 1.3 | 0.4 | 143.8 | 5.0 | 4.7 | 6.1 | 9.6 | 23.0 | 6.1 | 6.7 |
| Amortization and Depletion | 15 | 4.1 | 2.9 | 1.1 | 0.3 | 0.1 | 32.2 | 2.3 | 3.0 | 5.2 | 3.4 | 11.6 | 8.5 | 4.5 |
| Pensions and Other Deferred Comp. | 16 | 3.3 | 0.4 | 2.2 | • | 7.6 | 28.9 | 15.5 | 1.2 | 1.4 | 1.4 | 4.5 | 1.6 | 1.9 |
| Employee Benefits | 17 | 5.0 | 1.5 | 4.4 | 4.3 | 0.9 | 57.4 | 3.1 | 17.6 | 1.9 | 1.9 | 6.1 | 8.2 | 6.1 |
| Advertising | 18 | 1.5 | 1.7 | • | • | 0.2 | 0.5 | 0.8 | 0.8 | 1.6 | 2.0 | 8.9 | 5.1 | 1.0 |
| Other Expenses | 19 | 185.5 | 534.7 | 140.6 | 128.3 | 57.5 | 3253.9 | 204.5 | 206.2 | 143.4 | 189.4 | 323.8 | 299.7 | 141.0 |
| Officers' Compensation | 20 | 18.5 | 3.7 | 41.9 | 23.7 | 59.7 | 372.1 | 27.8 | 27.8 | 13.0 | 22.7 | 17.2 | 27.2 | 7.7 |
| Operating Margin | 21 | • | • | • | • | • | • | • | • | • | • | • | • | • |
| Operating Margin Before Officers' Comp. | 22 | • | • | • | • | • | • | • | • | • | • | • | • | • |

## Selected Average Balance Sheet ($ in Thousands)

| | | | | | | | | | | | | | |
|---|---|---|---|---|---|---|---|---|---|---|---|---|---|
| Net Receivables 23 | 429 | 0 | 1 | 5 | 4 | 14 | 74 | 211 | 708 | 2052 | 4751 | 8696 | 76343 |
| Inventories 24 | 7 | 0 | 0 | 0 | 0 | 1 | 4 | 1 | 28 | 141 | 190 | 435 | 580 |
| Net Property, Plant and Equipment 25 | 106 | 0 | 1 | 5 | 4 | 55 | 125 | 178 | 468 | 1792 | 2354 | 2673 | 9078 |
| Total Assets 26 | 8967 | 0 | 34 | 165 | 369 | 702 | 2196 | 7009 | 15570 | 35083 | 69377 | 158283 | 1616277 |
| Notes and Loans Payable 27 | 1557 | 0 | 38 | 47 | 137 | 225 | 548 | 1737 | 3268 | 9038 | 17169 | 31893 | 250303 |
| All Other Liabilities 28 | 1322 | 0 | 2 | 12 | 19 | 19 | 224 | 579 | 1699 | 4103 | 7363 | 25200 | 251949 |
| Net Worth 29 | 6089 | 0 | -5 | 107 | 212 | 458 | 1424 | 4693 | 10603 | 21941 | 44845 | 101191 | 1114026 |

## Selected Financial Ratios (Times to 1)

| | | | | | | | | | | | | | |
|---|---|---|---|---|---|---|---|---|---|---|---|---|---|
| Current Ratio 30 | 1.3 | • | 8.7 | 4.5 | 2.0 | 3.0 | 2.0 | 2.1 | 2.0 | 2.7 | 1.5 | 1.4 | 1.1 |
| Quick Ratio 31 | 0.6 | • | 7.0 | 3.6 | 1.2 | 2.2 | 1.2 | 1.2 | 1.3 | 1.8 | 1.1 | 0.9 | 0.5 |
| Net Sales to Working Capital 32 | 0.2 | • | 0.3 | 0.2 | 2.2 | 0.0 | 0.2 | 0.2 | 0.2 | 0.1 | 0.1 | 0.2 | 0.2 |
| Coverage Ratio 33 | 2.9 | • | • | 2.0 | • | 3.4 | 5.0 | 4.7 | 4.6 | 1.3 | 2.6 | 2.7 | 3.1 |
| Total Asset Turnover 34 | 0.0 | • | 0.1 | 0.0 | 0.2 | 0.0 | 0.0 | 0.0 | 0.0 | 0.0 | 0.0 | 0.0 | 0.0 |
| Inventory Turnover 35 | 2.5 | • | • | • | • | • | 0.5 | 62.3 | 3.2 | 1.4 | 1.5 | 0.5 | 3.0 |
| Receivables Turnover 36 | 0.2 | • | 2.3 | 1.6 | 6.6 | 0.0 | 0.7 | 0.7 | 0.5 | 0.4 | 0.1 | 0.2 | 0.1 |
| Total Liabilities to Net Worth 37 | 0.5 | • | • | 0.5 | 0.7 | 0.5 | 0.5 | 0.5 | 0.5 | 0.6 | 0.5 | 0.6 | 0.5 |
| Current Assets to Working Capital 38 | 4.8 | • | 1.1 | 1.3 | 2.0 | 1.5 | 2.0 | 1.9 | 2.0 | 1.6 | 2.8 | 3.6 | 8.2 |
| Current Liabilities to Working Capital 39 | 3.8 | • | 0.1 | 0.3 | 1.0 | 0.5 | 1.0 | 0.9 | 1.0 | 0.6 | 1.8 | 2.6 | 7.2 |
| Working Capital to Net Sales 40 | 4.7 | • | 4.0 | 5.7 | 0.5 | 172.3 | 5.9 | 4.9 | 4.7 | 7.5 | 8.9 | 6.4 | 4.5 |
| Inventory to Working Capital 41 | 0.0 | • | • | • | • | 0.0 | 0.0 | • | 0.0 | 0.0 | 0.1 | 0.1 | 0.0 |
| Total Receipts to Cash Flow 42 | 0.3 | 4.4 | 5.1 | 2.2 | • | 0.1 | 0.3 | 0.4 | 0.5 | 0.7 | 0.3 | 0.4 | 0.2 |
| Cost of Goods to Cash Flow 43 | 0.1 | 2.8 | • | • | • | • | 0.0 | 0.2 | 0.1 | 0.2 | 0.2 | 0.1 | 0.0 |
| Cash Flow to Total Debt 44 | 0.1 | • | 0.0 | 0.1 | • | 0.0 | 0.2 | 0.2 | 0.2 | 0.1 | 0.1 | 0.1 | 0.1 |

## Selected Financial Factors (in Percentages)

| | | | | | | | | | | | | | |
|---|---|---|---|---|---|---|---|---|---|---|---|---|---|
| Debt Ratio 45 | 32.1 | • | 115.6 | 35.3 | 42.5 | 34.7 | 35.2 | 33.0 | 31.9 | 37.5 | 35.4 | 36.1 | 31.1 |
| Return on Total Assets 46 | 4.9 | • | • | 4.4 | • | 3.7 | 7.2 | 5.8 | 6.7 | 2.2 | 4.5 | 5.6 | 4.9 |
| Return on Equity Before Income Taxes 47 | 4.8 | • | 54.5 | 3.5 | • | 4.0 | 8.9 | 6.8 | 7.7 | 0.8 | 4.2 | 5.6 | 4.8 |
| Return on Equity After Income Taxes 48 | 3.1 | • | 65.2 | 2.7 | • | 2.1 | 7.5 | 4.8 | 5.9 | • | 2.7 | 3.1 | 3.2 |
| Profit Margin (Before Income Tax) 49 | 379.7 | • | • | 53.6 | • | 2062.5 | 249.0 | 233.4 | 220.6 | 23.8 | 322.5 | 451.5 | 670.0 |
| Profit Margin (After Income Tax) 50 | 246.1 | • | • | 41.7 | • | 1097.2 | 211.6 | 165.1 | 169.6 | • | 204.9 | 253.9 | 450.6 |

## Table II

Corporations with Net Income

# OFFICES OF OTHER HOLDING COMPANIES

MONEY AMOUNTS AND SIZE OF ASSETS IN THOUSANDS OF DOLLARS

| Item Description for Accounting Period 7/00 Through 6/01 | | Total | Zero Assets | Under 100 | 100 to 250 | 251 to 500 | 501 to 1,000 | 1,001 to 5,000 | 5,001 to 10,000 | 10,001 to 25,000 | 25,001 to 50,000 | 50,001 to 100,000 | 100,001 to 250,000 | 250,001 and over |
|---|---|---|---|---|---|---|---|---|---|---|---|---|---|---|
| Number of Enterprises | 1 | 16549 | 1446 | 4881 | 3004 | 1776 | 1674 | 2476 | 434 | 369 | 163 | 101 | 91 | 135 |
| **Revenues ($ in Thousands)** | | | | | | | | | | | | | | |
| Net Sales | 2 | 2564337 | 110700 | 2326 | 41882 | 263063 | 2702 | 234157 | 65822 | 225748 | 197408 | 90190 | 105945 | 1224395 |
| Interest | 3 | 8665352 | 59453 | 2342 | 9298 | 30405 | 27234 | 81535 | 60046 | 130714 | 116649 | 142717 | 424078 | 7580881 |
| Rents | 4 | 177923 | 6742 | 0 | 1140 | 983 | 1305 | 14825 | 40640 | 13623 | 19716 | 21796 | 12485 | 44668 |
| Royalties | 5 | 95177 | 11408 | 0 | 0 | 191 | 3853 | 1085 | 2890 | 13376 | 546 | 35858 | 10360 | 15610 |
| Other Portfolio Income | 6 | 8180185 | 283364 | 14501 | 69900 | 139607 | 145680 | 449111 | 247026 | 417451 | 205976 | 457764 | 989044 | 4760764 |
| Other Receipts | 7 | 5121619 | 464821 | 58666 | 38002 | 28239 | 47591 | 705032 | 269959 | 547868 | 257459 | 388048 | 406634 | 1909294 |
| Total Receipts | 8 | 24804593 | 936488 | 77835 | 160222 | 462488 | 228365 | 1485745 | 686383 | 1348780 | 797754 | 1136373 | 1948546 | 15535612 |
| Average Total Receipts | 9 | 1499 | 648 | 16 | 53 | 260 | 136 | 600 | 1582 | 3655 | 4894 | 11251 | 21413 | 115079 |
| **Operating Costs/Operating Income (%)** | | | | | | | | | | | | | | |
| Cost of Operations | 10 | 25.0 | 77.3 | • | • | • | • | 2.4 | 66.7 | 24.3 | 29.9 | 63.4 | 28.0 | 25.0 |
| Salaries and Wages | 11 | 32.3 | 4.8 | • | 5.4 | 24.9 | 16.5 | 13.2 | 14.3 | 31.3 | 22.1 | 23.2 | 73.6 | 41.1 |
| Taxes Paid | 12 | 14.2 | 22.1 | 112.5 | 9.4 | 4.0 | 234.3 | 13.8 | 21.4 | 14.9 | 9.2 | 35.5 | 44.9 | 11.3 |
| Interest Paid | 13 | 175.5 | 40.2 | 35.3 | 52.5 | 2.0 | 341.1 | 19.6 | 41.1 | 37.8 | 43.7 | 110.6 | 256.7 | 310.6 |
| Depreciation | 14 | 5.6 | 5.3 | 0.6 | 1.2 | 0.1 | 41.6 | 3.0 | 3.3 | 4.9 | 4.2 | 13.1 | 7.8 | 7.0 |
| Amortization and Depletion | 15 | 3.2 | 2.9 | 0.0 | 0.2 | 0.1 | 31.3 | 1.7 | 1.9 | 3.9 | 1.2 | 3.9 | 4.1 | 4.3 |
| Pensions and Other Deferred Comp. | 16 | 1.9 | 0.2 | • | • | 6.1 | 28.9 | 3.0 | 1.6 | 1.4 | 1.3 | 5.6 | 2.1 | 0.9 |
| Employee Benefits | 17 | 4.8 | 0.7 | 86.8 | 1.1 | 0.0 | 48.2 | 2.4 | 31.4 | 1.5 | 0.8 | 5.2 | 5.7 | 6.3 |
| Advertising | 18 | 0.8 | 0.3 | • | • | 0.0 | 0.5 | 0.3 | 0.2 | 1.2 | 1.1 | 0.0 | 8.5 | 0.5 |
| Other Expenses | 19 | 98.7 | 91.2 | 329.8 | 53.3 | 37.0 | 809.9 | 117.5 | 128.4 | 80.8 | 47.0 | 140.5 | 191.2 | 107.4 |
| Officers' Compensation | 20 | 17.5 | 0.5 | • | 21.1 | 56.3 | 283.3 | 25.1 | 34.9 | 10.8 | 18.8 | 12.6 | 37.7 | 7.3 |
| Operating Margin | 21 | • | • | • | • | • | • | • | • | • | • | • | • | • |
| Operating Margin Before Officers' Comp. | 22 | • | • | • | • | 25.8 | • | • | • | • | • | • | • | • |

**Selected Average Balance Sheet ($ in Thousands)**

| | | | | | | | | | | | | | |
|---|---|---|---|---|---|---|---|---|---|---|---|---|---|
| Net Receivables 23 | 796 | 0 | 0 | 9 | 4 | 13 | 99 | 221 | 819 | 1832 | 4906 | 7067 | 81702 |
| Inventories 24 | 11 | 0 | 0 | 0 | 0 | 0 | 1 | 3 | 43 | 282 | 46 | 545 | 417 |
| Net Property, Plant and Equipment 25 | 107 | 0 | 3 | 4 | 5 | 22 | 71 | 199 | 519 | 1853 | 1964 | 1772 | 4303 |
| Total Assets 26 | 16440 | 0 | 38 | 178 | 357 | 728 | 2211 | 6887 | 15698 | 34886 | 69887 | 157264 | 1690176 |
| Notes and Loans Payable 27 | 1989 | 0 | 10 | 54 | 44 | 134 | 329 | 728 | 2713 | 8092 | 12063 | 28094 | 186528 |
| All Other Liabilities 28 | 2771 | 0 | 1 | 6 | 16 | 16 | 210 | 421 | 1555 | 3237 | 6540 | 21815 | 306145 |
| Net Worth 29 | 11679 | 0 | 27 | 118 | 297 | 578 | 1672 | 5738 | 11431 | 23557 | 51284 | 107355 | 1197503 |

**Selected Financial Ratios (Times to 1)**

| | | | | | | | | | | | | | |
|---|---|---|---|---|---|---|---|---|---|---|---|---|---|
| Current Ratio 30 | 1.1 | • | 51.5 | 2.9 | 19.9 | 3.6 | 3.9 | 3.0 | 2.4 | 3.1 | 2.2 | 1.5 | 1.0 |
| Quick Ratio 31 | 0.5 | • | 42.9 | 2.2 | 11.3 | 2.4 | 2.4 | 1.8 | 1.7 | 2.0 | 1.7 | 0.9 | 0.4 |
| Net Sales to Working Capital 32 | 0.5 | • | 0.0 | 0.4 | 1.6 | 0.0 | 0.2 | 0.2 | 0.3 | 0.2 | 0.1 | 0.1 | • |
| Coverage Ratio 33 | 4.6 | 16.0 | 79.7 | 5.5 | 22.9 | 20.1 | 22.8 | 19.2 | 11.2 | 6.1 | 8.6 | 5.7 | 3.7 |
| Total Asset Turnover 34 | 0.0 | • | 0.0 | 0.1 | 0.4 | 0.0 | 0.0 | 0.0 | 0.0 | 0.0 | 0.0 | 0.0 | 0.0 |
| Inventory Turnover 35 | 3.6 | • | • | • | • | • | 1.5 | 38.6 | 3.4 | 1.3 | 12.2 | 0.6 | 5.4 |
| Receivables Turnover 36 | 0.2 | • | 5.6 | 1.7 | 14.4 | 0.2 | 1.3 | 0.6 | 0.7 | 0.7 | 0.2 | 0.2 | 0.1 |
| Total Liabilities to Net Worth 37 | 0.4 | • | 0.4 | 0.5 | 0.2 | 0.3 | 0.3 | 0.2 | 0.4 | 0.5 | 0.4 | 0.5 | 0.4 |
| Current Assets to Working Capital 38 | 10.7 | • | 1.0 | 1.5 | 1.1 | 1.4 | 1.3 | 1.5 | 1.7 | 1.5 | 1.9 | 2.9 | • |
| Current Liabilities to Working Capital 39 | 9.7 | • | 0.0 | 0.5 | 0.1 | 0.4 | 0.3 | 0.5 | 0.7 | 0.5 | 0.9 | 1.9 | • |
| Working Capital to Net Sales 40 | 1.9 | • | 42.5 | 2.6 | 0.6 | 121.6 | 5.2 | 6.1 | 3.8 | 5.1 | 10.4 | 8.7 | • |
| Inventory to Working Capital 41 | 0.0 | • | • | • | • | • | 0.0 | • | 0.0 | 0.0 | 0.0 | 0.1 | • |
| Total Receipts to Cash Flow 42 | 0.2 | 0.2 | 0.0 | 0.7 | 2.4 | 0.0 | 0.2 | 0.2 | 0.3 | 0.5 | 0.1 | 0.2 | 0.1 |
| Cost of Goods to Cash Flow 43 | 0.0 | 0.2 | • | • | • | • | 0.0 | 0.1 | 0.1 | 0.2 | 0.1 | 0.1 | 0.0 |
| Cash Flow to Total Debt 44 | 0.2 | • | 1.2 | 0.3 | 1.0 | 0.4 | 0.8 | 0.7 | 0.4 | 0.2 | 0.3 | 0.1 | 0.1 |

**Selected Financial Factors (in Percentages)**

| | | | | | | | | | | | | | |
|---|---|---|---|---|---|---|---|---|---|---|---|---|---|
| Debt Ratio 45 | 29.0 | • | 29.3 | 33.9 | 16.8 | 20.6 | 24.4 | 16.7 | 27.2 | 32.5 | 26.6 | 31.7 | 29.1 |
| Return on Total Assets 46 | 7.7 | • | 35.6 | 22.8 | 18.9 | 15.2 | 19.1 | 17.3 | 16.5 | 9.3 | 12.1 | 10.7 | 6.2 |
| Return on Equity Before Income Taxes 47 | 8.5 | • | 49.7 | 28.3 | 21.7 | 18.2 | 24.2 | 19.7 | 20.6 | 11.5 | 14.6 | 12.9 | 6.5 |
| Return on Equity After Income Taxes 48 | 6.3 | • | 42.1 | 26.8 | 20.1 | 15.5 | 22.0 | 16.7 | 17.3 | 9.1 | 11.9 | 9.3 | 4.5 |
| Profit Margin (Before Income Tax) 49 | 639.3 | 603.6 | 2778.5 | 238.4 | 43.5 | 6530.5 | 427.5 | 745.5 | 385.3 | 223.5 | 838.8 | 1193.7 | 853.2 |
| Profit Margin (After Income Tax) 50 | 471.3 | 471.3 | 2356.8 | 225.8 | 40.3 | 5565.2 | 388.5 | 631.7 | 323.0 | 177.8 | 683.6 | 859.3 | 590.2 |

# Table I

Corporations with and without Net Income



## EMPLOYMENT SERVICES

MONEY AMOUNTS AND SIZE OF ASSETS IN THOUSANDS OF DOLLARS

| Item Description for Accounting Period 7/00 Through 6/01 | | Total | Zero Assets | Under 100 | 100 to 250 | 251 to 500 | 501 to 1,000 | 1,001 to 5,000 | 5,001 to 10,000 | 10,001 to 25,000 | 25,001 to 50,000 | 50,001 to 100,000 | 100,001 to 250,000 | 250,001 and over |
|---|---|---|---|---|---|---|---|---|---|---|---|---|---|---|
| Number of Enterprises | 1 | 22027 | 1313 | 13738 | 2776 | 2207 | 839 | 942 | 77 | 60 | 19 | 16 | 22 | 18 |
| **Revenues ($ in Thousands)** | | | | | | | | | | | | | | |
| Net Sales | 2 | 97881515 | 1537329 | 6494785 | 5164395 | 7827078 | 5048832 | 9112184 | 7105627 | 6224880 | 2857649 | 4584410 | 11843029 | 30081317 |
| Interest | 3 | 379177 | 18393 | 1702 | 2439 | 3777 | 1443 | 14020 | 1863 | 4936 | 3647 | 11441 | 55161 | 260353 |
| Rents | 4 | 11099 | 1 | 1260 | 0 | 0 | 10 | 265 | 153 | 85 | 364 | 0 | 0 | 8961 |
| Royalties | 5 | 317374 | 0 | 0 | 0 | 0 | 0 | 0 | 301 | 0 | 0 | 3861 | 40009 | 273203 |
| Other Portfolio Income | 6 | 168861 | 68960 | 370 | 5426 | 629 | 19212 | 9185 | 12932 | 1946 | 1146 | 973 | 14660 | 33423 |
| Other Receipts | 7 | 549201 | 10702 | 12042 | 3485 | 59221 | 19077 | 62861 | 6556 | 10971 | 5124 | 5635 | -13006 | 366535 |
| Total Receipts | 8 | 99307227 | 1635385 | 6510159 | 5175745 | 7890705 | 5088574 | 9198515 | 7127432 | 6242818 | 2867930 | 4606320 | 11939853 | 31023792 |
| Average Total Receipts | 9 | 4508 | 1246 | 474 | 1864 | 3575 | 6065 | 9765 | 92564 | 104047 | 150944 | 287895 | 542721 | 1723544 |
| **Operating Costs/Operating Income (%)** | | | | | | | | | | | | | | |
| Cost of Operations | 10 | 49.9 | 28.4 | 31.8 | 14.8 | 49.2 | 19.3 | 54.3 | 83.8 | 65.2 | 29.5 | 55.5 | 52.2 | 54.0 |
| Salaries and Wages | 11 | 26.0 | 45.6 | 27.7 | 51.5 | 29.5 | 40.5 | 23.0 | 6.1 | 16.4 | 51.3 | 26.2 | 28.5 | 21.0 |
| Taxes Paid | 12 | 5.9 | 6.8 | 5.3 | 5.8 | 4.3 | 11.6 | 5.7 | 4.5 | 5.9 | 6.7 | 5.9 | 6.1 | 5.7 |
| Interest Paid | 13 | 1.0 | 2.6 | 0.4 | 0.4 | 0.4 | 0.3 | 0.5 | 0.2 | 0.4 | 0.7 | 0.7 | 0.8 | 2.1 |
| Depreciation | 14 | 0.6 | 2.9 | 0.4 | 0.5 | 0.3 | 0.3 | 0.3 | 0.2 | 0.4 | 0.5 | 0.4 | 0.5 | 0.8 |
| Amortization and Depletion | 15 | 0.4 | 0.4 | 0.1 | 0.0 | 0.0 | 0.0 | 0.1 | 0.0 | 0.1 | 0.4 | 0.4 | 0.5 | 0.9 |
| Pensions and Other Deferred Comp. | 16 | 0.2 | 0.1 | 1.4 | 0.2 | 0.4 | 0.1 | 0.2 | 0.0 | 0.1 | 0.0 | 0.2 | 0.1 | 0.1 |
| Employee Benefits | 17 | 1.9 | 2.4 | 2.0 | 0.9 | 1.2 | 0.9 | 2.2 | 1.2 | 2.5 | 1.1 | 4.4 | 4.2 | 1.1 |
| Advertising | 18 | 0.8 | 0.7 | 1.3 | 0.7 | 0.8 | 1.3 | 0.9 | 0.8 | 0.6 | 0.6 | 0.8 | 1.0 | 0.7 |
| Other Expenses | 19 | 10.9 | 13.2 | 18.3 | 13.1 | 7.0 | 20.7 | 9.5 | 3.1 | 6.6 | 10.3 | 5.9 | 7.2 | 13.5 |
| Officers' Compensation | 20 | 2.3 | 0.4 | 11.2 | 8.8 | 5.7 | 2.4 | 2.2 | 0.7 | 1.0 | 0.4 | 0.3 | 0.4 | 0.4 |
| Operating Margin | 21 | 0.1 | • | 0.1 | 3.2 | 1.2 | 2.5 | 1.0 | • | 0.7 | • | • | • | • |
| Operating Margin Before Officers' Comp. | 22 | 2.4 | • | 11.3 | 11.9 | 7.0 | 4.9 | 3.3 | 0.1 | 1.8 | • | • | • | 0.1 |

## Selected Average Balance Sheet ($ in Thousands)

| | | | | | | | | | | | | | |
|---|---|---|---|---|---|---|---|---|---|---|---|---|---|
| Net Receivables **23** | 341 | 0 | 5 | 44 | 121 | 351 | 834 | 3710 | 7296 | 10417 | 22826 | 47911 | 201570 |
| Inventories **24** | 4 | 0 | 0 | 0 | 0 | 0 | 1 | 1 | 49 | 5 | 210 | 155 | 4286 |
| Net Property, Plant and Equipment **25** | 87 | 0 | 5 | 23 | 54 | 70 | 114 | 680 | 1473 | 2512 | 4123 | 11561 | 55032 |
| Total Assets **26** | 1226 | 0 | 29 | 148 | 395 | 741 | 2000 | 6895 | 16085 | 32239 | 71552 | 165876 | 884346 |
| Notes and Loans Payable **27** | 318 | 0 | 27 | 62 | 166 | 154 | 642 | 1602 | 4705 | 10156 | 16663 | 46636 | 193021 |
| All Other Liabilities **28** | 410 | 0 | 12 | 54 | 155 | 299 | 679 | 4360 | 7293 | 11516 | 27094 | 47664 | 278100 |
| Net Worth **29** | 499 | 0 | -9 | 32 | 74 | 288 | 679 | 933 | 4087 | 10567 | 27795 | 71576 | 413225 |

## Selected Financial Ratios (Times to 1)

| | | | | | | | | | | | | | |
|---|---|---|---|---|---|---|---|---|---|---|---|---|---|
| Current Ratio **30** | 1.3 | • | 0.9 | 1.7 | 1.0 | 1.7 | 2.0 | 1.0 | 1.3 | 1.3 | 1.4 | 1.7 | 1.1 |
| Quick Ratio **31** | 1.0 | • | 0.7 | 1.5 | 0.8 | 1.5 | 1.7 | 0.9 | 1.1 | 1.0 | 1.1 | 1.3 | 0.9 |
| Net Sales to Working Capital **32** | 34.9 | • | • | 44.6 | • | 25.4 | 12.5 | • | 44.1 | 44.3 | 28.4 | 14.6 | 46.3 |
| Coverage Ratio **33** | 2.6 | 2.1 | 2.0 | 8.9 | 6.6 | 11.1 | 4.9 | • | 3.4 | • | 0.8 | 0.2 | 2.4 |
| Total Asset Turnover **34** | 3.6 | • | 16.1 | 12.6 | 9.0 | 8.1 | 4.8 | 13.4 | 6.5 | 4.7 | 4.0 | 3.2 | 1.9 |
| Inventory Turnover **35** | 556.5 | • | • | • | • | 177063.6 | 5846.8 | 141807.5 | 1381.1 | 9219.0 | 757.7 | 1806.1 | 210.7 |
| Receivables Turnover **36** | 12.8 | • | 112.5 | 42.0 | 38.1 | 17.4 | 11.5 | 27.8 | 14.5 | 15.1 | 11.9 | 13.2 | 7.5 |
| Total Liabilities to Net Worth **37** | 1.5 | • | • | 3.7 | 4.3 | 1.6 | 1.9 | 6.4 | 2.9 | 2.1 | 1.6 | 1.3 | 1.1 |
| Current Assets to Working Capital **38** | 4.4 | • | • | 2.5 | • | 2.5 | 2.0 | • | 4.8 | 5.0 | 3.3 | 2.4 | 8.4 |
| Current Liabilities to Working Capital **39** | 3.4 | • | • | 1.5 | • | 1.5 | 1.0 | • | 3.8 | 4.0 | 2.3 | 1.4 | 7.4 |
| Working Capital to Net Sales **40** | 0.0 | • | • | 0.0 | • | 0.0 | 0.1 | • | 0.0 | 0.0 | 0.0 | 0.1 | 0.0 |
| Inventory to Working Capital **41** | 0.0 | • | • | • | • | 0.0 | 0.0 | • | 0.0 | 0.0 | 0.0 | 0.0 | 0.1 |
| Total Receipts to Cash Flow **42** | 9.2 | 9.0 | 6.2 | 6.9 | 12.8 | 4.5 | 9.9 | 44.4 | 15.0 | 12.1 | 21.7 | 22.5 | 6.8 |
| Cost of Goods to Cash Flow **43** | 4.6 | 2.6 | 2.0 | 1.0 | 6.3 | 0.9 | 5.4 | 37.2 | 9.8 | 3.6 | 12.0 | 11.7 | 3.7 |
| Cash Flow to Total Debt **44** | 0.7 | • | 2.0 | 2.3 | 0.9 | 3.0 | 0.7 | 0.3 | 0.6 | 0.6 | 0.3 | 0.3 | 0.5 |

## Selected Financial Factors (in Percentages)

| | | | | | | | | | | | | | |
|---|---|---|---|---|---|---|---|---|---|---|---|---|---|
| Debt Ratio **45** | 59.3 | • | 131.1 | 78.5 | 81.2 | 61.1 | 66.1 | 86.5 | 74.6 | 67.2 | 61.2 | 56.8 | 53.3 |
| Return on Total Assets **46** | 9.5 | • | 11.8 | 47.9 | 21.7 | 29.2 | 12.1 | • | 9.4 | • | 2.3 | 0.6 | 9.5 |
| Return on Equity Before Income Taxes **47** | 14.3 | • | • | 197.9 | 98.2 | 68.2 | 28.3 | • | 26.1 | • | • | • | 11.9 |
| Return on Equity After Income Taxes **48** | 10.4 | • | • | 197.2 | 94.2 | 67.1 | 26.0 | • | 17.3 | • | • | • | 7.8 |
| Profit Margin (Before Income Tax) **49** | 1.6 | 2.9 | 0.4 | 3.4 | 2.1 | 3.3 | 2.0 | • | 1.0 | • | • | • | 2.9 |
| Profit Margin (After Income Tax) **50** | 1.2 | 2.3 | 0.3 | 3.4 | 2.0 | 3.2 | 1.8 | • | 0.7 | • | • | • | 1.9 |

# EMPLOYMENT SERVICES

MONEY AMOUNTS AND SIZE OF ASSETS IN THOUSANDS OF DOLLARS

| Item Description for Accounting Period 7/00 Through 6/01 | | Total | Zero Assets | Under 100 | 100 to 250 | 251 to 500 | 501 to 1,000 | 1,001 to 5,000 | 5,001 to 10,000 | 10,001 to 25,000 | 25,001 to 50,000 | 50,001 to 100,000 | 100,001 to 250,000 | 250,001 and over |
|---|---|---|---|---|---|---|---|---|---|---|---|---|---|---|
| Number of Enterprises | 1 | 13840 | 674 | 8838 | 1274 | 1521 | 716 | 685 | 44 | 43 | 7 | 10 | 14 | 14 |
| **Revenues ($ in Thousands)** | | | | | | | | | | | | | | |
| Net Sales | 2 | 72099962 | 1236906 | 4342178 | 3036460 | 6162145 | 4955267 | 7594492 | 3108262 | 4282284 | 1387304 | 3771058 | 8579725 | 23643879 |
| Interest | 3 | 229116 | 18099 | 334 | 2128 | 3417 | 1443 | 12544 | 688 | 3401 | 1423 | 8967 | 16997 | 159676 |
| Rents | 4 | 7521 | 1 | 0 | 0 | 0 | 0 | 265 | 153 | 85 | 361 | 0 | 0 | 6657 |
| Royalties | 5 | 303171 | 0 | 0 | 0 | 0 | 0 | 0 | 301 | 0 | 0 | 3861 | 38853 | 260155 |
| Other Portfolio Income | 6 | 150058 | 68960 | 370 | 1299 | 629 | 19212 | 8343 | 12932 | 205 | 1142 | 973 | 2958 | 33036 |
| Other Receipts | 7 | 384902 | 10097 | 12032 | 1711 | 24281 | 11137 | 37342 | 4800 | 10097 | 3106 | 6065 | -46261 | 310495 |
| Total Receipts | 8 | 73174730 | 1334063 | 4354914 | 3041598 | 6190472 | 4987059 | 7652986 | 3127136 | 4296072 | 1393336 | 3790924 | 8592272 | 24413898 |
| Average Total Receipts | 9 | 5287 | 1979 | 493 | 2387 | 4070 | 6965 | 11172 | 71071 | 99909 | 199048 | 379092 | 613734 | 1743850 |
| **Operating Costs/Operating Income (%)** | | | | | | | | | | | | | | |
| Cost of Operations | 10 | 48.9 | 20.6 | 28.8 | 24.5 | 54.9 | 19.6 | 56.9 | 73.3 | 62.1 | 16.6 | 53.4 | 62.6 | 49.8 |
| Salaries and Wages | 11 | 24.6 | 53.1 | 23.8 | 32.4 | 24.1 | 39.8 | 19.7 | 11.1 | 16.6 | 59.9 | 28.8 | 17.2 | 24.1 |
| Taxes Paid | 12 | 6.0 | 7.0 | 5.0 | 5.0 | 3.5 | 11.6 | 5.3 | 7.2 | 6.0 | 6.5 | 6.4 | 5.7 | 5.8 |
| Interest Paid | 13 | 0.7 | 2.2 | 0.4 | 0.4 | 0.3 | 0.3 | 0.5 | 0.3 | 0.4 | 0.5 | 0.2 | 0.6 | 1.3 |
| Depreciation | 14 | 0.6 | 3.4 | 0.5 | 0.6 | 0.3 | 0.3 | 0.3 | 0.3 | 0.4 | 0.5 | 0.2 | 0.5 | 0.8 |
| Amortization and Depletion | 15 | 0.3 | 0.1 | 0.0 | 0.0 | 0.0 | 0.0 | 0.1 | 0.0 | 0.2 | 0.3 | 0.2 | 0.4 | 0.6 |
| Pensions and Other Deferred Comp. | 16 | 0.2 | 0.1 | 1.3 | 0.4 | 0.4 | 0.1 | 0.2 | 0.0 | 0.1 | 0.1 | 0.2 | 0.1 | 0.1 |
| Employee Benefits | 17 | 2.0 | 2.3 | 2.8 | 1.3 | 0.6 | 0.8 | 2.1 | 1.6 | 2.9 | 1.7 | 5.1 | 4.2 | 1.1 |
| Advertising | 18 | 0.7 | 0.5 | 1.2 | 1.0 | 0.6 | 1.3 | 0.8 | 0.6 | 0.7 | 0.2 | 0.2 | 0.5 | 0.7 |
| Other Expenses | 19 | 11.2 | 12.3 | 17.7 | 14.2 | 6.8 | 20.6 | 9.0 | 3.1 | 7.4 | 11.3 | 4.6 | 6.0 | 14.1 |
| Officers' Compensation | 20 | 2.6 | 0.4 | 13.5 | 12.7 | 5.6 | 2.4 | 1.9 | 1.1 | 1.3 | 0.3 | 0.2 | 0.4 | 0.5 |
| Operating Margin | 21 | 2.2 | • | 4.9 | 7.6 | 2.8 | 3.1 | 3.2 | 1.2 | 2.0 | 2.2 | 0.4 | 1.7 | 1.1 |
| Operating Margin Before Officers' Comp. | 22 | 4.7 | • | 18.5 | 20.2 | 8.4 | 5.5 | 5.2 | 2.3 | 3.3 | 2.5 | 0.6 | 2.1 | 1.6 |

| | | | | | | | | | | | | | |
|---|---|---|---|---|---|---|---|---|---|---|---|---|---|
| **Selected Average Balance Sheet ($ in Thousands)** | | | | | | | | | | | | | |
| Net Receivables **23** | 415 | 0 | 7 | 34 | 101 | 393 | 828 | 3790 | 8162 | 12771 | 25650 | 60110 | 208725 |
| Inventories **24** | 6 | 0 | 0 | 0 | 0 | 0 | 1 | 0 | 32 | 13 | 142 | 172 | 5510 |
| Net Property, Plant and Equipment **25** | 99 | 0 | 5 | 31 | 37 | 71 | 113 | 814 | 1363 | 2921 | 3202 | 13029 | 55510 |
| Total Assets **26** | 1386 | 0 | 33 | 158 | 392 | 771 | 1965 | 6624 | 16803 | 29732 | 68065 | 169392 | 851910 |
| Notes and Loans Payable **27** | 320 | 0 | 13 | 34 | 158 | 172 | 586 | 2062 | 3850 | 5589 | 13338 | 44105 | 175478 |
| All Other Liabilities **28** | 439 | 0 | 13 | 45 | 170 | 256 | 702 | 2755 | 7111 | 16553 | 27693 | 54781 | 242244 |
| Net Worth **29** | 628 | 0 | 7 | 79 | 64 | 343 | 677 | 1807 | 5842 | 7590 | 27034 | 70506 | 434187 |
| **Selected Financial Ratios (Times to 1)** | | | | | | | | | | | | | |
| Current Ratio **30** | 1.4 | • | 1.4 | 2.2 | 0.9 | 1.9 | 2.3 | 1.2 | 1.5 | 0.9 | 1.6 | 1.8 | 1.2 |
| Quick Ratio **31** | 1.1 | • | 1.2 | 2.1 | 0.8 | 1.8 | 2.0 | 1.0 | 1.3 | 0.8 | 1.2 | 1.4 | 0.9 |
| Net Sales to Working Capital **32** | 28.6 | • | 97.5 | 42.7 | • | 23.5 | 12.0 | 87.6 | 27.0 | • | 26.3 | 14.6 | 33.4 |
| Coverage Ratio **33** | 6.1 | 3.6 | 15.4 | 20.9 | 11.2 | 12.7 | 8.9 | 7.3 | 6.4 | 6.8 | 4.7 | 4.2 | 4.5 |
| Total Asset Turnover **34** | 3.8 | • | 14.9 | 15.1 | 10.3 | 9.0 | 5.6 | 10.7 | 5.9 | 6.7 | 5.5 | 3.6 | 2.0 |
| Inventory Turnover **35** | 424.5 | • | • | • | • | 162262.7 | 6979.4 | 4556766.0 | 1939.2 | 2520.5 | 1415.0 | 2234.9 | 152.6 |
| Receivables Turnover **36** | 12.9 | • | 88.1 | 61.1 | 62.3 | 23.0 | 13.3 | 17.4 | 13.8 | 12.6 | 13.0 | 13.0 | 7.7 |
| Total Liabilities to Net Worth **37** | 1.2 | • | 3.8 | 1.0 | 5.2 | 1.3 | 1.9 | 2.7 | 1.9 | 2.9 | 1.5 | 1.4 | 1.0 |
| Current Assets to Working Capital **38** | 3.7 | • | 3.4 | 1.9 | • | 2.1 | 1.8 | 6.6 | 3.2 | • | 2.7 | 2.3 | 6.5 |
| Current Liabilities to Working Capital **39** | 2.7 | • | 2.4 | 0.9 | • | 1.1 | 0.8 | 5.6 | 2.2 | • | 1.7 | 1.3 | 5.5 |
| Working Capital to Net Sales **40** | 0.0 | • | 0.0 | 0.0 | • | 0.0 | 0.1 | 0.0 | 0.0 | • | 0.0 | 0.1 | 0.0 |
| Inventory to Working Capital **41** | 0.0 | • | • | • | • | 0.0 | 0.0 | • | 0.0 | • | 0.0 | 0.0 | 0.1 |
| Total Receipts to Cash Flow **42** | 7.5 | 7.6 | 4.9 | 5.0 | 11.2 | 4.4 | 8.5 | 26.5 | 11.5 | 7.5 | 20.6 | 14.4 | 6.0 |
| Cost of Goods to Cash Flow **43** | 3.7 | 1.6 | 1.4 | 1.2 | 6.2 | 0.9 | 4.8 | 19.4 | 7.2 | 1.3 | 11.0 | 9.0 | 3.0 |
| Cash Flow to Total Debt **44** | 0.9 | • | 3.9 | 6.0 | 1.1 | 3.7 | 1.0 | 0.6 | 0.8 | 1.2 | 0.4 | 0.4 | 0.7 |
| **Selected Financial Factors (in Percentages)** | | | | | | | | | | | | | |
| Debt Ratio **45** | 54.7 | • | 79.2 | 50.2 | 83.8 | 55.6 | 65.5 | 72.7 | 65.2 | 74.5 | 60.3 | 58.4 | 49.0 |
| Return on Total Assets **46** | 16.6 | • | 83.6 | 122.4 | 37.4 | 35.8 | 25.5 | 22.2 | 16.3 | 20.6 | 6.4 | 8.7 | 11.4 |
| Return on Equity Before Income Taxes **47** | 30.7 | • | 375.6 | 234.2 | 209.7 | 74.2 | 65.6 | 70.2 | 39.5 | 68.9 | 12.7 | 15.9 | 17.4 |
| Return on Equity After Income Taxes **48** | 25.8 | • | 373.7 | 233.6 | 203.0 | 73.1 | 62.3 | 61.9 | 30.9 | 63.6 | 10.4 | 10.5 | 12.5 |
| Profit Margin (Before Income Tax) **49** | 3.7 | 5.8 | 5.2 | 7.7 | 3.3 | 3.7 | 4.0 | 1.8 | 2.3 | 2.6 | 0.9 | 1.8 | 4.5 |
| Profit Margin (After Income Tax) **50** | 3.1 | 5.1 | 5.2 | 7.7 | 3.2 | 3.6 | 3.8 | 1.6 | 1.8 | 2.4 | 0.7 | 1.2 | 3.2 |

## Table I

Corporations with and without Net Income

# Travel Arrangement and Reservation Services

| Item Description for Accounting Period 7/00 Through 6/01 | | Total | Zero Assets | Under 100 | 100 to 250 | 251 to 500 | 501 to 1,000 | 1,001 to 5,000 | 5,001 to 10,000 | 10,001 to 25,000 | 25,001 to 50,000 | 50,001 to 100,000 | 100,001 to 250,000 | 250,001 and over |
|---|---|---|---|---|---|---|---|---|---|---|---|---|---|---|
| | | **Money Amounts and Size of Assets in Thousands of Dollars** | | | | | | | | | | | | |
| Number of Enterprises | 1 | 25903 | 2955 | 17246 | 3506 | 755 | 729 | 471 | 108 | 64 | 24 | 18 | 14 | 14 |
| | | **Revenues ($ in Thousands)** | | | | | | | | | | | | |
| Net Sales | 2 | 35341887 | 765755 | 9081120 | 4519752 | 1519567 | 1698748 | 2579304 | 1320637 | 2833085 | 1676161 | 2391531 | 2714703 | 4241525 |
| Interest | 3 | 224247 | 6960 | 801 | 1832 | 4505 | 1348 | 9743 | 7154 | 13573 | 12660 | 10453 | 30733 | 124485 |
| Rents | 4 | 26488 | 2 | 936 | 0 | 29 | 0 | 3161 | 1526 | 613 | 2022 | 2521 | 1031 | 14647 |
| Royalties | 5 | 39091 | 0 | 0 | 0 | 0 | 0 | 0 | 0 | 0 | 0 | 0 | 21842 | 17248 |
| Other Portfolio Income | 6 | 124724 | 784 | 20048 | 172 | 9641 | 4001 | 1762 | 7899 | 8942 | 6077 | 19263 | 24577 | 21558 |
| Other Receipts | 7 | 1544458 | 757 | 131317 | 30303 | 1125 | 2802 | 196909 | 10154 | 135933 | 67401 | 200796 | 30156 | 736805 |
| Total Receipts | 8 | 37300895 | 774258 | 9234222 | 4552059 | 1534867 | 1706899 | 2790879 | 1347370 | 2992146 | 1764321 | 2624564 | 2823042 | 5156268 |
| Average Total Receipts | 9 | 1440 | 262 | 535 | 1298 | 2033 | 2341 | 5925 | 12476 | 46752 | 73513 | 145809 | 201646 | 368305 |
| | | **Operating Costs/Operating Income (%)** | | | | | | | | | | | | |
| Cost of Operations | 10 | 66.5 | 76.3 | 82.9 | 70.9 | 68.2 | 64.0 | 59.9 | 44.0 | 76.7 | 67.4 | 56.9 | 60.7 | 38.6 |
| Salaries and Wages | 11 | 13.3 | 11.1 | 4.8 | 9.5 | 8.9 | 12.9 | 20.1 | 23.3 | 11.0 | 13.3 | 20.3 | 15.9 | 26.6 |
| Taxes Paid | 12 | 1.4 | 1.5 | 0.8 | 0.9 | 0.9 | 1.4 | 2.0 | 2.7 | 1.4 | 1.6 | 2.4 | 1.6 | 2.1 |
| Interest Paid | 13 | 0.7 | 0.4 | 0.2 | 0.3 | 0.2 | 0.4 | 0.3 | 0.4 | 0.2 | 0.6 | 0.7 | 0.7 | 3.2 |
| Depreciation | 14 | 0.9 | 0.9 | 0.3 | 0.5 | 0.5 | 0.3 | 0.8 | 1.3 | 0.9 | 1.1 | 1.6 | 0.7 | 2.6 |
| Amortization and Depletion | 15 | 0.5 | 2.9 | 0.0 | 0.1 | 0.0 | 0.0 | 0.1 | 0.1 | 0.1 | 0.1 | 0.3 | 0.8 | 2.4 |
| Pensions and Other Deferred Comp. | 16 | 0.2 | 0.0 | 0.1 | 0.2 | 0.1 | 0.1 | 0.2 | 0.2 | 0.3 | 0.4 | 0.5 | 0.1 | 0.3 |
| Employee Benefits | 17 | 0.9 | 0.9 | 0.2 | 0.3 | 0.6 | 0.8 | 1.0 | 1.2 | 0.8 | 1.1 | 2.2 | 1.1 | 2.0 |
| Advertising | 18 | 1.7 | 0.9 | 0.9 | 0.7 | 1.1 | 2.9 | 0.8 | 1.0 | 2.0 | 1.9 | 1.5 | 2.3 | 5.0 |
| Other Expenses | 19 | 16.0 | 16.5 | 8.0 | 10.0 | 19.0 | 11.2 | 19.7 | 20.2 | 11.1 | 15.1 | 21.1 | 17.5 | 36.1 |
| Officers' Compensation | 20 | 2.8 | 0.7 | 4.2 | 4.6 | 3.0 | 3.9 | 4.2 | 4.3 | 1.1 | 1.1 | 1.1 | 0.7 | 0.9 |
| Operating Margin | 21 | • | • | • | 1.9 | • | 2.0 | • | 1.2 | • | • | • | • | • |
| Operating Margin Before Officers' Comp. | 22 | • | • | 1.9 | 6.5 | 0.4 | 5.9 | • | 5.5 | • | • | • | • | • |

| Selected Average Balance Sheet ($ in Thousands) | | | | | | | | | | | | | |
|---|---|---|---|---|---|---|---|---|---|---|---|---|---|
| Net Receivables 23 | 103 | 0 | 2 | 18 | 69 | 65 | 564 | 2146 | 3168 | 5653 | 10037 | 21739 | 82940 |
| Inventories 24 | 8 | 0 | 0 | 5 | 5 | 5 | 6 | 8 | 53 | 867 | 308 | 2797 | 7174 |
| Net Property, Plant and Equipment 25 | 76 | 0 | 6 | 34 | 30 | 113 | 334 | 967 | 1775 | 4816 | 13694 | 10403 | 54314 |
| Total Assets 26 | 776 | 0 | 28 | 154 | 377 | 679 | 2257 | 6847 | 15147 | 37125 | 73586 | 156462 | 794167 |
| Notes and Loans Payable 27 | 91 | 0 | 23 | 58 | 38 | 196 | 564 | 472 | 1284 | 5163 | 9964 | 9537 | 53794 |
| All Other Liabilities 28 | 343 | 0 | 11 | 55 | 173 | 306 | 1294 | 4408 | 9071 | 21402 | 38046 | 95125 | 282819 |
| Net Worth 29 | 342 | 0 | -6 | 42 | 166 | 177 | 399 | 1967 | 4791 | 10560 | 25577 | 51800 | 457554 |
| **Selected Financial Ratios (Times to 1)** | | | | | | | | | | | | | |
| Current Ratio 30 | 1.1 | • | 1.3 | 2.0 | 1.9 | 1.2 | 1.0 | 1.2 | 1.1 | 1.1 | 1.0 | 0.7 | 1.1 |
| Quick Ratio 31 | 0.8 | • | 1.2 | 1.7 | 1.6 | 0.9 | 0.8 | 1.1 | 0.9 | 0.8 | 0.7 | 0.5 | 0.7 |
| Net Sales to Working Capital 32 | 78.8 | • | 146.6 | 28.1 | 13.4 | 37.5 | • | 14.4 | 46.0 | 32.5 | 2014.8 | • | 19.2 |
| Coverage Ratio 33 | 1.7 | • | • | 8.9 | • | 7.1 | • | 8.3 | 1.0 | 3.2 | 2.6 | 2.9 | 1.5 |
| Total Asset Turnover 34 | 1.8 | • | 18.7 | 8.3 | 5.3 | 3.4 | 2.4 | 1.8 | 2.9 | 1.9 | 1.8 | 1.2 | 0.4 |
| Inventory Turnover 35 | 116.2 | • | 2141.6 | 176.7 | 291.4 | 274.2 | 517.0 | 645.3 | 636.2 | 54.3 | 245.4 | 42.1 | 16.3 |
| Receivables Turnover 36 | 14.5 | • | 218.1 | 68.4 | 21.8 | 51.9 | 7.5 | 7.1 | 15.5 | 10.3 | 19.0 | 6.8 | 5.1 |
| Total Liabilities to Net Worth 37 | 1.3 | • | • | 2.7 | 1.3 | 2.8 | 4.7 | 2.5 | 2.2 | 2.5 | 1.9 | 2.0 | 0.7 |
| Current Assets to Working Capital 38 | 16.6 | • | 4.4 | 2.0 | 2.1 | 6.0 | • | 5.8 | 9.7 | 9.7 | 493.8 | • | 12.4 |
| Current Liabilities to Working Capital 39 | 15.6 | • | 3.4 | 1.0 | 1.1 | 5.0 | • | 4.8 | 8.7 | 8.7 | 492.8 | • | 11.4 |
| Working Capital to Net Sales 40 | 0.0 | • | 0.0 | 0.0 | 0.1 | 0.0 | • | 0.1 | 0.0 | 0.0 | 0.0 | • | 0.1 |
| Inventory to Working Capital 41 | 0.5 | • | 0.1 | 0.1 | • | 0.1 | • | 0.0 | 0.0 | 0.3 | 4.7 | • | 0.7 |
| Total Receipts to Cash Flow 42 | 7.2 | 45.8 | 18.8 | 9.3 | 6.3 | 8.6 | 6.2 | 5.1 | 10.6 | 7.0 | 5.4 | 5.8 | 3.0 |
| Cost of Goods to Cash Flow 43 | 4.8 | 34.9 | 15.6 | 6.6 | 4.3 | 5.5 | 3.7 | 2.3 | 8.2 | 4.7 | 3.0 | 3.5 | 1.1 |
| Cash Flow to Total Debt 44 | 0.4 | • | 0.8 | 1.2 | 1.5 | 0.5 | 0.5 | 0.5 | 0.4 | 0.4 | 0.5 | 0.3 | 0.3 |
| **Selected Financial Factors (in Percentages)** | | | | | | | | | | | | | |
| Debt Ratio 45 | 56.0 | • | 120.1 | 72.9 | 55.9 | 73.9 | 82.3 | 71.3 | 68.4 | 71.6 | 65.2 | 66.9 | 42.4 |
| Return on Total Assets 46 | 2.1 | • | • | 24.8 | • | 9.7 | • | 6.5 | 0.5 | 3.7 | 3.5 | 2.6 | 1.8 |
| Return on Equity Before Income Taxes 47 | 1.9 | • | 58.1 | 81.1 | • | 32.1 | • | 19.8 | • | 8.8 | 6.2 | 5.2 | 1.1 |
| Return on Equity After Income Taxes 48 | 0.5 | • | 58.4 | 81.0 | • | 32.1 | • | 13.2 | • | 4.2 | 3.1 | 3.0 | 0.3 |
| Profit Margin (Before Income Tax) 49 | 0.5 | • | • | 2.6 | • | 2.4 | • | 3.2 | • | 1.3 | 1.2 | 1.4 | 1.6 |
| Profit Margin (After Income Tax) 50 | 0.1 | • | • | 2.6 | • | 2.4 | • | 2.1 | • | 0.6 | 0.6 | 0.8 | 0.5 |

## Table II

Corporations with Net Income

# Travel Arrangement and Reservation Services

**Money Amounts and Size of Assets in Thousands of Dollars**

| Item Description for Accounting Period 7/00 Through 6/01 | | Total | Zero Assets | Under 100 | 100 to 250 | 251 to 500 | 501 to 1,000 | 1,001 to 5,000 | 5,001 to 10,000 | 10,001 to 25,000 | 25,001 to 50,000 | 50,001 to 100,000 | 100,001 to 250,000 | 250,001 and over |
|---|---|---|---|---|---|---|---|---|---|---|---|---|---|---|
| Number of Enterprises | 1 | 11830 | 560 | 7221 | 2597 | 466 | 538 | 270 | 84 | 47 | 17 | 12 | 10 | 7 |
| **Revenues ($ in Thousands)** | | | | | | | | | | | | | | |
| Net Sales | 2 | 23550606 | 201461 | 4316151 | 3974015 | 1162954 | 1159229 | 2065324 | 1185346 | 1855781 | 1256828 | 1760781 | 1713952 | 2898784 |
| Interest | 3 | 172275 | 181 | 498 | 1829 | 2675 | 179 | 6917 | 6811 | 10399 | 7567 | 5976 | 22779 | 106466 |
| Rents | 4 | 22099 | 2 | 936 | 0 | 29 | 0 | 3161 | 1478 | 591 | 1079 | 1102 | 1031 | 12690 |
| Royalties | 5 | 20806 | 0 | 0 | 0 | 0 | 0 | 0 | 0 | 0 | 0 | 0 | 20806 | 0 |
| Other Portfolio Income | 6 | 101307 | 784 | 20048 | 172 | 6397 | 4001 | 158 | 7826 | 7609 | 5290 | 15380 | 24514 | 9127 |
| Other Receipts | 7 | 857204 | 651 | 65830 | 17073 | 692 | 2541 | 131485 | 5294 | 117409 | 46841 | 185980 | 25472 | 257936 |
| Total Receipts | 8 | 24724297 | 203079 | 4403463 | 3993089 | 1172747 | 1165950 | 2207045 | 1206755 | 1991789 | 1317605 | 1969219 | 1808554 | 3285003 |
| Average Total Receipts | 9 | 2090 | 363 | 610 | 1538 | 2517 | 2167 | 8174 | 14366 | 42378 | 77506 | 164102 | 180855 | 469286 |
| **Operating Costs/Operating Income (%)** | | | | | | | | | | | | | | |
| Cost of Operations | 10 | 64.7 | 67.7 | 84.4 | 73.8 | 74.0 | 54.7 | 61.4 | 40.7 | 73.7 | 70.1 | 71.3 | 50.0 | 32.1 |
| Salaries and Wages | 11 | 12.9 | 3.9 | 3.0 | 6.6 | 6.3 | 14.7 | 18.0 | 24.3 | 11.9 | 11.2 | 13.6 | 21.3 | 26.3 |
| Taxes Paid | 12 | 1.5 | 0.5 | 0.7 | 1.0 | 0.6 | 1.4 | 2.0 | 2.9 | 1.4 | 1.6 | 1.9 | 2.1 | 2.3 |
| Interest Paid | 13 | 0.7 | 1.3 | 0.1 | 0.4 | 0.1 | 0.6 | 0.3 | 0.4 | 0.2 | 0.2 | 0.4 | 0.6 | 3.5 |
| Depreciation | 14 | 0.9 | 1.0 | 0.4 | 0.4 | 0.2 | 0.4 | 0.5 | 1.4 | 0.9 | 1.2 | 1.1 | 0.9 | 2.7 |
| Amortization and Depletion | 15 | 0.4 | 1.3 | 0.0 | 0.1 | • | • | 0.0 | 0.1 | 0.1 | 0.0 | 0.2 | 0.6 | 2.4 |
| Pensions and Other Deferred Comp. | 16 | 0.2 | 0.0 | 0.0 | 0.2 | 0.1 | 0.1 | 0.1 | 0.2 | 0.3 | 0.4 | 0.4 | 0.2 | 0.4 |
| Employee Benefits | 17 | 0.9 | 0.3 | 0.3 | 0.3 | 0.4 | 0.7 | 0.9 | 1.3 | 0.9 | 1.2 | 1.7 | 1.4 | 1.4 |
| Advertising | 18 | 1.4 | 0.9 | 0.6 | 0.7 | 0.9 | 3.5 | 0.7 | 0.6 | 1.4 | 1.9 | 1.2 | 3.0 | 2.6 |
| Other Expenses | 19 | 14.4 | 18.9 | 5.7 | 8.5 | 13.1 | 13.5 | 14.9 | 20.6 | 11.7 | 10.7 | 15.0 | 18.0 | 34.0 |
| Officers' Compensation | 20 | 2.9 | 2.6 | 4.4 | 4.8 | 2.3 | 4.7 | 3.9 | 4.6 | 1.1 | 1.0 | 0.9 | 0.7 | 1.0 |
| Operating Margin | 21 | • | 1.6 | 0.4 | 3.1 | 1.9 | 5.6 | • | 3.0 | • | 0.5 | • | 1.2 | • |
| Operating Margin Before Officers' Comp. | 22 | 2.0 | 4.2 | 4.8 | 7.9 | 4.1 | 10.3 | 1.1 | 7.6 | • | 1.6 | • | 1.9 | • |

## Selected Average Balance Sheet ($ in Thousands)

| | | | | | | | | | | | | | |
|---|---|---|---|---|---|---|---|---|---|---|---|---|---|
| Net Receivables 23 | 158 | 0 | 1 | 4 | 74 | 49 | 688 | 2153 | 3135 | 4058 | 7370 | 27790 | 119783 |
| Inventories 24 | 13 | 0 | 0 | 6 | 8 | 7 | 10 | 9 | 40 | 452 | 184 | 164 | 22495 |
| Net Property, Plant and Equipment 25 | 117 | 0 | 9 | 36 | 26 | 131 | 238 | 1028 | 1749 | 5723 | 14241 | 11526 | 75713 |
| Total Assets 26 | 1222 | 0 | 34 | 158 | 384 | 697 | 2377 | 6842 | 14545 | 37398 | 74193 | 160477 | 1174132 |
| Notes and Loans Payable 27 | 94 | 0 | 15 | 54 | 13 | 109 | 371 | 468 | 1323 | 3319 | 4901 | 8893 | 55390 |
| All Other Liabilities 28 | 514 | 0 | 6 | 63 | 214 | 273 | 1259 | 4270 | 8816 | 20077 | 38316 | 92458 | 398329 |
| Net Worth 29 | 615 | 0 | 14 | 40 | 157 | 315 | 746 | 2104 | 4406 | 14002 | 30976 | 59126 | 720413 |

## Selected Financial Ratios (Times to 1)

| | | | | | | | | | | | | | |
|---|---|---|---|---|---|---|---|---|---|---|---|---|---|
| Current Ratio 30 | 1.2 | • | 2.8 | 1.9 | 1.6 | 2.1 | 1.3 | 1.2 | 1.1 | 1.0 | 1.1 | 0.8 | 1.2 |
| Quick Ratio 31 | 0.8 | • | 2.5 | 1.5 | 1.2 | 1.9 | 1.1 | 1.1 | 0.9 | 0.7 | 0.7 | 0.5 | 0.7 |
| Net Sales to Working Capital 32 | 34.4 | • | 51.5 | 32.9 | 22.0 | 11.4 | 21.1 | 14.7 | 60.0 | 183.6 | 60.9 | • | 10.8 |
| Coverage Ratio 33 | 6.7 | 2.8 | 30.9 | 11.1 | 45.1 | 12.1 | 13.5 | 12.9 | 15.3 | 30.2 | 11.9 | 10.6 | 2.3 |
| Total Asset Turnover 34 | 1.6 | • | 17.4 | 9.7 | 6.5 | 3.1 | 3.2 | 2.1 | 2.7 | 2.0 | 2.0 | 1.1 | 0.4 |
| Inventory Turnover 35 | 99.0 | • | • | 199.9 | 241.9 | 159.9 | 453.8 | 621.9 | 730.1 | 114.8 | 569.4 | 522.5 | 5.9 |
| Receivables Turnover 36 | 13.8 | • | 383.0 | 358.9 | 34.6 | 52.3 | 8.5 | 8.1 | 13.9 | 13.1 | 25.2 | 12.3 | 6.9 |
| Total Liabilities to Net Worth 37 | 1.0 | • | 1.5 | 2.9 | 1.4 | 1.2 | 2.2 | 2.3 | 2.3 | 1.7 | 1.4 | 1.7 | 0.6 |
| Current Assets to Working Capital 38 | 7.6 | • | 1.5 | 2.1 | 2.8 | 1.9 | 4.7 | 5.2 | 13.3 | 50.3 | 14.2 | • | 6.8 |
| Current Liabilities to Working Capital 39 | 6.6 | • | 0.5 | 1.1 | 1.8 | 0.9 | 3.7 | 4.2 | 12.3 | 49.3 | 13.2 | • | 5.8 |
| Working Capital to Net Sales 40 | 0.0 | • | 0.0 | 0.0 | 0.0 | 0.1 | 0.0 | 0.1 | 0.0 | 0.0 | 0.0 | • | 0.1 |
| Inventory to Working Capital 41 | 0.3 | • | • | 0.1 | • | 0.0 | 0.0 | 0.0 | 0.1 | 0.5 | 0.1 | • | 0.6 |
| Total Receipts to Cash Flow 42 | 6.2 | 5.3 | 15.4 | 9.5 | 6.9 | 5.7 | 6.0 | 4.7 | 7.5 | 7.2 | 6.0 | 4.6 | 2.9 |
| Cost of Goods to Cash Flow 43 | 4.0 | 3.6 | 13.0 | 7.0 | 5.1 | 3.1 | 3.7 | 1.9 | 5.5 | 5.0 | 4.3 | 2.3 | 0.9 |
| Cash Flow to Total Debt 44 | 0.5 | • | 1.9 | 1.4 | 1.6 | 1.0 | 0.8 | 0.6 | 0.5 | 0.4 | 0.6 | 0.4 | 0.3 |

## Selected Financial Factors (in Percentages)

| | | | | | | | | | | | | | |
|---|---|---|---|---|---|---|---|---|---|---|---|---|---|
| Debt Ratio 45 | 49.7 | • | 60.1 | 74.6 | 59.1 | 54.8 | 68.6 | 69.2 | 69.7 | 62.6 | 58.2 | 63.2 | 38.6 |
| Return on Total Assets 46 | 7.6 | • | 43.1 | 38.7 | 17.9 | 20.9 | 14.2 | 10.6 | 10.1 | 10.6 | 8.8 | 7.1 | 2.9 |
| Return on Equity Before Income Taxes 47 | 12.9 | • | 104.5 | 138.6 | 42.8 | 42.5 | 41.8 | 31.9 | 31.1 | 27.5 | 19.4 | 17.6 | 2.7 |
| Return on Equity After Income Taxes 48 | 11.2 | • | 104.3 | 138.5 | 38.3 | 42.5 | 36.5 | 23.9 | 27.1 | 22.6 | 15.6 | 14.8 | 1.8 |
| Profit Margin (Before Income Tax) 49 | 4.0 | 2.4 | 2.4 | 3.6 | 2.7 | 6.2 | 4.1 | 4.8 | 3.5 | 5.2 | 4.1 | 6.1 | 4.6 |
| Profit Margin (After Income Tax) 50 | 3.4 | 2.1 | 2.4 | 3.6 | 2.4 | 6.2 | 3.6 | 3.6 | 3.0 | 4.3 | 3.3 | 5.1 | 3.1 |

## Table I

Corporations with and without Net Income

# Other Administrative and Support Services

Money Amounts and Size of Assets in Thousands of Dollars

| Item Description for Accounting Period 7/00 Through 6/01 | | Total | Zero Assets | Under 100 | 100 to 250 | 251 to 500 | 501 to 1,000 | 1,001 to 5,000 | 5,001 to 10,000 | 10,001 to 25,000 | 25,001 to 50,000 | 50,001 to 100,000 | 100,001 to 250,000 | 250,001 and over |
|---|---|---|---|---|---|---|---|---|---|---|---|---|---|---|
| Number of Enterprises | 1 | 153005 | 10784 | 102446 | 22434 | 8069 | 4614 | 3739 | 412 | 253 | 116 | 53 | 37 | 48 |
| **Revenues ($ in Thousands)** | | | | | | | | | | | | | | |
| Net Sales | 2 | 137597155 | 2110166 | 19198932 | 14523228 | 9907716 | 9784802 | 19380566 | 7100108 | 7842855 | 6165177 | 4839658 | 7401308 | 29342641 |
| Interest | 3 | 972486 | 6406 | 3936 | 14152 | 24460 | 25336 | 23343 | 28329 | 26266 | 47312 | 39869 | 98803 | 634273 |
| Rents | 4 | 126058 | 154 | 1224 | 2205 | 670 | 1727 | 7340 | 1850 | 4589 | 3909 | 1643 | 22600 | 78146 |
| Royalties | 5 | 1493527 | 0 | 14997 | 0 | 0 | 0 | 102 | 166 | 0 | 30583 | 3339 | 71410 | 1372931 |
| Other Portfolio Income | 6 | 893652 | 42231 | 16564 | 40132 | 56435 | 20699 | 54653 | 22826 | 36759 | 22809 | 11050 | 151990 | 417506 |
| Other Receipts | 7 | 2947632 | 102954 | 339175 | 17975 | 103166 | 77826 | 321515 | 197678 | 179535 | 303743 | 171378 | 318213 | 814470 |
| Total Receipts | 8 | 144030510 | 2261911 | 19574828 | 14597692 | 10092447 | 9910390 | 19787519 | 7350957 | 8090004 | 6573533 | 5066937 | 8064324 | 32659967 |
| Average Total Receipts | 9 | 941 | 210 | 191 | 651 | 1251 | 2148 | 5292 | 17842 | 31976 | 56668 | 95603 | 217955 | 680416 |
| **Operating Costs/Operating Income (%)** | | | | | | | | | | | | | | |
| Cost of Operations | 10 | 38.0 | 20.8 | 23.5 | 29.2 | 48.1 | 56.6 | 44.1 | 46.2 | 44.8 | 56.0 | 48.1 | 23.6 | 33.9 |
| Salaries and Wages | 11 | 22.5 | 31.9 | 22.6 | 22.9 | 14.1 | 13.3 | 22.7 | 27.0 | 19.8 | 19.7 | 19.1 | 34.4 | 24.9 |
| Taxes Paid | 12 | 3.7 | 3.9 | 3.6 | 3.4 | 3.5 | 3.4 | 4.3 | 4.3 | 4.4 | 3.7 | 3.5 | 4.7 | 3.3 |
| Interest Paid | 13 | 2.3 | 1.0 | 0.7 | 0.9 | 0.8 | 1.1 | 1.1 | 1.2 | 1.5 | 2.4 | 2.7 | 3.4 | 6.1 |
| Depreciation | 14 | 2.8 | 1.6 | 1.9 | 3.0 | 2.4 | 2.8 | 2.3 | 1.6 | 1.9 | 2.0 | 2.5 | 2.8 | 4.6 |
| Amortization and Depletion | 15 | 0.9 | 0.2 | 0.1 | 0.2 | 0.1 | 0.1 | 0.2 | 0.3 | 0.4 | 0.7 | 1.0 | 1.7 | 2.9 |
| Pensions and Other Deferred Comp. | 16 | 0.4 | 0.5 | 0.3 | 0.3 | 0.3 | 0.2 | 0.3 | 0.3 | 0.3 | 0.5 | 0.2 | 0.8 | 0.4 |
| Employee Benefits | 17 | 1.6 | 1.5 | 0.7 | 1.0 | 1.4 | 0.8 | 2.0 | 1.7 | 2.4 | 1.9 | 2.8 | 2.4 | 1.9 |
| Advertising | 18 | 1.1 | 1.3 | 1.1 | 1.0 | 1.0 | 0.6 | 0.8 | 0.5 | 1.2 | 1.0 | 0.4 | 0.8 | 1.8 |
| Other Expenses | 19 | 25.7 | 38.4 | 33.1 | 28.0 | 19.8 | 16.1 | 18.1 | 16.9 | 23.6 | 18.7 | 23.1 | 31.7 | 32.2 |
| Officers' Compensation | 20 | 3.9 | 5.9 | 8.8 | 6.6 | 5.7 | 4.5 | 4.0 | 2.0 | 2.1 | 1.8 | 1.3 | 1.4 | 0.8 |
| Operating Margin | 21 | • | • | 3.6 | 3.7 | 2.8 | 0.5 | 0.1 | • | • | • | • | • | • |
| Operating Margin Before Officers' Comp. | 22 | 1.0 | • | 12.4 | 10.3 | 8.4 | 5.0 | 4.1 | 0.1 | • | • | • | • | • |

| Selected Average Balance Sheet ($ in Thousands) | | | | | | | | | | | | | |
|---|---|---|---|---|---|---|---|---|---|---|---|---|---|
| Net Receivables 23 | 112 | 0 | 2 | 18 | 75 | 144 | 623 | 2478 | 4701 | 10425 | 16088 | 39208 | 150195 |
| Inventories 24 | 11 | 0 | 1 | 4 | 14 | 27 | 81 | 69 | 417 | 1172 | 2065 | 3490 | 9739 |
| Net Property, Plant and Equipment 25 | 118 | 0 | 9 | 68 | 120 | 213 | 430 | 1190 | 2924 | 5652 | 10361 | 25526 | 179797 |
| Total Assets 26 | 648 | 0 | 25 | 163 | 345 | 689 | 1988 | 6917 | 15232 | 35017 | 70737 | 162691 | 1230365 |
| Notes and Loans Payable 27 | 217 | 0 | 21 | 109 | 142 | 347 | 710 | 2138 | 5675 | 13895 | 25852 | 50036 | 334537 |
| All Other Liabilities 28 | 247 | 0 | 9 | 25 | 85 | 158 | 697 | 2822 | 5244 | 12327 | 21634 | 46039 | 531796 |
| Net Worth 29 | 185 | 0 | -4 | 28 | 118 | 184 | 581 | 1958 | 4313 | 8795 | 23251 | 66616 | 364032 |
| **Selected Financial Ratios (Times to 1)** | | | | | | | | | | | | | |
| Current Ratio 30 | 1.0 | • | 1.1 | 1.5 | 1.3 | 1.4 | 1.4 | 1.3 | 1.2 | 1.2 | 1.1 | 1.6 | 0.8 |
| Quick Ratio 31 | 0.8 | • | 0.9 | 1.2 | 1.1 | 1.1 | 1.1 | 1.1 | 1.0 | 0.9 | 0.8 | 1.2 | 0.6 |
| Net Sales to Working Capital 32 | 118.7 | • | 223.4 | 28.0 | 35.6 | 21.3 | 15.8 | 17.5 | 20.0 | 17.5 | 23.5 | 7.1 | • |
| Coverage Ratio 33 | 1.8 | 1.3 | 8.7 | 5.7 | 6.5 | 2.6 | 2.9 | 2.3 | 1.4 | 0.2 | 1.0 | 1.4 | 0.8 |
| Total Asset Turnover 34 | 1.4 | • | 7.4 | 4.0 | 3.6 | 3.1 | 2.6 | 2.5 | 2.0 | 1.5 | 1.3 | 1.2 | 0.5 |
| Inventory Turnover 35 | 31.2 | • | 64.9 | 46.5 | 42.6 | 43.7 | 28.2 | 115.2 | 33.3 | 25.4 | 21.3 | 13.5 | 21.3 |
| Receivables Turnover 36 | 8.4 | • | 87.6 | 43.4 | 16.6 | 15.5 | 8.7 | 7.6 | 6.9 | 5.7 | 5.8 | 6.0 | 4.1 |
| Total Liabilities to Net Worth 37 | 2.5 | • | • | 4.7 | 1.9 | 2.7 | 2.4 | 2.5 | 2.5 | 3.0 | 2.0 | 1.4 | 2.4 |
| Current Assets to Working Capital 38 | 29.2 | • | 13.1 | 2.8 | 4.5 | 3.5 | 3.6 | 4.4 | 5.4 | 6.2 | 7.8 | 2.6 | • |
| Current Liabilities to Working Capital 39 | 28.2 | • | 12.1 | 1.8 | 3.5 | 2.5 | 2.6 | 3.4 | 4.4 | 5.2 | 6.8 | 1.6 | • |
| Working Capital to Net Sales 40 | 0.0 | • | 0.0 | 0.0 | 0.0 | 0.0 | 0.1 | 0.1 | 0.0 | 0.1 | 0.0 | 0.1 | • |
| Inventory to Working Capital 41 | 1.4 | • | 0.7 | 0.2 | 0.3 | 0.3 | 0.2 | 0.0 | 0.2 | 0.4 | 0.5 | 0.1 | • |
| Total Receipts to Cash Flow 42 | 4.4 | 3.1 | 3.0 | 3.6 | 4.8 | 7.1 | 6.1 | 6.3 | 4.8 | 7.3 | 5.1 | 3.7 | 4.0 |
| Cost of Goods to Cash Flow 43 | 1.7 | 0.6 | 0.7 | 1.1 | 2.3 | 4.0 | 2.7 | 2.9 | 2.1 | 4.1 | 2.4 | 0.9 | 1.3 |
| Cash Flow to Total Debt 44 | 0.4 | • | 2.1 | 1.3 | 1.1 | 0.6 | 0.6 | 0.6 | 0.6 | 0.3 | 0.4 | 0.6 | 0.2 |
| **Selected Financial Factors (in Percentages)** | | | | | | | | | | | | | |
| Debt Ratio 45 | 71.5 | • | 117.2 | 82.5 | 65.8 | 73.3 | 70.8 | 71.7 | 71.7 | 74.9 | 67.1 | 59.1 | 70.4 |
| Return on Total Assets 46 | 5.8 | • | 46.4 | 20.2 | 19.5 | 8.9 | 8.6 | 6.9 | 4.5 | 0.6 | 3.5 | 5.7 | 2.5 |
| Return on Equity Before Income Taxes 47 | 9.0 | • | • | 95.6 | 48.3 | 20.5 | 19.3 | 13.9 | 4.7 | • | 0.1 | 3.6 | • |
| Return on Equity After Income Taxes 48 | 6.2 | • | • | 92.0 | 46.8 | 17.0 | 16.8 | 11.2 | 1.1 | • | • | • | • |
| Profit Margin (Before Income Tax) 49 | 1.8 | 0.2 | 5.5 | 4.2 | 4.6 | 1.8 | 2.2 | 1.6 | 0.6 | • | 0.0 | 1.2 | • |
| Profit Margin (After Income Tax) 50 | 1.3 | • | 5.5 | 4.0 | 4.5 | 1.5 | 1.9 | 1.3 | 0.2 | • | • | • | • |

**Table II**

Corporations with Net Income

# OTHER ADMINISTRATIVE AND SUPPORT SERVICES

| Item Description for Accounting Period 7/00 Through 6/01 | | MONEY AMOUNTS AND SIZE OF ASSETS IN THOUSANDS OF DOLLARS | | | | | | | | | | | | |
|---|---|---|---|---|---|---|---|---|---|---|---|---|---|---|
| | | Total | Zero Assets | Under 100 | 100 to 250 | 251 to 500 | 501 to 1,000 | 1,001 to 5,000 | 5,001 to 10,000 | 10,001 to 25,000 | 25,001 to 50,000 | 50,001 to 100,000 | 100,001 to 250,000 | 250,001 and over |
| Number of Enterprises | 1 | 96873 | 4833 | 64083 | 16323 | 5463 | 3037 | 2567 | 275 | 157 | 63 | 26 | 19 | 27 |
| **Revenues ($ in Thousands)** | | | | | | | | | | | | | | |
| Net Sales | 2 | 97746336 | 950561 | 13994323 | 11683466 | 7112331 | 7167633 | 15080546 | 5848266 | 5836781 | 3655659 | 3457599 | 4687109 | 18272063 |
| Interest | 3 | 653283 | 2052 | 1231 | 6395 | 19417 | 20568 | 14664 | 12071 | 12137 | 21050 | 12265 | 59220 | 472212 |
| Rents | 4 | 69281 | 154 | 1224 | 2193 | 613 | 410 | 3962 | 475 | 4098 | 3586 | 727 | 22484 | 29352 |
| Royalties | 5 | 139810 | 0 | 2750 | 0 | 0 | 0 | 0 | 0 | 0 | 26949 | 0 | 61340 | 48771 |
| Other Portfolio Income | 6 | 737308 | 39211 | 11703 | 34532 | 46649 | 14610 | 29180 | 18991 | 33079 | 17501 | 2768 | 149561 | 339524 |
| Other Receipts | 7 | 1863620 | 21201 | 187219 | 13394 | 98024 | 72413 | 266190 | 174663 | 109763 | 263584 | 77202 | 276028 | 303942 |
| Total Receipts | 8 | 101209638 | 1013179 | 14198450 | 11739980 | 7277034 | 7275634 | 15394542 | 6054466 | 5995858 | 3988329 | 3550561 | 5255742 | 19465864 |
| Average Total Receipts | 9 | 1045 | 210 | 222 | 719 | 1332 | 2396 | 5997 | 22016 | 38190 | 63307 | 136560 | 276618 | 720958 |
| **Operating Costs/Operating Income (%)** | | | | | | | | | | | | | | |
| Cost of Operations | 10 | 37.7 | 16.0 | 23.1 | 28.2 | 45.3 | 57.4 | 46.0 | 46.2 | 43.1 | 56.4 | 51.6 | 10.0 | 34.6 |
| Salaries and Wages | 11 | 21.1 | 26.0 | 19.5 | 22.0 | 12.0 | 13.2 | 20.1 | 24.8 | 18.9 | 19.0 | 17.9 | 41.7 | 24.4 |
| Taxes Paid | 12 | 3.6 | 3.5 | 3.3 | 3.4 | 3.7 | 3.0 | 4.1 | 3.8 | 4.7 | 3.8 | 3.6 | 5.0 | 3.1 |
| Interest Paid | 13 | 1.6 | 0.8 | 0.6 | 0.7 | 0.8 | 0.9 | 1.0 | 0.7 | 1.0 | 1.6 | 1.5 | 2.5 | 4.0 |
| Depreciation | 14 | 2.6 | 1.7 | 1.8 | 2.7 | 2.5 | 2.5 | 2.3 | 1.5 | 1.6 | 1.8 | 2.1 | 2.2 | 4.6 |
| Amortization and Depletion | 15 | 0.6 | 0.3 | 0.0 | 0.1 | 0.1 | 0.1 | 0.1 | 0.1 | 0.2 | 0.4 | 0.7 | 1.2 | 2.2 |
| Pensions and Other Deferred Comp. | 16 | 0.4 | 0.9 | 0.3 | 0.2 | 0.4 | 0.2 | 0.3 | 0.4 | 0.4 | 0.6 | 0.2 | 0.6 | 0.5 |
| Employee Benefits | 17 | 1.6 | 1.1 | 0.8 | 0.9 | 1.4 | 0.8 | 2.1 | 1.3 | 2.6 | 2.1 | 3.0 | 2.8 | 1.5 |
| Advertising | 18 | 0.8 | 1.7 | 1.0 | 0.8 | 0.6 | 0.4 | 0.6 | 0.5 | 0.7 | 1.2 | 0.3 | 0.9 | 1.3 |
| Other Expenses | 19 | 22.5 | 30.7 | 31.4 | 27.4 | 20.6 | 13.3 | 15.8 | 17.2 | 22.1 | 15.2 | 15.8 | 37.4 | 22.5 |
| Officers' Compensation | 20 | 3.9 | 6.4 | 8.1 | 6.8 | 6.1 | 4.4 | 3.9 | 1.9 | 1.8 | 2.1 | 1.2 | 0.9 | 0.7 |
| Operating Margin | 21 | 3.7 | 10.7 | 10.1 | 6.6 | 6.4 | 3.7 | 3.8 | 1.6 | 2.8 | • | 2.1 | • | 0.6 |
| Operating Margin Before Officers' Comp. | 22 | 7.6 | 17.1 | 18.1 | 13.4 | 12.5 | 8.1 | 7.7 | 3.5 | 4.6 | • | 3.2 | • | 1.3 |

## Selected Average Balance Sheet ($ in Thousands)

| | | | | | | | | | | | | | |
|---|---|---|---|---|---|---|---|---|---|---|---|---|---|
| Net Receivables 23 | 114 | 0 | 2 | 22 | 82 | 158 | 636 | 2730 | 5290 | 10160 | 18373 | 45891 | 162269 |
| Inventories 24 | 11 | 0 | 1 | 3 | 11 | 25 | 82 | 93 | 470 | 1683 | 3372 | 4924 | 10536 |
| Net Property, Plant and Equipment 25 | 107 | 0 | 9 | 62 | 122 | 172 | 499 | 1283 | 2900 | 6445 | 13120 | 23526 | 157031 |
| Total Assets 26 | 541 | 0 | 28 | 161 | 346 | 686 | 1978 | 6658 | 15196 | 34013 | 68990 | 178421 | 1015036 |
| Notes and Loans Payable 27 | 161 | 0 | 13 | 73 | 127 | 274 | 662 | 1333 | 4595 | 12009 | 21875 | 42180 | 263726 |
| All Other Liabilities 28 | 191 | 0 | 7 | 20 | 91 | 173 | 587 | 2724 | 5601 | 12104 | 19962 | 49524 | 417805 |
| Net Worth 29 | 190 | 0 | 8 | 68 | 129 | 240 | 729 | 2602 | 5001 | 9900 | 27154 | 86717 | 333505 |

## Selected Financial Ratios (Times to 1)

| | | | | | | | | | | | | | |
|---|---|---|---|---|---|---|---|---|---|---|---|---|---|
| Current Ratio 30 | 1.1 | • | 1.6 | 2.1 | 1.3 | 1.7 | 1.5 | 1.4 | 1.3 | 1.2 | 1.0 | 1.6 | 0.8 |
| Quick Ratio 31 | 0.9 | • | 1.4 | 1.8 | 1.2 | 1.3 | 1.2 | 1.3 | 1.0 | 0.9 | 0.8 | 1.1 | 0.6 |
| Net Sales to Working Capital 32 | 49.6 | • | 43.7 | 18.5 | 39.9 | 16.1 | 15.5 | 15.7 | 18.7 | 20.8 | 117.4 | 8.3 | • |
| Coverage Ratio 33 | 5.7 | 21.7 | 20.7 | 10.7 | 11.3 | 6.5 | 6.9 | 8.7 | 6.2 | 4.1 | 4.1 | 3.9 | 2.9 |
| Total Asset Turnover 34 | 1.9 | • | 7.8 | 4.4 | 3.8 | 3.4 | 3.0 | 3.2 | 2.4 | 1.7 | 1.9 | 1.4 | 0.7 |
| Inventory Turnover 35 | 33.3 | • | 70.7 | 80.2 | 52.5 | 53.9 | 32.8 | 106.3 | 34.1 | 19.4 | 20.3 | 5.0 | 22.2 |
| Receivables Turnover 36 | 8.5 | • | 98.7 | 41.2 | 15.9 | 16.6 | 9.4 | 8.0 | 7.4 | 6.1 | 7.0 | 5.7 | 3.6 |
| Total Liabilities to Net Worth 37 | 1.8 | • | 2.5 | 1.4 | 1.7 | 1.9 | 1.7 | 1.6 | 2.0 | 2.4 | 1.5 | 1.1 | 2.0 |
| Current Assets to Working Capital 38 | 10.6 | • | 2.5 | 1.9 | 4.7 | 2.5 | 3.1 | 3.3 | 4.6 | 6.7 | 27.3 | 2.8 | • |
| Current Liabilities to Working Capital 39 | 9.6 | • | 1.5 | 0.9 | 3.7 | 1.5 | 2.1 | 2.3 | 3.6 | 5.7 | 26.3 | 1.8 | • |
| Working Capital to Net Sales 40 | 0.0 | • | 0.0 | 0.1 | 0.0 | 0.1 | 0.1 | 0.1 | 0.1 | 0.0 | 0.0 | 0.1 | • |
| Inventory to Working Capital 41 | 0.5 | • | 0.1 | 0.1 | 0.3 | 0.2 | 0.2 | 0.0 | 0.3 | 0.5 | 2.9 | 0.1 | • |
| Total Receipts to Cash Flow 42 | 4.0 | 2.6 | 2.6 | 3.3 | 3.9 | 6.7 | 5.6 | 5.0 | 4.1 | 5.8 | 5.7 | 2.7 | 4.3 |
| Cost of Goods to Cash Flow 43 | 1.5 | 0.4 | 0.6 | 0.9 | 1.7 | 3.8 | 2.6 | 2.3 | 1.8 | 3.3 | 2.9 | 0.3 | 1.5 |
| Cash Flow to Total Debt 44 | 0.7 | • | 4.2 | 2.4 | 1.5 | 0.8 | 0.8 | 1.0 | 0.9 | 0.4 | 0.6 | 1.0 | 0.2 |

## Selected Financial Factors (in Percentages)

| | | | | | | | | | | | | | |
|---|---|---|---|---|---|---|---|---|---|---|---|---|---|
| Debt Ratio 45 | 64.9 | • | 71.6 | 58.0 | 62.9 | 65.1 | 63.1 | 60.9 | 67.1 | 70.9 | 60.6 | 51.4 | 67.1 |
| Return on Total Assets 46 | 16.6 | • | 95.0 | 34.8 | 36.0 | 21.2 | 20.3 | 18.4 | 16.0 | 10.9 | 12.0 | 13.4 | 7.8 |
| Return on Equity Before Income Taxes 47 | 39.0 | • | 318.2 | 75.1 | 88.3 | 51.4 | 47.0 | 41.6 | 40.9 | 28.3 | 23.0 | 20.5 | 15.5 |
| Return on Equity After Income Taxes 48 | 34.7 | • | 316.1 | 73.0 | 86.5 | 47.3 | 44.2 | 38.5 | 36.2 | 23.7 | 19.4 | 13.8 | 10.6 |
| Profit Margin (Before Income Tax) 49 | 7.3 | 17.3 | 11.5 | 7.1 | 8.7 | 5.2 | 5.8 | 5.1 | 5.5 | 4.8 | 4.7 | 7.2 | 7.6 |
| Profit Margin (After Income Tax) 50 | 6.5 | 16.6 | 11.5 | 6.9 | 8.5 | 4.8 | 5.5 | 4.7 | 4.9 | 4.1 | 4.0 | 4.9 | 5.2 |

**Table I**

Corporations with and without Net Income

# Waste Management and Remediation Services

**Money Amounts and Size of Assets in Thousands of Dollars**

| Item Description for Accounting Period 7/00 Through 6/01 | | Total | Zero Assets | Under 100 | 100 to 250 | 251 to 500 | 501 to 1,000 | 1,001 to 5,000 | 5,001 to 10,000 | 10,001 to 25,000 | 25,001 to 50,000 | 50,001 to 100,000 | 100,001 to 250,000 | 250,001 and over |
|---|---|---|---|---|---|---|---|---|---|---|---|---|---|---|
| Number of Enterprises | 1 | 11058 | 1471 | 4985 | 1200 | 687 | 1126 | 1285 | 120 | 110 | 32 | 20 | 10 | 12 |
| **Revenues ($ in Thousands)** | | | | | | | | | | | | | | |
| Net Sales | 2 | 43112240 | 701459 | 1418599 | 353990 | 713475 | 1945401 | 4928936 | 1115892 | 2006356 | 914293 | 1209430 | 1477590 | 26326820 |
| Interest | 3 | 644463 | 3176 | 0 | 222 | 3403 | 830 | 7916 | 5406 | 6361 | 5918 | 8800 | 56063 | 546370 |
| Rents | 4 | 46491 | 82 | 0 | 871 | 1514 | 1764 | 1166 | 64 | 1741 | 843 | 227 | 5493 | 32727 |
| Royalties | 5 | 26837 | 7189 | 0 | 0 | 0 | 0 | 0 | 3755 | 2687 | 5 | 0 | 0 | 13201 |
| Other Portfolio Income | 6 | 378880 | 5613 | 0 | 3676 | 3895 | 24025 | 42329 | 4096 | 8950 | 10157 | 7041 | 6849 | 262248 |
| Other Receipts | 7 | 552328 | 19446 | 3276 | 630 | 822 | 20984 | 97505 | 21068 | 40901 | 16602 | 23333 | 23167 | 284591 |
| Total Receipts | 8 | 44761239 | 736965 | 1421875 | 359389 | 723109 | 1993004 | 5077852 | 1150281 | 2066996 | 947818 | 1248831 | 1569162 | 27465957 |
| Average Total Receipts | 9 | 4048 | 501 | 285 | 299 | 1053 | 1770 | 3952 | 9586 | 18791 | 29619 | 62442 | 156916 | 2288830 |
| **Operating Costs/Operating Income (%)** | | | | | | | | | | | | | | |
| Cost of Operations | 10 | 33.0 | 58.0 | 25.2 | 1.4 | 13.8 | 35.7 | 54.6 | 54.5 | 47.4 | 53.8 | 39.1 | 56.8 | 25.2 |
| Salaries and Wages | 11 | 12.8 | 10.1 | 12.4 | 16.8 | 13.5 | 19.1 | 9.2 | 11.5 | 12.3 | 10.1 | 17.1 | 6.8 | 13.4 |
| Taxes Paid | 12 | 3.3 | 3.1 | 3.0 | 6.1 | 3.7 | 3.8 | 3.5 | 3.2 | 2.6 | 5.0 | 3.2 | 2.3 | 3.3 |
| Interest Paid | 13 | 7.1 | 7.3 | 0.6 | 1.4 | 1.6 | 2.0 | 2.1 | 2.4 | 2.8 | 4.3 | 4.0 | 5.0 | 9.8 |
| Depreciation | 14 | 6.7 | 5.1 | 3.7 | 5.3 | 7.9 | 6.6 | 5.8 | 7.2 | 6.6 | 6.3 | 6.7 | 4.1 | 7.3 |
| Amortization and Depletion | 15 | 2.1 | 1.7 | 0.5 | 0.2 | 0.6 | 0.1 | 0.2 | 0.4 | 0.6 | 1.2 | 1.7 | 0.5 | 3.0 |
| Pensions and Other Deferred Comp. | 16 | 0.3 | 0.4 | • | • | 0.9 | 0.1 | 0.5 | 0.2 | 0.7 | 0.2 | 0.6 | 0.2 | 0.2 |
| Employee Benefits | 17 | 2.0 | 1.9 | 1.0 | 1.0 | 0.4 | 3.1 | 1.3 | 2.4 | 1.7 | 1.4 | 1.7 | 1.7 | 2.2 |
| Advertising | 18 | 0.3 | 0.5 | 1.1 | 0.9 | 2.2 | 0.6 | 0.4 | 0.5 | 0.5 | 0.3 | 0.4 | 0.2 | 0.2 |
| Other Expenses | 19 | 34.6 | 15.1 | 36.1 | 66.3 | 48.9 | 28.4 | 20.2 | 21.7 | 24.2 | 22.2 | 26.5 | 27.1 | 39.9 |
| Officers' Compensation | 20 | 1.5 | 3.5 | 8.1 | 5.0 | 10.8 | 2.2 | 4.2 | 1.1 | 2.0 | 1.4 | 2.1 | 0.6 | 0.2 |
| Operating Margin | 21 | • | • | 8.2 | • | • | • | • | • | • | • | • | • | • |
| Operating Margin Before Officers' Comp. | 22 | • | • | 16.3 | 0.7 | 6.4 | 0.4 | 2.3 | • | 0.7 | • | • | • | • |

## Selected Average Balance Sheet ($ in Thousands)

| | | | | | | | | | | | | | |
|---|---|---|---|---|---|---|---|---|---|---|---|---|---|
| Net Receivables **23** | 712 | 0 | 3 | 15 | 42 | 136 | 444 | 1199 | 3220 | 4193 | 7919 | 25052 | 504382 |
| Inventories **24** | 56 | 0 | 0 | 0 | 11 | 5 | 92 | 67 | 243 | 467 | 305 | 1770 | 34618 |
| Net Property, Plant and Equipment **25** | 1601 | 0 | 21 | 99 | 192 | 391 | 852 | 3137 | 6674 | 11989 | 22701 | 41568 | 1120987 |
| Total Assets **26** | 6562 | 0 | 39 | 167 | 376 | 729 | 2317 | 7361 | 15777 | 33549 | 67858 | 148157 | 5131624 |
| Notes and Loans Payable **27** | 3339 | 0 | 52 | 141 | 175 | 455 | 1665 | 3343 | 7302 | 17719 | 36140 | 46135 | 2563614 |
| All Other Liabilities **28** | 2018 | 0 | 6 | 8 | 76 | 130 | 705 | 2989 | 4753 | 6538 | 21981 | 65540 | 1581881 |
| Net Worth **29** | 1205 | 0 | -20 | 19 | 125 | 144 | -53 | 1030 | 3723 | 9292 | 9737 | 36482 | 986129 |

## Selected Financial Ratios (Times to 1)

| | | | | | | | | | | | | | |
|---|---|---|---|---|---|---|---|---|---|---|---|---|---|
| Current Ratio **30** | 0.9 | • | 0.9 | 2.3 | 1.2 | 1.5 | 1.1 | 0.8 | 1.1 | 1.4 | 0.9 | 1.0 | 0.9 |
| Quick Ratio **31** | 0.7 | • | 0.9 | 1.4 | 1.0 | 1.0 | 0.7 | 0.7 | 0.9 | 0.9 | 0.6 | 0.8 | 0.7 |
| Net Sales to Working Capital **32** | • | • | • | 7.7 | 38.1 | 19.6 | 63.2 | • | 26.5 | 10.2 | • | • | • |
| Coverage Ratio **33** | 1.0 | 0.8 | 14.8 | • | • | 1.3 | 1.5 | 0.2 | 1.6 | 0.3 | 1.0 | 1.2 | 1.0 |
| Total Asset Turnover **34** | 0.6 | • | 7.4 | 1.8 | 2.8 | 2.4 | 1.7 | 1.3 | 1.2 | 0.9 | 0.9 | 1.0 | 0.4 |
| Inventory Turnover **35** | 23.0 | • | 2000.9 | 15.1 | 13.4 | 115.8 | 22.8 | 75.4 | 35.5 | 32.9 | 77.7 | 47.4 | 16.0 |
| Receivables Turnover **36** | 5.8 | • | 109.3 | 9.6 | 18.4 | 10.5 | 8.3 | 5.3 | 6.1 | 6.2 | 7.4 | 5.9 | 4.8 |
| Total Liabilities to Net Worth **37** | 4.4 | • | • | 7.7 | 2.0 | 4.1 | • | 6.1 | 3.2 | 2.6 | 6.0 | 3.1 | 4.2 |
| Current Assets to Working Capital **38** | • | • | • | 1.8 | 6.0 | 3.1 | 16.4 | • | 8.4 | 3.6 | • | • | • |
| Current Liabilities to Working Capital **39** | • | • | • | 0.8 | 5.0 | 2.1 | 15.4 | • | 7.4 | 2.6 | • | • | • |
| Working Capital to Net Sales **40** | • | • | • | 0.1 | 0.0 | 0.1 | 0.0 | • | 0.0 | 0.1 | • | • | • |
| Inventory to Working Capital **41** | • | • | • | • | 0.1 | 0.0 | 2.4 | • | 0.4 | 0.3 | • | • | • |
| Total Receipts to Cash Flow **42** | 3.5 | 10.9 | 2.7 | 2.2 | 2.5 | 4.7 | 6.6 | 7.4 | 4.8 | 7.6 | 4.6 | 4.0 | 3.0 |
| Cost of Goods to Cash Flow **43** | 1.2 | 6.3 | 0.7 | 0.0 | 0.3 | 1.7 | 3.6 | 4.0 | 2.3 | 4.1 | 1.8 | 2.3 | 0.7 |
| Cash Flow to Total Debt **44** | 0.2 | • | 1.8 | 0.9 | 1.7 | 0.6 | 0.2 | 0.2 | 0.3 | 0.2 | 0.2 | 0.3 | 0.2 |

## Selected Financial Factors (in Percentages)

| | | | | | | | | | | | | | |
|---|---|---|---|---|---|---|---|---|---|---|---|---|---|
| Debt Ratio **45** | 81.6 | • | 150.8 | 88.6 | 66.7 | 80.2 | 102.3 | 86.0 | 76.4 | 72.3 | 85.7 | 75.4 | 80.8 |
| Return on Total Assets **46** | 4.3 | • | 67.0 | • | • | 6.4 | 5.1 | 0.5 | 5.1 | 1.3 | 3.6 | 5.9 | 4.1 |
| Return on Equity Before Income Taxes **47** | 0.4 | • | • | • | • | 7.9 | • | • | 8.2 | • | • | 3.8 | • |
| Return on Equity After Income Taxes **48** | • | • | • | • | • | 6.8 | • | • | 5.4 | • | • | 0.2 | • |
| Profit Margin (Before Income Tax) **49** | 0.1 | • | 8.5 | • | • | 0.7 | 1.0 | • | 1.7 | • | • | 0.9 | • |
| Profit Margin (After Income Tax) **50** | • | • | 8.5 | • | • | 0.6 | 0.7 | • | 1.1 | • | • | 0.0 | • |

**Table II**

Corporations with Net Income

# WASTE MANAGEMENT AND REMEDIATION SERVICES

MONEY AMOUNTS AND SIZE OF ASSETS IN THOUSANDS OF DOLLARS

| Item Description for Accounting Period 7/00 Through 6/01 | | Total | Zero Assets | Under 100 | 100 to 250 | 251 to 500 | 501 to 1,000 | 1,001 to 5,000 | 5,001 to 10,000 | 10,001 to 25,000 | 25,001 to 50,000 | 50,001 to 100,000 | 100,001 to 250,000 | 250,001 and over |
|---|---|---|---|---|---|---|---|---|---|---|---|---|---|---|
| Number of Enterprises | 1 | 6195 | 972 | 2593 | 537 | 597 | 647 | 691 | 54 | 70 | 12 | 12 | 6 | 4 |
| **Revenues ($ in Thousands)** | | | | | | | | | | | | | | |
| Net Sales | 2 | 31171000 | 245818 | 1189901 | 120802 | 563812 | 1053837 | 2534173 | 594969 | 1596032 | 303179 | 862380 | 1040330 | 21065766 |
| Interest | 3 | 204505 | 0 | 0 | 216 | 2512 | 488 | 4425 | 499 | 5175 | 2915 | 4874 | 15100 | 168301 |
| Rents | 4 | 28472 | 0 | 0 | 871 | 1514 | 1764 | 908 | 53 | 1584 | 176 | 209 | 0 | 21395 |
| Royalties | 5 | 6651 | 0 | 0 | 0 | 0 | 0 | 0 | 3755 | 2687 | 5 | 0 | 0 | 205 |
| Other Portfolio Income | 6 | 292609 | 3055 | 0 | 0 | 3895 | 15968 | 27557 | 2803 | 6369 | 6965 | 2682 | 909 | 222407 |
| Other Receipts | 7 | 427009 | 898 | 2008 | 24 | 678 | 14220 | 78149 | 22043 | 37739 | 3135 | 24486 | 19676 | 223951 |
| Total Receipts | 8 | 32130246 | 249771 | 1191909 | 121913 | 572411 | 1086277 | 2645212 | 624122 | 1649586 | 316375 | 894631 | 1076015 | 21702025 |
| Average Total Receipts | 9 | 5186 | 257 | 460 | 227 | 959 | 1679 | 3828 | 11558 | 23566 | 26365 | 74553 | 179336 | 5425506 |
| **Operating Costs/Operating Income (%)** | | | | | | | | | | | | | | |
| Cost of Operations | 10 | 27.8 | 37.6 | 29.3 | 4.0 | 11.7 | 20.7 | 49.5 | 41.3 | 46.9 | 41.3 | 40.7 | 69.3 | 21.3 |
| Salaries and Wages | 11 | 12.2 | 12.1 | 10.1 | 10.9 | 11.4 | 23.1 | 7.5 | 13.8 | 11.6 | 8.8 | 15.9 | 5.2 | 12.6 |
| Taxes Paid | 12 | 3.2 | 2.9 | 2.6 | 4.4 | 3.5 | 4.0 | 3.3 | 3.7 | 2.5 | 3.0 | 3.2 | 2.2 | 3.2 |
| Interest Paid | 13 | 6.3 | 0.8 | 0.6 | 1.7 | 1.2 | 1.7 | 1.9 | 1.2 | 1.9 | 2.0 | 3.0 | 1.5 | 8.6 |
| Depreciation | 14 | 6.9 | 4.3 | 2.7 | 7.9 | 9.0 | 7.2 | 4.6 | 5.7 | 5.8 | 4.8 | 6.7 | 1.8 | 7.7 |
| Amortization and Depletion | 15 | 2.2 | 0.1 | 0.6 | 0.4 | • | 0.1 | 0.1 | 0.1 | 0.4 | 0.2 | 1.2 | 0.0 | 3.1 |
| Pensions and Other Deferred Comp. | 16 | 0.2 | 0.0 | • | • | 0.8 | 0.2 | 0.8 | 0.2 | 0.8 | 0.5 | 0.7 | 0.3 | 0.1 |
| Employee Benefits | 17 | 1.8 | 3.9 | 0.6 | 0.4 | 0.4 | 2.1 | 1.2 | 3.9 | 1.7 | 2.1 | 1.8 | 1.7 | 2.0 |
| Advertising | 18 | 0.3 | 0.6 | 1.3 | 2.2 | 2.8 | 0.4 | 0.3 | 0.5 | 0.5 | 0.1 | 0.2 | 0.1 | 0.1 |
| Other Expenses | 19 | 36.3 | 16.5 | 33.7 | 49.3 | 45.7 | 34.9 | 19.0 | 26.6 | 22.9 | 27.5 | 21.2 | 13.1 | 41.7 |
| Officers' Compensation | 20 | 1.3 | 9.2 | 4.5 | 12.9 | 10.5 | 1.9 | 5.5 | 1.5 | 2.1 | 2.0 | 1.9 | 0.4 | 0.0 |
| Operating Margin | 21 | 1.5 | 11.9 | 14.1 | 5.9 | 3.1 | 3.7 | 6.3 | 1.6 | 2.9 | 7.5 | 3.4 | 4.3 | • |
| Operating Margin Before Officers' Comp. | 22 | 2.8 | 21.1 | 18.6 | 18.8 | 13.6 | 5.6 | 11.9 | 3.1 | 5.0 | 9.5 | 5.3 | 4.8 | • |

## Selected Average Balance Sheet ($ in Thousands)

| | | | | | | | | | | | | | |
|---|---|---|---|---|---|---|---|---|---|---|---|---|---|
| Net Receivables 23 | 830 | 0 | 0 | 13 | 33 | 91 | 467 | 2014 | 3691 | 4291 | 9539 | 26247 | 1010164 |
| Inventories 24 | 61 | 0 | 0 | 1 | 0 | 6 | 68 | 79 | 246 | 865 | 229 | 3195 | 49039 |
| Net Property, Plant and Equipment 25 | 2008 | 0 | 20 | 81 | 204 | 435 | 752 | 2890 | 6779 | 13234 | 27653 | 21086 | 2542950 |
| Total Assets 26 | 8600 | 0 | 40 | 166 | 367 | 712 | 2055 | 7948 | 15691 | 31524 | 68567 | 116552 | 11889620 |
| Notes and Loans Payable 27 | 4245 | 0 | 29 | 39 | 122 | 354 | 958 | 1178 | 6372 | 9503 | 30592 | 25710 | 6024072 |
| All Other Liabilities 28 | 2699 | 0 | 3 | 5 | 48 | 129 | 348 | 3941 | 4203 | 7721 | 20492 | 66790 | 3776983 |
| Net Worth 29 | 1656 | 0 | 8 | 122 | 196 | 229 | 749 | 2828 | 5116 | 14300 | 17484 | 24052 | 2088566 |

## Selected Financial Ratios (Times to 1)

| | | | | | | | | | | | | | |
|---|---|---|---|---|---|---|---|---|---|---|---|---|---|
| Current Ratio 30 | 1.0 | • | 0.5 | 12.0 | 1.5 | 1.0 | 1.8 | 1.5 | 1.3 | 1.3 | 1.9 | 0.9 | 0.9 |
| Quick Ratio 31 | 0.8 | • | 0.5 | 4.5 | 1.2 | 1.0 | 1.4 | 1.3 | 1.1 | 1.1 | 1.4 | 0.8 | 0.7 |
| Net Sales to Working Capital 32 | • | • | • | 2.9 | 19.0 | 1103.5 | 10.0 | 9.0 | 16.6 | 13.5 | 7.4 | • | • |
| Coverage Ratio 33 | 1.7 | 17.5 | 26.4 | 5.0 | 4.9 | 4.9 | 6.7 | 6.2 | 4.3 | 6.5 | 3.3 | 6.1 | 1.3 |
| Total Asset Turnover 34 | 0.6 | • | 11.5 | 1.4 | 2.6 | 2.3 | 1.8 | 1.4 | 1.5 | 0.8 | 1.0 | 1.5 | 0.4 |
| Inventory Turnover 35 | 23.0 | • | 1949.2 | 15.1 | • | 59.6 | 26.9 | 57.6 | 43.5 | 12.1 | 127.8 | 37.6 | 22.9 |
| Receivables Turnover 36 | 6.1 | • | 187.6 | 8.3 | 24.4 | 12.9 | 6.6 | 4.6 | 6.8 | 3.1 | 7.7 | 13.2 | 10.4 |
| Total Liabilities to Net Worth 37 | 4.2 | • | 4.0 | 0.4 | 0.9 | 2.1 | 1.7 | 1.8 | 2.1 | 1.2 | 2.9 | 3.8 | 4.7 |
| Current Assets to Working Capital 38 | • | • | • | 1.1 | 2.9 | 119.8 | 2.3 | 3.1 | 4.6 | 4.4 | 2.1 | • | • |
| Current Liabilities to Working Capital 39 | • | • | • | 0.1 | 1.9 | 118.8 | 1.3 | 2.1 | 3.6 | 3.4 | 1.1 | • | • |
| Working Capital to Net Sales 40 | • | • | • | 0.3 | 0.1 | 0.0 | 0.1 | 0.1 | 0.1 | 0.1 | 0.1 | • | • |
| Inventory to Working Capital 41 | • | • | • | • | • | 2.5 | 0.2 | 0.0 | 0.2 | 0.6 | 0.0 | • | • |
| Total Receipts to Cash Flow 42 | 2.8 | 3.5 | 2.5 | 2.1 | 2.2 | 2.9 | 4.3 | 3.8 | 4.2 | 3.1 | 4.2 | 5.0 | 2.5 |
| Cost of Goods to Cash Flow 43 | 0.8 | 1.3 | 0.7 | 0.1 | 0.3 | 0.6 | 2.1 | 1.6 | 2.0 | 1.3 | 1.7 | 3.5 | 0.5 |
| Cash Flow to Total Debt 44 | 0.3 | • | 5.7 | 2.5 | 2.5 | 1.2 | 0.7 | 0.6 | 0.5 | 0.5 | 0.3 | 0.4 | 0.2 |

## Selected Financial Factors (in Percentages)

| | | | | | | | | | | | | | |
|---|---|---|---|---|---|---|---|---|---|---|---|---|---|
| Debt Ratio 45 | 80.7 | • | 80.0 | 26.2 | 46.5 | 67.9 | 63.5 | 64.4 | 67.4 | 54.6 | 74.5 | 79.4 | 82.4 |
| Return on Total Assets 46 | 6.4 | • | 169.9 | 11.5 | 14.9 | 19.5 | 22.5 | 10.7 | 11.7 | 10.6 | 10.4 | 13.7 | 5.0 |
| Return on Equity Before Income Taxes 47 | 14.0 | • | 817.2 | 12.5 | 22.3 | 48.4 | 52.5 | 25.3 | 27.6 | 19.9 | 28.5 | 55.6 | 6.5 |
| Return on Equity After Income Taxes 48 | 12.1 | • | 817.2 | 11.1 | 18.6 | 47.3 | 49.1 | 24.5 | 24.4 | 19.4 | 26.2 | 46.3 | 4.9 |
| Profit Margin (Before Income Tax) 49 | 4.6 | 13.5 | 14.2 | 6.8 | 4.6 | 6.8 | 10.7 | 6.5 | 6.2 | 11.2 | 6.9 | 7.7 | 2.6 |
| Profit Margin (After Income Tax) 50 | 4.0 | 12.7 | 14.2 | 6.0 | 3.9 | 6.6 | 10.0 | 6.3 | 5.5 | 11.0 | 6.4 | 6.4 | 1.9 |

**Table I**

Corporations with and without Net Income

# OFFICES OF PHYSICIANS

**MONEY AMOUNTS AND SIZE OF ASSETS IN THOUSANDS OF DOLLARS**

| Item Description for Accounting Period 7/00 Through 6/01 | | Total | Zero Assets | Under 100 | 100 to 250 | 251 to 500 | 501 to 1,000 | 1,001 to 5,000 | 5,001 to 10,000 | 10,001 to 25,000 | 25,001 to 50,000 | 50,001 to 100,000 | 100,001 to 250,000 | 250,001 and over |
|---|---|---|---|---|---|---|---|---|---|---|---|---|---|---|
| Number of Enterprises | 1 | 126231 | 7662 | 84548 | 22981 | 6884 | 2302 | 1555 | 136 | 111 | 28 | 13 | 5 | 6 |
| **Revenues ($ in Thousands)** | | | | | | | | | | | | | | |
| Net Sales | 2 | 164018995 | 2003897 | 59969363 | 30007964 | 16784887 | 11788424 | 19889672 | 3184518 | 4190175 | 2615101 | 1356667 | 1260768 | 10967558 |
| Interest | 3 | 371125 | 1415 | 58322 | 63264 | 36783 | 23114 | 35459 | 11057 | 23745 | 9562 | 7704 | 5278 | 95422 |
| Rents | 4 | 155067 | 0 | 39346 | 16657 | 2956 | 3276 | 27388 | 7297 | 14405 | 5189 | 4233 | 1852 | 32469 |
| Royalties | 5 | 13266 | 0 | 0 | 0 | 0 | 0 | 13005 | 0 | 147 | 0 | 113 | 0 | 0 |
| Other Portfolio Income | 6 | 220400 | 11644 | 94082 | 14835 | 5395 | 1168 | 41214 | 32453 | 3741 | 5821 | 457 | 644 | 8947 |
| Other Receipts | 7 | 3823449 | 194048 | 1372537 | 652421 | 207262 | 25030 | 526791 | 114705 | 333093 | 37412 | 72468 | 56711 | 230971 |
| Total Receipts | 8 | 168602302 | 2211004 | 61533650 | 30755141 | 17037283 | 11841012 | 20533529 | 3350030 | 4565306 | 2673085 | 1441642 | 1325253 | 11335367 |
| Average Total Receipts | 9 | 1336 | 289 | 728 | 1338 | 2475 | 5144 | 13205 | 24633 | 41129 | 95467 | 110896 | 265051 | 1889228 |
| **Operating Costs/Operating Income (%)** | | | | | | | | | | | | | | |
| Cost of Operations | 10 | 5.3 | 0.9 | 2.5 | 1.6 | 0.4 | 1.0 | 7.4 | 2.4 | 9.2 | 11.6 | 5.4 | 6.3 | 37.4 |
| Salaries and Wages | 11 | 27.6 | 11.1 | 22.3 | 29.0 | 25.3 | 27.9 | 39.5 | 40.0 | 44.9 | 25.0 | 43.1 | 36.5 | 24.6 |
| Taxes Paid | 12 | 3.1 | 3.0 | 3.1 | 3.4 | 3.5 | 3.1 | 3.0 | 3.1 | 2.7 | 2.0 | 3.1 | 3.2 | 2.6 |
| Interest Paid | 13 | 0.6 | 0.2 | 0.2 | 0.5 | 0.6 | 0.5 | 0.7 | 1.0 | 1.1 | 0.8 | 1.0 | 2.2 | 3.1 |
| Depreciation | 14 | 1.1 | 0.4 | 0.6 | 1.2 | 1.2 | 1.3 | 1.5 | 2.1 | 1.7 | 1.2 | 2.0 | 1.2 | 2.2 |
| Amortization and Depletion | 15 | 0.2 | 0.1 | 0.1 | 0.0 | 0.0 | 0.1 | 0.1 | 0.3 | 0.4 | 0.3 | 0.4 | 0.5 | 1.1 |
| Pensions and Other Deferred Comp. | 16 | 2.8 | 2.2 | 3.1 | 3.3 | 3.2 | 3.3 | 2.4 | 2.3 | 1.4 | 1.4 | 1.9 | 1.0 | 0.9 |
| Employee Benefits | 17 | 1.7 | 1.8 | 1.4 | 1.3 | 1.7 | 1.7 | 2.5 | 2.0 | 3.4 | 1.6 | 3.4 | 2.4 | 2.4 |
| Advertising | 18 | 0.4 | 0.2 | 0.2 | 0.6 | 0.6 | 0.4 | 0.5 | 0.1 | 0.6 | 0.2 | 1.2 | 0.2 | 0.2 |
| Other Expenses | 19 | 31.6 | 60.5 | 32.5 | 26.0 | 30.3 | 23.6 | 29.7 | 51.6 | 45.1 | 59.4 | 47.1 | 47.3 | 30.0 |
| Officers' Compensation | 20 | 26.6 | 26.9 | 34.3 | 32.8 | 31.0 | 34.7 | 15.5 | 3.9 | 1.8 | 1.0 | 0.6 | 0.5 | 0.2 |
| Operating Margin | 21 | • | • | • | 0.1 | 2.3 | 2.5 | • | • | • | • | • | • | • |
| Operating Margin Before Officers' Comp. | 22 | 25.5 | 19.8 | 34.0 | 32.9 | 33.3 | 37.2 | 12.8 | • | • | • | • | • | • |

## Selected Average Balance Sheet ($ in Thousands)

| | | | | | | | | | | | | | |
|---|---|---|---|---|---|---|---|---|---|---|---|---|---|
| Net Receivables 23 | 29 | 0 | 1 | 2 | 28 | 90 | 463 | 2000 | 4271 | 7680 | 12652 | 27717 | 184992 |
| Inventories 24 | 2 | 0 | 0 | 0 | 2 | 0 | 50 | 58 | 123 | 235 | 747 | 437 | 20419 |
| Net Property, Plant and Equipment 25 | 68 | 0 | 13 | 61 | 109 | 247 | 836 | 2528 | 4407 | 11690 | 18719 | 14643 | 319834 |
| Total Assets 26 | 226 | 0 | 36 | 149 | 345 | 685 | 2122 | 7211 | 15842 | 35245 | 61014 | 152448 | 1591158 |
| Notes and Loans Payable 27 | 82 | 0 | 23 | 72 | 163 | 358 | 1090 | 4109 | 6633 | 13027 | 15030 | 49401 | 179795 |
| All Other Liabilities 28 | 102 | 0 | 12 | 41 | 106 | 284 | 1165 | 3729 | 8055 | 14006 | 22093 | 12490 | 939279 |
| Net Worth 29 | 41 | 0 | 1 | 36 | 76 | 42 | -133 | -627 | 1154 | 8212 | 23890 | 90556 | 472084 |

## Selected Financial Ratios (Times to 1)

| | | | | | | | | | | | | | |
|---|---|---|---|---|---|---|---|---|---|---|---|---|---|
| Current Ratio 30 | 1.0 | • | 1.0 | 1.0 | 1.0 | 0.9 | 0.7 | 1.0 | 0.8 | 0.9 | 1.3 | 1.5 | 1.4 |
| Quick Ratio 31 | 0.8 | • | 0.8 | 0.9 | 0.8 | 0.8 | 0.6 | 0.8 | 0.7 | 0.8 | 0.9 | 1.1 | 1.0 |
| Net Sales to Working Capital 32 | • | • | • | 853.1 | • | • | • | • | • | • | 18.0 | 13.5 | 19.0 |
| Coverage Ratio 33 | 3.7 | 16.4 | 10.5 | 6.7 | 7.2 | 7.4 | 1.7 | • | • | • | • | 2.7 | 0.5 |
| Total Asset Turnover 34 | 5.8 | • | 19.9 | 8.8 | 7.1 | 7.5 | 6.0 | 3.2 | 2.4 | 2.6 | 1.7 | 1.7 | 1.1 |
| Inventory Turnover 35 | 30.8 | • | 62.6 | 92.7 | 5.2 | • | 18.8 | 9.9 | 28.3 | 45.9 | 7.6 | 36.3 | 33.5 |
| Receivables Turnover 36 | 43.2 | • | 1014.3 | 507.0 | 81.8 | 79.5 | 31.0 | 8.9 | 9.0 | 9.1 | 9.4 | 9.2 | 8.5 |
| Total Liabilities to Net Worth 37 | 4.5 | • | 30.1 | 3.1 | 3.5 | 15.3 | • | • | 12.7 | 3.3 | 1.6 | 0.7 | 2.4 |
| Current Assets to Working Capital 38 | • | • | • | 41.0 | • | • | • | • | • | • | 4.6 | 2.9 | 3.7 |
| Current Liabilities to Working Capital 39 | • | • | • | 40.0 | • | • | • | • | • | • | 3.6 | 1.9 | 2.7 |
| Working Capital to Net Sales 40 | • | • | • | 0.0 | • | • | • | • | • | • | 0.1 | 0.1 | 0.1 |
| Inventory to Working Capital 41 | • | • | • | 0.2 | • | • | • | • | • | • | 0.2 | 0.0 | 0.3 |
| Total Receipts to Cash Flow 42 | 3.5 | 1.9 | 3.3 | 4.2 | 3.4 | 4.6 | 4.1 | 2.5 | 2.7 | 1.9 | 2.5 | 2.0 | 4.2 |
| Cost of Goods to Cash Flow 43 | 0.2 | 0.0 | 0.1 | 0.1 | 0.0 | 0.0 | 0.3 | 0.1 | 0.3 | 0.2 | 0.1 | 0.1 | 1.6 |
| Cash Flow to Total Debt 44 | 2.0 | • | 6.2 | 2.7 | 2.7 | 1.7 | 1.4 | 1.2 | 0.9 | 1.9 | 1.1 | 2.0 | 0.4 |

## Selected Financial Factors (in Percentages)

| | | | | | | | | | | | | | |
|---|---|---|---|---|---|---|---|---|---|---|---|---|---|
| Debt Ratio 45 | 81.7 | • | 96.8 | 75.9 | 77.8 | 93.9 | 106.3 | 108.7 | 92.7 | 76.7 | 60.8 | 40.6 | 70.3 |
| Return on Total Assets 46 | 13.7 | • | 50.8 | 26.8 | 31.1 | 25.3 | 6.9 | • | • | • | • | 9.9 | 1.9 |
| Return on Equity Before Income Taxes 47 | 54.4 | • | 1427.0 | 94.5 | 120.7 | 358.1 | • | 133.0 | • | • | • | 10.6 | • |
| Return on Equity After Income Taxes 48 | 50.3 | • | 1389.7 | 90.6 | 117.5 | 355.2 | • | 139.2 | • | • | • | 6.8 | • |
| Profit Margin (Before Income Tax) 49 | 1.7 | 3.1 | 2.3 | 2.6 | 3.8 | 2.9 | 0.5 | • | • | • | • | 3.8 | • |
| Profit Margin (After Income Tax) 50 | 1.6 | 2.8 | 2.3 | 2.5 | 3.7 | 2.9 | 0.4 | • | • | • | • | 2.5 | • |

**Table II**

Corporations with Net Income

# OFFICES OF PHYSICIANS

**MONEY AMOUNTS AND SIZE OF ASSETS IN THOUSANDS OF DOLLARS**

| Item Description for Accounting Period 7/00 Through 6/01 | | Total | Zero Assets | Under 100 | 100 to 250 | 251 to 500 | 501 to 1,000 | 1,001 to 5,000 | 5,001 to 10,000 | 10,001 to 25,000 | 25,001 to 50,000 | 50,001 to 100,000 | 100,001 to 250,000 | 250,001 and over |
|---|---|---|---|---|---|---|---|---|---|---|---|---|---|---|
| Number of Enterprises | 1 | 77558 | 3068 | 50342 | 16868 | 4705 | 1548 | 900 | 0 | 51 | 13 | 4 | 0 | 0 |
| **Revenues ($ in Thousands)** | | | | | | | | | | | | | | |
| Net Sales | 2 | 93932917 | 962512 | 32244002 | 18953102 | 13022408 | 7259385 | 8352913 | 0 | 2263954 | 1674552 | 690859 | 0 | 0 |
| Interest | 3 | 178582 | 1318 | 23736 | 39267 | 24472 | 10038 | 17639 | 0 | 7088 | 4191 | 1097 | 0 | 0 |
| Rents | 4 | 93808 | 0 | 10423 | 12934 | 2127 | 0 | 26557 | 0 | 7910 | 715 | 118 | 0 | 0 |
| Royalties | 5 | 0 | 0 | 0 | 0 | 0 | 0 | 0 | 0 | 0 | 0 | 0 | 0 | 0 |
| Other Portfolio Income | 6 | 192455 | 11644 | 93259 | 13529 | 5038 | 1155 | 33106 | 0 | 1423 | 480 | 441 | 0 | 0 |
| Other Receipts | 7 | 2579846 | 184189 | 721522 | 660683 | 108538 | 17519 | 265245 | 0 | 250986 | 30016 | 46380 | 0 | 0 |
| Total Receipts | 8 | 96977608 | 1159663 | 33092942 | 19679515 | 13162583 | 7288097 | 8695460 | 0 | 2531361 | 1709954 | 738895 | 0 | 0 |
| Average Total Receipts | 9 | 1250 | 378 | 657 | 1167 | 2798 | 4708 | 9662 | • | 49635 | 131535 | 184724 | • | • |
| **Operating Costs/Operating Income (%)** | | | | | | | | | | | | | | |
| Cost of Operations | 10 | 2.8 | 1.6 | 3.4 | 1.9 | 0.2 | 1.0 | 6.5 | • | 11.3 | 4.7 | 7.8 | • | • |
| Salaries and Wages | 11 | 25.8 | 16.5 | 19.9 | 28.4 | 24.6 | 22.6 | 26.8 | • | 45.1 | 21.4 | 47.1 | • | • |
| Taxes Paid | 12 | 3.2 | 4.6 | 2.9 | 3.5 | 3.3 | 2.8 | 3.3 | • | 2.8 | 1.7 | 3.5 | • | • |
| Interest Paid | 13 | 0.7 | 0.2 | 0.3 | 0.5 | 0.6 | 0.5 | 1.0 | • | 0.8 | 0.7 | 0.5 | • | • |
| Depreciation | 14 | 1.2 | 0.8 | 0.6 | 1.4 | 1.1 | 1.3 | 1.9 | • | 1.6 | 0.8 | 1.1 | • | • |
| Amortization and Depletion | 15 | 0.2 | 0.0 | 0.2 | 0.0 | 0.0 | 0.1 | 0.1 | • | 0.3 | 0.2 | 0.2 | • | • |
| Pensions and Other Deferred Comp. | 16 | 2.8 | 2.6 | 2.9 | 3.4 | 3.0 | 2.5 | 2.3 | • | 1.6 | 1.2 | 2.0 | • | • |
| Employee Benefits | 17 | 1.6 | 2.0 | 1.3 | 1.2 | 1.3 | 1.5 | 2.0 | • | 2.9 | 1.4 | 4.1 | • | • |
| Advertising | 18 | 0.4 | 0.3 | 0.3 | 0.4 | 0.4 | 0.4 | 0.8 | • | 0.3 | 0.0 | 0.2 | • | • |
| Other Expenses | 19 | 31.4 | 36.1 | 31.6 | 25.8 | 30.3 | 22.3 | 30.9 | • | 40.0 | 67.3 | 36.2 | • | • |
| Officers' Compensation | 20 | 27.8 | 39.7 | 33.4 | 31.9 | 30.5 | 39.2 | 23.6 | • | 2.4 | 0.8 | 0.6 | • | • |
| Operating Margin | 21 | 2.2 | • | 3.3 | 1.7 | 4.8 | 5.9 | 0.9 | • | • | • | • | • | • |
| Operating Margin Before Officers' Comp. | 22 | 30.0 | 35.4 | 36.7 | 33.6 | 35.3 | 45.1 | 24.4 | • | • | 0.6 | • | • | • |

| | | | | | | | | | | | | | |
|---|---|---|---|---|---|---|---|---|---|---|---|---|---|
| **Selected Average Balance Sheet ($ in Thousands)** | | | | | | | | | | | | | |
| Net Receivables 23 | 27 | 0 | 0 | 2 | 21 | 73 | 522 | • | 3945 | 11230 | 20304 | • | • |
| Inventories 24 | 1 | 0 | 0 | 0 | 0 | 0 | 13 | • | 72 | 122 | 794 | • | • |
| Net Property, Plant and Equipment 25 | 71 | 0 | 10 | 58 | 102 | 225 | 843 | • | 4445 | 8630 | 17051 | • | • |
| Total Assets 26 | 241 | 0 | 35 | 145 | 350 | 688 | 2016 | • | 15234 | 35997 | 61575 | • | • |
| Notes and Loans Payable 27 | 63 | 0 | 16 | 63 | 138 | 315 | 991 | • | 5053 | 10357 | 11543 | • | • |
| All Other Liabilities 28 | 94 | 0 | 11 | 31 | 110 | 252 | 684 | • | 6974 | 17984 | 26790 | • | • |
| Net Worth 29 | 83 | 0 | 8 | 51 | 103 | 120 | 341 | • | 3207 | 7656 | 23242 | • | • |
| **Selected Financial Ratios (Times to 1)** | | | | | | | | | | | | | |
| Current Ratio 30 | 1.2 | • | 1.3 | 1.3 | 1.0 | 1.0 | 1.0 | • | 1.0 | 0.9 | 1.4 | • | • |
| Quick Ratio 31 | 1.0 | • | 1.2 | 1.1 | 0.8 | 0.9 | 0.9 | • | 0.8 | 0.7 | 1.0 | • | • |
| Net Sales to Working Capital 32 | 95.9 | • | 168.7 | 73.9 | 4535.8 | • | • | • | • | • | 17.9 | • | • |
| Coverage Ratio 33 | 9.2 | 108.1 | 22.5 | 11.9 | 11.5 | 14.6 | 6.1 | • | 4.4 | 3.7 | 7.7 | • | • |
| Total Asset Turnover 34 | 5.0 | • | 18.3 | 7.8 | 7.9 | 6.8 | 4.6 | • | 2.9 | 3.6 | 2.8 | • | • |
| Inventory Turnover 35 | 49.4 | • | 47.7 | 185.6 | 941.6 | • | 46.7 | • | 69.5 | 49.3 | 17.0 | • | • |
| Receivables Turnover 36 | 44.8 | • | 1328.4 | 674.0 | 135.3 | 75.8 | 25.3 | • | 10.9 | 9.6 | 7.4 | • | • |
| Total Liabilities to Net Worth 37 | 1.9 | • | 3.2 | 1.9 | 2.4 | 4.7 | 4.9 | • | 3.8 | 3.7 | 1.6 | • | • |
| Current Assets to Working Capital 38 | 6.6 | • | 4.4 | 4.0 | 254.5 | • | • | • | • | • | 3.8 | • | • |
| Current Liabilities to Working Capital 39 | 5.6 | • | 3.4 | 3.0 | 253.5 | • | • | • | • | • | 2.8 | • | • |
| Working Capital to Net Sales 40 | 0.0 | • | 0.0 | 0.0 | 0.0 | • | • | • | • | • | 0.1 | • | • |
| Inventory to Working Capital 41 | 0.0 | • | 0.1 | 0.0 | 0.0 | • | • | • | • | • | 0.1 | • | • |
| Total Receipts to Cash Flow 42 | 3.1 | 2.2 | 3.0 | 3.8 | 3.2 | 4.2 | 3.4 | • | 2.7 | 1.5 | 2.7 | • | • |
| Cost of Goods to Cash Flow 43 | 0.1 | 0.0 | 0.1 | 0.1 | 0.0 | 0.0 | 0.2 | • | 0.3 | 0.1 | 0.2 | • | • |
| Cash Flow to Total Debt 44 | 2.5 | • | 7.9 | 3.1 | 3.5 | 2.0 | 1.6 | • | 1.4 | 3.1 | 1.6 | • | • |
| **Selected Financial Factors (in Percentages)** | | | | | | | | | | | | | |
| Debt Ratio 45 | 65.4 | • | 76.5 | 65.1 | 70.7 | 82.5 | 83.1 | • | 78.9 | 78.7 | 62.3 | • | • |
| Return on Total Assets 46 | 30.7 | • | 113.4 | 47.1 | 50.6 | 45.7 | 27.3 | • | 10.7 | 9.5 | 11.7 | • | • |
| Return on Equity Before Income Taxes 47 | 79.2 | • | 460.1 | 123.6 | 157.7 | 243.9 | 134.8 | • | 39.5 | 32.5 | 27.0 | • | • |
| Return on Equity After Income Taxes 48 | 75.9 | • | 451.4 | 119.8 | 154.2 | 242.4 | 130.3 | • | 31.4 | 27.4 | 17.7 | • | • |
| Profit Margin (Before Income Tax) 49 | 5.5 | 16.1 | 5.9 | 5.6 | 5.9 | 6.2 | 5.0 | • | 2.9 | 1.9 | 3.6 | • | • |
| Profit Margin (After Income Tax) 50 | 5.2 | 15.3 | 5.8 | 5.4 | 5.7 | 6.2 | 4.8 | • | 2.3 | 1.6 | 2.4 | • | • |

**Table I**

Corporations with and without Net Income

# OFFICES OF DENTISTS

| Item Description for Accounting Period 7/00 Through 6/01 | | Total | Zero Assets | Under 100 | 100 to 250 | 251 to 500 | 501 to 1,000 | 1,001 to 5,000 | 5,001 to 10,000 | 10,001 to 25,000 | 25,001 to 50,000 | 50,001 to 100,000 | 100,001 to 250,000 | 250,001 and over |
|---|---|---|---|---|---|---|---|---|---|---|---|---|---|---|
| | | **MONEY AMOUNTS AND SIZE OF ASSETS IN THOUSANDS OF DOLLARS** | | | | | | | | | | | | |
| Number of Enterprises | 1 | 52788 | 1964 | 28861 | 15129 | 5598 | 1008 | 203 | 16 | 5 | 3 | 0 | 3 | • |
| | | **Revenues ($ in Thousands)** | | | | | | | | | | | | |
| Net Sales | 2 | 37469820 | 722578 | 15185866 | 9918605 | 5818845 | 1136289 | 3984208 | 37118 | 96899 | 265059 | 0 | 304351 | • |
| Interest | 3 | 59902 | 544 | 12850 | 18580 | 8107 | 1760 | 155 | 355 | 164 | 23 | 0 | 17365 | • |
| Rents | 4 | 6921 | 0 | 5516 | 3 | 673 | 0 | 250 | 0 | 0 | 0 | 0 | 479 | • |
| Royalties | 5 | 10 | 0 | 0 | 10 | 0 | 0 | 0 | 0 | 0 | 0 | 0 | 0 | • |
| Other Portfolio Income | 6 | 59343 | 5355 | 17306 | 24970 | 8039 | 3341 | 0 | 317 | 0 | 0 | 0 | 15 | • |
| Other Receipts | 7 | 411590 | 12040 | 173088 | 192105 | 19391 | 502 | -1145 | 3175 | -83 | 2117 | 0 | 10400 | • |
| Total Receipts | 8 | 38007586 | 740517 | 15394626 | 10154273 | 5855055 | 1141892 | 3983468 | 40965 | 96980 | 267199 | 0 | 332610 | • |
| Average Total Receipts | 9 | 720 | 377 | 533 | 671 | 1046 | 1133 | 19623 | 2560 | 19396 | 89066 | • | 110870 | • |
| | | **Operating Costs/Operating Income (%)** | | | | | | | | | | | | |
| Cost of Operations | 10 | 3.8 | 3.3 | 4.3 | 2.6 | 5.7 | 12.1 | 0.1 | 15.4 | • | 2.3 | • | 6.9 | • |
| Salaries and Wages | 11 | 23.3 | 11.1 | 22.7 | 23.3 | 24.4 | 22.6 | 24.3 | 36.0 | 35.6 | 41.5 | • | 35.5 | • |
| Taxes Paid | 12 | 3.5 | 4.4 | 3.9 | 3.6 | 3.7 | 3.6 | 1.7 | 3.3 | 5.0 | 3.1 | • | 4.4 | • |
| Interest Paid | 13 | 0.9 | 0.6 | 0.4 | 1.0 | 1.7 | 2.2 | 0.2 | 5.0 | 3.0 | 2.9 | • | 12.1 | • |
| Depreciation | 14 | 1.5 | 0.3 | 1.1 | 2.2 | 2.0 | 2.3 | 0.4 | 6.2 | 3.8 | 2.9 | • | 3.7 | • |
| Amortization and Depletion | 15 | 0.3 | 0.0 | 0.1 | 0.3 | 0.7 | 1.0 | 0.0 | 5.2 | 1.9 | 0.8 | • | 4.2 | • |
| Pensions and Other Deferred Comp. | 16 | 2.1 | 2.1 | 2.4 | 2.3 | 2.8 | 2.0 | 0.3 | • | 0.1 | 0.0 | • | 0.0 | • |
| Employee Benefits | 17 | 1.0 | 1.1 | 1.2 | 0.8 | 1.4 | 1.1 | 0.3 | 1.4 | 1.0 | 0.8 | • | 2.5 | • |
| Advertising | 18 | 1.0 | 0.6 | 1.0 | 1.0 | 1.5 | 0.7 | 0.2 | 2.6 | 2.4 | 5.9 | • | 2.1 | • |
| Other Expenses | 19 | 35.8 | 56.9 | 32.1 | 33.5 | 26.1 | 24.0 | 67.7 | 71.9 | 57.4 | 42.9 | • | 40.8 | • |
| Officers' Compensation | 20 | 22.6 | 25.7 | 27.5 | 24.6 | 22.1 | 18.1 | 4.3 | 4.1 | 1.0 | 0.2 | • | 0.7 | • |
| Operating Margin | 21 | 3.9 | • | 3.4 | 4.8 | 7.8 | 10.3 | 0.6 | • | • | • | • | • | • |
| Operating Margin Before Officers' Comp. | 22 | 26.5 | 19.6 | 30.9 | 29.4 | 29.9 | 28.3 | 4.9 | • | • | • | • | • | • |

## Selected Average Balance Sheet ($ in Thousands)

| | | | | | | | | | | | | | |
|---|---|---|---|---|---|---|---|---|---|---|---|---|---|
| Net Receivables 23 | 9 | 0 | 1 | 7 | 15 | 25 | 1 | 221 | 3138 | 19226 | • | 41057 | • |
| Inventories 24 | 1 | 0 | 0 | 1 | 3 | 8 | 0 | 0 | 41 | 587 | • | 776 | • |
| Net Property, Plant and Equipment 25 | 44 | 0 | 16 | 56 | 123 | 114 | 484 | 307 | 4163 | 10458 | • | 18910 | • |
| Total Assets 26 | 140 | 0 | 44 | 162 | 344 | 638 | 1421 | 5795 | 14412 | 43706 | • | 170795 | • |
| Notes and Loans Payable 27 | 75 | 0 | 27 | 79 | 207 | 310 | 338 | 2842 | 14020 | 22042 | • | 89930 | • |
| All Other Liabilities 28 | 26 | 0 | 12 | 26 | 50 | 46 | 729 | 276 | 2498 | 15068 | • | 34362 | • |
| Net Worth 29 | 38 | 0 | 4 | 56 | 87 | 282 | 354 | 2677 | -2106 | 6596 | • | 46503 | • |

## Selected Financial Ratios (Times to 1)

| | | | | | | | | | | | | | |
|---|---|---|---|---|---|---|---|---|---|---|---|---|---|
| Current Ratio 30 | 1.4 | • | 1.0 | 1.6 | 1.5 | 2.2 | 1.1 | 1.1 | 1.6 | 0.9 | • | 1.4 | • |
| Quick Ratio 31 | 1.1 | • | 1.0 | 1.2 | 1.2 | 1.8 | 0.3 | 1.0 | 1.6 | 0.8 | • | 1.3 | • |
| Net Sales to Working Capital 32 | 57.4 | • | 1875.5 | 33.2 | 32.6 | 9.9 | 300.9 | 118.6 | 10.0 | • | • | 8.7 | • |
| Coverage Ratio 33 | 6.8 | • | 13.9 | 8.0 | 5.8 | 6.0 | 4.4 | • | • | 0.1 | • | 0.7 | • |
| Total Asset Turnover 34 | 5.1 | • | 12.0 | 4.1 | 3.0 | 1.8 | 13.8 | 0.4 | 1.3 | 2.0 | • | 0.6 | • |
| Inventory Turnover 35 | 38.9 | • | 941.1 | 31.5 | 22.0 | 16.4 | • | • | • | 3.5 | • | 9.0 | • |
| Receivables Turnover 36 | 81.2 | • | 449.0 | 82.9 | 51.4 | 27.4 | 4407.3 | 21.0 | 7.1 | 4.8 | • | 4.9 | • |
| Total Liabilities to Net Worth 37 | 2.7 | • | 9.6 | 1.9 | 3.0 | 1.3 | 3.0 | 1.2 | • | 5.6 | • | 2.7 | • |
| Current Assets to Working Capital 38 | 3.7 | • | 65.1 | 2.7 | 3.0 | 1.8 | 9.0 | 20.2 | 2.6 | • | • | 3.8 | • |
| Current Liabilities to Working Capital 39 | 2.7 | • | 64.1 | 1.7 | 2.0 | 0.8 | 8.0 | 19.2 | 1.6 | • | • | 2.8 | • |
| Working Capital to Net Sales 40 | 0.0 | • | 0.0 | 0.0 | 0.0 | 0.1 | 0.0 | 0.0 | 0.1 | • | • | 0.1 | • |
| Inventory to Working Capital 41 | 0.0 | • | 0.1 | 0.0 | 0.1 | • | • | • | • | • | • | 0.1 | • |
| Total Receipts to Cash Flow 42 | 2.9 | 2.1 | 3.4 | 2.9 | 3.5 | 3.5 | 1.5 | 3.7 | 2.9 | 3.1 | • | 3.7 | • |
| Cost of Goods to Cash Flow 43 | 0.1 | 0.1 | 0.1 | 0.1 | 0.2 | 0.4 | 0.0 | 0.6 | • | 0.1 | • | 0.3 | • |
| Cash Flow to Total Debt 44 | 2.4 | • | 3.8 | 2.2 | 1.1 | 0.9 | 12.4 | 0.2 | 0.4 | 0.8 | • | 0.2 | • |

## Selected Financial Factors (in Percentages)

| | | | | | | | | | | | | | |
|---|---|---|---|---|---|---|---|---|---|---|---|---|---|
| Debt Ratio 45 | 72.8 | • | 90.6 | 65.2 | 74.8 | 55.8 | 75.1 | 53.8 | 114.6 | 84.9 | • | 72.8 | • |
| Return on Total Assets 46 | 31.6 | • | 61.2 | 33.2 | 30.6 | 22.8 | 9.5 | • | • | 0.7 | • | 5.1 | • |
| Return on Equity Before Income Taxes 47 | 99.3 | • | 601.2 | 83.4 | 100.5 | 43.0 | 29.5 | • | 101.7 | • | • | • | • |
| Return on Equity After Income Taxes 48 | 97.5 | • | 588.5 | 81.8 | 99.6 | 42.7 | 29.4 | • | 101.7 | • | • | • | • |
| Profit Margin (Before Income Tax) 49 | 5.3 | • | 4.7 | 7.2 | 8.4 | 10.8 | 0.5 | • | • | • | • | • | • |
| Profit Margin (After Income Tax) 50 | 5.2 | • | 4.6 | 7.0 | 8.3 | 10.7 | 0.5 | • | • | • | • | • | • |

# Table II

Corporations with Net Income

## OFFICES OF DENTISTS

| Item Description for Accounting Period 7/00 Through 6/01 | | MONEY AMOUNTS AND SIZE OF ASSETS IN THOUSANDS OF DOLLARS | | | | | | | | | | | | |
|---|---|---|---|---|---|---|---|---|---|---|---|---|---|---|
| | | Total | Zero Assets | Under 100 | 100 to 250 | 251 to 500 | 501 to 1,000 | 1,001 to 5,000 | 5,001 to 10,000 | 10,001 to 25,000 | 25,001 to 50,000 | 50,001 to 100,000 | 100,001 to 250,000 | 250,001 and over |
| Number of Enterprises | 1 | 33589 | 500 | 18548 | 9781 | 3826 | 890 | 0 | 0 | 0 | • | • | 0 | • |
| **Revenues ($ in Thousands)** | | | | | | | | | | | | | | |
| Net Sales | 2 | 22758529 | 60557 | 10594274 | 6754636 | 4018543 | 830939 | 0 | 0 | 0 | • | • | 0 | • |
| Interest | 3 | 24321 | 0 | 8883 | 10317 | 3889 | 1169 | 0 | 0 | 0 | • | • | 0 | • |
| Rents | 4 | 6553 | 0 | 5212 | 3 | 673 | 0 | 0 | 0 | 0 | • | • | 0 | • |
| Royalties | 5 | 0 | 0 | 0 | 0 | 0 | 0 | 0 | 0 | 0 | • | • | 0 | • |
| Other Portfolio Income | 6 | 43072 | 5355 | 14871 | 15834 | 4598 | 2401 | 0 | 0 | 0 | • | • | 0 | • |
| Other Receipts | 7 | 273015 | 5059 | 167464 | 89242 | 9064 | 120 | 0 | 0 | 0 | • | • | 0 | • |
| Total Receipts | 8 | 23105490 | 70971 | 10790704 | 6870032 | 4036767 | 834629 | 0 | 0 | 0 | • | • | 0 | • |
| Average Total Receipts | 9 | 688 | 142 | 582 | 702 | 1055 | 938 | • | • | • | • | • | • | • |
| **Operating Costs/Operating Income (%)** | | | | | | | | | | | | | | |
| Cost of Operations | 10 | 4.2 | • | 4.6 | 2.3 | 3.5 | 16.5 | • | • | • | • | • | • | • |
| Salaries and Wages | 11 | 22.1 | 21.6 | 21.8 | 20.6 | 23.7 | 19.2 | • | • | • | • | • | • | • |
| Taxes Paid | 12 | 3.5 | 5.0 | 3.7 | 3.3 | 3.3 | 3.4 | • | • | • | • | • | • | • |
| Interest Paid | 13 | 0.9 | • | 0.4 | 1.0 | 1.8 | 2.3 | • | • | • | • | • | • | • |
| Depreciation | 14 | 1.6 | 0.4 | 1.1 | 2.1 | 2.1 | 1.8 | • | • | • | • | • | • | • |
| Amortization and Depletion | 15 | 0.3 | • | 0.1 | 0.3 | 0.5 | 1.2 | • | • | • | • | • | • | • |
| Pensions and Other Deferred Comp. | 16 | 2.0 | • | 2.1 | 1.7 | 2.6 | 1.9 | • | • | • | • | • | • | • |
| Employee Benefits | 17 | 0.9 | • | 1.0 | 0.6 | 1.4 | 1.0 | • | • | • | • | • | • | • |
| Advertising | 18 | 1.2 | • | 1.1 | 1.1 | 1.5 | 0.9 | • | • | • | • | • | • | • |
| Other Expenses | 19 | 32.4 | 40.5 | 32.5 | 36.2 | 28.5 | 20.7 | • | • | • | • | • | • | • |
| Officers' Compensation | 20 | 22.4 | 41.0 | 26.1 | 20.8 | 18.2 | 16.7 | • | • | • | • | • | • | • |
| Operating Margin | 21 | 8.6 | • | 5.6 | 10.1 | 12.9 | 14.3 | • | • | • | • | • | • | • |
| Operating Margin Before Officers' Comp. | 22 | 31.0 | 32.6 | 31.8 | 30.9 | 31.1 | 31.1 | • | • | • | • | • | • | • |

| Selected Average Balance Sheet ($ in Thousands) | | | | | | | | | | | | | |
|---|---|---|---|---|---|---|---|---|---|---|---|---|---|
| Net Receivables 23 | 4 | 0 | 1 | 5 | 16 | 0 | • | • | • | • | • | • | • |
| Inventories 24 | 1 | 0 | 0 | 1 | 4 | 9 | • | • | • | • | • | • | • |
| Net Property, Plant and Equipment 25 | 45 | 0 | 17 | 57 | 128 | 80 | • | • | • | • | • | • | • |
| Total Assets 26 | 136 | 0 | 47 | 158 | 345 | 623 | • | • | • | • | • | • | • |
| Notes and Loans Payable 27 | 67 | 0 | 24 | 73 | 192 | 274 | • | • | • | • | • | • | • |
| All Other Liabilities 28 | 16 | 0 | 12 | 17 | 33 | 22 | • | • | • | • | • | • | • |
| Net Worth 29 | 53 | 0 | 11 | 68 | 120 | 327 | • | • | • | • | • | • | • |

| Selected Financial Ratios (Times to 1) | | | | | | | | | | | | | |
|---|---|---|---|---|---|---|---|---|---|---|---|---|---|
| Current Ratio 30 | 1.8 | • | 1.1 | 2.4 | 1.9 | 2.6 | • | • | • | • | • | • | • |
| Quick Ratio 31 | 1.6 | • | 1.0 | 2.0 | 1.8 | 2.1 | • | • | • | • | • | • | • |
| Net Sales to Working Capital 32 | 35.2 | • | 285.4 | 23.3 | 21.1 | 7.3 | • | • | • | • | • | • | • |
| Coverage Ratio 33 | 12.6 | • | 22.4 | 13.3 | 8.4 | 7.3 | • | • | • | • | • | • | • |
| Total Asset Turnover 34 | 5.0 | • | 12.1 | 4.4 | 3.0 | 1.5 | • | • | • | • | • | • | • |
| Inventory Turnover 35 | 27.6 | • | 1422.6 | 19.2 | 9.3 | 16.6 | • | • | • | • | • | • | • |
| Receivables Turnover 36 | 101.1 | • | 628.5 | 78.2 | 59.2 | 33.1 | • | • | • | • | • | • | • |
| Total Liabilities to Net Worth 37 | 1.6 | • | 3.2 | 1.3 | 1.9 | 0.9 | • | • | • | • | • | • | • |
| Current Assets to Working Capital 38 | 2.3 | • | 9.4 | 1.7 | 2.1 | 1.6 | • | • | • | • | • | • | • |
| Current Liabilities to Working Capital 39 | 1.3 | • | 8.4 | 0.7 | 1.1 | 0.6 | • | • | • | • | • | • | • |
| Working Capital to Net Sales 40 | 0.0 | • | 0.0 | 0.0 | 0.0 | 0.1 | • | • | • | • | • | • | • |
| Inventory to Working Capital 41 | 0.0 | • | • | 0.0 | 0.1 | • | • | • | • | • | • | • | • |
| Total Receipts to Cash Flow 42 | 2.8 | 2.3 | 3.1 | 2.4 | 2.8 | 3.4 | • | • | • | • | • | • | • |
| Cost of Goods to Cash Flow 43 | 0.1 | • | 0.1 | 0.1 | 0.1 | 0.6 | • | • | • | • | • | • | • |
| Cash Flow to Total Debt 44 | 2.9 | • | 5.2 | 3.2 | 1.7 | 0.9 | • | • | • | • | • | • | • |

| Selected Financial Factors (in Percentages) | | | | | | | | | | | | | |
|---|---|---|---|---|---|---|---|---|---|---|---|---|---|
| Debt Ratio 45 | 61.0 | • | 75.9 | 57.2 | 65.1 | 47.6 | • | • | • | • | • | • | • |
| Return on Total Assets 46 | 54.8 | • | 95.3 | 55.7 | 45.9 | 25.6 | • | • | • | • | • | • | • |
| Return on Equity Before Income Taxes 47 | 129.3 | • | 378.3 | 120.4 | 116.1 | 42.3 | • | • | • | • | • | • | • |
| Return on Equity After Income Taxes 48 | 127.2 | • | 371.0 | 118.4 | 115.2 | 41.9 | • | • | • | • | • | • | • |
| Profit Margin (Before Income Tax) 49 | 10.1 | 8.8 | 7.5 | 11.8 | 13.3 | 14.8 | • | • | • | • | • | • | • |
| Profit Margin (After Income Tax) 50 | 10.0 | 8.7 | 7.4 | 11.6 | 13.2 | 14.7 | • | • | • | • | • | • | • |

**Table I**

Corporations with and without Net Income

# OFFICES OF OTHER HEALTH PRACTITIONERS

| Item Description for Accounting Period 7/00 Through 6/01 | MONEY AMOUNTS AND SIZE OF ASSETS IN THOUSANDS OF DOLLARS | | | | | | | | | | | | |
|---|---|---|---|---|---|---|---|---|---|---|---|---|---|
| | Total | Zero Assets | Under 100 | 100 to 250 | 251 to 500 | 501 to 1,000 | 1,001 to 5,000 | 5,001 to 10,000 | 10,001 to 25,000 | 25,001 to 50,000 | 50,001 to 100,000 | 100,001 to 250,000 | 250,001 and over |
| Number of Enterprises 1 | 63133 | 3836 | 47308 | 8393 | 2118 | 916 | 384 | 84 | 49 | 27 | 14 | 3 | 0 |
| **Revenues ($ in Thousands)** | | | | | | | | | | | | | |
| Net Sales 2 | 31286773 | 369693 | 11252447 | 6880485 | 1893132 | 2106001 | 2150416 | 1779127 | 1622080 | 1120421 | 1235310 | 877662 | 0 |
| Interest 3 | 66727 | 5387 | 4006 | 5691 | 2470 | 4924 | 14714 | 2778 | 10660 | 8099 | 5826 | 2172 | 0 |
| Rents 4 | 20920 | 0 | 3880 | 1171 | 0 | 0 | 237 | 10777 | 4445 | 387 | 23 | 0 | 0 |
| Royalties 5 | 0 | 0 | 0 | 0 | 0 | 0 | 0 | 0 | 0 | 0 | 0 | 0 | 0 |
| Other Portfolio Income 6 | 93178 | 24866 | 3506 | 29438 | 292 | 1456 | 895 | 5474 | 24349 | 2264 | 639 | 0 | 0 |
| Other Receipts 7 | 718107 | 26661 | 34008 | 53402 | -15683 | 11566 | 54127 | 27920 | 47977 | 224920 | 247819 | 5387 | 0 |
| Total Receipts 8 | 32185705 | 426607 | 11297847 | 6970187 | 1880211 | 2123947 | 2220389 | 1826076 | 1709511 | 1356091 | 1489617 | 885221 | 0 |
| Average Total Receipts 9 | 510 | 111 | 239 | 830 | 888 | 2319 | 5782 | 21739 | 34888 | 50226 | 106401 | 295074 | • |
| **Operating Costs/Operating Income (%)** | | | | | | | | | | | | | |
| Cost of Operations 10 | 16.4 | 24.0 | 8.4 | 11.4 | 23.5 | 49.6 | 17.9 | 29.4 | 27.1 | 25.1 | 9.6 | 8.8 | • |
| Salaries and Wages 11 | 17.4 | 9.2 | 17.5 | 12.6 | 25.0 | 10.4 | 15.5 | 21.8 | 23.4 | 22.6 | 21.8 | 29.1 | • |
| Taxes Paid 12 | 3.0 | 3.1 | 3.5 | 2.6 | 4.5 | 5.7 | 1.3 | 2.2 | 1.6 | 2.1 | 1.4 | 1.2 | • |
| Interest Paid 13 | 1.0 | 1.7 | 0.5 | 0.7 | 1.7 | 1.2 | 0.5 | 0.8 | 0.8 | 2.5 | 3.9 | 3.8 | • |
| Depreciation 14 | 1.2 | 1.5 | 0.8 | 1.2 | 1.9 | 1.1 | 0.9 | 1.2 | 1.4 | 2.3 | 3.1 | 1.3 | • |
| Amortization and Depletion 15 | 0.4 | 0.3 | 0.1 | 0.1 | 0.2 | 0.7 | 0.1 | 0.5 | 0.5 | 1.3 | 3.8 | 0.6 | • |
| Pensions and Other Deferred Comp. 16 | 1.1 | 1.3 | 1.7 | 1.2 | 0.6 | 0.8 | 0.6 | 0.1 | 0.4 | 0.3 | 0.1 | • | • |
| Employee Benefits 17 | 1.2 | 2.2 | 1.3 | 0.6 | 0.8 | 1.0 | 0.6 | 1.5 | 2.1 | 1.8 | 1.1 | 4.7 | • |
| Advertising 18 | 1.4 | 1.6 | 1.6 | 0.7 | 2.7 | 2.1 | 1.2 | 3.7 | 0.3 | 1.3 | 0.7 | 0.3 | • |
| Other Expenses 19 | 42.6 | 54.4 | 32.4 | 53.3 | 24.6 | 19.0 | 56.8 | 44.1 | 47.3 | 63.1 | 84.4 | 48.8 | • |
| Officers' Compensation 20 | 13.2 | 19.0 | 24.5 | 11.2 | 8.5 | 9.3 | 4.9 | 0.8 | 1.0 | 1.3 | 1.5 | 0.1 | • |
| Operating Margin 21 | 1.1 | • | 7.7 | 4.3 | 5.9 | • | • | • | • | • | • | 1.4 | • |
| Operating Margin Before Officers' Comp. 22 | 14.3 | 0.8 | 32.2 | 15.5 | 14.5 | 8.5 | 4.6 | • | • | • | • | 1.5 | • |

| Selected Average Balance Sheet ($ in Thousands) | | | | | | | | | | | | | |
|---|---|---|---|---|---|---|---|---|---|---|---|---|---|
| Net Receivables 23 | 34 | 0 | 1 | 32 | 79 | 131 | 662 | 3288 | 4478 | 6971 | 18652 | 110191 | • |
| Inventories 24 | 3 | 0 | 1 | 6 | 9 | 25 | 22 | 209 | 114 | 781 | 475 | 3762 | • |
| Net Property, Plant and Equipment 25 | 30 | 0 | 7 | 52 | 94 | 198 | 266 | 1264 | 2181 | 5571 | 15103 | 10780 | • |
| Total Assets 26 | 136 | 0 | 25 | 152 | 315 | 654 | 2051 | 6999 | 14398 | 35624 | 75338 | 253687 | • |
| Notes and Loans Payable 27 | 60 | 0 | 15 | 56 | 202 | 321 | 643 | 2759 | 3860 | 13851 | 37652 | 96911 | • |
| All Other Liabilities 28 | 53 | 0 | 7 | 43 | 58 | 111 | 1158 | 3909 | 7406 | 12988 | 35931 | 151474 | • |
| Net Worth 29 | 23 | 0 | 3 | 53 | 55 | 222 | 250 | 331 | 3131 | 8784 | 1755 | 5301 | • |
| **Selected Financial Ratios (Times to 1)** | | | | | | | | | | | | | |
| Current Ratio 30 | 1.1 | • | 1.3 | 1.9 | 2.1 | 2.2 | 1.0 | 1.2 | 1.0 | 0.9 | 0.7 | 0.9 | • |
| Quick Ratio 31 | 0.9 | • | 1.0 | 1.6 | 1.8 | 1.9 | 0.8 | 1.0 | 0.8 | 0.6 | 0.6 | 0.7 | • |
| Net Sales to Working Capital 32 | 60.7 | • | 95.4 | 24.1 | 11.4 | 13.4 | • | 22.3 | • | • | • | • | • |
| Coverage Ratio 33 | 4.9 | • | 18.1 | 8.7 | 4.1 | 1.1 | 6.8 | • | 0.4 | • | • | 1.6 | • |
| Total Asset Turnover 34 | 3.7 | • | 9.7 | 5.4 | 2.8 | 3.5 | 2.7 | 3.0 | 2.3 | 1.2 | 1.2 | 1.2 | • |
| Inventory Turnover 35 | 25.1 | • | 21.9 | 16.2 | 22.8 | 46.1 | 44.9 | 29.9 | 78.9 | 13.3 | 17.8 | 6.8 | • |
| Receivables Turnover 36 | 15.2 | • | 203.0 | 32.7 | 14.2 | 14.7 | 7.4 | 7.6 | 6.6 | 6.2 | 5.8 | 2.4 | • |
| Total Liabilities to Net Worth 37 | 4.9 | • | 8.0 | 1.9 | 4.7 | 1.9 | 7.2 | 20.2 | 3.6 | 3.1 | 41.9 | 46.9 | • |
| Current Assets to Working Capital 38 | 8.7 | • | 5.0 | 2.1 | 1.9 | 1.9 | • | 5.1 | • | • | • | • | • |
| Current Liabilities to Working Capital 39 | 7.7 | • | 4.0 | 1.1 | 0.9 | 0.9 | • | 4.1 | • | • | • | • | • |
| Working Capital to Net Sales 40 | 0.0 | • | 0.0 | 0.0 | 0.1 | 0.1 | • | 0.0 | • | • | • | • | • |
| Inventory to Working Capital 41 | 0.4 | • | 0.4 | 0.2 | 0.1 | 0.2 | • | 0.3 | • | • | • | • | • |
| Total Receipts to Cash Flow 42 | 2.5 | 2.9 | 3.1 | 1.9 | 4.4 | 7.6 | 1.7 | 2.7 | 2.4 | 1.8 | 1.4 | 2.0 | • |
| Cost of Goods to Cash Flow 43 | 0.4 | 0.7 | 0.3 | 0.2 | 1.0 | 3.7 | 0.3 | 0.8 | 0.6 | 0.5 | 0.1 | 0.2 | • |
| Cash Flow to Total Debt 44 | 1.8 | • | 3.5 | 4.4 | 0.8 | 0.7 | 1.8 | 1.2 | 1.2 | 0.8 | 0.8 | 0.6 | • |
| **Selected Financial Factors (in Percentages)** | | | | | | | | | | | | | |
| Debt Ratio 45 | 83.1 | • | 88.9 | 65.1 | 82.5 | 66.0 | 87.8 | 95.3 | 78.3 | 75.3 | 97.7 | 97.9 | • |
| Return on Total Assets 46 | 18.2 | • | 82.9 | 34.3 | 19.7 | 4.4 | 9.5 | • | 0.8 | • | • | 6.9 | • |
| Return on Equity Before Income Taxes 47 | 85.6 | • | 706.1 | 86.9 | 85.2 | 0.8 | 66.4 | • | • | • | • | 122.9 | • |
| Return on Equity After Income Taxes 48 | 81.8 | • | 698.2 | 85.3 | 80.2 | 0.5 | 58.7 | • | • | • | • | 84.4 | • |
| Profit Margin (Before Income Tax) 49 | 4.0 | • | 8.1 | 5.6 | 5.3 | 0.1 | 3.0 | • | • | • | • | 2.2 | • |
| Profit Margin (After Income Tax) 50 | 3.8 | • | 8.0 | 5.5 | 5.0 | 0.0 | 2.6 | • | • | • | • | 1.5 | • |

## Table II

Corporations with Net Income

# Offices of Other Health Practitioners

Money Amounts and Size of Assets in Thousands of Dollars

| Item Description for Accounting Period 7/00 Through 6/01 | | Total | Zero Assets | Under 100 | 100 to 250 | 251 to 500 | 501 to 1,000 | 1,001 to 5,000 | 5,001 to 10,000 | 10,001 to 25,000 | 25,001 to 50,000 | 50,001 to 100,000 | 100,001 to 250,000 | 250,001 and over |
|---|---|---|---|---|---|---|---|---|---|---|---|---|---|---|
| Number of Enterprises | 1 | 41947 | 1771 | 31918 | 5852 | 1608 | 481 | 251 | 26 | 24 | 10 | 6 | 0 | 0 |
| **Revenues ($ in Thousands)** | | | | | | | | | | | | | | |
| Net Sales | 2 | 16981097 | 249677 | 8081349 | 2908445 | 1338182 | 490158 | 894441 | 624503 | 798296 | 612004 | 984043 | 0 | 0 |
| Interest | 3 | 32114 | 6 | 2092 | 1980 | 2470 | 1207 | 11067 | 23 | 6384 | 4133 | 2751 | 0 | 0 |
| Rents | 4 | 15757 | 0 | 3880 | 0 | 0 | 0 | 237 | 10601 | 1016 | 0 | 23 | 0 | 0 |
| Royalties | 5 | 0 | 0 | 0 | 0 | 0 | 0 | 0 | 0 | 0 | 0 | 0 | 0 | 0 |
| Other Portfolio Income | 6 | 64949 | 6534 | 2923 | 29438 | 292 | 0 | 826 | 203 | 22545 | 1634 | 552 | 0 | 0 |
| Other Receipts | 7 | 288568 | 9030 | 42543 | 26386 | 1252 | 50 | 65794 | 19659 | 35942 | 65384 | 22528 | 0 | 0 |
| Total Receipts | 8 | 17382485 | 265247 | 8132787 | 2966249 | 1342196 | 491415 | 972365 | 654989 | 864183 | 683155 | 1009897 | 0 | 0 |
| Average Total Receipts | 9 | 414 | 150 | 255 | 507 | 835 | 1022 | 3874 | 25192 | 36008 | 68316 | 168316 | • | • |
| **Operating Costs/Operating Income (%)** | | | | | | | | | | | | | | |
| Cost of Operations | 10 | 13.4 | 35.5 | 9.4 | 12.3 | 19.1 | 2.8 | 4.6 | 62.0 | 25.0 | 24.9 | 1.2 | • | • |
| Salaries and Wages | 11 | 17.8 | 8.0 | 17.2 | 13.1 | 20.4 | 17.5 | 16.8 | 19.4 | 25.1 | 13.3 | 31.9 | • | • |
| Taxes Paid | 12 | 3.1 | 1.6 | 3.3 | 3.2 | 4.5 | 5.6 | 2.3 | 2.9 | 2.1 | 1.5 | 1.4 | • | • |
| Interest Paid | 13 | 1.1 | 1.1 | 0.4 | 1.3 | 1.8 | 4.0 | 1.2 | 0.2 | 0.6 | 0.7 | 4.4 | • | • |
| Depreciation | 14 | 1.2 | 1.2 | 0.8 | 1.6 | 2.2 | 1.9 | 1.4 | 1.1 | 0.9 | 1.1 | 2.3 | • | • |
| Amortization and Depletion | 15 | 0.2 | 0.0 | 0.1 | 0.2 | 0.3 | 0.6 | 0.1 | 0.0 | 0.3 | 0.6 | 0.9 | • | • |
| Pensions and Other Deferred Comp. | 16 | 1.1 | • | 1.3 | 1.6 | 0.7 | 2.9 | 0.6 | 0.1 | 0.3 | 0.5 | 0.0 | • | • |
| Employee Benefits | 17 | 1.1 | 0.5 | 0.9 | 1.0 | 0.3 | 1.7 | 0.5 | 1.6 | 2.5 | 0.8 | 4.0 | • | • |
| Advertising | 18 | 1.6 | 2.4 | 1.8 | 0.9 | 3.3 | 1.6 | 2.7 | 0.4 | 0.4 | 0.3 | 0.7 | • | • |
| Other Expenses | 19 | 34.3 | 42.6 | 31.3 | 32.9 | 25.7 | 23.3 | 49.7 | 13.8 | 44.6 | 62.3 | 50.9 | • | • |
| Officers' Compensation | 20 | 15.8 | 3.4 | 20.9 | 19.2 | 11.6 | 32.8 | 10.6 | 0.2 | 0.8 | 1.0 | 0.6 | • | • |
| Operating Margin | 21 | 9.4 | 3.8 | 12.7 | 12.8 | 10.1 | 5.2 | 9.4 | • | • | • | 1.7 | • | • |
| Operating Margin Before Officers' Comp. | 22 | 25.2 | 7.2 | 33.5 | 31.9 | 21.7 | 38.0 | 20.0 | • | • | • | 2.3 | • | • |

**Selected Average Balance Sheet ($ in Thousands)**

| | | | | | | | | | | | | | |
|---|---|---|---|---|---|---|---|---|---|---|---|---|---|
| Net Receivables 23 | 25 | 0 | 2 | 15 | 83 | 41 | 426 | 2713 | 4312 | 10173 | 60441 | • | • |
| Inventories 24 | 2 | 0 | 1 | 6 | 9 | 6 | 15 | 269 | 79 | 752 | 1158 | • | • |
| Net Property, Plant and Equipment 25 | 25 | 0 | 6 | 44 | 94 | 273 | 315 | 1421 | 1955 | 4378 | 21731 | • | • |
| Total Assets 26 | 113 | 0 | 26 | 145 | 304 | 637 | 1897 | 6977 | 13978 | 35047 | 153182 | • | • |
| Notes and Loans Payable 27 | 43 | 0 | 9 | 65 | 159 | 475 | 483 | 956 | 3250 | 6256 | 59396 | • | • |
| All Other Liabilities 28 | 34 | 0 | 6 | 22 | 49 | 59 | 579 | 2644 | 6140 | 17667 | 78901 | • | • |
| Net Worth 29 | 36 | 0 | 11 | 58 | 96 | 103 | 835 | 3377 | 4588 | 11124 | 14885 | • | • |

**Selected Financial Ratios (Times to 1)**

| | | | | | | | | | | | | | |
|---|---|---|---|---|---|---|---|---|---|---|---|---|---|
| Current Ratio 30 | 1.4 | • | 1.8 | 2.1 | 2.6 | 0.8 | 1.9 | 1.7 | 1.0 | 1.1 | 0.8 | • | • |
| Quick Ratio 31 | 1.2 | • | 1.5 | 1.8 | 2.3 | 0.7 | 1.7 | 1.1 | 0.8 | 0.8 | 0.7 | • | • |
| Net Sales to Working Capital 32 | 26.1 | • | 39.3 | 15.8 | 8.6 | • | 6.8 | 12.1 | 93.7 | 39.0 | • | • | • |
| Coverage Ratio 33 | 11.9 | 10.4 | 32.7 | 12.1 | 6.9 | 2.4 | 16.2 | 14.6 | 11.3 | 7.8 | 2.0 | • | • |
| Total Asset Turnover 34 | 3.6 | • | 9.8 | 3.4 | 2.7 | 1.6 | 1.9 | 3.4 | 2.4 | 1.7 | 1.1 | • | • |
| Inventory Turnover 35 | 22.1 | • | 30.2 | 10.8 | 18.0 | 4.6 | 10.9 | 55.3 | 105.2 | 20.2 | 1.7 | • | • |
| Receivables Turnover 36 | 17.2 | • | 182.2 | 25.4 | 13.0 | 5.7 | 4.7 | 9.7 | 8.8 | 9.5 | 4.3 | • | • |
| Total Liabilities to Net Worth 37 | 2.1 | • | 1.3 | 1.5 | 2.2 | 5.2 | 1.3 | 1.1 | 2.0 | 2.2 | 9.3 | • | • |
| Current Assets to Working Capital 38 | 3.7 | • | 2.2 | 1.9 | 1.6 | • | 2.1 | 2.5 | 23.7 | 12.7 | • | • | • |
| Current Liabilities to Working Capital 39 | 2.7 | • | 1.2 | 0.9 | 0.6 | • | 1.1 | 1.5 | 22.7 | 11.7 | • | • | • |
| Working Capital to Net Sales 40 | 0.0 | • | 0.0 | 0.1 | 0.1 | • | 0.1 | 0.1 | 0.0 | 0.0 | • | • | • |
| Inventory to Working Capital 41 | 0.2 | • | 0.1 | 0.2 | 0.1 | • | 0.0 | 0.0 | 0.3 | 0.2 | • | • | • |
| Total Receipts to Cash Flow 42 | 2.6 | 2.6 | 2.8 | 2.5 | 3.5 | 4.3 | 1.6 | 8.2 | 2.2 | 1.5 | 1.9 | • | • |
| Cost of Goods to Cash Flow 43 | 0.3 | 0.9 | 0.3 | 0.3 | 0.7 | 0.1 | 0.1 | 5.1 | 0.6 | 0.4 | 0.0 | • | • |
| Cash Flow to Total Debt 44 | 2.0 | • | 6.1 | 2.3 | 1.2 | 0.4 | 2.1 | 0.8 | 1.6 | 1.7 | 0.6 | • | • |

**Selected Financial Factors (in Percentages)**

| | | | | | | | | | | | | | |
|---|---|---|---|---|---|---|---|---|---|---|---|---|---|
| Debt Ratio 45 | 68.2 | • | 57.4 | 60.0 | 68.4 | 83.9 | 56.0 | 51.6 | 67.2 | 68.3 | 90.3 | • | • |
| Return on Total Assets 46 | 46.0 | • | 134.4 | 55.1 | 33.4 | 15.0 | 36.3 | 11.5 | 14.8 | 9.6 | 9.4 | • | • |
| Return on Equity Before Income Taxes 47 | 132.7 | • | 305.6 | 126.6 | 90.3 | 53.6 | 77.3 | 22.2 | 41.0 | 26.2 | 47.7 | • | • |
| Return on Equity After Income Taxes 48 | 129.0 | • | 302.7 | 124.5 | 86.5 | 52.3 | 73.8 | 21.5 | 33.6 | 22.2 | 37.9 | • | • |
| Profit Margin (Before Income Tax) 49 | 11.7 | 10.1 | 13.3 | 14.7 | 10.4 | 5.4 | 18.1 | 3.1 | 5.7 | 4.8 | 4.3 | • | • |
| Profit Margin (After Income Tax) 50 | 11.4 | 9.2 | 13.2 | 14.5 | 10.0 | 5.3 | 17.3 | 3.0 | 4.6 | 4.0 | 3.4 | • | • |

**Table I**

Corporations with and without Net Income

# OUTPATIENT CARE CENTERS

**MONEY AMOUNTS AND SIZE OF ASSETS IN THOUSANDS OF DOLLARS**

| Item Description for Accounting Period 7/00 Through 6/01 | | Total | Zero Assets | Under 100 | 100 to 250 | 251 to 500 | 501 to 1,000 | 1,001 to 5,000 | 5,001 to 10,000 | 10,001 to 25,000 | 25,001 to 50,000 | 50,001 to 100,000 | 100,001 to 250,000 | 250,001 and over |
|---|---|---|---|---|---|---|---|---|---|---|---|---|---|---|
| Number of Enterprises | 1 | 6335 | 683 | 4268 | 505 | 137 | 184 | 427 | 35 | 45 | 19 | 13 | 9 | 9 |
| **Revenues ($ in Thousands)** | | | | | | | | | | | | | | |
| Net Sales | 2 | 33849838 | 244054 | 1685136 | 282352 | 301196 | 642001 | 2150401 | 706218 | 1322518 | 1268759 | 2141877 | 2682557 | 20422769 |
| Interest | 3 | 326491 | 15282 | 394 | 306 | 44 | 147 | 5306 | 2934 | 7868 | 11081 | 16783 | 70410 | 195935 |
| Rents | 4 | 10959 | 0 | 0 | 0 | 0 | 0 | 1132 | 201 | 4007 | 1458 | 75 | 851 | 3236 |
| Royalties | 5 | 199323 | 0 | 0 | 0 | 0 | 0 | 0 | 0 | 0 | 4 | 0 | 0 | 199319 |
| Other Portfolio Income | 6 | 90213 | 2307 | 0 | 0 | 0 | 0 | 4088 | 7082 | 286 | 4634 | 3225 | 1525 | 67064 |
| Other Receipts | 7 | 638293 | 17527 | 56832 | 2559 | 1363 | 11290 | 46641 | 59976 | 21776 | 30062 | 41335 | 183093 | 165841 |
| Total Receipts | 8 | 35115117 | 279170 | 1742362 | 285217 | 302603 | 653438 | 2207568 | 776411 | 1356455 | 1315998 | 2203295 | 2938436 | 21054164 |
| Average Total Receipts | 9 | 5543 | 409 | 408 | 565 | 2209 | 3551 | 5170 | 22183 | 30143 | 69263 | 169484 | 326493 | 2339352 |
| **Operating Costs/Operating Income (%)** | | | | | | | | | | | | | | |
| Cost of Operations | 10 | 49.9 | 5.8 | 6.0 | 6.1 | 33.7 | 21.8 | 10.6 | 3.9 | 32.8 | 7.8 | 5.4 | 54.5 | 69.3 |
| Salaries and Wages | 11 | 12.9 | 20.1 | 14.4 | 44.4 | 23.6 | 15.6 | 35.2 | 24.1 | 15.0 | 19.8 | 18.5 | 15.0 | 7.8 |
| Taxes Paid | 12 | 1.7 | 4.6 | 2.4 | 4.4 | 5.5 | 1.5 | 2.6 | 2.0 | 1.4 | 2.0 | 1.1 | 1.4 | 1.4 |
| Interest Paid | 13 | 2.4 | 1.8 | 0.2 | 1.6 | 0.2 | 1.1 | 1.1 | 0.9 | 1.1 | 1.2 | 1.4 | 4.2 | 2.9 |
| Depreciation | 14 | 1.3 | 1.2 | 1.3 | 2.9 | 0.2 | 2.3 | 1.3 | 0.8 | 1.8 | 1.4 | 1.0 | 1.5 | 1.3 |
| Amortization and Depletion | 15 | 1.0 | 0.3 | 0.0 | • | 0.0 | 0.1 | 0.5 | 0.3 | 0.3 | 0.5 | 0.7 | 1.7 | 1.2 |
| Pensions and Other Deferred Comp. | 16 | 0.4 | • | 0.6 | 1.1 | • | 0.0 | 2.8 | 0.3 | 0.5 | 0.3 | 0.1 | 0.1 | 0.2 |
| Employee Benefits | 17 | 1.9 | 33.3 | 0.3 | 6.1 | 1.6 | 0.9 | 1.0 | 1.6 | 1.5 | 10.6 | 2.7 | 1.7 | 1.2 |
| Advertising | 18 | 0.3 | 0.0 | 0.4 | 0.6 | 1.3 | 0.2 | 0.5 | 0.8 | 0.7 | 0.3 | 0.4 | 0.3 | 0.2 |
| Other Expenses | 19 | 30.5 | 44.7 | 56.9 | 30.4 | 16.0 | 61.5 | 39.4 | 81.0 | 51.1 | 62.9 | 74.5 | 46.3 | 14.7 |
| Officers' Compensation | 20 | 1.6 | 0.5 | 15.2 | 15.9 | 7.3 | 0.3 | 3.8 | 1.0 | 0.7 | 0.6 | 0.5 | 0.7 | 0.4 |
| Operating Margin | 21 | • | • | 2.3 | • | 10.7 | • | 1.4 | • | • | • | • | • | • |
| Operating Margin Before Officers' Comp. | 22 | • | • | 17.4 | 2.4 | 18.0 | • | 5.2 | • | • | • | • | • | • |

## Selected Average Balance Sheet ($ in Thousands)

| | | | | | | | | | | | | | |
|---|---|---|---|---|---|---|---|---|---|---|---|---|---|
| Net Receivables **23** | 410 | 0 | 3 | 0 | 170 | 335 | 373 | 3118 | 3212 | 5263 | 9129 | 40357 | 167329 |
| Inventories **24** | 53 | 0 | 0 | 2 | 1 | 19 | 29 | 24 | 134 | 538 | 543 | 557 | 32244 |
| Net Property, Plant and Equipment **25** | 384 | 0 | 7 | 142 | 15 | 188 | 634 | 791 | 3641 | 2830 | 10851 | 9254 | 172912 |
| Total Assets **26** | 3924 | 0 | 39 | 190 | 342 | 790 | 1630 | 7034 | 14442 | 35500 | 67448 | 166354 | 2195719 |
| Notes and Loans Payable **27** | 1493 | 0 | 16 | 165 | 82 | 1032 | 768 | 6362 | 6583 | 12240 | 18044 | 53376 | 812739 |
| All Other Liabilities **28** | 1178 | 0 | 12 | 38 | 80 | 1071 | 778 | 2605 | 6415 | 17592 | 26164 | 98554 | 545815 |
| Net Worth **29** | 1252 | 0 | 12 | -14 | 179 | -1313 | 84 | -1934 | 1444 | 5668 | 23241 | 14424 | 837165 |

## Selected Financial Ratios (Times to 1)

| | | | | | | | | | | | | | |
|---|---|---|---|---|---|---|---|---|---|---|---|---|---|
| Current Ratio **30** | 1.1 | • | 1.3 | 0.3 | 2.3 | 0.5 | 0.7 | 0.8 | 1.2 | 1.0 | 1.1 | 1.0 | 1.2 |
| Quick Ratio **31** | 0.7 | • | 1.3 | 0.2 | 2.3 | 0.5 | 0.6 | 0.7 | 1.0 | 0.7 | 0.8 | 0.9 | 0.7 |
| Net Sales to Working Capital **32** | 42.9 | • | 104.8 | • | 13.9 | • | • | • | 25.8 | 192.5 | 92.9 | 166.2 | 21.3 |
| Coverage Ratio **33** | 0.9 | 2.1 | 26.7 | • | 49.9 | • | 4.9 | • | • | • | • | • | 1.8 |
| Total Asset Turnover **34** | 1.4 | • | 10.1 | 2.9 | 6.4 | 4.4 | 3.1 | 2.9 | 2.0 | 1.9 | 2.4 | 1.8 | 1.0 |
| Inventory Turnover **35** | 50.2 | • | 207.0 | 20.7 | 649.8 | 40.2 | 18.6 | 33.1 | 71.7 | 9.6 | 16.3 | 291.7 | 48.8 |
| Receivables Turnover **36** | 12.0 | • | 78.7 | 42.9 | 12.0 | 17.3 | 11.9 | 6.3 | 8.5 | 10.4 | 16.7 | 8.0 | 12.0 |
| Total Liabilities to Net Worth **37** | 2.1 | • | 2.4 | • | 0.9 | • | 18.3 | • | 9.0 | 5.3 | 1.9 | 10.5 | 1.6 |
| Current Assets to Working Capital **38** | 10.6 | • | 4.5 | • | 1.7 | • | • | • | 6.9 | 49.6 | 19.5 | 43.9 | 6.1 |
| Current Liabilities to Working Capital **39** | 9.6 | • | 3.5 | • | 0.7 | • | • | • | 5.9 | 48.6 | 18.5 | 42.9 | 5.1 |
| Working Capital to Net Sales **40** | 0.0 | • | 0.0 | • | 0.1 | • | • | • | 0.0 | 0.0 | 0.0 | 0.0 | 0.0 |
| Inventory to Working Capital **41** | 0.4 | • | 0.0 | • | 0.0 | • | • | • | 0.1 | 1.7 | 0.2 | 0.4 | 0.3 |
| Total Receipts to Cash Flow **42** | 3.8 | 2.2 | 1.8 | 8.8 | 4.5 | 1.9 | 2.5 | 1.5 | 2.3 | 1.8 | 1.5 | 11.3 | 6.7 |
| Cost of Goods to Cash Flow **43** | 1.9 | 0.1 | 0.1 | 0.5 | 1.5 | 0.4 | 0.3 | 0.1 | 0.8 | 0.1 | 0.1 | 6.1 | 4.6 |
| Cash Flow to Total Debt **44** | 0.5 | • | 8.0 | 0.3 | 3.0 | 0.9 | 1.3 | 1.5 | 1.0 | 1.2 | 2.5 | 0.2 | 0.3 |

## Selected Financial Factors (in Percentages)

| | | | | | | | | | | | | | |
|---|---|---|---|---|---|---|---|---|---|---|---|---|---|
| Debt Ratio **45** | 68.1 | • | 70.6 | 107.1 | 47.6 | 266.2 | 94.8 | 127.5 | 90.0 | 84.0 | 65.5 | 91.3 | 61.9 |
| Return on Total Assets **46** | 3.0 | • | 59.0 | • | 73.5 | • | 15.9 | • | • | • | • | • | 5.4 |
| Return on Equity Before Income Taxes **47** | • | • | 193.4 | 515.5 | 137.5 | 9.0 | 245.6 | 71.5 | • | • | • | • | 6.5 |
| Return on Equity After Income Taxes **48** | • | • | 181.6 | 515.5 | 137.5 | 9.0 | 209.9 | 74.0 | • | • | • | • | 4.9 |
| Profit Margin (Before Income Tax) **49** | • | 2.0 | 5.7 | • | 11.2 | • | 4.1 | • | • | • | • | • | 2.4 |
| Profit Margin (After Income Tax) **50** | • | • | 5.3 | • | 11.2 | • | 3.5 | • | • | • | • | • | 1.8 |

# Table II

Corporations with Net Income

## Outpatient Care Centers

**Money Amounts and Size of Assets in Thousands of Dollars**

| Item Description for Accounting Period 7/00 Through 6/01 | | Total | Zero Assets | Under 100 | 100 to 250 | 251 to 500 | 501 to 1,000 | 1,001 to 5,000 | 5,001 to 10,000 | 10,001 to 25,000 | 25,001 to 50,000 | 50,001 to 100,000 | 100,001 to 250,000 | 250,001 and over |
|---|---|---|---|---|---|---|---|---|---|---|---|---|---|---|
| Number of Enterprises | 1 | 4364 | 19 | 3693 | 201 | 44 | 45 | 0 | 15 | 19 | 6 | 5 | 0 | 6 |
| **Revenues ($ in Thousands)** | | | | | | | | | | | | | | |
| Net Sales | 2 | 22034991 | 70488 | 1615434 | 241433 | 186731 | 138476 | 0 | 335529 | 671704 | 322176 | 939903 | 0 | 14755144 |
| Interest | 3 | 161834 | 13937 | 391 | 306 | 0 | 0 | 0 | 911 | 3665 | 2236 | 6166 | 0 | 120577 |
| Rents | 4 | 4140 | 0 | 0 | 0 | 0 | 0 | 0 | 61 | 162 | 1349 | 7 | 0 | 2539 |
| Royalties | 5 | 191747 | 0 | 0 | 0 | 0 | 0 | 0 | 0 | 0 | 0 | 0 | 0 | 191747 |
| Other Portfolio Income | 6 | 78100 | 101 | 0 | 0 | 0 | 0 | 0 | 7059 | 222 | 2459 | 1735 | 0 | 62757 |
| Other Receipts | 7 | 360281 | 5394 | 56832 | 2560 | 1363 | 1146 | 0 | -2984 | 8278 | 5944 | 9392 | 0 | 128129 |
| Total Receipts | 8 | 22831093 | 89920 | 1672657 | 244299 | 188094 | 139622 | 0 | 340576 | 684031 | 334164 | 957203 | 0 | 15260893 |
| Average Total Receipts | 9 | 5232 | 4733 | 453 | 1215 | 4275 | 3103 | • | 22705 | 36002 | 55694 | 191441 | • | 2543482 |
| **Operating Costs/Operating Income (%)** | | | | | | | | | | | | | | |
| Cost of Operations | 10 | 58.6 | • | 5.9 | 7.2 | 54.3 | 19.2 | • | 7.6 | 30.1 | 14.0 | 3.7 | • | 77.7 |
| Salaries and Wages | 11 | 11.2 | 30.5 | 13.6 | 37.2 | 2.3 | 21.6 | • | 11.0 | 8.7 | 11.5 | 21.2 | • | 6.8 |
| Taxes Paid | 12 | 1.5 | 6.0 | 2.4 | 4.3 | 5.3 | 2.6 | • | 1.1 | 1.0 | 1.3 | 0.5 | • | 1.2 |
| Interest Paid | 13 | 1.3 | 0.7 | 0.2 | 1.0 | 0.1 | • | • | 0.9 | 1.0 | 1.0 | 0.4 | • | 1.6 |
| Depreciation | 14 | 1.0 | 1.1 | 1.3 | 1.1 | 0.3 | 3.4 | • | 0.7 | 1.0 | 1.1 | 1.1 | • | 1.0 |
| Amortization and Depletion | 15 | 0.7 | 0.0 | 0.0 | • | 0.0 | • | • | 0.3 | 0.2 | 1.1 | 0.4 | • | 0.9 |
| Pensions and Other Deferred Comp. | 16 | 0.5 | • | 0.7 | 1.3 | • | 0.1 | • | 0.5 | 0.1 | 0.4 | 0.1 | • | 0.3 |
| Employee Benefits | 17 | 1.4 | 3.3 | 0.2 | 7.2 | 0.2 | 0.2 | • | 0.8 | 1.1 | 35.6 | 3.9 | • | 0.6 |
| Advertising | 18 | 0.3 | • | 0.4 | 0.3 | 0.2 | 0.8 | • | 0.3 | 0.3 | 0.1 | 0.7 | • | 0.2 |
| Other Expenses | 19 | 19.6 | 47.4 | 55.2 | 10.5 | 5.6 | 28.5 | • | 71.3 | 53.9 | 30.8 | 64.5 | • | 9.1 |
| Officers' Compensation | 20 | 2.2 | 1.7 | 15.8 | 18.6 | 11.7 | • | • | 1.5 | 0.4 | 0.2 | 0.9 | • | 0.4 |
| Operating Margin | 21 | 1.6 | 9.3 | 4.2 | 11.4 | 20.1 | 23.8 | • | 4.0 | 2.3 | 2.8 | 2.7 | • | 0.3 |
| Operating Margin Before Officers' Comp. | 22 | 3.8 | 11.1 | 20.0 | 30.0 | 31.8 | 23.8 | • | 5.5 | 2.7 | 3.0 | 3.6 | • | 0.7 |

**Selected Average Balance Sheet ($ in Thousands)**

| | | | | | | | | | | | | | |
|---|---|---|---|---|---|---|---|---|---|---|---|---|---|
| Net Receivables **23** | 274 | 0 | 4 | 1 | 0 | 0 | • | 3384 | 2248 | 1959 | 8807 | • | 136966 |
| Inventories **24** | 41 | 0 | 0 | 5 | 4 | 11 | • | 39 | 69 | 240 | 834 | • | 25921 |
| Net Property, Plant and Equipment **25** | 276 | 0 | 7 | 171 | 47 | 271 | • | 787 | 3237 | 2306 | 7103 | • | 124079 |
| Total Assets **26** | 2605 | 0 | 37 | 230 | 461 | 947 | • | 6904 | 14309 | 34032 | 67378 | • | 1522277 |
| Notes and Loans Payable **27** | 644 | 0 | 7 | 140 | 20 | 2 | • | 4348 | 4690 | 11378 | 9659 | • | 343415 |
| All Other Liabilities **28** | 1092 | 0 | 8 | 43 | 0 | 28 | • | 4286 | 6580 | 11738 | 21369 | • | 676341 |
| Net Worth **29** | 869 | 0 | 21 | 47 | 441 | 918 | • | -1731 | 3039 | 10916 | 36350 | • | 502520 |

**Selected Financial Ratios (Times to 1)**

| | | | | | | | | | | | | | |
|---|---|---|---|---|---|---|---|---|---|---|---|---|---|
| Current Ratio **30** | 1.2 | • | 1.8 | 0.6 | 24.7 | 22.9 | • | 1.0 | 1.3 | 1.0 | 1.8 | • | 1.2 |
| Quick Ratio **31** | 0.8 | • | 1.8 | 0.2 | 24.5 | 22.2 | • | 1.0 | 1.0 | 0.5 | 1.2 | • | 0.8 |
| Net Sales to Working Capital **32** | 23.6 | • | 56.2 | • | 13.9 | 4.8 | • | 267.6 | 20.1 | • | 10.3 | • | 21.1 |
| Coverage Ratio **33** | 4.9 | 53.7 | 34.8 | 14.2 | 361.5 | • | • | 6.9 | 5.0 | 7.5 | 11.8 | • | 3.3 |
| Total Asset Turnover **34** | 1.9 | • | 11.9 | 5.2 | 9.2 | 3.2 | • | 3.2 | 2.5 | 1.6 | 2.8 | • | 1.6 |
| Inventory Turnover **35** | 71.9 | • | 224.2 | 18.3 | 649.8 | 52.2 | • | 43.6 | 153.8 | 31.2 | 8.3 | • | 73.7 |
| Receivables Turnover **36** | 14.0 | • | 130.9 | 229.7 | 17783.9 | 16291.3 | • | 13.2 | 18.4 | 11.0 | 12.6 | • | 13.1 |
| Total Liabilities to Net Worth **37** | 2.0 | • | 0.7 | 3.9 | 0.0 | 0.0 | • | • | 3.7 | 2.1 | 0.9 | • | 2.0 |
| Current Assets to Working Capital **38** | 5.8 | • | 2.3 | • | 1.0 | 1.0 | • | 61.0 | 4.8 | • | 2.3 | • | 6.2 |
| Current Liabilities to Working Capital **39** | 4.8 | • | 1.3 | • | 0.0 | 0.0 | • | 60.0 | 3.8 | • | 1.3 | • | 5.2 |
| Working Capital to Net Sales **40** | 0.0 | • | 0.0 | • | 0.1 | 0.2 | • | 0.0 | 0.0 | • | 0.1 | • | 0.0 |
| Inventory to Working Capital **41** | 0.1 | • | 0.0 | • | 0.0 | 0.0 | • | 0.5 | 0.1 | • | 0.0 | • | 0.1 |
| Total Receipts to Cash Flow **42** | 4.4 | 1.2 | 1.7 | 4.6 | 4.0 | 2.3 | • | 1.4 | 1.8 | 2.9 | 1.5 | • | 8.7 |
| Cost of Goods to Cash Flow **43** | 2.6 | • | 0.1 | 0.3 | 2.2 | 0.4 | • | 0.1 | 0.5 | 0.4 | 0.1 | • | 6.8 |
| Cash Flow to Total Debt **44** | 0.7 | • | 16.2 | 1.4 | 51.9 | 44.5 | • | 1.8 | 1.8 | 0.8 | 4.1 | • | 0.3 |

**Selected Financial Factors (in Percentages)**

| | | | | | | | | | | | | | |
|---|---|---|---|---|---|---|---|---|---|---|---|---|---|
| Debt Ratio **45** | 66.6 | • | 42.0 | 79.7 | 4.4 | 3.1 | • | 125.1 | 78.8 | 67.9 | 46.1 | • | 67.0 |
| Return on Total Assets **46** | 12.5 | • | 94.6 | 71.0 | 192.5 | 79.9 | • | 21.0 | 12.7 | 11.9 | 13.6 | • | 8.4 |
| Return on Equity Before Income Taxes **47** | 29.8 | • | 158.3 | 325.3 | 200.9 | 82.5 | • | • | 47.7 | 32.1 | 23.2 | • | 17.6 |
| Return on Equity After Income Taxes **48** | 25.1 | • | 151.0 | 325.3 | 200.9 | 82.5 | • | • | 43.1 | 27.3 | 20.5 | • | 13.6 |
| Profit Margin (Before Income Tax) **49** | 5.1 | 36.8 | 7.8 | 12.6 | 20.9 | 24.6 | • | 5.5 | 4.1 | 6.5 | 4.5 | • | 3.6 |
| Profit Margin (After Income Tax) **50** | 4.3 | 24.2 | 7.4 | 12.6 | 20.9 | 24.6 | • | 5.0 | 3.7 | 5.6 | 4.0 | • | 2.8 |

## Table I

Corporations with and without Net Income

# MISC. HEALTH CARE AND SOCIAL ASSISTANCE

MONEY AMOUNTS AND SIZE OF ASSETS IN THOUSANDS OF DOLLARS

| Item Description for Accounting Period 7/00 Through 6/01 | | Total | Zero Assets | Under 100 | 100 to 250 | 251 to 500 | 501 to 1,000 | 1,001 to 5,000 | 5,001 to 10,000 | 10,001 to 25,000 | 25,001 to 50,000 | 50,001 to 100,000 | 100,001 to 250,000 | 250,001 and over |
|---|---|---|---|---|---|---|---|---|---|---|---|---|---|---|
| Number of Enterprises | 1 | 42630 | 2137 | 27380 | 5994 | 3206 | 1833 | 1644 | 190 | 120 | 48 | 34 | 28 | 18 |
| **Revenues ($ in Thousands)** | | | | | | | | | | | | | | |
| Net Sales | 2 | 54628834 | 757852 | 6319198 | 4192003 | 3505881 | 2791996 | 8816089 | 2740420 | 3171250 | 2509207 | 2186855 | 3989948 | 13648136 |
| Interest | 3 | 320245 | 13256 | 2743 | 2018 | 1281 | 6623 | 14412 | 5368 | 18489 | 19703 | 33997 | 48693 | 153661 |
| Rents | 4 | 67882 | 0 | 0 | 0 | 49 | 411 | 881 | 12855 | 2036 | 21058 | 2372 | 3878 | 24341 |
| Royalties | 5 | 101259 | 9871 | 0 | 0 | 0 | 0 | 605 | 0 | 639 | 9921 | 28731 | 24746 | 26746 |
| Other Portfolio Income | 6 | 339040 | 0 | 1874 | 2646 | 34690 | 806 | 8101 | 13473 | 23571 | 4246 | 17705 | 71306 | 160625 |
| Other Receipts | 7 | 1244372 | 16080 | -1016 | 173959 | 11881 | 124377 | 67413 | 183384 | 83322 | 78707 | 12403 | 107013 | 386847 |
| Total Receipts | 8 | 56701632 | 797059 | 6322799 | 4370626 | 3553782 | 2924213 | 8907501 | 2955500 | 3299307 | 2642842 | 2282063 | 4245584 | 14400356 |
| Average Total Receipts | 9 | 1330 | 373 | 231 | 729 | 1108 | 1595 | 5418 | 15555 | 27494 | 55059 | 67120 | 151628 | 800020 |
| **Operating Costs/Operating Income (%)** | | | | | | | | | | | | | | |
| Cost of Operations | 10 | 23.7 | 21.1 | 11.4 | 29.0 | 19.0 | 24.7 | 19.2 | 35.6 | 30.1 | 19.8 | 25.4 | 13.8 | 31.1 |
| Salaries and Wages | 11 | 29.3 | 22.6 | 32.8 | 22.4 | 29.8 | 27.3 | 36.8 | 30.2 | 27.3 | 27.8 | 32.6 | 35.9 | 23.9 |
| Taxes Paid | 12 | 3.7 | 4.0 | 4.3 | 3.9 | 4.1 | 4.0 | 4.6 | 3.5 | 3.5 | 3.5 | 4.1 | 4.2 | 2.6 |
| Interest Paid | 13 | 3.0 | 2.5 | 0.7 | 0.9 | 1.5 | 2.4 | 1.4 | 1.6 | 2.1 | 2.8 | 5.1 | 5.6 | 5.5 |
| Depreciation | 14 | 2.7 | 1.9 | 1.1 | 1.1 | 1.8 | 2.8 | 2.4 | 3.1 | 2.5 | 2.7 | 3.6 | 3.8 | 4.1 |
| Amortization and Depletion | 15 | 0.7 | 0.5 | 0.2 | 0.2 | 0.3 | 0.2 | 0.1 | 0.4 | 0.6 | 1.0 | 1.6 | 1.4 | 1.4 |
| Pensions and Other Deferred Comp. | 16 | 0.4 | 0.1 | 0.8 | 1.2 | 0.2 | 0.2 | 0.4 | 0.4 | 0.3 | 0.6 | 0.2 | 0.3 | 0.1 |
| Employee Benefits | 17 | 2.1 | 1.6 | 0.6 | 1.3 | 1.0 | 1.0 | 1.5 | 2.5 | 2.5 | 2.1 | 2.0 | 3.1 | 3.3 |
| Advertising | 18 | 0.5 | 0.7 | 0.6 | 0.6 | 0.3 | 0.6 | 0.4 | 0.3 | 0.5 | 0.4 | 0.9 | 0.6 | 0.3 |
| Other Expenses | 19 | 31.5 | 35.5 | 35.8 | 25.0 | 33.2 | 30.1 | 26.1 | 27.7 | 35.9 | 45.7 | 35.1 | 38.9 | 29.1 |
| Officers' Compensation | 20 | 5.2 | 10.3 | 8.6 | 15.0 | 10.0 | 6.3 | 5.4 | 4.8 | 2.2 | 2.6 | 2.4 | 1.3 | 1.5 |
| Operating Margin | 21 | • | • | 3.2 | • | • | 0.4 | 1.6 | • | • | • | • | • | • |
| Operating Margin Before Officers' Comp. | 22 | 2.4 | 9.5 | 11.8 | 14.3 | 8.8 | 6.7 | 7.0 | • | • | • | • | • | • |

| | | | | | | | | | | | | | |
|---|---|---|---|---|---|---|---|---|---|---|---|---|---|
| **Selected Average Balance Sheet ($ in Thousands)** | | | | | | | | | | | | | |
| Net Receivables **23** | 190 | 0 | 2 | 18 | 63 | 171 | 645 | 2490 | 4144 | 8390 | 14089 | 26533 | 209426 |
| Inventories **24** | 17 | 0 | 0 | 3 | 9 | 15 | 55 | 245 | 396 | 950 | 1590 | 2452 | 15989 |
| Net Property, Plant and Equipment **25** | 187 | 0 | 7 | 64 | 207 | 301 | 671 | 1755 | 3504 | 7568 | 10765 | 34539 | 144908 |
| Total Assets **26** | 810 | 0 | 23 | 160 | 359 | 691 | 2002 | 6794 | 15187 | 35086 | 70195 | 149052 | 882682 |
| Notes and Loans Payable **27** | 381 | 0 | 26 | 97 | 219 | 437 | 844 | 3944 | 6477 | 12753 | 26662 | 73172 | 386816 |
| All Other Liabilities **28** | 244 | 0 | 5 | 35 | 88 | 221 | 600 | 2807 | 5699 | 10654 | 20107 | 31953 | 280890 |
| Net Worth **29** | 186 | 0 | -8 | 29 | 51 | 33 | 557 | 43 | 3011 | 11678 | 23426 | 43927 | 214976 |
| **Selected Financial Ratios (Times to 1)** | | | | | | | | | | | | | |
| Current Ratio **30** | 1.3 | • | 1.2 | 1.1 | 0.7 | 1.0 | 1.4 | 0.9 | 1.3 | 1.4 | 1.9 | 2.1 | 1.2 |
| Quick Ratio **31** | 1.0 | • | 1.1 | 0.9 | 0.6 | 0.8 | 1.1 | 0.7 | 1.1 | 1.1 | 1.4 | 1.6 | 0.8 |
| Net Sales to Working Capital **32** | 17.1 | • | 156.8 | 151.0 | • | • | 18.1 | • | 13.0 | 11.0 | 4.2 | 4.3 | 14.6 |
| Coverage Ratio **33** | 1.4 | 2.7 | 5.7 | 4.9 | 1.2 | 3.1 | 2.9 | • | • | • | • | 0.6 | 1.6 |
| Total Asset Turnover **34** | 1.6 | • | 10.0 | 4.4 | 3.0 | 2.2 | 2.7 | 2.1 | 1.7 | 1.5 | 0.9 | 1.0 | 0.9 |
| Inventory Turnover **35** | 18.0 | • | 114.1 | 74.8 | 23.2 | 25.6 | 18.7 | 21.0 | 20.1 | 10.9 | 10.3 | 8.0 | 14.8 |
| Receivables Turnover **36** | 7.3 | • | 108.7 | 32.0 | 16.9 | 12.6 | 10.4 | 6.0 | 6.2 | 6.2 | 5.2 | 4.7 | 4.0 |
| Total Liabilities to Net Worth **37** | 3.4 | • | • | 4.6 | 6.0 | 20.2 | 2.6 | 156.2 | 4.0 | 2.0 | 2.0 | 2.4 | 3.1 |
| Current Assets to Working Capital **38** | 4.6 | • | 6.3 | 12.8 | • | • | 3.7 | • | 4.0 | 3.3 | 2.1 | 1.9 | 6.4 |
| Current Liabilities to Working Capital **39** | 3.6 | • | 5.3 | 11.8 | • | • | 2.7 | • | 3.0 | 2.3 | 1.1 | 0.9 | 5.4 |
| Working Capital to Net Sales **40** | 0.1 | • | 0.0 | 0.0 | • | • | 0.1 | • | 0.1 | 0.1 | 0.2 | 0.2 | 0.1 |
| Inventory to Working Capital **41** | 0.2 | • | 0.2 | 0.4 | • | • | 0.2 | • | 0.2 | 0.2 | 0.1 | 0.1 | 0.3 |
| Total Receipts to Cash Flow **42** | 3.8 | 3.0 | 3.3 | 4.3 | 3.8 | 3.5 | 4.1 | 5.4 | 3.6 | 2.8 | 4.9 | 3.5 | 3.7 |
| Cost of Goods to Cash Flow **43** | 0.9 | 0.6 | 0.4 | 1.2 | 0.7 | 0.9 | 0.8 | 1.9 | 1.1 | 0.5 | 1.2 | 0.5 | 1.2 |
| Cash Flow to Total Debt **44** | 0.5 | • | 2.2 | 1.3 | 0.9 | 0.7 | 0.9 | 0.4 | 0.6 | 0.8 | 0.3 | 0.4 | 0.3 |
| **Selected Financial Factors (in Percentages)** | | | | | | | | | | | | | |
| Debt Ratio **45** | 77.1 | • | 135.5 | 82.2 | 85.7 | 95.3 | 72.2 | 99.4 | 80.2 | 66.7 | 66.6 | 70.5 | 75.6 |
| Return on Total Assets **46** | 6.5 | • | 39.2 | 19.8 | 5.3 | 16.8 | 10.5 | • | • | • | • | 3.1 | 7.4 |
| Return on Equity Before Income Taxes **47** | 8.1 | • | • | 88.4 | 4.8 | 241.9 | 24.9 | • | • | • | • | • | 11.0 |
| Return on Equity After Income Taxes **48** | 4.1 | • | • | 87.6 | 0.8 | 235.0 | 21.8 | • | • | • | • | • | 6.0 |
| Profit Margin (Before Income Tax) **49** | 1.2 | 4.3 | 3.2 | 3.6 | 0.2 | 5.2 | 2.6 | • | • | • | • | • | 3.1 |
| Profit Margin (After Income Tax) **50** | 0.6 | 3.3 | 3.2 | 3.6 | 0.0 | 5.0 | 2.3 | • | • | • | • | • | 1.7 |

**Table II**

Corporations with Net Income

# MISC. HEALTH CARE AND SOCIAL ASSISTANCE

MONEY AMOUNTS AND SIZE OF ASSETS IN THOUSANDS OF DOLLARS

| Item Description for Accounting Period 7/00 Through 6/01 | | Total | Zero Assets | Under 100 | 100 to 250 | 251 to 500 | 501 to 1,000 | 1,001 to 5,000 | 5,001 to 10,000 | 10,001 to 25,000 | 25,001 to 50,000 | 50,001 to 100,000 | 100,001 to 250,000 | 250,001 and over |
|---|---|---|---|---|---|---|---|---|---|---|---|---|---|---|
| Number of Enterprises | 1 | 22141 | 76 | 13381 | 3584 | 2487 | 1128 | 1247 | 126 | 55 | 23 | 12 | 12 | 9 |
| **Revenues ($ in Thousands)** | | | | | | | | | | | | | | |
| Net Sales | 2 | 36753508 | 344470 | 2722998 | 2828316 | 2577614 | 1859059 | 7394036 | 2167596 | 1768206 | 1593239 | 1226878 | 2260621 | 10010473 |
| Interest | 3 | 136592 | 4488 | 13 | 1710 | 900 | 1636 | 10790 | 3123 | 7669 | 6638 | 6926 | 8500 | 84197 |
| Rents | 4 | 49612 | 0 | 0 | 0 | 0 | 2 | 867 | 1135 | 43 | 20949 | 41 | 2785 | 23790 |
| Royalties | 5 | 34352 | 274 | 0 | 0 | 0 | 0 | 0 | 0 | 296 | 2844 | 9066 | 7227 | 14645 |
| Other Portfolio Income | 6 | 260193 | 0 | 221 | 1254 | 34690 | 806 | 3087 | 4343 | 13795 | 2489 | 3884 | 59997 | 135628 |
| Other Receipts | 7 | 859504 | 482 | 13373 | 172833 | 11512 | 123135 | 61088 | 171999 | 33998 | 56260 | 807 | 27190 | 186831 |
| Total Receipts | 8 | 38093761 | 349714 | 2736605 | 3004113 | 2624716 | 1984638 | 7469868 | 2348196 | 1824007 | 1682419 | 1247602 | 2366320 | 10455564 |
| Average Total Receipts | 9 | 1721 | 4602 | 205 | 838 | 1055 | 1759 | 5990 | 18636 | 33164 | 73149 | 103967 | 197193 | 1161729 |
| **Operating Costs/Operating Income (%)** | | | | | | | | | | | | | | |
| Cost of Operations | 10 | 23.6 | 10.8 | 3.2 | 33.1 | 16.3 | 24.3 | 22.3 | 35.8 | 28.6 | 15.8 | 18.8 | 9.0 | 31.3 |
| Salaries and Wages | 11 | 27.5 | 22.0 | 27.2 | 14.9 | 28.3 | 27.0 | 34.3 | 30.6 | 25.9 | 29.6 | 31.6 | 36.2 | 23.0 |
| Taxes Paid | 12 | 3.5 | 3.1 | 3.6 | 3.2 | 3.6 | 4.1 | 4.4 | 3.4 | 3.9 | 3.5 | 4.0 | 3.9 | 2.5 |
| Interest Paid | 13 | 2.3 | 1.1 | 0.6 | 0.6 | 1.6 | 1.6 | 1.2 | 1.4 | 1.6 | 1.9 | 1.8 | 4.3 | 4.3 |
| Depreciation | 14 | 2.5 | 1.5 | 1.3 | 0.8 | 1.8 | 2.5 | 2.1 | 2.4 | 1.9 | 2.3 | 3.1 | 2.6 | 3.8 |
| Amortization and Depletion | 15 | 0.5 | 0.3 | 0.1 | 0.2 | 0.2 | 0.1 | 0.1 | 0.3 | 0.4 | 0.5 | 0.9 | 1.2 | 1.1 |
| Pensions and Other Deferred Comp. | 16 | 0.4 | 0.3 | 1.3 | 1.4 | 0.2 | 0.2 | 0.4 | 0.3 | 0.2 | 0.8 | 0.2 | 0.3 | 0.1 |
| Employee Benefits | 17 | 2.2 | 1.7 | 0.9 | 1.2 | 0.5 | 0.9 | 1.7 | 2.4 | 2.5 | 1.9 | 1.8 | 3.0 | 3.8 |
| Advertising | 18 | 0.4 | 1.3 | 1.0 | 0.3 | 0.3 | 0.3 | 0.3 | 0.2 | 0.4 | 0.3 | 0.6 | 0.3 | 0.3 |
| Other Expenses | 19 | 27.9 | 42.4 | 36.9 | 23.0 | 31.7 | 23.0 | 22.8 | 25.4 | 27.8 | 41.3 | 31.7 | 37.6 | 25.8 |
| Officers' Compensation | 20 | 5.4 | 1.5 | 9.1 | 19.4 | 11.5 | 6.5 | 5.1 | 2.7 | 2.8 | 2.4 | 2.0 | 1.2 | 2.0 |
| Operating Margin | 21 | 3.8 | 14.1 | 14.8 | 2.0 | 3.9 | 9.6 | 5.3 | • | 4.1 | • | 3.6 | 0.3 | 2.0 |
| Operating Margin Before Officers' Comp. | 22 | 9.2 | 15.6 | 23.9 | 21.4 | 15.4 | 16.1 | 10.4 | • | 6.9 | 2.1 | 5.6 | 1.5 | 4.0 |

| Selected Average Balance Sheet ($ in Thousands) | | | | | | | | | | | | | |
|---|---|---|---|---|---|---|---|---|---|---|---|---|---|
| Net Receivables 23 | 227 | 0 | 0 | 24 | 74 | 173 | 642 | 2853 | 4856 | 9350 | 17422 | 34329 | 256105 |
| Inventories 24 | 14 | 0 | 0 | 1 | 6 | 3 | 57 | 220 | 516 | 1367 | 1811 | 2166 | 10100 |
| Net Property, Plant and Equipment 25 | 238 | 0 | 7 | 69 | 218 | 288 | 699 | 1964 | 2736 | 9700 | 14916 | 33554 | 219957 |
| Total Assets 26 | 939 | 0 | 20 | 174 | 347 | 705 | 1959 | 6662 | 14961 | 33946 | 70198 | 151157 | 1188637 |
| Notes and Loans Payable 27 | 387 | 0 | 13 | 86 | 198 | 409 | 887 | 2884 | 5328 | 13557 | 18644 | 71677 | 442086 |
| All Other Liabilities 28 | 254 | 0 | 1 | 35 | 63 | 69 | 501 | 2550 | 4266 | 11155 | 15962 | 32275 | 358922 |
| Net Worth 29 | 299 | 0 | 7 | 53 | 87 | 227 | 571 | 1228 | 5366 | 9234 | 35591 | 47204 | 387629 |

| Selected Financial Ratios (Times to 1) | | | | | | | | | | | | | |
|---|---|---|---|---|---|---|---|---|---|---|---|---|---|
| Current Ratio 30 | 1.3 | • | 1.3 | 1.3 | 0.8 | 1.7 | 1.5 | 1.0 | 1.5 | 1.4 | 2.5 | 2.2 | 1.1 |
| Quick Ratio 31 | 1.0 | • | 1.3 | 1.1 | 0.7 | 1.5 | 1.2 | 0.9 | 1.3 | 1.1 | 2.1 | 1.8 | 0.8 |
| Net Sales to Working Capital 32 | 19.3 | • | 123.4 | 49.3 | • | 13.4 | 15.2 | • | 10.3 | 15.3 | 4.9 | 6.0 | 27.1 |
| Coverage Ratio 33 | 4.3 | 15.2 | 25.8 | 14.2 | 4.5 | 11.1 | 6.2 | 3.5 | 5.6 | 3.8 | 3.9 | 2.1 | 2.7 |
| Total Asset Turnover 34 | 1.8 | • | 10.0 | 4.5 | 3.0 | 2.3 | 3.0 | 2.6 | 2.1 | 2.0 | 1.5 | 1.2 | 0.9 |
| Inventory Turnover 35 | 27.2 | • | 610.2 | 255.5 | 29.5 | 120.5 | 23.2 | 28.0 | 17.8 | 8.0 | 10.6 | 7.8 | 34.4 |
| Receivables Turnover 36 | 9.5 | • | 143.7 | 49.7 | 17.9 | 14.1 | 12.9 | 5.8 | 6.7 | 7.2 | 7.0 | 5.9 | 6.6 |
| Total Liabilities to Net Worth 37 | 2.1 | • | 2.0 | 2.2 | 3.0 | 2.1 | 2.4 | 4.4 | 1.8 | 2.7 | 1.0 | 2.2 | 2.1 |
| Current Assets to Working Capital 38 | 4.4 | • | 4.2 | 4.5 | • | 2.4 | 2.9 | • | 2.8 | 3.3 | 1.7 | 1.8 | 9.7 |
| Current Liabilities to Working Capital 39 | 3.4 | • | 3.2 | 3.5 | • | 1.4 | 1.9 | • | 1.8 | 2.3 | 0.7 | 0.8 | 8.7 |
| Working Capital to Net Sales 40 | 0.1 | • | 0.0 | 0.0 | • | 0.1 | 0.1 | • | 0.1 | 0.1 | 0.2 | 0.2 | 0.0 |
| Inventory to Working Capital 41 | 0.2 | • | 0.0 | 0.1 | • | 0.0 | 0.2 | • | 0.1 | 0.2 | 0.1 | 0.0 | 0.4 |
| Total Receipts to Cash Flow 42 | 3.3 | 1.9 | 2.3 | 3.8 | 3.3 | 2.8 | 3.9 | 4.5 | 3.2 | 2.4 | 3.3 | 2.8 | 3.6 |
| Cost of Goods to Cash Flow 43 | 0.8 | 0.2 | 0.1 | 1.3 | 0.5 | 0.7 | 0.9 | 1.6 | 0.9 | 0.4 | 0.6 | 0.3 | 1.1 |
| Cash Flow to Total Debt 44 | 0.8 | • | 6.6 | 1.7 | 1.2 | 1.2 | 1.1 | 0.7 | 1.1 | 1.2 | 0.9 | 0.6 | 0.4 |

| Selected Financial Factors (in Percentages) | | | | | | | | | | | | | |
|---|---|---|---|---|---|---|---|---|---|---|---|---|---|
| Debt Ratio 45 | 68.2 | • | 66.1 | 69.2 | 75.1 | 67.8 | 70.8 | 81.6 | 64.1 | 72.8 | 49.3 | 68.8 | 67.4 |
| Return on Total Assets 46 | 17.5 | • | 158.7 | 40.3 | 21.9 | 42.0 | 22.9 | 12.4 | 18.8 | 14.8 | 10.3 | 11.6 | 10.7 |
| Return on Equity Before Income Taxes 47 | 42.3 | • | 450.3 | 121.7 | 68.2 | 118.7 | 65.9 | 47.8 | 43.1 | 40.0 | 15.2 | 19.8 | 20.4 |
| Return on Equity After Income Taxes 48 | 37.6 | • | 445.8 | 120.9 | 65.1 | 117.1 | 61.9 | 45.9 | 35.9 | 36.7 | 11.5 | 16.2 | 14.9 |
| Profit Margin (Before Income Tax) 49 | 7.6 | 15.6 | 15.3 | 8.2 | 5.7 | 16.3 | 6.3 | 3.4 | 7.2 | 5.3 | 5.3 | 4.9 | 7.1 |
| Profit Margin (After Income Tax) 50 | 6.8 | 13.4 | 15.1 | 8.2 | 5.4 | 16.1 | 6.0 | 3.3 | 6.0 | 4.9 | 4.0 | 4.1 | 5.2 |

## Table I

Corporations with and without Net Income

# HOSPITALS, NURSING, AND RESIDENTIAL CARE FACILITIES

MONEY AMOUNTS AND SIZE OF ASSETS IN THOUSANDS OF DOLLARS

| Item Description for Accounting Period 7/00 Through 6/01 | | Total | Zero Assets | Under 100 | 100 to 250 | 251 to 500 | 501 to 1,000 | 1,001 to 5,000 | 5,001 to 10,000 | 10,001 to 25,000 | 25,001 to 50,000 | 50,001 to 100,000 | 100,001 to 250,000 | 250,001 and over |
|---|---|---|---|---|---|---|---|---|---|---|---|---|---|---|
| Number of Enterprises | 1 | 15234 | 677 | 6799 | 1959 | 1307 | 1325 | 2458 | 364 | 183 | 70 | 31 | 25 | 36 |
| **Revenues ($ in Thousands)** | | | | | | | | | | | | | | |
| Net Sales | 2 | 82326654 | 841600 | 1184711 | 944277 | 1672766 | 1344929 | 9840542 | 3588574 | 3583757 | 3555126 | 2439909 | 3125204 | 50205258 |
| Interest | 3 | 841036 | 9023 | 447 | 414 | 223 | 305 | 6347 | 3365 | 13044 | 12341 | 22247 | 47513 | 725767 |
| Rents | 4 | 376673 | 9747 | 0 | 5 | 0 | 0 | 11386 | 4147 | 2355 | 5531 | 21442 | 12870 | 309190 |
| Royalties | 5 | 8781 | 0 | 0 | 0 | 0 | 0 | 0 | 7 | 0 | 0 | 0 | 0 | 8774 |
| Other Portfolio Income | 6 | 474341 | 23767 | 42 | 10184 | 0 | 0 | 16140 | 21046 | 7295 | 9843 | 13361 | 55226 | 317440 |
| Other Receipts | 7 | 2850940 | 14753 | 3282 | 4548 | 38626 | 25255 | 65446 | 25145 | 70627 | 84973 | 99407 | 67421 | 2351454 |
| Total Receipts | 8 | 86878425 | 898890 | 1188482 | 959428 | 1711615 | 1370489 | 9939861 | 3642284 | 3677078 | 3667814 | 2596366 | 3308234 | 53917883 |
| Average Total Receipts | 9 | 5703 | 1328 | 175 | 490 | 1310 | 1034 | 4044 | 10006 | 20093 | 52397 | 83754 | 132329 | 1497719 |
| **Operating Costs/Operating Income (%)** | | | | | | | | | | | | | | |
| Cost of Operations | 10 | 10.7 | 0.3 | 16.7 | 15.5 | 2.8 | 5.2 | 8.7 | 9.9 | 11.6 | 9.7 | 10.2 | 5.7 | 11.8 |
| Salaries and Wages | 11 | 42.0 | 43.5 | 29.1 | 28.2 | 51.2 | 43.4 | 43.2 | 38.5 | 38.7 | 43.1 | 43.4 | 48.2 | 42.0 |
| Taxes Paid | 12 | 4.9 | 4.6 | 4.8 | 4.9 | 5.7 | 5.6 | 5.2 | 4.8 | 5.2 | 5.4 | 5.0 | 4.2 | 4.7 |
| Interest Paid | 13 | 5.1 | 4.2 | 0.1 | 0.9 | 1.9 | 3.3 | 2.5 | 3.9 | 3.6 | 3.5 | 4.1 | 7.3 | 6.2 |
| Depreciation | 14 | 3.5 | 3.9 | 1.8 | 1.4 | 1.4 | 2.2 | 1.8 | 2.3 | 2.3 | 2.4 | 2.9 | 3.8 | 4.3 |
| Amortization and Depletion | 15 | 0.8 | 1.6 | 0.0 | 0.0 | 0.1 | 0.3 | 0.1 | 0.2 | 0.2 | 0.3 | 0.6 | 1.2 | 1.1 |
| Pensions and Other Deferred Comp. | 16 | 0.4 | 0.3 | 0.0 | 0.6 | 0.2 | 0.0 | 0.4 | 0.2 | 0.3 | 0.2 | 0.3 | 0.2 | 0.4 |
| Employee Benefits | 17 | 4.0 | 4.5 | 0.9 | 1.9 | 1.0 | 1.9 | 3.0 | 3.7 | 3.7 | 2.9 | 4.5 | 4.5 | 4.5 |
| Advertising | 18 | 0.3 | 0.2 | 0.4 | 0.1 | 0.4 | 0.7 | 0.5 | 0.4 | 0.5 | 0.3 | 0.4 | 0.7 | 0.3 |
| Other Expenses | 19 | 31.9 | 46.4 | 44.6 | 39.0 | 31.3 | 40.0 | 32.1 | 37.2 | 34.2 | 36.0 | 32.5 | 36.0 | 29.9 |
| Officers' Compensation | 20 | 0.7 | 0.3 | 3.4 | 3.7 | 3.1 | 1.9 | 1.6 | 0.6 | 1.4 | 0.9 | 0.8 | 0.9 | 0.3 |
| Operating Margin | 21 | • | • | • | 3.8 | 1.0 | • | 0.9 | • | • | • | • | • | • |
| Operating Margin Before Officers' Comp. | 22 | • | • | 1.4 | 7.5 | 4.1 | • | 2.5 | • | • | • | • | • | • |

## Selected Average Balance Sheet ($ in Thousands)

| | | | | | | | | | | | | | |
|---|---|---|---|---|---|---|---|---|---|---|---|---|---|
| Net Receivables 23 | 736 | 0 | 0 | 17 | 49 | 86 | 474 | 1411 | 2787 | 7166 | 12150 | 25137 | 203046 |
| Inventories 24 | 19 | 0 | 0 | 0 | 0 | 0 | 7 | 23 | 113 | 195 | 595 | 751 | 5192 |
| Net Property, Plant and Equipment 25 | 2241 | 0 | 9 | 67 | 229 | 378 | 1150 | 3687 | 6940 | 18243 | 35594 | 74102 | 652192 |
| Total Assets 26 | 7646 | 0 | 16 | 163 | 390 | 669 | 2168 | 6810 | 15090 | 36160 | 72869 | 146116 | 2656918 |
| Notes and Loans Payable 27 | 3269 | 0 | 18 | 87 | 298 | 537 | 1460 | 5609 | 9343 | 22234 | 36930 | 100390 | 996039 |
| All Other Liabilities 28 | 1741 | 0 | 12 | 57 | 76 | 161 | 547 | 2228 | 4225 | 11548 | 18890 | 31105 | 581048 |
| Net Worth 29 | 2636 | 0 | -15 | 19 | 15 | -30 | 161 | -1027 | 1521 | 2378 | 17049 | 14621 | 1079831 |

## Selected Financial Ratios (Times to 1)

| | | | | | | | | | | | | | |
|---|---|---|---|---|---|---|---|---|---|---|---|---|---|
| Current Ratio 30 | 0.9 | • | 1.0 | 1.0 | 1.1 | 0.8 | 1.0 | 0.8 | 1.2 | 0.7 | 1.1 | 1.1 | 0.8 |
| Quick Ratio 31 | 0.7 | • | 0.5 | 0.7 | 0.9 | 0.6 | 0.8 | 0.7 | 0.9 | 0.6 | 0.8 | 0.9 | 0.6 |
| Net Sales to Working Capital 32 | • | • | 500.3 | 178.2 | 276.8 | • | • | • | 20.9 | • | 38.7 | 31.6 | • |
| Coverage Ratio 33 | 1.2 | 0.3 | • | 6.7 | 2.8 | 0.2 | 1.8 | 0.9 | 1.2 | 0.5 | 1.4 | 0.1 | 1.3 |
| Total Asset Turnover 34 | 0.7 | • | 11.0 | 3.0 | 3.3 | 1.5 | 1.8 | 1.4 | 1.3 | 1.4 | 1.1 | 0.9 | 0.5 |
| Inventory Turnover 35 | 30.7 | • | • | 3613.2 | 97.5 | 454.0 | 47.9 | 41.4 | 20.0 | 25.3 | 13.6 | 9.5 | 31.6 |
| Receivables Turnover 36 | 7.2 | • | 523.2 | 22.4 | 24.3 | 10.1 | 8.6 | 7.2 | 6.9 | 7.6 | 7.0 | 5.1 | 6.6 |
| Total Liabilities to Net Worth 37 | 1.9 | • | • | 7.4 | 25.6 | • | 12.5 | • | 8.9 | 14.2 | 3.3 | 9.0 | 1.5 |
| Current Assets to Working Capital 38 | • | • | 34.2 | 22.9 | 19.2 | • | • | • | 5.4 | • | 11.4 | 10.8 | • |
| Current Liabilities to Working Capital 39 | • | • | 33.2 | 21.9 | 18.2 | • | • | • | 4.4 | • | 10.4 | 9.8 | • |
| Working Capital to Net Sales 40 | • | • | 0.0 | 0.0 | 0.0 | • | • | • | 0.0 | • | 0.0 | 0.0 | • |
| Inventory to Working Capital 41 | • | • | • | • | 0.1 | • | • | • | 0.1 | • | 0.3 | 0.2 | • |
| Total Receipts to Cash Flow 42 | 3.9 | 3.0 | 3.5 | 3.4 | 4.0 | 3.5 | 3.8 | 3.4 | 3.5 | 3.7 | 3.6 | 4.5 | 4.0 |
| Cost of Goods to Cash Flow 43 | 0.4 | 0.0 | 0.6 | 0.5 | 0.1 | 0.2 | 0.3 | 0.3 | 0.4 | 0.4 | 0.4 | 0.3 | 0.5 |
| Cash Flow to Total Debt 44 | 0.3 | • | 1.6 | 1.0 | 0.9 | 0.4 | 0.5 | 0.4 | 0.4 | 0.4 | 0.4 | 0.2 | 0.2 |

## Selected Financial Factors (in Percentages)

| | | | | | | | | | | | | | |
|---|---|---|---|---|---|---|---|---|---|---|---|---|---|
| Debt Ratio 45 | 65.5 | • | 193.4 | 88.2 | 96.2 | 104.4 | 92.6 | 115.1 | 89.9 | 93.4 | 76.6 | 90.0 | 59.4 |
| Return on Total Assets 46 | 4.5 | • | • | 18.7 | 16.9 | 1.0 | 8.1 | 5.4 | 5.7 | 2.7 | 6.3 | 0.4 | 4.3 |
| Return on Equity Before Income Taxes 47 | 2.5 | • | 20.2 | 134.5 | 286.8 | 89.6 | 46.8 | 2.1 | 10.2 | • | 8.1 | • | 2.6 |
| Return on Equity After Income Taxes 48 | 0.3 | • | 20.4 | 114.0 | 283.0 | 90.9 | 43.2 | 3.6 | 6.5 | • | 6.1 | • | 0.5 |
| Profit Margin (Before Income Tax) 49 | 1.2 | • | • | 5.4 | 3.3 | • | 1.9 | • | 0.8 | • | 1.7 | • | 2.0 |
| Profit Margin (After Income Tax) 50 | 0.2 | • | • | 4.6 | 3.2 | • | 1.7 | • | 0.5 | • | 1.3 | • | 0.4 |

# HOSPITALS, NURSING, AND RESIDENTIAL CARE FACILITIES

MONEY AMOUNTS AND SIZE OF ASSETS IN THOUSANDS OF DOLLARS

| Item Description for Accounting Period 7/00 Through 6/01 | Total | Zero Assets | Under 100 | 100 to 250 | 251 to 500 | 501 to 1,000 | 1,001 to 5,000 | 5,001 to 10,000 | 10,001 to 25,000 | 25,001 to 50,000 | 50,001 to 100,000 | 100,001 to 250,000 | 250,001 and over |
|---|---|---|---|---|---|---|---|---|---|---|---|---|---|
| Number of Enterprises 1 | 8554 | 29 | 4256 | 830 | 949 | 578 | 1482 | 259 | 100 | 30 | 19 | 8 | 14 |
| **Revenues ($ in Thousands)** | | | | | | | | | | | | | |
| Net Sales 2 | 50591406 | 427862 | 744292 | 496752 | 1309979 | 713308 | 6891655 | 2783985 | 2210320 | 1802890 | 1632530 | 1402118 | 30175715 |
| Interest 3 | 482074 | 166 | 1 | 43 | 4 | 305 | 2763 | 2654 | 6621 | 4155 | 9009 | 32307 | 424045 |
| Rents 4 | 277313 | 9732 | 0 | 5 | 0 | 0 | 6964 | 542 | 1456 | 354 | 10583 | 2590 | 245087 |
| Royalties 5 | 6652 | 0 | 0 | 0 | 0 | 0 | 0 | 7 | 0 | 0 | 0 | 0 | 6645 |
| Other Portfolio Income 6 | 439979 | 23752 | 0 | 10184 | 0 | 0 | 15243 | 17705 | 4212 | 1951 | 6946 | 51998 | 307989 |
| Other Receipts 7 | 2285216 | 23914 | 498 | 316 | 37913 | 23050 | 57099 | 10952 | 35697 | 23402 | 73224 | 31332 | 1967820 |
| Total Receipts 8 | 54082640 | 485426 | 744791 | 507300 | 1347896 | 736663 | 6973724 | 2815845 | 2258306 | 1832752 | 1732292 | 1520345 | 33127301 |
| Average Total Receipts 9 | 6322 | 16739 | 175 | 611 | 1420 | 1275 | 4706 | 10872 | 22583 | 61092 | 91173 | 190043 | 2366236 |
| **Operating Costs/Operating Income (%)** | | | | | | | | | | | | | |
| Cost of Operations 10 | 12.9 | • | 25.2 | • | 0.6 | 9.8 | 8.9 | 11.1 | 14.5 | 11.5 | 10.2 | 11.8 | 14.9 |
| Salaries and Wages 11 | 39.8 | 41.7 | 24.3 | 30.3 | 53.2 | 34.8 | 40.8 | 36.9 | 35.1 | 40.3 | 45.3 | 39.3 | 39.9 |
| Taxes Paid 12 | 4.7 | 4.4 | 4.5 | 4.0 | 5.8 | 4.4 | 5.2 | 5.1 | 5.1 | 5.2 | 5.6 | 3.7 | 4.5 |
| Interest Paid 13 | 5.0 | 5.6 | 0.1 | 0.9 | 1.4 | 3.8 | 2.0 | 3.1 | 3.2 | 2.6 | 3.5 | 5.4 | 6.5 |
| Depreciation 14 | 3.6 | 6.4 | 2.5 | 1.5 | 1.3 | 2.8 | 1.7 | 2.2 | 2.1 | 2.2 | 2.7 | 3.4 | 4.6 |
| Amortization and Depletion 15 | 0.5 | 1.7 | 0.0 | 0.0 | 0.0 | 0.0 | 0.1 | 0.1 | 0.2 | 0.2 | 0.4 | 0.8 | 0.6 |
| Pensions and Other Deferred Comp. 16 | 0.5 | 0.4 | • | • | 0.1 | • | 0.6 | 0.2 | 0.3 | 0.3 | 0.5 | 0.0 | 0.6 |
| Employee Benefits 17 | 4.2 | 4.8 | 0.7 | 0.4 | 0.3 | 1.8 | 3.2 | 3.9 | 3.7 | 2.4 | 4.7 | 4.5 | 5.0 |
| Advertising 18 | 0.3 | 0.0 | 0.6 | 0.1 | 0.3 | 0.5 | 0.4 | 0.4 | 0.3 | 0.3 | 0.3 | 0.8 | 0.3 |
| Other Expenses 19 | 27.3 | 37.4 | 28.8 | 43.9 | 25.3 | 34.4 | 31.0 | 31.8 | 31.5 | 30.5 | 26.4 | 33.6 | 24.8 |
| Officers' Compensation 20 | 0.8 | 0.4 | 1.6 | 3.5 | 4.0 | 2.7 | 1.5 | 0.5 | 1.5 | 1.0 | 0.9 | 1.3 | 0.3 |
| Operating Margin 21 | 0.4 | • | 11.6 | 15.3 | 7.7 | 5.0 | 4.6 | 4.7 | 2.5 | 3.4 | • | • | • |
| Operating Margin Before Officers' Comp. 22 | 1.2 | • | 13.2 | 18.9 | 11.6 | 7.7 | 6.1 | 5.3 | 4.0 | 4.4 | 0.5 | • | • |

| Selected Average Balance Sheet ($ in Thousands) | | | | | | | | | | | | | |
|---|---|---|---|---|---|---|---|---|---|---|---|---|---|
| Net Receivables 23 | 789 | 0 | 0 | 17 | 56 | 116 | 583 | 1494 | 2810 | 7910 | 9930 | 19744 | 321128 |
| Inventories 24 | 10 | 0 | 0 | 0 | 0 | 0 | 8 | 21 | 104 | 212 | 484 | 1717 | 2339 |
| Net Property, Plant and Equipment 25 | 2443 | 0 | 12 | 82 | 182 | 460 | 1149 | 3514 | 6727 | 18657 | 33311 | 71042 | 1092768 |
| Total Assets 26 | 9963 | 0 | 19 | 179 | 382 | 681 | 2279 | 6940 | 15079 | 36554 | 73071 | 140926 | 5281615 |
| Notes and Loans Payable 27 | 2790 | 0 | 15 | 71 | 200 | 642 | 1237 | 4676 | 8585 | 20904 | 37756 | 64624 | 1243891 |
| All Other Liabilities 28 | 2189 | 0 | 3 | 9 | 54 | 48 | 597 | 2142 | 3851 | 7961 | 15222 | 25255 | 1147987 |
| Net Worth 29 | 4984 | 0 | 1 | 99 | 127 | -10 | 445 | 122 | 2642 | 7689 | 20092 | 51046 | 2889736 |

| Selected Financial Ratios (Times to 1) | | | | | | | | | | | | | |
|---|---|---|---|---|---|---|---|---|---|---|---|---|---|
| Current Ratio 30 | 1.1 | • | 2.3 | 2.7 | 1.7 | 2.4 | 1.3 | 1.0 | 1.3 | 1.3 | 1.4 | 1.5 | 1.1 |
| Quick Ratio 31 | 0.9 | • | 2.1 | 2.6 | 1.5 | 1.8 | 1.1 | 0.7 | 1.0 | 1.1 | 1.0 | 1.2 | 0.8 |
| Net Sales to Working Capital 32 | 43.4 | • | 46.9 | 22.4 | 31.6 | 11.6 | 24.6 | • | 20.3 | 24.1 | 11.9 | 12.4 | 89.8 |
| Coverage Ratio 33 | 2.5 | 2.9 | 113.5 | 19.8 | 8.4 | 3.2 | 3.9 | 2.9 | 2.4 | 3.0 | 2.6 | 1.7 | 2.2 |
| Total Asset Turnover 34 | 0.6 | • | 9.2 | 3.3 | 3.6 | 1.8 | 2.0 | 1.5 | 1.5 | 1.6 | 1.2 | 1.2 | 0.4 |
| Inventory Turnover 35 | 78.0 | • | • | • | 21.7 | 690.7 | 52.6 | 58.0 | 30.7 | 32.6 | 18.1 | 12.1 | 137.1 |
| Receivables Turnover 36 | 7.5 | • | 374.5 | 39.0 | 26.3 | 9.8 | 8.4 | 8.3 | 7.8 | 7.9 | 9.5 | 17.8 | 13.4 |
| Total Liabilities to Net Worth 37 | 1.0 | • | 18.5 | 0.8 | 2.0 | • | 4.1 | 55.9 | 4.7 | 3.8 | 2.6 | 1.8 | 0.8 |
| Current Assets to Working Capital 38 | 8.9 | • | 1.8 | 1.6 | 2.4 | 1.7 | 4.8 | • | 4.7 | 4.9 | 3.3 | 3.0 | 19.2 |
| Current Liabilities to Working Capital 39 | 7.9 | • | 0.8 | 0.6 | 1.4 | 0.7 | 3.8 | • | 3.7 | 3.9 | 2.3 | 2.0 | 18.2 |
| Working Capital to Net Sales 40 | 0.0 | • | 0.0 | 0.0 | 0.0 | 0.1 | 0.0 | • | 0.0 | 0.0 | 0.1 | 0.1 | 0.0 |
| Inventory to Working Capital 41 | 0.1 | • | • | • | 0.0 | • | 0.0 | • | 0.1 | 0.1 | 0.1 | 0.1 | 0.1 |
| Total Receipts to Cash Flow 42 | 3.6 | 2.5 | 3.2 | 2.3 | 3.2 | 2.8 | 3.4 | 3.3 | 3.2 | 3.3 | 3.6 | 3.2 | 3.9 |
| Cost of Goods to Cash Flow 43 | 0.5 | • | 0.8 | • | 0.0 | 0.3 | 0.3 | 0.4 | 0.5 | 0.4 | 0.4 | 0.4 | 0.6 |
| Cash Flow to Total Debt 44 | 0.3 | • | 3.0 | 3.3 | 1.7 | 0.6 | 0.7 | 0.5 | 0.5 | 0.6 | 0.4 | 0.6 | 0.2 |

| Selected Financial Factors (in Percentages) | | | | | | | | | | | | | |
|---|---|---|---|---|---|---|---|---|---|---|---|---|---|
| Debt Ratio 45 | 50.0 | • | 94.9 | 44.8 | 66.6 | 101.4 | 80.5 | 98.2 | 82.5 | 79.0 | 72.5 | 63.8 | 45.3 |
| Return on Total Assets 46 | 7.3 | • | 107.6 | 61.3 | 43.4 | 21.8 | 16.0 | 13.8 | 11.4 | 12.6 | 10.7 | 11.4 | 5.8 |
| Return on Equity Before Income Taxes 47 | 8.6 | • | 2076.9 | 105.5 | 114.6 | • | 60.9 | 516.3 | 38.6 | 39.8 | 23.9 | 12.9 | 5.8 |
| Return on Equity After Income Taxes 48 | 6.6 | • | 2070.3 | 96.1 | 114.0 | • | 58.8 | 499.3 | 34.7 | 36.4 | 21.2 | 10.8 | 3.8 |
| Profit Margin (Before Income Tax) 49 | 7.2 | 10.6 | 11.7 | 17.5 | 10.6 | 8.3 | 5.8 | 5.9 | 4.6 | 5.1 | 5.6 | 3.8 | 7.8 |
| Profit Margin (After Income Tax) 50 | 5.5 | 10.6 | 11.6 | 15.9 | 10.5 | 8.2 | 5.6 | 5.7 | 4.1 | 4.7 | 5.0 | 3.1 | 5.1 |

**Table I**

Corporations with and without Net Income

# OTHER ARTS, ENTERTAINMENT, AND RECREATION

**MONEY AMOUNTS AND SIZE OF ASSETS IN THOUSANDS OF DOLLARS**

| Item Description for Accounting Period 7/00 Through 6/01 | | Total | Zero Assets | Under 100 | 100 to 250 | 251 to 500 | 501 to 1,000 | 1,001 to 5,000 | 5,001 to 10,000 | 10,001 to 25,000 | 25,001 to 50,000 | 50,001 to 100,000 | 100,001 to 250,000 | 250,001 and over |
|---|---|---|---|---|---|---|---|---|---|---|---|---|---|---|
| Number of Enterprises | 1 | 48168 | 2801 | 36570 | 4687 | 1733 | 1066 | 1037 | 96 | 87 | 29 | 26 | 26 | 10 |
| **Revenues ($ in Thousands)** | | | | | | | | | | | | | | |
| Net Sales | 2 | 25181151 | 118688 | 6329279 | 1918850 | 1688597 | 1050393 | 3288384 | 401706 | 1297192 | 970353 | 1773254 | 2796222 | 3548234 |
| Interest | 3 | 249179 | 7847 | 12741 | 2744 | 6619 | 4142 | 7699 | 4443 | 6019 | 13469 | 33305 | 44790 | 105362 |
| Rents | 4 | 132240 | 3731 | 713 | 654 | 649 | 147 | 3472 | 2982 | 5059 | 1072 | 8117 | 34165 | 71478 |
| Royalties | 5 | 89194 | 684 | 31 | 0 | 0 | 0 | 9 | 318 | 3292 | 0 | 7459 | 32152 | 45248 |
| Other Portfolio Income | 6 | 115299 | 13621 | 9273 | 26 | 5067 | 4449 | 8603 | 6207 | 3317 | 21238 | 3233 | 31528 | 8735 |
| Other Receipts | 7 | 1518766 | -82746 | 91081 | 45705 | -2645 | 2444 | 30425 | 32047 | 123350 | 124573 | 232630 | 605156 | 316747 |
| Total Receipts | 8 | 27285829 | 61825 | 6443118 | 1967979 | 1698287 | 1061575 | 3338592 | 447703 | 1438229 | 1130705 | 2057998 | 3544013 | 4095804 |
| Average Total Receipts | 9 | 566 | 22 | 176 | 420 | 980 | 996 | 3219 | 4664 | 16531 | 38990 | 79154 | 136308 | 409580 |
| **Operating Costs/Operating Income (%)** | | | | | | | | | | | | | | |
| Cost of Operations | 10 | 21.4 | 9.5 | 12.0 | 12.7 | 32.7 | 16.7 | 18.5 | 19.0 | 33.7 | 22.7 | 11.8 | 34.9 | 31.9 |
| Salaries and Wages | 11 | 17.3 | 33.9 | 9.4 | 9.3 | 15.5 | 16.1 | 12.2 | 25.8 | 16.5 | 34.5 | 47.2 | 25.1 | 14.9 |
| Taxes Paid | 12 | 3.6 | 2.3 | 2.3 | 2.4 | 2.1 | 6.4 | 2.3 | 3.3 | 3.3 | 4.7 | 3.7 | 8.4 | 4.1 |
| Interest Paid | 13 | 2.6 | 12.4 | 0.4 | 0.5 | 0.6 | 1.3 | 1.6 | 4.5 | 1.9 | 3.6 | 3.6 | 4.0 | 7.6 |
| Depreciation | 14 | 3.2 | 24.1 | 0.9 | 0.8 | 3.0 | 2.9 | 2.8 | 4.4 | 4.0 | 3.1 | 2.3 | 4.5 | 7.5 |
| Amortization and Depletion | 15 | 1.2 | 6.6 | 0.1 | 0.1 | 0.0 | 0.0 | 0.3 | 0.2 | 0.3 | 0.2 | 5.5 | 3.2 | 2.3 |
| Pensions and Other Deferred Comp. | 16 | 1.0 | 0.3 | 1.6 | 2.3 | 0.2 | 0.3 | 0.5 | 0.2 | 0.3 | 0.6 | 1.3 | 1.2 | 0.3 |
| Employee Benefits | 17 | 0.9 | 0.5 | 0.5 | 0.2 | 1.0 | 0.3 | 0.4 | 0.6 | 0.9 | 0.7 | 1.6 | 2.4 | 1.0 |
| Advertising | 18 | 2.0 | 9.2 | 1.7 | 0.8 | 2.5 | 1.8 | 1.9 | 3.4 | 2.2 | 2.4 | 1.5 | 2.5 | 2.2 |
| Other Expenses | 19 | 37.7 | 95.3 | 46.6 | 23.0 | 23.8 | 30.8 | 33.1 | 52.8 | 45.8 | 31.9 | 35.0 | 34.5 | 41.3 |
| Officers' Compensation | 20 | 16.5 | 0.8 | 25.9 | 50.7 | 16.0 | 10.6 | 23.6 | 7.9 | 4.6 | 6.1 | 4.3 | 3.7 | 1.2 |
| Operating Margin | 21 | • | • | • | • | 2.6 | 12.8 | 2.9 | • | • | • | • | • | • |
| Operating Margin Before Officers' Comp. | 22 | 9.1 | • | 24.4 | 47.9 | 18.6 | 23.4 | 26.5 | • | • | • | • | • | • |

## Selected Average Balance Sheet ($ in Thousands)

| | | | | | | | | | | | | | |
|---|---|---|---|---|---|---|---|---|---|---|---|---|---|
| Net Receivables 23 | 39 | 0 | 0 | 1 | 19 | 30 | 242 | 533 | 1838 | 4619 | 12744 | 19239 | 38263 |
| Inventories 24 | 7 | 0 | 1 | 8 | 18 | 17 | 97 | 94 | 331 | 284 | 461 | 1033 | 2015 |
| Net Property, Plant and Equipment 25 | 159 | 0 | 5 | 49 | 128 | 179 | 772 | 2993 | 4747 | 8793 | 11021 | 45705 | 360830 |
| Total Assets 26 | 471 | 0 | 21 | 175 | 374 | 625 | 2115 | 6709 | 15193 | 35350 | 75695 | 149997 | 873739 |
| Notes and Loans Payable 27 | 209 | 0 | 35 | 73 | 380 | 182 | 1586 | 3709 | 6520 | 19142 | 25288 | 49305 | 253424 |
| All Other Liabilities 28 | 158 | 0 | 9 | 38 | 35 | 97 | 558 | 3230 | 5156 | 18258 | 24545 | 53396 | 302646 |
| Net Worth 29 | 104 | 0 | -23 | 64 | -41 | 345 | -29 | -230 | 3517 | -2050 | 25862 | 47296 | 317670 |

## Selected Financial Ratios (Times to 1)

| | | | | | | | | | | | | | |
|---|---|---|---|---|---|---|---|---|---|---|---|---|---|
| Current Ratio 30 | 1.0 | • | 1.1 | 2.8 | 3.0 | 2.3 | 1.6 | 1.0 | 1.1 | 0.9 | 1.2 | 1.0 | 0.6 |
| Quick Ratio 31 | 0.7 | • | 0.9 | 2.2 | 2.4 | 1.4 | 1.0 | 0.8 | 0.8 | 0.8 | 0.8 | 0.7 | 0.5 |
| Net Sales to Working Capital 32 | 147.1 | • | 163.6 | 7.2 | 9.6 | 7.5 | 8.9 | 572.2 | 22.1 | • | 11.2 | • | • |
| Coverage Ratio 33 | 1.4 | • | 1.8 | 0.5 | 6.5 | 11.2 | 3.8 | • | • | 2.6 | 0.5 | 1.5 | 1.2 |
| Total Asset Turnover 34 | 1.1 | • | 8.3 | 2.3 | 2.6 | 1.6 | 1.5 | 0.6 | 1.0 | 0.9 | 0.9 | 0.7 | 0.4 |
| Inventory Turnover 35 | 16.0 | • | 17.8 | 6.4 | 17.3 | 9.6 | 6.0 | 8.5 | 15.2 | 26.7 | 17.5 | 36.3 | 56.1 |
| Receivables Turnover 36 | 13.1 | • | 597.7 | 247.3 | 33.9 | 47.8 | 17.5 | 4.3 | 9.8 | 9.0 | 5.1 | 5.1 | 8.3 |
| Total Liabilities to Net Worth 37 | 3.5 | • | • | 1.7 | • | 0.8 | • | • | 3.3 | • | 1.9 | 2.2 | 1.8 |
| Current Assets to Working Capital 38 | 43.9 | • | 11.5 | 1.5 | 1.5 | 1.8 | 2.7 | 291.5 | 8.8 | • | 6.1 | • | • |
| Current Liabilities to Working Capital 39 | 42.9 | • | 10.5 | 0.5 | 0.5 | 0.8 | 1.7 | 290.5 | 7.8 | • | 5.1 | • | • |
| Working Capital to Net Sales 40 | 0.0 | • | 0.0 | 0.1 | 0.1 | 0.1 | 0.1 | 0.0 | 0.0 | • | 0.1 | • | • |
| Inventory to Working Capital 41 | 2.3 | • | 1.0 | 0.3 | 0.2 | 0.1 | 0.4 | 10.5 | 0.4 | • | 0.1 | • | • |
| Total Receipts to Cash Flow 42 | 2.9 | • | 2.4 | 4.8 | 4.4 | 2.5 | 3.0 | 2.9 | 2.6 | 3.3 | 3.7 | 3.2 | 2.6 |
| Cost of Goods to Cash Flow 43 | 0.6 | • | 0.3 | 0.6 | 1.4 | 0.4 | 0.5 | 0.5 | 0.9 | 0.7 | 0.4 | 1.1 | 0.8 |
| Cash Flow to Total Debt 44 | 0.5 | • | 1.7 | 0.8 | 0.5 | 1.4 | 0.5 | 0.2 | 0.5 | 0.3 | 0.4 | 0.3 | 0.2 |

## Selected Financial Factors (in Percentages)

| | | | | | | | | | | | | | |
|---|---|---|---|---|---|---|---|---|---|---|---|---|---|
| Debt Ratio 45 | 77.8 | • | 210.3 | 63.2 | 111.0 | 44.7 | 101.4 | 103.4 | 76.8 | 105.8 | 65.8 | 68.5 | 63.6 |
| Return on Total Assets 46 | 3.9 | • | 5.9 | 0.6 | 9.9 | 23.5 | 9.0 | • | • | 9.1 | 1.7 | 4.4 | 3.6 |
| Return on Equity Before Income Taxes 47 | 4.7 | • | • | • | • | 38.8 | • | 191.6 | • | • | • | 4.9 | 1.3 |
| Return on Equity After Income Taxes 48 | 0.9 | • | • | • | • | 38.2 | • | 199.4 | • | • | • | 0.9 | • |
| Profit Margin (Before Income Tax) 49 | 0.9 | • | 0.3 | • | 3.2 | 13.6 | 4.4 | • | • | 6.0 | • | 2.2 | 1.2 |
| Profit Margin (After Income Tax) 50 | 0.2 | • | 0.3 | • | 3.2 | 13.4 | 3.8 | • | • | 4.2 | • | 0.4 | • |

**Table II**

Corporations with Net Income

# OTHER ARTS, ENTERTAINMENT, AND RECREATION

**MONEY AMOUNTS AND SIZE OF ASSETS IN THOUSANDS OF DOLLARS**

| Item Description for Accounting Period 7/00 Through 6/01 | | Total | Zero Assets | Under 100 | 100 to 250 | 251 to 500 | 501 to 1,000 | 1,001 to 5,000 | 5,001 to 10,000 | 10,001 to 25,000 | 25,001 to 50,000 | 50,001 to 100,000 | 100,001 to 250,000 | 250,001 and over |
|---|---|---|---|---|---|---|---|---|---|---|---|---|---|---|
| Number of Enterprises | 1 | 22618 | 701 | 16856 | 2844 | 866 | 761 | 474 | 25 | 42 | 15 | 10 | 16 | 8 |
| **Revenues ($ in Thousands)** | | | | | | | | | | | | | | |
| Net Sales | 2 | 15905096 | 28458 | 4193507 | 817043 | 1428764 | 954119 | 1671572 | 171415 | 824162 | 779075 | 892467 | 1595861 | 2548653 |
| Interest | 3 | 191268 | 7356 | 11898 | 1185 | 2389 | 4020 | 5764 | 921 | 4122 | 12202 | 25781 | 27746 | 87884 |
| Rents | 4 | 111386 | 0 | 571 | 654 | 649 | 147 | 3471 | 212 | 3778 | 883 | 5956 | 33800 | 61264 |
| Royalties | 5 | 74028 | 684 | 0 | 0 | 0 | 0 | 9 | 0 | 0 | 0 | 0 | 28086 | 45248 |
| Other Portfolio Income | 6 | 88970 | 2275 | 7960 | 26 | 0 | 4449 | 5013 | 5270 | 2063 | 20845 | 1896 | 30441 | 8735 |
| Other Receipts | 7 | 1307985 | 11761 | 56055 | 57026 | 8000 | 2236 | 44993 | 22632 | 95030 | 144603 | 147623 | 478490 | 239534 |
| Total Receipts | 8 | 17678733 | 50534 | 4269991 | 875934 | 1439802 | 964971 | 1730822 | 200450 | 929155 | 957608 | 1073723 | 2194424 | 2991318 |
| Average Total Receipts | 9 | 782 | 72 | 253 | 308 | 1663 | 1268 | 3652 | 8018 | 22123 | 63841 | 107372 | 137152 | 373915 |
| **Operating Costs/Operating Income (%)** | | | | | | | | | | | | | | |
| Cost of Operations | 10 | 18.8 | 4.0 | 13.7 | 20.5 | 32.9 | 12.8 | 13.9 | 22.1 | 36.1 | 23.5 | 4.1 | 31.8 | 14.0 |
| Salaries and Wages | 11 | 15.7 | 5.5 | 8.6 | 10.4 | 16.3 | 14.8 | 10.9 | 11.2 | 16.0 | 31.1 | 32.6 | 29.4 | 13.6 |
| Taxes Paid | 12 | 4.1 | 2.4 | 1.9 | 2.7 | 1.9 | 6.3 | 2.5 | 2.6 | 3.1 | 4.6 | 3.2 | 12.6 | 5.2 |
| Interest Paid | 13 | 2.1 | 21.3 | 0.2 | 0.0 | 0.1 | 1.3 | 1.3 | 2.1 | 0.9 | 3.0 | 2.9 | 2.4 | 7.1 |
| Depreciation | 14 | 3.2 | 0.4 | 0.6 | 0.7 | 0.8 | 3.2 | 2.1 | 3.7 | 3.2 | 2.9 | 1.6 | 4.5 | 9.9 |
| Amortization and Depletion | 15 | 1.1 | • | 0.0 | 0.0 | 0.0 | 0.0 | 0.0 | 0.2 | 0.2 | 0.3 | 9.6 | 2.2 | 1.9 |
| Pensions and Other Deferred Comp. | 16 | 0.9 | • | 1.3 | 1.5 | 0.3 | 0.3 | 0.8 | 0.1 | 0.3 | 0.5 | 1.1 | 1.4 | 0.4 |
| Employee Benefits | 17 | 0.9 | • | 0.2 | 0.4 | 1.1 | 0.2 | 0.3 | 0.5 | 0.9 | 0.8 | 1.8 | 2.8 | 1.2 |
| Advertising | 18 | 1.9 | 0.4 | 1.2 | 1.6 | 0.9 | 1.8 | 2.8 | 0.7 | 2.2 | 2.5 | 1.1 | 2.1 | 2.9 |
| Other Expenses | 19 | 35.8 | 59.5 | 42.2 | 24.8 | 15.0 | 29.8 | 28.3 | 24.8 | 33.2 | 29.1 | 37.1 | 32.3 | 52.7 |
| Officers' Compensation | 20 | 13.4 | • | 23.4 | 31.5 | 18.8 | 10.8 | 16.7 | 15.9 | 4.2 | 7.3 | 6.5 | 1.9 | 1.6 |
| Operating Margin | 21 | 2.1 | 6.6 | 6.7 | 5.7 | 11.9 | 18.6 | 20.3 | 16.3 | • | • | • | • | • |
| Operating Margin Before Officers' Comp. | 22 | 15.6 | 6.6 | 30.1 | 37.2 | 30.7 | 29.4 | 37.0 | 32.1 | 3.7 | 1.6 | 5.0 | • | • |

**Selected Average Balance Sheet ($ in Thousands)**

| | | | | | | | | | | | | | |
|---|---|---|---|---|---|---|---|---|---|---|---|---|---|
| Net Receivables 23 | 41 | 0 | 1 | 2 | 20 | 41 | 122 | 464 | 2176 | 5672 | 15305 | 12641 | 31700 |
| Inventories 24 | 6 | 0 | 1 | 25 | 0 | 20 | 52 | 179 | 104 | 427 | 506 | 568 | 1543 |
| Net Property, Plant and Equipment 25 | 232 | 0 | 5 | 40 | 41 | 248 | 616 | 1651 | 5157 | 12345 | 15284 | 54339 | 383653 |
| Total Assets 26 | 585 | 0 | 23 | 163 | 387 | 655 | 1995 | 6780 | 15871 | 37783 | 80543 | 155342 | 740258 |
| Notes and Loans Payable 27 | 170 | 0 | 9 | 38 | 20 | 110 | 616 | 1725 | 3758 | 17495 | 11462 | 39824 | 245645 |
| All Other Liabilities 28 | 167 | 0 | 9 | 49 | 53 | 131 | 522 | 1379 | 5641 | 19960 | 23288 | 57435 | 170901 |
| Net Worth 29 | 249 | 0 | 4 | 75 | 314 | 413 | 858 | 3676 | 6471 | 328 | 45792 | 58082 | 323712 |

**Selected Financial Ratios (Times to 1)**

| | | | | | | | | | | | | | |
|---|---|---|---|---|---|---|---|---|---|---|---|---|---|
| Current Ratio 30 | 1.3 | • | 1.2 | 2.2 | 3.6 | 2.2 | 1.9 | 2.9 | 1.2 | 1.3 | 1.6 | 1.1 | 0.9 |
| Quick Ratio 31 | 1.0 | • | 1.1 | 1.4 | 3.4 | 1.3 | 1.4 | 1.8 | 0.9 | 1.1 | 1.4 | 0.7 | 0.8 |
| Net Sales to Working Capital 32 | 17.9 | • | 90.1 | 6.7 | 10.4 | 8.1 | 8.1 | 3.4 | 14.8 | 13.7 | 5.3 | 23.2 | • |
| Coverage Ratio 33 | 7.4 | 4.9 | 43.0 | 506.3 | 127.3 | 16.2 | 19.0 | 17.2 | 13.9 | 6.7 | 7.5 | 6.9 | 1.9 |
| Total Asset Turnover 34 | 1.2 | • | 11.0 | 1.8 | 4.3 | 1.9 | 1.8 | 1.0 | 1.2 | 1.4 | 1.1 | 0.6 | 0.4 |
| Inventory Turnover 35 | 22.4 | • | 36.5 | 2.3 | 3610.4 | 8.0 | 9.5 | 8.5 | 68.3 | 28.6 | 7.2 | 55.9 | 28.9 |
| Receivables Turnover 36 | 15.4 | • | 519.4 | 148.0 | 64.5 | 46.0 | 26.1 | 2.7 | 10.2 | 9.7 | 4.4 | 7.3 | 9.5 |
| Total Liabilities to Net Worth 37 | 1.4 | • | 4.1 | 1.2 | 0.2 | 0.6 | 1.3 | 0.8 | 1.5 | 114.3 | 0.8 | 1.7 | 1.3 |
| Current Assets to Working Capital 38 | 4.9 | • | 5.0 | 1.9 | 1.4 | 1.9 | 2.1 | 1.5 | 5.4 | 4.4 | 2.6 | 13.2 | • |
| Current Liabilities to Working Capital 39 | 3.9 | • | 4.0 | 0.9 | 0.4 | 0.9 | 1.1 | 0.5 | 4.4 | 3.4 | 1.6 | 12.2 | • |
| Working Capital to Net Sales 40 | 0.1 | • | 0.0 | 0.1 | 0.1 | 0.1 | 0.1 | 0.3 | 0.1 | 0.1 | 0.2 | 0.0 | • |
| Inventory to Working Capital 41 | 0.2 | • | 0.2 | 0.6 | 0.0 | 0.1 | 0.2 | 0.0 | 0.1 | 0.1 | 0.0 | 0.2 | • |
| Total Receipts to Cash Flow 42 | 2.2 | 0.7 | 2.1 | 2.8 | 4.0 | 2.3 | 2.1 | 1.9 | 2.4 | 2.5 | 1.9 | 2.4 | 1.8 |
| Cost of Goods to Cash Flow 43 | 0.4 | 0.0 | 0.3 | 0.6 | 1.3 | 0.3 | 0.3 | 0.4 | 0.9 | 0.6 | 0.1 | 0.8 | 0.3 |
| Cash Flow to Total Debt 44 | 0.9 | • | 6.5 | 1.2 | 5.6 | 2.3 | 1.5 | 1.2 | 0.9 | 0.5 | 1.3 | 0.4 | 0.4 |

**Selected Financial Factors (in Percentages)**

| | | | | | | | | | | | | | |
|---|---|---|---|---|---|---|---|---|---|---|---|---|---|
| Debt Ratio 45 | 57.5 | • | 80.5 | 53.6 | 18.9 | 36.9 | 57.0 | 45.8 | 59.2 | 99.1 | 43.1 | 62.6 | 56.3 |
| Return on Total Assets 46 | 18.4 | • | 95.9 | 22.9 | 54.5 | 39.6 | 44.4 | 35.6 | 16.2 | 27.9 | 23.9 | 10.4 | 6.0 |
| Return on Equity Before Income Taxes 47 | 37.3 | • | 481.6 | 49.2 | 66.6 | 58.9 | 97.9 | 61.9 | 36.9 | 2729.0 | 36.4 | 23.8 | 6.6 |
| Return on Equity After Income Taxes 48 | 34.0 | • | 478.6 | 49.1 | 66.3 | 58.2 | 93.2 | 60.0 | 34.3 | 2374.7 | 30.5 | 18.5 | 4.3 |
| Profit Margin (Before Income Tax) 49 | 13.2 | 84.1 | 8.5 | 12.9 | 12.7 | 19.4 | 23.8 | 33.2 | 12.2 | 17.2 | 18.7 | 13.8 | 6.7 |
| Profit Margin (After Income Tax) 50 | 12.0 | 76.1 | 8.5 | 12.9 | 12.6 | 19.2 | 22.7 | 32.2 | 11.3 | 15.0 | 15.6 | 10.8 | 4.3 |

**Table I**

Corporations with and without Net Income

# AMUSEMENT, GAMBLING, AND RECREATION INDUSTRIES

**MONEY AMOUNTS AND SIZE OF ASSETS IN THOUSANDS OF DOLLARS**

| Item Description for Accounting Period 7/00 Through 6/01 | | Total | Zero Assets | Under 100 | 100 to 250 | 251 to 500 | 501 to 1,000 | 1,001 to 5,000 | 5,001 to 10,000 | 10,001 to 25,000 | 25,001 to 50,000 | 50,001 to 100,000 | 100,001 to 250,000 | 250,001 and over |
|---|---|---|---|---|---|---|---|---|---|---|---|---|---|---|
| Number of Enterprises | 1 | 49699 | 4775 | 23559 | 8160 | 4550 | 3651 | 3997 | 558 | 264 | 103 | 37 | 27 | 18 |
| **Revenues ($ in Thousands)** | | | | | | | | | | | | | | |
| Net Sales | 2 | 38976515 | 519626 | 2579661 | 2879422 | 2133261 | 3071806 | 6862515 | 4106515 | 2511565 | 1761520 | 1819177 | 2777906 | 7953542 |
| Interest | 3 | 792925 | 10188 | 571 | 3783 | 6493 | 9657 | 33977 | 10803 | 14539 | 18158 | 21001 | 141005 | 522752 |
| Rents | 4 | 125583 | 1256 | 2378 | 4476 | 0 | 345 | 34036 | 7407 | 10671 | 16154 | 3108 | 9633 | 36119 |
| Royalties | 5 | 74894 | 0 | 0 | 0 | 0 | 0 | 2752 | 285 | 744 | 431 | 13057 | 6618 | 51007 |
| Other Portfolio Income | 6 | 912473 | 63688 | 4103 | 34437 | 8742 | 63030 | 128699 | 30214 | 29530 | 42303 | 49101 | 279606 | 179023 |
| Other Receipts | 7 | 1917682 | 31255 | 73066 | 9049 | 26786 | 198308 | 343416 | 189065 | 202721 | 286327 | 67356 | 181443 | 308883 |
| Total Receipts | 8 | 42800072 | 626013 | 2659779 | 2931167 | 2175282 | 3343146 | 7405395 | 4344289 | 2769770 | 2124893 | 1972800 | 3396211 | 9051326 |
| Average Total Receipts | 9 | 861 | 131 | 113 | 359 | 478 | 916 | 1853 | 7785 | 10492 | 20630 | 53319 | 125786 | 502851 |
| **Operating Costs/Operating Income (%)** | | | | | | | | | | | | | | |
| Cost of Operations | 10 | 22.1 | 6.8 | 25.3 | 14.3 | 25.9 | 26.6 | 27.5 | 31.5 | 29.2 | 22.0 | 18.9 | 14.7 | 13.7 |
| Salaries and Wages | 11 | 21.2 | 24.9 | 11.3 | 19.3 | 19.6 | 17.6 | 18.9 | 22.0 | 25.2 | 31.6 | 20.8 | 29.0 | 21.9 |
| Taxes Paid | 12 | 6.9 | 25.1 | 4.9 | 5.1 | 5.0 | 5.3 | 5.9 | 5.4 | 6.6 | 6.9 | 8.5 | 9.5 | 8.6 |
| Interest Paid | 13 | 6.4 | 16.5 | 1.3 | 2.3 | 2.6 | 2.4 | 4.3 | 3.2 | 4.7 | 5.2 | 3.8 | 9.1 | 15.3 |
| Depreciation | 14 | 7.3 | 14.2 | 3.7 | 7.2 | 5.2 | 6.0 | 6.8 | 6.3 | 7.2 | 9.8 | 6.5 | 6.4 | 10.1 |
| Amortization and Depletion | 15 | 0.7 | 2.2 | 0.2 | 0.2 | 0.2 | 0.2 | 0.3 | 0.5 | 0.5 | 0.7 | 0.6 | 0.8 | 1.7 |
| Pensions and Other Deferred Comp. | 16 | 0.3 | 0.2 | 0.1 | 0.4 | 0.1 | 0.2 | 0.3 | 0.3 | 0.3 | 1.1 | 0.2 | 0.4 | 0.1 |
| Employee Benefits | 17 | 1.3 | 2.6 | 0.2 | 0.5 | 0.3 | 0.4 | 1.2 | 0.8 | 1.7 | 2.8 | 1.7 | 2.1 | 2.0 |
| Advertising | 18 | 3.0 | 9.0 | 2.8 | 4.1 | 2.2 | 1.7 | 2.5 | 2.0 | 2.8 | 5.4 | 1.8 | 2.7 | 3.9 |
| Other Expenses | 19 | 37.2 | 63.7 | 52.4 | 41.9 | 33.4 | 39.3 | 35.1 | 31.4 | 29.4 | 35.0 | 35.7 | 39.3 | 36.5 |
| Officers' Compensation | 20 | 3.0 | 2.7 | 7.3 | 5.4 | 6.2 | 4.4 | 3.8 | 1.6 | 2.4 | 2.3 | 1.4 | 1.1 | 0.8 |
| Operating Margin | 21 | • | • | • | • | • | • | • | • | • | • | 0.1 | • | • |
| Operating Margin Before Officers' Comp. | 22 | • | • | • | 4.6 | 5.6 | 0.4 | • | • | • | • | 1.5 | • | • |

| Selected Average Balance Sheet ($ in Thousands) | | | | | | | | | | | | | |
|---|---|---|---|---|---|---|---|---|---|---|---|---|---|
| Net Receivables 23 | 57 | 0 | 1 | 6 | 8 | 30 | 145 | 424 | 681 | 1792 | 3085 | 8775 | 60347 |
| Inventories 24 | 25 | 0 | 2 | 10 | 21 | 16 | 66 | 274 | 298 | 863 | 773 | 2345 | 15765 |
| Net Property, Plant and Equipment 25 | 558 | 0 | 17 | 109 | 186 | 424 | 1339 | 4367 | 9038 | 21069 | 39069 | 70387 | 463856 |
| Total Assets 26 | 1065 | 0 | 29 | 170 | 342 | 701 | 2002 | 7073 | 15235 | 34625 | 68213 | 163001 | 1127686 |
| Notes and Loans Payable 27 | 576 | 0 | 35 | 115 | 327 | 369 | 1151 | 3752 | 6389 | 13243 | 25139 | 65316 | 644470 |
| All Other Liabilities 28 | 189 | 0 | 13 | 16 | 59 | 99 | 245 | 1431 | 2676 | 6738 | 14663 | 41904 | 192274 |
| Net Worth 29 | 300 | 0 | -20 | 40 | -43 | 233 | 607 | 1891 | 6170 | 14643 | 28411 | 55781 | 290941 |

| Selected Financial Ratios (Times to 1) | | | | | | | | | | | | | |
|---|---|---|---|---|---|---|---|---|---|---|---|---|---|
| Current Ratio 30 | 1.1 | • | 0.5 | 1.3 | 1.5 | 1.6 | 1.1 | 1.2 | 1.0 | 0.9 | 0.9 | 1.1 | 1.3 |
| Quick Ratio 31 | 0.7 | • | 0.3 | 1.0 | 1.0 | 1.2 | 0.8 | 0.7 | 0.7 | 0.6 | 0.6 | 0.8 | 0.6 |
| Net Sales to Working Capital 32 | 30.0 | • | • | 38.6 | 17.6 | 13.0 | 37.4 | 29.1 | • | • | • | 58.0 | 9.3 |
| Coverage Ratio 33 | 1.1 | • | • | 1.4 | 1.5 | 3.1 | 1.3 | 1.2 | 1.1 | 0.6 | 3.2 | 1.8 | 0.9 |
| Total Asset Turnover 34 | 0.7 | • | 3.8 | 2.1 | 1.4 | 1.2 | 0.9 | 1.0 | 0.6 | 0.5 | 0.7 | 0.6 | 0.4 |
| Inventory Turnover 35 | 6.9 | • | 14.2 | 5.0 | 5.9 | 13.7 | 7.2 | 8.5 | 9.3 | 4.4 | 12.0 | 6.4 | 3.9 |
| Receivables Turnover 36 | 13.0 | • | 145.8 | 69.6 | 40.0 | 29.0 | 15.0 | 22.0 | 12.9 | 9.5 | 12.9 | 14.7 | 5.6 |
| Total Liabilities to Net Worth 37 | 2.5 | • | • | 3.3 | • | 2.0 | 2.3 | 2.7 | 1.5 | 1.4 | 1.4 | 1.9 | 2.9 |
| Current Assets to Working Capital 38 | 8.7 | • | • | 4.5 | 3.2 | 2.7 | 9.5 | 7.5 | • | • | • | 19.7 | 4.7 |
| Current Liabilities to Working Capital 39 | 7.7 | • | • | 3.5 | 2.2 | 1.7 | 8.5 | 6.5 | • | • | • | 18.7 | 3.7 |
| Working Capital to Net Sales 40 | 0.0 | • | • | 0.0 | 0.1 | 0.1 | 0.0 | 0.0 | • | • | • | 0.0 | 0.1 |
| Inventory to Working Capital 41 | 1.0 | • | • | 0.8 | 0.7 | 0.3 | 1.5 | 1.2 | • | • | • | 1.4 | 0.3 |
| Total Receipts to Cash Flow 42 | 4.0 | • | 4.6 | 3.6 | 4.5 | 3.2 | 4.0 | 3.8 | 5.2 | 4.8 | 2.8 | 4.6 | 4.1 |
| Cost of Goods to Cash Flow 43 | 0.9 | • | 1.1 | 0.5 | 1.2 | 0.8 | 1.1 | 1.2 | 1.5 | 1.0 | 0.5 | 0.7 | 0.6 |
| Cash Flow to Total Debt 44 | 0.3 | • | 0.5 | 0.7 | 0.3 | 0.6 | 0.3 | 0.4 | 0.2 | 0.2 | 0.4 | 0.2 | 0.1 |

| Selected Financial Factors (in Percentages) | | | | | | | | | | | | | |
|---|---|---|---|---|---|---|---|---|---|---|---|---|---|
| Debt Ratio 45 | 71.8 | • | 168.2 | 76.8 | 112.7 | 66.8 | 69.7 | 73.3 | 59.5 | 57.7 | 58.3 | 65.8 | 74.2 |
| Return on Total Assets 46 | 5.0 | • | • | 6.9 | 5.5 | 8.8 | 4.8 | 4.1 | 3.1 | 1.5 | 8.9 | 10.2 | 5.7 |
| Return on Equity Before Income Taxes 47 | 1.2 | • | 36.1 | 8.9 | • | 17.7 | 3.8 | 2.9 | 0.4 | • | 14.7 | 13.2 | • |
| Return on Equity After Income Taxes 48 | • | • | 36.5 | 4.4 | • | 17.5 | 2.3 | 2.3 | • | • | 13.1 | 7.5 | • |
| Profit Margin (Before Income Tax) 49 | 0.4 | • | • | 1.0 | 1.4 | 4.9 | 1.3 | 0.8 | 0.3 | • | 8.5 | 7.2 | • |
| Profit Margin (After Income Tax) 50 | • | • | • | 0.5 | 1.3 | 4.9 | 0.8 | 0.6 | • | • | 7.6 | 4.0 | • |

**Table II**

Corporations with Net Income

# AMUSEMENT, GAMBLING, AND RECREATION INDUSTRIES

MONEY AMOUNTS AND SIZE OF ASSETS IN THOUSANDS OF DOLLARS

| Item Description for Accounting Period 7/00 Through 6/01 | | Total | Zero Assets | Under 100 | 100 to 250 | 251 to 500 | 501 to 1,000 | 1,001 to 5,000 | 5,001 to 10,000 | 10,001 to 25,000 | 25,001 to 50,000 | 50,001 to 100,000 | 100,001 to 250,000 | 250,001 and over |
|---|---|---|---|---|---|---|---|---|---|---|---|---|---|---|
| Number of Enterprises | 1 | 21701 | 930 | 9386 | 3812 | 3004 | 2022 | 2145 | 193 | 126 | 43 | 16 | 14 | 9 |
| **Revenues ($ in Thousands)** | | | | | | | | | | | | | | |
| Net Sales | 2 | 23899414 | 166728 | 1273044 | 1891093 | 1554785 | 2197225 | 4956922 | 1957379 | 1789034 | 1012689 | 1187081 | 1059101 | 4854333 |
| Interest | 3 | 429336 | 1361 | 172 | 1635 | 5037 | 8983 | 16489 | 3816 | 7634 | 8728 | 8818 | 89758 | 276907 |
| Rents | 4 | 62629 | 829 | 0 | 446 | 0 | 345 | 16820 | 5056 | 6417 | 7061 | 14 | 7317 | 18325 |
| Royalties | 5 | 57148 | 0 | 0 | 0 | 0 | 0 | 74 | 253 | 0 | 101 | 0 | 6024 | 50697 |
| Other Portfolio Income | 6 | 766196 | 39656 | 3942 | 34172 | 7235 | 60093 | 71210 | 22348 | 25746 | 13157 | 46930 | 276469 | 165238 |
| Other Receipts | 7 | 1156568 | 41779 | 19828 | 7900 | 14179 | 155068 | 213837 | 53586 | 161070 | 35459 | 54019 | 126575 | 273263 |
| Total Receipts | 8 | 26371291 | 250353 | 1296986 | 1935246 | 1581236 | 2421714 | 5275352 | 2042438 | 1989901 | 1077195 | 1296862 | 1565244 | 5638763 |
| Average Total Receipts | 9 | 1215 | 269 | 138 | 508 | 526 | 1198 | 2459 | 10583 | 15793 | 25051 | 81054 | 111803 | 626529 |
| **Operating Costs/Operating Income (%)** | | | | | | | | | | | | | | |
| Cost of Operations | 10 | 23.4 | 10.4 | 31.4 | 14.5 | 28.9 | 27.6 | 27.7 | 32.1 | 31.1 | 22.6 | 19.7 | 15.7 | 13.6 |
| Salaries and Wages | 11 | 17.8 | 26.3 | 5.6 | 18.9 | 16.9 | 16.7 | 16.6 | 14.0 | 22.7 | 20.8 | 16.9 | 27.3 | 19.8 |
| Taxes Paid | 12 | 6.8 | 8.0 | 4.6 | 4.6 | 4.1 | 5.3 | 4.8 | 6.1 | 6.6 | 4.6 | 9.7 | 10.9 | 10.9 |
| Interest Paid | 13 | 4.4 | 10.3 | 1.0 | 1.6 | 1.4 | 1.1 | 2.7 | 1.8 | 2.8 | 3.4 | 1.8 | 10.9 | 11.3 |
| Depreciation | 14 | 5.5 | 9.8 | 2.8 | 5.4 | 4.4 | 4.0 | 5.0 | 5.7 | 5.1 | 7.2 | 3.7 | 7.2 | 7.4 |
| Amortization and Depletion | 15 | 0.3 | 0.4 | 0.1 | 0.0 | 0.0 | 0.2 | 0.1 | 0.3 | 0.3 | 0.4 | 0.1 | 0.8 | 0.6 |
| Pensions and Other Deferred Comp. | 16 | 0.3 | 0.5 | 0.2 | 0.3 | 0.1 | 0.2 | 0.3 | 0.3 | 0.3 | 0.2 | 0.2 | 0.8 | 0.1 |
| Employee Benefits | 17 | 1.2 | 1.0 | 0.2 | 0.5 | 0.2 | 0.3 | 1.1 | 0.8 | 1.6 | 1.6 | 1.5 | 2.3 | 2.0 |
| Advertising | 18 | 2.7 | 4.2 | 2.5 | 4.4 | 1.5 | 1.0 | 2.9 | 2.1 | 2.5 | 2.7 | 1.6 | 3.8 | 3.3 |
| Other Expenses | 19 | 32.6 | 35.0 | 36.6 | 37.7 | 28.0 | 34.0 | 31.1 | 26.9 | 25.2 | 27.8 | 33.0 | 32.6 | 37.9 |
| Officers' Compensation | 20 | 3.1 | 6.0 | 7.8 | 4.3 | 6.0 | 5.1 | 4.3 | 1.3 | 2.1 | 1.4 | 0.8 | 1.4 | 0.6 |
| Operating Margin | 21 | 2.0 | • | 7.1 | 7.7 | 8.4 | 4.6 | 3.4 | 8.4 | • | 7.4 | 10.9 | • | • |
| Operating Margin Before Officers' Comp. | 22 | 5.1 | • | 14.9 | 12.0 | 14.4 | 9.7 | 7.7 | 9.7 | 1.6 | 8.8 | 11.7 | • | • |

| Selected Average Balance Sheet ($ in Thousands) | | | | | | | | | | | | | | |
|---|---|---|---|---|---|---|---|---|---|---|---|---|---|---|
| Net Receivables | 23 | 73 | 0 | 0 | 5 | 11 | 24 | 93 | 225 | 821 | 2366 | 2202 | 8521 | 98175 |
| Inventories | 24 | 31 | 0 | 3 | 16 | 21 | 27 | 80 | 359 | 310 | 1142 | 1018 | 1756 | 9643 |
| Net Property, Plant and Equipment | 25 | 542 | 0 | 14 | 103 | 186 | 316 | 1241 | 4030 | 8689 | 20011 | 32741 | 66946 | 354425 |
| Total Assets | 26 | 1178 | 0 | 28 | 191 | 336 | 653 | 1955 | 6952 | 15576 | 35240 | 67017 | 148664 | 1119656 |
| Notes and Loans Payable | 27 | 522 | 0 | 17 | 73 | 124 | 165 | 861 | 3284 | 5452 | 10769 | 13979 | 49334 | 626039 |
| All Other Liabilities | 28 | 213 | 0 | 10 | 13 | 34 | 53 | 254 | 2383 | 2482 | 5921 | 15500 | 29434 | 226896 |
| Net Worth | 29 | 443 | 0 | 1 | 105 | 178 | 435 | 840 | 1285 | 7642 | 18549 | 37538 | 69896 | 266720 |

| Selected Financial Ratios (Times to 1) | | | | | | | | | | | | | | |
|---|---|---|---|---|---|---|---|---|---|---|---|---|---|---|
| Current Ratio | 30 | 1.4 | • | 0.6 | 2.9 | 2.6 | 3.3 | 1.1 | 0.8 | 1.1 | 1.2 | 1.4 | 1.4 | 1.6 |
| Quick Ratio | 31 | 0.9 | • | 0.3 | 2.0 | 1.9 | 2.3 | 0.8 | 0.5 | 0.9 | 0.8 | 1.1 | 1.0 | 0.7 |
| Net Sales to Working Capital | 32 | 11.4 | • | • | 13.8 | 8.1 | 5.9 | 43.7 | • | 34.8 | 15.3 | 13.6 | 7.7 | 4.6 |
| Coverage Ratio | 33 | 3.8 | 4.7 | 10.3 | 7.3 | 8.1 | 15.1 | 4.7 | 8.0 | 4.8 | 5.0 | 12.0 | 4.1 | 1.8 |
| Total Asset Turnover | 34 | 0.9 | • | 4.8 | 2.6 | 1.5 | 1.7 | 1.2 | 1.5 | 0.9 | 0.7 | 1.1 | 0.5 | 0.5 |
| Inventory Turnover | 35 | 8.4 | • | 13.7 | 4.7 | 7.0 | 10.9 | 8.0 | 9.1 | 14.3 | 4.6 | 14.4 | 6.7 | 7.6 |
| Receivables Turnover | 36 | 15.4 | • | 195.5 | 107.7 | 32.2 | 49.5 | 24.2 | 33.4 | 17.3 | 10.3 | 19.6 | 11.9 | 5.9 |
| Total Liabilities to Net Worth | 37 | 1.7 | • | 26.3 | 0.8 | 0.9 | 0.5 | 1.3 | 4.4 | 1.0 | 0.9 | 0.8 | 1.1 | 3.2 |
| Current Assets to Working Capital | 38 | 3.3 | • | • | 1.5 | 1.6 | 1.4 | 8.8 | • | 8.0 | 5.1 | 3.3 | 3.8 | 2.7 |
| Current Liabilities to Working Capital | 39 | 2.3 | • | • | 0.5 | 0.6 | 0.4 | 7.8 | • | 7.0 | 4.1 | 2.3 | 2.8 | 1.7 |
| Working Capital to Net Sales | 40 | 0.1 | • | • | 0.1 | 0.1 | 0.2 | 0.0 | • | 0.0 | 0.1 | 0.1 | 0.1 | 0.2 |
| Inventory to Working Capital | 41 | 0.3 | • | • | 0.3 | 0.4 | 0.2 | 1.5 | • | 0.8 | 1.0 | 0.1 | 0.2 | 0.1 |
| Total Receipts to Cash Flow | 42 | 3.0 | 2.0 | 3.3 | 2.8 | 3.8 | 2.7 | 3.3 | 2.9 | 3.6 | 2.9 | 2.1 | 2.9 | 2.8 |
| Cost of Goods to Cash Flow | 43 | 0.7 | 0.2 | 1.0 | 0.4 | 1.1 | 0.7 | 0.9 | 0.9 | 1.1 | 0.7 | 0.4 | 0.4 | 0.4 |
| Cash Flow to Total Debt | 44 | 0.5 | • | 1.5 | 2.0 | 0.9 | 1.9 | 0.6 | 0.6 | 0.5 | 0.5 | 1.2 | 0.3 | 0.2 |

| Selected Financial Factors (in Percentages) | | | | | | | | | | | | | | |
|---|---|---|---|---|---|---|---|---|---|---|---|---|---|---|
| Debt Ratio | 45 | 62.4 | • | 96.3 | 44.9 | 47.1 | 33.3 | 57.1 | 81.5 | 50.9 | 47.4 | 44.0 | 53.0 | 76.2 |
| Return on Total Assets | 46 | 15.6 | • | 47.4 | 30.2 | 17.8 | 26.5 | 14.8 | 21.2 | 12.3 | 11.4 | 24.3 | 22.9 | 9.6 |
| Return on Equity Before Income Taxes | 47 | 30.5 | • | 1168.4 | 47.3 | 29.5 | 37.1 | 27.0 | 100.4 | 19.8 | 17.4 | 39.7 | 36.9 | 17.5 |
| Return on Equity After Income Taxes | 48 | 27.3 | • | 1153.9 | 43.8 | 29.3 | 36.9 | 25.6 | 97.6 | 18.5 | 14.4 | 37.0 | 28.0 | 12.8 |
| Profit Margin (Before Income Tax) | 49 | 12.3 | 38.2 | 9.0 | 10.0 | 10.1 | 14.9 | 9.8 | 12.7 | 10.7 | 13.7 | 20.1 | 34.1 | 8.7 |
| Profit Margin (After Income Tax) | 50 | 11.0 | 35.9 | 8.9 | 9.3 | 10.1 | 14.8 | 9.3 | 12.4 | 10.0 | 11.4 | 18.7 | 25.9 | 6.3 |

# Table I

Corporations with and without Net Income

## ACCOMMODATION

MONEY AMOUNTS AND SIZE OF ASSETS IN THOUSANDS OF DOLLARS

| Item Description for Accounting Period 7/00 Through 6/01 | | Total | Zero Assets | Under 100 | 100 to 250 | 251 to 500 | 501 to 1,000 | 1,001 to 5,000 | 5,001 to 10,000 | 10,001 to 25,000 | 25,001 to 50,000 | 50,001 to 100,000 | 100,001 to 250,000 | 250,001 and over |
|---|---|---|---|---|---|---|---|---|---|---|---|---|---|---|
| Number of Enterprises | 1 | 34742 | 3361 | 8825 | 7754 | 3197 | 3518 | 6705 | 755 | 337 | 114 | 56 | 51 | 69 |
| **Revenues ($ in Thousands)** | | | | | | | | | | | | | | |
| Net Sales | 2 | 105658236 | 723335 | 1501818 | 1315357 | 1080248 | 1798057 | 8123815 | 2647740 | 3416505 | 2804578 | 1625846 | 7021824 | 73599112 |
| Interest | 3 | 2837972 | 8157 | 3 | 3320 | 1226 | 648 | 26192 | 9523 | 24573 | 30028 | 42911 | 120329 | 2571061 |
| Rents | 4 | 790978 | 1088 | 3732 | 0 | 0 | 122 | 9517 | 4213 | 8906 | 9568 | 14891 | 39422 | 699519 |
| Royalties | 5 | 1107412 | 17785 | 0 | 0 | 0 | 0 | 14 | 0 | 82 | 12 | 5450 | 2198 | 1081871 |
| Other Portfolio Income | 6 | 1449515 | 45854 | 1393 | 25725 | 24030 | 42897 | 50795 | 22998 | 26447 | 23857 | 89599 | 119035 | 976888 |
| Other Receipts | 7 | 7020159 | 64892 | 8290 | 769829 | 61660 | 42718 | 143209 | 50112 | 100678 | 100589 | 218644 | 178240 | 5281298 |
| Total Receipts | 8 | 118864272 | 861111 | 1515236 | 2114231 | 1167164 | 1884442 | 8353542 | 2734586 | 3577191 | 2968632 | 1997341 | 7481048 | 84209749 |
| Average Total Receipts | 9 | 3421 | 256 | 172 | 273 | 365 | 536 | 1246 | 3622 | 10615 | 26041 | 35667 | 146687 | 1220431 |
| **Operating Costs/Operating Income (%)** | | | | | | | | | | | | | | |
| Cost of Operations | 10 | 40.3 | 19.7 | 17.9 | 21.5 | 11.4 | 7.7 | 14.3 | 17.5 | 22.3 | 26.2 | 26.4 | 44.5 | 47.4 |
| Salaries and Wages | 11 | 17.9 | 19.3 | 17.5 | 58.7 | 23.3 | 19.4 | 16.6 | 19.4 | 19.0 | 22.2 | 21.7 | 14.3 | 17.2 |
| Taxes Paid | 12 | 5.1 | 9.5 | 6.7 | 9.3 | 5.6 | 7.3 | 6.5 | 6.7 | 4.9 | 4.9 | 5.8 | 4.3 | 4.8 |
| Interest Paid | 13 | 8.0 | 10.5 | 1.1 | 4.2 | 3.5 | 8.1 | 10.6 | 10.8 | 6.4 | 6.5 | 9.8 | 4.8 | 8.3 |
| Depreciation | 14 | 5.1 | 9.6 | 2.6 | 5.3 | 5.5 | 6.5 | 7.9 | 7.7 | 6.6 | 6.2 | 9.4 | 3.8 | 4.6 |
| Amortization and Depletion | 15 | 0.5 | 1.9 | 0.2 | 0.2 | 0.2 | 0.5 | 0.4 | 0.5 | 0.3 | 0.3 | 0.9 | 0.3 | 0.6 |
| Pensions and Other Deferred Comp. | 16 | 0.7 | 0.2 | • | 3.2 | 0.8 | 0.2 | 0.1 | 0.1 | 0.2 | 0.2 | 0.2 | 0.2 | 0.9 |
| Employee Benefits | 17 | 1.6 | 0.8 | 1.1 | 3.5 | 0.7 | 0.9 | 0.5 | 1.1 | 1.3 | 1.9 | 1.9 | 1.5 | 1.8 |
| Advertising | 18 | 1.9 | 2.3 | 1.6 | 1.6 | 3.0 | 2.1 | 1.9 | 2.1 | 3.2 | 2.6 | 2.3 | 2.2 | 1.8 |
| Other Expenses | 19 | 27.2 | 39.1 | 49.0 | 37.1 | 45.6 | 44.0 | 41.0 | 29.2 | 36.2 | 31.9 | 38.5 | 27.8 | 23.3 |
| Officers' Compensation | 20 | 1.1 | 1.4 | 2.8 | 16.9 | 6.6 | 4.8 | 2.9 | 2.8 | 1.8 | 1.0 | 1.0 | 0.8 | 0.3 |
| Operating Margin | 21 | • | • | • | • | • | • | • | 2.2 | • | • | • | • | • |
| Operating Margin Before Officers' Comp. | 22 | • | • | 2.3 | • | 0.6 | 3.5 | 0.2 | 4.9 | • | • | • | • | • |

| Selected Average Balance Sheet ($ in Thousands) | | | | | | | | | | | | | |
|---|---|---|---|---|---|---|---|---|---|---|---|---|---|
| Net Receivables 23 | 251 | 0 | 1 | 3 | 12 | 22 | 65 | 271 | 1001 | 1590 | 4671 | 5279 | 99853 |
| Inventories 24 | 70 | 0 | 1 | 1 | 4 | 12 | 12 | 65 | 138 | 422 | 1012 | 1140 | 29077 |
| Net Property, Plant and Equipment 25 | 2350 | 0 | 24 | 114 | 258 | 506 | 1682 | 5034 | 9440 | 22380 | 45053 | 79461 | 732393 |
| Total Assets 26 | 5372 | 0 | 39 | 178 | 370 | 702 | 2171 | 6649 | 15265 | 34552 | 72831 | 157995 | 2035493 |
| Notes and Loans Payable 27 | 2762 | 0 | 71 | 211 | 209 | 571 | 1717 | 5198 | 9375 | 22133 | 39002 | 73756 | 926790 |
| All Other Liabilities 28 | 877 | 0 | 11 | 16 | 57 | 84 | 157 | 462 | 2099 | 5188 | -311 | 38126 | 364573 |
| Net Worth 29 | 1732 | 0 | -43 | -50 | 104 | 47 | 297 | 989 | 3791 | 7230 | 34140 | 46113 | 744130 |

| Selected Financial Ratios (Times to 1) | | | | | | | | | | | | | |
|---|---|---|---|---|---|---|---|---|---|---|---|---|---|
| Current Ratio 30 | 1.1 | • | 0.5 | 1.8 | 1.3 | 0.7 | 1.2 | 1.4 | 1.3 | 1.0 | 0.9 | 0.8 | 1.1 |
| Quick Ratio 31 | 0.7 | • | 0.4 | 1.3 | 1.2 | 0.5 | 0.8 | 1.1 | 0.9 | 0.7 | 0.6 | 0.4 | 0.7 |
| Net Sales to Working Capital 32 | 46.3 | • | • | 11.9 | 20.2 | • | 25.5 | 15.3 | 14.1 | 103.6 | • | • | 33.6 |
| Coverage Ratio 33 | 1.4 | 1.4 | 1.4 | 0.8 | 1.6 | 1.4 | 1.0 | 1.5 | 1.4 | 1.3 | 1.5 | 1.4 | 1.4 |
| Total Asset Turnover 34 | 0.6 | • | 4.4 | 1.0 | 0.9 | 0.7 | 0.6 | 0.5 | 0.7 | 0.7 | 0.4 | 0.9 | 0.5 |
| Inventory Turnover 35 | 17.6 | • | 28.4 | 28.9 | 8.6 | 3.2 | 14.4 | 9.5 | 16.4 | 15.3 | 7.6 | 53.8 | 17.4 |
| Receivables Turnover 36 | 13.1 | • | 189.1 | 77.4 | 19.9 | 21.8 | 18.7 | 12.3 | 10.1 | 15.4 | 5.9 | 22.9 | 12.0 |
| Total Liabilities to Net Worth 37 | 2.1 | • | • | • | 2.6 | 13.9 | 6.3 | 5.7 | 3.0 | 3.8 | 1.1 | 2.4 | 1.7 |
| Current Assets to Working Capital 38 | 11.2 | • | • | 2.2 | 4.1 | • | 5.1 | 3.7 | 4.8 | 25.9 | • | • | 8.2 |
| Current Liabilities to Working Capital 39 | 10.2 | • | • | 1.2 | 3.1 | • | 4.1 | 2.7 | 3.8 | 24.9 | • | • | 7.2 |
| Working Capital to Net Sales 40 | 0.0 | • | • | 0.1 | 0.0 | • | 0.0 | 0.1 | 0.1 | 0.0 | • | • | 0.0 |
| Inventory to Working Capital 41 | 1.2 | • | • | 0.1 | 0.2 | • | 0.2 | 0.1 | 0.2 | 2.1 | • | • | 1.0 |
| Total Receipts to Cash Flow 42 | 4.7 | 3.2 | 3.4 | 4.2 | 3.7 | 3.1 | 3.0 | 3.6 | 3.9 | 4.3 | 3.1 | 5.7 | 5.3 |
| Cost of Goods to Cash Flow 43 | 1.9 | 0.6 | 0.6 | 0.9 | 0.4 | 0.2 | 0.4 | 0.6 | 0.9 | 1.1 | 0.8 | 2.5 | 2.5 |
| Cash Flow to Total Debt 44 | 0.2 | • | 0.6 | 0.2 | 0.3 | 0.3 | 0.2 | 0.2 | 0.2 | 0.2 | 0.2 | 0.2 | 0.2 |

| Selected Financial Factors (in Percentages) | | | | | | | | | | | | | |
|---|---|---|---|---|---|---|---|---|---|---|---|---|---|
| Debt Ratio 45 | 67.8 | • | 212.3 | 128.1 | 72.0 | 93.3 | 86.3 | 85.1 | 75.2 | 79.1 | 53.1 | 70.8 | 63.4 |
| Return on Total Assets 46 | 6.3 | • | 6.8 | 3.4 | 5.0 | 8.4 | 6.0 | 8.6 | 5.8 | 6.0 | 5.8 | 5.9 | 6.2 |
| Return on Equity Before Income Taxes 47 | 5.3 | • | • | 2.4 | 6.6 | 37.9 | 0.6 | 19.3 | 6.2 | 6.7 | 4.1 | 5.8 | 5.0 |
| Return on Equity After Income Taxes 48 | 3.4 | • | • | 3.7 | 4.3 | 33.3 | • | 17.7 | 4.7 | 4.6 | 2.6 | 2.0 | 3.2 |
| Profit Margin (Before Income Tax) 49 | 3.0 | 4.7 | 0.4 | • | 2.0 | 3.5 | 0.1 | 5.4 | 2.3 | 2.0 | 4.8 | 2.0 | 3.5 |
| Profit Margin (After Income Tax) 50 | 1.9 | 2.7 | 0.3 | • | 1.3 | 3.1 | • | 5.0 | 1.8 | 1.4 | 3.1 | 0.7 | 2.2 |

**Table II**

Corporations with Net Income

# ACCOMMODATION

**MONEY AMOUNTS AND SIZE OF ASSETS IN THOUSANDS OF DOLLARS**

| Item Description for Accounting Period 7/00 Through 6/01 | | Total | Zero Assets | Under 100 | 100 to 250 | 251 to 500 | 501 to 1,000 | 1,001 to 5,000 | 5,001 to 10,000 | 10,001 to 25,000 | 25,001 to 50,000 | 50,001 to 100,000 | 100,001 to 250,000 | 250,001 and over |
|---|---|---|---|---|---|---|---|---|---|---|---|---|---|---|
| Number of Enterprises | 1 | 16182 | 1491 | 4434 | 2564 | 1790 | 1901 | 3209 | 417 | 199 | 68 | 30 | 32 | 47 |
| **Revenues ($ in Thousands)** | | | | | | | | | | | | | | |
| Net Sales | 2 | 84829935 | 500417 | 788532 | 1153702 | 625498 | 1227790 | 4359636 | 1782073 | 2329244 | 2106848 | 921098 | 2312975 | 66722122 |
| Interest | 3 | 2013275 | 4907 | 3 | 2436 | 1125 | 600 | 17028 | 7637 | 18622 | 14932 | 27489 | 66611 | 1851885 |
| Rents | 4 | 725785 | 845 | 3732 | 0 | 0 | 0 | 7262 | 2812 | 7050 | 5954 | 13448 | 35699 | 648983 |
| Royalties | 5 | 982275 | 2151 | 0 | 0 | 0 | 0 | 14 | 0 | 82 | 12 | 478 | 1910 | 977628 |
| Other Portfolio Income | 6 | 1295504 | 44158 | 1393 | 24967 | 24030 | 32149 | 46276 | 22969 | 13671 | 11680 | 54491 | 117183 | 902537 |
| Other Receipts | 7 | 5901135 | 49498 | 3369 | 762477 | 59011 | 38504 | 66292 | 46356 | 79102 | 46736 | 165086 | 222241 | 4362463 |
| Total Receipts | 8 | 95747909 | 601976 | 797029 | 1943582 | 709664 | 1299043 | 4496508 | 1861847 | 2447771 | 2186162 | 1182090 | 2756619 | 75465618 |
| Average Total Receipts | 9 | 5917 | 404 | 180 | 758 | 396 | 683 | 1401 | 4465 | 12300 | 32149 | 39403 | 86144 | 1605651 |
| **Operating Costs/Operating Income (%)** | | | | | | | | | | | | | | |
| Cost of Operations | 10 | 43.9 | 16.5 | 12.0 | 24.4 | 6.7 | 8.8 | 16.6 | 17.5 | 22.9 | 27.9 | 27.5 | 22.9 | 50.5 |
| Salaries and Wages | 11 | 18.0 | 18.2 | 13.9 | 65.2 | 25.6 | 16.2 | 15.7 | 20.9 | 18.2 | 21.6 | 20.1 | 21.6 | 16.9 |
| Taxes Paid | 12 | 4.8 | 9.4 | 5.2 | 8.1 | 5.9 | 6.7 | 6.0 | 6.7 | 4.7 | 4.5 | 5.7 | 6.7 | 4.5 |
| Interest Paid | 13 | 6.4 | 8.4 | 0.5 | 0.7 | 2.7 | 4.9 | 8.7 | 8.6 | 4.7 | 4.7 | 8.2 | 7.9 | 6.4 |
| Depreciation | 14 | 4.7 | 9.6 | 2.4 | 2.7 | 3.8 | 5.0 | 6.1 | 6.4 | 5.9 | 5.0 | 8.7 | 6.7 | 4.4 |
| Amortization and Depletion | 15 | 0.5 | 2.2 | 0.1 | 0.1 | 0.4 | 0.1 | 0.2 | 0.3 | 0.2 | 0.2 | 0.5 | 0.4 | 0.5 |
| Pensions and Other Deferred Comp. | 16 | 0.8 | 0.2 | • | 3.6 | 1.3 | 0.2 | 0.1 | 0.1 | 0.2 | 0.2 | 0.1 | 0.4 | 1.0 |
| Employee Benefits | 17 | 1.6 | 0.6 | 0.7 | 3.8 | 0.4 | 0.8 | 0.6 | 1.1 | 1.4 | 2.0 | 2.0 | 2.0 | 1.7 |
| Advertising | 18 | 1.8 | 2.8 | 1.5 | 1.0 | 2.0 | 1.8 | 1.9 | 2.0 | 3.0 | 2.4 | 2.0 | 2.9 | 1.8 |
| Other Expenses | 19 | 23.3 | 26.3 | 48.5 | 31.1 | 45.3 | 44.9 | 32.0 | 23.8 | 32.6 | 28.0 | 32.9 | 32.0 | 20.8 |
| Officers' Compensation | 20 | 1.0 | 0.2 | 2.9 | 18.6 | 7.4 | 6.6 | 2.9 | 3.4 | 2.1 | 1.2 | 0.8 | 1.5 | 0.3 |
| Operating Margin | 21 | • | 5.6 | 12.2 | • | • | 3.8 | 9.1 | 9.2 | 4.1 | 2.3 | • | • | • |
| Operating Margin Before Officers' Comp. | 22 | • | 5.8 | 15.1 | • | 5.9 | 10.5 | 12.1 | 12.6 | 6.2 | 3.5 | • | • | • |

| Selected Average Balance Sheet ($ in Thousands) | | | | | | | | | | | | | |
|---|---|---|---|---|---|---|---|---|---|---|---|---|---|
| Net Receivables 23 | 381 | 0 | 0 | 6 | 19 | 17 | 80 | 329 | 1129 | 1746 | 3785 | 4373 | 108275 |
| Inventories 24 | 116 | 0 | 0 | 3 | 2 | 19 | 19 | 92 | 138 | 526 | 859 | 1221 | 34014 |
| Net Property, Plant and Equipment 25 | 3684 | 0 | 29 | 70 | 236 | 441 | 1503 | 4607 | 8998 | 22425 | 40033 | 78292 | 941937 |
| Total Assets 26 | 8172 | 0 | 44 | 177 | 370 | 691 | 2069 | 6676 | 15270 | 35436 | 71134 | 156368 | 2289415 |
| Notes and Loans Payable 27 | 3757 | 0 | 25 | 68 | 125 | 373 | 1491 | 4716 | 8116 | 19984 | 28904 | 61907 | 999999 |
| All Other Liabilities 28 | 1442 | 0 | 3 | 48 | 29 | 64 | 136 | 489 | 1978 | 5933 | 12420 | 32224 | 429299 |
| Net Worth 29 | 2973 | 0 | 15 | 62 | 216 | 254 | 442 | 1470 | 5176 | 9519 | 29810 | 62237 | 860117 |

| Selected Financial Ratios (Times to 1) | | | | | | | | | | | | | |
|---|---|---|---|---|---|---|---|---|---|---|---|---|---|
| Current Ratio 30 | 1.1 | • | 2.0 | 2.0 | 2.1 | 1.2 | 2.0 | 1.6 | 1.5 | 1.1 | 0.9 | 0.9 | 1.1 |
| Quick Ratio 31 | 0.7 | • | 1.7 | 1.4 | 1.8 | 0.6 | 1.3 | 1.4 | 1.1 | 0.8 | 0.6 | 0.6 | 0.7 |
| Net Sales to Working Capital 32 | 45.6 | • | 31.1 | 11.0 | 7.3 | 30.9 | 9.1 | 10.2 | 9.1 | 82.9 | • | • | 84.7 |
| Coverage Ratio 33 | 2.0 | 4.1 | 29.5 | 13.1 | 5.5 | 3.0 | 2.4 | 2.6 | 2.9 | 2.3 | 3.4 | 2.8 | 1.7 |
| Total Asset Turnover 34 | 0.6 | • | 4.1 | 2.5 | 0.9 | 0.9 | 0.7 | 0.6 | 0.8 | 0.9 | 0.4 | 0.5 | 0.6 |
| Inventory Turnover 35 | 19.8 | • | 59.1 | 32.7 | 9.9 | 2.9 | 12.1 | 8.1 | 19.5 | 16.4 | 9.8 | 13.6 | 21.1 |
| Receivables Turnover 36 | 14.6 | • | 617.0 | 91.1 | 28.6 | 22.8 | 17.5 | 11.8 | 10.3 | 18.4 | 5.9 | 14.5 | 14.2 |
| Total Liabilities to Net Worth 37 | 1.7 | • | 1.8 | 1.9 | 0.7 | 1.7 | 3.7 | 3.5 | 2.0 | 2.7 | 1.4 | 1.5 | 1.7 |
| Current Assets to Working Capital 38 | 9.6 | • | 2.0 | 2.0 | 1.9 | 6.3 | 2.0 | 2.7 | 3.1 | 18.4 | • | • | 16.7 |
| Current Liabilities to Working Capital 39 | 8.6 | • | 1.0 | 1.0 | 0.9 | 5.3 | 1.0 | 1.7 | 2.1 | 17.4 | • | • | 15.7 |
| Working Capital to Net Sales 40 | 0.0 | • | 0.0 | 0.1 | 0.1 | 0.0 | 0.1 | 0.1 | 0.1 | 0.0 | • | • | 0.0 |
| Inventory to Working Capital 41 | 1.2 | • | 0.1 | 0.1 | 0.1 | 0.9 | 0.1 | 0.1 | 0.1 | 1.7 | • | • | 2.4 |
| Total Receipts to Cash Flow 42 | 4.6 | 2.4 | 2.4 | 3.4 | 2.4 | 2.7 | 2.8 | 3.2 | 3.3 | 4.0 | 2.4 | 3.1 | 5.4 |
| Cost of Goods to Cash Flow 43 | 2.0 | 0.4 | 0.3 | 0.8 | 0.2 | 0.2 | 0.5 | 0.6 | 0.8 | 1.1 | 0.6 | 0.7 | 2.7 |
| Cash Flow to Total Debt 44 | 0.2 | • | 2.6 | 1.2 | 0.9 | 0.6 | 0.3 | 0.3 | 0.3 | 0.3 | 0.3 | 0.2 | 0.2 |

| Selected Financial Factors (in Percentages) | | | | | | | | | | | | | |
|---|---|---|---|---|---|---|---|---|---|---|---|---|---|
| Debt Ratio 45 | 63.6 | • | 64.7 | 65.2 | 41.7 | 63.3 | 78.6 | 78.0 | 66.1 | 73.1 | 58.1 | 60.2 | 62.4 |
| Return on Total Assets 46 | 8.0 | • | 55.8 | 25.0 | 13.8 | 13.6 | 13.8 | 14.3 | 10.6 | 9.4 | 12.1 | 10.2 | 6.8 |
| Return on Equity Before Income Taxes 47 | 10.9 | • | 152.6 | 66.3 | 19.4 | 24.6 | 37.7 | 39.6 | 20.6 | 19.7 | 20.5 | 16.6 | 7.6 |
| Return on Equity After Income Taxes 48 | 8.5 | • | 151.0 | 63.2 | 17.4 | 23.0 | 36.3 | 37.7 | 18.7 | 17.1 | 17.3 | 12.1 | 5.3 |
| Profit Margin (Before Income Tax) 49 | 6.2 | 25.9 | 13.3 | 9.1 | 12.0 | 9.6 | 12.3 | 13.6 | 9.1 | 6.0 | 19.9 | 14.3 | 4.6 |
| Profit Margin (After Income Tax) 50 | 4.8 | 23.0 | 13.1 | 8.6 | 10.7 | 9.0 | 11.8 | 13.0 | 8.3 | 5.2 | 16.8 | 10.4 | 3.2 |

## Table I

Corporations with and without Net Income

# FOOD SERVICES AND DRINKING PLACES

MONEY AMOUNTS AND SIZE OF ASSETS IN THOUSANDS OF DOLLARS

| Item Description for Accounting Period 7/00 Through 6/01 | | Total | Zero Assets | Under 100 | 100 to 250 | 251 to 500 | 501 to 1,000 | 1,001 to 5,000 | 5,001 to 10,000 | 10,001 to 25,000 | 25,001 to 50,000 | 50,001 to 100,000 | 100,001 to 250,000 | 250,001 and over |
|---|---|---|---|---|---|---|---|---|---|---|---|---|---|---|
| Number of Enterprises | 1 | 222783 | 15952 | 119730 | 47437 | 20181 | 11163 | 7050 | 657 | 339 | 112 | 55 | 55 | 51 |
| **Revenues ($ in Thousands)** | | | | | | | | | | | | | | |
| Net Sales | 2 | 241331390 | 2997031 | 30762712 | 26392797 | 23150692 | 20630444 | 27986423 | 9199781 | 9128069 | 6143487 | 6318726 | 13844116 | 64777112 |
| Interest | 3 | 1659926 | 11075 | 8122 | 10433 | 27225 | 15167 | 21544 | 10936 | 15728 | 12449 | 17174 | 69837 | 1440236 |
| Rents | 4 | 506890 | 120 | 5940 | 14673 | 7207 | 15347 | 11199 | 9313 | 9711 | 21870 | 11395 | 73936 | 326177 |
| Royalties | 5 | 2900134 | 3601 | 6871 | 2898 | 0 | 2 | 3230 | 1601 | 27337 | 33276 | 76965 | 260258 | 2484096 |
| Other Portfolio Income | 6 | 1172433 | 225509 | 27815 | 79146 | 31846 | 40441 | 93814 | 31592 | 31794 | 17850 | 12483 | 123904 | 456236 |
| Other Receipts | 7 | 8605325 | 138748 | 301811 | 164189 | 167272 | 254780 | 446565 | 153506 | 196131 | 140741 | 81031 | 437493 | 6123060 |
| Total Receipts | 8 | 256176098 | 3376084 | 31113271 | 26664136 | 23384242 | 20956181 | 28562775 | 9406729 | 9408770 | 6369673 | 6517774 | 14809544 | 75606917 |
| Average Total Receipts | 9 | 1150 | 212 | 260 | 562 | 1159 | 1877 | 4051 | 14318 | 27754 | 56872 | 118505 | 269264 | 1482489 |
| **Operating Costs/Operating Income (%)** | | | | | | | | | | | | | | |
| Cost of Operations | 10 | 41.7 | 42.4 | 45.2 | 43.6 | 39.7 | 39.9 | 39.6 | 38.9 | 41.0 | 43.6 | 41.5 | 44.9 | 41.0 |
| Salaries and Wages | 11 | 20.7 | 24.3 | 14.3 | 18.0 | 21.1 | 20.5 | 20.3 | 22.6 | 18.8 | 20.1 | 21.0 | 20.8 | 24.8 |
| Taxes Paid | 12 | 4.2 | 5.1 | 4.2 | 4.5 | 4.6 | 3.8 | 4.1 | 3.7 | 3.6 | 3.6 | 3.6 | 4.0 | 4.3 |
| Interest Paid | 13 | 2.4 | 1.5 | 0.6 | 1.1 | 0.9 | 1.2 | 2.0 | 2.5 | 2.5 | 3.1 | 3.4 | 3.1 | 4.7 |
| Depreciation | 14 | 3.0 | 3.7 | 1.7 | 2.1 | 1.9 | 2.3 | 2.9 | 2.7 | 3.2 | 3.9 | 3.9 | 3.6 | 4.2 |
| Amortization and Depletion | 15 | 0.6 | 0.5 | 0.1 | 0.3 | 0.2 | 0.3 | 0.6 | 0.5 | 0.6 | 0.8 | 0.8 | 0.5 | 1.1 |
| Pensions and Other Deferred Comp. | 16 | 0.2 | 0.0 | 0.0 | 0.1 | 0.2 | 0.2 | 0.1 | 0.1 | 0.1 | 0.3 | 0.1 | 0.2 | 0.4 |
| Employee Benefits | 17 | 1.1 | 0.3 | 0.3 | 0.4 | 0.6 | 0.5 | 1.0 | 1.1 | 0.9 | 1.0 | 1.3 | 2.0 | 2.0 |
| Advertising | 18 | 2.6 | 2.0 | 1.6 | 1.8 | 2.2 | 2.7 | 3.3 | 3.5 | 3.5 | 2.9 | 2.9 | 3.1 | 2.9 |
| Other Expenses | 19 | 24.2 | 29.2 | 26.3 | 23.4 | 21.4 | 23.7 | 22.7 | 23.6 | 25.8 | 23.2 | 25.2 | 21.7 | 25.5 |
| Officers' Compensation | 20 | 2.6 | 1.5 | 5.0 | 4.9 | 4.4 | 3.2 | 2.8 | 1.4 | 1.5 | 1.0 | 0.8 | 0.9 | 0.6 |
| Operating Margin | 21 | • | • | 0.6 | • | 2.9 | 1.8 | 0.7 | • | • | • | • | • | • |
| Operating Margin Before Officers' Comp. | 22 | • | • | 5.7 | 4.7 | 7.2 | 5.0 | 3.5 | 0.8 | • | • | • | • | • |

| Selected Average Balance Sheet ($ in Thousands) | | | | | | | | | | | | | |
|---|---|---|---|---|---|---|---|---|---|---|---|---|---|
| Net Receivables 23 | 41 | 0 | 1 | 8 | 11 | 26 | 80 | 419 | 677 | 2267 | 2594 | 7982 | 121915 |
| Inventories 24 | 19 | 0 | 4 | 9 | 17 | 26 | 57 | 334 | 403 | 1014 | 2196 | 4127 | 28671 |
| Net Property, Plant and Equipment 25 | 278 | 0 | 17 | 78 | 179 | 366 | 1011 | 3754 | 8333 | 18870 | 41794 | 84463 | 527861 |
| Total Assets 26 | 627 | 0 | 37 | 160 | 342 | 687 | 1807 | 6987 | 14856 | 34305 | 71308 | 153599 | 1458699 |
| Notes and Loans Payable 27 | 296 | 0 | 47 | 124 | 166 | 344 | 1115 | 4432 | 8538 | 20602 | 43141 | 69373 | 490919 |
| All Other Liabilities 28 | 157 | 0 | 11 | 25 | 75 | 134 | 341 | 1053 | 2779 | 8596 | 12700 | 42351 | 418883 |
| Net Worth 29 | 174 | 0 | -20 | 11 | 102 | 209 | 351 | 1502 | 3539 | 5107 | 15467 | 41874 | 548897 |
| **Selected Financial Ratios (Times to 1)** | | | | | | | | | | | | | |
| Current Ratio 30 | 0.8 | • | 1.3 | 1.4 | 1.3 | 1.1 | 0.8 | 1.0 | 0.8 | 0.6 | 0.5 | 0.7 | 0.7 |
| Quick Ratio 31 | 0.6 | • | 0.7 | 1.0 | 0.8 | 0.8 | 0.6 | 0.6 | 0.5 | 0.4 | 0.3 | 0.4 | 0.5 |
| Net Sales to Working Capital 32 | • | • | 90.2 | 44.9 | 47.8 | 80.0 | • | • | • | • | • | • | • |
| Coverage Ratio 33 | 2.2 | 2.5 | 4.2 | 1.8 | 5.2 | 3.9 | 2.4 | 1.7 | 1.6 | 1.0 | 0.6 | 1.7 | 2.1 |
| Total Asset Turnover 34 | 1.7 | • | 6.9 | 3.5 | 3.4 | 2.7 | 2.2 | 2.0 | 1.8 | 1.6 | 1.6 | 1.6 | 0.9 |
| Inventory Turnover 35 | 23.7 | • | 28.8 | 26.4 | 26.7 | 27.9 | 27.7 | 16.3 | 27.4 | 23.6 | 21.7 | 27.4 | 18.1 |
| Receivables Turnover 36 | 28.1 | • | 300.0 | 73.9 | 92.4 | 54.6 | 53.9 | 37.4 | 40.8 | 26.1 | 40.8 | 31.9 | 11.4 |
| Total Liabilities to Net Worth 37 | 2.6 | • | • | 13.8 | 2.4 | 2.3 | 4.1 | 3.7 | 3.2 | 5.7 | 3.6 | 2.7 | 1.7 |
| Current Assets to Working Capital 38 | • | • | 4.8 | 3.8 | 4.6 | 7.9 | • | • | • | • | • | • | • |
| Current Liabilities to Working Capital 39 | • | • | 3.8 | 2.8 | 3.6 | 6.9 | • | • | • | • | • | • | • |
| Working Capital to Net Sales 40 | • | • | 0.0 | 0.0 | 0.0 | 0.0 | • | • | • | • | • | • | • |
| Inventory to Working Capital 41 | • | • | 1.5 | 0.7 | 0.8 | 1.0 | • | • | • | • | • | • | • |
| Total Receipts to Cash Flow 42 | 5.4 | 5.6 | 5.9 | 6.7 | 5.7 | 5.5 | 5.9 | 5.7 | 5.2 | 6.5 | 6.5 | 6.3 | 4.4 |
| Cost of Goods to Cash Flow 43 | 2.3 | 2.4 | 2.7 | 2.9 | 2.3 | 2.2 | 2.3 | 2.2 | 2.1 | 2.8 | 2.7 | 2.8 | 1.8 |
| Cash Flow to Total Debt 44 | 0.4 | • | 0.8 | 0.6 | 0.8 | 0.7 | 0.5 | 0.4 | 0.5 | 0.3 | 0.3 | 0.4 | 0.3 |
| **Selected Financial Factors (in Percentages)** | | | | | | | | | | | | | |
| Debt Ratio 45 | 72.2 | • | 153.8 | 93.2 | 70.3 | 69.6 | 80.6 | 78.5 | 76.2 | 85.1 | 78.3 | 72.7 | 62.4 |
| Return on Total Assets 46 | 9.3 | • | 16.0 | 6.6 | 16.1 | 12.3 | 10.2 | 8.3 | 7.3 | 5.1 | 3.6 | 8.7 | 8.7 |
| Return on Equity Before Income Taxes 47 | 18.3 | • | • | 42.6 | 43.8 | 30.0 | 30.2 | 15.7 | 11.5 | 0.8 | • | 13.3 | 12.2 |
| Return on Equity After Income Taxes 48 | 13.3 | • | • | 38.8 | 42.0 | 28.6 | 28.9 | 14.4 | 9.4 | • | • | 8.9 | 6.5 |
| Profit Margin (Before Income Tax) 49 | 3.0 | 2.2 | 1.8 | 0.8 | 3.9 | 3.4 | 2.7 | 1.7 | 1.5 | 0.1 | • | 2.2 | 5.3 |
| Profit Margin (After Income Tax) 50 | 2.1 | 1.3 | 1.7 | 0.8 | 3.7 | 3.2 | 2.6 | 1.5 | 1.2 | • | • | 1.5 | 2.8 |

**Table II**

Corporations with Net Income

# FOOD SERVICES AND DRINKING PLACES

| Item Description for Accounting Period 7/00 Through 6/01 | | MONEY AMOUNTS AND SIZE OF ASSETS IN THOUSANDS OF DOLLARS | | | | | | | | | | | | |
|---|---|---|---|---|---|---|---|---|---|---|---|---|---|---|
| | | Total | Zero Assets | Under 100 | 100 to 250 | 251 to 500 | 501 to 1,000 | 1,001 to 5,000 | 5,001 to 10,000 | 10,001 to 25,000 | 25,001 to 50,000 | 50,001 to 100,000 | 100,001 to 250,000 | 250,001 and over |
| Number of Enterprises | 1 | 118049 | 5308 | 58381 | 26547 | 15063 | 7480 | 4458 | 433 | 209 | 61 | 35 | 35 | 38 |
| **Revenues ($ in Thousands)** | | | | | | | | | | | | | | |
| Net Sales | 2 | 176027764 | 1802859 | 18808890 | 17865842 | 18555783 | 15836312 | 20207795 | 6722030 | 5992195 | 3426120 | 3896710 | 9239645 | 53673582 |
| Interest | 3 | 1400567 | 6785 | 6350 | 7245 | 25100 | 11002 | 15858 | 6592 | 12750 | 9135 | 13720 | 46570 | 1239461 |
| Rents | 4 | 357891 | 3 | 0 | 6542 | 5925 | 13968 | 9469 | 4954 | 8367 | 20658 | 7646 | 62035 | 218323 |
| Royalties | 5 | 2465403 | 1532 | 6871 | 2898 | 0 | 0 | 0 | 0 | 13791 | 18279 | 42696 | 165482 | 2213855 |
| Other Portfolio Income | 6 | 995260 | 208808 | 22860 | 73044 | 18492 | 20552 | 89357 | 17773 | 28126 | 13134 | 9822 | 110999 | 382290 |
| Other Receipts | 7 | 7361215 | 81953 | 216080 | 119561 | 128718 | 246954 | 340807 | 130727 | 161505 | 86772 | 68532 | 327026 | 5452584 |
| Total Receipts | 8 | 188608100 | 2101940 | 19061051 | 18075132 | 18734018 | 16128788 | 20663286 | 6882076 | 6216734 | 3574098 | 4039126 | 9951757 | 63180095 |
| Average Total Receipts | 9 | 1598 | 396 | 326 | 681 | 1244 | 2156 | 4635 | 15894 | 29745 | 58592 | 115404 | 284336 | 1662634 |
| **Operating Costs/Operating Income (%)** | | | | | | | | | | | | | | |
| Cost of Operations | 10 | 41.2 | 41.2 | 43.5 | 41.3 | 38.9 | 39.2 | 40.2 | 38.1 | 41.8 | 42.6 | 43.4 | 45.2 | 41.3 |
| Salaries and Wages | 11 | 20.3 | 25.2 | 13.0 | 18.9 | 20.7 | 19.7 | 19.4 | 23.7 | 19.6 | 19.5 | 18.2 | 19.4 | 23.7 |
| Taxes Paid | 12 | 4.0 | 4.9 | 3.7 | 4.7 | 4.3 | 3.6 | 4.0 | 3.5 | 3.7 | 3.7 | 3.8 | 3.7 | 4.2 |
| Interest Paid | 13 | 2.2 | 0.9 | 0.4 | 0.9 | 0.8 | 0.9 | 1.6 | 1.7 | 2.0 | 2.4 | 3.0 | 2.5 | 4.4 |
| Depreciation | 14 | 2.8 | 3.0 | 1.2 | 1.6 | 1.6 | 1.8 | 2.4 | 2.4 | 3.0 | 3.7 | 3.5 | 3.8 | 4.3 |
| Amortization and Depletion | 15 | 0.4 | 0.4 | 0.1 | 0.2 | 0.2 | 0.2 | 0.6 | 0.3 | 0.4 | 0.5 | 0.4 | 0.4 | 0.7 |
| Pensions and Other Deferred Comp. | 16 | 0.2 | • | 0.0 | 0.1 | 0.2 | 0.2 | 0.1 | 0.2 | 0.1 | 0.4 | 0.1 | 0.2 | 0.5 |
| Employee Benefits | 17 | 1.1 | 0.4 | 0.3 | 0.4 | 0.5 | 0.5 | 1.0 | 1.1 | 1.0 | 1.1 | 1.2 | 1.8 | 1.8 |
| Advertising | 18 | 2.7 | 2.1 | 1.5 | 1.7 | 2.1 | 2.9 | 3.1 | 3.5 | 3.4 | 2.6 | 3.3 | 3.1 | 3.0 |
| Other Expenses | 19 | 23.0 | 22.0 | 25.2 | 21.4 | 21.0 | 22.9 | 21.4 | 22.0 | 22.4 | 22.8 | 22.7 | 21.5 | 24.6 |
| Officers' Compensation | 20 | 2.6 | 1.5 | 5.2 | 4.8 | 4.1 | 3.3 | 3.0 | 1.6 | 1.8 | 1.3 | 0.8 | 0.8 | 0.7 |
| Operating Margin | 21 | • | • | 5.9 | 4.1 | 5.6 | 4.9 | 3.3 | 1.8 | 0.9 | • | • | • | • |
| Operating Margin Before Officers' Comp. | 22 | 2.1 | • | 11.1 | 8.8 | 9.6 | 8.1 | 6.3 | 3.4 | 2.7 | 0.8 | 0.5 | • | • |

| Selected Average Balance Sheet ($ in Thousands) | | | | | | | | | | | | | |
|---|---|---|---|---|---|---|---|---|---|---|---|---|---|
| Net Receivables 23 | 63 | 0 | 1 | 7 | 13 | 35 | 110 | 560 | 662 | 2008 | 2633 | 8144 | 142820 |
| Inventories 24 | 26 | 0 | 4 | 10 | 15 | 28 | 66 | 416 | 489 | 1279 | 2177 | 4366 | 33042 |
| Net Property, Plant and Equipment 25 | 379 | 0 | 15 | 72 | 163 | 356 | 887 | 3464 | 8345 | 20267 | 39550 | 91226 | 627109 |
| Total Assets 26 | 890 | 0 | 40 | 161 | 343 | 673 | 1790 | 6944 | 14738 | 34435 | 70166 | 150572 | 1692813 |
| Notes and Loans Payable 27 | 337 | 0 | 25 | 95 | 125 | 260 | 950 | 3585 | 7083 | 16040 | 37859 | 57347 | 538016 |
| All Other Liabilities 28 | 212 | 0 | 10 | 23 | 62 | 134 | 368 | 1098 | 2681 | 6973 | 15081 | 36976 | 445333 |
| Net Worth 29 | 341 | 0 | 5 | 43 | 156 | 279 | 473 | 2262 | 4974 | 11422 | 17226 | 56249 | 709464 |

| Selected Financial Ratios (Times to 1) | | | | | | | | | | | | | |
|---|---|---|---|---|---|---|---|---|---|---|---|---|---|
| Current Ratio 30 | 0.9 | • | 1.7 | 1.6 | 1.7 | 1.3 | 1.0 | 1.3 | 0.9 | 0.8 | 0.7 | 0.8 | 0.7 |
| Quick Ratio 31 | 0.6 | • | 1.1 | 1.2 | 1.2 | 1.0 | 0.7 | 0.8 | 0.6 | 0.5 | 0.3 | 0.5 | 0.5 |
| Net Sales to Working Capital 32 | • | • | 46.6 | 31.2 | 23.8 | 41.0 | • | 38.8 | • | • | • | • | • |
| Coverage Ratio 33 | 4.1 | 17.3 | 20.1 | 7.0 | 9.2 | 8.8 | 4.6 | 3.5 | 3.3 | 2.6 | 2.1 | 3.1 | 3.0 |
| Total Asset Turnover 34 | 1.7 | • | 8.0 | 4.2 | 3.6 | 3.1 | 2.5 | 2.2 | 1.9 | 1.6 | 1.6 | 1.8 | 0.8 |
| Inventory Turnover 35 | 23.3 | • | 32.2 | 26.7 | 31.6 | 29.5 | 27.8 | 14.2 | 24.5 | 18.7 | 22.2 | 27.4 | 17.7 |
| Receivables Turnover 36 | 26.3 | • | 428.3 | 91.8 | 85.4 | 58.4 | 45.8 | 32.5 | 42.4 | 26.1 | 38.0 | 36.0 | 11.4 |
| Total Liabilities to Net Worth 37 | 1.6 | • | 7.0 | 2.8 | 1.2 | 1.4 | 2.8 | 2.1 | 2.0 | 2.0 | 3.1 | 1.7 | 1.4 |
| Current Assets to Working Capital 38 | • | • | 2.4 | 2.5 | 2.4 | 4.2 | • | 4.8 | • | • | • | • | • |
| Current Liabilities to Working Capital 39 | • | • | 1.4 | 1.5 | 1.4 | 3.2 | • | 3.8 | • | • | • | • | • |
| Working Capital to Net Sales 40 | • | • | 0.0 | 0.0 | 0.0 | 0.0 | • | 0.0 | • | • | • | • | • |
| Inventory to Working Capital 41 | • | • | 0.7 | 0.4 | 0.4 | 0.5 | • | 1.1 | • | • | • | • | • |
| Total Receipts to Cash Flow 42 | 4.6 | 3.7 | 4.7 | 5.4 | 5.0 | 4.8 | 5.2 | 5.2 | 5.3 | 5.2 | 5.4 | 5.3 | 3.9 |
| Cost of Goods to Cash Flow 43 | 1.9 | 1.5 | 2.0 | 2.2 | 1.9 | 1.9 | 2.1 | 2.0 | 2.2 | 2.2 | 2.4 | 2.4 | 1.6 |
| Cash Flow to Total Debt 44 | 0.6 | • | 2.0 | 1.0 | 1.3 | 1.1 | 0.7 | 0.6 | 0.6 | 0.5 | 0.4 | 0.5 | 0.4 |

| Selected Financial Factors (in Percentages) | | | | | | | | | | | | | |
|---|---|---|---|---|---|---|---|---|---|---|---|---|---|
| Debt Ratio 45 | 61.7 | • | 87.5 | 73.4 | 54.5 | 58.6 | 73.6 | 67.4 | 66.3 | 66.8 | 75.4 | 62.6 | 58.1 |
| Return on Total Assets 46 | 15.0 | • | 61.2 | 25.4 | 26.4 | 23.9 | 17.9 | 13.2 | 12.8 | 10.2 | 10.0 | 13.6 | 10.9 |
| Return on Equity Before Income Taxes 47 | 29.6 | • | 466.3 | 82.0 | 51.7 | 51.1 | 53.0 | 29.0 | 26.5 | 18.9 | 21.5 | 24.6 | 17.1 |
| Return on Equity After Income Taxes 48 | 24.7 | • | 461.2 | 80.5 | 50.1 | 49.6 | 51.4 | 27.7 | 24.1 | 16.7 | 16.6 | 19.5 | 11.2 |
| Profit Margin (Before Income Tax) 49 | 6.8 | 14.8 | 7.2 | 5.2 | 6.5 | 6.7 | 5.5 | 4.2 | 4.6 | 3.8 | 3.3 | 5.2 | 8.6 |
| Profit Margin (After Income Tax) 50 | 5.6 | 13.5 | 7.2 | 5.1 | 6.3 | 6.5 | 5.4 | 4.0 | 4.2 | 3.4 | 2.6 | 4.1 | 5.6 |

## Table I

Corporations with and without Net Income

# AUTOMOTIVE REPAIR AND MAINTENANCE

**MONEY AMOUNTS AND SIZE OF ASSETS IN THOUSANDS OF DOLLARS**

| Item Description for Accounting Period 7/00 Through 6/01 | | Total | Zero Assets | Under 100 | 100 to 250 | 251 to 500 | 501 to 1,000 | 1,001 to 5,000 | 5,001 to 10,000 | 10,001 to 25,000 | 25,001 to 50,000 | 50,001 to 100,000 | 100,001 to 250,000 | 250,001 and over |
|---|---|---|---|---|---|---|---|---|---|---|---|---|---|---|
| Number of Enterprises | 1 | 98821 | 5816 | 56988 | 19583 | 10011 | 4129 | 2061 | 162 | 39 | 18 | 5 | 6 | 3 |
| **Revenues ($ in Thousands)** | | | | | | | | | | | | | | |
| Net Sales | 2 | 58009961 | 969898 | 15623103 | 10533091 | 9940766 | 7827108 | 7023121 | 1597380 | 959542 | 999672 | 529980 | 563242 | 1443056 |
| Interest | 3 | 49873 | 1046 | 4608 | 5307 | 10399 | 5309 | 8754 | 3459 | 2595 | 5389 | 598 | 850 | 1558 |
| Rents | 4 | 29785 | 0 | 1 | 8428 | 2865 | 914 | 6076 | 3422 | 3316 | 3176 | 102 | 549 | 936 |
| Royalties | 5 | 17523 | 0 | 0 | 0 | 0 | 0 | 812 | 185 | 9636 | 6260 | 0 | 0 | 631 |
| Other Portfolio Income | 6 | 183754 | 28132 | 451 | 48180 | 57402 | 3900 | 15542 | 9437 | 2684 | 1579 | 3252 | 16 | 13180 |
| Other Receipts | 7 | 253392 | 2228 | 49293 | 20385 | 56026 | 19339 | 51690 | 16054 | 9789 | 11266 | 165 | 3357 | 13801 |
| Total Receipts | 8 | 58544288 | 1001304 | 15677456 | 10615391 | 10067458 | 7856570 | 7105995 | 1629937 | 987562 | 1027342 | 534097 | 568014 | 1473162 |
| Average Total Receipts | 9 | 592 | 172 | 275 | 542 | 1006 | 1903 | 3448 | 10061 | 25322 | 57075 | 106819 | 94669 | 491054 |
| **Operating Costs/Operating Income (%)** | | | | | | | | | | | | | | |
| Cost of Operations | 10 | 51.6 | 57.0 | 44.0 | 51.1 | 57.8 | 50.3 | 57.3 | 56.8 | 47.7 | 63.7 | 39.9 | 44.8 | 65.9 |
| Salaries and Wages | 11 | 12.9 | 14.9 | 13.1 | 12.3 | 9.6 | 15.9 | 13.9 | 11.9 | 12.4 | 14.8 | 21.9 | 18.7 | 9.8 |
| Taxes Paid | 12 | 3.6 | 3.8 | 3.6 | 4.1 | 3.8 | 3.5 | 3.3 | 3.1 | 2.9 | 2.8 | 2.0 | 4.4 | 1.9 |
| Interest Paid | 13 | 1.5 | 0.6 | 0.6 | 1.2 | 1.3 | 1.9 | 2.1 | 2.2 | 2.1 | 2.7 | 4.6 | 6.3 | 6.1 |
| Depreciation | 14 | 2.0 | 1.6 | 1.4 | 2.0 | 2.4 | 1.8 | 2.4 | 2.2 | 3.3 | 2.7 | 2.5 | 5.2 | 3.7 |
| Amortization and Depletion | 15 | 0.3 | 2.0 | 0.1 | 0.3 | 0.2 | 0.2 | 0.3 | 0.3 | 0.6 | 0.6 | 2.8 | 1.6 | 0.7 |
| Pensions and Other Deferred Comp. | 16 | 0.1 | 0.1 | 0.1 | 0.2 | 0.1 | 0.2 | 0.1 | 0.4 | 0.3 | 0.2 | 0.1 | 0.2 | 0.4 |
| Employee Benefits | 17 | 1.1 | 1.7 | 1.0 | 0.9 | 0.9 | 2.1 | 0.7 | 1.1 | 1.5 | 1.6 | 1.2 | 1.5 | 2.5 |
| Advertising | 18 | 1.5 | 2.6 | 1.3 | 1.5 | 0.9 | 1.8 | 1.2 | 4.1 | 3.0 | 1.4 | 3.4 | 1.5 | 0.7 |
| Other Expenses | 19 | 17.9 | 17.3 | 24.2 | 17.1 | 15.0 | 14.7 | 14.3 | 14.9 | 23.8 | 14.1 | 20.6 | 16.8 | 11.7 |
| Officers' Compensation | 20 | 6.2 | 5.4 | 9.3 | 8.1 | 5.5 | 4.5 | 3.7 | 3.3 | 2.0 | 0.8 | 0.6 | 1.1 | 0.3 |
| Operating Margin | 21 | 1.3 | • | 1.5 | 1.4 | 2.4 | 3.1 | 0.8 | • | 0.6 | • | 0.4 | • | • |
| Operating Margin Before Officers' Comp. | 22 | 7.5 | • | 10.8 | 9.4 | 7.9 | 7.7 | 4.5 | 3.0 | 2.6 | • | 1.1 | • | • |

| Selected Average Balance Sheet ($ in Thousands) | | | | | | | | | | | | | |
|---|---|---|---|---|---|---|---|---|---|---|---|---|---|
| Net Receivables 23 | 25 | 0 | 4 | 19 | 46 | 86 | 178 | 1600 | 2049 | 4111 | 12829 | 2658 | 66637 |
| Inventories 24 | 24 | 0 | 6 | 18 | 36 | 89 | 219 | 1129 | 1587 | 2762 | 10475 | 8924 | 42457 |
| Net Property, Plant and Equipment 25 | 85 | 0 | 14 | 69 | 145 | 347 | 793 | 2450 | 5936 | 10727 | 16089 | 66236 | 148058 |
| Total Assets 26 | 205 | 0 | 38 | 159 | 342 | 696 | 1747 | 6556 | 15053 | 35831 | 70246 | 127553 | 561670 |
| Notes and Loans Payable 27 | 109 | 0 | 27 | 79 | 174 | 406 | 907 | 2745 | 6741 | 11960 | 50508 | 78624 | 252951 |
| All Other Liabilities 28 | 41 | 0 | 11 | 30 | 49 | 108 | 277 | 1740 | 3352 | 11322 | 20310 | 10986 | 175975 |
| Net Worth 29 | 55 | 0 | -0 | 50 | 119 | 182 | 564 | 2072 | 4960 | 12549 | -572 | 37942 | 132744 |

| Selected Financial Ratios (Times to 1) | | | | | | | | | | | | | |
|---|---|---|---|---|---|---|---|---|---|---|---|---|---|
| Current Ratio 30 | 1.6 | • | 1.5 | 1.7 | 2.0 | 1.6 | 1.7 | 2.2 | 1.2 | 1.1 | 1.0 | 1.2 | 0.8 |
| Quick Ratio 31 | 1.0 | • | 1.0 | 1.1 | 1.3 | 0.9 | 1.0 | 1.5 | 0.8 | 0.5 | 0.6 | 0.5 | 0.5 |
| Net Sales to Working Capital 32 | 20.4 | • | 42.4 | 18.8 | 14.6 | 18.2 | 13.1 | 5.2 | 31.5 | 76.8 | • | 29.6 | • |
| Coverage Ratio 33 | 2.4 | • | 4.3 | 2.8 | 3.8 | 2.9 | 1.9 | 1.8 | 2.6 | • | 1.3 | 0.8 | 0.7 |
| Total Asset Turnover 34 | 2.9 | • | 7.2 | 3.4 | 2.9 | 2.7 | 2.0 | 1.5 | 1.6 | 1.5 | 1.5 | 0.7 | 0.9 |
| Inventory Turnover 35 | 12.7 | • | 21.4 | 15.1 | 16.0 | 10.7 | 8.9 | 5.0 | 7.4 | 12.8 | 4.0 | 4.7 | 7.5 |
| Receivables Turnover 36 | 25.0 | • | 75.1 | 28.3 | 23.8 | 23.9 | 18.7 | 8.2 | 11.2 | 13.4 | 10.4 | 70.6 | 6.8 |
| Total Liabilities to Net Worth 37 | 2.7 | • | • | 2.2 | 1.9 | 2.8 | 2.1 | 2.2 | 2.0 | 1.9 | • | 2.4 | 3.2 |
| Current Assets to Working Capital 38 | 2.8 | • | 3.1 | 2.3 | 2.0 | 2.7 | 2.4 | 1.8 | 6.9 | 17.1 | • | 6.6 | • |
| Current Liabilities to Working Capital 39 | 1.8 | • | 2.1 | 1.3 | 1.0 | 1.7 | 1.4 | 0.8 | 5.9 | 16.1 | • | 5.6 | • |
| Working Capital to Net Sales 40 | 0.0 | • | 0.0 | 0.1 | 0.1 | 0.1 | 0.1 | 0.2 | 0.0 | 0.0 | • | 0.0 | • |
| Inventory to Working Capital 41 | 0.8 | • | 0.8 | 0.7 | 0.5 | 1.0 | 0.9 | 0.5 | 1.7 | 4.6 | • | 2.8 | • |
| Total Receipts to Cash Flow 42 | 7.2 | 16.1 | 5.7 | 7.7 | 7.5 | 6.9 | 8.8 | 9.0 | 5.6 | 14.5 | 6.6 | 10.8 | 13.9 |
| Cost of Goods to Cash Flow 43 | 3.7 | 9.2 | 2.5 | 3.9 | 4.3 | 3.5 | 5.0 | 5.1 | 2.7 | 9.2 | 2.6 | 4.9 | 9.2 |
| Cash Flow to Total Debt 44 | 0.5 | • | 1.3 | 0.6 | 0.6 | 0.5 | 0.3 | 0.2 | 0.4 | 0.2 | 0.2 | 0.1 | 0.1 |

| Selected Financial Factors (in Percentages) | | | | | | | | | | | | | |
|---|---|---|---|---|---|---|---|---|---|---|---|---|---|
| Debt Ratio 45 | 73.1 | • | 100.6 | 68.5 | 65.2 | 73.8 | 67.7 | 68.4 | 67.0 | 65.0 | 100.8 | 70.3 | 76.4 |
| Return on Total Assets 46 | 10.6 | • | 17.1 | 11.3 | 14.5 | 14.7 | 8.0 | 6.0 | 9.1 | • | 8.8 | 3.7 | 3.8 |
| Return on Equity Before Income Taxes 47 | 23.2 | • | • | 23.0 | 30.8 | 36.4 | 12.0 | 8.3 | 17.2 | • | • | • | • |
| Return on Equity After Income Taxes 48 | 21.4 | • | • | 21.4 | 29.8 | 35.8 | 10.1 | 6.9 | 15.1 | • | 9.0 | • | • |
| Profit Margin (Before Income Tax) 49 | 2.2 | • | 1.8 | 2.1 | 3.7 | 3.5 | 2.0 | 1.7 | 3.5 | • | 1.2 | • | • |
| Profit Margin (After Income Tax) 50 | 2.0 | • | 1.8 | 2.0 | 3.6 | 3.4 | 1.7 | 1.4 | 3.0 | • | • | • | • |

## Table II

Corporations with Net Income

# Automotive Repair and Maintenance

Money Amounts and Size of Assets in Thousands of Dollars

| Item Description for Accounting Period 7/00 Through 6/01 | | Total | Zero Assets | Under 100 | 100 to 250 | 251 to 500 | 501 to 1,000 | 1,001 to 5,000 | 5,001 to 10,000 | 10,001 to 25,000 | 25,001 to 50,000 | 50,001 to 100,000 | 100,001 to 250,000 | 250,001 and over |
|---|---|---|---|---|---|---|---|---|---|---|---|---|---|---|
| Number of Enterprises | 1 | 55931 | 1350 | 31135 | 12171 | 6821 | 2946 | 1359 | 0 | 27 | 7 | 0 | 0 | 0 |
| **Revenues ($ in Thousands)** | | | | | | | | | | | | | | |
| Net Sales | 2 | 40537232 | 435814 | 9772303 | 7462228 | 7388709 | 6453266 | 5349108 | 0 | 725924 | 438017 | 0 | 0 | 0 |
| Interest | 3 | 35201 | 887 | 3645 | 2701 | 8544 | 4485 | 7711 | 0 | 1453 | 1848 | 0 | 0 | 0 |
| Rents | 4 | 19617 | 0 | 0 | 6562 | 486 | 899 | 5188 | 0 | 1937 | 0 | 0 | 0 | 0 |
| Royalties | 5 | 6115 | 0 | 0 | 0 | 0 | 0 | 812 | 0 | 5118 | 0 | 0 | 0 | 0 |
| Other Portfolio Income | 6 | 161073 | 26634 | 110 | 43517 | 57153 | 2233 | 9881 | 0 | 2576 | 13 | 0 | 0 | 0 |
| Other Receipts | 7 | 156183 | 275 | 22574 | 15084 | 41597 | 7560 | 33931 | 0 | 7337 | 4524 | 0 | 0 | 0 |
| Total Receipts | 8 | 40915421 | 463610 | 9798632 | 7530092 | 7496489 | 6468443 | 5406631 | 0 | 744345 | 444402 | 0 | 0 | 0 |
| Average Total Receipts | 9 | 732 | 343 | 315 | 619 | 1099 | 2196 | 3978 | • | 27568 | 63486 | • | • | • |
| **Operating Costs/Operating Income (%)** | | | | | | | | | | | | | | |
| Cost of Operations | 10 | 51.4 | 61.0 | 42.4 | 50.5 | 58.6 | 50.0 | 55.5 | • | 49.0 | 62.5 | • | • | • |
| Salaries and Wages | 11 | 12.6 | 6.7 | 13.3 | 12.2 | 8.8 | 15.8 | 14.5 | • | 10.6 | 13.6 | • | • | • |
| Taxes Paid | 12 | 3.5 | 2.9 | 3.6 | 4.3 | 3.2 | 3.3 | 3.3 | • | 2.7 | 2.0 | • | • | • |
| Interest Paid | 13 | 1.1 | 1.0 | 0.5 | 0.8 | 1.1 | 1.3 | 1.7 | • | 1.8 | 1.7 | • | • | • |
| Depreciation | 14 | 1.6 | 1.4 | 1.3 | 1.6 | 1.6 | 1.3 | 1.9 | • | 2.7 | 2.2 | • | • | • |
| Amortization and Depletion | 15 | 0.2 | 0.0 | 0.0 | 0.2 | 0.2 | 0.2 | 0.3 | • | 0.6 | 0.4 | • | • | • |
| Pensions and Other Deferred Comp. | 16 | 0.2 | 0.1 | 0.1 | 0.2 | 0.1 | 0.2 | 0.1 | • | 0.3 | 0.2 | • | • | • |
| Employee Benefits | 17 | 1.2 | 0.8 | 0.9 | 1.0 | 1.0 | 2.2 | 0.8 | • | 1.2 | 1.4 | • | • | • |
| Advertising | 18 | 1.4 | 2.4 | 1.1 | 1.4 | 1.0 | 1.9 | 1.3 | • | 3.2 | 0.9 | • | • | • |
| Other Expenses | 19 | 16.4 | 15.1 | 22.2 | 15.7 | 13.7 | 14.6 | 13.9 | • | 21.0 | 10.3 | • | • | • |
| Officers' Compensation | 20 | 6.1 | 4.7 | 8.8 | 8.3 | 5.8 | 4.4 | 4.0 | • | 1.9 | 0.6 | • | • | • |
| Operating Margin | 21 | 4.4 | 3.8 | 5.7 | 3.7 | 5.1 | 4.9 | 2.7 | • | 5.1 | 4.0 | • | • | • |
| Operating Margin Before Officers' Comp. | 22 | 10.5 | 8.5 | 14.4 | 12.0 | 10.8 | 9.4 | 6.7 | • | 7.0 | 4.6 | • | • | • |

**Selected Average Balance Sheet ($ in Thousands)**

| | | | | | | | | | | | | | |
|---|---|---|---|---|---|---|---|---|---|---|---|---|---|
| Net Receivables **23** | 31 | 0 | 4 | 19 | 55 | 97 | 210 | • | 2159 | 4340 | • | • | • |
| Inventories **24** | 29 | 0 | 6 | 20 | 30 | 102 | 264 | • | 1925 | 12009 | • | • | • |
| Net Property, Plant and Equipment **25** | 78 | 0 | 14 | 53 | 120 | 264 | 708 | • | 5561 | 9805 | • | • | • |
| Total Assets **26** | 217 | 0 | 42 | 153 | 343 | 682 | 1863 | • | 15262 | 35398 | • | • | • |
| Notes and Loans Payable **27** | 89 | 0 | 21 | 63 | 125 | 300 | 828 | • | 6607 | 8812 | • | • | • |
| All Other Liabilities **28** | 44 | 0 | 13 | 30 | 53 | 113 | 316 | • | 2897 | 13020 | • | • | • |
| Net Worth **29** | 84 | 0 | 9 | 60 | 165 | 269 | 718 | • | 5758 | 13566 | • | • | • |

**Selected Financial Ratios (Times to 1)**

| | | | | | | | | | | | | | |
|---|---|---|---|---|---|---|---|---|---|---|---|---|---|
| Current Ratio **30** | 1.8 | • | 1.6 | 1.8 | 2.1 | 1.8 | 1.9 | • | 1.3 | 1.2 | • | • | • |
| Quick Ratio **31** | 1.1 | • | 1.1 | 1.2 | 1.4 | 1.1 | 1.1 | • | 0.9 | 0.5 | • | • | • |
| Net Sales to Working Capital **32** | 16.2 | • | 35.9 | 17.0 | 13.4 | 14.9 | 11.0 | • | 18.1 | 22.4 | • | • | • |
| Coverage Ratio **33** | 6.0 | 11.2 | 12.1 | 6.5 | 7.1 | 5.0 | 3.2 | • | 5.3 | 4.2 | • | • | • |
| Total Asset Turnover **34** | 3.3 | • | 7.4 | 4.0 | 3.2 | 3.2 | 2.1 | • | 1.8 | 1.8 | • | • | • |
| Inventory Turnover **35** | 12.8 | • | 23.7 | 15.2 | 20.9 | 10.8 | 8.3 | • | 6.8 | 3.3 | • | • | • |
| Receivables Turnover **36** | 25.4 | • | 79.7 | 30.4 | 21.9 | 25.7 | 19.6 | • | 12.0 | 4.4 | • | • | • |
| Total Liabilities to Net Worth **37** | 1.6 | • | 3.9 | 1.6 | 1.1 | 1.5 | 1.6 | • | 1.7 | 1.6 | • | • | • |
| Current Assets to Working Capital **38** | 2.3 | • | 2.8 | 2.2 | 1.9 | 2.3 | 2.1 | • | 4.0 | 5.6 | • | • | • |
| Current Liabilities to Working Capital **39** | 1.3 | • | 1.8 | 1.2 | 0.9 | 1.3 | 1.1 | • | 3.0 | 4.6 | • | • | • |
| Working Capital to Net Sales **40** | 0.1 | • | 0.0 | 0.1 | 0.1 | 0.1 | 0.1 | • | 0.1 | 0.0 | • | • | • |
| Inventory to Working Capital **41** | 0.7 | • | 0.7 | 0.6 | 0.3 | 0.9 | 0.8 | • | 1.1 | 1.9 | • | • | • |
| Total Receipts to Cash Flow **42** | 6.2 | 6.1 | 4.9 | 6.9 | 6.6 | 6.2 | 7.7 | • | 4.7 | 7.6 | • | • | • |
| Cost of Goods to Cash Flow **43** | 3.2 | 3.7 | 2.1 | 3.5 | 3.9 | 3.1 | 4.3 | • | 2.3 | 4.7 | • | • | • |
| Cash Flow to Total Debt **44** | 0.9 | • | 1.9 | 0.9 | 0.9 | 0.9 | 0.4 | • | 0.6 | 0.4 | • | • | • |

**Selected Financial Factors (in Percentages)**

| | | | | | | | | | | | | | |
|---|---|---|---|---|---|---|---|---|---|---|---|---|---|
| Debt Ratio **45** | 61.2 | • | 79.7 | 60.8 | 51.7 | 60.6 | 61.5 | • | 62.3 | 61.7 | • | • | • |
| Return on Total Assets **46** | 21.4 | • | 48.0 | 21.8 | 24.0 | 20.7 | 11.6 | • | 16.5 | 12.7 | • | • | • |
| Return on Equity Before Income Taxes **47** | 45.9 | • | 216.5 | 47.2 | 42.7 | 42.0 | 20.7 | • | 35.6 | 25.2 | • | • | • |
| Return on Equity After Income Taxes **48** | 43.9 | • | 213.7 | 45.1 | 41.6 | 41.3 | 18.4 | • | 33.0 | 21.3 | • | • | • |
| Profit Margin (Before Income Tax) **49** | 5.3 | 10.2 | 6.0 | 4.6 | 6.5 | 5.2 | 3.8 | • | 7.6 | 5.5 | • | • | • |
| Profit Margin (After Income Tax) **50** | 5.1 | 9.1 | 5.9 | 4.4 | 6.4 | 5.1 | 3.4 | • | 7.1 | 4.6 | • | • | • |

# OTHER REPAIR AND MAINTENANCE

MONEY AMOUNTS AND SIZE OF ASSETS IN THOUSANDS OF DOLLARS

| Item Description for Accounting Period 7/00 Through 6/01 | | Total | Zero Assets | Under 100 | 100 to 250 | 251 to 500 | 501 to 1,000 | 1,001 to 5,000 | 5,001 to 10,000 | 10,001 to 25,000 | 25,001 to 50,000 | 50,001 to 100,000 | 100,001 to 250,000 | 250,001 and over |
|---|---|---|---|---|---|---|---|---|---|---|---|---|---|---|
| Number of Enterprises | 1 | 48217 | 4215 | 28451 | 9602 | 2185 | 2297 | 1276 | 83 | 70 | 12 | 18 | 3 | 5 |
| **Revenues ($ in Thousands)** | | | | | | | | | | | | | | |
| Net Sales | 2 | 29916484 | 550861 | 5798398 | 4506070 | 2313000 | 4053593 | 5618682 | 1040032 | 1797254 | 629295 | 1897674 | 452532 | 1259094 |
| Interest | 3 | 61316 | 342 | 1130 | 2253 | 4241 | 7948 | 8153 | 1197 | 4936 | 1702 | 10377 | 113 | 18923 |
| Rents | 4 | 12489 | 68 | 998 | 1 | 987 | 1954 | 1519 | 3411 | 1633 | 2 | 1121 | 331 | 464 |
| Royalties | 5 | 4801 | 0 | 0 | 0 | 0 | 0 | 1 | 0 | 2 | 0 | 1198 | 0 | 3600 |
| Other Portfolio Income | 6 | 73144 | 1101 | 5189 | 4456 | 260 | 16897 | 18731 | 8565 | 7129 | 174 | 1556 | 127 | 8960 |
| Other Receipts | 7 | 301776 | 699 | 13787 | 54880 | 5154 | 14165 | 35748 | 9245 | 9274 | 1755 | 94574 | 29511 | 32984 |
| Total Receipts | 8 | 30370010 | 553071 | 5819502 | 4567660 | 2323642 | 4094557 | 5682834 | 1062450 | 1820228 | 632928 | 2006500 | 482614 | 1324025 |
| Average Total Receipts | 9 | 630 | 131 | 205 | 476 | 1063 | 1783 | 4454 | 12801 | 26003 | 52744 | 111472 | 160871 | 264805 |
| **Operating Costs/Operating Income (%)** | | | | | | | | | | | | | | |
| Cost of Operations | 10 | 53.4 | 40.4 | 44.8 | 42.6 | 51.3 | 52.5 | 56.0 | 62.6 | 68.9 | 69.9 | 68.8 | 69.0 | 67.0 |
| Salaries and Wages | 11 | 12.8 | 8.8 | 13.1 | 16.7 | 14.1 | 16.1 | 11.3 | 9.0 | 9.9 | 10.2 | 9.6 | 7.7 | 9.5 |
| Taxes Paid | 12 | 2.8 | 3.5 | 3.0 | 3.1 | 3.1 | 2.8 | 2.9 | 2.3 | 2.3 | 2.3 | 2.0 | 4.1 | 2.7 |
| Interest Paid | 13 | 1.5 | 2.4 | 0.4 | 1.1 | 1.4 | 1.2 | 1.3 | 1.1 | 1.6 | 1.7 | 1.8 | 7.1 | 6.1 |
| Depreciation | 14 | 2.3 | 2.9 | 1.8 | 2.7 | 2.7 | 1.6 | 2.7 | 2.8 | 2.1 | 2.1 | 2.3 | 2.3 | 1.9 |
| Amortization and Depletion | 15 | 0.2 | 0.1 | 0.1 | 0.1 | 0.0 | 0.1 | 0.1 | 0.1 | 0.2 | 0.1 | 0.3 | 2.0 | 1.6 |
| Pensions and Other Deferred Comp. | 16 | 0.4 | 0.1 | 0.3 | 0.3 | 0.3 | 0.4 | 0.7 | 0.7 | 0.8 | 0.4 | 0.2 | 0.7 | 0.3 |
| Employee Benefits | 17 | 1.1 | 0.8 | 0.5 | 1.1 | 1.3 | 1.1 | 1.3 | 1.5 | 1.5 | 1.6 | 1.1 | 2.2 | 1.4 |
| Advertising | 18 | 0.6 | 2.0 | 0.7 | 0.8 | 1.0 | 0.4 | 0.6 | 0.4 | 0.6 | 1.3 | 0.3 | 0.2 | 0.2 |
| Other Expenses | 19 | 16.9 | 30.0 | 20.0 | 20.2 | 17.8 | 15.8 | 14.5 | 12.2 | 8.6 | 11.1 | 19.3 | 13.6 | 14.6 |
| Officers' Compensation | 20 | 6.7 | 6.6 | 11.9 | 9.1 | 6.7 | 6.1 | 6.6 | 3.7 | 1.8 | 2.1 | 0.7 | 0.7 | 0.5 |
| Operating Margin | 21 | 1.1 | 2.5 | 3.5 | 2.2 | 0.3 | 1.9 | 2.0 | 3.6 | 1.8 | • | • | • | • |
| Operating Margin Before Officers' Comp. | 22 | 7.8 | 9.1 | 15.4 | 11.3 | 7.0 | 8.0 | 8.7 | 7.3 | 3.7 | • | • | • | • |

## Selected Average Balance Sheet ($ in Thousands)

| | | | | | | | | | | | | | |
|---|---|---|---|---|---|---|---|---|---|---|---|---|---|
| Net Receivables 23 | 62 | 0 | 4 | 32 | 90 | 190 | 503 | 1736 | 4714 | 9691 | 17876 | 21633 | 64441 |
| Inventories 24 | 44 | 0 | 3 | 21 | 89 | 130 | 430 | 1511 | 3265 | 7744 | 8676 | 47464 | 22024 |
| Net Property, Plant and Equipment 25 | 65 | 0 | 9 | 46 | 101 | 188 | 503 | 1745 | 3005 | 9066 | 15021 | 26288 | 64386 |
| Total Assets 26 | 263 | 0 | 27 | 161 | 351 | 685 | 1947 | 6368 | 14789 | 34089 | 69947 | 154742 | 373461 |
| Notes and Loans Payable 27 | 118 | 0 | 15 | 121 | 147 | 305 | 718 | 2209 | 4949 | 13478 | 23646 | 65322 | 167176 |
| All Other Liabilities 28 | 75 | 0 | 5 | 43 | 103 | 145 | 576 | 1103 | 4886 | 9910 | 26311 | 52314 | 116495 |
| Net Worth 29 | 70 | 0 | 6 | -3 | 101 | 235 | 653 | 3055 | 4954 | 10700 | 19989 | 37107 | 89791 |

## Selected Financial Ratios (Times to 1)

| | | | | | | | | | | | | | |
|---|---|---|---|---|---|---|---|---|---|---|---|---|---|
| Current Ratio 30 | 1.8 | • | 1.5 | 1.7 | 1.7 | 2.7 | 1.8 | 1.8 | 1.5 | 1.5 | 1.4 | 2.2 | 1.9 |
| Quick Ratio 31 | 1.1 | • | 1.1 | 1.1 | 1.0 | 1.7 | 1.1 | 1.0 | 0.9 | 0.8 | 0.8 | 1.6 | 1.0 |
| Net Sales to Working Capital 32 | 9.4 | • | 46.3 | 11.6 | 10.6 | 6.6 | 7.9 | 6.4 | 7.5 | 7.1 | 11.7 | 5.5 | 3.2 |
| Coverage Ratio 33 | 2.8 | 2.2 | 9.8 | 4.1 | 1.5 | 3.4 | 3.4 | 6.1 | 2.9 | • | 0.7 | 0.6 | 0.9 |
| Total Asset Turnover 34 | 2.4 | • | 7.7 | 2.9 | 3.0 | 2.6 | 2.3 | 2.0 | 1.7 | 1.5 | 1.5 | 1.0 | 0.7 |
| Inventory Turnover 35 | 7.5 | • | 33.6 | 9.5 | 6.1 | 7.1 | 5.7 | 5.2 | 5.4 | 4.7 | 8.4 | 2.2 | 7.7 |
| Receivables Turnover 36 | 10.3 | • | 57.4 | 18.2 | 8.9 | 9.7 | 8.4 | 10.4 | 6.0 | 6.0 | 7.5 | 1.5 | 7.8 |
| Total Liabilities to Net Worth 37 | 2.7 | • | 3.2 | • | 2.5 | 1.9 | 2.0 | 1.1 | 2.0 | 2.2 | 2.5 | 3.2 | 3.2 |
| Current Assets to Working Capital 38 | 2.3 | • | 3.0 | 2.5 | 2.3 | 1.6 | 2.2 | 2.2 | 3.0 | 3.1 | 3.8 | 1.8 | 2.2 |
| Current Liabilities to Working Capital 39 | 1.3 | • | 2.0 | 1.5 | 1.3 | 0.6 | 1.2 | 1.2 | 2.0 | 2.1 | 2.8 | 0.8 | 1.2 |
| Working Capital to Net Sales 40 | 0.1 | • | 0.0 | 0.1 | 0.1 | 0.2 | 0.1 | 0.2 | 0.1 | 0.1 | 0.1 | 0.2 | 0.3 |
| Inventory to Working Capital 41 | 0.7 | • | 0.6 | 0.7 | 0.9 | 0.5 | 0.8 | 0.9 | 1.0 | 1.2 | 1.1 | 0.5 | 0.3 |
| Total Receipts to Cash Flow 42 | 6.6 | 4.1 | 5.2 | 5.2 | 7.3 | 7.6 | 7.2 | 7.5 | 10.5 | 18.7 | 6.4 | 12.4 | 9.5 |
| Cost of Goods to Cash Flow 43 | 3.5 | 1.7 | 2.3 | 2.2 | 3.8 | 4.0 | 4.0 | 4.7 | 7.2 | 13.1 | 4.4 | 8.6 | 6.4 |
| Cash Flow to Total Debt 44 | 0.5 | • | 1.9 | 0.6 | 0.6 | 0.5 | 0.5 | 0.5 | 0.2 | 0.1 | 0.3 | 0.1 | 0.1 |

## Selected Financial Factors (in Percentages)

| | | | | | | | | | | | | | |
|---|---|---|---|---|---|---|---|---|---|---|---|---|---|
| Debt Ratio 45 | 73.2 | • | 76.0 | 101.9 | 71.2 | 65.7 | 66.5 | 52.0 | 66.5 | 68.6 | 71.4 | 76.0 | 76.0 |
| Return on Total Assets 46 | 9.6 | • | 33.2 | 13.7 | 6.4 | 10.5 | 10.1 | 13.4 | 8.0 | • | 1.9 | 4.1 | 3.6 |
| Return on Equity Before Income Taxes 47 | 23.0 | • | 124.1 | • | 7.6 | 21.8 | 21.4 | 23.3 | 15.8 | • | • | • | • |
| Return on Equity After Income Taxes 48 | 19.0 | • | 121.8 | • | 5.8 | 18.1 | 15.9 | 20.5 | 11.9 | • | • | • | • |
| Profit Margin (Before Income Tax) 49 | 2.6 | 2.9 | 3.9 | 3.6 | 0.7 | 2.9 | 3.2 | 5.7 | 3.1 | • | • | • | • |
| Profit Margin (After Income Tax) 50 | 2.2 | 2.8 | 3.8 | 3.4 | 0.6 | 2.4 | 2.4 | 5.0 | 2.3 | • | • | • | • |

**Table II**

Corporations with Net Income

# OTHER REPAIR AND MAINTENANCE

| Item Description for Accounting Period 7/00 Through 6/01 | MONEY AMOUNTS AND SIZE OF ASSETS IN THOUSANDS OF DOLLARS | | | | | | | | | | | | |
|---|---|---|---|---|---|---|---|---|---|---|---|---|---|
| | Total | Zero Assets | Under 100 | 100 to 250 | 251 to 500 | 501 to 1,000 | 1,001 to 5,000 | 5,001 to 10,000 | 10,001 to 25,000 | 25,001 to 50,000 | 50,001 to 100,000 | 100,001 to 250,000 | 250,001 and over |
| Number of Enterprises 1 | 31526 | 2266 | 18800 | 5937 | 1515 | 1812 | 1050 | 0 | 45 | 8 | 10 | 0 | 0 |
| **Revenues ($ in Thousands)** | | | | | | | | | | | | | |
| Net Sales 2 | 21785869 | 424507 | 3853692 | 3165783 | 1714862 | 3316303 | 4772000 | 0 | 1337680 | 476316 | 962339 | 0 | 0 |
| Interest 3 | 36785 | 342 | 689 | 380 | 3593 | 7612 | 5472 | 0 | 2873 | 260 | 2397 | 0 | 0 |
| Rents 4 | 11207 | 68 | 998 | 1 | 987 | 1954 | 1519 | 0 | 1564 | 0 | 251 | 0 | 0 |
| Royalties 5 | 1188 | 0 | 0 | 0 | 0 | 0 | 0 | 0 | 2 | 0 | 1186 | 0 | 0 |
| Other Portfolio Income 6 | 55748 | 57 | 0 | 5 | 121 | 13730 | 17786 | 0 | 4995 | 174 | 1376 | 0 | 0 |
| Other Receipts 7 | 253240 | 820 | 12043 | 54422 | 2245 | 13137 | 33622 | 0 | 7924 | 1571 | 85128 | 0 | 0 |
| Total Receipts 8 | 22144037 | 425794 | 3867422 | 3220591 | 1721808 | 3352736 | 4830399 | 0 | 1355038 | 478321 | 1052677 | 0 | 0 |
| Average Total Receipts 9 | 702 | 188 | 206 | 542 | 1137 | 1850 | 4600 | • | 30112 | 59790 | 105268 | • | • |
| **Operating Costs/Operating Income (%)** | | | | | | | | | | | | | |
| Cost of Operations 10 | 50.0 | 50.8 | 33.6 | 39.5 | 52.5 | 53.0 | 54.3 | • | 67.6 | 65.9 | 54.9 | • | • |
| Salaries and Wages 11 | 12.8 | 3.1 | 14.5 | 17.0 | 11.3 | 13.9 | 11.6 | • | 9.9 | 9.6 | 11.3 | • | • |
| Taxes Paid 12 | 2.7 | 3.1 | 3.2 | 3.0 | 3.2 | 2.5 | 2.8 | • | 2.2 | 2.3 | 2.2 | • | • |
| Interest Paid 13 | 1.1 | 0.9 | 0.4 | 0.9 | 1.2 | 0.9 | 1.1 | • | 1.1 | 1.5 | 2.3 | • | • |
| Depreciation 14 | 2.1 | 0.7 | 1.7 | 2.3 | 2.3 | 1.6 | 2.7 | • | 1.7 | 2.0 | 2.3 | • | • |
| Amortization and Depletion 15 | 0.1 | 0.2 | 0.1 | 0.1 | 0.0 | 0.1 | 0.1 | • | 0.1 | 0.2 | 0.5 | • | • |
| Pensions and Other Deferred Comp. 16 | 0.5 | 0.1 | 0.3 | 0.4 | 0.2 | 0.5 | 0.8 | • | 0.8 | 0.5 | 0.2 | • | • |
| Employee Benefits 17 | 1.0 | 1.0 | 0.5 | 0.7 | 1.0 | 1.1 | 1.1 | • | 1.4 | 1.4 | 1.0 | • | • |
| Advertising 18 | 0.7 | 2.1 | 0.9 | 0.9 | 1.3 | 0.4 | 0.6 | • | 0.3 | 0.3 | 0.4 | • | • |
| Other Expenses 19 | 17.0 | 21.8 | 21.7 | 20.5 | 17.0 | 15.8 | 14.3 | • | 7.4 | 9.0 | 29.0 | • | • |
| Officers' Compensation 20 | 7.2 | 7.1 | 13.9 | 9.1 | 6.0 | 6.5 | 6.6 | • | 2.1 | 2.3 | 1.0 | • | • |
| Operating Margin 21 | 4.8 | 9.0 | 9.3 | 5.6 | 4.0 | 3.6 | 4.0 | • | 5.3 | 5.0 | • | • | • |
| Operating Margin Before Officers' Comp. 22 | 12.0 | 16.2 | 23.2 | 14.7 | 10.0 | 10.1 | 10.6 | • | 7.4 | 7.3 | • | • | • |

## Selected Average Balance Sheet ($ in Thousands)

| | | | | | | | | | | | | | |
|---|---|---|---|---|---|---|---|---|---|---|---|---|---|
| Net Receivables 23 | 70 | 0 | 4 | 31 | 90 | 195 | 525 | • | 5424 | 11151 | 19175 | • | • |
| Inventories 24 | 48 | 0 | 2 | 21 | 95 | 96 | 446 | • | 3686 | 8584 | 10203 | • | • |
| Net Property, Plant and Equipment 25 | 64 | 0 | 10 | 44 | 92 | 192 | 499 | • | 2744 | 6770 | 14838 | • | • |
| Total Assets 26 | 279 | 0 | 29 | 155 | 359 | 686 | 1998 | • | 15370 | 32151 | 79329 | • | • |
| Notes and Loans Payable 27 | 93 | 0 | 11 | 56 | 110 | 288 | 681 | • | 4021 | 11580 | 18906 | • | • |
| All Other Liabilities 28 | 80 | 0 | 7 | 35 | 108 | 119 | 597 | • | 4953 | 9744 | 30953 | • | • |
| Net Worth 29 | 106 | 0 | 11 | 64 | 142 | 279 | 720 | • | 6396 | 10828 | 29470 | • | • |

## Selected Financial Ratios (Times to 1)

| | | | | | | | | | | | | | |
|---|---|---|---|---|---|---|---|---|---|---|---|---|---|
| Current Ratio 30 | 1.9 | • | 1.6 | 1.8 | 1.8 | 2.8 | 2.0 | • | 1.7 | 1.6 | 1.6 | • | • |
| Quick Ratio 31 | 1.2 | • | 1.2 | 1.2 | 1.1 | 1.9 | 1.2 | • | 1.1 | 0.9 | 1.0 | • | • |
| Net Sales to Working Capital 32 | 8.6 | • | 40.8 | 12.6 | 10.6 | 7.0 | 7.2 | • | 6.3 | 6.8 | 7.1 | • | • |
| Coverage Ratio 33 | 7.0 | 11.6 | 25.3 | 9.6 | 4.7 | 6.0 | 5.6 | • | 6.8 | 4.6 | 3.0 | • | • |
| Total Asset Turnover 34 | 2.5 | • | 7.1 | 3.4 | 3.2 | 2.7 | 2.3 | • | 1.9 | 1.9 | 1.2 | • | • |
| Inventory Turnover 35 | 7.2 | • | 31.6 | 10.0 | 6.3 | 10.1 | 5.5 | • | 5.4 | 4.6 | 5.2 | • | • |
| Receivables Turnover 36 | 10.2 | • | 61.5 | 18.5 | 9.1 | 10.4 | 8.3 | • | 5.8 | 5.8 | 10.0 | • | • |
| Total Liabilities to Net Worth 37 | 1.6 | • | 1.7 | 1.4 | 1.5 | 1.5 | 1.8 | • | 1.4 | 2.0 | 1.7 | • | • |
| Current Assets to Working Capital 38 | 2.1 | • | 2.8 | 2.2 | 2.3 | 1.5 | 2.0 | • | 2.4 | 2.7 | 2.8 | • | • |
| Current Liabilities to Working Capital 39 | 1.1 | • | 1.8 | 1.2 | 1.3 | 0.5 | 1.0 | • | 1.4 | 1.7 | 1.8 | • | • |
| Working Capital to Net Sales 40 | 0.1 | • | 0.0 | 0.1 | 0.1 | 0.1 | 0.1 | • | 0.2 | 0.1 | 0.1 | • | • |
| Inventory to Working Capital 41 | 0.6 | • | 0.4 | 0.7 | 0.8 | 0.5 | 0.7 | • | 0.8 | 1.0 | 0.8 | • | • |
| Total Receipts to Cash Flow 42 | 5.2 | 4.2 | 3.7 | 4.3 | 5.8 | 6.5 | 6.4 | • | 8.4 | 9.7 | 3.5 | • | • |
| Cost of Goods to Cash Flow 43 | 2.6 | 2.1 | 1.3 | 1.7 | 3.0 | 3.5 | 3.5 | • | 5.7 | 6.4 | 1.9 | • | • |
| Cash Flow to Total Debt 44 | 0.8 | • | 3.0 | 1.4 | 0.9 | 0.7 | 0.6 | • | 0.4 | 0.3 | 0.6 | • | • |

## Selected Financial Factors (in Percentages)

| | | | | | | | | | | | | | |
|---|---|---|---|---|---|---|---|---|---|---|---|---|---|
| Debt Ratio 45 | 62.0 | • | 62.8 | 58.7 | 60.6 | 59.4 | 64.0 | • | 58.4 | 66.3 | 62.9 | • | • |
| Return on Total Assets 46 | 18.5 | • | 71.8 | 28.2 | 17.6 | 15.0 | 14.4 | • | 15.0 | 12.8 | 8.2 | • | • |
| Return on Equity Before Income Taxes 47 | 41.8 | • | 185.5 | 61.3 | 35.1 | 30.8 | 32.8 | • | 30.8 | 29.8 | 14.7 | • | • |
| Return on Equity After Income Taxes 48 | 37.8 | • | 183.5 | 59.5 | 33.3 | 26.8 | 26.8 | • | 26.1 | 24.2 | 10.4 | • | • |
| Profit Margin (Before Income Tax) 49 | 6.4 | 9.3 | 9.7 | 7.4 | 4.4 | 4.7 | 5.2 | • | 6.6 | 5.4 | 4.5 | • | • |
| Profit Margin (After Income Tax) 50 | 5.8 | 9.3 | 9.6 | 7.2 | 4.2 | 4.1 | 4.2 | • | 5.6 | 4.4 | 3.2 | • | • |

## Table I

Corporations with and without Net Income

# PERSONAL AND LAUNDRY SERVICES

MONEY AMOUNTS AND SIZE OF ASSETS IN THOUSANDS OF DOLLARS

| Item Description for Accounting Period 7/00 Through 6/01 | | Total | Zero Assets | Under 100 | 100 to 250 | 251 to 500 | 501 to 1,000 | 1,001 to 5,000 | 5,001 to 10,000 | 10,001 to 25,000 | 25,001 to 50,000 | 50,001 to 100,000 | 100,001 to 250,000 | 250,001 and over |
|---|---|---|---|---|---|---|---|---|---|---|---|---|---|---|
| Number of Enterprises | 1 | 129155 | 11874 | 81999 | 17279 | 9753 | 4841 | 3016 | 166 | 130 | 36 | 28 | 13 | 20 |
| **Revenues ($ in Thousands)** | | | | | | | | | | | | | | |
| Net Sales | 2 | 67573941 | 1195127 | 12778357 | 9294447 | 7375509 | 5543200 | 8380702 | 2181096 | 2177786 | 940504 | 2494418 | 1184673 | 14028122 |
| Interest | 3 | 1169339 | 3963 | 3313 | 9168 | 9363 | 20562 | 21317 | 6076 | 12796 | 13297 | 11893 | 11320 | 1046271 |
| Rents | 4 | 109465 | 0 | 0 | 308 | 1886 | 4706 | 11531 | 432 | 2338 | 1837 | 8019 | 8580 | 69829 |
| Royalties | 5 | 134224 | 14705 | 0 | 0 | 14853 | 0 | 0 | 0 | 5091 | 187 | 30181 | 0 | 69207 |
| Other Portfolio Income | 6 | 433787 | 77271 | 9183 | 33316 | 73688 | 52519 | 53363 | 2003 | 45802 | 4495 | 7062 | 2011 | 73072 |
| Other Receipts | 7 | 973356 | -22817 | 25060 | 141436 | 72689 | 23081 | 65975 | 17718 | 80238 | 44308 | 28977 | 54481 | 442211 |
| Total Receipts | 8 | 70394112 | 1268249 | 12815913 | 9478675 | 7547988 | 5644068 | 8532888 | 2207325 | 2324051 | 1004628 | 2580550 | 1261065 | 15728712 |
| Average Total Receipts | 9 | 545 | 107 | 156 | 549 | 774 | 1166 | 2829 | 13297 | 17877 | 27906 | 92162 | 97005 | 786436 |
| **Operating Costs/Operating Income (%)** | | | | | | | | | | | | | | |
| Cost of Operations | 10 | 30.2 | 14.9 | 25.1 | 20.9 | 27.6 | 27.8 | 36.7 | 49.4 | 35.0 | 49.0 | 37.5 | 12.9 | 36.0 |
| Salaries and Wages | 11 | 20.7 | 36.6 | 22.4 | 18.7 | 20.4 | 22.0 | 19.0 | 16.6 | 20.7 | 17.4 | 17.4 | 29.9 | 20.5 |
| Taxes Paid | 12 | 4.0 | 6.1 | 3.9 | 3.5 | 3.9 | 4.7 | 4.2 | 4.7 | 3.9 | 4.2 | 2.9 | 3.2 | 3.8 |
| Interest Paid | 13 | 3.5 | 0.9 | 0.6 | 0.9 | 1.2 | 1.8 | 1.9 | 1.4 | 2.4 | 4.1 | 2.2 | 7.6 | 11.3 |
| Depreciation | 14 | 3.1 | 2.0 | 1.9 | 2.7 | 2.6 | 3.1 | 3.5 | 3.3 | 3.9 | 3.5 | 2.6 | 9.0 | 4.0 |
| Amortization and Depletion | 15 | 0.8 | 0.7 | 0.1 | 0.3 | 0.5 | 0.3 | 0.4 | 0.4 | 0.7 | 0.9 | 0.5 | 1.7 | 2.2 |
| Pensions and Other Deferred Comp. | 16 | 0.7 | 0.0 | 0.8 | 0.6 | 0.6 | 0.5 | 0.8 | 0.7 | 0.7 | 0.3 | 0.3 | 0.4 | 0.8 |
| Employee Benefits | 17 | 1.3 | 0.7 | 0.5 | 0.7 | 0.8 | 1.1 | 1.3 | 1.4 | 2.1 | 1.6 | 8.2 | 3.7 | 1.3 |
| Advertising | 18 | 2.0 | 1.9 | 1.9 | 1.8 | 4.3 | 1.1 | 1.7 | 1.1 | 2.6 | 3.3 | 3.7 | 2.9 | 1.3 |
| Other Expenses | 19 | 28.3 | 35.7 | 30.2 | 38.5 | 27.0 | 27.2 | 21.9 | 16.4 | 26.8 | 32.0 | 26.1 | 41.9 | 25.1 |
| Officers' Compensation | 20 | 6.1 | 8.3 | 9.3 | 8.9 | 8.8 | 9.0 | 7.2 | 4.1 | 3.4 | 3.1 | 1.3 | 0.8 | 0.4 |
| Operating Margin | 21 | • | • | 3.5 | 2.4 | 2.6 | 1.3 | 1.4 | 0.3 | • | • | • | • | • |
| Operating Margin Before Officers' Comp. | 22 | 5.5 | 0.5 | 12.7 | 11.4 | 11.4 | 10.3 | 8.6 | 4.4 | 1.1 | • | • | • | • |

**Selected Average Balance Sheet ($ in Thousands)**

| | | | | | | | | | | | | | |
|---|---|---|---|---|---|---|---|---|---|---|---|---|---|
| Net Receivables **23** | 51 | 0 | 1 | 19 | 55 | 72 | 274 | 1741 | 2145 | 3815 | 10278 | 8020 | 166547 |
| Inventories **24** | 25 | 0 | 1 | 6 | 13 | 25 | 79 | 271 | 902 | 1810 | 3683 | 3114 | 106648 |
| Net Property, Plant and Equipment **25** | 135 | 0 | 10 | 63 | 137 | 329 | 754 | 2622 | 5270 | 9730 | 26627 | 46149 | 370524 |
| Total Assets **26** | 397 | 0 | 24 | 155 | 355 | 678 | 1918 | 6584 | 14396 | 33396 | 72645 | 137020 | 1301160 |
| Notes and Loans Payable **27** | 180 | 0 | 21 | 70 | 153 | 303 | 796 | 2683 | 5189 | 13492 | 25828 | 79511 | 581432 |
| All Other Liabilities **28** | 97 | 0 | 4 | 25 | 70 | 89 | 437 | 1910 | 4711 | 10090 | 22870 | 38666 | 347659 |
| Net Worth **29** | 119 | 0 | -0 | 60 | 132 | 286 | 686 | 1991 | 4496 | 9814 | 23946 | 18842 | 372068 |

**Selected Financial Ratios (Times to 1)**

| | | | | | | | | | | | | | |
|---|---|---|---|---|---|---|---|---|---|---|---|---|---|
| Current Ratio **30** | 1.7 | • | 1.9 | 1.8 | 2.2 | 2.3 | 1.3 | 1.7 | 1.4 | 1.6 | 1.6 | 0.7 | 1.9 |
| Quick Ratio **31** | 1.1 | • | 1.5 | 1.4 | 1.7 | 1.8 | 1.1 | 1.3 | 0.9 | 1.1 | 1.0 | 0.3 | 1.1 |
| Net Sales to Working Capital **32** | 10.7 | • | 31.7 | 22.8 | 9.2 | 9.5 | 17.2 | 10.1 | 11.1 | 5.4 | 9.9 | • | 4.7 |
| Coverage Ratio **33** | 2.0 | • | 7.5 | 5.7 | 5.0 | 2.8 | 2.6 | 2.1 | 2.8 | • | 1.3 | 0.2 | 1.5 |
| Total Asset Turnover **34** | 1.3 | • | 6.4 | 3.5 | 2.1 | 1.7 | 1.4 | 2.0 | 1.2 | 0.8 | 1.2 | 0.7 | 0.5 |
| Inventory Turnover **35** | 6.4 | • | 35.1 | 19.2 | 16.1 | 12.7 | 12.9 | 23.9 | 6.5 | 7.1 | 9.1 | 3.8 | 2.4 |
| Receivables Turnover **36** | 11.0 | • | 118.8 | 29.9 | 15.3 | 16.2 | 10.3 | 8.9 | 7.0 | 7.3 | 9.7 | 8.0 | 4.7 |
| Total Liabilities to Net Worth **37** | 2.3 | • | • | 1.6 | 1.7 | 1.4 | 1.8 | 2.3 | 2.2 | 2.4 | 2.0 | 6.3 | 2.5 |
| Current Assets to Working Capital **38** | 2.5 | • | 2.1 | 2.3 | 1.8 | 1.8 | 4.1 | 2.5 | 3.7 | 2.6 | 2.6 | • | 2.2 |
| Current Liabilities to Working Capital **39** | 1.5 | • | 1.1 | 1.3 | 0.8 | 0.8 | 3.1 | 1.5 | 2.7 | 1.6 | 1.6 | • | 1.2 |
| Working Capital to Net Sales **40** | 0.1 | • | 0.0 | 0.0 | 0.1 | 0.1 | 0.1 | 0.1 | 0.1 | 0.2 | 0.1 | • | 0.2 |
| Inventory to Working Capital **41** | 0.5 | • | 0.2 | 0.2 | 0.2 | 0.2 | 0.4 | 0.3 | 0.7 | 0.5 | 0.5 | • | 0.7 |
| Total Receipts to Cash Flow **42** | 4.4 | 4.5 | 4.4 | 3.1 | 4.1 | 4.6 | 5.7 | 7.5 | 4.6 | 10.2 | 5.0 | 5.5 | 4.5 |
| Cost of Goods to Cash Flow **43** | 1.3 | 0.7 | 1.1 | 0.6 | 1.1 | 1.3 | 2.1 | 3.7 | 1.6 | 5.0 | 1.9 | 0.7 | 1.6 |
| Cash Flow to Total Debt **44** | 0.4 | • | 1.4 | 1.8 | 0.8 | 0.6 | 0.4 | 0.4 | 0.4 | 0.1 | 0.4 | 0.1 | 0.2 |

**Selected Financial Factors (in Percentages)**

| | | | | | | | | | | | | | |
|---|---|---|---|---|---|---|---|---|---|---|---|---|---|
| Debt Ratio **45** | 70.0 | • | 101.1 | 61.3 | 62.8 | 57.8 | 64.2 | 69.8 | 68.8 | 70.6 | 67.0 | 86.2 | 71.4 |
| Return on Total Assets **46** | 9.3 | • | 27.6 | 18.4 | 13.2 | 8.2 | 7.2 | 5.7 | 7.9 | • | 3.6 | 1.0 | 9.0 |
| Return on Equity Before Income Taxes **47** | 15.5 | • | • | 39.2 | 28.5 | 12.5 | 12.5 | 10.0 | 16.3 | • | 2.7 | • | 10.3 |
| Return on Equity After Income Taxes **48** | 12.8 | • | • | 38.2 | 27.6 | 11.6 | 10.9 | 5.8 | 13.7 | • | 0.8 | • | 6.6 |
| Profit Margin (Before Income Tax) **49** | 3.5 | • | 3.7 | 4.4 | 5.0 | 3.1 | 3.1 | 1.5 | 4.4 | • | 0.7 | • | 5.5 |
| Profit Margin (After Income Tax) **50** | 2.9 | • | 3.7 | 4.3 | 4.8 | 2.9 | 2.7 | 0.9 | 3.7 | • | 0.2 | • | 3.5 |

## Table II

Corporations with Net Income

# PERSONAL AND LAUNDRY SERVICES

MONEY AMOUNTS AND SIZE OF ASSETS IN THOUSANDS OF DOLLARS

| Item Description for Accounting Period 7/00 Through 6/01 | | Total | Zero Assets | Under 100 | 100 to 250 | 251 to 500 | 501 to 1,000 | 1,001 to 5,000 | 5,001 to 10,000 | 10,001 to 25,000 | 25,001 to 50,000 | 50,001 to 100,000 | 100,001 to 250,000 | 250,001 and over |
|---|---|---|---|---|---|---|---|---|---|---|---|---|---|---|
| Number of Enterprises | 1 | 69537 | 3271 | 43731 | 11727 | 5365 | 3100 | 2074 | 131 | 82 | 22 | 0 | 4 | 0 |
| **Revenues ($ in Thousands)** | | | | | | | | | | | | | | |
| Net Sales | 2 | 50890682 | 268275 | 8641278 | 7168564 | 4849523 | 4182220 | 6882386 | 1985880 | 1589054 | 646590 | 0 | 345459 | 0 |
| Interest | 3 | 1097594 | 3556 | 1182 | 4440 | 5916 | 19626 | 16071 | 4080 | 8584 | 6074 | 0 | 1068 | 0 |
| Rents | 4 | 93613 | 0 | 0 | 308 | 1139 | 2728 | 9241 | 110 | 1985 | 671 | 0 | 115 | 0 |
| Royalties | 5 | 100708 | 14705 | 0 | 0 | 14853 | 0 | 0 | 0 | 0 | 0 | 0 | 0 | 0 |
| Other Portfolio Income | 6 | 403030 | 65061 | 5036 | 31403 | 73564 | 51056 | 48579 | 2003 | 44502 | 4125 | 0 | 0 | 0 |
| Other Receipts | 7 | 832913 | 17276 | 20152 | 139969 | 41019 | 20398 | 50001 | 17200 | 70293 | 28872 | 0 | 11930 | 0 |
| Total Receipts | 8 | 53418540 | 368873 | 8667648 | 7344684 | 4986014 | 4276028 | 7006278 | 2009273 | 1714418 | 686332 | 0 | 358572 | 0 |
| Average Total Receipts | 9 | 768 | 113 | 198 | 626 | 929 | 1379 | 3378 | 15338 | 20908 | 31197 | • | 89643 | • |
| **Operating Costs/Operating Income (%)** | | | | | | | | | | | | | | |
| Cost of Operations | 10 | 31.4 | 12.2 | 24.0 | 20.7 | 27.0 | 26.2 | 35.7 | 49.4 | 33.8 | 44.2 | • | 3.1 | • |
| Salaries and Wages | 11 | 19.8 | 28.5 | 21.3 | 17.4 | 22.0 | 21.1 | 18.9 | 15.9 | 19.5 | 17.1 | • | 22.0 | • |
| Taxes Paid | 12 | 3.9 | 3.6 | 3.9 | 3.2 | 3.8 | 4.7 | 4.0 | 4.8 | 3.8 | 3.7 | • | 2.7 | • |
| Interest Paid | 13 | 3.5 | 1.2 | 0.5 | 0.5 | 0.9 | 1.1 | 1.5 | 1.2 | 2.0 | 2.2 | • | 4.8 | • |
| Depreciation | 14 | 2.6 | 2.8 | 1.2 | 2.0 | 2.0 | 2.5 | 3.1 | 3.1 | 3.2 | 2.9 | • | 7.9 | • |
| Amortization and Depletion | 15 | 0.7 | 0.4 | 0.2 | 0.3 | 0.5 | 0.3 | 0.4 | 0.4 | 0.4 | 0.5 | • | 0.1 | • |
| Pensions and Other Deferred Comp. | 16 | 0.8 | 0.0 | 1.0 | 0.6 | 0.6 | 0.6 | 0.9 | 0.8 | 0.7 | 0.4 | • | 0.7 | • |
| Employee Benefits | 17 | 1.0 | 1.1 | 0.5 | 0.7 | 0.5 | 0.9 | 1.1 | 1.4 | 1.7 | 1.3 | • | 0.5 | • |
| Advertising | 18 | 1.9 | 1.7 | 2.2 | 2.0 | 3.8 | 1.1 | 1.7 | 1.1 | 3.0 | 0.7 | • | 0.7 | • |
| Other Expenses | 19 | 26.0 | 32.1 | 26.8 | 40.1 | 24.3 | 27.9 | 20.5 | 14.7 | 25.6 | 22.6 | • | 55.8 | • |
| Officers' Compensation | 20 | 5.6 | 3.8 | 9.2 | 7.6 | 7.8 | 9.8 | 7.4 | 3.9 | 3.5 | 3.1 | • | 0.7 | • |
| Operating Margin | 21 | 2.7 | 12.6 | 9.3 | 4.9 | 6.9 | 3.8 | 4.9 | 3.3 | 2.8 | 1.2 | • | 1.1 | • |
| Operating Margin Before Officers' Comp. | 22 | 8.4 | 16.4 | 18.5 | 12.4 | 14.8 | 13.6 | 12.3 | 7.2 | 6.3 | 4.4 | • | 1.8 | • |

## Selected Average Balance Sheet ($ in Thousands)

| | | | | | | | | | | | | | |
|---|---|---|---|---|---|---|---|---|---|---|---|---|---|
| Net Receivables 23 | 79 | 0 | 1 | 23 | 57 | 92 | 351 | 1878 | 2292 | 3743 | • | 5704 | • |
| Inventories 24 | 31 | 0 | 1 | 6 | 14 | 28 | 88 | 240 | 782 | 2160 | • | 1064 | • |
| Net Property, Plant and Equipment 25 | 177 | 0 | 9 | 52 | 127 | 253 | 753 | 2753 | 5027 | 8076 | • | 35692 | • |
| Total Assets 26 | 556 | 0 | 25 | 157 | 350 | 683 | 2016 | 6763 | 14772 | 34053 | • | 132201 | • |
| Notes and Loans Payable 27 | 226 | 0 | 11 | 41 | 123 | 181 | 665 | 2787 | 4626 | 9540 | • | 37106 | • |
| All Other Liabilities 28 | 123 | 0 | 3 | 29 | 57 | 91 | 458 | 2006 | 4404 | 11117 | • | 21149 | • |
| Net Worth 29 | 207 | 0 | 11 | 86 | 170 | 411 | 893 | 1970 | 5742 | 13396 | • | 73947 | • |

## Selected Financial Ratios (Times to 1)

| | | | | | | | | | | | | | |
|---|---|---|---|---|---|---|---|---|---|---|---|---|---|
| Current Ratio 30 | 1.8 | • | 2.6 | 1.7 | 2.4 | 2.8 | 1.5 | 1.5 | 1.3 | 1.9 | • | 0.6 | • |
| Quick Ratio 31 | 1.3 | • | 2.1 | 1.4 | 1.9 | 2.3 | 1.3 | 1.1 | 0.9 | 1.3 | • | 0.2 | • |
| Net Sales to Working Capital 32 | 9.3 | • | 27.8 | 23.3 | 9.1 | 7.5 | 11.8 | 14.2 | 13.3 | 5.0 | • | • | • |
| Coverage Ratio 33 | 3.2 | 43.5 | 21.5 | 15.5 | 12.1 | 6.7 | 5.3 | 4.8 | 6.3 | 4.3 | • | 3.1 | • |
| Total Asset Turnover 34 | 1.3 | • | 8.0 | 3.9 | 2.6 | 2.0 | 1.6 | 2.2 | 1.3 | 0.9 | • | 0.7 | • |
| Inventory Turnover 35 | 7.5 | • | 45.5 | 22.3 | 17.8 | 12.7 | 13.5 | 31.3 | 8.4 | 6.0 | • | 2.5 | • |
| Receivables Turnover 36 | 10.8 | • | 209.7 | 29.1 | 16.3 | 14.6 | 9.9 | 9.4 | 7.0 | 7.0 | • | 6.1 | • |
| Total Liabilities to Net Worth 37 | 1.7 | • | 1.3 | 0.8 | 1.1 | 0.7 | 1.3 | 2.4 | 1.6 | 1.5 | • | 0.8 | • |
| Current Assets to Working Capital 38 | 2.2 | • | 1.6 | 2.4 | 1.7 | 1.6 | 2.8 | 3.0 | 4.0 | 2.1 | • | • | • |
| Current Liabilities to Working Capital 39 | 1.2 | • | 0.6 | 1.4 | 0.7 | 0.6 | 1.8 | 2.0 | 3.0 | 1.1 | • | • | • |
| Working Capital to Net Sales 40 | 0.1 | • | 0.0 | 0.0 | 0.1 | 0.1 | 0.1 | 0.1 | 0.1 | 0.2 | • | • | • |
| Inventory to Working Capital 41 | 0.5 | • | 0.2 | 0.2 | 0.1 | 0.2 | 0.3 | 0.3 | 0.6 | 0.4 | • | • | • |
| Total Receipts to Cash Flow 42 | 4.0 | 1.8 | 3.7 | 2.7 | 3.8 | 3.9 | 5.0 | 6.8 | 3.7 | 3.9 | • | 4.9 | • |
| Cost of Goods to Cash Flow 43 | 1.2 | 0.2 | 0.9 | 0.6 | 1.0 | 1.0 | 1.8 | 3.3 | 1.3 | 1.7 | • | 0.2 | • |
| Cash Flow to Total Debt 44 | 0.5 | • | 3.8 | 3.2 | 1.3 | 1.3 | 0.6 | 0.5 | 0.6 | 0.4 | • | 0.3 | • |

## Selected Financial Factors (in Percentages)

| | | | | | | | | | | | | | |
|---|---|---|---|---|---|---|---|---|---|---|---|---|---|
| Debt Ratio 45 | 62.7 | • | 56.8 | 44.9 | 51.5 | 39.8 | 55.7 | 70.9 | 61.1 | 60.7 | • | 44.1 | • |
| Return on Total Assets 46 | 14.8 | • | 81.0 | 30.5 | 27.4 | 14.1 | 13.3 | 12.7 | 16.6 | 8.3 | • | 9.8 | • |
| Return on Equity Before Income Taxes 47 | 27.3 | • | 178.7 | 51.8 | 51.7 | 19.9 | 24.4 | 34.5 | 35.8 | 16.2 | • | 11.9 | • |
| Return on Equity After Income Taxes 48 | 24.5 | • | 176.9 | 50.7 | 50.4 | 18.9 | 22.5 | 29.0 | 32.6 | 14.1 | • | 9.7 | • |
| Profit Margin (Before Income Tax) 49 | 7.7 | 50.1 | 9.6 | 7.3 | 9.7 | 6.1 | 6.6 | 4.5 | 10.6 | 7.4 | • | 10.2 | • |
| Profit Margin (After Income Tax) 50 | 6.9 | 48.0 | 9.5 | 7.2 | 9.5 | 5.8 | 6.1 | 3.8 | 9.7 | 6.4 | • | 8.3 | • |

**Table I**

Corporations with and without Net Income

# Religious, Grantmaking, Civic & Professional Organizations

**Money Amounts and Size of Assets in Thousands of Dollars**

| Item Description for Accounting Period 7/00 Through 6/01 | | Total | Zero Assets | Under 100 | 100 to 250 | 251 to 500 | 501 to 1,000 | 1,001 to 5,000 | 5,001 to 10,000 | 10,001 to 25,000 | 25,001 to 50,000 | 50,001 to 100,000 | 100,001 to 250,000 | 250,001 and over |
|---|---|---|---|---|---|---|---|---|---|---|---|---|---|---|
| Number of Enterprises | 1 | 39945 | 1191 | 25231 | 6421 | 3747 | 1845 | 1322 | 120 | 44 | 15 | 8 | 0 | 0 |
| **Revenues ($ in Thousands)** | | | | | | | | | | | | | | |
| Net Sales | 2 | 8675335 | 10010 | 1166558 | 811421 | 1637826 | 807176 | 1644514 | 425666 | 707249 | 192963 | 1271951 | 0 | 0 |
| Interest | 3 | 233069 | 4 | 21750 | 34996 | 45800 | 37309 | 58642 | 14382 | 10374 | 3405 | 6407 | 0 | 0 |
| Rents | 4 | 23109 | 0 | 3313 | 4847 | 2359 | 3591 | 3419 | 495 | 1481 | 1604 | 2000 | 0 | 0 |
| Royalties | 5 | 3401 | 0 | 0 | 0 | 0 | 0 | 0 | 0 | 3401 | 0 | 0 | 0 | 0 |
| Other Portfolio Income | 6 | 59515 | 0 | 8509 | 3233 | 675 | 9516 | 20498 | 5551 | 1761 | 4849 | 4924 | 0 | 0 |
| Other Receipts | 7 | 1757346 | 86 | 268091 | 204253 | 299220 | 304146 | 435092 | 27322 | 52067 | 34049 | 133020 | 0 | 0 |
| Total Receipts | 8 | 10751775 | 10100 | 1468221 | 1058750 | 1985880 | 1161738 | 2162165 | 473416 | 776333 | 236870 | 1418302 | 0 | 0 |
| Average Total Receipts | 9 | 269 | 8 | 58 | 165 | 530 | 630 | 1636 | 3945 | 17644 | 15791 | 177288 | • | • |
| **Operating Costs/Operating Income (%)** | | | | | | | | | | | | | | |
| Cost of Operations | 10 | 28.5 | • | 5.8 | • | 34.3 | 23.7 | 18.2 | 5.2 | 56.2 | 19.0 | 70.5 | • | • |
| Salaries and Wages | 11 | 14.3 | • | 8.8 | 7.2 | 15.2 | 9.0 | 24.1 | 21.3 | 11.3 | 24.6 | 11.3 | • | • |
| Taxes Paid | 12 | 2.3 | • | 2.6 | 1.5 | 1.8 | 1.8 | 3.4 | 5.5 | 1.4 | 3.3 | 1.1 | • | • |
| Interest Paid | 13 | 0.7 | • | 0.7 | 0.1 | 0.4 | 0.3 | 1.1 | 2.7 | 1.1 | 1.0 | 0.3 | • | • |
| Depreciation | 14 | 2.1 | • | 0.7 | 1.2 | 1.4 | 2.1 | 3.8 | 3.5 | 2.2 | 9.3 | 1.0 | • | • |
| Amortization and Depletion | 15 | 0.1 | • | 0.0 | 0.1 | 0.0 | 0.1 | 0.1 | 0.0 | 0.1 | 0.0 | 0.5 | • | • |
| Pensions and Other Deferred Comp. | 16 | 0.3 | • | • | 0.6 | 0.7 | 0.2 | 0.2 | 0.4 | 0.3 | 0.3 | 0.3 | • | • |
| Employee Benefits | 17 | 2.2 | • | 0.1 | 1.5 | 0.3 | 1.0 | 3.4 | 1.2 | 11.8 | 1.7 | 1.3 | • | • |
| Advertising | 18 | 0.5 | • | 0.5 | 0.2 | 0.2 | 0.1 | 0.3 | 1.4 | 0.2 | 2.3 | 1.1 | • | • |
| Other Expenses | 19 | 68.6 | 106.0 | 108.9 | 114.0 | 52.9 | 102.5 | 73.0 | 69.4 | 23.1 | 58.9 | 21.7 | • | • |
| Officers' Compensation | 20 | 2.7 | • | 0.1 | 2.3 | 10.4 | 1.5 | 0.9 | • | 0.9 | 1.0 | 0.9 | • | • |
| Operating Margin | 21 | • | • | • | • | • | • | • | • | • | • | • | • | • |
| Operating Margin Before Officers' Comp. | 22 | • | • | • | • | • | • | • | • | • | • | • | • | • |

| | | | | | | | | | | | | | |
|---|---|---|---|---|---|---|---|---|---|---|---|---|---|
| **Selected Average Balance Sheet ($ in Thousands)** | | | | | | | | | | | | | |
| Net Receivables 23 | 16 | 0 | 1 | 6 | 18 | 23 | 115 | 350 | 2259 | 1421 | 19916 | • | • |
| Inventories 24 | 1 | 0 | 0 | 0 | 0 | 2 | 11 | 49 | 138 | 226 | 1207 | • | • |
| Net Property, Plant and Equipment 25 | 77 | 0 | 4 | 13 | 43 | 112 | 789 | 4397 | 8640 | 25240 | 24018 | • | • |
| Total Assets 26 | 242 | 0 | 29 | 161 | 349 | 672 | 1962 | 6956 | 15927 | 35252 | 86930 | • | • |
| Notes and Loans Payable 27 | 26 | 0 | 5 | 2 | 15 | 48 | 189 | 1885 | 3564 | 2685 | 10472 | • | • |
| All Other Liabilities 28 | 54 | 0 | 5 | 22 | 120 | 112 | 362 | 1417 | 3166 | 6036 | 43682 | • | • |
| Net Worth 29 | 162 | 0 | 19 | 137 | 213 | 512 | 1410 | 3654 | 9196 | 26532 | 32777 | • | • |
| **Selected Financial Ratios (Times to 1)** | | | | | | | | | | | | | |
| Current Ratio 30 | 2.9 | • | 3.5 | 6.0 | 3.1 | 4.4 | 2.8 | 1.5 | 1.7 | 1.4 | 1.2 | • | • |
| Quick Ratio 31 | 2.6 | • | 3.3 | 5.5 | 3.0 | 4.1 | 2.3 | 1.3 | 1.3 | 1.0 | 1.0 | • | • |
| Net Sales to Working Capital 32 | 2.3 | • | 2.7 | 1.1 | 2.2 | 1.2 | 1.9 | 6.1 | 7.1 | 7.4 | 21.2 | • | • |
| Coverage Ratio 33 | 2.9 | • | • | 21.2 | 9.3 | 5.8 | 2.9 | 1.2 | 2.0 | 1.9 | 5.8 | • | • |
| Total Asset Turnover 34 | 0.9 | • | 1.6 | 0.8 | 1.3 | 0.7 | 0.6 | 0.5 | 1.0 | 0.4 | 1.8 | • | • |
| Inventory Turnover 35 | 53.3 | • | 37.0 | • | 311.5 | 54.3 | 21.1 | 3.7 | 65.3 | 10.8 | 92.9 | • | • |
| Receivables Turnover 36 | 14.1 | • | 81.6 | 21.3 | 28.5 | 17.7 | 8.7 | 11.2 | 8.3 | 4.6 | 12.1 | • | • |
| Total Liabilities to Net Worth 37 | 0.5 | • | 0.5 | 0.2 | 0.6 | 0.3 | 0.4 | 0.9 | 0.7 | 0.3 | 1.7 | • | • |
| Current Assets to Working Capital 38 | 1.5 | • | 1.4 | 1.2 | 1.5 | 1.3 | 1.6 | 2.9 | 2.4 | 3.7 | 5.1 | • | • |
| Current Liabilities to Working Capital 39 | 0.5 | • | 0.4 | 0.2 | 0.5 | 0.3 | 0.6 | 1.9 | 1.4 | 2.7 | 4.1 | • | • |
| Working Capital to Net Sales 40 | 0.4 | • | 0.4 | 0.9 | 0.4 | 0.9 | 0.5 | 0.2 | 0.1 | 0.1 | 0.0 | • | • |
| Inventory to Working Capital 41 | 0.0 | • | 0.0 | • | 0.0 | 0.0 | 0.0 | 0.1 | 0.1 | 0.1 | 0.2 | • | • |
| Total Receipts to Cash Flow 42 | 1.8 | 1.4 | 1.3 | 1.2 | 2.2 | 1.1 | 1.7 | 1.6 | 4.8 | 1.9 | 4.7 | • | • |
| Cost of Goods to Cash Flow 43 | 0.5 | • | 0.1 | • | 0.7 | 0.3 | 0.3 | 0.1 | 2.7 | 0.4 | 3.3 | • | • |
| Cash Flow to Total Debt 44 | 1.5 | • | 3.6 | 4.4 | 1.5 | 2.5 | 1.4 | 0.7 | 0.5 | 0.8 | 0.6 | • | • |
| **Selected Financial Factors (in Percentages)** | | | | | | | | | | | | | |
| Debt Ratio 45 | 33.0 | • | 34.0 | 15.0 | 38.9 | 23.8 | 28.1 | 47.5 | 42.3 | 24.7 | 62.3 | • | • |
| Return on Total Assets 46 | 1.8 | • | • | 1.4 | 5.2 | 1.2 | 2.0 | 1.7 | 2.3 | 0.7 | 3.1 | • | • |
| Return on Equity Before Income Taxes 47 | 1.8 | • | • | 1.6 | 7.5 | 1.3 | 1.8 | 0.5 | 2.0 | 0.5 | 6.8 | • | • |
| Return on Equity After Income Taxes 48 | 0.9 | • | • | 1.0 | 6.0 | 0.6 | 1.2 | • | 1.2 | 0.0 | 4.0 | • | • |
| Profit Margin (Before Income Tax) 49 | 1.3 | • | • | 1.7 | 3.7 | 1.5 | 2.0 | 0.6 | 1.2 | 0.9 | 1.4 | • | • |
| Profit Margin (After Income Tax) 50 | 0.7 | • | • | 1.1 | 2.9 | 0.7 | 1.3 | • | 0.7 | 0.0 | 0.8 | • | • |

## Table II

Corporations with Net Income

# RELIGIOUS, GRANTMAKING, CIVIC & PROFESSIONAL ORGANIZATIONS

**MONEY AMOUNTS AND SIZE OF ASSETS IN THOUSANDS OF DOLLARS**

| Item Description for Accounting Period 7/00 Through 6/01 | | Total | Zero Assets | Under 100 | 100 to 250 | 251 to 500 | 501 to 1,000 | 1,001 to 5,000 | 5,001 to 10,000 | 10,001 to 25,000 | 25,001 to 50,000 | 50,001 to 100,000 | 100,001 to 250,000 | 250,001 and over |
|---|---|---|---|---|---|---|---|---|---|---|---|---|---|---|
| Number of Enterprises | 1 | 25273 | 223 | 13756 | 5266 | 3377 | 1501 | 1030 | 81 | 29 | 5 | 5 | 0 | 0 |
| **Revenues ($ in Thousands)** | | | | | | | | | | | | | | |
| Net Sales | 2 | 5631376 | 0 | 626667 | 619315 | 1481487 | 581438 | 1101981 | 220166 | 354659 | 113954 | 531710 | 0 | 0 |
| Interest | 3 | 196886 | 0 | 16307 | 31147 | 43687 | 34146 | 48074 | 10812 | 4906 | 1674 | 6133 | 0 | 0 |
| Rents | 4 | 16981 | 0 | 1847 | 1192 | 2359 | 3591 | 3044 | 408 | 1172 | 1369 | 2000 | 0 | 0 |
| Royalties | 5 | 3401 | 0 | 0 | 0 | 0 | 0 | 0 | 0 | 3401 | 0 | 0 | 0 | 0 |
| Other Portfolio Income | 6 | 56753 | 0 | 8509 | 1209 | 675 | 9516 | 19992 | 5495 | 1667 | 4848 | 4841 | 0 | 0 |
| Other Receipts | 7 | 1429615 | 86 | 226635 | 150108 | 290576 | 269580 | 309457 | 21776 | 49427 | 15951 | 96020 | 0 | 0 |
| Total Receipts | 8 | 7335012 | 86 | 879965 | 802971 | 1818784 | 898271 | 1482548 | 258657 | 415232 | 137796 | 640704 | 0 | 0 |
| Average Total Receipts | 9 | 290 | 0 | 64 | 152 | 539 | 598 | 1439 | 3193 | 14318 | 27559 | 128141 | • | • |
| **Operating Costs/Operating Income (%)** | | | | | | | | | | | | | | |
| Cost of Operations | 10 | 24.1 | • | 8.6 | • | 37.9 | 32.0 | 22.7 | 6.8 | 27.4 | 11.8 | 33.8 | • | • |
| Salaries and Wages | 11 | 16.6 | • | 14.4 | 4.9 | 15.5 | 11.5 | 22.5 | 27.2 | 17.7 | 18.3 | 23.3 | • | • |
| Taxes Paid | 12 | 2.5 | • | 2.3 | 1.2 | 1.9 | 2.4 | 4.0 | 3.6 | 1.9 | 2.6 | 2.5 | • | • |
| Interest Paid | 13 | 0.6 | • | 0.8 | 0.0 | 0.1 | 0.4 | 0.7 | 3.5 | 1.1 | 0.1 | 0.6 | • | • |
| Depreciation | 14 | 2.1 | • | 0.6 | 1.3 | 1.6 | 2.2 | 4.1 | 3.2 | 2.2 | 4.3 | 1.4 | • | • |
| Amortization and Depletion | 15 | 0.2 | • | 0.0 | 0.1 | 0.0 | 0.1 | 0.1 | 0.1 | 0.1 | • | 1.1 | • | • |
| Pensions and Other Deferred Comp. | 16 | 0.5 | • | • | 0.8 | 0.7 | 0.3 | 0.3 | 0.6 | 0.5 | 0.4 | 0.8 | • | • |
| Employee Benefits | 17 | 2.3 | • | 0.1 | 1.4 | 0.3 | 1.3 | 1.2 | 1.2 | 23.1 | 1.6 | 2.0 | • | • |
| Advertising | 18 | 0.5 | • | 0.6 | 0.3 | 0.0 | 0.2 | 0.2 | 0.6 | 0.4 | 3.5 | 2.5 | • | • |
| Other Expenses | 19 | 70.8 | • | 105.3 | 110.2 | 48.7 | 94.8 | 70.3 | 64.9 | 36.6 | 69.9 | 46.4 | • | • |
| Officers' Compensation | 20 | 4.2 | • | 0.1 | 3.1 | 11.5 | 2.1 | 1.2 | • | 1.8 | 1.5 | 1.9 | • | • |
| Operating Margin | 21 | • | • | • | • | • | • | • | • | • | • | • | • | • |
| Operating Margin Before Officers' Comp. | 22 | • | • | • | • | • | • | • | • | • | • | • | • | • |

| | | | | | | | | | | | | | |
|---|---|---|---|---|---|---|---|---|---|---|---|---|---|
| **Selected Average Balance Sheet ($ in Thousands)** | | | | | | | | | | | | | |
| Net Receivables 23 | 15 | 0 | 1 | 6 | 14 | 25 | 84 | 116 | 2237 | 2860 | 13433 | • | • |
| Inventories 24 | 1 | 0 | 0 | 0 | 1 | 2 | 8 | 13 | 174 | 213 | 1865 | • | • |
| Net Property, Plant and Equipment 25 | 68 | 0 | 3 | 12 | 40 | 73 | 636 | 4397 | 6933 | 11100 | 20028 | • | • |
| Total Assets 26 | 281 | 0 | 34 | 164 | 350 | 694 | 1885 | 6930 | 15442 | 31578 | 88042 | • | • |
| Notes and Loans Payable 27 | 24 | 0 | 3 | 3 | 15 | 56 | 129 | 1636 | 3362 | 519 | 6626 | • | • |
| All Other Liabilities 28 | 56 | 0 | 5 | 19 | 93 | 72 | 347 | 928 | 3332 | 11387 | 46250 | • | • |
| Net Worth 29 | 202 | 0 | 26 | 142 | 241 | 567 | 1409 | 4366 | 8748 | 19671 | 35167 | • | • |
| **Selected Financial Ratios (Times to 1)** | | | | | | | | | | | | | |
| Current Ratio 30 | 4.3 | • | 5.5 | 6.9 | 4.8 | 7.5 | 3.7 | 4.2 | 2.0 | 1.2 | 1.7 | • | • |
| Quick Ratio 31 | 3.9 | • | 5.1 | 6.6 | 4.7 | 6.8 | 3.1 | 3.6 | 1.4 | 0.9 | 1.5 | • | • |
| Net Sales to Working Capital 32 | 1.6 | • | 1.9 | 1.0 | 1.9 | 0.8 | 1.3 | 2.3 | 3.9 | 11.6 | 8.1 | • | • |
| Coverage Ratio 33 | 10.4 | • | 8.5 | 239.0 | 36.5 | 17.9 | 8.9 | 2.7 | 4.8 | 53.9 | 7.4 | • | • |
| Total Asset Turnover 34 | 0.8 | • | 1.3 | 0.7 | 1.3 | 0.6 | 0.6 | 0.4 | 0.8 | 0.7 | 1.2 | • | • |
| Inventory Turnover 35 | 45.6 | • | 52.4 | • | 311.5 | 56.0 | 29.8 | 14.1 | 19.3 | 12.6 | 19.3 | • | • |
| Receivables Turnover 36 | 15.2 | • | 59.1 | 23.6 | 30.9 | 14.0 | 12.4 | 47.0 | 5.6 | 6.8 | 15.8 | • | • |
| Total Liabilities to Net Worth 37 | 0.4 | • | 0.3 | 0.2 | 0.5 | 0.2 | 0.3 | 0.6 | 0.8 | 0.6 | 1.5 | • | • |
| Current Assets to Working Capital 38 | 1.3 | • | 1.2 | 1.2 | 1.3 | 1.2 | 1.4 | 1.3 | 2.0 | 5.4 | 2.5 | • | • |
| Current Liabilities to Working Capital 39 | 0.3 | • | 0.2 | 0.2 | 0.3 | 0.2 | 0.4 | 0.3 | 1.0 | 4.4 | 1.5 | • | • |
| Working Capital to Net Sales 40 | 0.6 | • | 0.5 | 1.0 | 0.5 | 1.2 | 0.7 | 0.4 | 0.3 | 0.1 | 0.1 | • | • |
| Inventory to Working Capital 41 | 0.0 | • | 0.0 | • | 0.0 | 0.0 | 0.0 | 0.0 | 0.1 | 0.1 | 0.1 | • | • |
| Total Receipts to Cash Flow 42 | 1.6 | • | 1.2 | 1.1 | 2.4 | 1.1 | 1.7 | 1.6 | 2.8 | 1.5 | 2.1 | • | • |
| Cost of Goods to Cash Flow 43 | 0.4 | • | 0.1 | • | 0.9 | 0.4 | 0.4 | 0.1 | 0.8 | 0.2 | 0.7 | • | • |
| Cash Flow to Total Debt 44 | 1.7 | • | 4.5 | 5.1 | 1.7 | 2.7 | 1.3 | 0.7 | 0.7 | 1.3 | 0.9 | • | • |
| **Selected Financial Factors (in Percentages)** | | | | | | | | | | | | | |
| Debt Ratio 45 | 28.2 | • | 24.7 | 13.3 | 31.1 | 18.4 | 25.3 | 37.0 | 43.3 | 37.7 | 60.1 | • | • |
| Return on Total Assets 46 | 4.8 | • | 9.4 | 4.6 | 5.8 | 4.3 | 3.8 | 3.7 | 4.1 | 4.4 | 5.7 | • | • |
| Return on Equity Before Income Taxes 47 | 6.0 | • | 11.0 | 5.3 | 8.2 | 4.9 | 4.5 | 3.6 | 5.7 | 7.0 | 12.3 | • | • |
| Return on Equity After Income Taxes 48 | 5.0 | • | 10.1 | 4.7 | 6.6 | 4.2 | 3.7 | 2.9 | 4.3 | 5.2 | 8.1 | • | • |
| Profit Margin (Before Income Tax) 49 | 5.5 | • | 6.3 | 6.4 | 4.5 | 7.2 | 5.9 | 5.8 | 4.1 | 6.0 | 4.1 | • | • |
| Profit Margin (After Income Tax) 50 | 4.5 | • | 5.8 | 5.6 | 3.7 | 6.1 | 4.9 | 4.7 | 3.1 | 4.5 | 2.7 | • | • |

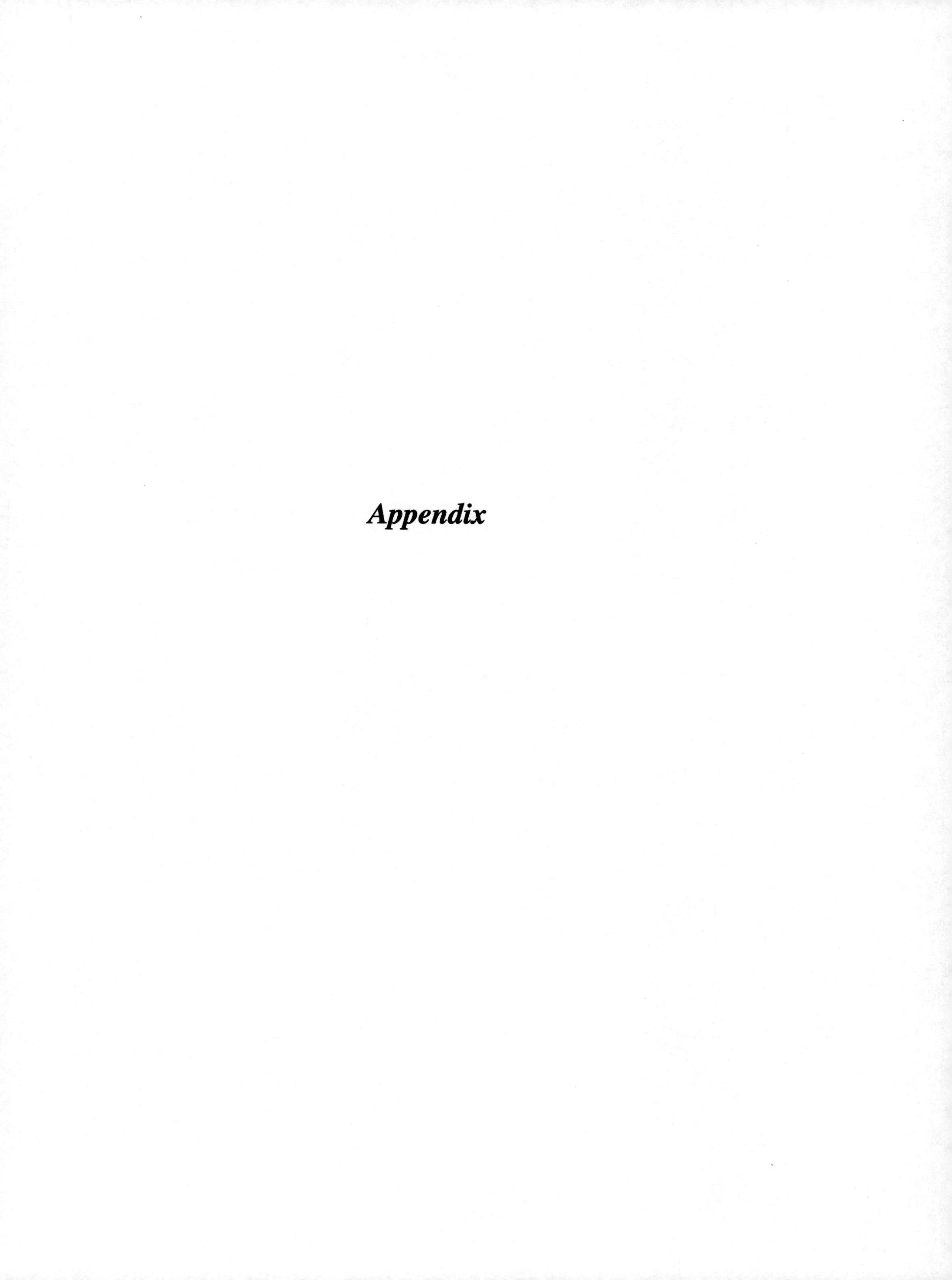

# *Appendix*

# APPENDIX

| PBA Code Based on NAICS | Principal Business Activity Based on NAICS, 1998 | IRS Industry Group Based on SIC | Internal Revenue Service Classification, 1997 |
|---|---|---|---|
| *11* | *Agriculture, forestry, fishing, and hunting* | 10 | Agriculture, forestry, and fishing |
| 111000 | Agricultural production | 0400 | Agricultural production |
| 113000 | Forestry and logging | 0600* | Agricultural services (exc. veterinarians) forestry, fishing, hunting, and trapping |
| 114000 | Fishing, hunting, and trapping | 0600* | Agricultural services (exc. veterinarians) forestry, fishing, hunting, and trapping |
| *21* | *Mining* | 20 | Mining |
| 211110 | Oil and gas extraction | 1330 | Crude petroleum, natural gas, and natural gas liquids |
| | | 2815* | Industrial chemicals, plastic materials, and synthetics |
| 212110 | Coal mining | 1150* | Coal mining |
| 212200 | Metal ore mining | 1010 | Iron ores |
| | | 1070 | Copper, lead, and zinc, gold and silver ores |
| | | 1098* | Other metal mining |
| 212315 | Nonmetallic mineral mining and quarrying | 1430 | Dimension, crushed, and broken stone; sand and gravel |
| | | 1498* | Other nonmetallic minerals, except fuels |
| 213110 | Support activities for mining | 1098* | Other metal mining |
| | | 1150* | Coal mining |
| | | 1380* | Oil and gas field services |
| | | 1498* | Other nonmetallic minerals, except fuels |
| *22* | *Utilities* | 32 | Electric, Gas and Sanitary Services |
| 221100 | Electric power generation, transmission, and distribution | 4910 | Electric services |
| | | 4930* | Combination utility services |

* Part of this 1997 industry is included in the related 1998 industry.

| PBA Code Based on NAICS | Principal Business Activity Based on NAICS, 1998 | IRS Industry Group Based on SIC | Internal Revenue Service Classification, 1997 |
|---|---|---|---|
| 221210 | Natural gas distribution | 4920* | Gas production and distribution |
| | | 4930* | Combination utility services |
| 221300 | Water, sewage, and other systems | 4990 | Water supply and other sanitary services |
| 221500 | Combination gas and electric | 4930* | Combination utility services |
| ***23*** | ***Construction*** | | |
| 233110 | Land subdivision and land development | 6550 | Subdividers and developers |
| 233205 | Building construction and general contracting | 1510 | General building contractors |
| | | 1531 | Operative builders |
| 234000 | Heavy construction | 1600 | Heavy construction contractors |
| ***235*** | Special trade contractors | 08 | Special trade contractors |
| 235110 | Plumbing, heating, and air conditioning contractors | 1711 | Plumbing, heating, and air conditioning |
| 235310 | Electrical contractors | | |
| 235905 | Other special trade contractors | 1798 | Other special trade contractors |
| ***31*** | ***Manufacturing*** | 40 | Manufacturing |
| **311** | Food manufacturing | 09* | Food and kindred products |
| 311115 | Animal food manufacturing and grain and oilseed milling | 0600* | Agricultural services (except veterinarians) |
| | | 2030* | Preserved fruits and vegetables |
| | | 2040* | Grain mill products |
| | | 2081* | Malt liquors and malt |
| | | 2096* | Other food and kindred products |
| 311300 | Sugar and confectionery products manufacturing | 2060* | Sugar and confectionery products |
| | | 5490* | Other food stores |
| 311400 | Fruit and vegetable preserving and specialty food manufacturing | 2030* | Preserved fruits and vegetables |
| | | 2096* | Other food and kindred products |

* Part of this 1997 industry is included in the related 1998 industry.

| PBA Code Based on NAICS | Principal Business Activity Based on NAICS, 1998 | IRS Industry Group Based on SIC | Internal Revenue Service Classification, 1997 |
|---|---|---|---|
| 311500 | Dairy products manufacturing | 2020 | Dairy Products |
| 311615 | Meat and seafood processing | 2010* | Meat Products |
| | | 2040* | Grain mill products |
| | | 2096* | Other Food and Kindred Products |
| | | 5004* | Groceries and related products |
| 311800 | Bakeries and tortilla manufacturing | 2040* | Grain mill products |
| | | 2050* | Bakery products |
| | | 2096* | Other food and kindred Products |
| | | 5490* | Other food stores |
| 311900 | Other food manufacturing | 2010* | Meat products |
| | | 2030* | Preserved fruits and vegetables |
| | | 2040* | Grain mill products |
| | | 2050* | Bakery products |
| | | 2060* | Sugar and confectionery products |
| | | 2081* | Malt liquors and malt |
| | | 2089* | Bottled soft drinks, and flavorings |
| | | 2096* | Other food and kindred products |
| | | 2898* | Agricultural and other chemical products |
| **312** | Beverage and tobacco product manufacturing | 09 | Food and kindred products |
| | | 10 | Tobacco manufacturers |
| 312110 | Soft drink and ice manufacturing | 2089* | Bottled soft drink and flavorings |
| | | 2096* | Other food and kindred products |
| | | 5004* | Groceries and related products |
| 312120 | Breweries | 2081* | Malt liquors and malt |
| 312135 | Wineries and distilleries | 2088 | Alcoholic beverages except malt liquors |
| 312200 | Tobacco manufacturing | 2100 | Tobacco manufacturers |

* Part of this 1997 industry is included in the related 1998 industry.

| PBA Code Based on NAICS | Principal Business Activity Based on NAICS, 1998 | IRS Industry Group Based on SIC | Internal Revenue Service Classification, 1997 |
|---|---|---|---|
| **313** | Textile mills and textile product mills | 11 | Textile mill products |
| 313000 | Textile mills | 2228 | Weaving mills and textile finishing |
| | | 2250* | Knitting mills |
| | | 2298* | Other textile mill products |
| | | 2390* | Miscellaneous fabricated textile products; textile products n.e.c |
| | | 3050* | Rubber products; plastic footwear, hose and belting |
| | | 5130* | Apparel, piece goods, and notions |
| | | 7389* | Business services, except advertising |
| 314000 | Textile product mills | 2298* | Other textile mill products |
| | | 2390* | Miscellaneous fabricated textile products; textile products n.e.c. |
| | | 3560* | General industrial machinery |
| | | 5700* | Furniture and home furnishings stores |
| | | 7389* | Business services, except advertising |
| **315** | Apparel manufacturing | 12 | Apparel and other textile products |
| 315100 | Apparel knitting mills | 2250* | Knitting mills |
| 315215 | Cut and sew apparel contractors and manufacturers | 2315* | Men's and boy's clothing |
| | | 2345* | Women's and children's clothing |
| | | 2388* | Other apparel and accessories |
| | | 2390* | Miscellaneous fabricated textile products; textile products n.e.c. |
| | | 3050* | Rubber products; plastic footwear, hose, and belting |
| | | 3198* | Leather and leather products, not elsewhere classified |
| | | 5600* | Apparel and accessory stores |
| 315990 | Apparel accessories and other apparel manufacturing | 2315* | Men's and boy's clothing |
| | | 2345* | Women's and children's clothing |
| | | 2388* | Other apparel and accessories |
| | | 2390* | Miscellaneous fabricated textile products; textile products n.e.c. |
| | | 3050* | Rubber products; plastic footwear, hose, and belting |
| | | 3198* | Leather and leather products, not elsewhere classified |

* Part of this 1997 industry is included in the related 1998 industry.

| PBA Code Based on NAICS | Principal Business Activity Based on NAICS, 1998 | IRS Industry Group Based on SIC | Internal Revenue Service Classification, 1997 |
|---|---|---|---|
| | | 3050* | Rubber products; plastic footwear, hose, and belting |
| | | 3140 | Footwear, except rubber |
| 316000 | Leather and allied product manufacturing | 3198* | Leather and leather products, not elsewhere classified |
| | | 3998* | Miscellaneous manufacturing and manufacturing not allocable |
| 321000 | Wood product manufacturing | 2415* | Logging, sawmills, and planing mills |
| | | 2430* | Millwork, plywood, and related products |
| | | 2498* | Other wood products, including wood buildings & mobile homes |
| **322** | Paper manufacturing | 15 | Paper and allied products |
| 322100 | Pulp, paper, and paperboard mills | 2625 | Pulp, paper, and board mills |
| 322200 | Converted paper product manufacturing | 2699* | Other paper products |
| | | 3490* | Miscellaneous fabricated metal products |
| | | 3845* | Optical, medical, and ophthalmic goods |
| **323** | Printing and related support activities | 16 | Printing and publishing |
| 323000 | Printing and related support activities | 2390* | Miscellaneous fabricated textile product; textile product n.e.c. |
| | | 2735 | Books, greeting cards, and miscellaneous publishing |
| | | 2799 | Commercial and other printing and printing trade services |
| | | 7389* | Business services, except advertising |
| **324** | Petroleum and coal products manufacturing | 18 | Petroleum (including intergrated) and coal products |
| 324110 | Petroleum refineries (including integrated) | 2910 | Petroleum refining (including integrated) |
| 324125 | Asphalt paving, roofing, other petroleum, and coal product manufacturing | 2998 | Petroleum and coal products, not elsewhere classified |
| | | 3370* | Ferrous metal industries; miscellaneous primary metal products |
| **325** | Chemical manufacturing | 17 | Chemicals and allied products |
| 325100 | Basic chemical manufacturing | 2815* | Industrial chemicals, plastic materials, and synthetics |
| | | 2898* | Agricultural and other chemical products |
| 325200 | Resin, synthetic rubber, and fibers and filaments manufacturing | 2815* | Industrial chemicals, plastic materials, and synthetics |

* Part of this 1997 industry is included in the related 1998 industry.

*APPENDIX*

| PBA Code Based on NAICS | Principal Business Activity Based on NAICS, 1998 | IRS Industry Group Based on SIC | Internal Revenue Service Classification, 1997 |
|---|---|---|---|
| 325410 | Pharmaceutical and medicine manufacturing | 2830 | Drugs |
| 325500 | Paint, coating, and adhesive manufacturing | 2850 | Paints and allied products |
| | | 2898* | Agricultural and other chemical products |
| 325600 | Soap, cleaning compound, and toilet preparation manufacturing | 2840 | Soap, cleaners, and toilet goods |
| 325905 | Chemical product and preparation manufacturing | 2815* | Industrial chemicals, plastics materials and synthetics |
| | | 2898* | Agricultural and other chemical products |
| | | 3070* | Miscellaneous plastic products |
| | | 3860* | Photographic equipment and supplies |
| | | 3998* | Miscellaneous manufacturing and manfacturing not allocable |
| **326** | Plastics and rubber product manufacturing | 19 | Rubber and miscellaneous plastics products |
| 326100 | Plastics product manufacturing | 2699* | Other paper products |
| | | 3050* | Rubber products; plastic footwear, hose, and belting |
| | | 3070* | Miscellaneous plastic products |
| | | 3998* | Miscellaneous manufacturing and manfacturing not allocable |
| 326200 | Rubber product manufacturing | 3050* | Rubber products; plastic footwear, hose, and belting |
| | | 7500* | Auto repair and services |
| **327** | Nonmetallic mineral product manufacturing | 21 | Stone, clay, and glass products |
| 327105 | Clay, refractory, and other nonmetallic mineral product manufacturing | 3270* | Concrete, gypsum, and plaster products |
| | | 3298* | Other nonmetallic mineral products |
| 327210 | Glass and glass product manufacturing | 3225 | Glass Products |
| 327305 | Cement, concrete, lime, and gypsum product manufacturing | 3240 | Cement, hydraulic |
| | | 3270* | Concrete, gypsum, and plaster products |
| | | 3298* | Other nonmetallic mineral products |
| **331** | Primary metal manufacturing | 22 | Primary metal industries |
| 331115 | Iron, steel mills, and steel product manufacturing | 3370* | Ferrous metal industries; miscellaneous primary metal products |

* Part of this 1997 industry is included in the related 1998 industry.

| PBA Code Based on NAICS | Principal Business Activity Based on NAICS, 1998 | IRS Industry Group Based on SIC | Internal Revenue Service Classification, 1997 |
|---|---|---|---|
| 331315 | Nonferrous metal production and processing | 2815* | Industrial chemicals, plastic materials, and synthetics |
| | | 3370* | Ferrous metal industries; miscellaneous primary metal products |
| | | 3380* | Nonferrous metal industries |
| 331500 | Foundries | 3370* | Ferrous metal industries; miscellaneous primary metal products |
| | | 3380* | Nonferrous metal industries |
| **332** | Fabricated metal product manufacturing | 23 | Fabricated metal products |
| 332110 | Forging and stamping | 3440* | Fabricated structural metal products |
| | | 3460* | Metal forgings and stampings |
| | | 3490* | Miscellaneous fabricated metal products |
| 332215 | Cutlery, hardware, spring & wire machine shops, and nut and bolt manufacturing | 3370* | Ferrous metal industries; miscellaneous primary metal products |
| | | 3428* | Cutlery, hand tools, and hardware; screw machine products and bolts |
| | | 3490* | Miscellaneous fabricated metal products |
| | | 3598* | Other machinery, except electrical |
| 332300 | Architectural and structural metals manufacturing | 3440* | Fabricated structural metal products |
| | | 3520* | Farm machinery |
| 332400 | Boiler, tank, and shipping container manufacturing | 3410 | Metal cans and shipping containers |
| | | 3428* | Cutlery, hand tools, and hardware; screw machine products and bolts |
| | | 3440* | Fabricated structural metal products |
| | | 3490* | Miscellaneous fabricated metal products |
| | | 3530* | Construction and related machinery |
| | | 3550* | Special industry machinery |
| 332810 | Coating, engraving, heat treating, and allied activities | 3370* | Ferrous metal industries; miscellaneous primary metal products |
| | | 3470* | Coating, engraving, and allied services |
| 332900 | Other fabricated metal product manufacturing | 3298* | Other nonmetallic mineral products |
| | | 3428* | Cutlery, hand tools, and hardware; screw machine products and bolts |
| | | 3430* | Plumbing and heating, except electric and warm air |

* Part of this 1997 industry is included in the related 1998 industry.

| PBA Code Based on NAICS | Principal Business Activity Based on NAICS, 1998 | IRS Industry Group Based on SIC | Internal Revenue Service Classification, 1997 |
|---|---|---|---|
| | | 3480 | Ordnance and accessories except vehicles and guided missiles |
| | | 3490* | Miscellaneous fabricated metal products |
| | | 3530* | Construction and related machinery |
| | | 3540* | Metalworking machinery |
| | | 3560* | General industrial machinery |
| | | 3598* | Other machinery, except electrical |
| | | 3725* | Aircraft, guided missiles, and parts |
| | | 3845* | Optical, medical, and ophthalmic goods |
| | | 3998* | Miscellaneous manufacturing and manufacturing not allocable |
| **333** | Machinery manufacturing | 24 | Machinery, except electrical |
| 333100 | Agriculture, construction, and mining machinery manufacturing | 3520* | Farm machinery |
| | | 3530* | Construction and related machinery |
| | | 3550* | Special industry machinery |
| 333200 | Industrial machinery manufacturing | 3550* | Special industry machinery |
| | | 3630* | Household appliance |
| 333310 | Commercial and service industry machinery manufacturing | 3570* | Office, computing, and accounting machines |
| | | 3598* | Other machinery, except electrical |
| | | 3698* | Other electrical equipment |
| | | 3845* | Optical, medical, and ophthalmic goods |
| | | 3860* | Photographic equipment and supplies |
| | | 3998* | Miscellaneous manufacturing and manufacturing not allocable |
| 333410 | Ventilation, heating, air-conditioning, & commercial refrigeration equipment manufacturing | 2498* | Other wood products, including wood buildings and mobile homes |
| | | 3430* | Plumbing and heating, except electric and warm air |
| | | 3440* | Fabricated structural metal products |
| | | 3560* | General industry machinery |
| | | 3598* | Other machinery, except electrical |
| | | 3630* | Household appliances |
| 333510 | Metalworking machinery manufacturing | 3540* | Metalworking machinery |

* Part of this 1997 industry is included in the related 1998 industry.

| PBA Code Based on NAICS | Principal Business Activity Based on NAICS, 1998 | IRS Industry Group Based on SIC | Internal Revenue Service Classification, 1997 |
|---|---|---|---|
| 333610 | Engine, turbine, and power transmission equipment manufacturing | 3560* | General industry machinery |
| | | 3598* | Other machinery, except electrical |
| | | 3698* | Other electrical equipment |
| 333900 | Other general purpose machinery manufacturing | 3490* | Miscellaneous fabricated metal products |
| | | 3520* | Farm machinery |
| | | 3530* | Construction and related machinery |
| | | 3560* | General industry machinery |
| | | 3598* | Other machinery, except electrical |
| | | 3698* | Other electrical equipment |
| | | 3798* | Other transportation equipment, except motor vehicles |
| **334** | Computer and electronic product manufacturing | | |
| 334110 | Computer and peripheral equipment manufacturing | 3570* | Office, computing, and accounting machines |
| 334200 | Communications equipment | 3665* | Radio, television, and communication equipment |
| | | 3670* | Electronic components and accessories |
| 334315 | Audio & video equipment, and reproducing magnetic and optical media | 3570* | Office, computing, and accounting machines |
| | | 3630* | Household appliances |
| | | 3665* | Radio, television, and communication equipment |
| | | 3670* | Electronic components and accessories |
| | | 3698* | Other electrical equipment |
| | | 7389* | Business services, except advertising |
| | | 7812* | Motion picture production, distribution, and services |
| 334410 | Semiconductor and other electronic component manufacturing | 3570* | Office, computing, and accounting machines |
| | | 3665* | Radio, television, and communication equipment |
| | | 3670* | Electronic components and accessories |
| 334500 | Navigational, measuring, electromedical, and control instruments | 3490* | Miscellaneous fabricated metal products |
| | | 3570* | Office, computing, and accounting machines |
| | | 3698* | Other electrical equipment |

* Part of this 1997 industry is included in the related 1998 industry.

| PBA Code Based on NAICS | Principal Business Activity Based on NAICS, 1998 | IRS Industry Group Based on SIC | Internal Revenue Service Classification, 1997 |
|---|---|---|---|
| | | 3815* | Scientific instruments, measuring devices |
| | | 3845* | Optical, medical, and ophthalmic goods |
| | | 3998* | Miscellaneous manufacturing and manufacturing not allocable |
| **335** | Electrical equipment, appliance, and component manufacturing | | |
| 335105 | Electrical lighting equipment and household appliance manufacturing | 3630* | Household appliances |
| | | 3698* | Other electrical equipment |
| | | 3998* | Miscellaneous manufacturing and manufacturing not allocable |
| 335310 | Electrical equipment manufacturing | 3540* | Metalworking machinery |
| | | 3698* | Other electrical equipment |
| | | 7600* | Miscellaneous repair services |
| 335900 | Other electrical equipment and component manufacturing | 3380* | Nonferrous metal industries |
| | | 3698* | Other electrical equipment |
| **336** | Transportation equipment manufacturing | | |
| 336105 | Motor vehicle and parts manufacturing | 3710 | Motor vehicles and equipment |
| | | 3798* | Other transportation equipment, except motor vehicles |
| | | 2390* | Miscellaneous fabricated textile products |
| | | 2500 | Furniture and fixtures |
| | | 3298* | Other nonmetallic mineral products |
| | | 3428* | Cutlery, hand tools, and hardware; screw machine product and bolts |
| | | 3460* | Metal forgings and stampings |
| | | 3490* | Miscellaneous fabricated metal products |
| | | 3598* | Other machinery, except electrical |
| | | 3698* | Other electrical equipment |
| 336410 | Aerospace product and parts manufacturing | 3725* | Aircraft, guided missiles, and parts |
| 336610 | Ship and boat building | 3730* | Ship and boat building and reparing |
| 336995 | Other transportation equipment and railroad rolling stock manufacturing | 3530* | Construction and related machinery |
| | | 3798* | Other transportation equipment, except motor vehicles |

* Part of this 1997 industry is included in the related 1998 industry.

| PBA Code Based on NAICS | Principal Business Activity Based on NAICS, 1998 | IRS Industry Group Based on SIC | Internal Revenue Service Classification, 1997 |
|---|---|---|---|
| **337** | Furniture and related product manufacturing | 25 | Furniture and fixtures |
| 337000 | Furniture and related product manufacturing | 2415* | Logging, sawmills, and planing mills |
| | | 2430* | Millwork, plywood, and related products |
| | | 2500* | Furniture and fixtures |
| | | 3070* | Miscellaneous plastics products |
| | | 3428* | Cutlery, hand tools, and hardware; screw machine product and bolts |
| | | 3490* | Miscellaneous fabricated metal products |
| | | 3998* | Miscellaneous manufacturing and manufacturing not allocable |
| | | 5700* | Furniture and home furnishing stores |
| **339** | Miscellaneous manufacturing | 39 | Miscellaneous manufacturing and manufacturing not allocable |
| 339110 | Medical equipment and supplies | 2500* | Furnitures and fixtures |
| | | 3050* | Rubber products; plastic footwear, hose, and belting |
| | | 3815* | Scientific instruments, measuring devices |
| | | 3845* | Optical, medical, and ophthalmic goods |
| | | 5995* | Other retail stores |
| | | 8099* | Other medical services |
| 339900 | Other miscellaneous manufacturing | 2390* | Miscellaneous fabricated textile products; textile products, n.e.c. |
| | | 2498* | Other wood products, including wood buildings and mobile homes |
| | | 2500* | Furnitures and fixtures |
| | | 3050* | Rubber products; plastic footwear, hose, and belting |
| | | 3198* | Leather and leather products, not elsewhere classified |
| | | 3470* | Coating, engraving, and allied services |
| | | 3570* | Office, computing, and accounting machines |
| | | 3630* | Household appliances |
| | | 3998* | Miscellaneous manufacturing and manufacturing not allocable |
| ***42*** | ***Wholesale trade*** | 61 | Wholesale trade |

* Part of this 1997 industry is included in the related 1998 industry.

# *APPENDIX*

| PBA Code Based on NAICS | Principal Business Activity Based on NAICS, 1998 | IRS Industry Group Based on SIC | Internal Revenue Service Classification, 1997 |
|---|---|---|---|
| **421** | Wholesale trade, durable goods | | |
| 421100 | Motor vehicle and motor vehicle parts and supplies wholesalers | 5010* | Motor vehicles and automotive equipment |
| 421300 | Lumber and other construction materials wholesalers | 5030* | Lumber and construction materials |
| 421400 | Professional and commercial equipment and supplies wholesalers | 5008*<br>5040*<br>5060*<br>5098* | Machinery, equipment, and supplies<br>Sporting, recreational, photographic, hobby goods, toys, and supplies<br>Electrical goods<br>Other durable goods |
| 421500 | Metal and mineral (except petroleum) wholesalers | 5050 | Metals and minerals, (except petroleum and scrap) |
| 421600 | Electrical goods wholesalers | 5060* | Electrical goods |
| 421700 | Hardware, and plumbing and heating equipment and supplies wholesalers | 5070* | Hardware, plumbing, and heating equipment and supplies |
| 421800 | Machinery, equipment, and supplies wholesalers | 5008*<br>7389* | Machinery, equipment, and supplies<br>Business services, except advertising |
| 421905 | Furniture, sports, toys, recycleable materials, jewelry, other durable goods | 5020*<br>5040*<br>5098* | Furniture and home furnishings<br>Sporting, recreational, photographic, hobby goods, toys and supplies<br>Other durable goods |
| **422** | Wholesale trade, nondurable goods | | |
| 422100 | Paper and paper product wholesalers | 5110* | Paper and paper products |
| 422210 | Drugs and druggists' sundries wholesalers | 5129 | Drugs, drug proprietaries, and druggists' sundries |
| 422300 | Apparel, piece goods, and notions wholesalers | 5130 | Apparel, piece goods, and notions |
| 422400 | Grocery and related product wholesalers | 5004 | Groceries and related products |
| 422500 | Farm product raw material wholesalers | 5150 | Farm-product raw materials |
| 422600 | Chemical and allied products wholesalers | 5160 | Chemicals and allied products |

* Part of this 1997 industry is included in the related 1998 industry.

| PBA Code Based on NAICS | Principal Business Activity Based on NAICS, 1998 | IRS Industry Group Based on SIC | Internal Revenue Service Classification, 1997 |
|---|---|---|---|
| 422700 | Petroleum and petroleum products wholesalers | 5170* | Petroleum and petroleum products |
| 422800 | Beer, wine, and distilled alcoholic beverage wholesalers | 5180 | Alcoholic beverages |
| 422915 | Miscellaneous nondurable goods wholesalers | 5190* | Miscellaneous nondurable goods; wholesale trade not allocable |
| ***44*** | ***Retail trade*** | 62 | Retail trade |
| **441** | Motor vehicle dealers and parts dealers | | |
| 441115 | New and used car dealers | 5515 | Motor vehicle dealers |
| 441215 | Other motor vehicle and parts dealers | 5010* | Motor vehicles and automotive equipment |
| | | 5598* | Other automotive dealers |
| | | 5700* | Furniture and home furnishings stores |
| **442** | Furniture and home furnishing stores | 5020* | Furniture and home furnishings |
| | | 5700* | Furniture and home furnishings stores |
| | | 7600* | Miscellaneous repair services |
| **443** | Electronics and appliance stores | 5060* | Electrical goods |
| | | 5700* | Furniture and home furnishings stores |
| | | 5995* | Other retail stores |
| | | 7389* | Business services, except advertising |
| | | 7600* | Miscellaneous repair services |
| **444** | Building material and garden equipment and supplies dealers | | |
| 444115 | Home centers; paint and wallpaper stores | 5220 | Building materials dealers |
| 444130 | Hardware stores | 5070* | Hardware, plumbing, and heating equipment and supplies |
| | | 5251 | Hardware stores |
| 444190 | Other building material dealers | 5030* | Lumber and construction materials |
| | | 5060* | Electrical goods |
| | | 5070* | Hardware, plumbing, and heating equipment and supplies |
| | | 5220 | Building materials dealers |

* Part of this 1997 industry is included in the related 1998 industry.

# *APPENDIX*

| PBA Code Based on NAICS | Principal Business Activity Based on NAICS, 1998 | IRS Industry Group Based on SIC | Internal Revenue Service Classification, 1997 |
|---|---|---|---|
| 444200 | Lawn and garden equipment and supplies stores | 5008* | Machinery, equipment, and supplies |
| | | 5265* | Garden supplies and mobile home dealers |
| | | 5190* | Miscellaneous nondurable goods; wholesale trade not allocable |
| **445** | Food, beverage, and liquor stores | | |
| 445115 | Food and beverage stores | 5410* | Grocery stores |
| | | 5490* | Other food stores |
| 445310 | Beer, wine, and liquor stores | 5921 | Liquor stores |
| **446** | Health and personal care stores | 5912 | Drug stores and proprietary stores |
| | | 5008* | Machinery, equipment, and supplies |
| | | 5098* | Other durable goods |
| | | 5490* | Other foods stores |
| | | 5995* | Other retail stores |
| **447** | Gasoline stations | 5541 | Gasoline service stations (with convenience store) |
| | | 5410* | Grocery stores |
| **448** | Clothing and clothing accessories stores | 5600 | Apparel and accessory stores |
| | | 5995* | Other retail stores |
| **451** | Sporting goods, hobby, book, and music stores | 5995* | Other retail stores |
| | | 7600* | Miscellaneous repair services |
| | | 5700* | Furniture and home furnishings |
| **452** | General merchandise stores | 5300 | General merchandise stores |
| | | 5410* | Grocery stores |
| | | 5598* | Other automotive dealers |
| **453** | Miscellaneous store retailers | 5995* | Other retail stores |
| | | 5008* | Machinery, equipment and supplies |
| | | 5098* | Other durable goods |
| | | 5110* | Paper and paper products |
| | | 5265* | Garden supplies and mobile home dealers |

* Part of this 1997 industry is included in the related 1998 industry.

| PBA Code Based on NAICS | Principal Business Activity Based on NAICS, 1998 | IRS Industry Group Based on SIC | Internal Revenue Service Classification, 1997 |
|---|---|---|---|
| **454** | Nonstore retailers | 5995* | Other retail stores |
| | | 5170* | Petroleum and petroleum products |
| | | 5490* | Other food stores |
| ***48*** | ***Transportation and warehousing*** | | |
| **481** | Air, rail, and water transportation | | |
| 481000 | Air transportation | 4500* | Transportation by air |
| 482110 | Rail transportation | 4000* | Railroad transportation |
| 483000 | Water transportation | 4400* | Water transportation |
| **484** | Truck transportation | 4200* | Trucking and warehousing |
| **485** | Transit and ground passenger transportation | 4100* | Local and interurban passenger transit |
| | | 4825* | Telephone, telegraph, and other communication services |
| **486** | Pipeline transportation | 4600 | Pipe lines, except natural gas |
| | | 4920* | Gas production and distribution |
| **487** | Other transportation and support activities | 3730* | Ship and boat building and boat repairing |
| | | 4000* | Railroad transportation |
| | | 4100* | Local and interurban passenger transit |
| | | 4200* | Trucking and warehousing |
| | | 4400* | Water transportation |
| | | 4500* | Transportation by air |
| | | 4700* | Transportation services, not elsewhere classified |
| | | 4990* | Water supply and other sanitary services |
| | | 7500* | Auto repair and services |
| | | 7600* | Miscellaneous repair services |
| | | 7900* | Amusement and recreation services |
| **493** | Warehousing and storage | 4200* | Trucking and warehousing |

* Part of this 1997 industry is included in the related 1998 industry.

*APPENDIX*

| PBA Code Based on NAICS | Principal Business Activity Based on NAICS, 1998 | IRS Industry Group Based on SIC | Internal Revenue Service Classification, 1997 |
|---|---|---|---|
| *51* | ***Information*** | | |
| **511** | Publishing industries | | |
| 511110 | Newspaper publishers | 2710 | Newspapers |
| 511120 | Periodical publishers | 2720 | Periodicals |
| | | 2735* | Books, greeting cards, and miscellaneous publishing |
| 511130 | Book publishers | 2735* | Books, greeting cards, and miscellaneous publishing |
| 511140 | Database, directory, and other publishers | 2735* | Books, greeting cards, and miscellaneous publishing |
| | | 7389* | Business services, except advertising |
| 511210 | Software publishers | 7389* | Business services, except advertising |
| **512** | Motion picture and sound recording industries | | |
| 512100 | Motion picture and video industries (except video rental) | 7812* | Motion picture production, distribution, and services |
| | | 7830 | Motion picture theaters |
| 512200 | Sound recording industries | 2735* | Books, greeting cards, and miscellaneous publishing |
| | | 3665* | Radio, television, and communication equipment |
| | | 7389* | Business services, except advertising |
| | | 7900* | Amusement and recreation services, except motion pictures |
| | | 8980* | Miscellaneous services, not elsewhere classified |
| **513** | Broadcasting and telecommunications | | |
| 513105 | Radio and television, cable networks, and program distribution | 4830 | Radio and television broadcasting |
| 513300 | Telecommunications (including paging, cellular, and satellite) | 4825* | Telephone, telegraph, and other communication services |
| **514** | Information services and data processing services | 7389* | Business services, except advertising |
| *52* | ***Finance and insurance*** | | |

* Part of this 1997 industry is included in the related 1998 industry.

| PBA Code Based on NAICS | Principal Business Activity Based on NAICS, 1998 | IRS Industry Group Based on SIC | Internal Revenue Service Classification, 1997 |
|---|---|---|---|
| **522** | Credit intermediation | | |
| **5221** | Depository credit intermediation | | |
| 522110 | Commercial banking | 6090* | Banks, except mutual savings banks and bank holding companies |
| 522125 | Savings institutions, credit unions, and other depository credit intermediation | 6120 | Savings and loans associations |
| | | 6140* | Personal credit institutions |
| | | 6090* | Banks, except mutual savings banks and bank holding companies |
| **5222** | Nondepository credit intermediation | | |
| 522215 | Credit card issuing and other consumer credit | 6090* | Banks, except mutual savings banks and bank holding companies |
| | | 6140* | Personal credit institutions |
| | | 6150* | Business credit institutions |
| | | 6744* | Small business investment companies |
| 522292 | Real estate credit (including mortgage bankers and originators) | 6199* | Other credit agencies; finance not allocable |
| | | 6744* | Small business investment companies |
| 522295 | International and secondary financing and other nondepository credit intermediation | 6090* | Banks, except mutual savings banks and bank holding companies |
| | | 6140* | Personal credit institutions |
| | | 6199* | Other credit agencies; finance not allocable |
| | | 6744* | Small business investment companies |
| | | 5995* | Other retail stores |
| 522300 | Activities related to credit intermediation (including loan brokers) | 6090* | Banks, except mutual savings banks and bank holding companies |
| | | 6150* | Business credit institutions |
| | | 6199* | Other credit agencies; finance not allocable |
| | | 7389* | Business services, except advertising |
| **523** | Securities, commodity contracts, & other financial investments | | |
| 523110 | Investment banking and securities dealing | 6210 | Security brokers, dealers, and flotation companies |
| 523120 | Securities brokerage | 6210 | Security brokers, dealers, and flotation companies |

* Part of this 1997 industry is included in the related 1998 industry.

| PBA Code Based on NAICS | Principal Business Activity Based on NAICS, 1998 | IRS Industry Group Based on SIC | Internal Revenue Service Classification, 1997 |
|---|---|---|---|
| 523135 | Commodity contracts dealing and brokerage | 6090* | Banks, except mutual savings banks and bank holding companies |
| | | 6299 | Commodity contracts brokers and dealers; security and commodity exchanges |
| | | 6749* | Other holding and investment companies, except bank holding companies |
| 523905 | Security & commodity exchanges and other financial investment activities | 6090* | Banks, except mutual savings banks and bank holding companies |
| | | 6150* | Business credit institutions |
| | | 6210 | Security brokers, dealers and flotation companies |
| | | 6299 | Commodity contracts brokers and dealers; security and commodity exchanges |
| | | 6359* | Stock property and casualty companies |
| | | 6749* | Other holding and investment companies, except bank holding companies |
| **524** | Insurance carriers and related activities | | |
| 524140 | Direct life, health, & medical insurance & reinsurance carriers | 6355 | Life insurance |
| 524142 | Life insurance, stock companies (Form 1120L) | 6352 | Life insurance, stock companies and other life insurance companies |
| 524143 | Life insurance, mutual companies (Form 1120L) | 6353 | Life insurance, mutual companies |
| 524156 | Mutual property and casualty companies (Form 1120-PC) | 6356 | Mutual property and casualty insurance companies |
| 524159 | Stock property and casualty companies (Form 1120-PC) | 6359* | Stock property and casualty insurance companies and other insurance companies |
| 524210 | Insurance agencies and brokerages | 6411 | Insurance agents, brokers, and service |
| 524290 | Other insurance related activities | 6359* | Stock property and casualty insurance companies and other insurance companies |
| | | 6411 | Insurance agents, brokers, and service |

* Part of this 1997 industry is included in the related 1998 industry.

| PBA Code Based on NAICS | Principal Business Activity Based on NAICS, 1998 | IRS Industry Group Based on SIC | Internal Revenue Service Classification, 1997 |
|---|---|---|---|
| **525** | Other financial vehicles and other investment companies | | |
| 525910 | Open-end investment funds (Form 1120-RIC) | 6742 | Regulated investment companies |
| 525930 | Real estate investment trusts (Form 1120-REIT) | 6743 | Real estate investment trusts |
| 525995 | Other financial vehicles | 6359* | Stock property and casualty insurance companies and other insurance companies |
| | | 6749* | Other holding and investment companies, except bank holding companies |
| ***53*** | ***Real estate and rental leasing*** | | |
| **531** | Real estate | | |
| 531115 | Lessors of buildings | 6511* | Real estate operators (except developers and lessors of buildings) |
| | | 6530 | Condominium management and cooperative housing associations |
| 531135 | Lessors of miniwarehouses, self-storage units, and other real estate | 4200* | Trucking and warehousing |
| | | 6511* | Real estate operators and lessors of buildings |
| | | 6518 | Lessors of railroad property; and real property n.e.c. |
| 531210 | Offices of real estate agents and brokers | 6599* | Other real estate |
| 531315 | Other real estate activities | 6599* | Other real estate |
| **532** | Rental and leasing services | | |
| 532100 | Automotive equipment rental and leasing | 7500* | Auto repair and services |
| 532215 | Other consumer goods and general rental centers | 7200* | Personal services |
| | | 7389* | Business services, except advertising |
| | | 7812* | Motion picture production distribution |
| | | 7900* | Amusement and recreation services, except motion pictures |
| 532400 | Commercial & industrial machinery and equipment rental and leasing | 4400* | Water transportation |
| | | 4700* | Miscellaneous transportation services, not elsewhere classified |

* Part of this 1997 industry is included in the related 1998 industry.

| PBA Code Based on NAICS | Principal Business Activity Based on NAICS, 1998 | IRS Industry Group Based on SIC | Internal Revenue Service Classification, 1997 |
|---|---|---|---|
| | | 7389* | Business services, except advertising |
| | | 7812* | Motion picture production distribution |
| | | 7900* | Amusement and recreation services, except motion pictures |
| **533** | Lessors of nonfinancial intangible assets (except copyrighted works) | 6516 | Lessors of mining oil, and similar products |
| | | 6749* | Other holding and investment companies, except bank holding companies |
| ***54*** | ***Professional, scientific, and technical services*** | | |
| 541115 | Legal services | 8111 | Legal services |
| | | 6599* | Other real estate |
| | | 7389* | Business services, except advertising |
| 541215 | Accounting, tax preparation, bookkeeping, and payroll services | 8930 | Accounting, auditing and bookkeeping |
| | | 7200* | Personal services |
| | | 7812* | Motion picture production, distribution, and services |
| 541315 | Architectural, engineering, and related services | 8911 | Architectural and engineering services |
| | | 0600* | Agricultural services (except veterinarians) |
| | | 8980* | Miscellaneous services, not elsewhere classified |
| | | 8911 | Architectural and engineering services |
| | | 7389* | Business services, except advertising |
| | | 1098* | Other metal mining |
| | | 1380* | Oil and gas field services |
| | | 1498* | Other nonmetallic minerals, except fuels |
| 541400 | Specialized design services | 7389* | Business services, except advertising |
| 541515 | Computer systems design and related services | 7389* | Business services, except advertising |
| 541600 | Management, scientific, and technical consulting services | 0600* | Agricultural services (except veterinarians) |
| | | 4700* | Transportation services, not elsewhere classified |

* Part of this 1997 industry is included in the related 1998 industry.

| PBA Code Based on NAICS | Principal Business Activity Based on NAICS, 1998 | IRS Industry Group Based on SIC | Internal Revenue Service Classification, 1997 |
|---|---|---|---|
| | | 7389* | Business services, except advertising |
| | | 8980* | Miscellaneous services, not elsewhere classified |
| 541700 | Scientific research and development services | 3725* | Aircraft, guided missiles and parts |
| | | 8980* | Miscellaneous services, not elsewhere classified |
| 541800 | Advertising and related services | 7310 | Advertising |
| | | 7389* | Business services, except advertising |
| | | 8980* | Miscellaneous services, not elsewhere classified |
| 541915 | Other professional, scientific, and technical services | 7200* | Personal services |
| | | 7389* | Business services, except advertising |
| | | 8099 | Other medical services |
| | | 8980* | Miscellaneous services, not elsewhere classified |
| ***55*** | ***Management of companies (holding companies)*** | | |
| 551111 | Offices of bank holding companies | 6060 | Bank holding companies |
| 551112 | Offices of other bank holding companies | 6749* | Other holding and investment companies, except bank holding companies |
| ***56*** | ***Administrative and support and waste management and remediation services*** | | |
| **561** | Administrative and support services | | |
| 561300 | Employment services | 7200* | Personal services |
| | | 7389* | Business services, except advertising |
| | | 7812* | Motion picture production, distribution, and services |
| | | 7900* | Amusement and recreation services |
| 561500 | Travel arrangement and reservation services | 4700* | Transportation services, not elsewhere classified |
| | | 7389* | Business services, except advertising |
| | | 7900* | Amusement and recreation services |
| | | 8600* | Membership organizations |

* Part of this 1997 industry is included in the related 1998 industry.

| PBA Code Based on NAICS | Principal Business Activity Based on NAICS, 1998 | IRS Industry Group Based on SIC | Internal Revenue Service Classification, 1997 |
|---|---|---|---|
| 561905 | Other administrative and support services | 7389* | Business services, except advertising |
| | | 8980* | Miscellaneous services, not elsewhere classified |
| **562** | Waste management and remediation services | 1798* | Other special trade contractors and contractors not allocable |
| | | 4200* | Trucking and warehousing |
| | | 4990* | Water supply and other sanitary services |
| | | 7389* | Business services, except advertising |
| | | 7600* | Miscellaneous repair services |
| ***62*** | ***Health care and social assistance*** | | |
| 621115 | Offices of physicians | 8015 | Offices of physicians, including osteopathic physicians |
| 621210 | Offices of dentists | 8021 | Offices of dentists |
| 621315 | Offices of other health practitioners | 8040 | Offices of other health practitioners |
| 621415 | Outpatient care centers | 8015 | Offices of physicians, including osteopathic physicians |
| | | 8099 | Other medical services |
| **625** | Miscellaneous health care and social assistance | 8071 | Medical laboratories |
| | | 8099 | Other medical services |
| | | 4100* | Local and interurban passenger transit |
| | | 4500* | Transportation by air |
| | | 8300 | Social services |
| 626 | Hospitals, nursing, and residential care facilities | 8060 | Hospitals |
| | | 8050 | Nursing and personal care facilities |
| | | 8300 | Social services |
| ***71*** | ***Arts, entertainment, and recreation*** | | |
| **711** | Other arts, entertainment, and recreation | 5800 | Eating and drinking places |
| | | 6512 | Real estate operators and lessors of buildings |

* Part of this 1997 industry is included in the related 1998 industry.

| PBA Code Based on NAICS | Principal Business Activity Based on NAICS, 1998 | IRS Industry Group Based on SIC | Internal Revenue Service Classification, 1997 |
|---|---|---|---|
| | | 7389* | Business services, except advertising |
| | | 7600* | Miscellaneous repair services |
| | | 7812* | Motion picture production, distribution, and services |
| | | 7900* | Amusement and recreation services |
| | | 8980* | Miscellaneous services, not elsewhere classified |
| **713** | Amusement, gambling, and recreation industries | 4400* | Water transportation |
| | | 7900* | Amusement and recreation services |
| *72* | ***Accommodation and food services*** | | |
| **721** | Accommodation | 7000 | Hotels and other lodging places |
| **722** | Food services and drinking places | 4700* | Transportation services, not elsewhere classified |
| | | 5490* | Other food stores |
| | | 5800 | Eating and drinking places |
| | | 5995* | Other retail stores |
| ***81*** | ***Other Services*** | | |
| **811** | Repair and maintenance | | |
| 811115 | Automotive repair and maintenance | 7500* | Auto repair and services |
| 811215 | Other repair and maintenance | 3720* | Ship and boat building and repairing |
| | | 7200* | Personal services |
| | | 7389* | Business services, except advertising |
| | | 7600* | Miscellaneous repair services |
| **812** | Personal and laundry services | 0600* | Agricultural services (except veterinarians) |
| | | 6550 | Subdividers and developers |
| | | 6599* | Other real estate |
| | | 7200* | Personal services |
| | | 7389* | Business services, except advertising |
| | | 7500* | Auto repair and services |
| **813** | Religious, grantmaking, civic, professional, and similar organizations | 8300 | Social services |
| | | 8600* | Membership organizations |

* Part of this 1997 industry is included in the related 1998 industry.

# *Index*

# Index

***References to tables for corporations with net income are in italics***